“十二五”国家重点图书出版规划项目
21世纪普通高等教育法学精品教材

民法学教程

（第二版）

◆主　编　李永军
◆副主编　刘保玉　尹志强　于　飞
◆撰稿人（以撰写章节先后为序）
李永军　于　飞　戴孟勇
刘保玉　席志国　鄢一美
易　军　缪　宇　尹志强

中国政法大学出版社
2023・北京

图书在版编目（CIP）数据

民法学教程/李永军主编. —2版. —北京：中国政法大学出版社，2023.2
ISBN 978-7-5764-0680-1

Ⅰ.①民…　Ⅱ.①李…　Ⅲ.①民法－法学－中国－教材　Ⅳ.①D923.01

中国版本图书馆CIP数据核字(2022)第255253号

出版者　中国政法大学出版社
地　址　北京市海淀区西土城路25号
邮　箱　fadapress@163.com
网　址　http://www.cuplpress.com (网络实名：中国政法大学出版社)
电　话　010-58908435(第一编辑部) 58908334(邮购部)
承　印　固安华明印业有限公司
开　本　787mm×1092mm　1/16
印　张　66
字　数　1689千字
版　次　2023年2月第2版
印　次　2023年2月第1次印刷
印　数　1~8000册
定　价　132.00元

作者简介

李永军　法学博士，中国政法大学民商经济法学院教授、博士生导师，中国法学会民法学研究会副会长，中国法学会民法典编纂领导小组成员。代表作品：《合同法》《民法总论》《民法总则》《自然之债论纲》《海域使用权研究》《破产法律制度》《破产重整制度研究》《合同法原理》《票据理论与实务》《民法总则》等；“我国民法上真的不存在物权行为吗?”“契约效力的根源及其正当化说明理论”“我国合同法是否需要独立的预期违约制度”“重申破产法的私法精神”“私法中的人文主义及其衰落”“论商法的传统与理性基础”“从契约自由原则的基础看其在现代合同法上的地位”“民法上的人及其理性基础”“物权与债权的二元划分对民法内在与外在体系的影响等”“民法上的住所制度考”“民法上的公共利益考”“自然之债源流考评”“论债的科学性与统一性”“论债法中的本土化概念对统一的债法救济体系之影响”“集体经济组织法人的历史变迁与法律结构”“论债因在我国合同法中的作用”“民法典编纂中的权利体系及其梳理”“‘契约+非要式+任意撤销权’：赠与的理论模式与规范分析”“论无因管理在我国民法典中的规范空间”“物权的本质属性究竟是什么？——《物权法》第2条的法教义学解读”等。

刘保玉　法学博士，中国政法大学法律硕士学院教授、博士生导师；兼任中国法学会民法学研究会常务理事，北京市物权法研究会副会长等。代表作品：《债权担保制度研究》《物权法学》《物权体系论——中国物权法上的物权类型设计》等；“论担保物权的竞存”“论自然人的民事责任能力”“共同保证的结构形态与保证人责任的承担”“不动产登记机构错误登记赔偿责任的性质与形态”“物权与债权的区分及其相对性问题论纲”“民法典担保物权制度新规释评”等。

鄢一美　俄罗斯莫斯科大学法学博士，中国政法大学民商经济法学院教授、硕士生导师。在《中国法学》《比较法研究》《哲学研究》《中外法学》《政法论坛》《知识产权》《现代法学》等刊物上发表论文数十篇，代表作品：《俄罗斯当代民法研究》等；“所有权本质论”“所有制概念考源”“论所有权的法哲学”等。

尹志强　法学博士，中国政法大学民商经济法学院教授、博士生导师，中国法学会民法学研究会理事。代表作品：《侵权行为法论》《人格权及其救济制度研究》等；“侵权行为概念分析”“侵权行为法的社会功能”“论违约精神损害赔偿的正当性及适用范围”“论与有过失的属性及其适用范围”“侵权法的地位及与民法典各分编关系的协调”“《民法典》公平责任的理解与适用”等。

于　飞　法学博士，中国政法大学民商经济法学院教授、博士生导师；兼任中国法学会理事、中国法学会民法学研究会理事。代表作品：《权利与利益区分保护的侵权法体系之研究》《公序良俗原则研究以基本原则的具体化为中心》等；“公序良俗原则与诚实信用原则的区分”“民法总则法源条款的缺失与补充”“民法基本原则：理论反思与法典表达”“违背善良风俗故意致人损害与纯粹经济损失保护”“侵权法中权利与利益的区分方法”“基本权利与民事权利的区分及宪法对民法的影响”等。

戴孟勇　法学博士，中国政法大学民商经济法学院教授、博士生导师；兼任中国法学会民法学研究会理事、北京市物权法研究会监事长。代表作品：《民法原理与实例研究》《民法原理与实例研究》（第二册）等；“法律行为与公序良俗”“劳动成年制的理论与实证分析”“狩猎权的法律构造：从准物权的视角出发”“先买权的若干理论问题”等。

易　军　法学博士，中国政法大学民商经济法学院教授、博士生导师；兼任中国法学会民法学研究会理事，北京市法学会民商法学研究会常务理事等。代表作品：“原则/例外关系的民法阐释”“‘法不禁止皆自由’的私法精义”“法律行为制度的伦理基础”“民法基本原则的意义脉络”“私人自治与私法品性”“法律行为生效要件体系的重构”“买卖合同之规定准用于其他有偿合同”“个人主义方法论与私法”“民法公平原则新诠”等。

席志国　法学博士，中国政法大学民商经济法学院教授、硕士生导师；兼任北京市物权法研究会理事。代表作品：《中国物权法论》《中国民法总论》等；“论德国民法上的所有人占有人关系——兼评我国《民法典》第459-461条之规定”“居住权的法教义学分析”“民法典编纂视野下的动产担保物权优先效力优先体系再构建——兼评《民法典各分编（草案）二审稿》第205-207条”“民法典编纂中的土地权利体系再构造——‘三权分置’理论的逻辑展开”“民法典编纂中的集体土地权利体系新路径”“《民法总则》中法律行为规范体系评析”等。

缪　宇　法学博士，中国政法大学民商经济法学院副教授、硕士生导师。曾在《中外法学》《法学家》《清华法学》《法商研究》等刊物发表论文若干。

出版说明

"十二五"国家重点图书出版规划项目是由国家新闻出版总署组织出版的国家级重点图书。列入该规划项目的各类选题，是经严格审查选定的，代表了当今中国图书出版的最高水平。

中国政法大学出版社作为国家良好出版社，有幸入选承担规划项目中系列法学教材的出版，这是一项光荣而艰巨的时代任务。

本系列教材的出版，凝结了众多知名法学家多年来的理论研究成果，全面而系统地反映了现今法学教学研究的最高水准。它以法学"基本概念、基本原理、基本知识"为主要内容，既注重本学科领域的基础理论和发展动态，又注重理论联系实际以满足读者对象的多层次需要；既追求教材的理论深度与学术价值，又追求教材在体系、风格、逻辑上的一致性。它以灵活多样的体例形式阐释教材内容，既推动了法学教材的多样化发展，又加强了教材对读者学习方法与兴趣的正确引导。它的出版也是中国政法大学出版社多年来对法学教材深入研究与探索的职业体现。

中国政法大学出版社长期以来始终以法学教材的品质建设为首任，我们坚信，"十二五"国家重点图书出版规划项目定能以其独具特色的高文化含量与创新性意识，成为集权威性和品牌价值于一身的优秀法学教材。

中国政法大学出版社

第二版说明

首先，感谢各位读者对于本教材的厚爱和支持，在本教材出版后，许多读者提出了很多宝贵的意见和建议，我们此次修改在很大程度上是为了回应读者的要求，并按照其建议进行的修改。

既然是教材，我们还是坚持以下理念：①坚决贯彻习近平法治思想进教材、进课堂、进头脑的基本原则，将习近平法治思想贯彻于教材的字里行间。坚持正确的教育方针和教育方向，引导学生树立正确的价值观和法治观。②坚持民法典的本土化与传统民法的体系化相结合。我国《民法典》应该说是一部具有中国本土化特色的民法典，在很多制度方面体现了中国的特色，例如，在用益物权方面完全是具有中国特色的。这是需要坚持的一面，本教材根据《民法典》的规定不折不扣地体现我国的本土化特征。另外，像我国《民法典》的七编制，也是与《德国民法典》《法国民法典》《瑞士民法典》等不同的体例，本教材也基本坚持了这一体例结构。另一方面，民法典是体系化的结果，体系化是民法典的灵魂。而所谓的体系化，既包括外部体系也包括内在体系。外部体系就是逻辑体系，而内部体系则是价值体系。尽管结构不同，但是无论是哪国的民法典，都必须坚持一定的体系结构。例如，《德国民法典》和《法国民法典》是两种不同体系结构的民法典，虽然结构不同，但都有自身的逻辑结构。《德国民法典》在整体的五编制结构中坚持“总+分”的结构，在具体到每一编中，也是坚持“总+分”的结构，例如，在物权编，先是规定物权的一般规则，再规定各种不同物权的具体规则；在债的关系编中，也是先规定债法总则，然后是分则。《法国民法典》的基本逻辑结构主要是延续了罗马法的基本结构——人、物、诉讼，简洁明了，方便适用。我国《民法典》从总体上看，是采用了《德国民法典》的“总+分”的结构。在七编中，坚持采用“总则编”，在物权编、侵权编、合同编、继承编、婚姻家庭编、人格权编中也是坚持了“总+分”的结构。因此，我国《民法典》在总体上来说，逻辑结构是十分清晰的。但是，不容否认的是，我国《民法典》在对待逻辑结构问题上，还是有完善的余地的。例如，在总则编中，公因式的提取并没有坚持一致的逻辑，甚至在第五章中，将各种权利简单地罗列。这种方式虽然简单，节省时间，但实不可取——下面各编中，对于各种权利有非常具体的规定，为何这样叠床架屋？如果能够按照法律关系的要素提取，才是正确的方式。另外，关于债法的完整体系，也被我国《民法典》

分解了——债法总则被规定在合同编中，这样一来，“总+分”的结构被打破，债法总则本来是合同、侵权、无因管理、不当得利、缔约过失等具体债的发生原因的“上位概念”，却被写入合同编，使得民法作为商法或者其他特别法的“母法”难以成为特别债法的基础。因此，债法总则的缺乏对于民法典的体系化，对于民法作为特别法的基本法产生了不利的影响。因此，本教材仍然坚持有“债法总则”，从我国《民法典》合同编中将关于债法总则的规定提炼出来作为其内容。也就是说，本教材虽然有形式上的债法总则，但其实质内容仍然来自于我国《民法典》。③坚持教材必须有“研究”的样子，这不仅是说教材要关注最新的研究成果，更重要的是要有研究问题的“形式”。因此，我们要求每一位作者引用的文章必须要有完整的注释。一方面是为了尊重前辈和同行的知识产权和劳动成果；另一方面，对于本科生起到示范和引导作用。④我们坚持让一线教学的老师来编写教材，我们认为，这样写出的教材才能够更适合学生学习之用。本书的编写老师都是中国政法大学一线教师，都有长期的教学经验。

另一方面，在这里有必要跟读者交待的是：人格权如何编排？其实，关于这一个问题确实很矛盾：我们政法大学的一般观点是——人格权仅仅属于自然人享有，法人不能享有人格权。根据我国《民法典》第 109 条、第 110 条和第 990 条之规定，自然人的人格权属于自由和尊严的体现，而法人则不是。因此，两者没有任何的内涵交集，也就不可能属于同一概念。所以，按照逻辑应该将其在“自然人部分”阐述。但是，我国《民法典》明确规定了人格权编，并且仅仅放在自然人部分就等于说人格权属于总则编的内容。所以，这是作为编者来说很矛盾的问题。在本教材的编写中，我们还是更多地照顾到了民法典的体例，尽管名称叫作“自然人的人格权”，但还是作为第五编放在了合同编之后。但这也许并不是唯一的选择。大家的共识是：教材的体例应该照顾到民法典的体例，但教学体例和教材体例不一定完全等同于民法典体例，尤其是我国《民法典》的这种编纂体例本身就存在争议。

还有一点需要说明的是债的体例问题，即债、合同与侵权的关系问题。这也是读者很关心的问题，也是各种教材有分歧的地方。我们坚持传统的民法关于债的一般概念，同时兼顾我国《民法典》的体例的编排方式。总体来说，按照《民法典》第 118 条关于债的一般概念，同时照顾到民法典的编纂体例，分为债法总论、合同和侵权三大部分。其中的保证合同仍然按照债权性担保放在总论中，把无因管理和不当得利作为债的发生原因放在总论中。这是一种教学逻辑的体例。也许有很多读者或者同仁有不同观点和看法，但从教学体系来看，这样也许更有利于教学。当然，如果按照债法总论、任意之债和法定之债的三分法也未尝不可。这就看编者们如何取舍而已。

尽管我们很努力，但是肯定还有很多错误和缺点，希望各位法学前辈和同行不吝赐教。在此，特别感谢中国政法大学出版社给与我们的信任，也特别感谢尹树东先生、阚明旗先生和高露编辑的大力支持。

李永军

2023 年 1 月 11 日

编写说明

在《民法典》正式施行后，应中国政法大学出版社的邀请，为了更好地贯彻《民法典》的精神和规范体系，促进民法教学，我们编写了这一本教材。

既然是教材，必须有教材的特点并符合教材的要求。本教材认真贯彻了以下理念：①坚决贯彻习近平法治思想进教材、进课堂、进头脑的原则，将习近平法治思想贯彻于教材的字里行间。坚持正确的教育方针和教育方向，引导学生树立正确的价值观和法治观。②坚持民法典的本土化与传统民法的体系化相结合。我国《民法典》应该说是一部具有中国本土化特色的民法典，在很多制度方面体现了中国的特色，例如，在用益物权方面完全是中国特色的。这是需要坚持的一面，本教材根据《民法典》的规定不折不扣地体现了我国的本土化特征。另外，我国《民法典》是“七编制”，采取了与《德国民法典》《法国民法典》《瑞士民法典》等不同的体例，本书也基本坚持了这一体例结构。另一方面，民法典是体系化的结果，体系化是民法典的灵魂。而所谓的体系化，既包括外部体系也包括内部体系。外部体系就是逻辑体系，而内部体系则是价值体系。尽管结构不同，但是无论是哪国的《民法典》，都必须坚持一定的体系结构。例如，《德国民法典》和《法国民法典》是两种不同体系结构的民法典，结构当然不同，但都有自身的逻辑结构。《德国民法典》在整体的“五编制”结构中坚持“总+分”的结构，在具体的每一编中，也是坚持“总+分”的结构。例如，在“物权编”，先规定“物权的一般规则”，再规定各种不同物权的具体规则；在“债的关系编”中，先规定债法总则，然后是分则。《法国民法典》的基本逻辑结构主要是延续了罗马法的基本结构——人、物、诉讼，简洁明了，方便适用。我国《民法典》从总体上看，是采用了《德国民法典》的“总+分”的结构。在七编中，坚持采用“总则编”，在物权编、合同编、人格权编、婚姻家庭编、继承编、侵权编中也是坚持了“总+分”的结构。因此，我国《民法典》在总体上来说，逻辑结构是十分清晰的。但是，不容否认的是，我国《民法典》在对待逻辑结构问题上，还是有完善的余地的。例如，在“总则编”中，公因式的提取并没有坚持一致的逻辑，甚至在第五章中，将各种权利简单地罗列。这种方式，虽然简单，节省时间，但实不可取——下面各编中，对于各种权利有非常具体的规定，为何这样叠床架屋？按照法律关系的要素提取，才是正确的方式。另外，关于债法的完整体系，也被我国《民法典》分解了——债法总则被规定在合同编中，这样一来，“总+分”的结构被打破，债法总则本来是合同、侵权、无因管理、不当得利、缔约过失等具体债的发生原因的“公因式”，却被写入合同编，使得民法作为商法或者其他特别法的“母法”难以成为特别债法的基础。因此，债法总则的不足对《民法典》的体系化、对民法作为特别法的基本法产生了不利的影响。因此，本教材仍然坚持采用“债法总则”，从我国《民法典》合同编中提炼出关于债法总则的规定来作为其内容。也就是说，本教材虽然有形式上的债法总则，但其实质内容仍然来自于我国《民法典》。③坚持教材必须有“研究”的样子，这不仅是说教材要关注最新的研究成果，更重要的是要有研究问题的“形式”。因此，我们要求每一个作者必须要有完整的注释。一方面，是为了尊重前辈和同行的知识产权和劳动成果，另一方面，对于本科生起到示范和引导作用。④坚持《民法典》的实践性。在本教材中，不仅有最高人民法院最新司法解释，也有司法判例规则。⑤坚持法律的实践性。我们坚持让一线教学的老师来编写教材，我们认为，这样写出的教材才能够更适合学生学习之用。本书的编写老师都是中国政法大学一线教师，都有长期的教学经验。

本书的编写分工如下：

李永军：总则编第一分编第一章、第三章，第二分编、第三分编；合同（第二分编第一章除外）及自然人的人格权

于　飞：总则编第一分编第二章

戴孟勇：总则编第四分编

刘保玉：物权编第一分编、第二分编和第四分编

席志国：物权编第三分编

鄢一美：债法总论、侵权民事责任编（第一分编第二章除外）

易　军：合同第二分编第一章

缪　宇：婚姻家庭与继承编

尹志强：侵权民事责任编第一分编第二章

尽管我们很努力，但是，肯定还有很多错误和缺点，希望各位法学前辈和同行不吝赐教。在此，也特别感谢中国政法大学出版社给予我们的信任，特别感谢尹树东先生、阚明旗先生和高露编辑的大力支持。

李永军

2021年1月7日

目 录

第一编 总则编

第二编　物权编

第四编 合 同

第六编 婚姻家庭与继承编

第七编 侵权民事责任编

第一编　总则编

第一分编　绪　论

第一章
民法概述

第一节　民法的概念和调整对象

一、民法的概念

欧陆国家一般称民法为“市民法”，是调整身份平等的市民社会的法律。通说认为，“民法”译自拉丁文的“市民法”（jus civile）。在罗马法中，“市民法”这个概念具有多种含义。在中世纪，“市民法”是一个与“教会法”相对的概念。法国大革命后，“市民”被理解为“公民”。《中华人民共和国民法典》（以下简称《民法典》）第2条就规定：“民法调整平等主体的自然人、法人和非法人组织之间的人身关系和财产关系。”我国学者一般认为，民法是调整社会平等成员之间的人身关系和财产关系的法律规范的总称。民法具有以下特征：

1. 民法是身份平等的阶层的法律。在古代罗马，由于城市及领地的划分，使得每个城市均有自己的法律或者规则，“罗马也是一个城市”。作为城邦国家的公民，其身份就是市民。将对市民的各种关系进行规范的法律称为“市民法”是极其自然的。例如，在罗马，就有万民法与市民法的分别。“市民法”是罗马人的特有法律，是属于罗马私法的部分，即调整公民之间个人关系的法律。而“万民法”是罗马人与其他所有民族共同拥有的法律。但是，随着历史的演进，市民等级作为一个新生的力量不仅在经济上拥有实力，而且在政治上也逐渐取得地位，成为进步和有生命力量的阶级，而对封建势力构成威胁。这时候，由市民阶层组成的市民社会就成为一个专有的名词，专门用来指称与政治国家对立的基础社会的存在。资产阶级革命纷纷将市民法作为制度性武器，以平等的市民观来否定教会法和封建法等级制度。这样的称谓非常巧妙地配合了资产阶级的革命主张——天赋人权及人人平等的思想。正是在这一时期，“市民社会”才具有了在与政治国家相对的意义上适用的特殊含义。在许多国家，资产阶级以暴力或者非暴力取得政权后，他们便以“市民法”来命名其新的法典，例如《德意志帝国民法典》《拿破仑民法典》。

现在通说认为，“民法”这一术语，是日本学者在翻译欧洲市民法时使用的。由于日本当时不同于欧陆国家的特殊的社会背景，其找不出与市民社会相适应的词语，因此，日本学者在翻译欧洲市民法时只能将“市民法”翻译为“民法”。因此，我们在理解民法时，必须将被“丢掉了”的信息找回来。

2. 民法为属地法。从上面的历史考察可以看出，民法既然被称为“市民法”，当然就具有属地法的特征。也有的学者将这一特征称为“国内法”，即民法系在一国主权之下规范一国民族私生活关系的法律。〔1〕

3. 民法是实证法法律部门。一个国家的法律制度是由许多不同的法律部门所组成的，例如，民法、刑法、宪法等。而这些法律部门由于形成的过程和目的不同，他们在结构和风格上具有较大的差异。在历史上，曾经有过一次，人们试图将一个国家的全部法律包含在一部单行的法典之中——《普鲁士普通邦法》。这一尝试是启蒙运动的产物，并未取得成功，更没有为后人所继受。但是这一实践可以证明，法律部门的划分无论在法学研究还是在立法和司法中都有重要意义。

法学家在罗马法将法律分为公法与私法的基础上，根据调整的社会关系及调整方法划分法律部门。这种划分毫无强制性，更不是一种制度。但就目前来看，尽管人们在各种法律部门的安排顺序方面有不同看法，但其存在某种程度上得到了普遍的认同。文献索引、图书分类、出版常常依此划分。

民法作为实证意义上的民法而与自然意义上的民法相互区别。实证意义上的民法是指具有普遍的强制力的行为规范，因这种法能够为人们所证实并进行观察和研究，故称为实证意义上的民法。而自然法是上帝统治理性动物的法，它永远是公正和善良的。实证意义上的民法永远都不可能等同于自然法，但可以接近自然法。人的理性可以认识和发现自然法，并以自然法评价实证法。

我们在此所讲的民法是实证意义上的民法规范，包括民法典，以及其他所有调整平等主体之间人身关系和财产关系的规范性文件。前者通常被称为形式意义上的民法，而后者则被称为实质意义上的民法。在我国历史上，也区分法与律，法为总称，律则单指成文法〔2〕（例如，清末的民法典“大清民律草案”）。这大概也是遵循了实质意义的法与形式意义的法之别。

实质意义上的民法与形式意义上的民法的区分具有重要意义。一是实质意义上的民法应当符合形式意义上的民法。二是在法律掌握上，不仅要掌握形式意义上的民法，而且要掌握实质意义上的民法，例如，总则编与合同编的关系问题、《民法典》上的一般侵权与《中华人民共和国民用航空法》（以下简称《民用航空法》）上的侵权赔偿问题等。

4. 民法为私法。在大陆法系国家，素来有公法与私法的划分传统，但划分的标准不同，

〔1〕 参见胡长青：《中国民法总论》，中国政法大学出版社 1997 年版，第 7 页。

〔2〕 参见胡长青：《中国民法总论》，中国政法大学出版社 1997 年版，第 9 页。

大致有利益说[1]、隶属说[2]、主体说[3]、自由决策说[4]等。我们必须历史地和发展地对公法与私法划分的作用与伟大意义作出恰当的评价。一方面，公法与私法的划分在今天仍然有重大作用，国家在公法范围内活动，个人在私法范围内活动。在私法中实行意思自治，而在公法领域中否定意思自治，国家或者政府的作用在于保障个人利益与安全。同时，这种区分在大陆法系的司法救济、法学研究和法律教育中占有重要地位。另一方面，公法与私法划分的最初动机更具有说明和启发意义：罗马人将社会分为两层，一为政治国家，二为市民社会。政治国家是国家权力活动领域，命令和服从应该畅通无阻。但市民社会的资源分配不能依靠国家的命令和服从，而是以自治与平等为核心。如果说，在政治国家中，市民是国家的“奴隶”，那么，在市民社会中，他们却是自己的主人。罗马人将私人平等和自治视为终极权利，对于国家权力的猖獗给予警惕和限制，试图用公法与私法为工具在他们之间划出“楚河汉界”，这种经典的说明意义在今天也有其耀眼的光辉。

5. 民法上责任的个体性和同质性。民法上的责任首先是救济个人（法人在这里也等同于个体），即针对个体的救济。其次，民事责任中的救济也具有同质性，也被称为民法的同质救济，简单来说就是直接救济，即民事责任是以“原告遭受什么损失就令被告补其什么”为原则。只有在不得已的情况下，才转换为金钱赔偿，例如，原告遭受精神损害的时候，只有在“同态复仇”的远古时代，才可能获得同质救济。而在现代文明时代，精神损害已不可通过“公力救济”获得“同质补偿”，因此，只能获得金钱赔偿或者赔礼道歉。这与刑法形成了鲜明的对比：刑法不是针对个体的救济，是对社会秩序或者社会安全的保护，正是因为它不是对个体的救济，故也就决定了无法同质救济。故不是被害人遭受什么损失就补偿什么，而是有自己的方式——对自由、财产或者生命的剥夺。

二、民法的调整对象

民法调整的对象是人身关系与财产关系。人身关系是自然人基于彼此的人格和身份关系而形成的相互关系，是人格关系与身份关系的合称。财产关系是人与人之间基于财产而形成的相互关系。民法调整人身关系与财产关系的结果，即民法上的人身权与财产权。

这种财产关系与人身关系仅仅限于平等主体之间。人身关系与财产关系既可能发生在平等主体之间，也可能发生在非平等主体之间，如财政关系、金融管理关系等。只有平等主体之间的财产关系或者人身关系才可能为民法所调整，这也正好反映了市民社会以平等为本质的特征。

---

[1] 利益说在罗马法就已经有人提及。乌尔比安说：“公法涉及罗马帝国的政体，私法则涉及个人利益。”也就是说，根据这一学说，判断一法律关系或者一条法律规范是属于公法还是私法，就要看其所涉及的是公共利益还是私人利益。

[2] 这一学说在很长一段时间内一直处于主导地位。该说认为：公法的根本特征在于调整隶属关系，而私法的根本特征在于调整平等关系，如对经济法与民法的划分。

[3] 该说认为，如果一法律关系有公共权力机关的参与，并且是以行使公权的身份参与，则该法律关系是公法调整的范围。如果一法律关系的参加者为私人，或者公共权力机关参与但却不是以公共权力的行使为目的，则是私法的调整范围。[德] 迪特尔·梅迪库斯：《德国民法总论》，邵建东译，法律出版社 2000 年版，第 11 页；王泽鉴：《民法总则》，中国政法大学出版社 2001 年版，第 12 页。

[4] 所有这些划分公法与私法界限的公式化的表述均存在缺陷，将各个具体的法律制度或者法律关系归属于这个领域或者那个领域主要是受到了历史原因的影响。在今天，任何一种旨在用一种空洞的公式来描述公法与私法之间界限的尝试，都是徒劳无益的。以前的法律应当由历史因素来决定。只有对新产生的法律，才能进行合理的界分，界分的标准是：公法是指受约束的决策的法，而私法是指自由决策的法。参见 [德] 迪特尔·梅迪库斯：《德国民法总论》，邵建东译，法律出版社 2000 年版，第 10~14 页。

从我国《民法典》的内容看，其调整对象也是平等主体之间的人身关系与财产关系。除了总则编之外，其他六章中，第二编（物权编）、第三编（合同编）、第六编（继承编）、第七章（侵权编）调整的是平等主体之间的财产关系；第四编（人格权编）和第五编（婚姻家庭编）则调整平等主体之间的人身关系。

第二节 民法与民法典编纂

一、民法与民法典编纂

民法典是指由立法机关制定的体系化的成文民法，法典化思想是这样一种理念：把全部的法或者把一个大的规范领域完整、和谐地汇编为一部法典〔1〕。民法典是典型的形式意义上的民法，但不等于整个民法，民法典仅仅是民法的重要组成部分。民法作为一个法律部门来说，不仅包括民法典，还包括民法典之外的单行法。例如，德国和法国虽然都有自己的民法典，但在此之外，还有作为民法的单行法规，如德国 1951 年 3 月 15 日的《住宅所有权法》和 1919 年 1 月 15 日的《地上权法令》等。我国的《民法典》也不可能包括所有的民法规范，在《民法典》之外，肯定还有许多民事单行法，特别是像我国这样实行“民商合一”的立法体例的国家，所有的商事法律，如《中华人民共和国公司法》（以下简称《公司法》）、《中华人民共和国破产法》（以下简称《破产法》）、《中华人民共和国证券法》（以下简称《证券法》）、《中华人民共和国期货法》（以下简称《期货法》）等都属于民法的范畴。

民法典编纂实际上是民法的体系化、系统化的过程。“法典编纂”与“法典制定或者起草”是否有别？学者之间有所争议。从字面上看，“法典编纂”似乎应解释为：对已经存在的法律法规进行整理，去除那些过时的、相互矛盾的部分而成为一部系统的典章。而“法典制定或者起草”则是在不存在基础的情况下，做成一部新的典章。因此，《法国民法典》和《德国民法典》都称为“制定或者起草”，而优士丁尼的法典只能称为“编纂”。所以，日本学者指出：“法典编纂是指对一国法律进行分科编制而形成具有公力的法律书面事业，或者是指将既有法令进行整理编辑而形成法典的工作，或者是指将新设法令归类编纂而形成一编的法典工作。”〔2〕

我国的《民法典》只能称为“编纂”而不能称为“制定或者起草”，因为我国之前已经有《中华人民共和国民法通则》（以下简称《民法通则》）、《中华人民共和国物权法》（以下简称《物权法》）、《中华人民共和国合同法》（以下简称《合同法》）、《中华人民共和国侵权责任法》（以下简称《侵权责任法》）、《中华人民共和国婚姻法》（以下简称《婚姻法》）、《中华人民共和国继承法》（以下简称《继承法》）等，所以，党的十八届四中全会决定“民法典编纂”，这样的用词是十分准确的。

中华人民共和国的《民法典》可以说是命运多舛：从 1954 年开始起草《民法典》，到今天为止，已经有三次“举动”，但每一次都是无果而终。当我国的经济及社会发展到今天，结构发生了巨大的变化，需要以法典的形式来确认和巩固这些成果，甚至需要将以前的一些政策性的东西写入民法典。因此，党的十八届四中全会在提出“依法治国”的同时，

---

〔1〕 参见［德］迪特尔·施瓦布：《民法导论》，郑冲译，法律出版社 2006 年版，第 19 页。

〔2〕［日］穗积陈重：《法典论》，李求轶译，商务印书馆 2014 年版，第 5 页。

决定编纂中国的《民法典》，这是非常正确和及时的，反映出历史的需求和人民的愿望。

二、法典化与反法典化

（一）法典化的基础——形式理性

学者一般都认为，法典是理性主义的产物，就如美国学者所指出的：这个时期狂热的理性主义对法国的法典产生了重要影响……这种设想是：从自然法学派思想家所建立的基本前提进行推理，人们就能够取得一种可以满足新社会和新政府所需要的法律制度[1]。而理性主义中的形式理性对法典的制定起到了决定性的作用。

1. 形式理性的概念。法的形式理性主要是指由理智控制的法律规则的系统化、科学化以及法律制定与适用过程的形式化[2]。

形式理性的法律思想代表了高度逻辑的普遍性思维，是一种体现“制度化”的思维模式。这种制度化的思维模式在立法上试图制定逻辑清晰、前后一致、可以适用于任何实际情况的完美体系。D. M. 特鲁伯克把形式理性解释为：法律思维的理性建立在超越具体问题的合理性之上，形式上达到那么一种程度，法律制度的内在因素是决定性尺度；其逻辑性也达到那么一种程度，法律具体规范和原则被有意识地建造在法学思维的特殊模式里，那种思维富于极高的逻辑系统性，因而只有从预先设定的法律规范或者原则的特定逻辑演绎程序里，才能得出对具体问题的判断[3]。

用德国学者马克斯·韦伯的话来说，只有采用逻辑解释的抽象方法才有可能完成特别的制度化任务，即通过逻辑手段来进行汇集和理性化，使得具有法律效力的一些规则成为内在一致的抽象法律命题。这种形式理性的法律可以归结为以下五个特征：①任何具体的法律都是抽象的法律命题对具体的“事实情事”的适用；②在每个案件中都能够通过法律逻辑的方法从抽象的法律命题中推演出具体的裁决；③法律必须是“完美无缺”的体系，或者假设如此；④不能从法律上构造的问题就没有法律意义[4]，即法律只处理法律规定的事实；⑤人们的每一种社会行为都是对法律的“适用”“执行”或者是“侵权”[5]。

法律的形式性是法律形式理性的一个重要特征，这种形式性在法律中主要体现在两个方面：一方面，法律应以有形的、可以感觉到的、具有外在性的方式表现出来；另一方面，组成法律的是一些可能远离具体事物和行为的高度抽象的法律概念和命题，法律的适用有赖于对抽象法律概念和规则的逻辑分析以及从规则到具体判决的形式逻辑推理。这样，由法律程序保障和形式主义适用要求的形式性终于得以贯彻于立法与司法的始终，法律的确定性也就得到了最大限度的保障[6]。

形式理性的法律只有在与实体理性的法律相对的关系中才能得到更好地理解。实体理

---

〔1〕 参见［美］约翰·亨利·梅利曼：《大陆法系——西欧拉丁美洲法律制度介绍》，顾培东、禄正平译，知识出版社1984年版，第31页。

〔2〕 参见黄金荣：“法的形式理性论——以法之确定性问题为中心”，载《比较法研究》2000年第3期。

〔3〕 参见［美］艾伦·沃森：《民法法系的演变及形成》，李静冰、姚新华译，中国政法大学出版社1997年版，第32页。

〔4〕 任何法律关系都是法律调整的结果，如果一种现实中的事实不能与法律制度中的抽象事实相联系，这种现实中的事实就不是法律所调整的问题，也就没有法律意义，而只能是非法律规范调整的对象。这是法典化的成文法所具有的基本特点，也是形式理性的特点。也正是这一点常常受到来自各个方面的攻击。——作者注

〔5〕 参见［德］马克斯·韦伯：《论经济与社会中的法律》，张乃根译，中国大百科全书出版社1998年版，第62~63页。

〔6〕 参见黄金荣：“法的形式理性论——以法之确定性问题为中心”，载《比较法研究》2000年第3期。

性的法律类型在立法上往往对法律规范与道德、政治规范不加区分，在司法上法律的适用倾向于屈从于实体的道德、政治原则的评价，因此，法律缺少独立性、确定性。这种法律总的说来是“实体性”的。而形式理性的法律则相反，它坚持法律的相对独立性，在法律规范与实体性的道德、政治原则的关系方面倾向于排除实体性要素的干扰[1]。

形式理性的法律在适用上，要求法官必须严格执行“形式法”，至于正义、公平之类的因素是立法者而不是法官考虑的因素。法官只能依据形式理性的法律规范，依照“三段论”的司法模式得出确定的判决。

2. 形式理性的合理性。形式理性的哲学基础是对人类认识能力和理性的高度信赖，相信人能够通过自己的认识能力和理性创造一个相对独立于现实世界的抽象制度王国。在这个王国里，抽象制度中的“事实”能够与现实世界中的事实对应，能够解决现实世界中的所有问题。19 世纪大陆法系各国民法与商法法典化的时代，正好反映了这种理性主义至上的思潮。但是，人类的理性毕竟有限，以法典化解决一切的理性也只能是一种完美的理性，在现实世界中无法完全实现。所以，法律的形式理性受到了各种各样的批评，霍姆斯之“法律的生命从来就不是逻辑而是经验”的著名论断，可以看成是对法律形式理性的最经典怀疑。美国学者庞德也认为，人们过去认为可以发现一个确定的、永恒的原则体系。从这个体系出发，通过纯粹的逻辑运算，一个包罗万象甚至连每个细节都完美无缺的法律体系可以推导出来。立法者的任务就是用法典的形式推广这个推论。他们还认为，可以通过理性而一劳永逸地发现这些原则，因为这些原则只不过是抽象的人生的表现而已，也是抽象的个人行为内在的理性原则。可是，这种法理学方法已经是明日黄花了[2]。我们说，这种批评不可谓没有道理，问题是：法律的形式理性真的就如此糟糕吗？一个典型的事例是：日本在制定新法典的时候，德国法在同美国法的竞争中取得了决定性的胜利[3]，这也说明了形式理性法的合理性和生命力。

形式理性的法律的最合理之处在于它的确定性和可预测性。这也许就是它的生命力的源泉。大陆法系国家各国的民法典是这种形式理性的践行者。

（二）对法典化的一个通常的误解

我们的教科书或者法学院的教学一般都给学生留有这种印象：法典化是大陆法系国家的专利，而英美法系国家是判例法而非法典化国家。这应该是一个误解。对此，美国学者约翰·亨利·梅利曼指出：我们经常听到一些对法律一知半解的人说，大陆法制度是法典化的法律制度，而普通法制度是非法典化并且主要是判例法制度。这种认识过于简单，甚至是一种曲解。美国一个典型的州所具有的生效的法规起码不少于一个典型的欧洲或者拉丁美洲国家。如同大陆法系国家一样，法规在美国同样具有法律效力，差别仅仅在于它有赖于法官根据立法精神加以解释和适用。而且，美国成文法规的权威高于司法判例，并且可以取代相抵触的司法判例，但反之则不能。有无法典存在，也不是区分两大法系的依据。加利福尼亚州所有的法典比任何一个大陆法系国家还多[4]。甚至有人认为，英国的功利主

---

〔1〕 参见黄金荣：“法的形式理性论——以法之确定性问题为中心”，载《比较法研究》2000 年第 3 期。

〔2〕 参见［美］罗斯科·庞德：《普通法的精神》，唐前宏、廖湘文、高雪原译，法律出版社 2001 年版，第 101 页。

〔3〕 参见［美］罗斯科·庞德：《普通法的精神》，唐前宏、廖湘文、高雪原译，法律出版社 2001 年版，第 101 页。

〔4〕 参见［美］约翰·亨利·梅利曼：《大陆法系》，顾培东等译，知识出版社 1984 年版，第 29 页。

义法学派的代表人物边沁是法典编纂的始祖。边沁从19世纪初不断提出法典编纂的思想和主张，并且向俄罗斯帝国沙皇亚历山大一世和美国总统麦迪逊建议法典化，而且还屡屡向各国政府赠书游说法典编纂的必要[1]。

因此，我们不能认为，法典化是大陆法系国家独有的产物，它仅仅是法律的体系化、系统化的表现形式，就如美国学者约翰·亨利·梅利曼所指出的一样，美国的成文法典很多。

（三）法典化（法典编纂）的目的是什么

为什么要法典化？其作用或者目的是什么？日本学者穗积陈重进行了系统的总结，我们结合目前法典化国家的经验和学理进行简单的说明。

1. 出于治安的目的。干戈是战乱的凶器，而法律则是治平的要具。故一国发生战乱，社会秩序紊乱，而在反复不能收聚之际，能加以恢复秩序的便是法律。例如，古希腊的《德拉古法典》及《梭伦法典》、罗马的《十二铜表法》就是出于治安的策略而产生的[2]。

2. 出于巩固胜利成果的目的[3]。《法国民法典》就是出于巩固革命胜利成果的需要制定的。

3. 出于统一的目的[4]。《德国民法典》和《法国民法典》都有出于这种目的的需要：当时德国和法国国内的法律很不统一，阻碍了经济的发展。

由于历史的原因，法国的南部和北部实行着不同的法律。在北部，随着西罗马帝国的灭亡和法兰克人的入侵，罗马法让位于法兰克人具有日耳曼渊源的习惯法。而在南部，却一直是罗马法成文法统治的领域，在这里，罗马法并未因西罗马帝国的灭亡而灭亡。另外，对《国法大全》的研究在12世纪的蒙彼利埃和图卢兹大学都确立了稳固的地位。这样，从法律的角度将法国的领土分为南部受罗马法影响的成文法地区和北部以日耳曼习惯法为基础的习惯法地区。这种民法不统一的状态，使人难以了解、难以适用，给经济发展带来了不利。就像伏尔泰所描述的那样："此事在这个村庄是正确的，而在另一个村庄却变为错误的，难道说这不是一桩荒唐可笑而又令人畏惧的事情吗？同胞们不是在同一的法律下生活，这是多么奇特的野蛮状态！在这个王国里，每当你从一个驿店到另一个驿店就出现这种情况。在每次换乘马匹的时候，适用的法律也就变了。"[5]

德意志帝国是由各个邦（州）组成的，而这些邦早就有自己的法律或者法典。因此，德国民法要统一这些邦（王国或者公国）的法律。这些法律主要有：1756年的《巴伐利亚马克西米利安民法典》、1794年的《普鲁士普通邦法》、《撒克逊民法》、《法国民法典》（莱茵河地区的一些邦采用）等[6]。

4. 出于整理既存法律法规的目的[7]。历史上《优士丁尼法典》的编纂，也有这种目的。因为，到优士丁尼时代，法律法规十分混乱繁多，于是，优帝出于整理法律的需要，下令编纂法典。

---

[1] 参见［日］穗积陈重：《法典论》，李求轶译，商务印书馆2014年版，第8页。

[2] 参见［日］穗积陈重：《法典论》，李求轶译，商务印书馆2014年版，第27页。

[3] 参见［日］穗积陈重：《法典论》，李求轶译，商务印书馆2014年版，第30页。

[4] 参见［日］穗积陈重：《法典论》，李求轶译，商务印书馆2014年版，第33页。

[5] 转引自［德］K. 茨威格特、H. 克茨：《比较法总论》，潘汉典等译，贵州人民出版社1992年版，第152页。

[6] 参见谢怀栻："大陆法国家民法典研究"，载《外国法译评》1994年第3期。

[7] 参见［日］穗积陈重：《法典论》，李求轶译，商务印书馆2014年版，第42页。

5. 出于更新的目的。法律伴随社会的进步，故在一个国家有大革命，社会事物焕然一新，人心也发生激变之时，立法者通过编纂法典来响应社会的新世态，即是此目的。日本的明治维新后的法典编纂，就是著例[1]。需要指出的是，法典的编纂有时并非仅仅出于上述的单一目的，有时是多个目的都可能具有。

（四）法典化与反法典化的论争

1. 支持法典化的理由。

（1）能够充分贯彻民法的基本价值观念，如平等、诚实信用、私法自治、维护交易安全等，同时有助于消除、防止整个法典价值观念彼此之间的冲突和矛盾。

（2）有助于消除现行民事法律制度的混乱与冲突，将各项法律制度整合为一个有机的整体，从而建立起内在和谐一致的民事规范体系。

（3）有助于民法规范的遵守与适用。

（4）体系化有助于通过保证民事法律规范的稳定性，从而最终实现社会生活关系的稳定性及人们在社会生活中的可预期性[2]。

2. 反法典化的理由。

（1）法典不能伴随社会的进步。这种观点主要是认为，社会是不断发展的，而法典相对是稳定的。而且，法典相比单行法规修改比较困难，因此，许多法典制定后因难以修改只好如旧存在。因此，法典在跟随社会发展和适应社会需要方面，很不方便。

（2）法典不能包含法律的全部。即使在法典完成后，也没有终止单行法规的存在。实际上，在法典之外，还有大量的民事单行法和法规。因此，还不如以单行法的形式存在。

（3）法典不能终止判例规则。法典完成后，在具体适用法律的过程中，还需要对法律的解释和判例规则，而且法国、德国的实践证明，判例规则起到了非常重要的作用[3]。

如果对于以上支持和反对理由作出一个评价的话，我们认为，无论是支持法典化的理由，还是反对法典化的理由，很多都有牵强附会、生拼硬凑之嫌；特别是反对的理由，大概没有一条是站得住脚的，如“法典不能伴随社会的进步、法典不能包含法律的全部、法典不能终止判例规则”等理由大多数当代民法典的立法者从来没有否认过，恰恰相反，民法典有时候有意规避一些特殊领域，留给判例或者单行法去解决。从《德国民法典》和《法国民法典》的实践看，在他们的民法典之外存在大量的民事单行法规和判例规则，例如，德国的人格权制度、住宅区分所有权制度等都是判例和单行法在起作用；《法国民法典》的法人制度和人格权保护制度也是一样。我国《民法典》编纂的时候，从来就没有否定和取消民事单行法和判例规则的想法。至于“法典不能伴随社会的进步”，这是一个客观问题。正是因为这样，《民法典》不能否定判例的作用，判例是一种最好的弥补手段。当然，当法典与社会的进步的差距巨大的时候，只能修改《民法典》。

至于支持民法法典化的理由大概也只有“有助于消除现行民事法律制度的混乱与冲突，将各项法律制度整合为一个有机的整体，从而建立起内在和谐一致的民事规范体系”这一条是正确的。民法法典化在避免各种法律法规冲突方面的作用是十分巨大的，特别是像《德国民法典》模式下的法典编纂，其整理法律法规方面的作用十分明显。尤其是在我国，许多法律之间，由于制定的年代不同，冲突很多。例如，2007年《物权法》（已失效）与

---

[1] 参见［日］穗积陈重：《法典论》，李求轶译，商务印书馆2014年版，第48~49页。

[2] 以上四点理由参见王利明：“关于我国民法典体系构建的几个问题”，载《法学》2003年第1期。

[3] 以上理由参考了［日］穗积陈重：《法典论》，李求轶译，商务印书馆2014年版，第17~27页。

1999年《合同法》(已失效)之间就有很多冲突，需要通过法典编纂的方式来消除彼此之间的冲突与不和谐。但我国，法典化的理由当然还有一点十分重要：《民法典》能够为商事法规范提供支持基础，特别是请求权基础。因为，我国是“民商合一”的立法体例，各个商事法作为《民法典》的特别法存在，特别法的很多规范基础都在《民法典》。例如，商事交易中的不当得利返还的请求权基础、违约救济的请求权基础、物的返还请求权基础等，都必须以《民法典》为基础。

总之，我们认为，我国民法的法典化具有重要的意义和充分的理由。至于法典化的具体结构，是一个需要认真讨论的问题。编纂一部适应中国需要、体系结构合理、便于适用的《民法典》需要付出巨大的心血。

三、法典编纂的模式

应该说，法典编纂的模式主要集中在“法国式的三编制”和“德国式的五编制”之间。其差别是前者是没有“总则”的，包括“人”“物”与“取得财产的各种方式”三编。而后者是带有“总则”的，主要是总则、债法、物法、婚姻与继承。从我国的传统和目前的教学来看，我们主要是带有“总则”的德国模式。

但我国2020年《民法典》呈现出来的模式，是一种既不同于德国法模式，也不同于法国法模式的崭新模式，其特点是：①分为七编：总则编、物权编、合同编、人格权编、婚姻家庭编、继承编、侵权编。②带有“总则编”，有公因式的存在。在这一点上，有点像德国法模式。③无“债法总则”，我国民法教学中长期坚持的“债法总则”的内容被规定在“合同编”中。“合同”与“侵权”各自独立成编，并且“侵权编”作为最后一编，规定在“婚姻家庭编”和“继承编”之后，作为所有民事权利的保护手段来对待。这样，传统民法中的“债法”的统一内容就被另一种逻辑所替代。我们必须按照“先验”的“债法理论”在我国《民法典》中整合出“债的内容”。这种体例和模式的问题和优劣，只有时间和实践能够给我们带来答案。

四、《民法典》的溯及力

随着《民法典》的实施，不可避免地会遇到一个疑问：某个案件发生在《民法典》之前，但诉讼开始于2021年1月1日之后，例如，双方当事人的合同签订于2019年12月，纠纷发生并起诉到法院是在2021年1月25日，那么，究竟是适用《民法典》还是适用以前的民事单行法〔1999年的《合同法》(已失效)〕来裁判？新法原则上无溯及力是否应当有所例外？对此问题，应该是立法机关通过“施行法”来解决，但按照我国的惯例，立法机关授权最高人民法院来制定。对此，最高人民法院发布了《最高人民法院关于适用〈中华人民共和国民法典〉时间效力的若干规定》(法释〔2020〕15号)(以下简称《民法典》时间效力司法解释)，规定了一般原则和具体的细则。

一般原则主要有以下几项：①新法不溯及既往的原则。《民法典》施行后的法律事实引起的民事纠纷案件，适用《民法典》的规定。《民法典》施行前的法律事实引起的民事纠纷案件，适用当时的法律、司法解释的规定；《民法典》施行前的法律事实持续至《民法典》施行后，该法律事实引起的民事纠纷案件，适用《民法典》的规定，但是法律、司法解释另有规定的除外(《民法典》时间效力司法解释第1条)。②“优势适用原则”。《民法典》施行前的法律事实引起的民事纠纷案件，当时的法律、司法解释有规定，适用当时的法律、司法解释的规定，但是适用《民法典》的规定更有利于保护民事主体合法权益，更有利于维护社会和经济秩序，更有利于弘扬社会主义核心价值观的除外(《民法典》时间效力司法解释第2条)。③旧法无规定而《民法典》有规定者适用《民法典》。《民法典》

施行前的法律事实引起的民事纠纷案件，当时的法律、司法解释没有规定而《民法典》有规定的，可以适用《民法典》的规定，但是明显减损当事人合法权益、增加当事人法定义务或者背离当事人合理预期的除外（《民法典》时间效力司法解释第3条）。④再审案件不适用《民法典》。《民法典》施行前已经终审的案件，当事人申请再审或者按照审判监督程序决定再审的，不适用《民法典》的规定（《民法典》时间效力司法解释第5条）。

除此之外，最高人民法院的司法解释还对于很多具体规范的法律适用作出了详细规定，可以分为：一是关于1999年《合同法》（已失效）与《民法典》效力衔接的具体规则：①《民法典》施行前成立的合同，依照法律规定或者当事人约定，该合同的履行持续至《民法典》施行后，因《民法典》施行前履行合同发生争议的，适用当时的法律、司法解释的规定；因《民法典》施行后履行合同发生争议的，适用《民法典》第三编第四章和第五章的相关规定（《民法典》时间效力司法解释第20条）。②《民法典》施行前租赁期限届满，当事人主张适用《民法典》第734条第2款规定的，人民法院不予支持；租赁期限在《民法典》施行后届满，当事人主张适用《民法典》第734条第2款规定的，人民法院依法予以支持（《民法典》时间效力司法解释第21条）。③《民法典》施行前成立的合同，当时的法律、司法解释没有规定且当事人没有约定解除权行使期限，对方当事人也未催告的，解除权人在《民法典》施行前知道或者应当知道解除事由，自《民法典》施行之日起1年内不行使的，人民法院应当依法认定该解除权消灭；解除权人在《民法典》施行后知道或者应当知道解除事由的，适用《民法典》第564条第2款关于解除权行使期限的规定（《民法典》时间效力司法解释第25条）。④《民法典》施行前成立的保证合同，当事人对保证期间约定不明确，主债务履行期限届满至《民法典》施行之日不满2年，当事人主张保证期间为主债务履行期限届满之日起2年的，人民法院依法予以支持；当事人对保证期间没有约定，主债务履行期限届满至《民法典》施行之日不满6个月，当事人主张保证期间为主债务履行期限届满之日起6个月的，人民法院依法予以支持（《民法典》时间效力司法解释第27条）。⑤《民法典》施行前成立的合同，适用当时的法律、司法解释的规定合同无效而适用《民法典》的规定合同有效的，适用《民法典》的相关规定（《民法典》时间效力司法解释第8条）。⑥《民法典》施行前订立的合同，提供格式条款一方未履行提示或者说明义务，涉及格式条款效力认定的，适用《民法典》第496条的规定（《民法典》时间效力司法解释第9条）。⑦《民法典》施行前，当事人一方未通知对方而直接以提起诉讼方式依法主张解除合同的，适用《民法典》第565条第2款的规定（《民法典》时间效力司法解释第10条）。⑧《民法典》施行前成立的合同，当事人一方不履行非金钱债务或者履行非金钱债务不符合约定，对方可以请求履行，但是有《民法典》第580条第1款第1项、第2项、第3项除外情形之一，致使不能实现合同目的，当事人请求终止合同权利义务关系的，适用《民法典》第580条第2款的规定（《民法典》时间效力司法解释第11条）。⑨《民法典》施行前订立的保理合同发生争议的，适用《民法典》第三编第十六章的规定（《民法典》时间效力司法解释第12条）。二是关于2007年《物权法》（已失效）与《民法典》效力衔接的具体规则：《民法典》施行前，当事人在债务履行期限届满前约定债务人不履行到期债务时抵押财产或者质押财产归债权人所有的，适用《民法典》第401条和第428条的规定（《民法典》时间效力司法解释第7条）。三是关于《婚姻家庭法》与《民法典》效力衔接的具体规则：①《民法典》施行前，经人民法院判决不准离婚后，双方又分居满1年，一方再次提起离婚诉讼的，适用《民法典》第1079条第5款的规定（《民法典》时间效力司法解释第22条）。②当事人以《民法典》施行前受胁迫结婚为由请求人民法院撤销婚姻的，撤销权的行使期限适用《民法典》第1052条第2款的规定（《民法典》时间效力司法解释第26条）。四是关于《继承法》与《民法典》效力衔接的具体规则：①《民法典》施行前，继承人有《民法典》第1125条第1款第4项和第5项规定行为之一，对该继承人是否丧失继承权发生争议的，适用《民法典》第1125条第1款和第2款的规定。《民法典》施行前，受遗赠人有《民法典》第1125条第1款规定行为之一，对受遗赠人是否丧失受遗赠权发生争议的，适用《民法典》第1125条第1款和第3款的规定（《民法典》时间效力司法解释第13条）。②被继承人在《民法典》施行前死亡，遗产无人继承又无人受遗赠，其兄弟姐妹的子女请求代位继承的，适用《民法典》第1128条第2款和第3款的规定，但是遗产已经在《民法典》施行前处理完毕的除外（《民法典》时间效力司法解释第14条）。③《民法典》施行前，遗嘱人以打印方式立的遗嘱，当事人对该遗嘱效力发生争议的，适用《民法典》第1136条的规定，但是遗产已经在《民法典》施行前处理完毕的除外（《民法典》时间效力司法解释第15条）。④被继承人在《民法典》施行前立有公证遗嘱，《民法典》施行后又立有新遗嘱，其死亡后，因该数份遗嘱内容相抵触发生争议的，适用《民法典》第1142条第3款的规定（司法解释第23条）。五是关于2009年《侵权责任法》（已失效）与《民法典》效力衔接的具体规则：①侵权行为发生在《民法典》施行前，但是损害后果出现在《民法典》施行后的民事纠纷案件，适用《民法典》的规定（《民法典》时间效力司法解释第24条）。②《民法典》施行前，受害人自愿参加具有一定风险的文体活动受到损害引起的民事纠纷案件，适用《民法典》第1176条的规定（《民法典》时间效力司法解释第16条）。③《民法典》施行前，受害人为保护自己合法权益采取扣留侵权人的财物等措施引起的民事纠纷案件，适用《民法典》第1177条的规定（《民法典》时间效力司法解释第17条）。④《民法典》施行前，因非营运机动车发生交通事故造成无偿搭乘人损害引起的民事纠纷案件，适用《民法典》第1217条的规定（《民法典》时间效力司法解释第18条）。⑤《民法典》施行前，从建筑物中抛掷物品或者从建筑物上坠落的物品造成他人损害引起的民事纠纷案件，适用《民法典》第1254条的规定（《民法典》时间效力司法解释第19条）。

第三节　民法的法源

一、民法法源的概念

民法的法律渊源这一概念的确有许多意义，对这一概念的界定与论者对法律所持有的态度有关。例如，作为分析实证主义法学之纯粹法学的代表人物，凯尔森肯定坚持“纯粹的法律”才是法律，所以，在法律渊源上也就自然坚持“存在形式论”；而作为社会学法学的论者埃利希则认为，除了实定法，社会中的“活法”也是法律的渊源[1]。另外，我们也应当看到，大陆法系国家与英美法系国家因对法律的理解不同而导致了对法律渊源的不同认识。大陆法系国家的立法由专门的立法机关完成，法官不能创造法律（至少在纸面上是这样），所以，大陆法系的许多学者将法律渊源理解为法律的实际存在形式就是自然的。而英美法系国家的立法权掌握在法官手中（虽然现在不完全如此），立法与司法的职能在某

[1] 参见［美］E. 博登海默：《法理学：法律哲学与法律方法》，邓正来译，中国政法大学出版社1999年版，第142页。

种意义上是重合的，所以，法官在创设法律规则时所用的资料很容易被当作法律的渊源，所以，美国学者理解的法律渊源就是“混合论”也并非偶然。另外，在渊源的具体表现上，大陆法系国家理解的法律渊源的重要形式为制定法，而英美法系国家自然也就是判例法更重要。本书认为，我们使用的“民法的法律渊源”一词是指具有规范效力的民法的实际存在形式，也就是说，民法的存在与表现形式。

二、民法的具体法源

我国《民法典》第10条规定：“处理民事纠纷，应当依照法律；法律没有规定的，可以适用习惯，但是不得违背公序良俗。”由此可见，我国民法明确规定的民法的法律渊源主要有两种：一是法律，二是习惯。

（一）法律

法律在大陆法系的法律渊源地位，具有相当的理论支持。“只有立法者制定的才是法律，而其他的都不是”这种观点，被认为是来自孟德斯鸠的“三权分立”理论。我们认为，这里的“法律”应该是一个广义的概念，不仅包括民法典、民事单行法（民事特别法），立法机关的法律解释，还包括行政法、刑法、环境法等公法。

另外，有解释权的机关对民事法律所作的解释，也是民法的渊源。在大陆法系国家，一般说来，法律严格禁止法官对法律进行解释，所以，法院的解释一般不是法律的渊源，只有立法机关的解释才是有权解释。因此，法院的司法解释一般不是法源，立法机关授权的司法解释才是法源。我国最高人民法院的许多司法解释是被立法机关授权的，因此，也可以被看成是法源。

（二）习惯

习惯乃是为不同阶级或者各种群体所普遍遵守的行动习惯或者行为模式。我们认为，习惯应当具备下列条件：①待决事项确无制定法规定。②要确认的习惯是确实存在的。③该习惯长期以来被当作具有约束力的规则来遵守。④当事人均属于该习惯的约束范围之中，即当事人双方或者多方都知道这一习惯并受习惯约束。如果只有一方当事人知道该习惯而另一方不知，或者虽然知道却没有被习惯的约束力约束过，都不能确认为习惯法。⑤习惯必须不与法律的基本原则相抵触，不得违反公序良俗。

《最高人民法院关于适用〈中华人民共和国民法典〉总则编若干问题的解释》（法释〔2022〕6号）第2条规定：“在一定地域、行业范围内长期为一般人从事民事活动时普遍遵守的民间习俗、惯常做法等，可以认定为民法典第十条规定的习惯。当事人主张适用习惯的，应当就习惯及其具体内容提供相应证据；必要时，人民法院可以依职权查明。适用习惯，不得违背社会主义核心价值观，不得违背公序良俗。”

第二章
民法的基本原则

第一节 民法基本原则概述

一、民法基本原则的概念和功能

民法基本原则，是指蕴含在整体民事法律制度和民事法律规范之中，指导民事立法、民事司法及民事活动的民法根本准则和价值判断标准。

德国学者认为，民法体系分为内在体系和外在体系。外在体系是指对法律事实和法律制度所作的概念上的整理和阐明，内在体系是指支配整个民法的基本原则以及这些原则之间的实质联系。[1]

民法基本原则构成民法的内在体系，其对民法之整体起到价值统领和支配作用，以调和外在体系中的规则冲突和价值冲突，将一套和谐统一的价值体系融贯在民法规则之中，并经由规则适用将价值体系贯彻于民事实践。因此，民法基本原则意义重大。

通常认为，民法基本原则具有以下功能：

（一）立法准则功能

民法基本原则是贯穿于整个民事立法并对各项民法制度和民法规范起统率与指导作用的立法方针。在各项民事立法活动中，立法者有义务遵循民法基本原则的价值指示，并将这些民法基本价值判断贯彻于各个民法规则之中。

（二）行为准则功能

民法基本原则是一切民事主体进行民事活动之时的行为准则。民事主体在为民事活动时，不仅要遵循各项民事具体规范，还要遵循民法基本原则上的价值指引。因此，民法基本原则构成民事主体的行为规范。

（三）法律解释功能

民法基本原则是进行法律解释的依据。法律非经解释不能适用。法官在对法律条文进行解释时，应遵循民法基本原则的价值指导，尤其在涉及法律目的的解释活动中，要在民法基本原则构成的内在体系中探求法律的客观目的。

（四）漏洞补充功能

法条有限而社会现象无穷。法官在审理民事案件时，必然会遇到在制定法中找不到裁判依据的情况，此时即存在法律漏洞。民法基本原则即为法官进行漏洞补充作业的准据，

---

〔1〕 参见［德］卡尔·拉伦茨：《德国民法通论》，王晓晔等译，法律出版社2003年版，沃尔夫序，第1页。

从而使民法基本原则具有了克服成文法局限性的功能。[1]

需要注意，在发挥漏洞补充功能时，基本原则本身并不是裁判依据，也即不是司法三段论的大前提。法官需要以基本原则为起点，通过合乎法学方法论的推理过程，确立妥当的个案具体规则，并以此具体规则为三段论大前提作出判决。唯有如此，基于基本原则的裁判才能避免沦为黑箱化操作。[2]

二、基本体制原则与体制限制原则

在我国《民法典》第一章中，被法律明文规定的基本原则有以下七个："权益保护原则"（第3条）、"平等原则"（第4条）、"自愿原则"（第5条）、"公平原则"（第6条）、"诚实信用原则"（第7条）、"公序良俗原则"（第8条）以及"绿色原则"（第9条）。本章将对以上七个有制定法依据的中国民法基本原则进行阐述。

民法基本原则中有两条价值线索。一条是权益保护原则、平等原则、自愿原则；另一条是诚实信用原则、公序良俗原则、公平原则、绿色原则。前一条线索中，平等原则使得民事主体适用相同的竞赛规则；自愿原则使得民事主体可以在竞赛中凭借自己的自由意思追逐利益；权益保护原则使得民事主体在竞赛所获得的利益能够得到法律保障。以上三个原则均以个体利益为中心，是社会效率的源泉；它们构筑了市场经济及自由竞争的法律基础，可称为"基本体制原则"。然而，基本体制原则的功能经充分发挥、时日既久，民事主体在竞赛中成败效果会逐步累积，导致日益严重的强弱分化。强弱分化产生巨大的社会问题，使社会正义价值受损。为弥补市场机制的缺陷，后一条价值线索逐渐在民法中突显了出来，诚实信用原则、公序良俗原则、公平原则及绿色原则分别从不同角度对前一条线索形成限制和修正，要求主体在行为之时不能完全以个体利益为中心，而是要兼顾相关人利益、社会利益及生态环境利益，其实质是国家以公权力之手对自由市场机制进行一定的干预，从而使社会正义价值得到体现；以上原则可称为"体制限制原则"。[3]

基本体制原则与体制限制原则并非平行关系，而是有主有辅。平等、自愿、权益保护原则构成的基本体制原则居于主导地位，这条价值线若不存在，民法本身就不复存在，市场经济与自由竞争机制也不复存在。诚实信用、公序良俗、公平、绿色原则构成的体制限制原则居于辅助地位，其功能在于使基本体制原则妥当地发挥功能，尽量避免负面效果。故体制限制原则虽然对基本体制原则形成一定的限制和修正，但决非颠覆或取代。从根本上说，社会正义价值更主要地要靠公法和社会法去实现，作为私法的民法虽然也要对社会发展的新需求作出回应，并在自己的弹性范围内进行一定的调整，但这种调整绝非否定自我。否则，社会效率价值在法律中就无从贯彻了。

---

[1] 民法基本原则对成文法局限性的克服，尤请参见徐国栋：《民法基本原则解释：诚信原则的历史、实务、法理研究》，北京大学出版社2013年版，第七、八章。

[2] 参见于飞："民法总则法源条款的缺失与补充"，载《法学研究》2018年第1期。

[3] 基本体制原则与体制限制原则的提法，参见龙卫球、刘保玉主编：《中华人民共和国民法总则释义与适用指导》，中国法制出版社2017年版，第33~34页。

第二节　权益保护原则

一、权益保护原则的含义

《民法典》第 3 条规定："民事主体的人身权利、财产权利以及其他合法权益受法律保护，任何组织或者个人不得侵犯。"该条规定了权益保护原则。民法以权利为本位，我国亦应强调权利本位为主体的民法思想。[1]

在立法上，《民法通则》（已失效）第 5 条就规定了合法权益受法律保护，《中华人民共和国民法总则》（以下简称《民法总则》，已失效）及《民法典》沿袭了这一规定，并在体系上将该原则由《民法通则》第 5 条提升为现在的第 3 条，成为继《民法典》第 1 条立法目的、第 2 条调整对象之后，在表述次序上排第一位的民法基本原则。以上可以理解为，权益保护理念获得了立法者进一步的重视和强调。

二、权益保护原则的内容

《民法典》第 3 条将受法律保护的民事权益范围界定为"人身权利、财产权利及其他合法权益"。这一表述中的保护对象可以拆分为四部分——人身权利、财产权利、其他权利以及其他合法利益。其中，各类型权利主要由《民法典》总则编第五章"民事权利"及相关分则内容进行规定，其中"其他权利"主要指兼具人身性、财产性的综合性权利，如继承权（《民法典》第 124 条）、股权（《民法典》第 125 条）等。这里的问题在于，受保护的"利益"的范围有多大？首先须明确，此处的利益是一个开放概念，目的就是使社会上新产生的利益类型有可能纳入民法保护范围。当下民法体系中已获肯认的利益形态，如胎儿利益、死者人格利益、物权法上的占有利益、侵权法上的纯粹经济利益等，都是典型。但以上利益并非全部，社会生活中涌现的新利益类型仍得进入民法保护范围。利益之前的"合法"，意味着利益并非一概保护，但这仅系一个概括抽象的限制，具体如何判断须依靠特别法规则。

《民法典》第 3 条强调权益受保护，同时也强调"任何组织或者个人不得侵犯"；其中，"任何组织"尤其针对公权力组织，其意在于遏止公权力对私人权益的侵犯。

在我国现行法律上，权益保护原则有诸多体现。如《民法典》总则编第 109 条："自然人的人身自由、人格尊严受法律保护。"总则编第 113 条："民事主体的财产权利受法律平等保护。"物权编第 207 条："国家、集体、私人的物权和其他权利人的物权受法律平等保护，任何组织或者个人不得侵犯。"合同编第 465 条第 1 款："依法成立的合同，受法律保护。"人格权编第 991 条："民事主体的人格权受法律保护，任何组织或个人不得侵害。"侵权责任编第 1165 条第 1 款："行为人因过错侵害他人民事权益造成损害的，应当承担侵权责任。"以上都是权益保护原则在《民法典》各编中的体现。

三、权益保护原则的功能

民法在本质上为权利法，权益保护原则即以基本原则的方式，阐明民法以民事权益的确认和保护为其核心和目的。该原则承认了民事主体在市民竞赛中获得的利益被法律所保障，这是市场经济中激励机制的源泉；故权益保护原则有建构社会经济基础的意义。同时，

---

〔1〕 参见梁慧星：《民法总论》，法律出版社 2017 年版，第 41~44 页。

该原则又对主体人格尊严等人身权益提供保护，使其又具有了伦理意义。

权益保护原则构成我国民法内在体系的一部分，在法律解释和漏洞补充中发挥作用。该原则意在强调，法官在解释、适用法律及为漏洞补充作业时，必须遵循民法关于权益保护之价值立场，须充分考虑个案中的“合法权益”要素，尤其在对合法民事权益不予保护时，应负有充分论证的义务。

第三节 平等原则

一、平等原则的含义

《民法典》第4条规定：“民事主体在民事活动中的法律地位一律平等。”该条确立了“平等原则”。此处所谓平等，是指形式平等或机会平等，而非指实际享受权利和承担义务的均等，也即不是实质平等或结果平等。

在与其他原则的关系上，平等原则为自愿原则奠定了基础；既然民事主体的法律地位平等，则民事主体之间不能相互命令、强迫或干涉他人的意思，自愿（意思自治）才成为可能。在与权益保护原则的关系上，平等原则的内涵包括了民事主体的利益平等地受法律保护的含义；但权益保护强调的是“受保护”，平等原则强调的是“平等地”受保护，两者内涵仍然有明显差异。在与公平原则的关系上，两者完全不同；平等原则是指形式平等和机会平等，公平原则是指实质公平和结果公平。

二、平等原则的内容

我国民法理论通常认为，平等原则包含以下三层内容：

1. 自然人的权利能力平等。自然人无论其民族、性别、年龄、精神状态、宗教信仰和文化程度等有何差别，其民事权利能力都是平等的。任何机关或个人不得任意剥夺或限制自然人的民事权利能力，自然人自己也不得放弃或者自我限制其民事权利能力。

2. 在具体的民事法律关系中，民事主体的法律地位平等。民事主体在产生、变更和消灭民事法律关系时，应当平等协商；任何一方民事主体不得享有特权；具有隶属关系的上下级单位，在民事活动中也是平等的主体，即使是国家作为民事主体参与民事活动时也不例外；不同所有制性质的民事主体，其法律地位也是平等的。

3. 民事主体的合法权益平等地受法律保护。任何民事主体合法的民事权益受到非法侵害时，都可以请求人民法院依法保护和救济；法律保护不应依主体不同而区分等级。〔1〕《民法典》第113条规定：“民事主体的财产权利受法律平等保护。”此即平等保护的典型表现。

三、平等原则的方法论意义

王泽鉴先生将平等原则解为：“相类似者，应作相同处理”“非相类似的，应为不同的处理”，从而为平等原则赋予了方法论意义。〔2〕

相类似的，应做相同处理。一个事项若在所有法律评价的重要之点上与一个既有法律

---

〔1〕参见马俊驹、余延满：《民法原论》，法律出版社2010年版，第34~35页。梁慧星主编：《中国民法典草案建议稿附理由（总则编）》，法律出版社2004年版，第8页。

〔2〕参见王泽鉴：《法律思维与民法实例：请求权基础理论体系》，中国政法大学出版社2001年版，第253、265页。

规则相类似，但该事项却欠缺规则而形成法律漏洞时，应发生类推适用。因此，平等原则是类推适用的方法论基础。同理，平等原则也要求不相类似的，应做不同处理。若一个事项在法律上被特定处理了，则依法律的目的应将不相类似的事项排除于该法律调整范围之外，此即目的性限缩。因此，平等原则也是目的性限缩的方法论基础。〔1〕

平等原则中的"主体法律地位平等"与《民法典》第2条调整对象中的"平等主体"，功能并不相同。第2条的"平等主体"，意在判断一个社会关系是否由民法调整，从而确定民法的调整范围；而"平等原则"是在一个社会关系确定地适用民法之后，在调整中不要造成违反形式平等的差别对待。例如，基于一个案件的双方当事人是否为平等主体，决定其是否适用《民法典》，这是第2条调整对象中"平等主体"的问题；而该案件在适用《民法典》后，当事人的合法权益要平等地受到保护，这是第3条"平等原则"的问题。

四、平等原则的现代修正

近代民法模式中确立了主体的抽象人格，并在此基础上建立了人与人之间的形式平等。这种模式建立在两个基本判断之上，一为主体地位的平等性，二为主体地位的互换性。也即，主体之间的实质地位是相似的，如一个小农场主与一个小作坊主，他们之间的实际经济地位没有太大差别。即使主体之间的实际地位有一定的差别，由于主体经常互换法律关系中的角色，如在上一个合同中为买受人，在下一个合同中就变成了出卖人，于是在一种角色中所受的损失，会在另一种角色扮演中得到弥补。基于以上主体法律地位的平等性和互换性，国家可以对私法领域采取放任态度，并奉行最大程度的契约自由。但是，以上基本判断在现代以来发生了根本性改变。一方面，主体地位出现了严重的实质不平等和巨大的强弱分化，典型体现在经营者与消费者之间、企业主和劳动者之间；另一方面，主体之间的地位互换性丧失，消费者与劳动者没有机会与强势的对方互换地位，弱者身份被固化，无法在交易中通过变换的角色和交易地位来补偿自己之前的损失。〔2〕

在平等原则的基础发生根本变化的背景之下，再单纯地强调法律地位上的形式平等，只会固化已有的实质不平等，并为实质不平等的进一步扩大创造条件。因此，现代民法模式从抽象的法律人格中，开始分化出若干具体的法律人格，如经营者、消费者、雇主、劳动者、垄断企业等。以上具体法律人格在劳动法、消费者保护法、反垄断法等法域中，分别基于其强者或弱者的身份，而有了不同的权利和义务；从而使强者受到特别限制及承担特别义务，弱者受到特别保护及享有特别权利。〔3〕

于是，权利与义务的产生来源，经"由身份到契约"的历史变迁，现在又有了"由契约到身份"的回转现象。

以上是在现代背景下，民法为适应社会变化而在自己弹性范围内所作的调整，可称之为平等原则的现代修正。但在此必须强调的是，虽经一定调整，坚持形式平等仍是民法的价值主线，其基本体制原则的地位并未动摇。

〔1〕 参见王泽鉴：《法律思维与民法实例：请求权基础理论体系》，中国政法大学出版社2001年版，第253、265页；［德］卡尔·拉伦茨：《法学方法论》，陈爱娥译，商务印书馆2003年版，第258页。

〔2〕 参见梁慧星："从近代民法到现代民法——二十世纪民法回顾"，载《中外法学》1997年第2期。

〔3〕 参见梁慧星：《民法总论》，法律出版社2017年版，第4页。

第四节 自愿原则

一、自愿原则的含义

《民法典》第5条规定："民事主体从事民事活动，应当遵循自愿原则，按照自己的意思设立、变更、终止民事法律关系。"该条规定了自愿原则。自愿原则是指在法律允许的范围内，民事主体可以按照自己的自由意思决定民事法律关系，为自己创设权利和义务。自愿原则即传统民法中的意思自治原则。[1]

民法的基本原理为私法自治，即国家公权力原则上不干涉私法领域，该领域中的事务由私人自行治理。私法领域何以实现自治？其途径即通过私人的自由意思进行自治，此即意思自治。意思自治的主要制度体现即契约自由。因此，私法自治——意思自治——契约自由，构成了民法中的一条核心理念脉络。

二、自愿原则的功能

民法上自愿原则的功能，在于允许民事主体依其个人意思设立法律关系、创设权利和追求自己的利益，并排除一切他人——包括公权机关和国家的非法干预。倘若希望每个主体的每件事项都由公权力安排得尽皆妥当，既在主观上合乎每个主体的意愿，又在客观上符合每个主体的利益，这是根本不可能的。若勉力为之，只会造成公权对资源的垄断、资源使用效率的低下和腐败的滋生。事实上，最明白自己意愿与利益为何的正是主体自己，而非任何他人。由各个主体依其意思自由地追逐自己的利益，是实现各个主体差别化利益的最佳方式。同时，社会效率也会因此而增长，每个个体人格也有了自由和差异化发展的可能性与空间。在市场经济中，每个市场主体为追求各自利益，依其意愿自由地订立合同，实现资源的流转和优化配置，这是市场经济赖以存在的基础。因此，自愿原则体现的也是市场经济的要求。

民法意图使主体在私法领域中依其自由意思实现自我治理，因此承认和维护人的自由应为基本立场。若要对意思自由进行限制，应当由提出限制者负举证责任，证明其主张具有足够正当且充分的理由。若不能举证，则须维持自由的立场，而不能让自由来自证其正当性。

在与其他原则的关系上，自愿原则以平等原则为基础。诚实信用主要在权利的行使上对自愿原则形成限制。公序良俗主要在权利的产生上，通过否定法律行为的效力对自愿原则形成限制。

三、自愿原则的体现

自愿（意思自治）原则是民法基本原则的核心内容，体现于民法的各项制度中。在合同法中，自愿原则体现为合同自由；在婚姻法领域，自愿原则表现为婚姻自由，包括结婚自由和离婚自由；在继承法领域，自愿原则表现为遗嘱自由；在物权法领域，自愿原则表现为所有权享有和使用的自由；在侵权法中体现为自己责任。

需要注意，自愿原则或意思自治原则虽然是民法基本原则，但其在民法各部分中表现出的强度是有差异的。总体而言，财产法中的意思自治强于身份法；在财产法中，债权法

---

〔1〕 参见梁慧星：《民法总论》，法律出版社2017年版，第47页；王利明：《民法总则研究》，中国人民大学出版社2012年版，第115页。

中的意思自治强于物权法；在债权法中，又以合同法体现意思自治原则最为强烈和典型。

四、自愿原则的限制

现代民法对自愿（意思自治）原则也存在一些必要的限制，这主要是由社会强弱分化造成的。在社会强弱悬殊的前提下，若再一味强调无限制的意思自治，该原则就会成为强者欺凌弱者的工具。试想，一个背井离乡的劳工，靠出卖劳动力维持基本生计，如何能与企业主讨价还价，磋商劳动条件？一个无资力的市民，仅能购买最廉价的商品，所谓合同自由，又有多少选择余地？一个普通消费者，零散孤立，欠缺必要信息，如何能够对抗在市场上居于优势地位的经营者，并签订公平合理的合同？这就必然要求国家伸出干预之手，对强者进行特殊限制，对弱者进行特殊保护，意思自治，尤其是强者的意思自治就会因此受到一定限制。这些限制，有时通过特别法规范体现出来，如消费者保护、劳动者保护相关的法律规定；有时通过诚实信用、公序良俗等概括条款在个案中的适用体现出来。〔1〕

但如前所述，自愿（意思自治）原则是民法的基本体制原则，是民法的质的规定性；纵有所限制，也不失其在民法中的根基性、决定性之地位。这一点对民法命运攸关，兹再强调。

第五节 公平原则

一、公平原则的含义

《民法典》第6条规定："民事主体从事民事活动，应当遵循公平原则，合理确定各方的权利和义务。"该条规定了"公平原则"。

公平原则中所指的"公平"，是指实质平等、结果平等，而非形式平等、机会平等。正是在这一点上，公平原则与平等原则有了明确的区分，否则公平原则就没有独立存在的余地。〔2〕

由于民法系以追求形式平等为原则，以追求实质平等为例外，故公平原则是在平等原则发挥基本体制作用的基础上，在特定情况下用以纠偏的一个原则。

二、公平原则的功能

平等、自愿、权益保护这些基本体制原则会激发市场机制的高效率，但也会造成严重的强弱分化。此时，需要有效手段介入，以维护社会正义价值。从法律部门的分工上说，结果平等主要靠公法、经济法、社会法等来实现，但民法也应当在自己的弹性范围内对结果平等价值有所兼顾，这就出现了一些以追求结果公平为目的的民法规则，它们在法理念上的总括反映，就是公平原则。

需要注意的是，公平原则并非裁判规范，这一点在我国司法实践中常有误解，导致出现了大量以公平原则为裁判依据的司法判决。实际上，一方面，没有法律的具体规定之时，不能直接适用基本原则，包括公平原则进行裁判；另一方面，有法律具体规定之时，也不需要适用公平原则。因此，公平原则并非法官的裁判依据，不能作为司法三段论的大前提。公平原则仅是民法中既有体现衡平理念的具体规定的抽象表达。

---

〔1〕 参见梁慧星主编：《中国民法典草案建议稿附理由》，法律出版社2013年版，第10页。

〔2〕 参见王利明：《民法总则研究》，中国人民大学出版社2012年版，第122页；马俊驹、余延满：《民法原论》，法律出版社2010年版，第39页。

如果发现民法中有除法定情形之外的其他需要衡平规定的场所，则应以立法方式补充之。在立法之前，可以用法学方法论上的适宜方法来补充漏洞，此时，法官的裁判依据是经特定漏洞补充方法而产生的某个具体规则，该规则及推导过程须于判决书中明示。无论何时，法官的裁判依据不能是公平原则本身。

三、公平原则的具体化与法定化

民法以追求形式公平为原则，实现实质公平为例外；然而，例外必须要法定，才可成为例外。如果例外并非法定，而是由法官在个案中任凭己意决定，则例外就会无限多且不可控制，例外就不再是例外，原则也就无法再成为原则。

如何避免例外的无限和不可控？根本途径在于例外的法定化。例如，我国公平原则在侵权法上的一个重要体现，即《民法典》第 1186 条规定："公平分担损失规则"。该条规定，"受害人和行为人对损害的发生都没有过错的，可依照法律规定由双方分担损失"。该规定没有通过法定化来限制其适用范围，导致在一切侵权领域都可能依据该条产生衡平责任。实践中，法官以该条为裁判依据作出了大量并不合理的判决。《民法典》第 1186 条对前述条文进行了完善，规定"受害人和行为人对损害的发生都没有过错的，依照法律的规定由双方分担损失"。这里最大的修改在于添加了"依照法律的规定"，从而使得必须另有法律的明文规定才能产生衡平责任，实际上废止了该条独立作为裁判依据的功能。而这种法律另有明文规定实际上很少，由此实现了侵权法上衡平责任的法定化。这一修改，符合公平原则在我国民法体系中的例外性质，是合理的。民法中何处需要衡平规定，就应在何处通过立法手段解决；民法不需要一个无所不在的作为裁判依据的衡平规定。

第六节 诚实信用原则

一、诚实信用原则的含义

诚实信用原则，起源于罗马法上的善意（bona fides），要求行为人恪守诺言、诚实不欺，在民事活动中本着值得信赖、真诚和为他人着想的观念而行事，在顾及他人利益的前提下追求自己的利益。[1]

诚实，要求行为人正直；信用，指相对人可以对其信赖。惟其诚实，始具信用，方可信赖，体现的是诚实信用原则的伦理性。[2] 诚实信用原则是民法最重要的基本原则之一，被称为民法的"帝王条款"。[3] 从法律史角度来看，诚实信用原则最开始被规定在债法领域，用于调整债务关系当中权利的行使、义务的履行。[4]

随着学说与实践的发展，诚实信用原则的适用范围逐渐扩及整个民法领域，遂有"帝王条款"一说。从近年来的学说发展与比较法实践来看，诚实信用原则也逐渐扩展到私法以外的其他法律部门。[5]

---

〔1〕 参见梁慧星：《民法总论》，法律出版社 2017 年版，第 273 页；崔建远等：《民法总论》，清华大学出版社 2013 年版，第 41 页。

〔2〕 参见王泽鉴："诚实信用与权利滥用"，载《北方法学》2013 年第 6 期。

〔3〕 参见王泽鉴：《民法总则》，北京大学出版社 2009 年版，第 441 页；史尚宽：《民法总论》，中国政法大学出版社 2000 年版，第 334 页；梁慧星：《民法总论》，法律出版社 2017 年版，第 275 页。

〔4〕 参见《德国民法典》第 242 条、《瑞士民法典》第 2 条第 1 款。

〔5〕 参见徐国栋："论诚信原则向公法部门的扩张"，载《东方法学》2012 年第 1 期。

我国民事立法历来将诚信原则置于重要地位。《民法通则》第4条明文规定了诚信原则；《合同法》第6条亦规定："当事人行使权利、履行义务应当遵循诚实信用原则。"《民法典》第7条在表述上并未将诚信原则的适用范围限于"行使权利、履行义务"，而是采用"民事活动"的表述，这里既有《民法通则》传统的影响，也意在显示诚信原则适用范围的广阔。

二、诚实信用原则的个案运用

诚实信用在缓和成文法僵硬性的同时，会对法的安定性有所冲击。为求在增加法律弹性与降低法的安定性之间取得平衡，妥当地发挥诚实信用的功能，应注意以下问题：

1. 诚实信用的适用次序。在法律适用上，如果法律有具体规定（即使该规定起源于诚实信用原则），必须首先适用该规定，禁止向一般条款逃避；如果法律没有具体规定，则存在法律漏洞，须优先考虑通过类推适用等更具确定性的法律方法填补该漏洞，而非径行适用诚实信用原则。

2. 本土案例的类型化。诚实信用原则的个案判断标准，需要在对本土案例的类型化中获得，抽象的理论探讨及比较法研究都只能提供有限的帮助。原因有二：其一，是否违背诚信，这是随着时间、地域等具体情事而有别的。其二，诚实信用、公序良俗等概括条款主要的实质作用仍在于弥补具体规范之间的缝隙。各国具体规范的体系不同，规范之间的缝隙也就不同，这些原则的实际作用的领域也就不同。这就导致脱离本土案例去谈具体标准，总是难以切中肯綮。本土案例的类型化，实为最重要、最具裁判意义的具体化方法。

在本土案例类型化工作尚未成熟之前，诚实信用、公序良俗相关条款的司法适用都会呈现一定的"乱象"，此时我们一方面可以通过加强理论框架和法学方法论的研究，来为法官提供一定的思维辅助，另一方面也需认识到这是一个必经的过程，是试图缓和成文法僵硬性所必然付出的代价。

三、诚信原则的功能

民法的基本立场是个体及个人利益为中心。但在其弹性范围内，民法又作出了一定修正。其中，一个重要内容就是要求民事主体在为自己利益而行为时，要合理地兼顾相关方利益，由此衍生出一系列新的注意义务和法律规则，形成了诚信原则的诸多具体功能类型。

（一）行使权利与履行义务的方法

任何权利，必有其界限，权利人行使其权利，不得超出其界限。诚实信用原则，即为权利行使的界限。具体来说，其规范效果在于：行使权利的某个具体行为被否定，不发生权利行使的效果，但产生权利的法律行为效力不受影响；嗣后权利行使的方式符合诚信要求的，仍有继续行使权利的可能。因此，在功能上，学者将其称为权利的"行使审查"。[1]若行使权利违反诚信要求，以损害他人为主要目的的，[2]构成权利滥用，须被禁止；此即所谓禁止权利滥用。因此，禁止权利滥用是诚实信用在权利行使领域的反向规定。

《民法典》第132条规定："民事主体不得滥用民事权利损害国家利益、社会公共利益或者他人合法权益。"此即我国民法上的禁止权利滥用条款，实为诚实信用原则在权利行使领域的体现。但由于第132条在"民事权利"章，故其只涉及权利行使，并不规制义务履行。我国民法在义务履行方面，立法上尚欠缺一般规则。

---

〔1〕 参见于飞："公序良俗原则与诚实信用原则的区分"，载《中国社会科学》2015年第11期。

〔2〕 在权利行使是否"以损害他人为主要目的"的判断基准上，有从行为人的主观意思向客观的利益衡量的变迁。参见王泽鉴：《民法总则》，北京大学出版社2009年版，第437~439页。

（二）情事变更

合同基础丧失之后，当事人仍依原来的约定主张合同权利，这种权利行使行为即违反诚信，不予准许。因此，情事变更规则所否定的，是当事人对合同权利的某次背信行使行为，而非权利本身；是否对当事人关系进行调整及怎样调整，仍取决于当事人本人，如请求法院变更或者解除合同（参见《民法典》第533条）。有学者对我国情事变更进行了案例类型化研究，值得参考。[1]

（三）权利失效

权利人在相当期间内不行使权利，导致相对人产生合理信赖，相信权利人不欲其履行义务，若权利人再行使权利，使前后行为发生矛盾，依诚信原则应不予准许；权利失效制度的效果，一般认为是产生抗辩权。[2]

权利失效制度所否定的，亦是权利人的某次背信的权利行使行为，权利本身并未消灭，产生权利的法律行为更非无效。

（四）附随义务的创设

债务关系在发展过程中，除了给付义务外，根据具体情形，还会发生其他义务，如照顾、保管、告知、协助等。这类义务的产生，即是以诚实信用原则为依据。从功能上看，附随义务主要包括两类：其一，促进实现给付义务；其二，维护对方当事人人身及财产之固有利益。从时间上看，附随义务可能发生在契约订立前、契约履行中及契约履行完毕后。

附随义务属于诚实信用原则对契约内容的补充。这是产生新的义务，而非对既已存在的权利义务进行控制。附随义务的特点在于，相对人不得诉请履行；但若义务人违反该义务，相对人可主张义务违反之后果（损害赔偿）。经过学说与实践的发展，附随义务通常能在法典中找到直接条文依据，如《民法典》第500条、第509条第2款、第558条，即为适例。当事人负有何种附随义务，取决于具体情形，但必须以诚实信用原则为准则。

（五）法律行为的解释

当事人对合同内容发生争议，或约定不明，或未做约定时，可以依诚实信用原则对之加以解释、补充或评价。对此，《民法典》第142条明文规定诚信原则是意思表示的重要解释基准；比较法上，亦属通论。[3]

（六）法律解释与漏洞补充

诚信原则也可以与前述价值理念型基本原则一样，在法律解释和漏洞补充中发挥功能，是解释法律、发展法律的重要工具。[4]

以诚实信用原则作为法律解释及漏洞填补的适用依据，是我国司法实践对诚实信用原则的适用情形之一。[5]

以上六项功能基本上可以规则化，有的在我国现行法中已经被规定，如权利行使、附

---

〔1〕 参见韩世远：“情事变更若干问题研究”，载《中外法学》2014年第3期；韩强：“情势变更原则的类型化研究”，载《法学研究》2010年第4期。

〔2〕 参见王泽鉴：“权利失效”，载王泽鉴：《民法学说与判例研究》（一），中国政法大学出版社1998年版，第307~318页。

〔3〕 参见《德国民法典》第157条：“合同解释，必须依照诚实信用方法，顾及交易习惯而为之。”另参见［德］卡尔·拉伦茨：《法学方法论》，陈爱娥译，商务印书馆2003年版，第180页。

〔4〕 参见梁慧星：《民法总论》，法律出版社2011年版，第271页；［德］卡尔·拉伦茨：《法学方法论》，陈爱娥译，商务印书馆2003年版，第294页。

〔5〕 参见徐国栋：“我国司法适用诚信原则情况考察”，载《法学》2012年第4期。

随义务创设、情事变更、合同解释等。由于我国现行法中还有一些体现诚实信用的具体规则尚付阙如，如义务履行的一般规则、格式条款内容审查、权利失效等，当下的《民法典》第7条还有一个功能或使命，即通过方法论手段补充这些欠缺的概括条款或规则。

第七节 公序良俗原则

一、公序良俗原则的含义

《民法典》第8条规定："民事主体从事民事活动，不得违反法律，不得违背公序良俗。"该条确立了"公序良俗原则"。该条规定了公序良俗原则。

公序良俗原则，是指民事主体从事民事活动不得违反公共秩序与善良风俗。公序良俗，即公共秩序与善良风俗的简称。

（一）公共秩序与善良风俗的各自内涵

学说上一般认为，公共秩序是指社会一般利益，善良风俗是指社会一般道德。[1]

这样的界定仍嫌笼统，不易操作。善取不如善弃，我们可以从"公序良俗不是什么"开始，展开有启发意义的讨论。

公共秩序不是指现行法律规范。若认为两者等同，会导致不违反现行法就不违反公共秩序的结论。公序良俗是对现行法规范，尤其是现行强行法规范的补充，如果认为只有在违反现行法规范时才有公序的违反，等于公序没有自己独立的适用余地。实际上，公共秩序应当从超出现行法规范之上的法律价值体系中去理解，这种法律价值体系尤其存在于宪法基本权利价值体系当中。[2]

善良风俗不是指道德本身。若善良风俗是指道德，则不违背善良风俗的要求就会为民事主体设立过高的行为标准，这会严重限制行为自由。道德也分层次，作为法律概念的善良风俗并非包括了道德的全部，而只是道德之中构成社会存在发展基础的一部分，即社会一般道德或社会最低伦理标准，被称为"伦理的最小值"[3]。这部分道德"从道德秩序中裁剪下来"，"被烙上法律印记"。[4]

公共秩序系指法律价值与精神，常表现为一种脱离习惯与流行意见的法律上和意识形态上的概念，故公共秩序在一定程度上是主观的。当法官利用公共秩序概念传导宪法基本权利价值去保护人格尊严时，社会上常常还没有这种惯行，甚至连流行意见都未形成。这时，需要法官发挥司法的能动性，对社会和主流观念进行一定的引导。善良风俗则与之不同，它被认为是客观可认定的事实，[5] 深深扎根于生活与习惯之中。认定善良风俗须探求和参照社会中的习惯。

（二）公序与良俗：统一或分立

公共秩序与善良风俗既然是两个概念，那么公序良俗原则究竟为一项原则还是两项原

〔1〕 参见郑玉波：《民法总则》，中国政法大学出版社2003年版，第467页；王泽鉴：《民法总则》，北京大学出版社2009年版，第232页。

〔2〕 参见王泽鉴：《民法总则》，北京大学出版社2009年版，第231~232页。

〔3〕 [德] 迪特尔·梅迪库斯：《德国民法总论》，邵建东译，法律出版社2000年版，第511页。

〔4〕 [德] 迪特尔·梅迪库斯：《德国民法总论》，邵建东译，法律出版社2000年版，第510~511页。

〔5〕 参见沈达明、梁仁洁：《德意志法上的法律行为》，对外贸易教育出版社1992年版，第180页。

则？在适用公序良俗原则时，法官有没有义务指明当事人违反的究竟是公共秩序还是善良风俗？学说上是否应当区分地发展公序良俗原则的解释论？

比较法上，法国法虽然同时承认公共秩序与善良风俗，《德国民法典》上只规定了善良风俗。日本民法上虽然也是承认了公共秩序与善良风俗，但在适用时以“社会妥当性”统称之，将违背公序良俗称为具有“反社会性”。〔1〕

也即，以上立法例都没有在适用中区分地发展公序良俗的解释论。

笔者赞同公序良俗不区分适用的立场。从可能性上说，两者大部分内容相同，界线模糊，区分困难。损害社会一般利益的行为，亦常违反一般道德；而悖于一般道德的行为，又常损于社会一般利益。从必要性上说，违反公共秩序、善良风俗两者任何之一都导致相同的结果，即法律行为无效，因此，通常没有必要区分究竟是违反了两者中的哪一个。〔2〕

（三）公序良俗原则应当从反面表达和理解

通说认为，公序良俗并非为了正面推行一种高标准的道德伦理要求，而只是为了从反面否定践踏社会底线的法律行为的效力，从而拒绝为此类法律行为提供履行强制，因此，可将其称为“伦理的最小值”。〔3〕

从这个角度说，公序良俗原则只宜从反面表达为“不违反”，而不宜从正面表达为“遵循”；遵循底线等于否定了人们追求更高标准的自由。

（四）公序良俗概念的形成及在我国的肯认

“善良风俗”（bonos mores）源于罗马法。“公共秩序”一词在罗马法上并未出现，它是一个法国固有法上的概念。在《法国民法典》编纂时，立法者将从罗马法上继受来的“善良风俗”与固有法中的“公共秩序”结合起来，形成了《法国民法典》中的“公序良俗”这一组合概念。德国因直接继受罗马法，对法国固有法概念并不认可，故《德国民法典》中只有“善良风俗。”受《法国民法典》影响，《日本民法典》也采纳了“公序良俗”概念。〔4〕

《民法通则》（已失效）第7条规定，“民事活动应当尊重社会公德，不得损害社会公共利益，扰乱社会经济秩序”。《合同法》（已失效）第7条规定，“当事人订立、履行合同，应当遵守法律、行政法规，尊重社会公德，不得扰乱社会经济秩序，损害社会公共利益”。以上条文被通说认为是我国的公序良俗原则，〔5〕只是在概念表述上受苏联民事立法及民法理论影响，未采公序良俗概念。〔6〕

《民法总则》（已失效）及《民法典》均在第8条规定：“民事主体从事民事活动，不得违反法律，不得违背公序良俗。”以上条文正式在我国制定法中确立了“公序良俗”这一通行术语。

---

〔1〕参见［日］我妻荣：《新订民法总则》，于敏译，中国法制出版社2008年版，第254页；［日］山本敬三：《民法讲义Ⅰ总则》，解亘译，北京大学出版社2004年版，第177～178页；史尚宽：《民法总论》，中国政法大学出版社2000年版，第335页；郑玉波：《民法总则》，中国政法大学出版社2003年版，第467页。

〔2〕参见［日］我妻荣：《新订民法总则》，于敏译，中国法制出版社2008年版，第254页。

〔3〕［德］迪特尔·梅迪库斯：《德国民法总论》，邵建东译，法律出版社2000年版，第511页。

〔4〕参见于飞：《公序良俗原则研究——以基本原则的具体化为中心》，北京大学出版社2006年版，第11～16页。

〔5〕参见梁慧星：《民法总论》，法律出版社2011年版，第50页。王利明：《民法总则研究》，中国人民大学出版社2012年版，第135页。韩世远：《合同法总论》，法律出版社2011年版，第42页。

〔6〕参见梁慧星：《民法总论》，法律出版社2017年版，第51页。

《民法典》第 8 条将公序良俗原则的适用范围界定为"民事活动"；从字面意义来看，不仅包含法律行为，也应包括其他领域，如侵权行为、不当得利以及确定法律渊源等。在法律行为领域，公序良俗原则旨在否定法律行为效力，限制意思自治的范围；在侵权法领域，公序良俗原则旨在遴选特定的纯粹经济损失加以保护，在扩张损害赔偿义务时平衡行为自由；在无因管理中，公序良俗原则用于否定不法无因管理的法律效果；在不当得利情形，公序良俗原则旨在规范财产的变动；在确定习惯法作为民法渊源时，公序良俗原则发挥着限制习惯法范围的作用。[1]

《民法典》第 8 条最终使用"民事活动"的表述，应当理解为系采全面概括之义。

公序良俗原则实为法律强制性规定的补充。因此，《民法典》第 8 条将不违法与不违背公序良俗规定在一个条文中，也意在体现公序良俗对法律强制性规定的补充关系。

二、公序良俗原则的功能

公序良俗原则及相关规范的核心功能在于发挥转介作用，将民法外的规范引入民法之中。公序指向法律的价值体系，尤其是宪法基本权利价值体系，良俗指向社会一般道德或社会最低伦理标准；公序良俗原则犹如一根双头虹管，一头插入法律价值层面，一头插入社会伦理层面，使《民法典》可以不断吸收这两个层面的营养，在不修改法典的情况下实质性地更新自己的规则，从而使民法法典永葆青春，不致落伍。故公序良俗原则具有克服成文法局限性的功能。

公序良俗原则的主要具体功能类型如下：

（一）否定法律行为效力

在法律行为领域内，公序良俗的规范目的主要是对法律行为作出否定性评价，故公序良俗是意思自治的边界及限制。意思自治的限制，首先依靠法律的禁止性规定。在禁止性规定不足之时，公序良俗起补充作用。《民法典》第 153 条第 2 款规定："违背公序良俗的民事法律行为无效。"

在违背公序良俗判断的时间点上，一般以法律行为成立的时间点为准，而非法效果产生的时间点为准。[2]

法律行为成立时若因违背公序良俗而无效，不因其后公序良俗观念的变更而使其复活。遗嘱是一个例外，由于遗嘱成立后至遗嘱人死亡之前，遗嘱人可以随时修改遗嘱，因此，在遗嘱成立时进行妥当性判断没有必要；遗嘱人死亡遗嘱发生效力时，进行是否背俗的判断即可。[3]

在构成要件层面，客观上必须存在违反公序良俗之行为；主观上行为人只要对构成违反公序良俗的情形有所认识即为已足，而不需要对行为违反公序良俗有所认识。[4] 否则，当事人就可以以不知道存在某种公序良俗为由，逃避否定性评价。

（二）在不当财产变动中充当判断标准

在具有给付关系的财产变动中，如果基于不法或违背公序良俗的原因而为给付，即构成不法原因给付，给付人不得请求返还；但不法原因仅存在于受领人一方时除外。[5]

---

〔1〕 参见于飞：《公序良俗原则研究——以基本原则的具体化为中心》，北京大学出版社 2006 年版，第 4 页。

〔2〕 参见［德］迪特尔·梅迪库斯：《德国民法总论》，邵建东译，法律出版社 2000 年版，第 518 页。

〔3〕 参见王泽鉴：《民法总论》，北京大学出版社 2009 年版，第 232~233 页。

〔4〕 参见王泽鉴：《民法总论》，北京大学出版社 2009 年版，第 232~233 页。

〔5〕 参见《德国民法典》第 817 条、我国台湾地区"民法"第 180 条。

因此，公序良俗在调整给付型不当财产变动中，发挥着重要作用。

（三）否定不法无因管理的法律效果

在存在不法无因管理的情况下，管理人不享有管理费用偿还请求权，因管理事务受到损失的，也不享有请求受益人适当补偿的权利。但是，受益人的真实意思违反法律或者违背公序良俗的除外（参见《民法典》第979条）。可见，公序良俗可以用于否定不法无因管理的法律效果。

（四）习惯能否成为法源的检验标准

《民法典》第10条规定："处理民事纠纷，应当依照法律；法律没有规定的，可以适用习惯，但是不得违背公序良俗。""习惯"已经被《民法典》第10条确认为法源之一，这是我国法源论的一大更新。习惯要构成法源，需经过公序良俗的检验。例如，我国民间有"顶盆过继"的习惯，该习惯合乎我国传统文化中"慎终追远"的价值追求。一方面，体现"慎终"的观念，使被继承人身后有所托付，得享祭祀；另一方面，也保证被继承人财产不至于失散，有助于继承人的生活改善。故"顶盆过继"的习惯既具有文化价值，又具有社会意义，不违反公序良俗，可以依该习惯确立继承权。〔1〕

如前所述，《民法典》第8条上的公序良俗原则也是一种法理念，仅在法律解释与漏洞补充中发挥作用。能直接作为法官的裁判依据的，是作为概括条款的公序良俗，如《民法典》第153条第2款。同时，当下的《民法典》第8条也是补充产生欠缺的公序良俗概括条款——如不当得利中的公序良俗、侵权法中的背欲故意致损等——的基础。

三、我国公序良俗违反的案例类型

与诚实信用相同，公序良俗司法适用的根本推动力量，仍在于本土案例的类型化。有学者在这方面做出了努力，可供参考。

有学者根据我国案例，归纳了以下我国公序良俗的运用领域：①判断法律行为的效力；②认定侵权行为的违法性；③解决物权纠纷；④辅助解决人格权与身份权纠纷；⑤解决继承与婚姻纠纷；⑥认定是否符合解除劳动合同事由。蔡唱教授根据裁判样本分析认为，请托行为、对逝者不尊重的行为、婚外同居行为是在我国实践中比较一致的违反公序良俗的类型；并展望公序良俗以后可以在债务人超出自己预计给付能力的债务违反、基本权利维护、保护环境等案例类型中适用。〔2〕

李岩教授整理我国案例，提出将公序良俗适用的案例类型归为以下五类：①禁止祖父母、外祖父母等父母之外的其他近亲属探望孙子女、外孙子女的行为；②请托他人办事形成的协议或不当得利；③以人身为交易内容或所附条件的民事协议；④违反性道德而为的赠与；⑤侵犯生命周期仪式的行为。〔3〕

以上案例类型的可贵之处，在于它们是在本土案例的梳理当中产生的，而非仅源于比较法经验；故这些努力都取向于中国问题的解决。当然，成熟的案例类型需要众多研究者的投入、大量案例的有效梳理、司法与学说的密切互动，这是一个长期的过程。

另须注意，以上案例类型需根据其不同的功能归并到不同的法条之下。其中，多数应

〔1〕 参见汪洋："习惯作为法源的适用 石坊昌诉石忠雪顶盆过继案"，载周江洪、陆青、章程主编：《民法判例百选》，法律出版社2020年版，第17~21页。

〔2〕 参见蔡唱："公序良俗在我国的司法适用研究"，载《中国法学》2016年第6期。

〔3〕 参见李岩："公序良俗原则的司法乱象与本相——兼论公序良俗原则适用的类型化"，载《法学》2015年第11期。

当归入《民法典》第153条第2款的公序良俗概括条款中。只有公序良俗在案例中发挥法律解释及漏洞补充功能之时，才应当归入《民法典》第8条中的公序良俗原则。

第八节　绿色原则

一、绿色原则的含义

绿色原则，是指民事主体在民事活动中，应当节约资源、保护生态环境。《民法典》第9条规定："民事主体从事民事活动，应当有利于节约资源、保护生态环境。"该条从民法基本原则高度规定生态环境保护，是我国此次民法总则编纂中的一个创举。这样层级且这种内容的条款，无论在我国民法中还是在比较法上都尚未有过。

徐国栋教授是我国最早公开提出这一原则的学者。徐教授的民法典草案建议稿被称为"绿色民法典草案"，该建议稿第9条即"绿色原则"。[1]

民法典有时代性，它总是在回应制定之时的重大社会需求。当今中国，严重的环境污染与生态危机威胁每一个人的生存与发展。绿色原则的立法化，表明中国《民法典》试图对当今中国重大社会问题和社会需求作出一个民法上的回应。

二、绿色原则的功能

绿色原则是我国《民法典》的一个创新，它进一步丰富了我国民法"内在体系"的价值内涵，为我国民法的体制限制原则增加了新的内容。民法的基本体制原则——自愿、平等、合法权益受保护——系以个人利益为中心；民法的体制限制原则之中，诚信、公平意图实现民事主体之间的利益平衡，公序良俗意图实现民事主体与社会之间的利益平衡。绿色原则增加了一种体制限制，要求实现民事主体与生态环境之间的利益平衡。可以说，绿色原则是民法典社会化一面的新表现和新动向。

绿色原则是民法基本原则。在《民法总则》（已失效）制定过程中，曾经把该条的内容移至"民事权利"章的权利行使部分，这在解释上意味着该条仅对权利行使发生作用，对其他领域，如权利产生（法律行为效力评价）不发生作用。《民法总则》（已失效）最终恢复了绿色原则的基本原则地位，意味着该原则的精神可以覆盖民法各个领域。

绿色原则会导致环境资源法对民法产生何种程度的影响？这种影响具体在个案中如何表现？以上尚须司法实践的检验和发展，以及学说理论与实践之间的互动。但须注意一点，绿色原则也是体制限制原则之一，仅能对基本体制原则起补充和纠偏的作用，而不能颠覆之。要预防环境资源保护的强制性规范经由绿色原则的孔道，对民法的自由精神及个体权利保护产生过大的钳制作用。绿色原则在民法中作用的发挥，尤须注意适度。

---

〔1〕 参见徐国栋主编：《绿色民法典草案》，社会科学文献出版社2004年版，第4页。

第三章 民事法律关系及民事权利

第一节 民事法律关系

一、民事法律关系的概念和特征

（一）概念

民事法律关系是人与人之间的被纳入民法调整范围的生活关系，也可以说，是人与人之间因民法调整而形成的民事权利义务。

在现实生活中，人与人之间的关系多种多样，但并非任何个人之间的关系都属于民法的调整对象，因此，有很多人与人之间的关系并未被纳入民法的调整范围中，也就不可能成为民事法律关系。因此，只有纳入到民法的调整范围之中并受其调整的人与人之间的关系，才是民事法律关系。由法律规范的人与人之间的关系，就是法律关系。

（二）特征

学者对于法律关系可能有不同的界定，但基本上都包含两个特征：

1. 民事法律关系是法律规范调整的结果，即民事法律关系是民法调整的结果。张俊浩教授认为，民事法律关系是民法规范中法律效果部分实施的结果。民事法律规范由两部分构成：一是“法律要件”；二是“法律效果”。其中，“法律要件”给出了“法律效果”的条件；而“法律效果”则给出了“法律要件”被生活事实所充分时的效果，该效果即具体的权利义务关系。民事法律规范实施于社会生活，方有民事法律关系的出现。

2. 民事法律关系是被民法摄入调整范围的现实生活中的一部分。现实生活中的各种关系很多，但并不都由民法来调整，也就不全是民事法律关系。梅仲协先生认为，所谓法律关系就是法律所规定的人与人之间的生活关系。人与人之间的生活关系极为错综复杂，法律所规定的不过是其中最小的一部分，还有大部分，则受道德、宗教等支配。法律的目的，在于追求社会生活的正义之实现，以维持社会生活的和平，而增进人类的幸福。所以，在认定何种生活关系为法律关系时，应当以法律的目的作标准。

二、民事法律关系的要素

（一）法律关系的享有者（主体）——自然人与自然人组织体

关于自然人及其组织体，我们将在本书主体制度中详细阐述。

（二）法律关系的客体

1. 民事法律关系客体的概念。通说认为，民事法律关系的客体是指民事权利或者义务的载体。法律关系中的权利义务只是抽象的概念，它们的具体实现都必须借助于一定的载体。例如，买卖关系中的权利义务是通过具体的金钱或者物来体现的。这种金钱或者物就是买卖法律关系的客体。应当特别指出，人是法律关系的享有者，不能成为法律关系的客体。这是不能动摇的原则。所以，人只能买卖物，而不能被当作物来买卖。正是因为如此，许多国家的民法典和民事理论不愿意承认诸如“生命权”的权利，其实就是担忧这种权利行使的结果会指向生命体本身。

2. 法律关系的客体因不同法律关系而有所区别。

（1）在物权法律关系中，其客体是物或者权利。应该说，传统民法中物权法律关系的客体只能是物，但由于在现代社会中，财产的权利化已经是一个不可阻挡的趋势，故在担保物权法上，权利作为标的的情形已经普遍化了。

（2）在债权法律关系中，其客体是行为。

（3）在人身法律关系中，客体究竟是什么，仍有争议。而且，这一问题涉及民法的主体性问题，因此应深入研究。

3. 对同一客体的侵犯的多重救济。对同一客体的侵犯，可能会导致多重法律责任。例如，对人身体的伤害，可能会导致民事责任，也可能引起刑事责任。

（三）民事法律关系的内容

民事法律关系的内容其实就是民事权利义务关系。在民法上，任何一个行为或者事件如果既不产生权利，也不产生义务的话，那么这种行为在民法上就是没有意义的行为或者事件。由于民法“权利本位”的理念，民事法律关系的实质有时又被归结为权利。

法律关系的本质就是划定个人的意思所能独立支配的范围，即权利。因此，法律关系的本质就是权利。权利可以分为三类：第一类权利是人从出生起就有的权利，它在生命存续期间不得被剥夺，称为“原权利”，由此引出意志的自由、人的不可侵犯性等。第二类和第三类是后天取得的权利，称为取得权利，形成人与自然的关系及人与人的关系。所谓人与自然的关系就是人对物的支配权，也就是民法上的物权法律关系。人与人之间的关系就比较复杂。有的是对特定行为的权利，因这种权利承担者的人格存在，不得支配，故以请求权称之，也就是我们民法上的债权关系。还有与他人后天结合的关系，如夫妻关系、由此产生的父母子女关系。大陆法系许多国家的民法典基本上是以这种分类来规定权利的，具体体现就是人身权、物权与债权。必须指出，由于权利的存在，其实现就要有义务的对映体的存在，所以权利义务往往是相伴而生。法律关系的内容在形式上都表现为权利义务。但我们将权利作为法律关系的本质，拟在强调民法中权利本位的基本观念。

第二节　民事权利

一、民事权利的概念

关于什么是民事权利，学者之间颇有争议，权利即使在哲学上也是一个争论不休的问题。民事权利是指权利主体以实现其正当利益为目的而自由行使意志的范围。

民事权利的说明意义在于：①权利是维持私法秩序的手段。通说认为，要使某人负有的义务在私法上得到实现，最有效的手段就是赋予另一个人一项对应的权利。否则，义务就难以实现。②权利是个人人格发展的自由空间。权利为人的自由意志划定了范围，也就为个人人格的发展提供了可能的空间。

二、民事权利的分类

1. 绝对权与相对权。

（1）分类的标准。这是以权利所及的人的范围为标准进行的划分。如果一项权利相对于所有的人产生效力，即可以对抗所有人的权利，是绝对权。典型的绝对权是所有权，任何人都不得侵犯这种权利，否则就要负赔偿责任。如果一项权利仅仅对某个特定的人产生效力，这种权利就是相对权。德国学者施瓦布指出，相对权存在于特定的人与人的关系之中。债权是典型的相对权，如果 A 对 B 享有债权，则这种权利仅仅能够对 B 产生效力，A 不能要求 B 之外的人履行债务。

（2）说明。这种区分的意义在于：从学理上掌握权利的性质和适用的规则。绝对权与相对权的划分是民法权利的基本分类，德国学者认为，具有根本意义的划分是把权利分为绝对权与相对权。这种划分始于罗马法，在今天大陆法系国家的民事立法或者学理上仍然具有说明意义。例如，绝对权与相对权所适用的法律规则不同：①如果第三人对债权的标的物进行侵犯，则原则上不受法律保护。即只有对绝对权的侵犯在民法体系上才作为侵权处理，而对相对权的侵犯不作为侵权处理。②正是因为对相对权的侵犯不作为侵权行为处理，而对绝对权的侵犯作为侵权行为处理，所以，债权的变动不需要公示，而绝对权的变动需要以交付或者登记来公示。

相对权例外地具有绝对权的特点，主要的例外表现在：①债权的不可侵犯性。债权的不可侵犯性无论在大陆法系国家，还是在英美法系国家，只是作为相对性的例外。应当在一定范围内承认债权不可侵犯性的存在具有合理性。因为，传统民法之所以不承认债权具有不可侵犯性，是因为在严格区分债权与物权的民法体系中，物权可以通过公示方式使第三人知道权利的存在，所以，即使承担侵权责任，也不是不测的打击。而债权没有公示，第三人难以知道债权的存在，所以即使其真正侵犯了债权而让其承担侵权责任，也是对他的不测打击。然而，如果一个人明明知道他人的权利存在，仍然去侵犯，则让其承担侵犯债权的责任，也具有合理性。但是，债权的这种不可侵犯性只是作为一种例外而存在，绝不是体系化的法律的逻辑必然。②买卖不破租赁，承租人有权以债权对抗任何人。例如，我国《民法典》第 725 条规定：“租赁物在承租人按照租赁合同占有期限内发生所有权变动的，不影响租赁合同的效力。”有人说这是相对权与绝对权的混合形式。

2. 支配权、请求权、形成权和抗辩权。这是以权利的作用与功能为标准进行的划分。支配权是排除他人干涉而权利人仅凭自己的意志对标的物进行处分的权利。这种权利的利益实现不需要他人的积极协助，如所有权人对所有物的支配。请求权是要求他人作为或者不作为的权利。至于要求什么样的作为与不作为，则由法律行为或者法律予以具体规定，如债权人请求债务人履行债务的权利为债权请求权。形成权是仅仅凭当事人一方的意志就能够使法律关系形成、变更或者消灭的权利，如抵销权、追认权等。抗辩权是阻止请求权实现的权利，即义务人对权利人提出的权利请求予以有理由的拒绝，以阻止权利人实现权利的权利，如诉讼时效期间届满的抗辩。

3. 财产权、人身权、知识产权和社员权。有的学者不赞成“人身权”这一概念，主张以“人格权”与“亲属权”替代之。这是以权利的内容为标准所作的分类。

（1）财产权是以财产为客体的权利。其特点是：权利直接体现经济价值；权利可以转移。

（2）人身权是以人身利益为标的的权利。其特点是：权利不直接体现为经济利益，但受到侵犯时，可以请求经济补偿；权利不可转移。

（3）知识产权是以智力成果为标的的权利。

（4）社员权是指社团中的成员依据其在社团中的地位而对该社团产生的权利。社员权的主体是社员，其相对人是社团。社员权与上面的权利不同，它不是个人法上的权利，而是团体法上的权利。社员权具有以下特点：①社员权以社员资格（地位）为基础，与这种资格同时产生、同时消灭。近代私法上的团体主要是依社员自己的意思组成的社团，所以，社员权的发生归根到底取决于个人的意思。从这一点上说，社员权仍然属于私权。②社团与社员在一定情形下并不是平等的，社员要受团体意思（决议）的约束。③社员权是一个复合权利，包括多种权利，其中有经济性质的，也有非经济性质的。④社员权具有专属性，只能随着社员资格的转移而转移，一般不能继承。

在我国目前的社员权中，股东权是典型的代表。在其他社团中，社员权还不为人们所重视。不过随着社团数量的增多，特别是各种俱乐部的设立，社员权将日益得到人们的关注，受到人们的尊重。

4. 专属权与非专属权。这是以民事权利是否可以与其主体相分离为标准而作的分类。

（1）专属权是指只能由其主体享有或者行使的权利，例如，人身权是典型的专属权。专属权又分为享有上的专属权与行使上的专属权。享有上的专属权是指专属于特定人享有、不可与权利人分离、不得转让于他人的权利。人身权是享有上的专属权，既不能让与也不能继承。行使上的专属权是指权利是否行使只能由权利人决定，他人不得代理的权利，如结婚、离婚等权利。

（2）非专属权是指非专为特定人设立的、可以与权利主体分离、可以转让、可以继承的权利。民法上的大多数财产权属于非专属权。

专属权与非专属权的区分在民法上具有重大意义：①区分专属权与非专属权可以明确什么权利可以作为交易的标的。专属权因不能与主体分离，所以不能作为交易的标的，权利人也不能任意处分。②在强制执行中，专属权不能作为强制执行的对象。

5. 主权利与从权利。这是以在权利的相互关系中是否能够独立存在为标准进行的分类。

（1）主权利是指在几个相互关联的权利中，不依赖于其他权利的存在而独立存在的权利。

（2）从权利是指在几个相互关联的权利中，以其他权利的存在为存在基础或者没有其他权利的存在其存在就没有意义的权利。例如，在抵押权与债权的关系中，债权为主权利，抵押权为从权利，因为如果没有债权的存在，抵押权的存在就没有任何意义。

从民法的意义上看，一般的原则是“对主权利的处分及于从权利”。例如，随着主债权的转移，抵押权也随之转移。但是，法律有例外规定或者当事人有相反约定的，不在此限。

6. 原权利和救济权。这是以权利为原生或者派生为标准对权利所作的分类。有的人将原权利称为第一性权利，而将救济权利称为第二性权利。

（1）原权利即原生权利，是指主体享有的并受法律保护的本权利，如人身权、所有权等。

（2）救济权是指在原权利受到侵害时产生的法律救援性权利。例如，人身权受到侵害时，请求侵害人进行赔偿的权利。

从某种意义上说，原权利与救济权利也是主权利与从权利的关系。如果没有原权利，救济权利也就没有任何意义，救济权利是为了保护原权利而存在的。如果法律在赋予权利主体以原权利的同时，不赋予救济权，那么原权利就没有保障。

从民法意义上看，区分原权利与救济权利具有实际意义。例如，原权利消灭时救济权也随之消灭；有时原权利不得放弃，但救济权利可以放弃；人身权不能放弃，但人身权受到侵害而发生的救济权利可以放弃。

三、民事权利的行使

(一) 民事权利行使的概念

所谓民事权利的行使，是指民事主体在其意志支配下，通过处置民事客体或者民事权利自身，依法实际获得民事利益或者满足自己的利益需求的行为过程。民事权利的行使，也称民事权利的实现。

(二) 民事权利行使的方式

1. 自己行使。所谓自己行使，又称直接行使，是指民事权利人通过自己的民事行为，对其合法民事权利按其内容、手段等要求加以行使，以实现自己利益的情形。

2. 他人代为行使。他人代为行使，是指民事主体将自己的民事权利，以法定方式或委托方式交给他人即民事权利主体之外的其他人，由其在法定或委托的权限内，代替民事权利人行使民事权利，以实现民事权利人利益的情形。民事权利由他人代为行使，主要有如下几种方式：①监护。监护是监护人对未成年人和精神病人的人身、财产和其他合法利益依法实行监督和保护。②代理。代理是指代理人以被代理人的名义为某种行为，由此所产生的后果由被代理人承担的行为。③行纪。行纪是通过行纪合同产生的，行纪人以自己的名义为委托人从事贸易活动，委托人支付报酬的行为。

四、民事权利的救济

(一) 民事权利的公力救济

1. 公力救济的概念和必要性。公力救济是权利人请求国家以法定程序帮助其实现权利的手段。公力救济之所以必要，主要有两个原因：①避免强者欺负弱者，使弱者的权利能够实现；②避免暴力冲突。

2. 公力救济的程序。公力救济主要有两个基本阶段：一是审判程序，二是执行程序。公力救济具体包括以下阶段：①起诉——不告不理；②判决；③不服判决的处理——上诉；④向债权人与债务人分别送达判决书和执行文书；⑤强制执行。

(二) 民事权利的自力救济

1. 自力救济的概念与必要性。自力救济是法律允许权利人依靠自己的力量实现权利的手段，包括暴力在内。

自力救济之所以必要，是出于保护权利人急迫的需要。虽然说，让权利人依靠自己的力量实现自己的权利会导致许多弊端，但有时因情况紧急，如果不及时自救，则会使权利人的权利难以实现。所以，法律容忍私人采用暴力行为自力救济。

自力救济的特点是：①情况紧急，公力救济不能达到目的。例如，公共汽车上的乘客无票乘车。②要有合理界限。私人的自力救济毕竟有较大的权利滥用危险，如果不对其规定合理的界限，极有可能导致权利滥用。

自力救济的手段主要有：正当防卫、紧急避险和自助行为。

2. 正当防卫。

(1) 概念。正当防卫是指为了避免自己或者他人受到现实的不法侵害而进行防卫的必要行为。民法上的正当防卫与刑法上的正当防卫是一个概念，只是民法从民事损害赔偿角度看，而刑法则是从刑事处罚方面看。

(2) 条件。包括：

第一，必须有侵害。这里的侵害是指对现实权利的侵害，如对身体、财产等进行侵害。对相对权的侵害不能进行防卫。例如，债务人不履行债务，此时债权人不能针对债务人不履行债务的行为进行防卫，但如果债权人要求债务人履行债务，债务人不履行并且要殴打债权人时，则有防卫的必要。

第二，违法性。

第三，侵害行为的现实性。侵害必须是现实发生的，即已经开始并且正在持续。

第四，防卫的必要性。防卫行为必须为避免侵害所必需，但是，判断防卫是否必需，应当以一般人的标准而非防卫人的主观判断为准。

第五，防卫的适度性。防卫不能超过界限。例如，对方空手打人，你用刀防卫将对方刺死就是不适度的防卫。但情况紧急时不能苛求防卫人。禁止权利滥用：一是不能将正当防卫作为报复的工具。例如，A 与 B 本来有仇，A 借助防卫来报复 B。二是不能滥用防卫权。例如，德国民法教科书有一个经典的例子：一个身体瘫痪的老人坐在院子里，邻居家的小孩进入院子偷樱桃。这位老人当然不能举枪向孩子射击而必须牺牲他的樱桃。

在我国，关于此点，《最高人民法院关于适用〈中华人民共和国民法典〉总则编若干问题的解释》（法释〔2022〕6 号）第 31 条第 1 款规定："对于正当防卫是否超过必要的限度，人民法院应当综合不法侵害的性质、手段、强度、危害程度和防卫的时机、手段、强度、损害后果等因素判断。"

（3）防卫的后果。按照我国《民法典》第 181 条的规定，如果防卫超过必要限度，则属于非法侵害，防卫人应负担民事赔偿责任。如果防卫适度，则不负担民事责任。对此，上述司法解释第 31 条第 2 款、第 3 款规定，经审理，正当防卫没有超过必要限度的，人民法院应当认定正当防卫人不承担责任。正当防卫超过必要限度的，人民法院应当认定正当防卫人在造成不应有的损害范围内承担部分责任；实施侵害行为的人请求正当防卫人承担全部责任的，人民法院不予支持。实施侵害行为的人不能证明防卫行为造成不应有的损害，仅以正当防卫人采取的反击方式和强度与不法侵害不相当为由主张防卫过当的，人民法院不予支持。

3. 紧急避险。

（1）概念。紧急避险是指为了避免自己或者他人的生命、身体、自由或者财产遭受紧迫的危险，不得已实施的侵害他人的引起危险的物或者非为引起危险物的行为。

紧急避险与正当防卫不同，后者针对的是人的行为，而前者针对的是危险。所以，正当防卫伤害的往往是人，而紧急避险往往针对的是物。

（2）紧急避险的类型。按照《德国民法典》的规定，紧急避险分为两类：

第一，对引起危险的物的侵害，称为防御性紧急避险。该类型规定在《德国民法典》第 228 条中，即"为使自己或者他人避免急迫危险而损坏或者损毁引起此急迫危险的他人之物的人，如果损坏或者损毁行为是为防止危险所必要，而且造成的损害又未超过危险程度时，其行为不为违法。如果行为人对危险的发生负有过失，则应当负赔偿义务"。

第二，对非引起危险的他人之物的损害，称为攻击性紧急避险。该类型规定在《德国民法典》第 904 条中，即"如果他人的干涉是为防止当前的危险所必要，而且其面临的紧急损害远较因干涉对所有权人造成的损害为大时，物的所有权人无权禁止他人对物进行干涉。物的所有权人可以要求对其所造成的损害进行赔偿"。

（3）要件。包括：①需要有现实性紧迫的危险；②避险的目的是使自己或者他人的生命、人身、自由或者财产免遭危险；③避险所造成的损害应当小于危险所造成的损失。

（4）责任。德国民法上的责任规定是：如果紧急避险人损害的物不是引起危险的他人的物，则应当承担赔偿责任。如果紧急避险人损害的是引起损害的物，且未超过必要限度的，不负担民事责任。但是，如果行为人对危险的发生负有过失，则应当赔偿。例如，狗咬人，为避免危险，将狗打死，紧急避险人不负担民事赔偿责任。但是，一个人招惹狗，造成自己被咬伤，在这种情况下将狗打死，则应当负担赔偿责任。

我国《民法典》第182条规定："因紧急避险造成损害的，由引起险情发生的人承担民事责任。危险由自然原因引起的，紧急避险人不承担民事责任，可以给予适当补偿。紧急避险采取措施不当或者超过必要的限度，造成不应有的损害的，紧急避险人应当承担适当的民事责任。"《最高人民法院关于适用〈中华人民共和国民法典〉总则编若干问题的解释》（法释〔2022〕6号）第33条具体规定了如何认定"必要限度"和如何确定责任。该条规定："对于紧急避险是否采取措施不当或者超过必要的限度，人民法院应当综合危险的性质、急迫程度、避险行为所保护的权益以及造成的损害后果等因素判断。经审理，紧急避险采取措施并无不当且没有超过必要限度的，人民法院应当认定紧急避险人不承担责任。紧急避险采取措施不当或者超过必要限度的，人民法院应当根据紧急避险人的过错程度、避险措施造成不应有的损害的原因力大小、紧急避险人是否为受益人等因素认定紧急避险人在造成的不应有的损害范围内承担相应的责任。"

（5）评价。德国法的规定显然较为合理。为什么一个人为了避免自己的财产或者人身遭受损害就有权侵害那些与此无关的人的财产？如果与此有关，则只要在必要限度内，就可以免除责任。美国法律也采取了与德国相同的原则。例如，A把钱放在B家。有些人为了抢夺钱而要伤害B时，B把钱交出，则不负担责任。如果这些人要来报复B，B把钱交出，则是为了避免自己的生命安全而牺牲与此无关的A的钱，应当负担赔偿责任。

4. 自助行为。

（1）概念。自助行为是指为了保护自己的权利，而以自己的力量对加害人的自由、财物进行约束或者扣押的行为。例如，在饭店就餐不付款的人，饭店可以约束其自由。

（2）要件。①权利受到不法侵害；②时间紧迫，来不及请求公力救济；③手段合理；④不超过必要限度。

（3）法律效果。自助行为是针对那些来不及请求国家公力救济的紧急情况，但这种自助行为仅具有保全权利的效力，还要进一步请求法院确认。

五、民事义务

（一）民事义务的概念及意义

义务是权利的对应物，一方权利的实现依靠另一方的义务履行。例如，澳大利亚法学家斯托尔雅就指出："权利关涉利益，而义务则表示为保障这些利益所必需的作为或者不作为。权利暗示一个人的请求或者申诉，义务则规定了义务者必须避免的行为。权利规定了自由的范围，而义务则规定了一个人应当应答或者负责的行为。简言之，权利系于利益，而义务则系于与利益相应的负担。"义务的意义在于保障权利的实现，所以，义务的内容就表现为不利益，不履行就会引发相应的责任。

（二）民事义务的分类

1. 作为的义务与不作为的义务。有的义务要求义务人以积极的行为来履行才能满足债权人的利益，即作为的义务，例如，买卖合同之债中，债务人交付标的物的义务就是积极行为。有的义务仅仅要求债务人消极的不行为就能够满足权利人的利益，即不作为的义务，例如，不侵犯所有权人的权利的义务。绝大多数义务都是作为的义务。

2. 真正义务与不真正义务。真正的义务是关涉他人利益的义务，即义务的不履行损害的是他人的利益。不真正的义务是指义务人自己照顾自己的义务，例如，《民法典》第591条第1款规定："当事人一方违约后，对方应当采取适当措施防止损失的扩大；没有采取适当措施致使损失扩大的，不得就扩大的损失请求赔偿。”这种对损失扩大的防止义务，对于非违约方来说，就是自己照顾自己利益的义务。

3. 法定义务与约定义务。法定义务，是指根据现行法律的规定所产生的义务。一般而言，与绝对权相对应的义务属于法定义务，如任何人不得侵害所有权的义务。约定义务，是指根据当事人协商确定的合同所规定的义务。一般而言，与相对权相对应的义务为约定义务，如买卖合同中交付标的物的义务。

4. 基本义务与附随义务。基本义务又称一般义务、主要义务，指的是合同本身约定的义务，如买卖合同中交付标的物的义务、支付价款的义务等。而附随义务指的是除合同约定之外，基于诚实信用原则产生的辅助债权人实现利益的义务，如告知义务、照顾义务和保密义务等。

六、民事法律事实

（一）民事法律事实的概念

在私法上，任何权利义务与主体的结合、分离，或者说任何主体要取得权利或者承担义务均需存在合法的原因，若主体与权利的结合缺乏合法的原因，便会被确定为不当得利而难以保有这种权利。而这种合法的原因，就是我们所说的民事法律事实。具体来说，民事法律事实就是在私法上能够引起权利义务发生、变更或者消灭的自然事件或者人的行为。这一概念包含以下两个含义：①民事法律事实在私法上具有意义，即能够在主体间引起具体的权利义务，但并非任何事实均能够在私法上具有这种意义。这样一来，就把那些在私法上没有意义的事实排除在法律事实之外。②民事法律事实既可以是人的行为，如合同行为、遗嘱行为等，也可以是与人无关的事件，如除斥期间的经过、建筑物坍塌等。

（二）民事法律事实的分类

根据客观事实是否与人的意志有关，可以将民事法律事实分为事件和行为两大类。

事件，又称自然事实，是指与人的意志无关，能够引起民事法律后果的客观现象。例如，人的死亡使继承人取得继承遗产的权利；物的灭失引起所有权关系的消灭等；出生与死亡、失踪、混同、混合与附合、丧失意识等。行为，是指人的有意识的活动。人的行为既可以是作为，也可以是不作为；既可以是合法行为，也可以是非法行为；既可以是法律行为，也可以是非法律行为。具体如下：

1. 事件。

（1）状态。状态是指一定事实的经过，基于法律规定而发生一定法律效果的事由，如成年、期限届满、时效或者除斥期间的经过等。

（2）事件。事件，是指一定自然事实的发生基于法律规定，而发生一定法律效果的事由，如出生与死亡、失踪、混同、混合与附合、丧失意识等。

2. 行为。

（1）法律行为。由于在后文还将非常详尽地讨论法律行为的问题，因此，在这里不再赘述。

（2）非法律行为。①准法律行为。虽然有人的意思表示，但人的意思表示中是否含有效果意思并不重要，如通知、催告等。②无因管理。没有法定或者约定的义务而为他人管理事务的行为是无因管理。无因管理的法律后果也是由法律规定而非约定，无因管理故亦非法律行为，并不适用行为能力的规定。③不当得利。不当得利是指一方没有合法的根据取得利益而使他人受到损害的事实。不当得利制度的规范目的主要在于规范事实层面的问题，结果也是法定的，因而也是非法律行为。④侵权行为。侵权行为虽然为人的行为，但由于行为的结果不是出于行为人的意思预设，而是基于法律的直接规定，因此，其亦属事实行为而非法律行为，也不适用行为能力的规定。⑤缔约过失。虽然缔约过失与法律行为，特别是合同行为密切相关，但却非合同问题；与侵权相近，又非侵权问题。它是合同与侵权二元分化的中间地带的存在物。因其结果非由当事人预设而是法定的，缔约过失也是事实行为。但是，与以上几种事实行为不同的是，凡承担缔约过失责任者，一般都有缔约能力（代理除外）。⑥其他事实行为。加工、占有等事实行为发生物权法上的效力。

第三节 民事权利客体

一、物

（一）物的概念和特征

物是指人身之外的能够为民事主体实际支配或控制，并能满足其社会需要的物质资料。民法上的物具有以下特征：

1. 物须为有体物。在民法上，物通常是指有体物。有体物是指具有一定形态，能够为人的感官所感触到的物。随着人们对自然界支配能力的增强，有体物的范围也在不断扩大。例如，电、声、光、热等自然力，原来人们不承认其为有体物，但在现代，其有体性已为人们所承认。

2. 物须存在于人身之外。在民法上，人为权利主体，而不能为权利客体，因而，人身不能为法律上的物。但人死亡后的尸体已无生命，可为物。不仅人身不能为物，人身上的某一部分，在未与人身脱离前也不能为物。以人体器官为交易对象的，不为法律所承认。

3. 物须能为人力所实际控制和支配。物是权利、义务的载体，是民事主体所有的、可用于交换的对象。物理学上的物若不能为人力所实际控制和支配，则不为民法上的物。

4. 物须能满足人们的生产或生活需要。物须具有价值和使用价值，能够满足人们的生产或生活需要。若不能满足人们的生产或生活需要，则不具有价值和使用价值，也就不为民法上的物。

（二）物的分类

1. 根据物是否具有可移动性，物可以分为不动产与动产。不动产是指不能移动或者移动后会改变其性质或者降低其价值的物。依照我国法律的规定，土地及房屋、林木等地上定着物为不动产。动产是指能够移动并且移动后不会改变或不会损害其价值的物。不动产以外的财产为动产，如生产设备、原材料、产品、船舶、航空器、机动车等。

区分不动产与动产的主要意义在于：①不动产与动产上存在的物权种类不同。例如，用益物权应设立于不动产之上，而质权、留置权只能存在于动产之上。②物权的公示方式和变动要件不同。不动产物权以登记为公示要件，不动产物权变动一般须办理登记手续；而动产物权以交付为公示要件，动产物权变动不需办理登记手续。③在某些法律关系中，法律的适用不同。例如，涉外物权关系中，不动产物权适用不动产所在地法律；当事人未选择的，动产物权适用法律事实发生时动产所在地法律〔《中华人民共和国涉外民事关系法律适用法》（以下简称《涉外民事关系法律适用法》）第36、37条〕。④诉讼管辖不同。不动产纠纷由不动产所在地法院管辖，而动产纠纷不能依动产所在地确定管辖。

2. 根据物之间的关系，物可以分为主物与从物。主物是指为同一所有权人所有的，需共同使用才能更好发挥作用的两物中起主要作用的物；从物是指辅助主物发挥效用的物。

从物须具有如下条件：一是从物须与主物为同一人所有，不同所有权人的物不存在主物、从物的关系。二是须为独立之物，非独立之物不能成为从物。例如，房屋上的门窗不能成为房屋的从物。三是须与主物共同使用才能发挥物的效用。例如，房屋与电视机之间就不存在共同使用才能发挥物的效用的关系，因而二者不是主物与从物的关系。

区分主物与从物的主要意义在于：除当事人另有约定外，主物转让的，从物随主物转让。

3. 根据物之间的派生关系，物可以分为原物与孳息。原物是指能够产生孳息的物，孳息为原物所生的收益。例如，生产果实的果树为原物，果实为孳息。孳息包括天然孳息与法定孳息：前者是指依物的自然属性产生的收益，后者是指依法律关系所生的收益。

区分原物与孳息的主要意义在于：除当事人另有约定外，天然孳息由所有权人取得，既有所有权人又有用益物权人的，由用益物权人取得；法定孳息由当事人约定取得，没有约定或者约定不明确的，按照交易习惯取得。

4. 根据物的流通性，物可以分为流通物、限制流通物与禁止流通物。流通物又称融通物，是指允许作为交易对象，在民事主体之间自由流通的物。限制流通物又称限制融通物，是指限定在特定主体之间或特定范围内流通的物，如文物、外币、麻醉药品、运动枪支、弹药等。禁止流通物又称禁止融通物，是指不得作为交易的标的物流通的物，如土地、矿藏、水流等国家专有物以及毒品、淫秽物品等。

区分流通物、限制流通物与禁止流通物的主要意义在于：流通物可以自由流通，限制流通物只能在限定的范围内流通，禁止流通物不得作为交易的标的物。如果以禁止流通物为交易对象或超出限定范围交易限制流通物的，则交易无效。

5. 根据物经使用后形态的变化性，物可以分为消耗物与非消耗物。消耗物又称消费物，是指经一次性使用就归于消灭或改变形态和性质的物，如米、糖、茶等；非消耗物又称非消费物，是指可以长期多次使用而不会改变形态和性质的物，如房屋、机器、电视机等。

区分消耗物与非消耗物的主要意义在于：消耗物不能反复使用，因而不能成为转移使用权的债的标的物；而非消耗物可以反复使用，因而可以成为转移使用权的债的标的物。例如，租赁合同、借用合同的标的物只能是非消耗物，而借贷合同的标的物只能是消耗物。

6. 根据物是否可分割，物可以分为可分物与不可分物。可分物是指可以分割且分割后不会改变其性质或影响其效用的物，如粮、油等；不可分物是指按照物的性质不能分割或者分割后会改变其性质或影响其用途的物，如电视机、冰箱、牛马等。

区分可分物与不可分物的主要意义在于：①在分割共有财产时，若为可分物，可以采取实物分割的办法；若为不可分物，则不能采用实物分割的办法。②债的标的物若为可分物，可以成立可分之债；若为不可分物，则只能成立不可分之债。

7. 根据物在交易中的确定方式，物可以分为特定物与种类物。特定物是指依自身特点而具体确定的物。特定物既可是依物自身的特点确定的物，如某件文物，也可以是依当事人的主观意志确定的物，如当事人特别选定的某台电视机。种类物是指仅以品种、规格、型号或度量衡加以确定的物，如同一型号的自行车、同一标号的汽油等。

区分特定物与种类物的主要意义在于：①物权的标的物只能是特定物，而不能是种类物。②种类物的所有权只能在交付以后转移；而特定物的所有权可以在交付后转移，也可以在交付前转移。③以特定物为债的给付对象的，在标的物意外灭失时，发生债的履行不能；而以种类物为债的给付对象的，在标的物意外灭失时，一般不发生债的履行不能，只有在种类物全部灭失的情况下，才发生债的履行不能。④某些法律关系如租赁、借用关系，只能以特定物为标的物，而有些法律关系如借贷关系，只能以种类物为标的物。

8. 根据物是否具有可代替性，物可以分为代替物与非代替物。代替物是指可以用同一种类、质量、数量的物代替的物，如米、面等；非代替物是指不能以他物代替的物，如房屋、文物等。代替物与非代替物和种类物与特定物有密切联系，但并不相同。种类物与特定物的区分是依照交易方法的区别，而代替物与非代替物的区分则是依照物本身性质的区别。一般来说，代替物为种类物，非代替物为特定物。但代替物也可以是特定物，如金钱为代替物，但当金钱以封金的形式出现时，为特定物，可以成为质权的客体；非代替物也可以是种类物，如赛马为非代替物，但若当事人已约定标的为澳大利亚血统的赛马10匹，则其为种类物。

区分代替物与非代替物的主要意义在于：代替物一般只能为借贷法律关系的标的物，非代替物则是租赁关系、借用关系等法律关系的标的物。

9. 根据物是否有所有权人，物可以分为有主物与无主物。有主物是指有所有权人的物。例如，某人的房屋、汽车、电脑等都属于有主物。无主物是指没有所有权人的物，如抛弃物、法律允许采集或狩猎的野生植物或动物等。

区分有主物与无主物的主要意义在于：无主物可以依先占取得所有权，而有主物只能依法律规定确定所有权的归属。

10. 根据物的构成形态，物可以分为单一物、合成物与集合物。单一物是指独立为一体的物，如一头牛；合成物又称结合物，是指由多数单一物结合成一体的物，如房屋；集合物又称聚合物，是指由多个单一物、合成物结合为一体的物，如一群羊、图书馆的所有图书、一个企业的全部财产等。

区分单一物、合成物与集合物的主要意义在于：单一物、合成物只能整体作为交易对象，不能就其某一部分进行交易；集合物可以就集合物整体进行交易，如设定财团抵押，也可以就集合物中的单一物或合成物单独进行交易。

（三）货币和有价证券

1. 货币。货币是指在流通中充当一般等价物的一种特殊的物。在民法上，货币具有以下特点：

（1）货币的价值体现为票面价值，即货币的价值是通过票面上的数额表示的。因此，只要货币票面的价值相同，其价值就是一样的。

（2）货币是一般等价物，在性质上属于动产、种类物、代替物，因而，货币是一种支付手段、流通手段和补偿手段。

（3）货币的占有即所有。这就是货币的所有与占有一致原则，也就是说，货币的占有人被推定为货币的所有权人，丧失货币的占有即丧失货币的所有权。因此，在货币被侵占时，只能发生不当得利返还请求权，而不发生所有物返还请求权。

2. 有价证券。有价证券是指设定或证明持券人有权取得一定财产权利的书面凭证。有价证券具有以下特点：

（1）有价证券代表的是财产权利。有价证券与无价证券相对应，具有一定的经济价值，这种经济价值是由有价证券所代表的财产权利体现出来的，而不在于证券本身。有价证券之所以“有价”，就是因为它代表着一定的财产权利并可用于交易。所以，有价证券所代表的权利只能是财产权利，而不能是人身权利。

（2）有价证券与证券上所记载的财产权利不可分离。有价证券所代表的财产权利与证券本身不可分离，具有权利证券化属性。因此，只有持有证券才能享有证券上所记载的财产权利，行使证券上的权利须提示证券，转让证券上的权利须交付证券。一旦丧失证券，就不能享有和行使证券上的权利。

（3）有价证券的持有人只能向特定义务人主张权利。有价证券的义务人是特定的，因此，有价证券的持有人只能向特定的义务人主张权利，并且对证券持有人负支付义务的人不会因证券持有人的改变而改变。

（4）负有支付义务的人有单方的见券即付的义务。有价证券的义务人负有向持券人履行债务的义务，并且该义务是单方的见券即付义务。也就是说，义务人见到证券就应履行义务，其无权要求对方给付对价，也不论持券人是否为真正的权利人，即有价证券“认券不认人”。

二、无体财产

（一）无体财产的概念

无体财产的概念源于罗马法。公元2世纪，罗马法学家盖尤斯在其著作《法学阶梯》里将物划分为“有体物”和“无体物”。他认为，有体物（corporales）是可以触摸的物品，如土地、衣服、金银；无体物（incorporales）则是不能触摸的物品，它们体现为某种权利，如继承权、债权和用益权等。《德国民法典》为盖尤斯的无体物概念赋予了新含义——主要在知识产权的客体意义上被使用，而原先作为权利的代名词的用法已经逐渐变淡了。

（二）无体财产的类型

1. 智力成果（知识产权）。智力成果，又称知识产品，是指人们通过创造性劳动创造的，具有一定表现形式的非物质财富，如科学发明、技术成果、商标设计、学术著作、文学艺术作品、电脑软件等。它们是知识产权的客体，通常被赋予独占权。

2. 虚拟财产。虚拟物品是指不能转换到现实生活中而以数字化、非物化存在的财产形式，它包括网络游戏、电子邮件、网络寻呼等一系列信息类产品。

3. 数据。数据是信息的表现形式和载体，可以是符号、文字、数字、语音、图像、视频等。

4. 其他符合无体财产特征的物。

我国《民法典》第127条规定：“法律对数据、网络虚拟财产的保护有规定的，依照其规定。”

三、其他民事权利客体

除上述内容外，民事权利的客体一般还包括：

1. 行为。债权是请求特定人为一定给付的行为，这种行为通常体现财产利益，所以，债务人的作为和不作为是债权的客体。

2. 权利。权利是否可作为民事法律关系的客体，多有争议。通常认为，在法律有规定的情况下，权利可成为民事权利的客体。例如，依据《民法典》物权编的规定，土地使用权可成为抵押权的客体，知识产权可成为质权的客体。

3. 非物质利益。非物质利益是与物质利益、财产利益相对应的利益。人格利益如生命、健康、自由、名誉、荣誉等，具有与人身不可分离的属性，可以成为相关人身权的客体。

第四节 民事责任

一、民事责任的概念和特征

(一) 民事责任的概念

民事责任，是指民事主体不履行或者不完全履行民事义务所应当依法承担的不利后果。不履行或者不完全履行民事义务，就是违反民事义务。民事责任的本质是促使义务人履行其民事义务，从而保障权利人实现其民事权利。我国《民法典》第176条规定："民事主体依照法律规定或者按照当事人约定，履行民事义务，承担民事责任。"

(二) 民事责任的特征

1. 次生性。民事责任是违反民事义务而承担的不利后果。民事义务是民事责任产生的前提，没有民事义务也就没有民事责任，故民事责任产生的根据就是违反民事义务的行为。因此，有学者也将民事义务称为第一性的义务，将民事责任称为第二性的义务。

2. 补偿性。民事责任经历了一个从人身责任向财产责任发展的过程。现代民法普遍承认，民事责任主要是财产责任，并禁止对义务人实行人身强制，由此促进了法律文明的发展；此种财产责任，通常是按照填平原则来补偿受损人的损害，并且在多数情况下并不带有惩罚性。惩罚性赔偿主要是美国法中的制度，但我国近些年来的立法也有所借鉴，例如，《中华人民共和国消费者权益保护法》（以下简称《消费者权益保护法》）中的3倍赔偿，《民法典》第1207条对产品责任规定的惩罚性赔偿。与此同时，并不排斥其他非财产形式的责任，如消除影响、恢复名誉、赔礼道歉等。

3. 强制性。民事责任的强制性，是指民事责任的实现以国家强制力为保障，如果受害人请求责任人承担民事责任而责任人拒绝时，受害人有权请求法院运用国家公权力强制责任人承担。

4. 任意性。由于民法的私法性特征，当事人意思自治原则也体现在民事责任当中。在义务人必须承担民事责任时，双方当事人可以在不违背法律规定的前提下协商约定是否承担责任或如何承担责任。

二、民事责任的分类

民事主体违反民事义务的形式多种多样，当事人承担责任的根据、内容和方式也就各不相同。根据不同的标准，民事责任可作以下不同的分类：

1. 违约责任、侵权责任和其他责任。违约责任，是指违背合同或者违背合同编规定的义务而产生的民事责任；侵权责任，是指侵害他人财产或者人身所产生的民事责任。其他责任指的是除合同责任和侵权责任以外的民事责任，如基于不当得利产生的责任等。

2. 无限责任和有限责任。无限责任，是指责任人应该以自己所有的财产承担的民事责任，如自然人对其借款的责任；有限责任，是指责任人只在法律规定的财产限额内承担的民事责任。对这两种责任作出区分主要是为了明确责任的范围和方式。

3. 单独责任与共同责任。单独责任，是指由单个责任人独自承担的民事责任；共同责任，是指由两个及两个以上的责任主体承担的民事责任。根据责任人之间是否有连带关系，共同责任又可以分为按份责任和连带责任：前者指的是责任人按照法律的规定或合同的约定各自承担一定份额的民事责任；后者指的是责任人对权利人的请求不分份额、不分先后地承担整体责任。

4. 过错责任、无过错责任与公平责任。过错责任，是指因行为人主观上存在过错，而且事实上也给他人造成了损害而应承担的民事责任。无过错责任，是指即使行为人主观上没有过错，只要事实上给他人造成了损害就应该承担的民事责任。公平责任，是指在不能适用过错责任，也不能适用无过错责任的情形下，根据社会公平观念判定的当事人应该承担的民事责任。前两种责任形式是侵权法中最重要的两种责任形式，而最后一种责任形式只是前两种责任形式的补充，就重要性而言，不能与前两者相提并论。

5. 按份责任与连带责任。按份责任，是指数个责任人按照确定的份额对权利人承担责任的责任类型。连带责任，是指数个责任人都对权利人承担全部责任，权利人可要求任何一个责任人承担全部或部分责任，并且一旦其中任何一个责任人承担全部责任，其他责任人即可从该责任中解脱，但责任承担者保留追偿的权利。另外，这两种责任形态里都包含所谓的对内关系和对外关系，二者的区分主要是以对外关系来决定的，在对内关系上，其实数个责任人的责任分配，一般都是按“有约定，从约定；无约定，依实际；无法确定，平均之”的规则来处理。对这两种责任，《民法典》第177条和第178条分别进行了规定，但在大陆法系传统民法典中，这些内容一般在债法总则多数人之债的部分进行规定。因此，《民法典》此种规定的合理性受到很多学者的批评。一是它没有采用债的概念，而采用了责任的概念；二是仅以两条规定多数人之债，过于简陋，而且使《民法典》的总则部分与债法的分则部分无法协调。

三、承担民事责任的方式

民事责任方式是指行为人将承担与其所实施的违反法定义务或者约定义务的行为和救济对方当事人所相适应的民事责任的具体方法和形式。换言之，民事责任方式，就是民法规定的违反法定义务或者约定义务的行为人所应当承担的法律后果及满足请求权人权利要求的具体形式。根据我国《民法典》第179条的规定，民事责任的承担方式主要有：①停止侵害；②排除妨碍；③消除危险；④返还财产；⑤恢复原状；⑥修理、重作、更换；⑦继续履行；⑧赔偿损失；⑨支付违约金；⑩消除影响、恢复名誉；⑪赔礼道歉。该条第2、3款规定：“法律规定惩罚性赔偿的，依照其规定。本条规定的承担民事责任的方式，可以单独适用，也可以合并适用。”

《民法典》第179条第3款规定，承担民事责任的具体方式，可以单独适用，也可以并用。从文义上看，似乎可以任意组合，其实并非如此。并用的场合主要发生在侵权领域，尤其是人身侵权，例如，赔礼道歉和损害赔偿就是名誉权损害最常见的救济组合。在合同法领域，这种并用不常发生。迟延履行违约金可以和继续履行并用，是违约责任中较为常见的组合；继续履行和替代履行的损害赔偿则不能并存。

四、不承担民事责任的情形

不承担民事责任又被称为民事责任的免除，是指行为人不履行合同或法律规定的义务，造成他人财产或人身权利的损害，由于有不可归责之事由，法律规定其可以不承担民事责任的情况。这里的不可归责之事由，就是通常讲的民事责任免除的条件（以下简称免责条件）。我国《民法典》第180、181、182、184条规定了四种主要的法定免责情形，分别是不可抗力、正当防卫、紧急避险和紧急救助行为。除此之外，还可通过意定方式免除民事责任。

（一）不可抗力

不可预见是指行为人在实施行为时对不可抗力事件是否会发生是不可能预见到的。关于不能预见的标准，指不可抗力事件发生时基于当时的科技水平，一般人对该事件无法预料；不能预见要求行为人对损害的发生和扩大既无故意也无过失。“不能避免且不能克服”是指不能使事件不发生。尽管行为人对可能出现的意外状况采取了及时合理的措施，但在客观上仍不能防止这一意外情况的出现。“客观情况”是社会公认的偶然发生的一种客观存在，无论是自然现象还是社会现象，它都独立于行为人之外，既非当事人的行为所派生，也不受当事人意志的支配。第三人的个人行为不属于不可抗力，因为它们不是社会公认的客观存在。

我国《民法典》第180条规定：“因不可抗力不能履行民事义务的，不承担民事责任。法律另有规定的，依照其规定。不可抗力是不能预见、不能避免且不能克服的客观情况。”本条第1款规定的是不可抗力的效力。不可抗力不能单独发挥作用，它必须进入民事法律关系中，作用于民事权利义务，才能发挥法律赋予它的作用。地震属于不可抗力，但如果发生在大洋深处，就仅属于自然事件。在合同之债中，因不可抗力引发债的履行障碍或者致使合同目的不能实现的，义务人免责，当事人可以解除合同。不可抗力造成了他人的损害，例如，龙卷风将车辆卷起，落地时伤害了行人；地震导致动物园房舍毁坏，圈养的虎豹等动物乘机逃出，伤害他人。这些侵权行为由不可抗力引发，不产生民事责任。

“法律另有规定的，依照其规定。”这里的法律，应指狭义的法律，即全国人大及其常委会制定的规范性法律文件；在外延上，包括《民法典》本身。鉴于本条文的一般条款属性，“法律另有规定的，依照其规定”实质上是引用规范，即为特别法的调整建立了一个入口。如根据《民用航空法》第167条的规定，保险人、担保人对航空器因不可抗力造成地面第三人损害，即使事故发生在责任区域，也应当分别承担保险责任和担保责任。《民法典》第1237条、第1238条分别规定的是民用核设施损害责任和民用航空器损害责任，就民用航空器责任而言，免责事由只有受害人故意，不可抗力不免责；就民用核设施损害责任而言，免责事由是战争等情形或者受害人故意，在解释上，“战争等情形”未穷尽不可抗力的外延，部分不可抗力事由引起民用核设施损害的，其经营者仍应承担民事责任。

（二）正当防卫

正当防卫造成的损害，就是指行为人在公共利益或自己与他人的合法权益受到不法侵害时，为保护合法权益，对违法行为人采取的正确、适当的防卫措施，而使之遭受财产或人身上的不利后果。我国《民法典》第181条第1款规定：“因正当防卫造成损害的，不承担民事责任。”而成立正当防卫必须具备一定的条件：其一，必须是为了保护合法权益、针对侵权行为实施的防卫行为。为保护非法权益或针对合法行为采取的抗拒行为，如抗税、拒捕或抵制依法查禁非法活动，都不能算作正当防卫。其二，防卫措施必须是对正在进行违法行为的人实施，即不能对其他的人实施，也不能在违法行为结束后实施。其三，防卫不得超过必要的限度，超过必要限度的即“防卫过当”。若防卫过当，造成不应有的损害的，应当承担适当的民事责任。我国《民法典》第181条第2款规定：“正当防卫超过必要的限度，造成不应有的损害的，正当防卫人应当承担适当的民事责任。”

（三）紧急避险

紧急避险造成损害，是指行为人在遭到紧急危险的情况下，为保护一个较大的合法权益使之免受损害，不得已而对某一较小的利益所致的损害。因紧急避险造成损害的，紧急避险人不承担民事责任或者承担适当的民事责任，这也属于可免除民事责任的情况。我国《民法典》第182条第1、2款规定：“因紧急避险造成损害的，由引起险情发生的人承担民事责任。危险由自然原因引起的，紧急避险人不承担民事责任，可以给予适当补偿。”当然，紧急避险也必须具备一定的条件：一是紧急避险措施必须是在确实存在严重危险并且别无他法的情况下采取的；二是紧急避险所损害的利益必须小于被保全的利益；三是采取措施必须得当，不得超过必要的限度。因紧急避险采取措施不当或者超过必要的限度，造成不应有的损害的，紧急避险人应当承担适当的民事责任。我国《民法典》第182条第3款规定："紧急避险采取措施不当或者超过必要的限度，造成不应有的损害的，紧急避险人应当承担适当的民事责任。"

（四）紧急救助行为

《民法总则》（已失效）首次确立紧急救助行为规定，《民法典》第184条继受了这一规定，该条款被形象地称为"好人免责条款"。我国《民法典》第184条规定："因自愿实施紧急救助行为造成受助人损害的，救助人不承担民事责任。"法律规范并没有对紧急救助行为进行概念的界定，通常而言，紧急救助行为泛指没有救助义务，出于利他的目的，积极、主动、自愿地对处于重大、急迫、危难状况下的他人实施了帮助其摆脱该紧急状况的救助行为。当然，紧急救助也必须具备一定的条件：一是救助人自愿实施紧急救助行为，并非受第三人胁迫或上级命令而为；二是受助人处于紧急的状态，即受助人的合法权益处于现实的紧急危险之中；三是救助人不存在故意或重大过失；四是救助的紧急救助行为与受助人直接的损害存在因果关系。

五、因保护他人权益使自己受到损害的民事责任

我国《民法典》第183条规定："因保护他人民事权益使自己受到损害的，由侵权人承担民事责任，受益人可以给予适当补偿。没有侵权人、侵权人逃逸或者无力承担民事责任，受害人请求补偿的，受益人应当给予适当补偿。"本条规定的是为保护他人而使自己受到损害的责任承担，制度精神在于鼓励利他行为。

在一定程度上，本条可以解读为见义勇为的规范依据。在法律事实的定性上，见义勇为被归类于无因管理。本条规定也就因此产生了体系冲突。因为无因管理属于事实行为、合法行为，是与侵权行为并列的债的制度，它与侵权之债是不能交叉的。本条在内容规定上，可以分为以下两层含义。

1. 因保护他人民事权益使自己受到损害的，由侵权人承担民事责任，受益人可以给予适当补偿，该行为的构成要件如下：①须为保护他人民事权益。他人民事权益的存在，证实了本行为的合法性和正当性。②须受到损害。损害的存在是侵权责任编的核心，没有损害，就没有救济，就没有侵权责任。③因果联系。损害与实施保护他人民事权益的行为之间存在因果联系。④其他要件。这个要件是一个弹性要件，它可以是过错，也可以无内容。之所以如此，是因为本条文的抽象性和复杂性：在存在侵权人的情形下，侵权人所实施的行为依法采用过错归责原则，"其他要件"就是过错；侵权人实施的行为依法采取无过错责任原则，"其他要件"无内容；没有侵权人时，"其他要件"也可以视为无内容。

该行为的法律效果：①侵权人承担民事责任，具体责任方式可依照侵权责任编的规定处理；②受益人可以给予适当补偿。这是《民法典》的一个亮点，这一规则既是为法官提供的裁判准则，也是为受益人提供的行为规范。它既可以单独适用，也可以和侵权人承担民事责任并用。单独适用时，应解读为无因管理。并用时，应解读为履行道德义务的赠与。

2. 没有侵权人、侵权人逃逸或者无力承担民事责任，受害人请求补偿的，受益人应当给予适当补偿。该行为的构成要件如下：除上述的前三个要件外，还要有第四个要件，即没有侵权人、侵权人逃逸或者无力承担民事责任。"没有侵权人"可以涵盖很多情形，例如，自然人受到野生动物攻击，路人实施救助，在救助中被野生动物伤害；洪水泛滥，行人救助洪水中的难民，受到伤害；等等。"侵权人逃逸"是指侵权人身份不能确定，逃逸仅仅是手段，结果必须是不能查证谁是侵权人。“侵权人无力承担民事责任”属于加害人身份已确定，但加害人无任何财产或者无力赔偿全部损害。该行为构成的第五个要件，即受害人请求补偿。该行为的法律效果：受益人应当适当补偿。注意，这里的用词是“应当”，而非“可以”。“适当补偿”，意味着受益人承担的不是民事责任，也不是公平责任，而是无因管理之债。“适当”原则上应解释为“补偿全部损害”。

六、侵害英雄烈士等人格权的民事责任

自然人死亡，主体资格消灭，皮之不存，毛将焉附？死者生前享有的民事权利，从逻辑上讲，也应消灭。不过，法之极，恶之极，任何事情，走向极端，就会失去公正。因此，除了逻辑判断，法律中还有价值判断。对死者姓名、肖像、名誉、荣誉的保护，就属于价值判断。我国《民法典》第185条规定：“侵害英雄烈士等的姓名、肖像、名誉、荣誉，损害社会公共利益的，应当承担民事责任。”

本条的构成要件如下：

1. 须侵害英雄、烈士等的姓名、名誉、肖像、荣誉。这些利益，就烈士而言，因逝者已逝，不再称之为权利。需要注意的是，英雄不同于烈士，烈士属于死者，英雄可以是活人，也可以是死者。从本条的行文精神来看，这里的英雄，似乎应解读为已离开人世的人。生存在世的英雄，自然可以通过一般侵权制度实现权利救济。现实生活中，行为人使用邱少云烧烤店、赖宁烧烤店等店名的，均可认定为侵害英雄、烈士名誉。英雄、烈士的认定，应遵守有关机构的标准。

2. 须有过错。在归责原则上，本条属于一般侵权，应采取过错责任，即加害人须有过错，侵权责任才告成立。

3. 须有损害。损害既包括对死者姓名、肖像、名誉和荣誉的损害，还包括对公共利益的损害。这是因为，一个国家、民族，是不能没有英雄和烈士的，英雄、烈士辈出的民族，是不会被消灭的民族。因此，对英雄、烈士的保护事关国家、民族利益。

4. 因果联系。因果联系指相当因果联系，即侵害英雄、烈士姓名、肖像、名誉、荣誉的行为，在一般情形下，造成了精神损害。本条的法律效果：加害人承担民事责任。其中，消除影响、恢复名誉、赔礼道歉等将作为主要的责任方式，损害赔偿的适用则是次要的。

七、民事责任竞合

（一）民事责任竞合的概念与特征

民事责任竞合是指某种违反民事义务的行为，符合多种民事责任的构成要件，从而在法律上导致多种责任形式存在且不能同时适用的现象。民事责任竞合具有以下特征：

1. 行为人只实施了一个不法行为。一个不法行为引起多个民事责任，是民事责任竞合的前提条件。所谓“一个不法行为”，乃出于一个故意或过失的违反法律义务的行为。因此，数人基于共同故意或共同过失实施的行为，也属于“一个不法行为”。

2. 同一不法行为同时满足两个或两个以上的民事责任构成要件。同一不法行为同时违反两个或者两个以上相对独立的民事法律规范，符合两个或者两个以上的民事责任构成要件，这是民事责任竞合的决定性条件。一种行为符合数个法律责任的构成要件，可能是行为本身的复杂性导致的，也可能是法律规定本身的交叉引起的。

3. 数个民事责任虽然并存，但不能同时适用。这包括两个含义：其一，是指数个民事责任的后果不同；其二，是指数个民事责任不能相互吸收。不能相互吸收，是指一种民事责任不能为另一种民事责任所涵盖，不能要求行为人同时承担数个民事责任。

（二）民事责任竞合的表现形式

1. 侵权责任与违约责任的竞合。侵权责任与违约责任的竞合，是指行为人的同一不法行为同时违反侵权法和合同法的有关规定，同时符合侵权责任和违约责任的构成要件而产生的责任竞合现象。具体的竞合情形主要有如下两种：其一，违约性侵权行为。即合同当事人的违约行为导致他人合同利益以外的利益损害，符合侵权行为的构成要件。例如，买卖合同交付的标的物质量不合格（违约行为），导致他人人身或者财产损害（侵权行为）。其二，侵权性违约行为。即行为人实施的侵权行为导致他人合同利益损害，符合违约责任的构成要件。例如，保管人无权处分保管物，而将保管物出卖给第三人，无权处分致使寄存人财产受损失构成侵权行为，同时构成违反保管义务的违约行为。

尽管侵权责任与违约责任的竞合经常发生，不过，这种竞合并不能否定二者之间的区别，而且二者之间的区别将会直接影响当事人在责任竞合时所作的选择，以及选择之后的权利和义务。具体来说，二者的区别包括：

（1）举证责任不同。违约过程中受害人不需要承担证明违约方有过错的举证责任，而侵权之诉中受害人一般都需要证明对方有过错。

（2）责任的基础不同。合同的义务内容可以由双方当事人自由协商后确定，而侵权中双方的义务是由法律直接规定的，不能由当事人的利益关系决定。行为违反的是法定义务还是约定义务，承担的是法定责任还是约定责任，是违约责任与侵权责任最根本的区别。

（3）诉讼时效不同。我国《民法典》第 188 条第 1 款规定："向人民法院请求保护民事权利的诉讼时效期间为三年。法律另有规定的，依照其规定。"

（4）责任构成要件和免责条件不同。在违约责任中，除法定免责条件（如不可抗力）以外，合同当事人还可以事先约定不承担责任的情形（但故意或重大过失引发的责任以及人身伤害的责任除外）。而在侵权责任中，免责条件只能是法定的，当事人不能事先约定免责条件。

（5）责任形式不同。违约责任一般采取违约金形式，而且违约金是由法律规定或者当事人约定的，违约金的支付不以对方发生损害为条件。侵权责任主要采取损害赔偿的形式，损害赔偿以实际发生的损害为前提。

（6）责任范围不同。侵权责任的赔偿范围广，一般包括财产损失、人身伤害和精神损害的赔偿。对人身伤害、精神损害，赔偿范围包括被侵权人的伤害赔偿金、被侵权人有扶养或赡养义务的第三人的抚养费或赡养费、被侵权人减少劳动能力需增加的费用以及造成名誉、荣誉、人格等受损的精神赔偿金。违约责任的赔偿范围较窄，一般由当事人约定，未约定的依照合同编的相关规定处理。

（7）对第三人的责任不同。在违约责任中，如果因第三人的过错造成违约致损害发生的，依照合同编的规定，当事人一方应当向对方承担违约责任后，另行向第三人索赔，但合同中另有约定的除外。在侵权责任中，贯彻为自己行为负责的原则，行为人仅对因自己的过错致他人损害的后果负责，除非第三人和行为人共同实施侵权行为，否则行为人不对第三人的行为负责。

（8）诉讼管辖不同。《中华人民共和国民事诉讼法》（以下简称《民事诉讼法》）规定，因合同纠纷提起的诉讼，由被告住所地或者合同履行地人民法院管辖，合同双方当事人还可以在书面合同中协议选择被告住所地、合同履行地、合同签订地、原告住所地、标的物所在地人民法院管辖，其约定效力不受合同无效、被撤销或者终止的影响。而因侵权行为提起的诉讼，由侵权行为地或者被告住所地人民法院管辖，侵权行为地包括侵权行为实施地、侵权结果发生地。

我国《民法典》第 186 条对违约责任和侵权责任的竞合作了明确规定:“因当事人一方的违约行为，损害对方人身权益、财产权益的，受损害方有权选择请求其承担违约责任或者侵权责任。”

2. 侵权责任与不当得利返还责任的竞合。侵权责任与不当得利返还责任的竞合，是指加害人因侵权行为取得利益，同时符合侵权责任和不当得利返还责任的构成要件而产生的责任竞合现象。学说上对于这两种责任是否存在竞合还存在一定的争议。持否定意见和肯定意见的学说均存在。在实践中，因侵权行为发生不当得利的情形主要有如下几种：其一，无权有偿处分；其二，非法出租他人财产；其三，非法使用他人之物并获取收益；其四，侵害知识产权而获取利益；其五，侵害他人人身权而获得利益。对于侵权责任与不当得利返还责任竞合的处理方式，法律没有明文规定。实践中，可以根据有关违约责任与侵权责任竞合的处理原则，允许受害人选择行使不当得利返还请求权或者侵权行为请求权。但是，对于责任竞合的条件应当有所限制。

八、民事责任的优先适用

我国《民法典》第 187 条规定:“民事主体因同一行为应当承担民事责任、行政责任和刑事责任的，承担行政责任或者刑事责任不影响承担民事责任；民事主体的财产不足以支付的，优先用于承担民事责任。”本条是关于民事责任与刑事责任或行政责任聚合以及利益冲突解决机制的规定。

民事责任以损害赔偿为中心，基本上属于财产性责任，其维护的是民事主体的个人利益。刑事责任是对触犯刑事法律构成犯罪的人施加的惩罚，在性质上，分为财产性刑罚和非财产性刑罚，前者包括罚金、没收财产，后者包括死刑、无期徒刑、有期徒刑、拘役、管制、剥夺政治权利等。行政责任是对行政主体违反行政法律的行为的制裁，在性质上，也可分为财产性行政处罚和非财产性行政处罚，前者如罚款、没收非法所得等，后者如拘留、吊销营业执照等。不论刑事责任，还是行政责任，都属于法定责任，维护的都是公共利益。

法律责任聚合，是指一个行为触犯多个法律，依法应承担多个责任的现象。与请求权竞合不同，后者调整的是权利，而非责任，且权利人只能择一行使。本条规定共分两层含义：一是法律责任的聚合，二是多个责任聚合时利益冲突的解决方案。

1. 法律责任聚合。因同一违法行为，符合多个法律责任构成，在同一主体身上，产生多个法律责任聚合时，刑事责任、行政责任的承担并不排除民事责任的追究。不能“以刑代民”或者“以行代民”，也不能以民事责任代替刑事责任或者行政责任。

2. 利益冲突的解决规则。在财产性刑事处罚、行政处罚与损害赔偿的民事责任聚合时，若责任人财产不足以清偿全部责任，应当如何处理？是按次序，还是按比例？《民法典》第 187 条对这一问题进行了解答。对于同一违法行为，行为人财产不足以支付全部财产性法律责任的，应先承担民事责任。立法设计凸显了对受害人民事权益保护的倾斜以及对受害人的关怀，国家不再与民争利，这种处理方式是值得肯定的。

第二分编 民事主体

第一章
自然人

第一节 自然人的民事权利能力

一、自然人的概念

(一) 民法上自然人并非是物理意义上的“自然人”

民法上的自然人是指具有民事主体地位的、被法律抽象出来的、与法人相对的、能够承担义务和享有权利的抽象的个体。尽管在当今世界中，每个人一出生就是《民法典》上的“自然人”，但是，“它”并不是指现实世界中的你我，与法人一样，是法律塑造出来的主体。应从以下几个方面来理解民法上的自然人：

1. 民法上的自然人是民法世界中区别于法人的个人，而非现实世界中的个人。民法世界“自然人”的概念不过是法学上的构造，其实就是一种“法”人，是民法根据法律构造的需要设计出来的人。“自然人”只有“二维结构”：一是规定其“权利能力”的所谓主体性地位，二是其理性能力（行为能力)。具有了权利能力，就具有了主体地位，而具有了理性能力（行为能力）就可以实行意思自治、就能够因过错而被归责。

但现实世界中的人各种各样：教育背景不同、智商不同、家庭出身不同、财产能力不同、身高体重不同等。这样，就没有办法制定出关于人的一般规范。因此，必须按照法律规范设计的需要来“设计民法上的自然人”。于是，《民法典》不再关注人与人之间的所有不同，仅仅规定了权利能力与行为能力两个因素，只要符合这两个因素，就是完完全全的民法上的自然人。

我们清楚地看到，通过这样的塑造以后，法律上的人不等同于现实世界中活生生的人，而是一个被掏空了五脏六腑、无血无肉、没有自己意志而仅符合“被规定了的共同意志”的人。所以，《民法典》是不考虑农民、手工业者、制造业者、企业家、劳动者之间的区别的，私法中的人就是作为被模糊掉了各种外在因素的抽象的个人而存在。民法中的人，犹如一幅理性勾画出来的人的画像，挂在民法的圣殿中，尽管其来源于人的形象，但却不是真实的人。诚如学者所言：人格体是一种“当为”（即规范要求下的理性行为）的形式，即一种客观的构造。

2. 自然人是为了区别法人而特别适用的一个概念。尽管民法上的自然人与法人一样，都是法律的设计物，但是民法世界中区分自然人与法人还是具有一定意义的：个体相对于团体来适用，即自然人与法人的区别实际上反映了个体与团体的区分。从《民法典》的整体设计而言，任何一个国家赋予团体以主体地位都有自己的政策和衡量，都具有特定的条件，并非任何团体都能被赋予主体资格。

（二）“自然人”一词的适用在民法上的进步意义

尽管民法中的自然人，犹如一幅理性勾画出来的人的画像，而非具体的现实世界中的自然人，但在民法中适用“自然人”一词还是具有十分重要的意义：

1. 连接自然出生的人与民法上的主体地位的自然人。在罗马法上，自然意义上的自然人与法律上的人大不相同。自《德国民法典》开始，民事主体直接适用“自然人”，使自然意义上的人从一出生就获得作为主体的“自然人”的地位，这是历史的进步，从此，自然人的主体地位始于出生成为一种被普遍接受的事实。我国《民法典》使用“自然人”一词是非常正确的。

同时，“自然人”与“公民”相比，更符合对人的保护。《法国民法典》适用“公民”一词，而未适用“自然人”（见该法典第 8 条规定），更强调对法国人的保护。而“自然人”则不同，不仅本土的“自然人”受到本国法律保护，而且外国“自然人”也受到保护（双边或者多边国际条约有规定的除外），尤其是在当今世界，这更具有进步意义。

2. 自然人是民事主体制度的原型。尽管现代民法用“权利能力”统一了自然人与法人，但是不可否认的是，只有自然人才能完整地享有民法的所有权利，包括人身权利（人格权与身份权）和财产权利，而法人纯粹是为充当交易主体或者其他有目的的主体而仿照自然人塑造的，如理性（权利能力）等（因此法人“拟制说”是有道理的）。因此，罗马法仅仅关注自然人是否是民事主体，《法国民法典》也仅仅规定了自然人主体。故自然人是民事主体原型，法人所享有的民事权利主要是财产权利，法人主要是为了交易或者其他特定目的而存在。

二、自然人的民事权利能力

（一）自然人民事权利能力的概念

一般认为，权利能力是指一个人作为法律关系主体的能力，也即作为权利享有者和义务承担者的能力（或称资格）。用通俗的话来说，权利能力是一种权利义务的归属资格。笔者认为，用“归属资格”来解释法人的权利能力更符合其创设的本意。权利能力的规范目的在于：一个人是否能够作为民事主体在民法上享有权利和承担义务。因此，权利能力是一个人能够取得权利义务的前提与基础，但不是具体的权利或者义务。

（二）自然人民事权利能力的开始

现代《民法典》一般都认为，自然人的权利能力因出生而取得，我国《民法典》第 13 条也作了相同的规定。前面已经论及，自然人的权利能力（私法上的地位）因出生的事实而自然取得并人人平等，是法律的伟大进步。但由于医学的发展，人们对出生有了更加精确的解释，也就有了不同的看法。关于出生的学说大致有：一部露出说、全部露出说、断脐带说、初啼说、独立呼吸说等。民法之所以对出生的界定产生兴趣，主要是因为出生与以下两方面问题有关：①继承；②主体性问题。法律不能仅仅考虑纯粹医学上的合理性，而应当从保护人的存在为出发点，因此，应选择在以上各种学说中出生最早的时间为法律上的出生时间。

（三）自然人民事权利能力的终止

权利能力因死亡而终止为法律的一般原则。而所谓的死亡包括自然死亡与拟制死亡。

1. 关于自然死亡。近年来，由于医学的发展，如同人的出生一样，对何为死亡，也存在不同的观点，大致有心搏终止说、脑电波消失说、呼吸停止说等。从保护人的价值考虑，应选择死亡时间最晚的观点认定法律上的死亡。

2. 关于拟制死亡。拟制死亡并非真正的死亡，而仅仅是被宣告人在法律上死亡了，因此，与自然死亡的法律结果是一样的。因为自然死亡只是一个事实，其真正的意义也体现在法律意义上。但拟制死亡有一个不可忽视的问题：被法律宣告死亡的人虽然在法律上死亡了，但他确实可能在自然意义上还活着。这就出现了一个矛盾：被宣告死亡的人在法律上死亡而没有权利能力，但其作为生存着的人还有权利能力，并且在生存期间所为的法律行为仍然有效。如何解释这一问题？

其实，宣告死亡的真正意义与目的根本不是解决权利能力的消灭问题，而是在于解决被宣告人既存的各种法律关系问题，即人身关系与财产关系问题。也就是说，被宣告死亡后，配偶关系、收养关系、父母子女关系等因此消灭，继承发生，代理关系终止，死亡人不得再作为诉讼关系的原告或者被告，而仅仅能够针对其财产进行诉讼，等等。至于其权利能力是否终止，仅仅是由于拟制死亡也是死亡，就推理出权利能力也因这种死亡而消灭的观点是不正确的。权利能力伴随生命的存在而存在，因此，生存着的被法律宣告死亡的人当然具有权利能力。

（四）法人权利能力的取得与终止

因为法人的权利能力为法律所赋予，因此，法人具备什么条件才能被赋予权利能力，取决于一个国家的立法政策。在我国，只有具备一定的条件法人才能够被赋予权利能力。由于法律对不同法人的要求不同，在此就不再赘述，而是在后面讲到各类法人时再详细论述。

三、胎儿利益的特殊保护

对胎儿权利能力的讨论，主要涉及胎儿的继承权与受损害的赔偿请求权问题。如果胎儿无权利能力，何以解释其尚未出生就可以继承其父母的遗产？何以解释其未出生前本人或者其父母遭受第三人侵害时的损害赔偿请求权问题？自然地，人们试图通过赋予胎儿权利能力，从逻辑上合理地解释胎儿的继承权与损害赔偿请求权。

对于胎儿的继承权，如果法律严格遵循“权利能力始于出生”的原则，那么，父母（或者任何一方）在胎儿出生前死亡，胎儿出生后就不能继承遗产。为了保护胎儿的利益，自罗马法开始，就确立了一条原则：在保护胎儿利益所需要的限度内，视为其已经出生。《民法通则》（已失效）虽然没有就此作出规定，但《民法典》第1155条规定：“遗产分割时，应当保留胎儿的继承份额。胎儿娩出时是死体的，保留的份额按照法定继承办理。”我国《民法典》第16条专门规定了胎儿利益的保护：“涉及遗产继承、接受赠与等胎儿利益保护的，胎儿视为具有民事权利能力。但是，胎儿娩出时为死体的，其民事权利能力自始不存在。”

相较于胎儿接受赠与的能力，另一个问题似乎更重要：胎儿的远距离损害赔偿请求权问题，即活着出生的人是否有权对他出生前（即在其胎体的形成过程中）因第三人的不法行为所导致的损害请求赔偿？答案是肯定的。我国《民法典》第16条应该包括这一含义。

总之，从比较法和理论来看，胎儿利益的保护问题主要涉及两个问题：一是继承问题，二是胎儿受到损害的远距离损害赔偿请求权的问题。我国《民法典》仅仅明确规定了第一个问题，但并没有规定第二个问题，这不得不说是一个很大的漏洞。在实践中，这一问题远远比胎儿接受赠与的能力重要得多：这不仅是因为现实生活中胎儿接受赠与的情形十分罕见，而且在制度设计上存在诸多问题——按照《民法典》赠与之规定，有两个问题无法解决：①如果赠与胎儿的话，赠与合同如何签订？向谁为意思表示？谁是胎儿的法定代理人？难道对胎儿可以使用代理吗？赠与合同什么时候生效？……这一系列问题是无法在《民法典》中设计出来的。②赠与是可以撤销的，采取非诉讼方式撤销时，会出现与赠与成立时相同的问题：谁是代理人？如果通过诉讼撤销，则谁是被告？这种情况下胎儿必然成为被告。这一点恰恰与胎儿不能作为被告的胎儿利益保护宗旨相违背。因此，《民法典》的这一设计存在一些矛盾。因此，《最高人民法院关于适用〈中华人民共和国民法典〉总则编若干问题的解释》（法释〔2022〕6号）第4条规定："涉及遗产继承、接受赠与等胎儿利益保护，父母在胎儿娩出前作为法定代理人主张相应权利的，人民法院依法予以支持。"

第二节 自然人的民事行为能力

一、自然人民事行为能力的概念

通说认为，行为能力是权利主体依自己的意志独立实施法律行为而取得权利或者承担义务的资格。

行为能力所要解决的问题：一个具有权利能力的人能否以独立的意志去创设、变更或者消灭权利义务关系？这是理性能力的直接体现。

行为能力对于自然人而言意义重大，讨论行为能力主要是针对自然人，因为自然人的理性存在区别，故区分为完全行为能力人、限制行为能力人和无行为能力人。而法人的理性是拟制的，因此，不存在分类的意义，也不具有讨论的价值。

二、自然人民事行为能力的类型

（一）分类标准

从前面的论述可以看出，如果对行为能力采取如同权利能力那样人人平等的做法，显然会出现不公平的结果。因此，有必要对人的行为能力进行区别。

从自然属性上说，人与人之间的差别是绝对的、普遍的，没有完全等同的两个人，否则就与机器人无异。因此，对于每个人的认识与判断能力进行个案审查是最精确的。但是，对于每个人进行个案审查的方式几乎是不可操作的，即使从理论上可以，其成本也十分高昂。因此，各国《民法典》采取的是非个案审查的抽象方式，将人的行为能力类型化，采取的标准是判断能力的有无以及强弱。《瑞士民法典》第13条规定，"已成年且有判断能力者，有行为能力"。第16条规定，"任何人，凡不属于年幼，或者无精神障碍、心理错乱、精神恍惚或类似情况，从而不欠缺实施理智行为之能力者，均为本法意义上有判断能力的人"。但判断能力如何确定？一般来说，对于没有精神障碍的人来说，随着年龄的增长其判断能力也会同步增长，所以，年龄就成为最稳定的分类标准。另外，也必须考虑精神障碍方面的因素。对于患有精神障碍的人来说，其判断能力与年龄的增长并不同步。

应当说，年龄标准是一个相对科学的标准，但这一标准的适用也会引发这样的情况，即一个人从无行为能力人变成限制行为能力人或从限制行为能力人变为完全行为能力人只相隔一天。在此情况下，将其划分为行为能力完全不同的人，的确存在片面性，故阿蒂亚称之为"愚蠢的规则"。但是，除这种一刀切的方式之外，目前也没有更合适的方式。

（二）我国民法上的分类

1. 完全行为能力人。按照我国《民法典》第17条及18条的规定，18周岁以上且无精神障碍的人为完全行为能力人。考虑到我国的现实情况，即有的人在16岁就参军或者参加工作，因此，法律规定16周岁以上而不满18周岁，无精神障碍且以自己的劳动收入作为主要生活来源的未成年人，也视为完全行为能力人。

2. 无行为能力人。无行为能力人包括两种：一是不满8周岁的人；二是虽然已经达到8周岁，但患有严重的精神障碍使其判断能力相当于不满8周岁的未成年人或者成年人。

由于我国《民法通则》（已失效）对无行为能力的规定年龄过高，与我国现实生活极不符合。因此，《民法典》第20条将10周岁改为8周岁。但由于我国儿童普遍于7周岁入学，以7周岁作为无行为能力分界线是否更加合适，有待进一步探讨。

3. 限制行为能力人。限制行为能力人也包括两种：一种是8周岁以上且不满18周岁的无精神障碍的未成年人；另一种是具有部分判断能力的成年人（其判断能力相当于8周岁以上而不满18周岁的精神正常的未成年人）。

根据通说，8周岁以上的未成年人或者不能完全辨认自己行为的精神病人进行的民事活动是否与其年龄、智力状况相适应，可以从行为与本人生活的关联程度、本人的智力能否理解其行为、能否预见相应的行为后果，以及行为标的数额等方面认定。

（三）行为能力对行为之法律后果的影响

民法对行为能力进行分类的目的在于确定各类行为能力人的行为在法律上的后果，因此，行为能力对行为人行为后果的影响才是实质性的。如果行为人的行为超出了法律规定的可能性，将导致其行为后果的瑕疵。

1. 无行为能力人的行为在法律上的后果。无行为能力人的意思表示本身就是无效的，第三人向无行为能力人发出的意思表示必须到达其法定代理人。这说明，无行为能力人仍然是权利主体，即也有权利能力，但是他不能自己实施行为来充当法律行为的参与人，即他不能自己发出意思表示或者受领意思表示，而必须由他人代理。

上述论断是无行为能力人与限制行为能力人的重大区别之一：限制行为能力人从事某种其依照法律不能从事的法律行为时，其代理人可以事前同意也可以事后追认，但是，对无行为能力人的行为却不存在事前同意或者事后追认的问题。如果说，在现实生活中其法定代理人事后追认的话，也仅仅是进行了一项新的法律行为，而不是对无行为能力人行为的追认。

《民法典》第20条规定："不满八周岁的未成年人为无民事行为能力人，由其法定代理人代理实施民事法律行为。"第21条规定："不能辨认自己行为的成年人为无民事行为能力人，由其法定代理人代理实施民事法律行为。八周岁以上的未成年人不能辨认自己行为的，适用前款规定。"

2. 限制行为能力人及其法律后果。由于限制行为能力人介于无行为能力与完全行为能力之间，因此，对行为及法律后果的判断，在实践中存在较大的困难。具体有下列问题需要分析：

（1）限制行为能力人能够从事哪些法律行为？我国《民法典》第19条规定："八周岁以上的未成年人为限制民事行为能力人，实施民事法律行为由其法定代理人代理或者经其法定代理人同意、追认；但是，可以独立实施纯获利益的民事法律行为或者与其年龄、智力相适应的民事法律行为。"第22条规定："不能完全辨认自己行为的成年人为限制民事行为能力人，实施民事法律行为由其法定代理人代理或者经其法定代理人同意、追认；但是，可以独立实施纯获利益的民事法律行为或者与其智力、精神健康状况相适应的民事法律行为。"由此可见，我国民法承认限制行为能力人可以独立从事两种法律行为而不必经其法定代理人同意：一是与其年龄、智力、精神健康状况相适应的法律行为；二是纯获利益的法律行为。

如何判断“与其年龄、智力、精神健康状况相适应的法律行为”呢？《最高人民法院关于适用〈中华人民共和国民法典〉总则编若干问题的解释》（法释〔2022〕6号）第5条规定：“限制民事行为能力人实施的民事法律行为是否与其年龄、智力、精神健康状况相适应，人民法院可以从行为与本人生活相关联的程度，本人的智力、精神健康状况能否理解其行为并预见相应的后果，以及标的、数量、价款或者报酬等方面认定。”

（2）限制行为能力人不能从事的行为应如何实施？限制行为能力人依法不能实施的行为，可以通过以下两种方式实施：一是由其法定代理人为其实施；二是事先得到其法定代理人的同意或者事后得到其法定代理人的追认。

第一，关于事先同意。事先同意既可以是对单个事项的同意，也可以是概括性的同意。这种允许既可以向限制行为能力人作出，也可以向与限制行为能力人进行交易的相对人作出。

第二，关于追认。如果限制行为能力人在行为前未得到其法定代理人的同意，也可以在事后取得其法定代理人的追认。这种追认既可以向限制行为能力人作出，也可以向与限制行为能力人进行交易的相对人作出。但在追认前，行为处于效力待定状态。一经追认，被追认的行为自始生效。特别应当强调的是，如果在追认时限制行为能力人已经成为完全行为能力人，则由他自己追认。

法律在保护限制行为能力人利益的同时，也保护善意相对人的利益。对此，法律赋予其两种权利：催告权与撤销权。所谓催告权，是指相对人在法定期间内催促与其缔约的限制行为能力人的法定代理人作出是否追认的权利。因为需要追认的行为在追认前处于效力待定状态，所以法律给予相对人这样一种权利，以便尽快结束这种不确定状态。根据我国《民法典》第145条的规定，相对人可以催告法定代理人在30日内予以追认。法定代理人未作表示的，视为拒绝追认。

这里所说的撤销权，是指限制行为能力人所从事法律行为的善意相对人在限制行为能力的法定代理人追认前，可以撤销法律行为的权利。我国《民法典》第145条规定，法律行为被追认之前，善意相对人有撤销的权利。撤销应当以通知的方式作出。

第三，事前同意或者事后追认行为的后果归属。限制行为能力人经其法定代理人事前同意或者事后追认的行为有效，但该有效的结果由谁来承担呢？我国《民法典》对此都未作规定，实为遗憾。从理论上说，允许的结果是由限制行为能力人本人就自己所为的法律行为享有权利并承担义务。然而，这并不意味着其法定代理人本人须就限制行为能力人的交易向对方承担责任，即使他的允许是对交易对方作出的，也同样如此。但在日常生活中，限制行为能力人分两种情况：一是他本身具有财产或者具有履行非金钱债务的能力；二是限制行为能力人无财产，也无履行非金钱债务的能力。在第一种情况下，由限制行为能力人承担后果自无问题。但在第二种情况下，即使法定代理人允许，限制行为能力人仍然没有履行能力。因此，实际的情况是，法定代理人追认的情况一般都是愿意替他承担履行义务。如果他不打算替代履行，那么，他一般就不会追认。

第四，是否区分单方法律行为与双方法律行为而确定效力？从比较法上看，《德国民法典》对单方法律行为与双方法律行为规定了不同的法律效力。根据该法典第111条的规定，未成年人未取得法定代理人的必要同意而为的单方法律行为无效；而根据第108条的规定，合同经其法定代理人的追认后才生效，否则为效力待定。我国《民法典》没有明确规定，但德国民法的这种规定是合理的，而且对保护限制行为能力人来说是有益的。因为，按照民法的一般原理，“任何人的单方行为仅得为他人创设权利而不得设定义务”，故单方行为是使他人受益而对自己不利的行为。所以，法律否定限制行为能力人从事单方法律行为的效力，恰恰在于保护限制行为能力人。也许有人会认为，让这种单方行为效力待定也未尝不可，但是，我们不能不顾及“效力待定”的制度价值：它的目的在于让法定代理人衡量限制行为能力人的行为是否对其有利，如果有利，就追认，否则就拒绝追认。既然这种单方行为不能给限制行为能力人带来任何利益，法律直接否定其效力可能更为合适。

至于双方法律行为，因双方互负债务与互享权利，故这种权利义务是否对等、是否会损害未成年人的利益，由其法定代理人进行衡量，并作出是否追认的决定，这样也不会损害限制行为能力人的利益。

3. 完全行为能力人之行为的法律后果。从意思自治的完整性意义上说，完全行为能力人所为的法律行为应当有效。当然，影响一个法律行为效力的因素有许多，行为能力仅仅是一个主要的因素。法律行为也可能因违法、违反善良风俗等无效。

4. 需要说明的问题。

（1）在行为能力问题上，是否存在善意第三人的保护？人们在实践中常常提出一个疑问：在缔约能力（行为能力）方面，是否有善意第三人的保护问题？即如果一个未成年人外部看上去很像成年人，或者自己也谎称为成年人，善意第三人是否可以因善意信赖而主张合同有效？对此，德国通说认为，无行为能力及其原因无需具有可识别性，因此，他方当事人完全可能在没有任何过失的情况下信赖某行为的有效性，而该项行为实际上因行为人无行为能力而无效。这一法律制度的目的并不是保护基于对交易能力的信任所进行的交易的效力，法律之所以规定无行为能力人从事的行为无效，恰恰是为了保护无行为能力人，而这种保护应当与对方当事人的善意或者恶意无关。这也就是说，在通常情况下，每一个人都应当自行承担遇到无行为能力人并因此遭受信赖损害的风险。英国判例也坚持这样的原则：如果一个未成年人谎称自己是成年人并劝使另一个人和他订立合同，虽然他进行了欺骗，该合同对他仍然是不能执行的。这种观点值得赞同，因此，在行为能力问题上，不存在善意第三人的保护问题。

这里所说的不存在善意第三人的保护问题，是指第三人不得主张自己无过错信赖对方有行为能力而主张法律行为有效。但是，前面已经提到，在限制行为能力人的法定代理人追认前，善意第三人有撤销其意思表示的权利。如果在这种意义上，也存在善意第三人的保护问题。

（2）行为能力在侵权行为中是否适用？前面已经提到，只有涉及法律行为时，才有行为能力的适用问题。而侵权行为虽然有时是人的行为，但却不是法律行为，不需要意思表示。因此，即使无行为能力人也可以作为侵害他人绝对权的侵权人。如果他本人无财产赔偿，可以适用“责任转承”原则，即由他的监护人承担赔偿责任。我国《民法典》第1188条第1款规定，无民事行为能力人、限制民事行为能力人造成他人损害的，由监护人承担侵权责任。监护人尽到监护职责的，可以减轻其侵权责任。

（3）限制行为能力、无行为能力的认定问题。一个完全行为能力人或者限制行为能力人，有可能因为某种原因而变为限制行为能力人或者无行为能力人。而在有些情况下，是否为限制行为能力或者无行为能力很难识别与辨认。例如，对于间歇性精神病患者，其行为后果常常发生疑问。从理论上说，间歇性精神病患者，在不犯病期间为完全行为能力人，在犯病期间按照无行为能力人对待。但在实践中，却难以举证。因此，为了识别的方便，法律创设了限制行为能力、无行为能力的认定制度。符合法定条件的自然人，可以由其利害关系人申请法院宣告其为限制行为能力人或无行为能力人。

第一，成年人限制行为能力或者无行为能力的认定问题。《民法典》总结多年的理论与司法实践经验，于第24条专门规定了对于成年人进行无行为能力或者限制行为能力的宣告："不能辨认或者不能完全辨认自己行为的成年人，其利害关系人或者有关组织，可以向人民法院申请认定该成年人为无民事行为能力人或者限制民事行为能力人。被人民法院认定为无民事行为能力人或者限制民事行为能力人的，经本人、利害关系人或者有关组织申请，人民法院可以根据其智力、精神健康恢复的状况，认定该成年人恢复为限制民事行为能力人或者完全民事行为能力人。本条规定的有关组织包括：居民委员会、村民委员会、学校、医疗机构、妇女联合会、残疾人联合会、依法设立的老年人组织、民政部门等。"

第二，纯获利益的行为之有效规则是否也适用于无行为能力人？我国《民法典》第19条仅仅规定了限制民事行为能力人纯获利益的合同不经其法定代理人追认也有效，而没有规定无行为能力人的适用。故从我国《民法典》之规定看，即使是纯获利益的行为，也仅仅对限制行为能力人适用，对于无行为能力人仍旧无效。

第三节 自然人的住所与监护

一、住所

(一) 住所的概念

住所是自然人进行有民事意义的活动的中心场所。住所与居所是不同的，居所是自然人居住的处所。住所与居所的区别主要表现在：①大多数国家的法律规定，自然人只能有一个住所，但可以有多个居所；②住所是自然人为一般目的而生活的地方，而居所是为了特定目的而居住的地方；③居所具有临时性，一般不具有法律上的意义，而住所要求稳定地、连续地居住，具有法律上的意义。

(二) 住所的分类

住所大致可以分为意定住所、法定住所与拟制住所。所谓意定住所，是指基于当事人的意思而设立的住所。意定住所的存在往往与迁徙自由联系在一起，因此，只有在宪法上实行"迁徙自由"的国家才有可能存在这一类型的住所，如法国、日本及英美法系国家。所谓法定住所，是指不依当事人的意思而由法律直接规定的住所，如我国《民法典》规定的住所即为这种住所，所谓拟制住所，是指法律规定在特殊情况下将居所视为住所，例如，我国《民法典》第25条规定："自然人以户籍登记或者其他有效身份登记记载的居所为住所；经常居所与住所不一致的，经常居所视为住所。"

从《民法典》第25条的规定看，似乎能够得出我国是实行"法定住所"制度的结论，但仔细分析该条，似乎是规定了意定住所与拟制住所制度，即应这样理解：任何人可以通过意愿来选择与户籍不一致的居住地，只有不能确认其经常居住地时，才可以将户籍所在地的居住地视为住所。另外，加上我国现在的许多政策，例如，户政制度实行户口簿与身份证分离的制度，就使得自然人的意定住所在法律上得到了承认。另外，有学者认为，我国法律承认拟制住所，主要包括以下三种情况：①自然人的经常居住地与住所不一致的，经常居住地视为住所。②自然人由其户籍所在地迁出后至迁入另一地之前，无经常居住地的，仍以其原户籍所在地为住所。③自然人的住所不明或者不能确定的，以其经常居住地为住所。自然人有几个住处的，以与产生纠纷的民事关系有最密切联系的住处为住所。

（三）住所的法律意义

住所在法律上具有以下意义：①确定司法管辖。如我国《民事诉讼法》第 22 条第 1 款规定："对公民提起的民事诉讼，由被告住所地人民法院管辖；被告住所地与经常居住地不一致的，由经常居住地人民法院管辖。"②准据法的确定。在实行联邦制的国家中，住所对于确定准据法具有十分重要的意义。由于我国法律是统一的，此方面的意义并不是很大。但在确定适用某些地方法规方面，住所仍然具有意义。

二、监护的概念

由于立法体例的不同，我国的监护制度与许多国家的监护制度的内涵与外延有较大不同：我国目前的监护制度不仅包括对无行为能力人及限制行为能力人的救济，而且包含了大陆法系传统民法中亲权的许多内容；而大陆法系传统民法所谓的监护，是指在亲权法之外的对行为能力欠缺的救济制度。这也正是我国学者对监护制度的概念及立法体例的争议所在。

我国通说认为，监护是指对未成年人和精神病人的人身、财产及其他合法权益进行监护和保护的一种民事制度。尽管在《民法典》的编纂过程中，有人主张将监护放在亲属法中，而在自然人编中仅仅规定无行为能力人与限制行为能力人的法定代理人。但这种主张并没有被《民法典》接受，《民法典》仍然坚持自《民法通则》（已失效）以来的立法体例。

我国《民法典》上的监护制度之价值主要体现在两个方面：一方面是对行为能力欠缺者的救济，另一方面是对其生活、教育、财产管理等方面的辅助。由于行为能力欠缺者，即无行为能力人与限制行为能力人不能从事民事活动或者仅仅能够从事范围很小的民事活动，而日常生活中的人是难以离开民事活动而生活的，因此，为了其生活需要，更重要的是使他成为一个完整意义上的人，实现法律意义上的人人平等，必须有一个对行为能力欠缺的救济制度。因为，我们的民法一方面宣称"自然人权利能力平等"，而另一方面却在行为能力上分不同种类，使行为能力欠缺者不能从事许多民事行为，因此，权利能力平等就不可能真正实现，行为能力欠缺者也就不能称为完全意义上的人。除此之外，无行为能力人多是成长中的未成年人，其生活需要照顾、财产需要管理，还需要对之进行教育，因此，也有必要设立监护制度（亲权法上的职能）。

三、监护人的设立

（一）法定监护

我国《民法典》第 27 条规定："父母是未成年子女的监护人。未成年人的父母已经死亡或者没有监护能力的，由下列有监护能力的人按顺序担任监护人：（一）祖父母、外祖父母；（二）兄、姐；（三）其他愿意担任监护人的个人或者组织，但是须经未成年人住所地的居民委员会、村民委员会或者民政部门同意。"第 28 条规定："无民事行为能力或者限制民事行为能力的成年人，由下列有监护能力的人按顺序担任监护人：（一）配偶；（二）父母、子女；（三）其他近亲属；（四）其他愿意担任监护人的个人或者组织，但是须经被监护人住所地的居民委员会、村民委员会或者民政部门同意。"

（二）意定监护

我国《民法典》第 30 条规定："依法具有监护资格的人之间可以协议确定监护人。协议确定监护人应当尊重被监护人的真实意愿。"第 33 条规定："具有完全民事行为能力的成年人，可以与其近亲属、其他愿意担任监护人的个人或者组织事先协商，以书面形式确定自己的监护人，在自己丧失或者部分丧失民事行为能力时，由该监护人履行监护职责。”

四、监护人的职责

监护人的职责有两个大的方面：法定代理与保护被监护人权益。《民法典》第34～35条规定：其一，监护人的职责是代理被监护人实施民事法律行为；其二，保护被监护人的人身权利、财产权利以及其他合法权益等，例如：①保护被监护人的身体健康；②照顾被监护人的生活；③管理和保护被监护人的财产；④代理被监护人进行民事活动；⑤对被监护人进行管理和教育；⑥在被监护人合法权益受到侵害或者与人发生争议时，代理其进行诉讼等。

我国《民法典》有一个很有特色的地方，第26条第1款规定：“父母对未成年子女负有抚养、教育和保护的义务。”这是典型的亲权内容。那么，存在的疑问是，父母以外的其他人担任监护人时是否有这种管理未成年人成长的义务？从第34～39条的规定看，似乎没有。但从立法本意看，对于未成年人来说，监护人都应该有此义务。

另外，如果监护人不能履行上述职责应如何补救？我国《民法典》编纂总结吸收了新冠肺炎疫情中的抗疫经验，于第34条第4款特别规定了应对措施：因发生突发事件等紧急情况，监护人暂时无法履行监护职责，被监护人的生活处于无人照料状态的，被监护人住所地的居民委员会、村民委员会或者民政部门应当为被监护人安排必要的临时生活照料措施。

五、监护人职责履行中应当注意和禁止的事项

监护人在履行职责的过程中，应当按照“善良管理人的注意”之标准来履行职责。我国《民法典》第35条专门对其履行职责规定了注意和禁止事项，主要是：

1. 监护人应当按照最有利于被监护人的原则履行监护职责。监护人除为维护被监护人利益外，不得处分被监护人的财产。

2. 未成年人的监护人履行监护职责，在作出与被监护人利益有关的决定时，应当根据被监护人的年龄和智力状况，尊重被监护人的真实意愿。

3. 成年人的监护人履行监护职责，应当最大限度地尊重被监护人的真实意愿，保障并协助被监护人实施与其智力、精神健康状况相适应的民事法律行为。对被监护人有能力独立处理的事务，监护人不得干涉。

六、监护人资格的撤销

按照我国《民法典》第36条第1款的规定，监护人有下列情形之一的，人民法院根据有关个人或者组织的申请，撤销其监护人资格：①实施严重损害被监护人身心健康行为的；②怠于履行监护职责，或者无法履行监护职责并且拒绝将监护职责部分或者全部委托给他人，导致被监护人处于危困状态的；③实施严重侵害被监护人合法权益的其他行为的。

这里的“有关个人或者组织”是指其他依法具有监护资格的人，如居民委员会、村民委员会、学校、医疗机构、妇女联合会、残疾人联合会、未成年人保护组织、依法设立的老年人组织、民政部门等。

《民法典》第36条第3款专门规定，如果以上个人和民政部门以外的组织未及时向人民法院申请撤销监护人资格的，民政部门应当向人民法院申请。我国《民法典》第37条同时规定：“依法负担被监护人抚养费、赡养费、扶养费的父母、子女、配偶等，被人民法院撤销监护人资格后，应当继续履行负担的义务。”

被监护人资格的恢复。根据《民法典》第38条的规定，被监护人的父母或者子女被人民法院撤销监护人资格后，除对被监护人实施故意犯罪的外，确有悔改表现的，经其申请，人民法院可以在尊重被监护人真实意愿的前提下，视情况恢复其监护人资格，人民法院指定的监护人与被监护人的监护关系同时终止。

七、监护的终止

根据我国《民法典》第 39 条的规定，有下列情形之一的，监护关系终止：①被监护人取得或者恢复完全民事行为能力；②监护人丧失监护能力；③被监护人或者监护人死亡；④人民法院认定监护关系终止的其他情形。监护关系终止后，被监护人仍然需要监护的，应当依法另行确定监护人。

八、其他需要说明的问题

（一）夫妻离婚或者子女被收养时的监护问题

对此问题，《民法典》没有规定，但《最高人民法院关于贯彻执行〈中华人民共和国民法通则〉若干问题的意见（试行）》〔以下简称《民法通则意见》（已失效）〕第 21、23 条规定：夫妻离婚后，与子女共同生活的一方无权取消对方对该子女的监护权，但是，未与该子女共同生活的一方，对该子女有犯罪行为、虐待行为或者对该子女明显不利的，人民法院认为可以取消的除外。夫妻一方死亡后，另一方将子女送给他人收养，如收养对子女的健康成长并无不利，又办了合法收养手续的，认定收养关系成立；其他有监护资格的人不得以收养未经其同意而主张收养关系无效。

（二）违反职责的法律后果

根据《民法典》第 34 条第 3 款的规定，监护人不履行监护职责或者侵害被监护人合法权益的，应当承担法律责任。也就是说，监护人不履行监护职责给被监护人造成财产损失或者侵害被监护人利益的，应当赔偿损失。人民法院还可以根据《民法典》第 36 条的规定，根据有关人员或者有关单位的申请，撤销监护人的资格。

根据《民法通则意见》（已失效）第 20 条的规定，监护人不履行监护职责，或者侵害了被监护人的合法权益，其他有监护资格的人或者单位向人民法院起诉，要求监护人承担民事责任的，按照普通程序审理；要求变更监护关系的，按照特别程序审理；既要求承担民事责任，又要求变更监护关系的，分别审理。

（三）监护人的转承责任

前面已经提到，由于行为能力欠缺的人在大多数情况下是没有赔偿能力的，故许多国家的民法规定了监护人的“转承责任”。我国《民法典》第 1188 条也规定了这种责任：无民事行为能力人、限制民事行为能力人造成他人损害的，由监护人承担侵权责任。监护人尽到监护职责的，可以减轻其侵权责任。有财产的无民事行为能力人、限制民事行为能力人造成他人损害的，从本人财产中支付赔偿费用；不足部分，由监护人赔偿。

（四）监护的变更

广义的监护变更包括三种情形：①监护可以因协议而变更。例如，我国民法允许有监护资格的人通过协议的方式变更监护人，第一顺序的监护资格人可以与第二顺序的监护资格人协议，由第二顺序的人担任监护人。②监护可以因撤销而变更。监护可以因监护人不履行或者不正确履行监护职责而撤销，因而也可基于此变更监护人。③监护可以因监护人死亡或者丧失行为能力而变更。

第四节 宣告失踪与宣告死亡

一、宣告失踪

（一）宣告失踪的概念

所谓宣告失踪，是指自然人离开住所或者居所后下落不明达到法定期间，为保护其财产以稳定社会关系，法院经利害关系人的申请依法定程序宣告其为失踪人，并为之设定财产管理人的制度。

宣告失踪制度的主要立法目的在于保护被宣告失踪人的财产及维护社会秩序。因为对于自然人来说，其财产不仅是生存及发展的重要基础，同时也是其偿还债务的保障。而自然人失踪后，其财产处于无人管理的状态，如果任这种状态持续存在，不仅会损害失踪人的利益，而且会损害其债权人的利益。同时，如果财产无人管理，就会出现失踪人的债权人为实现债权而纷纷哄抢其财产、甚至无利益关系的第三人也会抢夺其财产的情形，导致社会秩序混乱。因此，法律有必要设立此种制度。

宣告失踪制度为许多国家民法所规定，但立法例有所不同。我国《民法典》第40~45条规定了宣告失踪制度，最高人民法院的《民法通则意见》（已失效）对之进行了具体化。此为我国宣告失踪制度的主要法律依据。

（二）宣告失踪的法律要件

根据我国《民法典》第40、41条的规定，宣告失踪的法律要件如下：

1. 自然人下落不明达到法定期间。《民法典》第40条规定："自然人下落不明满二年的，利害关系人可以向人民法院申请宣告该自然人为失踪人。"自然人下落不明必须满2年。何为"下落不明"？下落不明是指公民离开最后居住地后没有音讯的状况。这种2年的期间从何时开始计算呢？根据《民法典》第41条的规定，自然人下落不明的时间自其失去音讯之日起计算；战争期间下落不明的，下落不明的时间自战争结束之日或者有关机关确定的下落不明之日起计算。

2. 经利害关系人申请。何为利害关系人呢？根据《最高人民法院关于适用〈中华人民共和国民法典〉总则编若干问题的解释》（法释〔2022〕6号）第14条规定，申请宣告失踪的利害关系人，包括被申请人的近亲属；依据《民法典》第1128条、第1129条规定对被申请人有继承权的亲属；债权人、债务人、合伙人等与被申请人有民事权利义务关系的民事主体，但是不申请宣告失踪不影响其权利行使、义务履行的除外。

3. 由有管辖权的法院依法定程序宣告并同时指定财产代管人。宣告失踪的案件由被宣告失踪人住所地的基层人民法院管辖。住所地与居住地不一致的，由最后居住地的基层人民法院管辖。

人民法院审理宣告失踪的案件，比照《民事诉讼法》规定的特别程序进行（我国《民事诉讼法》第190~193条）。另外，人民法院审理宣告失踪的案件，应当查清被申请宣告失踪人的财产，指定临时管理人或者采取诉讼保全措施，发出寻找失踪人的公告，公告期间为半年。公告期间届满，人民法院根据被宣告失踪人失踪的事实是否得到确认，作出宣告失踪的判决或者终结审理的裁定。如果判决宣告为失踪人，应当同时指定失踪人的财产代管人。

（三）宣告失踪的效力

根据《民法典》第 42 条的规定，宣告失踪的效力是“失踪人的财产由其配偶、成年子女、父母或者其他愿意担任财产代管人的人代管。代管有争议，没有前款规定的人，或者前款规定的人无代管能力的，由人民法院指定的人代管”。也就是说，宣告失踪主要就是发生财产代管的效力。具体来说：

1. 可以担任财产代管人的范围。那么，谁可以担任财产代管人呢？根据《民法典》第 42 条的规定，失踪人的财产由其配偶、成年子女、父母或者其他愿意担任财产代管人的人代管。代管有争议，没有前款规定的人，或者前款规定的人无代管能力的，由人民法院指定的人代管。

人民法院指定失踪人的财产代管人，应当根据有利于保护失踪人财产的原则指定。没有上述代管人，或者他们无能力作代管人，或者不宜作代管人的，人民法院可以指定公民或者有关组织为失踪人的财产代管人。另外，无民事行为能力人、限制民事行为能力人失踪的，其监护人即为财产代管人。

2. 财产代管人的职责。根据《民法典》第 43 条的规定，财产代管人的职责主要有以下几项：①以善良管理人的注意义务妥善管理被宣告失踪人的财产。②接受他人对被宣告失踪人应履行的给付，支付被宣告失踪人对他人的债务，包括所欠税款及其他费用。其他费用主要是指赡养费、扶养费、抚育费和因代管财产所需的管理费等必要的费用。③在与被宣告失踪人财产有关的限度内作为原告起诉或作为被告应诉。

失踪人的财产代管人不履行代管职责或者侵犯失踪人财产权益的，或者未尽到善良管理人的勤勉义务而给被宣告失踪人造成损害的，失踪人的利害关系人或者宣告失踪被撤销后的失踪人本人可以向人民法院请求财产代管人承担民事责任。

（四）宣告失踪的撤销

《民法典》第 45 条规定：“失踪人重新出现，经本人或者利害关系人申请，人民法院应当撤销失踪宣告。失踪人重新出现，有权请求财产代管人及时移交有关财产并报告财产代管情况。”

关于撤销宣告失踪的效力。宣告失踪人结束失踪状态，并不导致财产代管人在宣告失踪期间的代管行为无效。但失踪人认为财产代管人的行为侵害其财产权益的，可以主张撤销财产代管人的行为。失踪人对代管人财产损害赔偿责任的诉讼时效在其失踪期间中止，在出现后可向财产代管人继续主张。当然，撤销代管人的行为涉及第三人利益的保护，特别是善意取得的问题等。

被宣告失踪人结束失踪状态的，代管人的财产代管权限因此消灭，不以人民法院作出确认为必要。被宣告失踪人有权要求财产代管人移交代管的财产，并对财产代管情况作出报告。所谓移交，即将代管财产的事实控制、占有返还给失踪人，不再继续履行代管职责。但若宣告失踪不撤销，在相对人为善意的情形下，财产代管人基于其身份所为的行为对被宣告失踪人仍然有效。

故此，撤销失踪宣告及财产代管人有助于维护被宣告失踪人本人的利益。

二、宣告死亡

（一）宣告死亡的概念

自然人的宣告死亡是指自然人失踪达到法定期间，经利害关系人申请，由法院依法定程序宣告其死亡，从而在法律上结束其生前的人身关系与财产关系的制度。因宣告死亡仅仅是法律上的死亡，而实际是否死亡并不清楚，所以，又被称为拟制死亡或者推定死亡。

（二）宣告死亡的法律要件

1. 下落不明须达到法定期间。由于宣告死亡比宣告失踪的法律后果更加严重，因此，法律规定的期间也更长。根据《民法典》第46条的规定，自然人有下列情形之一的，利害关系人可以向人民法院申请宣告该自然人死亡：①下落不明满4年的；②因意外事故下落不明，从事故发生之日起满2年的。但是，因意外事件下落不明，经有关机关证明该自然人不可能生存的，申请宣告死亡不受2年时间的限制。例如，飞机失事一般生存的概率很低，有关机关可以证明不可能生还。

2. 须经利害关系人申请。利害关系人的范围大致包括：①配偶；②父母、子女；③兄弟姐妹、祖父母、外祖父母、孙子女、外孙子女；④其他有民事权利义务关系的人。这些利害关系人的申请无先后顺序，只要具备上述条件，就可以申请。

3. 法院依法定程序宣告。法院宣告失踪人死亡的，必须依据我国《民事诉讼法》第十五章第三节规定的宣告死亡的特别程序进行。《民法典》第48条规定："被宣告死亡的人，人民法院宣告死亡的判决作出之日视为其死亡的日期；因意外事件下落不明宣告死亡的，意外事件发生之日视为其死亡的日期。"《民法通则意见》（已失效）第36条规定，判决书除发给申请人外，还应当在被宣告死亡的人住所地和人民法院所在地公告。被宣告死亡和自然死亡的时间不一致的，被宣告死亡所引起的法律后果仍然有效，但自然死亡前实施的民事法律行为与被宣告死亡引起的法律后果相抵触的，则以其实施的民事法律行为为准。因为宣告死亡毕竟是拟制死亡，可能被宣告人还真实地生存。例如，被宣告死亡后，无遗嘱存在则应当按照法定继承来继承其遗产，但在被宣告死亡后、真实自然死亡前立有遗嘱的，应当按照其遗嘱来继承。

（三）宣告死亡的效力

宣告死亡的法律后果与自然死亡在有些方面相同，会引发身份关系的终结与财产关系的依法处理，如清偿债务并发生继承。但宣告死亡并不代表被宣告人已经确定死亡，被宣告人还可能生存。因此，《民法典》第49条特别规定："自然人被宣告死亡但是并未死亡的，不影响该自然人在被宣告死亡期间实施的民事法律行为的效力。"

（四）死亡宣告的撤销

因为宣告死亡的目的在于结束被宣告人的法律关系，而不在于消灭其本人。所以，我国《民法典》第50条专门规定："被宣告死亡的人重新出现，经本人或者利害关系人申请，人民法院应当撤销死亡宣告。"

宣告死亡被依法撤销后，原则上被宣告人的人身关系与财产关系应当恢复到宣告死亡前的状态。但是，实践中也有许多限制性因素：

1. 婚姻关系。根据《民法典》第51条的规定，被宣告死亡的人的婚姻关系，自死亡宣告之日起消除。死亡宣告被撤销的，婚姻关系自撤销死亡宣告之日起自行恢复。但是，其配偶再婚或者向婚姻登记机关书面声明不愿意恢复的除外。

2. 收养关系。根据《民法典》第52条的规定，被宣告死亡的人在被宣告死亡期间，其子女被他人依法收养的，在死亡宣告被撤销后，不得以未经本人同意为由主张收养行为无效。

3. 继承财产的返还。根据《民法典》第53条的规定，被撤销死亡宣告的人有权请求依照《民法典》继承编取得其财产的民事主体返还财产；无法返还的，应当给予适当补偿。利害关系人隐瞒真实情况，致使他人被宣告死亡而取得其财产的，除应当返还财产外，还应当对由此造成的损失承担赔偿责任。

4. 善意第三人的保护。《民法通则意见》（已失效）第 40 条规定，被撤销死亡宣告的人请求返还财产，其原物已被第三人合法取得的，第三人可不予返还。但依《继承法》取得原物的公民或者组织，应当返还原物或者给予适当补偿。

5. 恶意申请人的赔偿责任。我国《民法典》第 53 条仅仅规定了利害关系人隐瞒真实情况使他人被宣告死亡而取得其财产的赔偿责任，这实际上是不够的。这种恶意申请他人死亡的行为，造成的往往不只是财产方面的损失，还有可能是非财产损失，行为人对此也要承担民事责任，如侵权责任。

三、宣告失踪与宣告死亡的关系

宣告失踪与宣告死亡是否具有必然的联系？宣告失踪是否是宣告死亡的必经程序？例如，某人下落不明已经达到 5 年，既符合宣告失踪的条件，也符合宣告死亡的条件，申请人是否可以直接申请法院宣告死亡？如果有死亡宣告申请，同时也有失踪宣告申请，法院应当如何处理？对此，《民法通则意见》（已失效）第 29 条明确规定，宣告失踪不是宣告死亡的必经程序。公民下落不明，符合申请宣告死亡的条件，利害关系人可以不经申请宣告失踪而直接申请宣告死亡。但利害关系人只申请宣告失踪的，应当宣告失踪；同一顺序的利害关系人，有的申请宣告死亡，有的不同意宣告死亡，则应当宣告死亡。我国《民法典》第 47 条也表达了相同的含义。

第二章
个体工商户和农村承包经营户

第一节 个体工商户

一、个体工商户的概念与现实状况

应该说，个体工商户是自我国1986年《民法通则》（已废止）颁行后确定的一种不同于自然人的主体，在当时具有重大的意义和作用。公民在法律允许的范围内，依法经核准登记，从事工商业经营的，为个体工商户。

法律曾规定，个体工商户可以起字号。但是，经过这么多年后，特别是在《公司法》《中华人民共和国合伙企业法》（以下简称《合伙企业法》）等法律颁布后，公司法允许一人公司存在，有限责任公司的注册资金减少、手续方便，合伙企业中的合伙类型较多、设立简单。在这种情况下，个体工商户还有存在价值吗？对此，有观点认为，个体工商户的存在已经没有必要了，因为个体工商户与个人独资企业这两种形式并无本质区别，个人独资企业与个体工商户的划分本身没有经济上与法律上的科学性与合理性：两者的投资人均为个人（或者以家庭财产投资），两者所产生的债务均由投资人的个人财产承担（家庭经营的则以家庭财产承担），在组织形式上都较为简单。作为历史产物和改革初期成果的“个体工商户”这一名称不应继续保留，其大部分功能已为个人独资企业所涵盖。规模较大的个体工商户，以商事组织或者企业称之并无不可，可以登记为个人独资企业。规模较小的个体工商户与自然人密切关联，如其不愿意登记为个人独资企业，应将其作为小商人，允许其不经登记而从事商业活动，并给予税收、商号、商事账簿等。

这种观点不能说没有道理，但是，我们可以通过权威统计数字来考量一下个体工商户在我国社会实际生活中的分量。1990年~2014年，个体工商户从业人数从2093万人增加到1.06亿人，增长了4.06倍；2013年底，个体工商户4436.29万户、资本总额2.43万亿元，同比增速分别为9.3%和23.1%；2014年底，个体工商户4984.06万户，比上年底增长12.35%，资金数额2.93万亿元，增长20.57%。再来看一个对比数字：截至2015年9月底，全国实有个体工商户5285万户，私营企业1802万户，吸纳全国就业人口的1/3以上，吸纳城镇就业人口的40%以上。[1] 从这些数字可以看出，个体工商户的数量比个人独资企业多得多，我们不禁要问：既然个人独资企业这么好，注册也方便，功能也与个体工商户差不多，为什么人们还是更愿意成立并注册个体工商户呢？肯定是个体工商户对自然人或者家庭来说，更方便、更合适、更适合人们的需要。既然如此，我们为什么要迫使他们转变为个人独资企业呢？

由此可见，个体工商户在我国的社会生活中有着十分重要的意义，因此，《民法典》保

---

〔1〕 摘自国家工商总局《中国个体私营经济与就业关系研究报告》。

留了这一主体，于第 54 条及第 56 条具体规定了其法律地位。

二、个体工商户的民事主体地位

《民法典》第 54 条规定：“自然人从事工商业经营，经依法登记，为个体工商户。个体工商户可以起字号。”第 56 条第 1 款规定：“个体工商户的债务，个人经营的，以个人财产承担；家庭经营的，以家庭财产承担；无法区分的，以家庭财产承担。”2011 年 3 月 30 日，国务院第 149 次常务会议通过、自 2011 年 11 月 1 日起施行并于 2014 年、2016 年两次修订的《个体工商户条例》第 2 条规定：“有经营能力的公民，依照本条例规定经工商行政管理部门登记，从事工商业经营的，为个体工商户。个体工商户可以个人经营，也可以家庭经营。个体工商户的合法权益受法律保护，任何单位和个人不得侵害。”

《民法典》及《个体工商户条例》可以被视为我国确认个体工商户民事主体地位的实体法依据，其主要特征是：①自然人可以登记为个体工商户。②必须经登记方可成立。③必须从事工商业经营，如果是从事农业生产经营，则是农村承包经营户。④个体工商户可以由个人经营，也可以家庭经营。个人经营的，以个人财产承担；家庭经营的，以家庭财产承担。无法区分的，以家庭财产承担。⑤个体工商户可以起字号。

从我国个体工商户的制度运行和实践效果看，各级工商行政管理部门已经摸索出一套对个体工商户行之有效的管理模式，成立和申请比较方便，税收政策也比较灵活。因此，《民法典》延续《民法通则》（已失效）的做法，保留个体工商户及其主体地位是正确的，如果我们照搬西方的非登记商自然人模式而抛弃我们 30 年来对个体工商户的管理经验，将会适得其反。对于农村承包经营户或者自然人，其经营农副产品时可以按照商自然人对待。对于不需要登记、无固定场所的“游动性自然人商人”也有相应的管理方式，不能随便抛弃个体工商户。我们可以再从成立和登记程序上来观察个体工商户的主体地位及责任承担情况。

三、个体工商户的登记

1. 登记成立。《个体工商户条例》第 8 条规定：“申请登记为个体工商户，应当向经营场所所在地登记机关申请注册登记。申请人应当提交登记申请书、身份证明和经营场所证明。个体工商户登记事项包括经营者姓名和住所、组成形式、经营范围、经营场所。个体工商户使用名称的，名称作为登记事项。”《个体工商户登记管理办法》于 2011 年 9 月 30 日以国家工商行政管理总局令第 56 号公布，并于 2014 年、2019 年两次修订，其第 2 条规定：“有经营能力的公民经市场监督管理部门登记，领取个体工商户营业执照，依法开展经营活动。”

从这里可以看出，个体工商户必须进行登记方可取得这一民事主体地位。否则，自然人的经营只能被视为个人的商行为而不是商主体行为。

2. 登记申请人。根据《个体工商户登记管理办法》第 12 条第 1 款的规定，个人经营的，以经营者本人为申请人；家庭经营的，以家庭成员中主持经营者为申请人。

3. 申请事项。根据《个体工商户登记管理办法》第 6~11 条的规定，个体工商户的登记事项包括：经营者姓名和住所；组成形式；经营范围；经营场所。其中，经营者姓名和住所，是指申请登记为个体工商户的公民姓名及其户籍所在地的详细住址；组成形式，包括个人经营和家庭经营，家庭经营的，参加经营的家庭成员姓名应当同时备案；经营范围，是指个体工商户开展经营活动所属的行业类别；经营场所，是指个体工商户营业所在地的详细地址，个体工商户经登记机关登记的经营场所只能为一处。个体工商户可以不使用名称。个体工商户决定使用名称的，应当向登记机关提出申请，经核准登记后方可使用。一户个体工商户只准使用一个名称。个体工商户名称由行政区划、字号、行业、组织形式依次组成。经营者姓名可以作为个体工商户名称中的字号使用。

从申请登记的程序和事项看，个人经营与家庭经营是严格分开的，体现为申请人与申请事项的区别，当然，承担责任的主体也是不同的。

四、司法判例对个体工商户的主体性态度

经梳理收集到的既有案例发现，个体工商户的主体性情况大概有以下几种：

1. 绝大多数案例没有将个体工商户列为原告或被告，而是将作为实际经营者的自然人列为原告或被告。在这部分以自然人为原告或被告的案例中，一多半仅列个体工商户中的自然人的个人信息，但案例大多数都在列自然人为原告（被告）的基础上列明了自然人的经济属性（即个体工商户）。例如，湖南省资兴市人民法院（2011）资法民二初字第1047号民事判决书中写明：原告刘某某，男，1958年10月20日出生，汉族，广东省大埔县人，住资兴市鲤鱼江。被告黄某某，女，1978年5月4日出生，汉族，资兴市人，个体工商户，住资兴市唐洞新区大全路居委会。

2. 在有些案例中，法院是以个体工商户为原告和被告的，但表述方式有很大的差异，这可能与个体工商户是否有登记的名称有关。一种表述方式为："向某某个体工商户""刘某某（个体工商户）""个体工商户王某某"。例如，重庆市铜梁区人民法院（2014）铜法民初字第05231号民事裁定书载明："本院于2014年10月24日立案受理了原告黄某某诉被告个体工商户张某某工伤保险待遇纠纷一案。依法由审判员周某某适用简易程序公开进行了审理。原告黄某某于2014年12月8日向本院提出撤诉申请。"另一种表述方式即直接列明个体工商户的字号，并注明个体工商户的组织性质，如"宁波市鄞州下应诚达轻钢结构活动房厂（个体工商户，组织机构代码为××××，业主：董某某）"。

由此可见，我国的司法实践也已经将个体工商户纳入民事诉讼主体及权利义务主体的范畴中。

五、个体工商户的财产和责任

根据我国《民法典》第56条第1款的规定，个体工商户的债务，个人经营的，以个人财产承担；家庭经营的，以家庭财产承担；无法区分的，以家庭财产承担。

同样，在"户"内的财产关系上，"户"的财产实际上为从事经营的家庭成员共有；如果是个人经营的，则为个人所有。

第二节 农村承包经营户

一、农村承包经营户的概念及其具有主体资格的必要性

农村的土地承包经营户是中国改革开放后出现的一种特殊主体，是针对中国特殊土地所有权制度所采取的一种主体制度，自1986年《民法通则》（已失效）颁布以来，我国就承认了农村承包经营户的主体地位。《民法通则》（已失效）第27条规定："农村集体经济组织的成员，在法律允许的范围内，按照承包合同规定从事商品经营的，为农村承包经营户。"《民法典》延续《民法通则》（已失效）的规定，继续保留和承认农村承包经营户的主体地位，于第55条规定："农村集体经济组织的成员，依法取得农村土地承包经营权，从事家庭承包经营的，为农村承包经营户。"

在《民法典》的编纂过程中，有学者提出要废除这种主体，并指出：农村土地承包经营户赖以存在的社会背景、文化背景都发生了改变，《民法典》应当秉承个体主义制度构建的理念，不能再继续规定农村承包经营户为民事主体。还有的学者认为，我国实行社会主义经济体制改革，就是要让“人”成为真正独立的个体，具有独立的人格，而不必通过“家长”或者“户主”对外从事民事活动。废弃“家庭”或者“户”的概念，直接以集体经济组织的成员作为土地承包经营权的承包人并无不妥。这种观点从民法的市民社会、甚至可以说个人主义角度看，确实很有道理，但对于中国的本土情况来说，未必适合我国实际。理由是：

1. 中国的土地所有权制度是“二元制”，集体作为土地的所有者，它实际上是代表国家拥有土地。因为集体所有不等于集体成员所有，集体并不是由全体集体成员作为社员（股东意义上的社员）出资成立的法人，集体成员无权通过决议解散集体，也无权通过决议分配集体的土地。因此，任何一个集体成员迁出集体，无论是进城工作还是结婚，都不得要求分割集体的土地。从这一意义上看，集体对土地的所有，非常类似于德国历史上的“公有”。以“户”为单位而不是以个人为单位的土地承包方式，一方面可以减少土地的纠纷，另一方面可以保持集体土地的稳定性。

2. 尽管在诉讼中，诉讼主体有时并不是户而是个人，但不可否认的是，我国之前的《中华人民共和国农村土地承包法》（以下简称《农村土地承包法》）和《物权法》（已失效），都规定了“户”是承包合同的主体，当发生土地承包纠纷时，“户”就应该是诉讼主体，承担责任的也是“户”，而不仅仅是个人。特别是在将承包权作为物权登记后，“户”的地位在农村土地承包权这种用益物权中是有价值的。

3. 以“户”为单位的承包，符合我国的传统及生活的实际需要。我国传统的家庭，不仅是一个稳定的生活单元，也是一个稳定的生产单元，以户为单元的承包恰恰符合这种需要。因为农村的生产需要农具、农资等，如果以个人为单位承包，就会给未成年人、失去劳动能力的人等带来困难。另外，如果家庭中的成员之间在经济上相互独立的话，家庭作为生活单元和生产单元必然会受到损害，进而会产生许多问题。因此，尽管民法尽量使财产个人化、行为个人化，从而增加或者保障个人的自由，但在土地承包方面，以“户”为单位的承包却是中国本土化的典型。

4. 从我国的诉讼实践来看，在司法实践中，土地承包经营户也可以作为诉讼的原告与被告，而不像有人提出的“在诉讼实践中不存在以承包经营户出现的原告或者被告”。例如，湖北省阳新县人民法院（2015）鄂阳新民二初字第00117号判决书中就写有“原告彭某家庭承包户”，案由是“原告彭某家庭承包户诉被告何垅村某组土地承包经营权纠纷”。内蒙古自治区赤峰市中级人民法院（2015）赤民一终字第1143号民事裁判书写道：“上诉人姚某家庭联产承包户因农村土地承包合同纠纷一案，不服赤峰市松山区人民法院（2014）松民再字第11号民事裁定，向本院提起上诉。本院依法组成合议庭审理了本案。本案现已审理终结。”

从案例中可以看出，农村土地承包经营户在司法实践中的称呼基本上是以“某家庭承包经营户”“某家庭联产承包户”“某家庭承包户”“某农村承包经营户”的形式出现。这些原告或者被告代表的不是个人，而是家庭承包户，与个人是不同的。所以，基于我国特殊的土地所有体制，以及中国多年的家庭联产承包经验，《民法典》第55~56条没有否定自《民法通则》（已失效）以来的农村土地承包经营户的民事主体地位，而是保留了其独立于“自然人”的主体地位。

二、财产与责任关系

主张废除农村承包经营户的学者的一个很重要的观点，就是个人与户难以分清。实际上，从《民法通则》（已失效）开始，我国民法就对财产和责任有一个基本的区分，《民法通则》（已失效）第29条规定，个体工商户、农村承包经营户的债务，个人经营的，以个人财产承担；家庭经营的，以家庭财产承担。

《民法典》第56条第2款对此进行了部分修改："农村承包经营户的债务，以从事农村土地承包经营的农户财产承担；事实上由农户部分成员经营的，以该部分成员的财产承担。"

在内部的财产关系上，"户"的财产归从事经营的家庭成员共有。

第三章
法人和非法人组织

第一节　法人概述

一、法人的概念和特征

（一）法人的概念

法人是指在私法上具有权利能力并且能够依法独立享有权利并承担义务的团体或者财产集合体。而由于大陆法系公法与私法划分的传统，相应的公法上的法人与私法上的法人则是一种合乎逻辑的分类。私法上的法人是通过私法行为设立的长期存在的人的联合体或者组织体，它本身是与其全体组成人员和管理人员相互区分的实体。它本身享有权利并承担义务，通过其机关的行为取得权利并履行义务，由此发挥自己的作用并参与法律事务。也就是说，法人既可以是其成员的变更不影响其存在的人的联合体，也可以是为一定目的并具有为此目的而筹集的财产的组织体。前者如公司、合作社等，后者如基金会等。

公法人则是依据公法设立并以行使国家权力为宗旨的组织，由于国家不得参与一般私法交易为宪政之一般原则，故公法人在私法领域内的作用远不及私法人。但是，公法人作为政治社会中的实然存在，有时非为私的需要而参与到民事活动中来，因此各国民法不得不承认其在私法中的地位。例如，国家或者各级政府作为财产所有人、债务人，为了日常工作需要而购买商品的行为等，均离不开私法的支持。但是，私法中讨论最多、也最具典型意义的当然是私法人而非公法人。

我国《民法典》第 57 条规定："法人是具有民事权利能力和民事行为能力，依法独立享有民事权利和承担民事义务的组织。"这其实就包含了私法人与公法人，也包含了人的联合体与为特殊目的而筹集的财产组织体。

（二）法人的特征

尽管有关法人这种纯粹法律技术之产物的许多问题至今仍然存在许多争议，但法人所具有的下列特征为多数学者所接受：

1. 只有人的结合体与依特殊目的而筹集的财产组织体才有可能成为法人。这是大陆法系传统民法所持有的一贯原则，过去和现在没有多少差别。人的结合体可以成为社团法人，而财产组织体可以成为财团法人。

但是，对于"人的结合体"的理解却发生了重大变化。传统民法坚持至少有 2 人才能组成团体，但随着"一人公司"也可以取得法人资格，对于什么是"结合体"的理解发生了重大的认识上的变化：既然具有独立意思、独立财产、组织机构并可以承担独立责任是法人的本质特征，那么，这些条件在一人公司难道不可以达到吗？通说认为，团体是否具有独立的人格，最终取决于团体与其成员的人格是否彻底分离并独立存在。企业与企业成员的法律分离，是企业取得法律人格的充分条件。企业成员的团体性只是使企业的非个人意志便于体现和识别，但它却不是构成企业法人成立的充分条件（笔者认为，应为必要条件）。基于这一思想，一人公司法人得以设立和存在。

2. 法人资格的取得是法律承认的结果。这一特征显示出法人的主体地位为法律所赋予，而法律是否赋予团体或者组织以法人地位则要取决于一个国家的立法政策。

3. 法人具有权利能力。具有权利能力，即独立享有权利与承担义务的资格，是法人不同于其他团体的标志。

二、法人的分类

（一）民法学上的分类

在传统民法上，根据不同的标准，可以将法人分为不同的种类。而这些分类有的是根据学理，有的则是根据立法。特别是在学理分类中，对于具体标准及分类意义，学者之间尚有不同的争议，例如，对于公法人与私法人的分类标准就存在很大的争议。虽然说，历史已经演进了许多年，有些分类在今天看来也许已经作为历史的陈迹而存在，但研究这些分类，对于正确把握法人仍然具有重要的意义。

1. 公法人与私法人。

（1）公法人与私法人的概念及分类标准。公法人与私法人的概念的界定实际上取决于人们对于这种分类标准的认识，故在界定这种概念时，必须首先对分类标准进行研究。德国学者梅迪库斯指出：对于公法人与私法人进行分类，可以从不同的角度进行：①可以强调设立行为。设立公法人依据公法行为或者法律；设立私法人依据法律行为（大多是设立合同或者捐助行为）。②另一项标准是任务。公法人旨在执行国家的任务；私法人旨在获得私人利益，部门财团法人也有一定的公益目的。③还可以根据法人以何种身份出现进行区分。公法人与私法人的区别在于，前者是根据私法的设立行为而成立的；后者是基于一种公权力行为，特别是依照法律而成立或者经法律认可作为公共事业的承担者而成立的。就人的组织来说，私法上的联合体的成员是基于其私法上的意思行为而得到成员资格。相反，公法上团体的成员则是根据法律规定的事由得到成员资格，在大多数情况下不取决于当事人的意思。只有公法上的法人，才可以行使国家的强制手段。

各种划分的手段虽有差异，但实质是一样的：其同国家权力与公共利益的关联性。实际上，各种划分标准的实质内容是一致的，归根到底还是社会利益和公共利益的问题。依公法设立的法人、由国家或者公共团体设立的法人、与国家有特别关系并受其特别保护以及行使或者分担国家权力或者政府职能的法人，其设立或者活动的目的主要是为了社会的利益，国家不过是社会利益的集中代表者。而依私法设立的法人、由私人设立的法人、与国家无特别利害关系以及不行使国家权力的法人，其设立和活动的目的则是私人利益。因此，公法人与私法人划分标准上的差异是形式上的差异，而不是实质上的差异，在确定某个社会组织是公法人还是私法人时，依据不同标准得出的结论又大致是相同的。

（2）公法人与私法人的具体区别。

第一，私法人是根据私法规范并基于私人设立行为而成立的；而公法人大多数是基于一种公权力行为，多是依据法律而成立。

第二，就人的组织来说，私法上的联合体的成员是基于其私法上的意思行为而得到成员资格；相反，公法上团体的成员则是根据法律规定的事由得到成员资格，在大多数情况下不取决于当事人的意思。

第三，公法上的法人可以行使主权者的强制手段；而私法上的法人因彼此地位平等而无实施强制手段的可能性。

第四，私法人必须有自己的章程，章程是私法人的“宪法”，法人的成员依章程而统一起来，章程使法人“活”起来；而公法人活动的依据则是宪法，不可能有自己的章程，法律也不可能允许其制定自己的章程。

第五，法律要求多数私法人成立须经登记；而公法人成立一般不要求进行登记。

第六，私法人一般要求一个意思机关（或称权力机关或者决策机关）；而公法人没有这样的机关，公法人活动的范围或者职责直接由法律规定。

第七，公法人存在的目的在于行使国家权力或者社会公共利益。从公法人的一般目的来看，公法人一般不得从事营利性活动，即使其偶尔作为民事主体而涉足民事领域，也多为非营利性活动，如政府机关作为办公用品采购者的采购行为。而私法人有的为营利性质，有的则为公益性质，其行为与其成立宗旨有关。

（3）公法人与私法人划分的意义。公法人与私法人的划分在西方已经有很长的历史，并且在学理上是一种重要的分类。这种分类主要与西方社会中政治国家与市民社会、公法与私法的划分直接相关，并形成了许多规则。从最初的理论意义上说，是为了防止国家权力无限制地干预私人生活从而给私人社会的安全提供理论支持。但是，笔者个人认为，公法人与私法人的划分，在民法实践中的意义要远远小于其在法理学与宪法上的意义。因为公法人的设立与规范均不属于民法调整的范围。民法上所说的法人，本就仅限于私法人，但是，公法上的法人作为私法之外的一种存在，私法无法排除其在民法中的地位而必须承认之，甚至从法人的发展历史看，公法人的存在要远远早于私法人。所有权等私法权利本来仅仅是民法上的权利，但没有任何人可以排斥国家作为财产的所有者而存在于民法中。而当其存在于民法中时，它与其他民事主体并无不同。我们前文所说的公法人与私法人的不同，并非是民法上的不同。因此，我们十分赞同我国《民法典》不以上述标准来划分法人的做法。

2. 社团法人与财团法人。

（1）分类标准及概念。社团法人与财团法人分类的标准是法人成立的基础：凡是以人的集合为基础成立的法人为社团法人；而以财产为基础成立的法人为财团法人。通常认为，对于人的团体，承认其具有成为权利主体资格的，为社团法人；对于财产的集合，承认其具有成为权利主体资格的，为财团法人。

（2）社团法人与财团法人的主要区别。

第一，成立基础不同。如前所述，社团法人是以人的集合为基础成立的法人；而财团法人则是以财产为基础成立的法人。

第二，设立人的地位不同。一般来说，社团法人的设立人在法人成立后会成为该法人的成员；而财团法人因无社员，因此，设立人设立后不成为法人的成员。

第三，设立行为不同。社团法人的设立一般是双方或者多方的生前契约行为；而财团法人的设立可以依据单方行为，并且也可以以遗嘱的方式设立。

第四，有无意思机关不同。社团法人必须有意思机关（或称决策机关）；而财团法人则无该机关。因此，前者又被称为“自律法人”，后者又被称为“他律法人”。

第五，目的事业不同。社团法人的目的事业既可以是公益事业，也可以是营利性事业；而财团法人一般为公益事业而非营利事业。

第六，法律对其设立的要求不同。总的说来，法律对于财团法人的设立要求要比社团法人严格，一般来说，社团法人的设立采取“准则主义”，而财团法人的设立则采取“许可主义”。这是因为财团法人涉及许多税收等方面的优惠，因此，为防止有人以设立财团为名而逃避遗产税，特作如此严格的规定。例如，一个人死亡后其财产由其继承人继承的话，一般要求交纳一定的遗产税。为避免纳税，此人就设立一个财团法人，然后指定其继承人为受益人。这实际上是变相继承而逃避遗产税。

第七，解散的原因及解散的后果不同。社团法人可以因许多原因而解散，其中成员的自愿解散是一种重要的方式；而财团法人因为没有社员，故不存在自愿解散的情形。财团法人多是因存在期间届满或者因财产不足以支持目的事业而解散。另外，社团法人解散后，经清算有剩余财产的，应分配给其社员；但财团法人没有社员，即使解散也不可能将财产分配给其成员。按照我国《民法典》第95条的规定，财团法人解散后，财产依章程规定或权力机构决议用于公益目的。若无则转给宗旨相同或者相近的法人。

3. 营利性法人与非营利性法人。根据法人是否从事经营性活动并且是否将经营所得分配给其成员为标准，将法人分为营利性法人与非营利性法人。

（1）营利性法人。以营利为目的的法人称为营利性法人，即不仅从事营利事业，而且还向其成员分配利益。

（2）非营利性法人。非营利性法人不从事经营活动或者虽然从事经营活动但其经营所得并非用于分配给成员，而是为扩大目的事业。它又分为两种：①公益法人，如有关祭祠、宗教、慈善、学术、技艺以及其他公益的社团和不以营利为目的的社团法人。②中间法人。虽然不以营利为目的，但也不以公益为目的的法人，称为中间法人，如同乡会等。

4. 特别法人。“特别法人”这一提法应该说是我国《民法典》的创举，它反映了我国社会生活中，存在很多“似是而非”的“类法人”。这些法人在私法实践中，是否应该被作为法人主体对待，常常存在争议，如“居民委员会”“村民委员会”等基层组织。

但是，按照我国《民法典》第96~101条的规定，所谓特别法人，包括机关法人、农村集体经济组织法人、城镇农村的合作经济组织法人、基层群众性自治组织法人。实际上，在这些所谓的特别法人中，最有实际意义的，就是对“居民委员会”“村民委员会”等基层组织法人资格的确认。机关法人在实践中一般都作为法人来对待；农村合作经济组织不仅有具体的法律法规或者部门规章作为依据，在实践中也一般不会发生主体资格问题。

（二）我国《民法典》上的分类

我国《民法典》将传统民法的“二级分类标准”作为一级标准使用，然后再辅以“特别法人”的分类方式，使得我国的法人分类成为所有国家《民法典》中最复杂的分类。因为传统民法上分类的一级分类标准是“社团法人与财团法人”，社团法人中再分为营利法人与非营利法人。尽管对此种分类，在《民法典》编纂过程中，学者之间有很大的争议，但既然《民法典》已经采取此种分类，我们下文的讨论就依照我国《民法典》关于法人的分类展开。

以营利为目的的法人称为营利性法人，即不仅从事营利事业，而且还向其成员分配利益。按照我国《民法典》第76条的规定，以取得利润并分配给股东等出资人为目的成立的法人，为营利法人。营利法人包括有限公司、股份有限公司和其他企业法人等。

按照我国《民法典》第87条的规定，为公益目的或者其他非营利目的成立，不向出资人、设立人或者会员分配所取得利润的法人，为非营利法人。非营利法人包括事业单位、社会团体、基金会、社会服务机构等。按照传统民法，它又分为公益法人与中间法人。

但是，按照我国《民法典》第87条的上述规定，公益法人的范围将被大大地缩减。因为，传统民法上的非营利法人就包括两种：一是根本不从事经营活动的法人，如中间法人、部分宗教团体（有限宗教团体从事经营活动）和部分事业单位等；二是虽然从事经营活动，但不将经营活动的所得分配给成员或者设立人的法人，例如，有些基金会、事业单位等是从事经营活动的，但其经营所得是为了扩大或者充实其公益事业。但是，我国《民法典》第 87 条的规定，似乎难以包括这两种。或者说，立法者是想表达包括这两种类型的意思，但表达不精确。准确的表达应该是：不以从事经营活动或者虽然从事经营活动但其经营所得并非用于分配给成员，而是以扩大目的事业为目的而成立的法人，为非营利法人。

我们可以来总结一下营利法人与非营利法人的基本区别：①宗旨不同：营利法人以营利为目的，即不仅从事营利事业，而且还向其成员分配利益。而非营利法人或者不从事经营活动，或者即使是从事经营，其所得利润也不分配给成员，而是用于目的事业。②结构不同：营利法人有自己的出资人（股东），而非营利法人没有出资人（也就是没有成员）。③解散的理由和剩余财产的去向不同：营利法人的解散事由多种多样，或者是因为全体成员决议解散，或者由于破产或者其他章程规定的事由，而非营利法人不存在成员决议解散的情形，多因财产不足以支撑事业，或者目的事业已经没有意义等解散。解散并清算后有剩余财产的，营利法人要分配给其出资人，而非营利法人则按照章程规定的方式分配，如果没有章程规定的去向，则应由主管部门转给目的相同或者相似的法人。

第二节　法人的能力

一、法人的民事权利能力及民事行为能力

一般来说，法人自成立之日起，取得权利能力与行为能力。但是，在关于何时“成立”的问题上，营利法人与非营利法人之间存在较大的差别。

对于非营利法人，自登记之日或者在不需要登记时，成立之日就取得权利能力和行为能力。但按照我国《民法典》第 78 条的规定，营利法人的成立日期为营业执照的签发日期。

前面已经提到，讨论法人的行为能力一般来说是没有意义的，因为法人一般不能“自己行为”，当然也不存在行为能力的欠缺或者限制问题。相反，人们更多地讨论以下问题：谁可以代表法人从事行为？代表人的行为后果在什么情况下由法人承担？代表人本身有什么责任？等等。

法人可能由很多成员组成，但由于法人与其成员人格分离的缘故，这些人的行为与法人的行为不能混为一谈。这些成员的行为一般来说由他们自己负责，即所谓“自己行为自己责任”。只有在特殊情况下，这些人的行为才例外地由法人负责——存在法人授权或者法律规定。为了方便辨认谁能够对外代表法人，《民法典》专门规定了“法定代表人”制度，法定代表人的行为对外代表法人。《民法典》第 61 条第 1 款规定，依照法律或者法人章程的规定，代表法人从事民事活动的负责人，为法人的法定代表人。

但是，法定代表人本身也有自己独立的人格，那么，其行为什么时候属于自己的行为，什么时候属于代表法人的行为呢？对此，《民法典》第 61 条第 2 款规定，法定代表人以法人的名义从事的民事活动，其法律后果由法人承受。但是，在我国，什么是“以法人的名义从事的民事活动”，需要认真解释。因为，我国实行法人“公章”辨认习惯，大多数情况下，法人的行为除了要由法定代表人签字外，还需要法人盖章。这样，就可以比较准确地认定为“以法人的名义从事民事活动”，属于法定代表人的职务行为。但有时候法人没有盖章，仅仅是有法定代表人的签字。这时候，就需要来认定：法定代表人这时候的行为是

自己的行为而应该由自己负责，还是职务行为而由法人承担。而不同的责任主体的认定，往往涉及第三人利益。我国的司法实践一般按照事务的性质来认定。在近几年，由于民间借贷十分普遍，许多中小企业在借款的很多借条上都有法定代表人的签字并无公司盖章，在认定谁是被告时，应特别注意判断该法定代表人的签字是个人行为还是职务行为。

二、法人的责任能力

我国《民法典》第60条规定："法人以其全部财产独立承担民事责任。"本条是法人独立承担民事责任的规定，具有以下三层含义：

1. 独立承担民事责任是其法律主体地位的必然要求。依据《民法典》的规定，法人是依法设立的能够独立享有民事权利和承担民事义务的组织。法人作为具有独立人格的民事主体，具有独立的民事权利能力和民事行为能力，任何主体均应以其全部财产承担清偿全部债务的责任，即任何民事主体对其债务要承担无限责任。

2. 法人要以自己的全部财产对其承担的债务承担责任，这仍然是"无限责任"。这里所说的"无限责任"是指，法人应该以自己的全部财产而非部分财产承担责任；法人之债权人也不是只能就法人的部分财产请求清偿，法人作为债务人也不可以只用部分财产进行清偿；在法人资不抵债时，法人之债权人有权就法人自身的全部财产请求清偿债务。但是，不得要求法人的发起人对法人的债务承担责任。

3. 法人的责任独立于法人成员的责任。法人的财产独立于法人成员，法人成员的财产也独立于法人的财产。所以，不能以法人的财产清偿法人成员的债务。法人成员对法人的债务也不承担责任。但是，在法律有规定时，其他人可能要对法人的债务承担责任。例如，《公司法》第20条第2、3款规定："公司股东滥用股东权利给公司或者其他股东造成损失的，应当依法承担赔偿责任。公司股东滥用公司法人独立地位和股东有限责任，逃避债务，严重损害公司债权人利益的，应当对公司债务承担连带责任。"《公司法》第21条规定："公司的控股股东、实际控制人、董事、监事、高级管理人员不得利用其关联关系损害公司利益。违反前款规定，给公司造成损失的，应当承担赔偿责任。"

三、法人的章程

法人的章程是法人依法制定的规定法人组织和活动基本规则的书面文件，是股东共同意志的体现，对公司、股东、董事、监事、高级管理人员具有约束力。法人章程的含义表现在以下几个方面：

1. 法人章程是法人成立的行为要件。《公司法》第11条规定，设立公司必须依法制定公司章程。公司章程对公司、股东、董事、监事、高级管理人员具有约束力。《公司法》第25条、第81条对法人章程的记载事项也作了明确的规定。

2. 法人章程是法人对外交易安全的保障。法人章程所记载的内容必须包含法人的性质、目的、规模等涉及法人根本问题的重大事项，不得改变，不得遗漏。其中，经营范围、注册资本等事项的记载，在一定程度上对交易安全的判断起着非常重要的作用。

3. 法人章程是法人对内管理的依据。法人章程所确认的法人行为准则是其他内部规章的依据，法人运作的具体管理办法、其他内部规章不得与法人章程相抵触。根据《公司法》规定，董事会制定法人的基本管理制度，经理制定法人的具体规章制度，这些基本管理制度、具体规章制度的内容实际上就是法人章程的延伸和具体化。董事会、经理必须以法人章程为依据制定这些制度。

四、法人人格否认

我国《民法典》第83条第2款规定："营利法人的出资人不得滥用法人独立地位和出

资人有限责任损害法人债权人的利益；滥用法人独立地位和出资人有限责任，逃避债务，严重损害法人债权人的利益的，应当对法人债务承担连带责任。”这一条款实际上是从《公司法》第20条第3款借鉴来的，可以看作法人的出资人对第三人——债权人——的损害，而这一条规定可以看作法人人格否认的规范基础。

（一）法人人格否认的概念及制度价值

按照法人的一般理论，法人（尤其是有限责任法人）与其成员的人格彼此独立，法人不为其成员的债务承担责任，其成员也不为法人的债务承担责任。但是，当法人在运行中出现了有悖法人责任独立的情形时，可不可以在个案中突破这种独立责任而将法人的责任直接归属于其成员，即将法人成员的有限责任变为无限责任呢？许多国家的法理与实践对此作出了有条件的肯定性回答，这就是通常所说的“法人人格否认”或者“揭开法人面纱”。

具体来说，所谓法人人格否认，是指法人虽为独立的主体，承担独立于其成员的责任，但当出现有悖法人存在目的及独立责任的情形时，若再坚持形式上的独立人格与独立责任，将有悖公平，在具体个案中可突破法人的独立人格，直接将法人的责任归结为法人成员的责任。

这里揭示的是：①法人人格的利用应当符合一定的法律政策前提，即只有当被援引和使用于正当合法的目的时，法律实体的概念才能被确认，如果滥用这一概念于不适当的用途和不诚实的目标，则是不被允许的。②一旦出现此种违反法律和公共政策目标而滥用实体概念的情形，法院将考虑无视法人人格的单一实体性而直接追及法人外壳或者面纱掩蔽下的股东个人责任，以防止欺诈并实现衡平。我国《民法典》第83条第2款对此的表述详见前文。

法人人格否认理论的价值在于：

1. 平衡了股东的有限责任与债权人利益损失之间的矛盾。法人的独立人格与股东的有限责任作为近代经济生活中最伟大的发明，服务于世界经济的发展，尽管有人提出了诸多意见，但其仍然是经济活动主体中的中流砥柱。但是，处在两极的股东与债权人之间的利益却具有内在的必然联系，有限责任的最初功能是避免投资风险，但其能动性使其很快就成为形成资本联合的有效法律机制，并进而分化出集资功能、固化法人财产内涵的功能，促使资本与经营相分离，实现管理现代化的功能等。确认股东有限责任的结果是股东对法人债权人不负任何责任，因此，只能用法人的财产来偿还法人债务。由此，便引出了大陆法系国家传统的资本三原则以及与此相联系的最低资本额原则，以确保法人财务结构的健全和资本的稳定性，从而保护法人债权人的利益。公司法上的利益均衡原理由此得以实现。而在采取授权资本制的美国法中，利益均衡理念的实现却选择了另一条道路，即通过“揭开法人面纱”获得衡平救济。就如最高人民法院在2019年9月11日通过的《全国法院民商事审判工作会议纪要》（法〔2019〕254号，以下简称《九民纪要》）第二部分之（四）“关于公司人格否认”所言：“公司人格独立和股东有限责任是公司法的基本原则。否认公司独立人格，由滥用公司法人独立地位和股东有限责任的股东对公司债务承担连带责任，是股东有限责任的例外情形，旨在矫正有限责任制度在特定法律事实发生时对债权人保护的失衡现象”。

2. 为防止股东控制权的滥用提供了规范性保障。由于法人本身的特性，其本来就是由其机关或成员操控的工具，如果这种操控被控制在法律规则允许范围内并服务于正当目的，便是法人的正常运行。但如果法人的机关被股东所操控并用来作为损害债权人的工具时，混同往往只是人格混同的补强。法人人格否认的理论与实践是对权利滥用的规制。

(二) 法人人格否认适用的范围

在此讨论的问题主要有两个：一是法人人格否认的法律关系主要包括哪些？二是什么类型的法人常被判例揭开其独立责任的面纱？

1. 法人人格否认所适用的法律关系。对此问题，各国的立法和判例并不相同。如果严格地解释我国《民法典》第 83 条的规定，可以解释为：法人人格否认能够适用于契约和侵权案件、不当得利案件。因为利用法人人格和出资人有限责任逃避债务，似乎只能基于契约行为或者侵权行为、不当得利行为。例如，以法人的名义签订契约，由法人承担债务，但利益却由出资人获得，当债权人请求法人承担债务时，法人无任何财产清偿。又如，出资人以法人的名义侵犯他人权益，自己控制法人并获得利益，让法人承担赔偿义务，而法人可能根本没有任何财产。不当得利行为亦同。

在税收方面，也可能发生这种问题，但不应包括在《民法典》第 83 条规定的情形之中。尽管出现了法人人格否认的具体条件，在税收问题上，也应该考虑刺破法人面纱的问题，但这应该是公法问题。

2. 法人人格否认所适用的法人类型。

(1) 法人人格否认所适用的法人类型一般是出资人承担有限责任的法人。法人人格否认对于社团（非经济性社团）和财团来说几乎没有什么意义，它的意义主要体现在有限责任法人领域。从法律制度的设置来看，这种法人最有必要适用这一法理。因为这类法人是从事交易行为的社团，而且其股东以出资为限对法人经营承担风险，而法人独立对第三人承担责任，因此，法人的股东有足够的动机控制法人而将利益归于自己、将风险转移给第三人。

从我国《民法典》的规定看，将这一制度规定在“营利法人”中，显然也是主要针对交易性法人的。但是，在我国的司法实践中，是否绝对不存在非经营性法人的出资人滥用法人人格和出资人的有限责任损害债权人利益的情况呢？甚有疑问！有些非营利性的法人，其出资人也可能出现滥用法人的人格和出资人的有限责任，从而损害债权人利益的情况。因此，笔者认为，《民法典》第 83 条的规定应准用于非营利性法人。另外，从我国营利性法人的类型看，其出资人一般都承担有限责任。

(2) 出资人为一人的营利性法人。所谓出资人为一人的法人，是指法人由一人出资设立的法人，这类法人的典型就是一人法人。虽然法人的实质是财产独立、意思独立、人格独立，但从理论上说，这些条件也完全可以在一人法人中做到。但不可否认的是，一人法人比较二人以上的法人股东更容易控制与支配法人、法人的财产更容易与股东财产混淆。因此，从许多国家的司法实践上看，为了防止股东损害债权人利益，许多法人人格否认的案例是针对一人法人的。

我国《公司法》已经明确承认了一人法人，而根据我国的实践，一人法人中的控制、资产混淆等情况十分普遍，因此，更应该适用法人人格否认。

(3) 母法人与子法人。所谓母法人，是指拥有另一法人一定比例的股份，能够从法律上控制该法人的法人；被控制的法人叫作子法人。在母子法人的关系上，子法人之所以经常在个案中被否认法人人格，是因为从法律上说，母子法人各为独立的法人，各自拥有自己的财产、组织机构，独立承担责任，但是，母法人又能够实际控制子法人。因此，有时母法人实际是将子法人作为分法人对待，即在意志上、财产上、利益上并不彼此独立。所以，与其他形式的企业法人比较，法院更愿意在母子法人关系上适用法人人格否认。

美国法官道格拉斯在总结了大量案例后指出，母法人必须遵守以下四个条件，子法人的人格才不致被否认：①子法人作为一个独立的财政单位的地位必须得到维持；②母子法人的日常营业应保持独立；③应维持两个法人管理机构的一般界限，以保证两个法人的业务不至于陷入有害的混同；④两个法人不表现为一个整体，那些对外缔约的人应充分表明他们的独立身份。

在我国的司法实践中，母法人完全控制子法人、通过关联交易损害债权人利益的情况时有发生，因此，从客观上看，应存在较多的适用法人人格否认的情形。

（三）法人人格否认的适用条件

从我国《民法典》第 83 条的规定及上述最高人民法院的《九民纪要》第二部分之（四）看，法人人格否认的具体条件是：

1. 法人的出资人实施了滥用法人独立地位和出资人有限责任的行为。前文已经说过，法人的独立责任与出资人的有限责任都是有条件的：法人的财产独立、意思独立。只有满足了前两项条件，法人的人格独立和责任独立、出资人的有限责任才具有合理性和合法性。如果法人的出资人置前两项条件于不顾，否定法人的独立意思而代之以“自己控制”、随意支配法人的财产，甚至把法人作为取得利益和权利的手段，抽空法人资产，让法人仅仅成为对外抵挡债务的工具，那么，再保持法人的独立责任与股东的有限责任将违背法律宗旨，损害公平原则，就必须考虑穿透这种责任的法律壁垒。

2. 逃避债务从而严重损害债权人利益。这里所谓的“逃避债务”，不是指法人逃避债务，而是指出资人滥用法人独立地位和出资人有限责任，透过法人取得利益或者财产，从而达到了出资人逃避本应该承担的债务的目的。这实际上是让法人无法清偿债务，从而损害了债权人利益。对于何为我国《民法典》规定的“严重损害法人债权人的利益”，最高人民法院的《九民纪要》作出了回答：损害债权人利益，主要是指股东滥用权利使公司财产不足以清偿公司债权人的债权。

（四）实践中常见的应当否认法人人格的情形

最高人民法院的《九民纪要》总结了我国长期司法实践的经验，指出了实践中常见的否认法人人格的情形有人格混同、过度支配与控制、资本显著不足等。在审理案件时，需要根据查明的案件事实进行综合判断，既要审慎适用，又要当用则用。

1. 人格混同。根据最高人民法院《九民纪要》第 10 条的规定，认定公司人格与股东人格是否存在混同，最根本的判断标准是公司是否具有独立意思和独立财产，最主要的表现是公司的财产与股东的财产是否混同且无法区分。在认定是否构成人格混同时，应当综合考虑以下因素：

（1）股东无偿使用公司资金或者财产，不作财务记载的；

（2）股东用公司的资金偿还股东的债务，或者将公司的资金供关联公司无偿使用，不作财务记载的；

（3）公司账簿与股东账簿不分，致使公司财产与股东财产无法区分的；

（4）股东自身收益与公司盈利不加区分，致使双方利益不清的；

（5）公司的财产记载于股东名下，由股东占有、使用的；

（6）人格混同的其他情形。

在出现人格混同的情况下，往往同时出现以下混同：公司业务和股东业务混同；公司员工与股东员工混同，特别是财务人员混同；公司住所与股东住所混同。人民法院在审理案件时，关键要审查是否构成人格混同，而不要求同时具备其他方面的混同，其他方面的混同往往只是人格混同的补强。

2. 过度支配与控制。根据最高人民法院《九民纪要》第11条的规定，公司控制股东对公司过度支配与控制，操纵公司的决策过程，使公司完全丧失独立性，沦为控制股东的工具或躯壳，严重损害公司债权人利益，应当否认公司人格，由滥用控制权的股东对公司债务承担连带责任。实践中常见的情形包括：

（1）母子公司之间或者子公司之间进行利益输送的；

（2）母子公司或者子公司之间进行交易，收益归一方，损失却由另一方承担的；

（3）先从原公司抽走资金，然后再成立经营目的相同或者类似的公司，逃避原公司债务的；

（4）先解散公司，再以原公司场所、设备、人员及相同或者相似的经营目的另设公司，逃避原公司债务的；

（5）过度支配与控制的其他情形。

控制股东或实际控制人控制多个子公司或者关联公司，滥用控制权使多个子公司或者关联公司财产边界不清、财务混同，利益相互输送，丧失人格独立性，沦为控制股东逃避债务、非法经营，甚至违法犯罪工具的，可以综合案件事实，否认子公司或者关联公司法人人格，判令承担连带责任。

3. 资本显著不足。资本显著不足指的是，公司设立后在经营过程中，股东实际投入公司的资本数额与公司经营所隐含的风险相比明显不匹配。股东利用较少资本从事力所不及的经营，表明其没有从事公司经营的诚意，实质是恶意利用公司独立人格和股东有限责任把投资风险转嫁给债权人。由于资本显著不足的判断标准有很大的模糊性，特别是要与公司采取“以小博大”的正常经营方式相区分，因此在适用时要十分谨慎，应当与其他因素结合起来综合判断。

（五）法人人格否认的具体效果

一般法人人格否认的具体后果有二：

1. 股东对法人的债务承担连带责任。法人人格否认不是一般地消灭或者否定法人的存在，而是在个案中，突破法人的独立人格及股东的有限责任，将区别法人与其股东责任的法律面纱揭开，将法人的责任直接归于股东，让股东承担连带责任。法人人格否认是对股东有限责任的绝对贯彻引发的不公平的矫正。即使某一法人的人格独立在某一案件中被否认，但其效力也仅仅及于某一案件，而对以往案件无任何溯及力，故法人人格的否认与法人人格的消灭迥然不同。我国《民法典》的规定更为直截了当：法人的出资人应当对法人的债务承担连带责任。这样，就表明了法人人格否认并不消灭法人本身。

最高人民法院的《九民纪要》对法人人格否认的后果表达的最为直接和清楚：公司人格否认不是全面、彻底、永久地否定公司的法人资格，而只是在具体案件中依据特定的法律事实、法律关系，突破股东对公司债务不承担责任的一般规则，例外地判令其承担连带责任。人民法院在个案中否认公司人格的判决的既判力仅仅约束该诉讼的各方当事人，不当然适用于涉及该公司的其他诉讼，不影响公司独立法人资格的存续。

2. 只有实施了滥用法人独立地位和股东有限责任行为的股东才对公司债务承担连带清偿责任，而其他股东不应承担此责任。

（六）法人人格否认案件的诉讼地位

根据最高人民法院《九民纪要》第13条的规定，人民法院在审理公司人格否认纠纷案件时，应当根据不同情形确定当事人的诉讼地位：

1. 债权人对债务人公司享有的债权已经由生效裁判确认，其另行提起公司人格否认诉讼，请求股东对公司债务承担连带责任的，列股东为被告，公司为第三人。

2. 债权人对债务人公司享有的债权提起诉讼的同时，一并提起公司人格否认诉讼，请求股东对公司债务承担连带责任的，列公司和股东为共同被告。

3. 债权人对债务人公司享有的债权尚未经生效裁判确认，直接提起公司人格否认诉讼，请求公司股东对公司债务承担连带责任的，人民法院应当向债权人释明，告知其追加公司为共同被告。债权人拒绝追加的，人民法院应当裁定驳回起诉。

第三节　法人的法定代表人和组织机构

一、法人的法定代表人的概念和法律地位

法人的法定代表人是指依照法人或者章程的规定，代表法人从事民事活动的负责人。法定代表人是法人机关的一种，是法人自身不可分割的部分。

关于如何代表法人，存在共同代表制、单独代表制、单一代表制三种立法例。共同代表制如德国，由董事会代表社团，董事会具有法定代理人的地位。单独代表制下，法人的每个董事或者理事都可以对外代表法人，如我国台湾地区。单一代表制则由单一的法定代表人作为法人机关代表法人从事民事活动，我国采单一代表制。法定代表人是否一定为自然人，理论上有不同的认知，但实务中应肯定仅自然人可以为法人的法定代表人。

法定代表人对外代表法人，享有代表权，即法定代表人以公司名义所为的法律行为视为法人的行为。法定代表人是法人的机关，其身份赋予其实施法律行为的地位和权利，无需法人另行授权。法定代表人的代表权原则上并无限制，但法人章程或者权力机构对法定代表人的代表权进行限制的，不得对抗善意第三人。

二、法人组织机构的概念和类型

（一）意思机构

法人的意思机构又称最高权利机关，是法人的“中枢机关”，法人的“意思”就形成于这一机构。因此，法人必须设置此机关，否则，就是“无头的苍蝇”。因此，《民法典》第80条第1款规定：“营利法人应当设权力机构。”这一机构通常可以称为“社员大会”或者“成员大会”。

因为社团是一个由不断变动的多个成员为了统一行动而组成的团体，原则上所有成员都参与对社团事务的决定。为此目的，他们就必须按照一定规则召开大会。社员大会依与会的多数意见作出决议。

社员大会的主要任务是决定社团的内部事务，社团内部的重大事项需由社员大会作出决定，如法人重大经营政策的变化、章程的修改、分立或者合并等。但社员大会一般不直接支配法人的财产，也不直接与第三人发生关系，也就是说，社员大会不能对外代表法人。

按照《民法典》第80条第2款的规定，权力机构的主要职权是：修改法人章程，选举或者更换执行机构、监督机构成员，以及法人章程规定的其他职权。具体到作为典型的营利法人的法人，按照我国《公司法》第36条的规定，有限责任公司法人的决策机关是股东会，第37条规定了其职权：①决定公司的经营方针和投资计划；②选举和更换非由职工代表担任的董事、监事，决定有关董事、监事的报酬事项；③审议批准董事会的报告；④审议批准监事会或者监事的报告；⑤审议批准公司的年度财务预算方案、决算方案；⑥审议

批准公司的利润分配方案和弥补亏损方案；⑦对公司增加或者减少注册资本作出决议；⑧对发行公司债券作出决议；⑨对公司合并、分立、解散、清算或者变更公司形式作出决议；⑩修改公司章程；⑪公司章程规定的其他职权。按照《公司法》第99条的规定，上述关于有限责任法人股东会职权的规定适用于股份有限公司的股东大会。

应当特别指出的是：意思机关是社团法人特有的机关，财团法人及公法人均无这一机关。

（二）执行机构

执行机构是执行决策机构的决策或者执行法人章程规定事项的机构。任何法人都必须具备执行机构，因此，我国《民法典》第81条第1款明确规定："营利法人应当设执行机构。"根据《民法典》第81条的规定，执行机构的职权一般是：①召集权力机构会议；②决定法人的经营计划和投资方案；③决定法人内部的管理机构的设置；④章程规定的其他职权。

以我国《公司法》为例，有限责任法人与股份有限法人的执行机构为董事会，董事会由法人权力机构选举产生。根据我国《公司法》第46条的规定，有限责任公司的董事会对股东大会负责，行使下列职权：①负责召集股东会会议，并向股东会报告工作；②执行股东会的决议；③决定公司的经营计划和投资方案；④制订公司的年度财务预算方案、决算方案；⑤制订公司的利润分配方案和弥补亏损方案；⑥制订公司增加或者减少注册资本的方案以及发行公司债券的方案；⑦拟订公司合并、分立、解散或者变更的方案；⑧决定公司内部管理机关的设置；⑨决定聘任或者解聘公司经理及其报酬事项，并根据经理的提名决定聘任或者解聘公司副经理、财务负责人及其报酬事项；⑩制定公司的基本管理制度；⑪公司章程规定的其他职权。

（三）监督机构

从我国《民法典》关于法人的规定看，除了捐助法人之外，监督机构不是其他类型法人的必设机构，一般是由法人权力机构决定是否设立，《民法典》第82条也规定了这一思想。但是，作为特别法的《公司法》却有不同规定，无论是有限责任公司，还是股份有限公司，监事会都是必设机构。

监督机构的职责应该是什么呢？如果从私法的视角看，应该是维护全体股东（投资者）利益、代表全体投资人（出资人）利益而对执行机构和代表机构执行职务进行日常监督。从《民法典》第82条的规定看，其主要职责是：检查法人财务，对执行机构成员及高级管理人员执行法人职务的行为进行监督，并行使章程规定的其他职权。以公司法人为例，法人的监事会是代表全体股东的利益，对于法人的董事会、法定代表人、法人高管等执行职务进行日常监督的机构。其职责主要是：①检查公司财务；②对董事、高级管理人员执行公司职务的行为进行监督，对违反法律、行政法规、公司章程或者股东会决议的董事、高级管理人员提出罢免的建议；③当董事、高级管理人员的行为损害公司的利益时，要求董事、高级管理人员予以纠正；④提议召开临时股东会会议，在董事会不履行《公司法》规定的召集和主持股东会会议职责时，召集和主持股东会会议；⑤向股东会会议提出提案；⑥依照《公司法》第152条的规定，对董事、高级管理人员提起诉讼；⑦公司章程规定的其他职权。

从《公司法》第53条的规定看，公司监事会的职权与公司职工的利益毫无关系，但《公司法》第51条却规定监事会中必须有一定比例的职工代表，这样规定的意义究竟是什么？这似乎与私法无关，值得思考。

三、法人的分支机构

法人的分支机构是指法人在某一区域设置的完成法人部分职能的业务活动机构。我国《民法典》第 74 条第 1 款规定："法人可以依法设立分支机构。法律、行政法规规定分支机构应当登记的，依照其规定。"除此之外，《公司法》第十一章专门规定了外国公司的分支机构问题。而《中华人民共和国保险法》（以下简称《保险法》）和《中华人民共和国商业银行法》（以下简称《商业银行法》）都规定，保险公司和商业银行都可以在中国境内设立机构。由此可见，我国《民法典》及其特别法是允许法人设立分支机构的。

根据设立分支机构的法人的国籍，可将法人的分支机构分为国外法人的分支机构和中国法人的分支机构。实际上，我国境内存在大量的外国法人的分支机构，例如，许多外国银行在中国设有分支机构。

法人为了在某一区域开展民事活动，可以在该区域设置活动机构。设立分支机构是否需要办理登记，要依据法律、行政法规的规定。一般而言，设立法人需要登记的，法人要设立分支机构的，就应该进行分支机构的设立登记。例如，《中华人民共和国企业法人登记管理条例》（以下简称《企业法人登记管理条例》）（已失效）第 34 条第 1 款规定，企业法人申请设立分支机构的，由该企业法人申请登记，经登记主管机关核准，领取营业执照，在核准登记的经营范围内从事经营活动。有些法人设立分支机构需要取得相关部门的批准。例如，商业银行在我国境内外设立分支机构，必须经国务院银行业监督管理机构审查批准，由国务院银行业监督管理机构颁发经营许可证，并凭许可证向工商行政管理部门办理登记，领取营业执照。法人的分支机构通常有自己的名称、组织机构和场所，也有一定的财产或者活动经费。至于法人的分支机构是否具有民事主体地位，通说认为，法人的分支机构虽然不是民事主体，但可以成为民事活动的主体和诉讼主体，可以在营业登记所确定的范围内从事各种民事活动。我国《民法典》第 74 条第 2 款规定："分支机构以自己的名义从事民事活动，产生的民事责任由法人承担；也可以先以该分支机构管理的财产承担，不足以承担的，由法人承担。"

根据该条的规定，法人的分支机构可以自己的名义对外从事民事活动，但由此产生的民事责任由法人承担。换言之，法人分支机构并非独立于法人，而是法人的组成部分，在本质上并非民事主体，故其对外活动应取得法人的授权。虽然该条第 2 款规定，分支机构以自己名义产生的民事责任也可以先以该分支机构管理的财产承担，不足以承担的，由法人承担，但并非承认了分支机构的财产独立于法人财产，分支机构是法人的组成部分，分支机构的财产也属于法人的财产，所以该条并非规定法人承担补充责任，法人仍然承担全部民事责任。

法人分支机构未取得法人授权而进行民事活动的，其效力如何？从《民法典》第 74 条看，法人以自己的名义从事民事活动引发的民事责任，由法人承担，说明未经授权的分支机构订立的合同是有效的。

第四节 法人的成立、变更和终止

一、法人的设立

（一）法人设立的概念

法人设立行为是为取得法人资格而由设立人进行的一系列法律行为的总称，具体而言，是指设立人在法人成立之前，为组建法人而进行的、目的在于取得法律主体资格的活动。

设立中的法人法律地位如何？通说认为，适用关于非法人组织的规则。

从《民法典》第75条的规定来看，设立人要对设立行为负责，法人设立后，设立行为产生的债权债务由法人承受。所以，设立中的法人与法人是不同的，其并非法人，不能以自己的名义享有民事权利、承担民事义务。

设立人为设立法人从事的民事活动，是为了成立法人，在成立法人后，应该由法人承受权利义务。法人未成立的，设立法人产生的权利义务由设立人承受，存在两个以上设立人的，设立人要对产生的债务承担连带责任，对产生的债权享有连带债权。

为了设立法人，设立人以自己的名义从事民事活动而产生民事责任的，第三人享有选择权，可以选择向成立后的法人主张民事责任，也可以请求设立人承担责任，成立后的法人与设立人对第三人的债务不承担连带责任。此处的"选择权"应解释为形成权，第三人一旦选定就不能变更。

（二）法人设立方式

1. 特许主义方式。所谓特许主义，是指任何一个法人的设定必须依据法律或者国家元首许可。此种方式盛行于昔日的法国。实际上，这一方式不仅在昔日的法国，在英国也曾一度盛行。例如，1628年，英王授予扑克牌制造专营国产扑克的权利，行会同意按固定价格每周向英王出售一定数量的扑克牌，每年交纳5000英镑~6000英镑的赋税。因此，特许状又被认为是国王与行会之间的契约。特许主义方式在目前私法中已经鲜有使用，有些国家的中央银行、大型国有企业等仍然使用这一原则。但其在公法中仍然是一项重要的原则。

2. 许可主义方式。许可主义方式是指法人须经国家行政主管部门的许可方得成立。因有助于国家对特殊行业法人进行监管，许多国家仍然使用这一方式。例如，《德国民法典》对于民法上的营利性社团及财团采取许可制。在我国，对于公益法人当然要采取许可主义，而有些行业的法人设立，也遵循这一原则，例如，根据我国《保险法》第67条的规定，设立保险公司应当经国务院保险监督管理机构批准。实际上，在我国，所有金融类企业的设立都必须经过有关主管机构的批准。

大部分国家对于公益法人采取较强的干预政策，原因有二：①对于公益法人之所以采取如此严格的要求，是因为其背后存在这样一种想法，即有关公益的事项本来是属于国家的任务。②因公益法人一般不纳税，为避免有人通过设立公益法人并指定受益人的方式逃避税收，故采取严厉的措施，采取许可主义原则。之所以对于有些营利法人采取许可主义原则，主要是国家认为其从事的行业关涉国计民生，或者对于国家的经济秩序有重大影响。因此，我国《民法典》第58条第3款规定："设立法人，法律、行政法规规定须经有关机关批准的，依照其规定。"

3. 准则主义方式。准则主义是指法律对法人的设立规定了具体要件，只要符合这些条件，发起人就可以向登记机关申请登记。经登记机关审核，符合法定条件的，就予以登记并成立法人。目前，准则主义是私法人成立的主要原则，为世界上许多国家的立法所确认，例如，德国对于商法上的公司法人以及民法上的非经营性社团法人采取准则主义原则。我国《公司法》对于有限责任法人和股份法人的设立也采取准则主义方式。

准则主义方式之所以成为当代世界许多国家设立营利性社团法人普遍采用的方式，主要是因为：商品经济要求从事经济活动的主体本着平等、自由的原则在统一的市场上展开公平竞争，任何组织、个人不得享有特权，这与特许设立或者许可设立下的营利性社团因承担某些公共职能而享有对市场的行政性垄断权根本不相容。准则主义使营利性社团法人失去行政性垄断权与分担国家职能的地位，使之成为纯粹的民事主体。此外，根据法律规定的要件设立法人不仅可以使营利性法人的设立规范化、有序化、平等化，而且简化了繁琐的特许设立程序或者行政审批程序，从而极大地减少了营利性法人组织的设立费用，提高了工作效率，避免了社会财富的浪费。

4. 关于强制设立主义原则及疑问。有许多学者认为：在法人设立中，还有一种原则——强制设立主义，即依国家法律规定，在某些领域必须设立法人。例如，我国台湾地区有关法律规定，商业同业工会、工业同业工会、建筑师工会、律师工会等必须设立法人。

二、法人成立的条件

按照《民法典》第58条的规定，法人成立的一般条件是：

（一）法人设立应当有规范基础

德国学者拉伦茨指出：（法人的设立）除组织成员的利益外，还会涉及第三人，特别是债权人利益，所以，在法人类型上存在着强制归类的情况。任何法人的设立都必须符合该类法人的设立规范，进而让任何一个与该法人存在经济往来的人都知道该法人的财产归属、义务承担及其与成员的责任关系。同时，考虑到不同类型法人的存在对社会的影响，许多国家对不同类型法人制定了不同的规范。例如，在民商分离的国家中，商事法人的成立必须遵循商法规范，而民法上的经营性与非经营性法人，则要遵守民法规范。在我国，法人的成立要遵循《公司法》的规范，基金会财团法人的设立除了遵照《民法典》之外，还要遵循《社会团体登记管理条例》《基金会管理条例》等规范。

（二）法人的设立应当具有自己的章程

无论是社团法人还是财团法人，无论是营利法人还是非营利法人，原则上说，设立法人必须要有章程。例如，根据我国《公司法》第11条的规定，设立公司必须依法制定公司章程；根据《民法典》第79条的规定，设立营利法人应当依法制定法人章程。按照《民法典》第87~93条的规定，非营利法人成立一般也应当有自己的章程。

对于社团法人来说，所谓章程，是指以设立社团为目的，就社团的名称、宗旨、组织及社员地位等重要事项加以规定，是社团运作及社员权利义务的确定所依据的法律文件。社团成立后，章程是社团运行及社员权利义务的主要依据与基本规范，故民法的立法者认为：章程乃法人组织及活动的基础。

对于财团法人或者非营利法人来说，所谓章程，是指以设立财团法人为目的，就财团的名称、宗旨、组织机构、财产来源及使用方式、财团解散后的财产归属等重要事项加以规定，是财团法人运作所依据的法律文件。

从本质意义上讲，章程是法人的“宪法”，法人之所以成为民法上的一个整体意义上的“人”，很重要的就是因为它有一个章程。对此，拉伦茨指出：为了使法人能够通过其机关确立统一的意思，并进行活动，就要建立机关，确定活动范围；法人就必须在设立过程中制定联合活动和机关行为的规范，也就是说，需要制定一个章程。法人之所以成为一个“活动体”，是因为章程规定了其应遵循的行为制度；如果没有章程，这个“活动体”就失去了存在的依据。

（三）法人设立必须有自己的财产或者经费

财产是法人对外活动的基础，也是承担责任的保障。因此，法人必须有完成其目的事业所需的财产。因为法人不同于自然人，自然人生存于社会的根本不在于其财产，而在于其“能力”；而法人存在于社会的基础，便是其财产。这一点在许多国家的破产法上表现得尤为明显：在德国与日本破产法上，宣告法人破产可因两种原因，一是不能清偿到期债务，二是“资不抵债”（即债务超过财产）；但宣告自然人破产的原因仅仅是不能清偿到期债务。由此可见，财产对于法人与自然人的意义有极大的不同。

如果一个法人没有必要的财产，就是通常戏称的“皮包公司”，这种法人的存在对于交易安全有极大的潜在威胁，因此，许多国家的法律对法人成立都有财产方面的要求。以我国《公司法》为例，以前的《公司法》对于不同类型的法人的最低注册资本有具体要求，现在已经取消，但根据《公司法》第 23 条及第 76 条的规定，公司必须有财产。但是，对于特殊行业和特殊类型的法人，仍然要求有最低出资额。例如，《证券法》第 121 条规定，经营证券经纪、证券投资咨询，与证券交易、证券投资活动有关的财务顾问的证券公司的注册资本最低限额为 5000 万元，且为实收资本；经营证券承销与保荐、证券自营、证券做市交易等业务的证券公司的注册资本最低限额为 1 亿元，且为实收资本；经营两项以上的证券公司的注册资本最低限额为 5 亿元，且为实收资本；信托投资公司的最低注册资本为 3 亿元人民币或等值的可自由兑换货币，注册资本为实收货币资本（《信托公司管理办法》第 10 条）；期货经纪公司注册资本的最低限额为人民币 3000 万元（《期货交易管理条例》第 16 条第 1 款第 1 项）；基金管理公司的最低注册限额为 1 亿元，且为实收资本（《证券投资基金管理公司管理办法》第 7 条第 1 项）；商业银行的注册资本最低限额为 10 亿元，且为实缴资本（《商业银行法》第 13 条）等。

当然，近年来学理与立法对于法人财产的意义进行了反思与讨论，许多学者对于传统民法对法人财产的强行性要求提出了质疑：法人之财产的有无对于交易安全的影响是否真的存在？如果有人愿意与一个没有财产的法人进行交易，这是一个自我选择的结果。而任何一个自愿做出行为的人，都应对选择后果承担风险，法律不应替代当事人进行选择与控制。这种观点有一定的合理性，但法律不仅关涉个人利益，更重要的是关系社会的经济秩序。如果将一个社会的交易秩序完全交给个人，将会产生灾难性后果。因此，法律必须进行最低限度的控制，降低个人选择的风险。因此，法律对法人财产的强制性要求有其充分的理由。

（四）法人应当有自己的名称

名称对于法人与自然人的意义十分不同：一个自然人一生没有名字可以生存，而法人没有名称一天也不能生存。因为自然人是一种自然存在，而法人是一种法律存在。

关于名称问题，我国《民法通则》（已失效）第 37 条及《公司法》第 23、76 条都规定了法人成立的必要条件。除此之外，有关法规及部门规章对法人的名称也有许多限制性规定，例如，1991 年 5 月 6 日国务院批准的《企业名称登记管理规定》（已失效）第 6 条与第 7 条分别规定了对于法人名称的两个主要规则：①企业只能有一个名称，而且在登记机关管辖区域内不得与已经登记注册的同行业企业名称相同或者近似。②企业名称应当含有下列部分：企业所在地的省或者市或者县行政区划的名称、字号、行业或者经营特点、企业的组织形式。例如，山东易成粮油有限责任公司，即为包含上述四个部分的名称。

（五）应有自己的组织机构

与自然人不同，法人不是“人”，因此，其活动是由不同架构的组织依章程被统一起来的，因此，一个法人如果想正常运转，必须有自己健全的、必要的组织。社团需要必要的机关，因为只有通过机关，社团才能作为法律上联合起来的整体，形成统一的总意思，并且进行活动，特别是参与法律交往。具体来说，社团法人应有自己的决策机关、代表机关、执行机关，有时还要求有监督机关。而财团法人应当有自己的执行机构、监督机构。

三、法人的变更

（一）法人变更的概念

法人的变更是指法人的登记事项（如经营范围、法定代表人、住所等）、组织形式发生变更或者法人的分立或合并。

法人登记事项（如经营范围、法定代表人、住所等）的变更，必须经过法人章程规定或者法律规定的程序作出决定，然后再到登记管理部门办理变更登记。否则，不可对抗善意第三人。我国《民法典》第64~65条规定，法人在存续期间登记事项发生变化的，应当依法向登记机关申请变更登记。法人的实际情况与登记的事项不一致的，不得对抗善意相对人。法人登记机关应当及时公示法人登记的有关信息。

法人组织形式的变更，主要是指法人成立后组织类型发生变化，如从有限责任公司变为股份有限公司等。由于前述原因，即法律对法人组织形式强行归类的需要，法人组织形式是必须明确公示的事项，因此，其变更需要依照法律规定进行。例如，从有限责任公司变为股份有限公司，实际上是有限责任公司的消灭和股份有限公司的成立。

当然，组织形式的变更不仅应当包括有限责任公司变为股份有限公司，也应包括股份有限公司变为有限责任公司。但从法理上讲，法人组织形式的变更主要是法人决策机关的意思自治问题，在不损害债权人利益的前提下，并无禁止的理由。

（二）法人的合并与分立

1. 法人的合并。

（1）法人合并的概念及形式。法人的合并是指两个或者两个以上的法人归为一个法人主体的行为。法人的合并分为吸收合并与新设合并两种，我国《公司法》第172条就规定了这两种合并：吸收合并或者新设合并。一个法人吸收其他法人为吸收合并，被吸收的法人解散。两个以上法人合并设立一个新的法人为新设合并，合并各方解散。

第一，吸收合并。数个法人合并，其中一个法人存续而其他法人终止的，为吸收合并。通俗地讲，吸收合并就是数个（包括一个的情形）法人被一个法人所吞并，该吞并法人力量得到了壮大而继续存在，而其他法人消灭的情形。

第二，新设合并。新设合并是指参加合并的各方均在合并中消灭，而一个新的法人实体产生的行为。例如，原中南政法学院与原中南财经大学合并后，称为中南财经政法大学，而原来的中南政法学院与中南财经大学都消灭了。

（2）法人合并后债权债务关系的处理。法人合并后债权债务如何处理？对此，我国《民法典》与《公司法》有较大的区别。根据《民法典》第67条第1款的规定，法人合并后，它的权利和义务由变更后的法人享有和承担。而《公司法》第173条规定："公司合并，应当由合并各方签订合并协议，并编制资产负债表及财产清单。公司应当自作出合并决议之日起十日内通知债权人，并于三十日内在报纸上公告。债权人自接到通知书之日起三十日内，未接到通知书的自公告之日起四十五日内，可以要求公司清偿债务或者提供相应的担保。"这两种规定显然有较大的区别，试看一例，便能得出结论：A法人是一个经营状况良好、银行信誉很高的企业，由于其资产状况良好、经营与信誉都好，故许多债权人甚至不需要担保也愿意与其进行交易。B企业是一个负债累累（欠款达8000万元）的濒临破产的企业。当地政府为了避免B企业破产职工下岗，强迫A企业与B企业合并。结果合并后，A企业债权人的债权根本无法获得完全清偿，而B企业的债权人能够得到比合并前更好的清偿。由此可见，《公司法》的规定比《民法典》的规定更加合理。

2. 法人的分立。

（1）法人分立的概念与形式。法人的分立是指一个法人分为两个或者两个以上法人的行为。在实践中，法人的分立可分为存续式分立与新设分立。

第一，存续式分立。存续式分立是指法人分出一个法人后，原法人继续存在。例如，原山东大学艺术系从山东大学分立出来而成立了山东艺术学院（独立法人）后，山东大学作为法人继续存在。

第二，新设分立。新设分立是指一个法人分为两个或者两个以上法人后，原来的法人不再存在。

（2）法人分立后的债权债务关系的处理。《民法典》第67条第2款规定，法人分立的，其权利和义务由分立后的法人享有连带债权，承担连带债务，但是债权人和债务人另有约定的除外。

我国《公司法》第175~176条对公司法人的分立有特别的规定：公司分立，应当编制资产负债表及财产清单。公司应当自作出分立决议之日起10日内通知债权人，并于30日内在报纸上公告。公司分立前的债务由分立后的公司承担连带责任，但是，公司在分立前与债权人就债务清偿达成的书面协议另有约定的除外。

（3）法人分立的一般程序。以公司法人的分立为例，法人分立的程序一般是：①由股东会作出分立的决议；②对债权人进行通知或者公告；③主管机关批准（如果需要的话）；④注册登记（包括设立登记与注销登记）。

四、法人的终止

（一）法人终止的概念

法人的终止即法人的消灭，法人的民事主体资格丧失，其民事权利能力和民事行为能力终止。终止后的法人不能再以法人的名义对外从事民事活动。法人终止的原因主要有：①依照法律、法令或者主管机关的行政命令撤销。②解散，包括因设立法人的任务完成而解散；经成员大会或者代表大会决议，并经主管机关批准解散；法人行为严重违法被主管机关命令或人民法院判决解散。③企业法人被依法宣告破产，企业经营不善，资不抵债而依法被宣告破产。④因其他原因撤销或解散。法人终止的程序与法人设立的程序大致相同，应当向登记主管机关办理注销登记并公告。法人终止，应当依法进行清算。

（二）法人解散

1. 解散的原因。按照我国《民法典》第69条的规定，法人的解散大致有以下几种原因：①法人章程规定的存续期间届满或者法人章程规定的其他解散事由出现；②法人的权力机构决议解散；③因法人合并或者分立需要解散的；④法人依法被吊销营业执照、登记证书，被责令关闭或者被撤销；⑤法律规定的其他情形。一般来说，将①与②所列原因称为法人"意定解散"的原因，将③与⑤所列原因称为"法定解散"的原因，将④称为"命令解散"的原因。

2. 解散与权利能力的关系。德国学者区分法人的解散与法人权利能力的丧失，如德国学者拉伦茨指出：法人因下列原因而解散：①全体社员不存在了；②法人章程规定的消灭期间届至或者解散社团的条件已经具备；③社员大会作出决议解散法人；④依照主管机关的命令而解散。法人因下列原因而丧失权利能力：①法人开始破产程序；②主管的国家机关因法定理由剥夺法人的权利能力。这种区分在德国学理上仍然存在争议，有的学者就主张，丧失权利能力就是被解散。但在我们国家，按照《民法典》第72~73条及《公司法》第188条之规定，法人解散并不意味着法人消灭，只有经过清算并注销登记后，法人资格才丧失，权利才消灭。

3. 解散与终止的关系。从我国《民法典》第68~70条的规定，显然可以看出，解散与终止是不同的：解散仅仅是终止的一个原因而已。第68条规定，法人由于下列原因之一终止：①解散；②被宣告破产；③法律规定的其他原因。由此可见，解散仅仅是终止的原因之一。我国《民法典》沿用了《民法通则》（已失效）第45条的规定。但有的学者提出这是一种错误，其理由有二：其一，法人出现上述原因后法人人格“终止”，但同时又规定“法人终止，应当依法进行清算，停止清算范围外的活动”。这两条规定之间显然存在矛盾：法人既已终止，又何来清算？既然清算又何以终止得了？因此，这里所谓的“终止”，实为“解散”的误写。其二，我国《公司法》《合伙企业法》和《中华人民共和国个人独资企业法》（以下简称《个人独资企业法》）已经不用“终止”，而用“解散”。

学者的这种区分在我国法上确实具有实证依据，特别是在法人破产时，因我国破产法没有使用“破产财团”的概念而是使用了“破产财产”的概念，就使得法人的人格在破产清算时继续存在。因此，可以说破产清算时被清算的法人的人格并没有终止，而是在破产清算的限度内视为存续。但应当注意的是，《公司法》第180条虽然使用了“解散”而没有使用“终止”，但其仍然没有将破产列为解散的原因，而是仅仅规定：“公司因下列原因解散：（一）公司章程规定的营业期限届满或者公司章程规定的其他解散事由出现；（二）股东会或者股东大会决议解散；（三）因公司合并或者分立需要解散；（四）依法被吊销营业执照、责令关闭或者被撤销；（五）人民法院依照本法第一百八十二条的规定予以解散。”而《公司法》第187条第1款规定：“清算组在清理公司财产、编制资产负债表和财产清单后，发现公司财产不足以清偿债务的，应当依法向人民法院申请宣告破产。”由此可见，破产宣告不是法人解散的原因，更不是民法或者公司法上法人清算的原因，而是特别法上的特别清算制度。故第二个理由是不充分的。

特别需要说明的是：从境外学者的论述看，很多人将破产程序的开始作为法人解散的原因。笔者认为，这种观点并不十分准确。因为在许多国家的破产法上，破产宣告与法人的终止没有必然的联系，甚至破产宣告后，债权人会议可以与债务人达成和解协议，或者申请重整，从而结束破产程序，法人继续存在，并不因此消灭或者终止。《德国支付不能法》及我国台湾地区“破产法”都如此规定。在我国，不允许在破产宣告后进行和解或者重整，具体内容详见《中华人民共和国企业破产法》（以下简称《破产法》第70条、第95条）。因此，可以说破产宣告会引起法人的终止。

（三）法人的清算

1. 清算概述。我国《民法典》第70~73条规定了法人解散后的清算。清算是指对一个即将终止主体资格的法人之债权、债务及财产所作的综合清理行为，其主旨在于一次概括性地结束其在存续期间的财产关系，以保护债权人及股东利益。

清算分为非破产清算与破产清算。非破产清算与破产清算的本质区别在于：破产清算是在法人的现有财产不足以清偿其全部债务的情况下，为公平地、概括性地清偿所有债权人的债权所设的一种特别清算程序。破产清算程序则是在法人解散或者因其他原因而消灭的时候，对所有的债权债务关系进行清理，以便结束所有的财产关系，并最终将法人的剩余财产分配给出资人或者作出其他处理。

我国《民法典》在这里所说的当然是非破产清算。但是，大多数国家的公司法或者合伙法都认可，当在非破产清算中发现法人的财产不能清偿所有债务的，应当从非破产清算转化为破产清算。我国《公司法》第187条也作了相同的规定。

2. 清算（非破产清算）的意义。

（1）保护债权人利益。任何法人在其存在的过程中，可能已经缔结了许多财产性契约关系，也可能因侵权行为负担债务，也可能因其他原因负有财产性义务。如果该法人没有清理这些义务而悄然消失，将会给其债权人造成巨大的损害，对交易安全构成威胁。所以，包括我国法律在内的许多国家的法律都规定：法人的消灭以清算为必要程序。

（2）确定出资人最后分配的财产从而保护出资人利益。无论是法人的股东，还是合伙企业的合伙人，都是企业的最初出资人，也是最终所有人——当法人消灭时的剩余财产的所有者。只有经过清算，才能确定最终分配给出资人的财产。如果法人的财产不足以清偿其所有债务的，出资人如果是法人的股东，不再在出资以外承担责任，即股东承担有限责任。

3. 清算义务人及其职责。按照我国《民法典》第 70 条的规定，除了法律、行政法规另有规定，法人的董事、理事等执行机构或者决策机构的成员为清算义务人。

清算义务人在法人解散时，应当及时组成清算组对法人进行清算。《民法典》第 70 条第 3 款规定，如果其未履行该义务时，主管机关或者利害关系人可以申请人民法院指定有关人员组成清算组进行清算。第 72 条第 1 款规定，清算期间，法人虽然具有主体资格，但不得从事与清算无关的行为。第 71 条规定，清算组的职权和清算程序，法律有规定的依其规定；没有规定的，参照公司法律的有关规定。这主要是因为，不同性质的法人，其清算程序是不同的，如社团法人与财团法人。商事主体与非商事主体的清算存在不同。

4. 未经清算即注销法人的后果。法人的消灭以注销法人登记为标志，但注销的前提是清算。如果未经清算即注销法人登记，会产生什么样的法律后果呢？应参照《最高人民法院关于适用〈中华人民共和国公司法〉若干问题的规定（二）》（以下简称《公司法解释（二）》）之规定，确定法人清算义务人的责任。该解释第 19、20 条的规定：①有限责任公司的股东、股份有限公司的董事和控股股东，以及公司的实际控制人在公司解散后，恶意处置公司财产给债权人造成损失，或者未经依法清算，以虚假的清算报告骗取公司登记机关办理公司注销登记，债权人可以向其主张承担相应的赔偿责任；②公司未经清算即办理注销登记，导致公司无法进行清算，债权人可以主张有限责任公司的股东、股份有限公司的董事和控股股东，以及公司的实际控制人对公司债务承担清偿责任；③公司未经依法清算即办理注销登记，股东或者第三人在公司登记机关办理注销登记时承诺对公司债务承担责任，债权人可以向其主张清偿责任。

（四）注销登记

管理人应当自破产程序终结之日起 10 日内，持人民法院终结破产程序的裁定，向破产人的原登记机关办理注销登记。破产程序终结之日起 2 年内，发现破产人有应当供分配的其他财产的，债权人可以请求人民法院按照破产财产分配方案进行追加分配。我国《破产法》适用的对象限于企业法人以及合伙企业，而企业法人之设立、变更和消灭均须办理登记手续。因此，破产清算程序终止后，应当办理法人注销登记，法人自注销登记之日起主体资格消灭。

五、法人的登记

（一）法人登记的概念

法人登记是指法人向其住所地的有关行政管理部门申请登录记载关于设立、终止、变更住所或经营范围等登记事项的行为，是法人取得主体资格的一种程序。法人呈请登记时，应由申请人（法人机关或清算人）或其他代理人向登记机关呈报申请书及其他必要文件，并应依法缴纳登记费。法人登记机关接受法人登记申请后应进行调查，然后予以登记，于登记后发放有关的登记文件。对法人已登记之事项，法人登记机关应于登记后一定时间内，在法人登记机关的公报或当地报纸上予以公告。法人登记是企事业单位和社会团体法人成立的必经程序。法人登记是国家对法人实行监督和管理的重要手段。

（二）法人登记的类型

根据法人变动的类型，登记有设立登记、变更登记和终止登记三类。

1. 设立登记。法人设立登记的登记机关，是由法律规定的，例如，负责公司和其他企业法人登记的是各级工商行政管理部门，负责事业单位法人登记的通常是各级国家机构编制管理机关，负责社会团体法人登记的则是各级民政部门。设立登记的义务人，是法人设立人。

2. 变更登记。变更登记的机关，与该法人设立登记机关相同，但变更登记义务人是法人代表。变更登记的事项包括法人合并与分立以及法定代表人、住所、注册资本、名称、营业范围、分支机构等事项的变动。

3. 注销登记。注销登记机关也与法人设立登记机关相同，但登记义务人是清算组。法人自注销登记完成时终止。

第五节 非法人组织

一、非法人组织的概念和特征

关于应如何称呼非法人团体的问题，各个国家或者地区做法并不相同：德国法上，这些团体是由《德国民法典》规定的“无权利能力社团”和其他特别法上的“商事合伙”组成；日本一般称为“法人外团体”，包括“组合”（各当事人通过出资，并约定经营共同的事业，从而成立的组合）和“无权利能力社团”〔包括能够取得法人资格但却没有取得的情形（如成立中的法人）和无法取得法人资格的情形〕。我国的许多立法中，例如，《合同法》（已失效）、《民事诉讼法》《中华人民共和国著作权法》（以下简称《著作权法》）等都以“其他组织”来称呼这些法人外团体；《民法典》第102条第1款将之称为“非法人组织”，并将之定义为：非法人组织是不具有法人资格，但是能够依法以自己的名义从事民事活动的组织。

用“非法人组织”这一概念来通称这些法人外团体可能更加合适，因为体现了它与自然人及法人的区别，比“其它组织”具有更强的包容性。

二、非法人组织的类型

学者之间对非法人组织的类型界定争议很大。什么样的组织应该被称为非法人组织，应当按照《民法典》关于非法人组织的规范目的来界定。不能任意作出扩大或者限缩解释。有些所谓“组织”是否应该归入非法人团体中，值得考虑，例如，各种企业的分支机构，大学内部的学院、系、所、教研室，科学院内部的研究所、研究中心、研究室、课题组等不应该属于非法人团体，而是法人本身的内部组织机构或者组成部分。另外，合伙是否属于非法人组织也值得考虑，例如，民法上的契约型合同就难以归入非法人团体中。除此之外，非法人财团能否成为非法人团体也存在疑问：各国对财团的控制是非常严格的，因为财团与社团不同，可能存在危及社会的各种风险。因此，我国《民法典》第102条对于非法人组织种类的限制采取比较严格的态度，将非法人组织限定为：个人独资企业、合伙企业、不具有法人资格的专业服务机构（如律师事务所、会计师事务所等）。

三、非法人组织的设立

非法人组织设立主要应具备下列条件：①有将其成员组织起来的章程或者其他文件；②有自己的名称、组织机构和场所，否则，难以与个人进行区分；③有形成团体意思的表决方式，以区别于团体每个人的意思；只有具有了这种机制，团体才能够区别于个人而存在或者行动；④非营利性非法人组织还应该具有自己的财产，并具有保证这种财产同成员财产分离的机制。

需要说明的是，有无财产其实对于营利性非法人组织和非营利性非法人团体是不同的：非营利性非法人组织应该具有自己的财产，因为在财产与责任的相互联系上，一般来说，非营利性非法人组织的成员对于非法人组织的债务承担有限责任，因此，要求团体必须具有财产。而营利性非法人组织的成员对于非法人组织的债务承担无限连带责任，因此，对于营利性的非法人组织来说，有无财产就不那么重要。

四、非法人组织民事责任的承担

在非法人团体中，其成员是否无一例外地都对团体的债务承担无限责任？在这一点上，德国法的判例与理论可资借鉴：在对外债务方面，无权利能力的社团，尤其是非经济性社团不适用合伙法上的成员对于合伙债务承担无限连带责任的规定。因为如果让无权利能力社团的成员对团体债务承担无限连带责任，那么很少有人会选择加入非经济性社团，这会为这种社团吸引新社员制造一个不可逾越的障碍。所以，司法判决和学说就寻找各种可能，将社员对社团的责任限制在社团财产的范围内。但对于营利性团体，其成员对团体债务则承担无限连带责任。也正是因为这一个原因，合伙应当与非法人组织分别规定。

但是，我国《民法典》并没有区分营利性与非营利性的非法人组织，第104条直接规定，非法人组织的财产不足以清偿债务的，其出资人或者设立人承担无限连带责任。这种规定实际上不利于许多非营利性非法人组织的存在，而这些非营利性非法人组织对于社会的文化建设、丰富人民生活等往往具有重大意义。例如，社区老年人活动中心、社区文化中心等，在社区中具有重要意义。但是，如果让其成员承担无限连带责任，可能有悖于非法人组织的存在宗旨及人们的合理预期。

第三分编　民事法律行为与代理

第一章
民事法律行为

第一节　民事法律行为概述

一、民事法律行为的概念和特征

（一）我国《民法典》上民事法律行为的概念

《民法典》之前，我国学者关于法律行为的概念有诸多争议，这主要源自《民法通则》（已失效）对于法律行为的规范本身。《民法典》吸收了学理成果，于第133条对法律行为进行了这样的定义："民事法律行为是民事主体通过意思表示设立、变更、终止民事法律关系的行为。"

该定义与《民法通则》（已失效）比较，有显著的进步，主要表现在：

1. 明确了"意思表示"在法律行为中的作用和核心地位。应该说，这是一个很大的进步，"意思表示"是法律行为的核心，而《民法通则》（已失效）当年就没有将这一核心要素规定在法律行为中，详见第54条："民事法律行为是公民或者法人设立、变更、终止民事权利和民事义务的合法行为。"由于该条规定中没有"意思表示"相关的表达，没有定义出"法律行为"的实质，也就难以与其他概念和制度区分清楚，例如，"无因管理"是否也符合《民法通则》第54条之规定呢？因为无因管理也具有该条规定的所有要件：客观上能够引起民事权利义务，也是合法行为。但无因管理与法律行为的区别在于：是否具有主观上设立、变更或者终止民事权利义务的意思表示。

2. 去除了《民法通则》（已失效）对法律行为"合法性"的要求。这也是吸收学理关于法律行为研究成果的具体体现。因为《民法通则》（已失效）通过之后，许多学者对于这种"合法性"的要求进行了批判，认为"合法性"要求是不必要的。因此，可以说，此次《民法典》对于法律行为的定义是一个进步，或者说复原了"法律行为"的本来面目。

（二）对法律行为概念的理解与把握

对于法律行为的这一概念，我们应该从以下几个方面加以理解和把握：

1. 法律行为以意思表示为要素，从而使其区别于其他的同样能够引起法律上权利义务的事实，如不当得利、无因管理、侵权行为等。我国《民法典》第133条强调"通过意思表示设立、变更、终止民事法律关系"正是这一思想的体现。甚至在早年，德国学者根本不区分意思表示与法律行为。由此可见，意思表示之于法律行为的重要性。

2. 法律行为的目的在于引起明确的法律后果，即法律行为的目的在于产生具体的私法上的权利义务关系，并且这种法律后果是主体意思表示中所预设的希望发生与积极追求的结果，并不是法律强加于当事人的。我国《民法典》第133条明确表达了这一思想，正如德国学者所指出的：我们说法律行为的目的是引起法律后果，这一表述的意思是，法律行为之所以产生法律后果，不仅是因为法律制度为法律行为规定了这样的后果，首要的原因在于从事法律行为的人正是想通过这样的行为引起这种法律后果。可见，在通常情况下，法律行为是一种有目的的行为，即以引起某种法律后果为目的的行为。

法律行为的这一含义就使其同以下两种行为区别开来：其一，情谊行为，即人们之间的友谊交往行为。例如，今天我邀请你来我家做客，你愉快地答应了邀请。但这并不属于一个法律行为（合同），因为双方在发出或者接受这种意思表示的时候，并没有在具体权利义务的意义上为之。其二，有些人的行为虽然也产生法律后果，但这种法律后果并非基于行为人的意思及效果预设，而是基于法律规定。例如，侵权行为虽然也是人的行为，但却是典型的非法律行为，其侵权行为的赔偿义务之后果是基于法律的强制性规定，而不是基于行为人积极的预设。

3. 法律行为的本质为私法自治。几乎所有学者都认识到了这一点，即法律行为是实现私法自治的工具，如梅迪库斯指出：意思表示是法律行为的工具，而法律行为又是私法自治的工具。法律行为是指一个人或多个人从事的一项行为或者若干项具有内在联系的行为，其目的是引起某种私法上的法律后果，使个人与个人之间的法律关系发生变更。每个人都通过法律行为的手段来构建与其他人之间的法律关系。法律行为是实现私法自治的工具。法律行为的这一本质，在其作用范围中得到明显的体现：凡是允许私法自治的领域才适用法律行为，因此，法律行为在民法中具体为合同、婚姻与遗嘱等行为。自然地，法律行为也就作为合同、婚姻与遗嘱等行为的上位概念。具体行为的共同规则就是法律行为的规则，反而言之，法律行为的制度规则对于具体行为通用，也就是说，其具有“公因式”的特征。

4. 法律行为具有抽象性。法律行为是一种抽象的概念，现实生活中根本不存在所谓的“法律行为”，只存在具体的合同、遗嘱和婚姻等。法律行为恰恰是从这些具体的“以意思表示”为核心的行为中抽象出来的，比如，现实生活中不存在“人”，只存在男人和女人、老人和小孩。就如德国学者所指出的，法律行为的概念是所有在法律秩序中形成的行为类型的抽象，就法律秩序针对这些行为类型所规定的内容而言，其目的在于使个体能够以意思自治的方式通过制定规则来形成、变更或者消灭法律关系，也即旨在实现私法自治。现实中不存在“某一”法律行为本身，而仅存在法律认可的、因其而存在的各种行为类型，如买卖合同、债权让与、订婚、结婚、遗嘱等行为，这些行为都可以被置于抽象的法律行为概念之下去理解。除了法律行为的共性之外，人们还必须注意到各种法律行为所具有的特性。只有当法律行为被理解为对法律秩序所认可的各种类型的法律行为的抽象，而不是法律行为本身时，才可能真正注意各类法律行为的不同。

因此，我们在理解法律行为这一概念的时候，一定要注意总则编中的抽象的法律行为规则与其他各编中各个具体的法律行为之间的关系，即法律行为与合同、法律行为与遗嘱、法律行为与婚姻等的关系：法律行为规则是一般规则，而各个具体的法律行为（如合同）部分则规定独特的规则。这也应该是理解和适用我国《民法典》时特别需要注意的问题，尤其是在我国《民法典》中的合同独立成编且包含债法的一般原则的情况下，在处理总则编与合同部分之间关系时，应当遵循“一般”与“特别”的相关规则。

5. 法律行为是法律事实的一种。法律行为是法律事实的一种，法律事实包括以人的意志为转移的行为和与人的意志无关的事件，前者为法律行为，而后者就是非法律行为。法律事实包含了“不以人的主观意志为转移而自然发生的事实（如人因疾病、地震而死亡等）以及人的自愿、审慎的行为”。因此，法律事实分为两种：严格意义上的法律事实（即纯粹的法律事实）和自愿、审慎的法律行为。我们所说的法律行为是第二种法律事实。

法律行为与事实行为的区别主要有以下几个方面：①是否适用行为能力不同：法律行为以行为人有相应的行为能力为有效要件，而事实行为不以行为能力为生效要件；②是否能够适用代理不同：法律行为能够代理，而事实行为不能代理，仅仅能够适用辅助制度；③是否有意思表示不同：法律行为要求必须有意思表示，而且法律行为的后果由行为人设定在意思表示之中，而事实行为没有意思表示，其后果不是行为人预设的，而是由法律直接规定的。

（三）准法律行为

1. 准法律行为的概念。如果仅仅把法律事实区分为法律行为与非法律行为，有粗糙之嫌。因为在非法律行为中，有些人的行为很容易与法律行为混淆，故有特别说明的意义。这类行为虽然不是法律行为，但与法律行为相似——它们不仅是人的行为，而且有意思表示，但没有效果意思。这一类行为可以统称为“准法律行为”。例如，诉讼时效的中断行为，这种中断必须通过有行为能力的人为意思表示，但中断的效果却不一定是中断的人预设的，而是由法律直接规定的。也许一个人根本不知道自己请求履行的行为具有中断时效的法律效果，从而根本不可能在行为中预设这种法律后果，但只要作出了请求的行为，就具有中断时效的结果，这些行为被称为“准法律行为”。具体来说，准法律行为是指由法律直接规定结果的当事人的表示行为。

我们必须正确地把握法律行为与准法律行为的区别：①从概念上说，准法律行为完全不是法律行为，之所以将一个不是法律行为的概念称为“准法律行为”，是基于以下两点：其一，表明两者的不同；其二，是当事人的行为，并且有明确的意思表示，类似于法律行为，可以准用有关法律行为的一些规则，如行为能力、意思瑕疵等。②虽然法律行为与准法律行为的共同点在于都具有意思表示、都要求行为人具有行为能力，但法律后果发生的根据存在巨大的不同：法律行为之所以能够产生某种法律后果，是因为行为人具有引发这种法律后果的愿望，并将这种后果表达出来；而准法律行为虽有意思表示行为，但这种后果并不包含在意思表示中，该表示行为的后果是由法律直接规定的。

2. 种类。

（1）催告。催告是指债权人要求债务人履行到期债务的通知，或者要求法律关系的对方当事人确定某种关系的通知，如留置权中对于债务人的履行催告、无权代理关系中相对人对于被代理人是否追认的催告等。

（2）通知或者告知。在这类行为中，行为人表示的并不是某项意思，而是一种其知道的事实，如债权转移时对债务人的通知、迟到的承诺的通知、标的物瑕疵告知等。

3. 关于法律行为规则对于准法律行为的类推适用。行为能力、意思表示瑕疵等规则是否准用于准法律行为，根据准法律行为所关注的规定不同而有不同的答案。①有关行为能力的规定——当有关行为能力的规定的立法目的也适合于准法律行为时，允许类推；②有关意思欠缺、意思表示瑕疵的规定——当法律规定的有关意思欠缺、意思表示瑕疵的规则，也适合准法律行为时，也允许类推适用。反之亦然，也应根据准法律行为的法律规定的立法目的来决定是否类推适用法律行为的有关规定。

4. 小结。

（1）准法律行为与法律行为是不同的概念，因均有意思表示并且法律行为的有关规则可准用于准法律行为而得名；而且，准法律行为为学理上的概念，具体的各种类型的准法律行为散见于民法的各个部分。

（2）法律行为的有关规定是否能够适用于准法律行为，要根据具体情况而定。在我国的司法实践中，应尤其重视这一问题。

二、民事法律行为的类型

（一）单方法律行为与多方法律行为

这是依据法律行为的成立对意思表示的依赖而作的分类，也是我国《民法典》第134条明确规定的分类，该条第1款规定："民事法律行为可以基于双方或者多方的意思表示一致成立，也可以基于单方的意思表示成立。"

1. 单方法律行为。单方法律行为是指只需要一项意思表示就可成立的法律行为。也就是说，单方法律行为是指原则上一个人即可单独有效地从事的行为。由于"任何人不得为第三人创设义务"的规则，单方法律行为大致可以分为三种情况：①仅仅以单方行为处分自己的权利，如所有权的抛弃；②为他人设权的行为，如授予代理权的行为、立遗嘱的行为；③行使法律规定或者当事人约定的权利，如解除权、撤销权、追认权，即形成权的行使一般为单方法律行为。

单方法律行为，根据意思表示是否需要受领或者是否需要向他人作出，可以分为有相对人的和无相对人的单方法律行为。《民法典》第138条和142条涉及这种分类。对此，德国学者指出，从事物的本质来看，原则上，意思表示应当"向他人作出"，这是因为，一般而言，意思表示只有当"向他人作出"时，即向它所针对的那一方作出时，才具有意义。因此，多方法律行为要求一方当事人应"向另一方当事人"作出意思表示，以便双方能够达成合意。据此，以意思表示是否需受领为标准来划分法律行为的做法，仅适用于单方法律行为。仅在个别情形中，即在那些法律行为不直接关涉他人，实施法律行为的行为人仅仅为自己的权利领域制定规则的情形中，人们可以通过无需受领的意思表示来实施单方法律行为，较为典型的是遗嘱行为。

这种分类的意义主要在于意思表示的生效时间和法律行为的成立时间不同、意思表示的解释不同。对此，我国《民法典》第138条规定："无相对人的意思表示，表示完成时生效。法律另有规定的，依照其规定。"第142条规定："有相对人的意思表示的解释，应当按照所使用的词句，结合相关条款、行为的性质和目的、习惯以及诚信原则，确定意思表示的含义。无相对人的意思表示的解释，不能完全拘泥于所使用的词句，而应当结合相关条款、行为的性质和目的、习惯以及诚信原则，确定行为人的真实意思。"

2. 多方法律行为。多方法律行为包括必须有两个或者两个以上的意思表示才能成立的法律行为。由于多方法律行为情况比较复杂，因此，学理上一般要对多方法律行为进行再分类：双方法律行为、多方法律行为与决议。

（1）双方法律行为。双方法律行为一般是指契约，即由两个意思表示一致而成立的法律行为。契约的当事人可以是多个，但这多个当事人必须形成"两造"，即对立双方。当事人虽为多人，但却仅仅能够形成两个意思表示，例如，A、B、C三个当事人，A、B为一方，C为一方，双方所期待的法律后果是因他们之间相互一致的意思表示而产生的。有些人认为，双方法律行为应称为契约，以区别于下文中的因多方意思表示一致而形成的合同。

（2）多方法律行为。准确地讲，多方法律行为应被称为"共同行为"，即因当事人多个方向相同的意思表示趋于一致而形成的法律行为，因其特征为多数意思表示的平行一致，故也称为合同行为。这就是合同与契约的区别（即多方法律行为与双方法律行为的区别），如合伙协议、法人发起协议等属于多方法律行为。

（3）决议。应该将决议从合同中分离出来。决议是人合组织、合伙、法人等由若干人组成的机构（如社团的董事会）通过语言形式表达出来的意思形成的结果。决议可以以全票通过的方式作出，也可以多数票通过的方式作出。

决议不同于合同或者其他多方法律行为之处在于：①若干意思表示一致，且方向相同，而不像合同那样，是对立两造的意思表示的重合。但仅在此点上，决议难以同多方法律行为相区别。②决议有的是以全票作出的（如合伙的许多事务都要求一致同意），但在许多情况下，决议都不实行全票制，如法人的董事会决议或者股东会决议实行多数表决制。在这一点上，决议同多方法律行为有所区别。③调整关系不同：决议主要调整组织内部关系，而不调整组织与第三人的关系，而合同则调整行为人之间的交易关系。另外，决议与合同的区别还在于：决议一旦以规定的方式作出，无论对于赞成决议的人还是反对的人都具有约束力。而合同任何一方不同意，根本无法形成合同。

但是，决议是否属于法律行为有时是值得探讨的。因为：①有时，决议实际上是单方法律行为形成的一种方式，例如，法人的意思机关（股东会议）形成一个关于收购其他法人股权的决议，实际上仅仅是法人的单个意思的形成机制，说这是一个“多方法律行为”，未免过于牵强；②在这一个“决议”的形成过程中，一般实行“多数决”，有些股东的意思完全被否决，这哪里还是多方法律行为呢？因此，对于《民法典》第 134 条第 2 款规定的法人、非法人组织依照章程规定的议事方式和表决程序作出的决议，是否属于法律行为，实在值得商榷，笔者认为至多是一个“准法律行为”。

（二）身份行为与财产行为

这是以法律行为的效果意思为标准所作的分类。身份行为是指以发生身份上的效果为目的的法律行为，如婚姻行为、抚养行为等；而财产行为则是以发生财产上的效果为目的的法律行为，如交易合同等。

身份行为有广义与狭义之分：狭义的身份行为仅指亲属行为，而广义的身份行为则除了上述狭义的法律行为之外，还包括以身份为基础的财产关系，如夫妻财产契约、遗嘱等。

身份行为应从其狭义。因为无论是夫妻之间的财产约定，还是立遗嘱，与非身份性法律行为的区别仅仅是主体方面的，而发生在财产领域的效果并无差异。因此，不能把这种法律行为纳入身份领域。

另外，关于婚约的性质，学者也存在争议。应当认为，它是一种法律行为，因为它符合法律行为的要件，但效力方面存在问题。关于婚约的效力，大部分国家不承认其具有强制执行力。虽然在我国的部分区域还存在缔结婚约的习俗，但法律也不承认其强制力。如果婚约可以强制执行，不符合婚姻的核心要素——感情基础，可能会造成诸多“捆绑夫妻”，与婚姻法的宗旨相背离。

（三）负担行为与处分行为

1. 负担行为。所谓负担行为，是指使一个人相对于另一个人（或者另若干人）承担为或者不为一定行为之义务的法律行为。负担行为的首要义务是确定某项给付义务，即产生债务关系。梅迪库斯解释说：负担行为仅产生一项或者多项请求权，或者产生一种有效给付的法律原因。

之所以被称为负担行为，是因为这种法律行为的直接后果是使义务人负担了一项义务。

但这种义务仅仅以观念上的义务存在，尚未开始履行。故对于一项具体的交易过程来说，负担行为不是目的，仅仅是手段，是暂时的。它仅仅是一种物权或者其他权利变动的准备阶段。

通说认为，负担行为既可以通过合同行为表现出来，也可以通过单方法律行为的方式表现出来。

2. 处分行为。

（1）处分行为的概念。处分行为是指直接作用于某项现存权利的法律行为。通俗地说，处分行为就是直接使权利发生变动的法律行为，是行使支配权的具体表现。例如，动产中的交付行为，直接转移所有权。

在许多情况下，处分行为被人们等同于物权行为，这实际上是一个曲解。在此应当明确指出：处分行为不同于物权行为，虽然物权行为是典型的处分行为，但二者还是有区别的。首先，概念的对立面不同：处分行为是与负担行为相对应的，而物权行为是同债权行为相对应的。其次，分类标准及目的不同：处分行为与负担行为是以行为人负担某种义务还是直接使权利发生变动为标准，而债权行为与物权行为则是以行为的直接结果是产生债法上的效果，还是物权法上的效果为标准。虽然说，二者在具体法律关系上的效果可能相同，但这种区分的说明意义不同。最后，物权行为的客体一般是物权，而处分行为的客体除了物权外，还包括债权及其他准物权。

（2）处分行为的客体。处分行为的客体可以是权利，如物权、债权、知识产权，也可以是物。

（3）负担行为与处分行为的区别。①法律后果不同。负担行为产生债法上的后果，即直接产生请求权；而处分行为则产生权利直接变动的结果，有的是物权上的，有的则是准物权的变动。②适用的法律原则不同。处分行为要求处分的客体在处分前必须确定，而负担行为并不要求特定的客体。因此，负担行为成立时，即使标的物不存在，也不影响其效力。③对处分人的要求不同。在处分行为中，法律不仅要求处分人有行为能力，而且要求处分人具有处分权，其处分行为才能生效。就如德国学者所言，处分人享有处分权，是处分行为生效的前提条件。与此相反，只要具备行为能力，任何人都可以从事负担行为。④是否要求公示不同。对于物权法上的处分行为，法律一般要求公示，即处分行为必须通过某种公示手段表现出来；而负担行为一般不要求公示。

（四）要因法律行为与不要因法律行为

要因法律行为与不要因法律行为的区分标准是法律行为是否能够与其原因相分离。能够与其原因相分离的法律行为，即法律行为的成立可以与其原因相脱离，原因非为法律行为成立的要件，为不要因法律行为；反之，若法律行为以原因为成立要件而与原因不可分离，为要因法律行为。一般来说，负担行为多为要因法律行为，处分行为多为不要因法律行为。

要因法律行为与不要因法律行为的区分，与负担行为与处分行为的区分密切相关，“独立性+无因性”才是法律行为理论的全部。负担行为，如买卖合同和赠与的约定，往往是为转移财产权，特别是转移所有权作准备的。转移行为本身是通过第二项合同即物权合同才完成的，这项合同就是出卖人对其所有权的处分。通过处分，出卖人履行了他在买卖合同中承担的义务。价金的支付行为是通过转移货币的所有权完成的，即价金的支付也是通过支付和物权合同完成的。显然，这三项行为（负担行为、物权合意、支付）就其内在的意义而言是一个整体。只有在完成了这三项行为后，当事人所设想的法律行为才能得到履行，当事人所追求的经济效果才能达到。虽然物权上的履行行为正是为了执行债权上的基础行为，但物权上的履行行为的效力，原则上不受债权上的基础行为效力的影响。也就是说，即使买卖合同因某种原因不生效力，转移所有权的行为仍然有效。我们把这种物权行为严格区分于作为其基础的负担行为的做法，称为物权行为的不要因性。

关于物权行为的独立性与无因性，我国学理上立法及司法存在不同的观点，从历史上看，在我国民事立法及最高人民法院的司法解释中，有时承认，有时不承认。例如，《合同法》（已失效）与《物权法》（已失效）就截然相反：《合同法》（已失效）第 51 条否定独立性与无因性，但《物权法》（已失效）第 106 条显然是承认物权行为的独立性与无因性的。最高人民法院在 2012 年通过的《最高人民法院关于审理买卖合同纠纷案件适用法律问题的解释》（2012 年 3 月 31 日最高人民法院审判委员会第 1545 次会议通过，法释〔2012〕8 号，以下简称《买卖合同司法解释》）第 3 条也显然是承认物权行为的独立性的，该条规定：①当事人一方以出卖人在缔约时对标的物没有所有权或者处分权为由主张合同无效的，人民法院不予支持；②出卖人因未取得所有权或者处分权致使标的物所有权不能转移，买受人要求出卖人承担违约责任或者要求解除合同并主张损害赔偿的，人民法院应予支持。最高人民法院在 2020 年对这一司法解释作了修改（法释〔2020〕17 号），尽管已经删除，但是已经被删除的第 3 条内容却被移到最高人民法院正在制定的关于《民法典》合同编另一个司法解释中。正在向社会公开征求意见的最高人民法院《关于适用〈中华人民共和国民法典〉合同编通则部分的解释（草案）》第 20 条规定："转让他人的不动产或者动产订立的合同，当事人或者真正权利人仅以让与人在订立合同时对标的物没有所有权或者处分权为由主张合同无效的，人民法院不予支持。无权处分订立的合同被认定有效，除真正权利人事后同意或者让与人事后取得处分权外，受让人请求让与人履行合同的，人民法院不予支持；受让人主张解除合同并请求让与人赔偿损失的，人民法院依法予以支持。无权处分订立的合同被认定有效后，让与人根据合同约定将动产交付给受让人或者将不动产变更登记至受让人，真正权利人请求认定财产权利未发生变动或者请求返还财产的，人民法院应予支持，但是受让人依据民法典第三百一十一条等取得财产权利的除外。转让他人的其他财产权利或者在他人财产上设定用益物权、担保物权订立的合同，适用前三款规定。"从我国《民法典》的总体规定看，其是承认物权行为的独立性的（因为第 215 条、第 311 条保留了原《物权法》第 15 条与 106 条的规定），但对于无因性之规定比较模糊。

（五）有偿法律行为与无偿法律行为

这是依法律行为有无对价性（而非等价性）而作的分类。所谓有偿的法律行为，是指法律行为一方在为财产性给付时，有对待给付的法律行为；而无偿法律行为则是指法律行为的行为人在为财产性给付时，没有对待给付的法律行为。

在实践中，单方法律行为的本质决定了其一般为无偿法律行为，而双方法律行为一般为交易行为，故多为有偿法律行为。但也不尽然，无偿的合同（双方法律行为）主要有三种：无偿保管、借用和赠与。其实，委托合同既可以为有偿，也可以为无偿。在多方法律行为中，因其多个意思表示的平行，并非对价的交易关系，因此，难以用有偿或者无偿来评价。

从传统理论上看，有偿的双方法律行为又分为实定契约与射幸契约两种。实定契约是指在契约订立时，双方的权利义务即确定地由双方分别负担的契约；而射幸契约是指双方的权利义务决定于一偶然事件，如赌博、买彩票等。《法国民法典》对之有明确的规定，该法典第 1104 条第 2 款规定，"如当事人双方互相负担大体相等的给付或作为债务时，此种契约为等价契约。如契约当事人各方依据不确定的事实而获得利益或遭受损失的偶然性作为代价，此种契约为赌博性契约”。对于有偿契约进行再分类的意义在于：只有对于实定契约，当事人方有可能以遭受损害为由而提出撤销契约的请求，而射幸契约不存在双方给付是否等价的问题，故“合同的偶然性即排除了合同导致一方损害的可能性”。

(六) 要式法律行为与非要式法律行为

以法律行为的完成是否需要一定的形式为标准，将法律行为分为要式与非要式两种。因私法自治原则，在民法上，法律行为以不要式为常态，而以形式的强制性要求为例外。因此，除法律有特别规定者，法律行为的成立无需特定形式。当然，当事人也可以通过契约的方式，约定某种法律行为的形式。这种约定的形式虽然必须遵守，但却不能改变非要式法律行为的性质。只有法律特别要求形式时，才是要式法律行为。

(七) 连续性给付的法律行为与非连续性给付的法律行为

这是以法律行为的标的为一次性给付或连续性给付为标准，对法律行为所作的分类。连续性给付的法律行为是指法律行为的标的为持续性给付才能达到目的的法律行为，如租赁合同中的出租方的给付义务，雇佣合同中受雇佣方的给付义务，供电、供水合同中供应方的给付义务等。而非连续性给付义务是指法律行为的给付义务因一次性给付就可以完成的法律行为，如一般货物买卖合同中双方的给付行为。生活中大部分法律行为都是非连续性给付行为。

(八) 诺成性法律行为和实践性 (要物) 法律行为

这是以法律行为的成立是否需要在当事人的意思表示之外交付标的物为标准所作的划分。诺成法律行为是指在当事人意思表示之外，无需再为实物交付的法律行为；实践性法律行为，又称为要物法律行为，是指在当事人意思表示以外，尚需交付标的物的法律行为。

在传统民法中，买卖契约、租赁契约、雇佣契约、承揽契约、委托契约等属于诺成法律行为；借用契约、借贷契约、保管契约等属于实践性法律行为。

(九) 生前法律行为与死因法律行为

这是以法律关系的成立是否以死亡为条件而作的分类。若法律行为产生的法律关系在行为人生前就可以成立，而与行为人死亡无关的，就是生前法律行为；反之，行为人死亡后才成立法律关系的法律行为，为死因法律行为，又称死后法律行为。该种法律行为必须等到死亡的事实发生时才能成立，如遗嘱、死因赠与等。

在实践中，应该区别死因法律行为与那些以某人的死亡为条件的生前法律行为。在生前法律行为中，也经常会存在当事人或者第三人死亡情形的规定。然而，类似规定只能以合同作出，而不能以单方法律行为作出。典型的例子是人寿保险合同，特别是利他的合同。就法律行为的内容而言，以任何一种形式将某人的死亡设为条件的生前法律行为与死因法律行为的区别是，在死因法律行为中，某人基于自己的权利针对其领域、特别是针对其财产就自己死亡后的事项予以安排。死因财产处分所涉及的是被继承人就其财产所进行的于其死后发生效力的给予。鉴于此，法律关系于死亡之时才基于死因处分而形成。反之，在作为生前法律行为的合同中，当法律行为规则以某人的死亡为条件时，当事人并没有针对其领域进行死后处分，死亡仅属于由合同双方基于自己现有的权限针对正在形成的法律关系所设定的法律行为规则的一个日期。鉴于此，即使法律行为规则以死亡为条件，法律关系也已经于生前成立，死亡仅仅是基于该法律行为所产生的权利的期限或者条件。

第二节　意思表示

一、意思表示的概念

意思表示是指表意人向他人发出的表示，据此向他人表明，根据其意思，某项特定的法律后果应该发生效力。意思表示定义的一般表述为：意思表示是行为人把进行某一民事法律行为的内心意愿，以一定的方式表达于外部的行为。

虽然学者用不同的语言表达，但基本内容是一致的，即表意人将自己内心形成的意在设定、变更或者消灭私法权利义务的意志通过可被认知的方式表达于外，以便其内心的意愿变为现实。

二、意思表示的类型

（一）明示意思表示与默示意思表示

依据意思表示的方式可以将其划分为明示的意思表示与默示的意思表示。所谓明示的意思表示，是指表意人使用直接可以为人所理解的语言实施表示行为。当事人使用明示的方式实施意思表示的，对方当事人不需要进行推理即可以理解该表示的意思。明示的意思表示又可以划分为两种：口头形式和书面形式。①口头形式。口头形式即以口头语言的形式加以表达，通过打电话进行的表示也属于口头形式。②书面形式。书面形式是指以书面语言的形式进行的意思表示。传统书面形式主要是书信、合同书等形式。现代法律又发展出了数据电文等形式，亦被认为是书面形式。所谓默示的意思表示，是指以肢体语言等需要通过推理才可以理解的间接方式进行的意思表示。除此之外，单纯的沉默显然不是明示的意思表示，一般情形下也不能作为默示的意思表示。只有当事人事先约定，或者交易习惯或者法律有特别规定时，沉默才能作为意思表示。

（二）有相对人的意思表示与无相对人的意思表示

意思表示首先可以依据是否需要向相对人实施而划分为有相对人的意思表示和无相对人的意思表示。有相对人的意思表示，即表意人必须向相对人进行意思表示并且意思表示要到达相对人才能发生法律效力；而无相对人的意思表示是不需要向人进行的意思表示，只要表意人表达完，就发生法律效力。

意思表示绝大多数是有相对人的意思表示，因为意思表示就是为了让某个或某些人了解表意人的意思，若不向相对人进行表示，那么他人就无法了解其意思。例如，订立合同的要约都是有相对人的意思表示，而承诺的意思表示也是有相对人的意思表示。再比如，免除债务人债务的意思表示也是有相对人的意思表示，必须向债务人发出意思表示。当然，也有些意思表示是无相对人的意思表示，不需要向任何人进行表示。例如，抛弃所有权的意思表示、立遗嘱的意思表示等都是无相对人的意思表示。需要注意的是，无相对人的意思表示也是意思表示，也必须将想要发生一定效果的意思表示出来，若没有表示出来，仅仅存在于内心还不构成意思表示，是不能发生法律效力的。

（三）对特定人的表示与对不特定人的表示

有相对人的意思表示又可以划分为向特定人进行的意思表示和向不特定人进行的意思表示两种。前者是表意人应当将其意思向一个或者两个以上的特定的人进行表示，表示的对象可以是两个以上的人，但必须是确定的人数。例如，前述的要约和承诺的意思表示都是以特定人为相对人的意思表示。后者则是向社会上不特定多数人所实施的意思表示，如招股说明书的公开、悬赏广告的发出等都属于以不特定人为相对人的意思表示。

(四) 对话表示与非对话表示

有相对人的意思表示可以依据表示和对表示的受领是否同时为标准划分为对话的意思表示和非对话的意思表示。前者是意思表示人完成表示的同时，相对人就收到了该表示，如面对面的交流或者打电话都属于对话的意思表示。后者是意思表示人发出意思和相对人收到该表示之间有一定的时间差，如通过书信发出要约或承诺就属于非对话的意思表示，同样电报、电传、电子文件等都属于非对话的意思表示。

(五) 电子数据方式表示

关于以数据电文方式实施的意思表示，《民法典》修改了《合同法》(已失效) 第16条的规定。依据《民法典》第137条第2款的规定，意思表示的生效时间应当以如下的方法确定：①约定优先规则。基于意思自治原则，当事人可以约定以数据电文方式实施意思表示的生效时间，有约定的依约定。②指定系统优先规则。即相对人指定特定系统接收数据电文的，该数据电文进入该特定系统时生效。③相对人知情规则。若相对人未指定特定系统的，相对人知道或应当知道该数据电文进入其系统时生效。

三、意思表示的构成

从意思的形成原因入手来分析意思表示的全过程，是一个非常复杂的问题。分析意思表示的构成，其实就是从过程开始的。

由于意思表示是法律行为的核心要素，甚至有时候意思表示就等同于法律行为，因此，意思表示的构成分析有助于对意思表示形成完整性的理解。从制度规范角度说，有助于对意思扭曲进行法律救济。但由于意思表示过程的复杂化，应尽量减少法律关注的环节，以便于司法救济，不能将司法救济视为心理医生。

实际上，如果从法律行为的全过程来理解，意思表示的过程应当是：①产生动机，即产生效果意思的理由。例如，买房是因为自住、投资，还是其他目的？②基于动机产生效果意思。③产生将内心形成的效果意思表达于外的意思，即有意识地将内心意思表达于外。学者一般将之称为“表示意识”。④通过能够被外部了解的方式将效果意思表示于外。其中，由于动机千差万别、难以规范，意思表示的构造不应包括动机，因此，意思表示的构造为：效果意思+表示意识+表示行为。

人们之所以将意思分解为上述要素，是为了确定哪一意思要素构成意思表示的“本质”，即在个案中确定哪一意思要素实际上属于“意思表示必备要素”。实质上，就是在解释意思表示时，确定哪个阶段是决定性要素。

在学理和实践中最有争议的是，在意思表示构成中，表示意识和表示行为哪个是决定性因素。所谓表示意识，或称表示意思，意指表意人将其效果意思表达于外部的意思。由于意思表示的目的在于发生一定的法律上的效果，故也将表示意识诠释为：表意人知晓其将进行的表示具有某一特定的法律上之意义的心理状态。例如，在拍卖场所招呼友人虽然具有买受的外观，但因缺乏表示购买的意识，是否成立意思表示？我们认为，表示意识与表示行为都是意思表示不可或缺的构成要素，表示意识之所以重要，是因为表示意识充当着效果意思与表示行为桥梁的角色，并且在实证法上具有重要意义。如果某人虽然在内心形成了效果意思，但尚没有表示于外的意识（或称意思），此时一种偶然的无意识的行为被他人误认为是表示行为或者被他人施加暴力表达于外（如强制按手印），法律就有救济的必要，也就是说，其表示行为必须是在其意志的控制之下，将内心的效果意思自觉自愿地表示于外。诚如拉伦茨所言：意思表示首先是以一种可受意志控制的作为或者不作为为前提的。因此，某人在睡眠状态下、麻醉状态下或者在类似的无法对其行为进行有意识控制的状态下作出的表示，就不属于“行为”的范畴，因此，也就不是意思表示。举手（如在表决时）和某种头部动作都可以具有意思表示的意义，但这种动作必须是一种受意志控制的作为，如果是一种纯粹机械的反应则不可能具有意思表示的意义。此外，如果某种身体上的动作不是根据行为人自己的意志决定的，而是在他人对行为人身体施加直接的强制力的情况下作出的，那么这种动作也不是行为，因此也不是意思表示。但必须注意的是：如果某人在无表示意识的情况下受到胁迫而为的表示，仍属于意思表示。因为虽然行为人心理上受到压力而产生恐惧，其意志决定受到侵犯，但其行为本身仍然是一种有意识的行为，但是他可以请求法院撤销。

四、意思与表示的关系

如果行为人在内心形成了效果意思，并意欲表达出来，而且作了不折不扣的表达，相对人也作了如同表意人欲表达的意思的理解，那么意思与表示就是一致的，这个过程就是立法和理论所设计的理想的、完美的过程。但是，如果表意人在表达过程中使用的表达方式不能表达或者不能恰当地表达表意人意欲表达的效果意思，或者相对人作了不同于表意人欲表达的意思的理解，那么最终的法律行为效果就与行为人在效果意思中预设的效果不符，法律将如何解决这种矛盾？这就是所谓的主观主义与客观主义、意思主义与表示主义的矛盾问题，是法律行为解释中不可回避的问题，是法律行为理论中非常重要且实践中需要解决的问题。

意思主义与表示主义各有其理论基础。意思主义背后的理论基础是私法自治的原则，即一个人是否进行意思表示、作什么样的意思表示应完全由自己决定。因此，当意思与表示不一致时，应当根据行为人的内心意思来确定法律行为的内容。而表示主义的理论基础则是信赖原理与交易安全，即一个人的合理信赖应受到保护，以维护交易安全。

从意思自治的完整性来说，意思与表示的不一致是意思表示的例外。意思主义与表示主义在实证法上的重要意义在于：在解释法律行为（意思表示）的内容时，特别是意思与表示不一致时，应以内心意思为准，还是以表示于外的可识别的意思为准？法律在处理意思与表示的不一致时，实际上是在进行法益的权衡：一方面有必要保护善意相对人的信赖利益以保护交易安全，故应侧重表示；但另一方面，法律也不能不顾意思自治的完整性，同时，法律也赋予表意人以撤销权。另外，在解释法律行为的内容时，也不能仅仅看表示于外的表示，也应兼顾主观意思。

在我国《民法典》中，因重大误解、欺诈或者胁迫所为的法律行为，不是当然无效，而是可撤销（第147~152条），可以认为是采取“表示主义为主，意思主义为辅（对意思瑕疵进行救济）”的原则。

五、意思表示的方法

意思表示虽然由效果意思、表示意识与表示行为三个要素构成，但在具体交易中，仅仅表示行为才具有可为相对人所认识的客观形式。因此，此处所谓的意思表示的方法，当然是指表示行为的方法。我国《民法典》第140条第1款规定：“行为人可以明示或者默示作出意思表示。”该条第2款规定：“沉默只有在有法律规定、当事人约定或者符合当事人之间的交易习惯时，才可以视为意思表示。”第1款可以称为一般表示方法，第2款可以称为特别表示方法。

（一）意思表示的一般方法

在传统民法上，意思表示的方法主要有明示与默示两种方法。明示的意思表示是指表意人以语言、文字、符号、手势或者其他方式，将其效果意思直接表示于外部的行为，又称为直接的意思表示。所谓默示的意思表示是指表意人以某种行动或者态度所显示的意思，也就是说，表意人以举动或者其他可以推知其效果意思的方法间接表示其意思于外部的方法，又称为间接的意思表示。例如，在租赁合同期满后，出租人继续接受承租人交付的租金，则视为同意延期的意思表示。

明示的意思表示在实践中较为常见，法律有时甚至明确规定有些意思表示必须采取明示的方式。例如，我国《民法典》第480条规定："承诺应当以通知的方式作出；但是，根据交易习惯或者要约表明可以通过行为作出承诺的除外。"但是，明示的表示方法与默示的表示方法在制度价值上并无不同。

(二) 特别表示方法

在民法上，沉默与默示不同，默示是一种表达意思的方式，而沉默根本就不构成表示，它既不构成同意，也不构成拒绝[1]。因此，沉默不构成意思表示的方法为一般原则，但在下列情况下，沉默也例外地构成意思表示的方法：

1. 当事人有特别约定的。如果当事人特别约定，沉默表示其同意或者不同意的意思时，可以作为意思表示的方法。这实际上已经等同于明示而非沉默了。

2. 符合交易习惯。按照交易习惯，沉默可以作为意思表示的方法。这种习惯既包括行业习惯，也包括当事人之间的长期交易习惯。

我国《民法典》第140条规定：①行为人可以明示或者默示作出意思表示。②沉默只有在有法律规定、当事人约定或者符合当事人之间的交易习惯时，才可以视为意思表示。

3. 规范性拟制。有时，法律规定在特别情况下，沉默可以构成意思表示。例如，我国《民法典》第638条第1款规定："试用买卖的买受人在试用期内可以购买标的物，也可以拒绝购买。试用期限届满，买受人对是否购买标的物未作表示的，视为购买。"

六、意思表示的生效

意思表示的目的在于引起预设的法律后果，而意思表示是引起预设法律效果的第一步。那么，意思表示何时生效呢？这一问题因不同类型的意思表示而有不同。我国《民法典》分三种情况，于第137~139条予以规定，即有相对人的意思表示的生效时间、无相对人的意思表示的生效时间、公告方式作出的意思表示的生效时间。

(一) 无相对人的意思表示的生效时间

所谓无相对人的意思表示，也称为无需受领的意思表示，是指意思一旦表示于外即告完成并生效，即表示就能产生效力而不需要他人知悉此项表示，如放弃动产所有权的意思表示。

(二) 有相对人的意思表示

有相对人的意思表示，也称需要受领的意思表示，是指这种意思表示是针对特定人而发出的，因此，需要对之作出反应。就如德国学者所指出的：由于意思表示旨在相互沟通，因此意思表示的相对人至少必须知道意思表示的内容。《民法典》以"相对于"他人发出的意思表示为必要，来表达意思表示的需受领性。

有相对人的意思表示又分为以对话的方式与非对话的方式而为的意思表示，这两种意思表示的生效时间有较大的差异。

---

[1] [德] 维尔纳·弗卢梅：《法律行为论》，迟颖译，法律出版社2013年版，第75页。

1. 有相对人的以非对话方式作出的意思表示的生效时间。我国《民法典》与大陆法系国家民法一样，都采取“到达说（受领说）”，之所以如此，主要是与意思表示所欲达到的法律目的相关：例如，在合同法上，要约使受要约人产生承诺的权利，即确定契约关系的权利，但在要约到达受要约人之前，这种权利并不发生；就要约人而言，在要约到达受要约人之前，受要约人并不知道有此要约的存在。在这段时间内，让要约人受到要约效力的拘束，也有失公允，故各国法均允许要约人在要约到达受要约人之前撤回要约。我国《民法典》第 137 条第 2 款规定：“以非对话方式作出的意思表示，到达相对人时生效……”

另外，在当今的“互联网+”时代，传统的缔约方式也在发生变化，因此，《民法典》第 137 条第 2 款专门规定：“……以非对话方式作出的采用数据电文形式的意思表示，相对人指定特定系统接收数据电文的，该数据电文进入该特定系统时生效；未指定特定系统的，相对人知道或者应当知道该数据电文进入其系统时生效。当事人对采用数据电文形式的意思表示的生效时间另有约定的，按照其约定。”

2. 以对话方式发出的意思表示的生效时间。通说认为，对于以口头（无载体）的意思表示的生效时间，应适用“了解说”，即在通常情况下，只有在相对人实际听到并了解意思表示的内容时，意思表示才能生效。然而，何为“了解”呢？学者的下述见解可资参考：所谓“了解”，是指相对人认知表意人意思表示的内容。了解与否，依通常情形客观上可能了解与否而定。换言之，依其情形，为客观上可能了解者。对于正常人而为对话意思表示，除相对人能够证明其不了解之外，应认定该意思表示已为相对人所了解。但对于聋哑人为对话的意思表示、对于不懂中文的外籍商人所为的以中文对话的意思表示，因相对人客观上无从了解，自无即时生效可言。对此，我国《民法典》第 137 条第 1 款规定：“以对话方式作出的意思表示，相对人知道其内容时生效。”

（三）以公告作出的意思表示的生效时间

以公告作出的意思表示，有的有相对人，有的无相对人。由于公告的特殊性，一经发出，即视为到达。因此，无论是否具有相对人，《民法典》第 139 条规定，以公告方式作出的意思表示，公告发布时生效。

七、意思表示撤回

在有相对人且意思表示采取“到达主义”的场合，在发出意思表示与到达相对人之间存在一个时间差，在这段时间内，法律允许表意人撤回其意思表示。因为这时不会对相对人造成任何损失。我国《民法典》第 141 条就规定了这种精神：行为人可以撤回意思表示。撤回意思表示的通知应当在意思表示到达相对人前或者与意思表示同时到达相对人。

关于无相对人的意思表示的撤回，因其发出即可产生效力，故与有相对人的意思表示的撤回不同，一般应采用与发出意思表示同样的方式或者其他特别方式才能撤回。例如，悬赏广告的撤回，一般来说，悬赏广告需在行为完成前撤回。采取与悬赏广告同样的方式通告时，方产生撤回的效力。

八、意思表示的解释

（一）意思表示解释的一般原则

我国《民法典》第 142 条规定了“意思表示的解释”的一般原则：“有相对人的意思表示的解释，应当按照所使用的词句，结合相关条款、行为的性质和目的、习惯以及诚信原则，确定意思表示的含义。无相对人的意思表示的解释，不能完全拘泥于所使用的词句，而应当结合相关条款、行为的性质和目的、习惯以及诚信原则，确定行为人的真实意思。”

我国《民法典》规定的意思表示的一般原则，其实与欧陆国家《民法典》的一般解释原则是相同的：区分有相对人的意思表示与无相对人的意思表示，从而确定不同的解释方法。由于无相对人的意思表示一般只关注表意人的利益，故主要以表意人的真实意思为主，一般采取“意思主义”；而有相对人的意思表示，因涉及相对人利益，例如，合同当事人一方发出的要约之意思表示，不仅要看表意人想要表达什么，更重要的是他实际表达了什么，因此，要考虑更多的因素，故其客观表示出来的意思（表示主义）更加重要，多采取“客观主义（表示主义）”。在我国，通说认为，采取“客观兼主观解释原则”。

下面我们主要对于有相对人的意思表示作进一步阐释。

（二）有相对人的意思表示解释因素

《民法典》第142条以法定方式确立了文义、体系、目的、惯例以及诚信等解释因素。

1. 文义因素。意思表示必须借助语言表述，文义往往成为进入意思表示意义世界的第一道关口。凡自然语言必有歧义，文义解释即旨在消歧义。唯值注意者，此处所称文义，非自然语言的日常含义，而是其法律意义。当事人并无义务使用规范术语表达意志，而解释的任务之一，即当意思表示借助日常语言表达时，将其翻译为规范概念，以便确定法律效果。例如，双方当事人约定：预先支付“定金”若干，若双方未能履行契约，则应将“定金”返还。契约文本虽使用了“定金”之语词，但双方约定的法律效果与“定金罚则”中的定金不同，故不能套用定金罚则。

2. 体系因素。意思表示并不像法律文本般处在广泛的体系脉络之中，但同一契约的各条款之间仍有相当程度的脉络关联，可能具备相互印证的作用。尤其在确定文义时，单就目标语词可能难以作出判断，需要结合契约其他条款作出解释。例如，甲、乙约定，将甲的自行车“赠与”乙使用，若又同时约定乙在使用完毕后归还，则所谓“赠与”，并不是旨在移转所有权的赠与契约，它仅仅表达“无偿”之含义，双方当事人之间成立的是借用契约关系。

3. 目的因素。文义系意思表示解释的出发点，却不意味着，解释必以文义之揭示为旨归。意思表示所表达的是当事人意志，当文义解释结果与当事人意志不符时，应舍文义而取目的。

“误载无害真意”（falsa demonstratio non nocet）规则对于目的解释颇具说明价值，经典案例则是德国帝国法院的“鲸肉买卖案”：双方当事人都以为契约文本中使用的挪威语“haakjöringsköd”是鲸肉的意思，但实际含义是“鲨鱼肉”，双方意在买卖鲸肉，因合同履行时交付的是鲨鱼肉而成讼。“haakjöringsköd”的文义虽然清楚，但帝国法院仍然根据当事人实际目的，确认合同内容是鲸肉买卖。

4. 惯例因素。意思表示双方目的未必一致，某些契约内容亦未必得到明确约定，加之纠纷发生后，当事人都会倾向于选择有利于己的解释，此时，交易习惯可能有助于确认契约的客观意义。对于交易习惯，《最高人民法院关于适用〈中华人民共和国合同法〉若干问题的解释（二）》（以下简称《合同法解释（二）》）（已失效）第7条第1款列举了两项情形：其一，“在交易行为当地或者某一领域、某一行业通常采用并为交易对方订立合同时所知道或者应当知道的做法”；其二，“当事人双方经常使用的习惯做法”。交易习惯具有相当于习惯法的效力，前者为习惯法的一般规范，后者则为个别规范。另依同条第2款规定，对于上述交易习惯之存在，主张者须负举证之责。

5. 诚实信用。诚实信用系法律交往的基本原则，《民法典》将其规定为意思表示解释的因素，借助这种极具弹性的一般条款来控制意思表示的内容。因为任何意思表示只有在符合诚实信用的前提下，才具有法律上的效果。因此，当事人的意思表示究竟为何，必须受到诚实信用原则的检验。如果双方对于意思表示的内容存在争议，则应追问：按照诚实信用原则，该意思表示究竟应当作出何种解释？或者说，对于双方争议的意思表示，一个诚实信用的人应该如何理解？

第三节 民事法律行为的成立与生效

一、民事法律行为的成立

（一）民事法律行为成立的共同要件

1. 当事人。法律行为是民事主体的意思表示，所以法律行为的成立首先要有民事主体来实施意思表示。民法上的当事人主要有两种，一种是自然人，另一种是法人及其他组织。自然人自己能够实施意思表示，而法人或者其他组织则必须由有权代表法人或其他组织的自然人来代为实施意思表示。

2. 意思表示。民事法律行为的核心要素是意思表示，所以法律行为成立的核心要件也是意思表示。法律行为作为法律事实的一种，首先是一个客观存在的事实，而这一事实无疑是当事人的意思表示行为。除了意思表示外，双方法律行为或者多方法律行为的成立还需要当事人的意思表示达成一致，否则法律行为也不能成立。这一点在合同（合同是最为重要的双方法律行为）上表现得最为明显，合同的成立需要双方当事人通过要约和承诺的方式达成意思表示一致。

3. 标的。首先需说明“标的”这一概念在法律中的不同含义，有时它与权利义务的客体是同义语，主要是在物权编中，例如，所有权的标的就是所有权的客体。而有时则又指法律关系所涉及的事物，而该事物本身还不是法律关系的客体，这主要是在债法中。债权债务关系之客体依通说系指对债务人的履行行为，例如，甲和乙订立买卖合同，甲将1台电脑卖给乙，合同签订后，乙有权请求甲交付电脑。我们说乙对甲拥有一项债权，此时债权的客体是甲的交付行为而不是电脑，而所交付的电脑就被称为标的物。法律行为的标的则是指法律行为或者当事人之意思表示的内容。

作为法律行为要素的意思表示是无法和标的相分离的，没有内容的意思表示是不存在的。换言之，所谓意思表示一定是针对某种权利义务的发生、变更或者消灭进行的，而该特定的权利义务关系的发生、变更和消灭就是通过意思表示的表达。例如，甲实施抛弃其手机的所有权的法律行为，则“抛弃手机所有权”即属于意思表示的表达。再如，乙立一遗嘱，其中指定自己死亡后其现金5万元归长子丙所有，那么“乙死后现金5万元所有权转移给丙”即属于该法律行为的标的。

法律行为之标的须具体、确定，也就是说，当事人的意思表示必须针对具体的权利义务关系；根据当事人的意思表示，可以具体地确定当事人之间的权利义务关系的变动，否则法律行为将无法发生效力。而双方或多方法律行为中的各方当事人所表达的意思须与具体、确定之标的保持一致。因为如果法律行为的内容不具体、不确定，即使它具有法律效力也根本不可能实现其内容。例如，甲和乙达成协议约定买卖大米，但是根本没有约定买多少，那么该约定是无法发生效力的（前期交易已形成惯例的除外）。再如，丙和丁达成租赁协议，但是根本没有约定租赁什么，也根本无法发生效力（前期交易已形成惯例的除外）。

（二）民事法律行为成立的特别要件

特别成立要件则是指一般成立要件以外，某些个别法律行为的成立所必须具备的要件。

1. 要式行为必须具备法律规定的法定方式，否则不能成立。例如，依据《合同法》（已失效）的规定，建设工程承包合同必须以书面形式签订，否则不成立。

2. 实践行为必须交付标的物，否则不成立。例如，自然人借款合同必须交付所借的金钱，合同才能成立进而生效。

（三）民事法律行为成立的效力

法律行为的成立效力是指因一定事实（即成立要件）的发生而在事实层面上产生一个法律行为。依据《民法典》第136条的规定，通常法律行为成立与生效是同时发生的，也就是说法律行为的成立之时也就是法律行为的生效之时。然而，也存在已经成立但却尚未生效的法律行为。法律行为成立但尚未生效的情形分为两种：一种是因为法律规定的生效要件还没有具备。另一种情形则是基于当事人的意思表示，此时又可以分为两种情形：附停止条件（也叫生效条件）的法律行为与附始期的法律行为。这也就是《民法典》136条第1款所说的“当事人另有约定的除外”。

二、民事法律行为的有效和生效

法律行为的有效实际上是法律行为生效后的效力持续状态，包括“正常”的法律行为和意思表示有瑕疵的法律行为（可撤销的法律行为）。法律行为成立后，一般立即生效，生效后的状态即有效。因此，下文中讨论的法律行为生效及其要件，目的恰恰就是讨论有效问题。法律行为的生效是指法律按照一定的标准与尺度对私人成立的法律行为进行评价后的肯定性结论。如果说，法律行为的成立是意思自治的充分体现，那么，法律行为的生效则体现了法律对意思自治的控制。

与法律行为的成立相比，法律更加关注法律行为的生效。因为任何国家的法律都不可能规定，只要当事人愿意（或者意思表示一致）就可以毫无限制地发生其预设的效果。之所以如此，主要是基于以下两个因素：

1. 任何法律都为个人自治划定了界限，个人的意思自治自由在这一界限的框架内才能发生效力，违反或者超越这一界限的，法律自然不能允许其生效，也就是说，法律要对其进行否定性评价。因为任何人的意思表示（或者合意）的效果可能会涉及社会利益、其他个人利益，如果法律行为损害或者违反这些利益，将会被法律切断其效果的发生，如违反善良风俗的法律行为等。

2. 因为国家是保护个人利益的公平机器，因此，当个人之间的利益发生严重不平等时，就可以施加均衡性影响。也就是说，在意思自治的规则中，可能会因为各种因素（如信息的不对称、另一方当事人的欺诈等）导致当事人之间的利益不平等。而国家在市民社会中所扮演的角色，决定了其有权对法律行为的均衡性施加影响。但问题是，什么样的原因所导致的不公平或者不公平达到什么样的程度才能允许国家介入，且国家是主动介入还是被动介入？一般来说，在第一种情况下，法律会作出直接的否定性评价；而在第二种情况下，法律不直接作出否定性评价，而是被动性介入，在当事人提出请求后，才作出否定性评价。前者为法律行为的无效制度，而后者为法律行为的可撤销制度。

应当特别指出的是，我们应当严格区分法律行为的成立与生效。具体来说，有两点不同：

1. 性质不同。法律行为的成立是解决法律行为是否已经存在的问题，而生效则是对已经存在的法律行为进行评价后的肯定性结论。因此，法律行为的成立更多的是一个事实问题（意思表示是否有效或者是否达成合意），是一个私人的问题；而生效则是侧重法律评价。以合同为例，从契约订立的目的和过程看，是当事人为满足私人的目标而欲达到一定的法律效果的合意。欲缔结契约的当事人各自怀有不同的目标和需要，经过讨价还价和充分的协商，即经过要约、反要约、再要约、承诺的复杂过程达成一致时，契约即告成立。由此可见，契约的成立完全是个人之间的事情，是每个缔结契约的当事人对自己利益和义务的衡量和肯定。这就使得其与生效严格地区分开来，因为生效是国家或法律以一个管理者和统治者的身份，以国家和社会的利益为尺度，对缔结契约的当事人之间已经成立的契约进行评价，决定是否产生缔结契约的当事人希望发生的效果。如果当事人之间已经成立的契约有损国家或社会利益，应否定其效力。可见，生效已不再是私人之间的事情了。

2. 要件不同。法律行为的成立仅仅要求意思表示有效或者当事人意思表示一致即可，而生效则要求多角度评价，例如，法律行为是否违反法律的强行性规定、是否符合善良风俗、形式是否符合法律规定等。

但是，法律行为的成立于生效的上述区分是在理论层面的“解剖学”式的分析，实际上，很多法律行为在成立时就立刻生效，除非当事人有特别约定或者法律有特别规定。因此，我国《民法典》第 136 条第 1 款规定：“民事法律行为自成立时生效，但是法律另有规定或者当事人另有约定的除外。”

需要说明的是，我国《民法典》第 143 条规定的所谓“法律行为的有效要件”实属多余。因为按照该条规定：“具备下列条件的民事法律行为有效：①行为人具有相应的民事行为能力；②意思表示真实；③不违反法律、行政法规的强制性规定，不违背公序良俗。”但问题是，不具备“意思表示真实”要件的法律行为是生效而且是有效的。因此，《民法典》不应该规定这种要件，而是应该从法律行为的无效与可撤销的视角去“否定”其效力。

第四节　附条件和附期限的民事法律行为

一、附条件的民事法律行为

（一）附条件的民事法律行为的概念

附条件的法律行为是指以未来的不确定的事实的发生或者不发生，作为法律行为发生效力或者失去效力的限制条件的法律行为。这种法律行为在实践中并不罕见，是行为人分配风险与计划未来的重要手段。《民法典》第 158 条规定了这种法律行为：“民事法律行为可以附条件，但是依据其性质不得附条件的除外。附生效条件的民事法律行为，自条件成就时生效。附解除条件的民事法律行为，自条件成就时失效。”

（二）民事法律行为所附条件的特征

条件是行为人控制法律行为效力的发生或者消灭的手段。它具有以下几个特征：

1. 条件是未来发生的事实。如果是已经发生的事实，一般不能作为法律行为的控制手段。问题是：如果事实已经发生，但是，法律行为的双方当事人均不知道已经发生的事实，而以该事实作为限制法律行为效力发生的条件，该行为是否有效？例如，弟弟对哥哥说：如果我得到父亲的全部遗产，将付给你一半。但是，父亲已经写下遗嘱，将财产给弟弟。

对此，学者之间存在争议。有的学者认为，如果双方当事人规定行为的有效性有赖于一个现在或者过去已经决定了的情况，只是因为这个情况在行为实施时不被当事人所知道，那么，在这里并不存在一个客观上不确定的情况和由此引起的行为的不确定状态。因此，这种情况不属于附条件的法律行为，并把它称为“不真正的条件”。另有学者认为，应准用有关条件的规定。笔者同意第一种观点。

2. 条件是否发生具有不确定性。条件的发生具有不确定性，才符合对风险的分配功能。如果条件是确定的，往往会成为一方当事人损害另一方当事人的手段。一个人死亡是确定的，不可能是条件；但是，一个人在一段时间内是否死亡，则可能是条件。

3. 必须是合法的事实。以非法的条件作为限制法律行为效力的条件的，不发生附条件法律行为的效力，如以伤害他人作为赠与的条件。

4. 法律行为的效力必须与条件具有依赖关系。行为人有意使法律行为的效力受条件的约束。

（三）民事法律行为所附条件的类型

1. 停止条件与解除条件。分类标准：条件对法律行为限制的作用。

（1）停止条件：是限制法律行为发生效力的条件，即当条件发生的时候，法律行为开始发生效力。因此，停止条件又称为延缓条件。如果条件不发生，法律行为就不会发生效力。例如，A、B 订立租赁合同约定：当 A 的儿子出国时，A 将房子租赁给 B。

（2）解除条件：是限制法律行为效力消灭的条件，即在条件发生时，法律行为失去效力。例如，A、B 订立租赁合同，约定：A 的儿子回国时，B 从房子中搬出，解除合同。

2. 积极条件与消极条件。区分的标准：以事实的发生还是不发生作为条件。

（1）积极条件：以事实的发生作为条件。例如：如果你考上大学，将给予奖励。

（2）消极条件：以事实的不发生作为条件。例如，如果你考不上大学，将没收奖励。

实际上，停止条件与解除条件都可以设立积极条件或者消极条件。

3. 真正条件与不真正条件。不真正条件有：①法定条件：法律已经规定的条件。例如：合同约定，如果一方违约将承担违约责任。②既定事实条件——如果是已经发生的事实，即使当事人不知道，也不是条件。③不能的条件。④不法条件。

以上事实为条件者，视为没有条件。例如，在上述例子中，弟弟虽然不知道父亲已经死亡并且将遗产留给自己，那么他与哥哥的约定有效，但可以适用《民法典》第 147 条，请求可撤销的救济。

（四）民事法律行为所附条件的成就与不成就

所谓条件成就，是指所附的条件确定发生。就肯定条件来说，就是事实发生，就否定条件来说，就是事实的不发生。条件成就后，附延缓条件的民事法律行为发生法律效力；附解除条件的民事法律行为的效力消灭。

所谓条件不成就，是指所附的条件确定不能发生的情形。附延缓条件不成就的，该意思表示确定不能生效，与无效之意思表示完全相同；而若附解除条件的，则该法律行为的效力得以确定继续下去，如同没有附过条件的其他法律行为一样。

当事人负有必须顺应条件的自然发展而不加以不正当地干预的义务，亦即不作为义务。如果当事人违背此项义务，恶意促成或者阻止作为条件的事实发生，法律就要干预拟制条件成就或不成就的效力。条件成就的拟制是指当事人为自己的利益不正当地阻止条件成就的，视为条件已经成就；条件不成就的拟制是指不正当地促成条件成就的，视为条件不成就。对此，我国《民法典》第 159 条规定：“附条件的民事法律行为，当事人为自己的利益不正当地阻止条件成就的，视为条件已经成就；不正当地促成条件成就的，视为条件不成就。”

（五）民事法律行为所附条件对当事人的约束力

尽管依赖于条件的法律效果在条件成就时才发生效力，但下面的说法仍然是错误的，即附条件的法律行为在条件成就前根本没有任何法律约束力。实际上，双方当事人在实施法律行为时，尽管条件的成就与否还很不确定，但他们都已经认为行为是有效的，并同时使自己承担不得单方撤回意思表示的义务。而且，实际上，在这段不确定的时间里，双方当事人的行为也已经受到某些特定法律要求的约束，而这些要求也全面保证了一旦条件成就，法律行为所要达到的法律效果能够得到实现。简单地说，附条件的法律行为在条件尚未成就时，是已经成立但尚未生效的法律行为。

（六）所附条件不可能成就时的法律行为效力

如果法律行为所附的条件不可能发生，其后果如何？对此，《最高人民法院关于适用〈中华人民共和国民法典〉总则编若干问题的解释》（法释〔2022〕6号）第24条规定："民事法律行为所附条件不可能发生，当事人约定为生效条件的，人民法院应当认定民事法律行为不发生效力；当事人约定为解除条件的，应当认定未附条件，民事法律行为是否失效，依照民法典和相关法律、行政法规的规定认定。"也就是说：如果是附停止条件的法律行为，在所附条件不可能发生时，法律行为就不能生效；在解除条件不可能发生时，法律行为仍然有效，除非按照其他法律认定其为无效。

二、附期限的民事法律行为

（一）附期限的民事法律行为的概念

附期限的法律行为是指以将来确定发生的事实作为限制法律行为效力的法律行为。其制度价值同于附条件的法律行为。《民法典》第160条规定："民事法律行为可以附期限，但是根据其性质不得附期限的除外。附生效期限的民事法律行为，自期限届至时生效。附终止期限的民事法律行为，自期限届满时失效。"

（二）期限的法律要件

1. 期限必须是将来发生的事实，在这一点与条件是相同的。

2. 期限必须是将来确定发生的事实。这一点是区分条件与期限的关键之处，条件是是否发生不能确定的事实，而期限则是一定会发生的事实。例如，甲与乙签订租赁合同，约定合同在甲父死亡时生效，即附期限的合同，因为甲的父亲必然会死亡；而若甲与乙签订租赁合同约定，若甲继承其父亲的住房则合同生效，则属于附条件的合同，因为甲是否能够继承其父亲的住房尚不能确定。

3. 期限是当事人选择的对民事法律行为的效力加以控制的事实。与条件相同，期限不是法律规定的，而必须是当事人选择的用以控制法律行为效力的事实。

4. 期限必须是合法的事实。当事人所选择的期限必须是不违反法律或者公共利益的事实，否则将会导致法律行为无效的后果。

（三）期限与条件的区别

期限是必定到来的，而条件则不一定。但在有的时候要根据具体情况加以判断，例如，"下次下雪时"，是条件还是期限？如果在我国东北，就是期限；如果是在广州，则为条件。

总之，只要事实不确定，就是条件。

（四）生效期限和终止期限

期限可以分为生效期限和终止期限。生效期限在学理上被称为始期，附期限的法律行为虽然已经成立但是尚未生效，在期限到来时才生效。终止期限在学理上被称为终期，附终期的法律行为已经发生法律效力，若期限届至，则该法律行为失去效力。

(五) 期限的效力

在始期到来时，法律行为发生效力。在终期到来时，法律行为失去效力。

第五节 无效民事法律行为

一、无效民事法律行为的概念

法律行为的无效是指法律按照一定的标准（条件）对于已成立的法律行为进行评价后所得的否定性结论。也就是说，法律行为因不具备生效条件而使得当事人预设的法律后果不能发生。在理解法律行为无效这一概念时，应注意与其他法律救济制度的区别。

二、无效民事法律行为的类型

(一) 无民事行为能力人实施的行为

《民法典》第144条规定："无民事行为能力人实施的民事法律行为无效。"法律行为的核心为意思表示，而意思表示的前提是有行为能力。无行为能力，意味着意思表示的前提不存在，因此，这种法律行为当然是无效的。从价值判断上说，法律对于行为能力的要求，也是对欠缺行为能力人的保护。

(二) 虚假行为

1. 虚假行为的概念。我国《民法典》第146条规定了虚假意思表示的法律行为及其效果，这是我国民事立法第一次明确规定"虚假意思表示"。尽管之前我国《民法通则》（已失效）第58条及《合同法》（已失效）第52条都有关于"以合法形式掩盖非法目的"及"恶意串通，损害国家、集体或者第三人利益"的法律行为或者合同无效之规定，从中也能够解释出"虚假意思表示"的含义，但与《民法典》第146条之规定毕竟不同：虚假的法律行为所掩盖的不一定都是非法目的的法律行为或者损害国家集体或者第三人利益的法律行为。因此，"虚假法律行为及其效力"之规定，是有独立价值和意义的，而且这种形式在实践中也经常出现。那么，什么是虚假的意思表示或者法律行为呢？

所谓虚假的法律行为，是指在意思表示需要受领的法律行为中，意思表示的表意人与意思表示的受领人一致同意（通谋）而作出的旨在掩盖另外一项法律行为的外在的法律行为。就如德国学者拉伦茨所指出的，虚假法律行为是指表意人与表示的受领人一致同意表示事项不应该发生效力，亦即双方当事人一致同意仅仅造成订立某项法律行为的表面假象，而实际上并不想使有关法律行为产生法律效果。

2. 虚假行为的构成要件。

(1) 意思表示的双方具有"通谋性"。这一要件要求意思表示的表意人与受领人对于该意思表示的"虚假性"是共知的，如果仅仅有一方知道而对方不知道，则构成"欠缺真意"或者"心理保留"。有时，意思表示的表意人误认为对方已经理解并接受其意思而具有"共识"，但对方实际上并没有理解并与之达成"共识"时，则会成为"失败的虚假表示"。虚伪行为以双方当事人的一致同意为前提条件，只有当两个表示都经双方当事人一致同意而虚伪作出时，才可能将该合同视为虚伪行为。如果表意人希望另一方将表示理解为虚伪表示，而另一方却没有意识到表示的虚伪性质，也就是说，双方未就虚伪表示达成"一致同意"，则为失败的虚伪行为。

(2) 表意人所作出的意思表示必须是需要受领的意思表示。因为虚假法律行为的构成要求具有"通谋性"，要求双方对于"虚假性"具有共识，因此，只有需要受领的意思表示才有可能形成虚假法律行为。

（3）不存在效果意思。在虚假的法律行为中，双方当事人虽然有意思表示的外观，但却不具有意思表示中的效果意思，也就是说，双方当事人不具有使法律行为发生预期效果的真实意思。相反，当事人可能会隐藏一个法律行为，欲使另一个法律行为发生效力，即另一个法律行为具有效果意思。根据《民法典》第146条第2款的规定，被隐藏的法律行为可能会发生效力。

虚假法律行为往往具有欺骗第三人的动机，但这不是虚假法律行为构成的必要条件。就如德国学者所言，虚假行为的双方当事人大多是想欺骗某个第三人，如债权人或者税务机关等。不过，这一欺骗意图并不是构成虚假行为的必要前提。

（4）虚假法律行为常常是为了掩盖另一个当事人真正希望发生法律效果的法律行为。任何法律行为都有其目的性，虚假法律行为往往是为了掩盖另一个法律行为，并有意使另一个法律行为（隐藏的法律行为）发生效力。因此，我国《民法典》第146条第2款规定："以虚假的意思表示隐藏的民事法律行为的效力，依照有关法律规定处理。"

3. 虚假法律行为与《民法典》第154条规定的"恶意串通损害他人利益的法律行为"的区别。我国《民法典》第154条规定："行为人与相对人恶意串通，损害他人合法权益的民事法律行为无效。"那么，该条规定与146条规定的"虚假法律行为"之间有什么本质区别吗？

这两种法律行为非常相似，都具有"通谋性"。而且，第154条在其他大陆法系国家民事立法中难以见到。笔者认为，其与虚假法律行为的区别是："通谋"的内容不同。虚假法律行为本身的"通谋性"在于双方都同意法律行为不发生表面行为的效力，即不具有效果意思；而第154条规定的恶意串通行为的效果意思是真实的，而且也在追求这种意思的发生，但其目的在于让这种法律行为的效果损害第三人利益。

问题是：在实际中，是否会发生虚假法律行为与恶意串通法律行为的竞合问题呢？例如，债务人为了达到使债权人无法执行其财产的目的，而虚假地将自己的财产让与给第三人。那么，这种让与行为就是虚假法律行为，债权法就可以主张这种行为无效，债权人仍然能够执行这些财产。又如，房屋的买卖双方在买卖房屋合同中，为了逃避税收，将实际成交的价格隐藏起来，在正式提交给登记机关的合同中采用比较低的价格，目的就是逃税。这时，是适用第146条规定的"虚假法律行为"，还是适用第154条的"恶意串通损害他人利益的行为"呢？

在上述例子中，按照我国法，既可以适用第146条关于"虚假法律行为"的规定，认定该行为无效，也可以根据第154条关于"恶意串通"的规定认定其无效。一般认为，虚假的法律行为也可以是"部分虚假"，最典型的就是买卖合同的价格虚假，以欺骗税务机关。这样的法律行为也属于"虚假法律行为"，适用"部分无效"规则，即价格部分无效，买卖合同按照真实价格生效。笔者认为，在这种情况下，应该适用我国《民法典》第146条之规定。同时，这种情况也构成第154条的"恶意串通，损害他人合法权益的民事法律行为"，也属于无效。

4. 虚假法律行为无效的理由。虚假法律行为为什么是无效的？如果双方当事人想让其生效是否能够生效？一般认为，虚假法律行为之所以无效，就是因为双方当事人一致同意该意思表示无效。从意思自治的原则看，既然双方当事人没有这样的真实意思，就不能让这种意思表示生效，这是符合意思自治原则的。

虚假法律行为无效的理由是一个价值判断问题，还是逻辑判断问题？也许有人会认为，虚假行为之所以无效，是因为从价值判断方面来讲，虚假的行为就不应该有效，否则就会让一个虚假的行为变为真实的法律行为并产生效力。其实，这是一种误解。在私法领域内，让虚假的行为发生效力的情形有很多，法律一般不予直接干预。虚假法律行为的无效实际上是逻辑判断的结果：从法律行为的概念看，“意思表示”是其核心要素，而从意思表示的构成看，“效果意思”是意思表示不可或缺的因素，而虚假法律行为中恰恰就缺少“效果意思”，当事人不追求这种表示的效果。因此，虚假法律行为不成立真正的意思表示，意思表示也就无效，意思表示无效，从而导致法律行为无效。因此，它是一个逻辑判断问题。

5. 具体效力。我国《民法典》第 146 条对于虚假法律行为的规定有两层意思：一是虚假表示的法律行为无效；二是“以虚假的意思表示隐藏的民事法律行为的效力，依照有关法律规定处理”。在此，重点讨论第二层意思。

（1）第 146 条的意思是说，如果被隐藏的法律行为符合法律行为生效要件的，可以生效，否则，被隐藏的法律行为也不可以生效。例如，被隐藏的法律行为违反国家强行性法律规范的，也不能生效；“以合法形式掩盖非法目的”的法律行为，也不能生效。

（2）特别需要指出的是，被隐藏的法律行为需要特定程序或者特定形式的，当被隐藏的法律行为不符合这种特定要求的，也不能生效。就如德国学者所指出的，被要求的法律行为属于要式法律行为却未履行形式要件时，它因欠缺形式要件而无效。

（三）恶意串通行为

《民法典》第 154 条规定：“行为人与相对人恶意串通，损害他人合法权益的民事法律行为无效。”该条与第 146 条的区别在于：串通的目的在于通过实施法律行为来损害他人利益。其要件为：①有双方通谋的事实；②有恶意损害他人利益的故意（恶意）；③法律行为在表面上是成立的。

（四）违反强制性规范的行为

违反强行性规范的行为的效力在民法上如何认定？是否所有违反强行性规范的法律行为都一定无效？违反部门规章的行为效力如何？所有这些问题都是我国民法理论和实践中的重大问题。对此，最高人民法院的《九民纪要》第 30 条总结到：《合同法》（已失效）施行后，针对一些人民法院动辄以违反法律、行政法规的强制性规定为由认定合同无效，不当扩大无效合同范围的情形，《合同法司法解释（二）》第 14 条将“强制性规定”明确限于“效力性强制性规定”。此后，《最高人民法院关于当前形势下审理民商事合同纠纷案件若干问题的指导意见》（以下简称《合同案件指导意见》）进一步提出了“管理性强制性规定”的概念，指出违反管理性强制性规定的，人民法院应当根据具体情形认定合同效力。随着这一概念的提出，审判实践中又出现了另一种倾向，有的人民法院认为凡是行政管理性质的强制性规定都属于“管理性强制性规定”，不影响合同效力。这种望文生义的认定方法，应予纠正。应该说，我国《民法典》第 153 条之规定是对于我国最高人民法院上述司法解释精神的继受。《民法典》第 153 条第 1 款规定：“违反法律、行政法规的强制性规定的民事法律行为无效。但是，该强制性规定不导致该民事法律行为无效的除外。”这里所谓的“除外条款”，就是指法律或者行政法规虽然是强行性规定，但其强行性并非是指向法律行为在民法上的效力。例如，非法集资违反强行性规定，但集资的每一个合同并不必然因为违反强行性规定而无效。

那么，何为“效力性强制性规定”呢？一般认为，强制性规定可以分为效力性规定和管理性规定（或者称为取缔性规定），违反前者将导致合同无效，而违反后者只引发对违反者的制裁，而不否认其效力。

众所周知，“强行性规范”是与“任意性规范”相对应的概念，是指当事人不能依意思自治排除其适用的法律规定。但是，强行性规范仅仅是必须适用而不能排除的法律规范，但并不都是指向合同效力的。因此，并非违反任何强行性规范都将导致合同无效。

对于这一问题的争议恰恰源于对这一概念的理解和立法语言的不统一性。例如，我国《合同法》（已失效）第 3 条规定：“合同当事人的法律地位平等，一方不得将自己的意志强加给另一方。”第 4 条规定：“当事人依法享有自愿订立合同的权利，任何单位和个人不得非法干预。”第 7 条规定：“当事人订立、履行合同，应当遵守法律、行政法规，尊重社会公德，不得扰乱社会经济秩序，损害社会公共利益。”上述三条规定都可以被理解为“强行性”规定，同时都使用了“不得”这一词语，但在效力上显然是不同的：违反第 3 条和第 4 条并不必然导致合同无效，而违反第 7 条就会导致合同无效。这恰恰就是问题和争议的源头所在。因此，在分析违反强行性法律规范对合同效力的影响时，一定要结合规范的目的和合同法体系来综合判断。

通说认为，判断是否属于“效力性强制性规范”时，应注意以下因素：

1. 规范的目的。判断何为“效力性强制性规定”的核心问题是规范的目的，任何规范都有目的，如果规范的目的在于对当事人意思自治的否定，则属于效力性强制。否则，就不应影响私法意义上的合同效力。例如，史尚宽先生举例说，有的国家对营业时间在法律上有强制性限制，但立法目的仅仅是保护受雇人，而不是禁止交易行为效果的发生，属于取缔性或者管理性规定。因此，即使在法律禁止营业的时间内交易，也不影响合同效力，但会引起对营业主的处罚。《中华人民共和国公务员法》（以下简称《公务员法》）第 59 条对公务员经商的限制，也是为了加强对公务员的管理，但并不否认其已经从事的交易的效力。

需要注意的是，“强制性规范”仅仅是指法律规范，部门规章也应当重视。最高人民法院在 2019 年的《九民纪要》第 31 条指出：“违反规章一般情况下不影响合同效力，但该规章的内容涉及金融安全、市场秩序、国家宏观政策等公序良俗的，应当认定合同无效。人民法院在认定规章是否涉及公序良俗时，要在考察规范对象基础上，兼顾监管强度、交易安全保护以及社会影响等方面进行慎重考量，并在裁判文书中进行充分说理。”

2. 法律行为体及利益关系。一般来说，法律行为的当事人的约定（权利义务）如果不涉及第三方当事人的利益，法律一般不会否定其效力，但是，如果合同涉及国家利益、集体利益或者第三人利益，特别是损害其利益时，就会引起合同无效。

同时，要看法律行为所涉及的利益关系的领域。最高人民法院的《九民纪要》第 30 条指出：人民法院在审理合同纠纷案件时，要依据《民法总则》（已失效）第 153 条第 1 款和《合同法司法解释（二）》第 14 条的规定慎重判断“强制性规定”的性质，特别是要在考量强制性规定所保护的法益类型、违法行为的法律后果以及交易安全保护等因素的基础上认定其性质。下列强制性规定，应当认定为“效力性强制性规定”：强制性规定涉及金融安全、市场秩序、国家宏观政策等公序良俗的；交易标的禁止买卖的，如禁止人体器官、毒品、枪支等买卖；违反特许经营规定的，如场外配资合同；交易方式严重违法的，如违反招投标等竞争性缔约方式订立的合同；交易场所违法的，如在批准的交易场所之外进行期货交易。关于经营范围、交易时间、交易数量等行政管理性质的强制性规定，一般应当认定为“管理性强制性规定”。

3. 注意区分“物权行为”与“债权行为”的效力。我国法上是否存在物权行为与债权行为的区分，尽管在学理上存在争议，但立法和司法解释却始终都不能摆脱。因此，我们必须区分效力性强制性规范是针对物权的，还是针对债权的，即合同的效力。例如，《中华人民共和国城市房地产管理法》（以下简称《房地产管理法》）第36条规定："房地产转让、抵押，当事人应当依照本法第五章的规定办理权属登记。"第45条第2款规定："商品房预售人应当按照国家有关规定将预售合同报县级以上人民政府房产管理部门和土地管理部门登记备案。"而这里的要求是针对债权合同，还是针对物权？

在区分物权行为与债权行为时，显然登记或者备案都属于物权问题，而不是债权合同的问题。因此，我国《最高人民法院关于审理商品房买卖合同纠纷案件适用法律若干问题的解释》第6条第1款规定："当事人以商品房预售合同未按照法律、行政法规规定办理登记备案手续为由，请求确认合同无效的，不予支持。"我国《民法典》第215条也明确规定，登记与否不影响合同效力。

4. 结合其他因素的综合判断。不能机械地套用标准进行判断，而是要结合其他因素综合判断。例如，同样是涉及"市场准入的主体"问题，法律效力可能会不一样，有的是效力性强制，有的则不是效力性强制而是管理性强制。例如，违反金融管理法规，未经批准从事金融业务，就属于被否定效力的行为。违反《公务员法》第59条对公务员经商的限制，与他人进行一般商业性合同交易，就不属于被否定合同效力的行为。因为，前一种交易违反了国家的金融经济秩序，需要否定其效力。而后一种一般性商业交易，并不违反市场秩序或者国家利益。因此，最高人民法院《合同案件指导意见》第16条规定："人民法院应当综合法律法规的意旨，权衡相互冲突的权益，诸如权益的种类、交易安全以及其所规制的对象等，综合认定强制性规定的类型……"如果强制性规制的是合同行为本身，即只要该合同行为发生就绝对地损害国家利益或者社会公共利益的，人民法院应当认定合同无效。如果强制性规定规制的是当事人的"市场准入"资格而非某种类型的合同行为，或者规制的是某种合同的履行行为而非某类合同行为，人民法院对于此类合同效力的认定，应当慎重把握，必要时应当征求相关立法部门的意见或者请示上级人民法院。

（五）违背公序良俗或者公共秩序的行为

尽管我国学界很早就使用"公序良俗"一词，但从民事立法上看，我国《民法总则》（已失效）第153条第2款第一次正式使用"公序良俗"的概念，并且规定违反的将导致法律行为的无效，我国《民法典》继受了这一规定。

1. 善良风俗的概念与制度价值。善良风俗与诚实信用原则一样，属于民法中弹性较强的一般条款，其内涵与外延具有较大的伸缩性，并具有随时代变迁而变化的特点。能否对善良风俗进行一般性的定义呢？对于这一问题，存在两种不同的说明路径：一种路径认为：事实上由于善良风俗本身的特点，不能作出一般性定义，而只能进行类型化考察和研究。另一种路径则认为，可以而且应当对善良风俗作出一般性定义。在这种观点中，即主张可以而且应当对善良风俗作出一般性定义的观点中，针对什么是善良风俗以及如何表达其内涵，也存在较大的争议。

由于受苏联民法理论和民事立法的影响，我国在《合同法》（已失效）以前的民事立法中从来未使用过"公共秩序与善良风俗"的概念，而是表述为"社会公共利益及社会公德"，例如，《民法通则》（已失效）第7条规定："民事活动应当尊重社会公德，不得损害社会公共利益，扰乱社会经济秩序。"但依学理通说，我国现行法所谓的"社会公共利益"及"社会公德"在性质和作用上与公序良俗相当。"社会公共利益"相当于"公共秩序"，"社会公德"相当于"善良风俗"。故有学者认为，因"社会公共利益""社会公德"并非法律用语，应改用通用的法律概念，即"公共秩序"与"善良风俗"。在1999年《合同法》（已失效）的起草中，曾一度使用了“公共秩序与善良风俗”，但在最后几稿及颁布后的《合同法》（已失效）又重新与《民法通则》（已失效）保持一致。只有《民法总则》（已失效）及《民法典》正式使用这一概念。虽然我国《民法典》规定了违反“善良风俗”会导致法律行为无效，根据什么规则来判断以及违反善良风俗的类型化研究却十分匮乏。例如，在我国，由于以各种形式赌博的现象非常普遍，时常发生因赌债不能偿还而家破人亡、妻离子散的悲剧，所以，我国法律也确认这类法律行为（合同）无效。基于对人权的尊重，那些限制当事人一方人身自由的合同应当引起我们的足够重视。特别是在我国目前失业人数剧增而劳动力资源过剩的条件下，更应当对劳动合同中限制劳动者人身自由的现象给予关注。我们的媒体也经常报道，有许多合资企业、外资企业及私营企业严重违反劳动法的规定，限制工人的自由活动时间，并对工人或雇员进行搜身检查等，甚至将上述内容作为条款写进合同。鉴于寻找工作的艰难，许多人对此忍气吞声。为保护这些员工的人权，应确认这些合同为无效合同。我国最高人民法院也曾经作出过类似德国判例的司法解释，即如果一个债务人有多个债权人，债务人将全部财产抵押给一个债权人的抵押合同无效。另外，我国目前有许多暴利行业，有的是滥用特殊地位并利用对方没有经验等。许多人觉得确实存在问题，法律应当予以规范，但不知道具体的法律依据。应当将这种情况归入违反善良风俗。

总之，我国在今后的司法实践中，结合我国本土，借鉴比较法上的经验，应当对善良风俗作出一般定义并将其类型化。

2. 公共秩序的概念。所谓公共秩序，是指一种强制性规范，是当事人意志自由的对立物，其本质在于反映和维护国家的根本利益。

关于公共秩序与善良风俗之间的关系问题，学者有不同的看法。德国学理上进行过激烈的争论。西米蒂斯认为，公共秩序就是现存的社会秩序。帕兰特等人则认为，人类想要有序地共同生活，必须有一个最低的道德规范。因此，可以这样解释，违反了善良风俗，就是违反了公共秩序。显然，帕兰特等人是将公共秩序作为一个上位阶的概念来适用，而把善良风俗等作为达到人类共同生活秩序的手段，当然也就是一个下位阶概念。但德国学者反对这种试图用公共秩序替代善良风俗的观点。因此，拉伦茨和梅迪库斯都认为：公共秩序涉及公共安全与外部秩序，适用于所有国际私法领域，它被作为外国法在本国适用的界限。所以，人们应该把公共秩序限制在这一范围，而不应该把它扩大适用于解释善良风俗。其实，按照《德国民法典》制定时期的理解，公共秩序是指一切宪法性的原则，这些原则是社会秩序、政治秩序的基础；善良风俗是指对私道德的要求和交易上的诚实的一般评价。第二次起草委员会删去了公共秩序，只剩下纯粹以经验为基础的善良风俗，即废除了双重标准。立法者认为，授权法官使用过于广泛、过于不确定的公共秩序标准存在风险。因此，现在的《德国民法典》只有对善良风俗的规定，而没有对公共秩序的规定。

与德国法不同，《法国民法典》保留了公共秩序的概念，这就是《法国民法典》第6条的规定：“个人不得以特别约定违反有关公共秩序和善良风俗的法律。”按照法国学者韦尔所说的，作为对契约自由的限制，公共秩序与善良风俗表现了社会对个人的一种“至高无上”的地位，即社会强迫个人遵守构成该社会基础的一些规则。正因为如此，对公共秩序与善良风俗的区分就表现出一种人为的特点：由于法律的目的并非直接地对人进行道德教育，所以，某些基本的道德规范之所以应当被遵守，其目的并不在于实现该道德本身，而在于实现该道德所具有的社会价值，以及它给社会带来的某种秩序。因此，从根本上讲，公共秩序与善良风俗这两个概念并无本质的不同，善良风俗是公共秩序的特殊组成部分。

诚然，从法律保护的最终效果上看，无论是善良风俗，还是公共秩序，均在于实现某种社会价值，即给社会带来某种秩序，但二者的法律渊源及出发点是不同的。所以，二者在许多方面具有差异。

与善良风俗不同，公共秩序反映和保护国家与社会的根本利益，表现了国家对社会生活的积极干预。其渊源大多数来自公法，如宪法、行政法等；也有些规定来自私法。根据内涵不同，可将公共秩序分为政治公共秩序与经济公共秩序。

笔者认为，结合我国法律体系之规定，应当认为下列行为属于违反公共秩序的类型：

1. 违反国家公序行为。国家公共秩序，是指国家经济、政治、财政、税收、金融、治安等秩序，关系国家和人民的根本利益，违反国家公共秩序属于违反公共秩序的重要类型，如身份证、学历证明的买卖合同、规避国家税收的合同等。

2. 限制经济自由行为。经济自由为市场经济的基本条件，违反经济自由的行为当然无效，如竞业禁止条款、限制职业自由的条款。经济体制改革以来，存在的利用经济地位或行政权力分割市场、封锁市场、限制商品和人员流动的规定或协议，亦可归入这一类，应认定为无效。

3. 违反公正竞争行为。公正竞争为市场秩序的核心，当然应受公共秩序原则的保护。属于这一类的行为有：拍卖或招标中的围标行为；以贿赂方法诱使对方的雇员或代理人与自己订立契约；以使对方违反对于第三人的契约义务为目的的契约等。

4. 违反消费者保护行为。现代市场经济条件下，消费者为经济上的弱者，不能与拥有强大经济实力的企业相抗衡，于是各国制定并执行消费者保护政策，由国家承担保护消费者的责任。因此，消费者保护成为公共秩序原则适用的重要领域。违反消费者保护的行为，主要是利用欺诈性的交易方法、不当劝诱方法及虚假和易使人误信的广告、宣传、表示，致使消费者遭受重大损害的行为。

5. 违反劳动者保护行为。同消费者一样，劳动者也是现代市场经济条件下最易于遭受侵害的弱者，因此，保护劳动者为现代公序的重要领域。运用公共秩序原则保护劳动者，是各国践行公共秩序原则的重要体现。违反劳动者保护的行为十分常见，例如，以雇员对企业无不利行为作为支付退职金条件的规定；女雇员一经结婚视为自动离职的所谓“单身条款”；“工伤概不负责”的条款；雇员须向雇主交纳保证金的条款；要求雇员为顾客、雇主的债务担保的条款；男女同工不同酬的差别待遇规定；等等。

三、无效民事法律行为的效果

我国《民法典》关于行为无效的法律后果，主要集中在第155~157条的规定。其效力可以从以下几个方面来理解：

（一）法律行为自始无效

从我国《民法典》第155条之规定看，无效法律行为的法律后果为自始绝对无效，自法律行为成立之日起就不发生当事人预定的法律效力。这是由无效法律行为的认定标准决定的，因为无效是根据特定的条件对法律行为进行“评价”后的否定性结论，而这些条件都是意思自治绝对不可逾越的界限。

（二）恢复原状

恢复原状就是法律否定无效法律行为效力的直接体现。换句话说，法律既然不承认无效法律行为的法律效力，就应该使得当事人双方的财产状况不因法律行为的成立而发生任何变化，即当事人均应恢复至行为前的财产状况。这样，才能体现法律行为溯及地消灭的效力。《民法典》第157条所规定的救济措施，实际上都属于恢复原状。具体来说：

1. 返还财产与折价赔偿。恢复原状的必然要求是对当事人因无效法律行为而交换的财产进行返还，具体而言，双方尚未履行的，停止效力即可，不发生返还问题。但一方或双方因法律行为已经交付的财产应当予以返还。不能返还的，应当折价赔偿。

在返还财产和折价赔偿的问题上，最高人民法院结合我国司法实践的具体需求，指出一般原则和具体规则。一般原则是：不能让非诚信之人因合同无效或者被撤销而不当获益。即在确定合同不成立、无效或者被撤销后财产返还或者折价补偿范围时，要根据诚实信用原则的要求，在当事人之间合理分配，不能使不诚信的当事人因合同不成立、无效或者被撤销而获益。合同不成立、无效或者被撤销情况下，当事人所承担的缔约过失责任不应超过合同履行利益。例如，建设工程施工合同无效，在建设工程经竣工验收合格情况下，可以参照合同约定支付工程款，但除非增加了合同约定之外新的工程项目，一般不应超出合同约定支付工程款。

具体规则是：①合同不成立、无效或者被撤销后，在确定财产返还时，要充分考虑财产增值或者贬值的因素。双务合同不成立、无效或者被撤销后，双方因该合同取得财产的，应当相互返还。应予返还的股权、房屋等财产相对于合同约定价款出现增值或者贬值的，人民法院要综合考虑市场因素、受让人的经营或者添附等行为与财产增值或者贬值之间的关联性，在当事人之间合理分配或者分担，避免一方因合同不成立、无效或者被撤销而获益。在标的物已经灭失、转售他人或者其他无法返还的情况下，当事人主张返还原物的，人民法院不予支持，但其主张折价补偿的，人民法院依法予以支持。折价时，应当以当事人交易时约定的价款为基础，同时考虑当事人在标的物灭失或者转售时的获益情况综合确定补偿标准。标的物灭失时当事人获得的保险金或者其他赔偿金，转售时取得的对价，均属于当事人因标的物而获得的利益。对获益高于或者低于价款的部分，也应当在当事人之间合理分配或者分担。②双务合同不成立、无效或者被撤销时，标的物返还与价款返还互为对待给付，双方应当同时返还。关于应否支付利息问题，只要一方对标的物有使用情形的，一般应当支付使用费，该费用可与占有价款一方应当支付的资金占用费相互抵销，故在一方返还原物前，另一方仅须支付本金，而无须支付利息。

2. 赔偿损失。这里所谓的“赔偿损失”，是指“缔约过失赔偿”。即法律行为无效或者被撤销后，有过错的一方应当赔偿对方由此所受到的损失；各方都有过错的，应当各自承担相应的责任。

最高人民法院的《九民纪要》第 34 条确定了赔偿损失应考虑的因素：双务合同不成立、无效或者被撤销时，标的物返还与价款返还互为对待给付，双方应当同时返还。关于应否支付利息问题，只要一方对标的物有使用情形的，一般应当支付使用费，该费用可与占有价款一方应当支付的资金占用费相互抵销，故在一方返还原物前，另一方仅须支付本金，而无须支付利息。

（三）自始无效与恢复原状的例外

虽然说，法律行为无效之后，其自始无效与恢复原状是一般原则，但有时也有例外。根据法律行为的性质，无法返还的，法律行为并非自始无效，而是从确认无效之时开始终止，无溯及力，如租赁合同、雇佣合同等。

四、民事法律行为的部分无效

《民法典》第 156 条规定：“民事法律行为部分无效，不影响其他部分效力的，其他部分仍然有效。”在对我国《民法典》总则编与合同编规定的部分无效在什么时候“不影响其他部分效力”进行判断时，应当注意两个问题：

1. 合同无效部分与其他部分在客观上是可以分离的，而且当事人的明示或者可推知的意思也是可分的。法官不能以客观经济合理标准或者自己的意志来认定合同部分的可分性。

2.《民法总则》（已失效）及《民法典》第156条、《民法通则》（已失效）第60条与《合同法》（已失效）第56条都规定：民事法律行为（合同）部分无效，不影响其他部分的效力的，其他部分仍然有效。那么，如何理解“不影响其他部分的效力”？在这里应当考虑法律行为当事人的主要意思表示和主要缔约目的是什么，如果无效部分是合同当事人的主要目的或者主要意思表示，当这一部分无效时，整个合同也就失去了存在意义，这时就不能再主张其余部分仍然有效。例如，在一个买卖合同中定有“违约条款”或者“定金条款”，当“违约条款”或者“定金条款”部分无效时，可以认定其余部分仍然有效；反之，如果其余部分无效，而仅仅“违约条款”或者“定金条款”有效时，这种有效对当事人来说也就没有任何意义，将会引起整个合同无效。

第六节 可撤销的民事法律行为

一、可撤销民事法律行为的概念及特征

法律行为的可撤销，是指表意人因为自身或者外在的因素导致的意思与表示不一致，可以请求法院或者仲裁机构撤销该意思表示，从而使法律行为溯及地消灭。其具有以下特征：

（一）意思表示有瑕疵

一般来说，可撤销的法律行为中表意人的意思表示存在瑕疵。无论是重大误解，还是胁迫、欺诈、显失公平等，都是意思表示有瑕疵。

（二）意思表示的瑕疵并非表意人故意为之

意思表示的瑕疵，可能会基于各种各样的原因，有的是表意人自己的原因，如错误（重大误解），有的是外在的原因，如胁迫或者欺诈。但这种意思与表示不一致，不能是表意人故意为之。如果是表意人故意为之，或为无效（如虚假意思表示），或者不能得到救济（如真意保留）。

（三）只能向法院或者仲裁机构请求撤销

在我国，撤销法律行为必须向法院或者仲裁机构请求，不得以向对方为意思表示的方式进行。

（四）法律行为被撤销后的法律效果与无效相同

法律行为的无效与可撤销尽管原因不同，但一旦撤销之后，其后果与无效相同。因此，我国《民法典》第157条将无效与可撤销的法律效果规定在一起。当然，二者也有少许不同，例如，在缔约过失赔偿方式上，因欺诈而发生的可撤销，撤销权人就没有赔偿义务。

二、可撤销民事法律行为的类型

（一）重大误解

《民法典》第147条规定：“基于重大误解实施的民事法律行为，行为人有权请求人民法院或者仲裁机构予以撤销。”所谓重大误解，是指行为人对于与法律行为有关的重大事项所作的错误认识并使行为与自己的意思相悖的情形。按照《最高人民法院关于适用〈中华人民共和国民法典〉总则编若干问题的解释》（法释〔2022〕6号）第19条第1款的规定：“行为人对行为的性质、对方当事人或者标的物的品种、质量、规格、价格、数量等产生错

误认识，按照通常理解如果不发生该错误认识行为人就不会作出相应意思表示的，人民法院可以认定为民法典第一百四十七条规定的重大误解。”

值得注意的是，《德国民法典》《日本民法典》及我国台湾地区“民法”等均用“错误”而不用“误解”，那么，误解与错误有什么样的区别呢？一般认为：错误是指表意人非故意的表示与意思不一致。误解是相对人对意思表示内容了解上的错误。错误以其发意与受意而区分为“表示错误”与“受领错误”。表意人向他人主动地实施意思表示中的错误，是表示错误或者称为“主动型错误”。表意人受领相对人的意思表示并对之发生理解上的错误，即为受领错误或者称为“被动型错误”，亦即误解。我国《民法典》中所谓的“误解”，应当包括错误。学者的解释值得赞同，因为结合法律行为的撤销制度，若仅仅将误解解释为“相对人对表意人的意思表示内容作了错误理解”，不符合立法原意。

构成法律行文可撤销的重大误解的法律构成：

1. 必须是表示与意思不一致或者因对相对方的意思表示作了错误的理解而为法律行为。这一要件其实包含了两层意思：一是主动型错误，二是被动型错误。在被动型错误中，是否存在误解的判断标准是：假如行为人作了正确的理解，就不会为此法律行为。

2. 表意人没有故意或者重大过失。如果系表意人故意表示与意思不一致或者故意对相对方的意思表示作错误理解，就是虚伪表示。如果表意人在发生错误时，具有重大过失，也不为法律所救济。

3. 误解必须影响了法律行为的后果。并非任何错误都能够引起法律行为的可撤销性法律救济，只有重大的误解，即对法律行为后果产生影响的误解才能导致法律行为的可撤销。按照《最高人民法院关于适用〈中华人民共和国民法典〉总则编若干问题的解释》（法释〔2022〕6号）第19条第1款的规定：“行为人对行为的性质、对方当事人或者标的物的品种、质量、规格、价格、数量等产生错误认识，按照通常理解如果不发生该错误认识行为人就不会作出相应意思表示的，人民法院可以认定为民法典第一百四十七条规定的重大误解。”

另外，在实践中，还有一种常见的错误类型：误传。所谓“误传”，是指因传达人或者传达机关的错误而致使表示与意思不符。在有的情况下，表意人并非自己直接传达给相对人，而是通过其他人传达。在这一过程中，可能会因传达人的原因导致意思与表示不一致。

对于误传的法律效力，一般认为，传达人或者传达机关相当于表意人的喉舌，因此，误传的效力与错误相同。《民法通则意见》（已失效）第77条规定：“意思表示由第三人义务转达，而第三人由于过失转达错误或者没有转达，使他人造成损失的，一般可由意思表示人负赔偿责任。但法律另有规定或者双方当事人另有约定的除外。”《最高人民法院关于适用〈中华人民共和国民法典〉总则编若干问题的解释》（法释〔2022〕6号）第20条规定：“行为人以其意思表示存在第三人转达错误为由请求撤销民事法律行为的，适用本解释第十九条的规定。”上述司法解释的含义有三：①误传是可以撤销的。②撤销权人须对第三人信赖利益损失负赔偿责任。上述司法解释中所谓的“使他人造成损失”，是指信赖利益。③传达人因其过失而对表意人负赔偿责任，但义务传达人不在此限。我们认为，这种解释符合司法解释的本意，可资赞同。

（二）欺诈

1. 欺诈的概念。欺诈是指故意向对方提供虚假情况或者在有说明义务时，故意隐瞒事实而违反说明义务。因欺诈而发生的法律行为是欺诈人故意向对方提供虚假情况或者在有说明义务时，故意隐瞒事实而违反说明义务，致使对方在不真实信息的基础上作出了错误的判断，并基于错误的判断作出了意思表示。

2. 欺诈的类型。我国《民法典》规定了两种欺诈：一是法律行为当事人一方的欺诈，二是第三人（当事人之外的人）的欺诈。《民法典》第148条规定："一方以欺诈手段，使对方在违背真实意思的情况下实施的民事法律行为，受欺诈方有权请求人民法院或者仲裁机构予以撤销。"第149条规定："第三人实施欺诈行为，使一方在违背真实意思的情况下实施的民事法律行为，对方知道或者应当知道该欺诈行为的，受欺诈方有权请求人民法院或者仲裁机构予以撤销。"

（1）当事人欺诈。

第一，积极欺诈。积极欺诈是指以积极的言辞，提供虚假情况。例如，夸大商品的性能等，使得对方在意思的形成过程中，受到自身以外的因素影响，导致意思表示的错误。

第二，消极欺诈。消极欺诈是指行为人根据法律或者诚实信用原则，具有说明事实的义务，但是，行为人违反这种义务，故意不作说明，致使对方认为自己的行为建立在真实的基础上，作出判断，并为意思表示。例如，商品的出售人，明知自己的商品具有瑕疵，但却故意隐瞒这种瑕疵，致使对方以为商品是合格产品而进行购买。

第三，我国民法上对欺诈类型的规定及构成要件。应该说，我国《民法典》上对欺诈的具体类型没有明确的规定，但《最高人民法院关于适用〈中华人民共和国民法典〉总则编若干问题的解释》（法释〔2022〕6号）第21条对这一问题有规定：故意告知虚假情况，或者负有告知义务的人故意隐瞒真实情况，致使当事人基于错误认识作出意思表示的，人民法院可以认定为欺诈。由此可见，我国司法解释上的欺诈也有两种情形：积极行为与消极行为。

构成可撤销法律行为的欺诈的法律要件包括：①应当有欺诈行为，包括积极欺诈和消极欺诈。②应当有欺诈的故意。这里所说的故意包括两重含义：一是指使他人陷入错误的故意，二是促使他人作出错误意思表示的故意。③欺诈人的欺诈与相对人作出意思表示之间存在因果关系，也就是说，正是欺诈人的欺诈才导致相对人作出意思表示，如果没有欺诈行为，意思表示人是不会作出这种意思表示的。

（2）第三人欺诈。第三人欺诈的构成要件为：

第一，有第三人的欺诈行为，这种欺诈既可以是积极的，也可以是消极的。

第二，法律行为一方当事人在违背真实意思的情况下实施了民事法律行为，即第三人的欺诈致使法律行为一方当事人在这种欺诈的直接影响下实施了法律行为。也可以说，第三人欺诈必须与法律行为一方当事人实施法律行为有因果关系。

第三，法律行为的另一方当事人知道或者应当知道该欺诈行为。这是一个很重要的要件，如果法律行为的一方当事人欺诈，但对方并不知情（善意），则法律行为不应被撤销。例如，甲法人到银行贷款，银行要求甲法人提供担保，甲法人欺诈乙法人担保，但银行对此并不知情。那么，这种担保法律行为就不能被乙法人以第三人欺诈为由而主张撤销。

应当特别指出，在因欺诈而可撤销的法律行为中，不需要有损害他人的故意，也不需要有损害他人的实际结果。因为法律是从意思自治的角度出发而保护行为人的意志自由的，不是从结果来看待问题的。当然，在现实生活中，如果欺诈的结果没有任何不公平，当事人也不会提出撤销请求。

3. 因欺诈而撤销的法律行为的后果。因欺诈而撤销的法律行为与无效的后果基本是一致的，但是，需要注意的是，法律行为因欺诈而撤销后，撤销权人对于相对人无缔约过失的赔偿义务，也就是说，相对方无缔约过失赔偿请求权。

（三）胁迫

1. 胁迫的概念。因胁迫而发生的法律行为，是指以非法加害或者不正当预告危害而使他人产生心理上的恐惧，并基于这种恐惧作出违背自己意志并迎合胁迫人的意思表示的法律行为。

因胁迫发生的法律行为与因欺诈、错误不同，因欺诈或者错误而为的法律行为是受害人基于自己的判断而为的，只是基础存在问题。但是，在胁迫下所为的法律行为，受胁迫人根本不是基于自己的判断，其意思根本不是自己的意思，只是将胁迫人的意思用自己的嘴巴表达或者手写出来而已。

2. 胁迫的类型。根据我国《民法典》第150条的规定看，我国法上的胁迫也分为两种情况：一是当事人一方胁迫，二是第三人胁迫。但是，与欺诈不同的是，我国《民法典》在构成要件上，并不区分当事人胁迫和第三人胁迫。《民法典》第150条规定："一方或者第三人以胁迫手段，使对方在违背真实意思的情况下实施的民事法律行为，受胁迫方有权请求人民法院或者仲裁机构予以撤销。"因此，这种分类实际上是没有意义的。

3. 胁迫的构成要件。

（1）必须有胁迫行为。①胁迫行为是指不法加害，或者预告危害。前者例如，如果现在不购买货物，或者不以低价出卖货物，将受到胁迫人的杀害或者毒打等。后者例如，假如现在不购买某种货物，上天就要惩罚你等。②胁迫的对象可以是被胁迫人本人或者财产，也可以是他的亲属，或者其他有可能使受胁迫的人产生心理恐惧的人或者财产。《最高人民法院关于适用〈中华人民共和国民法典〉总则编若干问题的解释》（法释〔2022〕6号）第22条规定：以给自然人及其近亲属等的人身权利、财产权利以及其他合法权益造成损害或者以给法人、非法人组织的名誉、荣誉、财产权益等造成损害为要挟，迫使其基于恐惧心理作出意思表示的，可以认定为胁迫。③胁迫人既可以是法律行为的当事人，也可以是第三人。

（2）胁迫的非法性。胁迫的非法性包括目的非法与手段非法。目的非法，例如，以检举被胁迫人的犯罪事实为手段而胁迫对方签订有利于胁迫人的合同，虽然手段不非法，但追求的目的非法。手段非法，是指追求的目的合法，但使用的方法为法律所禁止。例如，债权人以债务人的生命或者健康相威胁，逼迫债务人偿还债务。

在这一构成要件中，需要说明的问题是：①胁迫不包括暴力在内，因为暴力根本不包含意思；②以法律规定的合法方式提出正当要求，不属于胁迫行为。例如，债权人以诉讼为手段，要求债务人清偿债务。③胁迫与受胁迫人的意思表示之间应当具有因果关系。也就是说，胁迫人的胁迫对受胁迫人来说，产生了实质性的作用和效果，使得受胁迫人在心理上产生了恐惧，并作出了迎合胁迫人的意思表示。

4. 胁迫的法律后果。与因欺诈的法律行为的撤销后果相同。

（四）乘人之危致显失公平

1. 乘人之危致显失公平的概念。按照我国《民法典》第151条的规定，乘人之危致显失公平的法律行为是指一方利用对方处于危困状态、缺乏判断能力等情形，而成立的显失公平并使对方受到损害的法律行为。对于这种法律行为，受损害方有权请求人民法院或者仲裁机构予以撤销。

应当引起我们注意的是，《民法典》之前的《民法通则》（已失效）及《合同法》（已失效）都把"显失公平"与"乘人之危"作为两种不同的影响法律行为效力的原因。《民法通则意见》（已失效）第72条规定：一方当事人利用优势或者利用对方没有经验，致使双方的权利义务明显违反公平、等价有偿原则的，可以认定为显失公平。第70条规定：一方当事人乘对方处于危难之机，为牟取不正当利益，迫使对方作出不真实的意思表示，严重损害对方利益的，可以认定为乘人之危。

此次《民法典》不再沿用《民法通则》（已失效）与《合同法》（已失效）的模式，仅仅规定"显失公平"的法律行为，而将乘人之危作为显失公平的内在因素写进其中，于第151条规定："一方利用对方处于危困状态、缺乏判断能力等情形，致使民事法律行为成立时显失公平的，受损害方有权请求人民法院或者仲裁机构予以撤销。"这种做法是值得肯定的。

2. 构成要件。

（1）双方权利义务显著不对等。由于民法所规范的社会关系处于世俗社会而非世外桃源之中，所以，契约理论所谓的"当事人权利义务对等"也不过是理论上的假定。当将这种理论上的假定适用于纷繁复杂的社会关系中时，就会发现权利义务绝对对等的情形几乎是不存在的。所以，法律必须规定一个衡量的尺度，以避免当事人动辄以"权利义务不对等"为由而主张否定法律行为的效力。对此，各国一般均规定"显失公平"为衡量尺度。但问题是：权利义务的不对等"显失"到何种程度时，才能请求法律救济？

从美国的司法实践看，大致有三个不同的标准：①如果卖方所取得的利润过大，即显失公平。此处的卖方指货物的生产者。②如果卖方取得的价差过大，也构成显失公平。这里的卖方指批发零售商。③合同价过分高于市价，也是显失公平。

《法国民法典》第1674条规定，出卖人因低价所受的损失超过不动产价金的7/12时，即达到显失公平的标准。

按照《意大利民法典》第1448条的规定，如果一方与他方之间的给付是不均衡的，并且这一不均衡是在一方利用相对方的需要，乘机牟取利益的情况下发生，则遭受损害的一方得请求废除契约。如果损害没有超过被损害方给付或者订立契约时承诺给付价值的一半，则废除契约的权利不得行使。

在我国，上面提到的最高人民法院关于《合同法司法解释（二）》第19条规定的与市场价格相差30%的标准，可资参考。

（2）这种权利义务的不对等必须发生在民事法律行为成立时。如果是法律行为成立以后发生的不对等，则不应适用"可撤销"，而应适用情势变更等方式救济。

（3）导致显失公平的原因必须是受害人缔约时处于显著不利的地位并受到损害。根据《德国民法典》第138条第2款的规定，受害人处于穷困、无经验、缺乏判断力或意志薄弱的情况下，订立的合同显然不利于自己时，才能主张法律救济；而根据美国判例规则，这种情况被称为"程序性的显失公平"。用美国法院使用的措辞来表达，是指合同当事人一方在订立合同时没有作出"有意义的选择"。

按照我国《民法典》第151条的规定，一方利用对方处于危困状态、缺乏判断能力等情形，致使民事法律行为成立时显失公平的，受损害方有权请求人民法院或者仲裁机构予以撤销。如果仅仅是结果不公平而无其他原因，则应适用其他救济方式。

三、可撤销民事法律行为的效果

（一）撤销权的概念

撤销权是指债权人对于债务人危害债权的行为，可以申请法院撤销的权利。其性质为实体法上的权利，撤销权是使债务人之行为归于无效的一种形成权。

（二）撤销权的除斥期间

关于撤销权的行使，我国《民法典》有自己的特色。根据德国、日本等国的规定，撤销权的行使为撤销权人的单方行为，撤销权人仅通过向相对人为意思表示即可达到撤销的效果，不一定必须通过诉讼方式行使。而按照我国民事立法一贯的要求，撤销权人应向人民法院或仲裁机关提出申请。如果撤销权人不向人民法院起诉或向仲裁机关提出申请，而直接向对方当事人为意思表示，不产生撤销的法律效果。

对于法律行为相对无效的撤销权的时效问题，各国法均有规定。从《民法典》第152条的规定看，我国采取“差别制”，不仅针对不同情况规定了期间，而且也区分主观与客观情况规定了行使期间。撤销权消灭的期间因当事人知情与否而有差别，而且区分不同事由。具体来说：①当在不考虑当事人主观因素的情况下，当事人自民事法律行为发生之日起5年内没有行使撤销权的，撤销权消灭（《民法典》第152条第2款）。②在有当事人主观因素影响的情况下，撤销权消灭的期间如下：其一，当事人自知道或者应当知道撤销事由之日起1年内、重大误解的当事人自知道或者应当知道撤销事由之日起90天内没有行使撤销权；其二，当事人受胁迫，自胁迫行为终止之日起1年内没有行使撤销权；其三，当事人知道撤销事由后明确表示或者以自己的行为表明放弃撤销权（《民法典》第152条第1款）。

第七节 效力未定的民事法律行为

一、效力未定的民事法律行为的概念

效力待定的民事法律行为的通说概念是：由于法律规定的某种原因，法律行为既非有效，也非无效，其效力有待于第三人的确定。效力待定的民事法律行为通常包括：无权代理、无权处分、限制行为能力人实施的依法不能实施的法律行为。

二、效力未定的民事法律行为的类型

（一）限制民事行为能力人实施的行为

《民法典》第145条规定：“限制民事行为能力人实施的纯获利益的民事法律行为或者与其年龄、智力、精神健康状况相适应的民事法律行为有效；实施的其他民事法律行为经法定代理人同意或者追认后有效。相对人可以催告法定代理人自收到通知之日起三十日内予以追认。法定代理人未作表示的，视为拒绝追认。民事法律行为被追认前，善意相对人有撤销的权利。撤销应当以通知的方式作出。”实际上，行为能力对于法律行为来说不应是生效问题，而是成立问题，因为限制行为能力人不能为有效的意思表示，故其代理人的补充应是对成立的补正。因此，民事法律行为不是效力待定，而是成立的效力待定。也可以说，又成立了一个新的法律行为。

（二）欠缺代理权的代理行为

无权代理是指代理人无代理权、超越代理权或者在代理权终止后以被代理人的名义从事的法律行为。这种法律行为是真正的效力待定的法律行为，因为它是以被代理人的名义从事的，而被代理人却未给予授权，因此，代理的法律后果就难以归属于被代理人。故代理的后果要对被代理人生效，就必须得到被代理人的追认（详见《民法典》第171条）。

三、效力未定的民事法律行为的效果

（一）追认权

追认指在无权代理行为发生之后，被代理人向无权代理的行为人或相对人作出的确认

该行为对自己具有约束力的意思表示。追认权是无权代理中本人享有的追认或不追认无权代理行为的权利。追认是一种单方民事法律行为，只要求向特定的人表示，无需对方或无权代理人同意即可发生法律效力。《民法典》第171条第1款规定："行为人没有代理权、超越代理权或者代理权终止后，仍然实施代理行为，未经被代理人追认的，对被代理人不发生效力。"无权代理的行为经追认之后，即获得确定的法律效力，追认的意思表示无论何时作出，其效力都溯及至该无权代理行为发生之时。

（二）催告权

催告权严格来讲不是一种民事权利。催告是催告权行使的方式和结果，它属于准法律行为。其与形成权的行使表现为法律行为不同。立法者赋予相对人催告权的目的是使法律关系尽可能走向确定。催告可以产生以下法律后果：

1. 产生1个月的追认期间。被代理人在此期间内可以向相对人表示追认。一经追认，无权代理中代理权缺少的瑕疵即被弥补，无权代理摇身一变成为有权代理，代理行为有效，对被代理人发生效力。期间届满，被代理人未追认的，无权代理人所为的法律行为无效。追认的意思表示，只能向相对人作出。

2. 催告前被代理人对代理人的追认或拒绝追认的意思表示，因催告而失去效力。之所以如此，是因为催告给了被代理人改变立场的机会，这个机会对被代理人而言，有利无弊。

（三）撤销权

我国《民法典》第171条第2款规定："相对人可以催告被代理人自收到通知之日起三十内予以追认。被代理人未作表示的，视为拒绝追认。行为人实施的行为被追认前，善意相对人有撤销的权利。撤销应当以通知的方式作出。"撤销权针对的是已生效的意思表示，一经撤销，生效的意思表示即归于无效。《民法典》撤销权的行使主体为善意相对人。换言之，恶意相对人不享有撤销权。

撤销权属于形成权，在此，它针对的是相对人自己的意思表示，这个意思表示在性质上应为要约。法律规定了其行使途径为"通知"，通知可以是书面的，也可以采用其他形式。撤销权应在被代理人追认前作出，因为一旦被代理人追认了，合同即告成立，不能任意撤销。

第二章 代 理

第一节 代理的概念和类型

一、代理的概念和特征

代理是指一人在法定或者约定的权限内，以他人的名义为法律行为，而法律行为的结果却归属该他人的行为。该他人称为被代理人或者本人；实施法律行为的人，称为代理人。这是传统民法关于代理的概念。从这一概念看，代理仅仅是指直接代理，就如日本学者所言：“近世不称间接代理为代理，盖通则也。”对这一概念可作如下分析：

（一）代理关系有三方当事人

代理关系一般涉及三方当事人，即代理人、被代理人（本人）与第三人（法律行为的相对人）。正是因为代理行为涉及三方当事人，才体现了代理是被代理人行为的延伸，代理达成了被代理人与第三人权利义务的对接。

（二）代理人从事法律行为以被代理人的名义为之

这是法律行为结果归属于本人的基本条件，如果代理人以自己的名义从事法律行为，则该结果是否归属被代理人就会产生疑问。因此，《民法典》第162条规定了这一主旨：“代理人在代理权限内，以被代理人名义实施的民事法律行为，对被代理人发生效力。”

（三）代理行为的结果由本人承担

这是代理的根本问题所在。一个人从事了一项法律行为，却不是行为结果的归属主体，这不是民法的本质使然，而是民法创设的一种特别制度，目的就是使行为人的结果归属于他人，这是代理的制度价值之一。

（四）代理权是代理的基础

代理人的行为结果之所以直接归属被代理人，其中一个非常重要的基础就是被代理人通过授予代理人以代理权，有效地表明了以下两点：①代理人在授权范围内所为的法律行为如同本人所为；②代理人行为的结果由本人承担。当然，这种原理在法定代理中也能适用，只不过是基于法律规定而已。

二、代理的法律要件

1. 代理人有代理权。代理人有代理权，是代理成立的前提。代理权是一种资格权，它不属于民事权利，这一点，可以通过以下事实得到佐证：在民法教科书中，民事权利的分类一般不包括代理权。代理权的产生不是为了代理人，而是为了被代理人，这一点与民事权利有着本质区别：任何民事权利的获得，均是为了权利主体本身。代理权与监护权相似，均属于为了实现他人利益而产生的一种资格。

代理权的产生原因，可以是法律行为，也可以是法律规定。前者如代理权授予，后者如监护人的确定。在商法中，公司章程可以规定某些职务本身兼具代理权的内容，因此，对某一个自然人的任命，就可以推定同时包含着代理权的授予。例如，某公司任命张某为销售部经理，这一任命就可以解释为张某有权以该公司名义销售该公司的产品。

代理人超越代理权的行为如何处理？应根据本人的真实意思结合案件的具体情形来综合判断，或者将整个代理行为视为无权代理，依照无权代理的相关规则处理；或者部分按有权代理，部分按无权代理处理。

2. 以被代理人名义。代理人必须以被代理人名义实施法律行为，这是传统代理制度的铁律。代理人以自己名义所为的法律行为，多被认定为行纪，被排除在代理制度之外。不过，这一点已为英美法所突破。在英美法中，隐名代理得到承认。

3. 实施民事法律行为。代理的对象限于民事法律行为，事实行为不得代理。意思表示的瑕疵，也应就代理人的意思确定；被代理人的意思被忽略。

4. 代理人应具备相应的行为能力。代理人需具备行为能力，这一点是从代理的对象仅限于法律行为中推演出来的。代理制度的实质是代理人实施民事法律行为，其后果由被代理人承受。既然要实施民事法律行为，自然需要具备法律行为能力（在我国《民法典》中表述为民事行为能力）。依照通说，代理人仅具有限制行为能力即可。其原因如下：代理人只有权利，并无义务；代理的法律行为的后果由被代理人承受，从而限制行为能力人做代理人与民法保护限制行为能力人的制度宗旨不相冲突。当然，当事人特别约定只有完全行为能力人才能做代理人的，该约定有效。值得注意的是，限制行为能力人可以做代理人，只适用于委托代理。法定代理人不能是限制行为能力人。之所以如此，是因为法定代理人要代理的事项复杂多样，限制行为能力人大多不具备所需的能力。从另一方面讲，法定代理人就是监护人在法律行为领域的变身，限制行为能力人是被监护人，不能担任监护人。

代理的法律后果：代理人所为法律行为，包括合同和单方法律行为，由被代理人承受。这里的法律后果，不仅包括法律行为生效时，也包括法律行为无效、被撤销时。例如，甲公司委派经理 A 与乙公司委派的经理 B 签署了一份企业间的借款合同，借款到期后，乙公司不能清偿到期债务，甲公司提起诉讼，法院审理后认定合同无效。在这个案件中，借款合同是借助代理制度完成的，无效的后果仍由甲、乙公司承受。

三、代理的类型

（一）直接代理与间接代理

首先应当说明的是，直接代理与间接代理根本不是代理的分类，因为间接代理并不是代理。此处仅仅是为了说明的方便，而将其作为类别来介绍，目的在于说明二者的本质差异。

1. 直接代理。直接代理中的“直接”意为：代理的效果直接对被代理人发生，不需要由代理人通过一项特别的行为将行为效果转移给被代理人。也就是说，某人与代理人订立了合同就可以直接因该合同起诉被代理人；反之，也可以被被代理人起诉。而代理人虽然实施了法律行为，但是他不承担行为的法律后果，法律行为的效果绕过了代理人。我们通常接触的代理，一般是指直接代理。

2. 间接代理。间接代理是指受托人接受委托人的委托，以自己的名义从事法律行为，从而自己首先取得行为的法律后果，然后再通过一项特殊的行为将行为后果转移给委托人的制度。在间接代理中，法律后果首先是在行为人处产生，然后必须通过其他行为（如债权转让、债务承担或者免除等）将法律后果转移给另外一个人。

委托既可以产生直接代理，也可以产生间接代理，这其实取决于委托人的选择。当然，在大陆法系，民法所称的代理，以直接代理为限。所谓的“间接代理”虽然也是接受委托处理事务，但其不符合代理的一般构成要件，根本不是真正意义上的代理，只是类似于代理的一种制度，所以，直接代理与间接代理并不是代理的分类。

3. 直接代理与间接代理在法律意义上的区别。

（1）一般区别。

第一，在行为的效果归属方面，直接代理的效果直接归属本人，在法律关系方面，本人与相对人成为法律关系的当事人。但在间接代理中，因法律行为的效果不直接归属本人，所以，在法律关系方面，本人与相对人根本不成立当事人关系。例如，A 代理 B 与 C 签订买卖汽车合同，B 与 C 是买卖合同的当事人；又如，A 为一行纪人，受 B 的委托，以自己的名义为 B 向 C 购买汽车，则汽车的所有权首先转移给 A，然后再由 A 转移给 B，B 向 A 支付报酬。则 B 与 C 没有成立买卖当事人关系。

第二，因欺诈、胁迫、错误的撤销权方面，在直接代理中，法律行为因欺诈、胁迫、错误的撤销权归属本人；而在间接代理中，因欺诈、胁迫、错误的撤销权归属间接代理人。在上述第一种情况中，A 没有撤销权而 B 有撤销权；而在第二种情况中，A 有撤销权而 B 没有撤销权。

第三，直接代理是代理人以被代理人的名义所为的法律行为，而间接代理是代理人以自己的名义所为的法律行为。

第四，从法律关系上看，直接代理是被代理人与第三人的法律关系，而间接代理是代理人与第三人的法律关系，这种关系约束只有在特殊情况下，即在披露第三人或者被代理人时或者在订立合同时第三人知道被代理人的情况下，才能约束被代理人。

（2）我国《民法典》合同编关于间接代理的特别规定。我国《民法典》合同编除了规定了传统民法上的典型的间接代理——行纪外，还规定了英美法系国家外贸代理中的“间接代理”。

在国际贸易中，所谓的间接代理制度，实际上是指英美法系国家的一种代理制度。英美法系国家与大陆法系国家不同，其没有直接代理与间接代理的概念。对于第三人究竟是同代理人订立了合同还是同本人订立了合同的问题，英美法的标准是：对于第三人来说，究竟是谁应当对该合同承担义务，即采取所谓义务标准。英美法在回答这个问题时区分了三种不同情况：

第一，代理人在同第三人订立合同时具体指出了本人的姓名。在这种情况下，这个合同就是本人与第三人订立的合同，本人应对合同负责，代理人一般不承担个人责任。

第二，代理人表明自己的代理身份，但不指出本人的姓名。在这种情况下，这种合同仍然是本人与第三人之间的合同，应由本人对合同负责，代理人对该合同不承担个人责任。

第三，代理人在订立合同时根本不披露有代理关系的存在。如果代理人虽然得到了本人的授权，但他在同第三人订立合同时根本不披露有代理关系一事，即既不披露有本人的存在，更不指出本人是谁，这在英美法叫作“未经披露的本人”。在这种情况下，第三人究竟是同本人还是同代理人订立了合同，他们中谁应对合同负责，就是一个比较复杂的问题。毫无疑问，在这种情况下，代理人是应当对合同负责的，因为他在订立合同时根本没有披露代理关系的存在，这样他实际上就是把自己置于本人的地位同第三人订立合同，所以，他应当对合同承担法律上的责任。问题在于，在这种情况下，未经披露的本人能否直接依据这一合同取得权利并承担义务？英美法认为，未经披露的本人原则上可以直接取得这个合同的权利并承担义务，具体说来可以通过以下两种方式：①未经披露的本人有权介入合同并直接对第三人行使请求权或者在必要时向第三人起诉，如果他行使了介入权，他就使自己对第三人承担个人义务。按照英国判例，未经披露的本人行使介入权要受到两种限制：其一，如果未经披露的本人行使介入权会与合同明示或者默示的条款相抵触，他就不能介入合同；其二，如果第三人是基于信赖代理人而与其订立合同，则未经披露的本人也不能介入合同。②第三人知晓本人的存在后，便享有选择权：他可以要求本人或者代理人承担合同义务，也可以起诉本人或者代理人。但第三人一旦选择了本人或者第三人承担义务后，就不能再改变。

我国《民法典》第926条规定："受托人以自己的名义与第三人订立合同时，第三人不知道受托人与委托人之间的代理关系的，受托人因第三人的原因对委托人不履行义务，受托人应当向委托人披露第三人，委托人因此可以行使受托人对第三人的权利。但是，第三人与受托人订立合同时如果知道该委托人就不会订立合同的除外。受托人因委托人的原因对第三人不履行义务，受托人应当向第三人披露委托人，第三人因此可以选择受托人或者委托人作为相对人主张其权利，但是第三人不得变更选定的相对人。委托人行使受托人对第三人的权利的，第三人可以向委托人主张其对受托人的抗辩。第三人选定委托人作为其相对人的，委托人可以向第三人主张其对受托人的抗辩以及受托人对第三人的抗辩。"这显然与上述英美法的制度一致，其特点可以具体归纳为：

第一，代理人的披露义务——如果代理人丧失了清偿能力或者对被代理人实施了根本违约行为，或者在合同债务的履行期限届满前，就已经明示了将违约，被代理人有权要求代理人披露第三人。反之亦然，代理人因被代理人的原因对第三人不履行义务，代理人有义务向第三人披露被代理人。

第二，被代理人的介入权——代理人向被代理人披露第三人后，被代理人可以行使代理人对第三人的权利，但第三人与代理人订立合同时如果知道该委托人就不会订立合同的，或者被代理人行使介入权同代理人与第三人订立的合同条款相抵触的除外。代理人在接到被代理人行使介入权的通知后，不得再向被代理人履行义务。

第三，第三人的选择权——代理人向第三人披露被代理人后，第三人可以选择代理人或者被代理人作为相对人主张权利，但第三人不得变更选定的相对人。

第四，第三人或者被代理人抗辩权——被代理人行使代理人对第三人的权利的，第三人可以行使其对代理人的抗辩权；第三人选定被代理人作为相对人主张权利时，被代理人可以行使其对代理人的抗辩权及代理人对第三人的抗辩权。

（二）意定代理与法定代理

这是以代理权的产生依据为标准所作的分类。

1. 意定代理：根据被代理人的授权而发生的代理，即根据法律行为而发生的代理。我国《民法典》称为委托代理。

2. 法定代理：代理人的代理权基于法律规定而发生的，为法定代理。我国《民法典》第34条所规定的代理即法定代理。

（三）一般代理与特别代理

一般代理与特别代理是根据授权的事项和范围划分的，一般代理可以概括授权，特别代理需要专门授权。例如，在代理诉讼中，变更诉讼请求属于特别代理的权限，需要专门授权。

（四）本代理与复代理

这是在多层代理中，以代理关系所处的层次为标准而作的分类。

1. 概念。本代理是指第一层代理，即由被代理人选任或者法律规定的代理人所为的代理。而复代理是指由代理人为被代理人再选任代理人，使其行使全部或者部分代理权而形成的代理，即第二层代理。这种情况相对于第一层代理而言，为复代理或者再代理。我国《民法典》第169条上规定的“转委托”，实际上就是复代理。

2. 复代理的基础——复任权。是否在任何代理关系中代理人都可以为被代理人再选任代理人而形成复代理呢？对这一问题的回答当然是否定的，因为代理人再为被代理人选任代理人，必须有复任权。而复任权在意定代理与法定代理中，有较大的不同。

（1）意定代理。在意定代理中，除非当事人特别约定及存在特别事由，代理人原则上无复任权。我国《民法典》第169条第3款规定的转委托（特殊情况下的复任权）就是在总则编第七章第二节“委托代理”中规定的。

在意定代理中，只有在紧急情况下，代理人才有复任权。《最高人民法院关于适用〈中华人民共和国民法典〉总则编若干问题的解释》（法释〔2022〕6号）第26条规定：“由于急病、通讯联络中断、疫情防控等特殊原因，委托代理人自己不能办理代理事项，又不能与被代理人及时取得联系，如不及时转委托第三人代理，会给被代理人的利益造成损失或者扩大损失的，人民法院应当认定为民法典第一百六十九条规定的紧急情况。”

（2）法定代理。法定代理人应当具有复任权，理由是：①被代理人没有同意的能力；②法定代理权具有概括性，若法定代理的被代理人无行为能力或者行为能力受到限制，无法代理又不能另外选任代理人，将损害被代理人利益，故法律应当赋予法定代理人以复任权。

3. 复代理中的基本问题。

（1）被代理人、本代理人与复代理人的关系。通说认为，虽然代理人的任命是多层次的，但复代理人依然是被代理人的代理人，而不是代理人的代理人。因此。复代理权可以由被代理人撤回。

（2）复代理权的范围。通说认为，本代理人所享有的代理权并不因复代理而受到影响。复代理权的范围可能等于或者小于本代理人所享有的代理权限。如果超出，则不是复代理，或为无权代理，或为本代理（若被代理人授权）。

（3）复代理的法律效果归属。虽然本代理人得到了被代理人的授权，但通说认为复代理人是被代理人的代理人，而不是本代理人的代理人，因此，复代理人的行为结果归于被代理人。我国《民法典》第169条第2款还规定：“转委托代理经被代理人同意或者追认的，被代理人可以就代理事务直接指示转委托的第三人，代理人仅就第三人的选任以及对第三人的指示承担责任。”

（4）复代理的有效要件。包括：①本代理合法存在。复代理是建立在本代理之上的第二层代理，因此，本代理有效存在是复代理存在的基础。②复代理人由本代理人选任。这也是复代理的由来本性，反之，若另外一个代理人由被代理人选任，则只能是本代理。③本代理人必须有复任权。④复代理人的代理权不得大于本代理人的代理权。若本代理人对复代理人的授权超出自己的代理权，相对于被代理人而言，就是无权代理。

（五）单独代理与共同代理

这是以代理权属于一人或者多人为标准所作的分类。

1. 单独代理：代理权属于一人的代理。无论是法定代理还是意定代理，均可产生单独代理。

2. 共同代理：代理权属于两人以上的代理。共同代理权的行使，应当由代理人共同行使，责任共同承担。如果一人未与其他代理人协商而为的代理行为，责任如何承担？《民法典》第166条规定："数人为同一代理事项的代理人的，应当共同行使代理权，但是当事人另有约定的除外。"该规定仅仅指出了共同行使代理权，但未说明如何承担责任。《最高人民法院关于适用〈中华人民共和国民法典〉总则编若干问题的解释》（法释〔2022〕6号）第25条规定："数个委托代理人共同行使代理权，其中一人或者数人未与其他委托代理人协商，擅自行使代理权的，依据民法典第一百七十一条、第一百七十二条等规定处理。"应该说，《民法典》第166条应含有该意思。

在共同代理中，应当关注发出意思与接受意思的效力、意思表示瑕疵问题的认定方面。根据通说，不应当增加第三人送达意思表示的困难，共同代理也不应给第三人产生不利影响。因此，相对人只要向共同代理人中的一人发出意思表示就足以使被代理人受领该意思表示；只要共同代理人中的一人是恶意的，就可以认定为恶意；只要代理人中的一人发生了意思瑕疵，同样可以认定法律行为的意思瑕疵。

第二节 代理权

一、代理权的概念

代理权是指代理人代理法律行为的权限。代理权为代理关系的基础，根据通说，代理权实际上是一种权限。委托代理人的代理权限来源于被代理人的授权；法定代理人和指定代理人的代理权来源于法律的授权；无权代理系行为人超越权限而为，所以未被追认的无权代理行为，其后果原则上不归属于被代理人；等等。

二、代理权的发生

代理权产生的根据可以分为两大类：一类是被代理人的授权，另一类是法律的规定。前者称为意定代理权，后者称为法定代理权。代理也因此分为意定代理与法定代理，其代理权的产生也就不同。

（一）法定代理权的取得

法定代理权的取得，直接依据法律的规定。例如，父母依法为未成年人的监护人，并以监护人的身份取得法定代理人的资格和权限。

我们通常将法定代理理解为父母或者其他监护人对于未成年人或者其他行为能力有欠缺的人的代理，但在现实的法律框架内，法定代理要宽泛得多。按照通说，"依职当事人"与法人的代表机关也属于法定代理的范围。"依职当事人"是指某些管理他人财产的管理人，如破产管理人与遗产管理人。"依职当事人"担任这些职务后，都享有处分他人财产的权限，而且能够使财产主体享有权利、承担义务。例如，破产管理人有权使破产财团与破产债务人享有权利、承担义务；遗产管理人和遗嘱执行人有权使遗产的继承人享有权利、承担义务。这些是典型的代理的效果。此类代理属于法定代理，因为代理的效果是依据法律规定产生的，即使当事人在具体情况下不追求这些效果，它们仍然会产生。而所谓法人的"机关代表"，按照我国的法律规定及学理，就不能认为是代理而是代表。

（二）委托代理权的取得

委托代理权依据被代理人的授权产生，其权限大小，自当依据被代理人的意思。

三、意定代理中代理权的授予

在代理权的授予中，有以下问题殊值探讨：一是代理权授予的方式，二是代理权授予行为的性质，三是代理权授予是否可以附有条件或期限，四是代理权的授予与基础关系的关系。

(一) 授权行为的性质

授权行为是单方法律行为还是契约行为，学理上存在分歧。大致有以下几种观点：

1. 单方行为说。这种学说认为：代理权的授予行为是被代理人授予代理人代理权的单方意思表示，不管代理人是否同意，都认定代理权存在。也就是说，它是一种单方面形成的法律行为，而且是一种权利的授予行为。只要有委托代理权的授予人的意思表示就够了，因而代理权限的产生并不取决于委托代理人的同意。但是，人们必须承认他享有不接受他所不希望有的委托代理权的权利。如果委托代理权是通过完全应该获得允许的委托代理权的授权人和委托代理人之间所签订的协议所授予的，那么这种权利就不存在了。

2. 无名契约说。代理权授予行为是被代理人与被代理人关于代理权授予与接受的一种无名契约。依此见解，代理权的授予需要代理人的同意。

无论将代理权的授予行为解释为单方法律行为还是契约行为，在下列情形下将具有重大意义：①在认定代理权是否发生方面，在单方法律行为说中，只要被代理人有授予代理权的意思表示，代理权即对代理人产生，不需代理人同意；而在契约说中，则必须双方就代理权的授予达成一致，代理权才能产生。②当涉及限制行为能力人可以作为代理人而为有效代理行为时，似乎单方法律行为更能够进行合理的说明。

通说认为，代理权授予为单方行为，因为单方行为说在代理的体系框架内，与其他制度能够更好地融合，如限制行为能力人的代理问题、代理权授予与基础关系的问题等。

(二) 代理权授予的方式

通说认为，代理权的授予，既可以通过内部授权的方式，也可以通过外部授权的方式。

内部授权通常是由被代理人向代理人发出授权的意思表示，该意思表示为有相对人的意思表示，其成立应适用有相对人的意思表示的规则。

外部授权是指由被代理人通过向代理行为的相对人（第三人）发出表明授权于代理人的意思表示。

根据《民法典》有关委托代理的相关规定及我国长期的司法实践经验，委托代理可以用书面形式，也可以用口头形式。法律规定用书面形式的，应当用书面形式。书面委托代理的授权委托书应当载明代理人的姓名或者名称、代理事项、权限和期间，并由委托人签名或者盖章。

委托代理权的授予，从性质上说是单方法律行为，具体可以表现为签发“代理证书”“授权委托书”等，也可以表现为委托代理合同的条款。独立于委托代理合同的授权文书，由本人（被代理人）一方签章即可。口头或者书面授予代理权，为明示方式。代理权的授予也可以采取默示方式，例如，甲商业公司雇佣李某作为售货员，李某在出售商品时，可依据事实推知其被授予代理权。

(三) 代理权授予是否可以附条件或者期限

如果将代理权的授予理解为形成权，则代理权的授予就是不可以附条件或者期限的。但是，通说认为，因代理权相对于第三人的特殊性，是可以附条件或者期限的。

(四) 代理权的授予与基础关系的关系

在通常情况下，被代理人授予代理人代理权以及代理人为被代理人为法律行为都不是无缘无故的，而必有一定的原因。例如，法定代理是基于监护关系；意定代理是基于被代理人与代理人之间的合同关系，根据这种合同关系，代理人为被代理人为法律行为，被代理人通常要支付报酬（也有无偿的代理）。而这种代理权背后的“原因”，通常就是基础关系。也就是说，代理人与被代理人之间所存在的法律关系是委托代理权的基础。这种法律关系也确定了代理的目的以及代理人仅在特定意义上行使代理权的义务。而且这种法律关系本身也确定了代理人所享有的请求权，如对其支出予以补偿或者对其活动给予报酬的请求权。与代理权能不同，人们把这种法律关系称为“内部关系”，因为其内容不是代理人对于第三人是否可以进行法律行为，而是代理人与被代理人之间的关系。在法定代理的情况下，这种内部关系是一种法定的债务关系，它或者基于广泛的家庭法，或者基于监护人、遗产管理人或者遗嘱执行人的指定。

在司法实践中，这种代理权的授予与基础关系的关系最具有典型性的例子莫过于律师与当事人的代理关系。在这种关系中，通常律师要与当事人（被代理人）签订一个委托代理合同，合同中要明确约定双方的权利义务，然后再由被代理人向律师（代理人）签署一份授权书，明确代理权的范围。律师在出庭时，法院仅仅要求律师出示书面授权书而不要求出示双方签订的委托代理合同。委托代理合同由双方签字，而授权委托书仅仅由被代理人签字即可。由此也可以看出，我国司法实践对于授权行为采取的是单方法律行为说。

那么，代理权与基础关系的关系如何？1866 年以前的民法学理与立法均不区分基础关系与代理权的授予，认为委托契约必然伴随着代理权的授予，代理是委托契约的对外效力，或者委托关系的外部表现，代理权授予必然基于委托契约，两者是同一事物的两个方面。而相应地，将授权行为认定为无名契约也就顺理成章了。而按照现今的观点，委托代理权的授予需要一个区别于内部关系的专门行为，即授权行为，内部关系本身并不会产生代理权。授权虽多与委任契约同时成立，但二者性质迥然不同。委任契约非以法律行为的代理为目的，虽契约成立与代理权之发生同时，然其所生之法律关系，不外本人与代理人之契约关系。代理权非其契约之结果，即虽有委任契约，未必予以代理权，而授权也可能成立于没有委任契约的情形。总之，授权非因委任及其他契约而产生，为纯粹的单独行为，不必代理人承诺，仅仅因本人对代理人的单方意思表示而成立。

代理权相对于其基础关系的独立性与无因性，在限制行为能力人为代理的情况下颇具说明意义。被代理人与作为限制行为能力人的代理人签订的委托合同为效力待定合同，而未成年人的法定代理人拒绝追认时，则委托合同自始无效。但被代理人授予未成年人代理权的行为为单方法律行为而无需相对人承诺即生效力，也不需要未成年人的法定代理人追认。因此，许多国家的民法典都规定：代理不因代理人为限制行为能力人而无效。

但是，不能绝对坚持代理权授予的无因性，部分代理权也会因基础关系的消灭而消灭，特别是在内部授权的情况下，二者关系密切，往往是基础关系消灭，代理权也消灭。

一般认为，代理权与委托关系的关系类型体现在三个方面：①授权行为伴随有基础法律关系。这一类型为常态，在这种类型中，既有基础关系，又有授权行为。例如，基于劳动合同关系，法人给予职工授权。②虽有基础关系而无授权行为。例如，商店雇佣某人作为职工，但先命其实习观摩而不授予其售货的代理权。③仅有授权行为而无基础关系。例如，甲、乙基于友情，甲委托乙代交房租〔1〕。

在无基础关系而仅有代理权的情况下或者基础关系无效或者消灭后，被代理人与代理人之间的关系应如何解释？因为代理权解决代理人与第三人行为结果的归属问题，而不解决代理人与被代理人之间的关系问题，所以，这一问题必须从规范上明确。一般认为，应

---

〔1〕 参见张俊浩主编：《民法学原理》（上册），中国政法大学出版社 2000 年版，第 320 页。

适用无因管理的规定。也正是基于这一认识，限制行为能力人可以作为代理人，无因管理可以保证其不受损失。

四、代理权的滥用

（一）自己代理

大陆法系国家的法律一般都规定，代理人不得以被代理人的名义与自己从事法律行为，以避免代理人损害被代理人的利益。例如，A是B的代理人，被委托为B购买一台电脑，结果A自己是经营电脑的，就以被代理人A的名义与B订立买卖合同，A的做法是不为法律所允许的。

我们说，这种行为也许会是公平的。但是，法律之所以禁止这种情况，有其合理的理由：

1. 任何人都有自我利益的计算，代理人代理被代理人与自己进行交易，究竟是在使谁的利益最大化？一般是使自己的利益最大化。

2. 在合同关系中，“合意”如何形成？买卖双方的意思对接在代理人一人的大脑中，“合意”就有可能是代理人一方的意思。

自己代理的例外允许：①经本人同意。这种同意实际上是消灭了上面禁止的两个理由。但是，只适用于意定代理。我国《民法典》第168条第1款规定的例外，实际上就是这个意思。②法律行为是为了履行债务。例如，如果父母对子女享有费用补偿请求权的，可以从子女的财产中转移财产给自己：子女有自己的财产，但子女造成了对他人的人身伤害，如果父母不应当为此承担责任，父母先行承担了责任，然后从子女的财产中获得补偿。

在自己代理制度中，有一种变种的自己代理行为，即代理人为自己寻找一个代理人，代理人代理被代理人与代理人的代理人进行交易。这仍然没有改变自己代理的性质。

自己代理的法律后果：一般认为应构成无权代理，理由是代理人根本就没有实施自己代理的代理权。

（二）双方代理

双方代理是代理人同时代理双方当事人为同一法律行为，这种情况多发生在合同中。例如，A授权甲出卖汽车，而B则授权甲购买汽车，而甲就同时代理A、B订立买卖合同。禁止双方代理的理由同禁止自己代理的理由是一样的：

1. 同时代理双方为同一法律行为，不符合实现被代理人利益最大化的代理要求。因为代理制度对代理人的基本要求是代理人必须为了被代理人的利益而尽责，如果代理人代理双方为法律行为，难以做到双方利益最大化，在许多情况下，往往是以损害一方的利益为代价。

2. “合意”是不真实的。由于代理人代理双方交易（缔结契约），而这种契约却是在代理人一人的头脑中形成的，因此，所谓的“合意”是不存在的。

双方代理的例外：①双方被代理人同意或者追认（不适用于法定代理）；②代理仅仅是为了履行双方的义务。

在双方代理关系中，也有一种双方代理的变种，即为一方被代理人任命一个复代理人，再代理另一方与复代理人进行交易。如图：

被代理人 A ———————————————— 代理人 C

进行交易

被代理人 B——代理人 C 为被 B 选任的代理人 D（复代理人）——复代理人 D

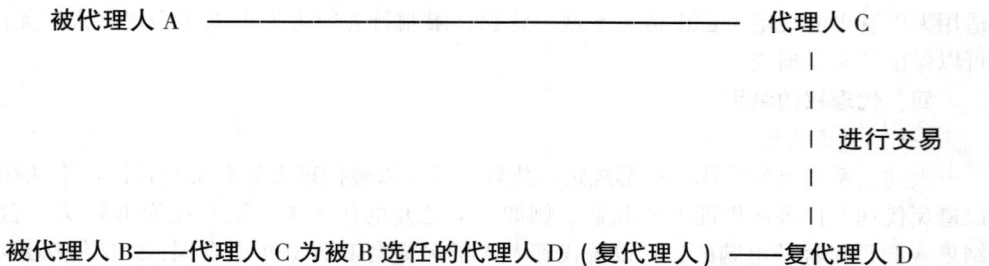

图 2-1 双方代理的变种示意图

双方代理的法律后果：一般认为也应适用无权代理的规定。

五、代理权的终止

（一）委托代理权终止的原因

我国《民法典》第 173 条规定了委托代理终止的事由：①代理期限届满或者代理事务完成；②被代理人取消委托或者代理人辞去委托；③代理人丧失民事行为能力；④代理人或者被代理人死亡；⑤作为代理人或者被代理人的法人、非法人组织终止。当然，根据《破产法》的特别规定，被代理人的财产进入破产程序，也是代理权消灭的原因。

被代理人的死亡并不必然导致代理权的消灭，对此，我国《民法典》第 174 条第 1 款规定："被代理人死亡后，有下列情形之一的，委托代理人实施的代理行为有效：（一）代理人不知道且不应当知道被代理人死亡；（二）被代理人的继承人予以承认；（三）授权中明确代理权在代理事务完成时终止；（四）被代理人死亡前已经实施，为了被代理人的继承人的利益继续代理。"

（二）法定代理权终止的原因

我国《民法典》第 175 条规定："有下列情形之一的，法定代理终止：（一）被代理人取得或者恢复完全民事行为能力；（二）代理人丧失民事行为能力；（三）代理人或者被代理人死亡；（四）法律规定的其他情形。"

第三节 无权代理

一、无权代理的概念

无权代理是指代理人不具有代理权，但以被代理人的名义与第三人实施民事法律行为。无权代理分为狭义无权代理和表见代理。

二、狭义的无权代理

（一）狭义无权代理的类型

狭义无权代理是指行为人既没有代理权，也没有令第三人相信其有代理权的事实或理由，而以被代理人的名义实施的代理。狭义无权代理的类型包括：

1. 行为人自始没有代理权。行为人既未基于他人的委托授权行为取得委托代理权，也未基于法律规定或者有权机关的指定取得法定代理权或指定代理权，但行为人却以他人的名义与第三人实施民事法律行为。

2. 超越代理权。行为人享有代理权，但超越代理权限以被代理人的名义与第三人实施民事法律行为。

3. 代理权终止。行为人本来享有代理权，但该代理权因一定法律事实的出现而消灭后，行为人仍以被代理人的名义与第三人实施民事法律行为。

（二）狭义无权代理的效果

狭义无权代理行为属于效力待定的民事行为，并具有如下法律效果：

1. 被代理人享有追认权和拒绝权。追认是被代理人接受无权代理行为效果的意思表示，是一种形成权。追认具有溯及力，即在被代理人追认代理行为时，视为代理人自始有代理权。无权代理行为一经追认，即成为有权代理行为，由被代理人承受其法律后果。

2. 相对人享有催告权和撤销权。催告是相对人请求被代理人于特定的期间内承认或拒绝代理人所为的民事法律行为的意思表示；撤销是相对人撤销其与代理人所为的民事法律行为的意思表示。催告权和撤销权都属于相对人依其单方的意思表示就可以改变相关法律关系的权利，因此属于形成权。

3. 代理人承担无权代理行为的法律后果。对于无权代理行为，如果被代理人不予追认，相对人也没有撤销，则由代理人承担相应的法律后果，包括承受该民事法律行为的效果，或承担损害赔偿责任。

三、表见代理

（一）表见代理的概念

所谓表见代理，是指被代理人因疏忽的表见行为引起了善意第三人对无权代理人有代理权的合理信赖，为保护这种合理信赖，无权代理产生与有权代理相同的结果。通俗地说，就是表见代理本为无权代理，但在具备法定条件时，无需被代理人追认可直接对其产生效力。我国《民法典》第 172 条就规定了表见代理："行为人没有代理权、超越代理权或者代理权终止后，仍然实施代理行为，相对人有理由相信行为人有代理权的，代理行为有效。"

（二）表见代理的法律要件

根据我国《民法典》第 172 条的规定，表见代理主要构成要件如下：

1. 客观要件。一般地说，适用表见理论，应当具备观察者认为是显示了法律状态的可见的事实。这些事实所表达的意义无需复杂的分析，就可以自然地被人领会。这就是为什么表见的客观要素很少由单一事实构成，而是由一系列的情况构成。这些事实相互印证而使观察者对它们的意义不会产生任何怀疑。具体到表见代理，就必须有代理人具有代理权的外观，而这些外观由一系列的情况构成，这些事实使一个正常人会毫不怀疑地信赖代理人具有代理权。也就是我国《民法典》第 172 条要求的"相对人有理由相信行为人有代理权"。

2. 主观要件。一般地说，表见代理终究是无权代理的例外，既然是无权代理，那么，即使实施了代理行为，其效果原则上也不应归属于本人。要突破原则而让本人承担责任，就需要特别的理由。这个特别的理由对于被代理人来说，就是其应具有可归责性；而对于相对第三人来说，其信赖应具有正当性，只有合理的信赖才能受到法律保护。也就是说，必须承认这个既存的权利的表象存在的人，通常是采取方式引发这一权利表象的人，或者具有消除这一表象的能力而未消灭这一表象的人。而受益人必须是信赖了这一表象的人，而且在通常情况下，他还应尽到了应有的注意义务。因此，在主观要件方面，要求相对人善意而无过失（合理信赖），要求被代理人有可归责性。

表见代理的推理如下：对于那些基于表见而善意行事的人来说，如果幻想破灭后，他所认为已取得的权利被否定时，他将受到损害。然而，这种虚幻的事实情况之所以能够形成，肯定是由于真正权利人忽略了其权利的行使，甚至主动制造出引人误解的假象。忽略、过失，甚至故意误导第三人，构成行为人责任的过错。因此，最适当的补救就是应该拒绝根据法律状况得出法律后果，并维护第三人基于合理信赖已确信取得的权利，以防止损害的发生。

（1）信赖的正当性。信赖的正当性即要求其善意且无过失，这是对表见代理中相对人的基本要求，否则不能形成表见代理。

（2）被代理人的可归责性。如果被代理人没有内部授权也无外部授权的事实，而且其行为也无任何不当，那么，无论“代理人”如何宣称自己是代理人而且有代理权，并以其名义从事法律行为，也仅仅构成无权代理，不会对被代理人产生法律后果的归属。但问题恰恰就在于被代理人在行为或者语言上有可指责之处，例如，撤回授权未通知相对第三人、解除了雇佣关系而没有通知相对人等，导致了无权代理向有权代理结果的转化。因此，其行为应有可归责性，才能使其承担责任。

3. 各种类型的表见代理的具体法律构成。由于我国《民法典》第172条规定了三种典型的无权代理，也相应地有三种表见代理，即无代理权却有授予代理权外观的表见代理、逾越代理权的表见代理、代理权终止后的表见代理。下面分别展开论述。

（1）无代理权却有授予代理权外观的表见代理。此类表见代理是指被代理人没有授予他人代理权，但却让相对人产生了具有代理权授予外观的合理信赖，从而被代理人应承担代理行为的后果。例如，一商店学徒，明显被商店排除代理权而仅能观摩，但却没有公示，故让顾客认为其有代理权。

这种代理的构成要件分为积极要件与消极要件。积极要件主要有二：①有代理权授予的外观，即被代理人的不谨慎的行为可以被客观地评价（或者说可以被合理地信赖）为授予了他人代理权；②表见代理人在“表见代理权”范围内与第三人实施了法律行为。消极要件是：当相对人明知或者应知自称为代理人的人无代理权时，表见代理不成立。

（2）逾越代理权的表见代理。虽然从本人处获得了授权，但如果逾越其授权范围实施了代理行为，就构成了无权代理。即使在这种情形，如果相对人相信代理人具有那样的权限，且这种信赖具有正当的理由时，本人也承担与有权代理相同的责任。其构成要件是：①必须是代理人具有代理权，否则就与上一种类型无异。②具有权限的逾越行为，即代理人超越了被代理人的授权范围。

（3）代理权消灭后的表见代理。代理权消灭后的表见代理的构成要件是：①代理权过去存在过。正是由于代理人过去曾经有过代理权，因此，在形成有代理权的假象时，比无权代理更容易使相对人产生信赖；②代理人实施了代理行为；③相对人善意且无过失，即相对人的信赖必须有正当性；④被代理人具有可归责性。这种类型的表见代理多发生在被代理人撤回代理权或者代理权消灭后未及时通知相对人或者未公开声明的情况下，导致第三人相信代理人仍然具有代理权。因此，被代理人具有可归责性。

（三）表见代理的效果

我们通常总是笼统地说，表见代理的代理人承担与有权代理相同的结果，但该结果究竟是指什么？是损害赔偿责任还是履行责任？还是任凭相对人选择？这主要涉及我国《民法典》第171条第3款与第172条的关系协调和法律适用问题。

我们应该认真讨论一下我国《民法典》第172条与第171条的关系问题。问题在于：《民法典》第172条规定的效果如何在法官的审判实际中应用？具体来说，尽管该条规定“相对人有理由相信行为人有代理权的，代理行为有效”，但这种规定是赋予相对人请求选择权，还是给予无权代理人抗辩权？也就是说，尽管相对人有充分理由相信所谓的代理人有代理权，但当他知道真相后，是否仍然有权不主张对于被代理人的“法律行为的履行请求权”，而是向无权代理人主张基于第 171 条第 3 款规定的赔偿责任或者履行责任？无权代理人是否可以基于该条规定抗辩：按照第 172 条之规定行为已经有效了，相对人就应该向被代理人主张履行，而不能向我主张。如果我的无权代理按照第 172 条被认定为表见代理有效后，给被代理人造成的损失，也是被代理人向我提出赔偿请求而不是相对人向我请求。一般认为，即使发生表见代理，相对人仍然可以就适用第 171 条第 3 款或第 172 条进行选择，这绝对不是确认无权代理人的抗辩权，而是赋予相对人选择权。即使被代理人具有过错，也是对于相对人的过错，而非对于无权代理人的过错。

第四分编 民法上的时间

第一章 诉讼时效

第一节 时效制度概说

一、时效概说

时效，是指一定的事实状态（请求权不行使或占有他人之物）持续经过法定的期间，即发生特定法律效果（请求权效力减损或占有人取得物权）的法律事实。〔1〕

时效制度的构成要件有二：一是存在一定的事实状态，如权利人不行使请求权，或者占有人占有他人之物；二是该事实状态持续经过法定的期间，如3年、5年、10年等。符合这两个构成要件，就产生相应的法律效果，即权利人的请求权效力减损或占有人取得对占有物的物权。其中，导致请求权效力减损的时效为诉讼时效（消灭时效），导致占有人取得物权的时效为取得时效。

因时效期间届满会引起权利的变动，发生请求权效力减损或占有人取得物权的法律效果，故时效本质上属于一种法律事实。不过，时效既非人的行为，亦非自然事实中的事件，而是属于自然事实中的状态。〔2〕

时效是一定事实状态与一定时间的结合。〔3〕

时效与期间同为因时间的经过而发生特定法律效果的制度，惟期间着重于时间流程的经过，时效则因权利的不行使或继续占有而发生相应法律效果。〔4〕

二、时效的类型

关于时效的类型，大陆法系各国民法的规定不尽一致。多数国家的民法将时效分为取得时效与消灭时效，如法国、奥地利、德国、瑞士、俄罗斯、日本、韩国、智利等国。少数国家的民法仅承认诉讼时效（消灭时效），如我国和朝鲜。《越南民法典》（第154~162条）则规定了四种时效，即取得民事权利的时效、免除民事义务的时效、起诉时效、要求

---

〔1〕 参见郑玉波：《民法总则》，中国政法大学出版社2003年版，第488页。

〔2〕 参见梁慧星：《民法总论》，法律出版社2017年版，第248页。

〔3〕 参见佟柔主编：《中国民法》，法律出版社1990年版，第600页。

〔4〕 参见施启扬：《民法总则》，中国法制出版社2010年版，第326页。

解决民事事件的时效。下文仅介绍取得时效和诉讼时效（消灭时效）。

（一）取得时效

取得时效，是指无权利人以行使所有权或其他财产权的意思，和平、公然、继续占有他人的动产或不动产达到法定期间，即取得对该动产或不动产的所有权或其他财产权的法律制度。[1]

取得时效是动产或不动产的占有人合法取得所有权或其他财产权的法律原因。取得时效的作用主要是维护占有人对物的占有和支配状态，使物的占有人与权利人趋于一致，以稳定既有的社会经济秩序，发挥物尽其用的社会功能。[2]

另外，取得时效完成后，原权利人即丧失所有权或其他财产权，故取得时效还具有督促原权利人及时行使权利的作用。

我国《民法典》没有规定取得时效制度，在制定原《物权法》（已失效）的过程中，有的地方、单位和专家曾建议规定取得时效，[3] 但原《物权法》（已失效）最终未采纳该制度。鉴于取得时效与物权法密切相关，与《民法总则》（已失效）的内容关系不大，故本章对此不予详论。

（二）诉讼时效（消灭时效）

我国民法及其理论所称的诉讼时效，在德国、日本、韩国等大陆法系国家的民法有关规定中被称为消灭时效，[4] 是指权利人不行使请求权的事实状态持续经过法定期间，义务人即取得拒绝履行的抗辩权的法律制度。因我国现行法未规定取得时效，故通常所称时效就是指诉讼时效。

诉讼时效是通过赋予义务人拒绝履行的抗辩权，以限制权利人行使请求权，导致请求权效力减损的法律制度。德国学者认为，《德国民法典》规定消灭时效的目的有二：一是保护义务人，使之不致因很久以前发生的、难以澄清的事件而被提出履行义务的要求；二是保护法院，使之不致承受复杂难解的诉讼程序的负担。此外，还带有这样的思想，即经过特定的时间之后，义务人不应再因权利人主张请求权一事而受到意外的困扰。[5]

在我国，学说上一般认为，诉讼时效制度的功能主要有三：一是稳定现有社会经济秩序或法律秩序，避免因请求权长期不行使而形成的现有状态被推翻；二是以诉讼时效代替证据，避免义务人举证及法院调查证据的困难；三是督促权利人及时行使请求权，惩罚怠

---

〔1〕 参见梁慧星、陈华彬：《物权法》，法律出版社 2007 年版，第 140 页。关于取得时效的构成要件，大陆法系有关民法典的规定不尽相同，可参见《日本民法典》第 162 条、第 163 条，我国台湾地区“民法”第 768 条、第 768-1 条、第 769 条、第 770 条、第 772 条。

〔2〕 参见江平主编：《物权法》，法律出版社 2009 年版，第 135 页。

〔3〕 参见全国人民代表大会常务委员会法制工作委员会民法室编著：《物权法立法背景与观点全集》，法律出版社 2007 年版，第 136 页。

〔4〕 参见《德国民法典》第 194 条以下；《日本民法典》第 166 条以下；《韩国民法典》第 162 条以下；我国台湾地区“民法”第 125 条以下。关于诉讼时效、消灭时效等术语的取舍及争论，可参见朱庆育：《民法总论》，北京大学出版社 2016 年版，第 535~536 页；杨巍：《民法时效制度的理论反思与案例研究》，北京大学出版社 2015 年版，第 41~46 页。本书将诉讼时效和消灭时效看作对同一制度的不同称呼。考虑到我国立法、理论及实务早已接受诉讼时效的概念，本书亦主要采用“诉讼时效”一词，仅在介绍域外立法及其理论时才依其用法采“消灭时效”一语。

〔5〕 参见［德］迪特尔·施瓦布：《民法导论》，郑冲译，法律出版社 2006 年版，第 181 页。

于行使权利之人。〔1〕

三、时效制度的立法模式

关于取得时效与消灭时效的异同，存在着统一主义和各别主义两种学说。欧洲中世纪的注释法学家主张两者为统一的法律制度。17 世纪的法国法学家多马在理论层面上对取得时效和消灭时效进行了统一体系化。18 世纪的法国法学家朴蒂埃则彻底否认取得时效与消灭时效之间存在共性，构筑了独特的二元时效论。19 世纪的德国法学家萨维尼也认为二者是两种不同的法律制度。〔2〕

受理论学说、历史传统及立法继受等因素的影响，大陆法系各国的《民法典》关于取得时效与消灭时效的规范模式也存在一定差别，大致有如下三种立法模式：

（一）统一主义模式

所谓统一主义模式，是指在民法典中设立专门的编章，统一规定取得时效和消灭时效。奥地利、日本、阿根廷、智利等国以及加拿大魁北克省、美国路易斯安那州等的民法典采此模式。例如，《奥地利普通民法典》第三编第四章同时规定了诉讼时效和取得时效；《日本民法典》总则编第七章为时效，其中第一节为总则，第二节为取得时效，第三节为消灭时效。

（二）分别主义模式

所谓分别主义模式，是指在民法典中将取得时效和消灭时效分别规定在不同的编章，不对二者作统一规定。其中最常见的做法是，在民法典总则编中规定消灭时效，在物权编中规定取得时效。德国、葡萄牙、韩国、俄罗斯等国的民法典和我国台湾地区“民法”及澳门特别行政区的《民法典》就是如此。例如，《德国民法典》总则编第五章规定了消灭时效，物权编第三章“所有权”中规定了取得时效（第 937 ~ 第 945 条）；我国台湾地区“民法”总则编第六章规定了消灭时效，物权编第二章“所有权”中规定了取得时效（第 768 ~ 第 772 条）。与这种做法略有不同的是，《意大利民法典》在第三编“所有权”中规定了取得时效，在第六编“权利的保护”中规定了消灭时效；《荷兰民法典》在第三编“财产法总则”的第四章“财产的取得和丧失”中规定了取得时效，在第十一章“诉讼权利”中规定了消灭时效。《法国民法典》原本采统一主义模式，在第三卷第二十编“时效与占有”中规定了取得时效和消灭时效；现今改采分别主义模式，在第三卷第二十编规定消灭时效，第二十一编规定占有与取得时效。

（三）单一主义模式

所谓单一主义模式，是指在民法典中仅规定消灭时效，而不承认取得时效。1922 年《苏俄民法典》、1961 年《苏联和各加盟共和国民事立法纲要》、1964 年《苏俄民法典》、1952 年《蒙古人民共和国民法典》和 1964 年《捷克斯洛伐克民法典》采此模式。〔3〕

受苏联民法及其理论的影响，我国和朝鲜的现行民法亦采此模式。

---

〔1〕 参见佟柔主编：《中国民法》，法律出版社 1990 年版，第 606 ~ 607 页；王利明：《民法总则研究》，中国人民大学出版社 2003 年版，第 703 ~ 704 页；王泽鉴：《民法总则》，北京大学出版社 2009 年版，第 410 页；施启扬：《民法总则》，中国法制出版社 2010 年版，第 326 ~ 327 页；梁慧星：《民法总论》，法律出版社 2017 年版，第 248 ~ 249 页。

〔2〕 参见顾祝轩：《民法概念史 · 总则》，法律出版社 2014 年版，第 422 ~ 430 页、第 462 ~ 463 页；梁慧星：《民法总论》，法律出版社 2017 年版，第 249 页。

〔3〕 参见佟柔主编：《中国民法》，法律出版社 1990 年版，第 602 页。

第二节 诉讼时效的客体

一、诉讼时效客体的立法模式

诉讼时效的客体，也称诉讼时效的适用范围或适用对象，是指哪些权利依法应适用诉讼时效，或者说哪些权利应受诉讼时效的限制。

在大陆法系民法中，关于诉讼时效的客体，主要有以下两种立法模式：

（一）请求权主义

所谓请求权主义，是指民法典将诉讼时效的客体限定于请求权。多数大陆法系的民法典采此模式。例如，《德国民法典》第194条第1款规定："向他人请求作为或不作为的权利（请求权），受消灭时效的限制。"又如，我国台湾地区"民法"第125条第1句规定，请求权因15年间不行使而消灭。学说上认为，该条系以请求权为消灭时效的客体；不适用消灭时效的权利主要有支配权、形成权、抗辩权，其中支配权和抗辩权不因时间经过而消灭，形成权则因除斥期间经过而消灭。〔1〕

（二）财产权主义

所谓财产权主义，是指民法典将诉讼时效的客体规定为所有权以外的财产权。《日本民法典》第166条、《韩国民法典》第162条就将消灭时效的客体规定为债权或者所有权以外的财产权。不过，日本民法学说认为，以下财产权性质上不罹于消灭时效：①占有权；②必然伴随一定的法律关系而存在的权利，如物上请求权、相邻权、共有物分割请求权等；③担保物权；④财产权以外的权利，除少数例外情况外，也不罹于消灭时效。〔2〕

二、我国诉讼时效的客体

《民法典》第188条第1款第1句规定，"向人民法院请求保护民事权利的诉讼时效期间为三年"，表面上看似乎将诉讼时效的客体规定为民事权利。不过，考虑到《民法典》第190条、第191条、第194条和第196条在规定诉讼时效期间的起算、诉讼时效中止制度以及不适用诉讼时效的权利时均明确采用了"请求权"一词，并且第192条第1款所称"义务人可以提出不履行义务的抗辩"也是针对请求权而言，故从体系解释的角度看，我国诉讼时效的客体仅限于请求权。

学说上认为，请求权依其产生的基础权利的不同，可分为债权上的请求权、物权上的请求权、人格权上的请求权、知识产权上的请求权和身份权上的请求权。〔3〕

债权请求权原则上于债权成立时就随之存在；其他请求权多在受第三人侵害时始告发生。〔4〕

也有学者认为，请求权可以区分为独立请求权和非独立请求权。前者可以单独存在，具有独立的经济价值，可单独转让，具体包括债权和亲属法中的抚养请求权。后者是为实现其他权利（绝对权、人格权、人身亲属权、支配权或无体财产权）服务的，具有一种服

〔1〕 参见施启扬：《民法总则》，中国法制出版社2010年版，第331页。

〔2〕 参见［日］我妻荣：《新订民法总则》，于敏译，中国法制出版社2008年版，第463页。

〔3〕 参见王泽鉴：《民法总则》，北京大学出版社2009年版，第75页；崔建远等：《民法总论》，清华大学出版社2013年版，第66页。

〔4〕 参见王泽鉴：《民法总则》，北京大学出版社2009年版，第75页。

务功能。[1]

从《民法典》第196条和相关司法解释的规定看，上述各类请求权并不都是诉讼时效的客体。

诉讼时效的客体主要是债权请求权，这是不争的事实。学说上认为，债权请求权既包括一切由债权关系所产生的请求权（第一次请求权）；也包括因不履行原债务所发生的损害赔偿请求权（第二次请求权）。[2]

债权请求权，不论其发生原因及请求权内容如何，如合同履行请求权及债务不履行损害赔偿请求权、缔约上过失损害赔偿请求权、不当得利返还请求权、因无因管理产生的请求权、侵权行为损害赔偿请求权等，原则上均适用诉讼时效。[3]

根据《最高人民法院关于审理民事案件适用诉讼时效制度若干问题的规定》（2020年修正）[4] 第1条但书的规定，以下三类债权请求权不适用诉讼时效：

1. 支付存款本金及利息请求权。不适用诉讼时效的原因是：其一，这类请求权没有特定履行期限，债权人可请求金融机构随时履行，如果适用诉讼时效与金融业惯例不相符。其二，这类请求权关系广大民众的基本利益，如果适用诉讼时效将损害民众的生存权。

2. 兑付国债、金融债券以及向不特定对象发行的企业债券本息请求权。不适用诉讼时效的原因是，这类投资与银行储蓄相似，涉及社会公众的基本利益。

3. 基于投资关系产生的缴付出资请求权。[5] 不适用诉讼时效的原因是，足额出资义务是《公司法》规定的股东对公司的一项法定义务，如果适用诉讼时效，既违反公司资本充足原则，不利于公司开展经营活动，也不利于保护其他足额出资的股东及公司债权人。

此外尚需注意，当事人请求法院确认合同无效的权利，性质上并非债权请求权或其他请求权，不受诉讼时效期间的限制。[6]

《民法典》第196条规定，下列请求权不适用诉讼时效的规定："（一）请求停止侵害、排除妨碍、消除危险；（二）不动产物权和登记的动产物权的权利人请求返还财产；（三）请求支付抚养费、赡养费或者扶养费；（四）依法不适用诉讼时效的其他请求权。"具体来说：

1. 请求停止侵害、排除妨碍、消除危险的请求权不适用诉讼时效。根据《民法典》第196条第1项的规定，"请求停止侵害、排除妨碍、消除危险"的请求权不适用诉讼时效的规定。停止侵害请求权，是指权利人请求义务人终止其正在进行的侵害绝对权的行为或状态的权利。排除妨碍请求权，是指权利人请求义务人除去其妨碍绝对权正常行使的行为或状态的权利。消除危险请求权，是指权利人请求义务人消除其可能侵害或妨碍绝对权正常行使的现实危险的权利。

---

[1] 参见［德］卡尔·拉伦茨：《德国民法通论》（上册），王晓晔等译，法律出版社2004年版，第325页。

[2] 参见施启扬：《民法总则》，中国法制出版社2010年版，第331页。

[3] 参见王泽鉴：《民法总则》，北京大学出版社2009年版，第414页。

[4] 该司法解释于2008年8月11日由最高人民法院审判委员会第1450次会议通过，根据2020年12月23日最高人民法院审判委员会第1823次会议通过的《最高人民法院关于修改〈最高人民法院关于在民事审判工作中适用《中华人民共和国工会法》若干问题的解释〉等二十七件民事类司法解释的决定》修正，2021年1月1日起施行。下文以"2008年《诉讼时效规定》"指代前者，以"《诉讼时效规定》"指代后者。

[5] 类似规定也可参见《最高人民法院关于适用〈中华人民共和国公司法〉若干问题的规定（三）》第19条第1款、《最高人民法院关于适用〈中华人民共和国企业破产法〉若干问题的规定（二）》第20条第1款。

[6] 参见王利明：《民法总则研究》，中国人民大学出版社2003年版，第717页。

虽然停止侵害、排除妨碍、消除危险被《民法典》规定为承担民事责任的方式（第179条第1款第1~3项）或者说侵权责任方式（第1167条），但从请求权的角度说，这三类请求权不宜作为侵权责任或者民事责任的方式，而应属于物权、人格权、知识产权等绝对权的消极权能。此类请求权是在绝对权受到侵害、妨碍或者有被侵害、妨碍的危险时产生的，是旨在使绝对权保持或者恢复圆满状态所必需的绝对权请求权。只要绝对权受到侵害、妨碍或者有被侵害、妨碍的危险，无论行为人有无过错及其行为是否构成侵权，权利人均有权行使这些绝对权请求权。因其属于绝对权的消极权能，与绝对权须臾不可分离，如适用诉讼时效就会使行为人可以永久侵害他人的绝对权，违背绝对权不适用诉讼时效的法理，故这些请求权不应当适用诉讼时效。[1]

至于绝对权受到侵害后产生的损害赔偿请求权（《民法典》第238条），因其性质属于债权请求权，并且不是维护绝对权的圆满状态所必需的，故仍应适用诉讼时效。

另外，根据《民法典》第995条的规定，人格权受到侵害的，“受害人的停止侵害、排除妨碍、消除危险、消除影响、恢复名誉、赔礼道歉请求权，不适用诉讼时效的规定”。其中的停止侵害、排除妨碍、消除危险请求权的内容，实质上与《民法典》第196条第1项的规定相同，都属于绝对请求权；消除影响、恢复名誉、赔礼道歉请求权虽然属于损害赔偿请求权，[2] 但《民法典》为加强对人格权的保护，规定其不适用诉讼时效。[3]

2. 返还原物请求权与诉讼时效。根据《民法典》第196条第2项的规定，“不动产物权和登记的动产物权的权利人请求返还财产”的请求权不适用诉讼时效的规定。所谓“权利人”，是指物权人，不包括基于租赁、借用等债的关系而占有不动产或者动产的债权人。所谓“财产”，是指不动产和动产，不包括债权、股权、知识产权等无形财产权。

物权人请求无权占有不动产或者动产的人返还原物的权利（《民法典》第235条），一般称为返还原物请求权或者物的返还请求权。关于返还原物请求权是否适用诉讼时效，我国学理上曾存在重大争议。[4]

按照《民法典》第196条第2项的规定，下列两类返还原物请求权不适用诉讼时效：①不动产物权人的返还原物请求权。由于不动产物权价值较大，事关国计民生和社会稳定，并且已登记的不动产物权具有强大的公示公信力，不会使他人信赖无权占有人为合法物权人，加之我国不少农村地区的房屋尚未办理不动产登记，需要对此提供特殊的保护，[5] 故无论不动产物权是否已经登记，不动产物权人的返还原物请求权都不适用诉讼时效。②已登记动产物权的权利人的返还原物请求权。已登记的动产物权，典型者如已登记的船舶、航空器和机动车的所有权。此类动产物权一方面价值较大，另一方面因其已经登记，能够向社会公示动产物权的存在，不会使他人信赖无权占有人为合法物权人，故其物权人的返还原物请求权不应当适用诉讼时效。此外，由于我国现行法未承认取得时效制度，如果以

---

〔1〕 参见崔建远：“绝对权请求权抑或侵权责任方式”，载《法学》2002年第11期。有观点将《民法典》第196条第1项解释为物权人请求停止侵害、排除妨碍、消除危险的请求权不适用诉讼时效。参见黄薇主编：《中华人民共和国民法典总则编释义》，法律出版社2020年版，第529页。该观点限缩了此项规定的适用范围，不够妥当。

〔2〕 参见程啸：《侵权责任法》，法律出版社2015年版，第655页。

〔3〕 参见黄薇主编：《中华人民共和国民法典人格权编释义》，法律出版社2020年版，第33页。

〔4〕 相关介绍及评论可参见杨巍：《民法时效制度的理论反思与案例研究》，北京大学出版社2015年版，第198~212页；李永军：《民法总则》，中国法制出版社2018年版，第850~855页。

〔5〕 参见黄薇主编：《中华人民共和国民法典总则编释义》，法律出版社2020年版，第529~530页。

上两类返还原物请求权适用诉讼时效，那么在诉讼时效期间届满后，无权占有人就可以对抗物权人的返还原物请求权，继续占有本属于物权人的不动产或者动产，由此形成物权人空有物权之名而无物权之实，占有人拥有物权之实却无物权之名的不正常局面，导致社会秩序处于不稳定状态，这显然不妥。〔1〕

未登记动产物权的权利人的返还原物请求权之所以适用诉讼时效，主要原因是：其一，由于此类物权人没有通过登记或占有来公示其物权，导致其动产被他人长期占有之后，动产的物权归属变得模糊不清，故需要适用诉讼时效来解决举证困难的问题，维护现有的社会秩序。其二，此类动产如果是易耗品，通常会在使用一段时间后被消耗掉；如果不是易耗品，动产物权可以通过交易被第三人善意取得。因此，对这类动产物权的权利人的返还原物请求权适用诉讼时效，一般不会形成动产的物权归属与其实际支配状态长久分离的现象，不至于产生无法容忍的负面效果。

3. 基于身份关系发生的请求权与诉讼时效。根据《民法典》的规定，基于身份关系发生的财产性请求权，包括夫妻之间的给付扶养费请求权（第 1059 条）、未成年子女或者不能独立生活的成年子女对父母的给付抚养费请求权和缺乏劳动能力或者生活困难的父母对成年子女的给付赡养费请求权（第 1067 条）、（外）祖父母与（外）孙子女之间特定情况下的抚养请求权和赡养请求权（第 1074 条）、兄弟姐妹之间特定情况下的扶养请求权（第 1075 条）。我国台湾地区学者一般认为，这类以财产利益为目的的请求权与一般请求权并无不同，自得为消灭时效的客体。〔2〕

我国民法学界的主流观点则主张，此类请求权虽然在性质上属于财产权，但与身份权的联系相当紧密，关涉权利人的生存，故不应适用诉讼时效。〔3〕

受此影响，《民法典》第 196 条第 3 项规定，“请求支付抚养费、赡养费或者扶养费”的请求权不适用诉讼时效的规定。

我国台湾地区民法学说认为，基于身份关系发生的纯粹身份关系的请求权，如夫妻同居请求权、父母对第三人的子女返还请求权，与公序良俗密不可分，不应适用消灭时效。〔4〕

此观点确有道理。在我国可以利用举轻明重的方法解释《民法典》第 196 条第 3 项，得出如下结论：既然基于身份关系发生的给付抚养费请求权等财产性请求权都不适用诉讼时效，那么基于身份关系发生的纯粹身份关系的请求权，因其重要性大大超过上述财产性请求权，故更不应受到诉讼时效的限制。例如，监护人对第三人享有的被监护人返还请求权，就不应适用诉讼时效。

当然，因身份权受侵害而产生的损害赔偿请求权，例如，未成年子女的生命权被他人侵害时，其父母对加害人享有的损害赔偿请求权；无过错的配偶因判决而离婚时，对于有过错的他方享有的损害赔偿请求权（《民法典》第 1091 条），应当适用诉讼时效。〔5〕

---

〔1〕 参见崔建远等：《民法总论》，清华大学出版社 2013 年版，第 264 页。

〔2〕 参见王泽鉴：《民法总则》，北京大学出版社 2009 年版，第 416 页；施启扬：《民法总则》，中国法制出版社 2010 年版，第 333 页。

〔3〕 参见张俊浩主编：《民法学原理》（上册），中国政法大学出版社 2000 年版，第 340 页；崔建远等：《民法总论》，清华大学出版社 2013 年版，第 264~265 页。

〔4〕 参见王泽鉴：《民法总则》，北京大学出版社 2009 年版，第 416 页；施启扬：《民法总则》，中国法制出版社 2010 年版，第 333 页。

〔5〕 参见史尚宽：《民法总论》，中国政法大学出版社 2000 年版，第 633 页。

4. 名为请求权而实为形成权者，不适用诉讼时效。有些权利名为请求权而实为形成权的，不适用诉讼时效制度。[1]

例如，《民法典》规定的共有物分割请求权（第303条）、违约金增减请求权（第585条第2款）、离婚请求权（第1079条）、遗产分割请求权（第1153~1156条）等，均属此类。

《诉讼时效规定》第5条第1款规定："享有撤销权的当事人一方请求撤销合同的，应适用民法典关于除斥期间的规定。对方当事人对撤销合同请求权提出诉讼时效抗辩的，人民法院不予支持。"该规定一方面将可撤销合同中的撤销权称为"撤销合同请求权"，另一方面又规定该权利不适用诉讼时效制度，不够妥当。我国民法通说认为，可撤销法律行为中的撤销权属于形成权，应当适用除斥期间制度。[2]

《民法典》第199条也明确规定，撤销权的存续期间不适用有关诉讼时效中止、中断和延长的规定，存续期间届满撤销权消灭，实际上承认了撤销权的存续期间属于除斥期间。[3]

因此，并无必要先将可撤销合同中的撤销权命名为"撤销合同请求权"，然后再规定该请求权不适用诉讼时效制度。

第三节 诉讼时效期间的性质和类型

一、诉讼时效期间的特征

诉讼时效期间，是指权利人可以请求义务人履行义务，义务人不得主张诉讼时效抗辩的期间。

诉讼时效期间具有如下法律特征：

（一）法定性、强制性

诉讼时效期间适用于哪些类型的权利及其期限长短，原则上均由法律加以规定，具有法定性。诉讼时效制度既然关涉社会秩序的稳定等公共利益，则法律关于诉讼时效的规定应属强制性规定，[4] 当事人不得约定排除诉讼时效的适用。不过，关于诉讼时效期间能否由当事人约定予以缩短或延长，各国民法的规定不尽相同，大致有三种立法模式：①绝对禁止模式，即不允许当事人协议变更诉讼时效期间，如《瑞士债法典》第129条、《意大利民法典》第2936条、《葡萄牙民法典》第300条、《俄罗斯联邦民法典》第198条等；②禁止加重模式，即只允许当事人协议缩短诉讼时效期间，如《奥地利普通民法典》第1502条、《荷兰民法典》第3：322条、《韩国民法典》第184条第2款；③允许当事人约定缩短或延长诉讼时效期间，但设有一定的限制，如《德国民法典》第202条、《匈牙利民法典》

---

〔1〕 参见史尚宽：《民法总论》，中国政法大学出版社2000年版，第628页；施启扬：《民法总则》，中国法制出版社2010年版，第333页；姚瑞光：《民法总则论》，中国政法大学出版社2011年版，第330~331页。

〔2〕 参见梁慧星：《民法总论》，法律出版社2017年版，第213~215页；陈甦主编：《民法总则评注》（下册），法律出版社2017年版，第1089~1090页。

〔3〕 参见黄薇主编：《中华人民共和国民法典总则编释义》，法律出版社2020年版，第536~538页。

〔4〕 参见史尚宽：《民法总论》，中国政法大学出版社2000年版，第624页。

第325条。[1]

《民法典》第197条第1款规定："诉讼时效的期间、计算方法以及中止、中断的事由由法律规定，当事人约定无效。"可见，我国的诉讼时效期间不仅具有法定性，而且具有极强的强制性，不允许当事人另作约定。如此规定主要是考虑到，诉讼时效制度的本质是对请求权的法定限制，关乎社会公共利益和市场法律秩序的统一。若允许当事人通过约定改变时效期间，难免被居于优势地位的企业和经营者滥用，不利于消费者、劳动者及中小企业合法权益的保护。[2]

(二) 期间的可变性

在我国，诉讼时效期间虽然具有法定性和强制性，不允许当事人通过约定加以变更，但当出现法定事由时，诉讼时效期间可以发生中止或中断（《民法典》第194条、第195条）；诉讼时效期间届满后，有特殊情况的，法院还可以根据权利人的申请延长诉讼时效期间（《民法典》第188条第2款）。由此，诉讼时效期间的长度呈现出一定的可变性，从而有别于除斥期间的不变性（《民法典》第199条）。

(三) 类型的多样性

基于不同的立法政策，各国民法对不同类型的请求权规定的诉讼时效期间不尽相同。例如，《德国民法典》规定，请求权的普通消灭时效期间为3年（第195条），特别消灭时效期间为10年或30年（第196条、第197条）。《瑞士债法典》规定，债权的普通时效期间为10年（第127条），短期时效期间为5年（第128条）。我国台湾地区"民法"规定，债权的一般消灭时效期间为15年（第125条），短期消灭时效期间为5年或2年（第126条、第127条）。总体上说，根据诉讼时效期间的适用范围及期限长度的不同，可将其分为普通诉讼时效期间、特别诉讼时效期间和最长诉讼时效期间三种类型。

二、普通诉讼时效期间

普通诉讼时效期间，也称一般诉讼时效期间，简称普通诉讼时效或一般诉讼时效，是指由民事基本法统一规定的，普遍适用于法律未作特别规定的各类请求权的诉讼时效期间。

受理论传统、立法政策、法律继受等因素的影响，大陆法系民法规定的普通诉讼时效期间不尽相同。例如，《奥地利普通民法典》第1478条规定为30年，《葡萄牙民法典》第309条规定为20年，《瑞士债法典》第127条规定为10年。《法国民法典》原第2262条规定为30年，2008年修改后的第2224条规定为5年。《德国民法典》原第195条也规定为30年，2002年修改后的第195条规定为3年。我国台湾地区"民法"第125条和澳门特别行政区《民法典》第302条都规定为15年。从比较法来看，时效法的发展趋势是普通诉讼时效期间越来越短，越来越多的立法例采用了2~6年的时效期间。[3]

在我国，原《民法通则》第135条规定的普通诉讼时效期间为2年。在该法施行期间，有些法律针对特定类型的请求权，也规定了2年诉讼时效期间。[4]

这些规定只是重复原《民法通则》第135条的内容，并未创设特别的诉讼时效期间，

---

[1] 详细介绍可参见朱岩："消灭时效制度中的基本问题——比较法上的分析—兼评我国时效立法"，载《中外法学》2005年第2期；梁慧星：《民法总论》，法律出版社2017年版，第251页；王利明主编：《中华人民共和国民法总则详解》（下册），中国法制出版社2017年版，第942~943页。

[2] 参见梁慧星：《民法总论》，法律出版社2017年版，第252页。

[3] 参见王利明主编：《中华人民共和国民法总则详解》（下册），中国法制出版社2017年版，第881页。

[4] 参见《保险法》第26条第1款；《产品质量法》第45条第1款；《海商法》第257条第2款、第258条、第259条、第261条第1分句、第262条、第264条；《民用航空法》第135条、第171条第1分句。

在当时仍属普通诉讼时效期间。[1]

原《民法总则》和《民法典》第188条第1款第1句将普通诉讼时效期间改为3年后，其他法律规定的2年诉讼时效期间就失去了普通诉讼时效期间的属性，成为《民法典》第188条第1款第2句所称“法律另有规定”的特别诉讼时效期间。

原《民法总则》和《民法典》之所以将普通诉讼时效期间从2年延长至3年，主要是为了“适应社会生活中新的情况不断出现，交易方式与类型不断创新，权利义务关系更趋复杂的现实情况与司法实践，有利于建设诚信社会，更好地保护债权人合法权益”。[2]

三、特别诉讼时效期间

特别诉讼时效期间，也称特殊诉讼时效期间，简称特别诉讼时效或特殊诉讼时效，是指由民事基本法或民事特别法针对特定类型的请求权规定的，期限短于或长于普通诉讼时效期间的各类诉讼时效期间。其中，期限短于普通诉时效期间的，称为短期特别诉讼时效期间、短期特别诉讼时效或短期诉讼时效；期限长于普通诉讼时效期间的，称为长期特别诉讼时效期间、长期特别诉讼时效或长期诉讼时效。由于《民法典》规定的普通诉讼时效期间为3年，故期限短于或长于3年的分别为短期特别诉讼时效期间和长期特别诉讼时效期间。

根据《民法典》第197条第1款及其解释，诉讼时效的期间只能由法律作出规定，当事人不得加以约定，法规和规章也不得进行规定。[3]

另据《民法典》第188条第1款第2句的规定，在3年普通诉讼时效期间以外，只有法律才可以对诉讼时效期间“另有规定”。因此，法规、规章和司法解释不能对诉讼时效期间另作规定。

（一）短期特别诉讼时效期间

对于那些发生较为频繁、不易保存证据的请求权，法律往往规定短期特别诉讼时效期间，以督促权利人从速请求义务人履行义务。例如，我国台湾地区“民法”第127条规定的2年短期时效期间，适用对象为旅店、饮食店及娱乐场之住宿费、饮食费、座费、消费物之代价及其垫款等请求权，其目的即在于此。[4]

我国现行法规定的短期特别诉讼时效期间主要包括：

1. 2年短期特别诉讼时效期间。根据现行法的有关规定，下列请求权的诉讼时效期间为2年：①人寿保险以外的其他保险的被保险人或者受益人请求保险人赔偿或者给付保险金的请求权（《保险法》第26条第1款）；②因产品存在缺陷造成损害要求赔偿的请求权〔《中华人民共和国产品质量法》（以下简称《产品质量法》）第45条第1款〕；③有关航次租船合同的请求权、就海上旅客运输向承运人要求赔偿的请求权、有关船舶租用合同的请求权、有关船舶碰撞的请求权、有关海难救助的请求权、根据海上保险合同向保险人要求保险赔偿的请求权（《中华人民共和国海商法》（以下简称《海商法》）第257条第2款、第258条、第259条、第261条第1分句、第262条、第264条）；④航空运输中托运人对承运人的请求权及地面第三人损害赔偿的请求权（《民用航空法》第135条、第171条

---

〔1〕参见佟柔主编：《中国民法》，法律出版社1990年版，第608页。

〔2〕李建国：《关于〈中华人民共和国民法总则（草案）〉的说明》（2017年3月8日在第十二届全国人民代表大会第五次会议上）。

〔3〕参见黄薇主编：《中华人民共和国民法典总则编释义》，法律出版社2020年版，第532~533页。

〔4〕参见郑玉波：《民法总则》，中国政法大学出版社2003年版，第502页。

第1分句)；⑤持票人对票据的出票人和承兑人的权利〔《中华人民共和国票据法》(以下简称《票据法》) 第17条第1款第1项〕。

上述法律规定的2年诉讼时效期间，并非立法者为督促权利人尽快行使请求权而专门规定的短期特别诉讼时效期间，而主要是由于《民法典》将普通诉讼时效期间从2年改为3年后才转变为短期特别诉讼时效期间，实际上欠缺作为短期特别诉讼时效期间对待的法理基础。在上述法律被立法机关修改之前，其所规定的2年诉讼时效期间，应当作为特别法上的短期特别诉讼时效期间继续适用，不能依据“新法优于旧法”的原则解释为这些规定已被《民法典》第188条第1句默示废止，因为“新法优于旧法”原则适用于同位阶的法律之间，且须受到“特别法优于一般法”原则的限制。[1]

2. 1年短期特别诉讼时效期间。根据《海商法》的相关规定，就海上货物运输向承运人要求赔偿的请求权（第257条第1款)、有关海上拖航合同的请求权（第260条)、有关共同海损分摊的请求权（第263条)，以及互有过失的船舶因发生碰撞而对第三人的人身伤亡承担连带赔偿责任的，一船连带支付的赔偿额超过其应当承担的比例后，对其他有过失的船舶享有的追偿权（第169条第3款、第261条)，均适用1年短期特别时效期间。

根据《中华人民共和国拍卖法》(以下简称《拍卖法》) 第61条第3款的规定，因拍卖标的存在瑕疵未声明的，请求赔偿的诉讼时效期间为1年。

3. 1年以下短期特别诉讼时效期间。根据《票据法》第17条第1款的规定，持票人对支票出票人的权利和对前手的追索权的诉讼时效期间为6个月；持票人对前手的再追索权的诉讼时效期间为3个月。

根据《海商法》第257条第1款的规定，就海上货物运输向承运人要求赔偿的1年时效期间内或时效期间届满后，被认定为负有责任的人向第三人提起追偿请求的，时效期间为90日。

(二) 长期特别诉讼时效期间

有些特别法规定适用3年诉讼时效期间的情形，如有关船舶发生油污损害的请求权（《海商法》第265条)、环境损害赔偿请求权〔《中华人民共和国环境保护法》(以下简称《环境保护法》) 第66条〕，其3年期间在原《民法通则》时期属于长期特别诉讼时效期间的范畴。原《民法总则》和《民法典》将普通诉讼时效期间由2年改为3年后，上述特别法规定的3年时效期间随之取得普通诉讼时效期间的地位。

现行法对有些类型的请求权规定了3年以上的长期特别诉讼时效期间，主要包括：

1. 4年长期特别诉讼时效期间。根据《民法典》第594条的规定，基于国际货物买卖合同和技术进出口合同产生的请求权，诉讼时效期间为4年。这是因为此类合同争议一般都比较复杂，涉及的标的额也较大，当事人主张权利也更为困难，规定4年诉讼时效期间意在更有效地保护当事人的合法权益。[2]

2. 5年长期特别诉讼时效期间。根据《保险法》第26条第2款的规定，人寿保险的被保险人或受益人向保险人请求给付保险金的诉讼时效期间为5年。由于人寿保险的受益人大多不是被保险人，受益人可能无法及时知道保险事故的发生，故法律规定了5年诉讼时

〔1〕 参见梁慧星:《民法总论》，法律出版社2017年版，第290~292页；黄茂荣:《法学方法与现代民法》，中国政法大学出版社2001年版，第171~172页。

〔2〕 参见黄薇主编:《中华人民共和国民法典合同编释义》，法律出版社2020年版，第310页。

效期间，以便更好地保护受益人的利益。[1]

《个人独资企业法》第28条规定："个人独资企业解散后，原投资人对个人独资企业存续期间的债务仍应承担偿还责任，但债权人在五年内未向债务人提出偿债请求的，该责任消灭。"有观点认为，此5年期间属于除斥期间，期间届满债权即消灭。[2]

其实，该条虽采用"责任消灭"的表述，解释上宜将5年期间认定为诉讼时效期间。理由如下：首先，此5年期间系对债权而非形成权的限制，依理应属诉讼时效期间的范畴。其次，5年期间届满后债务人自愿履行的，债权人仍应有权受领，而不宜按照不当得利处理。这种效果只有在诉讼时效制度下才能实现。最后，将债权人对个人独资企业享有的债权排除在诉讼时效制度之外，专门适用除斥期间制度，并无令人信服的理由。当然，从立法论的角度说，该条规定5年长期特别诉讼时效期间也缺乏充分且正当的理由，建议将来修法时予以删除。[3]

四、最长诉讼时效期间

普通诉讼时效期间和特别诉讼时效期间一般自权利人知道或应当知道权利受到损害及义务人之日起计算。在时隔久远权利人才知道权利受到损害的情况下，如依然允许自此时起开始计算诉讼时效期间，导致请求权成立很久之后仍可被行使，诉讼时效迟迟不能完成，难免一方面影响社会经济秩序的稳定，另一方面使义务人因证据湮灭而难于防御。为限制普通诉讼时效期间和特别诉讼时效期间的适用，我国现行法设立了最长诉讼时效期间制度。在比较法上，也不乏设立此类制度的立法例。例如，我国台湾地区"民法"第197条第1款就侵权损害赔偿请求权规定了10年的最长消灭时效期间。又如，《德国民法典》第199条第2-4款、《日本民法典》第724条、《瑞士债法典》第60条第1款和第67条、《意大利民法典》第2947条、《荷兰民法典》第3：310条等，也针对某些特定类型的请求权，分别规定了相应的最长消灭时效期间。[4]

所谓最长诉讼时效期间，简称最长诉讼时效，是指权利人自权利受到侵害之日起，依法可以行使请求权的最长期间。最长诉讼时效期间可分为普通最长诉讼时效期间和特别最长诉讼时效期间。前者是指由民事基本法统一规定的，普遍适用于法律未作特别规定的各类请求权的最长诉讼时效期间。后者是指由民事特别法针对特定类型的请求权规定的最长诉讼时效期间。最长诉讼时效期间原则上为不变期间，不适用法律关于诉讼时效中止、中断的规定，仅可适用关于诉讼时效延长的规定（《民法典》第188条第2款第3句）。

（一）普通最长诉讼时效期间

《民法典》第188条第2款第3句规定，自权利受到损害之日起超过20年的，法院不予保护。该规定继受自原《民法通则》第137条第2句。对于这种20年期间的法律性质，

---

〔1〕 参见安建主编：《中华人民共和国保险法（修订）释义》，法律出版社2009年版，第58页。

〔2〕 参见王利明：《民法总则研究》，中国人民大学出版社2003年版，第757页；孙宪忠主编：《民法总论》，社会科学文献出版社2010年版，第295页。

〔3〕 1997年《合伙企业法》第63条规定："合伙企业解散后，原合伙人对合伙企业存续期间的债务仍应承担连带责任，但债权人在五年内未向债务人提出偿债请求的，该责任消灭。"《个人独资企业法》第28条显然是受此影响而设的。2006年修订的《合伙企业法》删除了上述规定后，合伙企业债权人的债权即适用普通诉讼时效期间。

〔4〕 具体介绍可参见朱岩："消灭时效制度中的基本问题——比较法上的分析——兼评我国时效立法"，载《中外法学》2005年第2期。

多数说认为是最长诉讼时效期间，少数说主张为除斥期间，新说认为是权利的最长保护期间。[1]

除斥期间说认为，20 年期间属于不变期间，不适用诉讼时效中止、中断和延长的规定。[2] 按照该说，20 年期间届满后，请求权本身即归于消灭。该说既无法解释为何同一请求权会同时受到诉讼时效和除斥期间的限制，也难以解决当 20 年期间届满后义务人自愿履行时，权利人是否仍有权受领的问题，故不足采。

权利的最长保护期间说认为，20 年期间是权利的最长保护期间，不是诉讼时效期间。主要理由是：①两者的起算点不同。前者以权利发生之日为起算点；后者以权利人知道或应当知道权利被侵害之时为起算点。②两者的发生原因不同。前者是权利人因不知自己的权利而无从行使所致；后者则是因权利人不行使请求权而发生的。③前者属于不变期间，不适用诉讼时效中止、中断的规定，仅能适用诉讼时效延长的规定；后者则为可变期间，适用诉讼时效中止、中断、延长的规定。[3]

立法机关的有关人士亦采权利的最长保护期间说。[4] 该说的缺陷是难以解释 20 年期间届满的法律效果。赞成该说的学者认为，20 年期间届满后，义务人自愿履行的，权利人仍有权受领，不因此构成不当得利。[5]

这实际上与最长诉讼时效期间说并无差别。反之，如果认为 20 年期间届满后请求权本身消灭，权利人的受领构成不当得利，则又与除斥期间说的效果相同。可见，权利的最长保护期间说并无独立存在价值。

本书赞成最长诉讼时效期间说，主要理由有二：①该说符合体系解释的要求。《民法典》第 188 条第 1 款规定了普通诉讼时效期间和特别诉讼时效期间；第 2 款第 1 句和第 2 句规定了诉讼时效期间的起算点，第 3 句规定了 20 年期间的起算点及其延长问题。如将第 2 款第 3 句规定的 20 年期间解释为最长诉讼时效期间，则第 2 款中的三句规定都是关于诉讼时效期间的规定，不会发生违反体系的问题，而且也与第 1 款规定的诉讼时效期间相匹配。②如将 20 年期间解释为最长诉讼时效期间，则 20 年期间届满后，因请求权本身并不消灭，仅义务人取得拒绝履行的抗辩权，故义务人自愿履行的，权利人仍有权予以受领。[6]

这种效果既符合《民法典》第 192 条关于诉讼时效期间届满的法律效果的规定，在理论构成和具体结论上亦无不妥之处，并且有利于保护权利人。如采除斥期间说或者权利的最长保护期间说，就难以达到上述理想效果。

（二）特别最长诉讼时效期间

根据《海商法》第 265 条的规定，有关船舶发生油污损害的请求权，时效期间为 3 年，自损害发生之日起计算；但是，在任何情况下时效期间不得超过从造成损害的事故发生之日起 6 年。该条主文规定的 3 年期间属于普通诉讼时效期间，但书规定的 6 年期间为特别最长诉讼时效期间。

《产品质量法》第 45 条第 2 款规定，因产品存在缺陷造成损害要求赔偿的请求权，在

---

〔1〕 具体介绍可参见崔建远等：《民法总论》，清华大学出版社 2013 年版，第 267～268 页。

〔2〕 参见佟柔主编：《中国民法学·民法总则》，中国人民公安大学出版社 1990 年版，第 321 页。

〔3〕 参见郭明瑞、房绍坤、唐广良：《民商法总论 人身权法》，中国人民大学出版社 1999 年版，第 329 页；徐国栋：《民法总论》，高等教育出版社 2007 年版，第 397 页。

〔4〕 参见黄薇主编：《中华人民共和国民法典总则编释义》，法律出版社 2020 年版，第 504 页。

〔5〕 参见徐国栋：《民法总论》，高等教育出版社 2007 年版，第 396 页。

〔6〕 参见刘心稳主编：《中国民法学研究述评》，中国政法大学出版社 1996 年版，第 286 页。

造成损害的缺陷产品交付最初消费者满10年丧失；但是，尚未超过明示的安全使用期的除外。该款规定的10年期间为特别最长诉讼时效期间。

第四节 诉讼时效期间的起算

一、诉讼时效期间的起算概述

各类请求权的诉讼时效期间虽然均有法定期限，但须以特定的期日作为起算点，才能确定诉讼时效期间何时届满。所谓诉讼时效期间的起算，就是指自何时起开始计算诉讼时效期间，或者说以何期日作为诉讼时效期间的起算点。对此问题，我国在《民法典》第188条第2款第1句规定了具有普遍适用性的一般起算标准作为原则，并在其他法律中对某些类型的诉讼时效期间规定了特别起算标准。可见，各类诉讼时效期间的起算点都是由法律明文规定的。根据《民法典》第197条第1款的规定，诉讼时效期间的计算方法由法律规定，当事人约定无效。诉讼时效期间的起算点属于诉讼时效期间的计算方法，自然不允许当事人约定，否则就会导致诉讼时效期间被变相地延长或缩短。

二、诉讼时效期间的一般起算标准

（一）一般起算标准的立法模式

关于诉讼时效期间的一般起算标准，在大陆法系民法中大致有主观标准和客观标准两种立法模式。

1. 主观标准。所谓主观标准，也称主观主义，是指自权利人知道或应当知道权利被侵害或者请求权成立及义务人之时起开始计算诉讼时效期间。德国、瑞士、荷兰、英国、俄罗斯、苏格兰、加拿大等的立法对某些类型的请求权采此模式。[1]

主观标准的优点是与诉讼时效制度之旨在督促权利人及时行使请求权的立法目的相符，因为在权利人不知道权利被侵害或不知道享有请求权的情况下就开始计算诉讼时效期间，起不到督促权利人及时行使请求权的作用。其不足在于，如果权利人不知道权利被侵害或不知道享有请求权，诉讼时效期间将迟迟不能起算，难免导致诉讼时效制度之旨在稳定社会经济秩序的目的无法实现，因而往往需要借助最长诉讼时效期间加以控制。[2]

2. 客观标准。所谓客观标准，也称客观主义，是指自权利客观上发生之时或者可行使之时开始计算诉讼时效期间。法国、意大利、荷兰、葡萄牙、日本、韩国、埃塞俄比亚、阿尔及利亚等国家的民法典采此模式。[3]

客观标准的优点是能够令时效期间的起算时间恒定，不至于出现因权利人知悉时间不同而起算点各异，导致实际时效期间长度相去甚远的局面。其不足在于，由于诉讼时效期间的起算与权利人是否知悉无关，故权利人可能面临着因其尚未知悉请求权而无从行使，但诉讼时效期间却已完成的危险。[4]

《德国民法典》第199条第1款对一般请求权采纳了主观标准，以权利人知道或应当知

---

〔1〕 参见朱岩："消灭时效制度中的基本问题——比较法上的分析—兼评我国时效立法"，载《中外法学》2005年第2期。

〔2〕 参见朱庆育：《民法总论》，北京大学出版社2016年版，第552页。

〔3〕 参见杨巍：《民法时效制度的理论反思与案例研究》，北京大学出版社2015年版，第307页。

〔4〕 参见朱庆育：《民法总论》，北京大学出版社2016年版，第552页。

道请求权成立及义务人之时作为起算标准；第2~4款则对其他类型的请求权采纳了客观标准，以请求权发生之时作为起算标准。

（二）我国法采用的立法模式

《民法典》第188条第2款第1句规定："诉讼时效期间自权利人知道或者应当知道权利受到损害以及义务人之日起计算。"该规定对诉讼时效期间的起算采取了主观标准。此所谓"权利人"，首先是指权利受到损害的人本人；在受害人欠缺完全行为能力时，是指受害人的法定代理人；在公益诉讼中，是指依法有权提起公益诉讼的机关和有关组织（《民事诉讼法》第55条）。判断权利人是否"应当知道权利受到损害"，原则上宜采客观标准，即一个理性人在同样情况下能够知道其权利受到损害的，就认定权利人"应当知道权利受到损害"。[1]

不过，在权利人的判断能力明显高于理性人的标准时，应以权利人本人的判断能力为准。至于因权利人个人事实上的障碍而不能行使请求权，如权利人出国在外、患病住院等，并不影响诉讼时效期间的起算。所谓诉讼时效期间"自权利人知道或者应当知道权利受到损害以及义务人之日起计算"，是指自该日24时，也即次日0时起开始计算。

在各类具体的请求权中，因请求权产生的根据及内容不同，权利人"知道或者应当知道权利受到损害"以及义务人的时间点存在差异，故各类请求权诉讼时效期间起算点的具体判断标准也不尽相同。

兹以请求权基础的检索顺序为主线，[2] 结合现行民事立法及民法理论，对各类请求权诉讼时效期间的起算点介绍如下：

1. 合同履行请求权。合同履行请求权的诉讼时效期间，原则上自合同约定的债务履行期届满之日起计算。此外尚需注意以下问题：

（1）当事人约定同一债务分期履行的，诉讼时效期间自最后一期履行期限届满之日起计算（《民法典》第189条）。此所谓同一债务，是指当事人双方在订立合同时约定的，给付内容与性质不随时间经过而变化，只是履行方式分为不同时期的债务。当事人约定"同一债务分期履行"的典型情况是，买卖合同中确定了卖方的交货总量和买方的付款总额，并约定出卖人分期交货或买受人分期付款，或者借款合同中约定借款人分期偿还借款本金，或者侵权损害赔偿协议中约定加害人分期向受害人支付赔偿金。《最高人民法院关于审理融资租赁合同纠纷案件适用法律问题的解释》第14条规定，当事人因融资租赁合同租金欠付争议向人民法院请求保护其权利的诉讼时效期间为3年，"自租赁期限届满之日起计算"。该条依据的原理与《民法典》第189条大体相同，也是把融资租赁合同中的租金债务作为"同一债务分期履行"对待，只是将诉讼时效期间的起算点规定为租赁期限届满之日，而非最后一期租金债务的履行期限届满之日。

如果当事人约定的分期履行并非针对同一债务，例如，在供用电、水、气、热力合同等继续性合同中，用户缴纳每期水电费等费用的义务并非针对同一债务，则债权人对各期给付的请求权的诉讼时效期间应当自各期给付的履行期限届满之日起分别计算。与此类似，在租赁合同中，虽然当事人可以约定租赁期限及租金总额，但承租人缴纳各期租金的义务

---

〔1〕 崔建远等：《民法总论》，清华大学出版社2013年版，第268页。

〔2〕 关于请求权基础的检索顺序，可参见王泽鉴：《民法思维：请求权基础理论体系》，北京大学出版社2012年版，第58~61页；［德］迪特尔·梅迪库斯：《请求权基础》，陈卫佐等译，法律出版社2012年版，第13~14页。

却不属于“同一债务分期履行”，因为每期租金都对应着不同的租赁期间，故出租人的各期租金请求权的诉讼时效期间也应自各期租金的履行期限届满之日起分别计算。否则，由于这类继续性合同的存续期限往往较长，甚至没有明确的存续期限，若坚持“诉讼时效期间自最后一期履行期限届满之日起计算”，将导致诉讼时效期间长期甚至永远不能起算的结果，显然违背诉讼时效制度的立法目的。

（2）合同中未约定履行期限，依照《民法典》第 510 条、第 511 条的规定可以确定履行期限的，诉讼时效期间从履行期限届满之日起计算；不能确定履行期限的，诉讼时效期间从债权人要求债务人履行义务的宽限期届满之日起计算，但债务人在债权人第一次向其主张权利之时明确表示不履行义务的，诉讼时效期间从债务人明确表示不履行义务之日起计算（《诉讼时效规定》第 4 条），因为此时债权人已经知道其权利受到损害。

2. 合同债务不履行的救济性请求权。合同债务不履行的救济性请求权，如损害赔偿请求权、违约金请求权或者违约定金请求权（《民法典》第 583~587 条），诉讼时效期间自债权人知道或应当知道债务人不履行债务之日起计算。

3. 合同解除后产生的请求权。合同解除后恢复原状、采取其他补救措施或赔偿损失的请求权（《民法典》第 566 条第 1 款），除返还原物请求权可能不适用诉讼时效外，诉讼时效期间应当自合同依法被解除之日起计算。但是，合同因违约解除的，解除权人请求违约方承担违约责任的请求权（《民法典》第 566 条第 2 款），仍应自债权人知道或应当知道债务人违约之日起计算。

4. 悬赏广告中的报酬请求权。悬赏广告中完成特定行为的人请求悬赏人支付报酬的请求权（《民法典》第 499 条），诉讼时效期间自悬赏广告规定的履行期限届满之日起计算；无法确定履行期限的，诉讼时效期间自行为人要求悬赏人支付报酬的宽限期届满之日起计算，但悬赏人在行为人第一次向其主张权利之时明确表示不履行义务的，诉讼时效期间自悬赏人明确表示不履行义务之日起计算（参照《诉讼时效规定》第 4 条）。另依《民法典》第 317 条第 2 款，“权利人悬赏寻找遗失物的，领取遗失物时应当按照承诺履行义务”。此时，拾得人的报酬请求权的诉讼时效期间自权利人领取或主张领取遗失物之日起计算。

5. 缔约上过失损害赔偿请求权。基于缔约上过失的损害赔偿请求权（《民法典》第 157 条），诉讼时效期间自合同不成立、无效、被撤销或者确定不发生效力之日起计算（参照《诉讼时效规定》第 5 条第 2 款）。当事人违反缔约过程中的保密义务的损害赔偿请求权（《民法典》第 501 条），自权利人知道或者应当知道义务人违反保密义务之日起开始计算。不过，当事人确认合同无效的请求权不适用法律关于诉讼时效的规定；撤销权人请求法院或仲裁机构撤销法律行为的权利，应适用《民法典》第 152 条规定的除斥期间，也不适用诉讼时效（《诉讼时效规定》第 5 条第 1 款）。

6. 无权代理中善意相对人的请求权。在无权代理中，善意相对人请求无权代理人履行债务或者赔偿损害的请求权（《民法典》第 171 条第 3 款），诉讼时效期间自相对人知道或应当知道无权代理行为被拒绝追认之日起计算。但是，合同中约定的债务履行期迟于前述日期的，相对人请求无权代理人履行债务的请求权的诉讼时效期间自债务履行期届满之日起计算。

7. 无因管理中的请求权。在无因管理中，管理人的给付必要管理费用、赔偿损失请求权的诉讼时效期间，从无因管理行为结束并且管理人知道或应当知道本人之日起计算；本人因不当无因管理行为产生的赔偿损失请求权的诉讼时效期间，从其知道或应当知道管理人及损害事实之日起计算（《诉讼时效规定》第 7 条）。

8. 返还原物请求权。未登记动产物权的物权人的返还原物请求权，其诉讼时效期间的起算应根据返还原物请求权的不同发生原因分别确定：返还被他人无权占有的未登记动产的请求权，自无权占有成立并且权利人知道或应当知道占有人之日起计算；返还作为质物、留置物的未登记动产的请求权，自被担保债权消灭之日起计算；返还作为租赁物的未登记动产的请求权，自租赁合同、融资租赁合同终止之日起计算；合同不成立、无效、被撤销、确定不发生效力或者被解除后返还未登记动产的请求权，自合同被确认不成立、无效、被撤销、确定不发生效力或者被解除之日起计算（参照《诉讼时效规定》第5条第2款）。不过，占有物被他人侵占的，占有人请求他人返还原物的请求权适用1年除斥期间，[1] 自侵占发生之日起计算（《民法典》第462条第2款）。

9. 侵权损害赔偿请求权。侵权损害赔偿请求权的诉讼时效期间，自被侵权人知道或应当知道其民事权益受到损害及侵权行为人之日起计算。例如，《中华人民共和国专利法》（以下简称《专利法》）第74条第1款就规定：侵犯专利权的诉讼时效为3年，"自专利权人或者利害关系人知道或者应当知道侵权行为以及侵权人之日起计算"。

10. 不当得利返还请求权。不当得利返还请求权的诉讼时效期间，自受损失的人知道或应当知道不当得利事实及得利人之日起计算（《诉讼时效规定》第6条）。不过，在合同不成立、无效、被撤销或确定不发生效力的情形，返还财产、折价补偿请求权如属不当得利请求权，诉讼时效期间应当从合同被认定不成立、无效、被撤销或确定不发生效力之日起计算（参照《诉讼时效规定》第5条第2款）。

11. 其他法定请求权。其他法定请求权的诉讼时效期间，如果法律已规定或者依法可推知其起算点的，自应据此处理。例如，根据《民法典》第317条第1款可以推知，遗失物拾得人的必要费用返还请求权的诉讼时效期间，应当自权利人领取或主张领取遗失物之日起计算。如果法律未另外规定诉讼时效期间的起算点，自应适用《民法典》第188条第2款第1句的规定。

上述各项请求权发生竞合时，其中一项请求权完成诉讼时效的，义务人仅得对该项请求权行使诉讼时效抗辩权；若其他请求权并未完成诉讼时效，则当权利人行使其他请求权时，义务人不得对其他请求权援用诉讼时效抗辩权。

三、诉讼时效期间的特别起算标准

根据现行法的相关规定，有些类型的诉讼时效期间的起算不适用《民法典》第188条第2款第1句规定的一般起算标准，而适用《民法典》或其他法律专门规定的特别起算标准。

（一）《民法典》中规定的特别起算标准

1. 最长诉讼时效期间的起算标准。最长诉讼时效期间，一般自权利受到损害之日起计算。例如，《民法典》第188条第2款第3句规定的20年普通最长诉讼时效期间，自权利受到损害之日起计算；《海商法》第265条规定的6年特别最长诉讼时效期间，自造成损害的事故发生之日起计算。不过，《产品质量法》第45条第2款规定的10年特别最长诉讼时效期间，不是自权利被侵害之日起计算，而是自造成损害的缺陷产品交付最初消费者之日起计算。

2. 同一债务分期履行的履行请求权。根据《民法典》第190条的规定，无民事行为能

---

[1] 参见黄薇主编：《中华人民共和国民法典总则编释义》，法律出版社2020年版，第636~637页。

力人或者限制民事行为能力人对其法定代理人的请求权的诉讼时效期间，自该法定代理终止之日起计算。学说上认为，该请求权应当仅限于在法定代理关系存续期间产生的请求权，不包括请求权成立后当事人之间才形成法定代理关系的情况。〔1〕

此一规定旨在保护被代理人的利益，因为在法定代理关系存续期间，法定代理人通常不会代被代理人向自己行使请求权，如果自“权利人知道或者应当知道权利受到损害以及义务人”之日起计算诉讼时效期间，难免出现法定代理关系尚未终止时诉讼时效就已完成的情况，由此损害被代理人的利益。法定代理因被代理人取得或者恢复完全民事行为能力、法定代理人丧失民事行为能力或者被撤销监护人资格等原因终止后（《民法典》第175条、第36条），权利人就可以亲自或者通过新的法定代理人行使请求权，故应开始计算诉讼时效期间。

3. 未成年人遭受性侵害的损害赔偿请求权。根据《民法典》第191条的规定，未成年人遭受性侵害的损害赔偿请求权的诉讼时效期间，自受害人年满18周岁之日起计算。该规定系参考《德国民法典》第208条〔2〕而设，旨在为遭受性侵害的未成年人提供特殊保护，使受害人在成年之后还能够获得寻求法律保护的机会。〔3〕

在受害人年满18周岁之前，如果法定代理人并未代理其通过诉讼途径行使请求权，那么即便法定代理人已代其与义务人达成和解协议，受害人在年满18周岁后仍可根据《民法典》第191条行使请求权。〔4〕

如果加害人是受害人的法定代理人，受害人的损害赔偿请求权应优先适用《民法典》第191条；受害人年满18周岁之后，如不具备完全民事行为能力，其损害赔偿请求权应再适用《民法典》第190条。

（二）特别法中规定的特别起算标准

1. 《专利法》规定的请求权。根据《专利法》第74条第2款的规定，发明专利申请公布后至专利权授予前使用该发明未支付适当使用费的，专利权人要求支付使用费的3年诉讼时效期间，自专利权人知道或者应当知道他人使用其发明之日起计算，但专利权人于专利权授予之日前即已知道或者应当知道的，自专利权授予之日起计算。

2. 《海商法》规定的请求权。《海商法》针对各类请求权规定了较多的特别起算标准，兹列举如下：

（1）就海上货物运输向承运人要求赔偿的请求权的1年时效期间，自承运人交付或应当交付货物之日起计算；在时效期间内或时效期间届满后，被认定为负有责任的人向第三人提起追偿请求的90日时效期间，自追偿请求人解决原赔偿请求之日起或者收到受理对其本人提起诉讼的法院的起诉状副本之日起计算（第257条第1款）。

（2）就海上旅客运输向承运人要求赔偿的请求权的2年时效期间，分别依照下列标准

---

〔1〕参见陈甦主编：《民法总则评注》（下册），法律出版社2017年版，第1370页。

〔2〕该条规定：“到债权人满21周岁为止，因侵害性的自主决定而发生的请求权的消灭时效停止。因侵害性的自主决定而发生的请求权的债权人，在消灭时效开始进行时与债务人在家庭的共同关系中生活的，到家庭的共同关系结束为止，消灭时效也停止。”严格说来，该规定采取的是在受害人满21岁前消灭时效停止进行的制度，与《民法典》第191条采取的在受害人满18岁前诉讼时效期间不起算的制度并不相同。

〔3〕参见李建国：《关于〈中华人民共和国民法总则（草案）〉的说明》（2017年3月8日在第十二届全国人民代表大会第五次会议上）；黄薇主编：《中华人民共和国民法典总则编释义》，法律出版社2020年版，第510~511页。

〔4〕参见黄薇主编：《中华人民共和国民法典总则编释义》，法律出版社2020年版，第512页。

计算：有关旅客人身伤害的请求权，自旅客离船或应当离船之日起计算；有关旅客死亡的请求权，发生在运送期间的，自旅客应当离船之日起计算；因运送期间内的伤害而导致旅客离船后死亡的，自旅客死亡之日起计算，但此期限自离船之日起不得超过3年；有关行李灭失或损坏的请求权，自旅客离船或应当离船之日起计算（第258条）。

（3）有关船舶碰撞的请求权的2年时效期间，自碰撞事故发生之日起计算（第261条第1分句）。

（4）有关海难救助的请求权的2年时效期间，自救助作业终止之日起计算（第262条）。

（5）有关共同海损分摊的请求权的1年时效期间，自理算结束之日起计算（第263条）。

（6）根据海上保险合同向保险人要求保险赔偿的请求权的2年时效期间，自保险事故发生之日起计算（第264条）。

（7）有关船舶发生油污损害的请求权的3年时效期间，自损害发生之日起计算（第265条）。

3.《民用航空法》规定的请求权。根据《民用航空法》的规定，航空运输的2年诉讼时效期间，自民用航空器到达目的地点、应当到达目的地点或者运输终止之日起计算（第135条）；地面第三人损害赔偿的2年诉讼时效期间，自损害发生之日起计算（第171条第1分句）。

4.《票据法》规定的票据权利。根据《票据法》第17条第1款的规定，持票人对票据的出票人和承兑人的权利的2年诉讼时效期间，自票据到期日起计算，见票即付的汇票、本票自出票日起计算；持票人对支票出票人的权利的6个月诉讼时效期间，自出票日起计算；持票人对前手的追索权的6个月诉讼时效期间，自被拒绝承兑或者被拒绝付款之日起计算；持票人对前手的再追索权的3个月诉讼时效期间，自清偿日或者被提起诉讼之日起计算。

第五节 诉讼时效的中止、中断和延长

一、诉讼时效中止

（一）诉讼时效中止概述

诉讼时效制度的一个重要功能是督促权利人及时行使请求权。在诉讼时效期间进行中，如果因客观障碍的发生导致权利人不能行使请求权，则继续计算诉讼时效期间不仅起不到督促权利人及时行使请求权的作用，还会给无辜的权利人造成不当损害，达不到诉讼时效制度的立法目的。因此，有必要通过诉讼时效中止制度来保护权利人。

《民法典》第194条所称的诉讼时效中止，也称诉讼时效期间的中止，[1] 是指在诉讼时效期间届满前的最后6个月内，因发生法定中止事由导致权利人不能行使请求权的，诉讼时效期间应停止计算，待中止事由消除后再另行计算6个月诉讼时效期间。该制度虽然脱胎于原《民法通则》第139条，但其法律效果与后者存在明显区别：前者是自中止事由

---

〔1〕 还有学者称之为时效延期届满或诉讼时效的延期届满。参见陈甦主编：《民法总则评注》（下册），法律出版社2017年版，第1395页。

消除之日起另行计算6个月诉讼时效期间，后者则是从中止事由消除之日起继续计算剩余的诉讼时效期间。显然，《民法典》第194条的规定更有利于保护权利人。

《民法典》第194条规定的诉讼时效中止制度，大致相当于有关大陆法系立法例中规定的消灭时效不完成或者缓期完成制度。〔1〕

依我国台湾地区的实务及学说，所谓消灭时效不完成，是指在时效期间将近终止之际，因发生请求权无法或不便行使的事由，法律使消灭时效在该事由终止后的一定期间内暂缓完成，以便权利人得利用此不完成的期间行使请求权，以中断时效。〔2〕

该时效不完成的一定期间，性质上并非原消灭时效期间的再进行，而是将时效期间酌予延长适当期间，于该期间经过后时效始告完成。〔3〕

（二）诉讼时效中止的构成要件

根据《民法典》第194条第1款的规定，诉讼时效的中止应当具备以下构成要件：

1. 须发生法定的中止事由。所谓中止事由，也即中止时效的原因，是指阻碍权利人行使请求权的客观障碍。按照《民法典》第197条第1款的规定，诉讼时效的中止事由由法律规定，当事人约定无效。《民法典》第194条第1款继受了原《民法通则》（已失效）第139条和2008年《诉讼时效规定》第20条的内容，规定了以下五类中止事由：

（1）不可抗力。作为法定中止事由的不可抗力，是指权利人不能预见、不能避免且不能克服的客观情况（《民法典》第180条第2款）。不可抗力的构成，须同时具备主、客观两个要件。主观要件要求不可抗力的发生须是权利人所不能预见的，也即权利人虽尽到最大努力，也无法准确预见该事件的发生。客观要件要求不可抗力应是权利人不能避免且不能克服的客观情况。

不可抗力事件的范围大致包括如下几类：一是自然灾害，也即给人类生存带来危害或损害人类生活环境的自然现象，主要包括干旱、洪涝灾害、台风、风雹、低温冷冻、雪、沙尘暴等气象灾害，火山、地震灾害、山体崩塌、滑坡、泥石流等地质灾害，风暴潮、海啸等海洋灾害，森林草原火灾和重大生物灾害等（2016年《国家自然灾害救助应急预案》第8.1条）。二是国家行为，包括立法机关的立法行为、司法机关的司法行为和行政机关的行政行为。三是军事行动，如战争、武装冲突、军事演习、部队调动等。四是社会异常事件，即由于人为因素而偶然发生的、不符合正常社会秩序要求的事件，包括罢工、骚乱、游行、集会、恐怖袭击等。

是否发生不可抗力，以及不可抗力是否导致权利人不能行使请求权，应由权利人承担举证责任。关于发生不可抗力的证据，无论是有关专业机构或政府机关等出具的证明，还是报纸、电视等新闻媒体的报道，只要客观上能够证明不可抗力的存在，均得作为证据使用。

（2）无民事行为能力人或者限制民事行为能力人没有法定代理人，或者法定代理人死亡、丧失民事行为能力、丧失代理权。权利人或义务人为无民事行为能力人或者限制民事行为能力人时，因缺乏健全的意思能力和诉讼行为能力，难以独立行使请求权或者他人难

---

〔1〕参见《德国民法典》第210条、第211条；《葡萄牙民法典》第322条；《日本民法典》第158~161条；《韩国民法典》第179条、第181条、第182条；我国澳门特别行政区《民法典》第312条、第313条第1款、第314条；我国台湾地区“民法”第139~141条。

〔2〕参见王泽鉴：《民法总则》，北京大学出版社2009年版，第426页。

〔3〕参见施启扬：《民法总则》，中国法制出版社2010年版，第354页。

以对其行使请求权，故其享有的请求权应由法定代理人代为行使，对其享有的请求权应向法定代理人主张，在诉讼中则应由其监护人作为法定代理人代为诉讼（《民事诉讼法》第60条）。在诉讼时效期间届满前，如果无民事行为能力人或者限制民事行为能力人没有法定代理人或者法定代理人死亡、丧失民事行为能力、丧失代理权，则其享有的请求权或者他人对其享有的请求权客观上就无法行使，故有必要适用诉讼时效中止制度来保护权利人。

根据《民法典》第175条第2项、第3项的规定，法定代理人丧失民事行为能力或者死亡的，法定代理终止；根据第36条和第175条第4项的规定，监护人被撤销监护人资格的，法定代理也终止。在这三种情况下，法定代理人都会丧失代理权。可见，丧失代理权包括法定代理人死亡或者丧失民事行为能力在内。就此而言，第194条第1款第2项第2种情形将“法定代理人死亡、丧失民事行为能力、丧失代理权”并列规定，未能分清三者之间的逻辑关系，不够严谨。另外，在“法定代理人死亡、丧失民事行为能力、丧失代理权”之后，新的法定代理人确定之前，无民事行为能力人或者限制民事行为能力人实际上处于“没有法定代理人”的状态。据此可知，第194条第1款第2项第2种情形规定的上述三种情况，应当纳入第2项第1种情形所称的“没有法定代理人”之中，并无单独规定的必要。从比较法来看，与我国《民法典》第194条第1款第2项类似的有关大陆法系立法例，也大都采用“没有法定代理人”的表述。[1]

（3）继承开始后未确定继承人或者遗产管理人。从继承开始后至继承人或者遗产管理人得到确定之前，被继承人生前享有的请求权无法由确定的权利人主张，被继承人的权利人也无法向确定的继承人或遗产管理人主张请求权。

此时如果继续计算诉讼时效期间，不但无法督促权利人行使请求权，还会给无辜的权利人造成损害。因此，为贯彻诉讼时效制度的立法目的，保护被继承人的债权人和继承人，应当适用诉讼时效中止制度。

针对继承开始后未确定继承人或者遗产管理人的情形，有些大陆法系立法例采用了消灭时效不完成制度，即属于遗产的权利或者针对遗产的权利，自继承人确定或者管理人选定时起6个月内，消灭时效不完成。[2]

这与我国《民法典》第194条第1款第3项规定的诉讼时效中止制度的法律效果相同。

（4）权利人被义务人或者其他人控制。权利人因被义务人或者其他人控制而不能行使请求权的，继续计算诉讼时效期间非但不能督促权利人行使请求权，反倒会鼓励义务人或者其他人通过控制权利人来阻碍其行使请求权，从而给无辜的权利人造成损害。因此，有必要适用诉讼时效中止制度来保护权利人。

所谓权利人被义务人或者其他人控制，主要包括以下情形：其一，权利人被义务人或其他人限制人身自由，导致无法主张权利。至于权利人的人身自由是被合法还是非法限制，则非所问。其二，义务人是权利人的法定代表人或负责人、控股股东或实际控制人，利用其对权利人的控制和影响阻止权利人行使请求权。其三，权利人因与义务人之间存在家庭生活关系，而在经济上或精神上受其控制，导致权利人不能正常行使请求权。

（5）其他导致权利人不能行使请求权的障碍。《民法典》第194条第1款第5项规定的

---

〔1〕 参见《德国民法典》第210条第1款；《日本民法典》第158条第1款；《韩国民法典》第179条；我国台湾地区“民法”第141条。

〔2〕 参见《德国民法典》第211条；《日本民法典》第160条；《韩国民法典》第181条；《葡萄牙民法典》第322条；我国澳门特别行政区《民法典》第314条；我国台湾地区“民法”第140条。

“其他导致权利人不能行使请求权的障碍”包括：权利人因法院暂不受理某类诉讼而无法通过起诉行使请求权，权利人因执行抢险救灾、军事演习等紧急任务而不能行使请求权，以及权利人的法定代理人因被限制人身自由而无法代其行使请求权等。至于因权利人自身的因素导致其难以或不便行使请求权的，如权利人生病、出国或者畏罪潜逃，则不属于权利人不能行使请求权的障碍，不导致诉讼时效中止。

2. 须因中止事由的发生导致权利人不能行使请求权。因中止事由的发生导致权利人不能行使请求权的，才有必要适用诉讼时效中止制度来保护权利人。若仅因法院停止办公而不能起诉，但尚能向义务人请求履行，或者虽不能向义务人请求履行，但还能向法院起诉的，均不在此限。[1]

3. 中止事由须发生在诉讼时效期间的最后6个月内。按照《民法典》第194条第1款的规定，中止事由须发生在诉讼时效期间的最后6个月内，才能导致诉讼时效中止。如果在此之前发生某种事由，导致权利人无法行使请求权，则在该事由消灭以后，权利人至少还有6个月时间行使请求权，故无必要使诉讼时效中止。[2]

中止事由发生在诉讼时效期间的最后6个月之前，但延续至诉讼时效期间的最后6个月之内的，诉讼时效期间自该最后6个月的第一日起中止。[3]

《民法典》第194条所称的诉讼时效期间，仅指普通诉讼时效期间和特别诉讼时效期间，不包括最长诉讼时效期间。在短期特别诉讼时效期间为6个月以下的期间的情况下，在诉讼时效期间进行中的任何时刻，只要发生法定中止事由导致权利人不能行使请求权，都会发生诉讼时效中止的效果。

（三）诉讼时效中止的法律效果

依照《民法典》第194条第1款的规定，在具备法定的构成要件时，即发生“诉讼时效中止”的法律效果。具体包括两个方面：①中止事由发生后，诉讼时效期间应停止计算，中止事由消失前的期间不计入诉讼时效期间。②自中止事由消除之日起满6个月，诉讼时效期间届满，也即从中止事由消除之日起再另行计算6个月诉讼时效期间。

如何认定中止事由消除，应根据不同的中止事由及其发展情况而定。例如，在无民事行为能力人或者限制民事行为能力人没有法定代理人的情形，自其成为完全民事行为能力人或者从其法定代理人就任时起，[4] 中止事由消除。在继承开始后未确定继承人或遗产管理人的情形，自继承人或遗产管理人确定时起，中止事由消除。在权利人被义务人或者其他人控制的情形，自权利人脱离控制可以行使请求权时起，中止事由消除。

在最长诉讼时效期间，诉讼时效中止不受中止事由的持续时间和中止次数的限制。也就是说，在诉讼时效中止后，只要中止事由未消除，诉讼时效期间就一直停止计算；待中止事由消除后，再另行计算6个月诉讼时效期间。在该诉讼时效期间，如果又发生法定的中止事由，诉讼时效应再次中止，并自中止事由消除之日起另行计算6个月诉讼时效期间。只要不超过最长诉讼时效期间，就可以反复适用诉讼时效中止制度。

---

〔1〕 参见郑玉波：《民法总则》，中国政法大学出版社2003年版，第528页。

〔2〕 参见佟柔主编：《中国民法学·民法总则》，中国人民公安大学出版社1990年版，第323页。

〔3〕 参见崔建远等：《民法总论》，清华大学出版社2013年版，第274页。

〔4〕 参见《德国民法典》第210条第1款；《日本民法典》第158条第1款；《韩国民法典》第179条；我国澳门特别行政区《民法典》第312条；我国台湾地区“民法”第141条。

二、诉讼时效中断

（一）诉讼时效中断概述

诉讼时效中断，也称诉讼时效期间中断，是指在诉讼时效期间进行中，因发生权利人积极行使请求权或者义务人同意履行义务等中断事由，致使已经过的诉讼时效期间全部归于无效，从中断事由终结时起重新计算原有的诉讼时效期间。

在诉讼时效期间进行中，无论是权利人积极行使请求权还是义务人同意履行义务，都说明权利人并未怠于行使请求权，诉讼时效制度的立法目的已经达到。此时如果强令诉讼时效期间继续进行，一方面无助于实现督促权利人及时行使请求权的立法目的，另一方面也会损害权利人的利益。有鉴于此，大陆法系的民法典大多规定有消灭时效中断制度。[1]

《民法典》第195条吸收了原《民法通则》第140条的内容，对诉讼时效中断制度作了细化规定。

诉讼时效的中止与中断制度，都可以缓和诉讼时效制度不利于权利人的结果，保护未在权利上睡眠的权利人，阻却诉讼时效的完成；[2] 它们是法定制度，不允许当事人以约定排除其适用，也不允许当事人约定中止或中断事由（《民法典》第197条第1款）。但是，两者无论在构成要件还是在法律效果方面，都存在明显区别。

（二）诉讼时效中断的构成要件

根据《民法典》第195条的规定，诉讼时效的中断应当具备以下构成要件：

1. 须发生法定的中断事由。《民法典》第195条规定了如下四类可导致诉讼时效中断的事由：

（1）权利人向义务人提出履行请求（请求）。权利人向义务人提出履行请求，也称请求，是指权利人在诉讼及仲裁程序外请求义务人履行义务。权利人请求义务人履行义务，表明权利人并未怠于行使请求权，是对诉讼时效进行的事实状态的否定，自应发生诉讼时效中断的效力。[3]

不过，在大陆法系民法中，仅有少数立法例将裁判外请求规定为消灭时效中断事由。[4]

理论上认为，请求是权利人直接向义务人要求实现权利内容的意思通知，性质上属于准法律行为。请求人不必具有中断时效的意思，时效中断的效力系因法律规定而发生。[5]

请求的相对人通常是义务人，也可以是义务人的代理人、清算组织或者遗产管理人。请求的内容可以是请求义务人履行全部或部分义务，或者请求义务人提供担保。请求的方式可以是明示或者默示。所应履行的法律行为纵然为要式行为，请求也不必依照一定方式进行。[6]

权利人提出请求时，其意思通知应到达义务人，才发生诉讼时效中断的效力。根据

---

〔1〕 参见《奥地利普通民法典》第1497条；《瑞士债法典》第135条；《意大利民法典》第2943条、第2944条；《葡萄牙民法典》第323~325条；《韩国民法典》第168条；《巴西新民法典》第202条；《俄罗斯联邦民法典》第203条；《荷兰民法典》第3：316~3：318条；《朝鲜民法》第265条；我国台湾地区“民法”第129条。

〔2〕 参见崔建远等：《民法总论》，清华大学出版社2013年版，第275页。

〔3〕 参见佟柔主编：《中国民法》，法律出版社1990年版，第614页。

〔4〕 参见《韩国民法典》第168条；《荷兰民法典》第3：317条；我国台湾地区“民法”第129条第1款。

〔5〕 参见施启扬：《民法总则》，中国法制出版社2010年版，第340页。

〔6〕 参见施启扬：《民法总则》，中国法制出版社2010年版，第340页。

《诉讼时效规定》第8条的规定，具有下列情形之一的，应当认定为权利人向义务人提出履行请求：①权利人直接向义务人送交主张权利文书，义务人在文书上签字、盖章、按指印，或者虽未签字、盖章、按指印，但能够以其他方式证明该文书到达义务人的。义务人为法人或其他组织的，签收人可以是其法定代表人、主要负责人、负责收发信件的部门或者被授权主体；义务人为自然人的，签收人可以是自然人本人、同住的具有完全行为能力的亲属或者被授权主体。②权利人以发送信件或数据电文方式主张权利，信件或数据电文到达或者应当到达义务人的。③权利人为金融机构，依照法律规定或者当事人约定从义务人账户中扣收欠款本息的。这表明权利人在以默示方式行使请求权。权利人扣收欠款本息的行为，属于债法上的抵销，已被抵销的债权归于消灭，未被抵销的剩余债权发生诉讼时效中断的效力。④义务人下落不明，权利人在国家级或者义务人住所地的省级有影响的媒体上刊登具有主张权利内容的公告的，但法律和司法解释另有特别规定的除外。

学说上认为，权利人对义务人实施的下列行为，因旨在主张其权利存在，并否定义务人的事实状态，与权利人提出请求十分相似，故应参照请求而发生时效中断的效力：①主张抵销的意思表示；②行使同时履行抗辩权；③基于留置权或质权而拒绝返还担保物；④选择债权之选择、种类债权之特定或债权内容之变更。〔1〕

（2）义务人同意履行义务（承认）。义务人同意履行义务，也称承认，是指义务人在诉讼或仲裁程序外，通过实际履行义务或者承诺履行义务的行为认可权利人享有请求权。义务人承认权利人的请求权存在，愿意履行义务，当事人之间的权利义务重新得以明确，已经过了的时效期间即无再继续的必要，故应使诉讼时效中断。〔2〕

大陆法系的民法典大都将承认规定为消灭时效中断事由。

理论上认为，承认是义务人向权利人表示认识权利存在的观念通知，性质上属于准法律行为。义务人承认时不必具有中断时效的效果意思，时效的中断系基于法律规定而发生。〔3〕

承认的方式可以是明示或者默示。义务人通过作出分期履行、部分履行、提供担保、请求延期履行、制定清偿债务计划等承诺或行为来表明承认的意思（《诉讼时效规定》第14条），均无不可。义务人既可单方面承认债务，如出具承诺函或欠款条，也可与权利人签订合同以承认债务。不过，若义务人仅向权利人作出分期履行或延期履行的承诺，权利人没有明确表示认可的，则其承认只能发生诉讼时效中断的效力，而不产生分期履行或延期履行债务的效力。

（3）权利人提起诉讼或者申请仲裁。原《民法通则》第140条将提起诉讼列为诉讼时效中断的事由，没有提及申请仲裁的问题。2008年《诉讼时效规定》第13条第1项规定，申请仲裁与提起诉讼具有同等诉讼时效中断的效力。在此基础上，《民法典》第195条第3项将“权利人提起诉讼或者申请仲裁”并列规定为诉讼时效中断的事由。

权利人提起诉讼，也称起诉，是指权利人依法通过向法院提起民事诉讼的方式来行使请求权。权利人向法院提起民事诉讼，表明权利人已在积极行使请求权，与诉讼时效进行

---

〔1〕参见史尚宽：《民法总论》，中国政法大学出版社2000年版，第651~652页。

〔2〕参见佟柔主编：《中国民法》，法律出版社1990年版，第614页。

〔3〕参见史尚宽：《民法总论》，中国政法大学出版社2000年版，第670页；施启扬：《民法总则》，中国法制出版社2010年版，第341页。

的事实状态相反，故应发生诉讼时效中断的效力。[1]

权利人提起诉讼，既包括依《民事诉讼法》第122条提起民事诉讼，也包括依《刑事诉讼法》第101条提起刑事附带民事诉讼和依《行政诉讼法》第61条提起行政附带民事诉讼。至于权利人提起诉讼的种类，不论为本诉或反诉，给付之诉、确认之诉或形成之诉，均发生诉讼时效中断的效力。[2]

大陆法系的民法典普遍将起诉规定为消灭时效中断事由。

权利人申请仲裁，是指权利人依法通过向仲裁机构提起仲裁的方式来行使请求权。申请仲裁与提起诉讼本质上相似，都是权利人积极通过裁判途径行使请求权的行为，仲裁机构的生效裁决与法院的生效裁判具有同等法律效力。因此，与提起诉讼一样，申请仲裁也应导致诉讼时效中断。有些大陆法系的民法典明确将申请仲裁规定为消灭时效中断事由。[3]

在我国，权利人申请仲裁，既包括依《中华人民共和国仲裁法》（以下简称《仲裁法》）的规定就合同纠纷和其他财产权益纠纷向仲裁委员会申请仲裁，也包括依《中华人民共和国劳动争议调解仲裁法》（以下简称《劳动争议调解仲裁法》）的规定就有关劳动争议向劳动争议仲裁委员会申请仲裁，还包括依《中华人民共和国农村土地承包经营纠纷调解仲裁法》（以下简称《农村土地承包经营纠纷调解仲裁法》）的规定就有关农村土地承包经营纠纷向农村土地承包仲裁委员会申请仲裁。

需要注意，按照《仲裁法》第74条和《民法典》第198条的规定，权利人申请仲裁时，应当优先适用法律对仲裁时效的规定；只有在法律没有规定仲裁时效的情况下，才适用诉讼时效的规定。

（4）与提起诉讼或者申请仲裁具有同等效力的其他情形。起诉作为诉讼时效中断的事由，具有两个重要特征：一是权利人希望通过享有审判权的公权力机关以国家司法强制力认可和保护其权利；二是权利人藉此方式表达行使请求权的主张。符合这两个特征的事项不限于起诉，还包括其他一些与起诉类似的事项。例如，①申请支付令；②申请破产、申报破产债权；③为主张权利而申请宣告义务人失踪或死亡；④申请诉前财产保全、诉前临时禁令等诉前措施；⑤申请强制执行；⑥申请追加当事人或者被通知参加诉讼；⑦在诉讼中主张抵销；⑧其他与提起诉讼具有同等诉讼时效中断效力的事项。例如，权利人向公安机关、人民检察院、人民法院报案或者控告，请求保护其民事权利；权利人向人民调解委员会以及其他依法有权解决相关民事纠纷的国家机关、事业单位、社会团体等社会组织提出保护相应民事权利的请求，诉讼时效从提出请求之日起中断。该条承认申请调解是一种与提起诉讼或申请仲裁具有同等效力的情形。其所谓“依法有权解决相关民事纠纷的国家机关、事业单位、社会团体等社会组织”，包括村民委员会、居民委员会、消费者协会、证券业协会、律师协会、公安机关交通管理部门等社会组织等。

---

〔1〕 参见佟柔主编：《中国民法》，法律出版社1990年版，第613页。

〔2〕 此为日本和我国台湾地区的通说，可参见［日］我妻荣：《新订民法总则》，于敏译，中国法制出版社2008年版，第424~426页；史尚宽：《民法总论》，中国政法大学出版社2000年版，第655~657页；王泽鉴：《民法总则》，北京大学出版社2009年版，第424页；施启扬：《民法总则》，中国法制出版社2010年版，第342页。我国大陆司法实践中的主流观点亦持此说。也有学者认为，权利人起诉仅限于给付之诉，不可能是确认之诉或者形成之诉。参见姚瑞光：《民法总则论》，中国政法大学出版社2011年版，第341~342页。

〔3〕 参见《意大利民法典》第2943条第4款；《葡萄牙民法典》第324条；《朝鲜民法》第266条第1款第1项；我国澳门特别行政区《民法典》第316条；我国台湾地区“民法”第129条第2款第2项。

2. 中断事由须发生在诉讼时效期间进行中。按照《民法典》第195条的规定，诉讼时效中断后既然应重新计算诉讼时效期间，那么诉讼时效的中断事由自须发生在诉讼时效期间进行中。该条所称的诉讼时效期间，仅指普通诉讼时效期间和特别诉讼时效期间，不包括最长诉讼时效期间。如因权利人不知道权利受到损害或不知道义务人等原因，导致普通诉讼时效期间或特别诉讼时效期间未起算，虽最长诉讼时效期间已开始进行，也不会发生诉讼时效中断问题。

义务人在诉讼时效期间届满后承认债务的，仅发生抛弃诉讼时效利益的效力，与诉讼时效中断尚非一事。

（三）诉讼时效中断的法律效果

根据《民法典》第195条的规定，诉讼时效中断的法律效果包括以下三个方面：一是自中断事由发生时起，诉讼时效即告中断，中断前已经过的诉讼时效期间全归无效；二是在中断事由存续期间，诉讼时效暂不进行；三是从中断事由终结时起，诉讼时效期间重新计算。〔1〕

该条所谓“诉讼时效期间重新计算”，是指按各类请求权原来的诉讼时效期间重新计算，并非统一按3年普通诉讼时效期间重新计算。在最长诉讼时效期间，因权利人提出请求或者义务人承认义务导致诉讼时效中断的，在重新计算的诉讼时效期间内，权利人又提出请求或者义务人又承认义务的，诉讼时效再次中断。在这两种情况下，诉讼时效中断并无次数限制，仅在时间上受最长诉讼时效期间的限制。

诉讼时效中断的法律效力，具体可分为及于时的效力和及于人的效力两方面。

1. 诉讼时效中断及于时的效力。诉讼时效中断及于时的效力，是指诉讼时效期间自何时起中断以及自何时起重新计算。根据《民法典》第195条的规定，“从中断、有关程序终结时起，诉讼时效期间重新计算”。对此问题应当区分不同的中断事由，并结合相关法律的规定，分别加以确定。

（1）权利人提出请求时，诉讼时效中断及于时的效力。根据《民法典》第195条的规定，权利人向义务人提出请求时，诉讼时效期间自通知到达义务人时起中断，并从到达义务人之日起重新计算。另依《诉讼时效规定》第9条的规定，权利人对同一债权中的部分债权主张权利，诉讼时效中断的效力及于剩余债权，但权利人明确表示放弃剩余债权的除外。

按照《韩国民法典》第174条的规定，权利人提出裁判外请求后，如未在6个月内起诉或实施与起诉具有同等效力的事项，则其请求不发生时效中断的效力。我国台湾地区“民法”第130条也规定，时效因请求而中断者，若于请求后6个月内不起诉，视为不中断。据此规定，请求仅发生相对中断效力，并无绝对效力。〔2〕

其目的在于督促权利人尽快通过裁判途径行使请求权。我国《民法典》因无类似规定，故在最长诉讼时效期间，权利人可以通过反复请求使诉讼时效多次中断。

（2）义务人承认义务时，诉讼时效中断及于时的效力。义务人通过实际履行行为承认义务的，因被履行的义务归于消灭，自不发生重新计算诉讼时效期间的问题。义务人通过作出同意履行或者提供担保的承诺来承认义务的，按照《民法典》第195条的规定，诉讼

---

〔1〕 参见王泽鉴：《民法总则》，北京大学出版社2009年版，第425页；施启扬：《民法总则》，中国法制出版社2010年版，第346页。

〔2〕 参见施启扬：《民法总则》，中国法制出版社2010年版，第341页。

时效期间应当自通知到达权利人时起中断，并从到达权利人之日起重新计算。不过，义务人承诺延期或分期履行义务且被权利人接受的，诉讼时效期间应当从最后一期义务的履行期限届满之日起重新计算（参照《民法典》第 189 条）。义务人承认部分义务的，诉讼时效中断的效力及于全部请求权，但义务人明示不承认剩余义务的除外（参照《诉讼时效规定》第 9 条）。义务人在约定的期限届满后未履行义务，而出具没有还款日期的欠款条的，诉讼时效期间从权利人收到义务人所写欠款条之日起重新计算。〔1〕

（3）权利人提起诉讼或申请仲裁时，诉讼时效中断及于时的效力。

第一，权利人提起诉讼时，诉讼时效中断及于时的效力。权利人提起诉讼的，诉讼时效期间从权利人向法院提交起诉状或者口头起诉之日起中断（《诉讼时效规定》第 10 条），而无需起诉状送达于相对人。原因在于，一方面，起诉状记载诉讼标的及应受判决事项的声明，即为行使请求权的明确表示；〔2〕另一方面，若以起诉状送达于相对人为必要，就有因法院事务的迟延而丧失中断时效之虞，使权利人遭受不测损害。〔3〕

权利人起诉后又撤诉或者被驳回起诉的，一种立法例规定消灭时效应视为不中断或者不发生消灭时效中断的效力，〔4〕另一种立法例规定原则上不发生消灭时效中断的效力，但设有一些特别规定以保护权利人。〔5〕

在我国，仅《海商法》第 267 条第 1 款第 2 句规定，“请求人撤回起诉、撤回仲裁或者起诉被裁定驳回的，时效不中断”，《民法典》中并无类似条文。主流观点认为，权利人起诉后，因起诉不符合受理条件被法院裁定不予受理或者驳回起诉的，诉讼时效原则上不中断。〔6〕

权利人起诉后又撤诉或者法院裁定按撤诉处理的，诉讼时效原则上也不中断；〔7〕但法院已将起诉状副本送达义务人的，应当认定为权利人向义务人提出请求，诉讼时效从送达义务人之日起中断。〔8〕

诉讼时效因权利人起诉而中断后，在诉讼程序终结前，因权利人持续处于行使权利的状态，故不应开始计算诉讼时效期间。诉讼程序终结后，若权利人获得胜诉判决或者法院出具调解书结案，则无论请求权的诉讼时效期间长短如何，均应统一适用《民事诉讼法》

---

〔1〕参见《最高人民法院关于债务人在约定的期限届满后未履行债务而出具没有还款日期的欠款条诉讼时效期间应从何时开始计算问题的批复》（2020 年修正）。

〔2〕参见施启扬：《民法总则》，中国法制出版社 2010 年版，第 342 页。

〔3〕参见史尚宽：《民法总论》，中国政法大学出版社 2000 年版，第 657 页；［日］我妻荣：《新订民法总则》，于敏译，中国法制出版社 2008 年版，第 427 页。

〔4〕参见我国台湾地区“民法”第 131 条。

〔5〕参见《瑞士债法典》第 139 条；《荷兰民法典》第 3：316 条第 2 款；《韩国民法典》第 170 条；《加拿大魁北克民法典》第 2894 条、第 2895 条第 1 款。

〔6〕参见张卫平：《民事诉讼法》，法律出版社 2013 年版，第 288 页。

〔7〕参见张卫平：《民事诉讼法》，法律出版社 2013 年版，第 288 页。

〔8〕参见李开国：《民法总则研究》，法律出版社 2003 年版，第 443 页；最高人民法院民事审判第二庭编著：《最高人民法院关于民事案件诉讼时效司法解释理解与适用》，人民法院出版社 2008 年版，第 245～250 页；邹开亮、肖海：《民事时效制度要论》，知识产权出版社 2008 年版，第 228～229 页。日本和我国台湾地区也有类似主张及判例，可参见史尚宽：《民法总论》，中国政法大学出版社 2000 年版，第 658～659 页；李永锋：“起诉对诉讼时效的影响”，载《环球法律评论》2007 年第 5 期。

第 246 条规定的申请执行时效及其起算规则，[1] 不必也不能从诉讼程序终结时起重新计算原有的诉讼时效期间。诉讼程序终结后，如果法院判决驳回原告的诉讼请求，则因其请求权在法律上已被否认，故不发生重新计算诉讼时效期间的问题。[2]

嗣后权利人申请再审的，应当适用《民事诉讼法》第 205 条规定的 6 个月申请再审期限，也不能重新计算诉讼时效期间。

第二，权利人申请仲裁时，诉讼时效中断及于时的效力。权利人申请仲裁的，诉讼时效从权利人向仲裁机构递交仲裁申请书之日起中断。仲裁申请被仲裁委员会裁定不予受理的，诉讼时效应视为不中断。权利人撤回仲裁申请的，诉讼时效也应视为不中断，但仲裁机构已将仲裁申请书送达义务人的，应当认定为权利人提出请求，诉讼时效从送达义务人之日起中断。

诉讼时效因权利人申请仲裁而中断后，在仲裁程序终结前，因权利人持续处于行使权利的状态，故不应开始计算诉讼时效期间。仲裁程序终结后，若权利人获得胜诉裁决或者仲裁机构出具调解书结案，且仲裁文书已经发生法律效力，应当适用《民事诉讼法》第 246 条规定的申请执行时效，不必重新计算诉讼时效期间。

根据《劳动争议调解仲裁法》的规定，当事人对有关劳动争议案件的仲裁裁决不服的，可以自收到仲裁裁决书之日起 15 日内向法院起诉（第 47 条、第 48 条、第 50 条）。另据《农村土地承包经营纠纷调解仲裁法》第 48 条的规定，当事人不服农村土地承包仲裁委员会的仲裁裁决的，可以自收到裁决书之日起 30 日内向法院起诉。在这两种情况下，权利人申请仲裁虽可导致诉讼时效中断，但当事人因不服仲裁裁决而向法院起诉后，即应适用因起诉导致诉讼时效中断的效力规则，惟其诉讼时效仍系因权利人申请仲裁而中断，起诉并不导致诉讼时效再次中断。

（4）权利人实施与提起诉讼或申请仲裁具有同等效力的事项时，诉讼时效中断及于时的效力。

第一，权利人申请支付令时，诉讼时效中断及于时的效力。权利人申请支付令的，诉讼时效自权利人向法院提交申请书之日起中断。权利人撤回申请或者申请被法院裁定不予受理的，诉讼时效应当视为不中断。诉讼时效因申请支付令而中断后，在督促程序终结前，不应开始计算诉讼时效期间。法院经审查认定申请不成立，裁定予以驳回的（《民事诉讼法》第 223 条第 1 款），因权利人的请求权仍可通过请求、起诉等方式行使，故应从裁定生效之日起重新计算诉讼时效期间。

法院经审查认定申请成立，向债务人发出支付令后，应当区分以下情况分别处理：

第一种情况，债务人自收到支付令之日起 15 日内既不提出异议又不履行支付令的，债权人可以向法院申请强制执行（《民事诉讼法》第 223 条第 3 款）。此时应按《民事诉讼法》第 246 条规定的申请执行时效处理，[3] 不必重新计算诉讼时效期间。

第二种情况，债务人自收到支付令之日起 15 日内向法院提出书面异议，法院经审查认

---

[1] 该条规定："申请执行的期间为二年。申请执行时效的中止、中断，适用法律有关诉讼时效中止、中断的规定。前款规定的期间，从法律文书规定履行期间的最后一日起计算；法律文书规定分期履行的，从最后一期履行期限届满之日起计算；法律文书未规定履行期间的，从法律文书生效之日起计算。"

[2] 参见李永锋："起诉对诉讼时效的影响"，载《环球法律评论》2007 年第 5 期；朱晓喆："诉讼时效制度的立法评论"，载《东方法学》2016 年第 5 期。

[3] 参见《最高人民法院关于适用〈中华人民共和国民事诉讼法〉的解释》（以下简称《民事诉讼法解释》）第 440 条。

定异议成立的，应当裁定终结督促程序，支付令自行失效（《民事诉讼法》第224条第1款）。支付令失效后，应当根据《民事诉讼法》第224条第2款规定的两种情况分别处理：其一，如果自动转入诉讼程序，应按因起诉导致诉讼时效中断的效力规则处理，债权人提出支付令申请的时间即为向法院起诉的时间（《民事诉讼法解释》第439条第2款）。其二，如因债权人不同意起诉而未能转入诉讼程序，由于债权人应当自收到终结督促程序裁定之日起7日内向受理申请的法院提出不同意起诉（《民事诉讼法解释》第438条第1款），说明从债权人向法院提出不同意起诉之日起督促程序转诉讼程序才告终结，故诉讼时效期间不应从督促程序终结时起重新计算，而应从债权人向法院提出不同意起诉之日起重新计算。

第二，权利人申请破产、申报破产债权时，诉讼时效中断及于时的效力。"申请破产"，是指债权人向法院申请债务人破产；所称的"申报破产债权"，是指在债务人申请破产或第三人申请债务人破产的情况下，债权人向法院申报破产债权。[1]

权利人申请破产、申报破产债权的，诉讼时效自权利人向法院提交破产申请书或者申报破产债权之日起中断。权利人撤回破产申请或者破产债权申报，或者破产申请被法院裁定不予受理或者予以驳回的，诉讼时效应当视为不中断；但破产申请已经送达债务人的，应当认定为权利人提出请求，诉讼时效从送达债务人之日起中断。

诉讼时效因权利人申请破产、申报破产债权而中断后，能否及从何时起重新计算诉讼时效期间，需要区分具体情况而定：

第一种情况，在法院宣告债务人破产前，如果案件进入重整或和解程序，并且债务人将重整计划或和解协议执行完毕的，其债务即因被减免或者被清偿而归于消灭，不存在重新计算诉讼时效期间的问题。[2]

第二种情况，债务人被宣告破产并进行破产清算后，法院依法裁定终结破产程序的〔《中华人民共和国企业破产法》（以下简称《企业破产法》）第120条〕，在破产程序终结后2年内，如果债权人发现有应当追回的财产或者债务人有应当供分配的其他财产，应当依《企业破产法》第123条规定的追加分配制度处理，不必也不能从破产程序终结时起重新计算诉讼时效时间；如果债权人未发现债务人有可供分配的财产，则未受清偿的债权归于消灭，亦无从重新计算诉讼时效期间。

第三种情况，法院受理破产申请后，债务人与全体债权人就债权债务的处理自行达成协议，经法院裁定认可并终结破产程序的（《企业破产法》第105条），从协议中约定的债务履行期届满之日起重新计算诉讼时效期间。

第三，权利人为主张权利而申请宣告义务人失踪或死亡时，诉讼时效中断及于时的效力。权利人为主张权利（行使请求权）而申请宣告义务人失踪或死亡的，诉讼时效自权利人向法院提交申请书之日起中断。权利人撤回申请或者申请被法院裁定不予受理的，相当于权利人没有提出过申请，诉讼时效应当视为不中断。诉讼时效中断后，在诉讼程序终结前，不应当开始计算诉讼时效期间。法院经审理后作出宣告失踪、宣告死亡的判决或者驳回申请的判决的（《民事诉讼法》第192条第2款），因权利人仍需通过请求或起诉等方式行使请求权，故不能适用《民事诉讼法》第246条规定的申请执行时效，而应从判决生效之日起重新计算诉讼时效期间。

---

〔1〕 参见最高人民法院民事审判第二庭编著：《最高人民法院关于民事案件诉讼时效司法解释理解与适用》，人民法院出版社2008年版，第256~257页。

〔2〕 参见王欣新："破产程序与诉讼时效问题研究"，载《政治与法律》2015年第2期。

第四，权利人申请诉前财产保全、诉前临时禁令等诉前措施时，诉讼时效中断及于时的效力。权利人申请诉前财产保全、诉前临时禁令等诉前措施的，诉讼时效自权利人向法院提交申请书之日起中断。权利人撤回申请时，诉讼时效应当视为不中断。诉讼时效中断后，在法院裁定驳回申请或者裁定采取保全措施前，不开始计算诉讼时效期间。法院因申请人不提供担保而裁定驳回申请的（《民事诉讼法》第104条第1款第2句），应当从裁定生效之日起重新计算诉讼时效期间。法院裁定采取诉前措施后，应当区分两种情况处理：①权利人在30日内不依法起诉或申请仲裁，导致法院解除保全的（《民事诉讼法》第104条第3款），诉讼时效期间从解除保全的裁定生效之日起重新计算。②权利人在30日内依法起诉或申请仲裁的，依因起诉或申请仲裁导致诉讼时效中断的效力规则处理，惟其诉讼时效仍系因权利人申请诉前措施而中断，起诉或申请仲裁并不导致诉讼时效再次中断。

第五，权利人申请强制执行时，诉讼时效中断及于时的效力。权利人申请强制执行时，应当区分执行依据的不同，分别确定诉讼时效中断及于时的效力。

在执行依据为法院作出的判决书、裁定书、调解书、支付令或者仲裁机构作出的仲裁裁决、调解书时，由于诉讼时效已因权利人起诉、申请支付令或申请仲裁而中断，且应适用《民事诉讼法》第246条规定的申请执行时效，故权利人申请强制执行只能导致申请执行时效的中断及重新计算，不发生诉讼时效的中断及重新计算问题。例外的是，在执行依据为仲裁裁决且被法院裁定不予执行时，因权利人可以另行向法院起诉或者根据双方达成的书面仲裁协议重新申请仲裁（《仲裁法》第9条第2款、《民事诉讼法》第244条第4款），故诉讼时效期间应当从法院裁定生效之日起重新计算。

在执行依据为具有强制执行效力的公证债权文书时，因权利人申请强制执行导致诉讼时效中断后，应当适用《民事诉讼法》第246条规定的申请执行时效，不必也不能重新计算诉讼时效期间。但是，若法院因公证债权文书确有错误而裁定不予执行（《民事诉讼法》第245条第2款），诉讼时效期间应当从裁定生效之日起重新计算。

第六，权利人申请追加当事人或者被通知参加诉讼时，诉讼时效中断及于时的效力。申请追加当事人或者被通知参加诉讼，是指在已经开始的诉讼程序中，由当事人申请法院追加或者由法院依职权追加与本案有利害关系的人参加诉讼。法院追加的当事人范围不仅包括追加原告、被告，也包括追加第三人。[1]

因申请追加当事人或者被通知参加诉讼导致诉讼时效中断的，诉讼时效自当事人向法院提交追加申请之日起或者被法院通知参加诉讼之日起中断。当事人撤回追加申请的，诉讼时效应当视为不中断。

因申请追加当事人或者被通知参加诉讼导致诉讼时效中断的，应当区分被追加的当事人是原告、被告还是第三人，分别确定导致诉讼时效中断的效力：在被追加的当事人以原告、被告或者有独立请求权第三人的身份参加诉讼时，由于权利人的请求权会受到生效裁判的约束，故应按因起诉导致诉讼时效中断的效力规则处理；在被追加的当事人以无独立请求权第三人的身份参加诉讼时，因其对双方当事人的诉讼标的没有独立请求权（《民事诉讼法》第59条第2款第1句），故不存在其请求权发生诉讼时效中断及重新计算的问题。不过，被追加的无独立请求权第三人如被法院判决承担民事责任（《民事诉讼法》第59条第2款第2句），则诉讼程序终结后，权利人对第三人的请求权应当适用《民事诉讼法》第

[1] 参见江伟主编：《民事诉讼法》，中国人民大学出版社2013年版，第280页。

246条规定的申请执行时效；第三人如未被法院判决承担民事责任，则第三人与原告或被告之间的请求权应当自判决生效之日起重新计算诉讼时效期间。

第七，权利人在诉讼中主张抵销时，诉讼时效中断及于时的效力。关于诉讼中的抵销，有学者认为只能由被告在诉讼中主张抵销，[1] 也有学者认为原告亦可在诉讼中主张抵销。[2]

"在诉讼中主张抵销"，不是指原告将其债权作为主动债权与被告的债权相抵销，而是指被告将其债权作为主动债权与原告的债权进行抵销。原因在于，原告债权的诉讼时效既已因起诉而中断，自无必要再通过"在诉讼中主张抵销"使其再次中断。

被告在诉讼中主张抵销的，无论是通过抵销抗辩的方式主张抵销，[3] 还是通过提起反诉的方式主张抵销，[4] 也无论是否符合抵销的要件和能否发生抵销的效果，都表明被告在积极行使自己的债权，故诉讼时效应当从抵销的意思表示提交法院之日起中断。诉讼时效中断后，在诉讼程序终结前，因抵销的效果尚未确定发生，故不应开始计算诉讼时效期间。诉讼程序终结后，如果被告对原告的债权因抵销而消灭，自不发生重新计算诉讼时效期间的问题。反之，如果抵销后尚有剩余债权或者债权因不符合抵销要件而未能抵销，则应区分被告主张抵销的方式分别处理：①如果被告是通过抵销抗辩的方式主张抵销，因未被抵销的债权无法根据本案生效裁判进入强制执行程序，需要另行通过请求、起诉等方式行使，故诉讼时效期间应当从判决生效之日起重新计算；②如果被告是通过提起反诉的方式主张抵销，因未被抵销的债权已经获得本案生效裁判的支持，故应适用《民事诉讼法》第246条规定的申请执行时效，不存在重新计算诉讼时效期间的问题。

第八，权利人申请调解时，诉讼时效中断及于时的效力。权利人向人民调解委员会以及其他依法有权解决相关民事纠纷的国家机关、事业单位、社会团体等社会组织提出保护相应民事权利的请求，也即权利人向有关社会组织申请调解时，诉讼时效应当从"提出请求之日起中断"，也即从调解申请提交有关社会组织之日起中断。在有关社会组织进行调解期间，不开始计算诉讼时效期间。经调解达不成协议的，诉讼时效期间从调解程序终结之日起重新计算。经调解达成协议后，当事人未申请司法确认调解协议的，诉讼时效期间应当从调解协议中约定的履行期限届满之日起重新计算。当事人申请司法确认调解协议的，如果法院依法裁定调解协议有效，因权利人可以向法院申请执行（《民事诉讼法》第202条），故应适用《民事诉讼法》第246条规定的申请执行时效，不发生重新计算诉讼时效期间的问题；如果法院裁定驳回申请，因当事人可以通过调解方式变更原调解协议或者达成新的调解协议，也可以向法院提起诉讼（《民事诉讼法》第202条），故诉讼时效期间应当从裁定生效之日起重新计算。

第九，权利人向公安机关、检察院、法院报案或者控告时，诉讼时效中断及于时的效力。"权利人向公安机关、人民检察院、人民法院报案或者控告，请求保护其民事权利的，

---

〔1〕 参见刘学在："论诉讼中的抵销（上）"，载《法学评论》2003年第3期；陈桂明、李仕春："论诉讼上的抵销"，载《法学研究》2005年第5期。

〔2〕 参见张艳丽："试析民事诉讼中的抵销制度"，载《中国法学》1992年第5期；耿林："诉讼上抵销的性质"，载《清华大学学报（哲学社会科学版）》2004年第3期。

〔3〕 持此主张者可参见刘学在："论诉讼中的抵销（上）"，载《法学评论》2003年第3期；邱新华："诉讼上抵销：抗辩抑或反诉"，载《山东审判》2007年第5期；张卫平：《民事诉讼法》，法律出版社2013年版，第311~312页。

〔4〕 持此主张者可参见陈桂明、李仕春："论诉讼上的抵销"，载《法学研究》2005年第5期。

诉讼时效从其报案或者控告之日起中断"；"上述机关决定不立案、撤销案件、不起诉的，诉讼时效期间从权利人知道或者应当知道不立案、撤销案件或者不起诉之日起重新计算；刑事案件进入审理阶段，诉讼时效期间从刑事裁判文书生效之日起重新计算"。不过，刑事案件进入审理阶段后，如果权利人依法提起刑事附带民事诉讼，则刑事裁判文书生效后，其中的附带民事诉讼部分应当适用《民事诉讼法》第246条规定的申请执行时效，不发生重新计算诉讼时效期间的问题。

第十，发生其他与提起诉讼具有同等诉讼时效中断效力的事项时，诉讼时效中断及于时的效力。有些司法解释规定了其他与提起诉讼具有同等诉讼时效中断效力的事项和诉讼时效中断及于时的效力。例如，《最高人民法院关于适用〈中华人民共和国企业破产法〉若干问题的规定（二）》第19条规定，债务人对外享有债权的诉讼时效，自法院受理破产申请之日起中断；债务人无正当理由未对其到期债权及时行使权利，导致其对外债权在破产申请受理前1年内超过诉讼时效期间的，法院受理破产申请之日起重新计算上述债权的诉讼时效期间。

2. 诉讼时效中断及于人的效力。诉讼时效中断及于人的效力，是指诉讼时效中断对哪些人具有法律效力。有些大陆法系国家和地区的民法典明确规定，消灭时效的中断或者更新仅在当事人及其承继人之间具有效力。[1]

我国《民法典》虽无类似规定，但从理论上说，诉讼时效期间既然直接影响权利人和义务人的利益，则诉讼时效中断的效力自应及于权利人、义务人及其继承人、受让人等承继人。除此之外，根据《诉讼时效规定》的规定，还有以下特殊情形：

（1）对于连带债权人中的一人发生诉讼时效中断效力的事由，对其他连带债权人也发生诉讼时效中断的效力；对于连带债务人中的一人发生诉讼时效中断效力的事由，对其他连带债务人也发生诉讼时效中断的效力（《诉讼时效规定》第15条）。

（2）债权人提起代位权诉讼的，对债权人的债权和债务人的债权均发生诉讼时效中断的效力，即诉讼时效中断的效力及于债权人、债务人和次债务人。

（3）债权转让的，诉讼时效从债权转让通知到达债务人之日起中断，即诉讼时效中断的效力及于债权的受让人和债务人。

（4）债务承担构成原债务人对债务承认的，诉讼时效从债务承担的意思表示到达债权人之日起中断，即诉讼时效中断的效力及于承担人和债权人。

三、诉讼时效延长

（一）诉讼时效延长概述

诉讼时效延长，也称诉讼时效期间的延长，是指诉讼时效期间届满后，权利人因特殊情况未能在诉讼时效期间行使请求权的，法院可以根据权利人的申请决定延长诉讼时效期间的制度。

我国《民法典》第188条第2款第3句也规定了诉讼时效延长制度，其目的在于缓和最长诉讼时效期间的严苛性，以保护某些特殊案件中的无辜权利人。

诉讼时效期间的延长究竟适用于所有的时效还是最长时效期间？学理上存在争议。但是，从《民法典》第188条的规定看，应该仅仅适用于最长诉讼时效期间。

---

〔1〕参见《日本民法典》第153条；《韩国民法典》第169条；我国台湾地区"民法"第138条。

（二）诉讼时效延长的构成要件

根据《民法典》第188条第2款第3句的规定，诉讼时效的延长应当具备以下构成要件：

1. 权利人须因客观障碍未能在诉讼时效期间行使请求权。《民法典》第188条第2款第3句所称的“特殊情况”，是指权利人由于客观障碍未能在诉讼时效期间行使请求权。所谓客观障碍，是指不可归责于权利人的客观情况。例如，权利人不知道且不应当知道权利受到损害的事实；[1] 具体的加害人，或者因导致诉讼时效中止的事由持续存在，致使权利人未能在最长诉讼时效期间行使请求权。如果因权利人自身原因致使请求权未能在诉讼时效期间行使，例如，权利人虽屡次请求义务人履行，使诉讼时效多次中断，但一直未向法院起诉，以致超过最长诉讼时效期间，则不得适用诉讼时效延长制度。

2. 须最长诉讼时效期间已经届满。从《民法典》第188条第2款第3句的规定看，适用诉讼时效延长制度的前提之一是自权利受到损害之日起超过20年，实际上要求20年最长诉讼时效期间已经届满。这说明诉讼时效延长制度只能适用于20年最长诉讼时效期间。[2]

不过，根据该规定的立法精神，对于其他法律规定的各类特别最长诉讼时效期间，也应当允许适用诉讼时效延长制度。

由于诉讼时效延长制度不适用于普通诉讼时效期间和特别诉讼时效期间，故只要这两类诉讼时效期间已经届满，无论最长诉讼时效期间是否届满，都不应再适用诉讼时效延长制度。由此可知，诉讼时效延长制度实际上仅可适用于普通诉讼时效期间和特别诉讼时效期间因故未能起算或者没有届满，但最长诉讼时效期间却已届满的情况。

3. 权利人须申请法院延长诉讼时效期间。《民法典》第188条第2款第3句所称“人民法院可以根据权利人的申请决定延长”，不仅要求权利人须已向法院起诉，还要求权利人须申请法院延长诉讼时效期间。权利人未向法院起诉的，法院和仲裁机构无权延长诉讼时效期间。权利人虽已向法院起诉，但未申请延长诉讼时效期间的，法院既不应对诉讼时效延长问题进行释明，也不应主动适用诉讼时效延长的规定进行裁判（《民法典》第193条）。

（三）诉讼时效延长的法律效果

根据《民法典》第188条第2款第3句可知，在具备法定的构成要件时，就发生“人民法院可以根据权利人的申请决定延长”诉讼时效期间的法律效果。对此分析如下：

1. 是否延长诉讼时效期间，只能由法院根据权利人的申请进行审查并作出决定，义务人及其他机构均无此权限。法院在决定是否延长时，应当综合考虑权利人是否有予以特殊保护的必要、基于权利人长期不行使请求权的事实状态所发生的其他法律关系是否更有值得保护的理由等因素。[3]

2. 权利人原则上只能在一审期间申请延长诉讼时效期间，不能在二审及再审程序中提出延长申请。不过，权利人在一审期间提出延长申请，但未被一审或二审法院支持的，二

---

〔1〕 典型案例可参见“孙华东夫妇诉通化市人民医院错给所生孩子致使其抚养他人孩子达20余年要求找回亲子和赔偿案”，载最高人民法院中国应用法学研究所编：《人民法院案例选》2003年第4辑（总第46辑），人民法院出版社2004年版，第93～105页。

〔2〕 参见梁慧星：《民法总论》，法律出版社2017年版，第265页；王利明主编：《中华人民共和国民法总则详解》（下册），中国法制出版社2017年版，第881页；陈甦主编：《民法总则评注》（下册），法律出版社2017年版，第1356页。

〔3〕 参见梁慧星：《民法总论》，法律出版社2017年版，第265页。

审或再审时法院仍可决定延长诉讼时效期间。

3. 法院决定延长诉讼时效期间的，只能以剥夺义务人的诉讼时效抗辩权的方式进行，不得另行为权利人指定一段时间的诉讼时效期间。原因在于，一方面，既然权利人已向法院起诉，法院为其另行指定诉讼时效期间即无意义；另一方面，通过剥夺义务人的诉讼时效抗辩权，即可达到延长诉讼时效期间、保护权利人的目的。

第六节 诉讼时效的完成

一、诉讼时效完成的法律效果概述

诉讼时效完成的法律效果，也称诉讼时效的效力，是指诉讼时效期间届满后所产生的法律效果。在大陆法系民法中，诉讼时效制度的构成要件大体相同：一是权利人不行使请求权或所有权以外的财产权；二是权利人不行使权利的事实状态持续经过相应的诉讼时效期间。符合这两个构成要件，诉讼时效即告完成，或者说权利就超过诉讼时效，由此产生相应的法律效果。

关于诉讼时效完成的法律效果，大陆法系民法主要采用了以下三种立法模式：

（一）实体权消灭主义

所谓实体权消灭主义，是指诉讼时效完成后，权利人享有的实体权利即归于消灭。学说上认为，日本和韩国的民法典采此模式。[1]

根据《日本民法典》第166条的规定，债权或所有权以外的财产权，自可以行使权利之时起因10年或20年间不行使而消灭。《韩国民法典》第162条的规定与之类似。

按照实体权消灭主义的逻辑，既然实体权利因时效完成而消灭，法院自应依职权适用诉讼时效，而无需被告援用诉讼时效抗辩。不过，《日本民法典》第145条并未遵循上述逻辑，而是规定：时效非经当事人援用，法院不得根据时效进行裁判。另依实体权消灭主义的逻辑，实体权利因时效完成而消灭后，义务人在不知时效完成的情况下所作的履行构成非债清偿，可以要求权利人返还不当得利。[2]

这实际上承认了已过消灭时效的债权仍然存在，可以作为债权人受领清偿的法律上原因。可见，实体权消灭主义在立法、实务与理论之间存在着一定的逻辑矛盾。

（二）抗辩权发生主义

所谓抗辩权发生主义，是指诉讼时效完成后，权利人享有的请求权并不消灭，仅义务人取得拒绝履行的抗辩权。例如，《德国民法典》第214条第1款规定："消灭时效完成后，债务人有拒绝履行给付的权利。"学说上认为这是一种"技术意义上的抗辩权"。通说认为，我国台湾地区"民法"第144条也采纳了抗辩权发生主义。

按照抗辩权发生主义的逻辑，既然诉讼时效完成后请求权本身并不消灭，仅义务人取得了拒绝履行的抗辩权，则义务人自得行使或放弃该抗辩权。义务人行使该抗辩权的，法院应驳回原告的诉讼请求；义务人放弃或因不知而未行使该抗辩权的，法院应判决被告败

---

〔1〕 参见［日］我妻荣：《新订民法总则》，于敏译，中国法制出版社2008年版，第402页；崔吉子：《韩国物权法专题研究》，北京大学出版社2013年版，第30页。

〔2〕 参见朱岩："消灭时效制度中的基本问题——比较法上的分析—兼评我国时效立法"，载《中外法学》2005年第2期；徐国栋：《民法总论》，高等教育出版社2007年版，第400页。

诉。显然，抗辩权发生主义与当事人主义的诉讼模式密切相关，除非义务人主张诉讼时效抗辩权，法院不得依职权适用诉讼时效进行裁判。〔1〕

在此模式下，诉讼时效完成后，因请求权本身并未消灭，故义务人自愿履行义务的，权利人仍有权受领，义务人不得以不知时效完成为由而请求返还。可见，抗辩权发生主义在理论上能够自圆其说，在实践中能够贯彻私法自治原则，有利于保护权利人。

（三）诉权消灭主义

所谓诉权消灭主义，是指诉讼时效完成后，权利本身仍然存在，仅其诉权归于消灭。〔2〕

诉权消灭说又将诉权区分为起诉权和胜诉权，认为诉讼时效完成仅使权利人的胜诉权消灭。〔3〕

按照诉权消灭主义，诉讼时效完成后，由于诉权已经消灭，故其权利得不到法院的保护；但因权利本身依然存在，故义务人自愿履行的，债权人仍得受领，不构成不当得利。〔4〕

就此而言，诉权消灭主义与抗辩权发生主义在法律效果上区别不大。从逻辑上说，在诉权消灭主义模式下，法院应当依职权调查诉讼时效问题，而不论当事人是否提出时效抗辩；法院经调查后，如认为原告的请求已过诉讼时效，即应判决驳回原告的诉讼请求。〔5〕

《最高人民法院关于适用〈中华人民共和国民事诉讼法〉若干问题的意见》（以下简称《民事诉讼法意见》）（已失效）第153条关于“当事人超过诉讼时效期间起诉的，人民法院应予受理。受理后查明无中止、中断、延长事由的，判决驳回其诉讼请求”的规定，就鲜明地体现了诉权消灭主义的立场。可见，诉权消灭主义与职权主义的诉讼模式相对应，不利于保护权利人。不过，依照《俄罗斯联邦民法典》第199条第2款的规定，法院仅根据争议一方当事人在判决前提出的申请而适用诉讼时效。如果被告不援引诉讼时效期间届满作抗辩，法院就无权在作出裁判时考虑该情况。〔6〕

这种做法进一步缩小了诉权消灭主义与抗辩权发生主义之间的差距。总体上说，诉权消灭主义不如抗辩权发生主义更能自圆其说，但在逻辑上又优于实体权消灭主义。

二、我国法采纳的立法模式

原《民法通则》第135条规定，向法院请求保护民事权利的诉讼时效期间为2年；第137条规定，从权利被侵害之日起超过20年的，法院不予保护。以往的理论往往据此认为，

---

〔1〕 史尚宽：《民法总论》，中国政法大学出版社2000年版，第699页。

〔2〕 参见郑玉波：《民法总则》，中国政法大学出版社2003年版，第536页；梁慧星：《民法总论》，法律出版社2017年版，第252页。

〔3〕 参见佟柔主编：《中国民法学·民法总则》，中国人民公安大学出版社1990年版，第317~318页；韩松编著：《民法总论》，法律出版社2006年版，第292页；谢怀栻：《民法总则讲要》，北京大学出版社2007年版，第201页；徐国栋：《民法总论》，高等教育出版社2007年版，第400页。

〔4〕 参见韩松编著：《民法总论》，法律出版社2006年版，第292页；谢怀栻：《民法总则讲要》，北京大学出版社2007年版，第202页；《俄罗斯联邦民法典》第206条；［俄］E. A. 苏哈诺夫主编：《俄罗斯民法》（第1册），黄道秀译，中国政法大学出版社2011年版，第438页。

〔5〕 参见佟柔主编：《中国民法学·民法总则》，中国人民公安大学出版社1990年版，第317页；韩松编著：《民法总论》，法律出版社2006年版，第292页；谢怀栻：《民法总则讲要》，北京大学出版社2007年版，第201~202页；徐国栋：《民法总论》，高等教育出版社2007年版，第400~401页。

〔6〕 参见［俄］E. A. 苏哈诺夫主编：《俄罗斯民法》（第1册），黄道秀译，中国政法大学出版社2011年版，第435页。

我国民法对于诉讼时效完成的法律效果采纳了诉权消灭主义或者胜诉权消灭主义。[1]《民事诉讼法意见》第153条为此主张提供了诉讼法上的依据。

2008年《诉讼时效规定》第1条规定，“当事人可以对债权请求权提出诉讼时效抗辩”；第21条使用了“诉讼时效抗辩权”的概念；第22条规定，“诉讼时效期间届满，当事人一方向对方当事人作出同意履行义务的意思表示或者自愿履行义务后，又以诉讼时效期间届满为由进行抗辩的，人民法院不予支持”。这些规定表明，该司法解释采纳了抗辩权发生主义。[2]

2008年《诉讼时效规定》第3条关于“当事人未提出诉讼时效抗辩，人民法院不应对诉讼时效问题进行释明及主动适用诉讼时效的规定进行裁判”的规定，实际上废止了《民事诉讼法意见》第153条。这说明在诉讼时效问题上，最高人民法院抛弃了以往的职权主义诉讼模式，改采当事人主义诉讼模式，以更好地适应抗辩权发生主义。在《诉讼时效规定》颁行之后，抗辩权发生主义已成为学界主流观点。《民事诉讼法解释》第219条吸收了2008年《诉讼时效规定》第3条的精神，规定：“当事人超过诉讼时效期间起诉的，人民法院应予受理。受理后对方当事人提出诉讼时效抗辩，人民法院经审理认为抗辩事由成立的，判决驳回原告的诉讼请求。”这进一步说明我国司法实践已采纳抗辩权发生主义。

《民法典》第188条第1款第1句虽然沿用了原《民法通则》第135条的表述方式，规定“向人民法院请求保护民事权利的诉讼时效期间”为3年，由此带有诉权消灭主义的痕迹，但从该法第192条第1款关于“诉讼时效期间届满的，义务人可以提出不履行义务的抗辩”的规定看，实际上也采纳了抗辩权发生主义的立法模式。[3]

三、诉讼时效完成的具体法律效果

根据现行法和相关民法理论可知，在我国，诉讼时效完成的具体法律效果包括以下三个方面：

（一）义务人取得拒绝履行的抗辩权

根据《民法典》第192条第1款的规定可知，诉讼时效完成后，请求权本身并不消灭，仅义务人取得诉讼时效抗辩权，可以向权利人提出不履行义务的抗辩。诉讼时效抗辩权在性质上属于永久抗辩权，义务人行使该抗辩权的，能够永久性地阻止请求权的行使。[4]

在我国，诉讼时效抗辩权的行使应遵循以下规则：

1. 诉讼时效抗辩权性质上属于“需要主张的抗辩”，需由义务人予以主张才能产生效力。[5]

义务人既可在诉讼过程中主张，也可在诉讼外主张该抗辩权。[6] 义务人行使该抗辩权

---

〔1〕 参见佟柔主编：《中国民法》，法律出版社1990年版，第605页；刘心稳主编：《中国民法学研究述评》，中国政法大学出版社1996年版，第283~284页；谢怀栻：《民法总则讲要》，北京大学出版社2007年版，第201页；徐国栋：《民法总论》，高等教育出版社2007年版，第400页；梁慧星：《民法总论》，法律出版社2017年版，第253页。

〔2〕 参见崔建远等：《民法总论》，清华大学出版社2013年版，第258~259页；宋晓明、刘竹梅、张雪楳："《最高人民法院关于审理民事案件适用诉讼时效制度若干问题的规定》的理解与适用"，载《法律适用》2008年第11期。

〔3〕 参见黄薇主编：《中华人民共和国民法典总则编释义》，法律出版社2020年版，第516页。

〔4〕 参见［德］迪特尔·梅迪库斯：《德国民法总论》，邵建东译，法律出版社2000年版，第83页；陈卫佐：《德国民法总论》，法律出版社2007年版，第84页。

〔5〕 参见［德］迪特尔·梅迪库斯：《德国民法总论》，邵建东译，法律出版社2000年版，第83页。

〔6〕 参见［德］迪特尔·梅迪库斯：《德国民法总论》，邵建东译，法律出版社2000年版，第87页。

时，不必采用诉讼时效完成的字样，也不必引用规定诉讼时效的法条，只要其拒绝给付系以请求权因时效经过而不得再行使为理由，即属于行使诉讼时效抗辩权。〔1〕

2. 在诉讼过程中，义务人主张诉讼时效抗辩权的，法院应判决驳回原告的诉讼请求（《民事诉讼法解释》第219条）；义务人未提出诉讼时效抗辩的，法院不应对诉讼时效问题进行释明，也不得主动适用诉讼时效的规定进行裁判（《诉讼时效规定》第2条、《民法典》第193条），以免违反审判中立原则。至于义务人未提出诉讼时效抗辩的原因，究系其明知有抗辩权而明示或默示予以放弃，抑或因不知有抗辩权而未能行使，在所不问。

3. 义务人在诉讼中主张诉讼时效抗辩权的，原则上只能在一审期间提出。根据《诉讼时效规定》第3条的规定，“当事人在一审期间未提出诉讼时效抗辩，在二审期间提出的，人民法院不予支持，但其基于新的证据能够证明对方当事人的请求权已过诉讼时效期间的情形除外。当事人未按照前款规定提出诉讼时效抗辩，以诉讼时效期间届满为由申请再审或者提出再审抗辩的，人民法院不予支持”。理论上认为，“在前一审级已经提出的消灭时效抗辩，不需要在后一审级再次提出”。〔2〕

（二）义务人自愿履行的，不得请求返还

根据《民法典》第192条第2款第2分句的规定：诉讼时效期间届满后，“义务人已经自愿履行的，不得请求返还”。此所谓自愿履行，仅要求义务人基于其自主决定而履行了全部或部分义务，至于义务人履行义务时是否知晓诉讼时效期间已经届满以及有无抛弃诉讼时效抗辩权的意思，在所不问。即便义务人误以为诉讼时效期间尚未届满而履行义务，也不得以重大误解为由主张撤销。当然，如果义务人系因受欺诈或胁迫而非自愿履行义务，则可参照《民法典》关于因受欺诈或胁迫实施的法律行为的规定，主张撤销其履行行为，并请求权利人返还所受领的给付。此外，义务人仅自愿履行部分义务，而未表示同意履行剩余义务的，仅应就已经履行的部分给付丧失返还请求权，不能认定义务人对剩余义务也丧失了诉讼时效抗辩权。

（三）义务人同意履行的，不得主张诉讼时效抗辩权，并应按原来的诉讼时效期间重新计算诉讼时效

《民法典》第192条第2款第1分句规定：“诉讼时效期间届满后，义务人同意履行的，不得以诉讼时效期间届满为由抗辩。”根据该规定可知：

1. 诉讼时效完成后，义务人同意履行的，无论是通过单方行为还是通过合同表示同意履行义务，也无论义务人是否知晓诉讼时效完成的事实及有无放弃诉讼时效抗辩权的意思，都不得再主张诉讼时效抗辩权。〔3〕

可见，义务人同意履行不等于放弃诉讼时效抗辩权，因为后者不仅要求义务人须知悉请求权已过诉讼时效，还要求义务人须有放弃诉讼时效抗辩权的效果意思。有观点认为，

---

〔1〕 此为我国台湾地区的实务及学说见解，可参见王泽鉴：《民法总则》，北京大学出版社2009年版，第431页。

〔2〕［德］迪特尔·梅迪库斯：《德国民法总论》，邵建东译，法律出版社2000年版，第87页。

〔3〕 根据《诉讼时效规定》第19条的规定，当事人双方就原债务达成新的协议，债权人主张义务人放弃诉讼时效抗辩权的，人民法院应予支持（第2款）；超过诉讼时效期间，贷款人向借款人发出催收到期贷款通知单，债务人在通知单上签字或者盖章，能够认定借款人同意履行诉讼时效期间已经届满的义务的，对于贷款人关于借款人放弃诉讼时效抗辩权的主张，人民法院应予支持（第3款）。

义务人同意履行属于对诉讼时效抗辩权或者诉讼时效利益的放弃。[1] 这种观点既不符合义务人“同意履行”的文义，也增加了认定义务人同意履行的难度，不利于保护权利人。至于义务人同意履行的方式，既可以是明确表示愿意履行义务，也可以是作出分期履行、部分履行、提供担保、请求延期履行、制定清偿债务计划等承诺（参照《诉讼时效规定》第14条）。义务人仅承认义务存在，而无同意履行或放弃诉讼时效抗辩权的意思表示的，不能认定为义务人同意履行。[2] 原因在于，义务人在诉讼时效期间届满后所作的同意履行的意思表示，会发生使其丧失诉讼时效抗辩权的严重后果，故在解释上应当从严。就此而言，《民法典》第192条第2款第1分句所称的“义务人同意履行”，与第195条第2项规定的“义务人同意履行义务”，尚不能等同视之。此外，义务人同意履行的意思表示，不适用因重大误解实施的法律行为可以撤销的规则。[3] 如果义务人系受欺诈或胁迫而作出同意履行的意思表示，则可根据《民法典》关于因受欺诈或胁迫实施的法律行为的规定予以撤销。

2. 所谓义务人“不得以诉讼时效期间届满为由抗辩”，一方面意味着义务人丧失了诉讼时效抗辩权，另一方面意味着该请求权随之复活，应当按原来的诉讼时效期间重新计算诉讼时效。至于重新计算的诉讼时效期间的起算点，如果义务人在同意履行义务时未确定履行期，应当自义务人同意履行之日起计算；如果义务人在同意履行时确定了履行期，应当自履行期届满之日起计算。当然，如果双方当事人通过合同约定由义务人负担新债以消灭旧债的，则新债的诉讼时效期间及其起算点应按一般合同之债的情况处理。

应予指出，依照《日本民法典》第146条和我国台湾地区“民法”第147条第2句的规定，消灭时效利益不得预先放弃。我国《民法典》第197条第2款也明确规定：“当事人对诉讼时效利益的预先放弃无效。”所谓诉讼时效利益，实际上就是诉讼时效抗辩权。之所以如此规定，是因为如允许义务人预先放弃诉讼时效利益，则权利人难免利用其强势地位迫使义务人预先表示放弃，以此损害义务人的利益，并导致诉讼时效制度的立法目的落空。[4]

至于诉讼时效期间届满后，义务人明示或者默示地放弃诉讼时效利益的，因系对其自身利益的处分，也符合抗辩权可以被放弃的法理，自无不许之理。《民法典》第192条第2款的规定，就已包含了此意旨。

四、诉讼时效完成的效力所涉及的范围

诉讼时效完成的效力所涉及的范围，也称诉讼时效的效力范围，是指诉讼时效完成的法律效果对哪些权利和哪些人发生法律效力。

（一）诉讼时效完成的效力所涉及的权利范围

1. 各类独立请求权。诉讼时效完成的效力所涉及的权利范围，首先是各类独立的请求权，尤其是债权请求权，如价款或报酬给付请求权、交付标的物请求权、损害赔偿请求权、不当得利返还请求权等。此类请求权完成诉讼时效后，虽不得通过诉讼及强制执行途径获得实现，但依《日本民法典》第508条和我国台湾地区“民法”第337条的规定，如其在

---

[1] 参见杨巍：《民法时效制度的理论反思与案例研究》，北京大学出版社2015年版，第240页；黄薇主编：《中华人民共和国民法典总则编释义》，法律出版社2020年版，第517页。

[2] 参见闫爱云：“该案债权人主张权利是否超过诉讼时效期间”，载《山东审判》2009年第6期；王利明主编：《中华人民共和国民法总则详解》下册，中国法制出版社2017年版，第910~911页。

[3] 参见王利明主编：《中华人民共和国民法总则详解》（下册），中国法制出版社2017年版，第904页。

[4] 参见黄薇主编：《中华人民共和国民法典总则编释义》，法律出版社2020年版，第533页。

消灭时效完成前已适于抵销者，权利人仍得为抵销。我国大陆现行法并无类似规定，学说上多认为超过诉讼时效的债权不得作为主动债权予以抵销，[1] 司法实践中则存在着正反两种意见。[2]

本书认为，《民法典》第568条第1款的规定，并未明确禁止当事人将已过诉讼时效的债权作为主动债权予以抵销。为保护债权人的利益，解释上宜参照日本和我国台湾地区的做法，认定完成诉讼时效的债权如在诉讼时效完成前已适于抵销的，仍得作为主动债权予以抵销。[3]

2. 从债权。在具有主从关系的两个债权中，根据从债权的从属性可知，主债权完成诉讼时效的，其效力应当及于利息债权、违约金债权、保证债权等从债权。《德国民法典》第217条规定："主请求权完成消灭时效时，对取决于主请求权的从给付的请求权也完成消灭时效，即便这一请求权所适用的特别消灭时效尚未完成亦然。"我国台湾地区"民法"第146条也规定："主权利因时效消灭者，其效力及于从权利。但法律有特别规定者，不在此限。"可见，两者都承认主债权诉讼时效完成的效力及于从债权，区别在于前者不承认任何例外，后者则承认法律有特别规定的除外。我国《民法典》虽无类似规定，但基于从债权的从属性可知，当主债权完成诉讼时效时，原则上从债权也一并完成诉讼时效。不过，存在着以下两种例外：

（1）法律对从债权的诉讼时效期间或起算点另有规定的，从债权未必随主债权一并完成诉讼时效。例如，在连带责任保证中，保证债权虽为从债权，但因其诉讼时效期间及起算点与主债权未必相同（《民法典》第694条第2款），故主债权已过诉讼时效的，保证债权未必完成诉讼时效。当然，因主债权诉讼时效期间届满，保证人享有主债务人的诉讼时效抗辩权，且不受债务人放弃该抗辩权的影响，故保证债权虽未完成诉讼时效，但保证人仍得援引主债务人的诉讼时效抗辩权，拒绝向债权人承担保证责任（《民法典》第701条）。

（2）当事人约定从债权的履行期不同于主债权的，因主债权与从债权的诉讼时效期间的起算点不一致，故从债权未必随主债权一并完成诉讼时效。例如，某借款合同约定：借款人应在2015年12月1日偿还本金、2015年12月15日前还清利息。因借款本金和利息债权的诉讼时效期间均为3年，故本金债权的诉讼时效期间于2018年12月1日届满，利息债权的诉讼时效期间于2018年12月15日届满。在2018年12月2日至12月15日之间，本金债权虽已完成诉讼时效，但利息债权的诉讼时效尚未完成。

3. 担保物权。在主债权有担保物权担保的情形，根据担保物权的从属性可知，主债权完成诉讼时效的，其效力理应及于抵押权等担保物权。然而，《德国民法典》第216条第1款却规定："抵押权、船舶抵押权或质权所担保的请求权之完成消灭时效，不妨碍权利人从被设定负担的标的中求偿。"该规定实际上放松了《德国民法典》第1137条第1款第1句和第1211条第1款第1句为抵押人与质押人规定的"从属性之抗辩"，[4] 突破了担保物权

---

[1] 参见王利明：《合同法研究》（第二卷），中国人民大学出版社2003年版，第364页；韩世远：《合同法总论》，法律出版社2011年版，第548页；崔建远：《合同法》，北京大学出版社2013年版，第306页。

[2] 参见黄勤武："超过诉讼时效的债权可以行使抵销权"，载《人民司法》2011年第4期；张媛媛："诉讼时效期间届满的债权被抗辩时不可用于依法抵销"，载《人民司法》2012年第22期。

[3] 同旨参见杨巍：《民法时效制度的理论反思与案例研究》，北京大学出版社2015年版，第248~249页。

[4] [德] 迪特尔·梅迪库斯：《德国民法总论》，邵建东译，法律出版社2000年版，第103页。

的从属性。我国台湾地区“民法”第145条第1款也规定：“以抵押权、质权或留置权担保之请求权，虽经时效消灭，债权人仍得就其抵押物、质物或留置物取偿。”第880条进一步规定，以抵押权担保之债权，其请求权已因时效而消灭的，如抵押权人于消灭时效完成后5年间不实行其抵押权，则抵押权消灭。这与德国民法的做法类似。如此规定的理由是，在社会观念上，债权人通常对于担保物有高度信赖，不急于行使请求权。为顾及社会实况及债权人的心态，并增强担保物权的效力，法律特别规定：请求权虽经时效而消灭，债权人仍得就担保物取偿。[1]

《民法典》第419条规定：“抵押权人应当在主债权诉讼时效期间行使抵押权；未行使的，人民法院不予保护。”该规定严格坚持抵押权的从属性，承认主债权完成诉讼时效的效力及于抵押权，“使抵押权在实际上与所担保债权同受诉讼时效期间的限制”。[2]

立法者如此规定的主要考虑是，如果允许抵押权一直存续，可能会使抵押权人怠于行使抵押权，不利于发挥抵押财产的经济效用；规定抵押权的存续期间，能够促使抵押权人积极行使请求权，促进经济发展。[3]

据此可知，主债权诉讼时效期间届满后，抵押人得援引主债务人对债权人（抵押权人）的诉讼时效抗辩权，拒绝抵押权人行使抵押权，主张自己不承担担保责任。[4] 不过，如抵押人同意抵押权人行使抵押权，则不得再以主债权超过诉讼时效为由予以抗辩。[5]

《最高人民法院关于适用〈中华人民共和国民法典〉有关担保制度的解释》（以下简称《民法典担保制度解释》）第44条第2款规定：“主债权诉讼时效期间届满后，财产被留置的债务人或者对留置财产享有所有权的第三人请求债权人返还留置财产的，人民法院不予支持；债务人或者第三人请求拍卖、变卖留置财产并以所得价款清偿债务的，人民法院应予支持。”第3款规定，动产质权、以交付权利凭证作为公示方式的权利质权，参照适用第2款的规定。这两款规定突破了留置权、动产质权和以交付权利凭证作为公示方式的权利质权的从属性，承认主债权完成诉讼时效的效力不及于这些担保物权。其背后的考虑是，这类质权和留置权属于占有型担保物权，因担保财产处于债权人的占有之下，故债权虽因诉讼时效期间届满而不能强制执行，并不妨碍债权人就其担保物取偿。[6]

（二）诉讼时效完成的效力所涉及的人的范围

1. 权利人和义务人，即义务人可以对权利人行使诉讼时效抗辩权。

2. 诉讼时效完成的效力也应及于权利义务的承受人。例如，债权完成诉讼时效后，通过继承、企业合并、债权让与等方式受让债权的人，也应受到诉讼时效抗辩权的限制；通过继承、企业合并、债务承担等方式承受义务的人，亦得主张原义务人的诉讼时效抗辩权。[7]

---

[1] 参见施启扬：《民法总则》，中国法制出版社2010年版，第357页。

[2] 梁慧星：《民法总论》，法律出版社2017年版，第256页。

[3] 参见黄薇主编：《中华人民共和国民法典物权编释义》，法律出版社2020年版，第546页。

[4] 参见《最高人民法院关于适用〈中华人民共和国民法典〉有关担保制度的解释》（以下简称《民法典担保制度解释》）第44条第1款；崔建远：《物权：规范与学说——以中国物权法的解释论为中心》（下册），清华大学出版社2011年版，第829页。

[5] 参见黄薇主编：《中华人民共和国民法典总则编释义》，法律出版社2020年版，第547页。

[6] 参见梁慧星：《民法总论》，法律出版社2017年版，第256页。

[7] 参见《民法典》第553条规定：“债务人转移债务的，新债务人可以主张原债务人对债权人的抗辩……”，其中就包括原债务人对债权人的诉讼时效抗辩权。

不过，被承担的债务完成诉讼时效后，承担人仍向债权人作出同意履行的意思表示或者自愿履行义务的，不得再以原债务已过诉讼时效为由抗辩（参照《诉讼时效规定》第19条第1款、《民法典》第192条第2款）。

3. 在债权人代位权中，次债务人对债务人享有的诉讼时效抗辩权，可以向债权人主张（《民法典》第535条第3款）；但债务人对债权人享有的诉讼时效抗辩权只能由债务人行使，次债务人不得援用。这是诉讼时效完成的效力在债权人代位权中的体现。

4. 诉讼时效完成的效力还应及于保证人和物上担保人。具体言之：其一，保证人享有债务人的诉讼时效抗辩权；即便债务人放弃该抗辩权，保证人仍有权向债权人主张抗辩（《民法典》第701条、《诉讼时效规定》第18条第1款）。但是，保证人对已过诉讼时效的债务承担保证责任或者提供保证后，既不得再主张主债务人的诉讼时效抗辩权，原则上也不得向主债务人行使追偿权，除非主债务人放弃诉讼时效抗辩（《民法典担保制度解释》第35条、《诉讼时效规定》第18条第2款）。其二，主债权诉讼时效期间届满后，债权人未对第三人提供的担保财产行使抵押权或者以登记作为公示方式的权利质权的，第三人有权以主债权诉讼时效期间届满为由，拒绝债权人行使担保物权，主张不承担担保责任（《民法典》第419条、《民法典担保制度解释》第44条第1款、第3款）。

此外，诉讼时效完成的效力是否及于连带债权人或连带债务人？我国现行法对此未作规定。按照我国台湾地区"民法"的规定，连带债务人中之一人消灭时效已完成者，其他债务人仅得就该债务人应分担之部分获得免责（第276条），亦即其他债务人仅得就该部分债务主张消灭时效抗辩权；连带债权人中之一人消灭时效已完成者，债务人仅得就该债权人应享有之部分主张免责（第288条），亦即债务人仅得就该部分债权主张消灭时效抗辩权。我国《民法典》第520条对此问题未作规定，解释上可以类推适用该条第2款的规定，认定对一个连带债务人或连带债权人完成诉讼时效的，在该连带债务人应当承担的份额范围内，其他连带债务人可以援用其诉讼时效抗辩权；在该连带债权人应当享有的份额范围内，债务人对其他连带债权人也可以援用诉讼时效抗辩权。

第七节 诉讼时效与除斥期间

一、除斥期间概述

除斥期间，是指由法律规定、当事人约定或者根据具体交易情况确定的形成权的存续期间。从《民法典》第199条关于"法律规定或者当事人约定的撤销权、解除权等权利的存续期间，……存续期间届满，撤销权、解除权等权利消灭"的规定看，除斥期间适用于形成权，期间届满的法律效果是形成权本身归于消灭。〔1〕除斥期间届满后再行使形成权，其行使行为当然不发生效力，不需要相对人再提出抗辩。〔2〕

形成权在民法上的表现形式多种多样。例如，《民法典》规定的形成权有意思表示的撤回权（第141条）、效力待定法律行为中的追认权和撤销权（第145条第2款、第171条第2款）、可撤销法律行为中的撤销权（第147～152条）、合法权益受侵害的集体成员对农村

---

〔1〕这也是我国理论和实务中的通说。相关介绍及批评意见可参见耿林："论除斥期间"，载《中外法学》2016年第3期。

〔2〕参见［德］迪特尔·梅迪库斯：《德国民法总论》，邵建东译，法律出版社2000年版，第89页。

集体经济组织、村民委员会或者其负责人作出的决定的撤销权（第265条第2款）、业主对业主大会或业主委员会的决定的撤销权（第280条第2款）、共有物分割请求权（第303条）、利益受到损害的其他债权人对抵押权人与抵押人订立的以抵押财产折价的协议的撤销权（第410条第1款）、要约的撤销权（第476条）、债权人撤销权（第538~542条）、解除权（第563~565条）、抵销权（第568条）、减价权（第582条、第713条第1款、第723条第1款、第729条、第781条）、违约金增减请求权（第585条第2款）、赠与人对赠与的任意撤销权（第658条）及法定撤销权（第663条）、赠与人的继承人或法定代理人对赠与的法定撤销权（第664条）、优先购买权（第305条、第726条、第847条第1款、第859条第2款、第860条第1款）、定作人的任意解除权（第787条）、委托人或受托人的任意解除权（第933条）、间接代理中委托人的介入权和第三人的选择权（第926条）、受胁迫和受欺诈婚姻的撤销权（第1052条、第1053条）等。这些法定形成权大多受到除斥期间的限制。但也存在着少数例外，如共有物分割请求权即无行使期间的限制。[1]

二、除斥期间的类型

根据除斥期间产生原因的不同，可将其分为法定除斥期间、约定除斥期间和根据具体交易情况确定的除斥期间三种类型。

（一）法定除斥期间

法定除斥期间是指由法律明文予以规定的除斥期间。法定除斥期间的强制性与诉讼时效期间类似，当事人既不得通过约定加以缩短或延长，也不得对除斥期间的计算方法另作约定。

《民法典》规定的法定除斥期间主要有以下几类：

1. 可撤销法律行为中撤销权的除斥期间为1年，自撤销权人知道或者应当知道撤销事由之日起或者自胁迫行为终止之日起计算；重大误解当事人的撤销权的除斥期间为90日，自撤销权人知道或者应当知道撤销事由之日起计算。上述撤销权的最长除斥期间为5年，自民事法律行为发生之日起计算（第152条）。

2. 债权人撤销权的除斥期间为1年，自债权人知道或应当知道撤销事由之日起计算。该撤销权的最长除斥期间为5年，自债务人的行为发生之日起计算（第541条）。

3. 赠与人对赠与的法定撤销权的除斥期间为1年，自赠与人知道或应当知道撤销事由之日起计算（第663条第2款）。赠与人的继承人或法定代理人对赠与的法定撤销权的除斥期间为6个月，自其知道或应当知道撤销事由之日起计算（第664条第2款）。

4. 受胁迫结婚的人对婚姻的撤销权的除斥期间为1年，自胁迫行为终止之日起或者恢复人身自由之日起计算（第1052条）。

5. 受欺诈结婚的人对婚姻的撤销权的除斥期间为1年，自知道或者应当知道撤销事由之日起计算（第1053条）。

（二）约定除斥期间

约定除斥期间，是指由法律授权当事人约定或者由当事人自行约定的除斥期间。约定除斥期间常见于当事人在合同中为解除权、买回权、优先购买权、优先承租权等形成权约定行使期间的情形。例如，根据《民法典》第564条第1款的规定，当事人约定解除权行使期限，期限届满当事人不行使的，该权利消灭。所谓“当事人约定解除权行使期限”，就

---

〔1〕 参见王泽鉴：《民法总则》，北京大学出版社2009年版，第411页。

是法律授权当事人约定的除斥期间。又如，《最高人民法院关于适用〈中华人民共和国民法典〉物权编的解释（一）》第11条允许按份共有人之间约定或者转让人在通知中指定优先购买权的除斥期间。

（三）根据具体交易情况确定的除斥期间

有些除斥期间既非法定亦非约定，而是根据当事人之间的具体交易情况确定的。例如，按照《民法典》的规定，赠与人在赠与财产的权利转移之前可以撤销赠与（第658条第1款）；定作人的任意解除权，应在承揽人完成工作前行使（第787条）；委托人或受托人可以随时解除委托合同（第933条）。又如，根据《民法典》第564条第2款的规定，法律没有规定或者当事人没有约定解除权行使期限，经对方催告后在合理期限内不行使的，解除权消灭。所谓"经对方催告后"的"合理期限"，就是根据具体交易情况确定的解除权的除斥期间。

三、诉讼时效与除斥期间的区别

诉讼时效与除斥期间存在不少相同之处。例如，二者均影响权利存续和行使的时间，都具有督促权利人积极行使权利的作用，[1] 都不允许相对人事先抛弃期间届满的利益。但是，二者也存在许多重要区别，简述如下：

（一）立法精神不同

除斥期间与诉讼时效的目的虽均在于早日确定法律关系，以维持社会秩序，但二者所维持的秩序的本质恰好相反：除斥期间所维持的秩序，是因权利不行使而继续存在的原秩序；诉讼时效所维持的秩序，则是因权利不行使而建立的、与原有秩序相反的新秩序。[2]

（二）权利客体不同

诉讼时效的客体是请求权，但有些请求权不受诉讼时效的限制（《民法典》第196条）。除斥期间的客体通说认为是形成权，[3] 绝大多数形成权都受除斥期间的限制。不过，在日本，形成权的存续期间应当解释为除斥期间还是消灭时效，理论上存在争议，通说采除斥期间说。[4]

（三）是否具有法定性不同

各种类型的诉讼时效期间都具有法定性，不允许当事人通过约定加以缩短或延长。除斥期间并非都具有法定性。有些除斥期间具有法定性，有些除斥期间可由当事人约定，有些除斥期间则须根据具体交易情况确定。

（四）期间的起算点不同

根据《民法典》的规定，诉讼时效期间原则上自权利人知道或者应当知道权利受到损害以及义务人之日起计算，法律另有规定的除外（第188条第2款）；当事人不得约定诉讼时效期间的起算点等计算方法（第197条第1款）。

按照《民法典》第199条的规定，除斥期间的起算点原则上自权利人知道或者应当知道权利产生之日起计算，法律另有规定的除外。不过，由于我国现行法在规定各类法定形

---

〔1〕 参见崔建远等：《民法总论》，清华大学出版社2013年版，第280页。

〔2〕 参见郑玉波：《民法总则》，中国政法大学出版社2003年版，第494页；王泽鉴：《民法总则》，北京大学出版社2009年版，第411页。

〔3〕 新近有观点认为，除斥期间是须行使的权利存在期间，其适用对象可以是任何权利，甚至可以是相当于权利的法律地位以及程序法上的权利与地位。参见耿林："论除斥期间"，载《中外法学》2016年第3期。

〔4〕 参见［日］我妻荣：《新订民法总则》，于敏译，中国法制出版社2008年版，第460~462页；［日］山本敬三：《民法讲义Ⅰ总则》，解亘译，北京大学出版社2012年版，第488~493页。

成权的同时，往往也规定了法定形成权的除斥期间及其起算点，导致该条规定的除斥期间的一般起算标准的适用范围比较狭窄。另外，在约定除斥期间中，除斥期间的起算点自然可以由当事人约定。

(五) 是否为可变期间不同

诉讼时效期间虽然属于法定期间，但在法定期间内可以适用中止、中断和延长的规则，总体上表现出一定的可变性，故属于可变期间。除斥期间则无论其产生原因如何，一旦确定之后，均为不变期间，不适用有关诉讼时效中止、中断和延长的规定（《民法典》第199条、《诉讼时效规定》第2条）。不过，日本有学者主张，若除斥期间届满的当时发生天灾及其他无法避免的事情时，应类推适用原《日本民法典》关于时效停止的规定。原因在于，此时如不承认缓行期间，对权利人是苛刻的；而承认此缓行期间也是有限的，不会破坏要使权利关系尽早确定的除斥期间的宗旨。[1]

(六) 期间届满的法律效果不同

诉讼时效期间届满后，作为诉讼时效客体的请求权本身并不消灭，只是义务人取得拒绝履行的抗辩权（《民法典》第192条）。与此不同，除斥期间届满后，作为除斥期间客体的形成权归于消灭（《民法典》第199条），相对人既无必要、也不可能取得抗辩权。

(七) 法院能否依职权援用不同

诉讼时效期间届满，义务人未行使诉讼时效抗辩权的，法院不应对诉讼时效问题进行释明，也不得依职权主动适用诉讼时效规则进行裁判（《民法典》第193条、《诉讼时效规定》第2条）。除斥期间届满后，无论权利人是否行使形成权，也不论相对人是否主张除斥期间届满，法院都应依职权审查并认定形成权消灭，不允许原权利人再行使形成权。

(八) 能否事后抛弃期间届满的利益不同

诉讼时效期间届满后，义务人可以放弃诉讼时效抗辩权，亦即抛弃诉讼时效利益。义务人抛弃诉讼时效利益后，权利人仍有权受领义务人的履行或者请求义务人履行义务。与此不同，除斥期间届满后，形成权归于消灭，相对人既无法抛弃除斥期间届满的利益，权利人也不得再主张行使形成权。

---

[1] 参见［日］我妻荣：《新订民法总则》，于敏译，中国法制出版社2008年版，第405页。

第二章 期间

第一节 期日和期间

一、时间在民法上的意义

具体的权利主体及民事法律关系无不存在于一定的时空之中。抽象的时间本身虽不会引起权利主体及民事法律关系的变动，但时间的到来或经过与一定的行为、事件乃至状态相结合，就会对权利主体、民事法律关系以及权利的行使等问题产生影响。例如，自然人出生和死亡的时间，就是自然人的民事权利能力的取得与消灭的时间（《民法典》第13条）。自然人达到一定年龄，通常决定着自然人的民事行为能力状况（《民法典》第17~20条）。法人成立及注销登记的时间，就是法人的民事权利能力的取得与消灭的时间（《民法典》第59条、第72条第3款、第73条）。所有权可以永续存在，不受时间限制。用益物权中除宅基地使用权之外，土地承包经营权等都受到相应存续期限的限制（《民法典》第332条第1款、第348条第2款、第359条、第370条、第377条）。知识产权的存续也大多受到法定期间的限制〔《专利法》第42条、《中华人民共和国商标法》（以下简称《商标法》）第39条、《著作权法》第23条〕。基于法律行为产生的债权请求权，既受制于法律行为的生效和失效时间，又受制于债权自身的行使期限。请求权的行使原则上受到诉讼时效期间的限制（《民法典》第188条）。形成权的行使大多受到除斥期间的限制（《民法典》第199条）。此外，权利人通过诉讼途径行使权利时，还要受到《民事诉讼法》规定的申请执行期限、申请再审期限等各类期间的限制（《民事诉讼法》第246条、第212条）。可见，时间在民法上具有重要的意义。

二、期日和期间概述

民法上的时间可以分为期日和期间。

（一）期日

期日是指在法律上视为不可分割的特定时间点，如某日、某时、某分、某秒，出生之日、死亡之时，等等。期日所指的时间点虽然在物理上可以分割，例如，1日有24小时、1分钟有60秒、1秒有1000毫秒，但在法律上视为不可分割。民事权利能力及民事行为能力的取得或丧失，权利的取得、丧失或变更，意思表示的生效或失效，附期限法律行为的生效或失效，债务履行期的届至或届满等问题，均与特定期日密切相关。

期日可以分为独立期日和辅助期日。独立期日是指自身可以单独与特定事实相结合而发挥作用的期日。例如，自然人出生或死亡之时决定着自然人民事权利能力的取得与丧失（《民法典》第13条）；法人的成立与终止之时分别决定着法人民事权利能力和民事行为能力的产生与消灭（《民法典》第59条）。辅助期日是指用于确定期间的起算点和终止点的期日。[1] 例如，《民法典》第41条第1句关于"自然人下落不明的时间自其失去音讯之日起计算"的规定中，自然人失去音讯之日就是辅助期日。又如，买卖合同约定买受人应在合同签订后15日内付款，则合同签订之日为付款期的起算点，合同签订后的第15日为付款期的终止点，两者均属于辅助期日。

（二）期间

期间是指从某一期日到另一期日之间的特定时间段，如从某年某月到某年某月、从某日到某日、从某时到某时，或者从某期日起的一段时间，等等。期日是一个时间点，期间则为一个时间段。期间的开始期日称为始期，始期到来称为期间届至。期间的终止期日称为终期，终期经过称为期间届满。

三、期日和期间的种类

（一）法定型、指定型、意定型期日和期间

根据产生原因的不同，可将期日和期间分为法定型、指定型及意定型三种类型。

1. 法定型期日和期间。法定型期日和期间，是指由法律直接加以规定的期日和期间。例如，自然人的出生和死亡之时（《民法典》第13条）、法人的成立与终止之时（《民法典》第59条），均属于法定型期日。宣告失踪和宣告死亡所要求的自然人下落不明的期间（《民法典》第40条、第46条）、法律规定的诉讼时效期间（《民法典》第188条）和一些撤销权的存续期间（《民法典》第152条、第541条、第663条、第664条），都属于法定型期间。法定型期日和期间不允许当事人通过约定加以变更。

2. 指定型期日和期间。指定型期日和期间，是指由法院、仲裁机关或者居民委员会、村民委员会等有关组织依法指定的期日和期间。例如，法院作出宣告死亡判决的日期（《民法典》第48条）以及被监护人住所地的居民委员会、村民委员会或者民政部门依法在有关当事人中指定监护人的时间，即属指定型期日。法院判令被告于判决生效后一定期限内履行义务，该期限属于指定型期间（《民事诉讼法》第85条第1款）。指定型期日和期间也不允许当事人通过约定加以变更。

3. 意定型期日和期间。意定型期日和期间，是指根据当事人的意思而确定的期日和期间，亦即当事人通过法律行为或准法律行为确定的期日和期间。例如，当事人在债权转让合同中约定的债权转移的时间点、当事人在合同中约定的债务人履行债务的期限（双方法律行为）、广告人在悬赏广告中约定的相对人领取报酬的期限（单方法律行为）、债权人在催告函中指定的债务人履行债务的宽限期（意思通知）、董事会在召开股东会会议的通知中指定的开会时间（观念通知）等，属于意定型期间。当事人通过多方法律行为确定的期日和期间，可以由全体当事人协商一致予以变更。当事人通过单方法律行为或者准法律行为确定的期日和期间，虽可由该当事人单方予以变更，但其变更不得不利于相对人。

（二）连续期间和非连续期间

根据计算方法的不同，可将期间分为连续期间和非连续期间。

1. 连续期间。连续期间，是指自始期至终期之间，所有时日毫无间断地全部予以计算。[2]

---

[1] 参见刘凯湘：《民法总论》，北京大学出版社2008年版，第360页；李永军：《民法总则》，中国法制出版社2018年版，第881页。

[2] 参见郑玉波：《民法总则》，中国政法大学出版社2003年版，第476页；梁慧星：《民法总论》，法律出版社2017年版，第269页。

《民法典》中规定的各类期间，如宣告失踪和宣告死亡中自然人下落不明的期间（第40条、第46条）、可撤销法律行为中撤销权的行使期间（第152条）、普通诉讼时效期间（第188条第1款）等，一般是指连续期间，包括法定休假日在内。当事人约定的期间往往也是连续期间。

2. 非连续期间。非连续期间，也称实用期间或有用期间，是指自始期至终期之间，仅计算有用的时日，将无用的时日排除在外。[1]

有关行政法律法规中规定的以工作日为计算标准的各类期间，都是非连续期间。在民事法律关系中，非连续期间通常是由当事人约定的。

第二节 期间的计算

一、期间的计算单位

民法和民事诉讼法中所称的期间，均以公历年、月、日、小时为计算单位（《民法典》第200条、《民事诉讼法》第85条第2款）。当事人约定的期间，不妨以年、季度、月、旬、星期、日、小时、分、秒等为计算单位。

二、期间的计算方法

期间的计算方法，有自然计算法和历法计算法两种方法。

（一）自然计算法

自然计算法，是指根据期间的届至及届满的时间点来精确计算期间长度的方法。按照自然计算法，1年为365日，1月为30日，1日为24小时，1小时为60分，1分为60秒。非连续期间应当采用自然计算法。对于意定型连续期间，当事人可以约定采用自然计算法，例如，约定每个月按30日计算。采用自然计算法能够精确地计算出期间的长度。

（二）历法计算法

历法计算法，是指按照法定历法所确立的年、月、星期、日、时等标准来计算期间长度的方法。这种方法的特点是计算出的期间与日历的变化规律相吻合，因而与人们的习惯相符，计算起来也比较方便。[2]

1949年9月27日，中国人民政治协商会议第一届全体会议决定我国采用公元纪年。《民法典》第200条规定："民法所称的期间按照公历年、月、日、小时计算。"这说明我国民法对法定型期间采用了历法计算法。按照公历标准，1年的期间自1月1日起至12月31日止，其长度为平年365日、闰年366日；1月的期间自当月1日起至当月最后一日止，其长度因具体月份的不同而异，可能为28日（平年2月）、29日（闰年2月）、30日（4、6、9、11月）或31日（1、3、5、7、8、10、12月）；1星期的期间自星期一至星期日；1日的期间自当日0时至24时。[3]

除当事人另有约定外，连续期间应当采用历法计算法。

采用自然计算法或历法计算法，对于以日或星期确定期间的情形并无影响，但在以月

---

〔1〕参见郑玉波：《民法总则》，中国政法大学出版社2003年版，第476页。

〔2〕参见佟柔主编：《中国民法学·民法总则》，中国人民公安大学出版社1990年版，第305页。

〔3〕《数据元和交换格式 信息交换 日期和时间表示法》（GB/T 7408-2005）。

或年确定期间的情形，却会产生不同的结果。[1] 例如，买卖合同中约定买受人应在合同签订后1个月内付款，如采自然计算法，付款期限应自合同签订的次日起连续计算至第30日止；如采历法计算法，则根据合同签订的年度及月份的不同，最终计算出的付款期间可能为28日（平年2月）、29日（闰年2月）、30日（小月）或31日（大月）。为避免发生争议，当事人宜在约定期间的同时，一并约定期间的计算方法。

三、期间的起算点与终止点

（一）期间的起算点

期间的起算点，也称期间的始期，是指从何时起开始计算期间。根据《民法典》的规定，除法律另有规定或者当事人另有约定外（第204条），期间的起算点应当区分以下两种情况确定：

1. 按照年、月、日计算期间的，开始的当日不计入，自下一日开始计算（《民法典》第201条第1款）。所谓“自下一日开始计算”，是指自次日0时开始计算。《民法典》规定了许多类型的期间自特定事实发生“之日起”计算的情况，[2] 其实都是指自该日24时起，也即自次日0时起开始计算，这与《民法典》第201条第1款的规定并不矛盾。

2. 按照小时计算期间的，自法律规定或者当事人约定的时间开始计算（《民法典》第201条第2款）。例如，《海商法》第133条第2款规定，船舶不符合约定的适航状态或者其他状态而不能正常营运连续满24小时的，对因此而损失的营运时间，承租人不付租金，但是上述状态是由承租人造成的除外。该款规定的24小时连续期间，就从“船舶不符合约定的适航状态或者其他状态而不能正常营运”的具体时刻开始计算。

（二）期间的终止点

1. 期间终止点的确定。期间的终止点，也称期间的终期，是指从何时起停止计算期间。关于期间的终止点，除法律另有规定或者当事人另有约定外（《民法典》第204条），应当区分以下三种情况确定：

（1）按照年、月计算期间的，到期月的对应日为期间的最后一日；没有对应日的，月末日为期间的最后一日（《民法典》第202条）。按照季度计算期间的，应适用按照月计算期间的规则。

（2）按照星期计算期间的，以最后一星期的对应日为期间的最后一日。

（3）按照日、小时、分、秒计算期间的，以算足该期间之日、小时、分、秒之时为期间的终止点。

2. 末日的顺延。以年、季度、月、旬、星期、日计算期间时，期间的最后一日为期间的末日。期间的末日是法定休假日或者经调整后的休假日时，因当事人可能会在休假日停止从事业务活动，法院等国家机关和仲裁机构等诉讼外纠纷解决机构通常也会在休假日停止工作，故若坚持以期间的最后一日作为末日，难免对当事人产生不利影响。有鉴于此，《民法典》第203条第1款规定了期间的末日顺延制度，即“期间的最后一日是法定休假日的，以法定休假日结束的次日为期间的最后一日”。所谓法定休假日，主要是指以下两类带

---

[1] 参见郑玉波：《民法总则》，中国政法大学出版社2003年版，第478页；梁慧星：《民法总论》，法律出版社2017年版，第269页。

[2] 参见《民法典》第41条、第145条第2款、第152条、第171条第2款、第188条第2款、第189~191条、第194条第2款、第199条、第220条第2款、第221条第2款、第312条、第318条、第423条第2项、第462条第2款、第541条、第574条第2款、第621条第2款、第663条第2款、第664条第2款等。

有全国性和全民性的休假日：一是《国务院关于职工工作时间的规定》第7条规定的周休息日，即星期六和星期日；二是《全国年节及纪念日放假办法》第2条规定的全体公民放假的法定节假日，即新年、春节、清明节、劳动节、端午节、中秋节和国庆节。此外，《全国年节及纪念日放假办法》第4条规定："少数民族习惯的节日，由各少数民族聚居地区的地方人民政府，按照各该民族习惯，规定放假日期。"据此确定的少数民族习惯节日的放假日期适用于各该少数民族聚居地区，也属于《民法典》第203条第1款规定的法定休假日。

需要注意，期间的末日虽非周休息日，但因放假调休而被调整为休假日的，由于对当事人会有不利影响，故亦应适用末日顺延制度。反之，期间的末日虽系周休息日，但因放假调休而被调整为工作日的，由于对当事人已无不利影响，自不应再适用末日顺延制度。可见，从目的解释的角度说，《民法典》第203条第1款所称的法定休假日，一方面应当扩张解释为包括放假调休后的实际休假日在内，另一方面又应进行限缩解释，把周休息日因放假调休而被调整为工作日的情形排除在外。

以时、分、秒计算期间的，不涉及末日及其顺延的问题。

3. 末日终止点的确定。期间的末日有24小时，应当以何时作为末日的终止点呢？根据《民法典》的规定，除法律另有规定或者当事人另有约定外（第204条），期间的末日的截止时间为24时；有业务时间的，停止业务活动的时间为截止时间（第203条第2款）。所谓末日的截止时间，就是末日的终止点，也是期间的具体终止点。所谓"业务时间"，是指法人、非法人组织或个体工商户从事其目的事业范围内的活动的时间。不同法人、非法人组织或个体工商户"停止业务活动的时间"往往因主体、行业、地域以及经营方式等因素而异。例如，商业银行营业网点的营业时间可能截至17时或18时，超市的营业时间通常截至21时，商业银行设置的ATM机或网上银行则24小时营业，宾馆通常也是24小时营业。

四、期间的逆算

期间的逆算，是指期间自一定起算日溯及往前所为的计算。期间的逆算应准用期间的顺算规则。[1] 例如，《公司法》规定，召开股东会会议原则上应于会议召开15日前通知全体股东（第41条第1款）；股份公司的发起人应在创立大会召开15日前将会议日期通知各认股人或予以公告（第90条第1款）。这些法定期间均应以开会日的前一日为起算点，往前逆算至第15日或第10日为期间的终止点。

五、期间的计算与本数的关系

在计算期间的长度时，期间的本数是否应算入期间内？例如，《中华人民共和国劳动合同法》（以下简称《劳动合同法》）第19条第1款规定："劳动合同期限三个月以上不满一年的，试用期不得超过一个月；劳动合同期限一年以上不满三年的，试用期不得超过二个月；三年以上固定期限和无固定期限的劳动合同，试用期不得超过六个月。"所谓3个月、1年、1个月、3年、2个月、6个月等期间，是否包括本数在内？对于法定型期间，应当适用《民法典》第1259条的规定，即民法所称的"以上""以下""以内""届满"，包括本数；所称的"不满""超过""以外"，不包括本数。在指定型期间以及当事人未作特别约定的意定型期间中，亦可照此处理。当然，在意定型期间中，当事人可以对该问题另作约定。

---

〔1〕 参见王泽鉴：《民法总则》，北京大学出版社2009年版，第406页；李永军：《民法总则》，中国法制出版社2018年版，第885页。

第二编 物权编

第一分编 物权一般理论

第一章 物权概述

第一节 物权的概念与特性

一、物权的词源

如同民法上的其他诸多概念的渊源一样，物权的概念也滥觞于罗马法。罗马法曾确认了所有权（dominium）、永佃权（emphyteusis）、地上权（superficies）、役权（servitutes）、质权（pignus）、抵押权（hypotheca）等具体的物权形式，并创设设了与对人之诉（actio in personam）相对应的对物之诉（actio in rem），以对上述诸种权利进行保护。不过，具有抽象概括性的物权（jus in re）及他物权（jus in re aliena）的名词和概念在罗马法中并未出现，它们是中世纪注释法学派在研究、诠释罗马法时创造的。

一般认为，1811年的《奥地利普通民法典》率先在立法上采用了物权的概念，[1] 该法第307条规定："物权，是属于个人财产上的权利，可以对抗任何人。""物之物权，包括占有、所有、担保、地役和继承的权利。"1896年的《德国民法典》以"物权"作为第三编的编名，用了442个条文对物权制度作了系统、完整的规定，奠定了物权作为一类基本民事权利的地位及物权法的基本体系。其后，物权概念为多数国家的立法所接受，物权法也成为现今大陆法系各国民法的重要组成部分。[2]

二、物权的概念

（一）关于物权含义的学说观点

尽管大陆法系诸国民法均有关于物权制度的系统规定，但通常并未对物权作出明确的

---

[1] 不过，据国内权威学者的翻译，1804年的《法国民法典》中已使用了"物权"一词，该法第2262条规定，"一切关于物权或债权的请求权经过30年的时效而消灭"。

[2] 英美法系国家法律上没有"物权"的概念，与之相近的词汇是"财产"或"财产权"（property）。不过，英美法中的这一用语与大陆法中的"物权"并非对等的概念，其内涵、外延及所反映的财产权观念均有差别。

定义。民法理论上对物权的概念应如何认识，也有诸多不同的学说主张。

从法律关系上来阐释物权的含义，有对物关系说、对人关系说及两方面关系说（折中说）三种学说。对物关系说认为，物权乃人与物的关系，是“支配物的财产权”；对人关系说认为，物权是人与人之间的关系，是“得对抗一般人的财产权”；折中说认为，前两种观点均有偏颇，物权同时反映着人与物、人与人之间的关系，它是直接支配物且得对抗一般人的财产权。现今学界的主流观点采两方面关系说，认为权利人直接支配标的物与得对抗一般人皆为物权的要素，二者相辅相成，不可偏执其一。

从物权的性质与内容方面来给物权下定义，学者们的见解亦有不同，大抵可归并为四类：第一类，着重于对物的直接支配性的定义，认为物权为直接支配物之权利；第二类，着重于对物直接支配与享受利益的定义，指出物权为直接支配特定物并享受其利益的权利；第三类，着重于对物直接支配与排他性的定义，称物权为直接支配、管领特定物并具有排他性之财产权；第四类，一并着重直接支配、享受利益与排他性三个方面，将物权定义为直接支配标的物并享受其利益的排他性权利。[1]

（二）物权的概念界定

由上述各种定义可以看出，在物权的定义中应表明对物支配的内容，学界对此已形成共识，而对享受物之利益与排除他人干涉之内容，在物权的定义中应如何体现则有不同认识。我们认为，物权为存在于特定的物之上的权利，法律规范物权制度的目的在于确定物的归属秩序及权利人对物的支配方法与范围，故对物支配性应为物权概念中的应有之义；但对物支配仅揭示了权利人对物的关系，而对物权人与其他人之间的关系，物权所具有的能够对抗一般人并排除他人干涉的效力，尚需以排他性的表述来明示；凡属权利皆有利益之内容，明确物权为支配物之权利，已隐含了物权中的利益为因支配物所生之利益，故而享受物之利益的内容在物权的定义中无需明言。[2] 基于这种认识，前述第三类定义更值得被接受，即物权是指权利人直接支配特定的物并具有排他性的权利。简而言之，物权就是对物的排他支配权。

我国《民法典》第114条第2款规定：“物权是权利人依法对特定的物享有直接支配和排他的权利，包括所有权、用益物权和担保物权。”这一物权概念的界定，强调了对物支配与效力排他这两个基本要素，并点明了物权的基本类别。

三、物权的特性

（一）对世性（主体上的特性）

在物权关系中，权利主体总是特定的，而义务主体则是不特定的任何人，物权人之外的其他任何人对物权人都负有不为侵害或妨碍的消极义务。换言之，物权为得对任何人主张的权利。在权利的分类上，物权为典型的“对世权”。

（二）支配性（内容上的特性）

物权以直接支配标的物为内容，即物权人得依自己的意思及行为对标的物为管领处置，实现其利益，而无需他人的意思或行为的协助。在权利的分类上，物权又被认为是典型的“支配权”。物权人对标的物为支配的方式，可以是事实上的管领处分，也可以是法律上的管领处分；可以是有形的实体支配，也可以是无形的价值支配。不过，因物权的种类不同，

---

〔1〕 参见梁慧星、陈华彬编著：《物权法》，法律出版社2005年版，第12~13页。

〔2〕 参见刘保玉：“物权概念的二要旨：对物支配与效力排他——评物权法草案关于物权定义的规定及相关制度设计”，载《政治与法律》2005年第5期。

物权人对物进行支配的内容和范围是有一定差别的。

（三）特定性（客体上的特性）

其一，物权本质上是民事主体对物质资料的归属、利用关系在法律上的反映，同时出于使法律体系和权利类别清晰明确的需要，物权的客体原则上只能是物——有形的动产或不动产，而不能是行为或非物质的精神财富。其二，作为对物支配权的物权，其客体还应是特定的、独立的、既存的物。由于物权系对物直接支配之权利，标的物如不特定或尚不存在，则无法对其进行支配，且在发生物权变动时也无法进行登记或交付，故作为物权客体的物须是具体指定且既已存在之物。[1] 有所例外的是，于法律有明确规定的情形下，财产性权利、将有的应收账款、未来的物也可以作为担保物权的客体，但仍须满足特定性的要求。同样地，基于物权的支配性及公示要求，物权的客体应是独立的物，无法单独支配又难以公示的物之组成部分，不得为物权的标的。

（四）排他性（效力上的特性）

物权为直接支配标的物的权利，对外当然具有排除他人干涉而由权利人独占地享受其利益的性质与效力。不过，对于物权排他性的含义，学界的认识并不完全相同。多数学者认为，物权的排他性是指同一标的物上不容许性质不相容的两种以上物权同时存在。也有不少学者认为物权的排他性即“排除他人干涉”的效力：一方面是指物权具有不容他人侵犯或得直接排除他人不法妨碍的效力；另一方面是指同一物上不得同时成立两个内容不相容的物权。[2] 还有的学者指出，物权的排他性中尚包含得对任何第三人主张权利的意思。[3] 我们认为，物权的排他性与“排除他人干涉”“得对抗一般人”应作同一解释，即应从广义上来理解其含义，物权成立上的排他效力、实现上的排他效力、对债权的优先效力、物上请求权效力等均属物权排他性的应有之义。

（五）绝对性（实现上的特性）

物权在实现上的绝对性，是指除遵守法律之外，物权人行使权利完全基于自己的意思，且仅凭自己的意思和行为即可实现其权利，无需不特定的义务人以积极的行为予以协助，义务人承担的只是消极的容忍或不为侵害的义务。因此，物权属于“绝对权”。

除以上五点特性外，不少学者认为，物权还具有法定性和公示性的特征。[4] 我们认为，法定性、公示性不宜解释为物权本身的固有属性，而应是法律上因物权具有绝对性、对世性、排他性而对其附加的特殊要求（法律特征）。但应注意的是，法律对物权所附加的法定性、公示性要求，与物权的固有属性具有密切的联系，甚至可以说是如影随形、密不可分的，其与物权的固有特性一并成为物权与债权相区别的重要标志。

---

〔1〕 但应注意的是，不能将物的特定性与物的分类中的“特定物”混为一谈。

〔2〕 参见王利明主编：《民法》，中国人民大学出版社 2000 年版，第 143 页；马俊驹、余延满：《民法原论》（上），法律出版社 1998 年版，第 363～364 页。

〔3〕 参见郭明瑞、唐广良、房绍坤：《民商法原理（二）物权法　知识产权法》，中国人民大学出版社 1999 年版，第 29 页。

〔4〕 参见马俊驹、余延满：《民法原论》（上），法律出版社 1998 年版，第 364 页；陈华彬：《物权法原理》，国家行政学院出版社 1998 年版，第 9 页。

第二节 物权的客体

一、物的概念和特征

(一) 物的概念

"物权的客体"与"物"是两个既有联系又有区别的概念，不应将其等同。物，原本指有体物；有体物是物权的原始和主要的客体，但除此之外，可流转的财产权利以及法律上可得支配的空间、能源与自然力等拟制物，亦可作为物权的客体。

将"物"与"物权的客体"相区别而将"物"限定为有体物之后，仍有物本身的条件限制和范围界定问题。物或者说有体物，有广、狭二义。广义上的物，是指物理学意义上的一切物，除我们通常所说的不动产和动产之外，日月星辰、雷电、磁波以及人体本身均包含在内。而狭义上的物，仅限于能够作为民事法律关系客体的物，即人身之外能够为人力所控制、支配并具有经济价值的有体物。物权法通常是在狭义上界定物的范围。

(二) 物的特征

1. 须存在于人体之外。法律上的物限于存在于人体之外的可为权利客体的物。由于人是民事法律关系的主体，故人的身体及其组成部分不得为权利的客体，但与人体分离的牙齿、指甲、毛发等，属于物。另应注意的是，死者的尸体、遗骸，亦属于物，但有其特殊性。对尸体、遗骸的所有权，仅限于埋葬、祭祀、供奉的目的，而且继承人不得放弃对遗骸的所有权。[1]

2. 须为有体物。有体物是指占据一定的空间、依人的五官可以感知的物质，包括固体、液体、气体。电、热、声、光、磁波等能量，以在法律上有排他的支配可能性为限，亦可作为物来认识。与有体物相对应的所谓无体物，是指不能为人的五官所感知的物，如知识产权、技术秘密、网络虚拟财产、数据等，其归属和利用等问题不归物权法调整，惟相关问题在一定情况下可参照适用物权法的规定。[2]

3. 须能够为人力所支配。民事法律关系是民事主体针对一定的客体而设定的民事权利、义务关系，因此，只有能够为人力所控制、支配的物才能作为民事法律关系的客体。雷电、台风、日月星辰，虽然为有体物，但非人力所能支配，故其只是物理上的物，而非法律上的物。

4. 须独立为一体。物权法上的物必须是能够与其他的物区别开来而独立存在的物，具有独立性。其原因主要有两点：一是确定物权支配客体之范围，使其支配的外部范围明确化；二是使得物权便于公示，确保交易的安全。[3] 由数个物结合而形成的难以分离的合成物（如机器、车辆、船舶、航空器等），应作为一个独立物来看待。无独立性的物的一部分或组成部分（即所谓物的成分），不具有独立性，也无从在其之上成立物权。但应注意的是，物的一部分虽原本不具有独立性，但在某些场合，法律可以拟制其具有独立性而认可其得为物权的客体，如对建筑物组成部分或不动产单元的区分所有。物的构成部分，在与物的本体附合之前或分离之后（如电梯在安装于建筑物之前或被拆除之后，泥土、沙石与

---

〔1〕 参见梁慧星：《民法总论》，法律出版社2017年版，第152页。

〔2〕 例如，《民法典》第310条关于准共有的规定，同样适用于知识产权等无形财产权的共有。

〔3〕 参见谢在全：《民法物权论》（上册），中国政法大学出版社1999年版，第19页。

土地、山体分离之后)，亦可为独立的物。因此，判断一项动产或不动产是否属于独立物，不仅应考察其物理属性，还应结合社会之一般经济观念及法律规定。

5. 须能满足人们生产生活的需要。也就是说，物权法上的物必须对人有价值，具有有用性。此种价值和有用性，非以金钱和物质利益为限，也包含精神价值和情感利益。因此，一滴水、一粒米等既难满足生产生活之需要，亦无从成为交易的客体，故其虽为物理学上的物，但不能成为法律上的物。而故人的照片、情人的信笺等，则因具有情感价值，可以成为法律上的物。[1]

6. 须具有特定性。为使物权关系明确，便于公示，以维护交易安全和第三人的利益，法律上要求物权的客体还必须是特定的、能与其他物相区分的物，此在学理上称为物权客体特定原则或客体特定主义。无法特定化的自然物（如海水和大气）、未以某种方式加以明确的种类物以及未来物，不能成为物权的客体。唯有例外的是，根据浮动抵押权的特点，在“结晶”之前，其标的物具有浮动性或不确定性，未来物也可作为抵押财产。

二、物的观念的扩张

随着现代科学技术的发展，传统的物的概念受到挑战，人们对物的观念亦发生扩张，主要表现在如下几个方面:[2]

(一) 无形的自然力

罗马法、法国民法中均将物分为有体物与无体物，凡是能成为权利客体者，均为物，权利也包括在内。而德国、日本民法中则不承认无体物，如《日本民法典》第 85 条规定，本法所称物，谓有体物。日本学者将有体物解释为物质上占有一定空间而有形存在者。据此观念，固体、气体、液体为物，而电、热、声、光等能量与自然力则非物。但由于社会经济和科学技术的发展，对电、热、声、光、磁波等“能”的广泛利用，迫使法律上扩张“物”的概念。包括我国在内的许多国家的刑法中，窃电也成立盗窃罪。我国《民法典》合同编中也明确规定了供用电、水、气、热力合同。在物权法理论上，电、热、声、光、磁波等可为人力所支配的无形的自然力，亦可被视为物（包括拟制物）而成为物权的客体。

(二) 特定的空间

20 世纪以来，随着现代科学技术和建筑业的发展，地上高层建筑及地下建筑物比比皆是。美国、日本、德国以及我国的台湾地区，或通过判例、学说，或通过立法，确立了空间权制度，空间成了空间权的客体。依现今通说，物的概念已不限于有体物、有形物，凡具有法律上排他的支配可能性或管理可能性者，皆可以为物，地上或地下之特定空间亦然。

(三) 人力尚不能支配的物

传统民法理论上，法律上的物仅限于人力所能支配者，凡不能为人力所支配者，则仅为物理上的物而非法律上的物。但随着科学技术的发展，人类征服自然、改造自然的能力日益增强，人类活动范围亦日益扩张，大洋海底、宇宙空间已经成为人类探索、开发的范围。因此，即使人力尚不能支配但有支配可能性者，亦不妨承认其为法律上的物。

---

[1] 参见梁慧星、陈华彬编著:《物权法》，法律出版社 2005 年版，第 24 页。

[2] 参见梁慧星:《民法总论》，法律出版社 2001 年版，第 89 页以下；梁慧星等:《中国物权法草案建议稿条文、说明、理由与参考立法例》，社会科学文献出版社 2000 年版，第 117 页以下；王利明:《物权法论》，中国政法大学出版社 2003 年版，第 27 页以下；王利明主编:《中国物权法草案建议稿及说明》，中国法制出版社 2001 年版，第 171 页以下；孙宪忠:《中国物权法总论》，法律出版社 2003 年版，第 124 页以下。

三、特种物

（一）货币

货币是以票面标明的金额表现其价值的、在民事法律关系中具有特殊作用的物。货币具有一般等价物的特征，它既能衡量和表现其他商品的价值尺度，又是商品交换的媒介、支付的手段。在交易中，货币不仅可以作为民事法律关系的客体，而且还是许多民事法律关系中支付对价的手段。

货币为民法上的物的一种。货币为动产，但因其自身的特性，与其他动产又有显著的不同：①货币为具有高度可代替性的代替物。货币作为支付手段，人们往往并不关注其个性，交易时亦不考虑此货币与等额的彼货币的个性差异。②货币为消费物。供人消费是货币的唯一目的，同一主体不能就同一货币以同一目的反复使用。货币一经所有人使用，即转入他人之手。货币不能由同一主体重复使用，因而为消费物。

基于货币的特性，法律上对货币的所有权确立了“占有与所有一致”“货币属于其占有者”的特殊规则，但对于个性大于共性的特殊货币、封金、货币的辅助占有、某些专用资金账户中的钱款等，该规则的适用亦有例外。[1]

（二）有价证券

有价证券是指设定并证明持券人有权取得一定财产权利的书面凭证。有价证券所代表的一定权利与记载该权利的书面凭证视为一体，权利人行使权利须持有证券，原则上不得离开证券进行。常见的有价证券有：票据（包括汇票、本票和支票）、债券、股票、提单和仓单。有价证券具有下列特征：

1. 代表财产权利。有价证券券面所记载的财产价值就是证券本身的价值。

2. 证券上权利的行使离不开证券。有价证券属于特定物，证券与所记载的财产权利不能分离，必须持有证券，才能行使证券上所代表的财产权利。权利人一旦丧失证券，就不能行使证券上的权利。

3. 有价证券的债务人是特定的。证券的权利人只能要求证券上记载的债务人履行债务，有价证券的持有人转让证券，不影响债务人对债务的履行。

4. 有价证券的债务人的支付是单方义务。债务人在履行证券义务时，除收回证券外，不得要求权利人支付相应对价。

第三节 物权的种类

一、物权的法定种类

（一）近现代各国民法上的物权种类

近现代各国物权制度中，均实行物权法定主义，并将其作为物权法的基本原则。据此原则，物权的种类及各种物权的具体内容，均须由法律明文规定，不允许当事人自由创设或依其意志擅加改变。近代欧陆各国民法法典化以来，均对法律所承认的物权类型作了明确规定。

1804年的《法国民法典》中的物权体系，由三个部分构成：①第二编第二、三、四章

---

〔1〕 参见刘保玉：《物权体系论——中国物权法上的物权类型设计》，人民法院出版社2004年版，第168页。

有关所有权和各种用益物权的规定；②第三编第十七、十八章有关担保物权的规定；③第三编第二十章时效中有关占有的规定。其所确立的物权类型体系为：所有权、用益权、使用权、居住权、役权或地役权、质权、抵押权、优先权、留置权以及受法律保护的占有等。法典中没有规定地上权和永佃权，但其后的司法实践中承认了地上权和类似于永佃权的长期租赁权。

1896年的《德国民法典》"物权编"中所确立的物权类型主要为：占有、所有权、地上权、役权（包括地役权、用益权和限制的人役权）、实物负担、抵押权、土地债务、定期金土地债务、质权（包括动产质权与权利质权）等。

1898年的《日本民法典》是受法国、德国立法的影响与自身传统相结合的产物。该法典"物权编"所确立的物权类型体系为：占有权、所有权、地上权、永佃权、地役权、留置权、先取特权、质权、抵押权等。

1907年的《瑞士民法典》将物权法置于法典的第四编，分"所有权""限制物权""占有和土地登记簿"三大部分，主要规定了所有权、役权及土地负担（包括地役权、用益权、其他役权、土地负担）、不动产担保（包括不动产抵押、抵押担保附债务及定期金）、动产担保（包括动产质权、留置权、权利质权、典当）等。

2004年修订的《意大利民法典》中，物权的类型主要被规定于第三编"所有权"中，包括所有权、地上权、永佃权、用益权、使用权和居住权、地役权等。其他大陆法系国家法律上所规定的担保物权则被规定于法典第六编"诸权利之保护"中，包括先取特权、质权、抵押权等。

1994年通过的《俄罗斯联邦民法典》（第一部分），其第二编为"所有权和其他物权"，包括一般规定、所有权的取得、所有权的终止、共有、土地所有权和其他物权、住房的所有权和其他物权、经营权和业务管理权、所有权和其他物权的保护等八章。而抵押、留置等则被规定于第三编"债法总则"，作为债务履行的担保方式来规定。

1992年的《荷兰民法典》第三编"财产法总则"和第五编"物权"中，规定了所有权、地役权、使用权、抵押权、优先权、留置权等物权类型。

在民法典之外，各国民商事单行法或特别法上还规定了许多特别的或新型的物权种类，司法实践中对一些非典型物权也有承认。总体而言，近现代各国立法上所确认的物权基本类型可界分为所有权、用益物权、担保物权以及占有四大形态；在物权的具体种类方面，各国立法规定有诸多共同之处，但也因国情、立法传统、物权观念等方面的不同而存在差异。

（二）我国法律上规定的物权种类

在《物权法》（已失效）颁布之前，我国并无系统的物权制度，法律文件中甚至未使用"物权"一词。在《物权法》（已废止）的制定过程中，对如何规范物权的种类，学界和立法机关进行了广泛的讨论与推敲，最终确定的物权类型包括所有权、用益物权、担保物权三大类，同时也专设编章规定了占有。其系统规定和提及的物权的具体种类包括：所有权（含国家所有权、集体所有权、私人所有权、业主的建筑物区分所有权、相邻关系、共有）；土地承包经营权、建设用地使用权、宅基地使用权、地役权以及海域使用权、探矿权、采矿权、取水权、养殖权、捕捞权；抵押权（含一般抵押权、最高额抵押权等）、质权（含动产质权、权利质权）、留置权。《民法典》物权编中维持了这些物权种类，并在用益物权分编增设专章规定了居住权。整体而言，我国法律上的规定，在物权的理念、基本类型等方面与国外制度大致相当，但在物权的具体类型、称谓和内容设计上，与传统制度也存在一定差异。

我国台湾地区"民法"在"物权编"中所归纳、整理、确立的物权类型为：所有权、地上权、永佃权（2010年修法时改为农育权）、地役权（2010年修法时改为不动产役权）、典权、抵押权、质权、留置权、占有。

二、物权的学理分类

（一）自物权与他物权

这是根据物权的标的物为自有还是他有而作的分类。自物权是指权利人对自己所有的物所享有的物权，自物权通常指所有权。[1] 他物权是指在他人所有之物上所设定或成立的物权，他物权均派生于所有权，是依据当事人的约定或法律的规定使所有权中的部分支配权能与所有权相分离而产生的。所有权以外的物权均属于他物权。

自物权与他物权是对物权的基本类别划分，物权的其他分类均以此为基础而展开。

（二）完全物权与定限物权

这是根据权利人对标的物的支配范围之不同而作的分类。完全物权是指可对标的物的使用价值与交换价值为全面支配的物权，完全物权即自物权、所有权。所有权人对自己所有的物得为占有、使用、收益、处分等各种支配行为，且其支配力及于物的各个方面，是物权中最完整、最充分的权利。定限物权或是对标的物的使用价值予以支配，或是对其交换价值进行支配，权利人仅能在法律或合同限定的范围内对标的物进行支配，其对物进行支配的范围不完全、不充分，故又称不完全物权。所有权以外的其他物权均为定限物权。由于一物之上设定其他物权后，标的物所有人的权利就在该他物权的支配效力范围内受到了限制，因此他物权也具有限制所有权的作用，故又称限制物权。

区分二者的意义，除可明晰二者在权利主体、权利内容及权利存续的条件与期限等方面的差异外，更主要的在于明确定限物权具有限制所有权的作用，其效力强于所有权。

（三）不动产物权、动产物权与权利物权

这是以客体种类的不同为标准而作的分类。不动产物权，包括不动产所有权、不动产用益物权以及不动产抵押权等；动产物权，主要包括动产所有权、动产质权、动产抵押权与留置权；以可流通的财产性权利为客体的权利物权，主要包括权利抵押权与权利质权两种。

此类区分的意义在于：这三类物权的成立与变动之要件、公示方法及法律上的限制程度不同。

（四）用益物权与担保物权

在定限物权中，根据权利人对客体所支配的内容不同，可再分为用益物权与担保物权。用益物权是以支配标的物的使用价值为内容，以对标的物使用、收益为目的的物权。建设用地使用权（地上权）、土地承包经营权（永佃权或农育权）、宅基地使用权、居住权、地役权、典权等为用益物权。担保物权是以支配标的物的交换价值为内容，以保障债权的实现为目的的物权。抵押权、质权、留置权等均属担保物权。用益物权的实现常以对标的物的实体支配为基础，故又称为实体物权；而担保物权着重于支配标的物的交换价值，并通

---

〔1〕 不过，在德国等国外民法上，还存在所有权人在某种条件下对自有物享有限制物权的特殊现象（参见孙宪忠：《德国当代物权法》，法律出版社1997年版，第33页）。我国的物权法理论与司法实践中，也曾例外地承认于特定条件下得设定或存在所有权人抵押权，参见刘保玉："我国特别法上的担保物权之规范梳理与立法改进"，载董学立主编：《担保法理论与实践》（第一辑），中国法制出版社2015年版，第73页。

过对标的物的变价而实现，故又称为价值物权。

作此区分的意义在于：基于这两类物权不同的设立目的和对客体支配的内容，对他物权的类型进行系统化整理，并根据其不同特点确立相应的法律规则。

（五）独立物权与从属物权

根据物权的存在是否以物权人享有的其他民事权利为前提，物权可分为独立物权与从属物权。[1] 独立物权，是指不以权利人享有的其他民事权利为前提，能够独立存在的物权。所有权与多数用益物权均属独立物权。从属物权，系指依附、从属于权利人所享有的其他权利而存在的物权，例如，以主体享有需役地的权利为存在前提的地役权、以担保债权实现为目的的担保物权。从属物权自身并无独立的存在价值，其存在是为了所从属的权利更好地实现。

区分二者的意义在于：独立物权得单独存在，且在变动、消灭上有独立的命运；而从属物权的命运一般附随于主权利。

（六）意定物权与法定物权

根据成立原因的不同，物权可分为意定（约定）物权与法定物权。意定物权是指依据当事人的合意而设定的物权。绝大多数物权都属于意定物权。法定物权是指非依当事人的意思而根据法律的直接规定而成立的物权。有些国家法律承认法定抵押权、法定质权及优先权（先取特权）为法定物权；在我国法律上，只有留置权被明确规定为法定物权。

此种区分的意义在于：二者的成立要件及适用条件有异。

（七）登记物权与非登记物权

此系以物权的成立及变动是否以登记为标准而作的划分。登记物权，是指物权的设定、变更及终止需经登记机构登记方能产生相应效力的物权。不动产物权一般都属于登记物权。非登记物权，指其取得、丧失、变更无需登记即可发生相应法律效力的物权。动产物权多以物之占有及占有的移转（交付）为公示方法和成立要件，属非登记物权（动产抵押权除外）；以凭证之交付为成立要件的权利质权，亦属于非登记物权。从公示方式的角度看，与此种分类密切相关的另一种分类是占有型物权与非占有型物权。非登记物权多属于占有型物权，而登记物权多属于非占有型物权。不过，在不实行公示要件主义的场域，这种分类不完全适用。例如，根据我国《民法典》的规定，动产抵押权、地役权、土地经营权和土地抵押权的设立、家庭承包的土地承包经营权的转让等物权变动，基于合同而发生，登记仅是产生"对抗善意第三人"效力的要件，故其应属非登记物权；而动产抵押权及某些非继续性地役权，亦不以占有标的物为成立要件，故其也不属于占有型物权。家庭承包的土地承包经营权的设立规则更为特殊，此种物权基于合同而设立并能产生完全的物权效力，其既未采用登记要件主义，也不属于登记对抗主义。

区分二者的意义在于：其成立、变更及终止的法律要件不同。

（八）有期物权与无期物权

这是根据物权之存续有无期间限制而作的分类。有期物权是指有存续期限且仅能于约定或法定期限内存在的物权。无期物权是指无存续期限，得永久存在的物权。所有权为客观上无存续期限限制的物权，我国的宅基地使用权的存续也无期限限制；地役权有无期限，

[1] 也有著述中称主物权与从物权。我们认为，这一称谓不够严谨，因为在担保物权与其所担保的债权之间的关系上，债权为主权利，担保物权为从权利，此无疑义，但如称担保物权为"从物权"，则难以确定与其对应的"主物权"为何。

得由当事人约定；其他用益物权多属有期物权。[1]

此种区分的意义在于：有期物权因存续期间的届满而归于消灭；无期物权则只可因标的物灭失、抛弃等原因而消灭。

（九）普通法上的物权与特别法上的物权

根据物权所依据法律的不同，物权可分为普通法上的物权与特别法上的物权。[2]《民法典》或其他民事普通法上所规定的物权为普通法上的物权；特别法所规定的具有物权性质的财产权为特别法上的物权。

作此区分的意义在于：二者在法律适用上有所不同。特别法上的物权应优先适用特别法的规定，只有在特别法没有特别规定时，才适用普通法的规定。

（十）本权与占有

根据是否有物权之实质内容，可将物权分为本权与占有。占有是指对标的物享有管领力的一种事实状态。在大陆法系民法中，除日本民法明定占有为权利（称占有权）外，大多都认为占有并非物权，而只是一种受法律保护的事实状态。[3] 本权是相对于占有而言的，指当事人不仅对标的物有事实上的管领力，而且有作为该管领力产生依据的权利。也就是说，对物进行占有所依据的基础权利，即本权。不仅所有权及以占有标的物为内容的物权为占有之本权，租赁权、借用权等债权也属于本权。

区分本权与占有的意义主要在于：确定当事人对标的物的占有是否有权利基础，以便采用不同的保护方法。

（十一）物权的其他分类

除上述分类之外，理论上的物权分类还有广义物权（即对物权）与狭义物权、形式物权与实质物权、法律物权与事实物权、单一主体的物权与共同主体的物权、可分物的物权与不可分物的物权、公法中的物权与私法中的物权、制定法中的物权与习惯法中的物权、国际法中的物权与国内法中的物权、既得物权与物权取得权等，这些分类也均有其意义。[4]

---

〔1〕 以权利人死亡为终止事由的居住权，亦属于有期限的物权，仅是其期限不确定而已。

〔2〕 其他著述中通常将其简称为“普通物权”与“特别物权”。但这种称谓易生歧义，因为“普通物权”与“特别物权”有其他的标准与含义。普通法上规定的“特别物权”（如最高额抵押权、浮动抵押权等），仍应属普通法上的物权。

〔3〕 由于占有本身也受法律保护并能产生物上请求权，因此，也有学者将其称为“类物权”或“类似物权”。钱明星：《物权法原理》，北京大学出版社 1994 年版，第 67 页；王泽鉴：《民法物权》（通则·所有权），中国政法大学出版社 2001 年版，第 48 页。我们认为这种称谓并无不妥，如此，则物权的类型体系在整体上可以分为范物权（即典型物权、普通物权）、准物权与类物权（即占有）三大类。刘保玉：《物权体系论——中国物权法上的物权类型设计》，人民法院出版社 2004 年版，第 125 页以下。

〔4〕 参见孙宪忠：《中国物权法总论》，法律出版社 2003 年版，第 52 页以下；孙宪忠：《德国当代物权法》，法律出版社 1997 年版，第 21~22 页；陈华彬：《物权法》，法律出版社 2004 年版，第 87 页；高富平：《物权法原论》（中），中国法制出版社 2001 年版，第 317、321、341 页；刘保玉：《物权体系论——中国物权法上的物权类型设计》，人民法院出版社 2004 年版，第 88 页以下。

第四节　物权的一般效力

一、物权的效力问题概说

（一）物权的效力之意义

物权的效力，是指法律赋予物权的强制性作用力与保障力。物权的效力反映着物权的权能和特性，界定着法律保障物权人对标的物进行支配并排除他人干涉的程度和范围，集中体现了物权依法成立后所发生的法律效果。

物权的效力，有各种物权所共有的效力与每种物权特有的效力之分。前者为物权的一般效力或基本效力，后者为物权的特别效力。本节所讲的物权效力仅指前者。物权的效力为物权法中的一个重要问题：首先，物权的内容与性质，与物权的效力问题密切相关。若不明确物权的效力，则无法明确物权的属性及其与债权等其他民事权利的区别。其次，物权法上的其他基本问题，如物权的变动、物权的保护等，或由此衍生和展开，或与此唇齿相依。若不明确物权的效力，物权法的整个体系就无从形成。最后，物权的效力关乎物权人之间、物权人与债权人及其他人之间的利益关系，既反映着静态的物之归属秩序，也影响着动态的物之交易秩序。

（二）关于物权效力问题的学说观点

各国的物权立法，虽对物权的对抗力、优先力、物权请求权等具体内容作有规定，但对物权的一般效力并无系统、完整的规定，学者们的认识与归纳也有所不同，主要有以下几种观点：

1. 二效力说。认为物权的效力有优先效力与物上请求权效力，而物权的排他效力与追及效力，应包含于上述两种效力之中。〔1〕

2. 三效力说。此学说中又有不同的观点，有的认为物权具有排他效力、优先效力与物上请求权效力；〔2〕有的认为物权的效力包括对物的支配力、对债权的优先力、对妨害的排除力（即物上请求权）三个方面；〔3〕还有的认为各种物权共通之效力为排他的效力、优先的效力与追及的效力。〔4〕

3. 四效力说。认为物权的效力有排他效力、优先效力、追及效力和物权请求权效力。〔5〕

以上诸学说所列举的物权的效力共有五个方面，即支配效力、排他效力、优先效力、追及效力、物上请求权效力，但对各种效力之归纳组合或者说对各种效力之间的关系，颇有分歧。物权的优先效力虽为多数学者所主张，但对于其含义，学说见解仍有不同；至于物权所具有的追及效力（即物权成立后，其标的物不论辗转于何人之手，物权人均得追及

---

〔1〕参见史尚宽：《物权法论》，中国政法大学出版社2000年版，第10页；钱明星："论物权的效力"，载《政法论坛》1998年第3期。

〔2〕参见谢在全：《民法物权论》（上），中国政法大学出版社1999年版，第31页以下。

〔3〕参见张俊浩主编：《民法学原理》，中国政法大学出版社2000年版，第400页。

〔4〕参见姚瑞光：《民法物权论》，中国政法大学出版社2011年版，第3页以下。

〔5〕参见陈华彬：《物权法原理》，国家行政学院出版社1998年版，第91页以下；王利明：《物权法论》，中国政法大学出版社1998年版，第25页以下；郭明瑞、唐广良、房绍坤：《民商法原理（二）物权法　知识产权法》，中国人民大学出版社1999年版，第41页。

物之所在而行使其权利)，虽为学界所公认，但对是否应将其作为物权之一项独立效力，则有肯定说与否定说两种主张。[1]

我们认为，物权的效力可以概括为对物的支配效力、对其他物权的排他效力、对债权的优先效力和对妨害的排除效力四个方面。其中，支配效力乃物权在“对物关系”中的效力；而其余三项效力，所体现的均是物权在“对人关系”中的效力，此三种效力可以一并概括为物权的“对抗力”。至于物权的追及效力及其具体表现，都能够由物权的排他效力、对债权的优先效力及物的返还请求权所包含，故无需单列。[2]

二、物权的支配效力

（一）物权的支配效力的含义

物权的支配效力，是指物权所具有的保障物权人对标的物直接为一定行为，并享受其利益的作用力。

物权的支配性与支配力所表明的是物权在对物关系中的特性与效力。物权的支配效力，直接为物权的概念所阐明。物权作为一种支配权，其首要或基本的效力就是对标的物的支配力，以保障物权人支配标的物并享受物之利益。不明示物权的对物支配效力，不足以表现和支持物权的支配权性，也难以说明物权其他效力的基础。

（二）物权支配力的范围与程度

物权具有支配效力，意味着物权人在法律规定的范围内得依自己的意志直接对客体为占有、使用、收益及处分等支配行为并实现其权利内容，而无需他人的意思或行为。不过，不同性质与种类的物权，其支配力的范围与程度是不同的：所有权是完全物权，有完全的支配力；他物权是不完全物权，有不完全的支配力。不同物权的支配力的内容也有差别：“所有权乃对物之使用价值与交换价值的全面支配；用益物权乃对使用价值部分的支配；担保物权则是对交换价值部分或全部的支配。”[3] 物权法的基本任务之一，即确认各种物权对物的不同方面（使用价值或交换价值）与不同程度（全面或部分）的支配力。

在理解物权的支配力时，还应当认识到对物的“支配”与“支配力”是有区别的：①对物的支配，是指直接对标的物为一定的行为，具体表现为对物的占有、使用、收益、处分，而支配力则是能够支配标的物的法律保障，是法律强制力在物权效力上的具体表现；②支配通常指一种对物管领、控制的事实状态，而支配力则是物权人合法支配标的物的意志和行为受到法律保护时所具有的强制性作用力，它所表现的是一种法律状态；③支配通常是指对物的现实、有形的控制和管领，而支配力则是无形的法律作用力，例如，在抵押关系中，抵押权人并不占有抵押财产，但其仍可支配标的物的交换价值。

（三）支配力与物之利益的享有

物权为民事权利的一种，而民事权利的本质为法律赋予特定人得以享受利益的法律上之力，法律上确认某物归属于某人支配，正体现为使其享受该物之利益。物权人享受物之利益，实赖于其物权的支配力。

物之价值，大体可分为使用价值与交换价值两类。物之利益，则有物之归属利益、物

---

〔1〕 参见梁慧星、陈华彬编著：《物权法》，法律出版社 2005 年版，第 62 页；王利明：《物权法论》，中国政法大学出版社 1998 年版，第 31 页以下；郭明瑞、唐广良、房绍坤：《民商法原理（二）物权法 知识产权法》，中国人民大学出版社 1999 年版，第 45 页。

〔2〕 参见刘保玉：“物权的效力问题之我见”，载《山东大学学报（哲学社会科学版）》2000 年第 2 期。

〔3〕 刘得宽：《民法诸问题与新展望》，中国政法大学出版社 2002 年版，第 88 页。

之利用利益与物之担保利益（或融资利益）之分。物之利益的享有，实系对物之不同价值的享受与支配。物权的内容，也因物权人享有的利益之不同而分为所有权、用益物权与担保物权。

三、物权的排他效力

（一）物权排他效力的含义

物权的排他效力是指物权相互之间的对抗效力，即一项物权排斥内容和性质与其相抵触的另一物权并存于同一标的物之上的效力，或者得压制同一标的物上的其他物权而先行实现的效力。也就是说，物权的排他效力不单指相斥物权之间于成立上的排他效力，也包括相容物权之间于实现上的排他效力，物权的排他效力可分为绝对的排他效力与相对的排他效力两个方面或层次。[1] 由于对物的占有与支配状态不同，不同物权的排他效力也随之产生差别：一物之上客观上不能有两个直接占有与现实支配，故同以直接占有标的物为成立要件的物权之间不得并存，这是内容与性质相斥之物权在成立上的排他性；而非均以直接占有标的物为要件的两个物权之间（如动产质权与动产抵押权）则不具有成立上的排他效力，可以并立，此种内容与性质相容的物权之间仅存在行使和实现上的排他效力，即被法律赋予较强效力之物权得压制较弱效力之物权而先行实现。[2]

物权的排他性、排他效力源于物权的支配权性质和支配力，物权的排他力与支配力之间有着密切的联系，但其表现了物权的两个不同方面的特性和效力：后者是从物权人与物的关系上而言的，强调的是物权对客体的管领力与控制力；前者是从物权人与其他人的关系上而言的，强调的是物权对他人的对抗力。

（二）物权排他效力的表现

1. 所有权之间的排他效力。由于所有权是对物的全面支配权，同一标的物之上不可能存在两个相同的全面支配权，故所有权之间具有成立上的绝对排他效力。至于数人共同享有的一物之所有权的“共有”现象，与所有权之间的排他效力并非同一问题。

2. 用益物权之间的排他效力。用益物权是对他人之物为占有、使用、收益的实体支配权。而于同一物之上实难同时成立两个现实占有，因此，用益物权之间当然具有成立上的排他性，但也有如下例外：①在承认典权为用益物权的立法上，一般也允许典权人于典期内将典物转典，甚至允许再转典乃至三转典，这样同一标的物上即得存在两个以上的典权；②根据地役权的性质、特点，其与土地使用权等用益物权之间可以并存不悖，而且同一供役地上也可设定两个以上非继续性的地役权。

3. 担保物权之间的排他效力。由于担保物权是以获得担保财产之交换价值为目的的权利，因此，除动产质权及以权利凭证的交付为成立要件的权利质权之间具有成立上的排他效力外，其他担保物权及其相互之间仅有实现上的排他效力，其效力的强弱根据担保物权的法定顺序来确定。

4. 用益物权与担保物权之间的排他效力。以不动产为标的的用益物权与不动产抵押权

---

〔1〕 参见刘保玉：“论物权之间的相斥与相容关系”，载《法学论坛》2001年第2期。

〔2〕 对于排他效力较弱的相容物权之间的关系，诸多学者将其认定为“物权相互间的优先效力”，并认为此种情况下应以“时间在先，权利在先”为原则。但也有不少学者认为，数个内容或性质相容的物权之间的优先效力问题，实系何者得优先行使与实现排他效力问题，并不属于何种物权有优先效力或何种物权无优先效力的问题；在同一物上存有数个物权时，也并非全是成立在先的物权优先于成立在后的物权，例如后成立的留置权优先于在先设立的抵押权和质权。我们赞同后一种观点。

之间（如住宅上的居住权与抵押权），不发生设立上的排他效力，而仅发生行使与实现上的排他效力，其效力的强弱，原则上依设立的先后而定。

5. 所有权与定限物权之间的排他效力。所有权为设立用益物权和担保物权的前提，故其相互之间不具有成立上的排他效力。同一标的物之上的定限物权虽成立于所有权之后，但其效力当然地优先于所有权。

四、物权的优先效力

（一）物权优先效力的含义

关于物权的优先效力的含义与内容，向来有不同意见：有的学者认为，仅限于物权优先于债权的效力；也有的认为，仅指先成立的物权优先于后成立的物权的效力；而多数学者则认为，此二者均为物权优先效力的范围。不过，此种认识也遭到了有力的质疑。[1] 在我国《物权法》（已失效）的制定过程中，对物权是否具有优先效力及其含义如何、物权优先于债权是否应设为一般规则等问题也有不同意见，[2] 这导致《物权法》（已失效）上最终未对此问题作明文规定，《民法典》中亦未有明文规定。

如前所述，我们主张将所谓的物权相互之间的优先效力解释为物权的排他效力的一个方面，即实现上的排他效力。依此界分，则物权的优先效力限指物权优先于债权的效力，即当特定的物既是物权的客体又是债权中的给付标的物时，无论物权与债权成立的先后，物权均有优先于债权的效力。同时，我们主张将物权优先于债权作为二者关系的一般性规则来定位（法律另有规定的除外）。我国的司法实践中，也是承认并贯彻这一基本规则的。[3] 物权之所以具有优先于债权的效力，仍是基于物权的支配性、公示性及由此而产生的对抗力。

（二）物权优先于债权的表现

1. 所有权优先于债权。例如，在“一物二卖”的场合，因交付或登记而先取得标的物所有权的人，其权利优先于未取得标的物所有权的债权人的权利（后买受人恶意取得的除外）；[4] 在所有权人以保留所有权的方式出卖或将其所有物出借、出租于他人时，如该他人陷于破产境地，则该物不得纳入其破产财产的范围，所有权人有“取回权”或清算后的优先受偿权；财产共有人的以物权为基础的优先购买权优先于共有物承租人的以债权为基础的优先购买权。

2. 用益物权优先于债权。物上如存在用益物权，无论其成立时间之先后，该物权有优先于以给付该物为内容的债权的效力，债权人不得向物权人请求移转其物，也不得请求除

---

〔1〕 参见张俊浩主编：《民法学原理》，中国政法大学出版社 2000 年版，第 401~402 页；郭明瑞、唐广良、房绍坤：《民商法原理（二）物权法 知识产权法》，中国人民大学出版社 1999 年版，第 43 页；马俊驹、余延满：《民法原论》（上），法律出版社 1998 年版，第 366 页；史尚宽：《物权法论》，中国政法大学出版社 2000 年版，第 10 页注。

〔2〕 参见戴孟勇：“物权的优先效力：反思与重构”，载崔建远主编：《民法 9 人行》（第 1 卷），金桥文化出版（香港）有限公司 2003 年版，第 263~317 页；戴孟勇：“‘物权优先于债权’理论之质疑”，载《政治与法律》2010 年第 7 期；崔建远：“为物权的优先效力申辩”，载《民法 9 人行》（第 1 卷），金桥文化出版（香港）有限公司 2003 年版，第 335~349 页。

〔3〕 参见杜万华主编：《最高人民法院物权法司法解释（一）理解与适用》，人民法院出版社 2016 年版，第 14 页。

〔4〕 参见最高人民法院 2020 年 12 月发布的《最高人民法院关于审理商品房买卖合同纠纷案件适用法律若干问题的解释》（以下简称《房屋买卖纠纷案件司法解释》）第 7 条，《买卖合同司法解释》第 6、7 条。

去该物上之物权。反之，在债权的存在妨害物权的实现时，用益物权人得因其权利的行使而除去债权。

3. 担保物权优先于债权。有担保物权作担保之债权，就担保物之变价得优先于一般债权人之债权而受偿。债务人破产时，对债务人之特定财产有担保物权的人，就该项财产享有“别除权”；在标的物因被侵权而毁损或被征收时，担保物权人就该标的物之赔偿金、保险金、补偿金等也有较一般债权人优先受偿的权利。

（三）物权优先于债权之例外

物权优先于债权虽为基本规则，但法律也设有一些例外规定，使某些债权居于优先实现的地位。这种例外情形主要如下：

1. “买卖不破租赁”。即先设立的承租人的租赁权优先于租赁物受让人的所有权。这是由于租赁权被法律赋予了某些物权的效力成分（即所谓的“租赁权的物权化”）。我国《民法典》第725条规定：“租赁物在承租人按照租赁合同占有期限内发生所有权变动的，不影响租赁合同的效力。”这一规则也同样适用于租赁权与抵押权的关系。[1] 对用益物权（如居住权）能否破除在先设定的租赁关系的问题，法律上虽无规定，但在理论上应作同样的解释。

2. 进行了预告登记的债权。例如，根据《民法典》第221条、《最高人民法院关于适用〈中华人民共和国民法典〉物权编的解释（一）》（以下简称《物权编解释（一）》）第15条的规定，不动产买卖协议（尤其是期房预售合同）如果在登记机构进行了预告登记，该买受人的债权就具有了物权性的排他效力。故此，进行了预告登记的买受人的权利可以作为“准物权”对待。[2]

3. 被法律特别赋予了优先受偿效力的债权。物权不一定能强于具有优先权效力的特别债权。例如，《海商法》第22、25条规定的船员工资、港口规费、海难救助款项的给付请求权等船舶优先权，优先于船舶抵押权；《民法典》第807条规定的建设工程承包人的优先受偿权优先于不动产抵押权。

五、物权的妨害排除效力

（一）物权的妨害排除效力的含义

物权的妨害排除效力是指物权具有的排除他人妨害、恢复权利人对物的正常支配状态的效力。妨害排除力是物权在法律上的救济力或保护力，从权利的角度观之，可称为排除妨害请求权、物权请求权或物上请求权。物权请求权是指物权的圆满状态受到妨害或有被妨害之虞时，物权人得请求妨害人除去妨害或防患于未然，以回复其物权的圆满状态的权利。物权请求权不仅可以基于所有权而发生，也可基于用益物权、担保物权而发生（从广义上讲，占有保护请求权也为物上请求权）。不过，基于不同物权而发生的物权请求权，其具体内容略有不同。

物权的妨害排除效力或物权请求权制度，源自物权的支配性、排他性与绝对性，该制度在近现代民法上得到了普遍承认和理论上的一致认可，我国《民法典》在“物权的保护”一章中也对其作出了规定。

---

〔1〕 参见《民法典》第405条。

〔2〕 参见刘保玉：“准物权及其立法规制问题初探”，载王利明主编：《中国民法年刊（2004）》，法律出版社2006年版，第374页。

(二) 物权请求权的内容

物权请求权以排除妨害及回复物权的圆满状态为目的，因此，根据妨害形态的不同，物权请求权也有多种。一般认为，物权请求权分为三类：

1. 物之返还请求权。占有人无权占有他人的不动产或者动产的，发生物权人的原物返还请求权。

2. 妨害排除请求权。物权受到侵害或物权的行使受到妨碍时，发生物权人的妨害排除请求权。

3. 妨害预防请求权。物权虽未受到现实妨害，但有受到妨害的可能时，发生物权人的妨害预防请求权。

关于造成不动产或者动产毁损但有修复可能时的恢复原状请求权，是属于物权请求权还是债权请求权以及是否适用消灭时效，理论上尚有不同认识。[1] 我们倾向于将其定性为债权请求权。

(三) 物权请求权的性质

关于物权请求权的性质，大致有物权作用说、债权说、准债权说、非纯粹债权说、物权派生之请求权说、物权效力所生请求权说等几种不同的见解。[2] 其中，完全否认物权请求权的独立性或将物权请求权看作是纯粹的债权的观点，不足为取。而其他诸说则都是从物权请求权的不同方面进行观察而得出的结论，均有相当的道理，唯着重点有所不同而已。通说认为，物权请求权系以物权为基础的独立请求权。[3] 对此，说明如下：

1. 物权请求权是请求权，而非物权之本体。物权请求权在物权受到妨害时发生，是物权人请求妨害人为特定行为（除去妨害）的权利，为请求权的一种。该请求权不以对物权标的物的支配为内容，故不是物权的本体或其内容的一部分，而是与物权相区别的一种独立的权利。

2. 物权请求权为物权所派生，与物权具有相同命运。物权请求权是物权的救济权，是物权的效用，因此，物权请求权以物权及其客体的存在为前提，为物权所派生，在物权受到侵害时作为保护手段而发生作用。物权请求权既然为物权所派生，就不能与物权相分离而单独存在，物权转移、消灭的，物权请求权也随之转移、消灭。

3. 物权请求权不同于债权请求权。作为请求权的一种，物权请求权与债权请求权有一些类似的属性，在其性质许可的范围内亦可适用债权的有关规定，如过失相抵、给付迟延、清偿以及债权让与等。[4] 但是，绝不能将物权请求权等同于债权请求权。

一般认为，物权请求权与债权请求权的区别主要在于：①二者发生的基础与根据不同。物权请求权以物权为基础，以物权的支配力受到妨害或有妨害之虞为发生根据；而债权本身就是请求权，该请求权以债的存在为基础和根据。②目的与作用不同。物权请求权旨在保护物权、排除妨害、回复物权的圆满支配状态；而债权请求权的目的和效果为实现债权、消灭债的关系。③请求权的内容与相对人承担责任的方式不同。如前所述，物权请求权的

---

〔1〕 参见侯利宏："论物上请求权制度"，载梁慧星主编：《民商法论丛》（第六卷），法律出版社 1999 年版，第 670~716 页。

〔2〕 参见谢在全：《民法物权论》（上），中国政法大学出版社 1999 年版，第 38 页。

〔3〕 参见谢在全：《民法物权论》（上），中国政法大学出版社 1999 年版，第 39 页；魏振瀛主编：《民法》，北京大学出版社、高等教育出版社 2000 年版，第 209 页。

〔4〕 参见谢在全：《民法物权论》（上），中国政法大学出版社 1999 年版，第 39 页；钱明星："论物权的效力"，载《政法论坛》1998 年第 3 期。

内容包括物之返还请求权、妨害排除请求权、妨害预防请求权，与此相应，相对人承担责任的方式分别为“返还原物”“停止侵害”“排除妨害”“消除危险”；债权请求权的内容主要是请求为给付或填补损害，责任方式主要是继续履行、修理、重作、更换、赔偿损失等。④对过错与损害的要求不同。物权请求权的行使原则上不要求有实际损害及对方有过错；而债权请求权（尤其是损害赔偿请求权）的行使通常要证明损害的实际存在及对方有过错。⑤时效的适用不同。多数学者认为，物权请求权（或者部分物权请求权）不适用消灭时效的规定；而债权请求权均适用消灭时效。⑥物权请求权与债权请求权并存时，物权请求权优先于债权请求权。

（四）物权请求权与诉讼时效

通说认为，物权请求权中的排除妨害、消除危险及所有权确认请求权，不适用诉讼时效（消灭时效）。而关于返还财产请求权和恢复原状请求权是否适用于物权请求权的问题，在立法与理论上有三种不同的主张：

1. 肯定说。其认为物权请求权虽非纯粹的债权，但与物权本身内容有区别，是以特定人之给付为标的的独立请求权，物权虽不因时效而消灭，但由其所生的物权请求权则应依时效而消灭。

2. 否定说。其认为物权请求权是专为保护物权的救济方法，附随于物权本身而存在，物权既然不适用诉讼时效，物权请求权亦不因时效而消灭。

3. 折中说。其认为由动产物权及未登记的不动产物权所生的物权请求权，均适用消灭时效，唯由已登记的物权所生的请求权不因时效而消灭。另有学者主张，在物权请求权中，适用诉讼时效的，只是其中的返还财产请求权和恢复原状请求权，而排除妨害、消除危险及所有权确认请求权，则不适用诉讼时效。

我国学界和实务界对于物的返还请求权是否适用诉讼时效的问题，争议甚大，导致《物权法》（已失效）中最终采用了回避方案，有关司法解释中对此也未作出明确规定。比较而言，我们认为前述折中说的主张似乎较为允当，但仍有结合我国的具体情况加以完善的必要。[1] 我国《民法典》第196条中“下列请求权不适用诉讼时效的规定：①请求停止侵害、排除妨碍、消除危险；②不动产物权和登记的动产物权的权利人请求返还财产……”这一规定，应属允当。[2]

（五）物权的妨害排除效力与物权的保护

我国《民法典》物权编中，未使用“物权的妨害排除效力”或“物权请求权”的字样，而是维持了《物权法》（已失效）中设专章规定“物权的保护”之体例。该章中，除对上述三种物权请求权作出规定外（第235、236条），还规定了因物权的归属、内容发生争议的，利害关系人可以请求确认权利（第234条）；造成不动产或者动产毁损的，权利人可以依法请求修理、重作、更换或者恢复原状（第237条）；[3] 侵害物权，造成权利人损害的，权利人可以依法请求损害赔偿，也可以依法请求承担其他民事责任（第238条）。此

---

〔1〕例如，在我国存在大量未登记的不动产（如农村的宅基地使用权和房屋所有权、土地承包经营权，以及尚未完成登记的商品房、“小产权房”等），此类的不动产权利人请求返还财产的权利是否受诉讼时效限制？笔者倾向于认为：普通动产的返还请求权，可以适用诉讼时效；而不动产物权（无论登记与否）的权利人请求返还财产的权利，则均不宜适用诉讼时效；已登记的特殊动产权利人请求返还财产的请求权，亦不应受诉讼时效的限制。参见江平主编：《民法学》（第三版），中国政法大学出版社2016年版，第235页注。

〔2〕刘保玉：“《民法总则》第九章‘诉讼时效’规定评析”，载《判解研究》2018年第1期。

〔3〕有必要说明的是，此条规定中的“修理、重作、更换”纯属合同法问题，与物权的保护问题无关。

外，该章中还对物权受到侵害时的纠纷解决途径、物权保护方式的单独适用与合并适用等作了规定（第233、239条）。

显而易见，“物权的保护”一章中规定的内容，远比物权请求权的内容要宽泛，其中既有物权性的保护方式（物权请求权），也有债权性的保护方式（包括合同责任和侵权责任）；既有民法上的保护，也有行政法和刑法上的保护。故不能将“物权的保护”一章中所规定的内容等同于“物权请求权”或物权的妨害排除效力。[1]

第五节 物权与债权的关系

一、物权与债权的联系

近现代市场经济中自由的商品流通，必须以对商品所有者的绝对支配权的保护和自由处分权的保护为前提。相应的，作为近现代市场经济法制基础的民法，遂产生了保障商品所有者不受妨碍地支配其商品的所有权制度与保障所有者按照自己的意思自由交换其商品的契约（合同）制度。而随着近现代法上对权利体系性的逻辑要求，所有权法律制度与合同法律制度被归纳为物权法和债权法的抽象体系。

近现代法上，物权与债权有着紧密的联系，它们作为一组相对应的民事权利，共同构成了民法中最基本的财产权形式。在商品经济条件下，人和财产的结合表现为物权；财产进入流通领域后在不同的主体之间的交换，则体现为债权。若交易主体不具有对标的物的物权，则无从进行商品交换；商品在不同的主体之间进行交换的过程产生债权债务关系，即一方依约定承担将自己的财产让渡给对方的义务并享有请求对方为对待给付的权利；而交易的目的与结果则是标的物上物权的让渡与取得，形成新的物权关系。因此，可以说商品之所有是交换的前提和归宿，物权是债权发生的基础和前提，也是债权行使的目的和结果。物权和债权构成了商品经济社会最基本的财产权利，而民法关于物权和债权的规定则构成了市场经济运行的基本规则。

二、物权与债权的区别

尽管物权与债权有着密切的联系，但二者毕竟是不同类别的财产权，它们反映的是不同的财产关系，有不同的特点与法律属性：

（一）权利性质上的区别

物权为支配权，债权为请求权，这是物权与债权的最基本的区别。物权人无需借助他人的行为而仅依自己的意志与行为即可对标的物进行管领、支配并享受和实现其利益。而债权人若欲实现其利益，必须借助于他人的行为，即通过义务人履行义务的行为间接地实现自己的利益。在债务人为给付之前，债权人既不能直接支配该项给付的标的物，也不得直接支配债务人的行为，而只能请求债务人履行债务。

---

[1] 我们认为，《物权法》（已失效）中单设“物权的保护”一章，与其以单行法的形式出台、自身应有一个完整的体系密切相关。而在《民法典》中继续保留该章内容，无疑会与总则编第八章“民事责任”和合同编、侵权责任编的有关规定重复，体系上难谓严谨。若将该章中有关物权请求权的内容规定于物权编的第一章，或者规定在所有权分编的“一般规定”章中并准用于其他物权，或许是更好的方案。参见刘保玉、吴安青：“民法典物权编的结构设计与内容安排”，载《甘肃政法学院学报》2017年第6期。

（二）权利客体上的区别

物权作为对物支配权，其客体是特定的、独立的、既存的、有形的不动产和动产，法律禁止流通的物（如土地）亦可为物权的客体。唯担保物权有所例外，其客体还可以是未来财产及法律允许转让的财产权利，但禁止流通物不得作为担保财产。通说认为债的客体是"给付"，至于给付行为之对象，则可以是物、劳务、智力成果等。[1] 同时，作为债权给付对象的物，也与作为物权客体的物有所不同，它并不需要具有特定性，且可以是债权成立时尚不存在的物，但法律禁止流通的物不能作为债权给付的标的物。

（三）权利效力上的区别

1. 物权所具有的基本效力为支配力，债权所具有的基本效力为请求力。物权所具有的支配力使其具有排他性和排他效力，同时，当物权的客体与债权指向的对象并存于同一物时，物权优先于债权。而以请求力为基础的债权之间，则具有相容性和平等性，即同一给付标的上可以并存两个及以上内容相同的债权，而且数个债权之间的效力平等，不因其成立的先后或发生原因的不同而产生效力上的优劣之分。[2]

2. 物权的效力在范围上及于任何人，而债权的效力原则上只及于特定的债务人。基于物权的对世权、绝对权性质，物权的效力及于不特定的任何人，而不特定的义务人所负担的义务为不为妨碍或侵害的消极不作为义务，物权人得基于物权所生的请求权对抗、排除任何人的侵害或妨碍。而债权为对人权、相对权，债权债务只存在于特定的当事人之间，债权人只能请求特定的债务人履行积极的给付义务，而不能向债务人之外的他人主张权利。当债权的标的物被第三人占有、取得时，债权不能像物权那样产生追及效力，债权人不能请求第三人返还。[3]

3. 物权的圆满状态受到妨害时，物权人可行使物权请求权以实现其对物的圆满支配状态的回复，赔偿损失只是在不得已情况下才采取的补充救济方法。而当债权不能正常实现时，主要的救济方法则是赔偿损失。可见，由于性质的不同，物权与债权在保护方法上也有所区别。

（四）权利设定上的区别

针对物权的种类及其设定，法律上通常采用的是法定主义和公示主义；而债权的设定则实行任意主义。物权的设定，不仅涉及当事人的利益，也常关涉国家、社会及不特定他人的利益，故物权的种类及内容均由法律明定而不允许当事人自由创设；而且，物权的设立还须进行公示，当事人通过合同设立某项物权时，如果未以登记或交付的方式公示，只能产生请求权性的债权而不能产生支配权性的物权。而债权则不同，它通常涉及的仅是当事人双方的利益，依据契约自由原则，合同债权的设立具有任意性的特点，当事人只要不

---

〔1〕 参见张广兴：《债法总论》，法律出版社1997年版，第37页。

〔2〕 参见张广兴：《债法总论》，法律出版社1997年版，第27页；刘保玉、吕文江主编：《债权担保制度研究》，中国民主法制出版社2000年版，第6~7页。不过，债权的平等性并非绝对，得因法律的规定或当事人的约定等而有实现上的先后，例如：近年来我国的司法解释在一物数卖等情形下有认可先成立的合同的履行顺位优先于后成立的合同之现象；根据《民法典》第700条的规定，代偿了部分债务的保证人对债务人的追偿权的实现，逊后于债权人对债务人的债权；同理，承担了部分责任的反担保人对债务人的追偿权的实现，亦应逊后于本担保人。

〔3〕 不过，现代民法上债的效力范围有逐渐扩张的趋势，于特定情况下亦得具有涉他性，此以债的保全制度及第三人侵害债权制度为其适例。参见张广兴：《债法总论》，法律出版社1997年版，第25页以下、第163页以下；张俊浩主编：《民法学原理》（上册），中国政法大学出版社2000年版，第550页。

违反法律的强行性规定和公序良俗，则可通过合意任意设定债权或创设新债权；而且，设立债权通常也无需公示。

（五）权利期限上的区别

债权均为有期限的权利，法律不承认无期限限制的债权。该期限可以是当事人约定的期限，也可以是时效期限及其他法定期限。期限届满，债权即归于消灭或失去法律的保护。[1] 物权中的所有权则具有恒久性，为无期限的权利，只要所有物存在，所有权就存在；地役权也可以约定为无期限限制。不过，物权中的其他物权通常也是有存续期限的。

三、物权与债权区分的相对性问题

如上所析，典型的或理念型的物权与债权之间存在着明显的区别。但是，现实生活是丰富多彩、复杂多样的，一事物与他事物的区分往往是相对的。物权与债权的区分也是这样的，二者在某些特定部分会处于混合、模糊状态，其内容、效力、作用等方面会出现一定的交叉，其主要表现可归结为三个方面：

（一）物权与债权的目的性和手段性之更迭与交错

一般而言，物权与债权的联系，通常表现为物权为债权产生的前提，债权是物权变动的基础。“债权关系之首要法律目的，乃是将债权转变为物权或与物权具有相等价值之权利”。[2] 在以债权为中介来取得物权的关系中，物权具有目的性，债权具有手段性，这既是物权与债权的原始机能之分工，也是迄今为止的社会生活中的重要经济现象。例如，通过劳动生产获得财物或作为报酬的金钱之所有权，再以债权为信用之纽带进行交易，让渡自己拥有之财物或金钱的所有权于他人，换回自己欲求的他人之财物或金钱，以满足生产和扩大再生产或生活消费的需要。但是，近现代以来，尤其是在当前的市场经济社会中，相反的经济现象日益增多。例如，为获得租金而将不动产租与他人、为获得利息而将货币存入银行或贷与他人、将所有物提供担保以获得资金、中间商“为卖而买”的系列交易活动等。在这些现象中，我们可以看到物权的工具性、手段性和债权的目的性。进而言之，在现代经济生活中，财产的静的所有与动的交换往往均非交易的终极目的，作为一个交易环节之目的的物权或债权被取得或实现之后，通常还将发生新一轮的运动。为实现主体更大的利益和无止境的财产增值需求，物权与债权的目的性与手段性经常处在无休止的功能交替之中。“社会正如一有机体，物权如该有机体之骨骼或其他永久之组织，债权则如该有机体之血液或其他暂时之组织，不时在静止与运动中交替补充，物权既为交易之出发点，亦为交易之对象，唯有此种出发点与对象存在，债权所需之利益移动方能遂行，反之，唯有债权所营之利益移动可畅通无阻，社会之骨骼、财产之集资，方能形成与硕壮。”[3] 正是物权与债权的相互交错与转换，使得二者结为一体，真正推动了社会经济的全面发展。故此，在现今的诸多交易模式中，如果仍从目的性与手段性方面来区分物权与债权，时常会陷入困境。

（二）特定领域的债权之物权化与物权之债权化

债权的物权化现象，其主要表现可归纳为四个方面：①在债权人处分其债权时，其地

---

〔1〕 参见王家福主编：《中国民法学·民法债权》，法律出版社1991年版，第8页；梁慧星、陈华彬编著：《物权法》，法律出版社2005年版，第20页；张广兴：《债法总论》，法律出版社1997年版，第26页。

〔2〕 林诚二：“论债之本质与责任”，载郑玉波主编：《民法债编论文选辑》（上），五南图书出版有限公司1984年版，第32页。

〔3〕 谢在全：《民法物权论》（上），中国政法大学出版社1999年版，第31页。

位与所有权人的地位并无本质的区别，或谓有“类似所有权之地位”。[1] 对物权的处分与对债权的处分，均适用处分行为的规则。②租赁权被普遍赋予了物权效力，即所谓的“租赁权的物权化”[2]。租赁权在性质上为债权，但为维护租赁关系中承租人的利益，各国法律普遍采用了日耳曼法的“买卖不破租赁”规则，在先设立且交付租赁物后，纵使出租人将其所有权转让给第三人，原租赁合同也仍然有效，在已出租的标的物上设定抵押权的情形，亦适用同样的规则。③债权的设立本无需公示，但特定情况下为维护债权人的利益，当事人可通过一定的方式明示其权利的存在并取得对抗第三人的效力。房屋等不动产买卖中的预告登记制度，为其适例；近年来我国商品房买卖中实行的网签制度，也有类似功效。另外，在一些立法例中，还肯定共有人之间就共有财产的分管和利用达成的协议，经过登记后，亦可产生对抗第三人的效力。[3] ④法律出于特殊政策性考虑，还可以直接规定某些特种债权具有实现上的优先效力。我国《企业破产法》上的工人工资优先权、《海商法》上规定的船舶优先权、《民用航空法》上规定的民用航空器优先权、《民法典》合同编中规定的建设工程承包人优先受偿权等规定，就是法律因应社会生活之需要，为维护社会的公平正义，出于特殊政策性考虑（如优先保护弱者权益、生存利益高于商业利益）而作出的特别规定，其作用在于突破债权平等原则以强化对某些特殊债权的保护。

物权的债权化现象，其主要表现有两个方面：①在采用登记对抗主义的国家或地区（如日本），因未登记而不具备对抗要件的物权，没有排他性和对抗力，与债权几乎没有实质的差异，或可谓之不真正的、效力虚弱的物权。[4] 我国《物权法》（已失效）和《民法典》物权编在动产抵押权与某些不动产物权上也采用登记对抗主义（即未经登记，不得对抗善意第三人）。如此，未登记的动产抵押权、地役权等尽管被规定于物权制度中，但其效力与真正意义上的物权有重大差异。[5] ②第三人善意取得制度的普遍承认，在相当程度上阻滞了物权请求权的效力。于此情况下，原物权人物权的对抗效力、追及效力即被阻断，其物权请求权将被迫蜕变为对无权处分人的债权请求权。

（三）物权与债权的相互渗透与融合

其主要表现在：①物权与债权结合适用的现象日渐普遍，二者的联系更为密切。例如，担保物权自其产生之初就是配合债权而发生作用的，而票据质权、应收账款债权质权、证券抵押权、让与担保、融资租赁、保理、所有权保留买卖等现象与法律规定，则更为典型地表现了债权与物权的密切联系。②物权与债权相互渗透的情形，更为多见。例如，基于权利的不可侵犯性和“恶意不受保护”规则而确立的第三人债权制度，反映出债权也具有不可侵犯性和对抗恶意第三人的效力。而物权的对抗力也往往并非绝对，如不得对抗善意第三人。前述物权的债权化和债权的物权化现象，从另一角度观察，所体现的也是物权与债权的相互渗透与转换。③在特定情况下，物权与债权还可能融为一体。在有价证券以及票据、提单、仓单等权利凭证上发生的物权与债权的竞合，为其典型表现。如有价证券所记载的权利本质上只能是请求权，即债权，但有价证券本身又是一种有形之物，而且有价

---

〔1〕 孙宪忠：《德国当代物权法》，法律出版社 1997 年版，第 24 页。

〔2〕 史尚宽：《民刑法论丛》，荣泰印书馆 1973 年版，第 96 页。

〔3〕 参见王利明：《物权法论》，中国政法大学出版社 1998 年版，第 12 页。

〔4〕 参见梁慧星、陈华彬编著：《物权法》，法律出版社 2005 年版，第 18 页。

〔5〕《最高人民法院关于适用〈中华人民共和国民法典〉有关担保制度的解释》（法释〔2020〕28 号，以下简称《担保制度解释》）第 54 条的规定，进一步弱化了未登记的动产抵押权的效力。

证券尤其是不记名有价证券的流通同样适用物权法的规则，从而使有价证券变成“有形化的债权”，具有了物权的基本特征，或者说本质上又属于物权，〔1〕以致“在有价证券的权利中，所有权与债权融为一体，很难确定对证券的权利是物权还是债权”。〔2〕

四、物权与债权“二元划分”的意义

对物权与债权在理论和立法上的“二元划分”，主流观点向来持肯定态度，但仍存在一些不同意见。对于大量出现的物权与债权区分的相对性现象，应如何认识其意义，学者们的见解更是存在分歧。有学者认为上述现象对物权与债权区分的意义产生了冲击，甚至认为这种区分现今已无实际意义。〔3〕还有学者认为物权与债权区分的相对性为现代物权法的“发展趋势”之一。在我国《物权法》（已失效）制定及《民法典》编纂过程中，也有一些学者主张不区分物权、债权而制定“财产法”，或者主张在《民法典》中设“财产权编”。不过，多数学者并不赞同不区分物权与债权的观点。

我们认为：物权与债权这一组权利概念的出现及其性质的区分，是人类法律文化长期发展和积淀的结果，也是对客观经济生活中所形成的不同法律关系的准确概括。在现今的经济生活中，物权与债权的基本区别仍是客观存在的，其在理论、立法上的区分也是明晰可见的，而且，这种区分对于运用不同的法律规则调整不同的法律关系、解决不同的权益纠纷、维护交易的安全以及指导当事人正确行使权利和履行义务等，均具有重大意义。从立法技术上看，也正是由于物权与债权的区分，才在立法上实现了物权编与债权编的分立，并据以确定其不同的技术规则，如不区分物权、债权等不同的权利类型，《民法典》分编的体系将无以构建。故此，应当坚持物权与债权的二元划分。但是，承认物权与债权的区分，并不意味着否定现实生活的复杂性。同样地，承认和正视二者在某些特定情况下的融合、渗透、交错现象，也不能否定二者存在着主流上的基本区别。还应注意的是，随着社会经济生活的发展，物权与债权的类别及其具体权能、效力还会发生新的变化。我们应根据我国的情况对此进行缜密的立法技术上的处理，因应客观情况的需要作出相应的调整，更为准确地反映现实经济生活的需要。〔4〕

〔1〕 参见孙宪忠：《德国当代物权法》，法律出版社1997年版，第24页。

〔2〕 王利明：《物权法论》，中国政法大学出版社1998年版，第12页。

〔3〕 参见谢哲胜：《财产法专题研究》，三民书局股份有限公司1995年版，第183页；［日］林良平：《物权法》，有斐阁1951年版，第11~12页；［日］于保不二雄：《物权法》，有斐阁1956年版，第5~6页。转引自陈华彬：《物权法原理》，国家行政学院出版社1998年版，第20页。

〔4〕 参见刘保玉、秦伟：“物权与债权的区分及其相对性问题论纲”，载《法学论坛》2002年第5期。

第二章
物权法及其基本原则

第一节　物权法的概念与特征

一、物权法的概念与调整对象

如同人们通常将调整合同关系的法律规范称为合同法，将调整侵权责任关系的法律规范称为侵权法或侵权责任法一样，我们通常将调整物权关系的法律规范称为物权法。本书所称的物权法，主要指我国《民法典》的物权编及其他编章中有关物权问题的规定，兼及其他调整物权关系的法律规范。

欲界定物权法的概念，首先应明确物权法的调整对象。关于物权法的调整对象问题，有两种不同的认识：①侧重于对物的静态支配关系的认识，其在表述上又可分为占有关系说、支配关系说、静态财产关系说、财产归属关系说，以及占有、利用、归属关系说等几种不同的概括。依此认识，物权法被界定为“调整人对物的支配关系的法律规范的总称”。〔1〕②侧重于对物的静态支配与动态交易两方面关系的认识。该观点认为物权法除了规范物权种类以及各种物权的内容外，还要规范因物权变动所发生的各种问题，包括基于物权变动对第三人的排斥建立第三人保护制度的问题。物权法的基本范畴和所要解决的基本问题可以归纳为“静态秩序，动态安全”八个字。依此认识，物权法被定义为“是关于人对物的支配关系、物权变动以及物权交易安全的法律规范的总和”。〔2〕

我们倾向于后一种认识，但同时认为：物权变动和交易安全之维护可以合并为对物的处分关系；而物的占有关系、归属关系、利用关系、处分关系等均属于人对物的支配关系及因支配所产生的其他法律关系。故此，物权法可以被界定为：调整人们基于对物的支配而产生的法律关系的法律规范之总称。我国《民法典》物权编的首条（第205条）规定：“本编调整因物的归属和利用产生的民事关系。”其中所言的物的归属关系、物的利用关系以及该法中所规范的物的占有关系、物权变动关系等，均属于基于人对物的支配而产生的法律关系。

物权法所调整的社会关系，具体可以分为四个方面：

1. 物的占有关系。它表现为基于人对物的实际控制而产生的法律关系。占有是一种非常复杂的法律现象：它可能是有基础权利（本权）的占有，也可能只是一种控制物的事实状态；占有还存在自主占有与他主占有、直接占有与间接占有、瑕疵占有与无瑕疵占有等多种不同的样态，而不同的占有样态在物权法上产生的效果也有所不同。因此，占有关系

---

〔1〕　王利明：《物权法论》，中国政法大学出版社1998年版，第70页以下；李景丽：《物权法新论》，西苑出版社1999年版，第7页以下。

〔2〕　孙宪忠：《中国物权法总论》，法律出版社2003年版，第93页以下。

是所有权关系及他物权关系所不能涵盖的，对占有关系的调整及对占有的保护应成为物权法的重要内容。

2. 物的归属关系。此即特定的物归特定民事主体所有的财产关系。基于物的归属关系，物权人得对其物直接支配并享有由此而生的各种利益。物的归属关系既是物的利用关系的目的，又是其发生的前提。调整归属关系的法律规范构成所有权制度，它是维护和巩固一定社会所有制和基本经济关系的重要制度。应当注意的是，财产的归属秩序涉及的范围很广，物权法上仅以有体动产与不动产之归属秩序为调整范围，债权、知识产权、股权等权利的归属不属于物权法的调整范围。

3. 物的利用关系。这是指主体在生产、生活中对物的使用价值与交换价值进行利用而发生的财产关系。物的利用有自主利用与他主利用两种情况，物的自主利用已为物的归属关系所包容，而物的他主利用（即所有权人将其所有物交由他人利用）有物权性利用和债权性利用（如借用、租赁等）两种情况，物权法主要规范物权性的他主利用关系。因应生产的社会化和高效化的要求，现代物权法已从早期的以规范物的归属关系为重心向以规范物的利用关系为重心转化，所以，因物的他主利用而产生的他物权制度为物权法的另一重要内容。

4. 物的处分关系。物权主体在对物为处分时所发生的物权变动及由此所产生的法律关系，通常被归入动态的财产关系之中。这种动态的财产关系不仅受到合同法的规范，也受到物权法的调整。在现实生活中，物权经常处于运动状态之中，某一特定物上物权的发生或设立、物权的转让、物权内容的变化以及物权因某种原因而消灭，都是常见的现象。对于物权变动所引发的问题，债权法中的合同规则并不能全部解决，甚至不能解决其中的主要问题。在因法律行为而发生的物权变动中，都存在着物权变动的原因事实与结果事实这两个不同的法律事实。合同法上的规则所解决的，只是原因事实方面的问题，即交易是否符合当事人的真实意思、合同是否能有效成立以及合同的履行、违约的责任等问题，而物权变动的结果事实问题，如物权变动的公示、物权变动的时间与效力的确定等，只能依靠物权法自身特有的规范即物权变动的规则来解决。对非因法律行为而发生的物权变动，合同法更是无能为力，而只能直接由物权法来规范。对物的处分所引发的法律关系，不仅涉及双方当事人的利益，还经常涉及第三人的利益和交易安全的维护问题。〔1〕因此，物权变动关系是物权法所调整的社会关系的重要组成部分，物权人对物为处分的规则和第三人利益的保护、交易安全的维护等也是物权法上重要而基本的问题。

二、物权法的性质

（一）物权法为私法

自罗马法以来，法学传统上将法律划分为公法与私法两大基本类别。大体言之，凡规范国家或公共团体为其双方或一方主体者之法律关系，而以权力服从关系为基础者为公法；规范私人间或私团体间相互关系，而以平等关系为基础者为私法。〔2〕民商法为私法，民法典为私法之基本法或普通法，已为共识。物权法既为民法之组成部分，性质上当然应被界定为私法。但有两点值得加以说明：其一，物权法规范常涉及社会之公共利益。近代以来，公私法之分类往往具有相对的性质，谓某一法典整体为私法而不含公法之成分，或整个法典为公法而无私法之成分，殆不可能。因而，仅可从大体上说某一法律为公法或私法，而

〔1〕参见孙宪忠：《论物权法》，法律出版社 2001 年版，第 36 页以下。

〔2〕参见梁慧星：《民法总论》，法律出版社 2001 年版，第 29 页。

绝不可将其绝对化，物权法也不例外。相对于民法其他部分而言，物权法的公益性较强。[1] 其二，物权法中含有不少行政法律规范。对物的支配与处分关系的调整，不仅要依靠民事法律规范，而且还须借助一些体现国家干预经济原则的强制性法律规范。如不动产的登记，土地和其他自然资源的管理，禁止或限制流转物的规定，土地使用权取得的审批以及采矿权、渔业权的行政特许等，都是调整对物的支配和处分关系所必不可少的法律规范。从性质上说，这些规范属于经济行政法的范畴，但从广义物权法的角度来理解，它们也是物权法的渊源。这些公法性质的规范与物权法中规范和保护各种物权的私法规范是不可分割地密切联系在一起的，只有将这两类规范结合起来，才能更好地调整物权关系。[2]

（二）物权法为财产法

自罗马法以来，民法之内容有所谓财产法与身份法的分别。规范经济生活，保护财产秩序的法律，为财产法；规范伦理关系，保障身份秩序的法律，为身份法。[3] 我国民法调整的社会关系分为平等主体之间的财产关系和人身关系两大类，物权法以规范人对物的占有、利用、归属关系为内容，这类关系显然属于财产关系，物权法在性质上也当然属于财产法。

根据财产法各部分的目的与作用之不同，其可再分为财产归属法与财产流转法。物权法主要调整人对物的静态支配关系，其关于物的处分和物权变动的规则也在于确定物权变动之结果所产生的新的支配关系，故物权法整体而言应属财产归属法范畴，此与债权法因主要调整财产的动态流转关系（侧重于流转过程）而属于财产流转法正相对应。

三、物权法的特征

（一）调整的财产关系之静态与动态结合性

物权法与债权法（尤其是其中的合同法）同属民法中财产法的基本组成部分，二者所调整的财产关系既有联系，也有区别。我国以往的民法理论一般认为，财产关系可分为静态财产关系与动态财产关系，“物权法规定和调整财产关系的静态，合同法规定和调整财产关系的动态”。[4] “物权法的重心在保护所有权不受侵犯，旨在维护财产的‘静的安全’；而债法的重心乃在于保护和促进财产流转，旨在维护财产的‘动的安全’”。[5] 此种认识有其合理与正确的一面，但也存在忽视物权变动的秩序以及混淆物权变动与债权合同之关系的问题。现今的通说认为，物权法的调整对象既包括静态的物之支配关系，也包括动态的物之处分关系。

在此还应当说明的是，物权法与合同法虽然都调整动态的财产关系，但其所要解决的问题之侧重点是有差异的，不能认为二者在动态财产关系的调整上发生了重合。物权法关于所有权的移转、他物权的设定等物权变动规则中所涉及的动态财产关系，侧重于物权变动的要件、时点和结果方面；而合同法上的规定则侧重于合同订立和内容、合同的约束力、合同履行的过程与违约救济等方面。另外，物权法中也规范一些合同关系，如土地使用权出让合同、土地承包经营合同、居住权合同、地役权合同、抵押合同、质押合同等，这些合同本质上也是反映交易关系的，只是由于其旨在设立、变更、移转物权，且与物权变动

---

[1] 参见陈华彬：《物权法原理》，国家行政学院出版社 1998 年版，第 28 页。
[2] 参见王利明：《物权法论》，中国政法大学出版社 1998 年版，第 75 页。
[3] 参见谢在全：《民法物权论》（上），中国政法大学出版社 1999 年版，第 2 页。
[4] 王家福等：《合同法》，中国社会科学出版社 1986 年版，第 12 页。
[5] 王家福主编：《中国民法学·民法债权》，法律出版社 1991 年版，第 3 页。

的规则紧密联系在一起，故从立法技术角度考虑，不宜在合同法中规定，而主要应由物权法调整，但其在合同的订立、效力等方面仍要适用合同法的规定。[1]

（二）法律规范适用之强行性

从法律的适用程度来看，可以将其分为强行法与任意法，前者不考虑当事人的自由意志而须绝对适用，后者在适用中得依当事人的意志而加以变更。由于物权为对世权，具有绝对性与排他性，关乎当事人之外的第三人的利益、交易的安全以及社会公共利益，因此，物权法实行物权法定主义和物权公示主义，不允许当事人依其协议而排斥法律的适用。也就是说，物权法的规范多属必须绝对遵从的强制性规范，物权法于整体而言为强行法。在此点上，物权法与贯彻契约自由原则因而整体上属于任意法的合同法显有差异。据此差别，一般而言，在物权法领域，当事人的约定违反法律规定的，不能发生物权的效力；而在合同法领域，当事人的约定与法律规定不同的，原则上仍为有效。物权法上未置可否的事项，原则上应作禁止或否定之解释；而在合同法上，只要是未明确禁止的事项，均可由当事人约定且受法律保护。

当然，谓物权法为强行法，合同法为任意法，也只是从整体而言的，不能将其绝对化。物权法为民法的组成部分，而私法自治为民法的基本理念。因此，在物权法上也有任意性规范和当事人发挥自由意志的空间，如是否为他人设定物权、设立什么物权、对价如何、标的物具体是什么等，均可由当事人自由约定。因此，物权法的强行法性和物权法定原则的适用，并非绝对排斥当事人的意思自治。[2]

（三）规范内容之固有法性

物权法调整财产的占有、利用、归属等关系，最直接地确认和体现一定社会的所有制关系，反映和保护着一国的经济制度和经济基础。而由于各国的基本经济制度（尤其是土地制度）有着明显的差异，加之一国之物权法还受本国历史、地理、文化、民族传统和法律文化继受等方面的影响，因而各国的物权法（尤其是不动产物权制度）都具有鲜明的本国或本民族的特色，互有差异，体现出固有法性（或称本土性、土著性、民族性）。故此，一国的物权立法一般不能简单地直接移植他国的制度，而应基于本国国情和需要。我国物权法建立在公有制基础上，较之私有制国家的物权法，自然会有更多的特殊性。这是我们制定、解释、研究我国物权法律制度时应当特别注意的一个问题。

物权法的固有法性，与债权法或合同法的规则具有普适性质也形成了明显的区别。合同法是反映财产流转关系的，而在市场经济条件下，财产流转的规则、交易的习惯具有被所有交易者一体遵循的需求，加之随着国际贸易的发达，还形成了许多国际公约和国际惯例。因此，合同法的规则具有普适性、国际性的特点，各国的合同法差异较小且日渐趋同。

（四）维护利益之公共性

财产归谁所有、由谁支配，关系着社会物质资源的分配和全体社会成员的生活保障，尤其是土地，为有限、稀缺之自然资源，是人类生存之本，是“一切财富的原始源泉”，[3]

---

〔1〕参见王利明：《物权法论》，中国政法大学出版社2003年版，第62页。

〔2〕参见陈华彬：《物权法原理》，国家行政学院出版社1998年版，第35页。另见王利明：“物权法立法的若干问题探讨”，载《政法论坛》2001年第4期；苏永钦：“社会主义下的私法自治：从什么角度体现中国特色?”，载中国民商法律网，http://old.civillaw.com.cn/article/default.asp?id=11628，最后访问日期：2020年3月2日。

〔3〕中共中央马克思恩格斯列宁斯大林著作编译局编译：《马克思恩格斯选集》（第三卷），人民出版社1995年版，第127页。

在国家的经济生活中具有至关重要的地位，其与国家和社会公共利益密切相关。土地所有权也因此具有了社会的、公共的性质，[1] 土地所有权之行使须不违反公共利益，甚至须有利于增进社会福祉。因此，物权法所调整的财产关系并非纯粹的私人性关系，还常涉及第三人及社会公共利益，具有公共性。物权法一方面要维护物权人对其财产的正当支配利益，另一方面也要对物权进行适当的限制，防止物权的滥用，以维护他人之利益和社会公共利益。而合同法所维护的利益因具有私人性（仅涉及合同当事人，一般不涉及第三人的利益及社会公共利益），所受限制较少。[2]

第二节 《民法典》物权编的结构与基本内容

一、基本结构

物权编居于《民法典》的第二编（分则的首编），设5个分编，20章，共计258条。物权编在《物权法》（已失效）的基础上，有所改进、完善与发展。其中篇章结构方面的变化主要表现在四个方面：其一，将原来的“编”，改为“分编”，并将第一分编的编名由“总则”改为“通则”；其二，将第一章的章名由“基本原则”改为“一般规定”；其三，在第三分编中增设“居住权”一章（列为第十四章，其后各章的序号顺延）；其四，删除了《物权法》（已失效）中的“附则”。

从体系设计来看，我国《民法典》物权编也采用了“总分结构”。通则分编中对基本、共通性问题作了总括性规定；后续各分编则依物权的基本类型分别进行规定（各类物权的第一章也均为“一般规定”），同时，对“占有”在物权法中的地位也给予了肯定。编章设计和章节名称既考虑到立法通制，也考虑了我国的国情与特点，整体上来说是值得肯定的。

二、基本内容

《民法典》的物权编的基本内容分为五个分编：第一分编为通则、第二分编为所有权、第三分编为用益物权、第四分编为担保物权、第五分编为占有。第一分编包括三章，分别是：第一章一般规定，第二章物权的设立、变更、转让和消灭，第三章物权的保护。

第二分编为所有权，包括六章，分别是：第四章一般规定，第五章国家所有权和集体所有权、私人所有权，第六章业主的建筑物区分所有权，第七章相邻关系，第八章共有，第九章所有权取得的特别规定。

第三分编为用益物权，包括六章，即第十章一般规定、第十一章土地承包经营权、第十二章建设用地使用权、第十三章宅基地使用权、第十四章居住权、第十五章地役权。

第四分编为担保物权，包括四章，即第十六章一般规定、第十七章抵押权、第十八章质权、第十九章留置权。

第五分编为占有，仅仅包括一章，即第二十章占有。[3]

---

[1] 参见温丰文：《现代社会与土地所有权理论之发展》，五南图书出版公司1984年版，第127页。

[2] 参见梁慧星、陈华彬编著：《物权法》，法律出版社2005年版，第3页。

[3] 从内容上看，占有是我国《民法典》物权编最薄弱的环节，并没有包括占有制度应有的内容。而且，关于占有制度的理论研究和司法上对于占有的保护也均有待加强。

第三节 物权法的基本原则

一、物权法基本原则问题概说

(一) 物权法基本原则的意义

物权法的基本原则，是贯穿于物权法始终，反映物权的本质、规律和立法指导思想的根本准则，也是制定、解释、适用、研究物权法的基本准则。

物权法是民法的组成部分，所以民法的基本原则对物权法当然也是适用的，这里所讲的物权法的基本原则，只是在物权法领域适用的具有一定特殊性的重要而基本的规则。物权法的基本原则与物权法中的具体规则和制度相比，具有纲领性的作用，对其他规则具有整体的约束力。

(二) 关于物权法基本原则的立法与学说

各国和各地区的物权立法上通常并未对物权法的基本原则作出明确、系统的规定，而一般是通过若干相对集中的法条来表明，或者分散体现于有关问题的具体规定之中。因此，所谓物权法的基本原则，主要是学者们从法理上对物权法中最重要、最基本问题的规定所作的抽象概括。

因各国和各地区在社会制度、法律传统、法律观念与立法技术等诸多方面存在差异，关于物权法基本原则的规定也有不同的体现；又由于学者们的认识并不完全相同，故而对基本原则的归纳、概括也有不同。如在大陆法系典型代表之一的德国法上，其物权法除贯彻“私有所有权的承认”这一不言自明的政治经济体制原则外，学者们较一致认可的原则还包括物权法定原则、物权绝对原则、物权公示原则、物权特定原则和物权抽象原则。〔1〕我国台湾地区学者一般认为，物权法的基本原则包括社会政治原则和结构原则，前者为私有财产制度，后者包含五项具体原则：就物权的性质而言，为物权之绝对性；就物权种类而言，为物权法定主义；就物权客体而言，为一物一权主义；就物权效力而言，为物权之优先效力；就物权变动而言，为物权行为无因性、公示原则。物权之绝对性系物权之基本性质，其他四个原则皆源于此种特性。〔2〕

在我国《物权法》(已失效)及《民法典》物权编的制定过程中，对于应确立哪些基本原则，学者们也进行了深入的讨论，并形成了几种不同的认识，大致可分为以下几类：

1. 二原则说。该说认为各国物权立法共同遵循、我国物权立法中也应肯定的基本原则有物权法定和公示公信两项。〔3〕

2. 三原则说。该说主张我国物权法应确立物权法定、一物一权和公示公信三项基本原则。〔4〕

---

〔1〕 参见孙宪忠：《德国当代物权法》，法律出版社1997年版，第78页以下。

〔2〕 参见王泽鉴：《民法物权》(通则·所有权)，中国政法大学出版社2001年版，第21~23页。

〔3〕 参见温世扬：《物权法要论》，武汉大学出版社1997年版，第21页。

〔4〕 参见张俊浩主编：《民法学原理》(上册)，中国政法大学出版社2000年版，第388页以下；郭明瑞、唐广良、房绍坤：《民商法原理(二) 物权法 知识产权法》，中国人民大学出版社1999年版，第9页以下；王利明主编：《民法》，中国人民大学出版社2000年版，第147页以下；李景丽：《物权法新论》，西苑出版社1999年版，第9页以下。

3. 四原则说。在上述三原则的基础上，有的认为还应承认物权的效力优先原则；[1] 有的认为效率或效益原则也应当坚持；[2] 还有的则认为应肯定物权行为独立原则。

4. 五原则说。在五原则说中，也有观点的分歧。如有的认为物权法定、一物一权、公示公信、物权的效力优先、物权行为独立这五项原则应被确认为物权法的基本原则；[3] 有的认为只需变更其中的物权行为，独立原则为物权变动与其原因行为的区分原则；也有的赞同前述我国台湾地区学者的观点或德国法上的五原则说。

总而言之，立法上与理论上对物权法定原则、公示公信原则的态度较为一致；对一物一权原则的内容及其在物权法上的地位有不同的主张；对物权绝对、物权特定、物权排他和效力优先等原则，在内容与制度意义上虽无疑义，但对于是否均应明确为基本原则，态度有所不同；对物权行为独立及无因性原则，理论上有肯定说与否定说，但对物权变动与其基础关系或原因行为的区分原则，学界多予赞同。

（三）我国物权法上的规定及其归纳

我国《物权法》（已失效）和《民法典》物权编中，对物权绝对、物权法定、物权客体特定、物权排他性、公示公信、物权变动与其原因行为的区分以及维护社会主义基本经济制度、平等保护各类主体的物权等重要原则均有体现，基本原则的体系亦应在此基础上进行抽象概括。经合理归并，我们认为物权法在结构技术方面的基本原则可归纳为三项，即关于物权性质的物权绝对原则、关于物权类型的物权法定原则和关于物权变动的物权公示原则。此三原则之鼎立，足以支撑起物权法基本规则的制度框架。至于坚持社会主义基本经济制度以及各类主体的物权平等保护等原则，则为社会政治原则，而非物权法的原则。[4]

二、物权绝对原则

（一）物权绝对原则的意义

物权绝对原则，是对物权所固有的基本属性的确认和申明，或者说是关于物权为权利人直接支配特定的物且得对抗任何人的权利予以确认的一系列规则的概括。各国物权法上无论是否明定其基本原则之地位，对其实质内容都是有充分体现的。正是基于对物权的特有属性的确认，才有了物权与债权的分野、物权制度与债权制度的差异及物权法与债权法的分立，因此，物权绝对原则应为物权法最基本的原则。

在理论上，关于物权绝对原则有最广义、广义、狭义等不同的理解。从最广义而言，物权绝对原则可以说是对物权的全部特性的至高抽象，因而涵盖了其他结构原则；从狭义而言，物权绝对原则仅指物权的绝对权性和对世权性，并不包含客体特定、效力排他与优先等内容。而在广义或中间意义上来理解物权绝对原则，前述关于物权的五个特性的阐释均属该原则的内涵。我们认为，若从最广义来界定物权绝对性原则，则其内容过于宽泛，物权法的其他原则均将被其吸收以致其成为物权法的唯一原则，物权法的基本原则体系将无从谈起，对物权法之结构体系的建构也无助益，故不宜采用；而若从狭义上来界定物权绝对原则，则与物权性质紧密相关的其他几项内容势必被进一步分解为物权客体特定原则、

---

〔1〕 参见崔建远："我国物权法应选取的结构原则"，载《法制与社会发展》1995 年第 3 期。

〔2〕 参见王利明：《物权法研究》，中国人民大学出版社 2002 年版，第 68、73 页。

〔3〕 参见钱明星："论我国物权法的基本原则"，载《北京大学学报（哲学社会科学版）》1998 年第 1 期。

〔4〕 参见刘保玉："试论物权法基本原则的体系"，载孟勤国、黄莹主编：《中国物权法的理论探索》，武汉大学出版社 2004 年版，第 67 页以下。

物权排他原则、物权优先原则等，这会使物权法基本原则的体系显得庞杂、散乱，亦非最佳选择。作为“基本原则”，自应对密切相关的若干具体原则予以合理归并，如此看来，在广义或中间意义上来界定物权绝对原则最为允当。我国《民法典》第114条关于物权概念的界定及其他相关规定，系采用了中间意义上的物权绝对原则。

（二）物权绝对原则的内容

在较广的意义上来界定物权绝对原则，则对其中的“绝对”“绝对性”一词就不能仅从“绝对权”一层意义上来解释，而应从支配的可靠性、行使的任意性、效力的强大性、实现的自力性、保护的严格性以及支配客体的特定性等多重角度来理解。其主要内容有以下几个方面：

1. 物权在内容上为对特定物的绝对支配权。这一层含义表明：①物权是权利人对客体得为直接、可靠、绝对的管领控制的支配权利。②基于物权的支配权属性，物权的客体须为特定、明确、具体、既存、独立的有体物（或权利）；物之成分在未与物之整体分离之前，不得单独为物权的客体。此即所谓“物权客体特定原则”的内容。

2. 物权在行使与实现上具有任意性与绝对权性。这一层含义表明：①物权人行使物权，只受法律的限制，不受他人的干涉。②物权的实现、物之利益的享受，仅凭自己的意思和行为即可达到，无需借助他人的意思及行为，义务人只需承担消极的容忍或不为妨害的义务。

3. 物权在效力上具有对世性与排他性。其含义包括：①物权为得对抗任何人的权利，其义务主体为不特定的一切人。②一物之上不得并存两个以上的完全物权（所有权），也不得并存两个以上性质、内容相抵触的定限物权；在相容物权之间，顺位在先者得压制、排斥顺位在后者而先行实现。此即所谓“物权排他性原则”之内容。③除法律另有特殊规定外，同一财产既是物权的支配物又是债权中的给付标的物时，物权优先。此即“物权效力优先原则”之内容。

4. 物权在保护上也具有绝对性。于标的物之支配领域内，非经物权人同意，任何人均不得侵害或干预，否则即发生物权人对妨害的绝对排除力。此即所谓“物权保护之绝对性”。[1] 其意义可从三方面来理解：①物权为得要求不特定的一切人就物权人对标的物之支配状态予以尊重的权利，任何人都负有不得侵害、干涉的义务。②同一标的物上发生数个权利，存在实现上的争议时，物权人之权利得凭借其排他效力及优先效力而得到有效的保障。③任何人侵害物权时，不问有无故意或过失，物权人均得对其行使物权请求权以回复物权的圆满状态；构成侵权行为时，物权人并得请求损害赔偿。

应当注意的是，任何权利皆有其限度，具有绝对性的物权也不例外。这是因为，如不对效力极为强大的物权进行任何限制，难免会导致物权人滥用权利，妨害社会公共利益或他人的正当权益。现代各国法上均对早期的极端个人本位的所有权绝对无限制原则进行了修正，我国物权法中也对此作有明确规定。

（三）关于一物一权原则的取舍

1. 一物一权主义的含义。为使物权所支配的客体范围明确化、便于公示，确保物权的实现及维护交易的安全，自罗马法以来，物权法在理论上遂抽象出“一物一权主义”，并将

---

〔1〕 谢在全：《民法物权论》（上），中国政法大学出版社1999年版，第26页以下；王泽鉴：《民法物权》（通则·所有权），中国政法大学出版社2001年版，第31页；孙宪忠：《德国当代物权法》，法律出版社1997年版，第82页。

其奉为物权制度的一项基本规则。但在近现代社会中，一方面“一物一权主义”继续得到奉行，另一方面，因应现实生活之需要，“多物一权”与“一物多权”现象也大量出现并获得了法律的普遍承认。若仅从字面意义来简单看待“一物一权主义”，显然难得其解，以致困惑丛生。实际上，关于“一物一权主义”的内容，人们本来就有认识上的分歧，而“多物一权”“一物多权”现象的大量出现，进一步引起了“一物一权主义”的确切含义应如何理解、其在物权法中的基本原则之地位是否动摇等问题的讨论。

关于“一物一权主义”的要旨如何，学说理论上主要存在以下三种认识：①物权客体特定论。认为“一物一权主义”又称物权客体特定主义，是关于物权客体的原则或者基本要求，强调的是一项物权的客体应限于一个独立的物。〔1〕②物权效力排他论。认为一物一权是对物权的绝对效力或者排他效力的形象表述，“意指同一标的物之上不得设立内容和效力互不相容的两个以上物权，尤指一物之上只能存在一个所有权”。〔2〕③客体特定与效力排他论（或称综合论）。这是较多学者所持的观点，认为一物一权“是指一个物权的客体原则上应为一物，在一物之上只能存在一个所有权，并且不能同时设定两个内容相互抵触的其他物权”，〔3〕“一物一权原则实际上包括物权的排他性原则与物权客体特定性原则两个方面的内容”。〔4〕

依多数学者之见，在以所有权为中心的罗马法上，一物一权中的“一物”，原则上是指物理上或客观上独立、特定的一个有体物；“一权”亦仅指一个所有权。而在现代生活中及法律观念与法律实践上，“一物”的衡量标准发生了重大变化，是指“在法律观念上”具有特定性与独立性的一物，而不限于客观的特定独立一物；“一权”，也不再局限于所有权，而是包括其他物权在内，其意义是强调一物之上不得并存两个以上内容、性质相抵触的物权。因此，一物一权原则包含以下几项内容：①一项物权的客体应为特定的、独立的一物。②尚未与物之整体分离的物之组成部分之上，不能单独设立物权。③一物之上只能存在一个所有权，而绝不得并存两个以上所有权。④一物之上不得同时存在两个以上性质、内容相抵触的物权。

也有学者指出：“一物一权主义”的准确含义，应是“一物上仅能设定一个所有权，一所有权之客体，以一物为限”。而诸多学者所作的宽泛解释，并不准确。如果将“一物一权主义”扩张适用于他物权，明显缺乏逻辑支撑，因为一物之上显然不是仅能存在“一权”，而是可以并存数个物权。集合物之抵押权与集合物之所有权，是两个性质完全不同的问题，法律承认一个抵押权得设定于集合物上，不等于承认集合物上得设定一个单独的所有权，将集合物作为一个独立物并成立单独的所有权，这既无必要，也不可能。不过，持此严格意义上的“一物一权主义”观点的学者，也仍然认为一物一权在物权法上的基本原则地位“不可动摇”。〔5〕

2. 一物一权原则的取舍。在物权理论和物权制度中应当如何对待“一物一权主义”，有坚持论、修正论与舍弃论（或称取代论）三种不同的主张。坚持论者中，采“严格意义

---

〔1〕参见谢在全：《民法物权论》（上），中国政法大学出版社 1999 年版，第 18 页；中国社会科学院法学研究所物权法研究课题组：“制定中国物权法的基本思路”，载《法学研究》1995 年第 3 期。

〔2〕温世扬：《物权法要论》，武汉大学出版社 1997 年版，第 25 页。

〔3〕郭明瑞、唐广良、房绍坤：《民商法原理（二）物权法　知识产权法》，中国人民大学出版社 1999 年版，第 11 页以下。

〔4〕王利明：《物权法研究》，中国人民大学出版社 2002 年版，第 79 页。

〔5〕参见尹田：“论一物一权原则及其与‘双重所有权’理论的冲突”，载《中国法学》2002 年第 3 期。

上的一物一权主义”观点的学者，认为“多物一权”“一物多权”现象与“一物一权主义”并不冲突，其根本不构成对一物一权原则的挑战，因而应当坚持原本意义上的一物一权原则；而采“宽泛意义上的一物一权主义”的学者，则大多主张将“多物一权”“一物多权”等现象作为“例外情况”来认识（或谓一物一权原则的缓和、相对化）。持修正论的学者，也主张将“一物一权主义”奉为物权法的一项基本原则，但应根据现实发展的需要对“一物一权”的含义作出新的解释以自圆其说。舍弃论者则主张废弃“一物一权主义”，至少不能继续使其高居物权法基本原则的地位，其中仍有价值的一些内容，可保留为物权客体特定原则及物权效力排他原则。

我们赞同舍弃论或取代论者的主张，理由在于：若是坚持“宽泛意义上的一物一权主义”，而以“例外情况”来解释“一物多权”和“多物一权”现象以维持“一物一权主义”原则的地位，则因例外情况过多，足以动摇其“基本原则”的地位；若依“修正论”者的主张赋予“一物一权”新的含义，不仅在解释上颇费周折，游离了其原有旨趣，而且有削足适履之嫌，与“一物一权”的浅显、直观、练达的字面意义相去甚远，既无必要和实益，也难以使人信服；而若是在“严格意义上”坚持一物一权原则，虽然解释上符合其原本含义且逻辑明晰，令人信服，但由于其适用对象的限定性，只宜将其降格定位为所有权制度的原则，而非整个物权法的基本原则。故此，我们主张在物权法基本原则体系中舍弃传统的一物一权原则。当然，舍弃该原则并不等于否定物权客体的特定性与效力的排他性、优先性等固有属性，唯将其统归于物权绝对原则之中而已。[1]

三、物权法定原则

（一）物权法定原则的意义

物权法定原则又称物权法定主义，是指物权的种类及其内容等均由法律明确规定，当事人不得任意创设新物权或变更物权的法定内容。

关于物权的种类和内容的创设问题，历史上有放任主义（自由主义）与法定主义（限制主义）两种做法。近现代以来绝大多数国家在立法上采行或者在解释上承认物权法定原则，诸多国家或地区的民法中亦明确规定，物权，除民法或其他法律规定者外，不得创设。[2] 我国《民法典》第116条也明确规定：“物权的种类和内容，由法律规定。”

物权法上采行物权法定原则的理由及原因，概而言之，系物权乃绝对权，得对抗任何人，具有极强的效力，与他人的利益和社会经济秩序都有直接关系，只有以强行性规范规定物权的种类、内容、效力、变动等事项，才能使物权的存在明朗化、物权的变动公开化，才能既保障物权人的利益，又不至于发生当事人任意创设新的物权种类或滥用权利而损害第三人利益、危害社会经济秩序的现象。同时，实行物权法定主义，对物权的类型进行系统的整理，还有利于维护社会基本经济制度，防止对物权设定过多限制，促进物的效用充分发挥。

（二）物权法定的内容

1. 物权的种类法定。理论上称此为“类型强制”，即物权的种类由法律明确规定，当事人不得以协议的方式创设法律不认可的物权类型。例如，当事人不得约定创设我国法律

---

〔1〕 参见刘保玉、李燕燕：“一物一权原则质疑——兼论关于物权性质的物权绝对原则”，载《政法论丛》2004年第3期。

〔2〕 参见《奥地利民法典》第308条、《日本民法典》第175条、《韩国民法典》第185条、我国台湾地区“民法”第757条。

未认可的不动产质权。

2. 物权的内容法定。理论上称此为“类型固定”或“内容固定”，即物权的内容由法律明定，当事人不得创设与法定物权内容不符的物权。例如，当事人协议设立不具有对抗所有权效力的用益物权，或者协议限制担保物权的权利内容等，均因与法律规定相悖而不被承认。

此外，还有一些学者认为，物权法定原则的内容还涵盖物权的效力、公示方法、取得方式等事项的法定性。

（三）违反物权法定原则的后果

1. 违反物权法定原则的，物权的设立应属无效，不能发生物权法上的效果。但其他法律上如有特别规定的，不属于违反物权法定原则，而应从其规定。

2. 部分违反物权法定原则，但不影响其他部分的效力的，其他部分仍可有效。例如，关于担保物权实现方法的“流质条款”因违法而无效，但抵押权、质权的设立如果符合法定要件的，仍为有效。

3. 物权法上无明确规定的事项，一般应推定为禁止。当事人约定的有关物权的事项在物权法上无明确规定时，往往视同违反法律的强制性或禁止性规定，并依相应的规则处理。

4. 物权虽然归于无效，但当事人的行为若符合其他法律行为（如合同行为）的生效要件的，仍可产生该法律行为的效力。[1] 例如，租赁合同的当事人约定承租人享有能够对抗任何人的具有物权效力的优先购买权，此约定虽在物权法上并无依据，但仍可认定该约定具有债权的效力，出租人违反约定时，应负债务不履行的损害赔偿责任。[2]

（四）物权法定原则的缓和

大陆法系国家的民法学说一般认为，物权法定原则所言之“法”，系指狭义上的法律（民法典及其他法律），法规、命令等不包括在内。国内学者一般也采此主张。但是，再完备的法律也难以穷尽社会生活中的所有问题，而且在法律颁行后，社会生活还在不断发展，而法律又不能时时更新。因此，如何避免物权法定主义的过于僵化和可能出现的限制社会发展之弊端，是物权法上的一个不可忽视的问题。晚近以来，学说及实务上曾出现多种观点，以期解释和解决这一问题。[3] 其中，德国学者赖泽尔教授的观点颇值赞同，他认为：民法之所以采物权法定主义，其目的非在于僵化物权，阻止法律的发展，而旨在以类型之确定限制当事人的意思自治，避免当事人任意创设具有对世效力的新的法律关系，以维持物权关系的明确与安定，但此并不排除于必要时得以补充立法或法官造法之方式，创设新的物权，盖法律必须与时俱进，始能适应社会之需要。[4] 值得予以关注的是，在学界的呼吁和实践的推动下，我国台湾地区2009年修订后的“民法”第757条规定：“物权，除本法或其他法律有规定外，不得创设。”其中的“习惯”，“系物权编修正时为解决争议及缓和物权法定主义之适用所增订”；习惯“系指具备惯行之事实及法的确信，具有法律上效力之习惯法”。“唯因物权法定主义旨在建立物权体系，以确保物权特性及交易安全，故习惯法形成之物权，必须具有确定性、填补社会经济之必要性，无违物权法定主义存立之旨趣，

---

〔1〕 此一规则与后面物权公示原则中所论的“区分原则”具有内在的逻辑一致性，应注意二者间的联系。

〔2〕 参见谢在全：《民法物权论》（上），中国政法大学出版社1999年版，第46页。

〔3〕 这些学说观点主要有：物权法定无视说、习惯法包含说、习惯法物权有限承认说、物权法定缓和说等。梁慧星、陈华彬编著：《物权法》，法律出版社2005年版，第42~43页。

〔4〕 转引自王泽鉴：《民法学说与判例研究》（一），中国政法大学出版社2003年版，第162页。

能依一定方法予以公示者，始足当之。”〔1〕

我国学界对“物权法定主义之缓和”的观点多有认同，诸多学者认为，物权法定主义并不意味着物权法是一成不变的封闭性立法，它应随着社会生活的发展而有所发展、变化，因此，在特定情况下可以对物权法定主义进行目的性扩张的解释。另外，由于法律具有稳定性的特点，难以及时通过修改、补充来反映实践中新出现且值得肯定的物权现象，这些现象往往是由法规及司法解释先予承认，之后再上升为立法，因此于一定条件下认可行政法规、司法解释所确认的物权的效力，也是有必要的。〔2〕

近年来，在如何对待特别法律规范中规定的新的物权类型和实践中出现的“非典型担保物权”等问题上，理论界和实务界有诸多不同意见。我们认为，法律应当与时俱进，推动社会经济的发展，而绝不应制造障碍。因此，有必要采取开放性的立法模式，采纳“物权法定主义之缓和”的观点，允许在特定情况下对物权法定主义进行目的性扩张解释，即对于那些在实践中出现尤其是已在规范性文件中有所规定，符合物权的性质和特点，且具有特定的公示方法的新的物权形式，原则上应当持肯定态度，赋予其物权地位。〔3〕而《民法典》第388条第1款中增加的“担保合同包括……其他具有担保功能的合同”之规定，扩大了与担保物权设立有关的担保合同的范围，明确了融资租赁、保理、所有权保留等非典型担保合同的担保功能。〔4〕我们认为，此一规定与同样具有开放性的动产和权利担保统一登记制度，为物权法定原则在担保物权领域的适用提供了极大的缓和空间。〔5〕

四、物权公示原则

（一）物权公示原则的意义

物权公示原则是关于物权变动的基本规则，主要适用于基于法律行为而发生物权变动的情况。至于非因法律行为而发生的物权变动，则适用法律的特殊规则。

所谓物权的公示，是指以公开的、外在的、易于查知的适当形式展示物权存在和变动的情况。物权公示原则，就是法律上要求当事人必须以法定的方式公开物权变动的事实，否则，不能发生物权变动的效力和公信力的原则。

物权的公示与公示的公信力，历来是物权法上的重要问题。物权为具有支配性、对世性及排他性的权利，如不以一定的方式确保物权变动的公开、透明，则既不利于明确物权人的权利并对其加以保护，也不利于维护善意第三人的利益，难免会对交易安全造成妨害。同时，依法公示的物权若不能产生公信力，则公示的效力难谓完整，他人仍将无所适从，交易的安全也将无以维护，交易的发展亦无从谈起。因此，为维护物权秩序和交易安全，近代以来的物权法无不实行公示公信原则。

（二）物权公示的方法

在现代各国和各地区法上，物权公示的方法针对不动产物权和动产物权有所区别。从物权变动的角度而言，不动产物权的公示方法为登记，动产物权的公示方法为交付；若从

〔1〕 谢在全：《民法物权论》（上），中国政法大学出版社1999年版，第34~35页。

〔2〕 参见王利明主编：《中国物权法草案建议稿及说明》，中国法制出版社2001年版，第157页；王利明：《物权法研究》，中国人民大学出版社2002年版，第78页。

〔3〕 参见刘保玉：“我国特别法上的担保物权之规范梳理与立法改进”，载董学立主编：《担保法理论与实践》（第一辑），中国法制出版社2015年版，第73页。

〔4〕 参见王晨：“关于《中华人民共和国民法典（草案）》的说明——2020年5月22日在第十三届全国人民代表大会第三次会议上”，载《中国人大》2020年第12期。

〔5〕 参见刘保玉：“民法典担保物权制度新规释评”，载《法商研究》2020年第5期。

物权的享有与变动（静态与动态）两方面完整地来看，不动产物权的公示方法为登记与登记的变更，动产物权的公示方法为占有与占有的移转（即交付）。物权的公示方法为登记与交付，只是我们通常所用的简称。我国《民法典》第 208 条对物权公示原则作出了基本规定："不动产物权的设立、变更、转让和消灭，应当依照法律规定登记。动产物权的设立和转让，应当依照法律规定交付。"同时，该分编中设专章（第二章"物权的设立、变更、转让和消灭"）分三节（分别是"不动产登记""动产交付""其他规定"）对物权变动的公示问题作了系统的规定。

（三）物权公示的效力

物权的存在与变更满足了公示的要求时，就会引起相应的法律后果，这就是公示的效力。一般来说，物权公示的效力可以分为两大方面：一是决定物权的变动是否发生或是否产生对抗第三人的效力；二是权利正确性推定效力和善意保护效力。前者为物权公示的形成力或对抗力，后者则为物权公示的公信力。

1. 物权公示的形成力或对抗力。关于物权公示的效力及其与物权变动的关系，有三种不同的立法主义：

（1）公示对抗主义，又称公示对抗要件主义。依此主义，物权的公示并非物权变动的要件而仅为发生对抗力的要件。换言之，物权变动的效果仅依当事人的意思表示即为已足，但未经登记或交付的，不得对抗第三人（或善意第三人）。法、日等国法律上采行此种主义。在这种立法例中，物权的公示不具有形成力，而只具有对抗力。

（2）公示要件主义，又称公示成立要件主义、公示生效要件主义。依此主义，物权的变动以公示为生效要件（同时也是物权的成立要件），仅有当事人变动物权的意思而未依法予以公示的，不能发生物权变动的法律效果。德国法系国家采此主义。这种立法例使公示具有形成力，即决定物权变动的效力。

（3）折中主义，即兼采公示要件主义与公示对抗主义。换言之，折中主义是对某些种类的物权变动采行公示要件主义，而对另一些种类的物权变动则采行公示对抗要件主义。较常见的做法是以公示要件主义为原则，以公示对抗主义为例外。

我国《民法典》第 209 条第 1 款规定："不动产物权的设立、变更、转让和消灭，经依法登记，发生效力；未经登记，不发生效力，但是法律另有规定的除外。"第 224 条规定："动产物权的设立和转让，自交付时发生效力，但是法律另有规定的除外。"同时，物权编中对特殊动产物权变动（第 225 条）和土地承包经营权的流转（第 335 条）、地役权的设立（第 373 条）、动产抵押权的设立中的登记（第 403 条）等，采用了"未经登记，不得对抗善意第三人"的规定。据此可知，我国采用的是以公示要件主义为主、公示对抗主义为辅的折中主义。也有学者在分析了我国立法中所规定的多种物权变动规则后，将其概括为"多元混合模式"。〔1〕

2. 物权公示的公信力与公信原则。物权公示的公信力表现在两个方面：

（1）权利正确性推定效力。这是指依法定方法公示出来的物权，具有一种使人产生合理信赖的权利"外观"，具有使社会一般人信赖其为真实、正确的物权的效力。依此效力，在不动产登记簿上记载某人享有某项物权时，应推定该人享有该项权利；在登记簿上涂销某项物权时，应推定该项权利消灭；动产的占有人对其占有物实施某项行为时，应推定该

〔1〕参见崔建远：《物权：规范与学说—以中国物权法的解释论为中心》（上），清华大学出版社 2011 年版，第 76~77 页。

人依法有为此种行为的权利。即便公示出来的权利与真实的物权不一致，善意第三人都有理由认为公示是正确的。否则，如果该权利外观所表现的权利状况不能为社会一般人所信赖，则势必造成物权秩序的混乱、妨碍交易的进行，交易的秩序和安全就难以得到维护和保障。

（2）善意保护效力。这是指法律对第三人因信赖公示而从公示的物权人处善意取得的物权，予以强制保护，使其免受任何人追夺的效力。换言之，在公示的物权与真实的物权状况不一致的情况下，因信赖公示而与公示的物权人进行交易行为的，法律承认其产生与同真实的物权人进行交易的相同效果。非真正权利人处分登记在其名下的不动产或者占有人处分其所占有的他人的动产时，善意第三人可以从其手中受让该项物权的“善意取得”制度，为此效力的典型表现。

应当说明的是，物权公示产生公信力，并不意味着在发生公示错误的情况下对真正权利人利益的忽视，也不意味着公信力对任何人均能产生效果。因为在登记的不动产物权与真实物权状况不一致的情况下，真正权利人可以提出“异议登记”或“更正登记”；另外，公信力原则只适用于对善意第三人的保护，即法律只对不知真情且无重大过失而信赖公示的物权并与公示的物权人进行交易行为的人予以保护。不符合善意条件的行为人，则不具备受公信力保护的前提，其所取得的权利得被追夺。[1]

理论上通常将公信原则与公示原则并列作为物权变动的原则。[2] 所谓公信原则，就是依法定方式进行公示的物权，具有使社会一般人信赖其正确性的效力，即使公示的物权状况与真实的权利状态不符，法律对信赖公示的善意第三人从公示的物权人处所取得的权利仍予以保护。简言之，公信原则就是赋予并确认物权公示公信力的原则。公信原则与公示原则相辅相成，以不同的功能确保物权变动能够快捷、顺畅、安全地完成。公示原则的作用主要在于使人“知”，公信原则的作用则在于使人“信”。[3] 依法公示的物权若不能产生公信力，则公示的效力难谓完整，交易的安全仍难以维护，或将导致征信成本过高，影响交易的发展。公信原则有力地保护了因信赖公示而从事正常交易活动的善意行为人，体现了鼓励交易和维护交易安全的立法宗旨。尽管公信原则一定程度上牺牲了真正物权人的权利，但由于有适用条件和范围的限制，能够实现真正物权人与善意第三人之间利益的相对平衡，兼顾财产的静态安全与动态安全。

（四）物权变动与债权合同效力的区分

在物权公示原则的适用中，还应当注意，未经登记或交付，只是不能发生物权变动，但不能因此而否定合法订立的债权合同的约束力。否则，合同将成为没有任何约束力而可任意撕毁的废纸，合同秩序将无以维护。“公示的欠缺不能反射到原因行为之上而使债权合同无效，因为公示不具有对债的关系的形成力，这是各国物权法理论公认的基本原理之一。相反，‘登记得本于债权契约而强制之’，有效的债权契约是完成公示的根据。”[4] 此即所

---

〔1〕《物权编解释（一）》第 14 条规定：“受让人受让不动产或者动产时，不知道转让人无处分权，且无重大过失的，应当认定受让人为善意。真实权利人主张受让人不构成善意的，应当承担举证证明责任。”

〔2〕 在理论上，无论是将公信原则与公示原则并列作为物权变动的原则，还是明确肯定公示原则并确认物权公示具有公信力，两者只是观察的角度和对物权法基本原则的体系归纳方式稍有不同，并无实质差异。本书将公信原则囊括于公示原则之中而加以讲述。

〔3〕 参见钱明星：《物权法原理》，北京大学出版社 1994 年版，第 43 页。

〔4〕 孙毅：“物权法公示与公信原则研究”，载梁慧星主编：《民商法论丛》（第七卷），法律出版社 1997 年版，第 479 页。

谓物权变动与债权合同效力的区分问题。

物权变动与债权合同效力的区分原则（又称物权变动与其原因行为的区分原则、物权变动与其基础关系的区分原则、物权变动的原因与结果的区分原则），简称区分原则或分离原则，是指在发生物权变动时，物权变动的原因与结果作为两个法律事实，它们的成立生效应依据不同的法律根据的原则。[1] 区分原则的基本含义，可以归纳为两点：①物权变动的基础关系即原因行为（通常为合同行为）的成立，应当按照该行为自身的要件判断其是否成立，而不能以物权的变动是否成就为判断标准；②物权的变动，必须以动产的交付与不动产的登记为必要条件，而不能认为基础关系或原因行为的成立生效就必然导致物权变动的效果。以具有典型意义的房屋买卖合同为例：买卖双方订立了买卖合同，且符合主体合格、意思表示真实等要件，其合同有效。但买卖合同有效成立，甚至房屋和价款也均已交付的，并不意味着房屋的所有权随即发生转移，房屋所有权的转移应以物权法上的变更登记为要件；未办理过户登记手续的，只是意味着房屋的所有权尚未转移，出卖人的义务尚未履行完毕，但不能因此而认为买卖合同无效，出卖人不能移转房屋所有权的，买受人有权基于买卖合同而要求出卖人实际履行合同或承担违约责任。上述分析同样适用于其他以债权合同作为原因行为的物权变动，如居住权合同与居住权的设立、不动产抵押合同与抵押权的设立、质押合同与质权的设立等。

《民法典》第215条规定："当事人之间订立有关设立、变更、转让和消灭不动产物权的合同，除法律另有规定或者当事人另有约定外，自合同成立时生效；未办理物权登记的，不影响合同效力。"该规定体现了区分原则的精神。依据其他相关规定可知，动产物权变动也应适用该规则，例如，动产买卖合同与动产所有权的转移、动产质押合同与动产质权的设立等。[2]

区分原则与物权公示的效力规则具有内在一致性，其不但符合物权为支配权而债权为请求权的基本法理，而且是一条分清物权法和债权法的作用范围、为物权变动与债权变动建立科学的规范基础、区分当事人的不同法律责任的行之有效的原则，具有重要的适用价值。[3]

---

[1] 关于此问题的详细论述，参见孙宪忠："物权变动的原因与结果的区分原则"，载《法学研究》1999年第5期；梁慧星：《中国物权法草案建议稿 条文、说明、理由与参考立法例》，社会科学文献出版社2000年版，第7、310、312、363条及其说明；刘保玉：《物权法学》，中国法制出版社2022年版，第199~203页。

[2] 有鉴于此，我们认为区分原则的完整表述应当是："当事人之间订立有关取得、变更、移转和消灭物权的合同，除法律另有规定或者当事人另有约定外，自合同成立时生效；未办理不动产登记或者交付动产的，不影响合同效力。"参见刘保玉、吴安青："民法典物权编的结构安排与内容设计"，载《甘肃政法学院学报》2017年第6期。

[3] 鉴于区分原则的重要性，有些著作将其单列为物权法的基本原则之一。我们认为：区分原则的内容与物权公示原则和物权法定原则中蕴含的"非经公示不能发生物权变动的效果""物权变动虽然无效，但其行为符合其他法律行为的生效要件的，许可其产生相应的法律效果"等内容，具有逻辑上的一致性，其内涵也并未超出物权公示原则的范畴，故不必将其单列为物权法的一项基本原则。

第三章 物权的变动

第一节 物权变动的概念与原因

一、物权变动的概念

所谓物权的变动，就物权自身而言，是指物权的发生、移转、变更和消灭的运动状态；就物权主体而言，则为物权的得丧变更；就法律关系而言，是指人与人之间对物之支配和归属关系的变化。

物权的变动是物权法上的重要且基本的问题。在现实生活中，物权经常处于运动状态之中，某一特定物上物权的发生或设立、物权的转让、物权内容的变化以及物权因某种原因的出现而消灭，都是常见的现象。对此，法律必须加以规制，方能维护物的归属秩序和促进交易的发展。如前所述，关于物权变动的原因、过程和结果等问题，需要合同法与物权法的双重调整方能竟其功。

二、物权变动的形态

（一）物权的发生

物权的发生或产生，是指物权与特定主体相结合，即某一主体取得对某物的物权。物权的发生通常又被称为物权的设立，我国《民法典》中使用的就是“设立”。但严格说来，物权的发生或产生与物权的设立或设定，在词语含义及所适用的场合方面还是有一定差别的。基于法律行为或事实行为、双方行为或单方行为而使某一物权与特定主体相结合，均可称为物权的发生、产生；而物权的设立或设定，通常限指通过当事人双方的法律行为而由一方为另一方创设物权（主要是他物权）的情况，其含义较为狭窄。

从获得物权的主体角度而言，物权的发生又称物权的取得，包括原始取得与继受取得两种情况。由于是从他人手中获得物权，继受取得同时产生前手的物权消灭和后手取得物权的双重效果，故从前手的角度看，继受取得又是物权消灭的原因之一。

（二）物权的移转

物权的移转，是指已经存在的物权在民事主体之间的流转，即一物上的物权从一个权利人手中转移至另一个权利人手中。物权的移转通常又被称为物权的转让，我国《民法典》中使用的是“转让”一词。严格说来，物权的移转与转让也是有差异的。物权的转让，一般是指通过平等主体之间的有偿法律行为而使物权由转让人移转于受让人的情形，如通过买卖合同及标的物的交付而发生的动产所有权的转移。而物权的移转等同于继受取得中的移转取得，非基于法律行为而发生的物权的流转（如继承）及无偿的赠与，也属于物权的移转，但这种情况通常不被视为转让。〔1〕可见，物权的转让只是物权移转的一种情况。

物权的移转，从前手的角度来观察，意味着其物权的丧失，是物权消灭的原因；而从后手的角度来看，就是物权的继受取得或传来取得。故此，也有不少著述将物权的转移并入物权的发生之中，认为物权变动的形态有发生、变更与消灭三种。

（三）物权的变更

广义的物权变更包括物权的主体、客体与内容等要素中的一项或数项的变更。通常所称的物权变更主要系就狭义而言，指物权客体与内容的变更，而不包括主体的变更（物权的移转）。〔2〕

物权客体的变更又称物权的量的变更，是指物权标的物在量上有所增减。例如，所有权的客体因附合而增加，抵押物因部分毁损而减少。物权内容的变更又称物权的质的变更，是指物权发生内容上的扩张或缩减、期限上的延长或缩短等变化。例如，土地使用权存续期间经协议而延长或缩短，抵押权顺位的协议变更等。

（四）物权的消灭

物权的消灭，就物权人方面予以观察，为物权的终止或丧失，即物权与其主体分离。

物权的消灭分为绝对消灭与相对消灭。前者是指权利人的物权消灭，且他人也不能取得该物的物权（如标的物灭失）；后者是指物权虽与原主体分离，但又与另一主体相结合。例如，因买卖而发生的所有权转移，从出卖人的角度说，为其物权的消灭；而从买受人的角度说，则为物权的传来取得。因此，物权的相对消灭与物权的传来取得，实际上是同一问题的两个方面。

三、物权变动的原因

物权变动的原因，是指引起物权变动的法律事实。物权变动的原因多种多样，从性质上可以分为三类：

（一）民事法律行为

引起物权变动的法律行为包括单方法律行为与双方法律行为。前者如物权的抛弃、遗赠等；〔3〕后者如设定、变更及转让物权的契约行为，这是物权变动最为常见和主要的原因。

（二）事实行为与事件

事实行为，如商品的生产与制造、遗失物的拾得与埋藏物的发现、先占、添附、混同等；〔4〕事件，如法定期间的届满、物权人的死亡及继承的发生、因不可抗力导致物权客体灭失等。

---

〔1〕根据《物权编解释（一）》第9条规定的精神，因继承、遗赠等原因发生物权变动的，不适用“转让”的规则。

〔2〕根据《不动产登记暂行条例实施细则》第27条的规定，物权主体数量的增减，如单独所有变为共有及共有的人数、份额的变化，亦属于物权移转的情形。

〔3〕物权法上所讲的抛弃，是指依权利人的意思表示，使物权归于消灭的单独行为。抛弃物权，除须有抛弃的意思表示外，还须抛弃对该物的占有或办理注销登记，始生抛弃的效力。

〔4〕物权法上的混同，是指两个无并存必要的物权同归于一人的事实。对物权的混同是否导致或当然导致某一物权的消灭，立法上有不同的态度。德国民法采不消灭主义，而多数立法例采折中主义，即当所有权与其他物权因某种原因归属于一人时，其他物权原则上因混同而消灭，但其他物权的存续与所有人或第三人有法律上的利益时，其他物权则例外地不消灭；所有权以外的物权与以该物权为标的物的权利归属于一人时，也适用相同的规则。我国法律及法学理论采取的也是折中主义。

（三）行政行为或法院判决等

公法上的行政行为或司法行为以及仲裁机构的裁决也可以引起物权的变动。例如，因公用征收或没收、法院及仲裁机构的裁判文书等发生物权变动。

在上述三类原因中，民事法律行为是物权变动最为重要和常见的原因。基于法律行为而发生的物权变动，以不动产的登记或动产的交付为其生效要件，物权法上多将其规定为重要事项；后两类一般被合称为非基于法律行为而发生的物权变动，法律上通常对其另作规定，且不以公示为要件。

第二节 物权变动的规范模式与物权行为理论

一、基于法律行为的物权变动之规范模式

在引起物权变动的法律事实中，最重要的是法律行为。在物权基于法律行为发生变动上，主要有三种不同的学说主张和立法模式。

（一）债权意思主义

债权意思主义又称债权合意主义或意思主义，以法国、日本民法为代表。依此主义，物权因法律行为而变动时，仅需由当事人订立债权合同即为已足，无需以登记或交付为成立或生效要件。其要旨为：①物权变动是债权行为的当然结果，债权的意思表示与发生物权变动的意思表示合为一体；②由于不承认物权行为的独立存在，物权变动的结果当然受其原因关系即债权行为效力的影响，原因行为无效或被撤销的，物权变动的结果随之失效；③物权公示原则所要求的登记或交付，并非物权变动的成立或生效要件，而只是发生对抗力的要件。

（二）物权形式主义

物权形式主义又称形式主义，以德国民法为代表。依此主义，物权因法律行为而发生变动时，除有债权契约（原因行为）外，还应有物权变动的意思表示一致（物权合意或物权契约）以及登记或交付的法定形式，该变动始能成立或生效。其要旨为：①引起债权发生的债权契约与引起物权变动的物权行为，是两个不同的法律行为，一个法律行为不能发生债权和物权变动的二重效果，故物权行为与债权行为相分离而独立存在。②物权行为不仅独立存在，而且物权行为的效果不受债权行为效力的影响，具有无因性。债权行为无效或被撤销的，物权变动的结果并不当然随之无效或撤销。③物权公示原则所要求的登记或交付为物权行为的法定形式，是物权变动的生效要件和物权的成立要件而非对抗要件，未经登记或交付，物权变动不能发生。

（三）债权形式主义

债权形式主义又称折中主义、意思主义与登记或交付之结合，以奥地利民法为典型。依此主义，物权因法律行为发生变动时，除当事人间须有债权合意外，还需践行登记或交付的法定方式始生物权变动的效力。其要旨为：①债权的意思表示即物权变动的意思表示，二者合一；②物权变动的发生，仅有当事人的意思表示尚有不足，还需履行登记或交付的法定方式，公示为物权变动的生效要件；③物权的变动仅需在债权意思表示之外加上登记或交付即为已足，不需另有物权变动的合意，故无独立存在的物权行为；④既然无独立存在的物权行为，则物权变动之效力自然受其原因关系即债权行为之影响，因而也就没有物权行为的无因性可言，至于交易安全的保护则委诸公示公信原则。

（四）简要的评析和我国立法的选择

一般认为，债权意思主义的优点在于使交易敏捷、迅速。但若认为物权的变动仅因债权意思表示即发生效力，不仅不能从外部认识其时间和效果，不利于保障交易安全，而且公示对抗要件主义的采用，又会导致物权法律关系在当事人内部与对第三人之外部关系发生不一致，引发因未公示而不能对抗第三人的“物权”（实际上只有债权的效力）现象出现，理论上难称严谨。〔1〕至于物权形式主义与债权形式主义何者更优，学界尚有不同认识。目前的主流观点认为，物权形式主义以登记或交付为物权变动的生效要件，使当事人之间的内部关系与对第三人的外部关系完全一致，法律关系颇为明晰，有利于保障交易安全。但其承认抽象物权行为的独立存在，与社会生活的实际状况未尽相符。严格说来，物权变动的明确化乃来自物权变动的公示方法，而非形式主义。因形式主义与无因性相结合，物权形式主义就静的安全之保护也有不周之处，交易安全的维护实际上是有赖于公示的公信力而非物权行为的无因性。而债权形式主义则有上述两种模式的优点，其无明显的缺点，故二战以后为各国民事立法所广泛采用，代表着物权变动立法规制模式的潮流和趋向。〔2〕

从《民法典》第209、224条等规定来看，我国立法上采行的是债权意思主义与登记或交付相结合的模式，物权变动既不要求物权合意，也未承认物权变动的无因构成。但学界对债权形式主义和物权行为理论的讨论，仍在进行之中。

二、非基于法律行为的物权变动之规范模式

一般说来，非因法律行为而发生的物权变动，不经登记或交付即可直接生效，故此类物权变动又称为不必公示的物权变动。我国《民法典》采用了通行做法，于第229～231条规定，“因人民法院、仲裁机构的法律文书或者人民政府的征收决定等，导致物权设立、变更、转让或者消灭的，自法律文书或者征收决定等生效时发生效力”，〔3〕“因继承取得物权的，自继承开始时发生效力”“因合法建造、拆除房屋等事实行为设立或者消灭物权的，自事实行为成就时发生效力”。

非因法律行为而发生的物权变动，虽不经公示即可生效并受法律保护，〔4〕但毕竟上述物权变动不一定为社会一般人所明知，为维护交易的安全，法律通常对物权取得人的处分权作一定的限制，将完成公示作为其处分权利的前提。《民法典》第232条规定，“处分依照本节规定享有的不动产物权，依照法律规定需要办理登记的，未经登记，不发生物权效力”。

三、物权行为理论

作为物权变动原因的法律行为，在德国法系国家被称为物权行为。但对于何为物权行

---

〔1〕参见刘保玉：“试论物权公示原则在物权性质界定与类别划分中的意义——兼评公示要件主义与对抗主义的立法模式选择”，载《政法论丛》2007年第3期。

〔2〕参见王泽鉴：《民法学说与判例研究》（一），中国政法大学出版社2003年版，第272页；梁慧星、陈华彬编著：《物权法》，法律出版社2005年版，第74页。

〔3〕该条规定中所称的“法律文书”仅限于形成之诉的判决书，还是也包括给付之诉的判决书？是仅限判决书还是也包括调解书、裁定书？理论与实践中对此有不同的认识。根据《物权编解释（一）》第7条的规定，人民法院、仲裁机构在分割共有不动产或者动产等案件中作出并依法生效的改变原有物权关系的判决书、裁决书、调解书，以及人民法院在执行程序中作出的拍卖成交裁定书、以物抵债裁定书，应当认定为此处所称导致物权设立、变更、转让或者消灭的人民法院、仲裁委员会的法律文书。

〔4〕根据《物权编解释（一）》第8条的规定，依照上列规定享有物权，但尚未完成动产交付或者不动产登记的物权人，根据物权保护的有关规定请求保护其物权的，应予支持。

为，其构成如何，当事人变动物权的合意是客观存在还是抽象存在，抑或根本就是人为的拟制，物权行为与其原因行为即债权行为的关系如何等问题，从物权行为理论产生之日，至今仍争论不休。在我国物权理论和物权立法上，对物权行为理论应采取何种态度，争论也颇为激烈，因此有必要对其作一番介绍和说明。

（一）物权行为理论的产生及其基本内容

一般认为，物权行为的观念起源于中世纪的德国“普通法法学”，17世纪时德国法学家编纂的《实用法律汇编》中已体现了类似思想。19世纪初，德国法学大儒萨维尼在大学讲学中进一步阐释了这一思想：以履行买卖合同或其他转移所有权的合同为目的的交付，并不仅仅是一个纯粹的事实的履行行为，而是一个特别的以所有权移转为目的的“物权契约”。之后，萨维尼在其于1840年出版的《现代罗马法体系》一书中，进一步阐述了物权契约的概念：“交付具有一切契约的特征，是一个真正的契约，一方面，包括占有的现实交付，他方面也包括移转所有权的意思表示。此项物权契约常被忽视，例如在买卖契约中，一般人只想到债权契约，但却忘记交付之中也包括一项与买卖契约完全分离，而以转移所有权为目的的物权契约。”萨维尼在区别了债权行为与物权行为之后，进一步主张物权行为必须抽象化（无因化），与作为其基础的债权行为相分离，并认为一方当事人为履行买卖契约而交付某物，但他方当事人误认为该交付行为系赠与而受领时，此种错误对物权契约之效力不生影响，不排除所有权的转移，即“交付虽有错误，但仍完全有效，丧失所有权之人，仅能以不当得利之规定请求返还”。〔1〕

按照萨维尼的主张，在基于买卖契约而发生的物权交易中，同时包含两种法律行为，即债权行为与物权行为（物权契约），而且后者的效力不受前者之影响。所谓的买卖过程通常可以分解为三个行为：一是买卖合同即债权行为，它使得出卖人承担交付出卖标的物的义务，而买受人承担支付价款的义务；二是双方当事人达成物权合意并为不动产登记或动产交付，完成标的物所有权移转的行为；三是买受人向出卖人支付价款，完成价款的所有权转移的行为。标的物所有权的转移行为是“处分行为”，即所谓的物权行为，该行为与订立买卖合同的债权行为应当区分开来。物权的合意并不仅仅存在于买卖合同之中，而且存在于一切双方或多方的关于物权变动的法律行为之中。而且，有些行为直接以物权变动为目的，其并不以债的关系为基础，如德国法上的土地债务设立契约。另外，单方物权行为也是存在的，如所有权的抛弃以及遗嘱中关于物权设定、变更的行为等。

萨维尼的论述包含了物权行为理论的最基本观点：①交付是一个独立的契约。交付行为本身既具有意思表示，又具有外在行为，其目的是完成物权的设立、移转、变更或废止，因此交付已经具备作为一个独立合同的条件。既然交付是一个独立的合同，那么它就不可能与其原因行为是一个法律关系，而是原因行为之外的另一个法律关系。②交付中的意思表示是独立意思表示，该意思表示与当事人在原因行为中的意思表示的性质不同。在原因行为中当事人所作的意思表示，是要承担债法或其他法律上的义务；而在交付中，当事人所作的意思表示是要完成物权的创设、变更、移转或废止。③变动物权的意思表示必须具有外在的形式。交付中不仅有设立、变更、废止物权的意思表示，“还必须加上物的实际占有取得作为其外在的行为”，即该意思表示必须具备公示的形式要件。④交付引起的物权变动之效果不受原因行为效力的影响，即物权行为所引起的物权变动的效力，不因债权合同

〔1〕 转引自王泽鉴：《民法学说与判例研究》（一），中国政法大学出版社2003年版，第263页。

的无效或被撤销而当然丧失效力。此即萨维尼所言“一个源于错误的交付也是完全有效的”之内在含义。[1] 从萨维尼的思想中，德国民法学理论发展出了一系列对德国民法物权体系具有决定性意义、与法国法系和英美法系的物权法或财产法有所不同的原则，这些原则成为物权行为理论的重要组成部分：

1. 分离原则（Trennungsprinzip）。该原则的意义是将主体承担的移转标的物的交付义务与其完成物权的各种变动的行为作为两个法律行为加以理解：前者为原因行为，后者为物权行为。这两个行为各自有其独立的意思表示和成立方式，因而是相分离的两个不同的法律事实。基于分离原则，德国民法实现了物权法与债权法及其他民法制度在法学理论上彻底的、明确的划分，物权从此有了自己独特的设立、变更和终止的法律根据，即物权合意。

2. 抽象原则（Abstraktionsprinzip）。该原则是指物权行为在其效力和结果上不依赖其原因行为而独立成立，原因行为的无效或被撤销不能导致物的履行行为的当然无效和被撤销，也就是说，物的履行的效力已经从债务关系的效力中被“抽象”出来。我国学者通常将此称为物权行为的“无因性”原则。该原则是依据分离原则进行推理的必然结果，因物权的变动基于物的合意而不是原因行为。物的履行行为（如动产的交付）的效力只与物的合意成立因果关系，而不与债务关系成立因果关系，因而当债权行为（如买卖合同）无效或被撤销时，物的履行行为不会当然失效，因为当事人之间的物的合意并未失效，物的取得人因此而取得的物权不能随之而丧失。不过，并不能想当然地认为物权取得人可以无根据地取得他人的财产，当原因行为被宣告无效或被撤销后，已为物的交付的当事人可以向物的取得人提起不当得利的返还之诉。对此，《德国民法典》第812条有明确的规定。

3. 形式主义原则。即物权变动的公示要件主义原则。因为物的合意乃是对物的交付行为中存在的意思表示的抽象，所以必须有一个具有公示性的行为来加以表现或记载，否则物的合意不能成立，更不能引起物权变动效果的发生。为贯彻这一原则，《德国民法典》为动产选择了交付这一公示方式，为不动产选择了登记这一公示方式。公示对物权的意思表示起着决定性的作用，无公示者，物权的设立、变更和废止也为无效。但不能忽略的是，物权的变动虽然无效，但债权行为仍可成立和生效，当事人仍得因债的关系而承担责任。[2]

（二）物权行为理论的价值与功能及其对立法的影响

根据研究德国法的学者的一般认识，物权行为理论的基本价值可以概括为：①根据当事人的意思表示发生物权变动时，确定当事人的物权意思在物权变动中的独立作用。②物权独立意思必须通过一定的形式加以确认，因此在法律上建立了物权公示原则。③根据通过一定形式确认的物权意思来确定对物的支配权利和支配秩序。

物权行为理论的基本功能及其对民法发展的贡献主要表现在：①物权独立意思表示的发现，进一步发展了法律行为理论，使其臻于完善。②物权行为与债权行为的区分原则，揭示了债权意思表示不能当然发生物权变动后果这一基本法理，为物权法规定物权变动制度奠定了理论基础。③物权行为理论的形式主义原则，既揭示了物权独立意思表示的表现方式，又科学地支持了物权公示原则。④根据物权行为理论建立了物权公示原则，借助不动产登记和动产占有、交付的公示作用，完成了保护善意第三人、维护交易安全的使命。⑤对债权让与行为、票据行为等处分行为制度的完善及其与负担行为的区分等，也具有重

---

〔1〕 参见孙宪忠：“物权行为理论探源及其意义”，载《法学研究》1996年第3期。

〔2〕 参见孙宪忠：“物权行为理论探源及其意义”，载《法学研究》1996年第3期。

要的作用。[1]

萨维尼的物权行为理论产生了极大的影响，并为《德国民法典》的立法者所接受，成为该法典的立法理论基础之一，该理论也因此被称为“德意志法系的特征”。[2] 在《德国民法典》的总则编、物权编、债务关系编及其他各编中，都对该理论有所体现。并且，该理论对后来继受德国法律传统的国家和地区的相关法律的制定以及学术研究，也都或多或少有所影响。

（三）物权行为理论讨论中的主要争点

无论是在德国民法理论中，还是在其他国家以及我国的民法理论中，关于物权行为理论的争论甚多，可以将其概括为以下几个重要方面：

1. 关于物权行为的概念与构成要件。萨维尼虽然提出了物权行为的概念，并为《德国民法典》所肯定，但其均未对物权行为的概念进行界定。在学说理论上，对物权行为的概念分析，因着眼点不同而有不同的见解：[3]

（1）目的说。从物权行为的目的角度出发，认为物权行为是指以物权的设立、移转、变更和废止为目的的法律行为，或者说是以物权变动为目的的法律行为。

（2）内容说。从物权行为的内容的角度分析，认为物权行为是以物权变动为直接内容的法律行为。

（3）要件说。对物权行为的构成，学界见解也有不同，主要有物权意思说和物权意思与登记或交付结合说。前者认为，物权的意思表示本身即为物权行为，登记或交付则为其生效要件；后者主张，物权行为系物权变动的意思表示与登记或交付相结合而成立的要式行为，登记或交付应为物权行为的成立要件（或特别成立要件），单独的物权合意不足以构成物权行为。要件说中持后一主张者居多。

（4）效果说。即从法律效果的角度界定物权行为，认为物权行为是发生物权法效果的法律行为。而所谓物权法上的法律效果，是指物权权利状态的变动。

（5）目的与要件结合说。其认为物权行为是指以物权变动为目的并具备意思表示及交付或登记两项要件的法律行为。

我们认为，单纯以物权变动的目的来界定物权行为，并不能明确究竟什么是物权行为，同时也难以将其与债权行为明确区分开来（例如，我们很难说买卖合同没有变动标的物所有权的目的，而买卖合同显然不属于物权行为）。内容说的见解，存在同样的问题。要件说中的物权意思说也有不足，因为仅有物权的意思而未登记或交付的，尚不具备法律事实的一般构成要素，也不具有体现该意思表示的外观，不能发生物权的变动。相较而言，效果说与要件说相结合的定义较为可取，因此物权行为可以被定义为：直接发生物权法效果，且具备变动物权的意思与登记或交付两项要件的法律行为。

---

〔1〕 参见孙宪忠：《论物权法》，法律出版社2001年版，第164页以下。

〔2〕［德］K. 获威格特、H. 克茨：“‘抽象物权契约’理论——德意志法系的特征”，载《外国法译评》1995年第2期。

〔3〕 关于该问题的讨论及各种观点的出处，参见孙宪忠：“物权行为理论探源及其意义”，载《法学研究》1996年第3期；王利明：《物权法研究》，中国人民大学出版社2002年版，第138页以下；王利明主编：《物权法专题研究》（上），吉林人民出版社2002年版，第287页以下；王泽鉴：《民法学说与判例研究》（五），中国政法大学出版社2003年版，第6页以下；谢在全：《民法物权论》（上），中国政法大学出版社1999年版，第66页以下；田士永：《物权行为理论研究——以中国法和德国法中所有权变动的比较为中心》，中国政法大学出版社2002年版，第5页以下。

2. 物权行为的具体表现与认定。在物权行为理论的讨论中，对单方物权行为，如抛弃所有权、遗赠等，学者间似无不同意见；但对双方物权行为及其具体表现，则存在着争议。

一般认为，在买卖合同、赠与合同等移转标的物所有权的双方行为中，买卖合同与赠与合同本身属于债权合同、负担行为，而蕴含有物权变动合意的不动产登记或动产的交付行为，则为物权行为、处分行为。对此，肯定物权行为理论的学者在认识上比较一致。

对于设定用益物权、担保物权等他物权的合同，是物权契约还是债权契约，则有较大争议。我们认为，他物权的设立契约是债权契约，而当事人在不动产物权登记时所为的意思表示才是所谓的物权契约。主要理由是：设定或转让他物权的合同与买卖合同具有同等的性质和效力，应一致对待；设定他物权的合同订立后，仍然残留合同约定义务的履行问题，而物权行为为处分行为，不残留履行问题；"设定他物权的约定（合同）"与"他物权的设定"是不同的概念，也是性质不同的行为，前者为债权契约（负担行为），后者为物权契约（物权行为、处分行为）。[1] 尽管我国《民法典》合同编中并未将土地使用权出让、转让合同以及抵押合同、质押合同等明定为债权合同，但学者们的观点与有关立法的精神在以下两点上达成了共识：①《民法典》合同编通则的规定也适用于设定他物权的合同；②仅有这些合同的订立而无物权登记或标的物的交付的，不能发生物权设立或转移的效果。

3. 物权行为是客观存在还是抽象存在的问题。由于不动产登记与动产交付的行为，无可否认是一种客观存在，所以关于物权行为是客观存在还是抽象存在的问题，争议的焦点实际上集中在"物权的意思表示"或"物权合意"是客观存在还是抽象存在，抑或根本就不存在。直言之，由于法律行为以意思表示为要素，无意思表示即无法律行为，因此，如果登记与交付中存在物权变动的意思表示，则其就符合法律行为的构成要件，否则就只能认为其是债的履行，是事实行为而非法律行为。

对单方的物权行为，如抛弃动产物权的行为，通说认为除须有抛弃该物的占有之表征外，还须有抛弃的主观意思，始能产生抛弃的效力；抛弃所有权的意思，可能是明示的，也可能是默示的（如将旧物抛掷于垃圾箱中）。在抛弃不动产物权的情况下，非经向不动产登记机构提出注销权利登记的申请并办理注销手续，也不能发生抛弃的效力，而提出注销申请并出示必要的文件当然表现出抛弃物权的意思表示。在通过遗嘱变动物权的情况下，变动物权的意思表示更为明确。因此，可以说在单方变动物权的行为中，都存在明示或默示的物权变动的意思表示，故其符合法律行为的构成要件。

在基于双方行为的物权变动中，物权合意的存在情况较为复杂，而且通常是抽象的存在。因此，人们的认识也颇有分歧：

（1）对于"一手交钱、一手交货"的即时结清的动产交易来说，往往无书面买卖合同的存在，但该行为肯定是法律行为。至于其中的意思表示一致，究竟是债权合意还是物权合意，抑或同时含有债权合意与物权合意，人们的认识并不一致，但似乎任何一种观点都能自圆其说。而且，即时交易中的"合意"，本身就无客观或有形的体现，不论认为有哪种合意，该合意都是抽象存在的。

（2）在有书面合同的交易中，发生债权债务关系的合意就体现在书面的合同上，合意有其外形或物质载体。而在事后履行合同的过程中为不动产登记或动产交付时，在法律上

---

〔1〕 参见王泽鉴：《民法学说与判例研究》（五），中国政法大学出版社 2003 年版，第 116 页；王利明、崔建远：《合同法新论·总则》，中国政法大学出版社 1996 年版，第 559 页。

及交易习惯上通常无需再有一个物权合意的载体。承认物权行为理论的学者认为，物权变动的合意就体现或者蕴含在当事人双方申请物权变动登记或收受标的物的行为中，因此可以说有物权合意的抽象存在。例如，设立动产质权，仅有质押合同显然是不够的，还须出质人将质物的占有移转给质权人且质权人予以接受，这其中也有物权合意的存在。再如，只有买卖合同，物权变动尚不能发生，动产须经交付才能发生所有权的转移。而在交付之前，如不能形成转移所有权的合意，出卖人或买受人均可以要求解除合同，甚至拒绝交付或受领，如此，基于物权合意的物权变动则不能发生。〔1〕故应认为因履行合同而为的交付中，存在着物权合意（尽管是抽象的）。在不动产物权买卖中，只有债权合同，不动产物权变动显然不能发生，甚至当事人一方无法依据体现债权合意的买卖合同向登记机构申请办理不动产物权变动登记时，其登记申请也将不被准许；双方共同前往办理登记并提交必要的材料，登记方能获准，而在此一行为之中，自然应认为存在着变动物权的合意。就此来看，双方物权行为中的物权合意也是存在的，只不过有时该合意表现得直观、明确一些，有时表现得抽象、隐晦一些而已。〔2〕

4. 关于物权行为的无因性问题。对此问题的争论，焦点主要集中在承认物权行为的独立性是否意味着必然承认其无因性，以及无因性是否违反交易活动中的公平正义。

（1）什么是物权行为的无因性？所谓物权行为之有因或无因，是指立法和理论对作为原因的债权行为与物权行为的关系的态度，即物权行为的法律效力是否受债权行为的影响。"若债权行为会左右物权行为之效力，则该物权行为系有因行为（有因主义）。反之，倘物权行为之效力不受其原因即债权行为所影响，则该物权行为系无因行为（无因主义），具有无因性"。〔3〕依物权行为无因性理论，原因行为即债权行为的不成立、无效或被撤销，并不影响物权行为的效力，物权行为一旦生效，仍能发生物权变动的效果。例如，买卖标的物交付之后，买卖契约因意思表示有瑕疵或内容违反公序良俗而无效或者被撤销时，物权行为的效力或物权的变动并不因此而受到影响，买受人对接受的标的物仍能保有所有权，丧失所有权的出卖人只能依据不当得利的规定请求返还。

我们认为，讨论物权行为的无因性问题，首先应明确三个前提：①物权行为的有因或无因问题只存在于即时交易之外的双方法律行为之中。只有在一个完整的交易中既存在债权行为又存在物权行为，当事人基于债权行为所设定的债权债务关系而负有履行义务的情况下，方存在有因或无因的问题。如果仅有债权行为而无物权行为（如雇佣、借用等），或者仅有物权行为而无债权行为（如即时买卖、即时赠与，以及抛弃、遗赠等单方物权行为），则均不发生无因性理论的适用。②导致法律行为不成立、无效或被撤销的事由或称"瑕疵"，可能单独存在于债权行为中，也可能单独存在于物权行为中，在更多的情况下则

---

〔1〕 此种情况下，如果经司法判决后的强制执行导致买卖标的物所有权的转移，应认定其属于"非基于物权行为的物权变动"，还是"非基于法律行为的物权变动"，抑或仍属于"基于法律行为的物权变动"（这里的"法律行为"，系债权合同），有不同的理解。我们倾向于认为：此种情况下，司法裁判的结果是基于当事人之间的买卖合同，故其仍属"基于法律行为（买卖合同）的物权变动"，但因当事人未能达成物权变动的合意，物权变动的结果是基于法律的强制而形成的，所以其不属于"基于物权行为的物权变动"。

〔2〕 但否认物权行为独立性和物权合意客观存在的学者也可以提出这样的反驳：动产交付中的抽象物权合意，纯属人为的"拟制"，说有即有，说无亦无；不动产物权变动登记需要双方（或委托代理人）同时到场并提交有关材料，这只是登记机构为确认交易合同的真实性、合法性，以免登记出错而采取的程序性措施，并非要求当事人必须形成所谓的"物权合意"。此种反驳意见似乎也不无道理。

〔3〕 谢在全：《民法物权论》（上），中国政法大学出版社 1999 年版，第 71 页。

是同时存在于债权行为和物权行为之中（即所谓的“共同瑕疵”）。而讨论物权行为的无因性问题时，仅仅针对影响法律行为效力的“瑕疵”单独存在于债权行为这一种情况。明确这一前提，极为重要。③根据承认物权行为理论学者的观点，在一个完整的双方交易行为中，通常是先有债权合同，后为物权行为，最后达到物权变动的效果，物权行为效力的发生即物权变动结果的实现。故此，应认为债权行为只是物权行为的“因”，而物权行为是物权变动结果之“因”（或者说是直接原因、近因；如此，则债权行为充其量只是物权变动的间接原因、远因）。这里讨论的问题，名为“物权行为的无因性”，实际上是“物权行为的效力”或“物权变动的结果”是否受债权行为效力的影响，而债权行为实际上并不是“物权变动”的“原因”。因而，这里存在着“名”与“实”不符的问题，所谓“物权行为的无因性”只是一个惯常的表述。对于此点也有必要加以说明，以免误解。

（2）对物权行为无因性理论的两种评价。肯定物权行为独立性和无因性的学者，一般认为无因性理论有以下优点：①有利于区分各种法律关系，准确适用法律；②充分保护交易当事人的利益和交易安全，在整体上较好地平衡了各有关当事人之间的利益；③有利于完善民法体系，支持法律行为理论，并有助于明确债权和物权、债权法与物权法的区别。[1]

早在德国普通法时期以及《德国民法典》制定时，包括无因性理论在内的全部物权行为理论即受到了不少学者的批判和质疑。诸多学者认为，这完全是一个不顾国民生活感情而由法学家拟制出来的“技术的概念”。[2] 在《德国民法典》制定后，学界对物权行为及其无因性理论的争论依然存在。我国否定物权行为及其无因性的学者认为，该理论及其立法的最大缺点在于严重损害了出卖人的利益，违背了交易活动中的公平正义。在交付标的物之后发现买卖契约未成立、无效或被撤销，物权行为因其无因性，不受债权行为的影响，买受人仍取得标的物所有权，出卖人仅能依不当得利之规定请求返还，于是出卖人由所有权人变为债权人，不能享受法律对物权的特殊保护，对其十分不利。反之，如不承认物权行为的无因性，则在买卖契约不成立、无效或被撤销时，所有权不发生转移，出卖人仍保有标的物的所有权，可以得到物权法的特别保护。[3]

（3）关于物权行为无因性理论的相对化问题。反对物权行为无因性理论的学者指出，鉴于物权行为无因性之理论和立法有上述缺点，德国判例学说于是通过解释方法对物权行为无因性理论之适用予以限制，使物权行为之效力受债权行为之影响，此即所谓物权行为无因性的相对化理论。该理论主要有三种：①共同瑕疵说。认为物权行为与债权行为得因共同的瑕疵而无效或被撤销。例如，物权行为与债权行为的当事人均有行为能力的欠缺或均存在欺诈、胁迫、错误、乘人之危、显失公平以及违反诚实信用、公序良俗的现象时，会导致物权行为与债权行为均为无效或一并被撤销。②条件关联说。债权行为与物权行为虽为两个行为，但可推测和解释当事人的意思系使物权行为的效力与债权行为的效力联系在一起，即债权行为有效存在，物权行为始能生效。并认为当事人的这种意思可以是明示，也可以是默示，在很多情况下可以解释为当事人有默示的意思。③法律行为一体性说。即

〔1〕 参见王泽鉴：《民法学说与判例研究》（一），中国政法大学出版社 2003 年版，第 264~265 页；王利明：《物权法研究》，中国人民大学出版社 2002 年版，第 146~147 页。

〔2〕 转引自刘得宽：《民法诸问题与新展望》，三民书局股份有限公司 1979 年版，第 468 页。

〔3〕 参见王泽鉴：《民法学说与判例研究》（一），中国政法大学出版社 2003 年版，第 265~267 页；梁慧星、陈华彬编著：《物权法》，法律出版社 2005 年版，第 70~71 页。

将物权行为与债权行为合为一个不可分割的整体法律行为，适用民法关于法律行为一部分无效则整个法律行为无效的规定。因此，当债权行为无效时，物权行为也归于无效。[1]

坚持物权行为无因性的学者则认为，在德国现代法学上确实有所谓“对物权行为理论予以限制”的理论，所提出的限制方法包括附加条件、行为统一、瑕疵一致以及司法裁判四种。但这些观点恰恰是肯定无因性理论的学者和法官为反驳否定论者的观点而归纳出来的，其目的在于完善物权行为的无因性理论而不是否定该理论。其一，所谓的“附加条件”（即我国学者所说的“条件关联”），最典型也是唯一的情形就是附所有权保留条件的买卖，对于其他的物权变动是否受债权法上的意思之束缚，不论是德国法学还是司法实践均持否定态度。其二，所谓“行为统一”（即我国学者所说的“法律行为一体化”理论），指的是按照《德国民法典》第139条关于“部分无效”的规定，将物权行为的效力与债权行为的效力联系起来。这种观点被认为是彻底地违背了德国民法制度的原则，在德国法学及司法实践中基本上无人认可。其三，所谓“瑕疵一致”或“瑕疵统一”（即我国学者所说的“共同瑕疵”），虽然能够导致债权行为与物权行为均为无效或被撤销，但此种情况并非是对抽象原则的破坏，而恰恰是对物权行为独立性的肯定，因为物权行为作为法律行为，其成立、生效当然必须符合法律行为成立、生效的一般条件，所以依据法律行为的共同规则确认物权行为无效或撤销该行为的情况，并不是根据债权行为的意思表示瑕疵来否定物权行为的意思表示。因此，在法学逻辑上，不能将此种情况理解为对无因性原则的破坏。至于物权行为违背法律而被法院裁判撤销的情况，由于司法权是公权力，在任何情况下依据公权力撤销债权行为、物权行为等私法上的行为，都不是私法上的意思表示的结果。因此，不能将此类撤销视为依据债权意思表示来撤销物权行为。[2]

5. 我国学界对物权行为理论的肯定说、否定说与折中说。物权行为理论经过历史的演变与发展、修正，至今仍然在德国民法上居于统治地位。我国台湾地区“民法”在主流观点上似乎也坚持该理论。我国大陆学者中虽也有许多物权行为理论的支持者，但主流观点仍然是否定说。有学者对物权行为理论的优缺点作了如下概括：①有利于明晰法律关系，但有悖于生活常情，物权行为概念出自人为的拟制，属于极端的形式主义；②有利于交易安全，但善意取得制度已能达到同样之功效，故物权行为理论并非不可或缺；③有利于减少举证困难的情形，但这一优点有赖于登记或交付主义，与物权行为及其无因性理论无关；④物权行为无因性理论和物权合意主义立法的最大缺点，在于严重损害出卖人的利益，违背交易活动中的公平正义。[3] 上述概括也大致勾勒了否定论者的主要理由。

但据我们掌握的材料来看，否定物权行为理论的学者，也往往不是持彻底的否定态度。他们一方面否定物权行为的独立性、无因性，另一方面又承认负担行为与处分行为的区别，承认法律行为制度的一般理论和单方物权行为的存在，或者承认有抽象的物权合意，并将其合并于债权行为之中。其中，我国台湾地区学者王泽鉴先生的观点可谓最具代表性，他认为：法国、日本等纯粹的债权意思主义立法，“程序简单，便利交易活动，是为其优点，

---

〔1〕 参见王泽鉴：《民法学说与判例研究》（一），中国政法大学出版社2003年版，第268页；梁慧星、陈华彬编著：《物权法》，法律出版社2005年版，第71~72页；王利明：《物权法研究》，中国人民大学出版社2002年版，第149~150页。

〔2〕 参见孙宪忠：《论物权法》，法律出版社2001年版，第186页以下。

〔3〕 参见梁慧星：“我国民法是否承认物权行为”，载《法学研究》1989年第6期；渠涛：“不动产物权变动制度研究与中国的选择”，载《法学研究》1999年第5期。

但物权变动欠缺一项足由外部辨识的表征，对交易安全甚有妨害，自立法政策以言，似不宜采取”。而在我国台湾地区，“物权行为与债权行为分离，独立存在，但通说多方设法使物权行为之效力系属于债权行为，使物权行为成为有因性，此就逻辑言，显然欠缺一贯性，盖既承认物权行为之独立性，自不能使其与债权行为同一命运，但由此可知，物权行为是否具有独立存在价值，殊有疑问。对债权行为与物权行为在概念上加以区别，系法学上一项重大成就，并符合当事人之价值，如就买卖而言，当事人除有成立债之关系之意思，还有移转标的物所有权之意思，此在标的物所有权非即时移转之情形，特为显著。然而，此种移转所有权之意思，似不必加以独立化，使其成为独立之物权行为，在理论上尽可将其纳入债权契约之意思表示中，同时表示之”“现行法上关于物权变动之规定，似有检讨余地，宜改采意思主义与交付、登记原则之混合制度。其基本内容，计有三点：①基于买卖、互易、赠与、设定担保约定等债权行为而生之物权变动，无须另有一个独立之物权行为。②使物权发生变动之意思表示，在观念上虽有独立存在之价值，但可纳入债权行为之中，与成立债之关系之意思一并表示之，不必加以独立化，自成一个法律行为。③为使物权变动具有外部之表征，以达公示之原则，‘民法’所规定‘交付’为动产物权变动之要件，‘登记’为不动产物权变动之要件，此项原则应予维持”。“在此种制度下，独立之物权行为已不存在，因此，亦不发生无因性之问题，其所产生之状态，较明确合理，分三点言之：①当事人纵有买卖契约或其他移转、设定物权之合意，但未践行交付或登记之法定方式者，尚不生物权变动之效力。②债权行为不成立或无效时，纵标的物已为交付或登记，物权仍不发生变动，就买卖契约而言，尚不发生所有权移转之效力，出卖人得对买受人或其他第三人，主张标的物所有人之权利。③善意第三人依善意取得制度受到保护，物权行为无因性理论虽不存在，对交易安全，不生影响”。[1] 我国台湾地区学者谢在全先生也认为：“与其承认物权行为之独立性与无因性，然后再巧立学说，以求减轻因此所带来之弊害，不如根本上以解释方法改采折中主义之理论，或在方法上改采折中主义之立法例，即所谓意思主义与形式主义混合之制度，使物权行为不必与债权行为分离单独存在，不过在债权行为后，必须践行登记或交付之程序，始能生物权变动之效力，再辅以公信原则即现有不动产登记有绝对效力与动产善意取得之制度，则原物权人之利益与社会交易之安全，均能兼顾而获保障。”[2] 学者陈华彬认为：在现代民法确立起物权变动的特殊的公示公信制度、善意取得制度后，无因性的生存空间几乎已丧失殆尽，其所谓的“交易保护机能”已被这些制度抽空。[3] 其他持否定态度学者的观点，与此略同。

持“部分承认物权行为理论”（即承认物权行为的独立性但不采纳无因性的“折中观点”）的学者认为：瑞士、荷兰、智利等国的民法即采用的这种模式。从理论上讲，承认物权行为的无因性就意味着承认了其独立性及物权行为的概念本身，但反过来并不如此。承认物权行为概念本身，并不一定必须承认物权行为的独立性和无因性；抑或虽然承认物权行为的概念及其独立性，但并不一定必须承认其无因性。并且认为，在物权变动的模式上，采纳物权行为的独立性但否认其无因性，具有以下优点：①采纳物权行为的独立性与有因性，保留承认物权行为理论所具有的优点，却又克服了物权行为无因性所导致的弊端。

---

〔1〕 王泽鉴：《民法学说与判例研究》（一），中国政法大学出版社2003年版，第271页以下。

〔2〕 参见谢在全：《民法物权论》（上），中国政法大学出版社1999年版，第72~73页。

〔3〕 陈华彬：“论基于法律行为的物权变动——物权行为及无因性理论研究”，载梁慧星主编：《民商法论丛》（第六卷），法律出版社1997年版，第154页。

②承认物权行为的独立性，有助于物权法、债权法上诸制度相互配套，并有利于保持民法体系的和谐。[1] 实际上，这种主张也认为物权法的公示公信原则和善意取得制度已足以解决维护交易安全的问题，尽管其与无因性保护交易安全的机理有所不同，但在功能方面基本上是重合的，可以以其取代物权行为的无因性。不过，也有不少学者对肯定物权行为独立性而否认其无因性的折中观点是否符合逻辑提出质疑。

（四）简要的总结

国内肯定物权行为理论的学者与否定物权行为理论而主张债权形式主义的学者，均否定纯粹的意思主义的立法，也均肯定物权变动的公示公信原则、物权变动与债权合同的效力区分原则、善意取得制度以及民法基本原则和法律行为制度在物权法上的适用。尤其是在现实生活中，仅债权行为有瑕疵而物权行为无瑕疵的情况实属罕见，绝大多数情形下二者是存在“共同瑕疵”的，无因性适用的空间甚为狭小。[2] 如此一来，正、反两方的观点，在一些最重要、最基本或者说原本争议最大的问题的处理上，应当能够得出没有实质性分歧的大致相同的结论，唯在观念上或解释的角度上有所不同而已。

大致说来，可以认为物权行为理论具有理论深奥、逻辑严密、法律关系明晰、体系一致、前后连贯、触类旁通等优点，且该理论是法律行为理论、负担行为与处分行为区分理论的支撑。但该理论也确实具有导致恶意第三人也能够受到保护以及抽象、晦涩，难以被一般民众及法律初习者理解、把握的缺点。而债权形式主义的主张与立法，具有简洁明快、易于接受和把握等优点，以此为基础来解决物权变动的规制问题，可以在一定程度上降低立法及操作成本。两者各具所长，究竟采行何种模式，似还有进一步深入论证的必要。“我们不得不承认，任何可供选择的法律制度总是有缺陷的。一种制度，只要针对一种主要的、基本的、常见的事实现象作出合理的规范，便已足矣。当采用一种制度会产生某种弊端，而采用另一种制度则会导致另一种弊端时，如果两种弊端均发生于特别情形而非普遍情形，则无论作何选择，均可成立。”[3] 我们赞同这样的主张，即在关于物权行为理论的问题讨论还没有完全清晰之前，立法者不宜对此作出肯定或者否定的判断，最好是采用一种模糊的立场。[4]

鉴于我国立法中以采纳债权形式主义为主流意见，本书物权编部分的内容亦主要依此观点来解释和说明有关问题。

第三节 物权变动的公示方式

一、不动产的登记

（一）不动产登记的意义

不动产登记是指不动产登记机构根据当事人的申请并经审查，将不动产物权的设定、

---

〔1〕 参见李永军：“我国民法上真的不存在物权行为吗?”，载《法律科学·西北政法学院学报》1998 年第 4 期；王利明主编：《物权法专题研究》（上），吉林人民出版社 2002 年版，第 153 页以下。

〔2〕 参见刘保玉：《物权法学》，中国法制出版社 2022 年版，第 163~165 页。

〔3〕 尹田：“物权行为理论评析”，载梁慧星主编：《民商法论丛》（第二十四卷），金桥文化出版（香港）有限公司 2002 年版，第 190 页。

〔4〕 参见田士永：《物权行为理论研究——以中国法和德国法中所有权变动的比较为中心》，中国政法大学出版社 2002 年版，第 444 页。

归属及变更、转移、消灭等事项登录记载于特定簿册的行为。

不动产登记，是不动产物权变动的法定公示手段；是基于法律行为的不动产物权变动的生效要件；是非基于法律行为发生的不动产物权变动的处分要件；是国家对不动产进行行政管理、课征税赋等的依据；是公示物权状况、警示交易风险、维护不动产交易安全的有效措施；是不动产物权获得法律承认和保护的基本依据。因此，不动产登记在物权法上具有重要的意义。我国《民法典》中也明确规定了不动产物权登记制度，《民法典》第209条第1款规定："不动产物权的设立、变更、转让和消灭，经依法登记，发生效力；未经登记，不发生效力，但是法律另有规定的除外。"

（二）不动产登记机构与登记程序

我国以往采用的是房地产等不动产的分别登记制，这种体制存在许多弊端，《物权法》（已失效）颁行后，这种状况已得到改变。为整合不动产登记机构，规范登记行为，方便群众申请登记，保护权利人合法权益，国务院于2014年11月发布了《不动产登记暂行条例》（2015年3月1日起施行，并于2019年修订）；由原国土资源部负责制定的《不动产登记暂行条例实施细则》（以下简称《实施细则》）也于2016年1月发布施行，并于2019年修订。《民法典》第210条规定："不动产登记，由不动产所在地的登记机构办理。国家对不动产实行统一登记制度。统一登记的范围、登记机构和登记办法，由法律、行政法规规定。"根据《不动产登记暂行条例》第6、7条的规定，国务院国土资源主管部门负责指导、监督全国不动产登记工作。县级以上地方人民政府应当确定一个部门为本行政区域的不动产登记机构，负责不动产登记工作，并接受上级人民政府不动产登记主管部门的指导、监督。不动产登记由不动产所在地的县级人民政府不动产登记机构办理；直辖市、设区的市人民政府可以确定本级不动产登记机构统一办理所属各区的不动产登记。跨县级行政区域的不动产登记，由所跨县级行政区域的不动产登记机构分别办理。不能分别办理的，由所跨县级行政区域的不动产登记机构协商办理；协商不成的，由共同的上一级人民政府不动产登记主管部门指定办理。国务院确定的重点国有林区的森林、林木和林地，国务院批准项目用海、用岛，中央国家机关使用的国有土地等不动产登记，由国务院国土资源主管部门会同有关部门规定。

根据《民法典》《不动产登记暂行条例》及《实施细则》的规定，不动产登记的一般程序分为申请、受理、审核、核准登记和发证四个步骤：

1. 由当事人向不动产所在地的登记机构提出书面登记申请，同时应当根据不同登记事项提供权属证明和不动产界址、面积等必要材料。《不动产登记暂行条例》第14~16条规定，因买卖、设定抵押权等申请不动产登记的，应当由当事人双方共同申请。属于下列情形之一的，可以由当事人单方申请：①尚未登记的不动产首次申请登记的；②继承、接受遗赠取得不动产权利的；③人民法院、仲裁委员会生效的法律文书或者人民政府生效的决定等设立、变更、转让、消灭不动产权利的；④权利人姓名、名称或者自然状况发生变化，申请变更登记的；⑤不动产灭失或者权利人放弃不动产权利，申请注销登记的；⑥申请更正登记或者异议登记的；⑦法律、行政法规规定可以由当事人单方申请的其他情形。当事人或者其代理人应当向不动产登记机构申请不动产登记。申请时应当提交下列材料，并对其真实性负责：①登记申请书；②申请人、代理人身份证明材料、授权委托书；③相关的不动产权属来源证明材料、登记原因证明文件、不动产权属证书；④不动产界址、空间界限、面积等材料；⑤与他人利害关系的说明材料；⑥法律、行政法规以及《实施细则》规定的其他材料。在申请登记的事项被记载于不动产登记簿前，申请人可以撤回登记申请。

2. 由有登记管辖权的登记机构受理当事人的申请。《不动产登记暂行条例》第 17 条规定，不动产登记机构收到不动产登记申请材料，应当分别按照下列情况办理：①属于登记职责范围，申请材料齐全、符合法定形式，或者申请人按照要求提交全部补正申请材料的，应当受理并书面告知申请人；②申请材料存在可以当场更正的错误的，应当告知申请人当场更正，申请人当场更正后，应当受理并书面告知申请人；③申请材料不齐全或者不符合法定形式的，应当当场书面告知申请人不予受理并一次性告知需要补正的全部内容；④申请登记的不动产不属于本机构登记范围的，应当当场书面告知申请人不予受理并告知申请人向有登记权的机构申请。不动产登记机构未当场书面告知申请人不予受理的，视为受理。

3. 由登记机构审核、查验申请材料有关证明、证书、文书等是否真实、合法、齐全，并可在必要时进行实地查看。《不动产登记暂行条例》第 18 条规定，不动产登记机构受理不动产登记申请的，应当按照下列要求进行查验：①不动产界址、空间界限、面积等材料与申请登记的不动产状况是否一致；②有关证明材料、文件与申请登记的内容是否一致；③登记申请是否违反法律、行政法规规定。第 19 条规定，属于下列情形之一的，不动产登记机构可以对申请登记的不动产进行实地查看：①房屋等建筑物、构筑物所有权首次登记；②在建建筑物抵押权登记；③因不动产灭失导致的注销登记；④不动产登记机构认为需要实地查看的其他情形。对可能存在权属争议，或者可能涉及他人利害关系的登记申请，不动产登记机构可以向申请人、利害关系人或者有关单位进行调查。不动产登记机构进行实地查看或者调查时，申请人、被调查人应当予以配合。

4. 登记机构经审核，认为资料齐全、合法，情况属实的，依法将物权变动的事项登载于不动产登记簿，并向当事人核发权属证书或登记证明。《不动产登记暂行条例》第 20、21 条规定，不动产登记机构应当自受理登记申请之日起 30 个工作日内办结不动产登记手续，法律另有规定的除外。登记事项自记载于不动产登记簿时完成登记。不动产登记机构完成登记，应当依法向申请人核发不动产权属证书或者登记证明。第 22 条规定，登记申请有下列情形之一的，不动产登记机构应当不予登记，并书面告知申请人：①违反法律、行政法规规定的；②存在尚未解决的权属争议的；③申请登记的不动产权利超过规定期限的；④法律、行政法规规定不予登记的其他情形。

（三）登记机构的职责与错误登记的赔偿责任

根据《民法典》第 212、213、223 条和《不动产登记暂行条例》的有关规定，不动产登记机构收到登记申请后，应当查验申请人提供的权属证明和其他必要材料，就有关登记事项询问申请人，如实、及时登记有关事项，并履行法律、行政法规规定的其他职责。申请登记的不动产的有关情况需要进一步核实的，登记机构可以要求申请人补充材料，必要时可以实地查看。[1] 登记机构不得要求对不动产进行评估、不得以年检等名义进行重复登记，也不得有超出登记职责范围的其他行为。不动产登记费按件收取，不得按照不动产的面积、体积或者价款的比例收取。

---

〔1〕 不动产登记机构在办理登记事宜时对登记申请的审查，有形式审查和实质审查之分，对于划分二者的标准，学界有不同的认识。而采用何种审查标准对于登记的公信力、登记的效率和质量，以及登记错误的赔偿责任承担等有着重要的影响。就我国《民法典》中的规定究竟属于何种审查制，学界有不同的理解。我们认为，我国对于当事人申请的审查，既非形式审查主义，亦非实质审查主义，而是介于二者之间但偏重或更接近于实质审查，较为灵活。为了保证登记的准确性和公信力、提高登记的效率，《实施细则》第 12 条对代理申请不动产登记的事宜也作出了规定。

《民法典》第222条规定："当事人提供虚假材料申请登记，造成他人损害的，应当承担赔偿责任。因登记错误，造成他人损害的，登记机构应当承担赔偿责任。登记机构赔偿后，可以向造成登记错误的人追偿。"关于不动产登记行为的性质及登记机构登记错误赔偿责任的性质等问题，学理上有不同的认识。[1]《最高人民法院关于审理房屋登记案件若干问题的规定》（法释〔2010〕15号）第1条规定："公民、法人或者其他组织对房屋登记机构的房屋登记行为以及与查询、复制登记资料等事项相关的行政行为或者相应的不作为不服，提起行政诉讼的，人民法院应当依法受理。"第12条规定："申请人提供虚假材料办理房屋登记，给原告造成损害，房屋登记机构未尽合理审慎职责的，应当根据其过错程度及其在损害发生中所起作用承担相应的赔偿责任。"第13条规定："房屋登记机构工作人员与第三人恶意串通违法登记，侵犯原告合法权益的，房屋登记机构与第三人承担连带赔偿责任。"《中华人民共和国行政诉讼法》（以下简称《行政诉讼法》）第61条规定："在涉及行政许可、登记、征收、征用和行政机关对民事争议所作的裁决的行政诉讼中，当事人申请一并解决相关民事争议的，人民法院可以一并审理。在行政诉讼中，人民法院认为行政案件的审理需以民事诉讼的裁判为依据的，可以裁定中止行政诉讼。"上述规定，明确了以行政附带民事诉讼的方式解决登记错误中行政赔偿与民事赔偿的关系问题。之后，《最高人民法院关于适用〈中华人民共和国行政诉讼法〉的解释》（法释〔2018〕1号）第137~139条进一步明确了其具体适用的问题。[2] 为厘清不动产纠纷案件中的民事诉讼与行政诉讼的关系和诉讼机制问题，《物权编解释（一）》第1条规定："因不动产物权的归属，以及作为不动产物权登记基础的买卖、赠与、抵押等产生争议，当事人提起民事诉讼的，应当依法受理。当事人已经在行政诉讼中申请一并解决上述民事争议，且人民法院一并审理的除外。"[3]

（四）不动产登记簿与权属证书、登记证明

根据《民法典》第214条、第216~219条的规定，不动产物权的设立、变更、转让和消灭，依照法律规定应当登记的，自记载于不动产登记簿时发生效力。不动产登记簿，是登记主管机构专门登载记录物权变动事项的特定簿册，该登记簿由登记机构管理，是确定物权归属和内容的根据。不动产权属证书和登记证明，是在依法办理登记手续后由登记机构制作并颁发给权利人作为其享有不动产物权的证明书件。不动产权属证书记载的事项，应当与不动产登记簿一致；记载不一致的，除有证据证明不动产登记簿确有错误外，以不动产登记簿为准。权利人、利害关系人可以申请查询、复制不动产登记资料，登记机构应当提供。利害关系人不得公开、非法使用权利人的不动产登记资料。

（五）不动产登记的分类

《不动产登记暂行条例》第3条规定："不动产首次登记、变更登记、转移登记、注销

---

〔1〕 参见刘保玉："不动产登记机构错误登记赔偿责任的性质与形态"，载《中国法学》2012年第2期。

〔2〕 不过，对于行政附带民事诉讼的具体操作方式，目前并无成熟的规范设计；而对于"共同侵权"的问题，登记申请人的民事责任与登记机构的行政责任之间如何"连带"，也存有疑问。故此，对于上述问题的妥善解决，仍有讨论的空间。我们倾向于认为，对此问题的妥适解决方案，应是区分"管理登记"（日本法上称之为"标示登记"，主要体现在初始登记之中）和"权利登记"（或称物权登记，主要体现为物权变动登记）两种不同登记的性质之差异而分别规定登记机构的责任性质：前者为行政责任，适用国家赔偿程序；后者为民事责任，适用民事赔偿程序。

〔3〕 关于该条规定的含义阐释，参见杜万华主编：《最高人民法院物权法司法解释（一）理解与适用》，人民法院出版社2016年版，第25页以下。

登记、更正登记、异议登记、预告登记、查封登记等，适用本条例。”第5条规定，下列不动产权利，依照本条例的规定办理登记：①集体土地所有权；②房屋等建筑物、构筑物所有权；③森林、林木所有权；④耕地、林地、草地等土地承包经营权；⑤建设用地使用权；⑥宅基地使用权；⑦海域使用权；⑧地役权；⑨抵押权；⑩法律规定需要登记的其他不动产权利。[1]《实施细则》中对上列各种登记的程序事项等均作出了具体规定。依据不动产登记的内容、作用、效力等的差异，可以将不动产登记作以下分类：

1. 首次登记、变更登记、移转登记、注销登记。这是根据不动产登记自发生到消灭的一般过程而作的分类。

首次登记又称初始登记、原始登记，是指不动产权利第一次登记，即对未登记的不动产权利首次办理登记。例如，对新建的房屋，申请人应在房屋竣工后一定期限内提交有关证明文件，向登记机构申请房屋所有权首次登记。根据《实施细则》第24、25条的规定，除法律、行政法规另有规定的外，未办理不动产首次登记的，不得办理不动产其他类型登记。市、县人民政府可以根据情况对该行政区域内未登记的不动产，组织开展集体土地所有权、宅基地使用权、集体建设用地使用权、土地承包经营权的首次登记。

变更登记，是指办竣首次登记后，因权利人的姓名、名称或不动产的状况发生变更而进行的登记。根据《实施细则》第26条的规定，有下列情形之一的，不动产权利人可以向不动产登记机构申请变更登记：①权利人的姓名、名称、身份证明类型或者身份证明号码发生变更的；②不动产的坐落、界址、用途、面积等状况变更的；③不动产权利期限、来源等状况发生变化的；④同一权利人分割或者合并不动产的；⑤抵押担保的范围、主债权数额、债务履行期限、抵押权顺位发生变化的；⑥最高额抵押担保的债权范围、最高债权额、债权确定期间等发生变化的；⑦地役权的利用目的、方法等发生变化的；⑧共有性质发生变更的；⑨法律、行政法规规定的其他不涉及不动产权利转移的变更情形。

移转登记通常又称为转移登记、过户登记，是指因转让、赠与、继承、裁判等原因发生不动产权属转移时所进行的登记。根据《实施细则》第27条的规定，因下列情形导致不动产权利转移的，当事人可以向不动产登记机构申请转移登记：①买卖、互换、赠与不动产的；②以不动产作价出资（入股）的；③法人或者其他组织因合并、分立等原因致使不动产权利发生转移的；④不动产分割、合并导致权利发生转移的；⑤继承、受遗赠导致权利发生转移的；⑥共有人增加或者减少以及共有不动产份额变化的；⑦因人民法院、仲裁委员会的生效法律文书导致不动产权利发生转移的；⑧因主债权转移引起不动产抵押权转移的；⑨因需役地不动产权利转移引起地役权转移的；⑩法律、行政法规规定的其他不动产权利转移情形。

注销登记又称涂销登记，是指在不动产灭失、权利人放弃权利或权利已经消灭等情况下，登记机构根据当事人申请对原有的登记予以消除的登记。根据《实施细则》第28条的规定，有下列情形之一的，当事人可以申请办理注销登记：①不动产灭失的；②权利人放弃不动产权利的；③不动产被依法没收、征收或者收回的；④人民法院、仲裁委员会的生效法律文书导致不动产权利消灭的；⑤法律、行政法规规定的其他情形。不动产上已经设立抵押权、地役权或者已经办理预告登记，所有权人、使用权人因放弃权利申请注销登记的，申请人应当提供抵押权人、地役权人、预告登记权利人同意的书面材料。

---

[1] 关于居住权登记，尚待根据《民法典》的相关规定加以补充。

2. 不动产所有权登记与其他权利登记。这是根据登记的权利是自物权还是他物权而作的分类。

根据《不动产登记暂行条例》和《实施细则》的有关规定，不动产所有权登记主要包括：集体土地所有权登记；房屋所有权登记（包括建设用地上的房屋和宅基地上的房屋所有权登记）；其他建筑物、构筑物所有权登记；森林、林木所有权登记等。其他权利登记又称他项权利登记，主要包括：国有建设用地使用权登记；集体建设用地使用权登记；土地承包经营权登记；宅基地使用权登记；地役权登记；海域使用权登记；抵押权登记等。登记类别不同，申请人及其所需提交的材料等也有所不同。

3. 预告登记、更正登记、异议登记、查封登记。这是根据各种登记的作用的不同而对其他登记所作的分类。《实施细则》中以专章“其他登记”（第五章）对此作出规定。

预告登记是与正式登记相对应的概念。一般所讲的不动产登记，就是指对现实的不动产物权所进行的正式登记，而预告登记，是指为保全一项以将来发生不动产物权变动为目的的债权请求权而作的提前登记。在理论上及国外立法例上，预告登记又称为预先登记、暂先登记、预登记、假登记。我国《民法典》第221条规定：“当事人签订买卖房屋的协议或者签订其他不动产物权的协议，为保障将来实现物权，按照约定可以向登记机构申请预告登记。预告登记后，未经预告登记的权利人同意，处分该不动产的，不发生物权效力。预告登记后，债权消灭或者自能够进行不动产登记之日起九十日内未申请登记的，预告登记失效。”根据《物权编解释（一）》第4、5条的规定，未经预告登记的权利人同意，转移不动产所有权，或者设定建设用地使用权、居住权、地役权、抵押权等其他物权的，应当依照《民法典》第221条第1款的规定，认定其不发生物权效力。买卖不动产物权的协议被认定无效、被撤销，或者预告登记的权利人放弃债权的，应当认定为《民法典》第221条第2款所称的“债权消灭”。根据《实施细则》第85、89条的规定，有下列情形之一的，当事人可以按照约定申请不动产预告登记：①商品房等不动产预售的；②不动产买卖、抵押的；③以预购商品房设定抵押权的；④法律、行政法规规定的其他情形。预告登记生效期间，未经预告登记的权利人书面同意，处分该不动产权利申请登记的，不动产登记机构应当不予办理。预告登记后，债权未消灭且自能够进行相应的不动产登记之日起3个月内，当事人申请不动产登记的，不动产登记机构应当按照预告登记事项办理相应的登记。针对不同类型的预告登记，当事人应当提交的材料也有所不同。预告登记未到期，但出现预告登记权利人放弃预告登记、债权消灭以及法律、行政法规规定的其他情形的，当事人可以持不动产登记证明、债权消灭或者权利人放弃预告登记的材料，以及法律、行政法规规定的其他必要材料申请注销预告登记。

更正登记，是指真正权利人或利害关系人申请对登记错误进行更正，或登记机构发现登记错误时依职权对原登记进行更改、修正的登记。更正登记能够彻底地终止现实登记权利的正确性推定效力，是对既有登记内容的改变，因此，必须以查明属实为前提。

异议登记是与更正登记相配套的登记类型，它是指真正权利人或利害关系人对现实登记的权利的正确性提出异议而进行的登记。该登记的直接法律效力，是对抗现实登记的权利的正确性推定，从而暂时中止现实登记的权利人按照登记权利的内容行使权利或阻止第三人依登记的公信力而受让不动产物权。异议登记通常是在登记权利人与真正权利人不一致、真正权利人或利害关系人不能马上提出足够证据证明登记错误，而登记权利人不同意更正登记请求且意图马上实施行为损害后者利益（如处分登记在其名下的不动产）的情况下，法律赋予后者一种简便的、临时的保护措施，目的在于使其能够便捷地阻止登记权利人对不动产的现时处分或者能够进行事后追索。[1]

《民法典》第220条规定："权利人、利害关系人认为不动产登记簿记载的事项错误的，可以申请更正登记。不动产登记簿记载的权利人书面同意更正或者有证据证明登记确有错误的，登记机构应当予以更正。不动产登记簿记载的权利人不同意更正的，利害关系人可以申请异议登记。登记机构予以异议登记，申请人自异议登记之日起十五日内不提起诉讼的，异议登记失效。异议登记不当，造成权利人损害的，权利人可以向申请人请求损害赔偿。"《实施细则》第84条规定："异议登记期间，不动产登记簿上记载的权利人以及第三人因处分权利申请登记的，不动产登记机构应当书面告知申请人该权利已经存在异议登记的有关事项。申请人申请继续办理的，应当予以办理，但申请人应当提供知悉异议登记存在并自担风险的书面承诺。"此外，《实施细则》中还对权利人或利害关系人申请更正登记、异议登记应当提交的材料和有关程序作出了细致的规定。

查封登记，是指在诉讼程序中，登记机构根据人民法院的《协助执行通知书》而对涉案不动产予以封存所作的登记。人民法院对不动产的查封，是民事诉讼法上财产保全制度的组成部分，从不动产查封登记的作用、效力等方面讲，其不属于物权登记的范畴。因此，我国原《物权法》及《民法典》物权编中并未对此作出规定。但鉴于对不动产的查封登记与登记机构的职责有关，因此《不动产登记暂行条例》及《实施细则》中补充规定了这一登记类型并对人民法院要求不动产登记机构办理查封登记时应当提交的材料、轮候查封登记、注销查封登记、查封登记失效及人民检察院等其他有权机关依法要求不动产登记机构办理查封登记的参照适用等问题作出了具体规定。

二、动产的交付

（一）动产交付的意义

动产物权的公示方式，自古以来便为占有与交付。由于动产的数量难以统计且交易频繁，若均要求登记，既无必要也无可能。依一般生活观念和交易习惯，现实占有某物而有所作为者，当然被推定为物的权利人；动产物权的变动，也以标的物的现实交付为外观，法律上遵从这一观念，因而确认了"占有之所在即动产物权之所在"的理念。我国《民法典》遵从这一惯行规则，于第224条规定："动产物权的设立和转让，自交付时发生效力，但是法律另有规定的除外。"同时，针对特殊动产物权的变动问题，《民法典》第225条规定："船舶、航空器和机动车等的物权的设立、变更、转让和消灭，未经登记，不得对抗善意第三人。"可见，在船舶、航空器、机动车等特殊动产物权的变动中，订立合同、交付标的物、办理登记各有其不同的法律意义。不过，关于交付和登记在特殊动产物权变动中的意义，在理解、适用方面还有不同的认识和争议。[2] 依据立法精神，通说认为，在特殊动产物权的变动中，交付是物权变动的生效要件，而登记是产生对抗善意第三人效力的要件。关于第225条中的"善意第三人"的范围问题，理论上与实务中也存在不同的理解。为此，《物权编解释（一）》第6条规定，转让人转移船舶、航空器和机动车等所有权，受让人已经支付合理对价并取得占有，虽未经登记，但转让人的债权人主张其为《民法典》第

---

[1] 参见刘保玉："异议登记与财产保全关系的处理模式及其选择"，载《法商研究》2007年第5期。

[2] 参见王利明："特殊动产物权变动的公示方法"，载《法学研究》2013年第4期；崔建远："机动车物权的变动辨析"，载《环球法律评论》2014年第2期；王利明："特殊动产一物数卖的物权变动规则：兼评《买卖合同司法解释》第10条"，载《法学论坛》2013年第6期；刘保玉："论多重买卖的法律规制：兼评《买卖合同司法解释》第9、10条"，载《法学论坛》2013年第6期。

225条中的“善意第三人”的，不予支持，法律另有规定的除外。在车辆、船舶、航空器等特殊动产登记制度之外，我国法律上对动产抵押以及一些财产权利的质押，也采用了登记的公示方法。关于动产和权利担保的登记问题，我们将在担保物权部分讲述。

值得说明的是，由于有国家行政力量的介入、经过严格的程序并有文字记载，不动产登记所公示的物权状况与真实的物权状况出入极小，准确率较高。而动产占有人占有物的原因很多，占有人未必是享有物权的人，而且占有所公示的物权究竟是何种物权，通常还要结合占有人的意思及行为进行推断，因此，占有与交付作为动产物权的享有与变动的外形，其准确率较低，故往往还需考虑一些其他“参数”（如有无权利凭证、交易的场所、交易的性质以及受让人有无过失等情况），以提高其准确性。

（二）交付的一般形态——现实交付

现实交付又称直接交付，是指一方将物的直接占有移转给另一方的行为。在现实交付中，必要的单证（如产品合格证、质量保证书、发票、保险单等）应附随交付，但单证交付与否通常并不影响物权变动的效力。

现实交付可采用委托交付与拟制交付。委托交付是指让与人根据约定将动产交付给承运人或邮局的交付方式。在这种交付方式中，办理完毕托运、交邮等手续，即为交付。拟制交付是指让与人将代表标的物权利的有效凭证（如仓单、提单、票据等）交付给受让人，交付即告完成的交付方式。

（三）交付的变通形态——观念交付

所谓观念交付，是指在特殊情况下，法律允许当事人通过特别的约定采用变通或观念上的方法转移标的物权利的交付方式。观念交付主要包括下列三种形式：

1. 简易交付。简易交付又称在手交付、先行占有，是指动产物权的受让人已因其他关系先行占有了标的物，之后双方又达成了物权变动的合意，因而不必再行交付，物权变动自合同生效时发生。先租后买或先借后质等情形，为其适例。《民法典》第226条规定：“动产物权设立和转让前，权利人已经占有该动产的，物权自民事法律行为生效时发生效力。”

2. 指示交付。指示交付又称长手交付、替代交付或返还请求权的让与，是指当标的物由第三人占有时，让与人将对该第三人的返还请求权让与给受让人并通知占有人，以代替物的实际交付。例如，所有人将交由他人仓储的动产出卖给买方时，只需将其对保管人的返还请求权转让给买受人，并通知保管人即可。《民法典》第227条规定：“动产物权设立和转让前，第三人占有该动产的，负有交付义务的人可以通过转让请求第三人返还原物的权利代替交付。”

3. 占有改定。占有改定是指出让动产时，出让人仍有必要继续占有该项动产的，可以与受让人另行约定由其实际占有该动产而使受让人取得间接占有，以代替实际交付的情形。在让与担保和售后回租或卖出借回等“混合交易”的情形下，这种交付有其适用价值。占有改定实际上是标的物的所有权转移，但不转移现实占有，只是占有人的占有名义发生了改变。《民法典》第228条规定：“动产物权转让时，当事人又约定由出让人继续占有该动产的，物权自该约定生效时发生效力。”[1]

显而易见，观念交付简化了交易的程序，颇为便捷和经济，有利于减少往返交付所造

---

〔1〕 本条规定仅适用于“物权转让”的情形，故此，动产质权设立中的交付不适用本条规定。

成的无端损耗。但观念交付中的占有改定与指示交付，毕竟未实际进行标的物占有的移转，因此，不具备完整的公示作用，也不具有公信力。为维护交易的安全，法律上通常有必要对其适用及引起物权变动的效力予以适当的限制，例如，不得以占有改定的方式设定质权；动产善意取得中，占有改定不具有对抗第三人和原权利人的追索的效力；以指示交付的方式设定动产质权，质权人尚应采取适当措施表示其权利和控制质物（如粘贴质押封条、在保管人的仓库上加锁等）的状态，否则，该质权不能对抗善意第三人。我们认为，这些做法值得借鉴。

三、其他公示方式

登记和交付，是物权的一般公示方式，除此之外，还应承认存在着其他“特殊公示方式”。[1] 由于登记和交付之外的特殊公示方式通常发挥辅助作用，故亦可称其为“辅助的公示方式”。一些国家或地区的法律所规定的于动产担保物上打刻标记、粘贴标签的“明认方式”，以指示交付的方式设定动产质权时须在存放质物的处所粘贴质押封条、加锁，以票据设定质押时的背书等方式，均属此类。我们在社会实际生活中常见的图书馆及个人藏书上的印章和签名、在个人饲养的动物身上涂烙的标记等，其意义也在于明示物的所有权归属。在美国、加拿大等国，电子登记的公示方式已被普遍采用。基于计算机网络的迅速发展，可以预见，未来通过互联网而进行的“电子登记”将成为物权公示的重要方法。为顺应这一趋势，《不动产登记暂行条例》第 9 条规定：“不动产登记簿应当采用电子介质，暂不具备条件的，可以采用纸质介质。不动产登记机构应当明确不动产登记簿唯一、合法的介质形式。不动产登记簿采用电子介质的，应当定期进行异地备份，并具有唯一、确定的纸质转化形式。”根据中国人民银行于 2021 年 12 月发布《动产和权利担保统一登记办法》（2022 年 2 月 1 日起施行）的有关规定，动产和权利担保，统一采用电子登记的方式。

---

〔1〕 孙宪忠：《中国物权法总论》，法律出版社 2003 年版，第 184 页。

第四章
物的占有

第一节　占有概述

一、占有的概念和特点

（一）占有的概念

通说认为，占有指占有人对物有控制与支配的管领力的事实状态。在占有法律关系中，主体为管领物之人，即占有人；客体为被管领之物，即占有物。

现代各国民法上的占有制度有两处历史渊源：一是罗马法上的占有（possessio）制度，二是日耳曼法上的占有（gewere）制度。在罗马法上，仅可对物为事实支配的占有与可对物为全面支配的所有权是分离的，二者皆受法律的保护。即使占有人对物之占有的背后没有合法权利的支持，法律也会出于维护社会和平与法律秩序的目的而对其进行保护；保护占有的法律手段为占有诉权，占有制度就是以占有诉权为中心而构建的制度。与罗马法将占有作为一种事实而予以承认和保护不同，日耳曼法上的占有虽然从总体上来说也是对物的事实支配状态，但并非仅是一种单纯的事实，而是对物支配权的一种表现，占有具有“权利的外衣”性质，被作为权利的外在表现而受到法律的一并保护。由于罗马法上的占有与真实的支配权相分离，所以其占有诉讼仅保护占有这一事实，而不涉及真实的权利问题。而在日耳曼法上，因其视占有为权利之外衣，故其占有诉讼不仅解决占有本身的问题，而且还一并解决占有物实际权利的归属问题。

现代法上的占有制度，汲取罗马法与日耳曼法占有制度之合理成分，兼具两者之性质与特点，如占有诉权（占有人的物上请求权）、占有物的孳息收取权与费用偿还请求权，主要来自罗马法占有制度；而权利推定、权利移转（动产物权的移转以动产的交付为要件）及善意取得，则主要源于日耳曼法占有制度。[1]

（二）占有的特点

1. 占有关系以物为客体。占有作为一种事实状态，反映的是一种人对物的管领关系，其客体为有体的动产和不动产。只是作为占有客体的物，并不以独立物为限，物的一部分或构成部分亦可成为占有的客体。如将墙壁出租于他人作广告之用等。可见，占有并不受物权法一物一权原则的限制。[2]

2. 占有人须对标的物有事实上的管领力。占有的成立须占有人对物有事实上的管领力。

〔1〕参见梁慧星、陈华彬编著：《物权法》，法律出版社2005年版，第416页。

〔2〕参见郭明瑞、唐广良、房绍坤：《民商法原理（二）物权法　知识产权法》，中国人民大学出版社1999年版，第387页。

理论上称此为占有的“体素”。[1] 所谓事实上的管领力，是指对物的事实上的控制与支配。所谓控制，是指物处于占有人的管理或影响之下；所谓支配，是指占有人能够对物加以利用。通常对动产的占有表现为控制，而对不动产的占有表现为利用。某人的控制与支配力能否及于某物，应依社会一般观念并结合空间关系、时间关系以及法律关系确定。空间关系是指人与物在空间上有一定的、足以使他人认识的结合关系。占有不以对物有物理上的直接控制与支配为必要，依社会一般观念，只要某物并未脱离某人的控制与支配，就可认为该人与该物有事实上的结合关系。时间关系是指人与物的关系在时间上须有相当的继续性，使他人能足以认为该物为该人事实上所控制与支配。短暂的控制因不能建立确定的支配关系，不能成立占有。法律关系是指当人与物之间存在某种法律关系时，即使没有空间或时间上的结合关系，仍可认定占有的成立。如通过占有辅助人实施占有以及间接占有，皆为其适例。

3. 占有是一种为法律所保护的事实。罗马法认为占有是一种受法律保护的事实，不管占有人是真正的权利人还是盗贼等非法占有人，法律出于维护社会的和平与秩序等目的皆对其予以保护。而日耳曼法上则认为其是一种物权。现代民法对此也有争论，有的认为占有是一种权利（占有权），理由是从法理上讲，权利就是利益加法力，占有本身无疑是存在利益的，而这种利益又得到了法律的承认与保护。但更多的人则认为占有是一种事实，法律上确立占有制度，旨在保护对物的事实支配状态，而不问是否具有法律上的正当权利；从另一方面讲，将占有确定为一种事实而非权利，也有助于对占有人的保护，因为占有人不必证明其具有权利，而仅仅基于其占有的事实即可要求保护。我国学界通说也认为：占有是一种受法律保护的对物为控制管领的事实。故此，可以认为占有在性质上是一种“法益”。

二、占有制度的社会作用

占有制度为物权法中不可缺少的一个组成部分。与物权法中的所有权和他物权以权利为本位、以公平与安全为价值目标的法律调节模式不同，占有制度以占有的事实为基础，以维护对物的支配秩序的和平与稳定为价值目标。占有制度不仅完善了物权法的体系，且对物权法之社会作用的发挥起到了重要的补充作用。其社会作用主要表现在如下几点：

1. 有利于稳定现实占有关系，维护社会经济秩序。这一功能是通过占有保护请求权（占有诉权）的行使来实现的。依占有制度，对物的占有之保护不以查明其权利状态为前提，基于占有本身即可直接给予保护。这不但减轻了占有人的举证责任，而且符合经济、效率的原则。

2. 占有制度有助于维护交易安全，促进社会经济关系的发展。这一作用是通过占有的权利推定与善意取得机能来实现的。在现实的财产交易中，财产（尤其是动产）的占有人一般即被视为有处分权之人，据此处分而取得财产之人，只要没有恶意便可受到法律保护，而不必担心交易的标的物会被随意追夺。

---

[1] 除“体素”外，占有是否还同时需要内心的意思要件（所谓的“心素”），对此理论上则存在主观说、客观说和纯客观说三种主张。主观说认为，占有不仅要求对物具有事实上的管领，还须有占有的意思。至于何为占有的意思，学者又有不同的解释，如德国学者萨维尼的所有人意思说、温得夏的支配意思说、邓堡的为自己意思说等。客观说为德国学者耶林所持，其认为占有不以特别的意思存在为必要，除时效取得要求具备所有的意思外，一般占有只要有持有（握有标的物）的意思就够了，理由是内在的意思是难以判断的，而法律不能因为当事人的观念变化就使同一占有事实不断变换性质。这种学说随后又发展为纯客观说，认为占有只要求纯客观的事实支配状态，而无论占有意思是否存在。

3. 有助于协调各方当事人的权益，维护社会之公平。设定占有物的孳息收取权与费用偿还请求权等，主要是为了保护占有人的个人利益；而把占有区分为善意占有和恶意占有、和平占有与强暴占有等情况并规定其不同的法律效果，又体现了对占有人与本权人之间，乃至个人与社会之间的利益平衡。

三、占有的分类

（一）自主占有与他主占有

这是以占有人是否以所有的意思进行占有为标准所作的分类。自主占有是指占有人以自己所有的意思对物进行的占有；他主占有是指占有人非以所有的意思对物进行的占有。基于占有媒介关系占有他人之物的，皆属他主占有，如承租人、借用人、保管人对物的占有。自主占有不以对物有所有权为必要，误认他人之物为自己所有而进行占有甚至盗贼对盗窃物的占有，皆可构成自主占有。另外，他主占有亦可经过向权利人明示自己所有的意思而变更为自主占有。

区分二者的意义在于：时效取得及先占取得所有权等，均须以自主占有为要件。

（二）有权占有与无权占有

这是以占有是否有真正的权利基础为标准而作的分类。有权占有又称为有权源的占有或有本权的占有，是指有法律或合同依据的占有，如所有权人、留置权人以及保管人、承租人、质权人对标的物的占有。无权占有又称无权源的占有、无本权的占有，是指没有法律及合同依据的占有，如对赃物、遗失物的占有。我国《民法典》第458条规定："基于合同关系等产生的占有，有关不动产或者动产的使用、收益、违约责任等，按照合同约定；合同没有约定或者约定不明确的，依照有关法律规定。"

区分二者的意义在于：二者受法律保护的程度不同。有权占有人可以基于其占有权对抗任何人，而无权占有人则不能对抗权利人返还原物的请求。如承租人可在租赁期内拒绝出租人返还租赁物的请求；而遗失物的拾得人在所有人请求其返还遗失物时，应予以返还。

（三）善意占有与恶意占有

这是以无权占有人的主观状态为标准而对无权占有进行的再分类。善意占有是指占有人不知或不应知道自己无占有的权利而为的占有；恶意占有是指占有人明知无占有的权利或对有无占有的权利有所怀疑而仍然进行的占有。在善意占有中，以占有人有无过失为标准，还可以再分为过失占有与无过失占有。严格来说，只有不知自己无占有的权利且无重大过失者，方构成善意占有。

区别二者的意义在于：①在时效取得中，善意占有与恶意占有的时效期间不同（如不少立法例上规定，动产时效取得的期间一般为10年，但占有之始为善意的，期间则为5年）；②动产的善意取得以受让人取得占有时的善意为要件；③占有人对请求权人所负的权利义务，因其占有为善意或恶意而有所不同。

（四）直接占有与间接占有

这是以占有人是否直接占有标的物为标准而作的分类。直接占有标的物的，为直接占有。不直接占有标的物，但对物的直接占有人有返还请求权因而间接对该物有管领力的，为间接占有。例如，质权人、承租人、保管人等，皆为直接占有人；出质人、出租人、寄托人等，则为间接占有人。

区分二者的意义在于：间接占有不能独立存在，间接占有人与直接占有人之间必须存在一定的法律关系。严格地说，间接占有并非真正的占有，所以占有的保护通常仅限于直接占有。

(五) 自己占有与辅助占有

这是以占有人是否亲自对标的物进行占有为标准所作的分类。自己占有是指占有人亲自对标的物进行的占有；辅助占有是指基于特定的从属关系，受他人指示而对标的物为事实上的管领，如营业员对店内货物的占有。

区分二者的意义在于：辅助占有不能独立存在，交易时应认清真正的占有人。

(六) 单独占有与共同占有

这是以占有的人数为标准所作的分类。单独占有是指占有人为一人的占有；共同占有是指二人以上对物的占有。

区分二者的意义在于：在共同占有时，各占有人就物的使用不得互相请求占有的保护。

(七) 和平占有与强暴占有

这是以占有手段的不同为标准所作的分类。以强暴手段而为的占有，为强暴占有（如抢夺或抢劫他人财物而为的占有）；反之，则为和平占有。

区分二者的意义在于：时效取得之成立须以对物的和平占有为必要。

(八) 继续占有与不继续占有

这是以占有的时间是否间断为标准所作的分类。时间上持续无间断的占有为继续占有，反之则为不继续占有。

区分二者的意义在于：时效取得一般以继续占有为条件。

(九) 公然占有与隐秘占有

这是以占有方法为标准所作的分类。公然占有指不以隐藏方法避免他人发现而为的占有，反之则为隐秘占有。

区分二者的意义在于：时效取得的成立以对物的公然占有为必要条件。

第二节 占有的取得和消灭

一、占有的取得

占有的取得也称占有的发生，是指占有人依照某种事实或原因对物产生了事实上的支配与控制。与所有权取得类似，占有的取得也分为原始取得和继受取得。

(一) 占有的原始取得

占有的原始取得是指不以他人既存的占有为根据而取得的占有。例如，无主物的先占、遗失物的拾得、抢夺物的占有。

占有的原始取得不以占有人的意思表示为要素，因此是事实行为而非法律行为，它并不要求占有人取得占有时具有民事行为能力；占有原始取得的标的物既可以是动产，也可以是不动产；占有取得人可亲自占有，也可由其辅助人占有；原始取得的占有，也不以直接占有为限。还应当说明的是，取得物的占有未必能取得其所有权。占有作为一种事实状态，与所有权的取得并无必然联系，是否能取得标的物的所有权，应依法律的规定而确定。

(二) 占有的继受取得

占有的继受取得是指基于他人的占有而取得的占有。占有虽然是一种事实，但现代各国民法均承认占有具有移转性，可以继受的方式取得。占有的继受取得，主要有以下两种原因：

1. 占有的让与。占有的让与是指占有人以法律行为将其占有物交付于他人，受让人因此而取得占有。占有的让与须具备两项条件：①占有人须有让与占有的意思表示。非依占有人的意思发生的占有转移，如物之窃取，可能发生占有的原始取得而不能发生继受取得。②须交付占有物。只有完成物的交付，受让人才能对标的物形成事实上的管领，这是继受占有成立的必要条件。与所有权的转移要件不同的是，对不动产占有的让与，也须交付才能成立。

2. 占有的继承。对占有能否因继承而取得，有不同的主张。否定说认为，占有是一种事实而非权利，占有人死亡，其占有的意思随之不复存在，其对物的管领也当然消灭，所以无继承性可言。肯定说认为，占有虽只是一种事实，但其有法律上的利益且不具有人身专属性，故可以继承。现代各国民法多采肯定说。对占有转移至继承人的时间，通说认为是继承开始时，不要求继承人知悉继承事实的发生，也不要求继承人事实上已管领其物或存在交付行为，更不需要作出继承的意思表示。可见，占有的继承完全出于法律之拟制，与占有的让与中须受让人对物具有事实上的管领力显有不同。[1]

占有继受取得的效力是占有的受让人或继承人可以主张将自己的占有期间与前占有人的占有期间合并计算，以享受取得时效期间计算上的利益。但占有人主张合并计算的，应当在享有前占有人期间利益的同时承继前占有人的占有状态，前占有人的占有存在瑕疵的，后一占有人应一并承受。如果继承人或受让人单独主张自己的占有，则无须承受前占有的瑕疵。继承人或受让人有选择是否主张占有的合并计算的权利。

二、占有的消灭

如果占有人对标的物事实上的支配力与控制力不复存在，占有便归于消灭。对占有物的管领力丧失之确定，须结合具体事实并依法律规定及一般社会观念予以认定。至于导致占有人丧失管领力的原因是法律行为还是事实行为抑或自然力，是否基于占有人的意思等，均非所问。但需注意的是，占有人对占有物的管领力的丧失，须为确定的、持续的丧失。如果仅是一时不能实行管领，或非出于自己意思丧失管领但仍能够在一定期间依法诉请追回的，则占有并不消灭。

占有人丧失对物的支配力而致其占有消灭的，如果客体尚存，他人可以再行取得占有。

第三节　占有的效力

占有的效力是指占有所具有的法律上的证明力和强制力，也就是指法律为了平衡占有关系中各主体的权益而对其权利义务所作的强制性分配。占有的效力主要体现为对占有人的保护，同时也须兼顾真正权利人和社会整体的利益。占有的效力主要有状态推定效力、权利推定效力、时效取得的效力、善意取得的效力、占有人的权利义务等。[2] 这里我们只谈占有的状态推定效力、权利推定效力和占有人的权利义务。

一、占有的状态推定效力

占有的状态推定效力是指为了更好地保护占有人的利益，实现占有制度设立之宗旨，在无相反证明的情况下，法律推定占有人的占有为自主、善意、和平、公开的占有，以及将能证明前后两端的占有推定为无间断的继续占有。换言之，法律上直接推定占有人的占

---

〔1〕 参见谢在全：《民法物权论》（下），中国政法大学出版社 1999 年版，第 958~959 页。

〔2〕 由于我国《民法典》中未规定取得时效制度，所以对于占有的类型及效力等事项也规定得颇为简略。

有为无瑕疵的占有，但有相反证据证明的除外。

占有的状态对取得时效有直接而重大的影响。承认取得时效的民法均规定，占有人须以所有的意思，善意、和平、公然并继续占有标的物达一定期间，才能因时效取得其所有权。而占有人的占有为自主或他主、善意或恶意，均依其内心意思所定，难以举证，而占有为公开或隐秘、和平或强暴、继续或间断有时也难以确定，所以，为了加强对占有人的保护，合理分担当事人的举证责任，法律大多设立了上述推定规则。此法律上的推定，可以通过反证推翻，其举证责任由否定占有状态推定效力者承担。

二、占有的权利推定效力

占有的权利推定效力是指基于占有之背后真实权利存在的盖然性，为保护占有人的权益，实现占有制度的立法宗旨，法律所作的占有人基于其占有而产生的各种权利具有真实的权利基础的推定。占有的权利推定，是占有最主要的效力。

在现代民法中，占有是权利变动的要件，是权利的外观；占有通常以实质或真实的权利为基础。基于这种盖然性而赋予占有以权利推定的效力，体现了占有制度维护社会秩序、促进交易安全、贯彻经济效益原则的价值取向。[1]

关于占有的权利推定效力，应说明如下几点：①占有人在占有物上行使的权利，推定为其合法享有的权利。占有人在占有物上行使的权利可以是依占有所表现的一切权利，不限于物权，也包括债权。例如，占有人于占有物上行使所有权或质权时，就推定其享有所有权或质权；于占有物上行使租赁权或借用权时，也推定其享有该权利。但是，不以占有为内容的权利（如抵押权），不在推定之列。②受权利推定保护的占有人不承担有权占有的举证责任。但当他人提出反证证明其无占有的权利时，占有人负有推翻反证的举证责任。③不仅占有人可以主张权利的推定效力，第三人也可以主张。如债权人对债务人占有的动产，得主张该动产为债务人所有。④受权利推定保护的人，包括一切占有人，无论占有人的占有是否存在瑕疵。⑤权利的推定，既可以是为占有人的利益而为推定，也可以是为占有人的不利益而为推定。如推定占有人为所有人，则物上的负担也应由占有人承受。⑥权利的推定仅具有消极的效力，占有人不得将此推定作为享有权利的证明。例如，占有人不得依权利的推定而申请权利登记。⑦权利的推定适用于动产和没有登记的不动产，已登记的不动产则不发生权利推定问题。[2]

三、占有人的权利和义务

占有人的权利与义务，包括有权占有人的权利义务和无权占有人的权利义务。有权占有人通常可依其权利来寻求救济而不必借助占有保护的规定，所以这里重点介绍无权占有人的权利义务。其权利义务主要包括两个方面：一是无权占有人基于占有物而发生的权利义务；二是无权占有人对真正权利人的权利义务。概括而言，主要有如下几项：

（一）善意占有人的使用、收益权

善意占有人按权利推定规则，有权对占有物进行使用、收益，恶意占有人则不享有此项权利。善意占有人对占有物的使用、收益，应以其权利推定的范围为限，并且只有当所推定的善意占有人的权利中有使用、收益的内容时，才可在其推定的权利范围内为使用、收益。如果被推定的权利本身就没有使用、收益的内容，如质权、留置权等，则占有人不

---

〔1〕 参见梁慧星、陈华彬编著：《物权法》，法律出版社 2005 年版，第 415~416 页。

〔2〕 参见郭明瑞、唐广良、房绍坤：《民商法原理（二）物权法 知识产权法》，中国人民大学出版社 1999 年版，第 401 页；梁慧星、陈华彬编著：《物权法》，法律出版社 2005 年版，第 425~426 页。

能享有此项权益。

(二) 费用求偿权

费用求偿权是指在真正权利人请求占有人返还原物时，占有人享有的请求其偿还有关费用的权利。有关费用一般分为必要费用与有益费用两种。必要费用是指为保持占有物的效用和价值，避免占有物的毁损灭失而支出的费用，如占有物的维修费、饲养费等；有益费用是指能使占有物增值的费用，如对占有物进行加工、对房屋进行改建等。

依据法理和各国法律的通行规定，善意占有人对占有物所支出的必要费用和有益费用，都有权要求权利人偿还。但有两点需要注意：一是如占有人在占有期间已就占有物取得孳息的，则不再享有必要费用的求偿权。因为依一般观念，取得收益者亦应负担其必需费用。二是对有益费用的求偿，以原物返还时仍然存在的增加部分为限，如果增加的价值于占有物返还时已不存在，则权利人即不再负有偿还该费用的义务。一般说来，恶意占有人仅对其支出的必要费用享有求偿权，而对有益费用则不享有求偿权。对必要费用的求偿，得按照无因管理的规定请求返还，如不能构成无因管理，则只能依不当得利而请求返还。

我国《民法典》第460条规定："不动产或者动产被占有人占有的，权利人可以请求返还原物及其孳息；但是，应当支付善意占有人因维护该不动产或者动产支出的必要费用。"其中只肯定了善意占有人的必要费用偿还请求权，其对占有人的保护水平相对较低。

(三) 返还占有物的义务

无论是善意占有人还是恶意占有人，皆对真正权利人负有返还占有物的义务。但对占有期间收取的孳息，立法上则通常根据占有为善意或恶意而有不同的处理。善意占有人对占有物有使用权、收益权，所以对权利人并无返还孳息的义务；而恶意占有人所收取的孳息则应当返还给权利人，如孳息已因其过错而毁损灭失，则应偿还相应的价金。

依我国《民法典》第460条的规定，无论恶意占有人还是善意占有人，均有返还原物及其孳息的义务。

(四) 赔偿损失的义务

占有物因可归责于占有人的原因而毁损灭失的，占有人负有向权利人赔偿损失的责任。但这种赔偿责任也因占有的善意、恶意而有所不同：因为善意占有人对占有物行使的权利被推定为合法，所以其对占有物的毁损灭失负有较轻的赔偿责任，适用不当得利的返还原则，善意占有人仅在其因占有物的毁损灭失所得到的利益范围内负赔偿责任；恶意占有人的占有既无法律上的根据，又缺乏道德上的正当性，在法律上没有对其加以保护的必要，因此各国法律均对其规定了较重的责任。对可归责于恶意占有人的占有物的毁损灭失，按侵权行为处理，应负赔偿全部损失的责任。

我国《民法典》第459条规定："占有人因使用占有的不动产或者动产，致使该不动产或者动产受到损害的，恶意占有人应当承担赔偿责任。"第461条规定："占有的不动产或者动产毁损、灭失，该不动产或者动产的权利人请求赔偿的，占有人应当将因毁损、灭失取得的保险金、赔偿金或者补偿金等返还给权利人；权利人的损害未得到足够弥补的，恶意占有人还应当赔偿损失。"

第四节 占有的保护

一、物权法上的保护

（一）占有人的自力救济权

自力救济又称私力救济，是指当权利受到侵害或妨害时，权利人以自我保护力排除妨害，确保其权利得以实现的行为。现代社会虽然以公力救济为主要的权利救济手段，但当权利人的权利受到他人侵害来不及寻求国家有关机关的帮助，且权利如不马上得到保护以后将不能实现或实现显然有困难时，法律亦允许权利人以自助行为实行救济。占有虽不是权利，但亦得适用自力救济的规则。占有被侵害时的自力救济权包括两种：

1. 自力防御权，又称为占有防御权，是指占有人对侵夺或妨害其占有的行为，得以自己的力量进行防卫的权利。自力防御权的行使，应当具备三个条件：①只有直接占有人或辅助占有人才能行使此项权利。而间接占有人既无对标的物的事实上的管领，自然也无自力防御的问题。②必须针对现存的侵夺或妨害行为，对已实施完毕的侵夺或妨害行为不得行使。③恶意占有人及其他有瑕疵占有的占有人，如其占有为侵夺原占有人的占有而来，则其对原占有人的就地追索或追踪取回，无自力防御权可言。

2. 自力取回权，又称占有物取回权，是指占有人在占有物被侵夺后，有权立即以自力取回占有物而恢复占有的权利。通常情况下，被侵夺的占有物如为不动产，占有人应在被侵夺后即时排除；被侵夺之物如为动产，占有人可就地或追踪取回。但若以暴力夺回，通常仍为法所不许。

（二）占有保护请求权

占有保护请求权又称占有人的物上请求权，是指占有人在其占有被侵夺或妨害时，请求侵害人返还原物或者请求停止及除去妨害的权利。占有保护请求权包括三种：占有物返还请求权（又称回复占有请求权）、占有妨害除去请求权（又称占有妨害排除请求权）和占有妨害防止请求权（又称占有妨害预防请求权）。其适用的情形与条件，与物权请求权的相应情形大致相同。[1]

相对于自力救济权而言，占有保护请求权属于公力救济权。在占有保护请求权的行使中，占有人有无占有的本权以及侵害人对侵害是否具有过失等，均非所问。占有保护请求权与所有人等物权人的物权请求权系对不同权益予以保护的两种制度，既有严格的区别，又可以协同发挥权益保护的作用。无权占有人，仅可依占有保护请求权获得一定的保护，而有权占有人则可根据条件选择行使两种请求权中的任何一种。就举证责任而言，主张占有保护请求权较为有利（尤其在占有人难以举证证明其占有之本权的情况下），但如想获得终局、确定性的保护或者免受占有请求权的短期时效期间的限制，则应选择主张物权人的物权请求权。

我国《民法典》第462条规定：“占有的不动产或者动产被侵占的，占有人有权请求返还原物；对妨害占有的行为，占有人有权请求排除妨害或者消除危险；因侵占或者妨害造成损害的，占有人有权依法请求损害赔偿。占有人返还原物的请求权，自侵占发生之日起

---

〔1〕 参见梁慧星、陈华彬编著：《物权法》，法律出版社2005年版，第430~432页；郭明瑞、唐广良、房绍坤：《民商法原理（二）物权法　知识产权法》，中国人民大学出版社1999年版，第407~410页。

一年内未行使的，该请求权消灭。”

二、债权法上的保护

（一）不当得利返还请求权

占有虽然只是一种事实状态，但其具有法律上的利益，因而可以成为不当得利的客体。因占有产生的不当得利包括两种：一是因侵害他人占有而获得的利益；二是因给付目的未达到而发生的不当得利。当合法占有人的占有被不法侵害后，可选择行使物权法上的请求权或者债权法上的请求权，于一定条件下亦可二者并用。

（二）侵权损害赔偿请求权

对占有能否作为侵权行为的对象或客体，学理上有肯定说与否定说两种观点。否定说认为，占有仅为一种事实状态而非一种权利，与侵权法保护的对象不符，故不应成为侵权行为的客体。肯定说又有两种观点：一种观点认为，一旦法律承认了占有这一事实状态具有法律上的利益并对其予以保护，占有也就形成了一种权利，当然能成为侵权行为的客体；另一种观点认为，无论占有是否可以解释为权利，只要占有人在占有物上行使事实上的权利，就可推定占有人享有一种利益或法益，所以，占有可以成为侵权行为的客体，任何侵害合法占有者，皆应承担侵害占有的侵权责任。相较而言，肯定说中对法益的侵害说更为合理。我国《民法典》第 462 条中关于“因侵占或者妨害造成损害的，占有人有权依法请求损害赔偿”的规定，实际上已肯定了占有人享有侵权损害赔偿请求权。

第二分编 所有权

第一章 所有权通论

第一节 所有权概述

一、所有权的概念和特点

（一）所有权的概念

从学理和立法例来看，对所有权的定义方式主要有两种：一是具体的列举式定义，即通过列举所有权的具体权能或效用来明确所有权的概念。此种定义中，所有权通常被认为是对物占有、使用、收益及处分的权利集合或各种作用的综合。二是抽象的概括式定义，即通过规定所有权的抽象权能或作用而确定其概念，如《德国民法典》第903条规定，物的所有人，只要不违反法律或损害第三人利益，可以根据自己的意愿处分其物并排除他人的任何干涉。上述两种定义模式各有其优缺点。具体列举式定义明确了所有权的权能，便于人们理解和掌握，但其很难概括所有权的全部权能，同时也给人们造成一种所有权就是占有、使用、收益、处分四项权能简单相加之结果的印象。而抽象概括式定义，逻辑严谨，反映出所有权是对物的全面支配权这一根本法律属性，但失之抽象，不利于人们理解和把握。

我国《民法典》第240条规定："所有权人对自己的不动产或者动产，依法享有占有、使用、收益和处分的权利。"据此规定并吸收抽象概括式定义之所长，我们认为所有权的概念可以表述为：权利人在法律规定的范围内，对自己的不动产或者动产以占有、使用、收益、处分等方式为自由支配，并排除他人干涉的权利。

（二）所有权的特点

所有权除具有客体的特定性、内容的支配性、效力的绝对性与排他性等物权的一般特性外，还具有以下显著特点：

1. 自权性。这是指所有权系所有人对自己的物所享有的物权，即所谓的"自物权"。

2. 全面性。这是指所有权是最完全的物权，是主体对物所能享有的最完整、最充分的权利。

3. 整体性。整体性又称单一性、浑一性或统一支配力，是指所有权系对标的物具有概括管领力或统一支配力的物权。所有权尽管有占有、使用、收益、处分等各种权能或作用，但其并不是这些权能或作用的简单相加或总和，而是各种权能浑然一体的整体性权利。因此，所有权本身不得在内容或时间上加以分割。在基于所有权而设定用益物权、担保物权或债权性使用权时，并不是分割出所有权的某种权能，而是将所有权的单一内容的一部分予以具体化，由他人享有之。[1]

4. 弹力性。弹力性又称归一性或归一力，是指所有权的单一内容可以自由伸缩，其权能可以于一定情况下往复分出、回归。在所有权之上设有限制物权时，所有人对所有物的全面支配权将因此受到限制而缩减；而该限制解除时，所有人又可恢复对所有物的圆满支配状态。在现代社会，所有权的弹力性，使得所有权逐渐趋于观念化，即所有权不再囿于直接支配标的物的固有形态，而可以作为观念存在。[2]

5. 恒久性。恒久性又称为永久性、无期性，是指所有权因标的物的存在而永久存续，不得预定其存续期间。因此，所有权是无期物权。

二、所有权的本质和作用

关于所有权的本质问题，理论上众说纷纭，主要有先占说、劳动说、天赋说、社会说、人性说、法定说以及神授说、契约说、意志说、需要说、进化说、经济说等多种学说。这些学说虽都从一定程度或者从一个侧面说明了所有权的起源与性质，有些也具有一定程度上的积极意义，但都没有真正揭示出所有权的本质。[3] 我国学者通常从所有权与所有制的关系上认识所有权的本质，认为所有权的本质在于表现和保护特定的所有制关系，是所有制在法律上的反映。但这一命题，也已经受到了许多学者的批评。[4] 根据马克思主义的观点，作为法律制度的所有权固然应决定于一定的经济基础，但如果就此简单地认为所有权就是所有制在法律上的反映，则是有失偏颇的。因为所有权与所有制并非一一对应的关系，例如，私有制社会也要保护公有财产所有权，而公有制社会仍要保护私有财产所有权。同时，无论是私有制还是公有制社会，都不存在与股份制经济相对应的“股份制所有权”，也不存在与法人所有权相对应的“法人所有制”。可见，所有权并不只是单纯直观地反映所有制，其本质应是对现有的财产归属关系的法律确认。

所有权制度为调整人类社会生活中有关物之归属与支配关系的重要且基本的法律制度，其社会作用大致可归为以下几个方面：

1. 所有权制度是支撑一个国家基本经济体制的基石。我国实行社会主义公有制，社会财富的公有所有权占主导地位，个人财产的私有所有权的存在并不动摇公有制，而且私人所有权是社会主义公有制的必要的和有益的组成部分。在物权法上对所有权制度加以规定，对国家基本经济体制的巩固，无疑具有重要意义。

2. 所有权制度是进行交易和发展市场经济的前提。进行交易的前提是参加交易的双方对所交易的财产拥有所有权，交易的结果是双方财产的所有权互易，从而满足其不同需求。没有一定的财产，交易无法进行；没有充足的财物，交易不能繁荣；没有共守的规则，交易难以有序。而如果没有平等、自由、安全、有序、繁荣的交易，就没有市场经济。因此，在市场经济发展过程中，财产所有权制度具有其他制度不能替代的基础性作用。

---

〔1〕 参见梁慧星、陈华彬编著：《物权法》，法律出版社2005年版，第103页。

〔2〕 参见梁慧星、陈华彬编著：《物权法》，法律出版社2005年版，第103~104页。

〔3〕 参见梁慧星、陈华彬编著：《物权法》，法律出版社2005年版，第108~109页；郭明瑞、唐广良、房绍坤：《民商法原理（二）物权法　知识产权法》，中国人民大学出版社1999年版，第66页以下。

〔4〕 参见刘心稳主编：《中国民法学研究述评》，中国政法大学出版社1996年版，第355~356页。

3. 所有权是人权保障和人格发展的基础。社会成员的个人人格的自我实现与健全发展，必须以具备可以支配的财产为必要条件。没有必要的、基本的财产所有权，也就无所谓真正的独立人格。对一个尚不能解决国民温饱问题的国度，阔论高贵的人权之尊重与保护，无异于强其所难；对一个衣不遮体、食不果腹的人，高谈个人的隐私、名誉与尊严，则绝对是一种讽刺。同时，由于所有权制度保障个人对社会财富的合法拥有，因而其可激发个人对财富的追求，由此促进整个社会财富总量的增长。而整个社会财富的增长、国库的殷实，又可为国家对人权进行保障提供物质基础。因此，拥有必要的和充足的财产并对其予以法律保护，无论是对个人、团体，还是对社会和国家，都是不可或缺的。

4. 所有权是一切权利和权力的源泉。在行使和运行所有权的过程中，不仅可以产生用益物权和担保物权等物权类型，而且还可以产生债权、股权、继承权；知识产品的创造和知识产权的取得，也离不开必要的物质条件和财产的所有权；人格权的健全和发展，也离不开财富的基础；国家和国家机关公权力的运作，亦有赖于所有权制度的支撑。因此，可以说所有权乃“万权之源”。

三、所有权的内容

一般来说，所有权的内容就是指所有权的权能。而所有权的权能，又谓所有权的作用，是指所有人为实现其利益而于法律规定的限度内可以对物采取的各种措施和手段。理论上，所有权人对所有物的占有、使用、收益、处分权能被称为所有权的积极权能。另依通说，所有权尚有消极权能，即排除他人干涉的权能。

（一）所有权的积极权能

1. 占有权能，是指所有权人对标的物为实际控制、管领的权能。占有为所有权的基本权能，行使物的占有权能是行使物的支配权的基础与前提。但同时，作为所有权的一项权能，占有于一定条件下又可与所有权相分离。当占有权能与所有权分离而由非所有人（如保管人、承租人、质权人）享有时，后者对物的占有权同样受法律保护，所有人不能随意请求其返还原物；当非所有人的合法占有被他人侵夺时，其同样可以诉请法律保护。

2. 使用权能，是指依所有物的性能或用途，在不毁损物的本体或变更其性质的情形下对物加以利用的权能。所有权的使用权能源于所有物的使用价值，行使对物的使用权能为实现物之使用价值的手段。行使物之使用权能以对物的占有为前提，因此，享有物之使用权能必然同时享有物之占有权能。但在某些场合，享有物之占有权能却并不一定享有物之使用权能。例如，质权人、保管人只能占有标的物，而不能任意加以使用。物的使用权能，既可以由所有权人自己行使，也可以由非所有权人行使。非所有权人行使对物的使用权，须有合法的依据（如借用人、承租人、用益物权人的使用等）。无法定或约定原因而使用他人之物的，为无权使用或非法使用，使用人须返还因对物之使用而获得的不当利益并承担其他民事责任。

3. 收益权能，是指收取所有物所产生的经济利益或物质利益的权能。这里所讲的经济利益，并不限于物之天然孳息和法定孳息，还包括生产经营活动中的劳动收益和利润。收益权能与使用权能有着密切的联系，通常是使用方获得收益。但所有人也可以将使用权能授予他人，而自己保留收益权能（如出租）。同时，收益权能也可以与所有权相分离。在现代市场经济条件下，收益权与所有权相分离的情况十分普遍，且分离的形式复杂多样，如企业的租赁经营、建设用地使用权和农村土地承包经营权的设立、对“四荒”土地设立一定期限内的无偿使用、经营权等，均意味着所有权人将财产的收益权能部分或全部地让与他人。

4. 处分权能，是指依法对物进行处置，从而决定物的命运的权能。处分权能为所有权内容之核心，是最重要的权能。对物的处分，包括事实上的处分与法律上的处分两种情况：前者是指对物进行实质上的变形、改造、消费或毁损等物理上的事实行为，如拆除房屋、消费可消耗物等，事实上的处分导致原物所有权的绝对消灭；后者是指使标的物所有权发生移转、受到限制或被消灭，从而使所有权或其权能发生变动的法律行为，如出卖、赠与、抛弃标的物等，法律上的处分导致所有权相对消灭。通说认为，在所有物上为他人设定抵押权、质权等，也属于法律上的处分。

（二）所有权的消极权能

所有权的消极权能又称为排除他人干涉的权能，是指所有权人得依法排除他人对其所有物或所有权的不法侵夺、干扰或妨害。由于此项权能须于所有权遭受他人不法之干扰、妨害或侵夺时始能表现，通常仅隐而不彰，故称为消极权能。至于所有权的消极权能之根据，则为所有权的绝对性。

四、所有权的限制

与其他权利一样，所有权也不是绝对无限制的。在现代社会，所有权的行使须符合法律的规定或在法律允许的范围内进行。根据我国《民法典》第 8、9、132 条等的规定，所有权的行使应当有利于节约资源、保护生态环境，不得违反法律和违背公序良俗，不得滥用权利而损害国家利益、社会公共利益或者他人的合法权益。法律之所以对所有权予以一定的限制，目的在于保护社会公益和他人的正当权益。所有权所受限制的情形主要可分为三种：①所有人的容忍义务，即要求所有人容忍他人对其所有物在一定限度内的“妨害”行为，基于相邻关系而产生的限制多属此类；②不作为义务，即要求所有人不得任意实施某种自由支配行为，如不得破坏环境、擅自改变耕地的用途等；③积极的作为义务，即所有人于一定情况下不仅有行使其所有权的权利，而且还应负有积极行使的义务，如应及时拆除或加固危房、不能使土地荒置等。此外，法律上规定的征收、征用制度以及所有权保护中的诉讼时效等，从某种角度上说，也可认为是对所有权的限制。

第二节 所有权的种类

从不同的角度、依据不同的标准，可以对所有权作不同的分类。了解这些分类，对理解所有权的本质、功能及不同所有权的特点、作用等，具有重要的意义。

一、国家所有权、集体所有权、法人所有权和私人所有权

根据所有权主体的不同，所有权可分为国家所有权、集体所有权、法人所有权和私人所有权。在实行社会主义公有制的我国，这种分类尤其具有重要意义。《民法典》物权编第五章即采用了国家所有权和集体所有权、私人所有权（含法人所有权）的分类。

（一）国家所有权

国家所有权是指国家对全民所有的财产享有的占有、使用、收益和处分的权利。《民法典》第 246 条第 1 款规定：“法律规定属于国家所有的财产，属于国家所有即全民所有。”

根据学理共识和法律的规定，国家所有权具有如下主要特点：

1. 所有权的主体是国家，具有唯一性。国家具有多重性质和身份，在国家财产所有权问题上，国家是以特殊民事主体“物权权利人”的身份出现的。

2. 所有权的客体具有广泛性。任何财产都可以成为国家所有权的客体，而法律规定专属于国家所有的不动产和动产，任何单位和个人都不能取得其所有权。《民法典》第247~254条规定：矿藏、水流、海域、无居民海岛、无线电频谱资源、国防资产，属于国家所有；法律规定属于国家所有的野生动植物资源、文物以及铁路、公路、电力设施、电信设施和油气管道等基础设施，属于国家所有；城市的土地，属于国家所有；法律规定属于国家所有的农村和城市郊区的土地，属于国家所有；森林、山岭、草原、荒地、滩涂等自然资源，属于国家所有，但是法律规定属于集体所有的除外。

3. 所有权的取得方法具有特殊性。诸如征用、没收、税收等只能产生国家所有权，其他主体的所有权不能以这些方法产生。依据我国《民法典》的规定，所有人不明的埋藏物及无人认领的遗失物、漂流物等，也归国家所有，这是取得国家所有权的特殊方式。

4. 所有权的行使具有特殊性。国家所有权由代表国家的专门机关或单位行使。《民法典》第246条第2款，第256、257条规定：国有财产由国务院代表国家行使所有权；法律另有规定的，依照其规定。国家举办的事业单位对其直接支配的不动产和动产，享有占有、使用以及依照法律和国务院的有关规定收益、处分的权利。国家出资的企业，由国务院、地方人民政府依照法律、行政法规规定分别代表国家履行出资人职责，享有出资人权益。

5. 所有权的保护具有一定的特殊性。《民法典》第258条规定："国家所有的财产受法律保护，禁止任何组织或者个人侵占、哄抢、私分、截留、破坏。"第259条规定："履行国有财产管理、监督职责的机构及其工作人员，应当依法加强对国有财产的管理、监督，促进国有财产保值增值，防止国有财产损失；滥用职权，玩忽职守，造成国有财产损失的，应当依法承担法律责任。违反国有财产管理规定，在企业改制、合并分立、关联交易等过程中，低价转让、合谋私分、擅自担保或者以其他方式造成国有财产损失的，应当依法承担法律责任。"

（二）集体所有权

集体所有权是指集体经济组织依法对集体财产享有的占有、使用、收益、处分并排除他人干涉的权利。集体所有权包括农民集体所有权和城镇集体所有权两类。《民法典》第261条第1款规定："农民集体所有的不动产和动产，属于本集体成员集体所有。"第263条规定："城镇集体所有的不动产和动产，依照法律、行政法规的规定由本集体享有占有、使用、收益和处分的权利。"经过经济体制的改革，目前城镇集体已极少存在，故《民法典》中重点规定的是农民集体所有权问题。

集体所有权具有如下主要特点：

1. 集体所有权的主体具有团体性，是由个体成员所组成的集合体。因此，集体所有既不同于成员的个体所有，也不同于法人所有和一般的共同共有，[1] 而类同于"总有""合有"。在我国，集体所有权是公有所有权的重要组成部分。

2. 集体所有权的主体是为数众多的劳动群众集体组织，具有多元性，不同于国家所有权具有主体的唯一性。

3. 集体所有权的客体范围受到一定限制，具有有限的广泛性。《民法典》第260条规定，集体所有的不动产和动产包括：①法律规定属于集体所有的土地和森林、山岭、草原、荒地、滩涂；②集体所有的建筑物、生产设施、农田水利设施；③集体所有的教育、科学、

〔1〕 参见胡康生主编：《中华人民共和国物权法释义》，法律出版社2007年版，第139~141页；黄松有主编、最高人民法院物权法研究小组编著：《〈中华人民共和国物权法〉条文理解与适用》，人民法院出版社2007年版，第197~198页。

文化、卫生、体育等设施；④集体所有的其他不动产和动产。

4. 集体所有权可以由集体组织直接行使，也可由其代表行使，重要事项应依照法定程序经本集体成员决定。《民法典》第 261 条第 2 款规定，下列事项应当依照法定程序经本集体成员决定：①土地承包方案以及将土地发包给本集体以外的组织或者个人承包；②个别土地承包经营权人之间承包地的调整；③土地补偿费等费用的使用、分配办法；④集体出资的企业的所有权变动等事项；⑤法律规定的其他事项。第 262 条规定，对于集体所有的土地和森林、山岭、草原、荒地、滩涂等，依照下列规定行使所有权：①属于村农民集体所有的，由村集体经济组织或者村民委员会依法代表集体行使所有权；②分别属于村内两个以上农民集体所有的，由村内各该集体经济组织或者村民小组依法代表集体行使所有权；③属于乡镇农民集体所有的，由乡镇集体经济组织代表集体行使所有权。第 264 条规定："农村集体经济组织或者村民委员会、村民小组应当依照法律、行政法规以及章程、村规民约向本集体成员公布集体财产的状况。集体成员有权查阅、复制相关资料。"

5. 集体财产所有权和集体成员的合法权益同样受法律的严格保护。《民法典》第 265 条规定："集体所有的财产受法律保护，禁止任何组织或者个人侵占、哄抢、私分、破坏。农村集体经济组织、村民委员会或者其负责人作出的决定侵害集体成员合法权益的，受侵害的集体成员可以请求人民法院予以撤销。"

（三）法人所有权

法人所有权是指法人对其不动产和动产依照法律、法规及章程享有的占有、使用、收益、处分并排除他人干涉的权利。《民法典》第 58、60 条规定，法人应当有自己的财产或经费；法人以其全部财产独立承担民事责任。第 268 条规定："国家、集体和私人依法可以出资设立有限责任公司、股份有限公司或者其他企业。国家、集体和私人所有的不动产或者动产投到企业的，由出资人按照约定或者出资比例享有资产收益、重大决策以及选择经营管理者等权利并履行义务。"第 269 条规定："营利法人对其不动产和动产依照法律、行政法规以及章程享有占有、使用、收益和处分的权利。营利法人以外的法人，对其不动产和动产的权利，适用有关法律、行政法规以及章程的规定。"此外，《民法典》第 270 条还规定："社会团体法人、捐助法人依法所有的不动产和动产，受法律保护。"

（四）私人所有权

私人所有权是指自然人对合法取得的不动产和动产享有的占有、使用、收益、处分并排除他人干涉的权利。《民法典》第 266 条规定："私人对其合法的收入、房屋、生活用品、生产工具、原材料等不动产和动产享有所有权。"

值得强调的是，我国《物权法》（已失效）和《民法典》在对不同主体的物权进行分类规定的同时，也坚持了"平等保护"原则。[1]《民法典》第 113 条规定："民事主体的财产权利受法律平等保护。"第 206 条规定："国家坚持和完善公有制为主体、多种所有制经济共同发展，按劳分配为主体、多种分配方式并存，社会主义市场经济体制等社会主义基本经济制度。国家巩固和发展公有制经济，鼓励、支持和引导非公有制经济的发展。国家实行社会主义市场经济，保障一切市场主体的平等法律地位和发展权利。"第 207 条规定："国家、集体、私人的物权和其他权利人的物权受法律平等保护，任何组织或者个人不得侵犯。"第 267 条再次明确规定："私人的合法财产受法律保护，禁止任何组织或者个人

---

〔1〕 参见刘保玉："所有权的类型化与平等保护原则的结合——物权法所有权编的基本结构设计思路"，载《法学评论》2005 年第 6 期。

侵占、哄抢、破坏。”

二、不动产所有权与动产所有权

根据客体的性质不同，所有权可分为不动产所有权和动产所有权，这也是各国法律对所有权进行分类规范的基础。

不动产所有权是以土地及其定着物为客体的所有权。不动产所有权通常分为土地所有权和建筑物所有权（包括建筑物的普通所有权和建筑物的区分所有权）；另外，不动产所有权还涉及相邻关系问题。动产所有权是指以土地及其定着物外的其他有体财产为客体的所有权。动产的范围相当广泛，且种类庞杂、数量繁多，可以通过人类劳动不断创造、再生。

不动产所有权与动产所有权在主体范围的限制、取得方法、公示原则等方面存在着明显差别，因而是所有权的一种基本分类，各国法律通常也是以此分类来构建所有权制度的框架。因动产的交易和变动较为频繁，理论研究与立法规范多从其取得方式着手。因此，本编中我们不再单独讲述动产所有权的问题，关于其取得方式的特殊之处，将于第十九章“所有权的取得方式”中一并讲述。鉴于不动产所有权问题的重要性和复杂性，后面我们将以专章讲述。

三、单独所有权与共同所有权

根据所有权主体的数量，所有权可分为单独所有权与共同所有权。

单独所有权是指所有人为一人的所有权，这是所有权的常态，通常所讲的所有权均指单独所有的形态。共同所有权是指所有权人为二人以上的所有权形态。共同所有权关系不仅涉及所有权人与其他人的关系，也涉及共有人的内部关系，情况较为复杂和特殊，因此后面将专章讲述共有问题。

四、完全所有权与限制所有权

根据所有权的权能范围及存续期间有无限制，可以将其分为完全所有权和限制所有权。

完全所有权是所有权的常态，各国民法或物权法上所规定的所有权均为完全所有权。限制所有权乃所有权的变种，是指权能范围或存续期间受有一定限制的所有权。例如，我国城镇住房制度改革中出现的“部分所有权”或“有限产权”问题，[1]“经济适用房”“央管房”的转让限制规定和单位集资建房而限制职工自由转让的情况，信托关系中的有限所有权或不完全所有权现象，[2]国外作为新型旅游消费方式的分时度假制（timeshare）中产生的有期限的所有权问题，[3]都可以作为限制所有权的形态来认识。关于限制所有权中的诸多问题，学界的研究尚待深入。

---

〔1〕参见郭明瑞、唐广良、房绍坤：《民商法原理（二）物权法　知识产权法》，中国人民大学出版社 1999 年版，第 72 页。

〔2〕参见高富平：《物权法原论》（上），中国法制出版社 2001 年版，第 215、217 页；徐国栋主编：《绿色民法典草案》，社会科学文献出版社 2004 年版，第 4 页（关于一些术语的说明）、第 352~353 页。

〔3〕参见高富平：《物权法原论》（上），中国法制出版社 2001 年版，第 212~213 页；陈耀东、任容庆：“所有权型分时度假对传统所有权理论的冲击与发展”，载《法学杂志》2005 年第 1 期。

第二章
不动产所有权

第一节　土地所有权

一、土地所有权的概念和特点

（一）土地所有权的概念

土地所有权是指以土地为权利客体的不动产所有权。

土地是人类生存之本和最为重要的物质财富，是“一切财富的原始源泉”或者说是“财富之母”，在国家的经济、政治生活中具有至关重要的地位，关系着一个国家的经济基础与国计民生。在民法上，土地与其他财货虽同属物的范畴，但在经济性质上，其与一般财货又有不同的品性，如土地为单纯的自然物，且为一切生物和财富的源泉，土地具有连绵不断的整体性，总量的固定性、稀缺性与不可再生性，以及位置的不可移动性、品级的差异性等特殊的自然属性。因此，立法历来对土地所有权极为关注，通常将其作为最为重要的物权。同时，土地所有权也是不动产用益物权的权源。

（二）土地所有权的特点

基于土地的特殊品性，近代以来土地所有权表现出以下特点：

1. 土地所有权的公益性强于其私益性。土地所有权体现了私益性与公益性的结合，即土地所有权所蕴含的利益，不仅为个人而存在，还为全体社会成员的利益而存在。就私人及私团体而言，其必须占有、利用一定范围的土地，否则将无以为生，亦无从发展。同时，土地为总量有限的稀缺资源，除具有一般财货私有的、独占的属性外，尚有社会的、公共的属性。土地所有权与国家、民族和社会整体利益密切相关，因此，土地所有权之行使，不得违反公共利益，甚至须有利于增进公共福祉，此即土地所有权的公益性。现代法律上对土地所有权的公益性的关注已远远超过了对其私益性的关注，在实行土地公有制的我国，这一特点表现得更为显著。

2. 土地所有权优位向土地用益权优位的转变。近现代以来，土地用益权制度发展迅速，各国土地立法纷纷对土地所有权的绝对性加以限制，提高土地利用人的地位，出现了土地所有权向土地用益权让步的现象。[1] 这一现象，主要体现在土地所有权与土地利用权相分离时，提高并强化土地利用权人（不论是物权性的利用还是债权性的利用）的法律地位，强化的手段主要包括确保土地利用权存续期间、赋予利用权对抗所有权的效力，以及赋予土地利用人有益费用偿还请求权、工作物取回请求权或买取请求权等。

---

〔1〕 参见梁慧星、陈华彬编著：《物权法》，法律出版社2005年版，第150页。

二、土地所有权的范围与空间权

(一) 土地所有权的范围及其限制

土地所有权的范围，是指土地所有权的效力及其行使所及的界限。由于土地连绵无垠，涉及地表及其上下，因此土地所有权的范围可从“横”“纵”两方面理解。在横的方面，可通过人为设置的经纬度确定其坐标，划定四至（地界）来确定某一土地所有权的范围并登记造册以确定其面积。在纵的方面，现代各国民法修正了罗马法及近代民法奉行的土地所有权“上达天宇、下及地心”的法则，对其范围予以必要限制。土地所有权人的权利虽可及于地面上和地面下的必要空间，但在其利益未受影响的前提下，不得排斥他人对地上空间和地身的利用。[1] 此外，法律关于土地相邻关系的规定，以及出于国防、电信、交通等公共利益需要，对自然资源和环境、名胜古迹的保护，也常对土地所有权的范围及其行使施加必要的限制。

(二) 空间权的产生与发展

土地所有权范围的限制、现代社会都市化进程的加快及建筑技术的提高，为空间权的产生提供了坚实的基础。所谓空间权，是指以土地地表之上的一定空间或地表之下的一定深度为客体而成立的一种不动产权利。空间权产生于20世纪初，是随着土地利用的立体化发展而逐渐形成的一种权利。它改变了传统的土地之“垂直的所有、利用形态”，而形成了“水平的所有、利用形态”。高架桥、高架铁路、空中走廊、地下铁道、地下街道、地下商场、地下停车场等均属于土地立体化利用的典型形态。

依照空间权的法理，空间权可分为空中权与地中权、空间所有权与空间利用权等形态。除物权性的空间地上权、空间地役权外，空间利用权还包括债权性的空间租赁权及空间借贷权。[2] 目前，空间权在许多国家和地区已受到普遍的重视，并有相关的立法。我国《民法典》第345条也对空间利用权作了简要规定。

三、我国的土地所有权制度

(一) 我国实行土地的社会主义公有制

依据我国《宪法》和《中华人民共和国土地管理法》（以下简称《土地管理法》）等法律的规定，我国实行土地的社会主义公有制。我国的土地所有权具有以下特点：

1. 主体的限定性。土地所有权的主体只能是国家或农村集体经济组织，而不能是其他组织和个人。

2. 交易的禁止性。在我国，严禁土地所有权以自由交易的方式流转，承担土地流转功能的只能是土地使用权。

3. 实现手段的特殊性。国家或集体除保有少量的土地供其直接使用外，其土地所有权的行使通常是通过设立建设用地使用权、土地承包经营权等方式由全民所有制单位、集体所有制单位、其他组织和个人使用和经营，以达到对土地的利用效益。

4. 用途管制的严格性。依据《土地管理法》等规定，国家实行土地用途管制制度。由国务院土地行政主管部门统一负责全国土地的管理和监督工作，代表国家编制土地利用总体规划，规定土地用途，将土地划分为农用地、建设用地和未利用地；严格限制农用地转为建设用地，控制建设用地的总量，对耕地实行特殊保护；使用土地的单位和个人必须按

---

[1] 参见刘保玉：“空间利用权的内涵界定及其在物权法上的规范模式选择”，载《杭州师范学院学报（社会科学版）》2006年第2期。

[2] 参见梁慧星、陈华彬编著：《物权法》，法律出版社2005年版，第164页。

照土地利用总体规划确定的用途使用土地。

（二）国家土地所有权的特点

1. 所有权的主体为国家。任何个人及组织都不能成为国家土地所有权的主体，并且只有国务院才有权代表国家行使土地所有权。

2. 所有权的客体具有确定性。根据法律规定，国有土地包括：城市市区的土地；法律规定属于国家所有的农村和城市郊区的土地；国家未确定为集体所有的森林、草地、山岭、荒地、滩涂；等等。

3. 国家土地所有权可以因征收取得。根据《宪法》第 10 条第 3 款和《民法典》第 117、243 条的规定，国家为了公共利益的需要，依照法律规定的权限和程序征收、征用不动产或者动产的，应当给予公平、合理的补偿。征收集体所有的土地，应当依法、及时、足额支付土地补偿费、安置补助费以及农村村民住宅、其他地上附着物和青苗等的补偿费，并安排被征地农民的社会保障费用，保障被征地农民的生活，维护被征地农民的合法权益。征收组织、个人的房屋以及其他不动产，应当依法给予征收补偿，维护被征收人的合法权益；征收个人住宅的，还应当保障被征收人的居住条件。

4. 国有土地的使用权可以依法出让或者转让。

（三）集体土地所有权的特点

1. 集体土地所有权的主体为农民集体。根据《民法典》《土地管理法》的规定，集体土地所有权的主体包括三种：村农民集体、村内的农民集体经济组织以及乡镇农民集体。集体所有的土地和森林、山岭、草原、荒地、滩涂等，属于村农民集体所有的，由村集体经济组织或者村民委员会依法代表集体行使所有权；分别属于村内两个以上农民集体所有的，由村内各该集体经济组织或者村民小组依法代表集体行使所有权；属于乡镇农民集体所有的，由乡镇集体经济组织代表集体行使所有权。

2. 集体土地所有权的客体为国有土地之外的其他土地。根据《土地管理法》的规定，农村和城市郊区的土地，除由法律规定属于国家所有的以外，属于农民集体所有；宅基地和自留地、自留山也属于农民集体所有。

3. 农业用地依法实行土地承包经营制度。农民集体所有的土地，可分为农用地、建设用地和未利用地。农民集体所有和国家所有但由农民集体使用的耕地、林地、草地以及其他用于农业的土地，依法实行土地承包经营制度；本农民集体经济组织的成员按照平均享有、人人有份的原则享有承包经营权并按户进行承包经营。

4. 集体土地的非农业使用受到限制。根据《土地管理法》《城市房地产管理法》《民法典》的规定，国家严格限制耕地转为非耕地，实行占用耕地补偿制度和基本农田保护制度；农村村民依法可以拥有宅基地并享有宅基地使用权，但对宅基地使用权有面积和数量上的限制；农民集体所有的土地可以依法用于兴办乡镇企业、公益设施等非农业建设，但须由县级人民政府登记造册、核发证书、确认建设用地使用权；集体土地不得进行商业性房地产开发建设并对外销售；城市规划区内的集体所有的土地必须经依法征收转为国有土地后，该土地的使用权才可有偿出让；以集体所有土地的使用权设立抵押的，实现抵押权后，未经法定程序，不得改变土地所有权的性质和土地用途。

第二节 房屋所有权与建筑物区分所有权

一、房屋所有权

（一）房屋所有权的概念与分类

房屋所有权属于建筑物所有权的一种，是指所有人在法律规定的范围内对其房屋独占性地支配并得排除他人干涉的权利。

根据房屋所处位置的不同，房屋所有权可分为城镇房屋所有权和农村房屋所有权；根据房屋所有权的主体不同，我国的房屋所有权亦有国家所有权、集体所有权、法人所有权及私人所有权之分；根据房屋所有权主体数量和权利构成的不同，房屋所有权还可以分为单独所有权、共同所有权和区分所有权。

（二）房屋与土地的关系

房屋与其他建筑物、构筑物同属于地上定着物，与土地有着密切关系。关于二者的关系，有两种立法例：一种是结合主义，即将房屋与土地视为一个不动产，房屋为土地的一部分，不构成独立的不动产。这主要为罗马法及受其影响的德国法所采用，依“土地吸收地上物”的原则，土地所有权人拥有房屋所有权，但在房屋所有权人与土地所有人相异时，房屋所有人可依地上权保有其房屋所有权。另一种是多数国家采行的分离主义或分别主义，即房屋与土地各为独立不动产，但两者仍有一定联系。

我国法律采取分别主义，房屋所有权独立于土地所有权，二者都可以独立成为权利的客体，但土地使用权与房屋所有权又有密切的联系。如《城市房地产管理法》第32条规定：“房地产转让、抵押时，房屋的所有权和该房屋占用范围内的土地使用权同时转让、抵押。”其所贯彻的是“房随地走”“地随房走”的“房地一体流转”规则。《民法典》第397、398、417条关于房地产一并抵押和抵押权实现问题的规定，贯彻的也是同一精神。

二、建筑物区分所有权

（一）建筑物区分所有权的概念与特点

建筑物区分所有权，又称公寓所有权、分层所有权，或简称为区分所有权，是指多个区分所有权人共同拥有一栋区分所有建筑物时，各区分所有权人对建筑物专有部分所享有的专有所有权和对共用部分所享有的共有权的总称。[1]

建筑物区分所有权的概念，主要有一元说、二元说、三元说及新一元论说等。[2] 各说之主要分歧，在于区分所有权究竟包括专有权、共有权及成员权中的哪几项，尤其对成员权是否为区分所有权的构成要素争议最大。多数学者认为，成员权虽非区分所有权的物权性构成要素，但在认识区分所有权人的权利内容时，成员权仍有其存在的必要。我国《民法典》第271条规定：“业主对建筑物内的住宅、经营性用房等专有部分享有所有权，对专有部分以外的共有部分享有共有和共同管理的权利。”

建筑物区分所有权是随着经济的发展和都市化进程的加快、城市人口膨胀、诸多居民共同居住在同一高层建筑物内但分别拥有单元住宅的情况而出现的一种复杂且特殊的不动

---

〔1〕 参见郭明瑞、唐广良、房绍坤：《民商法原理（二）物权法 知识产权法》，中国人民大学出版社1999年版，第83页。

〔2〕 参见梁慧星、陈华彬编著：《物权法》，法律出版社2005年版，第167页以下。

产所有权现象。这种所有权，既不是效力及于全部建筑物的单独所有权，也不是按份共有或共同共有的建筑物共同所有权，而是既非单独所有又非共有的区分所有权。鉴于建筑物区分所有权问题的普遍性和重要性，《物权法》（已失效）和《民法典》中均设专章规定了"业主的建筑物区分所有权"；最高人民法院还专门发布了《最高人民法院关于审理建筑物区分所有权纠纷案件适用法律若干问题的解释》《最高人民法院关于审理物业服务纠纷案件适用法律若干问题的解释》（均于2009年发布、2021年修正；以下分别简称为《审理建筑物区分所有权纠纷案件的解释》《审理物业服务纠纷案件的解释》）两个司法解释，以明确其中的具体问题并规范有关案件的审理。

建筑物区分所有权具有如下特点：

1. 内容的复合性。即建筑物区分所有权系由专有所有权、共有部分持分权以及参与共同事务管理的成员权所构成。

2. 专有所有权具有主导性。区分所有人（业主）取得专有所有权即意味着其同时取得了共有权及成员权，专有所有权的大小还决定着共有权及成员权（如表决权）的大小；仅需登记专有所有权，区分所有权即可成立；如果失去了专有部分所有权，也就失去了其他权利。[1]

3. 权利主体身份的多重性。即区分所有权人同时是专有部分所有人、共有部分的共有人及管理共同事务的成员。

4. 流转上的一体性。即专有所有权与共有权及成员权结为一体，不可分离，须一并进行转让、处分、抵押、继承。《民法典》第273条第2款规定："业主转让建筑物内的住宅、经营性用房，其对共有部分享有的共有和共同管理的权利一并转让。"

（二）专有部分的所有权

专有部分所有权又称专有权、特别所有权，是指建筑物区分所有人对建筑物中属于其独立所有的部分予以自由使用、收益、处分的权利。《民法典》第272条规定："业主对其建筑物专有部分享有占有、使用、收益和处分的权利。业主行使权利不得危及建筑物的安全，不得损害其他业主的合法权益。"

《审理建筑物区分所有权纠纷案件的解释》第2条规定，建筑区划内符合下列条件的房屋，以及车位、摊位等特定空间，应当认定为《民法典》第二编第六章所称的专有部分：①具有构造上的独立性，能够明确区分；②具有利用上的独立性，可以排他使用；③能够登记成为特定业主所有权的客体。规划上专属于特定房屋，且建设单位销售时已经根据规划列入该特定房屋买卖合同中的露台等，应当认定为前述所称专有部分的组成部分。前述所称房屋，包括整栋建筑物。对公寓楼中的一套单元住宅之内房屋的专有部分范围的认定，一般认为应区分内部关系与外部关系而定：于区分所有人之间，尤其是在建筑物的维护、管理关系上，专有部分应包含壁、柱、地板及天花板等部分表层所粉刷之部分；但于外部关系上，尤其是存在第三人时，如买卖、保险、税金关系上，专有部分应达壁、柱、地板及天花板厚度之中心线。[2]

---

〔1〕《审理建筑物区分所有权纠纷案件的解释》第1条规定，依法登记取得或者依据《民法典》第229条至第231条规定取得建筑物专有部分所有权的人，应当认定为《民法典》第二编第六章所称的业主。基于与建设单位之间的商品房买卖民事法律行为，已经合法占有建筑物专有部分，但尚未依法办理所有权登记的人，可以认定为《民法典》第二编第六章所称的业主。

〔2〕陈华彬：《现代建筑物区分所有权制度研究》，法律出版社1995年版，第105~107页。

（三）共有部分的共有权

共有部分的共有权也称共用部分持分权或简称为共有权，是指建筑物区分所有人依照法律或管理规约的规定，对建筑物专有部分外的共用部分所享有的占有、使用及收益的权利。《民法典》第 273 条第 1 款规定：“业主对建筑物专有部分以外的共有部分，享有权利，承担义务；不得以放弃权利为由不履行义务。”

共有权的客体是建筑物除专有部分以外的共有部分，如道路、绿地、公用设施等。共有部分有些为全体业主共有，有些则仅为部分业主共有（如单元的楼梯、各楼层间之楼板、两套住宅间的隔墙等）。《民法典》第 274～276 条规定：建筑区划内的道路，属于业主共有，但是属于城镇公共道路的除外。建筑区划内的绿地，属于业主共有，但是属于城镇公共绿地或者明示属于个人的除外。建筑区划内的其他公共场所、公用设施和物业服务用房，属于业主共有。建筑区划内，规划用于停放汽车的车位、车库的归属，由当事人通过出售、附赠或者出租等方式约定。占用业主共有的道路或者其他场地用于停放汽车的车位，属于业主共有。建筑区划内，规划用于停放汽车的车位、车库应当首先满足业主的需要。第 281～283 条规定：建筑物及其附属设施的维修资金，属于业主共有。经业主共同决定，可以用于电梯、屋顶、外墙、无障碍设施等共有部分的维修、更新和改造。建筑物及其附属设施的维修资金的筹集、使用情况应当定期公布。紧急情况下需要维修建筑物及其附属设施的，业主大会或者业主委员会可以依法申请使用建筑物及其附属设施的维修资金。建设单位、物业服务企业或者其他管理人等利用业主的共有部分产生的收入，在扣除合理成本之后，属于业主共有。建筑物及其附属设施的费用分摊、收益分配等事项，有约定的，按照约定；没有约定或者约定不明确的，按照业主专有部分面积所占比例确定。根据《审理建筑物区分所有权纠纷案件的解释》第 3 条的规定，除法律、行政法规规定的共有部分外，建筑区划内的以下部分，也应当认定为共有部分：①建筑物的基础、承重结构、外墙、屋顶等基本结构部分，通道、楼梯、大堂等公共通行部分，消防、公共照明等附属设施、设备，避难层、设备层或者设备间等结构部分；②其他不属于业主专有部分，也不属于市政公用部分或者其他权利人所有的场所及设施等。建筑区划内的土地，依法由业主共同享有建设用地使用权，但属于业主专有的整栋建筑物的规划占地或者城镇公共道路、绿地占地除外。

（四）共同事务管理的成员权

区分所有权人共同管理事务的成员权，也可谓业主的成员权，是指建筑物区分所有人基于区分所有建筑物的构造、权利归属和使用上的密切关系而形成的，作为建筑物管理团体成员所享有的权利和承担的义务。

业主的成员权内容非常广泛。根据《民法典》第 277～280 条、第 286、287 条的规定，业主可以设立业主大会，选举业主委员会。下列事项由业主共同决定：①制定和修改业主大会议事规则；②制定和修改管理规约；③选举业主委员会或者更换业主委员会成员；④选聘和解聘物业服务企业或者其他管理人；⑤使用建筑物及其附属设施的维修资金；⑥筹集建筑物及其附属设施的维修资金；⑦改建、重建建筑物及其附属设施；⑧改变共有部分的用途或者利用共有部分从事经营活动；⑨有关共有和共同管理权利的其他重大事项。业主共同决定事项，应当由专有部分面积占比 2/3 以上的业主且人数占比 2/3 以上的业主参与表决。决定前文第⑥项至第⑧项规定的事项，应当经参与表决专有部分面积 3/4 以上的业主且参与表决人数 3/4 以上的业主同意。决定其他事项，应当经参与表决专有部分面积过半数的业主且参与表决人数过半数的业主同意。[1] 业主大会或者业主委员会的决定，对业主具有法律约束力，但业主大会或者业主委员会作出的决定侵害业主合法权益的，受侵害的业主可以请求人民法院予以撤销。业主将住宅改变为经营性用房的，除遵守法律、法规以及管理规约外，应当经有利害关系的业主一致同意。业主大会或者业主委员会对任意弃置垃圾、排放污染物或者噪声、违反规定饲养动物、违章搭建、侵占通道、拒付物业费等损害他人合法权益的行为，有权依照法律、法规以及管理规约，要求行为人停止侵害、排除妨碍、消除危险、恢复原状、赔偿损失。业主对建设单位、物业服务企业或者其他管理人以及其他业主侵害自己合法权益的行为，有权请求其承担民事责任。另外，相关的司法解释中，对业主的权利义务等问题还有许多细致的规定。

第三节　不动产相邻关系

一、相邻关系的概念和特点

（一）相邻关系的概念及意义

不动产相邻关系简称相邻关系，是指相互毗邻或邻近的不动产所有人或使用人之间在行使所有权或使用权时，因相互间依法应当给予方便或接受限制而发生的权利义务关系。从权利角度讲，这种权利义务关系又可被称为相邻权。

由于不动产往往是相互毗邻的，如果一项不动产的所有人或使用人仅注重自己权利的行使，则必然与相邻他方所有人或使用人的利益发生冲突。为调和其冲突，各国法律均设有不动产相邻关系的规定，使相邻各方享有法律规定的相邻权，同时也承担法律规定的义务。相邻关系的实质是对相邻的不动产所有人或使用人行使权利的扩张及限制，这种扩张和限制既不损害所有人或使用人的合法权益，又给予了相邻他方必要的方便，有利于提高物的利用效益，促进邻里和谐、社会安定。

（二）相邻关系的特点

1. 相邻关系的主体是相邻近的不动产所有人或使用人。如果不动产不相毗邻，则所有人或使用人之间不会发生权利行使的冲突问题，自然也就不会发生相邻关系。但不动产的毗邻或邻近，并不以不动产相连为必要，只要不动产所有人或使用人行使权利会影响到另一方不动产所有人或使用人的利益，即可产生相邻关系。相邻的不动产既可以是土地，也可以是建筑物等地上定着物；相邻关系的主体既可以是不动产的所有人，也可以是不动产的使用人。

2. 相邻权的客体不同于一般物权的客体。关于相邻权的客体，理论上有不同的看法：第一种观点认为，相邻权的客体是不动产本身；第二种观点认为，相邻权的客体是行使不动产权利所体现的利益；第三种观点认为，相邻权的客体是相邻各方所实施的行为（作为或不作为）。我们认为第二种观点更为可取。因为相邻人之间对各自的不动产的所有权、占有使用权并无争议，双方只是在行使不动产权利时发生了利益冲突，相邻关系所要解决的就是这种利益冲突。相邻各方在行使权利时，既要实现自己的合法利益，又要为邻人提供方便，尊重他人的合法权益。因此，相邻权的客体是行使不动产权利时所体现的利益，而

---

〔1〕 相较于《物权法》（已失效）中的原有规定，《民法典》中适当降低了业主共同决定事项，特别是使用建筑物及其附属设施维修资金的表决门槛。

相邻各方的行为是相邻权的内容而不是客体。[1]

3. 相邻关系的内容十分复杂。相邻关系因种类不同而有不同的内容，主要包括两个方面：一是相邻一方在行使所有权或使用权时，有权要求相邻他方给予便利，而相邻他方应当提供必要的便利。所谓必要的便利，是指若未从相邻方处得到这种便利，就不能正常行使不动产的所有权或使用权。这种相邻关系是以相邻方的作为为内容的。二是相邻各方行使权利时，不得损害相邻他方的合法权益，这种相邻关系是以相邻方的不作为为内容的。

4. 相邻关系的产生具有法定性。相邻关系不是由当事人通过合同设定的，而是法律为调和相邻的不动产所有人或使用人之间的利益冲突而对所有权所作的扩张和限制，属于所有权制度的一项重要内容。

二、相邻关系的处理原则

《民法典》第288条规定："不动产的相邻权利人应当按照有利生产、方便生活、团结互助、公平合理的原则，正确处理相邻关系。"第289条规定："法律、法规对处理相邻关系有规定的，依照其规定；法律、法规没有规定的，可以按照当地习惯。"据此规定，在处理相邻关系时应当坚持以下原则：

（一）有利生产和方便生活的原则

相邻关系是人们在生产、生活中因行使不动产权利而产生的，与人们的生产、生活直接相关。法律规定相邻关系的目的就是充分发挥相邻不动产的使用效益，以满足相邻各方的利益需要。因此，在处理相邻关系时，应当从有利生产、方便生活的原则出发，满足各方的利益需要。在有利于生产和方便生活二者不可调和的情况下，则需进行利益衡量而作出取舍。

（二）团结互助和公平合理的原则

相邻关系发生在不动产相邻人之间，要求相邻各方在行使自己的权利时必须尊重相邻人的权利，为相邻他方行使权利提供方便。因此，处理相邻关系必须遵循团结互助的原则。在确认相邻关系各方的权利义务关系时，应当公平合理。相邻各方在获得便利时，也应当承担一定的义务，对受到损失的相邻方给予赔偿。《民法典》第296条规定："不动产权利人因用水、排水、通行、铺设管线等利用相邻不动产的，应当尽量避免对相邻的不动产权利人造成损害。"

（三）尊重历史和习惯的原则

不动产相邻关系往往不是一朝一夕形成的，而是有其历史沿革，受到当地习惯的影响。因此，在处理相邻关系时就必须尊重历史和当地习惯，这也是各国处理相邻关系所普遍遵循的原则。例如，房屋滴水檐的设置、两房的间距等往往有当地的习惯，应当遵从；对建筑物范围内历史形成的通道，一方不得堵塞而妨碍他人的通行。

三、相邻关系的种类

相邻关系的种类相当多，情况也十分复杂，较为常见的有以下几种：

（一）相邻土地的通行关系

在相邻的土地之间，如果一方土地处于邻人的土地包围之中而与公共道路不相通，以致其非经过邻人土地不能为通常使用的，可以经过周围土地，而周围土地所有人或使用人

---

[1] 参见郭明瑞、唐广良、房绍坤：《民商法原理（二）物权法 知识产权法》，中国人民大学出版社1999年版，第156页。

则负有容忍其通行的义务。[1] 通行人在选择道路时，应当选择对周围土地所有人或使用人损害最小的路线。例如，若小道即可满足需要，就不得开辟大道；能够在荒地上辟路，就不应在耕地上通行。根据《民法典》第 291 条规定："不动产权利人对相邻权利人因通行等必须利用其土地的，应当提供必要的便利。"第 296 条规定："……应当尽量避免对相邻的不动产权利人造成损害"。

（二）建造、修缮建筑物及管线铺设关系

不动产权利人在其领域内或近旁营造或修缮建筑物以及铺设管线时，如果有临时使用相邻不动产的必要，相邻权利人应当准许其使用并提供必要的便利。《民法典》第 292 条规定："不动产权利人因建造、修缮建筑物以及铺设电线、电缆、水管、暖气和燃气管线等必须利用相邻土地、建筑物的，该土地、建筑物的权利人应当提供必要的便利。"另据第 296 条的规定，此种情况下利用相邻不动产的，亦应尽量避免对相邻的不动产权利人造成损害。

（三）相邻用水和排水关系

《民法典》第 290 条规定："不动产权利人应当为相邻权利人用水、排水提供必要的便利。对自然流水的利用，应当在不动产的相邻权利人之间合理分配。对自然流水的排放，应当尊重自然流向。"

（四）相邻的损害防免关系

《民法典》第 293 条规定："建造建筑物，不得违反国家有关工程建设标准，不得妨碍相邻建筑物的通风、采光和日照。"[2] 第 294 条规定："不动产权利人不得违反国家规定弃置固体废物，排放大气污染物、水污染物、土壤污染物、噪声、光辐射、电磁辐射等有害物质。"[3] 第 295 条规定："不动产权利人挖掘土地、建造建筑物、铺设管线以及安装设备等，不得危及相邻不动产的安全。"

---

〔1〕 对于相邻土地的通行关系，德国、瑞士民法称为"必要通行权"，日本民法称为"围绕地通行权""邻地通行权"，我国台湾地区"民法"称为"袋地通行权"或"必要通行权"。

〔2〕 妨碍相邻建筑物的通风、采光和日照的，学理和立法例上通常又称为"日照妨害"或"安居妨害"。

〔3〕 本条所规定的相邻关系，学理上通常称为"不可量物侵入的防免关系""相邻环保关系"。

第三章 共有

第一节 共有概述

一、共有的概念和特点

（一）共有的概念

我国《民法典》第297条规定："不动产或者动产可以由两个以上组织、个人共有……"据此规定，共有是指两个以上的权利主体对同一物共同享有所有权的法律状态。在共有关系中，共同享有所有权的人为共有人，共有的不动产或者动产为共有物或共有财产。

（二）共有的特点

1. 共有的主体为两个以上，即共有的主体具有复数性。

2. 共有的客体是同一项特定财产，即共有的客体具有同一性。这里所说的同一财产，既可以是单一的不动产或者动产，也可以是特定财产的集合。

3. 共有的内容包括双重权利义务关系，即共有的内容具有双重性。在共有的内部关系中，各共有人或是按照确定的份额享有权利和承担义务，或是不分份额、平等地分享权利、分担义务；在共有的对外关系中，共有人作为单一的权利主体同他人发生民事法律关系。

4. 共有是所有权联合的法律形式，而不是一种独立的所有权类型，即共有所有权具有联合性。这种联合既可以是同一类型的所有权的联合，也可以是不同类型的所有权的联合。值得说明的是，共有和"公有"是两个不同的概念，二者有着本质的区别，不可混淆。

二、共有的成立原因

共有的发生原因通常有两个：①基于当事人的意思而发生，即共有人因具有共有的目的、意思而成立共有关系，如数人共同出资购买一项财产并共享该财产的所有权；②基于法律的直接规定而发生，如夫妻财产、家庭财产的共有，遗产分割前数个继承人对遗产的共有，以及数人基于先占、添附等行为而发生的共有等。

三、共有关系的意义

财产共有是社会经济生活中常见的现象，不仅自然人之间基于婚姻家庭关系和财产继承关系而产生的共有关系普遍存在，且法人之间及自然人与法人之间因共同生产经营等而发生的共有关系也大量存在。随着市场经济的发展，自然人之间的合伙经营和法人之间的横向经济联合会使得财产共有关系更加普遍。法律确认和保护财产共有关系，对巩固和发展经济联合、预防和减少纠纷、促进夫妻之间和家庭成员之间的和睦团结等，均有着重要的意义。

第二节 共有的分类

《民法典》第297条中规定，“共有包括按份共有和共同共有”。此外，理论上和立法上也承认准共有。

一、按份共有

（一）按份共有的概念

按份共有又称分别共有，是指共有人按照确定的份额对共有财产分享权利和分担义务的共有。《民法典》第298条规定：“按份共有人对共有的不动产或者动产按照其份额享有所有权。”

（二）按份共有的特点

按份共有作为共有的一种形式，除具有共有的一般特点外，还具有以下特殊性：

1. 按份共有人之间的联系不以存在共同关系为必要，即按份共有人之间不需要存在特殊的团体性或身份关系（如亲属关系），而且通常情况下，按份共有人之间原本并无共有的基础关系，他们之间的联系是偶然的。《民法典》第308条规定：“共有人对共有的不动产或者动产没有约定为按份共有或者共同共有，或者约定不明确的，除共有人具有家庭关系等外，视为按份共有。”

2. 各共有人分别享有确定的份额。该份额通常被称为各共有人的“应有部分”，一般由共有人通过协议约定。《民法典》第309条规定：“按份共有人对共有的不动产或者动产享有的份额，没有约定或者约定不明确的，按照出资额确定；不能确定出资额的，视为等额享有。”〔1〕

3. 按份共有人对其应有部分享有相当于所有权的权利。在法律或共有协议未作限制的情况下，按份共有人随时都可要求分出、转让其应有部分或就其应有部分设定负担。〔2〕

关于按份共有中各共有人的应有部分在法律上的性质，学理上有实在的部分说、想象的部分说、内容的分属说、计算的部分说以及权利范围说等多种观点。〔3〕其中，权利范围说为通说。该说认为，按份共有系数人共同享有所有权，为避免权利的冲突而划定个人的权利范围，将所有权从量上划分为数部分，将各部分分别归属于各共有人，使个人在各自范围内行使其权利，这种范围就是个人的应有部分。

二、共同共有

（一）共同共有的概念

共同共有是指数人基于共同关系，不分份额地共享标的物所有权的共有。《民法典》第299条规定：“共同共有人对共有的不动产或者动产共同享有所有权。”

（二）共同共有的特点

与按份共有相比，共同共有具有如下不同：

1. 共同共有以数人之间存在共同关系为基础和前提。这种共同关系，如夫妻关系、家

---

〔1〕 应注意的是：按份共有人的份额是所有权的份额，而不是共有物的份额。

〔2〕 关于按份共有人以其所有部分设定负担的问题，理论上有不同的看法。通说认为，共有人有权就其应有部分设定不以移转标的物的占有为内容的权利负担，如设定抵押权，而不能设定以占有为内容的物权。

〔3〕 钱明星：《物权法原理》，北京大学出版社1994年版，第243页。

庭关系等，一般发生在互有特殊身份关系的当事人之间。作为共同共有之基础的共同关系消灭，共同共有关系也随之消灭。

2. 共同共有是不分份额的共有。共同共有关系中没有各共有人的应有部分之说。只要共有关系存在，共有人就不能对共有的财产划分份额；只有在共同关系消灭时，才能确定各共有人的应有份额。

3. 共同共有人平等地享有权利和承担义务。至于共同共有的性质如何，理论上有不分割的共有所有权说、社员权说以及结合的共有权说三种观点。其中，不分割的共有所有权说为主流观点。该说认为，共同共有是没有应有部分的共有所有权。即使有应有部分，该应有部分也隐而不彰，仅在共同共有关系消灭时才能实现。[1]

（三）共同共有的类型

在我国实际生活中，常见的共同共有有如下几种：

1. 夫妻财产共有。这是共同共有的基本类型。根据《民法典》婚姻家庭编中第1062条的规定，除法律另有规定或夫妻另有约定的外，夫妻在婚姻关系存续期间所得的下列财产，为夫妻的共同财产，归夫妻共同所有：①工资、奖金、劳务报酬；②生产、经营、投资的收益；③知识产权的收益；④继承或受赠的财产（但不包括遗嘱或赠与合同确定只归一方的财产）；⑤其他应当归夫妻共同所有的财产。夫妻对共同所有的财产，有平等的处分权。

2. 家庭财产共有。家庭共有财产是指家庭成员在家庭共同生活关系存续期间共同创造、共同享有的财产。应当注意的是，家庭共有财产不包括家庭成员各自所有的财产。关于家庭共有财产的共有人范围如何确定，理论上有不同的认识。有学者认为所有的家庭成员都是家庭共有财产的共有人，这样有利于稳定家庭关系、促进家庭和睦团结。也有学者认为仅限于对家庭共有财产的形成作出贡献的家庭成员，而并非每一个家庭成员都当然是共有人，也并非每个家庭成员的财产都当然属于家庭共有财产。我们赞同后一种观点，依此观点并不会产生无劳动能力的家庭成员生活无着的问题，因为法律上还有关于家庭成员间的扶养义务和监护人的职责等规定。另外，关于家庭成员可以有自己独立的财产的认识，也与《民法典》第1188条关于监护人责任的规定一致。

3. 遗产分割前的共有。在遗产继承人有数人且继承开始后、遗产分割前，通常会发生遗产的共有。通说认为，这种共有为共同共有。但对此不应一概而论，在遗嘱继承中，如果遗嘱已对继承人的范围及各继承人的财产或份额作了明确指定，则在遗产分割前的共有应为按份共有而非共同共有。[2]

除上述类型外，还有学者认为合伙人对合伙财产的共有也应是共同共有。[3] 我国台湾地区“民法”第668条即规定各合伙人的出资及其他合伙财产为全体合伙人“公同共有”（即共同共有）。根据《民法典》合同编关于合伙合同的有关规定，我们亦倾向于认为，全体合伙人对合伙财产共有的形态为共同共有，但其对内、对外的权利义务关系，应首先适用合同编第二十七章有关合伙合同的规定。

---

〔1〕 梁慧星、陈华彬编著：《物权法》，法律出版社2005年版，第253页；郭明瑞、唐广良、房绍坤：《民商法原理（二）物权法　知识产权法》，中国人民大学出版社1999年版，第149页。

〔2〕 刘保玉主编：《中国民法原理与实务》，山东大学出版社1994年版，第288页。

〔3〕 魏振瀛主编：《民法》，北京大学出版社、高等教育出版社2000年版，第254~255页。

三、准共有

所谓准共有，是指两个以上权利主体共同享有所有权以外的财产权的共有形态。

在现实生活中，存在着大量数人共有所有权以外的财产权的现象，如数人共享一项债权、他物权、知识产权等。准共有的客体只能是所有权以外的财产权，而不能是有形的财产，也不能是人身性权利。除客体的差异外，这种类型的共有与普通的共有（即对有体物的共有）并无质的差异，所以，各国民事立法一般都在共有之后，附带对准共有作出规定：除适用法律的特别规定外，准共有得适用共有的规定。我国《民法典》第310条规定："两个以上组织、个人共同享有用益物权、担保物权的，参照适用本章的有关规定。"

第三节　共有关系及其终止

一、共有的内部关系与外部关系

共有关系，是指共有人内部及共有人对外的权利义务关系。这些内、外部的权利义务主要包括以下方面：

（一）共有物的占有、使用、收益

所有权的占有、使用、收益等权能，共有人也同样享有。在共同共有中，各共有人对共有物平等地享有占有、使用、收益的权利，各共有人的权利平等地及于共有物的全部，任何共有人均不得主张对共有物的特定部分行使权利。在按份共有中，各共有人依其应有份额对共有物进行占有、使用、收益，不论应有部分的多寡，各共有人权利的行使及于共有物的全部。如果根据共有物的性质，全体共有人不能同时对共有物进行占有、使用、收益，最佳的处理办法是由共有人进行协商，并按协商一致的意见处理；在意见不一致时，按照拥有共有份额一半以上的共有人的意见处理，但不得损害其他共有人的利益。

（二）共有物的管理与费用负担

对共有物进行管理既是共有人的权利，也是其义务。《民法典》第300条规定："共有人按照约定管理共有的不动产或者动产；没有约定或者约定不明确的，各共有人都有管理的权利和义务。"共有物的费用，既包括管理费用，如因保存、改良或利用所支付的费用；也包括其他费用，如税费、对他人的损害赔偿金等。《民法典》第302条规定："共有人对共有物的管理费用以及其他负担，有约定的，按照其约定；没有约定或者约定不明确的，按份共有人按照其份额负担，共同共有人共同负担。"

（三）共有物的处分

《民法典》第301条规定："处分共有的不动产或者动产以及对共有的不动产或者动产作重大修缮、变更性质或者用途的，应当经占份额三分之二以上的按份共有人或者全体共同共有人同意，但是共有人之间另有约定的除外。"

《民法典》第305条规定："按份共有人可以转让其享有的共有的不动产或者动产份额。其他共有人在同等条件下享有优先购买的权利。"按份共有人行使优先购买权，须符合下列条件：其一，限于在共有人向共有人之外的人有偿转让其份额时行使。《物权编解释（一）》第9条规定："共有份额的权利主体因继承、遗赠等原因发生变化时，其他按份共有人主张优先购买的，不予支持，但按份共有人之间另有约定的除外。"第13条规定："按份共有人之间转让共有份额，其他按份共有人主张依据民法典第三百零五条规定优先购买的，不予支持，但按份共有人之间另有约定的除外。"其二，须在同等的条件下行使。根据

《物权编解释（一）》第10条的规定，这里的“同等条件”，应当综合共有份额的转让价格、价款履行方式及期限等因素确定。其三，须在一定的合理期限内行使。《物权编解释（一）》第11条规定，优先购买权的行使期间，按份共有人之间有约定的，按照约定处理；没有约定或者约定不明的，按照下列情形确定：①转让人向其他按份共有人发出的包含同等条件内容的通知中载明行使期间的，以该期间为准；②通知中未载明行使期间，或者载明的期间短于通知送达之日起15日的，为15日；③转让人未通知的，为其他按份共有人知道或者应当知道最终确定的同等条件之日起15日；④转让人未通知，且无法确定其他按份共有人知道或者应当知道最终确定的同等条件的，为共有份额权属转移之日起6个月。第12条规定，按份共有人向共有人之外的人转让其份额，其他按份共有人根据法律、司法解释规定，请求按照同等条件购买该共有份额的，应予支持。其他按份共有人的请求具有下列情形之一的，不予支持：①未在《物权编解释（一）》第11条规定的期间内主张优先购买，或者虽主张优先购买，但提出减少转让价款、增加转让人负担等实质性变更要求；②以其优先购买权受到侵害为由，仅请求撤销共有份额转让合同或者认定该合同无效。

对共有人抛弃其共有份额的行为，原则上应当允许，但抛弃行为不得损害国家的、社会的利益及他人的合法权利（如不得以逃避因共有物所产生的债务为目的抛弃共有份额）。对部分共有人行使抛弃权后，相应的份额是否可由其他共有人取得的问题，理论上有不同的观点。否定说认为，其他共有人不能当然取得某一共有人抛弃的份额，这部分份额或应归国家所有，或者作为无主财产可由其他共有人先占取得。肯定说认为，某一共有人抛弃的份额，应由其他共有人取得其所有权，并由其按比例分享。[1] 我们赞同肯定说。

（四）共有关系的维持

共有关系成立后，共有人负有维持共有关系的义务，不得随意终止共有关系。《民法典》第303条规定：“共有人约定不得分割共有的不动产或者动产，以维持共有关系的，应当按照约定，但是共有人有重大理由需要分割的，可以请求分割；没有约定或者约定不明确的，按份共有人可以随时请求分割，共同共有人在共有的基础丧失或者有重大理由需要分割时可以请求分割。因分割造成其他共有人损害的，应当给予赔偿。”

（五）因共有物产生的债权享有与债务承担

因共有物产生的债权享有与债务承担，既涉及共有人的内部关系，也涉及共有人全体的对外关系。《民法典》第307条规定：“因共有的不动产或者动产产生的债权债务，在对外关系上，共有人享有连带债权、承担连带债务，但是法律另有规定或者第三人知道共有人不具有连带债权债务关系的除外；在共有人内部关系上，除共有人另有约定外，按份共有人按照份额享有债权、承担债务，共同共有人共同享有债权、承担债务。偿还债务超过自己应当承担份额的按份共有人，有权向其他共有人追偿。”

二、共有关系的终止与共有物的分割

（一）共有关系终止的原因

共有关系会因一定情况的出现而终止。引起共有关系终止的原因有很多，常见的有：共有物灭失、一个共有人单独取得整个共有物的所有权、共有人协商终止、共同共有基础关系的解除或消灭等。

---

〔1〕 参见郭明瑞、唐广良、房绍坤：《民商法原理（二）物权法 知识产权法》，中国人民大学出版社1999年版，第142页；刘保玉主编：《中国民法原理与实务》，山东大学出版社1994年版，第290页。

（二）共有物的分割

共有关系终止，应进行共有物的分割。关于共有物的分割方法，《民法典》第 304 条规定："共有人可以协商确定分割方式。达不成协议，共有的不动产或者动产可以分割且不会因分割减损价值的，应当对实物予以分割；难以分割或者因分割会减损价值的，应当对折价或者拍卖、变卖取得的价款予以分割。共有人分割所得的不动产或者动产有瑕疵的，其他共有人应当分担损失。"据此，共有人可以协议确定对共有物的分割方式，在达不成协议时，可申请法院或仲裁机构裁判进行分割。不论是协议分割还是裁判分割，最终的具体分割方法不外乎以下三种：

1. 实物分割，即对共有物进行实体分割。实行这种分割的前提是共有物是可分物，分割不损害共有物的价值。实物分割后，各共有人取得自己的应有部分。

2. 变价分割，即拍卖、变卖共有物，所得价金由共有人按份额比例分配。这种方式一般适用于分割实物将严重损害共有物的价值或共有人都不愿接受共有物的情形。

3. 作价补偿，即由其中某个共有人取得共有物，并由该共有人向其他共有人补偿其应有部分的价值。分割完毕后，共有物归一人所有。

第四章 所有权的取得方式

第一节 所有权的取得方式概述

一、所有权取得的概念与分类

所有权的取得，指所有权与特定主体相结合，即某一主体取得对某一不动产或者动产的所有权。所有权的取得包括原始取得与继受取得。分述如下：

（一）所有权的原始取得

所有权的原始取得又称最初取得、固有取得，是指非依他人既存的权利而取得所有权，包括三种情况：①一物之上原不存在任何人的所有权，主体系第一次或最初取得该物的所有权。例如，对自己劳动创造的物取得最初的所有权，依先占而取得无主物的所有权等。②物上原存在他人的所有权，但法律上对此不予承认，而是依法律或国家权力而强制取得，如没收财产、时效取得等。③法律上承认原物上的权利，但新物权人不依据原权利人的意志而依法取得物权，如国家征收财产、添附等。

通说认为，由于原始取得不以他人既存的权利为依据，因此，原始取得的物权只能是所有权，而不能是其他物权；又由于原始取得多基于事实行为、法律的直接规定或公法上的行为，因而原始取得一旦完成，此前标的物上的一切负担皆归于消灭，原物权人不得就标的物再行主张其权利。[1]

（二）所有权的继受取得

所有权的继受取得又称传来取得，是指基于他人既存的所有权及权利人的意志而取得某物的所有权。在继受取得中，由于对标的物的所有权系继受而来，基于权利人不得将大于其所有的权利让与他人的法理，存在于标的物上的一切旧的负担得继续存在，而转由取得人承继。[2] 这是继受取得与原始取得在法律效果上的重要差异。

所有权的继受取得是物权继受取得的情形之一。依继受取得方法的不同，物权的继受取得可分为移转的继受取得与创设的继受取得。移转的继受取得简称移转取得，是指就他人的物权依其原状移转而取得。例如，基于买卖或赠与而受让某物的所有权，基于转让而取得建设用地使用权，附随债权的让与而取得该债权的担保物权等。移转取得的物权与原物权人的物权在性质和内容上是相同的。无论是所有权还是其他物权，均可发生移转的继

---

〔1〕 参见郭明瑞、唐广良、房绍坤：《民商法原理（二）物权法 知识产权法》，中国人民大学出版社 1999 年版，第 48 页。但应注意的是，上述规则在适用中也有例外。例如，通说认为“善意取得”属于原始取得的情况，但第三人善意取得的物权不限于所有权，还可以是其他物权（参见《民法典》第 311 条第 3 款）；抵押物的归属依添附的规则发生变化时，抵押权人的权利仍能及于抵押人所得的补偿金或抵押人的共有份额，而并不当然消灭（参见《担保制度解释》第 41 条）。

〔2〕 参见谢在全：《民法物权论》（上），中国政法大学出版社 1999 年版，第 54 页。

受取得。创设的继受取得简称设定取得或创设取得，是指在自己所有的物上为他人设定用益物权或担保物权。例如，所有人在自己的房屋上为他人设定抵押权或地役权。创设取得实际上是通过法律行为在一物之上再设定另一物权。因此，它只能是他物权的取得方式而无法作为所有权的取得方式。

二、所有权取得的一般规定与特别规定

所有权取得的一般规定或者说原则规定，是不针对具体取得方式而就任何取得方式均予适用的通行规则。这种一般规定主要涉及两个方面：

1. 所有权取得的合法性问题。根据《民法典》第 8、10 条的规定，所有权的取得和行使不得违反法律，不得违背公序良俗；就所有权的取得问题发生纠纷的，依照法律规定处理，法律没有规定的，可以适用习惯，但是不得违背公序良俗。

2. 所有权取得的时间与条件问题。《民法典》第 208 条规定："不动产物权的设立、变更、转让和消灭，应当依照法律规定登记。动产物权的设立和转让，应当依照法律规定交付。"此外，《民法典》物权编第二章关于物权变动的规定，也涉及所有权取得问题的一般规定。

《民法典》物权编中专设"所有权取得的特别规定"一章（第九章），其中规定的就是各种具体情况下所有权取得的特别规定，内容涉及善意取得、拾得遗失物、发现埋藏物、从物、孳息等问题；另外，不动产的征收问题在《民法典》中也有规定。除前面已经阐述的从物、孳息问题外，下节我们将着重讲述所有权取得的其他几种具体方式及其特殊规则。另外，先占、取得时效等虽未在《民法典》中加以规定，但鉴于其重要性，我们在下节一并讲述。

三、所有权取得规则的示范意义

从立法技术上讲，法律不可能对任何一种物权的取得方式均加以详细规定，而物权取得的原理和规则在许多方面是相通的。因此，《民法典》抽象出了物权取得的一般规定和物权变动的一般规则。而一些既适用于所有权也适用于其他物权的取得方式（如善意取得），法律上通常设"准用"或"参照"条款加以解决，也就是说，《民法典》有关所有权取得的规定和本章讲述的内容，对其他物权的取得具有示范意义。

第二节　所有权取得的几种特别方式

一、先占

（一）先占的概念和成立条件

先占是指占有人以所有的意思，先行占有无主动产而取得其所有权的事实。通说认为，先占在法律性质上是一种事实行为，不以先占人具有民事行为能力为必要。

先占须具备如下几个条件：

1. 先占之物须是无主物。无主物是指现在不属于任何人所有之物，而不论其过去是否有主。

2. 先占之物限于动产。依各国立法，无主不动产通常只能归国家所有，不能成为先占的标的物。同时，并非所有的动产都能成为先占的标的物，一般认为以下几类动产不能成为先占的标的物：①禁止流通的物；②依诚实信用和善良风俗不得认定为无主物的物品，如遗体；③文物与珍稀动植物；④位于他人有所有权或使用权的土地上下之无主动产，非经权利人许可，不得依先占取得，但依照当地习惯无需许可的除外。

3. 先占人须以所有的意思占有无主动产。一方面，先占人须基于“所有的意思”；另一方面，先占人须实际占有动产。非以据为己有的意思或者行为人仅发现无主动产而未实施占有，均不能构成先占。

4. 先占不得违反法律、法规的规定。存在违法的行为（如在禁猎区内狩猎、在禁渔期捕鱼）以及就法律禁止先占取得所有权的财物，不能成立先占。

（二）先占的效力

先占的基本效力是先占人取得无主物的所有权，但各国立法规定并不一致。关于先占的效力，主要有两种立法例：①先占自由主义，即无论动产与不动产，法律均允许自由先占而取得所有权；②先占权主义，即对无主不动产只有国家才有先占权，动产则在法律不禁止的情况下得由先占人取得所有权。大多数国家的民事立法采取后一种做法。我国民事立法中目前并未对先占制度作出规定，实践中可依据习惯而予以认可，《民法典》第10条中也已将不违背公序良俗的习惯作为处理民事纠纷的法源。

二、善意取得

（一）善意取得的概念和意义

善意取得又称即时取得，是指无处分权人将其占有的或登记在其名下的他人财产转让给第三人，若第三人在交易时出于善意即可取得该财产的所有权，原所有权人不得追夺的法律制度。

罗马法上，奉行“任何人不得将大于其所有的权利让与他人”及“发现己物，我即收回”的原则，侧重对所有权人的保护，无善意取得制度的踪迹。一般认为，善意取得起源于日耳曼法中的“以手护手”制度（hand muss hand wahren）。据此原则，在所有人的动产由他人占有后无权转让给第三人的情况下，只能向侵犯其权利的相对人要求返还或赔偿，而不能向第三人要求返还；不知情的第三人对财产的占有具有转移所有权之效力。

法律规定善意取得制度，主要是为了维护交易安全。关于善意取得制度的根据或理论基础，有取得时效说与非时效说两类。非时效说又有权利外像说、法律赋权说、占有效力说、法律特别规定说等不同的主张。其中，以法律特别规定说为通说。[1] 法律所保护的财产秩序的安全，包括静态安全和动态安全两方面。基于保护所有人的立场，所有权不应因他人的无权处分而消灭，所有人得追及物之所在，而受让人仅能从无权处分人处获得救济。但如果绝对地保护所有权，漠视受让人对让与人占有物或权利登记之事实的合理信赖，则可能导致交易难以进行或使征信成本增加；在市场交易频繁、迅捷、复杂的现代经济中，要求买受人详为查知让与人是否为有权处分，常属不可能之事。善意取得制度区分受让人之主观意思，对善意第三人的利益予以保护，在公平原则基础上兼顾了动的安全与静的安全两种价值，适应了社会经济发展的要求，因而被现代各国民法普遍采用。

值得说明的是，国外立法上的善意取得的客体仅限于动产（不动产则适用登记的公信力规则），而依我国《民法典》的规定，不动产与动产均可适用善意取得。

（二）善意取得的构成要件

《民法典》第311条第1款规定，无处分权人将不动产或者动产转让给受让人的，所有权人有权追回；除法律另有规定外，符合下列情形的，受让人取得该不动产或者动产的所

---

〔1〕 参见梁慧星、陈华彬编著：《物权法》，法律出版社2005年版，第215~216页；郭明瑞、唐广良、房绍坤：《民商法原理（二）物权法 知识产权法》，中国人民大学出版社1999年版，第116页。

有权：①受让人受让该不动产或者动产时是善意；②以合理的价格转让；③转让的不动产或者动产依照法律规定应当登记的已经登记，不需要登记的已经交付给受让人。据此规定并结合相关司法解释和学理，善意取得应符合下列条件：

1. 让与人须为动产的占有人或者登记的不动产权利人。善意取得的制度基础在于物权公示的公信力。不管是不动产的登记还是动产的占有，均为物权的公示方法，非真正权利人登记为不动产所有权人（如真正权利人借用子女或他人名义为房地产权利登记等情况）或现实占有他人的动产的人（如承租人、保管人、借用人及保留所有权买卖中的买受人占有他人动产的情形等），方能给不特定的第三人以特定的权利外观，使其信赖登记权利人或占有动产的人就是真正权利人而与其进行交易。[1] 这一条件是善意取得发生的前提。

2. 让与人须无处分权。善意取得恒与无权处分相对应，唯有在让与人处分他人财产时没有处分权的情况下，才有可能发生第三人善意取得的问题。因此，善意取得的另一要件就是让与人处分他人财产时没有处分权。让与人无处分权，既包括根本无处分权，也包括欠缺完整的处分权（如共有人之一未经其他共有人同意而处分共有财产等）。如果登记的权利人或动产的占有人受权利人之委托而为处分，或者本无处分权但嗣后取得处分权或得到权利人的追认，均不适用善意取得的规则。还应注意的是，善意取得制度中无权处分人所处分的应是他人之物，其对自己的财产的处分权依法受到限制（如被监管、扣押、查封）却擅自为处分行为的，应依其他规则处理，不属于此处所言的善意取得。

3. 让与人与受让人之间须基于交易行为而以合理的价格转让。只有在让与人与受让人间存在交易行为时，才存在善意取得问题。非通过交易行为而以受赠、继承等方式无偿取得财产的，不能发生善意取得的效力，否则将会造成各方利益保护上的失衡。《民法典》将“以合理的价格转让”作为善意取得要件之一，体现了善意取得制度旨在维护交易安全的价值目标。根据《物权编解释（一）》第18条的规定，此处所称“合理的价格”，应当根据转让标的物的性质、数量以及付款方式等具体情况，参考转让时交易地市场价格以及交易习惯等因素综合认定。据此，善意取得不仅应基于有偿的交易行为，而且要求第三人支付合理的对价。以明显的低价转让财产的，会影响对第三人“善意”的判定，不能构成善意取得。至于约定的“合理的对价”是否已由受让人实际支付，一般并不影响善意取得的成立；该价款尚未支付的，让与人或者原权利人可以向受让人主张债权请求权。[2]

4. 受让人受让财产时须为善意。确定受让人是否为善意，应以其受让不动产或者动产当时的情况判定，至于其后受让人是否知晓真实情况，不影响善意取得的成立；让与人是善意还是恶意，则在所不问。善意之标准，理论上有积极观念说与消极观念说两种学说。前者认为，受让人须具有将让与人视为所有人之观念始为善意；后者认为受让人不知或不应知让与人无处分权且无重大过失即为善意，此为通说。另依通说，受让人的善意适用法律推定规则，主张受让人非为善意的一方应负相应的举证责任。《物权编解释（一）》第14条规定：“受让人受让不动产或者动产时，不知道转让人无处分权，且无重大过失的，

---

〔1〕 至于登记权利人之外的人（如房主的子女或房屋的承租人等）通过骗取房产证原件、伪造房主的身份证件及授权委托书等必要书件的手段，骗取第三人和登记机关的信任而处分不动产以及冒名处分他人不动产的情况，是否适用《民法典》第311条的规定，理论与实务界尚存在不同意见。多数学者认为应依无权代理（表见代理）的规则处理。

〔2〕 参见杜万华主编：《最高人民法院物权法司法解释（一）理解与适用》，人民法院出版社2016年版，第449页以下。

应当认定受让人为善意。真实权利人主张受让人不构成善意的，应当承担举证证明责任。”第15条规定，具有下列情形之一的，应当认定不动产受让人知道转让人无处分权：①登记簿上存在有效的异议登记；②预告登记有效期内，未经预告登记的权利人同意；③登记簿上已经记载司法机关或者行政机关依法裁定、决定查封或者以其他形式限制不动产权利的有关事项；④受让人知道登记簿上记载的权利主体错误；⑤受让人知道他人已经依法享有不动产物权。真实权利人有证据证明不动产受让人应当知道转让人无处分权的，应当认定受让人具有重大过失。第16条规定：“受让人受让动产时，交易的对象、场所或者时机等不符合交易习惯的，应当认定受让人具有重大过失。”

5. 转让的标的物已经完成登记或者交付。善意取得的完成，以转让的不动产或者动产已经登记或交付为条件，即依照法律规定应当登记的已经完成移转登记，不需要登记的已经实际交付给受让人。如果无权处分人与受让人双方仅达成了转让的合意而尚未办竣登记或尚未交付，则只产生债的关系，不发生善意取得，权利人得及时阻止其交易。

根据《物权编解释（一）》第17、19条的规定，善意取得规定中所称的“受让人受让该不动产或者动产时”，是指依法完成不动产物权转移登记或者动产交付之时。当事人以简易交付的方式交付动产的，转让动产法律行为生效时为动产交付之时；当事人以指示交付的方式交付动产的，转让人与受让人之间有关转让返还原物请求权的协议生效时为动产交付之时。[1] 法律对不动产、动产物权的设立另有规定的，应当按照法律规定的时间认定权利人是否为善意。在特殊动产的无权处分中，转让人将船舶、航空器和机动车等交付给受让人的，应当认定符合善意取得的条件。

另应注意的是，善意取得仅涉及转让人无处分权情况下第三人能否取得转让财产的所有权问题，至于转让合同本身是否存在效力瑕疵，则应依合同法的规定处理。根据《物权编解释（一）》第20条的规定，如果无权处分中的转让合同被认定无效或者被撤销的，受让人不能基于善意取得的规定而取得所有权。

（三）善意取得的效力

善意取得发生后，受让人取得不动产或者动产的所有权，原权利人丧失该财产的所有权，不得向受让人主张返还。一般认为，善意取得中受让人取得标的物的所有权系基于法律的直接规定，而非当事人之间法律行为的效力，故其属于原始取得。《民法典》第313条规定：“善意受让人取得动产后，该动产上的原有权利消灭。但是，善意受让人在受让时知道或者应当知道该权利的除外。”

善意取得的发生，还可以在原所有人与无权处分人之间产生债的关系，原所有人可就自己的损失向其选择行使债务不履行的损害赔偿请求权、不当得利返还请求权或者侵权损害赔偿请求权。《民法典》第311条第2款规定：“受让人依据前款规定取得不动产或者动产的所有权的，原所有权人有权向无处分权人请求损害赔偿。”

此外，依据学界通说，如果受让人已经依登记或交付而善意取得不动产或动产的所有权，但价款尚未清结的，让与人可以向其主张债权请求权或追究其违约责任；[2] 如果受让

---

〔1〕 对于受让人依《民法典》第228条规定的占有改定的方式取得动产的情况，能否发生善意取得的问题，理论与实践中有不同的认识，司法解释中对此也未予明文规定。我们主张，受让人若系以占有改定方式取得动产的，该权利的转让不得对抗第三人，也不能对抗所有权人的追索。

〔2〕 参见黄松有主编、最高人民法院物权法研究小组编著：《〈中华人民共和国物权法〉条文理解与适用》，人民法院出版社2007年版，第329页。

人虽依善意取得规定取得了让与人转让的不动产或动产，但若标的物存在瑕疵，受让人亦得依转让合同要求让与人承担瑕疵担保责任。

（四）善意取得规定适用的扩张与限制

1. 善意取得规定适用的扩张。国外立法上除规定动产所有权的善意取得外，还承认动产质权等也可善意取得。我国《民法典》将善意取得的客体扩张至不动产，并于第 311 条第 3 款中规定："当事人善意取得其他物权的，参照适用前两款规定。"依此规定，在符合法定条件的情况下，用益物权及抵押权、质权亦可适用善意取得。但对于留置权，则无所谓善意取得问题。〔1〕

2. 善意取得对占有脱离物的适用。占有脱离物是指非基于权利人的意思而丧失占有的物，如遗失物、盗窃物、抢劫物。对遗失物和盗赃是否得适用善意取得的规定，各国立法规定不尽一致，我国学界对此问题的态度也有分歧。〔2〕我国《民法典》中未规定盗赃的善意取得，第 312 条只规定了遗失物善意取得的问题："所有权人或者其他权利人有权追回遗失物。该遗失物通过转让被他人占有的，权利人有权向无处分权人请求损害赔偿，或者自知道或者应当知道受让人之日起二年内向受让人请求返还原物；但是，受让人通过拍卖或者向具有经营资格的经营者购得该遗失物的，权利人请求返还原物时应当支付受让人所付的费用。权利人向受让人支付所付费用后，有权向无处分权人追偿。"不过，司法实践对盗赃物的善意取得问题已有所承认。〔3〕

3. 不适用善意取得的物。所有权的取得不得违反法律规定，此乃所有权取得的一般原则，《民法典》关于善意取得的规定也明确了"除法律另有规定外"。例如，货币现金通常适用"占有即所有"的规则，而不适用善意取得的规则；法律禁止流通物，如毒品、枪支弹药、国家专有财产、文物以及盗赃物等，依法不能善意取得。

三、拾得遗失物

（一）拾得遗失物的概念和成立要件

拾得遗失物，是指发现他人遗失的物并予以占有的事实行为。拾得遗失物的成立，需要具备以下条件：

1. 须有拾得的行为。所谓拾得，是指发现并且实际占有遗失物的行为。只发现而不占有，不能构成拾得。

2. 标的物须是遗失物。遗失物是指权利人丢失而未被任何人占有的动产。构成遗失物需要具备四个条件：①应为动产。②须是他人之物（有主物）。③遗失人丧失了对物的占有。④占有的丧失不是出于遗失人的本意（否则应属抛弃物）。

（二）拾得遗失物的效力

关于拾得遗失物的效力，立法上有两种不同的体例，即拾得人不能取得所有权主义和符合一定的条件可取得所有权主义。

---

〔1〕　参见刘保玉：《物权法学》，中国法制出版社 2007 年版，第 224~225 页。

〔2〕　参见刘保玉："刍议物权法草案中所有权取得的若干规定及其完善"，载《法学论坛》2007 年第 1 期。

〔3〕　例如，《最高人民法院、最高人民检察院关于办理诈骗刑事案件具体应用法律若干问题的解释》（法释〔2011〕7 号）第 10 条规定，行为人已将诈骗财物用于清偿债务或者转让给他人，具有下列情形之一的，应当依法追缴：①对方明知是诈骗财物而收取的；②对方无偿取得诈骗财物的；③对方以明显低于市场的价格取得诈骗财物的；④对方取得诈骗财物系源于非法债务或者违法犯罪活动的。他人善意取得诈骗财物的，不予追缴。基于遗失物与盗赃的性质，本着举轻明重的解释规则，我们认为关于盗赃的善意取得问题，应参照适用《民法典》第 312 条的规定，而不应直接适用第 311 条。

依多数国家民法的规定，拾得人在履行一定义务的前提下，可以取得遗失物的所有权，或者在找到失主的情况下享有一定比例的报酬请求权。遗失物的拾得人通常应承担以下四项义务：①通知义务。拾得遗失物后，不能据为己有，而应当通知遗失人。②保管义务。拾得人在将遗失物交还之前应尽善良管理人的义务，对遗失物予以保管（遗失物易于腐烂、变质的，可将其变价）。③报告及交存义务。在不知失主为何人或在何处时，拾得人应向主管机关报告并交存遗失物。④返还义务。在一定期间内，如果遗失人认领其遗失物，拾得人应当返还。拾得人享有的权利，主要为三项：①费用偿还请求权。拾得人可以请求失主偿还其所支出的保管费、公告费、送还之交通费及误工费等合理费用。②报酬请求权。在经通知或公告找到失主时，拾得人有获得法定比例报酬的请求权；失主不支付该报酬的，拾得人得留置拾得物，拒绝返还。③遗失物所有权的取得权。经通知、公告等程序仍不能找到失主的，或失主于一定期限内未予认领的，由拾得人取得拾得物的所有权。

我国《民法典》于第314~318条规定：拾得遗失物，应当返还权利人。拾得人应当及时通知权利人领取，或者送交公安等有关部门。有关部门收到遗失物，知道权利人的，应当及时通知其领取；不知道的，应当及时发布招领公告。拾得人在遗失物送交有关部门前，有关部门在遗失物被领取前，应当妥善保管遗失物。因故意或者重大过失致使遗失物毁损、灭失的，应当承担民事责任。权利人领取遗失物时，应当向拾得人或者有关部门支付保管遗失物等支出的必要费用。权利人悬赏寻找遗失物的，领取遗失物时应当按照承诺履行义务。拾得人侵占遗失物的，无权请求保管遗失物等支出的费用，也无权请求权利人按照承诺履行义务。遗失物自发布招领公告之日起1年内无人认领的，归国家所有。[1]

四、发现埋藏物

（一）发现埋藏物的概念和成立要件

发现埋藏物，是指发现埋藏物并予以占有的事实行为。发现埋藏物的成立，需要具备如下几个条件：

1. 须有发现行为。发现是指认识到埋藏物的存在或存在地点。通说认为，发现人只需有发现行为，不需要直接占有即可构成“发现”。埋藏物的发现人与占有人可能是不同的人，在这种情况下，应以占有人的占有是否基于他人的发现结果作为确定埋藏物归属的标准。

2. 标的物须为埋藏物。埋藏物是指埋藏或隐藏于土地或他物之中且所有权归属不明的动产。埋藏物须满足以下条件：①应为动产。不动产（如矿脉等）不适用发现埋藏物之规则。②须是埋藏于土地或隐藏于他物之中而不易被发现之物。至于是因自然原因抑或人为原因而埋藏，在所不问。③须是所有人不明之物。埋藏物及隐藏物在性质上应是有主物，只是所有人无法判定、查明而已。[2]

（二）发现埋藏物的效力

关于发现埋藏物的效力，立法上有三种体例：①发现人有条件取得所有权主义，即埋

---

〔1〕 我国《民法典》中未承认拾得人能够取得遗失物的所有权及一般情况下的报酬请求权，仅承认了在失主悬赏情况下的报酬请求权。不少学者认为，这种规定超出了现阶段人们的一般觉悟程度，对市民社会中普通人的行为标准要求过高；对于价值极其微小的遗失物，仍须经公告且在公告期满无人认领的情况下方可归国家所有，并无实际意义，也难以操作。在拾得漂流物、发现埋藏物的规定中，也存在同样的问题。参见刘保玉：“刍议物权法草案中所有权取得的若干规定及其完善”，载《法学论坛》2007年第1期。

〔2〕 自然产生又自然埋藏于地下的物（如“乌木”、化石等），应定性为土地的组成部分；此类物与埋藏物无关，亦不属于“无主动产”。

藏物在无人认领的情况下，归发现人所有，或由发现人与土地所有人各取得一半。②公有主义，即无论在何种情况下，埋藏物只能归国家所有。③报酬主义，即埋藏物或隐藏物归土地或包藏物的所有人所有，但发现人可以请求土地或包藏物的所有人支付一定比例的报酬。

我国《民法典》第319条规定："拾得漂流物、发现埋藏物或者隐藏物的，参照适用拾得遗失物的有关规定。法律另有规定的，依照其规定。"其所贯彻的仍然是国家取得所有权主义。

五、添附

添附是指不同所有人之物结合、混合在一起或者不同人的劳力与物结合在一起形成新物的法律状态。依各国立法，添附是能够导致所有权变动的法律事实之一。添附的具体形式，包括附合、混合与加工三种。《民法典》第322条规定："因加工、附合、混合而产生的物的归属，有约定的，按照约定；没有约定或者约定不明确的，依照法律规定；法律没有规定的，按照充分发挥物的效用以及保护无过错当事人的原则确定。因一方当事人的过错或者确定物的归属造成另一方当事人损害的，应当给予赔偿或者补偿。"〔1〕

（一）附合

附合是指不同所有人的物结合在一起而形成新物。因附合形成的新物，为附合物。在附合的情况下，不同所有人的财产虽从外观上可以识别，但非经毁损不能分离或虽能分离但耗费过巨。附合的具体情形有如下三种：

1. 动产与不动产的附合。这是指动产附合于不动产之上，成为不动产组成部分的情况。例如，将砖瓦、石板、木料、壁纸等建筑装修材料铺砌、安装、黏贴在房屋中。这种附合需具备三个条件：①动产附合于不动产之上，即附合者是动产，被附合者是不动产。②动产成为不动产的重要组成部分。在一般观念上，结合后的物已被视为一物，非经毁损或变更其性质不能使二者分离，或者虽能分离但花费过大。③动产与不动产须原本属于不同的人所有。若其原本就属于同一人，则不发生附合物的归属如何确定的问题。

动产附合于不动产的法律效果为：①不动产所有人取得动产的所有权且不问其是否为善意。此时，不动产的所有权扩及整个附合物。②动产所有权因附合而消灭。原动产所有人不能请求恢复原状，但可依不当得利的规定要求不动产所有人给予补偿；若不动产所有人恶意为附合，还可能发生侵权损害赔偿问题。

长期以来，我国司法实践中对非产权人在使用他人的财产上增添附属物的问题通常采用的处理规则是：财产所有人同意增添，并就财产返还时附属物如何处理有约定的，按约定办理；没有约定又协商不成，能够拆除的，可以责令拆除；不能拆除的，也可以折价归财产所有人，造成财产所有人损失的，应当负赔偿责任。这种做法也适用于动产附合于不动产的情形。另外，对于实践中经常发生的承租房屋因装饰装修产生的纠纷处理问题，《审理房屋租赁合同纠纷案件的解释》第6~12条中针对不同情况作出了具体规定，其中涉及添附问题的处理规则，值得注意。

2. 动产与动产的附合。这是指不同所有人的动产互相结合而成为一物的情况。例如，将油漆涂刷于他人的家具上，将钻石镶嵌于戒指上。这种附合的成立也须具备三个条件：①附合之物与被附合物都是动产；②附合后形成的附合物非经毁损不能分离或分离花费过

---

〔1〕《民法典》物权编第九章中增补的本条规定，规范内容并不令人满意：其中"有约定的，按照约定"，实际上是合同法上的承揽合同问题；而真正有关物权问题的规定，则过于原则。

大；③原动产分属于不同的人所有。

动产和动产附合后，原则上应由原动产的所有人共有附合物，各共有人的应有部分依附合时的价值比例确定或由各共有人协商确定；如果一方的动产价值明显高于他方的动产价值，则应由价值明显高的原动产的所有人取得附合物所有权，并由其对因附合而丧失权利或遭受损失的他方给予适当补偿。但恶意为附合行为者，不能取得附合物的所有权。

3. 不动产与不动产的附合。不动产与不动产的附合现象也是存在的，多基于自然原因而发生，例如，河流泥沙淤积形成的土地附合于河流两岸的土地、河流改道导致的土地状况变化等。有关问题一般由土地法来调整。依我国法律规定的精神，淤积地、冲积地原则上归国家所有。

（二）混合

混合是指不同所有人的动产互相混杂在一起而成为新物。例如，将属于不同所有权人的水泥、石灰和沙石掺杂在一起而形成混合物。混合的成立应具备三个条件：①发生混合的各物都是动产。②混合物各部分已无法识别，或者虽能采用某种方法识别但花费太大。混合物通常由气体、液体或粉末状物结合而成，原物已难以识别更无法分离，这也是混合与附合的主要区别。③混合前的各项动产分属于不同的所有人。

理论上及各国立法上一般认为，动产混合后发生的法律效果，准用动产与动产附合的处理原则。

（三）加工

加工是指对他人的动产进行制作、改造，使之成为具有更高价值的新物。例如，将他人的布料做成衣服、将他人的玉石雕成工艺品、对他人的字画进行装裱等。因加工形成的新物为加工物。加工的构成应具备四个条件：①需要有加工行为；②加工的标的物仅限于动产；③加工的标的物必须是他人所有的物；④因加工行为而形成新物，即加工物与加工之前的动产必须是不同的物品。

关于加工物的归属问题，早在罗马法时期就有“应归加工人所有”的加工主义和“应归原材料人所有”的材料主义两种主张。优士丁尼时期出现了折中主义，区分完全加工与不完全加工两种情形而分别适用加工主义或材料主义。[1] 现代各国立法均采折中主义的做法，或者以加工主义为原则，以材料主义为例外；或者以材料主义为原则，以加工主义为例外。我们主张，在确定加工物的归属时，应采以材料主义为原则，以加工主义为例外的做法。加工物所有权原则上应归属于原材料的所有人，唯在加工人为善意加工且加工后增值的价值明显高于原物价值的情况下，方可由其取得所有权。加工人若为恶意，无论增值部分价值大小，均不能取得所有权。

六、取得时效

（一）取得时效概说

1. 取得时效的概念。取得时效又称占有时效或时效取得，是指无权利人以行使所有权或其他财产权的意思公然、和平地持续占有他人的财产，经过法律规定的期间，即依法取得该财产的所有权或其他财产权的法律制度。

在现代法上，取得时效与消灭时效共同构成完整的时效制度。消灭时效为权利消灭或抗辩权发生的原因之一，而取得时效则是所有权等财产权利的取得方式之一。通说认为，

---

〔1〕 参见周枏：《罗马法原论》（上册），商务印书馆1994年版，第345~346页。

取得时效系基于法律的直接规定而取得权利，并非继受取得前权利人的权利，故应属于原始取得，其本质系法律对社会财货之归属与分配的一种强制性配置。[1]

2. 取得时效制度的价值与功能。肇端于罗马法的取得时效，其最初之功用主要是鼓励人们使用他人闲置之物（如土地、奴隶、牲畜等），以使物尽其用，并补救形式主义造成的所有权取得方面的缺陷；其后，随着罗马商品经济的发展，取得时效又具有了新的价值和功能。[2] 近现代大陆法系各国民法大多承袭了罗马法而对取得时效作出规定。该制度之功用主要表现为以下几点：

（1）维护因一定事实状态达一定期间所建立起来的新的财产秩序，以便尽快确定当事人之间的法律关系。

（2）使长期地继续地占有他人之物者，无论善意与否均能取得所有权，具有促进物尽其月的社会功能。

（3）在特定情况下能够弥补权利取得的缺陷，具有维护交易安全的作用。一方面，在交易主体的能力或交易行为的要件有欠缺时，取得时效可以其特有的机制加以弥补，"法学专家制定的这个'时效取得'提供了一个自动的机械，通过这个自动机械，权利的缺陷就不断得到矫正，而暂时脱离的所有权又可以在可能极短的阻碍之后重新迅速地结合起来"。[3] 另一方面，无权利人以所有的意思，和平、公然地占有他人之物达一定时期后，人们多信赖其与真实的权利关系相符，从而与其在该物之上建立各种其他法律关系。轻易地否定此一系列关系，势必造成社会经济与法律秩序的混乱。而取得时效制度，能够稳定社会经济秩序，维护上述情况下的交易安全。

（4）取得时效制度的设立，使事实代替证据，可以有效地避免因时间流逝导致的当事人举证与法院查证的困难与烦累，有利于纠纷的解决。[4]

因此，可以说，设立取得时效制度，使"事实胜于权利"，是各国立法经过各种利益衡量后作出的选择。

3. 取得时效制度的立法例。从各国时效制度的立法体例来看，大致有取得时效与消灭时效统一并存制和分立并存制两种做法，多数国家采后一种体例，对两种时效分别在总则编与物权编中予以规定。关于取得时效的种类，立法上无例外地区别动产与不动产而规定两类不同的时效，所有权以外的其他财产权的取得时效则准用所有权取得时效之规定；绝大多数国家的立法还根据占有人的占有是否为善意占有而规定不同的时效期间；此外，一些国家的立法还将不动产的取得时效细分为占有取得时效与登记取得时效两种不同的类型。

在我国学者们的著述和立法建议中，多主张规定取得时效制度并认为应将其规定于物权制度中；在2002年九届全国人大第三十一次会议曾经审议过的《中华人民共和国民法（草案）》中，也曾对取得时效作出过规定（将取得时效与诉讼时效一并规定于总则编第八章"时效"中）；实践中，依据取得时效的精神处理土地权利等纠纷的情况也是存在的。但我国《物权法》（已失效）及《民法典》中均未对取得时效作出规定。

（二）所有权取得时效的一般构成要件

1. 占有之标的物须为他人之物。依时效而取得所有权的标的物须为他人的动产或不动

---

〔1〕 参见梁慧星、陈华彬编著：《物权法》，法律出版社2005年版，第137页。
〔2〕 参见周枏：《罗马法原论》（上册），商务印书馆1994年版，第319页。
〔3〕 ［英］梅因：《古代法》，沈景一译，商务印书馆1959年版，第163页。
〔4〕 参见梁慧星主编：《中国物权法研究》（上），法律出版社1998年版，第288页以下。

产，而不能是自己所有之物，也不能是无主物。对自己之物当然不发生时效取得的问题；无主物可因先占而取得，亦不适用时效取得。关于他人之物的具体范围，学界一般认为，他人的动产与不动产（无论是否登记），均可能取得时效的适用；共有财产也可以作为取得时效的标的物。[1] 但禁止流通物不得为取得时效的标的物，国家专有财产和公用物不适用取得时效。

2. 占有人对他人之物的占有须为自主占有、和平占有、公然占有。

（1）所谓自主占有，是指以自己所有之意思而占有标的物，此为取得时效的核心要件。自主占有的构成，应具备客观条件和主观条件两个条件，即要求占有人须在客观事实上能排他地支配占有物，主观上有自己所有的意思。占有人以自己所有的内心意思而为占有的认定，不应仅根据占有人的主张，还应结合占有期间占有人的意思表示、管领方式等事实状态来判定。自主占有须具备的主客观条件，使之区别于单纯的“持有”，也区别于依运送、保管、租赁、借用、承揽等占有媒介关系而发生的“他主占有”。对物的持有与他主占有，不发生时效取得的问题。不过，立法例上均承认“他主占有向自主占有的转换”或“占有名义的转换”“占有的变更”，也就是说，在占有人明示所有之意思或因新的事实而变为以所有之意思占有的情况下，得发生取得时效的适用。

（2）所谓和平占有，是指非以暴力或胁迫手段取得或维持的占有。这一要件排除了不法行为人以强力占有他人之物取得其所有权的情形。由于强暴占有与和平占有并非绝对一成不变，在一定条件下二者可以互相转化，因此，在计算时效期间时，应注意掌握二者转化的界线，唯和平占有的期间方得计入时效期间。[2]

（3）所谓公然占有，指不带隐秘瑕疵的占有，即向社会公开对标的物的占有事实，不加隐瞒。公然占有并不要求向所有的人公开，只需向占有物的利害关系人公开；此外，认定占有为公然还是隐蔽，应依一般社会观念而为判断。[3] 和平、公然占有这两个要件，决定了取得时效本质上不鼓励哄抢、强占公共财产或他人财产，而且也将其与侵犯财产的犯罪行为区分开来。

3. 须经过法定期间。一定期间之经过，为取得时效的另一必备要件。但由于时效观念与法律传统等差异，各国立法对取得时效的期间长短规定有所不同，唯在不动产的取得时效期间应长于动产、善意占有的取得时效期间应短于恶意占有等方面，各国立法及学说较为一致。[4] 我国多数学者认为：动产所有权取得时效的期间以10年为宜，但如果占有之始为善意，经过5年即可取得所有权；不动产所有权的取得时效期间以20年为宜，但在占有或登记之始为善意的情况下，时效期间可缩短为10年；所有权以外的其他财产权的取得时效期间，准用动产与不动产所有权取得时效期间的规定。

---

〔1〕 梁慧星、陈华彬编著：《物权法》，法律出版社2005年版，第139页；郭明瑞、唐广良、房绍坤：《民商法原理（二）物权法 知识产权法》，中国人民大学出版社1999年版，第125页；刘保玉、钟淑健：“取得时效制度若干问题探讨”，载杨振山、［意］桑德罗·斯奇巴尼主编：《罗马法·中国法与民法法典化——物权和债权之研究》，中国政法大学出版社2001年版，第331页以下。

〔2〕 谢在全：《民法物权论》（上），中国政法大学出版社1999年版，第149页；陈华彬：《物权法原理》，国家行政学院出版社1998年版，第242页。

〔3〕 梁慧星主编：《中国物权法研究》（上），法律出版社1998年版，第291页。

〔4〕 对取得时效中的占有是否须以善意为必备条件，理论上及立法上有不同的态度。绝大多数立法是将占有之始是否为善意作为确定时效期间长短的条件。

（三）取得时效期间的计算

1. 取得时效的起算。取得时效的起算点，应是占有人开始以自己所有的意思和平与公然地占有他人财产之时点。即取得时效起算之时应是财产的最后占有人或财产的让与人（前占有人）符合取得时效事实要件之时，后一情形被称为“占有的合并”。所谓占有的合并，是指将前占有人的占有与后占有人的占有予以合并计算，以期使后一阶段占有获得更长的占有期间。[1] 依各国立法的通制，后一占有人主张与前占有人的占有合并时，应同时继受前占有人占有的瑕疵，换言之，占有人主张占有之合并时，若前后占有人之占有均为善意，按善意占有合并计算时效期间，否则均应按恶意占有计算时效期间。

2. 取得时效期间的中止与中断。

（1）取得时效期间的中止。这是指在取得时效期间进行中，因发生一定的法定事由使时效暂时停止计算，待阻碍时效进行的法定事由消除后，再继续计算取得时效期间。时效期间中止的目的是将权利人由于法定事由而不能行使其权利、不能自我保护或难于自我保护的时间排除在取得时效期间之外。各国立法对取得时效中止的事由（或时效不完成事由）通常不另作专门规定，而是准用消灭时效（诉讼时效）中止的规定。

（2）取得时效期间的中断。这是指在取得时效期间进行中，因发生一定的法定事由，致使已经经过的时效期间归于无效，待时效中断的事由消除后，时效期间重新起算。取得时效中断的目的在于督促真正的权利人行使权利，阻止非权利人取得权利。取得时效的中断事由，除法律另有规定外，亦准用消灭时效的中断规定。据此规则并依我国法律的相关规定，取得时效期间中断的事由主要有他主占有的承认、权利人向占有人主张其权利和提起诉讼三种。另外，一般认为占有人自愿抛弃或任意中止其占有，或者占有物被他人侵夺达1年以上而占有人未主张占有之回复的，也发生取得时效期间中断的效果。

（四）所有权以外的其他财产权的取得时效

取得时效不仅适用于所有权，而且得适用于其他财产权。许多国家立法规定，所有权以外的财产权的时效取得，准用动产或不动产所有权时效取得的规定。但对可以适用取得时效的“所有权以外的财产权”的范围，仍旧存在争议。一般认为，非以占有为要件的财产权（如抵押权、知识产权等），无从适用取得时效。可适用取得时效的其他财产权，主要是指用益物权，也就是说，以行使某种用益物权的意思，和平、公然、持续占有标的物并行使该权利达一定期间者，得准用所有权取得时效的规定而取得该财产权。[2] 至于动产质权与留置权是否可依时效取得，有学者持肯定态度，但我们认为，考虑到动产质权与留置权的成立要件和取得时效的期限较长等因素，此类担保物权的时效取得并无多少实际价值。

七、国家征收

（一）国家征收的意义

所谓征收，是国家以行政权力强制性地取得其他主体的不动产所有权的行为。征收的特点是：征收的主体限于国家，由政府代表国家进行，其他任何组织均无权为之；征收的对象为其他组织、个人的不动产；征收具有强制性，是一种公法上的行政行为，属于政府行使行政强制权，不以被征收人的意志为转移，被征收人必须服从；征收的目的，限于公共利益的需要，而不得出于商业目的；征收应依法律规定的程序进行，并给予被征收人公平、合理的补偿。

---

〔1〕 参见梁慧星主编：《中国物权法研究》（下），法律出版社1998年版，第1121页。

〔2〕 参见王利明主编：《中国物权法草案建议稿及说明》，中国法制出版社2001年版，第232~233页。

为顺利实现国家的社会公共管理职能，满足社会公共利益的需要，各国法律上均有关于国家征收私人、团体的财产的规定。不过，各国法律上关于征收的具体规定，有一定的差异。为妥善协调国家和民众、公共利益和私人利益的关系，防止政府滥用征收措施而侵犯、损害私人的利益，各国法律都对国家征收行为限定了严格的条件：一是必须基于“公共利益”的需要；二是必须依照法律规定的权限进行；三是必须符合法律规定的程序；四是必须给予被征收人公平、合理的补偿。其中最为重要的两个方面，是“因公共利益的需要”和“公正补偿”。[1]

改革开放以来，我国的社会生产力有了极大的提高，社会结构和城乡面貌有了翻天覆地的变化，相应的公共设施建设任务也十分繁重，因此，征收措施被较多地和经常地采用。由于征收问题关系到广大人民群众的切身利益，加之我国在征收措施的实施过程中确实存在不少问题，因此为社会所普遍关注，法律上也需要对国家征收集体土地和单位、个人的房屋等问题作出明确规定。

（二）征收的条件、程序与补偿

我国《宪法》第10条第3款规定：“国家为了公共利益的需要，可以依照法律规定对土地实行征收或者征用并给予补偿。”《土地管理法》第2条第4款重申了这一规定。鉴于征收是一种极为特殊的所有权变动方式，同时也是国家所有权产生的原因之一，因此《民法典》对征收问题也作了原则性的规定。第243条规定：“为了公共利益的需要，依照法律规定的权限和程序可以征收集体所有的土地和组织、个人的房屋以及其他不动产。征收集体所有的土地，应当依法及时足额支付土地补偿费、安置补助费以及农村村民住宅、其他地上附着物和青苗等的补偿费用，并安排被征地农民的社会保障费用，保障被征地农民的生活，维护被征地农民的合法权益。征收组织、个人的房屋以及其他不动产，应当依法给予征收补偿，维护被征收人的合法权益；征收个人住宅的，还应当保障被征收人的居住条件。任何组织或者个人不得贪污、挪用、私分、截留、拖欠征收补偿费等费用。”第244条规定：“国家对耕地实行特殊保护，严格限制农用地转为建设用地，控制建设用地总量。不得违反法律规定的权限和程序征收集体所有的土地。”

根据上述规定，征收的条件、程序如下：

1. 征收必须是为了公共利益的需要。这也是各国立法上的通行规定。但究竟何谓“公共利益”以及法律上应如何具体界定，在立法过程中曾产生重大争议，最终确定的方案是基本法上对此不作具体规定。[2] 2011年1月国务院发布的《国有土地上房屋征收与补偿条例》第8条规定，为了保障国家安全、促进国民经济和社会发展等公共利益的需要，有下列情形之一，确需征收房屋的，由市、县级人民政府作出房屋征收决定：①国防和外交的需要；②由政府组织实施的能源、交通、水利等基础设施建设的需要；③由政府组织实施的科技、教育、文化、卫生、体育、环境和资源保护、防灾减灾、文物保护、社会福利、市政公用等公共事业的需要；④由政府组织实施的保障性安居工程建设的需要；⑤由政府依照城乡规划法有关规定组织实施的对危房集中、基础设施落后等地段进行旧城区改建的

---

〔1〕 参见中国物权法研究课题组编著：《中国物权法草案建议稿 条文、说明、理由与参考立法例》，社会科学文献出版社2000年版，第192页；胡康生主编：《中华人民共和国物权法释义》，法律出版社2007年版，第101~102页。

〔2〕 参见胡康生主编：《中华人民共和国物权法释义》，法律出版社2007年版，第102页。《民法典》中维持了这种做法，亦未对公共利益作出具体界定。

需要；⑥法律、行政法规规定的其他公共利益的需要。多数学者认为，这一界定是比较允当的。

应当注意的是，在“公益征收”之外，我国法律上还规定了因房地产开发等需要而将集体所有的土地依法征为国有再行出让的征收，此种征收可以被称为“商业征收”或“非公益征收”,〔1〕其条件、程序、补偿标准等均与“公益征收”不同，应严格禁止以公益征收之名行商业开发之实的行为。

2. 征收必须依照法律规定的权限和程序进行。就征收土地的权限而言，根据《土地管理法》第46条的规定，征收永久基本农田、永久基本农田以外的耕地超过35公顷的或者其他土地超过70公顷的，应当由国务院批准；征收上述土地之外的土地，应当由省、自治区、直辖市人民政府批准。征收农用地的，还应当依法先行办理农用地转用审批手续。就征收程序而言，根据《土地管理法》第47条的规定，国家征收土地的，依法定程序批准后，由县级以上地方人民政府予以公告并组织实施。被征收土地的所有权人、使用权人应当在公告规定期限内，持不动产权属证明材料到当地人民政府土地行政主管部门办理补偿登记。《中华人民共和国土地管理法实施条例》（以下简称《土地管理法实施条例》）中还对征收土地的程序问题作有更详细的规定。《民法典》第244条对严格保护耕地，禁止违法征收土地作了进一步的强调。

3. 应当依法给予被征收人公平合理的补偿，维护被征收人的合法权益。在《物权法》（已失效）和《民法典》的立法过程中，针对现实生活中存在的征收土地的补偿标准过低、补偿不到位、侵害被征收人利益等问题，许多人建议对征收补偿问题作出具体规定。为此，《物权法》（已失效）第42条第2、3款对征收的补偿原则和补偿内容作了明确规定，《民法典》总则编第117条则首次在立法上明确了对征收“应当给予公平、合理的补偿”。考虑到各地发展不平衡，具体的补偿标准和补偿办法，宜由《土地管理法》等有关法律、法规根据《民法典》规定的补偿原则和补偿内容作出具体规定。

整体来看，我国《民法典》关于征收问题的规定是既积极又稳妥的，在现有规定的基础上有所发展，对被征收人合法权益的保护水平也有所提高。但这些原则性的规定，仍待有关法律、法规加以具体规定和落实。〔2〕

（三）征收与征用的区别

征用，是国家出于紧急状态的需要而强制使用单位、个人的财产的行为。许多国家的法律都对征用问题作有规定，我国《宪法》以及《土地管理法》《中华人民共和国防震减灾法》（以下简称《防震减灾法》）、《中华人民共和国防洪法》（以下简称《防洪法》）、《中华人民共和国传染病防治法》（以下简称《传染病防治法》）、《中华人民共和国药品管理法》（以下简称《药品管理法》）、《中华人民共和国国防法》（以下简称《国防法》）、《中华人民共和国戒严法》（以下简称《戒严法》）、《中华人民共和国国家安全法》（以下简称《国家安全法》）等法律中也对征用有所规定。考虑到征用也是对所有权的限制，且事后会发生返还及补偿问题，民法上也应对其作出规定，故此，《民法典》除在第117条中规定“征收、征用不动产或者动产的，应当给予公平、合理的补偿”外，还对征用问题单列一条（第245条）作出了规定：“因抢险救灾、疫情防控等紧急需要，依照法律规定的权

---

〔1〕参见《土地管理法》第44、63条，《城市房地产管理法》第9条。

〔2〕我国《土地管理法》第48条及《土地管理法实施条例》中对征收土地的补偿标准问题作有规定。但该标准偏低，已不能适应当前的情况，亟待修改。

限和程序可以征用组织、个人的不动产或者动产。被征用的不动产或者动产使用后，应当返还被征用人。组织、个人的不动产或者动产被征用或者征用后毁损、灭失的，应当给予补偿。”

虽然征收和征用都是政府通过法定权限和程序对组织和个人财产所有权的剥夺或限制，都具有公权性和行政强制性，但二者也存在明显的差异：①适用的条件不同。征收是基于“公共利益的需要”；而征用则是基于“抢险救灾、疫情防控等紧急需要”。②适用的对象不同。征收的对象仅限于不动产；而征用的对象不仅可以是不动产，也可以是动产。③法律效果不同。征收的结果是国家取得被征收财产的所有权，不存在返还的问题；而征用的目的和结果是国家仅取得对标的物在特定时间和特定需要下的使用权，事后发生标的物的返还问题。④补偿标准不同。征收中应当对被征收人就不动产产生的损失及可得利益损失等给予公平、合理的补偿，其补偿标准一般较高；而在征用的情况下，主要考虑补偿被征用人所受到的直接损失，动产被征用后毁损、灭失的，还应补偿标的物本身的损失，但征用中的补偿通常不及于可得利益的损失，其补偿标准相对较低。

第三分编　用益物权

第一章　用益物权总论

第一节　用益物权概述

一、总说

《民法典》第323条规定："用益物权人对他人所有的不动产或者动产，依法享有占有、使用和收益的权利。"依据该规定，学理上可以将用益物权定义为直接支配标的物的使用价值而以对标的物进行占有、使用和收益为内容的他物权。与同样作为物权的所有权、担保物权相比，用益物权具有如下几方面的特征：

1. 用益物权是他物权、限制物权。这是用益物权与所有权的本质区别，所有权作为自物权和完全物权，是权利人对标的物的全方面和最高的支配，在不违反法律的规定和不侵犯他人权利的基础上得自由处分标的物，也即不受任何人的限制。用益物权作为限制物权、不完全物权，仅仅是对标的物进行一定程度上的支配，而不是全方面的支配。用益物权作为他物权，实质上是所有人将其所有权的某些权能在一定期限内让渡给他人进行行使，是由所有权派生或者说是引导出来的权利，其具体权利是由所有人所决定的。当然基于物权法定原则，所有人应当在物权法允许的范围内决定用益物权的内容。例如，用益物权人之用益物权的具体期限往往就是由所有人和用益物权人通过设立契约具体约定的，再例如地役权之行使方式、行使地点等也是由所有人和地役权人通过设定地役权契约所具体约定的。因此用益物权在其内容上与租赁合同所形成的债权具有相似性，所不同的主要是用益物权作为物权的一种，属于绝对权、对世权从而得以对抗第三人。当然基于买卖不破租赁的例外性规定，租赁合同所产生的债权也取得了部分物权的效力（学理上称之为债权的物权化），在这种情况下，用益物权与租赁合同之债的相似性就更大了。我国在某些用益物权上采纳了"登记对抗主义"的立法例，这使得对用益物权和合同之债的区分更加困难。

2. 用益物权以对标的物的使用、收益为主要内容。这一权利内容使用益物权与同属于他物权的担保物权得以区别开来。用益物权是所有人将其所有权的使用、收益权能在一定期限内让渡给用益物权人而产生出来的权利，在该权利存续期间内，用益物权人得对标的物类似于所有人那样进行使用和收益。就标的物的使用和收益的方法而言，各种具体用益物权有所不同，如土地承包经营权的权利人对于所承包的土地的使用限于从事农业生产的目的，而建设用地使用权的权利人对于建设用地只能为了建筑建筑物而加以利用，居住权人对于作为其客体的住宅只能为了满足生活需要而进行使用，甚至不享有收益的权利（《民法典》第366条）。地役权人则仅在某种程度上对标的物加以利用，地役权作为役权的一种，其本身并不能排除所有人对于标的物的利用。

为了对标的物进行利用，往往需要对标的物进行占有，因此用益物权也往往包含着对标的物进行占有的权能。不过这也有例外，地役权这种用益物权本身不包含对标的物进行占有的权利，盖地役权人对标的物的利用不是一种全面利用，而仅仅是为了提升自己土地的利用价值而在某种程度上的利用。因此，用益物权人对标的物的占有属于有权占有，其不但可以主张占有保护，也可以基于其本权行使《民法典》第235条与第236条所规定的标的物返还请求权、妨害排除请求权和消除危险请求权等物上请求权。与所有人有所不同，用益物权人不得对标的物本身进行处分，既不得进行事实上的处分也不得进行法律上的处分。用益物权人须按照物之性质对标的物进行利用，不得使标的物毁损或者灭失，否则即侵害到所有人的权利，应当承担相应的责任。用益物权人亦不得将标的物予以转让、抵押等，否则即构成了无权处分。当然用益物权人可以处分其用益物权本身，如建设用地使用人得将建设用地使用权予以转让和抵押等，但是不能将土地本身予以转让或者抵押。即便是对标的物的使用、收益等，用益物权人与所有人也有所不同，用益物权人对标的物的使用、收益须依据法律和设立契约关于该种用益物权的内容进行，而非全方面的利用。例如，土地承包经营权人只能根据承包合同的约定在土地上从事特定的农业生产活动，而宅基地使用人只能在土地上建设自用住宅并以此为目的进行利用等，而所有人原则上得对其标的物进行任何为法律所不禁止的利用。

3. 用益物权在我国《民法典》上主要是以不动产为客体。自理论以言，用益物权既可成立于动产之上，亦可以成立于不动产之上，还可以成立于权利之上，从而在比较法上有所谓不动产用益物权、动产用益物权和权利上的用益物权之分。然而在司法实践上，用益物权则以不动产用益物权为主，特别是土地上的用益物权。《民法典》之所以如此规定，主要是基于三方面的考虑：首先，动产用益物权不便于公示，这对交易安全有所不利。由于到目前为止，动产物权的公示方式主要是占有，而用益物权人亦需要对标的物进行占有，这样用益物权人的权利被予以公示，而所有人之所有权则无法再行被公示，一旦用益物权人对标的物进行处分，那么权利受让人即可基于善意取得制度而取得权利，所有人的权利将无法得到保障。相反不动产物权的公示方式为登记，所有人的所有权和用益物权均可以通过登记予以公示，即便是用益物权人占有该不动产，所有人的所有权亦不会因此而受有威胁。其次，动产的价值往往较小，若某人想要利用该项不动产，往往是通过购买标的物以取得所有权的方式，而无需通过设立用益物权这一非常复杂的方式进行。不动产则有所不同，其价值巨大，很多人虽然有利用的需求但是没有能力支付全部价款予以购买，而只能通过支付一定比例的使用费以获得比租赁具有更强保障的用益物权的方式进行。对于不动产的所有人而言，自己虽然现在不需要利用该不动产，但是往往也不愿意将该不动产卖掉而是要为其子孙后代留下一份产业，因而也愿意选择为他人设定用益物权的方式，将标的物交给他人利用以获得相应的对价。最后，很多动产属于消耗物，多经一次使用就归于消灭，用益物权则要求权利人在维持标的物的实体的前提下对标的物进行利用，因此对这样的动产根本无法成立用益物权。

自解释论述，并非仅仅将用益物权限制在《民法典》物权编所明确列举的五种（含土地经营权则为六种）以不动产为客体的用益物权之上。依据李永军教授的研究，在我国动产之上成立用益物权既有实证法的支撑，又有其理论基础与实践意义。李永军教授认为，我国《民法典》其实采取了“物权法定主义缓和”的态度，因为：在物权编之“用益物权”之下，有一个“总则”（一般规定），其规定得非常清楚：在不动产和动产上都可以设定“以占有、使用和收益”为内容的权利。那也就是说，我国《民法典》明确规定动产上可以设定用益物权，所以，在动产上设立用益物权既有法律依据，符合“物权法定原则”，也有理论根据。在承认得以在动产之上设定用益物权的基础上，就动产用益物权设定之方式，李永军教授进一步指出：我国《民法典》物权编虽然没有明确规定动产用益物权的设定方式，但按照我国《民法典》之物权编的“一般规定”中的“动产物权的公示公信原则”，应当认为，我国《民法典》上动产用益物权的设定也必须适用第208条，即“不动产物权的设立、变更、转让和消灭，应当依照法律规定登记。动产物权的设立和转让，应当依照法律规定交付”。也就是说，应当采取“合意+交付的方式”。我国《民法典》没有在该条规定“合意”，但是，如果没有“合意”，仅仅是交付就不能确定该“交付”的真正意义和法律效果是转移所有权、债权性使用收益权（租赁），还是物权性使用收益权（用益物权）。因此，必须有合意，再加上转移占有（交付），如此才能在动产上设定用益物权。[1]

4. 用益物权原则上是有期限物权。这是用益物权与所有权的又一不同之处，所有权是一项永久性的权利，而用益物权则原则上是有期限的物权。在我国，除了宅基地使用权这一种用益物权的设定没有期限的限制，其他用益物权均有相应的期限要求，当事人设定用益物权只能在法律规定的期限内进行之，若超过了法律规定的最高期限，则用益物权的期限自动缩短为该法律规定的最高期限。之所以对用益物权设定期限，乃是防止对所有权造成过高的负担，若用益物权没有期限的话，那么所有人将永远无法再对标的物进行利用，从而使得所有权本身名存实亡，这违反了用益物权本身的目的和宗旨。

二、我国用益物权的类型

我国《民法典》目前规定了四种用益物权，在物权法定原则的约束下，若没有其他法律的规定增加新的用益物权种类，实务中只存在这四种用益物权。

（一）土地承包经营权与土地经营权

土地承包经营权是指民事主体基于承包经营合同对于集体所有的农业用地或者国家所有的交给集体使用的农业用地，以从事农业生产为目的而进行占有、使用、收益的用益物权。基于三权分置理论，我国《民法典》与《土地承包法》规定，土地承包经营权人可以为他人设定土地经营权，5年以上的土地经营权不登记不得对抗善意第三人。由此可以看出，土地经营权也系一种用益物权，盖其若经过登记则具有对抗一切第三人的效力，而没有登记的也具有对世效力，只是不能对抗善意第三人。

（二）建设用地使用权

建设用地使用权是因建造建筑物或其他工作物而对国家所有的或者集体所有的建设用地在一定期限内进行占有、使用、收益的用益物权。

（三）宅基地使用权

所谓宅基地使用权，是指农民集体成员对于农民集体所有的土地以建设和保有自用住宅为目的而进行占有、使用的用益物权。

---

〔1〕参见李永军：“论我国民法典上用益物权的内涵与外延”，载《清华法学》2020年第3期。

（四）居住权

《民法典》首次确立了居住权这种用益物权，第366条规定："居住权人有权按照合同约定，对他人的住宅享有占有、使用的用益物权，以满足生活居住的需要。"依据该规定，居住权是指自然人对于他人的住宅所享有的以生活居住需要为目的的占有、使用的用益物权。

（五）地役权

地役权系权利人为了利用自己享有权利之不动产的便利，而对他人享有权利之不动产进行一定程度的利用或者对该他人行使其不动产权利进行限制的一种用益物权。

三、准物权

（一）准物权的概念

所谓准物权，是指以物之外的其他财产为客体的因具有支配性、绝对性和排他性而类似于物权的民事财产权。准物权具有如下之特征：

1. 准物权以物之外的其他财产为权利客体。物权的客体是物，包括动产和不动产在内，所以准物权不属于物权的范畴。准物权与物权的制度性区别主要是由客体的特殊性所决定的。

2. 准物权在性质上与物权相类似。准物权与物权都属于支配权、绝对权和对世权，所以两种权利都具有保护上的绝对性、效力上的优先性和排他性等共同特性。

3. 准物权不是物权，但是关于物权的规范可以准用于准物权。尽管准物权在性质上类似于物权，但是其客体的特殊性决定了其仍然不属于物权，不能将物权的规范直接适用于准物权之上。不过，既然准物权与物权在性质上类似，可以将物权的法律规范准用于准物权之上。

（二）准物权的类型

1. 矿业权。矿业权包括探矿权和采矿权两种。所谓探矿权，是指依法经批准可以在特定区域内进行勘探并可优先在该区域内采矿的权利。所谓采矿权，是指依法经批准可以在特定区域内开采矿产资源并在符合法定条件时予以处分该项权利的民事财产权。

2. 渔业权。所谓渔业权，是指自然人、法人或者其他组织依照法律规定，在一定水域从事养殖或者捕捞水生动植物的权利。其中，自然人、法人或者其他组织依照法律规定，在一定水域从事养殖水生动植物的权利，叫作养殖权。自然人、法人或者其他组织依照法律规定，在一定水域从事捕捞水生动物的权利，称为捕捞权。

3. 水权。所谓水权，是指自然人、法人或者其他组织依照法律规定对于地表水和地下水等水资源享有的使用、收益的权利。

4. 海域使用权。所谓海域使用权，是指自然人、法人或者其他组织依照法律规定对于特定海域享有的使用和收益的权利。

（三）准物权对用益物权法律规范的准用

对于准物权，特别法有规定的应当适用特别法，而特别法没有规定的，可以依据其性质而准用《民法典》关于用益物权的规定。

第二节　用益物权的取得与变动

一、用益物权的取得

（一）基于法律行为取得

与其他物权相同，基于合同等法律行为取得用益物权是用益物权取得的最为主要的原因，该种取得属于继受取得，取得人须继受标的物上所存在的一切负担。

1. 用益物权设定。通过与所有人签订用益物权设立合同而第一次自所有权人处取得用益物权。该设立合同虽然名称不同，但本质内容相同。在采纳分离原则的立法例下，设定契约本身属于负担行为，不发生用益物权设定的效力，而仅仅产生所有人为用益物权人设定相应用益物权的义务，而取得人负担支付相应对价的义务的效力。所有人与用益物权取得人须再行实施用益物权设定的物权行为并进行相应的登记等公示行为，用益物权从登记之日起设定。相反，在采纳合一原则的立法例下，一个用益物权设定契约即为已足，登记则只作为对抗要件。

2. 用益物权让与。用益物权原则上是可以转让的，当然亦有的不可以转让，对于可转让的用益物权，可以通过转让的方式自原用益物权人处取得用益物权，这自不待言。我国目前的六种用益物权中，土地经营权、建设用地使用权这两种用益物权可以转让，土地承包经营权可以在集体组织成员内部进行转让和互换，宅基地使用权原则上不得转让，居住权作为人役权不得转让，而地役权作为从权利只能随着主权利的转让而转让。

用益物权的转让与财产所有权的转让一样，既可以是有偿的转让也可以是无偿的转让。对于用益物权的有偿转让，我国立法上和实践中使用的用语为“转让”，其本质上仍然是一种买卖，因此关于用益物权的转让合同引发的争议应当直接适用《民法典》合同编第九章关于买卖合同的规定。当然有偿转让还可以是“互换”（我国立法上和司法实践中使用的用语），其本质上则为互易，所签订的合同则适用互易合同的相关规定。用益物权的转让也可以是无偿的转让，此时转让人和受让人之间签订的转让合同在本质上为赠与合同，适用《民法典》关于赠与合同的相关规定。

同样，在采纳分离原则之立法例的国家，用益物权的让与，不但需要让与人与受让人缔结买卖、互易、赠与等合同（此合同仅为负担行为，出让人仅负担移转相应用益物权的义务，而不发生用益物权变动的效果）。合同双方当事人还需要实施让与合意（物权行为），并进行登记或者交付等公示行为，用益物权才发生变动。在采纳一体主义原则的立法例下，当事人仅需要缔结一项买卖、赠与、互易等契约，不需要再另外实施以物权变动为内容的物权合意了，但是没有经过公示则不得对抗善意第三人。在采纳折中主义的立法例下，则仅需要一个买卖、赠与、互易的合同，无需独立的物权合意，但是仍然需要进行登记或者交付等公示行为才发生物权变动的效果。

3. 遗嘱等其他法律行为。立遗嘱人不但可以通过遗嘱的方式转移财产所有权，而且还可以以遗嘱的方式在自己的财产上为他人设定用益物权，亦可以通过遗嘱的方式将自己享有的用益物权遗留给继承人或者继承人之外的其他人。

（二）基于法律行为以外的其他事实取得

1. 继承。除了个别用益物权仅为权利人个人专属外（如居住权），原则上用益物权可以继承。用益物权的继承与财产所有权的继承完全相同，均适用继承法的相关规定，于此不再详述。

2. 时效取得。在承认取得时效的立法体例下，可以通过时效而取得用益物权。我国立法上并不承认取得时效，故我国无法通过该种方式取得用益物权。

3. 法院的强制执行等原因。作为财产权之一种，法院亦得对用益物权进行强制执行从而使申请执行人取得该项用益物权。国家也可以通过征收、没收等方式取得自然人、法人所享有之用益物权。

二、用益物权的转移

与所有权之转移一样，用益物权之转移实际上是用益物权取得的一种形式，故此不再赘述。

三、用益物权的消灭

（一）期限届满

如前所述，大多数用益物权均有存续期限，期限届满则用益物权自动消灭。依据《民法典》的规定，用益物权期限届满的，当事人双方一般仍然可以通过协议的方式予以续期。所谓续期，在本质上是重新签订用益物权的设立契约从而重新创设一个与原用益物权相同的新用益物权，其具体内容则需依据“续期”契约加以确定。续期本质上是设立用益物权的法律行为（契约），因此应当符合物权设定行为的全部要件，即需要有效的契约（协议）并进行登记等公示行为，未经登记的，以登记为生效要件的用益物权则不发生续期的效力，而以登记为对抗要件的用益物权则不发生对抗善意第三人的效力。

（二）权利人放弃其用益物权

财产权原则上均可放弃，用益物权自不例外。权利人放弃其用益物权的行为属于有相对人的单方法律行为，权利人应当以意思表示的方式对所有权人或者所有权人的代理人实施。尽管我国法律没有规定，但是笔者认为权利人放弃其权利应当遵循与设立权利相同的形式，因此若设立权利要求书面形式的，那么放弃权利也须以书面形式为之。由于权利人放弃其用益物权属于以法律行为引起的物权变动，对于已经登记的用益物权需要进行注销登记，否则以登记为生效要件的用益物权不发生物权消灭的效果，以登记为对抗要件的用益物权则不得对抗善意第三人。

（三）标的物灭失

标的物灭失对用益物权与担保物权产生的影响不同，用益物权是对标的物的实体加以利用的权利，因此若标的物灭失的，用益物权当然归于消灭；而担保物权是对标的物的价值加以支配的权利，故标的物之实体的灭失并不影响其存续，只要其价值没有彻底灭失即可，此即担保物权的物上代位性。

（四）混同

物权法上的混同是指他物权与所有权同归一人所有的事实。由于用益物权是对他人标的物进行利用的一种权利，因此若用益物权和所有权同归一人所有，则用益物权因无存在之必要而归于消灭。不过需要说明的是，在承认所有人用益物权的立法例（如德国）下，用益物权并不因为与所有权同归一人而归于消灭，而是产生所有人用益物权。虽然我国法律没有明确承认所有人用益物权，但是我们认为对于居住权和地役权这两种情形，基于法律目的性考量应当承认所有人居住权和所有人地役权，故混同并不应当直接产生使居住权和地役权消灭的效果；至于其他用益物权，则没有承认所有人用益物权之必要，故混同应当作为其消灭的原因。

（五）征收

国家征收属于原始取得的一种方式，因此国家征收会使存在于标的物上的用益物权和担保物权均归于消灭。当然国家如果进行征收，须对因此而受有损失的人予以补偿，除了所有人因失去所有权而受有损失，用益物权人亦因征收而失去了用益物权，故亦应对其予以补偿。《民法典》第327条规定，因不动产或者动产被征收、征用致使用益物权消灭或者影响用益物权行使的，用益物权人有权依据《民法典》第243条、第245条的规定获得相应补偿。也就是说，国家征收土地等用益物权客体的，不但要给予所有人相应补偿，而且由于用益物权也因征收而消灭，也应给予用益物权人相应的补偿。即，在一标的物上有用益物权时，国家征收补偿金应当区分为两部分，一部分给予用益物权人，另一部分则给予标的物之所有人。

第二章 土地承包经营权与土地经营权

第一节 概述

一、土地承包经营权概念与特征

（一）概念

土地承包经营权是指民事主体基于承包经营合同对于集体所有的农业用地或者国家所有由集体使用的农业用地，以从事农业生产为目的而进行占有、使用、收益的用益物权。

（二）特征

1. 土地承包经营权之客体是集体所有或者国家所有由集体使用的农业用地。《民法典》第330条第2款规定，农民集体所有和国家所有由农民集体使用的耕地、林地、草地以及其他用于农业的土地，依法实行土地承包经营制度。据此规定，并结合《土地管理法》与《农村土地承包法》的相关规定可以得出这样的结论：首先，土地承包经营权只能建立在农业用地上，在建设用地和其他项目用地上不能设立土地承包经营权。当然，建设用地和其他项目用地依照法定程序变更为农业用地之后，即可设立土地承包经营权。其次，土地承包经营权主要建立在农民集体所有的农业用地上。一方面就农业用地而言，其主要是归农村集体所有；另一方面土地承包经营权实际上是解决农民使用本集体组织所有的土地从事农业生产问题的法律形式，因此土地承包经营权主要建立在集体所有的农业用地上。对于国家所有的部分农业用地的利用，目前存在两种形式：一种是由国有企业进行经营管理（国有农场或者其他国有农业公司等）；另一种方式则是将该农业用地交给农村集体组织管理和使用，集体组织则也采取承包的方式将土地交由其组成成员或者其他人经营管理。后一种方式主要适用于国家已经通过征收的方式取得了集体所有之农地的所有权，但是尚不需要对该农地进行开发和使用的情形。

2. 权利内容必须是以从事种植业、林业、畜牧业等农业生产为目的。所有的用益物权都是以权利人对标的物进行利用为内容，将各种用益物权区别开来的则是具体的不同利用方式，土地承包经营权的内容是权利人得对其所承包的农业用地以从事特定农业生产为目的而进行占有、使用和收益。当然，土地承包经营权人对自己享有承包经营权的土地并不是可以从事所有的农业生产，相反必须依据自己承包之农业用地的具体类型和具体的承包合同的约定从事某一类型的农业生产。若所承包的土地为耕地则只能从事种植业；若承包的土地为林地则只能从事林业生产，即种植树木并通过砍伐树木或者采摘其果实获得相应的收益；若承包的土地为草场等则只能从事畜牧业；若承包的是鱼塘等则应当从事养殖业；等等。这也正是用益物权人对标的物的利用与所有人对标的物的利用的根本区别所在。

3. 权利主体仅限于农村集体经济组织的成员。在我国，土地承包经营权除了作为普通的财产权之外，尚且担负着农民维持基本生产资料从而维持其生计的社会功能与政治功能，最初只允许本集体组织成员承包本集体的土地从事农业生产。但是随着经济体制改革的深入以及城市化进程的推进，一方面大量的农民不再从事农业生产因而不需要承包土地，另一方面承包的土地需要进入市场以实现生产要素的最佳配置，这样承包土地的人就不能再局限于本集体组织的成员，甚至不能局限于农民，而是应当允许所有的民事主体包括自然人、法人等均得享有土地承包经营权以从事农业生产。因此2002年公布的《农村土地承包法》（后经2009年、2018年两次修正）明确了土地可以由集体组织以外的单位和个人予以承包，但是为了维护本集体组织的农民利益，也对其进行了一定程度上的程序性限制。依据2002《农村土地承包法》第48条的规定，农民集体所有的土地由本集体经济组织以外的单位或者个人承包经营的，必须经村民会议2/3以上成员或者2/3以上村民代表的同意，并报乡（镇）人民政府批准。但是2018年12月29日修正后《农村土地承包法》在引入三权分置理论之后，将土地承包经营权的主体再次限制为本集体经济组织的成员，只有本集体经济组织成员才能通过家庭承包方式取得土地承包经营权。依据《农村土地承包法》第48、49条之规定，不宜采取家庭承包方式的荒山、荒沟、荒丘、荒滩等农村土地，通过招标、拍卖、公开协商等方式承包，但是承包人取得的不再是“土地承包经营权”而是“土地经营权”。再结合《农村土地承包法》第34条之规定，即土地承包经营权的转让和互换只能在本集体组织内部的成员之间进行，我们完全可以得出非集体组织成员的自然人、法人、非法人组织均无法取得土地承包经营权，只能通过取得“土地经营权”的方式对集体农业用地加以利用的结论。

4. 土地承包经营权虽然具有处分权能，但是却受到较大的限制。用益物权人自然不得对标的物进行处分，但是原则上其得以处分用益物权本身，这实际上是一切财产权的共同属性，但是各种用益物权因其功能不同，其处分权能各有不同。依据《农村土地承包法》和《民法典》的规定，承包经营权人虽然可以在一定范围内处分其承包经营权，但是与建设用地使用权相比较而言，受到了较大的限制。就承包经营权的转让而言，只能限于本集体组织成员内部；其融资担保亦只能以土地经营权的形式为之，而不能直接以土地承包经营权设定抵押权。当然，土地承包经营权人得放弃其土地承包经营权，并得以为他人自由设定土地经营权。

二、土地承包经营权的制度价值

（一）进一步强化承包经营权的物权地位

虽然理论上一直将土地承包经营权作为一项用益物权来对待，但是一直到2007年《物权法》公布生效以前，并没有法律将土地承包经营作为物权对待，司法实践中往往将承包经营权作为由承包经营合同所产生的一项相对性权利来对待。《民法典》在此基础上进一步加强了其物权法地位。

（二）促进土地承包经营权的流转

《物权法》允许土地承包经营权在一定条件下予以流通，但是仍然设置了如下诸多障碍：

1. 土地承包经营权的转让需要取得发包方的同意。

2. 不得用以家庭承包等方式取得的多数土地承包经营权设定抵押权等作为融资的工具。

3. 以家庭承包等方式取得的多数承包经营权也不得用以投资入股设立公司。在社会主义公有制的经济基础上，在确保农民不失去土地的前提下，在保障社会基本公平的约束下，更好地实现农业农地的市场化以提升经济效率和还权利于农民，《农村土地承包法》与《民法典》通过农地三权分置的方法，虽然原则上禁止土地承包经营权的转让（仅限于本集体经济组织成员内部的转让与互换)，但允许设立土地经营权以及允许土地经营权的再转让与抵押，实现市场化，给农民更多的选择权。

(三) 更好地保护农民的权益

《民法典》在将土地承包经营权认定为物权的基础上，进一步分离出经营权，并加强流通，让承包户有更多的选择权，更加周到地保护了承包户的利益。

第二节 土地承包经营权之内容

权利的内容也可以说是权利的效力，即权利人享有哪些具体的权利，若其权利受到侵害则可以获得什么样的救济。就用益物权而言，其内容涉及两方面：其一，权利人对标的物得实施何种支配行为，而权利人之外的所有人都是义务人，均须尊重权利人之权利，否则即属于侵害用益物权人之权利，权利人得行使物上请求权，若构成了侵权行为则须负损害赔偿责任。其二，用益物权涉及权利人和标的物之所有人之间的关系，即用益物权人与所有人之间的权利义务关系。

一、承包经营权人的权利与义务

(一) 承包人的权利

1. 以农业生产为目的对土地进行占有、使用和收益的权利。作为用益物权人，土地承包经营权人首先得对其所承包的土地进行占有、使用和收益。不但土地的所有人（即发包人）不得干涉，任何第三人均不得干涉，否则土地承包人即得行使返还原物请求权、妨害停止请求权、妨害预防请求权等物上请求权，若第三人的行为符合侵权行为的要件，则承包经营权人得依据《民法典》请求其承担损害赔偿等责任。在这方面，土地承包经营权与土地所有权完全相同。与土地所有权不同的是，承包经营权人对土地的使用和收益仅限于农业生产方面，不得对土地为其他利用，如不得在土地上从事建筑活动等。土地承包经营权人非但不得从事农业产生以外的行为，而且即便是农业生产也须在承包经营合同约定的范围之内进行，如合同约定只能从事种植业的，则不得在土地上从事畜牧业等其他农业生产。对于土地的占有、使用和收益的权利，承包经营权人既可以自己行使，也可以通过合同等将土地交给他人使用，如通过租赁合同等将该土地交付给他人进行使用，而自己则依据合同收取相应的租金等。

2. 为必要的附属行为的权利。尽管土地承包经营权系权利人以从事农业生产为目的而对土地进行占有、使用和收益的权利，但是为了从事相应的农业生产，土地承包经营权人可能还需要实施一系列辅助性的行为，此时承包经营权人自得实施。例如，为了将自己种植的粮食等运输出去，承包经营权人得在土地上开辟道路；为了灌溉自己种植的农作物，承包经营权人得在土地上设置水井以抽取地下水；在需要大规模的农业工人从事农业生产时，则可以在土地上建筑临时性的工棚供工人等居住。

3. 对承包经营权的处分权。土地承包经营权作为用益物权，其权利人不具有处分标的物的权利，因此不得对土地本身进行事实上的处分，也不能对土地的所有权进行处分。但是其作为财产权之一种，土地承包经营权人得在一定程度上处分其本身。其一，土地承包经营权人得为他人设定土地经营权，以土地经营权出资入股设立公司、合伙企业等（《民法典》第339条）；其二，土地承包经营权人得以“土地经营权”为债权人设定担保从而进行融资（《农村土地承包法》第47条）。就土地承包经营权的转让而言，虽然《民法典》

第334条规定土地承包经营权人依照法律规定可以将土地承包经营权互换与转让，然而依据《农村土地承包法》第33条与第34条的规定，无论是互换还是转让土地承包经营权都只能限于本集体经济组织成员内部，也即只能将土地承包经营权在本集体经济组织的其他农户之间进行互换或者转让给其他农户。因此，土地承包经营权只能被本集体经济组织成员享有，本集体组织成员之外的民事主体只能通过土地经营权（物权）的方式或者以租赁等债权的方式利用集体农业用地以从事农业生产。

（二）承包人的义务

1. 依照承包经营合同支付承包费的义务。采取家庭承包方式进行承包的属于无偿承包，然而采取其他承包方式进行承包的则为有偿承包，承包人须按照承包经营合同的约定支付相应的承包费，若承包人不按照合同约定支付承包费，并且经过催告仍然不支付的，发包方可以解除承包合同、收回土地，并要求承包方承担相应的违约责任。

2. 维持土地的农业用途，不得用于非农建设。承包经营权系以农业生产为目的而对土地进行占有、使用和收益的权利，因此承包经营权人只能对土地进行农业利用。

3. 依法保护和合理利用土地，不得给土地造成永久性损害。这是一切用益物权人的共同义务，即不得对标的物之实体造成超过其正常用益带来的合理耗损之外的其他损害。

二、发包人的权利和义务

（一）发包人的权利

1. 监督承包方依照承包合同约定的用途合理利用和保护土地。承包经营权人必须按照承包合同为其所设定的用途来对土地进行占有、使用和收益，超出该范围而对土地进行利用则违反了合同的义务，构成违约行为，而且还侵害了土地所有人的所有权。为了防止这样的现象发生，作为土地所有人的发包人有权利监督承包经营权人对土地的利用。

2. 制止承包方损害承包地和农业资源的行为。在承包经营权人违反承包合同所规定的目的而对土地进行利用时，发包人得行使妨害排除请求权，在有此行为之虞时得行使妨害预防请求权。

3. 依法终止土地承包经营权从而收回土地。终止土地承包经营权的权利属于形成权，发包人终止承包经营权的行为属于单方法律行为，在意思表示到达承包经营权人时发生效力，承包经营权归于消灭，若承包经营权已经登记，未经注销登记不得对抗善意第三人。发包人终止承包经营权从而收回土地的权利必须严格限于承包经营权人严重违反承包合同从而对土地造成重大损失的情形或者其他法律有明确规定的特殊情形。若发包人行使终止权，承包经营权人认为发包人没有该项权利的，可以向法院提起确认之诉。

（二）发包人的义务

1. 维护承包方的土地承包经营权，不得非法变更、解除承包合同。《民法典》第337条规定："承包期内发包人不得收回承包地。法律另有规定的，依照其规定。"第336条规定："承包期内发包人不得调整承包地。因自然灾害严重毁损承包地等特殊情形，需要适当调整承包的耕地和草地的，应当依照农村土地承包的法律规定办理。"《农村土地承包法》第28条规定，承包期内，发包方不得调整承包地。承包期内，因自然灾害严重毁损承包地等特殊情形对个别农户之间承包的耕地和草地需要适当调整的，必须经本集体经济组织成员的村民会议2/3以上成员或者2/3以上村民代表的同意，并报乡（镇）人民政府和县级人民政府农业农村、林业和草原等主管部门批准。承包合同中约定不得调整的，按照其约定。

发包方违法实施收回土地、擅自终止承包合同等行为的，其一，发包方构成了违约，应当承担相应的违约责任。其二，承包经营权系物权，具有对抗包括所有人在内的一切第三人的效力，故行使权利受到所有人妨害的承包经营权人还得以行使《民法典》第235条与第236条所规定的物上请求权。其三，土地承包经营权作为物权显然属于《民法典》第1165条所规定的“民事权益”，从而可以成为侵权行为的客体，故发包人的行为符合侵权行为之构成要件的，承包经营权人亦得请求其承担侵权责任。

2. 尊重承包方的生产经营自主权，不得干涉承包方依法进行正常的生产经营活动。

3. 依照承包合同约定为承包方提供生产、技术、信息等服务。该种义务与前两种义务相比较，并非土地承包经营权所固有的，而是土地承包经营合同所规定的义务，其本质上属于合同义务。

4. 执行县、乡（镇）土地利用总体规划，组织本集体经济组织内的农业基础设施建设。该项义务本质上与土地承包经营权没有关系，属于集体经济组织本身所固有的义务，是本集体经济组织成员所负担的组织法上的法定义务。

第三节 土地承包经营权的取得与变动

一、土地承包经营权设定

与所有的用益物权相同，土地承包经营权也是基于设定、转让、继承、法院强制执行等原因取得。这里主要介绍土地承包经营权之设定，其余的取得方式在用益物权总论一章及其他部分已有详述。

（一）土地承包方式

《农村土地承包法》第3条第2款规定，农村土地承包采取农村集体经济组织内部的家庭承包方式，不宜采取家庭承包方式的荒山、荒沟、荒丘、荒滩等农村土地，可以采取招标、拍卖、公开协商等方式承包。依据该规定，土地承包的方式共有两种：

1. 家庭承包的方式。家庭承包方式是指由本集体经济组织内部的成员以家庭为单位进行的且无偿取得土地之承包经营权的承包方式。家庭承包本集体土地是农村集体组织之成员所固有的权利，集体必须按照公平的原则将本集体组织的土地按照家庭成员数以家庭承包的方式发包给本集体组织成员。因此，土地承包经营权的主体系家庭而不是自然人个人，依据《民法典》第55条的规定，农村集体经济组织的成员，依法取得农村土地承包经营权，从事家庭承包经营的，为农村承包经营户，其也被简称为农户。

2. 家庭承包以外的其他方式。对于荒山、荒沟、荒丘、荒滩等不宜采取家庭承包方式的农村土地，可以通过招标、拍卖、公开协商等方式发包给本集体组织成员，也可以发包给本集体组织以外的自然人、法人或者其他组织。对于耕地、草场、林地等土地，集体组织通过少数服从多数的方式也可以决定不采取家庭承包的方式发包给本集体组织的成员，而是通过招标、拍卖、公开协商的方式发包给集体组织以外的自然人、法人或者其他组织，而此类承包者须支付相应的对价，即承包费。然而与2002《农村土地承包法》的规定有所不同，2018年《农村土地承包法》第49条规定：“以其他方式承包农村土地的，应当签订承包合同，承包方取得土地经营权……”由此可见，虽然其他方式的承包名义上仍然叫作承包，但是承包方所取得的是“土地经营权”而不是“土地承包经营权”。因此，根据现行法律之规定，土地承包经营权的设定只有家庭承包一种方式。

（二）签订土地承包合同

作为土地所有人的农村集体经济组织得为他人设定土地承包经营权，此为土地所有权人行使其对土地之处分权能的一种方式。农村集体经济组织为他人设定土地承包经营权须缔结设定契约——土地承包合同。依据《农村土地承包法》第 22 条第 1 款的规定，土地承包合同属于书面要式合同，因此当事人必须采取书面的形式，否则土地承包合同不成立。

依据《农村土地承包法》第 22 条第 2 款的规定，土地承包合同的主要条款有如下几项：①发包方、承包方的名称，发包方负责人和承包方代表的姓名、住所；②承包土地的名称、坐落、面积、质量等级；③承包期限和起止日期；④承包土地的用途；⑤发包方和承包方的权利和义务；⑥违约责任。其中前两项应当是土地承包合同的必要条款，若不具备这两项则土地承包合同不能成立更不能生效；后四项则为通常条款，若合同中没有这四项规定，则应当适用法律的任意规范；而若法律没有相应的任意规范，则视为合同有漏洞，依合同漏洞填补的方式为之。

（三）土地承包经营权的成立

与其他不动产物权变动有所不同，依据《民法典》第 333 条第 1 款和《农村土地承包法》第 23 条的规定，土地承包经营权的设定无需进行登记，土地承包经营权自土地承包经营合同生效时设定。另外，土地承包经营权设立与转让之规定不同，土地承包经营权的转让未经登记不得对抗善意第三人（《民法典》第 335 条）。该条规定的土地经营权设定模式与第 373、374 条所规定的地役权设定（详见后文）被一些学者认为是我国立法并不采纳德国法上物权变动的区分原则的有利证据。更有学者认为，此两种情形甚至连所谓的债权形式主义（或者说折中主义）也没有采纳，盖物权变动并不需要任何外在的形式，仅需要有一个作为债权行为的土地承包经营合同即可。[1]

但是在笔者看来，该规定尚不能作为否定区分原则的充分证据，因为除了将土地承包合同确定为单一的债权合同这一解释路径之外，尚有两种可以与区分原则相符合的解释路径：其一，将《民法典》第 333 条第 1 款所规定的“土地承包经营权合同”解释为物权合同（dingliche einigung）而非同买卖合同之类的债权合同；其二，可以认为该条所规定的书面合同虽然是债权合同，但是其中却同时包括了“设定承包经营权的物权合同”（dingliche einigung）。因此可以认为是当事人设定土地承包经营权的物权合意产生了土地承包经营权设定的法律效果，而非单纯的债权合意即引起了物权变动。如此解释，则要求在逻辑上一以贯之，对所有的《民法典》物权编所规定的引起物权变动的合同或者单方行为必须作相同的解释，包括建设用地使用权出让合同、居住权设定合同、地役权设定合同、抵押合同、质押合同等在内。但是土地承包经营权、土地经营权、地役权设定等仅需要有物权合意即可，登记不是其生效要件，而其他的不动产物权除物权合意之外尚需进行登记才能产生物权变动的效果。

我国立法上之所以不将登记作为土地承包经营权设定的生效要件、也不将其作为对抗要件，理由是“土地承包合同是一种集体决议，决议和分配过程已经具有公示作用了，而不一定非要适用登记生效。而且，由于承包经营权主要不是为交易而设立的权利，也就不存在保护善意第三人问题。因此，合同生效取得物权尽管与整个物权变动登记生效规则违背，在实践中也没有任何危害和法律风险”。[2] 再加上《农村土地承包法》将土地承包经营权的转让和互换都限制在了本集体组织成员内部，以登记作为公示的必要性就更小了。

---

〔1〕 关于物权变动之模式详细介绍，参见席志国：《中国物权法论》，中国政法大学出版社 2016 年版，第 102~114 页。

〔2〕 高富平主编：《民法学》，法律出版社 2009 年版，第 461 页。

（四）登记

尽管《民法典》既没有将登记作为土地承包经营权设立的生效要件、也未将其作为对抗要件，但是《民法典》第 333 条第 2 款与《农村土地承包法》第 24 条仍然规定，县级以上地方人民政府应当向土地承包经营权人发放土地承包经营权证、林权证、草原使用权证，并登记造册等证书，确认土地承包经营权。

然而需要注意的是，最高人民法院则倾向于仍然将土地承包经营权之设立解释为不登记不得对抗第三人。《最高人民法院关于审理涉及农村土地承包纠纷案件适用法律问题的解释》第 19 条规定，发包方就同一土地签订两个以上承包合同，承包方均主张取得土地承包经营权的，按照下列情形，分别处理：①已经依法登记的承包方，取得土地承包经营权；②均未依法登记的，生效在先合同的承包方取得土地承包经营权；③依前两项规定无法确定的，已经根据承包合同合法占有使用承包地的人取得土地承包经营权，但争议发生后一方强行先占承包地的行为和事实，不得作为确定土地承包经营权的依据。当然，在《土地承包法》修改以及《民法典》生效后，最高人民法院的上述司法解释是否继续维持其效力，尚待进一步的观察。

二、土地承包经营权转让

土地承包经营权作为用益物权，其权利人不能对标的物进行事实上的处分，但是作为财产权的一种，其土地承包经营权人也得以处分其承包经营权本身。即将土地承包经营权予以转让为他人设定土地经营权、地役权等用益物权，以土地经营权出资入股，以土地经营权为他人设定抵押权，等等。

《民法典》第 334 条规定，土地承包经营权人依照法律规定，有权将土地承包经营权互换、转让。所谓转让，即为买卖、赠与；而所谓互换即为互易。不过依据《农村土地承包法》第 33 条与第 34 条的规定，无论是互换还是转让土地承包经营权，都限于本集体经济组织成员内部，也即只能将土地承包经营权在本集体经济组织的其他农户之间进行互换或者转让给其他农户。承包经营权人通过转让、互换等方式将承包经营权转移给他人的，承包期限为该承包经营权的剩余期限。经发包方同意，承包方可以将全部或者部分的土地承包经营权转让给本集体经济组织的其他农户，由该农户同发包方确立新的承包关系，原承包方与发包方在该土地上的承包关系即行终止。

依据《民法典》第 335 条和《农村土地承包法》第 35 条之规定，土地承包经营权转让、互换的，双方当事人应当签订书面合同，土地承包经营权从转让合同生效时发生转移，但是没有经过登记的不得对抗善意第三人。

三、土地承包经营权消灭

（一）期限届满

作为用益物权，承包经营权是有期限的物权。若承包经营权的期限届满的，则该承包经营权归于消灭。依照《民法典》第 332 条第 1 款的规定，耕地的承包期一律为 30 年；草地的承包期为 30 年至 50 年，具体期限则由承包合同加以确定；林地的承包期为 30 年至 70 年，具体期限则由承包合同加以确定。

依据《民法典》第 332 条第 2 款的规定，土地承包经营权期限届满的，承包人经营权人依照农村土地承包的法律规定继续承包。因此若期限届满，承包人提出继续承包该土地的，发包人原则上不得拒绝。不过，承包人继续承包原土地的，本质上属于重新承包土地，须重新签订承包合同。若承包人在承包期限届满后不再续包的，则土地承包经营权消灭。

（二）承包人放弃土地承包经营权

承包经营权人在承包期内可以放弃其承包经营权，即将所承包的土地交回给本集体经济组织。放弃土地承包经营权的行为属于有相对人的单方法律行为，是变动不动产物权的行为。依据《农村土地承包法》第30条之规定，承包期内，承包方自愿交回承包地的，应当提前半年以书面形式通知发包方。承包方在承包期内交回承包地的，在承包期内不得再要求承包土地。依据《农村土地承包法》第27条第4款的规定，承包期内，承包方交回承包地或者发包方依法收回承包地时，承包方对其在承包地上投入而提高土地生产能力的，有权获得相应的补偿。

（三）土地灭失

承包期内，被承包的土地灭失的，土地承包经营权归于消灭。此外土地虽然没有灭失，但是不再适合农业生产的，也应当作与灭失相同的解释。

（四）国家征收土地

国家征收作为承包经营权之客体的集体农业用地的，土地承包经营权归于消灭，国家除了对集体经济组织予以补偿之外，尚须对该承包经营权人予以相应的补偿。

第四节　土地经营权

一、土地经营权概述

（一）土地经营权的概念

2018年《农村土地承包法》以法律的形式正式确立了农业用地“三权分置”的政策，《民法典》则以民事基本法的形式将“三权分置”所形成的三项权利“土地所有权—土地承包经营权—土地经营权”以物权的形式固定下来。应当说农地“三权分置”是中华人民共和国成立后，党中央第三轮土地改革的成果。《民法典》第339条规定：“土地承包经营权人可以自主决定依法采取出租、入股或者其他方式向他人流转土地经营权。”第340条规定：“土地经营权人有权在合同约定的期限内占有农村土地，自主开展农业生产经营并取得收益。”依据这两条法律规定，我们可以对土地经营权作如下定义：土地经营权系指土地承包经营权人或者集体经济组织为他人所设定的，在一定期间内对于承包经营权人所承包的土地以农业生产为目的而进行的占有、使用和收益的排他性的民事权利。

（二）土地经营权的特征

与土地承包经营权相比较，土地经营权具有如下特征：

1. 土地经营权的非身份性特征。土地经营权作为一种纯粹的财产权，其权利人不再限于农村集体经济组织的内部成员，任何自然人、法人、非法人组织均可取得土地经营权。

2. 土地经营权系可以处分的权利。一方面自外在的概念体系而言，土地经营权由于其本身的财产性和非身份性，其与土地承包经营权相比在处分上所受到的限制较少。另一方面自内在的价值体系而言，提出三权分置理论的目的在于借助所分离出来的土地经营权以实现集体农业用地的市场化，故土地经营权亦应具有可处分性。依据《农村土地承包法》第46条与第53条的规定，土地经营权可以再流转，方式包括转让、投资入股、抵押等。不过比较令人遗憾的是，依据《农村土地承包法》第46条规定，由土地承包经营权人所设定的土地经营权的权利人流转其土地经营权的，需要取得原土地承包经营权人的同意。该规定仍然残留着原来承租人转租的规定的痕迹，因此也成为很多学者将土地经营权作为债权的重要依据之一。

3. 土地经营权系可以继承的财产权。土地经营权人不再是农村承包经营户，而是自然人、法人或者非法人组织。若土地经营权人系自然人，土地经营权人死亡时，土地经营权期限尚未届满的则属于遗产，由其继承人在剩余的年限内予以继承。

4. 土地经营权是有期限的权利。虽然土地承包经营权也是有期限的权利，但是为了长期稳定承包关系，《农村土地承包法》规定土地承包经营权到期后，自动续包，实际上与没有期限相差无几。然而土地经营权无论是自土地承包经营权人处取得抑或是自集体经济组织处直接取得，均系有期限的权利，其期限届满后则自动消灭。

5. 土地经营权的内容与土地承包经营权的内容相同。就土地经营权的具体内容而言，其与土地承包经营权相同，即均系以农业生产为目的在合同约定的范围内对于农地进行占有、使用和收益的权利。自土地承包经营权人处取得的土地经营权，其权利范围自然不得大于土地承包经营权人的权利范围，设定土地经营权的合同可以在不超过土地承包经营权人所享有的权利范围内约定土地经营权的具体使用和收益的范围，如没有约定则与土地承包经营权的范围一致。

（三）土地经营权的性质

在《农村土地承包法》修订和《民法典》编纂过程中，学界关于土地经营权的性质存在着广泛的争议，该争议并没有因《民法典》的颁布和生效归于沉寂，反而有愈演愈烈之趋势。个中缘由被学者一语道破："新承包法对土地经营权内容与性质的条文设计存在诸多矛盾之处，产生了似是而非、自说自话的难以自圆解释的囧局。"〔1〕

立法上的似是而非主要是由于立法者希冀通过搁置争议，促进法律的修订与通过。然而立法沉默之处即为学说创新之处。当前我国民法学界对于土地经营权之性质的主要观点可以归结为两种，即债权说与二元说。前者认为，土地经营权的法律性质一律为债权，该种观点的主要代表为高圣平教授。〔2〕二元说则认为，经过登记的土地经营权由于具有对抗第三人的效力，是物权；而未经登记的土地经营权，承包 5 年以下不得登记的土地经营权则只能是债权。持此观点的主要有房绍坤教授、宋志红教授和黄薇主任等。〔3〕

我们认为土地经营权的性质必须具有统一性，同一种概念不能指称两种不同性质的事务，这是逻辑上所不许的，也违背了法律规范的清晰性和明确性的要求。对于不同的对象，必须给予不同的概念，以便予以区别。无论是自法律的内在价值体系还是其外在的逻辑体系以言，土地经营权都应当被定性为物权性的权利。其一，《民法典》将土地经营权置于物权编之用益物权分编，自法典的逻辑体系以言即表明了其物权的属性。其二，若将土地经营权定性为债权，则根本无须在法典中予以规定，更不需要提出"三权分置"的理论，盖基于合同自由原则，只要不违反法律的禁止性规定和公序良俗，当事人自得自由创设之。而作为物权则必须受"物权法的原则"之约束，没有法律明文规定则不能创设，法典之所

---

〔1〕 陈小君："土地改革之'三权分置'入法及其实现障碍的解除——评《农村土地承包法修正案》"，载《学术月刊》2019 年第 1 期。

〔2〕 参见高圣平："农村土地承包法修改后的承包地法权配置"，载《法学研究》2019 年第 5 期。

〔3〕 参见房绍坤："《农村土地承包法修正案》的缺陷及其改进"，载《法学论坛》2019 年第 5 期；宋志红："再论土地经营权的性质——基于对《农村土地承包法》的目的解释"，载《东方法学》2020 年第 2 期；黄薇主编：《中华人民共和国农村土地承包法释义》，法律出版社 2019 年版，第 179 页。

以作此明确规定，其目的自然在于创设物权性的土地经营权。其三，《民法典》第341条明确赋予了土地经营权登记能力，并且可对其规定进行反对解释，经过登记的土地经营权得以对抗第三人，而没有登记的土地经营亦是不得对抗善意第三人。在我国现行法律体系上，只有物权具有登记能力，债权是不具有登记能力的，即便应收账款等可以登记，但是其亦只在设定质权等物权时才需要进行登记。另一方面，也只有物权才具有绝对性从而得以对抗一切第三人。尽管租赁权等具有物权化的特征，但是其仅仅是具有买卖不破租赁一个方面的绝对性而非全面的绝对性，否则即不再是债权而成了物权。其四，土地经营权得以转让、投资入股、融资抵押等本身亦要求将其作为物权而予以对待，否则势必形成制度上的障碍。《民法典》第341条规定5年以上的土地经营权才具有登记能力，对此学界认为5年以下的土地经营权不具有登记能力只能是债权，这样的判断本身没有问题。不过在笔者看来，为了避免概念上的混淆，民法学上的"土地经营权"仅仅指称5年以上的具有登记能力的物权性权利，5年以下的不是民法学上的"土地经营权"，而系租赁合同所产生的债权。

二、土地经营权的设定

（一）土地承包经营权人设定

土地承包经营权人得以为他人设定土地经营权。《民法典》第339条规定，土地承包经营权人可以自主决定依法采取出租、入股或者其他方式向他人流转土地经营权。这里需要进一步厘清的是，以出租方式设定土地经营权，不再是原本意义上的"出租"，这里仅指通过有偿的方式予以设定，严格来讲双方应当签订的是土地经营权设定合同，而非租赁合同。由于土地经营权在法律上首次出现，连立法者尚且难以清晰地区分这些概念，就更不能苛求社会普通成员能够用准确的法律概念来描述其设权行为，故当事人所使用之语言须依据《民法典》第142条所规定的意思表示解释的方法加以确定，当事人究竟是要设定物权性的土地经营权抑或仅仅是想出租其土地。至于投资入股，则只能是设定物权性的土地经营权，而不能是租赁权，盖租赁权本身是不能作为公司等法人的出资形式的。土地经营权的设定，属于书面要式行为，须双方当事人签订书面的土地经营权设定合同。

依据《农村土地承包法》第40条第2款的规定，土地经营权流转合同一般包括以下条款：①双方当事人的姓名、住所；②流转土地的名称、坐落、面积、质量等级；③流转期限和起止日期；④流转土地的用途；⑤双方当事人的权利和义务；⑥流转价款及支付方式；⑦土地被依法征收、征用、占用时有关补偿费的归属；⑧违约责任。依据《民法典》第341条之规定，土地经营权从书面合同生效时设定，5年以上的土地经营权不登记的不得对抗善意第三人。可见登记仅仅是对抗第三人的要件，至于土地经营权设定合同的性质，则与土地承包经营权合同作相同解释，于此不再赘述。

（二）集体经济组织设定

依据《农村土地承包法》第48条与第49条的规定，对于不宜采取家庭承包方式的荒山、荒沟、荒丘、荒滩等农村土地，可以由集体经济组织直接为他人设定土地经营权。由集体经济组织直接设定土地经营权需要符合如下条件：

1. 用以设定土地经营权的土地必须是不宜采取家庭承包方式的荒山、荒沟、荒丘、荒滩等农村土地。

2. 须经本集体经济组织成员的村民会议2/3以上成员或者2/3以上村民代表同意，并报乡（镇）人民政府批准。

3. 设定土地经营权必须是有偿的且原则上须以公开竞价的方式为之。对此，《农村土地承包法》第49条规定，以其他方式承包农村土地的，应当签订承包合同，承包方取得土地经营权。当事人的权利和义务、承包期限等，由双方协商确定。以招标、拍卖方式承包的，承包费通过公开竞标、竞价确定；以公开协商等方式承包的，承包费由双方议定。

4. 本集体组织成员享有优先受让权。一般认为，该优先受让权的性质应当与按份共有人的优先购买权相同，即属于形成权，一旦其主张以同等条件受让的，则其与集体经济组织之间即成立了以“集体经济组织与第三方所签订之合同内容”为内容的土地经营权设定合同，且具有对抗第三人的效力。唯在解释上，还应当对本集体经济组织成员行使优先权的具体程序作进一步的厘清与完善。

5. 签订书面合同，并办理登记。登记同样不是取得土地经营权的生效要件，而是对抗要件。不过，依据《农村土地承包法》第53条的规定，以招标、拍卖、公开协商等方式取得土地经营权的，依法登记并取得权属证书，是权利人以入股、抵押或者其他方式流转土地经营权的前提条件。

三、土地经营权的内容

（一）土地经营权人的权利

1. 依照土地经营权合同的约定对土地进行占有、使用和收益。相应的，土地承包经营权人即丧失了对土地的使用和收益的权能，因占有、使用而产生的天然孳息和法定孳息应当由土地经营权人收取，而不再是由土地承包经营权人收取。此时土地承包经营权人与土地经营权人之间的关系相当于比较法上所有人与用益物权人之间的关系。就土地的占有而言，土地经营权人为其直接占有人，而土地承包经营权人为间接占有人，作为所有人的集体经济组织为第二层次的间接占有人。

2. 处分土地经营权的权利。土地经营权人得以对土地经营权实施转让、投资入股、抵押担保等处分行为。依据《农村土地承包法》第46条的规定，对自土地承包经营权人处所取得的土地经营权进行处分，尚需取得土地承包经营权人的同意，并向发包方备案。笔者认为，未取得原承包经营权人同意而处分土地经营权的，并非处分行为无效，而是经营权人应当对承包经营权人承担相应的违约责任。依据《农村土地承包法》第53条之规定，以招标、拍卖等方式自集体经济组织处直接取得经营权的处分须先完成登记并取得权利证书。在解释上应当认为未经登记而予以处分的，不发生物权变动的效力，但是不影响转让合同等债权行为的效力。

3. 以土地经营权融资担保。依据《农村土地承包法》第47条第1款的规定，土地经营权人经发包人同意可以以其土地经营权为他人设定担保物权进行融资；而土地承包经营权人亦得直接自土地承包经营权中分离出土地经营权而为他人设定担保物权进行融资担保。这里尚有两个问题，学说上存在争议：其一，由于《农村土地承包法》仅仅表明可以用土地经营权融资担保，但是并未明确表明于其之上可以成立的担保物权究竟是抵押权还是权利质权。正如崔建远教授所正确地指出的那样，土地经营权究竟是作为抵押权之客体还是作为权利质权之客体，取决于其权利性质，若为用益物权则只能设定抵押权，若为债权则只能设定权利质权。[1] 如前文所述，我们认为土地经营权系用益物权之一种，故其上所成立的担保物权应当是抵押权。其二，土地承包经营权人用以融资抵押的究竟是何种权利。对此学说上有两种观点，一种观点是直接以土地承包经营权进行融资抵押的，只能在抵押

〔1〕 参见崔建远：“物权编对四种他物权制度的完善和发展”，载《中国法学》2020年第4期。

权实现时拍卖、变卖该土地经营权；另一种观点则是土地承包经营权人在设定抵押权时即得先行创设土地经营权，并只能以该经营权进行抵押担保。我们赞成第二种观点。盖此种做法不但具有逻辑上的自洽性——以何种权利进行抵押，就在抵押权实现时处分何种权利，更为重要的是在抵押权设定时即明确所抵押的经营权的具体内容，可以防止抵押权实现时发生争议。当然，采取第二种路径的前提条件是要借鉴比较法上的做法承认“所有人用益物权”，即土地承包经营权人（功能上类似于所有人）得以为自己创设土地经营权并以此为债权人设定抵押权。

4. 得以行使物上请求权。土地经营权既然属于物权的一种，就完全受物权法的保护。权利人针对第三人乃至于土地承包经营权人、土地所有人都可以行使《民法典》第235条与第236条所规定的原物返还请求权、妨害排除请求权与妨害预防请求权。行为人的行为若符合侵权行为的要件，还可依据《民法典》第1165条之规定请求侵权行为人承担损害赔偿的责任。

5. 对土地经投资并获得相应补偿的权利。《农村土地承包法》第43条规定，经承包方同意，受让方可以依法投资改良土壤，建设农业生产附属、配套设施，并按照合同约定对其投资部分获得合理补偿。

（二）土地经营权人的义务

1. 支付对价的义务。土地经营权原则上系有偿取得的，故土地经营权人应当按照设定合同支付相应的对价。该项义务在性质上属于债法上的义务，与买卖合同支付价金、租赁合同支付租金的义务在性质上是相同的。经营权人不支付对价的，则应当承担相应的违约责任，经依法催告仍然不支付的，土地承包经营权人得以解除合同并收回土地。

2. 依照合同的约定使用土地，不得改变土地用途，不得对土地造成永久性的损害。土地经营权人擅自改变土地的农业用途、给土地造成严重损害或者严重破坏土地生态环境，承包方在合理期限内不解除土地经营权流转合同的，发包方有权要求终止土地经营权流转合同。土地经营权人对土地和土地生态环境造成的损害应当予以赔偿。

3. 不得闲置土地。土地经营权人连续弃耕抛荒2年以上，承包方在合理期限内不解除土地经营权流转合同的，发包方有权要求终止土地经营权流转合同。土地经营权人对土地和土地生态环境造成的损害应当予以赔偿。

4. 返还土地。土地经营权消灭后，土地经营权人负有返还土地的义务。

四、土地经营权的消灭

土地经营权因下列原因而归于消灭：

1. 期限届满。土地经营权均为有期限的权利，期限届满则自动消灭。

2. 权利人放弃权利。土地经营权人有权利放弃其土地经营权，将土地返还给原设定人。其放弃权利的，仍应履行因此产生的合同义务。

3. 土地被征收。作为经营权客体的土地被征收的，土地经营权归于消灭，土地经营权人有权利按照合同的约定获得相应的补偿。

4. 因违反义务被设定人依法终止的。

5. 其他原因。土地经营权可以因混同、土地灭失等其他原因归于消灭。

第三章
建设用地使用权

第一节 概 述

一、建设用地使用权的概念与特征

建设用地使用权是因建造建筑物或其他工作物而对国家或者集体所有的建设用地进行占有、使用、收益的用益物权。建设用地使用权作为用益物权中最为重要的一种，与其他用益物权相比，具有如下特征：

1. 建设用地使用权是使用他人土地的权利，因此是用益物权的一种。由于在我国土地只能属于国家或者集体所有，自然人个人以及法人等均不能取得土地所有权，但是无论是建设住宅、商业用房，还是建设工业用房等，均必须使用土地，于是建设用地使用权这种用益物权几乎就成了必然的权利。因此在笔者看来，就私权利而言，建设用地使用权、宅基地使用权、农地承包经营权等用益物权实际上承担着西方国家土地所有权的功能。

2. 建设用地使用权既可以建立在国有土地上，也可以建立在集体所有的土地上。在2019年《土地管理法》修订之前，建设用地使用权主要是建立在国家所有之土地之上的，集体所有的土地在设立建设用地使用权方面受到了宪法和法律的限制，一般不能作为可以自由流转的建设用地使用权，因而其在私法上的价值就大打折扣了。依据2019年8月26日新修正的《土地管理法》第63条第1款的规定，土地利用总体规划、城乡规划确定为工业、商业等经营性用途，并经依法登记的集体经营性建设用地，土地所有权人可以通过出让、出租等方式交由单位或者个人使用。据此，集体建设用地使用权取得了与国有建设用地使用权同等的法律地位，从而将开启集体直接出让建设用地使用权用以开发建设的新时代。

3. 建设用地使用权是以建造建筑物或其他工作物为目的的权利。与土地承包经营权系以农业生产为目的而对土地加以利用有所不同，建设用地使用权是以建造建筑物和保有建筑物为目的而对土地在一定期限内进行利用的用益物权。当然，建设用地使用权人只能按照出让合同的约定或者划拨文件的规定将土地用于建造建筑物或其他工作物。

4. 建设用地使用权是得处分的用益物权。建设用地使用权人不但对于作为权利客体的建设用地得以占有、使用和收益，而且以出让方式取得建设用地使用权的权利人，还可以将该建设用地使用权进行转让、抵押等。可以说建设用地使用权是所有用益物权中，最为自由的用益物权，是私法属性最强的用益物权，从某种意义上类似于比较法上的地上权。

二、建设用地使用权的类型

(一) 国有建设用地使用权

建设用地使用权首先按照其所设立的土地所有权的归属，可被划分为国有建设用地使用权和集体建设用地使用权，其中主体部分是国有建设用地使用权。国有建设用地使用权又依据其取得是否有偿而划分为划拨建设用地使用权和出让建设用地使用权。

1. 划拨建设用地使用权。所谓划拨用地使用权，是指为了公共利益而由国家无偿提供给政府机关、事业单位等法人或者其他组织加以使用的建设用地使用权。国家将土地无偿提供给有关政府机关、事业单位以为其设定建设用地使用权的行为被称为土地使用权的划拨。

2. 出让建设用地使用权。所谓出让建设用地使用权，是指民事主体以支付相应对价的方式从国家取得的以开发商品住宅、商业用房、工业用房等为目的加以使用的建设用地使用权。国家通过与民事主体缔结合同从而为民事主体设立建设用益权的行为，被称为土地使用权的出让。土地使用权的出让行为虽然是由政府部门代表国家所实施的，但是其系行使土地所有权的行为，因此系私法行为而非行政行为，政府与土地使用权人签订的土地出让合同属于民事合同，因此因土地出让行为发生的纠纷属于民事纠纷，因此而发生的诉讼属于民事诉讼。

(二) 集体建设用地使用权

建立在集体土地上的建设用地使用权被称为集体建设用地使用权。《民法典》关于建设用地使用权的规定基本上是围绕国有建设用地使用权而设的，而且主要系针对出让国有土地使用权的情形。《民法典》第361条规定："集体所有的土地作为建设用地的，应当依照土地管理法的法律规定办理。"由此可见，《民法典》中第344~360条关于建设用地使用权的规定，仍然是针对国有建设用地使用权所设。然而《土地管理法》第63条第4款规定："集体经营性建设用地的出租，集体建设用地使用权的出让及其最高年限、转让、互换、出资、赠与、抵押等，参照同类用途的国有建设用地执行。具体办法由国务院制定。"由此可见，《民法典》与《土地管理法》中关于国有建设用地使用权的规定，在没有特别规定时均可以适用于集体建设用地使用权。

三、空间建设用地使用权

自近代资本主义革命以来，在私有财产所有权绝对与神圣不可侵犯的理念下，土地所有权范围上自天空无限高下至地心无限深，并且在大陆法系"一物一权"的原则下，一个土地上（上自天空无限高下至地心无限深）只能成立一个所有权，在设立用益物权时亦只能设立一个用益物权。时至今日，世界各国立法和判例学说普遍承认空间权是一种财产权利。"主要原因在于：一方面，空间本身是一项财产，在农业社会时代，对土地的利用主要限于地表，对土地的利用主要集中在地表和地表之上非常有限的空间，对地上和地下广泛空间缺乏深入的利用。加上对空间的利用手段不足，以及市场对空间的需求相对较小，空间作为一项重要的资源的属性还没有凸显出来。但是，在现代社会，由于我国土地资源相对不足，城市人口稠密，生产和生活空间都极其短缺，对空间的利用越来越重要。尤其是在土地资源日益稀缺的今天，立体利用空间可以在很大程度上弥补土地资源的不足。因而，空间利用权作为一项财产的重要意义也越来越突出。另一方面，人类利用空间的手段和能力也不断提高。空间本身是客观存在的，但是，其财产属性在民法中长期不能得到凸显，这与人类对空间的利用手段和能力不发达是密切相关的。随着人类对空间的利用水平的提高，从平面到立体利用的发展，都使得空间具有前所未有的经济价值。"[1]

我国在2007年通过《物权法》时即承认了独立利用空间而形成的权利为一种物权。

---

[1] 王利明："空间权：一种新型的财产权利"，载《法律科学—西北政法学院院报》2007年第2期。

《民法典》则继受了《物权法》的规定，于第345条规定："建设用地使用权可以在土地的地表、地上或者地下分别设立。"依据该条规定，土地所有人既可以为一个民事主体设立没有高度与深度限制的遍及土地之上下空间的建设用地使用权，也可以为一个民事主体设立一个仅以地表及其上下一定空间为范围的建设用地使用权，并将同一土地之上空一定空间或者地下一定空间设立建设用地使用权，此种在地上一定空间或者地下一定空间设立之建设用地使用权被称为空间建设用地使用权。对于空间建设用地使用权而言，最大的问题就是空间具体范围的确定。

第二节 建设用地使用权之内容

一、建设用地使用权人的权利

（一）占有土地的权利

任何用益物权都是以占有为前提的物权，建设用地使用权也不例外。建设用地使用权人对于土地的占有属于有权占有，同时也适用占有的法律保护，若第三人剥夺了建设用地使用权人对建设用地的占有，那么建设用地使用权人不但可以基于《民法典》第462条关于占有的法律保护从而请求其返还标的物，而且也可以依据《民法典》第235条的规定请求无权占有人返还标的物，并得依据《民法典》侵权责任编的规定请求损害赔偿。这里需要说明的是，在所有人为他人设定用益物权之后，所有人亦不得再行对标的物进行占有、使用和收益，否则其行为亦属于对用益物权的侵害。

（二）对土地进行使用

对标的物进行利用是用益物权的核心权利，用益物权人对标的物的利用不同于所有人的利用，盖因其利用仅限于设定用益物权之目的范围内。建设用地使用权人可以依照法律规定和出让合同约定的用途对建设用地以建造和保有建筑物、构造物以及其他工作设施为目的而进行使用。

建设用地使用权人除了按照设定用途以建造建筑物和保有建筑物的方式对于土地加以利用之外，尚可以对土地实施必要的附属行为。例如为了营造良好的住宅环境，在同一土地上种植草坪，栽种树木、果木等，在同一土地上建设运动场所等其他配套设施等。

（三）对土地进行收益

建设用地所产生之收益，亦归建设用地使用人所有。建设用地使用权的收益主要表现为将建设用地予以出租而产生的租金等法定孳息。需要注意的是，以划拨方式取得的国有土地使用权是不允许单独进行出租而获取租金等收益的，但是于该建设用地上所建设的房屋等是可以出租的。依据《城市房地产管理法》第56条的规定，以营利为目的，房屋所有权人将以划拨方式取得使用权的国有土地上建成的房屋出租的，应当将租金中所含土地收益上缴国家。

（四）处分土地使用权

作为用益物权人，建设用地使用权人不得对作为标的物的建设用地本身进行事实上的处分，也不得对建设用地之所有权进行法律上的处分。作为财产权人，建设用地使用权人可以对其建设用地使用权本身进行法律上的处分，包括将建设用地使用权进行转让，在建设用地上为他人设定地役权等用益物权，将建设用地使用权进行抵押为他人的债务进行担保。

转让建设用地使用权应当符合下列条件：①必须投资达到25%；②签订书面转让合同；③在剩余期限范围内转让；④将地上建筑物、附着物一并转让。土地使用权自转让登记时发生转让的效力。

二、建设用地使用权人的义务

（一）支付土地出让金的义务

依据《城市房地产管理法》第16条规定，土地使用者必须按照出让合同约定，支付土地使用权出让金；未按照出让合同约定支付土地使用权出让金的，土地管理部门有权解除合同，并可以请求违约赔偿。严格以言，该项义务并非物权法上的义务，而是土地出让合同所产生的债务，是取得土地使用权的对价性义务。

（二）合理使用土地的义务

建设用地使用权人必须按照出让合同规定的方式加以利用，未经有关主管机关许可不得改变土地用途，否则国家可以无偿收回土地使用权。

（三）不得闲置土地的义务

我国由于人口众多，土地资源极其稀缺，国家出让土地的目的在于及时开发并将开发后的商品住宅、商业用房等及时向社会公众出售，从而满足社会各界的需求。而现实中部分房地产开发商则在取得建设用地使用权之后，不及时开发土地而是等待土地价格上涨从而赚取差价，这与我国建设用地使用权制度的根本宗旨相违背，因此我国《城市房地产管理法》规定了建设用地使用权人“不得闲置土地”的义务并为此设定了相应的法律责任。《城市房地产管理法》第26条规定，以出让方式取得土地使用权进行房地产开发的，必须按照土地使用权出让合同约定的土地用途、动工开发期限开发土地。超过出让合同约定的动工开发日期满1年未动工开发的，可以征收相当于土地使用权出让金20%以下的土地闲置费；满2年未动工开发的，可以无偿收回土地使用权；但是，因不可抗力或者政府、政府有关部门的行为或者动工开发必需的前期工作造成动工开发迟延的除外。

第三节 建设用地使用权之变动

一、建设用地使用权的取得

既然建设用地使用权属于用益物权，那么用益物权的一般取得原因（如转让、继承、善意取得等）都适用于建设用地使用权。

（一）建设用地使用权的划拨

1. 概念。建设用地使用权划拨是指县级以上人民政府依法批准，在土地使用者缴纳补偿、安置等费用后将该幅土地交付其使用，或者将土地无偿交付给土地使用者使用的行为。

划拨的建设用地使用权的权利人无须缴纳土地出让金，因此是一种无偿取得建设用地使用权的方式。

2. 类型。由于国有土地属于全民所有，任何人取得建设用地使用权都必须向国家付费。《民法典》第325条规定“国家实行自然资源有偿使用制度……”为了公共利益可以无偿使用，但是必须严格限制以划拨方式设立建设用地使用权的条件。采取划拨方式的，应当遵守法律、行政法规关于土地用途的规定。依据我国《土地管理法》第54条的规定，可以通过划拨方式取得的建设用地包括：①国家机关用地和军事用地；②城市基础设施用地和公益事业用地；③国家重点扶持的能源、交通、水利等基础设施用地；④法律、行政法规规定的其他用地。

（二）建设用地使用权的出让

1. 概念。土地使用权出让是国家以土地所有人身份在一定期限内将土地使用权让与土地使用者，并由土地使用者向国家支付土地使用权出让金的法律行为。

2. 出让方式。依据《民法典》及《土地管理法》等相关法律的规定，土地使用权出让主要有两种方式，即协商的方式和竞争性的缔约方式（竞争性的缔约方式包括拍卖、招标等）。为了确保国有资产的增值保值，防止国有资产的流失以及腐败的滋生，我国《民法典》规定原则上必须采取竞争性的缔约方式进行出让。

依据《民法典》第347条第2款的规定，工业、商业、旅游、娱乐和商品住宅等经营性用地以及同一土地有两个以上意向用地者的，应当采取招标、拍卖等公开竞价的方式出让。因此只有一种情形可以采取非竞争性的缔约方式，即非经营性用地并且只有一个意向用地者的情形。

3. 签订书面土地出让合同。建设用地使用权出让合同是由市、县人民政府自然资源管理部门（原国土资源管理部门）代表国家作为出让方与受让方签订的合同。土地出让合同属于书面要式合同。依据《民法典》物权编第348条的规定，采取招标、拍卖、协议等出让方式设立建设用地使用权的，当事人应当采取书面形式订立建设用地使用权出让合同。建设用地使用权出让合同一般包括下列条款：①当事人的名称和住所；②土地界址、面积等；③建筑物、构筑物及其附属设施占用的空间；④土地用途、规划条件；⑤使用期限；⑥出让金等费用及其支付方式；⑦解决争议的方法。

4. 登记。依据《民法典》第209条与第349条之规定，建设用地使用权从登记时设立。

二、建设用地使用权的转移

（一）建设用地使用权转让的自由与限制

建设用地使用权作为一种最为重要的不动产物权，在市场经济的大背景下原则上得以自由转让。同时基于国家社会主义国家的政治制度，对于土地的管制也当然在建设用地使用权的转让上有所体现，主要有以下几个方面：

1. 国有划拨建设用地使用权不得单独转让。以划拨方式取得的建设用地使用权由于是无偿取得的，所以使用权人不得将该土地使用权进行单独处分，即不得将该建设用地使用权单独进行转让、抵押，也不得将该土地使用权予以出租。不过由于地上建筑物的所有权属于用地单位，因此该建设用地使用权人将地上建筑物进行转让、抵押和出租的，例外地可以将该建设用地使用权一并转让、抵押或出租。以划拨方式取得的建设用地使用权的转让必须符合下述两个条件：①应当按照国务院规定，报有批准权的人民政府审批。②应当由受让方办理土地使用权出让手续，并依照国家有关规定缴纳土地使用权出让金。有批准权的人民政府按照国务院规定决定不办理土地使用权出让手续的，转让方应当按照国务院规定将转让房地产所获收益中的土地收益上缴国家或者作其他处理。

2. 出让建设用地使用权转让的前提条件。依据《城市房地产管理法》第39条的规定，以出让方式取得土地使用权的，转让房地产时，应当符合以下两方面的条件：①按照出让合同约定已经支付全部土地使用权出让金，并取得土地使用权证书；②按照出让合同约定进行投资开发，属于房屋建设工程的，完成开发投资总额的25%以上，属于成片开发土地的，形成工业用地或者其他建设用地条件。转让房地产时房屋已经建成的，还应当持有房屋所有权证书。上述规定的目的在于禁止单纯以炒卖土地使用权为目的的土地交易。但是这一立法目的在实践中很容易就被规避了，故笔者认为该规定并无实际意义。其实防止炒卖土地使用权的最好办法是使出让土地使用权的价格能够真正达到市场价，而非法律的禁止性规定。依据《土地管理法》第63条第4款的规定，关于国有建设用地使用权转让的限制性规定亦适用于集体建设用地使用权的转让。

（二）转让程序

1. 签订书面转让协议。转让建设用地使用权的方式有买卖、互换等有偿方式，也有赠与、遗赠等无偿的方式，还可以是以建设用地使用权投资入股设定公司。但是无论以何种方式转让建设用地使用权，都应当以书面方式为之，除以遗赠的方式转移以外其他方式都要求形成书面合同。

2. 办理移转登记。与建设用地使用权之出让一样，建设用地使用权之转移也是以登记为其生效要件的，故建设用地使用权之转移时间点为登记完成时。

3. 建设用地使用权得善意取得。《民法典》第311条关于善意取得之规定同样可以适用于建设用地使用权。即若非建设用地使用权人被登记为建设用地使用权人，第三人信赖登记而与之交易且支付合理对价，并办理了过户登记之后，第三人即善意取得了该建设用地使用权。

（三）房地一体处分原则

尽管我国没有像《德国民法典》那样采取房地一体原则，即将房屋等建筑物、附着物作为土地的重要成分，而非独立的物，但是，基于房屋等建筑物、附着物与土地事实上的不可分离性，我国《民法典》规定了"房地一体处分原则"。《民法典》第356条规定，建设用地使用权转让、互换、出资或者赠与的，附着于该土地上的建筑物、构筑物及其附属设施一并处分。第357条规定，建筑物、构筑物及其附属设施转让、互换、出资或者赠与的，该建筑物、构筑物及其附属设施占用范围内的建设用地使用权一并处分。《民法典》第397条则规定了建设用地使用权与地上建筑物抵押时的一体处分原则，也即"以建筑物抵押的，该建筑物占用范围内的建设用地使用权一并抵押。以建设用地使用权抵押的，该土地上的建筑物一并抵押。抵押人未依据前款规定一并抵押的，未抵押的财产视为一并抵押"。

三、建设用地使用权的消灭

（一）期限届满

划拨国有建设用地使用权和集体建设用地使用权均无期限的限制，以出让方式取得的建设用地使用权均有期限的限制，有期限限制的建设用地使用权在期限届满后没有续期的，该建设用地使用权消灭。

1. 建设用地使用权的期限。各种建设用地使用权的最高期限有所不同，分别为：①居住用地70年；②商业、旅游、娱乐用地40年；③教育、科技、文化、卫生、体育用地50年；④综合或者其他用地50年；⑤工业用地50年。

2. 建设用地使用权之续期。建设用地使用权期限届满前，使用权人可以申请续期。依据《民法典》第359条第1款的规定，住宅建设用地使用权期间届满的，自动续期，无须履行任何法律手续。至于社会各界所广泛关心的续期时是否需要交费的问题，《民法典》并没有作出规定，而是将其交给了特别法予以解决，对此第359条第1款规定："……续期费用的缴纳或者减免，依照法律、行政法规的规定办理。"

对于住宅建设用地使用权以外的其他出让建设用地使用权，在期间届满后如需续期，须依据《城市房地产管理法》及其实施条例的规定予以办理。具体而言，使用权出让合同约定的使用年限届满，土地使用者需要继续使用土地的，应当符合下列条件：

（1）须于届满前1年提出续期申请。

（2）须经国家批准。除该土地属于国家根据社会公共利益需要而应当予以收回的土地之外，国家应当批准续期。

（3）应当与相应政府管理部门重新签订土地使用权出让合同。

（4）须依照规定再行支付土地使用权出让金。

土地使用权依上述程序进行续期的，应当进行相应的续期登记，从登记之日起土地使用权续期发生效力。

（二）土地所有人提前收回建设用地

在建设用地使用权的期限内，原则上所有人是不能收回土地的，但是在下列法定条件下，作为所有人的国家得提前收回建设用地使用权：

1. 建设用地使用权人连续2年闲置土地而未进行开发利用的，国家可以无偿收回建设用地，从而使建设用地使用权归于消灭。因不可抗力或者政府、政府有关部门的行为或者动工开发必需的前期工作造成动工开发迟延的除外。

2. 建设用地使用权人未经批准擅自改变土地用途的情节严重的，国家也可以无偿收回建设用地。

3. 国家基于公共利益可以提前收回建设用地。此种情形下，国家应当退还剩余年限的建设用地使用权出让金而且还应当就地上建筑物等其他损失给予相应的补偿。这种情形实际上就是对建设用地使用权和地上建筑物的征收，因此应当按照征收补偿的相关法律规定予以实施。

4. 因单位撤销、迁移等原因，停止使用原划拨的国有土地的。

5. 公路、铁路、机场、矿场等经核准报废的，其所使用的土地可以收回。

（三）土地灭失

作为用益物权，标的物灭失的，建设用地使用权则自然归于消灭，此种消灭属于物权的绝对消灭。

（四）抛弃

作为财产权人，权利人自然得以抛弃该种权利。抛弃建设用地使用权的行为属于有相对人的单方法律行为，由于属于不动产物权变动的行为，故属于书面要式行为，权利人应当以书面形式向土地管理部门提出，并且经过注销登记后，建设用地使用权始归于消灭。

第四章
宅基地使用权

第一节　概　述

一、宅基地使用权的概念与特征

（一）概念

所谓宅基地使用权，是指农民集体成员对于农民集体所有的土地以建设和保有自用住宅为目的而进行占有、使用的用益物权。宅基地本身属于集体建设用地的一种，因此宅基地使用权属于广义上的集体建设用地使用权的范围，但是基于宅基地使用权本身系集体建设用地使用权中最为典型和重要的权利类型，且其制度设计与其他集体建设用地使用权具有很大的区别，故我国《民法典》将宅基地使用权作为一种独立的用益物权予以规范，从而建设用地使用权中不再包含宅基地使用权。

（二）宅基地使用权的法律特征

1. 宅基地使用权的权利主体具有特定性。与其他用益物权不同，宅基地使用权只能由本集体经济组织内部的成员享有，具有身份性。尽管《民法典》第 362 条没有规定宅基地使用权的主体限于本集体经济组织的成员，但是《土地管理法》第 62 条第 1 款规定"农村村民一户只能拥有一处宅基地"。由此规定可以看出宅基地使用权的取得以"村民身份"为前提条件，非农村村民不能取得宅基地。这是由宅基地使用权的功能所决定的：一方面宅基地使用权是建立在集体所有权的土地之上的，依据《民法典》第 261 条第 1 款的规定，集体所有的土地属于本集体成员集体所有，故只能由本集体成员占有、使用、收益；另一方面则由于宅基地使用权的目的在于为本集体成员提供生存保障。这里尚需说明的是，依据《土地管理法》的规定，"宅基地使用权"的主体实际上是"农户"，而不是农村村民个人。

2. 宅基地使用权的内容是依法建造、保有个人住宅、庭院而对土地的占有、使用的权利。对此，《民法典》第 362 条规定："宅基地使用权人依法对集体所有的土地享有占有和使用的权利，有权依法利用该土地建造住宅及其附属设施。"该条款并没有规定宅基地使用权人的收益权能，对照《民法典》第 331 条对于土地承包经营权内容的规定和第 344 条关于建设用地使用权的内容的规定，似乎可以得出"宅基地使用权不具有收益的权能"的结论。但是，从实践中看，宅基地使用权人将住宅与宅基地使用权一并出租并收取租金的行为并不为法律所禁止，宅基地使用权人亦无须将其收益上缴给本集体，故可以说其收益的权能已经为习惯法所承认。

3. 宅基地使用权的客体是本集体所有的非农业用地。我国土地实行用途管制制度，依据《土地管理法》第 4 条的规定，土地依据其用途划分为农用地、建设用地和未利用地三种。各种土地只能被用于所指定之特定目的。这一规定的主要目的是保护耕地，防止耕地被建设住宅以及其他项目所侵吞从而危及我国粮食安全，因此宅基地使用权只能设立在非农业用地上。当然这并不意味着，农业用地和建设用地、其他用地等相互不得转换。但是若要将农业用地转换为建设用地和其他用地，则需要满足《土地管理法》规定的条件并依照法定程序进行。

4. 宅基地使用权系无偿取得。集体组织成员自本集体取得宅基地是不需要支付任何对价的，只要具备取得宅基地使用权之条件，履行合法手续后即可取得。

5. 宅基地使用权是无期限的权利。如前所述，宅基地使用权的主体为农户，只要该农户存续，宅基地使用权就继续存续，其并不因个别家庭成员的死亡和迁出而受影响。

二、宅基地使用权的内容

（一）宅基地使用权人的主要权利

1. 占有土地的权利。与其他用益物权一样，宅基地使用权人对作为权利客体的宅基地具有占有的权利。不但第三人不能侵夺宅基地使用权人的占有，即便是作为土地所有人的村集体亦须尊重宅基地使用权人对该宅基地之占有权，换言之，宅基地使用权人的占有保护亦得对土地所有权人主张。

2. 为保有住宅而长期使用宅基地的权利。用益物权的核心乃是对标的物的使用，宅基地使用权人的主要权利也是对宅基地进行使用，不过其使用与所有人对自己之标的物使用并不相同，宅基使用权人对宅基地的使用仅限于以建设和保有自有住房而加以使用。

3. 为必要附属行为的权利。宅基地使用权人除了可以在宅基地上建筑住宅，以及为了行使房屋所有权从而对房屋和宅基地进行使用外，还可以在宅基地空闲处修建各种生活需要的小型建筑物或其他设施。例如在没有自来水的农村地区，宅基地使用权人可以在宅基地上开凿水井；为了取暖、做饭等建设沼气池生产沼气等。此外，尽管宅基地使用权是为了建筑住宅而对土地加以使用的权利，权利人不能将宅基地用于农业生产，但是宅基地使用人在土地的空闲处种植一定数量的树木或者蔬菜等亦非不可。

4. 关于处分宅基地使用权之权利。与其他用益物权相同，宅基地使用权人也不得对标的物进行事实上的处分，但是宅基地使用权人可以在一定范围内处分其宅基地使用权，具体如下：

（1）与其他财产权一样，宅基地使用权人得放弃宅基地使用权，从而消灭该权利。

（2）为他人设定用益物权。宅基地使用权人可以为他人设定地役权等用益物权。

（3）关于宅基地使用权的转让。我国《民法典》第363条规定："宅基地使用权的取得、行使和转让，适用土地管理法等法律和国家有关规定。"可见物权法并没有禁止宅基地使用权的转让，但是也不能从该条规定就推导出宅基地使用权可以转让。《民法典》通过第363条的规定，将是否允许宅基地使用权转让的决定权交给了《土地管理法》等其他特别法，因此宅基地使用权的取得、行使和转让是无法依据《民法典》进行的。然而到目前为止，我国《土地管理法》仍然是禁止宅基地使用权转让的，因此在《土地管理法》修改之前，宅基地使用权仍然是不得转让的。

（4）关于宅基地使用权的抵押。由于目前宅基地使用权不得转让已如前述，相应的宅基地使用权也就不能用以抵押以为融资之用。

（二）宅基地使用权人的主要义务

1. 宅基地使用权人必须按照批准的用途使用宅基地。根据宅基地使用权的目的，宅基地使用权人必须在批划的宅基地上建造房屋，不得擅自改变宅基地的用途，更不能买卖、出租或以其他形式非法转让宅基地。另外，宅基地使用权人必须在规定的期限内在宅基地上建造房屋，否则土地所有权人有权收回宅基地使用权。

2. 宅基地使用权人必须按照批准的面积建造房屋。宅基地使用权人不能采取任何非法手段多占土地作为宅基地。宅基地使用权人多占土地的，将被按照非法占用土地追究法律责任。

3. 宅基地使用权人要服从国家、集体统一规划。因国家、集体统一规划需要变更宅基地时，宅基地使用权人不得阻挠，但是因变更宅基地给使用权人造成困难或损失的，应依法给予补偿。

第二节　宅基地使用权的取得与消灭

一、宅基地使用权的取得

由于宅基地使用权系专属性的权利、不可转让，因而对于宅基地使用权的取得方式只有两种，一种是通过所有权人的设权行为取得；另一种则是通过继承房屋的方式取得。

1. 通过所有人的设权行为取得。按所有人得自由处分自己之标的物，包括为他人设定用益物权，宅基地使用权之取得亦须宅基地所有权人即村民集体为其设定。但是村民集体不得任意为他人设定宅基地使用权，而只有符合下述条件，始得为民事主体设定宅基地使用权。

（1）须取得人为本村集体的成员。是否为本集体的成员，须以其户籍登记为准。

（2）须取得人在本集体中无宅基地。居住拥挤确需分居又无宅基地的、因国家或乡镇建设需要另行安排宅基地的、在农村落户需要建造住宅又无宅基地的村民，均可向村民委员会或农村集体经济组织申请批划宅基地。基于宅基地取得的无偿性，为了保障集体成员之间的公平性，《土地管理法》第62条第1、5款规定，农村村民一户只能拥有一处宅基地，其宅基地的面积不得超过省、自治区、直辖市规定的标准。农村村民出卖、出租、赠与住宅后，再申请宅基地的，不予批准。

（3）须由取得人提出申请，集体组织作出设定之决定，须经乡政府审核报县级人民政府批准。尽管宅基地使用权之取得需要经乡政府审核通过并报县级人民政府批准，但是集体为宅基地使用权人设定宅基地使用权的行为在性质上依然是民事法律行为。

2. 继承。关于宅基地使用权是否可以继承，我国法律没有明确规定，学理上有不同的观点。自解释论以言，我们认为宅基地使用权是不能被单独继承的。如前所述，宅基地使用权的主体不是自然人而是农户，农户作为一个团体本身不能死亡，农户本身也没有继承人。农户中的家庭成员死亡，并不影响宅基地使用权继续属于该农户，只要农户中尚有成员，其宅基地使用权就继续存续。故当农户全部成员都迁出本集体或者死亡导致该农户不存在时，宅基地使用权因为主体的不存在而归于消灭。但是鉴于建立在宅基地上的房屋所有权属于遗产的范围，故为了保障私有财产，继承房屋所有权的人同时即取得了宅基地使用权。

二、宅基地使用权的消灭

宅基地使用权可因土地灭失、国家征收、集体收回、使用权人放弃权利、农户因成员全部死亡或者迁出本集体等原因消灭。因土地被国家征收、集体收回而导致宅基地使用权终止的，应该让宅基地使用权人重新取得另一宅基地使用权，并对其遭受的损失予以相应的补偿。另外考虑到宅基地使用权所具有的“居者有其房”的目的和福利性，《民法典》

第364条规定，宅基地因自然灾害等原因灭失的，宅基地使用权因标的物灭失而归于消灭，但是应当为宅基地使用权人重新分配宅基地。依据《土地管理法》第62条第6款的规定，国家允许进城落户的农村村民依法自愿有偿退出宅基地，鼓励农村集体经济组织及其成员盘活利用闲置宅基地和闲置住宅。

三、关于宅基地使用权的登记

《民法典》第365条规定，已经登记的宅基地使用权转让或者消灭的，应当及时办理变更登记或者注销登记。该条并没有像关于建设用地使用权和承包经营权之规定那样将登记作为权利变动之生效要件或者对抗要件，因此可自其反面推论《民法典》并没有将登记作为宅基地使用权的变动要件，而仅仅将登记作为宅基权利的确认手段，仅具有证据性意义。《民法典》之所以这样规定，其主要考虑应当是宅基地使用权不具有流通性，因而作为公示手段的登记对于交易安全的保护而言意义不大。

第五章
居住权

第一节　居住权概述

一、概念与特征

我国《民法典》首次自欧陆引入了作为用益物权的居住权，其物权编第十四章共设六个条文对此作出了初步规定。由于其规定过于简陋，故需在学说上通过法律解释方法予以法律续造，使其更加臻于完善。[1]

依据《民法典》第366条的规定，可以将居住权定义为：自然人以个人生活居住为目的而对于他人所有的住宅享有的占有、使用的用益物权。

居住权具有如下几个方面的特征：

1. 居住权是他物权的一种。原则上居住权是建立在他人所有的住宅之上的。不过，基于居住权的功能，我们认为就居住权而言，应当承认所有人的居住权，即允许所有人为自己在自己的住宅上设定居住权，然后再行将住宅所有权予以转让。作为他物权的一种，居住权具有物权的共同效力：①追及效力。居住权设定后，作为其客体的住宅所有权通过买卖、赠与、继承、强制执行等发生转移的，不影响居住权的存续。②优先效力。居住权设立之后，在作为其客体的住宅之上再设定其他物权的，如地役权、抵押权等，成立在先的居住权优先于成立在后的他物权受保护。因此居住权设定之后，所有人固然仍然可以将住宅予以抵押，但是抵押权人的抵押权由于顺位在后，其拍卖该住宅时不得影响居住权。③妨害排除力。居住权作为物权的一种，其住宅被他人无权占有时得行使《民法典》第235条所规定的返还原物请求权；其居住权的行使受到妨害或者有被妨害的可能性时得行使《民法典》第236条所规定的妨害排除请求权与妨害预防请求权。居住权人的物上请求权不但可以针对第三人行使，即便是针对所有人亦得主张。此外，居住权作为物权的一种，自然属于《民法典》第1165条所规定的“民事权益”，故其得作为侵权行为的客体，受侵权行为法的保护。

2. 居住权的客体仅限于住宅。依据《民法典》第366条之规定，居住权的客体限于“住宅”。对于“住宅”我国立法上并无明确的定义与界定。笔者认为这里的住宅是指一切合法建造的、建筑规划设计为居住使用的建筑物，即既包括城市中的商品住宅，也包括别墅、公寓在内，还应当包括经济适用房、两限房、保障性住房等处分受到一定限制的房屋。对于农村宅基地上的住宅，由于宅基地使用权不得转让，故该住宅亦不得转让，但是由于

---

〔1〕 参见席志国：“居住权的法教义学分析”，载《南京社会科学》2020年第9期；汪洋：“民法典意定居住权与居住权合同解释论”，载《比较法研究》2020年第6期。本章内容主要是在笔者的文章“居住权法教义学分析”的基础上完成的，特此说明。

设定居住权并不转移宅基地使用权，因此得设定居住权，从立法目的而言，农村村民对父母、配偶等进行扶养提供房屋用以居住的需求更大，因此更应当予以允许。但由于设定居住权与出借以及租赁不同，居住权作为用益物权，其设定行为属于处分行为，故须设定人对于房屋有处分权，若房屋属于不得处分的房屋或者所有人对于房屋的处分权受到限制的，则该等房屋之上即不能设定居住权。因此，对于没有纳入登记系统的小产权房、单位内部的周转房等是不能设定居住权的。

依照一物一权原则，一个物权只能成立在一个独立的物之上，而不能成立在一个物的组成部分之上，对于房屋而言，则必须是在不动产登记簿上作为一个独立登记单元而予以登记的整体之上（一套房屋）始得设立一个居住权。然而若严格依照该原则，那么就会使居住权的功能在现实生活中大打折扣，因为绝大多数人只有一套房屋，若居住权只能设立在一套房屋之上，则无异堵死了居住权的实现途径，因此即便在严格恪守标的特定原则的《德国其民法典》中，其第 1093 条也明确允许在一套房屋中的一间或数间可以独立加以使用部分之上设立居住权，这正如房屋所有人得以将一套房屋中的一间或数间予以出租或者出借一样。

《民法典》第 366 条规定的居住权的标的物仅为住宅，不包括住宅所占用部分的土地。但由于对于土地进行使用则必须对于该住宅所占用的部分的土地进行使用，因此应当准用《民法典》第 357 条的规定，居住权人亦得对住宅所占用部分的土地进行使用。而其对于土地的使用应当限于行使居住权的范围内，这一点与《民法典》第 357 条所规定的“房地一体处分原则”有所区别。如作为居住权之客体的住宅所坐落的土地上有花园、菜地、车位或车库、存储东西的库房等附属设施，居住权人的居住权并不及于该等土地或者附属设施，当然当事人可以基于意思自治原则在设立居住权的合同或者遗嘱中予以约定居住权亦及此等土地或者附属设施，则居住权的效力自然扩及此等土地及附属设施。相反，凡是为居住权人行使其居住权所必需的土地部分或者附属设施，则无论当事人是否约定，居住权人都有权利进行利用，例如用于通行的道路、取水设施、排水设施等。[1]

3. 居住权的主体系自然人。尽管我国法律对此没有明确规定，但是有鉴于《民法典》第 366 条规定，居住权仅为生活居住需要所设，只有自然人才能为生活居住住宅，故可以得出我国《民法典》上居住权的主体仅为“自然人”。这与比较法上亦承认法人居住权有所不同。

4. 居住权为限制的人役权的一种。作为人役权，居住权具有专属性，因此居住权人不得处分居住权，即不得转让居住权，亦不得以居住权设定担保进行融资。居住权人死亡则居住权终止，居住权不能继承。我国《民法典》第 369 条规定，居住权不得转让、继承。第 370 条则规定居住权人死亡的，居住权消灭。

二、居住权的功能

自罗马法以降，作为限制的人役权，居住权的功能被限制在满足特定人的居住利益范围内。与其他用益权不同，居住权所发挥的主要功能是对特定弱势社会群体进行生存供给的功能（versorgung），特别是对于丧偶的寡妇、得不到亲权照顾的未成年人、被剥夺了继承权的继承人等。[2]

---

〔1〕 Vgl. Staudinger Kommentar. zu § 1093. Mayer. 2009, Rn. 17.

〔2〕 Vgl. Kaser. Knütel. Lohsse. Römisches Privaterecht. Aufl. 21. C. H. Beck. 2017：175.

直至今天，该功能仍然是大陆法系国家居住权的主要功能。〔1〕

我国《民法典》第366条明确规定居住权系以“满足生活居住的需要”为目的，可见亦系自其原本意义上引入居住权。作为特殊社会群体实现住有其房的目的，且能够长期稳定地、排他地对于他人房屋进行独占性的支配的权利，这是固有的租赁、借用等债权性利用方式所无法实现的。就私法主体通过合同或者遗嘱等法律行为为他人设定居住权而言，其主要应用的场景包括但不限于如下四种：①居住权最为重要的功能是所有权人通过居住权与所有权相分离的方式充分实现其对遗产的最佳安排。在通过居住权保障了特定人终身居住利益的前提下，被继承人将住宅遗留给自己想要遗留给的继承人或者继承人之外的其他人。“居住权的确立无疑是既能确保‘遗产下流’、维护婚姻的严肃性，又能满足没有继承权或没有优先顺位继承权的亲人们老有所养，住有居所需要的最佳办法。”〔2〕②居住权可以实现生前继承目的。被继承人生前将房屋的所有权转移给继承人或者受遗赠人，而自己保留居住权。具体可以实现的目的可能是防止遗产税的产生，也可能是通过出卖房屋以获得生活所需的费用，还可能是通过将房屋所有权作为对价而换取他人对自己进行扶养的义务，实际上发挥着遗赠扶养协议的功能。③可以作为一方对于他方履行扶养、抚养或者赡养义务的一种方式，即为被扶养人、被抚养人、被赡养人在自己的住房上设定居住权以履行其相应的义务，确保权利人能够进行居住。④还可以作为夫妻离婚时以及分家析产时住宅分割的安排方式，即将住宅确定为一人所有，但是他方可以享有居住权，从而更加符合双方的利益状态。〔3〕

以上系居住权所发挥的私法功能：不但能够充分保障住宅所有人的处分自由、遗嘱自由，而且还能够充分保障所有人基于亲情、感情、道义或者义务而自愿或者必须承担起对弱势群体的生存保障责任，同时还能兼顾到继承人等第三人之利益。除此之外，在笔者看来居住权在公法上亦有其发挥作用的空间，即实现给付型政府职能。作为社会主义国家，我国政府除了发挥传统法治政府之守夜人的职能外，尚承担着给付职能，即通过向社会弱势群体为特定之给付义务的方式进行社会财富再分配，从而实现分配正义或者社会基本公平。在此意义上，我国政府必须要保障社会上的弱势群体能“住有其房”，这也是十九大报告提出住宅“多渠道供给”的原因所在。我国政府当前已经通过经济适用房、两限房、保障性住房等多种方式为社会弱势群体提供住宅，美中不足的是，这些住房的价格虽然低于市场价，但是在大中城市中价格仍然不低，且供给量有限，因此无法满足收入更低的人民的住房需求。《民法典》生效之后，政府完全可以通过自己保有住宅所有权而为特定社会弱势群体设定居住权的方式对此问题加以解决，同时为居住权设定一系列解除条件（如收入达到某一标准），这样一来，在居住权人死亡或者居住权解除条件成就时，居住权就归于消灭，政府即可收回该住宅而为其他符合条件的人另设居住权。通过居住权的设定可以实现住宅产权共享的功能。〔4〕

---

〔1〕 Vgl. Staudinger KommentarVorbemerkung zu § § 1090 ff. Rn. 6；Jean Carnonnier. Droit civil：*Les biens Les obligations*. Presses Universitaires de France. Paris. 2004：pp. 1682~1697.

〔2〕 马新彦：“居住权立法与继承编的制度创新”，载《清华法学》2018年第2期。

〔3〕 参见申卫星：“从‘居住有其屋’到‘住有所居’——我国民法典分则创设居住权制度的立法构想”，载《现代法学》2018年第2期；辜明安、蒋昇洋：“我国《民法典》设立居住权的必要性及其制度构造”，载《西南民族大学学报（人文社会科学版）》2020年第2期。

〔4〕 参见席志国：“居住权的法教义学分析”，载《南京社会科学》2020年第9期。

第二节 居住权的设定

一、依合同设定

与其他物权一样，以合同设定是居住权产生的最为重要的方式。依据《民法典》第367条的规定，居住权设定合同系书面要式合同。居住权设定合同一般包括如下条款：①当事人的姓名或者名称和住所；②住宅的位置；③居住的条件和要求；④居住权的期限；⑤解决争议的方法。前两项内容是合同的必要条款，如不具备则合同不成立；而后三项则非必要条款，没有约定的不影响合同的成立，也不影响居住权的设立。依据《民法典》第368条的规定，设立居住权的应当进行登记，居住权自登记时设立。此情形完全适用《民法典》第209条等关于不动产物权变动的相关规定，但《不动产登记暂行条例实施细则》并无居住权登记的规定，尚需完善不动产登记法才能使居住权的设立得以落地。

二、依遗嘱设定

《民法典》第371条规定，以遗嘱方式设立居住权的，参照适用居住权一章的有关规定。首先，应当参照的是第367条之规定，遗嘱中必须具备立遗嘱人和居住权人以及作为居住权客体的住宅。以遗嘱方式设定居住权还应当符合遗嘱本身的要求，包括遗嘱的实质要件与形式要件两个方面。依据《民法典》继承编的规定，遗嘱的形式有自书遗嘱、代书遗嘱、打印遗嘱、公证遗嘱、录音录像遗嘱与口头遗嘱六种形式，是否这六种形式都能够设定居住权呢？依照第371条的规定，参照第367条的规定，设定居住权须以书面形式为之，故前述遗嘱中只有满足书面形式的才能够设定居住权。自书遗嘱、公证遗嘱、打印遗嘱显然都符合书面形式的要求，而口头遗嘱显然不能满足书面形式因此不能设立居住权，尚有疑问的是代书遗嘱与录音遗嘱是否能够满足书面形式？对此，笔者认为这两种形式也能够满足书面形式的要求，代书遗嘱显然是在书面上形成的，代书人完全是按照立遗嘱人的口头叙述进行书写的，且立遗嘱人要进行签字，那么其满足一般合同的书面形式应当没有问题，更何况还有两个以上见证人。录音录像遗嘱虽然不是传统的书面形式，但是依据《民法典》第469条第2款的规定一切“可以有形地表现所载内容的形式”都属于书面形式，录音录像显然是有形表现其内容的一种形式，故亦能够满足书面形式的要求。其次，以遗嘱的方式设定居住权，居住权何时设立的问题，第371条对此亦未有规定，此时自然参照第368条之规定并适用物权编第二章有关不动产物权变动的一般性规定，即应当自被继承人死亡后，完成居住权登记时起设立。因遗嘱而取得居住权之人，在被继承人死亡后，得基于其遗嘱请求全体继承人或者遗嘱执行人为居住权之登记。[1]

三、法院裁判设定

为了能够真正发挥居住权保障无房居住的社会弱势群体在特殊情形下能够有房屋居住的功能，应当允许法院得依裁判创设居住权。法院依裁判为当事人一方在另一方的住宅上设立居住权主要适用于如下三种情形：其一，夫妻双方离婚时，双方所共同居住的住宅系一方的婚前财产或者在约定分别财产制的情形下属于一方所有，法院得依据没有住宅的一方请求判决其对于另一方的住宅的一部分或者全部（若另一方拥有两套以上住宅的）享有

---

〔1〕 参见席志国：“居住权的法教义学分析”，载《南京社会科学》2020年第9期。

居住权，以保障该没有住宅一方的基本生活所需。也可以针对双方共有的房屋，在房屋分割时分配给一方享有所有权但是判决另一方对于房屋的一部分或者全部享有居住权。[1] 其二，在人民法院审理有关赡养、抚养纠纷的案件时得以在赡养、抚养义务人的住宅上设定居住权。赡养、抚养义务人的赡养、抚养义务不仅仅限于支付赡养费、抚养费，还应当为被赡养人、被抚养人提供住宅以使其住有所居，为此法院可以判决为被赡养人、被抚养人在赡养义务人、抚养义务人的住宅的一部分或者全部（视义务人的住宅情况而定）上设定居住权。

四、目的性扩张——所有人居住权的承认

笔者认为基于居住权所要发挥的生前继承功能，还应当借鉴比较法上的做法，允许所有权人在自己所有的住宅上为自己设定居住权，即所有人居住权，然后再将房屋所有权以赠与给继承人或者出卖给其他人的方式获得生活所需的金钱或者给对方设定扶养自己的义务。否则只能先由所有人把房屋转移给将来的继承人或受让人，由受让人与所有人通过设定居住权合同再为原所有人设定居住权，这样非但徒增麻烦，更为重要的是若所有人将房屋所有权转移给继承人或者买受人之后，继承人等不愿意为所有人设定居住权，或者其将房屋转让、被债权人执行等情形，原所有人即无法获得相应的居住权。[2]

第三节 居住权的内容与效力

一、居住权人的权利

居住权人的权利是由居住权作为限制的人役权的性质以及所欲实现的功能决定的。依据《民法典》第 366 条的规定，居住权人对于住宅的使用是以“满足生活居住的需要”为限的。与其他用益物权不同，居住权人对于住宅不享有收益的权能，这一点通过将居住权的定义与《民法典》的 323 条关于用益物权的定义、第 331 条关于土地承包经营权的定义、第 344 条关于建设用地使用权的定义进行对照即可明确，后者的定义中均包含了“占有、使用和收益”的权利，而唯独居住权仅仅包含“占有、使用”两项权能。既然居住权不包括收益的权能在内，那么作为居住权客体的住宅所占用的土地产生天然孳息，居住权人不得收取而是由所有人予以收取，例如土地上有果木，其所产生的果实应当属于住宅所有人而非居住权人，再例如若在住宅的外墙上刷广告而支付使用费等经营性收益自然也应当属于住宅所有人而非属居住权人。故《民法典》第 321 条第 1 款关于天然孳息由用益物权人取得的规定在居住权的情形下应当被排除适用。居住权人是否得以将住宅予以出租，从而收取相应的租金，我国《民法典》没有明确规定。依据文义解释并结合反面解释，应当得出居住权人不得出租标的物的结论。自文义解释而言，出租标的物获取租金显然属于收益的范畴，即收取法定孳息，而且对于房屋而言租金是最主要的孳息，出租并获取租金是最为重要的收益方式，既然法律没有规定居住权人享有收益的权能，则依据物权法定原则以反面解释之方法可以得出居住权人不享有该项权利。该解释亦符合居住权本质上系保障居住权人个人的生活居住之所需之立法目的。唯依据意思自治原则，若居住权人取得所有人之同意将住宅予以出租或者无偿借用给他人，自无不许之道理。还有学者将第 369 条第 2

---

〔1〕 参见黄薇主编：《中华人民共和国民法典物权编解读》，中国法制出版社 2020 年版，第 554 页。

〔2〕 Vgl. Münchener Kommentar，zum § 1030，Pohlmann，aufl. 6，2013，Rn. 21.

句之规定“设立居住权的住宅不得出租”直接解释为居住权人不得出租住宅是有疑问的，该规定的文义非常明晰，其规范对象显然是所有人而非居住权人。[1]

有疑问的是，居住权若设立在区分所有的建筑物之上，那么居住权人是否享有《民法典》中关于建筑物区分所有的业主所享有的权利，即出席业主大会并就有关事项进行表决的权利？解释上应当根据业主行使表决权所针对的事项究竟关涉的利益为何而定。因为表决权的赋予及行使是私法自治原则或自我决定原则的体现，故涉及谁的权益就应当由谁来行使。若居住权是设立在整套区分所有的房屋上的，且业主大会所表决的事项仅仅涉及居住权存续期间房屋之具体利用的，则应当赋予居住权人出席业主大会和进行表决的权利；但是若所涉及的事项仍然是关于建筑物本身但其利益超出了居住权人使用的范围，例如关于改建、重建建筑物及其附属设施，关于改变共有部分用途或者利用共有部分从事营利活动等事项的表决权自然应由所有人行使。[2]

居住权作为人役权，具有主观属人性，系专属权，因此依据《民法典》第369条规定，居住权不得转让。由主观属人性所决定，居住权亦不能继承，故无论合同、遗嘱等为居住权所设定的期限是否届满，居住权人死亡时则居住权均自动终止。尽管《民法典》未著明文，但是由于居住权不得转让，故居住权本身亦不能作为担保物权之客体而设定抵押权，盖担保物权之客体必须具有可处分性。居住权人不但不能将居住权予以转让，而且也不能将住宅出借给他人进行使用，否则即超越了“满足生活所需”的界限。但比较法上多允许居住权人的家庭成员以及居住权人负有扶养义务的人能够和居住权人一同使用该住宅。并且对家庭成员（familienangeh rige）应当作广义上的理解，不应限于法定的家庭概念的范围之内，也即不限于相互之间有法定抚养、赡养义务的亲属之内，而是应当依据通常的生活观念加以确定，因此家庭成员的范围也会因社会生活观念的变化而发生变化。[3]

我国法律对此虽然没有作明确规定，但是应当依据诚实信用原则并类推适用租赁合同的相关规定作相同的解释，只有这样才能够满足居住权人的基本生活所需。例如子女为其丧偶的父亲或者母亲设定居住权，若其父或母又再婚，那么该再婚的配偶乃至于与其共同生活的尚未成年的子女亦得以对该住宅进行使用。

二、居住权人与所有人之间的法定债之关系

我国《民法典》并未规定居住权存续期间所有人与居住权人之间的权利义务关系。然而在居住权的情形下，居住权人长期排他性使用所有人的房屋必然会在所有人与居住权人之间产生一系列的权利义务关系，这种权利义务关系在比较法上被称为法定债务关系，在某种意义上，在居住权有偿设定时此种权利义务关系类似于租赁合同中出租人与承租人之间的关系，而在无偿设定时则类似于出借人与借用人之间的关系。[4]

德国法律虽然没有明确针对居住权规定居住权人与所有人之间的法定债务关系，但是由于居住权系限制的人役权之一种，自然得适用《德国民法典》第1090条关于限制人役权之规定，而依据第1090条之规定则又得适用第1020条以下关于地役权人与供役地权利人之间的法定债务关系（gesetzliches schuldverhältnis）。[5]

---

〔1〕参见席志国：“居住权的法教义学分析”，载《南京社会科学》2020年第9期。

〔2〕Vgl. Staudinger Kommentar. zu § 1093 . Mayer. 2009, Rn. 37.

〔3〕Vgl. Staudinger Kommentar. zu § 1093 . Mayer. 2009, Rn. 41.

〔4〕参见席志国：“居住权的法教义学分析”，载《南京社会科学》2020年第9期。

〔5〕Vgl. Münchener Kommentar. zum § 1093. Joost. aufl. 6, 2013, Rn. 8.

此种法定债务关系之设定目的在于调整役权人与所有人之间的权利义务关系，其基本法思想是通过赋予役权人与所有人一系列的义务以平衡役权人与所有人之间相互冲突的利益状态。若一方当事人违反了基于该法定债之关系而产生的义务则构成了债务不履行，从而应当依据第280条以下关于债务不履行的规定请求损害赔偿；而且亦得将《德国民法典》第278条所规定的履行辅助人的过失归责于债务人本人，由债务人承担相应的损害赔偿责任。[1]

我国《民法典》对此没有规定，显然属于法律漏洞，法教义学上应当借鉴比较法上的做法，并依据事务之本质类推适用地役权及租赁合同的相关规定，确定双方当事人的义务如下：

1. 居住权人对于所有人的义务。首先，应当准用《民法典》第714条关于承租人义务的规定，居住权人应当负有妥善保管标的物的义务，若因其保管不善而致使标的物毁损或者灭失的，则居住权人对于所有人负有赔偿义务。所谓妥善保管标的物的义务，亦应当与承租人的注意义务相同，即须尽到善良管理人的注意义务。居住权人对于住宅为通常合理之居住使用而引起该住宅发生的自然老化、耗损等则无须承担损害赔偿责任。其次，居住权人作为标的物之占有人，应当如同承租人一样，在第三人对于标的物主张权利时，应当根据诚实信用原则负有及时通知所有人的义务，否则因此给所有人造成损失的应当承担损害赔偿义务。再次，《民法典》第715条关于承租人不得擅自改善租赁物的规定亦得准用于居住权人，居住权人擅自改善标的物的则所有人有权请求权其恢复原状，造成损害的应当承担相应的损害赔偿责任。[2] 最后，居住权人在居住权消灭时对于所有人负有返还住宅的义务，此时应当准用关于租赁合同终止后承租人的义务。若居住权因居住权人死亡而消灭的，那么居住权人的继承人负有返还标的物的义务。

2. 所有人的义务。居住权设定后，容忍义务（duldungspficht），也即容忍居住权人对于住宅为符合居住权合同约定及居住权之本旨的使用，而不得行使所有人的原物返还请求权、妨害排除请求权等物上请求权。由于居住权是役权的一种，而役权的本质仅在于所有人容忍役权人对于标的物进行某种程度上的利用（积极或者消极利用），役权并不产生对于所有人的对人权或债权等，故所有权人并未负有任何积极的义务，这与租赁合同中出租人须负有保障承租人在整个租赁期间内能够对于租赁物为符合合同目的之使用的积极义务有所不同。[3]

因此，所有人并不承担《民法典》第712、713条所规定的出租人修缮标的物的义务，标的物需要修缮的原则上居住权人应当以自己的费用进行修缮，而不得请求所有人进行修缮。当然，所有人有对标的物进行修缮和改造的权利，若所有人对住宅进行修缮、改造的，则居住权人有容忍的义务，而不得行使居住权作为物权排除妨害的权利。当然，居住权人对于非可归责于其自身的标的物的损害亦不负有修缮的义务，若居住权人自己对于标的物进行了修缮，得以依据无因管理的规定请求所有人偿还必要的费用。[4]

比较有疑问的是，若居住权仅于住宅的一部分上设定，那么若建筑物的其他部分发生毁损从而导致居住权人无法对其享有居住权的部分加以正常使用的，应当由谁来予以修缮？

---

[1] Vgl. Müller · Gruber. Sachenrecht. Vahlen. München. 2016. S. 615.

[2] Vgl. Münchener Kommentar , zum § 1093, Joost. aufl. 6, 2013, Rn. 8.

[3] Jean Carnonnier. Droit civil: *Les biens Les obligations*. Presses Universitaires de France. Paris. 2004: 1677.

[4] Vgl. Staudinger Kommentar. zu § 1093 . Mayer. 2009, Rn. 41

由于在此种情形下居住权人对于住宅的整体并不享有占有的权利，因此其无法完成对于该部分建筑物的修缮，但是不进行修缮则又导致居住权人无法行使居住权，故正确的做法是依据诚实信用原则赋予所有人修缮的义务。对于由居住权人与所有人共同使用的设备，也应当由所有人以自己的费用加以修缮。[1]

3. 因住宅所产生的费用的负担。我国《民法典》针对因住宅所产生的各项费用究竟是由所有人还是由居住权人负担的问题亦未著明文，因此须依据居住权之目的而加以分配。依据利益与成本相一致的原则，对于费用的分担，应当依据费用的产生究竟是因所有权抑或是因使用而产生的加以确定。对于因建筑物所产生的负担及费用，特别是基于所有权而产生的负担及费用，如未来征收房产税等税费以及房屋保险费等，因其均系针对所有权而发生，故在当事人之间没有明确约定的，解释上应当由所有人予以承担。对于因使用住宅而产生的各项费用，如水电费、燃气费等由于系居住权人自己利用的结果，故在当事人没有约定的情形下应当由居住权人自行负担。[2]

---

〔1〕 Vgl. Staudinger Kommentar. zu § 1093 . Mayer. 2009，Rn. 39.

〔2〕 参见席志国："居住权的法教义学分析"，载《南京社会科学》2020 年第 9 期。

第六章
地役权

第一节　地役权概述

一、地役权的概念

应当说“地役权”（easement，servitude，Grunddienstbarkeit）是所有用益物权中最为复杂的权利，也是最难理解的权利，特别是目前在我国实践中还很少出现这种权利的背景下更是如此。我国之所以很少有这种物权，主要是因为我国固有法律传统中没有该种权利，尽管民国时期的民法典参照《德国民法典》之做法引入了该种物权，但随着新中国的土地改革和废除过往的法统，该种新兴的物权又消失了，基于物权法定原则，即便在实践中当事人通过合同约定了类似于“地役权”的权利，但是仍然无法获得物权之对世效力，而只能作为合同之债从而仅仅约束双方当事人。2007 年通过并生效之《物权法》则又恢复了该种用益物权制度，《民法典》则全面继受了《物权法》上关于地役权的规范。

地役权是役权的一种，在德国民法上地上权（Erbbaurecht）和役权（Dienstbarkeit）共同构成了用益物权。役权又进一步划分为地役权与人役权，地役权与人役权的区别在于权利主体的不同，地役权的权利人只能是另一块土地的所有人（即需役地权利人），也即其只能与需役地所有权绑定在一起；而人役权的权利主体则是特定的人。依据权利的内容，役权则又可以区分为限制性用益权（Beschränkte Nutzungsrechte）与完全性用益权（Volle Nutzungsrechte），其中完全性用益权就叫作用益权（Nießbrauch），其赋予权利人对于标的物的整体性利用的权利；而所有的其他役权均只赋予权利人依据其不同的约定进行某种限制性的利用权。[1]

《德国民法典》第 1018 条规定“一块土地为了另一块土地的现时所有权人的利益，可以此种方式设定权利，使该所有权人可以在个别关系中使用该土地，或者使在该土地上不得实施某种行为，或者排除由供役地的所有权对需役地所产生的权利（地役权）”。我国台湾地区所适用之“民法”第 851 条则规定“称地役权者，谓以他人土地供自己土地便宜之用之权”。我国《民法典》第 372 条第 1 款则规定“地役权人有权按照合同约定，利用他人的不动产，以提高自己的不动产的效益”。与《德国民法典》之规定及我国台湾地区之“民法”相比较，从表面上来看我国“物权法”之规定，将地役权的范围予以扩大来，在标的物方面，扩大到了土地之外的所有不动产之上（主要包括房屋），需役地和供役地都可以是土地之外的建筑物等其他不动产了。事实上，尽管《德国民法典》所规定的地役权的客体是土地，然而在德国基于房地一体原则，房屋等地上建筑物与附着物属于土地的重要组成部分而不是独立的物（《德国民法典》第 94 条），自然其地役权的范围无论是就需役

〔1〕 Hans Prütting, Sachenrecht , 36. Aufl. , C. H. BECK, 2017, S. 373. , Rn. 881.

地还是供役地而言，其效力均及于土地上的建筑物等不动产。

此外，地役权之主体不仅仅限于土地所有权人，而是包括了一切土地权利人，在我国毋宁说设定地役权的主体主要是土地的使用权人（或者说用益物权人，包括建设用地使用权人、宅基地使用权人和土地承包经营权人），这是由我国土地所有和利用分离的实际现状所决定的。

结合我国《民法典》及比较法上的规定，可以对地役权做如下之定义：地役权系权利人为了利用自己享有权利之不动产的便利，而对他人享有权利之不动产进行一定程度的利用，或者对该他人行使其不动产权利进行限制的一种用益物权。其中需要利用他人之不动产的不动产被称为需役地（dominant land），〔1〕为需役地提供便利而被利用之土地及其他不动产被称为供役地（servient land）。对于需役地享有所有权或者其他用益物权的人，被称为需役地权利人；对于供役地享有所有权或者其他用益物权的权利人则被称为供役地权利人。

现在，我们举两个在实践中经常出现的地役权的例子来加以说明：

例一：甲某系A土地的承包经营权人，乙某系B土地的承包经营权人。B土地与A土地相邻且位于A土地之北侧，在A土地之南侧即为一条省级公路。B土地可以从其西侧绕行通过一段约2公里的沙石路段进入该省级公路，该沙石路段在降雨或者降雪后通行比较困难。为了将其土地上所产的粮食运出，乙某和甲某签订书面合同约定乙某可以直接从甲某的A土地上开辟一条道路通行，为此一次性支付给甲某5万元补偿，期限为20年；合同中还约定若乙某转让B土地之承包经营权的，受让人不再享有此项通行的权利。此时乙某即对甲某所享有承包经营权之A土地享有了地役权。其中B土地为需役地，A土地为供役地；乙某为地役权人，甲某为供役地权利人；此种地役权被称为通行地役权。

例二：甲公司系A土地的建设用地使用权人，乙公司系B土地的建设用地使用权人，二公司的建设用地使用权期限均为70年，其土地用途均为开发商品住宅楼。A土地和B土地均位于海南省三亚市陵水县的香水湾。A土地直接临海，B土地在A土地的后面，即在海滩和B土地之间仅有一块土地，即A土地。乙公司为了使其开发的商品住宅的15层之上（即15层到20层）能够欣赏海景，遂与甲公司签订书面合同约定，甲公司不在A土地右侧建造高于30米以上的建筑物，期限为70年，为此乙向甲一次性支付补偿金350万元。此时乙公司即对甲公司享有建设用地使用权的A土地享有地役权。其中B土地为需役地，A土地为供役地；乙公司为地役权人，甲公司为供役地权利人；此种地役权被称为眺望地役权。

二、地役权与相邻关系的区别

地役权与相邻关系中不动产权利人对相邻土地所享有的权利无论是在功能上还是在内容上都非常的相似，在比较法上对其处理就有不同的立法例，有的国家将相邻关系作为地役权之一种予以规定，即作为法定地役权（或者称之为强制地役权）无需当事人通过设立行为而是依照法律规定直接产生的一种地役权。例如《意大利民法典》第三编的第六章规定了地役权，该章共有8节。其中第二节即规定了强制地役权，该节又细分为五个分节，分别为：水道和强制排水、水闸的设置、对建筑物和土地的强制供水、强制通行、强制送电和电缆的强制通行。其中第1032条规定，“根据法律，某一土地的所有权人有权在另一

〔1〕 准确地说应该是需役不动产，但是为了和传统民法概念保持统一，现行法律和司法实践以及学理上均仍沿用需役地的概念。同样地，供役不动产也仍然被称为供役地。本书为了行文上的方便，也仍然沿用需役地和供役地的概念。

所有人的土地上设立地役权，在欠缺契约的情况下，这一地役权由判决设立，在法律有特别规定的情况下这一地役权也可以由行政机关设立。由判决确定地役权的条件并且确定应当支付的补偿金的数额。在支付补偿金之前，供役地的所有人有权阻止役权人行使役权”。

尽管如此，在将地役权和相邻关系分别予以处理的立法例中，无论从理论上还是从立法规定上看，两者仍然存在着本质性的区别，其区别主要体现在如下五个方面：

1. 首先两者的法律性质有所不同。相邻权不是一种独立的权利，乃是不动产所有权本身的限制或扩张，是不动产所有权本身所固有的内容，因为只有法律正确处理相邻关系，才能够保障各不动产所有权人或者使用权人有效地利用其不动产，并将纠纷产生的可能性降到最低程度。与相邻关系有所不同，地役权则是一种独立的用益物权，其本身可以存在也可以不存在，很多情形下不设定地役权并不影响权利人对不动产的利用，因此并非所有的不动产都负担有地役权或者享有地役权。因此，地役权乃是当事人衡量其对不动产之利用的不同情形而予以设定的。

2. 相邻关系为土地所有权内容当然的扩张或限制，是法定的，无须当事人通过合同等法律行为予以设定，相邻不动产权利人之间自然就享有法律所规定的、各种基于相邻不动产所产生的权利和负担相应的义务。而地役权作为一种独立的用益物权，则必须通过不动产权利人之间的契约或者供役地权利人的遗嘱等法律行为或者其他法律事实（如在允许时效取得物权的国家通过时效取得）而设定。

3. 基于相邻关系而发生的所有权的扩张或者限制仅在不得已的情形下发生，即若不进行该种限制或者扩张那么不动产就无法得到正常的利用，因此相邻关系进行的调整是法律的底线或者最低限度。例如同样在通行关系中，若甲某的 A 土地全部被乙某的 B 土地所包围，没有任何道路可以进入，那么甲某可以依据相邻关系从乙某之 B 土地上通行，若乙某拒绝则甲某可以基于相邻关系提起诉讼禁止乙某的行为。相反，地役权则是于相邻关系之外，不动产权利人为了提高自己土地的利用价值或者获得其他便利而对他人之不动产进行一定程度上的利用，或者进行某种本来不能进行的限制，因为是基于合意设定，所以其范围几乎是没有限制的。如基于相邻关系，土地权利人不能禁止其他土地权利人建造高层建筑，除非对方的建筑离自己的建筑物太近从而使自己的建筑物无法采光或者通风，而上述例二所产生的地役权则可以限制供役地权利人甲公司在其土地上建设高于 30 米以上的建筑物，当然当事人约定完全禁止建设建筑物也是可以的。

4. 因为相邻关系是法定物权，所以相邻关系之成立及对抗任何第三人，均不需要进行登记；而地役权作为意定物权，则需要进行登记，未经登记的，依照我国《民法典》第 374 条的规定，不得对抗善意第三人。在以德国为代表的采取物权变动形式主义的国家或者如瑞士等国采取物权变动的折中主义的立法例中，如果没有进行地役权登记，该地役权不成立，从而不具有任何物权效力。

5. 基于相邻关系所生之权利义务与不动产所有权同时存在，不能单独取得或丧失，即不因相对人的意思而发生变动；地役权则有所不同，地役权的取得需要有设立地役权的合同，地役权可以因期限届满、当事人解除地役权合同等原因而归于消灭。

三、地役权的类型

（一）乡村地役权与城市地役权

乡村地役权（iura praediorum rusticorum，feldservituten）与城市地役权（iura praediorum urbanorum，gebäudeservituten）的分类是源自于罗马法的一种分类，是依据地役权之目的是农业亦或是建筑而进行的一种分类。如系为了农业性的利用供役地，如牲畜通行、取水灌溉庄稼等原因的地役权即为乡村地役权；若为了建造建筑物而对供役地加以利用或者限制的地役权则为城市地役权，如将阳台伸出于供役地之上等。[1]

（二）积极地役权与消极地役权

该种分类是地役权分类中最为重要的一种，是按照地役权的内容是权利人可以对供役地积极实施一定行为还是仅仅系对供役地权利人进行一定之限制而进行的。积极地役权是指以地役权人为了利用自己土地的便利而对供役地为一定积极行为为内容的地役权，又被称为作为地役权，此时供役地所有人负有容忍该一定行为之义务。例如，通行、铺设低下线缆、排水、取水、采砂石等地役权都属于积极地役权。消极地役权是指以供役地所有人在供役地上不得为一定行为为内容的地役权，因供役地所有人负有一定不作为之义务，而非单纯之容忍义务，故又称为不作为地役权。例如，为了眺望远处的风景与他人约定设立以供役地权利人不从事高层建筑为内容的地役权，即为消极的地役权。

（三）可移转地役权与不可移转地役权

该种地役权的分类系依据地役权人是否可以将其地役权转移给第三人而进行的。在我国现行立法中地役权具有严格的从属性，从属于需役地，从而地役权不能独立于需役地的权利而进行转移（相关论述详见下文），但是地役权可以随着需役地之权利的转移而转移。我国法律允许当事人在地役权合同中规定地役权是否随需役地之权利的转移而转移。依据《民法典》第380条的规定，若当事人在地役权合同中规定了地役权不得转移的，那么即使需役地之权利转移，该地役权仍然不发生转移，但是由于原地役权人已经不再拥有需役地之任何权利，那么依据地役权的主观属地性，则原权利人亦不得再享有该地役权，则该项地役权归于消灭。

（四）表现地役权与非表现地役权

该种分类是根据地役权之行使和存在是否具有一定外部表象而进行的。如果地役权的行使具有一定之外部行为或者设施等外部表现形式，为表现型地役权；反之，地役权之行使和存续不具备任何外部表现形式则为非表现型地役权。所有的消极地役权都是非表现型地役权，因为地役权人并不对供役地实施任何积极的行为，如眺望地役权；而积极地役权多为表现型地役权，如通行、汲水等地役权就是表现型地役权，但是积极地役权中也存在非表现型地役权，如通过供役地之下铺设管线的地役权即为非表现型地役权。在我国，进行此种分类的意义和价值主要是确定第三人是否为善意；在比较法上，则还因是否适用取得时效制度而有所不同，通过时效取得的必须是表现型地役权，非表现型地役权则不得取得。

（五）所有人地役权与非所有人地役权

所谓所有人地役权，是指所有权人在自己的一块土地上为自己的另一块土地设定的地役权，即供役地权利人与地役权人是同一个人，也可以称作所有人地役权或者自己地役权。非所有人地役权则是指地役权人和供役地权利人非属同一人。多数情形下，地役权的设定都是土地权利人为其他土地权利人所设定的，因而属于非所有人地役权。

我国《民法典》没有明确规定土地权利人可以为自己设定地役权，若严格解释《民法典》第372条之规定，则应当否认所有人地役权，因为该条明确规定地役权人系利用他人之土地的权利。同样从逻辑上讲，也无所有人地役权存在的余地。盖地役权系他物权之一

---

〔1〕 Kaser/Knütel/Lohsse, *Römisches Privatrecht*. 21. Aufl. C. H. Beck. München. S. 170-171.

种，他物权乃系对他人之物享有的物权，据此也产生了物权法上的混同制度，即他物权与所有权同归一人所有时该他物权即归消灭。然而，正如美国大法官霍尔姆斯（Holmes）所言，“法律的生命在于经验，而非在于逻辑”。所有人地役权在实践中非常具有价值和意义，特别是在土地权利人拥有若干块相邻的土地或者拥有一块非常大的土地，并且想将这些土地分别转让或者予以分割转让，而自己仅保留其中一块或者一部分土地，而且还想将这些土地纳入一个整体发展规划从而形成一个理想型的社区时，所有人地役权就成了非常重要的法律手段。如果不承认所有人地役权，则将由于交易成本过于巨大而无法实现该种规划，从而不但不正当地限制了土地权利人意思自治的范围，同时也不利于社区的整体规划与和谐。正因为如此，比较法上基本都承认所有人地役权，不但以务实为导向的英美法系如此，就连一贯注重法律中的逻辑价值的德国法律也承认了所有人地役权。因此，笔者建议在立法没有明确否认所有人地役权的前提下，司法实践应当承认所有人地役权，不但允许由于土地转让而产生的所有人地役权，而且还允许土地权利人在自己拥有所有权或者用益物权的土地上为自己的另一块土地设定相应的地役权。

四、地役权的特征

1. 地役权是使用他人土地的权利。但是这种使用只是部分性使用，而不是对于供役地人的土地进行全方位的使用。也即地役权并不排除供役地人自己对于自己土地的使用，只是供役地人对自己土地的使用受到了地役权某种程度上的限制。

2. 地役权是为利用自己土地的便利而利用他人土地的权利。所谓为了利用自己土地的便利，是指为了增加自己土地利用率，增加土地的使用价值而对于供役地加以利用，并非指不利用供役地就无法利用自己的土地。

3. 地役权具有从属性。地役权从属于需役地，地役权作为从权利不得独立于需役地而单独转让或者抵押；需役地所有权或者使用权发生转移或抵押的，地役权随之转移、抵押。对此我国《民法典》第 380 条规定：“地役权不得单独转让。土地承包经营权、建设用地使用权等转让的，地役权一并转让，但是合同另有约定的除外。”第 381 条规定：“地役权不得单独抵押。土地承包经营权、建设用地使用权等抵押的，在实现抵押权时，地役权一并转让。”

4. 不可分性。主要体现在两个方面：地役权不因需役地的分割或者部分转让而受有影响；也不因为供役地的分割或者部分转让而受有影响。我国《民法典》第 382 条规定：“需役地以及需役地上的土地承包经营权、建设用地使用权等部分转让时，转让部分涉及地役权的，受让人同时享有地役权。”第 383 条规定：“供役地以及供役地上的土地承包经营权、建设用地使用权等部分转让时，转让部分涉及地役权的，地役权对受让人具有法律约束力。”这两条的规定即地役权不可分性的立法依据。

第二节　地役权之取得

关于地役权的取得，我国《民法典》仅于第 373 条规定了一种方式，即以合同方式设定地役权，该条第 1 款规定：“设立地役权，当事人应当采用书面形式订立地役权合同。”但是在比较法上地役权的取得方式尚有供役地权利人通过遗嘱为他人设定地役权、通过时效取得地役权和通过其他方式取得地役权。在我国，因为法律上一律不承认取得时效制度，所以地役权当然不能通过时效方式予以取得。但是，关于供役地权利人可以通过遗嘱为他人设立地役权，笔者认为基于其属于法律行为的范畴，同时也是权利人处分其财产权利的基本自由，基于举重以明轻的法律原则当然应当予以允许，既然不动产权利人能够通过遗嘱转移不动产权利于他人，当然没有必要限制其将不动产权利的部分权能转移给他人设定用益物权。这并不违反“物权法定原则”，物权法定原则仅仅涉及物权的种类和效力，而不包括物权的设定和转移。物权的设定和转移恰恰属于私法自治的范畴，已如本书前述。

一、地役权设定合同

（一）签订地役权合同

通过合同设定地役权是地役权产生的最为普遍和常见的方式。因为地役权作为意定物权原则上须由当事人以法律行为的方式来进行设立，而设立地役权涉及双方当事人的利益，所以原则上又应以合同的方式来进行设定。依照我国《民法典》第373条之规定，地役权设定合同系书面要式合同，当事人必须以书面的方式订立该合同，否则合同不成立。

1. 地役权合同的必要条款。

（1）双方当事人。首先，应当包括当事人的姓名，如系法人或者其他组织则为其名称；其次，包括各当事人的住所地；再次，如果系法人一般应当写明其法定代表人；最后，尽管法律没有明确要求，建议签订合同时尽量标明对方的联系方式（通信地址、电话、地址邮件等）。

需要说明的是，作为地役权设定的双方当事人，一方应当是供役地的权利人，另一方则是需役地的权利人。在比较法上，供役地权利人和需役地权利人均须为土地之所有人，也即由供役地的所有人为需役地的所有人设立地役权。在我国，由社会主义公有制所决定，土地所有人只能是国家和集体，国家或者集体以及集体与集体相互之间固然可以设定地役权，但是通常情形下国家和集体并非土地的实际使用人，故没有实际设定的需要。因此，实践中通常是建设用地使用权人、土地承包经营权人等用益物权人相互之间有设立地役权的需要，故我国法律允许用益物权人相互之间为对方设定地役权，毋宁说这是地役权最常见的设定情形。由于设定地役权系处分行为，故供役地所有人、使用权人之外的第三人为需役地权利人设定地役权的，构成无权处分，除非符合善意取得之要件，否则需役地权利人不能取得地役权。

（2）供役地与需役地。供役地和需役地必须要予以具体化，即通过合同即可以具体确定哪块土地为供役地、哪块土地为需役地。无论是需役地还是供役地，只要其中一块土地没有具体确定，该地役权合同既不能成立也不能生效。在我国，土地须通过宗地图和具体的土地四至界限加以确定。

（3）地役权利用目的等内容。地役权是一个框架性权利，对于其具体内容法律没有具体规定，而是因当事人之设定目的千差万别而各不相同，因此地役权的具体内容，包括利用的目的、利用的方式，均应当通过地役权合同予以明确约定，否则地役权合同会因为内容不确定而不成立。例如在上文所举的地役权例一和例二中，当事人应当明确约定地役权是通行的地役权还是禁止对方在特定地点建造建筑物的地役权，否则合同即无法成立，地役权自不得设定。

2. 地役权合同的通常条款。所谓地役权合同的通常条款，就是一般情形下当事人均会约定的条款，也建议当事人在订立地役权合同时要就此事项进行约定，以免将来发生不必要的纠纷和争议。但是该种条款非属于地役权合同的必要条款，没有约定也不影响地役权合同的成立，从而亦不影响地役权的设立。

（1）地役权行使的具体地点和方式。当事人最好在其合同中约定地役权之行使的具体地点和方式，例如前述例一中，乙某在甲某之 A 土地上约定通行的具体地点，否则当事人在地役权设定后将会就行使地点之所在发生争议。不过该条款非属于地役权合同的必要条款，若当事人没有约定该项内容不影响地役权合同效力，也不影响地役权本身的设立。此后若当事人之间就地役权行使之具体地点能够达成一致的，则按照其协议；若不能达成一致的，则依据《民法典》第 376 条的规定，“地役权人应当按照合同约定的利用目的和方法利用供役地，尽量减少对供役地权利人物权的限制”。所谓尽量减少对供役地权利人物权的限制，就是指在满足地役权人之目的的前提下选择对供役地权利人损害最小的地点和方式行使其地役权，这也是民法诚实信用原则的要求。即便如此，若当事人没有约定地役权行使的地点和方式，当事人发生争议的概率可能会大大上升，因为当事人双方可能就何为“满足地役权之利用目的”与何为“对供役地权利人物权限制最小”这两个不确定的或是模糊的概念产生争议。因此建议当事人在合同中就此作出相应的约定。

（2）地役权存续期限。《民法典》第 377 条规定，地役权的期限由当事人约定，但不得超过土地承包经营权、建设用地使用权等用益物权的剩余期限。也就是说地役权的存续期限可以由当事人自行约定，这仍然属于私法自治的范畴，但是在我国，地役权主要是在用益物权人之间设定，而用益物权往往自身有其存续时间，所以当事人约定的地役权最长期限不得超过需役地之使用权和供役地之使用权中较短的一个期限。例如，甲某拥有 A 土地之建设用地使用权，其剩余期限为 40 年，乙某拥有 B 土地之建设用地使用权，其剩余年限为 30 年。甲乙双方通过书面合同设定眺望地役权，约定为了甲某在 A 地上开发的房子欣赏远处的风景，乙某不在 B 土地上建造高于 15 米的建筑物。双方约定之地役权存续期限不得超过 30 年。如果双方约定之地役权的期限超过 30 年的，则超过的部分没有效力。比较有疑问的是若双方当事人没有约定地役权的存续期限的，那么该期限应如何确定？对此，我国法律没有给出明确规定。在笔者看来，若当事人没有规定地役权之期限，则应当区分地役权设定人加以确定：若地役权之设定人系有期限之用益物权人，则该地役权之期限与需役地或者供役地之权利人中较短一个的用益物权之期限相同。如前述所举例子中，若当事人没有约定地役权之具体存续期限则推定其为 30 年。若设定地役权的主体为土地所有权人，如甲农民集体与乙农民集体就其所有的土地设定一项地役权，那么地役权的期限为何则须参照比较法上的做法加以确定，如我国台湾地区规定，当事人没有约定地役权期间的，则为 30 年。笔者认为为了减少纠纷，最好由最高人民法院在调研的基础上通过司法解释确定一个期间。当然为了避免目前这种法律上的不确定性，当事人在订立地役权合同时最好明确约定该地役权的期限。

（3）费用及其支付方式。地役权的设定可以是有偿的也可以是无偿的，具体由当事人在地役权合同中予以约定，一般而言地役权的设定均是有偿的。如果当事人系有偿设定地役权，则应当约定好地役权的对价金额、支付的期限、支付的具体方式等事项。如果当事人没有在地役权合同中约定地役权的对价，事后又无法达成补充协议的，则应当推定为供役地权利人系无偿为地役权人设定地役权。当然，如果当事人在合同中约定地役权是有偿设定的，只是没有约定具体数额，当事人如果发生争议诉至法院，法院则应当依据公平合理的原则，参照相同地区同类地役权之对价予以确定。

（4）解决争议的方法。我国《民法典》第 373 条将解决争议的方法作为合同的通常条款而予以提示性的规定。不过在笔者看来，该条款对于一般合同而言属于通常条款，而作为地役权之合同的条款则有所不宜。因为地役权合同系设定地役权的依据，地役权的内容由地役权合同决定（至少在我国实践中尚未采纳独立的物权合意的情形下是如此）。地役权属于不动产物权，依据民事诉讼法的规定，有关不动产的诉讼属于专属管辖，即专属于不动产所在地的人民法院管辖，当事人是不能约定管辖法院，也不能通过约定选择仲裁而排除法院的管辖。因而笔者认为，该条约定实际上缺乏实际意义和价值。也就是说，如果当事人发生了纠纷，无论是否有该约定，如果无法达成协议均可通过诉诸法院的方法解决。

（二）登记与地役权的成立时间

1. 地役权的成立时间。依照我国《民法典》第 374 条的规定，登记不是地役权设定的生效要件，仅仅系对抗要件。因此地役权从地役权合同生效时设立，如不登记则该地役权不得对抗善意第三人。第 374 条规定构成了《民法典》第 208 条与第 209 条的例外性规定。可见，在地役权仅仅因设定地役权的书面合同的生效即产生物权变动的效果，也正因为如此，我国通说认为，我国《物权法》和继受物权法的《民法典》物权编并没有采取“区分原则”，盖此处仅因债权合同即发生物权变动之效果，显然没有独立之物权行为存在的空间。但是在笔者看来，该规定尚不能作为否定区分原则的充分证据，因为尚有两种可以与区分原则相符合的解释路径：一个路径是将《民法典》第 374 条所规定的“设立地役权合同”解释为物权合同而非如同买卖合同之类的债权合同；另一个路径则是认为该条所规定的书面合同虽然是债权合同，但是其中却同时包括了“设定地役权的物权合同”。但是无论采取何种解释路径，均可以得出第 374 条所规定的地役权设定书面合同生效时地役权即成立的效果。由于该地役权合同是书面要式合同，所以依据我国《民法典》第 490 条之规定，双方当事人在合同书上签字、盖章或者按指印时即成立生效，即最后一方当事人在合同书上完成签字或者盖章或按指印中的一项，地役权合同生效，该地役权也同时成立。

2. 登记。尽管登记不是地役权的生效要件，但是一般而言，建议当事人仍然应当进行相应的地役权登记，否则会产生两方面的问题：首先，未经登记的地役权不得对抗善意第三人；其次，往往难以区分该合同到底是设定地役权的合同抑或仅仅是一般的合同，仅在当事人之间具有债权效力还是产生地役权效力。因为即便不设立地役权，当事人仍然可以通过合同约定对他人之不动产进行一定程度上的利用或者是限制，如果没有登记，双方当事人发生争议时，若一方当事人主张此合同仅仅是债法上的合同而非物权法上设定地役权的合同，另一方当事人主张此系设定地役权合同，将导致很难予以确定，必须要诉诸法院、由法院通过解释合同的方法来予以确定，从而使交易成本大大上升。至于登记的程序与其他不动产物权的登记相同，在此不再详述。

3. 未登记地役权之效果。如前所述，未登记的地役权不得对抗善意的第三人。所谓不得对抗善意第三人，就是未登记之地役权人对于该善意第三人不得主张其地役权，也就是当该善意第三人与地役权人的利益发生冲突时，优先保护善意第三人的利益。善意第三人的构成需要具备如下几个要件：

（1）须属于交易第三人。之所以将第三人限制为交易第三人，乃是由登记制度的目的或功能所决定的。登记的目的即在于保护交易安全，使交易相对人能够通过查阅登记薄的方式获知相关标的物之权利状况，从而基于此信息进行相应之交易。而若当事人没有将权利状况进行登记，那么信赖登记之权利状况而进行交易的人仍然能够获得相应的权利（公示公信原则）。而若不属于交易相对人，则不被纳入登记制度保护的范围，因而不能作为这里的第三人。

不属于交易相对人之范围的包括：首先，侵权行为人不属于交易相对人，不得引用《民法典》第 374 条之规定对抗未经登记之地役权人。其次，未支付对价，而是通过赠与等无偿行为获得供役地之相应权利的第三人也不属于交易相对人。最后，通过继承或者受遗赠等方式继受供役地权利人之权利的人亦不属于善意第三人的范畴。

例一：甲某系 A 土地的建设用地使用权人，乙某系 B 土地之建设用地使用权人，甲某和乙某通过书面合同设定通行的地役权。合同约定，甲某可以在 B 土地特定位置铺设一条宽度为 5 米的道路，并经由此路面予以通行；合同同时约定，甲某向乙某一次性支付 2 万元补偿金，使用期限为 20 年。双方没有进行地役权登记。合同签订后甲某即按照约定在乙某的土地上铺设了一条道路进行通行。丙某某日没有经过甲某的许可，在该道路上通行，由于其卡车过重结果将该道路压坏。甲某要求丙某赔偿，丙某以甲某地役权未经登记，且自己不知道甲某系地役权人为由主张自己系善意第三人。丙某的抗辩即不能得到法院的支持，因为丙某系侵权人而非交易第三人。

交易第三人系指支付对价而实施相应法律行为从而取得权利的供役地权利人与地役权人之外的第三人。凡是通过支付一定对价的善意第三人均可以援引《民法典》第 374 条之规定以对抗未经登记之第三人。这些第三人主要包括：首先，通过买卖等方式取得供役地所有权或者使用权等相应权利的人。因为我国土地所有权均属于国家或者集体所有，因此主要为供役地之建设用地使用权、承包经营权等用益物权的受让人。其次，通过支付对价而在供役地上再次设定地役权等用益物权的相对人。再次，供役地的抵押权人等担保物权人。最后，通过租赁等合同方式取得供役地之使用权的第三人等。

例二：甲房地产公司系 A 土地之建设用地使用权人，乙房地产公司系 B 土地之建设用地使用权人。甲公司为了其开发的房子能够眺望远处的风景从而能够以较高的价格销售，于是和乙公司签订书面地役权合同约定，乙公司不在 B 地上开发高于 20 米以上的建设物，从而甲公司给乙公司一次性补偿 200 万元。期限与乙公司之建设用地使用权期限相同。合同签订后，甲公司即如约向乙公司支付了 200 万元的补偿金，但是双方没有进行登记。现在乙公司若将其对 B 地之建设用地使用权转让给丙公司，双方办理了过户登记手续，丙公司并不知道甲公司和乙公司签订了地役权合同的事实，那么甲公司就不得对丙公司主张地役权，从而禁止丙公司建造 20 米以上的建筑物。同样，若乙公司为了筹集开发资金，需要向丁银行贷款，丁银行要求其提供价值相当的抵押担保，乙公司即将该建设用地使用权抵押给丁银行，双方办理了抵押登记。若贷款到期后乙公司无力清偿，丁银行欲拍卖该建设用地使用权并就价金受偿，那么丁银行拍卖的 B 土地上就不再负担甲公司的地役权。因为丁银行在签订抵押合同时不知道该地役权的存在。

（2）该交易相对人须为善意。所谓善意，是指交易相对人不知道地役权设立的事实，而且对不知道该地役权存在的事实没有过错。相对人是否属于善意，在法律上是推定的，即原则上推定该交易相对人是善意的，若地役权人没有相应证据证明交易相对人是恶意的，则推定其为善意。地役权人可以证明相对人是知道该地役权存在的，而推翻上述推定。地役权人也可以证明相对人若经过简单的调查就可以知道地役权之存在的事实，而相对人没有进行调查，那么该相对人对于不知即属于有过失，从而不能主张其为善意。对于表现型地役权而言，一般只要交易相对人进行一定的调查，即可以得知该土地上是否设定有相应的地役权。例如前述所举的通行地役权一例中，甲某在乙某享有建设用地使用权的 B 土地上建设有道路并且进行通行，那么若交易相对人想要从乙某处受让该建设用地使用权就应当调查该道路的使用情形，是否涉及他人的地役权。而若交易相对人没有进行任何调查，仅仅通过查看土地登记簿上没有记载地役权就认为此土地上没有地役权而进行交易，则因为其有重大过失而不属于善意第三人，因而不得援引《民法典》第 374 条进行相应抗辩。

二、遗嘱设立地役权

(一) 遗嘱

如前所述，尽管我国法律没有明确规定，地役权得以遗嘱的方式予以设定，但是基于权利人之处分自由的原则自无不许之理由。土地权利人通过立遗嘱的方式为他人设定地役权，应当按照继承法的规定订立遗嘱。基于地役权的设定属于不动产物权变动，我国法律要求以书面形式设立，所以遗嘱也需要以书面形式进行，包括自书遗嘱、代书遗嘱、打印遗嘱，当然也包括公证遗嘱，但是不能以口头遗嘱的方式设立。以遗嘱的方式为他人设立地役权，既可以是为继承人也可以是为继承人之外的第三人设定地役权。例如，甲某拥有A、B 两块土地的建设用地使用权，其希望在自己死亡后将 A 土地留给儿子乙某，将 B 土地留给女儿丙某，并希望丙某能够禁止乙某在 A 地上建造超过一定高度以上的建筑物以欣赏远处的风景。此时甲某即可以立遗嘱将 A 地让乙某继承，B 地让丙某继承，并在 A 土地上设立地役权给丙某。

由遗嘱设立地役权的，该地役权应当在遗嘱生效时成立，根据我国《民法典》的规定，遗嘱从被继承人即立遗嘱人死亡时生效，因此地役权在立遗嘱人死亡时成立。

(二) 登记

依据原《物权法》第 29 条的规定，因继承或者受遗赠取得物权的，自继承或者受遗赠开始时发生效力。所以，因遗嘱而设定地役权也不以登记为其生效要件，甚至在此情形下登记都不属于对抗要件。《民法典》第 230 条则将《物权法》第 29 条中所规定的受遗赠取消，从而在学说上引发争议，即究竟因遗嘱而引发的不动产物权变动是否要进行登记。在笔者看来，以遗嘱的方式设定地役权仍然属于依据法律行为而产生的物权变动，因此应当与因合同而引起的物权变动一样，就地役权之设定固然无须登记，但是其仍然涉及交易安全的问题，其与因合同设定地役权没有什么本质上的区别，因此解释上应当对以遗嘱的方式设定地役权作同样的处理，即非经登记不得对抗善意第三人。

三、地役权转让

如第一节中关于地役权的特征中所指出，地役权具有从属性，从属于需役地，因此地役权不得独立于需役地权利而进行转让，而是随着需役地权利的转让而转让。也就是说，转让需役地之权利（包括所有权和用益物权）的，原则上地役权随之自动转让。但是依据《民法典》第 380 条的规定，若当事人在转让需役地之权利时特别约定地役权转让的，地役权也不转让，该项地役权则归于消灭。如果地役权合同中约定地役权为不可转让的，则地役权人转让需役地时，地役权也不随之转让。但关于该地役权不许转让的约定应当进行登记，若其没有经过登记则不得对抗善意之第三人。即若支付对价而受让需役地的交易相对人基于善意信赖地役权会随之转让的，则该地役权亦随之而转让。

四、比较法上的时效取得

我国法律一律不承认取得时效，因而地役权也就无法通过时效取得。一般而言，承认物权可以通过时效取得所有权的国家也都承认地役权可以通过时效而取得。不过与所有权不同的是，并非所有的地役权均可通过时效取得，这是由地役权的多样性和时效取得之构成要件决定的。时效取得地役权的，除具备时效取得所有权等其他物权的一般要件外，尚需该种地役权系表现型地役权且取得人持续行使地役权。《日本民法典》第 283 条规定："地役权，以继续且表见者为限，因时效取得。"我国台湾地区的"民法"第 852 条亦规定"地役权以继续并表见者为限，因时效而取得"。《意大利民法典》第 1061 条第 1 款规定"非表现型地役权不得以时效和家父指定的方式予以取得"。《德国民法典》虽然没有单独针对地役权规定时效取得，但是学说和实践上则认为《德国民法典》第900条第2款所规定之时效取得对于地役权亦得以使用。[1]

第三节 地役权之内容

一、地役权人的权利

（一）对供役地加以利用或者限制供役地权利人利用供役地的权利

该项权利是地役权人最主要的权利，也是地役权人设定地役权的主要目的。地役权如果是积极地役权，则地役权人有权依据设定地役权的合同或者遗嘱等规定的方式和地点对供役地加以利用。对供役地的具体利用方式因为地役权的类型而有所不同，有的为取水，有的为通行，有的为铺设电缆。如果地役权为消极地役权，那么地役权人是不能对供役地进行利用的，其主要权利则表现为限制供役地所有人行使其对供役地的权利，若供役地权利人不从事违反地役权合同所约定的禁止性行为，则地役权人的权利即得以实现。若供役地权利人从事了本不应从事的行为，则地役权人得向法院提起诉讼，申请法院颁布相应的禁令。

（二）为必要的附属行为

所谓必要的附属行为，就是指行使地役权必须要实施的辅助行为，若不实施该行为地役权人之地役权就无法得以行使，或者虽然得以行使但是无法满足地役权人设定地役权时所欲达到之目的。地役权人为了行使其地役权所必须实施的行为，虽然没有在设权合同中规定，但地役权人仍然得以实施，这是民法诚实信用原则的要求。我国台湾地区“民法”第854条对此则有明文之规定，“地役权人，因行使或维持其权利得为必要之行为，但应择于供役地损害最少之处所及方法为之”。例如，为了行使在供役地上取水的地役权，地役权人可以在供役地上设置水井等取水装置；为了在供役地上进行通行，地役权人可以铺设相应的道路；等等。

（三）得行使物权法上所规定之各项物上请求权

我国《民法典》虽然没有明确规定地役权人得行使妨害排除请求权及妨害预防请求权等物上请求权，但是基于《民法典》第236条关于物上请求权的规定系《民法典》物权编之总则性规定，只要没有例外规定即可以适用于任何物权，地役权也不例外。在比较法上，地役权人得行使物上请求权均是通过准用性规范，准用所有权人之物上请求权的规范或者单独在地役权一节中规定地役权人得行使物上请求权。如《意大利民法典》第1079条规定：“地役权被否认的，地役权人可以提起确认权利的诉讼，通过判决确认自己的地役权并且请求停止妨碍役权或者干扰役权行使的行为。”我国台湾地区之“民法”第858条规定：“第七百六十七条之规定，于地役权准用之。”相应的，第767条则规定：“所有人对于无权占有或侵夺其所有物者，得请求返还之。对于妨害其所有权者，得请求除去之。有妨害其所有权之虞者，得请求防止之。”《德国民法典》第1027条规定，“地役权受妨害时，地役权人享有第1004条规定的权利”。该法典第1004条则规定，“所有权人受到除剥夺或者扣留占有以外的其他方式的妨害时，可以要求妨害人排除妨害。所有权有继续受妨害之虞的，

[1] Müller/Gruber. Sachenrecht. Vahlen. München. 2016. S. 614. Rn. 3131.

可以提起停止妨害之诉。所有权人负有容忍妨害义务的，不享有上述请求权”。但是《德国民法典》并未规定地役权人可以行使《德国民法典》第985条所规定的所有物返还请求权，盖地役权人自己对于供役地并无占有之权能。笔者认为，若第三人物权占有供役地进而影响地役权人之地役权行使的，则其可以借助《民法典》第236条所规定的妨害排除请求权和妨害预防请求权为救济，没有必要再行使《民法典》第235条所规定的原物返还请求权。此外，由于地役权人并非供役地的占有人，因此其亦不得行使《民法典》第462条所规定的占有人的各项请求权。

二、地役权人的义务

（一）支付对价的义务

若当事人地役权合同中约定地役权人须支付对价，则地役权人须按照合同约定的数额、期限和方式支付相应的对价。如果地役权人没有按照地役权合同的约定支付对价，其首先应当承担支付迟延利息的违约责任。若经过两次催告，地役权人仍然没有支付相应之对价，则供役地权利人可以依据《民法典》第384条的规定解除地役权合同从而消灭地役权。

需要特别说明的是，关于支付对价义务的法律性质，笔者认为尽管支付对价的义务被规定在《民法典》地役权一章中，但是该项义务本身不是物权法上的内容，而是一项债法上的义务，其与买卖合同中买受人支付价款的义务一样，地役权设定以后支付对价的义务并不附着于地役权本身，而是作为一项独立的债务由地役权人负担。因此地役权人转让其需役地，从而一并转让其地役权时，若该地役权的对价尚未支付的，那么支付对价的义务并不自动转移给需役地之受让人，而是仍然由原地役权人负担。如果原地役权人需要使受让人承担该项义务，必须按照债法上债务承担的规定，签订承担协议并且取得债权人（即供役地权利人的同意），否则原地役权人并不能免除其支付义务。

（二）维护设置的义务

如前所述，地役权人为了行使地役权可以在供役地修建相应的设施，如电线、管道、道路、天桥、水井等，这些设施需要予以维护和修缮，那么该项修缮应当由地役权人还是由供役地权利人承担呢？对此我国《民法典》没有予以规定，但是该问题一定会在实践中出现和发生。关于设置的维护和修缮，当事人可以在地役权合同中予以约定，如果有约定的则从其约定。若合同没有约定的，则应当由谁负责修缮呢？

对此比较法上则有不同的立法例。我国台湾地区的“民法”第855条第1款规定，“地役权人，因行使权利而为设置者，有维持其设置之义务”。《意大利民法典》第1030条规定：“供役地权利人不承担任何旨在使役权人行使役权的积极作为义务。法律和设立文件另有规定的除外。”德国民法典的立法与此有所不同，《德国民法典》第1021条规定了当事人可以约定设置维护义务，该条规定：①供役地上的设备属于行使地役权范围的，在地役权的利益所需范围内，可以规定，供役地所有权人应当维护该设备。供役地所有权人享有对该设备的共同使用权的，在供役地所有权人的使用权所需范围内，可以规定，地役权人应当维护该设备。②对于上述保养义务，准用关于土地负担的规定。第1022条规定了在没有约定时其义务的分配，“地役权的内容是在供役地的建筑设施上保持其他建筑设施的，如果没有其他规定，在地役权的利益所需范围内，供役地所有权人应当维护该设备。第1021条第2款的规定同样适用于该保养义务”。在笔者看来，既然该项义务分配属于任意性规范，无论规定归属于谁都不影响法律实践，因为若当事人不想按照法律的规定而分配义务则都可以通过合同改变法律的规定，若当事人不进行相应的规定，则一般而言也就是同意了法律事先所做的安排。

笔者认为，就我国而言，应当借鉴《意大利民法典》和我国民国时期民法典的规定，基于地役权人系该设施的设置人、使用人和受益人，所以在没有约定时应当由地役权人负责维护和修缮，这样更容易为社会大众所接受，特别是考虑到也有供役地权利人不收取任何对价而为他人设定地役权的情形，更应当如此。

（三）损失最小化的义务

《民法典》第 376 条规定："地役权人应当按照合同约定的利用目的和方法利用供役地，尽量减少对供役地权利人物权的限制。"该规定系针对当事人没有具体约定地役权行使的地点和方式等细节内容而设的，是诚实信用原则的要求，即在满足地役权人设立地役权的目的之前提下，在选择对供役地权利人之权利的限制时应当尽量减少对供役地的损害。例如在通行的地役权的情形下，如果不影响地役权的实现，尽量应当选择供役地权利人不利用的地方予以通行而不应当选择供役地人需要利用的部分。

（四）维持地役权原有范围之义务

该义务是指一旦地役权行使的范围得到确定，地役权人以后不得再行增加地役权行使的范围从而给供役地权利增加负担。若当事人已经在地役权合同中约定了地役权的具体行使范围，那么地役权人须严格在这个范围内行使其地役权，不得超过这个界限，否则即属于侵害供役地权利人的权利，从而须负损害赔偿之责任。若当事人没有在合同中约定具体的地役权行使范围，则依照《民法典》第 376 条的规定，在满足地役权之目的情形下应当尽量减少对供役地权利的限制，也就是尽量要控制地役权行使的范围。例如，原来当事人设定地役权是为了行人和自行车等通行，后来由于地役权人购买了汽车也要通过该供役地通行就属于扩大了地役权的范围；同样，若当事人设定通行地役权是为了自己建造住宅而予以通行，但是后来其将该住宅转变为商用，有大量的客户需要通过供役地予以通行，则也属于扩大了地役权的范围，而违反了该项义务。

（五）恢复原状的义务与补偿损失义务

对于该项义务，我国《民法典》也付之阙如，在司法实践中则要根据民法的基本原理并借鉴比较法上的做法加以处理。该项义务系地役权终止后的义务，地役权消灭时，地役权人因其行使地役权的行为对供役地造成变动、损害的，地役权人应当以自己的费用将供役地恢复原状。若不能恢复原状或者恢复原状成本过高，从而不经济、不合理的，则应当补偿因此所产生的损害。当然，地役权人也可以和供役地权利人在合同中约定地役权终止后无需恢复标的物之原状或者约定由供役地人自行恢复原状。

三、供役地权利人的权利

（一）设置使用权

若地役权人为了行使其地役权在供役地上建设有相应的设置，如铺设的道路或者安装的抽水设备，供役地所有人可以为了自己的利益使用地役权人所设之设置。其前提是不妨碍地役权人的使用并支付适当的使用费。我国《民法典》对此没有明确规定，比较法上基本上都有相同之规定，或者通过法院判例加以确定。我国台湾地区的"民法"第 855 条规定就规定："地役权人，因行使权利而为设置者，有维持其设置之义务。供役地所有人，得使用前项之设置，但有碍地役权之行使者，不在此限。前项情形，供役地所有人，应按其受益之程度，分担维持其设置之费用。"《日本民法典》第 288 条规定："供役地的所有人，在不妨碍地役权行使的范围内，可以使用为行使地役权而于供役地上设置的工作物。于前款情形，供役地的所有人，应按其收益的比例，分担工作物的设置及保存费用。"之所以允许供役地权利人使用该设置，首先是基于经济合理性考虑的，若不允许供役地权利人对设置之利用，一方面供役地权利人尚需自行设置该等设施，势必另行耗费成本，而地役权人之设置亦无法做到物尽其用；其次则是基于公平的考量，毕竟土地是供役地权利人的，利用该设置也是为了利用供役地，而地役权人并不具有排除供役地权利人利用土地的权利，故亦当允许地役权人对相应之设置加以利用，只不过地役权人须分担相应的费用。

（二）对价请求权

地役权的设定，如为有偿而有支付对价的约定时，供役地所有人得请求地役权人依照地役权合同约定支付相应之对价。对此，已经在前述地役权人之义务中作了详细阐释。

（三）供役地使用场所与方法的变更请求权

关于供役地权利人是否可以请求变更地役权行使的场所和方法，我国现有立法没有明确规定，但是司法实践中必然会发生这种现象，由于我国目前尚缺乏相应之法律规范，则必然会出现争议和纠纷。以下仅介绍比较法上的相关做法以为借鉴。

对此在比较法上有两种截然不同的做法。以德国为代表的大陆法系国家一般允许供役地权利人在符合一定条件的前提下请求变更地役权之行使的地点和方法。例如《德国民法典》第1023条规定，地役权的现时行使仅限于供役地的一部分的，如果在原地行使会对供役地所有权人造成困难时，供役地所有权人可以要求转移到另一同样适合对地役权人的处所行使地役权；转移费用由供役地所有权人负担并应预付之。行使地役权仅限于土地的一部分，而该部分土地是由法律行为确定的，亦同。《意大利民法典》第1068条也有相应之规定。

在英美法系上，其普通法一向不允许供役地权利人单方面变更地役权之行使地点和方法。就美国而言，到目前为止，大多数州仍然采纳的是普通法上的规则，即不允许供役地权利人单方面改变供役地使用场所与方法。在 *Davis v. Bruk* 一案中，缅因州（Maine）最高法院指出："在美国大多数辖区中，在这方面的法律规则如下：一旦以明示的契据（deeded）确定了地役权（easement）行使的具体地点，无论是通过文书中的语言还是通过事后当事人双方的行为为通行权所确定下来的，此后无论是需役地所有人（owner of the dominant estate）还是供役地所有人（owner of the servient estate）都不能单方面改变该地点，当事人双方协议予以改变的除外。当然，创设地役权的文书中明示（express）或者默示（implied）授予或者保留了单方面改变的权利则从其约定。"[1]

缅因州最高法院在对不同做法进行回应时，指出美国普通法之所以采纳这样的法律规则，其原因在于："相反的做法将会使土地所有权中存满了不确定性（uncertainty），同样也会使不动产市场存满不确定性。这样会导致大量的诉讼发生，而这正是缅因州所采纳通行之规则所要努力防止的。事实上，需役地所有人对于供役地所享有的现有的财产利益上的保障将因此而被剥夺，很有可能会因供役地所有人为了其自身的便利而不断改变地役权行使之地点而不堪重负（could be subjected to harassment）。允许单方面改变地役权行使地点的规则，将会给供役地权利人带来不义之财（economic windfall），因为他购买该土地时所支付的价格正当地反映了其土地所负担的地役权限制，而允许其改变地役权行使地点的规则不但将使其免于该等负担，而且还以损害地役权人之利益和期待为代价。"[2]

不过美国法学会所编撰的《财产法重述（第三版）》（*Restatment Third of Property*）改变了这一普通法规则，允许供役地权利人在一定条件下改变地役权行使的地点。该重述

---

〔1〕 *Davis v. Bruk*, 411, A. 2d 660 Maine. 1980.

〔2〕 *Davis v. Bruk*, 411, A. 2d 660 Maine. 1980.

§4.8（3）规定："除非地役权契据条款有相反的规定，为了能够使供役地得到正常的使用或者发展，供役地所有人有权利以自己的费用对地役权行使的地点和行使的范围做出合理的变更，但必须同时具备下列条件：①不能实质性降低地役权的使用价值；②不得增加地役权行使和享有地役权的负担；③不得使创设地役权的目的落空（frustrate）。"不过如前文所述，大多数州并没有采纳该规则。

第四节　地役权之消灭

一、地役权消灭的原因

导致地役权消灭的原因繁多，有的是所有物权消灭的共同原因，如标的物灭失、被国家征收、权利人放弃权利等；有的则是所有用益物权消灭的共同原因，如期限届满、混同等；有的则是地役权得以消灭的特有原因。在这些原因中有的属于自然事件，有的则属于法律行为。若属于法律行为，则必须具备《民法典》总则编中所规定之法律行为的要件。

1. 存续期间的届满或其他预定事由的发生。如果地役权设有期限的，那么期限届满的地役权归于消灭。当事人在设定地役权时可以约定地役权的存续时间，由于在我国地役权基本上是由建设用地使用权人、土地承包经营权人等用益物权人设定的，因而约定的地役权期限不得超过需役地和供役地上的建设用地使用权或土地承包经营权等的剩余年限。设定地役权的合同时为地役权附有解除条件的，条件成就时地役权也归于消灭。

2. 土地灭失。由于地役权的主观属地—客观属地的特性，所以无论是需役地还是供役地灭失，地役权均归于消灭。需役地不需要利用供役地的，由于地役权的功能在于满足需役地权利人的需要，因此若需役地不再需要利用供役地，那么地役权应当归于消灭。供役地无法满足需役地的需要，其理由与上述情形相同。

3. 抛弃。地役权作为财产权利，因此地役权人是可以放弃其地役权的，地役权人若放弃其地役权，地役权也归于消灭。如已经经过登记的地役权人抛弃其地役权的，应当进行涂销登记，否则不得对抗善意之第三人。

4. 土地被征收。无论是供役地还是需役地，只要其中的一块土地被国家征收，则该地役权即归于消灭。国家应当对地役权人给予相应的补偿自不待言。

5. 供役地权利人解除地役权合同。

地役权人有下列情形之一的，供役地权利人有权解除地役权合同，地役权消灭：①违反法律规定或者合同约定，滥用地役权。需要说明的是，并非地役权人一有违反合同或法律规定的行为行使地役权，供役地权利人即可解除地役权合同，而必须是地役权人的行为严重违反了合同或法律规定，给供役地权利人造成严重损失的情形下，供役地权利人始得解除合同，从而使消灭地役权。②有偿利用供役地，约定的付款期间届满后在合理期限内经两次催告未支付费用。

二、办理注销登记

已经登记的地役权消灭的，应当办理注销登记。对于由法律行为所导致之地役权消灭，若没有办理注销登记，其效果如何我国物权法没有作明确之规定，笔者认为，其效力应当与地役权设立时的登记相同，即若未注销登记的则其消灭不得对抗善意第三人。

第四分编 担保物权

第一章
担保物权总论

第一节 担保物权概述

一、担保物权的概念

担保物权是以确保特定债权的实现为目的、以支配和取得特定财产的交换价值为内容的定限物权。

债权人在借贷、买卖等民事活动中，为保障实现其债权，需要担保的，除可以选择保证担保外，还可以依照《民法典》和其他法律的规定设立担保物权（参见《民法典》第387条第1款)。《民法典》第386条规定："担保物权人在债务人不履行到期债务或者发生当事人约定的实现担保物权的情形，依法享有就担保财产优先受偿的权利，但是法律另有规定的除外。"

担保物权虽然与债权具有密不可分的关系且从属、依附于所担保的债权，但此种权利一经设立，即具有不同于债权的特性，在客体、效力、实现等方面完全符合物权的规格，故此，绝大多数大陆法系国家的民法中都将担保物权纳入物权法律制度之中。我国学界的主流观点和《物权法》《民法典》，也将担保物权作为物权法（编）的当然组成部分。

二、担保物权的特性

担保物权因具有物权性而区别于债权；因担保财产的特定性、权利的公示性及实现上的优先性而区别于保证担保；因具有在他人财产上设定的特点和内容的定限性而区别于所有权；因具有担保性和价值权性而区别于用益物权。担保物权的特点可以归纳为以下几个方面：

（一）价值权性

担保物权的价值权性又称为变价性或换价性，是指担保物权以支配和取得担保财产的变价价值（交换价值）为内容。担保物权的支配性并不是主要体现在支配担保财产的实体及其使用价值，而是体现在对担保财产的处分及对其变价价值的支配方面，最为典型的情形是抵押权人并不占有抵押财产，却仍得控制抵押财产的处分及其所得价款。在债务人届期不履行债务或者发生当事人约定的实现担保物权的情形时，担保物权人无论是以拍卖、变卖担保财产的价款受偿，还是与担保人协议以担保财产折价受偿，均是以担保财产的变价价值受偿债权的。

（二）从属性

担保物权是为确保债权实现而设立的，与所担保的债权形成主从关系，被担保的债权为主权利，担保物权为从权利。[1] 担保物权的从属性，可以从设立、移转、效力及消灭几个方面来认识：

1. 设立上的从属性。担保物权的设定或成立，应以债权的存在为前提，担保物权不能脱离债权关系而单独存在。对此从属性，不能仅从其与债权成立的时序上来看，而主要应从其与债权的主从关系上来理解。担保物权中的留置权因其发生条件的固有限制，只能对既存债权成立担保；而抵押权与质权，则既可以担保既存的债权，也可针对将来的债权或附条件的债权而设定，如最高额抵押权、最高额质权以及担保物权在先设立后方实际发生债权的情况。但是在担保物权行使之际，必有确定债权的存在，因此，担保物权与被担保的债权之间仍有主从关系。

2. 移转上的从属性。其又称处分上的从属性或附随性、随伴性，是指担保物权原则上因所担保的债权的移转而移转。担保物权虽得因特别约定而脱离所担保的债权而单独归于消灭，却不得脱离债权而单独移转。[2]

3. 效力上的从属性。这是指担保物权的效力决定于其所担保的债权，被担保的债权无效的，担保物权随之无效，但是法律另有规定的除外；主债权有撤销事由的，提供物的担保的第三人亦得拒绝承担相应的担保责任。[3] 此外，担保物权的效力范围也决定于被担保的债权，担保物权人无权就担保财产的变价价值获得大于其债权范围的清偿。[4]

4. 消灭上的从属性。担保物权以担保债权的实现为目的，故当所担保的债权消灭时，担保物权也随之消灭。[5]

应当注意的是，担保物权在具有从属性的同时，也具有相对独立性，如当事人可以约定担保物权担保主债权的限额；担保物权的设立行为得单独无效；担保物权亦得因特定事由的出现而单独消灭；等等。

（三）不可分性

担保物权的不可分性是指担保物权人于其全部债权受偿之前，得就担保财产之全部行使其权利，担保财产的价值变化及债权的变化不影响担保物权的整体性。具体表现在：担保财产部分灭失或价值减少的，其余部分或剩余价值仍担保债权的全部；担保财产被分割或部分转让的，分割后的各部分仍各担保债权的全部，担保物权人得就分割或转让后的担保财产行使担保物权；债权因清偿、抵销、混同等原因而部分消灭但未得到全部清偿的，担保物权并不相应地缩减，担保物权人仍得就担保财产的全部行使其权利；债权被分割或部分转让时，担保物权不因此而分割，数债权人按其债权份额共享原来的担保物权；主债务被分割或者部分转移的，担保人仍应以担保财产担保数个债务人履行债务。但是第三人提供物的担保，债权人许可债务人转移债务而未经担保人书面同意的，担保人有权拒绝承

---

〔1〕 应当注意的是：担保物权在具有从属性的同时，也具有相对独立性，如得成立限额的担保物权，担保物权的设立行为得单独无效，担保物权得因约定事由的出现而单独消灭等。

〔2〕 参见《民法典》第407、547条。

〔3〕 参见《民法典》第388条，《担保制度解释》第2、17、20条。

〔4〕 参见《民法典》第389条，《担保制度解释》第3条。

〔5〕 参见《民法典》第393条。

担相应的担保责任。[1]

我国法律上未对担保物权的不可分性作出明确规定，但立法精神和学说理论均予认可。《担保制度解释》第38条对此作了系统的补充："主债权未受全部清偿，担保物权人主张就担保财产的全部行使担保物权的，人民法院应予支持，但是留置权人行使留置权的，应当依照民法典第四百五十条的规定处理。担保财产被分割或者部分转让，担保物权人主张就分割或者转让后的担保财产行使担保物权的，人民法院应予支持，但是法律或者司法解释另有规定的除外。"第39条规定："主债权被分割或者部分转让，各债权人主张就其享有的债权份额行使担保物权的，人民法院应予支持，但是法律另有规定或者当事人另有约定的除外。主债务被分割或者部分转移，债务人自己提供物的担保，债权人请求以该担保财产担保全部债务履行的，人民法院应予支持；第三人提供物的担保，主张对未经其书面同意转移的债务不再承担担保责任的，人民法院应予支持。"

（四）特定性与公示性

担保物权的特定性是指担保财产及其所担保的债权必须是特定的。担保财产无论是动产、不动产或财产权利，在担保物权成立时都必须是明确而特定的，应与担保人的其他财产区别开来。[2] 担保财产的特定性原则上要求在担保物权设定时即已特定，但在浮动担保等情况下，担保财产亦得于担保物权实行时确定。担保物权所担保的债权也须是特定的，不能笼统地担保债务人的一切债务。在最高额抵押中，所担保的债权的具体数额虽在将来方为确定，但其种类、范围及最高限额仍须在担保物权设定时予以明确。

担保物权的公示性是指担保物权的成立须以适当的方式公示出来，为社会公众所知晓，否则，不能成立或不能对抗善意第三人。

（五）追及性与物上代位性

担保物权为物权的一种，自然也具有物权的追及性，即当债务人不履行债务或担保财产被他人非法占有时，担保物权人得追及物之所在，以保全并实现其权利。[3] 不过，为了在维护担保物权安全性的同时兼顾正常交易中第三人的利益，法律上对动产担保物权的追及效力和出质财产权利的转让通常作有限制性规定。[4]

担保物权的物上代位性是指当担保财产灭失、毁损或者被征收而获有保险金、赔偿金或补偿金时，担保物权的效力及于该担保财产的代替物，担保物权人得就该代替物行使其权利。这是因为，担保物权以支配担保财产的交换价值为内容，以取得该价值而受偿债权为目的，在担保财产实体形态改变而其价值仍然存在时，担保物权人就其变化了的价值形

---

[1] 参见《民法典》第391条。

[2] 《民法典》第400条第3项、第427条第2款第3项中将抵押财产、质押财产的描述方式从详细、具体的描述修改为概括性的一般描述，但仍以达到特定性的要求为基本条件。《担保制度解释》第53条规定："当事人在动产和权利担保合同中对担保财产进行概括描述，该描述能够合理识别担保财产的，人民法院应当认定担保成立。"

[3] 《民法典》第406条第1款改变了《物权法》第191条第2款关于"抵押期间，抵押人未经抵押权人同意，不得转让抵押财产"的规定，而采用了立法例上通行的追及力规则："抵押期间，抵押人可以转让抵押财产。当事人另有约定的，按照其约定。抵押财产转让的，抵押权不受影响。"其中，以"抵押权不受影响"的表述来体现抵押权的追及效力，颇为准确；"当事人另有约定的，按照其约定"之规定，乃我国立法的创制，《担保制度解释》第43条对此约定的效力认定问题作有进一步的规定。

[4] 《民法典》第404条规定："以动产抵押权的，不得对抗正常经营活动中已经支付合理价款并取得抵押财产的买受人。"另外，由于质押的财产权利的转让异常便捷且难以追及，出于安全性考虑，《民法典》中仍维持了《物权法》中关于出质人不得擅自转让或许可他人使用的限制。

态受偿，仍可达到同样的目的。《民法典》第390条规定：“担保期间，担保财产毁损、灭失或者被征收等，担保物权人可以就获得的保险金、赔偿金或者补偿金等优先受偿。被担保债权的履行期限未届满的，也可以提存该保险金、赔偿金或者补偿金等。”此外，担保物权的效力在一定条件下及于担保人转让担保财产所得价款的规则[1]，亦与担保物权的物上代位性有关。

（六）优先受偿性

担保物权的优先受偿性是指当债务人不履行债务或发生当事人约定的情形时，担保物权人得就担保财产之价值优先于其他债权人而受清偿（《民法典》第386条）。正是由于担保物权人得就担保财产的价值优先受偿，这种担保才成为比人的担保（保证）更可靠、更优越的担保方式。但应当说明的是，担保物权的优先受偿性主要是相对于普通债权人而言的，不能作绝对理解，在遇有“法律另有规定”的优先权等情况下，担保物权的优先受偿性通常要退居次位。

三、担保物权与用益物权的区别

用益物权与担保物权虽然同为他物权、定限物权，具有定限物权的共同特点，但二者亦有着重要的区别：

（一）权利的内容不同

用益物权以取得物的使用价值，对标的物进行使用、收益为目的，而为实现这一目的，须以对物的实体加以直接支配为前提，因此，用益物权又称实体权。担保物权则是以取得担保财产的交换价值、担保债权的优先受偿为目的，它无需对物的实体加以支配，仅以能对其变价价值加以排他的支配为必要，因此担保物权又被称为价值权。也正因为如此，用益物权人不能对标的物予以法律上的处分，而担保物权人于一定条件下得对标的物予以法律上的处分。

（二）权利的客体不尽相同

用益物权的客体通常限于不动产，而担保物权的客体则可以是不动产或者动产，还可以是财产性权利。

（三）占有在权利成立和实现中的地位不同

如前所述，用益物权的成立和实现必须以占有他人的标的物为前提。而担保物权的成立，除动产质权、留置权依其性质须占有标的物外，不以直接占有标的物为必要。

（四）实现时间不同

因用益物权旨在对标的物为使用收益，因此用益物权人一旦取得用益物权，就可以实现其权利，即用益物权的取得与实现是同时进行的，二者之间无时间间隔。而担保物权成立后，担保物权人虽得享有一定权利，但通常并不能立即实现其权利，而只能在其所担保的债权已届清偿期而债务人不履行债务或者发生当事人约定的实现担保物权的情形时，始能行使变价受偿权，从而实现其权利。因此，担保物权的实现之时也是其权利消灭之时。

（五）从属性不同

担保物权以存在被担保的债权为前提，属于从属物权。而用益物权多为独立物权，不以用益物权人享有其他权利为前提，虽然地役权例外地具有从属性，但其与担保物权从属于被担保的债权也有明显的不同。

---

[1] 参见《民法典》第406条。

四、担保物权的功能与作用

（一）确保债权实现，维护交易安全

这是担保物权最直接的作用与功能。在市场经济条件下，有交易就伴随有风险。影响债的目的实现的交易风险，既有不可抗力事件发生、市场行情变化等客观风险，也有资产与负债变动不居和债务人舍义取利而逃避债务等主观风险。以诚信为本而追求适法利益的交易主体莫不希望最大限度地避免债权实现不能的风险，而债的担保就是此种希冀的物化形态。债的担保制度，以扩大保障债权实现的责任财产的范围或使债权人就特定之物取得优先受偿权等方式，增强债权实现的可能性，弥补债权效力上的缺陷，可以有效地克服市场交易中的主观风险，并淡化客观风险造成的危害，维护交易的安全，确保特定债权之目的实现。在债的各种担保方式中，担保物权因具有物权的支配效力、追及效力及优先受偿效力，且其效力及于担保财产的代替物，不受担保人的整体财产状况变化的影响，在确保债权实现的作用方面较之其他担保方式更为可靠、有效。

（二）媒介资金融通，利导商品交易

资金融通与商品流通的法律形式是债。在市场经济条件下，无论是资金的借贷还是商品的交易，只有在债的目的能够顺利实现的前提下才能广泛开展和顺利进行。如果缺乏足够的信用，资金的融通和商品的流通将会受到极大的滞碍。而债的担保，正是为债务人提供信用的特殊机制，它往往是当事人双方建立信任关系的媒介与桥梁。债的担保不仅可以为资金融通与商品流通提供安全保障，而且还能够引导与促进借贷合同或商品交易合同本身的订立。而在这一方面，抵押担保、质押担保，尤其是伴随现代社会的发展而出现的最高额抵押、财团抵押与浮动担保、证券抵押以及最高额质押、权利质押等融资型担保物权的地位与作用日渐重要。

（三）优化营商环境，促进经济繁荣

市场经济是开放经济、自由经济，也是信用经济与法治经济。在市场经济条件下，即时清结的现货交易退居次要地位，非即时清结的交易活动成为交易之常态，而货币之借贷则只能是非即时清结的债的关系。如此，商品交易或资金借贷双方利益的实现即产生了时间差，亦即双方发生了一种以信守为对待给付之诺言为基础的信用关系。如果背信现象偶有发生，个别债的目的不能实现，一般仅影响到当事人的利益；而如若违约和逃废债务的现象较为普遍地存在，诸多债的目的不能实现时，则会发生信用危机，影响到整个社会的交易秩序和经济发展。担保物权作为担保制度中不可或缺的组成部分，对预防及克服信用危机、优化营商环境、促进经济发展与繁荣，具有其他法律手段所不可替代的作用。

第二节 担保物权的种类与分类

一、担保物权的法定种类

（一）立法例上关于担保物权种类的规定

依物权法定原则，担保物权的种类与内容也须以法律的规定为准。但由于法律传统及国情的不同，各国法律上对担保物权种类的规定有所不同。

抵押权、质权是各国立法上公认的担保物权。传统法律上抵押权的客体原则上限于不动产及不动产权利，现今许多国家法律应客观经济生活的需要，对动产抵押也予以承认；关于抵押权的设定方式，有些国家法律上既承认约定抵押权，也承认法定抵押权，还对裁判抵押权与保全抵押权也作有规定，而另有些国家则只规定了约定抵押权。关于质权，立法上向来有动产质权与权利质权之分，另有些国家还规定有不动产质权。权利质权在当今社会的金融活动中日益活跃，其具体类型和地位也日渐重要。

留置权在各国法律上的地位有所不同，有的国家立法上规定的留置权为债权性留置权（但在其他规定中往往另辅之以优先权的规定），而另有些国家立法上则将留置权径行规定为担保物权；有些立法上将留置权的客体限为动产，也有的承认有价证券和不动产上亦得存在留置权。

至于优先权（或称先取特权），个别立法例上规定其为担保物权的一种（如日本），而多数国家或地区的立法上将其视为担保物权之外的一种特殊权利；有些国家立法上承认让与担保、所有权保留等亦为担保物权的类型，但多数国家的立法上并未对此作出明确规定，理论上及实务上通常将其作为非典型物的担保来定位。

（二）我国《民法典》中关于担保物权种类的规定

我国《民法典》中所规定的典型担保物权有抵押权、质权与留置权三种。其中，抵押权与质权只能依约定而设立，为约定担保物权；而留置权则在符合法定条件时当然发生，为法定担保物权。抵押权的标的可以是不动产、不动产权利和动产，也可以是动产的集合；质权的标的可以是动产或财产权利而不包括不动产，留置权的标的则只能是动产。《民法典》第388条第1款中还扩大了担保合同的范围，增加规定设立担保物权的合同“包括抵押合同、质押合同和其他具有担保功能的合同”，明确了融资租赁、保理、所有权保留等非典型担保合同的担保功能。〔1〕根据《民法典》和《担保制度解释》的相关规定，融资租赁、所有权保留买卖中出租人、出卖人的所有权经过登记，有追索权的保理合同中保理人受让的应收账款债权经过登记，均具有了担保物权的性质和效力；让与担保中受让人的权利经过登记，也同样具了担保物权的效力。此外，我国法律上也有许多关于优先权的具体规定，但关于其性质，理论上有不同的认识，通说认为其为担保物权之外的特殊权利。

（三）关于非典型物的担保

早在我国《物权法》的制定过程中，即有学者主张增设让与担保制度，也有学者主张增设优先权为担保物权的类型，两者均曾在立法草案中有所体现，〔2〕但最终未被立法所接受。不过，在我国的金融实践中，让与担保在证券担保、有追索权的保理、股权转让、融资租赁以及普通买卖合同等领域已多有采用，而由于法无明文规定，对于其能否发生物权性的效力问题有不同的认识。为解决这一问题，最高人民法院印发的《全国法院民商事审判工作会议纪要》（法〔2019〕254号，以下简称《九民纪要》）第71条中对让与担保合同纠纷的处理作出了明确的规定，依其规定，除对让与担保的财产直接归属于债权人的条款（流担保）及相应的请求不予支持外，对让与担保合同及债权人的具有担保物权性质的优先受偿权，均予肯定。

在《民法典》编纂过程中，学界和实务界诸多人士主张通过各种方式扩张担保物权制度的适用范围、承认非典型物的担保的效力。根据我国担保交易的实践发展需要，借鉴域

〔1〕参见王晨：“关于《中华人民共和国民法典（草案）》的说明——2020年5月22日在第十三届全国人民代表大会第三次会议上”，载《中国人大》2020年第12期。

〔2〕参见梁慧星编著：《中国物权法草案建议稿 条文、说明、理由与参考立法例》，社会科学文献出版社2000年版，第776页以下；王利明主编：《中国物权法草案建议稿及说明》，中国法制出版社2001年版，第512~526页；《中华人民共和国物权法（草案）》（二次审议稿）。

外功能主义担保物权观念和制度设计，我国《民法典》物权编中进一步完善了担保物权制度，为优化营商环境提供法治保障，其中最为重要的一个改进措施，即在第388条第1款中扩大了设立担保物权的担保合同之范围，明确融资租赁、保理、所有权保留等非典型担保合同的担保功能，辅之以动产和权利担保统一登记制度，则此类合同中具有担保功能的权利（即所谓的非典型担保物权）亦将纳入担保物权的体系，并受统一规则的调整。[1]

《民法典》中关于所有权保留买卖合同、融资租赁合同的担保功能及与担保物权有关的内容，主要体现在合同编买卖合同章的第641~643条和融资租赁章的第745、758条。其中最显著的标志是关于出卖人、出租人对标的物的所有权登记之规定。根据《民法典》第641条第2款、第745条的规定，所有权保留买卖中"出卖人对标的物保留的所有权"和融资租赁交易中"出租人对租赁物享有的所有权"，"未经登记，不得对抗善意第三人"，据此，出卖人、出租人对标的物的所有权经由登记将产生与担保物权类同的效力，能够对抗包括善意第三人在内的任何人；在动产和权利担保统一登记系统中登记的这种所有权，并非自物权、完全物权意义上的所有权，而是一种具有担保功能和作用的所有权，其目的在于保障出卖人、出租人的价款债权、租金债权等的实现；[2] 此种"担保性所有权"所保障的权益的实现，除适用《民法典》第642条第1款、643条、第758条等专门规定外，还可以参照适用典型担保物权的顺位规则、优先受偿的实现方式等规定。

保理合同的担保功能及与担保物权有关的内容，体现在《民法典》合同编保理合同章中有追索权的保理类型之规定上。该章中有追索权的保理人权利的实现规定（第766条）、多重保理的清偿顺序规定（第768条）等，明确体现出有追索权的保理中采行了应收账款让与担保说的观念。[3]

需要强调的是，尽管我国《民法典》中对所有权保留买卖、融资租赁、保理以及让与担保等"权利移转型担保"予以了肯定，但流担保条款的效力则一概为法律所否定（参见《民法典》第401、428条），亦即，此类物的担保中担保权益的实现，仍须对担保财产进行清算，担保权人只能依法就担保财产的变价价值优先受偿其债权，而不能直接将担保财产归其所有。

为进一步明确非典型物的担保的法律适用问题，最高人民法院发布的《担保制度解释》第1条（适用范围）规定，因抵押、质押、留置、保证等担保发生的纠纷，适用本解释。所有权保留买卖、融资租赁、保理等涉及担保功能发生的纠纷，适用本解释的有关规定。同时，该司法解释专设第四部分"关于非典型担保"，对各种非典型物的担保问题作出了系统规定。该司法解释第63条（不能登记或者无法定登记机构的担保合同）规定，债权人与担保人订立担保合同，约定以法律、行政法规尚未规定可以担保的财产权利设立担保，当

---

〔1〕《民法典》第388条第1款及第414条第2款等相关规定中，并未出现非典型担保物权或非典型物的担保的概念，而是将其纳入了广义担保物权的概念之中。但由于典型担保物权之外的其他物的担保，只是"参照"适用担保物权的有关规定，且其位置亦未居于"担保物权分编"之中，故其实质仍属于非典型物的担保。故此，学理上和司法解释中所采用的"非典型物的担保"或"非典型担保"之称谓，并无不妥。参见刘保玉："民法典担保物权制度新规释评"，载《法商研究》2020年第5期。

〔2〕所谓担保性所有权，即根据当事人的约定为担保某债权实现而由债权人享有的所有权，其典型形式即为融资租赁交易中出租人享有的所有权、买卖合同中出卖人保留的所有权以及让与担保中担保权人享有的所有权。

〔3〕应予说明的是，让与担保合同的效力及受让人所取得的权利之担保性质，在立法精神上已得到认可。王晨副委员长所作的立法说明中之所以未提及让与担保合同，我们认为，其原因在于其并非《民法典》合同编所规定的有名合同。参见刘保玉："民法典担保物权制度新规释评"，载《法商研究》2020年第5期。

事人主张合同无效的，人民法院不予支持。当事人未在法定的登记机构依法进行登记，主张该担保具有物权效力的，人民法院不予支持。第 64 条（所有权保留买卖）规定，在所有权保留买卖中，出卖人依法有权取回标的物，但是与买受人协商不成，当事人请求参照《民事诉讼法》“实现担保物权案件”的有关规定，拍卖、变卖标的物的，人民法院应予准许。出卖人请求取回标的物，符合《民法典》第 642 条规定的，人民法院应予支持；买受人以抗辩或者反诉的方式主张拍卖、变卖标的物，并在扣除买受人未支付的价款以及必要费用后返还剩余款项的，人民法院应当一并处理。第 65 条（融资租赁）规定，在融资租赁合同中，承租人未按照约定支付租金，经催告后在合理期限内仍不支付，出租人请求承租人支付全部剩余租金，并以拍卖、变卖租赁物所得的价款受偿的，人民法院应予支持；当事人请求参照《民事诉讼法》“实现担保物权案件”的有关规定，以拍卖、变卖租赁物所得价款支付租金的，人民法院应予准许。出租人请求解除融资租赁合同并收回租赁物，承租人以抗辩或者反诉的方式主张返还租赁物价值超过欠付租金以及其他费用的，人民法院应当一并处理。当事人对租赁物的价值有争议的，应当按照下列规则确定租赁物的价值：①融资租赁合同有约定的，按照其约定；②融资租赁合同未约定或者约定不明的，根据约定的租赁物折旧以及合同到期后租赁物的残值来确定；③根据前两项规定的方法仍然难以确定，或者当事人认为根据前两项规定的方法确定的价值严重偏离租赁物实际价值的，根据当事人的申请委托有资质的机构评估。第 66 条（保理）规定，同一应收账款同时存在保理、应收账款质押和债权转让，当事人主张参照《民法典》第 768 条的规定确定优先顺序的，人民法院应予支持。在有追索权的保理中，保理人以应收账款债权人或者应收账款债务人为被告提起诉讼，人民法院应予受理；保理人一并起诉应收账款债权人和应收账款债务人的，人民法院可以受理。应收账款债权人向保理人返还保理融资款本息或者回购应收账款债权后，请求应收账款债务人向其履行应收账款债务的，人民法院应予支持。第 67 条（具有担保功能的合同的效力）规定，在所有权保留买卖、融资租赁等合同中，出卖人、出租人的所有权未经登记不得对抗的“善意第三人”的范围及其效力，参照该解释第 54 条的规定处理。第 68 条（将财产形式上转让至债权人名下的担保）规定，债务人或者第三人与债权人约定将财产形式上转移至债权人名下，债务人不履行到期债务，债权人有权对财产折价或者以拍卖、变卖该财产所得价款偿还债务的，人民法院应当认定该约定有效。当事人已经完成财产权利变动的公示，债务人不履行到期债务，债权人请求参照《民法典》关于担保物权的有关规定就该财产优先受偿的，人民法院应予支持。债务人或者第三人与债权人约定将财产形式上转移至债权人名下，债务人不履行到期债务，财产归债权人所有的，人民法院应当认定该约定无效，但是不影响当事人有关提供担保的意思表示的效力。当事人已经完成财产权利变动的公示，债务人不履行到期债务，债权人请求对该财产享有所有权的，人民法院不予支持；债权人请求参照《民法典》关于担保物权的规定对财产折价或者以拍卖、变卖该财产所得的价款优先受偿的，人民法院应予支持；债务人履行债务后请求返还财产，或者请求对财产折价或者以拍卖、变卖所得的价款清偿债务的，人民法院应予支持。债务人与债权人约定将财产转移至债权人名下，在一定期间后再由债务人或者其指定的第三人以交易本金加上溢价款回购，债务人到期不履行回购义务，财产归债权人所有的，人民法院应当参照第 2 款规定处理。回购对象自始不存在的，人民法院应当依照《民法典》第 146 条第 2 款的规定，按照其实际构成的法律关系处理。第 69 条（将股权形式上转让至债权人名下的担保）规定，股东以将其股权转移至债权人名下的方式为债务履行提供担保，公司或者公司的债权人以股东未履行或者未全面履行出资义务、抽逃出资等为由，请求作为名义股东的债权人与股东承担连带责任的，人民法院不予支持。第70条（保证金质押）规定，债务人或者第三人为担保债务的履行，设立专门的保证金账户并由债权人实际控制，或者将其资金存入债权人设立的保证金账户，债权人主张就账户内的款项优先受偿的，人民法院应予支持。当事人以保证金账户内的款项浮动为由，主张实际控制该账户的债权人对账户内的款项不享有优先受偿权的，人民法院不予支持。在银行账户下设立的保证金分户，参照上述规定处理。当事人约定的保证金并非为担保债务的履行设立，或者不符合前两款规定的情形，债权人主张就保证金优先受偿的，人民法院不予支持，但是不影响当事人依照法律的规定或者按照当事人的约定主张权利。

除前述非典型物的担保类型外，法律上所规定的各种优先权是否为担保物权或者准担保物权、非典型物的担保问题，也是学界常讨论的问题。优先权，又称先取特权，系法律为保障某些特定权利的实现而规定的一种特殊权利。其作用在于破除债权人平等原则以强化对某些特殊权利的保护，其立法理由在于维护社会的公平正义或应客观事实之需要。优先权的具体种类繁多，且在各国立法上均有相关规定。但因立法政策上的差别及对某些权利的性质认识不同，法律技术上对某些问题的处理方法也存在差异：对同一问题的处理，有的规定为优先权，有的规定为法定抵押权、法定质权或特别留置权；有关优先权的事项，有的于民法典中规定，有的于特别法中规定，还有的于诉讼法等法律之中规定。根据各国立法规定的情况，学界通常将优先权分为一般优先权与特别优先权，特别优先权又因标的的不同而再分为动产优先权、不动产优先权以及知识产权优先权。[1] 关于优先权的性质如何，在立法与理论上向有争议。我们对优先权是否为担保物权（尤其是典型担保物权）的问题，持否定的观点。其主要理由是：①担保物权是民法或者私法上为担保特定债权实现而设立的制度，而各国法律上所规定的各种优先权，并非尽为私法上的制度，诸多规定属于税法、劳动法、诉讼法等公法上的制度；具有优先受偿效力的诸多权利（如税款、司法费用、劳动保险费用等），其本身也难谓民法上的“债权”。②对于优先权的设立，法律上并无公示方面的要求，此与物权的基本理念不合。③担保物权系在债权之外设立的另一种权利，以约定设立为其成立的一般方式，其顺序原则上也以设定的先后而定。而优先权则系对特种债权或其他权利本身之效力的加强，并未形成另外的权利。而且，优先权的设立及顺序均为法定，这也与担保物权的规定有所不同。④担保物权作为从权利，在设立、效力、移转、消灭等方面对其所担保的债权具有从属性；而优先权应系特种债权或其他权利本身的效力，因而无所谓从属性问题。此外，担保物权原则上得为将来的债权担保，具有融资性，而优先权只能用于保障既存的债权，无融资性可言。因此，我们认为，优先权只是法律上基于特殊政策性考虑而赋予某些特种债权或其他权利的一种特殊效力，以保障该项权利能够较普通债权优先实现，其性质仍未完全脱离其所强化的权利本身的性质；优先权的种类繁多，存在的法域也不尽相同，难以在物权法或《民法典》物权编中作出统一规定。因此，法律上对优先权的具体规定，可根据客观情况的需要而加以细化和完善，但不宜采用将其与典型担保物权并列规定的方式。[2]

---

〔1〕 参见王利明主编：《中国物权法草案建议稿及说明》，中国法制出版社2001年版，第134页、第513页以下。

〔2〕 参见刘保玉：《物权体系论——中国物权法上的物权类型设计》，人民法院出版社2004年版，第336页以下。

二、担保物权的学理分类

根据不同的标准，在理论上可对担保物权作如下分类：

（一）意定担保物权与法定担保物权

这是根据担保物权的发生原因或成立方式的不同所作的分类。意定担保物权又称约定担保物权，是指基于当事人设立担保物权的合同并经依法公示而成立的担保物权。我国法律上规定的抵押权与质权均为约定设立的担保物权。留置权为典型的法定担保物权，在符合法律规定的条件时当然发生，而不以担保合同的订立为前提。国外有些立法例上所规定的优先权以及法定抵押权、法定质权也属于法定担保物权。意定担保物权较之法定担保物权在适用上更为广泛和普遍。

（二）动产担保物权、不动产担保物权与权利担保物权

这是根据担保物权的标的不同而作的分类。如前面的介绍，对于在不同财产上得成立何种担保物权，各国立法规定有所不同。依我国法律规定，动产之上既得设定质权或成立留置权，也得设定抵押权；不动产及不动产用益物权仅得为抵押权的标的；其他可转让的财产权利之上得设定权利质权。另外，不少立法例上承认在集合财产上也可设立担保物权（如企业担保或浮动担保），其性质应属于特殊的抵押权，我国《民法典》上仅承认了集合动产的浮动抵押。

（三）留置性担保物权与优先受偿性担保物权

这是以担保物权的主要效力为标准所作的分类。留置性担保物权又称占有型担保物权，是指以债权人占有、留置担保财产而迫使债务人履行义务为主要效力的担保物权。留置权、动产质权和某些由债权人占有权利凭证的权利质权属之。优先受偿性担保物权又称非占有型担保物权，是指以支配担保财产的交换价值并从中优先受偿为主要效力的担保物权，抵押权及不占有权利凭证的权利质权属之。留置性担保物权虽更为可靠，但在担保物权存续期间通常会牺牲担保财产之使用价值，故其适用范围有一定的限制；而优先受偿性担保物权则能使担保财产之使用价值与交换价值各得其所，因而更受推崇。

（四）保全性担保物权与融资性担保物权

这是根据担保物与其所担保的债权之间有无牵连关系所作的分类。保全性担保物权是指担保物权与所担保的债权之间有牵连关系并以保全该债权为主要功能的担保物权。留置权为保全性担保物权的典型，某些优先权也具有保全特定债权的属性。融资性担保物权是指担保物权与其所担保的债权之间无需有牵连关系而纯为融资或保障因其他原因而发生的债权之实现而设定的担保物权，抵押权、质权等均属此类。一般说来，法定担保物权多具有保全性特点，而约定担保物权均具有融资性特点；保全性担保物权只能为担保既存债权而成立，融资性担保物权则得为将来的债权而设立。

（五）登记担保物权与非登记担保物权

这是根据担保物权的成立是否须经登记所作的分类。依据我国《民法典》的规定，在不动产上设定的抵押权，非经登记不能成立，故其为登记担保物权；[1] 在权利质权中，除占有权利凭证的质权之外，其他权利质权也须以登记为成立要件，故也属登记担保物权。动产之上设定抵押权，采登记对抗要件主义，故其应属于非以登记为成立要件的担保物权；

〔1〕 2018年修正后的《农村土地承包法》第47条规定了关于家庭承包中以土地经营权向金融机构融资担保所设立的担保物权，法律上并未明确其为何种担保物权，结合其他相关规定，似应将其归入抵押权。从此种担保物权“自融资担保合同生效时设立……未经登记，不得对抗善意第三人”的表述来看，其应属于非登记担保物权。

动产质权、占有具有权利凭证的权利质权和留置权，本身以占有担保物或其权利凭证为公示方式和成立要件，不存在登记的问题，应属非登记的担保物权。

（六）典型担保物权与非典型担保物权

典型担保是指符合担保的特性并被法律明确规定为担保方式的保障债权实现的措施。典型担保分为人的担保和物的担保，前者是指保证担保，后者是指担保物权。我国法律上明确规定的典型担保物权包括抵押权、质权和留置权三种。非典型担保，是指在法律规定的典型担保方式之外，通过扩张责任财产范围或者使责任财产特定化而保障债权人债权实现的其他措施或方式。理论与实践中，非典型担保还有新类型担保、不规则担保、变态担保、类担保等多种称谓。与典型担保的分类相当，非典型担保亦可分为非典型人保与非典型物保，前者如债务加入、差额补足协议、流动性支持、到期或附条件的回购协议等“增信措施”以及担保物权未成立情况下第三人的担保责任等，后者如《民法典》第 388 条第 1 款及其他相关规定中涉及的所有权保留买卖和融资租赁出租人保留的所有权、有追索权的保理人受让的应收账款、将财产或财产权利形式上转让至债权人名下的让与担保等。非典型人的担保，适用合同编通则的规定并可以参照适用保证合同的相关规定。经过公示的非典型物的担保，权利人所享有的优先受偿权的顺位排序、实现程序等，可以适用或参照适用担保物权的有关规定。

（七）本担保中的担保物权与再担保、反担保中的担保物权

根据担保物权所担保的对象等要素的不同，担保物权可以分为本担保中的担保物权和再担保、反担保中的担保物权。

通常所讲的担保，系以主债权人对债务人的债权为担保对象。这种担保相对于再担保、反担保而言，称为本担保；相对于再担保而言时，本担保又可称为正担保或主担保、第一担保。本担保是再担保与反担保成立的前提和基础，依据法律规定，各种担保物权均可以作为本担保的担保方式。

再担保（又称副担保、第二担保）是指对担保的担保，即以债权人对本担保人的担保权为对象而设定的担保。为防范债权人届期对担保人或担保财产行使和实现其担保权益时，保证人无力代偿债务以及担保财产贬值、灭失、毁损或被非法转移且无法追还等情况，债权人除可采取其他措施外，还可要求提供再担保，即设定对担保的担保，通过“双保险”以使担保更为可靠。由于再担保是对主担保的担保，故再担保中的担保权人与主担保中的担保权人（主债权人）为同一人，而再担保人则通常是主担保人之外的人。在设定有再担保的情形下，如出现债务人、担保人（担保财产）均不能清偿到期债务的情况，债权人可以对再担保人主张权利；再担保人承担相应的责任后，取得向主债务人的追偿权，在有约定的情况下也可向主债务人和主担保人一并追偿。再担保以再保证（或称保证再担保）最为典型和常见，但被再保证所担保的主担保并不限于保证，再担保的方式亦不限于保证，还可以是抵押、质押等物的担保的方式（留置权不适用于再担保）。再担保关系当事人间的权利义务关系等，与本担保的规则并无重大不同。我国目前的法律文件中对再担保问题未有规定，但这并不影响再担保的理论研究和实践运用。

反担保又称为求偿担保，是以债务人之外的担保人对债务人的追偿权为担保对象而设定的担保。债务人以外的第三人为债务人向债权人提供担保的，于债务人届期不履行债务或发生当事人约定的情形时，担保人即须承担担保责任，以自己的一般财产或特定的担保财产代为债务之清偿；担保人代偿债务后，有权向债务人追偿其所受之损失。为避免或减少其追偿权实现的风险，为债务人提供担保的第三人可以根据情况要求债务人为其提供反

担保。由于反担保系以债务人之外的担保人对债务人的追偿权为担保对象，故作为反担保的对称并为反担保设定之前提与基础的本担保，限于他人担保，即“第三人为债务人向债权人提供的担保”。[1] 反担保在实践中具有重要的意义，甚至是专营担保业务的担保公司等为债务人提供担保时的必备措施。《民法典》第 387 条第 2 款规定：“第三人为债务人向债权人提供担保的，可以要求债务人提供反担保。反担保适用本法和其他法律的规定。”本条规定中的反担保的提供人，并不限于债务人本人，也可以是债务人之外的其他人。反担保的方式可以是债务人提供抵押或者质押等物的担保，也可以是其他人提供保证或者抵押、质押等物的担保。而留置权自身的特点决定了其无法作为反担保措施。

除以上几种分类外，担保分类中的限额担保与全额担保、自己担保与他人（第三人）担保、单独担保与共同担保、普通担保与特别担保等分类方法，对担保物权的分类及其规则适用也具有重要价值。[2]

---

〔1〕 刘保玉：“反担保初探”，载《西北政法学院学报》1997 年第 1 期。

〔2〕 参见刘保玉、吕文江主编：《债权担保制度研究》，中国民主法制出版社 2000 年版，第 53~69 页。

第二章 抵押权

第一节 抵押权的概念与特点

一、抵押权的概念

抵押权是指债权人对债务人或者第三人不转移占有而供作债务履行担保的财产，在债务人不履行债务或当事人约定的情形发生时，予以变价并就其价款优先受偿的权利。

《民法典》第394条规定："为担保债务的履行，债务人或者第三人不转移财产的占有，将该财产抵押给债权人的，债务人不履行到期债务或者发生当事人约定的实现抵押权的情形，债权人有权就该财产优先受偿。前款规定的债务人或者第三人为抵押人，债权人为抵押权人，提供担保的财产为抵押财产。"

二、抵押权的特点

1. 抵押权为担保物权的一种。抵押权是对抵押财产的价值支配权而非实体支配权，抵押权以担保债权的实现为目的而非以对标的物的使用收益为目的，因此，抵押权属于担保物权。担保物权的从属性、不可分性、价值权性和物上代位性等在抵押权中均有典型和明确的体现。

2. 抵押权是在债务人或第三人提供的财产上设定的物权。在抵押权关系中，提供抵押财产的抵押人，既可以是债务人，也可以是债务人之外的第三人。尽管有的国家（如德国）法律上规定所有权人也可以在自己的财产上设定抵押权，但绝大多数国家法律并不承认原始的所有人抵押权，仅于特定情况下承认后来发生的所有人抵押权。因此，抵押权并非在自己的物上设定的权利，而是在他人的财产上设定的物权，因而属于他物权。

3. 抵押权是不移转担保财产占有的物权。抵押权之成立与存续，不以移转担保财产的占有为必要，这是抵押权与其他担保物权的重要区别。就抵押人而言，除得因担保的提供获得贷与的资金外，并得继续对抵押财产为占有、使用、收益；就债权人而言，不仅无占有、保管抵押财产之烦累，且能通过登记获得效力强大的担保物权，通过折价或者拍卖、变卖等变价方式，以特定的抵押财产之价值确保债务的优先清偿。因此，抵押权实为一项优良的担保制度，因此被誉为"担保之王"。

4. 抵押权为得就担保财产的变价价值优先受偿的权利。所谓优先受偿，包括三层意义：①有抵押权担保的债权，债权人得就抵押财产的变价价值优先于普通债权人而受清偿；②债务人受破产宣告时，在前设立的抵押权不受破产宣告之影响，抵押权人就特定的抵押财产有"别除权"，仍得就其变价价值优先受偿；③如果同一抵押财产上设有两个以上抵押权，先次序抵押权人优先于后次序抵押权人而受清偿。

第二节 抵押权的取得

一、抵押权的设立

通过法律行为设立抵押权，是抵押权取得的基本方式。

（一）抵押权关系的当事人

抵押权法律关系的主体包括抵押人和抵押权人。抵押权人也就是被担保债权的债权人。[1] 抵押人又称设抵人或出抵人，是指以自己所有的或享有处分权的财产为债权人的债权设定抵押担保的人，抵押人可以是债务人本人，也可以是债务人以外的第三人（学理上又称“物上保证人”）；[2] 可以是法人，也可以是自然人、其他组织，但自然人作为抵押人，必须是具有完全民事行为能力的人；公司法人对外提供担保的，应依法经过决议程序。[3] 另外，抵押人须对抵押物享有所有权或处分权，否则，其所设定的抵押权原则上应为无效（债权人善意取得的除外）。

（二）抵押权的客体

抵押权的客体，是指抵押人用以设定抵押的财产。抵押财产应符合下列条件：①具有特定性；②具有交换价值和可让与性；③须为非消耗物，不因抵押人继续占有、使用该物而灭失或损毁；④须为依法未被禁止抵押的财产。

《民法典》第395条规定，债务人或者第三人有权处分的下列财产可以抵押：①建筑物和其他土地附着物；②建设用地使用权；③海域使用权；④生产设备、原材料、半成品、产品；⑤正在建造的建筑物、船舶、航空器；⑥交通运输工具；⑦法律、行政法规未禁止抵押的其他财产。抵押人可以将前款所列财产一并抵押。第397条规定：“以建筑物抵押的，该建筑物占用范围内的建设用地使用权一并抵押。以建设用地使用权抵押的，该土地上的建筑物一并抵押。抵押人未依据前款规定一并抵押的，未抵押的财产视为一并抵押。”第398条规定：“乡镇、村企业的建设用地使用权不得单独抵押。以乡镇、村企业的厂房等建筑物抵押的，其占用范围内的建设用地使用权一并抵押。”

《民法典》第399条规定，下列财产不得抵押：①土地所有权；②宅基地、自留地、自留山等集体所有土地的使用权，但是法律规定可以抵押的除外；③学校、幼儿园、医疗机构等为公益目的成立的非营利法人的教育设施、医疗卫生设施和其他公益设施；④所有权、使用权不明或者有争议的财产；⑤依法被查封、扣押、监管的财产；⑥法律、行政法规规定不得抵押的其他财产。

另据《担保制度解释》第5、6 、47、53条等的规定，在抵押财产上还应注意以下问题：①机关法人提供担保的，人民法院应当认定担保合同无效，但是经国务院批准为使用外国政府或者国际经济组织贷款进行转贷的除外。居民委员会、村民委员会提供担保的，

---

〔1〕 在抵押权和质权中，还可能存在担保物权委托他人持有的特殊问题，对此，《担保制度解释》第4条规定，有下列情形之一，当事人将担保物权登记在他人名下，债务人不履行到期债务或者发生当事人约定的实现担保物权的情形，债权人或者其受托人主张就该财产优先受偿的，人民法院依法予以支持：①为债券持有人提供的担保物权登记在债券受托管理人名下；②为委托贷款人提供的担保物权登记在受托人名下；③担保人知道债权人与他人之间存在委托关系的其他情形。

〔2〕 在债务人以外的第三人为抵押人的情况下，债务人本人并不是抵押关系的当事人，而仅是利害关系人。

〔3〕 参见《公司法》第16条；《担保制度解释》第7~12条。

人民法院应当认定担保合同无效，但是依法代行村集体经济组织职能的村民委员会，依照《村民委员会组织法》规定的讨论决定程序对外提供担保的除外。②以公益为目的的非营利性学校、幼儿园、医疗机构、养老机构等提供担保的，人民法院应当认定担保合同无效，但是有下列情形之一的除外：在购入或者以融资租赁方式承租教育设施、医疗卫生设施、养老服务设施和其他公益设施时，出卖人、出租人为担保价款或者租金实现而在该公益设施上保留所有权；以教育设施、医疗卫生设施、养老服务设施和其他公益设施以外的不动产、动产或者财产权利设立担保物权。登记为营利法人的学校、幼儿园、医疗机构、养老机构等提供担保，当事人以其不具有担保资格为由主张担保合同无效的，人民法院不予支持。③不动产登记簿就抵押财产、被担保的债权范围等所作的记载与抵押合同约定不一致的，人民法院应当根据登记簿的记载确定抵押财产、被担保的债权范围等事项。④当事人在动产和权利担保合同中对担保财产进行概括描述，该描述能够合理识别担保财产的，人民法院应当认定担保成立。

（三）抵押合同

《民法典》第400条规定，设立抵押权，当事人应当采用书面形式订立抵押合同。抵押合同一般包括下列条款：①被担保债权的种类和数额；②债务人履行债务的期限；③抵押财产的名称、数量等情况；④担保的范围。另依合同编的有关规定和解释，抵押合同不完全具备上述规定内容的，可以补正，但抵押合同对被担保的主债权种类、抵押财产没有约定或者约定不明，且根据主合同和抵押合同不能补正或无法认定的，抵押合同不成立。

根据《民法典》有关规定的精神并结合审判实践中的问题，《担保制度解释》中还对抵押合同的效力问题作出了一些具体规定。该司法解释第37条规定：“当事人以所有权、使用权不明或者有争议的财产抵押，经审查构成无权处分的，人民法院应当依照民法典第三百一十一条的规定处理。当事人以依法被查封或者扣押的财产抵押，抵押权人请求行使抵押权，经审查查封或者扣押措施已经解除的，人民法院应予支持。抵押人以抵押权设立时财产被查封或者扣押为由主张抵押合同无效的，人民法院不予支持。以依法被监管的财产抵押的，适用前款规定。”第49条规定：“以违法的建筑物抵押的，抵押合同无效，但是一审法庭辩论终结前已经办理合法手续的除外。抵押合同无效的法律后果，依照本解释第十七条的有关规定处理。当事人以建设用地使用权依法设立抵押，抵押人以土地上存在违法的建筑物为由主张抵押合同无效的，人民法院不予支持。”第50条规定：“抵押人以划拨建设用地上的建筑物抵押，当事人以该建设用地使用权不能抵押或者未办理批准手续为由主张抵押合同无效或者不生效的，人民法院不予支持。抵押权依法实现时，拍卖、变卖建筑物所得的价款，应当优先用于补缴建设用地使用权出让金。当事人以划拨方式取得的建设用地使用权抵押，抵押人以未办理批准手续为由主张抵押合同无效或者不生效的，人民法院不予支持。已经依法办理抵押登记，抵押权人主张行使抵押权的，人民法院应予支持。抵押权依法实现时所得的价款，参照前款有关规定处理。”

（四）抵押登记

抵押登记又称抵押权登记，是指经当事人申请，登记机构依法在登记簿上就抵押物上的抵押权状态予以登录记载的行为，这是抵押权设立的公示要求。准确地说，抵押登记属于权利登记，而不属于财产登记。

根据《民法典》《不动产登记暂行条例》及其实施细则的规定，以不动产或不动产权利抵押的，统一由不动产所在地的登记机构办理。《民法典》中删除了有关动产抵押和权利质押具体登记机构的内容，为建立统一的动产抵押和权利质押登记制度预留了空间。为贯彻落实党中央、国务院决策部署，进一步提高动产和权利担保融资效率，优化营商环境，促进金融更好地服务实体经济，国务院于2020年12月22日发布了《国务院关于实施动产和权利担保统一登记的决定》（国发〔2020〕18号，以下简称《决定》），明确自2021年1月1日起，在全国范围内实施动产和权利担保统一登记。纳入动产和权利担保统一登记范围的担保类型包括：①生产设备、原材料、半成品、产品抵押；②应收账款质押；③存款单、仓单、提单质押；④融资租赁；⑤保理；⑥所有权保留；⑦其他可以登记的动产和权利担保，但机动车抵押、船舶抵押、航空器抵押、债券质押、基金份额质押、股权质押、知识产权中的财产权质押除外。纳入统一登记范围的动产和权利担保，由当事人通过中国人民银行征信中心（以下简称征信中心）动产融资统一登记公示系统自主办理登记，并对登记内容的真实性、完整性和合法性负责。登记机构不对登记内容进行实质审查。国家市场监督管理总局不再承担"管理动产抵押物登记"职责。为落实国务院这一决定的相关要求，规范动产和权利担保统一登记服务，2021年12月28日中国人民银行发布了《动产和权利担保统一登记办法》（自2022年2月1日起施行，原《应收账款质押登记办法》同时废止），该办法进一步明确动产和权利担保统一登记范围、登记机构及职责，细化登记内容，优化登记和查询操作流程，将更好地引导市场主体规范开展动产和权利担保登记与查询活动，进一步提高动产和权利担保融资效率，优化营商环境。根据上述规定并鉴于航空器、船舶、车辆原来已有登记管理系统并有保留的必要，以航空器、船舶、车辆抵押的，仍由相应的运输工具登记部门负责办理抵押登记。

关于抵押登记的效力，《民法典》第402条规定："以本法第三百九十五条第一款第一项至第三项规定的财产或者第五项规定的正在建造的建筑物抵押的，应当办理抵押登记。抵押权自登记时设立。"第403条规定："以动产抵押的，抵押权自抵押合同生效时设立；未经登记，不得对抗善意第三人。"第404条规定："以动产抵押的，不得对抗正常经营活动中已经支付合理价款并取得抵押财产的买受人。"据此可知，关于抵押登记的效力问题，我国物权法兼采了登记要件主义和登记对抗主义。《担保制度解释》中，还对抵押登记的效力问题作出了补充规定，其第46条规定："不动产抵押合同生效后未办理抵押登记手续，债权人请求抵押人办理抵押登记手续的，人民法院应予支持。抵押财产因不可归责于抵押人自身的原因灭失或者被征收等导致不能办理抵押登记，债权人请求抵押人在约定的担保范围内承担责任的，人民法院不予支持；但是抵押人已经获得保险金、赔偿金或者补偿金等，债权人请求抵押人在其所获金额范围内承担赔偿责任的，人民法院依法予以支持。因抵押人转让抵押财产或者其他可归责于抵押人自身的原因导致不能办理抵押登记，债权人请求抵押人在约定的担保范围内承担责任的，人民法院依法予以支持，但是不得超过抵押权能够设立时抵押人应当承担的责任范围。"第47条规定："不动产登记簿就抵押财产、被担保的债权范围等所作的记载与抵押合同约定不一致的，人民法院应当根据登记簿的记载确定抵押财产、被担保的债权范围等事项。"第48条规定："当事人申请办理抵押登记手续时，因登记机构的过错致使其不能办理抵押登记，当事人请求登记机构承担赔偿责任的，人民法院依法予以支持。"此外，该司法解释第49条、第50条的规定，也与登记的效力问题有关，应一并把握。

在抵押登记中，还应注意抵押权的预告登记问题。根据《不动产登记暂行条例》第3条、第5条和《不动产登记暂行条例实施细则》第85条的规定，以不动产抵押的或者以预购商品房设定抵押权的，当事人可以按照约定申请办理预告登记。《担保制度解释》第52条规定："当事人办理抵押预告登记后，预告登记权利人请求就抵押财产优先受偿，经审查存在尚未办理建筑物所有权首次登记、预告登记的财产与办理建筑物所有权首次登记时的财产不一致、抵押预告登记已经失效等情形，导致不具备办理抵押登记条件的，人民法院不予支持；经审查已经办理建筑物所有权首次登记，且不存在预告登记失效等情形的，人民法院应予支持，并应当认定抵押权自预告登记之日起设立。当事人办理了抵押预告登记，抵押人破产，经审查抵押财产属于破产财产，预告登记权利人主张就抵押财产优先受偿的，人民法院应当在受理破产申请时抵押财产的价值范围内予以支持，但是在人民法院受理破产申请前一年内，债务人对没有财产担保的债务设立抵押预告登记的除外。”

二、抵押权的转让与继承

基于抵押权的物权性和财产权性，抵押权可以转让，也可以因继承而取得。

基于抵押权的从属性，抵押权不能单独转让而只能和其所担保的债权一同转让或者归于消灭。《民法典》第407条规定：“抵押权不得与债权分离而单独转让或者作为其他债权的担保。债权转让的，担保该债权的抵押权一并转让，但是法律另有规定或者当事人另有约定的除外。”另外，《民法典》合同编的第547条也规定了从权利附随债权转让一并变动的规则，且于第2款明确规定“受让人取得从权利不因该从权利未办理转移登记手续或者未转移占有而受到影响”。

在被继承人死亡时，被继承人的抵押权也应连同债权一并由其继承人、受遗赠人依《民法典》继承编的规定取得，且不以办理移转登记为要件。

第三节 抵押权的效力

一、抵押权及于抵押财产的范围

抵押权的效力所及的标的，首先是当事人设定抵押的财产之全部。《担保制度解释》第38条中明确规定：“主债权未受全部清偿，担保物权人主张就担保财产的全部行使担保物权的，人民法院应予支持，但是留置权人行使留置权的，应当依照民法典第四百五十条的规定处理。担保财产被分割或者部分转让，担保物权人主张就分割或者转让后的担保财产行使担保物权的，人民法院应予支持，但是法律或者司法解释另有规定的除外。”除此之外，学说和立法一般认为抵押权的效力还及于抵押财产的从物、从权利、孳息、代位物和附合物。

（一）抵押财产的从物

依照从物随主物处分的原则，抵押权的效力应当及于抵押财产的从物。《民法典》第320条规定：“主物转让的，从物随主物转让，但是当事人另有约定的除外。”但本条规定中并未明确从物附随主物设立抵押的问题，《担保制度解释》第40条规定：“从物产生于抵押权依法设立前，抵押权人主张抵押权的效力及于从物的，人民法院应予支持，但是当事人另有约定的除外。”“从物产生于抵押权依法设立后，抵押权人主张抵押权的效力及于从物的，人民法院不予支持，但是在抵押权实现时可以一并处分。”

关于在不动产上设定抵押权以后新增加的建筑物是否能为抵押权的效力所及的问题，学说上有肯定说、否定说以及虽可将新增建筑物一并拍卖但不能就该部分价值优先受偿说等多种不同的意见。[1] 我国《民法典》第417条规定："建设用地使用权抵押后，该土地上新增的建筑物不属于抵押财产。该建设用地使用权实现抵押权时，应当将该土地上新增的建筑物与建设用地使用权一并处分。但是，新增建筑物所得的价款，抵押权人无权优先受偿。"《担保制度解释》第51条进一步明确："当事人仅以建设用地使用权抵押，债权人主张抵押权的效力及于土地上已有的建筑物以及正在建造的建筑物已完成部分的，人民法院应予支持。债权人主张抵押权的效力及于正在建造的建筑物的续建部分以及新增建筑物的，人民法院不予支持。当事人以正在建造的建筑物抵押，抵押权的效力范围限于已办理抵押登记的部分。当事人按照担保合同的约定，主张抵押权的效力及于续建部分、新增建筑物以及规划中尚未建造的建筑物的，人民法院不予支持。抵押人将建设用地使用权、土地上的建筑物或者正在建造的建筑物分别抵押给不同债权人的，人民法院应当根据抵押登记的时间先后确定清偿顺序。"我们认为，这些规定所采用的处理规则是允当的。根据上述规定的精神，有关问题的处理应如此统一把握：当事人有约定的，按照其约定；在没有约定的情况下，一方面，抵押权设定后成为抵押财产从物的物，毕竟是由抵押人的一般财产转化而来，不应使其当然成为抵押财产的组成部分，另一方面，也不能因从物的出现而给抵押权的行使带来不利影响，故此，抵押权人于必要时得将其随主物一并变价，但抵押权人对从物的变价部分并无优先受偿权。在抵押权设立后，抵押财产因装修、修缮而增值以及增加附属设施、动产附合于设定抵押的不动产等情况下，亦同。

（二）抵押财产的从权利

从权利与主权利的关系，如同从物与主物的关系，并应适用相同的规则。[2] 例如，以需役地使用权设定抵押时，从属于需役地之地役权，应为抵押权效力所及。[3] 另外，虽非本质上的从权利，但该权利如为抵押物存在所不可或缺，为保全抵押物的经济效用，也可将其扩充解释为从权利。

（三）抵押财产的添附物

在抵押财产发生添附的情况下，由于原抵押物与添附后形成的新物成为一体而不可分，如分离则会降低抵押物的价值，因此添附后形成的新物应为抵押权的效力所及，此为通说。《担保制度解释》第41条规定："抵押权依法设立后，抵押财产被添附，添附物归第三人所有，抵押权人主张抵押权效力及于补偿金的，人民法院应予支持。抵押权依法设立后，抵押财产被添附，抵押人对添附物享有所有权，抵押权人主张抵押权的效力及于添附物的，人民法院应予支持，但是添附导致抵押财产价值增加的，抵押权的效力不及于增加的价值部分。抵押权依法设立后，抵押人与第三人因添附成为添附物的共有人，抵押权人主张抵押权的效力及于抵押人对共有物享有的份额的，人民法院应予支持。本条所称添附，包括附合、混合与加工。"此一规定，应属允当。

（四）抵押财产的孳息

根据《民法典》第412条的规定，债务人不履行到期债务或者发生当事人约定的实现抵押权的情形，致使抵押财产被人民法院依法扣押的，自扣押之日起，抵押权人有权收取该抵押财产的天然孳息或者法定孳息，但是抵押权人未通知应当清偿法定孳息的义务人的除外。作为一般规则，所收取的孳息，应当先充抵收取孳息的费用，次充抵主债权的利息，

---

〔1〕 参见谢在全：《民法物权论》（下），中国政法大学出版社1999年版，第582页。

〔2〕 参见《民法典》第547条。

〔3〕 参见《民法典》第381条。

最后才清偿主债权。

（五）抵押财产的代位物

根据《民法典》第390条的规定，在抵押期间抵押财产毁损、灭失或者被征收等，抵押权人可以就获得的保险金、赔偿金或者补偿金等优先受偿。被担保债权的履行期限未届满的，也可以提存该保险金、赔偿金或者补偿金等。《担保制度解释》第42条对抵押权的物上代位效力作有进一步的补充："抵押权依法设立后，抵押财产毁损、灭失或者被征收等，抵押权人请求按照原抵押权的顺位就保险金、赔偿金或者补偿金等优先受偿的，人民法院应予支持。给付义务人已经向抵押人给付了保险金、赔偿金或者补偿金，抵押权人请求给付义务人向其给付保险金、赔偿金或者补偿金的，人民法院不予支持，但是给付义务人接到抵押权人要求向其给付的通知后仍然向抵押人给付的除外。抵押权人请求给付义务人向其给付保险金、赔偿金或者补偿金的，人民法院可以通知抵押人作为第三人参加诉讼。"

二、抵押权所担保债权的范围

抵押权所担保债权的范围即抵押权对所担保的债权的效力，是指抵押权人实行抵押权时，能够优先受偿的债权的范围。根据《民法典》第389条的规定，抵押权担保的范围包括主债权及利息、违约金、损害赔偿金、保管担保财产和实现抵押权的费用。抵押合同另有约定的，按照其约定。

（一）主债权

主债权又称原债权，是指抵押权设定时约定予以担保的原本债权。该原本债权应在抵押权设定时予以登记，以使其得到明确。《担保制度解释》第47条规定："不动产登记簿就抵押财产、被担保的债权范围等所作的记载与抵押合同约定不一致的，人民法院应当根据登记簿的记载确定抵押财产、被担保的债权范围等事项。"

（二）利息

利息是指由原本债权所生之孳息。在通常情形下，无论法定利息或约定利息、期内利息或迟延利息，均属抵押权担保的范围。利息原则上应依法定利率计算，当事人约定的利率较高时，从其约定，但约定利率应受最高法定利率限制，超过部分不受法律保护。另外，对约定的高于法定利率标准的利息，一般认为也须在抵押权设立时予以登记，否则不能对抗第三人。

（三）违约金与损害赔偿金

违约金是债务人不履行债务时依法律规定或合同约定应当向债权人一方支付的一定数额的款项；损害赔偿金是债务人不履行债务或为加害给付时应向受到损害的债权人支付的赔偿款项。此两种款项亦在法定的担保范围之内。关于损害赔偿金和违约金的具体范围及其限制等问题，适用《民法典》合同编第583~585条的规定。应当注意的是，基于担保的从属性，为防止担保责任不当地超出债务人应当承担的责任范围，《担保制度解释》第3条专门规定："当事人对担保责任的承担约定专门的违约责任，或者约定的担保责任范围超出债务人应当承担的责任范围，担保人主张仅在债务人应当承担的责任范围内承担责任的，人民法院应予支持。担保人承担的责任超出债务人应当承担的责任范围，担保人向债务人追偿，债务人主张仅在其应当承担的责任范围内承担责任的，人民法院应予支持；担保人请求债权人返还超出部分的，人民法院依法予以支持。"

（四）实现抵押权的费用和保全抵押权的费用

这两种费用是指抵押权人因保全和实行抵押权而支出的费用，如申请强制执行的费用、评估费用、拍卖费用等。由于此类费用完全因债务人之不履行债务而产生，故理应在抵押权所担保债权的范围内，且无须当事人事先约定，也无须登记。依据理论通说和最高人民法院的相关解释，为实现抵押权和债权而聘请律师的合理费用亦属于“实现抵押权的费用”。

三、抵押权的顺位确定

（一）确定抵押权顺位的意义

抵押权的顺位又称抵押权的顺序、位序或次序，是指同一抵押财产上设定数个抵押权时，各抵押权人就抵押财产变价的价值优先受偿的先后顺序。在发生重复抵押以及因其他各种原因导致抵押财产的价值不足以清偿两个以上抵押权所担保的债权时，抵押权的受偿顺序对各债权人的债权能否实现，至关重要。

理论上及各国立法都承认抵押人对抵押财产的再次出抵权，一方面是由于其与抵押制度的立法宗旨及抵押权的排他性并不相悖，另一方面也是为了充分发挥抵押财产的担保效用与融资功能。正是由于抵押人得以同一财产向两个以上的债权人抵押，抵押权竞存之现象才可能发生并引发抵押权的顺位问题。抵押人以同一财产抵押担保两个以上债权的，主要有以下两种情况：①抵押人在抵押财产的价值大于所担保债权的情况下就其价值余额部分再设定另一抵押，即所谓的“余额（值）再抵”，又称“再次抵押”或“复合抵押”。对此，理论及立法上均一致认可。②抵押人就抵押财产的同一担保价值部分（含部分相同）重复设定另一抵押，即所谓的“重复抵押”。对于重复抵押，绝大多数国家的立法并不否定其效力，包括我国在内的绝大多数国家的立法已对一物数押情况下抵押权的顺位作有明确规定，立法、学说及判例也大多都采纳前位抵押权消灭时后位抵押权位次升进规则，重复抵押及由此引起的抵押权竞存问题已得到妥善解决。〔1〕

（二）确定抵押权顺位的规则

《民法典》第414条规定，同一财产向两个以上债权人抵押的，拍卖、变卖抵押财产所得的价款依照下列规定清偿：①抵押权已经登记的，按照登记的时间先后确定清偿顺序；②抵押权已经登记的先于未登记的受偿；③抵押权未登记的，按照债权比例清偿。其他可以登记的担保物权，清偿顺序参照适用上述规定。〔2〕其中所贯彻的原则，分别是各国立法上通行的“先登记原则”（即抵押权的顺序依登记的先后顺序定之，先登记的优先于后登记的）、“登记在先原则”（即登记的抵押权优先于未登记的）；未登记的抵押权则适用“位序同等原则”，也即在实行登记对抗主义的动产抵押中，如一物上的数个抵押权均未登记，基于“非登记不得对抗第三人”之本旨，自应使其处于相同地位，由各抵押权人按照债权比例受偿。第414条第2款中所称的“其他可以登记的担保物权”，主要是指权利质权登记，融资租赁、保留所有权买卖中的所有权登记，保理中的应收账款转让登记以及让与担保中的权利登记等。

四、抵押权人的权利

（一）抵押权的保全权

《民法典》第408条规定：“抵押人的行为足以使抵押财产价值减少的，抵押权人有权

〔1〕参见刘保玉：“论担保物权的竞存”，载《中国法学》1999年第2期。

〔2〕本条规定对《物权法》第199条作有两处修改：其一，删除第1项中已经过时、不符合登记要求的“顺序相同的，按照债权比例清偿”之规定；其二，增加了第2款，实现了登记设立的担保物权清偿偿顺序规则的统一。

请求抵押人停止其行为；抵押财产价值减少的，抵押权人有权请求恢复抵押财产的价值，或者提供与减少的价值相应的担保。抵押人不恢复抵押财产的价值，也不提供担保的，抵押权人有权请求债务人提前清偿债务。”依该规定，抵押权人的保全权可分为以下几项：①抵押物价值减少防止权或称停止侵害请求权。②恢复原状请求权及增加担保请求权。③提前偿债请求权及提前行使抵押权的权利。抵押物价值减少后，抵押人不能满足或拒绝抵押权人恢复抵押物原状或另行提供担保的请求时，债务人丧失期限利益，应立即偿还债务，抵押权人也得立即实行抵押权。④损害赔偿请求权。在抵押财产或抵押权受到损害时，抵押权人依物权基本原理，对侵害人（不论是抵押人还是第三人）可直接行使损害赔偿请求权。

（二）抵押权的处分权

抵押权人有权将其抵押权转让或另行供作担保。但因抵押权具有从属性，所以抵押权不得与其所担保的债权相分离而单独转让，也不得与债权分离单独作为其他债权的担保（《民法典》第407条）。抵押权人还有权抛弃其抵押权，即放弃就抵押物优先受偿的权利。

（三）抵押权的次序权

同一抵押财产上存在数个抵押权时，按抵押权设定次序受偿，先次序的抵押权人相较于后次序的抵押权人有优先受偿的权利，这在理论上称为抵押权人的次序权。[1] 对于次序权，抵押权人可以抛弃、转让。但在理论上，对抵押权次序权的抛弃，分为绝对抛弃和相对抛弃；关于转让抵押权次序的效力，也有绝对效力说与相对效力说等不同主张。[2]《民法典》第409条规定：“抵押权人可以放弃抵押权或者抵押权的顺位。抵押权人与抵押人可以协议变更抵押权顺位以及被担保的债权数额等内容。但是，抵押权的变更未经其他抵押权人书面同意的，不得对其他抵押权人产生不利影响。债务人以自己的财产设定抵押，抵押权人放弃该抵押权、抵押权顺位或者变更抵押权的，其他担保人在抵押权人丧失优先受偿权益的范围内免除担保责任，但是其他担保人承诺仍然提供担保的除外。”此一规定，应属允当。

在抵押权的次序权问题上，还应注意动产价款担保的“超级优先权规则”。[3] 考虑到对所有权保留买卖等交易中出卖人就出卖标的物的价金清偿请求权予以特殊保护的必要性，借鉴域外立法关于价金优先权的相关规定，我国《民法典》第416条规定：“动产抵押担保的主债权是抵押物的价款，标的物交付后十日内办理抵押登记的，该抵押权人优先于抵押物买受人的其他担保物权人受偿，但留置权人除外。”《担保制度解释》第57条对该条规定的适用范围和条件等问题作了进一步的明确，规定担保人在设立动产浮动抵押并办理抵押登记后又购入或者以融资租赁方式承租新的动产，下列权利人为担保价款债权或者租金的实现而订立担保合同，并在该动产交付后10日内办理登记，主张其权利优先于在先设立的浮动抵押权的，人民法院应予支持：①在该动产上设立抵押权或者保留所有权的出卖人；②为价款支付提供融资而在该动产上设立抵押权的债权人；③以融资租赁方式出租该动产的出租人。买受人取得动产但未付清价款或者承租人以融资租赁方式占有租赁物但是未付清全部租金，又以标的物为他人设立担保物权，上文所列权利人为担保价款债权或者租金

〔1〕 参见谢在全：《民法物权论》（下），中国政法大学出版社1999年版，第614页。

〔2〕 参见梁慧星、陈华彬编著：《物权法》，法律出版社2005年版，第348页。

〔3〕 此制度源于《美国统一商法典》第九编中的“购买价金担保权”（Purchase Money Security Interest，简称PMSI）。

的实现而订立担保合同，并在该动产交付后10日内办理登记，主张其权利优先于买受人为他人设立的担保物权的，人民法院应予支持。同一动产上存在多个价款优先权的，人民法院应当按照登记的时间先后确定清偿顺序。《民法典》中这一条款的增设和司法解释的补充规定，值得赞同。

（四）抵押权的追及权

抵押权的追及权又称所具有的追及效力，是指在抵押期间，抵押人将抵押财产转让给第三人的，抵押权不受影响，抵押权人可以追及至抵押财产之所在而行使和实现其权利。

在抵押权存续期间，出于市场行情的变化等原因，抵押人可能有对抵押财产及时予以处分的必要。抵押人经抵押权人同意且双方对转让价款如何处理作出约定的，抵押人自然可以处分抵押财产。但也可能出现抵押权人不同意处分（无需理由），或者抵押人擅自处分抵押财产的情况。对此，学说理论和域外立法例通常都通过赋予抵押权追及效力来解决，也即，受让人要承受财产上的抵押权负担。我国《物权法》制定过程中，考虑到赋予抵押人以任意转让抵押物的权利，同时再规定抵押权人的追及权和受让人的涤除权（代为偿还债务而消灭抵押权），不如直接对抵押人的处分权作出一定限制更为简洁，[1] 因此《物权法》第191规定："抵押期间，抵押人经抵押权人同意转让抵押财产的，应当将转让所得的价款向抵押权人提前清偿债务或者提存……抵押期间，抵押人未经抵押权人同意，不得转让抵押财产，但受让人代为清偿债务消灭抵押权的除外。"但多数学者认为，由于抵押权所具有的对抗效力中当然包含有追及效力，故无需作此限制；这一限制性规定在司法实践的适用中亦有所松动。[2] 根据学界通说和立法例上的通行做法，我国《民法典》中对既有的规定作出了修改，废弃了非经抵押权人同意不得转让抵押财产的规定，改采抵押权具有追及效力的规则，且对传统的规则作有改进。《民法典》第406条规定："抵押期间，抵押人可以转让抵押财产。当事人另有约定的，按照其约定。抵押财产转让的，抵押权不受影响。抵押人转让抵押财产的，应当及时通知抵押权人。抵押权人能够证明抵押财产转让可能损害抵押权的，可以请求抵押人将转让所得的价款向抵押权人提前清偿债务或者提存。转让的价款超过债权数额的部分归抵押人所有，不足部分由债务人清偿。"

关于该条规定的适用，应当注意以下几个问题：①该条规定属于抵押权具有追及效力的一般规定。依此规定的精神，抵押财产依法被继承或者赠与的，抵押权亦不受影响。②限制或禁止抵押财产转让的约定是否登记，会导致其法律效力不同。《担保制度解释》第43条规定："当事人约定禁止或者限制转让抵押财产但是未将约定登记，抵押人违反约定转让抵押财产，抵押权人请求确认转让合同无效的，人民法院不予支持；抵押财产已经交付或者登记，抵押权人请求确认转让不发生物权效力的，人民法院不予支持，但是抵押权人有证据证明受让人知道的除外；抵押权人请求抵押人承担违约责任的，人民法院依法予以支持。当事人约定禁止或者限制转让抵押财产且已经将约定登记，抵押人违反约定转让抵押财产，抵押权人请求确认转让合同无效的，人民法院不予支持；抵押财产已经交付或者登记，抵押权人主张转让不发生物权效力的，人民法院应予支持，但是因受让人代替债

---

[1] 参见胡康生主编：《中华人民共和国物权法释义》，法律出版社2007年版，第418~419页。

[2] 《2015年全国民事审判工作会议纪要》第25条规定，《物权法》第191条第2款并非针对抵押财产转让合同的效力性强制性规定，当事人仅以转让抵押房地产未经抵押权人同意为由，请求确认转让合同无效的，一般不予支持。受让人因抵押登记未涂销无法办理物权转移登记而请求解除合同的，可予以支持；受让人要求转让人承担相应民事责任的，应当综合考虑当事人过错程度等因素进行处理。

务人清偿债务导致抵押权消灭的除外。”③未登记的动产抵押权不具有对抗善意第三人的效力和追及效力。《民法典》第406条第1款的规定，对于实行登记要件主义的不动产抵押权，在适用上没有疑义，但由于《民法典》中对动产抵押权统一采用了登记对抗主义的规则（第403条），如此一来，在抵押人转让抵押的动产而第三人善意购买的情况下，未登记的动产抵押权自然不具有追及效力。④即使是登记的动产抵押权，其追及效力也受一定的限制。考虑到存货抵押中抵押人时时有处理产品、半成品的正常需要，如果在此类交易中一概课以交易相对人查询抵押登记的义务，势必影响交易的效率，不当限制了正常的经营需要。因此，我国《物权法》第189条借鉴《美国统一商法典》中创设并已被普遍接受的“常规商业经营活动中的买受人”（A Buyer in Ordinary Course of Business，简称BIOC）规则，规定动产浮动抵押权不得对抗正常经营活动中已支付合理价款并取得抵押财产的买受人。《民法典》第404条中又将此规则予以扩展，使其成为动产抵押权效力的一般规则：“以动产抵押的，不得对抗正常经营活动中已经支付合理价款并取得抵押财产的买受人。”〔1〕《担保制度解释》第56条规定，买受人在出卖人正常经营活动中通过支付合理对价取得已被设立担保物权的动产，担保物权人请求就该动产优先受偿的，人民法院不予支持，但是有下列情形之一的除外：①购买商品的数量明显超过一般买受人；②购买出卖人的生产设备；③订立买卖合同的目的在于担保出卖人或者第三人履行债务；④买受人与出卖人存在直接或者间接的控制关系；⑤买受人应当查询抵押登记而未查询的其他情形。上文所称出卖人正常经营活动，是指出卖人的经营活动属于其营业执照明确记载的经营范围，且出卖人持续销售同类商品。上文所称担保物权人，是指已经办理登记的抵押权人、所有权保留买卖的出卖人、融资租赁合同的出租人。应当说明的是，“正常经营活动买受人”的规定只是对动产抵押权追及效力予以限制的特别规定，而不能将其理解为“动产抵押无追及效力”；结合《民法典》第406条关于抵押权追及效力的一般规定，对于不符合法定适用条件而擅自转让抵押财产的，动产抵押权亦有追及效力。

（五）物上代位权和提前偿债或提存的请求权

依据抵押权的物上代位性和《民法典》第390条等的规定，在抵押权存续期间，抵押财产毁损、灭失或者被征收的，抵押权的效力及于抵押人所获得的保险金、赔偿金或者补偿金等代位物并得就其优先受偿；被担保债权的履行期限未届满的，也可以提存该保险金、赔偿金、补偿金等。《担保制度解释》第42条还对该权利的行使作有进一步的规定，已如前述。

（六）优先受偿权

根据《民法典》第386、394、410条的规定，在债务人届期不履行债务或者发生当事人约定的实现抵押权的情形时，抵押权人得实行其抵押权，就抵押财产的变价价值优先受偿。这是抵押权作为担保物权所当然具有的效力。抵押权人的优先受偿权主要体现在：

---

〔1〕 此规则在适用上，应注意其限定条件：首先，“正常经营活动”是指向出卖人（抵押人）的正常经营活动，而非指向买受人；其次，所交易的担保财产，应为出卖人通常销售之物，即只限于“库存”这一类担保物，其他类型的动产（如机器设备等）则不在此范围；再次，就交易方式而言，经营者出售标的物的行为，必须符合自身或所在行业的习惯性做法；最后，标的物已经交付给买受人且买受人已经支付了合理价款。有关此规则的理解适用问题，参见董学立：“论‘正常经营活动中’的买受人规则”，载《法学论坛》2010年第4期；纪海龙、张玉涛：“《民法典物权编（草案）》中的‘正常经营买受人规则’”，载《云南社会科学》2019年第5期；龙俊：“物权变动模式的理想方案与现实选择”，载《法学杂志》2019年第7期；辛丝雨：《美国动产担保交易制度与判例——基于美国〈统一商法典〉第九编动产担保法》，法律出版社2015年版，第24、116页。

①在一般情况下，抵押权人优先于普通债权人受偿；在债务人破产时，抵押财产不被列入破产财产，抵押权人对此财产有别除权并得就其变价优先于普通债权人受偿。②已经设定抵押的财产被其他债权人申请采取查封、扣押等财产保全或者执行措施的，不影响抵押权人的优先受偿权。③顺序在先的抵押权优先于顺序在后的抵押权，后顺序的抵押权人只能就先顺序的抵押权人受偿后的余额受偿，但其地位仍优先于普通债权人。

应注意的是，抵押权人的优先受偿权并非绝对，当法律规定有其他更为优先的权利时，抵押权则应处于逊后地位。例如，建设工程承包人的工程价款优先受偿权，优先于在建工程抵押权（参见《民法典》第807条）；设立了抵押权的动产又被留置的，留置权人优先受偿（《民法典》第456条）。而未登记的动产抵押权，其本身即“不得对抗善意第三人”，其效力相对更弱一些。《担保制度解释》第54条的规定，进一步弱化了未登记的动产抵押权的效力。其明确动产抵押合同订立后未办理抵押登记，动产抵押权的效力按照下列情形分别处理：①抵押人转让抵押财产，受让人占有抵押财产后，抵押权人向受让人请求行使抵押权的，人民法院不予支持，但是抵押权人能够举证证明受让人知道或者应当知道已经订立抵押合同的除外；②抵押人将抵押财产出租给他人并移转占有，抵押权人行使抵押权的，租赁关系不受影响，但是抵押权人能够举证证明承租人知道或者应当知道已经订立抵押合同的除外；③抵押人的其他债权人向人民法院申请保全或者执行抵押财产，人民法院已经作出财产保全裁定或者采取执行措施，抵押权人主张对抵押财产优先受偿的，人民法院不予支持；④抵押人破产，抵押权人主张对抵押财产优先受偿的，人民法院不予支持。

五、抵押人的权利

抵押权设定后，抵押人对抵押财产的权利虽受到了一定的限制，但在不损害债权人的抵押权的前提下也仍享有一定的权利，主要包括下列几项：

（一）对抵押财产的占有、使用和收益权

抵押权为非占有型担保物权，其设立及存续不以移转抵押财产的占有为要件，故此，在抵押期间，抵押人仍当然可以继续占有抵押财产并享有依正常方式使用、收益的权利。但若因其不当使用而导致或可能足以导致抵押财产价值减少的，抵押权人可以行使保全权；另外，根据《民法典》第412条第1款的规定，债务人不履行到期债务或者发生当事人约定的实现抵押权的情形，致使抵押财产被人民法院依法扣押的，自扣押之日起，抵押人的收益权丧失，而抵押权人则有权收取该抵押财产的天然孳息或者法定孳息，但是抵押权人未通知应当清偿法定孳息义务人的除外。

（二）对抵押财产的处分权

对抵押财产的处分包括事实上的处分和法律上的处分。由于事实上的处分可能会导致抵押物的灭失或价值贬损，从而侵害抵押权人对抵押财产的优先受偿权，所以，在抵押权存续期间，抵押人对抵押财产原则上不得为事实上的处分。在抵押权设定后，抵押人对抵押财产是否可为法律上的处分，立法与学说有不同主张。通说认为，抵押权设定后抵押人并未丧失对抵押财产的所有权或使用权，其仍有法律上的处分权特别是让与权。这一方面是为了保护抵押人应有的权利和利益，另一方面是由于抵押权的效力具有追及性，其效力及于转让后的抵押财产，抵押权并不因抵押财产的转让而受影响。[1] 对此问题的处理，我

---

〔1〕 参见郭明瑞、唐广良、房绍坤：《民商法原理（二）物权法 知识产权法》，中国人民大学出版社1999年版，第257页；陈华彬：《物权法原理》，国家行政学院出版社1998年版，第613页；陈本寒主编：《担保法通论》，武汉大学出版社1998年版，第172页。

国的立法和司法实践中的态度曾几经变化,《民法典》406 中修改了以往的规定,采用了抵押人可以转让抵押财产(另有约定的除外),但抵押权具有追及效力的规则。

(三)用益物权及租赁权的设定权

抵押人就抵押财产设定抵押权后,原则上仍得就同一财产再设定用益物权(如居住权)或租赁权等。《民法典》第 405 条规定:"抵押权设立前,抵押财产已经出租并转移占有的,原租赁关系不受该抵押权的影响。"[1] 但如果是在抵押权登记设立后,抵押人又将抵押财产出租的,该租赁关系自然不得对抗已登记的在先设立的抵押权。[2] 依物权登记的效力规则,在住宅上发生居住权与抵押权的冲突时,则应依其登记设立的先后而确定其效力关系。[3]

(四)担保物权的再设立权

由于抵押权的设立并不转移抵押财产的占有,抵押财产的价值又未必恰与一债权之金额相当,抵押财产的价值高出一项被担保的债权金额的情况多有存在。为使抵押财产尽量发挥其担保价值,以利于资金融通,法律允许抵押人得就同一抵押财产设立数个抵押权乃至为重复抵押。数个抵押权的受偿次序,原则上依登记的先后次序确定(《民法典》第 414 条)。

在动产之上,还可能出现抵押权与质权并存的情况,对此,也应以设立的先后确定受偿顺序,《民法典》第 415 条规定:"同一财产既设立抵押权又设立质权的,拍卖、变卖该财产所得的价款按照登记、交付的时间先后确定清偿顺序。"

(五)返还超过债权数额部分款项的请求权

实践中,由于债权数额(尤其是利息、违约金等从债)随着时间会发生变化,抵押财产的价值也随市场行情而变动不居,由此导致抵押财产的价值与所担保的债权数额往往并不等同;为防止因抵押财产的贬值而导致不能清偿全部债务,在设立抵押时抵押权人往往要求抵押财产的价值大于预计的债权数额。因此,抵押财产变价后的价值多会超过债务数额(当然,亦可能出现抵押财产价值不足的情况)。为此,《民法典》第 413 条专门规定了抵押财产变价后的处理规则:抵押财产折价或者拍卖、变卖后,其价款超过债权数额的部分,仍归抵押人所有,抵押人有权请求抵押权人返还超过债权数额部分的款项;如果抵押财产不足以清偿全部债权数额的,债务人则仍负有继续清偿的义务。

(六)物上保证人的反担保请求权、追偿权与代位权

根据《民法典》第 387 条第 2 款、第 392 条等规定,为债务人提供抵押担保的第三人在抵押权人实现抵押权后,当然有权向债务人追偿;设有反担保的,其亦得主张其在反担保中的权利而向反担保人求偿。《担保制度解释》第 19 条第 1 款还规定:"担保合同无效,承担了赔偿责任的担保人按照反担保合同的约定,在其承担赔偿责任的范围内请求反担保人承担担保责任的,人民法院应予支持。"依立法例的通行做法,在另有其他人(共同担保

---

[1] 本条规定中对先租后押的情况,强调了租赁物的"移转占有"要件,原因在于仅凭租赁合同尚不足以确认租赁关系的真实存在及其发生时间,也难以避免有关当事人倒签租赁合同以对抗抵押权的现象。但本条规定对房屋租赁中"登记备案"(《城市房地产管理法》第 54 条)的效力未予涉及。我们主张,不动产抵押权设立前,抵押财产已经出租并办理了登记备案手续,虽因某种原因尚未实际移转占有的,该租赁关系也应不受后设立的抵押权的影响。

[2] 《民法典》第 405 条删除《物权法》190 条"抵押权设立后抵押财产出租的,该租赁关系不得对抗已登记的抵押权"的规定,并非意味着原规定错误,而是不言自明,无需再作强调。

[3] 参见刘保玉:"民法典担保物权制度新规释评",载《法商研究》2020 年第 5 期。

人）应分担担保责任的情况下，承担了担保责任的抵押人还可以代债权人之位而要求其按比例分担责任。我国《民法典》中未规定保证人、物上保证人及其相互之间的法定代位求偿权，而仅在当事人之间有约定时才支持其相互追偿的请求。[1]

（七）物上保证人的抗辩权和特定情形下拒绝承担担保责任的权利

为债务人提供抵押担保的第三人，在学理上之所以又称物上保证人，原因即在于其与保证担保都属于他人担保，因而有一些共通的规则，尤其是在特定情形下对债权人享有的抗辩权和拒绝承担担保责任的权利等。[2] 如《民法典》第391条关于未经物上保证人同意转移债务的，担保人不再承担相应的担保责任之规定，与第697条债务承担对保证责任的影响之规定类同；第392条中关于"债务人自己提供物的担保的，债权人应当先就该物的担保实现债权"的规定，也使物上保证人享有类似于一般保证人的先诉抗辩权和后位的补充责任利益。还应注意的是，由于在第三人提供担保的情况下担保人所享有的抗辩权及其权利保护的规定主要规定在合同编的保证合同一章中，基于第三人担保的共通原理，保证人享有的诸多抗辩权和权利保护的规定，准用于为他人债务提供物上担保的第三人，《担保制度解释》第20条也明确规定，人民法院在审理第三人提供的物的担保纠纷案件时，可以适用《民法典》第695条第1款、第696条第1款、第697条第2款、第699条、第700条、第701条、第702条等关于保证合同的规定。

第四节　抵押权的实行与抵押权的消灭

一、抵押权的实行

（一）抵押权实行的概念与条件

抵押权的实行，是指在债务人届期不履行债务或发生当事人约定的实现抵押权的情形时，抵押权人处分抵押财产并以其变价价值优先受偿其债权的行为。由于抵押权的实行通常即意味着权利的实现，因此人们通常将二者等同对待。但严格地说，抵押权的实行与实现是有区别的：前者是一种行为，侧重于权利行使的过程；后者是一种法律状态，侧重于权利行使而使债权受偿的结果。区分二者的差异，在某些情况下是有重要意义的，例如，同一财产向两个以上债权人抵押而顺序在后的抵押权所担保的债权先到期的，该抵押权人只能就抵押财产价值超出顺序在先的抵押担保债权的部分受偿；顺序在先的抵押权所担保的债权先到期的，抵押权实现后的剩余价款则应予以提存，留待清偿顺序在后的抵押权所担保的债权。此种情况下的规则是：顺序在后的抵押权所担保的债权先到期的，抵押人虽可先实行其抵押权，但未必可以先实现债权的受偿。

《民法典》第410条规定："债务人不履行到期债务或者发生当事人约定的实现抵押权的情形，抵押权人可以与抵押人协议以抵押财产折价或者以拍卖、变卖该抵押财产所得的价款优先受偿。协议损害其他债权人利益的，其他债权人可以请求人民法院撤销该协议。抵押权人与抵押人未就抵押权实现方式达成协议的，抵押权人可以请求人民法院拍卖、变

---

〔1〕有关问题，参见本章第五节中关于共同抵押的阐述。

〔2〕参见刘保玉："第三人担保的共通规则梳理与立法规定的完善"，载《江西社会科学》2018年第10期。

卖抵押财产。抵押财产折价或者变卖的，应当参照市场价格。”[1] 第413条规定：“抵押财产折价或者拍卖、变卖后，其价款超过债权数额的部分归抵押人所有，不足部分由债务人清偿。”[2]

（二）抵押权实现的方式

根据《民法典》的规定和实践做法，抵押权的实现方式有：

1. 以抵押财产折价。即抵押权人与抵押人协商以转移抵押财产的所有权或使用权归抵押权人的方式抵偿债务。这种方法的优点是程序简便、省时、省钱，但因这种方法的公开性不足，可能有失公平而损害到抵押人或其他债权人的利益，故立法多有限制，主要涉及两个方面：

（1）以抵押财产折价的协议须在债务清偿期届满后订立。此前订立的协议属于“流质契约”，法律上不承认其效力。流质契约又称流押契约、流抵契约、流担保契约或期前抵押物抵偿约款，是指物的担保当事人于设定抵押权或质权的合同中或于债务履行期届满之前，约定债权届期未获得清偿时担保财产即归债权人所有的条款。由于这种约定极易损害担保人的利益和他人正当权益，自罗马法以来，各国法律大多明文禁止。考虑到担保物权的设立目的在于支配担保财产的交换价值而使债权获得清偿，并不是为了取得担保财产的所有权，而流担保条款有违担保物权的本质，应当予以否认。但若同时否定担保物权的效力而使债权人的债权变为无担保的普通债权，则既不符合当事人的意思自治，也会造成债权人的利益失衡。为明确流担保条款无效的法律后果，避免理解和处理上的争议与分歧，我国《民法典》中对流担保条款的效力规定进行了表述上的改进，[3] 第401条、第428条规定：抵押权人/质权人在债务履行期限届满前，与抵押人/出质人约定债务人不履行到期债务时担保财产归债权人所有的，只能依法就担保财产优先受偿。相应地，该两条的条名也通常被归纳为“流押/流质”或“关于流押/流质条款效力的规定”之中性表达。[4]《民法典》关于流担保条款效力问题的修改，获得了普遍好评。[5]

（2）协议以抵押财产折价的，作价应当公平，不能损害其他债权人的利益。依《民法

---

〔1〕 抵押权人实行抵押权，并非必须通过诉讼的方式。根据本条第2款和《民事诉讼法》第203、204条的规定以及《最高人民法院关于适用〈中华人民共和国民事诉讼法〉的解释》（2022修正）第359~372条的规定，抵押权人可以直接请求担保财产所在地或者担保物权登记地的基层人民法院拍卖、变卖抵押财产。但在当事人双方就主债务履行情况及抵押权本身是否有效等问题存在争议的情况下，仍应通过诉讼的方式解决。

〔2〕 对于附抵押权等物权担保的债权人实现债权时是应先以债务人提供的担保财产受偿抑或得自由选择债务人的非担保财产受偿的问题，理论与立法例上存在先行主义与选择主义之争。从我国的既有规定及司法实践情况来看，宜采“限制型选择主义”的立场，即当事人在相关协议中有先以某种财产变价偿债的约定的，应遵从约定；在“实现担保物权案件的特别程序”中及单纯“发生当事人约定的实现担保物权的情形”时，应仅限于就担保财产申请执行。在其他情形下，债权人得自由行使选择权，但选择就债务人的其他财产受偿时，债权人并无优先受偿权。债务人之外的第三人提供抵押、质押担保的，债权人则无权选择担保人的其他财产受偿。参见刘保玉：“附物权担保债权人的执行选择权问题探讨”，载《法学家》2017年第4期。

〔3〕《物权法》第186、211条的规定是：在债务履行期届满前，担保物权人不得与抵押人、出质人约定债务人不履行到期债务时担保财产归债权人所有。关于是否应禁止流担保条款或一概否定该条款的效力、采可撤销说是否更为允当，学理上向有争议。《民法典》关于流担保条款效力问题的修改，获得了普遍好评。但认真分析可以发现：其并非实质修改，只是在表述上明确仅是流担保条款本身无效，不影响整个担保合同和担保物权的效力。

〔4〕 黄薇主编：《中华人民共和国民法典释义》（上），法律出版社2020年版，第778页。

〔5〕 但认真分析可以发现：其并非实质修改，只是在表述上明确仅是流担保条款本身无效，不影响整个担保合同和担保物权的效力。我们认为，对流担保条款的效力采撤销说并与《民法典》第410条的规定保持一致，更为允当。

典》第410条第3款的规定，抵押财产的折价以及变卖等，均应当参照市场价格，公平作价。否则，在损害到顺序在后的抵押权人或者其他债权人的利益时，其他权利人得主张撤销该折价协议。

2. 拍卖抵押财产。拍卖因可使抵押财产的变价公开、公平，既最大限度地保障了债权的实现，又保护了抵押人的利益，所以各国立法都把拍卖作为实现抵押权的重要方式。拍卖分为任意性拍卖和强制性拍卖。前者是由当事人自愿委托拍卖人拍卖，后者是由抵押权人申请法院拍卖。有关拍卖的程序和效果等，应适用《拍卖法》的有关规定。

3. 变卖抵押财产或以其他方式处分抵押财产。变卖是指以公开拍卖之外的方式将抵押财产卖给第三人，并以变卖所得价金优先偿还抵押权人的债权。此种方式在法律上所受的限制与抵押财产折价类似。

除折价、拍卖、变卖方式外，抵押权人还可与抵押人协商以其他方式实现抵押权。如实践中时常采用的“强制管理”的方式，即在抵押财产因市场行情等原因不便折价或拍卖、变卖的情况下，可以由抵押权人接管抵押财产并以持续性的管理收益使债权受偿的方式。[1]

需要注意的是，根据《民法典》第418条的规定，以集体所有土地的使用权依法抵押的，实现抵押权后，未经法定程序，不得改变土地所有权的性质和土地用途。另外，《担保制度解释》第45条还规定，当事人约定当债务人不履行到期债务或者发生当事人约定的实现担保物权的情形，担保物权人有权将担保财产自行拍卖、变卖并就所得的价款优先受偿的，该约定有效。因担保人的原因导致担保物权人无法自行对担保财产进行拍卖、变卖，担保物权人请求担保人承担因此增加的费用的，人民法院应予支持。当事人依照《民事诉讼法》有关“实现担保物权案件”的规定，申请拍卖、变卖担保财产，被申请人以担保合同约定仲裁条款为由主张驳回申请的，人民法院经审查后，应当按照以下情形分别处理：①当事人对担保物权无实质性争议且实现担保物权条件已经成就的，应当裁定准许拍卖、变卖担保财产；②当事人对实现担保物权有部分实质性争议的，可以就无争议的部分裁定准许拍卖、变卖担保财产，并告知可以就有争议的部分申请仲裁；③当事人对实现担保物权有实质性争议的，裁定驳回申请，并告知可以向仲裁机构申请仲裁。债权人以诉讼方式行使担保物权的，应当以债务人和担保人作为共同被告。

二、抵押权的消灭

《民法典》第393条规定，有下列情形之一的，担保物权消灭：①主债权消灭；②担保物权实现；③债权人放弃担保物权；④法律规定担保物权消灭的其他情形。据此条文并结合其他有关规定，可知抵押权消灭的主要原因如下：

（一）主债权消灭

抵押权为担保债权而存在，主债权因履行、抵销、免除等原因消灭，抵押权也随之消灭。但依法理，若债务系由第三人清偿，则抵押权转移于该第三人，第三人为其追偿权的实现得代位行使原债权人的抵押权；主债权因混同而消灭的，若抵押权的存续对债权人仍有法律上的利益的，亦可例外地不消灭。

（二）抵押权的实现

抵押权人实行抵押权并就抵押财产的变价价值受偿债权后，无论其债权是否全部得到

---

〔1〕 参见刘保玉、吕文江主编：《债权担保制度研究》，中国民主法制出版社2000年版，第379页。

清偿，抵押权均消灭。债权未全部受偿的，应由债务人另行清偿。

（三）抵押财产灭失

抵押权为物权，自然也会因抵押财产的灭失而消灭。但原物灭失后有残值或得有赔偿金、保险金、补偿金等的，抵押权可基于其不可分性、物上代位性而继续存在。

（四）抵押权行使期间届满

多数学者认为，抵押权作为一种物权，其本身不存在诉讼时效问题，但从稳定民事法律关系的需要出发，也不应无限制地承认抵押权得永久存在，而应有明确存续期间，该期间在性质上类同于除斥期间。〔1〕《民法典》第419条维持了《物权法》第202条的规定："抵押权人应当在主债权诉讼时效期间行使抵押权；未行使的，人民法院不予保护。"本条所规定的并非抵押权的诉讼时效问题，而是抵押权的行使期间，只是该期间依附于主债权的诉讼时效期间而已；抵押权人未在该期间内行使抵押权的，将导致抵押权消灭的后果，抵押人有权请求注销抵押登记；〔2〕原抵押人自愿履行所谓"担保义务"的，等同于自愿偿还或代为清偿债务，此与抵押权是否消灭，非为同一问题。〔3〕《担保制度解释》第44条在区分占有型担保物权和登记型担保物权的基础上对担保物权的行使期间问题作出了不同的规定："主债权诉讼时效期间届满后，抵押权人主张行使抵押权的，人民法院不予支持；抵押人以主债权诉讼时效期间届满为由，主张不承担担保责任的，人民法院应予支持。主债权诉讼时效期间届满前，债权人仅对债务人提起诉讼，经人民法院判决或者调解后未在民事诉讼法规定的申请执行时效期间内对债务人申请强制执行，其向抵押人主张行使抵押权的，人民法院不予支持。主债权诉讼时效期间届满后，财产被留置的债务人或者对留置财产享有所有权的第三人请求债权人返还留置财产的，人民法院不予支持；债务人或者第三人请求拍卖、变卖留置财产并以所得价款清偿债务的，人民法院应予支持。主债权诉讼时效期间届满的法律后果，以登记作为公示方式的权利质权，参照适用第一款的规定；动产质权、以交付权利凭证作为公示方式的权利质权，参照适用第二款的规定。"

（五）抵押权人放弃抵押权

在不损害他人利益的前提下，抵押权人有权放弃其抵押权。《民法典》第409条规定："抵押权人可以放弃抵押权或者抵押权的顺位……债务人以自己的财产设定抵押，抵押权人放弃该抵押权、抵押权顺位或者变更抵押权的，其他担保人在抵押权人丧失优先受偿权益的范围内免除担保责任，但是其他担保人承诺仍然提供担保的除外。"

（六）债权人擅自许可债务人转移债务

《民法典》第391条规定："第三人提供担保，未经其书面同意，债权人允许债务人转移全部或者部分债务的，担保人不再承担相应的担保责任。"

---

〔1〕不少国家或地区的立法上规定：主债权的诉讼时效期间届满后5年内仍未行使抵押权的，抵押权消灭。我国最高人民法院在《担保法解释》第12条第2款中也曾借鉴了这种规范模式，规定："担保物权所担保的债权的诉讼时效结束后，担保权人在诉讼时效结束后的二年内行使担保物权的，人民法院应当予以支持。"但此规定在《物权法》颁行后即已失效。

〔2〕参见最高人民法院《九民纪要》第59条。

〔3〕参见刘保玉："担保物权制度：理解适用与规则完善（上）"，载《山东审判》2017年第3期。

第五节 特殊抵押权

一、最高额抵押

（一）最高额抵押的概念和特点

最高额抵押又称最高限额抵押，是指在预定的最高限额内，为担保将来一定期间内连续性交易所生债权的清偿而设定的抵押。最高额抵押主要适用于连续交易关系、劳务提供关系及连续借款关系等场合，是顺应现代经济发展需要而产生的一项新的抵押制度。我国《民法典》第420条第1款规定："为担保债务的履行，债务人或者第三人对一定期间内将要连续发生的债权提供担保财产的，债务人不履行到期债务或者发生当事人约定的实现抵押权的情形，抵押权人有权在最高债权额限度内就该担保财产优先受偿。"

与普通抵押相比，最高额抵押具有以下特点：

1. 最高额抵押系为担保将来不特定债权的清偿而设定的抵押。最高额抵押所担保的债权通常不是已经发生的特定债权，而是基于当事人间的连续交易关系于将来可能发生的不特定债权。不过，考虑到担保交易的实际需要，我国《民法典》第420条第2款规定："最高额抵押权设立前已经存在的债权，经当事人同意，可以转入最高额抵押担保的债权范围。"

2. 最高额抵押适用于一定期限内连续发生的债权的担保。其目的在于避免连续交易中每笔债权均单独设定抵押担保所带来的繁琐。

3. 最高额抵押设定时，其所担保的债权的具体数额具有不确定性。最高额抵押所担保的债权不仅为将来发生的债权，而且债权之具体数额在决算期截止前也未确定。

4. 最高额抵押对所担保的债权预定有最高限额，并附有实际发生的债权数额的决算期。所谓最高限额，是指抵押权人有权优先受偿的最高债权数额限度。此最高限额，并非最高额抵押中实际发生的债权额，而仅指决算时剩余的债权额不得超过的最高担保限额。

除最高额抵押权外，最高额担保还有最高额保证（《民法典》第690条）、最高额质权（《民法典》第439条）。最高额抵押的上述特点，在最高额质押中有同样的体现，因此，依据《民法典》第439条的规定，出质人与质权人可以协议设立最高额质权。最高额质权除适用质权的有关规定外，参照适用最高额抵押权的有关规定。

（二）最高额抵押权的设立

最高额抵押权通常在当事人订立抵押合同并办理登记后，始得成立并生效。最高额抵押合同除应具备一般抵押合同的内容外，还须特别订明下列两项内容：①抵押权担保的债权范围和最高限额。未订明此种事项的，不能成立最高额抵押权。②确定计算抵押权所担保的债权实际数额的日期，即决算期。《民法典》第423条规定，最高额抵押中有下列情形之一的，抵押权人的债权确定：①约定的债权确定期间届满；②没有约定债权确定期间或者约定不明确，抵押权人或者抵押人自最高额抵押权设立之日起满2年后请求确定债权；③新的债权不可能发生；④抵押权人知道或者应当知道抵押财产被查封、扣押；⑤债务人、抵押人被宣告破产或者解散；⑥法律规定债权确定的其他情形。

（三）最高额抵押权的效力

最高额抵押权除适用法律的特别规定外，还应适用一般抵押权的规定（《民法典》第424条）。因此，最高额抵押权具有一般抵押权的效力。关于其特殊效力，应注意以下五个方面的规定：

1. 由最高额抵押权的性质决定，其所担保的债权仅限于在最高限额范围内决定其实际额。最高额抵押权担保的债权于决算期届至前，得随时增减，纵因清偿或其他事由致债权额于决算期届至前减少或消灭，最高额抵押权也不因此而消灭，学说上称此为抵押权消灭的从属性之例外。

2. 最高额抵押担保的债权确定前，部分债权转让的，最高额抵押权不得转让，但是当事人另有约定的除外（《民法典》第421条）。

3. 最高额抵押担保的债权确定前，抵押权人与抵押人可以通过协议变更债权确定的期间、债权范围以及最高债权额。但是，变更的内容不得对其他抵押权人产生不利影响（《民法典》第422条）。

4. 当事人约定或法律规定的决算期届至，最高额抵押权所担保的债权额方得以确定。抵押权人实现最高额抵押权时，如果实际发生的债权余额高于最高限额的，超过部分不具有优先受偿效力；如果实际发生的债权余额低于最高限额的，以实际发生的债权余额为限对抵押物优先受偿。

5. 当事人在抵押合同中约定的最高限额是否限于主债权原本，应以当事人的约定为准；未明确约定担保的债权范围的，一般认为应当包括主债权原本、利息以及违约金、损害赔偿金等。《担保制度解释》第15条规定：“最高额担保中的最高债权额，是指包括主债权及其利息、违约金、损害赔偿金、保管担保财产的费用、实现债权或者实现担保物权的费用等在内的全部债权，但是当事人另有约定的除外。登记的最高债权额与当事人约定的最高债权额不一致的，人民法院应当依据登记的最高债权额确定债权人优先受偿的范围。”

二、共同抵押

（一）共同抵押的概念与要件

共同抵押又称总括抵押、聚合抵押、连带抵押，是指为担保同一债权而于数个不同财产上设定抵押权的情形。

共同抵押权与一般抵押权的区别在于，抵押财产不是一项，而是数项。关于在数个财产上所设定的共同抵押权是一个抵押权，还是数个抵押权的问题，在理论上存在单一抵押权说、多项抵押权说和折中说（既可以是单一抵押权，也可以是多项抵押权）三种不同的观点。我们认为，共同抵押的构成只需具备两个要件：①抵押财产为数个而非一个，至于该数个抵押财产的性质如何，在所不问；②数个抵押财产所担保的为同一项债权，因而共同抵押中的债权人即抵押权人须是同一个人。而构成共同抵押的数个财产是同一个抵押人的财产，还是不同抵押人的财产，均不影响共同抵押的成立；共同抵押权可以就数个抵押财产一并设立，也可以先后或分别设立。

由于共同抵押权的客体是数项财产，且数项财产是各自独立的，不是集合在一起被视为一物，因此，它与财团抵押将多数财产集合成一个团体而成立一项抵押权显有不同。共同抵押与连带债务也有差异。虽然共同抵押中各个抵押财产对所担保的债权负全部担保责任，与连带债务颇为相似，但二者毕竟为不同的法律制度。连带债务为“人”的连带，属债权关系范畴，负连带债务的人为债务人；而共同抵押为“物”的连带，属物权关系范畴，负连带责任之物，不以债务人所有的财产为限，第三人的财产也可为共同抵押之标的。

（二）共同抵押的效力

由于共同抵押权是为担保同一债权而于数项抵押财产上成立的一个或数个抵押权，因此抵押权人如何就数项抵押财产受偿债权遂成为重要问题。依多数国家的法律及实务做法，通常分别依以下情形而作不同处理：

1. 如当事人就数项抵押财产负担的金额以特约作了明确限定，应按各抵押财产负担的金额，各自承担其担保责任。此种情况，类似于按份共同保证，惟其为物上按份而已。

2. 如当事人未限定各项抵押财产负担的金额，抵押权人则有权就各项抵押财产取得价金，受偿债权的全部或部分。换言之，于此场合，每一抵押财产之价值均担保着全部债权。抵押权人为使其债权得以清偿，既有权同时实行数个抵押权、变卖数项抵押财产，也可选择行使其中一个抵押权、变卖其中一项抵押财产。此种情形下发生的是物上连带关系，类似于连带共同保证。

可见，在共同抵押中，如不限定各抵押财产的负担金额，对抵押权人最为便利。但是，如果构成共同抵押的数项财产分属于不同的抵押人，且两个以上的抵押人一为债务人本人，一为物上保证人的，抵押权人应当先就债务人本人提供的抵押财产变价求偿（类似于物上保证人享有先诉抗辩权）。如果两个以上的抵押人均为债务人以外的人，则抵押权人如何实现其权利，对各抵押人的利益有重大影响，而如果各抵押财产或某一抵押财产上又存在后次序抵押权的，则还会影响到其他抵押权人的利益。因为在这种情况下，如果抵押权人任意选择某一抵押人提供的抵押财产受偿，该财产上的后次序抵押权人就可能丧失受偿机会。〔1〕为解决后次序抵押权人的利益保护问题，法律不得不就抵押权人的受偿问题设立特别规定，选择采用“分担主义”或者“代位求偿主义”规则。〔2〕

（三）《民法典》和《担保制度解释》中关于共同担保的规定

共同担保有多种形态，除共同保证外，还有物的共同担保，而物的共同担保又包括共同抵押、共同质押以及混合共同担保（如由抵押、质押构成的共同担保），共同抵押只是物的共同担保的典型形态之一。此外，还存在由保证担保和物的担保构成的混合共同担保。

我国立法及司法解释中对共同担保曾有过不同的规定，其差异主要在于数个担保人之间是否存在相互追偿的权利，学说理论对此也有不同的认识。〔3〕《民法典》中，对共同担保的规则作了统一，该法第 392 条规定：“被担保的债权既有物的担保又有人的担保的，债务人不履行到期债务或者发生当事人约定的实现担保物权的情形，债权人应当按照约定实现债权；没有约定或者约定不明确，债务人自己提供物的担保的，债权人应当先就该物的担保实现债权；第三人提供物的担保的，债权人可以就物的担保实现债权，也可以要求保

---

〔1〕参见梁慧星、陈华彬编著：《物权法》，法律出版社 2005 年版，第 357 页。

〔2〕分担主义又称分别主义、同时分配的分割主义，即将抵押权人的债权分割，由数项抵押财产分担的规则。依此主义，抵押权人如同时就各抵押财产卖得价金受偿时，应按各抵押财产的价值分担其债权额。也就是说，各个抵押财产应按其份额比例分别负担其债权。代位求偿主义又称异时分配主义或异时分配的求偿主义，依此主义，抵押权人若仅就某一抵押财产卖得价金受全部清偿时，该财产上的后次序抵押权人得取代抵押权人之地位，就抵押权人于其他抵押财产上得优先受偿的金额行使其追偿权。我国的《担保法》及《物权法》中，均未对共同抵押的规则作出规定，只有《担保法解释》第 75 条曾规定：“同一债权有两个以上抵押人的，债权人放弃债务人提供的抵押担保的，其他抵押人可以请求人民法院减轻或者免除其应当承担的担保责任。同一债权有两个以上抵押人的，当事人对其提供的抵押财产所担保的债权份额或者顺序没有约定或者约定不明的，抵押权人可以就其中任一或者各个财产行使抵押权。抵押人承担担保责任后，可以向债务人追偿，也可以要求其他抵押人清偿其应当承担的份额。”此与域外立法例中的规则大致相当。但依据《民法典》有关规定的精神，某一抵押人承担担保责任后并不当然有权请求其他抵押人分担相应的份额。

〔3〕参见刘保玉：“民法典物权编（草案）担保物权部分的修改建议”，载《法学杂志》2019 年第 3 期。

证人承担保证责任。提供担保的第三人承担担保责任后，有权向债务人追偿。”[1]《民法典》第699条规定：“同一债务有两个以上保证人的，保证人应当按照保证合同约定的保证份额，承担保证责任；没有约定保证份额的，债权人可以请求任何一个保证人在其保证范围内承担保证责任。”第700条规定：“保证人承担保证责任后，除当事人另有约定外，有权在其承担保证责任的范围内向债务人追偿，享有债权人对债务人的权利，但是不得损害债权人的利益。”[2] 依据上列立法规定的精神并结合审判实践中的问题，《担保制度解释》第13条规定，同一债务有两个以上第三人提供担保，担保人之间约定相互追偿及分担份额，承担了担保责任的担保人请求其他担保人按照约定分担份额的，人民法院应予支持；担保人之间约定承担连带共同担保，或者约定相互追偿但是未约定分担份额的，各担保人按照比例分担向债务人不能追偿的部分。同一债务有两个以上第三人提供担保，担保人之间未对相互追偿作出约定且未约定承担连带共同担保，但是各担保人在同一份合同书上签字、盖章或者按指印，承担了担保责任的担保人请求其他担保人按照比例分担向债务人不能追偿部分的，人民法院应予支持。上述情形外，承担了担保责任的担保人请求其他担保人分担向债务人不能追偿部分的，人民法院不予支持。[3] 针对实践中某一担保人借债权转让规则而变相向其他担保人追偿的问题，该司法解释第14条专门规定：“同一债务有两个以上第三人提供担保，担保人受让债权的，人民法院应当认定该行为系承担担保责任。受让债权的担保人作为债权人请求其他担保人承担担保责任的，人民法院不予支持；该担保人请求其他担保人分担相应份额的，依照本解释第十三条的规定处理。”

三、浮动抵押与财团抵押

（一）浮动抵押与财团抵押的意义

浮动抵押是指以企业不固定的全部财产或部分财产为标的而设立的抵押；财团抵押是以企业固定的全部财产或部分财产所构成的财团为标的而设立的抵押。财团抵押中的“财团”，是指由企业的“有形资产”（如土地、建筑物、机器设备）以及“无形资产”（如专利权、商标权、著作权等）相结合而形成的集合财产。财团抵押与浮动抵押的标的，既非单纯的不动产或动产，也非单纯的财产权利，而通常是企业所有的不动产、动产及财产权利之整体。

浮动抵押与财团抵押是近代以来商事主体要求方便地融通大额资金的产物，其在现代市场经济条件下具有十分重要的意义：①通过这种抵押，企业可以融通到较多的资金，进而促进企业进一步扩大再生产，而且更能发挥企业财产的整体效用。②就抵押权人而言，由于抵押财产具有集合的经济效益，其整体拍卖价值往往高于其个别财产价值的总和，因

---

〔1〕 本条规定，系对《物权法》第176条的重述；其中所涉及的物的担保，显然并不限于一项，故此，本条规定也可作为共同物的担保的处理规则。

〔2〕 本条规定，对《担保法》第12条的规定作有重要修改。

〔3〕 不过，关于否定担保人之间除约定之外互有追偿权的规定和本条解释是否妥当，以及上列规定与《民法典》关于连带责任、连带债务的规定（第178、518、519条）是否衔接、协调，在理论上仍有讨论的空间。参见邹海林：“我国《民法典》上的‘混合担保规则’解释论”，载《比较法研究》2020年第4期；谢鸿飞：“连带债务人追偿权与法定代位权的适用关系——以民法典第519条为分析对象”，载《东方法学》2020年第4期；刘保玉：“民法典担保物权制度新规释评”，载《法商研究》2020年第5期。高圣平：“民法典担保新规则的解释与适用”，载 http：//www. 360doc. com/content/20/0729/17/12424821_ 927453632. shtml，最后访问日期：2020年7月20日。

此对抵押权人债权的实现来说也较可靠。[1]

(二) 浮动抵押与财团抵押的特点

浮动抵押主要为英美法系国家所采用，以英国的浮动担保（floating charge）为其代表。财团抵押主要为大陆法系国家所采用，以德国铁路财团抵押为其典范。日本于1950年曾仿效德国铁路财团抵押而颁行多种财团抵押法律，20世纪50年代末期又以英国浮动担保制度为蓝本制定了《企业担保法》，以适应经济发展并满足融通资金的需要。

浮动抵押主要有以下三个特点：①列入抵押标的的财产一般为企业的全部财产，包括固定资产与流动资产，现有财产与将来取得的财产。②设定抵押后，作为抵押人的企业，仍得利用企业的整体财产继续进行生产经营活动。③浮动抵押为支配继续流动中的全体企业财产的担保制度，即从抵押权设定时起至抵押权实行前，供作担保的标的物的集合财产浮动不定，于所担保的债权实行时，始获确定。换言之，抵押权人乃就抵押权实行之时构成企业财产的财产优先受偿；而于抵押权实行之前，各个抵押财产不受抵押权的支配。

财团抵押主要有以下三个特点：①列入财团抵押范围的财产限于企业现有的资产，随企业经营而变化的流动资产，不属财团抵押之范围。②财团抵押之设定，须将作为抵押标的之财团形成目录，使抵押财产的范围特定化。③财团抵押一经成立，企业对其财产的处分即受严格限制。概言之，企业财产一旦组成财团设定抵押，构成财团的各个物或权利，即不得与财团任意分离。

比较二者可看出，一方面浮动抵押更有利于企业的自由经营和发展，而财团抵押更有利于保护抵押权人的利益。详言之，设定浮动抵押后，企业仍可对其财产为自由处分，企业的生产经营活动不因此受任何影响。但另一方面，如企业因经营不善而致财产大量减少时，便会对抵押权人债权的实现产生不利影响。因此，抵押权人往往需采取适当措施以保全其抵押权。在财团抵押中，企业不得对纳入抵押财团目录的财产为任意处分，故对企业的生产经营活动势必产生不利影响，但因抵押财产固定，有利于抵押权人债权之清偿。另就操作而言，浮动抵押简便易行，而财团抵押较为复杂。

(三) 我国《民法典》中的动产浮动抵押制度

我国民法上尚无财团抵押制度的规定，《物权法》第181、189、196条中曾对动产浮动抵押作有规定，《民法典》中对动产抵押和浮动抵押的规则作了整合与统一。《民法典》第396条规定："企业、个体工商户、农业生产经营者可以将现有的以及将有的生产设备、原材料、半成品、产品抵押，债务人不履行到期债务或者发生当事人约定的实现抵押权的情形，债权人有权就抵押财产确定时的动产优先受偿。"第411条规定，依据《民法典》第396条规定设定抵押的，抵押财产自下列情形之一发生时确定：①债务履行期限届满，债权未实现；②抵押人被宣告破产或者解散；③当事人约定的实现抵押权的情形；④严重影响债权实现的其他情形。《民法典》中，对包括浮动抵押在内的动产抵押，统一采用了登记对抗主义：动产抵押权自抵押合同生效时设立；未经登记，不得对抗善意第三人（第403条）。同时，动产抵押权的追及效力受到一定限制：动产抵押权不得对抗正常经营活动中已支付合理价款并取得抵押财产的买受人（第404条）。

实践中，还可能会遇到某一抵押财产上的固定抵押权与浮动抵押权并存的情形。发生此种情形时，同样应适用《民法典》第414~416条关于担保物权清偿顺位的规定。

---

[1] 参见梁慧星、陈华彬编著：《物权法》，法律出版社2005年版，第359~360页；郭明瑞、唐广良、房绍坤：《民商法原理（二）物权法 知识产权法》，中国人民大学出版社1999年版，第228页。

第三章 质权

第一节 质权概述

一、质权的概念

质押是债务人或第三人依担保协议将担保财产移转给债权人占有或经登记而担保特定债权实现的行为，为物的担保方式的一种。质权是指债权人于债务人不履行到期债务或发生约定的情形时，得就债务人或第三人移转占有或经登记而供作担保的动产或权利之变价价值优先受偿的权利。

《民法典》第425条规定："为担保债务的履行，债务人或者第三人将其动产出质给债权人占有的，债务人不履行到期债务或者发生当事人约定的实现质权的情形，债权人有权就该动产优先受偿。前款规定的债务人或者第三人为出质人，债权人为质权人，交付的动产为质押财产。"

二、质权的特点及其与抵押权的区别

质权作为担保物权的一种，亦具有物权性、担保性、从属性、不可分性及优先受偿性等特点。但作为一种独立的担保物权类型，质权又具有自己的特点，其特点主要通过与抵押权的比较表现出来：

（一）成立要件不同

抵押权的成立一般须经登记，但无须将抵押物交付债权人占有；而质权的成立，则以出质人将质物移转给债权人占有为必要。质物的占有移转，既是质权的公示方法，也是其成立要件。有所例外的是，某些权利质权的成立，也以办理出质登记为必要。

（二）担保财产不尽相同

抵押财产为不动产、不动产用益物权及动产；而质押财产则为动产、不动产用益物权以外的其他财产权利。抵押财产与质押财产的范围，于动产上存在交叉。因此，在动产上成立的担保物权究竟为抵押权还是质权，依合同的约定及债权人是否占有标的物而有所区别。

（三）担保的机能不同

抵押权为非占有性担保物权，以优先受偿效力来发挥担保作用。而动产质权和占有权利凭证的权利质权除有优先受偿效力外，尚具有对质押标的的占有、留置效力，即由质权人直接控制质押标的，给出质人施加心理压力，以促使债务如期清偿。这种留置效力，为抵押权所不具有。

（四）实行方式有所不同

抵押权人实现其抵押权时，在达不成协议时须经司法程序，通过申请法院拍卖、变卖抵押财产并就其价款受偿，而不能强行夺取抵押财产并为变价。动产质权人因其已占有标

的物，故于债权届期未受清偿或约定事由发生时，在协商不成的情况下，可不必经司法程序而得径行拍卖或者参照市场价格变卖质押财产并就其变价价值受偿。出质人如认为变价不公，可另行通过诉讼解决。不过，以登记为成立要件的权利质权，在实现方式上与抵押权类同。

三、质权的分类

（一）动产质权、权利质权和不动产质权

这是根据质权的标的不同所作的分类。

以动产为标的设定的质权为动产质权；以不动产权利以外的财产权利为标的设定的质权为权利质权。权利质权派生于动产质权，在客体、成立方式、效力范围和实现方法等方面均有其特点，其地位也日渐重要。各国立法上均规定权利质权除适用特别规定外，准用动产质权的一般规定。

不动产质权是以不动产为标的设定的具有用益内容的质权。一般认为，不动产质权是农业经济社会中的一种重要的物权担保形式，但随着近现代工商业的发展，不动产质权因其自身固有的缺点而渐被淘汰，尤其是随着抵押权适用范围的不断扩大，不动产质权的地位日渐衰微。时至今日，多数国家已不承认不动产质权，我国立法上也无此类别。

（二）民事质权、商事质权和营业质权

这是根据质权所适用的法律规范的属性所作的分类。

在采取“民商分立”的国家，有民事质权与商事质权之分，但二者并无实质区别。在实行“民商合一”的国家，则无此区分。我国采取民商合一主义，故不存在民事质权与商事质权之分，《民法典》中所规定的质权，是一种具有普遍适用效力的担保物权。

营业质权是指以质押借贷为经营业务而适用当铺业管理规则的特殊质权。当铺业的经营，古代社会即已存在，近现代各国法律上也多予承认。从事质押营业者一般称为当铺、典当行、典当公司等。而所谓营业质权，有的称为质当、押当或典当，是指债务人以将一定财物（当物或质物）交付于债权人（当铺等）作担保，向债权人为金钱借贷，在一定期限（回赎期限）内，债务人清偿债务本息及其他费用后可取回担保物；期限届满而不能清偿的，担保物即归债权人所有，或者由债权人以其价值优先受偿。营业质权与普通民事质权的主要区别是：①二者的目的不同。营业质权人以质押借贷为经营活动的主业，并在此种营业中获得利益；而普通质权人仅是一般债权人，其取得质权仅是为债权设定担保，并不以此牟利。②二者的主体不同。从事营业性质押借贷业务的当铺、典当行等，须具备营利法人资格及经金融管理机构等部门特批的经营此种业务的资质；普通质权人则无主体范围与资质的限制。③二者所形成的法律关系不同。在营业质权中，借贷与质押密不可分地形成一个整体法律关系，无主从关系可言；而普通质权则为从属性法律关系，依附于所担保的主债关系。④权利义务的具体内容不同。例如，营业质权中涉及借贷人的回赎权问题，而普通民事质权中只涉及债务的清偿问题。有些国家的法律不禁止于营业质权中约定流质条款，或径行规定其为“物的责任制”，到期未赎的，当铺直接以当物抵偿；而普通民事质权中的流质条款通常为法律所禁止。[1]

---

〔1〕 根据我国2005年发布的《典当管理办法》的规定，依法设立的典当行既可以从事动产质押借贷业务，也可以从事权利质押和房地产抵押业务（第3条）。典当行经营典当业务，有关法律、法规要求办理抵押、质押登记的，应当依法办理登记手续（第42条）。绝当物估价金额不足3万元的，典当行可以自行变卖或者折价处理，损益自负（第43条）。也就是说，其在一定范围内承认了流质条款的效力。

（三）占有质权、收益质权和归属质权

这是根据质权的内容不同所作的分类。占有质权是指质权人对质物原则上只能占有而不得使用、收益的质权。通常所谓的动产质权大都属于占有质权。收益质权是指质权人不仅可占有质物，而且得对质物为使用、收益的质权。这种质权一般只能在非消耗物（尤其是不动产）上设定。收益质权又有利息质权与销偿质权之分：利息质权是指质权人以质物的收益充抵债权的利息的质权，日本民法上的不动产质权即属此类；[1] 销偿质权是指以质物的收益抵销原本债权的质权，以法国民法上的不动产质权为其典型。[2] 现代多数国家法律上未规定不动产收益质权。归属质权是指以质物代偿债务的质权，即质权人于债务人届期不清偿债务时有权以质物所有权抵偿债务的质权。归属质权是质权存在的最初形态，而现代各国民法大都禁止流质契约，因而民事质权中禁止设定归属质权，仅在营业质权中一般仍允许设定归属质权。[3]

第二节 动产质权

一、动产质权的概念

根据《民法典》第425条的规定，动产质权是指债权人占有由债务人或第三人因担保债权而移交的动产，于债务人不履行到期债务或发生当事人约定的情形时，得就其变价优先受偿的权利。

二、动产质权的取得

（一）基于法律行为而取得

质权的取得多因合同设立，依合同而设立质权的，以移转质物之占有为成立要件。根据《民法典》第427条的规定，设立质权，当事人应当以书面形式订立质押合同。质押合同一般包括下列条款：①被担保债权的种类和数额；②债务人履行债务的期限；③质押财产的名称、数量等情况；④担保的范围；⑤质押财产交付的时间、方式。《民法典》第429条规定："质权自出质人交付质押财产时设立。"依据法律和司法解释相关规定的精神，债务人或者第三人未按质押合同约定的时间移交质物，因此给质权人造成损失的，出质人应当根据其过错承担赔偿责任；质物有隐蔽瑕疵给质权人造成其他财产损害的，应由出质人承担赔偿责任，但质权人在质物移交时明知质物有瑕疵而予以接受的除外。

质权设定中动产占有的移转，一般指现实交付，但以简易交付与指示交付的方式移转占有，亦无不可。但不得以占有改定的方法设定质权，这是各国立法的通制。我国法律上也不承认以占有改定的方式设立质权。[4] 但应予说明的是，在"动态质押"（或称"流动质押"）等情形下，质押财产虽仍存放于出质人的库房等场所，但质权人委托第三人以适当方式监管、控制质押财产的，不属于占有改定，亦无碍质权的成立。[5] 《民法典》第

---

〔1〕 参见《日本民法典》第358条。

〔2〕 参见《法国民法典》第2085条。

〔3〕 参见郭明瑞：《担保法原理与实务》，中国方正出版社1995年版，第228页以下。

〔4〕《民法典》第226、227条关于简易交付、指示交付的规定，均适用于"动产物权设立和转让"的情形，而第228条关于占有改定的规定，则仅适用于"动产物权转让"的情形。

〔5〕 参见《九民纪要》第63条；刘保玉："民法典物权编（草案）担保物权部分的修改建议"，载《法学杂志》2019年第3期。

427条第2款第5项中特别增加质押财产交付的方式之规定，目的正在于为流动质押的确认留下解释空间。《担保制度解释》第55条进一步明确规定，债权人、出质人与监管人订立三方协议，出质人以通过一定数量、品种等概括描述能够确定范围的货物为债务的履行提供担保，当事人有证据证明监管人系受债权人的委托监管并实际控制该货物的，人民法院应当认定质权于监管人实际控制货物之日起设立。监管人违反约定向出质人或者其他人放货、因保管不善导致货物毁损灭失，债权人请求监管人承担违约责任的，人民法院依法予以支持。在上述情形下，当事人有证据证明监管人系受出质人委托监管该货物，或者虽然受债权人委托但是未实际履行监管职责，导致货物仍由出质人实际控制的，人民法院应当认定质权未设立。债权人可以基于质押合同的约定请求出质人承担违约责任，但是不得超过质权有效设立时出质人应当承担的责任范围。监管人未履行监管职责，债权人请求监管人承担责任的，人民法院依法予以支持。

动产质权也可随债权让与而由受让人取得。同抵押权的让与一样，动产质权不得与其所担保的主债权分离而单独地转让，其只能随主债权一同移转（或者单独归于消灭）。

（二）基于法律行为以外的事实而取得

基于与动产所有权的善意取得相同的理由，多数国家法律也承认动产质权可以善意取得，即无处分权人就其占有的他人之物为债权人设定质权，如债权人为善意，可就该动产取得质权。根据《民法典》第311条第3款的规定，我国法律上亦明确肯定了动产质权的善意取得制度。

动产质权为财产权，质权人死亡时，得由其继承人在继承债权的同时取得质权。

三、动产质权的效力

（一）动产质权所担保的债权范围

根据《民法典》第389条的规定，质押担保的范围包括主债权及其利息、违约金、损害赔偿金、质物保管费用和实现质权的费用。当事人另有约定的，按照其约定。

（二）动产质权及于标的物的范围

动产质权当然及于标的物本身，[1] 如果质押合同中对质押的财产约定不明，或者约定的出质财产与实际移交的财产不一致的，应以实际交付占有的财产为准。除此之外，动产质权所及的标的物范围，与抵押权大致相同，即同样及于从物、孳息、代位物和添附物等。[2] 有关问题可参见抵押权部分的阐释，此处不再赘述。

（三）动产质权对于质权人的效力

动产质权设定后，质权人所享有的权利主要有：

1. 留置质物的权利。质权人于其债务受清偿前，得留置质物。质权人在其债权受偿前，对债务人或第三人返还质物的请求有权拒绝。

2. 质物孳息的收取权。除合同另有约定的外，质权人有权收取质物所生的孳息。质权人收取孳息，应尽善良管理人的注意义务，并依通常的方法为之。《民法典》第430条规定："质权人有权收取质押财产的孳息，但是合同另有约定的除外。前款规定的孳息应当先充抵收取孳息的费用。"

---

[1] 动产质押中的标的物，固以有形的动产为常，但以特定化的金钱作为质押财产的，也无不可。参见《担保制度解释》第70条。

[2] 动产质权效力所及于的从物，应以该从物随同质物移交质权人占有为条件，否则，质权的效力不及于从物。

3. 经许可使用质物的权利。根据《民法典》第 431 条的规定，质权人在质权存续期间，未经出质人同意，擅自使用、处分质押财产，造成出质人损害的，应当承担赔偿责任。以此推论，经出质人同意，质权人可以使用、出租乃至处分质物。这一规定对克服质押担保的固有缺陷，发挥质物的效用，是具有积极意义的。

4. 将质物转质的权利。所谓转质，是指质权人为给自己的债务作担保，将质物移交于自己的债权人而设定新质权的行为。因转质而取得质权的人，称为转质权人。转质不限于动产质押，权利质权亦可能适用转质。

从各国立法与实务看，转质有两种情况：①承诺转质，又称同意转质，是指质权人经出质人同意，为供自己债务的担保而将质物移转占有于其债权人，就质物再设定新质权的行为。承诺转质由于是原出质人同意以自己的财产为原质权人的债务作履行担保，是将质物的处分权授予原质权人，因此，法律上当然应承认其效力。②责任转质，即质权人在质权存续期间，未经出质人同意而以自己的责任将质物转质于其债权人，为其设定新质权的行为。由于这种转质未经出质人同意，因此法律上通常对转质人的责任规定得较为严格，在转质期间发生的一切损害，即使是由于不可抗力造成的，只要是不转质就不会发生的，转质人都应负赔偿责任。由此可见，责任转质在发生条件及效力等方面与承诺转质均有重大差异。由于责任转质实际上已超出了质权的担保目的范围，构成对质物的一种处分，因而对其应不予承认，但各国立法及理论上对此态度不一。我国《民法典》第 434 条规定："质权人在质权存续期间，未经出质人同意转质，造成质押财产毁损、灭失的，应当承担赔偿责任。"就此规定的精神看，应是肯定了责任转质，只不过规定了较为严格的赔偿责任而已。

5. 质物变价权，又称预行拍卖权。《民法典》第 433 条规定："因不可归责于质权人的事由可能使质押财产毁损或者价值明显减少，足以危害质权人权利的，质权人有权请求出质人提供相应的担保；出质人不提供的，质权人可以拍卖、变卖质押财产，并与出质人协议将拍卖、变卖所得的价款提前清偿债务或者提存。"

6. 质权的实行权与优先受偿权。《民法典》第 436 条第 2 款规定："债务人不履行到期债务或者发生当事人约定的实现质权的情形，质权人可以与出质人协议以质押财产折价，也可以就拍卖、变卖质押财产所得的价款优先受偿。"关于质权的实行方式及流质约款的禁止问题，与抵押权略同，此不赘述。关于质权人的优先受偿权，与抵押权也大致相同，但有两点值得说明：①在转质的情况下，转质权人的质权优先于原质权人的质权。②在同一动产上发生质权与抵押权竞存的情况时，应以权利设定（交付、登记）的先后确定其位序。[1]《民法典》第 415 条规定："同一财产既设立抵押权又设立质权的，拍卖、变卖该财产所得的价款按照登记、交付的时间先后确定清偿顺序。"

质权人在享有权利的同时，也应承担一定的义务。质权人的义务主要有三项：①妥善保管质押财产的义务。因保管不善致使质押财产毁损、灭失的，质权人应当承担赔偿责任。质权人的行为可能使质押财产毁损、灭失的，出质人可以请求质权人将质押财产提存，或者请求提前清偿债务并返还质押财产。[2] ②及时行使质权的义务。债务届期而未获清偿的，质权人既有行使质权的权利，也有及时行使的义务。《民法典》第 437 条规定："出质人可以请求质权人在债务履行期限届满后及时行使质权；质权人不行使的，出质人可以请

〔1〕 参见刘保玉："论担保物权的竞存"，载《中国法学》1999 年第 2 期。

〔2〕 参见《民法典》第 432 条。

求人民法院拍卖、变卖质押财产。出质人请求质权人及时行使质权，因质权人怠于行使权利造成出质人损害的，由质权人承担赔偿责任。”③返还质物或多余款项的义务。根据《民法典》第436条第1款、第438条的规定，债务人履行债务或者出质人提前清偿所担保的债权的，质权人应当返还质押财产。质押财产折价或者拍卖、变卖后，其价款超过债权数额的部分归出质人所有，不足部分由债务人清偿。

（四）动产质权对于出质人的效力

质权设定后，出质人仍享有一定的权利，主要包括：

1. 质押财产孳息的收取权。在合同有约定的情况下，质押财产虽已由质权人占有，但出质人仍可保留自己对质押财产所生孳息的收取权。

2. 质押财产的处分权。出质人虽将质押财产的占有移转于质权人，但并不因此丧失对质押财产的所有权，出质人可以简易交付或指示交付方式，将质押财产予以让与或再设定动产抵押权。此时，原有质权并不因此而受影响。当质物应当适时出卖以取得较高卖价时，出质人也可以请求质权人及时出卖质物而将价款用作提前还债或者提存。

3. 请求质权人及时行使质权请求权及赔偿请求权。《民法典》第437条规定：“出质人可以请求质权人在债务履行期限届满后及时行使质权；质权人不行使的，出质人可以请求人民法院拍卖、变卖质押财产。出质人请求质权人及时行使质权，因质权人怠于行使权利造成出质人损害的，由质权人承担赔偿责任。”〔1〕

4. 物上保证人的反担保请求权、追偿权与代位权。根据《民法典》第387条第2款、第392条的规定，第三人为债务人向债权人提供担保的，可以要求债务人提供反担保；该第三人因质权的实行而丧失质押财产而承受损失的，对债务人有追偿权和代位权，亦可依据约定向其他担保人主张分担担保责任。

四、动产质权的消灭

除物权的一般消灭原因外，在动产质权的消灭原因上还应注意以下几种情况：

1. 因主债权的消灭而消灭。〔2〕

2. 因实行而消灭。质权实行后，无论其所担保的债权是否完全清偿，质权均归于消灭。

3. 因质物的返还而消灭。质权的成立与存续，以质权人占有质物为必要。因此，如质权人将质物返还于出质人，则不问返还原因为何，质权应归于消灭。

4. 因质权人丧失质物的占有且不能回复而消灭。所谓丧失占有，是指质物因遗失、被盗、被侵夺或其他情形，质权人已失去事实上的管领力，如不能请求返还，动产质权自应消灭。质权人虽已丧失占有，但在能依物上请求权请求返还时，质权仍不消灭。〔3〕

5. 因抛弃而消灭。质权人可以放弃其质权。债务人以自己的财产出质，质权人放弃该质权的，其他担保人在质权人丧失优先受偿权益的范围内免除担保责任，但是其他担保人承诺仍然提供担保的除外。〔4〕

6. 因质物灭失而消灭。但根据担保物权的物上代位性和《民法典》第390条的规定，

---

〔1〕 本条规定中仅涉及出质人可以“在债务履行期限届满后”请求或催告质权人及时行使质权，而对于“当事人约定的实现质权的情形”发生时，出质人有无此请求或催告的权利及质权人怠于行使权利造成损害的是否须赔偿责任的问题，未作规定。我们认为，在后一种情况下出质人亦应享有此项权利，但条件应慎重把握。

〔2〕 参见《民法典》第393条第1项。

〔3〕 参见《民法典》第460、462条。

〔4〕 参见《民法典》第435条。

如果因质物灭失而获得赔偿金、保险金等代替物的，质权人仍得就其优先受偿。

另应提及的是，我国《民法典》中对抵押权的行使期间作了规定，而对质权、留置权是否存在诉讼时效或行使期间的问题则未作明确规定。根据占有型担保物权与非占有型担保物权的固有差异和立法规定的精神，实际占有担保财产的质权人、留置权人的权利，不应随主债权的诉讼时效期间届满而消灭。《担保制度解释》第 44 条也明确：主债权诉讼时效期间届满后，动产质权和以交付权利凭证作为公示方式的权利质权中的出质人、财产被留置的债务人或者对留置财产享有所有权的第三人请求债权人返还质押财产、留置财产的，人民法院不予支持；但其请求拍卖、变卖留置财产并以所得价款清偿债务的，人民法院则应予支持。

第三节 权利质权

一、权利质权的概念和特点

权利质权是指以所有权、用益物权以外的可让与的财产权利为标的而设立的质权。权利质权有如下特点：

1. 权利质权以可让与的财产权利为标的。权利质权之标的为权利，而非有体物。充当质权标的之权利应具备以下条件：①须为财产权；②须为可让与的财产权，不可让与的财产权如扶养费请求权、继承权、损害赔偿请求权等均不得为质权标的；③须为适于设质的权利。质权设定之目的在于使质权人就质押标的之交换价值受清偿，不能转让或不适宜设定质权的权利，不得充当质权之标的。另外，依权利的分类，以不动产用益物权设定担保的，不属于权利质权，而应被认定为权利抵押权。

2. 权利质权以交付权利凭证或登记为其公示方法。由于权利质权标的的特殊性，其公示方法与动产质权有所不同。以具有权利凭证的财产权利设定质权的，应将该权利凭证交付给质权人占有；而以无权利凭证的权利设定质权的，则只能像抵押权一样采用登记的方式。[1]

3. 权利质权是一种独立的质权形式。在传统民法上，一向把动产质权视为质权的一般形式，而权利质权则被视为质权的特殊形式。这一方面是由于权利质权的标的与动产质权不同；另一方面是因为由此带来的公示方式、标的的价值评估、权利的保全及实现方式等诸多方面的差异。依登记等方式设定的权利质权，与权利抵押权并无本质差异，只是由于人们在观念上一般将不动产权利以外的其他财产权利视为动产的特殊形态，故而将其划入质权的范围。在现代法上，可以质押的权利范围日益拓展，其在经济生活中的作用也与早期社会不可同日而语，故此，立法上通常对权利质权与动产质权一并作出规定，使其成为质权的两大类型。但鉴于权利质权仍有诸多不同于动产质权的特点，立法上须对此作出特别规定；至于权利质权与动产质权的共性，则不再重复规定，而是准用动产质权的一般规定。[2]

---

〔1〕 参见《民法典》第 441 条，第 443~445 条。另应说明的是，《民法典》中删除了《物权法》中关于各种权利质权具体登记机构的规定，自 2022 年 2 月 1 日起适用《动产和权利担保统一登记办法》的规定，但债券质押、基金份额质押、股权质押、知识产权中的财产权质押仍适用原有的登记规则。

〔2〕 参见《民法典》第 446 条。

二、权利质权的设定

根据《民法典》第440条的规定，债务人或者第三人有权处分的下列权利可以出质：①汇票、本票、支票；②债券、存款单；③仓单、提单；④可以转让的基金份额、股权；⑤可以转让的注册商标专用权、专利权、著作权等知识产权中的财产权；⑥现有的以及将有的应收账款；⑦法律、行政法规规定可以出质的其他财产权利。[1] 根据质权客体类别的差异，可将权利质权分为证券债权质权、基金份额、股权质权、知识产权质权和应收账款质权等几种。[2] 出质的权利不同，其设立的要件也有所不同。

（一）证券质权的设立

《民法典》第441条规定："以汇票、本票、支票、债券、存款单、仓单、提单出质的，质权自权利凭证交付质权人时设立；没有权利凭证的，质权自办理出质登记时设立。法律另有规定的，依照其规定。"依多数国家立法的规定，证券的种类及有无权利凭证不同，其质权成立的具体要求也不同。我国法律上也区分不同情况，对证券质权的成立要件作有不同的规定。《担保制度解释》第58条规定，以汇票出质，当事人以背书记载"质押"字样并在汇票上签章，汇票已经交付质权人的，人民法院应当认定质权自汇票交付质权人时设立。第59条第1款规定，存货人或者仓单持有人在仓单上以背书记载"质押"字样，并经保管人签章，仓单已经交付质权人的，人民法院应当认定质权自仓单交付质权人时设立。没有权利凭证的仓单，依法可以办理出质登记的，仓单质权自办理出质登记时设立。第60条第1款规定："在跟单信用证交易中，开证行与开证申请人之间约定以提单作为担保的，人民法院应当依照民法典关于质权的有关规定处理。"

（二）基金份额、股权质权的设立

《民法典》第443条第1款规定："以基金份额、股权出质的，质权自办理出质登记时设立。"

（三）知识产权质权的设定

《民法典》第444条第1款规定："以注册商标专用权、专利权、著作权等知识产权中的财产权出质的，质权自办理出质登记时设立。"

（四）应收账款质权的设定

应收账款为债权的一种，是指权利人因提供一定的货物、服务或设施而获得的要求义务人付款的权利以及依法享有的其他付款请求权，包括现有的以及将有的金钱债权，但不包括因票据或其他有价证券而产生的付款请求权，以及法律、行政法规禁止转让的付款请求权。[3]《民法典》第445条第1款规定："以应收账款出质的，质权自办理出质登记时设立。"

三、权利质权的效力

关于权利质权所担保的债权范围、所及标的物的范围以及质权人、出质人的权利义务和质权的消灭原因等内容，大多准用动产质权的有关规定，此不赘述，仅对几项特殊规定说明如下：

---

〔1〕本条规定的第7项采用的是封闭式的兜底条款，此与可以抵押的财产范围的开放式兜底条款不同。

〔2〕在学理和域外立法例上，通常还承认一般债权质权。我国立法中未明确规定一般债权质权，但《民法典》中所规定的应收账款质权，与之类同。

〔3〕参见《动产和权利担保统一登记办法》第3条。

（一）关于证券质权的效力

《民法典》第442条规定："汇票、本票、支票、债券、存款单、仓单、提单的兑现日期或者提货日期先于主债权到期的，质权人可以兑现或者提货，并与出质人协议将兑现的价款或者提取的货物提前清偿债务或者提存。"《担保制度解释》第59条第2~4款规定："出质人既以仓单出质，又以仓储物设立担保，按照公示的先后确定清偿顺序；难以确定先后的，按照债权比例清偿。保管人为同一货物签发多份仓单，出质人在多份仓单上设立多个质权，按照公示的先后确定清偿顺序；难以确定先后的，按照债权比例受偿。存在第二款、第三款规定的情形，债权人举证证明其损失系由出质人与保管人的共同行为所致，请求出质人与保管人承担连带赔偿责任的，人民法院应予支持。"第60条规定："在跟单信用证交易中，开证行与开证申请人之间约定以提单作为担保的，人民法院应当依照民法典关于质权的有关规定处理。在跟单信用证交易中，开证行依据其与开证申请人之间的约定或者跟单信用证的惯例持有提单，开证申请人未按照约定付款赎单，开证行主张对提单项下货物优先受偿的，人民法院应予支持；开证行主张对提单项下货物享有所有权的，人民法院不予支持。在跟单信用证交易中，开证行依据其与开证申请人之间的约定或者跟单信用证的惯例，通过转让提单或者提单项下货物取得价款，开证申请人请求返还超出债权部分的，人民法院应予支持。前三款规定不影响合法持有提单的开证行以提单持有人身份主张运输合同项下的权利。"

（二）关于基金份额、股权质权的效力

《民法典》第443条第2款规定："基金份额、股权出质后，不得转让，但是出质人与质权人协商同意的除外。出质人转让基金份额、股权所得的价款，应当向质权人提前清偿债务或者提存。"

（三）关于知识产权质权的效力

《民法典》第444条第2款规定："知识产权中的财产权出质后，出质人不得转让或者许可他人使用，但是出质人与质权人协商同意的除外。出质人转让或者许可他人使用出质的知识产权中的财产权所得的价款，应当向质权人提前清偿债务或者提存。"

（四）关于应收账款质权的效力

《民法典》第445条第2款规定："应收账款出质后，不得转让，但是出质人与质权人协商同意的除外。出质人转让应收账款所得的价款，应当向质权人提前清偿债务或者提存。"《担保制度解释》第61条规定，以现有的应收账款出质，应收账款债务人向质权人确认应收账款的真实性后，又以应收账款不存在或者已经消灭为由主张不承担责任的，人民法院不予支持。以现有的应收账款出质，应收账款债务人未确认应收账款的真实性，质权人以应收账款债务人为被告，请求就应收账款优先受偿，能够举证证明办理出质登记时应收账款真实存在的，人民法院应予支持；质权人不能举证证明办理出质登记时应收账款真实存在，仅以已经办理出质登记为由，请求就应收账款优先受偿的，人民法院不予支持。以现有的应收账款出质，应收账款债务人已经向应收账款债权人履行了债务，质权人请求应收账款债务人履行债务的，人民法院不予支持，但是应收账款债务人接到质权人要求向其履行的通知后，仍然向应收账款债权人履行的除外。以基础设施和公用事业项目收益权、提供服务或者劳务产生的债权以及其他将有的应收账款出质，当事人为应收账款设立特定账户，发生法定或者约定的质权实现事由时，质权人请求就该特定账户内的款项优先受偿的，人民法院应予支持；特定账户内的款项不足以清偿债务或者未设立特定账户，质权人请求折价或者拍卖、变卖项目收益权等将有的应收账款，并以所得的价款优先受偿的，人民法院依法予以支持。

在此应予提及的是，《民法典》编纂过程中，立法者对于是否应基于担保物权的追及效力规则而一并修改原《物权法》中关于担保财产转让的规定，有不同的主张。[1]《民法典》中最终仅在抵押权的效力规定中修改了原《物权法》的规定，而在权利质权部分未作变动（参见《民法典》第443~445条的第2款）。

在此应予提及的是，《民法典》编纂过程中，立法者对于应否基于担保物权的追及效力而一并修改原《物权法》中关于担保财产转让的规定，有不同的主张。[2]《民法典》中最终仅在抵押权的效力规定中修改了原《物权法》的规定，而在权利质权部分则仍维持了原有的“未经质权人同意，出质人不得转让或许可他人使用出质财产权利”的规则。[3]

---

〔1〕 参见刘保玉：“民法典物权编（草案）担保物权部分的修改建议”，载《法学杂志》2019年第3期。

〔2〕 参见刘保玉：“民法典物权编（草案）担保物权部分的修改建议”，载《法学杂志》2019年第3期。

〔3〕 至于如此区别对待的原因，并未见到权威的说明。我们推测，大概系由于财产权利的转让极为便捷，若允许出质人自由转让，其后果将难以控制，对质权人而言风险太大。

第四章 留置权

第一节 留置权概述

一、留置权的概念

留置权是指债务人不履行到期债务时，债权人对其已经合法占有的债务人的动产予以留置并就其变价优先受偿的权利。《民法典》第447条规定：“债务人不履行到期债务，债权人可以留置已经合法占有的债务人的动产，并有权就该动产优先受偿。前款规定的债权人为留置权人，占有的动产为留置财产。”

我国《担保法》中所规定的留置权，其适用范围过于狭窄，只存在于保管、运输、承揽、行纪等特定的合同关系中，这在一定程度上限制了留置权这种法定担保发挥作用的空间。《物权法》及《民法典》中对其适用范围予以扩张，在合同之外的债的关系中，如果符合留置权的成立要件，亦可以成立留置权。

二、留置权的特点

1. 留置权是动产担保物权和占有性担保物权。①留置权是动产担保物权，其标的物限于动产，其在标的物范围限定上与抵押权、质权均有不同。②留置权是占有性担保物权，只有债权人已经合法占有债务人的动产的前提下，留置权才能成立。

2. 留置权是具有二次效力的担保物权。留置权作为担保物权，同样具有从属性、不可分性、物上代位性、价值权性、优先受偿性等担保物权的共性。但与其他担保物权不同的是，留置权具有二次效力性：其第一次效力为留置效力，即债权人在债务人清偿债务前，有权就其占有的留置物继续占有，并得对抗债务人对标的物的返还请求权。债务人欲使留置权人返还其标的物，须首先清偿债务或者另行提供为债权人所接受的担保，此留置效力也具有同时履行抗辩权的性质。其第二次效力是优先受偿效力，即当债务人不履行到期债务，经催告后仍不履行的，留置权人有权拍卖、变卖留置财产，或以留置物折价以使自己与留置物有牵连关系的债权优先得到清偿。

3. 留置权是法定担保物权。当符合一定条件时，依法律规定当然发生债权人的留置权，而无需合同事先约定。留置权的法定性及其成立条件的要求，使其仅能为担保既已发生的特定债务而成立，只能是保全性的担保物权，而不能是融资性担保物权。这是留置权与抵押权、质权的重要区别。另应注意的是：留置权有其法定的适用条件和范围，不得滥用；同时，留置权虽为法定权利，但当事人得在基础合同中事先约定排除。[1]

---

〔1〕 参见《民法典》第448、449条。

三、留置权与类似权利的区别

（一）留置权与动产质权的区别

留置权与动产质权均是基于对动产标的物的占有而产生的担保物权，二者有许多相似之处，但其差异也是明显的：

1. 产生的依据不同。留置权是法定担保物权，依法律规定产生，无需当事人事先约定；而动产质权属意定担保物权，其产生以当事人的协议设定为依据。

2. 取得占有的原因不同。于动产质权，标的物系专门因担保债权而移转给债权人占有；而在留置权中，债权人占有债务人的财产通常乃履行合同本身所必需，而非专为设定担保，只有在履行期届满而债务人未履行义务时，随着留置权的产生，该财产才成为担保物。

3. 目的和功效不同。留置权的目的在于担保与留置物有牵连性或属于同一法律关系的特定债权获得清偿，纯属保全性担保物权，不具有金融媒介的功能；而动产质权所担保的债权，无需与担保物有任何关系，动产质权的设立除具有确保债权实现的功能外，还可具有融通资金的媒介作用。也正因如此，留置权的适用范围有一定的限制，而动产质权的适用则无硬性限制。

4. 标的物范围不同。留置权的标的物一般限于债务人本人的动产，且该动产与留置权人的债权之间须有牵连性或属于同一法律关系；而动产质权的标的物除可由债务人提供外，还可由第三人提供，且不要求与担保的主债权有牵连关系。

5. 实现条件不同。留置权实现分为留置和变价两个阶段，当合同约定的期限届满、债务人仍未履行义务时，债权人可留置标的物，经催告债务人履行义务而债务人在一定期限内仍未履行的，债权人才可将留置物变价以受偿债权；而动产质权，于债权已届清偿期而未受偿或者约定的条件成就时即可实行，无需先为催告。

6. 消灭原因不同。留置权在债务人另行提供担保并被债权人接受的情况下，归于消灭；而动产质权，并无此项法定的消灭事由。

留置权与动产抵押权的区别也是显而易见的，除是否占有标的物、是否须登记两点之外，其他方面的区别与上述动产质权与留置权的差异点大致相同。

（二）留置权与同时履行抗辩权的区别

同时履行抗辩权，是指在未定先后履行顺序的双务合同中，一方当事人在他方未为对待履行以前，有权拒绝其向自己提出的先予履行请求的权利。[1] 同时履行抗辩权与留置权均基于公平的理念，二者的发生原因颇为相似，且同时存在也无妨。但对二者不可等同看待，其区别主要表现在：

1. 性质不同。留置权属担保物权，具有物权的支配性和担保物权的从属性、不可分性、物上代位性，并可用以对抗合同当事人以及合同以外的任何人；而同时履行抗辩权属双务合同的一种效力，为债权性权利，以拒绝相对人的请求为内容，且只能对合同的相对人主张。

2. 目的不同。留置权以担保债务履行为目的，在权利人留置标的物并催告债务人后，可依法对标的物变价和优先受偿债权；而同时履行抗辩权的发生和行使的主要目的不在于担保债务履行，而在于谋求双方同时履行，以维护利益的公平，其只能消极地阻止对方的请求，并无积极实现自己的债权的功能。

---

〔1〕 参见《民法典》第525条。

3. 适用范围不同。留置权系法定担保物权，只适用于法律明确规定的特定债权；而同时履行抗辩权适用的合同债权的种类并无此限制，只要是双务合同且事先未约定当事人双方履行合同的先后顺序，原则上均得发生该项抗辩权。例如，买卖合同中常发生同时履行抗辩权，但普通留置权在买卖合同中无从发生。

4. 标的不同。留置权所留置的标的限于动产，且该动产不属于权利人所有。而同时履行抗辩权中拒绝给付的标的，不限于物，还可以是金钱以及劳务等；在拒绝为物之给付时，该物通常属于行使抗辩权的一方当事人所有。

（三）留置权与抵销权的区别

抵销权，是指当事人双方互负到期债务，且其债务的标的物种类、品质相当，相互主张不再交互履行而予以抵偿的权利。种类、品质相同的，经协商一致，也可以抵销。[1] 留置权与抵销权均源于罗马法上的恶意抗辩权，是法律基于公平观念所确立的制度。[2] 但二者是性质不同的两种制度，其区别主要是：

1. 性质及目的不同。留置权系担保物权，其目的在于担保债务的履行；而抵销权在性质上为形成权，其行使的目的在于使当事人之间对立的债务于等额地归于消灭，以节约交互履行的成本。

2. 适用条件不同。留置权是在主债权基础上产生的担保权，其产生的过程中只存在一个合同关系；而抵销权则适用于当事人之间互有债权、互负债务的情形，存在两个或两个以上债的关系。

3. 标的物范围不同。留置权的标的只能是动产；而抵销权的标的可以为一切适于抵销的债权债务，纵使其标的物的种类、品质不同，经双方协商一致也可以抵销。

4. 效力不同。留置权具有物权的支配力、对抗力与优先力，而抵销权无此效力；留置权并不能直接使双方的债权债务归于消灭，而抵销权则有使双方的债权债务在抵销的范围内确定地、终局地消灭的效力。

第二节 留置权的成立

由于留置权是法定担保物权，其产生不以当事人协商一致为条件，故不存在依法律行为而“设定”的问题，在符合法定条件时留置权当然产生，除非当事人约定排除。根据《民法典》的规定和学理通说，留置权的成立要件可分为积极要件与消极要件。

一、留置权成立的积极要件

（一）债权人因合法原因已经占有债务人的动产

留置权系为担保债权而成立，故留置权人自然须为债权人。但并非任何债权人都可以享有留置权，只有债权人以合法的原因先行占有债务人的财产时，才有可能发生留置权。应当注意的是：①这里的占有，是指对物的实际控制，单纯的持有不能成立留置权。例如，雇员占有商店的财物的情况，性质上为持有，不得以此迫使店主支付工资。②须有合法原因，通常为基于特定合同关系而占有他人的财产。如因保管、运输、承揽、行纪合同，债权人自然应占有他人的保管物、托运物、定作人提供的材料、委托物等。因其他正当原因

〔1〕 参见《民法典》第568、569条。

〔2〕 参见郭明瑞：《担保法原理与实务》，中国方正出版社1995年版，第321页。

而占有他人交付的物或给其造成损害的物品等，也属于合法占有。③标的物须为动产。关于留置物是否限于动产，各国立法规定不尽一致，我国法律上明确限定留置物应为动产。④债权人占有的动产一般限于债务人本人所有的或有处分权的动产，但对于第三人的动产，亦有可能发生留置权。[1]《担保制度解释》第62条第1款规定："债务人不履行到期债务，债权人因同一法律关系留置合法占有的第三人的动产，并主张就该留置财产优先受偿的，人民法院应予支持。第三人以该留置财产并非债务人的财产为由请求返还的，人民法院不予支持。"

（二）债权人所占有的动产原则上应与其债权属于同一法律关系

留置权是为担保特定债权的实现而依法产生的担保物权，对其适用范围应加以必要的限制。否则，若允许债权人任意留置债务人的与债权无关的任何财产，则必将导致法律关系和法律秩序的混乱。因此，各国立法一般都以留置物与所担保之债权间存在一定的牵连关系为留置权成立的必要条件。[2] 关于债权的发生与动产有牵连关系之认定，我国多数学者认为包括三种情形：①债权系由占有的动产本身而生（包括对标的物支出费用所生的费用偿还请求权、因标的物所生的损害赔偿请求权两类）；②债权与该动产的返还义务系基于同一法律关系而生；③债权与该动产的返还义务系基于同一事实关系而生。[3] 根据《担保法》及《担保法解释》第109条的规定，一般认为，其所采用的是债权与所占有的动产的牵连关系说，而且限于直接关联关系。

鉴于牵连关系的概念过于模糊，范围不易确定，法律适用中也容易发生分歧，又考虑到原《担保法》等法律将留置权的适用范围仅限于特定的合同关系，未免过于狭窄，因此，我国《物权法》（已废止）中对其作了修改，《民法典》第448条维持了原《物权法》的规定："债权人留置的动产，应当与债权属于同一法律关系，但是企业之间留置的除外。"该条前句中的"同一法律关系"，系指"同一个法律关系"，虽属同类但不属于同一个法律关系的，不能发生留置权；此同一法律关系的范围，较原《担保法》和《担保法解释》中的规定要宽，无论是基于同一个合同关系，还是基于同一个侵权行为关系、无因管理关系、不当得利关系等，如果符合其他条件，皆可产生留置权。[4] 该条后半句中还规定了"企业之间留置的除外"，这主要是考虑到在实践中，企业之间相互交易频繁，追求交易效率，讲

---

〔1〕 曾有不少学者认为，如果标的物非为债务人之动产而债权人不知情的，可以善意取得留置权，原《担保法解释》第108条也采此精神。我们认为，对"债务人的动产"应作宽泛解释，债务人所有的、债务人有处分权的以及由债务人送交债权人占有的动产，均属之；债权人只要是因正常的业务活动而占有与其债权有牵连关系的他人动产，即可产生留置权，无需限定留置权人必须为不知情的"善意"债权人。例如，借人车辆使用而损坏，借用人将车辆送至修车厂修理，无论修车人是否知道送修人非为车的主人，于其修理费未清偿前，均得留置该车。参见刘保玉："留置权成立要件规定中的三个争议问题解析"，载《法学》2009年第5期。

〔2〕 关于"牵连关系"如何界定，各国立法上的态度及理论上观点并不相同，主要有两种观点：一种是债权与物权有牵连关系说，即主张债权人占有的相对人的物上能否成立留置权，取决于债权人的债权与相对人的物之返还请求权之间是否存在牵连关系；另一种是债权与物之间有牵连关系说，即主张债权与债权人占有的标的物之间有牵连关系时，才可成立留置权。在如何理解债权与占有标的物有牵连上，又有包括直接关联与间接关联的"二元说"和占有物为债权发生原因的"一元说"；一元说中对何为发生原因，又有直接原因说、间接原因说和社会标准说等不同的认识。参见郭明瑞、唐广良、房绍坤：《民商法原理（二）物权法　知识产权法》，中国人民大学出版社1999年版，第353~354页。

〔3〕 参见梁慧星、陈华彬编著：《物权法》，法律出版社2005年版，第289~290页；邹海林、常敏：《债权担保的方式和应用》，法律出版社1998年版，第332页。

〔4〕 参见胡康生主编：《中华人民共和国物权法释义》，法律出版社2007年版，第500页。

究商业信用，如果在有持续交易关系的企业之间也严格要求留置财产必须与债权的发生具有同一法律关系，则有悖交易迅捷和交易安全原则，故设此但书，意在表明特殊情形下的某些商事留置权的成立，不受“同一法律关系”的限定。为防止商事留置权的滥用，《担保制度解释》第62条第2、3款规定，债务人不履行到期债务，债权人因同一法律关系留置合法占有的第三人的动产，并主张就该留置财产优先受偿的，人民法院应予支持。第三人以该留置财产并非债务人的财产为由请求返还的，人民法院不予支持。企业之间留置的动产与债权并非同一法律关系，债务人以该债权不属于企业持续经营中发生的债权为由请求债权人返还留置财产的，人民法院应予支持。企业之间留置的动产与债权并非同一法律关系，债权人留置第三人的财产，第三人请求债权人返还留置财产的，人民法院应予支持。

（三）债权已届清偿期

留置权系基于公平观念，于债务人清偿其债务前，债权人得留置债务人之动产而拒绝返还的权利。如债权未届清偿期，在债权人尚无请求债务人清偿其债务的权利时便允许债权人留置债务人的动产，则显失公允。因此，债权已届清偿期为留置权发生的当然要件。但作为例外，于债务人无支付能力（尤其是已受破产宣告）时，即使债权人的债权未届清偿期，债权人也享有留置权，学说上谓此为“紧急留置权”或“留置权的紧急行使”。我国的立法精神和学说理论也对此持肯定态度。

二、留置权成立的消极要件

留置权的发生，除要具备以上三个要件外，还必须不存在留置权成立的法定或约定障碍。否则，不能成立留置权。阻碍留置权成立的情形或因素，通常被称为留置权成立的消极要件，主要有以下情形：

（一）行使留置权违反公序良俗的

例如，对抗疫、救灾的物资，其保管人、运输人、承揽人不得主张费用未付而留置该物资。又如尸体之运送人，不得以运费未付而对尸体主张留置权。另外，如留置之物品足以给债务人造成公法上的障碍的，或属于维持债务人生活或工作所必要的财产，也应认定为违反公序良俗。前者如扣留债务人之身份证、户口簿、毕业证等；后者如留置债务人必需的炊具、技工之谋生工具或跛者之拐杖等。

（二）合同约定排除留置权的

留置权虽为法定担保物权，其发生无需约定，但法律上允许当事人在有关合同中约定不得留置的物或排除留置权的适用。《民法典》第449条也明文规定：“法律规定或者当事人约定不得留置的动产，不得留置。”

（三）行使留置权与债权人所承担的义务或合同的特殊约定相抵触的

域外立法例和理论通说认为，债权人行使留置权与其承担的义务或者合同的特殊约定相抵触的，或者债权人的债权未届清偿期但其交付占有标的物的义务已届履行期的，则不能行使留置权。但是，债权人能够证明债务人无支付能力的除外。我国法律的相关规定也持同样的态度。例如，在加工承揽合同中，如果约定承揽人应先行交付工作物并经定作人验收合格后始为付款的，则承揽人就不再享有留置权，除非其能够证明债务人无支付能力而得依法行使不安抗辩权。

第三节 留置权的效力与留置权的消灭

一、留置权所担保债权的范围和留置权标的物的范围

根据《民法典》第389条的规定，留置权的担保范围包括主债权及其利息、违约金、损害赔偿金、留置物保管费用和实现留置权的费用。

与抵押权、质权及于标的物的范围相当，留置的财产也不限于动产本身，还应包括该动产的从物、孳息及其代位物、添附物。根据《民法典》第450条的规定，留置财产为可分物的，留置财产的价值应当相当于债务的金额。

二、留置权人的权利和义务

（一）留置权人的权利

1. 留置财产所生孳息的权利。《民法典》第452条规定："留置权人有权收取留置财产的孳息。前款规定的孳息应当先充抵收取孳息的费用。"

2. 为保管之目的而使用留置财产的权利。留置权人在占有标的物期间，负有妥善保管的义务，并不享有留置财产的使用权，只有在为有效地保管留置财产的限度内方可使用。例如，为防生锈而使用机械、电器。

3. 实行留置权并优先受偿的权利。当法定条件成就时，留置权人享有就留置物折价或以其变价价值优先受偿债权的权利。需要说明的是，债权已届清偿期只是留置权的成立条件，而非留置权的实行条件。留置权人要以实际变卖或者以留置物折价的方式使自己的债权得到清偿，各国法律上通常规定尚须以债务人不履行债务超过一定期限或事先通知债务人为必要。我国《民法典》第453条规定："留置权人与债务人应当约定留置财产后的债务履行期限；没有约定或者约定不明确的，留置权人应当给债务人六十日以上履行债务的期限，但是鲜活易腐等不易保管的动产除外。债务人逾期未履行的，留置权人可以与债务人协议以留置财产折价，也可以就拍卖、变卖留置财产所得的价款优先受偿。留置财产折价或者变卖的，应当参照市场价格。"

《民法典》第455条规定："留置财产折价或者拍卖、变卖后，其价款超过债权数额的部分归债务人所有，不足部分由债务人清偿。"

关于留置权人的优先受偿权的内容，与抵押权、质权大致相同。但应注意的是，无论成立的先后，留置权的效力均优先于抵押权、质权。《民法典》第456条规定："同一动产上已经设立抵押权或者质权，该动产又被留置的，留置权人优先受偿。"

（二）留置权人的义务

1. 妥善保管留置财产的义务。《民法典》第451条规定："留置权人负有妥善保管留置财产的义务；因保管不善致使留置财产毁损、灭失的，应当承担赔偿责任。"

2. 不得擅自使用、出租或处分留置财产。留置权人擅自为此行为给留置财产所有人造成损失的，应当承担赔偿责任。

3. 返还留置财产的义务。当留置权担保的债权因清偿而消灭，或者债务人另外提供担保而导致留置权消灭时，留置权人负有返还留置财产的义务。[1]

---

〔1〕 参见《民法典》第457条。

三、留置财产所有人的权利

在留置权关系中，留置物的所有人（通常为债务人本人）亦享有一定的权利。根据法律的规定，其享有的权利主要有以下几项：

1. 损害赔偿请求权与留置财产返还请求权。在留置权法律关系中，留置权人负有妥善保管留置财产与返还留置财产的义务，在留置权人违反此项义务时，留置物所有人也就相应地享有留置财产损害赔偿请求权与返还请求权。

2. 留置财产的处分权。留置权成立后，留置财产的所有人并不丧失所有权，其有权对留置财产为法律上的处分，但该项处分不得影响留置权的效力。

3. 请求留置权人及时行使留置权的权利。《民法典》第454条规定："债务人可以请求留置权人在债务履行期限届满后行使留置权；留置权人不行使的，债务人可以请求人民法院拍卖、变卖留置财产。"

4. 另行提供担保而使留置权消灭的权利。

四、留置权的消灭

留置权的消灭原因，除主债权受偿、留置权的实行等之外，还有下列几种：

（一）担保的另行提出

留置权的作用在于担保债权受偿，若债务人为债务的履行另行提供了有效的担保，留置权即无存续的必要。《民法典》第457条规定："留置权人对留置财产丧失占有或者留置权人接受债务人另行提供担保的，留置权消灭。"

（二）留置财产占有的丧失

留置权以债权人对留置财产的占有为成立与存续要件，因此，留置权因占有之丧失而消灭。[1] 占有丧失的原因可分为两种：①出于留置权人自己的意思，而将留置财产返还给债务人。此种情况实际上等同于抛弃留置权，自然将导致留置权消灭。②非出于留置权人自己的意思而丧失占有，如占有财产被侵夺等。在这种情况下，如能依占有保护的规定请求返还原物，则仅属暂时而非确定地丧失占有，故在返还请求权的行使期限届满前，留置权不消灭。[2]

（三）债权清偿期的延缓

留置权的实行，以债权已届清偿期而未受清偿为前提。因此，债权人若嗣后同意延缓债权的清偿期，不能再认为债务已届期而未履行，因而也就欠缺了留置权的成立要件，原已发生的留置权应归于消灭。但其后债务人于延缓期届满时仍未履行其义务的，若符合留置权发生的其他条件，则可再行成立留置权。[3]

---

〔1〕 参见《民法典》第457条。

〔2〕 参见《民法典》第462条。

〔3〕 参见郭明瑞、唐广良、房绍坤：《民商法原理（二）物权法　知识产权法》，中国人民大学出版社1999年版，第371页。

第三编 债法总论

第一分编 债的一般原理

第一章 债的概述

第一节 债的意义

一、债的概念

“债”在日常生活中用得很多。提起债，人们就会想到“负债累累”“债台高筑”“欠债还钱”这样的词语。实际上，上述债的含义，多指金钱借贷，仅仅是债法体系合同之债中一个微小部分。民法上“债”的概念远比日常生活中“债”之含义广泛得多，除了当事人之间因各类合同引起的债权债务关系以外，还包括因缔约过失、公开悬赏、侵权行为、无因管理、不当得利等行为和事件的发生，在当事人之间产生的各种债之关系。如果注意大陆法系各国民法典中关于债的条文数量的话，可以看出，债法规则在民法典各制度中所占的比重最大、条文数量最多。纷繁复杂的财产流转关系靠民法中的债法支撑。

既然民法“债”之意义广泛且有其特定内容，那么，立法者是基于何种共同因素，将引起债之不同的法律事实归纳在一起，从而建立民法“债”的概念呢？我们以生活中的事实为例，通过演绎归纳方法研究债之关系的产生和债之概念的形成，以总结民法债的法律关系特点。

例如，甲与乙公司订立买卖合同，合同成立后，根据我国《民法典》第595条对买卖合同的规定，甲有权请求乙公司给付买卖标的物，乙公司有权请求甲给付价款。此为因买卖合同在甲与乙之间产生的互为请求给付的债之关系。

假设乙公司派其雇员将买卖标的物送至甲的家中，甲妻不知甲已经付款，又付款给乙公司雇员。对于乙公司而言，多得的价款为无法律原因的获利，成立不当得利。根据我国《民法典》第985条的规定，甲有权请求乙返还多付的价款，乙有返还该价款的义务。此为因不当得利的事实在甲与乙之间引起的请求给付不当得利的债之关系。

假设甲在下班途中，因过失不慎将行人丙撞伤，于甲而言，其是过失侵害他人权利，成立侵权行为。根据我国《民法典》第1165条的规定，被侵权人丙有权请求侵权人甲承担侵权责任，甲有给付赔偿的义务。此为因侵权行为的事实在甲与丙之间引起的请求给付损害赔偿的债之关系。

假设丙因腿部受伤不能行走，路人丁将丙送至医院，并为丙支付医药费等。丁无法律上的义务，而为他人管理事物，成立无因管理。根据我国《民法典》第979条的规定，管理人丁可以向受益人丙请求偿还为其支付的必要管理费用，此为无因管理的事实在丁与丙之间引起的请求给付管理费的债之关系。

基于上述案例，可以发现，不同的事实在形式上均产生了一致的法律效果，即一方当事人基于特定事实的发生，可依据协议或者根据法律向他方当事人请求为特定给付。例如，给付买卖标的物、给付价款、给付损害赔偿费、给付不当得利、给付无因管理费等。这里的特定给付，对于权利人而言，为请求权的内容之一，对于义务人而言，为义务人应为的特定行为。民法将这种因特定的事实，在特定的当事人之间发生的可以请求为特定给付的财产性法律关系，称为“债的法律关系”，简称为“债”。在债的关系中，享有债权请求权的人，为债权人；负担给付义务的人，为债务人。

我国《民法典》第118条规定：“民事主体依法享有债权。债权是因合同、侵权行为、无因管理、不当得利以及法律的其他规定，权利人请求特定义务人为或者不为一定行为的权利。”可见，民法上的债是对各种具体的债权债务关系的抽象概括。凡是因法律规定的事实产生的特定一方应当向特定他方实施以给付为内容的法律行为，从而成立的法律关系均可用“债”来概括。立法者正是从不同的事实中抽象出具有共同特点的要素，从而建立了“债”的概念。

二、债的历史渊源

债的概念源于罗马法，拉丁文术语表示为“obligatio”〔来自动词“捆绑”（ligare）〕。从词源上，“债”最初的含义表示被“约束”、受“束缚”，是对某一主体的法律约束。罗马法称“债是一种迫使我们必须根据我们城邦的法律制度履行某种给付义务的法律约束”。〔1〕考查罗马法的历史，这种法律约束，最早产生于侵权行为（私犯）和契约关系。例如，小偷窃取他人之物（侵权行为），则对小偷予以拘押，使其通过服劳役承担责任；借贷人违反誓约，欠债不还，同样对借贷人予以拘押，使其服劳役或施以其他人身制裁。因此，罗马最早期债之特点是以债务人的人身为债之标的，债务人必须以人身为担保，为债权人实施行为，才可解除这种约束（即实现清偿）。此后，财产责任逐步取代人身债务，盗窃或欠债不还，要求当事人先支付罚金或偿还债款，只有当事人不能以财产给付，权利人才可通过执行方式对债务人的人身采取行动，至此，债真正获得财产性法律意义。

债的渊源为私犯和契约，此后罗马法又把准契约（无因管理和不当得利）和准私犯（对他人行为的责任和物件致害）归入债的范畴，债的发生原因逐步扩大。现代民法债的发生原因基本源于罗马法，只是随着社会的发展又出现了缔约过失、悬赏广告等债的发生原因。

债的概念源于罗马法，但债的系统理论与学说由德国法学家创建，德国学者在研究罗马法债的关系的基础上抽象出与债权关系不同的物权关系，从而在民法典中确立物权与债权的不同制度价值。大陆法系国家民法典中债编的理论基本上沿用了《德国民法典》债之

---

〔1〕［意］彼德罗·彭梵得：《罗马法教科书》，黄风译，中国政法大学出版社1992年版，第284页。

理论。但各国立法对债法的称谓不同，有的称债权法（如日本、俄罗斯）、有的称债务法（如瑞士、土耳其）、有的简称债法。虽然称谓不同，但各国债法都是关于债权债务关系的法律规范的总称，即凡是涉及调整债权债务关系的法律规范，包括专门规定债的关系的法典（如《瑞士债务法》），或者民法典中关于债的规定，以及有关债的单行法规，有法律约束力的关于债的判例、立法和司法解释，以及关于债的规定的国际公约（如《联合国国际货物销售合同公约》）、双边协定等，所有这些调整债权债务关系的法律规范的总和统称为债权债务关系法，均为债法的规范渊源。

三、债的本质

债的本质，简而言之，“是法律上可期待的信用”。能够称为可期待的，就不是现在、当前、即时的，而是有时间和空间的距离，是对未来、将来的期待，从远到近或者从近到远的期待。“信用”就是相信、信任、“言而有信”，相信作出允诺的人能够履行诺言。如果信任不够充分，则可以通过进一步协商，要求对方提供特别的和额外的信用，此即债的担保（比如保证）。由于债的担保是通过合同（债的方式）设立的，所以其仍是可期待的信用。

物权是支配权，从支配物直接享有物的现实利益而言，不存在可期待性。债权是请求权，对于债权人而言，其权利的实现需要义务人的协助，因此，债权并非一种现实的利益。正如罗马法学家保罗所言，“债的本质不在于我们取得某物的所有权或获得役权，而在于他人必须给我们某物或履行某事”。[1] 从这个意义上说，债权是一种可能性，是一种有待义务人的履行才能实现的权利，这就和信用的概念发生了联系。

简单商品交换关系中，一手交钱，一手交货，时间与空间的分离近乎为零，信用也趋于零。商品交换关系发展后，时空分离日趋复杂，当一个物权向另一物权过渡的中间途径无限延长时，可期待的信用发生。信用是相互的，每个人一面提供信用，一面又接受信用，所以，信用关系的双方具有依赖性，这种相互依赖的信用是受法律保障的。

我们说，债的本质是可期待的信用，是从法律保障的意义上言之。法律把债确定为权利义务关系，就是把信用关系确定为法律上的权利义务关系，保障信用实现的方式就是债法。债法通过规范告知、唤醒人们履行自己的诺言，保证在不同地域、不同时间的商品交换得以完成，从而保护人的预期利益的实现。从个人自身和前景看，债法的功能是协助个人规划未来的事业，保护其预期利益。就整个社会前景而言，债法的功能是推动整个社会的经济活动，建立一个规范的交易环境，使其朝着良性的方面发展。因此，诚实信用原则不仅是民法的基本原则，更是统领债之关系的核心原则。

四、债法在民法体系中的地位

债法是民法的组成部分，债权与人身权、物权、知识产权等绝对权不同的是，债法规范直接调整具有民事流转形式的动态财产关系，市场中各类具体主体大量不同的商品交换关系正是在债法规则中得到法律确认的。私法自治、意思自治精神在债法中得到最突出的体现。例如，交易的主体在实现属于他们的权利时，基本前提是法律地位平等、独立，合同自由，依法自主选择。作为具有相对权特点的债权，债的关系以外的其他人以及公权力机构不得任意干涉其私人意志和私人利益，除非法律另有规定或者当事人另有约定。因此，债的关系参加人获得了最广泛的独立进行商品交换的可能性，而债法规范本身也成为保障

---

〔1〕［意］彼德罗·彭梵得：《罗马法教科书》，黄风译，中国政法大学出版社 1992 年版，第 283~284 页。

债的关系当事人利益的实现和规制市场经济的基本法律手段之一。

债权作为民事权利之一，在民法典体系中的地位本应体现债权的相对权以及动态财产关系中当事人意思自治的特点，然而在我国《民法典》中，债权的特点略显不足。

民法总则是民法分则的基础与抽象，在编纂体系上以提取公因式的方式将分则各具体权利关系中共同的内容提取出来形成总则。《民法典》物权编、债权编（合同编）、婚姻家庭编、继承权编、人格权编及侵权责任编等是民法总则的具体体现，其编纂体系也基本上体现了总则（一般规定）与分则（具体权利类型）的特点。但是在债法规范中，《民法典》体系中债权缺位，既无债法总则也无明显的债法分则。传统民法理论一直坚持的完整债法体系在我国《民法典》体系中却变得支离破碎：债的基本概念规定在总则编第 118 条；债的发生原因（合同、无因管理、不当得利、侵权行为）规定于总则编第 120~122 条；缔约过失、悬赏广告两个债的发生事实规定在合同编的合同订立中；债法总则由合同总则取代；无因管理和不当得利被规定在合同编的第三分编"准合同"中；侵权行为之债独立为侵权责任编。

反对《民法典》设立债法总则的基本观点是，债法总则的内容有相当一部分与合同法一般规定重复，用合同总则取代债法总则可以简化法律条文；侵权责任法与债法分离独立成编体现了立法对民事主体合法权益的重点保护；无因管理与不当得利归入"准合同"，则有法国民法典等立法模式可资借鉴。

众所周知，我国民法从大清民律开始就是以《学说汇纂》的体例继受了德国民法典的立法体系，而非采纳《法学阶梯》式的法国民法典编纂体系。虽然两者均为大陆法系国家立法，但是在编纂体例、逻辑思维、制度规范上有明显区别，两个不同的体例融合在一起势必引起逻辑冲突。德国民法典体系中的财产权分为物权与债权，严格遵循一个不变的规则，即一项权利不可能同时是债权，又是物权，一个行为，一个合同不可能同时产生债权和物权，每个权利的产生一定由其独立的意思表示决定，这是意思自治、私法自治的必然。每个权利的命运，每个争讼的解决自始取决于其权利的性质是物权还是债权。债权与物权分别由负担行为与处分行为引起，没有负担行为与处分行为，就没有民法总则的法律行为制度，也没有民法分则中的债权与物权，当然就没有民法典总则与分则体系。因此，这并非在法典中设立债法总则的问题，而是我国《民法典》编纂体系是坚持大陆法系传统的德国立法体例，还是德国、法国、英美模式"混合"的立法体例。

侵权责任脱离债法体系独立成编，表面上，突出了保护民事权利。然而，债是相对性法律关系，与债权相对应的是债务，无论是法定之债抑或合同之债，债权债务均形成于相对人之间。债的本质是两方当事人之间法律上可期待的信用，债法规范就是为可期待信用的实现提供法律保障，这也是将侵权行为等法定之债置于债法体系中的原因。如果直接将侵权行为确定为责任与债分离，则使相对性法律关系发生了变化，因为责任与债务是两个不同层面的关系。债整体上是私法范围关系，责任的本质是债务人在国家强制力的作用下履行债务，任何强制力都体现了公法的要素在发生实质性作用，当国家参与到两个人之间的相对关系中，债的原有性质已经发生转变。虽然债务的实现在某种情形下需要责任，需要国家强制力的协助，但是直接将债归为责任，是对民事主体意志的漠视和废除，与民法的基本原则以及私法的理念不合。因此，本书仍然坚持传统的债法体系，分债法总论和债法分论。尽管在编排顺序上按照《民法典》体系将无因管理和不当得利归为"准合同"，将侵权行为之债以"侵权责任编"命名，但这些制度是债法体系中分论的内容，即各个具体的债之关系。

第二节　债的法律关系

一、债的关系之要素

债的要素是指构成债的法律关系所必须具备的因素，缺少任何一个要素都不能构成债的关系。任何债之法律关系均应具备债的主体、债的内容和债的客体三要素。

（一）债的主体

债的主体是指参加债的法律关系的当事人：债权人与债务人。有权请求他方为特定行为的是权利主体，称为债权人；有义务实施特定行为的是义务主体，称为债务人。债的主体，可以是自然人、法人和非法人团体。债权人或者债务人任何一方，可以是单数，也可以是复数。

债的主体特点是，债在特定的当事人之间发生，即债权人与债务人都是特定的人。债的当事人之间的这种特定关系被称为“债的相对性”。所谓债的相对性，是指债权人只能向特定的债务人为给付请求，债务人也仅向特定的债权人为给付，故债权也称“对人权”。债权人和债务人以外的第三人不是债的关系的主体。债的相对性同时表明，债的关系须有债权人与债务人两个独立的人格，当债权债务集于一人时，债因混同而消灭。

在我国，一切民事主体都有资格成为债的主体。只是不同类型的债对主体能力有一定要求。如合同为双方法律行为，因此合同之债的主体要受行为能力的限制；而无因管理之债、不当得利之债是非法律行为，对主体没有行为能力的要求；侵权行为之债在法律无特别规定时，对侵权人有相应责任能力的要求。

（二）债的内容

债的内容是债权与债务。债权是权利人可以请求义务人为特定给付的权利；债务是义务人依权利人的请求实施特定给付的义务。债产生以后，债权的内容之一是债权人有权请求义务人为一定行为，因此通常也把债权称为“请求权”。应注意的是，虽然债权具有请求权内容，但债权不等于请求权。请求权是债权的上位概念，与支配权相对应，用来说明权利的作用。债权除了具有请求权内容以外，还包含其他内容，如执行权、保有权、受领权、抗辩权、抵销权、解除权、撤销权、代位权等内容，请求权只可谓债权的主要内容，并不等于债权的全部。[1] 请求权基于债的关系产生，没有债的基本关系就无所谓请求权，所以，债权请求权是派生的权利。

债的内容，从义务人的义务方面说是债务，是义务人按照权利人的请求负有特定给付的义务，也是债务人根据债的关系应受的“拘束”或“负担”。债务人对于债务的履行，既不能随意变更，也不得自行免除，必须受其拘束。

债权与债务表明了债权人与债务人利益的不同。债权是权利人享有的特定利益，债务是义务人负担的不利益。债务与债权相对应，没有债务就无所谓债权，债权的实现依靠债务人义务的履行，两者相辅相成。

债务与责任不同，债务为应为给付的义务，强调意思自治、自主履行；责任为不履行给付义务的法律后果，体现为通过国家强制力为权利实现提供救济。当国家参与到责任关

---

〔1〕 参见郑玉波：《民法债编总论》，中国政法大学出版社2004年版，第5页。

系中，债之当事人之间私人的事就有了新的特质。任何违约行为、不当得利行为、侵权行为不仅涉及两个人之间的相对关系，还间接或直接影响到他人利益、社会利益和法律秩序。国家通过强制执行力要求债务人承担责任，不仅仅是在解决双方间的债务纠纷，还是在维护社会秩序。

（三）债的客体

1. 债的客体含义。债的客体是债务人的给付。债的客体通常也称债之标的，用来表示债的主体行动之目的、权利作用之对象。客体与标的二者无实质区别，仅是使用场合不同。在阐述法律关系的三要素时，多使用客体一词与主体相对应，“标的”为动态词，多适用于债权关系中具体的客体，以表示主体行为的目标。“标的”与“标的物”不同，“标的”，可以是物、权利、行为，或是权利义务的综合体。如果物以有体物为限，则“标的物”仅指有体物，此时“标的”的范围比“标的物”的范围更广。

债的标的是什么，在民法理论上一直是争论较多的问题。有观点认为，债的客体是债权债务共同指向的对象；有的观点认为，债的客体是债权人权利作用的对象；也有观点认为，债的客体是债务人本身。通说认为，债的标的是构成债之关系内容的“债务人的特定行为”。该特定行为在债法上用“给付”这一特定概念表示，即债的标的为债务人的给付。

2. 债的客体为给付。“给付”（prestazione）产生于罗马动词“prestare”，它含有做、给、履行的意思。“给”是指转移所有权或其他物权的义务。“做”是一种单纯的行为，如实施某一劳作，允许享用某一物品等。“履行”既包括“给”的意思，又包括“做”的意思，更多涉及的是保证、责任，而不是直接的目标或债务，虽然这是一个并不具体地特指标的的一般术语，但它以特定的方式专门用来表示那些对于履行义务的保证和责任而言具有特别意义的附带的和偶然的要素。[1] 可见，债务人的给付作为债的标的，说明了债的动态性特点，同时也是现代民法区分物权与债权的标准之一，物权的实现，无需通过义务人的给付行为；而债权的实现，必须依靠债务人的给付。

3. 债的标的（给付）的要件。债的给付应具备的要件是：合法性、可能性、确定性和财产性。①标的须合法和妥当。债的给付须为法律允许的合法正当的给付，不得违反善良风俗和社会公共利益；②标的须可能。给付须为事实上或法律上能实现的给付；③标的须确定。给付须在债成立之时已经确定或至少是可确定的，给付的性质、方式、时间、地点、标的物的数量、质量、价格须确定，否则会导致履行不能；④标的为财产性给付。债的给付应具有财产价值，能给债权人带来利益。对于符合上述要求的标的，方能为有效的给付。

4. 债的给付类型。债的标的包括积极给付（作为）和消极给付（不作为）。应该注意的是，债法中的给付须是发生在特定当事人之间的给付，任何人都应遵守的一般性法律义务不是给付。例如，不得妨碍所有人行使权利，不得侵犯他人人身权，这里的不作为，是法定义务，是人人都应遵守的义务，不是特定的债权人与债务人之间的标的。但是如果当事人将这种法定义务作为约定义务时，也可称之为债的关系的“给付”。

债务人按照债权人的请求所为的给付，可以是物，如交付物；也可以是行为，如提供服务。前者称为给予债务；后者称为行为债务。给予债务不能履行时，可以强制执行；行为债务，可以是作为，也可以是不作为，行为债务不能履行时，原则上不能直接强制执行。

根据债达到的目的之不同，给付有时指给付行为，有时指给付效果。至于给付是给付

---

〔1〕 参见［意］彼德罗·彭梵得：《罗马法教科书》，黄风译，中国政法大学出版社 1992 年版，第 287 页。

行为还是给付效果，由具体之债要达到的目的或者双方当事人的约定决定。例如，某大学生受雇做家教，辅导学生高考，双方如果没有约定给付效果，该被辅导的孩子即使未考上大学，受雇人也有报酬请求权；反之，承揽合同以给付效果为前提，除非不可抗力使标的物毁损灭失致给付不能外，无给付效果时债务人则无费用请求权。

二、债的法律关系特点

（一）债是民事法律关系

债的关系是民事法律关系之一，债的主体双方在法律地位上是平等的、独立的，相互不具有依附、命令关系；公法上债的关系，如税收之债，不是民法上债的关系。

（二）债是以财产性给付为内容的法律关系

在古罗马，债的关系为人身关系，债务人不履行债务，债权人可以拘押债务人，从而以人身作为债的担保。现代民法与古代民法完全不同，债权人请求债务人的给付均为财产内容的给付，即使债务人未履行义务，债务人也不负人身义务，仅承担财产义务。对未履行义务的债务人，债权人不能直接强制其给付或者限制其人身自由，对债务人进行私自关押是违法行为。

（三）债是依合同约定或依法律规定在当事人之间发生的特别结合关系

债之关系并不是单纯靠违背法律上规定的一般性行为义务来设定的。相反，债之关系更多的是因法律行为，特别是因合同而产生，债的关系当事人比其他关系的当事人之间关系更为密切。[1] 例如，因买卖合同双方产生转移买卖标的物所有权和给付价款的义务，因侵权行为双方产生损害赔偿的债权债务关系，这里当事人相互之间均存在特别结合关系。通常称："债是依国法使他人为一定给付的法锁。"所谓法锁或法律上的锁链，是指特定的当事人之间的法律关系。[2] 不论是当事人合意产生的债或者是法律规定的债，只要债的关系成立，债就像一把锁，将当事人特别结合在一起。在债务履行之前，双方被法锁锁住，债务人的给付（履行）是解除该约束的钥匙。

（四）债是特定当事人之间的相对性民事法律关系

债的相对性包括主体的相对性、内容的相对性、责任的相对性。其具体表现为：债的关系是特定的债权人和特定的债务人之间的关系；债的关系以外的其他人不得请求享有该债的权利，债的关系以外的其他人不必履行该债的义务；如果任何一方不履行债务，只能要求相对人承担不履行义务的责任。

随着交易的发展，债的关系涉及第三人的情况较多，但这仅是债的涉他效力，第三人并非债的主体。

（五）债的关系有狭义和广义之分

狭义的债之关系，就是一个债务关系，单指个别给付关系。一般而言，经一方的一次性给付，债的关系就消灭，这是狭义的债的关系。"广义的债之关系是一个极其复杂的架构，而这一复杂的架构主要由众多的债权或者义务（狭义的债务关系）组成。"[3] 例如，继续性债之关系、连续雇佣关系、连续供货关系、长期房屋租赁关系等，不是一次性给付，而是数次给付。根据该法律关系可以产生出一系列请求权（债权）和义务（债务）。从债的广义性可以看出，债的关系是一个不断变化着的形态，因当事人的约定，可随时间发生

〔1〕参见［德］迪特尔·梅迪库斯：《德国债法总论》，杜景林、卢谌译，法律出版社2004年版，第4页。
〔2〕参见周枏：《罗马法原论》（下册），商务印书馆1994年版，第628页。
〔3〕［德］迪特尔·梅迪库斯：《德国债法总论》，杜景林、卢谌译，法律出版社2004年版，第9页。

多种给付义务。大多数债的关系都是广义的债的关系。

研究债的狭义和广义这种结合关系，主要是强调信赖基础。债的成立使双方当事人建立信赖关系，很多债并非因一次给付消灭双方的权利义务关系，而是有很多延续义务，要求双方尽心尽力履行全部给付义务，实现债的目的。

三、债权的特征

尽管债法是关于债权债务关系的法律规范，但债的关系更多的是从债权的角度来说明的，故债法更多地被称为债权法，与物权法相对应。

揭示债的关系中债权之特点，有助于深入理解债的本质。我国台湾地区学者王泽鉴教授说，要了解债权的性质，可从两方面观察，一看债权不是什么，再看债权究竟是什么，最好的方法是将债权与物权加以对照比较。〔1〕债权与物权均为财产权，两者相较，债权特征如下：

（一）债权具有请求权作用

在权利的作用上，债权具有请求权特点，而非支配权。债权的请求权特点表现为：债权人必须借助于他人（债务人）的意思和行为，才能实现其权利，享受其利益。而物权为支配权，物权人无需借助他人的行为就能够直接支配其标的物，并通过对标的物的直接支配享受其利益。

（二）债权为相对权

在权利性质上，债权是相对权、对人权，而非绝对权。债权的权利效力只及于特定的债务人，即使因第三人的行为使债权不能获得实现，债权人原则上不能依据债权的效力向该第三人请求给付。物权为绝对权、对世权，物权之效力得向一切人主张，权利人之外的一切人均为义务主体，均负有不得侵害其权利和妨害其权利行使的义务。应注意的是，现代债法为了保护债的相对性和尊重债的当事人的意思，在特定情形下，对债的相对性效力做了一定程度的扩张，如债的保全、涉他契约，以及第三人故意侵害债权需承担赔偿责任等均涉及债的当事人与第三人的效力关系。

（三）债权具有相容性

在权利效力上，债权具有相容性，不具排他性效力。在同一个标的物上可以成立内容相同或内容不同的数个债权，每个债权地位平等。物权具有排他性，物权人就其公示的物权具有对抗一切第三人的独占效力。

（四）债权不具优先权效力

在权利实现上，债权不具有优先权效力。一个物上存在多个债权时，不问其成立先后，均可同等受偿。物权则有优先权效力，一个物上存在债权与物权时，物权的效力优先于债权。

（五）债权不具追及权效力

追及权效力对区分物权与债权有特定意义，追及力是物权的独立效力，而债权不具有追及力。如果将追及力归为请求权效力，不易区分物权与债权。追及力是两者的本质差别。

（六）债权标的为债务人给付

在权利客体上，债权的标的为债务人的特定给付，物权的客体为物。请求权与支配权的作用不同，体现在两者的客体不同，债权的作用是请求对方为一定行为，故债权的实现

---

〔1〕参见王泽鉴：《债法原理（1）基本理论、债之发生》，中国政法大学出版社2003年版，第8页。

取决于债务人给付的完成，物权的作用是直接支配物，故物权的实现以管领、控制物为前提。

（七）债权的发生以任意主义为主，法定主义为辅

在权利发生上，债权的发生以非法定主义为主，合意债权之发生及内容则实行任意主义，但法定债权仍受法律的限制，不允许任意创设；而物权的创设为法定主义，按照物权法定主义，物权的类型和内容受法律限制，不允许当事人任意创设新的物权，也不允许变更物权的内容。

（八）债权为有期限权利

债权的存续受期限的限制，具体表现为：受当事人约定的期限和法律规定的期限限制，故请求权效力有存续期间。因此，在权利实现上，债权原则上因清偿得到满足。而物权原则上因其存续得到满足。债权人或债务人行使权利、履行义务是为了促成债的消灭，而物权人尽力维护物的存在，为的是保有物权的支配权。

债权与物权的不同性质与作用体现出："法律上物权与债权的关系，就像自然界中材料与力的关系。前者是静的要素，后者是动的要素。在前者占主导地位的社会里，法律生活呈静态；在后者占主导地位的社会里，法律生活呈动态。"〔1〕静态形式是中世纪直到近代法律生活的形式，在这个时期，物权是目的，债权主要是手段。随着资本主义经济的发展，"所有权最重要的作用已经不是利用物质客体，而是将其作为资本，利用资本获得收益"。〔2〕而所有权作为资本，必须与各种债权契约相结合，否则所有权不能发挥作用。

因此，在现代社会中，拥有财产并非拥有现实存在的物，而是拥有对他人的请求权，拥有对他人的信用。如果从拥有资本并运用资本以获得更大利益的角度观察，在一定范围内，可以说在今天的经济社会里，"债权已不是取得对物权和物利用的手段，其本身就是法律生活的目的"。〔3〕在从以占有资本为中心的静态的经济社会发展为以运用资本为中心的动态的社会的过程中，在一个拥有对他人的信用的社会中，债法规则的运作是极其重要的，这也是我们规定、遵行、研究和完善债法规范的意义所在。

四、债的给付与债法体系

债是因特定的事实在特定当事人之间引起的债权与债务的法律关系，债一经形成，其核心就是尽一切可能实现给付，因此债务人的给付以及如何保障给付的实现为债的中心：给付完成，债权实现，债之约束解除。债法规范正是围绕着"给付"这一特定行为，建立了债法的和谐体系：

1. 依据给付产生的原因，债法确定了债的发生原因。
2. 依据给付主体、内容、方法、标的内容的不同，债法确定了债的类型。
3. 从保障给付义务履行之角度，债法规定了债的效力。
4. 从进一步确保给付义务的实现，债法规定了债的担保和保全。
5. 依给付主体的移位和给付内容之变化，债法规定了债的移转和变更。
6. 依给付目的的完成，债法规定了债的消灭。

---

〔1〕［德］拉德布鲁赫：《法学导论》，米健、朱林译，中国大百科全书出版社1997年版，第64页。

〔2〕［日］我妻荣：《债权在近代法中的优越地位》，王书江、张雷译，中国大百科全书出版社1999年版，第8页。

〔3〕［日］我妻荣：《债权在近代法中的优越地位》，王书江、张雷译，中国大百科全书出版社1999年版，第6~7页。

上述债的体系，从理论结构上，分为两部分：债法总论与债法分论。债法总论，研究债的一般原理，内容包括：债的意义、债的发生、债的类型、债的效力、债的担保、债的移转、债的消灭等。债法分论，研究各种具体的债，内容为合同之债、无因管理之债、不当得利之债、侵权行为之债、悬赏广告之债、缔约过失之债和其他的债。

第三节 债的发生

债的发生，是指债权债务关系在相对的当事人之间产生。债的发生是研究债的前提，只有债的法律关系形成，权利义务内容确定后，才能有债的效力、债的保全与担保，以及债的变更移转和消灭的问题。

债是法律关系，引起债之法律关系发生的事实，为债的发生原因。在罗马法中，债的发生原因有四种：①契约；②准契约，即无因管理与不当得利；③私犯，即侵犯人身和私人财产的行为；④准私犯，类似现代法的特殊侵权行为。近代大陆法系民法典基本承继了罗马法的模式，将契约、无因管理、不当得利和侵权行为分别作为债的发生原因。我国《民法典》也将上述事实作为债的发生原因，同时还确定了其他引起债产生的法律事实，如缔约过失、悬赏广告等。其中，合同、悬赏广告为意定之债，即当事人通过法律行为产生的债。无因管理、不当得利、侵权行为、缔约过失为法定之债，即因法律规定产生的债。

一、因合同产生的债

（一）合同的意义

合同是当事人之间为了产生民法上的权利义务关系而形成的具有法律约束力的共同约定。合同的形成是把双方或多方当事人要发生某种权利义务关系效果的不同意思表示，通过协商合为统一、共同意思表示的过程。因此，合同为意定之债，体现了该债由当事人的意思表示“合致”产生。

在现代社会中，合同无时不在，无处不有，我们的生活已经离不开合同。如果没有合同，社会成员之间将不可能建立有效的相互结合、相互协作的关系；没有合同，作为现代工业基本特征的复杂的合作和社会分工也不可能像现在这样成为现实。合同在日常生活中的普遍适用，使得现在很多人都认为，合同的存在是理所当然的，是情理之中的事实。

实际上，今天比较完善的合同体系是社会进步、社会发展的结果。英国学者亨利·梅因指出：“所有进步社会的运动，到现在为止，是一个‘从身份到契约’的运动。”[1] 在古代社会，“人的一切关系都被概括在家族关系中”，家庭、家族是法律的基本单位，古代社会中人与人之间相互依附，各种各样的身份都源于寄生在家庭中的权力与特权，家父是立法者，家族之中每个人遵守的是家庭的法律。有身份和特权的存在，自由意志的表达则受限制。自然，契约成立的前提，“个人自由的合意”也不存在。所以，在古代社会，人与人之间的关系是身份关系。

随着家庭依附关系逐渐解体，个人逐步替代了家庭，成为民法的基本单位。当个人从人身依附关系中解脱出来，不再成为被支配的对象时，自由意志的表达才成为可能。这样一来，通过人的自由合意（契约）而结成的权利义务关系，逐步代替了源自家族的各种权

---

〔1〕［英］梅因：《古代法》，沈景一译，商务印书馆1997年版，第97页。

利义务关系。如奴隶身份取消，夫权、父权特权地位改变，人与人的关系通过契约结合。尽管在社会的发展中，从意志的被支配到意志的自由运动是一个缓慢的过程，但所有进步社会的运动，迄今为止是一个“从身份到契约”的运动。

（二）合同是商品交换的法律形式

商品经济是以交换为目的的经济形式，交换的实质是商品所有权的让渡，故商品所有者地位平等、自由意志的表达和意思表示一致是商品交换得以实现的前提。体现前述特点的合同，正是调整参加交换关系当事人行为的基本的法律形式，商品的所有者和生产者通过与其相对人订立和履行合同的方式独立实现商品流转。“由一个人到另一个人的这种财产的过渡，称之为转让。通过两个人联合意志的行为，把属于一个人的东西转移给另一个人，这就构成契约（合同）。”〔1〕“由此可知，契约关系起着中介作用，使在绝对区分中的独立所有人达到意志同一。”“它作为中介，使意志一方面放弃一个而且是单一的所有权，一方面接受另一个即属于他人的所有权；这种中介发生在双方意志在同一种联系的情况下，就是说，一方的意志仅在他方的意志在场时作出决定。”〔2〕因此，合同是双方当事人自由意志的突出体现，是商品交换的主要法律形式。

（三）合同与债

合同与债是原因与结果的关系，合同是债产生的原因，债是合同引起的结果。由于合同可引起债，所以在合同有效成立之时，合同之债即发生，在这个意义上，也将合同称为合同之债。

合同仅为债的一种类型，不能概括债的全部内容。债除了合同之外，还有法定之债。正因为合同只是债的一种形式，因此合同上的请求权仅是债权请求权体系中的请求权之一。

合同是双方法律行为，在法律行为体系中占有重要地位，因此，《德国民法典》将“合同的成立”规定在民法总则编中，债权编、物权编、亲属编与继承编中关于合同的订立都适用总则中有关合同订立的规定；在分则中针对不同的合同再作不同规定。《德国民法典》将合同的一般规则规定在民法总则中的这种体系，说明德国民法的合同为广义合同，适用于民法中的一切合同。

大陆法系某些国家以及我国《民法典》把合同规定在债权部分中，采狭义合同的理论。但是，无论是广义或是狭义之合同，作为法律行为的一种，均受民法总则编法律行为基本原理指导。

二、因无因管理产生的债

（一）无因管理的意义

无因管理是指没有法定或约定义务的人，为了他人利益免受损失而自愿为他人管理合法、必要、适当事务的行为。无因管理行为发生后，依据《民法典》第121条的规定，“没有法定的或者约定的义务，为避免他人利益受损失而进行管理的人，有权请求受益人偿还由此支出的必要费用”。这一债权债务关系为因无因管理所生之债。由于无因管理之债的法律后果直接由法律规定，故无因管理之债为法定之债。

无因管理在罗马法中被认为是准契约。所谓准契约，即指在当事人之间虽然没有订立合同，但考虑到公平原则以及社会的公共秩序和善良风俗，该行为所发生的法律效果与订立合同相同。例如无因管理是在被管理人不知情的情形下经管他人事务，该事实在客观意

〔1〕［德］康德：《法的形而上学原理——权利的科学》，沈叔平译，商务印书馆1991年版，第89页。
〔2〕［德］黑格尔：《法哲学原理》，范杨、张启泰译，商务印书馆1995年版，第81页。

义上与委托很相似，故罗马法将债因归为准契约。由于该债是因管理人（债权人）自愿的行为所发生的债务，也称为“非合意而发生的债”。之后随着债法发展，有些国家的民法排除准契约的概念，将无因管理作为法定之债发生原因之一。

（二）无因管理之债的制度价值

民法上规定无因管理制度的社会功能，简言之，是平衡个人利益与社会利益的冲突，在个人利益和社会利益之间建立一个结合点，从而弘扬社会道德。既要保障帮助他人者的权利和利益，同时又要维护每个人自身的事务免受无端干涉。无因管理是基于个人利益与社会利益两种不同的理念而结合形成的行为规范。

管理他人事物，通常基于一定的法律关系。例如，基于委托合同、用工关系、监护关系等。但在日常生活中，未受委任且无法定义务而管理他人事务的情况时有发生，如收留走失的小孩；为出差远行的邻居代交房租；救助因车祸受伤的人员等。在管理他人事务时，会涉及两方面利益：

1. 受管理者的个人利益。对个人利益、私人事务，法律的基本原则是：个人的事务，个人自行处理，他人不得任意干预。违反此原则，任意干预他人事务时，通常可构成侵权行为。所以在尊重个人自由意志的前提下，法律确立了个人事务应由自己决定，他人不得干涉的原则。

2. 管理人行为涉及的公共利益。尽管管理人的行为是个人行为，被管理的事务是个人事务，但又涉及社会利益。例如，路见他人有难，若人人均袖手旁观，置之不理，其影响所及，不仅仅是协助者之利益受损，而且整个社会道德风尚和利益也受损害，与民法的精神理念相悖。因此，法律为鼓励人类相互帮助，规定了无因管理制度，对这种虽然干预了他人事务，但目的是帮助他人，为他人利益服务的行为予以承认，以弘扬人类危难相助、见义勇为的道德风尚。

然而，无论从立法上，还是在实践中，如何实现这两种不同利益理念的均衡，是件不易之事。如果规范不准确，则很容易造成不当干涉他人事务和利益，侵犯他人权利的情况。为防止对他人事务滥加干涉，保护本人和助人者的双重利益，法律对无因管理规定了严格的构成要件，区别哪些是私人的事，不能干涉，哪些是社会利益，应被鼓励加以维护，并为其实施创设一定的条件。对于符合无因管理要件的行为，阻却违法，管理人不负损害赔偿责任，同时在当事人之间产生债权债务关系，管理人享有对支出费用的偿还请求权。对于不符合无因管理要件，甚至侵害他人权利的行为，产生损害赔偿之债。因此，法律规定无因管理制度的目的在于平衡个人利益与社会利益，以期达到两者最大限度的契合。

三、因不当得利产生的债

（一）不当得利的意义

不当得利是一方无法律上的依据即获得利益而致他方受损的事实。为纠正这种不当的损益变动，我国《民法典》第122条规定，因他人没有法律根据，取得不当利益，受损失的人有权请求其返还不当利益。这一债权债务关系为法律规定的因不当得利所生之债。

（二）不当得利之债的制度价值

法律规定不当得利之债的目的，简而言之，系公平正义，不得损人利己。具体而言，不当得利之债具有两个基本价值功能：

1. 纠正欠缺法律原因的财产移转。正常情况下，财物的取得，都是有法律原因的。例如，基于赠与合同、买卖合同取得物，是基于当事人间真实意思发生的财产转移，但是如果赠与人发生错误，或者买卖合同无效、被撤销，此时从对方那里获得的财物则欠缺法律上的原因，构成非债清偿、非债履行。对此，需要法律纠正因合同不成立、无效、被撤销引起的财产移转，使一方有权请求他方返还无法律原因获得的利益。这是不当得利制度的一个功能。可以看出，不当得利制度与合同制度有密切关系，合同产生给付义务，没有法律原因的给付，则构成不当得利，因此不当得利制度也是纠正不当给付的制度。

2. 保护原权利人对财产的归属权。一方无原因的获得利益，必然使相对方受到损失。例如，擅自出售他人之物；擅自出租他人所有的房屋；擅自将他人肖像用于广告等，都会使他方受损。法律规定受损方有不当得利请求权，受损方可以通过行使不当得利请求权以保护自己的权利。因此，不当得利制度具有保护权利不受侵害的作用。

需要指出的是，不当得利制度对受损人权利的保护与侵权行为法对受害人权利的保护机能有区别。侵权行为法中对受害人权利予以保护的目的，是填补损害，只要有损害，就赔偿损害，赔偿的是受害人的实际损失。同时侵权行为法中的损害赔偿责任的成立，还要求加害人须有过错。不当得利制度是要把不当的利益返还给受损害的人，尽管也需要有受损人受到损害这一事实，但是受损人受损事实的成立必须以受益人获得不当利益为前提。如果一方受损，另一方未获利，或者一方获得一定利益而另一方没有受损，均不构成不当得利。

四、因侵权行为产生的债

（一）侵权行为的含义

侵权行为是不法侵害他人支配型权利或者受法律保护的利益，因而行为人须就所生损害负担责任的行为。[1] 侵权行为事实发生后，依据《民法典》第120条的规定，“被侵权人有权请求侵权人承担侵权责任”，即受害人有权请求加害人赔偿损失，加害人有赔偿义务。这一损害赔偿的债权债务关系，因法律规定而产生。

在现代大陆法系法典化国家的民法典体系中，侵权行为法是民法的组成部分，是债的发生原因之一。由于该债之效果是法律规定的效果，故因侵权行为所产生的债，也称为法定之债。侵权行为法作为大陆法系法典化国家中债法之内容，在债法体系中位置略有差异，但均为债之体系的内容，仅有极少数国家将赔偿法作为特别法单独规定。

在非法典化的英美法系国家，侵权行为法为一门独立的法，由各类具体侵权行为的规定和大量具体侵权诉讼的法院判例构成，法官判案以判例为依据，并在判例基础上不断发展和补充裁判依据。

（二）侵权行为法的价值功能

综观各国侵权行为法的第1条，都体现了这样的基本思想，即因过错不法侵害了他人权利的人，有义务向他人赔偿由此造成的损失。这说明侵权行为法的主要目的是要求那些因过错给他人造成损失的人负担赔偿义务。要达到此目的，归责是侵权行为法需首先解决的问题。

过错归责包含了这样一个立法的价值观：当我们在对损失给以赔偿，维护法律秩序的同时，必须考虑人的行为自由。如果立法不问原因，只看损失，就会限制人的行为自由，人人都尽量避免积极的行为，保持安静就成了公民的首要义务，那么，这个世界将是一个无为的世界。过错归责，恰恰是有利于人的行为自由的。

侵权行为法的过错归责有其伦理道德基础，强调了理性人的标准。当然，随着社会的

---

〔1〕 参见张俊浩主编：《民法学原理》，中国政法大学出版社2000年版，第902页。

发展，交通事故、医疗事故、产品责任、环境污染等现代型的侵权行为大量发生，这些事故造成的损害往往超出了理性人的行为预期，即使尽到谨慎、注意义务，也有可能发生事故，这时出现了少数不问加害人过错，均应承担赔偿责任的侵权类型，并引用保险机制分散转移赔偿义务。由于某些侵权行为不考虑加害人过错，保险机制又承担了分配损害的风险，就出现了这样的观点，认为现代侵权法有“反侵权行为化”的趋向，等于是强调结果责任。

应该看到，随着社会的发展，侵权行为法的宗旨并没有变，仍然是尊重人的行为自由，维护法律秩序，补偿受害人的损失。过错归责是最基本的责任归属的确定原则，不问过错的侵权类型，仅对一些特殊的工业侵权适用，而且这些作业类型都是社会不可缺少的，也是可以给企业家带来巨大财富的。每个人是自己利益最好的选择与判断者，获得财富的同时，必然要有成本的付出，包括侵权损害赔偿的成本。从事这些职业的企业，不能将损失转嫁给受害方，选择保险机制分散风险是理性的选择。所以，从法经济学角度出发分析，现代侵权法既维护了社会秩序，保护了受害人，也保护了从事危险作业的企业，社会发展并没有因此而止步。

在意思自治原则的指导下，侵权行为法的价值功能体现为：

1. 保护功能：民法是权利法，以保护私主体的民事权利为中心，法律不仅确认主体享有哪些权利，而且对主体所享有的权利给以物质利益的法律保障，任何人不得侵犯他人的权利和受法律保护的利益，这是法律要求每一个人对他人应负的一般义务，违反法定义务，应承担法律规定的后果。

2. 补偿功能：填补损害。在大陆法系，侵权行为的后果被确定为“债”；在英美法系，则称之为“补救”，其本质都是补偿受害人所蒙受的损失。因此，只要具备侵权行为的构成要件，行为人对造成的损害均须负全部赔偿责任。

3. 预防功能：预防损害的发生。通过赔偿损害，教育和惩戒违法行为人，同时，也教育他人遵守法律，减少损害的发生。

4. 分散风险功能：与其他救济措施共同分散损失。随着社会科学技术的发展，损害的样态越来越多。为了减少和防止损害，补偿受害人，国家法律采取包括刑事、行政以及社会保险制度等综合措施与侵权行为法共同达到填补损失的效果。侵权行为法是这些综合措施中的一种，例如，通过民事保险、责任保险、强制保险、劳动保险、社会保险等分散损失，冲破了过去的那种“要么损失由加害人承担，要么由受害人承担”的狭隘的观点。

五、因其他原因产生的债

除了上述几种主要的债的发生原因以外，民法中其他部分的规定也会产生债的关系，我们统称为因其他原因所生之债。例如，因悬赏广告所生之债，因缔约过失所生之债，所有人与占有人之间关于物的返还请求产生的债，遗失物的拾得人与遗失人之间产生的债，因物的添附或混同产生的债，因共有关系产生的债，因监护关系、无权代理产生的债，因亲属关系和继承关系产生的债，等等。

上述债的发生原因，从表面上看，似乎彼此之间没有关联，各制度有自己的价值功能，但从这些制度的本质上观察，上述债的原因均为民法意思自治原则的体现。

民法为私法，以任意性规范为主。作为私法的民法，给个人提供了广泛选择的机会，每一种机会和条件（民法规范）都明确告知了这是一种什么法律关系，这种关系的设定会产生什么样的法律后果，每一个人可以根据私法规范，按照自己的意愿，自主选择设定哪一种法律关系，这个过程即意思自治的过程。债的发生根据充分体现了民法意思自治和私法自治原则的精神理念。

合同之债是意思自治原则的正面体现。根据契约自由原则，合同的当事人可以依照自己的理性判断和自由的意志，选择缔约的相对方，选择合同的内容、履行方式、合同不能履行时的救济方式等。合同当事人在合同中为自己设定的权利和义务，属于法律的一部分，自然是意思自治的具体体现。

无因管理之债是意思自治原则的扩张。为了他人利益免受损害而主动对他人事务进行管理，是人的理性选择，法律鼓励人的正当意思活动和正当管理行为。

不当得利之债是意思自治原则的补充。在意思自治原则下，个人基于正当意思活动获取的正当利益，法律自然要予以保护；反之，则属于不正当获利，应发生不当利益返还之债。

侵权行为之债是对滥用意思自治原则的防止。民事活动应当遵循自愿、自由原则，但是自愿与自由不是没有界限范围的，如果超过了界限范围而损害到他人的权利和利益时，则产生损害赔偿的权利义务关系，也是加害人对受害人应负担的民事责任。承担责任的重要依据是行为人有过错。过错是人的主观心理状态，行为人应对自己有过错的行为负责，这也是自己选择，自己负责。所以，侵权行为之债是对人所实施的过失行为的追究，也是对意思自治原则的进一步贯彻。

第二章
债的类型

债的类型，是根据债的不同标准对债进行分类。债的类型是债之关系的不同表现形式，表述了债权与债务关系的不同作用。研究债的分类，重要的是应关注债的分类意义及其适用，而不应仅将其看作理论上的划分。债的主要类型是：

第一节 意定之债与法定之债

以债的给付发生原因为标准，债可分为意定之债和法定之债。

一、意定之债

意定之债也称因法律行为所生之债，是指债的发生和债的内容都由当事人的自由意志决定的债。意定之债又可再分为：因单方行为所生之债和因双方行为所生之债。

1. 因单方行为所生之债。在债法理论上，通常认为因单方行为所生之债主要是因悬赏广告、遗赠、捐助行为、代理权的授予而产生的债。因单方行为产生的债较少。

2. 因双方行为所生之债。因双方行为所生之债也称为合意之债、契约之债、因合同所生之债。该债的发生以双方当事人之间的协议为基础，而该协议是双方当事人意思表示一致的结果。合同是债发生的最主要的原因。

二、法定之债

法定之债是债的发生原因和债的权利义务关系均由法律规定，而非由行为人的意思确定的债，也称因法律行为以外的原因所生之债。引起法定之债的法律事实，可以是事件，也可以是事实行为和违法行为，但并非所有事件和非法律行为都能产生债，引起债的法律事实要由法律明确规定。因此，这类债被称为法定之债。法律规定的债有：无因管理之债、不当得利之债、侵权行为之债、缔约过失之债，以及因其他法律规定的原因所产生的债。

三、意定之债与法定之债分类的基本意义

1. 两类债适用的法律不同。合同之债适用合同本身的条款，悬赏广告之债，适用悬赏广告当事人的意思，如果当事人在合同中无约定，或者意思表示不明确，应根据合同的种类寻找该合同的具体规范，以及适用法律行为的规范，遵从当事人真实合法的意思表示。法定之债须依照法律对相关债的规定。

2. 意思自治原则的适用程度不同。意定之债的发生由意思表示确定，债的主体、内容、履行期限、方式等均可由当事人约定。法定之债的内容不能由当事人约定，只能依照法律的规定适用。

第二节 单数主体之债与复数主体之债

以债的给付主体为单数或复数为标准，将债分为单数主体之债和复数主体之债。

一、单数主体之债

单数主体之债是债的主体双方，债权人与债务人各为一人的债。单数主体之债的关系比较简单，单个债权人仅针对单个债务人主张请求权，债务人仅向该债权人履行义务。

二、复数主体之债

复数主体之债是债的主体双方或者其中一方为二人或者二人以上的债。由于复数主体之债中债权人或者债务人一方或双方均为多数人，因此在对内和对外效力上比单数主体之债复杂。

三、区分单数主体之债与复数主体之债的意义

1. 两类债的简单与复杂程度不同。单数主体之债中债权人与债务人之间的关系简单明了，债务人一人清偿债务，债权人债权即可得到实现。复数主体之债中债权人或者债务人一方或双方均为多数人，则会产生债权人或债务人之间的权利义务效力牵连问题，因此较单数主体之债复杂。

2. 两类债的当事人间是否发生权利义务效力牵连不同。单数主体之债，由于债权人与债务人均为一人，不存在主体之间权利义务效力牵连的问题。债务人一人履行债务，债权与债务在相对人间归于消灭。复数主体之债中因债权人或者债务人一方或双方为多数人，则主体之间的权利义务要发生对外、对内两方面的特殊效力：①对外效力，体现在各多数债权人如何对各多数债务人行使债权或各多数债务人如何对各多数债权人履行义务；②对内效力，体现在多数债权人内部之间或多数债务人内部之间的追偿关系。另外，复数主体之债，是以同一给付为标的的债的关系，因此还须考虑给付是否可分，根据给付是否可分，其多数主体之间的对内、对外效力也不尽相同。本书将另设专章论述复数主体之债。

第三节 实物之债、货币之债、利息之债、劳务之债、损害赔偿之债

根据债的给付标的之不同，债可以是给付实物、给付货币、给付利息、给付劳务、给付损害赔偿金等，由此可将债分为实物之债、货币之债、利息之债、劳务之债、损害赔偿之债等。

一、实物之债

实物之债是指给付的标的系实物的债。实物是指车、房屋、家具等有体物。实物之债又根据在债成立时给付的标的物是否特定为准，分为特定物之债与种类物之债。

（一）特定物之债

1. 特定物之债的概念。特定物之债是以特定物为给付标的的债，给付的标的自始就确定在特定的给付之上。例如，甲请求乙拍卖行给付梵·高的名画《向日葵》，这是具体的特定给付。

2. 特定物之债与特定给付不同。特定给付是广义的概念，可包括给付特定物、特定行为、特定权利。特定物之债是特定给付之一种，仅指以特定物为给付标的，是狭义的特定

给付。

3. 特定物之债的特征。①由于给付特定，当事人无其他约定时，债之履行，以当事人具体指定之物为给付标的。②特定物之债中，如果给付标的物灭失，则发生给付不能，如果灭失因债务人原因引起，债务人负赔偿责任。如果因债务人以外原因引起，债务人免负给付义务。③给付物特定后，债务人原则上不得再以同种类之他物，代替特定化给付。

（二）种类物之债

1. 种类物之债的概念。种类物之债是以种类物为标的的债。种类物之债在债发生时，给付的标的物尚未确定，只有通过特定化的方法在交付时才能使债的给付确定。

2. 种类物之债与种类给付不同。种类物之债，债的标的以“物”为限。种类给付者，可以是同种类之物、一定种类的权利或一定种类的劳务，种类给付的内容广于种类物之债。

3. 种类物之债的特点。①种类物之债原则上不发生给付不能。②种类物之债并非自始确定特定给付。③种类物之债履行前，须将给付特定化。

4. 种类物之债的特定化。由于给付标的为种类物，在未具体特定的情况下，无论是债权人受领，还是债务人给付，都将难以履行。因此，将种类之债转变为特定之债是种类之债履行的重要问题。

（1）种类之债特定化的功能：①特定化是买方获得所有权的前提。②特定化是标的物风险转移给买方的前提。③特定化限制卖方再对给付标的物进行调换或挪作他用。

（2）种类之债特定化的方法通常是：债务人交付种类物的必要行为完结或者债务人对种类物特定化的方法经债权人同意，或者经债权人和债务人约定，由第三人指定标的物。具体而言：①赴偿债务：在债权人住所地交付，由债务人将给付物送至债权人住所之时，发生特定化效果。②往取债务：在债务人住所地履行，以债务人将特定数量的种类物分离出来并将准备给付的事实通知债权人之时，发生特定化效果。③送付之债：在债权人与债务人住所地以外的第三地履行，以债务人具体指定给付物并交送运输单位时，发生特定化效果。

（3）种类之债特定化的法律效力。种类之债一经特定即为特定之债。产生如下效力：①给付不能的效力。种类之债一经特定化变为特定之债，该特定物灭失则发生给付不能的问题。②标的物毁损灭失的风险负担问题。我国《民法典》对标的物风险的移转以“交付主义”为原则。赴偿债务，债务人将给付物送至债权人住所之时完成交付，风险随之移转。往取债务，债务人将特定数量的种类物分离出来并将准备给付的事实通知债权人之时完成交付，债权人受领迟延的，风险移转于债权人。送付之债，当债务人将标的物送至第三地或按照约定交送运输单位时，标的物风险随之移转债权人。

（三）区分特定物之债与种类物之债的意义

特定物之债和种类物之债划分的意义主要是两类债之效力不同。其具体表现为：

1. 债的关系终止后，两债对标的物返还要求不同。当事人无其他约定时，以特定物为标的的债，债务人在履行债务时，只能交付该特定物。

2. 两债因标的物灭失引起的风险负担不同。如果在交付前，特定物非由债务人的原因意外灭失，债务人免负给付义务。种类物之债不存在此问题，通常也称种类物之债为“永不灭失之债”。

3. 当事人对特定物所有权移转的时间可以作出约定。一般情况下，无论是以特定物或以种类物为标的的合同，标的物移转的时间均以交付为准，但当事人可以作出约定，特定物之债在合同成立时物之所有权即可发生转移，也可依法定。种类物之债，交付前未特定化，只能以物的交付作为所有权移转时间。

实物之债在履行不能时，可转化为货币之债，由债务人以货币代替实物给付。

二、货币之债

以货币为给付标的的债，为货币之债，也称为金钱之债。货币之债是特殊的种类之债，原则上仅发生履行迟延的事实，不发生给付不能的问题。货币之债中，以特定的货币为给付标的的债，为特定货币之债。该债系当事人非以通用货币的给付为目的，而是以有一定货币形体之物之给付为目的，即以货币为特定物而成立的债。[1] 特定货币之债的产生及效力以特定物之债为原则。货币可以是本国货币，也可以是外国货币。货币之债的履行方法是：债务人将约定的金额交付债权人，或者将约定金额汇往债权人的账户。为了保障债权人不因货币贬值而受到损害，双方可以协商将保值条款订立在契约中。我国《民法典》第514条规定："以支付金钱为内容的债，除法律另有规定或者当事人另有约定外，债权人可以请求债务人以实际履行地的法定货币履行。"

三、利息之债

利息之债是以给付利息为标的的债。利息之债具有附从性，必须以原本债权的存在为前提，是原本债权的收益，无原本债权则无所谓利息。原本债权不成立或被撤销或因其他原因消灭时，利息之债也不再存在。原本债权须被所有人以外的人利用后，才产生利息，如果是原本债权所有人自己利用，则仅为收益，而非利息。原本债权一般是金钱或者是物，利息为债务人所支付的物，其为何物在所不问。利息的支付，可为定期支付，也可一次给付。

利息可分为约定利息和法定利息。约定利息可因单方行为或合同产生。法定利息是依法律的规定直接产生的利息，如迟延利息。

四、劳务之债

劳务之债是以提供劳务为给付的债。演出、雇佣、修理等服务合同都是以提供劳务为给付的债。劳务之债具有人身的特点，故债务人应当亲自履行其债务。当债务人拒绝履行时，该劳务之债不得强制履行，只能通过损害赔偿予以救济。

五、损害赔偿之债

对造成的损害给付赔偿的债为损害赔偿之债。损害赔偿之债是民法中最常见的债。因侵权行为、不当得利、不适法的无因管理、缔约过失、合同的不履行或不完全履行造成的损害等，都会产生损害赔偿之债。

损害赔偿之债的成立，首先须有损害，包括财产或人身的损害。但是有了损害并不一定能要求赔偿，还要有使他人负赔偿义务的条件，这需要根据不同的事实确定。例如，侵权行为的损害赔偿应当具备四个要件：损害事实、违法行为、因果关系、过错；合同不履行的损害赔偿要求具备三个要件：违约行为、损害、因果关系。损害赔偿的方法为恢复原状和金钱赔偿。

---

[1] 参见史尚宽：《债法总论》，中国政法大学出版社2000年版，第247页。

第四节 简单之债与选择之债

根据债的给付是否可由当事人选择为标准，债可分为简单之债与选择之债。

一、简单之债

(一) 简单之债的概念

简单之债也称不可选择之债或单纯之债，是指债的标的在成立时只有一宗给付，当事人只能按该种标的履行，没有选择余地的债。

(二) 简单之债的特点

债成立之时，仅有一种给付，当事人对履行给付无选择权。

二、选择之债

(一) 选择之债的概念

选择之债是指在债成立之初存在数宗给付，当事人须在数宗给付中选择其一作为债之标的的债。这里的“数宗给付”，可以是数个标的物、数个行为、数种给付手段或者数种履行期、履行地、履行方式等。选择之债在日常生活中很多，如从北京到上海的火车有卧铺、硬座、软卧，乘客可选择其中之一。我国《民法典》第 515 条第 1 款规定：“标的有多项而债务人只需履行其中一项的，债务人享有选择权；但是，法律另有规定、当事人另有约定或者另有交易习惯的除外。”选择之债的要件如下：一是须有数宗给付；二是在数宗给付中选择其中之一以为给付。

(二) 选择之债的发生

选择之债的发生原因有二：约定产生；法律直接规定产生。无论是约定还是法定的选择之债，一般都同时约定或由法律直接规定选择权由谁行使。

(三) 选择权的行使

选择权为形成权，因一方的意思表示，可引起法律关系的变动，因此，要在数宗给付中选择其一，选择权的行使很重要，这是将选择之债变为简单之债的方法。由于一旦在数宗给付中选择了某种给付，就要履行，因此选择权的行使在当事人没有特别约定或法律无明确规定时，原则上由债务人行使，因为选择与债的履行有关，而债的履行主要由债务人的给付行为完成，因此选择权应归属于债务人，目的是便于履行。当然，当事人也可作出约定或者法律另行规定由其他人选择，如规定由债权人或第三人行使。《民法典》第 515 条第 2 款规定：“享有选择权的当事人在约定期限内或者履行期限届满未作选择，经催告后在合理期限内仍未选择的，选择权转移至对方。”

选择权的行使以意思表示为之，书面、口头均可。我国《民法典》第 516 条第 1 款规定：“当事人行使选择权应当及时通知对方，通知到达对方时，标的确定。标的确定后不得变更，但是经对方同意的除外。”民法对于意思表示的规定，适用于选择权的行使，如果是由于错误、欺诈、胁迫等而为的选择，可使该选择无效或可撤销。

(四) 选择之债的特定

在数个给付中确定其一为给付的，为选择之债的特定。特定的方法通常为两种：

1. 选择。选择是由选择权人向对方做出选定一种特定给付的意思表示，一旦在数宗给付中选择其一，选择之债将特定化。

2. 给付不能。给付不能作为选择之债的特定化方式是指因给付不能，使原为多种可能性给付仅剩下一种可能性给付时，该无选择性给付为选择之债的特定给付。应注意的是：如果原来是三种可能性给付，一个给付不能，仍存两个给付，此为选择范围缩小，仍成立选择之债。只有数宗给付因给付不能仅存在一个时，才能称之为因给付不能而特定，变为简单之债。

（五）给付不能与选择之债特定化效力的关系

《民法典》第516条第2款规定："可选择的标的发生不能履行情形的，享有选择权的当事人不得选择不能履行的标的，但是该不能履行的情形是由对方造成的除外。"给付不能有自始不能和嗣后不能。自始不能，不成立选择之债。嗣后不能，债务人在其余的给付中继续选择，当仅剩下一宗给付时，依照法律规定，该宗给付能特定为简单之债的条件如下：

1. 该嗣后不能是由于不可归责于双方当事人的事由造成的，如地震使原有给付标的仅剩一种。

2. 该嗣后不能是因有选择权人的事由造成时，选择之债特定化。如果给付不能是由于无选择权人的过失造成的，不产生选择之债特定化，而产生如下效力：①如果选择权人为债务人，因债权人的原因导致给付不能的，债务人负免给付义务。②如果选择权人是债权人，因债务人的原因导致给付不能的，债权人可选择剩余给付，或请求赔偿损失。

三、区分简单之债与选择之债的主要意义

区分简单之债与选择之债的主要意义是：债的给付有选择与简单之分，简单之债适用债的一般规定，选择之债因有多种给付，故须依照《民法典》关于选择权行使的规定，使标的特定化后，使之成为简单之债。

四、选择之债与类似概念的比较

（一）选择之债与任意之债

所谓任意之债，是指债权人或债务人可以用原定给付之外的其他给付来代替原定给付的债。例如，旅游合同的原给付为去颐和园，由于某些原因颐和园当日不开放，经合同当事人双方协商同意，改去长城。这是原定给付不能时，采代用给付履行。这种用来代替原给付的代用给付称为任意之债。

代替给付的人，应有代替权。代替权由合同约定或法律规定。例如，合同约定，如果某物不能给付，则以金钱给付代替。代替权属于债务人时，尽管债务人可用别的给付代替他种给付，但如果债务人不想代替，债权人无权请求代替，只能请求原给付；代替权属于债权人时，债权人如果不请求用其他给付代替原给付时，债务人也无权用其他给付代替，只能以原给付履行。

从任意之债的特点可以看出，选择之债与任意之债不同：任意之债是一宗给付，如果原始给付不能，债不成立。如果嗣后给付不能非由债务人原因引起，债即消灭，如果给付不能由债务人原因引起，债务人可以用他种给付代替原给付，或赔偿损失。而选择之债是数宗给付，当事人可行使选择权，如果所选的给付发生给付不能，在其余的给付中再选，最后没有选定或者给付不能，均不能用其他给付代替原给付。

（二）选择之债与简单之债

简单之债，仅有一宗给付，既无选择余地，也不存在代用给付的问题。一旦发生履行不能，债的关系消灭，如果是因债务人原因发生给付不能，债的关系解除，发生损害赔偿。选择之债因有数宗给付，若发生给付不能，尚可在剩余给付中继续选，一般不导致债的消灭或损害赔偿。一旦选定，选择之债即转化为简单之债，该剩余给付履行不能，也不再选择。

（三）选择之债与种类物之债

1. 种类物之债是以种类物为标的的债；选择之债是在数宗给付中择一给付为标的的债。

2. 种类物之债的给付物，须为同种类物；选择之债的数宗给付可以是不同种类的给付。

3. 种类物之债履行时，不存在选择权的行使，须将标的物特定化。而选择之债的履行须经选择，否则给付不特定。选择之债可因给付不能而特定，而种类物之债原则上不发生给付不能的问题。

第五节 继续之债与非继续之债

根据给付的时间性分类，债可分为继续之债和非继续之债。

一、继续之债

继续之债是给付有时间继续，非一次给付可完成的债。如房屋租金的给付、定期工资的给付、存款利息的给付，以及连续供货合同、继续性劳务的给付等，均为继续给付之债。

二、非继续之债

非继续之债也称一时给付，是一次行为即可完成给付从而实现债的内容的债。如一次性结清的现金行为即为非继续之债。

三、区分继续之债与非继续之债的主要意义

1. 两类债当事人之间所受拘束的时间长短不同，对债的内容确定性要求的强弱有别。非继续之债一经成立，要求内容具有确定性，以便履行，一经履行，债的关系原则上消灭。继续之债因有时间的“继续性”，当事人受到的约束通常是长期的，债的关系也会因期间的不确定性发生变化，因此，继续之债对内容的确定性要求较弱，个别给付也不会使债的关系消灭。

2. 两类债信赖利益相对不同。继续性债务关系具有长期性特点，时间甚至不确定。因此，继续性债务当事人间的特殊信赖关系成为该债的实质性要素，如果因一次或几次的过失没有按时履行义务，客户就会转向竞争对手。某种情况下，保持信赖基础是维护继续性债务关系的先决条件。

3. 两类债解除权产生的原因不同。非继续之债解除权产生的原因较少，原则上，只有在符合法定解除条件时才允许当事人解除债的关系。继续之债以特别信赖为前提，一旦信赖关系受到破坏，则无维持该债的关系之必要。我国《民法典》第 563 条第 2 款规定：“以持续履行的债务为内容的不定期合同，当事人可以随时解除合同，但是应当在合理期限之前通知对方。”

4. 两类债消灭后的效力不同。非继续之债无效、被撤销时一律自始消灭，消灭后以溯及既往为原则，具有恢复原状的可能性。继续性之债无效、被撤销、解除时原则上向将来发生效力，已经完成的债的关系一般不受影响。因此，继续之债消灭时，原则上无恢复原状的可能性。

第六节 主债与从债

根据债的相互关系，债可以分为主债和从债。主债是不受其他债制约能够独立存在的债。从债是以主债为前提，自身不能独立存在，效力从属于主债的债。借款合同与保证合同就是主债与从债的关系。

区分主债与从债的意义在于：从债既具有从属性也具有相对独立性。从属性表现为，从债以主债的存在作为其存在的前提。没有主债，就没有从债；主债消灭，从债也随之消灭。相对独立性体现在：从债虽然效力上从属于主债，但若主债无效，从债并不当然无效。主债移转，从债并不当然随之移转。从债的相对性须遵照法律的特别规定。

第七节 有强制执行力之债与自然之债

根据债是否依法受法律强制执行力保护，债可分为有强制执行力之债与自然之债。

一、有强制执行力之债

有强制执行力之债是受诉权保护，能够通过诉讼获得清偿的债。

二、自然之债

自然之债是客观存在的债，当事人之间存在给付与可请求给付的相互关系，当事人可自愿履行，但不受法律强制执行力保护的债。如经抗辩后超过诉讼时效期限的债、超过法定申请执行期限的债、基于婚姻居间产生的债等。

自然之债与有强制执行力之债的区别在于：自然之债产生的原因不是法律上能够引起强制义务的原因，而是因法律之外的原因产生，如因社会义务、道德义务、宗教义务产生或者因法定义务贬降为自然债务，债权人虽然可请求债务人履行债务，但由于缺乏法律上能够引起强制义务的正当原因，债权人的债权不受法律强制力保护。有强制执行力之债是根据法律规定原因产生的债，因此在效力上受诉权保护，具有法律强制实现力。

自然之债尽管无强制履行力，但因为是客观存在的债，只要履行或者承诺履行，债务人就不得再以不当得利请求返还，债权人享有保有受领权。因此自然之债是效力不完全的债，这也是把自然之债归于民法债编体系的关键之处。

第三章

复数主体之债

第一节 概 说

一、复数主体之债的意义

债的关系，以其主体人数为标准，可分为单数主体之债与复数主体之债。以同一给付为标的的债的关系，债权人与债务人均为一人者，称之为单数主体之债。债权人与债务人一方或双方为数人者，称之为复数主体之债，也称多数人之债。因债权人或债务人均可能为多数人，根据债权人为复数或债务人为复数的标准，又可分为多数债权人之债与多数债务人之债。复数主体之债在债的权利义务关系上比单数主体之债复杂，因此有专门论述之必要。

对于复数主体之债，各国民法规定不同，我国从1986年《民法通则》开始，仅规定了按份之债和连带之债，对于按份之债与连带之债的标的是否可分在法律中只字未提，这容易使人产生误解，认为按份之债与连带之债和给付的可分与不可分无关。例如，以卡车为给付标的时，如果法律无其他规定，就会使人认为它也可以成为按份之债的标的。观察大陆法系主要国家的民法典，可以发现，多数国家没有按份之债的规定，而直接规定可分之债。因为当债的给付可分时，债权就按份受领，债务也按份分担，故可分之债与我国立法规定的按份之债实质上是一样的。如果给付不可分，多数人之间就准用连带之债的规定。由此，上述国家的立法，在可分之债后，接着规定连带之债与不可分之债。

有观点认为，我国立法受苏联民法典的影响，因为苏联民法典也未规定可分之债，而仅规定了按份之债与连带之债。但该观点却没有注意俄罗斯民法典在规定按份之债与连带之债时对两者关系的说明。实际上，无论是苏联的《苏俄民法典》（1964年），还是现行的《俄罗斯联邦民法典》（1994年）都规定，对于复数主体之债，首先必须以按份之债为前提，只有在债的客体不能分以及法律或合同规定应适用连带之债时，才不适用按份之债（1964年《苏俄民法典》第180条，1994年《俄罗斯联邦民法典》第321、322条）。因此，无论是苏联时期的民法典，还是当代俄罗斯民法典均强调：复数主体之债须以债的标的可分的按份之债为原则。而我国《民法通则》关于按份之债的规定，并没有与苏联民法典相类似的地方，在法律规定中只字未提标的的可分与不可分。所以不能认为，我们的立法与《苏俄民法典》规定类似。只能认为，《民法通则》在规定上有欠缺考虑的地方。

我国《民法典》纠正了《民法通则》规定的不足，完善了多数人之债的规则。在多数人之债中，民法典首先以标的物是否可分为标准，将多数人之债分为可分之债与不可分之债。其后，在可分给付的基础上，按照多数人之债享有的权利义务关系不同，分为按份之债与连带之债。

二、复数主体之债的类型

依据《民法典》的规定，复数主体之债，可分为下列形态：

1. 可分之债。可分之债是以同一可分给付为标的，其债权可分享或其债务可分担的多数人之债。

2. 不可分之债。不可分之债是以同一不可分给付为标的，其数个债权或数个债务间的效力准用连带之债的多数人之债。

3. 按份之债。按份之债是债的主体就同一可分给付为标的，按照一定的份额享有权利或承担债务的多数人之债。

4. 连带之债。连带之债是以同一给付为目的，由数个债权或数个债务构成的效力彼此牵连的多数人之债。

第二节 可分之债

一、可分之债的意义

可分之债是以同一可分给付为标的，其债权可分享或其债务可分担的多数人之债。所谓可分给付，是指债的整体给付可以分成数个独立的给付并且不损害其性质和价值。可分之债由可分债权或可分债务构成，其中，数个债权人分享同一可分给付的债权，称为可分债权；数个债务人分担同一可分给付的债务，称为可分债务。可分之债的多数债权人间或多数债务人间的债权债务关系，效力独立，彼此互不牵连。

须注意的是，可分之债以可分给付为标的，但可分给付未必一定为可分之债，连带之债也可以是可分给付，但连带之债通常由法律规定或在当事人另有约定时适用。在法律没有规定或当事人无特别约定时，复数主体之债以可分之债为原则，这是自罗马法以来大陆法系的立法传统，除非法律有规定或当事人有明确约定，否则不能推定为连带之债。

二、可分之债的特点

1. 须以同一可分给付为债的标的。这是与不可分之债的区别所在。

2. 债权人或债务人须为多数人。这是债权与债务得以分享或分担的前提。

3. 债权与债务由各债权人或各债务人分享与分担。这是与连带之债的本质区别。

三、可分之债的效力

1. 分受债权、分担债务。由于给付可分，债权人或债务人是按份分受债权或按份分担债务。

2. 给付各自独立。债务人就自己应负担部分履行债务，债权人就自己可受领部分主张债权。

由此可见，可分之债的另一面即发生按份之债的效力。这也是为什么有的国家（如德国、法国、日本、瑞士等）和我国台湾地区的“民法”仅规定可分之债，而未规定按份之债，或者如同《俄罗斯联邦民法典》仅规定了按份之债，并指出按份之债标的的可分性的原因。可分给付一旦被分解，被分解的债权债务关系效力便各自独立，实际上构成各自独立的数个债之关系，并不是典型的多数人之债。

我国《民法典》第517条规定：“债权人为二人以上，标的可分，按照份额各自享有债权的，为按份债权；债务人为二人以上，标的可分，按照份额各自负担债务的，为按份债务。按份债权人或者按份债务人的份额难以确定的，视为份额相同。”该条中的“债权人为二人以上，标的可分”和“债务人为二人以上，标的可分”，即指可分之债。

第三节 按份之债

一、按份之债的概念

按份之债是以同一可分给付为标的，债的多数主体各自按照确定的份额分享债权或分担债务的债。按份之债与可分之债无本质区别，仅是分类标准与研究角度不同。按份之债是从债的多数主体间的权利义务的效力方面研究债的关系，因是按份享有权利负担义务，效力不及于整个债的关系，所以与连带之债相对。而可分之债与不可分之债相对，是以债的标的是否可分为区分标准的。

我国《民法典》第517条规定：“债权人为二人以上，标的可分，按照份额各自享有债权的，为按份债权；债务人为二人以上，标的可分，按照份额各自负担债务的，为按份债务。按份债权人或者按份债务人的份额难以确定的，视为份额相同。”《民法典》在可分之债的基础上，继而规定了按份之债。

二、按份之债的特点

按份之债中各按份债权人的权利和按份债务人的义务的效力是独立的，效力不涉及其他债权人与债务人。各债权人只能就其享有的那部分债权份额请求债务人履行，或接受债务人的给付，而无权接受超过其债权份额的给付。债务人也只就自己所负担的债务份额向债权人清偿，对其他债务人的按份债务不负清偿义务。因此，各个债权人或各个债务人的行为仅对自己的那一份债权或债务发生效力，而不对整个的债权债务关系发生效力。

尽管按份之债中的各债权人或各债务人的权利与义务是独立的权利与义务，但彼此之间并非全无关系。首先，按份之债通常是基于同一个原因或是相关联的事实所发生的多数人之债，故按份之债的发生是由共同的法律行为引起的，例如，甲、乙、丙三人以900元的价格与丁订立了购买60箱苹果的合同。在双务合同中，债权人在一个债务人未给付时，可以对其他给付的债务人行使同时履行抗辩权。其次，如果按份之债发生争议，全体债权人或全体债务人须作为共同诉讼人起诉或被诉。最后，基于共同原因产生的按份之债，如果一个人提出解除合同，该解除对其他人也有效。可见，按份之债主体之间并非都是独立的关系，彼此之间的结合关联，正是在债权人或债务人为多数人时才可发生。

德国、法国、日本等国家的民法，以及我国台湾地区的“民法”中对按份之债均无规定，而仅规定了可分之债。我国《民法典》在可分之债的基础上，规定了按份之债，两债实质相同，只是研究角度不同。

三、按份之债的成立要件

1. 以同一可分给付为债的标的。按份之债虽然是由数人的共同法律行为引起，但是债的标的须可分，即基于同一个原因发生的联合之债的整体给付可以分为数个给付，每个人就自己的那部分给付享有权利或分担债务。如果给付性质上不可分，则不能成立按份之债。但是不可分给付可变为可分给付。例如，房子在给付前毁损，实物给付已经不可能时，不可分给付可变为损害赔偿。

2. 债权人或债务人必须是多数人。这是按份享有债权与按份承担债务的必要条件。

3. 债权分享或债务负担的份额自债的关系成立时确定。

四、按份之债的效力

1. 按份之债的对外效力：各按份债权或各按份债务，效力各自独立。对于按份债权而言，每个债权人仅对自己所享有的债权份额有权请求债务人清偿，而无权请求债务人向自己履行全部债务。接受超过自己债权份额的给付，构成不当得利。对于按份债务而言，每个债务人仅对自己所负的债务份额向债权人履行债务，对其他债务人应负的债务份额没有清偿义务。因某一债权人或债务人所为而发生的事项，如给付迟延、受领迟延、给付不能或其他关于履行的过失，对其他债权人或债务人不产生影响。某一债权人或债务人的免除债务、提存、无效、撤销和抵销，对其他债权人也不产生影响，效力仅及于该人。因此，可以说，按份之债是数个独立的债的关系的联合。

2. 按份之债的对内效力：除当事人另有约定或法律另有规定外，多数债权人之间或多数债务人之间的债权债务以平均分享、平均分担为原则。

第四节　连带之债

一、连带之债的概念

连带之债是以同一给付为目的，各债权人得请求全部之给付或各债务人负有为全部给付之义务，由数个债权或数个债务构成的效力彼此牵连的多数人之债。连带之债分为两种：连带债权与连带债务。在连带之债中，数个债权人中的任何一个债权人，对其享有的同一债权均有权请求各债务人向其履行全部债务，因一人的全部给付使各债权全部消灭的债权，称为连带债权；数个债务人中的任何一个债务人，对所负的同一债务均有向各债权人为全部给付的义务，因一人的全部给付使各债务全部消灭的债务，称为连带债务。我国《民法典》第518条规定："债权人为二人以上，部分或者全部债权人均可以请求债务人履行债务的，为连带债权；债务人为二人以上，债权人可以请求部分或者全部债务人履行全部债务的，为连带债务。连带债权或者连带债务，由法律规定或者当事人约定。"

连带债权在实践中作用不大，甚至有时有一定弊端，因为多数债权人中的一个债权人可以独立地请求全部给付，而债务人也可向任何一个连带债权人为全部给付，如果接受全部给付的债权人不诚实或者缺少资金，将债务人的全部给付用光，则其他债权人的求偿权可能无法实现。所以，连带债权对于债权人而言并非有利。实践中，连带债权产生的不多。当然，从意思自治原则出发，当事人可以自己作出选择，法律无干涉之必要。在实务中，为使债权人的权利不会因为某一个债务人不具清偿能力而不能实现，债权人可以向连带债务人中最具清偿能力者请求给付。当今法律的规定以及当事人的约定多以连带债务为中心，针对连带债权的规定或约定则相对简单。

二、连带之债的特点

1. 债的主体一方或双方须为数人。连带之债须有多数债务人或债权人，此为主体间连带关系得以发生的条件。

2. 连带之债以数个独立的债务或数个独立的债权存在为前提。该数个独立的债务或数个独立的债权，也称"连带债务人间的债务份额"或"连带债权人间的债权份额"。正是因为在连带之债中每个债务人都有自己应给付的债务，才会有各债权人可请求任何一个债务人为全部给付的可能性。《民法典》第519条第1款规定："连带债务人之间的份额难以确定的，视为份额相同。"第521条第1款规定："连带债权人之间的份额难以确定的，视为份额相同。”

3. 连带之债的给付目的（利益）须同一。同一目的，在连带之债的表述上，就是各债权人“享有的同一债权”和各债务人“所负的同一债务”。这里的“同一”，并非是给付内容同一或给付原因同一，而是目的，同一。给付内容可能不同一，例如，某房屋建成后，发现建筑工程有瑕疵，一方面，建筑商有过失，需要负瑕疵修补义务；另一方面，建筑设计师在设计上也有过失，须负金钱赔偿义务。那么，建筑商和建筑设计师对这一瑕疵是否应负连带债务？虽然是以两种不同的方式赔付，但都是以实现债权人的同一给付利益为目的，构成连带债务。尽管连带之债的发生通常情况下是因为同一原因，如共同实施同一侵权或共同契约，但不以此为必要，也可能给付原因不同一，但也成立连带之债。例如，我国《民法典》第1171条规定：“二人以上分别实施侵权行为造成同一损害，每个人的侵权行为都足以造成全部损害的，行为人承担连带责任。”尽管连带之债中各债务的给付内容或给付原因可能不同，但是各个债务的目的是共同的，即确保债权人权利的实现和使债权利益得到满足。因为目的（利益）同一，所以，一个人履行全部给付而使债权实现、达到目的时，其他债务人的债务也就可因一人的全部履行而消灭，至于债务人之间其后的内部求偿与债权人就没有关系了。这也是连带之债中一人的行为会对其他债权人或其他债务人产生效力的原因。

4. 各债权人可独立向各债务人请求全部给付，各债务人须负全部给付义务。连带之债规定的目的是确保债权的实现，正是为了此共同利益的满足，创设了便于债权行使的手段。连带之债的债权人可按其选择，对债务人中的一人或数人或全体，同时或先后请求部分或全部履行。债务人也负有部分或全部履行的义务。

5. 因一人的全部给付，使各债权或债务全部消灭。各债务因共同目的互相结合，因债务人一人的履行而使债权目的达到时，其他债务则因失去存在的理由而消灭。

从连带之债的上述特点可以看出，连带之债与按份之债不同：按份之债的债权人间的债权与债务人间的债务效力彼此独立，没有牵连关系。如果按份债务人之一履行的债务超过自己的份额部分，只认为是对债务人以外的第三人清偿，债权人超额受领的部分，除非他具有代其他债权人受领的代理人资格，否则多受领的部分为不当得利，应返还给债务人。而连带之债的多数债权人之间的债权或者多数债务人之间的债务在效力上互相牵连。如果一个债务人为全部给付，效力及于其他债务人，其他债务人免除给付义务，一个债权人如果全部受领，其他债权人的权利则同归消灭。这是连带之债与按份之债的本质区别。

三、连带之债的产生

连带之债的产生不外乎两种情况：当事人约定和法律规定。

1. 当事人在合同中明示约定负连带债务。默示不能成立连带之债。因为在连带债务中，各债务人均有义务履行全部债务，债务人的责任较重。因此，除非有法律规定或当事人明示约定，不得为债务人设定连带债务。如果法律无明确规定，当事人又无约定，则应推定债务人负按份债务。

2. 法律规定连带之债。法律规定的连带之债，在我国的《民法典》里主要有：个人合伙对合伙债务的连带责任、代理关系中的两个连带责任、共同侵权行为人负担的连带责任、连带保证中债务人与保证人间的连带责任等。

四、连带之债的效力

连带之债的效力分为对外效力和对内效力。

（一）连带之债的对外效力

连带之债的对外效力是指多数债务人与多数债权人之间的效力关系，表现为：

1. 给付请求。各连带债权人可向任何一个债务人请求全部或部分给付，一个债权人受领了全部债务，其他债权人的债权也消灭。同样，各债务人也有履行全部债务的义务，被请求的债务人不能以债务已超过自己应负担的份额为由拒绝给付，连带债务可因债务人中的一人、数人或全体债务人的全部给付而消灭。在连带债务未全部履行前，全体债务人仍负其责任。

2. 总括效力与个别效力。连带债务中各债务人的债务既为各个独立的债务，然而又因一个共同目的而相互结合，连带债务人一人与债权人之间所生事项，对其他债务人而言有总括（绝对）效力和个别（相对）效力之分。

（1）总括效力，是指债的目的因一个债务人所生事项而达到时，对其他债务人均产生绝对效力，即其他债务人的债务也因失其目的产生相同效力。产生绝对效力的事由为：债务履行、全部或部分清偿、提存、抵销、债权人迟延、时效中断等。我国《民法典》第520条第1款和第2款规定："部分连带债务人履行、抵销债务或者提存标的物的，其他债务人对债权人的债务在相应范围内消灭；该债务人可以依据前条规定向其他债务人追偿。部分连带债务人的债务被债权人免除的，在该连带债务人应当承担的份额范围内，其他债务人对债权人的债务消灭。"第4款规定，债权人对部分连带债务人的给付受领迟延的，对其他连带债务人发生效力。我国《最高人民法院关于审理民事案件适用诉讼时效制度若干问题的规定》第15条第2款规定："对于连带债务人中的一人发生诉讼时效中断效力的事由，应当认定对其他连带债务人也发生诉讼时效中断的效力。"

（2）个别效力，是指连带债务人中一人所生事项，仅就该债务人一人生效，对其他债务人不生效力，因此也称相对效力。产生相对效力的事由主要是：债权人无消灭其他连带债务的意思，仅对连带债务人之一的告知、债务的免除、混同以及连带债务人之一的给付过失、给付迟延、给付不能等。我国《民法典》第520条第3款规定，部分连带债务人的债务与债权人的债权同归于一人的，在扣除该债务人应当承担的份额后，债权人对其他债务人的债权继续存在。

（二）连带之债的对内效力

连带之债的对内效力体现为连带债权人之间或连带债务人之间的法律关系。连带之债的对内关系是：

1. 求偿权。《民法典》第519条第2款规定，实际承担债务超过自己份额的连带债务人，有权就超出部分在其他连带债务人未履行的份额范围内向其追偿，并相应地享有债权人的权利，但是不得损害债权人的利益。其他连带债务人对债权人的抗辩，可以向该债务人主张。此为求偿权的规定。所谓求偿权，是指因清偿了他人应负担的债务而给付财产的人，可向他人请求偿还的权利。例如，连带债务人中的一人因清偿债务超出了自己应负担的份额，可以请求其他债务人按各自承担的份额偿还。

2. 份额分担。由于连带之债中的每个债务人都有自己应给付的债务，连带债权人均有自己的债权份额，其内部则按照确定的份额分担债务、分享债权。依照《民法典》第521条第2款的规定，实际受领债权的连带债权人，应当按比例向其他连带债权人返还。连带债务人之间的份额难以确定的，视为份额相同。连带债权人之间的份额难以确定的，视为份额相同。

连带债务人中的一人履行全部债务后，在求偿时，如果连带债务人中有人无偿还能力或者死亡，对于该债务人不能偿还的分担数额，其他债务人应在相应范围内按各自负担部分的比例负担，这称为求偿权的扩张。依照《民法典》第519条第3款的规定，被追偿的连带债务人不能履行其应分担份额的，其他连带债务人应当在相应范围内按比例分担。[1]

五、连带债务与不真正连带债务

（一）不真正连带债务的概念

不真正连带债务不属于连带之债的范畴，换言之，不是连带之债。在不真正连带债务中，数债务人对债权人亦负同一给付，亦因其一债务人的清偿而使得债的关系消灭。但不真正连带债务人之间并无主体牵连关系，无任何意思联络，其共负债务只是因偶然原因发生，产生了类似于连带债务的效果。例如，甲偷乙的车，车在行驶中被丙酒后肇事撞毁，甲、丙负不真正连带债务。

不真正连带债务与连带债务相类似：债务人为多数；给付为同一；各债务人各负全部给付义务；因一人的全部给付而全体债务消灭。但两者为不同性质的债务。

（二）连带债务与不真正连带债务的区别

1. 发生原因不同。连带债务是基于数债务人的共同行为发生；不真正连带债务因数债务人各自的行为发生。

2. 目的不同。连带债务中的数个债务有共同目的，因此，债务人之间发生主观的关联；不真正连带债务人之间不存在共同目的，只是由于客观原因成立同一给付，各债务人之间无主观的关联。

3. 各债务人之间有无内部效力关系不同。连带债务人之间因共同目的成立债，债务人之间当然有求偿关系和债务分担；不真正连带债务因偶然原因发生，各债务人之间无内部关系，即使有，也与连带之债的内部效力关系性质不同。

第五节 不可分之债

一、不可分之债的意义

不可分之债是以同一不可分给付为债的标的的多数人之债。其中，以同一不可分给付为标的的债权，为不可分债权；以同一不可分给付为标的的债务，为不可分债务。例如，两人共同完成一个定作物，该定作物是服装、艺术品或家具，这里的给付在性质上不可分割，为不可分给付。数个继承人继承共同遗产时，在遗产分割前，被继承人的债务为不可分之债，须共同负担。

在不可分之债中，给付不可分，原则上适用连带之债的规定。各债权人仅得请求债务人全体为给付，各债务人亦仅得向债权人全体为给付，因此，不存在部分给付的问题。

二、不可分之债与连带之债的区别

不可分之债在形式上与连带债务相同，但两者性质上有差异，其主要表现在以下方面：

1. 连带债务的债权人除了可以向债务人请求全部给付外，还可向债务人请求部分给付。这是因为连带之债的标的可以是可分给付，也可以是不可分给付。而不可分之债的标的为不可分给付，故债权人不能请求部分履行，只能请求全部履行。

---

[1] 参见郑玉波：《民法债编总论》，中国政法大学出版社2004年版，第404~405页。

2. 不可分之债因债的标的不可分，决定了债务人须履行全部给付，但债务人之间没有连带关系，因此，不可分之债中不存在类似连带之债中的关于一债务人债务的免除、抵销、清偿等对其他债务人的效力问题。

3. 不可分之债因一个债务人全部给付使债归于消灭后，受领的债权人或给付的债务人是否在内部产生求偿权，要看债产生的性质。例如，因夫妻共有产生的不可分之债，就不发生求偿权的问题，因为夫妻共同共有债务没有份额，有份额时按比例分担。

三、不可分之债的效力

不可分之债由于给付不可分，在立法例上，准用连带之债的规范。

划分可分之债与不可分之债的主要意义在于不可分之债不允许部分履行，可分之债可以分割履行，从而维护物的整体利益。同时，说明债的多数主体之间在不可分之债情形下，不能存在按份之债，只能为连带之债。

需要指出的是，不可分之债虽然适用连带之债的规定，但两者性质上不能等同。在不可分之债中，仅是因为标的不能分，债务人须负全部给付的义务或者债权人有权请求全部给付。而连带之债，是从债权人和债务人的权利义务关系上规定的，其给付无论可分或不可分，各个债务人之间均负连带债务。

第四章

债的一般效力

基于前述债的发生原因，根据债法规范，在特定的当事人之间产生合意之债或法定之债。具体到每一个债的关系的当事人而言，债权人根据债权请求权得向债务人请求给付，债务人应债权人的请求得为给付义务，而债权人有权受领、保有该给付。如果给付顺利完成，债权得到满足，债的目的实现，债的关系随之消灭，这是理想的债之目的的实现方式。然而给付如果出现障碍，债权人权利的实现则受到威胁或者不能实现。此时，债权人或向债务人再次提出继续给付的请求，或者借助于公权力请求司法机关的裁判，判令债务人给付，通过强制执行以最终达到实现债权的目的。债权人的上述权利和义务人应履行的给付义务，以及不履行义务应负担的结果是根据什么产生的呢？这是本章“债的效力”所回答的问题。

第一节 债的效力概述

一、债的效力之意义

（一）债的效力概念

所谓法律效力，是指法律上的力。力为一种作用，有其作用的方向和内容。法律上的力，是法律以权威的力量赋予法律关系的当事人某种作用力。该作用力对于权利人而言，即权利人有权请求义务人做什么；对于义务人而言，即义务人有义务做什么的程度和范围。而且这种作用力具有延展性，如果义务人未履行义务，法律继续为权利人提供救济空间，此时，义务人须承担不履行义务的后果。可见，债之法律效力是当债的法律关系成立后，为了规范当事人的行为、保障债的实现，由法律对构成债的关系内容的权利和义务赋予的强制性作用力和保障力。

目前，学者对债的效力有不同的解释，有的认为，债的效力是债的关系从其发生时起，就具有的约束力。〔1〕有的认为，债的效力系债的关系成立后，为实现其内容，法律上所赋予的效果，包括债的履行与不履行的效果。〔2〕也有的认为，债的效力从广义上讲是实现给付或填补其给付利益之作用，包括债之履行及债务不履行之效果；从狭义上讲，则单指债务不履行之效果。〔3〕

各国民法对债的效力的规定，名称略有不同。《法国民法典》称其为“债的效果”；《德国民法典》称其为“债的关系的内容”；《日本民法典》称其为“债权的效力”；《瑞士

〔1〕参见中国大百科全书总编辑委员会《法学》编辑委员会、中国大百科全书出版社编辑部编：《中国大百科全书·法学》，中国大百科全书出版社1984年版，第721~722页。

〔2〕参见黄立：《民法债编总论》，中国政法大学出版社2002年版，第426页。

〔3〕参见史尚宽：《债法总论》，中国政法大学出版社2000年版，第327页。

民法典》称其为“债的效力”。如果观察大陆法系各国民法债编关于债的效力的内容以及关于债的效力的理论规定，可以发现，上述那些不同的观点都包括了债的效力的内容，只是研究债的效力的角度不同，其本质是一致的，即当债的关系成立后，如何用法律实现债的关系。

（二）债的效力之本质

债的效力是债法规范本身内在的、应具有的效力，是债法功能的必需，体现债法的作用。债的关系成立后，可以产生不同的权利义务关系，实现权利义务的过程，即为债的履行。债的不履行或者不适当履行，需承担不同的责任。此为债的法律效力。法律规定债的效力的目的，简而言之，是以法律强制力维护正常的交易秩序。我国《民法典》关于债的一般效力规定在合同编“合同的履行”和“违约责任”等章中。

（三）债的效力与债的拘束力

债的效力与债的拘束力不能等同。债的拘束力，是指债发生后，当事人即受债法的约束，除非有法律允许解除的原因，否则不能自行脱离该约束。例如，双方订了合同后，要受合同约束，任何一方不经他方同意，不能擅自变更、撤销或解除合同。拘束力强调法律关系成立后受约束，而未强调权利义务的问题。

债的效力强调的是债成立且效力（权利义务）发生后，如何行使权利和履行义务，以最终实现债的目的问题。债的关系成立了，拘束力产生，但未必同时发生效力。例如，附停止条件的合同成立了，任何一方不能擅自解约，即具有约束力；而合同的效力，还要等条件成就时才能发生。

（四）债的效力与债的效果

债的效力与债的效果也不同：效力应从动态上理解，具有某种发展性空间的想象力；而效果为静态的概念，仅为结果上的效力。例如，动产交付、不动产登记产生物权变动的效果，这是实际的效果。债的效力包括权利与义务的发生、发展、演变、运动的过程，效果是运动发展后的结果。但是，效果又是效力中的部分内容，例如，债的效力包括债的履行和不履行的效果。这里的效果仅仅是债的效力的组成部分。效力与效果，为“应然”与“实然”的关系。

二、债的效力体系

民法理论上，债的效力可以分为：一般效力与特殊效力，对内效力与对外效力，积极效力与消极效力。

（一）一般效力和特殊效力

1. 债的一般效力。债的一般效力又称普通效力，是所有债具有并普遍适用的共同效力，包括债权人应有的权利和债务人应履行的义务，以及债务人不履行义务时的责任。

2. 债的特殊效力。债的特殊效力是指法律针对不同债的发生原因对个别债的效力的规定。债法将特别效力均规定在该债的具体规范中。例如，特殊侵权行为之债的效力，合同之债中的违约金的支付、定金罚则，双务合同的同时履行抗辩权、不安抗辩权等均为特殊效力。

（二）对内效力和对外效力

债的对内效力与对外效力是对债的一般效力的再分类。

1. 债的对内效力。债的对内效力是指债在债权人与债务人之间的效力，包括对债权人效力和对债务人效力两方面的内容。对债权人的效力也称为债权效力，是指债的关系发生后，法律赋予债权人的一系列权利。债权人有权请求债务人履行债务，并受领债务的履行，当债务人不履行债务，或者第三人侵害债权时，债权人有权依诉讼程序请求对债权强制保护，即强制债务人履行债务，并强制排除第三人对债权的侵害，使债权得以实现。对债务人的效力也称债务效力，是指债务人应当按照债的内容全面、适当地履行给付义务，以及不为给付时应负担的责任。

2. 债的对外效力。债的对外效力是债权对第三人的效力。债权人债权的实现要靠债务人的给付，如果债务人不能履行义务，债权则不能实现。为使债权的实现有保证和保障，民法规定了债的担保和保全，因债的担保与保全均涉及债权人与债务人之外的第三人，故称债的对外效力。

（三）积极效力和消极效力

1. 债的积极效力。债的积极效力系指债权的效力。例如，债权人依债的关系具有给付请求权、给付受领权、债的执行请求权、债的保全权等。

2. 债的消极效力。债的消极效力主要指债务的效力。例如，债务人须依债权人的请求给付标的物、给付价款，不履行给付时须承担不履行给付义务的后果等。

（四）债的效力的演变

债法发展至今，债之效力已有相当发展变化，其变化表现为：

1. 债之效力由过去及于债务人的人身到现在只及于债务人的财产。古代的债法注重债务人的人身责任，当债务人不履行债务时，债务人可成为债权人支配的客体。例如，债务人可沦为债权人的奴隶、允许债权人出卖债务人，甚至规定，可以用债务人的妻子、儿女抵债。到了封建社会，虽然各国法律逐渐禁止对债务人及其家属的人身进行奴役的私力救济手段，却代之以公力手段对债务人的人身予以强制。例如，设立债务人监狱，用来关押不履行债务的人。中国封建社会的法律规定，债务人不履行债务，须承担刑事责任。

现代各国民法均废止了对债务人人身强制的规定，债的担保仅限于债务人的财产或第三人的财产。这一变化是人格平等法律思想确立的结果。

2. 债的效力的范围逐渐扩张。债权是相对权，不具有涉及第三人的效力。但随着商品经济社会的发展，债之效力涉及第三人的情况出现。例如，为第三人利益订立的保险合同产生，债的保全和担保制度出现，不法侵害债权理论创立等。另外，根据诚实信用原则，债务人对与债权人有特殊关系的人负有照顾、保护的义务。例如，雇佣合同、租赁合同、买卖合同都涉及债权人的家属、家中的客人、共同居住者等，如果债务人违反了保护义务，受损害的第三人也可请求赔偿。但应注意的是，随着社会发展，债的效力范围虽涉及第三人，但并非改变债的相对性特征，第三人并未成为债的主体；债的主体仍是债权人与债务人，仅是这一债的关系效力会涉及第三人。

3. 债的效力内容的扩张。按照传统的民法理论，债的内容，即当事人的权利和义务，以法律明文规定或当事人的明确约定为限，规定或约定外的，对当事人没有约束力。但随着诚实信用原则的确立和该原则在实践中的运用，理论和判例上产生了“附随义务”的概念。附随义务是指法律没有规定，当事人也没有明确约定，但为了维护当事人的利益，并且按照社会上一般的交易观念，当事人应当负担的义务。例如，若所出借的图书被传染病患者接触过，出借人应将此情况告知借阅人；出卖易碎物品应妥善包装。附随义务的出现，使债的效力的内容扩张到当事人之间事先不确定的权利义务范围。

总之，债的效力随着社会的演进、发展而有所发展变化，而这些变化都是为了使交易手段更文明，交易更有秩序，更有利于保护当事人的合法利益。

第二节　债权的效力

债权的效力是法律赋予债权人一方行使债权各权能的作用力。这一作用力的内容是：赋予债权人有请求债务人为给付的权利，当债务人不履行给付时，法律并不主动采取行动，而是由债权人自行决定权利的行使。这里的自行决定，是指债权人依债法可以自力救济，也可公力救济。如果债权人诉请履行，法律为其提供实现该权利的力量和制度，必要时债权人也可以自力实现其债权。唯应注意的是，这里所指的债权系完全债权。

一、完全债权的效力

债权分完全债权与不完全债权。所谓完全债权，是涵盖债权一切可能权能的债权；所谓不完全债权，是欠缺债权某一权能的债权。一个完全的债权，法律赋予其以下效力：

(一) 债权请求权效力

债权请求权效力是指债权人得依债权向债务人请求给付的权利，以及当债务人不履行债务时，债权人可向法院诉请履行的权利。基于债的关系首先产生债权，而后产生请求权，请求权是为了债权的实现所延伸出来的关于债权的行使或保护的权利。由于债权的行使或保护在实务上往往要借助于公权力，特别是通过司法机关的裁判与强制执行实现，因此，请求权经常飘忽在实体法与程序法之间。我们可以把基于债权产生的请求权效力分为债权的原权性请求权效力和债权的救济性请求权效力。

1. 债权的原权性请求权效力。该效力表现为债权人的给付请求权。我国《民法典》第118条规定："民事主体依法享有债权。债权是因合同、侵权行为、无因管理、不当得利以及法律的其他规定，权利人请求特定义务人为或者不为一定行为的权利。"此即债权人给付请求权的规范基础。

债权人向债务人提出给付请求权，可发生如下效力：①使未确定期间的债权发生期间确定的效力；②成为认定债务人迟延的时间基准；③发生诉讼时效中断的效力。

2. 债权的救济性请求权效力。当债务人不履行义务使债权受损害时，债权人可自力救济或借助于公权力救济受损害的债权，此即债权作为救济性请求权效力的发生。

自力救济，也称"债权的私力实现力"，是债权人不依诉讼、判决及强制执行即可实现自己债权的途径。例如，为保护债权，在法律允许的范围内，暂时对他人财产予以留置；在双方当事人互负债务时，采用抵销的方式实现债权等都是较为常见的私力实现债权的方式。

公力救济，也称"债权的执行力"，是指债权人在债务人不履行债务时，有权请求法院依强制执行程序对债务人强制执行。

救济性请求权的内容表现为：补正给付请求权、损害赔偿请求权和强制执行请求权。当债务人不履行其给付时，债权人可请求债务人补正给付。当补正给付不能使受损的债权得以恢复时，债权人就该损害有赔偿请求权。在债务人不履行补正给付或赔偿损失的义务时，便发生强制执行请求权，债权人可向法院提出给付之诉，并根据给付之诉获得的胜诉判决，通过执行程序实现给付的效力。执行的方法和程序表现在民事诉讼法上。因此，救济性请求权效力，可表现为"私力实现力"或"债权的执行力"。超过诉讼时效且债务人已经提出抗辩的债权可排除债权请求力。

（二）债权的给付利益受领权效力

给付利益受领权效力指债权人依此效力得受领债务人履行的债务。该给付利益受领权的合法性体现在债履行的任何阶段。例如，债的履行期限届至，债务人依债清偿时，债权人有权受领债务人的给付。债务人不履行债务而发生损害赔偿给付时，债权人有权受领该给付。债务诉讼时效期间届满，债务人自愿给付时，债权人有权受领。

债权人的给付受领权是债权的主要效力，正如日本学者我妻荣先生所言："受领债务人给付才是债权在法律上的本来目的，对债务人的请求只不过是这一权能的作用罢了。"[1]

（三）债权的受领利益保有权效力

债权人对依债权取得的给付利益具有永久保持力，该保持力称之为债权的保有权效力。债权保有权效力的原因是有"合法依据"的债权存在，故债务的受领有法律上的合法依据，对受领的给付结果有保持的权利。债务人履行后，不得依"不当得利"请求返还。

（四）债权处分权效力

债权的处分权效力指债权人可依据其意愿决定其债权命运的权利。该处分权具体表现为债权人具有债务免除权、债权让与权、债权设质权、债权抛弃权、债权选择权等权利。

（五）债权保全权效力

债权的保全权效力是债权人为了确保其债权获得清偿，依法取得的防止债务人责任财产减少的权利，保全权包括债权人的代位权和债权人的撤销权。

债权除了具有上述效力以外，就契约之债而言，债权人还有契约之债的解除权。解除权发生的原因是，当债的履行出现给付障碍，如给付迟延、给付不能、不完全给付以及债务人行为以外的原因或者其他违反诚实信用原则的情况，债权人可依单方意思表示，使债自始消灭。

一个完全的债权均具有上述效力。如果债权人的债权不具有或者缺乏上述某一效力时，这样的债权，学说上称为不完全债权或称债权效力的排除或阻却。

二、债权效力的排除

如果出现下述情况之一，将排除债权的某一效力，即法律不赋予该债权应有的法律效力。

1. 诉讼时效届满抗辩权发生的债权。罹于诉讼时效抗辩权发生的债权欠缺债权执行力，此种债权虽然还有请求力，但由于债务人可以拒绝给付，故债权请求力已经减损，很难依诉讼的方式强制实现，这种债权实质上已经成为被排除请求力的债权，债权不完全。如果债权的请求力失去被保护的功能，等于债权的强制执行力也被排除。但是由于债权本身还存在，所以，债权人还有受领权、处分权和保全权。

2. 债权人受领迟延的债权。债权人受领迟延的债权发生债权请求力减损的效力。所谓债权人受领迟延，应包括以下几点：

（1）债务人的给付须是经债权人的受领才能完成的债务，无须债权人受领或其他协助履行的，并不发生受领迟延的问题。

（2）债务已到清偿期，债务人提出给付或已实际给付。例如，债务人已做好给付的一切准备并告知债权人受领，或者债务人按照债的给付时间、地点和内容实际给付。

（3）债权人应当受领并且能够受领但不受领，或者不能受领。不受领，就是拒绝受领；

---

[1]［日］我妻荣：《新订债权总论》，王燚译，中国法制出版社 2008 年版，第 5 页。

不能受领，是由于某种客观的原因，例如，由于自然的原因，无法协助履行。债权人受领迟延时，使债权的效力发生减损，债权人须承担受领迟延的法律后果，具体而言，就是减轻债务人的责任。例如，《民法典》第 589 条规定："债务人按照约定履行债务，债权人无正当理由拒绝受领的，债务人可以请求债权人赔偿增加的费用。在债权人受领迟延期间，债务人无须支付利息。"第 590 条第 2 款规定，当事人迟延履行后发生不可抗力的，不免除其违约责任。

3. 婚姻行为不得请求强制履行。当事人之间原来有婚约，之后不履行该婚约，一方当事人不可基于婚约提起诉请履行的诉讼。同居行为也是如此。婚姻行为与同居行为是建立在双方自愿基础之上的行为，故排除请求力、强制执行力的适用。

4. 自然债务。自然债务是没有强制实现力的债，因此，法律上的保护效力全无，法律对自然债务任其自生自灭，如赌债、媒婆报酬等。如果当事人之间自愿履行，不能以债务不存在为理由，请求返还。

5. 当事人约定不得让与的债权。如果债权人与债务人约定债权不得让与时，债权处分权效力受限制。

第三节 债务的效力

债务的效力是法律要求债务人依诚实信用原则，按照法律规定或当事人间的约定全面、适当地履行义务，使债的目的得以实现。如果债务人不履行或不适当履行，须承担责任。债的效力尽管包括债权人和债务人两方面的效力，但由于债权的实现主要取决于债务人的给付，因此，债务的效力是债之效力的核心内容。

民法对债务效力的规定是围绕着满足债权这一目标来设计的。债务履行，则债权满足；债务不履行，则债务人须承担不履行后果。因此，债务的效力体现为两方面：一是债务人履行给付义务，也称债的履行；二是违反给付义务须承担的后果，也称债的不履行或不适当履行。债务的效力就是以给付为核心的义务群和给付义务违反的后果。

一、给付义务

（一）给付的意义

"给付"是债法中的特定用语，它有两个含义：一是作为名词，指债的标的，即债务人履行债务的特定行为，包括作为与不作为；二是作为动词，与债的履行同义，给付也可指债的清偿。如果是双务合同，就是双方互为给付。这里指第二种意义的给付，即债的履行。

给付与交付意义有别，尽管交付是给付的一项内容，例如，交付物、交付金钱也是履行义务的部分内容，但是，给付的意义要广泛得多，如支付价金、提供劳务、完成工作、演出、作画、运输、上门安装、不泄露公司商业秘密等，所有的都为给付。交付仅仅是作为，不作为不是交付，而且交付仅指物从一方移转于他方的意思，内容比给付的内容窄。

（二）给付义务的分类

债的关系产生后，债务人的给付义务在理论上可以分为几种类型，这些义务是基于诚实信用原则，为实现债，由近而远、渐次发生的义务。一般来讲，给付义务可以分为：

1. 主给付义务与从给付义务。主给付义务是债的关系固有、必备并决定债的关系类型的基本义务。例如，买卖合同中卖方有给付标的物、移转标的物所有权的义务，买方有支付价金、受领标的物的义务，这是买卖合同的主给付义务；租赁合同中的主给付义务是给付租赁物和给付租金的义务；无因管理之债的管理人有权请求支付管理费，被管理人有给付管理费的义务；侵权行为之债中的侵权人有损害赔偿的义务；等等。就双务合同而言，主给付义务构成对待给付。

从给付义务是主给付义务之外，辅助主给付义务的义务，它并不决定债的关系的类型，但债权人可就从给付义务独立诉请履行。从给付义务有的是法律明文规定的，有的是当事人约定的，有的是基于诚实信用原则应履行的。例如，无因管理发生后，管理人有报告的义务；房屋的出卖人有向买受人移交房屋登记文件的义务；家用电器出售后，有交付出售物的发票、保修卡的义务。

2. 原给付义务与次给付义务。无论是主给付义务还是从给付义务，在理论上都可再分为原给付义务与次给付义务。原给付义务也称第一次义务，即债原本存在的主给付义务和从给付义务。

次给付义务，也称第二次义务，是当原给付义务在履行过程中，因特定事由演变而产生的义务。例如，原给付义务发生给付不能、给付迟延或者不当给付时，会产生损害赔偿的义务；或者合同解除时产生的恢复原状的义务。这些义务相对于原给付义务而言，都是在原给付义务的履行过程中发生了某些特定事由演变而生的义务，故相对于原给付义务而言，是次给付义务。

3. 附随义务。

（1）附随义务的概念。附随义务是民法债的理论中一个新的内容，目前学者们对附随义务的理解还有一些差异，但对附随义务的基本认识还是一致的，即它是在债的关系发生发展过程中，依据诚实信用原则，根据债的性质、目的和交易习惯产生的作为与不作为义务，或者说是附随于主、从给付义务的补充性义务。

（2）附随义务的种类。附随义务是在债的关系的发展过程中发生的各种义务，根据义务产生的时间不同，可以表现为先契约义务，或表现为债的履行过程中的附随义务或者后契约义务，具体而言，包括照顾义务、通知义务、保护义务、协助义务、保密义务、注意义务、告知义务等。例如，卖方在交付标的物前，须对标的物负保管义务；出售物时，须告知买方关于此物的使用、安装、保养、注意事项以及对出售物进行包装的义务；对买票的旅客有义务告知车次、发车时间、到站时间等，这些均为附随义务。

（3）附随义务的特点。附随义务相比于约定义务，其最大特点是平衡当事人之间、当事人与社会之间的利益关系。其具体表现为：①具有利益全面调节功能。原有的主、从义务是在合同成立后至履行前对当事人利益的协调，而附随义务可以发生在合同成立之前和合同履行后，对债的关系当事人利益关系调节得更加严密和细腻。②附随义务是单向义务，不具有对等性，在承担附随义务的同时，不享有相应的附随权利，即不能请求支付报酬。例如，免费包装、免费通知、免费保管。③内容不确定。附随义务是随着债的发展，从维护当事人利益需要出发而逐步确定的义务。有的时候，在债成立之初，该义务并未发生，到履行或者履行完毕时，当事人才提出须履行保密义务等。④地位具有“附随性”。附随义务衍生或附随于法定和约定义务中，容易被忽视。总之，附随义务的功能是促进主给付义务的实现，使债权人的给付利益获得最大可能的满足，维护他方当事人的人身和财产利益。但其先天的“内容不确定性”和地位的“附随性”也使得违反附随义务的责任不明确。

（4）附随义务与主给付义务的区别：①主给付义务依债的类型自始确定，附随义务随着债的发展而确定；②主给付义务不履行，债权人有权解除合同，附随义务不履行，原则上不能解除合同；③主给付义务如果有对待给付，可发生同时履行抗辩，附随义务是单向义务。

（5）附随义务与从给付义务的区别。附随义务与从给付义务的区别往往不易确定。一般可以这样区分：从给付义务在债的关系中属于债务，而附随义务原则上不以债务称之，而是为了更顺利地履行债务，避免因债务人的过失而给债权人的人身和财产带来损害而附随于债务的义务。由于地位的“附随性”，而且也不是以“给付”为内容，所以附随义务不独立，债权人原则上不能以诉的方式请求债务人遵守。而从给付义务是独立的义务，并以“给付”为内容，从给付义务不履行，债权人可以通过诉讼的方式请求债务人履行。

总之，附随义务与给付义务有依从关系。给付义务的功能在于实现债权，而附随义务的存在目的是确保给付义务能够获得圆满实现，最终协助或者确保债权的实现。

4. 前契约义务与后契约义务。

（1）前契约义务。前契约义务是指在契约成立前，当事人在订立契约中发生的各种义务。例如，告知、说明、保密、保护等其他义务，这些义务是缔约过程中对订立契约的他方当事人的保护义务，称前契约义务。违反前契约义务，构成缔约过失责任。例如，我国《民法典》第500条规定：“当事人在订立合同过程中有下列情形之一，造成对方损失的，应当承担赔偿责任：（一）假借订立合同，恶意进行磋商；（二）故意隐瞒与订立合同有关的重要事实或者提供虚假情况；（三）有其他违背诚信原则的行为。”第501条规定：“当事人在订立合同过程中知悉的商业秘密或者其他应当保密的信息，无论合同是否成立，不得泄露或者不正当地使用；泄露、不正当地使用该商业秘密或者信息，造成对方损失的，应当承担赔偿责任。”这些就是对前契约义务的要求。

（2）后契约义务。后契约义务是指契约消灭后，当事人应负的某种义务。《民法典》第558条规定：“债权债务终止后，当事人应当遵循诚信等原则，根据交易习惯履行通知、协助、保密、旧物回收等义务。”例如，服务合同消灭后，有的合同需要主人签字，签字的义务是后契约义务；受雇人离职后请求雇主开具证明书，受雇人于离职后不得泄露雇主营业秘密的义务，都属后契约义务。前契约义务和后契约义务也可以以附随义务的形式出现。

债的关系，除了上述债务人的给付义务以外，还有所谓的不真正义务。不真正义务不是债务人的给付义务，严格而言，不属于给付义务的分类体系。但该义务与给付义务的履行有密切关系，故在此研究。

二、不真正义务

（一）不真正义务的含义

不真正义务，俗称假义务，此非债务人的义务，而是债权人对自己权利的照顾义务，如果债权人没有履行这些义务，会使自己的债权效力减损或丧失，因此，这种义务也称为债权人的权利性义务或称对己义务。例如，乘车人明知驾车人为无照驾驶，还乘其车，出车祸发生损害，驾车人可以减轻赔偿额，受害人须忍受减免赔偿额的不利益。买受人对于物的瑕疵怠于检查和通知，被保险人怠于向保险人报告保险事故等，均可使债权效力减损或丧失，此为债权人须承受的不利益。从另一方面说，由于债权人有过错，债务人的赔偿义务减轻或者消失，这样债务人的义务成为“不真正义务”。

（二）不真正义务的主要体现

1. 非违约方防止损失扩大的义务。我国《民法典》第591条规定：“当事人一方违约后，对方应当采取适当措施防止损失的扩大；没有采取适当措施致使损失扩大的，不得就扩大的损失请求赔偿。当事人因防止损失扩大而支出的合理费用，由违约方负担。”

2. 侵权的受害人避免损失发生或扩大的义务。我国《民法典》第1173条规定：“被侵权人对同一损害的发生或者扩大有过错的，可以减轻侵权人的责任。”

从上述义务的不同类型可知，债的准备开始到产生、发展、履行以及消灭的不同阶段，形成了庞大的义务网络；所有这些义务都源自债的关系，权利义务的发生、发展都由债的目的所主导。债的履行就好像一部计划书，告知我们每一步应该做什么。如果全面、正确、适当地履行义务，大量的义务和附随义务便完成了使命，履行目的实现。

除了上述义务类型以外，债务的效力内容还包括债务人的选择权与抗辩权。债务人的选择权是债务人为了履行义务的便利，在给出的数宗给付中选择其一作为实际履行内容的权利。债务人的抗辩权是双务合同的债务人针对债权人的给付请求提出的阻止请求权效力的权利，包括同时履行抗辩权和不安抗辩权。应注意的是，双务合同之债的债务人同时也是其相对人的债权人，故这里所称的债务人的抗辩权是针对双务合同之债的双方当事人而言的。

三、债的履行原则

订约的目的是履行，至于如何正确履行，各国民法及学说都提出了债的履行原则。例如，诚实信用原则、全面适当履行原则、经济合理原则、协作履行原则、情势变更原则等。我国《民法典》第509条规定，当事人应当按照约定全面履行自己的义务。当事人应当遵循诚信原则，根据合同的性质、目的和交易习惯履行通知、协助、保密等义务。当事人在履行合同过程中，应当避免浪费资源、污染环境和破坏生态。依据《民法典》的规定，债的履行最根本的原则是诚实信用原则，其他一些原则是诚实信用原则的表现形式。诚实信用原则在债的履行上的适用，具体表现在：

1. 全面适当履行原则。全面适用履行原则是指当事人按照法律的规定或当事人约定，依债的性质和内容，就债之标的及其质量、数量，由适当的主体在适当的履行期限、履行地点，以适当的履行方式，全面完成债务的履行原则。《民法典》第510条规定，合同生效后，当事人就质量、价款或者报酬、履行地点等内容没有约定或者约定不明确的，可以协议补充；不能达成补充协议的，按照合同相关条款或者交易习惯确定。（具体参见本书“合同的履行”部分）。

2. 实际履行原则。实际履行原则是指债务人交付约定类型的标的物或者提供约定类型的服务。至于交付的标的物或提供的服务是否适当，不是本原则解决的问题。实际履行具体体现为：

（1）对于金钱债务，不存在履行不能的问题，债务人不履行或不完全履行金钱债务的，债权人可以要求实际履行。

（2）对于非金钱债务，债务人能够实际履行而不履行或履行不合约定的，债权人原则上也可要求债务人实际履行。

（3）对于非金钱债务，如果出现《民法典》第580条规定的情形之一时，债权人可要求赔偿损失，但不能要求实际履行：①法律上或者事实上不能履行；②债务的标的不适于强制履行或者履行费用过高；③债权人在合理期限内未请求履行。

（4）债权人享有解除权时，可通过行使解除权，拒绝接受债务人的实际履行。

3. 协作履行原则。债务人履行债务，债权人应适当受领，为债的履行创造必要的条件，例如，提供协作履行所需的技能和必要的专业知识。债务人因故不能完全履行时，债权人应采取措施，防止损失扩大。

4. 避免浪费资源、经济合理原则。债务人履行债务时，在履行方式、选用设备、选择材料、仓储、保管方面应经济合理，以最小的成本，取得最佳利益。

5. 合同履行中的保护环境、避免破坏生态原则。这是《民法典》第9条“民事主体从事民事活动，应当有利于节约资源、保护生态环境”基本原则在债法中的具体体现。

6. 情势变更原则。《民法典》第533条规定：“合同成立后，合同的基础条件发生了当事人在订立合同时无法预见的、不属于商业风险的重大变化，继续履行合同对于当事人一方明显不公平的，受不利影响的当事人可以与对方重新协商；在合理期限内协商不成的，当事人可以请求人民法院或者仲裁机构变更或者解除合同。人民法院或者仲裁机构应当结合案件的实际情况，根据公平原则变更或者解除合同。”依据《民法典》的该条规定，合同依法成立之后、终止之前，由于不可归责于双方当事人的原因，发生了当事人订立合同时无法预见的情势变更事实，使履行原合同的基础改变或丧失，若继续维持合同原有效力则显失公平或使合同目的落空，合同当事人得请求人民法院或仲裁机构变更或解除合同。

总之，依诚实信用原则正确履行给付义务表现在债的履行的多个方面，属于强行法规范，不允许当事人以约定排除其适用。合同约定条款违背诚实信用原则的，应为无效。当事人履行合同违背诚实信用原则，使对方受到损害的，应承担损害赔偿责任。

债的实现核心是债务人全面适当、正确履行给付义务，如果背离了原来的履行计划，则出现给付义务违反，也称为债务不履行或不适当履行。由于债务履行出现障碍，债的关系发生变化，使债走上了另一条道路，当事人或者请求解除合同，或者请求承担损害赔偿责任，这种变化称之为债不履行的后果。这是债务效力的另一方面，既是对债务人的一种约束，也是法律以强制力给债权人的救济空间。因此，债的效力，除了债务人的给付义务以外，还包括给付义务违反后的效力。

四、给付义务的违反及其效力

债务与债权为同一法律关系的两面。债权与物权不同，债权不能因债的关系成立而自动实现，只能等待债务人履行债务才能获得满足。如果债务人不自觉、不适当履行，则是对给付义务的违反。债权人在必要时得请求公力救济，在取得胜诉给付判决后，申请强制执行，以实现债权。

给付义务违反的效力，也称债务不履行的后果，这一后果是不履行原给付义务而生的延伸义务，也是第二次义务。第二次义务经常体现为债务人应负担的责任。这一责任体现为强制履行及损害赔偿。“就责任的形态而论，履行强制属于程序意义下之责任，而损害赔偿责任则属于债务不履行时，在原来债务上增加的实体意义下的责任。”〔1〕

债务与责任均基于债的关系产生，均为债的效力。但是，债务与责任不同。债务是应为特定给付义务；而责任是强制实现此项义务的手段，是不履行义务应承担的后果，是对债权的保护，责任往往通过外力的强制手段实现。有责任的债务，才有完整债务的效力。因此，债务与责任相伴而生、如影相随，债务发生时，责任随之而至。只是在通常情况下，责任未必都实现。

（一）给付义务违反的含义

给付义务的违反，也称债务的不履行，是指债务人未依债务的本来目的，不按照应为给付的时间、地点和适当的方法向债权人或债权人指定的人或其他法定的应受领给付的人履行债务。当一项债务没有及时得到履行，而且也没有适用以其他物代替清偿的方法时，即给付出现障碍。给付障碍的表现形式是：给付不能、给付迟延、拒绝给付和不完全给付，

---

〔1〕 黄茂荣：《债法总论》，中国政法大学出版社2003年版，第63页。

不完全给付又包括瑕疵给付和加害给付。其中，给付不能、给付迟延、给付拒绝为消极侵害债权；瑕疵给付、加害给付为积极侵害债权。

《民法典》中合同编通则中关于债务不履行的规定，为一般规定。除了合同以外，也适用于无因管理、不当得利、侵权行为等法定之债。例如，拾得遗失物成立无因管理；但因过失导致遗失物毁损时，无因管理人应负债务不履行的责任。再如，迟延返还不当得利时，负迟延责任等。

不履行债务的行为有多种形态，不同的形态，效力不同，以下分别研究之。

（二）违反给付义务的样态

1. 给付不能。

（1）给付不能的意义。给付不能也称履行不能，是指债务人不能实现债务中所确定的给付的内容。例如，物灭失或毁损导致的给付不能；物本身存在，但该物被法律确定为禁止流通或限制流通的物；演员生病不能演出；画家手臂骨折不能作画等原因都使得原给付义务不能履行。

应注意的是，给付不能不能仅从物理学和逻辑学意义上认定，还应从社会观念和法律意义上认定。例如，某珠宝商卖出一枚戒指，而这枚戒指在交付过程中坠入一条河中，由于这枚戒指仍然存在，因此，在理论上是可以交付的。但是，为了完成这种给付所需付出的代价过于巨大，人们就将之称为事实给付不能或实际给付不能。〔1〕

有的情况下，当债务人声称自己不能给付时，债权人未必知道其真正的原因，例如，某人借了他人的一本绝版藏书，然后想自己保留不还。通常给付不能时，仅产生损害赔偿的后果，这对于债权人而言并不公平，即使赔偿几倍价格，损失也不能弥补。德国判例采取的方式可资借鉴：当债权人对债务人的给付不能持有怀疑时，可以诉请强制履行。判决后，债权人可以执行债务人的财产，如果执行时找不到所负担的标的物，债务人必须作出宣誓保证，保证自己不占有该物，并且也不知物在何处。如果对这种保证的正确性还存在疑问，债权人可以依照刑法告发债务人，由警察机关和检察机关审查债务人主张的正确性，在不存在疑义时，再请求赔偿。〔2〕

给付不能不包括种类之债，债务人永远要对自己的不履行负责，除非作为种类之债的所有这类标的物都灭失。金钱之债原则上不发生给付不能，仅发生给付迟延的问题，债务人永远不能因资金短缺而免责，履行困难也不能成为不履行的理由。

（2）给付不能的形式：对给付不能进行分类并赋予其不同的法律效力，是由德国民法债法学说所创。该理论为我国台湾地区现行“民法”所采纳，大陆的民法理论也深受其影响。在债法理论中，多以“给付不能”作为确定给付义务违反的出发点。需要指出的是：2002年1月1日生效的德国《债法现代化法》对《德国民法典》进行了涉及200多个条款的修改，其中，包括对原《德国民法典》第306条“以不能的给付为标的的合同无效”这一规定的废除，代之以“将所有的给付障碍形态都归结到违反义务这个更高一级的上位范畴中，据此，债权人享有损害赔偿请求权的基本要件是债务人违反由债务关系产生的义务，并对违反义务的行为承担责任。至于债务人究竟违反了哪一种类的义务，是主义务、附随

〔1〕参见［德］罗伯特·霍恩等：《德国民商法导论》，楚建译，中国大百科全书出版社1996年版，第104页。

〔2〕参见［德］迪特尔·梅迪库斯：《德国债法总论》，杜景林、卢谌译，法律出版社2004年版，第281~282页。

义务、给付义务还是保护义务，或者究竟发生了哪一种类的给付障碍，是债务人根本不给付、不及时给付还是履行的给付完全不同于所负担的给付，都不重要”。[1] 由于《德国民法典》对给付障碍法的重大修订，并且不问各类给付不能的情形，将所有的给付障碍都归结为违反义务，故我国有观点认为，债法总论研究给付不能的各种类型已无意义。应该看到，尽管2002年新版《德国民法典》放弃了对给付不能类型化的规定，但仍保留了给付不能的概念，[2] 并且“新文本《德国民法典》第275条涵盖了一切情形的给付不能”。[3] 同时，将“客观履行不能与主观履行不能，嗣后履行不能与自始履行不能及可归责不能与不可归责不能置于同样的位置”。[4] 鉴于此，本书认为，德国新债法并未取消给付不能，其改革是在原给付障碍法的基础上进行的。现代债法指出，无论出现何种履行不能，均不影响合同的效力，债务人应负违约责任。因此，仍需知道履行不能的各类情形。同时，传统民法理论仍保留各类给付不能的学说，故对给付不能的各种类型的分析是有意义的，否则，不能深入理解德国民法学创立的给付不能的意义及其变化特点。给付不能的形式如下：

第一，客观不能与主观不能。客观不能，指在现存的条件下对任何人而言都不能完成该给付，如出租已烧毁的房屋。主观不能，是因债务人个人的事由不能实现给付，如债务人腿骨折，致使与他人订立运送货物的合同不能实现。

第二，自始不能和嗣后不能。自始不能和嗣后不能区分的界限以债成立之时为标准，在债的关系成立之前给付不能的情况就已存在，为自始不能；在债的关系成立后才发生的给付不能，为嗣后不能。自始不能仅对合同才可能存在，法定之债不存在自始不能的问题。自始不能，可分为自始主观不能和自始客观不能。嗣后不能，也可分为嗣后主观不能与嗣后客观不能。

第三，全部不能和部分不能。全部不能，指法律行为的内容全部不能实现。部分不能，是法律行为的内容有部分可以实现，对于可以实现的部分应有效。我国《民法典》第156条规定：“民事法律行为部分无效，不影响其他部分效力的，其他部分仍然有效。”此为部分不能的规定。

第四，永久不能和一时不能。永久不能，是不能实现的情况；永久持续，也称确定的继续不能，如债务人不仅在给付期限内不能给付而且在逾期后仍不能给付。一时不能，是现在不能，但具备给付可能的希望，如因一时的障碍不能给付，待障碍排除后仍可给付。

第五，事实不能和法律不能。事实不能也称自然不能，指给付依自然状况、自然规律不能履行，例如，洪水冲毁铁路，导致运送合同不能履行。法律不能，是基于法律规定的给付不能，例如，给付的标的物被法律禁止流通，即为法律不能。

第六，可归责的给付不能和不可归责的给付不能。因可归责于当事人一方的事由导致的给付不能为可归责的给付不能，如因债务人的过失或者因债权人的受领迟延使债不能履行。因不可归责于当事人一方的事由产生的给付不能为不可归责的给付不能，例如，因不可抗力使债务人不能履行债务。

（3）给付不能的效力。在债的履行上，给付不能是个复杂的问题，虽然均为给付不能，

---

〔1〕 参见杜景林、卢谌编著：《德国债法改革——〈德国民法典〉最新进展》，法律出版社2003年版，第38~39页。

〔2〕 参见《德国民法典》第275条。

〔3〕 杜景林、卢谌编著：《德国债法改革——〈德国民法典〉最新进展》，法律出版社2003年版，第32页。

〔4〕 朱岩编译：《德国新债法——条文及官方解释》，法律出版社2003年版，第39页。

但其效力在法律上有区别。

我国立法没有细致区分各类给付不能的情形，而是统一规定了给付不能的效力。根据《民法典》第580条的规定，当事人一方不履行非金钱债务或者履行非金钱债务不符合约定的，对方可以请求履行。但是如果出现：法律上或者事实上不能履行或者债务的标的不适于强制履行或者履行费用过高，以及债权人在合理期限内未请求履行的任何一种情形时，致使不能实现合同目的，则排除原给付义务，当事人可请求人民法院或者仲裁机构终止合同关系，但是不影响违约责任的承担。

修改前的《德国民法典》第306条规定，以不能的给付为合同标的的，合同无效。人们普遍认为，原《德国民法典》中的给付障碍法对自始客观不能无效的规定是失败的。判例认定债务人已就自己约定的给付的可履行性承担了担保，在此种情形下，合同以有效论，债务人负责赔偿积极利益。[1] 从新近的合同立法趋势可以看出，《联合国国际货物销售合同公约》已放弃履行不能的类型化，而赋予同一的法律效果，即无论何种履行不能，均不影响合同的效力，债务人应负违约责任。2002年1月1日生效的德国《债法现代化法》对原《德国民法典》中的给付障碍法作了重大修改，取消了原《德国民法典》中第306条的"以不能的给付为标的的合同无效"的规定。2002年新版《德国民法典》第275条关于给付不能的规定中涵盖了一切情形的给付不能。[2] 并在新法第280条中以债务人违反债务为中心，确立了债权人的损害赔偿请求权。以该条为基础建立的赔偿损失制度，不但适用于单务的债务关系也适用于双务的债务关系，不但适用于合同之债也同样适用于法定之债。这一制度中的请求权的成立始终以违反义务为前提。[3] 德国债法改革的成果对我国《民法典》债法中关于给付不能的规定起到了启发和借鉴作用。

2. 给付迟延。

(1) 给付迟延的概念。给付迟延也叫作迟延履行或者债务人迟延，是指由于债务人的原因，债务人对已到清偿期的债务，能履行而未按期履行的情形，此为时间上的不当给付。

(2) 给付迟延的构成要件。①根据有效的债务关系，有给付义务的存在。②给付已到清偿期。给付有确定期限的，债务人自期限届满之日起，负迟延给付的责任。未确定期限或者期限不明的给付，债权人可随时请求履行，但须给债务人必要的准备时间，此期间届满，经债权人请求并催告，债务人仍不履行，则为履行迟延。③给付须可能。这是与给付不能的区别。如果在迟延后发生给付不能，按给付不能处理。④迟延履行是由于可归责于债务人的事由而没有履行，如果非因其故意或过失，可作为免责理由，但应由债务人举证证明，由法院依具体情况判定。在有特殊原因不能按期履行时，应通知债权人，能通知而不通知的，仍应负迟延履行的责任。

(3) 给付迟延的效力。①继续履行。债权人可诉请法院强制债务人履行债务。②迟延赔偿。除了给付外，还要赔偿因迟延给债权人造成的损害。③替补赔偿。由于给付迟延，继续履行对债权人已经无意义，债权人可拒绝继续履行，请求赔偿因迟延履行造成的损失。

---

[1] 参见杜景林、卢谌编著：《德国债法改革——〈德国民法典〉最新进展》，法律出版社2003年版，第19页。

[2] 参见杜景林、卢谌编著：《德国债法改革——〈德国民法典〉最新进展》，法律出版社2003年版，第32页。

[3] 参见齐晓琨：《德国新、旧债法比较研究——观念的转变和立法技术的提升》，法律出版社2006年版，第89页。

④责任扩大。在迟延期间，因不可抗力造成标的物毁损的，债务人应承担履行不能的责任，不得以不可抗力主张免责。⑤支付迟延利息。在迟延期间涨价的，按原价履行，降价的按新价履行。如果是债权人受领迟延，减轻债务人的责任，债务人在债权人受领迟延时，仅就故意和重大过失负责，并由债权人承担价格不利的责任。

3. 给付拒绝。

（1）给付拒绝的概念。给付拒绝是指债务人在债成立后履行期届满之前，能够给付而拒不给付的情况。拒绝给付属于一种违法事实。拒绝给付的后果是通过诉讼追究债务人的责任。

（2）给付拒绝的要件。①给付拒绝发生于债成立后，并且客观上存在债务。②能为给付。如果给付不可能，不成立给付拒绝。③有拒绝给付的意思表示。该意思表示可以是明示或者默示。④债务人有故意或者过失。⑤违法。如果拒绝履行有理由，为正当权利的行使。例如，行使同时履行抗辩权、先诉抗辩权或者行使留置权时的拒绝履行或者条件尚未成就的拒绝履行，都是有理由的拒绝履行。这里的拒绝履行系指无正当理由的拒绝履行。

拒绝履行与迟延履行不同。迟延履行与时间、期限有关，到期不履行，发生迟延履行。拒绝履行与期限无关，无论期限未到或者届至（期满日），都可发生。在期限未到之前，拒绝履行，在大陆法系称为“预期拒绝履行”，在普通法系称为“预期违约”。

我国《民法典》第578条规定：“当事人一方明确表示或者以自己的行为表明不履行合同义务的，对方可以在履行期限届满前请求其承担违约责任。”此为预期拒绝履行的规范基础。预期违约和实际违约责任略有不同：预期违约因为期限未到，如果是明示毁约，债权人在接到拒绝履行的通知后，可以请求法院强制义务人实际履行，所以预期违约有继续履行的可能。继续履行不可能时，可以解除合同，赔偿损失。而通常的实际违约是在期满后违约，实际履行往往不能实现，只能请求支付违约金或者赔偿损失。

（3）拒绝给付的效力。可以根据拒绝给付的不同情况，或请求实际履行，或采取补救措施，或支付违约金，或赔偿损失。

4. 不完全给付。

（1）不完全给付的概念。不完全给付，又称积极侵害债权或给付不当。不完全给付与前述几种违反给付义务的情况不同。给付不能、给付拒绝或给付迟延，都是不履行债务，故为消极侵害债权。不完全给付是债务人有积极的履行债务的行为，但由于债务人的履行有瑕疵，使债权人的利益受损害，所以是积极侵害债权，也叫积极违约，不完全给付须可归责于债务人。

（2）不完全给付的要件。①债务已按照债务人的意思为给付。②债务人所为的给付不完全，即给付有瑕疵。③不完全给付须因可归责于债务人的事由而产生。

（3）不完全给付的形式。不完全给付分为两种形式：瑕疵给付和加害给付。①瑕疵给付，即债务人的给付有瑕疵，这是违反与给付义务有关的义务中最常见的情况，也称不适当履行。例如，给付标的物的质量、数量、品种不完全，或者给付的地点、时间、给付的方法不当，或者未履行附随义务等情形。总之，因为履行不符合约定或法律规定的条件，导致减少或丧失履行的价值或效用，如购买的书缺页、交付的冰箱不制冷、大米里掺杂许多沙子等，都属于瑕疵给付。②加害给付，是指因为给付有瑕疵，给债权人造成财产或人身损害的情形。加害给付可因标的物质与量的瑕疵给付，导致债权人及其相关人利益受损，如出售的轿车刹车不灵，导致使用人出车祸受伤。加害给付也可因不作为义务的不完全给付或附随义务的违反使债权人受损失。

(4) 不完全给付的效力。对于给付有瑕疵的不完全给付，债权人可拒绝受领。已受领的，可请求补正给付（修理、重做、更换），不能补正给付的，赔偿损失。我国《民法典》第577条规定："当事人一方不履行合同义务或者履行合同义务不符合约定的，应当承担继续履行、采取补救措施或者赔偿损失等违约责任。"对于给付不仅有瑕疵，而且还给债权人造成其他财产和人身损害的加害给付，受损害方可依照合同法的规定要求债务人承担违约责任或者依照其他法律规定要求债务人承担侵权责任。我国《民法典》第186条规定："因当事人一方的违约行为，损害对方人身权益、财产权益的，受损害方有权选择请求其承担违约责任或者侵权责任。"同时，《民法典》第996条规定："因当事人一方的违约行为，损害对方人格权并造成严重精神损害，受损害方选择请求其承担违约责任的，不影响受损害方请求精神损害赔偿。"

从债的效力的核心内容可知，债成立后，法律要求债务人积极履行债务，对债务的不履行要视情况课以不同的责任。而对于不履行债务的一般效力是：继续履行；采取补救措施；因不履行债务而致债权人损害的，债务人负损害赔偿的责任。

第五章
债的保全

第一节　债的保全概述

一、债的保全概念

债的保全，就是确保债权完满而免受债务人侵害的制度。从前述债的效力可知，债权主要是通过债务人的给付，即从债务人的财产上获得满足。债务人财产是债权实现的基础。因此，债务人的财产，通常被称为“责任财产”，是用来担保债权实现的一般财产，也是债务人承担不履行债务责任的财产。责任财产的增加或者减少，与债权人的利益息息相关。债的保全制度就是为了增加或者恢复债务人的财产而设立的制度。“全”具有完整的含义；“保全”，就是保持责任财产完整，防止其减少的意思。

二、债的保全方法

现代民法上，债的保全方法有两种：一是债权人的代位权；二是债权人的撤销权。前者是当债务人消极地放任其财产减少时，如债务人怠于行使自己的债权时，债权人可代替债务人维持其财产的权利；后者是当债务人有积极地减少其财产的行为时，债权人可以撤销该行为，从而恢复债务人财产的权利。通过保全制度，直接维持债务人责任财产的状况，使债权间接得以清偿。

三、债的保全的制度价值

从债的效力可以看出，法律为债的实现赋予了相对完整的效力空间，债权人可依据法律赋予他的各种权能效力获得其应受领的给付利益；债务人也应依债权人的请求积极地履行义务。如果债务人不履行债务，债权人可诉请法院，由法院运用国家强制力强制债务人履行债务，并对因债务的不履行或不适当履行给债权人造成的损失给予损害赔偿，以保障债的实现。

然而，毕竟债权具有请求权的特点且为相对权，故债权的实现、债权利益的享有，总是要通过债务人的给付才能满足，而且其效力原则上不涉及第三人。但是，当债务人不能给付或者债务人与第三人实施足以危及债权人利益的行为时，如果不许债权人针对债务人与第三人的行为形成的法律关系予以干预，则债权难以实现。为了防止上述情况发生时债权人的权利不能得到满足，现代民法在债的效力之外又确立了债的保全制度，其功能是填补债权效力顾及不到的空间。

四、债的保全的性质

债权保全的两种方法，均为对债务人以外的第三人发生作用力，故通说认为，债的保全是债权的对外效力。但也有学者认为，债的效力就是债权人与债务人之间的对内效力，债的保全仍属债的对内效力，是法律赋予债权的保护力。对债务人而言，有不得侵犯债权的义务，违反了这一义务，产生侵权行为之债的后果。因此，这里的对第三人不过是债的对内效力的反射作用而已。应看到，债的保全毕竟与前一章所述的仅发生在债务人与债权人之间的效力不同，这一权利效力总是反射到了债的关系以外的人，称其为债的对外效力是可行的。

关于债权的保全制度，大陆法系各国民法并非均有规定。例如，罗马法没有该项制度，德国民法、瑞士民法、俄罗斯民法也没有此规定。德国民法不认为债的保全中债权人的两个权利为实体权利，认为这是程序法中的问题，所以，在民事诉讼法的强制执行程序中解决债务人责任财产的不完全问题。法国法系的民法，如《法国民法典》《西班牙民法》《意大利民法典》都有该制度的规定；《日本民法典》、我国台湾地区现行“民法”也规定了这一制度。我国《民法典》在合同编中专章规定了债的保全制度。

第二节 债权人的代位权

一、债权人代位权的概念

债权人的代位权是指在债务人怠于行使其债权或者与该债权有关的从权利，影响债权人的到期债权实现时，债权人为了保全其债权不受损害而以自己的名义向人民法院请求代位行使债务人对相对人的权利之权利。

我国《民法典》第 535 条第 1 款规定：“因债务人怠于行使其债权或者与该债权有关的从权利，影响债权人的到期债权实现的，债权人可以向人民法院请求以自己的名义代位行使债务人对相对人的权利，但是该权利专属于债务人自身的除外。”此为债权人代位权的规范基础。

要理解债权人的代位权，首先须弄清代位权关系。例如，甲对乙享有 30 万元的债权，而乙对丙有 35 万元的到期债权不行使或者不行使为担保该主债权设立的抵押担保权，当甲要求乙偿还债务而乙不能履行时，甲可要求代位行使乙对丙的债权或从权利。在此代位权关系中，乙为甲的债务人，丙为乙的债务人，相对于债权人甲而言，丙为第三人，也称“次债务人”。

可见，债权人的代位权是当债务人享有对第三人的权利而又怠于行使，致其财产能增加而不增加从而危害债权时，债权人可代位行使属于债务人的权利，以增加债务人的财产，使债权得以实现。

二、债权人代位权的特征

1. 债权人的代位权是债权的一种效力。该效力具有保全债权请求权的作用，行使代位权可以增加债务人的财产，加大债权担保的资力。

2. 代位权是法律赋予债权人的固有权。有观点认为，债权人的代位权也是债权人对其债务人的代理权，是替债务人为法律行为。应注意，债权人的代位权不是由他人授权获得的，此点与代理权有别：

（1）名义不同。代位权的行使是债权人以自己的名义（代位权人）为之；代理是代理人以被代理人的名义为之。

（2）权限不同。代理人的权限是在委托授权或法定、指定范围内；代位权人的权限是在债权人的债权范围内。

（3）后果不同。代理的效果归于被代理人；代位权行使的效果是债权人债权的实现。

3. 代位权是实体法上的权利。虽然代位权是债权人通过诉讼代位行使债务人的债权，但我国合同法以实体法形式确定了债权人代位权的内容。债权人不仅依法可行使代位权，而且可以直接受领行使代位权后取得的财产。

对于债权人代位权的性质，有两种说法：一是形成权；二是能权或管理权。债权人行使代位权是通过形成之诉使原有的法律关系发生变动，但视代位权为形成权的说法有些勉强，因为代位权毕竟不是因债权人（权利人）一方的意思表示就可使法律关系发生变动的，还要根据债务人的债权内容去行使。因此，认为代位权是对他人权利的可能权（能权）比较合适。[1]

三、债权人代位权的成立要件

根据我国《民法典》第535条的规定，债权人行使代位权，须具备下列条件：

1. 合法性。债权人对债务人的债权须合法或不属于自然债权。这是代位权行使的前提。如果债权人与债务人之间存在赌债、买卖婚姻之债，债权人则不能行使代位权。同理，债务人与次债务人之间的债权须是合法的债权或者不属于自然债权。如果两债权中任一债权因违法而被认定无效或被撤销或债权已过诉讼时效，都不能行使代位权。如果债权的无效、被撤销是由次债务人的过错造成的，当债务人对次债务人有返还请求权、赔偿请求权时，应认定该债权人仍能行使代位权。

2. 因果性。须债务人怠于行使其债权或者与该债权有关的从权利的行为，影响债权人的到期债权实现，构成对债权人债权损害的威胁。所谓怠于行使债权，一般认为是指债务人对于其已到期的债权和与该债权有关的从权利，应行使并能行使但不行使的事实状态。至于债务人是什么原因不行使，以及其主观上有无故意或过失，在所不问。

在实践中，如何认定怠于行使？例如，债权到期1个月，没有主张债权，是否属于怠于行使？发出催款通知或者向调解委员会或者找有关的行政机关请求处理，是不是就是积极行使？对此，1999年《最高人民法院关于适用〈中华人民共和国合同法〉若干问题的解释（一）》（以下简称《合同法解释（一）》）（已失效）第13条第1款作了解释："合同法第七十三条规定的'债务人怠于行使其到期债权，对债权人造成损害的'，是指债务人不履行其对债权人的到期债务，又不以诉讼方式或者仲裁方式向其债务人主张其享有的具有金钱给付内容的到期债权，致使债权人的到期债权未能实现。"该条解释说明：只要债权到期，没有行使债权，就属怠于行使，无时间的要求。而且以私力救济的方式主张权利构成"怠于行使"债权，只有以诉讼或者仲裁的方式向次债务人主张权利，才不构成"怠于行使"债权。仅向债务人的代理人主张；发出催款通知；向调解委员会或者有关的行政机关请求处理，都属于怠于行使到期债权之列。次债务人不认为债务人有怠于行使其到期债权情况的，应当承担举证责任（《合同法解释（一）》第13条第2款）。[2]

债务人不得以私力救济，只能通过公力救济的方式向次债务人主张债权，是为了防止债务人与次债务人串通造假，否则会阻止债权人代位权的行使，使代位权制度形同虚设。

代位权旨在保全债权，因而须以确有保全的必要为前提。债务人的财产若足以充分清偿其债务，债权人只需诉请强制执行即可获得满足，自无行使代位权的必要。代位权行使的必要性应理解为债务人不行使其对次债务人的到期债权，对债权已造成损害，或者使其债权人的债权存在不被清偿的可能性。

---

〔1〕史尚宽：《债法总论》，中国政法大学出版社2000年版，第463页。

〔2〕尽管该规定已被废止，但是，该条之规定的内容已经被最高人民法院即将出台的《关于合同编通则部分的解释》第34条的承继。因此，该原理不会改变。

那么，当债权人对其债权已经设立了抵押、质押或者其他担保时，债权人的代位权是否就不成立了呢？不是。即使有担保，也不妨碍成立代位权。因为，有的时候担保仅仅是对债权的一部分而非全部的担保。判例及学说认为：对于不特定及金钱债权，应以债务人是否陷于无资力为判断标准；而在特定债权及其他与债务人资力无关的债务中，则以有必要保全债权为全部条件。

3. 期限性。期限性是指债务人的债权已到清偿期，这是行使代位权的时间界限，具体是指债务人对次债务人享有的债权已到清偿期。如果债权没有到期，请求权不发生，债权人也不能对次债务人行使代位权。附停止条件的债权，条件成就前，效力尚不发生，故无代位权成立之可能。

通常认为，债权人行使代位权，必须是两个债权均到期才能行使。我国《民法典》没有把债权人的债权已到期作为行使代位权的必要条件，而《民法典》第536条规定："债权人的债权到期前，债务人的债权或者与该债权有关的从权利存在诉讼时效期间即将届满或者未及时申报破产债权等情形，影响债权人的债权实现的，债权人可以代位向债务人的相对人请求其向债务人履行、向破产管理人申报或者作出其他必要的行为。"这说明在某些情况下，债权人的债权未到期也可以行使代位权，例如，债权人的债权到期之时正是债务人的债权或者与该债权有关的从权利诉讼时效届满之日，如果等到期，代位权的行使已经没有意义，这时就要考虑对债权人预期损害的救济。

4. 可代位性。债务人怠于行使的到期债权须具有可代位性。代位权的客体须不是专属于债务人自身的债权。①与债务人的人格与身份相关的债权不得代位。②专属于债务人的财产权不得代位：一是基于亲属关系而发生的财产权，如基于扶养、抚养、赡养、继承关系产生的给付请求权和劳动报酬请求权；二是专属于自然人的债权，如退休金、养老金、抚恤金、安置费、人寿保险、人身伤害赔偿请求权等权利，这些权利不属于代位权的标的，不能成为强制执行的标的。

四、债权人代位权的行使

1. 行使代位权的主体。行使代位权的主体为一切债权人，即债务人的所有债权人，不管他们的债权成立的时间先后，只要具备了代位权成立的上述要件，均可单独行使代位权。故只要是债务人的债权人，原则上均可成为代位权的主体。债权人行使代位权，以自己为原告，以次债务人为被告，要求次债务人对债务人履行到期债务，并直接向自己履行。

2. 代位权的客体。债权人代位权的客体是债务人怠于行使的债权或者与该债权有关的从权利。我国《合同法解释（一）》（已失效）第12、13条将债务人怠于行使其到期债权的内容作了缩小解释，除了规定专属于债务人自身的债权不得代位外，还将代位权的标的限定在债务人对次债务人"享有的具有金钱给付内容的到期债权"。《民法典》对此没有规定。

从比较法的角度观察，债权人得代位行使的债务人的权利，依其性质，可包括以下几种：

（1）纯粹的财产权利，包括：合同上的债权；基于无因管理或不当得利而产生的偿还或返还请求权；物权及物上请求权，如所有物返还请求权、债务人对于第三人的抵押权；关于财产的保存行为，如中断时效、各种登记请求权；以财产利益为目的的形成权，如合同解除权、买回权、选择之债的选择权、损害赔偿请求权、抵销权、担保物权、债务人的代位权、债务人的撤销权、清偿受领权等。

（2）主要为财产上所有之权利，如因重大误解、显失公平的民事行为所生之撤销权与变更权。

（3）诉讼上的权利，如代位提起诉讼、申请强制执行等。在债务人怠于行使对于第三人的权利，而于债权人行使代位权之际，第三人又拒绝履行对债务人的债务时，债权人得代位行使债务人诉讼上的权利，但在诉讼中不得处分债务人的权利，如权利之抛弃、债务之免除等。

我国合同法解释将代位权的标的限于债务人对次债务人享有的具有金钱给付内容的到期债权，债务人的其他权利不得作为代位权的标的。具有金钱给付内容的到期债权，除了因合同关系产生的金钱给付债权外，基于股东权所享有的红利分配请求权、合伙解散时的剩余财产分配请求权、共有物分割时的应得份额请求权等，也可以代位行使。

3. 代位权行使的方法。行使代位权，债权人应以自己的名义通过诉讼方式为之，具体而言：①不能以债务人的名义为之；②只能通过人民法院行使，以裁判方式为之。这一点，我国《民法典》与大陆法系其他国家的规定不同，后者可以通过诉讼外的方式行使，我国不允许通过私力救济的方式，只能依民事诉讼程序，通过公力救济的途径实现。债权人行使代位权时，负有善良管理人之注意义务，如果违反注意义务对债务人造成损害的，应负赔偿责任。

4. 代位权行使的范围。《民法典》第 535 条第 2 款规定："代位权的行使范围以债权人的到期债权为限……" 依据立法规定，代位权行使的范围以保全债权人的到期债权的必要范围为限度。如果行使代位权的结果已足以保全其债权时，即不得再代位行使债务人的其他权利。

五、代位权行使的效力

依照有代位权规定的大陆法系国家的民法立法例，代位权诉讼的效力只能及于债务人。也就是说，代位权行使的效果直接归于债务人，使债务人的财产增加，为将来债权人的债权实现提供足够的责任财产。换句话说，通过代位权诉讼要回的财产，债权人不能直接受领，要交付给债务人，这一般称为"入库原则"。这样规定也符合债法的基本理论，因为债权是相对权，不具有优先受偿的效力。

我国《合同法（草案）》曾规定，行使代位权取得的财产，归债务人后，再清偿债权。但在就《合同法（草案）》征求意见时，一些学者提出，这样规定虽然有理论依据，但不具操作性，将使代位权制度失去实际作用。因为，规定代位权诉讼取得的财产只能先归于债务人，会使债权人丧失代位权诉讼的积极性，而怠于行使权利的债务人却坐享其成。而且，财产归债务人后，债权人再以债务人为被告提起诉讼，也增加了当事人诉讼的成本，徒增当事人的诉累，不符合诉讼经济原则，甚至还可能会产生人民法院对本诉和代位权诉讼作出不同判决的情形。

立法者认为，规定债权人直接受领，不会损害债权平等原则，理由是：①符合法定条件的债权人可以依法提起代位权诉讼；②如果是两个或两个以上的债权人以同一次债务人为被告提起代位权诉讼，法院可以合并审理，财产不足的，依照各自债权的数额按比例分配；③在代位权诉讼中，每一个债权人行使代位权的范围都以其债权为限，请求数额超出债务人对其所负债务额或者超出次债务人对债务人所负担的债务额的，对超出部分，人民法院不予支持。最终，我国立法取消了"入库规则"，规定债权人有权直接受领通过代位权诉讼取得的财产。《民法典》第 537 条规定："人民法院认定代位权成立的，由债务人的相对人向债权人履行义务，债权人接受履行后，债权人与债务人、债务人与相对人之间相应的权利义务终止。债务人对相对人的债权或者与该债权有关的从权利被采取保全、执行措施，或者债务人破产的，依照相关法律的规定处理。”

具体而言，代位权行使后对各方当事人的效力如下：

1. 对于债务人的效力。债权人行使代位权时，债务人以次债务人为被告提起的诉讼要受到限制；无论债务人是否参加诉讼，法院对代位权作出的判决对债务人均有影响。也就是说，次债务人因代位权诉讼向债权人履行义务后，债务人与次债务人，债务人与债权人之间的债权债务关系消灭。

2. 对于次债务人的效力。《民法典》第535条第3款规定：“相对人对债务人的抗辩，可以向债权人主张。”对于次债务人而言，无论权利是由债务人自行行使，还是由债权人代位行使，对次债务人的法律地位及其利益均无影响。因此，凡该次债务人得对抗债务人的一切抗辩，均得用以对抗行使代位权的债权人。例如，同时履行抗辩、不安抗辩、先履行抗辩、时效抗辩等，均可向债权人主张。有些不属于债务人的抗辩事由，次债务人也可据以抗辩；但是专属于债务人的抗辩，次债务人不得主张。

3. 对于债权人的效力。债权人行使的是债务人的权利，不得超出债务人权利的范围。债权人可以直接接受次债务人的履行。行使代位权的必要费用，由债务人承担，可以从实现的债权中优先支付。

债权人提起代位权诉讼的，应当认定对债权人的债权和债务人的债权均发生诉讼时效中断的效力。[1]

从以上我国对债权人代位权的规定可以看出，我国立法与大陆法系传统民法对债权人代位权的规定，在代位权的客体、代位权行使的方式、代位权行使的效力等方面均有差异。

第三节 债权人的撤销权

一、债权人撤销权的概念

债权人的撤销权是指当债权人与债务人间存在债的关系时，债权人对于债务人无偿处分财产或者以明显不合理的高价或低价，受让或转让其财产损害债权的行为，有请求法院对该行为予以撤销的权利。我国《民法典》第538条规定：“债务人以放弃其债权、放弃债权担保、无偿转让财产等方式无偿处分财产权益，或者恶意延长其到期债权的履行期限，影响债权人的债权实现的，债权人可以请求人民法院撤销债务人的行为。”第539条规定：“债务人以明显不合理的低价转让财产、以明显不合理的高价受让他人财产或者为他人的债务提供担保，影响债权人的债权实现，债务人的相对人知道或者应当知道该情形的，债权人可以请求人民法院撤销债务人的行为。”此为债权人撤销权的规范基础。

要了解债权人撤销权，同样须弄清债权人撤销权各当事人之间的关系。例如，甲对乙享有债权，当甲要求乙偿还债务而乙不能履行时，债权人甲可请求执行债务人乙的财产清偿债务。而乙此时将其财产无偿赠与或低价出售给第三人，使其财产减少，有害债权实现。债权人甲可行使撤销权，请求法院撤销债务人乙与第三人的法律行为，经撤销后的行为自始无效。

通常情形下，无偿赠与他人财产、放弃到期债权、减价出售、高价受让或者用自己的

---

〔1〕 参见《最高人民法院关于审理民事案件适用诉讼时效制度若干问题的规定》第16条。

财产为第三人提供担保等行为，都是当事人自愿的行为。但如果实施这些行为的人有债务，并且上述行为将使债务人财产减少，进而会危害和影响债权人的债权实现时，债权人得知后，有权行使撤销权。所以，债权人的撤销权是针对债务人滥用财产处分权而侵害债权的行为，为了恢复债务人的财产而设立的制度。

债权人的撤销权与债权人的代位权不同，代位权针对的是债务人的不作为行为（怠于行使其到期债权），目的是保障责任财产的正当增加；而撤销权针对的是债务人的作为行为（滥用处分权），目的是避免责任财产的不当减少。但是，两者的功能都是保全债权人债权的实现。

撤销权制度起源于罗马法，被称为“废罢诉权”。所谓“废罢诉权”，是指债权人通过诉讼的方式，撤销（废除）债务人有害债权的处分行为。由于该概念是罗马法学家保罗创设的，所以又称为“保罗诉权”。罗马法的“废罢诉权”对后世民法产生了较大影响，大陆法系多数国家的民法都采纳了这一制度。

尽管撤销权须通过诉讼方式行使，但撤销权仍属实体法上的权利，而不是诉讼法上的权利。主要理由在于撤销权是由民法实体法规定的权利，在诉讼中含有私法上撤销某项行为的意思表示。

二、债权人撤销权的性质

关于债权人撤销权的性质，有不同的观点，归纳起来主要有三种学说：第一种观点认为，撤销权为形成权，依债权人的意思表示就可使债务人与第三人之间法律行为的效力发生变化。请求撤销的诉讼为形成之诉，而且认为这一撤销权与可撤销法律行为中的撤销权的行使不应有不同的解释，认为撤销权应是形成权。第二种观点认为，撤销权是恢复原状的请求权（即债权），对因债务人的行为而获得利益的人，债权人可行使撤销权，请求获得利益的人返还该利益，以恢复债务人财产的原来状态。因此，债权人提起撤销权的诉讼应是给付之诉。第三种观点为折中说，即将上述两种观点折中，认为撤销权既有撤销债务人与第三人之间有害行为的效力，也有恢复债务人财产原状的效力。撤销权诉讼是形成之诉与给付之诉的结合，即债权人撤销权行使后的判决应是：撤销与财产的返还。采取折中说的比较普遍。

大陆法系国家的法律通常将撤销权分为两部分：一是破产法上的撤销权，这种撤销权规定在商法或单独的破产法里；二是破产法外的撤销权，这种撤销权规定在民法或债法中。我国《企业破产法》也规定了破产法上的撤销权：人民法院受理破产申请前1年内，债务人无偿转让财产、以明显不合理的价格进行交易等行为，管理人有权请求人民法院予以撤销。这是破产法上的撤销权。

破产法上的撤销权与破产法外的撤销权从权利的性质上看是一样的，都是撤销有损于债权的行为，恢复债务人的责任财产。但两者因分别规定于民法和破产法中，其要件和适用范围有不同的规定。例如，破产法上的撤销权是在企业进入破产程序后，破产管理人发现企业有上述行为时，依法行使撤销权，以保障破产企业全体债权人的权利。破产法外的撤销权是债权人为了实现自己的债权向法院提出撤销债务人处分行为的权利，这种撤销与破产无关。我们研究的是破产法外的撤销权。

三、债权人撤销权的成立要件

我国《民法典》关于撤销权的规定，分为两种情况：第一种，债权人对债务人无偿处分其财产权损害债权的撤销权的行使。第二种，债权人对债务人有偿处分其财产损害债权的撤销权的行使。对于债务人无偿或有偿处分财产损害债权的这两种行为，债权人均可行使撤销权，但要件略有不同。

（一）债务人无偿处分财产损害债权时，债权人撤销权的成立要件

1. 债务人有无偿处分财产的行为。该行为具体表现为：

（1）债务人放弃到期债权、放弃债权担保。放弃到期债权，是无偿处分债权的行为。放弃债权担保实质与放弃债权相同，无偿债权让与、免除债务、对利息的豁免等都属于放弃债权的行为。本来放弃债权是单方行为，可以自愿为之，但是在债务人有债务的情况下，放弃到期债权会使债务人财产减少，此时，债权人可以行使撤销权。

（2）无偿转让财产。例如，赠与、遗赠，对于财团法人的无偿捐助行为，这与放弃债权的效果一样。

（3）恶意延长到期债权的履行期限。当债务人有其他债权时，其中到期债权的履行，使其责任财产增加。如果债务人恶意延长其到期债权的履行期限，直接影响其他债权的实现时，显而易见，是其有意阻碍责任财产的增加，造成无资力履行债务的假象。

2. 债务人的行为对债权造成损害。害及债权，是指因债务人的上述行为，致债权不能得到满足，债务人积极减少财产，如无偿移转物的所有权、免除债务等，使自己陷于无资力状态，即不能清偿债权，且此种状态持续至撤销权行使时仍然存在者，即可视为害及债权。但清偿到期债务，获取相当代价之买卖互易，并不必然导致责任财产的减少，不得视为对债权造成损害。另外，所损害的债权应是以财产的给付为目的的债权。不作为的债权、以劳务为目的的债权，不包括在内。

对于造成损害的标准如何认定，有不同的观点，有人赞同“债务人债务超过债权说”，即债务人的行为造成其债务超过债权则为损害；有人赞同“债务人支付不能说”，即债务人的行为导致其支付不能则为损害债权；有人赞同“债务人财产不足清偿说”，即债务人实施处分行为后，他已不具有足够的财产偿债则为损害债权。一般认为，债务人不当处分财产后使自己陷于无资力的状态，足以导致债务人对其债务履行不能或者履行有困难的，就害及债权。如果债权人清偿其应清偿的到期债务，或者进行正常的买卖交易，不能认为是损害债权的行为。如果债务人处分财产不会导致其无法清偿债务，也没有行使撤销权的必要。债务人之无资力，须客观存在，且与债务人的行为有相当因果关系。若其无资力系其他原因引起，则不发生撤销权。

3. 债务人损害债权的无偿行为须在债权发生后有效成立且继续存在。①债务人这种无偿的行为已经成立，如果没有成立，或者成立后无效，债权人都没有撤销的余地，因为撤销权是对已经成立并生效的行为的撤销；无效行为不能成为撤销的标的。②这一行为是在债务人与债权人之间的债权成立后所为，并且一直存在，如果无偿行为已经解除，也没有撤销的余地。

4. 债务人恶意。当债务人有债务需要履行且资产不足时，债务人无偿处分其财产权益或恶意延长其到期债权履行期限的行为，已经说明债务人主观上非善意。

对于债务人的无偿处分和恶意延长其到期债权履行期限的行为，债权人撤销权的产生不以受让人（受益人）有无恶意为要件，仅有前述债务人的主客观要件即可行使。因为债权人对无偿行为的撤销仅使受让人失去无偿所得的利益，并未损害其他利益，因而法律应首先保护受到危害的债权人利益。

（二）债务人有偿处分财产损害债权时，债权人撤销权的成立要件

当债务人有偿处分其财产，并危害债权人的债权时，按照我国《民法典》规定的精神，债权人行使撤销权的要件是：

1. 客观要件。

（1）债务人有有偿的行为，例如，以明显不合理的低价转让财产，以明显不合理的高价受让财产，或者为他人的债务提供担保。这些行为会使债务人的责任财产的总量减少。

（2）该行为损害债权。当债务人无债务时，其低价转让或高价受让财产等是其个人自愿行为。但是，如果债务人的上述行为影响债权人的债权实现时，则构成损害债权的行为。

（3）该有偿行为须在债权发生后有效成立且继续存在。

2. 主观要件。尽管我国《民法典》第539条对债务人有偿行为的主观要件没有明确要求，但从《民法典》第539条的规定“债务人以明显不合理的低价转让财产、以明显不合理的高价受让他人财产或者为他人的债务提供担保，影响债权人的债权实现”可以看出，实际上已包含了债务人的非善意成分。该条还规定，“债务人的相对人知道或者应当知道该情形的”，即受让人明知、希望这样，主观上有故意，因此，这里既包括了债务人的非善意（恶意），也包括了受益人的非善意（恶意）。如果仅有债务人的恶意而受益人为善意时，不得撤销，以此保护善意第三人。“严格言之，此时债务人的恶意，为撤销权之成立要件。受益人的恶意，为撤销权行使之要件。”〔1〕

因此，在论述撤销权的要件时，应注意债务人为有偿与无偿行为时，对相对人主观要件的要求不同。

四、撤销权的行使

（一）行使撤销权的主体

在撤销权成立的情形下，债务人的债权人中的任何一人都得行使撤销权。但是，这些债权人的债权必须是在债务人的行为发生前成立的债权，而且这些债权人都是因债务人的有害行为而受到损害的债权人。债权人为多数人时，可以共同行使撤销权，也可以单独行使撤销权。不过，当债务人被宣告破产时，由破产管理人（清算人）以破产财团的名义行使撤销权时，各债权人就不能再行使撤销权了。

（二）撤销权的客体

撤销权的客体是债务人有害债权的行为。如果是债务人单独的行为（抛弃债权），撤销的是该债务人的单独行为；如果是债务人与第三人的合同，撤销的是双方行为。

撤销只能针对债务人的财产行为。对于债务人的身份行为，不能行使撤销权。例如，由于婚姻、收养或放弃继承权等行为，即使财产减少，也不能行使撤销权。另外，债务人拒绝接受赠与或遗赠，这是债务人的自由意志，也不能撤销。撤销权的目的是恢复其原有财产的资力，而不是想办法增加其原本没有的财产。

（三）撤销权的行使

撤销权的行使，应由债权人以自己的名义，以诉讼的形式为之。因撤销权的行使，对于第三人的利害关系甚为重大，应由法院审查决定。

撤销之诉的被告究竟应为何人，依学者对撤销权性质的不同认识，而有不同的主张。通说认为，当债务人的行为为单独行为时，债权人是原告，债务人为被告；债务人的行为为双方行为时，应以债务人及其相对人为被告（一般第三人作为无独立请求权的第三人参加诉讼），兼有财产返还请求的，应以债务人、相对人及受益人为被告。

---

〔1〕 史尚宽：《债法总论》，中国政法大学出版社2000年版，第491页。

（四）撤销权行使的范围

关于撤销权行使的范围，我国《民法典》第540条规定，“撤销权的行使范围以债权人的债权为限。”对此有不同的理解。一种理解认为，应以原告对被告享有的债权总和为限。如果债权人是一个人，原则上以该撤销权人自己的债权额为标准；即使有其他债权人存在，也不得超过自己的债权额。如果是两个以上的债权人为撤销权人，则应以保全该行使撤销权的债权人之全部债权为其限度，多余的部分仍归债务人，或者只能请求部分撤销，满足自己的债权额即可。另一种理解认为，撤销权行使的目的在于保全所有的一般债权，因此，行使的范围不以保全行使撤销权的债权人享有的债权额为限，而应以保全全体一般债权人的全部债权为其限度。

（五）撤销权行使的期间

我国《民法典》第541条规定：“撤销权自债权人知道或者应当知道撤销事由之日起一年内行使。自债务人的行为发生之日起五年内没有行使撤销权的，该撤销权消灭。”此撤销权的存续期间，也称撤销权的除斥期间。这两种计算方法中，依任何一种方法计算除斥期间届满的，都导致撤销权消灭。

五、撤销权行使的效力

我国《民法典》第542条规定：“债务人影响债权人的债权实现的行为被撤销的，自始没有法律约束力。”具体体现为：

1. 对于债务人的效力。被撤销的债务人行为，包括单独行为和与第三人的双方行为，归于消灭，视为自始无效。债务免除者，视为未免除；承担债务者，视为未承担；设定权利者，视为未设定；债权让与者，视为未让与；移转财产者，视为未移转。

2. 对于受益人的效力。已受领债务人之财产者，应撤销权人的请求，受益人应向撤销权人给付其所得的财产利益。原物不能返还者，应折价赔偿。已向债务人支付代价者，可向债务人主张不当得利返还。

3. 对于债权人的效力。撤销权人有权请求受益人向自己返还所受利益，并有义务将收取的利益加入债务人的一般财产，作为全体一般债权人的共同担保，而无优先受偿权。行使撤销权的一切费用系管理事务之费用，得向债务人或其他债权人请求偿还。

4. 对于其他债权人的效力。撤销权的行使系为全体债权人的利益，撤销权人取回的财产或代替原来利益的损害赔偿，归属于全体一般债权人的共同担保，得按债权数额比例分受清偿。

第六章
债的移转

第一节 债的移转概述

一、债的移转的含义

在债的关系存续过程中，债的主体、内容和客体都会发生变化，这些变化统称债的变更，也称广义的债的变更。广义的债的变更又分为两种情况：一是债的主体变更，称为债的移转；二是狭义的债的变更，即债的内容、客体的变更。债的内容、客体的变更的原因和方式都比较复杂，特殊性比较强，不具有概括性。我国《民法典》第543、544条仅对合同的变更作了原则性规定："当事人协商一致，可以变更合同""当事人对合同变更的内容约定不明确的，推定为未变更"。所以，对于债的内容与客体的变更须由当事人在各类具体债中协商决定。本章主要研究债的主体变更。

在债法总则意义上，债的移转主要研究债的主体变更，即债的主体移位。债的移转，就是在不变更债的内容和标的的情形下，债的主体发生移位，新的债权人或债务人代替原来的债权人或债务人，包括债权让与、债务承担和债权债务概括移转。当债权人发生变更时，则为债权让与；当债务人变更时，则为债务承担；当债权债务一并移转时，称为概括承受。

无论是债权或债务单独移转，还是债权与债务一并移转，债的关系并没有失去同一性。所谓没有失去同一性，是指原来的债的内容都没有发生变化，没有因债的移转，而使债的效力、权利义务发生变化。债的效力、债的原有利益和内容、债的各种抗辩权、债原有的瑕疵、原来的从权利都不会发生变化，例如，附随的担保物权等都不会因移转而发生变化。反之，如果是买卖变成租赁，赠与变为买卖，或者原来的债消灭，变为另一个新债，就不叫债的移转，通常称为债的更改（更新），这已经失去了原债的同一性。债的移转是在债的关系不失去其同一性的前提下的主体的变更。

二、债的移转的原因

1. 因法律行为发生债的移转。债的移转可以因法律行为发生，法律行为可以是单方法律行为，如通过遗嘱行为处分债权；附义务的遗赠，在遗赠发生效力时，即同时成立债务承担。法律行为也可以是双方法律行为，如通过债权让与合同处分债权或订立债务承担合同移转债务。

2. 因法律规定产生债的移转。除了法律行为以外，也有依法律规定移转债权债务的，例如，依《继承法》中的法定继承，如果被继承人未立遗嘱，被继承人死亡的，依照法定继承，继承人继承被继承人的债权债务。

依据《民法典》租赁合同中"买卖不破租赁"的规定，当出租人把租赁物的所有权转让给受让人时，原租赁合同对新所有人继续有效。这时，新的所有人成为出租人，等于是依法律规定，原出租人把债权（租赁权）移转给新的所有人。

在保证中，保证人替主债务人履行债务后，可以向主债务人追偿，等于是保证人依法律规定替代了主债权人的位置，成了主债务人的债权人。这也是因法律规定发生债的移转。

3. 因法院或仲裁机构的裁定或判决产生债的移转。通过单方法律行为、法律规定以及法院或仲裁机构的裁定或判决产生债权移转的情况不多，债权移转多数情况下是通过债权让与合同完成的。

三、债的移转之立法

在罗马法早期，债是不允许变更和移转的。早期的罗马法认为，债是特定人之间的关系，债是联结债权人和债务人之间的法锁，变更任何一端，都会使债的关系失去原有的同一性。所以，认定债的主体不能变更，债权不能转让。

随着近现代商品经济逐步发展，一切财产都被视为资本，债权的资本化也已经成为人们的一般观念，债权不得让与的理论逐渐改变。

大陆法系不少国家立法都规定了债的移转制度。而且在债的移转制度之外，还规定了债的更改制度。债的更改就是消灭旧债成立新债。我国立法仅规定了债的移转（主体的变更），没有规定债的更改，这被认为是继受德国立法，而法国、日本、瑞士等国都有债的更改制度。

我国《民法通则》对于债的移转仅规定了一条。我国《合同法》（已失效）第五章用 14 个条文专章规定了“合同的变更和转让”。我国《民法典》在合同编第六章中仍以 14 个条文规定了“合同的变更和转让”，但对原合同法的上述条文进行了规整、完善和补充。

债的移转分为债权让与、债务承担和债权债务概括移转。分述如下节中。

第二节 债权让与

一、债权让与的意义

债权让与是指不改变债的内容与客体，债权人通过债权让与合同将债权的全部或者部分移转于第三人的处分行为。债权让与合同中的债权人称为让与人，第三人称为受让人。

例如，甲对乙享有 50 万元金钱债权，之后，甲因资金周转的需要，将自己对乙的债权以 40 万元的价格通过债权让与合同转让给丙，并就该债权让与行为向乙作出了通知，事后，新债权人丙向乙主张该让与债权。

从债权让与当事人的关系可知，债权让与是法律行为。法律行为分负担行为与处分行为。处分行为又分物权处分行为和准物权处分行为，准物权行为是产生物权以外的权利变动的行为。债权让与是处分行为，具体而言是处分债权的准物权行为。债权让与行为一经生效，受让人即取得债权。

债权让与行为相当于将债权作为“物”、作为“有金钱价值的财产”来处分，只是让与客体不是物的所有权而是债权。通常把处分债权的合同（债权让与合同）称为准物权合同。债权让与制度具有融通资金的重要功能。债权也是财产，将其作为交易的标的，使债权的实现力、变现性增强。

债权让与可以是部分让与，也可以是全部让与。债权人可以把按份债权或连带债权让与他人，受让人则成为该按份之债或连带之债的新的债权人。

二、债权让与的特点

1. 债权让与根据让与人与受让人的债权让与合同成立。债权让与是双方法律行为，只有双方意思表示一致，通过合同行为，债权让与才成立。那么，是否存在无需通过合同即可发生债权主体变更的情形呢？显然存在。例如，根据遗嘱、遗赠等单方法律行为发生债的主体的变更，或者根据法律的规定发生债权主体变更，根据法定继承、保证人的代位追偿权、连带债务人的代位追偿权等发生债的主体的变更，或者根据法院的裁定和判决发生债权主体的变更等。上述非基于合同发生的债权主体的移位，严格地说，称之为债的移转或债的主体变更。债权让与是合同行为，故民法中关于双方法律行为以及合同的规定，对债权让与合同均适用。

2. 债权让与合同的标的是债权。债权让与是通过让与合同将债权当作财产处分，故债权让与合同是债权处分行为，通过让与行为发生债权的变动。债权让与和物权处分行为有类似之处，也有不同之处。债权让与是处分行为，因此，让与人对债权须有处分权，无权处分为效力待定的行为。由于债权是权利，而非有体物，故民法关于有体物的处分规定不适用于债权让与。债权让与合同除了须通知债务人以外，不存在交付或登记的问题。

三、依债权让与合同让与债权的要件

（一）须有有效债权存在

1. 须让与的债权存在。债权不存在，相当于转让的标的物不存在，构成给付不能。

2. 须让与的债权有效。债权存在，还须有效，无效的债权，实质仍为给付不能。受让无效债权不受法律保护，无效的债权转让后仍然无效。

已过诉讼时效的债权是自然债权，还有履行的可能，可以转让；有可撤销原因的债权在撤销前、附条件的债权在条件成就前，也可以转让。

（二）让与的债权须是可让与之债权

并非一切债权都可让与，有些债权不允许让与或者限制让与。我国《民法典》第 545 条对此规定了三种限制。据此规定，可以归纳出如下债权不得让与：

1. 依债权的性质不得转让的债权。这主要是指和债的当事人有人身或者“类人身”关系的债权，这类债权不适合让与。例如，人身损害赔偿请求权不得让与。这类债权是因身体健康、名誉受侵害而产生的赔偿金、抚慰金债权，债的性质决定了这类债权不得让与。基于信任关系而须由特定人受领的债权不得让与，如因代培、雇佣合同产生的债权。基于合同的特性不能转让的债权，如基于演出合同、作画等产生的债权。从债权不得单独让与，如保证、定金等债权，应与主债权一并让与，否则其让与无效。

2. 按照当事人约定不得让与的债权。违反当事人约定的债权让与，原则上无效。根据合同自由原则，在不违反法律的强行性规定和公序良俗的前提下，当事人在合同中可以特别约定禁止相对方转让债权的内容，该约定对当事人产生约束力。禁止让与的约定属于民法的意思表示，应适用民法有关意思表示的规定。值得讨论的是，根据契约自由的原则允许双方当事人作出禁止让与债权的特别约定，然而，该约定是否具有对抗善意第三人的效力呢？有学者认为，该约定有效只是意味着在债权人和债务人之间具有约束力，负担行为有效，但是并不能直接产生约束善意第三人的效力，也不能直接达到限制财产权利人处分权的目的。[1] 我国《民法典》第 545 条第 2 款规定，“当事人约定非金钱债权不得转让的，

---

〔1〕参见赵廉慧：“债权让与禁止之约定的效力”，载《人民法院报》2008 年 11 月 4 日，第 6 版。

不得对抗善意第三人。当事人约定金钱债权不得转让的，不得对抗第三人”。也就是说，对于非金钱债权，如果受让人不知道当事人间约定该债权不得转让，受让人应是善意第三人，该不得转让的内部协议仅对当事人产生效力，而对外不能对抗善意第三人，善意第三人可以有效取得债权。如果受让人明知当事人间约定债权不得转让仍受让，该转让对内、对外均不产生效力。对于当事人之间约定禁止让与的金钱债权，该约定仅在当事人之间产生效力，金钱债权让与对外不分受让人是善意还是恶意，一切第三人的受让均有效。

3. 法律规定不得让与的债权。我国《民法典》第791条第2款后项规定，承包人不得将其承包的全部建设工程转包给第三人或者将其承包的全部建设工程支解以后以分包的名义分别转包给第三人。该条第3款规定：“……禁止分包单位将其承包的工程再分包……”此为法律明确规定不得让与的债权。

而有的债权并非禁止让与，如果经过债务人同意，也可以让与。这属于限制让与的债权。我国《民法典》第791条第2款前项规定，总承包人或者勘察、设计、施工承包人经发包人同意，可以将自己承包的部分工作交由第三人完成。

（三）让与人与受让人须就债权让与达成合意

让与人与受让人须就债权让与达成合意，即双方要有债权移转合同。债权让与合同是准物权合同，以移转、处分债权为标的，属于处分行为。债权让与合同是不要式合同，法律没有要求必须采用书面形式，当事人协商一致，可以变更。如果法律、行政法规规定债权让与合同应当办理批准、登记等手续的，依照其规定。合同对债权让与的约定应明确，如果约定不明确，推定为没有移转。

债权让与合同基于一定的原因而发生，如买卖、赠与、借贷、清偿债务等。债权让与与其原因合同是否有关系呢？其原因行为不成立、撤销或无效，是否影响债权让与合同的效力？对此问题有争论。部分观点认为，债权让与合同应为无因性合同。原因无效，债权让与合同有效，仅发生不当得利的问题。也有观点认为，我国现行法律采有因说，故原因行为无效或被撤销，债权让与不发生效力，债权自动复归于让与人，但票据债权让与除外。我国立法目前尚未明确承认物权行为的无因性，但我国《民法典》物权编规定了区分原则，将处分行为的原因效力与处分结果效力进行了区分，从法律逻辑上，原因行为无效，债权让与合同并非随之无效，否则无所谓区分。债权让与合同的效力应依据合同有效要件来判断。如果债权让与合同具备法律规定的生效要件，应认为该合同有效，不应受债权让与原因合同无效的影响。

债权让与协议自债权人与受让人签订之日起生效，无须经债务人同意。如果债权让与协议转让的是不得转让的债权，不能实现转让权利的受让人可向转让人主张损害赔偿责任。

（四）债权让与合同移转的债权须属于让与人

如果让与的债权有瑕疵，例如，让与人对债权无处分权，受让人不能取得债权，让与人应负权利瑕疵担保责任，但无权处分经追认的让与行为除外。

（五）债权让与须通知债务人

债权让与的结果和债务人的利益有重大关系，所以，我国《民法典》第546条第1款规定：“债权人转让债权，未通知债务人的，该转让对债务人不发生效力。”这是对债务人利益的保护，未通知债务人，债权让与对债务人不发生效力，债务人仍可向原债权人（让与人）清偿。须注意的是，债权让与无需经债务人同意，只要债权让与合同符合合同有效要件，债权让与在债权人与受让人之间就发生效力。未通知债务人的，该转让仅对债务人不发生效力。

债权人转让债权的通知到达债务人后，则已实际生效，债权人不得撤销该通知。如果允许随意撤销，被转让的债权会处于不稳定状态。所以，我国《民法典》第546条第2款规定：“债权转让的通知不得撤销，但是经受让人同意的除外。”债权让与通知为观念通知，准用意思表示的规定。即使债权让与合同有效，如该通知有无效或可撤销的原因，仍为无效或得撤销之。[1]

四、债权让与的效力

债权让与涉及出让人（原债权人）、受让人（新债权人）和债务人之间的关系，因此，债权让与的效力，就是因债权让与而在让与人、受让人之间和让与合同当事人与债务人之间产生的效力，分为对内效力与对外效力。

（一）债权让与的对内效力

债权让与的对内效力是债权让与在让与人与受让人之间的效力。其具体效力如下：

1. 债权人发生更替。让与人通过债权让与合同将债权转给受让人。

2. 债权的从权利也随之移转。《民法典》第547条规定：“债权人转让债权的，受让人取得与债权有关的从权利，但是该从权利专属于债权人自身的除外。受让人取得从权利不因该从权利未办理转移登记手续或者未转移占有而受到影响。”例如，主债权设定有担保物权、保证或定金时，根据从随主的原则，主债权移转，从债权随之移转。如果存在当事人特别约定不得移转从债权的情况，只要该约定不违法，应按约定。形成权、解除权、撤销权等属于债权人自身的从权利的让与，可使整个债的关系消灭，故不发生移转的效力。

3. 让与人须向受让人交付证明债权的文件和告知必要的情形。为了使受让人完全行使债权，让与人在债权转让时，应将足以证明债权的一切文件交付给受让人，如债务人的借据或者存单、票据、合同书、账本等。同时，应将关于主张该债权之必要情形告知受让人，如告知受让人债务履行期、履行地、履行方式、债务人住所、债的担保方式、债务人可能主张的抗辩权等。

4. 有关原债权的一切利益也归新债权人。债权让与仅为债的主体变更，原债权的一切利益不变，因此，在债权让与时，应将原债权上存在的一切利益同时移转于受让人。

5. 因债权转让增加的履行费用，由让与人负担。

（二）债权让与的对外效力

债权让与的对外效力是相对于债权让与合同的当事人而言的。根据债的相对性原理，债权让与合同的当事人是让与人与受让人，然而该债权让与的效力又涉及让与人和受让人之外的第三人（债务人）。因此，债权让与的对外效力主要是指债权让与在让与人与债务人之间的效力和在受让人与债务人之间的效力。

1. 在让与人与债务人之间的效力。《民法典》第546条规定：“债权人转让债权，未通知债务人的，该转让对债务人不发生效力。债权转让的通知不得撤销，但是经受让人同意的除外。”由此可知，让与人对于债务人的义务主要是将债权让与的情况通知债务人，并把受让人的情况，如商号、住所等告知债务人，以便债务人履行债务。未经通知，该债权让与对债务人不生效。该通知原则上由让与人作出，以保护债务人的利益，如果允许受让人通知，有可能在没有债权让与时作虚伪通知，还有可能使债务人处于两难境地。但是除了让与人（原债权人）通知外，不排除受让人（新债权人）也可以通知的情况。当受让人通

[1] 参见史尚宽：《债法总论》，中国政法大学出版社2000年版，第725页。

知债务人时，受让人应向债务人提出取得债权的证据，如债权让与合同、让与公证书等，债务人才可产生信赖。否则，债务人可提出异议，拒绝向受让人履行。通知的方式为非要式行为，口头、书面均可。债权让与通知可以撤销，但须经受让人同意，否则不得撤销。因债权转让增加的履行费用，由让与人负担。

2. 在受让人与债务人之间的效力。

（1）债务人向受让人履行给付，产生债务清偿，债归于消灭。债权让与经通知后，债权人发生更替，被让与的债权以及从权利移转给受让人，受让人成为债务人之新债权人，债权也因此对债务人生效。但是，专属于债权人的从权利不发生移转的效力。债权让与生效后，债务人只有向受让人（新债权人）履行给付，才能发生债务的清偿、使债归于消灭的效力。债权转让的，应当认定诉讼时效从债权让与通知到达债务人之日起中断。

（2）债务人因债之关系，原来可对抗让与人的一切权利，除法律另有规定或当事人另有约定外，均可以对抗受让人。我国《民法典》第548条规定："债务人接到债权转让通知后，债务人对让与人的抗辩，可以向受让人主张。"

（3）债务人可以向受让人主张抵销。《民法典》第549条规定："有下列情形之一的，债务人可以向受让人主张抵销：（一）债务人接到债权转让通知时，债务人对让与人享有债权，且债务人的债权先于转让的债权到期或者同时到期；（二）债务人的债权与转让的债权是基于同一合同产生。"

（三）债权双重让与或多次让与时对其他第三人的效力

由于债权让与不存在公示，债权人根据让与合同将债权转给受让人后，可能就该债权又与他人订立债权让与合同，发生二次让与或多次让与，此情形类似"一物二卖"。那么，此时第一受让人是否可对抗第二受让人呢？我国合同法对此没有规定。从立法例观察，通常的做法是，以让与通知到达债务人的时间先后为准，即先到达的让与债权通知可以对抗后到达的让与通知。也有不采通知对抗主义的情况，按合同成立先后决定债权让与顺序。

第三节 债务承担

一、债务承担的意义

1. 债务承担的概念。债务承担是指不改变债的内容，由第三人按照债务承担合同，承受债务人的部分或者全部债务的法律行为。债权可以移转给第三人（受让人），同样，债务也可以移转给第三人。债务承担的范围可以是全部债务，也可以是部分债务。我国《民法典》第551条第1款规定："债务人将债务的全部或者部分转移给第三人的，应当经债权人同意。"

债务承担合同中，债务人称为让与人，第三人称为受让人。

2. 债务承担的特点。

（1）债务承担为双方法律行为，须债务让与人与受让人意思表示一致，债务承担始为成立。

（2）债务承担合同是准物权契约，对于债务人而言，移转债务于他人，是对债务的处分行为；而对受让人（新债务人）而言，是负担行为。债务承担在性质上属效力待定行为，以债权人同意为生效要件。由于新债务人是否有清偿能力、是否有信用，对于债权人的债权的实现影响很大，因此，经债权人同意后，债务承担才可生效。

(3) 债务承担合同的标的是可移转的债务。

二、债务承担的类型

债务承担一般分为两种：免责的债务承担和并存的债务承担。

(一) 免责的债务承担

免责的债务承担指在一个债的关系中，由受让人（新债务人）取代原债务人的位置而承受其债务，使原债务人脱离债的关系，可简称为债务承担。我国《民法典》第551条规定，“债务人将债务的全部或者部分转移给第三人的，应当经债权人同意。债务人或者第三人可以催告债权人在合理期限内予以同意，债权人未作表示的，视为不同意。”该条规定的内容为免责的债务承担。

(二) 并存的债务承担

并存的债务承担即指第三人（受让人）加入债的关系，与债务人共同负担债务。在并存的债务承担中，受让人与原债务人是连带债务人的关系。我国《民法典》第552条规定：“第三人与债务人约定加入债务并通知债权人，或者第三人向债权人表示愿意加入债务，债权人未在合理期限内明确拒绝的，债权人可以请求第三人在其愿意承担的债务范围内和债务人承担连带债务。”一般所指的债务承担，仅指免责的债务承担。对于并存的债务承担，通常适用连带之债的规定。

三、免责的债务承担的要件

(一) 债务须存在、合法并具有可移转性

既然是把债务移转给第三人，所以须以债务存在为前提。就本不存在的债务订立债务承担合同，不发生债务承担的效力。另外，债务承担合同的标的应当是合法债务和可移转的债务，不法债务或性质上不可移转的债务不能成为债务承担的标的。

法律规定不得移转的债务，不得由受让人承担。例如，债务人承担的恢复名誉、消除影响、赔礼道歉的债务，不得由受让人承担。某些债务仅可由受让人代为履行，而不得以债务承担合同移转于受让人。例如，因扶养请求权而发生的债务在性质上是不可移转的债务，原则上不得作为债务承担合同的标的。但该债务经债权人同意移转，也可由受让人予以承担。例如，债务为债务人亲自为债权人加工或修理物品、书写字画、处理事务，如经债权人同意，该债务即可由受让人承担。

债权人与债务人特别约定不得移转的债务，原则上不得作为债务承担的标的。但此种特别约定也可因债权人同意债务人移转债务而失去效力，此时债务人移转债务的行为和债权人同意移转的行为，可视为其取消该特约的行为。

(二) 须有债务承担合同

债务承担的方式有两种：

1. 受让人即新债务人与债权人订立债务承担合同。受让人与债权人订立债务承担合同时，债务在债务承担合同成立时移转于该受让人。该受让人成为债务人，原债务人则脱离债的关系，不再向债权人负担债务。此种债务承担的方式，我国《民法典》合同编虽未直接规定，但从学理上说，尽管无原债务人参加，也可成立。因为对于原债务人而言，仅享受利益，承担人愿意，债权人同意，自然发生债务转让效力。

2. 受让人与债务人订立债务承担合同。受让人与债务人订立的债务承担合同，自债务人与受让人达成关于移转债务于受让人的合意时成立。

(三) 债务承担须经债权人同意

债权人同意是债务承担合同生效的最主要要件。债的关系通常建立在债权人对债务人

的履行能力有所信任的基础之上。如果未经债权人同意而将债务移转于受让人，该受让人是否有足够的资力和信用履行债务，往往不能确定，债权人的利益是否能够实现也就不能确定。为保护债权人的利益不受债务人与受让人之间的债务承担合同的影响，各国民法及学说均以债权人同意为债务承担合同生效的要件。

债权人同意的方式，明示或者默示均可。债权人即使未明确表示同意，但如果债权人向受让人请求履行债务或者受领第三人以债务承担为意图的履行，即可推定其已经同意。

债权人拒绝债务承担的，通常都采用明示方式，但默示拒绝也可以。债务人或者受让人为避免债务承担合同的效力久悬不决，可以催告债权人在合理期限内予以同意，债权人未作表示的，视为不同意。债权人同意后，债务承担即发生法律效力。在债权人同意之前，债务承担合同处于效力未定的状态，债务人或受让人得变更或撤销该合同。债权人拒绝同意债务承担时，债务人与第三人订立的债务承担合同无效。

债务承担的情形下，构成原债务人对债务承认的，应当认定诉讼时效从债务承担意思表示到达债权人之日起中断。

四、并存的债务承担的要件

对于并存的债务承担要件，解释上其债务承担的要件与免责的债务承担要件基本相同。在并存的债务承担中，虽然原债务人因为法定或约定的原因未免除债务，而是与承担人共负同一债务，但由于第三人加入债权债务关系中，不仅原债务人负责承担债务，且又增加了新的负责人履行债务。因此，并存的债务承担要件，除了债务应具有可转移性，承担人与债权人订立合同或承担人与债务人订立债务承担合同以外，债权人是否同意不是必要条件，因为原债务人与承担人共同负担债务，对于债权人而言有利无害。但是，并存的债务承担应通知债权人。我国《民法典》第552条规定："第三人与债务人约定加入债务并通知债权人，或者第三人向债权人表示愿意加入债务，债权人未在合理期限内明确拒绝的，债权人可以请求第三人在其愿意承担的债务范围内和债务人承担连带债务。"

五、债务承担的效力

（一）免责的债务承担的效力

1. 债务人发生更替。原债务人脱离债的关系，而由新债务人直接向债权人承担债务。如果新债务人不履行债务的，债权人仅可向新债务人请求债务不履行的损害赔偿或者请求法院对新债务人强制执行。原债务人并不担保承担人的履行。

2. 原债务人基于债的关系所享有的对于债权人的抗辩权移归新债务人。债务承担以债务移转时的状态移转于新债务人，故新债务人可以主张原债务人对债权人的抗辩。例如，债务具有无效原因，承担人可向债权人主张无效。但专属于合同当事人的解除权和撤销权，只能由原债务人行使，承担人不得享有。另外，债务承担为无因行为，因而承担人不得以承担债务时的原因事由对抗债权人。

3. 原债务人对债权人享有债权的，新债务人不得向债权人主张抵销。

4. 从属于主债务的从债务移归新债务人负担，但是该从债务专属于原债务人自身的除外。例如，附随于主债务的利息债务，即随着主债务的移转而移转于承担人。但他人为原债务人提供的保证有所不同，债务承担未取得保证人同意的，保证人的保证责任消灭。

（二）并存的债务承担效力

并存的债务承担与免责的债务承担在要件上原则上是一致的。不同的是，在效力上并存的债务承担中，原债务人不免除债务，仍处于债务关系中，仅是多了新债务人与原债务人共同承担债务，与原债务人成立连带债务关系。

第四节　债权债务的概括承受

一、债权债务的概括承受的意义

债权债务的概括承受，也称契约承担，是承担全部由债的关系所生的法律地位。[1] 债权债务的概括承受与前述单纯的债权让与和单纯的债务承担不同，债权让与仅是债权人地位发生变更，债务承担也仅是债务人地位发生变更，而债权债务的概括承受是债的当事人的债权与债务一并移转于第三人。这种债的当事人地位的整体移转，对于合同而言，即合同当事人中一人发生更替。例如，双务合同的当事人一方将其主体地位完全移转于他人。这种移转把因合同产生的债权与债务以及其他的附随权利义务一并移转。再如，继续性买卖合同中卖主的地位移转于第三人，租赁合同中出租人的地位移转给第三人。

债权债务的概括承受，可以是全部承受，也可以是部分承受。全部承受是承受人取代出让人的法律地位，成为债的新当事人。部分承受，是出让人和承受人确定各自享有的债权和承担的债务份额及性质，按照他们间的约定承担债权债务份额，如果没有约定或者约定不明确，则视为连带之债。

我国《民法典》第555~556条对债权债务的概括移转作出了原则性规定。第555条规定："当事人一方经对方同意，可以将自己在合同中的权利和义务一并转让给第三人。"第556条规定："合同的权利和义务一并转让的，适用债权转让、债务转移的有关规定。"

二、债权债务的概括承受发生的原因

1. 债权债务的概括承受可以因法律规定而发生。例如，我国《民法典》总则编第67条规定，法人分立、合并的，其权利义务由变更后的法人享有和承担。

2. 债权债务的概括承受可因继承的事实发生。继承开始后，继承人没有表示放弃继承的，被继承人的遗产作为一个整体概括地转移给继承人，继承人不仅承受被继承人的积极财产，还承受被继承人的消极财产。即被继承人合法存在的债权债务关系一并移转于继承人承受。我国《民法典》第1161条第2款规定："继承人放弃继承的，对被继承人依法应当缴纳的税款和债务可以不负清偿责任。"

3. 债权债务的概括承受也可因当事人之间的协议而发生，如根据债权债务转让合同。

三、债权债务的概括承受的类型

根据债的概括承受发生的原因，债权债务的概括承受的类型主要有：

（一）约定的概括承受

约定的概括承受，是指债的一方当事人与第三人订立转让合同，将原来债的当事人的一切债权债务或部分债权债务一并转让给第三人。

当债的一方当事人通过合同将其债权债务全部移转给第三人时，须经相对方同意。如果是债权债务的部分承受，实质是合同加入，由合同所生的权利让与与并存的债务的承担结合，从而达到债权债务的部分承受的结果，此时无须经相对方同意。

（二）法定的概括承受

法定的概括承受，是指基于法律的直接规定，由第三人取得债的一方当事人的地位，

---

[1] 参见史尚宽：《债法总论》，中国政法大学出版社2000年版，第754页。

承受其债权债务。法定的概括承受主要有：

1. 企业的合并与分立。企业的合并是指两个以上的企业合并为一个企业。合并的方式分为两种：创设式合并与吸收式合并（兼并），因合并消灭的企业的权利义务由合并后新设的或存续的企业概括承受。企业的分立是指原存在的一个企业分立为两个或者两个以上的企业。企业分立的，除债权人和债务人另有约定的以外，其权利和义务由分立后的企业享有连带债权，承担连带债务。

2. 遗产继承。在被继承人死亡时，被继承人的遗产作为一个整体概括地转移给继承人。我国《民法典》第1159条规定："分割遗产，应当清偿被继承人依法应当缴纳的税款和债务……"第1161条第2款规定："继承人放弃继承的，对被继承人依法应当缴纳的，税款和债务可以不负清偿责任。"

（三）财产或营业的概括承受

因一定的目的结合为独立财产的集合体或营业财产，作为概括承受的标的，可因赠与或出卖等原因，整体移转于他人，例如，合伙财产、夫妻财产集合的移转，出卖工厂营业等，均可发生债权债务的概括承受。此种概括承受的前提是，财产集合为一个整体，具有共同所属的关系，否则不适用概括承受。

四、债权债务概括承受的要件

（一）财产或营业概括承受的要件

1. 移转的财产须为独立财产，包括积极的或消极的财产。上述财产集合于同一使用方法及同一管理。[1]

2. 对债权人为承受的通知或公告。

（二）企业合并与分立的要件

企业的合并与分立是根据法律的规定产生的，无须取得对方当事人的同意。原企业的债权债务的移转以通知或公告为准，即对债权人发生法律效力。

（三）合同全部承受债权债务的要件

1. 须有合法有效的转让协议存在。

2. 所承受的合同须是双务合同。

3. 原债的关系当事人与承受人有协议。

4. 须经承受人同意。

五、债权债务概括承受的效力

原债当事人的一切权利与义务移转给新的承受人。

---

〔1〕 参见史尚宽：《债法总论》，中国政法大学出版社2000年版，第756页。

第七章
债的消灭

第一节　债的消灭概述

一、债的消灭的意义

债的关系为动态的关系，有其从发生到消灭的过程，债的消灭就是债的关系根据某种原因客观地不复存在。债的关系客观的不存在是相对于债的主观不存在而言的，例如，债权让与、债务承担、债权债务概括承受，对于原债权人或债务人而言，已不存在债权债务，但债的关系本身仍然存在，同一性关系未变，仅是债的主体移位，并非债的客观不存在，仅为债的相对消灭。债的客观不存在指债的绝对消灭，本章研究债根据某种事实客观不存在。

债是债的当事人达到其利益要求的法律手段。而债权人欲达其利益目的，必然要求债务人全面履行义务。债务人对其义务的全面履行，一方面使债权人的利益得到实现，另一方面也使债的关系消灭。因此，可以说，在债消灭的同时，债的目的往往也即达到，而债不消灭，则表示债的目的没有达到。

债的消灭与债的效力的停止不同。债的效力停止，是指债务人基于抗辩权的行使，中止债权的效力。抗辩权的作用仅在于阻止债权人行使请求权，因而以债权人仍享有请求权为前提，此时债的关系并不消灭，只是其效力暂时停止，抗辩权消灭后债即恢复原来的效力。

债的消灭与债的变更也不同，债的变更仅为债的主体、客体或内容发生变更，而债的关系仍然存在；债的消灭则是债的关系在客观上不存在。

二、债消灭的原因

债的消灭须有法律上的原因。我国《民法典》第557条规定：“有下列情形之一的，债权债务终止：（一）债务已经履行；（二）债务相互抵销；（三）债务人依法将标的物提存；（四）债权人免除债务；（五）债权债务同归于一人；（六）法律规定或者当事人约定终止的其他情形。合同解除的，该合同的权利义务关系终止。”自债的消灭原因发生之时起，债的关系即在法律上当然消灭，并不需要当事人主张。根据法律的规定，债的消灭原因从理论上可归为如下几类：

（一）债的目的消灭

债的目的消灭可分为目的达到和目的不能达到。债的当事人设立债的目的利益得到满足时，债的目的即为达到。债的目的达到是债的消灭最为经常的原因，例如，因履行、清偿、混同、抵销等使债权得到满足。债的目的不能达到而消灭，指债的当事人利益要求在客观上已无法得到满足。目的不能达到，主要指因不可归责于债务人的事由而导致履行不能、当事人死亡或者当事人丧失行为能力，使债之目的不达。

依照法律规定，若履行不能系因不可归责于债务人的事由，如不可抗力引起的，债务人免除履行义务，因而债权债务关系消灭。当事人死亡或者丧失行为能力，并非一概导致债的消灭。但在法律有直接规定或债权债务与当事人的人身不可分离时，如委托合同、以债务人本身的劳务为标的的合同，或者当事人约定以一方当事人死亡为消灭原因等情形下，债得依当事人的死亡或丧失行为能力而消灭。

（二）基于当事人的意思消灭债

债权为财产权的一种，原则上债权人可抛弃债权。债权人抛弃债权时，债的关系即归于消灭。债权的抛弃为单方法律行为，一经作出，债务人即免除给付义务，债权债务关系也即不复存在。经双方当事人协商一致，或者一方当事人行使解除权，合同之债即因解除而消灭。当事人约定有解除条件的债，解除条件成就时，债权债务关系消灭。附有期限的债，期限届至时，债权债务关系消灭。

（三）作为债的基础的法律行为被撤销

债的关系一旦发生，即具有法律效力。但当作为债的基础的法律行为具有瑕疵时，此种行为属可撤销的法律行为。撤销权人行使撤销权后，在此基础之上产生的债权债务关系即随着基础行为效力的消失而消灭。

（四）法律的规定

法律为了维护社会的财产秩序，规定在某种情形下，债的关系消灭，但此种消灭债的原因很少。

三、债消灭的一般效力

债的消灭，除消灭原债权债务关系外，还发生以下效力：

1. 从权利和从义务一并消灭。债消灭后，依附于主债权债务关系之上的从属债权债务，如担保、违约金、利息等债务亦随之消灭。《民法典》第 559 条规定，债权债务终止时，债权的从权利同时消灭，但是法律另有规定或者当事人另有约定的除外。

2. 负债字据的返还。负债字据为债权债务关系的证明。债权债务消灭后，债权人应将负债字据返还于债务人。债权人如因负债字据灭失而不能返还，应向债务人出具债务消灭的字据。

3. 在债的当事人之间发生后契约义务。后契约义务是指依诚实信用原则，在债的关系消灭后，原债的当事人所负担的对他方当事人的照顾义务。例如，租赁合同消灭后，出租人对寄送给原承租人的信件应妥为保存，并设法通知其收取等。《民法典》第 558 条规定，债权债务终止后，当事人应当遵循诚信等原则，根据交易习惯履行通知、协助、保密、旧物回收等义务。

债法总论仅讨论债消灭的一般原因，对于各类具体债的消灭原因由各类债规定。债消灭的一般原因是：清偿、免除、混同、提存、抵销。以下分别研究之。

第二节　债因清偿而消灭

一、清偿的意义

清偿为依照债的本旨实现债务内容的给付行为。[1] 债的目的因给付行为而消灭，故清偿与履行意义基本相同，只是履行从债的效力方面，强调义务人应为的义务，而清偿则是从债的消灭角度而言，强调履行效果，如果履行有瑕疵，债并不消灭。由此观之，履行比清偿的内容更广泛且复杂。

清偿是债消灭的最主要原因之一。从债权实现角度观之，债务人履行债务是清偿，而债务承担人为满足债权人目的已实现的给付行为，也属清偿。此外，债权人通过强制执行或者实现担保物权而满足债权的，性质上也属清偿，因为此种给付是达到消灭债之效果的给付。

债务人为清偿的行为，不外乎通过事实行为与法律行为为给付。债务人履行债务需债权人协助时，债权人不为协助，成立受领迟延，仅发生受领迟延的效果，不能消灭债的关系。因此，债务人的履行行为未达其目的时，尚非清偿。

债的清偿不以有行为能力人所为者为限。民法关于行为能力的规定，对于清偿并非一概适用。例如，未成年人的履行行为为事实行为时，也可成立有效的清偿。如果履行行为为法律行为，清偿人自然须具有完全行为能力。另外，关于代理的规定也并非对一切清偿均可适用。履行行为为法律行为时，才可适用代理的规定。

二、清偿的要件

清偿作为债消灭的最主要和最常见的法律事实，依法律规定和学理解释，应具备以下要件：

（一）按清偿目的清偿

清偿须依债的目的（主旨）为给付，把诚实信用原则作为清偿的指导原则。

（二）清偿主体须明确，须有清偿人和受领清偿人

清偿关系的主体为清偿人与受领清偿人，要由清偿人向清偿受领人给付。清偿一般应由债务人为之，但不以债务人为限。可为清偿之人包括：

1. 债务人。债务人负有清偿义务，必须为清偿。连带债务人、保证债务人亦同。

2. 债务人的代理人。除法律规定、当事人约定或性质上须由债务人本人履行的债务外，债务的清偿可由债务人的代理人为之。但履行行为系法律行为时才可适用代理。

3. 第三人。第三人是债权债务关系以外的人。第三人清偿与债务人的代理人清偿有别。债务人的代理人的清偿是以债务人的名义清偿，第三人的清偿是以自己名义清偿他人债务，因此，第三人于清偿时应向债权人说明。

第三人清偿可分为一般的第三人清偿和与债有利害关系的第三人清偿。对于一般第三人的清偿，如果债务人提出异议，债权人有权拒绝受领，而不负受领迟延责任；如果债权人不予拒绝而受领，第三人的清偿仍属有效。

所谓与债有利害关系的第三人，如保证人、连带债务人、物上保证人等。与债有利害

---

[1] 参见林诚二：《民法债编总论——体系化解说》，中国人民大学出版社 2003 年版，第 535 页。

关系的第三人清偿称为代位清偿，其清偿债务后，在法律上即取得债权人的位置。当与债有利害关系的第三人清偿时，如保证人代债务人清偿债务、合伙人清偿合伙的债务等，债务人即使有异议，债权人也不得拒绝其清偿，否则即应负受领迟延责任。我国《民法典》第524条规定，债务人不履行债务，第三人对履行该债务具有合法利益的，第三人有权向债权人代为履行；但是，根据债务性质、按照当事人约定或者依照法律规定只能由债务人履行的除外。债权人接受第三人履行后，其对债务人的债权转让给第三人，但是债务人和第三人另有约定的除外。

有些债不能由第三人清偿，如债权人与债务人有特别约定，不得由第三人清偿的；依债的性质须由债务人亲自履行，不得由第三人清偿的，例如，以债务人本身的特别技能、技术制造物品为标的的债，即不许由他人代为清偿。再如，建立在债权人与债务人之间特别信任关系基础上的债务，如委任、雇佣等，债务人应亲自清偿，非经债权人同意，不得由第三人清偿。

第三人清偿后，第三人与债务人之间的关系，应依各具体情况决定。第三人以赠与为目的而代债务人清偿时，清偿后第三人对于债务人无求偿权。第三人与债务人之间有其他法律关系时，则可依该法律关系而为求偿。一般第三人替债务人清偿后，仅对债务人有求偿权。与债的清偿有利害关系的第三人清偿后，直接取得债权人的位置，如保证人的代位求偿权。

清偿须向有受领权的人为之。清偿受领人如下：

1. 债权人。债权人为无行为能力人或限制行为能力人时，是否可以单独受领清偿，应依债务履行行为的性质而定。履行行为系非法律行为或虽为法律行为但无须债权人协助时，债权人不以具备行为能力为必要。履行行为系法律行为且须债权人协助时，受领人应具有完全行为能力。

2. 债权人以外的可受领清偿之人，有以下数种：①债权人的代理人。②破产财产管理人。③债据的持有人。应注意的是，债据持有人所持债据应为真实，而持有的原因在所不问。但债务人已知或因过失而不知持有债据之人无权受领仍为清偿的，不发生清偿的效果。④行使代位权的债权人。⑤债权人与债务人约定受领清偿的受让人。⑥经债权人认可或受领后取得债权的人。

（三）须依清偿标的给付

1. 依债的给付内容清偿。债务履行行为须依债的本旨为之，才能发生清偿的效力。各种债的内容并不一致，有应交付财物的；有应移转权利的；有应提供劳务的；有应完成工作的；也有以不作为为标的的；等等。因此，要发生清偿效果，债务人即应按照债的具体内容，以债的关系确定的标的履行债务。

2. 经债权人同意，可以代物清偿。债务人原则上应依清偿标的给付，不得以其他标的物代替，否则不发生清偿效果。例如，以其他标的物代替原标的物履行（代物清偿），并经债权人同意，债的关系亦可消灭。

代物清偿是指债权人受领他种给付以代原定给付，而使债的关系消灭的契约。[1] 代物清偿的要件如下：

（1）须有债权债务存在。须有因代物清偿而应消灭的债权，原债的标的的给付种类如

---

〔1〕 参见史尚宽：《债法总论》，中国政法大学出版社2000年版，第814页。

何在所不问。因合同发生之债可代物清偿，无因管理、不当得利及侵权行为所生之债，均可成立代物清偿。

（2）须以他种给付代替原定给付。给付的内容，无非有财产、劳务与权利三者。此三者相互代替，可成立代物清偿。即使同为财产，但种类不同，亦可成立代物清偿，如以牛代马、以支票代金钱等。在代物清偿中，有时原定给付与他种给付在价值上并不相同，但只要成立代物清偿，债的关系即归于消灭。

（3）须有当事人之间的合意。代物清偿因系以他种给付代替原定给付，故必须经清偿人（包括清偿的第三人）与清偿受领人（包括其他有受领权人）就代物清偿达成合意。仅依清偿人的意思，而无清偿受领人的同意，不能成立代物清偿。

代物清偿的效力是：①债的关系消灭，债权的从权利也随之消灭；②原债务因有偿契约发生的，清偿人应保证代替给付不具有权利上或物的品质上的瑕疵，否则可能构成瑕疵履行。

代物清偿与债的更改有别。债的更改又称债务更替，是指当事人意思表示一致，以新债务关系代替旧债务关系，旧债务关系进而消灭的契约。[1] 虽然代物清偿是以他种给付代替原定给付，与债的更改相似，但此替代的目的，并非在于消灭旧的债务而成立新的债务。代物清偿客观上需要清偿人提出现实的他种给付，由清偿受领人现实受领，此时债务完全消灭。代物清偿经常发生于债务人不能按约定履行债务的情形下，当事人通过新的合意，以他种给付代替原定给付。该给付可能与原债权的目的并不完全契合，是债权人退而求其次的结果。

（四）须全面给付

全面给付的内容包括债务人应履行的全部给付义务，包括：主义务给付、从义务给付、附随义务给付等。另外，在履行给付义务时，在清偿时间、清偿地和清偿方式上也须符合债的主旨要求。

1. 在清偿地清偿。清偿地是指清偿人清偿的场所，又称债务履行地、给付地。在清偿地以外的场所清偿，因不合债的履行要求，不发生清偿的效力。清偿地应依下列方法决定：

（1）合同中有约定者，从其约定。当事人的约定，可在合同订立时完成，也可在合同成立后、债务履行前为之。

（2）依债务性质而定。例如，不动产权利移转，应在不动产权登记机关所在地点履行；修缮房屋，应在房屋所处地点履行等。

（3）有习惯者从习惯。例如，车站、码头的物品寄存，应在该寄存场所履行债务。

（4）法律对清偿地有特别规定者，应依其规定。例如，我国《民法典》第511条第3项规定："履行地点不明确，给付货币的，在接受货币一方所在地履行；交付不动产的，在不动产所在地履行；其他标的，在履行义务一方所在地履行。"

未明确约定履行地的，以习惯或法律填补当事人的意思，并据此确定当事人的清偿地。

2. 按清偿期清偿。清偿期为债务人应为清偿的期间。有确定期限的债务，债务人应在期限到来时清偿。提前清偿的，债权人有权拒绝受领，自不发生清偿效力。

但期限利益专为债务人而设者，债务人可抛弃期限利益，提前清偿。未定清偿期限的债务，债务人可随时清偿，但其清偿需债权人协助时，应给债权人必要的准备时间。

---

〔1〕参见黄立：《民法债编总论》，中国政法大学出版社2002年版，第674页。

3. 须依债给付清偿费用。清偿费用，指清偿所需的必要费用。例如，物品运送的费用、金钱邮汇的邮汇费，但并不包括债的标的本身的价值。通常情况下，清偿费用有运送费、包装费、汇费、登记费、通知费用等。

法律对清偿费用无明文规定，当事人对此又无明确约定的，清偿费用由债务人负担。但因债权人变更住所或其他行为而致清偿费用增加时，增加的费用由债权人负担。

三、清偿抵充

1. 清偿抵充的概念。债务人对债权人负有数宗同种债务，而债务人的履行不足以清偿全部债务时，由债务人在清偿时指定该履行抵充某宗或某几宗债务的制度，为清偿抵充。我国《民法典》第560条第1款规定："债务人对同一债权人负担的数项债务种类相同，债务人的给付不足以清偿全部债务的，除当事人另有约定外，由债务人在清偿时指定其履行的债务。"

2. 清偿抵充的要件。

（1）债务人须对同一债权人负担数项债务。如果仅负一项债务，就是部分清偿，而非清偿抵充。

（2）数项债务须种类相同。

（3）须债务人的给付不足以清偿全部债务。

（4）清偿抵充的方式有约定抵充、指定抵充和法定抵充。当事人有约定的，按照当事人约定的清偿抵充方式履行；无约定时，清偿人有权指定清偿的是哪几项债务；当事人未作指定的，依照法律规定的方式抵充。我国《民法典》第560条第2款规定："债务人未作指定的，应当优先履行已经到期的债务；数项债务均到期的，优先履行对债权人缺乏担保或者担保最少的债务；均无担保或者担保相等的，优先履行债务人负担较重的债务；负担相同的，按照债务到期的先后顺序履行；到期时间相同的，按照债务比例履行。"

四、债务履行的顺序

依据我国《民法典》第561条的规定，债务人在履行主债务外，还应当支付利息和实现债权的有关费用，其给付不足以清偿全部债务的，除当事人另有约定外，应当按照下列顺序履行：①实现债权的有关费用；②利息；③主债务。

五、清偿履行的效力

因清偿导致债权债务关系消灭。债权的从权利，如担保物权、保证债权及其他权利也随同消灭。如果第三人代债务人清偿，债的关系仅对债权人消灭，而第三人取代债权人的位置，受债务人清偿。

第三节　债因提存而消灭

一、提存的意义

（一）提存的概念

提存是债务人移转交付不能的标的物于法定机构，以代替向债权人交付，从而消灭债务的行为。

债务的履行往往需要债权人的协助，如果债权人无正当理由而拒绝受领或者不能受领，债权人虽应负受领迟延责任，但债务人的债务因未能履行而不能消灭，债务人仍处于债务拘束之下，这对债务人很不公平。为解决这一问题，在罗马法早期，允许债务人在债权人拒绝受领时抛弃标的物而免除债务。但此种规定不利于经济发展，于是之后设立了提存制度，即在债权人拒绝受领或不能受领标的物时，债务人得将标的物提交有关机关，从而免除债务。现代各国民法，一般都将提存规定为债的一种消灭原因。此外，一些国家和地区除在民法中将提存规定为债的消灭原因外，还制定有提存法，对提存制度作详细规定。

我国《民法典》第570~574条对以消灭债为目的的提存作了专门规定。

（二）以消灭债之目的的提存为清偿提存

《民法典》合同编中规定的提存是以消灭债为目的的提存，也称为清偿提存。在民法上，还有其他目的的提存，例如，《民法典》物权编第406条第2款规定："抵押人转让抵押财产的，应当及时通知抵押权人。抵押权人能够证明抵押财产转让可能损害抵押权的，可以请求抵押人将转让所得的价款向抵押权人提前清偿债务或者提存……"这种提存是担保债权实现的提存，称为担保提存。《民法典》物权编第432条第2款规定，质权人的行为可能使质押财产毁损、灭失的，出质人可以请求质权人将质押财产提存，或者请求提前清偿债务并返还质押财产。这里所指的提存是对质物的保管提存。另外，还有执行提存，即为了执行的便利，先将被执行物提存。由此观之，提存不仅仅具有消灭债的作用。

本节研究的是具有清偿债之目的的提存。债务人通过将标的物提存，达到消灭债的目的，所以，提存是清偿的一种代用方法。提存是由于债权人的原因致使债务人不能履行债务时，法律规定债务人可以把标的物交给提存机关从而终止债。可见，提存是为救济交付不能而设，交付不能的原因即为提存的原因。

二、提存的要件

（一）须有提存的原因

根据我国《民法典》第570条第1款的规定，出现下列情形之一，难以履行债务的，债务人可以将标的物提存：

1. 债权人无正当理由拒绝受领。债务已届清偿期，债务人为现实给付，债权人应当受领且无拒绝受领的理由而拒绝受领。

2. 债权人下落不明。例如，债权人住所变更，未通知债务人，或者债权人居所因变动而不明，债务人不能确定谁是受领权人等。

3. 债权人死亡未确定继承人、遗产管理人，或者丧失民事行为能力未确定监护人。

4. 法律规定的其他情形。例如，法人分立或者合并而财产继受关系未清等。

通过以上可知，提存是由于债权人的原因，使债务人交付不能。债务人为了消灭债，可以将标的物（提存物）交与提存机关。

（二）提存关系的当事人须明确

1. 提存人。提存人须具备提存资格。具备提存资格的人为清偿义务人，通常情形下，为债务人及其代理人。

2. 提存受领人。提存受领人应为债权人或者债权人的继承人、监护人、破产管理人等。

3. 提存机构。提存机构是国家设立的负责受理提存事务，接收并保管提存物，寻找债权人并通知债权人领取提存物的专门机构。在国外，一般都设有专门的提存所，附属于法院。东欧一些国家的提存机关为公证机关。我国《提存公证规则》第4条第1款规定，提存公证由债务履行地的公证处管辖。

提存机构是国家设立的机构，具有中介组织的性质，以中间人的身份介于债权人和债务人之间。故一般的企业、营利性服务机构不能作为提存机构。法院是审判机构，不应办理提存业务。银行是经营货币业务的机关，也不能办理提存业务。

提存须在清偿所在地的提存机构为之。

（三）提存的标的须适当

提存的标的，为债务人依债务的规定应当交付而交付不能的标的物，并以物的交付为限。提存应依债务的本旨为之，否则不发生消灭债务的效力。因此，债务人为提存时，不得将与债的内容不相符的标的物交付提存机关。提存的标的物应是全部的债务，原则上不允许部分提存。

提存的标的物，以适于提存的物为限。《民法典》第570条第2款规定，标的物不适于提存或者提存费用过高的，债务人依法可以拍卖或者变卖标的物，提存所得的价款。

作为提存的物，可以是特定物或种类物，但应限于动产，主要是金钱、物品或有价证券等。因不动产在性质上不适宜提存，债的标的物为不动产的，在债权人受领迟延时，债务人可抛弃占有。

有毁损灭失的危险以及提存费用过高的标的物也不适于提存。例如，易燃易爆之危险品，木材、家具等笨重物品，需人照料或需有特殊设备保存的禽兽、鱼肉蔬菜等新鲜且易变质的食品等，提存人可申请法院拍卖而提存其价金。如果这些标的物有市价，法院也可允许提存人按照市价出卖而提存价金。

（四）提存人应以法律规定的方式提存

提存须符合提存程序。提存人应在交付提存标的物的同时，提交提存申请书。提存申请书上应载明提存人姓名（名称），提存物的名称、种类、数量，以及债权人的姓名、住址等基本内容。

此外，提存人应提交债务证据，以证明其所提存之物确系所负债务的标的物。提存人还应提交债权人受领迟延或不能确定，以致自己无法向债权人清偿的证据。如有法院或仲裁机关的裁判书，也应一并提交。其目的在于证明其债务已符合提存要件，以便提存机关确定是否应予提存。

对提存人的提存请求，经审查符合提存条件后，提存机关应接受提存标的物，登记验收并妥善保管，并自提存之日起3日内出具公证书。提存公证书具有与清偿受领证书同等的法律效力。因提存并非向债权人清偿，所以提存机构需通知债权人前往领取提存物。根据我国《提存公证规则》第18条的规定，由公证处在提存之日起7日内以书面形式通知债权人，债权人不清或下落不明、地址不详无法通知的，公证处应自提存之日起60日内以公告方式通知。公告应刊登在国家或债权人在国内住所地的法制报刊上，公告应在1个月内在同一报刊刊登3次。

我国《民法典》第571条规定："债务人将标的物或者将标的物依法拍卖、变卖所得价款交付提存部门时，提存成立。提存成立的，视为债务人在其提存范围内已经交付标的物。"

三、提存的效力

从提存之日起，提存之债即告清偿。提存涉及三方当事人，即提存人（债务人）、提存机关和债权人，因而发生提存人与提存部门、提存部门与债权人、提存人与债权人的三方法律关系。该三方当事人在提存中的地位直接影响着提存的性质。提存因涉及三方当事人，故在提存人与提存部门、提存部门与债权人以及提存人与债权人之间发生不同的法律效力。

（一）债务人与债权人之间的效力

1. 债务人或其他得为清偿的人将债的标的物提存后，不论债权人受领与否，均依法发生债务消灭的效力。

2. 提存标的物毁损灭失的危险负担移转于债权人。《民法典》第573条规定："标的物提存后，毁损、灭失的风险由债权人承担……"

3. 提存物的所有权因提存而移转于债权人，提存期间产生的一切收益，归债权人所有，提存费用也由债权人负担。《民法典》第573条规定："……提存期间，标的物的孳息归债权人所有。提存费用由债权人负担。"

4. 债务人有通知债权人（债权人下落不明的除外）或者债权人的继承人或监护人的义务。《民法典》第572条规定："标的物提存后，债务人应当及时通知债权人或者债权人的继承人、遗产管理人、监护人、财产代管人。"

（二）提存人与提存部门之间的效力

提存人与提存部门之间的关系可以适用保管合同的规定。提存机关依照法律规定，负有保管提存物的义务。债权人不领取或者超过保管期限不领取的，提存机关可以拍卖，保存其价款。

我国《提存公证规则》第26条规定，下列情况下，提存人可以取回提存物：①提存人可以凭人民法院生效的判决、裁定或者提存之债已经清偿的公证证明取回提存物；②债权人以书面方式向公证处表示抛弃提存受领权的，提存人得取回提存物。提存人取回提存物的，视为未提存。提存人应负担提存机关保管提存物的费用。提存人未支付该费用的，提存机关可留置价值相当的提存标的物。

（三）提存部门与债权人之间的效力

《民法典》第574条规定："债权人可以随时领取提存物。但是，债权人对债务人负有到期债务的，在债权人未履行债务或者提供担保之前，提存部门根据债务人的要求应当拒绝其领取提存物。债权人领取提存物的权利，自提存之日起五年内不行使而消灭，提存物扣除提存费用后归国家所有。但是，债权人未履行对债务人的到期债务，或者债权人向提存部门书面表示放弃领取提存物权利的，债务人负担提存费用后有权取回提存物。"依据《民法典》的上述规定，提存部门与债权人之间的效力是：

1. 债的标的物提存后，债权人可随时领取提存物，同时应承担提存部门保管、变卖或出卖提存物的费用。债权人对于提存物所生的现实利息，有权要求返还。

2. 标的物提存后危险负担已移转于债权人，故因不可归责于提存部门的事由而致提存物毁损灭失的，提存部门不负责任；但如系提存部门的故意或重大过失所致，债权人得请求损害赔偿。

3. 在对待给付中，如果债权人未履行债务或者未提供担保，提存部门根据债务人的请求应拒绝债权人领取提存物。

4. 债权人请求领取提存物时，应持提存通知，并应提交债权存在的证明文件。债权人自提存之日起5年内不行使领取提存物的权利，提存物视为无主财产，扣除提存费用后归国家所有。但是，债权人未履行对债务人的到期债务，或者债权人向提存部门书面表示放弃领取提存物权利的，债务人负担提存费用后有权取回提存物。

第四节 债因抵销而消灭

一、抵销的概念

抵销是指二人互负债务，且给付种类相同，均已届清偿期时，各自可使自己的债务与对方债务在对等额内同归消灭的行为。

债的抵销具有便利功能，通过抵销，双方当事人直接实现对等数额的债权，而不必亲自履行各自的债务，节省履行费用，是债消灭的简便、经济方式。

抵销依其不同的发生根据，可分为法定抵销与约定抵销。其中，法定抵销由法律规定其构成要件，法定抵销的抵销权性质上为形成权，根据抵销权当事人的单方意思表示即可发生效力。而约定抵销可不受法律规定的构成要件限制，根据当事人就抵销达成合意的抵销合同，即可发生效力。

二、法定抵销的要件

我国《民法典》第568条规定："当事人互负债务，该债务的标的物种类、品质相同的，任何一方可以将自己的债务与对方的到期债务抵销；但是，根据债务性质、按照当事人约定或者依照法律规定不得抵销的除外。当事人主张抵销的，应当通知对方。通知自到达对方时生效。抵销不得附条件或者附期限。"法定抵销的要件是：

（一）须抵销人与被抵销人之间互负债务、互享债权

抵销是当事人一方为了消灭债，以自己对他方的债权在对等额内冲抵对同一人债务的行为，故以双方互享债权、互负债务为必要前提。只有债务而无债权或者只有债权而无债务，均不发生抵销问题，因此，双方须互负对待给付债务。另外，当事人双方存在的两个债权债务关系，须均为合法存在。其中任何一个债为不法，均不得主张抵销。

（二）抵销的债务须是种类、品质相同的给付

如果双方互负债务的标的物种类不同，若允许抵销，则不免使一方或双方当事人的目的难以实现，因而用以抵销的债的标的物种类必须相同，通常是同种类的货币或者实物。如果种类相同而品质不同，用品质较高者与品质较差者抵销时，对于被抵销人并无不利，应当允许。如果一方或双方的债权标的物为特定物，原则上不许抵销，尤其是以种类物债权抵销特定物债权时，更不应允许。

（三）须双方债务均已届清偿期

抵销具有相互清偿的作用，应自双方债务均已届清偿期，始得为抵销。债务未到清偿期，债权人尚不能请求履行，因而不能以自己的债权用作抵销，否则等于强令债务人期前清偿。

如果清偿期限利益系为债务人而设，原则上债务人得提前清偿，此时债务人主张以自己的未届清偿期的债务与对方当事人已届清偿期的债务抵销，可认为其放弃期限利益，应允许抵销。在破产程序中，破产债权人对其享有的债权，无论是否已届履行期，无论是否附有期限或解除条件，均得抵销。

（四）双方适用抵销的债务是能抵销的债务

不得用以抵销的债务，大致有如下几种：

1. 债务性质上不得抵销的，如不作为债务、提供劳务的债务等。另外，与人身不可分离的债务，如抚恤金、退休金、抚养费债务等，也不得抵销。因此，此类债务必须相互清偿，不得抵销。

2. 法律规定不得抵销的。例如：①禁止强制执行的债务。法院决定扣留、提取收入时，应保留被执行人及其所扶养家属的生活必需费用；查封、扣押、冻结、拍卖、变卖被执行人的财产，应当保留被执行人及其所扶养家属的生活必需品。②因故意侵权行为所发生的债务。故意实施侵权行为的债务人，不得主张抵销。因为此种债务如允许抵销，就意味着债权人可任意侵害债务人的人身和财产权利，有违公序良俗。③约定应向第三人为给付的

债务。第三人请求债务人履行时，债务人不得以自己对于他方当事人享有债权而主张抵销；他方当事人请求债务人向第三人履行时，债务人也不得以第三人对自己负有债务而主张抵销。

3. 当事人特别约定不得抵销的。

（五）当事人主张抵销的，应当通知对方

法定抵销为单方法律行为，适用民法关于意思表示的规定。抵销权为形成权，此种意思表示一经抵销权人作出即发生法律效力，无须对方当事人的同意，也不以诉讼上的裁判为必要。但是，法定抵销应当通知对方。抵销的方式也无限制，抵销的意思表示发出后，不得撤回。

法定抵销不得附有条件或期限，附有条件或期限的，该抵销的意思表示无效。

三、法定抵销与约定抵销的区别

1. 产生原因不同。法定抵销由法律规定；约定抵销是当事人之间的约定。

2. 性质不同。法定抵销是单方法律行为，是形成权行使的行为；约定抵销是双方法律行为。

3. 抵销的客体不同。法定的抵销债务须是种类、品质相同的标的物；约定抵销的标的物可以是种类、品质不相同的物，但须经双方协商一致抵销。

4. 是否到清偿期的限制不同。法定抵销的双方债务均已到清偿期；约定抵销的债务不必到清偿期，双方同意即可抵销。

5. 法定抵销可因单方通知实现；约定抵销不得采取单方通知的方式，而应经双方当事人协商一致。

6. 法定抵销不得附条件或者附期限；约定抵销没有此限制。

四、抵销的效力

1. 双方互负的债务按照抵销数额消灭。双方债务数额相同时，其互负债务均归消灭。双方债务数额不等时，债务数额较小一方的债务消灭，债务数额较大者仅消灭债务的一部分，其效果与部分清偿相同；对未被抵销的债务数额，该方债务人仍应负清偿义务。

2. 双方债权的消灭效力溯及抵销权发生之时。抵销生效时，即抵销权发生之时，双方债务的清偿期有先后的，以在后的清偿期届至时为准。如债务未届清偿期而主张抵销的，应认为其已放弃期限利益。在此情形，以抛弃期限利益之时为准，债的关系归于消灭。

第五节 债因免除而消灭

一、免除的概念

免除指债权人为消灭债而向债务人作出的抛弃债权的意思表示。我国《民法典》第575条规定："债权人免除债务人部分或者全部债务的，债权债务部分或者全部终止，但是债务人在合理期限内拒绝的除外。"

二、免除的性质

免除为法律行为，该法律行为的性质如下：

1. 无因行为。免除的原因或动机有为赠与，有为对待给付，也有为和解。但此等原因，并非免除的要件。其原因无效或者不成立时，不影响免除的效力。

2. 无偿行为。免除的原因虽然可以有偿或者无偿，但与免除的效力无关，免除本身仍属无偿行为。

3. 非要式行为。免除的意思表示不需特定的方式，书面或者口头，明示或者默示均可。

4. 有相对人的行为。免除须向债务人或其代理人为之。

5. 单独行为。免除以债权人消灭债权为内容的意思表示而成立，不以债务人的承诺为必要。但是债务人在合理期限内拒绝的，不产生免除的效力。

三、免除的要件

1. 免除为债权人的处分行为，因免除直接发生财产权得失的效力，故免除人应当有对债权的处分权。

2. 免除须以意思表示向债务人为之。免除旨在消灭债务人的债务，其法律效力规定在意思表示之中，民法关于意思表示的规定适用于免除。

3. 免除的意思表示不得撤回。免除为单独行为，自债权人向债务人或其代理人表示后，即发生法律效力。故一旦债权人作出免除的意思表示，即不得撤回，否则将有违诚实信用原则，还可能损及债务人的利益。

4. 免除应为被免除人接受。免除虽为单独行为，该行为无从使债务人受约束，既属有相对人的行为，应待债务人受领。如果债务人在合理期限内拒绝受领，则不成立免除。

四、免除的效力

免除对于债务人的效力，是在免除范围内使其债务消灭。对于被免除人而言，可受领或不受领免除。债务全部免除的，债的关系全部消灭；债务部分免除的，仅该部分消灭。免除主债务时，从债务也同归消灭。但免除从债务时，主债务并不消灭。

第六节 债因混同而消灭

一、混同的意义

混同是指债权债务同归一人的情形。民法上的混同包括两种情形：一是所有权与其他物权同归一人，其他物权因混同而消灭；二是主债务与保证债务同归一人，保证债务为主债务吸收而消灭。

债的混同，仅指债权与债务同归一人而使债的关系全部消灭的情形。混同为一种事实，无须有任何意思表示，只要有债权与债务同归一人的事实，即发生债的关系消灭的效果。我国《民法典》第 576 条规定：“债权和债务同归于一人的，债权债务终止，但是损害第三人利益的除外。”

二、混同的原因

混同的原因有多种，如企业合并。合并的两个企业之间互有债权债务时，合并后债权债务即同归于合并企业，从而发生混同，导致债的消灭。另外，因继承也可能发生混同。这在民法上称为概括承受。

三、混同的效力

债是相对权法律关系，须有双方当事人。当其双方当事人为一人时，债的相对权关系已不复存在，以该债权或者债务为内容的债便随之消灭。混同的效力在于绝对地消灭债的关系以及由债的关系所生的从债权和从债务。

但是，债权为他人权利的标的时，纵然发生混同，债的关系也不消灭。例如，债权为他人质权的标的，如果债权因混同而消灭，则有害于质权人的利益，故此种情形下，债不应因混同而消灭。

第二分编　债的债权性担保

第一章
债权性担保概述

一、债的担保的意义

债的担保是指债的双方当事人为了保证债权的实现、债务的履行，由债务人向债权人作出的具有法律意义的保证措施。债的担保是为主债的实现而设立的从债，它以主债的存在为前提，主债因履行、清偿而消灭，从债也随之消灭。故债的担保不像主债那样是一定要实现的债权，它只起补充性和预防性作用，只有在主债不能履行时，担保之债才实现。

设立债的担保的目的在于增加债权实现的安全系数。尽管债务人的财产是责任财产，但也有靠不住的时候。如果一个债务人有数个债权人，那么该债务人的财产上就会存在多个债权，当债务人的财产有限时，各个债权的实现就有风险。法律为保障债权的实现，除了规定债权对内的效力、债权人的代位权和撤销权以外，还规定了债权担保制度，以供债权人选择。

二、债的担保的分类

债的担保，可以分为债的物权性担保和债的债权性担保。物权性担保是以债务人或第三人特定的财产或权利来担保，即通过设定抵押权、质押权、留置权等担保物权的方式担保。债权性担保是以债权合同的方式，即以保证合同和定金合同担保。除了典型担保合同以外，我国《民法典》还明确了融资租赁、保理、所有权保留等非典型担保合同的担保功能。

物权性担保已经在《民法典》物权编中研究。本分编主要研究债权性担保，即典型担保合同：保证合同和定金合同。在1995年颁布的我国《担保法》中，保证和定金与抵押、质押、留置并列为五种担保方式。2020年5月28日颁布的《民法典》将保证合同作为《民法典》合同编中的典型合同之一，定金合同在《民法典》合同编第八章“违约责任”中规定。尽管《民法典》将保证合同与定金合同分别规定于合同编不同的部分，但是这两类合同均具有通过债权合同方式担保主债履行的作用，故专门研究。

第二章
保 证

第一节 保证概述

一、保证的概念

保证是为了保障债权的实现，保证人与债权人约定，当主债务人不履行到期债务或者发生当事人约定的情形时，保证人按照约定履行债务或者承担责任的担保方式。

在我国《民法典》的编纂过程中，由于缺乏债法总则，1995 年《担保法》中的债权型担保——保证，就只能以合同的方式规定在《民法典》的合同编。因此，我国民法上的所谓保证就成为保证合同了。我国《民法典》第 681 条规定，保证合同是为保障债权的实现，保证人和债权人约定，当债务人不履行到期债务或者发生当事人约定的情形时，保证人履行债务或者承担责任的合同。此为保证担保的规范基础。保证合同不仅适用于合同之债，凡是以物品或金钱交付为内容的债，均可适用。

但是，实际生活中发生的保证，除了合同设立之外，还有可能以其他方式表现出来。例如，2021 年 1 月 1 日施行的《最高人民法院关于适用〈中华人民共和国民法典〉有关担保制度的解释》〔以下简称最高法院担保法司法解释（法释［2020］28 号）〕中所谓的债务加入也有可能被视为保证对待。由于我国《民法典》中的保证主要是以保证合同的方式设定，下面我们就以保证合同为主线来阐述保证。

二、保证合同的特点

（一）保证合同是保证人的信用担保，是以请求权关系为基础的担保方式

债的担保方式有多种，保证与抵押、质押、留置和定金一样均为债的担保方式之一。但保证既不同于抵押、质押、留置等物的担保方式，也不同于定金。保证是以保证人的信用为基础的担保方式，由主债权人与保证人订立保证合同，当主债务人不履行债务时，债权人只能请求保证人履行保证义务，而不能直接支配保证人的财产。所以，主债权人和保证人之间的关系是请求权关系，是可期待的信用关系，保证合同是债权效力性担保。

（二）保证合同是担保主债实现的从债

保证合同与其他担保方式一样，是担保主债实现的从债。保证合同涉及债权人、债务人和保证人三方之间的关系。在债权人与债务人之间，存在主债权债务关系；在债权人与保证人之间，存在担保主债实现的保证合同关系。

保证合同虽然须以主债的存在为前提，但保证合同本身具有相对独立性，例如，保证合同完全基于债权人和保证人的意思表示一致而成立，双方可以约定保证方式和保证债务范围及其形式。如果保证人对合同约定的内容不同意，在合意不成时，可以拒绝担保。保证债务也是一个相对独立的债务，可以由双方约定保证债务的范围和强度。

(三) 保证合同是第三人代为履行债务的债权性担保

保证合同的保证人必须是主合同以外的第三人，这也和抵押合同与质押合同不同。在抵押合同和质押合同的情况下，提供抵押物或质押标的的人可以是债务人本人，也可以是债务人以外的第三人。在留置权的情况下，实际上是债务人用自己预先交付的财物为债务履行担保，由债务人自己作为担保人。定金合同的当事人也是主合同的当事人。而保证合同则必须是主合同以外的第三人提供担保。另外，担保物权中的第三人只能以物担保，因此称为物上保证人。保证合同的第三人，可用金钱或非金钱提供担保。金钱担保是在债务人不履行债务时，保证人以金钱代为履行；在非金钱担保中，保证人也可以代为履行保证合同约定的其他给付。

三、保证合同的设立

保证担保因主债权人与保证人订立保证合同而设立。保证合同的设立，应注意如下问题：

(一) 保证合同的设立需以主债务有效存在为前提

保证是从债，依据主债与从债的关系原理，首先须有主债务存在；其次主债务须有效。有效存在的主债务，不以现实的债务为限，对将来可能发生的债务，也可以成立保证，如最高额保证。就主从关系而言，保证合同的效力从属于主合同的效力，一般情况下，主合同无效、被撤销或解除、消灭时，保证合同也失去效力。

我国《民法典》第682条规定："保证合同是主债权债务合同的从合同。主债权债务合同无效的，保证合同无效，但是法律另有规定的除外。保证合同被确认无效后，债务人、保证人、债权人有过错的，应当根据其过错各自承担相应的民事责任。"根据该条的规定：

1. 主债权债务合同无效，保证合同并非可自行约定有效；或者主合同无效，保证合同并非仍可约定代为履行，立法否认当事人约定担保合同的独立效力。最高法院担保法司法解释（法释［2020］28号）第2条规定："当事人在担保合同中约定担保合同的效力独立于主合同，或者约定担保人对主合同无效的法律后果承担担保责任，该有关担保独立性的约定无效。主合同有效的，有关担保独立性的约定无效不影响担保合同的效力；主合同无效的，人民法院应当认定担保合同无效，但是法律另有规定的除外。因金融机构开立的独立保函发生的纠纷，适用《最高人民法院关于审理独立保函纠纷案件若干问题的规定》。"

2. 法律另有规定的除外，是对保证合同与主债权债务合同之间从属性的但书，即当法律另有规定时，主债权债务合同无效，保证合同并不随之无效。比如，对于有效保证合同中双方的合理付款要求，保证人仍需按合同负担保责任。法律另有规定的除外，也可以认为是我国立法承认在法律另有规定时，保证合同具有独立法律地位。这也是适应国际商业界和金融界的实践和惯例而产生的一种担保方式。

保证合同作为一个独立的合同，其本身也应符合合同的有效要件，如果不具备合同有效要件，则产生合同无效的后果。保证合同被确认无效后，债务人、保证人、债权人有过错的，应当根据其过错各自承担相应的民事责任。例如，因为保证人的无效保证行为造成债权人经济损失的，保证人应承担相应的赔偿责任。

(二) 保证合同为要式法律行为

我国《民法典》第685条规定："保证合同可以是单独订立的书面合同，也可以是主债权债务合同中的保证条款。第三人单方以书面形式向债权人作出保证，债权人接收且未提出异议的，保证合同成立。"保证法律关系比较复杂，而且关系到第三人是否应承担保证责任以及所担保的债权利益能否实现的问题，所以法律要求采用书面形式。书面合同是处理保证纠纷的依据之一。

保证合同的书面形式，可以体现为在被担保的债权合同之外另订独立的保证合同，也可以体现为在被担保的债权合同中约定保证条款。当事人之间发送的具有保证性质的信函、传真等，也可以视为保证合同。第三人单方以书面形式向债权人出具保证书，债权人接受且未提出异议的，保证合同成立。主合同中虽然没有保证条款，但是，保证人在主合同上以保证人的身份签字或者盖章的，保证合同成立。

书面保证合同，通常采用以下方式认定：①债权人与保证人之间签订了书面的保证合同。保证人与债务人之间一般存在委托合同关系，如果保证人未受债务人委托，与债权人签订保证合同，亦应承担保证责任。保证人承担保证责任后，可依不当得利向债务人追偿。②主合同中有保证条款，保证人在该条款的保证人栏中签名；主合同中如果没有保证条款，但保证人在主合同上以保证人的身份签字或盖章。③保证人单方以书面形式出具担保书，债权人接受且未提出异议。

（三）保证人需具备保证人资格

保证人资格是保证人承担保证责任的前提条件，一般而言，只要法律对保证人资格没有特别限制时，有相应行为能力的自然人、营利性法人或者登记为营利法人的公益机构以及从事营利性事业的非法人均可作为保证人。

1. 保证人可以是自然人、法人或其他经济组织。这里的自然人包括：本国人、个体工商户、农村承包经营户、个人合伙以及外国人。通说认为，保证人须是具有完全民事行为能力的人。从维护未成年人利益的角度出发，未成年人签订的保证合同应为无效。但有行为能力人签订保证合同后，以自己无代偿能力反悔的，人民法院不予支持。

营利性法人可以作保证人。我国《民法典》将法人分为营利法人、非营利法人和特别法人。营利法人是以营利为目的的团体，提供的保证通常与该法人的营利事业有关。

登记为营利法人的学校、幼儿园、医疗机构、养老机构等提供担保，当事人以其不具有担保资格为由主张担保合同无效的，人民法院不予支持。〔最高法院担保法司法解释法释［2020］28号）第6条第2款〕。

非法人组织，包括依法登记领取营业执照的独资企业、合伙企业、中外合作经营企业，经核准登记领取营业执照的乡镇、街道、村办企业，经民政部门核准登记的社会团体和其他不具备法人资格的专业服务机构等。这些非法人团体作为保证人的共同特点是，均经依法登记并领取了营业执照；虽然这些组织不是法人，但都合法成立，有一定的组织机构和财产。

上述主体虽然可以作保证人，但不意味着对任何债务都可提供担保，如涉外担保还需要具备相应的条件和手续。

以公益为目的的非营利法人、非法人组织不能作保证人，其所签订的保证合同无效。

2. 保证人资格的限制。

（1）国家机关不得为保证人。我国《民法典》第683条第1款规定："机关法人不得为保证人，但是经国务院批准为使用外国政府或者国际经济组织贷款进行转贷的除外。"我国在接受外国政府和国际经济组织贷款后，就把这些贷款转贷给地方政府或有关特定项目使用。由于这些贷款多用于交通运输、能源、环保、邮电、农业等基础项目，资金需求量很大，而且多数不盈利，或盈利有限，仅靠项目使用单位无法偿还贷款，也没有单位和个人愿意为这些项目作保证人。所以，在使用外国政府和国际经济组织贷款转贷的问题上，目前已形成了独特的还款及担保方式，即中央政府在将筹借到的贷款转贷给项目使用的同时，要求地方政府委托其计划管理部门向中央提供还款担保，保证向中央政府偿还所用的贷款，中央和地方政府通过这种担保，共同维护国家偿还外债的信誉。因此，国家机关在这样的情况下，可以作保证人，但须经国务院批准。

最高法院担保法司法解释（法释［2020］28号）第5条规定："机关法人提供担保的，人民法院应当认定担保合同无效，但是经国务院批准为使用外国政府或者国际经济组织贷款进行转贷的除外。居民委员会、村民委员会提供担保的，人民法院应当认定担保合同无效，但是依法代行村集体经济组织职能的村民委员会，依照村民委员会组织法规定的讨论决定程序对外提供担保的除外。"

（2）学校、幼儿园、医疗机构、养老机构等以公益为目的的非营利性事业单位、社会团体不得作保证人。《民法典》第683条第2款规定："以公益为目的的非营利法人、非法人组织不得为保证人。"学校、幼儿园、医疗机构、养老机构不能作保证人的原因是，这些以公益为目的的非营利团体，如果它们作保证人，可能会造成学校的学生无处上学，病人无法就医的结果。因此，这样的团体不得为保证人。

但是，根据最高法院担保法司法解释（法释［2020］28号）第6条的规定，以公益为目的的非营利性学校、幼儿园、医疗机构、养老机构等提供担保的，人民法院应当认定担保合同无效，有下列情形之一的除外：①在购入或者以融资租赁方式承租教育设施、医疗卫生设施、养老服务设施和其他公益设施时，出卖人、出租人为担保价款或者租金实现而在该公益设施上保留所有权；②以教育设施、医疗卫生设施、养老服务设施和其他公益设施以外的不动产、动产或者财产权利设立担保物权。登记为营利法人的学校、幼儿园、医疗机构、养老机构等提供担保，当事人以其不具有担保资格为由主张担保合同无效的，人民法院不予支持。

（3）公司法人的分支机构、职能部门不能作保证人。根据最高法院担保法司法解释（法释［2020］28号）第11条第1款的规定："公司的分支机构未经公司股东（大）会或者董事会决议以自己的名义对外提供担保，相对人请求公司或者其分支机构承担担保责任的，人民法院不予支持，但是相对人不知道且不应当知道分支机构对外提供担保未经公司决议程序的除外。"因为法人的分支机构没有独立的财产，仅对财产有经营管理权，不能独立地承担民事责任。但是公司法人的分支机构有法人书面授权的，可在授权范围内提供保证。也就是说，如果保证人是公司法人的分支机构，在订立保证合同时，应要求其出示公司法人有关保证的授权委托书，如果不能提供，不能与其订立保证合同。有了保证授权，可以与其订立保证合同，因为当分支机构的财产不足以承担责任时，债权人可以直接向公司法人主张。如果主债务人提供的保证人是公司法人的职能部门，债权人可以拒绝与其订立保证合同。如果债权人明知保证人的性质是职能部门，还与其订立保证合同，保证合同认定无效后的一切后果，由债权人自行承担；如果债权人不知情的，如在被隐瞒的情况下订立的保证合同，该合同被确认无效后，行为人按照各自过错的大小承担责任。

（4）不得强令银行等金融机构或者企业作保证人。通常，银行等金融机构或者企业作保证人对于债权人而言比较有利，因为它们的清偿能力比较强。但是，任何单位和个人不得强令银行等金融机构或者企业为他人提供保证。强令提供保证的，银行等金融机构或企业有权拒绝。因为银行的资金来自存款人，擅自担保，关系到存款人存款的安全性。《中国人民银行法》规定，中国人民银行不得向任何单位和个人提供担保。

（5）公司的法定代表人违反《公司法》关于公司对外担保决议程序的规定，超越权限代表公司与相对人订立保证合同，除非相对人知道或者应当知道其超越权限以外，订立的保证合同对公司法人发生效力。

综上所述，一般情况下，国家机关、公益事业单位和社会团体、法人的分支机构和职能部门、银行等金融机构原则上不能作保证人，但也有例外的规定。

3. 保证人原则上应具有行为能力和清偿债务的能力。一般而言，具有清偿能力，是对保证人的基本要求。如果保证人不具有清偿能力，被担保的主债权就不能保障实现。然而，保证人代偿能力的有无并不影响保证合同的效力。这主要是由于保证合同所担保的主债务是一个变化的量，保证人的清偿能力也是一个变化的量，主债务可因部分履行而相应减少，保证人的清偿能力也会因资产的变化，在不同的时期有不同的状态。因此，把代偿能力作为保证人资格的必要条件，进而作为确定保证合同是否有效的依据，不具客观性。不过，尽管保证人的清偿能力如何并不影响保证合同的效力，但在订立保证合同时，仍应注意考察保证人的清偿能力，因为保证人的清偿能力实际上会影响债权人债权受清偿的可能性。

（四）保证合同应具备保证责任实现的主要内容

依据我国《民法典》第684条的规定，保证合同应包括如下内容：

1. 被保证的主债权种类、数额。在保证合同中须确定主债务是继续性还是一时性债务，是将来的还是既存的债务，并具体确定主债权种类，是买卖、借贷、运输还是加工承揽等债务，明确约定被担保主债权的数额。

2. 债务人履行债务的期限。在保证合同中确定主债务履行期限对保证人而言至关重要。因为主债务履行期限届满之时，既是保证期间开始之时，又是主债务的诉讼时效开始之时。对于一般保证人而言，主债务履行期限届满意味着其有可能承担保证责任；对于连带保证人而言，债权人在债务履行期限届满后可直接要求其履行保证债务。

3. 保证的方式。订立合同时，应对保证方式作出明确规定，保证方式有一般保证和连带保证。当事人对保证方式没有约定或约定不明的，按照一般保证承担保证责任。

4. 保证担保的范围。保证担保的范围是保证人对哪些债务承担保证责任。保证担保的范围，有约定担保的范围和法律规定担保的范围。当事人如果有特别约定的，按照约定。

根据《民法典》第691条，保证的范围包括：主债权、主债权的利息、损害赔偿金和实现债权的费用。当事人另有约定的，按照其约定。在保证期限内，如果主债务减少，保证债务会随主债务的减少而减少，但当主债务增加时，非经保证人同意，保证范围不能随之扩大。

保证范围通常也被称为保证人的保证责任或保证债务。当主债务不能履行时，债权人请求保证人代为履行保证合同约定的债务，该债务可能是金钱债务或非金钱债务，如果保证人不能代为履行，或者拒绝代为履行，债权人对因此受到的损失有权请求保证人赔偿。所以，保证债务的内容可以为代为履行，也可以为赔偿责任，这也是保证人应负担的责任形式。

5. 保证期间。保证期间是确定保证人承担保证责任的起止期间，保证人仅在保证期间内承担保证责任，过了该期间，保证人不再承担保证责任。

6. 双方认为需要约定的其他事项。保证合同的内容除了上述规定的以外，保证人和债权人还可就双方认为需要的其他事项作出规定。

不完全具备以上内容的保证合同，一般情况下，不影响保证合同的效力，可以根据具体情况予以补正。如果没有补正，有可能影响保证合同的效力。但是，任何保证合同都应有被保证的主债权的条款，没有该条款，保证合同不成立。但在银行实际工作中，先有保证合同，再有主债权合同的情况也是有的。这种对于未来发生的债权的保证，在主债权不发生或无效时，保证也不能发生效力。

（五）保证责任的发生以主债务不履行为要件

保证债务为从债，主债务全部履行，保证债务生效的条件确定不成就。主债务如果因可归责于主债务人的事由不履行，保证债务效力发生的条件成就。对于一般保证而言，保证债务的效力以主债务强制执行未果为特别生效要件。

第二节 保证的类型

保证的类型也称为保证的方式。保证合同设立后，当事人在保证合同中可以选择不同种类的保证方式。保证方式可以进行以下分类：

一、一般保证和连带保证

（一）一般保证

1. 一般保证的概念。一般保证也称补充保证，是指当事人在保证合同中约定，只有在债务人不能履行债务，并在强制执行其财产后仍不能清偿债务时，保证人才履行保证债务的保证方式。《民法典》第687条第1款规定："当事人在保证合同中约定，债务人不能履行债务时，由保证人承担保证责任的，为一般保证。"最高法院担保法司法解释（法释［2020］28号）第25条第1款规定："当事人在保证合同中约定了保证人在债务人不能履行债务或者无力偿还债务时才承担保证责任等类似内容，具有债务人应当先承担责任的意思表示的，人民法院应当将其认定为一般保证。"

一般保证是当事人在合同中约定的保证方式，如果双方没有约定一般保证，或者约定不明，根据我国《民法典》第686条第2款的规定，按照一般保证承担保证责任。

2. 一般保证的特点。一般保证的特点是：保证人享有先诉抗辩权。当主债务人不履行债务时，保证人并不立即履行保证合同中约定的保证债务，而是债权人先向主债务人诉请履行，在诉请法院强制债务人履行仍然不能实现债权时，保证人才履行。因此，在一般保证中，当债权人没有向主债务人请求履行，而直接请求保证人履行债务时，保证人可以先诉抗辩权对抗该债权人履行保证债务的请求权。

3. 一般保证中的先诉抗辩权。

（1）先诉抗辩权的意义。先诉抗辩权又称检索抗辩权，是指在一般保证中，保证人在债权人未就主债务人的财产申请强制执行并获得满足前，享有拒绝清偿主债务的抗辩权。《民法典》687条第2款规定："一般保证的保证人在主合同纠纷未经审判或者仲裁，并就债务人财产依法强制执行仍不能履行债务前，有权拒绝向债权人承担保证责任……"也就是说，当债权人向保证人请求履行保证债务时，保证人有权以先诉请法院强制执行债务人的财产进行抗辩，要求债权人先就债务人的财产申请强制执行，只有在法院对债务人的财产强制执行后仍不能使债权人的债权得到满足时，保证人才履行保证债务。在债权人未诉请法院强制执行前，保证人可拒绝履行债务。诉请法院强制执行但无效果后，保证人才履行债务。最高法院担保法司法解释（法释［2020］28号）第26条第1款规定："一般保证中，债权人以债务人为被告提起诉讼的，人民法院应予受理。债权人未就主合同纠纷提起诉讼或者申请仲裁，仅起诉一般保证人的，人民法院应当驳回起诉。"

当主债务人不履行债务时，债权人有时把主债务人与一般保证人作为共同被告一并提起诉讼。对于这种情况，法院可以一并解决与案件有关的纠纷。只是应当在判决书主文中明确，保证人仅对债务人财产依法强制执行后仍不能履行的部分承担保证责任。这样可以减轻债权人的诉讼负担。否则，债权人有可能要起诉两次。

债权人未对债务人的财产申请保全，或者保全的债务人的财产足以清偿债务，债权人申请对一般保证人的财产进行保全的，人民法院不予准许。〔最高法院担保法司法解释（法释［2020］28号）第26条第3款〕。

（2）先诉抗辩权的性质。先诉抗辩权是法律基于保证的从属性和补充性而设立的专属于保证人的一种抗辩权，具有防御性和阻却性。先诉抗辩权的性质是一种延期性抗辩，也是一时性抗辩，仅能暂时对抗请求权，当执行确实无效果时，就得履行义务，所以不具有永久性抗辩的效力。诉讼时效届满后的抗辩为永久性抗辩。由于一般保证中保证人可行使先诉抗辩权，所以，在一般保证中，保证人的责任较轻，是补充性责任，有第一和第二顺序的差别。主债务人先承担责任，只有在请求强制执行以后，主债务人确实无力承担时，保证人才承担责任，如果强制执行后主债务人承担了一部分，剩余的一部分由保证人承担。

（3）先诉抗辩权行使的限制。先诉抗辩权虽然是为了一般保证人的利益而设置的，但是如果对其不加以限制，也会给债权人带来不利益。根据我国《民法典》第687条第2款的规定，有下列情形之一的，保证人不得行使先诉抗辩权：

第一，债务人下落不明，且无财产可供执行。这种情况主要是指债务人下落不明或者移居国外，并且无财产可供执行。如果债务人住所变更，债权人知道，或者债务人移居国外，国内有财产可执行，都不属于履行债务发生重大困难。所以，债务人下落不明与无财产可供执行应该有因果关系。这时，保证人就不能行使先诉抗辩权了。

第二，人民法院已经受理债务人破产案件。债务人破产，已经表明债务人资不抵债，当进入破产程序后，我国《破产法》规定，对债务人财产的其他民事执行程序必须中止。也就是说，任何个别的民事执行程序都须中止，不经破产程序，不能执行债务人的财产。所以，只要债务人进入破产程序，债权人请求强制执行债务人的财产无论如何不可能取得效果，在这种情况下，债权人只能要求保证人清偿债务，保证人不得主张先诉抗辩权。

第三，债权人有证据证明债务人的财产不足以履行全部债务或者丧失履行债务能力。债务人的财产是债权人债权实现的保障，当债权人有证据证明债务人的财产不足以履行全部债务或者丧失履行债务能力时，债权人只能要求保证人清偿债务，保证人不得主张先诉抗辩权。

第四，保证人以书面形式放弃先诉抗辩权的。先诉抗辩权是一般保证中保证人对抗债权人请求保证人履行保证责任的民事权利，放弃该权利后，不能再主张。

在以上情形下，保证人的责任与连带保证相同。

（二）连带保证

1. 连带保证的概念。连带保证也称连带债务保证或连带责任保证，是指债务人在债务履行期届至时未履行债务，债权人既可以请求债务人履行债务，也可以请求保证人履行保证债务的保证方式。我国《民法典》第688条规定："当事人在保证合同中约定保证人和债务人对债务承担连带责任的，为连带责任保证。连带责任保证的债务人不履行到期债务或者发生当事人约定的情形时，债权人可以请求债务人履行债务，也可以请求保证人在其保证范围内承担保证责任。"最高法院担保法司法解释（法释［2020］28号）第25条第2款规定："当事人在保证合同中约定了保证人在债务人不履行债务或者未偿还债务时即承担保证责任、无条件承担保证责任等类似内容，不具有债务人应当先承担责任的意思表示的，人民法院应当将其认定为连带责任保证。"

2. 连带保证的特点。连带保证的特点是：保证人不享有先诉抗辩权，保证人与债务人处于同一顺序，只要主债务履行期届至时债务人未履行债务，不问其原因如何，也不问其有无履行能力，债权人可不请求执行债务人的财产，而直接向保证人请求履行保证债务。因此，连带保证时保证人的保证责任较重。

连带保证的保证人自己对债权人本无债务，保证债务的履行纯系代债务人履行。不过，一旦主债权人和保证人约定连带保证后，保证人与主债务人在性质上就属于连带债务人，所以，关于连带债务的规定，对于连带保证均可适用。应注意的是，主债务人不履行债务时，主债权人不能直接要求执行保证人的财产，而只能就保证合同向人民法院起诉，法院要对保证合同关系和保证的效力进行认定，作出判决或裁定后，才能执行保证人的财产。

但根据我国《民法典》第 693 条第 2 款的规定，连带责任保证的债权人未在保证期间请求保证人承担保证责任的，保证人不再承担保证责任。此与一般的连带债务不同。

（三）一般保证与连带保证的区别

1. 保证人是否享有先诉抗辩权不同。一般保证的保证人享有先诉抗辩权；连带保证的保证人不享有先诉抗辩权。

2. 保证方式的发生原因不同。一般保证由当事人约定；连带保证也由当事人约定，但当事人没有约定一般保证或连带保证，或者约定不明时，法律规定按照一般保证承担保证责任。

3. 保证人承担保证责任的轻重不同。一般保证中，保证人责任较轻，承担的是补充责任；连带保证中，保证人与债务人处于同一顺序，责任较重。

4. 保证合同诉讼时效的始期计算不同。一般保证中，保证合同的诉讼时效期间从判决、仲裁生效之日起计算；连带保证中，保证合同的诉讼时效期间从债权人在保证期间内要求保证人承担保证责任之日起计算。

5. 保证合同诉讼时效与主合同诉讼时效间的关系不同。一般保证中，主合同诉讼时效中断，保证合同的诉讼时效也中断；连带保证中，主合同诉讼时效中断，保证合同诉讼时效不中断。

二、单独保证与共同保证

（一）单独保证

单独保证是一个保证人为同一债务作保证的方式。单独保证可以采一般保证的方式，也可以采连带保证的方式。

（二）共同保证

1. 共同保证的概念。共同保证，也称数人保证，是指两个或者两个以上的保证人为同一债务人的同一债务作保证的方式。有时需要保证的主债务数额较大，一个保证人不具备代为清偿债务的能力，或者债权人担心万一某个保证人失去代偿能力将影响债权的实现，这样，债权人往往要求债务人找两个以上的保证人承担保证责任。这里的多数人，可以是法人，也可以是自然人。

2. 共同保证的构成。构成共同保证通常有两种情况：一种情况是，数个保证人之间在提供保证时，相互之间有意思上的联络，即彼此之间均知道除了自己之外，还有其他保证人。例如，各个保证人均在同一保证合同上签字盖章或者分别提供经签字盖章的保函。另一种情况是，各保证人之间事先没有意思上的联络，即他们可能并不知道还有其他保证人，只是这数个保证人都分别与主债权人签订了保证合同。无论哪种情况，只要有数个保证人为同一债务人的同一债务提供担保的事实，即成立共同保证，并不需要各个保证人之间事先有意思联络。

3. 共同保证的类型。由于共同保证的主体为两个以上的多数人，所以共同保证与单独保证不同。关于数个共同保证人之间如何承担保证债务的问题，我国《民法典》第 699 条规定：“同一债务有两个以上保证人的，保证人应当按照保证合同约定的保证份额，承担保证责任；没有约定保证份额的，债权人可以请求任何一个保证人在其保证范围内承担保证责任。”《民法典》规定了共同保证人之间承担保证债务的方式：一种是按份共同保证；另一种是连带共同保证。

（1）按份共同保证。这是共同保证人按照保证合同中约定的份额承担保证债务（责任）的保证方式。按份共同保证的共同保证人在履行了保证债务之后，在其履行的范围内，可以向主债务人追偿，但是不得向其他保证人主张权利。

（2）连带共同保证。这是共同保证人中的每一个保证人都对全部主债务承担保证义务的保证方式。也就是说，如果主债务人到期不能清偿债务，债权人有权要求任何一个保证人在其保证范围内承担保证责任，该保证人不得拒绝。

承担了保证债务的共同保证人具有双重追偿权：一是向主债务人追偿；二是对向主债务人不能追偿的部分，可以按内部约定向其他保证人追偿超出自己份额的部分。若共同保证人之间约定承担连带共同担保，或者约定相互追偿但是未约定分担份额的，各保证人按照比例分担向债务人不能追偿的部分。如果保证人中有人缺乏偿还其分担部分的能力，那么其不能偿还的部分应当由承担了保证责任的人与其他有资金实力的保证人按比例分担。我国《民法典》第 700 条规定，保证人承担保证责任后，除当事人另有约定外，有权在其承担保证责任的范围内向债务人追偿，享有债权人对债务人的权利，但是不得损害债权人的利益。最高法院担保法司法解释（法释［2020］28 号）第 13 条第 2 款规定：“同一债务有两个以上第三人提供担保，担保人之间未对相互追偿作出约定且未约定承担连带共同担保，但是各担保人在同一份合同书上签字、盖章或者按指印，承担了担保责任的担保人请求其他担保人按照比例分担向债务人不能追偿部分的，人民法院应予支持。”

如果保证人对于各人承担的份额没有明确约定或者虽然约定了却没有告知债权人，此种情形仍应当认定为连带共同保证。如果各保证人以自己约定的份额对抗债权人，人民法院不予支持。

连带共同保证与连带保证不同，前者是共同保证人之间的连带关系；后者是保证人与债务人之间的连带关系。连带保证中的保证人承担责任后，向主债务人追偿。连带共同保证人具有双重追偿权，保证人承担责任后，即可向主债务人追偿，对超出其份额的部分可向其他连带保证人追偿。根据最高法院担保法司法解释（法释［2020］28 号）第 29 条的规定，同一债务有两个以上保证人，债权人以其已经在保证期间内依法向部分保证人行使权利为由，主张已经在保证期间内向其他保证人行使权利的，人民法院不予支持。同一债务有两个以上保证人，保证人之间相互有追偿权，债权人未在保证期间内依法向部分保证人行使权利，导致其他保证人在承担保证责任后丧失追偿权，其他保证人主张在其不能追偿的范围内免除保证责任的，人民法院应予支持。

共同保证可以是一般保证，也可以是连带保证。

三、单个形式保证合同和最高额形式保证合同

我国《民法典》第 690 条第 1 款规定：“保证人与债权人可以协商订立最高额保证的合同，约定在最高债权额限度内就一定期间连续发生的债权提供保证。”这是关于最高额保证合同的规定，最高额保证合同是相对于单个债权保证合同而言的。

（一）单个形式保证合同

单个形式保证合同是指保证人仅为债务人与债权人一次性交易所产生的债务或者就单个主合同产生的债务提供保证。单个债权保证合同的特点是合同独立、互不牵连，这是最常见的保证合同形式。

（二）最高额保证合同

1. 最高额保证的概念。最高额保证合同是指债权人和保证人可以协议就一定期间内连续发生的借款合同或者某项商品交易合同在最高债权额限度内订立一个保证合同，只要债权人和债务人在保证合同约定的债权额度内进行交易，保证人即应依法承担保证责任。

2. 最高额保证的功能。最高额保证合同不仅方便简单，而且减少了债权人与保证人之间要不断签订保证合同的麻烦，也有效地保证了债权人利益的实现，使得原本要多次办理的保证能一次解决，有利于资金融通和商品经济的发展。需要指出的是：最高额保证所担保的主债务必须是在将来一定期间内循环往复、多次发生的合同债务。并且适用最高额保证的主合同债务仅限于借款合同或者某项商品交易，这当中的商品交易包括货物买卖、技术转让等，而不及于其他合同债务，如租金债务、薪金债务等。

3. 最高额保证的特点。保证人仅在主合同约定的最高债权额限度内提供保证，如果债务人与债权人之间的债务已超过原主合同约定的债权额限度，那么保证人对于超过债权额限度的债务不承担保证责任。所以，适用最高额保证须具备一定的条件。

最高额保证的保证债务范围由约定的期间和最高数额确定，它和单个债权保证的效果没有太大的区别。在最高额保证的期间确定后，主债务的数额也随之确定。最高额保证实际上也就转化为普通保证。

根据最高法院担保法司法解释（法释［2020］28号）第30条的规定，最高额保证合同对保证期间的计算方式、起算时间等有约定的，按照其约定。没有约定或者约定不明，被担保债权的履行期限均已届满的，保证期间自债权确定之日起开始计算；被担保债权的履行期限尚未届满的，保证期间自最后到期债权的履行期限届满之日起开始计算。这里所称的债权确定之日，依照《民法典》第423条规定的最高额抵押所担保债权的确定时间认定。

第三节 保证期间

一、保证期间的意义

保证期间是确定保证人承担保证责任的期间。换言之，保证期间也是债权人依保证合同主张保证请求权的有效期间。债权人只能在保证期间内向保证人行使请求权，请求保证人履行保证债务，保证人也只在此期间内有义务履行保证债务。在此期间内，债权人未向保证人请求的，过了该期间，保证人的保证债务消灭。因此，保证期间也是当主债务履行期届满以后，保证人能够允许债权人主张权利的最长期间。我国《民法典》第693条规定，一般保证的债权人未在保证期间对债务人提起诉讼或者申请仲裁的，保证人不再承担保证责任。连带责任保证的债权人未在保证期间请求保证人承担保证责任的，保证人不再承担保证责任。

一般保证的债权人取得对债务人赋予强制执行效力的公证债权文书后，在保证期间内向人民法院申请强制执行，保证人以债权人未在保证期间内对债务人提起诉讼或者申请仲裁为由主张不承担保证责任的，人民法院不予支持〔最高法院担保法司法解释（法释〔2020〕28号）第27条〕。

二、保证期间的类型

我国《民法典》第692条第2款和第3款规定："债权人与保证人可以约定保证期间，但是约定的保证期间早于主债务履行期限或者与主债务履行期限同时届满的，视为没有约定；没有约定或者约定不明确的，保证期间为主债务履行期限届满之日起六个月。债权人与债务人对主债务履行期限没有约定或者约定不明确的，保证期间自债权人请求债务人履行债务的宽限期届满之日起计算。"依照《民法典》的规定，保证期间根据产生的原因不同，可作如下分类：

（一）约定保证期间和法定保证期间

1. 约定保证期间。约定保证期间是由当事人在保证合同中自行约定承担保证责任的期限。保证期间通常由当事人约定，没有约定或者约定不明的，依法律规定。

2. 法定保证期间。法律规定的保证期间是：从主债务履行期限届满之日起6个月内。

无论约定或法律规定的保证期间，法律后果是一样的，保证期间届满，保证人不再负保证义务。

如果保证合同约定的保证期间早于或者等于主债务的履行期间，视为无约定，保证期间按法定期间计算，为主债务履行期届满之日起6个月。如果债权人与债务人对主债务履行期限没有约定或者约定不明确的，保证期间自债权人请求债务人履行债务的宽限期届满之日起计算。

（二）一般保证的保证期间与连带保证的保证期间

1. 一般保证的保证期间。该期间是适用于一般保证类型的保证期间。我国《民法典》第693条第1款规定："一般保证的债权人未在保证期间对债务人提起诉讼或者申请仲裁的，保证人不再承担保证责任。"《民法典》第694条第1款规定："一般保证的债权人在保证期间届满前对债务人提起诉讼或者申请仲裁的，从保证人拒绝承担保证责任的权利消灭之日起，开始计算保证债务的诉讼时效。"

根据《民法典》的上述规定可知，对于一般保证而言，债权人未在约定或法定保证期间内，向债务人提起诉讼或申请仲裁，保证人免除保证责任。债权人在保证期间内已提起诉讼或申请仲裁，保证期间适用诉讼时效中断的规定。换言之，当债权人在保证期间内主张权利后，保证期间作用停止，转为保证合同诉讼时效期间，保证合同诉讼时效期间从保证人拒绝承担保证责任的权利消灭之日起计算，即从保证人先诉抗辩权消灭之日起计算。债权人须在该期间内向保证人主张保证给付，超过该期间再主张保证给付的，保证人不承担保证义务。但是，保证人对已经超过诉讼时效期间的债务承担保证责任或者提供保证，又以超过诉讼时效为由抗辩的，人民法院不予支持。

2. 连带保证的保证期间。该期间是适用于连带保证类型的保证期间。我国《民法典》第693条第2款规定："连带责任保证的债权人未在保证期间请求保证人承担保证责任的，保证人不再承担保证责任。"《民法典》第694条第2款规定："连带责任保证的债权人在保证期间届满前请求保证人承担保证责任的，从债权人请求保证人承担保证责任之日起，开始计算保证债务的诉讼时效。"

根据《民法典》的规定，连带保证的保证期间与一般保证的保证期间的作用是相同的，均为债权人向保证人主张权利的有效期间，也是确定保证人承担保证责任的期间。而且，债权人一旦在保证期间内主张权利，保证期间即转为保证合同诉讼时效。两者的根本区别是：两类保证合同诉讼时效期间的起算点不同。一般保证中，因保证人享有先诉抗辩权，故保证合同诉讼时效期间从保证人拒绝承担保证责任的权利消灭之日起计算。连带保证的保证合同诉讼时效期间是从债权人在保证期间届满前请求保证人承担保证责任之日起计算。

三、保证期间的始期

无论是约定保证期间，还是法定保证期间，保证期间自主债务履行期届满之日开始计算。如果主债务的履行期不明确，债务人可以随时向债权人履行义务，债权人也可以随时要求债务人履行义务，但应给对方必要的准备时间，即“宽限期”。由此，《民法典》第692条第3款规定：“债权人与债务人对主债务履行期限没有约定或者约定不明确的，保证期间自债权人请求债务人履行债务的宽限期届满之日起计算。”

四、保证期间的性质

保证期间是确定保证人承担保证责任的期间。从债权人角度而言，也是债权人向保证人主张保证债务请求权的期间，债权人在该期间内不行使请求权，保证人则免除保证债务。一般保证中，债权人先向主债务人提出请求，当主债务人的财产强制执行后仍不能清偿债务之时，保证人才履行保证给付；连带保证中，主债务人与保证人在债务履行期届满后有同等地位，债权人可向保证人或主债务人之一提出请求。

保证期间非诉讼时效期间。诉讼时效期间是法定期间，该期间不能约定，而保证期间可以约定。诉讼时效期间届满，债权人的实体权利仍然存在。而保证期间届满，保证人免除保证责任，债权人实质上丧失的是实体性请求权。诉讼时效期间可以中止、中断或延长，保证期间则不发生中止、中断和延长。

保证期间也非除斥期间。虽然两者均为不变期间，但除斥期间是法定的不变期间，而保证期间既有法定的不变期间，也有约定的不变期间。另外，除斥期间适用于撤销权、解除权等形成权，除斥期间届满，丧失的是形成权；而保证期间指向的是请求权，保证期间届满，债权人不得再请求保证人履行保证债务。对于一般保证而言，保证人在保证期间内可行使先诉抗辩权，保证期间届满，保证人的先诉抗辩权实质上消灭。

五、保证期间与保证合同诉讼时效和主合同诉讼时效的关系

根据《民法典》第692条、第693条和第694条的规定，保证期间与保证合同以及主合同诉讼时效的关系可以概括如下：

1. 无论一般保证还是连带保证，主债权人均需在保证期间内向保证人行使保证债务请求权，在保证期间内债权人行使请求权，保证期间的作用停止，保证合同诉讼时效期间开始发生作用。

2. 一般保证的债权人在保证期间届满前对债务人提起诉讼或者申请仲裁的，从保证人拒绝承担保证责任的权利消灭之日起，开始计算保证合同的诉讼时效。最高法院担保法司法解释（法释［2020］28号）第28条规定：“一般保证中，债权人依据生效法律文书对债务人的财产依法申请强制执行，保证债务诉讼时效的起算时间按照下列规则确定：（一）人民法院作出终结本次执行程序裁定，或者依照民事诉讼法第二百五十七条第三项、第五项的规定作出终结执行裁定的，自裁定送达债权人之日起开始计算；（二）人民法院自收到申请执行书之日起一年内未作出前项裁定的，自人民法院收到申请执行书满一年之日起开始计算，但是保证人有证据证明债务人仍有财产可供执行的除外。一般保证的债权人在保证期间届满前对债务人提起诉讼或者申请仲裁，债权人举证证明存在民法典第六百八十七条第二款但书规定情形的，保证债务的诉讼时效自债权人知道或者应当知道该情形之日起开始计算。”连带责任保证的债权人在保证期间届满前请求保证人承担保证责任的，从债权人请求保证人承担保证责任之日起，开始计算保证合同的诉讼时效。

3. 主合同诉讼时效期间与保证期间的起算相同，从主债务履行期届满开始计算。

4. 一般保证中主合同诉讼时效中断，保证合同的诉讼时效也中断；连带保证中主合同诉讼时效中断，保证合同诉讼时效不中断。

第四节 主债变动对保证责任的影响

一、主债权转让

《民法典》第696条规定："债权人转让全部或者部分债权，未通知保证人的，该转让对保证人不发生效力。保证人与债权人约定禁止债权转让，债权人未经保证人书面同意转让债权的，保证人对受让人不再承担保证责任。"

二、主债务转让

《民法典》第697条规定："债权人未经保证人书面同意，允许债务人转移全部或者部分债务，保证人对未经其同意转移的债务不再承担保证责任，但是债权人和保证人另有约定的除外。第三人加入债务的，保证人的保证责任不受影响。"最高法院担保法司法解释（法释［2020］28号）第36条第1~3款的规定："第三人向债权人提供差额补足、流动性支持等类似承诺文件作为增信措施，具有提供担保的意思表示，债权人请求第三人承担保证责任的，人民法院应当依照保证的有关规定处理。第三人向债权人提供的承诺文件，具有加入债务或者与债务人共同承担债务等意思表示的，人民法院应当认定为民法典第五百五十二条规定的债务加入。前两款中第三人提供的承诺文件难以确定是保证还是债务加入的，人民法院应当将其认定为保证。"

三、债权债务数额变更

根据《民法典》第695条的规定，债权人和债务人未经保证人书面同意，协商变更主债权债务合同内容，减轻债务的，保证人仍对变更后的债务承担保证责任；加重债务的，保证人对加重的部分不承担保证责任。债权人和债务人变更主债权债务合同的履行期限，未经保证人书面同意的，保证期间不受影响。

第五节 保证与担保物权并存时的关系

被担保的同一债权上同时设立担保物权和保证的，当债务人不履行到期债务或者发生当事人约定的实现担保物权的情形时，担保人应根据《民法典》第392条规定的精神，承担担保责任：

1. 如果债权人与保证人或物的担保人事先约定担保责任的分担，则按约定实现债权。

2. 如果债权人与保证人或物的担保人事先无约定或者约定不明确，则应区分两种情况承担担保责任：

（1）债务人自己提供担保物的，物权担保优于保证人担保，即债权人先就物的担保实现债权，保证人对物保实现后的剩余债务再负担保责任。

（2）第三人提供担保物的，物的担保与保证人担保并存，债权人既可先向提供物的担保的第三人提出请求，也可向保证人提出请求承担担保责任，两个第三人地位平等。提供担保的第三人承担担保责任后，有权向债务人追偿。

3. 债权人放弃物的担保的，不论是债务人还是第三人提供担保物的，保证人在债权人放弃的权利范围内免除保证责任。

4. 如果物的担保合同被确认无效或者被撤销，保证人仍应按保证合同履行保证责任。因为物的担保合同无效或被撤销，不存在拍卖问题，也就不存在就物保以外的债权实现担保的问题，因此，保证人应负保证责任。

5. 如果担保物因不可抗力的原因灭失而没有代位物的，保证人仍应当按合同的约定或者法律的规定承担保证责任。

6. 如果债权人在主合同履行期届满后怠于行使担保物权，致使担保物的价值减少或者毁损、灭失的，视为债权人放弃部分或者全部物的担保。保证人在债权人放弃权利的范围内减轻或者免除保证责任。

第六节 保证人的追偿权

我国《民法典》第700条规定："保证人承担保证责任后，除当事人另有约定外，有权在其承担保证责任的范围内向债务人追偿，享有债权人对债务人的权利，但是不得损害债权人的利益。"所以，保证人的追偿权是保证人向主债权人履行保证责任后，有权向主债务人请求偿还的权利。保证人向主债务人追偿的范围仅限于保证人履行保证责任的范围。

如果是按份共同保证，保证人仅向主债务人追偿按份共同保证合同中约定的保证份额。连带共同保证人如果承担了全部保证责任后，有权向债务人追偿。向债务人不能追偿的部分，由各连带保证人按其内部约定的比例分担，没有约定的，各担保人按照比例分担向债务人不能追偿的部分。

保证人追偿权的实现是以债务人有财产为前提的。如果债务人没有任何财产，保证人的追偿权不能实现。立法为了保护保证人追偿权的实现，特别规定了追偿权的预先行使制度。最高法院担保法司法解释（法释［2020］28号）第23条规定："人民法院受理债务人破产案件，债权人在破产程序中申报债权后又向人民法院提起诉讼，请求担保人承担担保责任的，人民法院依法予以支持。担保人清偿债权人的全部债权后，可以代替债权人在破产程序中受偿；在债权人的债权未获全部清偿前，担保人不得代替债权人在破产程序中受偿，但是有权就债权人通过破产分配和实现担保债权等方式获得清偿总额中超出债权的部分，在其承担担保责任的范围内请求债权人返还。债权人在债务人破产程序中未获全部清偿，请求担保人继续承担担保责任的，人民法院应予支持；担保人承担担保责任后，向和解协议或者重整计划执行完毕后的债务人追偿的，人民法院不予支持。"

但是，进入破产程序后，债权人从申报债权到最后分配破产财产，时间较长，而且这种申报也不是保证期间中断的原因，有可能破产程序还没结束，保证期间就已经过了，而且经常是经过破产程序执行债务人财产后，还有不能清偿的部分，还得找保证人请求偿还。

因此，设立保证的债权人经常是在法院受理债务人破产案件后，不参加破产程序，直接向保证人主张权利。保证人在承担责任后，是债务人的债权人，如果此时再向法院申报债权，参与破产财产分配，可能就晚了。所以，人民法院受理债务人破产案件后，债权人未申报债权的，保证人可以参加破产财产分配，预先行使追偿权。当然，债权人在债务人破产后未申报债权的，应通知保证人，以便保证人预先行使追偿权。如果不通知，保证人就在该债权在破产程序中可能受偿的范围内免除保证责任。因此，最高法院担保法司法解释（法释［2020］28号）第24条规定：债权人知道或者应当知道债务人破产，既未申报债权也未通知担保人，致使担保人不能预先行使追偿权的，担保人就该债权在破产程序中可能受偿的范围内免除担保责任，但是担保人因自身过错未行使追偿权的除外。

第七节 保证人的免责与保证的消灭

一、保证人的免责

根据前述《民法典》和司法解释关于保证合同的规定，出现下列情形之一的，保证人不承担保证责任：

1. 保证期间内，债权人未主张保证请求权。保证责任消灭后，债权人书面通知保证人要求承担保证责任，保证人在通知书上签字、盖章或者按指印，债权人请求保证人继续承担保证责任的，人民法院不予支持，但是债权人有证据证明成立了新的保证合同的除外。

2. 主合同双方当事人串通，骗取保证人提供保证的。

3. 主合同债权人采取欺诈、胁迫等手段，使保证人在违背真实意思的情况下提供保证的。

4. 同一债权既有保证又有物的担保的，债权人完全放弃物的担保的。

5. 保证期间内，债权人将主债权转让给第三人，而该债权是保证人与债权人事先约定仅对特定的债权人承担保证责任或约定禁止转让的，保证人对该转让的债权不再承担保证责任。

6. 保证期间内，债权人许可债务人转让部分债务，未经保证人书面同意的，保证人对未经其同意转让的部分，不再承担保证责任。

7. 主合同当事人双方协议以新贷偿还旧贷，除保证人知道或者应当知道的外，保证人不承担保证责任。

8. 一般保证的保证人在主债务履行期限届满后，向债权人提供债务人可供执行财产的真实情况，债权人放弃或者怠于行使权利致使该财产不能被执行的，保证人在其提供可供执行财产的价值范围内不再承担保证责任。

9. 债务人对债权人享有抵销权或者撤销权的，保证人可以在相应范围内拒绝承担保证责任。

10. 主债务诉讼时效期间届满。如果主债务诉讼时效期间届满，保证人可以拒绝履行担保责任。但是，如果保证人履行后，不得再主张履行无效或者主张债权人为不当得利。对此，最高法院担保法司法解释（法释［2020］28号）第35条规定：“保证人知道或者应当知道主债权诉讼时效期间届满仍然提供保证或者承担保证责任，又以诉讼时效期间届满为由拒绝承担保证责任或者请求返还财产的，人民法院不予支持；保证人承担保证责任后向债务人追偿的，人民法院不予支持，但是债务人放弃诉讼时效抗辩的除外。”

二、保证的消灭

保证可因以下原因消灭：

1. 主债务消灭。保证为从债，根据“从随主”的原则，主债务消灭，从债务也消灭。

2. 主债务承担。主债务人更换时，除经保证人同意外，保证归于消灭。

3. 保证人死亡或法人解散。保证人为自然人的，该自然人死亡，其继承人仅在其遗产范围内负有限保证责任，如果没有遗产，保证消灭；法人解散时，其清算组织仅在该法人财产清算范围内负有限保证责任，法人没有任何财产的，保证消灭。

4. 保证期间届满，保证债务因债权人未请求而消灭。

5. 保证合同解除，保证也归于消灭。

第三章 定金

第一节 定金概述

一、定金的意义

定金是为确保主合同的履行，当事人约定，一方预先向对方给付一定数量的货币或其他替代物作为债权担保的制度。我国《民法典》将定金置于合同编第八章“违约责任”中，这说明定金的作用既是对违约方的一种制裁，也是对债权的担保，其担保作用体现在：如果给付定金的一方不履约定的债务（违约），无权要求返还定金（丧失定金）；如果接受定金的一方不履行约定的债务（违约），应当双倍返还定金，通常将此称为定金罚则。

二、定金担保的特点

定金作为一种债权担保方式，具有以下特点：

1. 定金担保为金钱担保。定金作为钱保，是指在订立合同时，交付一定数额的金钱以担保合同的履行。与人保和物保相比，定金担保的担保功能比较弱，只具有象征性的担保意义。因为对于双方而言，当一方不履行义务违约时，其相对方，即非违约方不能从定金中获得充分清偿，只产生一种抗辩权或者请求权——非违约方对抗对方返还定金的请求，如果非违约方为预先支付定金的一方，可请求对方双倍返还定金。而且接受定金一方由于在接受定金后将定金与他的其他财产混同，并没有将定金特定，如果他的清偿能力有限，定金双倍返还的担保作用甚至都无法正常发挥。所以，从保障债权的实现角度而言，定金的担保功能比较弱。

2. 定金担保仅为合同履行担保。定金担保与其他担保方式不同的是，定金作为钱保的方式，是合同之债特有的效力，对于法定之债不适用定金，而其他担保方式既可适用于法定之债，也可适用于合同之债，所以定金是纯粹的合同之债的担保方式。

由于不可抗力是主合同不履行的免责事由，因此，不可抗力也是定金合同不履行的免责事由。不可抗力是不可归责于双方当事人的事由导致的合同不能履行，故合同双方都免责。但是，如果是第三人的过错造成的合同不能履行，仍适用定金罚则，违约方适用定金罚则后，再向有过错的第三人追偿。

3. 定金担保的设定人是被担保的主合同的当事人。这与抵押、质押、保证有区别。抵押人、质押人可能是第三人，保证人则必须是主合同以外的第三人。而定金的交付人和接受人都是主合同的当事人。

4. 定金是主合同双方互为担保。定金担保具有双向性，担保的是双方的债权。这一点也与前面所说的担保方式不同。保证、抵押、质押、留置都一样，只具有单向的担保功能，只是债务人向债权人担保。定金对债权人和债务人都有担保功能，任何一方不履行合同，都适用定金罚则。

三、定金的设立

定金担保是约定担保，是通过主合同当事人设立定金合同而发生的。定金合同设立的特点如下：

1. 定金合同是从合同。定金的设立是担保主合同的实现。这个合同可以单独为一个合同，也可以作为主合同的条款，但在合同中须明确“定金”字样。如果没有定金字样，不发生定金效力。但是，合同内容有符合定金内容和定金罚则的约定，也认定存在定金合同。

定金合同的效力从属于主合同的效力，主合同无效，定金合同也无效。定金合同另有约定的，效力可以与主合同效力分离，但应是合法内容的约定。

2. 定金合同是要式合同。定金合同应采用书面形式。书面形式是定金合同的成立要件，在采用书面合同的情形下，合同自双方当事人签字或盖章时成立。如果没有采用书面形式，或者采用了书面形式，但在签字盖章前，一方已实际履行了义务，对方也接受，该合同也成立。

3. 定金合同是实践性合同。我国《民法典》586 条第 1 款规定：“当事人可以约定一方向对方给付定金作为债权的担保。定金合同自实际交付定金时成立。”如果仅有书面约定，也签了字、盖了章，但没有实际交付定金，定金合同不成立，也不生效。定金的交付是定金合同的成立要件。

定金须在合同履行前交付，即在主债成立后，履行期届满前交付。交付的标的原则上是金钱，也可以是替代物。定金交付的数额由双方约定，但法律限定不得超出主合同标的额的 20%。超过部分不产生定金效力，发生预付款的效力。

如果合同订立后，实际交付的数额多于或者少于约定数额，定金合同是否成立？根据《民法典》第 586 条第 2 款的规定，实际交付的定金数额多于或者少于约定数额的，视为变更约定的定金数额。也就是说，如果少交或多交的，实际交付的定金数额为实际生效的定金数额，如果收受定金一方提出异议并拒绝接受定金的，定金合同不生效。

第二节　定金的种类

1. 违约定金。此种定金是指在交付或者接受定金以后，任何一方当事人不履行主合同，都应按照定金罚则予以制裁。此种定金在实践中运用得最为广泛。

2. 立约定金。此种定金是指当事人为保证以后正式订立合同而专门约定的定金。

3. 证约定金。此种定金乃是为证明合同关系的成立而设立的。当事人为证明合同已经成立，防止一方以合同未成立为由而违约，因此专门设立证约定金，作为订立合同的证据。

4. 成约定金。通常情况下，定金交付不应成为合同成立的要件，但是如果当事人特别约定，以定金的交付作为主合同成立的要件，那么交付定金与否就会决定合同是否成立。这就是成约定金。

5. 解约定金。此种定金是指当事人为保留单方解除主合同的权利而交付的定金。一方在交付解约定金以后可以放弃定金而解除合同，而接受定金的一方如果愿意加倍返还定金也可以解除合同。

如果当事人在合同中就定金性质没有约定的，视为违约定金。

第三节 定金与其他金钱质（预付款、订金、押金等）的区别

一、定金与预付款

有的时候，双方在合同订立后，履行付款义务前，会由一方请求对方预先交付一定数额的金钱。这从表面上看很像定金，都是在合同履行前，先交付；而且，在合同履行后，这部分预先交付的定金可以抵作价款。所以，定金很像预付款。

但定金与预付款在性质、作用、法律后果、交付方式上均有不同。定金是从债，具有担保合同履行的作用，如果合同不履行，交付定金的一方不能收回预先交付的定金，收受定金的一方不履行合同则双倍返还定金，并且定金为一次性交付。而预付款没有担保作用，仅是依约定一方提前交付另一方一定数额的金钱。这种提前履行，通常是为了给对方提供资金上的方便，预付款可以分期交付。依约定应交预付款而未交时，构成对主合同义务的违反。交付和收受预付款的当事人一方不履行合同义务时，预付款可抵作损害赔偿金，不发生丧失预付款和双倍返还的效果。

二、定金与订金

“订金”往往代表一种意欲订立合同的约定金或履行合同的预付款，而不具有担保合同履行的定金的效力。例如，在订立商品房预售合同前预交的房号预留金、订约保证金等。因此，区别“订金”与“定金”的关键在于理解定金所特有的惩罚规则，具体而言，分辨“订金”是否具有定金的性质，关键在于当事人订立的合同内容中是否有对符合定金特性的定金罚则进行约定。如果双方当事人仅简单地约定“订金”，而未在合同中就“订金”进行定金性质的约定，就不能视为定金，不具有定金的法律效力。所以，这种订金主要是用来限制双方当事人的行为的。

三、定金与押金

押金，目前在我国少数合同中适用，尤其是在房屋租赁合同中使用得比较多。例如，出租人与承租人约定，在合同订立后，承租人多交相当于 1 个月房租的押金。押金的实质是为了担保债务的履行，如果债务人不履行债务，债权人可以从押金中优先受偿。押金因为交付移转货币所有权，受领人享有对押金的支配权。

押金与定金不同，定金具有双向担保作用，具有惩罚性，而且适用范围比较广，所有的合同都可适用。押金仅具有单向担保功能，由债务人提供，对债权人担保。如果债务人履行义务，押金就返还或者折抵合同价款。如果债权人不履行合同，不能从押金中追究法律责任，所以，押金仅具有单向担保性。而且，押金不具有惩罚性，适用范围较窄，目前仅适用于房屋租赁等有限的几类合同。

第四节 定金的适用

1. 不履行合同或不适当履行合同，如因当事人一方迟延履行或者其他违约行为，致使合同目的不能实现，可以适用定金罚则。但法律另有规定或者当事人另有约定的除外。

2. 当事人一方不完全履行合同，能够按比例适用定金规则的，应当按照未履行部分所占合同约定内容的比例，适用定金罚则。

3. 因合同关系以外的第三人的过错导致主合同不能履行的，适用定金罚则。受定金处罚的一方当事人，可以依法向第三人追偿。

4. 因不可抗力、意外事件致使主合同不能履行的，不适用定金罚则。

5. 《民法典》第588条规定："当事人既约定违约金，又约定定金的，一方违约时，对方可以选择适用违约金或者定金条款。定金不足以弥补一方违约造成的损失的，对方可以请求赔偿超过定金数额的损失。"

第三分编 准合同之债

第一章
准合同之债概要

第一节 准合同的意义

一、准合同的概念

准合同是指非基于当事人间的合意，也非因侵权行为而发生的法定之债，该债因不公平得益产生，为恢复利益不当变动，法律基于公平正义的原则，规定当事人间产生与合同相类似的债权债务关系。

关于准合同的概念，历来存在不同的观点。有观点认为，准合同在性质上属于因自愿行为而产生的债的关系；也有观点将其解释为基于法律规定而产生的债的关系；还有观点认为，准合同同时包含了当事人意愿和法律规定的要素。另有学者认为，准合同主要是指基于当事人的自愿行为而发生的法定之债。[1] 实质上，“准”是对债进行分类的一种方式，在罗马法债的发生原因中，有契约和侵权，还有“准契约”和“准私犯”。在契约与侵权之前加上“准”字，就是提醒我们注意，因准契约和准侵权事实产生的债，在客观要件上很像契约和侵权，但是它们缺乏主观要件。“对于这类情况，在文献中人们说债类似产生于契约或私犯；因而解释者创造出准契约或准私犯这样两个债因类别。”[2] 比如，准合同就是用来概括一类不是根据合同发生的但又类似于合同发生的债。

准合同概念起源于罗马法，查士丁尼在《法学阶梯》中将债分为四类：契约之债、准契约之债、侵权行为之债和准侵权行为之债。其中，契约之债是双方基于意思一致产生的相互法律关系。而准契约之债不是根据契约发生的，但又不是由于侵权行为产生的债务，这种债务被认为仿佛是根据契约发生的。[3] 由此可知，准合同概念的出现是因为这类债很像合同，但又不是合同，因为准合同缺少合同的关键要素：当事人之间的自由合意。正如英国学者梅因所言：“准”这个字放在罗马法的一个名词之前，含有这样一种意思，即用它作为标志的概念和原来的概念之间在比较上有着一种强有力的表面类比或相似。它的意思

---

〔1〕 参见王利明：“准合同与债法总则的设立”，载《法学家》2018年第1期。

〔2〕 参见［意］彼德罗·彭梵得：《罗马法教科书》，黄风译，中国政法大学出版社1996年版，第306页。

〔3〕 参见［罗马］查士丁尼：《法学总论——法学阶梯》，张企泰译，商务印书馆1996年版，第184页。

并不是说，这两种概念是同样的，或是属于同一种类的。相反地，它否定了在它们之间存在着同一性的观念；但是，它指出它们有充分的相似之处，可以把其中之一归类为另一个的延续，以及从法律的一个部门中取来的用语可以移用到另外一个部门，并加以应用，而不致对规定的说明有强烈的歪曲，而这些规定在另一种情况下是很难完善地加以说明的。〔1〕

准合同之债是为了正义的缘故而由法律所生之债，其发生无需任何同意的表示，甚至有时可以有悖于不同意的明确表示。既然如此，不使用“合同”一词也许会更确切。合同当事人的法律关系取决于对他们的同意表示的解释；在准合同中，当事人的关系并不取决于这样的解释。〔2〕

二、准合同的特点

1. 准合同与合同一样，具有适法的性质，所蕴含的法律关系与合同引发的法律关系相似。由于准合同非基于当事人间的协议产生，不成立合同，故独立于合同之债。但是，即使无合同，义务人的行为也会产生类似于合同一样的互为请求给付的效力，以约束双方当事人。

2. 准合同的效力由法律规定，它是双方当事人缺乏合意的情形下法律创设的义务，从效力上类似于侵权行为所生之债，但此类债非因不法行为产生，而是因不公平得益产生，故独立于侵权行为之债。法律规定准合同债务的效力以返还性为主，侵权行为债务的效力以补偿性为主。

3. 准合同之债的价值是纠正和恢复因无法律根据产生的利益之不当变动。各种准合同的共同点在于，对因人的行为或某事件等法律事实导致的法律关系失衡作出矫正，不允许任何人的获利以他人的损失为代价，因此，法律根据公平正义的理念对相应请求权人予以返还的救济。

第二节　准合同之债立法例

罗马法中的准合同分为无因管理、不当得利以及其他准合同，如监护人和保佐人与被监护人和被保佐人间的关系；非基于当事人间的合意形成的共有；因被继承人的意志在继承人与受遗赠人间产生的权利义务关系；船舶、旅店和马厩的业主对旅客携带的物品和牲口的责任等。上述当事人间虽未缔结契约，但衡诸公平原则与公序良俗，其行为所发生的效果，应与缔结契约相同，故查帝《法学纲要》称此类行为为“准契约”，使之准用契约的有关规定。〔3〕

在继受罗马法的基础上，大陆法系国家对准合同采取了不同的立法模式。1804 年的《法国民法典》未设债法总则，在其《民法典》第三卷（取得财产的各种方法）第四编“非因合意而发生的义务”中，专章规定了准合同。2016 年法国债法改革后，在其《民法典》第三编“债的渊源”中以“债的其他渊源”替代了原《民法典》中的准合同，规范了

〔1〕参见［英］梅因：《古代法》，沈景一译，商务印书馆 1997 年版，第 194 页。

〔2〕参见［美］A. L. 科宾：《科宾论合同》（一卷版）（上册），王卫国、徐国栋、夏登峻译，中国大百科全书出版社 1997 年版，第 36 页。

〔3〕参见周枏：《罗马法原论》（下册），商务印书馆 1996 年版，第 768~780 页。

合同、侵权行为以外的债的发生原因，将无因管理、非债清偿和不当得利作为三种准合同类型规定在债的其他渊源中。[1]《德国民法典》设立债法总则，未采准合同概念，将无因管理规范置于委托和事务处理合同之后，可视为将无因管理准用委托和事务处理合同的内容。不当得利在《德国民法典》中与合同、侵权行为并列，作为独立的债之发生根据。《俄罗斯民法典》采《德国民法典》的模式，专章规定“未受委托为他人利益的行为”，并将该章置于委托合同之后。不当得利、合同、侵权行为均为独立的债之发生原因。《意大利民法典》《日本民法典》和我国台湾地区“民法”均未采准合同的概念，将无因管理、不当得利作为独立的债之发生原因。

准合同的范围在英美法系比大陆法系要广，“在准合同的题目之下，集合了为数众多的、零七八碎的、没有别的文件架可以容纳的债务纠纷”。[2] 正如美国学者科宾所言，之所以要将一类案件归入合同一类并且冠以“准”或者“法律上的默示”的限定性修饰语，主要原因是无论是在罗马法上还是英美普通法上，找不到其他的适当而准确的描述性归类方法，而且人们希望采用那些使合同得以强制执行的补救性诉讼形式。公共福利要求有法律强制力的义务应当独立存在而不为当事人的同意与否所左右；而合同法上的制裁和补救则是方便而有效的。[3]

我国《民法典》在合同编第三分编以“准合同”为名称，下设10个条文，将无因管理、不当得利列为其中。

我国《民法典》的这种编纂体例受到了法国债法模式的影响，但又与法国债法不同。法国债法在“其他债的渊源”的标题下，将无因管理、非债清偿与（狭义）不当得利作为“准合同”的三种类型予以规定。显然，在法国债法中，“准合同”的概念已经被虚化，立法者强调的是“其他债的渊源”的具体类型与制度。我国《民法典》则将无因管理和不当得利归为“准合同”标题下，没有单独规定非债清偿，采取了广义的不当得利制度。

---

〔1〕参见李世刚：“法国新债法准合同规范研究”，载《比较法研究》2016年第6期。

〔2〕参见［美］A. L. 科宾著：《科宾论合同》（一卷版）（上册），王卫国、徐国栋、夏登峻译，中国大百科全书出版社1997年版，第38页。

〔3〕参见［美］A. L. 科宾著：《科宾论合同》（一卷版）（上册），王卫国、徐国栋、夏登峻译，中国大百科全书出版社1997年版，第38页。

第二章
因无因管理所生之债

第一节　无因管理概述

一、无因管理的意义

（一）无因管理的概念

无因管理是指没有法定或约定义务的人，为了他人利益免受损失而自愿为他人管理合法、必要、适当事务的行为。其中，无法律义务管理他人事务的人称为管理人，接受管理事务的他人称为受益人或被管理人，也称本人。

无因管理在日常生活中经常发生，例如，救助意外受伤的路人；收留走失的老人；风雨之夜为外出的邻人修理漏雨的房屋等。我国《民法典》第121条规定：“没有法定的或者约定的义务，为避免他人利益受损失而进行管理的人，有权请求受益人偿还由此支出的必要费用。”据此，无因管理成立后，管理人在管理活动中支出的必要费用，有权请求受益人偿还，受益人作为被管理人有给付必要管理费的义务，管理人和受益人之间这种请求给付和应给付的权利义务关系称为因无因管理所生之债。

（二）无因管理的特点

1. 无因管理的“无因”，指其发生无法律上的缘由，既无法定义务，也无当事人约定的义务。

2. 无因管理是管理人为了他人利益考虑，为避免他人利益受损失，自愿为他人管理事务或者提供服务的行为。

3. 无因管理所管理的事务合于法律精神，是正义、合理、适法且必要的事务。

4. 无因管理虽然无因，但管理人有管理的意思，与合同的效力相近，其内容有如委托合同，故双方当事人间由此产生的债权债务关系可准用委托合同的规定，为准合同之债。由于无因管理的效力由法律规定，也称法定之债。

二、无因管理的性质

（一）无因管理是事实行为

我国《民法典》将无因管理归为准合同，由此涉及无因管理的性质问题，无因管理是准法律行为抑或事实行为？民法关于法律行为能力的规定，是否适用无因管理行为？

关于无因管理的性质，学者观点不一，有观点认为是事实行为，有观点认为是准法律行为，也有观点认为是混合事实行为。按照传统民法，无因管理属于准法律行为的范畴，之后，“德国通说强调无因管理系事实行为，不以管理人行为能力为必要”。[1]

无因管理虽然要求管理人有管理他人事务的意思，但该意思仅是管理人为避免他人利

---

〔1〕王泽鉴：《民法学说与判例研究》（第2册），中国政法大学出版社1998年版，第93页。

益受损而帮助他人的事实意思，并非要达到法律上所规定之效果意思，并且管理的意思，无须表示。我国《民法典》第982条规定，管理人管理他人事务，能够通知受益人的，应及时通知受益人。但该通知的义务，是无因管理成立后的事实通知，而非管理的意思表示。事实行为的效力与行为之目的是独立的，无论管理人有无发生民事法律后果的意思表示，只要存在此类管理行为的事实，即产生法律规定的效力。无因管理的法律效力与法律行为的效力不同，法律行为的效力是行为人通过意思表示预期要达到的效果，该效力是行为人意思表示的内容。无因管理不以管理人有无意思表示为要件，有管理行为的事实，就产生法律规定的权利义务效果。

(二) 确定无因管理性质的意义

强调无因管理的性质与无因管理制度的立法目的相关，在处理案件时也很重要。如果认为无因管理是准法律行为，则无行为能力人和限制行为能力人所为的无因管理行为无效，无因管理不成立，自然也不发生无因管理费用偿还请求的效力；如果无因管理是事实行为，则不考虑管理人的行为能力，无行为能力人与限制行为能力人均可为无因管理。这样，就可使因无因管理产生的利益变动依法回复到自愿管理他人事务的无行为能力人或限制行为能力人手里。《民法典》将被管理人称为"受益人"，也正是体现了无因管理制度的本质是对不当利益变动的恢复机制，任何人不得在没有法律原因的情况下损害他人而自己获利。

三、无因管理的类型

根据现实生活中为他人管理事务，可以分为有法律义务的管理和无法律义务的管理。有法律义务的管理，包括依据合同义务和法定义务产生的管理，例如，依照委托合同、雇佣合同、保管合同管理他人事务；父母对未成年子女事务的管理，均为有法律权源和法律原因的管理。

对于无法律义务的管理，法律有严格限制，管理人必须是"为避免他人利益受损失而管理他人事务"。这里的"利益"应广义地理解为：被管理人的利益（受益人的利益）和社会的利益（管理人的利益）。依照管理人管理他人事务的目的，无因管理可以分为真正的无因管理和不真正的无因管理。真正的无因管理是具备了无因管理构成要件的管理；不真正的无因管理也称准无因管理，是管理人主观上不具有管理意思，是为了自己的利益而介入他人事务的管理。

在真正的无因管理中，根据管理的事务是否符合被管理人的真实意思和社会公益，我国《民法典》第979条又将其分为适法的无因管理与不适法的无因管理。适法的无因管理又分为两种情形：其一，管理事务符合受益人真实意思的管理（《民法典》第979条第1款）；其二，管理事务不符合受益人真实意思，但管理人的行为不违反法律或不违背公序良俗，是符合社会公共利益的管理（《民法典》第979条第2款第二段）。适法的无因管理产生法律规定的效力。不适法的无因管理是管理人管理的事务不符合受益人的真实意思，并有干涉他人事务之嫌，法律规定不产生无因管理的效力（《民法典》第979条第2款第一段）。

第二节 无因管理的构成要件

我国《民法典》第979条第1款规定："管理人没有法定的或者约定的义务，为避免他人利益受损失而管理他人事务的，可以请求受益人偿还因管理事务而支出的必要费用……"

由此可知，构成无因管理的要件为：①须管理他人事务；②须具备为避免他人利益受损失而管理的意思；③须无法律上的义务。兹分述如下：

一、无因管理须是管理他人事务

此要件包括两点：一是“管理事务”；二是“他人事务”。

(一) 管理事务的意义

管理他人事务是构成无因管理的客观要件。无因管理中所管理的事务须是一切能满足人们生活利益各方面需要而又适宜作为债之标的的事项。此事项可以是法律行为，如代为购买书籍、处分保管物、出售货物；也可以是事实行为，如代为收取果实、帮忙搬家具；可以是有关财产的行为，如维修他人房屋；也可以是有关身体健康的行为，如将急重病人送往医院；可以是继续的行为，如看护邻居之病人；也可以是一时的行为，如入水抢救落水者；可以是单一事务，如将遗失物送还失主；也可以是复合事务，如代他人收取果实并为之出卖后，将价款存入银行等，均属事务的范畴。

就管理的“事务”本身而言，范围广泛，但并非一切事务均为无因管理中的事务。须注意对所管理的“事务”的要求：

1. 所管理的“事务”应该是能够产生债权债务关系的事务。关于宗教、道德、友谊、习俗的事务，如为生病的朋友祈祷，不是无因管理中的事务。

2. 所管理的“事务”须为合法事务。非法事务的管理，不得作为无因管理中所管理的事务。例如，为窃贼隐藏赃物；甲把乙的房屋点燃，然后为其领取火灾险。

3. 须是不属于被管理人个人的专属事务。专属事务必须由被管理人亲自处理，他人不得代办，因而不能作为无因管理上的事务，如结婚、离婚、收养等。

4. 事务不是被管理人授权的事务。经被管理人授权的事务，便产生了约定的义务，管理人的行为即不再属于无因管理。

5. 须是必要的事务。所谓“必要”，是指如果不及时处理，通常会导致他人利益不可避免的损失。

6. 对事务的管理须是积极的行为，即以管理人的智慧和劳务处理应处理的事项，单纯的不作为称不上管理事务。

因此，无因管理对所管理的事务是有一定限制的。

(二) 他人的事务

无因管理中所管理的事务除了具备上述“事务”的要求外，还要求管理的事务须是“他人的事务”。事务可以分为：纯粹自己的事务、客观的他人事务和中性的事务。

1. 纯粹自己的事务。纯为自己的事务不能成为无因管理上的事务。例如，收取自己出租房的租金、修缮自己的房屋、为自己购买日用品等，均为纯粹为自己事务的管理。

2. 客观的他人事务。无因管理是对他人必要事务为管理的行为。客观的他人事务是指事务在性质上与他人具有当然的结合关系，事务的内容属于为他人利益的范畴。例如，修缮他人漏雨的房屋、为突发急病之友处分摊位剩余货物、保管他人丢失之物，从客观上一看便知是他人的事务。

3. 中性的事务。中性的事务是指该事务在外表上属于中性，须依管理人的主观意思判断是否为他人事务。例如，购买某本书籍、购买邮票、交医疗费等，这些行为有时很难判断是属于何人的事务。中性事务是否为无因管理中所管理的事务？理论一般认为，以行为人的主观意思判断：如果管理人的意思是为自己为之，则为自己的事务；如若为他人为之，则为他人事务。因此，判断是否属于无因管理，须判断管理人主观上是否将该事务作为他人的事务管理。此种他人事务，也称为主观的他人事务。

对于主观的他人事务是否成立，需要探讨。该判断首先对于行为人以外的人而言，不易判断。因为管理人的意思存在于其行为内部，除非其明确表示，否则他人无法判断。管理人自己也不易举证，该举证尚需通过客观行为来证明。例如，用自己的钱买建筑材料，给他人修理房屋。主观的意思只能通过客观的事实来判断。而且管理人的意思也可能发生变化，故较难判断管理人的意思究竟系为自己抑或为他人。一般认为，对于主观的他人事务，应由管理人举证，如果不能证明是管理他人事务，即应推定其系纯为管理自己的事务。

修缮邻居漏雨的房屋是无因管理。如果管理的事务系为管理人自己和他人的共同事务，可以就属于他人的事务部分成立无因管理，如修缮自己与他人共用的院墙。

二、无因管理人须有为避免他人利益受损而为管理的意思

为避免他人利益受损而为他人管理事务的意思，是无因管理成立的主观要件，又称管理意思，是指管理人于管理事务时所具有的为他人谋利益的意思，该“管理意思为无因管理所以得阻却违法的主观因素”。[1]

无因管理是事实行为，而非法律行为，所以，管理人的管理意思为事实上的意思，而非法律行为的效果意思，性质上不以表示为必要，管理人的行为一旦作出，管理意思已经体现在事实中。例如，替他人修理房屋、送邻居生病的孩子上医院等，这些行为都体现了管理人“为他人利益免受损失”的意思。只要有为他人谋利益而管理事务的事实，则产生法定的权利义务效果。至于该法定效力是否为管理人想要达到的效果，或者管理人的管理目的和效果是否一致，均不予考虑。

由于无因管理的效力源于法律的直接规定，而非基于管理人的欲求，故管理人只要具有一般的“为避免他人利益受损的意思能力”即可，不要求法律行为的意思表示能力，因此，无因管理不要求主体的行为能力合格。如前所述，客观的他人事务，从外表上一看便知；主观上的他人事务则需从行为人的主观意思中判断，这种意思判断，实质上仍是从其行为中判断。

具有“为避免他人利益受损而管理的意思”这一要件在实践中应注意以下几点：

1. 管理人为他人管理的意思和管理行为是事实上的意思和事实行为，故与代理人的代理意思及代理法律行为的效果区分开来。

2. 明知是他人事务而当作自己事务管理的，欠缺为他人管理的意思要件，不仅不成立无因管理，甚或构成侵权行为。但在特定情况下，管理人主观上系为自己谋利，但客观上于他人也有利益时，是否成立无因管理尚有争议。有观点认为，无因管理制度系以社会连带共同依存之思想为出发点，因而管理行为客观上已予他人以利益，或者免除了对他人的损害，即使管理人无管理的意思，也应认为成立无因管理。但也有人对此持不同观点，认为无因管理的目的在于奖励人类之义举，如果人在主观上根本无此义举之意思，法律何必自作多情？而一定要赋予其管理人的地位而保护之？[2]

3. 为避免他人利益受损而为管理的意思，不以管理人须认识被管理人为必要。管理人只要具有为他人管理的意思即可成立无因管理，而不要求他在管理时知道该事务具体属于何人。例如，管理人误将甲的事务认作乙的事务而为管理，仍可对甲成立无因管理。

4. 为他人管理的同时，兼为自己获利，是否成立无因管理？比如，为了避免自己的房

---

〔1〕 邱聪智：《新订民法债编通则》（上），中国人民大学出版社2003年版，第56页。

〔2〕 参见郑玉波：《民法债编总论》，中国政法大学出版社2004年版，第76页。

屋被邻居失火的火势波及而去救火。通说采肯定见解，认为为他人的意思与为自己的意思可以并存，为他人管理事务兼具为自己利益，无碍于无因管理的成立。[1]

三、无因管理行为须无法律上的义务

无因管理所称的“无因”，是指无“法律缘由”，即无法律上的义务，“没有法定的或者约定的义务”。如果是基于法律义务的管理，则是“有因”管理。例如，基于扶养、监护、遗嘱执行、破产管理等，或者履行合同上约定的义务均不成立无因管理。

如果负有法律义务，但超过义务范围处理事务，超过的部分属于无义务，即无法律缘由，则可成立无因管理。例如，受雇人依约为雇佣人修筑堤坝，此为雇佣合同的义务，但是完工后因突降暴雨，受雇人为使堤坝免遭洪水冲毁为之加固，就其加固行为，合同无约定，可成立无因管理。按份共有人就超过自己应负担的费用为其他按份共有人的支付，如有为他人管理事务的意思，也可成立无因管理。在连带之债中，多数债务人中的一人清偿债务超过自己应清偿的数额时，在对外关系上，是连带之债的义务，此为法律规定的义务。但在内部关系上，该债务人对超过自己份额的部分没有义务，可主张无因管理。

依职权负有公法上义务的人管理他人事务，例如，消防队员救火、警察救助他人，系为履行其公法上的义务，不能成立无因管理，其管理事务后不得向受益人请求费用偿还。因为国家行为并不服从于被管理人的意思，所以无因管理不适用于国家行为。[2]

管理人有无义务以管理事务开始时为准。管理事务开始时无义务，而后发生义务的，在义务发生前为无因管理；管理事务开始时有义务，而后义务消灭的，自义务消灭之时起，其后的管理为无因管理。管理人是否有管理事务的义务，应依客观上是否负有管理义务为判定标准，而不以管理人主观上的认识为准。管理人本无管理的义务而误以为有义务而为管理，仍可成立无因管理；管理人有管理的义务而误以为没有管理义务而为管理，则不能成立无因管理。

以上为无因管理成立的三个要件，三个要件缺一不可。

有观点认为，无因管理的构成要件还应有“不违反被管理人的意思”，认为管理事务须有利于本人且不违反本人明示或可推知的意思表示。对此，各国法律规定并不明确，学者意见也不一致。但多数学者认为，无因管理之债的发生并不以管理事务的效果符合被管理人的意思为要件，即使管理的效果违背被管理人的意思，只要管理人具有为他人管理的意思，并符合立法的目的和精神，仍可成立无因管理。例如，甲自杀，乙将其救起，违背甲的意志，但是尽了人类互助义务；甲盖房，挖地基时没有设置必要的警告或安全设施，乙代替他设置，尽了公益义务（交通安全义务）等。这些虽然都违反了被管理人的意思，但是为被管理人尽到了社会公益义务。因此，是否违反被管理人的意思不应作为无因管理的构成要件之一。

---

〔1〕 转引自王泽鉴：《债法原理（第一册）基本理论·债之发生》，中国政法大学出版社2001年版，第339页。

〔2〕 参见［德］迪特尔·梅迪库斯：《德国债法分论》，杜景林、卢谌译，法律出版社2007年版，第511页。

第三节 无因管理的类型及其法律效力

根据无因管理所管理的事务是否符合被管理人的真实意思和社会公益，我国《民法典》第979条将无因管理分为适法的无因管理与不适法的无因管理。前已述及，管理效果以及管理是否违反被管理人的意思不影响无因管理的成立，仅有适法与不适法之分，两类无因管理在法律效力上有所不同。

一、适法的无因管理

（一）适法的无因管理之意义

适法的无因管理，也称正当的无因管理，是与法律规定无因管理制度的立法宗旨和构成要件相符合，完全发生法律规定的无因管理之债效力的无因管理。为什么用适法，不用合法？我们认为，合法的范围比较窄，而且合法对于实施行为的人要求都比较高，而作为事实行为的无因管理，由于不强调行为人一定要有行为能力，法律行为以外的合于法律精神的行为均可实施，因此，用适法比较能体现该制度的价值理念。适法的无因管理又可分为两类：

1. 主观适法的无因管理。管理的事务不违反被管理人明示或可推知的真实意思，并且管理事务的效果也利于被管理人，可称为主观适法的无因管理。例如，邻家失火，予以救之；收留迷路老人；送突发急病者去医院等均为符合被管理人明示或者可推知的意思。

2. 客观适法的无因管理。管理的事务违反被管理人明示或可推知的真实意思，但是被管理人的该真实意思违反了法律或者公序良俗，管理人所管理的事务是被管理人应尽的法定义务或具有公益性义务的事务，因此，管理事务的客观效果符合无因管理的立法精神，构成无因管理。例如，收留被管理人应尽法定赡养义务而不尽赡养义务的老人；代被管理人设置其施工应设置安全警示而未设置的安全标志；代缴被管理人拖欠的税款；救助自杀者等。此种管理尽管不符合被管理人的真实意思，但是管理人管理的事务符合社会公共利益，也构成无因管理。

（二）适法的无因管理之构成要件

适法的无因管理的构成要件，即前述“第二节”所述的内容。此处不再赘述。

（三）适法的无因管理之法律效力

适法的无因管理产生法定之债的效力。这一法律效力表现为：

1. 阻却违法。适法的无因管理行为成立后，阻却违法的效力。无因管理虽然干预了他人事务，从某方面说，也侵害了被管理人某方面的权益。但无因管理人是以避免他人利益受损为目的而管理，管理并不违反受益人的意思，或者虽违反受益人意思，但是维护了社会公益，故法律使无因管理成为阻却违法性的理由。

尽管可将无因管理作为违法阻却的事由，但管理人在管理他人事务时，可能存在行为有过失而致被管理人受到损害的情形，应负赔偿责任。此种情形下，管理人承担责任的根据为义务不履行，而非管理行为具有侵权性质。当然，在管理过程中，管理人出于故意或过失不法侵害了被管理人的合法权益，而且此种侵害与所管理的事务无关或者仅与事务管理具有间接关系时，仍可成立侵权行为，并非无因管理成立后，即可排除侵权行为的成立。

在确定管理人的侵权责任时，不但要看其行为是否符合侵权行为的一般构成要件，而且要看其致害行为与事务管理行为的关系。无因管理成立后，如果管理人未尽管理人的注意义务，产生无因管理债务不履行的责任。如果因故意或过失侵害了被管理人的权利，侵权行为成立。

2. 在管理人与受益人之间产生法定债权债务关系。管理人自管理开始，即应负担一定的义务，管理人的义务主要有：

（1）通知义务。我国《民法典》第982条规定："管理人管理他人事务，能够通知受益人的，应当及时通知受益人。管理的事务不需要紧急处理的，应当等待受益人的指示。"管理人在管理开始时，以能通知者为限，应立即通知受益人（被管理人）。如无急迫的情形，应停止管理，等待受益人的指示。但如其无法通知，例如，不知受益人为何人、不知受益人的行踪，或者受益人已知其开始管理的，不在此限。管理开始的通知作为判断管理人是否具有为避免他人利益受损而管理他人事务意思的重要标准。

（2）适当管理的义务，即尽善良管理人的注意义务。我国《民法典》第981条规定："管理人管理他人事务，应当采取有利于受益人的方法。中断管理对受益人不利的，无正当理由不得中断。"管理人在管理事务时，其采用的管理方法应有利于被管理人。管理方法是否有利于被管理人，应根据具体情况客观判断，一般而言，相当于双方之间产生类似于委托的诚实信用的债之关系。管理人在管理时，应尽善良管理人的注意义务。受益人对管理结果是否认为有利，并非是认定管理人管理方法是否适当的决定标准。

管理人在继续管理事务时，一般不负继续管理的义务，但管理人于管理开始后，如果中途停止管理较之不开始管理对被管理人更为不利时，管理人无正当理由不得中断管理，有继续管理的义务。例如，为他人修缮房屋，于揭去瓦顶后不为继续修缮，显然，较之不开始修缮对被管理人更为不利，此时，管理人即应继续修缮行为。但被管理人或者其继承人、代理人可以进行管理或者继续管理对被管理人不利时，管理人即可停止或应当停止管理。

（3）报告及计算义务。我国《民法典》第983条规定："管理结束后，管理人应当向受益人报告管理事务的情况。管理人管理事务取得的财产，应当及时转交给受益人。"管理人于管理时和管理结束后，应向受益人报告事务管理的进行情况及其管理结果。因管理所收取的物品、金钱及利息，应及时交付受益人。因管理所取得的权利，应当移转于受益人。管理中使用管理人金钱的，受益人应支付利息。

在德国民法上，为了保护无行为能力或限制行为能力的管理人，特别规定管理人为无行为能力或限制行为能力人时，不负无因管理规定的义务，如管理开始之通知、管理情况之报告等义务。如果在管理中，发生了损害事实或不当得利，仅依侵权行为或不当得利的规定负其责任。此种规定，可资借鉴。

受益人应负担的义务，也是管理人的权利。受益人对管理人所负的义务，为无因管理的特有义务，它具有自己的特点和内容。自管理人方面而言，受益人的义务即表现为管理人的请求权。

管理人的请求权主要有：

（1）管理人具有费用偿还请求权（被管理人负担偿还必要费用的义务）。我国《民法典》第979条第1款规定："管理人没有法定的或者约定的义务，为避免他人利益受损失而管理他人事务的，可以请求受益人偿还因管理事务而支出的必要费用……"管理人为管理被管理人事务而支出的必要费用，被管理人应当予以偿还，并应同时偿还自支出时起的利息。被管理人向管理人偿还的范围不以其所受利益为限，纵然事务管理的结果对被管理人无利益，被管理人也应偿还管理人支出的必要费用。该费用是否必要，依支出时的客观情况判定，而不以管理人的主观认识为准。支出时为必要，即使其后情况发生变化，支出的费用变得不必要，被管理人偿还的范围也不缩小。支出时其费用即为不必要时，被管理人自然不必偿还。

（2）管理人具有清偿债务请求权（受益人负担清偿必要债务的义务）。管理人为管理事务而以自己的名义向第三人负担的必要债务，有权请求受益人清偿。此处注意，应是必要的债务。例如，为了救助邻居的孩子，向第三人借钱让孩子住院。但在此种场合，受益人并不直接向第三人负担债务，债务人仍是管理人。受益人向第三人清偿时，适用债务承担或代为清偿的规定。如果管理人以受益人的名义向第三人负债，则应适用民法关于无权代理的规定，即受益人不为追认时，管理人应向第三人负责，但同时管理人可依无因管理的效力，向受益人请求清偿。

（3）管理人具有损害赔偿请求权（受益人负担赔偿损害的义务）。我国《民法典》第979条第1款规定："……管理人因管理事务受到损失的，可以请求受益人给予适当补偿。"管理人为管理事务而受到损害时，有权请求受益人予以赔偿。例如，管理人在救火时，其财产和人身受到伤害，受益人应给予适当补偿。受益人对于损害的发生有无过失在所不问，但损害的发生应与管理事务具有相当因果关系。例如，管理人对于发生损害具有过失时，应当适当减轻受益人的赔偿责任。

管理人除可请求受益人履行以上三项义务外，是否具有向受益人请求支付报酬的权利？该问题虽有争论，通说对此持否定态度，"否则无因管理将成为变相的有偿合同"。[1] 但德国有学者认为，如果管理人在其职业范围内管理他人事务，例如，医生救助负伤者、出租车司机将病人送往医院，可认为有间接财产支出，应可请求通常报酬。此观点可资赞同。

二、不适法的无因管理

（一）不适法的无因管理之意义

不适法的无因管理是一种违反了被管理人的明示或可推知的意思，而且所管理的事务又不是被管理人应尽的法定和公益义务的管理行为。因此，这种管理也被称为不当的无因管理。

一般而言，被管理人对于自己的事务都会作出对自己有利的处理。在特殊情况下，被管理人暂时不处理自己的事务，甚至抛弃某项利益，总有一定原因。对民事主体实现或者处分自己利益的行为，法律不允许任何他人予以干涉，否则即以侵权行为认定其行为的性质。因此，管理人在管理他人事务时，原则上应与被管理人的意思相吻合。否则，其管理行为不仅于被管理人没有利益，而且在性质上属于对被管理人自由意思的强制。对于不适法的无因管理，如使其管理行为发生无因管理的效果，允许管理人依无因管理向被管理人请求费用偿还或损害赔偿，显然与法律设立无因管理制度的旨意不合。

当然，代被管理人履行法定义务的行为不属于对其自由意思的强制，因为被管理人这种行为与社会公共利益不符，不被法律允许。对于不适法的无因管理，我国《民法典》第979条第2款规定，管理事务不符合受益人真实意思的，管理人不享有无因管理规定的权利；但是，受益人的真实意思违反法律或者违背公序良俗的除外。

（二）不适法的无因管理之构成要件

1. 成立无因管理。不适法的管理也符合无因管理的构成条件，即未受委托，也无法律

---

〔1〕 转引自王泽鉴：《债法原理（第一册）基本理论·债之发生》，中国政法大学出版社2001年版，第350页。

义务，为他人管理事务，并有为他人管理事务的意思，因此，客观上也构成无因管理。

2. 管理人管理事务的行为违反了被管理人明示或可推知的意思，而且又不属于为被管理人尽公益上和法定义务的行为。所以，这种管理属于对他人事务的过分干预，有好管闲事之嫌，俗称“好心办坏事”，即一方当事人主观上有帮助他人的意思，但客观上造成了对他方的损害。例如，修缮被管理人计划拆除的房屋；雇人摘取被管理人用于观赏的果蔬；修缮被管理人计划抛弃的旧家具等。对于不当管理行为，其法律效力如何，须视具体情况而定。

（三）不适法无因管理之法律效力

1. 对管理人的效力。

（1）不阻却违法。不当无因管理的行为由于违反了被管理人明示或可得推知的意思，管理效果既不利于受益人，也不符合其真实意思。虽然管理人主观上希望帮助被管理人，但客观上造成对他人的损害，已经构成对他人事务的干涉。为了保护受益人的利益，应认为管理人的行为不具有违法阻却性，如果符合侵权行为的要件，应适用侵权行为责任的规定。

（2）管理人不享有适法无因管理之债的各项请求权。我国《民法典》第 979 条第 2 款规定：“管理事务不符合受益人真实意思的，管理人不享有前款规定的权利……”

（3）对于不适法无因管理所生的损害，管理人即使无过失，也须承担赔偿责任。但是，如果管理人为了避免被管理人的生命、身体或财产上的急迫危险而管理其事务时，对于其管理所生的损害，适用过错责任。换言之，在紧急管理时，除非管理人故意或重大过失管理他人事务造成他人损失，一般情形下，不负赔偿责任，如对跳水、自焚之人的紧急救助。这样更符合侵权行为法的内容体系。

2. 对受益人的效力。前已述及，不适法的无因管理因管理事务不符合受益人的真实意思，或者受益人的真实意思违反法律或违背公序良俗，不产生适法无因管理的效力。但是，不适法无因管理产生后，受益人可以享有因管理产生的利益。无论所管理的事务对于受益人有利或无利，受益人有选择权，均可主张无因管理所得的利益。我国《民法典》第 980 条规定，“管理人管理事务不属于前条规定的情形，但是受益人享有管理利益的，受益人应当在其获得的利益范围内向管理人承担前条第一款规定的义务”。根据此条的规定，法律对受益人是否主张管理利益规定了不同的权利义务。

（1）受益人主张享有不适法无因管理的利益时，应当在其获得的利益范围内向管理人承担适法无因管理规定的义务。即受益人应偿还管理人因管理事务所支出的必要费用，清偿其所负担的债务，适当补偿管理人因管理事务所受的损失，但以受益人所获得的利益为限。例如，管理人甲违背受益人乙的意思，雇工人将乙在院中供观赏的苹果采摘，出售获得价金 5000 元，支出费用 500 元。如果乙主张无因管理的利益 5000 元时，应清偿甲所支出的雇工费用 500 元。

（2）受益人不主张享有不适法无因管理的利益时，产生不当得利之债。根据《民法典》第 980 条的规定，解释上可以看出被管理人完全可以不享有不适法无因管理之利益，如果强制受益人接受不适法的无因管理，则违背了民法意思自治的基本原则。例如，甲之房屋，雇乙看管，乙担心房屋闲置浪费资源，违背甲之意思，出租房屋于丙。如果事后甲主张因乙管理事务所得利益时，则甲得向乙主张租金的利益，并在所得利益范围内，支付乙出租房屋所支出的必要费用。如果甲不主张无因管理所得利益时，甲、乙之间的法律关系依不当得利之债处理，即甲可依不当得利之债请求乙返还其所受的租金利益。如果受益人因此受到损害，有权依侵权行为之债请求管理人赔偿损失。

三、受益人对管理事务的追认

我国《民法典》第984条规定："管理人管理事务经受益人事后追认的，从管理事务开始时起，适用委托合同的有关规定，但是管理人另有意思表示的除外。"从该条在无因管理制度中所处的位置可知，不论是适法的还是不适法的无因管理，如果事后受益人对管理人管理的事务予以追认，除非管理人另有意思表示，适用民法关于委托合同的规定，即管理人与受益人之间的权利义务关系准用委托合同的相关规定，该追认溯及至管理事务开始之时。应注意的是，无因管理比照适用委托合同的规定，并非是使无因管理变为委托合同。由于正当的无因管理系为法律所称许和鼓励的合法行为，同时，依据私法意思自治原则，一旦受益人对管理事务追认后，民法上关于无因管理和委托合同中有利于管理人的规定，在无因管理的性质许可范围内均得予以适用。

被管理人对管理事务的承认，系单独行为、不要式行为，得为明示或默示，具有形成权的性质。〔1〕该追认效力仅在被管理人与管理人之间有效，不及于第三人。如果被管理人的追认无特别保留，被管理人对事务管理行为追认后，即视为对管理行为及其结果均予以承认，因此，有时可认为对于无因管理人欠缺注意而造成的损害，也视为被管理人抛弃赔偿请求权。〔2〕

第四节 不真正的无因管理

一、不真正的无因管理的概念

在学说上，误以他人事务为自己的事务而为管理和明知系他人事务而作为自己的事务管理，称为不真正的无因管理，学说理论也称准无因管理。不真正的无因管理与前述两类无因管理不同，前述两类行为因符合无因管理的要件，构成无因管理，所以，也是真正的无因管理，只是有适法与不适法及法律效力不同之分。而不真正的无因管理，客观上观之，也有无法律上的缘由，为他人管理事务的现象，但不具备为他人管理事务的主观意思，故不符合无因管理的构成要件，不成立无因管理。我国《民法典》对不真正无因管理未明确规定，仅在不当得利制度中对不法管理和误信管理的效力有所体现，从比较法观之，不真正无因管理的类型如下：

二、不真正的无因管理之类型

1. 不法管理。不法管理是指管理人明知是他人的事务，却故意将其作为自己事务而加以管理。例如，将他人之物作为自己之物，高价出售而取得价款；将他人房屋占为己用，出租他人收取租金等。这种不法的无因管理，系纯以自己的利益为目的而有意干预他人事务，实质上是侵权行为。

对于不法管理的效力，《德国民法典》第687条第2款规定，某人虽知道自己无权将他人的事务当作自己的来对待却这样做的，本人可以基于无因管理的规定主张无因管理请求权。我国台湾地区"民法"第177条也规定，于管理人明知为他人之事务，而为自己的利

〔1〕 参见王泽鉴：《债法原理（第一册）基本理论·债之发生》，中国政法大学出版社2001年版，第363页。

〔2〕 参见史尚宽：《债法总论》，中国政法大学出版社2000年版，第70页。

益者，准用无因管理的规定。

不法管理准用无因管理的规定，可使不法管理人承担无因管理人的同一义务，最终被管理人可通过主张无因管理之债的请求权，获得因不法管理产生的一切利益，同时也可减少不法管理的发生。反之，如果依侵权行为主张损害赔偿，被管理人尚需举证，且举证困难。如果主张不当得利，请求返还的范围也只能以所受损害为最高限度，超过此限的所得利益，不得请求返还。因此，不法管理准用无因管理之债的规定，对被管理人的保护更有利。

2. 误信管理。误信管理是误把他人的事务作为自己的事务而为管理。例如，误把他人之物作为自己的物出卖；误把他人的手表作为自己的手表修理；误把他人遗忘之物作为自己之物而为保管等。误信管理尽管有时从客观效果上使他人受益，但不成立无因管理。因为误将他人的事务作为自己的事务管理，说明管理人在主观上没有为避免他人利益受损失而管理他人事务的意思，主观上实质是为自己谋利益，避免自己利益受损失而管理自己的事务。

对于误信管理依照不当得利处理。误信管理人在被管理人主张返还请求权时，原则上在现存利益范围内负返还不当得利的义务。如果产生损害，应负损害赔偿责任。

3. 幻想管理。幻想管理是把自己的事务误认为是他人的事务而为管理。例如，甲将自己的牛误认为乙之牛而喂养；甲将自己的果树误认为是乙的果树，雇人收取果实。幻想管理与误信管理类似的是，均是管理人主观上发生错误。不同的是，幻想管理的结果多数情况下是管理人自己获利，并未使他人受益。此种情况自然不成立无因管理。

幻想管理的效力依具体情形确定，可以根据不当得利或者侵权行为处理，或者依据错误的（如有关重大误解的）规范处理。

第五节　无因管理与类似行为的区别

在实践中，无因管理易与无权代理、无权处分、不当得利等情况混淆。例如，某16岁的未成年人，出售哥哥用过的考研用书，并称哥哥用这些书考上了北大。就16岁的限制行为能力人出售书的行为而言，是无因管理？无权代理？还是无权处分？再如，甲出国长期居住，将其住房钥匙交给邻居保管，房屋空置1年后，邻居感觉房屋空置1年经济利益损失很大，遂将该房屋出租，月租金3000元。邻居的行为是无因管理？无权处分？还是无权代理？

一、无因管理与无权代理

无权代理与无因管理从表面上看有相同之处，无权代理人是“无法律根据”（没有代理权资格）以本人名义进行民事活动；无因管理人也是无法律原因地管理他人（本人）事务。当无权代理人或无因管理人与第三人为法律行为时，都涉及与本人的效力问题，然而两者有如下区别：

1. 两行为性质不同。无因管理为事实行为，故对管理人无行为能力的要求；无权代理为法律行为，要求行为人须有相应的行为能力。

2. 行为人是否以本人名义进行活动不同。无因管理中，的管理人并不以本人名义，而是以管理人自己的名义实施管理行为；而无权代理的行为人以本人名义进行民事活动。

3. 本人追认与否对行为效力的影响不同。无因管理中本人是否追认无因管理，不影响无因管理之债的效力，仅产生是否准用委托合同的相关规定。无权代理分为真正的无权代理和表见代理。真正的无权代理是效力未定的行为，经本人追认后的无权代理为有权代理，不追认的，由无权代理人负责。如果第三人非善意，则其与无权代理人按照各自的过错承担责任。对于表见代理，为保护善意第三人，本人承担无权代理的后果。

4. 当事人间的法律关系不同。无因管理关系是管理人与被管理人之间的关系，被管理人对无因管理的追认仅及于管理人，不涉及第三人。而无权代理是三方当事人间的关系，被代理人对无权代理的追认，效力及于第三人。

二、无因管理与无权处分

无权处分与无因管理也有相似之处，均是无法律义务或权利的行为，也都产生行为人与本人、权利人之间的效力问题。但两者的区别是：

1. 性质不同。无因管理是事实行为；无权处分可以是事实行为，更主要的是法律行为。

2. 两者追认的事实及法律效力不同。无权处分是无处分权人以自己的名义与他人为法律行为，该法律行为效力待定，需本人追认或拒绝，法律行为或有效或无效。无因管理是管理人以自己的名义管理他人事务的行为，管理人未必一定与第三人为法律行为。即使管理人与第三人为法律行为，不存在被管理人对该行为效力的追认问题。被管理人对无因管理发生后的追认，是对管理人管理事务的追认。追认后，产生无因管理准用委托合同的效力。

三、无因管理与见义勇为

在民法理论上，见义勇为常被归为无因管理的范畴，实践中两者也容易混淆，因为见义勇为与无因管理有相似之处：两者都具有行为人无法定或约定的义务，为避免他人利益受损害而管理他人事务的意思，而且行为人都有可能因此而使自己的利益受到损失；两者均体现了危难相助、为他人服务的道德品质；行为人均有权要求相关人对自己的损失承担责任。

然而，民法对无因管理和见义勇为的规定有所不同。我国《民法典》第 183 条是对见义勇为的规定："因保护他人民事权益使自己受到损害的，由侵权人承担民事责任，受益人可以给予适当补偿。没有侵权人、侵权人逃逸或者无力承担民事责任，受害人请求补偿的，受益人应当给予适当补偿。"比较《民法典》第 979 条关于无因管理的规定可知，见义勇为与无因管理在制度设置的目的、构成要件、行为的方式以及法律效力上均有区别：

1. 两制度保护的目的不同。见义勇为保护的是"他人民事权益"，广义的解释是保护国家、社会公共利益和他人的人身与财产权益。无因管理是管理人"为避免他人利益受损失而管理他人事务"。这里的他人利益尽管也包括社会公共利益和秩序，但主要是被管理人个体的人身与财产利益。

2. 两者发生的前提条件不同。见义勇为针对的是正在发生的侵权行为，行为人为防止和制止他人免受侵害见义"勇为"，而使自己的人身或财产遭受损害。无因管理产生的条件仅是为避免他人利益免受"损失"而"管理他人事务"，并非要求管理人"勇为"，在管理中管理人所受的损失主要体现为财产损失，人身受到损害的情形较少。

3. 两者手段行为的性质不同。见义勇为的手段行为纯粹是事实行为，是针对正在发生的危险事件而勇于相助，一般不以法律行为作为手段行为。而无因管理的手段行为可以是事实行为，也可以是法律行为。

4. 两者的法律效力不同。在见义勇为关系中，多数情形下有侵害人、见义勇为行为人和受益人三个主体，因此，行为人在见义勇为中受到的损害，由侵害人直接承担赔偿责任，同时，受益人根据受益的情况可以给予适当补偿。在没有侵权人、侵权人逃逸或者无力承担责任，而且受害人请求补偿时，受益人应当给予适当补偿。《最高人民法院关于适用〈中华人民共和国民法典〉总则编若干问题的解释》第34条规定：“因保护他人民事权益使自己受到损害，受害人依据民法典第一百八十三条的规定请求受益人适当补偿的，人民法院可以根据受害人所受损失和已获赔偿的情况、受益人受益的多少及其经济条件等因素确定受益人承担的补偿数额。”

可见，在见义勇为中，对实施救助的行为人承担义务的人一般有侵权行为人和受益人两个主体。同时，见义勇为人可以获得见义勇为基金的奖励。而在无因管理关系中，只有管理人和受益人（被管理人）两个主体。受益人与管理人因无因管理产生法定之债，受益人直接承担管理人为管理所支出的全部必要费用，管理人因管理事务受到损失的，承担补偿义务的人只有受益人（被管理人）。

第三章
因不当得利所生之债

第一节 不当得利概述

一、不当得利的意义

（一）不当得利的概念

不当得利是一方无法律上的原因而受有利益，致他方受损害的事实。我国《民法典》第122条规定："因他人没有法律根据，取得不当利益，受损失的人有权请求其返还不当利益。"不当得利事实发生后，依据法律规定，致他人损失的一方为得利人，应将取得的不当利益返还受损失的人，受损失的人有权请求得利人返还不当利益。此为因不当得利所生之债。在不当得利之债法律关系中，受损人为债权人，得利人为债务人。不当得利之债的发生与无因管理之债的产生相同，均为法定之债。

不当得利之债为民法上的重要制度，其功能"在于认定财产变动过程中受益者得保有其所受利益的正当性，是否具有法律上的原因"。[1] 对于无法律原因所受的利益，得利人须返还，以纠正欠缺法律原因的财产损益变动。不当得利制度可涉及物权法、债权法、人格权法、亲属法、继承法等多个领域。

（二）不当得利的法律性质

不当得利的事实是引起债的原因之一，这一法律事实的性质是属于行为还是事件呢？对此，学说上观点不一。有学者认为，不当得利主要是由与人的主观意志相关的不公正行为引起的，因此不当得利的性质属于行为。也有学者认为，引起不当得利的原因有很多，不以人的行为为限，也有因事件引起的，故不当得利应属事件的一种。我们认为，因为不当得利的请求权是基于"无法律上的原因而受利益，致他人受损害的事实"产生的，这一事实本身应属自然事实中的事件范畴。不当得利发生的原因不能决定不当得利的法律性质。

二、不当得利之债的法律渊源

不当得利返还请求权制度发源于罗马法诉权。由于罗马法时代尚无关于不当得利的一般规则，法律仅针对实践中出现的每个损人利己的现象规定了具体的诉权，以资保护。[2] 例如，因非债清偿的诉权：清偿债务后，债务人发现债务自始不存在或已经消灭，可依非债清偿不当得利的诉权，请求返还；因目的不达到之诉权：当事人一方为特定目的给付，其后目的不能实现，给付一方可依目的不达到之诉权，请求受领给付一方返还所受利益；因给付原因不法之诉权：依收取高利贷获得的利益，给付的原因与法律目的不符，受领给付一方负有返还义务。在罗马法中，物权的变动与其原因债权独立发生效力。给付原因有

〔1〕 王泽鉴：《债法原理（第二册）不当得利》，中国政法大学出版社2002年版，第3页。

〔2〕 参见周枏：《罗马法原论》（下册），商务印书馆1996年版，第769页。

缺陷或不存在时，如果给付行为合法，则物权发生移转，从而给付者不能基于所有权请求返还。然而，受领给付者因缺乏受领给付的原因，如果继续保持受领利益，有悖公平原则，故给付者可依无给付原因之诉权，请求受领给付一方返还所受领之利益。可见，在物权变动中，只有在一方失去物的所有权时，才能行使不当得利返还请求权。如果物的所有权尚存，返还不当得利请求权无适用余地。

18世纪，自然法学者将罗马法诉权的制度扩充到无原因给付以外的事由，以谋求确立基于自然公平的关于不当得利的一般原则，即不得以他人的损失谋取自己的利益。然而，此观念失之过广，因为交易上的利得往往多少基于他人的损失，不能都称其为不当得利。故学者及现代立法对其均加以限制，以"不当"或"无法律上的原因"作为不当得利的要件。[1] 继罗马法之后，大陆法系以《德国民法典》为模式承认物权行为无因性的国家和地区，均专章将不当得利规定为独立的债之发生原因，并将不当得利与物权行为无因性巧妙结合，弥补了无因性制度的不足，同时为民法典的体系化奠定了逻辑基础。《法国民法典》因没有物权行为与债权行为的划分，则无不当得利的一般规则，仅规定了不当得利的具体情形，并把不当得利、非债清偿与无因管理共同规定在"准合同"中。2016年的法国债法修订，在其民法典中正式写入不当得利的规则，并把不当得利、非债清偿、无因管理作为"债的渊源"并列规定。[2]

三、我国民法的不当得利之债

在我国民法学的传统教学和理论中，不当得利与合同、无因管理、侵权行为均作为独立的债的发生原因之一。1986年颁布的《民法通则》，不当得利位于"民事权利"一章中，作为独立的债之发生原因。2017年颁布的《民法总则》也将不当得利置于"民事权利"一章。尽管与《民法通则》一样，均仅用1个条款，但《民法总则》重点在于"从受损失的人有权请求返还的权利角度"，[3] 强调不当得利之债的产生为债权人享有的一项债权。2020年5月28日通过的《民法典》，在民法总则编用一个条款规定了不当得利是引起债权债务关系发生的原因之一，也是民事主体根据该债享有的一项债权请求权。其后在合同编第三分编"准合同"中以4个条文（第二十九章）具体细化了不当得利制度，内容包括：规定不当得利之债的构成要件，排除了3种不当得利返还请求权的情形；规定了善意得利人与恶意得利人的不同返还义务；规定了特定情形下第三人的返还义务。应该承认，《民法典》对不当得利制度的规定比之前的立法有所进步，但从比较法观之，我国立法对不当得利制度的规定相对简单，未明确区分"给付型"和"非给付型"不当得利的类型，对不当得利返还请求权的具体范围以及不当得利返还请求权与保护其他民事权利请求权的关系均未明确规定。尤其是将不当得利归为"准合同"，与我国传统民法对《德国民法典》立法模式的继受，以及《民法典》对物权变动区分原则的肯定，在法典体系上有所不合。

---

[1] 参见史尚宽：《债法总论》，中国政法大学出版社2000年版，第71~72页；王泽鉴：《债法原理（第二册：不当得利）》，中国政法大学出版社2002年版，第7~8页。

[2] 参见李世刚："法国新债法准合同规范研究"，载《比较法研究》2016年第6期。

[3] 石宏主编：《中华人民共和国民法总则条文说明、立法理由及相关规定》，北京大学出版社2017年版，第286页。

第二节 不当得利的法律要件

无法律依据得利而使他人受损的事实常会发生，立法例上对“不当得利”返还请求权的规定，通常有两种方式：具体列举个案式和抽象概括式。我国《民法典》采德、俄立法例，用抽象概括的方式规定不当得利返还请求权，以规范非正常的财产损益变动。《民法典》第985条规定：“得利人没有法律根据取得不当利益的，受损失的人可以请求得利人返还取得的利益，但是有下列情形之一的除外：（一）为履行道德义务进行的给付；（二）债务到期之前的清偿；（三）明知无给付义务而进行的债务清偿。”

按照《民法典》的规定，不当得利的一般构成要件为：

一、一方取得财产上的利益

不当得利既称“得利”，必有受利益的情形。所谓受利益，是指因一定的法律事实使其财产总额增加或者应减少而未减少的情形。如果无人受有利益，也就不存在“得利”的返还问题，因此，是否受有财产上的利益，是不当得利成立的前提。取得利益的特点是：

1. 受有利益不以行为为要件，因行为以外的自然事件、法律规定均可获得利益，更不必有受利益的意思，仅须存在受利益的事实即可。纵使因行为获得利益，也不以当事人具有行为能力为必要，例如，无行为能力人或限制行为能力人均可成为“得利”者。

2. 得利人受有财产上的利益，表现为两个方面：积极的得利和消极的得利。积极的得利：受益人现有的财产或利益均积极增加；消极的得利：财产或利益本应减少而未减少。既有得利又有损失，但其损益抵销后剩余有利益的，仍为受有利益。

3. 任何具有财产价值的权利和利益均可成为不当得利的客体。具体表现形式有：①财产权的取得，如所有权、用益物权、担保物权、知识产权及债权的取得等。但如果受益人取得的债权是须为对待给付的债权（双务合同），因取得人须以减少自己的财产作为对价，不构成受有利益。②占有的取得。占有虽非权利，但为受法律保护的利益，如无权占有他人房屋而取得利益者，该占有利益构成不当得利。③既有财产权内容的扩张或限制的解除。例如，因添附而共有或单独取得物之所有权，即扩张了原有所有权的范围；地役权期限届满而免去所有权的负担。④债务的免除。债务人不再负担本应负担的债务，等于其财产增加。

二、致他方受损失

受损失是指因一定的事实使现存财产减少或者应得的利益丧失。[1] 致他方受损是相对于得利人受有利益而言的，如果“利己不损人”，虽受有利益，但未致他人受有损失，不构成不当得利，自然也无纠正非正常的利益变动之必要。如果受益是以他方受损为前提，则为不当得利。受损人的损失与受益人的受益，内容不必相同。例如，甲无权处分乙的汽车，善意第三人丙购买了该车。对于甲而言，所受的利益是价金；对于乙而言，损失的是汽车的所有权。虽然损益内容不相同，但也成立不当得利。受益大于损失，或者损失大于受益，均成立不当得利。然而一般情况下，受损人仅就其所受损失的范围有返还不当得利请求权。

须注意的是，使他人受损，与侵权行为法中的“损害赔偿”中的损害不同。不当得利

---

〔1〕 参见郑玉波：《民法债编总论》，中国政法大学出版社2004年版，第93页。

中的“致他人受损”须与“得利方受有利益”同时成立，例如，因大风引起甲之鱼塘中的鱼进入乙之鱼塘，乙之鱼塘多出的鱼（获利）与甲之鱼塘减少的鱼（损失）相对应，为同一事实的两个方面。而侵权行为法中受害人损害事实的成立，不以加害人获利为必要。

三、一方的受损与他方的受益须有因果关系

不当得利的成立，须是一方取得利益系因他方受损所致，即损失者的损失与得利者的得利有因果关系。否则，不构成不当得利。例如，拾得他人抛弃物，拾得人虽得利，但无人受损害，故而不属不当得利。

这里的因果关系是指受损人的损失是得利人受不当利益导致的结果，一方得利并不致他方受损，自无因果关系可言。对得利与损失之间的因果关系，一般有直接因果关系说与非直接因果关系说两种学说。

直接因果关系说认为，受益与损失须基于同一事实而发生。如果损失和受益系基于两个不同的原因事实，即使这两个事实之间有牵连关系，也不应视为具有因果关系。例如，甲买乙公司的水泥修理丙的房屋，后来甲、乙的买卖合同被撤销。按直接因果关系说，乙公司不能向受益人丙主张不当得利请求权。因为丙的受益来自甲，不是直接来自乙水泥公司。二者非基于同一事实，不构成因果关系，乙不得向丙请求不当得利的返还。

非直接因果关系说并不固守直接因果关系说的理论，认为：如果受益与受损之间具有牵连关系，依社会观念，也应成立不当得利。例如，甲误取乙的肥料施于丙的土地。按直接因果关系说，乙受损，丙受益，是因为甲的行为，不是基于同一事实，二者之间不具有直接因果关系。但是依非直接因果关系说，则成立不当得利，乙有权请求丙返还不当得利。直接因果关系说与非直接因果关系说的争论焦点在于：当受益人与受损人之间有第三人介入时，受损人与受益人之间是否成立不当得利。

从不当得利的立法宗旨观之，该制度是对无法律原因获得利益的纠正，并未拘泥于直接因果关系，只要一方受损与他方受益系不当原因引起，均应以公平的理念，纠正利益的不当变动。因此，“受益与受损之间，虽有第三人行为之介入，若该财产价值的移动，依社会观念上认为不当时，即应适用不当得利之规定，使之返还”。〔1〕

四、无法律上的原因

无法律上的原因不是指权利的取得或者财产的取得没有法律上的直接原因，而是指利益的取得缺乏法律上的原因。〔2〕无法律上的原因是不当得利重要的构成要件，得利人之所以不能继续保持其所取得的利益，在于其利益的取得“没有法律依据”。

无法律上的原因，罗马法上称之为“无原因”；德国民法和日本民法，以及我国台湾地区“民法”称之为“无法律上的原因”；《瑞士债务法》称之为“无适法原因”，我国《民法典》称之为“没有法律根据”，解释上实质意义相同。罗马法上的不当得利制度以基于给付行为的不当得利为其主要内容，其所谓无原因，即指欠缺给付原因。至18世纪，不当得利的适用才扩张到给付行为以外的事由，故现代民法“无法律上的原因”“无适法原因”“没有法律根据”的含义较之罗马法上的“无原因”为广，包括了所有无法律根据取得不当利益而致他人受损的产生不当得利的事实。不当得利的“不当”作为限定语，是界定受利益一方的得利无合法根据的意思。

无因管理与不当得利的成立要件均有“无法律上的原因”，然而两者含义不同。无因管

---

〔1〕郑玉波：《民法债编总论》，中国政法大学出版社2004年版，第95页。

〔2〕参见史尚宽：《债法总论》，中国政法大学出版社2000年版，第76页。

理中的“无法律上的原因”是指管理人管理他人事务无法定的或约定的义务，至于被管理人因管理人管理其事务而受益具有法律上的原因，不成立无因管理。不当得利中的“无法律上的原因”是对得利人的受益而言的，指得利人获得的利益没有法律依据。

学说上，对于如何认定无法律上的原因有统一说和非统一说两种观点。主张统一说的观点认为，对于各种不同的不当得利现象，其无法律上的原因应以统一的方式说明理由。统一说又再分为公平说、正义说、债权说及权利说，其基本观点是：财产或者利益的变动违反公平或者正义，或者违反共同生活的基本法则，或者欠缺权利基础的，即为无法律上的原因。〔1〕 主张非统一说的观点认为，统一说不具有普遍的适用意义和实务价值，各种不同类型的不当得利有其存在的不同基础，应当区别给付不当得利的具体情形以及不当得利的类型，分别说明无法律上的原因。〔2〕

无法律上的原因，分为统一说和非统一说，二者的不同之处在于不当得利的发生因给付或者非给付而存在较大差异。在给付不当得利的情形下，无法律上的原因被归结为给付原因欠缺，采物权行为无因性理论的立法，当取得的利益欠缺给付原因时，可适用不当得利制度予以救济。在非给付不当得利的情形下，无法律上的原因或是因为侵害他人权益，或者欠缺获益基础，或者基于法律的直接规定，则须根据不同情形适用不当得利返还。我国《民法典》未明确区分给付型和非给付型不当得利，但从第 985 条规定的三种给付不当得利返还请求权的排除观之，《民法典》实质上肯定了给付和给付外的不当得利。对于“无法律根据”取得不当得利的判断解释应是统一说与非统一说的结合，这也与我国立法对《德国民法典》物权行为无因性理论持模糊态度有关。

第三节 不当得利的基本类型

尽管我国《民法典》未明确规定不当得利的类型，也未明确承认物权行为无因性制度，但是《民法典》关于物权变动的规则以及买卖合同中无权处分效力的规定，已经证明立法者对债权行为与物权行为效力独立的肯定。即使在不采物权行为无因性制度的国家，不当得利制度仍有存在的价值。因此，在民法学理论上，研究不当得利的各种类型对不当得利的适用具有重要意义。依据发生的原因，不当得利可分为两个基本类型：因给付产生的不当得利和因给付外的事实产生的不当得利。

一、因给付产生的不当得利

（一）给付不当得利的意义

给付不当得利，是指无法律上的原因，基于给付行为而发生的不当得利，得利者应负返还义务，受损人有请求权。因给付不当得利成立的请求权，称为给付不当得利返还请求权。给付行为可以是法律行为，如给付保管物、给付物之所有权（交付）；也可以是事实行为，如提供劳务、管理他人财产、为他人清偿债务等。通常，给付他人财产，源于给付人的各种目的，无论当事人的目的如何，给付原因均应合于法律目的和精神，此谓有法律原因的给付。无论是法律行为还是事实行为的给付，当欠缺给付原因时，他方当事人受领给付即为无法律上的原因，均构成不当得利。

---

〔1〕 参见史尚宽：《债法总论》，中国政法大学出版社 2000 年版，第 76~77 页。

〔2〕 参见黄立：《民法债编总论》，中国政法大学出版社 2002 年版，第 190~191 页。

因给付获得不当利益之类型，功能在于调整欠缺给付目的的财产变动，其基本思想为：凡依当事人意思而增进他人财产者，均有一定的目的。如其给付目的自始不存在、给付目的没有达到或给付目的消灭时，财产变动即失去法律上的原因，受领人应负返还义务。不当得利返还请求权的成立应由主张成立不当得利的给付人举证证明。

（二）给付不当得利的特点

给付不当得利的成立，除了具备不当得利的一般要件外，尚需具备其特有的要件：

1. 得利人取得的财产利益须因给付行为发生。这里的给付，系指有意识地、基于一定目的而增加他人财产，如一方向他方赠与或提供劳务。

2. 受损人的损失须因给付关系所致。给付须使给付人受到损害，一方因他方给付而受有利益。例如，甲出售车给乙，交付完成后，甲、乙间买卖合同不成立，甲受损失，乙获利益。

3. 无法律上的原因系属给付目的欠缺。给付是为一定目的而使他人财产和利益有所增加。该给付目的也称给付原因，给付目的欠缺，构成无法律上原因的给付，因此获益的给付构成不当得利。

（三）欠缺给付原因的形态

1. 给付目的自始不存在。给付目的自始不存在即自始欠缺给付目的，当事人于给付之时即不具有给付原因。自始欠缺给付目的主要有两种：①非债清偿：对原本不存在的债务以清偿目的的清偿、不知债务已经清偿仍为履行、误偿他人的债务等。此为给付不当得利的典型形态。②作为给付的原因行为未成立、无效或被撤销，例如，因买卖合同交付物品，而合同不成立等。

应当指出，在我国民法上，合同不成立、无效或者被撤销时，只有在下列情形下才构成不当得利：①交付的财产已被受领人有偿转让于第三人，且该第三人已取得财产的所有权；②交付的财产已被受领人消费；③交付的财产为受领人使用或由受领人有偿交由他人使用；④交付的财产已经灭失；⑤给付人的给付为劳务等事实形态，依其性质不能原状返还；⑥其他受领人就交付的财产取得利益的情形。

2. 给付目的嗣后不存在。给付目的嗣后不存在，指给付时虽有法律上的原因，但给付后法律上的原因不存在或者消灭时，因一方当事人的给付而发生的不当得利。此种不当得利的主要情形有：①附解除条件或终期的法律行为，其条件成就或期限届至；②婚生子女的否认，例如，父母子女之间有抚养与被抚养的法定权利义务关系，但是后来经鉴定，孩子不是父亲所生，判决生效后，父亲对孩子给付抚养费的义务不再存在；③合同解除后应返还的利益。

3. 给付目的不达。给付目的不达，指为实现将来某种目的而为给付，但因种种障碍，日后不能达到目的时，因一方当事人的给付而发生的不当得利。此种不当得利的主要情形有：①附停止条件的法律行为，其条件未能成就；②以清偿为目的而交付收据，而债务并未清偿等；③依双务合同交付财产后，因不可归责于相对方的事由而致不能履行对待给付。

（四）给付不当得利请求权的排除

通常情况下，因给付而受利益，当欠缺给付目的时，应成立不当得利，发生不当得利返还请求权。但在具有特别事由的情形下，给付人（所谓的受损人）不得向得利人请求不当得利之返还，这种情况被称为给付不当得利请求权的排除。我国《民法典》第 985 条规定了不构成不当得利的三种情形：“为履行道德义务进行的给付”“债务到期之前的清偿”“明知无给付义务而进行的债务清偿”。

1. 为履行道德义务进行的给付。给付基于道德上的义务时，虽然受领人无合法原因而受领，给付人也不得请求返还。

2. 债务到期之前的清偿。清偿期限专为债务人的利益而设，清偿期到来之前，债务人并无清偿的义务，但债务人对未届清偿期的债务而为给付时，视为自愿抛弃期限利益，此时的清偿发生债务消灭的效果，故债务人于清偿后，不得依不当得利请求返还。

3. 明知无给付义务而进行的债务清偿。非债清偿本应构成不当得利，给付人得请求返还，但给付人明知无债务而为清偿，不构成不当得利，阻却不当得利请求权的行使。对此，有观点认为，系其有意抛弃给付返还请求权；或认为是赠与；或认为是咎由自取；也有人认为是基于诚信原则的要求。总之，对此无保护的必要。但是，对于误偿他人之债不在此列。误偿他人之债与明知无给付义务而为的债务清偿的区别在于：给付人对非债清偿主观上是否“明知”。如果非债务人误将他人债务作为自己债务，并以自己的名义而为清偿，此为误偿他人之债。误偿他人之债因欠缺给付目的，无法律上的原因，应依不当得利负返还义务。

4. 履行已过诉讼时效的债务。诉讼时效期间届满债务人主张抗辩权的债务为自然债务，若债务人履行已过诉讼时效的债务，债权人有权受领。该情形不构成不当得利，而视为债务人放弃时效利益。

5. 基于不法原因之给付。因不法原因而为给付，排除适用不当得利的规定。应依《民法典》第153条的规定：违反法律、行政法规的强制性规定的民事法律行为无效。违背公序良俗的民事法律行为无效。

（五）给付原因的欠缺与不当得利请求权的适用

给付不当得利与民法规定的物权行为有密切关系。物权变动采物权行为的独立性和无因性立法模式的国家或地区，物权变动区分债权行为与物权行为，债权行为是物权行为的给付原因，给付原因欠缺时，物权的移转不因债权行为的不成立、无效、被撤销而受影响，他方当事人仍能依有效成立的物权行为取得物权，但因债权行为不成立、无效或被撤销，给付欠缺目的，受领给付者的受领利益成为无法律原因的给付，符合不当得利的要件，给付受领人应返还该不当利益。可见，物权变动采物权行为无因性时，“扩大了给付不当得利请求权的适用范围及重要性”“给付不当得利请求权具有调节因物权行为无因性理论而生财产权变动的特殊规范功能”。[1]

如果物权变动采要因行为，通说认为，欠缺给付原因，则物权行为全部无效，物权不发生移转，物权自然复归于原主，而无须借不当得利返还请求权进行调剂。因此，欠缺给付原因时，给付“物”之不当得利请求权的适用，须以受领者已取得标的物之所有权为前提。

我国《民法典》第215条规定：“当事人之间订立有关设立、变更、转让和消灭不动产物权的合同，除法律另有规定或者当事人另有约定外，自合同成立时生效；未办理物权登记的，不影响合同效力。”我国《民法典》尽管没有明确采用物权行为理论，但强调基于法律行为引起的物权变动中，应区分给付原因与物权变动间的关系。从物债二分的逻辑体系观之，如果债权合同（给付原因）不成立、无效或被撤销，即给付原因欠缺时，依该给付原因已经完成的不动产物权登记和动产交付，如果受给付原因的影响而无效，则否定了

〔1〕 王泽鉴：《债法原理（第二册）不当得利》，中国政法大学出版社2002年版，第33~35页。

物权行为自身的效力，也否定了物权变动的公示是变动物权意思表示之公示，从逻辑上，也否定了物权本身。当物权不存在时，物权与债权区分的原则基础则被否定。因此，当给付原因欠缺时，物权变动的效力不受给付原因（债权行为）的影响仍有效成立，受损人通过返还不当得利请求权以救济损失。

另外，在未承认物权行为理论的立法模式下，给付不当得利制度仍有适用余地。例如，交付的财产由受领人（无权处分人）有偿转让给善意第三人时，该善意第三人依法取得物权后，受损失的所有权人可依不当得利返还请求权，请求无权处分人返还不当得利。由此可知，不当得利制度具有自己特定的独立功能。“民法上很少有一种制度，像不当得利那样，源远流长，历经两千余年的演变，仍然对现行法律的解释适用具有重大的影响。”〔1〕

二、因给付外的事实产生的不当得利

因给付外的事实产生的不当得利，统称非给付不当得利，是指得利方的受益非基于受损方的给付产生，而是由于行为、自然事件以及基于法律规定等多种情形产生。非给付不当得利所受利益有无法律上的原因，应依其事由分别判断，从而确定受益人是否得保有其所受利益。有学者认为，无法律上的原因不因给付不当得利或者非给付不当得利而有差异，不论取得财产或者权利是否有法律上的原因，受益人继续保有其取得的利益欠缺正当性，即构成无法律上的原因。至于何者构成“欠缺正当性”，为判断无法律上的原因的次一层问题，即事实判断问题，应当依照不当得利的具体类型、依取得利益的实际情况分别判断。〔2〕

非给付不当得利，因不当得利不是因给付产生，其类型是开放性的，可以依据法律规定，随时加以调整，以容纳新的不当得利类型。

给付以外可致不当得利发生的事由，主要包括：人的行为、自然事件以及法律规定，以下分述之。

（一）因行为产生的不当得利

因人的行为产生的不当得利，又可分为基于得利人的行为、受损人的行为和第三人的行为发生的不当得利，其中，因得利人的行为最重要。

1. 基于得利人行为发生的不当得利。基于得利人行为而发生的不当得利，其实质即为侵害他人权益而发生的不当得利。基于得利人行为而发生的不当得利主要有：

（1）无权处分他人之物。就无权处分人而言，可有两种情况：①为有偿处分；②为无偿处分。而就受让人于受让时是否知道处分人为无权处分而言，也可有两种情况：一是善意；二是恶意。因而，无权处分他人之物可能发生四种结果：

第一，无权处分人为有偿处分，受让人于受让时为善意。此时，受让人依善意取得制度取得物之所有权。因无权处分人受有利益，构成不当得利，所有人得请求不当得利返还，也可依侵权行为法请求损害赔偿。

第二，无权处分人为有偿处分，受让人于受让时为恶意。此时，受让人不能取得物之所有权，所有人得对其主张所有物返还请求权。因无权处分人受有利益，构成不当得利，所有人得请求不当得利的返还。无权处分人构成侵权行为的，发生不当得利请求权和侵权行为损害赔偿请求权的竞合。

---

〔1〕王泽鉴：《债法原理（第二册）不当得利》，中国政法大学出版社 2002 年版，第 7 页。

〔2〕参见邹海林：“我国民法上的不当得利”，载梁慧星主编：《民商法论丛》（第 5 卷），法律出版社 1996 年版，第 26 页。

第三，无权处分人为无偿处分，受让人于受让时为善意。因无权处分人未获利益，不成立不当得利，如其构成侵权行为，所有人得向其请求侵权的损害赔偿。

第四，无权处分人为无偿处分，受让人于受让时为恶意。受让人不能取得所有权。无权处分人因未获得利益，不成立不当得利，其构成侵权行为的，应向无权处分人主张侵权的损害赔偿请求权。

（2）无权使用或消费他人之物。无权使用或消费他人之物，使用人或消费人因使用或消费他人之物所得利益，多为节省自己应支出的费用。而受损人的损失则系因自己之物为他人使用或消费而丧失可能取得的利益。至于受损人是否有利用自己之物为使用收益的计划，在所不问。无权使用或消费他人之物，通常还构成侵权行为。在此情形下，发生不当得利请求权与侵权损害赔偿请求权的竞合。

（3）擅自出租他人之物。无偿使用他人之物，而于使用中将该物有偿出租于他人，或者于租赁期满后未向出租人返还，将租赁物出租于他人而收取租金的，因其受有利益并造成物之所有人的损失，应将所收取的租金依不当得利返还于所有人。如其交由他人使用为无偿时，所有人得向物之使用人请求返还所受利益。原使用人可能构成侵权行为。

（4）侵害他人知识产权。因无权使用他人的知识产权受有利益时，构成不当得利。其依不当得利所返还的数额，为通常使用他人知识产权所应支付的对价。

（5）侵害他人人格权而获得不当经济利益。通常情况下，侵害他人人格权不构成不当得利。但如擅自使用他人的肖像、姓名或名称，而获取不当的经济利益，无权使用人可构成不当得利。

侵害他人权益的行为，通常还会构成侵权行为，但是不当得利返还义务与侵权赔偿义务不同。侵权行为赔偿目的是填补受害人的损失，而不当得利制度的目的在于使得利人返还其不当利益，因而不以得利人有故意、过失和行为具有不法性为要件。侵害他人权益的行为有时仅构成不当得利而不构成侵权行为，有时仅构成侵权行为而不构成不当得利，有时会同时构成不当得利和侵权行为。对于不同的情况，应分别作不同的处理。在行为同时构成不当得利和侵权行为时，发生两种请求权的竞合。

2. 基于受损人行为发生的不当得利。基于受损人行为发生的不当得利，以受损人为他人之物支出费用最为常见。例如，误将他人的家畜饲养，误以他人事务为自己的事务而为管理等。但要发生不当得利，受损人的行为须不构成无因管理。

3. 基于第三人行为发生的不当得利。不当得利因第三人行为发生的情形有：①债务人对债权的准占有人（债权凭证的持有人）清偿，使债权人的债权消灭；②债权的让与人于让与通知前，债务人对让与人清偿，致债权的受让人受到损害；③第三人以甲的饲料喂养乙的家畜等。

因第三人的行为发生不当得利，得利人负返还义务有严格的条件限制：①受益与受损这两个原因事实之间应具有牵连关系，即如无受益则无损失；②须第三人不能弥补受损人的损失，即第三人不构成不当得利或侵权行为；③须受益人为无偿受益。对此，《德国民法典》规定，在无权处分中，无偿之受让人有向权利人返还因处分而取得的利益的义务。但其返还的性质并不明确。其他国家的民法对此则缺少规定，受让人当可依善意取得制度取得物上的权利。而我国台湾地区多数学者认为，于此情形，所有权人得向无偿之受让人请求返还，但对请求权的基础是否为不当得利，意见并不一致，主流意见持否定态度。

当然，如果受益人明知第三人无权处分他人权益仍为接受，则可能构成恶意串通（通谋），其所受利益已无加以保护的必要，应依不当得利返还于受损人。

（二）因自然事件产生的不当得利

甲喂养的鱼因天降暴雨而被冲入乙的鱼塘；因自然原因发生动产与动产的附合而取得所有权；家畜吃掉他人的饲料等，均可发生不当得利。

（三）因法律的规定产生的不当得利

对此可能会产生疑问，不当得利都是无法律原因而产生的，如果得利是由于法律规定，如何解释为无法律原因的不当得利呢？这需要从具体的某一法律规范的立法目的来看。有的时候，法律规定某一规范的目的是保护某种财产状态，维护财产状态的新秩序，或法律上便于操作，但是这种规定会产生不当得利的情况。例如，《民法典》第 322 条规定，因加工、附合、混合而产生的物的归属，有约定的，按照约定；没有约定或者约定不明确的，依照法律规定；法律没有规定的，按照充分发挥物的效用以及保护无过错当事人的原则确定。因一方当事人的过错或者确定物的归属造成另一方当事人损害的，应当给予赔偿或者补偿。根据这一规定，因添附取得新物归属的人，应按约定或法律规定的添附规则给丧失物之所有权的人以补偿。反之，丧失物之所有权的人可对新物归属人有不当得利请求权。即当一人取得新物的所有权时，应给对方补偿；不补偿，即为不当得利。

第四节　不当得利的效力

《民法典》第 985 条规定："得利人没有法律根据取得不当利益的，受损失的人可以请求得利人返还取得的利益……"依据法律规定，具备不当得利要件后，在得利人和受损人之间产生法定债权债务关系，债权人为受损人，其权利为不当得利返还请求权，债务人为得利人，负有不当得利的返还义务。在得利人死亡的情形下，可依《继承法》的规定，由其继承人负返还不当得利的义务。不当得利的客体，为返还所受的不当利益的给付，包括原物和原物所生的孳息，以及因原物取得的其他利益。

一、返还原物

这里的返还原物系指恢复到利益的原来状态。受领人因给付或非给付所受的利益，包括权利，如物权、债权、知识产权等，包括物的占有、使用，债务免除、非债清偿的利益以及利益产生的孳息等。返还时，如果原物或原权利在，不当得利的受益人应返还原物或原权利。关于利益的返还方式，应依法律规定的权利和物的移转方式返还。例如，对于动产，应移转占有；对于不动产，应完成登记；对于权利，应由得利人将权利移转于受损失人。因原物产生的天然孳息和法定孳息一并返还，如占有房屋的使用利益或出租房屋的租金、债权所受的清偿、占有彩票的中奖利益等。返还不当得利以返还原物为原则。

二、返还原物的价额

偿还价额时应注意如下几点：

1. 须是返还原物不可能，或者依其性质或其他情形不能返还原物时，才应偿还价额，例如，所受领的标的物遗失、灭失或被盗，或者受领人将原物出售、赠与，他人依法取得原物所有权。如果受领人受领的利益表现为提供的劳务、服务、物的使用或消费、债务的免除等，依所受利益的性质不可能返还原物时，依其价额偿还原物的价值和孳息。总之，不当得利的返还优先适用返还原物，返还原物不能时，才适用偿还价额。

2. 偿还价格的计算，应以偿还义务成立时的市场价格为准。偿还的利益为出卖物的价金时，该价金应以出卖物的市场价为准。偿还的利益为劳务时，应偿还的价格应以该项劳务应取得的报酬为准。消费他人之物时，应偿还该物的市价。

三、返还不当得利的义务范围

得利人负有返还不当得利的义务，在具体适用上，因得利人是善意或恶意返还义务有所不同；同时，当得利人将物转让给第三人时，第三人的返还义务也有差异，分述如下：

（一）善意得利人的返还义务

善意得利人是不知道也不应当知道其取得的利益是无法律依据的人。我国《民法典》第986条规定："得利人不知道且不应当知道取得的利益没有法律根据，取得的利益已经不存在的，不承担返还该利益的义务。"因此，善意得利人仅以现存的利益为返还限度，不使善意得利人负担超过其得利限度的返还义务，如果现存利益不存在，则免负返还义务。

所谓现存利益，不以得利人取得的利益原形为限，系以得利人的整体财产总额为对象，得利人的财产总额因之而增加并且仍然存在。例如，甲出售价值10万元的车于乙，乙购车后以9万元卖给丙，并转移车之所有权。乙为出卖该车于丙，支付运费5000元。其后甲、乙间的买卖因重大误解而撤销。买卖合同撤销后，乙取得车之所有权，为无法律原因的获利，但乙又将车转售于丙，取得9万元价金，为出售该车支付5000元运费。就该案乙的财产总额计算，乙应返还的现存利益为8.5万元。反之，如果乙将该车赠与丙，实际上乙的财产并未增加，所受利益不存在，免负返还或偿还价额的义务。

法律对善意得利人采取较为宽容的态度，因为不当得利制度与侵权责任不同，不是以补偿受害人的损失为目的，目的在于使善意得利人的财产状况不致因不当得利的返还而减少，因此，对善意得利人给予一定的保护，存在多少利益，返还多少利益，利益不存在，则不再返还。

（二）恶意得利人的返还义务

明知无法律根据而仍取得利益的人为恶意得利人。我国《民法典》第987条规定："得利人知道或者应当知道取得的利益没有法律根据的，受损失的人可以请求得利人返还其取得的利益并依法赔偿损失。"据此，法律规定恶意得利人负加重返还责任，其返还利益的范围是得利人取得利益时的数额，即使该利益在返还之时已经不存在，返还义务也不免除，受损失的人有权请求其返还其所受利益或者折抵的价额以及孳息。

得利人在取得利益时为善意，但其后知其无法律根据时仍取得该利益，自知悉时起，与恶意得利人负相同的返还义务。使恶意得利人负加重返还责任，是因为得利人明知其取得的利益无法律根据，却仍然损害受害人的合法利益，法律对此没有特别保护的必要，对恶意得利人要求其负全部返还的义务。

（三）第三人的返还义务

我国《民法典》第988条规定："得利人已经将取得的利益无偿转让给第三人的，受损失的人可以请求第三人在相应范围内承担返还义务。"依据法律规定可知，第三人受有利益，是基于不当得利人的无偿让与，而非因无法律上根据，因此，并不构成《民法典》第985条所规定的不当得利，受损人原则上不能直接向第三人请求返还。但是，从当事人间的利益衡量，善意得利人免负返还义务，第三人无偿获得利益，对受损失的债权人不公平。为保护债权人，故法律规定，只有当原来的善意得利人所受利益不存在而减免返还义务，是由于该利益已无偿转让第三人时，第三人应负返还该利益的义务。第三人的返还义务，属于《民法典》第985条的特殊情形，须具备如下要件：

1. 须得利人已将取得的利益无偿转让第三人。如果为有偿转让，无论对价是否相当，均不在此限。

2. 须原得利人因无偿转让而免负返还义务。得利人将物无偿转让第三人时，如果是恶意得利人，仍对受损人负有返还义务，此时，第三人不负返还义务。如果是善意得利人，因所受利益不存在，免负返还义务时，受损失的人有权请求第三人返还。

3. 须无偿转让之物为原得利人应返还之物或者利益。第三人返还义务的范围以原得利人免负返还义务的相应范围为限。对于第三人而言，其所受利益是否存在，观其主观上属善意或恶意，适用《民法典》第 986 条和第 987 条对善意与恶意受领人的规定。

第四编 合 同

第一分编 合同总论

第一章 合同及其法律规范概述

第一节 我国《民法典》下合同规范体系的基本构造

一、我国《民法典》下合同法的构造

（一）合同法的构造

应该说，在有民法典的国家，基本上是不可能有独立的合同法的。因此，我们很少看到大陆法系国家，如德国或者法国的学者关于合同法的专著。合同法规范都是民法典“债”的组成部分，属于债的发生原因。

在我国《民法典》之前，关于合同法的著作可谓汗牛充栋。造成这种局面的原因主要是：我国自 1999 年开始就施行了独立的《合同法》。因此，1999 年~2020 年这二十几年的时间里，以此为基础，学者出版了大量的著作和教材。这种局面的好处是：对《合同法》的研究比较充分，使得《合同法》的体系比较完整。缺点是：由于《合同法》自身体系完整，如何处理它与《民法典》的体系协调就出现了重大问题。如果仔细阅读中国的《民法典》就会发现，合同法实际上是游离于《民法典》之外的——如果今天把合同编脱离出《民法典》，它仍然是完整的。从这一点就可以看出，这种局部的完整破坏了《民法典》的体系完整。其实，合同编仅仅是我国《民法典》的一个问题的缩影，物权编、继承编、婚姻家庭编和侵权责任编哪一编不是这样的问题？先前的单行民事立法各自独立、自成体系，对《民法典》的编纂带来了极大的困难。因此，此次《民法典》是对以往民事立法的编纂还是汇编，在学者之间存在不同的看法。至少在我看来，此次《民法典》不是名副其实的编纂。

（二）合同与法律行为的关系

在民法典的编纂模式中，以《德国民法典》为代表的法典模式中有总则编，而总则编通过提取“公因式”的方式，从合同、遗嘱和婚姻中提取了“法律行为”这一概念，并规定了“法律行为”的一般规则，共同适用于“合同、遗嘱与婚姻”。因此，可以说，合同是一种重要的法律行为。而法律行为又分为单方法律行为与双方法律行为，合同就是典型的双方法律行为。而合同不仅仅在债法编中存在，在物权法及其他特别法上都存在。因此，从逻辑上说，合同的通则应该规定在《民法典》的总则编。但遗憾的是，我国的《民法典》并没有处理好二者之间的关系，甚至在很多方面是脱节的。这也进一步证明，我国《民法典》的此次编纂在体系化上尚不和谐。

（三）合同法与债法的关系

在我国《民法典》的体系中，从结构上说，下列问题应当引起我们的高度注意，否则很难理解债法和合同法的关系：

1. 我国的合同编并不是传统民法典中的纯粹的合同法律规范。在我国的《民法典》中，没有规定传统民法的“债法总则”，而是把债法总则的内容规定进了合同编中，当然，也有极少部分内容规定在了《民法典》的总则编。因此，我们会发现，合同编中经常会出现“债权债务关系”的字样。例如，《民法典》第517条规定：“债权人为二人以上，标的可分，按照份额各自享有债权的，为按份债权；债务人为二人以上，标的可分，按照份额各自负担债务的，为按份债务。按份债权人或者按份债务人的份额难以确定的，视为份额相同。”合同编的第五章中的“合同保全”实际上就是债的保全。

我们必须从一种“先验的知识”来总结我国《民法典》关于债的规定：我国《民法典》的合同编+侵权编+总则编的部分内容=传统民法债的内容的整体。

2. 我国《民法典》合同编中所谓的“合同”看起来似乎应该解释为“债合同”，即仅仅产生债的合同，而且总则编第118条第2款规定：“债权是因合同、侵权行为、无因管理、不当得利以及法律的其他规定，权利人请求特定义务人为或者不为一定行为的权利。”从合同编的基本内容和立法目的来看，也应该解释为“债合同”。但是，《民法典》合同编的基本规则却不能理解为仅仅适用于产生债的合同，其规则可以适用于物权、婚姻、继承以及特别法上的合意。对此，《民法典》第464条第2款规定：“婚姻、收养、监护等有关身份关系的协议，适用有关该身份关系的法律规定；没有规定的，可以根据其性质参照适用本编规定。”第467条第1款规定：“本法或者其他法律没有明文规定的合同，适用本编通则的规定，并可以参照适用本编或者其他法律最相类似合同的规定。”第468条规定：“非因合同产生的债权债务关系，适用有关该债权债务关系的法律规定；没有规定的，适用本编通则的有关规定，但是根据其性质不能适用的除外。”

（四）合同与准合同

合同是意思自治的产物，而准合同与意思自治毫无关系，因此，可以准确地说，准合同根本就不是合同。按照传统民法的一般理解，准合同包括无因管理和不当得利。由于我国《民法典》体系上的结构安排，没有办法处理无因管理和不当得利在《民法典》中的位置，因此，将其以“准合同”的概念安排进了合同编。这种安排可以说不伦不类——无论从体系上还是内容上，“准合同”与合同根本无任何相同的规则和制度。

二、合同法的概念

在做了上述澄清之后，再来看看我国合同法的概念如何界定。我国《民法典》合同编第463条规定：“本编调整因合同产生的民事关系。”如果按照这一规定，我国的合同法当然应该界定为：“合同法是调整因合同产生的民事关系的法律规范的总称。”但事实上，我国《民法典》第463条的这一界定是不准确的，因为在合同编中，还有“准合同”的规范，而关于“准合同”规范的对象却不是因合同产生的民事关系。

另外，由于我国《民法典》的合同编中有很多传统民法的债的内容，这些也不能说是因合同产生的民事关系。

因此，我国《民法典》中的合同法（合同法律规范）应该界定为：规定债的一般规则及调整除侵权行为之外的债的关系的法律规范。

第二节 合同的概念

一、我国《民法典》上合同的概念

《民法典》第464条第1款规定："合同是民事主体之间设立、变更、终止民事法律关系的协议。"根据这一规定，我们可以从以下几个方面理解我国《民法典》上合同的基本内涵：

（一）合同是一种"协议"

这一含义使得合同与单方法律行为相区别：合同必须是一种"合意"，而不仅仅是单方法律行为。在我国《合同法》及理论上，任何单方法律行为都不能构成合同：它要么是要约或者承诺，要么是其他单方允诺。

（二）合同的目的在于设立、变更、终止民事法律关系

合同必须有民法上具体法律效果的目的，也就是说，合同必须旨在设立、变更或者终止民事法律关系。这里要注意三点：

1. 如果没有这样目的的纯粹的"合意"，就不是《民法典》上的合同。关于这一点，在整个自罗马法开始的大陆法系的民法传统中，一直没有发生过变化。甚至在罗马法上，契约与纯粹的"合意"就是完全不同的：契约=合意+债。

但是，在罗马法上，"债"的这种效果要想加到"合意"上从而成为契约，必须采取特定的形式或者具备特定的原因，否则便不能成为契约。因而，从历史源头上来看，"合意""契约"和"债"并非同一概念：合意并不当然产生债，从而成为契约。〔1〕

2. 这种目的必须能够产生民法上的权利义务。如果合意的目的是产生民事权利义务之外的关系，也不能作为《民法典》上的合同对待，例如，行政合同就是如此。

3. 广义的合同与狭义的合同。这种区分主要是针对如何理解合同目的，即"设立、变更和终止民事法律关系"。如果说，将这种"民事法律关系"理解为"债的关系"，那么就是狭义的合同概念；如果还包括债的关系之外的民事权利义务关系，就是广义的合同概念。《法国民法典》上的合同基本上是作狭义理解的。〔2〕但《德国民法典》却不这样理解，因为《德国民法典》是把"合同"作为法律行为中的双方法律行为对待，而双方法律行为有可能是债权行为，也可能是物权行为，还有可能是收养行为等身份关系的行为。因此，其合同当然不可能仅仅指产生债权债务关系的合同。

对于我国《民法典》上的合同，学者之间存在争议。有学者认为，《民法典》上的合

---

〔1〕 参见［英］梅因：《古代法》，沈景一译，商务印书馆1995年版，第184页；［意］彼德罗·彭梵得：《罗马法教科书》，黄风译，中国政法大学出版社1992年版，第307页。

〔2〕 参见［法］弗朗索瓦·泰雷等：《法国债法：契约篇》（上），罗结珍译，中国法制出版社2018年版，第42页。

同是指广义上的合同。[1] 从我国《民法典》第464条第1款的规定看，其确实明文规定了“设立、变更、终止民事法律关系”，看似是指广义的合同，但是，从第464条第2款及第468条的规定看，其专门指出了其他关系的参照适用，这实际上说明我国《民法典》上的合同编就是指狭义的债合同，仅仅是说，债合同的一般规则在其他民事合同中可以适用而已。这也许就是我国《民法典》关于合同与法律行为脱节的后遗症之一。

因此，可以这样说，尽管合同是一种协议，但并非任何协议都是合同。

（三）合同发生预期法律效果的制约因素

例如，法律的效力性强制性规定、善良风俗和公共秩序等。当任何一方的意思表示受到影响从而使得其意思表示不真实时，可以撤销合同。这其实是非常正常的现象，因为任何合同当事人都处在国家和社会之中，他们之间的合意不可能离开国家的政治体系和经济体系、社会道德和风俗的影响和制约。这些制约实际上也为合同当事人的自由约定划定了界限。

（四）合同具有相对性

由于合同是当事人意思自治的产物，因此，合同仅仅在参与合同的当事人之间才有效力，此为合同的相对性。既然合同遵循当事人的约定，只有参与约定的人才受到合同的约束，这才符合契约自由和意思自治的宗旨。对此，我国《民法典》第465条第2款规定：“依法成立的合同，仅对当事人具有法律约束力，但是法律另有规定的除外。”因此，合同以相对性为原则，而以涉他性为例外。

二、合同与相关概念的区别

（一）合同与决议的区别

合同与决议之间最大的区别就是：合同是所有当事人之间的“合意”，任何一方的意思表示都必须得到尊重。合同当事人不可能被一种他没有同意的合同义务所约束（根据法律规定的义务除外，例如，根据诚实信用原则发生的附随义务等）。但决议就完全不同：决议一般是按照“多数决”作出的，例如，股东会决议就是按照“少数服从多数”的原则作出的。在决议中，决议的参与者很可能被自己不同意甚至反对的义务所约束。这是两者的根本区别。就如法国学者所言，合同仅创设由其当事人负担的义务，而集体性质的法律行为，则可以强加于某些对该法律行为并未同意的人，这种法律行为对这些人同样具有强制效力。[2]

（二）合同与法律行为的区别

从我国《民法典》关于合同与法律行为的定义看，两者区别甚微，我们不妨来比较一下：《民法典》第133条规定：“民事法律行为是民事主体通过意思表示设立、变更、终止民事法律关系的行为。”第464条第1款关于“合同”的定义是：“合同是民事主体之间设立、变更、终止民事法律关系的协议。”从这两条规定来看，两者的差别仅仅是“行为与协议”的区别，其他在实质上都是一样的。也许其差别就在这里——协议与行为的区别。《民法典》第134条第1款就明确了这种差别：民事法律行为可以基于双方或者多方的意思表示一致成立，也可以基于单方的意思表示成立。单方行为可能是法律行为，但却不可能成为合同。

---

〔1〕 参见王利明：《合同法研究》（第一卷），中国人民大学出版社2018年版，第12~13页。

〔2〕 参见［法］弗朗索瓦·泰雷等：《法国债法：契约篇》，罗结珍译，中国法制出版社2018年版，第99页。

（三）合同与契约

在日常生活中，人们对“契约”和“合同”这两个概念并不陌生，而且经常交互使用。但二者的内涵是否一致？有的学者对区别二者作过尝试，认为：为谋不同利益而合意者应为契约，例如买卖：买者为物而卖者为钱；为谋共同利益而合意者，则应为合同，例如合伙合同：合伙人的利益是一致的。[1] 还有的学者列举了合同与契约的三个不同点，认为合同与契约有本质不同。[2] 但如果考察该术语的来源并与汉语作相应的比较，或许能发现问题。现代合同的理念来源于欧陆，拉丁文为“contractus”，英文为“contract”，法文为“contrat”，他们的前缀均为“contra”，即为“相反”之义，突出的是双方权利义务以相反的内容对接的说明价值，似与汉语中的“契约”相近；而德文以“vertrag”来表示这一含义，其前缀“ver”却是“合在一起”的意思，表示的是双方的权利义务对接而合的说明价值，似与汉语中的“合同”一词的含义相同。故欧陆国家中契约和合同并无实质意义上的区别。若深进文化传统究之，以“contra”说明契约，体现了罗马法以个人本位对契约的定位，而以“ver”说明契约，则体现了日耳曼法以团体本位对合同的定位。它们之间的差异，表现了不同文化圈中理念上的差异。[3] 也正因为如此，我国学理和立法对契约和合同不作区别而为同一的使用。本书也不作区分而以同一使用，也可能交互使用，因为有时用契约可能更合习俗，如“契约自由”要比“合同自由”在语感上更顺畅；有时用合同比用契约能达到更好的效果。

（四）合同与准合同

准合同在我国《民法典》上，包括无因管理和不当得利。准合同根本就不是合同，与合同相比，除了与合同一样能够产生债的后果以外，本质上不同。我国《民法典》将其放在合同编中规定，是出于目前我国《民法典》体系结构中的无奈。关于准合同的具体内容，我们将在本书的最后一章论述。

三、合同概念的边缘界定

我们必须明白，如果仅仅从概念去理解合同，对于实践而言，往往是不够的。因为概念绝不等于实际的存在，而且，对于任何一个概念来说，其中心地带都是非常清楚明了的，但往往在其与其他事物的连接地带就变得模糊不清。对于合同来说，合同与非合同的区分边缘就经常给实践带来困惑。具体说来，在实践中我们常常当作合同来对待的东西，往往不是《民法典》合同编中的合同，不应当受到《民法典》合同编的调整。所以，有必要对合同边缘作出适当的界定。让我们来看以下几个典型的例子：

例1：甲盛情邀请乙共进晚餐，乙愉快地答应。二人之间是否成立合同？如果乙没有依约赴宴，甲是否有权要求乙承担违约责任？

例2：甲是一位小孩的母亲，与邻居约定由邻居来暂时无偿照看其小孩。甲与邻居之间是否成立合同？

例3：A、B、C、D、E五人组成一个摸彩小组。他们约定：每人每周付给E10元钱，然后E用50元钱总金额购买彩票，并填写事先商定好顺序的数字。有一次，E没有如约填写彩票，而是填写了自己确定的彩票。但是，事先商定好应填写的数字却中了一个1万元的奖。其他四人要求E赔偿其应得的份额。那么，A、B、C、D、E之间是否成立合同？E

---

[1] 参见张俊浩主编：《民法学原理》，中国政法大学出版社1991年版，第576页。
[2] 参见王利明：《合同法研究》（第一卷），中国人民大学出版社2018年版，第16页。
[3] 参见张俊浩主编：《民法学原理》，中国政法大学出版社1991年版，第575页。

的行为是否为违约而应当赔偿?

例4:甲、乙二人为非婚姻同居的男女，双方约定在同居期间，女方应当服用避孕药。但是，女方在没有向男方发出警告的情况下停止服用避孕药，导致女方怀孕并生下一个孩子。法院判决男方负担这个孩子的抚养费。男方则要求女方承担违约赔偿责任。法院是否应当支持?〔1〕

合同与非合同的主要区别是双方当事人是否以共同的意思（合意）追求某种具有民法意义的后果（权利义务），也就是我们前面已经详细论述过的“合意+权利义务”公式。在判断一行为是否为合同时，应当同时采用两个标准。但是，在不容易判断时，应当以“合意”为主，还是以实际存在权利义务为主?在具体的规范性标准上，德国的学理与判例有两种不同的观点：主观标准与客观标准。

主观标准认为，区分一种行为是法律行为（合同）拟或非法律行为（非合同）应当以当事人的意思为标准。一种行为只有在给付者具有受法律约束的意思时，才具有法律行为（合同）的性质。这种意思表现为：给付者有意使他的行为获得法律行为（合同）上的效力，而且受领者也是在这个意义上受领这种给付。如果不存在这种意思，则不得从法律行为（合同）的角度来评价这种行为。而客观标准则认为，在通常情况下，当事人一般不会对法律约束作出实际的思考，只有出现了麻烦，特别是一方当事人不自愿履行义务或者一方当事人受到了损害时，法律约束问题才具有重要意义。但是，当事人一般是不会想到今后会出现麻烦的。如果想到，就不会有这种行为了。例如，替他人暂时无偿照看小孩。因此，通常情况下，无法认定当事人具有一项明示的或者默示的受法律约束的意思。所以，认定当事人具有受法律约束的意思，是一种欠缺实际基础的拟制。所以，应当采取客观标准来认定，即应当“考虑到双方当事人的利益状态，依据诚实信用原则及交易习惯”来判断是否存在法律义务。〔2〕德国学理在主观与客观标准上多有争议，但学理与判例在具体问题上呈现出灵活性。

针对例1，学者认为，如果有人邀请另一人共进晚餐，显然并不想给对方一项可以诉请的履行请求权，而被邀请者显然也没有当成一项请求权来接受。即使被邀请者享有这样一则请求权，也没有什么意义。因为邀请他人用餐旨在社交和娱乐，而社交和娱乐是无法通过法律来请求的……邀请者与被邀请者均没有要受法律约束的意思。〔3〕这里显然是主观标准。

在例2与例3中，则采取客观标准。在例3的判决中，法院认为E没有赔偿义务，理由是：由一个人来承担某种可能危及其生存的责任，与摸彩共同体的性质不符。如果事先对这一问题进行考虑，并作过明确的讨论，大概就不会有人愿意承担这样一种风险。学者解释说：在不能认定当事人具有真正的意思的情况下，应当根据客观标准来判断是否存在受法律约束的义务。客观标准主要涉及两个方面：一个方面是风险，另一个方面是能否苛求有关当事人对这种风险承担责任。在摸彩案件中，一起参加摸彩的人不能期望此次会中

〔1〕参见［德］迪特尔·梅迪库斯：《德国民法总论》，邵建东译，法律出版社2000年版，第150、152、154、156页。

〔2〕参见［德］迪特尔·梅迪库斯：《德国民法总论》，邵建东译，法律出版社2000年版，第150、152、153~154页。

〔3〕参见［德］迪特尔·梅迪库斯：《德国民法总论》，邵建东译，法律出版社2000年版，第150、152、150页。

奖，而受托人 E 则可能承担一项危及其生存的义务，而且他也没有因此而获得任何回报。从这个角度来看，同样会得出无偿行为不产生法律约束力的结论。这一理由同样适用于无偿替他人照看小孩的情形。[1]

对于例 4，德国联邦最高法院认为，男方没有合同上的请求权。因为非婚姻关系的伙伴，一般不愿意将其自由的伙伴关系置于法律规则的管辖之下。即使当事人例外地有受法律约束的意思，他们之间也不成立有效的合同（法律行为）。因为，此项意思涉及最为隐秘的个人自由领域，而这个领域是不容通过合同予以约束的。[2] 笔者认为，后一个理由是重要的，即人的基本权利和自由不得通过合同而约定。

以上行为都不是合同，但是均有财产上的支出或者损失，例如，请人赴宴要支出费用，赴宴也要支出出租车费；替人暂时无偿照顾小孩可能会造成孩子的伤害而支出医疗费用；等等。这些非合同之间的纠纷如何处理？德国学者认为，应当以侵权行为来对待，但在通常情况下，对侵权人应当减轻责任，对于轻微过失造成的损害应当免除赔偿责任。[3] 笔者赞同这种观点。

第三节 合同在生活和经济发展中的作用

法国学者指出，即使不是法学家也可以看到，合同是社会生活中的一个根本环节，除了完全实行自给自足的社会状态之外，每一个人的日常生活均是由各种合同编织而成的：一个人要想吃饭、穿衣、有住房、获得收入、获得资讯、休闲、出行或者治病，总需订立这样那样的合同。仅以常见的合同为例，就有买卖合同、租赁合同、劳动合同、承包合同、运输合同、医疗合同等。如果我们考察一下企业的运作，也会看到类似情况：企业本身往往就产生于一个合同——公司发起契约。对于公司来说，无论是日常运作还是购置设备、获得原材料或者经营产品，都需要订立合同：委托、借贷、代理、销售或者特许经营等，也都需要订立合同。[4] 也就是说，合同对于人民生活和社会的经济发展来说，都十分必要和重要。其具体作用可以概括为：

一、契约是产生私法上权利义务的最重要的依据

如果把私法从实质上进行划分，可分为静态的主体、静态的权利（义务）以及使权利（义务）与主体相结合的法律事实。法律事实可分为法律行为和非法律行为，而法律行为是主体主动的、积极的对权利（义务）的承担；非法律行为是主体对权利（义务）的消极的、被动的承受。而法律行为中最主要的是双方法律行为，也即契约。在专制制度下，契约被允许使用的范围是极其有限的，故梅因在论述其所处的时代与专制时代的不同时指出："我们决不会毫不经心地不理会到：在无数的事例中，旧的法律是在人出生时就不可改变地

---

〔1〕 参见［德］迪特尔·梅迪库斯：《德国民法总论》，邵建东译，法律出版社 2000 年版，第 150、152、154~155 页。

〔2〕 参见［德］迪特尔·梅迪库斯：《德国民法总论》，邵建东译，法律出版社 2000 年版，第 150、152、157 页。

〔3〕 参见［德］迪特尔·梅迪库斯：《德国民法总论》，邵建东译，法律出版社 2000 年版，第 150、152、150、157~158 页。

〔4〕 参见［法］弗朗索瓦·泰雷等：《法国债法：契约篇》，罗结珍译，中国法制出版社 2018 年版，第 41 页。

确定了一个人的社会地位，现代法律则允许他用协议的方法来为自己创设社会地位。”[1]的确，梅因所处的时代，正是资产阶级发展和上升的时期，整个资本主义社会正处在一个从“身份到契约”的发展过程中，年轻的资本主义在封建制度下萌芽时，就深感专制的窒息和压迫对其经济发展带来的影响，故极力主张将社会分为政治国家和市民社会，将法律领域分为公法和私法，以限制国家权力对私人生活的干预。在私法领域中，允许当事人根据契约自由的原则设定自己的权利义务，因此，契约就成了私法上权利义务的最重要依据（虽然不是唯一的依据）。

在英美法系国家，虽然不存在大陆法系中明确的债的概念，但合同是私法上权利义务赖以产生的根据这一点，是不容置疑的。也就是说，大陆法系与英美法系的契约在与权利义务的关系上，结果是相同的，只是在过程上有较大的区别。特别是在英美法系固有的约因理论已失去其昔日在古典契约法上的地位的情况下，二者的差异已变得越来越小。《美国统一商法典》第1-201条的总定义中第11项给合同下了一个这样的定义：合同是指由双方依本法和其他有约束力的法律达成的合意而引起的全部法律上的债务，从而明确了合同为双方合意而引起的债权债务关系。并且，在第2-609条之后的评释中，起草人进一步指出合同的本质特征在于确定相对人的相互依赖关系。这样，简单地说，合同就是因合意而产生的债的关系。[2]

二、保护交易进而促进实现私法上的目标

英国历史法学家梅因在比较进步社会与以前历代社会的不同时认为，契约法领域的扩大和强行法领域的缩小是一个重要的标志。他说：“关于我们所处的时代，能一见而立即同意接受的一般命题是这样一种说法，即我们近日社会和以前历代社会之间所存在的主要不同之点，乃在于契约在社会中所占的范围的大小。”[3] 阿蒂亚认为，在市民社会中，起码是由于下述两个原因，对合同法的需要变得越来越迫切。第一个原因是劳动的分工，这是现代社会非常重要的基本特征。它产生了一种不断的和日益增多的要求，即将财产从社会的一部分人手中转移到另一部分人手中，以及社会的一部分成员为另一部分成员服务。这些财产的流转和服务的提供赖以实施的法律手段，就是广义上的契约法。社会之所以非常需要一种适当的合同法的第二个原因是信贷制度的发达。复杂的信贷经济的出现，意味着在财产流转和提供服务的过程中，人们比以前在更大的范围内依赖于许诺与协议……所有这一切，就他们的价值而言，都取决于这个事实：说到底，合同法将使他们能够行使他们的权利。[4] 罗斯科·庞德有一句名言：“在商业时代里，财富多半是由许诺组成的。”我国制定合同法（合同编）目的也是保护合同当事人的合理预期，促进实现私主体（民商事主体）的目的。

在大陆法系国家，物权和债权有着严格的区分。所有权是目的和基础，而债权（契约）是所有权人之间沟通的桥梁。“所有权绝对”固然必要，但社会的分工及各所有权人为满足自己的需要而相互让渡财产的需要也不可或缺，而契约是满足这一需要最合适的手段。关于这一点，黑格尔指出：“契约关系起着中介作用，使在绝对区分中的独立所有人达到意志

---

〔1〕参见［英］梅因：《古代法》，沈景一译，商务印书馆1995年版，第172页。

〔2〕参见傅静坤：“论美国契约理论的历史发展”，载《外国法译评》1995年第1期。

〔3〕［英］梅因：《古代法》，沈景一译，商务印书馆1995年版，第172页。

〔4〕参见［英］P. S. 阿蒂亚：《合同法概论》，程正康、周忠海、刘振民译，法律出版社1982年版，第3页。

的同一。它的含义是：一方根据其本身和他方的共同意志，终止为所有人……它作为中介，使意志一方面放弃一个单一的所有权，他方面接受另一个所有权。"〔1〕也正因为如此，所有权绝对和契约自由同为西方民法的两大基本原则。当然，这种交换应有两个最基本的前提：一是国家对私人财产所有权的承认和保护；二是完备的市场。所有权是交换的起点和基础，而交换中最活跃的是私人财产所有权。如果不承认私人财产所有权，那么，交换的范围和频率就会大大地降低，契约在社会中的作用也就微不足道；如果没有完备的市场，而是靠计划去调节个人的需求，则契约就无存在的必要。我国从中华人民共和国成立到今天的发展历史足以从正、反两个方面对此作出令人信服的说明。

在英美法系国家，没有物权和债权的概念和区分，合同法是独立的法律部门，故与大陆法系国家不同的是：在英美国家中，合同法的著作比比皆是，并且有许多我们所熟悉的合同法专家。契约法是调整交易的最重要的法律，所以，英美法系的合同法理论在某种程度上与交易理论是作为同义语而使用的。罗伯特·考特指出："在合同法里，典型的事件为交易，而其基本的要素是报价、接受和对价。将这些要素提高到法律原则的水平上，交易原则便断言这些要素是一个承诺得强制履行的充分条件。"〔2〕迈克尔·D. 贝勒斯将交易关系区分为"正值的""零值的"和"负值的"三种。〔3〕在这种划分的基础上，给契约法下了一个这样的定义："契约法可被视为关涉相互期待的正值交易关系的法律。而契约法的主要功能则在于调整这些在私人之间转让财产或劳务的交易关系，并于事有不济的场合下给予救济。"〔4〕也就是说，契约法的基本目标在于保护合理的、正当的交易，进而达到私人的目的。对此，罗伯特·考特指出："合同的本质目标是使人们能实现其私人目的。为了实现我们的目的，我们的行动必然有结果。合同法赋予我们的行动以合法的后果。承诺的强制履行由于使人们相互信赖并由此协调他们的行动，从而有助于人们达到其私人的目标。社会的一个内容就是公民拥有达成自愿协议以实现其私人目标的权力。合同法为单个公民提供了一个达成彼此自愿关系条款的制度。"〔5〕

正是因为人们为实现自己的私人目的而订立契约，立约人便有了自己的期待，而期待是因信赖而产生的，故由正常的信赖而产生的合理的期待应当受到法律的保护。

三、最大限度地增加经济价值和资源的有效利用

法国学者托尼·威尔指出："侵权之债的规则主要起保护财富的作用，合同之债的规则应具有创造财富的功能。"〔6〕只有通过交易的方式，才能实现资源的优化配置，实现资源

---

〔1〕［德］黑格尔：《法哲学原理》，张企泰、范扬译，商务印书馆 1995 年版，第 81 页。

〔2〕［美］罗伯特·考特、托马思·尤伦：《法和经济学》，张军等译，上海三联书店、上海人民出版社 1994 年版，第 312 页。

〔3〕在正值的交易关系中，交易完成后存在的价值较前增多，即价值增加。一个正值的交易关系的一般概念包括如下三种具体情形：一方当事人或许受到损失，但对方之所得大于该方之所失；一方维持原状而另一方获有利益；双方当事人均获益。在零值的交易关系中，交易过后，存在的价值数量同先前相同。在负值的交易关系中，交易过后存在的价值少于先前，其情形为：或者一方价值不变，另一方减少；或者双方的价值均减少。当然，人们对价值本身或许有不同的看待，参见［美］迈克尔·D. 贝勒斯：《法律的原则——一个规范的分析》，张文显等译，中国大百科全书出版社 1996 年版，第 169 页。

〔4〕［美］迈克尔·D. 贝勒斯：《法律的原则——一个规范的分析》，张文显等译，中国大百科全书出版社 1996 年版，第 172 页。

〔5〕［美］罗伯特·考特、托马思·尤伦：《法和经济学》，张军等译，上海三联书店、上海人民出版社 1994 年版，第 313 页。

〔6〕转引自王利明："合同法的目标与鼓励交易"，载《法学研究》1996 年第 3 期。

的最有效的利用。英国学者阿蒂亚指出：自由交易在很大程度上决定了如何根据不同可能的用途来分配社会资源。在一个自由的社会中，并不是国家或者政府来决定应当生产多少汽车、应向娱乐业投入多少资金、是否应在一个新的地点创办超市或者街角店等，而是通过市场来决定，通过自由交易为媒介来运作，也就是合同。〔1〕按照美国经济分析法学派的观点，有效率地使用资源必须借助于交易的方式。只有通过自愿交换的方式，各种资源的流向必然趋于最有价值的利用。波斯纳认为，法律尤其是私法是为尽可能地增加经济价值而设计的，法律强制的主旨或标准在于为促进将来价值最大化的行为创造动因。〔2〕依照经济分析的观点，契约的自由附随于增加财富的目的，当事人的自由就自由本身的目的而言并不重要，它之所以重要，乃是因为其价值以及确立契约条款方面的自由选择权很重要，因为它可以确保当事人期待从契约中获得利益，并因而使其价值提高。〔3〕经济分析学派的这种观点在契约履行问题上的必然结论是：当契约不能增加财富时，即为零值交易或负值交易时，当事人有违约的自由。如果一方当事人发现在支付了违约金后，他仍可在另一笔交易中有利可图，即会取得更大的利益时，则当事人有违约的自由。同样，如果一个人在订立合同时对期待利益有错误理解，并且履行契约给其带来的损失会超过其应支付的违约费用时，他可在支付违约费用后违约。从这种分析来看，这是微观经济学的必然结论。的确，从微观的角度出发，即仅仅从交易双方的利益来看，这种违约的理由有足够的说服力。但若从社会的宏观角度来看，则未必是令人信服的。也正因为如此，无论是英美法系国家，还是大陆法系国家，在对违约问题的救济上，并不仅仅以经济利益作为唯一的考虑因素，实际履行作为非常的救济手段在两大法系都是被承认的。但经济分析学派对违约自由的理由的分析，对理解当事人的违约动机方面有极大的帮助。

四、契约可以使私法主体依照自己的意志对私人事物作出合理的安排

我们常常讨论计划经济与市场经济的区别，实际上，市场经济也是“计划经济”，市场经济中的任何一个参与者都不会盲目产生而是按计划产生，只不过其计划就是私人订立的合同（订单）。所以，在某种意义上说，合同本身就是计划，它使私法主体能够积极主动地对自己的事物作出合理的安排和计划。在这一点上，关系契约论者关于“合同是对未来事物的安排”的观点，具有较强的说服力。而这种通过合同对个人事物的未来安排，就是对他人履行义务的合理期待，故合同双方当事人相互合理的期待是合同法保护的根本所在。美国学者迈克尔·D. 贝勒斯指出：契约法的根本目的在于保护并促进合理创设的期待。这一观点强调：一方当事人应对合理信赖其言行的对方当事人负责，如果一方当事人知道或者可得而知其行为将使他方产生合理的期待，则该当事人就须负责实现这些期待而不是使其落空〔4〕。所以，“契约必须履行”是实现私人“计划经济”的重要途径，是对私人未来事务安排的保护，进而是使市场经济有序运行的保障。同时，当一方违约时，法律保护对方对合理的“期待利益”的请求也就有了合理的根据，因为这种利益本身就是在其期待之中的。

---

〔1〕参见［英］P. S. 阿蒂亚：《合同法导论》，赵旭东等译，法律出版社2002年版，第4页。

〔2〕转引自［美］迈克尔·D. 贝勒斯：《法律的原则——一个规范的分析》，张文显等译，中国大百科全书出版社1996年版，第174页。

〔3〕参见［美］迈克尔·D. 贝勒斯：《法律的原则——一个规范的分析》，张文显等译，中国大百科全书出版社1996年版，第174页。

〔4〕参见［美］迈克尔·D. 贝勒斯：《法律的原则——一个规范的分析》，张文显等译，中国大百科全书出版社1996年版，第176页。

第四节 合同的分类

无论是大陆法系国家还是英美法系国家均存在按不同标准对契约所进行的分类，但是，大陆法系国家的契约分类既有学理上的分类，也有法典上的分类，例如，要式合同与非要式合同、即时清结的合同与非即时清结的合同、有名合同与无名合同、单务合同与双务合同、有偿合同与无偿合同等均为学理上的分类；买卖合同、租赁合同、融资租赁合同、赠与合同、借款合同、委托合同等则属于法典上的分类。而英美法系国家对合同的分类多为学理上的分类，这种分类对掌握各种合同的不同性质和特征，从而更好地适用法律，大有裨益。我们在此仅仅就大陆法系学理上对合同的分类作简要的阐述。

一、双务合同与单务合同

（一）分类标准与概念

这是依照当事人双方是否互负义务为标准而作的分类。单务合同是指一方当事人负担义务而他方当事人不负担义务的合同，例如，《法国民法典》第1103条规定：“如一人或数人对于其他一人或数人负担债务，而后者不受约束时，此种契约为单务契约。”

双务合同是当事人双方互负义务的合同，例如，《法国民法典》第1102条规定：“如契约当事人相互负担债务时，此种契约为双务。”在现代社会中，双务合同是最常见、最重要、最活跃的合同，而单务合同则逊色得多。德国学者海因·克茨指出：在对方既没有给予也没有允诺给予任何东西作为回报的情况下，为什么某人就必须允诺付款、转让土地、提供咨询或者提供代理呢？所有法律制度，特别是普通法，是很怀疑只约束一方的协议的。[1] 的确，在市民社会中，提供无偿的付出毕竟是例外和非经常的，而典型的合同关系应是有偿和互利的，所以英国学者阿蒂亚说：在过去单务合同的地位是很低的，它一般被限制去处理一些特别的案例，比如为了获得信息或者失物的找回而提供报酬，根本不适合传统合同法理论。[2]

但我们必须强调，单务合同与单方法律行为不同，它仍然是合同，具有双方的合意，仅仅是义务的负担方面为一方负有义务，赠与合同即是如此。

（二）分类的意义

将合同分为双务合同和单务合同的意义主要体现在以下几个方面：

1. 在合同的生效方面，双务合同要求缔约当事人应当具有相应的行为能力；而在单务合同中，仅仅要求承担义务的一方具有相应的行为能力，而不要求对方，赠与合同就是如此。

2. 在合同的履行方面。

（1）除当事人或法律有特别规定，双务合同以同时履行为原则，即双务合同的当事人享有同时履行抗辩权，在一方未履行或未提供履行的担保时，对方有权拒绝自己的给付；单务合同则不存在这一问题。

（2）在双方合同发生不可抗力而使双方不能同时履行时，任何一方均不得要求对方履行，债务人即免除义务；如一方已经履行的，对方应当予以返还，否则，就构成不当得利；

---

〔1〕参见［德］海因·克茨：《欧洲合同法》（上卷），周忠海等译，法律出版社2001年版，第4页。
〔2〕参见［英］P. S. 阿蒂亚：《合同法导论》，赵旭东等译，法律出版社2002年版，第43页。

单务合同则不存在这一问题。

（3）由于可归责于债务人的原因而致使不能同时履行的，债务人无权要求对方履行，对方有权要求解除合同并请求赔偿损失；在单务合同中则不存在这一问题。

（4）由于可归责于债权人的原因而使合同不能履行的，债务人有权要求对方履行并赔偿因此遭受的损失；在单务合同中，债务人是否具有这种请求权，则要根据具体情况而定。

3. 在合同变更或者撤销方面，双务合同中的一方当事人可以“显失公平”为由主张撤销或者变更合同，而单务合同则不发生这种问题。

二、物权合同和债权合同

（一）分类的标准及概念

这是以合意的内容以及效果为标准所作的分类：如果合同当事人合意的内容是关于物权变动，并且其效果意思也是直接旨在发生物权变动的，该合同即为物权合同；如果双方的合意内容仅仅是关于对相对人的请求权，并且效果意思也是直接产生请求性权利义务的，便是债权合同。

曾经有学者认为，这种“物权合意”是虚拟的，物权变动根本不需要意思表示和合意，进而反对物权合同的存在。但这种观点实际上是对德国民法立法和理论的误解，物权变动的合意是实际存在的。例如，A 与 B 签订房屋买卖合同。合同签订后，房屋所有权没有发生变动。这时候这个房屋买卖合同对于 A 与 B 发生的直接效果是什么？产生了 A 对 B 的房屋请求权、B 对 A 的价款支付请求权。因此，这个合同就是债权合同。如果双方要达到交易的目的，还需要两个处分行为——B 与 A 就房屋所有权移转达成合意并且同意登记，房屋所有权才发生变化。这就如婚姻登记一样：双方在登记结婚前先有一个关于婚姻的合同（订婚，尽管我们不承认其约束力，但可以作为例子来说明），但去结婚机关登记的时候，登记官还要当面问你：是否愿意结婚？双方就此达成一个合意并登记。即使是承认婚姻合同效力的国家，在真正成立婚姻的时候，无论是采取教会方式还是世俗方式，合意都是必要的。

动产所有权人的移转也是一样：合意+转移占有。因此，萨维尼才说：交付是一个真正的契约。当然，对此我们国家民法理论争议很大，即使在《民法典》本身，也有很多解释的余地。

（二）分类的意义

尽管赞成和反对这种分类的学者都有自己的理由，这些理由已经众所周知。在此，笔者赞成这种分类，其分类意义在于：

1. 有利于保护非违约方。尽管反对者认为，保护非违约方有很多方法，这种分类能够被替代。但笔者认为，在大多数情况下确实可以被其他方案替代，但在“无权处分”的情形下，对非违约方的保护是无法替代的。

例如，A 与 B 订立了一个电脑买卖合同，约定 A 将租赁来的电脑出卖给 B。这时，买卖合同的效力是什么呢？如果按照反对这种分类的观点：这个买卖合同效力待定——除非出租人追认或者 A 事后取得处分权。但肯定的观点则不同：买卖合同有效。这两种观点对当事人的影响或者说法律后果是什么呢？

根据赞同说的观点，合同有效，B 可以根据有效的合同追究 A 的违约责任。根据否定说的观点，A 仅仅是承担合同无效后的过错责任——缔约过失责任。

这两个责任的差别有多大呢？①责任构成不同：违约责任，至少按照我国学界的同行观点是无过错责任，而缔约过失责任则是过错归责。这种差别在现实生活中很大。②合同有效的情况下，B 可以请求“可得利益损失”的赔偿，而在合同无效的情况下，一般是消极利益的赔偿，只有在极少数情况下，缔约过失的赔偿有可能等于可得利益——很多国家法律规定，在合同无效的情况下，赔偿的数额不得超过合同有效时对方可以获得的利益。

最高人民法院的有些司法解释是承认这种分类的，例如，2012 年《最高人民法院关于审理买卖合同纠纷案件适用法律问题的解释》（法释〔2012〕8 号）（已被修改）第 3 条规定：“当事人一方以出卖人在缔约时对标的物没有所有权或者处分权为由主张合同无效的，人民法院不予支持。出卖人因未取得所有权或者处分权致使标的物所有权不能转移，买受人要求出卖人承担违约责任或者要求解除合同并主张损害赔偿的，人民法院应予支持。”

2. 有利于《民法典》的构建。如果一个民法典有物权与债权的区分，特别是有物权编与债编的规定，再有总则编的法律行为的规定，那么，区分债权合同与物权合同似乎应该是一个必然的结果。因为合同是双方法律行为，而这种合同（合意）有可能发生在债编，也有可能发生在物权编。

我国《民法典》既然有物权编，也有合同编，还有规定“法律行为”的总则编，承认债权合同与物权合同也应该是一个必然的结果。

三、诺成合同和要物合同

（一）分类的标准及概念

这是以合同的成立于当事人的意思表示外是否尚需交付标的物为标准所作的划分。诺成合同是指当事人意思表示一致合同即告成立的合同，无需为实物的交付；要物合同是指除当事人意思表示一致外，尚需交付标的物的合同。诺成合同与要物合同的分类是一种古老的分类，从梅因在对早期合同史的考察中可知，诺成合同是在罗马后期作为最后一种合同成立的方式而产生的，但它是一种主要的形式，是对后世影响较大的合同，罗马人将其归于“万民法”中。[1] 这实际上是对罗马法对合同严格形式的一种补充。在传统民法中，买卖合同、租赁合同、雇佣合同、承揽合同、委托合同等属于诺成合同；借用合同、借贷合同、保管合同等属于要物合同。[2]

在我国《民法典》上，有三种合同属于要物合同：定金合同（第 586 条）、保管合同（第 890 条）与个人借贷合同（679 条）。[3]

为什么会有要物合同这种类型呢？梅因在论述罗马法的要物合同时认为，这是伦理道德因素被纳入合同法的产物。因为，在要物合同产生前，即使借贷双方当事人有了合意，而且交付了金钱，但如果因为疏忽而忽视了法定手续，合同将不被法律所承认，即借钱的人是不能诉请返还的。但在要物合同发明后，仅仅一方实际交付金钱，就能使他方负担债务。这显然是基于伦理的根据，第一次把道德上的考虑作为合同中的一个要素。[4] 在今天，要物法律行为的数量比罗马法时代有所减少，其原因何在？因为，按照梅因的说法，它仅仅是诺成合同发明前的产物，但在诺成合同产生后，它为什么没有消失呢？笔者认为，

---

〔1〕 参见［英］梅因：《古代法》，沈景一译，商务印书馆 1995 年版，第 188 页。

〔2〕 参见王家福主编：《中国民法学·民法债权》，法律出版社 1991 年版，第 274 页。

〔3〕 参见我国《民法典》第 586 条第 1 款规定：“当事人可以约定一方向对方给付定金作为债权的担保。定金合同自实际交付定金时成立。”第 679 条规定：“自然人之间的借款合同，自贷款人提供借款时成立。”第 890 条规定：“保管合同自保管物交付时成立，但是当事人另有约定的除外。”我国《民法典》编纂过程中，对于这一类合同究竟是“交付成立还是交付生效”？几经周折，最后在提交第十三届全国人大第三次会议讨论后，改为“交付成立”，这是正确的。

〔4〕 参见［英］梅因：《古代法》，沈景一译，商务印书馆 1995 年版，第 187 页。

要物法律行为之所以被保留下来，主要是基于以下两个原因：

1. 基于道德的因素。在现有的要物法律行为中，人们之所以以交付标的物作为有些法律行为的成立要件，是基于道德上的考虑，如民间借贷、借用等，这些法律行为都是无偿的（例外的情况下借贷可以是附加利息的），而且多是基于互助而为之。而对方没有对应的义务，故若达成协议就给借用人以法律诉求力，便与这些行为的基础不符。因此，将其定为要物法律行为，即只有交付才成立，不交付标的物不成立法律行为，从而免除了出借人仅仅因许诺而产生的义务，符合无偿且互助的道德基础。

2. 基于这些特殊法律行为本身的性质所决定。有些要物合同，对方承担法律义务的根据就是交付标的物，因而，"合意+标的物交付"更明确了义务人的义务。例如，在借用合同与保管合同中，借用人与保管人的主要义务就是对标的物的到期返还，因此，这种返还的义务是以标的物的交付为根据和前提的。对此，意大利学者在谈到消费借贷时指出的：物的交付，即对物之所有权的转移，债务人恰恰是按照他所接受的数量承担义务。如果未发生所有权的转移，则不产生消费借贷。[1]

这些要物合同都有一个共同的特征，即针对相对方的交付承担义务，例如，借贷合同是到期返还借款；保管合同中保管人的义务是到期返还保管物；借用合同中借用人的义务是到期返还借用物；定金合同中接受人的义务是返还定金（合同履行后）或者返还双倍定金（合同不履行）。若对方不实际移交这些标的物，对方则无法返还。因此，对方的义务或者权利直接以标的物的交付为条件或者基础。这与买卖合同显然不同：出卖人与买受人形成对价关系，即使出卖人不交付标的物，卖受人仍然可以履行自己的义务，而请求对方履行对待给付；但在要物法律行为中，如果对方不交付，自己将无法履行自己的义务。因此，这些合同本身的属性就决定了其必然是要物性的，即以标的物的实际交付为成立要件。所以，这些合同属于特殊法律行为，而不是如有的学者所说的存在"合同成立的特殊要件"。

（二）分类的意义

区分要物合同和诺成合同的意义在于：

1. 二者成立的要件不同。在诺成合同中，当事人一经合意合同即告成立；而要物合同除此之外，尚要交付标的物。

2. 二者成立的时间不同。诺成合同成立的时间即是合意达成的时间；而要物合同成立的时间为物的交付时间。

四、有名合同与无名合同

（一）分类标准和概念

这是以合同类型是否在民法典或者特别法中赋予一定的名称并且有独立的法律规范规定为标准而作的分类。有名合同又称典型合同，是指法律对这类合同赋予一定的名称并且设有专门的规范规定的合同，如买卖合同。买卖合同在我国《民法典》合同编中不仅有其类型名称，而且有详细的规则。

无名合同又称非典型合同，是指法律未对其类型特别加以规定，也未赋予其特定名称，而是由当事人自由创设的合同，如在我国普遍存在的饮食合同、服务合同等。无名合同并非没有自己的名称，而是法律对这类合同类型未明确规定，故无自己独立的规则，只能适用合同法的一般规则。法国学者指出，所谓有名合同，是指法律、法规或者习惯已经赋予

---

〔1〕参见［意］彼德罗·彭梵得：《罗马法教科书》，黄风译，中国政法大学出版社 1992 年版，第 363 页。

其名称，并且有关条文已经赋予其法律制度的合同。这类合同对应的是已经有准确定义的特定活动，如买卖、租赁、委托等。所谓无名合同，是指法律未使用特定名称对其作出规范，因此主要是受普通规则调整的合同。具体来说，无名合同所包含的各种合同并不具有同一性质，但它覆盖了具有各自特性的各种合同。无名合同也是人们在实践中创设的各种合同。合同在“有名”与“无名”之间的归属站队并非永恒不变，有许多原先属于无名合同的合同，一旦经过立法机关进行规范，便成为有名合同。[1] 例如，在我国《民法典》之前，保理合同、合伙合同等都属于无名合同，但我国《民法典》将其变为有名合同了。

那么，以什么为标准来决定什么合同属于有名合同或者无名合同呢？笔者认为有以下几个标准：

1. 重要性及普遍适用性。如果一种合同在现实生活中被人们普遍使用，而且具有重要性，则可以考虑将其纳入到有名合同中，对其规则进行专门规定。例如，我国《民法典》此次专门将“物业服务合同”规定为有名合同，就是因为这种合同在实践中非常普遍，而且与广大人民的生活息息相关。

2. 特殊性。即使一种合同对于广大人民的生活具有息息相关的重要性和普遍性，但如果其规则没有特殊性，利用合同的一般规则或者其他合同的一般规则就可以很好地解决问题，也没有必要将其规定为有名合同。例如，尽管我国《民法典》规定了“供用电、水、气、热力合同”为有名合同，但笔者始终认为，这种合同的唯一特殊性就在于其供用主体具有“强制缔约义务”，但这种强制缔约义务完全可以在合同编的总则部分解决。其他的问题利用买卖合同完全可以解决，因此，根本不应该将其规定为有名合同。保理合同也是如此，性根本算不上特殊。

但物业服务合同确实具有特殊性：签订物业服务合同的人恰恰不是合同当事人，而业主不是合同签订人，却是义务的实际履行人。

（二）分类的意义

有名合同与无名合同的分类起源于罗马法。在罗马法上，对于有名合同的成立要件、内容、效力、当事人的权利义务，法律均有具体的规定。在历史上，有名合同与无名合同的区分曾经起到了非常重要的作用。在罗马法上，合同只有按照有名合同的模子铸就时，才具有强制力，才可能产生诉权。如果不具备有名合同的形式，均不能产生效力。这就是所谓的“无形式的简约不能产生任何诉权”。后来，这些合同在一方当事人已经履行的情况下，通过对待给付之诉，对相对人产生强制力。[2]

在今天，有名合同与无名合同的区分，当然不再具有罗马法上的那种意义。其区分主要是在法律适用方面：有名合同首先适用法律为其专门制定的规则。只有在自己的规则没有规定时，才适用合同编的一般规则及民法典的其他规则。例如，我国《民法典》上的保理合同，在发生纠纷时，先适用《民法典》（第761~769条）对其作出的特别规定。当没有规定时，适用《民法典》合同编及其他各编的规则。保理合同的无效、可撤销、合同债权转让等，适用《民法典》总则编和合同编的一般规定。

无名合同因为法律并没有赋予其特别规则，只能适用《民法典》合同编及《民法典》

---

〔1〕 参见［法］弗朗索瓦·泰雷等：《法国债法：契约篇》，罗结珍译，中国法制出版社2018年版，第120~121页。

〔2〕 参见［法］弗朗索瓦·泰雷等：《法国债法：契约篇》，罗结珍译，中国法制出版社2018年版，第121页。

其他各编的一般规则。

五、有偿合同与无偿合同

(一) 分类的标准及概念

这是以当事人之间有无对价的给付为标准而作的分类。有偿合同是指当事人双方为取得利益而须支付对价的合同。例如,《法国民法典》第1106条规定:"当事人双方相互负担给付与作为的债务时,此种合同为有偿合同。"无偿合同则是当事人从对方取得利益而无需支付对价的合同。《法国民法典》将之称为"恩惠契约",例如,该法典第1105条规定:"当事人一方无代价给与他方利益时,此种契约为恩惠契约。"在实践中,多为有偿合同,而无偿合同极少,康德认为:以无偿合同主要有三种:(无偿)保管、借用和捐赠。[1]

(二) 分类的意义

区分有偿合同与无偿合同的意义在于:

1. 对有偿合同的调整如法律无特别规定,适用买卖合同的规定;无偿合同则不然,其债务人不负标的物的权利瑕疵担保和品质瑕疵担保责任(特殊情况例外)。

2. 当事人所负的过失责任的程度不同。在无偿合同中,给付只对一方有利,对债务人自身无利益,所以他只负故意和重大过失责任;在有偿合同中,给付对债务人和债权人均有利益,债务人对此应负抽象的轻过失责任。

3. 限制行为能力人未经其法定代理人的同意一般不能订立有偿合同,但可订立无负担的无偿合同,接受他人给付的利益。[2]

六、要式合同与不要式合同

(一) 分类的标准及概念

这是以合同的成立是否要求履行一定的形式和手续所作的分类:法律要求必须具备一定的形式和手续的合同为要式合同;法律不要求必须具备一定的形式和手续的合同为不要式合同。美国著名合同法学者科宾指出,要式合同是指这样一种合同:其法律效果依赖于它的作成形式或者表示方式,而不依赖于交换中给付的充分对价,也不依赖于信赖它的受要约人的任何地位变化。另一方面,不要式合同的法律效果不依赖于其作成形式或者表示方式,大多数这类合同的法律效力都依赖于为换取允诺而给付的充分对价。[3] 科宾显然是从英美合同法理论来分析的,但其"法律效果是否依赖于其作成形式或者表示方式"的标准,与大陆法系是一致的。在合同法的发展初期,对合同成立的形式有较严格的要求,以要式合同为原则。[4] 在现代各国,虽然以合同自由为基本原则,故以不要式合同为原则而以要式合同为例外,但为保护交易的安全,对特殊财产,如不动产合同仍规定为要式合同。我国《民法典》合同编规定的要式合同有:不动产买卖合同、非自然人之间的借款合同、租赁合同、建设工程合同。

(二) 分类的意义

对合同进行这种分类的意义在于区别形式对不同类型合同的效力。在这个问题上,各

---

〔1〕 参见[德]康德:《法的形而上学原理——权利的科学》,沈叔平译,商务印书馆1997年版,第106页。

〔2〕 参见周枏:《罗马法原论》(上),商务印书馆1996年版,第661页。

〔3〕 参见[美]A.L.科宾:《科宾论合同》(上),王卫国等译,中国大百科全书出版社1998年版,第13页。

〔4〕 参见[英]梅因:《古代法》,张文显等译,商务印书馆1995年版,第184~185页。

国的规定各有不同，有的国家的民法典规定合同不具备法律规定的形式不产生效力；有的则规定不具备法定形式的合同不成立。

违反法定合同形式的合同是否一律无效，就要遵循《民法典》第 153 条的规定，看形式是否指向合同效力的强制性规定。另外，根据我国《民法典》第 490 条第 2 款的规定，法律、行政法规规定采用书面形式的合同，当事人未采用书面形式但已经履行主要义务，对方接受的，该合同有效。由此可见，我国合同法并不采取不具备法定形式的合同不成立或不生效的原则，而是采取较为灵活的原则。

七、即时清结的合同和不即时清结的合同

（一）分类标准及意义

这是以给付是否具有连续性为标准所作的分类。即时清结的合同又称一次性给付的合同，如果合同规定的当事人的给付能够一次性完成的（尽管有时候分期完成，但其完成不具备连续不断的特点），即为即时清结的合同，如特定物的买卖；如果合同规定的当事人一方应为的给付在一定期间内连续完成的（不可能一次性完成），则为连续给付的合同，如租赁合同、雇佣合同等。

（二）分类的意义

这种分类的意义在于：合同因无效或撤销而引起的法律后果不同。就一次性给付的合同而言，其无效或撤销具有溯及力，即当事人已为的给付应当返还；但在连续性给付合同中，其无效或撤销不具有溯及力，例如，雇佣合同无效或撤销后，雇主不可能要求已提供劳务的雇员返还已领的工资，同样，雇员也不可能要求雇主返还其已付出的劳动。也就是说，非即时清结的合同在无效或撤销后只能向将来发生效力。[1]

八、本约与预约

（一）分类标准及概念

分类的标准是合同的目的，即是否具有为将来签订合同而缔约的目的。预约是为将来订立合同而签订的合同，即当事人约定将来签订合同。被约定签订的合同为本约。

我国《民法典》第 495 条规定："当事人约定在将来一定期限内订立合同的认购书、订购书、预订书等，构成预约合同。当事人一方不履行预约合同约定的订立合同义务的，对方可以请求其承担预约合同的违约责任。"这是我国第一次用立法的形式规定了预约合同。也是对我国长期司法实践经验的总结和肯定。《最高人民法院关于审理买卖合同纠纷案件适用法律问题的解释》（已被修改）第 2 条规定："当事人签订认购书、订购书、预订书、意向书、备忘录等预约合同，约定在将来一定期限内订立买卖合同，一方不履行订立买卖合同的义务，对方请求其承担预约合同违约责任或者要求解除预约合同并主张损害赔偿的，人民法院应予支持。"这说明我国司法实践是承认本约与预约这种区分的。

在预约与本约的分类中，需要研究和澄清的问题是：①预约是独立的合同还是本约的一部分？②预约与意向书的区别是什么？③预约合同内容是否应当包含本约中的主要合同条款？④违反预约是否应当承担违约责任？该违约责任中是否包括强制履行（强制签订本约）？

违反预约的问题，我们还要在"违约责任"部分详细讨论，在此不详细展开讨论。

我们先来看第一个问题。预约是否是独立的合同？在这一问题上，学者之间存在争议，

---

〔1〕 参见尹田编著：《法国现代合同法》，法律出版社 1995 年版，第 11 页。

有“同一合同说”和“两个合同说”的争议。但我们认为，预约当然应该是一个独立的合同，因为：①合同目的与本约的目的不同。预约合同的缔约目的是保证将来与相对人以某种内容或者形式签订本约。而本约则是直接实现合同标的承载的目的。②预约合同在内容上与本约不一定一致，只是主要条款必须一致。③违约的后果也不一致（后面详细讨论）。

我们再来看第二个问题。预约与意向书是有区别的：①预约是一种合同，而意向书根本不是合同，仅仅是订立合同的意向；②违反预约合同要承担违约责任，而违反意向书至多承担缔约过失责任；③预约合同应当包括本约的主要内容，而意向书一般不要求有合同的主要条款，仅仅表明一种继续磋商的意愿，而合同的主要条款还要进行协商。因此，我国原《民法典（草案）》第495条对于“预约合同由意向书构成”的规定，似乎不太妥当。除非，名为“意向书”，实际上其中包含了未来合同的主要条款。当事人签订认购书、订购书、预订书、意向书、备忘录等是否构成预约合同，还要看是否包括本约合同的主要条款，否则不是预约合同。

我们再来看第三个问题。预约合同内容是否应当包含本约中的主要合同条款？答案当然是肯定的。如果不包括未来签订的本合同的主要条款，预约合同就仅仅是一个意向书。因为，如果当事人签订了一个没有未来主合同条款的预约合同，当事人在未来还要就本合同的主要条款进行协商，如果任何一方不想履行预约合同，就以协商不成为由不签订本合同。预约合同也就没有了任何意义，实际上也就沦为意向书了。因此，要构成预约合同，则预约合同中就必须包括未来签订的本合同的主要条款。因此，《民法典》第495条的规定实际上是对最高人民法院司法解释的修正。

我们再来看第四个问题。违反预约是否应当承担违约责任？该违约责任中是否包括强制履行？我国《民法典》第495条对此并没有作出限制性或者禁止性规定，应该解释为：违约责任如同违反一般合同一样承担违约责任。[1]

（二）分类的意义

这种分类的意义主要在于：当事人违约后的具体违约责任和手段不同。因预约的目的是未来签订本合同（及预约的主要条款），因此，其主要的法律救济是签订本合同。而违反本合同的目的是直接实现合同规定的标的负担，例如，买卖合同双方的主要义务是一方交付货物标的，而对方支付价款标的，违反买卖合同后的责任是直接实现这种交付义务。

九、涉他合同与非涉他合同

（一）分类标准和概念

这种分类的标准是合同是否涉及第三人。如果合同的效力涉及第三人，则为涉他合同；如果合同的效力仅仅及于当事人之间而不涉及第三人的，则为非涉他合同。

因合同的相对性为基本原则，故涉他合同为例外，非涉他合同为常态。

（二）分类的意义

这种分类主要涉及第三人的权利义务如何确定的问题，也就是说，当双方当事人的合同涉他时，一般不可以给他人增加义务而只能是权利，因此，只能是“利他合同”。但这种利他中的“他”能否对合同双方当事人具有请求权，就要区分不同情况来确定。另外，合同一旦生效，合同签订人能否自由解除合同？也是这种分类中的重要问题。这一点，对于司法实践具有重大意义。

---

[1] 参见王利明：《合同法研究》（第一卷），中国人民大学出版社2018年版，第46~50页。

十、实定合同与射幸合同

(一) 分类的标准及概念

这是以合同的效果在缔约时是否确定为标准而进行的分类。实定合同是指合同的法律效果在缔约时就已经确定的合同。射幸合同是指合同的法律效果在缔约时不能确定的合同，如保险合同、彩票合同等。法国学者指出，实定合同与射幸合同的分类属于有偿合同的次级分类。所谓实定合同，是指每一方当事人可以受领的对价都是肯定而且都是确定的有偿合同。而且，各方当事人在订立合同时就肯定地知道自己应当进行的给付的范围与数额，知道自己可以从中得到多少利益。所谓射幸合同，是指双方当事人可能受到的利益或者遭受的损失完全取决于某种不确定事件的合同。[1]《法国民法典》对于实定合同与射幸合同作了规定，该法典第1104条规定，每一当事人承担的给付或者作为义务大体等于他方对其承担的给付或者作为义务，此种契约为实定契约。当相等的对价是指每一当事人依据某种不确定的事件，均有获得利益或者损失的机会时，此种契约为射幸契约。例如，买卖合同就是实定契约，因为买卖合同签订的时候，双方对于合同对自己规定的权利义务都是清楚的，也是确定的。但是，保险合同就是射幸合同，因为各自的获益或者损失取决于未来保险事故如何发生：也许是保险公司赚取了保险费，也许是保险公司赔了而投保人赚了（如果保险事故很大而赔偿超过了保险费）。

随即提出的问题是：如果一方的获益或者损失是确定的，而只有一方的利益或者损失取决于某种事件时，这种合同是否属于射幸合同？对此，《法国民法典》第1964条规定，射幸契约是指当事人相互之间的一种约定：所有的当事人或者其中一当事人或者数当事人是获利或者损失，均依赖于某种不确定的事件。从该条看出，法律并没有要求只有当所有当事人都具有射幸的性质时，合同才是射幸合同。也可以是一个当事人或者数个当事人射幸。例如，有人提出保险合同，保险人已经收入了固定的利益，只有投保人是否获益具有射幸性。[2] 但是，这不一定，要看将来保险事故的大小。也许保险人要付出比其收取的保险费更多的费用，而投保人获得比保险费更大的利益。

射幸合同不同于附条件合同，合同已经生效，但是否发生当事人预定的结果，要看是否发生约定的事由（不确定事件是否发生）。例如，保险合同必须发生约定的保险事故才发生保险人的责任；彩票更是如此，是否中奖要看号码是否对得上。

(二) 分类的意义

法国学者认为，实定合同与射幸合同的区分意义恰恰就在于能否以“显失公平而受到损害”为由请求撤销合同。通常情况下，在实定合同中，一方当事人因显失公平而受到损害的时候，可以请求法院撤销合同。但是，如果合同具有射幸性，受到损失的当事人则不能以显失公平为由主张撤销合同。因为射幸合同的每一方当事人在订立合同时均自愿同意并且接受“赌上一把”或者“碰碰运气”。因此，不论发生什么后果，均不得事后反悔，不得主张显失公平、受到损害。[3]

---

〔1〕 参见［法］弗朗索瓦·泰雷等：《法国债法：契约篇》，罗结珍译，中国法制出版社2018年版，第137~138页。

〔2〕 参见［法］弗朗索瓦·泰雷等：《法国债法：契约篇》，罗结珍译，中国法制出版社2018年版，第140~145页。

〔3〕 参见［法］弗朗索瓦·泰雷等：《法国债法：契约篇》，罗结珍译，中国法制出版社2018年版，第141页。

十一、主合同与从合同

（一）分类的标准和概念

分类的标准是合同是否能够独立存在。能够独立存在的或者独立存在具有价值的，为主合同；从属于主合同并为主合同服务的，为从合同，例如，担保合同都是从合同。

（二）分类的意义

这种分类的意义在于：确定合同之间的相互效力。主合同的变动会影响从合同，主合同的消灭一般会导致从合同失去目的而消灭。但是，法律另有规定的除外。

第二章 合同的成立及其程式

第一节 合同的成立及其程式的概述

契约是当事人之间关于权利义务关系的合意，这一概念已为大陆法系国家所普遍接受。如果将契约关系的成立看作是一个行为的话，那么，成立则是瞬间完成的，即于当事人就权利义务关系形成合意的那一刻起，契约即告成立。如果将契约的订立看作是一个过程的话，则包括契约订立的各个步骤，即一个从协商到一致的过程。这个过程就是一个相互协商、讨价还价、相互妥协的过程，用合同成立的专门术语讲，就是一个要约、承诺，甚至包括反要约在内的较为复杂的过程。就如德国学者罗伯特等所言，要约和承诺之间的差别只是一种时间上的不同，要约是一种在先的意思表示，而承诺则是一种在后的意思表示。从原则上讲，要约的表达应该能够使对方只以一句简单的"同意"而加以接受，但这种情况在实践中非常少见。正如经常发生的那样，契约是一个漫长过程中的最后一步。〔1〕

正是这个讨价还价、相互协商和妥协让步的过程，包含了古典契约理论的全部要素。在这个过程中，每一个环节的主体意志的自由性及主体地位的平等性，使得契约自由和契约正义相互协调。也正因如此，西方许多学者将古典契约理论称为"交易理论"，也实属恰当。阿蒂亚也正是从这里入手对美国《第二次合同法重述》中提出的关于契约的定义进行了批评：那种以许诺为根据而对合同下的定义忽略了一般合同中的交易成分。当我们研究合同的形成时，这个缺点就会充分地暴露出来。合同不能简单地依据一个纯粹的许诺，或者一系列的许诺而成立。典型的合同基本上是一种相互之间的交易。〔2〕

以一个典型的交易为模式，可以分析出合意形成的一般过程，即契约成立的一般程式和特殊程式。

从交易双方的利益和目的出发，交易的潜在双方均有两种最基本的目标和追求：一是得到自己需要的商品或服务，这是交易的首要和直接目的，是交易的直接动机；二是以最小的代价获得最佳的商品或服务。这也是经济分析法学派将契约看成是效率的最基本的出发点。但是，当怀有这两种目标的主体在市场上相遇而欲作交易时，其目标和追求就会发生直接的冲突。这就迫使双方进行讨价还价、相互妥协，除非其选择不交易。这种讨价还价还可能反复进行，最后才能形成合意。这个过程就会呈现出这样一种状态：要约——反要约——再要约——承诺（合意）。故贝勒斯说："要约和承诺的概念在双务或相互讨价还

---

〔1〕 参见［德］罗伯特·霍恩等：《德国民商法导论》，楚建译，中国大百科全书出版社1996年版，第81页。

〔2〕 参见［英］P.S.阿蒂亚：《合同法概论》，程正康、周忠海、刘振民译，法律出版社1982年版，第40页。

价的契约中最为人们所熟知。”[1]

我国《民法典》第471条规定，当事人订立合同，可以采取要约、承诺方式或者其他方式。这说明，在我国订立合同的一般程式就是要约——承诺的方式，还有其他特别的方式，如招标投标、拍卖等。

第二节　合同成立的第一步——要约

合同订立的一般程式是以典型的交易为理论模式的，这个模式就包括讨价还价，即要约与承诺的一般过程。在这个过程的终点，必须是权利与义务相衔接，意思表示在时间与空间上相吻合，否则，就不存在契约关系。

一、要约的一般含义

大陆法系和英美法系国家在关于何为要约的问题上，文字表述可能会有所不同，但如果我们剥去其外表而揭露其本质，则实质是一致的。这主要是因为两大法系的要约承诺理论均起源于交易。例如，大陆法系普遍接受的要约的定义是：要约是一方当事人以缔结契约为目的而向相对人所作出的意思表示。根据我国《民法典》第472条的规定，我国合同编关于要约的概念应该是：要约是希望和他人订立合同的意思表示，该意思表示的内容必须具体确定并含有表意人在该意思表示被接受时就受其约束的意旨。

直接承继英国法的我国香港地区有关法律规定：要约是一方当事人（要约人）向另一方当事人（受要约人）作出的愿意在法律上受所建议的合约条款约束的意向表示。[2] 美国《第二次合同法重述》第24条称要约为：对于立即进行交易的意愿的表达。这一表达能使一个通情达理的人处于受要约人的地位时相信，其只要对要约表示同意，即接受该要约，就可进行这一交易。

从以上两大法系关于要约的定义就可看出，二者均以典型的交易为基础而设计，均将要约视为实质性交易的开始。要约含有以下意义：其一，要约是一种进行交易的动议或建议，是契约订立的起点。因为任何人要进行交易或称缔结契约，总要有一方首先提出动议，另一方表示接受或拒绝或表示再协商。动议方称为要约人，相对人称为受要约人或承约人。但仅仅有这一点不足以反映要约的本质特征。其二，要约人必须含有合同成立所需要的必要条款且表示接受自己要约的约束，即只要受要约人同意要约条款，契约即告成立。这才是要约的本质特点。

二、有效要约的法律构成

一项要约要发生法律上的效力，应具备哪些要件呢？从我国《民法典》第472条的规定以及其他国家的契约理论和立法来看，应当具备下列要件：

（一）要约必须具有订立契约的意图

要约的目的是要与受要约人进行及时的或将来的交易，所以，要约中必须含有进行交易，即订立契约的意图。要约的这一要件强调，要约并不是“开始与对方协商”的意思表示，其所表示的意图是，要约一经接受，契约即告成立。正是基于这一点，要约有别于要

[1] [美] 迈克尔·D. 贝勒斯：《法律的原则——一个规范的分析》，张文显等译，中国大百科全书出版社1996年版，第194页。

[2] Digest of Hong Kong contract law，2·1·2.

约邀请。科宾说："什么行为产生承诺的权力因而构成要约呢？它必须表明意旨或目的。它必须是这样一种行为，以致受要约人合理地相信产生合同的权利已经赋予了他……正是根据这一理由，要约不包括要约邀请或仅是初步磋商的行为，或很显然是开玩笑的行为，或并无产生法律关系的目的的行为。"〔1〕

（二）要约中含有契约成立的基本要素

从要约的欲设效果看，只要受要约人同意要约，合同即告成立。为了使得成立后的契约能够履行，要约人必须对当事人的权利义务进行完整地设计。也就是说，为达此目的，要约的内容必须包括合同的最基本要素。何为契约的基本要素呢？所谓基本要素或者必要条款，是指合同成立的最低或者最基本的条款，缺少其中任何一个条款，合同将不成立。根据《联合国国际货物销售合同公约》第 14 条的规定，买卖合同应具备三个基本条款，即货物的名称、货物的数量或如何确定的方法、货物的价格或确定价格的方法。

对此，《合同法解释（二）》（已失效）第 1 条第 1 款规定，当事人对合同是否成立存在争议，人民法院能够确定当事人名称或者姓名、标的和数量的，一般应当认定合同成立。

笔者认为，只要要约具备了三个基本条款，即可认定其具备了合同成立的基本要素：当事人条款、标的条款以及数量条款。因为除此之外的其他条款均可通过合同法的补充性规定予以确定。我国《民法典》于第 510、511、513 条规定，合同生效后，当事人就质量、价款或者报酬、履行地点等内容没有约定或者约定不明确的，可以协议补充；不能达成补充协议的，按照合同相关条款或者交易习惯确定。当事人就有关合同内容约定不明确，依据前条规定仍不能确定的，适用下列规定：①质量要求不明确的，按照强制性国家标准履行；没有强制性国家标准的，按照推荐性国家标准履行；没有推荐性国家标准的，按照行业标准履行；没有国家标准、行业标准的，按照通常标准或者符合合同目的的特定标准履行。②价款或者报酬不明确的，按照订立合同时履行地的市场价格履行；依法应当执行政府定价或者政府指导价的，依照规定履行。③履行地点不明确，给付货币的，在接受货币一方所在地履行；交付不动产的，在不动产所在地履行；其他标的，在履行义务一方所在地履行。④履行期限不明确的，债务人可以随时履行，债权人也可以随时请求履行，但是应当给对方必要的准备时间。⑤履行方式不明确的，按照有利于实现合同目的的方式履行。⑥履行费用的负担不明确的，由履行义务一方负担；因债权人原因增加的履行费用，由债权人负担。执行政府定价或者政府指导价的，在合同约定的交付期限内政府价格调整时，按照交付时的价格计价。逾期交付标的物的，遇价格上涨时，按照原价格执行；价格下降时，按照新价格执行。逾期提取标的物或者逾期付款的，遇价格上涨时，按照新价格执行；价格下降时，按照原价格执行。

这样就在更广阔的范围内承认了当事人对契约内容自由约定的权利，在现实生活中，也的确有时很难明确某一条款，而成交的机会又会给双方带来利益，所以应当允许当事人就某些条款留待日后确定，或暂时无法确定但可明确一个日后确定的方法。这种情形多见于买卖合同的价格，例如，当事人可以约定以交货时的市场价格计算价格。当要约中含有这样的条款时，法律自无否认的理由。

当要约中规定了基本条款而于受要约人接受时，契约即告成立，自无问题。但是，当要约中没有规定法律要求的基本条款时，而受要约人对这种要约进行承诺时，契约是否有

---

〔1〕 转引自徐炳：《买卖法》，经济日报出版社 1991 年版，第 80 页。

效成立？要约不具备这些主要条款的，当然也不能被认为是要约，仅仅是一种要约邀请。德国学者指出：如果一项意思表示显然尚不完整，即如果还没有包括合同成立所需要的一切必要内容，则该意思表示仅仅是一项预备行为（要约邀请）。〔1〕对这样的“要约”进行承诺当然也不能成立契约。

必须明确的是我国《民法典》第470条的性质。根据该条规定，合同内容由当事人约定，一般应包括以下条款：当事人的名称或者姓名和住所、标的、数量、质量、价款或者报酬、履行期限、履行地点和方式、违约责任、解决争议的方式。这些条款并不是合同的必要条款，而是立法者提示合同订立者的通常性条款，缺乏其中某些条件并不会导致合同不成立。

要求要约具备基本条款的目的，在于强调要约中应当让相对人明白主要的内容，能够预测自己的权利义务，甚至风险。贝勒斯认为：“要约应当足够确定以便双方当事人能够大体了解交易的内容。当人们尚不知自己承诺了什么或将换回什么时，他是不能合理地接受被要约所约束的。离开了这些大致的了解，人们无法确定契约究竟是不是可获益的。承诺义务不确定时就可能出现问题。”〔2〕

（三）要约中必须表明要约人放弃最后决定权的旨意

要约人一经向受要约人表示订立契约的建议，他就应当将是否成立契约的最后决定权留给对方而不是自己，即应表明要约一经受要约人承诺即受约束的旨意。我国《民法典》第470条即作了如此的规定。但当要约中规定了保留条件时，是否还能成为要约呢？

保留条件是指提出订立契约建议的人对其建议所采取的一种限制。依不同的情况，这种限制可表现为对订立合同的最后决定权的保留，也可表现为对合同在特定条件下成立的决定权的保留。前一种情况出现在某些特定合同中。在这些合同中，提出建议的人保留了拒绝与自己认为不合适的人订立合同的权利。〔3〕后一种情况出现在特定的买卖合同中。在这些合同中，当事人保留了单方在特定条件下不受约束的权利。

以上两种保留条件，在现实生活中经常发生，例如，现代社会中形形色色的招聘广告，即是第一种意义上的保留条件。无论招聘广告中所规定的条款如何详细具体，招聘人总是有权拒绝与任何前来应聘的人订立雇佣合同，即使第一个前来应聘者也可被拒之门外。另一种是各种商品广告，其中总是含有“以库存为限”这样的默示保留条件。〔4〕

当要约中包含了这样的保留条件时，是否构成要约？学者一般认为，在第一种情形下，不成立要约；在第二种情况下，应当视为要约，因为在一定范围内要约人受到承诺的约束。但是，从要约的本意和使命来看，这两种情形均不能视为要约，因为它们使受要约人处于不定的状态之中，即受要约人即使承诺，也可能不成立契约，这就与严格意义上要约的概念相反。故从这种意义上讲，附有保留条件的建议不应视为要约。如果是这样的话，许多公共事业，如交通、邮政、煤气、供水等行业就会被排除在要约之外，可能会对消费者造成不利。因此，为了保护消费者的利益，许多国家将这种附有保留条件的建议也视为要约。

---

〔1〕参见［德］迪特尔·梅迪库斯：《德国民法总论》，邵建东译，法律出版社2000年版，第269页。

〔2〕［美］迈克尔·D. 贝勒斯：《法律的原则——一个规范的分析》，张文显等译，中国大百科全书出版社1996年版，第194页。

〔3〕参见尹田编著：《法国现代合同法》，法律出版社1995年版，第45页。

〔4〕参见尹田编著：《法国现代合同法》，法律出版社1995年版，第45页。

（四）要约必须由要约人向其希望与之订立契约的人发出

1. 要约应由要约人发出。这里强调的是要约必须是要约人自主产生的订立契约的意思表示。根据契约自由的原则，只有当事人自己的意思表示才能对其产生约束力，即当事人不应被其未同意的义务所约束。当然，这里所说的由要约人发出还应包括另一层含义，即由要约人授权的代理人发出也无不可，因为代理人是被代理人法律行为的延伸，代理的结果由被代理人承担。当事人未授权的任何第三人发出的要约或代理人超越权限发出的要约均不当然地对当事人发生法律效力。

2. 要约应当向要约人希望与之订立契约的人发出。但是，相对人是否必须特定？在这一问题上，无论是大陆法系国家还是英美法系国家均没有绝对的肯定或否定。

我国《民法典》对此无明确规定，但从第472条及第473条的规定看，并未排除非特定人。

我们认为，不应一般地将向公众发出的订立合同的建议排斥在要约的大门之外。从法理上说，要约在订立合同中的作用在于给予受要约人一种承诺的权利。[1]

这就意味着，提出建议的人已经选择好了缔结契约的伙伴，需要解决的问题仅仅是契约的内容问题，即对方一经承诺，问题即可得到圆满解决。故从这一意义上说，应将“相对人特定”视为要约成立的要件。向公众发出的订立合同的意思表示在能否成为要约方面存在两个问题：其一，向公众发出的订立合同的建议，只不过是唤起人们缔结契约的意识，即由他人提出要约；其二，向公众发出的要约均暗含一种保留的条件，即发出人对相对人进行选择的权利。在事实上也是如此，如果将向公众发出的订立契约的意思表示视为要约，假定公众均进行承诺，就会发生要约人无法兑现的情形，就像在“卡利尔诉卡布利克烟幕弹”一案中被告所辩称的“是一个与世界订立的契约”一样。这同时也暗含一种对公众的危险：要约的发出人随时可以以超出能力为由拒绝前来承诺的受要约人，给公众造成不测的损害。这两个问题足以引起人们对于向公众发出的要约进行讨论的兴趣，也为人们坚持对之进行限制提供了有力的托辞。

但是，从另一个方面讲，由于现代社会商品生产和商品经营的规模化也为向公众发出的订立契约的意思表示成为要约提供了客观基础，即向一定范围内的公众承诺能够实现，就像阿蒂亚所言，没有理由认为要约不能向公众发出。同时，在一定条件下将向公众发出的订立契约的意思表示视为要约，对保护消费者也是有利的，故英美判例法的规则有较高的参考价值。

三、要约与要约邀请

要约显然是订立契约的第一步，其赋予相对人以承诺的权利，即对方一旦完全接受要约，则契约即告成立。但是，现实生活中的纠纷往往来自契约是否已经有效成立，即相对人对所谓“要约”进行了承诺，但“要约”人却主张契约没有成立而不存在契约关系。问题的关键就在于“要约人”发出的是否是要约？如果是要约，当事人之间就存在契约关系，如果不是要约，则当事人之间便不存在契约关系，法院就要对这种意思表示是否为要约的问题作出判断。这同时也表明，并非任何一个与缔结契约有关的意思表示均为要约，有时意思表示人只是唤起相对人的缔约意识，即由相对人向自己发出要约，并有意识地将承诺权，即是否最终成立契约的决定权留给自己，这就是所谓的要约邀请。按照我国《民法典》

---

〔1〕 Edward J · Murphy, Kichard E · Speidel, *Studies in contract law*, The Foundation Press, 1984.

第473条第1款的规定，要约邀请是希望他人向自己发出要约的表示。例如，拍卖公告、招标公告、招股说明书、债券募集说明书、基金招募说明书、商业广告和宣传、寄送的价目表等都是要约邀请。

我们经常试图对要约与要约邀请之间的区别加以说明，但很难提出一般的规则。故我们必须对现实生活中的各种易于同要约相模糊的现象进行具体分析。

（一）广告

广告是现代人非常熟悉的东西，它已成为经济生活和日常生活中不可或缺的部分。《中华人民共和国广告法》（以下简称《广告法》）第2条对广告作了这样的定义：广告是指商品经营者或者服务者承担费用、通过一定的媒体直接或间接地介绍自己所推销的商品或者提供的服务的商业广告活动。

广告是否为要约？在对待广告是否为要约的问题上，大陆法系与英美法系的态度是十分相似的，即原则上将广告视为要约邀请。美国法院在作出商业广告不是要约的判决时通常依据以下一条或数条理由：①涉及交易的商品的数量或其他条件，广告的内容通常是不确定的；②卖方对于交易的对象有权进行选择；③广告在典型的情况下是对公众发出的。因此，如果将广告的一方作为要约人，接受要约的人就会多得令要约人无法招架。[1] 但商业性广告并非在任何情况下均否认其为要约，两大法系在一般原则下均承认某些例外。美国法院在审判实践中归纳出的例外情况主要有两种：一是广告的条件具有确定性，并且明确地使用了“要约”（offer）这样的措辞，法院可以将其解释为要约；二是广告的条件确定，且被邀请的对象不用经过进一步接洽就采取某一特定的行动。[2] 我国学理一般也认为，如果广告中含有合同得以成立的确定内容，又含有广告人希望订立合同的愿望以及愿意承受约束的意旨，就应当视为要约[3]。我国学者也认为，在实务中，如广告中含有“保证现货供应”“先来先买”，或者含有确切的期限、“保证供货”等词语，即表明广告中含有一经承诺即受约束的意旨，这种广告应视为要约。[4] 我国《民法典》第473条规定商业广告为要约邀请，但若其内容符合要约规定的，视为要约。

（二）悬赏广告

1. 悬赏广告的概念。在广告中还有一种与一般商业性广告不同的广告，即悬赏广告。悬赏广告是指以广告的形式声明对完成一定行为的人给予完成广告中所声明的报酬的意思表示。

2. 悬赏广告的性质。对于悬赏广告的性质，自罗马法以来在学理上一直存在争议，分为要约说（又称契约说）与单方法律行为说两个阵营。

要约说认为，悬赏广告是广告人向不特定的多数人即向公众发出的要约，其主要理由是：在大陆法系许多国家民法典的规范体系中，将悬赏广告规定在有关契约的章节中，所以，遵循法律解释的一般原则，即体系解释的方法，应当将之解释为要约。

而单方法律行为说则认为，悬赏广告系附停止条件的单方法律行为。其主要理由是：

（1）从民法典规定的内容看，应当解释为单方法律行为。例如，《德国民法典》第657条规定：“通过公开的通告，对完成某行为，特别是对产生效果悬赏的人，有向完成此行为

---

〔1〕 参见王军编著：《美国合同法》，中国政法大学出版社1996年版，第41页。

〔2〕 参见王军编著：《美国合同法》，中国政法大学出版社1996年版，第41页。

〔3〕 参见王家福主编：《中国民法学·民法债权》，法律出版社1991年版，第285页。

〔4〕 参见王家福主编：《中国民法学·民法债权》，法律出版社1991年版，第285页。

的人给付报酬的义务，即使该行为人完成行为时，未考虑到此悬赏广告者，亦同。”依该条规定之内容，既然不知有广告，则无从承诺，自不能解释为契约。但仍然可以享有报酬请求权，请求报酬的行为当系单方法律行为。况且，《德国民法典》之立法理由书宣称：“本草案系采单方法律行为说，认为悬赏广告是广告人具有拘束力的单方约束，无须有承诺行为。广告人基于其负担债务的意思，对于完成悬赏广告所指定行为的人负有履行给付的义务。”

（2）从交易安全方面看，也应当将悬赏广告解释为单方法律行为。在采取契约说的理论下，何种情形认为是承诺，分歧较大：有人认为在着手一定行为前有意思表示者为有承诺；有人认为着手一定行为即为承诺；有人认为一定行为的完成为承诺；有人认为在一定行为完成后另外有意思表示为承诺；有人认为须将完成一定行为的结果交给广告人始为承诺。但采单方行为说，则广告人所负担的债务在一定行为完成时即为发生，其关系明确，有利于交易安全。

（3）从保护行为完成人的利益方面，解释为单方行为说更为合理。如果完成悬赏广告中指定行为的人为无行为能力人，依照契约说，则根本无法成立契约，因为无行为能力人无法有效承诺。而采单方行为说，纵使完成悬赏广告中指定行为的人为无行为能力人，他仍然可以取得报酬请求权。[1]

3. 悬赏广告之性质争议在法律上的意义。笔者认为，对于悬赏广告性质的争议在法律上的意义主要有两点：

（1）无行为能力人的利益保护问题。如果采取单方法律行为说，无行为能力人的利益保护就可以通过法律行为制度加以保护；若采取要约说，则只能根据无因管理加以保护。但是，显然通过法律行为制度的保护要远远优于无因管理制度的保护。

（2）悬赏广告的撤销问题。通说认为，如果认为悬赏广告为要约，则可以撤销，如果认为是单方法律行为，则不可以撤销。[2]

4. 我国立法与司法对悬赏广告的态度。我国在起草 1999 年《合同法》（已失效）的过程中，对是否规定悬赏广告有不同的观点。在最初的专家建议稿第 13 条规定了悬赏广告，但在后来几稿及通过后的《合同法》（已失效）中，则没有规定。立法者认为，只要规定了要约的成立要件，即可对悬赏广告的性质作出判断。但悬赏广告毕竟有其特殊之处，故大陆法系大多数国家的民法典对此均有规定。而在我国的司法审判中，对悬赏广告的法律性质认识模糊。所以，应当明确悬赏广告的法律性质及效力。

《民法典》第 499 条规定了悬赏广告：“悬赏人以公开方式声明对完成特定行为的人支付报酬的，完成该行为的人可以请求其支付。”就笔者个人对该条的理解，我国《民法典》并没有把悬赏广告规定为要约，而是解释为单方法律行为，这样更合适。因为将悬赏广告解释为附停止条件的单方法律行为，无论从逻辑判断与就职判断方面，均具有合理性。而且，即使为单方法律行为也是可以撤销的。德国关于此问题的立法理由书称：本草案虽然建立在单方行为说之上，但仍承认悬赏广告之撤销。有人认为悬赏广告系单方有拘束力的约束，故不得撤销。此项观点实无依据。悬赏广告人之所以受约束而负义务，乃是因为其负有义务的意思，从而悬赏广告是否撤销，应视广告人的意思而定。在悬赏广告未为明定

---

〔1〕 参见王泽鉴：《民法学说与判例研究》（1），中国政法大学出版社 1998 年版，第 61~63 页。
〔2〕 参见王泽鉴：《民法学说与判例研究》（1），中国政法大学出版社 1998 年版，第 60 页。

者，依自然情理，应当认为广告人在指定行为完成前有撤销的权利。[1]

（三）拍卖公告

我国于1996年7月5日通过了《中华人民共和国拍卖法》（以下简称《拍卖法》），该法第3条对拍卖作了这样的定义：拍卖是以公开竞价的形式，将特定物品或者财产权利转让给最高应价者的买卖方式。拍卖的程序与一般的买卖不同，《美国统一商法典》第2-328条对拍卖的程序及各个环节中的意思表示是否为要约作了具体而明确的规定：

1. 第一个环节：拍卖通知。有关拍卖的公告或者广告不是要约。在大多数情况下，它是让公众在指定的时间和地点进行要约的邀请。

2. 第二个环节：请求应价。拍卖人将拍卖的物品向在场的公众展示并报出起拍价，请求应价，也不是要约，而是要约邀请（invitation to make offers）。

3. 第三个环节：买方的应价。在拍卖过程中，买方的应价为要约。如果在一人应价后又有人出更高的价格，前一应价（要约）自动作废，即使后来的出价人在拍卖人击锤前撤回其出价，拍卖人也不得再接受先前已作废的出价（要约）。

4. 第四个环节：击锤承诺。在拍卖过程中，拍卖人的击锤为承诺。

我国《拍卖法》第四章规定的程序与之大致相同。将契约成立的最后决定权保留于拍卖人，或者说是将竞买人的出价视为要约，是有充分理由的，因为如果将竞买人的首次出价就看成承诺，就和拍卖的竞争性不合，拍卖程序也就无法继续进行，故只能将出价视为要约邀请。

（四）公司出售股票的招股书、债券募集说明书、基金招募说明书

股票发行的招股书、债券募集说明书、基金招募说明书应视为要约邀请，因为如果将其视为要约，则每个响应者的购买要求均为承诺，也即每个欲购者均得购到股票、债券或者基金，否则，出售人即为违约。然而，股票、债券、基金的发行总是有限的，故股票发行的招股书、债券募集说明书、基金招募说明书应为要约邀请。根据英国1948年《公司法》第455条的规定，公司发行股票和债券的通告属于要约邀请，而认购人的购买申请为要约。但是，公司向其现有的股东发行权利股，其通知书为要约。英国于1867年的赫步一案适用了这一规则。[2]。我国《民法典》第473条明确规定了股票发行的招股书、债券募集说明书、基金招募说明书为要约邀请。

（五）超级市场货架上的商品

随着商品生产经营的发展，超级市场日益增多，并已成为人们日常生活中不可缺少的部分。但在超级市场中，标有明确价格的琳琅满目的可供人们自由选择的商品，本身是要约抑或要约邀请，则是一个与广大消费者密切相关的问题。

在英美法系国家，超级市场货架上的商品一般被视为要约邀请，其理由是：如果将其视为要约，则顾客挑选后即构成承诺，即使他发现更便宜的商品，也不能把原来挑选的商品放回原处。这显然不合情理。[3] 但也有个别英美法案例规则认为，窗口展示的商品，如果一开始就加上价格标记，并允许顾客自取，应视为商品要约，但展示的商品为药品的除外。例如，按照1953年英国高等法院的一个判决：超级市场展出的药品，因有些必须在有执照的药剂师的监督下才能出售，顾客虽能自取，但必须在柜台上付款时接受监督。判决

---

〔1〕 转引自王泽鉴：《民法学说与判例研究》（1），中国政法大学出版社1998年版，第70页。

〔2〕 参见岳彩申：《合同法比较研究》，西南财经大学出版社1995年版，第52页。

〔3〕 参见张文博等：《英美商法指南》，复旦大学出版社1995年版，第2页。

认为，合同不是在顾客自取时成立的，药品的展示为要约邀请。〔1〕

大陆法系国家一般将超级市场货架上的商品视为要约，顾客的购买行为视为承诺。我们认为，也应将超级市场货架上的商品视为要约。但是，不能如英美法系国家所认为的那样，将顾客挑选的行为视为承诺，而是应将挑选后付款的行为视为承诺；顾客在挑选后付款前，没有承诺，也即合同并未成立，顾客与超级市场之间无契约关系。故于付款前顾客可以自由地放回已经选好的商品而另作选择。

（六）带有标价的商品陈列

这种带有标价的商品陈列是指除超级市场的自选货架上的商品以外的标有价格的商品陈列。对于带有标价的商品陈列，各国学理和司法上有不同规定。

在大陆法系的德国，商品标价陈列被视为要约邀请。德国学者认为，如果认定陈列商品就构成要约，那么，至少那些雇用多名营业员的商店就会面临将同一样商品买卖数次的危险。因此，将商品陈列于橱窗的行为，通常也只是一种要约邀请。〔2〕

在英美法系国家，商店陈列的标价商品不存在合同问题，英美法一般认为商店不出售商品给顾客，是服务质量问题而非合同问题。〔3〕阿蒂亚认为，这个问题的前后关系可能是：店主拒绝为顾客服务，而问题的实质却在于其是否有权拒绝为顾客服务……法院可能只问店主是否已发出或接受了要约，而不问店主是否有权拒绝为顾客服务……其后果是，对于一个重要的社会问题，即是否应该允许店主拒绝为顾客服务的问题，法院从来不去公开讨论。〔4〕即使认为商店里陈列的标价商品为合同问题的学者也认为，带有标价的商品陈列只是要约邀请而非要约，理由是：如果视为要约，当顾客要购买商品时就构成承诺，那么，商店将不得不卖酒给酒鬼，虽然商店觉得不合适。这显然不合情理。〔5〕

在我国学理上对此问题也有不同看法，但无立法上的根据。笔者认为，从保护消费者利益出发，为避免商品生产者或者经营者选择消费者的情形，带有标价的商品陈列应视为要约，商品售空应为免除违约责任的事由。

（七）自动售货机的设置

自动售货机的设置已越来越普遍，无论是英美法系国家还是大陆法系国家均认为其为要约。因为在自动售货机中装有待售的货物时，它就已向任何人发出了出卖这种货物的要约，如果有人在售货机放入所需的货币，它就向其提供所卖的货物。这种要约与许多以言辞说明的要约是一致的。〔6〕在德国，学理通说认为，设置自动售货机的行为被视为要约，顾客将硬币投入机器并进行选择的行为为承诺。也有的学者认为，设置自动售货机的行为仅仅是一种要约邀请，因为如果自动售货机不能正常工作或者里面空空如也，自然不能成立合同。所以，要约只能由顾客发出。〔7〕

在我国也有学者认为，自动售货机的要约，在解释上应认为以正常运转或存在货物为

---

〔1〕参见沈达明编著：《英美合同法引论》，对外贸易教育出版社1993年版，第27页。

〔2〕参见［德］迪特尔·梅迪库斯：《德国民法总论》，邵建东译，法律出版社2000年版，第270页。

〔3〕参见张文博等：《英美商法指南》，复旦大学出版社1995年版，第3页。

〔4〕参见［英］P.S. 阿蒂亚：《合同法概论》，程正康、周忠海、刘振民译，法律出版社1982年版，第45页。

〔5〕参见张文博等：《英美商法指南》，复旦大学出版社1995年版，第3页。

〔6〕参见［英］P.S. 阿蒂亚：《合同法概论》，程正康、周忠海、刘振民译，法律出版社1982年版，第42页。

〔7〕参见［德］迪特尔·梅迪库斯：《德国民法总论》，邵建东译，法律出版社2000年版，第271页。

条件，而当自动售货机出现故障或无货物时，要约失效。[1] 笔者认为，这种观点值得商榷，它为自动售货机的设置人摆脱合同责任制造了口实，任何一个设置自动售货机的人必须保证自动售货机正常工作并存有货物。如果因自动售货机出现故障使顾客投入的货币无法取出而货物也不能得到时，自动售货机的设置人应负合同责任，而不以其正常运转作为前提条件。

（八）招标投标行为

招标，在现代社会中已成为人们选择最佳缔约人的一种重要手段，在我国市场经济不断发展的今天，也已逐渐为人们所接受。以招标的方式订立合同一般有三个主要阶段：招标、投标和定标。

1. 招标。所谓招标，是指某人为订立让他人为自己履行特定义务的合同而将订立该合同的期望及基本要求公之于众或者通知有能力履行该义务的数个当事人，以便使他们向自己提出订立合同的愿望、履行该合同的方案及可接受的合同条件。

对于招标的法律性质，各国合同法均认为其为要约邀请而非要约，因为其目的在于诱使更多的人提出要约，以便在其中选择最佳的缔约当事人。况且在招标中，标的是不公开的，因此，标书中不具备合同成立所要求的内容确定和完整这一特征。故我国《民法典》合同编第 473 条规定，招标为要约邀请。

2. 投标。投标是指按照招标人提出的要求，在规定期间内向招标人发出的以订立合同为目的的包括合同成立所需要的全部条款的意思表示。[2] 关于投标的性质，各国一般将其视为要约，因其直接向招标人发出、以订立合同为目的，并且含有合同成立所要求的内容特征，故应为要约。

3. 定标。定标亦称决标，是指招标人对所有投标者进行公开评定，与被评为最优的投标人订立合同的意思表示。[3] 关于定标的性质，各国一般将其视为承诺，即与被评定为最优的投标者订立合同的行为。

与招标相似的一种制度为优等悬赏广告。所谓优等悬赏广告，是指以广告的形式声明对于完成广告中所定行为的数人中，仅对被评为优等之人给付报酬的行为。[4] 例如，以广告的方式征集商标、徽标等。

优等悬赏广告应视为要约邀请。因为与一般的悬赏广告不同，它不是对完成广告中指定行为的任何人给予报酬，即订立合同，而是将最终与何人订立合同的决定权留给自己，颇似招标行为。一般的优等悬赏广告均规定有应募期限，而且何为“优等”也是由广告中规定的人进行评定或由广告人自行评定，并且应募人对评定的结果不得提出异议。[5] 这样，显然不能将优等悬赏广告视为要约。

（九）商品价目表的寄送

商品价目表一般是商品的生产者或经营者为推销其商品而向公众发出的欲交易的信息。这种发放商品价目表的行为虽然含有与之订立契约的意思，但并不含有行为人表明一经承

---

〔1〕 参见王利明、崔建远：《合同法新论·总则》，中国政法大学出版社 1996 年版，第 151 页。
〔2〕 参见张俊浩主编：《民法学原理》，中国政法大学出版社 1991 年版，第 688 页。
〔3〕 参见王利明、崔建远：《合同法新论·总则》，中国政法大学出版社 1996 年版，第 155 页。
〔4〕 参见张俊浩主编：《民法学原理》，中国政法大学出版社 1991 年版，第 675 页。
〔5〕 参见《日本民法典》第 532 条。

诺即受约束的意旨，而是希望对方提出要约，经自己承诺后才成立合同。[1] 对于这种商品价目表的性质，大陆法系和英美法系理论几乎是一致的，即将其作为广告对待，一般为要约邀请。正如科宾所言，货物销售商都习惯于散发目录表、价目表和通函，以宣传他们的商品、提供报价和招徕顾客。一般说来，他们都愿意收到由此引来的订单，并且一般都会予以接受并供货……但通常达到的结果是，寄送的价目表不是一个有效的要约因而并无合同的存在。[2] 我国《民法典》第 473 条也将商品价目表的寄送看作是要约邀请。

但是，也应当承认某些例外。在美国司法判例中，商品价目表的寄送有时被视为要约。检验其是否为要约的一项标准是：一个通情达理的人站在收件人的立场会认为这是发给他个人的还是发给若干人的。如果是发给其个人的，就是要约；否则，就是一种具有广告性的印刷品。[3] 我国学理也承认在一般原则下有某些例外。[4]

（十）现物要约

现物要约，又称“无要约寄送”，是指向未订购商品的人直接寄送商品的行为。将这种行为视为要约无疑，即只要受寄送者同意，合同即告成立。但是，受寄送的人无当然承诺的义务，即使寄送人在寄送通知中声明“如果在一定期限内不退还商品即视为同意购买”，这种声明对相对人也不产生效力。对于这类要约的处理，关键在于对现物的处分上。按照英国 1971 年制定的《无要约寄送商品或服务法》（Unsolicited Goods and Services Act）的规定，如果相对人不愿购买，寄送人应在 6 个月内取回其商品；若超过 6 个月仍未取回，该寄送商品被视为无条件赠与，可以由收受该商品的消费者取得所有权。[5] 我国《民法典》合同编以及相关立法对此并未作出明确规定，故不能作如同英国法的解释，而应适用关于无因管理的有关规则进行处理。

（十一）公共服务行业

公共服务行业是指那些与公众生活息息相关的部门或行业，如邮电、煤气、电力、供水、公共交通、医疗单位、公共饮食、公共娱乐场所等。现行《俄罗斯民法典》将这类行业或部门与顾客订立的合同称为公开合同，即这些合同是与商业组织订立并确定其出卖商品、完成工作或提供服务义务的合同，而这些义务是依商业组织的特性应向每一个要求者履行的。[6] 对这些部门的服务应视为要约抑或要约邀请？由于许多国家对这些部门均规定了强制缔约义务，故从这种意义上说，将其规定为要约更加合适。但各国对其性质的规定并不相同。

在法国，从事城市电力、煤气、自来水供应等公共事业的企业处于长期承诺状态，所以这些企业不得拒绝为公众服务。因为公共服务设施和事业本身就是向公众发出的要约，它不能拒绝社会公共的承诺，社会公众有获得服务的权利。[7]

在德国，传统理论认为，基于社会给付义务而产生的公共福利事业，如电力、煤气、

---

〔1〕 参见王家福主编：《中国民法学·民法债权》，法律出版社 1991 年版，第 285 页。

〔2〕 参见［美］A. L. 科宾：《科宾论合同》（下），王卫国等译，中国大百科全书出版社 1998 年版，第 60 页。

〔3〕 参见王军编著：《美国合同法》，中国政法大学出版社 1996 年版，第 42 页。

〔4〕 参见王利明、崔建远：《合同法新论·总则》，中国政法大学出版社 1996 年版，第 156 页。

〔5〕 参见王利明、崔建远：《合同法新论·总则》，中国政法大学出版社 1996 年版，第 156 页。

〔6〕 参见《俄罗斯民法典》第 46 条。

〔7〕 参见王家福主编：《中国民法学·民法债权》，法律出版社 1991 年版，第 285 页。

自来水及公共交通工具等，在企业方面为要约，而在公众方面为承诺。[1]

在美国，铁路指南上公布的火车时间表为要约，但铁路公司可以在指南上注明保留改变时间的权利。[2] 而在英国，有一个时期，人们认为，仅仅根据铁路局印发的一张火车时刻表就可推定它已发出了要约。但是，按照现在的观点，这只不过是铁路局按照时刻表使它的火车运行的一种通告。现在一般认为，旅客购买车票才是要约。[3]

在俄罗斯，这些公共事业的设定是向社会发出的公开要约。根据《俄罗斯民法典》第437条的规定，如果建议中包含了合同的全部实质性条款，并且从中可以看出，要约人有与任何响应其要约的人订立合同的意愿，即为公开要约。公共服务行业的设定即有此特点。

但是，应当看到，即使是在将这些公共事业的设置视为要约的国家中，这些贴有标签的法律概念与实际执行也有较大的差异。阿蒂亚认为，法院的裁决经常是依据错误的推理而作出的。这些关于法定权利的裁决否认了普通旅馆或饭店的店主有拒绝对顾客服务的权利。如果某店主所收到的承诺多于他所能提供的货物或服务，这就会使他遇到很多困难……但是，有关旅店老板的法律所表明的那种困难却是一种不真实的困难，因为如果当他没有空余房间而有人向其请求租用的话，法院会毫不困难地采纳普通的看法：旅店老板没有义务为该旅客提供房间……尽管法院一般地认为，店主已经“默示地”向所有的公众发出了进行交易的要约。[4] 的确，这种公共服务行业虽然可解释为公开要约，但该要约却保留了一个条件：即在其所能的范围之内。这也是我们在前面已经讨论过的问题：即向公众发出的订立合同的建议是否为要约的问题。也正是这个保留条件促使我们不得不考虑这样一个问题——是否应对不同的公共事业部门作出性质不同的划分？例如，医院的设立即应视为要约，不得拒绝病人的承诺。虽然说，医院也存在接受承诺方面的能力问题，但为保护病人接受治疗的权利，应将之视为要约。而其他主体，如邮电、通信等部门如何呢？

笔者认为，凡是使用格式合同的公共事业部门均有强制缔约的义务，格式合同应视为要约，顾客的服务要求即应视为承诺。也就是说，顾客一经要求服务或购买，合同即告成立。但是，应将公共事业一方无实际履行能力的情况作为免除违约责任的事由。

四、要约的形式

应该说，要约的形式与合同的形式有密切的关系。在契约自由原则下，合同的形式应由当事人自由决定，可为书面，也可为口头。相应地，要约的形式既可为书面，也可为口头。但若法律对某些合同的形式有特别要求的，要约一般应采用书面形式。

何为书面形式呢？根据我国《民法典》第469条第2款的规定，书面形式是合同书、信件等可以有形地表现所载内容的形式。以电报、电传、传真、电子数据交换、电子邮件等方式能够有形地表现所载内容，并可以随时调取查用的数据电文，视为书面形式。

五、要约的生效及效力

（一）要约的生效时间

要约具备了法律规定的要件后，就会发生法律效力。但问题是，要约何时生效？在大

---

〔1〕 参见王泽鉴：《民法学说与判例研究》（1），中国政法大学出版社1998年版，第94页。

〔2〕 参见沈达明编著：《英美合同法引论》，对外贸易教育出版社1993年版，第27页。

〔3〕 参见［英］P. S. 阿蒂亚：《合同法概论》，程正康、周忠海、刘振民译，法律出版社1982年版，第46页。

〔4〕 参见［英］P. S. 阿蒂亚：《合同法概论》，程正康、周忠海、刘振民译，法律出版社1982年版，第45页。

陆法系的德国，其民法典制定时，大致有四种学说：

1. 表达说。根据此说，表意人的意思决定一旦具备外在形态（如信件已经写完），要约（意思表示）就应当生效。此说的不足在于：这样一来，要约人无法再对其意思进行控制。但是，表意人可能根本不想使其意思表示产生效力。另外，相对人充其量也只有一种偶然知悉表意人意思表示的可能性。

2. 发出说。根据此说，意思表示不仅已经做成，而且必须发出（如将信件寄出）。此说的不足之处在于：意思表示在运输途中的风险（如信件丢失）由相对人承担。例如，即使终止租赁合同的信件没有到达，终止表示仍然有效。

3. 到达说（受领说）。此说以要约到达相对人为意思表示生效的时间。根据此说，意思表示运输途中的风险由表意人承担，相对人仅仅承担意思表示到达后的风险。

4. 了解说。根据此说，相对人必须通过感官交接意思表示，意思表示才能生效。此说要求相对人承担最轻的风险，他只需要承担对意思表示作错误理解的风险。〔1〕

大陆法系许多国家的民法典以及国际公约采取到达说，我国《民法典》第474条及137条规定了这一原则，但考虑到科学技术的发展要求和需要，又特别规定：采用数据电文形式订立合同，收件人指定特定系统接收数据电文的，该数据电文进入该特定系统的时间，视为达到时间；未指定特定系统的，该数据电文进入收件人的任何系统的首次时间，视为达到时间。

许多国家的民法之所以将要约送达受要约人作为其生效的时间，主要与要约所欲达到的法律目的相关：要约使受要约人产生承诺的权利，即确定契约关系的权利，但在要约到达受要约人之前，这种权利并不发生；从要约人方面讲，在要约到达受要约人之前，受要约人并不知道有此要约的存在。在这段时间内让要约人受到要约效力的拘束，也殊欠公允，故各国法均允许要约人在要约到达受要约人之前撤回要约。

虽然许多国家法律或者国际公约规定要约以到达受要约人（相对人）为生效时间，但何为送达却没有具体的规定。根据德国学理，有以下几种争议的观点：

（1）送达必须以相对人对要约这一意思占有为条件。这一学说主要表现在早期的民法学理中，现在已不占重要的地位，但仍然对学理和司法产生影响。如有的学者认为，书面文件的送达是指该项文件已经到达“收件人的某种空间关系中，以免依据生活的观点以及在通常的情况下，知悉文件的内容与否取决于收件人”。

（2）认为送达应以受领人对意思表示具有事实上的处分权为准。事实上的处分权是指受领人随时可能对包含意思表示的文件进行处分。例如，在表意人向受领人发出留局待领的信件，而邮局通知受领人领取的情形，受领人对信件有事实上的处分权。

（3）认为只要表意人向受领人发出意思表示，使受领人可以在通常的情况下知悉意思表示的内容，并且依据受领人自己采取的措施或根据交易上的习惯，表意人也可以期待受领人知悉意思表示的内容，要约即视为送达。根据此说，要约的送达，不以意思表示到达受领人空间上的支配范围为要件。意思表示到达受领人“空间上的支配范围”，虽然可视为意思表示送达的间接证据，但这一因素本身既不构成送达，也不是送达的必要条件。

（4）通说认为，意思表示的送达是指意思表示已经送达受领人的支配范围，受领人具有知悉的可能性，并且在通常情况下可以期待其知悉。依据此说，要约送达应包括以下要

〔1〕 参见［德］迪特尔·梅迪库斯：《德国民法总论》，邵建东译，法律出版社2000年版，第209页。

件：首先，意思表示必须到达受要约人的“支配范围”。“支配范围”通常是指受领人空间上的效力范围，如住宅、营业所、家用信箱、邮政专用箱等。不过，支配范围不应限于空间上的支配范围，而应包括受领人有知悉要约内容的任何范围。其次，受领人应有知悉意思表示的能力，而且在通常情况下，表意人也可以期待受要约人知悉意思表示的内容。〔1〕早在1902年帝国最高法院就适用了这一原则。当时，一家彩票公司写信给一位过去经常购买其彩票的人，提出要卖给他一张编号彩票。某天早上，当这位工人离家上班之后，这封信随同编号彩票一同寄到其寓所。中午时分，这家彩票公司获悉他们寄给这位工人的编号彩票中了奖。于是，在这位工人下班回家之前，彩票公司的人用花言巧语劝说房东将那封信退还给他们。帝国法院认为，彩票公司的要约进入那位工人的控制区而被“送达”，尽管该工人对此一无所知，彩票公司应受其要约的约束。〔2〕

当然，送达对需要受领与不需要受领的意思表示应有所不同。不需要受领人的意思表示主要是指向公众发出的要约，例如，具备要约要件的广告等，广告一经刊登，即视为送达。需要受领的意思表示主要是指向特定人发出的要约，在此情况下，要约的发出与收到之间有一个时间上的差异。显然，我们研究的送达是指这种需要受领的送达。

（二）要约的效力

要约的效力即是对当事人的约束力，它主要表现在两个方面：一是对要约人的约束力，二是对受要约人的约束力。

所谓对要约人的约束力，是指要约人在发出要约之后而在对方承诺之前能否翻悔、能否对要约的内容予以变更、撤销的问题。在这个问题上，大陆法系国家和英美法系国家有较大的不同，即使是大陆法系自身在历史的发展阶段也有不同。

昔日的罗马法并不承认要约的拘束力，《法国民法典》也回避这一问题，但法国的判例和学说则认为，要约是否有拘束力，应由要约人决定，要约人未表示要约有拘束力的，在相对人承诺前可撤回或变更要约。《德国民法典》明文规定了要约的拘束力，但要约人事先声明不受约束的不在此限。瑞士民法也采取德国式的立法体例。〔3〕现代法国学理及司法实践在要约的效力问题上虽然存在分歧，但基本的观点仍然是承认要约的拘束力的。所以，大陆法系国家一般认为，要约一经生效，要约人即应受到其拘束，不得撤回、撤销或更改，以维护受要约人的利益及交易安全，只有在特定条件下方可撤回或撤销。

显然，我国《民法典》在这一问题上采取的是大陆法系关于要约拘束力的传统原则。但我们必须明白的是：要约仅仅是要约人发出的自己要订立合同的意思表示，在受要约人知道之前，其实在法律上是没有意义的，也就不可能对要约人发生任何有法律意义的效力。对于对方当然更是没有任何效力。只有在要约到达对方后，才讨论其效力问题。

要约对于受要约人原则上说无任何拘束力，因为拘束力仅是指义务而言，而对权利不能称为拘束力。根据私法的一般原则，任何人不得任意为他人设定私法上的义务，故要约人不得以要约的形式为受要约人设定受约束的义务。从要约对受要约人的法律效果上看，仅使受要约人获得承诺的权利。

---

〔1〕参见邵建东：“论意思表示的生效时间——德国民法的启示”，载《外国法译评》1995年第3期。

〔2〕参见［德］罗伯特·霍恩等：《德国民商法导论》，楚建译，中国大百科全书出版社1996年版，第82页。

〔3〕参见张俊浩主编：《民法学原理》，中国政法大学出版社1991年版，第670页。

（三）要约效力的存续期间

要约效力的存续期间即是要约人受要约拘束的期间，或称受要约人承诺的期间。这一期间对要约人和受要约人均有法律意义：对于要约人来说，超过此期间的，不再受要约的约束；受要约人非在此期间内的承诺不产生契约成立的效力，即失去承诺的权利。关于要约存续期间的问题，学说及立法上一般采取两种方式予以确定：

1. 如果当事人约定了要约效力的存续期间，应从其约定，至于以口头约定抑或以书面约定，在所不问。

2. 如果当事人未约定要约效力存续期间，要约应在合理的期间内有效。对合理期间如何确定，许多国家法律对此均有规定，如我国《民法典》第481条、《德国民法典》第146条、国际统一私法协会《国际商事合同通则》第2.7条都作了规定，即应按要约以书面抑或口头形式发出而有不同：

以对话方式发出的要约，应立即承诺，否则要约失去效力。就如科宾所言，在双方当事人面对面地协商，一方向他方提出要约而没有指出任何承诺时间的情况下，他方当事人通常会得出的推论是对方期待他立即答复。〔1〕

对于以非对话方式发出的要约，应当在按通常情形可期待承诺到达的期间内承诺。该时间应根据习惯、交易的性质以及要约所使用的通讯方式的迅速程度予以确定。

关于要约效力的存续期间的计算方式，我国《民法典》第482条作了明确的规定：要约以信件或者电报作出的，承诺期限自信件载明的日期或者电报交发之日开始计算。信件未载明日期的，自投寄该信件的邮戳日期开始计算。要约以电话、传真、电子邮件等快速通讯方式作出的，承诺期限自要约到达受要约人时开始计算。

六、要约的撤回

无论是大陆法系还是英美法系国家的法律，均承认要约是可以撤回的。正如科宾所言，当一方当事人向他方作出订立合同的要约时，他便设立了他方的承诺权。然而，他也保留了收回的权利。即使要约人在提出自己的要约时，已经明确地给受要约人指定了承诺期间，或者说要约将在一定期间内保持有效，这个要约仍然可以依照要约人的意思予以撤回〔2〕。要约的撤回是指在要约发生效力之前，要约人欲制止其发生效力的意思表示。在要约生效以前，要约人可以自由地改变想法，可以根本取消或以一个新的要约代替原来的要约，而不论原来的要约是否不可撤销，唯一的前提是撤回的通知必须先于或与要约同时到达受要约人。例如，国际统一私法协会于1994年发布的《国际商事合同通则》第2.3条规定："一项要约即使是不可撤销的，也可撤回，如果撤回的通知在要约送达受要约人之前或与要约同时到达受要约人。"《联合国国际货物销售合同公约》第15条作了与之完全相同的规定。依据我国《民法典》第475条及141条的规定，要约可以被撤回，但撤回的通知应当在要约到达受要约人之前或者同时到达受要约人。

允许要约人撤回其要约，是尊重要约人的意志自由和利益的体现。由于撤回是在要约到达受要约人之前作出的，因此，在撤回时要约并未生效，撤回要约并不影响受要约人的

---

〔1〕 参见［美］A. L. 科宾：《科宾论合同》（上），王卫国等译，中国大百科全书出版社1998年版，第76页。

〔2〕 参见［美］A. L. 科宾：《科宾论合同》（上），王卫国等译，中国大百科全书出版社1998年版，第82页。

利益。[1] 正是因为撤回是在要约生效之前而撤销是在要约生效之后，所以各国立法及许多国际公约均分别予以规定，以示二者之不同。我国《民法典》也遵循这一体例，将要约的撤回与撤销分开规定。两大法系国家虽然在关于要约是否得以自由撤回的问题上有区别，但在撤回的规则方面却是一致的。

大陆法系学理之所以对要约生效的时间问题作如此深入的规定，其中，要约的撤回问题就是理由之一。因为何时生效是要约的撤回和撤销的分界点，具有十分重要的意义。

七、要约的撤销

所谓要约的撤销，是指在要约发生效力后，要约人取消要约的行为。要约于到达受要约人时生效，在到达前要约人自可撤回；但在到达后即在生效后能否撤销？按照契约法的一般概念，要约经受要约人同意后即发生当事人的合意，契约即告成立。要约与承诺的内容构成了契约，双方当事人自然均无权单独更改，如果撤销或更改，那就是对契约本身的解除或更改的问题。但在当事人的合意产生前，即要约在到达受要约人之后，受要约人发出承诺前这段时间内能否撤销呢？在这一问题上，大陆法系学理与立法同英美法系有较大的区别，英美法将要约的可撤销性作为一般的原则，而将不可撤销性作为例外；而大陆法系国家则将不可撤销性作为一般原则，而将可撤销性作为例外。

我国《民法典》于第476~477条规定：要约可以撤销，撤销要约的意思表示以对话方式作出的，该意思表示的内容应当在受要约人作出承诺之前为受要约人所知道；撤销要约的意思表示以非对话方式作出的，应当在受要约人作出承诺之前到达受要约人。但是有下列情形之一的不得撤销：①要约人以确定承诺期限或者其他形式明示要约不可撤销；②受要约人有理由认为要约是不可撤销的，并已经为履行合同作了合理准备工作。

应当说，这一规则起源于英美衡平法，具有较大的伸缩性，特别是"有理由信赖"极具弹性，无疑对我国法官提出了更高的要求，同时也赋予法官极大的自由裁量权。

八、要约人死亡或者丧失行为能力对要约效力的影响

对于自然人来说，要约人在发出要约后死亡或者丧失民事行为能力的，对已经发出的要约具有什么样的影响？

按照英国合同法规则，如果某项要约在收到承诺前，要约人或被要约人的任何一方死亡，要约效力即告终止，但如果当事人死亡发生在收到承诺之后，则不影响合同成立的效力。[2]

按照美国的判例规则，当要约人死亡或者丧失行为能力时，受要约人的承诺权即告终止，而不管受要约人是否知道这一情况。但是，如果受要约人已经获得了作出承诺的选择权时，要约人的死亡或丧失行为能力不会使该选择权终止。但要约人的亲自履行是订立合同的实质性条件时例外。[3]

在大陆法系的法国，如果要约人在发出要约后死亡，依司法实践的做法，应根据是否规定有期限而作不同的处理：如果要约未规定期限，则要约人的死亡可导致要约的失效；与此相反，如果要约人已发出要约并在要约中规定了有效期间的，则要约人死亡后，其要约继续有效，要约产生的义务由其继承人承担。[4] 由此可见，法国合同法确定的规则与美

---

〔1〕 参见王利明、崔建远：《合同法新论·总则》，中国政法大学出版社1996年版，第162页。

〔2〕 参见董安生等编译：《英国商法》，法律出版社1991年版，第34页。

〔3〕 参见王军编著：《美国合同法》，中国政法大学出版社1996年版，第46页。

〔4〕 参见尹田编著：《法国现代合同法》，法律出版社1995年版，第52页。

国判例规则是一致的，即如果要约的内容以要约人亲自履行而继承人无法承担的，应当视为无效，例如，画家在作画的要约发出后死亡。

《德国民法典》第 153 条规定："契约的成立，不因要约人在承诺前死亡或者丧失行为能力而受影响，但可推知要约人另有其他意思者，不在此限。"德国学者解释说：这即是说，即使要约人在发出要约后死亡或者丧失行为能力，要约仍然可以被承诺，当然，承诺表示必须向已经死亡的要约人的继承人发出，或者使承诺表示到达已经丧失行为能力的要约人的法定代理人处。但是，如果能够认定要约人具有其他意思的情况下，契约例外地不应成立。[1]

我国《民法典》对此无明确的规定，但可以作出与德国学理相同的解释。对于法人来说，如果在发出要约之后因法律规定的合法原因而解散的，自然不能再对其承诺，但尚未清算或者未清算完毕的，相对人因此而受到的损失，可以要求作为债权参加清算。在法人发出要约后被宣告破产的，相对人仍然可以向清算人（破产管理人）承诺，但是，即使合同成立，按照《中华人民共和国破产法》（以下简称《破产法》）的一般规定，清算人（破产管理人）仍然可以单方决定解除或者继续履行合同。

九、向不具有完全行为能力的人发出的要约之效力

对于向不具有完全行为能力的人发出的要约之效力，《德国民法典》第 131 条规定，向无行为能力人作出意思表示时，在通知到达其法定代理人之前，不发生效力。向限制行为能力人发出意思表示的，亦同。但是，如果意思表示使限制行为能力人纯获法律上的利益或者其法定代理人已经表示同意时，意思表示在到达限制行为能力人时生效。德国学者解释说，向不具有完全行为能力的人发出要约的意思表示通常必须到达其法定代理人，这一规定的原因是显而易见的：表意人向不具有完全行为能力的人发出意思表示，旨在期待对方作出法律行为方面的反应，而这种反应至少也必须由法定代理人作出，或者表意人作出的意思表示本身应具有某种法律后果（如承诺），这时法定代理人也必须知道这种法律后果。[2] 当然，上面针对限制行为能力人所说的意思表示，以限制行为能力人依法不能独立为意思表示者为限。

十、要约效力的终止

我国《民法典》第 478 条对要约的失效作了明确的规定：有下列情况之一的，要约失效：①拒绝要约的通知到达要约人的；②要约人依法撤销要约；③要约中规定的承诺期限届满而受要约人未作出承诺的；④受要约人对要约的内容作了实质性的变更。

根据各国的法律规定及判例规则，要约的法律效力因下列原因而终止：

1. 要约因有效期间届满而失效。这一失效原因是两大法系均承认的失效事由。如果要约中规定了具体的期限，而受要约人没有在该期限内承诺，要约就失去效力。如果一项要约中没有规定具体的承诺期间，那么该要约将在合理的期间经过后失去效力。该合理期间的长短取决于案情的具体情况，就如科宾所指出的，何为"合理期间"归根到底是一个事实问题，要通过对该要约作出时存在着的所有情况加以考虑才能确定。这里并不存在任何可以用来推导出判决结果的法律规则或原则。[3] 我国《民法典》第 478 条即规定要约因在

---

〔1〕 参见［德］迪特尔·梅迪库斯：《德国民法总论》，邵建东译，法律出版社 2000 年版，第 277 页。

〔2〕 破产法［德］迪特尔·梅迪库斯：《德国民法总论》，邵建东译，法律出版社 2000 年版，第 217 页。

〔3〕 破产法［美］A. L. 科宾：《科宾论合同》（上），王卫国等译，中国大百科全书出版社 1998 年版，第 75 页。

有效期限内未被承诺而失效。

2. 受要约人拒绝要约。受要约人对要约的拒绝方式有多种，一是可以用明示的方式表示拒绝；二是以不作为的方式在规定期间或合理期间内不予承诺。我国《民法典》第 478 条也规定了这一原因。

3. 受要约人提出反要约。受要约人虽然对要约人的要约作出了答复，但却对要约的内容作了实质性的改变时，按照各国法的规定，等于对要约人要约的拒绝而构成了一项新的要约，或称反要约。其作用是使原要约人免除原要约的约束，而使受要约人失去了承诺权。我国《民法典》第 478 条也作了这样的规定。

4. 要约人撤销要约。要约撤销相当于没有要约，要约自然而然地终止。当然，要约的撤销是有条件的。

第三节　契约成立的决定性阶段——承诺

一、承诺的概念

承诺（acceptance）是对要约的完全接受，是指受要约人向要约人发出的无条件同意要约的内容，并决定以要约的内容与要约人订立契约的意思表示。

从契约成立的过程看，受要约人作出的承诺是契约成立的决定性阶段。对于一个要约作出的承诺是使契约最终成立的行为，在承诺之前，只有一个空洞的对受要约人无任何约束力的要约，在发出了承诺之后，就构成了一个对双方均有约束力的契约。科宾指出："承诺是受要约人的自愿行为，是他行使要约人给予他的权利并因此而产生被称为契约的法律关系。"〔1〕这是以简单的"要约——承诺"为模式来讨论问题，但在实践中，情况要复杂得多，故我们不得不深入地讨论有关承诺的具体问题。

二、一个具有法律效力的承诺应具备的条件

（一）作出承诺的人必须是受要约人

根据要约拘束力规则，要约使受要约人产生承诺的权利，而这种权利对要约人来说即是这样一种义务：他必须接受受要约人行使这种权利的结果，因承诺而生的契约对其有约束力。这种权利只有受要约人才能行使。

要约分为向特定人发出的要约和向非特定人发出的要约，在后一种情况下，任何非特定人均可行使这种权力。当然，根据民法的一般原理，这种权利并非必须由受要约人本人亲自行使，其代理人亦得为之。

（二）承诺应当在要约规定的期限内作出

这一点与要约对于要约人的约束力是一致的，要约使受要约人获得了承诺的权力，但要约人给予受要约人的这一权力是有期限的，只有在要约规定的期间内作出，才能产生权力行使的预定结果。当要约没有规定承诺期限时，受要约人应当在合理的期间内作出。例如，《德国民法典》第 148 条规定："要约人对于要约定有承诺期限的，承诺仅得于其期限内为之。"而根据该法典第 147 条的规定，在未规定期限时，应在合理的期限内承诺。美国的司法判例规则及有关立法也确定了同样的原则（见要约的效力之章节）。国际统一私法协

---

〔1〕转引自徐炳：《买卖法》，经济日报出版社 1991 年版，第 97 页。

会于1992年发布的《国际商事合同通则》第2.6条规定："对要约必须在要约人规定的期限内承诺，如果未规定时间，在一段合理时间内，应适当考虑交易的情况，包括要约人所使用的通讯方法的快捷程度。对于口头要约必须立即承诺，但情况有别者不在此限。"根据我国《民法典》第481条的规定，要约规定有期限的，应当在规定的期限内承诺并到达要约人。要约没有规定承诺期限的，应当在下列期限内承诺：①对于以对话方式发出的要约，应立即承诺。②对于以非对话方式发出的要约，应当在合理期限内承诺。但何为"合理期限"呢？该时间应根据习惯、交易的性质以及要约所使用的通讯方法的迅速程度予以确定。这一标准可以作为确定合理期限的参照。这种规定与国际通行的做法是一致的。

（三）承诺的内容应与要约的内容相吻合

如果从严格意义上说，契约应是双方就权利义务意思表示一致的产物，这就要求承诺必须完全、绝对地与要约的内容相一致，否则，意思表示就不可能完全一致，就会出现一方当事人被未经其同意的义务所约束的情形。这样的规定在早期的大陆法系国家和英美法系国家均得到一致承认。

在我国学理上，近年来对"承诺与要约完全一致"的绝对性也持怀疑态度，主张对要约进行变动但非实质性改变了要约内容的，也构成承诺。依据我国《民法典》第488条及489条的规定，承诺的内容应当和要约的内容相一致，否则视为拒绝要约并构成新要约。对要约表示同意但对要约的内容进行了非实质性变更的，除要约人及时表示反对，或者要约明确规定承诺不得对要约的内容进行任何变更外，承诺仍然有效。合同的内容以承诺的内容为准。对我国《民法典》的这一规定应作如下理解：①强调"承诺与要约内容一致"的基本原则，这表明传统的一致性原则在合同法中仍然具有极其重要的地位；②如果受要约人的答复中对要约的内容进行了添加、限制或更改，但这些变动若非为实质性变动时，仍不失为承诺，除非：其一，要约人及时表示反对变动；其二，要约中明确规定了不得对其内容进行任何的变动，当然也包括实质性变动和非实质性变动；其三，如果受要约人对要约进行承诺的同时对要约内容进行了非实质性的修改，而要约人未表示反对，要约中也未明确排除任何的变动，则成立后的契约以承诺的内容为准。

我国的这一规定，减少了交易的成本，避免了"要约——反要约——再要约"这样的拉锯战、动辄任何变动就构成反要约，将承诺的内容在有限度的范围内放宽；同时，为保护要约人的利益，也给予其反对和排除任何变动的权利。

在运用这一规则时，遇到的一个较大的问题就是何为"实质性地改变要约的内容"？

何为实质性变更的问题，常常引起人们的争议，即使是最先采用这一规则的美国司法判例也没有创造出普遍性的规则，而是认为，它需要由多种因素确定，很难确切地作出定义。总之，对要约的修改或补充是不是实质性地改变了要约，是一个由法院依案件的具体情况加以自由裁量的问题。[1] 美国判例和学者多数认为，对货物的价格、数量、质量、交付条件等问题提出与要约不同的条款应视为实质性地变更要约，而对违约救济、争议处理方式等问题提出不同条件则不构成实质性变更。[2]《联合国国际货物销售合同公约》为减少对何为"实质性变更"问题的争议，对构成实质性变更的范围作了较为明确的说明。该公约第19条（3）规定，对有关货物的价格、付款、货物数量和质量、交货地点和时间、赔偿责任范围或解决条件的添加或不同条件，均视为实质性地变更要约的条件。这一规定

---

〔1〕 参见王军编著：《美国合同法》，中国政法大学出版社1996年版，第63页。

〔2〕 参见徐炳：《买卖法》，经济日报出版社1991年版，第115页。

与美国司法判例及大多数学者的看法几乎一致，只是解决争议的问题在国际货物买卖中为重要的问题，但在国内法上未必是实质性的问题。

我国《民法典》第488条对何为实质性变更作了规定：对有关合同标的、数量、质量、价款或者报酬、履行期限、履行地点、违约责任和争议解决方法等的变更，是对要约内容的实质性变更。对这些条款的变更，无论幅度大小均构成实质性变更。笔者认为，下列变更不应构成实质性的变更：

1. 对于要约中没有规定但为合同的履行所必需的补充性条件，而该条件按一般的公平理念被认为是合理的。例如，要约中没有规定运输工具，受要约人在承诺的同时补充了“以最合理和方便的运输工具运输”的条件，就不构成对要约内容的实质性变更。

2. 对要约中没有规定的法定义务进行重述。例如，甲向乙发出出卖家具的要约，乙对之进行承诺的同时，补充道：甲应保证其交付的家具具有与说明书上同等的质量并对于家具的瑕疵负担保责任。这种附加也同样不构成对要约内容的实质性变更。

3. 承诺中含有对要约中规定的条件的抱怨。美国学者科宾指出，承诺的表示不因为有“抱怨”的事实而失去其明确性和无条件性。下面的措辞应该是有效的：“我接受你的开价，不过，我觉得你的开价太狠了点。”这叫作“嘟嘟囔囔的同意”。〔1〕

总之，应像贝勒斯所言，检验对要约是否构成实质性修改的标准是：所作的更改是否为合理的要约人所接受，即如果处于要约人的地位的正常人不能接受这些更改，则承诺不应具有约束力，否则，作为要约人将挣扎在由他人强加的不合理的诺承义务之中。〔2〕

（四）*承诺应向要约人作出*

这一点是显而易见的。首先，受要约人的这种承诺的权利是由要约人给予的，所以只有向所谓的义务人——要约人才能行使这种权利。其次，从意思表示一致的角度看，只有承诺针对要约人作出，才能形成意思表示的一致性，才能成立合同；如果向非要约人作出时，只能视为要约。

三、逾期承诺与迟到承诺的法律效力

对于未在要约规定的期限内作出的承诺，即逾期承诺，各国法均视为新的要约，即视为受要约人向原要约人发出的新的要约。我国《民法典》第486条规定：“受要约人超过承诺期限发出承诺，或者在承诺期限内发出承诺，按照通常情形不能及时到达要约人的，为新要约；但是，要约人及时通知受要约人该承诺有效的除外。”

至于迟到的承诺，我国《民法典》合同编第487条也规定，受要约人在承诺期限内发出承诺，按照通常情形能够及时到达要约人，但是因其他原因致使承诺到达要约人时超过承诺期限的，除要约人及时通知受要约人因承诺超过期限不接受该承诺外，该承诺有效。德国学者在解释这种规定的合理性时指出：如果要约人对迟延到达的承诺沉默不语，则可以认定为要约人对受要约人的新要约（迟到的承诺为新要约）进行了承诺。〔3〕这种规定的目的在于保护承诺人的利益，即按照正常的情形，他发出的承诺能及时到达并应发生承诺的效力，但由于其意志以外的原因未能到达。对于要约人来说，法律无疑对其规定了一种通知的义务，如果其怠于通知，就要受到已失效要约的重新拘束。

---

〔1〕［美］A. L. 科宾：《科宾论合同》（上），王卫国等译，中国大百科全书出版社1998年版，第172页。

〔2〕参见［美］迈克尔·D. 贝勒斯：《法律的原则——一个规范的分析》，张文显等译，中国大百科全书出版社1996年版，第197页。

〔3〕参见［德］迪特尔·梅迪库斯：《德国民法总论》，邵建东译，法律出版社2000年版，第285页。

四、沉默在何种情况下构成承诺

由于要约使受要约人产生承诺的权利，而不能给其增加任何义务，故受要约人没有必须作出承诺或拒绝要约的义务。故受要约人的沉默就可作两种推定：一是表示同意接受，二是以消极的态度拒绝接受。正是因为这种不确定性，故各国法均认为沉默不构成承诺。正如科宾所言，"沉默即表示同意"是一个古老的格言，但它并不是真正的法律规则。显而易见，如果仅仅有的事实是甲向乙发出要约而乙保持沉默，则无合同而言。无论其要约是采取口头的、书面的抑或电报的形式，结果都是如此。沉默可能表示受要约人未听见、不接受或不理解这个要约，或者表明他对此不屑一顾……在此情况下，要约人没有理由将受要约人的单纯沉默解释为他的承诺……欧洲人的意见同英美法的这个规则是一致的。〔1〕德国学者指出：仅沉默本身并不构成对要约的承诺，即使要约人大胆地在要约中说明，沉默本身也不等于承诺。从各方面讲，这些都是已经被接受的一般原则。〔2〕《联合国国际货物销售合同公约》第18条规定，沉默或不作为本身不构成承诺。但是，是否在任何情况下沉默均不构成承诺呢？各国法或判例在一般原则之下承认某些例外。

从学理上说，在下列情况下，沉默也构成承诺：

1. 受要约人事先声明沉默构成承诺。

2. 根据交易惯例或当事人一贯的交易习惯，承诺不需要通知时，沉默构成承诺。

3. 对于适用格式合同的当事人没有拒绝要约的，视为承诺。我们虽然主张将适用格式合同的公共事业视为要约，但在我国无法律规定的情况下，此问题尚不明确，而且学理一致的主张是将之视为要约邀请，而顾客的请求视为要约。在此情况下，如果消费者提出要约，而对方没有在合理期间内给予答复，即保持沉默，应视为其已承诺，以保护弱小的消费者。

五、受要约人死亡的，其继承人能否有效承诺

前面已经论及，要约人在发出要约后死亡的，不影响合同的成立，即受要约人可以向其继承人承诺，合同仍然可以有效成立。但是，反之是否亦然？即受要约人死亡的，其继承人是否可以对要约进行有效承诺？

《德国民法典》对此未作规定，但是，起初立法者打算对这一问题作出与要约人死亡相同的规定，即受要约人的继承人一般可以承诺要约，而后来立法者放弃了这一打算。学者认为，这一做法是正确的，因为在受要约人死亡后，应当对要约作出解释，以便确定该要约仅仅是针对受要约人本人发出的，还是也可以对受要约人的继承人发生效力。我们不能认为，要约认定要约人通常也愿意对受要约人的继承人维持要约的效力。因此，在发生疑问时，应当认为，受要约人死亡时，要约消灭。〔3〕

《葡萄牙民法典》第231（2）条规定："受要约人死亡或者丧失行为能力后，要约失效。"

在我国应当认为，受要约人死亡或者丧失行为能力后，要约失效。

六、承诺生效的时间

在承诺的生效时间问题上，我国《民法典》采用与《联合国国际货物销售合同公约》

---

〔1〕参见［美］A. L. 科宾：《科宾论合同》（上），王卫国等译，中国大百科全书出版社1998年版，第154页。

〔2〕参见［德］海因·克茨：《欧洲合同法》（上卷），周忠海等译，法律出版社2001年版，第40页。

〔3〕参见［德］迪特尔·梅迪库斯：《德国民法总论》，邵建东译，法律出版社2000年版，第278页。

一致的原则——受信主义原则，即承诺于承诺通知到达要约人时起生效。但这一原则的例外是当承诺非以通知为必要时，行为发生之时即是承诺生效的时间。

七、合同成立的时间与地点

（一）合同成立的时间

在合同的成立时间问题上，我国采用与其他国家一致的原则，即合同自承诺生效时起成立（《民法典》第483条）。但有两种例外：①当事人另有约定或者法律规定其他成立条件的，在该条件具备时成立。②当事人采用合同书形式订立合同的，自当事人均签字、盖章或者按指印时合同成立。在签字、盖章或者按指印之前，当事人一方已经履行主要义务，对方接受时，该合同成立。法律、行政法规规定或者当事人约定合同应当采用书面形式订立，当事人未采用书面形式但是一方已经履行主要义务，对方接受时，该合同成立（《民法典》第490条）。③当事人采用信件、数据电文等形式订立合同要求签订确认书的，签订确认书时合同成立（《民法典》第491条第1款）。④当事人一方通过互联网等信息网络发布的商品或者服务信息符合要约条件的，对方选择该商品或者服务并提交订单成功时合同成立，但是当事人另有约定的除外（《民法典》第491条第2款）。

（二）合同成立的地点

在契约法上，因承诺具有使当事人确定契约法律关系的效力，所以合同在何地成立，具有重要意义，这主要表现在法院管辖权的确定以及准据法的适用问题上。这一点在国际贸易中尤为重要。

一般说来，承诺生效的地点就是合同成立的地点，而且在一般情况下，这二者是一致的。采取发信主义原则时，承诺的发出地即是合同的成立地；采取受信主义原则时，承诺的收到地即是合同的成立地。但法国契约法理论承诺效力问题的“二元论”认为，由于对合同成立地点的确定具有纯粹人为的特点，故应根据实际需要赋予基层法院的法官对这一问题的决定权。不过，当同一要约向数人发出时，应参照国际私法中有关合同成立的规定，将要约的发出地视为合同成立地。[1]

在这一问题上，我国《民法典》规定得比较详细（第492条、第493条）：①承诺生效的地点为合同成立的地点。②采用数据电文形式订立合同的，收件人的主营业地为合同成立的地点；没有主营业地的，其住所地为合同成立的地点。当事人另有约定的，按照其约定。③当事人采用合同书形式订立合同的，最后签字、盖章或者按指印的地点为合同成立的地点，但是当事人另有约定的除外。

八、承诺的撤回

承诺的撤回是承诺人阻止承诺发生效力的意思表示。根据承诺效力的一般理论，承诺必须在其生效前撤回，因为承诺一旦生效，契约即告成立，承诺自无撤回的余地。承诺可以撤回，但是撤回的通知应于承诺生效前或同时到达要约人（《民法典》第485条）。

九、合同确认书及其法律效力

（一）合同确认书的概念与功能

合同确认书是指对合同内容或者是否成立进行明确的书面文件。

按照德国学者的解释，合同确认书之所以需要，是因为在以口头形式（包括以电话形式）进行谈判以后，对于合同是否成立以及合同具有什么内容，很容易产生争议。因此，

---

〔1〕 参见尹田编著：《法国现代合同法》，法律出版社1995年版，第65页。

长久以来，在商人之间就流行一种习惯，即由一方当事人以书面形式，简短地向对方当事人证实合同的订立以及合同内容。这样做旨在避免将来出现纠纷。长期以来的商事习惯规则确认：受领信件的人（受领确认书的人）如果没有及时对该信件提出异议，合同就以该信件依诚实方式所包含的内容成立。这样，信件发出人的信赖就得到了保护，该发出人有理由认为其发出的信件正确地复述了合同的内容，而且对方也没有提出异议。[1] 但实际上，确认书的适用远不止以口头形式订立的合同，即使是以书面形式签订的合同，只要当事人需要对要约或者承诺的内容加以确认的，都需要合同确认书，如以传真、电子邮件等书面形式订立的合同。

（二）确认书的适用范围

1. 主体范围。应该说，合同确认书起源于商法，所以合同确认书又称为“商人确认书”。但是，随着“商人”概念的不确定性及在今天的变化，人们对合同确认书的适用范围也存在争议。例如，德国最高法院的判例认为：确认书可以适用于任何类似于商人的参与商业生活的人。而德国学者弗卢梅则认为，任何人均可以是确认书的发出人。[2]

从理论上说，由于我国《民法典》合同编不一般地区分商人与非商人，所以，合同确认书也不应当只适用于商人。另外，从民法典规范看，我国《民法典》第 491 条也没有强调只适用于商人。

2. 作用范围。合同确认书在于确定合同的成立，还是确定合同的内容？对此，我国《民法典》第 491 条第 1 款规定：“当事人采用信件、数据电文等形式订立合同要求签订确认书的，签订确认书时合同成立。”在国际商业实践中，当事人通过信件、电报、电传等方式达成协议而要求签订确认书的情形非常普遍。一般的规则是：要约方要求签订确认书的，应当与其要约同时提出，或者在其有权撤回要约的期限内送达受要约人。受要约方提出签订确认书的，也应当在答复原要约的同时，或者在其有权撤回答复的期限内送达原要约人。除要求签订确认书的一方明确表示以其一方确认和签字为准的以外，确认书应当由双方签字。双方隔地签订确认书的，经签字的确认书相互送达后合同方为成立。[3]

但实际存在的问题不仅仅是成立方面的，也有对合同内容进行确认方面的，也就是说，合同在有效成立后，一方当事人发出的旨在确定已经成立的合同内容的确认书当如何对待？对这种确认书表示沉默的，效力如何？

德国学者梅迪库斯认为：确认书的主要意义不在于消除合同是否成立的疑问，而主要在于消除合同具有什么内容的疑问。[4] 德国判例也认为：使用确认书对原始合同进行变更或者补充的行为也是合法的。[5] 而且，按照德国及大陆法系国家的一般规则，对合同确认书的沉默将构成对它的同意，合同的内容以确认书的内容为准，我们可以将之称为“沉默规则”。但问题是：如果确认书的内容实质性地改变了当事人谈判时双方合意的内容，“沉默规则”是否也适用？瑞典联邦法院认为：只有当表意人（确认书的发出人）能够令人诚恳地相信其确认书所作的表述与其口头表达完全一致时，其确认书才具有上述效果。[6] 因

[1] 参见［德］迪特尔·梅迪库斯：《德国民法总论》，邵建东译，法律出版社 2000 年版，第 335 页。
[2] 参见［德］迪特尔·梅迪库斯：《德国民法总论》，邵建东译，法律出版社 2000 年版，第 335~336 页。
[3] 参见关安平主编：《国际商法实务操作》，海洋出版社 1993 年版，第 233 页。
[4] 参见［德］迪特尔·梅迪库斯：《德国民法总论》，邵建东译，法律出版社 2000 年版，第 285 页。
[5] 参见［德］迪特尔·梅迪库斯：《德国民法总论》，邵建东译，法律出版社 2000 年版，第 337 页。
[6] 参见［德］海因·克茨：《欧洲合同法》（上卷），周忠海等译，法律出版社 2001 年版，第 42 页。

为，前述“沉默规则”可能会导致这样一种不诚实的行为：一方当事人故意在确认书中写进偏离当事人已经同意的条款并扩充对自己有利的条款，并希望对方当事人保持沉默，以期合同依确认书的内容生效。因此，司法判例认为：如果确认书与已同意的条款差距太大，以至于发出人在理智的情况下也不能合理地考虑接受人的同意，而且这些条款在该商业领域内也不是一般的实践，那么，对方就不受这些条款的约束。[1] 也就是说，在此情况下，“沉默规则”不能适用。

《国际商事合同通则》第2.11条采用同样的处理规则：“订立合同后的一段合理时间内发生的确认合同的书面文件载有添加或不同的条件，除非所载的添加或不同条款实质上更改了合同，或者收受人在没有不当迟延的期间内，以口头或书面通知对有出入之处表示异议外，构成合同的部分。”

显然，如果合同确认书的内容严重偏离了当事人谈判的内容并进行了实质性地改变，应当如何对待？笔者认为，应当视其为对已经成立的合同内容进行变更的要约，而对这种要约，对方的沉默不构成承诺。

第四节　契约成立的性质和要件

一、契约成立的性质

从契约订立的目的和过程看，契约是当事人为满足私人的目标而欲达到一定的法律效果的合意。欲缔结契约的当事人各自怀有不同的目标和需要，经过讨价还价和充分的协商，即经过要约、反要约、再要约、承诺的复杂过程达成一致时，契约即告成立。由此可见，契约的成立完全是个人之间的事情，是每个缔结契约的当事人对自己利益和义务的衡量和肯定。这就使得其与生效严格地区分开来，因为生效是国家或法律以一个管理者和统治者的身份，以国家和社会的利益为尺度，对缔结契约的当事人之间已经成立的契约进行评价，决定是否让其产生缔结契约的当事人希望发生的效果。如果当事人间已经成立的契约有悖国家或社会利益，应否定其效力。可见，生效已不再是私人之间的事情了。

二、契约成立的要件

契约的成立既然是当事人自己私人之间的事情，就应当坚决地贯彻契约自由的原则，允许当事人对契约生效的要件进行约定。但唯一的成立条件应当是当事人的意思表示一致时，契约即应成立。我国有学者主张，合同的成立要件因契约的要式或不要式而有区别。笔者认为，这是一种对合同成立的误解。如果当事人就合同条款达成合意，就应当认为契约已经成立，至于是否完成法律规定的特别方式，是契约生效的问题而非成立的问题。如果当事人约定以完成某种特别形式为成立要件，则是另外的事情。

---

〔1〕 参见［德］海因·克茨：《欧洲合同法》（上卷），周忠海等译，法律出版社2001年版，第44页。

第三章
定式合同及规范

第一节 定式合同概说

一、定式合同的概念

所谓定式合同，是指当事人一方为与不特定的多数人进行交易而预先拟定的，且不允许相对人对其内容作任何变更的合同。根据我国《民法典》第496条第1款的规定，格式条款是当事人为了重复使用而预先拟定，并在订立合同时未与对方协商的条款。定式合同又称为格式合同、格式条款、标准合同、附合合同、一般交易条件或约款。德国学者梅迪库斯指出：一般交易条件是指为众多合同事先拟定的、由使用人在订立合同时向对方当事人提出的合同条件。一般交易条件的对立物，是双方当事人经过协商谈判达成的个别协议。〔1〕

对于定式合同，我们应当作广义的解释，它不仅包括那些篇幅巨大的条款作品，而且还包括：一张附有预先印刷好的文句的普通收据；存放衣帽处张贴的"概不负责"的告示；或者机动车司机要求搭乘者在表格上的签字以排除责任。〔2〕也就是说，我们不能片面地将定式合同仅仅理解为条款居多且较厚的合同文本，日常生活中的汽车票、火车票、飞机票、存款单、寄存物的领取单等均是定式合同。

二、定式合同的特征

定式合同具有以下三个明显的特征：

1. 合同的要约具有广泛性、持久性和细节性。所谓广泛性，是指定式合同的要约是向公众发出的，或者至少是向某一类有可能成为承诺人的人发出的；所谓持久性，是指要约一般总是涉及在某一特定时期所要订立的全部合同；所谓细节性，是指要约中包含了成立合同所需要的全部条款。〔3〕

2. 合同条款的不可协商性。定式合同最主要的特征在于其条款的不可协商性，即定式合同的使用者预先将自己的意志表示为文字，与之缔结合同的对方当事人只能对之表示全部接受或全部不接受，而无与之就合同的个别条款进行协商的余地，即所谓"要么接受，要么走开"（take it or leave it）。例如，对于保险公司的定式合同，投保人只能就全部条件表示同意或者不同意，而别无选择，即要么投保，要么不投保。

3. 合同双方经济地位或法律地位上的不平等性。定式合同的使用者多是在经济上或法律上处于较强的地位，因而可以将预先由其拟定的反映其单独意志的合同条款强加于他人。

---

〔1〕参见［德］迪特尔·梅迪库斯：《德国民法总论》，邵建东译，法律出版社2000年版，第300页。

〔2〕参见［德］迪特尔·梅迪库斯：《德国民法总论》，邵建东译，法律出版社2000年版，第301页。

〔3〕参见尹田编著：《法国现代合同法》，法律出版社1995年版，第121页。

法律地位上的不平等，是指合同一方虽然经济实力不十分强大，但若根据法律或行政权力具有行业垄断的权力，也可以凭借这种垄断将自己的意志强加于他人。这类行业在各国均存在，但在我国较多。

正是这些使用定式合同的工商业组织，把消费者戏称为“上帝”，也正是他们使“上帝”变成了被驯服的奴隶。也许，在当今社会中，我们这些“上帝”的“尊严”只有在那些沿街叫卖的小商贩那里才能体现出来，在那里还能享受到古典契约理论家所倡导的讨价还价的乐趣。

4. 定式合同一般出自一方当事人。定式合同的不可协商性，恰恰是由于其出自一方而不是双方。例如在这种情况下，认定为定式合同及确定定式合同的使用人不存在问题。但是，在有的情况下，定式合同却不是出自合同双方当事人，而是出自第三人。例如，公证合同可能出自公证协会，建筑承包合同可能出自建筑协会，有些合同可能出自行业协会。特别在我国，有些地方政府为了规范市场而统一起草、印制并要求当事人在交易中适用的合同文本。例如，许多城市中的商品房交易过程中统一使用的“房屋预售契约”等，这些合同是否应当作为定式合同来认定？笔者认为，这些合同应当作为定式合同来认定而适用关于定式合同规制的规则。

三、定式合同的适用对象

法律或者司法对定式合同的规制是否仅仅限于生产者、经营者与消费者之间而对于企业之间的定式合同问题不予关注？

对此问题，不同国家的立法机构采取不同的态度。法国 1978 年 1 月 10 日第 78-23 号法律仅仅对于消费者提供保护。同样，1993 年 4 月 5 日的欧共体指令只适用于消费合同条款，其中，消费者是指“为其贸易、商事或者职业范围以外的目的而从事活动的任何自然人”。但指令并不阻止成员国授权其法院对商人之间的合同条款进行控制。德国、奥地利、比利时和荷兰规定了一般条款，不区分消费合同与商业合同，理由是：对定式合同进行司法控制的合理根据是弱者一方需要保护，或者是为减少谈判的交易成本而采用格式条款。即使在商人之间，有些人比其他人更弱，因而与消费者一样为避免不合理的花费而理智地行事。[1]

从我国《民法典》第 496 条的规定看，我国的定式合同并不仅仅是指消费合同。这是因为，我国《民法典》作为民法一般法，并没有区分民事合同与商事合同。所以，应当认为，《民法典》规制的对象既包括商业定式合同，也包括消费定式合同。

第二节 对定式合同规制的法理基础

德国学者茨威格特写道，人们常常会提到这样一个问题：对合同条款的效力进行核查的正确性的内在原因究竟是什么？面对企业的超级经济优势，一般的顾客几乎没有可能不屈服于格式合同所规定的条款。当一个企业享有垄断地位时，它不会允许以谈判的方式来确定合同的内容。同时，企业还具有心理和智力方面的超级优势。这主要是指企业在处理法律事务和交易业务经验方面较顾客享有巨大的优势。美国学者早在 1943 年就指出，格式

---

〔1〕 参见［德］海因·克茨：《欧洲合同法》（上卷），周忠海等译，法律出版社 2001 年版，第 207~208 页。

合同尤其可能演变成为使得超级工业巨头和商业大亨们建立起一种新的封建秩序并奴役一大群臣仆的工具。虽然契约自由的大旗仍然可以高高地升起来，神气地飘扬在上述这些合同法的领域内，但在今天，由于时代的变迁，这面大旗已经缩小并且皱巴巴的了。[1] 在这里，已经看不到古典契约自由的任何影子。对格式合同进行规制的原因也正在于此。

一、定式合同对契约自由的背离

如果说定式合同赖以产生的法理基础是契约自由，那么，对定式合同进行规制的法理基础则是对自由滥用的规制。

依照传统观念，合同是双方当事人意思表示一致的行为，而当事人的意思表示一致则包括两个基本点：一是当事人用明示或默示的方法表现其意志并确定双方权利义务的具体细节内容，也就是说，当事人可以完全独立地使其意志达到一致。除了必须满足合同性质本身提出的基本要求之外，当事人对其他许多问题都享有决定权。二是当事人之间存在协商的空间或至少可以进行协商……在传统理论中，建议和反建议构成了订立合同的协商过程，而协商则是意思表示达成一致的基础。但是，定式合同的出现却使上述两个基本点与现实的距离拉得很远。[2] 这主要是因为：

（一）契约双方当事人经济地位的悬殊造成了当事人“自愿”的虚假性

定式合同的支持理论一般认为，只要为当事人所自愿接受，就应赋予其法律效力。但是，自愿应分为两种：一种是真正的自愿，另一种则是“无奈的自愿”。前者是当事人在没有任何压力的情况下所作出的决定，这是真正的自愿；而“无奈的自愿”却是在一种无形的压力下不得已作出的决定，从表面上看，这也是自愿，但其是否是真正的意思表示就值得商榷了。可惜的是，这种“无奈的自愿”充满了我们的生活。格斯特指出，在目前普通人所订立的合同总数中，定式合同的数量大约占 90%。很少有人会记得他最后一次签订非定式合同是什么时候，恐怕实际的情况是，除了定式合同，他们所签订的合同中只有少数口头合同算是例外。而对于较为活跃的人来说，他们每天可能要签订几份定式合同。[3] 垦普·亚伦在评价梅因“从身份到契约”的著名论断时说，我们完全可以肯定，这个由 19 世纪放任主义安放在“契约自由”神圣语句之神龛内的个人绝对自觉，到了今天已经有了很多改变。现在，个人在社会中的地位，远较著作《古代法》问世的时候更广泛地受到特别团体，尤其是职业团体的支配，而个人进入这些团体并非都是出于自己的自由选择。[4] 这一切充分说明了自由选择的非真实性。

（二）定式合同的出现剥夺了当事人一方进行协商的权利

我们曾不止一次地说过，古典契约理论中的一条重要原则就是“任何人不得被未经其同意的义务所约束”。但是，如果企业借助其强大的经济实力拒绝任何人对其事先拟定好的定式合同条款进行任何改变时，实际上剥夺了相对人与之进行协商的权利。这时，是否存在真实的同意呢？定式合同的难解之结也正在于此。对这类问题，司法历来借口“总括的同意”或“阅读义务”而拒绝对当事人进行救济。但是，当一方借助于自己的强大地位而将另一方置于不得已而接受的地位时，这种“总括的同意”或“阅读义务”还有何意义？

---

〔1〕 参见［德］康拉德·茨威格特、海因·克茨：“合同法中的自由与强制——合同的订立研究”，孙宪忠译，载中国法制出版社编：《债法论文选萃》，中国法制出版社 2004 年版，第 365~366 页。

〔2〕 参见尹田编著：《法国现代合同法》，法律出版社 1995 年版，第 117~118 页。

〔3〕 转引自傅静坤：《二十世纪契约法》，法律出版社 1997 年版，第 118 页。

〔4〕 参见［英］梅因：《古代法》，沈景一译，商务印书馆 1995 年版，导言第 18 页。

二、定式合同与契约正义的冲突

从古典契约理论看，契约自由和契约正义有内在的统一性，而这种内在的统一性是通过主体地位的平等性和互换性而体现出来的。而定式合同的出现破坏了这种内在的统一性。

梁慧星研究员在总结古典契约理论的基本价值时认为，古典契约理论建立在两个基本的判断之上，一为主体地位的平等性，二为主体地位的互换性。所谓互换性，是指民事主体在市场交易中频繁地交换位置，在这个交易中作为出卖人与相对人发生交易关系，而在另一个交易中则作为买受人与相对人建立交易关系。在那时并不是所有的主体在地位上绝对平等，也存在差异性，只不过不十分显著。而地位的互换性对这种轻微的差别进行了平衡和补充，故不平等性因地位的互换性而被抵消。正是因为民事主体具有平等性和地位的互换性，因此国家可以采取放任的态度，让其根据自己的自由意志通过平等协商决定他们之间的权利义务关系。他们订立的契约被视为具有法律的效力，不仅作为行使权利和履行义务的基准，而且作为法律裁判的基准。这就是所谓的契约自由和私法自治。[1]

从19世纪末开始，人类生活发生了深刻的变化。首先是作为近代民法基础的两个基本判断——平等性和互换性已经丧失，出现了严重的两极分化和对立。一是企业主与劳动者的对立；二是生产者和消费者的对立，劳动者和消费者成为社会生活中的弱者。以生产者与消费者的分化与对立为例，由于生产组织形式的变革，生产者已不再是手工业者和小作坊主，而是现代化的大公司、大企业，它们具有强大的经济实力，在商品交换中处于显著优越的地位；由于科学技术的发展，生产过程和生产技术高度复杂化，消费者根本无法判断商品的品质，不得不完全依赖于生产者；由于流通革命，商品从生产者到消费者须经过多层环节，消费者与生产者之间一般不再发生直接的契约关系；各种推销、宣传和广告手段的采用，使消费者实际上处于完全盲目的状态，听任生产者的摆布。因此，在现代发达的市场经济条件下，生产者与消费者之间已不再是平等的关系，实质上是一种支配与被支配的关系。作为生产者的大公司、大企业只是无穷无尽地生产和销售，它们并不与消费者互换位置。[2] 主体间的经济实力造成的地位不平等和互换性的丧失，标志着古典契约公平天平的倾斜。

当然，也不能绝对否认在现实生活中主体间地位互换性的个别存在，但这种互换性只存在于大企业之间，就像阿蒂亚所言："而另外一些标准合同则经常是为一些商品市场而拟定的。在市场上，一些人今天是买方，明天又可能成为卖方，所以这些标准合同是按一些协会的利益对两者间的利益进行公平地衡量的。"[3] 或许，在经济实力相当的非消费主体之间，这种地位的互换性依然存在，但在企业与消费者之间这种互换性的不存在则是不争的事实。这种地位的互换性的丧失，就使得保证契约正义的基础发生了根本的动摇。

在此情况下，即一方凭借经济上的优势强迫相对方接受不利益时，法律还能拒绝救济吗？德国学者罗伯特指出："一般交易条款（定式合同）曾被广泛地用来归避法律规则，制作由对方承担一切风险和不利益的契约形式。而对方当事人则通常无力抗拒这种单方面的风险转移，因为提出契约的一方几乎不可能就其一般交易条款另外进行个别商讨。银行的客户或电力的用户一般都没有力量坚持修改一般交易条款……只有那些具有同等或更强经济实力的当事人，才有可能坚持签订特殊的契约。如果契约当事人中有一方可以利用其

[1] 参见梁慧星："从近代民法到现代民法——二十世纪民法回顾"，载《中外法学》1997年第2期。

[2] 参见梁慧星："从近代民法到现代民法——二十世纪民法回顾"，载《中外法学》1997年第2期。

[3] [英] P. S. 阿蒂亚：《合同法概论》，程正康、周忠海、刘振民译，法律出版社1982年版，第16页。

经济实力将不公平的单方面条款强加给对方，特别是有关违约的条款，那么一般交易条款赖以存在的基础，即契约自由就需要某种补充性的保护了。”〔1〕为了恢复平衡，法院必须对之进行规制。

可以说，定式合同的出现是在契约自由和私法自治的旗帜下产生的，但经济实力强大的企业和组织却利用优势滥用了这一权利，就如苏格兰哲学家威廉·索利所言：“一个把不干预私人活动确立为政府政策的主要原则的社会制度，可能会产生高度不平等的社会形式。”〔2〕绝对契约自由的意义，与其说是机会的开始、利益的贯彻，不如说是强者利用其经济力量制定契约条款的开始。〔3〕正是这种对契约自由的滥用，导致了严重的不公正，从而为国家对契约的规制提供了理由。

另外，契约效力的根源不只是自然法所讲的空洞的公平和正义。当然，国家对定式合同的规制也不仅仅是因为其违反了公平和正义，而是因为国家利益和社会利益的存在。任何一种私法制度都是建立在私人利益和社会利益平衡的基础之上的，如果个人利益的膨胀打破了这种平衡，法律就要进行纠正以恢复平衡。定式合同的大量使用，尤其是其中强迫弱者接受的苛刻的免责条款，造成了私人领域的不平等和极权，而这种不平等和极权在私法上造成了利益上的矛盾和冲突。这种利益的矛盾和冲突会破坏法律所保护的私人与社会之间的平衡秩序，因而法律必须予以规制。

在此，有三个概念应当予以说明，即定式合同、不公平条款和免责条款。不公平条款的范围最广，免责条款次之，而定式合同的范围最小。但在现代社会中，大部分免责条款和不公平条款都是通过定式合同的方式体现出来的，从这个意义上说，三者又非常相似。我们就是在相似的意义上来使用这几个概念的，在本章所说的规制就是指对定式合同中不公平条款（包括免责条款）的规制。

三、不公平条款的表现形式

在定式合同中，不公平条款常常通过以下形式表现出来：

（一）直接限制责任的条款

如果在合同中加进某些条款，其内容直接涉及某些情况下发生的责任得以免除，此条款即为直接免除或限制责任的不公平条款。

（二）赋予供应商以任意解除合同的权利的条款

无论是英美法，还是大陆法，合同的解除必须符合法律规定的要件，但在某些定式合同中，供应商以某些文句赋予自身以非由消费者违约或不可归责于消费者的事由而任意解除、变更或限制消费者权利的条款，从而使消费者承担合同风险，此为不公平条款。

（三）限制对方权利的条款

在合同关系中，双方的权利义务应当是平等的。但在有些情况下，基于对自身利益的保护，合同的一方会在合同中规定对方的某些权利未得到自己的同意不得行使或限制其行使，从而使对方的权利受到损害。这实际上是一种压制性条款，是不公平的。

---

〔1〕［德］罗伯特·霍恩等：《德国民商法导论》，楚建译，中国大百科全书出版社1996年版，第94页。

〔2〕韩世远：“免责条款研究”，载梁慧星主编：《民商法论丛》（第2卷），法律出版社1994年版，第464页。

〔3〕参见韩世远：“免责条款研究”，载梁慧星主编：《民商法论丛》（第2卷），法律出版社1994年版，第464页。

（四）就与契约无关的事项限制一方权利的条款

某些合同当事人为了达到长期占有客户或垄断市场的目的，会在合同中规定对方必须只能与自己交易的条款，以及就与同类交易有关的事项互通信息的条款。这些条款已超出了合同权利义务的范围，是对当事人与他人进行交易的自由权利的限制，无疑是不公平的。

（五）放弃权利条款

在合同中，当事人均平等地享有在法定情况下主张某些权利的权利，但在某些定式合同中，供应方会在合同中规定消费者预先放弃某些权利的条款。消费者一旦签署，某些权利即视为放弃。例如，在某些商店中赫然标有“本店商品一经售出概不退换”的标牌，消费者一旦购买，即失去就商品的瑕疵主张权利的权利。

（六）限制消费者寻求法律救济手段的条款

在某些定式合同中，有些供应商为确保自身利益不受影响，常常会在合同中规定一些限制对方寻求法律救济的条款。例如，有的供应商会在合同中规定排除以诉讼或仲裁的方式解决争议的条款，要求消费者在遇到问题时只能采用与供应商协商的方式；有的则规定解决争议的方式只能由供应商决定等。

（七）其他违背诚实信用原则的不公平条款〔1〕

定式合同的条款是否为“违背诚实信用原则的不公平”条款，则由法官裁量。

第三节 对定式合同的规制

一、立法规制

（一）规制的规范体系

我国有以《民法典》为通挈的一般法与特别法的民商事法律体系，在特别法和一般法中均能找到对定式合同规制的条款。在一般法的规制方面，由于我国《民法典》规定了民法的一般原则，如诚实信用、自愿、地位平等、公平等原则。另外，引进了德国法创立的法律行为制度，在《民法典》中规定了对法律行为控制的体系。例如，规定了“意思表示真实”“不违反公序良俗”作为法律行为生效的要件；将“违反法律的效力性强制性规定和公序良俗”作为民事行为绝对无效的条件；将“显失公平”作为民事行为相对无效的条件等。而且在《民法典》合同编第496~498条专门规定了针对格式条款的具体规制规则。

在特别法上，也有规制定式合同的依据。《海商法》第44条规定：“海上货物运输合同和作为合同凭证的提单或者其他运输单证中的条款，违反本章规定的，无效。”第126条规定：“海上旅客运输合同中含有下列内容之一的条款无效：（一）免除承运人对旅客应当承担的法定责任；（二）降低本章规定的承运人责任限额；（三）对本章规定的举证责任作出相反的约定；（四）限制旅客提出赔偿请求的权利。”

除此之外，作为特别法的《中华人民共和国消费者权益保护法》（以下简称《消费者权益保护法》）也对定式合同的规制作了规定。该法第26条规定：“经营者在经营活动中使用格式条款的，应当以显著方式提请消费者注意商品或者服务的数量和质量、价款或者费用、履行期限和方式、安全注意事项和风险警示、售后服务、民事责任等与消费者有重

〔1〕参见傅静坤：《二十世纪契约法》，法律出版社1997年版，第119~120页。

大利害关系的内容，并按照消费者的要求予以说明。经营者不得以格式条款、通知、声明、店堂告示等方式，作出排除或者限制消费者权利、减轻或者免除经营者责任、加重消费者责任等对消费者不公平、不合理的规定，不得利用格式条款并借助技术手段强制交易。格式条款、通知、声明、店堂告示等含有前款所列内容的，其内容无效。"

（二）具体规范方法

在此，以我国《民法典》合同编第496~498条的规定为主线，结合特别法上的规定，来阐述对格式条款的规制规则。这些规则主要是：

1. 合理、适当的提示原则。所谓合理、适当的提示，使指定式合同的使用者应以合理、适当的方式将定式合同的全部条款提请对方注意，以便对方能了解其内容。我国《民法典》第496条第2款规定，采用格式条款订立合同的，提供格式条款的一方应当遵循公平原则确定当事人之间的权利和义务，并采取合理的方式提示对方注意免除或者减轻其责任等与对方有重大利害关系的条款，按照对方的要求，对该条款予以说明。提供格式条款的一方未履行提示或者说明义务，致使对方没有注意或者理解与其有重大利害关系的条款的，对方可以主张该条款不成为合同的内容。

在英国普通法中，如果免责条款在一份由一方当事人交给另一方的文件中被列出或指示，或者在合同缔结时展示出来，则只有当就免责条款的存在向受其影响的当事人以合意的方式提请注意时，它才得成为合同的一部分。[1] 英国普通法在认定提请注意是否合理方面，已形成一套较为完备的判例规则，可以归结为：

（1）文件的性质。文件的外形须给人以该文件载有足以影响当事人权利义务的定式合同的印象，否则相对人收到该文件根本不予阅读，使用人的提请注意即为不充分。

（2）提请注意的方式。依据交易的具体环境，提请注意可以采取个别提请注意或公开张贴提请注意两种方法。

（3）清晰明白的程度。提请注意所使用的语言文字必须清楚明白。

（4）提请注意的时间。提请注意的时间必须是在合同订立前，否则，免责条款不产生效力。

（5）提请注意的程度。原则上，提请注意应达到足以令相对人注意免责条款的程度。在英国，对于免责条款的利用，一方无需证明他实际地将免责条款提请相对人注意，只要他采取了合理的步骤就可以。充分提请注意是否作出的问题主要取决于两个基本的事实：为作出提请注意所采取的步骤以及免责条款的性质。因此，免责条款越是不寻常，提请的注意程度要求也就越高。[2]

英国的判例规则对于如何解释我国《民法典》第496条规定的"合理的方式提示"，具有较大的参考意义。除了英国判例规则的五种情形外，笔者认为还有两点需要补充：一是关于提示的途径。也就是说，提示必须是直接和明白的，让被提示人知道这是一项对免除责任或者限制责任的提示。下列情况无论如何都不能算是一项合理的提示：高速公路的收费处在票据背面印有一项免除或者限制责任的条款。因为任何一个司机都会自然地认为交付过路费后收取的票据是一项报销凭证，而不会认为其上有责任免除或者限制的条款，即使用醒目的字体标出亦然。二是关于是否进行了合理的提示和说明的举证责任分配问题。

---

〔1〕 G. H. Treitel, *The law of contract*, Sweat & Maxwell Ltd, 2007.

〔2〕 参见韩世远："免责条款研究"，载梁慧星主编：《民商法论丛》（第2卷），法律出版社1994年版，第487~488页。

笔者认为，对于是否已经作了合理的提示与说明，应当由格式合同的使用者举证，即他必须证明其已经进行了合理的提示与说明，而不能让顾客证明他没有作合理的提示和说明。

2. 条款内容合理的原则。条款内容合理的原则是对定式合同条款进行衡量的一个弹性条款，一般是指民法的诚实信用原则和公平原则等。例如，根据英国《不公平合同条款法》第11条的规定，所谓免责条款符合合理性条件的要求，是指根据缔约时当事人意图中已经考虑到或应该考虑到的情况来看，该条款是公平合理的。德国《标准合同条款法》第3条规定："标准合同的条款依客观情形，尤其是由契约的外观衡量是异乎寻常，以致相对人必然不考虑接受者，不能成为契约的一部分。"

我国《民法典》第496第2款规定，采用格式条款订立合同的，提供格式条款的一方应当遵循公平原则确定当事人之间的权利义务。这其实就是要按照公平原则合理确定当事人的权利义务，因此与英国法及德国法的上述规定的主旨是一致的。但何为"合理性"的判断标准呢?

在德国判断定式合同条款是否为"不寻常条款"，通常取决于两个因素：①该条款脱离该法律行为所属法律典型的程度；②定式合同的使用人提请相对人注意定式合同内容的方法。[1]

英国《不公平合同条款法》之附件二总结判例法规则，确立当事人约定或援引免责条款是否合理时，应考虑以下因素：①须考虑双方在协商定价中的相对地位和权利，特别是要考虑消费者在缔约中是否有选择余地；②消费者在同意订立免责条款时是否受到劝诱，或者消费者是否有机会与其他人订立不附加此类条款的合同；③消费者是否已经知悉此类条款；④在违约人援引免责条款或限责条款而受害人求偿不符合合同条款条件要求的情况下，则要考虑假定受害人完全按照免责条款条件去做，在合同履行期内是否合理，是否可行；⑤货物是否基于消费者的特殊要求而制造、加工或修改的。[2] 英国判例规则具体并易于操作，对我国司法有较高的参考价值。

笔者认为，有下列情形之一者，推定其违背诚实信用原则而给予相对人以不合理的不利益：①定式合同条款与法律基本原则不相符合或者规避法律强行性规定；②定式合同条款排除或者限制因合同而发生的重要权利或义务，致使合同目的不能达到。

3. 根本违约原则。在免责条款立法限制制度确立以前，特别是在免责条款的合理性法定条件要求确立以前，普通法判例曾试图在契约自由原则与禁止滥用免责条款原则之间谋求某种公正的平衡制度。根本违约原则就是这种谋求的结果。所谓根本违约原则，是一种解释合同条款的重要原则，即如果一方当事人的违约行为触犯了合同的根本内容，并且合同中的免责条款是基于他的要求而写入的，该免责条款应解释为对"根本违约人"不具有保护力。[3]

英国普通法的这一规则不仅被英美法系国家对定式合同的立法和判例所继受，而且对大陆法系许多国家的立法也产生了深远的影响。例如，德国《标准合同条款法》第9条规定："①违反诚实信用原则的条款无效；②对条款是否违反诚实信用原则存在疑问时，依下列标准决定之：(A) 与基本法理不能相容；(B) 依契约之本旨应发生的重要权利义务受到

---

[1] 参见韩世远："免责条款研究"，载梁慧星主编：《民商法论丛》(第2卷)，法律出版社1994年版，第498页。

[2] 参见董安生等编译：《英国商法》，法律出版社1991年版，第59页。

[3] 参见董安生等编译：《英国商法》，法律出版社1991年版，第66页。

限制，以致契约目的有不能达到之虞时。”《联合国国际货物销售合同公约》也采用了这一规则。该公约第25条规定：“一方当事人违反合同的结果，如使另一方当事人蒙受损害，以至于实际上剥夺了他根据合同规定有权期待得到的东西时，即为根本违反合同……”

按照我国《民法典》第497条的规定：①合同中的下列免责条款无效：一是造成对方人身损害的；二是因故意或者重大过失造成对方财产损失的；②提供格式条款一方不合理地免除或者减轻其责任、加重对方责任、限制对方主要权利；③提供格式条款一方排除对方主要权利。〔与法条原文稍有出入，欠缺民事法律行为效力的一般条款。第497条（格式条款无效的情形）有下列情形之一的，该格式条款无效：①具有本法第一编第六章第三节和本法第506条规定的无效情形；②提供格式条款一方不合理地免除或者减轻其责任、加重对方责任、限制对方主要权利；③提供格式条款一方排除对方主要权利。第一编第六章第三节民事法律行为的效力第506条（免责条款效力）规定合同中的下列免责条款无效：①造成对方人身损害的；②因故意或者重大过失造成对方财产损失的。〕

但是，有没有规定任何例外？即如果定式合同的使用者事先提请对方注意，并经对方同意时，是否有效？根据英国判例，应承认其效力。在此情况下，我国法是否应承认其效力呢？笔者认为，应区分不同情况而定。当定式合同为消费合同时，应否定其效力；如果为商业合同时，应承认其效力。这样一方面保护了弱小的消费者无任何协商权利的情况，又体现了我国《民法典》合同编规定的契约自由原则。

4. 不利解释原则。不利解释原则，又称严格解释原则，即如果某项条款存在两种或两种以上的解释时，法院将作出对定式合同的使用者最不利的解释。“不利解释原则”起源于罗马法，早在古罗马法就存在“发生歧义时由要约者承担不利后果”的原则。在进行要式口约时，由于债权人（要约者）是表述其允诺，以至于债务人仅需要作出肯定的回答，因此，债权人需要承担歧义产生的后果。因为要式口约的债权人（即一般交易条件的使用人）本来是应该避免疑义发生的。〔1〕 这一原则被大陆法系与英美法系的许多国家所承继。例如，德国《标准合同条款法》第5条规定：“标准合同条款的内容有异议时，由条款利用者承受其不利益。”英国判例法也确认，只有在免责条款的用语绝对准确、肯定，并且不发生歧义的情况下，才裁定其有效。如果含糊不清时，将作对定式合同的使用者不利的解释，甚至否定其效力。〔2〕

我国《民法典》第498条规定：“对格式条款的理解发生争议的，应当按照通常理解予以解释。对格式条款有两种以上解释的，应当作出不利于提供格式条款一方的解释。格式条款和非格式条款不一致的，应当采用非格式条款。”由此可见，我国也采用了不利解释的原则，同时将“合理公平解释”纳入其中。但是，应当特别指出的有两点：①不利解释只有在定式合同条款含糊不清的情况下才有适用的余地；②我国《民法典》合同编第498条的规定自身存在矛盾：因为解释当然是存在争议时才发生，而“按照通常理解予以解释”与“作出不利于提供格式条款一方的解释”显然不同，那么发生争议后，是“按照通常理解予以解释”，还是“作出不利于提供格式条款一方的解释”呢？我们认为，应当采取“不利解释”。

二、行政规制体系

其实，在许多国家，对合同的行政约束，特别是对不公平合同条款的行政规制是普遍

〔1〕 参见［德］迪特尔·梅迪库斯：《德国民法总论》，邵建东译，法律出版社2000年版，第319页。
〔2〕 参见董安生等编译：《英国商法》，法律出版社1991年版，第69页。

存在的。例如，瑞典自 1971 年以来建立起了一个由“消费者——护民官”领导的特别行政机构，接受政府的委托，对营业者是否使用不公平合同条款进行监督。英国根据 1973 年的《公平交易法》建立了一个特别的行政机构“公平交易局”，对企业的营业行为进行监督，与不公平合同条款作斗争是其职责的一部分。〔1〕

类似于英国“公平交易局”的机构，我国工商行政管理部门也有同样名称的机关，我国也有消费者保护协会（但我国的消费者保护协会从严格意义上说不是行政机构），笔者认为，这些机构应当对不公平的合同条款，特别是合适合同中的不公平条款进行行政监督和管理、规制，以维护公平交易。

三、司法规制

司法规制是格式合同规制中的重要方式和途径，我国《民法典》规定的“诚实信用原则”“公平原则”等为法院利用弹性条款对格式合同进行规制留有足够的余地。《民事诉讼法》第 15 条规定：“机关、社会团体、企业事业单位对损害国家、集体或者个人民事权益的行为，可以支持受损害的单位或者个人向人民法院起诉。”

四、集团诉讼

我国《民事诉讼法》和《消费者权益保护法》专门规定了消费者保护组织的集团诉讼，《民事诉讼法》第 15 条规定：“机关、社会团体、企业事业单位对损害国家、集体或者个人民事权益的行为，可以支持受损害的单位或者个人向人民法院起诉”。第 58 条规定：“对污染环境、侵害众多消费者合法权益等损害社会公共利益的行为，法律规定的机关和有关组织可以向人民法院提起诉讼。人民检察院在履行职责中发现破坏生态环境和资源保护、食品药品安全领域侵害众多消费者合法权益等损害社会公共利益的行为，在没有前款规定的机关和组织或者前款规定的机关和组织不提起诉讼的情况下，可以向人民法院提起诉讼。前款规定的机关或者组织提起诉讼的，人民检察院可以支持起诉。”《消费者权益保护法》第 47 条规定：“对侵害众多消费者合法权益的行为，中国消费者协会以及在省、自治区、直辖市设立的消费者协会，可以向人民法院提起诉讼。”第 37 条第 1 款赋予消费者保护协会就损害消费者合法权益的行为有“支持受损害的消费者提起诉讼或者依照本法提起诉讼”的职权。

---

〔1〕 参见［德］康拉德·茨威格特、海因·克茨：“合同法中的自由与强制——合同的订立研究”，孙宪忠译，载中国法制出版社编：《债法论文选萃》，中国法制出版社 2004 年版，第 387 页。

第四章
合同的履行

第一节 关于合同履行的一般概述

合同的履行是指债务人按照合同约定全面地、适当地完成其合同义务，债权人的合同债权得以完成实现。[1] 合同的履行是缔约的真正目的和合同法的全部意义，合同法对合同效力的确认和保护、对违约的救济等均是以保证或促进合同的履行为核心的。正因为如此，德国法学家罗伯特指出，德国的法学理论家正确地强调，债权契约可以产生各种不同的义务……他们最清楚地表明，人们设定这些义务只是为了实现一个目标，即履行。无论从什么意义上讲，履行都是债权关系的目的。任何一项交易都是要完成一件事情，如满足某种需要，或者获得一项财产等，而契约以及由契约产生的各种义务，就是要来满足这一目标的。[2] 合同以及由合同产生的各种权利义务就像罗马法学家所言的“法锁”一样，将合同双方当事人联系在一起，而履行无疑是打开这把“法锁”的最佳钥匙，是合同权利义务消灭的最主要原因。

合同的履行及对合同履行的法律保护构成了现代社会信用制度的重要组成部分，体现了对这种信用制度的保护。在现代社会，及时清结的交易以及以货易货的交易已不占有重要地位，而大量的交易特征表现为双方义务履行时间上的非同步性，而这种非同步性就体现了信用制度。在这种制度下，合同的履行具有十分重要的意义。如果没有一种法律制度保障合同的履行，整个社会的信用制度就会崩溃，整个社会的交易制度体系将发生实质性的倒退。从这一意义上说，美国关系契约论学者麦克尼尔将契约定义为“对未来交换的安排”,[3] 反映了其敏锐的观察。他无疑是看到了现代社会交易的主流。而整个社会的交易秩序和财富都与这种“安排”相联系。一旦这种“安排”被打乱而不能实现，与之相联系的所有安排均将受挫，这对社会是一种打击。故契约的履行及对这种履行的法律保护就显得异常重要。

从合同效力的方面观察，合同的履行是依法成立的合同所必然发生的法律效果，并且是构成合同法律效力的主要内容。因此，许多立法例把合同的履行放在“债的效力”的标题下。但从合同关系消灭的角度看，债务人全面而适当地履行合同，导致了合同关系的消灭，合同的履行是合同关系消灭的原因。因此，合同的履行又称为“债的清偿”，有些立法例把合同的履行规定在“债的消灭”的标题下，同时又将其作为合同消灭的原因，以“清

---

〔1〕 参见王利明、崔建远：《合同法新论·总则》，中国政法大学出版社 1996 年版，第 317 页。

〔2〕 参见［德］罗伯特·霍恩等：《德国民商法导论》，楚建译，中国大百科全书出版社 1996 年版，第 97 页。

〔3〕［美］麦克尼尔：《新社会契约论》，雷喜宁、潘勤译，中国政法大学出版社 1994 年版，第 4 页。

偿”的称谓详加规定。[1] 根据大陆法系的一般理论，因为合同是债发生的主要根据，故合同的效力自然包括在债的效力之中，故合同的履行被看作是债的效力的体现和基本要求。

我国《民法典》对于合同履行中基本的原则和规则、履行中的抗辩权等作了详细的规范，下面我们就这两个方面作简要的论述。

第二节　合同履行中的基本原则和具体规则

一、合同履行中的基本原则

合同履行中的基本原则，即《民法典》第509条规定的两个基本原则：

（一）全面履行的原则

合同的全部意义既然在于履行，那么合同签订以后，合同当事人就应当按照合同的约定全面履行义务，正当行使合同权利。其目的在于保障相对人的期待利益，保障整个社会经济和生活秩序的顺利进行。该原则对于合同当事人和社会都具有重大意义，因此，应该是合同履行中的一个重要原则。

（二）诚实信用原则

在我国《民法典》中，总则编已经把诚实信用作为民法的基本原则来对待。当然该原则也是合同履行的基本原则。合同编在第509条把它规定为合同履行的基本原则，并规定了根据其产生的“附随义务”——当事人应当遵循诚信原则，根据合同的性质、目的和交易习惯履行通知、协助、保密等义务。

《德国民法典》第242条、《法国民法典》第1102条、《瑞士债务法》第2条等都把“诚实信用原则”作为债务履行的原则。因此，无论如何，将诚实信用作为合同履行的基本原则是没有任何问题的。

当然，从文义上看，我国《民法典》第509条显然重点在于“因诚实信用原则产生的附随义务”上，其原因在于我国《民法典》第500条、第501条及558条规定了合同订立过程中和终止后因诚实信用原则产生的附随义务，第509条恰恰是规定合同履行中的附随义务。这样一来，我国《民法典》上因为诚实信用原则产生的先合同义务、中合同义务及后合同义务就完整了。

二、提前履行与部分履行的限制规则

（一）提前履行的限制

债务人提前履行债务，并非在任何情况下都会对债权人带来利益。因此，我国《民法典》第530条专门规定，债权人可以拒绝债务人提前履行债务，但是提前履行不损害债权人利益的除外。债务人提前履行债务给债权人增加的费用，由债务人负担。

（二）部分履行的限制

合同的履行应当采取“全部”和“全面”履行的原则，禁止部分履行，除非债权人同意或者部分履行不损害对方利益。即使如此，因此增加的费用也由债务人承担。我国《民法典》第531条即作了这样的规定。

这一规则之所以必要，是因为相较于合同义务的整体履行，部分履行或者分期履行有

---

[1] 参见王利明、崔建远：《合同法新论·总则》，中国政法大学出版社1996年版，第318页。

时对于债权人来说会造成利益损害，因此，法律一般不赋予债务人部分履行的权利。例如，A欠B 1万元。如果法律允许A每天给B 10元钱的话，对于B来说，这与一次性偿还1万元意义肯定不同。这种情况下，就应对部分履行加以限制。

三、“不完全合同”的履行补正规则

（一）概述

这里所谓的不完全合同主要是指：合同虽然成立并生效，但按照合同的约定却没有办法履行，因此必须经过补正后才能履行的合同。这种“不完全的合同”可以分为两种：①极少数合同条款不完整，例如，买卖合同中没有约定交货地点或者时间；②除了合同成立的三个要素——当事人、名称和数量之外，什么都没有约定。按照我国的《民法典》和司法判例规则，这种合同不仅可以成立而且可以生效，但是没有办法履行。两种“不完全的合同”无论是哪一种，都必须通过补正才能履行。

（二）质量、价款或者报酬、履行地点等内容没有约定或者约定不明确的补正规则（《民法典》第510~514条）

合同生效后，当事人就质量、价款或者报酬、履行地点等内容没有约定或者约定不明确的，可以协议补充；不能达成补充协议的，按照合同有关条款、合同性质、合同目的或者交易习惯确定。照此仍然不能确定的，适用下列规则：

1. 质量要求不明确的，按照强制性国家标准履行；没有强制性国家标准的，按照推荐性国家标准履行；没有推荐性国家标准的，按照行业标准履行；没有国家标准、行业标准的，按照通常标准或者符合合同目的的特定标准履行。

2. 价款或者报酬不明确的，按照订立合同时履行地的市场价格履行；依法应当执行政府定价或者政府指导价的，依照规定履行。

执行政府定价或者政府指导价的，在合同约定的交付期限内政府价格调整时，按照交付时的价格计价。逾期交付标的物的，遇价格上涨时，按照原价格执行；价格下降时，按照新价格执行。逾期提取标的物或者逾期付款的，遇价格上涨时，按照新价格执行；价格下降时，按照原价格执行。

3. 履行地点不明确，给付货币的，在接受货币一方所在地履行；交付不动产的，在不动产所在地履行；其他标的，在履行义务一方所在地履行。

4. 履行期限不明确的，债务人可以随时履行，债权人也可以随时请求履行，但是应当给对方必要的准备时间。

5. 履行方式不明确的，按照有利于实现合同目的的方式履行。以支付金钱为内容的债，除法律另有规定或者当事人另有约定外，债权人可以请求债务人以实际履行地的法定货币履行。

6. 履行费用的负担不明确的，由履行义务一方负担；因债权人原因增加的履行费用，由债权人负担。

四、选择之债的履行规则

（一）一般原则

债务标的有多项而债务人只需履行其中一项的，如果当事人没有明确规定或者法律没有明确规定的，债务人享有选择权。

享有选择权的当事人在约定期限内或者履行期限届满未作选择，经催告后在合理期限内仍未选择的，选择权转移至对方。

(二) 选择的方式及效力

1. 选择的方式。当事人行使选择权应当及时通知对方，通知到达对方时，债务标的确定。确定的债务标的不得变更，但是经对方同意的除外。

2. 选择的限制。可选择的债务标的之中发生不能履行情形的，享有选择权的当事人不得选择不能履行的标的，但是该不能履行的情形是由对方造成的除外。

我国《民法典》第516条第2款的规定值得讨论，至少有两种思路：①如果选择之债因为相对人的原因，导致某种标的已经不能履行，其实就不存在选择问题。特别是当可以选择的标的只有两种，其中一种已经不能履行，那就已经变成了不可选择之债。为什么还要选择呢？本来合同约定了几种标的，让债务人履行剩余的标的，也是预料之中的事情。②即使其他标的都不能履行，哪怕就剩余一种，也允许债务人选择。如果债务人选择了不能履行的那一种，按照不能履行的债的后果处理。也就是说，债的不能履行不可归责于债务人，因此债务人不负违约责任。

笔者认为，这种规定不合适。理由是：①不符合“合理履行”或者诚实信用原则；②本来合同约定了几种标的，让债务人履行剩余的标的，对其也不发生不公平。他没有理由选择不能履行的标的，除非：对方当事人恶意致使不能履行；债务人在选择的时候不知道其所选择的标的已经不能履行。

五、按份之债的履行规则

(一) 按份之债的概念

债权人为二人以上，标的可分，按照份额各自享有债权的，为按份债权；债务人为二人以上，标的可分，按照份额各自负担债务的，为按份债务（《民法典》第517条第1款）。

(二) 按份之债的履行

在按份之债中，因为标的可分，就债务来说，各个债务人按照各自的份额负担债务；就债权来说，各债权人按照各自的份额享有债权。

按份债权人只能按照自己的份额请求债务人履行债务；各个债务人按照自己的债务份额向债权人履行义务。即使一个债务人履行有瑕疵，例如，迟延履行、不完全履行等，其他债务人不承担履行瑕疵担保责任。

如果债务人超出自己应当承担的份额向债权人履行，应视为无因管理，可以此为请求权基础请求其他债务人偿还。如果债权人超出自己的份额受领，为不当得利。受到损害的债权人可以请求其不当得利返还。

(三) 份额确定规则

按份债权人或者按份债务人的份额难以确定的，视为份额相同。

六、连带之债的履行规则

(一) 连带之债的概念

债权人为二人以上，部分或者全部债权人均可以请求债务人履行债务的，为连带债权；债务人为二人以上，债权人可以请求部分或者全部债务人履行全部债务的，为连带债务。连带债权或者连带债务，由法律规定或者当事人约定（《民法典》第518条）。这一概念可以从以下几个方面理解：

1. 连带之债的债权人或者（和）债务人为两人以上。有时候债务人一方有两个人以上，而债权人为一人；有时债权人为两个以上，债务人为一人；有时双方都为两人以上。凡两人以上者均为连带之债，或为连带债权人，或为连带债务人。

2. 连带之债的发生原因是当事人约定或者法律规定。合同编中既有约定原因，也有法定原因；但在侵权责任中，多为法定原因。

3. 这里的连带属于实质连带。实质连带是指：①在连带债权中，每个债权人均有权请求债务人履行全部义务，债务人负有全部履行的义务。而且，债权债务关系因一次性全部履行而消灭。连带债权人不得以未授权接受履行的债权人接受履行而主张债务人的履行对其无效。②在连带债务中，每个债务人都有义务履行全部债务，每个债务人的履行对全体债务人发生免责的法律效果。而且，每个债务人的履行瑕疵由全体债务人承担（《民法典》第520条第4款）。

在实质连带之外，还有一种“数额连带”：A与B向C负担1万元的债务。C先向A主张，再就A未偿还的部分向B主张。C不可以直接向B主张，债务人之间的义务履行是有顺序的。这就是所谓的数额连带。这种连带与我国《民法典》第518条规定的连带之债性质不符，但在我国的现实法院判决中经常存在。

（二）连带之债的份额确定规则

连带之债对外是连带义务，但最终必须要在连带人之间确定份额，否则，义务或者权利难以落实到个人。这种份额当事人可以约定，法律也有规定。如果既没有约定，也没有法定的时候，其确定规则是：连带债务人之间的份额难以确定的，视为份额相同（《民法典》第519条）。

（三）连带债务人的追偿权

实际承担债务超过自己份额的连带债务人，有权就超出部分在其他连带债务人未履行的份额范围内向其追偿，并相应地享有债权人的权利，但是不得损害债权人的利益。其他连带债务人对债权人的抗辩，可以向该债务人主张（《民法典》第519条第2款）。该款规定了三个含义：

1. 确定了债务人相互之间的追偿权。因为在连带债务中，每个债务人都有义务履行全部债务。因此，有的债务人被债权人请求时，就很有可能超出自己的份额向债权人履行。这也是其应尽的义务。实际承担债务超过自己份额的连带债务人，有权就超出部分在其他连带债务人未履行的份额范围内向其追偿。

2. 求偿的基础的债权转移。当某个债务人超出自己应当承担的份额履行了义务，债权人的相应债权也转移到其名下，他便可以以债权人身份要求其他连带债务人偿还。

3. 其他连带债务人可以对超额履行的连带债务人行使其本来对侵权人的抗辩。既然超额履行适用“债权转让”规则，那么如果所有债务人对债权人有抗辩权，而超额履行的债务人没有抗辩就履行，当他向其他连带债务人追偿的时候，被追偿的连带债务人可以行使本来可以向债权人行使的抗辩权。

（四）部分连带债务人因提存、免除、混同、抵销而对全体债务人免责的规则

1. 因提存或者抵销而获得全体免责的。部分连带债务人履行、抵销债务或者提存标的物的，其他债务人对债权人的债务在相应范围内消灭；该债务人可以依据前条规定向其他债务人追偿。

2. 因免除而获得全体债务人免责的。部分连带债务人的债务被债权人免除的，在该连带债务人应当承担的份额范围内，其他债务人对债权人的债务消灭。这种情况下，没有追偿问题。即使债权人是针对某个债务人免除债务，全体债务人也获得免责的效果，而且该债务人没有向其他债务人追偿的权利。

3. 因混同而获得全体免责的。部分连带债务人的债务与债权人的债权同归于一人的，在扣除该债务人应当承担的份额后，债权人对其他债务人的债权继续存在。

（五）连带债权的行使规则

1. 受领超过自己份额的债权人的返还义务。实际受领超过自己份额的连带债权人，应当按比例向其他连带债权人返还。当然，连带债权对于债权人来说是连带的，且在各个债权人之间是有份额的。这个份额可以法定或者由当事人约定。如果既无法定，也没有约定的，或者连带债权人之间的份额难以确定的，视为份额相同。

2. 免除债务人债务的债权额计算。部分连带债权人免除债务人债务的，在扣除该连带债权人的份额后，不影响其他连带债权人的债权。

七、合同当事人及相关人员的变化对合同履行的影响

（一）债权人事项变动的通知义务

债权人分立、合并或者变更住所没有通知债务人，致使履行债务发生困难的，债务人可以中止履行或者将标的物提存（《民法典》第529条）。

（二）当事人不得因名称等变化不履行合同义务

正常来说，这根本就不应该是我国《民法典》规定的内容，但是在实践中，确实有些当事人因法定代表人或者法人名称等发生变化就拒绝履行债务。因此，《民法典》第532条规定：合同生效后，当事人不得因姓名、名称的变更或者法定代表人、负责人、承办人的变动而不履行合同义务。

八、涉他合同的履行规则

（一）涉他合同概述

合同具有相对性，一般不涉及第三人，否则契约自由原则将受到挑战。但如果仅仅给第三人创设权利，或者第三人同意履行义务该如何呢？这就是所谓的涉他合同。

涉他合同包括三种：一是利他合同，二是由第三人向债权人履行的合同，三是与债务人的履行涉及的利害关系人有关的合同，例如，为债务人提供担保的人。由于“利他合同”的复杂性，特别将其作为一节来论述。这里仅仅讨论涉他合同的另外两种情形。

（二）由第三人向债权人履行的合同的规则

我国《民法典》第523条规定了这种情形：“当事人约定由第三人向债权人履行债务，第三人不履行债务或者履行债务不符合约定的，债务人应当向债权人承担违约责任。”对此，我们应当作以下解读：

1.《民法典》第523条规定的“由第三人向债权人履行”的合同与债务承担合同不相同。我国《民法典》第551条规定的“免责的债务承担”与第523条是不同的。在免责的债务承担的情形下，由于债权人已经同意债务人全部或者部分承担债务，则对于债务人的履行瑕疵，不应该由债务人承担。第523条与第552条规定的“并存的债务承担”也不同：第552条规定的是“连带责任”，而第523条显然不是连带责任。故《民法典》第523条应该排除第551条及552条的债务承担。

2. 约定的当事人。按照《民法典》第523条的规定，“由第三人向债权人履行债务”应该涉及两个约定：第一个约定是合同当事人（债权人与债务人）的约定，至少债权人要同意第三人履行。因此，该条中所谓的“当事人约定”当然是指债权人与债务人之间的约定。第二个约定是债务人同第三人的约定，第三人同意向债权人给付。但这种约定的内容仅仅是同意第三人替自己给付，并非是债务承担或者转移。第三人与债权人不见得有约定，甚至可以说，大部分情况下没有约定。

3. 第三人履行瑕疵的责任。当发生第三人履行瑕疵的时候，债权方无权要求第三人承担违约责任，只能要求债务人承担违约责任。

（三）与债务人的履行有利益关系的第三人

《民法典》第524条规定：“债务人不履行债务，第三人对履行该债务具有合法利益的，第三人有权向债权人代为履行；但是，根据债务性质、按照当事人约定或者依照法律规定只能由债务人履行的除外。债权人接受第三人履行后，其对债务人的债权转让给第三人，但是债务人和第三人另有约定的除外。”对该条规定可以理解如下：

1. 对债务人不履行债务的，与债务人有利害关系的第三人可以代为履行。有的第三人虽然不是合同当事人，但与履行标的或者不履行债务的后果等有重大利害关系，例如，A对B负担金钱借贷义务，C为该笔借款提供房屋抵押。那么，A是否履行债务就对C关系重大：如果A不履行还款义务，B就有可能拍卖房屋获得优先受偿，C就有可能无处居住。法律允许C替代A向B履行偿还借款义务。

2. 这种义务一般具有财产性，人身性质的债务一般具有与特定人不可分割的专属性质，即使与第三人有重大利害关系，第三人一般不能替代履行。

3. 替代履行后，在债权人与第三人之间发生债权转让的法律效果，以便于第三人对债务人追偿。

第三节　利他合同

一、利他合同概述

（一）利他合同的概念

所谓利他合同，就是指合同当事人约定，由债务人向债权人之外的第三人履行给付义务的合同。它又被称为“为第三人利益的合同”“向第三人给付的合同”等。[1]

合同尽管是当事人之间的协议，但是这并不禁止合同当事人约定合同的债务人向债权人之外的第三人给付。就如德国学者所言，一项债务关系可以以债务人不应向债权人而向第三人给付的方式约定。例如，一个企业主与保险公司约定为自己的雇员订立附加养老保险，或者一个富有的儿子在一个养老院为自己年老的母亲租赁了一个房间等。[2] 这些都是向第三人进行给付义务的合同——保险公司到时候按照企业主与其约定的条件向雇员支付养老保险金、养老院要向该母亲提供养老服务。

（二）利他合同的性质

笔者认为，利他合同仅仅是合同相对性的一个简单例外，仍然是遵循“契约自由”原则的产物——仅仅是合同双方约定本来应向债权人的给付向第三人给付而已。因此，利他合同无论如何都不是一种独立的合同，其基础仍然是民法上的合同，无论是有名合同还是无名合同，有偿合同还是无偿合同，都可以在此之上约定为利他合同。就如德国学者所言，人们不能够将为第三人利益订立的合同设想为像买卖合同、租赁合同一样的独立的合同类型。这里涉及的是既可以对一切类型合同（典型合同、有名合同），又可以对非典型合同约

---

〔1〕 参见王洪亮：《债法总论》，北京大学出版社2016年版，第475页。

〔2〕 参见［德］迪特尔·梅迪库斯：《德国债法总论》，杜景林、卢谌译，法律出版社2004年版，第581页。

定的一种变体。[1] 因此，从我国《民法典》合同编的规范体系看，将利他合同规定在“合同的履行”中，是正确的选择。

（三）利他合同的分类

利他合同依据第三人与债务人之间的关系——第三人对债务人有无独立的给付请求权，区分为纯正的利他合同及非纯正的利他合同。

纯正的利他合同是指第三人对债务人享有以给付为内容的独立的请求权的合同。《民法典》第522条第2款规定的利他合同即是这种纯正的利他合同。非纯正的利他合同是指尽管合同约定债务人向第三人履行债务，但第三人对债务人却不享有独立的给付请求权的合同。我国《民法典》第522条第1款规定的利他合同就是指这种合同。

（四）利他合同与相关概念的区别

1. 与代理的区别。代理与利他合同在制度构造上完全不同：代理是代理人在被代理人的授权下，通常是以被代理人的名义与第三人为法律行为（如签订合同），结果归属被代理人享有。这里的“第三人”与利他合同中的“第三人”的根本区别就在于：代理中的第三人是合同当事人，参与交易谈判，而且毫无例外地对债务人（合同相对人）享有独立的请求权。合同相对人通过代理与第三人谈判、交易，对对方也享有独立的请求权。利他合同中的第三人不参与合同签订，即使对合同一方（债务人）享有独立请求权（纯正的利他合同），也不是合同当事人。

但德国学者也指出了在代理中的一种情况下，区分代理与利他合同可能存在一定的困难。例如，母亲M为自己的未成年子女K叫来一名医生A。在这种情况下，是代理行为还是为第三人利益的合同，就取决于M的行为中的行为“名义”：如果M以自己的名义与A订约，则是为第三人利益的利他合同；如果M作为K的法定代理人出现，则是法定代理。因此，在这种情况下，对于这种问题的决定总是取决于如下情况：行为人是否将自己以他人的名义出现的意思对外清楚地表现出来。在有疑义的时候，应当认定是以自己的名义行为，成立利他合同。[2] 这当然是从保护未成年人利益角度出发的。

2. 与债权转让或者债务承担合同的区别。利他合同与债权转让或者债务承担的区别主要是：①在为第三人利益的合同中，没有发生债权转让或者债务承担，且这是两种不同的制度；②无论是债权转让还是债务承担，债务人、第三人（受让人）、债权人都要有意思参与其中。但在利他合同中，第三人不参与任何意思，当然他可以拒绝接受。

二、利他合同的法律依据（规范基础）

在我国《民法典》上，利他合同的规范基础就是《民法典》第522条。该条有两款规定：第1款规定：“当事人约定由债务人向第三人履行债务，债务人未向第三人履行债务或者履行债务不符合约定的，应当向债权人承担违约责任。”这显然是非纯正的利他合同的规定。第2款规定：“法律规定或者当事人约定第三人可以直接请求债务人向其履行债务，第三人未在合理期限内明确拒绝，债务人未向第三人履行债务或者履行债务不符合约定的，第三人可以请求债务人承担违约责任；债务人对债权人的抗辩，可以向第三人主张。”这显然是赋予第三人以独立请求权的利他合同。

---

〔1〕 参见［德］迪特尔·梅迪库斯：《德国债法总论》，杜景林、卢谌译，法律出版社2004年版，第581页。

〔2〕 参见［德］迪特尔·梅迪库斯：《德国债法总论》，杜景林、卢谌译，法律出版社2004年版，第582页。

三、利他合同中各方之间的法律关系

（一）合同当事人之间的关系

这里所谓的“合同当事人”，就是指缔约当事人（合同的相对双方）。我们上面说过，他们之间的关系可以是任何一种合同：既可以是有偿合同，也可以是无偿合同；既可以是有名合同，也可以是无名合同。

（二）债权人与第三人之间的关系

这种关系主要是：债权人为什么要给第三人以利益？这种原因可以是：①赠与；②偿还债务或者抵偿其他义务；③履行法定义务，例如，为了赡养父母而在养老院为父母承租一套房屋供其生活之用。

债权人基于何种原因给第三人以利益，一般不影响债务人向第三人的履行义务，除非有其他终止的原因。

（三）债务人与第三人的关系

1. 债务人与第三人在利他合同中，不一定“认识”或者“接触”，他们之间的关系纯粹是因为利他合同当事人之间的约定。

2. 根据利他合同的种类不同，债务人与第三人的关系也不同：主要在于当债务人不履行义务的时候，第三人有无独立于债权人的请求权。

四、债权人的特殊地位

按照我国《民法典》第 522 条第 1 款的规定，在非纯正的利他合同中，债务人未向第三人履行债务或者履行债务不符合约定的，应当向债权人承担违约责任。即第三人不能向债务人请求履行，债权方当然可以请求债务人向第三人继续履行或者承担其他违约责任。

在第 522 条第 2 款规定的纯正的利他合同中，债务人未向第三人履行债务或者履行债务不符合约定的，第三人当然可以直接请求债务人继续履行或者承担其他违约责任。但债权人可以请求债务人向第三人履行吗？我国《民法典》对此没有规定。《德国民法典》第 335 条规定了债权人有这种权利——请求债务人向第三人给付的请求权。在我国法上应当作出肯定的解释，因为合同就是这么约定的，而为第三人利益的合同不是债权转让，债权人仍然是债权人，当然享有合同约定的权利。

五、利他合同中第三人的地位

（一）在非纯正的利他合同中第三人的地位

1. 在债务人不履行或者履行不符合约定时，第三人对债务人没有履行请求权或者违约责任请求权，该权利只能由债权人主张。

2. 合同当事人协商解除合同或者变更合同，无需经过第三人同意。因为第三人不是合同当事人，也没有独立请求权，因此，协商合同解除或者变更无需经过其同意。但是，由于合同终止可能会影响第三人利益的，由债权人按照相应的法律关系处理。例如，债权人如果是赠与第三人，则按照赠与处理；如果是偿还债务，则按照债务不能偿还处理等。

（二）纯正的利他合同中的第三人

1. 在债务人不履行或者履行不符合约定时，第三人对债务人有履行请求权或者违约责任请求权。

2. 在合同解除和变更方面，按照合同的一般原理，因第三人不是合同当事人，当事人解除或者变更合同不必经过第三人同意，就可以产生解除或者变更的后果。但给第三人造成损害的，有相应法律关系的人应当赔偿。

3. 对第三人履行请求权的排除与废止。如果合同双方在合同订立时规定了不经第三人

同意即可变更第三人的履行请求权的，可以直接废止或者变更合同。就如学者所言，债权人在何时可以撤回、废止或者更改利他合同，取决于当事人的约定、合同的情况以及合同的目的。如果这些要素可以推断出合同当事人保留了撤回或者更改的权利，债权方可以不经第三人的同意，撤回或者更改利他合同。[1]

4. 债权人单方解除或者变更合同的权利的行使。如果法定或者约定的单方解除权属于债务人，则当解除条件成就时，其解除合同无需经过第三人同意，也不应对因此给第三人造成的损失承担责任；如果该解除权属于债权人，且第三人已经表示愿意接受履行的，债权人解除合同，应该得到第三人的同意。

第四节　合同履行中的抗辩权[2]

一、同时履行抗辩权概述

（一）概念

同时履行抗辩权，也称履行契约的抗辩权，是指双务契约当事人一方于他方当事人未为对待给付前得拒绝自己给付的权利。[3]

对于同时履行抗辩权的性质为何，有两种不同的学说：其一，请求权否定主义理论；其二，抗辩权主义理论。前者认为，双务契约的当事人须先履行自己的义务，至少也须提出履行，始得向他方请求对待给付。换言之，如果债权人未履行自己的对待给付而请求相对人先为给付时，相对人得主张债权人无请求权。即如果债权人不能证明自己已给付或已提出给付或相对方负有先为给付的义务时，其请求权即被否定。此乃源于日耳曼普通法上的给付同时交换制度，《瑞士债务法》第 82 条也采此制度。后者认为，双务契约的债权人可以请求他方为给付，但若于请求时未履行或未提出履行自己的义务，他方得提出同时履行的抗辩或不履行的抗辩而拒绝自己的给付。[4] 大陆法系多数国采取抗辩主义理论，如《德国民法典》第 320 条、《日本民法典》第 533 条。我国《民法典》第 525 条规定：当事人互负债务，没有先后履行顺序的，应当同时履行。一方在对方履行之前有权拒绝其履行请求。一方在对方履行债务不符合约定时，有权拒绝其相应的履行请求。由此可见，我国《民法典》也采取这种理论。

（二）同时履行抗辩权在我国法上的规范基础

同时履行抗辩权在我国法上的规范基础主要是《民法典》，而《民法典》的规范基础主要有两个：

1. 《民法典》第 525 条明确规定的抗辩权："当事人互负债务，没有先后履行顺序的，应当同时履行。一方在对方履行之前有权拒绝其履行请求。一方在对方履行债务不符合约定时，有权拒绝其相应的履行请求。"

2. 《民法典》第 157 条规定的合同无效或者可撤销后的返还请求权，尽管《民法典》

---

〔1〕参见王洪亮：《债法总论》，北京大学出版社 2016 年版，第 482 页。

〔2〕这里的抗辩权主要是指合同法上的特殊抗辩权，至于民法上的一般抗辩权，如时效抗辩等，也同样适用于合同抗辩权，但在此我们不作论述。

〔3〕参见史尚宽：《债法总论》，中国政法大学出版社 2000 年版，第 577 页。

〔4〕参见苏俊雄：《契约原理及其实用》，中华书局 1978 年版，第 123 页。

没有明确规定这种返还应当同时返还，但最高人民法院的《九民纪要》第 34 条规定："双务合同不成立、无效或者被撤销时，标的物返还与价款返还互为对待给付，双方应当同时返还。关于应否支付利息问题，只要一方对标的物有使用情形的，一般应当支付使用费，该费用可与占有价款一方应当支付的资金占用费相互抵销，故在一方返还原物前，另一方仅须支付本金，而无须支付利息。"

（三）同时履行抗辩权产生的理论基础及制度价值

同时履行抗辩权产生的理论基础乃是基于双务契约对价的交换性、原因的相互依赖性以及与此相关的本质上的牵连性。

双务契约是最典型、最原始的契约类型，也是社会生活中最广泛、最普遍的契约。它反映了契约产生的最初动因和目的——交换产品或劳务。因此，在英美法系，契约与交易几乎是在同一种意义上使用的。这种对价的交换性反映了社会的分工和人们最基本的需要，成为各国法规范的主要对象。合同法上的主要规则就是针对双务契约的。这种对价的交换性反映在法律关系上，即是权利义务的对应性。

这种权利义务的对应性和交换性，决定了双务契约权利义务产生原因的相互依赖性，即任何一方因对方负担义务而有权请求他方履行义务。以双务合同的典型——买卖合同为例，买方有支付价金的义务而有请求交付标的物的权利；卖方有交付标的物的义务而有请求支付价金的权利。买方支付价金的义务因为获得对方交付的标的物而生，卖方交付标的物的义务是因为获得对方支付的价金而生。若无两端的任何一因，都会失去均衡。

双务契约对价的交换性和原因的相互依赖性决定了双务契约本质上的牵连性，而这种本质上的牵连性主要表现为双务契约机能上的牵连性。机能上的牵连性又表现为履行上的牵连性和存续上的牵连性，而这两种牵连性均能导致同时履行抗辩权的产生。如《德国民法典》第 320 条（1）规定：因双务契约而负担债务者，在他方当事人为对待给付前，得拒绝自己的给付（履行上的牵连性）。第 323 条（1）规定：双务契约的一方当事人因不可归责于双方当事人的事由，致使自己不能履行应履行的给付者，丧失自己对待给付的请求权；如仅一部分不能者，应按第 472 条、第 473 条的规定，按其比例减少对待给付（存续上的牵连性）。

同时履行抗辩权制度的设立是基于对具有相互依赖性的双务契约的双方当事人之利益的保护。在《法国合同法》上，同时履行抗辩权制度最初的理论来源于教会学者，它包含了一种道德评价，即"对于不恪守诺言的人无须恪守诺言"。[1] 若从现代民法的观念观察，则是基于诚实信用和公平理念的考虑，即一方当事人不履行自己的对待义务而强行要求他人履行义务有悖诚信及公平。这一制度设立的目的不在于终局性地消灭权利义务，而在于促使相互联系并互为原因的义务的履行，以维护交易公平。

在契约法发展的历史长河中，虽然说双务契约的概念古已有之，但同时履行抗辩权却未能与其同生。

双务契约的概念产生于罗马法，但是在罗马法上，同时履行抗辩权却未能像其他制度一样，为后世民法奠定基本的制度框架。这是因为罗马法不承认双务契约的牵连性。就买卖合同而言，罗马法采取"危险由买受人负担"的原则，在买卖契约完成后，因不可归责于当事人的事由而使特定物全部或部分灭失时，买受人依然应支付全部价金。因为双务契

〔1〕 尹田编著：《法国现代合同法》，法律出版社 1995 年版，第 356 页。

约各自独立，本质上无牵连性，也就是无同时履行抗辩权。只是到了帝政时期，经过罗马法学家的努力注释，才逐渐有类似同时履行抗辩权的诉权发生。〔1〕

日耳曼法则恰与罗马法相异，在双务契约上，双方给付的义务具有互为条件的牵连关系，承认当事人给付的同时交换性：一方当事人给付的结果使他方当事人负有对待给付的义务，也即承认同时履行抗辩权。

《法国民法典》没有就同时履行抗辩权作出一般性的规定，只是在一些具体合同中作了相应的规定，如第1612条规定，如买受人未支付价金，而出卖人并未同意延期支付者时，出卖人不负交付标的物的义务。法国学者认为，对于同时履行抗辩权，法国司法实践采取了一种变通的方法，即常常借助于其他制度而对之予以认可。例如，当同时履行抗辩权仅限于推迟合同履行时，以责令债务人进行“补偿”的方法使债权人不负由此增加的费用。〔2〕

德国法确认了同时履行抗辩权。《德国民法典》第326条规定：“因双务契约而负担债务者，在他方当事人为对待给付前，得拒绝自己的给付，但自己负有先为给付义务者，不在此限。”但在学理和判例上，关于双务合同中同时履行抗辩权的性质，历来有“交换理论”和“抗辩理论”之争。交换理论认为，双务合同中的当事人仅享有以自己的履行请求他方履行的权利，这是由交换请求所决定的，因此在诉讼上，原告必须证明其本身也已经履行义务或没有先为给付的义务。抗辩理论认为，双务合同的当事人所享有的请求权是相互独立的，请求权的行使因他方抗辩权的行使而受到阻碍。根据这种观点，一方只要证明对方没有履行就可以拒绝自己的履行。显然，第二种观点与《德国民法典》的规定相符合，德国判例也大都采取了这种观点。〔3〕

（四）同时履行抗辩权的适用条件

1. 必须是双务合同。由于同时履行抗辩权产生的基础在于合同双方权利义务在本质上的牵连性，只有双务合同才具有这种特性，故必须是双务合同才能适用同时履行抗辩权。

对于典型的双务合同，如买卖、租赁、承揽等合同，适用同时履行抗辩权自无问题，但合伙合同能否适用这一抗辩权？这首先涉及对合伙契约如何定性的问题。对于合伙契约的性质历来有两种不同的观点：一种观点是自罗马法以来的传统观点，认为合伙契约为双务合同的一种。理由是：在合伙关系中，一个合伙人的出资义务，以其他合伙人的出资的对待给付为基础，在同一目的之下的各合伙人的出资义务具有均等的地位，即使无交换的意思，尚不失均整的对价关系，故合伙也为双务契约的一种。各合伙人在合伙契约关系中，为合伙关系的构成人员，欲达到共同的目的，负有协力出资的义务。学者将该协力出资的义务视为合伙人的个别的对立关系，有对价的意义。另一种观点认为，合伙契约是设立特别团体的一种契约，当事人订立这种契约的目的是形成一个交易实体，各合伙人为追求同一目的而结合，其出资义务迥然有别，不具有对价性。〔4〕

在关于合伙合同是否适用同时履行抗辩权的问题上，也存在几种不同的观点：第一种观点认为，合伙人没有同时履行抗辩权，理由是：合伙契约中合伙人的给付很难以其他合

---

〔1〕 参见苏俊雄：《契约原理及其实用》，中华书局1978年版，第61~62页。

〔2〕 参见尹田编著：《法国现代合同法》，法律出版社1995年版，第355页。

〔3〕 参见王利明：“论双务合同中的同时履行抗辩权”，载梁慧星主编：《民商法论丛》（第3卷），法律出版社1995年版，第7页。

〔4〕 参见苏俊雄：《契约原理及其实用》，中华书局1978年版，第91~92页。

伙人的给付为基础，其给付目的不在于交换，而旨在共同事业的经营，故具有相当程度的团体性。出资请求权应属于合伙财产，故请求出资为业务执行行为，即使合伙人未履行自己的出资义务而请求他人出资时，受请求人也不能援用同时履行抗辩权而对抗业务执行行为。第二种观点认为，在合伙人为两人时，得援用同时履行抗辩权；如为三人或三人以上时，则不能援用。〔1〕第三种观点认为，任何合伙关系均适用同时履行抗辩权，而不问合伙人之多少，因为各合伙人之出资义务之间具有对价性。〔2〕第四种观点认为，应允许有限制地适用同时履行抗辩权，即当未履行自己出资义务的人请求其他合伙人履行出资义务时，应允许提出抗辩，但对于已履行出资义务的合伙人或业务执行人，则不得援用同时履行抗辩权进行对抗。〔3〕

的确，合伙契约各当事人目的方向的一致性决定了其与一般交易契约目的之反对性不同，这一点就决定了各合伙人的出资义务与债权契约双方当事人义务的区别，故虽然一般学说与判例认为合伙契约为双务契约的一种，但由于其特性，应否认适用同时履行抗辩权为宜。我国《民法典》第 968 条否认了这种抗辩权。

2. 双方当事人的义务系基于同一双务合同而生。前已论及，同时履行抗辩权是基于双方义务之本质上的牵连性而运用公平理念的结果，而这种牵连性发生的载体即是义务产生的基础——双务合同。正是因为基于双务合同而生，才使得双方当事人义务的对立具有同一性。各国民法对这一抗辩权的规定，均以此为条件，例如，《德国民法典》第 320 条规定，因双务契约而负担债务者，才能援用这一抗辩权；《日本民法典》第 533 条、我国《民法典》第 525 条也作了相同的规定。

当合同当事人一方的债务因给付不能或其他原因消灭时，同时履行抗辩权也同时消灭。而给付不能因可归责于债务人的事由所致时，该债务变为损害赔偿之债，与原来债务保持同一性，其同时履行抗辩权仍继续存在。因可归责于债务人的事由而生的迟延履行或不完全履行亦同。依同一理由，当一方的债权或债务不失同一性而移转于他人时，亦同。〔4〕

但是，这一要件也不是绝对的，在有的情况下，债务虽然不是基于同一双务合同而生，但两债务在性质上有牵连性时，法律为公平起见，允许准用同时履行抗辩权的规定，例如，当事人因契约解除而生的相互义务。我国台湾地区“民法”第 261 条、《日本民法典》第 545 条均规定准用同时履行抗辩权。我国最高人民法院的《九民纪要》第 34 条体现了这种准用原则。

3. 抗辩者须无先为给付的义务。同时履行抗辩权必须以各方“同时履行”为条件，即抗辩者有请求对方履行的权利。如果一方有先为给付的义务，而相对方给付义务在后，有先为给付义务的一方尚无权请求对方履行，而对方则有权请求其履行，此时，他只能先履行自己的义务而无权援用同时履行抗辩权。应该说，在信用制度较为发达的今天，同时履行的情形较少，而多数债务均具有时间上的差异性。

这里值得讨论的是，如果有先为给付义务的一方在履行给付前，其请求对方履行的权利已经发生，他是否享有同时履行抗辩权？例如，甲、乙双方签订了一份买卖合同，合同

---

〔1〕 参见王泽鉴：《民法学说与判例研究》(6)，中国政法大学出版社 1998 年版，第 148 页。

〔2〕 转引自王利明：“论双务合同中的同时履行抗辩权”，载梁慧星主编：《民商法论丛》(第 3 卷)，法律出版社 1995 年版，第 14 页。

〔3〕 参见苏俊雄：《契约原理及其实用》，中华书局 1978 年版，第 136 页。

〔4〕 参见史尚宽：《债法总论》，中国政法大学出版社 2000 年版，第 579 页。

约定甲应于1998年5月28日交付货物，乙应于1998年6月28日支付价款。由于甲未在5月28日交付货物，在1998年6月28日到来时，乙的付款义务也已经发生。这时，甲方是否有权以同时履行抗辩权对抗乙？学理一般认为，只有在相对方受领迟延的情况下，始得援用同时履行抗辩权。也就是说，只有当有先为给付的一方未履行自己义务的原因是对方的原因所造成时，他才有权援用同时履行抗辩权。因为，如果不作此种限制，将会导致有先为给付义务的一方故意坐等对方义务履行期的到来而主张抗辩。这样，将会导致现代社会信用制度的破坏。《德国民法典》第322条规定，如起诉一方应先为给付，在他方受领迟延时，得诉请在受领对待给付后才履行自己的给付。我国《民法典》第526条也有相同的规定。

4. 相对人未履行自己的对待给付义务或未提出履行。当一方当事人未履行自己应负的义务或未提出履行而请求对方履行义务时，对方得以义务之牵连性提出不履行的抗辩，这是同时履行抗辩权的当然含义。但是，如果一方仅就从给付义务未履行或未提出履行时，他方不得援用同时履行抗辩权。例如，在有偿委任关系中，委任人未偿还受托人所支付费用时，虽为义务的不履行，然非为对待给付的不履行，故受托人不得援用同时履行抗辩权。〔1〕

如果原告虽然履行了债务，但未按债的主旨履行，即履行有瑕疵时，被告是否具有同时履行抗辩权？根据法国学理，当相对人的履行或履行的提出为一部分或不完全时，不问债务人是否拒绝受领，于其补正前，债务人得拒绝自己的给付，此为不完全履行的抗辩。〔2〕这一观点得到了许多人的支持。但是，如果他方已为部分给付，依具体情形如拒绝自己的给付有悖诚实信用原则时，不得援用同时履行抗辩权。例如，《德国民法典》第320条规定："他方当事人已为部分给付，依其情形，特别是因迟延部分为无足轻重时，当事人一方如拒绝为对待给付有悖诚信原则时，不得拒绝给付。"我国《民法典》第525条明确规定，如一方当事人的履行不符合合同约定的，对方有拒绝相应履行的抗辩权。

另外，一方当事人按照债的规定提出履行后，另一方当事人无正当理由而迟延受领，而已经提出履行的一方当事人请求受领迟延的一方履行义务时，受领迟延方是否有同时履行抗辩权？对此，学说上有肯定说和否定说两种主张。否定说认为，当事人不得主张同时履行抗辩权，因为同时履行抗辩权的行使是以他方未履行或未提出履行为条件，既然一方已经提出履行，他方自不得再主张同时履行的抗辩权，否则便与公平原则不符。肯定说认为，债权人受领迟延的后果只是使债务人免除履行迟延所生的一切法律责任，但并不使债务人的义务消灭，故两个债务的牵连性依然存在。契约当事人的一方依债务的本旨提出履行，并请求他方为对待给付时，他方既不受领，也不履行自己的给付义务，可认为其已陷入履行迟延，已提出履行的当事人得催告他方履行。当具备法定条件时，已提出履行的当事人取得解除权。如果当事人不愿解除契约以使双方当事人的义务溯及地消灭，而是请求他方为原来的给付时，也应重新提出自己的给付。如未提出，其相对人仍然得援用同时履行抗辩权，即抗辩权之有无，应以相对人请求履行时为时间的判断标准，而不以之前是否曾提出过给付为条件。〔3〕笔者认为，肯定说较为可取。一方面，它并不否定受领迟延的责任；另一方面，它又保护了受领迟延人的利益，不至于使受领人因一时的迟延受领而丧失

---

〔1〕参见史尚宽：《债法总论》，中国政法大学出版社2000年版，第583页。

〔2〕参见史尚宽：《债法总论》，中国政法大学出版社2000年版，第583页。

〔3〕参见苏俊雄：《契约原理及其实用》，中华书局1978年版，第138~139页。

同时履行抗辩权，从而遭受不测的损害。

5. 对方的对待给付在客观上尚为可能。同时履行抗辩权之目的具有使自己的给付“延期”的功效，以促使对方当事人履行自己的债务，故有人将其与留置权作比较。但是，这种功效的发挥，须以对方尚有可能履行为前提。如果一方当事人的给付为客观不能时，应以履行不能可否归责于债务人为判断。如因不可归责于双方当事人的事由而为不能时，该当事人免除义务，他方当事人也免除对待给付义务，自不生同时履行抗辩权的问题。相反，如果履行不能是因可归责于债务人的事由而成为损害赔偿之债时，也应允许援用同时履行抗辩权。

（五）行使同时履行抗辩权的法律效力

同时履行抗辩权属于延期抗辩权，没有否定对方请求权的效力，仅有使对方请求权延期的效力，即在对方没有履行或未提出履行前，得拒绝自己的给付。

同时履行抗辩权只能由当事人自己行使，法院不能依职权主动适用。当事人在行使同时履行抗辩权时，只需有援用同时履行抗辩权的意思表示即可。但是，当事人未为此意思表示的，是否有排除给付迟延的效力？在学理上有肯定说和否定说两种。笔者认为，应以肯定说为宜。因为当事人既然有此权利，纵然没有行使，在法律上仍有正当理由，在他方未为对待给付前，得拒绝自己的给付。

二、先履行抗辩权

（一）先履行抗辩权的概念

先履行抗辩权是指合同双方当事人互负债务，先履行的一方没有履行或者履行债务不符合约定的，后履行一方可拒绝其相应履行请求债务的权利。我国《民法典》第526条规定：“当事人互负债务，有先后履行顺序，应当先履行债务一方未履行的，后履行一方有权拒绝其履行请求。先履行一方履行债务不符合约定的，后履行一方有权拒绝其相应的履行请求。”

先履行抗辩权在传统民法上并不是一种独立的抗辩权，因履行在先的一方不履行债务而等到对方履行期限届至时，无权请求后履行一方履行，这似乎是一个当然的道理。但是，我国《民法典》合同编将其作为一种独立的抗辩权，对于中国目前的实践具有重要意义。例如，在买卖合同中，A为卖方，B为买方，合同约定A于2007年10月5日交货，B于2007年11月5日付款。A并没有按照约定交货，而等到11月7日仍然没有交货。这时候，B的付款期限已经到来，那么A无权要求B付款，B有拒绝对A付款的权利。

（二）先履行抗辩权的构成要件

1. 当事人互负债务。这也就是说，合同必须是双务合同，合同双方当事人互相之间都有义务。如果是单务合同，如赠与合同，这种抗辩权就不成立。

2. 双方当事人的债务履行有先后顺序。如果没有先后顺序，就是同时履行抗辩权，这也是先履行抗辩权不同于同时履行抗辩权之处。

3. 先履行一方未履行或者履行债务不符合合同约定。先履行抗辩权是法律赋予后履行一方的特殊权利，而不安抗辩权则是法律赋予先履行一方的权利。

（三）先履行抗辩权的效力

先履行一方未履行或者履行债务不符合合同约定时，后履行者可以拒绝自己相应的履行。如果先履行方在后履行者抗辩后履行了自己的责任，或者对不完全履行进行了补救后，后履行一方可以履行自己的义务。

这里有两点必须强调：①后履行一方是否在先履行方履行了自己的义务或者对不完全

履行进行了补救后履行自己的义务，还要受到《民法典》合同编第563~566条的规范。也就是说，如果先履行方没有按照约定履行，再履行对于后履行方没有任何意义时，后履行方有权解除合同。②后履行方的抗辩权并不影响其追究先履行方的违约责任。如果先履行方在后履行方抗辩后履行了自己的责任，或者对不完全履行进行了补救后，后履行一方可以履行自己的义务，也可以追究先履行方的违约责任。

三、不安抗辩权

（一）不安抗辩权的概念

所谓不安抗辩权，是指当事人一方依照契约约定应向他方先为给付，但如在订立合同后他方的财产明显减少或资力明显减弱，有难为给付之虞时，得请求该他方提供担保或为对待给付。在他方未履行对待给付或提供担保前，得拒绝自己的给付。

由这一概念可知，不安抗辩权与同时履行抗辩权有显著的区别。同时履行抗辩权是任何一方无先为给付的义务，故才有权要求对方同时为对待履行；而不安抗辩权则是有先为给付义务的一方担心自己先为给付后，对方无力为对待给付而设立。即不安抗辩权是基于公平理念对给付具有牵连关系的双务合同而设，为大陆法系各国民法典所规定。《法国民法典》第1613条规定，如买卖成立时，买受人陷于破产或处于无清偿能力致使出卖人有丧失价金之虞时，即使出卖人曾同意延期给付，出卖人也不负交付标的物的义务，但买受人提出到期给付的保证者，不在此限。《德国民法典》（2002年修改后的民法典）第321条也规定，双务契约中负有先履行义务的当事人，如在合同订立后认识到，其要求获得对待给付的请求权将受到对方当事人欠缺履行能力的危害，则可以拒绝履行其给付。如对方已经履行对待给付或者为履行对待给付提供了担保，则不得行使拒绝给付权。其他大陆法系国家的民法典，如《奥地利民法典》第105条、《瑞士债务法》第3条、《意大利民法典》第1496条均对不安抗辩权有明确规定。我国《民法典》第527~528条规定了不安抗辩权。第527条规定："应当先履行债务的当事人，有确切证据证明对方有下列情形之一的，可以中止履行：（一）经营状况严重恶化；（二）转移财产、抽逃资金，以逃避债务；（三）丧失商业信誉；（四）有丧失或者可能丧失履行债务能力的其他情形。当事人没有确切证据中止履行的，应当承担违约责任。"第528条规定："当事人依据前条规定中止履行的，应当及时通知对方。对方提供适当担保的，应当恢复履行。中止履行后，对方在合理期限内未恢复履行能力且未提供适当担保的，视为以自己的行为表明不履行主要债务，中止履行的一方可以解除合同并可以请求对方承担违约责任。"

我国有的学者将英美法系的默示预期违约制度与大陆法系的不安抗辩权制度进行了对比，认为这两种制度的区别主要有两种：其一，适用的前提条件不同，大陆法系的不安抗辩权的前提是双方当事人履行债务的时间有先后之分，而默示的预期违约制度无此区别；其二，两者所依据的原因不同，即大陆法系的不安抗辩权行使的条件是一方财产明显减少或破产或不能支付；而英美法系的默示预期违约制度的适用有三种条件（见前文"默示预期违约制度的法律构成"）。由此得出结论，二者有明显区别，不能相互代替。预期违约制度较不安抗辩权更利于保护交易秩序。[1] 这种观点显然影响了我国立法。事实是否真的如此？笔者认为，大陆法系的不安抗辩权制度与英美法系的默示预期违约制度虽然在某些方面存在差异，但制度价值是一致的。这主要表现在：①这两种制度均承认在债务履行期到

---

〔1〕 参见杨永清："预期违约规则研究"，载梁慧星主编：《民商法论丛》（第3卷），法律出版社1995年版，第380页；王利明：《违约责任论》，中国政法大学出版社1996年版，第157页。

来之前，债务人虽然未明确表示将不履行债务，但有明显的证据证明债务人在约定的债务履行期到来时将不能履行；②二者均承认债务人消除债权人这种抗辩的方式是提供相应的担保或立即履行债务；③二者的救济手段基本是一致的：在英美法系之默示预期违约的救济中，预见人可以中止自己的履行而无当然的合同解除权，只有经过书面通知要求债务人提供担保而经过合理的期间未果时，才有解除合同的权利；而大陆法系的不安抗辩权制度也规定，先为给付方有权中止自己的履行。但是否有合同解除权呢？关于这一点，许多大陆法系国家民法典规定得并不十分明确。但学理认为，中止履行的这种持续抗辩状态不能永久持续，故在对方未提供担保或未为对待给付经过一定期间，也应赋予抗辩人以解除合同的权利。[1] 而根据《瑞士债务法》第 83 条第 2 款的规定，有先为给付义务的一方当事人在对方当事人未于合理期间内，依其请求提供担保者，得解除契约。我国《民法典》第 528 条也规定，中止履行后，对方在合理期限内未恢复履行能力且未提供适当担保的，视为以自己的行为表明不履行主要债务，中止履行的一方可以解除合同并可以请求对方承担违约责任。由此可见，大陆法系的不安抗辩权制度与英美法系的默示预期违约制度在制度价值上是一致的，我们不能以两种制度在某些方面的稍微不同而主张二者不能相互替代并主张引进其中之一。所谓“不安抗辩权与默示预期违约制度的前提不同”，即不安抗辩权的产生基于双方给付义务在时间上不同，而默示预期违约制度则不需要，大陆法系尚有同时履行抗辩权作为补充，当合同双方当事人的给付在时间上没有先后时，可适用同时履行抗辩权。所谓“二者所依据的原因不同”，笔者认为，这只是判断时所参照的因素不同，英美法系判例法的习惯使得其在判断的具体标准方面比大陆法系更加精确，而大陆法系一般规定得比较概括和原则。在这一点上，恰恰是大陆法系最容易学习英美法系的地方。如果说在大陆法系不安抗辩权的原则规定下，加入这些具体的判断标准，无论是判例或学理均可赞同，而且英美法系的这些标准在大陆法系法官的司法判例中也是经常考虑的因素。所以，二者并不矛盾。

（二）不安抗辩权的适用条件

按照传统民法，适用不安抗辩权须具备两个条件：一是先为给付人的相对人之财产或资力恶化；二是相对人财产或资力的恶化使其有难为给付之虞。

1. 先为给付人的相对人的财产或资力恶化。先为给付人的相对人的财产恶化是导致先为给付的一方抗辩权产生的基本条件和基础，但财产或资力的恶化发生于何时才能导致先为给付方的抗辩权呢？立法上有两种主义：一是财产恶化发生在契约订立时，即可行使抗辩权；二是财产的恶化应发生在契约订立后。[2] 这两种立法体例，应以后者为优。因为契约订立时当事人的财产状况已发生恶化，若当事人对此无过错，可援用错误、诈欺等法律制度予以救济，无适用不安抗辩权的必要。只有订立契约后一方当事人的财产发生恶化，并为先为给付义务人所不能预料，才有特别保护的必要。故大多数国家的立法采用“订约后”为时间标准，如德国、法国、瑞士等，我国《民法典》合同编也从此说。

2. 相对人财产的恶化，使之有将来难为给付之虞。财产或资力的恶化到何种程度才能发生难为给付之虞？对此的判断显然极具弹性。如何判断？《法国民法典》与《德国民法典》对于行使不安抗辩权条件的规定，代表了大陆法系各国民法典规定的不同。以法国为

---

〔1〕 参见苏俊雄：《契约原理及其实用》，中华书局 1978 年版，第 147 页；史尚宽：《债法总论》，中国政法大学出版社 2000 年版，第 591 页。

〔2〕 参见史尚宽：《债法总论》，中国政法大学出版社 2000 年版，第 589 页。

代表的大陆法系国家，认为行使不安抗辩权应以对方破产或无清偿能力为条件；而以《德国民法典》为代表的大陆法系国家，则认为不安抗辩权的行使条件为“财产明显减少，有难为给付之虞”。

由此可见，《法国民法典》规定的条件更加严格、具体，而《德国民法典》规定得概括并宽松。也就是说《法国民法典》以具体的标准，即以支付不能和准支付不能为标准，例如，《瑞士债务法》第83条规定的条件是：双务契约当事人之一方支付不能，尤其破产或扣押无效果，因此使财产恶化，使他方的请求权陷入危险时。《法国民法典》第1613条限定为“买受人破产或陷入支付不能的状态，致使出卖人濒临失去价金的急迫危险时”。

《德国民法典》规定的是一种含糊的标准，即“相对人因财产状况的恶化而使有先为给付义务的人的请求权濒临危险”。这种规定使法官具有较大的自由裁量权，可根据具体情况予以判断。

这两种制度相比，各有优劣。就前一种较为具体的标准而言，对相对人保护为先，用较严格的条件避免先为给付义务人动辄援用不安抗辩权，以稳定交易秩序。但这对于先为给付的义务人来说未免过于苛刻，因为当对方已支付不能或准支付不能时，才允许先为给付义务人援用不安抗辩权，致其权利实现的危险性增加。后一种制度以对先为给付义务人的保护为先，不要求对方财产状况或资力恶化到支付不能或准支付不能的程度，而是让法官判定各种因素而得出结论。但不利的后果是，先为给付义务人援用不安抗辩权的机会大大增加，对交易秩序有一定影响。

笔者认为，瑞士及法国民法的标准较为可取。因为契约订立的目的在于履行，而履行的后果是对于交易双方交易目的的满足。先为给付义务人的相对人只有在支付不能或准支付不能的情况下，才能导致先为给付义务人的交易目的难以达到，也即相对人无法于将来支付；若先为给付义务人不能证明对方给付不能，何以拒绝自己的先为给付？另外，德国式的规定的最终判断也应以“于将来不能支付”为要，若法官不能判断先为给付义务人于将来不能支付，仍然要裁决先为给付义务人履行义务。所以，法国式的标准既能保护先为给付义务人的利益，也能避免其动辄以不安抗辩权为借口而拒绝履行义务，这正好与不安抗辩权的制度目的相吻合。

另外，有的情况下，给付的标的也可能是财产或权利以外的劳务。当提供劳务的人因自身或其他情况的变化而不能为劳务给付时，先为给付人也适用不安抗辩权。例如，甲、乙约定，由甲为乙制作风景画一幅，由乙向甲支付1万元。乙支付该款项前，甲忽然得病，有可能导致该画不能交付。这时，乙可援用不安抗辩权。

（三）我国合同法关于不安抗辩权的适用条件

根据我国《民法典》第527条、第528条的规定，不安抗辩权的具体适用如下：

1. 应有法定事由：①经营状况严重恶化的；②转移财产、抽逃资金以逃避债务的；③丧失商业信誉的；④有其他丧失或可能丧失履行债务能力的情形的。

2. 主张行使抗辩权的一方当事人应当就对方具有上述事由举证。如没有确切证据而中止履行的，应承担违约责任。

3. 中止履行的一方应将中止履行的事宜通知对方当事人。对方当事人在合理的期间内提供担保的，不安抗辩权终止。

（四）不安抗辩权的法律效力

如果具备了不安抗辩权的发生要件，先为给付义务人即可主张这一权利，要求对方为对待给付或提供担保，相对人在未为对待给付或提出相当担保前，先为给付义务人得拒绝自己的给付。但是，有先为给付义务的人原则上不得主张同时履行抗辩权，即不得单独请求交换给付或提供担保，因为对方的对待给付或担保提供并非其义务，而是其对于先为给付义务人提出抗辩的抗辩。故当相对人履行对待给付或提供相当的担保后，不安抗辩权即消灭，先为给付义务人应依约履行自己的义务。

如果相对人拒绝提供担保或为对待给付，也不负迟延责任，因为其履行义务的期限尚未届至。此处相对人提供担保不仅可以是物的担保，也可以是人的担保。

如果负有先为给付义务的一方行使不安抗辩权，而对方拒绝为对待给付或拒绝提供相当担保时，有先为给付义务的一方是否有解除合同的权利？对于这个问题，各国立法及学理主张不一。德国判例及通说认为，相对人拒绝提供担保，不使其陷入迟延，也不因此而使先为给付义务人取得解除合同的权利。也有人主张，如先为给付义务人提出不安抗辩权，而相对人反复拒绝提供担保或为对待给付，有悖诚实信用原则的，经过相当期限后，应认为先为给付义务人有解除合同的权利；《瑞士民法典》第 83 条第 2 款规定，先为给付义务人于相对人不依其请求在相当期限内提供担保时，得解除契约。另外，德国的史韬博认为，先为给付义务人在自己的债务届清偿期后，得在相当的期间催告相对人为对待给付或提供担保，若相对人逾期不答复或拒绝，则先为给付义务人有权解除合同。〔1〕 多数学者认为，应当有限制地赋予先为给付义务人以合同解除权，因为不安抗辩权仅使有先为给付义务的人获得消极的不履行的抗辩权，而不能诉请相对人为对待给付或提供担保。如果这样长期僵持下去，就会使交易搁置，悬而不决。故若有悖诚实信用原则时，先为给付义务人得解除合同。

对于这一问题，我国《民法典》顺应了学理的趋势，于第 528 条规定，中止履行后，对方在合理期限内未恢复履行能力且未提供适当担保的，视为以自己的行为表明不履行主要债务，中止履行的一方可以解除合同并可以请求对方承担违约责任。

四、情事变更抗辩权

（一）情事变更抗辩权的概念

情事变更抗辩权在许多著作中被称为“情事变更原则”，是指合同有效成立后，因不可归责于双方当事人的事由发生情事变更而致合同之基础动摇或者丧失，若继续维持合同会显失公平，因此允许变更合同内容或解除合同的原则。〔2〕 有人认为，情事变更原则是诚实信用原则的具体运用。〔3〕 其实，诚信原则虽与之有联系，但二者有明显的区别。诚信原则系以缔约基础未发生变化为前提，是在静的状态下，以公平的理念对法律的僵硬、漏缺或公平欠缺所作的调整；而情事变更原则是在缔约基础发生变更的情况下，即在动的状态下，以公平理念对法律缺乏弹性而致当事人权利义务失衡的情形所作的调整。

一般认为，情事变更原则起源于 12 世纪、13 世纪注释法学派的著作《优帝法学阶梯注释》中的一条法律原则：假定每一合同都包含一个默示条款，即缔约时作为合同的客观基础应继续存在，一旦这一基础不复存在，应允许变更或解除合同。后来这一原则被自然法学派发挥得淋漓尽致。历史上间或损益，但因其价值理念的光辉，终被大陆法系和英美法系所接受，成为衡平意思自治与社会公平的手段。

情事变更在各国学理上有不同的称谓，在法国称为“不可预见说”，在德国称为“法

〔1〕 参见史尚宽：《债法总论》，中国政法大学出版社 2000 年版，第 567 页。

〔2〕 参见王家福主编：《中国民法学 · 民法债权》，法律出版社 1991 年版，第 393 页。

〔3〕 参见王家福主编：《中国民法学 · 民法债权》，法律出版社 1991 年版，第 393 页。

律行为基础说”，而在英美法中则表现为“合同落空”。

法国学理的不可预见说认为，依法成立的合同于当事人之间具有相当于法律的效力，但当事人因不可预见的情事变更，其履行对于当事人一方来说成为非常重大的负担时，关于此点并无当事人的合意，因而原约定于当事人间已无法律效力，应允许变更或解除。

法律行为基础说为德国学者欧特曼于1921年所创。这一学说提出后，立即为法院判例采纳。按照欧特曼的学说，所谓法律行为基础，为缔约时一方当事人对于特定的环境的存在或发生所具有的预想，或为双方当事人对于特定环境的存在或发生所具有的共同预想，且基于此预想而形成法律行为意思。依法律行为基础学说，因法律行为基础有瑕疵而受不利益的当事人，享有解除合同的权利。〔1〕

在英美法系中，合同落空原则最早出现在1863年泰勒诉卡拉蒂威尔案。在此之前，英国法院一直认为，如果合同没有对免除当事人的履行责任作出规定，那么当事人就应无条件地履行其允诺，任何其他因素均不得作为不履行的辩解。但在泰勒诉卡拉蒂威尔案中，法院认为，在合同订立后，由于发生了双方均难以预料和阻止的事由而使合同无法履行，合同便告解除。对此，英国著名法官丹宁认为：“问题很简单：如果在执行一项合同的过程中，一种双方都没有预料到的根本不同的情况发生了——在这种情况下，用原来的合同条款束缚他们将是不合理的——那么合同就应该终止。”〔2〕

在之后的戴维斯承包商诉法尔哈姆市区政府一案中，法院又将“合同落空”理论推进了一步。此案确立了一个新的原则，即当法律认定能改变双方当事人义务的事件发生，而该事件发生并非任何一方的过失，并使履行合同对于当事人而言成为不同于原合同要求其承担的行为时，合同视为落空。

在1903年的克雷尔诉亨利案中，英国法院又创造了合同落空的另外一个重要原则，即“目的落空”原则，即合同的目的是双方当事人缔结合同的基础，既然目的落空，合同便应告终止，双方的义务均应解除。〔3〕

目前，情事变更原则在大陆法系的绝大部分国家被立法或者判例所承认，而在我国的民事立法中，是否规定情事变更原则一直存在争议，因此一直也没有规定。但是，在《合同法》颁行10年后的2009年，最高人民法院颁布的关于《合同法》的司法解释〔4〕在总结我国司法实践的基础上，规定了“情事变更”。该解释第26条规定：“合同成立以后客观情况发生了当事人在订立合同时无法预见的、非不可抗力造成的不属于商业风险的重大变化，继续履行合同对于一方当事人明显不公平或者不能实现合同目的，当事人请求人民法院变更或者解除合同的，人民法院应当根据公平原则，并结合案件的实际情况确定是否变更或者解除。”我国《民法典》在司法实践的基础之上，进行了改造性的继受，排除了上述司法解释中的“非不可抗力”的限制，在第533条规定：“合同成立后，合同的基础条件发生了当事人在订立合同时无法预见的、不属于商业风险的重大变化，继续履行合同对于当事人一方明显不公平的，受不利影响的当事人可以与对方重新协商；在合理期限内协商不成的，当事人可以请求人民法院或者仲裁机构变更或者解除合同。人民法院或者仲裁机构应

〔1〕参见王家福主编：《中国民法学·民法债权》，法律出版社1991年版，第395页。

〔2〕［英］丹宁勋爵：《法律的训诫》，群众出版社1985年版，第43页。

〔3〕参见岳彩申：《合同法比较研究》，西南财经大学出版社1995年版，第255~256页。

〔4〕《合同法解释（二）》（法释〔2009〕5号），2009年2月9日最高人民法院审判委员会第1462次会议通过，2009年5月13日起施行，现已失效。

当结合案件的实际情况，根据公平原则变更或者解除合同。”这是我国立法第一次明确规定了情事变更原则。

（二）适用的条件

1. 情事变更原则应当适用于具有“双重漏洞”的情形。德国学者梅迪库斯认为，属于交易基础的东西，不可能是行为的内容。交易学说适用的前提乃存在一个双重的规定漏洞，即当事人合同没有约定，法律也没有规定的情形。如果法律行为或者法律已经包含了某项规定，那么就不需要交易基础学说来填补漏洞了。[1] 例如，买卖合同中，在途标的物的风险转移分担，即使没有当事人的约定，法律也已经作了详细具体的规定，所以不存在情事变更的适用问题。

2. 作为缔约基础和环境的客观情况发生异常的变化。我们在比较法国学理、德国学理及英美判例对情事变更原则的异同中已经看出，德国学理及英国判例均认为，如果当事人缔约时以某种客观情形作为基础，若该基础已发生变化，依附于该基础并以其存在作为利益判断的当事人之意思表示也应相应地变化。这里所说的异常变化，应以这一基础是否丧失、缔约目的是否可以实现等作为判断。德国联邦最高法院判例认为，必须发生了如此深刻的变化，以至于若恪守原来的约定将产生一种不可承受的、与法和正义无法吻合的结果。因此，恪守原来的合同规定对于相关当事人来说是不可合理期待的。[2]

3. 情事变更须发生在缔约后。这一点为大陆法系与英美法系所共认。在合同法中，对于当事人之救济有各种措施，只有在缔约后发生情事变更，才有适用该规则的必要。如果在缔约之前业已发生，则是合同效力的问题。有的学者认为，如果情事变更发生在合同订立之时，应认为当事人已经认识到发生的事实，则合同的成立是以已经变更的事实为基础的，不发生情事变更的问题。[3] 这也许正是德国法上的法律行为基础理论与情事变更理论的区别所在：德国法上的法律行为基础理论不仅能够涵盖合同基础自始缺乏的问题，而且能够解决事后发生变化的问题。德国学者指出，传统上将交易基础区分为交易基础的事后丧失与自始欠缺。这种区分也涉及法律后果方面的差异，因为在交易基础事后丧失时，法律后果也只能在事后发生效力。但是，这一区分对究竟什么是交易基础这个基本问题，没有任何意义。[4] 也就是说，交易基础区分为交易基础的事后丧失与自始欠缺，仅仅对法律后果有影响：如果是自始欠缺，则是合同是否成立的问题，而事后丧失，则不是合同效力问题，而是变更或者解除的问题。但是，梅迪库斯所说的“这一区分对究竟什么是交易基础这个基本问题，没有任何意义”的意思，恰恰是说德国法上的交易基础能够涵盖这两种情况。

当然，情事变更还应发生在合同履行完毕之前或者之后，此时对当事人权利有没有影响？有的学者认为：如果合同已经履行完毕，应认为当事人已经抛弃情事变更的抗辩权。就如经济分析法学派所认为的：当合同没有明确预见到的情况出现，而合同仍然按其条款履行的，一般认为这种忽略是有意的。[5] 同样，若因债务人迟延履行或债权人迟延受领后

---

〔1〕 参见［德］迪特尔·梅迪库斯：《德国民法总论》，邵建东译，法律出版社 2000 年版，第 653 页。

〔2〕 参见［德］迪特尔·梅迪库斯：《德国民法总论》，邵建东译，法律出版社 2000 年版，第 656~657 页。

〔3〕 参见王利明：《违约责任论》，中国政法大学出版社 1996 年版，第 344 页。

〔4〕 参见［德］迪特尔·梅迪库斯：《德国民法总论》，邵建东译，法律出版社 2000 年版，第 653 页。

〔5〕 参见［美］罗伯特·考特、托马斯·尤伦：《法和经济学》，张军等译，上海三联书店、上海人民出版社 1994 年版，第 383 页。

而发生情事变更的，有过错的一方不得主张情事变更的抗辩。英国的判例也支持这一观点，陈得乐诉维伯斯特（*Chandler V. Webster*）一案的判决就是最好的说明。这一案件同上面所说的克雷尔诉亨利案（*Krell V. Henry*）同一时间出现，并都与国王加冕仪式相关，但结果却大相径庭。在该案中，原告人陈得乐租赁了某大街上的一所房屋以参观游行盛典，并期望为缴费的观众提供座位，租金为141英镑，需提前支付。但是，在他仅仅支付了100镑后，国王的加冕仪式因国王生病而改期。原告向法院起诉，要求被告返还已经支付的100镑。法院判决认为：原告没有权利要求被告返还已经支付的100镑，并有义务支付剩余的41镑。理由是：所有租金已经到期，并在游行之前就应当支付。在游行取消之前，法院听从当事人的协商。只有在受挫事件发生后，当事人履行的义务才能免除。承租人不能因为没有支付到期的租金而处于有利地位。〔1〕但是，德国学者梅迪库斯认为：合同是否已经履行以及合同是如何履行的问题，也不具有法律上的重要性。我们尤其不能一般地认为：对于已经履行的合同，不能再提出交易基础受到破坏的问题。因为受到现实情况损害的当事人已经履行了他的给付义务的事实，与他应该获得何种对待给付的问题，是毫无关联的。〔2〕笔者同意梅迪库斯的观点与理由。

4. 情事变更为当事人在缔约时没有预见。这一点也是大陆法系和英美法系所共认的。情事变更原则无非是一种对于不测风险的分配规则，有时当事人会在合同中明确约定当某种意外事件出现时，应如何分配该意外事件所带来的风险，这时就没有必要再以情事变更原则去衡平这种风险的明确分配。就如德国学者所指出的："应当考虑到实际情况的可预见性，如果当时存在这种可预见性，那么求助于诚实信用原则的要求就并不迫切。"〔3〕但是，当事人对于权利义务的判断是以现实的客观条件为基础的，他不可能对于所有的将来出现的风险均有所预见并在合同中作了明确的分配。故合同并不以缔约人对将来所有的风险有所预见并在合同中作了明确的分配为生效条件，而是规定了许多对于当事人不能预见到的风险之合理分担的救济制度。情事变更原则就是其中的一种。

但在具体操作上，如何确定当事人有无预见？具体来说，是根据每个当事人的特质来分析判断，还是根据一个一般的合理的人的标准来判断？即是以主观的标准还是以客观的标准进行判断？如果从纯粹理论角度看，主观的标准更加精确并贴近现实，但却往往难以操作，要对当事人的智力、经历、教育程度、职业等作出详细分析并综合判断，并且，主观标准往往会有许多不确定的因素，会导致臆断。而客观标准简便易行，用一个一般的正常人作为参照模式，如果这个一般的人能够预见而缔约人没有预见，就认为他有过失，不能主张情事变更的抗辩。我们在前面论及，英美法一般使用拉德克利夫法官所主张的"合理人"的客观标准。

5. 情事变更须不可归责于双方当事人。情事变更原则建立在公平分配损失的理念之上，如果这种损失的发生可归责于双方或一方当事人，应按其过错分配风险，而不适用情事变更原则。"不可抗力"完全可能引起情势变更的适用，因此我国最高人民法院在2009年的司法解释中排除"不可抗力"引起的情形，是没有道理的。我们不能把作为免责事由的"不可抗力"与情势变更原则的适用混为一谈。

---

〔1〕参见［美］A. L. 科宾：《科宾论合同》（下），王卫国等译，中国大百科全书出版社1998年版，第685页。

〔2〕参见［德］迪特尔·梅迪库斯：《德国民法总论》，邵建东译，法律出版社2000年版，第660页。

〔3〕［德］迪特尔·梅迪库斯：《德国民法总论》，邵建东译，法律出版社2000年版，第658页。

6. 情事变更后若再维持原合同的效力将使得双方权利义务发生重大失衡。这是适用情事变更原则的关键所在，即因情事变更使得缔约双方所赖以判断自己权利义务的基础发生动摇或根本损失，使得当事人的权利义务严重失衡，故有恢复平衡的必要。如果情事变更并未引起权利义务的变化，或虽发生变化但不显著时，也无适用情事变更原则的必要。

如何判断权利义务发生了变更而重大失衡？英国学者施米托夫认为，可以把不同的法律制度分为两类。在一些法律制度中，虽然当案件的事实符合法律规定的规范性要求，即物质上或法律上不能履行时，才能构成合同落空；而另一些法律制度上的合同落空，则由法官行使自由裁量权，确定是否合乎质和量上的标准，即发生了根本不同的情况。我们把第一种情况称为规范性标准，第二种情况称为定性标准。规范性标准比较陈旧，而定性标准比较现代。[1] 但是，在现代商业条件下，无论涉及艰难情事、合同基础，还是当事人的共同意思，最为适当的标准是义务的重大变更。[2] 义务变更到何种程度才能适用情事变更原则予以救济？应达到严重失衡的程度。

在这里，情事变更与显失公平有所交叉，但二者是两种不同的法律制度。情事变更的结果最终也能导致显失公平，但二者在适用条件上有所不同。显失公平的构成虽然不要求有主观要件，但必须有主观原因——被告必须利用对方没有经验、地位不平等的优势等；而情事变更原则的适用条件中，当事人权利义务赖以存在的基础发生了变更，从而导致当事人利益的失衡。显失公平的结果可能是变更或撤销合同，而情事变更的结果可能是变更或解除合同。

7. 情事变更适用的对象不是应当由合同当事人承担的风险。这是一个非常重要的条件。任何交易均存在风险，而这种风险既可以由当事人约定分担，也可以由法律规定合理分配。被合同的可规划性特征所决定，风险由当事人约定始终是第一位的，而由法律规定的分配始终是第二位的。虽然法律允许当事人对风险作出事先的约定或者安排，但当事人的理性是有限的，总有许多风险不能预料，所以法律在许多情况下作补充性分配之规定。但同样的问题是，立法者的预见性虽然强于当事人，但也会存在就许多不能预见的风险没有作出分配规定的情形。而这种风险如果恰恰成为决定当事人权利义务的根据，那么这种风险是否能够成为法律救济的理由？这就要看，按照诚实信用与公平原则，它是不是应当由当事人合理承担的风险。如果不是，它就能够成为法律理由。例如，甲、乙双方订立了一项买卖1000吨钢材的合同，约定钢材每吨800元人民币。合同签订时正值计划经济向市场经济过渡的前夜，但当事人并不知道。当合同履行期到来时，已经是市场经济统治时代，钢材的市场价格为每吨2600元。也就是说，合同权利义务赖以存在的基础性条件——计划经济已经不存在了，那么这种风险是否应当由卖方来承担？当然，按照诚实信用的原则，将这种风险分配给卖方是不合理的，故应当适用交易基础丧失（情事变更原则）作司法矫正。可以说，交易基础（情事变更原则）就是对不能合理分配给当事人的风险，依据诚实信用原则所作的重新分配。

从我国《民法典》关于“情事变更”的规定看，其适用的要件是：①作为合同基础的客观情况发生了变化；②该变化是订立合同时无法预见的；③该变化不属于商业风险；④继续履行合同对于一方当事人显失公平或者不能实现合同目的。

除此之外，最高人民法院《关于在当前形势下审理民商事合同纠纷案件若干问题的指

---

〔1〕 参见［英］施米托夫：《国际贸易法文选》，赵秀文选译，中国大百科出版社1993年版，第307页。
〔2〕 参见［英］施米托夫：《国际贸易法文选》，赵秀文选译，中国大百科出版社1993年版，第318页。

导意见》(法发〔2009〕40号)之(一)对于如何适用“情事变更”原则,进一步作出了规定,大概有以下几点:①依据公平原则和情势变更原则严格审查关于适用情事变更的请求。②人民法院在适用情势变更原则时,应当充分注意到全球性金融危机和国内宏观经济形势变化并非完全是一个令所有市场主体猝不及防的突变过程,而是一个逐步演变的过程。在演变过程中,市场主体应当对于市场风险存在一定程度的预见和判断。人民法院应当依法把握情势变更原则的适用条件,严格审查当事人提出的“无法预见”的主张,对于涉及石油、焦炭、有色金属等市场属性活泼、长期以来价格波动较大的大宗商品标的物以及股票、期货等风险投资型金融产品标的物的合同,更要慎重适用情势变更原则。③人民法院要合理区分情势变更与商业风险。商业风险属于从事商业活动的固有风险,诸如尚未达到异常变动程度的供求关系变化、价格涨跌等。情势变更是当事人在缔约时无法预见的非市场系统固有的风险。人民法院在判断某种重大客观变化是否属于情势变更时,应当注意衡量风险类型是否属于社会一般观念上的“事先无法预见”、风险程度是否远远超出正常人的合理预期、风险是否可以防范和控制、交易性质是否属于通常的“高风险、高收益”范围等因素,并结合市场的具体情况,在个案中识别情势变更和商业风险。④在调整尺度的价值取向把握上,人民法院仍应遵循侧重于保护守约方的原则。适用情势变更原则并非简单地豁免债务人的义务而使债权人承受不利后果,而是要充分注意利益均衡,公平合理地调整双方利益关系。在诉讼过程中,人民法院要积极引导当事人重新协商,改订合同;重新协商不成的,争取调解解决。为防止情势变更原则被滥用而影响市场正常的交易秩序,人民法院决定适用情势变更原则作出判决的,应当按照最高人民法院《合同法解释(二)》(已失效)的要求,严格履行适用情势变更的相关审核程序。

尽管最高人民法院的上述指导意见是针对2009年《合同法解释(二)》(已失效)的,但这种司法实践的指导意见,即使在《民法典》之后,对于各级法院正确适用《民法典》第533条仍然具有指导意义。

(三)适用的结果

因情事变更而受到不利者,可以请求法院调整合同权利义务,在不能调整时,可以请求解除合同。

(四)与情事变更相关的其他问题

1. 情事变更和商业风险。《民法典》第533条特别强调情事变更和商业风险的区别,意在防止把正常的商业风险当作情事变更来对待。但是,如果仔细阅读该条就会发现,该条有一个排除“商业风险”的限制条件——“不属于商业风险的重大变化”。问题在于:是否任何商业风险都不能适用“情事变更”?笔者认为,情事变更的主要目的就是要解决风险分配不合理的问题,正常的商业风险当然应当由当事人承担,不能动辄逃脱。“情势变更”就在于引起了不正常的商业风险,而这种不正常的商业风险分配给一方当事人显然不合理,为一般的社会观念所不容许,因而需要重新分配这种风险。因此,我们必须区分情势变更与正常的商业风险,但不能将不正常的风险排除在被救济的大门之外。当然,有些本来就属于高风险的行业,如最高人民法院司法解释中所说的“股票、期货等风险投资型金融产品”等高风险、高收益的行业,不能适用情势变更原则,因此,当我国的股票市场从6000多点降到1000多点时,当中石油每股从48元降到4.8元时,没有人认为这不属于正常的商业风险。因此,《民法典》第533条规定:“合同成立后,合同的基础条件发生了当事人在订立合同时无法预见的、不属于正常商业风险的重大变化,继续履行合同对于当事人一方明显不公平的,受不利影响的当事人可以与对方重新协商;在合理期限内协商不成的，当事人可以请求人民法院或者仲裁机构变更或者解除合同。”

2. 情事变更与交易安全。在我国适用情事变更（交易基础瑕疵）理论时一个值得特别强调的问题，就是情事变更与交易安全的问题。其实，我国民法理论争论情事变更原则是否应写入立法的一个很重要的理由，就是担心情事变更与交易风险难以区分性，从而影响交易安全。对此，德国学者指出：交易基础学说是对信守合同的破坏，是对于有约必守原则的限制。但这种一般性的表述是不正确的，因为它忽略了一个基本的问题：正因为人们将合同内容限制在当事人实际意在调整的范围内，所以才能够特别严肃地对待合同。[1] 如果合同对一项风险没有约定，而按照风险分配原则，不能合理地分配给蒙受不利的当事人一方，这时再强调信守合同，就会破坏法律公正的基本价值。因为合同当事人承担的合同义务并非是其同意或者约定的义务，按照公平原则，该义务也不是应当由其承担的风险。因此，只要严格地把握“情事变更”的适用条件，就不会影响交易安全。

3. 关于名称问题的思考。德国的司法和学理之所以将之称为“法律行为基础丧失”，是因为其法典有“法律行为”这一概念，如果判例创造出“法律行为基础丧失”，这一问题似乎就蕴涵在其法典中。这样一来，虽然实际上是学理和判例的发展和“立法”，但却“师出有名”。我国《民法典》总则编中就有“法律行为”的概念，但我们却不将“情事变更”称为“法律行为基础丧失”，而是直接用之。这应当引起我们的注意，我们是否能够将我们的《民法典》作为整体把握而不是各自为政。因此，笔者认为，在我国仅就名称而言，称为“法律行为基础丧失”比“情事变更”更符合体系化要求。

---

〔1〕 参见［德］迪特尔·梅迪库斯：《德国民法总论》，邵建东译，法律出版社2000年版，第650页。

第五章
违约责任

第一节　违约及违约形态的一般概述

一、违约的一般概述

契约的全部意义和终极目的在于履行，正如德国法学理论家所强调的，债权契约可以产生各种不同的义务。人们设定这些义务是为了实现一个目标——履行。无论从什么意义上讲，履行都是债权关系的目的，而契约以及由契约产生的各种义务，就是用来实现这一目标的。义务是一种工具或方法，它描述并指明了在通向最佳履行道路上所要经历的不同阶段以及当事人的行为背离了这种义务的后果。如同设计图或计划书，契约规定了一项交易所要经历的不同发展阶段以及有关规则，当事人将据此达到他们所商定的预期目标。〔1〕一般说来，一个正常的缔约者是愿意履行和遵守自己的约定的，也希望对方履行和遵守约定。因为只有这样，彼此的交易目的才能实现。法律也希望私人之间的交易能够按照当事人的“法律”——契约进行，因为这是国家经济秩序的一部分。

但是，由于社会经济生活的不断变化，主客观世界的纷繁复杂，私人间缔结的契约得不到履行或不按缔约人预先的设计履行的状况时有发生，这就是我们通常所讲的违约。具体地说，违约就是契约当事人在无法定事由的情况下，不履行或者不按约定履行义务的行为。如何解决这一问题，是所有债权法理论的核心所在，任何私法制度的功效将在其面前接受检验。〔2〕所以，各国学理不得不研究合同效力的这个“副产品”——违约，并设定各种救济措施。

如果没有违约的法律救济，合同对双方的拘束力就难以实现，当事人的权利义务也就难以落实，合同对社会经济的作用也就发挥不出来。因此，我国所有的民事立法对违约责任都有明确规定。当然，当事人也可以约定违约责任。但法律对于当事人约定的违约责任也有约束，例如，《民法典》第585条就对于当事人约定的违约金过高或者过低作出了调整性规定。

二、违约形态的比较法观察

对于违约行为的救济是否应建立在对于各种行为进行分类的基础之上？也就是说，是否有必要对各种违约行为进行分类并以此为基础而给予救济？对此，大陆法系与英美法系的传统理论相去甚远。大陆法系国家（法国除外）对此一般持肯定的态度，即对各种合同

---

〔1〕参见［德］罗伯特·霍恩等：《德国民商法导论》，楚建译，中国大百科全书出版社1996年版，第97~98页。

〔2〕参见［德］罗伯特·霍恩等：《德国民商法导论》，楚建译，中国大百科全书出版社1996年版，第98页。

义务作出不同的分类，根据对每一类合同义务的违反确定违约形态。

对于违约形态的分类最早始于罗马法。罗马法将违约形态分为给付不能与给付迟延。所谓给付不能，在罗马法上有两种含义：一种是指实际上无给付的可能，此为狭义的给付不能；另一种是指虽然给付是可能的，但给付的结果在当事人之间显失公平，也属于给付不能，这种情况属于广义的给付不能。所谓给付迟延，在罗马法上也分为两种：债权人的受领迟延和债务人的给付迟延。罗马法对这两种违约形态规定了不同的救济方式。〔1〕

罗马法的这种分类实质性地影响了德国学理及立法。1853 年，德国学者牟姆森提出了一种观点，即所有形式的履行不当可以归结为给付不能与给付迟延两种形态。这一观点很快就吸引了为数众多的追随者。人们首先从物质概念上理解给付不能，即着眼于标的物是否存在以及是否能够得到，而不是从违约或未履行承诺的角度考虑问题。这就大大限制了给付不能作为一种类别的范围。另外一种仅有的履行违反的形式是迟延，或称未按时给付。这种排斥一切可能的“二元论”支配了那场围绕《德国民法典》而展开的大论战，〔2〕并最终被《德国民法典》所接受。但在事实上，“二元论”并没有穷尽所有的违约形态，在《德国民法典》生效实施后不久（1902 年），马上就暴露出一个十分明显的漏洞：在一个买卖合同案例中，买主将其买来的 1 匹马与自己的另外 30 匹马圈在一起。由于这匹买来的新马患有一种传染性疾病，从而导致了其他马匹生病并死亡。根据《德国民法典》“二元论”的规定，买方并无契约上的请求权，但法院采取了“积极违约”的理论，弥补了《民法典》的这一漏洞。〔3〕在今天，“积极违约”已成为德国学理及判例公开承认的违约形态。

在英美法中，没有像大陆法系国家那样将违约行为划分为不同的违约形态并设置相应的救济措施。英美法否定违约形态分类的根据在于：任何违约均会导致合同义务的违反，并使受害人享有获得救济的权利。受害人是否选择救济方式应由其自己决定。〔4〕这也反映出英美法重程序的特点。

考虑到各国在违约形态方面的差异，《联合国国际货物销售合同公约》规定了根本违约与非根本违约的概念。该公约第 25 条规定：“一方当事人违反合同的结果，如使另一方当事人蒙受损害，以至于实际上剥夺了他根据合同规定有权期待得到的东西，即为根本违反合同，除非违反合同一方并不预知而且一个同等资格、通情达理的人处于相同的情况中也没有理由预知会发生这种结果。”根据该条的规定，如果违约方在事实上具有违约行为，且这种违约行为对另一方造成的损害是如此的严重，实际上就剥夺了他根据合同规定有权期待得到的利益。“根据合同规定有权期待得到的东西”，实际上就是当事人订立合同的根本目的，如果该根本目的落空，当然应为根本违约。

值得注意的是，公约所提出的划分是否构成根本违约的标准是一方当事人的违约行为对另一方当事人所造成的结果，而不是违约人的行为本身，即不是以违约人违反了合同的何种规定、何种条款为依据判断是否构成根本违约。〔5〕这就与大陆法系各国以违约人违反何种合同义务来划分违约形态区别开来。

---

〔1〕参见王利明：《违约责任论》，中国政法大学出版社 1996 年版，第 122 页。

〔2〕参见［德］罗伯特·霍恩等：《德国民商法导论》，楚建译，中国大百科全书出版社 1996 年版，第 103 页。

〔3〕参见［德］罗伯特·霍恩等：《德国民商法导论》，楚建译，中国大百科全书出版社 1996 年版，第 103 页。

〔4〕参见王利明：《违约责任论》，中国政法大学出版社 1996 年版，第 124 页。

〔5〕参见徐炳：《买卖法》，经济日报出版社 1991 年版，第 309 页。

该公约将违约形态分为根本违约与非根本违约有其重要意义。如果一方当事人根本违约，另一方当事人可以解除合同并请求赔偿；如果一方当事人的履约有不符合合同规定之处，但并不构成根本违约，那么另一方就不能简单地解除合同，而是采取其他的救济措施。这在根本上保证了交易秩序，而不至于使合同因微不足道的履行瑕疵而归于消灭。但在实际上，要划清根本违约与非根本违约的界限是十分困难的。这种区分在我国《民法典》上也有体现。

三、我国学理及立法关于违约形态的观点

我国学理上关于违约形态有不同的观点，有代表性的观点大概有以下几种：①履行不能、履行迟延、履行拒绝与履行不当；[1] ②全部不履行、部分不履行、不正确履行；[2] ③预期违约与实际违约，在实际违约中包括完全不履行、迟延履行、不当履行和不完全履行。[3]

我国《民法典》在违约形态方面基本上继受了1999年《合同法》（已失效）上的违约形态。在第577条对违约形态只作了这样的规定：当事人一方不履行合同义务或者履行合同义务不符合约定的，应当承担继续履行、采取补救措施或者赔偿损失等违约责任。并在第578条规定了一种所谓"预期违约"的形态：当事人一方明确表示或者以自己的行为表明不履行合同义务的，对方可以在履行期届满前请求其承担违约责任。由此可见，我国《民法典》并没有完全继受大陆法系国家传统的违约形态之区分，而是更多地继受了英美法系的做法。

我们认为，对于违约形态的过细划分并没有太多的实际意义。最重要的是，法律应规定灵活的救济措施，使得契约一方当事人违约时，另一方能够根据自己对利益的判断而选择适当的救济措施，或者请求解除合同而使合同消灭并赔偿损失，或者请求继续履行并赔偿损失。当一方违约而使对方无利益可言时，当然应当允许其解除合同并要求赔偿损失；当非违约方根据自己的利益判断，认为对方虽然违约但履行仍对自己有意义时，可请求实际履行并赔偿损失；当履行已为不可能时，也只能请求解除合同并赔偿损失。也正是基于这样的考虑，《德国债务法》修改委员会已经决定放弃对违约形态的具体分类。委员会设定了作为一般给付障碍中心的义务违反概念。给予债权人基于给付障碍的权利的统一基本要件为义务违反。这一概念对于债权人的损失赔偿请求权及合同解除权同样适用。与德国现行法不同，给付不能与给付迟延不再被特别地、独立地规定为给付障碍的形态。[4] 我国《民法典》显然没有继受大陆法系传统的分类理论，而是以义务违反为中心。

但不可否认的是，我国《民法典》中关于违约的形态中，隐隐约约还有大陆法系传统分类的影子，甚至在字里行间充满了这种区分。例如，对于不履行的违约责任（第578~580条）、对于不完全履行的责任（第581~584条）、对于迟延履行的规定（第585条）等。因此，如果《民法典》欲详细规定违约责任以便于司法适用，则离不开具体形态的规定，因为从逻辑上说，没有具体分类就不可能详细规定。

应该特别指出的是，尽管我国《民法典》上的违约责任没有采取"根本违约与非根本违约"的基本分类，但在规范中却有很大的价值和意义。例如，是否根本违约实际上是判

〔1〕参见王家福主编：《中国民法学·民法债权》，法律出版社1991年版，第151页。

〔2〕参见法学教材编辑部《民法原理》编写组：《民法原理》，法律出版社1983年版，第197页。

〔3〕参见王利明：《合同法研究》（第二卷），中国人民大学出版社2018年版，第458~503页。

〔4〕参见梁慧星：《民法学说判例与立法研究》，中国政法大学出版社1993年版，第323页。

断非违约方能否解除合同的一个很重要的标准,《民法典》第563条中规定的“不能实现合同目的”而赋予非违约方的解除权,实际上就是适用了“根本违约”的概念。

第二节 几种特别的违约形态

一、违反预约合同

关于预约合同的概念,我们已经在前面“合同的分类”的有关章节作了详细的讨论。我国《民法典》第495条已经明确预约合同也是一种合同,违约后,也要承担违约责任。但问题是,如何承担违约责任?《民法典》合同编第八章规定的责任方式(救济方式)是否都能够适用于违反预约合同?

当然,毫无疑问的是,“解除合同”“赔偿损失”“违约金”“定金”方式都可以适用于预约合同,有疑问的是:继续履行(强制实际履行)这种救济方式——通过诉讼要求其继续签订本约是否可行?是否违反意思自治的基本原则,从而属于《民法典》第581条规定的“根据债务的性质不得强制履行”?

对此有学者指出,既然认定预约是独立的合同,就应当赋予其与其他合同相同的效力。在违约的情况下,显然也可以适用“实际履行”的方式。而且,从法律上看,之所以承认预约是独立的合同,也是为了使其产生此种效力,从而促使当事人履行其承诺,签订本约。因此,为了保护当事人的预期,不得使合同落空,应当使其负有签订合同的义务。当然,在实际中,是否强制当事人必须签订本约也要看具体情况,特别是考虑本约是否具有继续签订和履行的价值。[1] 该观点的基本主张就是违反预约与违反本约一样,完全可以适用违反本约的所有违约责任方式。

从理论上说,笔者赞同这种观点,因为:①预约也是合同,违约也要承担违约责任,这是顺理成章的结论;②签订本约是预约合同的基本目的。因此,违反这种预约当然应该继续签订本合同,否则就没有意义。

但是,如果从意思自治的视角出发,如何强迫一个当事人去签订一个合同(本约)呢?这似乎是一个不可能完成的事情,是否属于《民法典》第581条“根据债务的性质不得强制履行”的情形呢?这是一个值得思考的问题——笔者认为,属于这种情况。那么,有没有一种能够达到如此效果,但又不需要当事人签订本约就可以实现“本约”目的的救济方式呢?

对此,日本已故著名学者我妻荣提出了这样的观点:预约的宗旨,实际上是一方当事人或者双方当事人承担一种承诺的义务,即当对方进行本约的要约时,对此进行承诺,从而使契约成立(双方都有此义务的,为双方预约、双务预约;只有一方负有此义务的,为单方预约、单务预约)。但是,在当事人之间已有要约时,无需强迫对方作出承诺。拥有本约成立权的当事人,在其发出成立本约的意思表示时,本约无需相对人承诺而成立。这样规定的目的是操作起来方便,非常妥当。不过,当本约为要物契约或者要式契约时,仅依意思表示自然不能成立本约。[2]

笔者更赞同日本学者我妻荣教授的观点,因为:①这样就避开了违反意思自治强迫当

---

[1] 参见王利明:《合同法研究》(第一卷),中国人民大学出版社2018年版,第48页。

[2] 参见[日]我妻荣:《债法各论》(上卷),徐慧译,中国法制出版社2008年版,第47页。

事人签订本约的理论障碍；②既然是预约，预约中就包括了本约成立所需要的必要条款。而按照我国的学理和司法实践，合同只要具备必要条款就可以生效。因此，可以强制本约不必对方同意而使本约成立并生效，从而达到缔结本约的目的，也就达到了强制违约方签订本约的目的。因此，这里的“强制履行”应理解为“强制本约按照预约的内容成立”，更合适。

如果对于违反预约合同中的“强制履行”作了上述解释后，笔者觉得《民法典》合同编中第八章关于违约的责任方式基本上都可以适用于对预约合同的违反（当然，按照性质不能适用的除外，例如，第582条的规定在违反预约合同中几乎就不能适用）。

二、预期违约

（一）预期违约的概念与制度价值

预期违约（anticipatory breach of contract）是指在合同有效成立后履行期到来前，一方当事人肯定地、明确地表示他将不履行合同或一方当事人根据客观事实预见到另一方到期将不履行合同。[1] 这是英美法以判例发展起来的特有制度。

从传统契约法的理论看，违约就是对于契约义务的违反，但在义务履行期到来之前，债务人并不负有实际给付义务，所以“违约”的概念只有发生在“履行期”到来之后才符合逻辑。但是，如果在义务履行期到来之前债务人就已声明将不履行契约义务或其行为或客观情况已经表明他将于义务履行期到来时不能履行义务，法律应采取何种态度？是视而不见而让债权人坐等义务履行期的到来，从而寻找实际违约的救济，还是规定期前违约救济制度而使债权人免受更大的损失？由于英美判例法及衡平的传统，法律选择了后者。这一选择的本身就说明了预期违约制度的价值。

从以上所述，我们可以看出英美法上的预期违约制度有两种形态：一是当事人明确地、肯定地并无条件地向相对人表示其将不履行合同义务。这种情形被称为“明示的预期违约”（repudiation）。[2] 二是当事人虽然没有明确声明其将不履行契约义务，但其行为及客观情况表明了他将不能到期履行义务。在许多情况下，合同一方的行为及履约能力上的明显瑕疵，同样会起到与语言构成的毁约同样的作用。[3] 这种情形被称为“默示的预期违约”（diminished expectation）。这两种不同形态的预期违约制度在法律构成、救济措施方面均有不同，下面我们将分别论述。

（二）明示预期违约的法律构成及其救济

根据英美判例所确定的规则，在认定明示预期违约时，必须具备以下要件：①明示预期违约必须发生在合同有效成立后合同履行期到来前这段时间内。否则就无所谓“预期”的问题。②当事人将不履行义务的意思表示必须是自愿地（voluntarily）、无条件地（unconditionally）、确定地（positively）和不含糊地（unequivocally）作出。③当事人表示的不履行，必须是重大的不履行，即如《联合国国际货物销售合同公约》所指出的“根本违约”。[4] 这与目前各国法律规定的违约的概念是一致的。④提出不履行必须没有法定理由。

---

〔1〕 G. H. Treitel, *The law of contract*, Sweat & Maxwell Ltd, 2007.

〔2〕 参见杨永清：“预期违约规则研究”，载梁慧星主编：《民商法论丛》（第3卷），法律出版社1995年版，第351页。

〔3〕 参见王军编著：《美国合同法》，中国政法大学出版社1996年版，第377页。

〔4〕 参见《联合国国际货物销售合同公约》第71条、第72条。

如果一方享有抗辩权而提出不履行，不构成违约。[1]

对于明示预期违约的救济，英美判例及成文法赋予非违约方以选择权：他可以立即行使诉权而得到救济，即要求解除合同并请求损害赔偿而不必坐等履行期的到来；也可以不理会对方的提前毁约表示而继续维持合同效力，等到实际履行期到来时，按照实际违约得到救济。[2] 其方式可以是要求解除合同并赔偿损失，或者请求损害赔偿，或者要求实际履行。但是，第二种选择常常遭到法律经济分析法学派的攻击，认为这是不符合“效率”的。[3] 但是，效率也许不是当事人选择的唯一因素，有时当事人的主观价值是无法用效率规则来衡量的。

《美国统一商法典》肯定了上述判例规则。该法典第2-610条规定：一方当事人表示拒不履行尚未到期的合同义务，而这种毁约表示对于另一方而言会发生重大合同损害，受害方可以：①在商业合理时间内等待毁约方履约；②即使他已告知毁约方他将等待其履约，催其撤回毁约表示，他仍然可以根据第2-703条或2-711条的规定请求违约救济；③在上述任何一种情况下，停止自己的履行或根据本法对卖方权利的规定，不顾对方毁约确定合同货物，或根据第2-704条对未制成的货物作救助。

（三）默示预期违约的法律构成及救济

默示预期违约规则是英国在1894年辛格夫人诉辛格一案中确立的。在该案中，被告于婚前向原告许诺：婚后将把一栋房屋转归原告所有。但被告此后又将该房屋卖给第三人，使其许诺成为不可能。法院在判决中认为，尽管不排除被告重新买回该房屋以履行其许诺的可能性，但原告仍有权解除合同并请求赔偿。[4] 该案确立的规则为后来判例所遵循。

默示的预期违约之法律构成与明示预期违约之法律构成不同的地方在于，前者的预期违约方并没有将到期不履行合同义务的意思明确地表示出来，而是另一方根据某些情况预见到其将不履行义务。故在默示预期违约制度中，就要求该预见必须具有合理性。如何判断预见是否合理？这是默示预期违约制度的主要问题。在判断一方的预见是否合理方面，在采用预期违约制度的国家判例或立法以及国际公约中，大约有两种：第一种为《美国统一商法典》第2-609条规定的“有合理理由认为对方不能正常履行”。根据判例法，这种“合理的理由”主要有以下三类：①债务人的经济状况不佳，没有能力履约；②商业信用不佳，令人担忧；③债务人在准备履约或履约过程中的行为或实际状况表明债务人有违约的危险。[5] 第二种为《联合国国际货物销售合同公约》第71条规定的标准，即对方履行义务的能力有缺陷、债务人的信用有严重缺陷、债务人在准备履行合同或履行合同中的行为表明他将不会或不能履约。[6] 由此可见，该公约规定的判断标准比《美国统一商法典》规定得更加具体和客观。这主要是在1980年维也纳会议讨论通过该公约时，英美法系国家与大陆法系国家，特别是发达国家与发展中国家激烈争论的结果。发展中国家担心发达国

---

〔1〕 参见王利明：《违约责任论》，中国政法大学出版社1996年版，第139~140页。

〔2〕 Edward J · Murphy, Richard E. Speidel, *Studies in Contract Law*, The Foundation Press, 1984.

〔3〕 参见［美］理查德·A. 波斯纳：《法律的经济分析》（上），蒋兆康译，中国大百科全书出版社1997年版，第150~168页。

〔4〕 参见杨永清：“预期违约规则研究”，载梁慧星主编：《民商法论丛》（第3卷），法律出版社1995年版，第355页。

〔5〕 参见杨永清：“预期违约规则研究”，载梁慧星主编：《民商法论丛》（第3卷），法律出版社1995年版，第355页。

〔6〕 参见王利明：《违约责任论》，中国政法大学出版社1996年版，第146页。

家会因主观臆断而滥用救济权。经过多次交锋，双方达成了这一妥协性的结果。[1] 客观地讲，该公约规定的这三项判断标准在很大程度上限制了主观成分。

在英美法系国家，从原则上说，对默示预期违约的救济与对明示预期违约行为的救济是一致的，即非违约方可以接受预期违约这一事实而立即请求法律救济，也可以对此置之不理，等到义务履行期到来时按照实际违约请求法院救济。但在具体救济方式上，默示的预期违约与明示的预期违约有所不同。《美国统一商法典》第2-609条对默示预期违约的救济作了较为详细的规定。该条规定：①买卖合同双方均有义务不破坏对方抱有的获得己方正常履行的期望。当任何一方有合理理由认为对方不能正常履行时，他可以用书面形式要求对方提供正常履约的适当保证，且在他收到此种保证之前，可以暂停履行与他未收到所需之履约保证相对应的那部分义务。只要这种暂停在商业上是合理的。②在商人之间，所提出的理由是否合理和所提供的保证是否适当，应根据商业标准来确定。③接受任何不适当的交付或付款，并不损害受损方要求对方对未来履约提供适当保证的权利。④一方收到对方有正当理由的要求后，如果在最长不超过30天的合理时间内未能按照当时的情况提供履约的适当保证时，即构成毁弃合同。从这一规定上看，《美国统一商法典》规定的对默示的预期违约的救济不同于明示预期违约的救济，主要体现在两个方面：其一，当一方根据客观情况预见到对方将到期不能履约时，有权要求对方提供其能够履行的保证。为表示该要求的正式性，法典要求必须用书面的形式。在对方提供适当的保证前，他有权中止相应的履行，但不能简单地解除合同。因为这种预见毕竟是一种主观的判断，与对方的明示显然不同。为防止这种主观判断的偏差，在法律救济方面也有所顾及。其二，如果对方在收到预见方要求提供保证的书面通知后，30天内没有提供适当保证的，他方可以按照预期违约的一般救济原则行使权利。中止是一种抗辩，它不能使当事人从合同关系的束缚中解脱出来。故法律规定，如果在30天内的合理期间内对方没有提供适当的保证的，视为其有预期违约的行为，预见方有权要求按照预期违约的规则得到救济。

《联合国国际货物销售合同公约》作为一个世界性的法律文件，在第71条和第72条中规定了对预期违约的救济。该公约第71条规定："（1）如果订立合同后，另一方当事人由于下列原因显然将不履行其大部分重要义务，一方当事人可以中止履行义务：（a）他履行义务的能力或他的信用有严重缺陷；或（b）他在准备履行合同或履行合同中的行为。（2）如果卖方在上一款所述的理由明显化以前已将货物发运，他可以阻止将货物交给买方，即使买方持有其有权获得货物的单据。本款规定只与买方和卖方间对货物的权利有关。（3）中止履行义务的一方当事人不论是在货物发运前还是在发运后，都必须立即通知另一方当事人，如经另一方当事人对履行义务提供充分保证，则他必须继续履行义务。"第72条除在第3款规定明示预期违约外，第1、2款规定了默示预期违约及救济。该两款规定：如果在履行合同日期之前，明显看出一方当事人将根本违反合同，另一方当事人可以宣告合同无效；如果时间许可，打算宣告合同无效的一方当事人必须向另一方当事人发出合理的通知，使他可以对履行义务提供充分的保证。从这些规定看，该公约在调和两大法系之间的矛盾方面的确是煞费苦心。有的学者认为，该公约规定的救济手段与《美国统一商法典》有显著不同。[2] 但笔者认为，从该公约的上述规定看，与英美法系对默示预期违约之

---

〔1〕 参见徐炳：《买卖法》，经济日报出版社1991年版，第424页。

〔2〕 王利明：《违约责任论》，第148页；杨永清："预期违约规则研究"，载梁慧星主编：《民商法论丛》（第3卷），法律出版社1995年版，第382页。

救济的基本精神并无不同：均以中止履行合同义务为主要的救济手段。根据第71条的规定，如果一方当事人显然不履行合同主要义务，另一方当事人可以中止履行自己的义务，但必须书面通知对方要求其提供必要的保证，如果对方按其要求提供适当保证的，另一方必须继续履行自己的义务；根据第72条的规定，当“明显看出一方当事人将根本违反合同，另一方当事人可以宣告合同无效”，但如果时间许可，欲宣告合同无效的一方应通知对方要求其提供适当的保证。从这一规定看，“宣告合同无效”仍然作为一种例外的特别手段，是在时间不许可的情况下使用的救济手段，在时间允许的通常情况下，中止履行自己的义务并要求对方提供适当的保证仍然是主要的救济手段。

（四）对预期违约制度的正当化说明理论

对于预期违约制度存在的必要性及合理性，在这一制度出现的初期，就存在严重的争论。作为在美国合同法领域享有盛誉并负责起草美国《第一次合同法重述》的威灵斯顿（主起草人）和科宾（主要助手）之间就存在着严重的分歧。威灵斯顿认为，预期违约的概念不合逻辑，因为它要求表意人过早地履行其允诺的义务，从而增加了其负担。〔1〕在“莫伯里诉纽约人寿保险公司”一案（*Mobley V. New York Life Ins. Co.*）中，威灵斯顿指出：为履行一项相互同意的交易而为的单方许诺的将来给付义务只有在履行期到来之日方能强制履行，如果允许对于被保险人的将来利益给予现实的救济，保险公司的运行策略将被摧毁，以分期付款获得利益的目的将会落空。〔2〕而科宾则认为，针对预期违约提起诉讼是合理的，因为预期违约人的违约降低了对方享有的合同权利之价值，因此给对方造成了损害。允许受害人提起诉讼，也可以迅速地了结他们之间的纠纷。〔3〕在这场争论中，威灵斯顿的观点没有像其在其他合同领域那样占据绝对的权威，相反，科宾的观点得到了普遍的赞同，无论是学理还是判例均站在了科宾一边。就如特雷特尔所指出的，预期违约制度至少有以下两个优点：其一，它有助于使损失降低到最低限度。在霍切斯特诉陶尔案中，如果原告不立即起诉，他就得准备履行合同。明示预期违约规则赋予原告立即起诉权，等于鼓励他解除合同。这样，可以避免额外损失。其二，明示预期违约规则有利于对受害人合理而充分的保护。例如，如果他预先履行了将来的义务，然后对方表示拒绝履行其义务，若让债务人坐等履行期到来后才向对方主张补救，那么他将遭受严重损失。〔4〕正因为如此，预期违约规则在英美法成为被普遍接受的制度。

但是，在对预期违约制度存在的基础及正当化进行说明时，却存在不同的理论。大致有以下几种学说：①要约承诺理论（the offer and accptance theory），该理论从解除合同须双方协议一致的视点出发，认为预期违约方的预期违约是一种可能被承诺方接受的解除合同的要约；②不可能履行理论（impossibility of performance），该理论认为，预期违约方的预期违约表明预期违约方不可能履行原合同义务；③隐含条件理论（the implied term theory），该理论认为，预期违约方的预期违约行为违反了合同的隐含条件——禁止违反合同义务；④实际违约理论（the present breach theory），该理论认为，预期违约行为本身就等于实际违约，该理论在美国为通说；⑤保护履行期待理论（protection of the expectation of performance），该理论认为，双方当事人订立合同之后，就产生了一种履行期待，预期违约规则就

---

〔1〕 Williston：“Repudiation of Contract（Pt2）. 14” *Harv. L. Rev*, Vol. 1901, No. 42.

〔2〕 Edward J · Murphy, Richard E · Speidel, *Studies in Contract Law*, The Foundation Press, 1984.

〔3〕 A. L. Corbin, *Corbin on Contracts*, West Publishing Co, 1952.

〔4〕 转引自崔建远：《合同责任研究》，吉林大学出版社1992年版，第34页。

在于保护这种期待；⑥必然违约理论（the inevitable breach basis），该理论认为，预期违约行为必然产生不可能再履行合同义务的后果。[1]

在以上理论中，最适合合同法精神的当数第五种理论。合同权利是一种期待利益，而预期违约行为侵害的正是这种利益。预期违约制度无非是基于公平的理念对于这种利益给予保护，使受害人得到如同实际违约几乎相同的救济。

（五）预期违约制度与拒绝履行及不安抗辩的比较

1. 拒绝履行与明示预期违约。在大陆法系，如果一项债务规定了履行的具体期限，从客观上说，债务人拒绝履行债务的时间可能是履行期限到来之前，也可能是在履行期限到来之时，也可能是履行期限到来之后（迟延后的拒绝履行）。所以，我国有学者将拒绝履行定义为“履行期到来之后债务人无正当理由拒绝履行债务”[2] 有失偏颇。

按照通说，在清偿期到来之前，债权人原不享有实际履行的权利，因而此时并不发生债务人不履行债务的责任。[3] 但现在的德国学理认为，对于那些在某一期限后才进行给付的契约来说，可能会出现预期拒绝履行的情形。既然债务人已背弃了自己所承担的义务，受害的一方就应当可以通过其他救济方法来尽量减少预期的损失。允许受害方放弃契约权利并作出其他安排，是为了保护受害方的权利和避免浪费。《联合国国际货物销售合同公约》第72条采用了这一救济方法是完全正确的。[4] 对于预期的严重拒不履行的案件，德国的国内法允许无过错的一方当事人要求即时赔偿因不履行而受到的损失，或者解除合同。换句话说，预期不履行的法律后果与《德国民法典》第325、326条规定的实际违约的法律后果是一致的。对此，《德国民法典》中并无明文规定，但是，在司法判决中它却得到普遍地承认……预期不履行是债务人通过拒绝履行的明确表示而违反给付义务的典型例证，对其可以直接适用关于违反履行义务的一般原则，这时，债务人可以作出选择：他可以坚持履行契约；也可退出契约。[5] 由此可见，以《德国民法典》为代表的大陆法系民法及判例上的预期拒绝履行无论在构成及具体救济措施上，与英美法系的明示预期违约制度的价值理念是一致的。

2. 不安抗辩权与默示预期违约制度。所谓不安抗辩权，是指在双务合同中有先为履行义务的一方在履行前发现他方的财产明显减少而有难为给付之虞时，可要求他方为对待给付或提供相当的担保。在他方为对待给付或提供相当担保前，该方得拒绝自己的给付。[6]。

不安抗辩权是基于公平理念对给付具有牵连关系的双务合同而设，为大陆法系各国民法典所规定。《法国民法典》第1613条规定，如买卖成立时，买受人陷于破产或处于无清偿能力致使出卖人有丧失价金之虞时，即使出卖人曾同意延期给付，出卖人也不负交付标的物的义务，但买受人提出到期给付的保证者，不在此限。《德国民法典》第321条也规定，因双务契约而负担债务并应向他方先为给付者，如他方的财产于订约后明显减少，有

---

[1] 参见杨永清：“预期违约规则研究”，载梁慧星主编：《民商法论丛》（第3卷），法律出版社1995年版，第369~372页。

[2] 王利明：《违约责任论》，中国政法大学出版社1996年版，第129页。

[3] 参见王家福主编：《中国民法学·民法债权》，法律出版社1991年版，第158页。

[4] 参见［德］罗伯特·霍恩等：《德国民商法导论》，楚建译，中国大百科全书出版社1996年版，第113页。

[5] 参见［德］罗伯特·霍恩等：《德国民商法导论》，楚建译，中国大百科全书出版社1996年版，第113、114页。

[6] 参见苏俊雄：《契约原理及其实用》，中华书局1978年版，第144页。

难为对待给付之虞时，在他方未为对待给付或提出担保之前得拒绝自己的给付。其他大陆法系国家的民法典，如《奥地利民法典》第105条、《瑞士债务法》第3条、《意大利民法典》第1496条均对不安抗辩权有明确规定。《法国民法典》与《德国民法典》对于行使不安抗辩权的条件的规定，代表了大陆法系各国民法典规定的不同。以法国为代表的大陆法系国家，认为行使不安抗辩权应以对方破产或无清偿能力为条件；而以《德国民法典》为代表的大陆法系国家，则认为不安抗辩权的行使条件为“财产明显减少，有难为给付之虞”。也就是说，《法国民法典》规定的条件更加严格、具体，而《德国民法典》规定得概括并宽松。

我国1999年的《合同法》（已失效）肯定了预期违约制度，《民法典》继受之，在第578条规定：“当事人一方明确表示或者以自己的行为表明不履行合同义务的，对方可以在履行期限届满前请求其承担违约责任。”从该条规定中可以看出，我国法上的预期违约制度也包括明示的预期违约与默示的预期违约。

三、加害给付

（一）加害给付的概念

加害给付是指债务人所为的履行不合债的本旨，除可能损害债权人的履行利益外，尚发生对债权人固有利益的损害。也就是说，债务人的给付行为有悖债之主旨行为，除有可能造成债权人契约利益的损害外（这里仅仅是可能，有时并不同时发生），尚对债权人契约利益外的固有利益的损害的情形。

关于加害给付的系统理论是由德国的职业律师史韬博提出的。史韬博在1902年，即《德国民法典》颁布后的第二年，于第二十六届德国法律学会的纪念文集上发表了题为“论积极侵害契约及其法律后果”的论文，提出了积极侵害债权的问题。1904年，他再度整理此文，进一步阐述了其见解，建立了完备的理论体系。他分析了《德国民法典》施行后发生的14个特殊案例，认为尽管德国民法对给付不能与给付迟延有详尽的规定，但这14个案例既不构成给付不能，也不构成给付迟延。给付不能与给付迟延系债务人应为而不为，但此类案例是债务人不应为而为之，即债务人虽已为履行，但其履行有瑕疵而致债权人的损害，属于积极侵害契约。法律对此未为规定，存在漏洞。[1] 史韬博的理论提出后，引起了强烈的反响和高度的重视，德国许多学者认为这是“法学上的伟大发现”。[2] 史韬博理论的伟大意义在于：其一，它弥补了在德国学理及司法上占统治地位的违约形态“二元论”理论的不足，弥补了《德国民法典》关于这一问题的立法上的漏洞。其二，它提出的对积极侵害契约的救济，也是对德国民法理论及判例的伟大贡献。对于不适当履行问题，德国民法及判例主要是通过瑕疵担保制度来对当事人进行救济的，而救济的方式主要是减价和修补。然而，不适当履行所造成的损害不仅限于给付本身的价值，还可能造成对债权人的其他财产、人身的侵害，传统的救济方式不足以对当事人提供有效的救济。史韬博发现了这一问题，并提出了给付人的损害赔偿责任。

史韬博的理论也引起了学者对之进一步探讨的兴趣。有的学者对其所用的“积极侵害契约”的概念提出了异议，例如，恩那彻鲁斯认为，此种债务的不履行，不限于因契约而生的债务，单独行为以及依法律规定而生的债务也可发生，故应称为“积极侵害债权”。齐特而曼主张，对债权的侵害不限于积极行为，也可因对附随义务的不履行（如违反告知义

〔1〕 参见王家福主编：《中国民法学·民法债权》，法律出版社1991年版，第165页。

〔2〕 参见王泽鉴：《民法学说与判例研究》（4），中国政法大学出版社1998年版，第18页。

务）而产生，故应称为“不良履行”。莱昂哈德则认为，不应就债务违反的行为而应就其所发生的结果为区别，即应以其结果为给付不能、给付迟延或其他损害的标准。例如，肖像的发送人因过失而包装上一颗钉子，肖像因而被毁，则认为给付不能；如包裹因此而被扣留邮局，则为给付迟延；如开包人因此而受到伤害，则为其他损害。发生此种损害的情形，应称为“非妨害给付的债的侵害或附随加害”。〔1〕由此可见，在德国，学理上普遍承认在给付不能和给付迟延之外尚有第三种违约形态，但其范围如何，则纷争不一。

史韬博的理论不仅在德国有强烈的反响，并最终在2002年1月1日被纳入了《德国民法典》。该法典第241条第2款规定，债务关系可以根据其内容，使任何一方承担照顾对方权利、法益和利益的义务。德国学者认为，这一规定相当于加害给付。〔2〕这一制度在其他大陆法系国家也受到了广泛重视，许多国家通过各国渠道了解并接受了这一理论。

（二）加害给付的种类

由于各国对于加害给付（积极侵害债权）的范围认识不同，故在类型上也有不同的划分，即使在同一个国家中，也可能存在不同的分类标准和观点。例如，在德国，根据恩纳塞罗斯和雷曼的观点，积极侵害债权可分为四类：①瑕疵履行，即因瑕疵履行行为致使债权人的物或身体受到伤害（有的日本学者认为，仅此种情况为不完全给付）；②继续供给义务，因一次给付的瑕疵而使其余已为的给付或未为的给付对债权人失去利益或依诚实信用原则不能强行要求债权人受领的，同时会有对于其余部分的给付的权利的侵害，从而发生全部债权债务关系的侵害；③违反诚实信用原则，从而使当事人之间以信赖关系为基础的协作关系遭到破坏；④预期拒绝履行。〔3〕

受德国学理分类的影响，我国台湾地区也存在各种分类的标准和方法。主要有：①依给付方式不完全而作的分类：给付物品质或量上的不完全；给付方式不完全；违反附随义务而为的不完全给付；给付时间上的不完全（给付迟延除外）；②依给付程度不完全而为的分类：发生补正义务的不完全给付；加害给付的不完全给付。〔4〕

我国《民法典》明确规定了加害给付：《民法典》总则编第186条规定：“因当事人一方的违约行为，损害对方人身权益、财产权益的，受损害方有权选择请求其承担违约责任或者侵权责任。”也就是说，违约行为对当事人的固有利益造成损害的，可以依据违约责任请求救济。显然，这已经将加害给付作为一种独立的违约形态。笔者认为，加害给付在我国应分为以下几类：

1. 加害瑕疵给付。债务人虽已提出给付，但其给付在品质上有瑕疵，不仅使债权人的履行利益可能受到侵害，而且使债权人的固有利益也受到侵害。

2. 违反附随义务的给付。附随义务是依诚实信用原则而生的义务，其功能在于使债权人的权利得以完全实现，如告知义务、保密义务、照顾义务、协力义务等。例如，债务人违反这种义务，同时又使债权人的固有利益受到损害；但是如果仅仅使债权人的履行利益受到损害而固有利益未被损害时，不应为积极侵害债权。

3. 违反保护义务。保护义务是独立于债的关系之外的债权人受法律保护的利益。它是

〔1〕史尚宽：《债权总论》，中国政法大学出版社2000年版，第397~398页。

〔2〕参见［德］克里斯蒂阿妮·文德浩：“德意志联邦共和国的新债法”，载邵建东等译：《德国债法现代化法》，中国政法大学出版社2002年版，第10页。

〔3〕参见史尚宽：《债权总论》，中国政法大学出版社2000年版，第398页。

〔4〕参见史尚宽：《债权总论》，中国政法大学出版社2000年版，第399页。

侵权行为法中任何人都负有的不得侵害他人的人身及财产的一般性义务在债的关系中的延伸。其结果是当债务人在履行过程中造成了相对人的人身或财产损害时，不按照侵权行为法处理，而是依契约规则处理。

四、第三人原因导致的违约

如果合同当事人一方违约是因为第三人的原因导致的，应该如何处理？对此，我国《民法典》第 593 条规定："当事人一方因第三人的原因造成违约的，应当依法向对方承担违约责任。当事人一方和第三人之间的纠纷，依照法律规定或者按照约定处理。"但这一规定略显粗糙，因为导致一方违约的第三人的原因很多，这样一概而论不利于保护合同债权人的利益。故应该从以下两个方面来分析：

（一）如果因第三人非恶意的原因导致合同当事人一方违约

这种情况比较普遍。例如，A 与 B 订立了一个买卖合同，按照该买卖合同，A 负担向 B 交付货物的义务，但 A 的该批货物是因与 C 订立的合同而取得。这时，如果 C 违约不能向 A 交货，则导致 A 不能按照合同约定向 B 交货而违约。这种情况下，应适用《民法典》第 593 条的规定：A 向 B 承担违约责任，A 与 C 之间的纠纷，依照法律规定或者按照约定处理。

（二）如果因第三人的恶意原因导致一方违约

例如，甲、乙订立了一个买卖合同，约定甲方向乙方交付一批货物。丙知道后，为了不让乙方取得该批货物，而放火将货物烧毁。这种情况下，甲方向乙方承担违约责任自无问题，但乙方能否向丙请求承担侵权责任呢？

按照我国《民法典》侵权责任编第 1165 条的规定，似乎可以得出肯定的结论。如此一来，《民法典》合同编第 593 条就剥夺了当事人对丙的责任追究了。因此，第 593 条的规定欠妥，该条应当作扩张解释。

第三节 违约责任

按照我国《民法典》第 577 条的规定，违约责任的主要方式有继续履行（实际履行）、赔偿损失与其他方式。下面我们就分别阐述这些责任方式。

一、实际履行

（一）实际履行的概念

实际履行，在我国《民法典》上又被称为"继续履行"，是指合同一方当事人违约后，法院应非违约方当事人的请求而判决违约方按照合同约定的标的物履行合同义务，而不能以其他标的物替代的救济方式。

实际履行在性质上是一种救济制度。无论在英美法系还是大陆法系，学理均将其放在救济制度中作为一种违约救济手段来论述。[1]

---

〔1〕 参见［德］罗伯特·霍恩等：《德国民商法导论》，楚建译，中国大百科全书出版社 1996 年版，第 118 页；［美］迈克尔·D. 贝勒斯：《法律的原则——一个规范的分析》，张文显等译，中国大百科全书出版社 1996 年版，第 242 页；［美］罗伯特·考特、托马克·尤伦：《法和经济学》，张军等译，上海三联书店、上海人民出版社 1994 年版，第 165 页。

（二）实际履行作为违约责任形式的价值

当事人契约订立的目的在于满足某种需要，因为从缔约的目的看，一般情况下，当事人都期望合同能够依约履行。因此，在当事人一方违约的情况下，法院强行要求违约方继续履行合同是符合合同目的的。但是，在市场经济条件下，由于种类物居多，金钱赔偿几乎能够达到如实际履行同样的效果，因此金钱的赔偿范围在不断扩大。但是，当金钱赔偿不能对非违约方提供满意的救济时，实际履行就有不可替代性。传统上，大陆法系与英美法系国家在选择实际履行与损害赔偿两种救济措施上的价值取向具有明显的差别。

1. 英美法系在选择实际履行与损害赔偿两种救济措施上的价值取向。在英美法系，实际履行在历史上是衡平法院认为普通法上的损害赔偿救济不充分或不公平时，创设的一种特别救济制度。它是指法院所作的判决，命令被告履行合同义务，不服从裁决将构成藐视法庭，法院得依胜诉方的申请，以罚金或监禁处罚败诉方。〔1〕但是，法院在采用这一救济措施时，有严格的条件。就如阿蒂亚所言：支配这种救济措施的两个主要原则是：①只有在损害赔偿不足以补救时，才发布这样的特别履行（实际履行）命令；②只有在法院认为这些命令可以执行时，才发布这样的命令。〔2〕

2. 大陆法系在选择两种救济措施上的价值取向。在救济手段的选择方面，大陆法系国家与英美法系国家有所不同。按照大陆法系传统的立法、学理与判例，在违约救济方面，首选的是实际履行而非赔偿损失。德国学者罗伯特·霍恩指出：受罗马法的影响，在德国，即使出现了违反契约义务的情形，债权人也仍然享有履行请求权，除非实际上已不可能履行。否则，债权人就可以选择行使其履行请求权，而不必求助于那些关于解除的救济。〔3〕这种履行优先的原则在2002年修改后的《德国民法典》中仍然得到确认。根据《德国民法典》第281条的规定，在债务人不履行合同义务或者不按照约定履行合同义务时，债权人原则上应定相当期间令债务人履行债务，此期间经过而债务人仍未履行，方可请求代替履行的损害赔偿。〔4〕

法国学者莱尼·达维在谈到法国对救济措施选择方面的价值取向时说，正常的情况是契约应当履行，并且是及时履行。在法国，从这个简单的概念出发，人们认为适用于违反契约的案件的正规补救方法是命令实际履行，无论这种履行可能在何时。但在英国法中，实际履行只是在损害赔偿不能提供令人满意的解决方案的例外情况下才能适用。这个基本的区别将英国法与法国法区分开来。〔5〕莱尼·达维在分析这种区别产生的根源时指出，这种区别的根源在于契约的不同概念。法国契约法基于道德的观念，由教会法学家予以阐述。对于他们来说，一个人不兑现自己的诺言是一种罪恶：协议必须遵守，你必须遵守你的诺言，否则，国家和法律将强迫你履行。英国法则正好相反，把契约中的上述问题看作是一种讨价还价。问题不在于诺言应被强制遵守，而在于对诺言加以认真考虑的承诺人在契约

---

〔1〕参见沈达明编著：《英美合同法引论》，对外贸易教育出版社1993年版，第280页。

〔2〕参见［英］P.S. 阿蒂亚：《合同法概论》，程正康、周忠海、刘振民译，法律出版社1982年版，第319~320页。

〔3〕参见［德］罗伯特·霍恩等：《德国民商法导论》，楚建译，中国大百科全书出版社1996年版，第118页。

〔4〕参见梁慧星：《民法学说判例与立法研究》，中国政法大学出版社1993年版，第324页。

〔5〕参见［法］莱尼·达维：《英国法和法国法》，潘华仿等译，中国政法大学出版社1984年版，第122页。

违反后不受损害，为此目的，判决损害赔偿几乎在所有的案件中都是一种合理的补救办法。[1] 莱尼·达维所指出的根源虽不是唯一的根源，却是重要的根源。

3. 两大法系在关于救济措施手段选择方面的发展。在英美法系，实际履行是衡平法上的救济措施，其本为弥补普通法上的损害赔偿之不足而产生。公平正义则是衡平法的灵魂，故也可以说，实际履行是衡平法为弥补普通法上的不公平救济而产生的。从这一意义上看，实际履行所适用的范围是极其有限的。但近年来，英国判例倾向于扩大适用实际履行救济。理由有三：①1875年以来普通法院与衡平法院合并；②在愈来愈复杂的交易关系上，实际履行是更有效的救济方式；③过去过分强调实际履行给法院与败诉方带来了负担。英国法官在裁判适用实际履行这种救济措施时所考虑的主要因素仍然是损害赔偿不足以救济，但在具体做法上显示出更大的灵活性。例如，考虑债权人的长期经济利益是否依赖债务人的履行；过去法院过分夸大了对某些合同的实际履行在监督执行上的困难。19世纪80年代的判例改变了监督方式，将监督改由原告进行。19世纪80年代的判例还放弃了对劳务合同不作实际履行的做法，作出了雇佣人重新雇佣被解雇的员工、协会重新接纳会员的裁决。[2]

在大陆法系国家，虽然强调履行优先的原则，但与英美法系有所不同。在英美法系，是否采用实际履行是法官行使自由裁量权的结果，当事人原则上无主张的权利。[3] 而在大陆法系，是否采用实际履行，多是应受害方的请求。也就是说，这种选择权多掌握在当事人手中。所以，从表面上看，大陆法系强调实际履行，但是，实际适用的范围并不十分广泛。因为当债务人履行不能或违约而对债权人无利益时，实际履行就不会被主张和适用，而更多的债权人更愿意采取金钱赔偿的方式，这种方式更加可行、便利，除非履行对债权人具有不可替代的意义。而这种不可替代性在英美法上也是法官判决实际履行的正当理由。另外，在具有个人性质的劳务合同中，大陆法系学理也主张，实际履行并不能达到债之履行的目的，如画家违约而强制其履行并不能达到预期效果。基于对人权的尊重，也不适用实际履行的方式，而更多地采用金钱赔偿的方式。所以，从这个意义上说，两大法系在救济手段的具体适用方面有许多异曲同工之处。正如法国学者莱尼·达维所言：事实上，英国法与法国法两种制度之间的差别比想象的要小得多，早期两种制度的差别可能很大，但现在已经降为纯理论问题。在比较法方面最权威的劳森教授在他1972年出版的《英国法中的补救》一书中得出这样一个结论：比起今天实际履行在法国的运用，在英国更加不受拘束。[4]

（三）我国《民法典》上的实际履行及其限制

实际履行从本质上说是违约救济的一种措施，是对合同本身及当事人的尊重，因为合同本身就是当事人自愿协商的产物，继续履行就是让当事人继续履行双方的承诺，并非外在的强加于当事人的东西。让当事人尊重已经达成的协议，是对契约自由原则的尊重，但并非在任何情况下均能适用。

在金钱债务与非金钱债务方面就有很大的不同，因为金钱债务没有所谓继续履行或者

---

〔1〕 参见［法］莱尼·达维：《英国法和法国法》，潘华仿等译，中国政法大学出版社1984年版，第122页。

〔2〕 参见沈达明编著：《英美合同法引论》，对外贸易教育出版社1993年版，第282页。

〔3〕 参见沈达明编著：《英美合同法引论》，对外贸易教育出版社1993年版，第280页。

〔4〕 参见［法］莱尼·达维：《英国法和法国法》，潘华仿等译，中国政法大学出版社1984年版，第123页。

不继续履行的问题，除非当事人之间达成“以物抵债”协议，金钱债务必须继续履行。因此，我国《民法典》区分金钱债务与非金钱债务而分别规定继续履行。《民法典》第579条规定：“当事人一方未支付价款、报酬、租金、利息，或者不履行其他金钱债务的，对方可以请求其支付。”这一规定看似无用，但实际上是在强调金钱债务必须实际履行。

《民法典》第580条则规定：“当事人一方不履行非金钱债务或者履行非金钱债务不符合约定的，对方可以请求履行，但是有下列情形之一的除外：（一）法律上或者事实上不能履行；（二）债务的标的不适于强制履行或者履行费用过高；（三）债权人在合理期限内未请求履行。”由此可见，在下列情况下，非金钱债务不能适用实际履行作为救济措施：

1. 实际履行已经不可能。如果实际履行在客观上已经成为不可能，这就从根本上消灭了实际履行适用的基础。这种可能是指客观的、永久的不能，而非主观的、一时的不能。

2. 实际履行在经济上不合理。这主要是从经济分析的角度来考虑的。法律的其中一个特性是效率，特别是民商法，如果在经济上是无效率的，则这一制度的存在就值得考虑。违约救济也是如此，如果实际履行的费用过高，或其他代价过大，那么就不应适用实际履行这一救济措施。

3. 继续履行合同对债权人来说已无必要。这主要是从经济意义上来考虑的。这里所谓的“已无必要”，主要是指强制债务人继续履行合同对债权人来说已不能达到订立合同时所预期的目的，例如，债权人定作的婚礼服在婚礼开始前没有交付。在多数情况下，债权人所遭受的损失均可用金钱赔偿的方式来弥补，故在此情况下宜采用解除合同或赔偿损失的方式来救济。

4. 替代履行。当事人一方不履行债务或者履行债务不符合约定，根据债务的性质不得强制履行的，对方可以请求其负担由第三人替代履行的费用（《民法典》第581条）。

二、赔偿损失

（一）概述

我们这里所讲的赔偿损失是指违约损害赔偿。所谓违约损害赔偿，是指违约方因不履行合同或者不完全履行合同而给对方造成损失的，依法应当承担赔偿责任。

违约损害赔偿是违约救济中最广泛、最主要的救济方式。这一制度的基本目的是用金钱赔偿的方式弥补一方因违约给对方所造成的损害。它之所以是一种最广泛、最主要的救济措施，是因为：①合同关系一般为交易关系，而交易关系一般均可用金钱来表示或折合为金钱；②损害赔偿既可以单独使用，也可以与实际履行等救济手段一并使用。例如，我国《民法典》第584条规定的“赔偿损失”就是作为单独的救济措施（责任方式）来适用的：“当事人一方不履行合同义务或者履行合同义务不符合约定，造成对方损失的，损失赔偿额应当相当于因违约所造成的损失，包括合同履行后可以获得的利益；但是，不得超过违约一方订立合同时预见到或者应当预见到的因违约可能造成的损失。”而《民法典》第583条是将赔偿损失作为“辅助”责任方式来适用的：“当事人一方不履行合同义务或者履行合同义务不符合约定的，在履行义务或者采取补救措施后，对方还有其他损失的，应当赔偿损失。”与其他救济措施一并使用就扩大了这一救济措施的适用范围。

在理解违约损害赔偿时，有以下几点应特别注意：

1. 违约损害赔偿是因债务不履行而产生的责任，因债务人违约而使债权人遭受损害，合同双方当事人原来的合同权利义务就转化为损害赔偿的债权债务关系。这一点是理解单独使用损害赔偿这一救济措施的关键。

2. 违约损害赔偿具有补偿性。违约赔偿一般是为了弥补当事人因一方违约而产生的损失，一般不具有惩罚性。所以，在计算赔偿额时一般不考虑违约方的主观过错。

3. 违约损害赔偿与违约金。通说认为，违约金是缔结合同的一方当事人在不履行或不适当履行合同时，应给付另一方的一定数额的金钱。[1] 关于违约金的概念，在我国学理上没有争议，但关于违约金的性质，却有重大分歧。分歧主要集中在违约金是惩罚性的还是补偿性的？我国大致有三种观点：第一种观点认为，违约金应仅仅具有惩罚性，即违约金应与损害赔偿截然分开，只承认违约金的惩罚性，即只要当事人违约，就应支付违约金；除此之外，还应对违约造成的损害进行赔偿。[2] 第二种观点认为，违约金的性质只能是补偿性的。其中心理由为：合同关系的本质特征在于当事人双方在法律上的地位平等，任何一方都不具有惩罚对方的权力。[3] 第三种观点认为，违约金既具有惩罚性，也具有补偿性。这主要是从我国的立法上来观察的。[4]

从两大法系的立法来看，英美法系国家一般不承认惩罚性违约金，例如，《美国统一商法典》第2-718条规定，合同可以约定任何一方的损害赔偿金。约定违约金仅能根据因违约而造成的预期或实际的损失而定；确定时还应考虑证明损失的困难、采取其他有效救济的不便或不可行等因素。若合同不合理地规定过高的损害赔偿额，则视为惩罚性条款，因而无效。而大陆法系国家一般是承认惩罚性违约金的，例如，《德国民法典》第339条规定："①债务人与债权人约定，在其不能履行或不能依适当方式履行时，应支付一定金额作为违约金者，在其迟延时，罚其支付违约金；②以不作为为支付者，于违反行为时，罚付之。"

从我国《民法典》的规定来看，违约金原则上是补偿性的，法律依据主要是：①《民法典》第585条明确规定，违约金过高或者过低的，裁判机构可以根据当事人的申请进行调整；②《民法典》第588条规定，当事人既约定违约金，又约定定金的，一方违约时，对方可以选择适用违约金或者定金条款。约定的定金不足以弥补一方违约造成的损失的，对方可以请求赔偿超过定金数额的损失。

（二）确定损害赔偿范围的基本原则

1. 完全赔偿原则。所谓完全赔偿原则，是指自违约方应对其因违约而引起的受害人的全部损失承担赔偿责任。也就是说，违约方不仅应赔偿对方因其违约而引起的现实财产的减少，而且应赔偿对方因合同履行而应得到的履行利益。

2. 合理预见原则。完全赔偿原则是对非违约方的有力保护，但从民法之基本原则出发，应将这种损害赔偿的范围限制在合理的范围之内。许多国家及国际公约均将之限定在可预见的范围内。例如，《法国民法典》第1150条规定："如债务的不履行并非由于债务人的诈欺时，债务人仅就订立契约时所预见或可能预见的损害或利益负赔偿责任。"法国法的这一原则影响了英国判例，并直接反映在1854年的哈得利诉巴森得尔（*Hadley V. Baxendle*）一案中。1949年，英国上诉法院在维多利亚洗衣店诉纽曼工业公司一案中又进一步确认和发展了这一原则，即受害方仅有权取得在合同缔结时就已经预见或可以预见的违约损失，而

---

[1] 参见杨振山、王遂起：《民法自学读本》，北京出版社1986年版，第337页。

[2] 参见詹智玲："试论我国违约金的惩罚性质"，载《法学评论》1983年第Z1期。

[3] 参见李铸国："浅论我国经济合同违约金制度中的几个问题"，载《法学》1985年第5期。

[4] 参见《法学研究》编辑部编著：《新中国民法学研究综述》，中国社会科学出版社1990年版，第485页。

且这一损失实际上已经发生。[1] 美国《统一商法典》第2715条也确认了这一原则，即这种损失应是在合同缔结时就有理由预知。《联合国国际货物销售合同公约》第74也规定，损害赔偿不得超过违反合同一方在订立合同时，依照当时已知道或理应知道的事实和情况，对违反合同预料或理应预料的可能损失。我国《民法典》第584条规定了“合理预见规则”的限制：损害赔偿不得超过违约一方在订立合同时预见到或者应当预见到的因违约可能造成的损失。在何为“可预见性”的问题上有以下问题特别值得注意：

（1）是否预见的抽象主体参照。根据各国法的规定，预见的主体应当是违约人。如何判断违约方是否预见？主要有主观标准和客观标准两种。主观标准是对具体的违约人进行判断，即根据其智力、教育、经历、职业、身份等状况判断其是否应当预见；客观标准是以一个抽象的合理人作为参照标准，如果这个抽象的一般人在该背景下能够或应当预见的，就判定违约人能够或应当预见。多数国家以客观标准来判断，而以违约人的特质为辅助因素。

（2）预见的时间。违约人是否应对在何时预见的损失负赔偿责任？对此，各国法一般规定以缔约时的预见作为预见的内容。理由是：在缔约时，当事人要考虑其所承担的各种风险和费用，如果风险过大，则当事人可以达成有关限制条款来限制责任；如果让当事人承担在缔约时不能预见或不应预见的损失，则当事人就会因考虑交易风险过大而不会订立合同。所以，应以缔约时预见的情况为标准。但是，这种做法也受到一些学者的批评，他们认为，在故意违约的情况下，这种做法就显得极不合理。例如，当事人在缔约时并未占有足够的信息或彼此之间了解不多，在合同订立后，一方向另一方提供了足够的信息、意外风险的情况，这些因素也应在确定预见范围时予以考虑。[2]

根据我国《民法典》第584条的规定，在预见的时间问题上，我国法以缔约时间为准确定可预见的时间。

（3）预见的范围。当事人在订立合同时，对损害的预见应达到何种程度？对此问题，各国判例及学说存在不同的观点。第一种观点认为，预见的内容应包括引起损害的种类，而不必要预见到损害的具体范围；第二种观点认为，被告不仅应当预见到损害的类型和原因，还应预见到损害的范围。[3] 应当说，第一种观点更为合理，因为如果让违约人对于具体的损害范围有所认识，则会对受害人产生不公平的结果。

（4）受害方减轻损失的义务原则。根据这一原则，在对方违约时，非违约方应及时采取合理措施减少损失。如果受害方违反这一义务，对扩大的损失部分，违约方不负赔偿责任。这一原则为许多国家的立法和判例及国际公约所确认。例如，《联合国国际货物销售合同公约》第77条规定：“声称另一方违反合同的一方，必须按情况采取合理措施，减轻由于该另一方违反合同所引起的损失，包括利润方面的损失。如果他不采取这种措施，违反合同一方可以要求从损害赔偿中扣除原可以减轻的损失数额。”《德国民法典》第254条即规定了这一原则。我国《民法典》第591条规定了这一原则：“当事人一方违约后，对方应当采取适当措施防止损失的扩大；没有采取适当措施致使损失扩大的，不得就扩大的损失请求赔偿。当事人因防止损失扩大而支出的合理费用，由违约方负担。”

---

〔1〕 参见徐炳：《买卖法》，经济日报出版社1991年版，第324页。

〔2〕 参见王利明：《违约责任论》，中国政法大学出版社1996年版，第454页。

〔3〕 参见王利明：《违约责任论》，中国政法大学出版社1996年版，第454页。

(三) 与损害赔偿范围有关的几个概念

在损害赔偿的范围问题上，存在许多相关的概念，在学习合同法中应当加以区别和了解。这些概念主要是：

1. 信赖利益和期待利益。对信赖利益和期待利益的划分最早见于美国学者富勒于1936年发表于《耶鲁法律杂志》的“合同损害赔偿中的信赖利益”一文。在该文中，富勒将合同损害分为三种利益，即返还利益、信赖利益和期待利益。其中，信赖利益和期待利益的划分产生了较大的影响。按照富勒的划分，信赖利益是指基于对被告之允诺的信赖，原告改变了自己的处境。例如，基于土地买卖合同，买方在调查卖方的土地所有权上支付了费用，或者错过了订立其他合同的机会。判决被告赔偿原告的这种利益的损失，目的是使他恢复到与允诺作出前一样的处境。

期待利益是指由被告的允诺而对原告所形成的期待价值。我们可以在一个诉讼中强制被告向原告提供这种允诺的履行，也可以使被告支付与这种履行相当的金钱。在这里，我们的目标是使原告处于假如被告履行了允诺后他所应处的处境。〔1〕

富勒的这一划分理论对世界各国影响较大，之后各国的判例及民法理论均采用其概念。大陆法系国家有时也将期待利益称为“履行利益”或“积极利益”；将信赖利益称为“消极利益”。我国《民法典》第584条实际上采取的就是这种分类。

2. 直接损失和间接损失。对于直接损失与间接损失的划分标准，在学理上有三种观点：第一种观点认为，应根据损害与违约行为之间存在的直接和间接因果关系来区分，如果损害是由违约行为直接引起的，并没有介入其他因素，则这种损害为直接损失；如果损害并不是因为违约行为直接引起的而是介入了其他因素，则为间接损失。第二种观点认为，应根据损害的标的来区分直接损失与间接损失，如果违约行为直接造成标的物的损害，为直接损失；如果造成标的物以外的损害则为间接损失。第三种观点认为，应根据违约行为的对象来区分，所谓直接损失，是对债权人的直接损害，而违约行为给第三人造成的损失为间接损失。〔2〕我国大陆学者一般采用第一种划分标准，即根据违约行为与损害结果之间的因果关系来划分直接损失与间接损失。

《美国统一商法典》没有采取信赖利益或期待利益的划分理论，而是将损失分为直接损失、间接损失和附带损失。直接损失是指货物和价金的损失。附带损失是指因合同关系而引起的各种费用。就买方而言，是指在检验、接受、运输、保管卖方货物时所交纳的合理费用，以及转卖合同货物所产生的费用；就卖方而言，是指买方违约而拒绝收货或拒绝付款后，卖方在停止运输、运回货物、保管货物方面所花费的费用。所谓间接损失，是指受害方所失去的利益，根据该法典第2715条的规定，间接损失主要是指：①因普通或特别需要而引起的损失，这种损失在签订合同时卖方有理由知道而且是通过转卖或其他方式无法阻止的损失；②因违反货物瑕疵担保而引起的人身和财产损失。

我们认为，以上划分各有其标准，对受害人来说，最主要的并不是划分的标准，而是对其实际的补偿。从以上对各种概念的分析中，我们可以得出这样的结论：美国与中国立法上的划分标准所涵盖的范围基本相同，并均可以采取可预见性标准。

---

〔1〕 参见［美］富勒、帕迪尤：“合同损害赔偿中的信赖利益”，韩世远译，载梁慧星主编：《民商法论丛》(第7卷)，法律出版社1997年版，第413页。

〔2〕 参见王利明：《违约责任论》，中国政法大学出版社1996年版，第401~402页。

（四）赔偿额的具体计算

1. 计算时间。这里讨论计算的时间主要针对的问题是：在确定赔偿额时的市场价格的标准。从各国学理及判例看，主要有三种计算方法：一是违约的时间，二是请求赔偿的时间，三是非违约方发现违约时间。

以发现违约的时间计算比较合理。这主要是因为这一时间与非违约方防止损失扩大的义务有关，即非违约方发现对方违约时，有义务采取合理措施以防止违约损害的继续扩大。在非违约方及时采取了合理措施后，他所应得的赔偿额应为合同价格与此时市场价格之间的差额。

2. 地点。对地点的确定也与计算损害赔偿的价格有关，即以何地的市场价格来计算损失。各国一般以债务履行地的价格作为计算标准。理由是：一方面，从交付人的意思来看，当事人订立合同转让财产需要将财产运至履行地交付，而损害也是因标的物没有运至履行地或没有在履行地接受货物而引起的，也就是说，是因为没有在履行地完成交易而引起的，所以应以履行地的价格来确定损害额；另一方面，既然当事人希望在履行地完成交易行为而又没有在该地完成，那么以该地的价格计算损害额符合双方的意思，对当事人也公平合理。〔1〕关于履行地的确定，我国《民法典》第511条有明确的规定：如果当事人有约定的，从其约定；如果当事人无约定的，按下列方式确定：给付货币的，在接受货币的一方所在地履行；交付不动产的，在不动产所在地履行；其他标的在履行义务一方所在地履行。

3. 计算规则。在计算规则上，大陆法系的德国主要采取“差额说”与“交换说”。“差额说”认为，损害是指事故发生后的利益状态与事故发生前的利益状态的差额，确定损害应以此损害为标准。“交换说”认为，在一方违约时，非违约方有权获得他应该得到的全部履行，同时为获得对方的履行也应履行自己的义务。“交换说”主要受罗马法的影响，罗马法将买卖契约视为两个独立的债务的结合。“交换说”认为，应将两个债权关系区别开来，卖方只有在交付了自己的标的物后才能对买方提起诉讼。〔2〕

由于英美法系判例法的传统，在计算损失方面确定了许多更加精细的规则，主要有：

（1）替代价格。当合同一方违约时，违约的受害方可能用一个新的履行来替代原来承诺的履行。替代价格规则用于裁定违约的受害人因采用新的履行办法替代原有承诺的履行所需要的成本。例如，票商阿派克斯以P的价格出售门票，一个买主预定了X张门票。当阿派克斯违约后，买主必须以P＊的高价从其他人手里购买同等数量的门票。原有的承诺以X（P＊-P）的成本得到替代。根据替代价格规则，这笔钱就是买方所应获得的损害赔偿。

（2）损失——盈余规则。各方都希望从合同中盈利，当事人预期获得的价值和实际付出的价值之间的差额称为盈余。这一规则用于裁定在违约方履行契约的情况下受害方可能得到的盈余。一个卖主出售商品享有的盈余通常是商品的合同价格与其直接的成本价格之间的差额。例如，如果票商阿派克斯的门票成本价C是它的全部价格，一个买主答应以P的合同价格购买X张门票。那么，阿派克斯预期从合同中获得的盈余是X（P-C）。这个数额是卖方所应得到的损害赔偿数额。

（3）机会成本。订立一个合同就失去了订立另一个合同的机会。机会成本规则用于裁

〔1〕参见王利明：《违约责任论》，中国政法大学出版社1996年版，第430页。

〔2〕参见［德］罗伯特·霍恩等：《德国民商法导论》，楚建译，中国大百科全书出版社1996年版，第120页。

定在签订了别的更好的合同时，违约的受害人应该得到的盈余。例如，假定一个买主准备以P的价格向比乔购买X张票，但后来决定以P＊的价格向阿派克斯购买X张票，如果阿派克斯违约，买主将不得不以P＊＊的高价购买同等数量的票。按照机会成本规则，损失赔偿额等于X（P＊＊-P）。一般说来，如果违约使受害人得到一个替代履行，机会成本规则规定的赔偿额等于合同订立时可供选择的最佳合同价格和违约后替代履行所得的价格之间的差额。

（4）预算外开支。基于合同产生的行为可能涉及某项投资，该投资无法因违约而得到全部赔偿。预算外开支规则用于裁定违约的受害人基于对合同的信任在违约前支出的成本和违约后靠这些成本实现的价值之间的差额。例如，假如买方违反了以P价格向阿派克斯购买X张票的合同。基于对合同的信任，阿派克斯以零售价C买了X张票。买方违约后，阿派克斯只能以当时的价格P＊出售了这些票，低于他付出的零售价格C。阿派克斯的预算外开支是X（C-P＊）。相反，假设买方与阿派克斯有订票的合同，然后又与婴儿托管所签订了在看戏的晚上照看孩子的合同。阿派克斯违约，买方只好待在家中。买方的预算外开支就是取消与婴儿托管所的合同的费用。

（5）减少的价值。当合同的履行不正当或不完全时，所得的价值就少于承诺的价值。减少的价值规则用于裁定违约的受害人在违约后按合同得到的商品价值与合同被适当履行后所得的商品价值之间的差额。例如，假设卖方答应给买方制作带有A罗盘针的船，这将给买方带来M的价值，而他交付的船却是带有B罗盘针的船，使船的价格降低，为M＊。根据减少的价值规则，应判给买方数额为（M-M＊）的损失，或允诺的船价与交付的船价之间的差额。〔1〕

由于我国缺乏系统的理论及确定的司法规则，大陆法系与英美法系的上述规则，在不同场合均有借鉴意义。

4. 计算损失时应适用“过失相抵”。

（1）概念。“过失相抵”也称为“也有过失”，是指非违约方对违约所造成的损失也有过失时，应减轻违约方的赔偿责任。合同法的传统理论认为，违约责任为无过错责任，因此，是否适用这一原则是有争议的。但我国的合同理论一般认为，应当适用这一原则。我国《民法典》第592条第2款规定了这一原则：“当事人一方违约造成对方损失，对方对损失的发生有过错的，可以减少相应的损失赔偿额。”其实，在《民法典》之前，我国的司法实践就已经采取这一原则：2012年发布的《买卖合同司法解释》（已被修改）第30条规定：“买卖合同当事人一方违约造成对方损失，对方对损失的发生也有过错，违约方主张扣减相应的损失赔偿额的，人民法院应予支持。”该条规定说明这一理论在合同法实践中获得了全面承认。

（2）构成要件。

第一，非违约方对损失发生具有过错。这里所谓的“过错”，包括故意和过失。同时，这里的过错并不包括违约在内。如果双方都有违约问题，则不是过失相抵的问题。因为违约是不需要过错的。

第二，非违约方的过错行为是损失发生或者扩大的原因。也就是说，非违约方的过错与损失的发生或者扩大具有因果关系，是损失发生或者扩大的原因力。

---

〔1〕 参见［美］罗伯特·考特、托马斯·尤伦：《法和经济学》，张军等译，上海三联书店、上海人民出版社1994年版，第408~415页。

（3）对违约责任之损失中适用“过失相抵”的疑问。我们的问题是：如果非违约方的行为的确造成了违约损失的扩大，但非违约方却没有过失时，是否适用这一原则？从最高人民法院的司法解释可明显看出，似乎是非违约方因过失造成了违约损失，因为其用词是“对方对损失的发生也有过错”。但是否会发生这种情况：违约方的违约并没有过错（因为违约本身可能就不是过错归责），而非违约方也无过错但却造成损失扩大或者发生？

我们认为，无论非违约方主观方面是否具有过错，只要其行为是损失发生或者扩大的原因力，就应适用过失相抵规则。

5. 损益相抵原则。所谓损益相抵，又称损益同销，是指一方因对方违约而获得利益时，在计算损失额时，应扣除获益。这一原则如果从公平的角度看，是合适的。例如，A 与 B 签订土地使用权转让合同。合同签订后，购买人 B 没有按期支付土地使用权购买款，A 解除了合同并要求赔偿。但因 B 违约而没有发生土地使用权转移，这期间土地使用权价格飞速上涨，A 因 B 违约而获得巨大利益。此时，适用损益相抵原则就比较公平，否则，一方面，A 享受价格上涨后的获益，另一方面，还要求 B 按照上涨前的损失进行赔偿，显然有失公允。《民法典》合同编对此没有明确规定。但司法实践已经承认这一原则——《买卖合同司法解释》第 31 条规定：“买卖合同当事人一方因对方违约而获有利益，违约方主张从损失赔偿额中扣除该部分利益的，人民法院应予支持。”显然，司法实践是承认损益相抵原则的。

三、违约金

（一）违约金的性质

对于违约金性质的讨论，主要集中在其究竟具有惩罚性还是补偿性上。对于这一问题的不同回答也相应地将违约金分为赔偿性违约金和惩罚性违约金。

赔偿性违约金的主要功能在于弥补另一方因违约而遭受的损失。当事人在设定此类违约金时的主要目的是避免事后计算损害赔偿的麻烦及举证困难。即当事人在缔约时或之后约定一个预先估计的损失额，在一方违约后，另一方可直接获得预先约定的赔偿额，以弥补损失。这在功能上相当于约定赔偿金。

惩罚性违约金的主要功能在于对违约行为的制裁，以确保合同的履行。故惩罚性违约金与实际损失并无直接联系。按照我国学者的观点，即使是违约并未发生任何损害，也不影响对违约人追究违约金。支付了违约金后，有实际损失的，还应赔偿损失。

对于违约金是否具有惩罚性的问题，大陆法系与英美法系的立法与学理基本上持补偿性的观点。例如，《法国民法典》第 1229 条第 1 款规定，违约处罚条款为对债权人因主债务未履行而受到的损害的赔偿。第 1231 条更进一步规定，如债务已部分履行，法官得按债权人自部分履行所取得的利息的比率减少约定的违约金，但不妨碍执行第 1152 条的规定。从《法国民法典》的这些规定看，其违约金始终与实际损失联系在一起。由此可见，其违约金主要是补偿性的。《德国民法典》并未直接规定违约金的惩罚性，而是仅规定了其补偿性。该法典第 340 条规定，如债务人约定，在不履行其债务时须支付违约金者，债权人得请求支付违约金以替代请求给付。债权人因不履行给付而有损害赔偿请求权时，得请求以已取得的违约金替代最低的损害赔偿。《德国民法典》中，违约金的性质为补偿性显而易见。英美法系的判例与立法一向比较坚决地反对惩罚性违约金。波斯那从经济分析的角度指出：法律不会（事实上也没有）实施契约中的惩罚条款。惩罚可能会由于使违约者的违约成本高于受害者所遭受的违约成本而在阻止无效率违约的同时也阻碍了有效率的违约，这可能会产生双边垄断问题，而且还有可能诱导潜在的受害者挑起违约而从中获益。[1] 我们姑且不论波斯那的有效率的违约理论是否正确，但其分析是有道理的。从法律角度看，英美法否认违约金惩罚性的根据在于：一方当事人无权对另一方当事人实行惩罚。对此，霍姆斯就曾经指出："在普通法中，所谓违约的责任也不过意味着，如果你不想履约，则不得不承担赔偿。仅此而已。"[2]

学者对于违约金具有惩罚性的一个理由就是，有时违约金会高于实际损失，也会得到法院支持。实际上，违约金的约定是当事人对风险的事前估计，而这种事前估计不可能完全符合违约所造成的损失。因此，不能说约定违约金高于实际损失，则证明其具有惩罚性；若低于实际损失，则没有惩罚性。只有在过高或者过低的情况下，可以请求法院降低或者增加。

（二）违约金与其他救济措施的关系

1. 与损害赔偿的关系。在违约金与损害赔偿的关系上，有以下几个问题：其一，当违约造成损害时，受害方是否有权在获得损害赔偿后，另外要求支付违约金？其二，当违约金不足以补偿受害人的全部损害时，受害人是否有权另行请求赔偿？其三，当违约并没有给非违约方造成损失时，受害人是否有权请求支付违约金？

（1）当违约造成损害时，受害方是否有权在获得损害赔偿后，另外要求支付违约金？违约金与损害赔偿的联系常常受到违约金性质的影响。如果违约金为补偿性，则可替代赔偿损失，如果获得此种违约金，自不得另外要求损害赔偿。从《德国民法典》第 342 条的规定看，若债务人请求支付违约金，即不得请求损害赔偿；《法国民法典》第 1229 条规定，违约处罚条款是为了对债权人因主债务未履行而受损害的赔偿。我国《民法典》也规定了违约金的补偿性，故应解释为不得同时请求违约金的支付和损害赔偿。

（2）当违约金不足以补偿受害人的全部损害时，受害人是否有权另行请求赔偿？根据《德国民法典》第 340 条、《法国民法典》第 1152 条的规定及我国《合同法》（已失效）第 114 条的规定，当违约金低于实际损失时，受害人并非无条件地当然享有使违约方赔偿不足部分的权利，只有当违约金过分低于实际损害的，才能请求法院合理增加。这一做法，一方面承认了契约自由原则，另一方面体现了公平原则。

（3）当违约并没有给非违约方造成损失时，受害人是否有权请求支付违约金？对于这一问题，英美法坚持"没有损害就没有赔偿"的原则，当违约没有给对方造成损失时，违约金条款就被视为惩罚性条款而无效。例如，在 1971 年俄勒冈州最高法院审理的哈蒂诉拜伊案中，法官就指出：当违约并没有在事实上引起损害时，他们事先已经达成的有关应支付违约金数额的协议是不能被强制执行的。[3]

对此，我国《民法典》第 585 条第 3 款规定，当事人就迟延履行约定违约金的，违约方支付违约金后，还应当履行债务。由此可见：①即使迟延履行没有给对方造成损失，也应支付违约金；②只有在当事人专门就迟延履行约定了违约金的时候，方可如此。

2. 违约金与实际履行。在这一关系中，主要的问题是违约方支付了违约金后，是否还有义务履行合同？对此，大陆法系各国的民法典一般持否定的态度。例如，《德国民法典》

---

〔1〕 参见［美］理查德·A. 波斯那：《法律的经济分析》（上），蒋兆康译，中国大百科全书出版社 1997 年版，第 163 页。

〔2〕 Oliver Wendell Holmes, "The Path of the Law", *Harward Law Roview*, Vol. 110, No. 5.

〔3〕 参见王军编著：《美国合同法判例选评》，中国政法大学出版社 1995 年版，第 228 页。

第340条规定，在债权人向债务人请求支付违约金时，不得同时请求履行给付；《法国民法典》第1229条规定，债权人不得同时请求给付主债务及违约金。但《德国民法典》与《法国民法典》均规定了一个重要的例外，即当违约金是为迟延履行而约定的，可同时请求（《德国民法典》第341条、《法国民法典》第1229条）。

我国学理与立法对违约金与实际履行能否并存的问题，有不同意见，这主要与我国学理与立法对违约金的性质的认识有关。对此，《民法典》第585条采取了与《德国民法典》同样的观点，即在当事人就迟延履行而约定违约金的，在支付违约金后，还可请求同时履行。

（三）违约金与定金的关系

这一问题，我们在"合同的履行"一章中有所论述。这里我们可以说，无论是定金还是违约金，其目的都在于弥补非违约方的损失。因此，《民法典》第588条规定："当事人既约定违约金，又约定定金的，一方违约时，对方可以选择适用违约金或者定金条款。定金不足以弥补一方违约造成的损失的，对方可以请求赔偿超过定金数额的损失。"由此可见，我国《民法典》的态度很明确：①当事人既约定违约金，又约定定金的，发生违约事实后，非违约方可以选择适用定金或者违约金；②两者不可以同时适用，选择一种后，适用的结果如果是不能弥补全部损失的，可以再请求赔偿损失；③如果选择适用违约金条款，赔偿过高于造成的损失的，还可以根据第585条的规定请求降低。当然，如果过低于造成的损失的，可以请求增加违约金，或者直接适用第588条请求在违约金之外赔偿损失。

（四）违约金的其他问题

根据司法判例规则——《买卖合同司法解释》，在实践中，关于违约金条款的适用应注意的问题是：

1. 买卖合同对付款期限作出的变更，不影响当事人关于逾期付款违约金的约定，但该违约金的起算点应当随之变更。

2. 买卖合同约定逾期付款违约金，买受人以出卖人接受价款时未主张逾期付款违约金为由拒绝支付该违约金的，人民法院不予支持。

3. 买卖合同没有约定逾期付款违约金或者该违约金的计算方法，出卖人以买受人违约为由主张赔偿逾期付款损失的，人民法院可以中国人民银行同期同类人民币贷款基准利率为基础，参照逾期罚息利率标准计算。

4. 买卖合同因违约而解除后，守约方主张继续适用违约金条款的，人民法院应予支持；但约定的违约金过分高于造成的损失的，人民法院可以依法减少。

四、定金

所谓定金，是一方当事人为保证合同义务的履行而预先交付给对方的一定数额的金钱或者替代物。债务人履行债务后，定金应当抵作价款或者收回。给付定金的一方不履行约定的债务的，无权要求返还定金；收受定金的一方不履行约定的债务的，应当双倍返还定金。那么，如果当事人之间的合同约定有定金条款时，其与赔偿损失之间应是什么样的关系？

我们认为，无论定金还是违约金，根本的目的在于弥补损失而不在于惩罚。因此，如果定金没收或者双倍返还，已经弥补对方损失的，就不应再要求赔偿损失。只有定金不足以弥补损失时，才能在定金不够的限度内要求赔偿损失。对此，《买卖合同司法解释》第28条规定："买卖合同约定的定金不足以弥补一方违约造成的损失，对方请求赔偿超过定金部分的损失的，人民法院可以并处，但定金和损失赔偿的数额总和不应高于因违约造成的损失。”

五、其他责任方式

违约救济方式应当多样和灵活，以便于对当事人提供有效的救济。对此，我国《民法典》在上述措施之外，还规定了一种“综合”的责任方式：履行不符合约定的，应当按照当事人的约定承担违约责任。对违约责任没有约定或者约定不明确，依据我国《民法典》第 510 条的规定仍不能确定的，受损害方根据标的的性质以及损失的大小，可以合理选择请求对方承担修理、重作、更换、退货、减少价款或者报酬等违约责任。

六、违约责任的免责事由

（一）概述

一方违约之后，是否必然要承担违约责任？答案当然是否定的，原因主要是：①违约责任有自己的构成要件，仅仅有违约行为不见得一定有违约责任；②双方当事人约定或者法律规定了免责事由，出现了免责事由的时候，违约方当然也就免责。

由于约定免责事由属于契约自由的范畴，不需要研究，仅仅需要指出的是：当事人对于免责事由的约定不得违反法律的强制性规定或者违反公序良俗。在这里，仅仅讨论我国《民法典》关于法定免责事由的规定。

（二）不可抗力

《民法典》第 590 条规定：“当事人一方因不可抗力不能履行合同的，根据不可抗力的影响，部分或者全部免除责任，但是法律另有规定的除外。因不可抗力不能履行合同的，应当及时通知对方，以减轻可能给对方造成的损失，并应当在合理期限内提供证明。当事人迟延履行后发生不可抗力的，不免除其违约责任。”根据该条规定，我国法上不可抗力作为免责事由应作如下理解：

1. 不可抗力出现后，要根据不可抗力对违约的影响程度来决定免责的程度。在现实生活中，出现不可抗力后，其有可能是违约的全部原因，也可能是部分原因。因此，要根据具体案件中的具体情况来判断是部分免除违约责任还是全部免除违约责任。

2. 迟延履行的违约方不享有因不可抗力免责的权利，因为一方迟延后，原则上应该承担所有风险。

3. 通知义务。不可抗力发生后，违约方应及时通知对方，以便于对方能够及时采取措施防止损失扩大。

4. 证明义务。不可抗力发生后，违约方在合理期间内，应提供证据以证明不可抗力的实际存在。

第六章
合同权利义务的终止

第一节　合同权利义务终止概述

一、权利与义务终止的原因

合同权利义务终止，实际上就是指合同权利义务的消灭，从而使合同失去对义务人的约束力。必须清楚的是，合同权利义务的终止并不总是使得合同失去效力，例如，抵销或者免除债务，都不一定是全部免除债务或者义务全部消灭。

根据我国《民法典》第557条，有下列情形之一的，债权债务终止：①债务已经履行；②债务相互抵销；③债务人依法将标的物提存；④债权人免除债务；⑤债权债务同归于一人；⑥法律规定或者当事人约定终止的其他情形。合同解除的，该合同的权利义务关系终止。由于这些原因的具体问题已经在本书的“债法总论”部分阐述得非常清晰，故在这里我们仅仅讨论合同因解除而终止。

其实，我们不能不注意到：合同解除虽然从结果上看是合同权利义务终止的原因，但它更重要的应该是违约责任的方式，因为一方违约后，对方如果认为违约后继续履行合同对自己已经没有意义或者合同目的难以实现，可以解除合同。因此，合同解除实际上更应该规定在“违约责任”中。但是，我国民事立法从1999年《合同法》（已失效）开始，就一直把合同解除规定在“权利义务终止”中，《民法典》没有改变这种立法体例。这实际上是对违约责任体系的一种破坏。

二、合同权利义务终止的效力

（一）当事人的后契约义务

根据《民法典》第558条的规定，债权债务终止后，当事人应当遵循诚信等原则，根据交易习惯履行通知、协助、保密、旧物回收等义务。

（二）债权的从权利消灭

债权债务终止时，债权的从权利同时消灭，但是法律另有规定或者当事人另有约定的除外。

（三）合同的权利义务关系终止，不影响合同中结算和清理条款的效力

有时候，合同权利义务终止，并不代表当事人所有与合同相关的权利义务都消灭，仅仅是合同约定的权利义务消灭，但并不影响当事人负有非约定义务。例如，一方违约导致合同解除，从而合同权利义务终止，但是，这并不影响另一方在解除合同后请求对方承担赔偿损失的权利。就像合同无效一样，其后果是不发生当事人想要的结果，但并不是不发生任何法律后果。

第二节 合同权利义务因解除而终止

一、契约解除概述

有效成立的契约，对双方当事人具有相当于法律的效力，任何一方均应遵守自己制定的“法律”而不得任意变更或解除。但是，在某些特定因素出现时，法律例外地允许当事人解除契约，以免除其对自己的约束。

从各国合同法（或民法典）的规定来看，契约解除有两种：一为意定解除，二为法定解除。意定解除又可分为两种：依协议的解除与依约定解除权的解除。协议解除是指双方通过订立一个新的契约以解除原来的契约，这种新的契约被称为“反对契约”；约定解除权的解除是指契约当事人在订立契约之时或之后约定一方或双方解除契约权发生的情形，即约定：当发生某种情形（如违约）时，一方或双方即享有解除契约的权利。

依“反对契约”的解除与依解除权的解除虽同为意定解除，但二者却有较大的区别。这主要表现在：首先，约定解除属于事前的约定，它规定在将来发生一定情况时，一方享有解除权；而协商解除的协议乃是事后约定，它是当事人双方根据已经发生的情况，通过协商作出的决定。其次，约定解除权的合同是确认解除权，其本身并不导致合同的解除，只有当事人实际行使解除权时方可导致合同的解除。而解除合同的协议，因为其内容并非是确定解除权的问题，而是确定合同的解除，所以，一旦达成协议，即可导致合同解除。最后，约定解除权常与违约的补救和责任联系在一起，只要合同一方违反合同规定的某项主要义务且符合解除条件，另一方就享有解除权，从而当这种解除发生时，就成为对违约的第二种补救方式。协商解除也可能在违约的情况下发生，但因为它完全是双方协商的结果，在性质上是对双方当事人权利义务关系的重新安排、调整和分配，并不是针对违约而寻求补救措施[1]。

对于意定解除，有的国家民法（或合同法）作出了明确规定；有的国家则未作规定，认为意定解除乃是契约自由在合同解除制度上的反映。当事人既然可以依照契约自由的原则订立合同，当然也就可以依照契约自由的原则解除合同。只要不违反公序良俗以及第三人的利益，法律自无干涉的必要。我国《民法典》第562条规定了意定解除：当事人可以在合同中约定解除合同的条件，解除合同的条件成就时，合同解除。当事人也可以事后经协商一致解除合同。

法定解除与意定解除只是在解除权发生的原因上有所不同，但二者在法律效果方面是相同的。由于意定解除具有灵活性、内容的任意性，故实难作统一的解释，应属于契约自由的范畴。本书不作详细的讨论。下面所要讨论的仅为法定解除。

法定解除是指当事人行使法定解除权而使合同效力消灭的行为。而所谓法定解除权，是指依据法律规定的原因而产生的解除权。其与约定解除权的区别在于解除权产生的原因是由法律直接规定而非当事人的约定。由于合同的解除是使合同权利义务归于消灭的行为，故各国法律对解除权的产生原因，除当事人的约定外，均有特别的规定。例如，我国《民法典》第563条就规定了解除权产生的原因。

---

〔1〕 参见王利明：《违约责任论》，中国政法大学出版社1996年版，第525页。

需要注意的是，合同解除权可以因约定或者法定而产生。但是，解除权一旦产生，行使是一样的。即使在约定解除权的情况下，人民法院也要对违约给对方造成的影响进行审查，如果违约几乎没有或者给对方造成的损失很小，也不能判决解除合同。对此，最高人民法院指出，合同约定的解除条件成就时，守约方以此为由请求解除合同的，人民法院应当审查违约方的违约程度是否显著轻微，是否影响守约方合同目的的实现，根据诚实信用原则，确定合同应否解除。违约方的违约程度显著轻微，不影响守约方合同目的的实现，守约方请求解除合同的，人民法院不予支持；反之，则依法予以支持（《九民纪要》第47条）。

二、合同法定解除的原因

根据合同法的一般原则，在合同生效后，当事人应严格按照合同条款履行合同，否则便是违约。但是否在任何情况下违约均导致非违约方享有解除合同的权利呢？答案当然是否定的。各国立法或司法均对解除合同这种严厉的救济给予必要的限制，大陆法系和英美法系无一例外。

（一）英美法系国家关于解除合同的原因

英国法认为，只有当"实质性地违反合同"时，才能导致合同的解除。为正确认定何为"实质性地违反合同"，英国法将合同条款分为"条件"和"担保"。"条件"是合同中陈述事实、双方作出许诺的条款，它构成合同的根基；"担保"条款是指附属于条件的内容的陈述，它不是合同的必要条款或实质性条款，而仅仅是合同的某种附则〔1〕。

英国1979年《货物买卖法》第61条将"担保"条款定义为"附属于合同主要意图"的条款。根据英国法的规则，违反"条件"与"担保"条款的区别是：违反前者将构成实质性违约，而违反后者，仅给予无过错的一方以请求损害赔偿的权利，而无合同解除权〔2〕。

"条件"理论的优点在于它的确定性，它使当事人或法院可以比较容易地对违约能否导致合同的解除作出判断，使受害人可以及早地解除合同。但在实际上，"条件"理论却存在许多弊端。这表现在：首先，"条件"与"担保"的区别具有较大的主观性，法院或当事人在判断时，往往要推定当事人的意图；其次，根据"条件理论"，只要一方违反了条件，即使对方并未因此遭受损害或损害极其轻微，对方也有权解除合同。这常常成为当事人逃避对自己不利的合同的手段。因此，把合同条款分为"条件"与"担保"的这种分类在英国已遭到人们的非议〔3〕。

自20世纪60年代开始，英国法院开始对"条件"理论进行重大改革。在1967年"香港杉木运输公司诉川奇株式会社"案中，迪普洛克法官就指出，有一些合同条款比较复杂，无法简单地归入"条件"或"担保"。违反这些条款，有时将导致实质上剥夺受害方订立合同所期望的利益，而有时则不会导致这样的结果。因此，违反这些条款的法律后果取决于违约所造成的损害，而不是这些条款是"条件"还是"担保"〔4〕。

在美国合同法中，普遍适用的概念是"重大违约"或"实质不履行"。违约在何种情

---

〔1〕参见董安生等编译：《英国商法》，法律出版社1991年版，第49页。

〔2〕参见［英］P.S.阿蒂亚：《合同法概论》，程正康、周忠海、刘振民译，法律出版社1982年版，第146页。

〔3〕参见［英］P.S.阿蒂亚：《合同法概论》，程正康、周忠海、刘振民译，法律出版社1982年版，第147页。

〔4〕参见冯大同主编：《国际货物买卖法》，对外贸易教育出版社1993年版，第172页。

况下以及达到何种程度才构成“重大违约”，是一个事实问题，即应根据案件的具体情况进行裁量而非法律问题。在决定这一问题时，法院考虑的最重要的因素是：违约的受害方有权期望从交易中获得的利益在多大程度上被剥夺[1]。另外，即使在重大违约的情况下，法院仍然对解除契约权的行使进行两方面的限制：一是要求受害方给予违约方以自行补救的机会而不是直接解除合同。只有在自行补救未果时，受害方才能行使解除权[2]。二是当金钱赔偿足以使受害方得到适当的救济时，法院就不允许受害方解除合同。例如，1980年，得克萨斯州上诉法院在审理恩尼斯诉州际批发商公司案中指出：当合同的实质部分被违反时，法院可以授权解除合同。重大违约并不一定是对合同规定的完全违反，只要涉及合同的实质就够了。可是在通常情况下，当普通法上的救济可以使受害方得到完全补偿时，法院将拒绝解除合同[3]。1982年，俄克拉马州最高法院在审理伊斯特林诉费里斯一案中指出：解除契约是衡平法院在极其例外的情况下才行使的一种权力。这种权力在一般情况下不应该行使。但是，如果当事人承担的在未来履行的义务实质性地构成了交易的一部分，以至于不履行该义务必然破坏了合同的整个对价而使之归于无效，或者这种义务构成了当事人双方的合同交易对象的必不可少的部分，以至于当初如果承担这一义务当事人双方本来就不会订立这个合同，那么，一个契约的解除是可以被允许的[4]。

尽管美国法上的“重大违约”理论与英国法上的“条件”理论在法律后果上极为相似，但实际上却代表着两种不同的思维方式：“条件”是对合同条款性质的表述，判断某一条款是否属于“条件”，必须考察双方当事人在订立合同时是否把它作为合同的要素，因而是主观性的；而“重大违约”则是对违约后果的描述，判断违约是否重大，必须考察违约对对方造成的实际损害的大小，因而是客观的[5]。但在实际上，英国法将判断“条件”的标准客观化的做法，即将结果作为判断是否为“条件”的做法，在效果上与美国法差别不大。

(二) 大陆法系国家关于合同解除的原因

应该说，大陆法系国家关于合同解除制度受罗马法的影响较大。在罗马法中，虽然承认双务契约就其成立有相互牵连关系，从而一方的债权不发生时，他方债权也无从发生。但是，债权自成立后视为独立存在，一方不履行时，相对人有损害赔偿请求权，但没有解约权。例如，在买卖合同中，如果出卖人交付了标的物而买受人未交付价款，出卖人不能解除合同，只能要求买受人履行合同义务或请求不当得利的返还。有学者认为，这便具有法律上的解除权的性质[6]。但有时，买受人根本无支付能力，因此罗马法时代的司法实践逐渐承认：在买卖合同中，存在一项将一方不履行义务作为解除合同的原因的“条款”[7]。

罗马法的这种观念深深地影响了法国学理及立法。这就是法国学理上的“二律背反的双重理论”。一方面，教规学者将合同的解除建立在与同时履行抗辩权相同的道德评价之上；另一方面，又承认在一切双务合同中存在一项以一方不履行义务为合同解除原因的

---

[1] 参见王军主编：《美国合同法》，中国政法大学出版社1996年版，第319页。
[2] 参见王军编著：《美国合同法》，中国政法大学出版社1996年版，第323页。
[3] 参见王军编著：《美国合同法判例选评》，中国政法大学出版社1995年版，第260页。
[4] 参见王军编著：《美国合同法判例选评》，中国政法大学出版社1995年版，第263页。
[5] 参见冯大同主编：《国际货物买卖法》，对外贸易教育出版社1993年版，第172页。
[6] 参见史尚宽：《债法总论》，荣泰印书馆1987年版，第504页。
[7] 参见尹田编著：《法国现代合同法》，法律出版社1995年版，第348页。

“暗示性条款”。显然，这二者是相互矛盾的[1]。

这种二律背反理论在《法国民法典》上有直接的体现，该法典的第1184条规定，双务契约当事人一方不履行其债务时，应视为有解除条件的约定。在此情况，契约并不当然解除。债权人有权选择：在有可能履行契约时，要求他方履行契约，或者解除契约而请求赔偿损害。

根据法国学理，双务合同一方当事人解除合同，必须具备以下两个条件：①违约方有过错。违约方有过错是指债务人不履行债务并非不可抗力所致。②相对方不履行义务的性质严重。这主要是指相对方未履行其基本义务。但是，法官在具体判断时，并不以造成的实际损害为必要。例如，根据《法国民法典》第1792条的规定，租赁合同的承租人擅自改变租赁的用途时，出租人即使未因此遭受损害，也有权解除合同[2]。

但是，应当特别指出的是，法官如何判定违约是否严重，在法国法中并没有形成统一、明确的标准和概念。正如法国学者莱尼·达维所指出的：解除契约的完整概念在法国法中是没有的，但解除契约作为债务废除的原因是受到承认的（《法国民法典》第1234条）[3]。

《德国民法典》由于受债务不履行形态“二元论”的影响，在这两种违约形态中分别规定了解除契约的情形。第325条规定：当事人一方由双务契约所生应为的给付，因可归责于自己的事由致不能履行时，他方当事人得因不履行请求损害赔偿或解除契约；在一部分不能给付而契约的一部分履行对他方无利益时，他方得以全部债务的不履行，按第280条第2项的规定比例，请求损害赔偿或解除契约。第326条规定：双务契约中当事人的一方对于应为的给付有迟延时，他方当事人得以意思表示对其履行给付规定适当的期限，告知在期限届至后将拒绝受领给付。期限届至后一方不及时履行给付的，他方得因其不履行而有请求损害赔偿或解除契约的权利。因迟延致契约的履行对于对方无利益时，对方不须指定期限即享有契约解除或请求损害赔偿的权利。

由此可见，违约后“合同的履行对于对方无利益”是决定是否可以解除合同的标准。这里所谓“无利益”是指因违约债权人不能获得订立合同时所期望得到的利益。这一概念与英国法上的“条件标准”及美国法上的“重大违约”标准极为相似。

（三）国际公约中关于合同解除的原因

各国法限制契约解除权的目的在于防止当事人在市场波动或因其他原因而使合同对其不利时，轻易地以对方违约为由解除合同而逃避合同义务。在另一方面，轻易解除合同常常会给对方或社会造成很大的浪费。这一点在国际贸易中更为突出。

1964年，罗马统一私法协会制定的《国际货物销售统一法公约》中采用了根本违约的概念。该公约第10条规定：一方当事人违反合同的结果，如果使另一方当事人蒙受损害，致使实际上剥夺了他根据合同规定有权期待得到的东西，即为根本违约。

《联合国国际货物销售合同公约》第25条对根本违约作了这样的定义：“一方当事人违反合同的结果，如使另一方当事人蒙受损害，以至于实际上剥夺了他根据合同规定有权期待得到的东西，即为根本违反合同，除非违反合同一方并不预知而且一个同等资格、通情

---

〔1〕 参见尹田编著：《法国现代合同法》，法律出版社1995年版，第349页。

〔2〕 参见尹田编著：《法国现代合同法》，法律出版社1995年版，第349页。

〔3〕 参见［法］莱尼·达维：《英国法与法国法》，潘华仿等译，中国政法大学出版社1984年版，第114页。

达理的人处于相同情况中也没有理由预知会发生这种结果。”根据该条的规定，如果违约方在事实上具有违约行为，且这种违约行为对另一方造成的损害是如此的严重，实际上就剥夺了他根据合同规定有权期待得到的利益。“根据合同规定有权期待得到的东西”，实际上就是当事人订立合同的根本目的，如果该根本目的落空，当然应为根本违约。在根本违约的情况下，方可解除合同。

（四）我国学理及立法对违约而生的合同解除权的原因

我国《民法典》第563条延续1999年《合同法》（已失效）第94条规定了合同解除的条件。该条规定：有下列情形之一的，当事人可以解除合同：①因不可抗力致使不能实现合同目的；②在履行期限届满之前，当事人一方明确表示或者以自己的行为表明不履行主要债务；③当事人一方迟延履行主要债务，经催告后在合理期限内仍未履行；④当事人一方迟延履行债务或者有其他违约行为致使不能实现合同目的；⑤法律规定的其他情形。

从这一规定看，我国《合同法》（已失效）与公约的基本精神是一致的，即只有在根本违约的情况下才能解除合同。

三、解除权的行使

各国民法典或合同法对于合同解除权实现的途径有不同的规定，大致有以下几种：

（一）法国式的解除方法

在法国，合同因一方不履行义务而解除被认为是一种司法行为，即当事人如不提起诉讼，另一方不履行义务的行为不可能自动导致合同的解除。《法国民法典》第1184条规定，债权人解除契约应向法院提出。法院得根据情况给予被告一定期限。

法国学者莱尼·达维解释了《法国民法典》这样做的原因。他认为，法国法不允许契约一方当事人因为另一方当事人违反契约而自己取消契约，必须诉诸法院。这样做的原因是只有在契约被严重违反的情况下，才允许将其废除，即一方当事人失去了其因契约所带来的收益，其承诺已经毫无意义。因而契约的取消不能没有法院的监督，因为取消契约可能导致对另一方当事人相当数量的赔偿费。并且，法院还要审查当时的情况，确定给予过错的一方当事人以补救时间履行义务是否合适〔1〕。

在法国，也正是因为解除契约权具有司法的特点，故法律不允许债权人事先放弃这种权利。

（二）德国式的解除方法

按照《德国民法典》第349条的规定，解除契约，应以意思表示向他方当事人为之。但是，由于《德国民法典》受债务违反“二元论”的影响，在“不能”与“迟延”时又有不同。

按照《德国民法典》第325、326条的规定，当债务人因可归责于自己的事由而致不能履行时，债权人有权选择：或者解除契约，或者请求损害赔偿。在债务人迟延时，债权人应首先规定适当的期限催告债务人履行。只有当该期限届满而债务人仍未履行时，债权人才有权选择解除契约或请求损害赔偿。但因迟延而对债权人无利益时，债权人得不经催告而直接行使上述选择权。

（三）日本商法典的解除方法

根据《日本商法典》第525条的规定，当解除权产生的条件具备时，合同当然、自动

---

〔1〕 参见［法］莱尼·达维：《英国法与法国法》，潘华仿等译，中国政法大学出版社1984年版，第124页。

解除，而无需当事人的意思表示。

（四）我国立法及学理上的解除方法

我国学理及立法历来主张德国式的解除方法，《民法典》沿用了这种方法。根据《民法典》第563~565条的规定，当事人一方主张解除的，应通知对方。合同自通知到达对方时解除。但是在合同解除时应注意以下事项：

1. 在一般情况下，当事人一方迟延履行主债务，另一方当事人只有在催告未果的情况下，方可解除合同；但是，如果违约严重影响订立合同所期望的经济利益的，即因为迟延履行或者其他违约行为造成合同目的不能实现的，可以不经催告而直接解除合同。

2. 如果解除合同需要办理特别手续的，如登记、批准等，应办理特别手续方可解除；

3. 一方主张解除合同，但对方有异议的，任何一方可以请求人民法院或者仲裁机构确认解除行为的效力。

审判实践中，部分人民法院对该条的理解存在偏差，认为不论发出解除通知的一方有无解除权，只要另一方未在异议期限内以起诉方式提出异议，就判令解除合同，这不符合《合同法》（已失效）关于合同解除权行使的有关规定。对该条的准确理解是，只有享有法定或者约定解除权的当事人才能以通知方式解除合同。不享有解除权的一方向另一方发出解除通知，另一方即便未在异议期限内提起诉讼，也不发生合同解除的效果。人民法院在审理案件时，应当审查发出解除通知的一方是否享有约定或者法定的解除权来决定合同应否解除，不能仅以受通知一方在约定或者法定的异议期限届满内未起诉这一事实就认定合同已经解除（《九民纪要》第46条）。

4. 以持续履行的债务为内容的不定期合同，当事人在合理期限之前通知对方后可以解除。

5. 解除通知载明债务人在一定期限内不履行债务则合同自动解除，债务人在该期限内未履行债务的，合同自通知载明的期限届满时解除。

6. 当事人一方未通知对方，直接以提起诉讼或者申请仲裁的方式依法主张解除合同，人民法院或者仲裁机构确认该主张的，合同自起诉状副本或者仲裁申请书副本送达对方时解除。

（五）谁有权解除合同

从大陆法系各国的民法典来看，就法定解除权而言，只有非违约方才能解除合同。但在《民法典》编纂过程中，违约方在特殊情况下，是否可以解除合同？对此争议很大。曾经有一稿在合同编明确规定了违约方的解除权。但最后《民法典》还是没有采纳这种观点。本书认为《民法典》背后的立法政策是值得肯定的，因为：①违约方的合同解除权毕竟是在极其特殊的情况下才产生，不具有普遍性，不能把特殊规则上升为一般规则，用判例规则解决更合适；②赋予违约方合同解除权具有伦理上的说明障碍；③从施行效果上看，尽管规定了严格的要件，可以禁止恶意违约而获得解除权，但在我国目前的国情下，很有可能被滥用——因为我国所有民事立法中的“恶意”都很难证明；④从比较法上来看，也鲜有国家以民法典这种一般法的方式赋予违约方解除权；⑤我国司法判例规则已经对之进行了规定，违约方的合同解除权已经“有法可依”，实际问题可以解决。最高人民法院的《九民纪要》第48条规定：“违约方不享有单方解除合同的权利。但是，在一些长期性合同如房屋租赁合同履行过程中，双方形成合同僵局，一概不允许违约方通过起诉的方式解除合同，有时对双方都不利。在此前提下，符合下列条件，违约方起诉请求解除合同的，人民法院依法予以支持：（1）违约方不存在恶意违约的情形；（2）违约方继续履行合同，对其显失公平；（3）守约方拒绝解除合同，违反诚实信用原则。人民法院判决解除合同的，违约方本应当承担的违约责任不能因解除合同而减少或者免除。”

这种局面是最好的——一般法与判例规则相区分。因此，笔者认为，《民法典》的选择是值得肯定的。

但是，《民法典》在这一问题上，关了一道门却开了一扇窗，在第580条仍然规定：“当事人一方不履行非金钱债务或者履行非金钱债务不符合约定的，对方可以请求履行，但是有下列情形之一的除外：（一）法律上或者事实上不能履行；（二）债务的标的不适于强制履行或者履行费用过高；（三）债权人在合理期限内未请求履行。有前款规定的除外情形之一，致使不能实现合同目的的，人民法院或者仲裁机构可以根据当事人的请求终止合同权利义务关系，但是不影响违约责任的承担。”学者普遍认为，第2款就是允许违约方行使解除权。从条文的文义解释看，的确应该解释为，这里的“当事人”包括违约方。既然《民法典》作出了这样的规定，我们应当认可该规范的效力，但是，在适用中必须严格掌握适用要件，以免权力滥用。

四、解除权的消灭

法律规定或者当事人约定解除权行使期限，期限届满当事人不行使的，该权利消灭。法律没有规定或者当事人没有约定解除权行使期限，自解除权人知道或者应当知道解除事由之日起1年内不行使，或者经对方催告后在合理期限内不行使的，该权利消灭（《民法典》第564条）。

五、合同解除的法律后果

（一）合同解除的溯及力

合同的解除是否应具有溯及力？人们在考虑这个问题时发现，有的合同的给付在解除后不能恢复原状，故若一概使合同在被解除时具有溯及力，则无法实现制度目的。这就出现了所谓合同解除与合同终止的区别。例如，在大陆法系的德国，在起草民法典第一稿时，曾经把终止作为解除的一种，但在起草民法典第二稿时，认为终止与解除在性质上毕竟不同，开始将二者分开，不但名称不同，效果也不同：终止是一方的意思表示，是使继续性合同向将来消灭的一种行为，在租赁、劳务、委托、合伙等合同中，当事人相互的给付，不须返还，也不用恢复原状[1]。这与合同解除溯及既往从而恢复原状的效力不同。最终颁行的《德国民法典》保持了这种区别：在契约总论中，即第二编第二章第五节中，用了“解除”的概念，而在合同分论中的各具体合同中，如“劳务契约”（第620条）、“用益租赁”中用了“终止”的概念。

在法国，合同的解除对于非连续性合同具有溯及力，即合同一经解除即溯及至合同成立时。就当事人之间的关系而言，如合同未履行，则合同应归于消灭；如果合同已经履行，则双方应按照合同无效后返还财产的同样方法相互返还财产，有过错的当事人应承担赔偿责任。受客观情况的限制，连续性合同的解除不具有溯及力。这是因为这类合同被解除后，其解除前已经产生的事实状态不可能再行恢复[2]。

《日本民法典》采用德国立法例，在契约总则中使用“解除”的概念，并规定合同解除具有溯及力；在具体合同中的连续性合同，如租赁合同（第620条）、雇佣合同（第630条）则明确规定了解除不具有溯及力。

---

〔1〕 参见王家福主编：《中国民法学·民法债权》，法律出版社1991年版，第362页。

〔2〕 参见尹田编著：《法国现代合同法》，法律出版社1995年版，第353页。

由此可见，大陆法系虽然在立法体例上各有不同，但均认为，合同解除对于非连续性合同具有溯及力，而对于连续性合同不具有溯及力。

在英美法系国家，解除和终止也存在差别。当一个合同被解除时，恢复原状应成为违约救济的原则；而合同终止使合同自终止之日起不再约束双方，但各方在合同终止之日前从合同的履行中取得的利益却依然为各方所保留[1]。

在我国，关于合同解除的溯及力问题，学理上一般主张应区别连续性合同与非连续性合同。我国《民法典》第566条第1款规定：合同解除后，尚未履行的，终止履行；已经履行的，根据履行情况和合同性质，当事人可以请求恢复原状或者采取其他补救措施，并有权请求赔偿损失。该条的立法本意就是区分连续性合同与非连续性合同而使解除具有不同的法律效力。在非连续性合同中，解除具有溯及力，而体现这种溯及力的直接标志就是恢复原状。具体说来，有以下几种情况：①返还原物；②受领的标的物为金钱的，应同时返还自受领之日起的利息；③受领标的物有孳息的，也应一并返还；④就应返还之物已经支付了必要或有关费用的，有权在他方受返还时所得的利益限度内请求返还；⑤应返还的原物因毁损灭失或其他事由而不能返还的，应按物的价值予以返还。

因合同解除而产生的返还义务，准用关于同时履行抗辩权的规定，即一方在返还时可要求对方同时返还。《德国民法典》第348条就作了这样的规定。最高人民法院的《九民纪要》第36条也规定了在这种情况下适用“同时履行抗辩权”。

连续性合同的解除原则上无溯及力。常见的连续性合同主要有：租赁合同、借用合同、委托合同、雇佣合同以及其他以“使用”或“提供劳务”为内容的合同。由于这些合同在内容上的特殊性而无法适用返还原状，故这些合同的解除就无溯及既往的效力，即合同的解除只向将来发生效力，解除前发生的给付为有法律依据而有保持力，但尚未履行的义务被免除。这样就产生了这样的问题：当事人一方已经部分或全部履行了义务，对方却未履行或未为对待履行，应如何平衡当事人的利益呢？显然不能采取返还的方式，因为利益的取得是有法律依据的。唯一的补救办法是一方当事人将超过自己对待给付的部分对另一方进行补偿。

（二）合同解除与损害赔偿

合同解除与损害赔偿作为两种救济措施可否同时并用？对此，各国立法和学理有较大区别。

1. 德国。以《德国民法典》及德国民法学理为代表的观点认为，在债务人不履行合同时，债权人可以在解除合同和要求赔偿之间作出选择。如果要求解除合同，则不得请求损害赔偿。其理论依据是：解除合同足以使当事人恢复到缔约前的状态，并且合同既已解除，因合同关系的损害赔偿在逻辑上就不成立。也就是说，合同解除使不履行而产生的损害赔偿失去了存在的基础，故二者不能并存。2002年以前的《德国民法典》第325条、第326条的规定清楚地表明了这一点。

德国学者罗伯特·霍恩在解释这一问题时指出，现在占主导地位的观点认为，解除契约是在原来契约基础上建立一种清算关系。解除契约的目的是终止尚未履行的契约义务，并使已经实施的或已经交换的给付恢复原状。由于解除契约的目的是使当事人的权利义务关系恢复到缔约前的状态，而不是契约履行后的状态，因此，与损害赔偿相比，它所提供

---

[1] 参见王军编著：《美国合同法》，中国政法大学出版社1996年版，第323页。

的救济是十分有限的。在制定民法典时，解除契约的制度是一种新生事物，因此，其中一些具体规定至今仍不十分明确[1]。

德国判例也认为，解除契约与损害赔偿相互排斥的原则不适应实务上的要求。联邦普通法院对此原则作了修改，使解约请求权与损害赔偿请求权相结合[2]。

在这次《德国民法典》债务法的修改中，特别对此作了修改。现行《德国民法典》第325条（《德国民法典》的债法部分在2002年进行了重大修改，并于2002年1月1日起生效）规定："在双务合同中，要求损害赔偿的权利并不因解除合同而排除。"

2. 法国。以《法国民法典》为代表的其他大陆法系国家的民法典认为，解除契约与损害赔偿作为两种救济手段可以并存，例如，《法国民法典》第1184条规定，当事人可"解除契约而请求损害赔偿"；《日本民法典》第545条规定，解除权的行使，不妨碍损害赔偿请求权；《意大利民法典》也从此说。

3. 英美。英美合同法对于解除契约与损害赔偿的问题，采取可以同时并用的观点。例如，美国《统一商法典》第2-720条规定，除非明显存在相反的意思表示，"解除"或"取消"合同或类似表示，不应被解释为放弃或解除就前存违约所作出的索赔要求。

4. 中国。在解除契约与损害赔偿的关系问题上，我国学理与立法一贯坚持同时并用的观点。1986年《民法通则》（已失效）第115条规定："合同的变更或者解除，不影响当事人要求赔偿损失的权利。"1999年的《合同法》（已失效）第97条及98条也作了这样的规定。根据《民法典》第566条的规定，合同解除后，非违约方有权请求赔偿损失；合同因违约解除的，解除权人可以请求违约方承担其他违约责任。

但是，在与解除合同同时使用损害赔偿时，赔偿的范围为何？对此有不同观点：一种观点认为，此处所讲的损害赔偿是指就无过错的一方所遭受的一切损害均可请求赔偿，既包括债务不履行的损害赔偿，也包括因恢复原状而发生的损害赔偿[3]；第二种观点认为，损害赔偿的范围应包括以下几种：①合同解除后，因恢复原状而发生的损害赔偿；②管理维修标的物产生的费用；③非违约方因返还本身而支出的费用。但是，损害赔偿不应包括因债务不履行而产生的可得利益的赔偿。因为在合同解除是因违约而产生的情况下，单纯从违约的角度看，确实存在违约损害问题。但从法律上看，合同的解除不应超出合同解除效力所应达到的范围。由于合同解除的效力是使合同恢复到缔约前的状态，而可得利益是在合同得到完全履行后才有可能产生。既然当事人选择了合同解除，就说明当事人不愿意继续履行合同，那么非违约方就不应该得到履行后所应得的利益[4]。

但我国《民法典》显然采取了第一种观点（我国长期的学理及司法都是这一观点），故从法解释学的视角看，《民法典》第566条中的"赔偿损失"包括第584条规定的"可得利益之损失"。

（三）合同解除与担保的关系

《民法典》第566条第3款规定：主合同解除后，担保人对债务人应当承担的民事责任仍应当承担担保责任，但是担保合同另有约定的除外。前面已经说过，合同解除与无效一

---

[1] 参见［德］罗伯特·霍恩等：《德国民商法导论》，楚建译，中国大百科全书出版社1996年版，第121页。

[2] 参见梁慧星：《民法学说判例与立法研究》，中国政法大学出版社1993年版，第311页。

[3] 参见周林彬主编：《比较合同法》，兰州大学出版社1989年版，第354页。

[4] 参见王利明：《违约责任论》，中国政法大学出版社1996年版，第556页。

样，都是不发生当事人预设的积极效果，但并非没有任何后果，当事人可能会承担第 566 条第 1 款规定的责任，包括赔偿损失的责任。因此，如果担保合同没有约定排除这种担保责任，担保仍然负担这种解除后的责任。

第二分编 合同分则——各种具体合同

第一章 买卖合同

第一节 买卖合同概述

一、买卖合同的概念

对如何界定买卖合同，在立法上以及理论上一直存在着狭义与广义两种不同的观点。狭义观点认为，买卖合同是财产所有权有偿转让的合同，即出卖人移转财产所有权于买受人，买受人支付价款的合同。广义观点则认为，买卖合同是财产权有偿转让的合同，即出卖人将财产所有权或其他财产权移转于买受人，买受人支付价款的合同。这两种观点的区别在于买卖的标的物的范围不同。狭义的观点认为，买卖合同的标的物为财产所有权，而广义的观点则认为，买卖合同的标的物包括财产所有权以及其他财产权。《民法典》第595条规定，“买卖合同是出卖人转移标的物的所有权于买受人，买受人支付价款的合同”。该规定采纳了狭义的买卖合同的界定。据此，买卖合同的标的物限于有体物，包括动产与不动产，而不包括债权、用益物权、知识产权以及其他财产利益的转让。

二、买卖合同的特征

买卖合同具有以下法律特征：

1. 买卖合同是移转标的物所有权的合同。主给付义务是每一合同类型所固有的、用以决定合同基本类型的义务，《民法典》第595条通过规定买卖合同中双方当事人的主给付义务的方式来界定买卖合同。在买卖合同中，出卖人负有交付并移转标的物所有权的义务，而买受人则负有支付价款的义务。因出卖人的主给付义务为移转标的物所有权，这就使买卖合同与租赁、借用等单纯移转使用权的合同不同，由此也凸显出买卖合同为典型的“移转财产所有权”类型的属性。

2. 买卖合同是双务合同。在买卖合同中，出卖人负有移转财产所有权的义务，而买受人负有支付价款的义务，出卖人的义务与买受人的义务具有对价关系，构成对待给付。因此，买卖合同是双务合同。

3. 买卖合同是有偿合同。在买卖合同中，出卖人向买受人移转财产所有权，将会获得买受人支付的价款，而买受人向出卖人支付价款，将会得到出卖人移转的财产所有权。因此，买卖合同是有偿合同。

4. 买卖合同是诺成合同。对买卖合同而言，只要双方当事人就买卖合同的标的物及数量达成一致，合同即成立，无须当事人交付标的物。因此，买卖合同是诺成合同。

5. 买卖合同一般是不要式合同。仅从文义上而言，第 595 条并未处理买卖合同的诺成性或实践性、要式性或不要式性的问题。但根据《民法典》总则编有关民事法律行为的规定、合同编通则的规定，民事合同以诺成、不要式为原则。在本条以及买卖合同一章无特别规定的情况下，对买卖合同应作出诺成性、不要式的解释。

6. 买卖合同是有因合同。在买卖合同中，出卖人承担移转财产权的义务，其目的在于获得买受人的价金，而买受人承担支付价金的义务，其目的在于获得标的物的所有权或者其他财产权。任何一方当事人的给付，均为对方当事人给付的原因或者交易目的。因此，买卖合同是有因合同。

三、买卖合同的通常条款

《民法典》第 596 条规定："买卖合同的内容一般包括标的物的名称、数量、质量、价款、履行期限、履行地点和方式、包装方式、检验标准和方法、结算方式、合同使用的文字及其效力等条款。"该条规定了买卖合同的通常条款。这一规定是引导性或提示性的，〔1〕而非强制性的，主要发挥引导当事人正确订约的作用。

在通常条款中，应区分必备条款与非必备条款。必备条款是某类合同的成立必须具备的条款，缺少该条款，则该类合同不成立。买卖合同的必备条款应包括当事人名称或者姓名、标的物的名称与数量。不过，买卖合同未约定标的物质量时可以适用《民法典》第 510 条以及第 511 条第 1 项有关质量标准的规定予以填补，因此可不以"质量"为必备条款。此外，买卖为商品交换的典型形式，而"价款"是商品交换的要素，因此，学者主张"价款也应是买卖合同的必备条款"。〔2〕

"价款"对买卖合同固然重要，但考虑到《民法典》第 510 条以及第 511 条第 2 项对合同未约定价款或约定不明的情形已设明文，可借助这些规定予以填补，因此也可不将"价款"纳入买卖合同的必备条款。

买卖合同的必备条款应包括当事人名称或者姓名、标的物的名称与数量。因此，一般而言，第 596 条规定的诸条款中，这些必备条款的欠缺将影响买卖合同的成立，而标的物的质量、履行期限、履行地点和方式、包装方式、检验标准和方法、结算方式、合同使用的文字及其效力等条款则对买卖合同成立不产生影响。

四、买卖合同的标的物

（一）出卖人未取得处分权的标的物

《民法典》第 597 条第 1 款规定："因出卖人未取得处分权致使标的物所有权不能转移的，买受人可以解除合同并请求出卖人承担违约责任。"想要较准确地理解该款，须先了解《合同法》（已失效）第 132 条第 1 款、《买卖合同司法解释》第 3 条的规定。

《合同法》（已失效）第 132 条第 1 款规定："出卖的标的物，应当属于出卖人所有或者出卖人有权处分。"该条强调出卖人对出卖的标的物应享有处分权。当然，该条并未明确规定这一条件不符的法律效果。在实践中，较普遍的做法是，以出卖人无处分权为由认定买卖合同存在效力瑕疵。而这种处理又与对《合同法》（已失效）第 51 条有关"无权处分"制度的理解相关。《合同法》（已失效）第 51 条规定，"无处分权的人处分他人财产，

---

〔1〕参见王利明：《合同法研究》（第三卷），中国人民大学出版社 2018 年版，第 57 页。
〔2〕参见王利明：《合同法研究》（第三卷），中国人民大学出版社 2018 年版，第 56 页。

经权利人追认或者无处分权的人订立合同后取得处分权的，该合同有效”。理论上对该条的理解存在较大分歧。一种较具普遍性的观点认为，该条所言“处分”是指法律上的处分，包括财产的出让、赠与、在财产上设定抵押等行为，或者说是在法律上决定财产的命运。在出卖他人之物的情况下，无处分权人未经权利人同意即将其标的物出卖给相对人，则处分人与相对人之间的买卖合同效力未定。如果权利人追认或处分人事后取得处分权，则买卖合同自始有效。反之，买卖合同自始无效。

《买卖合同司法解释》第3条规定：“当事人一方以出卖人在缔约时对标的物没有所有权或者处分权为由主张合同无效的，人民法院不予支持。出卖人因未取得所有权或者处分权致使标的物所有权不能转移，买受人要求出卖人承担违约责任或者要求解除合同并主张损害赔偿的，人民法院应予支持。”该条应属对《合同法》（已失效）第132条第1款的重大调整。它实际上否认了出卖人对标的物享有处分权为买卖合同的有效要件。换言之，出卖人在缔约时对标的物没有所有权或者处分权的，买卖合同效力不受影响，但若因出卖人未取得所有权或者处分权致使标的物所有权不能转移的，出卖人应承担违约责任。该条并未限制其适用范围。不过，有学者主张，该条的适用范围有两类案型：第一类案型是将来财产买卖；第二类案型是权利（处分权）受到限制的受益人出卖自己的财产。例如，抵押人没有经过抵押权人同意出卖抵押物；融资租赁的承租人没有还清租赁公司的垫款就转卖租赁物。有学者认为该条的适用范围与《合同法》（已失效）第51条无权处分规则的适用范围是截然不同的。后者的适用范围是误认或故意出卖他人之物的情形。〔1〕

将《民法典》第597条第1款与《买卖合同司法解释》第3条进行对比可见，它基本上延续了后者的立法精神，只是在表述上更精炼而已。也就是说，出卖人与买受人订约时无处分权的，不影响该买卖合同的效力，若出卖人未取得处分权致使标的物所有权不能转移的，出卖人应承担违约责任。想要较全面、深刻地理解该条，应将其放在负担行为与处分行为二分（或者物权变动模式）的背景下来理解。

第一种情况，承认负担行为与处分行为二分。在德国民法以及深受德国民法影响的民法中，法律行为理论以负担行为及处分行为之区别为其基本架构。〔2〕

负担行为是指发生债权债务关系或给付义务之法律行为；处分行为则是指直接使权利发生得丧变更之法律行为，包括物权行为与准物权行为。依据这些国家或地区的立法或通说，欲借法律行为实现物权变动，当事人除了订立买卖、赠与等合同外，还应达成移转标的物所有权的合意，并践行交付或登记的公示方法。其中，买卖、赠与等属于负担行为，其仅使债务人承担给付义务，并不直接发生使权利移转于他方的效力；而移转标的物所有权的合意属于处分行为，其直接使权利发生变动，因此，以行为人有处分权为有效要件。在出卖人出卖他人之物并依让与合意交付标的物于买受人的情形下，作为负担行为的出卖他人之物的买卖合同有效，而依让与合意交付标的物于买受人的处分行为因欠缺处分权，则效力未定。在此背景下，可认为，《民法典》第597条第1款系有关买卖合同这一负担行为效力的规定。由于负担行为的有效不以行为人有处分权为要件，因此，当出卖人无处分权而订立买卖合同时，该买卖合同有效，但嗣后的处分行为因出卖人无处分权致使标的物所有权不能转移，出卖人应向买受人承担违约责任。买受人可以寻求解除合同、赔偿损失等违约救济措施。

---

〔1〕 参见梁慧星：“关于民法典分则草案的若干问题”，载《法治研究》2019年第4期。

〔2〕 参见王泽鉴：《民法学说与判例研究》（5），中国政法大学出版社1998年版，第106页。

第二种情况，不承认负担行为与处分行为二分。在此种法制下，无论一国的物权变动模式是采债权意思主义，还是采债权形式主义，无权处分都不是指处分行为，而是指出卖他人之物的买卖合同、私卖共有物的买卖合同等买卖合同本身。立法上对出卖人应享有处分权的要求也只能针对买卖合同本身。从世界范围来看，不同国家或地区有不同做法。例如，《法国民法典》第1599条采取"无效"模式，我国澳门地区《民法》第882条采取"一般无效，例外有效"模式，加拿大《魁北克民法典》第1713条采取"效力未定"模式，《国际商事合同通则》第3·3条第2款与《欧洲合同法原则》第4：102条等采取"有效"模式。

如果不承认负担行为与处分行为二分，则我国《民法典》第597条第1款可以理解为：出卖人在订立买卖合同时无处分权的，不影响买卖合同的效力。在合同履行时，如果因出卖人未取得处分权致使标的物所有权不能转移的，则出卖人应承担违约责任。由此可见，这一理解与上述第四种立法模式较为接近。此种理解的优点是比较简单，但也存在问题。从法理念上看，"所有权保障一个人对某物享有一种排他地使用、改造和任意处理这个物的可能"，[1] 这其中，处分权能尤其重要。对所有人而言，他可以自主地对所有物进行处置，决定物在事实上与法律上的命运。没有所有人意思的介入，他人对所有人所有物的处分就是对所有人所有权的干扰与侵犯。因此，不对行为人任意处分他人之物进行限制，所有权势必名存实亡，而人类社会秩序也会发生紊乱。由此看来，民法不能使无权处分行为在效力上畅行无阻。在不承认负担行为与处分行为二分（买卖合同本身而非嗣后的履行行为为所有权移转的直接原因），且将出卖人无处分权的买卖合同规定为有效的情况下，出卖人借履行行为来实现所有权移转就不存在法律上的障碍，这难以为保护标的物真正所有权人的利益提供有效的法律技术手段。

（二）禁止或限制转让的标的物

《民法典》第597条第2款规定："法律、行政法规禁止或者限制转让的标的物，依照其规定。"该款在性质上为参引性规范。在我国现行法体系中，一些法律、行政法规对某些标的物的转让加以禁止或者限制，买卖双方当事人应遵守这些规定。例如，《民法典》第242条规定："法律规定专属于国家所有的不动产和动产，任何组织或者个人不能取得所有权。"《农村土地承包法》第4条规定："……承包地不得买卖。"《土地管理法》第2条规定："……任何单位和个人不得侵占、买卖、出租或者以其他形式非法转让土地。"在我国，土地属于国家所有或者集体所有，不能成为买卖的标的物。再如《拍卖法》第7条规定："法律、行政法规禁止买卖的物品或者财产权利，不得作为拍卖标的。"法律、行政法规禁止转让的标的物为禁止流通物，不得作为买卖标的物，如伪造的货币、毒品、淫秽物品等；法律、行政法规限制转让的标的物为限制流通物，只能在限定的领域内流通，如枪支、弹药等。我国对枪支的买卖实行特别许可制度，未经许可，任何单位与个人不得买卖。

（三）具有知识产权的标的物

《民法典》第600条规定："出卖具有知识产权的标的物的，除法律另有规定或者当事人另有约定外，该标的物的知识产权不属于买受人。"此为有关具有知识产权的标的物买卖中知识产权归属的规定。

两个交易主体之间要有偿转让知识产权，须订立知识产权有偿转让合同。由于《民法

---

[1]［德］莱因荷德·齐佩利乌斯：《法哲学》，金振豹译，北京大学出版社2012年版，第270页。

典》第595条对买卖合同的标的物范围采取狭义的界定，因此，虽然知识产权的有偿转让与有体物所有权的有偿转让均属于"财产有偿转让"，实质上均为"买卖"，但前者并不能被称为"买卖"，也不属于《民法典》买卖合同章的调整对象。有关知识产权的有偿转让合同由其他法律调整，如《专利法》第10条、《商标法》第42条、《著作权法》第10条等。不过，在买卖交易中，有些标的物本身可能是一定知识产权的载体。例如，出卖人向买受人出售一件由其完成的艺术品，该艺术品上即承载着出卖人的著作权。在双方当事人之间的买卖交易中，作为交易指向对象的标的物为该载体，而非该载体所承载的知识产权。该条规定的意旨在于说明作为知识产权的载体的买卖与知识产权买卖的不同。〔1〕

因此，仅仅买卖知识产权载体的，不能认为知识产权本身也移转，只是该载体的所有权发生移转。当然，如果当事人明确约定出卖人的标的物与其上所承载的知识产权一并转让给买受人，或者法律明确规定某种知识产权随同标的物转移而转移，则从该约定或依该规定。

第二节 买卖合同的效力

买卖合同的效力典型地表现为买卖合同双方当事人，即出卖人与买受人的基本义务。

一、出卖人的基本义务

（一）交付标的物并移转标的物所有权

在买卖合同中，出卖人应履行的最基本义务为交付标的物并移转标的物所有权，此为出卖人的主给付义务。对此，《民法典》第598条规定："出卖人应当履行向买受人交付标的物或者交付提取标的物的单证，并转移标的物所有权的义务。"

1. 交付标的物。交付是指占有的移转，是出卖人所承担的主给付义务。交付可以是将标的物直接交给买受人，也可以是依约定交给买受人的代理人或指定的第三人。

（1）交付的类型。交付可分为现实交付与拟制交付两种类型。现实交付是指出卖人将对标的物的现实的、直接的支配力或管领力移转于买受人，使标的物由买受人直接占有并处于其控制之下。

交付一般由出卖人亲自实施，不过此仅为常态，法律也承认由第三人代出卖人交付。例如，出卖人与他人订立委托合同，使受托人向买受人交付；再如，出卖人的占有辅助人代为交付或者第三人依出卖人的指令向买受人交付等。

拟制交付是指出卖人将对标的物的权利转移给买受人，以代替对实物的交付。拟制交付又分为简易交付、占有改定与指示交付三种类型：

第一，简易交付是指在买卖合同订立以前，买受人因其他原因已实际占有标的物，则买卖合同生效之时即为交付之时，标的物所有权转移给买受人。对此，《民法典》第226条规定，"动产物权设立和转让前，权利人已经占有该动产的，物权自民事法律行为生效时发生效力"。该条中"民事法律行为生效"在本条的情形即指买卖合同生效。民法之所以允许此种无形的交付，是出于交易便捷的考虑。在此种交付中，买受人占有动产的原因，究竟为租赁、保管、拾得遗失物、有权占有还是无权占有，均在所不问。

---

〔1〕 参见胡康生主编：《中华人民共和国合同法释义》，法律出版社1999年版，第217页。

第二，占有改定是指当事人约定在转移标的物的所有权后，出卖人仍然继续占有标的物，使买受人取得标的物的间接占有，以代替标的物的交付。对此，《民法典》第228条规定，“动产物权转让时，当事人又约定由出让人继续占有该动产的，物权自该约定生效时发生效力”。民法承认占有改定，亦为出于简化动产物权移转的考虑。该条中的“约定”不限其种类，借用、租赁、保管等均无不可，但必须限于出让人与受让人之间。受让人必须取得间接占有，出让人则可为直接占有人或为间接占有人。

第三，指示交付是指标的物由第三人占有时，出卖人将对第三人所享有的标的物返还请求权让与买受人，以替代标的物的实际交付。对此，《民法典》第227条规定，“动产物权设立和转让前，第三人占有该动产的，负有交付义务的人可以通过转让请求第三人返还原物的权利代替交付”。指示交付亦称为返还请求权让与，其立法目的也在于简化交易。

（2）交付的意义。交付具有重要的法律意义：

第一，交付决定标的物所有权的移转。《民法典》第224条规定：“动产物权的设立和转让，自交付时发生效力，但是法律另有规定的除外。”由此可见，除法律另有规定以外，原则上交付是所有权移转的一般规则。以交付作为标的物所有权移转的标准是交付的最重要的效果，现实生活中大量的日常买卖交易都是以交付为标志即时完成的。

第二，交付决定债务人合同债务的履行。交付所导致的标的物所有权移转的效力与合同债务履行的效力往往是同时发生的，但也要注意到，交付在物权法与合同法中的意义不同。物权法中，交付是动产物权变动的公示方法，合同法中，交付则是合同的履行行为。公示的侧重点在于可识别的权利外观，履行行为关注的则是合同双方的内部关系。[1]

第三，交付决定标的物风险的移转。《民法典》第604条规定：“标的物损毁、灭失的风险，在标的物交付之前由出卖人承担，交付之后由买受人承担，但是法律另有规定或者当事人另有约定的除外。”因此，除另有约定或者另有规定以外，我国民法以交付主义作为买卖合同风险负担的一般规则，也就是说，在原则上，交付的时点即为买卖合同标的物风险移转的时点。

第四，交付决定标的物孳息的归属。标的物在买卖合同订立后所发生的孳息的归属在学理上被称为利益承受。孳息是指由原物产生的收益，可分为自然孳息与法定孳息。自然孳息是指基于自然原因而产生的孳息，如动物所生幼仔、树木所结果实。法定孳息是指基于法律关系而产生的孳息，如存款所得利息、房屋出租所得租金。一般而言，利益承受与标的物风险的移转相联，与之实行相同的分配原则。《民法典》第630条规定：“标的物在交付之前产生的孳息，归出卖人所有；交付之后产生的孳息，归买受人所有。但是，当事人另有约定的除外。”因此，交付也是决定标的物孳息归属的基本标准。

值得注意的是，在很多情况下，出卖人无需向买受人交付标的物，仅需交付提取标的物的单证即可。提取标的物的单证就是所有权凭证，典型者如仓单、提单等。单证的交付意味着标的物所有权的移转。此时，买受人虽然还没有实际占有标的物，但可以凭单证去提取标的物。出卖人向买受人交付提取标的物的单证，亦为履行其所承担的主给付义务。

（3）出卖人交付标的物时的义务。在交付标的物时，出卖人负有以下义务：

第一，出卖人交付标的物时，如果所出卖的标的物有从物的，应同时将从物交付给买受人。《民法典》第320条规定：“主物转让的，从物随主物转让，但是当事人另有约定的

---

〔1〕参见吴香香：“《合同法》第142条（交付移转风险）评注”，载《法学家》2019年第3期。

除外。”

第二，出卖人应按照约定的时间交付标的物。对此，应注意以下两种情形：

第一种情形，《民法典》第601条规定：“出卖人应当按照约定的时间交付标的物。约定交付期限的，出卖人可以在该交付期限内的任何时间交付。”据此，出卖人应按照买卖合同约定的时间交付标的物。当事人可以在买卖合同中约定交付的具体时间点或者交付的期间。若合同约定了交付时间点的，出卖人应严格按照约定的时间点交付标的物，买受人也必须在约定的时间点受领给付。若合同约定了交付期间的，出卖人可以在该期间内的任何时间履行交付义务，买受人不得拒绝受领。出卖人未在约定的期限内履行交付义务的，将构成履行迟延，应当承担违约责任。

第二种情形，《民法典》第602条规定：“当事人没有约定标的物的交付期限或者约定不明确的，适用本法第五百一十条、第五百一十一条第四项的规定。”据此，当事人没有约定标的物的交付期限或者约定不明确的，应适用《民法典》第510条、第511条第4项的规定。因此，在当事人未约定或未明确约定交付期限的情况下，应按以下规则处理：其一，双方当事人可以就标的物交付期限达成协议补充；如果不能达成补充协议，则应当按照合同有关条款、合同性质、合同目的或者交易习惯确定交付期限。例如，标的物为农产品、水果等季节性产品，则最迟应在季节末交付；再如，出卖人与买受人订立月饼买卖合同，虽然合同未就交付时间作出约定，但根据交易习惯，出卖人应在中秋节之前交付月饼等。其二，如果仍不能确定交付期限，则出卖人可以随时履行，买受人也可以随时请求履行，但是应当给对方必要的准备时间。

第三，出卖人应按照约定的地点交付标的物。《民法典》第603条规定：“出卖人应当按照约定的地点交付标的物。当事人没有约定交付地点或者约定不明确，依据本法第五百一十条的规定仍不能确定的，适用下列规定：（一）标的物需要运输的，出卖人应当将标的物交付给第一承运人以运交给买受人；（二）标的物不需要运输，出卖人和买受人订立合同时知道标的物在某一地点的，出卖人应当在该地点交付标的物；不知道标的物在某一地点的，应当在出卖人订立合同时的营业地交付标的物。”该条规定了具有层次性的三方面的规则：①按当事人约定处理；②若无约定或约定不明，则依《民法典》第510条处理；③若仍不能确定，则依本条第2款后段处理：其一，标的物需要运输的，以出卖人将标的物交付第一承运人的地点为交付地点。无论标的物的运输是采用铁路、公路、海上、航空运输还是多式运输，也不论运输经过几个承运人，只要出卖人将标的物交付给第一承运人，即可认为出卖人已按合同的约定完成了交付。其二，标的物不需要运输时，出卖人和买受人在订立合同时知道标的物在某一地点的，则交付地点为双方所知道的标的物所在地，如存放标的物的车间、仓库等。其三，标的物不需要运输时，出卖人和买受人在订立合同时不知道标的物所在地点的，则交付地点为出卖人订立合同时的营业地；若出卖人没有营业地的，则宜以出卖人的居住地作为交付地点。

第四，出卖人应按照约定的包装方式交付标的物。《民法典》第619条规定：“出卖人应当按照约定的包装方式交付标的物。对包装方式没有约定或者约定不明确，依据本法第五百一十条的规定仍不能确定的，应当按照通用的方式包装；没有通用方式的，应当采取足以保护标的物且有利于节约资源、保护生态环境的包装方式。”出卖人固然负有交付质量合格标的物的义务，但标的物的包装方式与其质量息息相关，不适当的包装方式可能损害标的物从而影响其质量，因此，法律也使出卖人承担包装义务。依该规定，双方当事人对包装方式有约定的，出卖人应当按照约定的包装方式交付标的物。如果对包装方式没有约定或者约定不明确，应当由当事人达成补充协议，不能达成补充协议的，按照合同有关条款或者交易习惯确定。如果仍不能确定的，则应当按照通用的方式包装。“通用的方式”是指在特定行业或特定地域，出卖人通常采取的包装方式。如果没有通用方式的，则根据标的物的规格、品质以及是否需要运输等情况，采取足以保护标的物且有利于节约资源、保护生态环境的包装方式。

2. 转移标的物所有权。移转标的物所有权是指标的物出卖人使买受人取得标的物的所有权。移转标的物所有权不仅为买卖合同的典型特征，而且也是买受人的订约目的。一般而言，出卖人交付标的物即在同时履行移转标的物所有权的义务，但是也存在着不同情形。此际，出卖人交付标的物与移转标的物所有权发生了分离。在此意义上，不妨可认为“交付是出卖人主给付义务之一，独立于所有权让与义务”。〔1〕

这主要发生在以下三种情形：其一，就不动产买卖而言，由于不动产所有权的移转以登记为公示方法，因此，出卖人交付不动产并不导致不动产所有权发生移转。对此，《民法典》第209条第1款规定：“不动产物权的设立、变更、转让和消灭，经依法登记，发生效力；未经登记，不发生效力，但是法律另有规定的除外。”其二，就特殊动产买卖而言，出卖人交付标的物之后，仍负有为买受人办理所有权移转登记的义务。例如，《民法典》第225条规定：“船舶、航空器和机动车等的物权的设立、变更、转让和消灭，未经登记，不得对抗善意第三人。”因此，即使出卖人已交付船舶、航空器等特殊动产，但若未登记，买受人固然可以对抗恶意第三人以及普通债权人，但不得对抗善意第三人。其三，就保留所有权买卖而言，出卖人虽已交付标的物，但由于双方当事人约定买受人付清价款，标的物所有权才移转给买受人，在价款付清前，出卖人仍保留标的物所有权。对此，《民法典》第641条第1款规定：“当事人可以在买卖合同中约定买受人未履行支付价款或者其他义务的，标的物的所有权属于出卖人。”因此，买卖标的物，纵使为动产，亦未必于交付之同时，移转所有权。〔2〕

（二）交付提取标的物单证以外的有关单证和资料

出卖人在向买受人交付标的物的同时，还应当按照约定或者交易习惯向买受人交付提取标的物的单证以外的有关单证和资料。《民法典》第599条规定：“出卖人应当按照约定或者交易习惯向买受人交付提取标的物单证以外的有关单证和资料。”该条所言的“单证”不同于第598条中的“单证”，是指提取标的物单证以外的其他单证。对此，《买卖合同司法解释》第4条规定：“民法典第五百九十九条规定的‘提取标的物单证以外的有关单证和资料’，主要应当包括保险单、保修单、普通发票、增值税专用发票、产品合格证、质量保证书、质量鉴定书、品质检验证书、产品进出口检疫书、原产地证明书、使用说明书、装箱单等。”

交付单证或资料，与买受人办理所有权登记、海关报关等手续、向承运人和保险公司索赔以及确保标的物的质量、保修、检验、包装、正确使用等直接相关，直接影响到买受人缔约目的的实现，因此亦十分重要，在国际贸易中尤其如此。值得注意的是，对第599条中的“交付”宜采广义的理解，“单证转让不仅仅包括相关单证的移交，卖方还可以通

---

〔1〕 参见吴香香：“《合同法》第142条（交付移转风险）评注”，载《法学家》2019年第3期。

〔2〕 参见陈添辉：《买卖》，三民书局股份有限公司2006年版，第57页。

过电子手段或传真来发送它们”。[1]

出卖人交付提取标的物单证以外的有关单证和资料的义务在性质上不是主给付义务，因此，一般而言，出卖人违反该义务不构成根本违约；不仅如此，同时履行抗辩权往往发生在彼此具有牵连关系的双方当事人的主给付义务之间，出卖人违反该义务，买受人也难以行使同时履行抗辩权。不过，出卖人的该项义务究竟是从给付义务，还是附随义务？理论上有不同观点。我们认为，宜将该义务定性为从给付义务。因为附随义务系依诚实信用原则而产生，而出卖人的该项义务依当事人之间的约定或者交易习惯而产生。附随义务主要是为了保护合同当事人的固有利益不受损害；交付单证或资料的义务，主要是为了履行利益的实现，不应当归入附随义务的范畴。[2]

（三）出卖人的瑕疵担保义务

瑕疵担保是指有偿合同中的债务人对其所作出的给付应担保其权利完整和标的物质量合格。如果债务人违反此种担保义务，则应承担瑕疵担保责任。瑕疵担保可分为物的瑕疵担保与权利的瑕疵担保。

1. 物的瑕疵担保义务。

（1）物的瑕疵担保的概念。物的瑕疵担保义务是指出卖人负有担保其出卖的标的物在质量方面符合合同约定与法律规定的义务。如果标的物在质量方面不符合合同约定与法律规定，则为有“物的瑕疵”。如果债务人违反此种担保义务，则应承担物的瑕疵担保责任。《民法典》第615条规定：“出卖人应当按照约定的质量要求交付标的物。出卖人提供有关标的物质量说明的，交付的标的物应当符合该说明的质量要求。”该条一般性地确立了出卖人的物的瑕疵担保义务。

（2）物的瑕疵担保责任的性质。在不少大陆法系国家或地区，由于瑕疵担保责任与债务不履行责任之间存在着较大差异，因此，虽然对瑕疵担保责任的性质存在着“法定责任说”与“债务不履行说”的分歧，但前者是主流观点。但在我国法上，违约责任与物的瑕疵担保责任在若干方面均已被修正，从而使得两者的差距不大。这表现在：其一，两者的归责原则一致，都实行无过错责任原则。其二，《民法典》第617条规定瑕疵担保责任适用不完全给付责任，两者在法律效果上具有一致性；而且物的瑕疵担保责任又缺少除斥期间规定。至此，物的瑕疵担保责任与违约责任，仅仅在责任的构成要件上存在区别，即在物的瑕疵担保责任中，买受人负有在质量异议期间内检验通知的义务，即向出卖人主张标的物存在瑕疵。由于物的瑕疵担保责任与违约责任之间的差距不大，因此，我国主流观点认为，物的瑕疵担保责任业已丧失了其独立性，已被纳入违约责任的范畴。当然，也有观点主张，瑕疵担保责任与违约责任两种责任存在竞合现象，出卖人究竟承担瑕疵担保责任还是违约责任，由买受人自主选择。[3]

（3）物的瑕疵担保责任的构成要件。根据我国法律的规定，出卖人承担物的瑕疵担保责任，必须具备以下条件：

第一，出卖人交付的标的物不符合质量要求。该质量要求，可能是约定的质量要求，也可能是法定的质量要求。在出卖人提供有关标的物质量说明的情况下，也可能是该说明

---

〔1〕欧洲民法典研究组、欧盟现行私法研究组编著：《欧洲私法的原则、定义与示范规则：欧洲示范民法典草案》（第四卷），于庆生等译，法律出版社2014年版，第42页。

〔2〕参见王利明：《合同法研究》（第三卷），中国人民大学出版社2018年版，第78页。

〔3〕参见崔建远：《合同法》，北京大学出版社2012年版，第412页。

的质量要求。以下详言之：

在买卖合同中，双方当事人一般会对标的物的质量作出约定。当双方当事人有约定时，则应依该约定，亦即出卖人应当按照约定的质量要求交付标的物。有时出卖人也可能提供有关标的物的“质量说明”，该质量说明实质上是出卖人对质量标准作出明示的单方允诺。此际，出卖人交付的标的物在质量标准上必须符合该说明的标准，否则即视为出卖人交付的标的物在质量上存在瑕疵。值得注意的是，如果法律、行政法规对某一类物品的质量规定了强制性标准的，则当事人约定的质量要求或者厨房门提供的质量说明，不得低于该强制性标准。

在买卖合同中，双方当事人也可能对标的物的质量要求没有约定或者约定不明确。对此，《民法典》第616条规定：“……依据本法第五百一十条的规定仍不能确定的，适用本法第五百一十一条第一项的规定。”换言之，双方当事人可以就标的物的质量要求进行协商以达成协议；如果不能达成补充协议的，则按照合同有关条款、合同性质、合同目的或者交易习惯确定标的物的质量要求。如果仍不能明确，则按照强制性国家标准履行；没有强制性国家标准的，则按照推荐性国家标准履行；没有推荐性国家标准的，则按照行业标准履行；没有国家标准、行业标准的，则按照通常标准或者符合合同目的的特定标准履行。

第二，买受人及时检验标的物。买受人受领标的物之后，负有检验义务。对此，《民法典》第620条规定：“买受人收到标的物时应当在约定的检验期限内检验。没有约定检验期限的，应当及时检验。”虽然在出卖人交付的标的物不符合质量要求时，买受人可以请求其承担违约责任，但买受人能否寻求此种救济，在程序上还必须确认标的物是否符合质量要求，这就使得及时检验标的物十分重要。该条规定，买受人收到标的物时应当在约定的检验期间内检验。没有约定检验期间的，应当及时检验。换言之，该条确立了两项规则：其一，买受人应当在约定的检验期限内检验。当事人就检验期限的约定属于私法自治的范畴，应受尊重。当然，在实践中，有可能发生当事人约定的检验期限过短的现象，《民法典》第622条规定：“当事人约定的检验期限过短，根据标的物的性质和交易习惯，买受人在检验期间内难以完成全面检验的，该期限仅视为买受人对标的物的外观瑕疵提出异议的期限。约定的检验期限或者质量保证期短于法律、行政法规规定期限的，应当以法律、行政法规规定的期限为准。”其二，没有约定检验期限时，买受人应当及时检验。“及时检验”是指买受人应在合理期限内进行检验。该期限应根据标的物的质量、交付地点、买受人检验的能力等因素综合判断。检验义务在性质上为不真正义务。因为如果买受人未履行此种义务，将导致“视为标的物质量合格”的效果，由此产生的损失由买受人自己承担，并不发生买受人向出卖人承担违约责任的后果。

第三，买受人及时向出卖人通知标的物不符合约定的情况。《民法典》第621条规定：“当事人约定检验期限的，买受人应当在检验期限内将标的物的数量或者质量不符合约定的情形通知出卖人。买受人怠于通知的，视为标的物的数量或者质量符合约定。当事人没有约定检验期限的，买受人应当在发现或者应当发现标的物的数量或者质量不符合约定的合理期限内通知出卖人。买受人在合理期限内未通知或者自收到标的物之日起二年内未通知出卖人的，视为标的物的数量或者质量符合约定；但是，对标的物有质量保证期的，适用质量保证期，不适用该二年的规定。出卖人知道或者应当知道提供的标的物不符合约定的，买受人不受前两款规定的通知时间的限制。”该条为有关买受人通知义务的规定。

该义务在性质上为不真正义务，因为买受人不予检验、不提出质量异议发生的法律效果是其得不到本可获得的利益，即消极的不利益，并不就此承担支付违约金、赔偿损失的积极负担。其核心意旨在于信赖保护与效率促进。[1]

要使出卖人对标的物瑕疵承担违约责任，须买受人及时检验标的物，并将标的物数量或质量不符合约定的情况通知出卖人。上一条规定了买受人的检验义务，本条则规定买受人的通知义务。在法条结构上，本条分为3款，其中前两款针对约定与未约定检验期间的通知义务，第3款则构成前两款之例外，排除出卖人恶意的情形，即当出卖人明知或应知标的物不符合约定时，买受人不负通知义务。

适用要件包括以下内容：

《民法典》第621条规定，“买受人怠于通知的”，视为标的物的数量或者质量符合约定。怠于通知为本条唯一的构成要件，包括通知不适格与期间经过两种情形。通知不适格是指买受人虽在通知期间内为通知，但通知本身达不到要求。通知是指买受人将标的物与合同不符之情事，以具体指明不符所在之方式告知出卖人，并不要求买受人有行使违约救济权利的意思。通知在性质上为准法律行为，采形式自由原则，不以践行一定形式为必要。通知须具体指明瑕疵所在及情形，保障能够充分识别瑕疵，买受人经通知存在瑕疵或作宽泛描述，笼统称质量不合格需返修、欠佳、不良、不满意、工艺粗制滥造，皆为内容不适格。期间经过是指买受人未及时通知。本条就此规定了三种情形：其一，合同约定了检验期限的，买受人应在该期限内检验通知；其二，合同未约定检验期限的，买受人应及时检验，并在合理期限内或自标的物收到之日起2年内通知出卖人；其三，标的物有质量保证期的，适用质量保证期。

《民法典》第621条规定：“……当事人没有约定检验期限的，买受人应当在发现或者应当发现标的物的数量或者质量不符合约定的合理期限内通知出卖人……”该条所言“合理期限”为不确定概念。针对此，《买卖合同司法解释》第12条明确规定，“合理期限”应综合当事人之间的交易性质、交易目的、交易方式、交易习惯、标的物的种类、数量、性质、安装和使用情况、瑕疵的性质、买受人应尽的合理注意义务、检验方法和难易程度、买受人或者检验人所处的具体环境、自身技能以及其他合理因素，依据诚实信用原则进行判断。

《民法典》第621条第3款规定，出卖人知道或者应当知道提供的标的物不符合约定的，买受人不受前两款规定的通知时间的限制。该条实际上建立了不保护恶意出卖人的规则。其中，“知道”是指出卖人明知标的物不符合合同约定；“应当知道”是指根据一般人的判断能力，在通常情况下能发现标的物数量、质量不符合约定。知道或应当知道的时点，应是出卖人交货时。

理论上与实务上对《民法典》第621条所说的约定检验期限、合理期限、自标的物收到之日起2年的期限，或者质量保证期的性质，存在着除斥期间说、[2]或有期间说、[3]诉讼时效期间说、质量异议期间说、[4]独立期间[5]等不同的观点。该期间与诉讼时效期间具有以下差异：其一，质量异议期间首先是约定期间，而诉讼时效期间为法定期间；其

---

[1] 参见金晶：“《合同法》第158条评注（买受人的通知义务）”，载《法学家》2020年第1期。

[2] 参见韩世远：“租赁标的瑕疵与合同救济”，载《中国法学》2011年第5期；耿林：“论民法总则的撤销期间”，载《华东政法大学学报》2018年第5期；耿林：“论除斥期间”，载《中外法学》2016年第3期；王洪亮：《债法总论》，北京大学出版社2016年版，第294页。

[3] 参见王轶：“民法总则之期间立法研究”，载《法学家》2016年第5期。

[4] 参见王利明：《合同法研究》（第三卷），中国人民大学出版社2018年版，第84页。

[5] 参见崔建远：“论检验期间”，载《现代法学》2018年第4期。

二，质量异议期间的适用对象包含请求权与形成权，而诉讼时效期间的适用对象为请求权；其三，诉讼时效期间届满，权利不消灭，而质量异议期间届满，则权利不产生；其四，在质量异议期间，买受人向出卖人主张权利的，则买受人行使权利的期间转换为诉讼时效期间，而诉讼时效期间则不发生此种现象；其五，质量异议期间不发生中止、中断、延长，诉讼时效期间则可发生；其六，质量异议期间的起算点，在当事人约定检验期限的场合，自约定的第一天开始起算；其七，在当事人未约定检验期限的场合，自能够检验标的物时起算或者自发现或应当发现标的物质量不符合约定时起算；其八，标的物有质量保证期的，自规定的质量保证期的第一天起算。〔1〕

法律效果包括以下内容：

《民法典》第621条规定："……买受人怠于通知的，视为标的物的数量或者质量符合约定……买受人在合理期间内未通知或者自标的物收到之日起二年内未通知出卖人的，视为标的物的数量或者质量符合约定……"也就是说，无论是约定检验期限的情形，还是未约定检验期限从而适用"合理期限"的情形，还是有质量保证期的情形，买受人不于异议期间内为通知的，将产生"视为标的物的数量或者质量符合约定"的效果。

视为在性质上不属于"法律上推定"，而属于"法律拟制"。法律上推定是指由于某一事实的存在或真实推定出另一事实。但推定的事实未必就是客观事实，当事人可以相反的证据推翻。法律拟制则是立法或司法将两种本不相同的事实等同，作相同的法律评价，使不同的事实产生相同的法律效果。一旦某种情势被法律所拟制，则当事人不能再予以推翻。就"视为标的物的数量或者质量符合约定"而言，无论标的物是否确实存在瑕疵，即使该标的物确实存在瑕疵，但既然法律拟制它无瑕疵，它在法律上就没有瑕疵。即使买受人能提出充分证据证明瑕疵存在，或者能提出权威性的瑕疵鉴定报告，都不能翻转法律拟制它没有瑕疵的效果。《买卖合同司法解释》第14条第1款规定："民法典第六百二十一条规定的检验期限、合理期限、二年期限经过后，买受人主张标的物的数量或者质量不符合约定的，人民法院不予支持。"该条无疑更明确地确认了这一效果。

总之，若买受人未能在约定期限、合理期限、质量保证期等异议期为检查通知，则法律上该标的物就被认为无瑕疵，由此买受人的瑕疵权利无法成立，其不得向出卖人主张修理、更换、减少价款等违约责任。不仅如此，由于《民法典》第525条规定的同时履行抗辩权、第526条规定的后履行抗辩权均以对方当事人违约为前提，因此，若买受人未能在这些异议期为检查通知，由于标的物被拟制为无瑕疵，出卖人根本未曾构成违约，买受人不能行使这些抗辩权。

第四，买受人订立合同时不知标的物不符合质量要求且无重大过失。《民法典》未设此一要件。不过，该要件为各国或各地区立法通例，如《德国民法典》第442条、我国台湾地区"民法"第355条等。如果买受人明知物存在瑕疵，或者因重大过失而不知标的物存在瑕疵仍订立买卖合同，可认为其自愿承受有瑕疵的标的物，法律不必对该漠视自己权益者提供保护。当然，如果出卖人因重大过失不知标的物上存在瑕疵，若出卖人故意不告知瑕疵或者保证无瑕疵，则不必受这一要件限制，出卖人仍应承担瑕疵担保责任。

第五，当事人未以特约免除瑕疵担保责任。根据合同自由原则，买卖合同当事人可基于其自由意思就违约责任的承担、范围等问题等作出特别安排。因此，当事人约定减轻或

---

〔1〕 参见崔建远："物的瑕疵担保责任的定性与定位"，载《中国法学》2006年第6期。

者免除出卖人应承担的物的瑕疵责任的，该约定原则上有效，出卖人根据该约定不必承担物的瑕疵责任。《合同法》（已失效）未就此设明文，当属一项重大的瑕疵。针对此现象，《民法典》第618条规定："当事人约定减轻或者免除出卖人对标的物瑕疵承担的责任，因出卖人故意或者重大过失不告知买受人标的物瑕疵的，出卖人无权主张减轻或者免除责任。"该条创设规范予以规制，具有填补《合同法》（已失效）漏洞的意义。

（4）物的瑕疵担保责任的法律后果。《民法典》第617条规定，出卖人交付的标的物不符合质量要求的，"买受人可以依据本法第五百八十二条至第五百八十四条的规定请求承担违约责任"。该条中"违约责任"的措辞表明，出卖人违反物的瑕疵担保义务的法律后果为"违约责任"。这说明我国民法未采纳瑕疵担保责任独立说的观点，而是将其纳入违约责任的范畴。该条为参引性规定，其适用须参引《民法典》第582~584条。据此，买受人可要求出卖人承担修理、更换、重作、退货、减少价款或者报酬等违约责任。

《民法典》第582条规定："受损害方……可以合理选择请求对方承担修理……等违约责任"。据此，新《买卖合同司法解释》第16条规定："买受人在检验期限、质量保证期、合理期限内提出质量异议，出卖人未按要求予以修理或者因情况紧急，买受人自行或者通过第三人修理标的物后，主张出卖人负担因此发生的合理费用的，人民法院应予支持。"因此，在该条所定情况下，买受人可以自行或通过第三人修理标的物。

退货一般是解除合同，个别情况下可转化为代物清偿。若退货并无解除合同的意思表示，则退货就不是解除合同，买受人仍承担支付价款的义务。减少价款，从填补买受人损失的角度看，可视为损害赔偿，但它按照物有所值的规则行使，不受与有过失、损益同销等规则的限制，可与违约金并罚，即便该违约金是赔偿性违约金。[1]

减少价款或者报酬，从权利的角度看，是减价权，在性质上属于形成权。《民法典》第582条未明定减少价款或者报酬的计算方法。就此，《买卖合同司法解释》第17条规定："标的物质量不符合约定，买受人依照民法典第五百八十二条的规定要求减少价款的，人民法院应予支持。当事人主张以符合约定的标的物和实际交付的标的物按交付时的市场价值计算差价的，人民法院应予支持。价款已经支付，买受人主张返还减价后多出部分价款的，人民法院应予支持。"也就是说，应以符合约定的标的物和实际交付的标的物按交付时的市场价值计算差价。

2. 权利的瑕疵担保义务。

（1）权利瑕疵担保的概念。权利瑕疵担保是指出卖人应担保买受人取得权利，保证任何第三人不会就该标的物向买受人主张任何权利。如果出卖人违反此种担保义务，则应承担权利瑕疵担保责任（违约责任）。在买卖合同中，出卖人不仅应向买受人交付符合质量要求的标的物，而且应使标的物的所有权能全部转让给买受人，而无任何权利负担。

（2）权利瑕疵担保责任的适用要件。出卖人承担违反权利瑕疵担保义务的责任，须具备以下要件：

第一，买卖标的物上存在权利瑕疵。权利瑕疵包括第三人享有所有权、他物权及其他可对抗买受人的权利，例如，准物权、租赁权、知识产权等。如出卖人将他人之物出卖给买受人、出卖人将仿造他人专利产品制造的产品出卖给买受人等。就该要件，《合同法》（已失效）第150条表述为：出卖人就交付的标的物负有保证第三人不得向买受人"主张任

---

〔1〕 参见崔建远："物的瑕疵担保责任的定性与定位"，载《中国法学》2006年第6期。

何权利”的义务，而《民法典》第612条则规定为：出卖人就交付的标的物负有保证第三人不得向买受人“不享有任何权利的义务”。由此可见，《民法典》严格了出卖人承担责任的条件，即仅第三人就标的物向买受人主张权利并不使出卖人承担责任，只有第三人对标的物享有权利，换言之，仅在给买受人造成实质妨害的情况下，出卖人才应承担责任。

对权利瑕疵的存在时点，我国较多学者主张，权利瑕疵必须在买卖合同成立时已经存在。〔1〕

我们认为，权利瑕疵以买卖合同成立时存在最为典型，但不应以此为限。此种观点应是受权利瑕疵担保责任为独立责任模式的影响，采该模式的立法之所以强调权利瑕疵须于买卖合同成立时存在，是因为权利瑕疵于买卖合同成立时不存在但嗣后存在，则发生债务不履行或危险负担问题，不发生权利瑕疵担保责任。以此来凸显权利瑕疵担保责任独立于债务不履行责任的实益。在立法例上，《瑞士债务法》第192条第1款如此。我国台湾地区通说亦采此项见解。但若认为出卖人违反权利瑕疵担保义务的责任为违约责任，则权利瑕疵的存在时点亦可为买卖合同成立后、所有权移转之前。与这一问题有关，我国学者一般还主张权利瑕疵担保责任的构成要件包括“权利瑕疵在买卖合同成立后未能消除”。〔2〕

不过，若认为权利瑕疵担保责任的构成不以权利瑕疵必须在买卖合同成立时已经存在为要件，则这一要件并无必要。

第二，买受人在买卖合同成立时不知且不应知有权利瑕疵。《民法典》第613条规定：“买受人订立合同时知道或者应当知道第三人对买卖的标的物享有权利的，出卖人不承担前条规定的义务。”该条为有关权利瑕疵担保义务免除的规定。在逻辑上，该条属于第612条但书中“法律另有规定的除外”的情形，为第612条但书的具体规定。该条在整个权利瑕疵担保制度体系中，则为例外。在立法例上，《德国民法典》第439条第1款、《瑞士债务法》第192条第2款等均有类似规定。

该条规定，买受人订立合同时知道或者应当知道第三人对买卖的标的物享有权利的，出卖人不承担前条规定的义务。之所以如此规定，原因在于，买受人在订立合同时就知道或者应当知道标的物上存在权利瑕疵，仍然订立买卖合同的，意谓其自愿承受第三人对标的物享有权利的风险，法律无特别保护的必要。“明知故买，心甘情愿，非属不测损害，法律并无保护之必要。”〔3〕

该条的适用，需要注意以下要求：

要求一，买受人知道或应当知道第三人对标的物享有权利。“知道”是指买受人明知；“应当知道”是指买受人若尽合理注意义务，就能知道标的物上存在其他权利，仅因买受人自身的过失而致客观上不知标的物的权利瑕疵。有观点认为，应当知道是指买受人不知道标的物上的权利瑕疵有重大过失。买受人因轻微过失不知标的物上的权利负担时，不得视为已知，仍应由出卖人承担标的物上的权利瑕疵担保责任。〔4〕

我们认为，应依通常人的标准来判断，即如果一个普通人在订立合同时从相关情形应

〔1〕 魏振瀛主编：《民法》，北京大学出版社、高等教育出版社2000年版，第445~446页；李永军：《合同法》，法律出版社2005年版，第829页；崔建远：《合同法》，北京大学出版社2012年版，第412页；崔建远主编：《合同法》，法律出版社2016年版，第307页。

〔2〕 参见崔建远：《合同法》，北京大学出版社2012年版，第412页。

〔3〕 参见陈添辉：《买卖》，三民书局股份有限公司2006年版，第79页。

〔4〕 参见最高人民法院经济审判庭编著：《合同法释解与适用》（下），新华出版社1999年版，第702页。

了解到标的物上存在权利瑕疵，则为“应当知道”。

要求二，买受人知道或应当知道第三人对标的物享有权利的时间，限于合同订立时。也就是说，在订立买卖合同之前或者订立买卖合同时，买受人就知道标的物存在权利瑕疵。若买受人在买卖合同订立后才知道权利瑕疵的，出卖人应承担责任。

需厘清的是，如果买受人订立合同时不知标的物上有权利瑕疵，受让标的物时亦不知该瑕疵，嗣后才知悉标的物上存在权利瑕疵，此时出卖人应否对买受人承担责任？之所以提出该问题，主要原因在于：此时存在善意取得制度适用的空间。《民法典》第311条规定：“无处分权人将不动产或者动产转让给受让人的，所有权人有权追回；除法律另有规定外，符合下列情形的，受让人取得该不动产或者动产的所有权：（一）受让人受让该不动产或者动产时是善意……”因此，当买受人在与出卖人为交易时，若买受人“受让该不动产或者动产时是善意”，且符合善意取得制度的其他条件，则买受人可以善意取得标的物的所有权。若如此，因买受人业已取得无权利瑕疵的所有权，其利益未受损害，出卖人亦无须向买受人承担违反权利瑕疵担保义务的责任。

第三，当事人未另有特约。法律关于权利瑕疵担保义务的规定为任意性规定，此种义务及其责任可由当事人以约定限制或免除，因此，当事人以特约限制或免除出卖人担保责任的，出卖人不负有权利瑕疵担保责任。在立法例上，《法国民法典》第1627条、《德国民法典》第476条、《瑞士债务法》第199条等均如此。不过，在此情形，若出卖人故意不告知权利瑕疵或者保证标的物无权利瑕疵，则即使双方当事人有免责特约，宜认为出卖人仍应承担违反权利瑕疵担保义务的责任。《民法典》有关权利瑕疵担保的规定未就此作出明确规定，但《民法典》第618条规定：“当事人约定减轻或者免除出卖人对标的物瑕疵承担的责任，因出卖人故意或者重大过失不告知买受人标的物瑕疵的，出卖人无权主张减轻或者免除责任。”权利瑕疵担保的情形可以类推适用该规定。

（3）权利瑕疵担保责任的法律效果。在传统民法上，权利瑕疵担保责任的效果与违约责任是相同的。例如，我国台湾地区“民法”第353条规定：“出卖人不履行民法第348条至第351条所定之义务者，买受人得依关于债务不履行之规定行使其权利。”德国民法对此虽未设明文，但无论新旧民法均采取此项见解。

除《民法典》第614条规定了买受人的价款中止支付权外，我国《民法典》未完整规定出卖人违反权利瑕疵担保义务的法律效果。“《合同法》第150条只表明了出卖人有保证权利无瑕疵的义务，并没有涉及任何责任承担的内容，也就不能成为法院判决出卖人承担责任的法律依据。”〔1〕

我们认为，与违反物的瑕疵担保义务的后果一样，出卖人应根据合同编通则中违约责任的一般规定（尤其是第582~584条的规定）承担民事责任。此外，《民法典》第597条第1款规定：“因出卖人未取得处分权致使标的物所有权不能转移的，买受人可以解除合同并请求出卖人承担违约责任。”该条规定在一定程度上弥补了我国法律体系中权利瑕疵担保法律后果规定之缺失。

（四）自行或者委托第三人回收标的物义务

《民法典》第625条规定：“依照法律、行政法规的规定或者按照当事人的约定，标的物在有效使用年限届满后应予回收的，出卖人负有自行或者委托第三人对标的物予以回收

---

〔1〕金可可、贺馨宇：“我国买卖合同权利瑕疵担保制度研究”，载《江苏行政学院学报》2016年第6期。

的义务。”该条规定出卖人的回收义务，具有制度创新的意义。该条为《民法典》第9条规定的绿色原则的具体化。根据该条规定，出卖人回收义务的来源有二：一是法律、行政法规的规定。例如，2016年修订的《中华人民共和国固体废物污染环境防治法》（以下简称《固体废物污染环境防治法》）（已失效）第18条第2款规定：“生产、销售、进口依法被列入强制回收目录的产品和包装物的企业，必须按照国家有关规定对该产品和包装物进行回收。”二是当事人约定。即使法律、行政法规并未规定某种标的物应予回收，但当事人约定该标的物在有效使用年限届满后应予回收的，亦从其约定。负有回收义务的出卖人可自行回收或者委托他人对标的物予以回收。

二、买受人的基本义务

（一）支付价款的义务

买受人支付价款的义务是其承担的主给付义务。

1. 价款数额的确定。《民法典》第626条规定：“买受人应当按照约定的数额和支付方式支付价款。对价款的数额和支付方式没有约定或者约定不明确的，适用本法第五百一十条、第五百一十一条第二项和第五项的规定。”该条为价款的支付数额与支付方式的规定。买卖合同是出卖人交付并移转标的物所有权于买受人，买受人支付价款的合同，因此，支付价款是买受人的主给付义务。买卖合同一般会对价款的数额与支付方式作出约定，此时，买受人应按照约定的数额与支付方式支付价款。就价款的数额而言，实践中，当事人双方对价款的约定未必是确定的数额，有时表现为约定确定价格的方式，例如，在价格不断变动的情况下，当事人约定按履行当日国内某批发市场的价格来履行，此即“活价条款”。就支付方式而言，较为常见的支付方式如一次缴清或分期付款，邮汇、电汇或者现金支付，买受人亲自支付或由他人代为支付等。

如果当事人对价款的数额和支付方式没有约定或者约定不明确，则适用《民法典》第510条、第511条第2项和第5项的规定。换言之，当事人可以达成补充协议；若不能达成补充协议的，则按照合同有关条款、合同性质、合同目的或者交易习惯确定。如果还不能确定，对于价款，应按照订立合同时履行地的市场价格确定；对于履行方式，则按照有利于实现合同目的的方式履行。

2. 支付价款的地点。《民法典》第627条规定：“买受人应当按照约定的地点支付价款。对支付地点没有约定或者约定不明确，依据本法第五百一十条的规定仍不能确定的，买受人应当在出卖人的营业地支付；但是，约定支付价款以交付标的物或者交付提取标的物单证为条件的，在交付标的物或者交付提取标的物单证的所在地支付。”该条为价款的支付地点的规定。买卖合同一般会对价款支付地点作出约定，此时，买受人应按照约定的地点支付价款。如果当事人对价款的支付地点没有约定或者约定不明确，则当事人可以达成补充协议；若不能达成补充协议的，则按照合同有关条款、合同性质、合同目的或者交易习惯确定支付地点。如果还不能确定，则买受人应当在出卖人的营业地支付。

之所以要在“出卖人的营业地”支付，是因为在没有另外约定的情况下，出卖人的营业地是交易经常发生地点，一般也是出卖人（法人）的主要办事机构所在地，该主要办事机构所在地为法人的住所。在出卖人的营业地支付也是与《民法典》第511条第3项规定一致的。该项规定：“履行地点不明确，给付货币的，在接受货币一方所在地履行；交付不动产的，在不动产所在地履行；其他标的，在履行义务一方所在地履行。”“接受货币一方所在地”一般就是出卖人的营业地。

该条但书规定：“约定支付价款以交付标的物或者交付提取标的物单证为条件的，在交付标的物或者交付提取标的物单证的所在地支付。”此为对该条文所确立的一般规则所设的例外。双方当事人约定支付价款以交付标的物或者交付提取标的物单证为条件，亦即交付标的物或者交付提取标的物单证为支付价款的前提，出卖人负有先履行交付标的物或者交付提取标的物单证的义务。此时，买受人应在交付标的物或者交付提取标的物单证的所在地支付价款。该条中“提取标的物单证”应是指仓单、提单等货物所有权凭证。

3. 支付价款的时间。《民法典》第628条规定：“买受人应当按照约定的时间支付价款。对支付时间没有约定或者约定不明确，依据本法第五百一十条的规定仍不能确定的，买受人应当在收到标的物或者提取标的物单证的同时支付。”本条为价款的支付时间的规定。买卖合同一般会对价款支付时间作出约定，此时，买受人应按照约定的时间支付价款。如果当事人对价款的支付时间没有约定或者约定不明确，则当事人可以达成补充协议；若不能达成补充协议的，则按照合同有关条款、合同性质、合同目的或者交易习惯确定支付时间。如果还不能确定，则买受人应当在收到标的物或者提取标的物单证的同时支付。此种“同时支付”的要求是公平原则的体现。

（二）受领标的物的义务

受领是指取得标的物的占有。买受人有依合同或者交易习惯受领标的物的义务。值得探讨的是，买受人受领标的物的义务是否是主给付义务？对此，德国通说认为，买受人受领标的物的义务，有别于财产权以及价金，性质上并非买卖合同的要素，也未决定合同的类型，而且也不是对待给付义务的一部分，原则上并非主给付义务，仅属于从给付义务；买受人受领迟延时，出卖人仅可要求买受人承担迟延受领的损害赔偿责任，而不能解除买卖合同。但是，出卖人对买受人受领标的物具有重大利益时，例如，出卖人必须出清仓库旧品，使新货得以进入仓库，即可依合同明示或默示约定，使买受人受领标的物的义务成为主给付义务。此时，出卖人于买受人受领迟延时，可以立即解除合同，以另寻买主而出清存货。[1]

买受人受领标的物之后，应及时检验出卖人交付的标的物。对此，上述“出卖人的瑕疵担保义务”部分已有阐述，不再赘述。

（三）暂时保管与应急变卖拒绝受领的标的物

当出卖人交付给买受人的标的物具有瑕疵时，买受人可以拒绝受领，不过，在一定条件下，买受人负有暂时保管并应急变卖的义务。此种义务为买受人所承担的附随义务。详言之：

1. 保管义务。当买卖的标的物为异地交付，且出卖人在受领地无代理人时，依据诚实信用原则，买受人负有暂时保管的义务。买受人违反暂时保管义务并不影响其因标的物存在瑕疵而享有的权利，但应对出卖人招致的损害依不完全给付的规定承担责任。买受人履行暂时保管义务所支出的必要费用，可以要求出卖人偿还。对因承运人应负责的事由所生的瑕疵，而出卖人在受领地无代理人的，买受人也应代出卖人为确保其请求权的必要行为。此外，买受人暂时保管标的物时，应立即通知出卖人并催告其取回标的物，若催告期届满出卖人仍不取回或处理的，买受人应仅就故意或重大过失负责，而且买受人也可以出卖人的费用运回标的物。

2. 应急变卖义务。如果上述异地交付的标的物属于易败坏的物品，买受人应有义务以

---

〔1〕 参见黄立：《民法债编各论》（上），中国政法大学出版社2003年版，第96~97页。

市价变卖该标的物。买受人变卖的，应通知出卖人，并将变卖所得扣除变卖费用后交还给出卖人。

第三节 买卖合同中的风险负担

《民法典》第604~611条为买卖合同风险负担的规定。风险负担制度，始终是买卖法之核心问题。〔1〕

这些条文中的“风险”有特定含义，是指因不可归责于当事人的事由致使标的物毁损灭失的不利状态。相应地，风险负担是指风险发生后，此种不利状态或损失由谁来承担。在债法中，此种意义上的风险，一般包含两种情形：一是给付风险，二是价金风险。给付风险又称为履行风险，是指因不可归责于债务人之事由，致其基于契约所负之给付陷于不能时，债权人能否请求债务人重新另为给付。其法律上的意义为负担此危险之人，有义务使约定的给付，无论如何成为可能，且当该给付变为不可能时，不管其不能是否可归责于该负有危险之当事人，他皆应负债务不履行的责任。价金风险又称为对待给付风险，即因不可归责于双方当事人的事由，致标的物毁损灭失时，其价金之危险由谁负担的问题。〔2〕

给付风险的规定在于解决债务人就债之标的灭失，有无再为给付义务，而对待给付的危险，在于决定一方给付标的物灭失时，如无再为给付义务，他方有无对待给付义务。《民法典》第604~611条中的“风险”，文义上包括给付风险与对待给付风险。不过，根据规范体系，均应限缩解释为对待给付风险。

一、未违约时买卖合同风险负担的一般规则

（一）交付主义的一般规则

《民法典》第604条规定：“标的物毁损、灭失的风险，在标的物交付之前由出卖人承担，交付之后由买受人承担，但是法律另有规定或者当事人另有约定的除外。”该条确立了买卖合同中风险负担的一般规则，即以“交付”作为分配买卖合同中标的物毁损灭失的风险的一般规则，而未采纳合同订立、所有权移转等标准，〔3〕此与当今世界上大多数国家或地区的立法一致。如《德国民法典》第446条、《奥地利民法典》第1064条与第1051条、我国台湾地区“民法”第373条、〔4〕《美国统一商法典》第2-509条、《联合国国际货物销售合同公约》第69条、《日本民法典》第567条等均采交付标准。虽然交付主义为买卖合同风险负担的一般规则，但也要注意它在整个债法的对待给付风险负担规则体系中的地位。

合同中的均衡与公平思想“回答如何公平地分配与合同相关的负担和风险的问

---

〔1〕参见宋晓明、张勇健、王闯：“《关于审理买卖合同纠纷案件适用法律问题的解释》的理解与适用”，载《人民司法》2012年第15期。

〔2〕参见黄茂荣：《买卖法》，中国政法大学出版社2002年版，第438~439页。

〔3〕我国也有主张采纳所有人主义的观点。可参见王轶：“论买卖合同标的物毁损、灭失的风险负担”，载《北京科技大学学报（社会科学版）》1999年第4期；王雪琴：“风险负担规则中的‘交付主义’模式之质疑——以我国物权法与合同法的对接为切入点”，载《法商研究》2009年第4期；等等。

〔4〕黄立认为，关于特定物之买卖契约，采所有人主义（我国台湾地区“民法”第373条）。参见黄立：《民法债编总论》，中国政法大学出版社2002年版，第551页。

题。”[1] 在双务合同中，债务人的给付与债权人的对待给付之间具有对价关系，债务人与债权人均可期待从对方获得与自己所作给付主观等价的对待给付。若因不可归责于双方当事人的事由致使标的物毁损灭失，即发生“风险”的，依各国或地区民法的通例，一般实行“债务人主义”的风险负担规则——标的物因风险而毁损灭失致使债务人履行不能的，债务人免给付义务，而对债权人而言，由于其并未从债务人处获得给付，基于交换正义的要求，债权人即应免于对待给付；若债权人已向债务人有所给付，则债务人应向债权人返还已受领的给付。[2]

“债务人主义较能说明双务契约本质上存续之牵连性，为交换的公平理念所要求。”[3]《奥地利普通民法典》第1064条、《德国民法典》第326条、《泰国民法典》第372条、我国台湾地区“民法”第266条均有体现。而买卖价金风险突破了双务合同“无给付即无对待给付”的一般原则，系对待给付风险负担的例外。买卖价金风险因交付而移转于买受人，此后标的物意外毁损灭失，出卖人因给付风险已移转而不必再为给付，买受人的价金义务却并不消失，拒绝对待给付的抗辩被排除。据此，给付风险与对待给付风险均由买受人承担。其实质在于：因标的物交付，而例外地移转了原则上应终局停留于债务人（出卖人）处的对待给付风险。[4]

（二）交付主义的优点

在买卖合同中以交付作为价金风险移转的时点，主要具有以下几个方面的优点：

1. 符合交易公平的观念。“交易公平的内涵，本具有互惠的本质，最简单的理解是：买方可以获得符合商品品质的商品，卖方应该得到其出卖商品价格的价金，对价关系建立在互惠的利益均衡之上，有其相对的客观性。以此交易公平的理念，可以导出：商品交付前之危险负担，归于出卖人，价金给付前之危险负担，归于买受人。盖未交付前，交易之他方未因商品交易获得利益之故。”

2. 保持风险的负担与利益享有之间的一致性。享受利益者应负担风险，此即“利益之所在，危险之所在”的原则。而买卖标的物必须先入于一个人的事实管领之下，他才有可能对之为使用收益、享受标的物的利益，因此，使对标的物具有事实上的管领力的当事人承担风险才堪称妥当。以占有的移转为特征的交付决定着买卖标的物事实管领力的归属，进而决定标的物利益的归属，因此，在买卖标的物风险的负担上采交付主义有助于实践“利益之所在，危险之所在”的原则。“交付移转价金风险的正当性在于，交付后在买卖双方内部关系中，即以买受人为标的物经济利益之归属主体。”[5]

3. 形成控制风险的有效激励。只有当标的物已入于某人的事实管领下，他才有可能对在该物上所发生的一切不测事件，进行必要的防范，以免发生损害。也就是说，管领者更有利于防范风险。因此，以决定标的物管领的变动的交付作为确定买卖标的物风险移转的时点，有助于风险的防范。

4. 使风险负担的确定清楚明了，有助于减少纠纷或便利纠纷的解决。在标的物毁损灭失以后，如果确定风险负担的标准是清楚、明确的，那么当事人之间就很难发生纠纷，即

[1] [德] 卡尔·拉伦茨：《德国民法通论》（上），王晓晔等译，法律出版社2004年版，第62页。
[2] 参见易军：“民法公平原则新诠”，载《法学家》2012年第4期。
[3] 苏俊雄：《契约原理及其实用》，中华书局1978年版，第150页。
[4] 参见吴香香：“《合同法》第142条（交付移转风险）评注”，载《法学家》2019年第3期。
[5] 吴香香：“《合同法》第142条（交付移转风险）评注”，载《法学家》2019年第3期。

便发生纠纷，解决争议也相当便捷与迅速。与所有人主义相比，交付主义确实具有简单明了的优点，在一般的情况下，通过考察标的物占有的移转这一客观的行为即可获悉标的物风险负担的状况。

（三）交付与所有权移转

本条中的“交付”是否包括所有权的移转？交付应仅指移转占有，而不管所有权是否也随之移转，[1] 并不当然含有办理登记手续等因素。因此，动产买卖、不动产买卖均适用交付移转风险的规则。在实践中，权利登记与物之交付多非同时发生，当双方当事人进行不动产买卖时，若卖主先移转不动产占有，后办理所有权移转登记手续，或者先办理登记后交付的，风险均自移转不动产占有时起移转于买方，而不是自办理完所有权登记时移转。当标的物已交付但未移转所有权时，例如，出卖的房屋已交付买受人使用，但尚未办理登记，此时，一旦交付标的物，该标的物的风险就移转给买受人。因为标的物既然实际上已入于买受人的管领范围，即所有权之未移转仅属该物之归属问题而已，买受人既已承受该物之利益，自不能让出卖人负担危险。我国司法实践亦采此种见解。例如，《最高人民法院关于审理商品房买卖合同纠纷案件适用法律若干问题的解释》第8条第2款规定：“房屋毁损、灭失的风险，在交付使用前由出卖人承担，交付使用后由买受人承担；买受人接到出卖人的书面交房通知，无正当理由拒绝接收的，房屋毁损、灭失的风险自书面交房通知确定的交付使用之日起由买受人承担，但法律另有规定或者当事人另有约定的除外。”

当标的物的所有权已移转但未交付时，如出卖人已办完房屋的登记手续，但尚未交付该房屋，此时，标的物的风险应否移转？理论上对此存在着不同观点。例如，有学者主张，所有权既已移转，标的物纵未交付，危险亦应由买受人承担，盖买受人既已取得所有权，则依“天灾归所有人负担”之法谚，理应如此。[2]

我们认为，交付与所有的内涵不同。所有强调的是对系争之物本权的拥有之有无，交付是对该买卖标的物事实管领力之有无，因此，在根据交付主义来判断标的物是否已“交付”从而确定该标的物的风险是否已移转时，不得将两者混淆。既然我国现行法律未对不动产买卖的风险负担作出特别规定，则不动产买卖亦应实行交付主义。

二、未违约时买卖合同风险负担的特殊规则

在一些具体的买卖合同类型中，其风险负担规则往往偏离了交付主义这一一般规则。这主要有以下几种类型：

1. 路货买卖。路货买卖，又称在途货物的买卖或途中物的买卖，是指货物已在运输途中，出卖人寻找买受人，出卖在途货物的买卖。此种形式的买卖在海上运输贸易中较为普遍，常常是出卖人将合同标的物装上开往某一地点的轮船，然后再来寻找买主，签订买卖合同。

对此种形态的买卖而言，在合同订立时，由于货物已在船上或其他运输工具上，双方都难以知道货物是否已毁损灭失，也难以判断货物的毁损灭失发生在运输过程中的哪一个阶段，因此就难以确定到底是由出卖人还是由买受人来承担风险。鉴于此种买卖的特殊性，

---

[1] 参见［德］罗伯特·霍恩等：《德国民商法导论》，楚建译，中国大百科全书出版社1996年版，第132页。

[2] 参见郑玉波：《民法债编各论》（上），三民书局1992年版，第73页。类似观点，参见梅仲协：《民法要义》，中国政法大学出版社1998年版，第341页；邱聪智：《新订债法各论》（上），中国人民大学出版社2006年版，第121、125页。

《联合国国际货物销售合同公约》第68条、我国澳门地区《民法》第932条等原则上将合同成立之时作为风险移转的时间。

《民法典》第606条规定："出卖人出卖交由承运人运输的在途标的物，除当事人另有约定外，毁损、灭失的风险自合同成立时起由买受人承担。"该条借鉴了《联合国国际货物销售合同公约》的规定，将合同成立的时间作为风险从出卖人移转到买受人的时间。该条所建立的由买受人承担风险的路货买卖风险负担规则，总体上是合理的。我国学者认为，该条规定实际上是交付移转风险规则的具体化，因为在买卖在途货物的情形下，标的物已经交由承运人运输，出卖人已经丧失了对标的物的控制，而买受人则可以在收到标的物后及时调查货物毁损、灭失的情况。[1] 也有学者认为，路货买卖为代送买卖的特例。[2] 无论如何，该条应为《民法典》第604条所规定的交付原则的例外。[3] 由于该条规定风险"自合同成立时起"移转，而并未作出其他限制，因此，即使出卖人未交付提取标的物的单证或者其他有关单证和资料，也不影响风险的移转。

2. 涉及买卖物运输时的风险负担。《民法典》第607条第1款规定："出卖人按照约定将标的物运送至买受人指定地点并交付给承运人后，标的物毁损、灭失的风险由买受人承担。"该款为有关买卖物运输时的风险负担规则。在买卖过程中，常常涉及标的物的运输问题。立法上需要就此设立风险负担规则。国际性条约或示范法一般区分出卖人有无义务在特定地点交付标的物而分别设置规则。例如，《联合国国际货物销售合同公约》第67条第1款、《欧洲示范民法典草案》第Ⅳ. A-5：202条等区分卖方有无义务在特定地点交付货物而确立了不同的风险负担规则。

在我国《合同法》（已失效）中，第145条（即《民法典》第607条）实质上是规定了出卖人无义务在特定地点交付标的物的情况，而出卖人有义务在特定地点交付标的物的情况则尚付之阙如。事实上，实践中买卖双方约定在某一地点装运货物以运交买方的情况是大量存在的，而在国际贸易中往往存在这种情形——内陆国家的出口商或内地出口商需在临近的港口交货（特定地点），以便承运人将货物运交给买方，而在该港口交货之前，需要将货物运抵该港口（卖方通过自己的运输工具运输或者雇佣独立的运输公司运输），而在此阶段，货物有可能因不可归责于双方当事人的事由而毁损灭失，因此有必要就此种情形加以规制。《联合国国际货物销售合同公约》第67条第1款第2句、《欧洲示范民法典草案》第Ⅳ. A-5：202条第3款即为满足此种情形所设置的规定。有鉴于此，《买卖合同司法解释》第12条借鉴《联合国国际货物销售合同公约》第67条第1款第2句、《欧洲示范民法典草案》第Ⅳ. A-5：202条作出了类似规定。

《民法典》第607条第2款吸纳了《买卖合同司法解释》第9条的规定。据此，出卖人按照约定将标的物运送至买受人指定地点并交付给承运人后，标的物毁损、灭失的风险由买受人承担。例如，中国某出口商与某美国进口商订立买卖合同，因中国出口商的货物在新疆，双方当事人在买卖合同中约定出卖人须在上海港交付标的物。由于上海港是双方当事人指定的交付地点，因此，出卖人必须自己承担将货物从新疆运至上海的风险，即使他委托独立的运输公司完成这一段距离的运输，货物在此期间发生遗失或者损坏，卖方也必

---

〔1〕 参见朱晓喆："我国买卖合同风险负担规则的比较法困境——以《买卖合同司法解释》第11条、14条为例"，载《苏州大学学报（哲学社会科学版）》2013年第4期。

〔2〕 参见吴香香："《合同法》第142条（交付移转风险）评注"，载《法学家》2019年第3期。

〔3〕 参见最高人民法院经济审判庭编著：《合同法释解与适用》（下），新华出版社1999年版，第679页。

须自己承担相应的风险。只有在卖方在上海港将货物交付给承运人以后，风险才由卖方转移给买方。[1]

该款的表述是“出卖人按照约定将标的物运送至买受人指定地点并交付给承运人”。这里实际上涉及两个不同的承运人：一是“将标的物运送至买受人指定地点”的承运人，二是在指定地点受领货物的“承运人”。就出卖人而言，前一个承运人居于履行辅助人的地位。“出卖人也可能委托承运人将标的物运送至特定地点，在此距离区间，承运人是出卖人的履行辅助人，价金风险并非自货交‘第一’承运人，而是货交‘第一独立’承运人时移转。”[2]

根据该条的规定，如果卖方在错误地点将货物交付给承运人，则风险并不转移。例如，甲、乙双方当事人在买卖合同中约定，卖方必须将货物在某机场交付给承运人某国际物流公司。由于错误，甲在一个国内机场而不是约定的国际机场将货物交给了承运人。此时风险并不移转，仍应由出卖人甲承担。[3]

3. 交付地点不明时的风险负担。《民法典》第607条第2款规定：“当事人没有约定交付地点或者约定不明确，依据本法第六百零三条第二款第一项的规定标的物需要运输的，出卖人将标的物交付给第一承运人后，标的物毁损、灭失的风险由买受人承担。”该款为有关交付地点无约定或约定不明时的风险负担规定。我国民法以“交付”作为买卖合同中标的物毁损灭失风险移转的一般判断标准。但如果交付地点不明确，则出卖人不知道应将标的物交到何处，从而难以确定其应履行的义务，由此也引发如何确定标的物风险负担的问题。

就标的物的交付地点，《民法典》第603条规定：“出卖人应当按照约定的地点交付标的物。当事人没有约定交付地点或者约定不明确，依据本法第五百一十条的规定仍不能确定的，适用下列规定：（一）标的物需要运输的，出卖人应当将标的物交付给第一承运人以运交给买受人；（二）标的物不需要运输，出卖人和买受人订立合同时知道标的物在某一地点的，出卖人应当在该地点交付标的物；不知道标的物在某一地点的，应当在出卖人订立合同时的营业地交付标的物。”此条根据涉及标的物交付地点的各种具体情形详设规范，有助于确定各该情形下标的物的交付地点。就标的物需要运输的情形而言，该条规定“出卖人应当将标的物交付给第一承运人以运交给买受人”，实际上是将第一承运人所在地确立为交付地点。不过，该条并没有解决这种情形下标的物毁损灭失的风险负担问题。针对此种当事人没有约定交付地点或者约定不明确而标的物需要运输的情形，《民法典》第607条第2款作出明文规定。该规定也是交付主义原则的例外。[4]

就本条的适用，需注意的是：其一，本条中的“交付”是指占有的移转。在一般情况下，当货物已经被置于承运人的控制范围内时，货物就将被视为已经交付运输。例如，甲向乙出售10台电脑。双方约定，甲安排将货物运输到乙的营业地点。甲雇了一位独立承运人来运输货物。风险在货物被交付给承运人时移转。法律之所以如此设计风险负担规则，

---

〔1〕参见高旭军：《〈联合国国际货物销售合同公约〉适用评释》，中国人民大学出版社2017年版，第375页。

〔2〕吴香香：“《合同法》第142条（交付移转风险）评注”，载《法学家》2019年第3期。

〔3〕参见欧洲民法典研究组、欧盟现行私法研究组编著：《欧洲私法的原则、定义与示范规则：欧洲示范民法典草案》（第四卷），于庆生等译，法律出版社2014年版，第156页。

〔4〕参见最高人民法院经济审判庭编著：《合同法释解与适用》（下），新华出版社1999年版，第682页。

主要是考虑到在标的物需要运输的情形下，第一承运人实际上处于买受人的受领辅助人的地位，其接受标的物就等同于买受人接受标的物，因此，标的物交给第一承运人后的风险应由买受人承担。其二，本条中“标的物需要运输的”，依《买卖合同司法解释》第8条的规定，是指标的物由出卖人负责办理托运，承运人系独立于买卖合同当事人之外的运输业者的情形。若承运人非独立于买卖合同当事人，则或为出卖人履行辅助人，或为买受人履行辅助人，不能以“交付”作为风险负担移转的时点。此有别于卖方送货上门的赴偿之债和买方自提的往取之债。[1] 其三，本条使用了“第一承运人”的表述，意谓涉及多个承运人的情形。第一承运人，是在运输过程中，从出卖人处取得标的物，第一个开始运输标的物的人。就标的物的运输，可能仅有一个承运人，也可能还有其他承运人。在涉及多个承运人的情况下，出卖人将标的物交付给第一承运人就认为已完成交付，标的物风险自出卖人将标的物交付给该第一承运人时起移转给买受人。至于第一承运人是否将该标的物交付给第二承运人、交付给第二承运人时是否交付迟延等，均不影响风险的移转。

三、违约时买卖合同的风险负担

1. 因买受人原因致使标的物不能如期交付时的风险负担。《民法典》第605条规定：“因买受人的原因致使标的物未按照约定的期限交付的，买受人应当自违反约定时起承担标的物毁损、灭失的风险。”该条为有关因买受人原因致使标的物不能如期交付的风险负担规则。该条在性质上为完全法条。其适用要件为“因买受人的原因致使标的物未按照约定的期限交付”，若满足该要件，则发生“买受人应当自违反约定时起承担标的物毁损、灭失的风险”的法律效果。

根据《民法典》第604条，买卖合同风险负担一般规则为交付主义，即只有当出卖人将标的物“交付”给买受人，标的物毁损灭失的风险才移转给买受人。当出卖人不交付时，应由出卖人承担风险；当出卖人交付迟延时，在迟延期间标的物毁损灭失的，因标的物尚未交付，亦应由出卖人承担风险。但在标的物不能如期交付是由于买受人的原因造成的情况下，若仍坚持交付的标准，仍使出卖人承担风险，则对出卖人殊为不公。因此，该条规定，因买受人的原因致使标的物未按照约定的期限交付的，买受人应当自违反约定时起承担标的物毁损、灭失的风险。此时，虽然给付尚未完成，但使风险移转到买受人身上，其原因在于出卖人已完成了所有需要他做的事情。[2]

换言之，法律制裁买受人，加重了买受人的风险责任，使其在标的物没有交付时，即承担标的物上的风险责任。在与《民法典》第604条有关交付主义一般规则的关系上，本条属于第604条规定的例外情形。本条所言“因买受人的原因致使标的物未按照约定的期限交付”强调的是标的物未按照约定的期限交付是由于买受人的原因所导致的，其中因买受人的过错导致标的物交付迟延较为普遍。如果标的物未按照约定的期限交付是由于不可抗力所致，则不属于买受人“原因”，不能发生风险移转给买受人的效果。它一般包括以下情形：其一，合同约定应由买受人自提货物，买受人未在约定期限内提取标的物，使出卖人不能及时向买受人交付标的物；其二，合同约定由出卖人送货，出卖人通知买受人收货，因买受人未做好收货准备，致该标的物不能及时交付；其三，出卖人代办托运，承运人通

---

〔1〕 最高人民法院民事审判第二庭编著：《最高人民法院关于买卖合同司法解释理解与适用》，人民法院出版社2012年版，第18页。

〔2〕 参见［德］罗伯特·霍恩、海因·科茨、汉斯·G. 莱塞：《德国民商法导论》，楚建译，中国大百科全书出版社1996年版，第132页。

知买受人收货，因买受人未做好收货准备，致该标的物不能及时交付；其四，买受人负有先给付价款的义务，但实施一时履行不能、拒绝履行、迟延履行、不完全履行等违约行为；其五，买受人在出卖人交付期限届满前对标的物实施侵权行为致标的物毁损，使出卖人无法按约定期限交付标的物，买受人应承担自约定交付期限至实际交付期限这段时间内标的物毁损灭失的风险；此时，出卖人还可以要求买受人承担侵权责任。

2. 买受人不履行收取标的物义务时的风险负担。《民法典》第608条规定："出卖人按照约定或者依据本法第六百零三条第二款第二项的规定将标的物置于交付地点，买受人违反约定没有收取的，标的物毁损、灭失的风险自违反约定时起由买受人承担。"该条为买受人不履行收取标的物义务时的风险负担。该条在性质上为不完全法条。在构成要件上，须适用《民法典》第603条第2款第2项的规定，因此为引用性法条。若满足该条所定条件，则发生"标的物毁损、灭失的风险自违反约定时起由买受人承担"的法律效果。

在买卖合同中，出卖人负有交付标的物义务，买受人则负有及时受领标的物的义务。若买受人违反该义务，则应承担受领迟延的违约责任。若在受领迟延期间标的物毁损灭失，该风险应由谁承担？本条规定的正是买受人受领迟延时，标的物毁损灭失的风险负担问题。

当出卖人根据买卖合同约定将标的物置于交付地点，出卖人即已完成交付；或者虽然买卖合同没有约定交付地点或者约定不明确，而标的物不需要运输，出卖人已将标的物置于交付地点，出卖人即已完成交付。具体言之，双方当事人订立合同时知道标的物在某一地点的，以该地点为交付地点；不知道标的物在某一地点的，以出卖人订立合同时的营业地为交付地点，将标的物置于该地点，则买受人即已完成交付。既然出卖人已为交付，则买受人无正当理由未及时受领即构成受领迟延。在受领迟延期间，标的物毁损灭失的，自应由买受人承担风险。"标的物的风险移转一般应遵循交付主义原则，自交付时起移转于买受人，但债务人却因债权人不予受领，无法完成标的物的交付，这使债务人的债务无法消灭，使其承担了过重的风险。因此，基于公平原则，法律认为，此时标的物上的风险应自买方迟延受领时起，移转于买方。"[1]

值得注意的是，本条规定"出卖人按照约定或者依据本法第六百零三条第二款第（二）项的规定将标的物置于交付地点"，这里的"约定"不应仅解释为"出卖人按照约定的地点将标的物置于交付地点"，而是应解释为"出卖人交付标的物的时间，以及交付的标的物的数量、品种、规格等符合约定"。否则，买受人有权不予受领，自不应使买受人承担风险。本条规定"买受人违反约定没有收取"，不以其有过错为限，即只要买受人客观上应受领而未受领，就构成受领迟延。当然，依《民法典》第590条，由于不可抗力导致买受人受领迟延的除外。

3. 出卖人不完全履行时的风险负担。《民法典》第610条规定："因标的物不符合质量要求，致使不能实现合同目的的，买受人可以拒绝接受标的物或者解除合同。买受人拒绝接受标的物或者解除合同的，标的物毁损、灭失的风险由出卖人承担。"该条为出卖人瑕疵给付时的风险负担问题。该条在性质上为完全法条。确立了两条完整的规范。一为符合"因标的物不符合质量要求，致使不能实现合同目的"的条件，则发生"买受人可以拒绝接受标的物或者解除合同"的法律效果。二为符合"因标的物不符合质量要求，致使不能实现合同目的，从而买受人拒绝接受标的物或者解除合同"的条件，则发生"标的物毁损、

---

〔1〕 最高人民法院经济审判庭编著：《合同法释解与适用》（下），新华出版社1999年版，第685页。

灭失的风险由出卖人承担”的法律效果。

(1)《民法典》第610条第1句。该句规定，因标的物不符合质量要求，致使不能实现合同目的的，买受人可以拒绝接受标的物或者解除合同。买受人要主张救济，必须满足“标的物不符合质量要求，致使不能实现合同目的”的条件。“标的物不符合质量要求”，应根据具体情形判断：在合同约定了质量要求时，应是指不符合该约定的质量要求；在出卖人提供了有关标的物质量说明时，应是指不符合该说明的质量要求；若无约定质量要求与质量说明，则是指不符合按照合同有关条款、合同性质、合同目的或者交易习惯确定的质量要求；若仍无法确定，则可根据《民法典》第511条来确定是否符合质量要求。“致使不能实现合同目的”是一个弹性标准，需由法院依据个案情况加以判断。我国在制定《合同法》时，在合同解除、风险负担规则等方面曾借鉴过《联合国国际货物销售合同公约》的有益经验。《联合国国际货物销售合同公约》第25条有关根本违约的规定可以作为我国法院判断“致使不能实现合同目的”的参考。《联合国国际货物销售合同公约》第25条规定：“一方当事人违反合同的结果，使另一方当事人蒙受损害，以至于实际上剥夺了他根据合同有权期待得到的东西，即属根本违约，除非违反合同的一方并不预知而且一个同等资格、通情达理的人处于相同情况下也没有理由预知会发生这种结果。”因此，从一个普通人的视角出发，当一方违约，致使另一方蒙受损害，以至于实际上剥夺了其依合同能期待得到的利益，可认定构成“致使不能实现合同目的”。

如果符合该条件，则买受人可以寻求救济，具体的救济措施表现为拒绝接受标的物或者解除合同。值得注意的是，《民法典》第563条规定：“有下列情形之一的，当事人可以解除合同：……（四）当事人一方迟延履行债务或者有其他违约行为致使不能实现合同目的……”《民法典》第610条所规定的“因标的物不符合质量要求，致使不能实现合同目的的”，应属于第563条所规定的“有其他违约行为致使不能实现合同目的”的具体情形之一。在此意义上，两者之间存在着抽象规定与具体规定的关系。当然，相较于第563条，本条规定的救济措施，不仅包括解除合同，还包括拒绝接受标的物。拒绝接受标的物与解除合同不同，它并不消灭当事人之间的买卖合同关系。

(2)《民法典》第610条第2句。本句规定了出卖人不完全给付时，标的物毁损灭失时的风险负担问题。该句规定，买受人拒绝接受标的物或者解除合同的，标的物毁损、灭失的风险由出卖人承担。

当出卖人交货不符合质量要求，导致买受人拒收该标的物，或者买受人解除合同并已向出卖人返还该标的物后，该标的物毁损灭失的，无论是根据该款规定，还是根据第604条交付主义的一般规则，其风险应由出卖人承担。对此应无疑义。此外，出卖人交付的标的物虽不符合质量要求，但并未使合同目的不能实现的，买受人无权拒绝接受标的物以及解除合同，此时在出卖人交付后，标的物的风险应由买受人承担。不过，尚待明确的是，出卖人交货不符而买受人未拒收或不解除，或者买受人接受标的物后行使解除权期间，标的物毁损灭失的，应由谁承担风险？

对出卖人交付标的物不符合质量要求而买方未拒收或不解除合同的情形，宜认为，风险移转于买受人，即应由买受人承担风险。因为买受人在可拒收的情况下予以接受或在可解除合同的情况下选择不解除合同，视为买受人同意出卖人按标的物的现状作出履行，因此买受人应当承担风险，不过，其可行使的减价请求权等救济权利不受影响。

买受人接受标的物后行使解除权期间，标的物毁损灭失的，应如何处理？即买受人向出卖人作出解除合同的意思表示后，在将标的物返还给出卖人前，标的物毁损灭失的，应由谁承担风险？例如，在标的物具有隐蔽瑕疵的场合，出卖人交付标的物时买受人往往难以知悉标的物的瑕疵状况，因此买受人有可能在受领标的物后才行使解约权。对此，在《民法典》颁布之前，理论上存在不同观点。一种观点认为，《合同法》（已失效）第 97 条并未规定标的物毁损灭失时解除权人不承担责任，而是一般性地规定“已经履行的，根据履行情况和合同性质，当事人可以要求恢复原状、采取其他补救措施”，因此，在标的物毁损灭失使得解除权人无法返还原物时，解除权人仍应承担返还价款的责任。并且，此处也没有对标的物因意外而毁损灭失时解除权人的责任作出特别规定，因此，在标的物因不可归责于买受人的事由而毁损灭失时，买受人应承担返还价款的义务，也就是说，此时，由买受人承担标的物毁损灭失的风险。〔1〕另一种观点则认为，该条并未指明风险发生时间，依文义，风险发生在拒绝接受或解除合同之前还是之后，在所不问。〔2〕《合同法》（已失效）第 148 条中，买受人解除合同而导致标的物毁损、灭失的，风险回转的法律效果应当及于解约之前。例如，《美国统一商法典》第 2-510（1）（2）条中，风险从一开始就由出卖人承担。〔3〕

在举证责任上，买受人主张应由出卖人承担标的物毁损灭失风险的，应对因标的物不符合质量要求，致使不能实现合同目的承担举证责任。出卖人否认买受人主张的，则应就标的物符合质量要求，或者标的物虽不符合质量要求，但仍能实现合同目的承担举证责任。在买受人举证证明标的物不符合质量要求，致使不能实现合同目的时，出卖人亦可举证证明买受人已放弃行使拒绝权或解除权，从而主张由买受人承担标的物毁损灭失的风险。

4. 风险负担不影响违约责任。《民法典》第 611 条规定：“标的物毁损、灭失的风险由买受人承担的，不影响因出卖人履行义务不符合约定，买受人请求其承担违约责任的权利。”该条的规范目的在于确保买受人对出卖人的违约行为所享有的各种救济措施不被风险移转的法律效果所减损。该条为说明性法条，其并未确立明确的构成要件与法律效果，而在于宣示：当出卖人履行义务不符合约定，且标的物毁损灭失的风险由买受人承担时，不影响买受人请求出卖人承担违约责任的权利。

当出卖人履行债务不符合约定时，买受人享有请求其承担违约责任的权利，此为理所当然。《民法典》合同编通则的“违约责任”章基本上都是在解决这一问题。本条并不是要重复违约责任一章的规定，而是在处理出卖人不履行约定场合，违约责任与风险负担之间的关系问题。该规定表明：其一，出卖人履行债务不符合约定，并不意味着出卖人一概要承担标的物毁损灭失的风险。风险由出卖人还是由买受人承担，不以出卖人是否违约为依据，而应依风险负担的规则来确定。完全有可能产生出卖人因履行债务不符合约定而需承担违约责任，但标的物毁损灭失的风险应由买受人承担的现象。其二，即使依照风险负担规则，买受人承担了标的物毁损灭失的风险，但若出卖人履行债务不符合约定的，买受人仍可要求出卖人承担违约责任。如果出卖人履行迟延或不完全履行，买受人受领标的物后，该标的物因不可归责于买受人的事由而毁损灭失，此时，应由买受人承担风险，但买受人有权要求出卖人承担履行迟延或不完全履行的违约责任。其三，出卖人履行债务不符合约定，买受人仍受领标的物，并因此承担标的物毁损灭失的风险的，出卖人不能以买受

---

〔1〕 参见宁红丽：《我国典型合同理论与立法完善研究》，对外经济贸易大学出版社 2016 年版，第 120 页。

〔2〕 参见周江洪：“风险负担规则与合同解除”，载《法学研究》2010 年第 1 期。

〔3〕 参见刘洋：“根本违约对风险负担的影响——以《合同法》第 148 条的解释论为中心”，载《华东政法大学学报》2016 年第 6 期。

人已接受标的物或风险已移转为由主张不承担违约责任。在合同当事人违约的情形下，买受人接受标的物，只是表明占有发生了移转，但并非表明买受人认可标的物，更不表明买受人放弃了追究出卖人的责任。

与典型的法条结构——构成要件具备，则法律效果产生——不同，本条的逻辑结构颇为特殊。就第611条而言，并非意味着只有具备本条前段规定的要件，才可发生买受人请求出卖人承担违约责任的效果，该条也没有规定某种具体的风险在出卖人与买受人之间转移时点的标准，而是在于宣示：出卖人履行债务不符合约定时，即使此时买受人承担了标的物毁损灭失的风险，出卖人仍应向买受人承担违约责任。

本条前后句之间的关系应作如下理解：其一，出卖人履行债务不符合约定。此时，买受人即享有请求其承担违约责任的权利。其二，买受人应承担标的物毁损灭失的风险。在出卖人履行债务不符合约定的情况下，买受人又应承担标的物毁损灭失风险的情形，主要包括：一是出卖人迟延履行，但已向买受人交付标的物；二是出卖人向买受人交付的标的物不符合质量要求，但未到达影响合同目的实现的程度，此时买受人不能解除合同；三是出卖人向买受人交付的标的物不符合质量要求，且已影响合同目的的实现，但买受人放弃拒收权或解除权，仍受领标的物；四是当事人约定标的物毁损灭失的风险交付前由买受人承担；五是依《民法典》第607条，出卖人将标的物交付给第一承运人后，标的物毁损灭失；六是依《民法典》第608条，出卖人将标的物置于交付地点，买受人违反约定没有收取标的物。在这两方面的前提下（出卖人履行债务不符合约定，以及买受人承担了标的物毁损灭失的风险），买受人仍享有请求出卖人承担违约责任的权利。

5. 未交付单证、资料与风险承担。《民法典》第609条规定："出卖人按照约定未交付有关标的物的单证和资料的，不影响标的物毁损、灭失风险的转移。"该条规定旨在解决出卖人未交付有关标的物的单证和资料，是否对标的物毁损灭失风险负担产生影响的问题。该条在性质上为说明性规范，因为它并未确立明确的构成要件与法律效果，主要在于宣示出卖人未交付有关标的物的单证和资料时，是否影响标的物毁损灭失风险的负担。

《民法典》第598条与第599条规定了出卖人向买受人交付提取标的物的单证，以及交付提取标的物单证以外的有关单证和资料的义务。该条解决的是出卖人交付单证和资料义务与标的物毁损灭失风险负担的关系问题。该条中"有关标的物的单证和资料"，从文义上看，应是指所有关于标的物的单证和资料，即《民法典》第598条与第599条两个条文中所指的单证和资料。换言之，这些单证和资料包括表彰所有权的凭证以及表彰所有权凭证以外的单证，前者如货物的仓单、提单等，后者如商业发票、说明书、产品合格证、质量检验报告、保修单、产品检疫书、产地证明等。不过，应对本条中"有关标的物的单证和资料"作目的性限缩，即仅限于标的物所有权凭证以外的其他单证和资料。如果是表彰标的物所有权的凭证，则此类单证的交付即视同标的物交付，不仅标的物所有权移转给买受人，标的物毁损灭失的风险亦应移转给买受人。反之，因出卖人交付标的物所有权凭证以外的其他单证和资料并非出卖人的主给付义务——交付标的物，才有可能发生以"交付标的物"作为风险移转的标准，而非以"交付有关标的物的单证和资料"作为风险移转的标准的现象。只有以下这种情况存在例外：出卖人按照约定未交付有关标的物的单证和资料，不影响标的物毁损、灭失风险的转移。"本条规定仅适用于出卖人没有交付与标的物有关的单证和资料，而不适用于提取标的物的单证。如没交付提取标的物的单证的，标的物风险不转移；已交付的，标的物风险则由买方承担，因为交付提取标的物的单证即视为交付标

的物。”〔1〕

第四节 特种买卖合同

一、分期付款买卖合同

（一）分期付款买卖的概念

分期付款买卖是指当事人约定由买受人受领标的物，并以分期方式支付价款的全部或部分的买卖。《民法典》第634条规定：“分期付款的买受人未支付到期价款的数额达到全部价款的五分之一，经催告后在合理期限内仍未支付到期价款的，出卖人可以请求买受人支付全部价款或者解除合同。出卖人解除合同的，可以向买受人请求支付该标的物的使用费。”该条即为有关分期付款买卖的规定。

对于价款的分期数，理论上一般认为，当事人虽可自由约定价款的支付期数，但只有标的物交付后，买受人至少仍应支付2期或2期以上价款的买卖才是分期付款买卖。〔2〕

新《买卖合同司法解释》第27条第1款规定：“民法典第六百三十四条第一款规定的‘分期付款’，系指买受人将应付的总价款在一定期限内至少分三次向出卖人支付。”即强调3期以上构成分期付款买卖。不过，该款没有明定该“三次支付”与出卖人向买受人交付标的物的时间关系。“基于分期付款买卖的标的先行给付性和买受人的期限利益，标的给付后至少应当还剩两期价款没有支付。”〔3〕

（二）规范意旨

我国理论与实务曾对《合同法》（已失效）第167条的规范意旨存在不同理解。一种观点认为，该条系在保护出卖人。因为买受人迟延支付到期价款达到1/5时，出卖人解除合同既不需要以约定为前提，也不需要经过《合同法》（已失效）第94条第3项的“催告”程序。〔4〕另一种观点则认为，该条旨在保护处于弱势的买受人，因为该条限制了出卖人的解除权。〔5〕还有观点则主张，该制度的意旨在于保护买受人，但因立法技术问题，却造成似乎要保护出卖人的印象。〔6〕我们认为，该条应意在保护买受人。《民法典》第634条在《合同法》（已失效）第167条的基础上增加了“经催告后在合理期限内仍未支付已到期价款的”要求，体现了更强的防止出卖人滥用解除权的意图。

另外，也要注意该条的规范重心。由于分期付款买卖是出卖人授予买受人信用，因此与一般买卖不同的是，出卖人为确保其债权，可能较普遍地采取格式条款或非格式条款特别约定的方式而作出有利于自己的规定。为防止此类条款过度有利于出卖人，实现交易公正，传统民法规制分期付款买卖的重心往往集中在规制当事人之间条款的效力上。一般会

---

〔1〕 最高人民法院经济审判庭编著：《合同法释解与适用》（下），新华出版社1999年版，第689页。

〔2〕 参见郑玉波：《民法债编各论》（上），三民书局1992年版，第101页；史尚宽：《债法各论》，中国政法大学出版社2000年版，第91页。

〔3〕 郝丽燕：“《合同法》第167条（分期付款买卖）评注”，载《法学家》2019年第5期。

〔4〕 参见江平主编：《中华人民共和国合同法精解》，中国政法大学出版社1999年版，第136页；姚欢庆：“《合同法》第167条规范宗旨之错位及补救”，载《浙江社会科学》2007年第2期。

〔5〕 参见王利明：《合同法研究》（第三卷），中国人民大学出版社2018年版，第146页；胡康生主编：《中华人民共和国合同法释义》，法律出版社2013年版，第115页。

〔6〕 参见宁红丽：“分期付款买卖法律条款的消费者保护构建”，载《华东政法大学学报》2013年第2期。

对期限利益丧失条款与解约扣价条款加以规制，以保护作为消费者的买受人，如我国台湾地区“民法”第389~390条即为如此。《买卖合同司法解释》第27~28条也将分期付款买卖的规制重心调整到分期付款买卖中的条款上。例如，《买卖合同司法解释》第27条第2款规定：“分期付款买卖合同的约定违反民法典第六百三十四条第一款的规定，损害买受人利益，买受人主张该约定无效的，人民法院应予支持。”第28条规定：“分期付款买卖合同约定出卖人在解除合同时可以扣留已受领价金，出卖人扣留的金额超过标的物使用费以及标的物受损赔偿额，买受人请求返还超过部分的，人民法院应予支持……”《民法典》第634条仍维持了《合同法》（已失效）第167条的基调。

（三）适用要件与法律效果

出卖人允许买受人分期付款，买受人据此享有一种期限利益。不过，若买受人未按期支付价款，特别是未按期支付价款达到一定金额，则势必会损害出卖人利益，因此，应允许出卖人采取要求支付全部价款、解除合同等措施予以救济。出卖人要行使这些权利，必须具备一定条件：

1. 买受人未支付到期价款的数额达到全部价款的1/5。该条所提出的“1/5”的标准是法定最低限度。只有当分期付款的买受人未支付到期价款的金额达到全部价款的1/5时，出卖人才可以要求买受人支付全部价款或者解除合同。从性质上看，《民法典》第634条为“相对强制性规范”。相对强制性规范“所规定者，乃对被保护人之最低限度的保障”，[1]此种规定可作有利于被保护人的变更。分期付款买卖的当事人在约定出卖人要求买受人付全款或者解除合同的条件时，若约定了较该标准更高的比例，则以约定为准。例如，双方当事人约定，买受人未支付价款达到全部价款的1/4，出卖人才能解除合同，则从该约定。但若当事人约定了较该标准低的比例，则仍以法定的“1/5”为准。[2]

买受人可以是没有支付某一期或某几期到期价款的全部，也可以是没有支付某一期或几期到期价款的部分。

2. 出卖人催告后，买受人在合理期限内仍未支付到期价款。催告的功能一方面是警告债务人，另一方面是为了避免违约方遭受突然的合同解除。出卖人催告的内容是“要求出卖人支付未支付的到期价款”，并且出卖人的要求必须明确且具有强调性。[3]

该要件为《民法典》所新增。这也就化解了《合同法》（已失效）第167条未设该要件，从而导致如何协调处理该条与第94条之间关系的复杂问题。[4]

符合上述条件，出卖人即可要求买受人支付全部价款或者解除合同。出卖人对这两种救济方法享有选择权。当出卖人要求买受人支付全部价款，买受人即丧失可分期付款的期

---

〔1〕 黄立：《民法总则》，中国政法大学出版社2002年版，第7页。

〔2〕 参见黄立：《民法债编各论》（上），中国政法大学出版社2003年版，第129页。

〔3〕 参见郝丽燕：“《合同法》第167条（分期付款买卖）评注”，载《法学家》2019年第5期。

〔4〕 我国学者对《合同法》第167条与第94条之间的关系存在着不同见解。有学者认为，第167条与第94条是特别法与一般法关系。对分期付款买卖，在没有约定的情况下，第167条排除第94条的适用。有学者认为，第167条是第94条第4项规定的“合同目的难以实现”的具体化。有学者认为，第167条是第94条第3项的补充规范。参见江平主编：《中华人民共和国合同法精解》，中国政法大学出版社1999年版，第136页；姚欢庆：“《合同法》第167条规范宗旨之错位及补救”，载《浙江社会科学》2007年第2期；宁红丽：“分期付款买卖法律条款的消费者保护构建”，载《华东政法大学学报》2013年第2期；陆青：“论法定解除事由的规范体系——以一般规范与特别规范的关系为中心”，载《华东政法大学学报》2015年第1期；孙新宽：“分期付款买卖合同解除权的立法目的与行使限制——从最高人民法院指导案例67号切入”，载《法学》2017年第4期。

限利益；当出卖人解除合同时，双方当事人之间的买卖合同归于消灭。此时，根据《合同法》（已失效）第 167 条第 2 款的规定，出卖人可以向买受人要求支付该标的物的使用费。该使用费是买受人利用标的物而获得的利益。若标的物受有损害，出卖人有权要求买受人承担损害赔偿责任自不待言。如果双方当事人在买卖合同中约定，出卖人解除合同时可以扣留其所受领的价款，该条款显然不利于买受人，应认为出卖人得扣留的数额不得超过买受人应支付的使用费或者买受人应支付的损害赔偿金，超出部分无效。

二、样品买卖合同

（一）样品买卖的概念

《民法典》第 635 条规定："凭样品买卖的当事人应当封存样品，并可以对样品质量予以说明。出卖人交付的标的物应当与样品及其说明的质量相同。"该条为有关样品买卖的规定。

样品买卖，也称为货样买卖，是依样品表示并决定标的物的品质与属性而成立的买卖合同。样品的含义有广义与狭义之分，狭义的样品是指由当事人预先从现存货物中抽取，并将其提示给相对人的一个或数个现物样品。其中，由出卖人提出的样品，为卖方样品；由买受人提出的样品，为买方样品；如一方不满意他方所提出的样品，而另提出相对的样品，为相对样品。广义的样品还包括当事人提出的模型、图样、式样书等，若它们能显示出标的物的种类与品质，也可称为样品。样品买卖的标的物一般为具有种类物属性的动产，但也不排除不动产、特定物、权利等成为样品买卖标的物的可能性，如在房屋买卖时提示预售房屋的样品房、在矿业权让与时提示从矿区采取的矿物、在知识产权转让时提示的图样等。样品买卖方式的优点在于，由于样品能彰显标的物的品质与属性，因此，缔约双方不必再一一说明商品的内容，从而可简化缔约过程；买受人不必在缔约前检查全部商品的品质与属性，因此对买受人极为便利。

（二）当事人的样品封存和说明义务

《民法典》第 635 条确立了"样品的封存和说明义务"。根据该条的规定，在样品买卖成立后，样品买卖的当事人有义务封存样品，以便将来处理纠纷时有据可循。此外，该条虽然规定"可以"对样品质量予以说明，但应当对出卖人课以说明样品质量的义务。因为在许多情况下，仅封存样品是不够的，由于货物的质量、现状、物理构成以及功能等较为复杂，双方难以知晓，或者存在认识上的差异，此时，出卖人不仅需要封存样品，还需要对样品进行详细说明。在样品买卖中，出卖人交付的标的物应当与样品及其说明的质量相同。如果当事人是分批交付的，则每一批交付的标的物都应当具有与样品相同的质量。如何判断买卖物的质量是否与样品相同？一般而言，"应非依买方之主观决定，而是依契约之旨趣、标的物之性质及交易习惯判断。除非当事人表示须绝对符合，或依交易习惯不允许些微的差异，否则在大多数的情形应解为，只要大体符合，卖方即无须负责。"〔1〕

若出卖人交付的标的物与样品不一致，出卖人即违反其物的瑕疵担保义务，应依《民法典》第 582 条的规定向买受人承担违约责任。

样品为出卖人所交付的标的物的质量、品质等提供了明确标准，但在既有样品，合同对标的物质量又有表述，而两者不一致时，应如何确定出卖人的义务？对此，《买卖合同司法解释》第 29 条规定："合同约定的样品质量与文字说明不一致且发生纠纷时当事人不能

---

〔1〕 转引自黄立：《民法债编各论》（上），中国政法大学出版社 2003 年版，第 127 页。

达成合意，样品封存后外观和内在品质没有发生变化的，人民法院应当以样品为准；外观和内在品质发生变化，或者当事人对是否发生变化有争议而又无法查明的，人民法院应当以文字说明为准。”该条实际上确立了两个标准：一是样品封存后外观和内在品质没有发生变化的，以样品为准。例如，在购买设备的样品买卖中，已交付的设备与合同约定的技术参数不一致，该被封存的设备的外观与品质均未发生变化，此时应以该封存的设备的质量为准。二是外观和内在品质发生变化，或者当事人对是否发生变化有争议而又无法查明的，以文字说明为准。如果被封存的样品已被解封，外观已发生变化，无法查明解封原因，此时只能以合同约定的技术参数为准。

（三）出卖人的隐蔽质量瑕疵担保义务

《民法典》第636条规定：“凭样品买卖的买受人不知道样品有隐蔽瑕疵的，即使交付的标的物与样品相同，出卖人交付的标的物的质量仍然应当符合同种物的通常标准。”

该条规定了样品买卖出卖人的隐蔽质量瑕疵担保义务。出卖人不仅负有依样品及其质量说明交付标的物的义务，而且负有隐蔽瑕疵质量担保义务。该义务表现为：即使出卖人交付的标的物与样品质量相同，但如果样品本身存在隐蔽瑕疵的，则出卖人仍需要承担责任。该条规定：“凭样品买卖的买受人不知道样品有隐蔽瑕疵的，即使交付的标的物与样品相同，出卖人交付的标的物的质量仍然应当符合同种物的通常标准。”据此，出卖人承担隐蔽瑕疵担保义务需要具备两个条件：其一，样品存在隐蔽瑕疵。隐蔽瑕疵是指样品不符合同类货物应具备的质量要求，但按照通常的检验方法难以发现。若能按照通常的方法检查出样品的瑕疵，则非隐蔽瑕疵，出卖人不承担责任。其二，买受人在订立合同时不知道样品有隐蔽瑕疵。如果买受人在订立合同时知道样品存在隐蔽瑕疵的，则出卖人不承担责任。当然，出卖人对买受人知情负有举证责任。

具备该条所规定的条件，则出卖人不能依样品交付标的物，其并不能因交付的标的物与样品相同而免责，出卖人应依同种物的通常标准来交付标的物。

三、试用买卖合同

（一）试用买卖的概念

试用买卖，也称试验买卖、检验买卖，是指以买受人同意购买标的物为生效条件而订立的买卖合同。《民法典》第637~640条为有关试用买卖的规定。

试用买卖合同因双方当事人意思表示一致而成立。该合同成立后，出卖人负有允许买受人试用标的物的义务，相应地，买受人则享有请求出卖人将标的物交付给他试用的权利。在出卖人不履行该提供试用的义务时，若买受人仍愿意进行试用，则其可诉请法院强制出卖人履行该义务；若买受人不愿意进行试用，则其可以解除合同。这两种情形，买受人均可请求出卖人赔偿因其未能及时试用或未能进行试用所遭受的损害。从买受人的角度看，买受人当然享有试用的权利，但由于买受人可任意决定是否同意购买，因此，其并无非试用不可的义务，即使买受人在受领标的物后未试用而径行拒绝，也仅使买卖合同不生效力而已。

（二）试用期限的确定

《民法典》第637条明定试用期限的确定规则。在试用买卖中，试用期限至关重要。其意义表现在：其一，该期限为买受人“试用”标的物，亦即对标的物享有“试用权”的期间。其二，该期限对确定买受人是否有同意购买的意思，以及相应的买卖合同是否生效至关重要。例如，依据《民法典》第638条，试用期限届满，买受人对是否购买标的物未作表示的，视为购买；再如，买受人在试用期内已经支付部分价款或者对标的物实施出卖等非试用行为的，视为同意购买。

试用期限应由当事人约定；若未约定试用期限或者约定不明确，则当事人可以协议补充；不能达成补充协议的，则按照合同有关条款、合同性质、合同目的或者交易习惯确定；若还不能确定，则由出卖人确定。试用期限之所以最终由出卖人而非买受人确定，原因在于：从买受人方面看，“试用”是出卖人给予买受人利益；买卖合同是否生效“纯粹是以买受人是否承认为停止条件的，而买受人是否承认纯粹为其自由，无须说明任何理由”。〔1〕

从出卖人方面看，出卖人为出卖标的物的主体，是由其提供标的物供买受人试用；虽然买卖合同尚未生效，但出卖人仍受合同约束，在试用期限不能将标的物转让给其他人。因此，基于保护出卖人利益的考虑，由出卖人而非买受人享有最终确认权。当出卖人确定试用期限时，《民法典》未对试用期限的长短作出限制。该期间依通常情况应为合理期间，一般包括买受人试用时间、考虑是否同意时间以及买受人的同意到达出卖人所需时间。对该期限的性质，有观点认为是意定的除斥期间，目的在于限制形成权的行使。〔2〕也有观点认为，该期间并不是一种除斥期间，而只不过是当事人约定的行使权利的期限。

（三）买受人是否同意购买标的物的确定

《民法典》第638条规定：“试用买卖的买受人在试用期内可以购买标的物，也可以拒绝购买。试用期限届满，买受人对是否购买标的物未作表示的，视为购买。试用买卖的买受人在试用期内已经支付部分价款或者对标的物实施出卖、出租、设立担保物权等行为的，视为同意购买。”

由于试用买卖合同是以买受人同意为生效要件的买卖合同，因此买受人是否同意，以及如何判断同意对确定买卖合同是否生效至关重要。该条规定了确定买受人是否同意购买标的物意思的诸种形式。

1. 根据买受人明示、沉默确定是否购买标的物。

（1）买受人的明示。根据该条第1款第1句的规定，在试用期内，买受人既可以（同意）购买标的物，也可以拒绝购买标的物。这里的“可以购买标的物，也可以拒绝购买”是指以明示的方式作出同意购买或拒绝购买的意思表示。若买受人同意购买，则买卖合同生效，反之，则买卖合同不生效。

买卖合同生效以买受人同意为条件，换言之，买受人同意在性质上属于条件。就其具体性质而言：其一，买受人同意为生效条件。生效条件也称为延缓条件或者停止条件，其要旨为该条件成就，法律行为就发生效力。买受人同意购买，即可发生买卖合同的效力，因此为生效条件。其二，买受人同意为随意条件。随意条件是指条件能否成就，完全取决于当事人一方的意思。在试用买卖中，买卖合同是否生效，并不取决于标的物在客观上是否符合买受人的目的，而是全然取决于买受人任意的意思决定。即使出卖人能证明标的物符合合同目的，只要买受人拒绝购买，买卖合同也不生效，因此，买受人的同意不仅属于“随意条件”，而且属于“纯粹随意条件”。此外，由于试用买卖是否生效完全取决于买受人的同意或拒绝，不可能发生“为自己利益不正当阻止条件成就”的情形，因此，不可能适用《民法典》第159条有关条件成就拟制的规定。

以上是从同意或拒绝购买对合同效力影响的角度所作的定性，就同意或拒绝购买自身

〔1〕 最高人民法院民事审判第二庭编著：《最高人民法院关于买卖合同司法解释理解与适用》，人民法院出版社2012年版，第606页。

〔2〕 参见隋彭生：“论试用买卖的预约属性”，载《政治与法律》2010年第4期。

的属性来看，有学者认为，同意或拒绝购买为观念通知，但其效果为溯及于缔约时生效。〔1〕也有学者认为，承认的意思表示不是单纯引起条件成就的通知，而是意思表示。〔2〕详言之，同意或拒绝购买，除了包含对标的物表示满意或不满意的意思外，也包括对合同效力的意思决定，具有使权利发生变动的性质，非属于观念通知，而是形成权。表示购买虽为停止条件，但因具有形成权性质，其行使具有使合同溯及于缔约时发生效力的效果。〔3〕

我们认为，同意或拒绝购买为意思表示，且为形成权的行使，但其行使原则上不能使买卖合同溯及既往生效，而是应自当事人同意时起生效。当然，买受人仅向出卖人告知试用标的物的客观情况，如盛赞标的物品质优越，并非同意购买标的物，并不能使买卖合同生效。

（2）买受人的沉默。在试用买卖中，亦可能发生试用期限届满，买受人对是否购买标的物不作表示的情形。不能使当事人之间的这种不确定状态长期存续，也不能使合同效力久悬不决。在民法上，沉默一般不构成意思表示，即使被视为构成某种意思表示，也常被拟制为消极的意思表示，例如，我国《民法典》第145条第2款第1句规定，“相对人可以催告法定代理人自收到通知之日起三十日内予以追认。法定代理人未作表示的，视为拒绝追认”。第171条第2款第1句规定，“相对人可以催告被代理人自收到通知之日起三十日内予以追认。被代理人未作表示的，视为拒绝追认”。也就是说，沉默被拟制为拒绝。但是，根据《民法典》第638条第1款第2句的规定，试用期限届满，买受人对是否购买标的物未作表示的，视为购买。这是我国法上沉默被拟制为“同意”的为数不多的规范之一。

2. 根据买受人积极行为确定同意购买标的物。除了上述的明示形式、沉默形式，意思表示还可以推定形式作出，即根据行为人（买受人）实施的某些积极行为，推断出其作出了某种意思表示。“就某种积极的表述（它直接表达的是另一意义或纯粹的‘实施行为’）解释成对特定法律行为意思的表述。”〔4〕

在试用买卖期间，买受人可能会实施支付部分价款、出卖标的物等行为，此类行为虽非直接或明确表示同意购买标的物，但从此类行为可推知其有同意购买的意思，且此类行为往往会使出卖人形成买受人愿意购买标的物的合理信赖，因此，《民法典》第638条第2款采用拟制的立法技术，规定买受人实施此类行为则视为同意购买标的物。详言之：

（1）买受人已支付部分价款。买受人向出卖人支付部分价款，可认为其满意试用结果，且支付价款为履行债务的行为，以合同生效为前提，因此，可拟制买受人同意购买。需要注意的是：其一，该条只规定了买受人已支付部分价款的情形，根据“举轻以明重”的法理，若买受人已支付全部价款，当然可拟制买受人同意购买。其二，买受人必须是在试用期限内支付价款才能作出同意的拟制。若在试用期限开始前已支付部分或全部价款，不能适用该款并发生视为同意购买的法律效果。其三，买受人支付的必须是标的物的价款。如果双方当事人约定买受人试用标的物应支付一定使用费，或者买受人应支付一部分款项作为试用的押金或定金，则不能作出买受人同意的拟制。

---

〔1〕参见邱聪智：《新订债法各论》，中国人民大学出版社2006年版，第139页以下；郑玉波：《民法债编各论》（上），三民书局1992年版，第94页以下。

〔2〕参见［德］迪特尔·梅迪库斯：《德国债法分论》，杜景林等译，法律出版社2007年版，第771页。

〔3〕参见黄立主编：《民法债编各论》（上），中国政法大学出版社2003年版，第120页。

〔4〕［德］卡尔·拉伦茨：《德国民法通论》（下），王晓晔等译，法律出版社2004年版，第487页。

（2）买受人就标的物为非试用的必要行为。试用的目的是检验、了解标的物的品质与效用，这决定了买受人所实施的试用行为的程度与范围，若买受人逾越试用的程度与范围而使用标的物，则可拟制买受人同意购买标的物。该条第2款规定，“试用买卖的买受人在试用期内……对标的物实施出卖、出租、设立担保物权等行为的，视为同意购买”，旨在明揭斯旨。值得注意的是：其一，非试用的必要行为以出卖、出租、设定担保物权为典型，但不以此为限，这些行为仅为例式。这些行为之外的其他超越必要限度的行为，亦可发生同意拟制的效果，如买受人将标的物出借给第三人使用，或者买受人将试用的房屋格局进行改造等。其二，出卖、出租、设定担保物权仅需买受人与他人订立买卖合同、租赁合同、抵押合同、质押合同等即可，无须买受人业已将标的物交付给他人甚至移转标的物所有权、无须买受人业已交付使他人占有租赁物等。若采纳负担行为与处分行为的二分理论，则仅出卖人实施负担行为即可认为其已超出试用所需界限。“标的物的出卖或者设定担保，一般与试用没有直接关系，买受人只要与他人签订买卖合同或者担保合同，就应认为其已超出试用所需的额界限。”〔1〕

（四）试用买卖标的物的使用费

《民法典》第639条规定：“试用买卖的当事人对标的物使用费没有约定或者约定不明确的，出卖人无权请求买受人支付。”在试用买卖中，尤其是因买受人拒绝购买标的物而使买卖合同不能生效时，发生买受人是否应支付标的物使用费的问题。对此，依合同自由原则，应由当事人以约定来加以确定。在当事人无约定或约定不明时，则会发生争议。理论上对此存在不同观点。一种观点认为，应由买受人承担，因试验系为买受人之利益。〔2〕另一种观点则认为，买受人不应支付使用费。〔3〕

《民法典》639条规定：“试用买卖的当事人对标的物使用费没有约定或者约定不明确的，出卖人无权请求买受人支付。”亦即买受人无须支付标的物的使用费。这一做法较为合理。因为出卖人为商品的生产者或销售者，可以将标的物使用费纳入商品的生产或销售成本中；而且，不使买受人承担使用费也能提供买受人积极试用商品，尤其是新产品的诱因。

（五）试用买卖的风险负担

《民法典》第640条规定：“标的物在试用期内毁损、灭失的风险由出卖人承担。”该条规定，标的物在试用期内毁损、灭失的风险由出卖人承担。这实际上是使出卖人承担试用期内标的物毁损灭失的风险。试用买卖与一般买卖有别。在试用买卖中，出卖人将标的物交付给买受人，“由于此之交付，系为供买受人从事试验，并非基于买卖之履行债务行为，与民法第373条所规定之交付，系基于买卖之履行债务行为，两者有所不同”。〔4〕因此，试用买卖不能毫无障碍地适用或者直接适用《民法典》第604条所规定的买卖风险负担的一般规则——交付主义。也就是说，不能因出卖人将标的物“交付”给买受人试用，就由买受人承担该标的物毁损灭失的风险。在常态情况下，试用买卖的出卖人应承担试用期内标的物毁损灭失的风险。

不过，要注意的是，对试用的标的物的风险负担而言，“试用期限”是一个比较宽泛的

〔1〕最高人民法院民事审判第二庭编著：《最高人民法院关于买卖合同司法解释理解与适用》，人民法院出版社2012年版，第611页。

〔2〕参见郑玉波：《民法债编各论》（上），三民书局1992年版，第94页。

〔3〕参见吴志忠：“论我国《合同法》有关试用买卖规定的完善”，载《暨南学报》2008年第6期。

〔4〕刘春堂：《民法债编各论》（上），三民书局有限公司2014年版，第133~134页。

限定。因为在该期间内，出卖人可能同意购买，也可能拒绝购买，还有可能实施其他非试用所必要的行为。这些虽然均发生在试用期限，但它们应对标的物的风险负担有不同影响。例如，试用买卖的双方当事人甲、乙约定试用期限为1个月，买受人乙在试用2周后即向出卖人甲表示愿意购买标的物。此时显然不能认为，只要标的物是在这1个月内毁损灭失，其风险均由出卖人承担。因此，需要对“试用期限”进行具体分析。我们认为，在试用期限内，标的物因不可归责于双方当事人的事由毁损灭失的，其风险应区分买受人是否同意购买而定：其一，买受人同意购买前。这里的“同意购买前”不仅指买受人未为同意购买的表示，也包括没有视为同意购买的情形。视为同意购买的情形，如《民法典》第638条第2款规定的“买受人在试用期内已经支付部分价款或者对标的物实施出卖、出租、设定担保物权等行为”。在这种情况下，由于买卖合同尚未发生效力，无论标的物是否已因试用而交付给买受人，均应由出卖人承担标的物毁损灭失的风险。其二，买受人同意购买后。这里的“同意购买后”不仅指买受人已为同意购买的表示，也包括已发生视为同意购买的情形。由于在买受人同意购买后，买卖合同已生效，原为进行试用的交付已转化为履行债务的交付，此时，应由买受人承担风险。

该条规定的是试用期限标的物的风险负担问题，因此，试用期限届满，标的物因不可归责于双方当事人的事由而毁损灭失的，则不能适用该条所定的风险负担规则。此时，应如此处理：其一，如果买受人未作出表示，应由买受人承担风险。因为《民法典》第638条第1款第2句规定：“试用期限届满，买受人对是否购买标的物未作表示的，视为购买。”既然买受人已（视为）购买，则应由买受人承担风险。其二，如果买受人表示不购买，则因买卖合同未生效，当然应由出卖人承担风险。

四、保留所有权买卖

（一）保留所有权买卖概述

1. 保留所有权买卖的概念。保留所有权买卖，是“附有保留所有权条款的买卖合同”的简称，是指出卖人将标的物交付给买受人占有，但仍保留该标的物所有权，待买受人支付价款或完成特定条件时，标的物所有权才发生移转的买卖。其实，保留所有权条款的适用不限于买卖合同，它还可适用于互易、赠与等其他移转所有权的交易形态中，只是在买卖中较为常见而已。《民法典》第641条第1款规定，“当事人可以在买卖合同中约定买受人未履行支付价款或者其他义务的，标的物的所有权属于出卖人”。该条是我国有关保留所有权买卖的规定。

所有权保留作为一种债的担保方式，意义非凡。相较于一般买卖，它有助于确保出卖人对买受人所享有的价款债权：当买受人不依约支付价款时，出卖人可解除合同，或基于其保留的所有权取回标的物。而当买受人的债权人对标的物为强制执行时，出卖人基于其所有权可提起异议之诉；当买受人破产时，出卖人基于其所有权可行使取回权，取回标的物。由于债权能获保障，出卖人的风险得以降低，在客观上可发挥促进商品销量增加的作用。从买受人的角度而言，由于买受人不必支付全部价款即可占有、使用、收益标的物，可大幅提高其购买力，从而可发挥刺激消费的作用。

2. 保留所有权买卖的客体。哪些财产可以作为所有权保留的客体？对此，不同的立法例有不同的规定。大体而言，各国或各地区立法均允许将动产作为所有权保留的客体。对可作为所有权保留客体的动产范围，则有一定差异，有的国家或地区不作任何限制，如《德国民法典》第455条、《意大利民法典》第1523条。有的国家或地区则以规定例外的方式作出一定限制，如《瑞士民法典》第715条第2款规定：“牲畜的买卖不得保留所有权。”

有的地区以正面列举的方式进行规定，如我国台湾地区“动产担保交易法”第 4 条规定，机器、设备、工具、原料、半成品、成品、车辆、农林渔牧产品、牲畜以及小船可采用所有权保留买卖，并授权“行政院”视事实需要和交易的性质以命令方式确定各类标的物的具体品名。

不动产可否采用保留所有权买卖的方式，各国或各地区立法有所不同。例如，《德国民法典》第 925 条不允许不动产移转的意思附条件，《瑞士债务法》第 217 条第 2 款也规定不动产不得为所有权保留的登记。我国台湾地区未对不动产所有权保留作明确规定。对此存在争议。否定说认为，不动产买卖不得保留所有权，因为不动产所有权移转登记办理完毕后，买受人即取得所有权，若认为出卖人保留所有权，有害于登记的公信力。出卖人为保障其未获清偿的价款债权，可就不动产设定抵押，或者在土地登记簿上为预告登记。肯定说认为，不动产买卖也可采取所有权保留的方式，此时当事人虽不为移转登记，但为保全将来所有权之移转，可为预告登记。

我国《买卖合同司法解释》第 25 条规定：“买卖合同当事人主张民法典第六百四十一条关于标的物所有权保留的规定适用于不动产的，人民法院不予支持。”该条明确地将保留所有权买卖的客体限制在动产。主要理由在于，我国绝大多数所有权保留都发生在动产交易中，而不动产交易无采用所有权保留方式的必要或实益。也有学者主张，所有权保留也可以适用于不动产。在所有权保留条款规定的条件成就后，当事人完成所有权移转登记或条件确定不成就时，出卖人行使取回权而完成预告登记的涂销登记时，不动产所有权登记的公信力即行恢复。[1]

《民法典》第 641 条对所有权保留的客体未作限制。据此，动产固然为保留所有权买卖的客体，不动产亦存在适用保留所有权买卖制度的空间。

3. 保留所有权买卖的公示。所有权保留是否需要登记，在世界范围内具有不同的立法模式：其一，意思主义。即买卖双方当事人达成合意，即发生保留所有权的效力，无须践行登记的方式。德国、日本民法采纳此种模式。其二，登记生效要件主义。以登记作为所有权保留的生效要件。《瑞士民法典》采纳此种模式。该法典第 715 条第 1 款定：“保留让与他人动产的所有权，须在受让人住所地的主管官员的登记簿上登记，始生效力。”其三，登记对抗要件主义。买卖双方当事人达成合意，即可发生保留所有权的效力，惟不登记，不能对抗第三人。意大利民法、我国台湾地区“民法”采纳此种模式。

《民法典》第 641 条第 2 款规定：“出卖人对标的物保留的所有权，未经登记，不得对抗善意第三人。”该款采纳了登记对抗要件主义，即买卖合同的当事人达成保留标的物所有权的合意，即在双方当事人之间发生保留所有权的效力。若该约定办理登记，则具有对抗第三人的效力；若未办理登记，则不能对抗善意第三人。该规定与《民法典》第 403 条有关动产抵押的公示规定是一致的。

（二）出卖人的取回权

《民法典》第 642 条规定：“当事人约定出卖人保留合同标的物的所有权，在标的物所有权转移前，买受人有下列情形之一，造成出卖人损害的，除当事人另有约定外，出卖人有权取回标的物：（一）未按照约定支付价款，经催告后在合理期限内仍未支付；（二）未按照约定完成特定条件；（三）将标的物出卖、出质或者作出其他不当处分。出卖人可以与

---

〔1〕 参见翟云岭、孙得胜：“论所有权保留”，载《法学家》2010 年第 1 期。

买受人协商取回标的物；协商不成的，可以参照适用担保物权的实现程序。”该条为保留所有权买卖中出卖人取回权的规定。

保留所有权买卖造成了标的物所有权人与标的物分离的现象，即买受人占有、使用标的物，而出卖人以保留所有权的方式担保其价款债权的实现。一旦买受人不支付价款，或者对标的物进行处分进而使标的物价值降低或者状态改变，都会危害出卖人利益。针对此种情况，法律赋予出卖人取回权以资救济。取回权是指在保留所有权买卖中，买受人有违约行为并可能损害出卖人合法权益时，出卖人依法享有的从出卖人处取回标的物的权利。

1. 取回权的行使条件。《民法典》第642条规定了出卖人行使取回权的条件。符合下列条件之一，出卖人即可行使取回权：其一，未按照约定支付价款，经催告后在合理期限内仍未支付。双方当事人可以约定买受人未支付价款达到何种程度时可使出卖人取得取回权。若合同无约定，则必须买受人“未按照约定支付价款，经催告后在合理期限内仍未支付”时，出卖人才取得取回权。相较于《买卖合同司法解释》（2012年）第35条，该条又增加了“经催告后在合理期限内仍未支付”的要求，以严格取回权的条件，兼顾买受人利益。该条中未明定买受人未支付价款的严重程度，不宜认为买受人未支付极少数额的价款，出卖人即可取得取回权。《民法典》第634条第1款规定：“分期付款的买受人未支付到期价款的数额达到全部价款的五分之一，经催告后在合理期限内仍未支付到期价款的，出卖人可以请求买受人支付全部价款或者解除合同。”此为分期付款买卖的规定。保留所有权买卖中出卖人取回权的行使，不妨类推适用该条中有关“未支付到期价款的数额达到全部价款的五分之一”的规定。此外，《买卖合同司法解释》第26条第1款规定：“买受人已经支付标的物总价款的百分之七十五以上，出卖人主张取回标的物的，人民法院不予支持。”该款亦为对出卖人行使取回权的限制。其二，未按照约定完成特定条件。双方当事人可自主约定特定条件，并约定若买受人未完成该条件，出卖人可行使取回权。例如，双方当事人约定，买受人没有妥善保管标的物致该标的物遭受损害时，出卖人可以行使取回权。如果买受人违反了该约定义务，则出卖人可以行使取回权。其三，将标的物出卖、出质或者作出其他不当处分。买受人将标的物出卖、出质等已严重侵害出卖人所有权，出卖人有权行使取回权。该条中“其他不当处分”既包括法律上的不当处分，也包括事实上的不当处分，如毁损标的物。对于该条件，需注意的是，当买受人将标的物为法律上处分时，第三人可能依善意取得的规定取得标的物所有权或其他物权，此时，出卖人自然不能行使取回权。

2. 取回权的程序与责任。该条第2款与第3款规定了出卖人取回权行使的程序与责任。《民法典》第642条第2款规定，出卖人可以与买受人协商取回标的物；协商不成的，可以参照适用担保物权的实现程序。《民法典》第410、436、437、453、454条等规定了抵押权、质权、留置权的实现程序。根据这些规定，担保物权人与相对人（抵押人、质押人、债务人）可以协议以担保物折价或者以拍卖、变卖该担保物所得的价款优先受偿。针对抵押权，《民法典》第410条第2款还规定，抵押权人与抵押人未就抵押权实现方式达成协议的，抵押权人可以请求人民法院拍卖、变卖抵押财产。该款使抵押权人可以直接向人民法院请求实现抵押权，明确了抵押权人不必采取普通诉讼方式，而是向人民法院申请执行即可。这一规定有利于减少诉讼环节、降低交易成本、提高效率。就出卖人行使取回权而言，如果能通过双方当事人协商使买受人返还标的物，从而使出卖人占有标的物无疑最为理想，但如果买受人不予配合甚至阻挠，则出卖人难以行使取回权。此时，可以参照《民法典》第410条第2款，由出卖人向法院申请执行。买受人对执行行为有异议的，可以向法院提出或者直接提起普通民事诉讼。

（三）买受人的回赎权与出卖人的再出卖权

《民法典》第 643 条规定："出卖人依据前条第一款的规定取回标的物后，买受人在双方约定或者出卖人指定的合理回赎期限内，消除出卖人取回标的物的事由的，可以请求回赎标的物。买受人在回赎期限内没有回赎标的物，出卖人可以以合理价格将标的物出卖给第三人，出卖所得价款扣除买受人未支付的价款以及必要费用后仍有剩余的，应当返还买受人；不足部分由买受人清偿。"该条为保留所有权买卖中买受人回赎权与出卖人再出卖权的规定。在保留所有权买卖中，出卖人为确保价金债权实现或标的物完整而行使取回权，使得原买卖合同的履行发生障碍。本条进一步调整出卖人行使取回权后出卖人与买受人之间的权利义务关系。

1. 买受人回赎权。回赎权是指保留所有权买卖中出卖人对标的物行使取回权后，买受人在一定期限内履行支付价款义务或完成其他条件后重新占有标的物的权利。

买受人的回赎权应在一定期限内行使，该期限即为回赎期间。回赎期间包括意定期间与法定期间。法定期间为法律规定的期间，我国现行法尚无规定。意定期间是当事人确定的期间，《民法典》第 643 条规定了两种情形：双方当事人约定的期间，以及出卖人指定的期间。意定期间应为合理期间。若出卖人指定的期间过短，致使买受人难以回赎标的物的，该指定有违诚实信用原则，对买受人无约束力。双方约定的期间既可以是当事人事先在买卖合同中约定，也可以是出卖人行使取回权后双方约定的期间。

根据该条第 1 款的规定，买受人行使回赎权的条件为"消除出卖人取回标的物的事由"。这些"事由"就是《民法典》第 642 条第 1 款中规定的三类情形。因此，消除出卖人取回标的物的事由就具体表现为：买受人按照约定支付价款、买受人按照约定完成特定条件，或者买受人停止对标的物的不当处分，如买受人解除与他人订立的买卖合同、买受人依法消灭他人取得的权利等。在消除出卖人取回标的物的事由后，买受人可以行使回赎权，要求出卖人交还标的物，重新获得对标的物的占有，从而原买卖合同恢复履行。

除通过实施消除出卖人取回标的物的事由来行使回赎权外，买受人也可以在回赎期限内作出放弃回赎的意思表示。买受人请求出卖人将标的物再次出卖的，可解释为放弃回赎的意思表示。当然，买受人可以既不实施消除出卖人取回标的物事由的行为，也不为任何意思表示。买受人的沉默也能产生一定的法律效果——出卖人出卖标的物。

2. 出卖人的再出卖权。该条第 2 款规定，买受人在回赎期限内没有回赎标的物，出卖人可以以合理价格出卖标的物，出卖所得价款扣除原买受人未支付的价款及必要费用后仍有剩余的，应当返还原买受人；不足部分由原买受人清偿。据此：

（1）出卖人行使再出卖权的条件为"买受人在回赎期限内没有回赎标的物"。至于买受人没有回赎标的物的原因在所不问，或为未实施消除取回标的物事由的行为或者实施该行为不成功，或为作出放弃回赎的意思表示等。只要回赎期限届满，买受人没有回赎标的物，则出卖人可以行使再出卖权。

（2）出卖人行使再出卖权无须采取特定方式。拍卖固然有助于保障交易公平，防止出卖人故意低价出卖标的物而损害买受人利益，但一方面此会增加出卖人负担，另一方面拍卖需支出拍卖费用并从标的物的卖价中扣除，对买受人也不利，因此，我国《民法典》该条款并未要求采用拍卖形式，出卖人可以一般的买卖形式行使再出卖权。不过，出卖人出卖标的物时，应以"合理价格"出卖。如果买受人有证据证明出卖人出卖的价格明显低于市场价格，可以寻求一定救济。例如，在出卖人向其返还出卖所得价款扣除其未支付的价款及必要费用后的剩余部分时，要求出卖人增加给付数额，或者在出卖人要求其清偿不足部分时，拒绝清偿。

(3) 出卖人以合理价格出卖标的物，出卖所得价款扣除原买受人未支付的价款及必要费用后仍有剩余的，应当返还原买受人；不足部分由原买受人清偿。这里的“价款”应包括价款本金及其利息，而“必要费用”包括取回和保管费用、再交易费用等。由于出卖人出卖所得价款须向原买受人返还（有剩余时）或者原买受人还应向出卖人清偿（不足时），这表明，该条在出卖人取回权的法律性质上采纳了“就物求偿说”，即取回权为出卖人就标的物实现价款的特别程序，而没有采纳“解除权效力说”（取回权的行使产生合同解除的效力）或“附法定期限解除合同说”（出卖人取回标的物实际上是作出了附法定解除条件的意思表示，该法定期限是“回赎期间”，即买受人在回赎期间没有回赎标的物，则合同解除）。[1]

五、招标投标买卖

《民法典》第644条规定：“招标投标买卖的当事人的权利和义务以及招标投标程序等，依照有关法律、行政法规的规定。”该条为有关招标投标买卖的规定。

招标是指提出招标项目、进行招标的法人或其他组织以招标公告或招标邀请的方式，向不特定人或向特定的多个当事人发出的、以吸引或邀请相对方发出要约为目的的意思表示。投标则是投标人（出标人）按照招标人提出的要求，在规定的期间内各自秘密地制作投标文件，向招标人发出的以订立合同为目的、包括合同全部条款的意思表示。招标投标买卖一般经过三个阶段，除了招标、投标之外，还包括中标。中标是指最终确定中标人。在投标人投标之后，应当进入评标程序。评标委员会应当按照招标文件确定的评标标准和方法，对投标文件进行评审和比较，设有标底的，应当参考标底。评标委员会完成评标后，应当向招标人提出书面评标报告，并推荐合格的中标候选人。从性质上看，招标公告为要约邀请（《民法典》第473条），因为招标人实施招标行为是订约前的预备行为，其目的在于引诱更多的相对人提出要约，从而使招标人能从更多的投标人中选择条件最佳者并与之订立合同。投标为要约。招标人向投标人发出中标通知书为承诺。相较于一般的买卖合同，招标投标买卖在订约程序上更为复杂。依《中华人民共和国招标投标法》（以下简称《招标投标法》）第46条的规定，招标人与中标人应当自中标通知书发出之日起30日内，按照招标文件和中标人的投标文件订立书面合同。招标人和中标人不得再行订立背离合同实质性内容的其他协议。在合同订立以后，中标人应当按照合同约定履行义务，完成中标项目。中标人不得向他人转让中标项目，也不得将中标项目肢解后分别向他人转让。

该条对招标投标买卖作了规定。不过，该条并未确立有关招标投标的实质性权利义务，而是指示适用其他规定。该条中所言“有关法律、行政法规的规定”主要是指我国《民法典》第342、347、348、790条等，以及《招标投标法》。依据《招标投标法》第3条的规定，在我国境内进行下列工程建设项目包括项目的勘察、设计、施工、监理以及与工程建设有关的重要设备、材料等的采购，必须进行招标：①大型基础设施、公用事业等关系社会公共利益、公众安全的项目；②全部或者部分使用国有资金投资或者国家融资的项目；③使用国际组织或者外国政府贷款、援助资金的项目。

六、拍卖

《民法典》第645条规定：“拍卖的当事人的权利和义务以及拍卖程序等，依照有关法

---

[1] 有关这些学说的简要介绍，参见王泽鉴：《民法学说与判例研究》（第七册），北京大学出版社2009年版，第218~221页。

律、行政法规的规定。”该条为有关拍卖的规定。不过，该条并未确立有关拍卖的实质性权利义务，而是指示适用其他规定。该条中所言“有关法律、行政法规的规定”主要是指我国《民法典》第304、312、342、347、348、410、413、414、433、436~438、453~455、570、571、727、807条等，以及《拍卖法》等。

拍卖是指以公开竞价的方式，将特定物品或者财产权利转让给最高应价者的买卖。因此，拍卖非私卖，而是公卖，即非由当事人私下就交易条件进行协商，而是将买卖的物品、时间、地点以及相关的事项予以公告，其所面向的是不特定第三人。

作为一种特殊的买卖形式，拍卖合同的订立具有特殊性。在拍卖中，需要由竞买者竞价，由出价最高者购得拍卖物，进而成立合同。拍卖合同成立过程中有以下较为典型的行为：一是发布拍卖公告。《拍卖法》第45条规定：“拍卖人应当于拍卖日七日前发布拍卖公告。”第46条规定：“拍卖公告应当载明下列事项：（一）拍卖的时间、地点；（二）拍卖标的；（三）拍卖标的展示时间、地点；（四）参与竞买应当办理的手续；（五）需要公告的其他事项。”拍卖公告在性质上属于要约邀请（《民法典》第473条）。二是竞买人出价。该行为在性质上属于要约。为最大限度保障竞买人参与竞买的公平性，《拍卖法》第22条规定：“拍卖人及其工作人员不得以竞买人的身份参与自己组织的拍卖活动，并不得委托他人代为竞买。”对于违反该条的法律后果，理论上存在着争议。一种观点为合同效力待定说，认为拍卖人参与竞买的，该合同效力待定，只有经过委托人承认才生效。[1] 另一种观点为合同无效说，认为由于主体不适格，合同无效。[2] 三是拍定。拍定是拍卖人以拍板、击槌或其他惯用方式确定拍卖合同成立或宣告竞争终结的行为，在性质上为承诺。《拍卖法》第51条规定：“竞买人的最高应价经拍卖师落槌或者以其他公开表示买定的方式确认后，拍卖成交。”拍卖成交后，买受人（竞买人）和拍卖人应当签署成交确认书。当然，拍卖合同的当事人为委托人（出卖人）与买受人，拍卖人并非拍卖合同的当事人。

出卖人与买受人订立拍卖合同后，出卖人负有向买受人交付拍卖物并移转其所有权的义务，买受人则负有支付价款的义务。就拍卖物的瑕疵问题，根据《拍卖法》第18、27条的规定，委托人应当向拍卖人说明拍卖标的的来源和瑕疵、拍卖人应当向竞买人说明拍卖标的的瑕疵。委托人、拍卖人违反瑕疵说明义务，未说明拍卖标的的瑕疵，给买受人造成损害的，买受人有权要求拍卖人赔偿；属于委托人责任的，拍卖人有权向委托人追偿。拍卖人、委托人在拍卖前声明不能保证拍卖标的的真伪或者品质的，不承担瑕疵担保责任。因拍卖标的存在瑕疵未声明的，请求赔偿的诉讼时效期间为1年，自当事人知道或者应当知道权利受到损害之日起计算。因拍卖标的存在缺陷造成人身、财产损害请求赔偿的诉讼时效期间，适用《产品质量法》和其他法律的有关规定。

---

〔1〕 史尚宽：《债法各论》，中国政法大学出版社2000年版，第97页。

〔2〕 参见王利明：《合同法研究》（第三卷），中国人民大学出版社2018年版，第177页。

第二章 赠与合同

第一节 赠与合同概述

一、赠与合同的概念

赠与合同是指双方当事人约定一方将自己的财产所有权无偿转移给对方，而对方接受的合同。其中，转移财产的一方为赠与人，接受财产转移的一方为受赠人。赠与合同作为财产所有权人依法处分自己财产的一种法律形式，属于转移财产所有权合同的一种。根据赠与合同，赠与人应将财产所有权转移给受赠人。

赠与究竟为合同还是单方法律行为，是存在争议的。一种观点认为，将赠与视为合同行为，这并非不存在逻辑说明上的困难。因为既然是合同，就要求合同双方当事人具有相应的行为能力，因此，无行为能力人与限制行为能力人是不能缔结赠与合同的。因此，将赠与视为合同行为，并非总是与合同、赠与本身的宗旨契合。而将赠与视为单方法律行为，则不存在这样的问题：法律只要求赠与人具有行为能力，而不要求受赠人具有行为能力。另一种观点则认为，赠与为合同。大陆法系国家一般都把赠与作为合同对待。

赠与不仅仅是一种给付物的行为，也具有意思的含义。罗马法上就有“接受我的赠与物的同时，就接受了我的意思”之说，因此，单方行为说可能会有强迫受赠人接受的嫌疑。因此，现代民法的主流学说还是合同说而非单方行为说。我国民法自 1999 年的《合同法》（已失效）开始，同大多数国家合同法一样，将赠与视为合同行为。我国《民法典》也将赠与作为合同来对待。

当然，无民事行为能力人签订赠与合同，必须由其法定代理人代理签订方为有效。如果是无行为能力人自己签订，就属于无效合同，而非可以追认的合同。还有，我国《民法典》第 16 条规定了胎儿有接受赠与的行为能力，那么，胎儿因为没有出生，当然也应该理解为由其法定代理人代理签订。谁是其法定代理人呢？只能准用无行为能力人的规定。

二、赠与合同的性质及立法模式考察

关于赠与合同的性质，究竟为诺成合同、要式合同抑或是要物合同，在学理上与立法上是存在争议的。从立法史的纵向考察，可能有三种模式：

（一）“要式合同+法定撤销权”模式

要式作为合同的模式，是有相当长的历史的，其最直接的意义是给予合同当事人以谨慎的思考和审慎的斟酌，避免草率行事。赠与是一种无偿行为，要求赠与合同采取要式，在于给予赠与人再一次重新和谨慎考虑的机会。因此，许多国家的立法采取这一种方式，例如，《德国民法典》第 518 条规定：“为使以赠与的方式约定履行给付的合同有效，约定须经公证人公证。”《法国民法典》第 931 条规定：“载明生前赠与的任何证书，均应按契约的通常形式在公证人前做成，证书的原本应留在公证人处，否则，赠与合同无效。”《意

大利民法典》第782条也规定了这一意思。而根据《瑞士债务法》第243条的规定，动产赠与，要采取书面形式才有效，而不动产赠与合同，必须采取公证方式才能生效。

但是，赠与毕竟是一种带有道德与恩惠性的无偿行为，虽然赠与经过公证或者书面生效，但是，对于许多辜负赠与人赠与目的的行为，例如，忘恩负义的行为，如不允许撤销，将有违赠与行为的意义。因此，绝大多数国家在承认赠与以要式生效的同时，辅以法定撤销权。欧陆国家普遍采取这种方式。

（二）“诺成合同+任意撤销权+法定撤销权”模式

这一模式的立法起源于日本，后为我国台湾地区所继受，我国1999年《合同法》（已失效）沿用之，我国2020年《民法典》也延续了这种模式。

日本之所以采取这种立法模式，是由于日本的公证制度不似西欧国家那样发达，如果完全仿效德国立法，以公证方式作为赠与合同的生效要件，既脱离国情又失之过苛。因而，从本国的国情与民俗出发，在规定赠与合同为诺成且不要式的同时，设计了赠与人的任意撤销权来辅助实现赠与人与受赠人的利益平衡[1]。同时，再加上法定撤销权，使得诺成合同这种对赠与人本来不利的合同，变成赠与人在赠与财产转移前可以任意反悔的合同。即使在赠与后不能通过任意撤销权反悔，还可以利用法定撤销权有效取消赠与。

我国《民法典》实际上就是采取这一立法模式。《民法典》第657条规定了赠与合同的诺成性质，在第658条规定了任意撤销权，第663条又规定了法定撤销权。

（三）“要物合同+法定撤销权”模式

20世纪90年代以前，以苏联为代表的社会主义国家，在赠与合同的性质问题上，普遍采取“要物合同+法定撤销权”模式。例如，《苏俄民法典》第256条规定：“赠与合同在交付赠与财产时才被认为签定。”1988年发布的《最高人民法院关于贯彻执行〈中华人民共和国民法通则〉若干问题的意见（试行）》第128条规定，公民之间赠与关系的成立，以赠与物的交付为准。赠与房屋，如根据书面赠与合同办理了过户手续的，应当认定赠与关系成立；未办理过户手续，但赠与人根据书面赠与合同将产权证书交与受赠人，受赠人根据赠与合同已占有、使用该房屋的，可以认定赠与有效，但应令其补办过户手续。大部分学者认为，该条确定了赠与合同为要物合同的性质。

设计这种立法模式的主要理由是：赠与合同是无偿合同，以物的交付作为合同的成立要件，能使赠与人在物的交付之前有再次斟酌的机会，以最大限度地保护赠与人利益。即使在赠与后，如果出现法定事由，仍然可以行使法定撤销权，以取消赠与而取回赠与物。

我国学理与立法已经开始更多地关注欧陆国家法律，而从罗马法开始，赠与合同就始终没有被包括在要物合同的范围之内。而现代各国民法也几乎没有将赠与合同视为要物合同，罗马法如此，《法国民法典》如此，《德国民法典》也是如此。所以，即使是具有这种要物合同传统的《俄罗斯民法典》（苏联解体后）也已经不采取要物主义而采取要式主义。我国民法自1999年《合同法》（已失效）也抛弃了要物主义原则，《民法典》从之。

三、赠与合同的特征——以我国合同法为模式

1. 赠与合同为诺成性的非要式法律行为。根据我国《民法典》的规定，赠与合同是诺成性的，即只要双方当事人就无偿转移标的物所有权与接受转移达成协议，就可以生效，而不需要以赠与物的实际交付作为要件。但是，为防止这种特征对赠与人的过度束缚，《民

---

[1] 参见张悦：“赠与人任意撤销权初探”，中国政法大学2002年硕士毕业论文。

法典》第 658 条特别赋予赠与人以任意撤销权，即在赠与财产的所有权转移前可以任意撤销赠与。

根据我国《民法典》第 657 条的规定，可以认定我国合同法是采取非要式合同的模式。即使第 659 条规定："赠与的财产依法需要办理登记或者其他手续的，应当办理有关手续。"这也不是对合同生效的条件性规定，只是对财产转移的规定。

2. 赠与合同是双方法律行为。民法上，典型的合同是双方法律行为，赠与合同就是这样的行为。作为双方法律行为的赠与合同，其有效成立要求必须有双方当事人的意思表示一致，故仅仅有无偿转移财产所有权的外观但无双方意思表示一致的内在，不是赠与合同。这也是赠与合同与遗赠的主要区别，在遗赠中虽然也有无偿转移财产所有权的行为，但不需要双方意思表示一致，它仅仅是单方法律行为。

3. 赠与合同是无偿性的法律行为。赠与合同是无偿合同，只有赠与人一方负有转移承诺的赠与物的所有权的义务，而对方不需要承担任何义务。即使是附有负担的赠与，也不是赠与人履行义务的对价，仅仅是一种条件。因此，赠与合同是单务合同。赠与合同这种无偿与单务的特征，使得它在许多方面有别于有偿合同，如瑕疵担保责任、不能履行的免除、任意撤销权、穷困抗辩等。

四、赠与合同的种类

1. 附义务的赠与与不附义务的赠与。这是以赠与是否负有负担为标准所进行的分类。所谓附负担赠与，是指赠与财产所有权的有效转移以受赠人履行某种赠与人设定的义务为条件。如果受赠人不履行设定的义务，则赠与人可以撤销赠与。而所谓不附负担的赠与，是指赠与财产的转移不以任何义务为前提。

前面已经指出，附负担赠与中的所谓义务，并非是赠与合同的对价。即使是附负担的赠与，也不能改变赠与合同的无偿性特征。因此，赠与人不能以受赠人不履行所附的负担作为不履行赠与义务的抗辩。

需要特别指出的是，附负担的赠与附条件赠与是不同的。在附条件赠与中，条件直接关系到赠与合同的效力问题，而附负担的赠与合同中的负担与赠与合同的效力无关。

另外，在现实生活中，还有一种类似的赠与合同——目的赠与。目的赠与同附负担的赠与的区别在于：目的赠与的赠与人不得向受赠与人请求结果的实现，仅仅可以在目的不达时，请求返还利益。例如，男女以结婚为明确目的而互赠财物，在目的不达时，可以请求返还财物。这种不属于附负担的赠与。

最后，附负担的赠与之负担必须是合法的，并且是受赠人客观上能够履行的。如果受赠与人法律上与客观上能够履行而拒不履行的，赠与人可以撤销赠与。但是，如果受赠人在法律上或者客观上不能履行的，则赠与人不得撤销赠与。

2. 一般赠与合同与特殊赠与。这种区分的标准是赠与是否具有公益性、道德性和经过公证程序。如果赠与具有救灾、扶贫等社会公益、道德义务性质，或者赠与合同经过公证，则为特殊赠与。其他的赠与为一般赠与合同。

区别一般赠与合同与特殊赠与在我国合同法上的意义在于：一般赠与合同的赠与人不仅具有法定撤销赠与的权利，而且具有任意撤销赠与的权利，而特殊赠与合同的赠与人仅具有法定撤销赠与的权利。

第二节 赠与合同的法律效力

由于赠与合同是无偿与单务合同，因此，在这里我们仅仅讨论赠与合同中赠与人的权利义务。

一、对赠与的撤销权

（一）赠与人的任意撤销权

1. 任意撤销权的概念与历史沿革。所谓任意撤销权，是指赠与合同生效后赠与财产转移前，赠与人依其意思表示自由撤销赠与的权利。由于任意撤销权与合同的效力显然有悖，因此，即使有些国家承认这种权利，也多有限制。

前面提到，任意撤销权制度起源于日本，《日本民法典》第550条规定："不依书面所为的赠与，各当事人可撤销。但已履行的部分不在此限。"由此可见，在《日本民法典》上的赠与制度，有以下显著的特点：①以书面形式所进行的赠与，不得任意撤销；②合同双方当事人均有撤销权；③已经履行的赠与不能任意撤销。

我国台湾地区的"民法"沿袭了日本民法的规定，其"民法"第408条规定："赠与物之权利未转移前，赠与人得撤销其赠与。其一部已转移者，得就其未转移之部分撤销之。前项规定，于经公证之赠与或为履行道德上义务而为赠与者，不适用之。"我国台湾地区"民法"对赠与的任意撤销的规定也有几个显著特点：①只有赠与人能够任意撤销赠与合同；②任意撤销权的行使必须是在赠与财产转移前；③经公证之赠与或为履行道德上义务而为赠与不能任意撤销。

我国《民法典》第658条规定了任意撤销权："赠与人在赠与财产的权利转移之前可以撤销赠与。经过公证的赠与合同或者依法不得撤销的具有救灾、扶贫、助残等公益、道德义务性质的赠与合同，不适用前款规定。"

该条规定了两个要点：①赠与人的任意撤销权——只要在赠与的财产权利转移前行使即可；②不适用任意撤销权的情形：其一，经过公证的赠与合同；其二，依法不得撤销的具有救灾、扶贫、助残等公益、道德义务性质的赠与合同。这里的疑问是：有没有"依法得撤销的具有救灾、扶贫、助残等公益、道德义务性质的赠与合同"？从该条的文义和逻辑解释，应该是有。而如果对比1999年《合同法》（已失效）第186条，《民法典》第658条的这一变化就非常明确，前者规定："赠与人在赠与财产的权利转移之前可以撤销赠与。具有救灾、扶贫等公益、道德义务性质的赠与合同或经过公证的赠与合同，不适用前款规定。"通过对比就可以发现，《民法典》的规定发生了变化——只有那些依法不得撤销的具有救灾、扶贫、助残等公益、道德义务性质的赠与合同，才不适用任意撤销的规定。

由此可见，在立法模式上，这一规定同日本和我国台湾地区并无原则性差别。

2. 任意撤销权质疑。

（1）从逻辑上看，违背合同的一般概念。从合同的性质看，契约一经成立，便在当事人之间产生法律效力，即契约虽然是当事人意思合意的产物，但意思合意一经形成，便会脱离主观的范畴而进入一个"无意志"的客观地带，当事人的任何一方应遵守这个曾是自己意志的产物而无权任意变更或取消。这是各国契约法及学理一致承认的事实。但为什么赠与合同的赠与人就可以任意撤销合同？如果合同可以被一方当事人任意撤销，那还是合同吗？从逻辑上看，这无论如何都令人费解。

（2）从效果上看，与立法者的初衷相反。有人认为，将赠与合同从要物合同变为诺成合同，其最大的优点就是避免赠与人说了不算，拯救社会面临的道德与信用危机。但这种规定真的起到了立法者所想象的作用了吗？我们认为，大概恰恰相反，它正好破坏了合同的严肃性。赠与合同经双方当事人意思表示一致就可以生效，但这种效力是如此脆弱，以至于赠与人可以任意撤销，它真的能够避免赠与人说了不算吗？这种“诺成性+任意撤销权”的模式，对于一般赠与合同来说，效果上相当于要物合同：只要赠与财产的所有权不转移，可以任意撤销；只有转移了财产所有权，任意撤销权也就不存在了。这不就是要物合同吗？

其实，赠与合同一方面要平衡当事人之间的利益关系，另一方面还要照顾公益与道德风尚。我们认为，对于赠与合同，这样规定可能会更好：“赠与合同自赠与财产所有权转移时生效；但是，具有救灾、扶贫等社会公益、道德义务性质的赠与合同及经过公证的赠与合同不受此限。”这样，一方面保持了合同的严肃性，另一方面将具有公益性、道德性及公证赠与合同作为例外处理，照顾了其特殊效力。即使是财产所有权转移之后，赠与人还可以行使法定撤销权。

（二）法定撤销权

1. 法定撤销权的概念与行使条件。法定撤销权是指依据法律规定的事由撤销赠与的权利。与任意撤销权不同，即使是具有救灾、扶贫等社会公益、道德义务性质的赠与合同及经过公证的赠与合同，也可以行使法定撤销权。这种法定撤销权，在大部分国家未赋予赠与人任意撤销权的情况下，对于赠与人十分重要。例如，在德国和法国，因赠与合同只有经过公证才有效，一旦公证则赠与人必须履行合同义务，因此，赋予赠与人法定撤销权就是必要的救济。从这些国家的立法来看，撤销条件不尽相同。《德国民法典》主要限于“忘恩负义”行为。《德国民法典》第530条规定：“①受赠人对于赠与人或者其近亲属有重大侵害行为或者重大忘恩负义的行为时，赠与人可以撤销赠与。②赠与人的继承人仅在受赠人因故意和违法行为致赠与人死亡或者阻碍撤销赠与时，才有权撤销赠与。”特别应当指出的是，《德国民法典》并没有将不履行负担作为撤销赠与合同的事由，该法典第527条规定：“受赠人不履行负担的，在应将赠与物用于履行负担的范围内，赠与人可以根据关于不当得利的规定，要求依双务合同规定的解除权，返还赠与物。”

而根据《法国民法典》第953条的规定，生前赠与仅得因不履行原定的赠与条件、受赠人有忘恩负义的行为，以及赠与人事后生有子女而撤销。而根据该法典第955条的规定，忘恩负义的行为主要是指：①受赠人谋害赠与人的生命；②受赠人对于赠与人犯有虐待罪、轻罪或者侮辱罪；③受赠人拒绝扶养赠与人。

由于我国《民法典》对于赠与采取的是“诺成+任意撤销权+法定撤销权”模式，而在这种模式下，法定撤销权的意义显然不能同德国法和法国法上的作用相比。在适用范围上，因为已经有了任意撤销权，因此，法定撤销权主要在下面两种情况下才有意义：①具有救灾、扶贫等社会公益、道德义务性质的赠与合同及经过公证的赠与合同；②一般赠与合同的赠与财产所有权已经转移的情况。从《民法典》第663条的规定看，法定撤销权适用的条件是：①严重侵害赠与人或者赠与人近亲属的合法权益；②对赠与人有扶养义务而不履行；③不履行赠与合同约定的义务。

2. 撤销权的行使。

（1）行使的主体。撤销权行使的主体可以是赠与人本人，在特定情况下，也可以是赠与人的继承人或者法定代理人。根据我国《民法典》第664条的规定，因受赠人的违法行为致使赠与人死亡或者丧失民事行为能力的，赠与人的继承人或者法定代理人可以撤销赠与。

（2）撤销权行使的期间。如果赠与人行使撤销权，则应当自知道或者应当知道撤销原因之日起1年内行使；若是在《民法典》第664条规定的情况下，即因受赠人的违法行为致使赠与人死亡或者丧失民事行为能力的，赠与人的继承人或者法定代理人行使撤销权的，则应自知道或者应当知道撤销原因之日起6个月内行使。以上期间为除斥期间。

（三）法定撤销权与任意撤销权的区别

1. 立法目的不同。任意撤销权是基于赠与合同之无偿性，对赠与人提供一种反悔的机会；而法定撤销权则是基于社会道德和伦理的考虑，对受赠人的忘恩负义行为的一种惩罚，否定其保有赠与物权利的制度。

2. 撤销的对象不尽相同。任意撤销权主要针对已经生效但赠与物尚未转移的赠与合同，而法定撤销既包括已经生效但赠与物尚未转移的赠与合同，也包括已经生效且赠与物已经转移的赠与合同。在我国，任意撤销仅仅针对一般赠与合同，而法定撤销权针对一般赠与合同与具有救灾、扶贫等社会公益、道德义务性质的赠与合同及经过公证的赠与合同。

3. 行使条件不同。任意撤销没有任何法定条件限制，而法定撤销必须根据法律规定的事由而为撤销。任意撤销只要在赠与物的财产所有权转移前都可以行使，而法定撤销权有除斥期间的限制。

4. 行使后果不同。任意撤销权行使的后果是使赠与人的义务得以免除，而法定撤销权除了义务免除外，在已经履行了赠与义务后，有返还赠与物的后果。

二、赠与人的瑕疵担保责任

由于赠与合同为无偿合同，因此，赠与合同的一般原则是：赠与人不承担瑕疵担保责任。我国《民法典》第662条肯认了这一原则。但是，同时规定了一种例外，即附义务的赠与中赠与的财产有瑕疵的，赠与人在附义务的限度内承担与出卖人相同的责任。同时，《民法典》第662条还规定，赠与人故意不告知瑕疵或者保证无瑕疵，造成受赠人损失的，应当承担损害赔偿责任。由于我国《民法典》在瑕疵担保责任制度上采取的是仅仅承认权利瑕疵担保而将物的瑕疵担保责任放在违约责任中解决的方式，因此，该条就有许多需要讨论的问题：①赠与合同中的瑕疵责任是指什么责任？②如果赠与人不知道赠与物有隐蔽的瑕疵，而赠与物造成他人损害的，是否负担赔偿责任？③赔偿责任的范围是什么？

（一）瑕疵担保责任的种类是什么

由于《德国民法典》及大陆法系的许多国家民法典采取的是权利瑕疵担保与物的品质瑕疵担保责任并举的制度，因此，《德国民法典》关于赠与合同中的瑕疵担保责任也是双重的，既包括权利瑕疵担保责任，也包括物的品质瑕疵担保责任。该法典第523条规定："赠与人故意隐瞒权利瑕疵的，对受赠人因此而产生的损害负赔偿责任。"该法典第524条规定："赠与人故意隐瞒其赠与物的瑕疵的，对受赠人因此而造成的损害负赔偿义务。"第526条规定："因权利瑕疵或者物的瑕疵使赠与的价值明显不足以抵偿履行负担所需要的费用的，在因瑕疵而产生的不足部分得到补偿之前，受赠人有权拒绝履行负担。受赠人不知有瑕疵而履行负担的，在受赠人因履行负担而支出的费用超过有瑕疵的赠与物的价值时，受赠人可以要求赠与人偿还其费用。"在我国《民法典》中赠与合同的瑕疵种类如何？

我们先来看看《民法典》第662条第1款的规定："赠与的财产有瑕疵的，赠与人不承担责任。附义务的赠与，赠与的财产有瑕疵的，赠与人在附义务的限度内承担与出卖人相同的责任。"这里的"瑕疵"应该包括品质瑕疵与权利瑕疵。

（二）如果赠与人不知道赠与物有隐蔽的瑕疵，从而赠与物造成他人损害的，是否负担赔偿责任

从上述《德国民法典》第523条及第524条的规定看，德国民法强调“赠与人故意隐瞒权利瑕疵”或者“赠与人故意隐瞒其赠与物的瑕疵”时，对受赠人因此而产生的损害负赔偿责任。由此推知，如果造成受赠人损失的瑕疵对于赠与人来说，是他确实不知道而且按照当时的情况他也不应当知道的，则赠与人无赔偿义务。

我们再来看看我国《民法典》第662条第2款的规定：“赠与人故意不告知瑕疵或者保证无瑕疵，造成受赠人损失的，应当承担赔偿责任。”这里所谓的“造成受赠人损失”，是指加害给付中的损失，还是包括“可得利益”的损失——赠与后受赠人可以获得的利益？笔者认为，从赠与合同的无偿性来看，应解释为不应当包括“可得利益损失”为宜，否则，对赠与人的负担太重。

（三）赔偿的范围是什么

有人认为，赔偿损失的范围包括履行利益的损失与履行利益以外的其他损失〔1〕。这是对赠与合同的巨大误解，包括我国在内的各国民法典都没有把履行利益作为赠与合同赔偿的范围。这是对赠与合同之无偿性的必然回应。《德国民法典》及我国《民法典》仅仅对于附义务的赠与合同，要求赠与人在所附义务的范围内承担与出卖人相同的责任，即对于附负担的赠与，只要交付的标的物本身的价值不低于所附的义务即可，不能要求所交付的标的物本身具有应有的价值或者品质。而对于非附义务的赠与，即使交付的标的物一文不值，也不能要求赠与人承担责任。只有当这种赠与物的瑕疵造成他人损害，并且是赠与人知道赠与物有瑕疵而故意不告知受赠人，或者保证赠与物没有瑕疵而造成受赠人损害时，赠与人才负损害赔偿责任。而这种赔偿责任的范围仅仅是信赖利益。

三、穷困抗辩权

穷困抗辩权是指赠与合同订立后，赠与人的经济状况显著恶化，严重影响其生产经营或者家庭生活的，可以拒绝履行赠与义务。

对于穷困抗辩权，许多国家的法律都有规定，例如，《德国民法典》第519条规定，赠与人因考虑到其所负担的其他义务，如不损害与自己身份相当的生计或者法律规定负担的抚养义务，即无能力履行约定的，可以拒绝履行赠与的约定。我国《民法典》第666条也规定了这种抗辩权：赠与人的经济状况显著恶化，严重影响其生产经营或者家庭生活的，可以不再履行赠与义务。

从我国《民法典》第666条的规定看，似乎可以得出这样的结论：我国民法上的穷困抗辩权必须具备两个条件：①赠与人的经济状况显著恶化，严重影响其生产经营或者家庭生活；②穷困抗辩权必须是在赠与义务履行前的抗辩。那么，赠与义务履行后，赠与人的经济状况显著恶化，严重影响其生产经营或者家庭生活的，赠与人是否可以要求返还？

《德国民法典》第528条规定：“赠与人在履行赠与后不能维持与自己的身份相当的生计，或者对其亲属、配偶或者前配偶不能履行法定抚养义务的，赠与人可以根据关于不当得利的规定，要求受赠人返还赠与物。受赠人可以支付抚养所必需的金额以免除返还。”这显然是一种相当于法定撤销权的理由，因为如不先撤销赠与合同，显然不能根据不当得利请求返还。该法典第529条规定，赠与人故意或者因重大过失招致贫困，或者自给付赠与

---

〔1〕 参见胡元琼等：“赠与合同若干问题研究——兼作立法建议”，载梁慧星主编：《民商法论丛》（第25卷），金桥文化出版社2002年版，第396页。

标的物至发生贫困之时已经超过10年的，返还赠与物的请求权消灭。受赠人因考虑自己的其他义务，认为返还赠与物必然妨碍维持与自己身份相当的生计，或者影响履行法律规定的抚养义务的，亦同。我国《民法典》显然没有这样的规定或者立法精神。

穷困抗辩权实际上建立在两个基础之上：一是无偿性。因赠与合同本来就是一种无偿性合同，是赠与人对受赠人的一种恩惠行为。如果施恩人都不能维持生计，再让其履行恩惠行为，显然有失公允。二是合同基础丧失理论（情事变更理论）。赠与合同是建立在赠与人能够体面生活和维持与自己的身份相当的生活的基础之上，当这种基础已经根本动摇，再维持这种合同效力会失去公平时，可以允许变更或者解除合同。

但是，应当特别指出，如果赠与合同是附负担的，而受赠人已经履行了负担的，如果赠与人拒绝履行赠与义务，则应当返还受赠人已经履行的利益。

四、赠与人的违约责任

违约责任是契约当事人不履行合同义务而应当承担的责任。事实上，由于我国《民法典》规定了赠与合同的任意撤销权，就使得违约责任的适用变得十分狭窄。严格地说，仅仅在第658条第2款规定的情况下，即具有救灾、扶贫等社会公益、道德义务性质的赠与合同或者经过公证的赠与合同能够适用。因为这种合同不能行使任意撤销权，所以，《民法典》在第660条中规定，经过公证的赠与合同或者依法不得撤销的具有救灾、扶贫、助残等公益、道德义务性质的赠与合同，赠与人不交付赠与财产的，受赠人可以请求交付。

在上述所说的合同之外的一般赠与合同，也有可能具有违约责任的情况。但是，如果受赠人追究违约责任时，赠与人立刻行使任意撤销权，即无合同责任可言，也就无违约责任。

五、赠与人故意或者重大过失损害赠与物的赔偿责任

我国《民法典》第660条第2款规定，因赠与人故意或者重大过失致使赠与的财产毁损、灭失的，赠与人应当承担赔偿责任。我们始终很难理解这种立法的理由，因为无论是一般赠与还是具有救灾、扶贫等社会公益、道德义务性质的赠与合同或者经过公证的赠与合同，在赠与财产转移前，财产的所有权都属于赠与人，他故意或者因重大过失毁坏财产，是处分自己的财产，为什么要承担赔偿责任？即使是具有救灾、扶贫等社会公益、道德义务性质的赠与合同或者经过公证的赠与合同，赠与人充其量承担违约责任，而违约责任就一定是赔偿责任吗？有人认为这一规定来源于《德国民法典》第521条："赠与人仅就故意或考重大过失负其责任。"但要知道，德国法上的所谓"责任"并非是指故意或者过失毁坏赠与物的赔偿责任，而是指因故意或者过失不能履行赠与义务的违约责任。《意大利民法典》第789条也是在违约责任的意义上使用的。在一般赠与合同中，因为有任意撤销权，一般难以追究赠与人的违约责任或者赔偿责任。

第三章
借款合同

第一节 借款合同概述

一、借款合同的概念

借款合同是指双方当事人约定一方向他方提供借款，他方当事人到期返还借款并支付利息的合同。其中，提供借款的一方称为贷款人，接受借款的人称为借款人。

借款合同有四点值得注意：一是区分了商事借贷和民间借贷，即在我国《民法典》上，借款合同分为以金融机构为合同一方当事人的借款合同与自然人之间的借款合同，这种差别导致了合同的不同特征。二是由于借款合同标的物——货币本身的特殊性，即消耗物的特性，即使是借款，也转移其所有权。这与出借其他物不同，如果出借其他物，该物的所有权并不转移。因此，借款与出借其他物相比，出借人的风险更大。三是借款合同以信用为基础，信用是借款合同的根本所在，因此，在签订借款合同时，贷款人十分注重借款人的信用。另外，作为借款人还款的保障，贷款人往往要求借款人提供担保。四是商事借贷为要式非要物合同，而民间借贷为非要式要物合同。

二、借款合同的特征

（一）一方为金融机构的借款合同的特征

1. 借款合同为有偿合同。按照我国《民法典》合同编的规定，以金融机构为一方当事人的借款合同为有偿合同，这种有偿性体现在借款人需支付利息。我国《民法典》第680条第2、3款规定，借款合同对支付利息没有约定的，视为没有利息。借款合同对支付利息约定不明确，当事人不能达成补充协议的，按照当地或者当事人的交易方式、交易习惯、市场利率等因素确定利息；自然人之间借款的，视为没有利息。

从这一规定可以看出，金融机构的商事借贷与自然人之间的民间借贷不同：①在商事借贷中，如果没有约定利息的，视为没有利息。但约定不明确的就视为有利息，只不过要按照许多因素来确定。②对于自然人来说，无论没有约定，还是约定不明，都视为没有利息。

2. 借款合同为要式合同。按照我国《民法典》第668条的规定，借款合同应当采用书面形式，但自然人之间借款另有约定的除外。借款合同的内容一般包括借款种类、币种、用途、数额、利率、期限和还款方式等条款。在我国现实生活中，以金融机构为一方当事人的借款合同一般都是格式合同，即由金融机构一方事先起草好的且不与对方协商，也不允许对方修改的合同。

3. 借款合同为双务合同。借款合同的双务性体现在：贷款人应当交付约定贷款的数额，而借款人应当按照约定期限还款并支付利息。

4. 借款合同为诺成合同。按照我国《民法典》的规定，以金融机构为一方当事人的借款合同自当事人达成书面协议时起即具有法律约束力，不需要以实际交付金钱为要件，所以为诺成合同。这与自然人之间的借款合同不同。

（二）自然人之间的借款合同的特征

1. 自然人之间的借款合同为实践性合同。按照我国《民法典》第679条的规定，自然人之间的借款合同，自贷款人提供借款时成立。由此可见，我国自然人之间的借款合同为实践性合同。这种规定符合我国实际情况，因为在当下，虽然自然人之间的借款合同也有商业性的，但相当一部分借款是为了调剂余缺，带有相互帮助的道德性因素。所以，如果将自然人之间的借款合同定为诺成合同而带有强制执行的特点，与这种道德性因素不合。

2. 自然人之间的借款合同可以是无偿合同也可以是有偿合同。在现实生活中，自然人之间的借款可以约定利息，也可以不约定利息。在是否约定发生疑问时，视为不支付利息。我国《民法典》第680条规定，自然人之间的借款合同对支付利息没有约定或者约定不明确的，视为没有付利息。也就是说，当事人不约定或者约定不明，即视为无偿合同，只有特别约定时才视为有偿合同。

另外，自然人之间的借款虽然可以约定利息，但不得约定超出我国法律法规规定的利息限度而发放高利贷。我国《民法典》第680条第1、2款规定，禁止高利放贷，借款的利率不得违反国家有关规定。借款合同对支付利息没有约定的，视为没有利息。

关于借款利率的具体限制，在我国《民法典》中并无直接规定，但最高人民法院的司法解释有明确规定。最高人民法院关于民间借贷司法解释[1]中有关民间借贷利率的核心条文主要是第26、30条。第26条规定："出借人请求借款人按照合同约定利率支付利息的，人民法院应予支持，但是双方约定的利率超过合同成立时一年期贷款市场报价利率四倍的除外。前款所称'一年期贷款市场报价利率'，是指中国人民银行授权全国银行间同业拆借中心自2019年8月20日起每月发布的一年期贷款市场报价利率。"第30条规定："出借人与借款人既约定了逾期利率，又约定了违约金或者其他费用，出借人可以选择主张逾期利息、违约金或者其他费用，也可以一并主张，但是总计超过合同成立时一年期贷款市场报价利率四倍的部分，人民法院不予支持。"根据这两条规定，可以作出以下文义解释：①借贷双方约定的利率未超过合同成立时1年期贷款市场报价利率4倍的，该约定不仅有效，而且有实体法上的请求权，即如果证据能够证明以上事实的，法院在实体判决中应该支持；②借贷双方约定的利率超过合同成立时1年期贷款市场报价利率4倍的，超出部分不仅无效，而且即使借款人已经偿还的，也可以请求返还。

3. 自然人之间的借款合同一般为书面合同。我国《民法典》第668条第1款规定，借款合同应当采用书面形式，但自然人之间借款另有约定的除外。如何理解该条？从客观解释角度看，其含义应当是：自然人之间的借款合同一般为书面合同，当事人另有约定的，从其约定。在发生疑问时，应以书面为原则。但我们同时应当注意的是，《民法典》第679条关于实践性的规定，不能简单地认为，自然人之间的借款合同没有采取书面形式，而当事人又没有约定采取非书面形式的，借款合同就无效。如果当事人没有采取书面合同，但贷款人实际交付贷款的，应当认为合同有效；即使有书面合同，但实际交付的金钱数额与合同约定的数额不同的，也应当以实际交付的数额为准。

---

〔1〕"最高人民法院关于民间借贷司法解释"具体是指《最高人民法院关于审理民间借贷案件适用法律若干问题的规定》（2015年6月23日最高人民法院审判委员会第1655次会议通过，2015年9月1日起施行，并于2020年进行2次修正）。

第二节 借款合同的效力——一方为金融机构的借款合同的效力

一、贷款人的权利义务

（一）要求提供担保的权利

前面已经提到，借款合同较其他物的出借具有更大的风险，特别是在我国目前商业信用基础欠缺的情况下。因此，我国目前的金融机构贷款实践中，金融机构要求提供担保的占绝对多数。

（二）解除合同并提前收回贷款的权利

借款人未按照约定的借款用途使用借款的，贷款人可以停止发放借款、提前收回借款或者解除合同（《民法典》第673条）。

该条规定也规定了贷款人解除合同的法定理由，但有一点是可以质疑的：如果不解除合同如何提前收回借款？因为如果不解除合同，合同约定的借款与还款时间就仍然有效，如何提前收回？“停止发放贷款”，我们可以理解为一种抗辩权，但提前收回贷款如何理解？所以，提前收回借款必须以解除合同为前提。

（三）对借款使用的检查监督权

我国《民法典》第672条规定，贷款人按照约定可以检查、监督借款的使用情况。借款人应当按照约定向贷款人定期提供有关财务会计报表或者其他资料。如果贷款人发现借款人未按照约定的借款用途使用借款的，贷款人可以停止发放借款、提前收回借款或者解除合同。但是，在实践中，如果借款人提供了足够的担保，在一般情况下的商业贷款，贷款人是否有此权利，颇有疑问。

（四）按照约定提供贷款的义务

贷款人应当按照借款合同的约定向借款人提供贷款，否则，给借款人造成损失的，应当承担赔偿责任。我国《民法典》第671条第1款规定，贷款人未按照约定的日期、数额提供借款，造成借款人损失的，应当赔偿损失。

（五）不得提前扣除利息的义务

针对中国目前现实存在的情况，有些贷款人，特别是民间借贷中（包括小额贷款公司的实际业务）存在一种严重损害借款人利益的做法——从借款总额中预先扣除利息。《民法典》第670条规定，借款的利息不得预先在本金中扣除。利息预先在本金中扣除的，应当按照实际借款数额返还借款并计算利息。

（六）利率确定权

我国金融法规允许各个金融机构在一定范围内自行确定利率，因此，不同的贷款种类、不同的借款人就有不同的风险，利率也就不同。办理贷款业务的金融机构贷款的利率，应当按照中国人民银行规定的贷款利率的上下限确定。

（七）其他诚信义务

贷款人除了遵守上述义务外，还应当遵守根据诚实信用原则所产生的义务，如为借款人保密的义务等。

二、借款人的义务

（一）按照合同约定收取借款的义务

如同其他合同一样，借款人应当按照合同约定履行，即按照合同约定收取借款，否则要承担违约责任。我国《民法典》第 671 条第 2 款规定：“借款人未按照约定的日期、数额收取借款的，应当按照约定的日期、数额支付利息。”

（二）按照约定还款的义务

1. 还款的数额。还款的数额，一般是本金加上约定的利息。如果是逾期还款，还要加上罚息。

2. 还款的日期。借款人应当按照约定的期限返还借款。对借款期限没有约定或者约定不明确，依照《民法典》第 510 条确定，即当事人可以协议补充；不能达成补充协议的，按照合同有关条款或者交易习惯确定。仍不能确定的，借款人可以随时返还；贷款人可以催告借款人在合理期限内返还。借款人未按照约定的期限返还借款的，应当按照约定或者国家有关规定支付逾期利息。借款人提前返还借款的，除当事人另有约定的以外，应当按照实际借款的期间计算利息（《民法典》第 675～677 条）。

3. 申请延展还款期的权利。当事人可以就还款日期达成延展协议。《民法典》第 678 条规定，借款人可以在还款期限届满之前向贷款人申请展期；贷款人同意的，可以展期。

（三）利息支付义务

利息支付也是借款人的基本义务之一，是借款合同有偿性的具体体现。我国《民法典》第 674 条规定，借款人应当按照约定的期限支付利息。对支付利息的期限没有约定或者约定不明确，依据《民法典》第 510 条的规定仍不能确定，借款期间不满 1 年的，应当在返还借款时一并支付；借款期间 1 年以上的，应当在每届满 1 年时支付，剩余期间不满 1 年的，应当在返还借款时一并支付。

（四）按照合同约定的贷款用途使用贷款的义务

如果借款合同明确约定了贷款的用途，借款人应当按照约定用途使用贷款，否则，将承担被解除合同、收回贷款或者停止发放贷款的后果。

（五）如实说明的义务

按照《民法典》第 669 条的规定，订立借款合同，借款人应当按照贷款人的要求提供与借款有关的业务活动和财务状况的真实情况。如果借款人未履行这一忠实的说明义务，将构成欺诈，贷款人可以以此为理由而解除合同。合同解除的法律后果是：贷款人已经按照约定提供贷款的，有权收回贷款，另有损失的，应当赔偿损失；如果合同没有履行的，解除后合同不需履行，借款人应赔偿贷款人因此而遭受的损失。

第四章 租赁合同

第一节 租赁合同的基本概述

一、租赁合同的概念与特征

租赁合同是指双方约定由一方将物（动产或者不动产）交付他方使用、收益，而由他方支付租金的行为。提供物的一方为出租人，使用出租物并支付租金的一方为承租人。租赁合同是一种古老的典型合同，自罗马法就有此合同。不仅如此，租赁合同也是各个国家人们日常生活和经济活动中普遍使用的一种合同。法律之所以将其作为一种有名合同规定，是因为它是以转移使用权为特征的最具有代表性的合同。它具有以下特征：

（一）租赁合同为有偿双务合同

承租人使用出租物以支付租金为代价，因而是有偿合同；出租人有交付出租物的义务，而承租人有支付租金的义务，故为双务合同。但是，租赁合同的这一特征，并不排除出租人免除承租人租金支付义务的权利，即使是免除，仍然是有偿双务合同。这一特征就使得出租人对承租人承担瑕疵担保责任具有了坚实的基础。

（二）租赁合同是诺成性合同

租赁合同一经双方达成协议即发生法律效力，不以交付实物为成立要件，故为诺成性合同。这也是租赁合同与借用合同的重大区别之一。

（三）租赁合同是移转财产使用权的合同

这是其与买卖、赠与、互易等移转财产所有权合同的区别。从形式上看，虽然租赁合同也将财产移转于他方，但是只是将使用权移转，而未移转所有权。出租人仍然是出租财产的法律上的占有人，而承租人是直接的事实上的占有人。这种方式是所有权人实现自己债权的重要方式之一，如果法律不创造法律占有与事实上的占有的区别，所有权人的权利实现将受到极大限制。

（四）租赁合同的标的物必须是有体物、特定物、非消耗物

因租赁合同并不移转所有权，待合同期满，承租人必须返还出租物，故只有有体物、特定物、非消耗物才能达到此目的。例如，货币不能成为租赁合同的标的物。

（五）租赁合同为自动延展合同

根据我国《民法典》第 734 条的规定，租赁期间届满，承租人继续使用租赁物，出租人没有提出异议的，原租赁合同继续有效，但租赁期限为不定期。

（六）租赁合同为非要式合同

根据我国《民法典》第 707 条的规定，租赁期在 6 个月以上的租赁合同应当采取书面形式，但如果当事人未采取书面形式的，并不引起租赁合同无效，仅仅视为不定期租赁合同，因此，租赁合同为非要式合同。特别是，第 706 条规定：“当事人未依照法律、行政法

规规定办理租赁合同登记备案手续的，不影响合同的效力。”

（七）租赁合同是一种能够对抗第三人的合同

一般来说，合同具有相对性，不具有第三人的特征。这是物权与债权的基本区别。

但租赁合同却具有对抗第三人的效力。不仅我国《民法典》承认这种效力，大部分大陆法系国家的民法都承认这一效力。我国《民法典》第725条规定：“租赁物在承租人按照租赁合同占有期限内发生所有权变动的，不影响租赁合同的效力。”

（八）租赁合同是法律明确规定有期限限制的合同

对于租赁合同，我国《民法典》对其规定有明确的期限限制。第705条规定，租赁期限不得超过20年。超过20年的，超过部分无效。租赁期限届满，当事人可以续订租赁合同；但是，约定的租赁期限自续订之日起不得超过20年。

二、租赁合同的性质

租赁合同从性质上说，应当是债权性合同，但是，在某些特殊情况下，租赁债权却具有对抗第三人的特性，就如我国《民法典》第725条规定的这种效力，即所谓的“买卖不破租赁”的特征，学者将这种特征称为“债权的物权化特征”。租赁债权的物权性主要表现在当租赁物的所有权移转时，租赁合同的效力对新的所有权人仍然有效，即新的所有权人不能以所有权移转的事实而主张不受租赁合同的拘束。这即是对这一特征的规定。

但是，租赁债权的物权化特征并不能改变其债权的性质，它仍然是债权。这种所谓的物权化特征仅仅是法律基于价值判断而给予租赁债权的一种对抗力而已，从根本上说它并不是物权。因此，从许多国家的立法体例上看，租赁债权仍然放在合同之债中。另外，从制度设计上也可以看出其与物权的明显差异：如果在土地上设定用益物权，则根据《农村土地承包法》，期限为30年，而土地租赁最长期限则为20年。

三、租赁合同的种类

根据不同的标准，可以将租赁合同分为不同的种类。

（一）动产租赁与不动产租赁

这是以租赁合同的标的物为标准进行的分类。这种分类的意义在于，许多国家对于动产租赁与不动产租赁有不同的法律要求：动产租赁一般不需要登记，甚至可以是非书面的；而对于不动产租赁不仅要求书面形式，而且要求进行登记。

（二）定期租赁与不定期租赁

这是以合同是否具有具体的期限为标准而进行的分类。定期租赁合同是指租赁合同约定具体期限，而不定期租赁合同是指租赁合同没有约定具体期限或者根据法律规定为没有具体期限的合同，例如，我国《民法典》第707条规定：“租赁期限六个月以上的，应当采用书面形式。当事人未采用书面形式，无法确定租赁期限的，视为不定期租赁。”这种区分的法律意义主要是在不定期租赁合同中，双方当事人可以随时解除合同。

第二节　租赁合同的法律效力

一、出租人的权利义务

（一）租赁物的交付义务

这是出租人的基本义务，我国《民法典》第708条规定：“出租人应当按照约定将租赁物交付承租人，并在租赁期限内保持租赁物符合约定的用途。”如果出租人未按合同约定或者法律的规定交付租赁物，或者交付的租赁物不符合合同约定或者在合同无约定时不符合应有的用途，致使承租人不能使用租赁物的，应当承担违约责任或者其他责任。例如，承租人可以要求出租人另外交付租赁物，并可要求减免租金，另有损失的，还可以要求赔偿损失。

（二）出卖租赁物的通知义务

在房屋租赁合同中，法律赋予承租人一项特别的权利，即对所承租的房屋于出租人出卖时享有优先购买权，因此，为实现承租人的这一权利，法律规定出租人在出卖房屋时，应当首先通知承租人。我国《民法典》第726~728条规定了出租人的这一义务。出租人出卖租赁房屋的，应当在出卖之前的合理期限内通知承租人，承租人享有以同等条件优先购买的权利。（其他关于通知的情形将在下面有关"优先购买权"的部分详细论述）这里要注意的是，这种所谓的"优先购买权"仅仅限于房屋租赁，而对于其他租赁物则不适用。《德国民法典》也是如此。

但是，承租房屋的购买人是出租人的亲属或者家庭成员时，承租人是否还具有优先购买权？这种"优先购买权"是否可以转移？《德国民法典》第570B条有详细规定：①出租的房屋，在交付于承租人后又设定或者将要设定住房所有权的，在出卖给第三人时，承租人有优先购买权。出租人将住房出卖给其家庭成员或者家属的，不适用上述规定。②出卖人或者第三人关于买卖合同内容的通知应附有向承租人指明其先买权的内容。③承租人死亡的，其先买权转让于与其有共同生活关系之人。

我国《民法典》第726条第1款规定，出租人出卖租赁房屋的，应当在出卖之前的合理期限内通知承租人，承租人享有以同等条件优先购买的权利；但是，房屋按份共有人行使优先购买权或者出租人将房屋出卖给近亲属的除外。也就是说，出租人将房屋出卖给近亲属子女、兄弟姐妹、祖父母、外祖父母、孙子女、外孙子女的，承租人不得主张"优先购买权"。

至于这种"优先购买权"是否可以转移？《民法典》合同编及相关司法解释并没有规定，但本书认为，应当解释为可以。

（三）租赁物的瑕疵担保义务

由于我国《民法典》合同编仅仅规定了权利瑕疵担保，因此，因第三人主张权利，致使承租人不能对租赁物使用、收益的，承租人可以要求减少租金或者不支付租金。但第三人主张权利的，承租人应当及时通知出租人。在此，承租人是否具有解除合同并要求赔偿的权利？我们认为，应当有此权利。

租赁物的品质瑕疵造成承租人人身或者财产损失的，承租人有何权利？对此，我国《民法典》第723条规定，因第三人主张权利，致使承租人不能对租赁物使用、收益的，承租人可以请求减少租金或者不支付租金。

在实践中，出租人同承租人在合同中已经约定免除出租人因物的品质瑕疵而造成承租人损失的赔偿责任的，该约定是否有效？我们认为，应当适用《民法典》第506条的规定，即合同中的下列免责条款无效：①造成对方人身伤害的；②因故意或者重大过失造成对方财产损失的。

（四）对出租物的修缮义务

在一般情况下，对出租物的修缮应由出租人承担。我国《民法典》第712条、第713条规定，出租人应当履行租赁物的维修义务，但当事人另有约定的除外。承租人在租赁物需要维修时可以请求出租人在合理期限内维修。出租人未履行维修义务的，承租人可以自行维修，维修费用由出租人负担。因维修租赁物影响承租人使用的，应当相应减少租金或者延长租期。

但是，如果出租物需要修缮的事项是由于承租人的原因引起的，应如何处理？我国《民法典》第713条第2款规定，因承租人的过错致使租赁物需要维修的，出租人不承担维修义务及上述责任。

当然，双方当事人对于维修的义务与责任可以有另外的约定。

（五）收取租金的权利

这是出租人的基本权利，也是承租人的基本义务。如果承租人不履行此项义务，属于根本违约，出租人经催告后可以解除合同。

（六）合同解除权

我国《民法典》规定了出租人解除租赁合同的四种情况：①承租人无正当理由不支付租金的。我国《民法典》第722条规定，承租人无正当理由未支付或者迟延支付租金的，出租人可以请求承租人在合理期限内支付。承租人逾期不支付的，出租人可以解除合同。②不定期租赁合同。《民法典》第730条规定，当事人对租赁期限没有约定或者约定不明确，按照《民法典》第510条的规定仍不能确定的，视为不定期租赁；当事人可以随时解除合同，但应当在合理期限之前通知对方。③承租人未经出租人同意而任意转租的。《民法典》第716条第2款规定，承租人未经出租人同意转租的，出租人可以解除合同。④承租人未按约定使用租赁物的。我国《民法典》第711条规定，承租人未按照约定的方法或者未根据租赁物的性质使用租赁物，致使租赁物受到损失的，出租人可以解除合同并请求赔偿损失。

（七）改善同意权

如果承租人欲对租赁物进行修缮的，应当征得出租人同意，否则，应承担相应的法律后果。《民法典》715条规定，承租人经出租人同意，可以对租赁物进行改善或者增设他物。承租人未经出租人同意，对租赁物进行改善或者增设他物的，出租人可以请求承租人恢复原状或者赔偿损失。

（八）转租同意权

承租人欲转租承租物的，必须取得出租人的同意。否则，出租人可以解除合同。我国《民法典》第716条规定，承租人经出租人同意，可以将租赁物转租给第三人。承租人转租的，承租人与出租人之间的租赁合同继续有效；第三人对租赁物造成损失的，承租人应当赔偿损失。承租人未经出租人同意转租的，出租人可以解除合同。但是，如果租赁合同中已经有承租人任意转让租赁物条款的，不必再经出租人同意。另外，《民法典》第718条的规定，出租人知道或者应当知道承租人转租，但在6个月内未提出异议，视为同意转租。

二、承租人的权利义务

（一）依约使用租赁物的义务

按照合同约定使用租赁物，是承租人的基本义务，因为对租赁物的使用不仅关系到出租人的利益，也关系到承租人的利益。如果承租人按照约定使用出租物，即使有损耗，也不负赔偿责任；如果没有按照约定使用租赁物，则对不正常使用所造成的损耗承担赔偿责任。

按照我国《民法典》的规定，承租人应当按照约定的方法使用租赁物。对租赁物的使用方法没有约定或者约定不明确，可以协议补充，不能达成补充协议的，依照习惯使用；没有习惯的，应当根据租赁物的性质使用（《民法典》第709条）。承租人未按照约定的方法或者未根据租赁物的性质使用租赁物，致使租赁物受到损失的，出租人可以解除合同并要求赔偿损失（《民法典》第711条）。承租人按照约定的方法或者根据租赁物的性质使用租赁物，致使租赁物受到损耗的，不承担损害赔偿责任（《民法典》第710条）。

（二）支付租金的义务

这是承租人最重要的、最基本的义务，如果承租人没有正当理由拒绝支付租金，将导致出租人取得解除合同的权利。承租人无正当理由未支付或者迟延支付租金的，出租人可以请求承租人在合理期限内支付；承租人逾期不支付的，出租人可以解除合同（《民法典》第722条）。另外，关于租金的支付期限，《民法典》第721条规定，承租人应当按照约定的期限支付租金。对支付期限没有约定或者约定不明确，依照《民法典》第510条的规定仍不能确定，租赁期间不满1年的，应当在租赁期间届满时支付；租赁期间1年以上的，应当在每届满1年时支付，剩余期间不满1年的，应当在租赁期间届满时支付。

（三）使用收益权

一般来说，租赁对于承租人来讲，主要是获得使用收益，这也是承租人支付租金的真正目的。因此，出租人应当交付并在整个租赁期间保证出租物适于获得使用收益。因此，《民法典》第720条规定，在租赁期限内因占有、使用租赁物获得的收益，归承租人所有，但当事人另有约定的除外。

（四）对抗新所有权人的权利

租赁物在承租人按照租赁合同占有期限内发生所有权变动的，不影响租赁合同的效力（《民法典》第725条）。但是，按照我国2009年发布的《最高人民法院关于审理城镇房屋租赁合同纠纷案件具体应用法律若干问题的解释》（已修改）第20条的规定，租赁房屋在租赁期间发生所有权变动，承租人请求房屋受让人继续履行原租赁合同的，人民法院应予支持。但租赁房屋具有下列情形或者当事人另有约定的除外：①房屋在出租前已设立抵押权，因抵押权人实现抵押权发生所有权变动的；②房屋在出租前已被人民法院依法查封的。

（五）优先购买权

我国《民法典》在总结自1999年《合同法》（已失效）施行后的学理和司法审判经验的基础上，对于承租人的优先购买权作了比较详细的规定。出租人出卖租赁房屋的，应当在出卖之前的合理期限内通知承租人，承租人享有以同等条件优先购买的权利。但这种优先购买权有许多限制和例外。

（六）减少租金权

承租人请求减少租金的权利有以下几种情况：①因不可归责于承租人的事由，致使租赁物部分或者全部毁损、灭失的，承租人可以要求减少租金或者不支付租金。②因第三人主张权利，致使承租人不能对租赁物使用、收益的，承租人可以要求减少租金或者不支付租金。③出租人提供的出租物不符合合同约定或者妨碍承租人使用收益的。④因维修出租物而影响承租人使用收益的。但因承租人自身的原因引起的妨碍其使用收益的，承租人不得要求减免租金。

（七）解除合同的权利

《民法典》合同编中关于承租人解除合同的规定大约有以下几种情况：①租赁合同未约定租赁期限的，承租人可以解除合同；②租赁物危及承租人的安全或者健康的，即使承租人订立合同时明知该租赁物质量不合格，承租人仍然可以随时解除合同；③因不可归责于承租人的事由，致使租赁物部分或者全部毁损、灭失，致使不能实现合同目的的，承租人可以解除合同。

另外，《民法典》第724条还规定，有下列情形之一，非因承租人原因致使租赁物无法使用的，承租人可以解除合同：①租赁物被司法机关或者行政机关依法查封、扣押的；②租赁物权属有争议的；③租赁物具有违反法律、行政法规关于使用条件的强制性规定情形。

（八）返还租赁物的义务

租赁期间届满，承租人应当返还租赁物。返还的租赁物应当符合按照约定或者根据租赁物的性质使用后的状态（《民法典》733条）。

（九）共同居住人的承继权

承租人在房屋租赁期限内死亡的，与其生前共同居住的人或者共同经营人可以按照原租赁合同租赁该房屋（《民法典》第732条）。

（十）房屋承租人的优先承租权

这是我国《民法典》第734条第2款的一项特别规定，即租赁期间届满，承租人享有以同等条件优先承租的权利。这里对于“房屋”应当作扩大解释——应当解释为不动产。这种做法的意义是：①方便和保护承租人，使其有比较稳定和固定的法律保障。特别是在我国城市的居住小区中的车位、车库的出租中，如果出租人不愿意再出租车位或者将车库出租给他人，像在北京、上海这样的城市，将造成业主特别大的麻烦——车往哪里放？②不损害出租人权利——同等条件下才具有优先承租权。

（十一）经出租人同意的转租权（《民法典》第716~719条）

1. 承租人转租必须经过出租人同意。承租人经出租人同意，可以将租赁物转租给第三人。承租人未经出租人同意转租的，出租人可以解除合同。承租人转租的，承租人与出租人之间的租赁合同继续有效；第三人造成租赁物损失的，承租人应当赔偿损失。出租人知道或者应当知道承租人转租，但是在6个月内未提出异议的，视为出租人同意转租。

2. 转租的期限。承租人经出租人同意将租赁物转租给第三人，转租期限超过承租人剩余租赁期限的，超过部分的约定对出租人不具有法律约束力，但是出租人与承租人另有约定的除外。

3. 次承租人的代为履行权。承租人拖欠租金的，次承租人可以代承租人支付其欠付的租金和违约金，但是转租合同对出租人不具有法律约束力的除外。次承租人代为支付的租金和违约金，可以折抵次承租人应当向承租人支付的租金；超出其应付的租金数额的，可以向承租人追偿。

（十二）妥善保管租赁物的义务

承租人应当妥善保管租赁物，因保管不善造成租赁物毁损、灭失的，应当承担赔偿责任。

三、标的物毁损灭失的风险负担

标的物虽然在承租人控制之下，但如果标的物的毁损、灭失不是因为承租人的故意或者过失造成，即因不可归责于承租人的事由，致使租赁物部分或者全部毁损、灭失的，承租人不承担该风险，风险由出租人承担。不仅如此，承租人还可以请求减少租金或者不支付租金。如果租赁物部分或者全部毁损、灭失致使不能实现合同目的的，承租人可以解除合同（《民法典》第729条）。

第五章
融资租赁合同

第一节 融资租赁合同概述

一、融资租赁合同的概念

融资租赁合同是指当事人约定由出租人按承租人的要求出资向第三人购买租赁物供承租人使用、收益，承租人支付租金的合同。我国《民法典》第735条规定，融资租赁合同是出租人根据承租人对出卖人、租赁物的选择，向出卖人购买租赁物，提供给承租人使用，承租人支付租金的合同。

"融资租赁"之称谓非常贴切，因为从融资租赁的形式上看确实是租赁，但从实质上看却是融资。在实践中，融资租赁公司一般没有承租人要租赁的标的物，它所拥有的仅仅是金钱，融资租赁公司在与承租人签订合同后，一般是出钱购买承租人想要租赁的标的物。因此，名为租赁，实为"借钱"。那为什么承租人不直接向出租人借钱？因为金融法规不允许企业之间的金钱借贷。因此，融资租赁就产生了。

根据学者的考证，融资租赁最早产生于美国。20世纪50年代，因生产技术的进步，企业规模不断扩大，美国政府为了防止经济过热，采取金融紧缩政策，这使企业的资金需要无法得到满足。在这种背景下，融资租赁作为一种新型的信贷方式应运而生。这种通过租赁进行的融资方式，颇受各方当事人的青睐：就承租人来说，可以通过融资租赁，用较少的资金解决生产所需；对于出租人来说，既可以获得丰厚的利润，又有较为可靠的债权保障。正是由于融资租赁这种交易的方式既灵活又方便，能够适应企业界的实际需要，提供了一种中长期贷款所不能提供的独特的便利。因此，融资租赁的方式不仅在美国，而且在许多发达国家都得到了飞速的发展。除此之外，融资租赁还有税收方面的优惠：如果企业以购买的方式取得机器设备，只能以折旧的方式扣减税金，但通过融资租赁方式取得机器设备，其按月支付的租金可以作为费用扣减税金[1]。

应该说，我国的融资租赁经营是在改革开放后从外国引进的产物。我国融资租赁经营和模式的选择均围绕着一个基本的目标——利用外资。我国首次融资租赁的成功尝试，是20世纪80年代我国民航总局与美国汉诺威尔制造租赁公司和美国劳埃德银行合作，利用融资租赁方式从美国租赁了第一架波音747SP飞机[2]。此后，我国融资租赁发展迅速，现在已经成为我国经济建设中融资和利用外资的一种重要方式。

---

〔1〕 参见崔建远主编：《合同法》，法律出版社2003年版，第378页。

〔2〕 参见史燕平："我国融资租赁发展回望"，载《金融时报》2002年11月28日。

二、融资租赁合同的特征

(一) 融资租赁涉及三方当事人

融资租赁往往涉及三方当事人，即出租人、承租人和出卖人。因为在融资租赁合同中，通常的情况是承租人选择需要承租的标的物和出卖人，与出租人协商由出租人出资购买而由出卖人直接交付给承租人。因此，在融资租赁合同中，出租人不同于一般租赁合同的出租人，出租人对出租物的瑕疵一般不负责任而由出卖人对此承担责任。也正是因为这种情况，许多学者认为，融资租赁合同由买卖合同与租赁合同两个合同组成。这种说法是否准确有待商榷，但融资租赁合同确实涉及出卖人。

在实践中，还有一种特殊的融资租赁形式——回租。回租是融资租赁的特殊形式，它是指承租人可以将自己的物卖与出租人，然后再与出租人订立融资租赁合同，将该物取回。它的特点是租赁合同的承租人与买卖合同的出卖人为同一人。《最高人民法院关于审理融资租赁合同纠纷案件适用法律问题的解释》第 2 条规定了这种形式，承租人将其自有物出卖给出租人，再通过融资租赁合同将租赁物从出租人处租回的，承租人和出卖人系同一人不影响融资租赁合同的成立。

(二) 融资租赁合同是要式合同

因为融资租赁合同一般属于商事合同，因此，我国《民法典》第 736 条第 2 款规定，融资租赁合同应当采用书面形式。

(三) 实践中融资租赁合同一般约定出租物的所有权归承租人

我国《民法典》规定，合同当事人可以约定租赁物的所有权归属，但在实践中，融资租赁合同一般约定租赁合同期满后出租物归承租人所有。因为租赁物的购买是根据承租人的选择甚至是特别需要，如果归出租人则可能造成出租人的不便，甚至损失。因此，融资租赁公司一般不保留实物，除非承租人经营不善而无法支付租金或者有其他严重违约情形。因此，实践中的做法一般是约定融资租赁合同期满后出租物归承租人所有。否则，融资租赁公司就会变为一般的租赁公司。

(四) 融资租赁公司属于商事合同

由于融资租赁的特殊性，其在实践中一般属于商事合同，个人之间很少使用。因此，融资租赁合同属于有偿、双务合同。

三、融资租赁合同与租赁合同的区别

租赁合同与融资租赁合同是两种有名合同，其差别主要有：

(一) 目的不同

租赁合同一方的目的是通过转移标的物的使用权来收取租金，另一方当事人是通过支付租金的有偿行为获得对标的物的使用。但融资租赁合同的基本目的是承租人通过租赁来融资，名为租赁而实为借钱。

(二) 当事人不同

一般的租赁合同是双方当事人——出租人与承租人，而融资租赁合同一般为三方当事人——出租人、承租人和出卖人。只有在“回租”这种方式中，出租人与出卖人才为一人。

(三) 合同期满后租赁物的归属不同

一般的租赁合同期满后，出租人要收回出租物。而融资租赁合同的出租人一般不收回出租物，出租物归承租人所有。

四、融资租赁合同的成立

融资租赁合同的成立除了遵循《民法典》总则编及《民法典》合同编总则规定的规则

外，《民法典》合同编分则中“融资租赁合同”名下的规则有：

(一) 内容和形式要特别要求

融资租赁合同的内容一般包括租赁物名称、数量、规格、技术性能、检验方法、租赁期限、租金构成及其支付期限和方式、币种、租赁期间届满租赁物的归属等条款。

融资租赁合同应当采用书面形式。

(二) 行政许可不影响合同效力

依照法律、行政法规的规定，承租人对于租赁物的经营使用应当取得行政许可的，出租人未取得行政许可不影响融资租赁合同的效力。

(三) 租金有特殊确定规则

融资租赁实际上完全不同于租赁，实际上应该叫“租买”，是分期付款和租赁的结合。因此，融资租赁合同的租金一般要高于普通租赁合同。对于租金，双方当事人可以约定。如果没有约定或者约定不明确的，按照《民法典》第746条的规定，融资租赁合同的租金，除当事人另有约定外，应当根据购买租赁物的大部分或者全部成本以及出租人的合理利润确定。

(四) 虚构合同掩盖非法目的的融资租赁合同无效

当事人以虚构租赁物等方式订立融资租赁合同掩盖非法目的的，融资租赁合同无效。这是我国《民法典》第737条的规定。但这一规定比较特殊，因为我国《民法典》总则编第146条专门规定了虚假合同无效，但第146条规定的虚假法律行为不要求“掩盖非法目的”；第154条规定了恶意串通损害他人利益的法律行为也无效。因此，《民法典》第737条的这一规定与第146条及154条不同，是对融资租赁合同无效原因的特别规定。

第二节 融资租赁合同的法律效力

一、出租人的权利义务

(一) 收取租金并对出租物具有所有权

收取租金是出租人的主要权利，《民法典》第752条规定了出租人的此项权利。如果承租人违反此义务，出租人经催告后，可以解除合同。

融资租赁合同的双方当事人可以约定融资租赁合同期满后，出租物的所有权归承租人所有，但在融资租赁期间，出租物的所有权归出租人所有。但是，我国《民法典》第745条规定登记对抗第三人不是很合理：“出租人对租赁物享有的所有权，未经登记，不得对抗善意第三人。”一个人具有所有权，可以通过合同等法律行为让他人占有。如果是动产占有的话，当然，占有人在占有动产的时候，就有可能与第三人交易。如果第三人为善意的时候当然可以善意取得。出租人享有所有权，从所有权自身的逻辑上看，本身就可以对抗第三人，但立法者想突破第三人善意取得。实际上，我国《民法典》的立法者始终是把融资租赁中的所有权与买卖合同中所有权保留买卖中的所有权当作动产担保来对待。笔者认为，这种做法是没有道理的。本来所有权的善意取得就能够解决这些问题。

让出租人享有所有权，本身也是融资租赁合同的一个核心内容，否则就成为买卖合同了。当然，次要的是，融资租赁具有某些担保功能，特别是当承租人破产的时候，可以将该财产从承租人的财产中别除出来。因此，可以说，我国1999年的《合同法》（已失效）比《民法典》规定合理：《合同法》（已失效）第242条规定：“出租人享有租赁物的所有权。承租人破产的，租赁物不属于破产财产。”这实际上是对出租人租金请求权的一种保障。

除此之外，出租人和承租人可以约定租赁期间届满租赁物的归属。对租赁物的归属没有约定或者约定不明确，依据《民法典》第 510 条的规定仍不能确定的，租赁物的所有权归出租人。

（二）不得任意变更买卖合同内容的义务

出租人根据承租人对出卖人、租赁物的选择订立的买卖合同，未经承租人同意，出租人不得变更与承租人有关的合同内容。

（三）保证承租人对租赁物的占有和使用的义务

出租人应当保证承租人对租赁物的占有和使用，这是出租人的基本义务。我国《民法典》第 748 条规定：“出租人应当保证承租人对租赁物的占有和使用。出租人有下列情形之一的，承租人有权请求其赔偿损失：（一）无正当理由收回租赁物；（二）无正当理由妨碍、干扰承租人对租赁物的占有和使用；（三）因出租人的原因致使第三人对租赁物主张权利；（四）不当影响承租人对租赁物占有和使用的其他情形。”

（四）出租人瑕疵担保责任的免除

我国《民法典》第 747 条、第 749 条规定，租赁物不符合约定或者不符合使用目的的，出租人不承担责任，但是，承租人依赖出租人的技能确定租赁物或者出租人干预选择租赁物的除外；承租人占有租赁物期间，租赁物造成第三人的人身伤害或者财产损害的，出租人不承担责任。这是融资租赁合同不同于一般租赁合同的特点之一，那么，这种责任由谁承担？

《民法典》第 739 条规定，出租人根据承租人对出卖人、租赁物的选择订立的买卖合同，出卖人应当按照约定向承租人交付标的物，承租人享有与受领标的物有关的买受人的权利。由此可见，这种责任应当由出卖人承担。

《民法典》第 749 条还规定，承租人占有租赁物期间，租赁物造成第三人人身损害或者财产损失的，出租人不承担责任。那么，这种责任由谁来承担呢？如果是产品责任，由产品的生产者与经营者承担责任；如果是由承租人的原因导致的第三人伤害，则由承租人承担责任。

（五）向出卖人的索赔权

如果按照约定或者没有约定的时候，由出租人向出卖人行使索赔权的，出租人应积极行使。出租人怠于行使只能由其对出卖人行使的索赔权利，造成承租人损失的，承租人有权请求出租人承担赔偿责任。

（六）协助承租人向出卖人索赔的义务

《民法典》第 741 条及 743 条都规定了出租人的此项义务及违反此项义务的法律后果。

二、承租人的权利义务

（一）租金支付义务

这是承租人的主要义务，承租人应当按照约定支付租金。承租人经催告后在合理期限内仍不支付租金的，出租人可以要求支付全部租金；也可以解除合同，收回租赁物。

当事人约定租赁期间届满租赁物归承租人所有，承租人已经支付大部分租金，但是无力支付剩余租金，出租人因此解除合同收回租赁物的，收回的租赁物的价值超过承租人欠付的租金以及其他费用的，承租人可以请求部分返还。

当事人约定租赁期间届满租赁物归出租人所有，因租赁物毁损、灭失或者附合、混合于他物致使承租人不能返还的，出租人有权请求承租人给予合理补偿。

(二) 向出卖人的索赔权

根据《民法典》第741条的规定，出租人、出卖人、承租人可以约定，出卖人不履行买卖合同义务的，由承租人行使索赔的权利。承租人行使索赔权利的，出租人应当协助。

但是，如果出租人、出卖人、承租人没有这样的约定，出卖人不履行买卖合同义务的，由何人索赔？笔者认为，应当由出租人行使索赔权。

出租人有下列情形之一，致使承租人对出卖人行使索赔权利失败的，承租人有权请求出租人承担相应的责任：①明知租赁物有质量瑕疵而不告知承租人；②承租人行使索赔权利时，未及时提供必要协助。

(三) 在出卖人违约时拒绝受领标的物的权利

出卖人违反向承租人交付标的物的义务，有下列情形之一的，承租人可以拒绝受领出卖人向其交付的标的物：①标的物严重不符合约定；②未按照约定交付标的物，经承租人或者出租人催告后在合理期限内仍未交付。

承租人拒绝受领标的物的，应当及时通知出租人。

(四) 对租赁物的合理使用与保管义务

承租人应当妥善保管、使用租赁物，如果因为承租人保管不善造成租赁物损失的，应当负赔偿责任。但是，如果损害是由不可抗力造成的，承租人不负赔偿责任。

(五) 对租赁物的维修义务

当事人可以约定租赁物的维修义务的归属，但如果没有约定或者约定不明确的，承租人应当履行占有租赁物期间的维修义务。

第三节 融资租赁合同的终止及后果

一、融资租赁合同因解除而终止

(一) 融租租赁合同解除的原因概述

1. 融资租赁合同规定的特殊原因。根据我国《民法典》第754条的规定，有下列情形之一的，出租人或者承租人可以解除融资租赁合同：①出租人与出卖人订立的买卖合同解除、被确认无效或者被撤销，且未能重新订立买卖合同；②租赁物因不可归责于当事人的原因毁损、灭失，且不能修复或者确定替代物；③因出卖人的原因致使融资租赁合同的目的不能实现。

2. 一般原因。融资租赁合同除了自身的特殊原因外，也可能因为具备《民法典》第562~563条规定的一般合同解除的原因而解除。但是，规定在“融资租赁合同”这一章中的原因，也并非全部是特殊原因，也有一般原因。例如，第753条规定：“承租人未经出租人同意，将租赁物转让、抵押、质押、投资入股或者以其他方式处分的，出租人可以解除融资租赁合同。”如果按照这种原因解除的，适用《民法典》第565~567条规定的方式处理。

我们在这里所说的合同解除的后果，是指以融资租赁合同自己的特殊原因导致的合同无效的法律后果。

(二) 法律后果

1. 融资租赁合同因买卖合同解除、被确认无效或者被撤销而解除，出卖人及租赁物系由承租人选择，出租人有权请求承租人赔偿相应损失。但是，因出租人原因致使买卖合同解除、被确认无效或者被撤销的除外。

出租人的损失已经在买卖合同解除、被确认无效或者被撤销时获得赔偿的，承租人不再承担相应的赔偿责任。

2. 融资租赁合同因租赁物交付承租人后意外毁损、灭失等不可归责于当事人的原因解除的，出租人可以请求承租人按照租赁物折旧情况给予补偿。

二、合同终止后的租赁物归属

按照正常的融资租赁合同，出租人、出卖人和承租人各自履行完毕自己应该负担的义务，租赁物的所有权当然归属于承租人。但在有的情况下，融资租赁合同因特殊原因而终止的时候，租赁物的归属如何解决呢？我国《民法典》第757~760条作出了规定。按照这些规定：

1. 出租人和承租人可以约定租赁期间届满租赁物的归属。对租赁物的归属没有约定或者约定不明确，依据《民法典》第510条的规定仍不能确定的，租赁物的所有权归出租人。

2. 当事人约定租赁期间届满租赁物归承租人所有，承租人已经支付大部分租金，但是无力支付剩余租金，出租人因此解除合同收回租赁物的，收回的租赁物的价值超过承租人欠付的租金以及其他费用的，承租人可以请求相应返还。当事人约定租赁期间届满租赁物归出租人所有，因租赁物毁损、灭失或者附合、混合于他物致使承租人不能返还的，出租人有权请求承租人给予合理补偿。

3. 当事人约定租赁期间届满，承租人仅需向出租人支付象征性价款的，视为约定的租金义务履行完毕后租赁物的所有权归承租人。

4. 融资租赁合同无效，当事人就该情形下租赁物的归属有约定的，按照其约定；没有约定或者约定不明确的，租赁物应当返还出租人。但是，因承租人原因致使合同无效，出租人不请求返还或者返还后会显著降低租赁物效用的，租赁物的所有权归承租人，由承租人给予出租人合理补偿。

第六章
保理合同

第一节 保理合同的概述

一、保理合同的概念

按照我国《民法典》第761条的规定，保理合同是应收账款债权人将现有的或者将有的应收账款转让给保理人，保理人提供资金融通、应收账款管理或者催收、应收账款债务人付款担保等服务的合同。

保理合同实际上是一种债权转让与其他服务附合在一起的混合合同，如资金融通、应收账款管理或者催收、应收账款债务人付款担保等。但问题是，在债权转让之外附加几种服务才算是附合成功而成为保理合同呢？国际统一私法协会1988年《国际保理公约》要求须有其中至少两项（第1条第2款）。但从我国《民法典》上述规定看，并没有要求。因此，有学者认为，保理合同中，只要债权让与和融资、债权管理、债权催收、付款担保中至少一项服务结合足矣〔1〕。笔者持有相同的观点。

二、保理合同的价值

保理这种形式，在我国经济生活中具有很重要的意义。我国保理业发展迅速，保理早已成为当今中小企业融资的最有效手段之一。据国际保理商联合会2018年的数据统计，我国保理业务总量居世界首位，占20.3%。保理合同纠纷在司法实践中亦处于增长态势。保理合同在实务上的重要性，自然容易催生出特别立法的呼声〔2〕。

其实，在我们国家《民法典》的编纂过程中，对于是否规定保理合同有很大的争议，一个很重要的原因就是，保理合同的所有问题是否可以通过《民法典》中的“债权转让制度”及其他合同类型解决。

有学者正确地指出，保理合同的本质体现为债权让与和以上任一偶素的组合（须有组合，但可以任意组合），由此区别于他种合同。究其性质，可归为混合契约中的并向结合契约。如仅有债权让与，则非保理；如无债权让与，则或为借款，或为委托（收取债权、管理债权），或为担保，均非保理。债权让与系债法一般制度。保理合同的各项偶素在现行法上均有相对应的有名合同类型提供的规则可以利用。保理合同所附债权让与以外的内容，当事人对相关权利义务有约定时，从其约定；无约定时，可准用借款、委托、担保等最相类似有名合同的规定。由此可见，正因保理合同各组成部分已有债法一般制度或对应的有名合同规定可资适用，保理合同有名化的必要性并不显著。在大陆法系民商法中，保理合同有名化并非普遍现象。保理业兴盛问世的荷兰、加拿大、巴西新民法典等具有典范意义

---

〔1〕 参见李宇：“保理合同立法论”，载《法学》2019年第12期。

〔2〕 参见李宇：“保理合同立法论”，载《法学》2019年第12期。

的新一代民法典以及大幅翻新的德国、法国、日本新债法，均未特别规定保理合同。例外者主要是俄罗斯联邦、乌克兰、匈牙利等原苏东地域内部分国家的民法典（同区域的格鲁吉亚、土库曼斯坦等民法典则未规定保理合同），但究其内容，大多是债权让与一般规范或其他合同法规范的重复。我国《澳门商法典》亦然。在英美法系，固然并无民法典的立法传统，但因有债权让与一般规范，亦无专门制定保理法的必要。尤具说明价值者，在欧洲保理业务四大国中，除英国并无民商法典外，法国、德国、意大利三国民商法典均未规定保理合同。而作为现代保理业起源地的美国，从普通法、各州各行其是的应收款融资制定法至《统一商法典》，亦非为保理合同定制规则。由此足见保理业之发达与保理合同有名化无关[1]。这一理由，其实足以否定我国《民法典》规定保理合同的必要性。更为重要的是，我国《民法典》规定的保理合同的特别规则，并没有提供比现存的人民法院判例规则和实务规则更有意义、更详细的规则，仅仅是对现实存在的规则的整理和总结。

在笔者看来，所谓的保理，无非就是在债权转让的基础上，由当事人再约定几项服务，这并不违反契约自由原则，本来也是允许的。因此，保理合同作为有名合同是没有必要的。从实际的条文看，并没有什么特别的规则。另外，一个国家的保理业务发达与不发达，对经济的促进作用如何与《民法典》是否规定保理合同没有直接的因果关系。

三、保理与债权转让的关系

保理实际上就是一种债权转让，尤其是“没有追索权”的保理，就是纯粹的债权转让：由保理商买断债权，不就是纯粹的债权买卖吗？我国《民法典》中的保理合同，把这种类型的债权转让也作为保理对待其实是有很大争议的。

即使是在有追索权的保理中，也仅仅是在债权转让之外加上了一项或者几项服务，根本没有必要独立为有名合同。如果对我国《民法典》中的“债权转让”制度稍微作一下改动，就完全可以为保理提供所有的规则。

四、保理合同的特征

（一）保理合同属于有偿双务合同

保理合同是为了融资设立的，即债权人（让与人）的目的就是从保理人那里获得融资从而转让债权。因此，其应当属于有偿双务合同。

（二）要式合同

按照我国《民法典》第762条第2款的规定，保理合同应当采取书面合同的形式。

（三）保理合同一般属于商事合同

从《民法典》第761条规定的概念看，“保理人提供资金融通、应收账款管理或者催收、应收账款债务人付款担保等服务”，一般是商事主体，实务中存在的也都是商事主体。

五、分类

（一）有追索权的保理与无追索权的保理

这是以保理人对债权人是否具有追索权为标准进行的分类。有追索权的保理是指保理合同约定的权利实现期限到来时，保理人可以向应收账款债权人主张返还保理融资款本息或者回购应收账款债权，也可以向应收账款债务人主张应收账款债权。我国《民法典》第766条规定的就是这种保理。

无追索权的保理，是指保理人只能向债务人主张应收账款，而不能向债权人主张。也

---

〔1〕参见李宇：“保理合同立法论”，载《法学》2019年第12期。

就是，该应收账款是保理人“买断”的应收账款。我国《民法典》第767条约定的就是这种保理。

（二）明保理和暗保理

这是以保理人与债权人之间的保理合同是否让债务人知道为标准所作的分类。明保理是指债权让与通知债务人的保理，又称公开保理、通知保理；暗保理是指债权让与不通知债务人的保理，又称隐蔽保理、不通知保理。在暗保理的情形中，仍由让与人或以让与人名义继续收取债权，另以保理商控制收款账户等方式确保保理商对给付利益的控制，以对让与人设定违约责任等方式吓阻让与人另行收取债权。此种交易方式固然存在债务人另行向让与人给付的风险，但同时具有便于应收账款管理与催收、利于维系让与人与债务人的合作关系等优势，故在实务中常有应用。暗保理对法律制度的需求是：只要法律不将通知债务人设计为强制性要件、不对让与通知赋予超出债务人保护范围的额外功能，即无碍于暗保理的开展[1]。

我国《民法典》虽然没有规定这种形式的保理，但实际上，在契约自由和债权转让规则存在的情况下，不妨碍这种保理分类的实际存在和运行。

（三）其他分类

依据不同标准，保理还可以分为其他不同的种类。例如，根据涉及的业务，可以分为国际保理与国内保理；依据涉及的保理机构的个数，可以分为单保理和双保理或者共同保理；依据保理商所提供的服务，还可以分为融资性保理与非融资性保理等。

在我国《民法典》的合同编中，最有法律意义的分类应该是有追索权的保理与无追索权的保理。我国《民法典》中的保理合同的规则是以此中分类展开的。

第二节 保理合同的基本效力

一、保理人与债权人法律关系

按照我国《民法典》第766~767条的规定，当事人约定有追索权保理的，保理人可以向应收账款债权人主张返还保理融资款本息或者回购应收账款债权，也可以向应收账款债务人主张应收账款债权。保理人向应收账款债务人主张应收账款债权，在扣除保理融资款本息和相关费用后有剩余的，剩余部分应当返还给应收账款债权人。当事人约定无追索权保理的，保理人无权向债权人主张返还保理融资款本息或者回购应收账款债权，只能向债务人主张债权。

但是，如果债权人对债务人的债权自始至终都不存在，又应如何？无追索权的保理人能否向债权人主张权利瑕疵担保？我国《民法典》并没有刻意区分商事与民事合同，故笔者认为可以。即使当事人在合同中约定免责，保理人能否适用《民法典》第506条的规定而主张免责条款无效？本书认为，可以主张免责无效。

二、保理人与债务人的关系

（一）在保理人对债务人的关系上，有追索权的保理与无追索权的保理不同

前者既可以向债权人主张权利，也可以向债务人主张权利。而后者只能向债务人主张

---

[1] 参见李宇：“保理合同立法论”，载《法学》2019年第12期。

权利。按照我国《民法典》第 767 条的规定，无追索权的保理人在债务人处取得超过保理融资款本息和相关费用的部分，无需向应收账款债权人返还。

（二）债权人与债务人虚构的债权不得对抗保理人

我国《民法典》第 763 条规定："应收账款债权人与债务人虚构应收账款作为转让标的，与保理人订立保理合同的，应收账款债务人不得以应收账款不存在为由对抗保理人，但是保理人明知虚构的除外。"应该说，这一规定与债权转让的规则不同，也与《民法典》关于虚假法律行为的规则不同：在一般债权转让中，如果转让的债权不存在，债务人当然可以以此对抗受让债权的第三人；《民法典》第 146 条明确规定虚假合同无效，在保理合同中，除非保理人明知虚构，否则债务人不得拒绝保理人的权利主张。

笔者认为，这一规定不尽合理：《民法典》在这里并没有对债务人的责任作出限制性规定。如果保理合同签订后，债务人并不知道保理合同，也不知道保理人或者任何第三人的利益，债务人如何对保理人这种债权的受让人负责呢？对此，应该有一个条件限制——债务人知道或者应当知道其与债权人虚构的债权作为保理合同标的而仍然为之的，不得对抗保理人，即应参照《德国民法典》第 405 条的规定，给予债务人抗辩的机会。所以，在实践中，对于债务人的责任应当作限缩解释。

（三）债权多重让与下的保理

《民法典》第 768 条规定了此种情况下的规则："应收账款债权人就同一应收账款订立多个保理合同，致使多个保理人主张权利的，已经登记的先于未登记的取得应收账款；均已经登记的，按照登记时间的先后顺序取得应收账款；均未登记的，由最先到达应收账款债务人的转让通知中载明的保理人取得应收账款；既未登记也未通知的，按照保理融资款或者服务报酬的比例取得应收账款。"这种规则是我国法院在处理类似问题时常用的办法，但其是否符合"债的平等性"，实值考虑。

（四）对债务的通知及其效力

1. 通知的效力。按照债权转让的一般规则，债权转让的事实通知债务人的，债权转让对债务人生效。同时，按照我国《民法典》第 765 条的规定，应收账款债务人接到应收账款转让通知后，应收账款债权人和债务人无正当理由协商变更或者终止基础交易合同，对保理人产生不利影响的，对保理人不发生效力。

2. 对债务人的通知人。按照《民法典》第 764 条的规定，保理人向应收账款债务人发出应收账款转让通知的，应当表明保理人身份并附有必要凭证。这里显然改变了"债权人通知"的一般原则。为了让债务人相信债权转让的真实性，还要求"应当表明保理人身份并附有必要凭证"。

第七章 承揽合同

第一节 承揽合同的一般概述

一、承揽合同的概念

承揽合同是指承揽人按照定作人的要求完成工作，交付工作成果，定作人给付报酬的合同。其中，完成工作并将成果交给他方的一方称为承揽人，接受工作成果并向对方支付报酬的一方称为定作人；完成的工作成果称为定作物。承揽合同是社会经济生活中广泛应用的一种合同。

二、承揽合同的特征

（一）承揽合同是交付工作成果的合同

承揽合同的承揽人须依照定作人的要求完成一定的工作，从这一点来看，它与劳务类合同相似。但在承揽合同中，定作人所需要的并非是承揽人完成工作的过程，而是承揽人提供的劳动成果。虽然承揽人进行工作须提供劳务，但这种劳务只有与一定的工作成果相结合，亦即必须完成一定工作成果，才能满足定作人的需要。因此，理论上将承揽合同划为完成工作成果的合同。

（二）承揽人的工作具有独立性

承揽人以自己的设备、技术和劳动独立完成工作，承揽人有权按照自己的生产条件，独立地制定生产计划，确定工作方法和步骤。定作人虽有权对承揽人的工作进行必要的监督检验，但不得妨碍承揽人独立完成工作。

（三）承揽人在工作中独立承担风险

承揽人在独立完成工作过程中，对工作成果的完成应负全部责任。承揽人完成的工作成果在交付定作人之前毁损、灭失的风险，由承揽人承担。如果该风险是由不可抗力引起的，承揽人可以免除承担违约责任，但承揽人不能以为完成定作人交付的工作为由，要求定作人给付报酬或赔偿损失。

（四）承揽合同是诺成、双务、有偿合同

承揽合同是双方当事人意思表示一致即可成立生效的合同，故为诺成合同；合同成立后，双方当事人均负有一定义务，双方的义务具有对应性，故为双务合同；定作人取得承揽人完成的工作成果须支付报酬，任何一方从另一方取得利益均应支付对价，故为有偿合同。

（五）承揽合同为非要式合同

我国《民法典》没有对承揽合同的形式作出特别的要求，当事人可以采取书面形式，也可以采取非书面形式。

三、承揽合同的种类

承揽合同是有着悠久历史的一类合同，它实际上是一大类合同的总称。随着社会的进步与发展，承揽合同的种类也在不断发展与完善，目前，常见的承揽合同有以下几种：

1. 加工合同。加工合同是定作人为承揽人提供原料，由承揽人以自己的技术加工成成品，定作人接受成品并给付报酬的合同。例如，用定作人提供的半成品加工成成品；用定作人提供的衣料、木料等加工成服装、家具等。

2. 定作合同。定作合同是承揽人根据定作人的要求，用自己的材料和技术为定作人制作成品，定作人接受成品并支付报酬的合同。定作合同与加工合同的根本区别在于：定作合同由承揽人自备原材料，而不是由定作人提供原材料。

3. 修理合同。修理合同是指承揽人为定作人修复损坏的物品，由定作人为此支付报酬的合同。在修理合同中，需要更换的配件可以由定作人提供，也可以由承揽人提供。修理合同既可以针对动产，也可以针对房屋等不动产。

4. 印刷合同。印刷合同是指承揽人按照定作人的要求，将定作人交付的文稿打印、印刷成定作人需要的形式，定作人接受印制的成果并支付报酬的合同。在签订印刷合同时，除应遵守有关承揽合同方面的规定外，还应遵守我国印刷品管理的有关法规。

5. 复制合同。复制合同是指承揽人根据定作人提供的样品，重新制作类似成品，定作人接受复制品并支付报酬的合同。

6. 测绘测试合同。测绘测试合同是指承揽人利用自己的技术和设备，为定作人完成某项工程的测绘、测试任务，定作人接受测绘测试成果并支付报酬的合同。

7. 检验、鉴定合同。检验、鉴定合同是指承揽人以自己的技术和仪器、设备等，为定作人提出的特定事物的性能、问题等进行检验、鉴定，定作人接受检验、鉴定成果并支付报酬的合同。

以上仅是承揽合同的几种典型形式，现实生活中承揽合同的种类不止这些。

第二节 承揽合同的法律效力

一、承揽人的主要权利与义务

(一) 按照合同的要求亲自完成约定工作的义务

由于承揽合同是以定作人对承揽人的信任为基础的，因此，承揽人应当以自己的设备、技术和劳力完成主要工作。未经定作人同意，承揽人不得将其承揽的主要工作交由第三人完成。否则，定作人可以解除合同。除当事人另有约定外，承揽人可以将其承揽的辅助工作交由第三人完成，但承揽人应就该第三人完成的工作成果向定作人负责。

我国《民法典》第772条、第773条规定，承揽人应当以自己的设备、技术和劳力，完成主要工作，但当事人另有约定的除外。承揽人将其承揽的主要工作交由第三人完成的，应当就该第三人完成的工作成果向定作人负责；未经定作人同意的，定作人也可以解除合同。承揽人可以将其承揽的辅助工作交由第三人完成。承揽人将其承揽的辅助工作交由第三人完成的，应当就该第三人完成的工作成果向定作人负责。

(二) 交付定作物并转移定作物的所有权的义务

定作人定作的目的是要取得定作物的所有权，因此，交付定作物并将定作物的所有权或占有权转移给定作人，是承揽合同订立的基本经济目的。在承揽合同履行过程中，不论原材料由谁提供，事实上首先存在着承揽人对定作物的占有关系。在原材料完全由承揽人提供时，承揽人对定作物享有所有权，故承揽人在交付定作物时，应当一并将定作物的所有权移转于定作人。此外，承揽人在交付定作物的同时，还应交付定作物的附属物，如定作物必须具备的备件、配件、图纸、资料等。

（三）接受检验与监督的义务

根据我国《民法典》第774条与第779条的规定，承揽人提供材料的，承揽人应当按照约定选用材料，并接受定作人检验。承揽人在工作期间，应当接受定作人必要的监督检验。但定作人不得因监督检验妨碍承揽人的正常工作。

（四）通知义务

定作人提供材料的，应当按照约定提供材料。承揽人对定作人提供的材料，应当及时检验，发现不符合约定时，应当及时通知定作人更换、补齐或者采取其他补救措施。

承揽人发现定作人提供的图纸或者技术要求不合理的，应当及时通知定作人。因定作人怠于答复等原因造成承揽人损失的，应当赔偿损失。

（五）违约责任

承揽人交付的工作成果不符合质量要求的，定作人可以要求承揽人承担修理、重作、减少报酬、赔偿损失等违约责任。如果定作人为两人或者两人以上者，应当对定作人承担连带责任，但当事人另有约定的除外。

（六）善意保管、保密的义务

承揽人的善意保管义务指的是，承揽人有义务对定作人提供的原材料、零配件、图纸、技术资料等进行妥善保管，以防止自然受损或灭失。如因承揽人过错造成原材料毁损灭失时，承揽人应负赔偿责任。承揽人对定作人提供的材料不得擅自更换，不得更换不需要修理的零部件。在工作完成后，承揽人还有义务对尚未交付的定作物妥善保管并承担风险责任。

承揽人的保密义务是指定作人对承揽的工作提出保密要求的，承揽人有义务为其保密。工作完成后，承揽人还应将涉密的图纸和技术资料等一并返还定作人。我国《民法典》第785条规定，承揽人应当按照定作人的要求保守秘密，未经定作人许可，不得留存复制品或者技术资料。

（七）定作物的瑕疵担保义务

承揽人对定作物有瑕疵担保义务，其所完成的工作成果不符合合同约定的质量标准和要求，或使定作物的价值减少，或不符合通常效用的，承揽人应负瑕疵担保责任。承揽人完成工作后，应当由定作人检验，以确定定作物的品质。承揽人在定作人验收定作物前，应当提交必要的技术资料和有关质量证明，定作人应当按照约定验收该工作成果。定作物有瑕疵的，一般采取以下补救措施：①定作人同意利用的，可以按质论价，请求减少相应的报酬；②定作人不同意利用的，承揽人应当负责修理、调换或重作，并承担逾期交付的违约责任；③承揽人拒绝修补或调换或者经修补、调换后定作物仍不符合合同要求的，定作人有权拒收，可要求解除合同并请求赔偿损失。

（八）承揽人报酬请求权与留置权或者拒绝交付工作成果的权利

作为工作的回报，承揽人有权请求定作人支付报酬。在承揽人取得报酬前，承揽人对定作物具有拒绝交付工作成果的权利。

承揽人的留置权是指承揽人享有的依法对定作物的留置，作为取得工作报酬的担保的权利。承揽人的这一权利是法律对承揽人所付出劳动的特别保护。如果是承揽人自己提供的材料完成的工作成果，承揽人具有拒绝交付的权利。

二、定作人的主要权利与义务

（一）向承揽人支付报酬

定作人应按合同规定的期限、方式向承揽人支付报酬。报酬的标准，合同中有约定的，按照约定的报酬支付；没有约定的，则按当时当地同种类工作一般报酬标准支付。定作人应当按照约定的期限支付报酬。对支付报酬的期限没有约定或者约定不明确的，定作人应当在承揽人交付工作成果的同时支付；工作成果部分交付的，定作人应当相应支付。定作人超过规定期限支付报酬的，应当承担逾期支付的利息；拒付报酬的，承揽人有权留置定作物。

（二）协助承揽人完成工作的义务

根据承揽工作的性质，需要定作人协助的，定作人有协助的义务。在承揽合同中，如果当事人双方约定由定作人提供原材料、零配件或设计图纸、技术资料的，定作人有义务依照合同按时提供；对于需要修理、修缮、改造、改建的，定作人还必须按时提供需要修理、修缮、改造、改建的物品。定作人不履行协助义务致使承揽工作不能完成的，承揽人可以催告定作人在合理期限内履行义务，并可以顺延履行期限；定作人逾期不履行的，承揽人可以解除合同。

（三）受领定作物的义务

定作人有受领承揽人所完成的定作物的义务。对于符合合同约定的定作物，定作人应及时接受。超过规定期限领取的，应支付违约金并承担承揽人实际支出的保管费、保养费；无故拒收的，应支付违约金并赔偿承揽人所受的损失。

（四）任意解除合同的权利

按照有的国家民法典的规定，定作方有任意解除定作合同的权利。例如，《德国民法典》第 649 条规定：“在完成工作前，定作人可以随时对合同发出预告解约的通知。定作人发出预告解约通知的，承揽人有权要求约定的报酬；但承揽人因解除合同而节约的费用或者因转向他处提供劳动而取得的或者出于恶意怠于取得的价值必须予以扣除。”我国《民法典》第 787 条也规定：“定作人在承揽人完成工作前可以随时解除合同，造成承揽人损失的，应当赔偿损失。”

但是，值得注意的是，我国法关于对承揽人的保护与《德国民法典》有较大区别：德国法是保护“约定的报酬”，即为履行利益或者期待利益，而我国仅仅是赔偿损失，是否包括可得利益？笔者认为，法律既然赋予定作人如此大的权利——任意解除权，就应当对承揽人提供更周全的保护。因此，在解释上，应认为包括可得利益。

三、承揽合同中的风险负担

承揽合同中的风险负担是指，在承揽工作完成过程中，工作成果或原材料因不可归责于当事人任何一方的事由而毁损灭失时，应由何方承担损失的问题。承揽工作中的风险负担一般分为两种情况：

（一）工作成果的风险负担

工作成果须实际支付的，在工作成果交付前发生风险的，由承揽人负担，定作人无须向承揽人支付报酬；交付后发生风险的，由定作人负担，定作人应支付报酬。但工作成果的毁损、灭失发生于定作人受领迟延后的，则由定作人负担。

（二）原材料的风险负担

在承揽合同中原材料的风险负担，应当区分两种不同情况：如果原材料由承揽人提供，在其将工作物交付并转移所有权之前，与定作人无关，当然由承揽人承担风险。

如果原材料由定作人提供，则按照交付转移风险的一般规则，也应当由承揽人承担。因为依照成本理论，谁实际控制标的物，谁就有能力以最小的成本控制风险的发生。

第八章
建设工程合同

第一节　建设工程合同概述

一、建设工程合同的概念

所谓建设工程合同，是承包人进行工程建设、发包人支付价款的合同。从我国《民法典》的规定看，建设工程合同包括工程勘察、设计、施工合同。《民法典》第791条第1款规定："发包人可以与总承包人订立建设工程合同，也可以分别与勘察人、设计人、施工人订立勘察、设计、施工承包合同。发包人不得将应当由一个承包人完成的建设工程支解成若干部分发包给数个承包人。"由此可见，一个建设项目的承包人可能是一个总承包人而负责工程勘察、设计、施工，也可能是几个承包人而分别负责工程勘察、设计、施工任务。

二、建设工程合同的特征

（一）建设工程合同为要式合同

根据我国《民法典》第789条、第792条的规定，建设工程合同应当采用书面形式，而且国家重大建设工程合同应当按照国家规定的程序和国家批准的投资计划、可行性研究报告等文件订立。

另外，根据我国《招标投标法》第3条的规定，在中华人民共和国境内进行下列工程建设项目包括项目的勘察、设计、施工、监理以及与工程建设有关的重要设备、材料等的采购，必须进行招标：①大型基础设施、公用事业等关系社会公共利益、公众安全的项目；②全部或者部分使用国有资金投资或者国家融资的项目；③使用国际组织或者外国政府贷款、援助资金的项目。

（二）建设工程合同为有偿、诺成、双务合同

建设工程合同的一方当事人进行建设，而另一方当事人支付价款，因此为有偿合同；由于建设工程合同不以交付任何标的物为生效条件，因此为诺成合同；建设工程合同的双方当事人都承担合同义务，因此为双务合同。

（三）承包人应具有相应的资质

因为建设工程承包合同的标的一般规模大，技术要求较高，为保证工程质量，应当由法人承包为宜，建设工程承包合同的承包人必须是具有相应资质的法人。有的学者认为，建设工程合同的双方当事人必须是法人[1]。我们认为，承包人为法人，但发包人不一定是法人，自然人、合伙企业、个人独资企业也可以。因为法律没有必要限制发包人的资格。

---

〔1〕参见崔建远主编：《合同法》，法律出版社2003年版，第396页。

三、建设工程合同的种类

（一）建设工程勘察合同、建设工程设计合同、建设工程施工合同与建设工程监理合同

建设工程勘察合同是指承包人与发包人之间订立的、由承包人就建设地点的地理、地貌、水文地质状况进行勘察，以便确定该地点是否适合建设工程，而发包人为此支付报酬的合同。

建设工程设计合同是指发包人与承包人订立的、由承包人按照发包人的要求对工程提供设计方案和施工图纸，由发包人支付报酬的合同。按照我国《民法典》的规定，勘察、设计合同的内容包括提交有关基础资料和文件（包括大概预算）的期限、质量要求、费用以及其他协作条件等条款。

建设工程施工合同是指发包人与承包人订立的、由承包人对商定工程建筑施工，而由发包人支付报酬的合同。施工合同的内容包括工程范围、建设工期、中间交工工程的开工和竣工时间、工程质量、工程造价、技术资料交付时间、材料和设备供应责任、拨款和结算、竣工验收、质量保修范围和质量保证期、双方相互协作等条款。

建设工程监理合同是指发包人与监理人订立的、由监理人对工程承包人在施工质量、建设资金使用等方面进行监督，而由发包人支付报酬的合同。我国《民法典》第 796 条规定："建设工程实行监理的，发包人应当与监理人采用书面形式订立委托监理合同。发包人与监理人的权利和义务以及法律责任，应当依照本编委托合同以及其他有关法律、行政法规的规定。"因此，严格地说，建设工程监理合同属于委托合同。

（二）总承包合同、分包合同与转包合同

总承包合同是指发包人与承包人签订的包括工程勘察、设计、施工整个工程的承包合同。

分包合同是指工程的承包方经发包人同意，将其承包的建设工程的一部分交给第三人完成而与第三人签订的合同。按照我国《民法典》第 791 条的规定，总承包人或者勘察、设计、施工承包人经发包人同意，可以将自己承包的部分工作交由第三人完成。第三人就其完成的工作成果与总承包人或者勘察、设计、施工承包人向发包人承担连带责任。同时，禁止承包人将工程分包给不具备相应资质条件的单位。禁止分包单位将其承包的工程再分包。建设工程主体结构的施工必须由承包人自行完成。

转包是指承包人以赢利为目的，将承包的工程的全部权利义务转让给第三人，而自己退出与发包人的合同关系而与第三人订立的合同。我国《民法典》第 791 条明确规定，承包人不得将其承包的全部建设工程转包给第三人或者将其承包的全部建设工程支解以后以分包的名义分别转包给第三人。中华人民共和国《建筑法》（以下简称《建筑法》）第 28 条也有相同的规定。

第二节 建设工程合同的法律效力

一、承包人的权利义务

（一）亲自完成工作的义务

按照我国《民法典》第 791 条规定的基本精神，承包人原则上应当自己完成承包工程。未经发包人同意，不得将工程的部分分包给第三人，更不允许将整个工程转包或者给第三人或者将其承包的全部建设工程支解以后以分包的名义分别转包给第三人。

即使经发包人同意，承包人可以将自己承包的部分工作交由第三人完成，承包人也要与第三人就其完成的工作成果或者勘察、设计、施工向发包人承担连带责任。

（二）隐蔽工程隐蔽前的通知义务

隐蔽工程在隐蔽以前，承包人应当通知发包人检查。因为许多隐蔽工程可能需要在整体工程开工前完成，如地下管线等，如果不先对这些地下工程进行提前验收，一旦就地下工程发生争议，则纠纷解决成本将会很高，因此，需要对隐蔽工程隐蔽前进行验收。为了让发包人能够及时验收，在隐蔽工程完成而隐蔽前，承包人应当通知发包人。

（三）承包人（包括勘察、设计、施工人）的赔偿责任

勘察、设计的质量不符合要求或者未按照期限提交勘察、设计文件，拖延工期，造成发包人损失的，勘察人、设计人应当继续完善勘察、设计，减收或者免收勘察费、设计费并赔偿损失。

因施工人的原因致使建设工程质量不符合约定的，发包人有权要求施工人在合理期限内无偿修理或者返工、改建。经过修理或者返工、改建后，造成逾期交付的，施工人应当承担违约责任。

因承包人的原因致使建设工程在合理使用期限内造成人身和财产损害的，承包人应当承担损害赔偿责任。

（四）工程价款优先权

我国《民法典》为保护建设工程承包人的价款确实得到支付，特别于第 807 条规定，发包人未按照约定支付价款的，承包人可以催告发包人在合理期限内支付价款。发包人逾期不支付的，除根据建设工程的性质不宜折价、拍卖的以外，承包人可以与发包人协议将该工程折价，也可以申请人民法院将该工程依法拍卖。建设工程的价款就该工程折价或者拍卖的价款优先受偿。

（五）承包人不得将工程转包或者违法分包

承包人将建设工程转包、违法分包的，发包人可以解除合同。

二、发包人的权利义务

（一）检查的权利

为了保障建设工程的质量，《民法典》第 797 条规定，发包人在不妨碍承包人正常作业的情况下，可以随时对作业进度、质量进行检查。

（二）及时验收义务

1. 对隐蔽工程的验收义务。隐蔽工程在隐蔽以前，承包人应当通知发包人检查。发包人没有及时检查的，承包人可以顺延工程日期，并有权要求赔偿停工、窝工等损失。

2. 对主体工程的验收义务。根据《民法典》第 799 条的规定，建设工程竣工经验收合格后，方可交付使用；未经验收或者验收不合格的，不得交付使用。因此，建设工程竣工后，发包人应当根据施工图纸及说明书、国家颁发的施工验收规范和质量检验标准及时进行验收。验收合格的，发包人应当按照约定支付价款，并接收该建设工程。

（三）赔偿义务

1. 因发包人的原因致使工程中途停建、缓建的赔偿义务。因发包人的原因致使工程中途停建、缓建的，发包人应当采取措施弥补或者减少损失，赔偿承包人因此造成的停工、窝工、倒运、机械设备调迁、材料和构件积压等损失和实际费用。

2. 因发包人变更计划的费用增补义务。因发包人变更计划，提供的资料不准确，或者未按照期限提供必需的勘察、设计工作条件而造成勘察、设计的返工、停工或者修改设计，

发包人应当按照勘察人、设计人实际消耗的工作量增付费用。

（四）支付价款的义务

支付建设工程价款是发包人的基本义务，如果发包人未及时按照合同约定支付工程价款，承包人可以催告其在合理期限内支付。经过催告后，发包人仍然逾期不支付的，承包人可以行使《民法典》第 807 条规定的优先权。

（五）按照约定或者需要提供合格建材的义务

发包人提供的主要建筑材料、建筑构配件和设备不符合强制性标准或者不履行协助义务，致使承包人无法施工，且在催告的合理期限内仍未履行相应义务的，承包人可以解除合同。

合同解除后，已经完成的建设工程质量合格的，发包人应当按照约定支付相应的工程价款；已经完成的建设工程质量不合格的，参照《民法典》第 793 条的规定处理。

第九章
运输合同

第一节 运输合同的基本概述

一、运输合同的概念与特征

所谓运输合同，是承运人将旅客或者货物从起运地点运输到约定地点，旅客、托运人或者收货人支付票款或者运输费用的合同。运输合同具有以下特征：

（一）运输合同一般为格式合同

运输合同的承运人为从事客货运输业务的人，运输合同的条件一般由承运人事先拟定，当事人的基本权利、义务和责任由专门的运输法规调整，客票、货运单、提单统一印制。因此，运输合同通常为格式合同。对于这种合同，适用《民法典》关于格式合同的规定。

（二）运输合同为双务、有偿合同

运输合同一经订立，当事人双方均负有义务，承运人须将旅客或货物运送到约定的地点，旅客或托运人须向承运人支付票款或运费，双方的义务具有对价性。因此，运输合同为双务合同。运输合同的承运人从事的运输业是一种经营活动，以收取票款或运费为营利手段。因此，运输合同是有偿合同。

（三）运输合同为诺成合同

关于运输合同的性质，学者中有不同的看法。一般认为，无论是货物运输合同还是旅客运输合同，除法律另有规定之外，都应为诺成合同。在实践中，运输合同中以托运单、提单代替书面运输合同的，因承运人往往需要收取货物并核查后，才能签发提单或者在运单上盖章，这类合同是否应理解为实践合同？在现实生活中，的确有这样一种现象：当事人没有签订合同，直接在交付运输货物后签发提单或者运单，因此，确实像实践合同。但我们认为，从总体上说，运输合同应当为诺成合同更为合理。原因如下：一是我国法没有明确规定运输合同的成立必须以“交付运输标的物”为要件；二是运输合同与提单或者运单是两个概念，提单是领取货物的凭证，而合同是双方权利义务的协议。即使在签订了运输合同后，承运人也应当签发提单。这种“在实践中，运输合同中以托运单、提单代替书面运输合同的”情况，应理解为格式合同的一种形式，并且按照行业习惯，把货物交付和验货这种本来是签订合同后应该履行的行为“两步并作一步”操作。其实，现在的快递也是如此。

另外，我国《民法典》第814条规定：“客运合同自承运人向旅客出具客票时成立，但是当事人另有约定或者另有交易习惯的除外。”这是否可以理解为是实践合同呢？当然不能。因为实践合同是以是否交付标的物为标准来定义的：旅客运输合同的标的物是金钱或者运输行为，客票是旅客运输合同的凭证，交付客票实际上应该是旅客运输合同运输人的从义务。旅客交付客票款、运输人运送旅客到约定目的地，才是合同的主义务。

二、运输合同的种类

（一）以运输的对象为标准，运输合同分为旅客运输合同与货物运输合同

所谓旅客运输合同，是承运人与旅客签订的，关于承运人将旅客及其行李安全运送到目的地，旅客为此支付费用的协议。

旅客运输合同采用客票形式，即车票、船票、机票等。客票既是旅客运输合同的书面形式，又是旅客乘坐运输工具的凭证，同时也是旅客意外伤害的保险凭证。在旅客运输合同中，国家一般实行强制保险，因意外事故使旅客遭受伤害的，由保险公司负责赔偿。旅客运输合同为诺成合同，自承运人将客票出售给旅客时成立，自承运人检票时生效。只有在旅客先乘坐运输工具后补票的特殊情况下，旅客运输合同才自旅客乘坐运输工具时成立、生效。

货物运输合同，简称货运合同，是承运人将托运人交付运输的货物运送到指定地点，托运人为此支付运费的协议。货物运输合同除具有运输合同的一般特征外，还具有以下法律特征：①货物运输合同往往涉及第三人。货物运输合同虽然是承运人与托运人签订的，但往往有第三人参加。作为货物运输合同的收货人，既可以是托运人本人，也可以是托运人以外的第三人。当收货人与托运人不一致时，该运输合同就是为第三人利益订立的合同。此时，收货人虽不是合同当事人，但在合同中也享有一定权利，承担一定义务。②货物运输合同的全面履行以货物交付收货人为标志。货物运输合同与旅客运输合同一样，都以承运人的运输行为为标的。但在旅客运输合同中，承运人将旅客运送到目的地，合同即履行完毕；而在货物运输合同中，承运人将货物运送到目的地，合同并未履行完毕，只有将货物交付给收货人后，其义务履行才完结。

（二）以运输工具为标准，运输合同分为公路运输合同、水路运输合同、铁路运输合同、航空运输合同

（三）以承运人的人数与运输方式是否为多数为标准，运输合同分为单一运输合同和联合运输合同

所谓单一运输合同，是指一个承运人以一种运输方式将货物运送到目的地的合同。所谓多式联运合同，是指以至少两种或者两种以上不同的运输方式，由多式联运经营人将货物运送到目的地，由托运人或者收货人支付运费的合同。多式联运合同的特点可以概括为“一人、一票、一个费率、两种方式”。

所谓“一人”，是指多式联运经营人为一人。在传统的单一运输方式下，由具体承运人或者其代理人与托运人签订运输合同，若要涉及多程运输，还要由托运人或其代理人或者前承运人以托运人的身份再次向后一承运人托运。这样一来不仅手续繁杂，而且费用高。而多式联运由一个经营多式联运的人来经营，多式联运经营人对全程运输承担义务。所谓“一票”，是指托运人只需与多式联运经营人订立一份合同即可。所谓“一个费率”，是指签订多式联运合同时，多式联运经营人向托运人报出一个全程费率，结算非常方便。所谓“两种方式”，是指多式联运包括两种或者两种以上的运输方式〔1〕。

---

〔1〕 参见陈小君主编：《合同法学》，中国政法大学出版社2002年版，第288页。

第二节 运输合同的法律效力

一、运输合同的一般效力

（一）承运人的一般义务

1. 不得拒载的义务。从事公共运输的承运人不得拒绝旅客、托运人通常、合理的运输要求。

2. 按约定运输义务。首先，承运人应当在约定期间或者合理期间内将旅客、货物安全运输到约定地点。其次，承运人应当按照约定的或者通常的运输路线将旅客、货物运输到约定地点。承运人未按照约定路线或者通常路线运输增加票款或者运输费用的，旅客、托运人或者收货人可以拒绝支付增加部分的票款或者运输费用。

（二）旅客或者托运人的一般义务

1. 支付价款的义务。支付价款是旅客或者托运人的基本义务，因此，我国《民法典》第 813 条规定，旅客、托运人或者收货人应当支付票款或者运输费用。

2. 遵守运输法规的义务。为了确保运输安全，我国制定了许多关于运输安全的法律法规，如旅客不得携带危险物品乘车的规定等。旅客应当遵守这些规定。

二、旅客运输合同的效力

（一）承运人的义务

1. 按约定运送的义务。承运人应当按照有效客票记载的时间、班次和座位号运输旅客。承运人迟延运输的，应当履行告知和提醒义务，并根据旅客的要求安排改乘其他班次或者退票；由此造成旅客损失的，承运人应当承担赔偿责任，但是不可归责于承运人的除外。

承运人擅自降低服务标准的，应当根据旅客的请求退票或者减收票款；提高服务标准的，不得加收票款。

2. 安全运输义务。承运人应当严格履行安全运输义务，及时告知旅客安全运输应当注意的事项。旅客对承运人为安全运输所作的合理安排应当积极协助和配合。

遇有不能正常运输的特殊情形和重要事由，承运人应当及时告知旅客并采取必要的安置措施。

（1）救助义务。承运人在运输过程中，应当尽力救助患有急病、分娩、遇险的旅客。这不仅是我国《民法典》第 822 条明确规定的承运人的义务，也是绝大部分国家的法律对承运人的要求。而在各国的实践中，这些要求也非常普遍且执行良好。

（2）损害赔偿义务。承运人应当对运输过程中旅客（包括按照规定免票、持优待票或者经承运人许可搭乘的无票旅客）的伤亡承担损害赔偿责任，但伤亡是旅客自身健康原因造成的或者承运人证明伤亡是旅客故意、重大过失造成的除外。

在运输过程中旅客自带物品毁损、灭失，承运人有过错的，应当承担损害赔偿责任。旅客托运的行李毁损、灭失的，承运人只有对此具有过错的时候，才承担责任。如果承运人证明货物的毁损、灭失是因不可抗力、货物本身的自然性质或者合理损耗以及托运人、收货人的过错造成的，不承担损害赔偿责任。

（3）承运人的违约责任的特别说明。承运人违反旅客运输合同约定的，应当承担违约责任。但是，由于旅客运输合同的特殊性，以及我国近年来运输业的高速发展，特别是民用航空、铁路、公路运输的长足发展，为人们的出行和货物运输提供了便利，纠纷也逐年增长，特别是在民用航空方面纠纷不断。飞机不能按时起飞的情况已经不是个别现象，而如果让民航公司承担违约责任十分困难。所以，在现实生活中，绝大多数乘客不得不忍气吞声。我们认为，如果飞机误点是因为不可抗力或者突发事件，民航公司可以免责。但如果是因为民航部门自己的原因造成飞机误点，应当按照《民法典》第820条的规定承担违约责任，如飞机机械故障，就应当是民航公司承担违约责任的原因。

如果是因为不可抗力造成飞机或者其他运输工具不能按时运输的，旅客有权解除合同，要求退还票款。这种退还不能按照通常的规定扣除手续费或者其他费用，而是应当100%退还。

（二）旅客的义务

1. 持有效票证及按照车次、座位号乘运的义务。

（1）旅客应当按照有效客票记载的时间、班次和座位号乘坐。旅客无票乘坐、超程乘坐、越级乘坐或者持不符合减价条件的优惠客票乘坐的，应当补交票款，承运人可以按照规定加收票款；旅客不支付票款的，承运人可以拒绝运输。

（2）实名制客运合同的旅客丢失客票的，可以请求承运人挂失补办，承运人不得再次收取票款和其他不合理费用。

其实，在今天由于电子客票及网络的普及和发达，丢失客票的问题不用通过挂失、补办来解决，通过“无形方式”查验票证已经很容易了。因此，《民法典》的这一规定已经过时。

（3）旅客因自己的原因不能按照客票记载的时间乘坐的，应当在约定的时间内办理退票或者变更手续。逾期办理的，承运人可以不退票款，并不再承担运输义务。

2. 按规定携带行李的义务。旅客携带行李应当符合约定的限量和品类要求；超过限量或者违反品类要求携带行李的，应当办理托运手续。

3. 不携带危险品的义务。旅客不得随身携带或者在行李中夹带易燃、易爆、有毒、有腐蚀性、有放射性以及有可能危及运输工具上人身和财产安全的危险物品或者违禁物品。旅客违反这一义务的，承运人可以将违禁物品卸下、销毁或者送交有关部门。旅客坚持携带或者夹带危险物品或者违禁物品的，承运人应当拒绝运输。

三、货物运输合同的效力

（一）承运人的权利义务

1. 运费请求权与对运送货物的留置权。承运人对托运人或者收货人享有请求支付运费、保管费及其他合法费用的权利。除当事人另有约定以外，托运人或者收货人不支付运费、保管费以及其他运输费用的，承运人对相应的运输货物享有留置权。

2. 提存权。收货人不明或者收货人无正当理由拒绝受领货物的，承运人可以依法定程序提存货物。

3. 安全运送到目的地的义务。承运人应按照合同约定的时间和要求配备运输工具，依合同规定的时间将货物运到指定地点。承运人错发到货地点或错交收货人的，应当无偿将货物运至合同规定的到货地点或交给收货人。承运人未在规定的时间内将货物运到指定地点的，应当承担违约责任。

4. 通知义务。货物运输到达后，承运人知道收货人的，应当及时通知收货人，收货人应当及时提货。收货人逾期提货的，应当向承运人支付保管费等费用。

5. 货物毁损的赔偿义务。承运人对运输过程中货物的毁损、灭失承担损害赔偿责任，但承运人证明货物的毁损、灭失是因不可抗力、货物本身的自然性质或者合理损耗以及托运人、收货人的过错造成的，不承担损害赔偿责任。

应当特别指出，如果货物在运输过程中因不可抗力灭失，承运人对此不负赔偿责任，但未收取运费的，承运人不得要求支付运费；已收取运费的，托运人可以要求返还。

关于货物的毁损、灭失的赔偿额，当事人有约定的，按照其约定；没有约定或者约定不明确，当事人可以协议补充。不能达成补充协议的，按照交易习惯确定。按照交易习惯仍然不能确定的，依交付或者应当交付时货物到达地的市场价格计算。法律、行政法规对赔偿额的计算方法和赔偿限额另有规定的，依照其规定。

两个以上承运人以同一运输方式联运的，与托运人订立合同的承运人应当对全程运输承担责任。损失发生在某一运输区段的，与托运人订立合同的承运人和该区段的承运人承担连带责任。

（二）托运人的权利义务

1. 如实申报与说明义务。托运人办理货物运输，应当向承运人准确表明收货人的名称、姓名或者凭指示的收货人、货物的名称、性质、重量、数量、收货地点等有关货物运输的必要情况。因托运人申报不实或者遗漏重要情况，造成承运人损失的，托运人应当承担损害赔偿责任。

2. 任意解约权与变更权。我国《民法典》第 829 条规定，在承运人将货物交付收货人之前，托运人可以要求承运人中止运输、返还货物、变更到达地或者将货物交给其他收货人，但是应当赔偿承运人因此受到的损失。

3. 依约包装义务。托运人对托运的货物应当按照约定的方法包装。对货物的包装没有约定或者约定不明确的，当事人可以协议补充。不能达成协议的，应当按照通用的方式包装，没有通用方式的，应当采取足以保护标的物的包装方式。托运人不按规定包装货物的，承运人可拒绝运输。

4. 办理审批、检验手续的义务。货物运输需要办理审批、检验等手续的，托运人应当将办理完有关手续的文件提交承运人。

5. 危险品的特别包装与标识义务。托运人托运易燃、易爆、有毒、有腐蚀性、有放射性等危险物品的，应当按照国家有关危险物品运输的规定对危险物品妥善包装，作出危险物标志和标签，并将有关危险物品的名称、性质和防范措施的书面材料提交承运人。

托运人违反这一义务的，承运人可以拒绝运输，也可以采取相应措施以避免损失的发生，因此产生的费用由托运人承担。

6. 费用支付义务。如果合同约定，由托运人支付运输费用及其他约定费用的，托运人应当履行此义务。

（三）收货人的权利义务

1. 按照约定的期限检验货物并接受货物。收货人提货时应当按照约定的期限检验货物，对检验货物的期限没有约定或者约定不明确，依据《民法典》第 510 条的规定仍不能确定的，应当在合理期限内检验货物。收货人在约定的期限或者合理期限内对货物的数量、毁损等未提出异议的，视为承运人已经按照运输单证的记载交付的初步证据。

在验收货物时，如果发现货物毁损、短少等与承运凭证不符的情况，收货人有权要求承运人赔偿或拒收货物。

2. 在接到提货通知后，应在规定的时间内提取货物，逾期提货的，应当向承运人支付保管费。

3. 在接收货物时，应会同承运人对货物进行验收。收货人提货时，应当按照约定的期限或合理的期限检验货物。否则，视为承运人已经按照运输单证记载交付的初步证据。

4. 支付托运人未交或少交以及其他应由收货人支付的费用。

5. 收货人提货时，应当将提单或者其他提货凭证交还承运人。

四、多式联运合同的法律效力

（一）法律适用

按照我国《民法典》第842条的规定，货物的毁损、灭失发生于多式联运的某一运输区段的，多式联运经营人的赔偿责任和责任限额，适用调整该区段运输方式的有关法律规定；货物毁损、灭失发生的运输区段不能确定的，依照《民法典》合同编关于一般货物运输合同的规定确定损害赔偿责任。

（二）多式联运经营人的权利义务

1. 享有全程运输的权利并承担全程运输的义务。多式联运经营人负责履行或者组织履行多式联运合同，对全程运输享有承运人的权利，承担承运人的义务。

2. 多式联运经营人可以与参加联运的承运人约定责任的权利。多式联运经营人可以与参加多式联运的各区段承运人就多式联运合同的各区段运输约定相互之间的责任，该约定不影响多式联运经营人对全程运输承担的义务。但是，这种约定仅仅能够在多式联运经营人与参加多式联运的各区段承运人之间产生效力，不能对抗托运人，托运人仍然可以要求多式联运经营人承担全部责任。

3. 签发多式联运单据的义务。多式联运经营人收到托运人交付的货物时，应当签发多式联运单据。按照托运人的要求，多式联运单据可以是可转让单据，也可以是不可转让单据。

（三）托运人的权利义务

1. 请求多式联运经营人赔偿的权利。如果托运人的货物在联运过程中毁损、灭失的，托运人有权要求多式联运经营人承担赔偿责任。但多式联运经营人可以按照法律规定的理由要求免责。

2. 赔偿他人损失的义务。因托运人托运货物时的过错造成多式联运经营人损失的，即使托运人已经转让多式联运单据，托运人仍然应当承担损害赔偿责任。

第十章

技术合同

第一节　技术合同概述

一、技术合同的概念与特征

科学技术是生产力的概念早已深入人心，而技术作为一种商品早已被世界各国所认同。既然是商品就要在其创造者或所有者与消费者之间进行交换。这种科技成果的商品化导致了一种新型合同——技术合同的产生。所谓技术合同是指当事人就技术开发、转让、许可、咨询或者服务订立的确立相互之间权利和义务的合同。技术合同具有以下特征：

1. 技术合同为非要式合同。我国《民法典》合同编在关于技术合同的一般规定中，并没有要求技术合同采取什么形式签订，仅仅对"技术开发合同""技术转让合同""技术许可合同"要求以书面形式签订。因此，可以认为，除法律有特别规定外，技术合同为非要式合同。

2. 技术合同为双务、有偿合同。技术合同的双方当事人互享权利、互负义务，因此为双务合同；任何一方当事人在享有权利同时，也承担一定的义务，即在取得权利时，付出相当的代价，因此为有偿合同。

3. 技术合同以围绕着智力成果展开。应该说，所有的技术合同，无论是技术开发合同、技术转让合同、技术许可合同、技术服务合同，还是技术咨询合同，都围绕着智力成果展开。不同的是，技术开发合同、技术转让合同、技术许可合同直接以智力成果为标的，而技术服务合同与技术咨询合同虽然不直接以智力成果为标的，但也是围绕着智力成果展开，以智力成果为服务对象。

二、技术合同的种类

技术合同是技术开发、技术转让、技术许可、技术咨询与技术服务合同的总称。普遍认为，技术合同制度起源于19世纪初英国大学的实验室与工业合作实施专利技术的实践。那时，"专利实施许可合同"是技术合同的主要形式，后来技术合同的内容扩展到技术开发。在20世纪50年代，随着工业界与科技界合作领域的不断扩大，科技界为工业界完成某些技术性工作所提供的劳务也被纳入技术合同调整的范围，于是，技术合同与技术咨询就出现了。[1]

（一）技术开发合同

技术开发合同是指当事人之间就新技术、新产品、新工艺或者新材料及其系统的研究开发所订立的合同。技术开发合同包括委托开发合同和合作开发合同。

---

〔1〕 参见王家福主编：《中国民法学·民法债权》，法律出版社1991年版，第765页。

（二）技术转让合同

技术转让合同包括专利权转让、专利申请权转让、技术秘密转让、专利实施许可合同。

（三）技术许可合同

技术许可合同是合法拥有技术的权利人，将现有特定的专利、技术秘密的相关权利许可他人实施、使用所订立的合同。

（四）技术咨询合同

技术咨询合同包括就特定技术项目提供可行性论证、技术预测、专题技术调查、分析评价报告等合同。

（五）技术服务合同

技术服务合同是指当事人一方以技术知识为另一方解决特定技术问题所订立的合同，不包括建设工程合同和承揽合同。

三、技术合同的订立

（一）技术合同订立的程序与原则

技术合同的订立与一般合同的订立的程序是相同的，应当遵循合同订立的一般原则，如诚实信用原则、契约自由原则等。但是，技术合同还应当遵循“有利于技术进步与技术成果转化与推广原则”。这是因为，任何对智力成果的保护都会产生两方面效应：一是正面效应，即保护技术成果所有人的权益，使其付出有所回报，从而鼓励人们从事科学研究；二是负面效应是容易造成对技术成果的垄断而不利于智力成果的转化与推广。因此，任何国家的法律制度都力图在两者之间找出一个平衡点。我国知识产权法与《民法典》合同编也是如此，在保护智力成果的前提下，《民法典》第844条与第850条分别规定：订立技术合同，应当有利于知识产权的保护和科学技术的进步，促进科学技术成果的研发、转化、应用和推广；非法垄断技术或者侵害他人技术成果的技术合同无效。

（二）技术合同的内容

1. 自由约定原则。技术合同的内容由当事人约定。也就是说，在不违反法律强行性规定的前提下，当事人可以根据契约自由的原则对合同内容进行约定。

2. 技术合同的提示性条款。我国《民法典》在尊重契约自由原则的前提下，也规定了提示性条款。技术合同一般包括以下条款：①项目名称；②标的的内容、范围和要求；③履行的计划、进度、期限、地点、地域和方式；④技术情报和资料的保密；⑤风险责任的承担；⑥技术成果的归属和收益的分配办法；⑦验收标准和方法；⑧价款、报酬或者使用费及其支付方式；⑨违约金或者损失赔偿的计算方法；⑩解决争议的方法；⑪名词和术语的解释。

3. 技术合同的其他组成部分。

（1）与履行合同有关的技术背景资料、可行性论证和技术评价报告、项目任务书和计划书、技术标准、技术规范、原始设计和工艺文件，以及其他技术文档，按照当事人的约定可以作为合同的组成部分。

技术合同涉及专利的，应当注明发明创造的名称、专利申请人和专利权人、申请日期、申请号、专利号以及专利权的有效期限。

（2）技术合同价款、报酬或者使用费的支付方式由当事人约定，可以采取一次总算、一次总付或者一次总算、分期支付，也可以采取提成支付或者提成支付附加预付入门费的方式。约定提成支付的，可以按照产品价格、实施专利和使用技术秘密后新增的产值、利润或者产品销售额的一定比例提成，也可以按照约定的其他方式计算。提成支付的比例可以采取固定比例、逐年递增比例或者逐年递减比例。约定提成支付的，当事人可以约定查阅有关会计账目的办法。

第二节　技术开发合同

一、委托开发合同

（一）委托开发合同的概念

所谓委托开发合同，是指当事人一方按照另一方的要求完成研究开发工作，另一方当事人接受研究开发成果并支付报酬的协议。[1] 其中，接受成果并支付报酬的一方当事人称为委托人，而接受报酬并从事开发研究的一方称为研究开发人。

按照我国《民法典》第851条第3款的规定，技术开发合同应当采用书面形式。

（二）委托开发合同的法律效力

1. 委托方的主要义务。包括：①委托开发合同的委托人应当按照约定支付研究开发经费和报酬；②提供技术资料、原始数据；③提出研究开发要求；④完成协作事项；⑤接受研究开发成果；⑥承担违约责任。委托人违反约定造成研究开发工作停滞、延误或者失败的，应当承担违约责任。

2. 研究开发人的主要义务。包括：①委托开发合同的研究开发人应当按照约定制订和实施研究开发计划；②合理使用研究开发经费；③按期完成研究开发工作，交付研究开发成果，提供有关的技术资料和必要的技术指导，帮助委托人掌握研究开发成果；④承担违约责任。研究开发人违反约定造成研究开发工作停滞、延误或者失败的，应当承担违约责任。

二、合作开发合同

（一）合作开发合同的概念

合作开发合同是双方或多方当事人就共同合作开发研究事宜所达成的协议。合作开发与委托开发不同，各方当事人共同投资，共担风险，共享成果。

（二）各方当事人的主要权利义务

各方当事人的主要权利义务包括：①合作开发合同的当事人应当按照约定进行投资，包括以技术进行投资；②分工参与研究开发工作；③协作配合研究开发工作；④合作开发合同的当事人违反约定造成研究开发工作停滞、延误或者失败的，应当承担违约责任；⑤因作为技术开发合同标的的技术已经由他人公开，致使技术开发合同的履行没有意义的，当事人可以解除合同。

三、技术开发合同的风险负担

（一）风险负担的一般规则

在技术开发合同中，无论是委托开发合同还是合作开发合同，都有可能因为不可归责于任何一方当事人的原因而导致技术开发的失败，而这种情况在科学研究中是经常发生的。对此，双方当事人在订立合同时，可以明确约定风险的负担。如果没有约定或者约定不明确的，事后也可以协议确定。如果不能达成协议的，按照交易习惯确定。仍然不能确定的，

---

[1] 参见陈小君主编：《合同法学》，中国法制出版社2002年版，第334页。

由当事人合理分担。

（二）当事人的通知与减少损失的义务

当事人一方发现有可能致使研究开发失败或者部分失败的情形时，应当及时通知另一方并采取适当措施减少损失。没有及时通知并采取适当措施，致使损失扩大的，应当就扩大的损失承担责任。

四、技术开发合同中专利申请权的归属

在技术开发合同中，就完成的发明创造的专利申请权的归属，当事人可以约定。如果没有约定，则适用下列规则确定：

1. 委托开发完成的发明创造，除法律另有规定或当事人另有约定的以外，申请专利的权利属于研究开发人。研究开发人取得专利权的，委托人可以依法实施该专利。研究开发人转让专利申请权的，委托人享有以同等条件优先受让的权利。

2. 合作开发完成的发明创造，除当事人另有约定外，申请专利的权利属于合作开发的当事人共有。当事人一方转让其共有的专利申请权的，其他各方享有以同等条件优先受让的权利。

合作开发的当事人一方声明放弃其共有的专利申请权的，除当事人另有约定外，可以由另一方单独申请或者由其他各方共同申请。申请人取得专利权的，放弃专利申请权的一方可以免费实施该专利。

合作开发的当事人一方不同意申请专利的，另一方或者其他各方不得申请专利。

五、技术秘密权利归属及利益分配

委托开发或者合作开发完成的技术秘密成果的使用权、转让权以及利益的分配办法，由当事人约定；没有约定或者约定不明确，依据《民法典》第510条的规定仍不能确定的，在没有相同技术方案被授予专利前，当事人均有使用和转让的权利。但是，委托开发的研究开发人不得在向委托人交付研究开发成果之前，将研究开发成果转让给第三人。

第三节　技术转让合同与技术许可合同

一、技术转让合同的概念

技术转让合同是合法拥有技术的权利人，将现有特定的专利、专利申请、技术秘密的相关权利让与他人所订立的合同。技术转让合同包括专利权转让、专利申请权转让、技术秘密转让等合同。

技术许可合同是合法拥有技术的权利人，将现有特定的专利、技术秘密的相关权利许可他人实施、使用所订立的合同。技术许可合同包括专利实施许可、技术秘密使用许可等合同。

技术转让合同和技术许可合同中关于提供实施技术的专用设备、原材料或者提供有关的技术咨询、技术服务的约定，属于合同的组成部分。

在技术转让合同与技术许可合同中，应当特别注意两点：①技术转让合同和技术许可合同应当采取书面形式；②当事人在技术转让合同和技术许可合同中约定实施专利或者使用技术秘密的范围时，不得限制技术竞争和技术发展。

二、技术转让合同的一般效力

(一) 让与人的义务

1. 保证自己是所提供技术的合法拥有者的义务，这一义务要求技术转让合同的让与人应当保证自己是所提供的技术的合法拥有者。

(1) 职务技术成果的合法拥有者。所谓职务技术成果，是执行法人或者其他组织的工作任务，或者主要是利用法人或者其他组织的物质技术条件所完成的技术成果。

职务技术成果的使用权、转让权属于法人或者其他组织的，法人或者其他组织可以就该项职务技术成果订立技术合同。法人或者其他组织应当从使用和转让该项职务技术成果所取得的收益中提取一定比例，对完成该项职务技术成果的个人给予奖励或者报酬。法人或者其他组织订立技术合同转让职务技术成果时，职务技术成果的完成人享有以同等条件优先受让的权利。

(2) 非职务技术成果的合同拥有者。非职务技术成果的使用权、转让权属于完成技术成昊的个人，完成技术成果的个人可以就该项非职务技术成果订立技术合同。

2. 保证所提供的技术符合合同目的性。技术合同的转让人应保证所提供的技术完整、无误、有效，能够达到约定的目标，否则应当承担违约责任。

3. 违约责任。让与人未按照约定转让技术的，应当返还部分或者全部使用费，并应当承扫违约责任；实施专利或者使用技术秘密超越约定的范围的，违反约定擅自许可第三人实施该项专利或者使用该项技术秘密的，应当停止违约行为，承担违约责任；违反约定的保密义务的，应当承担违约责任。

4. 权利瑕疵担保责任。技术转让合同的转让人应当保证所提供的技术不受第三人追究，如果受让人按照约定实施专利、使用技术秘密侵害他人合法权益的，由让与人承担责任，但当事人另有约定的除外。

5. 按照约定提供技术资料和进行指导的义务。技术秘密转让合同的让与人和技术秘密使用许可合同的许可人应当按照约定提供技术资料，进行技术指导，保证技术的实用性、可靠性，承担保密义务。该保密义务，不得限制让与人或者许可人申请专利，但是当事人另有约定的除外。

除了上述义务外，转让人还承担依诚实信用原则产生的义务。

(二) 受让人的义务

1. 费用支付义务。受让人未按照约定支付使用费的，应当补交使用费并按照约定支付违约金；不补交使用费或者支付违约金的，应当停止实施专利或者使用技术秘密，交还技术资料，承担违约责任；实施专利或者使用技术秘密超越约定的范围的，未经让与人同意擅自许可第三人实施该专利或者使用该技术秘密的，应当停止违约行为，承担违约责任；违反约定的保密义务的，应当承担违约责任。

2. 不得超越约定范围或者转让的义务。受让人应当按照约定的范围实施专利或者使用技术秘密，未经让与人同意不得擅自许可第三人实施该专利或者使用该技术秘密。实施专利或者使用技术秘密超越约定的范围或者未经让与人同意擅自许可第三人实施该专利或者使用该技术秘密的，应当停止违约行为，承担违约责任。

3. 保密义务。技术转让合同的受让人应当按照约定的范围和期限，对让与人提供的技术中尚未公开的秘密部分，承担保密义务。依据我国《民法典》的规定，即使在技术合同终止后，这种保密义务也是存在的。

三、技术许可合同的效力

1. 许可人的义务。

(1) 仅在专利权有效期限内转让的义务。专利实施许可合同只在该专利权的存续期间内有效。专利权有效期限届满或者专利权被宣布无效的，专利权人不得就该专利与他人订立专利实施许可合同。

(2) 专利实施许可合同的许可人应当按照约定许可被许可人实施专利，交付实施专利有关的技术资料，提供必要的技术指导。

(3) 提供必要的技术指导的义务。技术秘密使用许可合同的许可人应当按照约定提供技术资料，进行技术指导，保证技术的实用性、可靠性，承担保密义务。前款规定的保密义务，不限制许可人申请专利，但是当事人另有约定的除外。

(4) 违约责任。许可人未按照约定许可技术的，应当返还部分或者全部使用费，并应当承担违约责任；实施专利或者使用技术秘密超越约定的范围的，违反约定擅自许可第三人实施该项专利或者使用该项技术秘密的，应当停止违约行为，承担违约责任；违反约定的保密义务的，应当承担违约责任。

2. 被许可人的义务。

(1) 专利实施许可合同的被许可人的主要义务是应按照合同约定的范围等实施专利，不得许可约定以外的第三人实施该专利。

(2) 技术秘密使用许可合同的被许可人应当按照约定使用技术，支付使用费，承担保密义务。

(3) 被许可人未按照约定支付使用费的，应当补交使用费并按照约定支付违约金；不补交使用费或者支付违约金的，应当停止实施专利或者使用技术秘密，交还技术资料，承担违约责任；实施专利或者使用技术秘密超越约定的范围的，未经许可人同意擅自许可第三人实施该专利或者使用该技术秘密的，应当停止违约行为，承担违约责任；违反约定的保密义务的，应当承担违约责任。

四、后续技术改进成果的归属

当事人可以按照互利的原则，在技术转让合同中约定实施专利、使用技术秘密后续改进的技术成果的分享办法。没有约定或者约定不明确，事后可以补充约定；不能达成补充协议的，依照交易习惯确定；依据交易习惯仍然不能确定的，一方后续改进的技术成果，其他各方无权分享。

第四节 技术咨询合同与技术服务合同

一、技术咨询合同与技术服务合同的概念

(一) 技术咨询合同

所谓技术咨询合同，是当事人一方以技术知识为对方就特定技术项目提供可行性论证、技术预测、专题技术调查、分析评价报告等服务，而另一方为此支付报酬的协议。

这种合同的特点是受托方仅就合同要求提供意见，而不完成技术项目，否则就不是技术咨询合同。

(二) 技术服务合同

技术服务合同是指当事人一方以技术知识为另一方解决特定技术问题，而另一方当事

人支付报酬的协议。技术服务合同不包括建设工程合同和承揽合同。

二、技术咨询合同的法律效力

（一）委托人的主要义务

1. 说明与提供资料的义务。技术咨询合同的委托人应当按照约定阐明咨询的问题，提供技术背景材料及有关技术资料、数据。技术咨询合同的委托人未按照约定提供必要的资料和数据，影响工作进度和质量的，支付的报酬不得追回，未支付的报酬应当支付。

2. 接受受托人的工作成果的义务。委托人应当按照合同的约定接受工作成果，如果不接受或者逾期接受工作成果的，支付的报酬不得追回，未支付的报酬应当支付。

3. 支付报酬的义务。这是委托人的主要义务，关于支付的方式与数额，参照本章第一节的论述。

（二）受托人的主要义务

1. 技术咨询合同的受托人应当按照约定的期限完成咨询报告或者解答问题，否则应当承担违约责任，即技术咨询合同的受托人未按期提出咨询报告的，应当承担减收或者免收报酬等违约责任。

2. 提出的咨询报告应当达到约定的要求，否则，应当承担违约责任，即技术咨询合同的受托人提出的咨询报告不符合约定的，应当承担减收或者免收报酬等违约责任。反之，技术咨询合同的委托人按照受托人符合约定要求的咨询报告和意见作出决策所造成的损失，由委托人承担，但当事人另有约定的除外。

三、技术服务合同的法律效力

（一）委托人的主要义务

1. 提供工作条件及配合义务。技术服务合同的委托人应当按照约定提供工作条件，完成配合事项。技术服务合同的委托人不履行合同义务或者履行合同义务不符合约定，影响工作进度和质量的，支付的报酬不得追回，未支付的报酬应当支付。

2. 接受工作成果的义务。技术服务合同的委托人不接受或者逾期接受工作成果的，支付的报酬不得追回，未支付的报酬应当支付。

3. 支付报酬的义务。技术服务合同的委托人应当按照合同的约定向受托人支付报酬，否则，应当承担违约责任。

（二）受托人的主要义务

技术服务合同的受托人应当按照约定完成服务项目，解决技术问题，保证工作质量，并传授解决技术问题的知识。

技术服务合同的受托人未按照合同约定完成服务工作的，应当承担免收报酬等违约责任。

四、合同履行过程中新技术成果的归属

当事人在订立技术服务合同或者技术咨询合同时，可以约定合同履行过程中受托人利用委托人提供的技术资料和利用受托人的工作条件完成的新技术成果的归属。如果没有约定或者约定不明确的，受托人利用委托人提供的技术资料和工作条件完成的新的技术成果，属于受托人。委托人利用受托人的工作成果完成的新的技术成果，属于委托人。

五、正常工作费用没有约定或者约定不明确的分担规则

关于技术咨询合同和技术服务合同对受托人正常开展工作所需费用的负担，没有约定或者约定不明确的，由受托人负担。

第十一章 保管合同与仓储合同

第一节 保管合同的基本概述

一、保管合同的概念

保管合同，又称寄托合同，是指保管人保管寄存人交付的保管物，并按约定返还该物的合同。其中，对他人之物进行保管的人称为受寄人或保管人，将物交于保管人保管的人为寄托人。按照我国《民法典》第888条第2款的规定，寄存人到保管人处从事购物、就餐、住宿等活动，将物品存放在指定场所的，视为保管，但是当事人另有约定或者另有交易习惯的除外。

罗马法上就已经出现了寄托契约，分为一般寄托与特殊寄托。一般寄托是一种不完全的实物契约，债务人（受寄托人）有义务随时根据债权人（寄托人）的要求向其返还代为照管而接受的动产。在这种契约中，将物交付保管作为返还义务的实物依据，只使受寄托人成为物的持有者，因而，寄托人不一定是物的所有人，小偷也可以将赃物寄托而成为债权人；受寄托人只能保管标的物而不能使用，否则就被认为犯有"窃用罪"；受寄托人对物的损害的赔偿责任一般限于重大过失，特殊情况下才涉及轻过失；如果约定了费用，则即使寄托人不支付费用，受寄托人也不得行使留置权〔1〕。

而特殊寄托包括必要寄托与非常寄托。必要寄托被法学家们称为"不幸寄托"，是指在出现灾难（如火灾、坍塌等）情形下发生的寄托。由于在这种情形中寄托人对受寄托人的选择是仓促是不自由的，而且受寄托人对类似事件缺乏同情心是严重的不诚信的表现，因而，对不诚信的受寄托人的处罚是加倍的。非常寄托是指对钱款或者其他可替代物的寄托。人们在这种寄托中达成协议只归还同类物，因而暗含地或者明确地允许使用寄托物，这使得寄托具有消费借贷的作用。〔2〕

《法国民法典》几乎完全继承了罗马法的传统，将寄托分为"通常寄托"与"对争讼物的寄托"（该法典第1916条）。通常寄托又分为"自愿寄托"与"紧迫寄托"（该法典第1920条）。"自愿寄托"是基于寄托人与受寄托人双方同意而成立（该法典第1921条），相当于罗马法上的一般寄托；"必然寄托"是因火灾、房屋坍塌、抢劫、船舶灾难或者其他不可预见的事故而不得不作的寄托（该法典第1949条）。对"争讼物的寄托"是指一人或者数人将争讼物存放于第三人，在争讼结束后，第三人应将此物品返还于经判决应取得该物

〔1〕参见［意］彼德罗·彭梵得：《罗马法教科书》，黄风译，中国政法大学出版社1992年版，第367~368页。

〔2〕参见［意］彼德罗·彭梵得：《罗马法教科书》，黄风译，中国政法大学出版社1992年版，第368页。罗马法上还有一种类似寄托，但又不是真正寄托的关系，有人称为"争讼寄托"，但彼德罗·彭梵得认为进"扣押而非寄托"。

的人（该法典第1956条）。

从我国《民法典》的规定看，我国法仅仅规定了一般寄托（保管）合同这一有名合同。

二、保管合同的特征

（一）寄托合同为要物合同

对于寄托合同为诺成合同拟或实践合同，各国立法及学上并不一致。法国、德国、日本等大陆法系国家承袭罗马法的传统，将寄托合同定为实践性合同，即要物合同；《瑞士债务法》则将之定为诺成性合同。在我国民法学界，关于寄托合同的性质，有三种观点：一是要物合同说；二为诺成合同说；三为折中说，即认为以要物为原则，诺成为例外。

我国《民法典》采德国与法国立法例，即采实践合同说。根据我国《民法典》第890条的规定，保管合同自保管物交付时成立，但是当事人另有约定的除外。

（二）寄托合同以保管行为为标的，以物品的保管为目的

寄托合同虽涉及寄托人交付的物品，但物品本身不是寄托合同的标的，受托人的保管行为为合同的标的。寄托合同的目的在于保管物品，故不得对物进行利用或改造。

（三）寄托合同一般为无偿合同

寄托合同的有偿或者无偿，应由当事人自由约定。当事人没有约定的，推定为无偿合同。《法国民法典》第1917条规定："通常寄托，本质上为无偿契约。"我国《民法典》采法国立法例，于第889条第2款规定："当事人对保管费没有约定或者约定不明确，依据本法第510条的规定仍不能确定的，视为无偿保管。"

（四）寄托合同为非要式合同

我国《民法典》合同编没有规定保管合同的特定形式，当事人可以自由约定合同形式。

（五）寄托物应为动产

《法国民法典》1918条明确规定寄托物仅仅限于动产，我国《民法典》虽然没有明确规定为动产，但从第888条的规定看，应限于动产。另外，不动产也不适合于保管合同中所说的寄托。

三、保管合同的法律效力

（一）保管人的权利义务

1. 给付保管凭证的义务。我国《民法典》第891条规定，寄存人向保管人交付保管物的，保管人应当出具保管凭证，但另有交易习惯的除外。应当特别指出的是，保管合同与保管凭证是不同的，即使有保管合同，在寄存人交付寄存物的，保管人也应当给付保管凭证。

但是，当寄存人交付寄存物时，是否应当出示其为合法所有权人的证明呢？《法国民法典》第1938条规定："受寄托人不得要求寄存人证明其本人为寄存物的所有权人。但如果受寄托人发现寄存物为赃物，并知道该物的真正所有权人为何人时，应将其接受寄存之事实通知真正所有人，并催告真正所有权人在规定的足够期限内请求返还寄存物。如被通知人怠于请求返还寄存物的，受寄存人得将该物交付于原寄托人而免除责任。"我国《民法典》没有对此作出明确规定，但从第896条规定看，保管人也不得要求寄存人证明其为合法所有权人。

2. 妥善保管的义务。毫无疑问，保管人应当妥善保管寄存物，我国《民法典》第892条作了明确的规定。但其注意义务为何？对此，《法国民法典》第1927条规定："受寄托人应以与保管自己的物品同样的注意保管寄存物。"而《德国民法典》第690条规定："无偿

接受保管的，保管人应与处理自己的事务一样尽到相同的注意。”这两种规定并不矛盾：《法国民法典》1917 条已经规定，保管契约本质上是无偿契约，因而，与德国法一样。由此可见，如果保管合同是有偿的，则保管人应当尽善良管理人的注意，而为无偿时，则应尽与自己的事务相同的注意义务。也就是说，有偿的保管合同的注意义务要高于无偿的保管合同。

我国《民法典》第 892 条规定的“注意义务”也应区分有偿与无偿保管决定。

3. 不得擅自改变保管场所的义务。保管人应当按照合同约定的保管场所或者方法保管标的物，除紧急情况或者为了维护寄存人利益的以外，不得擅自改变保管场所或者方法。否则，对此引起的损失负赔偿责任，即使在不改变场所的情况下的不应负责任的损失，在改变保管场所时，也应当负责。

4. 不得将保管物转让保管的义务。除当事人另有约定外，保管人不得将保管物转交第三人保管，保管人违反此义务而将保管物转交第三人保管，造成保管物损失的，应当承担赔偿责任（我国《民法典》第 894 条）。《德国民法典》第 691 条也有相同的规定。

5. 不得使用寄存物的义务。我国《民法典》第 895 条规定，保管人不得使用或者许可第三人使用保管物，但是当事人另有约定的除外。《法国民法典》第 1930 条也有相同的规定。

6. 第三人主张权利时的返还通知义务。第三人对保管物主张权利的，除依法对保管物采取保全或者执行的以外，保管人应当履行向寄存人返还保管物的义务。第三人对保管人提起诉讼或者对保管物申请扣押的，保管人应当及时通知寄存人。

7. 赔偿义务。保管期内，因保管人保管不善造成保管物毁损、灭失的，保管人应当承担损害赔偿责任，但是无偿保管人证明自己没有故意或者重大过失的，不承担赔偿责任（我国《民法典》第 897 条）。《法国民法典》第 1929 条规定，无论在任何情况下，受托寄人对于因不可抗力造成的事变，不负责任，但受寄托人如已经受催告返还而迟延返还寄存物的除外。法国法的这一规定实际上就是对迟延履行的风险负担的规定——迟延履行的风险负担自然转移给违约方。

8. 返还原物与孳息的义务。如果当事人没有特别约定，保管物的孳息归寄存人所有。因此，在保管人返还原物时，应一并返还孳息。如果保管的是货币或者其他替代物的，则应当返还同类货币。我国《民法典》第 901 条规定，保管人保管货币的，可以返还相同种类、数量的货币；保管其他可替代物的，可以按照约定返还相同种类、品质、数量的物品。约定有利息的，应当支付利息。

如果寄存物因不可归责于保管人的原因而毁损灭失的，保管人自然不负赔偿责任，但是否应当返还已经收取的保管费用呢？《法国民法典》第 1934 条有肯定的规定。而我国《民法典》合同编关于承揽合同中有这样的规定，但在保管合同中却没有规定。我们认为，应当准用关于承揽合同的规定。

9. 留置权。寄存人未按照约定支付保管费以及其他费用的，保管人对保管物享有留置权。

（二）寄存人的权利义务

1. 保管费的支付义务。如果合同当事人约定保管合同为有偿的，寄存人应当按照约定的期限向保管人支付保管费。当事人对支付期限没有约定或者约定不明确，可以协议补充；不能达成补充协议的，按照合同有关条款或者交易习惯确定。仍不能确定的，应当在领取保管物的同时支付。寄存人未按照约定支付保管费以及其他费用的，保管人对保管物享有留置权。

2. 如实说明义务。寄存人交付的保管物有瑕疵或者按照保管物的性质需要采取特殊保管措施的，寄存人应当将有关情况告知保管人。寄存人未告知，致使保管物受损失的，保管人不承担损害赔偿责任；保管人因此受损失的，除保管人知道或者应当知道并且未采取补救措施的以外，寄存人应当承担损害赔偿责任。

寄存人寄存货币、有价证券或者其他贵重物品的，应当向保管人声明，由保管人验收或者封存。寄存人未声明的，该物品毁损、灭失后，保管人可以按照一般物品予以赔偿。

3. 随时领取权。寄存人可以随时领取保管物。当事人对保管期间没有约定或者约定不明确的，保管人可以随时要求寄存人领取保管物；约定保管期间的，保管人无特别事由，不得要求寄存人提前领取保管物。

4. 原物及其孳息返还请求权。保管期间届满或者寄存人提前领取保管物的，保管人应当将原物及其孳息归还寄存人。

第二节　仓储合同

一、仓储合同的概念和特征

所谓仓储合同，是指一方当事人为对方储存货物，对方当事人支付价款的协议。其中，为他方储存货物的一方为仓储保管人，支付价款的一方称为存货人。

仓库营业是专为他人保管货物的一种商业营业活动，从实质上说，也属于保管合同的一种，但由于仓库营业的性质，使得仓储合同具有了一些不同于一般保管合同的特征。仓储作为一种商业活动，发端于中世纪西方的一些沿海城市，随着国际海商和地区贸易的不断发展，仓库营业的作用日趋重要。仓库营业是现代社会化大生产和国际国内商品流转中的一个不可或缺的环节。所以，我国《民法典》也将其作为一种独立于保管合同的有名合同而规定。仓储合同具有下列特征：

（一）仓储合同是一种诺成合同

我国《民法典》第905条明确规定：“仓储合同自保管人和存货人意思表示一致时成立。”这种规定似乎特别强调了其诺成性特征，以与保管合同区别。但这种规定又似乎多余，没有必要特别规定或者约定，什么合同不是从成立时生效？

（二）仓储合同为双务、有偿合同

仓储合同的双方当事人都负有义务：仓储保管人有仓储保管的义务，而存货人有支付价款的义务。由于仓储的营业性特点，决定了仓储合同必然为有偿合同。如果仓储保管人免除了存货人的付款义务，也不能改变其有偿合同的特征。

（三）仓储合同为非要式合同

仓储合同究竟是要式合同还是非要式合同，存在不同的看法：有的认为仓储合同为要式合同，应当采取书面形式；有的认为是非要式合同。我们同意第二种观点，我国《民法典》并没有要求订立仓储合同的特别形式。至于仓储保管人开出的仓单，则不能认为是合同。另外，在实践中，仓储合同多为格式合同。

二、仓储合同的法律效力

（一）对保管人的法律效力

1. 对存货的验收义务。保管人应当按照约定对入库仓储物进行验收。保管人验收时发

现入库仓储物与约定不符合的，应当及时通知存货人。保管人验收后，发生仓储物的品种、数量、质量不符合约定的，保管人应当承担损害赔偿责任。

2. 验货并给付仓单的义务。按照我国《民法典》第907~909条的规定，在存货人交付仓储物时，保管人应当按照约定对入库仓储物进行验收。保管人验收时发现入库仓储物与约定不符合的，应当及时通知存货人。保管人验收后，发生仓储物的品种、数量、质量不符合约定的，保管人应当承担赔偿责任。存货人交付仓储物的，保管人应当出具仓单、入库单等凭证。仓单是提取仓储物的凭证，实际上是一种有价证券。存货人或者仓单持有人在仓单上背书并经保管人签字或者盖章的，可以转让提取仓储物的权利。保管人应当在仓单上签字或者盖章。仓单包括下列事项：①存货人的姓名或者名称和住所；②仓储物的品种、数量、质量、包装及其件数和标记；③仓储物的损耗标准；④储存场所；⑤储存期间；⑥仓储费；⑦仓储物已经办理保险的，其保险金额、期间以及保险人的名称；⑧填发人、填发地和填发日期。

3. 通知义务。保管人对入库仓储物发现有变质或者其他损坏的，应当及时通知存货人或者仓单持有人。

4. 紧急处置权。保管人对入库仓储物发现有变质或者其他损坏，危及其他仓储物的安全和正常保管的，应当催告存货人或者仓单持有人作出必要的处置。因情况紧急，保管人可以作出必要的处置，但事后应当将该情况及时通知存货人或者仓单持有人。

5. 因保管不善的赔偿义务。储存期间，因保管人保管不善造成仓储物毁损、灭失的，保管人应当承担损害赔偿责任。因仓储物的性质、包装不符合约定或者超过有效储存期造成仓储物变质、损坏的，保管人不承担损害赔偿责任。

（二）对于存货人的法律效力

1. 如实说明义务。储存易燃、易爆、有毒、有腐蚀性、有放射性等危险物品或者易变质物品，存货人应当说明该物品的性质，提供有关资料。存货人违反该义务的，保管人可以拒收仓储物，也可以采取相应措施以避免损失的发生，因此产生的费用由存货人承担。

因为储存易燃、易爆、有毒、有腐蚀性、有放射性等危险物品对人类及环境有重大危险，因此，法律要求储存保管人应当具备相应的保管条件。所以，存货人应当如实说明情况。

2. 检验及提取样品的权利。存货人或者仓单持有人有权向保管人要求检查仓储物或者提取样品，保管人应当同意。

3. 按时提取存货的义务。储存期间届满，存货人或者仓单持有人应当凭仓单提取仓储物。存货人或者仓单持有人提前提取的，不减收仓储费；逾期提取的，应当加收仓储费，同时，货物的风险自逾期之日起转移于存货人或者仓单持有人。

关于提货的时间，当事人没有约定或者约定不明确的，存货人或者仓单持有人可以随时提取仓储物，保管人也可以随时要求存货人或者仓单持有人提取仓储物，但应当给予必要的准备时间。

另外，储存期间届满，存货人或者仓单持有人不提取仓储物的，保管人可以催告其在合理期限内提取，逾期不提取的，保管人可以提存仓储物。

第十二章
委托合同、中介合同和行纪合同

第一节　委托合同

一、委托合同的概念和特征

委托合同又称委任合同，是指依双方当事人约定，一方为他方处理事务的合同。在委托合同中，委托他人为自己处理事务的人为委托人，接受委托的人为受托人。

委托合同是一种比较古老的合同类型，古巴比伦《汉谟拉比法典》中对委托合同即有专门规定。委托合同是委托代理发生的基础，在现代社会中，委托合同适用范围相当广泛，通过委托合同扩大了民事主体的活动空间和范围。委托合同具有下列特征：

1. 委托合同的标的是处理事务的行为。委托合同的标的是事务的处理行为，该行为既可以是法律行为（委托进行买卖、租赁等行为），也可以是具有经济意义的行为（清理财产、整理账簿等行为），还可以是单纯的事实行为（代为将信件投入信箱，探望退休人员等行为）。但并非一切事务的处理行为都可以成为委托合同的标的，委托合同不适用于具有人身性质的行为，如结婚行为、离婚行为、收养行为等，也不适用于履行人身性质的债务的行为。

2. 委托合同的订立以双方当事人相互信任为基础。委托人之所以选定受托人为其处理事务，是以他对受托人的办事能力和信誉的了解，相信受托人能够处理好委托的事务为基础的。受托人接受委托也是基于对委托人的了解和信任。没有当事人双方相互信任和自愿，委托合同关系不可能建立。所以，委托合同成立后，如果任何一方对另一方产生了不信任，都可以随时解除委托合同。而且，《民法典》合同编规定，受托人原则上应当亲自处理委托事务。

3. 受托人以委托人的费用办理委托事务。委托合同是典型的提供劳务合同，委托合同订立后，受托人在委托人的授权范围内为委托人办理事务。因而办理事务所需要的费用要由委托人承担。至于受托人是否以委托人的名义办理委托事务，理论上有不同的观点。一种观点认为受托人应当以委托人的名义办理委托事务；另一种观点认为受托人可以以委托人的名义活动，也可以以自己的名义活动。我们认为，委托合同的主要特征是受托人按委托人的要求处理委托的事务，处理事务中是否以委托人的名义在非所问。然而，如果受托人以委托人的名义在委托权限范围内与第三人进行民事法律行为，后果直接由委托人负责。如果受托人以自己的名义在委托权限范围内与第三人进行民事法律行为，当受托人因第三人的原因对委托人无法履行义务时，受托人应当向委托人披露第三人，委托人因此可以行使受托人对第三人的权利。而当受托人因委托人的原因对第三人无法履行义务时，受托人应当向第三人披露委托人，第三人因此可以选择受托人或者委托人作为相对人主张权利，第三人一经选定相对人则不得变更。

4. 委托合同是诺成合同、非要式合同。委托合同当事人意思表示一致时，合同即告成立，无需以物的交付或当事人的履行行为作为合同成立的要件。因此，委托合同为诺成合同，需要指出的是，委托合同不同于代理关系中的授权行为。委托合同必须受托人承诺才能成立，而授权行为仅有被代理人的单方行为即可成立，不能将二者混同。委托合同原则上为不要式合同，当事人可以根据实际情况选择适当的形式，但法律规定应当采用书面形式的除外。

5. 委托合同可以有偿，也可无偿。委托合同是否有偿，应依法律规定或当事人之间的约定来确定。在现实生活中，商事主体之间订立的委托合同，大多是有偿合同；而公民之间基于互助关系而建立的委托合同，大多数为无偿合同。如果当事人就有偿或者无偿没有约定或者约定不明确的，可以事后补充协议来约定，协议不成的，按照我国《民法典》第919条、第928条的规定看，应当视为无偿。

二、委托合同与类似概念的区别

（一）委托合同与代理

委托与代理的区别，是近代法学上的一个重大的发现。罗马法将委托与代理视为同一，认为委托契约必定有代理权的授予，反之亦然。《法国民法典》承袭了罗马法的立体例。自从德国学者拉班德提出“代理权授予及其基础关系的区别”一文后，委托与代理的不同法律关系才被提出。《德国民法典》吸收了这一理论，将委托与代理区别规定。我国《民法典》将代理划分为三种类型：委托代理、法定代理、指定代理。而委托合同则是委托代理之代理权授予的基础关系。[1]

代理是指代理人在代理权限内以被代理人的名义实施民事法律行为，其行为后果直接对被代理人发生效力的制度。代理既然是由代理人本人为意思表示或受领意思表示，它与受托人为委托人处理事务同属为他人服务，这是两者的相似之处。但委托合同与代理是不同的。区别主要有以下几点：其一，代理人的代理行为不包括事实行为；而受托人接受委托的行为包括事实行为。其二，代理属于对外（即本人与代理人以外的第三人）的关系，不对外也就无所谓代理；而委托合同属于对内关系，且其存在于委托人与受托人之间。其三，代理关系的成立，被代理人授予代理人代理权属于单方法律行为；而委托合同为双方法律行为，委托合同的成立应有受托人承诺，若受托人不承诺，则合同不能成立。

（二）委托合同与承揽合同

承揽合同的承揽人按照定作人的要求完成一定工作，这与委托合同中的受托人按照委托人的要求处理一定事务相似。但二者也有显著的区别：其一，承揽合同的承揽人是以自己的名义和费用，按照定作人的要求完成一定的工作，自己独立承担风险，而委托合同的受托人是以委托人的名义和费用，按照委托人的要求完成一定工作，自己并不承担完成工作任务的风险。其二，承揽合同的承揽人在完成定作人交付的工作任务过程中，一般不涉及与第三人进行民事活动；而委托合同的受托人在完成委托交办的事务时，一般会涉及与第三人进行民事活动。其三，承揽合同为有偿合同，而委托合同一般是无偿的，只有在双方当事人约定报酬时，受托人才可就其已处理事务部分请求相应的报酬。

（三）委托合同与雇用合同

雇用合同是当事人一方为他方提供劳务、他方为此给付报酬的合同。在雇用合同中，

---

〔1〕 参见张俊浩主编：《民法学原理》，中国政法大学出版社2000年版，第819页。

由于受雇人须为雇用人提供劳务。从这一点看，二者有相似之处。但委托合同与雇用合同是不同的，二者的主要区别是：其一，雇用合同的订立目的在于由受雇人向雇用人提供劳务；而委托合同订立的目的在于由受托人为委托人办理事务，受托人提供劳务不过是满足这一目的的手段。其二，受雇人依据雇用合同提供劳务，必须绝对服从雇用人的指示，自己一般并不享有独立的酌情裁量的权利；而委托合同中的受托人，虽然须依委托人的指示处理事务，但一般也享有一定的独立裁量的权利。其三，雇用合同必为有偿合同；而委托合同可以是有偿的也可以是无偿的。

三、委托合同的效力

（一）受托人的主要权利义务

1. 依委托人的指示亲自处理事务的义务。受托人应当按照委托人的指示处理委托事务。需要变更委托人指示的，应当经委托人同意；因情况紧急，难以和委托人取得联系的，受托人应当妥善处理委托事务，但事后应当将该情况及时报告委托人。

另外，受托人应当亲自处理委托事务。经委托人同意，受托人可以转委托。转委托经同意的，委托人可以就委托事务直接指示转委托的第三人，受托人仅就第三人的选任及其对第三人的指示承担责任。转委托未经同意的，受托人应当对转委托的第三人的行为承担责任，但在紧急情况下受托人为维护委托人的利益需要转委托的除外。

2. 报告义务。受托人应当按照委托人的要求，报告委托事务的处理情况。委托合同终止时，受托人应当报告委托事务的结果。

3. 移转利益和权利的义务。受托人以委托人的名义及费用办理委托事务，因此，受托人在办理委托事务中所得到的一切利益，包括金钱、物品、所得收益及权利等都应及时转交给委托人。

4. 披露义务。按照我国《民法典》第926条的规定，受托人以自己的名义与第三人订立合同时，第三人不知道受托人与委托人之间的代理关系的，受托人因第三人的原因对委托人不履行义务，受托人应当向委托人披露第三人，委托人因此可以行使受托人对第三人的权利，但是，第三人与受托人订立合同时如果知道该委托人就不会订立合同的除外。受托人因委托人的原因对第三人不履行义务，受托人应当向第三人披露委托人，第三人因此可以选择受托人或者委托人作为相对人主张其权利，但是第三人不得变更选定的相对人。委托人行使受托人对第三人的权利的，第三人可以向委托人主张其对受托人的抗辩。第三人选定委托人作为其相对人的，委托人可以向第三人主张其对受托人的抗辩以及受托人对第三人的抗辩。

5. 赔偿义务。有偿的委托合同，因受托人的过失给委托人造成损失的，委托人可以请求其承担一般过失的违约责任。无偿的委托合同，因受托人故意或重大过失给委托人造成损失的，委托人可以请求赔偿损失。受托人超越权限或不及时报告有关情况，给委托人造成损失的，应当赔偿损失。

6. 要求赔偿的权利。受托人处理委托事务时，因不可归责于自己的事由受到损失的，可以向委托人要求赔偿损失。

7. 任意解约权。委托人或者受托人可以随时解除委托合同。因解除合同给对方造成损失的，除不可归责于该当事人的事由以外，应当赔偿损失。按照《民法典》第933条的规定，因解除合同造成对方损失的，除不可归责于该当事人的事由外，无偿委托合同的解除方应当赔偿因解除时间不当造成的直接损失，有偿委托合同的解除方应当赔偿对方的直接损失和合同履行后可以获得的利益。

（二）委托人的主要权利义务

1. 预付费用的义务。委托人应当预付处理委托事务的费用。受托人为处理委托事务垫付的必要费用，委托人应当偿还该费用及其利息。

2. 报酬支付的义务。受托人完成委托事务的，委托人应当按照合同约定向其支付报酬。因不可归责于受托人的事由，委托合同解除或者委托事务不能完成的，委托人应当向受托人支付相应的报酬。当事人另有约定的，按照其约定。

3. 赔偿义务。委托人经受托人同意，可以在受托人之外委托第三人处理委托事务。因此给受托人造成损失的，受托人可以向委托人要求赔偿损失。

4. 任意解约权。委托人或者受托人可以随时解除委托合同。因解除合同给对方造成损失的，除不可归责于该当事人的事由以外，应当赔偿损失。同样，根据《民法典》第933条的规定，该损失包括可得利益。

四、委托与间接代理

代理关系一般涉及三方当事人：本人、代理人与第三人，因此，对于第三人来说，最重要的问题是他必须清楚他究竟是与代理人还是同本人签订了合同？即他所签订的合同的另一方当事人究竟是本人还是代理人？这种情况在我国对外贸易实践中非常普遍：外贸企业在同外商订立合同时，是以自己的名义与外商签订合同，并没有出示授权书，也没有说明其是代理他人进行贸易活动，但在合同履行时，特别是在出现履行问题时，往往出现一个“被代理人”。对此，被代理人在法律上是什么地位？即他是否应当被认为是代理关系中合法的被代理人？对此，大陆法系与英美法系国家有不同的法律规则。

（一）大陆法系国家的规则

大陆法系国家在确定第三人究竟是与代理人还是同本人签订了合同的问题上，采取的标准通常是看代理人是以代理人的身份同第三人订立合同，还是以他自己个人的身份同第三人订立合同。如果代理人是以代理人的身份同第三人订立合同时，这个合同就是第三人同本人之间的合同，合同的双方当事人就是第三人与本人，合同的权利义务直接归属本人，由本人直接对第三人负责。在这种情况下，代理人在同第三人订立合同时，可以指明本人的姓名，也可以不指出本人的姓名，而仅仅声明他是受他人的委托进行交易，但无论如何代理人必须表示他作为代理人订约的意思，或者缔约时的环境可以表明这一点，否则，就将认为是代理人自己同第三人订立合同，代理人就应当对合同负责。反之，如果代理人是以他个人的名义同第三人订立合同，则无论代理人是否得到本人的授权，这种合同都将被认为是代理人与第三人之间的合同，代理人自己承担法律后果。[1] 这样做的目的有三：一是保护本人的利益，避免代理人将自己行为的不利后果归属本人。代理人具有双重角色：①代理人的角色；②具有自己的民事主体角色，这两种角色必须明确区分。二是维护合同的相对性。三是维护逻辑上的一致性：既然代理人没有以被代理人的名义签订合同，就没有将这种法律后果归属于本人（被代理人）的法律依据。

基于这种标准，大陆法系区分直接代理与间接代理。直接代理是指代理人在本人的代理权限内，以被代理人的名义同第三人订立合同，其效力直接及于本人的代理；而间接代理是指代理人以自己的名义但为了本人的利益计算与第三人订立合同，再将取得的权利义务转移给本人的代理。在大陆法系的德国与法国，间接代理称为行纪。行纪人虽然是受本

---

〔1〕 参见沈达明等编：《国际商法》（上册），对外贸易出版社1982年版，第299页。

人的委托并为本人的计算而与第三人订立的合同，但在订立合同时不是以本人的名义而是以代理人自己的名义缔约，因此这个合同的双方当事人是代理人与第三人，而不是本人与第三人。本人不能仅仅凭借这个合同直接对第三人主张权利，只有当代理人把他从这个合同中所取得的权利转让给本人之后，本人才能对第三人主张权利。[1]

（二）英美法系国家的规则

与大陆法系国家不同，英美法系国家没有直接代理与间接代理的区别，对于第三人究竟是同代理人还是同本人订立合同的问题，其所采取的标准是究竟谁应当对第三人承担合同义务，即采取所谓义务标准。英美法系国家分别三种不同情况：

1. 代理人在缔约时已经指出本人的姓名。如果代理人在同第三人缔约时已经表明他是代表本人缔约的，在这种情况下，这个合同就是本人与第三人之间的合同，本人应当对合同负责，代理人不承担合同权利与义务。

2. 代理人在缔约时表示有代理关系存在但没有指出本人的姓名。在这种情况下，这个合同仍然认为是本人与第三人之间的合同，应由本人对合同负责。

3. 代理人在缔约时根本不披露有代理关系的存在。如果代理人虽然得到了本人的授权，但他在同第三人订立合同时根本不披露有代理关系，即既不披露有本人的存在，更不指出本人是谁，在这种情况下未经披露的本人能否直接根据这个合同取得权利并承担义务？英美法认为，未经披露的本人原则上可以直接取得这个合同的权利并承担义务。具体来说，通过两种方式：①未经披露的本人有权介入合同并直接对第三人行使请求权或者在必要时对第三人起诉。如果他行使了介入权，就承担了对第三人的义务。②第三人发现了本人之后，就享有选择权：他可以要求本人承担合同义务，也可以要求代理人承担合同义务，可以向本人起诉，也可以向代理人起诉。但是第三人一旦选定要求本人或者代理人承担合同义务，就不能改变。[2]

（三）我国民法的规则

从我国《民法典》第925条、第926条的规定看，合同编显然是采取的英美法系的立法体例。该法第925条规定："受托人以自己的名义，在委托人的授权范围内与第三人订立的合同，第三人在订立合同时知道受托人与委托人之间的代理关系的，该合同直接约束委托人和第三人；但是，有确切证据证明该合同只约束受托人和第三人的除外。"第926条第1、2款规定："受托人以自己的名义与第三人订立合同时，第三人不知道受托人与委托人之间的代理关系的，受托人因第三人的原因对委托人不履行义务，受托人应当向委托人披露第三人，委托人因此可以行使受托人对第三人的权利。但是，第三人与受托人订立合同时如果知道该委托人就不会订立合同的除外。受托人因委托人的原因对第三人不履行义务，受托人应当向第三人披露委托人，第三人因此可以选择受托人或者委托人作为相对人主张其权利，但是第三人不得变更选定的相对人。"

由此可见，我国《民法典》（实际上自从1999年《合同法》开始）借鉴英美法规则，规定了完全不同于大陆法系国家的代理制度，即间接代理制度。但是，我们必须明白的是，间接代理根本就不是真正的代理。因此，在《民法典》总则编中的"代理"不包括这种间接代理。

---

〔1〕参见沈达明等编：《国际商法》（上册），对外贸易出版社1982年版，第300页。

〔2〕参见沈达明等编：《国际商法》（上册），对外贸易出版社1982年版，第302页。

五、委托合同的终止

委托合同的终止分为一般原因终止和特殊原因终止两种情况。委托合同终止的一般原因是指一般合同所通存的终止原因。它包括委托事务处理完毕；委托合同履行已不可能；委托合同中的约定的存续期间届满；合同约定的解除条件成就等。而委托合同终止的特殊原因是指导致委托合同终止特有的原因，主要包括以下几种情况：

(一) 当事人一方任意终止合同

在委托合同中，当事人双方均享有任意终止权，可任意终止合同，但因终止委托合同而给对方造成的损失，除不可归责于该当事人的事由外，应当赔偿损失。

(二) 委托人死亡或者丧失民事行为能力

委托人死亡或丧失民事行为能力，从而导致委托合同终止。但因此损害委托人利益的，受托人在委托人的继承人或者法定代理人承受委托事务之前，应当继续处理委托事务。

(三) 受托人死亡或者丧失民事行为能力

受托人死亡或者丧失民事行为能力，也会导致委托合同终止。但若因此损害委托人利益的，在委托人作出善后处理之前，受托人的继承人或者法定代理人应当采取必要措施。

(四) 作为委托人或受托人的法人终止

所谓委托合同委托人或受托人的法人终止而终止，是指委托合同当事人一方为法人的，在该法人终止时，因委托合同缺少当事人一方从而导致委托合同终止。

以上这些终止的特殊原因也有例外，若当事人双方另有约定或者根据委托事务的性质不宜终止委托合同，则委托合同仍继续存在有效。

第二节 行纪合同

一、行纪合同的概念与特征

(一) 行纪合同的概念

行纪合同是指当事人约定一方接受他方的委托，以自己的名义为他方从事贸易活动，他方给付一定报酬的协议。在行纪合同中，以自己名义办理业务的一方当事人是行纪人，给付报酬的另一方当事人为委托人。

行纪制度，在罗马法时代尚未产生，罗马法上所谓的行纪契约只是委托的一种，而非后来真正意义上的行纪合同。行纪合同是随着信托业务的发展，出现了独立从事行纪业务的行纪组织而产生的。在欧洲中世纪，由于国际贸易的兴起，出现了专门从事受他人的委托以办理商品购入、贩卖或者其他交易事务并收取一定佣金的经纪人，行纪制度已较为发达。因为当时商人委派代理人前往国外经营商业时，代理人往往滥用其信用，使商人处于遭受损害的危险中，而且，不管业务的繁简，商人都要派代理人，费用太高，因而行纪制度就有了发展的可能。现代各国大都有关于行纪的法律规定。[1] 中华人民共和国的行纪制度发展较晚，虽然这种业务在生活中一直存在，但作为法律制度，直到1999年《合同法》(已失效) 颁布，才有了明确的规定。《民法典》继受之，仍然将之作为有名合同规定。

〔1〕 参见崔建远主编：《合同法》，法律出版社2003年版，第465页。

（二）行纪与信托的区别

信托合同是基于信任，为达到经济上、社会上的某种目的而转移信托人的财产，由受托人为了他人利益而加以管理或处分的财产关系。[1] 信托关系大致有委托人、受托人和受益人三方主体，信托权利义务关系是围绕着信托财产的管理和分配而展开的。

应当说，近代信托制度起源于英国。但最早在英国，信托制度是作为规避契约的相对性原则而出现的。因为，英国虽然实行严格的合同相对性原则，但按照英国传统的分类，信托制度属于财产法的领域而非合同法领域，而在财产法中这一原则是不适用的，例如，1925年的《英国财产法》第56条规定，一个人虽然不是某项财产转让协议或其他契约的当事人，但他可以就该协议或该契约所涉及的土地或其他财产享受利益、行使占有权以及就该权益与他人订立协议。据此，第三人利益契约中的受益人虽然不是该契约的当事人，但也可以申请法院强制执行该契约。这样，将属于财产法领域的信托制度引入合同法，就间接地改变了合同的相对性原则。正如阿蒂亚所指出的，在19世纪末叶，当人们在使用合同相对性原则感到不便时，就产生了一种使用信托手段规避该原则的想法。因此，慢慢地就提出了这样一种观点，即如果合同是为了给第三方以权利而订立的，那么第三方就有权主张这是为他的利益而建立的信托。所以，如果他不能以合同形式来行使其权利的话，他可以以信托形式来行使其权利。这种规避方法被证明是非常成功的。[2] 英国的上诉法院不止一次地确立了这样的观念：合同利益可以构成信托财产。据此，衡平法院通常运用信托来放宽普通法对于第三人利益契约中对第三人利益的严格限制。具体做法是：在适当情况下，承认第三人利益契约中债权人所允诺给予第三人的利益可以作为“权利上的财产”而以信托方式持有。如果债务人明确表示将为了第三人利益而以受托人身份与债权人订立契约，则该第三人利益契约被认为是设定了有效的信托。在此情况下，如果债务人没有履行契约，那么债务人可以以受托人身份为了第三人的利益对之提起诉讼。如果受托人没有提起诉讼，第三人可把受托人和债权人列为共同被告而提起诉讼。[3] 但是，纯粹为第三人设定的合同与信托法上对第三人利益的保护毕竟不同：①在一般契约法上，如果契约还未履行，债权人和债务人作为合同当事人可以不经第三人的同意而决定取消第三人取得的利益；而在信托法上，除非委托人在信托文件中保留了撤回权，否则委托人和受托人均无权擅自取消信托；②在契约法上，如果债权人或债务人违约，第三人一般不能依照普通法对之提起诉讼，因为根据合同相对性原则，第三人不是合同的一方当事人；而在信托法，假如受托人违反了信托义务，受益人有权诉请其承担违约责任。[4] 但是，在英国，以规避法律规定的合同相对性原则为直接目的而以信托的方式给予第三人利益的行为，随着合同相对性原则的松弛，及商业信托的发展而使委托人与受益人合二为一的现象增多，变得越来越没有意义。就像阿蒂亚所言：“在本世纪一个时期以来，司法对信托的态度越来越冷漠，甚至几乎要把它全盘否定了。当然，现在不是作为建立信托的一方仍然可以行使真正的信托财产所有权，但要援用一个虚构的信托作为能使第三人行使合同权利的唯一手段，现在已是

---

〔1〕 参见江平：《西方国家民商法概要》，法律出版社1984年版，第75页。

〔2〕 参见［英］P. S. 阿蒂亚：《合同法概论》，程正康、周忠海、刘振民译，法律出版社1982年版，第274页。

〔3〕 参见周小明：《信托制度的比较法研究》，法律出版社1996年版，第23页。

〔4〕 参见周小明：《信托制度的比较法研究》，法律出版社1996年版，第22~23页。

不可能的了。”〔1〕

在大陆法系，由于有严格的法律体系，故信托制度并不属于物权法中的一种制度，而是兼有物权和债权特性的一种特别制度，大陆法系国家一般将其列入商法典中。大陆法系虽然也有自己的信托制度，但其与第三人利益契约十分相似，而且远远不如英美法上的信托制度发达，其主要原因是：①大陆法系历来对契约的相对性原则所持的态度较为宽松，不像英国法那样严格，故不存在利用信托制度规避法律的问题；②大陆法系的法典化传统是阻碍信托法制度发展的一大屏障，因为信托制度与各国民法典中的虚假法律行为存在矛盾。的确，在许多情况下，当事人可以利用信托制度规避法律，就如虚假的法律行为一样。但是，大陆法系也承认信托制度。

行纪与信托是两种不同的制度，主要区别是：①性质不同。信托具有物权性特征，而行纪则具有债权性。②当事人不同。信托关系的当事人为三方：信托人、受托人与受益人（当然，有时受益人就是信托人），而行纪合同只有委托人与行纪人两方。③成立要件不同。信托合同以财产交付为成立要件，而行纪合同不以交付财产为成立要件。

（三）行纪合同的特征

1. 行纪人以自己的名义为委托人实施一定的法律行为。在行纪合同中，行纪人以自己的名义办理行纪事务。行纪人与第三人进行的法律行为，其法律后果直接由行纪人承担，委托人与第三人之间不存在直接的权利义务关系，这是行纪合同与委托合同的主要区别。另外，行纪合同中行纪人所办理的委托事务，一般只限于购、销和其他商业上的贸易活动等法律行为，而委托合同中委托人所办理的委托事务，既包括法律行为又包括事实行为。

2. 行纪人为委托人的利益办理事务。行纪人虽然与第三人直接发生法律关系，但其与第三人发生的权利义务最终应归属于委托人。因此，行纪人与第三人实施法律行为时，应考虑委托人的利益，并将其结果归属于委托人。

3. 行纪合同为诺成、双务、有偿合同。行纪合同只需双方当事人意思表示一致即可成立，无需实际履行，也无需履行特别的方式，故为诺成合同；行纪人负有为委托人办理购、销或其他商事交易的义务，而委托人负有给付报酬的义务，双方互负权利义务，互为双务合同；行纪人完成事务，应从委托人处收取法定或约定的报酬，双方的利益具有对价关系，故行纪合同又是有偿合同。

二、行纪合同的法律效力

（一）行纪人的主要权利义务

1. 报酬请求权。行纪人完成或部分完成委托事务，有权依有关法律规定或者当事人的约定，要求得到相应的报酬。

2. 介入权。行纪人接受委托出卖或者买入有价证券或者其他有公示价格的物品时，有权以自己的名义充当买受人或出卖人。这就是行纪人的介入权。由于介入权的行使对双方当事人尤其是委托人的利益有重大影响，所以只有在委托人委托行纪人出卖或者买入有价证券或者其他公示价格的物品，且行纪合同无相反的约定时，行纪人才可以行使介入权。在这种情况下，行纪人仍可向委托人请求报酬。

3. 留置权。〔2〕委托人逾期不支付报酬的，行纪人对委托物享有留置权，但当事人另

---

〔1〕［英］P. S. 阿蒂亚：《合同法概论》，程正康、周忠海、刘振民译，法律出版社1982年版，第274页。

〔2〕是否属于留置权值得怀疑，至少从形式上看，行纪人直接取得标的物所有权，又如何能够自己留置自己的财产，正确理解应该是拒绝交付。

有约定的除外。

4. 依委托人的要求办理行纪事务的义务。行纪人为委托人进行交易时，应依照委托人的指示。若行纪人以低于委托人指定的价格卖出或者高于委托人指定的价格买入的，应当经委托人同意。否则，委托人可以不承认该买卖对其发生效力。但若行纪人愿意补偿其差额时，则该买卖对委托人发生效力。当委托人指定了最低的卖价或最高的买价时，行纪人高于委托人指定的价格卖出或者低于委托人指定的价格买入的，可以按照约定增加报酬。没有约定的，该交易利益属于委托人。因为依据行纪合同，行纪合同与第三人所为的法律行为，其后果直接归属于委托人。但委托人对价格有特别指示的，行纪人不得违背。

5. 妥善保管、认真检验委托物的义务。行纪人占有委托物的，应当对委托物妥善保管。行纪人如果发现委托物交付时有瑕疵或者容易腐烂变质的，应当及时通知委托人。经委托人同意，可以处分该物。不能与委托人及时取得联系，行纪人可以合理处分。行纪人因保管不善或疏于检验造成委托物损失的，应负赔偿责任。

6. 负担行纪费用的义务。由于行纪人的活动为营业活动，其支出的费用应当由自己负担，除当事人有特别约定外，不得在报酬外另外向委托人要求费用补偿。为此，我国《民法典》第952条规定，行纪人处理委托事务支出的费用，由行纪人负担，但是当事人另有约定的除外。

7. 赔偿义务。由于行纪合同与委托合同不同，行纪人是以自己的名义与第三人缔约，自己享有合同权利并承担合同义务，因此，如果第三人不履行义务致使委托人受到损害的，行纪人应当承担损害赔偿责任，但行纪人与委托人另有约定的除外。

（二）委托人的主要权利义务

1. 支付报酬的义务。支付报酬是委托人的主要义务，委托人应当按照约定的数额给付行纪人报酬。行纪人部分完成委托事务的，委托人应当向其支付相应的报酬。委托人逾期不支付报酬的，除当事人另有约定的以外，行纪人对委托物享有留置权。

2. 接受行纪人处理行纪业务后果的义务。委托人应及时接受行纪人所完成的行纪事务，对按约定购进的委托物应及时验收。否则，行纪人对该物品的瑕疵不承担责任。如果委托人无故拒绝接受委托物的，经行纪人催告，可以将委托物提存。

第三节　中介合同（居间合同）

一、中介合同的概念和特征

（一）中介合同的概念

中介合同又称居间服务合同，是指中介人向委托人报告订立合同的机会或者提供订立合同的媒介服务，委托人支付报酬的合同。

在我国以前的民法理论及立法中，一般将这种合同称为“居间合同”，《民法典》为了通俗起见，将居间改为了中介。其实中国人对“居间”并不陌生，《东周列国志》第57回就有这样的描述：“今首新佐中军，而与郑大夫皇戌素相交厚，其必借郑皇戌居间，使讲解于楚，而以王子及襄老之尸，交易荀罃。”明叶宪祖之《鸾媲记·仗侠》中也有这样的说法：还需厚赂居间，免使临期露机。因此，为什么要把居间改为中介？从《民法典》合同编的第二十六章的内容看，实际上就是1999年《合同法》（已失效）上的“居间合同”的全部内容加上了一个“跳单”条款。

正因为如此，我下面的论述中，仍然把中介成为“居间”。

居间是一种古老的商业现象，在简单商品经济形态的古希腊、古罗马帝国主义时代，就存在居间制度，[1] 后为大陆法系许多国家民法典所继受。我国古代称居间人为“互郎”，是指促进双方成交而从中取酬的中间人。随着社会商品经济的发展，居间业发展壮大起来，通过居间人牵线搭桥，对沟通商品流通渠道，促进贸易发展起到了积极作用。因此，我国《民法典》合同编专门规定了这一合同，作为有名合同。

（二）居间合同的特征

1. 居间人是为委托人报告订约机会或充任订约媒介的人。在居间合同中，居间人是为委托人提供服务的人，但这种服务不是为委托人订立合同，而是为委托人报告订约机会或充任订约媒介。比如，接受委托人的委托，为其寻觅订立合同的相对人，或介绍双方当事人订立合同，协助委托人达成交易。尽管居间人是为委托人作成交易服务的，但其在交易中仅是一个居间人，不是订立合同的当事人，也不作为任何一方的代理人以委托人的名义订立合同。

2. 委托人一方给付报酬是以与第三人达成交易为条件。在居间合同中，仅有居间人的居间活动，并不能作为委托人给付报酬的依据。只有居间活动达到目的，即委托人与第三人之间的交易成功后，委托人才负给付报酬的义务。这与一般有偿合同当事人一方履行义务即可取得相应报酬有明显不同。

3. 居间合同为有偿、诺成、不要式合同。居间人促成合同成立后，委托人需向居间人给付报酬，作为对居间人活动的报偿，因而居间合同为有偿合同。居间合同只要委托人与居间人双方意思表示一致，合同即告成立，无需以物的交付作为合同成立的条件，故居间合同为诺成合同。居间合同的成立不需要采用特定的形式，既可采用口头形式又可采用书面形式，故为不要式合同。

二、居间合同与委托合同、行纪合同的区别

居间合同与委托合同、行纪合同都是一方受他方委托办理一定事务的合同，都属于提供服务的合同，但三者有着明显的不同，主要表现在：

1. 居间人仅向委托人报告订约机会，或充任订约媒介，并不参与委托人与第三人实际订立合同。而在委托合同中，受托人以委托人的名义或自己的名义，代委托人与第三人订立合同，参与并可决定委托人与第三人之间的关系内容。在行纪合同中，行纪人是以自己的名义为委托人办理事务，与第三人发生直接的权利和义务关系。

2. 居间人为委托人提供订约机会或充任订约媒介行为本身，在居间人与第三人订立的合同中不具有法律意义。而委托合同中，受托人处理的事务一般是有法律意义的事务。行纪合同的行纪人受托的事务只能是法律行为，当然具有法律意义。

3. 居间合同为有偿合同，但居间人仅有居间活动还不能请求委托人给付报酬，只有有居间结果时才得请求报酬。并且若居间人同时接受订约双方的委托，还可从双方取得报酬。而委托合同既可以是无偿合同又可以是有偿合同。行纪合同为有偿合同，只要行纪人依委托人的指示办理了行纪事务，即可从委托人一方取得报酬。

---

[1] 参见张俊浩主编：《民法学原理》，中国政法大学出版社 2000 年版，第 834 页。

三、居间合同的法律效力

（一）居间人的主要义务

1. 如实报告和诚信义务。居间人应将其所知道的有关订立合同的情况或商业信息如实告知委托人。对委托人与第三人的订约不得任意加以阻挠，对缔约条件不得施加不利影响。居间人故意提供虚假情况、阻碍委托人缔约，损害委托人利益的，不得请求支付报酬并应当承担损害赔偿责任。

2. 保密义务。当委托人要求居间人不得将自己的姓名、名称、商号告知相对人时，居间人负有不告知的义务。居间人违反保密义务，致使委托人受到损害的，居间人应承担损害赔偿责任。

3. 尽力义务。居间人接受委托后应从维护委托人的利益出发，尽力提供有关成交机会和商业信息，促使合同订立，而不得随意地消极对待其接受的居间事务。

（二）委托人的主要义务

1. 支付报酬的义务。委托人的主要义务是给付报酬，居间人促成合同成立后，委托人应当支付约定的报酬。当事人未约定居间报酬或者约定居间报酬不明确的，应根据居间人的劳务合理确定，并由委托人平均负担。

2. 支付居间活动费用义务。居间人未促成合同成立时，不得要求支付报酬，但可以要求委托人支付从事居间活动支出的必要费用。但居间人促成合同成立的居间活动费用，由居间人负担。

3. 委托人跳单的后果。这是《民法典》与1999年《合同法》（已失效）相比，在这一章中增加的新内容。所谓跳单，就是利用了居间人提供的缔约信息，但却绕开了居间人直接与相对方交易。这种情况在我国的房屋居间实践中时有发生。为了保护居间人的利益，《民法典》第965条特别规定：“委托人在接受中介人的服务后，利用中介人提供的交易机会或者媒介服务，绕开中介人直接订立合同的，应当向中介人支付报酬。”

第十三章 物业服务合同

第一节 物业服务合同概述

一、物业服务合同的概念

物业服务合同是物业服务人（物业服务人包括物业服务企业和其他物业管理人）在物业服务区域内，为业主提供建筑物及其附属设施的维修养护、环境卫生和相关秩序的管理维护等物业服务，业主支付物业费的合同。

物业服务合同的内容一般包括服务事项、服务质量、服务费用的标准和收取办法、维修资金的使用、服务用房的管理和使用、服务期限、服务交接等条款。另外，根据我国《民法典》第938条第2款的规定，物业服务人公开作出的有利于业主的服务承诺，为物业服务合同的组成部分。

二、物业服务合同成为我国《民法典》上有名合同的原因

物业服务合同是此次《民法典》编纂新增加的一种有名合同，《民法典》之所以将其作为一种有名合同规定进来，大概有以下几个方面的原因：

（一）特殊性

从理论上说，它确实具有特殊性：合同的签订人并不是承担义务享有权利的人。在我国实践中的物业服务合同实际上包括两种：一是“前期物业服务合同”，二是业主大会与业主委员会成立后签订的物业服务合同。无论是哪种合同，特点都是一样的：业主是实际承担支付物业服务费的一方义务人，但它却不是合同签订的一方。前期物业服务合同是建设单位与物业服务人员签订的，另一种物业服务合同是业主委员会代表业主大会与物业服务人签订的。两种都对业主有约束力，缴费的却是业主。因此，这是所有其他合同所不能包含的，具有非常的特殊性。

（二）重要性

物业合同涉及中国城镇居民的每一个人，而且在生活中纠纷很多。特别是业主与物业服务企业、业主与业主委员会、业主委员会与物业服务企业纠纷不断。最大的问题在于：每个业主是实际交付物业费的人，但他自己觉得物业服务人的服务不好，是没有意义的——他不能因此拒绝交付或者主张少交付。必须由业主大会表决过半数的人都认为，物业服务不好、不合约定，才能算物业服务人违约。

但问题是，一个业主如何去获得这些人的同意呢？召开业主大会表决？在哪里开？什么时候开？因此，通过开会表决是不可能的，就只能通过签字的方式，但要每家每户去签字，如果是一个商业小区的话，这是一个超级大的工作量。因此，在实践中，物业服务公司起诉业主大多都能够胜诉，而业主即使有证据证明物业服务人服务不好，也难以胜诉。因此，业主明知不能胜诉又觉得物业服务人服务不好，只能采取过激方式来对付。因此，

将物业服务合同作为有名合同纳入《民法典》中来，是有现实意义的，并且与《民法典》物权编中的“区分共有”相连接。

三、物业服务合同的特征

（一）物业服务合同为双务有偿合同

从我国《民法典》第937条的规定看，我国民法上的物业服务合同是一方提供物业服务，另一方支付物业费的合同。因此，是有偿的双务合同。

（二）物业服务合同是要式合同

我国《民法典》第938条第3款要求物业服务合同必须采取书面形式签订，因而是要式合同。

（三）物业服务合同是集体合同

物业服务合同的签订人是建设单位或者业主委员会代表业主大会与物业服务人签订的合同，业主虽然不是合同的签订者，但却对全体业主具有约束力。

至于业主的法律地位，2018年国务院的物业管理条例规定不明确，但自从2018年以后，业主委员会的地位很清楚，即业主委员会执行业主大会的决定事项，履行下列职责：①召集业主大会会议，报告物业管理的实施情况；②代表业主与业主大会选聘的物业服务企业签订物业服务合同；③及时了解业主、物业使用人的意见和建议，监督和协助物业服务企业履行物业服务合同；④监督管理规约的实施；⑤业主大会赋予的其他职责（2018年国务院修订的《物业管理条例》第15条）。

业主大会是小区的最高权力机关，下列事项由业主共同决定：①制定和修改业主大会议事规则；②制定和修改管理规约；③选举业主委员会或者更换业主委员会成员；④选聘和解聘物业服务企业；⑤筹集和使用专项维修资金；⑥改建、重建建筑物及其附属设施；⑦有关共有和共同管理权利的其他重大事项（2018年国务院修订的《物业管理条例》第11条）。

四、前期物业服务合同

（一）前期物业服务合同的签订

在商品房开发销售的过程中，业主陆续购买、装修并入住，这是需要物业服务，但业主大会和业主委员会还无法成立。这时候，建设单位与物业服务人签订的物业服务合同，称为前期物业服务合同。按照我国《民法典》第939条及国务院《物业管理条例》第三章的规定：

1. 在业主、业主大会选聘物业服务企业之前，建设单位选聘物业服务企业的，应当签订书面的前期物业服务合同。该合同对于全体业主具有约束力。

2. 国家提倡建设单位按照房地产开发与物业管理相分离的原则，通过招投标的方式选聘物业服务企业。

住宅物业的建设单位，应当通过招投标的方式选聘物业服务企业；投标人少于3个或者住宅规模较小的，经物业所在地的区、县人民政府房地产行政主管部门批准，可以采用协议方式选聘物业服务企业。

（二）前期物业服务合同的终止

前期物业服务合同可以约定期限，期限届满前期物业服务合同终止。但是，期限未满、业主委员会与物业服务企业签订的物业服务合同生效的，前期物业服务合同终止。

（三）建设单位与物业服务人交接的义务

在办理物业承接验收手续时，建设单位应当向物业服务企业移交下列资料：①竣工总平面图，单体建筑、结构、设备竣工图，配套设施、地下管网工程竣工图等竣工验收资料；②设施设备的安装、使用和维护保养等技术资料；③物业质量保修文件和物业使用说明文件；④物业管理所必需的其他资料。

物业服务企业应当在前期物业服务合同终止时将上述资料移交给业主委员会。

第二节 物业服务合同的效力

一、合同对物业服务人的效力

（一）对业主人身安全的保障义务

物业服务人应当维护物业服务区域内的基本秩序，采取合理措施保护业主的人身、财产安全。对物业服务区域内违反有关治安、环保等法律法规的行为，物业服务人应当及时采取合理措施制止、向有关行政主管部门报告并协助处理。

（二）维护和保护小区内的区分所有权人的共有部分

物业服务人应当按照约定和物业的使用性质，妥善维修、养护、清洁、绿化和经营管理物业服务区域内的业主共有部分。

（三）公开与报告义务

物业服务人应当定期将服务的事项、负责人员、质量要求、收费项目、收费标准、履行情况，以及维修资金使用情况、业主共有部分的经营与收益情况等以合理方式向业主公开并向业主大会、业主委员会报告。

二、业主的权利义务

（一）按约定支付物业费

业主应当按照约定向物业服务人支付物业费。物业服务人已经按照约定和有关规定提供服务的，业主不得以未接受或者无需接受相关物业服务为由拒绝支付物业费。

业主违反约定逾期不支付物业费的，物业服务人可以催告其在合理期限内支付；逾期仍不支付的，物业服务人可以提起诉讼或者申请仲裁。

（二）报告有关情况的义务

业主装饰装修房屋的，应当事先告知物业服务人，遵守物业服务人提示的合理注意事项，并配合其进行必要的现场检查。

业主转让、出租物业专有部分、设立居住权或者依法改变共有部分用途的，应当及时将相关情况告知物业服务人。

第三节 物业服务合同的终止和物业服务人员的解聘

应该说，在我国住宅小区的物业服务人员解聘过程中，出现了很多纠纷，最具有戏剧性的场面是：新的物业公司进来了，被解聘的物业服务人仍然以各种各样的理由不走，于是出现了“双服务”的场景。例如，北京市出现了很多这样的纠纷，大部分都是由区政府出面调解。针对这种情况，《民法典》第946~950条对此专门作出了规定。

1. 业主依照法定程序共同决定解聘物业服务人的，可以解除物业服务合同。决定解聘的，应当提前60日书面通知物业服务人，但是合同对通知期限另有约定的除外。依据前款规定解除合同造成物业服务人损失的，除不可归责于业主的事由外，业主应当赔偿损失。

2. 物业服务期限届满前，物业服务人不同意续聘的，应当在合同期限届满前 90 日书面通知业主或者业主委员会，但是合同对通知期限另有约定的除外。

3. 物业服务期限届满后，业主没有依法作出续聘或者另聘物业服务人的决定，物业服务人继续提供物业服务的，原物业服务合同继续有效，但是服务期限为不定期。对于这种不定期物业服务合同，当事人可以随时解除，但是应当提前 60 日书面通知对方。

4. 物业服务合同终止的，原物业服务人应当在约定期限或者合理期限内退出物业服务区域，将物业服务用房、相关设施、物业服务所必需的相关资料等交还给业主委员会、决定自行管理的业主或者其指定的人，配合新物业服务人做好交接工作，并如实告知物业的使用和管理状况。原物业服务人违反上述义务，不得请求业主支付物业服务合同终止后的物业费；造成业主损失的，应当赔偿损失。

5. 物业服务合同终止后，在业主或者业主大会选聘的新物业服务人或者决定自行管理的业主接管之前，原物业服务人应当继续处理物业服务事项，并可以请求业主支付该期间的物业费。

第十四章 合伙合同

第一节 合伙合同概述

一、合伙合同的概念

在我国《民法典》的编纂中，增加了“合伙合同”这一有名合同，应该说这是对我国《合同法》及以前《民法通则》的重要补充，也是《民法典》编纂体系化过程中很重要的举措。因为，如果没有“合伙合同”，商事合伙就失去了基础，所有与合同有关的规则就无法落实，尤其是在一些特别法上就无法准用。例如，公司成立过程中的发起协议，在公司不能成立时应准用合伙合同的规定，而不能用《合伙企业法》的规定。这种情况下，在我国法律体系中实际上是没有准用法律规范的。故《公司法》第94条仅仅规定在公司不能成立时，发起人应当承担下列责任：①对设立行为所产生的债务和费用负连带责任；②对认股人已缴纳的股款，负返还股款并加算银行同期存款利息的连带责任。但这种规定并不完整，比如，成立过程中是否有共同财产（肯定有，因为有共同出资）？是否应该清算？债权人如何请求？等等。这时如果有合伙合同，这一切问题都可以准用合伙合同的规定。因此，大陆法系国家的民法典基本都规定了合伙合同这种有名合同，我国《民法典》编纂中增加合伙合同是十分重要和必要的。但在民事立法和理论上，对于民事合伙（合伙合同）当事人之间的关系有不同解读，争议很大，主要有下列问题：①民事合伙（合伙合同）是否存在组织性和团体性问题？是否能够成为主体？对于上述问题，我国理论界有争议，例如，王利明教授发表了题为“论合伙协议与合伙组织的相互关系”，认为合伙具有双重属性——组织属性和契约属性；[1] 房绍坤教授则提出了不同的观点；[2] 我国《民法典》对合伙合同的规定则游移不定[3]。在德国民法理论及判例上都有巨大争议，有“否定说”与“肯定说”，特别法（《破产法》）还有特别规定。甚至有的德国学者认为民事合伙具有主体资格或者部分“权利能力”。我国《民法典》的合伙部分也有这种模糊的概念。②无权利能力的社团、商事合伙与民事合伙合同之间究竟有什么区别？③民事合伙的合伙人的对外债务承担连带责任，究竟是源于其团体性或者主体性还是源于其共同共有的身份？④当合伙人的个人债权人与民事合伙经营中的债权人利益冲突的时候，是否适用“双重优先原则”？在我国法律规范中是否有能够解释出这种规则的适用余地？⑤合伙是一种合同（契约），契约当事人如何能够对外承担连带责任？这种契约的特性是什么？它适用《合同法》的一般

---

〔1〕 参见王利明：“论合伙协议与合伙组织的相互关系”，载《当代法学》2013年第4期。

〔2〕 参见房绍坤、张旭昕：“民法典制定下的合伙立法”，载《吉林大学社会科学学报》2016年第1期。

〔3〕 参见2018年8月17日《全国人民代表大会常务委员会委员长会议关于提请审议〈民法典各分编（草案）〉的议案》中的《民法典各分编（草案）》第751~762条。本文下面提到的民法典（草案）就是指这一草案。

规定吗？⑥民事合伙需要清算吗？尽管我国《民法典》没有规定，但在德国和日本等国家民法典之债编的合伙部分都有关于清算的规定，如何理解？

这些问题都需要很好地思考，但在本书中，这些问题不见得都写清楚，仅仅是提出来供大家思考。

合伙合同是二个以上合伙人为了共同的事业目的，订立的共享利益、共担风险的协议。

二、合伙合同的特征

（一）合伙合同的性质为合同而非组织体

大陆法系国家的合伙及连带责任制度大都有罗马法的渊源，在罗马古典法的合伙合同是指两个人或者多人的联合，旨在通过共同手段实现共同目的。大陆法系国家的合伙及连带责任制度大都有罗马法的渊源，在罗马古典法的合伙合同是指两个人或者多人的联合，旨在通过共同手段实现共同目的。

这是我们要时刻牢记的。我们看看我国《民法典》的规定，显然不是作为合同来规定的，而是作为组织体来规定的——第969条规定："合伙人的出资、因合伙事务依法取得的收益和其他财产，属于合伙财产。合伙合同终止前，合伙人不得请求分割合伙财产。"这里的财产应该属于合同当事人的共有财产。

（二）双务合同中的抗辩在合伙中不能行使

民事合伙是一种纯粹的契约关系（但基于契约关系会发生共同共有财产），但民事合伙的这种契约关系具有不同于一般契约的特殊性，不能使用合同法是的许多抗辩权，如同时履行抗辩、不安抗辩等。双重优先原则在我国法律体系下，不具备使用的基础和前提。

（三）合伙人之间的事务的执行为代理而非代表

由于没有组织体的存在，因此，任何一个合伙人为全体合伙人利益为行为，只能适用"代理"而不能用代表。

（四）合伙合同终止时不需要清算

合伙合同终止的时候不需要外部清算，更不存在所谓的"先诉抗辩权"问题——先用合伙财产清偿，不足的由各个合伙人承担连带责任。合伙人主动清偿债务的时候，可以先用合伙人的共同共有财产清偿，不足的由各个合伙人承担。但是，债权人主张的时候，它可以直接向合伙人主张，甚至只能向合伙人个人主张——因为合伙合同不是组织体。

第二节　合伙合同的内部与外部关系

一、合伙合同当事人的出资义务

合伙人应当按照约定的出资方式、数额和缴付期限，履行出资义务。一个或者数个合伙人不履行出资义务的，其他合伙人不能因此拒绝出资。

二、合伙事务的执行

1. 合伙事务由全体合伙人共同执行。合伙人就合伙事务作出决定的，除合伙合同另有约定外，应当经全体合伙人一致同意。

2. 按照合伙合同的约定或者全体合伙人的决定，可以委托一个或者数个合伙人执行合伙事务；其他合伙人不再执行合伙事务，但是有权监督执行情况。

3. 合伙人分别执行合伙事务的，执行事务合伙人可以对其他合伙人执行的事务提出异议；提出异议后，其他合伙人应当暂停该项事务的执行。

4. 如果合伙合同没有约定，合伙人不得因执行合伙事务而请求支付报酬。但是，合伙合同签订后，合伙合同当事人也可以通过补充协议的方式约定，通常情况来说，如果一个或者几个合伙人常常执行职务而无偿的话，大概也不会长久。

三、利润分配和亏损负担

合伙的利润分配和亏损分担，按照合伙合同的约定办理；合伙合同没有约定或者约定不明确的，由合伙人协商决定；协商不成的，由合伙人按照实缴出资比例分配、分担；无法确定出资比例的，由合伙人平均分配、分担。

四、对第三人的债务责任

合伙人对合伙债务承担连带责任，清偿合伙债务超过自己应当承担份额的合伙人，有权向其他合伙人追偿。

五、共有财产的份额转让

除合伙合同另有约定外，合伙人向合伙人以外的人转让其全部或者部分财产份额的，须经其他合伙人一致同意。

六、合伙合同的期限

合伙人对合伙期限没有约定或者约定不明确，依据《民法典》第510条的规定仍不能确定的，视为不定期合伙。

合伙期限届满，合伙人继续执行合伙事务，其他合伙人没有提出异议的，原合伙合同继续有效，但是合伙期限为不定期。合伙人可以随时解除不定期合伙合同，但是应当在合理期限之前通知其他合伙人。

七、合伙合同的终止和财产分割

（一）合伙合同终止前，合伙人不得请求分割合伙财产

（二）合伙合同终止的原因

合伙合同终止的原因很多，例如，全体合同当事人协议决定解除合同、合伙人死亡、丧失民事行为能力或者终止的，合伙合同终止（合伙合同另有约定或者根据合伙事务的性质不宜终止的除外）。

合伙合同终止后，合伙财产在支付因终止而产生的费用以及清偿合伙债务后有剩余的，依有约定的按照约定分配；没有约定的，按照出资比例进行分配；无法确定出资比例的，由合伙人平均分配。

第五编 自然人的人格权

第一分编 人格权总论

第一章 人格权概述

第一节 人格权的概念和特征

一、人格权的概念

由于学者及立法对人格权本质认识的差异，更由于人格权客体与范围的争议性与开放性，学界对人格权概念的认识就有较大的不同。

德国学者拉伦茨认为，人格权是一种受尊重权，也就是说，承认并且不侵害人所固有的“尊严”，以及人的身体与精神，人的存在与应然的存在。一般来说，通过人格权所保护的东西就是人本身的生存。这包括不能把人只当作工具和手段来对待；还包括对人用以标志其个体的姓名的承认，以及对仅属于他自己的生活范围的承认……每个人都有权使自己的生命、身体、健康和身体的活动自由不受侵犯，都有权要求他人尊重自己的尊严和名誉。〔1〕

谢怀栻先生认为，人格权是以权利者的人格利益为客体的民事权利。〔2〕这一概念在我国具有广泛的影响力，许多学者都持有这种观点。也可以说，这种观点是我国民法学界的通说。

我国《民法典》不仅将人格权独立成编，而且在人格权编中（第990条）对于人格权作了一个列举性“定义”：“人格权是民事主体享有的生命权、身体权、健康权、姓名权、名称权、肖像权、名誉权、荣誉权、隐私权等权利。除前款规定的人格权外，自然人享有基于人身自由、人格尊严产生的其他人格权益。”我们对于人格权概念的认识，不应仅仅局限于“人格权编”，其实，“总则编”中对于人格权的规范更加重要。《民法典》总则编第

---

〔1〕 参见［德］卡尔·拉伦茨：《德国民法通论》（上册），王晓晔等译，法律出版社2004年版，第282页。

〔2〕 参见谢怀栻：“论民事权利体系”，载《法学研究》1996年第2期。

109条规定："自然人的人身自由、人格尊严受法律保护。"第110条规定："自然人享有生命权、身体权、健康权、姓名权、肖像权、名誉权、荣誉权、隐私权、婚姻自主权等权利。法人、非法人组织享有名称权、名誉权和荣誉权。"

也就是说，我国《民法典》整体上看，对于人格权的规定实际上是采取"概括+具体列举"的方式来定义人格权的。这种方式是正确的：一方面能够比较具体地规定各种人格权，避免过于抽象而对实践产生不确定的影响，便于适用；另一方面，又避免了"挂一漏万"，特别是随着社会的发展和人们生活的需要，产生新的人格权没有包含在列举的类型中。

那么，这是否就是德国法上的"一般人格权与具体人格权"呢？一般人格权是德国判例根据《德意志联邦共和国基本法》第1条与第2条创制的，它是指：受尊重的权利、直接言论不受侵犯的权利以及不容他人干预其私生活和隐私的权利。然而，这里没有一个明确且无争议的界限。[1]

德国判例之所以创制一般人格权，是因为《德国民法典》因受萨维尼的学说影响，有意识地未规定一般人格权，就如德国学者梅迪库斯所言：民法典有意识地未将一般人格权，也未将名誉纳入第823条保护的法益范围。帝国法院虽然在某些方面将这种保护以及特别人格权保护作了扩大，但却没有将这种保护予以一般化。[2] 但是，在第二次世界大战以后，人们普遍认为，通过上述的特别人格权仍不足以保护所有各方面的人格。凭着对独裁统治的经验，人们对任何不尊重人的尊严和人格的行为都变得敏感起来，这种不尊重的行为不仅有来自国家方面的，也有来自于团体或者私人方面的。随着现代技术的发展，这种行为也愈加多样化。为了使这些行为的受害人在民法上得到广泛的保护，司法实践不是坐等立法，而是援引德意志联邦共和国《基本法》第1条第2款，强调人的尊严和人性的发展是法律的最高价值，把所谓"一般人格权"视为被现行法合理承认了的权利，从而填补了重大空白。虽然这种权利因具有一般条款的性质而难以在《德国民法典》体系中予以规定，但通过司法实践，它被认为具有"超民法典"性质的法的发展，成为习惯法。[3]

德国法院创制一般人格权实际上是在法律实证主义影响下，为适应多种不同的并且日益增多的人格保护提供规范层面的支持。虽然《德国民法典》与许多平行法已经规定了对具体人格权的保护，但远远不可能通过立法的方式将"人之为人"的所有属性囊括其中。一般人格权的创制为弥补立法的缺陷提供了有力的支持。

德国一般人格权的创制，为我国人格权的立法提供了宝贵的经验，使我们认识到保持人格权开放性的重要意义，我国《民法典》总则编第109条，已经写明了关于人格权的一般条款，即自然人的人身自由、人格尊严受法律保护。《民法典》第110条实际上就是列举的个别人格权、"人格权编"也是针对具体人格权的保护逻辑。

我们认为，可以将人格权作为一个框架性的权利进行定义，以保持其开放性：人格权是自然人具有的、对于"人之所以为人"的那些属性所享有的排他性绝对权（而绝非支配权）权利。此一权利是人之自由与尊严在实证法上的折射。

需要特别指出的是：①本书认为，人格权只能由自然人享有，法人不能享有人格权。因为，我们已经将人格权定义为"自由、尊严"的体现，法人显然不能享有自由和尊严。

---

〔1〕 参见［德］卡尔·拉伦茨：《德国民法通论》（上册），王晓晔等译，法律出版社2004年版，第171页。
〔2〕 参见［德］迪特尔·梅迪库斯：《德国民法总论》，邵建东译，法律出版社2000年版，第805页。
〔3〕 参见［德］卡尔·拉伦茨：《德国民法通论》（上册），王晓晔等译，法律出版社2004年版，第171页。

法人的名称权与自然人的姓名权显然不是一回事。②《民法典》第990条第2项规定的，自然人享有基于人身自由、人格尊严产生的其他人格权益，其中的“权益”究竟是指什么？除了人格权，还有人格利益？这些人格利益指的是什么？我国《民法典》并没有具体列举。这一点应该引起我们的高度注意：因为在我国学理和德国的学理上，我国《民法典》列举的很多人格权，在他们看来，其实都应该通过“利益保护”而非“赋予权利予以保护”。这也是我们在将来需要继续研究的，在《民法典》适用过程中需要认真对待的。

二、人格权的特征

1. 人格权是一种原始的权利，是与生俱来的。在这一点上，人格权与权利能力一样，始于出生，终于死亡，既无取得问题，也无转让问题。

2. 人格权属于专属权，不得继承，不得抛弃。《民法典》第992条明确规定：“人格权不得放弃、转让或者继承。”

3. 人格权是绝对权，具有排他性和对世性，是侵权保护的主要对象。

4. 人格权是开放性的权利。人格权既然是被法律“确认”的自然权利，那么，人之为人的所有本质属性，自然应当是人格权的范畴。我国《民法典》之所以将其规定为“自由与尊严”产生的人格权益，就是为了保持其开放性。

5. 被许可使用性。有些人格权，因为与商业利用有关，是可以被许可使用的。但是，并非所有人格权都具有被许可使用的特性，因此，我国《民法典》在第993条专门作出了限制：“民事主体可以将自己的姓名、名称、肖像等许可他人使用，但是依照法律规定或者根据其性质不得许可的除外。”

第二节　人格权立法模式

一、关于立法模式的学理争议

在《民法典》的编纂过程中，我国学理上对于人格权存在巨大的争议。这种争议对于学术研究是非常有益的，能够促进研究和思考。这些争议的观点主要如下：

（一）人格权独立说

这种观点主张不能将人格权仅仅规定在“总则”的主体中，也不能仅仅规定在侵权行为中，人格权应当独立成编。其理由主要是：①人格权独立成编是丰富和完善民法典体系的需要。《德国民法典》不规定人格权在体系上存在重大缺陷。另外，从民法的调整对象看，人格权也应当独立成编制，侵权法独立成编，必然要求人格权单独成编。②人格权制度不能为主体制度所涵盖。那种认为人格与人格权不可分离、人格权应该为主体制度所涵盖的观点，至少在理论上存在两方面的缺陷：一方面，此种观点未能将权利与主体资格在法律上作出区分；另一方面，此种观点未能解释人格利益是否能够作为权利，并在侵权法上受到保护〔1〕。③人格制度不能为侵权行为法所替代。因为侵权行为法不具有确认权利的功能，因此单独设立人格权编，即使是宣言式的规则而非裁判规则，在法律上也是有意义

〔1〕 对此，许多人存在疑问：利益能够作为权利保护吗？许多人在批评耶林的“权利利益说”的理论时多次以此为把柄。利益是权利行使的结果，利益依存于权利的，没有正当权利的利益，是不能受到保护的。不当得利制度就是很好的例证。

的。人格权独立成编是人格权制度发展的需要。[1]

（二）人格权非独立说

在这种观点之下，又有不同的理由与设立主张。有的学者认为：人格权与主体不能分离，不是一种与物权、债权、知识产权等并列的权利，不应独立成编，而是应当在民法典“自然人”一章中专设“自然人人格保护”一节，从“保护”之角度出发而非从“设权”之角度出发，对一般人格权与各具体人格权作出规定。其理由是：①人格权本来就不是民法上的权利而是宪法上的权利，生命权、自由权等人格权利，涉及自然人全面社会生存之根本，岂可由仅仅规范私人生活关系的民法赋予。②从大陆法系几部有重大影响的民法典看，都没有将人格权独立成编的，甚至没有正面赋权的规定。可以断言，正是人格权固有的宪法性质，阻却了各国民法典编撰者对人格权作出正面的赋权性规定并将之独立成编的任何企图。③将人格权与物权、债权、亲属权加以并列，表面上突出了对人格权的保护，实质上使人格权降格减等，使其从宪法权利彻底沦落成为由民法创设的民事权利。这种做法，完全截断了在自然人基本权利的保护领域，民事司法直接向宪法寻找裁判规范之依据的进路，完全否定了被我国宪法直接赋予自然人的许多被视为“公法权利”的人格权（如宗教信仰自由权、劳动权和劳动者休息权、受教育权等）获得民法保护的可能。此等胆大“创新”，实为历史倒退。[2]

有的学者主张：人格权不能独立成编，应当将人格权纳入民法典总则编的“自然人”一章中。这种主张与上面的主张有很大的不同：这种主张是同意规定“人格权”的，仅仅是讨论独立成编还是不成编的问题；而上面的主张则是人格权不能以权利的形式加以规定，仅仅以“权利保护”的方式加以规定。这种主张的理由是：①所谓人格权，是自然人作为民事主体资格的题中应有之义，没有人格权，就不是民事主体。②人格及人格权与自然人本身不可分离。③在20世纪50年代从苏联引进的民法理论中将人格权表述为“与人身不可分离的非财产权”，其中所说的“不可分离”是有合理性的。基于这样的考虑，人格权摆在自然人一章中较为妥当。[3]

有的学者主张：人格权不能独立成编，而是在“自然人”一章中，设一节对人格权的相关问题作出概括性规定，而不应像现在《民法典》中那样对每一种人格权进行罗列，并对侵害每一种人格权的行为以及后果都作出具体规定。这些应当在侵权行为中作出规定，就如《德国民法典》那样。[4]

（三）折中说

这种观点认为：人格权的客体是人的伦理价值。但人的伦理价值可以二分为“内在于人的伦理价值”与“外在于人的伦理价值”，也可以称为“无财产利益的伦理价值”与“有财产利益伦理价值”。根据这样的划分，在民法典中应区别对待，具体来讲，对于不存在财产利益、并与人的本体密不可分的人的价值，应该把它们视为人的要素，而规定于人的制度中。对于具有财产利益，或者可以与人的本体相互分离的人的价值，则应把它们规

---

〔1〕 参见王利明：“人格权制度在中国民法典中的地位”，载《法学研究》2003年第2期。

〔2〕 参见尹田：“论人格权的本质——兼评我国民法草案关于人格权的规定”，载《法学研究》2003年第4期。

〔3〕 参见梁慧星：“当前关于民法典编纂的三条思路”，载梁慧星主编：《民商法论丛》第21卷，法律出版社2001年版，第170~184页。

〔4〕 参见刘铁光：“人格权部分问题研究”，载 http://www.civillaw.com.cn，最后访问日期：2004年3月16日。

定于人格权的制度中，从而满足法律保护或者人的支配的需要。这个立法模式，保持了大陆法系民法对于人的伦理价值的认识理论，以及人格权利理论中的逻辑一贯性，反映了大陆法系民法自近代到现代的发展历程。而且在我国《民法典》的“人格权是否独立成编”的争论中，这种模式也可以看成是一种“折中观点”，容易被争论的各方所接受〔1〕。这种观点实际上是将专属于自然人享有的与自然人不可分离的非财产性属性规定于自然人一编，而具有财产性的属性（价值）则规定为独立的人格权一编。在该编中，无疑也有“法人人格权”的内容。这种观点可能会引起争议的是：有财产价值而且能够用财产衡量的东西还是不是人格权？人格权一个很重要的作用实际上是与财产保持距离，即使是肖像权这种与商业联系紧密的人格权，也很难说能够用金钱来衡量这种权利。

二、总结

应该说，在我国《民法典》的编纂过程中，没有任何一个问题比人格权更富有争议的了，其实，争议的焦点除了人格权是否独立成编以外，还有人格权是否只有自然人享有？究竟应该规定哪些人格权？

对于第一个问题，现在《民法典》规定得很清楚了：人格权独立成编。对于第二个问题，《民法典》也给出了答案：自然人与法人都享有人格权。对于第三个问题，采取了“概括+个别列举”的模式。

对于人格权的模式，因为每一个人对于人格权，甚至是对于权利的认识不同，对于民法典分编的标准不同，当然就有不同的认识，因此，有不同观点就很正常了。但是，无论如何，对于一部法典，大家对于一些根本的问题应该有一些“共识”。《民法典》颁布后，民法教义学应该担当起这样一个艰巨的任务。

实事求是地说，我国《民法典》采取人格权独立成编的模式，或许对于我国现阶段的人的权利的保障具有实践意义上的益处。等到学理和实践对于人格权的诸问题有充分认识的时候，再来修改《民法典》或许是最可行的选择。

---

〔1〕 马俊驹教授与其博士生关于人格权问题的讨论，载中国民商法律网，http：//www.civillaw.com.cn，最后访问日期：2004 年 2 月 17 日。

第二章 人格权的保护及其请求权基础

第一节 人格权保护的请求权基础

一、请求权基础的重要性

请求权基础，实际上就是解决责任的构成及其根据问题。我们的民法毕竟是要解决这样一个问题：谁可以向谁、根据什么规范提出什么请求。物权和债权之所以能够独立成编，一个很重要的原因就是它们都能够作为独立的请求权基础——物权请求权、债权请求权，并且都有一整套相互独立的配套的责任方式（救济方式）。

人格权是否有自己独立的请求权基础？如果任何对人格权的侵犯都依靠侵权责任来解决，那就说明人格权独立成编确实存在问题。很多学者反对人格权独立成编的一个最有利的武器就是人格权不能成为独立的请求权基础。

那么，我国《民法典》中的人格权编是如何处理这一问题的呢？我们来看看具体的规范。

二、民法典关于人格权保护的具体条款分析

（一）具体规范

1. 第994条规定：死者的姓名、肖像、名誉、荣誉、隐私、遗体等受到侵害的，其配偶、子女、父母有权依法请求行为人承担民事责任；死者没有配偶、子女且父母已经死亡的，其他近亲属有权依法请求行为人承担民事责任。

2. 第995条规定：人格权受到侵害的，受害人有权依照本法和其他法律的规定请求行为人承担民事责任。受害人的停止侵害、排除妨碍、消除危险、消除影响、恢复名誉、赔礼道歉请求权，不适用诉讼时效的规定。

3. 第996条规定：因当事人一方的违约行为，损害对方人格权并造成严重精神损害，受损害方选择请求其承担违约责任的，不影响受损害方请求精神损害赔偿。

4. 第997条规定：民事主体有证据证明行为人正在实施或者即将实施侵害其人格权的违法行为，不及时制止将使其合法权益受到难以弥补的损害的，有权依法向人民法院申请采取责令行为人停止有关行为的措施。

5. 第1011条规定：以非法拘禁等方式剥夺、限制他人的行动自由，或者非法搜查他人身体的，受害人有权依法请求行为人承担民事责任。

6. 第1022条规定：当事人对肖像许可使用期限没有约定或者约定不明确的，任何一方当事人可以随时解除肖像许可使用合同，但是应当在合理期限之前通知对方。当事人对肖像许可使用期限有明确约定，肖像权人有正当理由的，可以解除肖像许可使用合同，但是应当在合理期限之前通知对方。因解除合同造成对方损失的，除不可归责于肖像权人的事由外，应当赔偿损失。

7. 第 1027 条规定：行为人发表的文学、艺术作品以真人真事或者特定人为描述对象，含有侮辱、诽谤内容，侵害他人名誉权的，受害人有权依法请求该行为人承担民事责任。行为人发表的文学、艺术作品不以特定人为描述对象，仅其中的情节与该特定人的情况相似的，不承担民事责任。

（二）疑问

这些责任究竟是人格权自身具备的与其性质相适应的救济方式，还是侵权责任方式？至少我们没有清楚地看出，这其中存在任何超出侵权责任方式的独立责任方式。因此，我国《民法典》关于人格权编的规范存在不足。

第二节 人格权保护中的特殊问题

一、死者人格权的保护

死者人格权是否应当保护？关于这一问题存在争议。但我国《民法典》对这一问题作出了明确的、肯定的回答。《民法典》第 994 条规定："死者的姓名、肖像、名誉、荣誉、隐私、遗体等受到侵害的，其配偶、子女、父母有权依法请求行为人承担民事责任；死者没有配偶、子女且父母已经死亡的，其他近亲属有权依法请求行为人承担民事责任。"问题在于：请求承担什么责任？任何一个原告向法院提起诉讼的时候，必须有明确的请求。如果死者的人格权受到侵害，其配偶、子女、父母或者其他近亲属提出什么样的请求？原告必须证明自己遭受到了什么损害进而请求赔偿，还是死者受到侵害的本身请求赔偿？

二、违约中的精神损害赔偿

《民法典》第 996 条规定："因当事人一方的违约行为，损害对方人格权并造成严重精神损害，受损害方选择请求其承担违约责任的，不影响受损害方请求精神损害赔偿。"尽管传统理论认为，违约中不存在精神损害赔偿，只有侵权赔偿才有此问题。但大陆法系国家的判例，包括我国的司法实践中，已经有承认的判例。我国《民法典》明确规定违约侵害人格权的情形，这是有鲜明的特色的。但是在实践中，对此必须严格掌握，不能被滥用，通常来说，必须限制在合同标的与人格有关的情形，例如，旅游合同，婚礼摄像、婚礼服务合同，与丧葬有关的合同等领域。

三、人格权救济中考虑的特殊因素

我国《民法典》第 998 条规定："认定行为人承担侵害除生命权、身体权和健康权外的人格权的民事责任，应当考虑行为人和受害人的职业、影响范围、过错程度，以及行为的目的、方式、后果等因素。"第 1000 条第 1 款规定："行为人因侵害人格权承担消除影响、恢复名誉、赔礼道歉等民事责任的，应当与行为的具体方式和造成的影响范围相当。"

四、停止侵害令的申请

《民法典》第 997 条规定："民事主体有证据证明行为人正在实施或者即将实施侵害其人格权的违法行为，不及时制止将使其合法权益受到难以弥补的损害的，有权依法向人民法院申请采取责令行为人停止有关行为的措施。"这种措施对于保护人格权非常有利，但如何与诉讼法程序衔接是一个值得注意的问题。例如，根据我国 2008 年《专利法》第 66 条的规定，如果自请求法院采取责令停止有关行为的措施之日起 15 天内不起诉的，人民法院应该解除该措施。但问题在于：停止侵害就已经达到目的了，当事人为什么还要起诉？正是因为这部分没有与民事诉讼法的程序进行衔接，在 2020 年修改后的专利法将其删除。

第二分编 人格权分论

第一章 生命权、健康权和身体权及相关权益保护

第一节 生命权、健康权和身体权

一、生命权

（一）定义

我国学者通常认为，生命权是自然人以其性命维持和安全利益为内容的人格权。[1] 生命权是否为一种人格权，学者之间存在争议。历史法学派的代表人物萨维尼就坚决反对将生命权等在民法中规定，否则，就会得出一项“自杀权”。但是，我国民法学认为，既然生命被侵害能够得到法律的救济，实际上就承认了生命是一项权利。如果不是权利的东西，在法律上如何被救济？因此，生命权在我国民法上也就毫无障碍地被认为是一种权利了。《民法典》第1002条规定：“自然人享有生命权。自然人的生命安全和生命尊严受法律保护。任何组织或者个人不得侵害他人的生命权。”

生命权作为民法上的一种权利，常常被质疑的是，如果将生命作为一种权利规定，那么学术上的问题是：生命权对于自然人究竟有什么意义？因为生命权不像物权或者债权等财产权，不存在权利的取得与消灭的问题，不存在权利的转让与公示问题，不存在以生命为客体的任何交易，仅仅是在被侵犯时受到法律救济。那么，被法律救济的一定是权利吗？“占有”是一种状态，在被侵犯时不也受到法律救济吗？如果是这样的话，将其放在侵权行为法中不是很好吗？《德国民法典》就是如此。而且，无论是《德国民法典》还是《瑞士民法典》，都没有将生命作为一种权利客体对待过，在其民法典中，“生命”“健康”等后面没有加上一个“权”字。这些问题，是很值得我们研究的。

（二）保护

《民法典》第1002条规定，“……任何组织或者个人不得侵害他人的生命权”，但侵害了之后，其保护的民法基础是什么？显然人格权编无法为这种侵害提供正当救济，只能是侵权责任编来提供。

---

〔1〕 参见张俊浩主编：《民法学原理》（上册），中国政法大学出版社2000年版，第143页；马俊驹、余延满：《民法原论》，法律出版社2005年版，第105页。

二、健康权

我国学者一般认为：健康权是自然人维护其生理机能正常运行和功能正常发挥，从而维持其生命活动的人格权,〔1〕 我国《民法典》第1004条规定：“自然人享有健康权。自然人的身心健康受法律保护。任何组织或者个人不得侵害他人的健康权。”

在健康权中存在的问题，如生命权中存在的问题一样，在学者之间存在争议。需要作进一步研究。

三、身体权

（一）定义

身体权是自然人对其肢体、器官及其他组织的完整性所享有的人格权。人格权的本质就不属于支配权，而是一种绝对权。《民法典》第1003条规定：“自然人享有身体权。自然人的身体完整和行动自由受法律保护。任何组织或者个人不得侵害他人的身体权。”

（二）生命权、健康权与身体权的关系

这些权利对于自然人来说，联系密切，都直接关系到自然人的生存与生活。但是，这三者之间在法律上存在显著的区别：生命权关系人的存活，在现实生活中，侵害人的健康或者身体的，不一定侵害到生命，例如，将人的胳膊打断，则侵害的仅仅是身体权，被侵害人可能还很健康，生命也没有问题；健康权则着眼于人的各种生理机能的协调与发挥，一个人的身体完整性或者生命没有受到侵害，但可能会侵害其健康，例如，精神错乱仅仅是健康存在问题；身体权着眼于人体组织器官的完整性，主要是从人的具体的、外部的物质性器官来判断。

当然，如果因对人的身体或者健康的侵犯，导致人丧失生命的，则是对生命权的侵犯。

第二节　与生命权、健康权和身体权有关的权益的保护

一、禁止与人体相关的买卖

《民法典》第1007条规定：“禁止以任何形式买卖人体细胞、人体组织、人体器官、遗体。违反前款规定的买卖行为无效。”

二、人体及相关组织的捐献

《民法典》第1006条规定：“完全民事行为能力人有权依法自主决定无偿捐献其人体细胞、人体组织、人体器官、遗体。任何组织或者个人不得强迫、欺骗、利诱其捐献。完全民事行为能力人依据前款规定同意捐献的，应当采用书面形式，也可以订立遗嘱。自然人生前未表示不同意捐献的，该自然人死亡后，其配偶、成年子女、父母可以共同决定捐献，决定捐献应当采用书面形式。”

根据该条，有两点应当注意：①自然人有权自主决定无偿捐献其人体细胞、人体组织、人体器官、遗体。②只有在自然人生前没有表示不愿意捐献的情况下，其近亲属才有权利决定捐献。如果自然人生前有不愿意捐献的意思表示时，其近亲属不得决定捐献。

三、临床试验的限制

无论是研制新药、医疗器械还是发展新的预防和治疗方法，在被批准之前，必须进行

---

〔1〕 参见马俊驹、余延满：《民法原论》，法律出版社2005年版，第106页。

大量的临床试验。而这些实验关涉自然人的生命、健康和身体，因此，《民法典》第1008条作出了限制性规定："为研制新药、医疗器械或者发展新的预防和治疗方法，需要进行临床试验的，应当依法经相关主管部门批准并经伦理委员会审查同意，向受试者或者受试者的监护人告知试验目的、用途和可能产生的风险等详细情况，并经其书面同意。进行临床试验的，不得向受试者收取试验费用。"

四、从事与人体基因、人体胚胎等有关的医学和科研活动的准则

《民法典》第1009条规定："从事与人体基因、人体胚胎等有关的医学和科研活动，应当遵守法律、行政法规和国家有关规定，不得危害人体健康，不得违背伦理道德，不得损害公共利益。"我国现实生活中，已经出现了这样的案例，《民法典》的该条规定，也是针对实践中出现的问题，根据实践经验作出的规定。

五、禁止性骚扰

在世界各国的现实生活中，性骚扰问题一直是一个难以举证和救济的问题，因为它具有隐蔽性，受害人难以举证。但为了保障个人的自由和人格尊严，必须予以禁止。因此，我国《民法典》第1010条规定："违背他人意愿，以言语、文字、图像、肢体行为等方式对他人实施性骚扰的，受害人有权依法请求行为人承担民事责任。机关、企业、学校等单位应当采取合理的预防、受理投诉、调查处置等措施，防止和制止利用职权、从属关系等实施性骚扰。"这一规定尽管在实体法上很完整，但在具体救济方面，尤其是举证方面还是有很多困难。

六、非法剥夺、限制他人的行动自由或者搜身的责任

在现实生活中，有些法人组织，甚至是个人，动辄以非法拘禁等方式剥夺、限制他人的行动自由，或者非法搜查他人身体，例如，到超市买东西时，有的超市怀疑某人偷拿超市东西，就可以大肆搜身。这种方式对人格尊严的损害极其严重，因此必须禁止。我国《民法典》第1011条规定："以非法拘禁等方式剥夺、限制他人的行动自由，或者非法搜查他人身体的，受害人有权依法请求行为人承担民事责任。"当然，这里的"民事责任"就是指侵权责任，包括精神损害赔偿。

第二章
姓名权

第一节　姓名权的概念与性质

一、概念

姓名权是自然人对其姓名设定、变更和专用的人格权。[1] 姓名对于自然人来说，是其自我发展的重要工具，是其区别于他人的重要标志之一。

通说认为，姓名权的内容主要包括四项：①姓名设定权。姓名设定权即决定自己姓名的权利。但是，在我们的实际生活中，自然人的姓名往往都是由他人设定的。当然，自然人在后天可以变更这种他人给定的姓名。②变更权。任何人都可以按照法律规定的程序，变更自己的姓名，但不可任意变更。任意变更自己的姓名在法律上没有效力，因为姓名可能涉及债权债务关系、亲属关系，甚至还有公法上的关系。③专用权。专用权即自然人对其姓名依法自由使用的权利，任何人不得冒用。④许可他人使用权。例如，准许他人利用自己的姓名注册商标或者公司等。我国《民法典》第 1012 条规定："自然人享有姓名权，有权依法决定、使用、变更或者许可他人使用自己的姓名，但是不得违背公序良俗。"

在决定自己姓氏的时候，《民法典》专门有规定（第 1015 条）：自然人应当随父姓或者母姓，但是有下列情形之一的，可以在父姓和母姓之外选取姓氏：①选取其他直系长辈血亲的姓氏；②因由法定扶养人以外的人扶养而选取扶养人姓氏；③有不违背公序良俗的其他正当理由。少数民族自然人的姓氏可以遵从本民族的文化传统和风俗习惯。

对于姓名的变更，也有相应的规定（第 1016 条）：自然人决定、变更姓名，或者法人、非法人组织决定、变更、转让名称的，应当依法向有关机关办理登记手续，但是法律另有规定的除外。民事主体变更姓名、名称的，变更前实施的民事法律行为对其具有法律约束力。这就避免通过变更姓名逃避法律义务或者责任。

二、性质

姓名权是否是一种人格权，或者说它是否仅仅是一种人格权？它与其他的人格权或者人格利益有什么不同？对此，德国学者拉伦茨指出：姓名并非是人的身外之物，如同一件东西从一只手交到另一只手，而是使人个体化的一种标志、一个象征，所以它是个人本身所具有的精神财富，一种人格财产。因此，姓名权本质上是一种人格权，即在一个人的直接存在以及他的个人生活范围内，承认他不受侵犯的权利。[2] 我国学者的主流观点及《民法典》一般也认为，姓名权是一种人格权。但是，姓名权真的就没有其他属性吗？比如说身份性？

---

〔1〕 参见张俊浩主编：《民法学原理》（上册），中国政法大学出版社 2000 年版，第 147 页。

〔2〕 参见［德］卡尔·拉伦茨：《德国民法通论》，王晓晔等译，法律出版社 2004 年版，第 166 页。

在德国，一个人的姓名是由姓（家族名称）与一个或者几个名组成。从魏玛帝国宪法时起，贵族称号就成为姓的一部分。姓可以是出生姓氏，也可以是婚姻姓氏。出生姓氏是一个人出生时依血统关系而取得。婚生子女以其父母的婚姻姓氏为其出生姓氏；而非婚生子女通常以生母的姓为其出生姓氏。在《改革婚姻法和亲属法的第一部法律》于1976年7月1日施行前，婚生子女总是冠以父姓，这种规定违反日益强烈的男女平等的原则。现在成为标准的《标准的婚姻姓氏》是他们结婚时共同采用的“共同的姓氏”。在过去，妻子随着结婚即失去其原有的姓，同时取得丈夫的姓。现在夫妻结婚时，可以向户籍官表明以丈夫或者妻子的出生姓氏作为他们的共同姓氏。在他们没有作出决定时，丈夫的出生姓氏自动作为他们的婚姻姓氏……[1]

我们再来看看日本的情况。夫妻结婚后，妻子不可以选择姓氏或者保留其出生的姓氏，而必须要用丈夫的姓氏。尽管已经出台了改革的方案，但人们还没有看到希望。这一点是否违反《日本宪法》第13条还有疑问。在不认可夫妻别姓的现行制度下，很多因婚姻而改变姓氏的妻子不得不把原来的姓氏作为通称使用。一般通过这种方式也能够解决问题，但当妻子是公务员的时候，就会受到很多限制。在一个著名的“关口案”中，身为国立大学教授的原告，对于限制其使用原来的姓氏的大学的规定，向法院提起诉讼，请求认定国家负有允许其使用原来姓氏的义务，并以姓名保有权受到侵害为由请求损害赔偿。原告主张，作为人格权内容的组成部分，拥有保持自己姓名的权利受《日本宪法》第13条的保护。东京地方法院指出：为了把握公务员的同一性，使用其户籍上的姓名具有其合理性，而且在公务员中，把旧姓作为通称使用的情况还不能说很普遍。因此，不能支持原告的有关姓名保有权受《日本宪法》第13条保障的主张。因此，驳回了原告的主张。[2] 虽然日本有的学者当时指出：如果10年后再回头看本案的判决，恐怕谁都会看到本案在人权问题上的狭窄视野和对社会变化反映的迟钝，谁都会感到明显的不和谐。但10年过去了，这种预言没有实现。[3]

我们再来看看我国的情况。在我国，因1949年中华人民共和国成立后特别强调妇女的解放和保护妇女权益，在当今社会结婚后随夫姓的情况，虽然在中国历史上是非常普遍的现象，但在汉族地区已经绝迹。除此之外，中国历史上的宗族制度，出于续写家谱的需要，对名字有许多限制和要求。如姓是统一的家族姓氏，但名字却要求中间一个字或者最后一个字在同辈份的人中是统一的，例如，邓稼先、邓仲先、邓茂先等。

从古今中外的历史来看，难道姓名权仅仅是人格权吗？是否真的与身份权不相干？《红与黑》的作者笔下的主人公之所以改变姓名，难道不是因为他渴望一种贵族身份吗？他的目的无非是想让人一看到他的姓氏就知道他是一个贵族。直到今天，姓氏与身份也不能说丝毫没有关系。

我国有的学者也分析过姓名在中国与西方社会的身份作用。指出：姓名承担了代表群体或者个体、表明等级身份、规范婚姻关系、弥补命运缺憾、指代特殊事物、体现社会评价、凝聚文明精华等社会功能。姓名权在历史上的确曾经以身份权的形态存在过。在某些条件下，姓还可以发挥个体区分和身份区分的作用。因为在等级社会中姓本身就意味着高低贵贱。从微观上讲，家长权、夫权、亲属权等都可以通过一个具体的姓体现出来。正因

---

〔1〕 参见［德］卡尔·拉伦茨：《德国民法通论》，王晓晔等译，法律出版社2004年版，第158~159页。

〔2〕 参见［日］五十岚清：《人格权法》，铃木贤等译，北京大学出版社2009年版，第9、125页。

〔3〕 参见［日］五十岚清：《人格权法》，铃木贤等译，北京大学出版社2009年版，第9、125页。

为如此，德国学者莫迭尔等人才提出了姓名权为亲属权（即身份权）的观点。他们认为姓名权的发生多源于亲属关系，所以姓名权为亲属权的一部分。该观点从姓的角度论证了姓名权是一种身份权。我们可以通过行辈字号等姓名制度轻易地判断出不同人的尊卑、血族、父母双亲、婚姻、子嗣、兄弟姐妹等社会认知因素，从而确定他们之间是否有一定的亲属关系，有着什么样的亲属关系，以及由此产生的权利义务都是什么。因此，姓名在严格的等级制度下可以成为身份关系的制度抽象，一个具体的姓名就是一个具体的身份，一个具体的姓名就意味着身份关系上的具体权利义务。正是从这种意义上来讲，姓名权是一种身份权。〔1〕

我们认为，姓名权是一种人格权的同时，兼有身份权的特征。因为姓名在以下两个方面仍然起着标志身份的作用：①在某些少数民族地区，某些姓氏仍然能够代表家族的身份。②在我国有的地方仍然存在续写家谱的行为和现象。家谱当然与身份相关，而与人格较远。

三、艺名或者笔名等受法律保护

在我国，有这样的现象存在：有人的文学作品或者艺术作品的影响较大，其艺名或者笔名的知名度远远超过其真实姓名。例如，周树人的笔名“鲁迅”的知名度远远超过其真实姓名，“小香玉”这一艺名的知名度也远远超出其真实姓名。因此，当人们普遍地将其艺名或者笔名与具体的人相联系的时候，保护制度将显得十分需要。因此，《民法典》第1017条规定：“具有一定社会知名度，被他人使用足以造成公众混淆的笔名、艺名、网名、译名、字号、姓名和名称的简称等，参照适用姓名权和名称权保护的有关规定。”

但有疑问的是：在签署法律文件或者合同、立遗嘱时是否可以用笔名或者艺名？对此有不同的看法：德国学者拉伦茨认为，在公共场合使用自己选择的化名是允许的，但在向国家机关作出意思表示签名时，则须用其依法取得的名字并且在办理结婚登记、土地登记以及在法院起诉或者应诉时都必须使用取得的姓名。但按照另一个德国学者波勒的观点，在诉讼中人们可以使用任何名字，只要它们可以用来识别当事人，从而避免混淆不清即可。〔2〕笔者同意后一种观点，只要能够区分当事人即可，尤其是用笔名或者艺名签订合同或者从事其他法律行为时，不得因不是自己的登记取得的姓名而主张合同无效或者不发生效力。只要能够识别是谁签订的合同，意思表示就对谁发生效力。但在实践中，我们还是提倡用户籍登记的姓名签署法律文件或者从事法律行为，避免因形式上的识别问题产生不必要的麻烦。例如，尽管“小香玉”知名度很高，但如果用这一名字签署合同，如果对方提出当事人异议，则要花很大的周折来证明身份。

第二节　姓名权的保护

一、姓名权保护的请求权基础

无论是法律将姓名权作为一种积极权利还是防御性的权利，被侵害后，都会受到法律的保护和救济。但是，当姓名权作为一种独立的权利被规定后，其被救济的法律基础就比一般的未上升到权利层面的利益的保护要宽泛。目前，从我国及大陆法系国家的立法体系看，主要存在三种请求权基础：一是姓名权本身规定的保护基础；二是侵权行为法规定的

〔1〕参见袁雪石：“姓名权本质变革论”，载《法律科学·西北政法学院学报》2005年第2期。
〔2〕参见［德］卡尔·拉伦茨：《德国民法通论》，王晓晔等译，法律出版社2004年版，第160页。

保护基础；三是不当得利的请求权基础。例如，德国学者指出：《德国民法典》第 12 条只规定了对姓名的保护，保护方式是要求排除妨碍或者说停止侵害。但是，第 12 条并不是保护姓名权的唯一规定。在加害人有过错的情况下，姓名权人还可以主张第 823 条第 1 款意义上的赔偿请求权，因为姓名权属于该条款意义上的"其他权利"。除此之外，无论加害人是否具有过错，姓名权人都可以根据第 812 条的规定主张返还因使用姓名而获得的利益（不当得利）。[1] 在我国，实际上也存在这三种请求权基础。但我们在适用的时候要注意它们的构成要件是不同的：不当得利的请求权不要求得利人具有过错或行为具有不法性，有些不当得利可能发生在合法行为中或者自然事件中。如果要适用侵权行为的请求权基础则必须要求符合侵权行为的构成要件，而在这三种请求权基础比较上，侵权行为的构成要件最为严格。

二、侵犯姓名权与侵犯其他人格权的关系

1. 侵犯姓名权与隐私权或者名誉权的关系。这往往发生在几种情况下，其中一种情况是：用真实存在的人的姓名刻画小说或者影视剧的人物，使人联想到真实的人与影视剧作品或者小说中的人物的关系时，侵犯了姓名权人的姓名权吗？对于这种情况，德国过去采用的是"侵犯姓名权"，但现在认为，这里损害的不在于姓名的使用，而是对其私生活的暴露，侵犯的是隐私权而不是姓名权。[2] 笔者觉得这里是有道理的，即使在刻画人物时，用一个真实的人的故事作为核心，却用一个其他的名字，使人联想到作品中的人就是生活中的某人时，情况是一样的，要么侵犯了其隐私权，要么侵害了名誉权或者其他人格权。

另外一种情况是在他人不愿意出现姓名的地方出现了其姓名，往往侵害的不是姓名权，而是隐私权。例如，有人不愿意他人知道自己的财富状况，但自己的名字却出现在"财富排行榜"中；自己虽然拥有宝马汽车，但却不愿意自己的姓名出现在拥有该车的名单中，等等。这些表面看是侵犯了姓名权，真正被侵犯的客体不是姓名而是隐私或者名誉。

第三种情况是加害人假冒他人姓名从事某些行为，损害姓名权人的名誉的情况。这种情况也应按照侵犯名誉权来处理。

2. 侵犯姓名权与侵犯信用的关系。这种情况多发生在利用他人的姓名从事某种行为后，可能会损害他人的信用。例如，某市某区人民法院审理的杜某诉黄某一案就是这样的情形。2006 年 11 月，杜某准备好一切贷款手续，到工商银行申请贷款 7 万元购置门面房，却被告之有商业银行联网的不良信用记录，在 7 年内各专业银行不得贷款，经查，原来是其曾经在与联通公司联办的中行长城卡里手机费恶意透支，造成不良信用而无法贷款。无论其如何向银行解释，银行始终不肯撤销不良信用记录。杜某经过调查得知：2004 年 8 月，联通公司某分公司与中行联合举办"手机优惠大奉送"活动，凡事业单位工作人员带身份证和单位证明均可办理，费用委托中国银行某分行从长城卡账户上划缴。杜某单位的同事黄某得知该项活动后，觉得比较合适，想办理，但黄某身份证丢失了，就向杜某借用身份证，并言明是买个手机卡用。杜某就将身份证爽快地借给了黄某。黄某拿着身份证到联通公司办理手机手续，填写了长城卡申请表，在持卡人亲笔签名栏上签上杜某的名字，并将申请表拿到单位加盖单位的章，与联通公司签订了协议，协议主要内容为：办理人必须承诺从入网之日起 2 年时间内每月最少消费 66 元，在 2 年内最低话费总额不低于 1600 元，且将获

---

〔1〕 参见［德］迪特尔·梅迪库斯：《德国民法总论》，邵建东译，法律出版社 2000 年版，第 796 页。［德］卡尔·拉伦茨：《德国民法通论》，王晓晔等译，法律出版社 2004 年版，第 167~170 页。

〔2〕 参见［德］卡尔·拉伦茨：《德国民法通论》，王晓晔等译，法律出版社 2004 年版，第 169 页。

赠一部手机，2 年后改为预存话费。黄某顺利地拿到一部手机，他用了一年多后，后来将手机及卡转卖给他人。

2007 年 2 月，杜某向某市某区人民法院起诉，请求法院判令被告中国银行立即消除他在银行的不良信用记录；判令黄某、中国联通有限公司某分公司、中国银行某支行 3 被告停止侵害、恢复名誉、赔礼道歉、赔偿精神损害赔偿金 5 万元，判令赔偿房屋评估费损失 300 元。

法院经审理认为，本案中原告是事业单位工作人员，在正常情况下是可以获得银行贷款的，由于被告的过失行为致使他可以获得贷款的利益受损，被告存在侵权行为。被告黄某违反《中华人民共和国身份证法》第 17 条规定，冒用原告的身份证、擅自以原告的名义办理手机及信用卡业务，又违反诚信原则，拖欠手机费用，并将手机随意转让他人，对杜某的损失应承担主要赔偿责任。被告联通公司在审查时存在审查瑕疵，应承担审查不严的责任。原告杜某自身疏于对身份证的管理，自身存在一定的过错。关于精神损害赔偿数额的确定，应当结合侵权人的过错程度，侵权行为所造成的损害后果，侵权人的获利情况等因素。综合予以确定，本案要求被告赔偿 5 万元精神抚慰金的诉讼请求法院仅能部分支持。杜某 300 元房屋评估费为其直接损失，被告黄某应按过错大小予以赔偿。故在 2007 年 3 月 29 日，判决：被告中国银行某支行于判决书生效后 10 日内消除此次信用卡业务中银行系统的原告杜某的不良信用记录；黄某于 10 日内赔偿评估费损失 210 元，赔偿原告精神抚慰金 1000 元。判决诉讼费用由原告及 3 被告共同负担。[1]

在该案中，法院显然是以被告侵犯了原告的姓名权而判决的，但笔者认为，在该案中，实际上侵害的客体是信用权，即因被告的行为导致了原告的信用遭到损害，从而有不良的信用记录而不能贷款。

3. 侵犯姓名权与其他权利。以侵犯姓名权从而侵犯其他权利的情形，在实践中也时有发生。在此，仅举两个案例来说明其关系。

（1）因侵犯他人姓名而导致他人不能结婚。2005 年 6 月份，被告王某、李某准备登记结婚，因李某全家搬迁，户籍丢失，无法办理结婚登记。王某找到自己妹夫姨家（即原告方某某家）亲戚，称未婚妻户籍登记丢失，无法办理结婚登记，想用方某某的户口簿和身份证附李某的照片去办理结婚登记。当时方某某在外务工，只有父母在家，其父母想只是借用女儿的户口簿和身份证，不会有什么问题，就同意把女儿的身份证和户口簿借给王某使用。2005 年 6 月 24 日，王某、李某登记结婚，结婚证上是方某某的名字。后方某某务工回家得知此事，找到王某、李某两人要求用他们自己真实姓名登记结婚。2005 年 9 月 5 日，王某、李某到登记机关办理了离婚，又于 2005 年 9 月 8 日以双方真实姓名重新登记结婚。方某某户籍簿上留下了“离异”字样，引起了男友对其有“婚史”的误解，无奈之下诉至法院。

该案在审理过程中，平利法院运用《国民法通则》和即将实施的《侵权责任法》有关知识对当事人进行教育疏导，并考虑被告假冒原告姓名办理结婚登记后又立即办理了离婚，停止了侵害，且未造成严重后果，二被告又当庭向原告赔礼道歉，加之原、被告系亲属关系，对原告放弃的其他诉讼请求法院予以确认，最终法院判决被告以书面形式向原告赔礼

---

〔1〕 参见郑菊：“本案侵犯的是姓名权还是名誉权”，载中国民商法律网，http：//www.civillaw.com.cn，最后访问日期：2022 年 11 月 10 日。

道歉。[1]

在该案中，笔者认为实际上是属于排除妨碍的情形，因没有导致其他损害，仅仅是因冒用他人姓名导致该他人不能结婚。如果导致误解而失去男友或者造成其他不良影响，则可能构成对其他人格权、身份权或者其他权利的侵害。

(2) 因冒名顶替他人上大学而使他人失去上学机会和工作机会。原告齐某苓经统一招生考试后，按照原告填报的志愿，被山东省济宁商业学校录取为90级财会专业委培生。由于被告陈某琪、陈某政（陈某琪之父）、山东省济宁商业学校、山东省滕州市第八中学、山东省滕州市教育委员会共同弄虚作假，促成被告陈某琪冒用原告的姓名进入山东省济宁商业学校学习，毕业后分配到一家银行工作，致使原告的姓名权、受教育权以及其他相关权益被侵犯。为此，原告齐某苓请求判令各被告停止侵害、赔礼道歉，并给原告赔偿经济损失16万元，赔偿精神损失费40万元。

我们必须强调：顶替上大学这种事件，不仅仅是侵犯姓名权，或者说更重要的不是侵犯姓名权，其目的也不是侵害姓名权，而是通过冒名顶替获得其他利益。因此，不完全属于《民法典》第1014条规定的情形："任何组织或者个人不得以干涉、盗用、假冒等方式侵害他人的姓名权或者名称权。"

---

[1] 参见余传甲："户籍丢失嫌麻烦　侵犯他人姓名权"，载中国民商法律网，http：//www.civillaw.com.cn，最后访问日期：2022年11月10日。

第三章
肖像权

第一节　肖像权的概念

一、肖像权的概念

我国学者一般认为，肖像权是指自然人对于自己的肖像所享有的制作、复制、专属使用并排斥他人侵害的权利。而肖像则是指通过摄影、录像、绘画、雕塑等方式对自然人外部形象的再现。〔1〕《民法典》第1018条规定："自然人享有肖像权，有权依法制作、使用、公开或者许可他人使用自己的肖像。肖像是通过影像、雕塑、绘画等方式在一定载体上所反映的特定自然人可以被识别的外部形象。"

然而，在实践中，如何判断肖像权人与再现形式之间的关系，却是一个很有争议的问题。北京市东城区人民法院2002年12月20日判决的叶某诉安贞医院、交通出版社广告公司肖像权纠纷案，〔2〕就很好地说明了这一问题。

原告叶某因与被告首都医科大学附属北京安贞医院（以下简称安贞医院）、人民交通出版社（以下简称交通出版社）、北京城市联合广告艺术有限公司（以下简称广告公司）发生肖像权纠纷，向北京市东城区人民法院提起诉讼。原告叶某诉称：我曾在中国人民解放军空军总院星源激光医疗中心（以下简称激光中心）就脸部先天的青黑色斑痕进行治疗，治疗效果良好。2001年10月间，我发现被告交通出版社在其出版发行的《北京交通旅游图》上，刊登由被告广告公司经营的被告安贞医院的广告。该广告使用了我治疗脸部斑痕前后的照片作为病案。后查《北京交通旅游图》已经十几次刊登这张照片，按地图上的记载，每次印数高达50万份。被告安贞医院、交通出版社和广告公司的上述行为，侵害了我的肖像权。请求判令被告安贞医院、交通出版社和广告公司立即停止侵害，消除影响，赔礼道歉，并给我赔偿损失10万元。原告叶某向法庭出示、提交了其在激光中心治疗脸部先天青黑色斑痕前后的照片和病历；2001年、2002年《北京交通旅游图》，其上刊登的广告中附有标志治疗前、治疗后的特定人眼部以下照片。

被告安贞医院、交通出版社和广告公司对原告叶某所诉《北京交通旅游图》上刊登附有病案照片广告的事实均无异议。但被告安贞医院辩称：原告所诉的照片，是我院购买仪器设备时由供货方提供的。我院在委托被告广告公司发布的广告中，从病理角度使用了这张照片。这是一张局部照片，照片中人物的眼睛以上部分被遮挡，不能证明是原告。照片只占地图上很小一部分，不会带来严重影响，且我院使用这张照片也未获利，没有侵害原

---

〔1〕参见李永军：《民法总论》，中国政法大学出版社2008年版，第85页；尹田主编：《民法学总论》，北京师范大学出版社2010年版，第134页；王卫国主编：《民法学》，中国政法大学出版社2012年版，第77页。

〔2〕该案例引自《中华人民共和国最高人民法院公报》2003年第6期。

告的肖像权，不同意原告的诉讼请求。

被告交通出版社辩称：我社有发布广告的资格。原告所诉我社发布广告中附带的这张照片，根本无法辨认肖像权人是谁。我社在刊发广告过程中已经依法尽了审核义务，不构成侵害肖像权，不同意原告的诉讼请求。

被告广告公司辩称：原告所诉照片，反映的只是局部病理情况，看不出肖像权人是原告。即使肖像权人是原告，也只是原告的局部照片，不构成侵权。另外，地图上的印数，只反映预计的发行范围，不是实际发行量。不同意原告的诉讼请求。

北京市东城区人民法院认为：将原告叶某出示的其治疗前后原始照片与广告上使用的特定人眼部以下照片进行对比，证明广告上使用的照片就是叶某本人眼部以下照片。对此，被告安贞医院、交通出版社和广告公司虽先否认，但在不能驳倒叶某的证据时不再坚持。因此可以推定，叶某是广告使用照片上的原型人。法律规定的肖像权，基于公民的肖像而产生。肖像，是指以某一个人为主体的画像或照片等。通过绘画、摄影、雕刻、录像、电影等艺术手段，在物质载体上再现某一个自然人的相貌特征，就形成肖像。肖像的特征，除肖像与原型人在客观上相互独立成为能让人力支配的物品外，再就是具有完整、清晰、直观、可辨的形象再现性或称形象标识性。这里所说的形象，是指原型人相貌综合特征给他人形成的、能引起一般人产生与原型人有关的思想或感情活动的视觉效果。画像、照片等载体，如果其内容不能再现原型人的相貌综合特征，不能引起一般人产生与原型人有关的思想或感情活动，一般人不能凭直观清晰辨认该内容就是某一自然人的形象，这样的载体不能称为肖像。如果载体所表现的内容，只有凭借高科技技术手段进行对比，才能确定这是某一自然人特有的一部分形象而非该自然人清晰完整的形象，一般人不能凭直观清晰辨认载体所表现的内容就是该自然人，则这一载体也不能称为该自然人的肖像。该自然人只是载体所表现内容的原型人，不是肖像权人。由于这样的载体所表现的内容不构成肖像，原型人也就对这一内容不享有肖像权。肖像权，是肖像人对自己的肖像依法享有的制作、使用专有权及利益维护权。原告叶某所诉的这张照片，只有脸上的鼻子和嘴部分，不是完整的特定人形象。这张照片不能反映特定人相貌的综合特征，不能引起一般人产生与特定人有关的思想或感情活动，因此不是法律意义上的肖像。叶某据此照片主张保护肖像权，理由不能成立。综上所述，应驳回原告叶某的诉讼请求。

一审宣判后，原告叶某不服，以原起诉理由提出上诉，请求二审改判。北京市第二中级人民法院经审理认为，《北京交通旅游图》上刊登的自然人面部局部器官照片，不能体现该自然人的外貌视觉形象，本身不构成肖像。上诉人叶某据此认为被上诉人安贞医院、交通出版社和广告公司侵犯了其肖像权，理由不能成立。据此，北京市第二中级人民法院于2003年4月17日判决：驳回上诉，维持原判。

对于这种局部反映自然人外部形象的使用行为，是否在任何情况下都不构成侵犯自然人的肖像权呢？对此，杨立新教授指出：肖像之像，不能仅仅指的是“五官”“面子”，而是指的自然人外貌形象在物质载体上的再现，当然主要是指人的面部形象，但是，不能仅仅理解为“面子”或者“五官”。当一个照相所承载的形象足以认定为何人形象所再现的时候，就应当认定这个肖像就是该人的肖像。有的教科书认为，“肖像须描绘包括五官的形象，完全不涉及五官的形象，例如背面、蒙面或者颈以下局部人体作品，均不属于肖像”。这种说法不准确。肖像是自然人的形象的标志、标识，就像姓名是以文字作为自然人的标志、标识一样，借以标表此人与彼人的不同，在人格上加以区别。这样，肖像当然是以人的面部形象为主。但是，确定人的肖像的标准应当是客观标准，在虽然没有“面子”即

“不露脸”的肖像上，如果不能判断是谁的肖像，当然不能认定侵害了谁的肖像，但是，已经能够确定“不露脸”的肖像就是某人的肖像，那还有什么必要再去研究这种“不露脸”的肖像要不要保护呢?〔1〕

我们同意杨立新教授的观点，同时也支持上述两个法院的判决。无论采用什么方式，只要能够体现自然人的形象，使人能够将表现形式与某个自然人联系起来，就应当认为，该表达方式就是该自然人的肖像，属于法律保护的范围。

从性质上看，我国几乎所有学者都将肖像权作为人格权的一个类型来对待，因此，它具有人格权的所有特征。但是，与其他人格权不同，肖像权具有更多的商业性，许多肖像权纠纷都与商业活动有关。

二、集体肖像权的保护问题

如果一张照片或者其他作品仅仅涉及某一个自然人时，其对该作品中的肖像享有肖像权似乎没有什么争议，仅仅是如何才构成侵权问题需要研究。但是，如果是两个人以上的集体照片时，其肖像权如何行使?第三人侵犯时又如何保护呢?

1887年法国巴黎高等法院作出了一个意义深远的判决。某著名演员要求判决照相馆撤去其所陈列的包括自己肖像在内的合影照片。法院认为，一人关于其肖像的所有利益为全体利益所压倒，一人的个性为全画面所掩盖，而人格权失去其存在的基础。包括该演员在内的集体照片无撤回之必要，于是判决驳回起诉讼请求。〔2〕这一判决对于后世影响较大，即使在今天仍然具有重大的影响，我国某法院1999年审理的“华某诉美国中国项目咨询公司侵害肖像权纠纷案”就受到这种审判思路的影响。

原告：华某（美国籍人)，美国中国项目咨询公司。1998年5月2日，原告所属集团聘用温某某担任其国际策略专家，并由其负责筹建集团公司所属的上海代表处信息部。聘用期间，温某某随同原告出访美国，与包括原告等4人一起和美国国家贸易局局长卡罗尔女士合影留念。1999年10月被告成立上海办事处，由温某某担任该办事处的首席代表。被告上海办事处成立时，将该办事处首席代表温某某随原告等人出访美国期间与美国贸易局局长的合影一并印在该办事处的资料中对外广为散发。原告以被告擅自使用其肖像用于商业目的为由，向法院提出诉讼。原告诉称，由于被告的侵权行为，致被告成功地将原属原告的大量客户转移至被告处，故请求判令被告停止侵权，赔礼道歉，赔偿原告精神损失人民币200万元。法院经缺席审理认为，在集体肖像中，由于各肖像权人在照片中均享有独立的人格权，其转化（或派生）出的物质利益为全体肖像权人所共有，其肖像的权益被全体肖像权人的权益所涵盖，其个人特征难以在集体肖像中突现，故丧失其人格权存在之基础。原告一人对其肖像权的主张，不能反映全体肖像权人的利益。被告未征得原告的同意，在其含有商业目的的宣传资料中，使用包含原告的集体肖像的行为虽欠妥，但并未侵害原告的肖像权。遂判决驳回原告的诉讼请求。〔3〕对于这样的判决结果，显然存在重大的缺陷：既然每个人都无法主张侵犯肖像权，那么，即使第三人表面上是使用集体肖像，实际上意

〔1〕参见杨立新：“肖像和肖像权辨正”，载中国民商法律网，http：//www.civillaw.com.cn，最后访问日期：2002年8月20日。

〔2〕参见朱文杰：“论集体肖像中的个人肖像权的合理使用和法律保护”，载中国民商法律网，http：//www.civillaw.com.cn，最后访问日期：2004年1月14日。

〔3〕参见王启扬：“华某诉美国中国项目咨询公司侵害肖像权纠纷案——兼论集体肖像中个人肖像权的法律保护”，载中国民商法律网，http：//www.civillaw.com.cn，最后访问日期：2007年1月5日。

在使用某个人的肖像时，个人也无法获得救济。

对于集体肖像权的问题，中国存在两种主张。一种主张认为，集体肖像中，各肖像权人不得主张肖像权。理由是因个人肖像权淹没在集体之中，全体肖像权人对该集体肖像享有无法分割的精神利益和物质利益。此时，不能因为一个人的利益而使全体肖像权人的利益受损。集体肖像由于法律意义与物理特性相分离，且牵涉第三人（其他合影者等）之利益，故须在第三人与权利人之间维持利益平衡，集体合影中个人的肖像权应受一定限制。另一种意见认为，判断使用集体肖像的行为是否侵害了集体肖像中特定个人的肖像权，除了行为人客观上具备使用集体肖像行为外，还要看行为人故意的指向。如果行为人只是为了使用集体肖像中特定个人的肖像而使用集体肖像，则不具有使用该特定个人之外的其他合影者肖像的故意，因而，对该特定个人之外的合影者不构成侵权。后一种观点为法院在判决中所采用。[1]

在上述案件中，温某某使用该集体肖像是为了突出其与美国国家贸易局局长卡罗尔女士的关系，其行为故意的指向是美国国家贸易局局长卡罗尔女士而非原告华某，故温某某虽在客观上具有使用包括原告华某在内的集体肖像之行为，但主观上并无使用原告华某肖像之故意。对原告华某而言，温某某之行为不构成侵权，也即温某某之行为未侵害华某之肖像权。至于温某某之行为是否侵害了美国国家贸易局局长卡罗尔女士的肖像权，则是另一问题。如果认定被告的行为对原告华某构成侵权，则所有合影者均可向被告追究侵权责任，势必害及集体肖像成员合理使用集体肖像的权利。故法院驳回原告的诉讼请求，既合于法理，又能实现当事人利益之平衡。[2]

对于集体肖像权的问题，笔者认为应注意区分不同情况处理：①集体享有肖像权，也可以向第三人主张肖像权；②如果个人对第三人主张肖像权时，必须证明第三人有特别使用其个人肖像的故意；③如果集体中的任何个人为了突出自己而使用集体肖像权时，为正当使用，例如，在自己的自传中讲述自己的经历时，使用集体照片等。

在中国引起热议的是著名球星姚明与可口可乐公司肖像侵权纠纷案。2003 年 5 月 23 日，姚明委托其代理律师就可口可乐公司涉嫌侵犯其肖像权事件正式向上海市徐汇区人民法院提起诉讼，请求法院判令可口可乐公司停止将其肖像及姓名用于产品外包装的行为；并在全国性新闻媒体上公开承认侵权行为，向姚明赔礼道歉，消除影响；同时判令可口可乐公司赔偿原告精神损害抚慰金及经济损失人民币 1 元。

姚明与可口可乐（中国）有限公司侵犯其肖像权的纠纷源于目前可口可乐公司市场上热卖的一种瓶身上印有中国篮球队队员姚明、巴特尔和郭士强肖像（姚明居中）的可口可乐产品。姚明诉称，他只与百事可乐公司签约，授权该公司使用其肖像。而可口可乐公司未经他本人同意擅自使用其肖像和姓名并用于商业销售，侵犯其肖像权和姓名权，故要求可口可乐公司停止将其肖像和姓名用于产品外包装的行为，在全国性媒体上公开道歉，并要求 1 元钱的“精神和经济损失”。姚明表示，自己一贯以实际行动支持中国篮球事业的发展。同时，也非常希望全社会支持中国篮球事业。所以，姚明赞赏包括可口可乐公司在内所有企业对中国男篮的赞助。但是，这并不等同于容忍可口可乐公司侵犯自己的基本民事权利。

---

〔1〕 参见王成：“侵犯肖像权之加害行为的认定及肖像权的保护原则”，载《清华法学》2008 年第 2 期。

〔2〕 参见王启扬：“华某诉美国中国项目咨询公司侵害肖像权纠纷案——兼论集体肖像中个人肖像权的法律保护”，载中国民商法律网，http：//www. civillaw. com. cn，最后访问日期：2003 年 10 月 26 日。

可口可乐公司则表态说，根据他们和中国篮球协会的协议，他们有权使用至少 3 人以上中国队成员在一起的照片。因为当中国队队员一起穿着国家队球衣时，他们代表的并不是他们自己，而是中国队。案件的关键方，国家男篮的商务总代理中体经纪管理公司（以下简称中体公司）则称，国家体育运动委员会（以下简称国家体委）1996 年出台的 505 号文件，强调现役运动员的所有无形资产归国家体委所有，其中包括姓名权、肖像权。中国篮球管理中心对运动员肖像权的问题也有规定，中体公司拥有国家队的集体肖像权。根据这些文件，该公司在 3 年前代理中国男篮与可口可乐公司签约，授予可口可乐公司相关产品享有“中国男篮惟一专用饮料称号”，同时还拥有中国男篮的整队肖像使用权。〔1〕

对于此案，存在不同的意见。第一种意见认为：如果可口可乐公司在使用包括姚明在内的集体肖像时，并没有突出姚明的肖像，则此时并不侵犯姚明的个人肖像权。但是，如果可口可乐公司在使用包括姚明在内的集体肖像时，突出了姚明的个人肖像，则根据以上的法律观点，可以认定其主观上具有侵犯姚明肖像的故意，加上其已在客观上使用了姚明的肖像，此时就可以认定可口可乐公司已经侵犯了姚明的个人肖像权，应当依法承担侵权责任。〔2〕

第二种意见认为：在姚明肖像权案中，不能混淆姚明肖像权和肖像许可使用权的概念。原国家体委 1996 年 505 号文件关于“国家级运动员的肖像权等无形资产属于国家所有”的规定实际上是指国家级运动员肖像的财产性权利的使用、收益权属于国家，不是针对肖像权的人格权内涵而言，这并没有剥夺国家级运动员的肖像所有权。即使没有 505 号文件的规定，姚明加入国家队后，事实上是按照这样的约定实际履行的，从而应该推定姚明在加入国家队之后对 505 号文件“精神”是知情且明知的；实际上，这也是一个入主国家队的条件，如果姚明当时不同意，他可以退出或不参加国家队，而姚明加入了国家队，应视同为姚明对 505 号文件的认可。按照国际上的惯例，也许 505 号文件上的条件有些不平等和不公平，是一个“霸王条款”，但所有国家队的运动员和国家体育总局达成了这种民事意义上的合意，并实际履行了多年。即便“国家级运动员的肖像权等无形资产属于国家所有”是国家体育总局利用其垄断地位与姚明等所有国家队运动员签订的显失公平的合同条款，可以撤销或变更，那么，姚明也应该在其加入国家队并知晓 505 号文件后的一年内对国家体育总局提起民事诉讼请求撤销或变更 505 号文件上的这个以文件形式出现的民事合同条款。现在姚明在国家队过去了这么多年，早已经过了法定的可撤销或变更的除斥期间，那么，姚明在国家队一天，就要履行 505 号文件一天。根本没有必要去杜撰一个世界立法史上闻所未闻的所谓“集体肖像权”来为自己辩护。而姚明岂可拿自己的肖像所有权，来对抗自己加入国家队而成为一名中国国家运动员时业已许可国家使用他的肖像使用权呢？只要姚明一天是国家队运动员，他的肖像就得许可国家使用一天，只是由于双方对这种许可使用权没有约定是否属于专有使用权，参照《著作权法》有关规定，只能推定国家队对姚明的肖像权只具有非专有使用权，姚明也可以同时自己使用（姚明实际上也是这样做的）。国外很多签约歌手或演员，在合同约定期限内，他们的肖像、姓名、声音的商业使用权部

---

〔1〕 参见李蕊：“运动员的肖像权属于谁”，载中国民商法律网，http：//www.civillaw.com.cn，最后访问日期：2007 年 1 月 5 日。

〔2〕 参见朱文杰：“论集体肖像中的个人肖像权的合理使用和法律保护”，载中国民商法律网，http：//www.civillaw.com.cn，最后访问日期：2004 年 1 月 14 日。

分甚至全部都属于所签约的公司。[1]

第三种意见则认为，姚明主张其对自己肖像的权利，合理合法。肖像权是公民作为民事主体固有的权利，是与生俱来的，不可转让也不能被剥夺。行政机构的文件不能作为依据来剥夺个人作为民事主体所依法享有的民事权利。除非当事人允许，否则，使用他人肖像就违反了民法有关平等、自愿、公平的原则。[2]

该案原定于2003年10月20日正式开庭审理，双方于10月16日晚间在上海达成了决定性的庭外和解协议。可口可乐公司已于几天前的接触中表示，虽然可口可乐公司是中国男篮的指定赞助商，但基于未事先征得姚明本人同意就将含有姚明肖像及姓名的图片用于可口可乐产品包装的行为是有不妥之处。因此，公司愿意向姚明表示歉意。但该案仍然留给我们很多的思考：如果双方不和解，法院应如何判决？法院仍然可能采取对于集体肖像权的规则，即第一种观点判决。但问题是：国家体育总局没有采取合同方式而是采取文件的方式作出对运动员肖像权的使用，是不合适的。

三、剧中人物肖像与扮演者肖像权的关系问题

有时，某个电影或者话剧中的人物造型深入人心，就会有人使用剧中人物造型的照片。那么，这种行为是否构成侵犯扮演者的肖像权？蓝某某一案的争议或者能够说明这一问题。

该案的原告是蓝某某，第一被告是某某王朝饭店有限公司，第二被告是北京电影制片厂。原告蓝某某诉称：2001年11月中旬，我与友人一同在被告某某王朝饭店地下一层“影艺食苑”餐厅用餐时，发现在该餐厅内摆放着含有我扮演的“秦二爷”形象的电影《茶馆》剧照的广告展示架，餐厅门楣处有电影《茶馆》剧照的广告灯箱。被告某某王朝饭店虽在我要求下暂时撤走了广告展示架，但在我与其交涉餐厅门楣处广告灯箱处理一事未果后，又将广告展示架摆出。另，据悉被告某某王朝饭店使用上述剧照已达4年之久。而我一直非常珍惜自己的艺术形象，从不曾以任何方式借曾塑造过的艺术形象做广告或许可他人营利性地使用我的形象。被告某某王朝饭店未经我本人许可，擅自使用我形象制作广告灯箱和展示架的行为不仅侵犯了我的肖像权，且使公众对我产生误解，影响了我的社会评价，构成了对我名誉权的侵犯，故起诉要求被告某某王朝饭店立即停止使用含有我形象的广告灯箱及广告展示架；赔礼道歉，恢复名誉；并支付肖像权的赔偿金10万元，名誉权赔偿金5万元及代理费、公证费、查询费等经济损失6040元。

被告某某王朝饭店辩称：我方在“影艺食苑”内使用电影《茶馆》中原告饰演的“秦二爷”剧照属实，但电影剧照不是肖像，我方并未使用原告肖像。肖像与电影剧照利用的识别性特征或知名度是不同的。该剧照的使用也是取得了电影《茶馆》的制片人北京电影制片厂（以下简称北影厂）的同意。且即使该剧照归人物肖像之列，也是集体肖像，因该剧照共有3个人物，在集体肖像中，各肖像权人不得主张肖像权。我方使用的《茶馆》剧照并未侵犯原告的肖像权；另，该剧照使用目的不是为餐厅做广告，是为餐厅营造一种影视艺术文化氛围，此做法只能凸显原告的艺术造诣，并不会对原告的名誉权造成侵害，故不同意原告的诉讼请求。

被告北影厂辩称：电影《茶馆》是1982年我厂拍摄的故事片，该影片的著作权归我厂

---

〔1〕 参见温毅斌：“姚明肖像权问题简析”，载中国民商法律网，http：//www.civillaw.com.cn，最后访问日期：2003年10月10日。

〔2〕 参见李蕊：“运动员的肖像权属于谁”，载中国民商法律网，http：//www.civillaw.com.cn，最后访问日期：2007年1月5日。

享有。由于影片剧照是影片的一部分，因此《茶馆》剧照著作权亦属我厂享有。我厂有许可他人使用的权利。且原告作为表演者在影视作品表演中代表的不是其本人，是剧中人物即角色，角色形象不等于角色扮演者的个人形象，其不能代替角色享有角色的肖像权。而我厂在被告某某王朝饭店为了宣传国产优秀影片、营造艺术氛围情况下许可其使用《茶馆》剧照不仅是行使自身权利，也是为了弘扬影视文化，并未侵犯原告肖像权和名誉权，故不同意原告的诉讼请求。

2003 年 11 月 26 日，东城区人民法院对此案作出一审判决。判决认定，反映表演者面部形象特征的电影剧照不仅承载了电影的某个镜头，同时也承载了表演者的面部形象，具有双重的识别性，相互不能替代。在涉案剧照中，原告本人的面部形象特征清晰，不仅令一般公众辨别出是电影《茶馆》中的镜头，而且令一般公众分辨出饰演“秦二爷”角色的表演者是原告蓝某某，因此原告对涉案剧照享有肖像权。作为一幅肖像作品，涉案剧照上存在着肖像权与肖像作品著作权的双重权利，著作权的行使不能湮灭肖像权。电影的著作权人在以电影播放形式行使著作权时无需征得表演者的同意，但超出与使用或宣传电影作品有关的活动范围的使用就要征得表演者的许可或有特殊约定。北影厂在未与原告就肖像使用范围进行特殊约定的情况下，允许某某王朝饭店使用涉案剧照超出了合理使用范围，某某王朝饭店由此对涉案剧照的使用存在权利瑕疵。但鉴于涉案剧照上不止原告一人，而是集体肖像，集体肖像物理上的不可分性决定了其中个人肖像权的行使要受到一定限制，加之饭店使用涉案剧照是为了营造艺术氛围，不是做广告，不具有直接的营利目的，也不具有贬损原告名誉的性质，因此不认定侵犯原告的肖像权和名誉权。尽管如此，某某王朝饭店使用了有原告形象的集体肖像应向原告支付使用费，被告北影厂对此应承担连带责任，因此判决二被告向原告支付肖像使用费 6000 元及有关损失 1040 元，案件受理费由二被告负担。[1]

此案判决后，引起了学者的广泛讨论。有学者就认为，2001 年蓝某某肖像权纠纷法院的判决在适用法律上是不是正确？这是值得研究的。我始终认为，这个判决在适用法律上是不准确的，就是因为演员在出演戏剧等作品的时候，他的肖像权实际上已经处分了，这就是，在戏剧中演员所表演的形象，并不是演员本身，而是角色的形象。蓝某某表演的秦二爷，在戏剧中，就是秦二爷的形象，而不是蓝某某的形象，蓝某某本人的肖像已经淡化在剧作之中，而不属于自己。因此，蓝某某认为餐厅使用他的剧照，就是侵害了他的肖像权，是没有道理的。因为在这时，剧照的著作权属于剧组，应由剧组维护自己的权利。而《茶馆》中由蓝某某扮演的秦二爷的剧照，餐厅在使用时已经征得了剧组和导演的同意。因此这样的使用，没有构成侵权。法院显然没有注意到这个规则，而判决本案构成侵权，显然不妥。[2] 该观点也是目前学理的普遍观点。

我们认为，未经扮演者同意使用剧中人物肖像，不构成侵犯扮演者的肖像权，但如果未经剧照著作权人同意，则构成侵犯著作权。

---

[1] 摘自北京市东城区人民法院（2002）东民初字第 6226 号。

[2] 参见杨立新：“对名人肖像权纠纷的几点启示”，载中国民商法律网，http：//www.civillaw.com.cn，最后访问日期：2009 年 5 月 3 日。

第二节 肖像权的保护

一、侵犯的样态

《民法典》第1019条规定："任何组织或者个人不得以丑化、污损，或者利用信息技术手段伪造等方式侵害他人的肖像权。未经肖像权人同意，不得制作、使用、公开肖像权人的肖像，但是法律另有规定的除外。未经肖像权人同意，肖像作品权利人不得以发表、复制、发行、出租、展览等方式使用或者公开肖像权人的肖像。"实际上，该条规定了侵犯肖像权的样态。

二、不属于侵犯肖像权的情形

《民法典》第1020条规定："合理实施下列行为的，可以不经肖像权人同意：①为个人学习、艺术欣赏、课堂教学或者科学研究，在必要范围内使用肖像权人已经公开的肖像；②为实施新闻报道，不可避免地制作、使用、公开肖像权人的肖像；③为依法履行职责，国家机关在必要范围内制作、使用、公开肖像权人的肖像；④为展示特定公共环境，不可避免地制作、使用、公开肖像权人的肖像；⑤为维护公共利益或者肖像权人合法权益，制作、使用、公开肖像权人的肖像的其他行为。"

三、《民法典》关于肖像权许可使用合同的专门规定

1.《民法典》第1021条规定："当事人对肖像许可使用合同中关于肖像使用条款的理解有争议的，应当作出有利于肖像权人的解释。"

2.《民法典》第1022条规定："当事人对肖像许可使用期限没有约定或者约定不明确的，任何一方当事人可以随时解除肖像许可使用合同，但是应当在合理期限之前通知对方。当事人对肖像许可使用期限有明确约定，肖像权人有正当理由的，可以解除肖像许可使用合同，但是应当在合理期限之前通知对方。因解除合同造成对方损失的，除不可归责于肖像权人的事由外，应当赔偿损失。"

第三节 对自然人声音的保护

一、保护的必要性

如果自然人的声音具有特殊性，该声音可以使人们与某个自然人相联系，那么，这种声音就值得保护。如果没有人能够把某种声音与特定的自然人联系起来，那么，这种声音就没有保护的必要性。当然，只有自己的家人或者少数几个亲朋好友能够把某种声音与特定人联系起来的时候，这种声音也没有保护的价值。因此，这种声音的保护一般是指名人的声音，例如，领袖人物或者演艺明星等。

只有某种声音与特定人相联系，就有可能通过声音的模仿或者不正当使用侵犯他人。因此，《民法典》第1023条第2款规定："对自然人声音的保护，参照适用肖像权保护的有关规定。"

二、保护中需要注意的问题

由于声音与肖像的保护有某些相似之处，因此，在声音保护方面要注意"名人保护中的宽容原则"。

第四章
名誉权与荣誉权

第一节　名誉权

一、名誉与名誉权的概念

名誉权是自我国《民法通则》(已失效)一直到《侵权责任法》(已失效)及《民法典》都明确规定的一种独立的人格权，而且我国学理及司法实践对于其作为一种独立的人格权几乎没有争议。但对于什么是名誉及名誉权却存在一些不同的认识。

(一) 名誉的概念

在任何一个有正常人际交往的社会，名誉都弥足珍贵，因为它与人们的生存息息相关。因此，正是名誉的存在及对名誉的顾忌，才使得舆论有了力量，每一个人都在克己，这是社会秩序的另一种保障工具。因此，各国法律对此也十分重视，各国法律以不同方式和模式对名誉权加以保护。那么，什么是名誉呢？由于人们的认知不同，故对名誉的概念也就有不同定义。大概有以下几种认识及定义：

1. 客观评价说。该说认为，名誉是一种社会评价，具有客观性。但具体的定义也有认识上的不同。

有人认为，名誉是指社会上人们对公民或者法人的品德、情操、才干、声望、信誉和形象等各个方面的综合评价。[1]

也有人认为，名誉是指个人凭其天赋、家世、功勋、财富、品德、学历及地位等各种人格之上之特质，在他人心目中所具有的功名与令誉。[2]

也有人直接认为，名誉是对特定主体的客观评价。[3]

也有人认为，名誉是指对他人就其品性、德行、名声、信用等的社会评价。[4]

日本判例认为，名誉是指每个人因其自身的品性、德行、名声、信用等所接受的社会对其人格价值的客观评价。[5] 这一概念同王泽鉴教授的定义一致。

2. 客观评价与主观评价综合说。这种观点认为，名誉包括两个内容，即外部名誉与内

---

〔1〕 参见唐德华:“谈谈审理损害赔偿案件中的几个问题”，载王利明:《人格权法研究》，中国人民大学出版社2012年版，第445页。

〔2〕 参见杨敦和:“论妨害名誉之民事责任”，载王利明:《人格权法研究》，中国人民大学出版社2012年版，第445页。

〔3〕 参见刘凯湘:《民法总论》，北京大学出版社2011年版，第151页。

〔4〕 参见王泽鉴:《人格权法》，三民书局2012年版，第175页。

〔5〕 参见[日]五十岚清:《人格权法》，铃木贤、葛敏译，北京大学出版社2009年版，第17页下注。日本在1947年之前的最高法院也有一个判例确认：名誉是指每个人因其自身的品性、德行、名声、信用等，所应该得到的世人的相应的评价——同上书。但这一判例规则似乎强调“应该得到的相应评价”，而不是已经有的客观评价。但民法上的名誉应该是现有的社会评价。因此，笔者选择日本1947年后最高法院的判例规则。

部名誉，外部名誉是客观名誉，是他人的客观评价，而内部名誉则是主观评价，是对自我的感情和自我评价。名誉权保护包括这两个方面。[1]

3. 自然人与法人名誉区分界定说。这种观点在坚持客观评价说的基础上，区分自然人与法人的名誉：对于自然人来说，名誉是指社会对其品行、思想、道德、生活、贡献、才干等方面的社会评价。而对于法人来说，因其作为一个组织体不像自然人那样享有对品行、才干、思想作风等专属于自然人的名誉。所以，法人的名誉是指对其经济活动、生产经营成果等方面的社会评价。它是在法人的整个活动中逐渐形成的，是社会对法人的信用、生产经营能力、生产水平、资产状况、活动成果、贡献等因素的综合评价。[2]

我国《民法典》关于名誉的界定与王泽鉴先生的观点相似，《民法典》第1024条第2款规定："名誉是对民事主体的品德、声望、才能、信用等的社会评价"。

（二）名誉权的概念

由于对名誉的概念的认识不同，当然也就会导致对名誉权的概念的认识不同。例如，史尚宽先生认为，名誉权者，以人在社会上应受与其地位相当之尊敬或者评价值利益为内容之权利也。[3] 王泽鉴教授则认为，名誉权是人享有名誉的权利，为人格权的一种。[4] 王利明教授认为，名誉权是指公民和法人对其名誉所享有的不受他人侵害的权利。[5] 杨立新教授认为，名誉权是指自然人和法人就其自身属性和价值所获得的社会评价、所享有的保有和维护的具体人格权。[6]

（三）分析与说明

对于"名誉"与"名誉权"的定义，应该始终与法律保护名誉权的制度价值相联系，即"名誉权"的"法益"究竟是什么？

笔者认为，法律对于名誉权的保护之主旨在于维护一个人的一般社会评价不受恶意或者非正常因素的干扰而降低，从而维持一个人体面地面对社会及他人（体面的生活）。因此，这里所谓的名誉，应该是外部社会的一般评价，而不应包括主体对自己的"主观评价"，即所谓的"名誉感"。

有学者对于名誉（一般的社会的外部评价）与名誉感（自我的内部评价）进行了区分，指出在审判实践中，确定名誉权的客体对于正确处理名誉纠纷具有重要作用。所谓名誉感，是指公民对于自己的内在价值（如素养、素质、思想、品行、信用等所具有的感情）的评价，也有学者将之称为个人的自尊心。[7] 法律之所以不将对名誉权的保护扩大至"名誉感"，是因为：①名誉感是极为脆弱的，很容易被他人的侮辱行为所伤害，对其予以完全保护是不可能的，也是不必要的；[8] ②名誉权与名誉感在本质上有区别，因而应区别保护；③如果将名誉感纳入名誉权的保护范围，将不能确定法律保护名誉权的目的；④如果名誉权包括名誉感，将使名誉权的客体变得不确定；⑤名誉权的客体如果包括名誉感，将

[1] 参见王崇敏："公民名誉权问题研究"，载《海南大学学报》1991年第1期。
[2] 参见王利明：《人格权法研究》，中国人民大学出版社2012年版，第447页。
[3] 参见史尚宽：《债法总论》，荣泰印书馆1978年版，第145页。
[4] 参见王泽鉴：《人格权法》，三民书局2012年版，第175页。
[5] 参见王利明：《人格权法研究》，中国人民大学出版社2012年版，第447页。
[6] 参见杨立新：《人格权法》，法律出版社2011年版，第506页。
[7] 参见王利明：《人格权法研究》，中国人民大学出版社2012年版，第454页。
[8] 参见杨立新：《人格权法》，法律出版社2011年版，第504页。

不能解释法人的名誉权，因为法人没有自尊心和情感。[1]

也有人认为，名誉权应保护名誉感，侮辱行为一般是针对名誉感的，一般不会使被侮辱者的社会评价受到不良影响，即使有影响也是轻微的。名誉感极易受到伤害，如果法律不保护名誉感，受害人就不能向侵害人提起诉讼，侮辱行为就不能受到追究，从而不利于保护受害人的权利。[2]

如果名誉权不保护名誉感，那么名誉感能否独立于名誉权而受到法律保护呢？日本判例认为，如果受害人的社会评价并未因此下降时，通常认为，是受害人的名誉感受到了伤害，这时侵害名誉权就不成立。但由于名誉感也是一种人格利益，所以，对于超出一定限度的违法侵害，至少应当认可对其精神赔偿的请求。[3] 对此，我国学者也坚持同样的观点，即以侵犯其他人格尊严为由请求保护，而非以名誉权受到侵害为由请求保护。[4]

我同意以上学者关于区分名誉与名誉感的观点，并在我国民法体系内区分保护。从我国《民法典》来看，应以第990条“人格尊严”受到侵害为由请求保护，而不是以第1024条中的名誉权受到侵害为由请求保护。

如果侮辱一个人时，没有第三人在场，能否构成侵害名誉权呢？有学者认为，这时难以成立侵害名誉权，只是侵害了原告的名誉感。[5]

在名誉权的概念上，笔者同意杨立新教授的定义方式，从名誉权本身所保护的“法益”入手来定义是一种正确的方式，只有这样才能区分不同的人格权，而不能从“不受侵犯”入手来定义之。例如，说“所有权是一种对于物的占有、使用、收益和处分的权利”，说“债权是权利人得请求他人为或者不为特定行为的权利”等，都是从法律保护的“法益”入手来定义的，而不是从“不受侵犯”入手。因此，名誉权是指民事主体对其品德、声望、才能、信用等一般社会评价所享有的保有和维持的人格权。

（四）名誉权的特征

1. 名誉权是一种独立的法益（独立的人格权）。名誉权所保护的法益——民事主体对其一般社会评价所享有的保有和维持的权利，目的在于使个人的外部客观评价不受不当或者非法干扰而降低，与其他人格权所保护的法益不同，具有独立性。因此，从我国学理及立法上，均将其作为独立的人格权对待。

2. 名誉权的法益具有时代性。由于名誉是一种社会评价，但在不同时代，社会评价的尺度和标准也就不同，因而，名誉权具有时代性。例如，社会对于“婚前同居”这一现象的一般评价观念，在过去与现在就有很大的不同，在现代人们对于这种现象给予非常宽容的态度，并不认为这是一种影响名誉的事情，但在20年前的我国，却是一件很不光彩的事情，会直接影响到名誉。

3. 名誉权保护的法益是特定人既有的社会评价，不限于积极评价。名誉权保护的法益是社会对特定人的客观评价的维持与保有，即特定人之社会客观评价不因他人的侵害而降

---

[1] 参见王利明：《人格权法研究》，中国人民大学出版社2012年版，第456页。

[2] 参见史尚宽：《债法总论》，荣泰印书馆1978年版，第147页；王崇敏：“公民名誉权问题研究”，载《海南大学学报（社会科学版）》1991年第1期。

[3] 参见［日］五十岚清：《人格权法》，铃木贤、葛敏译，北京大学出版社2009年版，第19页。

[4] 参见王利明：《人格权法研究》，中国人民大学出版社2012年版，第457页；杨立新：《人格权法》，法律出版社2011年版，第506页。

[5] 参见王利明：《人格权法研究》，中国人民大学出版社2012年版，第455页；杨立新：《人格权法》，法律出版社2011年版，第517页。

低，究竟是积极评价或者消极评价在所不同。因此，有学者提出名誉权的客体是“美誉”的观点[1]值得思考。因为，人们对于任何一个生活在社会中的人的评价本来就有积极的，也有消极的，每一个人都可能因为一个偶然的事件而导致社会评价降低或者提高，例如，当某人看到一个急需救助的人视而不见，就可能因为自己的这种行为降低了大家对他的评价；有人伸出援助之手，就可能提高自己的社会评价。但这些与法律保护的名誉权无关，法律仅仅关注人的社会评价不被他人的行为不当降低，从而使人与人的交往变得安全。

二、名誉权的主体

我国从《民法通则》（第 101 条）开始，就明确规定自然人与法人都享有名誉权，2017 年通过的《民法总则》第 110 条延续了这一立法例，《民法典》仍然承继之。但在理论上仍然存在争议。争议主要存在于两个方面：①名誉权这种人格权是否能够为法人所享有？②名誉权从性质上来说，是人格权还是商誉权？

有学者认为，法人享有人格权，但专属于自然人的除外。非专属于自然人的人格权，例如，名誉、信用、隐私等可以为法人享有。无权利能力社团，因其具有组织结构，从事社会经济活动，亦应使其享有相当于社团法人的人格权。合伙因为契约关系，故不享有人格权。[2] 这种学说可以说在大陆属于通说。日本的判例也持有相同的观点。[3] 有学者认为，名誉权的主体是自然人与法人。[4] 但其名誉权的内容不同，应加以区别对待：法人的名誉权实际上就是指法人的商誉权。[5] 有学者认为，作为人格权之一的名誉权，其保护对象只能理解为与自然人的人格尊严有关的社会评价，法人不能享有人格权意义上的名誉权。[6] 从其意思可以推知，非法人团体肯定也不能享有名誉权。

我国《民法典》第 1024 条第 1 款尽管已经明确规定“民事主体享有名誉权……”，但从法律解释的视角看，仍然可以对“民事主体”作“限缩解释”为自然人。当然，如果直接解释“民事主体”，也可以说，《民法典》明确规定了法人与非法人团体的名誉权。从实证法的角度看，已经是事实。

三、侵权责任外的救济

我们可以把《民法典》第 1028 条及 1029 条的规定，看作是为名誉权配置的在侵权责任外的救济措施——更正删除请求权。第 1028 条规定：“民事主体有证据证明报刊、网络等媒体报道的内容失实，侵害其名誉权的，有权请求该媒体及时采取更正或者删除等必要措施。”第 1029 条规定：“民事主体可以依法查询自己的信用评价；发现信用评价不当的，有权提出异议并请求采取更正、删除等必要措施。信用评价人应当及时核查，经核查属实的，应当及时采取必要措施。”

四、侵害名誉权的责任及其例外

（一）行为人为公共利益实施新闻报道、舆论监督

《民法典》第 1025 条规定，行为人为公共利益实施新闻报道、舆论监督等行为，影响他人名誉的，不承担民事责任，但是有下列情形之一的除外：①捏造、歪曲事实；②对他

---

〔1〕 参见王利明：《人格权法研究》，中国人民大学出版社 2012 年版，第 452 页。

〔2〕 参见王泽鉴：《人格权法》，三民书局 2012 年版，第 65~67 页。

〔3〕 参见［日］五十岚清：《人格权法》，铃木贤、葛敏译，北京大学出版社 2009 年版，第 27、28 页。

〔4〕 参见王利明：《人格权法研究》，中国人民大学出版社 2012 年版，第 450 页。

〔5〕 参见王利明：《人格权法研究》，中国人民大学出版社 2012 年版，第 450 页。

〔6〕 参见尹田主编：《民法学总论》，北京师范大学出版社 2010 年版，第 136 页。

人提供的严重失实内容未尽到合理核实义务；③使用侮辱性言辞等贬损他人名誉。

当然，《民法典》第 1026 条规定，认定行为人是否尽到前条第 2 项规定的合理核实义务，应当考虑下列因素：①内容来源的可信度；②对明显可能引发争议的内容是否进行了必要的调查；③内容的时限性；④内容与公序良俗的关联性；⑤受害人名誉受贬损的可能性；⑥核实能力和核实成本。

（二）以真人、真事或者特定人为描述对象文学、艺术作品的侵权责任

《民法典》第 1027 条规定，行为人发表的文学、艺术作品以真人真事或者特定人为描述对象，含有侮辱、诽谤内容，侵害他人名誉权的，受害人有权依法请求该行为人承担民事责任。行为人发表的文学、艺术作品不以特定人为描述对象，仅其中的情节与该特定人的情况相似的，不承担民事责任。

第二节 荣誉权

一、荣誉与荣誉权概念

对于什么是荣誉，学者之间存在争议。佟柔先生认为，荣誉与名誉一样，都是社会对特定的自然人或者法人行为的一种评价，但荣誉与名誉不一样，它是根据一定程序或者由国家行政机关给予特定人的评价。[1] 有学者认为，荣誉是特定人从特定组织获得的专门性和定性化的积极评价。[2] 也有人认为，荣誉就是自然人或者法人光荣的名誉，它的表现形式是获得嘉奖或者光荣称号等。[3] 也有人认为，荣誉是指特定民事主体在社会生产、社会活动中有突出表现或者贡献，政府、单位团体或者其他组织所给予的积极的、肯定的正式评价。[4]

学者们的上述定义虽然有所差别，但有几点是共同的：

1. 荣誉是一种积极的评价。作为荣誉的这种评价实际上是一种褒奖，而不是对某个人的一般社会评价，这就与名誉相区分，因为名誉这种一般社会评价不见得是积极的。

2. 一般是针对特定主体的定向评价。所谓定向评价，就是对某个主体的特定方面所作的评价，而不是一般的评价，例如，“优秀教师”“优秀共产党员”“优秀干部”“先进集体”“先进个人”“五一劳动模范”等，都是定向评价。

3. 名誉是按照一定程序或者标准进行的评价。一般来说，所有的荣誉都是按照一定的程序并且按照一定的标准进行评价的结果，而且具有固定性和制度性，例如，“诺贝尔奖”“五一劳动模范”等的评选，有一定标准，而且具有固定性和制度性特点。

名誉与荣誉的区别，主要表现在：①评价的主体不同：荣誉是特定组织依据特定程序作出的，而名誉是一般社会评价。②内容不同：荣誉是积极评价，而名誉则不一定是积极评价。③是否可撤销不同：荣誉是可以被撤销的，而名誉则不存在撤销的问题。[5] ④对自然人的影响不同：单就荣誉与名誉比较，名誉对于自然人来说，要比荣誉重要得多。

---

〔1〕 参见佟柔主编：《中国民法》，法律出版社 1990 年版，第 489 页。

〔2〕 参见张俊浩主编：《民法学原理》，中国政法大学出版社 2000 年版，第 155 页。

〔3〕 参见杨振山主编：《民商法实务研究·侵权行为卷》，山西经济出版社 1993 年版，第 162 页。

〔4〕 参见杨立新：《人格权法》，法律出版社 2011 年版，第 566 页。

〔5〕 参见张俊浩主编：《民法学原理》，中国政法大学出版社 2000 年版，第 154 页。

荣誉权的定义也有不同理解，有学者认为，荣誉权是指民事主体对其获得的荣誉及其利益所享有的保持、支配的具体人格权。[1] 有人认为，荣誉权是公民、法人或者非法人组织，依法享有的参与荣誉授予活动、接受和保持荣誉称号，并不受他人非法侵害和剥夺的权利。[2] 也有人认为，荣誉权是自然人、法人对于自己的荣誉称号获得利益而不受他人非法剥夺的一种民事权利。[3] 也有人认为，荣誉权是自然人获得荣誉称号的权利。法人的荣誉权是法人在工作、生产、经营中成绩卓著时获得的光荣称号。[4] 在这些不同的定义中，就存在一个很大的分歧，也是一个需要认真讨论的问题：荣誉权究竟是一种获得荣誉称号后对称号所享有的权利，还是也应该包括有权获得各种荣誉的权利？显然大部分学者主张荣誉权是对获得荣誉后的一种权利，而不是获得荣誉的权利。但有的学者却主张，对于自然人来说，"荣誉权是自然人获得荣誉称号的权利"，但对于法人来说，是"在工作、生产、经营中成绩卓著时获得的光荣称号"。我们可以直接思考这样一个问题：一个人一生可能没有获得过任何一种权利，但他是否具有荣誉权呢？这不仅让我们联想到姓名权：一个人一生可能没有姓名（因为其因出生的事实取得权利能力，因此不影响他是一个人），但他是否享有姓名权呢？显然应该说，一个人从出生就享有姓名权，这与他是否具有姓名没有任何关系，姓名权就是指设立、变更、保持和维护姓名的权利。那么，荣誉权为什么就不是这样呢？因此，在对荣誉权下定义时，不要忘记这两个方面的含义：既包括可以获得荣誉的权利，也包括获得荣誉后的保持和维护的权利。因而，在保护荣誉权时，不仅要禁止那些侵犯荣誉权的行为，还要禁止侵犯他人获得荣誉权的行为。

二、荣誉权的性质

虽然我国民事立法从 1986 年的《民法通则》直至《民法典》都明确将"荣誉权"作为一种人格权进行保护，但学理上对荣誉权究竟是一种什么性质的权利的讨论和争议从来就没有停止过。大概有以下几种观点：①荣誉权属于人格权。持有这种观点的人在我国非常普遍，这主要是我国民事立法明确规定的原因。[5] ②荣誉权属于身份权。有学者曾经提出，由于荣誉权并非是给予每个自然人或者法人的，而是授予在各种社会活动中有突出贡献的自然人或者法人的，因而荣誉权并非每个自然人或者法人都能够享有，尤其是荣誉权的取得有赖于主体实施一定行为，做出一定的成绩，可见它不是每个自然人出生或者法人成立后依法享有的。因此，荣誉权是身份权而不是人格权。[6] ③荣誉权实际上是一种非民事权利。这种观点认为，荣誉权仅仅是立法为其披上了民事权利的外衣，实际上无论从权

---

〔1〕 参见杨立新：《人格权法》，法律出版社 2011 年版，第 569 页。

〔2〕 参见冯涛："论荣誉权被侵害的样态与救济"，载《洛阳大学学报》2006 年第 1 期。

〔3〕 参见佟柔主编：《中国民法》，法律出版社 1990 年版，第 489 页。

〔4〕 参见李由义主编：《民法学》，北京大学出版社 1988 年版，第 571 页。

〔5〕 参见杨立新：《人格权法》，吉林人民出版社 1994 年版，第 562 页；谭启平主编：《中国民法学》，法律出版社 2015 年版，第 119~120 页等。

〔6〕 参见王利明主编：《人格权法新论》，吉林人民出版社 1994 年版，第 11 页。

利体系还是救济体系上，都无法符合法理及逻辑。[1] 也有人从另外的角度来反对荣誉权作为人格权。[2] ④荣誉权实际是名誉权的一种特殊类型。这种观点认为，荣誉权不是一种独立的人格权，仅仅是名誉权的一种类型，可以利用名誉权的保护对其进行保护，没有必要专门规定为一种独立的人格权。[3]

如果仅仅从理论上说，笔者坚决不同意所谓荣誉权是一种民事权利，更不是什么人格权。有以下几点原因：①荣誉权的有无，与一个社会中正常的"人之所以为人"的属性没有必然的联系，荣誉基本上属于"身外之物"，不是"人之所以为人的必要因素"。恰恰相反，有些品德高尚或者有个性的人，故意拒绝各种荣誉。因此，不能讲荣誉是人的自由与尊严的表现，也就自然不能作为人格权来对待。②荣誉是按照一定的组织程序和标准对特定主体进行的评价，有时还可以撤销，也就更不能认为是人的尊严和自由。这也进一步说明荣誉本身就是"身外之物"，这与其他人格权的属性相差太大。③荣誉的取得、消灭或者撤销与民法毫不相干，本来就不是"市民社会"中的东西，因此，有的学者主张其不是民事权利是有一定道理的。④从民事救济方面看，各种荣誉评价体系都不一样，甚至有些混乱，是否公平难以判定，如何进行民法上的救济？例如，中国法学会评选"中青年法学家"的年龄限定在45岁，某人46岁，该人认为组织者剥夺了其参加评选的资格，从而侵犯了某人的荣誉权；或者认为评选不公正，法院是否应该受理？显然不能。这其实就像各个大学评职称或者论文答辩一样，都不属于民事问题，不能进行民事救济。⑤如果真的是如上述有的学者所认为的荣誉权是"获得荣誉之后的权利"的话，那就更不是人格权了：这说明并非人人都有。如果是人格权的话，人为地造成"人格权"不平等现象，岂不违反民法的平等原则？我们所有的其他人格权都是人人享有的，而且与是否获得或者享有人格利益没有直接联系（或者不以此为要件）：例如，自然人的姓名权并非从自然人出生并起名后才享有；名誉权并非从孩子出生并获得名誉后才享有。⑥从比较法上看，诚如有学者所指出的，从作为人格权理论源头的罗马法的actio iniuriarum，到对人格利益保护持不同态度的法国法和德国法，以及深受德国法影响的苏联法，均将honour作为人的主观自我认知。Honour强调了人在自我认知上的差异性。在当代，honour这种差异性人格利益逐渐让位于强调平等性的人格尊严（dignity）。在大陆法系法律语言环境中，honour从不是以"荣誉称号"为内容的人格利益，《民法通则》关于荣誉权的规定缺乏比较法基础，是一个巴别塔式的谬误。[4]

当然，如果说对荣誉的侵犯，引起对个人名誉的损失的话，可以放在名誉权的保护中

---

〔1〕 参见姚明斌："褪去民法权利的外衣——'荣誉权'三思"，载《中国政法大学学报》2009年第6期；满洪杰："荣誉权——一个巴别塔式的谬误？'Right to Honour'的比较法考察"，载《法律科学（西北政法大学学报）》2012年第4期。另外，在梁慧星教授主编的《中国民法典草案建议稿附理由》中的"人格权"部分，根本没有"荣誉权"这种具体人格权，见梁慧星主编：《中国民法典草案建议稿附理由·总则编》，法律出版社2004年版，第27~42页；孙宪忠教授主编的《民法总论》中，也没有"荣誉权"论述，见孙宪忠主编：《民法总论》，社会科学文献出版社2004年版，第120~130页；刘凯湘教授主编的《民法总论》也没有将荣誉权列为一种独立的人格权，见刘凯湘：《民法总论》，北京大学出版社2011年版，第138~160页；李永军主编的《中国民法典总则编草案建议稿及理由》中，甚至没有将"荣誉"列为一种人格利益，见李永军主编：《中国民法典总则编草案建议稿及理由》，中国政法大学出版社2016年版，第39页。

〔2〕 参见张新宝："人格权法的内部体系"，载《法学论坛》2003年第6期。

〔3〕 参见王利明：《人格权法研究》，中国人民大学出版社2012年版，第110页。

〔4〕 参见满洪杰："荣誉权——一个巴别塔式的谬误？'Right to Honour'的比较法考察"，载《法律科学（西北政法大学学报）》2012年第4期。

进行救济，例如，不当撤销某人已经获得的荣誉，从而导致了该人的社会一般评价遭受降低，从而损害了人的名誉权，可以以名誉权遭受损害为由进行救济。就如王利明教授所言，如果侵害荣誉导致对名誉的侵害，可以适用侵害名誉权进行保护。[1]

但是，从实证法上看，我国《民法典》已经明确规定，我们也只能将其作为一种民法上的特别权利对待。但在解释上，应该作为一项民事权利而已，决不能将其作为人格尊严来对待。尤其是在我国当今“各种奖项、桂冠满天飞”的时代，将这种荣誉视为民法上的个人的尊严，实际上对社会百害而无一利。

三、侵犯样态及救济措施

（一）侵犯样态

根据我国《民法典》第1031条第1款规定，民事主体享有荣誉权。任何组织或者个人不得非法剥夺他人的荣誉称号，不得诋毁、贬损他人的荣誉。侵犯荣誉权的样态大致有：

1. 非法剥夺他人获得荣誉的权利。笔者认为，既然按照我国《民法总则》（已失效）及《侵权责任法》（已失效）的规定，荣誉权是一种人格权，不仅自然人享有，法人也享有，那么就应当承认荣誉权包括获得荣誉的权利，保护每个人都有机会去获得荣誉的权利。只有这样，才能实现人人平等，才能使得荣誉权更像是一种人格权。因此，非法剥夺他人获得荣誉的权利，也构成侵犯荣誉权。例如，通过不正当手段，使他人不能正常获得荣誉，例如，伪造或者变更姓名获得荣誉，使他人无法获得荣誉。

2. 非法剥夺他人荣誉。非法剥夺他人荣誉包括以各种各样的手段剥夺他人荣誉，例如，荣誉权授予单位未经合法程序而剥夺他人已经获得的荣誉，例如，某人获得“见义勇为先进个人”称号，授予单位接收举报说见义勇为的行为虚假，授予单位未经核实即撤销该称号，就属于非法剥夺他人荣誉。

3. 非法侵害他人荣誉。非法侵害他人荣誉是指损害他人已经获得的荣誉的行为，例如，向授予荣誉的机关诬告，以期望撤销某人已经获得的荣誉的行为；毁坏他人已经获得的荣誉证书、奖杯等行为；侵害荣誉之物质利益，如授予荣誉单位拒发奖金、奖品或者少发奖金、奖品的行为等。[2]

（二）救济措施

1. 侵权救济。按照我国《民法典》侵权责任编之规定，侵害名誉权的救济措施可以是：①停止侵害；②恢复荣誉、消除影响；③赔偿损失，包括物质损失和精神损失；④赔礼道歉。

2. 荣誉权的自身救济。《民法典》第1031条第2款规定，获得的荣誉称号应当记载而没有记载的，民事主体可以请求记载；获得的荣誉称号记载错误的，民事主体可以请求更正。

---

〔1〕 参见王利明：《人格权法研究》，中国人民大学出版社2012年版，第110页。

〔2〕 参见杨立新：《人格权法》，法律出版社2011年版，第572~573页。

第五章
隐私权和个人信息保护

第一节　隐私权与信息的概念

一、隐私权与信息权的概念及立法模式

（一）概述

关于隐私权的概念，有两个因素极大地影响了对它的定义：一是它与信息的关系，信息是否包含在隐私之中？对这一问题的不同回答，直接导致了立法的“一元论”和“二元论”模式，而在这两种不同的立法模式下，隐私权的概念也就截然不同。例如，美国、日本等采取的是“一元论”的立法模式，而我国大陆地区立法和学理采取的是“二元论”保护模式，因此我国隐私权的概念与上述国家或者地区迥然不同；二是无论立法采取一元论模式还是二元论模式，由于隐私权的开放性和不确定性，往往采取“框架性权利”定义的方式居多。

（二）隐私权与信息权的概念与立法模式

当将信息作为隐私的一部分而对隐私进行一元化立法模式的情况下，隐私权的外延就很大。中外学者几乎一致认为，“隐私权”这一概念源于美国，具体地说，是源于两位美国学者于1890年发表于《哈佛法学评论》上的一篇题为“对隐私的权利”（the right to privacy），这两位学者就是萨缪尔·沃伦和罗伊斯·布兰迪斯。[1] 美国判例与学理对于隐私与个人信息，采取的是“一元论”的保护模式，甚至连姓名、名誉、肖像等都纳入到隐私权的保护范畴之下。因而，可以说，美国隐私权是“大杂烩”，是“一元论”最具有代表性的立法模式。即便如此，仍有英美法系的学者认为，尽管隐私权在美国法中是一个重要的法律范畴，但被定义得很糟糕。这是一个过于宽泛、模糊而没有确定边界的、让人绝望的概念。毫无疑问，隐私概念有一种“多变的能力”，能够在不同的律师面前变为不同的事物，它那模糊的性质使得自己很容易被别人操纵。[2] 在美国，关于隐私权的最经典的定义是由托马斯·库雷法官作出的：隐私权为“不被打扰的权利”。这一屡被援引的概念表述反映了为绝大多数民众所拥护的关于隐私的一般观念：隐私权的核心利益在于“不受打扰的

---

〔1〕参见［美］唐纳德·M. 吉尔莫等：《美国大众传播法：判例评析》（上），梁宁等译，清华大学出版社2002年版，第227页；［澳］胡·贝弗利-史密斯：《人格的商业利用》，李志刚等译，北京大学出版社2007年版，第163页；［日］五十岚清：《人格权法》，铃木贤、葛敏译，北京大学出版社2009年版，第152页；王利明：《人格权法研究》，中国人民大学出版社2012年版，第500页；杨立新：《人格权法》，法律出版社2011年版，第591页；刘凯湘：《民法总论》，北京大学出版社2011年版，第156页；王泽鉴：《人格权法》，三民书局2012年版，第213页；张新宝：“从隐私到个人信息：利益再衡量的理论与制度安排”，载《中国法学》2015年第3期。

〔2〕参见［澳］胡·贝弗利-史密斯：《人格的商业利用》，李志刚等译，北京大学出版社2007年版，第179、180页。

权利”，具体而言，包括为自己划定一个私密的空间、保护自己的私密事务及个人活动不受公众注意，以及能够暂时地避开世人的批评与意见以获得片刻的安宁或者实现自我的打算，这对于生活乐趣来说是不可或缺的。[1] 关于隐私权的具体类型和范围，是美国卓有声望的法官迪安·威廉姆·普罗瑟在整理了截至1960年的300个判例后总结出来的，将发展中的普通法隐私权提炼为四个相关诉因，反映这四种诉因的四种类型为：①侵入原告独居或者独处的状态。②公开披露原告的令人难堪的私人信息。③通过公开行为，使公众对于原告产生错误的认识。最著名的判例是美国邓肯 VS. WJLA 电视台案。在该案中，被告在华盛顿特区市区的街道上现场直播关于疱疹新疗法的晚间6点新闻时，原告刚好从旁边走过而被摄入镜头。在画面中原告可以很清楚地被认出来。在11点的新闻中，被告再次使用了这些录像，但加入了对原告的一个特写镜头。原告提出了诽谤和予以错误印象之诉。法院认为，因缺乏特定的语境，6点钟的新闻不带有负面的含义。但11点的新闻就不同了：原告是唯一停下来并在无意间望向镜头的人，而当原告转身从镜头消失的时候，报道的画面也就结束了。这一画面加上播音员的旁白，足以使人得出原告也是患者的推论，从而给人以错误的印象。④为了被告的利益，盗用原告的姓名或者肖像。[2]

有学者将美国法院保护的隐私权概括为五种类型：①独处不被打扰的权利；②对于人类尊严或不可侵犯的人格的保护；③个人控制获取与本人有关的信息的权利；④一个人对他人的有限可得性；⑤个人身份私密性的控制或者自治。[3]

也有的美国学者将隐私分为三类：①纯粹的隐私权。这一类隐私权主要是指披露令人难堪的私人信息，这一种隐私权也是萨缪尔·沃伦和罗伊斯·布兰迪斯考虑最多的一种。比较经典的案例是：一位整形医生在公开演示及电视访谈中使用了病人（原告）术前和术后的对照照片。当拍摄这些照片时，原告被告知这仅仅是“医生操作规程的一部分”。一年后，这位医生在首都华盛顿的电视节目和一次在百货商场的演讲中使用了4张照片，并指明了原告的姓名。与原告熟悉的人在看到节目后即开始传播与其手术有关的消息。这一位病人（原告）自己则完全被“击垮”而陷入“可怕的忧郁之中”。法院认为，原告的隐私确实受到了侵犯，因为，即使照片本身并不带有贬损色彩或者令人生厌，但问题在于将其曝光对于一个正常的理性人来说，也是极为令人不快的。[4] ②特殊的隐私权。这一类隐私权涉及侵扰行为，主要是指对于个人空间的侵扰。设定这一诉因的目的在于当人们处于他认为不应受到别人窥探的地方时，保护其不受打扰的权利。一个著名的案例是：善待动物协会 VS. 贝鲁斯尼案。该案的基本案情是：驯兽师贝鲁斯尼在所住的酒店后台殴打驯养的猩猩时，被酒店的舞蹈演员奥塔维奥·格斯蒙多偷拍下来。录像被基金的动物权利保护组织广为公开。一审法院认定奥塔维奥·格斯蒙多侵犯隐私权成立。案件上诉到内华达州最高法院，斯普林格法官认为：要从侵扰之诉中获得赔偿，原告必须证明下列要素：其一，

---

〔1〕 参见［美］唐纳德·M. 吉尔莫等：《美国大众传播法：判例评析》（上），梁宁等译，清华大学出版社2002年版，第264页。

〔2〕 参见［美］唐纳德·M. 吉尔莫等：《美国大众传播法：判例评析》（上），梁宁等译，清华大学出版社2002年版，第269~270页；［澳］胡·贝弗利-史密斯：《人格的商业利用》，李志刚等译，北京大学出版社2007年版，第181页。

〔3〕 参见［澳］胡·贝弗利-史密斯：《人格的商业利用》，李志刚等译，北京大学出版社2007年版，第180页。

〔4〕 参见［美］唐纳德·M. 吉尔莫等：《美国大众传播法：判例评析》（上），梁宁等译，清华大学出版社2002年版，第235页。

存在故意的侵扰行为；其二，针对的是他人的独处状态或者个人空间；其三，对心智正常的人会构成严重的冒犯。原告必须证明他实际上期望享有独处的权利或者被侵扰的空间为自己的个人空间的权利，而且这种期望是客观的、合理的，只有这样，才能构成受法律保护的隐私利益。在本案中，录像中所显示的贝鲁斯尼训练动物的方式即使在他自己看来也没有什么不妥或者不正常，而他对于单纯地被其他人看到或者听到这些训练情况并不在意，而且他认为，他所有的训练活动都是正当的。这对于明确贝鲁斯尼所期待的隐私权的范围是重要的因素：他没有什么可以隐藏的，也就是说，没有私密性可言。格斯蒙多的拍摄行为并没有违反这一期望：格斯蒙多并没有侵扰贝鲁斯尼所期望的“独处的权利”，出于这一原因，侵扰之诉不能成立。〔1〕③“暗示”的隐私。这种隐私是指通过某种行为给人产生错误的印象，让人对受害人产生似乎有某种“隐私”，其实这些隐私并不是被害人的。上述“邓肯 VS. WJLA 电视台案”就是典型的代表。〔2〕

在日本，隐私权最初是通过引入美国的学说而发展起来的。〔3〕在学理上，个人信息与隐私的关系存在各种各样的见解和观点。五十岚清就主张区分隐私与个人信息，更有学者提出“二分法”与“三分法”。所谓“二分法”，是将个人信息分为与个人道德性自律的存在相关的信息（隐私固有情报），以及与个人道德性自律的存在直接相关以外的个别信息（隐私外延情报）。所谓“三分法”，是将个人信息分为无论谁都会认为是隐私的信息、一般人认为是隐私的信息以及一般人认为不属于隐私的信息。对于后面两种情况，违宪审查的严格程度和保护程度都会有所降低。〔4〕但日本法院的判例都将个人信息纳入到隐私保护的范畴。尤其是 2003 年日本制定了《个人信息保护法》，更引起了人们对隐私与信息之关系的讨论。为了使隐私能够包含个人信息，有学者认为，有必要将隐私权理解为个人信息的自我控制权。〔5〕按照日本判例及传统理论，侵害隐私权的情形包括：①对私生活的侵入，包括窥视居住、侵入住宅、私生活安宁受到侵害（如骚扰电话、传单等）；②窃听、秘密录音；③公开私事，如公开日记与信件、犯罪前科公开、夫妻生活或者异性关系或者性隐私、医疗信息、其他私事的公开（如大学学习成绩、出身、经历、纠纷等）；④个人信息。〔6〕

我国台湾地区也采取对隐私和个人信息的“一元化”保护模式，陈聪富教授指出，关于隐私权，过去在于保护个人私生活不受干扰，现在则扩大到保护个人资讯的自主决定权。按照“个人资料保护法”第 2 条的规定，个人资料是指自然人的姓名、出生年月日、身份证统一编号、护照号码、特征、指纹、婚姻、家庭、教育、职业、病历、医疗、基因、性生活、健康检查、犯罪前科、联络方式、财务状况、社会活动及其他得以直接或者以间接方式识别该个人的资料。〔7〕我国台湾地区在关于隐私权的解释中指出：维护人性尊严与尊重人格自由发展，乃自由民主宪政秩序之核心价值。隐私权虽非宪法明文列举之权利，惟

---

〔1〕参见［美］唐纳德·M. 吉尔莫等：《美国大众传播法：判例评析》（上），梁宁等译，清华大学出版社 2002 年版，第 255、256 页。

〔2〕参见［美］唐纳德·M. 吉尔莫等：《美国大众传播法：判例评析》（上），梁宁等译，清华大学出版社 2002 年版，第 232~269 页。

〔3〕参见［日］五十岚清：《人格权法》，铃木贤、葛敏译，北京大学出版社 2009 年版，第 155 页。

〔4〕参见魏晓阳：“日本隐私权的宪法保护及其对中国的启示”，载《浙江学刊》2012 年第 1 期。

〔5〕参见［日］五十岚清：《人格权法》，铃木贤、葛敏译，北京大学出版社 2009 年版，第 170~172 页。

〔6〕参见［日］五十岚清：《人格权法》，铃木贤、葛敏译，北京大学出版社 2009 年版，第 161~172 页。

〔7〕参见陈聪富：《民法总则》，元照出版有限公司 2016 年版，第 71 页。

基于人性尊严与个人主义主体性之维护及人格发展之完整，并为保护个人生活私密领域免于他人侵扰及个人资料之自助控制，隐私权乃为不可或缺之基本权利。由此可见，隐私权由二核心构成：一为私密领域，二为资讯自主。〔1〕

在我国大陆，主流学者认为，应将个人信息与个人隐私区分，分别规范和保护。例如，张新宝教授认为，个人隐私又称私人生活秘密或私生活秘密，是指私人生活安宁不受他人非法干扰，个人信息保密不受他人非法搜集、刺探和公开。隐私包括私生活安宁和私生活秘密两个方面。个人信息是指与一个身份已经被识别或者身份可以被识别的自然人相关的任何信息，包括个人姓名、住址、出生日期、身份证号码、医疗记录、人事记录、照片等。单独或与其他信息对照可以识别特定的个人的信息。个人隐私与个人信息呈交叉关系，即有的个人隐私属于个人信息，而有的个人隐私则不属于个人信息；有的个人信息特别是涉及个人私生活的敏感信息属于个人隐私，但也有一些个人信息因高度公开而不属于隐私。〔2〕王利明教授对于隐私与信息作了最为详细的分析，他认为二者的联系是：①权利主体都限于自然人；②都体现了个人对其私生活的自主决定；③客体上具有交错。二者的主要区分在于：①权利属性方面的界分：隐私权主要是一种精神人格权，而信息权则属于集人格属性和财产属性于一体的综合性权利；隐私权基本上属于一种消极的防御性的权利，在该权利被侵害前，权利人无法积极主动地行使；而信息权是一种主动性权利。②权利客体方面有区别：首先，隐私主要是私密性的信息和个人活动，而信息注重的是身份识别性；其次，隐私不限于信息形态，它还可以是个人活动、个人私生活方式等，不需要记载下来，而信息必须以具体化的形态固定下来，通常需要记载下来；最后，相对于隐私，个人信息与国家安全的联系更为密切。③权利内容方面有区别：隐私权的内容主要是防止被不正当地公开，而信息权则是个人对信息的支配和自主决定。〔3〕在法律保护模式方面，王利明教授提出，个人信息权与隐私权的界分，表明在法律上对它们进行分开保护，在理论上是有充分依据的。〔4〕

从我国截至2016年的法院判例来看，私法实践中多采取“一元化”的保护模式。例如，福建省厦门市思明区人民法院（2000）思民初字第281号判决认定了构成对隐私权的侵犯。判决原文写道：“公民的隐私权是公民所享有的个人的，与公共利益、群体利益无关的，对个人信息、私人活动和私有领域进行支配的具体人格权。侵害隐私权的行为的具体形式一般是：干涉、监视私人活动；侵入、窥视私人领域等。”〔5〕显然，在这里，法官是将公民的隐私权与个人信息不作区分而加以保护的。另外一个更明确、更清晰地表明隐私与信息保护一体的判例是上海市浦东新区人民法院（2009）浦民一（民）初字第9737号判决。该判决涉及的是某网络通信公司上海分公司将客户信息告知与其有义务关联的某保险公司，该保险公司向客户销售保险产品，并为该客户免费上了保险。但是，该客户认为个人隐私被侵犯而起诉该网络通信公司。法院认定客户隐私权被侵犯。判决认为：“法律、法规保护隐私权的目的是赋予权利主体对他人在何种程度上可以介入自己私生活的控制权，

---

〔1〕参见王泽鉴：《人格权法》，三民书局2012年版，第240~245页。

〔2〕参见张新宝：“从隐私到个人信息：利益再衡量的理论与制度安排”，载《中国法学》2015年第3期。

〔3〕参见王利明：“论个人信息权的法律保护——以个人信息权与隐私权的界分为中心”，载《现代法学》2013年第4期。

〔4〕参见王利明：“论个人信息权的法律保护——以个人信息权与隐私权的界分为中心”，载《现代法学》2013年第4期。

〔5〕转引自张礼洪：“隐私权的中国命运——司法判例和法律文化的分析”，载《法学论坛》2014年第1期。

对自己是否向他人公开隐私以及公开范围的决定权。因此，个人信息的私密性是其重要内容，只要有未经许可向第三人披露他人个人信息的事实存在即可构成侵害，就侵害的成立而言无需考虑第三人究竟给原告带来的是利益还是损害，私人信息为第三人所知本身即为损害。因此，本案中被告将原告的个人信息提供给（网络公司）上海分公司，使得原告的信息被第三人所知悉，损害即成立。"[1]

从我国民事立法来看，2017年通过的《民法总则》第110、111条已经明确我国立法采取将隐私权与个人信息区分保护的"二元论"模式，但并没有规定隐私与信息的具体概念和范围。我国《民法典》不仅继受了这种"二元保护模式"，而且，明确规定了隐私与信息的概念和范围。《民法典》第1032条第2款规定："隐私是自然人的私人生活安宁和不愿为他人知晓的私密空间、私密活动、私密信息。"第1034条第2款规定："个人信息是以电子或者其他方式记录的能够单独或者与其他信息结合识别特定自然人的各种信息，包括自然人的姓名、出生日期、身份证件号码、生物识别信息、住址、电话号码、电子邮箱、健康信息、行踪信息等。"这一概念与2016年11月7日由全国人大常委会通过并颁布的《网络安全法》（2017年6月1日起施行）第76条明确规定的个人信息的基本概念大致相同，"个人信息，是指以电子或者其他方式记录的能够单独或者与其他信息结合识别自然人个人身份的各种信息，包括但不限于自然人的姓名、出生日期、身份证件号码、个人生物识别信息、住址、电话号码等"。

笔者赞同这种"二元论"模式，总的说来，隐私与信息应该是有区别的，单一的个人信息在正常使用时不会对个人构成侵犯，甚至在一个正常的社会中，正常的交往必须需要个人的姓名、性别、甚至爱好等，如果每一个人都把自己变成一个"装在套子里的人"，每个人就是孤零零的人，而不能成为一个社会。只有当非正常搜集、使用时才会对人造成危害。但隐私不同，即使在正常的社会交往，人也应该有尊严，也有不愿意透露的秘密和内心的自由空间。因此，每个国家的法律对隐私的保护程度与信息的保护程度是不同的。因此，将二者区分保护是必要的。

但是，我们也必须承认的是，个人隐私与个人信息在有些方面的确是交叉的，因为，有一些个人隐私是通过"信息"这种外在形式表现出来的。因此，在具体生活及个案中肯定存在具体认定的情形。也许正是基于这种原因，许多国家的立法和判例干脆不作任何区分，而是在具体认定时，由法官来判定保护的程度，在我国这种对隐私和信息采取"二元制"保护的立法模式下，如何区分个人隐私与个人信息呢？

虽然看起来我国《网络安全法》第76条及《民法典》第1032条与1034条规定了个人信息与隐私权的基本概念，但也不能完全解决实践中个人信息与个人隐私的明确区分。笔者认为，应用"三分法"来区分隐私与信息，即分为纯粹的个人隐私、隐私性信息、纯粹的个人信息。

纯粹的个人隐私，是隐私权保护的主要部分，是指个人生活最私密、直接涉及个人人格尊严与自由的部分，一旦侵入，直接会造成受害人的损害，特别是精神损害。它主要包括：①空间隐私权（私密空间），主要是指个人的私密空间，例如，住宅、租赁的房屋、暂时居住的旅馆等。甚至有的学者主张，还应包括个人处在办公室、电话亭这样的可以"合

---

[1] 转引自张礼洪："隐私权的中国命运——司法判例和法律文化的分析"，载《法学论坛》2014年第1期。

理期待有隐私权的地方”。〔1〕但是，在我国，按照习俗，要将办公室也作为可以“合理期待有隐私权的地方”，恐怕难以接受：我们习惯认为，办公室属于公共场所，尤其是在工作上班期间，闯入办公室难以认定为侵入个人的私密空间。②私生活秘密（包括私密活动）、身体隐私、生活隐私（如恋爱史、情人关系、夫妻生活、日记等）。这些私生活秘密是每一个人一般不愿意让他人知道的，属于“个人心中的秘密王国”，属于个人最期望“不被打扰的领地”。

隐私性信息，实际上就是隐私与纯粹的个人信息交叉的部分。但其与纯粹的个人信息不同的是，它们对于个人的人格尊严“离得较近”，每个个人对于这一部分信息的敏感程度，更接近于个人隐私。隐私性信息主要包括：医疗信息（例如，艾滋病病史资料、许多重大疾病的病历信息等，由于人们想有尊严地生活，故这一部分信息属于隐私性信息）、银行存款信息及其他财产性信息（如理财信息、投资信息等）。这些信息因与个人尊严离得较近，与隐私的关联度较高，故其保护更接近于隐私权保护。我国《民法典》显然注意到了这种交叉问题，因此，于第1032条第2款把“隐私性信息”（私密信息）放在隐私的范畴中。第1034条第3款又特别强调“个人信息中的私密信息，适用有关隐私权的规定”。

纯粹的个人信息就是我国《民法典》第1034条第2款及《网络安全法》第76条所列举的这些个人信息，包括姓名、出生日期、身份证件号码、生物识别信息、住址、电话号码、电子邮箱地址、行踪信息等。这些信息虽涉及个人，但它们与个人的人格尊严“离得较远”，人们对它们的敏感程度远远不及隐私和隐私性信息。例如，日本关于早稻田大学侵权案的判例就是很具有争议和说明性的例子。1998年11月，时任中国国家主席的江泽民计划在早稻田大学讲演，于是，早稻田大学制作了记载有报名参加者的姓名、学号、住所和电话号码的名单。大学方面应警备当局的要求，向其提交了这一份名单。之后，6名学生以侵害隐私为由，起诉校方请求赔偿。一审的东京地方法院认为，虽然个人的姓名在传统意义上属于隐私的范围，但是，由于出示行为具有正当理由，属于社会观念上允许的范围之内，因此，足以阻却违法性（东京地判平成13·4·11《判时》1752号第3页）。二审的东京高裁认可了本案的个人信息隐私权，认为，由于校规禁止对于个人信息进行目的外的使用，而校方违反了规定，因此否定了违法性阻却事由的成立。但是，在精神损失的数额上，认为作为名义上的赔偿，每人1万日元的赔偿额就足够（东京高判平成14·1·16《判时》1772号第17页）。〔2〕对于该案的判决，在日本也有不同的意见：日本最高法院的多数意见认为，对于这样的个人信息，本人不想被他人随意知晓也是理所当然的事情。这种期待应该受到法律的保护。所以，上诉人的个人信息应该作为隐私权受到保护。但也有反对意见，也有人认为，这样的信息从性质上看，属于不愿意被他人知晓程度较低的信息。另外，还有人认为，提交名单只要具有正当理由，侵权行为就不成立。〔3〕

按照我国大陆地区的学理及判例规则，这种名单的提交具有正当理由，具有阻却违法性，不会成立侵权行为。如果这种情况也成立侵权行为，则个人利益与国家利益、公共安全将成为问题。即使通过法益衡量的评判，也不成立侵权行为。其实，日本的判例规则也认为，对信息的侵犯要构成侵权行为，必须具备三个要件：①该信息必须是与个人私生活

---

〔1〕［美］唐纳德·M. 吉尔莫等：《美国大众传播法：判例评析》，梁宁等译，清华大学出版社2002年版，第231页。

〔2〕参见［日］五十岚清：《人格权法》，铃木贤、葛敏译，北京大学出版社2009年版，第171~172页。

〔3〕参见［日］五十岚清：《人格权法》，铃木贤、葛敏译，北京大学出版社2009年版，第172页。

上的事实相关的信息；②以一般人的感受为基准，站在当事人的立场上，如果将信息公开，会给当事人带来心理负担与不安，那么由此可以认定是当事人不愿意被公开的内容；③必须是还没有被一般的人所知晓的事情。[1] 虽然日本的判例及学理均主张在隐私权的问题上，采取利益衡量的原则，[2] 但不知为何，在早稻田大学案中，却没有采取这一原则。

必须特别指出的是，由我国国家质量监督检验检疫总局和中国国家标准化管理委员会颁布的《信息安全技术公共及商用服务信息系统个人信息保护指南》（以下简称《指南》）第3条（3.7与3.8）将个人信息区分为个人敏感信息（personal sensitive information）和个人一般信息（personal general information）。《指南》对个人敏感信息的定义是："一旦遭到泄露或修改，会对标识的个人信息主体造成不良影响的个人信息。各行业个人敏感信息的具体内容根据接受服务的个人信息主体意愿和各自业务特点确定。例如个人敏感信息可以包括身份证号码、手机号码、种族、政治观点、宗教信仰、基因、指纹等。"而个人一般信息的定义是："除个人敏感信息以外的个人信息。"这种区分与我们在这里讨论的问题应该是不同的：《指南》没有将隐私考虑进去，而且也很不全面，也许像手机号码等信息比起财产性信息、健康信息（病历信息等）更不敏感。这大概与《指南》的规范对象有关：它最主要的不是法律规范，而是行业自律规约，而且《指南》说得也很清楚："各行业个人敏感信息的具体内容根据接受服务的个人信息主体意愿和各自业务特点确定。"因此，尽管在《指南》中被列为"敏感信息"的信息，在民法上不一定就等于"隐私性信息"。

二、隐私权与名誉权的关系

众所周知，隐私权与名誉权的立法宗旨不同，所保护的客体及免责事由都是不同的。二者的主要区别是：①隐私权与名誉权所保护的法益不同（立法宗旨不同）。名誉权重在保护个人的品行、德性、名声、信誉等的社会评价免受不当降低，而隐私权则重在保护私生活免受不当干扰，就如王泽鉴教授所言，隐私权着重保护私生活之不欲人知，名誉权则重在保护社会评价的降低，故两种保护的法益不同。[3] ②侵权行为的构成要件不同。侵犯隐私权，其侵犯行为本身就足以构成侵权行为而负责任，不需要证明有损害事实或者"公开"为要件，例如，闯入私人住宅、偷录他人性爱场景等。而侵犯名誉权不仅要求要有损害结果——社会评价的降低，而且以"公开"为要件，要求被第三人知道，否则难以达到"降低被害人社会评价"的效果。③抗辩事由不同。在侵犯名誉权的诉讼中，被告可以通过主张其所说的是事实而阻却违法；而在侵害隐私权的情况下，不可能通过证明真实性来阻却违法性。应该说，公开的内容越真实，造成的伤害也就越大。因此，在日本的判例和学说中，对于侵害隐私的行为，不存在类似解决名誉权毁损情况时采用"真实性相当"法理作为统一的违法阻却事由。[4]

---

[1] 参见［日］五十岚清：《人格权法》，铃木贤、葛敏译，北京大学出版社2009年版，第172页。
[2] 参见［日］五十岚清：《人格权法》，铃木贤、葛敏译，北京大学出版社2009年版，第166页。
[3] 参见王泽鉴：《人格权法》，三民书局2012年版，第263页。
[4] 参见［日］五十岚清：《人格权法》，铃木贤、葛敏译，北京大学出版社2009年版，第173页。

第二节 隐私权与信息保护

一、我国隐私权与信息保护的请求权基础

（一）侵犯隐私及隐私性信息的样态

1. 非法泄露或者公开个人的隐私或者隐私性信息，包括公开他人的私密照片、病历信息、日记内容、通信信息等。

2. 侵入他人的私密空间，也就是学者所说的空间隐私权的侵害，包括非法侵入他人的住宅、公共场所的专供个人使用的更衣室以及其他可以期待有隐私空间的地方。

3. 非法侵扰他人的生活安宁，例如，对于他人的住所进行监听、窥探，跟踪他人的行踪、窃听他人的私人电话、非法刺探他人的隐私或者隐私性信息等。

（二）被侵害人的请求权基础

被害人的请求权基础主要有两个：一是我国《民法典》这种一般法上的请求权基础，二是《网络安全法》这种特别法上的请求权基础。在此，我们主要讨论作为一般法的民法典上的请求权基础。

在民法典上的请求权基础需要讨论的是：人格权编中的请求权基础和侵权责任编中的请求权基础。对于我国《民法典》中的人格权编来说，似乎可以解释出有自己独立的请求权基础。

对于隐私权的救济来说，大概有两种：一是《民法典》的人格权编中的救济措施（如果能够成立的话），即第997条："民事主体有证据证明行为人正在实施或者即将实施侵害其人格权的违法行为，不及时制止将使其合法权益受到难以弥补的损害的，有权依法向人民法院申请采取责令行为人停止有关行为的措施。"当然，我之所以说"如果能够成立的话"，就是因为：当具备第997条之条件的时候，受害人是根据侵权责任"有权依法向人民法院申请采取责令行为人停止有关行为的措施"，还是直接根据其人格权受到侵害而直接有权请求？如果是后者，当然就是人格权本身可以作为请求权基础了。如果是前者，还要归于侵权请求权。二是侵权请求权：既可以根据《民法典》的"侵权责任编"的一般构成要件来请求侵权救济，也可以根据第995条的特别规定提出特别救济。

至于《民法典》总则编中的"民事责任"一章，由于没有具体的构成要件，因此这些所谓的责任方式难以作为请求权基础。

二、侵犯信息的样态和请求权基础

1. 侵犯信息的样态。我国《民法典》第1035条规定："处理个人信息的，应当遵循合法、正当、必要原则，不得过度处理，并符合下列条件：①征得该自然人或者其监护人同意，但是法律、行政法规另有规定的除外；②公开处理信息的规则；③明示处理信息的目的、方式和范围；④不违反法律、行政法规的规定和双方的约定。个人信息的处理包括个人信息的收集、存储、使用、加工、传输、提供、公开等。"第1038条还规定："信息处理者不得泄露或者篡改其收集、存储的个人信息；未经自然人同意，不得向他人非法提供其个人信息，但是经过加工无法识别特定个人且不能复原的除外。信息处理者应当采取技术措施和其他必要措施，确保其收集、存储的个人信息安全，防止信息泄露、篡改、丢失；发生或者可能发生个人信息泄露、篡改、丢失的，应当及时采取补救措施，按照规定告知自然人并向有关主管部门报告。"

也就是说，未经个人同意，非法或者超出约定的方法或者范围处理个人信息——收集、存储、使用、加工、传输、提供、公开个人信息，都属于侵犯个人信息的样态。

除此之外，《民法典》第1036条规定了例外免责条款："处理个人信息，有下列情形之一的，行为人不承担民事责任：①在该自然人或者其监护人同意的范围内合理实施的行为；②合理处理该自然人自行公开的或者其他已经合法公开的信息，但是该自然人明确拒绝或者处理该信息侵害其重大利益的除外；③为维护公共利益或者该自然人合法权益，合理实施的其他行为。"以上两个法律条文不仅为搜集和处理个人信息提出了原则，而且提出了"处理"的含义。由此可见，不符合上述规则的非法收集、使用、加工、传输、提供、公开等的，属于侵犯信息的样态。当然，侵犯样态还包括非法买卖信息的行为。

《民法典》第1039条还专门针对国家机关、承担行政职能的法定机构及其工作人员提出了对个人信息保密的义务——国家机关、承担行政职能的法定机构及其工作人员对于履行职责过程中知悉的自然人的隐私和个人信息，应当予以保密，不得泄露或者向他人非法提供。

2. 保护的请求权基础。从请求权基础来看，我国特别法《网络安全法》及《民法典》都给其救济提供了请求权基础及救济措施，[1] 具体来说，有以下几种：

（1）删除请求权。对此，《网络安全法》第43、47、48条及《民法典》第1037、1195条都规定了要求删除的权利。

（2）承担侵权责任的请求权。如果采取了删除、屏蔽、断开链接等方式，并不必然排除其他责任方式。如果采取上述措施不能或者不能完全对受害人提供充分的救济，受害人可以请求对方承担其他的侵权责任。对此，我国《民法典》之侵权责任编可以为此提供有效的请求权基础和救济措施。

（3）更正请求权。我国《民法典》第1037条、《网络安全法》第43条都提供了这种救济。例如，按照《网络安全法》第43条的规定，个人发现网络运营者收集、存储的其个人信息有错误的，有权要求网络运营者予以更正。网络运营者应当采取措施予以删除或者更正。

[1] 当然，这里的救济措施是指"民事救济措施"，因此，像《网络安全法》第59~75条规定的诸如罚款、没收非法所得等，不属于民事救济措施。所以，在这里不讨论之。

第六编 婚姻家庭与继承编

第一分编 婚姻家庭编

第一章 婚姻家庭法概述

第一节 婚姻家庭法的调整对象与特征

一、婚姻家庭法的概念和调整对象

婚姻家庭法，也称亲属法，是调整因婚姻家庭产生的民事法律关系的法律的总称。从调整对象上来看，婚姻家庭法调整的是婚姻关系、家庭关系，即因婚姻和家庭产生的一定范围内亲属之间的人身关系和财产关系。

婚姻关系是指夫妻之间的权利义务关系。所谓婚姻，是为当时社会制度所确认的，男女两性互为配偶的结合。它具有以下含义：其一，婚姻是男女两性的结合，即一男一女的结合，同性结合不成立婚姻。其二，婚姻是男女双方以夫妻身份的结合，具有终身共同生活的目的。男女双方以终身共同生活为目的而结合并形成夫妻关系，从而区别于非婚同居等不具有夫妻身份的结合。其三，婚姻是当时的社会制度所确认的男女结合。男女双方必须按照《民法典》婚姻家庭编规定的法定条件和程序结合，从而基于夫妻身份互相享有法定的权利和承担法定的义务。男女双方在事实上的共同生活不成立婚姻。

家庭关系则是指作为家庭成员的特定亲属之间的权利义务关系，以父母子女之间的亲子关系为核心。家庭一般由婚姻形成，是由一定范围内的亲属所构成的社会生活单位。它包括以下特征：其一，家庭是社会生活单位。在古代社会，家庭不仅是生活单位，还是生产单位。在城镇化和工业化后，家庭成员的工作和职业逐渐脱离了家庭。作为社会的细胞，家庭更多地表现为由亲属组成的共同生活的消费单位。[1] 家庭成员共同居住、共同生活，互相负有一定的扶养义务或具有共同的财产，但家庭成员的个人意识和个人人格受到尊重

---

〔1〕 参见［德］迪特尔·施瓦布：《德国家庭法》，王葆莳译，法律出版社2010年版，第3页。

的需求逐渐强化。[1] 当然，在我国农村地区，因为家庭承包经营制的存在，家庭仍然具有生产单位和生活单位的双重属性。其二，家庭由一定范围内的亲属构成。作为家庭成员的亲属，以婚姻关系和血缘关系为纽带，范围限于近亲属但不包括全部近亲属。在我国，配偶、父母、子女、兄弟姐妹、祖父母、外祖父母、孙子女、外孙子女为近亲属。其中，配偶、父母、子女和其他共同生活的近亲属为家庭成员。

作为民法的组成部分，婚姻家庭法调整平等民事主体之间的人身关系和财产关系。进而，婚姻家庭法的调整对象，实际上就是因婚姻和家庭产生的一定范围内亲属之间的人身关系和财产关系。

婚姻家庭法调整的人身关系，主要是夫妻之间的人身关系和父母子女之间的人身关系。前者如夫妻之间的忠实义务，后者如父母对子女的教育、保护义务。这种人身关系产生的原因，既包括自然事实，也包括法律行为。前者如出生，后者如结婚和收养。婚姻家庭法调整的人身关系，具有较强的伦理性，不能仅由当事人的意思决定，还高度依赖国家的协作和干预。比如，夫妻间人身关系的形成取决于男女双方当事人的结婚行为的成立和生效。就结婚行为的成立而言，国家将结婚行为规定为要式行为，非经登记不产生夫妻关系；就结婚行为的生效而言，国家对结婚行为的效力设置了特别的要件，男女双方不得存在如重婚、有禁止结婚的亲属关系、未到法定婚龄等婚姻无效的法定事由。

婚姻家庭法调整的财产关系，主要是夫妻之间的财产关系、亲属之间的扶养关系。这种财产关系，依附、从属于人身关系。比如，夫妻之间的财产关系基于夫妻之间的身份关系而产生，原则上因夫妻一方死亡或夫妻双方离婚而终止；亲属之间的扶养、赡养、抚养关系，均以权利人和义务人之间存在特定的亲属身份关系为前提。因此，这种财产关系体现的是亲属共同生活的需求和家庭的经济职能，而非商品经济的财产交易关系，不适用等价有偿规则。比如，父母对子女负担的抚养义务与成年子女对父母负担的赡养义务并非等价有偿的关系，子女不得以父母未尽抚养义务为由不履行赡养义务。

二、婚姻家庭法的地位和特征

（一）婚姻家庭法的地位

中华人民共和国成立后，于1950年制定了《婚姻法》，这是我国制定的第一部法律。但是，我国学界接受了苏联的立场，认为婚姻家庭法是在民法之外独立的部门法。[2] 20世纪80年代以后，学界逐渐开始反思婚姻家庭法和民法的关系，并提出了婚姻家庭法回归民法的主张。[3] 在《民法典》编纂过程中，婚姻家庭法应当成为《民法典》的独立一编，成为立法机关和学界的共识。最终，婚姻家庭法以“婚姻家庭编”的形式成了《民法典》的第五编，实现了向《民法典》的回归。

作为形式上的婚姻家庭法，《民法典》婚姻家庭编位于《民法典》第五编，在分编中位于物权编、合同编、人格权编之后，继承编、侵权责任编之前。在逻辑上，夫妻财产制依赖于物权编规则，[4] 夫妻采纳约定财产制的书面协议、夫妻间离婚协议、收养协议须适用合同编一般规则，亲属间扶养义务作为法定之债有适用合同编一般规则的可能，因此，

---

〔1〕 参见陈棋炎、黄宗乐、郭振恭：《民法亲属新论》，三民书局股份有限公司2018年版，第7页。

〔2〕 参见夏吟兰：“论婚姻家庭法在民法典体系中的相对独立性”，载《法学论坛》2014年第4期。

〔3〕 参见薛宁兰：“与立法相伴前行：70年来的婚姻家庭法学研究”，载《暨南学报（哲学社会科学版）》2019年第10期。

〔4〕 Dethloff, Familienrecht, 32. Aufl., C. H. Beck, 2018, § 1, Rn. 37.

婚姻家庭编置于物权编、合同编之后，有正当的理由。就人格权编与婚姻家庭编的顺序而言，每个民事主体皆有生命权、健康权、身体权、姓名权、肖像权、名誉权、隐私权等人格权，但是不一定会缔结婚姻、组建家庭、生儿育女，因此，人格权编位于婚姻家庭编之前，亦属合理。由于《民法典》将物权编、合同编置于人格权编之前，因此，婚姻家庭编只能位于这三编之后。由于第一顺序和第二顺序法定继承人的范围，限于与被继承人具有特定身份关系的亲属，因此，确定法定继承人的范围须先确定因婚姻家庭产生的亲属身份关系，故继承编在逻辑上应当位于婚姻家庭编之后。因此，婚姻家庭编应当位于人格权编之后、继承编之前。

婚姻家庭编分为五章，包括一般规定、结婚、家庭关系、离婚、收养。从结构上来看，除去收养，婚姻家庭编实际上是以自然人身份的变化为主线、按照不同的生活事实展开的。自然人一般通过结婚创设家庭关系，因离婚而消灭夫妻关系。而收养属于父母子女之间亲子关系的内容。因此，婚姻家庭编并不存在“提取公因式”“一般到特殊”的“总分关系”，从而与物权编、合同编不同。后两者皆有通则章，设置了如物权变动、合同订立等适用于所有类型物权关系、合同关系的规则。婚姻家庭编的一般规定，仅仅确立了婚姻家庭法的基本原则。

根据调整对象的不同，婚姻家庭编可以分为两大板块，即婚姻法和以亲子关系法为核心的家庭关系法。

（二）婚姻家庭法的性质

作为民法的组成部分，婚姻家庭法是调整平等自然人之间人身关系和财产关系的私法。《民法典》婚姻家庭编第1041条第2款确立的婚姻自由原则、第1065条规定的约定夫妻财产制、第1087条规定的离婚时协议分割夫妻共同财产等，都是私法自治原则在婚姻家庭法领域的体现。

不仅如此，婚姻家庭法还具有以下特征：

1. 婚姻家庭法具有较强的习俗性，固有法色彩浓厚。婚姻家庭法是民法中最具传统习俗性的领域之一，夫妻关系、亲子关系方面的规定，多受传统习俗的影响，〔1〕法律继受和法律国际化的难度较大，缺乏国际统一条约。以法定婚龄为例，根据我国《民法典》婚姻家庭编第1047条，我国法定婚龄为男性22周岁、女性20周岁，高于18周岁的成年标准。与此相对，依据《德国民法典》第1303条，自然人的法定婚龄为成年，因此，自然人成年即可缔结有效的婚姻。〔2〕未满16周岁的未成年人无法缔结有效的婚姻，依据《德国民法典》第1314条，已满16周岁的未成年人缔结的婚姻有效但可废止。〔3〕当然，就夫妻财产制而言，法律移植和继受尚有可能。〔4〕

2. 婚姻家庭法具有较强的伦理性。婚姻家庭法调整的重心是具有浓厚伦理色彩的夫妻关系、亲子关系，受到占社会统治地位的道德观念和社会习俗的影响。对这两种关系的调整必然要符合社会主义道德的基本要求。《民法典》婚姻家庭编第1043条即体现了这一点。

---

〔1〕参见林秀雄：《亲属法讲义》，元照出版有限公司2020年版，第9页。

〔2〕Gernhuber/Coester-Waltjen, Familienrecht, 7. Aufl., C. H. Beck, 2020, §9, Rn. 4.

〔3〕MüKoBGB/Wellenhofer, 8. Aufl. 2019, BGB §1303 Rn. 12, 16. 未满16周岁的未成年人，即使缔结了婚姻，该婚姻属于终局的、不可治愈的无效（endgültig und unheilbar nichtig），也被称为婚姻不成立（Nichtehe），从而婚姻关系自始不存在。Gernhuber/Coester-Waltjen, Familienrecht, 7. Aufl., C. H. Beck, 2020, §13, Rn. 7; BeckOK BGB/Hahn, 54. Ed. 1. 5. 2020, BGB §1303 Rn. 5.

〔4〕参见陈棋炎、黄宗乐、郭振恭：《民法亲属新论》，三民书局股份有限公司2018年版，第17~18页。

此外，《民法典》婚姻家庭编第1041条确立的一夫一妻制度、第1048条禁止直系血亲或者三代以内的旁系血亲结婚、第1102条规定要求无配偶者与被收养异性子女之间年龄相差40周岁以上，也体现了婚姻家庭法的伦理性。

3. 婚姻家庭法规定多为强行法。家庭是社会的细胞，负担着人口再生产、养老育幼等重要社会职能，具有重要的社会意义。[1] 对婚姻家庭关系的调整，也是维护公序良俗的要求，涉及社会公共利益。因此，婚姻家庭法规定多为强行法，如法定婚龄的规定、结婚登记的规定、婚姻无效事由的规定、父母对子女负有抚养义务和教育保护义务的规定、子女收养条件的规定。当事人不得以约定方式排除这些规定的适用。这也体现了国家对婚姻家庭关系的高度干预。因此，婚姻家庭法上的形成权通常是形成诉权，如撤销婚姻的形成权、请求人民法院婚内分割夫妻共同财产的形成权。

第二节　婚姻家庭法的基本概念

一、亲属

（一）定义

亲属，是基于婚姻、血缘或法律拟制而产生的人与人之间的社会关系。一般来说，亲属具有以下特征：

1. 亲属基于婚姻、血缘或法律拟制而产生。基于男女双方的婚姻形成的亲属关系，包括配偶关系和姻亲关系。基于自然血缘形成的亲属关系，是指因自然人出生而形成的父母子女关系、祖父母、外祖父母与孙子女、外孙子女关系等。基于法律拟制形成的亲属关系，是通过法律行为或事实行为由法律拟制的亲属关系，在我国主要是拟制的父母子女关系，包括经收养法律行为产生的养父母养子女关系、经继父母对继子女的抚养教育这一事实行为产生的继父母继子女关系。

2. 亲属是有固定身份和称谓的社会关系。亲属关系一旦形成，亲属之间的身份和称谓便固定下来，具有永久性或稳定性。因血缘形成的亲属身份和称谓具有永久性，如父母、子女、兄弟、姐妹。这种永久性的身份和称谓，因血缘关系无法变更，也无法被变更，但收养除外，如叔叔收养侄子，即形成拟制的父子关系，从而称谓可以更改。因婚姻、法律拟制形成的亲属，其身份和称谓则可以被依法解除或变更，如夫妻关系因离婚而终止、养父母养子女关系因解除收养关系而终止。

3. 亲属之间具有法定的权利和义务。亲属间权利义务的产生，有些是无条件的，如夫妻之间有互相扶养的义务、相互继承遗产的权利，父母对未成年子女抚养、教育和保护的权利和义务，成年子女对父母有赡养、扶助和保护的义务。有些权利义务的产生是有条件的，如祖父母、外祖父母对未成年的孙子女、外孙子女的抚养义务，孙子女、外孙子女对祖父母、外祖父母的赡养义务，兄、姐对未成年弟、妹的扶养义务，弟、妹对兄、姐的扶养义务。当然，不是所有的亲属关系都受法律调整，不是所有的亲属之间都存在权利义务关系。

---

[1] 参见马忆南：《婚姻家庭继承法学》，北京大学出版社2019年版，第3~4页。

（二）类型

依据《民法典》婚姻家庭编第1045条第1款，亲属包括配偶、血亲和姻亲。

1. 配偶即夫妻，是男女双方因结婚而产生的亲属关系。在婚姻关系存续期间，夫妻互为配偶。婚姻能够形成血亲关系和姻亲关系，因此，配偶在亲属关系中具有重要地位。比如，基于配偶关系，夫妻生育子女形成血亲关系；基于配偶关系的中介，夫妻一方与配偶的血亲形成姻亲。配偶关系是《民法典》婚姻家庭编调整的重点。

2. 血亲，是具有血缘关系的亲属。根据血亲关系是否由法律拟制而成，血亲分为自然血亲和拟制血亲；根据血亲之间是否具有直接血缘关系，血亲又可分为直系血亲与旁系血亲。

自然血亲，是指出自同一祖先，基于出生的事实而自然形成的具有血缘关系的亲属，如父母与子女、祖父母与孙子女、外祖父母与外孙子女、兄弟姐妹、堂兄弟姐妹、表兄弟姐妹等。

拟制血亲，是指本无该种血亲应具备的血缘关系，而由法律确认其与该种血亲具有同等权利义务的血亲。我国《民法典》婚姻家庭编承认的拟制血亲限于父母子女关系，包括基于收养行为形成的养父母子女关系、基于抚养教育关系形成的继父母子女关系。拟制血亲之间可能具有血缘关系，但没有与该种血亲相应的血缘关系。比如叔伯可以收养侄子侄女为养子女，从而产生养父母子女的拟制血亲关系。需要说明的是，拟制血亲并非对客观存在的血缘关系的拟制，而是在法律上对亲属关系的拟制。

直系血亲，是有直接血缘关系的血亲，即生育自己与自己生育的上下各代血亲，如父母与子女、祖父母与孙子女、外祖父母与外孙子女。直系血亲中的父母子女关系是《民法典》婚姻家庭编调整血亲的重点。

旁系血亲，是直系血亲以外的血亲，即非直系血亲而在血缘上与自己同出一源的亲属，如与自己同源于父母的兄弟姐妹、与自己同源于祖父母的叔伯姑以及堂兄弟姐妹和表兄弟姐妹。

血亲的民法意义包括：①自然人可以选择直系长辈血亲的姓氏作为自身的姓氏；②配偶和血亲属于近亲属；③直系血亲和三代以内的旁系血亲禁止结婚；④扶养义务主要发生在直系血亲和部分旁系血亲之间，即父母和子女之间、（外）祖父母和（外）孙子女之间、兄姐和弟妹之间有扶养义务；⑤收养三代以内旁系同辈血亲的子女，收养条件能被适当放宽；⑥法定继承人范围以配偶和血亲为主，即配偶、子女、父母、兄弟姐妹、祖父母、外祖父母；⑦被继承人的子女的直系晚辈血亲、被继承人的兄弟姐妹的子女享有代位继承权。

3. 姻亲，是除配偶外，以婚姻关系为中介而产生的亲属。典型的姻亲包括：①血亲的配偶，即自己直系血亲、旁系血亲的配偶，如儿媳，女婿，孙媳，伯叔姑舅姨的配偶，兄弟姐妹的配偶等；②配偶的血亲，即配偶的直系血亲、旁系血亲，如公婆，岳父母，夫或者妻的兄弟姐妹；③配偶的血亲的配偶，如连襟（妻子的姐妹的丈夫）、妯娌（丈夫的兄弟的妻子）等。

《民法典》婚姻家庭编调整的亲属关系主要是配偶和直系血亲，对旁系血亲的法律地位规定较少，如三代以内旁系血亲禁止结婚、部分旁系血亲之间的扶养义务等，对姻亲的权利义务未作规定。但是，根据《民法典》继承编第1129条，丧偶儿媳对公婆，丧偶女婿对岳父母，尽了主要赡养义务的，作为第一顺序继承人参与继承。因此，特定范围内的姻亲在符合法律规定的条件下享有继承权。

（三）亲等

亲等，是指计算亲属关系亲疏远近的标准单位。亲等数越少，亲属关系越密切；亲等数越大，亲属关系越疏远。我国《民法典》婚姻家庭编采纳的亲等计算方法是代数计算法。代即世辈，一辈为一代。计算亲等的代数按照直系血亲和旁系血亲来计算。

1. 直系血亲的代数计算。从一方当事人自身开始，自己为一代，往上或往下数。如往上数至父母为二代，至祖父母、外祖父母为三代；往下数至子女为二代，至孙子女、外孙子女为三代。

2. 旁系血亲的代数计算。首先找出双方当事人最近的同源直系尊亲属，按照直系血亲的代数计算方法，分别计算双方当事人与最近的同源直系尊亲属之间的代数。如果两边代数相同，则以该代数为准；如果两边代数不同，以代数大的为准。因此，出于同一父母的兄弟姐妹，自身为一代，往上数至父母为二代，因此，兄弟姐妹为二代旁系血亲。类似的，堂兄弟姐妹、表兄弟姐妹具有共同的祖父母、外祖父母，因此，堂兄弟姐妹、表兄弟姐妹是三代旁系血亲。

需要注意的是，姻亲比照血亲计算亲等，配偶之间无亲等。

二、近亲属与家庭成员

（一）近亲属

依据《民法典》婚姻家庭编第 1045 条第 2 款，配偶、父母、子女、兄弟姐妹、祖父母、外祖父母、孙子女、外孙子女为近亲属。

近亲属的民法意义包括：①近亲属可以担任未成年人、无民事行为能力或者限制民事行为能力的成年人的监护人；②近亲属可以担任成年人的意定监护人；③受赠人严重侵害赠与人近亲属的合法权益的，赠与人可以撤销赠与；④出租人将房屋出卖给近亲属的，无须通知承租人由承租人行使优先购买权；⑤在发生生命权侵害的情形时，死者的近亲属有权请求侵权人承担侵权责任；⑥死者人格利益遭受侵害时，死者的近亲属有权请求行为人承担民事责任；⑦医务人员需要对患者实施手术、特殊检查、特殊治疗，但不能或者不宜向患者说明的，应当向患者的近亲属说明，并取得其明确同意；⑧近亲属可以请求人民法院确认婚姻无效。

（二）家庭成员

依据《民法典》婚姻家庭编第 1045 条第 3 款，配偶、父母、子女和其他共同生活的近亲属为家庭成员。

家庭成员的民法意义包括：①家庭承包的承包方是本集体经济组织的农户，农户内家庭成员依法平等享有承包土地的各项权益；②禁止家庭成员间的虐待和遗弃，虐待、遗弃家庭成员属于离婚时感情确已破裂的法定情形和能够成立离婚损害赔偿的重大过错。

三、身份法律行为

在婚姻家庭领域内，当事人可以通过民事法律行为创设和消灭彼此之间的权利和义务关系。比如结婚、撤销婚姻关系、协议离婚、收养、8 周岁以上被收养人对收养的同意、协议解除收养关系、夫妻关于夫妻财产制的约定、夫妻间限制日常家事代理权范围的约定、离婚财产分割协议、离婚子女抚养协议等。这些婚姻家庭法上的民事法律行为，大致可以分为两类，即影响当事人之间身份关系的身份法律行为和不影响当事人之间身份关系的其他法律行为。前者包括创设身份关系的身份法律行为，如结婚、收养，也包括消灭身份关系的身份法律行为，如协议离婚、协议解除收养关系；后者如夫妻对于夫妻财产制的约定、夫妻间对日常家事代理权的限制、离婚财产协议。

身份法律行为具有特殊性，通常须适用特别规定。首先，身份法律行为一般是要式法律行为，须满足法定形式要求。比如，结婚、协议离婚、收养、协议解除收养关系均须登记。身份关系的创设与消灭，不仅涉及当事人之间的利益安排，还关乎公共利益。[1] 因此，将身份法律行为规定为要式行为，体现了国家对身份法律行为的干预。同时，身份法律行为的要式性，有助于确保身份关系的清晰明确并起到警示当事人的作用，避免其草率地实施身份法律行为。[2] 其次，身份法律行为具有高度人身性，不适用意定代理规则，[3] 但有些身份法律行为适用法定代理规则。在我国，结婚行为不适用意定代理和法定代理，但收养行为可能适用法定代理，即被收养人作为未成年人，其意思表示须由法定代理人为之。不仅如此，原则上，身份法律行为不得附条件或期限，避免身份关系处于不确定的状态。[4] 比如，允许结婚行为附停止条件和始期，会导致当事人之间甚至亲属之间的身份关系处于不确定状态，影响身份关系的安定性；允许结婚行为附解除条件和终期，与婚姻创设夫妻永久共同生活的目的相违背。最后，《民法典》婚姻家庭编对身份法律行为当事人设置了年龄要求，如结婚双方当事人须达到法定婚龄、收养人须年满 30 周岁。

需要注意的是，身份法律行为包含的意思表示，指向的是创设或消灭身份关系本身而非其他法律后果。[5] 比如，男女双方结婚的意思表示指向的是创设配偶身份关系、形成永久生活共同体，男女双方因结婚而形成夫妻财产制只是结婚的法定效果。《民法典》婚姻家庭编对部分身份法律行为的意思表示瑕疵，设置了特别规则，如第 1052 条和第 1053 条规定了结婚行为因欺诈、胁迫而可撤销。不过，《民法典》婚姻家庭编没有特别规定的，总则编的民事法律行为可撤销和无效规则能否直接适用于身份法律行为，如第 146 条的通谋虚伪行为无效规则能否适用于“假结婚”“假离婚”，学界还存在争议。在《民法典》婚姻家庭编没有特别规定时，原则上，在不与婚姻法律关系的身份性相抵触的范围内，总则编规定应有适用的余地。[6]

身份法律行为并非创设、消灭身份关系的唯一依据。除了身份法律行为之外，创设、消灭身份关系的法律原因还包括自然人的出生或死亡、法院行为（如离婚判决）。

婚姻家庭法上不影响当事人之间身份关系的其他法律行为，通常是财产法律行为。如果《民法典》婚姻家庭编没有设置特殊规定，如第 1065 条第 1 款第 2 句和第 1076 条第 1 款的书面形式要求，这些法律行为可以直接适用总则编关于民事法律行为的规定。

第三节 婚姻家庭法的基本原则

婚姻家庭法的基本原则，是指对婚姻家庭立法具有指导作用的根本准则，既是婚姻家庭立法的基本指导思想，体现婚姻家庭制度的基本精神，决定婚姻家庭立法的性质和内容，反映婚姻家庭制度的本质和特点，也是解释、适用和研究婚姻家庭法的出发点和重要依据。

---

〔1〕 参见陈棋炎、黄宗乐、郭振恭：《民法亲属新论》，三民书局股份有限公司 2018 年版，第 21 页。

〔2〕 Roethel, Jura 2017, 641, 643.

〔3〕 Roethel, Jura 2017, 641, 644.

〔4〕 Roethel, Jura 2017, 641, 647.

〔5〕 Muscheler, Familienrecht, 4. Aufl., Vahlen, 2017, Rn. 111.

〔6〕 MüKoBGB/Koch, 8. Aufl. 2019, Einl. FamR Rn. 77.

依据《民法典》婚姻家庭编的规定，我国婚姻家庭法的基本原则包括婚姻自由原则，一夫一妻原则，男女平等原则，保护妇女、未成年人和老年人合法权益原则，夫妻互相忠实、尊重原则，家庭成员敬老爱幼、互帮互助原则，最有利于被收养人原则等七项基本原则。这里仅介绍婚姻自由原则和一夫一妻原则。

一、婚姻自由

（一）婚姻自由的含义

婚姻自由，是指自然人有权在法律规定的范围内，自主、自愿地决定本人的婚姻问题，不受他人强制或干涉。婚姻自由原则包括以下含义：①婚姻自由是我国公民依据宪法享有的一项基本权利，也是私法自治在婚姻家庭领域的具体体现，并表现为婚姻自主权这一具体人格权。②婚姻自由的行使，必须符合法律规定。婚姻自由是相对的自由而非绝对的自由，婚姻自由的行使必须符合《民法典》婚姻家庭编规定的结婚、离婚条件和程序。

婚姻自由包括结婚自由和离婚自由。

结婚自由，是指缔结婚姻关系的自由，即自然人有权依法自主决定是否结婚以及与谁结婚，不受任何人的干涉和强制。它包括不结婚的自由、初婚的自由、再婚的自由和复婚的自由。结婚自由，以男女双方结婚自愿且意思表示真实为前提。

离婚自由，是指解除婚姻关系的自由，即夫妻双方自愿离婚的，可以共同签订书面离婚协议并亲自到婚姻登记机关申请离婚登记；夫妻任何一方都有权提出离婚，任何人不得干涉、阻碍，如果夫妻感情确已破裂，人民法院调解无效的，应当准予离婚。

结婚自由与离婚自由相辅相成、缺一不可。结婚自由是实现婚姻自由的先决条件，没有结婚自由，就没有离婚自由；离婚自由是结婚自由的必要补充，没有离婚自由，就不会有真正的婚姻自由。

（二）婚姻自由的贯彻

1. 禁止包办、买卖婚姻和其他干涉婚姻自由的行为。《民法典》婚姻家庭编第1042条第1款第1句规定："禁止包办、买卖婚姻和其他干涉婚姻自由的行为。"包办婚姻和买卖婚姻是干涉婚姻自由的两种主要形式。包办婚姻，是指第三人（包括父母）违背婚姻当事人意愿，包办强迫婚姻当事人缔结婚姻的行为。买卖婚姻，是指第三人（包括父母）以索取大量财物为目的，包办强迫他人缔结婚姻的行为。包办婚姻和买卖婚姻既有联系，又有区别。两者都违背了当事人的意愿，但买卖婚姻以索取大量财物为目的，而包办婚姻则无此特征。包办婚姻不一定是买卖婚姻，但是买卖婚姻必定是包办婚姻。

其他干涉婚姻自由的行为，是指除包办婚姻、买卖婚姻以外其他干涉他人婚姻自由的行为。比如，子女干涉丧偶或离异的父母再婚，干涉同姓非近亲的男女结婚，反对丧偶妇女再婚，干涉或阻挠他人离婚或复婚等。

在包办婚姻、买卖婚姻中，如果一方当事人因胁迫而结婚，即当包办行为已经构成胁迫时，受胁迫的一方可以向人民法院请求撤销婚姻。不仅如此，婚姻自主权是《民法典》总则编承认的具体人格权，包办婚姻、买卖婚姻属于典型的侵害婚姻当事人婚姻自主权的行为，因此，以包办婚姻、买卖婚姻方式侵害他人婚姻自主权的人，应当承担侵权责任。

2. 禁止借婚姻索取财物。《民法典》婚姻家庭编第1042条第1款第2句规定："禁止借婚姻索取财物。"借婚姻索取财物，是指除买卖婚姻以外的其他借婚姻索取财物的行为。应当区分借婚姻索取财物和男女婚前出于自愿的赠与，区分借婚姻索取财物和借婚姻诈骗钱财。

借婚姻索取财物和买卖婚姻的共同点在于，它们都以索取财物为结婚的前提条件。这里的前提条件不是决定民事法律行为效力的条件。借婚姻索取财物，是以财物给付为同意结婚的前提，在财物给付时，婚姻关系尚未成立，在财物给付后，男女双方登记结婚的，结婚行为才会依法成立并直接生效；附生效条件的民事法律行为，在生效条件成就之前，民事法律行为已经成立，在生效条件成就后，民事法律行为生效。

借婚姻索取财物和买卖婚姻的不同之处在于：①索取财物的主体不同。在借婚姻索取财物中，索取财物的主体通常是婚姻当事人一方；在买卖婚姻中，索取财物的主体通常是第三人。②婚姻自主决定的不同。借婚姻索取财物，男女双方通常是自主自愿结婚，不存在强迫包办的情形；买卖婚姻则违背了婚姻当事人的意愿，存在强迫包办的情形，违反了婚姻自由原则。③法律后果不一样。借婚姻索取财物，虽然给付方给付财物是违心的和被迫的，但是给付方对于结婚是自愿的，因此婚姻的效力不受索取财物的影响；如果买卖婚姻因胁迫而缔结，受胁迫的一方可以向人民法院请求撤销婚姻。

二、一夫一妻原则

（一）一夫一妻的含义

一夫一妻，是指婚姻为一个男子和一个女子的结合。一夫一妻制，是一男一女结为夫妻、互为配偶的婚姻制度，也称个体婚制。一夫一妻原则包括以下含义：①任何人都不得同时有两个或两个以上的配偶。②任何已婚者，即有妇之夫、有夫之妇，在配偶死亡（包括宣告死亡）前或离婚前，都不得再行结婚。③一切公开的、隐蔽的一夫多妻或一妻多夫的两性关系，都是非法的。

（二）一夫一妻的贯彻

《民法典》婚姻家庭编第 1042 条第 2 款规定："禁止重婚。禁止有配偶者与他人同居。"

1. 禁止重婚。重婚，是指一个自然人同时存在两个或两个以上的婚姻关系的情形，即自然人已有婚姻关系后又与他人缔结婚姻关系。前一个婚姻关系被称为前婚，后一个婚姻关系被称为后婚，即重婚。[1] 典型的重婚，是一个自然人与他人登记结婚后，又与第三人登记结婚。

依据《民法典》婚姻家庭编的相关规定，重婚的法律后果包括：①重婚的婚姻无效，不能产生婚姻的法律效力，重婚中的无过错方有权请求损害赔偿；②重婚是人民法院认定夫妻感情确已破裂，准予离婚的法定情形，因此，前婚的配偶向人民法院提起离婚诉讼的，人民法院应当准予离婚；③因夫妻一方重婚导致离婚的，前婚中无过错方有权向重婚的夫妻一方请求离婚损害赔偿。

2. 禁止有配偶者与他人同居。与他人同居，是指有配偶者与婚外异性，不以夫妻名义，持续、稳定地共同居住。[2] 它包括三层含义：①同居的主体必须是有配偶者与婚外异性，一方或双方都有配偶，从而区别于未婚同居；②对外不以夫妻名义同居，即有配偶者与他人同居是不以夫妻名义的同居生活，周围的群众也不认为他们是夫妻关系；③持续、稳定地共同居住，从而区别于卖淫嫖娼、通奸、一夜情等行为。

有配偶者与他人同居，违反了一夫一妻原则和夫妻间的忠实义务。依据《民法典》婚

---

〔1〕 学界有观点认为，随着事实婚姻已不复存在，我国已不再承认事实重婚。参见陈苇主编：《婚姻家庭继承法学》，中国政法大学出版社 2018 年版，第 50 页。

〔2〕《最高人民法院关于适用〈中华人民共和国民法典〉婚姻家庭编的解释（一）》（以下简称《民法典婚姻家庭编司法解释（一）》）第 2 条。

姻家庭编的相关规定，有配偶者与他人同居的法律后果包括：①有配偶者与他人同居是人民法院认定夫妻感情确已破裂，准予离婚的法定情形；②因夫妻一方与他人同居导致离婚的，无过错的配偶有权向与他人同居的夫妻一方请求离婚损害赔偿。

第二章 婚姻法

第一节 结 婚

一、婚约

婚约是男女双方以将来结婚为目的所作的事先约定。婚约虽然并非结婚的必经程序，但在我国一些地区仍然是一种重要的民事习惯。订立婚约的行为被称为订婚；订立婚约的男女双方被称为未婚夫妻。

我国《民法典》婚姻家庭编没有规定婚约，因此，学界就婚约的法律性质存在争议。[1] 在德国，司法实践和部分学者将婚约理解为合同，双方当事人据此负有结婚的义务，但该义务不可强制执行；[2] 还有部分学者认为婚约并非法律行为，而是准法律行为，[3] 从而产生的是“合同准备阶段的法定法律关系”，违反婚约产生类似于缔约过失责任的信赖责任。[4] 我国学界一般认为，婚约没有法律拘束力且不得强制履行，可以由一方当事人任意解除或双方协议解除。[5] 因此，有学者认为，婚约是情谊行为或事实行为。[6]

虽然婚约并非结婚的必经程序，既不会使男女双方当事人负担结婚的义务，也不会在男女双方之间创设类似于夫妻的身份关系，如男女双方不负忠实义务，但是，婚约确实能够引起双方当事人的信赖。当事人可能基于这一信赖支出一定的费用，比如为订婚预订酒席、定制婚纱摄影服务。倘若因一方当事人的不道德行为导致婚约被解除，比如一方与他人另行结婚，承认另一方当事人享有信赖损害赔偿，可能更为妥当。

按民间婚俗，订婚的男女通常会有一些财物往来，即一方因婚约向另一方给付一定的彩礼。给付彩礼的约定与订立婚约是两个独立的行为，两者并无必然联系。我国学界一般

---

〔1〕 参见余延满：《亲属法原论》，法律出版社 2007 年版，第 153 页。

〔2〕 BGH NJW 1959, 529; Muscheler, Familienrecht, 4. Aufl., Vahlen, 2017, Rn. 228; Gernhuber/Coester-Waltjen, Familienrecht, 7. Aufl., C. H. Beck, 2020, § 8, Rn. 5.

〔3〕 Schwab, Familienrecht, 27 Aufl., C. H. Beck, 2019, Rn. 45.

〔4〕 Dethloff, Familienrecht, 32. Aufl., C. H. Beck, 2018, § 2, Rn. 7; Wellenhofer, Familienrecht, 5. Aufl., C. H. Beck, 2019, § 5, Rn. 6.

〔5〕 参见巫昌祯主编：《婚姻与继承法学》，中国政法大学出版社 2017 年版，第 110 页；夏吟兰主编：《婚姻家庭继承法》，中国政法大学出版社 2017 年版，第 88 页；陈苇主编：《婚姻家庭继承法学》，中国政法大学出版社 2018 年版，第 80 页。

〔6〕 参见余延满：《亲属法原论》，法律出版社 2007 年版，第 153 页；蒋月主编：《婚姻家庭与继承法》，厦门大学出版社 2014 年版，第 96 页。

认为，彩礼属于附解除条件的赠与。[1] 婚约被解除，双方当事人不会缔结婚姻的，解除条件成就，给付彩礼的一方可以请求接受彩礼的一方返还。因此，男女双方形成婚姻关系的，彩礼原则上不用返还。仅在特殊情况下，即使男女双方已经形成婚姻关系，彩礼仍然应当返还。对此，司法解释规定，当事人请求返还按照习俗给付的彩礼的，如果查明属于以下情形的，人民法院应当予以支持：①双方未办理结婚登记手续；②双方办理结婚登记手续但确未共同生活；③婚前给付并导致给付人生活困难。在上述第2项和第3项的情形中，彩礼的返还应当以双方离婚为条件。[2]

二、结婚的要件

结婚，是指男女双方按照法律规定的条件和程序，确立夫妻关系的要式民事法律行为。结婚行为的要件，即结婚行为作为民事法律行为应当具备的要件，包括成立要件和生效要件。

（一）结婚行为的成立要件

结婚行为的成立要件包括：①当事人，即结婚行为的双方当事人必须是一男一女；②意思表示，即结婚行为的双方当事人具有婚意，以确立婚姻关系为标的；③登记，即结婚行为须经过登记才能成立。

1. 必须存在一男一女双方当事人。结婚行为以成立婚姻为目的，应当存在双方当事人。此外，婚姻作为男女两性互为配偶的结合，决定了结婚行为的双方当事人须为异性，即一男一女。

2. 必须存在结婚的意思表示。结婚行为的双方当事人须具有结婚的意思表示。结婚的意思表示也被称为婚意，是双方当事人表达的愿意结婚、以建立婚姻关系为目的的意思表示。双方当事人应当就建立婚姻关系达成合意，即双方当事人对确立婚姻关系的意思表示并行一致。

结婚的意思表示具有高度人身性，必须由当事人亲自、同时在婚姻登记机关申请婚姻登记时作出，[3] 不得由代理人或使者发出意思表示。[4] 双方当事人以其他方式或在其他场合所作的同意结婚的表示，并非婚意。[5]

结婚的意思表示不得附条件或期限。结婚的意思表示附解除条件或终期，与婚姻创设终身共同生活的目的相违背。此外，允许结婚的意思表示附解除条件或终期，意味着当事人可以通过《民法典》婚姻家庭编规定的离婚程序之外的方式结束婚姻关系，违反了夫妻双方只能依据《民法典》婚姻家庭编规定的法定条件和程序办理离婚的基本原则。因此，结婚的意思表示附解除条件或终期的，视为不附条件或期限。结婚的意思表示附延缓条件或始期，婚姻成立的时点不明确，当事人之间甚至亲属之间的身份关系处于不确定的状态，影响身份关系的安定性。因此，结婚的意思表示附延缓条件或始期的，表明申请结婚登记的双方当事人不愿意在申请当日缔结婚姻关系，依据《婚姻登记工作规范》第28条、第45条，婚姻登记机关应当不予受理结婚登记，从而结婚行为不成立。[6]

---

〔1〕 参见最高人民法院民事审判第一庭编著：《最高人民法院婚姻法司法解释（二）的理解与适用》，人民法院出版社2004年版，第101页；余延满：《亲属法原论》，法律出版社2007年版，第157页。

〔2〕 参见《民法典婚姻家庭编司法解释（一）》第5条。

〔3〕 参见余延满：《亲属法原论》，法律出版社2007年版，第142页。

〔4〕 Gernhuber/Coester-Waltjen, Familienrecht, 7. Aufl., C. H. Beck, 2020, § 12, Rn. 2.

〔5〕 参见杨大文主编：《亲属法》，法律出版社2012年版，第77页。

〔6〕 MüKoBGB/Wellenhofer, 8. Aufl. 2019, BGB § 1311 Rn. 6.

3. 必须经过登记。结婚登记是婚姻成立的形式要件，是确立夫妻关系的法定程序。依据《民法典》婚姻家庭编第 1049 条，要求结婚的男女双方应当亲自到婚姻登记机关申请结婚登记。完成结婚登记，男女双方即确立婚姻关系。因此，男女双方未办理结婚登记的，结婚行为不成立，男女双方之间不发生夫妻关系。根据司法解释的规定，未办理结婚登记而以夫妻名义共同生活的男女，如果在 1994 年 2 月 1 日民政部《婚姻登记管理条例》公布实施以前，男女双方已经符合结婚实质要件的，按事实婚姻处理；如果在 1994 年 2 月 1 日民政部《婚姻登记管理条例》公布实施以后，男女双方才符合结婚实质要件的，应当补办结婚登记，否则仅构成同居关系。这里所说的结婚实质要件，是指男女双方具备了结婚登记这一形式要件之外的其他要件，即男女双方均满足除结婚登记之外的成立要件，且满足结婚行为的生效要件。

（二）结婚行为的生效要件

结婚行为一旦成立即生效，但可能因欠缺生效要件而被人民法院宣告无效。结婚行为的生效要件包括：①当事人具有完全民事行为能力；〔1〕②意思表示真实，即结婚行为双方当事人同意结婚的意思表示真实无瑕疵，不存在胁迫、欺诈等情形；③不存在婚姻无效的法定事由，如重婚、有禁止结婚的亲属关系、未到法定婚龄。

1. 男女双方必须具有完全民事行为能力。结婚行为以创设男女双方终身共同生活为目的，夫妻双方因婚姻互享权利、互负义务，故自然人须具有认识结婚行为之法律意义及其法律后果的能力。我国《民法典》婚姻家庭编设置的法定婚龄高于成年年龄，因此，未成年人不具有结婚能力。

问题在于，已达法定婚龄的无民事行为能力人或限制民事行为能力人，其结婚行为是否发生效力？《民法典》婚姻家庭编对此没有规定。我国学说上多认为，无民事行为能力人不能认识婚姻的意义，故不能结婚。〔2〕因此，无民事行为能力的结婚行为无效。〔3〕就限制民事行为能力人而言，根据《母婴保健法》第 9 条和《异常情况的分类指导标准（试行）》第 2 条的规定，精神病患者发病期间应当暂缓结婚。这是因为，精神病患者在发病期间无法认识结婚行为的法律意义，没有结婚的行为能力，从而结婚行为无效。〔4〕

学界的分歧在于，限制民事行为能力人精神正常时能否具有结婚的行为能力，实施有

---

〔1〕 自然人结婚能力（Ehefaehigkeit）包括两部分内容，即达到法定婚龄（Ehemündigkeit）和结婚行为能力（Ehegeschae ftsfeahigkeit）。MüKoBGB/Wellenhofer，8. Aufl. 2019，BGB § 1303 Rn. 1；MüKoBGB/Wellenhofer，8. Aufl. 2019，BGB § 1304 Rn. 1.

〔2〕 参见王歌雅主编：《婚姻家庭继承法学》，中国人民大学出版社 2013 年版，第 67 页。另参见巫昌祯主编：《婚姻与继承法学》，中国政法大学出版社 2017 年版，第 98 页；陈苇主编：《婚姻家庭继承法学》，中国政法大学出版社 2018 年版，第 81 页。按照《德国民法典》第 1303 条、第 1304 条和第 1314 条，年满 16 周岁的无民事行为能力人不能结婚，其缔结的婚姻有效但可废止。

〔3〕 由于《婚姻登记条例》第 12 条、《婚姻登记工作规范》第 55 条均只要求申请离婚登记的双方当事人均具有完全民事行为能力，没有要求双方当事人申请结婚登记时具有完全民事行为能力，因此，民政局是否应当撤销无民事行为能力人申请的结婚登记，司法实践存在不同认识。肯定者，参见江苏省泰州市中级人民法院（2017）苏 12 行终 30 号行政判决书；否定者，参见浙江省金华市金东区人民法院（2012）金东行初字第 16 号行政判决书。一方当事人因精神疾病被宣告为无民事行为能力人的，法院会以一方当事人患有不应当结婚的疾病为由宣告婚姻无效。参见重庆市万州区人民法院（2016）渝 0101 民初 7317 号民事判决书。

〔4〕 参见余延满：《亲属法原论》，法律出版社 2007 年版，第 165 页。按照《德国民法典》第 1314 条第 2 款，当事人在结婚时处于无意识状态或暂时处于精神障碍的，其缔结的婚姻可废止。Gernhuber/Coester-Waltjen，Familienrecht，7. Aufl.，C. H. Beck，2020，§ 9，Rn. 13.

效的结婚行为。肯定说认为，能够自主表达缔结婚姻的意思者，即使不具备完全民事行为能力，也具备结婚的行为能力，可以实施有效的结婚行为。[1] 按照该说，如果结婚行为与限制民事行为能力人的智力、精神健康状况相适应，那么，限制民事行为能力人就具有结婚的行为能力。反之，如果结婚行为与限制民事行为能力人的智力、精神健康状况不相适应，该结婚行为无效。[2] 否定说则认为，结婚行为的当事人必须具备完全民事行为能力，[3] 限制民事行为能力人的结婚行为一概无效或至少是可撤销的。[4]

尽管《民法典》婚姻家庭编第1051条、第1053条没有将限制民事行为能力或精神疾病作为婚姻无效的事由，但基于结婚行为的重大法律意义，本书赞成否定说，即已达法定婚龄但存在精神障碍的限制民事行为能力人，实施的结婚行为无效。实际上，我国学界认为，实施收养行为的收养人也应当具备完全民事行为能力，[5] 因此，同为身份行为，结婚行为和协议离婚行为也应当以当事人具备完全民事行为能力为宜。因此，结婚行为的男女双方须具备完全民事行为能力。[6]

2. 男女双方结婚的意思表示必须真实无瑕疵。结婚行为的生效，以双方当事人关于结婚的意思表示真实无瑕疵为前提。

（1）结婚行为的意思表示应当真实。就结婚意思表示是否真实的判断标准，学说上存在实质意思说和形式意思说两种立场。按照实质意思说，男女双方须具备形成夫妻关系之真实意思；按照形式意思说，男女双方仅需具备履行结婚方式的真实意思即可。因此，双方当事人为了获取户籍或多取得拆迁补偿，通谋故意为虚伪的结婚意思表示、实施结婚行为的，按照实质意思说，婚姻无效；按照形式意思说，婚姻有效。[7] 我国学界多持实质意思说，认为通谋虚伪结婚无效。[8] 亦有观点认为，通谋虚伪结婚原则上无效，但男女双方

---

〔1〕 参见许莉主编：《婚姻家庭继承法学》，北京大学出版社2019年版，第51页。在德国，处于照管下的成年人，即使因精神障碍不具有完全民事行为能力，亦可结婚。Dethloff, Familienrecht, 32. Aufl., C. H. Beck, 2018, §3, Rn. 24.

〔2〕 参见李昊、王文娜：“婚姻缔结行为的效力瑕疵——兼评民法典婚姻家庭编草案的相关规定”，载《法学研究》2019年第4期。也有观点认为，在这种情况下，结婚行为可撤销而非无效。参见田韶华：“民法典婚姻家庭编瑕疵婚姻制度的立法建议——以《民法总则》之瑕疵民事法律行为制度在婚姻家庭编中的适用为视角”，载《苏州大学学报（法学版）》2018年第1期。

〔3〕 参见杨大文主编：《亲属法》，法律出版社2012年版，第76页；巫昌祯、夏吟兰主编：《婚姻家庭法学》，中国政法大学出版社2016年版，第87页；夏吟兰主编：《婚姻家庭继承法》，中国政法大学出版社2017年版，第75页；杨遂全编著：《婚姻家庭亲属法学》，清华大学出版社2011年版，第78页。

〔4〕 参见马忆南：“民法典视野下婚姻的无效和撤销——兼论结婚要件”，载《妇女研究论丛》2018年第3期。

〔5〕 参见巫昌祯主编：《婚姻与继承法学》，中国政法大学出版社2017年版，第256页；夏吟兰主编：《婚姻家庭继承法》，中国政法大学出版社2017年版，第188页；陈苇主编：《婚姻家庭继承法学》，中国政法大学出版社2018年版，第175页。

〔6〕 一方在办理结婚登记时为精神正常的限制民事行为能力人，在婚后恢复完全民事行为能力且表明其愿意延续婚姻的，如果一方向人民法院请求确认婚姻无效，人民法院应当以起诉时婚姻无效情形已经消失为由驳回起诉。

〔7〕 参见陈棋炎、黄宗乐、郭振恭：《民法亲属新论》，三民书局股份有限公司2018年版，第79页。

〔8〕 参见夏吟兰主编：《婚姻家庭继承法》，中国政法大学出版社2017年版，第76页；王洪：《婚姻家庭法》，法律出版社2003年版，第76页；李昊、王文娜：“婚姻缔结行为的效力瑕疵——兼评民法典婚姻家庭编草案的相关规定”，载《法学研究》2019年第4期。也有学者持通谋虚伪结婚行为可撤销的立场。参见金眉：“论通谋虚伪结婚的法律效力”，载《政法论坛》2015年第3期；冉克平：“论婚姻缔结中的意思表示瑕疵及其效力”，载《武汉大学学报（哲学社会科学版）》2016年第5期。

结婚后如果已有以夫妻关系同居生活的事实，虚伪的意思表示瑕疵即被治愈。〔1〕还有观点认为，通谋虚伪结婚，除规避法律被认定无效外，只要构成法律婚或事实婚，应当有效。〔2〕此外，当事人因重大误解实施结婚行为的，学界多主张该结婚行为可撤销，〔3〕或认为应当区分当事人同一性认识错误和当事人性质错误分别处理。〔4〕也有观点认为，因重大误解实施的结婚行为，不可撤销。〔5〕遗憾的是，《民法典》婚姻家庭编没有就通谋虚假结婚、因重大误解结婚的效力作出规定。

对此，本书认为，尽管通谋虚假结婚涉及意思表示的瑕疵，但通谋虚假结婚的双方当事人的意思表示自由并未受到侵害，从而通谋虚假结婚与可撤销婚姻存在本质区别，因此，不宜将通谋虚假结婚认定为可撤销婚姻。因此，通谋虚假结婚应当按照《民法典》总则编第146条第1款无效。通谋虚假结婚的双方当事人希望缔结婚姻关系的，应当请求人民法院确认婚姻无效后再行登记结婚。就重大误解而言，在实践中，结婚的双方当事人不可能因表示错误而结婚，也不可能不知道自己从事的是结婚行为，故难以出现法律行为性质错误。就当事人同一性错误而言，双方当事人都基于同一性错误而结婚的情形，实难想象。如果只有一方陷入当事人同一性错误，另一方明知对方陷入错误仍然愿意登记结婚的，已经构成欺诈。进而，当事人对结婚行为的重大误解，主要涉及动机错误。允许一方当事人基于动机错误撤销结婚行为，那么，如果一方当事人为了财产而结婚但婚后发现配偶财产状况不佳，一方当事人即可以基于动机错误撤销结婚行为。这不仅会损害结婚行为的严肃性和婚姻关系的稳定性，还可能导致当事人借此规避诉讼离婚，从而当事人无需具备感情确已破裂的情形即可摆脱婚姻关系。因此，原则上，当事人不得以重大误解为由撤销结婚行为。只有在一方当事人隐瞒了足以影响另一方当事人决定是否结婚的事项并导致另一方当事人陷入动机错误时，另一方当事人才可以基于欺诈撤销结婚行为。《民法典》婚姻家庭编第1053条就属于这种情形。

（2）结婚行为的意思表示须自愿，不能存在意思表示不自由的情形。依据《民法典》婚姻家庭编第1046条，结婚应当男女双方完全自愿，禁止任何一方对另一方加以强迫，禁止任何组织或者个人加以干涉。申请结婚登记的当事人非双方自愿的，婚姻登记机关根据《婚姻登记条例》第6条不予登记。

结婚行为的意思表示不自由，如欺诈、胁迫，会影响结婚行为的效力。《民法典》婚姻家庭编规定了两类结婚行为的可撤销事由，即胁迫和不如实告知重大疾病。依据《民法典》婚姻家庭编第1052条，因胁迫结婚的，受胁迫的一方可以向人民法院请求撤销婚姻。此外，《民法典》婚姻家庭编第1053条改变了之前《婚姻法》（已失效）的立场，不再将患有医学上认为不宜结婚的疾病作为婚姻无效事由，而是将隐瞒重大疾病作为可撤销婚姻的

---

〔1〕参见杨大文主编：《亲属法》，法律出版社2012年版，第77页；陈苇主编：《婚姻家庭继承法学》，中国政法大学出版社2018年版，第81页。

〔2〕参见余延满：《亲属法原论》，法律出版社2007年版，第184页。

〔3〕参见夏吟兰主编：《婚姻家庭继承法》，中国政法大学出版社2017年版，第76页；陈苇主编：《婚姻家庭继承法学》，中国政法大学出版社2018年版，第81页；王歌雅主编：《婚姻家庭继承法学》，中国人民大学出版社2013年版，第68页；杨遂全编著：《婚姻家庭亲属法学》，清华大学出版社2011年版，第78页。

〔4〕参见王洪：《婚姻家庭法》，法律出版社2003年版，第75页；蒋月主编：《婚姻家庭与继承法》，厦门大学出版社2014年版，第98页。

〔5〕参见李昊、王文娜："婚姻缔结行为的效力瑕疵——兼评民法典婚姻家庭编草案的相关规定"，载《法学研究》2019年第4期；申晨："论婚姻无效的制度构建"，载《中外法学》2019年第2期。

事由。据此，一方患有重大疾病但未在结婚登记前如实告知另一方的，另一方可以向人民法院请求撤销婚姻。一方知道自己患有重大疾病但不如实告知、隐瞒实情的，成立欺诈，从而导致结婚行为可撤销。然而，一方就重大疾病之外的其他事实欺诈另一方导致双方结婚的，倘若该事由对另一方决定是否结婚具有决定性影响，且另一方知道真相就不会在登记时同意结婚，[1] 比如女方怀上他人子女却谎称系男方子女、[2] 男方谎称自己是大富翁或具有高薪工作或军人甚至高干、一方隐瞒婚史或子女，结婚行为能否撤销？就欺诈实施的结婚行为，学界一般不区分欺诈的具体内容而直接肯定该结婚行为可撤销。[3] 在《民法典》施行后，对这种欺诈的处理，取决于《民法典》总则编关于民事法律行为效力的规定能否适用于结婚行为。对此，本书持肯定意见，认为因欺诈而实施的结婚行为可撤销，[4] 但欺诈涉及夫妻一方财产状况的除外。[5]

3. 不存在婚姻无效的法定事由。

（1）重婚。我国《民法典》婚姻家庭编坚持一夫一妻原则，禁止重婚。因此，申请结婚登记的当事人一方或者双方已有配偶的，婚姻登记机关依据《婚姻登记条例》第 6 条不予登记；已经登记的，结婚行为依据《民法典》婚姻家庭编第 1051 条无效。即使前婚存在无效事由或可撤销事由，在前婚被人民法院判决无效或撤销之前，一方另行结婚的，亦构成重婚。[6] 唯需注意的是，依据《民法典》总则编第 51 条，被宣告死亡的夫妻一方经人民法院撤销死亡宣告，婚姻关系自行恢复，但配偶在夫妻一方被死亡宣告后、人民法院撤销死亡宣告之前再婚的，前婚不恢复，后婚效力不受影响。

（2）有禁止结婚的亲属关系。依据《民法典》婚姻家庭编第 1048 条，直系血亲或者三代以内的旁系血亲禁止结婚。禁止一定范围内的血亲结婚，主要是基于社会伦理道德、优生优育等考虑。

直系血亲，包括父母和子女、祖父母和孙子女、外祖父母和外孙子女，不论代数，均禁止结婚。按照学界通说，从伦理的角度来看，拟制直系血亲，如养父母养子女、形成抚养教育关系的继父母继子女，当然属于《民法典》婚姻家庭编第 1048 条意义上的“直系血亲”，从而不得结婚。[7] 拟制直系血亲关系解除后，当事人能否结婚，学界存在分歧。肯定说有之，[8] 否定说亦有之[9]。

---

〔1〕 MüKoBGB/Wellenhofer，8. Aufl. 2019，BGB § 1314 Rn. 17 ff.

〔2〕 参见陈棋炎、黄宗乐、郭振恭：《民法亲属新论》，三民书局股份有限公司 2018 年版，第 81 页。

〔3〕 参见巫昌祯主编：《婚姻与继承法学》，中国政法大学出版社 2017 年版，第 98 页；夏吟兰主编：《婚姻家庭继承法》，中国政法大学出版社 2017 年版，第 76 页；陈苇主编：《婚姻家庭继承法学》，中国政法大学出版社 2018 年版，第 81 页。

〔4〕 参见李昊、王文娜：“婚姻缔结行为的效力瑕疵——兼评民法典婚姻家庭编草案的相关规定”，载《法学研究》2019 年第 4 期。

〔5〕 MüKoBGB/Wellenhofer，8. Aufl. 2019，BGB § 1314 Rn. 19.

〔6〕 参见王洪：《婚姻家庭法》，法律出版社 2003 年版，第 77 页；蒋月主编：《婚姻家庭与继承法》，厦门大学出版社 2014 年版，第 99 页。

〔7〕 参见杨大文主编：《亲属法》，法律出版社 2012 年版，第 82 页；巫昌祯主编：《婚姻与继承法学》，中国政法大学出版社 2017 年版，第 102 页；夏吟兰主编：《婚姻家庭继承法》，中国政法大学出版社 2017 年版，第 77 页；陈苇主编：《婚姻家庭继承法学》，中国政法大学出版社 2018 年版，第 83 页。

〔8〕 参见最高人民法院民事审判第一庭：《婚姻法司法解释的理解与适用》，中国法制出版社 2002 年版，第 38 页；杨大文主编：《亲属法》，法律出版社 2012 年版，第 93 页。另参见《德国民法典》第 1308 条第 1 款。

〔9〕 参见王洪：《婚姻家庭法》，法律出版社 2003 年版，第 79 页；余延满：《亲属法原论》，法律出版社 2007 年版，第 169 页。

三代以内的旁系血亲，是指直系血亲之外、与己身出自同一父母或同一祖父母、外祖父母的血亲，包括：①出自同一父母的兄弟姐妹，包括同父母、同父异母或同母异父的兄弟姐妹；②出自同一祖父母或外祖父母的辈分不同、性别相异的亲属，如伯、叔、姑与侄子、侄女，舅、姨与外甥、外甥女；③出自同一祖父母、外祖父母的辈分相同、性别相异的亲属，如堂兄弟姐妹、表兄弟姐妹。拟制旁系血亲，如养兄妹，如果没有三代以内自然旁系血亲关系，可以结婚。[1]

申请结婚登记的双方当事人属于直系血亲或者三代以内旁系血亲的，婚姻登记机关依据《婚姻登记条例》第6条不予登记；已经登记的，结婚行为依据《民法典》婚姻家庭编第1051条无效。

姻亲能否结婚，《民法典》婚姻家庭编并无规定。学说上认为，旁系姻亲，如果不存在三代以内的旁系血亲关系，应当准予结婚。[2] 直系姻亲之间能否结婚，学说上有观点认为应当基于伦理的考量予以禁止。[3]

（3）未到法定婚龄。结婚行为的双方当事人不仅应当具备完全民事行为能力，还应当达到法定婚龄。法定婚龄不是必须结婚的年龄，而是法律规定的最低的结婚年龄，是结婚年龄的下限。法定婚龄制度，旨在防止早婚，维护国民的身体健康。这是因为，精神和身体尚未成熟的自然人结婚，不仅可能损害自身健康，还可能生育体质羸弱的子女。过早结婚的自然人尚且需要父母来供养，也缺乏抚养教育子女的能力。[4]

法定婚龄的确定，既要考虑人的生理、心理发育状况和智力成熟情况，还要考虑国家的政治、经济、文化和人口发展的要求。《民法典》婚姻家庭编第1047条规定："结婚年龄，男不得早于22周岁，女不得早于20周岁。"因此，我国男性的法定婚龄为22岁，女性的法定婚龄为20岁。申请结婚登记的当事人未到法定结婚年龄的，婚姻登记机关依据《婚姻登记条例》第6条不予登记。自然人未到法定婚龄而登记结婚的，即使已经具备完全民事行为能力，结婚行为依据《民法典》婚姻家庭编第1051条也无效。民族自治地方的人民代表大会基于本民族、宗教、风俗习惯等实际情况，可以对法定婚龄作出变通规定。

三、结婚的程序

根据《婚姻登记条例》第2条，内地居民办理婚姻登记的机关是县级人民政府民政部门或者乡（镇）人民政府，省、自治区、直辖市人民政府可以按照便民原则确定农村居民办理婚姻登记的具体机关。中国公民同外国人，内地居民同香港特别行政区居民、澳门特别行政区居民、台湾地区居民、华侨办理婚姻登记的机关是省、自治区、直辖市人民政府民政部门或者省、自治区、直辖市人民政府民政部门确定的机关。婚姻登记管理机关管辖的范围按照行政区域划分，原则上与户籍管辖范围相适应。根据《婚姻登记条例》第4条，内地居民结婚，男女双方应当共同到一方当事人常住户口所在地的婚姻登记机关办理结婚登记。中国公民同外国人在中国内地结婚的，内地居民同香港特别行政区居民、澳门特别

---

〔1〕 参见王洪：《婚姻家庭法》，法律出版社2003年版，第79页；余延满：《亲属法原论》，法律出版社2007年版，第169页。

〔2〕 参见巫昌祯主编：《婚姻与继承法学》，中国政法大学出版社2017年版，第103页；陈苇主编：《婚姻家庭继承法学》，中国政法大学出版社2018年版，第84页；王洪：《婚姻家庭法》，法律出版社2003年版，第79页。

〔3〕 参见巫昌祯主编：《婚姻与继承法学》，中国政法大学出版社2017年版，第102页；余延满：《亲属法原论》，法律出版社2007年版，第169页。不同意见，参见房绍坤、范李瑛、张洪波：《婚姻家庭与继承法》，中国人民大学出版社2020年版，第39页。

〔4〕 参见林秀雄：《亲属法讲义》，元照出版有限公司2020年版，第68页。

行政区居民、台湾地区居民、华侨在中国内地结婚的，男女双方应当共同到内地居民常住户口所在地的婚姻登记机关办理结婚登记。

结婚登记程序分为申请、审查和登记三个环节。

（一）申请

自愿结婚的男女，必须双方亲自到一方户口所在地的婚姻登记管理机关申请结婚登记。结婚申请必须双方当事人亲自到场，不能由一方单独申请，也不能委托他人代理申请。

根据《婚姻登记条例》第5条和《婚姻登记工作规范》第29条，内地居民办理结婚登记的，应当出具下列证件和证明材料：本人的户口簿、身份证；本人无配偶以及与对方当事人没有直系血亲和三代以内旁系血亲关系的签字声明。内地居民办理结婚登记因故不能提交身份证的，可以出具有效的临时身份证。居民身份证与户口簿上的姓名、性别、出生日期、公民身份号码应当一致；不一致的，当事人应当先到有关部门更正。办理结婚登记的香港特别行政区居民、澳门特别行政区居民、台湾地区居民应当出具下列证件和证明材料：本人的有效通行证、身份证；经居住地公证机构公证的本人无配偶以及与对方当事人没有直系血亲和三代以内旁系血亲关系的声明。

当事人一方或双方的婚姻状况为离婚，应当向婚姻登记机关提交能够证明其声明真实性的离婚证、人民法院生效离婚判决书或者调解书等材料。

当事人一方或双方的婚姻状况为丧偶的，应当向婚姻登记机关提交能够证明其声明真实性的结婚证和配偶死亡证明等材料。死亡证明包括宣告死亡的生效法律文书及医院、公安等有关部门出具的《居民死亡医学证明（推断）书》、非正常死亡证明等材料。

（二）审查

婚姻登记机关应当对结婚登记当事人出具的证件、证明材料进行审查并询问相关情况。婚姻登记机关既要审查当事人所持证件是否真实、完备，有无伪造、涂改或冒名顶替的行为，又要审查当事人是否存在影响结婚行为效力的情形。

（三）登记

根据《婚姻登记条例》第7条，经过审查，男女双方当事人符合结婚条件的，婚姻登记机关应当予以登记，发给结婚证；当事人不符合结婚条件的，婚姻登记机关不予登记，并应当向当事人说明理由。依据《民法典》婚姻家庭编第1083条，复婚也适用结婚登记程序，因此，离婚的男女双方自愿恢复夫妻关系的，应当到婚姻登记机关重新办理结婚登记。依据《民法典》婚姻家庭编第1049条，男女双方当事人从完成结婚登记时起，确立夫妻关系。

在实践中，结婚登记可能会出现登记瑕疵。典型的结婚登记瑕疵包括：①利用虚假材料申请结婚登记，如伪造军官证冒充军人申请结婚登记、[1] 伪造身份证件改变年龄申请结婚登记、[2] 利用虚假身份信息申请结婚登记、[3] 冒用他人身份信息申请结婚登记[4]；

---

〔1〕 如北京市第二中级人民法院（2016）京02行终516号行政判决书。

〔2〕 如广西壮族自治区柳州市中级人民法院（2013）行终3号行政判决书。

〔3〕 如辽宁省沈阳市中级人民法院（2016）辽01行终1042号行政裁定书，重庆市第二中级人民法院（2017）渝02行终127号行政判决书。

〔4〕 如广东省广州市中级人民法院（2014）穗中法行终字第1554号行政判决书，江苏省南通市中级人民法院（2016）苏06行终200号行政判决书。

②一方申请结婚登记时为无民事行为能力人；[1] ③一方未亲自到场申请结婚登记；[2] ④婚姻登记机关超越管辖权办理结婚登记，如县民政局为内地居民同香港特别行政区居民办理结婚登记。[3] 由于结婚登记属于行政行为，结婚登记存在瑕疵的，婚姻当事人、被冒用身份信息登记结婚的被冒用人可以依据《行政诉讼法》第70条向人民法院提起行政诉讼或者提起行政复议，请求撤销结婚登记。[4] 如果一方当事人伪造身份证件更改年龄取得结婚证，且另一方当事人提起行政诉讼时更改年龄的一方当事人已到法定婚龄，人民法院应当依据《行政诉讼法》第74条宣告结婚登记违法而不再撤销结婚登记。

第二节 婚姻的效力

依据《民法典》婚姻家庭编第1049条第3句，完成结婚登记，即确立婚姻关系。婚姻关系确立，男女双方就成为夫妻，互为配偶，当事人之间形成婚姻生活共同体、发生夫妻的权利义务关系。这一夫妻权利义务关系也被称为婚姻的效力，即婚姻对夫妻双方的法律约束力。婚姻的效力包括婚姻的人身效力和财产效力。前者是与夫妻人身相关的权利和义务；后者是夫妻财产方面的权利和义务，以夫妻财产制为重心。根据《民法典》婚姻家庭编规定，第1043条第2款、第1050条、第1056条、第1057条属于婚姻的人身效力，即夫妻人身关系；从第1059条到第1066条属于婚姻的财产效力，即夫妻财产关系。需要注意的是，婚姻关系是继续性法律关系，夫妻双方在人身和财产方面的权利义务会持续地存在。[5]

一、婚姻的人身效力

（一）夫妻的姓名权

《民法典》婚姻家庭编第1056条规定："夫妻双方都有各自使用自己姓名的权利。"在古代父系家长制下，妻子嫁入夫家后须遵循"妻从夫姓"的传统，以示妻处于夫权之下。我国婚姻家庭法在夫妻姓名权上贯彻男女平等原则，基于夫妻在婚姻家庭中地位平等的理念，承认夫妻双方的姓名权不受婚姻影响。因此，夫妻各自享有的姓名权，不受婚姻缔结的影响，夫妻双方有权依法使用、变更自己的姓名。任何一方不得干涉另一方使用、变更自己的姓名。

（二）夫妻的人身自由权

《民法典》婚姻家庭编第1057条规定："夫妻双方都有参加生产、工作、学习和社会活动的自由，一方不得对另一方加以限制或者干涉。"这是夫妻双方各自充分、自由发展的必要和先决条件。在古代父系家长制下，妻子的行为处于丈夫的严密控制之下。《礼记·郊特牲》就记载，"妇人从人者也，幼从父兄，嫁从夫，夫死从子"。《通典·礼五十·齐敃不杖周》也记载，"妇人有三从之义，无专用之道，故未嫁从父，既嫁从夫，夫死从子。"我

---

〔1〕 如江苏省泰州市中级人民法院（2017）苏12行终30号行政判决书。

〔2〕 如福建省莆田市中级人民法院（2018）闽03行终52号行政判决书。

〔3〕 如重庆市第二中级人民法院（2017）渝02行终133号行政判决书。

〔4〕《民法典婚姻家庭编司法解释（一）》第17条第2款。

〔5〕 参见李昊、王文娜："婚姻缔结行为的效力瑕疵——兼评民法典婚姻家庭编草案的相关规定"，载《法学研究》2019年第4期。

国婚姻家庭法奉行男女平等原则，明确规定了夫妻的人身自由权。按照这一规定，夫妻双方都享有参加生产、工作的权利，都能参加社会职业活动、社会劳动；夫妻双方都有参加学习的权利，都有接受教育的权利，包括学校教育、职业教育、继续教育；夫妻双方都有参加社会活动的权利，社会活动包括参政、议政活动，科学、技术、文学、艺术和其他文化活动，各种群众组织、社会团体的活动，以及各种形式的公益活动等。夫妻双方行使人身自由权应当相互尊重，一方不得对另一方行使上述权利加以限制或者干涉。

（三）夫妻的婚姻住所决定权

《民法典》婚姻家庭编第1050条规定："登记结婚后，按照男女双方约定，女方可以成为男方家庭的成员，男方可以成为女方家庭的成员。"在男女平等原则的背景下，夫妻双方平等地享有婚姻住所决定权，夫妻双方可以协商、选择、决定婚后共同生活住所，婚姻住所决定权不再专属于夫，从而男娶女嫁、妇从夫居的传统不再适用。

（四）夫妻忠实义务

《民法典》婚姻家庭编第1043条第2款规定："夫妻应当互相忠实……"这是关于夫妻互负忠实义务的规定。忠实义务，包括广义的忠实义务和狭义的忠实义务。广义的忠实义务是指作为配偶权主体的夫妻不得为婚外之性交，在性生活上互守贞操，保持感情专一，同时，夫妻相互之间一方不得恶意遗弃另一方，不得为第三人利益牺牲和损害他方利益。狭义的忠实义务是指夫妻不得为婚外之性交、维持夫妻间性关系专属性和排他性的义务。[1] 司法实践主要在狭义上理解忠实义务。

忠实义务最初是一种道德义务。如今，忠实义务因司法实践的广泛适用而上升为一种法定义务。虽然忠实义务因高度人身性不可强制履行，但夫妻一方严重违反忠实义务的行为，如重婚、与他人同居，可能成为人民法院认定夫妻感情确已破裂并判决离婚的理由，同时也是离婚损害赔偿产生的原因。夫妻一方违反忠实义务的，另一方不得仅以《民法典》第1043条为依据起诉要求离婚或请求离婚损害赔偿，而应当援引《民法典》婚姻家庭编其他规定，尤其是《民法典》第1079条、第1091条。

男女双方在婚前不负忠实义务，忠实义务因婚姻关系确立而产生。在实践中，男女双方在婚前或婚后，可能自愿订立有关在婚姻存续期间夫妻双方恪守夫妻忠实义务的协议，违反忠实义务的一方按照协议承担相应的不利后果。这种协议被称为忠诚协议。

（五）女方的生育权

《妇女权益保障法》第51条第1款规定："妇女有按照国家有关规定生育子女的权利，也有不生育的自由。"因此，决定是否生育、是否中止妊娠的权利属于女方。女方在婚姻关系存续期间怀孕的，有权自行决定是否中止妊娠。

按照司法解释的规定，女方自行中止妊娠的，男方以女方擅自中止妊娠侵犯其生育权为由请求损害赔偿的，人民法院不予支持；夫妻双方因是否生育发生纠纷，致使感情确已破裂，一方请求离婚的，人民法院经调解无效，应当判决双方离婚。[2]

（六）夫妻同居义务

我国《民法典》婚姻家庭编没有正面规定夫妻的同居义务。不过，《民法典》婚姻家庭编第1042条第2款第2句规定："禁止有配偶者与他人同居。"同时，《民法典》婚姻家

[1] 参见张家骥、缪宇："夫妻忠实义务的准债务探析"，载《华中师范大学学报（人文社会科学版）》2019年第3期。

[2] 《民法典婚姻家庭编司法解释（一）》第23条。

庭编第1079条第3款第4项将因感情不和分居满2年作为法定事由。这些可以解释为同居义务的反面规定。男女双方结婚系为了形成终身的生活共同体，故同居义务乃是结婚的当然结果和婚姻关系的本质义务。[1] 因此，学界通说一般认为，同居义务也属于婚姻的人身效力。[2] 同居的权利和义务是夫妻双方共同居住、共同生活、生活上互相协助和关照并进行性生活的权利和义务。因此，同居义务的内容包括共同寝食、共同使用家庭生活用品、互相照顾和精神安慰、共同分担家务、按照个人情况如年龄和健康状况进行性生活。也就是说，同居是指夫妻共同生活的同居，夫妻同处一屋但分房生活不属于同居。同居与住所也不能画等号，夫妻双方不买房而环游世界，仍属于同居。履行同居义务的方式可以由当事人意思自治。作为人身性义务，同居义务不得强制执行。一方向另一方请求履行同居义务须尊重另一方对性的自主决定，另一方在身体不适时可以拒绝履行同房义务。共同生活的夫妻双方就家务分担达成的协议，因欠缺法律拘束意思而不具有债的效力，一方违反协议不会引起债务不履行的损害赔偿。

二、婚姻的财产效力

（一）夫妻的扶养义务

《民法典》婚姻家庭编第1059条规定："夫妻有相互扶养的义务。需要扶养的一方，在另一方不履行扶养义务时，有要求其给付扶养费的权利。"这是夫妻间互负扶养义务的规定。男女双方因婚姻形成终身的生活共同体，因此，夫妻间互负扶养义务，是婚姻关系的必然要求。扶养，是指夫妻之间的一方对其配偶负有供养、扶助的权利和义务。夫妻双方互负扶养义务，意味着在婚姻关系存续期间，夫妻双方须互相提供扶养。

扶养义务属于法定义务，具有强制性。[3] 夫妻双方不得通过约定放弃或者排除扶养义务。不论夫妻双方采法定财产制还是约定财产制，夫妻双方都互负扶养义务。故意不履行扶养义务，可能构成遗弃。一般来说，扶养的方式、扶养费给付的标准和期限等，可以由夫妻双方协商确定。夫妻双方同居生活的，一方提供衣食住行料理家务，即履行了扶养义务；夫妻双方分居的，可以采取定期支付扶养费的方式履行扶养义务。

按照扶养的标准，扶养义务包括生活保持义务和一般生活扶助义务。前者是指，扶养义务人维持权利人的生活就是在维持自己的生活，即使降低自己的生活水平，也应当使权利人的生活水平与自己的生活水平相同。后者是指，在不降低与自己地位相当的生活水平的限度内，扶养义务人若尚有余力扶养，应当给予确有需求的权利人以扶助，使其保持最低生活水平。[4] 夫妻间的扶养义务属于生活保持义务。[5]

扶养费给付请求权以夫妻一方存在扶养需求为前提，如夫妻一方无固定收入并缺乏生活来源、丧失劳动能力生活不能自理、身患重大疾病且入不敷出等。[6] 因此，学界认为，享有扶养费给付请求权的夫妻一方，是无独立生活能力或生活有困难的一方。[7] 不过，如果认为夫妻间扶养义务是生活保持义务，那么，不宜严格按照一方陷入贫困或生活有困难

---

〔1〕 参见陈棋炎、黄宗乐、郭振恭：《民法亲属新论》，三民书局股份有限公司2018年版，第118页。

〔2〕 参见陈苇主编：《婚姻家庭继承法学》，中国政法大学出版社2018年版，第112页；蒋月主编：《婚姻家庭与继承法》，厦门大学出版社2014年版，第116页。

〔3〕 MüKoBGB/Weber-Monecke，8. Aufl. 2019，BGB § 1360 Rn. 4.

〔4〕 参见林秀雄：《亲属法讲义》，元照出版有限公司2020年版，第380页。

〔5〕 参见陈苇主编：《婚姻家庭继承法学》，中国政法大学出版社2018年版，第135页。

〔6〕 参见蒋月主编：《婚姻家庭与继承法》，厦门大学出版社2014年版，第128页。

〔7〕 参见巫昌祯主编：《婚姻与继承法学》，中国政法大学出版社2017年版，第219页。

等标准认定扶养需求之有无，扶养需要的判断应着眼于夫妻间生活水平的差别。扶养费给付请求权具有高度人身性，不得转让、不得继承。给付扶养费的标准，须考虑扶养义务人的生活水平经济负担能力、扶养权利人的实际需求、当地一般生活水平等因素综合确定。

（二）夫妻的日常家事代理权

《民法典》婚姻家庭编第1060条第1款规定："夫妻一方因家庭日常生活需要而实施的民事法律行为，对夫妻双方发生效力，但是夫妻一方与相对人另有约定的除外。"这是关于日常家事代理权的规定。

夫妻双方的日常家事代理权，是指夫妻双方在为满足家庭日常生活需要而与第三人实施法律行为时互为代理人，互有代理权。日常家事代理权是婚姻的法定效力之一，不受夫妻双方采何种夫妻财产制的影响。[1] 不论夫妻双方采法定夫妻财产制还是约定夫妻财产制，双方均享有日常家事代理权。

基于日常家事代理权，夫妻一方因满足家庭日常生活需要而与第三人实施民事法律行为的，如买卖、承揽，无需显示另一方的名义，该民事法律行为即对夫妻双方发生效力，夫妻双方享有连带债权、承担连带债务，不论第三人是否知道其交易相对人已婚，但夫妻一方与相对人另有约定的除外。夫妻一方取得日常家事代理权无需他方授权，故学说上将日常家事代理权界定为法定代理权。[2] 然而，夫妻一方行使日常家事代理权无需显示他方名义，因此，日常家事代理权属于婚姻家庭法中的特有权能，[3] 不能直接适用《民法典》总则编关于代理的规定。

在功能上，日常家事代理权能够确保夫妻双方在处理家庭事务方面机会均等，在满足夫妻日常生活需求的同时降低婚姻关系中夫妻双方的协商成本，[4] 促进交易便捷。进而，为满足家庭日常生活需要，夫妻任何一方可以独立实施民事法律行为，无需事事与配偶协商或征得配偶同意。当然，夫妻任何一方非因日常生活需要对夫妻共同财产做重要处理决定，如不动产买卖等大额交易，夫妻双方应当平等协商，取得一致意见。

家庭日常生活需要的范围，可以参考我国城镇居民家庭消费种类，根据夫妻共同生活的状态（如双方的职业、身份、资产、收入、兴趣、家庭人数等）和当地一般社会生活习惯予以认定。[5] 一般来说，满足家庭日常生活需要的支出，是指通常情况下必要的家庭日常消费，主要包括正常的衣食消费、日用品购买、子女抚养教育等各项费用，是维系一个家庭正常生活所必需的开支。因此，家庭日常生活需要的范围，与夫妻互负的扶养义务、父母对子女的抚养义务密切相关。[6]

夫妻一方行使日常家事代理权所负的债务属于夫妻共同债务，由夫妻双方承担连带责任。这一类夫妻共同债务被称之为日常家事型夫妻共同债务。夫妻一方以个人名义通过法律行为负担的债务，是否属于日常家事型夫妻共同债务，不仅取决于该法律行为是否直接满足家庭日常生活需要，还取决于该法律行为之债的金额大小。也就是说，家庭日常生活

---

〔1〕 参见王战涛："日常家事代理权之批判"，载《法学家》2019年第3期。

〔2〕 参见陈棋炎、黄宗乐、郭振恭：《民法亲属新论》，三民书局股份有限公司2018年版，第126页。

〔3〕 参见缪宇："走出夫妻共同债务的误区——以《婚姻法司法解释（二）》第24条为分析对象"，载《中外法学》2018年第1期。

〔4〕 参见余延满：《亲属法原论》，法律出版社2007年版，第248页。

〔5〕 参见罗书臻："完善共同债务认定标准平衡保护各方合法权益"，载《人民法院报》2018年1月18日，第1版。

〔6〕 Gernhuber/Coester-Waltjen，Familienrecht，7. Aufl.，C. H. Beck，2020，§19，Rn. 35.

需要必须具有适当性。

夫妻一方在实施法律行为时，可以与第三人约定由此产生的债务为夫妻一方的个人债务，从而排除日常家事代理权的适用。此外，《民法典》婚姻家庭编第1060条第2款规定："夫妻之间对一方可以实施的民事法律行为范围的限制，不得对抗善意相对人。"因此，对夫妻一方能够独立实施的、满足日常生活需要的民事法律行为范围，夫妻之间可以通过约定加以限制，比如禁止夫妻一方购买特定类型生活必需品、限制夫妻一方订立合同的金额。[1] 但是，这一限制不得对抗不知情的善意相对人。夫妻一方超越内部限制实施民事法律行为的，善意相对人仍然可以要求夫妻双方对由此产生的债务共同负责。

（三）夫妻的继承权

《民法典》婚姻家庭编第1061条规定："夫妻有相互继承遗产的权利。"夫妻间相互继承遗产的权利，是指夫和妻基于配偶身份享有的相互继承对方遗产的客观资格。在我国，配偶属于第一顺序的法定继承人。

（四）夫妻财产制

夫妻财产制是夫妻财产关系的核心内容，它主要包括四个方面的内容：①夫妻双方财产的归属；②夫妻双方财产在婚后的管理和处分；③夫妻双方在婚姻关系存续期间甚至婚前所负债务的清偿及责任财产范围；④在夫妻财产制解体时，夫妻双方财产的清算、分配。[2] 夫妻财产制的核心是夫妻婚前财产和婚后所得财产的归属问题。

按照夫妻财产制确立的依据不同，夫妻财产制可分为法定财产制与约定财产制。法定财产制是在夫妻双方婚前或婚后未就夫妻财产制作出约定或约定无效时，应当直接适用的法律明确规定的夫妻财产制。约定财产制是夫妻双方依法以约定形式确定的夫妻财产制。

依据夫妻财产制内容的不同，夫妻财产制又可分为共同财产制和分别财产制。共同财产制，是指夫妻双方的全部财产或部分财产成为共有财产，归夫妻双方共同共有，但是个人财产除外。分别财产制，是指夫妻双方的财产归各自所有，各自对自己的财产进行管理、使用、收益。

我国《民法典》婚姻家庭编对夫妻财产制采纳了法定夫妻财产制与约定夫妻财产制相结合的模式。我国的法定夫妻财产制是婚后所得共同制，也被称为夫妻共同财产制。它是指在婚姻关系存续期间，夫妻双方或一方所得的财产，除法律规定或夫妻约定为个人财产外，均归夫妻双方共同共有的夫妻财产制度。我国的约定夫妻财产制则包括分别财产制、一般共同制、部分共同制三种类型。作为意思自治原则的体现，约定夫妻财产制优先于法定夫妻财产制适用。只有在夫妻双方没有选择约定夫妻财产制或者约定无效时，才适用法定夫妻财产制。

1. 法定财产制。

（1）夫妻共同财产的范围。依据《民法典》婚姻家庭编第1062条第1款，夫妻共同财产的范围包括：①工资、奖金、劳务报酬；②生产、经营、投资的收益；③知识产权的收益，是指婚姻关系存续期间，基于知识产权实际取得或者已经明确可以取得的财产性收益，[3] 如发表小说获得的稿酬、许可他人实施专利获得的许可使用费，知识产权本身是否

---

〔1〕 参见林秀雄：《亲属法讲义》，元照出版有限公司2020年版，第119页。

〔2〕 参见陈棋炎、黄宗乐、郭振恭：《民法亲属新论》，三民书局股份有限公司2018年版，第130页。

〔3〕《民法典婚姻家庭编司法解释（一）》第24条。

在婚姻关系存续期间取得，在所不同；[1] ④继承或者受赠的财产，但是被继承人可以在遗嘱中明确财产由夫妻一方继承且为其个人财产、不属于夫妻共同财产，赠与人和受赠人也可以在赠与合同中明确财产属于受赠人一方的个人财产，因此，当事人结婚后，父母为双方购置房屋出资的，没有约定或者约定不明确的，属于父母赠与双方的夫妻共同财产；⑤其他应当归共同所有的财产。

依据司法解释的规定，其他应当归共同所有的财产包括：[2]

第一，一方以个人财产投资取得的收益。夫妻一方个人财产在婚后产生的收益，除孳息和自然增值外，应认定为夫妻共同财产。[3] 这里的自然增值是与主动增值相对应的概念。按照最高人民法院的解释，自然增值是指增值因通货膨胀或市场行情的变化而产生，与夫妻一方或双方对该财产是否投入物资、劳动、努力、投资、管理无关，如婚前所有房屋、古董、字画、珠宝、黄金升值；主动增值是指增值因夫妻一方或双方对该财产所付出的劳务、投资、管理而产生，与通货膨胀或市场行情变化无关，如房屋因装修而增值。[4] 因此，这里的孳息与《民法典》物权编第321条的孳息不同，限于无需夫妻一方投入物资、劳动即可取得的孳息。因夫妻一方投入劳动、人力取得的收益，不再属于这里的孳息。[5] 据此，夫妻一方个人财产在婚后产生的投资经营收益，如夫妻一方个人房产婚后出租取得的租金、夫妻一方在婚后以个人财产购买股票取得的收益或投资企业取得的分红、夫妻一方在婚后以个人财产购买商铺门面而获得的增值，属于夫妻共同财产。

第二，男女双方实际取得或者应当取得的住房补贴、住房公积金。

第三，男女双方实际取得或者应当取得的基本养老金、破产安置补偿费。

第四，军人复员费、自主择业费中属于夫妻共同财产的部分。在具体计算上，将复员费、自主择业费以夫妻婚姻关系存续年限乘以年平均值，所得数额为夫妻共同财产。年平均值，是指将发放到军人名下的上述费用总额按具体年限均分得出的数额。其具体年限为人均寿命70岁与军人入伍时实际年龄的差额。也就是说，夫妻共同财产部分=夫妻关系存续年限×〔复员费、自主择业费总额÷（70−军人入伍时实际年龄）〕。[6]

需要注意的是，夫妻共同财产的认定需要遵循夫妻共同财产推定规则和溯源规则。

所谓夫妻共同财产推定规则，是指夫妻双方在婚姻关系存续期间取得的财产，被推定为夫妻共同财产，一方主张特定财产为其个人财产的，应当负举证责任。[7]

---

〔1〕 参见中华人民共和国最高人民法院民事审判第一庭本书编写组编：《民事审判实务问答》，法律出版社2005年版，第205页。

〔2〕 参见《民法典婚姻家庭编司法解释（一）》第25条。

〔3〕 参见《民法典婚姻家庭编司法解释（一）》第26条。

〔4〕 参见最高人民法院民事审判第一庭编著：《最高人民法院婚姻法司法解释（三）的理解与适用》，人民法院出版社2011年版，第97~98页。这种分类看似高明，实难操作。因为在实践中，很少存在纯粹的自然增值或主动增值。比如，房屋的升值离不开所有人日常的维护；古玩字画的升值依赖于所有人的平时保养。这些都需要夫妻一方付出劳务，甚至以夫妻共同财产支付维护和保养的成本。

〔5〕 这一立场不仅导致《民法典》体系内的孳息概念出现混乱，还可能造成夫妻共同财产分割的复杂化。比如，夫妻一方婚前支付首付款购置房屋，婚后将房屋出租以租金、工资支付房贷的，如何计算夫妻共同财产还贷部分及其对应的升值，可能并不容易。对夫妻一方婚前财产婚后孳息归属的详细分析，参见贺剑："'理论'在司法实践中的影响——以关于夫妻个人财产婚后孳息归属的司法实践为中心"，载《法制与社会发展》2014年第3期。

〔6〕 参见《民法典婚姻家庭编司法解释（一）》第71条。

〔7〕 参见胡康生主编：《中华人民共和国婚姻法释义》，法律出版社2001年版，第63、64页。

所谓溯源规则，是指判断一项财产属于夫妻共同财产还是夫妻一方个人财产，取决于夫妻以哪一类财产取得该项财产，即由夫妻共同财产转化的财产仍然是夫妻共同财产，由夫妻一方个人财产转化的财产仍然是夫妻一方个人财产。[1] 当然，由于夫妻共同财产推定规则的存在，夫妻双方在婚姻关系存续期间取得的财产被推定为夫妻共同财产，[2] 因此，溯源规则主要适用于个人财产。据此，夫妻一方以个人财产取得的财产，属于个人财产；夫妻一方因个人财产毁损、灭失、剥夺而取得的补偿，也属于个人财产。[3]

在我国，溯源规则的依据是《民法典婚姻家庭编司法解释（一）》第31条。依据这一规定，除非当事人另有约定，夫妻一方的个人财产，不因婚姻关系的延续而转化为夫妻共同财产。因此，一方婚后用个人财产全款购买房屋，离婚时该房屋属于“个人财产的替代物”，应当被认定为个人财产，其自然增值也属于个人财产。[4] 夫妻双方婚后以夫妻共同财产购置的房屋，当然也属于夫妻共同财产。在这种情况下，一项财产的权属登记状况可能与真实权属不一致。夫妻双方婚后以夫妻共同财产购置的房屋，即使登记在夫妻一方名下，只要夫妻双方没有实行约定财产制，该房屋仍然属于夫妻共同财产而非产权登记的夫妻一方的个人财产。[5]

（2）夫妻共同财产的管理。在法定夫妻财产制建立以后、终止之前，无论夫妻双方各自的职业、社会地位和收入的差别如何，夫妻双方对全部夫妻共同财产不分份额地平等享有权利、承担义务。夫妻一方在管理夫妻共同财产时，应尽到与处理自己事务同样的注意。

夫妻双方对夫妻共同财产享有平等的处理权。平等的处理权是指：

第一，夫或妻在处理夫妻共同财产上的权利是平等的。因日常生活需要而处理夫妻共同财产的，如以工资支付水电费、购买日用品和米面粮油，任何一方均有权决定。夫妻共同财产的管理与日常家事代理权规则就这样有机结合起来。夫妻一方以个人名义为满足日常家庭生活所需订立合同，属于日常家事代理权的行使；夫妻一方以夫妻共同财产清偿上述合同之债，属于夫妻共同财产的管理；如果夫妻一方没有依约清偿上述合同之债，债权人可以请求夫妻双方承担连带责任，因为夫妻一方行使日常家事代理权所生的债务是夫妻共同债务。

第二，夫或妻非因日常生活需要对夫妻共同财产做重要处理决定的，如出卖夫妻共有房屋、以夫妻共有房屋为他人设立抵押，夫妻双方应当平等协商，取得一致意见。这一立场的理由在于，夫妻共同财产由夫妻双方共同共有，非因日常生活需要对夫妻共同财产作重要处理决定的，须遵循《民法典》物权编的共同共有规则。依据《民法典》第301条，处分共有不动产或者动产以及对共有不动产或者动产作重大修缮、变更性质或者用途的，应当经占份额2/3以上的按份共有人或者全体共同共有人同意，但是共有人之间另有约定的除外。因此，非因日常生活需要对夫妻共同财产作重要处理决定的，须夫妻双方协商一致。当然，在这种情形，善意第三人也应当获得保护。因此，夫妻一方未经另一方同意出

---

[1] Mennell & Carrillo, *Community Property in a Nutshell#*, 3rd., West Academic Publishing, 2014, p. 167.

[2] 在共同财产制终止后、夫妻共同财产实际分割前，以夫妻共同财产取得的财产、夫妻共同财产毁损、灭失、剥夺而取得的补偿，也属于夫妻共同财产。MüKoBGB/Münch, 8. Aufl. 2019, BGB § 1473 Rn. 1 f.

[3] MüKoBGB/Münch, 8. Aufl. 2019, BGB § 1418 Rn. 11 f.

[4] 参见最高人民法院民事审判第一庭编：《民事审判指导与参考》2013年第4辑（总第56辑），人民法院出版社2014年版，第123页。

[5] 参见《民法典婚姻家庭编司法解释（一）》第27条规定：“由一方婚前承租、婚后用共同财产购买的房屋，登记在一方名下的，应当认定为夫妻共同财产。”

售夫妻共同共有的房屋，第三人善意购买、支付合理对价并办理产权登记手续的，第三人取得房屋所有权。夫妻一方擅自处分共同所有的房屋造成另一方损失的，侵害了另一方对夫妻共同财产的权利，夫妻双方离婚时，另一方可以请求夫妻一方赔偿损失。〔1〕就第三人善意的判断而言，司法实践认为，如果夫妻一方已经告知第三人已经取得配偶的同意且有一定证据证明其已经取得了配偶的同意，第三人支付了合理的价款，那么，第三人即为善意。〔2〕

夫妻一方隐藏、转移、变卖、毁损、挥霍夫妻共同财产的，另一方可以在婚姻关系存续期间向人民法院请求分割夫妻共同财产，也可以在离婚分割夫妻共同财产时，请求人民法院对该方少分或者不分。

（3）夫妻一方的个人财产。依据《民法典》婚姻家庭编第1063条，夫妻一方的个人财产的范围包括：①一方的婚前财产，如夫妻一方的婚前存款、夫妻一方婚前全款购置的房屋，基于溯源规则，婚前财产在婚后的转化和变形也属于夫妻一方的个人财产，如夫妻一方以婚前存款在婚后全款购买的房屋、夫妻一方因婚前个人房屋拆迁获得的拆迁款；②一方因受到人身损害获得的赔偿或者补偿，如医疗费、营养费、残疾辅助器具费、残疾赔偿金等；〔3〕③遗嘱或者赠与合同中确定只归一方的财产，这是尊重当事人意思自治的体现；④一方专用的生活用品，如夫妻双方各自的衣物，但一方以夫妻共同财产购入的从事职业所必需的高价值专用物品，属于夫妻共同财产，此外，婚内以夫妻共同财产购置的首饰是否属于一方专用的生活用品，学界和实践存在争议；⑤其他应当归一方的财产。

依据司法解释的规定，其他应归一方个人的财产包括：〔4〕①军人的伤亡保险金、伤残补助金、医药生活补助费；②夫妻一方个人财产在婚后产生的孳息和自然增值，如婚前个人存款在婚后产生的利息、婚前全款购买的房屋或古玩字画在婚后因市场行情波动而产生的升值，也就是说，夫妻一方以生产、经营之外的其他方式使用自己的婚前个人财产，该个人财产及其自然增值仍为个人财产，夫妻一方个人财产因夫妻一方投入劳动而产生的收益，则属于夫妻共同财产。

夫妻一方的个人财产，由夫妻一方个人管理。夫妻一方按照自己的意愿占有、使用、收益和处分个人财产。

（4）夫妻共同财产与夫妻一方个人财产的关系。夫妻共同财产与夫妻一方个人财产之间可能存在补偿关系。〔5〕夫妻一方以夫妻共同财产用于个人财产，如以夫妻共同财产（如工资）对其个人婚前房屋进行装修，导致个人财产增值的，应当以个人财产对夫妻共同财产进行补偿；反之，夫妻一方以个人财产用于夫妻共同财产，如以婚前个人积蓄对夫妻共

---

〔1〕参见《民法典婚姻家庭编司法解释（一）》第28条。

〔2〕参见最高人民法院（2014）民申字第3号、（2017）最高法民申2219号、（2018）最高法民申3736号民事裁定书。

〔3〕夫妻一方因受到人身伤害而取得的误工费赔偿，是对夫妻一方收入损失的赔偿。由于夫妻一方的收入属于夫妻共同财产，因此，严格来说，误工费赔偿应当归入夫妻共同财产。不仅如此，如果就残疾赔偿金采劳动能力丧失说，由于夫妻双方在婚姻关系存续期间的劳动所得属于夫妻共同财产，因此，残疾赔偿金也应当归入夫妻共同财产。然而，将误工费、残疾赔偿金认定为夫妻共同财产，倘若夫妻随后离婚，这对遭受人身伤害的夫妻一方可能并不公平。因此，误工费、残疾赔偿金的性质，还需要学界进一步研究。

〔4〕参见《民法典婚姻家庭编司法解释（一）》第26条、第30条。

〔5〕这一制度在美国法上也被称为补偿（reimbursement）。参见《加利福尼亚家庭法》（*Family Code#*）第920条、第2640条。另参见《德国民法典》第1445条、第1467条。

有房屋进行装修，导致共有房屋增值的，有权从夫妻共同财产获得补偿。

在实践中，根据夫妻双方的约定，夫妻共同财产可能转化为夫妻一方个人财产。[1] 遗憾的是，这种转化缺乏相关配套制度的支撑。比如，转化约定是夫妻财产制合同还是赠与合同、转化约定是否应当具备法定的形式、如何在夫妻共同财产转化为夫妻一方个人财产时保护另一方的债权人，现行法均无规定。

（5）法定财产制的终止。婚后所得共同制的终止原因，主要包括婚姻关系因夫妻一方死亡或夫妻双方离婚而终止、夫妻双方通过书面约定放弃婚后所得共同制转为约定夫妻财产制、夫妻一方在婚姻关系存续期间向人民法院请求分割共同财产。婚后所得共同制终止时，夫妻双方须对夫妻共同财产进行清算、分割。

在婚姻关系存续期间，对于共同共有的财产，夫妻双方原则上不得请求分割，但具有重大理由除外。这也是《民法典》物权编第 303 条在法定财产制规则中的体现。因此，夫妻一方在具有重大理由时，在不终止婚姻关系的前提下，可以向人民法院请求分割夫妻共同财产。这种请求法院分割夫妻共同财产的权利被称为婚内财产分割请求权。婚内财产分割请求权名为请求权，实为须以诉讼方式行使的形成权。

为了避免夫妻双方或一方在婚姻关系存续期间随意请求分割共同财产，损害家庭关系稳定及影响夫妻共有财产生活保障功能的实现，依据《民法典》婚姻家庭编第 1066 条，请求分割夫妻共同财产的法定理由限于下列两种情形：①一方实施了严重损害夫妻共同财产的利益行为，如隐藏、转移、变卖、毁损、挥霍夫妻共同财产或者伪造夫妻共同债务。夫妻一方实施上述行为的，一般具有主观的故意，以侵占夫妻共同财产或损害夫妻共同财产利益为目的。夫妻一方因过失毁损夫妻共同财产、保有数额不大的私房钱，均不属于上述行为。但是，夫妻双方不得利用婚内财产分割请求权逃避债务、损害债权人利益。②一方负有法定扶养义务的人患重大疾病需要医治，另一方不同意支付相关医疗费用。夫妻一方负有法定扶养义务的人，依据《民法典》总则编第 26 条、婚姻家庭编第 1074 条和第 1075 条确定，包括需要赡养的父母、非婚生子女等。夫妻一方负有法定扶养义务的人所患疾病是否重大，应当按照医学标准判断。相关医疗费用主要指为治疗疾病需要支出的必要、合理费用，不包括营养费、护理费等费用。[2]

夫妻一方向人民法院请求婚内分割夫妻共同财产的，对存在上述法定事由负举证责任。夫妻共同财产的分割方式，可以参照适用离婚时夫妻共同财产分割的相关规定。[3]

2. 约定财产制。依据《民法典》婚姻家庭编第 1065 条第 1 款，男女双方可以约定婚姻

---

〔1〕 Mennell & Carrillo, *Community Property in a Nutshell#*, 3rd., West Academic Publishing, 2014, p. 31.

〔2〕 学界一般将该规定理解为夫妻共同财产制终止的事由。参见夏吟兰主编：《婚姻家庭继承法》，中国政法大学出版社 2017 年版，第 102 页；陈苇主编：《婚姻家庭继承法学》，中国政法大学出版社 2018 年版，第 127 页；马忆南：《婚姻家庭继承法学》，北京大学出版社 2019 年版，第 93 页。但是，在司法实践中，夫妻一方通常依据该规定仅就特定财产而非全部夫妻共同财产请求分割。参见湖北省高级人民法院（2018）鄂民申 486 号民事裁定书。如果认为《民法典》婚姻家庭编第 1066 条的分割夫妻共同财产无需及于全部夫妻共同财产，那么，人民法院依据该规定分割特定夫妻共同财产（如夫妻共有的房屋）的，不会导致原被告双方的夫妻共同财产制终止。参见陈信勇编著：《亲属与继承法》，法律出版社 2016 年版，第 98 页。

〔3〕《民法典》婚姻家庭编第 1066 条是否妥当，值得怀疑。其理由在于，夫妻一方隐藏、转移、变卖、毁损、挥霍夫妻共同财产或者伪造夫妻共同债务，另一方在婚内只能依据《民法典》婚姻家庭编第 1066 条请求分割夫妻共同财产，但在离婚时可以依据《民法典》婚姻家庭编第 1092 条请求人民法院少分或者不分，从而在法律效果上存在差别。因此，婚内分割夫妻共同财产，应当参照适用《民法典》婚姻家庭编第 1087 条第 1 款离婚时分割夫妻共同财产的原则，从而照顾无过错方权益。

关系存续期间所得的财产以及婚前财产归各自所有、共同所有或者部分各自所有、部分共同所有。约定应当采用书面形式。

（1）约定的要件。夫妻财产制约定应当采用书面形式，属于要式法律行为。夫妻双方就夫妻财产制约定未采纳书面形式的，该约定不成立。但是，夫妻双方以口头形式约定财产归谁所有且双方无争议的，按照《民法典》合同编第 490 条第 2 款的精神，夫妻财产制约定仍然成立，夫妻双方离婚时应按约定处理。当然，这种口头约定仅能约束夫妻双方，不得对抗不知情的善意第三人。此外，男女双方婚前以书面形式约定夫妻财产制的，该约定为附停止条件的民事法律行为。男女双方结婚，停止条件成就，夫妻财产制约定生效。夫妻财产制约定调整的是夫妻间的财产关系，属于财产法律行为。此外，夫妻财产制约定作为双方法律行为，其无效、撤销适用《民法典》总则编关于民事法律行为的一般规则。〔1〕

（2）约定的内容和范围。我国的约定夫妻财产制包括分别财产制、一般共同制、部分共同制三种类型。所谓分别财产制，是指夫妻双方婚前财产和婚姻关系存续期间取得的财产归各自所有；所谓一般共同制，是指夫妻双方婚前财产和婚姻关系存续期间取得的财产，全部归双方共同共有；所谓部分共同制，是指夫妻双方婚前财产和婚姻关系存续期间取得的财产，部分归各自所有，部分归双方共同共有。夫妻双方可以选择上述三种财产制中的一种作为约定夫妻财产制。约定财产范围，包括夫妻双方各自的婚前财产，也包括夫妻双方在婚姻关系存续期间取得的财产。

（3）约定的效力。依据《民法典》婚姻家庭编第 1065 条第 2 款和第 3 款，夫妻财产制约定具有对内效力和对外效力。对内效力，是指夫妻双方对婚姻关系存续期间所得的财产以及婚前财产的约定，对双方具有法律约束力。对外效力是指夫妻财产制约定对夫妻关系之外第三人的效力。具体而言，夫妻一方对外以个人名义负担债务的，如果夫妻双方约定采分别财产制且相对人知道该约定，相对人只能就夫妻一方的个人财产受偿，但该债务属于夫妻共同债务的除外。配偶无需以个人财产对相对人负责，但配偶须举证证明相对人知道该约定。善意相对人不知道夫妻采用分别财产制的，夫妻之间关于分别财产制的约定不得对抗善意相对人。

3. 夫妻共同债务。

（1）夫妻共同债务的类型。《民法典》婚姻家庭编第 1064 条列举了夫妻共同债务的基本类型。这一规定主要适用于夫妻一方或双方负担的意定之债，以自然人借款形成的合同债务最为典型。

学说上有观点认为，夫妻一方因侵权行为负担的债务是否构成夫妻共同债务，应当按照夫妻共同利益标准认定。因此，夫妻一方实施的侵权行为系为了家庭利益或事实上使家庭受益的，该侵权行为产生的债务为夫妻共同债务。〔2〕此外，夫妻双方共同侵权产生的债务也属于夫妻共同债务。在婚姻关系存续期间，夫妻双方作为子女的法定监护人，对子女造成的损害负监护人责任。夫妻双方共同承担的监护人责任也是夫妻共同债务。

根据《民法典》婚姻家庭编第 1064 条的规定，夫妻共同债务主要包括：

第一，夫妻双方共同签名或者夫妻一方事后追认等共同意思表示所负的债务，即合意

〔1〕参见陈苇主编：《婚姻家庭继承法学》，中国政法大学出版社 2018 年版，第 130 页。

〔2〕参见吴晓芳：“《婚姻法》司法解释（三）适用中的疑难问题探析”，载《法律适用》2014 年第 1 期；冉克平：“夫妻团体债务的认定及清偿”，载《中国法学》2017 年第 5 期。

型夫妻共同债务。如果夫妻双方在借条上共同签字，或者一方以个人名义举债后另一方以明示或默示的方式予以追认，如一方事后向债权人明确承诺还款、补签借条、出具还款方案，该债务就属于夫妻共同债务。配偶的追认实际上构成《民法典》合同编第552条的债务加入，即并存的债务承担。

第二，夫妻一方在婚姻关系存续期间以个人名义为家庭日常生活需要所负的债务，即日常家事型夫妻共同债务。“家庭日常生活需要”按照日常家事代理权的范围来确定，涉及通常情况下必要的家庭日常消费，如正常的衣食住行消费、日用品购买、交通通信、医疗保健、子女抚养教育、文化消费等。因此，满足“家庭日常生活所需”负担的债务主要是指满足家庭基本生活需求或必要生活需要负担的债务。判断负债是否超出“家庭日常生活需要”，不能仅以债务金额是否适中来认定，[1] 而应当结合债务用途、举债次数、债务金额、家庭收入状况、消费水平、夫妻感情状况、借贷双方的熟识程度、借款名义、当地经济水平和一般社会生活习惯等因素综合认定。[2]

第三，夫妻一方在婚姻关系存续期间以个人名义负担的超出家庭日常生活需要，但用于夫妻共同生活、共同生产经营或者基于夫妻双方共同意思表示的债务，即共同生活、共同生产经营型夫妻共同债务。“夫妻共同生活”在概念外延上大于“家庭日常生活”，只要是夫妻双方共同消费支配，或者用于形成夫妻共同财产的支出，都属于“夫妻共同生活”的范围。[3] 因此，夫妻共同生活的消费开支，是指超出家庭日常生活范围的支出，这些支出系夫妻双方共同消费支配，或者用于形成夫妻共同财产，或者基于夫妻共同利益管理共同财产而产生的支出。一般来说，用于夫妻共同生活的消费开支，在金额上高于为家庭日常生活需要所负的债务。夫妻共同生产经营主要是指由夫妻双方共同决定生产经营事项，或者虽由一方决定但另一方进行了授权的情形。[4] 实践中，夫妻一方所举债务用于个人生产经营，另一方虽未直接参与生产经营但分享了生产经营收益的，该债务也被认定为夫妻共同债务。[5] 判断生产经营活动是否属于夫妻共同生产经营，应当根据经营活动的性质以及夫妻双方在其中的地位作用等综合认定。[6] 夫妻共同生产经营所负的债务一般包括双方共同从事工商业、共同投资以及购买生产资料等所负的债务。[7]

一项债务是否属于夫妻共同债务，首先，取决于夫妻双方是否具有负债的合意。债权人对夫妻双方具有负债的合意负举证责任。其次，如果夫妻一方在婚姻关系存续期间以个人名义举债，且夫妻双方没有共同负债的合意，倘若所举债务的金额符合家庭日常生活需

---

〔1〕 叶名怡：“共债共签原则应写入《民法典》”，载《东方法学》2019年第1期。

〔2〕 参见《江苏省高级人民法院家事纠纷案件审理指南（婚姻家庭部分）》（2019）第47条。

〔3〕 参见《浙江省高级人民法院关于妥善审理涉夫妻债务纠纷案件的通知》（浙高法〔2018〕89号）第4条。

〔4〕 罗书臻：“妥善审理涉及夫妻债务纠纷案件依法平等保护各方当事人合法权益”，载《人民法院报》2018年1月18日，第3版。

〔5〕 参见《浙江省高级人民法院关于妥善审理涉夫妻债务纠纷案件的通知》（浙高法〔2018〕89号）第4条。学界有观点认为，收益分享是夫妻共同财产制的逻辑结果，不宜作为认定共同生产经营型夫妻共同债务的标准。参见缪宇：“走出夫妻共同债务的误区——以《婚姻法司法解释（二）》第24条为分析对象”，载《中外法学》2018年第1期。对共同受益标准的批评，参见贺剑：“夫妻财产法的精神——民法典夫妻共同债务和财产规则释论”，载《法学》2020年第7期。

〔6〕 参见罗书臻：“完善共同债务认定标准平衡保护各方合法权益”，载《人民法院报》2018年1月18日，第1版。

〔7〕 参见黄薇主编：《中华人民共和国民法典婚姻家庭编解读》，中国法制出版社2020年版，第119页。

要，按照最高人民法院的意见，原则上，该债务应当被推定为为了满足家庭日常生活需要所负的夫妻共同债务；债务人的配偶认为该债务不属于夫妻共同债务的，应当举证证明该债务没有用于家庭日常生活。〔1〕最后，如果夫妻一方在婚姻关系存续期间以个人名义举债，且夫妻双方没有共同负债的合意，倘若所举债务的金额超出家庭日常生活需要，主张该债务为夫妻共同债务的债权人应当举证证明该债务已经用于夫妻共同生活或夫妻共同生产、经营，否则该债务就应当被认定为夫妻一方的个人债务。

（2）夫妻共同债务的性质。司法实践认为，夫妻共同债务是发生在婚姻关系存续期间，由夫妻双方承担连带责任的债务，〔2〕责任财产范围包括夫妻双方的全部财产。因此，债权人既可以要求夫妻任何一方清偿夫妻共同债务，也可以要求夫妻双方清偿夫妻共同债务。夫妻双方采用法定财产制的，夫妻双方以夫妻共同财产和双方全部个人财产对夫妻共同债务负责。夫妻双方的婚前个人财产也属于责任财产范围。〔3〕夫妻双方离婚后，对夫妻共同债务仍然负连带责任。涉及夫妻财产分割的协议、判决书、调解书，仅约束离婚后的男女双方，不影响债权人就男女双方主张权利。〔4〕夫或者妻一方死亡的，生存一方应当对婚姻关系存续期间的夫妻共同债务承担清偿责任。〔5〕

夫妻共同债务规则不仅适用于法定财产制，也适用于约定财产制。比如，在分别财产制下，夫妻双方共同签名负担的债务、夫妻一方行使日常家事代理权所负担的债务，当然属于夫妻共同债务、夫妻连带债务。在这种情况下，债权人以夫妻双方的全部个人财产受偿。但是，夫妻双方实行分别财产制且第三人知道该约定的，夫妻一方为个人财产负担的债务，即使夫妻一方将该个人财产用于夫妻共同生活，该债务仍属于个人债务。

4. 夫妻一方的个人债务。夫妻一方的个人债务包括夫妻一方的婚前债务。此外，夫妻一方在婚姻关系存续期间负担的债务，如果该债务不符合夫妻共同债务的标准，那么，该债务也属于夫妻一方的个人债务。

对于夫妻一方的个人债务，配偶不负连带责任，无须以个人财产负责。因此，债权人就夫妻一方婚前所负个人债务向债务人的配偶主张权利的，人民法院不予支持。夫妻一方应以个人财产清偿个人债务。个人财产不足以清偿个人债务的，债权人可以申请执行夫妻双方的共有财产。然而，夫妻一方个人债务的债权人能否以全部夫妻共同财产受偿，立法没有明确规定。学说上多认为，夫妻一方个人债务的债权人只能就夫妻一方的个人财产和夫妻共同财产的一半受偿。〔6〕

---

〔1〕参见罗书臻：“妥善审理涉及夫妻债务纠纷案件依法平等保护各方当事人合法权益”，载《人民法院报》2018年1月18日，第3版。

〔2〕最高人民法院（2018）最高法民终866号、（2019）最高法民申2216号民事裁定书。

〔3〕学界有观点认为，在立法论上，夫妻共同债务的责任财产范围限于夫妻一方的个人财产和夫妻共同财产，不包括配偶的个人财产，尤其是不应包括配偶的婚前财产。参见贺剑：“论婚姻法回归民法的基本思路以法定夫妻财产制为重点”，载《中外法学》2014年第6期；缪宇：“走出夫妻共同债务的误区——以《婚姻法司法解释（二）》第24条为分析对象”，载《中外法学》2018年第1期。

〔4〕参见《民法典婚姻家庭编司法解释（一）》第35条第1款。

〔5〕参见《民法典婚姻家庭编司法解释（一）》第36条。

〔6〕参见缪宇：“美国夫妻共同债务制度研究——以美国采行夫妻共同财产制州为中心”，载《法学家》2018年第2期；张学军：“中国夫妻一方‘个人债务’的责任财产之立法研究”，载《当代法学》2019年第6期。

第三节 无效婚姻和可撤销婚姻

结婚行为作为民事法律行为，也存在无效和可撤销的可能。《民法典》婚姻家庭编第1051条规定了结婚行为的无效事由，第1052条和第1053条规定了结婚行为的可撤销事由。

一、无效婚姻

无效婚姻，即结婚行为无效，是指已经成立且生效，但存在法定的婚姻无效事由，经过人民法院判决，不能按照婚姻当事人的意思发生法律效力的婚姻。

无效婚姻不同于婚姻不成立。首先，无效婚姻是已经成立但存在法定无效事由的婚姻，婚姻关系已经成立且生效，但经过人民法院判决，不能按照当事人的意愿产生夫妻的权利义务关系，如当事人存在重婚、未到法定婚龄、存在禁止结婚的亲属关系等情形；婚姻不成立则是欠缺成立要件的婚姻，婚姻关系尚不存在，如男女双方尚未申请结婚登记。其次，婚姻无效事由包括可治愈的无效事由和不可治愈的无效事由，比如，夫妻一方申请结婚登记时未到法定婚龄但事后达到法定婚龄的，无效婚姻即被治愈转化为有效婚姻；不成立的婚姻不可能转化为有效婚姻。最后，无效婚姻须经人民法院判决，当事人之间虽然不产生夫妻的权利义务关系，但会发生其他方面的权利义务关系，如同居期间所得财产的分割和损害赔偿，在婚姻被宣告无效之前，当事人也不得与他人结婚；婚姻不成立无须人民法院判决，当事人有权与他人另行结婚。

（一）无效事由

依据《民法典》婚姻家庭编第1051条，婚姻无效的法定事由包括：①当事人一方或双方重婚；②当事人双方有禁止结婚的亲属关系；③当事人一方或双方未到法定婚龄。与《婚姻法》（已失效）第10条相比，《民法典》婚姻家庭编第1051条不再将“婚前患有医学上认为不应当结婚的疾病，婚后尚未治愈”作为婚姻无效事由。同时，《民法典》婚姻家庭编第1053条将一方当事人婚前隐瞒重大疾病规定为婚姻可撤销事由。

婚姻无效事由一般涉及公共利益和公序良俗。比如，重婚违反了我国一夫一妻制，禁止一定范围内的亲属结婚旨在维护社会伦理道德并促进优生优育。

依据司法解释的规定，除了上述情形，当事人以其他理由请求确认婚姻无效的，人民法院应当判决驳回当事人的诉讼请求。[1] 这意味着，《民法典》婚姻家庭编第1051条规定的婚姻无效事由具有封闭性。不过，如前所述，导致婚姻无效的事由可能还包括一方或双方当事人不具备完全民事行为能力、当事人双方通谋虚伪结婚。因此，在《民法典》施行后，坚持婚姻无效事由规定的封闭性是否妥当、结婚行为能否适用《民法典》总则编民事法律行为无效的规定，需要最高人民法院通过司法解释来回应。

需要注意的是，按照司法解释的规定，当事人向人民法院请求确认婚姻无效，法定的无效婚姻情形在提起诉讼时已经消失的，人民法院不予支持。[2] 因此，婚姻无效事由，可分为可治愈的无效事由和不可治愈的无效事由。当事人一方或双方未到法定婚龄，属于典

---

〔1〕 参见《民法典婚姻家庭编司法解释（一）》第17条第1款。

〔2〕 参见《民法典婚姻家庭编司法解释（一）》第10条。

型的可治愈的无效事由。〔1〕

问题在于，当事人一方或双方重婚、当事人双方有禁止结婚的亲属关系是否属于可治愈的无效事由，学界存在分歧。也就是说，夫妻一方重婚，但重婚配偶向人民法院请求确认宣告重婚无效时，夫妻一方的前婚因离婚或前婚配偶死亡而消灭的，重婚能否因重婚状态消失而被治愈，从而转化为有效的婚姻，学界存在的肯定说〔2〕、否定说〔3〕两种立场，司法实践倾向于肯定说〔4〕。

此外，夫妻双方存在禁止结婚的自然血亲关系的，这种自然血亲关系不会随着时间推移而消失，因此，对当事人存在禁止结婚的自然血亲关系的婚姻，请求确认婚姻无效不存在阻却事由，该无效婚姻不存在被治愈的可能。〔5〕然而，当事人之间存在如收养关系等拟制直系血亲关系的，在收养关系被解除后，如果当事人之间不存在禁止结婚的三代以内旁系血亲关系，当事人的婚姻关系能否被治愈，从而转化为有效婚姻，学界也存在肯定说〔6〕、否定说〔7〕两种立场。

（二）确认婚姻无效的程序

无效婚姻必须经过人民法院依诉讼程序判决。〔8〕在我国，有权确认婚姻无效的机关只有人民法院，不包括婚姻登记机关。无效婚姻采宣告无效主义的理由在于，结婚行为属于身份行为，一旦结婚行为无效，不仅当事人之间的配偶身份丧失，而且当事人基于配偶身份所形成的人身关系和财产关系也会消灭。因此，结婚行为的无效须经人民法院宣告，不适用民事法律行为当然无效规则。〔9〕进而，在人民法院判决婚姻无效之前，婚姻有效，双方当事人存在夫妻关系，任何一方当事人不得另行结婚。原《婚姻法司法解释（一）》就婚姻无效采纳了宣告无效主义。虽然《民法典婚姻家庭编司法解释（一）》第9条、第10条、第12条等规定使用了“确认婚姻无效”的措辞，但是，《民法典婚姻家庭编司法解释（一）》第20条规定，无效婚姻只有在被人民法院依法确认无效时，该婚姻才自始不受法律保护。因此，《民法典婚姻家庭编司法解释（一）》没有采纳当然无效主义，而是坚持了宣告无效主义。

依据司法解释的规定，有权向人民法院就已办理结婚登记的婚姻请求确认婚姻无效的

---

〔1〕参见杨大文主编：《亲属法》，法律出版社2012年版，第93页；马忆南：《婚姻家庭继承法学》，北京大学出版社2019年版，第74页。

〔2〕参见余延满：《亲属法原论》，法律出版社2007年版，第192页。

〔3〕参见最高人民法院民事审判第一庭：《婚姻法司法解释的理解与适用》，中国法制出版社2002年版，第36页；房绍坤、范李瑛、张洪波：《婚姻家庭与继承法》，中国人民大学出版社2020年版，第41页。

〔4〕参见北京市海淀区人民法院（2019）京0108民初44147号民事判决书，上海市奉贤区人民法院（2018）沪0120民初14070号民事判决书。

〔5〕参见最高人民法院民事审判第一庭：《婚姻法司法解释的理解与适用》，中国法制出版社2002年版，第37页；余延满：《亲属法原论》，法律出版社2007年版，第193页。

〔6〕参见最高人民法院民事审判第一庭：《婚姻法司法解释的理解与适用》，中国法制出版社2002年版，第38页；杨大文主编：《亲属法》，法律出版社2012年版，第93页；杨大文、龙翼飞主编：《婚姻家庭法》，中国人民大学出版社2020年版，第98页；李明舜主编：《婚姻家庭继承法学》，武汉大学出版社2011年版，第89页。另参见《德国民法典》第1308条第1款。

〔7〕参见余延满：《亲属法原论》，法律出版社2007年版，第169页。

〔8〕在比较法上，婚姻无效的模式有当然无效主义和宣告无效主义两种。按照当然无效主义，婚姻当然无效，无须经过法院宣告，但可由法院确认；按照宣告无效主义，只有经过法定的宣告无效程序，婚姻才能被认定为无效。参见余延满：《亲属法原论》，法律出版社2007年版，第193、194页。

〔9〕参见王洪：《婚姻家庭法》，法律出版社2003年版，第92页。

主体，包括婚姻当事人及利害关系人。依据婚姻无效事由的不同，利害关系人的范围也不同。具体来说，利害关系人包括：①以重婚为由的，利害关系人为当事人的近亲属及基层组织；②以未到法定婚龄为由的，利害关系人为未到法定婚龄者的近亲属；③以有禁止结婚的亲属关系为由的，利害关系人为当事人的近亲属。利害关系人向人民法院请求确认婚姻无效的，利害关系人为原告，婚姻关系当事人双方为被告。[1]

对利害关系人的范围，学界提出了质疑。首先，夫妻一方或双方未到法定婚龄、夫妻双方存在禁止结婚的亲属关系的，请求确认婚姻无效的利害关系人限于当事人的近亲属。然而，在实践中，早婚、禁婚亲结婚可能源于或符合婚姻当事人近亲属的意愿，比如未成年人基于父母意愿早婚、近亲属支持的中表婚，从而婚姻当事人的近亲属不会向人民法院请求确认婚姻无效。其次，基层组织范围不明，我国也缺乏支持基层组织去请求确认婚姻无效的配套机制，应当直接承认婚姻登记机关作为请求确认婚姻无效的利害关系人。[2]

请求确认婚姻无效，原则上不受时间限制。按照司法解释的规定，夫妻一方或者双方死亡后，生存一方或者利害关系人可以请求确认婚姻无效。夫妻一方死亡的，生存一方为被告。[3]

根据司法解释的规定，人民法院在审理请求确认婚姻无效案件时，应注意以下几点：

1. 人民法院审理请求确认婚姻无效案件，对婚姻效力的审理不适用调解，应当依法作出判决。[4] 人民法院受理申请宣告婚姻无效案件后，经审查确属无效婚姻的，应当依法作出宣告婚姻无效的判决。由于婚姻关系无效不仅涉及当事人双方的利益，还可能涉及子女及其亲属的利益和社会公共利益，因此，原告申请撤诉的，人民法院不予准许。[5] 有关婚姻效力的判决一经作出，即发生法律效力。

2. 人民法院审理请求确认婚姻无效案件，涉及财产分割和子女抚养的，可以调解。调解达成协议的，另行制作调解书；未达成调解协议的，应当一并作出判决。[6] 这意味着，当事人可以就婚姻无效判决提起上诉。

3. 人民法院就同一婚姻关系分别受理了离婚和请求确认婚姻无效案件的，对于离婚案件的审理，应当待请求确认婚姻无效案件作出判决后进行。[7] 因为婚姻一旦被确认无效即自始没有法律拘束力，不存在离婚的问题。

4. 人民法院受理离婚案件后，经审理确属无效婚姻的，应当将婚姻无效的情形告知当事人，并依法作出确认婚姻无效的判决。[8]

二、可撤销婚姻

可撤销婚姻，是指虽然已经成立，但因一方当事人结婚意思表示不自由而可以被一方当事人请求人民法院撤销的婚姻。在可撤销婚姻中，一方当事人决定结婚的意思表示自由受到了侵害，即一方当事人因受胁迫、因对方不如实告知身患重大疾病而结婚。因此，可撤销婚姻制度旨在保护婚姻自由，确保结婚行为的双方当事人具有真实的结婚意思。一方

---

[1] 参见《民法典婚姻家庭编司法解释（一）》第9条。

[2] 参见余延满：《亲属法原论》，法律出版社2007年版，第187~189页。

[3] 参见《民法典婚姻家庭编司法解释（一）》第14条、第15条第2款。

[4] 参见《民法典婚姻家庭编司法解释（一）》第11条第2款。

[5] 参见《民法典婚姻家庭编司法解释（一）》第11条第1款。

[6] 参见《民法典婚姻家庭编司法解释（一）》第11条第3款。

[7] 参见《民法典婚姻家庭编司法解释（一）》第13条。

[8] 参见《民法典婚姻家庭编司法解释（一）》第12条。

当事人结婚意思不自由的，依法享有撤销权，能够通过行使撤销权来撤销已经成立的婚姻关系。

可撤销婚姻与无效婚姻具有共同之处。首先，可撤销婚姻与无效婚姻都是已经成立但欠缺生效要件的婚姻。其次，可撤销婚姻与无效婚姻都有转化为有效婚姻的可能。就可撤销婚姻而言，撤销权因除斥期间经过而消灭，可撤销婚姻转化为有效婚姻；就无效婚姻而言，婚姻无效事由在请求确认婚姻无效时消灭的，无效婚姻转化为有效婚姻。最后，有权撤销婚姻、判决婚姻无效的机关都是人民法院。

可撤销婚姻与无效婚姻存在以下区别。首先，事由不同。婚姻无效事由，尤其是重婚、当事人具有禁止结婚的亲属关系，涉及公共利益；婚姻可撤销事由则涉及当事人意思表示瑕疵。其次，启动主体不同。向人民法院请求确认婚姻无效的主体为婚姻当事人和利害关系人；向人民法院请求撤销婚姻的主体只能是婚姻当事人，且为意思表示存在瑕疵的夫妻一方。

（一）撤销事由

依据《民法典》婚姻家庭编第1052条和第1053条，婚姻可撤销的事由包括因受胁迫而结婚和婚前未如实告知患有重大疾病两种。

1. 因胁迫而结婚。依据《民法典》婚姻家庭编第1052条第1款，因胁迫结婚的，受胁迫的一方可以向人民法院请求撤销婚姻。胁迫，是指行为人以给另一方当事人或者其近亲属的生命、身体、健康、名誉、财产等方面造成损害为要挟，迫使另一方当事人违背真实意愿结婚的情况。[1] 因胁迫而结婚的，被胁迫的一方当事人没有结婚的真实意愿，因此享有撤销权。胁迫不仅包括结婚行为的一方当事人对另一方实施的胁迫，也包括第三人对结婚行为的一方当事人甚至双方当事人实施的胁迫。

胁迫的成立必须具备以下要件：①须有胁迫的行为，即行为人以给结婚行为的一方当事人或者其近亲属的生命、身体健康、名誉、财产等方面造成损害为要挟；②胁迫人须有胁迫的故意，即行为人有通过胁迫使结婚行为的一方当事人陷入恐惧并因此而为结婚意思表示的故意；③须被胁迫人因胁迫而陷入恐惧，即胁迫行为与结婚行为的一方当事人陷入恐惧具有因果关系；④须被胁迫人因恐惧而为结婚的意思表示，即被胁迫人的恐惧与其所为的结婚意思表示具有因果关系；⑤胁迫须为不法。

2. 因对方不如实告知重大疾病而结婚。《民法典》婚姻家庭编第1053条将隐瞒重大疾病规定为可撤销婚姻的事由。因此，如果结婚行为的一方当事人患有重大疾病，应当在结婚登记前如实告知另一方。另一方明知一方当事人患有重大疾病但仍然自愿结婚的，结婚行为效力不受影响。这也是尊重当事人婚姻自由的体现。反之，如果结婚行为的一方当事人患有重大疾病，在结婚登记前不如实告知另一方的，另一方可以向人民法院请求撤销婚姻。一方故意不履行告知义务，隐瞒身患重大疾病的事实，使对方陷入错误认识并因此而为结婚的意思表示，属于典型的消极欺诈行为。

《民法典》婚姻家庭编没有列举重大疾病的范围。哪些疾病属于可以撤销婚姻的重大疾

---

[1] 参见《民法典婚姻家庭编司法解释（一）》第18条第1款。

病，需要人民法院谨慎判断。[1] 可以肯定的是，夫妻一方的重大疾病必须是足以影响另一方决定是否结婚的疾病，即疾病的严重程度足以影响另一方对结婚的自主决定。因此，重大疾病的范围不限于过去“医学上认为不应当结婚的疾病”，[2] 还应当包括可以结婚、但足以影响当事人决定是否结婚的疾病，如影响夫妻共同生活的疾病、因后代再现风险高的严重遗传性疾病，如《母婴保健法》第10条和《异常情况的分类指导标准（试行）》规定的会遗传给子女的严重的常染色体显性遗传性疾病、会遗传给特定性别子女的严重的性链锁隐性遗传性疾病。

（二）撤销权的行使

可撤销的婚姻必须由享有撤销权的一方当事人行使撤销权，才能使该婚姻自始失去法律拘束力。在当事人行使撤销权之前，婚姻关系有效，双方当事人之间产生夫妻在人身和财产方面的权利和义务，但婚姻关系因撤销权的行使自始没有法律拘束力。

在性质上，撤销权属于以诉讼方式实施的形成权。享有撤销权的一方是受胁迫而结婚的一方当事人、因对方不如实告知身患重大疾病而结婚的一方当事人。依据《民法典》婚姻家庭编第1052条和第1053条，享有撤销权的一方当事人只能向人民法院请求撤销婚姻，不得向婚姻登记机关请求撤销婚姻。也就是说，只有人民法院能够依诉讼程序撤销婚姻，婚姻登记机关不再享有撤销婚姻的权限。

撤销权作为形成权，受除斥期间的限制。这有助于督促撤销权人尽快行使权利，避免婚姻关系长期处于不稳定的状态。依据《民法典》婚姻家庭编第1052条和第1053条，除斥期间为1年，但除斥期间的起算时点根据撤销事由的不同而有所区别：①依据《民法典》婚姻家庭编第1052条第2款和第3款，因受胁迫而请求撤销婚姻的，受胁迫一方应当自胁迫行为终止之日起1年内行使撤销权，即除斥期间的起算时点不再是结婚登记之日，而是胁迫行为终止之日。受胁迫一方被非法限制人身自由的，应当自恢复人身自由之日起1年内行使撤销权，即除斥期间的起算时点为恢复人身自由之日。②依据《民法典》婚姻家庭编第1053条第2款，因对方不告知重大疾病而请求撤销婚姻的，受欺诈一方应当自知道或者应当知道撤销事由之日起1年内向人民法院请求撤销婚姻。需要注意的是，该除斥期间为不变期间，不适用诉讼时效中止、中断或者延长的规定。如果撤销权人在除斥期间内不行使撤销权，撤销权归于消灭，从而婚姻终局地有效。

---

〔1〕 不同领域的“重大疾病”，范围不同。比如，《卫生部关于加快推进农村居民重大疾病医疗保障工作的意见》（卫政法发〔2012〕74号）确定的20种重大疾病包括：儿童先天性心脏病、急性白血病、终末期肾病、妇女乳腺癌、宫颈癌、重性精神病、艾滋病机会性感染、耐多药肺结核、肺癌、食道癌、胃癌、结肠癌、直肠癌、慢性粒细胞白血病、急性心肌梗塞、脑梗死、血友病、I型糖尿病、甲亢、唇腭裂。而在2020年11月中国保险行业协会、中国医师协会发布的《重大疾病保险的疾病定义使用规范修订版（2020年修订版）》中，重大疾病包括28种，其范围包括：重度恶性肿瘤、较重急性心肌梗死、严重脑中风后遗症、重大器官移植术或造血干细胞移植术、冠状动脉搭桥术（或称冠状动脉旁路移植术）、严重慢性肾衰竭、多个肢体缺失、急性重症肝炎或亚急性重症肝炎、严重非恶性颅内肿瘤、严重慢性肝衰竭、严重脑炎后遗症或严重脑膜炎后遗症、深度昏迷、双耳失聪、双目失明、瘫痪、心脏瓣膜手术、严重阿尔茨海默病、严重脑损伤、严重原发性帕金森病、严重Ⅲ度烧伤、严重特发性肺动脉高压、严重运动神经元病、语言能力丧失、重型再生障碍性贫血、主动脉手术、严重慢性呼吸衰竭、严重克罗恩病、严重溃疡性结肠炎。

〔2〕 根据《母婴保健法》第9条的规定，经婚前医学检查，准备结婚的男女患指定传染病在传染期内或者有关精神病在发病期内的应当暂缓结婚。其中，指定传染病，是指《传染病防治法》中规定的艾滋病、淋病、梅毒、麻风病以及医学上认为影响结婚和生育的其他传染病；有关精神病，是指精神分裂症、躁狂抑郁型精神病以及其他重型精神病。

需要注意的是，《民法典》婚姻家庭编并未就婚姻撤销权设置最长除斥期间。[1] 这一立场有助于保护意思表示有瑕疵的夫妻一方。这一立场的理由在于：最长除斥期间服务于信赖保护，避免撤销权人长期不行使撤销权导致法律关系处于不确定的状态，然而结婚行为属于身份行为，与财产行为不同，无需保护相对人的信赖，不能为了追求法律关系的确定性而牺牲撤销权人的利益。

三、婚姻无效和被撤销的法律后果

依据《民法典》婚姻家庭编第 1054 条第 1 款第 1 句，无效婚姻、可撤销婚姻自始没有法律约束力，当事人自始不具有夫妻在人身及财产方面的权利和义务。[2] 所谓自始没有法律约束力，是指无效婚姻或者可撤销婚姻在依法被确认无效或者被撤销时，才确定该婚姻自始不受法律保护。[3] 在人民法院依法确认婚姻无效或撤销婚姻之前，婚姻依然受法律保护，当事人之间具有夫妻的权利和义务；在人民法院依法确认婚姻无效或撤销婚姻之后，婚姻无效或被撤销具有溯及力，即当事人结婚之时，婚姻就没有法律效力。[4]

在人身关系方面，婚姻一旦被确认无效或被撤销，婚姻当事人之间不再互为配偶。但是，依据《民法典》婚姻家庭编第 1054 条第 1 款，婚姻当事人与所生子女之间的权利义务关系不会因婚姻被确认无效或被撤销而受到影响，适用《民法典》关于父母子女关系的规定。子女直接抚养人的确定、抚养费的负担及给付期限和方式、探望权等问题，依据《民法典》婚姻家庭编离婚章节的规定处理。

在财产关系方面，婚姻一旦被确认无效或被撤销，婚姻当事人之间的夫妻财产关系也随之解体。根据《民法典》婚姻家庭编第 1054 条第 1 款和《民法典婚姻家庭编司法解释（一）》第 22 条，当事人在同居期间所得的财产，由当事人协议处理；协议不成的，除有证据证明为当事人一方所有的以外，同居期间取得的财产按共同共有处理，[5] 并由人民法院根据照顾无过错方的原则判决；一方当事人主张特定财产属于个人财产的，对此负举证责任。

依据《民法典》婚姻家庭编第 1054 条第 1 款，婚姻因一方当事人重婚被确认无效的，无效婚姻的财产处理，不得侵害一方当事人前婚中合法婚姻当事人的财产权益。这是因为，如果重婚一方与前婚配偶没有就夫妻财产制作特别约定，重婚一方在重婚期间所得的财产，可能属于重婚一方和前婚配偶的共有财产。[6] 在这种情况下，人民法院审理重婚导致的无效婚姻案件时，涉及财产处理的，应当准许重婚一方的前婚配偶作为有独立请求权的第三

---

[1] 不设置最长除斥期间，对保护因对方隐瞒重大疾病的一方当事人更有意义。因为在胁迫婚中，只要胁迫一直没有终止，无论当事人结婚多少年，被胁迫的夫妻一方在胁迫行为终止之日起 1 年内均可行使撤销权。因此，即使设置最长除斥期间，最长除斥期间也不适用于胁迫婚。受胁迫的民事法律行为也是如此，因为《民法典》总则编第 152 条第 2 款不适用于受胁迫的民事法律行为。参见李宇：《民法总则要义》，法律出版社 2017 年版，第 628、629 页。

[2] 学说上有观点认为，无效婚姻被宣告无效后，溯及自始归于无效；可撤销婚姻自被撤销时起归于无效，没有溯及力。参见余延满：《亲属法原论》，法律出版社 2007 年版，第 212 页。

[3] 参见《民法典婚姻家庭编司法解释（一）》第 20 条。

[4] 参见最高人民法院民事审判第一庭：《婚姻法司法解释的理解与适用》，中国法制出版社 2002 年版，第 50 页。

[5] 有观点认为，应当根据婚姻无效或被撤销的不同事由，区分情况认定当事人之间的财产关系。婚姻被确认无效的原因是当事人之间存在禁止结婚的亲属关系，或一方或双方当事人未达法定婚龄的，当事人同居期间所得财产按共同共有处理。参见申晨："论婚姻无效的制度构建"，载《中外法学》2019 年第 2 期。

[6] 参见余延满：《亲属法原论》，法律出版社 2007 年版，第 215 页。

人参加诉讼。[1]

此外，根据《民法典》婚姻家庭编第 1054 条第 2 款，婚姻无效或者被撤销的，无过错方有权请求损害赔偿。在婚姻无效的场合，无过错方是指本人不具有无效婚姻的情形，且善意相信婚姻有效的一方。[2] 因此，双方均系重婚导致婚姻被确认无效的，不存在损害赔偿的问题。在婚姻被撤销的场合，无过错方是指受胁迫而结婚的一方当事人、因对方不如实告知身患重大疾病而结婚的一方当事人，即享有撤销权的一方。

第四节 离婚的方式

离婚，是指夫妻按照法定的条件和程序解除婚姻关系，属于婚姻关系终止的法定事由。按照离婚方式的不同，离婚可分为协议离婚和诉讼离婚。

一、协议离婚

（一）概念与性质

协议离婚，也称行政离婚、合意离婚、登记离婚，是指夫妻双方自愿离异，并就子女抚养、财产处理等离婚的法律后果达成协议，经过婚姻登记机关认可并办理离婚登记的离婚方式。《民法典》婚姻家庭编第 1076 条规定了协议离婚。协议离婚不仅是离婚自由的表现形式，[3] 也是私法自治理念在婚姻家庭法中的体现。[4]

在学说上，协议离婚是夫妻双方基于合意按照法定程序解除婚姻关系的民事法律行为。协议离婚虽然要求夫妻双方办理离婚登记，但本质上仍以夫妻双方具有离婚的合意为前提，因此，协议离婚是典型的身份法律行为。[5]

（二）协议离婚的成立要件

依据《民法典》婚姻家庭编第 1076 条第 1 款，协议离婚作为民事法律行为，应当满足法律行为的成立要件：

1. 须存在夫妻双方且双方取得结婚登记。夫妻双方取得结婚登记是协议离婚的前提条件。夫妻双方的结婚登记应当在中国内地办理，否则婚姻登记机关不会受理夫妻双方的离婚登记申请。非婚同居的男女双方无法协议离婚。

2. 夫妻双方须就离婚达成合意。夫妻双方必须就离婚达成合意，即夫妻双方离婚的意思表示并行一致。因此协议离婚属于共同行为而非合同行为。

3. 夫妻双方订立书面离婚协议。依据《民法典》婚姻家庭编第 1076 条第 2 款，离婚协议应当是载明双方自愿离婚的意思表示和对子女抚养、财产及债务处理等事项协商一致的意见的书面协议。夫妻双方未订立离婚协议而申请离婚登记的，婚姻登记机关会以不符合离婚登记条件为由不予受理。

离婚协议虽然是协议离婚的成立要件，但属于独立的民事法律行为、要式法律行为。虽然离婚协议须载明“双方自愿离婚的意思表示”，但是，该自愿离婚的意思表示并非协议

---

[1] 参见《民法典婚姻家庭编司法解释（一）》第 16 条。

[2] 参见王洪：《婚姻家庭法》，法律出版社 2003 年版，第 95 页。

[3] 参见陈苇主编：《婚姻家庭继承法学》，中国政法大学出版社 2018 年版，第 223 页。

[4] 参见曹诗权主编：《婚姻家庭继承法学》，中国法制出版社 2008 年版，第 153 页。

[5] 参见蒋月主编：《婚姻家庭与继承法》，厦门大学出版社 2014 年版，第 234 页。

离婚行为的意思表示。与结婚行为中的意思表示一样，协议离婚行为中的意思表示以当事人在婚姻登记机关作出的意思表示为准。因此，离婚协议本身不是解除夫妻关系的法律行为，而是以婚姻关系解除为停止条件的法律行为，涉及夫妻双方对财产分割、债务处理和子女抚养做的安排，如子女由哪一方直接抚养、子女的抚养费和教育费如何负担、子女探望权的行使、财产如何分割、是否以及如何给予离婚经济补偿、是否以及如何对生活困难的一方提供经济帮助、夫妻共同债务如何清偿等。离婚协议在夫妻双方离婚前就已成立，因夫妻双方登记离婚这一停止条件成就而生效。夫妻双方订立离婚协议但未完成离婚登记的，离婚协议不生效。因此，夫妻双方按照离婚协议分割夫妻共同财产，但未完成离婚登记的，已经分割的财产仍然属于夫妻共同财产。[1]

由于离婚协议涉及离婚、子女抚养、财产分割、债务承担等多项内容，一方或者双方为了达到离婚的目的，基于子女抚养和感情因素的考虑，可能在子女抚养、财产分割等方面做出有条件的让步，因此夫妻共同财产的分割方案并非基于纯粹的利益考量。因此，如果夫妻一方在财产分割方面做出的让步并非源于其真实意思表示，而是另一方的欺诈、胁迫，比如夫妻一方隐瞒婚内财产、女方隐瞒子女非男方亲生，夫妻一方可以在协议离婚后向人民法院请求撤销财产分割协议。

4. 夫妻双方取得离婚登记。这是协议离婚的形式要件，[2] 体现了国家对离婚行为的介入。

自愿离婚的夫妻双方，应当亲自到婚姻登记机关申请离婚登记。内地居民自愿离婚的，男女双方应当共同到一方当事人常住户口所在地的婚姻登记机关申请离婚登记。我国公民同外国人在中国内地自愿离婚的，内地居民同香港特别行政区居民、澳门特别行政区居民、台湾地区居民、华侨在中国内地自愿离婚的，男女双方应当共同到内地居民常住户口所在地的婚姻登记机关办理离婚登记。

为了避免当事人轻率离婚、冲动离婚，维护婚姻家庭关系的稳定，《民法典》婚姻家庭编第 1077 条规定了离婚登记申请的撤回，从而给予要求离婚的夫妻双方重新考虑慎重选择的机会。在程序上，离婚登记分为申请、受理、冷静期、审查、登记五个环节。当事人共同到有管辖权的婚姻登记机关提出申请的，婚姻登记员对当事人提交的证件和证明材料初审无误后，发给《离婚登记申请受理回执单》。不符合离婚登记申请条件的，不予受理。办理离婚登记的当事人有下列情形之一的，婚姻登记机关不予受理：①要求离婚的夫妻双方未达成离婚协议的；②双方或一方属于无民事行为能力人或者限制民事行为能力人的；③双方结婚登记不是在中国内地办理的。当事人要求出具《不予受理离婚登记申请告知书》的，婚姻登记员应当出具。

自婚姻登记机关收到离婚登记申请并向当事人发放《离婚登记申请受理回执单》之日起 30 日内，任何一方不愿意离婚的，可以持本人有效身份证件和《离婚登记申请受理回执单》，向受理离婚登记申请的婚姻登记机关撤回离婚登记申请，并亲自填写《撤回离婚登记申请书》。经婚姻登记机关核实无误后，发给《撤回离婚登记申请确认单》，并将《离婚登记申请书》《撤回离婚登记申请书》与《撤回离婚登记申请确认单（存根联）》一并存档。自离婚冷静期届满后 30 日内，双方未共同到婚姻登记机关申请发给离婚证的，视为撤回离

---

[1] 参见“莫君飞诉李考兴离婚纠纷案”，载《最高人民法院公报》2011 年第 12 期。

[2] 参见李宇：《民法总则要义》，法律出版社 2017 年版，第 442 页。也有观点认为，离婚登记是离婚法律行为的生效要件。参见许莉：“离婚协议效力探析”，载《华东政法大学学报》2011 年第 1 期。

婚登记申请。

自离婚冷静期届满后30日内，双方当事人应当持离婚协议书、内地婚姻登记机关或者中国驻外使（领）馆颁发的结婚证、居民身份证、户口簿等证件和材料，共同到婚姻登记机关申请发给离婚证。期间届满的最后一日是节假日的，以节假日后的第一日为期限届满的日期。

经过婚姻登记机关审查，双方当事人符合离婚登记条件的，婚姻登记机关予以登记，发给离婚证。双方当事人不符合离婚登记条件的，婚姻登记机关不予办理。当事人要求出具《不予办理离婚登记告知书》的，应当出具。

如果离婚登记程序存在瑕疵，如一方当事人不具有完全民事行为能力〔1〕、一方被冒名顶替〔2〕，当事人可以依据《行政诉讼法》第70条提起行政诉讼，请求人民法院撤销离婚登记行为。如果一方当事人在离婚后已经再婚，离婚登记已经不具有可撤销内容，人民法院应当依据《行政诉讼法》第74条确认离婚登记行为违法。〔3〕

（三）协议离婚的生效要件

作为民事法律行为，协议离婚应当满足法律行为的生效要件。

1. 夫妻双方具备完全民事行为能力。依据《婚姻登记条例》第12条、《婚姻登记工作规范》第55条，申请离婚登记的夫妻双方应当具备完全民事行为能力。其理由在于，协议离婚涉及亲属关系变动、财产分割和子女抚养等问题，对自然人具有重要影响，因此，协议离婚应以夫妻双方具有完全民事行为能力为要件。〔4〕 夫妻一方或双方不具有完全民事行为能力的，对于夫妻双方的离婚申请，婚姻登记机关不予受理。

2. 夫妻双方离婚的意思表示真实。为了确保夫妻双方离婚的意思表示真实，婚姻登记员应当分开询问夫妻双方的离婚意愿。协议离婚中的意思表示，系指夫妻双方在申请离婚时表达的意思表示，该意思表示须真实。

就离婚意思表示真实的判断标准而言，学界存在实质意思说和形式意思说两种观点。〔5〕 所谓实质意思，是指消灭婚姻关系的效果意思；所谓形式意思，是指履行离婚形式要件之意思。两者的区分意义在于，倘若夫妻双方不具有离婚的真实意思，如为了达到其他目的而虚假离婚，夫妻双方离婚后仍然继续维持夫妻之共同生活，采实质意思标准，夫妻双方的协议离婚行为无效；采形式意思说，夫妻双方的协议离婚行为生效。

针对这一问题，我国学界主流观点支持实质意思说，主张采意思主义来判断离婚的真实意思，要求离婚的意思表示须与内心意志相一致，〔6〕 强调离婚的意思表示必须是真实的

---

〔1〕 如河南省郑州市中级人民法院（2018）豫01行终35号行政判决书，福建省泉州市中级人民法院（2016）闽05行终265号行政判决书。

〔2〕 如北京市西城区人民法院（2017）京0102行初462号行政判决书。

〔3〕 如江苏省徐州市中级人民法院（2017）苏03行终416号行政判决书，北京市东城区人民法院（2014）东行初字第708号行政判决书。

〔4〕 参见杨大文主编：《亲属法》，法律出版社2012年版，第173页；巫昌祯主编：《婚姻与继承法学》，中国政法大学出版社2017年版，第132页。

〔5〕 实质意思说支持者，参见史尚宽：《亲属法论》，中国政法大学出版社2000年版，第464页；林秀雄：《亲属法讲义》，元照出版有限公司2020年版，第170页；戴炎辉、戴东雄、戴瑀如：《亲属法》，顺清文化事业有限公司2010年版，第241页。形式意思说支持者，参见陈棋炎、黄宗乐、郭振恭：《民法亲属新论》，三民书局股份有限公司2018年版，第173~174页。

〔6〕 参见王洪：《婚姻家庭法》，法律出版社2003年版，第160页。

而非虚假的,[1] 从而,“假离婚”不属于真实自愿的协议离婚。[2] 因此,“假离婚”的夫妻双方并没有结束终身共同生活的“实质意思”,夫妻双方的“假离婚”构成通谋虚伪行为。少数学者持折中说[3]、形式意思说[4]。与此相对,我国司法实践采形式意思说。也就是说,我国法院不承认所谓的“假离婚”。[5]

(四)协议离婚的法律后果

夫妻双方自完成离婚登记时起,婚姻关系解除,离婚协议生效,对男女双方具有法律约束力。按照司法解释的规定,男女双方登记离婚后,一方不履行离婚协议中关于财产以及债务处理条款中约定义务的,当事人可以向人民法院提起诉讼要求履行。[6] 夫妻双方协议离婚后就财产分割问题反悔的,可以向人民法院起诉请求撤销财产分割协议。人民法院审理后,未发现订立财产分割协议时存在欺诈、胁迫等情形的,应当依法驳回当事人的诉讼请求。[7]

二、诉讼离婚

诉讼离婚,是指夫妻双方对是否离婚、离婚后子女抚养或财产分割等问题不能达成协议,由一方向人民法院提起离婚诉讼,人民法院依诉讼程序审理后,调解或判决解除婚姻关系的离婚方式。依据《民法典》婚姻家庭编第 1079 条第 2 款,我国诉讼离婚原则采感情破裂主义,以夫妻感情破裂为判决离婚的标准。在该条第 3 款第 1 项到第 5 项,《民法典》列举了导致感情确已破裂的具体情形。

(一)诉讼离婚的程序和条件

1. 诉讼外调解。依据《民法典》婚姻家庭编第 1079 条第 1 款,夫妻一方要求离婚的,可以由有关组织进行调解或者直接向人民法院提起离婚诉讼。由有关组织进行调解,属于诉讼外调解。因此,夫妻一方要求离婚的,可以先经当事人所在单位、群众团体、村民委员会或居民委员会、基层调解组织、婚姻登记机关等有关部门主持调解。诉讼外调解可能出现三种结果:①调解和好,夫妻双方继续保持婚姻关系;②经过调解,夫妻双方就离婚、子女抚养及财产分割等问题达成协议,办理协议离婚;③调解不成,夫妻双方就是否离婚无法达成一致,或虽然同意离婚但对子女抚养、财产分割等问题存在分歧,由夫妻一方向人民法院提起离婚诉讼。诉讼外调解不是人民法院判决离婚的必经程序,当事人可以不经诉讼外调解直接向人民法院提起离婚诉讼。

2. 夫妻一方向人民法院提起诉讼。诉讼离婚必须由夫妻一方本人提出离婚请求。非婚同居的男女双方未补办结婚登记的,属于同居关系,自然不能以诉讼方式离婚。根据司法解释的规定,无民事行为能力人的配偶有《民法典》第 36 条第 1 款规定的严重损害无民事

---

[1] 参见杨大文主编:《亲属法》,法律出版社 2012 年版,第 173 页;巫昌祯主编:《婚姻与继承法学》,中国政法大学出版社 2017 年版,第 133 页。

[2] 参见蒋月主编:《婚姻家庭与继承法》,厦门大学出版社 2014 年版,第 234 页;房绍坤、范李瑛、张洪波:《婚姻家庭与继承法》,中国人民大学出版社 2020 年版,第 79 页。

[3] 折中说认为,“假离婚”的双方当事人在离婚后均未再婚的,离婚行为可以被认定无效;但是,如果一方或者双方当事人已经与第三人再婚,应当保护善意第三人的婚姻,因此,夫妻一方或双方的“假离婚”即确定发生法律效力。参见马忆南:《婚姻家庭继承法学》,北京大学出版社 2018 年版,第 114 页。

[4] 参见田韶华:“民法典编纂中身份行为的体系化建构”,载《法学》2018 年第 5 期;蔡立东、刘国栋:“司法逻辑下的‘假离婚’”,载《国家检察官学院学报》2017 年第 5 期。

[5] 如北京市第三中级人民法院(2015)三中民终字第 09403 号民事判决书。

[6] 参见《民法典婚姻家庭编司法解释(一)》第 69 条。

[7] 参见《民法典婚姻家庭编司法解释(一)》第 70 条。

行为能力一方合法权益的行为，其他有监护资格的人可以要求变更监护关系；变更后的监护人可以代理无民事行为能力一方向人民法院提起离婚诉讼。[1] 因此，无民事行为能力人虽然不能协议离婚，但是可以诉讼离婚。

3. 诉讼内调解。依据《民法典》婚姻家庭编第1079条第2款，诉讼离婚必须经过诉讼内调解程序。一般来说，诉讼内调解可能出现三种结果：①双方当事人和好，原告撤诉，人民法院可以不制作调解书，但应当将和好协议记入笔录，由双方当事人、审判人员、书记员签名或者盖章。②双方当事人达成离婚协议，由人民法院制作调解书，写明诉讼请求、案件的事实和调解结果，并由审判人员、书记员署名，加盖人民法院印章，送达双方当事人。调解书经双方当事人签收后，即具有法律效力。调解书生效，婚姻关系解除。③调解无效，由人民法院依法判决。只有在调解无效时，人民法院才能依据夫妻感情确已破裂标准，判决夫妻双方离婚。

对于调解无效的离婚案件，人民法院应当根据夫妻感情确已破裂为标准，判决离婚或不准离婚。判决不准离婚和调解和好的离婚案件，没有新情况、新理由，原告在6个月内又起诉的，人民法院不予受理。[2]

4. 感情破裂的认定。依据《民法典》婚姻家庭编第1079条第2款，人民法院审理离婚案件，如果夫妻感情确已破裂，调解无效的，人民法院应当准予离婚。因此，夫妻感情确已破裂，是我国人民法院准予离婚的法定条件。人民法院判断夫妻感情是否确已破裂，应当从婚姻基础、婚后感情、离婚原因、夫妻关系的现状和有无和好的可能等方面综合分析。

依据《民法典》婚姻家庭编第1079条第3款第1项到第5项的规定，认定感情确已破裂的具体情形包括：

（1）重婚或者与他人同居。所谓重婚，是指自然人已有婚姻关系后又与他人缔结婚姻关系。与他人同居，是指有配偶者与婚外异性，不以夫妻名义，持续、稳定地共同居住。[3] 重婚、与他人同居是严重违反夫妻忠实义务的行为，不仅是认定感情确已破裂的具体情形，还是产生离婚损害赔偿的原因。

（2）实施家庭暴力或者虐待、遗弃家庭成员。所谓家庭暴力，是指家庭成员之间以殴打、捆绑、残害、限制人身自由以及经常性谩骂、恐吓等方式实施的身体、精神等侵害行为。[4] 所谓虐待，是指经常以殴打、冻饿、强迫过度劳动、限制人身自由、恐吓、侮辱、谩骂等方式，对家庭成员进行身体上和精神上的摧残、折磨。[5] 所谓遗弃，是指对于年老、年幼、患病或者其他没有独立生活能力的家庭成员，负有扶养义务且有扶养能力而故意拒绝扶养的行为。[6] 根据《民法典》第1045条第3款，家庭成员包括配偶、父母、子女和其他共同生活的近亲属。需要注意的是，“实施家庭暴力或者虐待、遗弃家庭成员”中

---

[1] 参见《民法典婚姻家庭编司法解释（一）》第62条。

[2] 参见《民事诉讼法》第127条第7项。

[3] 参见《民法典婚姻家庭编司法解释（一）》第2条。

[4] 参见《反家庭暴力法》第2条。此外，依据《民法典婚姻家庭编司法解释（一）》第1条，持续性、经常性的家庭暴力，构成虐待。

[5] 参见《最高人民法院、最高人民检察院、公安部、司法部关于依法办理家庭暴力犯罪案件的意见》第17条。

[6] 参见《刑法》第261条，《最高人民法院、最高人民检察院、公安部、司法部关于依法办理家庭暴力犯罪案件的意见》第17条。

的家庭成员，不限于配偶，包括所有家庭成员。[1]

（3）有赌博、吸毒等恶习屡教不改。夫妻一方不仅要形成赌博、吸毒或其他恶习（如酗酒），而且还应当达到屡教不改的程度。偶尔的赌博、吸毒行为，或者虽有赌博、吸毒行为但已经改正并获得谅解的，不构成判决离婚的法定事由。

（4）因感情不和分居满2年。夫妻双方已经分居满2年且分居原因是感情不和。问题在于，我国现行法没有确立分居制度。一般来说，分居是指夫妻间不再共同生活，不再互相履行夫妻义务，包括停止性生活，经济上不再合作，生活上不再互相关心、互相扶助。[2] 因此，对感情不和分居满2年的认定，主要从夫妻双方分开居住的原因和时间来判断。夫妻双方必须是因感情不和而分开居住，不是因为学习、工作等其他原因造成的分居，[3] 且分开居住的时间须连续不断达到2年以上。[4] 也就是说，分居2年是夫妻一方起诉离婚前最后一次分居的时间。因此，夫妻双方因感情不和分居满了2年，但因感情和好又恢复共同生活的，就不属于这里的分居满2年。[5] 当然，这并不意味着，在出现分居的情况下，法院必须等到夫妻双方分居满2年时才能判决离婚。夫妻双方分居即使未满2年，在出现感情确已破裂的其他情形时，人民法院也应当判决离婚。

（5）一方被宣告失踪，另一方提起离婚诉讼的。夫妻一方下落不明满2年并被宣告失踪的，婚姻生活共同体已经不复存在，因此，另一方提起离婚诉讼的，人民法院应当准予离婚。

（6）经人民法院判决不准离婚后，双方又分居满1年，一方再次提起离婚诉讼的。

（7）其他导致夫妻感情破裂的情形。这属于兜底性规定，可以涵盖上述列举没有提到但实践中导致夫妻感情破裂的情形。比如，夫妻双方因是否生育发生纠纷，致使感情确已破裂，一方请求离婚的，人民法院经调解无效，应准予离婚。[6]

根据司法解释的规定，在诉讼离婚原则采感情破裂主义且诉讼内调解前置的前提下，只要当事人夫妻双方感情确已破裂且调解无效，人民法院就应当判决离婚，不应当因当事人有过错而判决不准离婚。[7]

依据《民法典》婚姻家庭编第1080条，离婚判决书、调解书生效，男女双方的婚姻关系即被解除。

（二）诉讼离婚中的两项特殊保护规则

1. 对军婚的特别保护。《民法典》婚姻家庭编第1081条规定："现役军人的配偶要求离婚，应当征得军人同意，但是军人一方有重大过错的除外。"这是对现役军人的非军人配偶诉讼离婚的限制，以保护军婚、维护军人利益。

所谓现役军人，是指在中国人民解放军服现役、具有军籍的人员，包括现役军官、文职干部、士兵及具有军籍的学员。退伍、复员、转业、退休、离休的军人和在军事单位中不具有军籍的职工，均不属现役军人。中国人民武装警察部队现役武警官兵，在婚姻问题

---

〔1〕参见杨大文主编：《亲属法》，法律出版社2012年版，第186页。

〔2〕参见黄薇主编：《中华人民共和国民法典婚姻家庭编解读》，中国法制出版社2020年版，第192页。

〔3〕参见巫昌祯主编：《婚姻与继承法学》，中国政法大学出版社2017年版，第148页。

〔4〕参见杨大文主编：《亲属法》，法律出版社2012年版，第186页。

〔5〕参见蒋月主编：《婚姻家庭与继承法》，厦门大学出版社2014年版，第243页。

〔6〕参见《民法典婚姻家庭编司法解释（一）》第23条。

〔7〕参见《民法典婚姻家庭编司法解释（一）》第63条。

上按照现役军人对待。[1] 所谓现役军人配偶，是指现役军人的非军人配偶，即非军人一方。现役军人的配偶要求离婚，是指现役军人的非军人配偶向现役军人一方提出的离婚。

夫妻双方都是现役军人的，双方都无需获得特别保护。军人一方向非军人一方提出离婚的，意味着军人一方放弃了《民法典》婚姻家庭编第1081条的特别保护。此外，《民法典》婚姻家庭编第1081条仅适用于诉讼离婚。现役军人及其非军人配偶协议离婚的，意味着现役军人与其非军人配偶达成了离婚的合意，不适用《民法典》婚姻家庭编第1081条。

原则上，现役军人的非军人配偶向人民法院起诉离婚的，应当取得现役军人的同意。如果现役军人不同意，人民法院经审理查明夫妻双方婚姻基础和婚后感情都较好，应当对现役军人的配偶进行说服教育，尽量调解和好或判决不准离婚。但是，如果现役军人与非军人一方配偶感情确已破裂，无法维持婚姻关系的，经调解无效，人民法院应当通过现役军人所在单位的政治机关，向现役军人做好思想工作，经现役军人同意后，准予现役军人与非军人一方配偶离婚。[2]

现役军人具有重大过错的，非军人配偶要求离婚的，无须征得现役军人的同意。所谓现役军人有重大过错，是指现役军人有重大过错导致夫妻感情确已破裂的情形，包括：①重婚或者与他人同居；②实施家庭暴力或者虐待、遗弃家庭成员；③有赌博、吸毒等恶习屡教不改；④其他重大过错导致夫妻感情破裂的情形。[3]

2. 对女方的特别保护。《民法典》婚姻家庭编第1082条规定："女方在怀孕期间、分娩后1年内或者终止妊娠后6个月内，男方不得提出离婚；但是，女方提出离婚或者人民法院认为确有必要受理男方离婚请求的除外。"这是对夫妻中男方诉讼离婚的暂时性限制，旨在保护妇女、未成年人的利益。女方在怀孕期间、分娩后1年内或者终止妊娠后6个月内，身体、精神等方面需要特别照顾；胎儿、婴儿处于发育、成长过程中，需要父母双方的共同照料。在此期间允许男方提出离婚，可能对女方的身体、精神状态和胎儿、婴儿的成长发育造成不利影响。[4] 当然，这种对女方的保护仅适用于诉讼离婚。夫妻双方自愿协议离婚的，不适用《民法典》婚姻家庭编第1082条。

根据上述规定，女方在怀孕期间、分娩后1年内或者终止妊娠后6个月内，男方不得向人民法院起诉要求离婚。就分娩而言，只要女方有分娩事实即可，不要求胎儿娩出为活体还是死体。[5] 不过，女方可以放弃特殊保护，因此，即使女方在怀孕期间、分娩后1年内或者终止妊娠后6个月内，女方也可以向人民法院起诉要求离婚，或者与男方协议离婚。人民法院认为确有必要受理男方离婚请求的，男方起诉离婚不受上述期间的限制。这主要是指女方存在重大过错的情形，包括：①在此期间双方确实存在不能继续共同生活的重大而紧迫的理由，如一方对他方有危及生命、人身安全的可能；②女方怀孕是因与他人婚后通奸所致，女方也不否认，或不容置疑；③女方有遗弃、虐待婴儿的行为。

对男方诉讼离婚的限制，并不涉及感情是否确已破裂的实体问题判断。在女方分娩1年后或者终止妊娠6个月后，男方可以向人民法院起诉要求离婚，人民法院应当依据夫妻感情是否确已破裂判决离婚或者不准离婚。

---

〔1〕 参见黄薇主编：《中华人民共和国民法典婚姻家庭编解读》，中国法制出版社2020年版，第200页。
〔2〕 参见黄薇主编：《中华人民共和国民法典婚姻家庭编解读》，中国法制出版社2020年版，第201页。
〔3〕 参见《民法典婚姻家庭编司法解释（一）》第64条。
〔4〕 参见蒋月主编：《婚姻家庭与继承法》，厦门大学出版社2014年版，第238页。
〔5〕 参见陈苇主编：《婚姻家庭继承法学》，中国政法大学出版社2018年版，第229页。

第五节　离婚的效力

离婚会产生一系列的后果。在夫妻人身关系方面，男女双方基于夫妻身份而确定的配偶亲属关系终止，基于婚姻关系产生的姻亲关系终止。男女双方不再互负同居义务、忠实义务，同时，男女双方获得再婚的权利。在财产关系方面，男女双方不再互负扶养义务、不再互为继承人，男女双方的日常家事代理权归于消灭。男女双方在婚姻关系存续期间采法定夫妻财产制的，法定夫妻财产制因离婚而终止，男女双方须分割夫妻共同财产并对夫妻共同债务的清偿作出安排。在特定情形下，离婚还会产生离婚损害赔偿、经济补偿和经济帮助等法律后果。在父母子女关系方面，父母与子女间的关系不因父母离婚而消除。离婚后，子女无论由父或者母直接抚养，仍是父母双方的子女。离婚后，父母对于子女仍有抚养、教育、保护的权利和义务。离婚的效力，重点是夫妻财产关系方面的效力和父母子女关系方面的效力。

一、离婚的财产效力

（一）财产分割

夫妻双方采法定财产制的，在夫妻关系终止时，婚后所得共同财产制解体，因此，夫妻双方应当对夫妻共同财产进行清算和分割。分割夫妻共同财产的前提是对夫妻共同财产进行清算，尤其是要区分夫妻共同财产和夫妻一方的个人财产。

《民法典》婚姻家庭编第 1087 条第 1 款规定："离婚时，夫妻的共同财产由双方协议处理；协议不成的，由人民法院根据财产的具体情况，按照照顾子女、女方和无过错方权益的原则判决。"因此，夫妻共同财产的分割首先取决于夫妻双方能否达成离婚财产分割协议。如果双方达成离婚财产分割协议，基于意思自治原则，夫妻双方按照离婚财产分割协议来分割夫妻共同财产。夫妻双方就夫妻共同财产分割协议不成的，由人民法院分割夫妻共同财产。这里的协议不成，包括分割协议不成立和不生效两种情况：①夫妻双方没有就夫妻共同财产分割达成协议，一方向人民法院起诉要求离婚的，人民法院判决离婚的，应当根据实际情况分割夫妻共同财产；②夫妻双方虽然达成离婚财产分割协议但未办理协议离婚，离婚财产分割协议因停止条件未成就而未生效，夫妻一方因此向人民法院起诉要求离婚的，人民法院应当根据实际情况分割夫妻共同财产。〔1〕

1. 夫妻共同财产分割的原则。夫妻共同财产，原则上应当均等分割。这是男女平等原则的体现。〔2〕在此基础上，人民法院分割夫妻共同财产，应当遵循照顾子女、女方和无过错方权益的原则。也就是说，在平等分割夫妻共同财产的基础上，人民法院应当适当照顾、女方和无过错方权益。照顾子女、女方权益，是《民法典》婚姻家庭编第 1041 条第 3 款"保护妇女、未成年人、老年人、残疾人的合法权益"的具体体现。

问题在于，照顾无过错方权益中的过错如何界定？《民法典》婚姻家庭编第 1091 条的离婚损害赔偿规则也要求夫妻一方具有过错，因此，夫妻一方重婚、与他人同居、实施家庭暴力、遗弃或虐待家庭成员或具有其他重大过错行为的，另一方可以根据《民法典》婚

---

〔1〕参见《民法典婚姻家庭编司法解释（一）》第 69 条。

〔2〕参见夏吟兰主编：《婚姻家庭继承法》，中国政法大学出版社 2017 年版，第 127 页；陈苇主编：《婚姻家庭继承法学》，中国政法大学出版社 2018 年版，第 241 页。

姻家庭编第 1091 条请求离婚损害赔偿。如果将《民法典》婚姻家庭编第 1087 条中的过错等同于《民法典》婚姻家庭编第 1091 条中的过错，那么，夫妻一方重婚、与他人同居、实施家庭暴力、遗弃或虐待家庭成员或具有其他重大过错行为的，另一方不仅可以在离婚时主张离婚损害赔偿，还可以请求法院对夫妻一方少分夫妻共同财产，从而造成对一方过错行为的双重评价。对此，学界存在两种截然不同的立场。有观点认为，照顾无过错方权益中的过错包括《民法典》婚姻家庭编第 1091 条中的重大过错，也包括重大过错之外的一般过错，如通奸行为和嫖娼行为。〔1〕也有观点认为，照顾无过错方权益中的过错不是《民法典》婚姻家庭编第 1091 条中的重大过错，前者是一般过错，后者是法定过错，在同一离婚案件中不得同时适用。因此，夫妻一方具有重大过错导致离婚的，另一方可以请求离婚损害赔偿；夫妻一方仅有一般过错导致离婚的，如通奸、婚外恋、嫖娼等行为，人民法院可以依据照顾无过错方原则对有一般过错的一方予以少分。〔2〕本书赞同后一种立场。〔3〕

2. 对土地承包经营权的保护。按照我国婚姻习俗，通常是女方落户到男方家，由男方以户主名义承包土地经营，故男女双方一旦离婚，女方的承包经营权难以保障。〔4〕因此，《民法典》婚姻家庭编第 1087 条第 2 款规定："对夫或者妻在家庭土地承包经营中享有的权益等，应当依法予以保护。"承包期内，依据《农村土地承包法》第 31 条，"……妇女离婚或者丧偶，仍在原居住地生活或者不在原居住地生活但在新居住地未取得承包地的，发包方不得收回其原承包地"。《妇女权益保障法》第 33 条也规定，任何组织和个人不得以妇女离婚为由，侵害妇女在农村集体经济组织中的各项权益。

3. 投资类财产的分割。在婚姻关系存续期间，夫妻一方或双方可能会用夫妻共同财产对外投资。根据溯源规则，将夫妻共同财产用于投资而形成的财产也属于夫妻共同财产，在夫妻关系终止时需要分割。对此，针对不同类型的投资财产，司法解释作了专门规定。

（1）股票、债券等有价证券的分割。夫妻双方分割共同财产中的股票、债券、投资基金份额等有价证券以及未上市股份有限公司股份时，协商不成或者按市价分配有困难的，人民法院可以根据数量按比例分配。〔5〕

（2）有限责任公司出资额的分割。离婚案件中涉及分割夫妻共同财产中以一方名义在有限责任公司的出资额，另一方不是该公司股东的，按以下情形分别处理：①夫妻双方协商一致将出资额部分或者全部转让给该股东的配偶，其他股东过半数同意，并且其他股东均明确表示放弃优先购买权的，该股东的配偶可以成为该公司股东。②夫妻双方就出资额转让份额和转让价格等事项协商一致后，其他股东半数以上不同意转让，但愿意以同等条件购买该出资额的，人民法院可以对转让出资所得财产进行分割。其他股东半数以上不同意转让，也不愿意以同等条件购买该出资额的，视为其同意转让，该股东的配偶可以成为该公司股东。用于证明前款规定的股东同意的证据，可以是股东会议材料，也可以是当事

---

〔1〕参见吴晓芳："对民法典婚姻家庭编新增和修改条文的解读"，载《人民司法》2020 年第 19 期。

〔2〕参见夏吟兰：《离婚自由与限制论》，中国政法大学出版社 2007 年版，第 211 页；陈苇主编：《婚姻家庭继承法学》，中国政法大学出版社 2018 年版，第 260 页。

〔3〕当然，采纳这一立场，可能会导致夫妻一方因一般过错遭受更大不利的情形。也就是说，由于我国司法实践倾向于控制精神损害赔偿的上限，夫妻一方具有《民法典》婚姻家庭编第 1091 条的重大过错时，无过错方取得的离婚损害赔偿，可能远少于无过错方在夫妻一方具有一般过错时通过离婚财产分割取得的利益。

〔4〕参见黄薇主编：《中华人民共和国民法典婚姻家庭编解读》，中国法制出版社 2020 年版，第 227 页。

〔5〕参见《民法典婚姻家庭编司法解释（一）》第 72 条。

人通过其他合法途径取得的股东的书面声明材料。[1]

(3) 合伙企业出资额的分割。离婚案件中涉及分割夫妻共同财产中以一方名义在合伙企业中的出资，另一方不是该企业合伙人的，当夫妻双方协商一致，将其合伙企业中的财产分额全部或者部分转让给对方时，按以下情形分别处理：①其他合伙人一致同意的，该配偶依法取得合伙人地位；②其他合伙人不同意转让，在同等条件下行使优先购买权的，可以对转让所得的财产进行分割；③其他合伙人不同意转让，也不行使优先购买权，但同意该合伙人退伙或者削减部分财产份额的，可以对结算后的财产进行分割；④其他合伙人既不同意转让，也不行使优先购买权，又不同意该合伙人退伙或者削减部分财产份额的，视为全体合伙人同意转让，该配偶依法取得合伙人地位。[2]

(4) 独资企业出资的分割。夫妻以一方名义投资设立个人独资企业的，人民法院分割夫妻在该个人独资企业中的共同财产时，按照以下情形分别处理：①一方主张经营该企业的，对企业资产进行评估后，由取得企业资产所有权一方给予另一方相应的补偿；②双方均主张经营该企业的，在双方竞价基础上，由取得企业资产所有权的一方给予另一方相应的补偿；③双方均不愿意经营该企业的，按照《个人独资企业法》等有关规定办理。[3]

4. 房屋的处理。夫妻双方离婚时房屋的归属，由双方协议处理。无法达成协议的，由人民法院按照个案的具体情况，结合房屋出资的性质、房屋登记的情况来认定房屋是否属于夫妻共同财产。夫妻一方个人所有的房屋，如果双方未达成协议，其归属不因离婚而发生变更。只有属于夫妻共同共有的房屋，才应当由人民法院依据司法解释的规定来认定归属。

(1) 夫妻双方在婚姻关系存续期间以夫妻共同财产购买并取得所有权的房屋，房屋属于夫妻共同财产。如果夫妻双方在离婚时该房屋价值及归属无法达成协议，人民法院应当按以下三种情形分别处理：①双方均主张房屋所有权并且同意竞价取得的，应当准许；②一方主张房屋所有权的，由评估机构按市场价格对房屋作出评估，取得房屋所有权的一方应当给予另一方相应的补偿；③双方均不主张房屋所有权的，根据当事人的申请拍卖、变卖房屋，就所得价款进行分割。[4]

(2) 夫妻一方婚前签订不动产买卖合同，以个人财产购房，支付首付款并办理银行抵押贷款，婚后用夫妻共同财产还贷，房屋登记于首付款支付方名下的，离婚时该房屋由双方协议处理。由于夫妻一方在婚后以夫妻共同财产还贷，因此，夫妻一方应当以个人财产对夫妻共同财产进行补偿。在夫妻双方离婚时，如果夫妻双方并未就该房屋的所有权归属变动达成一致，该房屋属于不动产登记的夫妻一方，尚未归还的贷款为不动产登记的夫妻一方的个人债务。夫妻一方基于补偿关系应当对夫妻共同财产予以补偿，从而，夫妻一方应以个人财产就婚后共同还贷支付的款项及其相对应财产增值部分对另一方予以补偿。[5]

(3) 在婚姻关系存续期间，夫妻双方用夫妻共同财产出资购买以一方父母名义参加房改的房屋的，如果房屋登记在一方父母名下，该房屋属于一方父母的财产，不能作为夫妻

---

[1] 参见《民法典婚姻家庭编司法解释（一）》第73条。
[2] 参见《民法典婚姻家庭编司法解释（一）》第74条。
[3] 参见《民法典婚姻家庭编司法解释（一）》第75条。
[4] 参见《民法典婚姻家庭编司法解释（一）》第76条。
[5] 参见《民法典婚姻家庭编司法解释（一）》第78条。

共同财产分割。夫妻双方购买该房屋的出资，可以作为夫妻双方对一方父母的债权处理。[1]

（4）离婚时双方对尚未取得所有权或者尚未取得完全所有权的房屋有争议且协商不成的，人民法院不宜判决房屋所有权的归属，应当根据实际情况判决由当事人使用。当事人取得房屋的完全所有权后，有争议的，可以另行向人民法院提起诉讼。[2]

5. 其他财产的分割。

（1）夫妻一方或双方继承或受赠获得的财产属于夫妻共同财产，但是，遗嘱或者赠与合同中确定只归夫妻一方的财产，属于夫妻一方的个人财产。根据司法解释的规定，如果婚姻关系存续期间夫妻一方可以继承的遗产属于夫妻共同财产且在继承人之间尚未实际分割，起诉离婚时另一方请求分割的，由于夫妻一方尚未实际取得遗产，其他继承人对遗产也享有利益，人民法院应当告知另一方在遗产实际分割后另行起诉。[3]

（2）夫妻一方或双方在婚姻关系存续期间取得的住房补贴、住房公积金属于夫妻共同财产。在具体操作上，可以先计算出双方婚姻关系存续期间的住房公积金、住房补贴总额再分割。由于当事人离婚并不是提取住房公积金的事由，故应经过折抵后，由一方根据其享有的公积金、住房补贴的差额给对方予以补偿。[4]

（3）夫妻一方或双方在婚姻关系存续期间以夫妻共同财产缴纳养老保险费的，养老金账户中个人实际缴纳部分及利息属于夫妻共同财产。如果离婚时夫妻一方尚未退休，无法领取养老保险金，且离婚也不属于领取养老保险金的事由，因此，根据司法解释的规定，应当对个人实际缴纳部分及利息采取作价补偿的方式进行分割。[5] 在具体操作上，用离婚时养老保险金个人账户余额减去结婚时养老保险金个人账户余额，两者差额为夫妻共同财产（个人实际缴纳部分）。经过折抵后，夫妻一方养老保险金个人账户的余额归个人，但应对另一方就差额及利息做出补偿。

6. 夫妻共同财产的少分或者不分和离婚后再次分割。根据《民法典》婚姻家庭编第1092条第1句的规定，夫妻一方隐藏、转移、变卖、毁损、挥霍夫妻共同财产，或者伪造夫妻共同债务企图侵占另一方财产的，在离婚分割夫妻共同财产时，对该方可以少分或者不分。[6] 这一规定旨在制裁恶意侵害夫妻另一方财产权的行为，保障离婚时对夫妻共同财产的公平分割。

需要注意的是，对夫妻一方的少分或者不分，不以上述违法行为发生在离婚时为前提。不论夫妻一方的上述行为发生在夫妻双方协议离婚时或离婚诉讼过程中，还是发生在离婚诉讼之前，另一方均可请求人民法院对夫妻一方少分或者不分，人民法院可以对夫妻一方少分或不分，但非必须少分或不分。也就是说，人民法院应当结合个案的具体情况，根据侵害财产权益行为的情节，具体判断是否应当对夫妻一方少分或不分。[7] 少分或者不分的

---

〔1〕 参见《民法典婚姻家庭编司法解释（一）》第79条。

〔2〕 参见《民法典婚姻家庭编司法解释（一）》第77条。

〔3〕 参见《民法典婚姻家庭编司法解释（一）》第81条。

〔4〕 参见中华人民共和国最高人民法院民事审判第一庭本书编写组编：《民事审判实务问答》，法律出版社2005年版，第206页。

〔5〕 参见《民法典婚姻家庭编司法解释（一）》第80条。

〔6〕 严格来说，夫妻一方隐藏、转移、变卖、毁损、挥霍夫妻共同财产，或者伪造夫妻共同债务企图侵占另一方财产的行为，已经构成侵害配偶夫妻共同财产权的侵权行为，应当承担侵权责任。

〔7〕 参见黄薇主编：《中华人民共和国民法典婚姻家庭编解读》，中国法制出版社2020年版，第241页。

夫妻共同财产主要是指被隐藏、转移、变卖的夫妻共同财产，或者伪造的债务侵占的财产，而不是全部夫妻共同财产。

依据《民法典》婚姻家庭编第1092条第2句，离婚后，另一方发现夫妻一方有上述行为的，可以向人民法院提起诉讼，请求再次分割夫妻共同财产。在分割时，关于对隐藏、转移、变卖、毁损夫妻共同财产或者伪造债务的夫妻一方可以少分或者不分的原则，仍应适用。

夫妻一方在婚姻关系存续期间转移、隐藏夫妻共同财产或者伪造债务侵占夫妻共同财产的，如果夫妻共同财产仍然存在，另一方在离婚后可以请求再次分割夫妻共同财产；如果夫妻共同财产已经灭失，另一方在离婚后可以请求其承担侵权损害赔偿责任。此外，夫妻一方在婚姻关系存续期间毁损夫妻共同财产的，另一方在离婚后可以请求其承担侵权损害赔偿责任。最后，夫妻一方变卖夫妻共同财产的，如果买受人不成立善意取得且共同财产仍然存在，另一方在离婚后可以请求买受人返还夫妻共同财产并再次分割；如果买受人成立善意取得，另一方在离婚后可以请求夫妻一方承担侵权损害赔偿责任。请求再次分割夫妻共同财产的权利，属于形成权，不罹于除斥期间或诉讼时效；因夫妻共同财产的权属发生变动或者消灭的侵权损害赔偿，适用《民法典》总则编第188条的普通诉讼时效。[1]

7. 遗漏财产的分割。夫妻双方离婚后，如果尚有夫妻共同财产未分割，任何一方可以向人民法院起诉请求分割。[2] 这不仅适用于协议离婚，也适用于诉讼离婚。

（二）债务清偿

在离婚时，夫妻双方不仅需要分割夫妻共同财产，还需要对夫妻共同债务的清偿作出安排。《民法典》婚姻家庭编第1089条规定："离婚时，夫妻共同债务应当共同偿还。共同财产不足清偿或者财产归各自所有的，由双方协议清偿；协议不成的，由人民法院判决。"按照该规定，夫妻双方离婚时应当就夫妻共同债务的内部分担达成一致，无法达成一致则由人民法院判决。也就是说，这一规定不涉及夫妻共同债务的认定标准，也不改变夫妻共同债务的连带债务性质，仅仅规定夫妻双方之间在离婚时对夫妻共同债务的清偿安排。

夫妻双方在离婚协议中对夫妻共同债务清偿的安排，仅对夫妻双方具有约束力，对债权人没有约束力。因此，夫妻双方约定各自承担的夫妻共同债务份额，不影响债权人在夫妻双方离婚后对双方主张连带责任。与此类似，人民法院的判决书、调解书已经对夫妻共同债务内部分担作出处理的，仅约束夫妻双方，不影响债权人在夫妻双方离婚后要求双方承担连带责任。

夫妻双方离婚后，基于《民法典》合同编第519条的连带债务追偿规则，一方就夫妻共同债务承担连带清偿责任的，可以基于离婚协议或者人民法院的法律文书向另一方主张

[1] 《民法典婚姻家庭编司法解释（一）》第84条规定，夫妻一方离婚后请求再次分割夫妻共同财产的诉讼时效期间为3年，从当事人发现之日起计算。然而，分割共同共有财产的权利名为请求权，实为形成权。如果夫妻共同财产的所有权没有发生变动，夫妻双方离婚后请求再次分割夫妻共同财产的请求权，不受诉讼时效限制；如果夫妻共同财产的所有权已经发生变动，一方以另一方侵害自己对夫妻共同财产的权益为由起诉的，才应当适用诉讼时效。参见巫昌祯主编：《婚姻与继承法学》，中国政法大学出版社2017年版，第187页。本书赞同这一立场。实际上，一方转移、隐藏夫妻共同财产或者伪造债务侵占夫妻共同财产的，也属于《民法典婚姻家庭编司法解释（一）》第83条的适用范围，似无除斥期间适用的余地。参见最高人民法院民事审判第一庭编著：《最高人民法院婚姻法司法解释（三）理解与适用》，人民法院出版社2011年版，第268、269页。

[2] 《民法典婚姻家庭编司法解释（一）》第83条。

承担相应债务。[1]

(三) 家务劳动补偿

夫妻双方形成生活共同体，但是，在家庭中，夫妻双方的分工可能并不相同。夫妻一方可能承担了较多的家务，可能因此牺牲了自己在职业上的发展机会，导致自己在婚姻关系存续期间无收入或者收入低于另一方。对此，《民法典》婚姻家庭编第 1088 条第 1 款规定了家务劳动补偿，也称离婚经济补偿。根据这一规定，夫妻一方因抚育子女、照料老年人、协助另一方工作等负担较多义务的，离婚时有权向另一方请求补偿，另一方应当给予补偿。承认家务劳动补偿的原因不在于按照等价有偿原则来评价家务劳动，而在于，承担家务劳动虽然不能直接产生经济效益，但能满足家庭成员的生活需要，从而节约家庭共同生活的成本，[2] 如无须雇佣保姆、钟点工等。

享有家务劳动补偿请求权的一方，是因抚育子女、照料老年人、协助另一方工作等负担较多义务的一方。承担较多义务，是指一方从事抚育子女、照料老年人、协助另一方工作等劳务活动比另一方更多，即夫妻双方在共同生活中就劳务承担存在差异。

需要注意的是，《民法典》婚姻家庭编第 1088 条改变了《婚姻法》(已失效) 第 40 条的立场，不再将家务劳动补偿的适用范围限定于分别财产制，而是承认家务劳动补偿也适用于共同财产制。[3] 因此，即使夫妻双方采法定财产制即婚后所得共同制，夫妻双方离婚时，承担较多家务的夫妻一方也可以请求另一方给予补偿。当然，这一立场是否妥当，学界存在分歧。[4]

家务劳动补偿的数额和方式由夫妻双方协商确定。如果夫妻双方无法就是否给付补偿、补偿的数额和给付方式达成一致，人民法院应当根据当事人婚姻存续时间的长短、家务劳动的强度和持续时间、一方给对方提供帮助的多少、另一方从中获利的情况、双方的财产状况和经济能力等因素综合确定补偿。[5]

(四) 离婚经济帮助

根据《民法典》婚姻家庭编第 1090 条的规定，离婚时，如果一方生活困难，有负担能力的另一方应当给予适当帮助。具体办法由双方协议；协议不成的，由人民法院判决。这就是离婚经济帮助。

对于离婚经济帮助的性质，学界存在分歧。通说认为，离婚经济帮助是离婚的法定效力，而非扶养义务的延伸。[6] 少数说认为，离婚经济帮助是夫妻之间互相扶养的法律义务

---

[1] 《民法典婚姻家庭编司法解释 (一)》第 35 条第 2 款。

[2] 参见巫昌祯主编：《婚姻与继承法学》，中国政法大学出版社 2017 年版，第 179 页。

[3] 参见黄薇主编：《中华人民共和国民法典婚姻家庭编解读》，中国法制出版社 2020 年版，第 229 页。

[4] 有观点认为，在夫妻共同财产制模式下，夫妻双方在家庭内外付出的劳动具有等值性，夫妻一方抚育子女、照料老人较多的，与另一方在外工作具有相当性，从而，夫妻一方对另一方的工作收入成立共同共有，其操持家务的活动就获得了补偿，即家务劳动和社会劳动获得了同等评价。因此，在共同财产制下，家务劳动补偿请求权没有适用的余地。参见李俊：《离婚救济制度研究》，法律出版社 2008 年版，第 369~371 页。

[5] 参见余延满：《亲属法原论》，法律出版社 2007 年版，第 356 页；巫昌祯主编：《婚姻与继承法学》，中国政法大学出版社 2017 年版，第 180 页；陈苇主编：《婚姻家庭继承法学》，中国政法大学出版社 2018 年版，第 253 页。

[6] 参见巫昌祯主编：《婚姻与继承法学》，中国政法大学出版社 2017 年版，第 182 页；夏吟兰主编：《婚姻家庭继承法》，中国政法大学出版社 2017 年版，第 143 页；马忆南：《婚姻家庭继承法学》，北京大学出版社 2019 年版，第 140 页。

在离婚后的延续。〔1〕

离婚经济帮助，以夫妻一方在离婚时生活困难、另一方有负担能力为前提。所谓一方生活困难，是指依靠个人财产和离婚时分得的财产无法维持当地基本生活水平。一方生活困难的判断时间是离婚时。一方离婚后没有独立住处或固定住所的，如没有住处或暂住在父母家中，属于生活困难的情形，但有能力购置独立住房的除外。此外，一方残疾或患有重大疾病、完全或大部分丧失劳动能力，也没有生活来源的，也属于一方生活困难的情形。在社会保障体系逐渐完备、最低生活保障覆盖率日益提升的背景下，夫妻双方离婚后大多可以维持当地基本生活水平。因此，为了避免离婚经济帮助制度毫无用武之地，有观点认为，只要夫妻一方离婚时凭借个人财产和分得的夫妻共同财产无法维持合理的生活水平、生活需求，就应当被认定为生活困难。〔2〕在学说上，以不能维持当地基本生活水平作为判断一方生活困难的标准，被称为绝对困难标准；以不能维持原有生活水平作为判断一方生活困难的标准，被称为相对困难标准、原有生活水平主义；以不能维持合理生活水平作为判断一方生活困难的标准，被称为合理生活水平主义。〔3〕

所谓有负担能力，是指一方在满足自己的合理生活需要后有剩余。〔4〕经济帮助应以离婚时现有个人财产为限，另一方必须有给予帮助的能力，受帮助方无权提出超过对方承受能力的经济帮助。另一方没有负担能力的，自然也无须提供离婚经济帮助。

离婚经济帮助不取决于夫妻一方对婚姻关系终止是否具有过错。〔5〕因此，有过错的一方若存在生活困难的情形，也可以要求无过错方给予适当经济帮助。〔6〕

离婚经济帮助的形式可以是金钱给付，也可以是住房帮助。一方以个人财产中的住房对生活困难者提供离婚经济帮助的，帮助的形式可以是设立居住权。

（五）离婚损害赔偿

离婚损害赔偿，是指因夫妻一方重大过错导致离婚的，无过错的另一方享有的请求过错方承担损害赔偿的权利。离婚损害赔偿，旨在保护婚姻关系中无过错夫妻一方。然而，由于学界对离婚损害赔偿与婚内侵权损害赔偿的关系一直存在争议，学界对离婚损害赔偿的性质尚未形成共识。〔7〕

根据《民法典》婚姻家庭编第1091条的规定，能够引起离婚损害赔偿的重大过错包括：①重婚；②与他人同居；③实施家庭暴力；④虐待、遗弃家庭成员；⑤其他重大过错。

---

〔1〕参见杨大文、龙翼飞主编：《婚姻家庭法》，中国人民大学出版社2020年版，第152页。

〔2〕参见黄薇主编：《中华人民共和国民法典婚姻家庭编解读》，中国法制出版社2020年版，第233页。

〔3〕参见张学军：《论离婚后的扶养立法》，法律出版社2004年版，第301页；冉启玉：《离婚扶养制度研究》，群众出版社2013年版，第193页。

〔4〕参见蒋月主编：《婚姻家庭与继承法》，厦门大学出版社2014年版，第249页；马忆南：《婚姻家庭继承法学》，北京大学出版社2019年版，第140页。

〔5〕参见最高人民法院民事审判第一庭：《婚姻法司法解释的理解与适用》，中国法制出版社2002年版，第97页。

〔6〕参见黄薇主编：《中华人民共和国民法典婚姻家庭编解读》，中国法制出版社2020年版，第233页。

〔7〕将离婚损害赔偿界定为侵权损害赔偿的观点，参见巫昌祯、夏吟兰主编：《婚姻家庭法学》，中国政法大学出版社2016年版，第263页；蒋月主编：《婚姻家庭与继承法》，厦门大学出版社2014年版，第250页。主张离婚损害赔偿不同于侵权损害赔偿的学者，参见余延满：《亲属法原论》，法律出版社2007年版，第362页。采取类型化方法分析离婚损害赔偿与侵权损害赔偿关系的学者，参见张红："道德义务法律化——非同居婚外关系所导致之侵权责任"，载《中外法学》2016年第1期；郭明龙："解释论视角下的配偶间损害赔偿"，载《甘肃政法学院学报》2014年第2期。

“其他重大过错”属于兜底性规定，便于人民法院在审判实践中根据个案具体情况认定离婚损害赔偿。不过，“其他重大过错”必须与前述四类法定的重大过错具有相当性，即达到重婚、与他人同居、实施家庭暴力、虐待或遗弃家庭成员的程度，比如女方严重违反忠实义务生育他人子女，或者夫妻一方存在婚外情且情节达到“重婚”和“与他人同居”的严重程度。普通的过错行为，尤其是违反忠实义务的行为，如通奸嫖娼、一夜情等，只要婚外性行为未达到与重婚、与他人同居的程度，人民法院就不能支持无过错方的离婚损害赔偿。

离婚损害赔偿，以夫妻一方的过错行为导致夫妻双方离婚为前提，且离婚与夫妻一方的重大过错具有因果关系。如果夫妻双方没有离婚，在婚姻关系存续期间，即使夫妻一方存在上述重大过错，另一方也无法获得离婚损害赔偿。人民法院判决不准离婚的，对无过错方提出的损害赔偿请求，也不予支持。夫妻一方有重大过错的，另一方不起诉离婚而单独请求离婚损害赔偿的，人民法院不予受理。〔1〕此外，离婚损害赔偿请求权的成立，还要求另一方因离婚而蒙受损害，包括物质损害和精神损害。〔2〕

依据《民法典》婚姻家庭编第1091条的规定，只有无过错方才能主张离婚损害赔偿。所谓无过错方，是指没有实施重大过错行为的夫妻一方。如果夫妻双方均具有重大过错，夫妻双方均无离婚损害赔偿请求权。〔3〕离婚损害赔偿的义务人是有过错的一方。在我国司法实践中，夫妻一方重婚或与他人同居导致离婚的，人民法院很少要求与夫妻一方重婚或同居的第三人对无过错的另一方负赔偿责任。但学界倾向于承认第三人的赔偿责任。〔4〕

离婚损害赔偿请求权不仅适用于诉讼离婚，也适用于协议离婚。无过错方在协议离婚后，也可以向人民法院提起诉讼，请求离婚损害赔偿。该离婚损害赔偿请求权适用《民法典》总则编第188条的一般诉讼时效。〔5〕不过，无过错方也可以在协议离婚时明确表示放弃该项请求。

二、离婚在父母子女关系方面的效力

依据《民法典》婚姻家庭编第1084条第1、2款，原则上，父母与子女间的关系，不因父母离婚而消除。离婚后，子女无论由父或者母直接抚养，仍是父母双方的子女。离婚后，父母对子女仍有抚养、教育、保护的权利和义务。

这不仅适用于自然血亲的父母子女关系，也适用于养父母养子女关系。自然血亲的父母子女关系，因分娩和出生的事实而产生，从而，父母与子女间的关系不因父母离婚而消除。离婚后，基于子女与父母之间的血缘关系，子女无论由父或者母直接抚养，仍是父母双方的子女。夫妻双方共同收养子女的，夫妻双方与子女之间成立养父母子女关系。非经

---

〔1〕参见《民法典婚姻家庭编司法解释（一）》第87条。

〔2〕参见《民法典婚姻家庭编司法解释（一）》第86条。

〔3〕参见《民法典婚姻家庭编司法解释（一）》第90条。

〔4〕参见陈苇：“离婚损害赔偿法律适用若干问题探讨”，载《法商研究（中南政法学院学报）》2002年第2期；杨立新：“论侵害配偶权的精神损害赔偿责任”，载《法学》2002年第7期；巫昌祯：“完善离婚损害赔偿制度的几点思考”，载《浙江工商大学学报》2008年第6期；曾祥生：“论配偶权的侵权责任法保护”，载《法学评论》2014年第6期；张红：“道德义务法律化——非同居婚外关系所导致之侵权责任”，载《中外法学》2016年第1期。

〔5〕原《婚姻法司法解释（二）》第27条将离婚损害赔偿请求权的除斥期间规定为1年，自办理离婚登记手续之日起算。然而，离婚损害赔偿性质上属于请求权，原则上应当适用《民法典》总则编的诉讼时效。此外，离婚损害赔偿请求权与《民法典》物权编第462条第2款占有返还请求权、合同编第574条第2款提存请求权不同，似无适用除斥期间的充分理由。最终，《民法典婚姻家庭编司法解释（一）》第88条、第89条取消了1年除斥期间规定，因此，离婚损害赔偿请求权适用《民法典》总则编第188条的一般诉讼时效。

收养关系的解除，养父母子女关系不因养父母离婚而解除。

继父母一方与生父母一方离婚的，继父母与形成抚养教育关系的继子女之间的父母子女关系是否解除，视情况而定。按照司法解释规定，生父与继母离婚或者生母与继父离婚时，对曾受其抚养教育的继子女，继父或者继母不同意继续抚养的，仍应由生父或者生母抚养。[1] 因此，继父母子女关系可因继父母一方在离婚后"不同意继续抚养"而单方解除。此外，继父母一方与生父母一方离婚，双方就继子女抚养达成一致的，如继父母一方要求抚养且生父母一方同意，继父母子女关系不解除。

（一）离婚后的子女抚养

1. 子女直接抚养人的确定。父母离婚原则上不会消除父母子女之间的关系，但是由于父母婚姻关系解除、父母的共同生活结束，因此，抚养子女的方式会因父母离婚发生变化，即由父母与子女共同生活、共同直接抚养子女转化为父母一方单独抚养、另一方给付抚养费。子女由父母哪一方直接抚养，涉及子女的切身利益。因此，子女直接抚养人的确定应当遵循最有利于未成年人原则。根据《民法典》婚姻家庭编第1084条第3款，子女直接抚养人按照以下方式确定：

（1）2周岁以内的子女，大多处于哺乳期，原则上应当由母亲直接抚养。根据司法解释的规定，[2] 父母双方协议约定不满2周岁子女由父亲直接抚养，并对子女健康成长无不利影响的，子女可以由父亲直接抚养。2周岁以下的子女，母亲有下列情形之一的，可以由父亲直接抚养：①母亲患有久治不愈的传染性疾病或者其他严重疾病，子女不宜与其共同生活；②母亲有抚养条件不尽抚养义务，而父亲要求子女随其生活；③因其他原因，子女确不宜随母亲生活。

（2）已满2周岁的子女由哪一方直接抚养，由父母双方协商。在有利于保护子女利益的前提下，父母双方可以协议轮流直接抚养子女。[3] 父母双方无法达成协议，均要求直接抚养的，由人民法院根据父母双方的具体情况，按照最有利于未成年子女的原则判决。根据司法解释的规定，如果父母一方有下列情形之一，人民法院可以在确定子女直接抚养人时优先考虑：①父母一方已做绝育手术或因其他原因丧失生育能力；②子女随父母一方生活时间较长，改变生活环境对子女健康成长明显不利；③父母一方无其他子女，而另一方有其他子女；④子女随父母一方生活，对子女成长有利，而另一方患有久治不愈的传染性疾病或者其他严重疾病，或者有其他不利于子女身心健康的情形，不宜与子女共同生活。[4] 此外，父母抚养子女的条件基本相同，双方均要求直接抚养子女，但子女单独随祖父母或者外祖父母共同生活多年，且祖父母或者外祖父母要求并且有能力帮助子女照顾孙子女或者外孙子女的，可以作为父或者母直接抚养子女的优先条件予以考虑。[5]

此外，由于8周岁以上的未成年子女已经是限制民事行为能力人，具有一定的表达能力和判断能力，因此，父母双方对8周岁以上未成年子女的抚养问题无法达成协议的，应考虑该子女的意见，尊重子女的真实意愿。

父母离婚后，因父母抚养条件发生变化或子女要求变更抚养关系，原定的抚养方式可

---

[1] 参见《民法典婚姻家庭编司法解释（一）》第54条。

[2] 参见《民法典婚姻家庭编司法解释（一）》第44条和第45条。

[3] 参见《民法典婚姻家庭编司法解释（一）》第48条。

[4] 参见《民法典婚姻家庭编司法解释（一）》第46条。

[5] 参见《民法典婚姻家庭编司法解释（一）》第47条。

能需要变更。根据司法解释的规定，父母双方可以通过协议变更子女抚养关系；无法达成协议的，有下列情形之一的，父母一方可以请求人民法院变更子女抚养关系，人民法院应予支持：①与子女共同生活的一方因患严重疾病或者因伤残无力继续抚养子女；②与子女共同生活的一方不尽抚养义务或有虐待子女行为，或者其与子女共同生活对子女身心健康确有不利影响；③已满 8 周岁的子女，愿随另一方生活，该方又有抚养能力；④有其他正当理由需要变更。[1]

2. 子女抚养费的负担。根据《民法典》婚姻家庭编第 1085 条的规定，父母离婚后，子女由父母一方直接抚养的，另一方应当负担部分或者全部抚养费。抚养费包括子女生活费、教育费、医疗费等费用。负担费用的多少和期限的长短，由双方协议；协议不成的，由人民法院判决。需要强调的是，依据《民法典》婚姻家庭编第 1085 条第 2 款，关于子女抚养费的协议或者判决，仅仅约束父母双方，不妨碍子女在必要时向父母任何一方提出超过协议或者判决原定数额的合理要求。这一立场的理由在于，抚养费给付之债，债权人为子女，债务人为子女的父母，因此，父母双方在离婚协议中约定，不与子女共同生活一方无须给付抚养费的，该约定仅仅是父母双方内部关于抚养费分担的约定，对作为债权人的子女没有约束力。不仅如此，根据司法解释的规定，父母双方协议由一方直接抚养子女并由直接抚养方负担子女全部抚养费，但是，直接抚养方的抚养能力明显不能保障子女所需费用，影响子女健康成长的，人民法院不予支持。[2]

（1）抚养费的金额。根据司法解释的规定，抚养费的数额，可以根据子女的实际需要、父母双方的负担能力和当地的实际生活水平确定。不直接抚养子女的父母一方有固定收入的，抚养费一般可以按其月总收入的 20%~30%的比例给付。负担两个以上子女抚养费的，比例可以适当提高，但一般不得超过不直接抚养子女的父母一方月总收入的 50%。不直接抚养子女的父母一方无固定收入的，抚养费的数额可以依据当年总收入或者同行业平均收入，参照上述比例确定。有特殊情况的，可以适当提高或者降低上述比例。[3]

（2）抚养费的给付方式和期限。根据司法解释的规定，抚养费应当定期给付，有条件的可以一次性给付。抚养费的给付期限，一般至子女 18 周岁为止。16 周岁以上不满 18 周岁的子女，以自己的劳动收入为主要生活来源，并能维持当地一般生活水平的，被视为完全民事行为能力人，父母可以停止给付抚养费。[4]

（3）抚养费的增加和减少。根据司法解释的规定，具有下列情形之一，子女要求有负担能力的父或者母增加抚养费的，人民法院应予支持：①原定抚养费数额不足以维持当地实际生活水平；②因子女患病、上学，实际需要已超过原定数额；③有其他正当理由应当增加。[5] 实际上，只要原定抚养费金额无法满足子女成长的合理需求，子女即可向父母任何一方请求增加抚养费。父母双方内部如何分担抚养费，属于父母内部协商处理的事项。

此外，在实践中，有些法院认为，不直接抚养子女的一方收入锐减，虽经努力仍维持在较低的水平，或者长期患病或丧失劳动能力，又无经济来源，无力按照判决或者协议给

---

[1] 参见《民法典婚姻家庭编司法解释（一）》第 56 条、第 57 条。

[2] 参见《民法典婚姻家庭编司法解释（一）》第 52 条。

[3] 参见《民法典婚姻家庭编司法解释（一）》第 49 条。

[4] 参见《民法典婚姻家庭编司法解释（一）》第 50 条、第 53 条。

[5] 参见《民法典婚姻家庭编司法解释（一）》第 58 条

付抚养费的，人民法院可以根据请求减少、暂时中止给付抚养费。[1]

（二）离婚后的子女探望

探望权，是指父母离婚后，不直接抚养子女的父母一方依法享有的、对未与其共同生活的子女进行探视、看望、交往的权利。《民法典》婚姻家庭编第1086条规定了探望权。根据该规定，离婚后，不直接抚养子女的父母一方，有探望子女的权利，另一方有协助的义务。行使探望权利的方式、时间由当事人协议；协议不成的，由人民法院判决。这一规定既可以满足父母双方对子女关心、爱护、教育的需要，又能增进子女与父母双方的沟通和交流，减少家庭破碎给子女带来的不利，促进子女的健康成长。

探望权的主体为离婚后不直接抚养子女的父母一方。对于父母子女之外的第三人而言，探望权属于绝对权。[2] 不直接抚养子女的父母一方享有探望权，对应的是直接抚养子女的父母一方负担的协助义务，即探望权的义务主体是直接抚养子女的父母一方。探望权行使的费用由探望权的权利人承担。但是，探望权究竟是监护权的内容，[3] 还是基于身份关系产生的独立权利，[4] 学界存在分歧。如果采纳后一种立场，那么，在不违反子女利益最大化原则的前提下，被剥夺监护权的父母一方仍然享有探望权，不与子女共同生活的其他亲属也享有探望权。

一般来说，行使探望权的方式包括看望式和逗留式两种。前者是探望权人到直接抚养子女的父母一方家中或指定的地点进行探望的方式，主要适用于8周岁以下的未成年人；后者是在约定或者法院判决的探望时间内，探望权人领走子女并按时送回的探望方式，主要适用于8周岁以上的未成年人。行使探望权利的方式、时间、频率、地点由当事人协议决定；协议不成的，由人民法院根据未成年子女的年龄、智力和认知水平，按照子女利益最大化原则判决。

行使探望权，应当以有利于子女身心健康方式为之，并尊重未成年人的意愿。依据《民法典》婚姻家庭编第1086条第3款，行使探望权不利于子女身心健康的，人民法院可以依法中止探望权的行使。探望权的中止，是指因发生一定的事由，致使探望权人不宜继续行使探望权，人民法院依法裁定暂时停止探望权的行使。中止探望权行使的事由可能包括：探望权人患有严重精神病或尚未治愈的严重传染性疾病的，可能危及子女健康；探望权人在行使探望权时对子女实施家庭暴力或虐待子女等违法行为；探望权人教唆、胁迫、引诱子女实施不良行为或违法犯罪行为。有权请求人民法院中止探望权行使的人，是未成年子女、直接抚养子女的父或者母以及其他对未成年子女负担抚养、教育、保护义务的法定监护人。[5]

探望的中止只是暂时停止探望权的行使，不是剥夺探望权。中止探望的情形消失后，不直接抚养子女的父母一方行使探望权不会不利于子女身心健康的，人民法院应当根据当事人的请求，书面通知其恢复探望权的行使。请求恢复探望权的主体，一般为不直接抚养

---

〔1〕《上海市高级人民法院民一庭婚姻家庭纠纷办案要件指南（二）》（沪高法民一〔2005〕18号）第5条。

〔2〕 Dethloff, Familienrecht, 32. Aufl., C. H. Beck, 2018, § 13, Rn. 198.

〔3〕 参见余延满：《亲属法原论》，法律出版社2007年版，第372页；巫昌祯主编：《婚姻与继承法学》，中国政法大学出版社2017年版，第162页。

〔4〕 参见瞿灵敏："探望权的理论反思与规则重构——兼论民法典婚姻家庭编探望权的立法完善"，载《江汉论坛》2018年第9期。

〔5〕 参见《民法典婚姻家庭编司法解释（一）》第67条。

子女的父母一方。探望权的恢复，以“不利于子女身心健康”的情形完全消失为前提。

祖父母、外祖父母对孙子女、外孙子女是否享有探望权，《民法典》婚姻家庭编并未规定。在实践中，如果父母一方死亡，对未成年孙子女、外孙子女有抚养事实的祖父母、外祖父母（即死亡一方的父母）请求探望孙子女、外孙子女的，人民法院可能会予以支持。

第三章 父母子女关系法

父母子女关系，是指父母与子女在法律上的权利义务关系。父母子女关系，又称亲子关系，亲指父母，子指子女。父母子女关系是最近的直系血亲关系，是家庭关系的核心。

根据产生依据的不同，父母子女关系分为自然血亲的父母子女关系和法律拟制的父母子女关系两类。自然血亲的父母子女关系，基于子女的出生而发生，又分为父母与婚生子女的父母子女关系、父母与非婚生子女的父母子女关系。自然血亲的父母子女关系以血缘为纽带，其权利义务关系只能因父母依法送养子女或父母子女一方死亡而终止。在我国，依据《民法典》婚姻家庭编第1071条，非婚生子女的法律地位与婚生子女的法律地位相同，任何组织或者个人不得歧视非婚生子女。

法律拟制的父母子女关系，基于法律拟制而发生，又分为养父母与养子女的养父母子女关系、继父母与形成抚养教育关系的继子女的继父母子女关系。前者基于收养法律行为发生，后者基于抚养教育这一事实行为而发生。法律拟制的父母子女关系除父母子女一方死亡而终止外，还可以被人为解除。依据《民法典》婚姻家庭编第1072条、第1111条，养父母和养子女之间的权利义务关系、继父或者继母和受其抚养教育的继子女之间的权利义务关系，与自然血亲的父母子女之间的权利义务关系相同，适用《民法典》关于父母子女关系的规定。

第一节 自然血亲的父母子女关系

一、婚生子女

1. 婚生子女的概念。婚生子女，是指在婚姻关系存续期间受胎或者出生的子女。婚生父母子女关系，是指婚生子女与父母之间的权利义务关系。婚生父母子女关系的形成须满足以下要件：①须子女的父母有婚姻关系存在；②须子女为妻所生；③须子女于婚姻关系存续期间受孕或出生；④须子女为夫的子女。[1]

2. 婚生子女的推定。我国《民法典》婚姻家庭编没有规定婚生子女推定规则，但司法实践承认婚生子女推定规则。[2] 所谓婚生子女的推定，是指在婚姻关系存续期间受孕或出

---

[1] 参见陈棋炎、黄宗乐、郭振恭：《民法亲属新论》，三民书局股份有限公司2018年版，第241页。

[2] 如山东省济宁市中级人民法院（2019）鲁08民终1718号民事判决书，江苏省无锡市中级人民法院（2018）苏02民终2040号民事判决书，河北省邢台市中级人民法院（2015）邢民四终字第869号民事判决书，福建省莆田市中级人民法院（2014）莆民终字第894号民事判决书，四川省南充市中级人民法院（2013）南中法民终字第1615号民事判决书。

生的子女被推定为婚生子女。[1] 由于子女系从母亲体内分娩出，子女与母亲之间的血缘关系比较容易确定。因此，婚生子女推定，推定的是父亲的身份，即推定子女与母亲之夫具有血缘关系。[2] 当然，婚生子女推定只是一种法律上的推定，可以被客观事实推翻。[3]

按照婚生子女推定规则，下列子女被推定为婚生子女：①在婚姻关系存续期间出生的子女，[4] 这也是我国司法实践的立场；[5] ②在婚姻关系存续期间受孕而出生的子女；③在婚姻关系存续期间受孕但于婚姻关系终止后10个月内出生的子女。[6]

子女可能与被推定为父亲的男方并无血缘关系，即被推定为父亲的男方可能并非子女的生父。针对这种情形，比较法上多允许通过法院诉讼方式否认男方的父亲身份。这就是婚生子女推定的否认。比如，在德国，依据《德国民法典》第1600条，被推定为父亲的男方、女方、子女均有权请求家事法院撤销被推定的父亲身份，而且，在被推定为父亲的男方和子女之间尚未建立起社会家庭关系时，子女的生父也享有撤销权。撤销权行使的除斥期间为2年，自权利人知道不利于父亲身份的事实情况时起算。

3. 婚生子女与父母之间的权利义务。

（1）父母对子女的抚养义务。《民法典》婚姻家庭编第1068条规定："父母有教育、保护未成年子女的权利和义务。未成年子女造成他人损害的，父母应当依法承担民事责任。"抚养，是指父母在经济上对子女供养和在生活上对子女照料，为子女提供基本生活、身体健康等方面的保障。抚养的方式包括父母与子女共同生活、不与子女共同生活的父母一方提供抚养费。父母不仅对未成年子女有抚养的义务，还对不能独立生活的成年子女有抚养义务。《民法典》婚姻家庭编第1067条第1款规定："父母不履行抚养义务的，未成年子女或者不能独立生活的成年子女，有要求父母给付抚养费的权利。"因此，父母对未成年子女的抚养是无条件的，是典型的生活保持义务；父母对成年子女的抚养是有条件的，即成年子女须不能独立生活。[7] 根据司法解释的规定，不能独立生活的成年子女包括：①尚

---

〔1〕 参见王洪：《婚姻家庭法》，法律出版社2003年版，第228页；余延满：《亲属法原论》，法律出版社2007年版，第385页；巫昌祯主编：《婚姻与继承法学》，中国政法大学出版社2017年版，第232页；陈苇主编：《婚姻家庭继承法学》，中国政法大学出版社2018年版，第149页。

〔2〕 参见余延满：《亲属法原论》，法律出版社2007年版，第384页。

〔3〕 参见陈苇主编：《婚姻家庭继承法学》，中国政法大学出版社2018年版，第148页。

〔4〕 参见杨大文主编：《亲属法》，法律出版社2012年版，第219页；余延满：《亲属法原论》，法律出版社2007年版，第385页。在比较法上，由于不同立法例就婚生子女推定方法存在出生说、受孕说、混合说等不同的立场，婚姻关系存续期间出生的子女能否被推定为婚生子女，不同立法例存在区别。《瑞士民法典》第256a条第2款规定，自结婚之日起第180天之后出生的子女，应被推定其为在婚姻关系存续期间受孕，从而被推定为父亲的婚生子女。与此相对，《德国民法典》第1592条第1项只要求子女于父母婚姻关系存续期间出生，即推定子女为父亲的婚生子女，子女在婚姻关系存续期间受孕抑或在婚姻关系缔结之前受孕，在所不问。MüKoBGB/Wellenhofer, 8. Aufl. 2020，BGB § 1592 Rn. 8.

〔5〕 如山东省济南市中级人民法院（2019）鲁01民终8451号民事裁定书，河北省承德市中级人民法院（2019）冀08民终3367号民事判决书，广东省湛江市中级人民法院（2014）湛中法民一终字第706号民事判决书，浙江省嘉兴市中级人民法院（2014）浙嘉民终字第550号民事判决书。

〔6〕 婚姻关系终止后300天以内出生的子女，被推定为父亲的婚生子女。《瑞士民法典》第256a条第2款规定，在因死亡解除婚姻之日起第300天以内出生的子女，应被推定其为在婚姻关系存续期间受孕，从而按照该条第1款被推定为父亲的婚生子女。《德国民法典》第1593条也规定，因死亡而解除婚姻之日起第300天以内出生的子女，也是父亲的婚生子女。《法国民法典》第313条也有类似的时间要求。

〔7〕 学说上有观点认为，父母对未成年子女的抚养义务是生活保持义务，对成年子女的抚养义务是生活扶助义务。参见马忆南：《婚姻家庭继承法学》，北京大学出版社2019年版，第155页。

在校接受高中及其以下学历教育的成年子女；②丧失、部分丧失劳动能力等非因主观原因而无法维持正常生活的成年子女。[1] 根据《民法典》婚姻家庭编第 1067 条第 1 款，父母不履行抚养义务的，未成年子女或者不能独立生活的成年子女，有要求父母给付抚养费的权利。抚养费包括子女生活费、教育费、医疗费等费用。[2] 父母婚姻关系存续期间，父母双方或者一方拒不履行抚养子女义务，未成年子女或者不能独立生活的成年子女可以向人民法院起诉，请求支付抚养费。[3]

对父母已经死亡或者父母无力抚养的未成年人，《民法典》婚姻家庭编第 1074 条第 1 款和第 1075 条第 1 款规定了祖父母、外祖父母的抚养义务和兄、姐的扶养义务。

根据《民法典》婚姻家庭编第 1074 条第 1 款，有负担能力的祖父母、外祖父母，对于父母已经死亡或者父母无力抚养的未成年孙子女、外孙子女，有抚养的义务。祖父母、外祖父母对孙子女、外孙子女负担抚养义务的条件包括：①孙子女、外孙子女的父母已经死亡，或者孙子女、外孙子女的父母无力抚养孙子女、外孙子女，这里的死亡包括自然死亡和宣告死亡，父母无力抚养，是指父母不能以自己的收入满足子女合理的生活、教育、医疗等需要，因此，这里可能存在父母双亡、父母一方死亡且另一方无抚养能力、父母双方健在但均无抚养能力三种情形；②孙子女、外孙子女是不能独立生活的未成年人，对已成年的孙子女、外孙子女以及年满 16 周岁、不满 18 周岁且以自己的劳动收入为主要生活来源的孙子女、外孙子女，祖父母、外祖父母不负抚养义务；③祖父母、外祖父母有负担能力。

根据《民法典》婚姻家庭编第 1075 条第 1 款，有负担能力的兄、姐，对于父母已经死亡或者父母无力抚养的未成年弟、妹，有扶养的义务。兄、姐对弟、妹负担扶养义务的条件包括：①父母已经死亡或无力抚养；②弟、妹是不能独立生活的未成年人，需要扶养的弟、妹应当未满 18 周岁，没有独立生活能力；③兄、姐有负担能力。兄、姐具有能够扶养未成年弟、妹的经济条件，即兄、姐在以自己的收入满足自己负有法定扶养义务的人（如子女、配偶、父母）的合理的生活、教育、医疗等需要后仍有剩余。

（2）父母对未成年子女的教育义务。教育，是指父母在思想品德、学业上对未成年子女的关怀和培养。一方面，父母应当尊重未成年人受教育的权利，保障适龄未成年人依法接受并完成义务教育；另一方面，父母应当关注未成年人的生理、心理状况和情感需求，教育和引导未成年人遵纪守法，养成良好的思想品德和行为习惯，对未成年人进行安全教育，预防和制止未成年人吸烟、饮酒、流浪、沉迷网络、实施欺凌等不良行为或者违法犯罪行为以及进入营业性娱乐场所等不适宜未成年人活动的场所，引导未成年人进行有益身心健康的活动。父母对未成年子女的教育，既是义务又是权利。

（3）父母对未成年子女的保护义务。保护，是指父母采取必要的安全保障措施，保护未成年子女的人身权益和财产权益，预防和排除来自他人的侵害和自然界的危害。父母负担保护义务的强度，取决于子女的年龄、精神状况、个性、一贯表现、活动场所的危险性、游戏和工具本身的危险性。为了将未成年子女培养成人格独立的主体，原则上，父母无须寸步不离地监督和保护未成年人，应当留给未成年人试错和自由发展的空间。父母因过失对未成年子女未尽到保护义务的，构成不作为侵权，对未成年子女负侵权损害赔偿责任。

---

[1] 参见《民法典婚姻家庭编司法解释（一）》第 41 条。

[2] 参见《民法典婚姻家庭编司法解释（一）》第 42 条。

[3] 参见《民法典婚姻家庭编司法解释（一）》第 43 条。

然而，司法实践认为，未成年子女因他人加害行为遭受损害的，父母未尽到保护义务被认定为未成年子女自己的过失，从而对未成年子女适用过失相抵。父母对未成年子女的保护，既是义务又是权利。

（4）父母对未成年人造成的损害承担民事责任。父母作为未成年人的监护人，根据《民法典》侵权责任编第 1188 条，对未成年人造成他人的损害承担侵权责任。

（5）成年子女对父母的赡养、扶助和保护义务。依据《民法典》总则编第 26 条第 2 款，成年子女对父母负有赡养、扶助和保护的义务。赡养、扶助，是指成年子女对父母经济上供养、生活上照料和精神上慰藉，并应当照顾父母的特殊需要。[1] 保护，是指成年子女保护父母的人身、财产权益不受侵害。未成年子女、不能独立生活的成年子女本身还需要父母的抚养，因此，对父母负有赡养、扶助和保护义务的主要是有独立生活能力的成年子女。[2] 赡养的方式既可以是与父母共同生活，也可以是提供生活条件、生活费并经常探望的方式。[3] 关于赡养费的具体数额，应根据父母的实际生活、就医需求、子女人数、生活状况及子女的实际负担能力予以确定。子女之间就赡养费给付达成的协议，只是子女作为债务人对赡养费的内部分担约定，对父母没有拘束力，父母可以按照自己的合理需求，要求子女给付超过协议约定的赡养费。

成年子女作为赡养人应当使患病的父母及时得到治疗和护理；对经济困难的父母，应当提供医疗费用。对生活不能自理的父母，成年子女应当承担照料责任；不能亲自照料的，可以按照父母的意愿委托他人或者养老机构等照料。成年子女应当向父母履行赡养义务，直到父母死亡为止。成年子女不得以放弃继承权或者其他理由，如父母未尽抚养义务，拒绝履行赡养义务。此外，依据《民法典》婚姻家庭编第 1069 条，子女应当尊重父母的婚姻权利，不得干涉父母离婚、再婚以及婚后的生活。子女对父母的赡养义务，不因父母的婚姻关系变化而终止。不论父母是否离婚、是否再婚及如何安排婚后的生活，成年子女对父母均负有赡养义务。不仅如此，成年子女应当妥善安排父母的住房，不得强迫父母居住或者迁居条件低劣的房屋。老年人自有的或者承租的住房，子女或者其他亲属不得侵占，不得擅自改变产权关系或者租赁关系。老年人自有的住房，赡养人有维修的义务。[4]

根据《民法典》婚姻家庭编第 1067 条第 2 款，成年子女不履行赡养义务的，缺乏劳动能力或者生活困难的父母，有要求成年子女给付赡养费的权利。按照这一规定，只有缺乏劳动能力或生活困难的父母，才享有请求成年子女给付赡养费的权利。在实践中，父母向人民法院起诉成年子女请求给付赡养费的，即使父母并非“缺乏劳动能力或生活困难”，有些人民法院仍然判决成年子女给付赡养费。[5]

对祖父母、外祖父母、兄、姐，《民法典》婚姻家庭编第 1074 条第 2 款和第 1075 条第 2 款还规定了孙子女、外孙子女的赡养义务和弟、妹的扶养义务。

根据《民法典》婚姻家庭编第 1074 条第 2 款，有负担能力的孙子女、外孙子女，对于子女已经死亡或者子女无力赡养的祖父母、外祖父母，有赡养的义务。孙子女、外孙子女

---

〔1〕《老年人权益保障法》第 14 条。

〔2〕参见王洪：《婚姻家庭法》，法律出版社 2003 年版，第 224 页。

〔3〕参见马忆南：《婚姻家庭继承法学》，北京大学出版社 2019 年版，第 158 页。

〔4〕参见《老年人权益保障法》第 15~16 条。

〔5〕如北京市第一中级人民法院（2014）一中民终字第 06998 号民事判决书，上海市第一中级人民法院（2009）沪一中民一（民）终字第 952 号民事判决书。严格来说，成年子女对父母的赡养义务为生活保持义务，因此，赡养费的确定，不宜严格按照父母是否在客观上陷入生活困难或缺乏劳动能力而定。

对祖父母、外祖父负担赡养义务的条件包括：①祖父母、外祖父母的全部子女已经死亡或无力赡养；②祖父母、外祖父母需要赡养，比如祖父母、外祖父母丧失劳动能力生活不能自理、无固定收入缺乏生活来源；③孙子女、外孙子女有负担能力。

根据《民法典》婚姻家庭编第1075条第2款，由兄、姐扶养长大的有负担能力的弟、妹，对于缺乏劳动能力又缺乏生活来源的兄、姐，有扶养的义务。弟、妹对兄、姐负担扶养义务的条件包括：①弟、妹由兄、姐扶养长大；②兄、姐缺乏劳动能力且缺乏生活来源，需要扶养；③弟、妹有负担能力。

（6）继承的权利。《民法典》婚姻家庭编第1070条规定："父母和子女有相互继承遗产的权利。"依据《民法典》继承编第1127条，父母和子女互为第一顺序的法定继承人。

4. 利用人类辅助生殖技术生育子女的法律地位。随着科技的发展，人类辅助生殖技术得以问世并被推广应用，这给父母子女关系的认定带来了挑战。

依据《人类辅助生殖技术管理办法》第24条，人类辅助生殖技术一般包括人工授精和体外受精—胚胎移植技术（即试管婴儿技术）。就人工授精技术而言，根据精子来源于丈夫还是第三人，人工授精分为夫精人工授精和供精人工授精，即同质人工授精和异质人工授精。就体外受精—胚胎移植技术而言，利用他人卵子进行体外受精—胚胎移植在实践中比较少见，常见的是采用妻子的卵子、丈夫的精子或第三人精子进行的体外受精—胚胎移植。

按照最高人民法院的立场，在婚姻关系存续期间，夫妻双方一致同意采用人类辅助生殖技术（包括人工授精和试管婴儿）生育子女的，不论精子来自丈夫还是其他男性，所生子女应被视为夫妻双方的婚生子女。[1] 此外，在婚姻关系存续期间，夫妻双方一致同意利用他人的精子进行人工授精并使女方受孕后，男方反悔，而女方坚持生出该子女的，不论该子女是否在夫妻关系存续期间出生，都应被视为夫妻双方的婚生子女。[2] 司法解释也规定，婚姻关系存续期间，夫妻双方一致同意进行人工授精，所生子女应视为婚生子女，父母子女间的权利义务关系适用《民法典》的有关规定。[3]

总之，夫妻双方在婚姻关系存续期间一致同意采用人类辅助生殖技术（包括人工授精和试管婴儿）生育子女的，女方使用男方精子通过人类辅助生殖技术生育的子女，与男方具有血缘上的亲子关系，是夫妻双方的婚生子女，与夫妻双方形成自然血亲的父母子女关系。男方是该子女生物学意义上的父亲，对该子女负有抚养、教育和保护的义务。如果精子来自第三人，卵子来自妻子，那么，子女虽然与丈夫没有血缘关系，但应当被视为丈夫的婚生子女。[4] 也就是说，基于男方的同意，男方虽然不是子女的生物学父亲，但却是其法律拟制的父亲，对其负有抚养、保护和教育的义务。

二、非婚生子女

非婚生子女是指没有婚姻关系的男女所生子女，如未婚男女所生子女、已婚男女与第三人所生子女。根据《民法典》婚姻家庭编第1071条第1款，非婚生子女享有与婚生子女同等的权利，任何组织或者个人不得加以危害和歧视。非婚生子女与婚生子女具有同等法

---

〔1〕参见《最高人民法院关于夫妻离婚后人工授精所生子女的法律地位如何确定的复函》（〔1991〕民他字第12号）（已失效）。

〔2〕指导案例50号："李某、郭某阳诉郭某和、童某某继承纠纷案"，载《中华人民共和国最高人民法院公报》2015年第10期。

〔3〕参见《民法典婚姻家庭编司法解释（一）》第40条。

〔4〕参见陈苇主编：《婚姻家庭继承法学》，中国政法大学出版社2018年版，第157~158页。

律地位。生父母对非婚生子女负有抚养、教育、保护的义务，非婚生子女在成年后对生父母负有赡养、扶助、保护的义务。非婚生子女和生父母互为第一顺序法定继承人。

《民法典》婚姻家庭编第1071条第2款强调，不直接抚养非婚生子女的生父或者生母，应当负担未成年子女或者不能独立生活的成年子女的抚养费。一般来说，子女抚养费的数额可根据子女的实际需要、父母双方的负担能力和子女生活所在地的实际生活水平确定。对此，我国司法实践认为，夫妻一方在负担能力范围内向非婚生子女支付抚养费，即使夫妻一方未就抚养费的金额和期限与配偶达成一致，也不属于侵犯夫妻共同财产权的行为。[1]

由于我国缺乏非婚生子女的认领制度，因此，在女方作为非婚生子女法定代理人向男方请求给付抚养费的诉讼中，如果女方已经提交如双方发生过性关系、存在同居关系、子女在同居关系期间出生、子女与男方之间具有血缘关系的亲子鉴定结论等证据，[2] 且男方没有相反证据又拒绝做亲子鉴定，人民法院依据原《婚姻法司法解释（三）》第2条第2款（现《民法典婚姻家庭编司法解释（一）》第39条第2款）等相关规定，[3] 推定男方系非婚生子女的生父，从而男方对非婚生子女负有抚养义务。[4]

三、亲子关系的确认与否定

《民法典》婚姻家庭编第1073条规定："对亲子关系有异议且有正当理由的，父或者母可以向人民法院提起诉讼，请求确认或者否认亲子关系。对亲子关系有异议且有正当理由的，成年子女可以向人民法院提起诉讼，请求确认亲子关系。"这确立了亲子关系的确认与否认制度。

有权确认或否认亲子关系的主体是夫妻双方和成年子女。否认亲子关系的权利属于须以诉讼方式实施的形成权，可以由权利人放弃。亲子关系的否认之诉，只能由父或者母提起，但不受父母是否离婚的影响。父或者母请求确认或否认亲子关系的，须对亲子关系有异议且具有正当理由。对亲子关系有异议，是指认为现存的亲子关系是错误的，自己不是或者才是子女生物学意义上的父或者母。[5] 有正当理由，主要是指当事人提供了初步证据，证明其提出的确认或者否认亲子关系的主张，如运用DNA技术得出的亲子鉴定结论、丈夫提供的医院开具其无生育能力的证明。父或者母向人民法院起诉请求确认亲子关系，

---

〔1〕 参见"刘青先诉徐飚、尹欣怡抚养费纠纷案"，载《中华人民共和国最高人民法院公报》2016年第7期。

〔2〕 如北京市高级人民法院（2015）高民申字第3424号民事裁定书，上海市第二中级人民法院（2015）沪二中少民终字第42号民事判决书，湖北省武汉市中级人民法院（2015）鄂武汉中民终字第01791号民事判决书，广东省深圳市中级人民法院（2014）深中法民终字第1449号民事判决书，浙江省嘉兴市中级人民法院（2016）浙04民终1777号民事判决书。

〔3〕《最高人民法院关于确认非婚生子女生父中男方拒作亲子鉴定如何处理的答复》（法明传1998第208号）指出，"在确认非婚生子女案件中，应当由原告承担举证责任，被告（男方）如果否认原告证明的结论，应提供相应的证据，若其不能证明自己不是非婚生子女的生父，法庭认为有必要的，可以要求其进行亲子鉴定。如果被告拒绝作亲子鉴定的，法庭可以根据查证属实并排除第三人为非婚生子女生父的证据，推定原告的诉讼请求成立"。

〔4〕 从文义上来看，未婚单亲母亲可能难以依据《民法典》婚姻家庭编第1073条请求确认男方与非婚生子女间的亲子关系。因为从法工委提供的意见来看，《民法典》婚姻家庭编第1073条要求母"对亲子关系存在异议"，即认为现存的亲子关系是错误的。参见黄薇主编：《中华人民共和国民法典婚姻家庭编解读》，中国法制出版社2020年版，第159页。然而，未婚单亲母亲可能对亲子关系之有无并无异议，只是希望确定生父与子女之间的亲子关系。

〔5〕 参见黄薇主编：《中华人民共和国民法典婚姻家庭编解读》，中国法制出版社2020年版，第159页。

并提供必要证据予以证明，另一方没有相反证据又拒绝做亲子鉴定的，人民法院可以认定确认亲子关系一方的主张成立。父或者母向人民法院起诉请求否认亲子关系，并已提供必要证据予以证明，另一方没有相反证据又拒绝做亲子鉴定的，人民法院可以认定否认亲子关系一方的主张成立。[1] 亲子关系的确认和否认，效力溯及至子女出生之时，子女与父或者母的权利义务关系溯及既往地发生或消灭。女方隐瞒子女与男方无亲子关系的事实，使男方受欺骗而抚养了非亲生子女的，男方可以请求离婚损害赔偿，要求女方赔偿其给付的抚养费并承担精神损害赔偿责任。

成年子女仅能请求确认亲子关系，不能否定亲子关系，从而不能通过否认亲子关系逃避对父母的赡养义务。[2]

第二节 继父母子女关系

一、继父母子女的亲属关系类型

继子女，是指夫与前妻或者妻与前夫所生子女，即夫妻一方在前婚中所生子女；继父母，是指母之后夫或父之后妻，即父母一方后婚的配偶。继父母子女关系产生的原因，包括父母一方死亡后另一方再行结婚，或父母离婚后父或母再婚。

以继父母继子女之间是否形成了抚养教育关系为标准，继父母子女关系包括两种类型：

1. 未受继父母抚养教育的继子女，与继父母形成直系姻亲关系，继父母与继子女之间没有法律上的权利义务关系。这种直系姻亲关系因生父母与继父母的婚姻关系消灭而消灭。

2. 受继父母抚养教育的继子女，依据《民法典》婚姻家庭编第1072条第2款，与继父母成立拟制的直系血亲关系，继父母与继子女之间形成父母子女关系，两者之间的权利义务关系，适用父母子女之间权利义务关系的规定。[3]

---

[1] 参见《民法典婚姻家庭编司法解释（一）》第39条。

[2] 参见黄薇主编：《中华人民共和国民法典婚姻家庭编解读》，中国法制出版社2020年版，第161页。

[3] 未由继父母抚养成人的继子女，在成年后赡养继父母的，继父母与继子女之间是否形成拟制血亲的父母子女关系，学界存在较大争议。肯定说认为，成年继子女在事实上对继父母长期进行了赡养扶助，亦视为形成了抚育关系，从而成立继父母继子女拟制血亲关系。参见王洪：《婚姻家庭法》，法律出版社2003年版，第240页；蒋月主编：《婚姻家庭与继承法》，厦门大学出版社2014年版，第173页；巫昌祯主编：《婚姻与继承法学》，中国政法大学出版社2017年版，第243页；夏吟兰主编：《婚姻家庭继承法》，中国政法大学出版社2017年版，第178页。反对说则认为，继父母继子女父母子女关系的形成，以继父母对继子女的抚养教育为根据，因此，成年继子女在事实上对继父母长期进行了赡养扶助，不成立父母子女关系，而是姻亲关系。参见余延满：《亲属法原论》，法律出版社2007年版，第432页；陈苇主编：《婚姻家庭继承法学》，中国政法大学出版社2018年版，第155页；马忆南：《婚姻家庭继承法学》，北京大学出版社2019年版，第162页；许莉主编：《婚姻家庭继承法学》，北京大学出版社2019年版，第193页。对这一问题，法工委提供的意见似乎前后矛盾。参见黄薇主编：《中华人民共和国民法典婚姻家庭编解读》，中国法制出版社2020年版，第156页；黄薇主编：《中华人民共和国民法典继承编解读》，中国法制出版社2020年版，第50页。本书认为，从《民法典》婚姻家庭编第1072条第2款的文义来看，继父母只能和“受其抚养教育的继子女”形成拟制血亲关系。换言之，从文义解释的角度来看，成年继子女赡养扶助继父母，不属于《民法典》婚姻家庭编第1072条第2款的适用范围，双方不能直接依据该条形成拟制血亲关系。不仅如此，第1072条第2款也不宜类推适用于“成年继子女赡养继父母”的情形。其理由在于，婚姻家庭法上的亲属关系适用类型强制原则，能否类推适用存在疑问。Muscheler，Familienrecht，4. Aufl.，Vahlen，2017，Rn. 157. 即使承认婚姻家庭法上的亲属关系规定可以类推，继父母抚养教育未成年继子女、成年继子女赡养扶助继父母，两种情形是否具有评价上的相似性，也难以确定。

此外，继父或者继母经继子女的生父母同意，可以收养继子女，从而形成拟制的直系血亲关系，即父母子女关系。

依据《民法典》婚姻家庭编第1072条第1款，无论哪一种继父母子女关系，继父母与继子女间，不得虐待或者歧视。

一般来说，抚养教育不仅包括继父母对继子女承担了生活费用、教育费用等经济上的支出，还包括继父母与继子女长期共同生活，并在生活上对继子女予以照顾。因此，抚养教育关系的认定，应当考虑继父母一方与生父母一方结婚时继子女是否已经成年、继父母与继子女双方共同生活的时间长短、继子女是否实际接受生活上的照顾抚育、家庭身份融合程度等多种因素予以综合判断。

二、形成抚养教育关系的继父母子女

受继父母抚养教育的继子女，与继父母之间成立拟制血亲的父母子女关系。因此，继父母对继子女负有抚养、教育和保护的义务，继子女成年后对继父母负有赡养、扶助和保护的义务。继父母与继子女互为第一顺序的法定继承人，有相互继承遗产的权利。

需要注意的是，继子女与生父母及其近亲属的权利义务关系不会因继子女与继父母形成抚养教育关系而中断。因此，继子女不仅与继父母有相互继承遗产的权利，还与生父母有相互继承遗产的权利。继子女继承了继父母遗产的，不影响其继承生父母的遗产。继父母继承了继子女遗产的，不影响其继承生子女的遗产。〔1〕

然而，受继父母抚养教育的继子女与生父母及其近亲属的权利义务关系不中断，意味着继子女有三个法定监护人：继子女的双方生父母和继父母一方。倘若继父母一方与继子女的另一方生父母就继子女的抚养教育问题存在分歧的，如何解决分歧，《民法典》婚姻家庭编并未回答。

作为拟制的直系血亲关系，有抚养教育关系的继父母与继子女间的父母子女关系如何解除，《民法典》婚姻家庭编并没有作过多规定。可以肯定的是，有抚养教育关系的继父母与继子女间的父母子女关系，不因继父母和生父母离婚而当然解除。其理由在于，根据《民法典》婚姻家庭编第1072条第2款，有抚养教育关系的继父母子女关系适用《民法典》关于父母子女关系的规定。据此，《民法典》婚姻家庭编第1069条也适用于继父母子女关系。于是，继子女对继父母的赡养义务，不因继父母与生父母一方的婚姻关系变化而终止。因此，曾受继父母抚养教育的继子女，在成年后对生活困难的继父母应尽赡养义务。〔2〕但是，生父与继母离婚或者生母与继父离婚时，对曾受其抚养教育的继子女，继父或者继母不同意继续抚养的，仍应由生父或者生母抚养。〔3〕因此，继父母子女关系可因继父母一方在离婚后"不同意继续抚养"而单方解除。当然，如果继父母与生父母在离婚协议中约定由继父母继续抚养继子女的，继父母与生父母离婚后，继父母子女关系不解除。

对于已经形成抚养教育关系的继父母子女，生父母一方与继父母的婚姻关系因生父母

---

〔1〕参见《民法典继承编司法解释（一）》第11条。

〔2〕《最高人民法院关于继母与生父离婚后仍有权要求已与其形成抚养关系的继子女履行赡养义务的批复》(〔1986〕民他字第9号）认为，"王淑梅与李春景姐弟五人之间，既存在继母与继子女间的姻亲关系，又存在由于长期共同生活而形成的抚养关系。尽管继母王淑梅与生父李明心离婚，婚姻关系消失，但王淑梅与李春景姐弟等人之间已经形成的抚养关系不能消失。因此，有负担能力的李春景姐弟等人，对曾经长期抚养教育过他们的年老体弱、生活困难的王淑梅应尽赡养扶助的义务"。

〔3〕参见《民法典婚姻家庭编司法解释（一）》第54条。

一方死亡而终止的，继父母子女关系是否解除，《民法典》婚姻家庭编没有规定。[1] 根据《民法典》婚姻家庭编第 1072 条第 2 款，既然继父母子女关系适用《民法典》关于父母子女关系的规定，那么，继父母子女关系也不能因生父母一方死亡而当然解除。但是，如果生父母中的另一方愿意将未成年子女领回抚养，继父母同意的，继父母子女关系可以解除。[2]

对于已经形成抚养教育关系的继子女，继子女成年后，继父母子女关系一般不允许解除。在这种情况下，考虑到形成抚养教育关系的继父母子女关系与收养形成的养父母子女关系均为拟制父母子女关系，因此，形成抚养教育关系的继父母子女关系的解除，可以类推适用收养关系解除的规定，即《民法典》婚姻家庭编第 1115 条、第 1118 条。如果双方关系恶化、无法共同生活，双方经协商一致可以解除继父母子女关系。双方不能达成协议的，继父母一方或者继子女一方均可向人民法院提起诉讼，请求解除继父母子女关系。继父母子女关系解除后，对于缺乏劳动能力或者生活困难的继父母，成年的继子女应当给付生活费。[3]

第三节　养父母子女关系

一、概述

收养，是指自然人依法领养他人的子女为自己的子女，从而在收养人和被收养人之间创设拟制父母子女关系的民事法律行为。领养他人子女为自己子女的自然人为收养人，即养父母；被他人收养的人是被收养人，即养子女；将子女或儿童送给他人收养的自然人和社会福利机构是送养人。依据《民法典》婚姻家庭编第 1107 条，孤儿或者生父母无力抚养的子女，可以由生父母的亲属、朋友抚养，但这种抚养关系并非收养。

依据《民法典》婚姻家庭编第 1111 条，基于收养行为，被收养人的身份关系发生变动：收养人与被收养人之间产生的拟制父母子女关系，适用《民法典》关于父母子女关系的规定，被收养人与收养人的近亲属间的权利义务关系，适用《民法典》关于子女与父母的近亲属关系的规定；被收养人与生父母之间的父母子女关系消除，被收养人与生父母的近亲属间的权利义务关系也随之消除。

根据《民法典》婚姻家庭编第 1044 条第 1 款的规定，收养应当遵循最有利于被收养人的原则，保障被收养人和收养人的合法权益。这是收养制度应当遵循的基本原则。为了贯彻最有利于被收养人的原则，依据《民法典》婚姻家庭编第 1105 条，县级以上人民政府民政部门应当依法进行收养评估，核实收养人是否具备抚养教育被收养人的能力。

---

〔1〕 已经失效的《最高人民法院关于继父母与继子女形成的权利义务关系能否解除的批复》（〔1987〕民他字第 44 号）认为，“继父母与继子女已形成的权利义务关系不能自然终止，一方起诉要求解除这种权利义务关系的，人民法院应视具体情况作出是否准许解除的调解或判决”。

〔2〕 参见王洪：《婚姻家庭法》，法律出版社 2003 年版，第 242 页。

〔3〕 参见王洪：《婚姻家庭法》，法律出版社 2003 年版，第 242 页；蒋月主编：《婚姻家庭与继承法》，厦门大学出版社 2014 年版，第 175 页。

二、收养的要件

(一) 收养行为的成立要件

按照学界观点，收养行为是变更亲属身份和权利义务关系的身份民事法律行为、须经登记的要式法律行为，发生在非直系血亲关系的长辈与晚辈之间。[1] 作为民事法律行为，收养行为的成立，不仅要求当事人意思表示达成一致，即形成收养的合意，还要求当事人依法办理收养登记。

就收养行为的当事人而言，学界存在两种不同的观点。第一种观点认为，收养行为的当事人包括收养人、被收养人和送养人。[2] 按照这一观点，收养行为主体具有限定性，即收养人、被收养人、送养人必须符合法律规定的资格和条件。[3] 第二种观点认为，收养行为的当事人是收养人和被收养人，送养人只是被收养人的法定代理人，本身不是收养行为的当事人。[4] 此外，就收养协议而言，有观点认为，收养协议的当事人是收养人、被收养人和送养人；[5] 但也有观点认为，收养协议的当事人是收养人和送养人双方。[6]

收养人是收养法律行为的当事人，并无疑义。被收养人不可能是收养行为的客体，应当是收养法律行为的当事人，也没有分歧。争议在于，送养人是否属于收养法律行为的当事人？在实践中，确实是送养人与收养人就收养达成了合意。对此，本书认为，送养人并非收养法律行为的当事人，而是作为被收养人的法定代理人以被收养人的名义实施收养法律行为。由于我国只有未成年人能够被收养，肯定未成年人是收养法律行为的当事人，送养人就必须作为被收养人的法定代理人以被收养人的名义参与收养行为。送养人虽然能够基于协议解除、诉讼解除两种方式解除收养关系，但这一法律地位源于送养人的特殊身份：一旦收养关系解除，送养人就会重新成为未成年被收养人的监护人、法定代理人。因此，送养人属于收养关系之外的利害关系人。不论送养人是否与收养人单独就送养人的解除权达成合意，送养人都能依据《民法典》婚姻家庭编第 1114 条解除收养关系。也就是说，送

---

〔1〕 参见余延满：《亲属法原论》，法律出版社 2007 年版，第 405~408 页；巫昌祯主编：《婚姻与继承法学》，中国政法大学出版社 2017 年版，第 248 页。

〔2〕 参见王洪：《婚姻家庭法》，法律出版社 2003 年版，第 264 页；杨大文主编：《亲属法》，法律出版社 2012 年版，第 244 页；巫昌祯主编：《婚姻与继承法学》，中国政法大学出版社 2017 年版，第 252 页；陈苇主编：《婚姻家庭继承法学》，中国政法大学出版社 2018 年版，第 172 页；马忆南：《婚姻家庭继承法学》，北京大学出版社 2019 年版，第 166 页。

〔3〕 参见王洪：《婚姻家庭法》，法律出版社 2003 年版，第 265 页；陈苇主编：《婚姻家庭继承法学》，中国政法大学出版社 2018 年版，第 169 页。

〔4〕 参见江平主编：《民法学》，中国政法大学出版社 2019 年版，第 757 页。

〔5〕 参见陈苇主编：《婚姻家庭继承法学》，中国政法大学出版社 2018 年版，第 181 页；马忆南：《婚姻家庭继承法学》，北京大学出版社 2019 年版，第 176 页。

〔6〕 参见巫昌祯主编：《婚姻与继承法学》，中国政法大学出版社 2017 年版，第 263 页；夏吟兰主编：《婚姻家庭继承法》，中国政法大学出版社 2017 年版，第 192 页。

养人不会基于收养行为享有权利、负担义务。[1] 因此，送养人并非收养行为的当事人，自然不会同时以收养行为当事人、被收养人法定代理人两种身份参与收养行为。

因此，收养行为的当事人是收养人和被收养人。收养行为所要求的收养合意，是收养人与送养人作为被收养人法定代理人达成的合意。依据《民法典》婚姻家庭编第1105条，当事人可以订立而非必须订立收养协议，故收养协议不是收养行为的成立要件。

（二）收养行为的生效要件

收养行为的生效要件包括：①收养人、送养人具备完全民事行为能力；②当事人意思表示真实；③被收养人、收养人适格，收养行为不违反法律、行政法规的强制性规定和公序良俗。

1. 收养人、送养人具备完全民事行为能力。收养行为会在收养人和被收养人之间创设拟制父母子女关系，收养人对被收养人负担抚养、教育、保护的义务。基于收养行为对身份关系的重大影响，学界通说认为，收养人应当具备完全民事行为能力。[2] 作为收养行为的当事人，未成年被收养人是无民事行为能力人或限制民事行为能力人，不可能是完全民事行为能力人。送养人作为被收养人的法定代理人以被收养人的名义实施收养行为，在代理行为采代理人行为说的背景下，应当具备与实施收养行为相应的民事行为能力，即完全民事行为能力。《民法典》婚姻家庭编第1095条也体现了这一点。

2. 当事人意思表示真实。根据《民法典》婚姻家庭编第1104条，收养人收养与送养人送养，应当双方自愿。收养8周岁以上未成年人的，应当征得被收养人的同意。[3] 年满8周岁的未成年人，属于限制民事行为能力人，对收养的意义和法律后果具有一定的判断能力，因此，收养行为应当征得其同意。这也是尊重被收养人意愿和子女利益最大化原则的体现。收养人的意思表示、作为被收养人法定代理人的送养人的意思表示均应真实无瑕疵。否则收养人、作为法定代理人的送养人可以根据《民法典》婚姻家庭编第1113条第1

---

[1] 在比较法上，收养制度存在合同制和宣告制两种模式，前者由收养人和被收养人的子女订立合同创设收养关系，后者由国家高权行为来创设收养关系。德国和瑞士是宣告制的代表，奥地利则是合同制的典型。依据《德国民法典》第1752条，收养关系的成立须经由收养人向家事法院申请，家事法院依申请而为收养宣告。这一申请属于收养人发出的单方意思表示，须家事法院受领。但是，根据《德国民法典》第1746条、第1747条，被收养的子女及其父母须对收养表示事前同意。家事法院经过审查后，认为符合收养条件的，依据《德国家事事件和非讼事件程序法》第197条第1款作出宣告收养的裁定。依据该法第197条第2款，该裁定自送到收养人时生效。与此相对，根据《奥地利普通民法典》第192条，收养关系的成立，须经收养人和被收养的子女订立书面的合同，且由合同一方当事人申请法院批准。因此，收养合同的当事人为收养人和被收养人，被收养人的生父母并非收养合同的当事人，而是作为收养批准程序的当事人依据《奥地利普通民法典》第192条第1款第1项对收养表示同意。一旦法院批准，收养合同自成立时生效。严格来说，从收养登记申请书的样式来看，收养登记的申请人是收养人，因此，我国的收养制度更接近宣告制。不过，如果认为收养行为是民事法律行为，那么，当事人就只能是收养人和被收养人。

[2] 参见巫昌祯主编：《婚姻与继承法学》，中国政法大学出版社2017年版，第256页；夏吟兰主编：《婚姻家庭继承法》，中国政法大学出版社2017年版，第188页；陈苇主编：《婚姻家庭继承法学》，中国政法大学出版社2018年版，第175页。

[3] 在宣告制的立法例中，被收养人同意对收养关系的成立必不可少，如《德国民法典》第1746条、《瑞士民法典》第265条。在合同制的立法例中，收养关系的成立也可能要求被收养人的同意，如《奥地利普通民法典》第195条第1款第4项。

款向人民法院请求宣告收养行为无效。[1]

3. 当事人适格，收养行为不违反法律、行政法规的强制性规定和公序良俗。

（1）被收养人适格。根据《民法典》婚姻家庭编第 1093 条，被收养人应当具备以下条件：①须为未成年人；②须为丧失父母的孤儿，或者查找不到生父母的未成年人，或者生父母有特殊困难无力抚养的子女。

未成年的被收养人虽然是收养行为的当事人，但必须由作为法定代理人的送养人代理实施收养行为。因此，根据《民法典》婚姻家庭编第 1094 条，作为被收养人的法定代理人，送养人主要包括下列自然人和社会组织：①孤儿的监护人；②儿童福利机构；[2] ③有特殊困难无力抚养子女的生父母，如生父母缺乏抚养子女的经济负担能力、患有严重疾病无法抚养子女或不宜抚养子女等。

需要注意的是，如果送养人是孤儿的监护人，送养还需要取得相关利害关系人的同意。根据《民法典》婚姻家庭编第 1096 条，监护人送养孤儿的，应当征得有抚养义务的人同意。有抚养义务的人不同意送养、监护人不愿意继续履行监护职责的，应当依据《民法典》总则编的相关规定另行确定监护人。有抚养义务的人，主要是指有负担能力的祖父母、外祖父母，有负担能力的兄、姐。

关于有特殊困难无力抚养子女的生父母送养子女，《民法典》婚姻家庭编还设置了其他要求。其一，根据《民法典》婚姻家庭编第 1097 条，生父母送养子女，应当双方共同送养，生父母一方不明或者查找不到的，可以单方送养。子女是父母双方共同的子女，且收养会导致子女与生父母之间的父母子女关系终止，事关重大。因此，生父母送养子女的，应当由生父母协商一致、共同送养。如果生父母一方失踪或非婚生子女的生父不明，要求生父母协商一致已不可能。此时，应当允许另一方单方送养。其二，根据《民法典》婚姻家庭编第 1108 条，配偶一方死亡，另一方送养未成年子女的，死亡一方的父母（被收养人的祖父母或外祖父母）有优先抚养的权利。当然，根据《民法典》婚姻家庭编第 1074 条，有负担能力的祖父母、外祖父母，对于父母已经死亡或者父母无力抚养的未成年孙子女、外孙子女，也有抚养的义务。

此外，特殊情形下，未成年人的监护人可以作为送养人。根据《民法典》婚姻家庭编第 1095 条，未成年人的父母均不具备完全民事行为能力且可能严重危害该未成年人的，比如父母双方患有严重精神分裂症且对未成年人具有实施家庭暴力的可能，虽然未成年人的父母不得送养未成年人，但该未成年人的监护人可以将其送养。

（2）收养人适格。依据《民法典》婚姻家庭编第 1098 条，收养人应当具备以下条件：①无子女或者只有一名子女。这里的子女包括亲生子女、养子女、形成抚养教育关系的继子女。②有抚养、教育和保护被收养人的能力。比如，收养人必须具备完全民事行为能力

---

〔1〕 我国《收养法》《民法典》婚姻家庭编只规定了收养行为的无效，没有区分收养行为的无效和可撤销。参见黄薇主编：《中华人民共和国民法典婚姻家庭编解读》，中国法制出版社 2020 年版，第 321 页。学界多依据《民法典》婚姻家庭编第 1113 条第 1 款将意思表示瑕疵的收养行为认定为无效。参见巫昌祯主编：《婚姻与继承法学》，中国政法大学出版社 2017 年版，第 267 页；陈苇主编：《婚姻家庭继承法学》，中国政法大学出版社 2018 年版，第 175 页；马忆南：《婚姻家庭继承法学》，北京大学出版社 2019 年版，第 179 页。关于收养行为无效和可撤销的争议，参见余延满：《亲属法原论》，法律出版社 2007 年版，第 423～424 页。另参见《奥地利普通民法典》第 201 条第 1 款第 1 项（法院废止收养关系）。

〔2〕 根据《儿童福利机构管理办法》第 2 条，儿童福利机构是指民政部门设立的，主要收留抚养由民政部门担任监护人的未满 18 周岁儿童的机构，包括按照事业单位法人登记的儿童福利院、设有儿童部的社会福利院等。

和较好的经济条件，在思想品德和身体健康等方面有教育和保护被收养人的能力。③未患有在医学上认为不应当收养子女的疾病。疾病是否属于不应当收养子女的疾病，应当按照医学标准来判断，尤其是要考虑疾病的严重程度、对收养人承担父母职责的影响、对被收养人成长的影响。④无不利于被收养人健康成长的违法犯罪记录。具有侵犯儿童权益犯罪前科的自然人，不能成为收养人。⑤年满30周岁。年满30周岁的自然人，已经足够成熟，能更好地承担养父母的职责。

收养三代以内旁系血亲子女、继父母收养继子女的，收养条件可以被依法适当放宽，但是被收养人仍然必须是不满18周岁的未成年人。[1]

依据《民法典》婚姻家庭编第1099条，收养三代以内旁系同辈血亲的子女，不受被收养人必须是生父母有特殊困难无力抚养的子女的限制，不受送养人必须是有特殊困难无力抚养未成年子女的生父母的限制，不受无配偶收养人和异性被收养人年龄应当相差40周岁以上的限制。依据《民法典》婚姻家庭编第1099条，华侨收养三代以内旁系同辈血亲的子女，不受被收养人必须是生父母有特殊困难无力抚养的子女的限制，不受送养人必须是有特殊困难无力抚养未成年子女的生父母的限制，不受无配偶收养人和异性被收养人年龄应当相差40周岁以上的限制，不受收养人须无子女或者只有一名子女的限制。

依据《民法典》婚姻家庭编第1103条，继父或者继母经继子女的生父母同意，可以收养继子女，无须满足上述收养人条件，不受被收养人必须是生父母有特殊困难无力抚养的子女的限制，不受送养人必须是有特殊困难无力抚养未成年子女的生父母的限制，不受无子女的收养人可以收养两名子女、有子女的收养人只能收养一名子女的限制。

《民法典》婚姻家庭编还对收养人设置了其他要求，包括：①收养子女的人数限制。根据《民法典》婚姻家庭编第1100条，除被收养人为孤儿、残疾未成年人、儿童福利机构抚养的查找不到生父母的未成年人外，无子女的收养人可以收养两名子女，有子女的收养人只能收养一名子女。这一限制旨在保证收养人具有抚养、教育和保护养子女的精力和能力。②共同收养的要求。收养会形成父母子女关系，从而被收养人会成为收养人的近亲属和家庭成员。有配偶者违背配偶的意愿单方收养子女的，不仅不利于收养人及其配偶间夫妻关系的稳定和睦，还可能妨碍收养人对养子女尽到养父母的义务。因此，依据《民法典》婚姻家庭编第1101条，有配偶者收养子女，应当夫妻共同收养。③无配偶收养人与异性被收养人的年龄差距。依据《民法典》婚姻家庭编第1102条，无配偶者收养异性子女的，收养人与被收养人的年龄应当相差40周岁以上。这一限制是出于伦理道德的考虑和保护被收养人的需要。

收养行为不得违反法律、行政法规的强制性规定和公序良俗。依据《民法典》婚姻家庭编第1044条第2款，收养人和送养人不得以收养的名义买卖未成年人。

三、收养的效力

（一）收养关系成立的效力

根据《民法典》婚姻家庭编第1105条，收养应当向县级以上人民政府民政部门登记。收养查找不到生父母的未成年人的，办理登记的民政部门应当在登记前予以公告。收养关系自登记之日起成立。收养关系一旦成立，会产生相应的法律后果。

---

〔1〕 参见黄薇主编：《中华人民共和国民法典婚姻家庭编解读》，中国法制出版社2020年版，第273页；马忆南：《婚姻家庭继承法学》，北京大学出版社2019年版，第173~174页。不同意见，参见王洪：《婚姻家庭法》，法律出版社2003年版，第280页；陈苇主编：《婚姻家庭继承法学》，中国政法大学出版社2018年版，第179页。

1. 养父母与养子女间的关系。根据《民法典》婚姻家庭编第1111条，收养在养父母养子女之间形成拟制直系血亲的父母子女关系，效力与自然血亲的父母子女关系相同。因此，自收养关系成立之日起，养父母与养子女间的权利义务关系，适用关于父母子女关系的法律规定。养父母对养子女负有抚养、教育和保护义务；养子女成年后对养父母负有赡养、扶助和保护义务。养父母养子女有相互继承遗产的权利。根据《民法典》婚姻家庭编第1112条，养子女可以随养父或者养母的姓氏，经当事人协商一致，也可以保留原姓氏。养父母离婚不影响养父母子女关系。

2. 养子女与养父母的近亲属间的关系。养子女与养父母的近亲属之间的权利义务关系，是养父母与养子女关系在法律上的延伸。根据《民法典》婚姻家庭编第1111条，自收养关系成立之日起，养子女与养父母的近亲属间会产生拟制的直系血亲关系或拟制的旁系血亲关系。比如，养子女与养父母的父母间产生拟制的直系血亲关系，养子女与养父母的子女形成拟制旁系血亲关系。养子女与养父母的近亲属间的权利义务关系，适用关于子女与父母的近亲属关系的法律规定。

3. 养子女与生父母以及其他近亲属间的关系。根据《民法典》婚姻家庭编第1111条，养子女与生父母以及其他近亲属间的权利义务关系，因收养关系的成立而消除。权利义务关系消除，实质上是权利义务关系处于停止状态，因为收养关系解除时，未成年养子女与生父母以及其他近亲属间的权利义务关系会自行恢复。

收养消除的是养子女与生父母之间法律意义上的父母子女关系，而非自然意义上的父母子女关系。养子女与生父母之间在客观上的血缘关系无法被消除。因此，直系血亲及三代以内旁系血亲禁止结婚的规定，仍适用于养子女及其直系血亲和三代以内旁系血亲。

此外，虽然被收养人不再是生父母的法定继承人，但是，被收养人对养父母尽了赡养义务，同时又对生父母扶养较多的，除可以继承养父母的遗产外，还可以根据《民法典》继承编第1131条的规定适当分得生父母的遗产。[1]

(二) 无效收养行为

根据《民法典》婚姻家庭编第1113条，收养行为违反《民法典》总则编关于民事法律行为无效的规定而无效。此外，违反《民法典》婚姻家庭编强制性规定的收养行为无效。比如，收养人未满30周岁、患有在医学上认为不应当收养子女的疾病或者存在不利于被收养人健康成长的违法犯罪记录；无配偶收养人和异性被收养人年龄差距不足40周岁；收养子女人数超过限制。此外，以收养为名买卖未成年人的收养行为无效。[2] 无效的收养行为自始没有法律约束力。

四、收养的解除

收养行为在收养人和被收养人之间创设拟制父母子女关系。这种拟制血亲关系，不仅会因当事人一方死亡而终止，还能因依法解除而被人为终止。根据《民法典》婚姻家庭编的规定，收养关系的解除包括协议解除和单方解除两种方式。

(一) 协议解除

1. 被收养人成年前。根据《民法典》婚姻家庭编第1114条，在被收养人成年之前，收养关系原则上不得解除。解除收养关系必须由收养人和送养人达成协议。送养人虽然不是收养关系的当事人，但在收养关系解除后是未成年收养人的监护人、法定代理人。收养

---

〔1〕 参见《民法典继承编司法解释（一）》第10条。

〔2〕 参见黄薇主编：《中华人民共和国民法典婚姻家庭编解读》，中国法制出版社2020年版，第322页。

关系的解除对送养人具有利害关系。因此，收养关系的协议解除，由收养人、送养人合意为之，且收养人、送养人须具备完全民事行为能力。此外，8 周岁以上的养子女，属于限制民事行为能力人，对解除收养的意义和法律后果具有一定的判断能力，因此，收养人和送养人协议解除收养关系，应当征得 8 周岁以上养子女的同意。

2. 被收养人成年后。被收养人成年后，具备完全民事行为能力的，可以和收养人协议解除收养关系。

协议解除是变更身份关系的身份法律行为。依据《民法典》婚姻家庭编第 1116 条，当事人协议解除收养关系的，应当到民政部门办理解除收养关系登记。具体来说，当事人应当持收养登记证、身份证件、户口簿、解除收养关系的书面协议共同到被收养人常住户口所在地的收养登记机关提出申请。养父母与成年养子女协议解除收养关系的，无需送养人参与。

（二）单方解除

1. 收养人不履行抚养义务，有虐待、遗弃等侵害未成年养子女合法权益行为。根据《民法典》婚姻家庭编第 1114 条第 2 款，收养人不履行抚养义务，有虐待、遗弃等侵害未成年养子女合法权益行为的，送养人既可以与收养人协商以协议解除的方式解除收养关系，也可以直接向人民法院起诉请求解除收养关系。[1]

2. 养父母与成年养子女关系恶化、无法共同生活。根据《民法典》婚姻家庭编第 1115 条，养父母与成年养子女关系恶化、无法共同生活，双方可以协商以协议解除的方式解除收养关系。双方无法达成协议的，如一方不同意解除或者双方就解除协议的具体内容未达成一致，任何一方均可向人民法院提起诉讼请求解除收养关系。[2]

单方解除收养关系，应当以向人民法院提起诉讼的方式为之。因此，单方解除也被称为诉讼解除。

（三）解除的法律后果

收养关系的解除会产生身份关系和财产关系方面的双重后果。

1. 身份关系。依据《民法典》婚姻家庭编第 1117 条，收养关系解除在身份关系方面的法律效果包括：

（1）拟制血亲关系的消除。收养关系解除后，养子女与养父母以及其他近亲属间的权利义务关系即行消除。

（2）自然血亲关系的恢复。收养关系解除后，未成年养子女与生父母以及其他近亲属间的权利义务关系自行恢复；成年养子女与生父母以及其他近亲属间的权利义务关系是否恢复，可以协商确定。

2. 财产关系。依据《民法典》婚姻家庭编第 1118 条，收养关系解除在财产关系方面的法律效果包括：

（1）成年养子女的生活费给付义务。收养关系解除后，经养父母抚养的成年养子女，对缺乏劳动能力又缺乏生活来源的养父母，应当给付生活费。

（2）养父母的补偿请求权。因养子女成年后虐待、遗弃养父母而解除收养关系的，养父母可以要求养子女补偿收养期间支出的抚养费。生父母要求解除收养关系的，养父母可以要求生父母适当补偿收养期间支出的抚养费；但是，因养父母虐待、遗弃养子女而解除收养关系的，养父母无权要求生父母给予补偿。

---

〔1〕 参见余延满：《亲属法原论》，法律出版社 2007 年版，第 429 页。

〔2〕 参见黄薇主编：《中华人民共和国民法典婚姻家庭编解读》，中国法制出版社 2020 年版，第 330 页。

第二分编　继　承

第一章
继承法概述

第一节　继承与继承法

一、继承概述

继承，是指自然人死亡时，由他人承继其财产的制度。自然人因死亡而丧失民事权利能力，无法再作为民事主体享有财产权利、负担财产义务，因此，其死亡时遗留的财产权利和财产义务须由他人来承受。生前个人财产因其死亡而被他人继承的自然人是被继承人；能够取得被继承人财产的自然人是继承人。被继承的财产就是遗产，即被继承人死亡时遗留的个人财产，学说上也被称为继承的客体。

继承有如下特征：①继承的发生，以被继承人死亡为前提；②继承人是被继承人一定范围内的近亲属，与被继承人具有身份关系；③继承是财产权利和财产义务的全面承受，即被继承人生前的财产权利和财产义务作为一个整体概括地被移转给继承人共同体或唯一的继承人。

按照继承的方式，继承分为法定继承和遗嘱继承。法定继承，是指继承人依据法律的直接规定继承被继承人遗产的继承方式。遗嘱继承，是指继承人按照被继承人的遗嘱继承被继承人遗产的继承方式。

在现代社会，继承已经不再是个人财产承继的唯一方式。设立基金、信托都可以实现财产的承继，从而成为继承的替代方式。

二、继承法的概念和性质

继承法是调整因自然人死亡而发生的继承关系的法律规范的总称。在我国，《民法典》继承编是形式意义上的继承法。

继承法调整的对象是自然人死亡时个人财产的承继。继承法的任务，是自然人生前财产的移转和分配。〔1〕这种财产的转移和分配，以自然人死亡为前提，从而由他人代替死者成为死者遗留权利和义务的主体。〔2〕因此，继承法以财产私有制为前提，如果不承认自然

〔1〕 Lange, Erbrecht, 2. Aufl., C. H. Beck, 2017, §4, Rn. 1.

〔2〕 Brox/Walker, Erbrecht, 28. Aufl., Vahlen, 2018, §1, Rn. 4.

人能拥有个人财产，就没有所谓的继承法；继承法依赖于特定的生死观，如果自然人生前动产只能作为陪葬品随自然人下葬，继承法的意义就会大打折扣；继承法以自然人的财产能够在自然人死后为他人承继为前提，如果自然人的财产在自然人死后成为无主物或归国家所有，继承法就无须存在。[1]

继承法的性质，一般可以从以下方面来把握：

1. 继承法是私法。继承法调整的是平等主体之间财产的移转和分配关系，属于私法。被继承人、继承人均为自然人，属于平等的民事主体。继承的法律后果，是财产从被继承人转移至继承人并在继承人之间分配。因此，继承法调整的实际上是平等民事主体之间的财产关系。

作为私法，继承法也贯彻私法自治原则。私法自治在继承法领域主要表现为遗嘱自由。被继承人能够按照自己的意愿自由地对自己的财产实施死因处分。具体来说，被继承人享有是否订立遗嘱的自由、享有将何种财产留给何人的自由、享有选择遗嘱形式的自由、享有撤回或变更遗嘱的自由。此外，遗嘱继承优先于法定继承、继承人放弃继承、受遗赠人放弃受遗赠、继承人之间协商分割遗产都体现了私法自治原则。

虽然继承法是私法，但是继承法许多规定都体现了国家对继承的干预。比如，被继承人订立遗嘱的，必须符合《民法典》继承编第1134条到第1139条关于遗嘱形式的规定。又如，按照《民法典》继承编第1141条和第1159条，被继承人在遗嘱中应当为缺乏劳动能力又没有生活来源的继承人保留必要的遗产份额，即使遗产不足以清偿被继承人依法应当缴纳的税款和债务，也应当为缺乏劳动能力又没有生活来源的继承人保留必要的遗产。

2. 继承法是财产法。继承法调整的是自然人死亡时的财产流转和分配关系，不涉及自然人死亡的其他法律后果，如火化、安葬、遗嘱监护等，因此，继承法属于财产法。[2] 不过，由于承受被继承人财产的继承人，限于被继承人一定范围内的近亲属，因此，继承人取得遗产以继承人与被继承人之间的亲属关系为前提。准此，继承法与亲属法有密切联系，是与身份关系有关的财产法，或者以亲属关系为基础的财产法。[3]

继承法作为私法、财产法，属于民法的一部分。在我国，继承编属于《民法典》的一编，位于婚姻家庭编之后。在体系位置上，继承涉及的是死者生前财产的变动，包括物权的变动，而且在遗产分割前，继承人共同体对遗产的共有属于典型的共同共有关系，[4] 因此，继承依赖于物权编的规则，继承编应当位于物权编之后。此外，合同债权债务通常可以继承。继承编中的一些制度，以合同编的具体规则为前提。比如，遗赠发生债的效力，受遗赠人对继承人享有债权请求权。又如，遗赠扶养协议是典型的双方法律行为，其订立须遵循合同订立的一般规则。因此，在体系位置上，继承编位于合同编之后。不仅如此，由于继承人取得遗产以继承人与被继承人之间的亲属关系为前提，而这些亲属关系被规定于婚姻家庭编，因此，继承编位于婚姻家庭编之后。

虽然继承法是财产法，但是，作为形式意义上的继承法，继承编在编排上并非按照财

---

[1] Muscheler, Erbrecht, Bd. I, Mohr Siebeck, 2010, Rn. 3 ff.; Roethel, Erbrecht, 18. Aufl., C. H. Beck, 2020, § 1, Rn. 2.

[2] Muscheler, Erbrecht, Bd. I, Mohr Siebeck, 2010, Rn. 63.

[3] 参见郭明瑞、房绍坤：《继承法》，法律出版社2004年版，第13页；张玉敏：《继承法律制度研究》，华中科技大学出版社2016年版，第4页。

[4] 参见张玉敏：《继承法律制度研究》，华中科技大学出版社2016年版，第100页。

产的具体类型展开，而是按照类似的生活事实展开。除去一般规定，继承编分为法定继承、遗嘱继承和遗赠、遗产的处理三章，实际上是按照继承的方式和法律后果这一逻辑展开。

3. 继承法是强行法。按照学界通说，继承法中的大部分规定是强行性规范，当事人不得通过约定排除，因此，继承法是强行法。〔1〕在《民法典》继承编中，法定继承本身具有强行法的特色，比如法定继承人的范围和顺序。此外，关于遗嘱形式、遗嘱能力、必留份的规定，均属于强行法。

4. 继承法是固有法。〔2〕与合同法、侵权法相比，继承法具有鲜明的民族性，法律移植和法律国际化的难度较高。这是因为继承以继承人和被继承人之间具备亲属关系为前提，且继承法与特定社会、特定民族的继承观念密切相关。《民法典》继承编的许多规则都体现了我国社会的文化传统和继承习惯。法定继承人的范围和顺序，就是继承法是固有法的典型例证。此外，《民法典》继承编第 1129 条规定，丧偶儿媳对公婆，丧偶女婿对岳父母，尽了主要赡养义务的，作为第一顺序继承人参与继承。这也体现了继承法的固有法特色。

第二节 继承法的基本概念

一、被继承人

被继承人，是生前个人财产因其死亡而被他人继承的自然人。

被继承人有如下特征：其一，被继承人只能是单个、特定的自然人。法人、非法人组织不是被继承人，其终止时的权利义务承受不适用《民法典》继承编。其二，被继承人的年龄、民事行为能力，不影响被继承人的认定。未成年人、无民事行为能力人亦可成为被继承人，从而其个人财产可能被他人继承。被继承人年龄、民事行为能力仅影响遗嘱的效力。其三，被继承人是否具有积极财产、积极财产的多寡，不影响被继承人的认定。

根据《民法典》继承编第 1121 条第 1 款，继承从被继承人死亡时开始。因此，继承开始的时点是被继承人死亡的时点。这里的死亡，包括自然死亡和宣告死亡。〔3〕自然死亡的时间，依据《民法典》总则编第 15 条确定；宣告死亡的时间，依据《民法典》总则编第 48 条确定。继承开始的时点具有重要意义。

1. 继承开始的时点是确定继承人范围的时点。只有在继承开始时尚生存的自然人才能成为继承人，知道被继承人死亡的继承人应当及时通知其他继承人和遗嘱执行人。如果自然人与被继承人的亲属关系在继承开始前已经终止，如夫妻离婚、收养关系解除，那么，该自然人就不再是继承人。如果继承人先于被继承人死亡，则可能发生代位继承的问题。反之，继承人在继承开始后遗产分割前死亡的，该继承人应当继承的遗产会发生转继承。

2. 继承开始的时点是确定遗产范围的时点。遗产是被继承人死亡时所留下的财产，其范围只能以被继承人死亡的时点即继承开始的时点来确定。举例而言，我国法定夫妻财产制是婚后所得共同制，夫妻一方死亡的，婚姻关系终止，婚后所得共同制随之解体。因此，从夫妻一方死亡时起，配偶取得的财产属于其个人财产，不属于夫妻共同财产，无须依据

〔1〕参见郭明瑞、房绍坤：《继承法》，法律出版社 2004 年版，第 12 页；杨立新、朱呈义：《继承法专论》，高等教育出版社 2006 年版，第 13 页；彭诚信主编：《继承法》，吉林大学出版社 2007 年版，第 4 页。

〔2〕参见杨立新、朱呈义：《继承法专论》，高等教育出版社 2006 年版，第 14 页。

〔3〕参见《民法典继承编司法解释（一）》第 1 条。

《民法典》继承编第 1153 条分出一半作为夫妻一方的遗产用于继承。

3. 继承开始的时点是遗产概括转移给继承人的时点。依据《民法典》物权编第 230 条，继承开始的时点是被继承人生前享有的物权转移给继承人的时点。

4. 继承开始的时点是遗嘱生效的时点。在继承开始前，具有完全民事行为能力的被继承人可以变更、撤回遗嘱。此外，依据《民法典》继承编第 1141 条，遗嘱应当为缺乏劳动能力又没有生活来源的继承人保留必要的财产份额。判断继承人是否缺乏劳动能力又没有生活来源，应当以继承开始时为准。因此，在继承开始时，违反《民法典》继承编第 1141 条的遗嘱部分无效。[1]

5. 继承开始后，继承人可以在遗产处理前放弃继承。继承开始的时点是单个被继承人死亡的时点。因此，每个自然人的死亡，都会导致一次继承开始；数个自然人的死亡，会导致数次继承开始。问题在于，数个相互有继承权的自然人在同一事件中死亡，难以确定死亡时间的，可能会导致每个死者能够继承和被继承的遗产范围难以确定，从而影响每个死者其他继承人的利益。因此，《民法典》继承编第 1121 条第 2 款规定："相互有继承关系的数人在同一事件中死亡，难以确定死亡时间的，推定没有其他继承人的人先死亡。都有其他继承人，辈份不同的，推定长辈先死亡；辈份相同的，推定同时死亡，相互不发生继承。"采纳这一死亡时间的推定规则，有助于简化继承关系，防止出现无主财产，保护继承人的利益。[2]

依据《民法典》继承编第 1150 条，继承开始后，知道被继承人死亡的继承人应当及时通知其他继承人和遗嘱执行人。继承人中无人知道被继承人死亡或者知道被继承人死亡而不能通知的，由被继承人生前所在单位或者住所地的居民委员会、村民委员会负责通知。

二、继承人

（一）继承人的概念和特征

继承人，是在被继承人死亡时概括承受其财产的自然人。在我国，继承人是《民法典》继承编规定的、享有继承权的自然人。继承人有以下特征：

1. 继承人是由《民法典》继承编规定的人。依据《民法典》继承编第 1133 条第 2 款，遗嘱继承人必须是法定继承人。《民法典》继承编第 1127 条确定的法定继承人限于部分近亲属，即配偶、子女、父母、兄弟姐妹、祖父母、外祖父。此外，依据《民法典》继承编第 1129 条，对公婆、岳父母尽了主要赡养义务的丧偶儿媳、丧偶女婿，也属于法定继承人。因此，只有法定继承人才能通过法定继承或遗嘱继承承受被继承人的财产。

2. 继承人是享有继承权的自然人。享有继承权是继承人的基本特征。基于继承权，继承人于继承开始时概括取得被继承人生前遗留财产。受遗赠人不是继承人。这主要表现为两点：其一，虽然受遗赠人也可以取得被继承人遗赠的财产，但是受遗赠人在继承开始后对遗赠财产不享有物权，仅仅针对继承人享有请求权。[3] 其二，依据《民法典》继承编第 1133 条第 3 款，受遗赠人必须是法定继承人之外的人，但不限于自然人，可以是法人、非法人组织甚至国家、集体。此外，受遗赠人也不同于依据《民法典》继承编第 1131 条意义上能够酌情分得遗产的人，前者仅仅享有请求权。

3. 继承人是在继承开始时尚生存的自然人。在我国，法人、非法人组织不能成为继承

---

〔1〕 参见蒋月主编：《婚姻家庭与继承法》，厦门大学出版社 2014 年版，第 349 页。

〔2〕 参见张平华、刘耀东：《继承法原理》，中国法制出版社 2009 年版，第 110 页。

〔3〕 参见黄薇主编：《中华人民共和国民法典物权编解读》，中国法制出版社 2020 年版，第 62 页。

人。国家、集体所有制组织即使依据《民法典》继承编第1160条取得遗产，也不属于继承人。继承人在继承开始时须尚生存，甚至可以是宣告失踪人，但无需具备行为能力。继承人在继承开始前死亡的，失去民事主体资格，自然无法承受被继承人生前遗留的财产。在学说上，自然人能够成为继承人的资格被称为继承能力。原则上，有民事权利能力的自然人皆有继承能力。[1]

结合《民法典》总则编第16条和继承编第1155条来看，胎儿具有附解除条件的民事权利能力，从而具有继承能力。准此，胎儿可以成为继承人。按照最高人民法院的立场，如果夫妻一方订立遗嘱时没有为胎儿保留遗产份额，该遗嘱因违反《民法典》继承编第1141条规定部分无效，因此，在分割遗产时，应当依照《民法典》继承编第1155条规定，为胎儿保留继承份额。[2] 然而，胎儿娩出前，如何为尚不具备姓名的胎儿保留继承份额，缺乏配套的操作规定。实践中，继承人可能会等待胎儿娩出之后再分割遗产。

继承开始时，继承人可能只有一人，也可能有数人。继承人只有一人时，被继承人的全部遗产转移给继承人。继承人可以对遗产中的具体财产进行处分，继承人与被继承人之间的生前债权债务关系因权利义务归于一人而消灭。继承人有多人时，被继承人的全部遗产转移给全部继承人，即共同继承人。共同继承人形成继承人共同体，对遗产形成共同共有。共同继承人对遗产的管理、处分、费用负担依据《民法典》物权编第300条到第302条确定。遗产的收益归全体继承人共有。共同继承人最终通过遗产分割取得单独财产权。

（二）继承人的类型

根据继承方式的不同，继承人可以分为法定继承人和遗嘱继承人。如前所述，在我国，遗嘱继承人必须是法定继承人。

根据继承地位的不同，继承人可以分为本位继承人和代位继承人。本位继承人，是指基于自己的继承顺序和继承地位参与继承的继承人，如继承父母遗产的子女、继承丈夫遗产的妻子。代位继承人，是指继承人于继承开始前死亡，由其直系晚辈亲属按照死亡继承人的继承顺序、应继份额参与继承，继承人的直系晚辈亲属就是代位继承人。

根据取得遗产的顺序和条件不同，继承人可以分为前位继承人、后位继承人、替补继承人。前位继承人，是指在被继承人死亡时即可继承遗产的继承人，无须满足一定期间经过或一定条件成就。后位继承人，是指经由被继承人指定，在他人先成为继承人继承被继承人的遗产之后，因一定期间经过或一定条件成就，从先继承遗产的继承人处取得遗产的继承人。前位继承人和后位继承人均为同一被继承人的继承人，其继承权均源于被继承人，两者在时间上先后相继，并非共同继承人。[3] 在取得遗产的顺序上，遗产先由前位继承人继承，在满足一定条件或一定期间经过的情形下，转由后位继承人继承。比如，一定期间经过、前位继承人死亡、特定事件发生。[4] 被继承人在遗嘱中指定前位继承人、后位继承人是遗嘱自由的体现，从而使遗产能够依照被继承人的意愿来流转。为了保障后位继承人

---

〔1〕 参见郭明瑞、房绍坤：《继承法》，法律出版社2004年版，第52页；张玉敏：《继承法律制度研究》，华中科技大学出版社2016年版，第13页。

〔2〕 参见指导案例50号："李某、郭某阳诉郭某和、童某某继承纠纷案"，载《中华人民共和国最高人民法院公报》2015年第10期。

〔3〕 参见张平华、刘耀东：《继承法原理》，中国法制出版社2009年版，第237页。

〔4〕 参见［德］雷纳·弗兰克、［德］托比亚斯·海尔姆斯：《德国继承法》，王葆莳、林佳业译，中国政法大学出版社2015年版，第82页。

继承权的实现，前位继承人对遗产的处分权限受到了一定限制。[1] 替补继承人，也称补充继承人，是指在某一继承人在继承开始前或继承开始后因死亡或放弃继承而不能继承时，经被继承人指定，代替继承人参与继承的人。[2] 我国《民法典》继承编并未明文规定前位继承人、后位继承人。不过，依据《民法典》继承编第1152条，被继承人可以在遗嘱中规定，一旦继承人在继承开始后、遗产分割前死亡，继承人应继份额即由其他继承人作为替补继承人继承。

三、遗产

（一）遗产的内涵

《民法典》继承编第1122条第1款规定："遗产是自然人死亡时遗留的个人合法财产。"对此，学界通说认为，遗产包括积极财产、消极财产，即财产性权利和义务。[3] 本书从之。[4] 因此，遗产包括消极财产和积极财产，即具有财产价值的权利和义务。

（二）可以继承的财产性权利和义务

与原《继承法》第3条相比，《民法典》继承编第1122条不再列举遗产的范围。原则上，财产性权利均可继承。

从财产权利的内容来看，债权、物权、准物权、[5] 知识产权中的财产权利、[6] 期待权、有限责任公司的股东资格、[7] 股份有限公司的股份、合伙企业中的财产份额、[8] 个人独资企业的财产权均属于遗产。[9] 需要说明的是几类特殊财产权利的继承。

1. 土地承包经营权。依据《农村土地承包法》第32条，林地承包经营权可以在承包期内继承，其他土地承包经营权无法继承，但承包人应得的承包收益可以继承。不过，家庭承包以户为单位取得土地承包经营权，土地承包经营权的主体是承包经营户而非自然人个人，因此，除绝户外，单个或部分家庭成员死亡不影响土地承包经营权的存续。对于其他方式的承包，依据《农村土地承包法》第54条，在承包期内，承包人死亡的，其继承人可以继续承包。

---

〔1〕 参见［德］马蒂亚斯·施默克尔：《德国继承法》，吴逸越译，中国人民大学出版社2020年版，第133页。

〔2〕 参见张玉敏：《继承法律制度研究》，华中科技大学出版社2016年版，第19页。

〔3〕 参见黄薇主编：《中华人民共和国民法典继承编解读》，中国法制出版社2020年版，第16页；郭明瑞、房绍坤：《继承法》，法律出版社2004年版，第85页；张平华、刘耀东：《继承法原理》，中国法制出版社2009年版，第84页；杨大文主编：《亲属法与继承法》，法律出版社2013年版，第310页；巫昌祯主编：《婚姻与继承法学》，中国政法大学出版社2017年版，第291页；夏吟兰主编：《婚姻家庭继承法》，中国政法大学出版社2017年版，第234页。

〔4〕 学界有观点认为，遗产限于积极财产，即财产权利，而不包括消极财产，即债务。参见张玉敏：《继承法律制度研究》，华中科技大学出版社2016年版，第28页；陈苇主编：《婚姻家庭继承法学》，中国政法大学出版社2018年版，第295页。问题在于，倘若继承人只继承财产权利而不包括债务，那么，继承人取得财产权利之后并无义务清偿他人债务，被继承人的债权人就无法获得受偿。因此，遗产的范围不仅包括积极财产，还应当包括消极财产，从而继承人在取得财产权利的同时应当承担遗产债务。这样也符合继承法上的权利义务相一致原则。参见江平主编：《民法学》，中国政法大学出版社2019年版，第763页。

〔5〕 比如，个人取得的探矿权和采矿权，可以继承。参见《陕西省矿产资源管理条例》第3条，《内蒙古自治区矿产资源管理条例》第7条。

〔6〕 参见《著作权法》第21条，《商标法实施条例》第32条。

〔7〕 参见《公司法》第75条。

〔8〕 参见《合伙企业法》第50条。

〔9〕 参见《个人独资企业法》第17条。

2. 宅基地使用权。一般认为，以户为单位申请的宅基地使用权，户内单个家庭成员死亡不影响宅基地使用权存续，宅基地使用权不会作为死亡家庭成员的遗产发生继承。在宅基地上建造的房屋，可以发生继承。

3. 居住权。依据《民法典》物权编第 369 条，居住权不得继承。

4. 担保物权。担保物权具有从属性，随债权一起继承。

从财产权利的作用来看，除了以物权为代表的支配权、以债权为代表的请求权，具有财产权利属性的抗辩权、形成权也属于遗产。前者如诉讼时效届满的时效抗辩权、先履行抗辩权，后者如合同撤销权、解除权。〔1〕

占有虽然不是权利，但作为对物进行支配并排除他人干涉的法律地位，也属于遗产。〔2〕

虚拟财产也可以继承。比如淘宝店铺、网游角色和道具、邮箱账号、社交网络账号、比特币等。从性质上来看，淘宝店铺体现的是店铺经营者与淘宝平台经营者之间的合同债权债务关系，当然可以继承。网游角色和道具、邮箱账号、社交网络账号也是如此，但邮箱账号、社交网络账户的继承应当尊重被继承人的隐私。对比特币的权利则具有绝对权的性质，也可以继承。

被继承人生前的合同法律关系，如果该合同法律关系不具有人身性，那么，该合同法律关系也由继承人承受，比如买卖合同关系、赠与合同关系、租赁合同关系等。〔3〕

(三) 不可继承的财产性权利和义务

《民法典》继承编第 1122 条第 2 款规定："依照法律规定或者根据其性质不得继承的遗产，不得继承。"不可继承的财产，首先包括具有高度人身性的权利和义务。比如，高度依赖特定亲属关系的扶养请求权和扶养义务，不可继承。专属于被继承人、具有高度人身性的离职竞业禁止义务，无法继承。具有高度人身性的抗辩权，如《民法典》合同编第 666 条的穷困抗辩权，也不得继承。具有高度人身性、须债务人亲自履行的合同之债，债务人死亡的，依据《民法典》合同编第 580 条第 1 款，该给付义务因事实不能而被排除，从而不发生继承。以当事人之间特别信任关系为基础的合同债权，如委托人请求受托人处理委托事务的权利，在委托人死亡时，委托合同依据《民法典》合同编第 934 条终止，不发生继承，但是当事人另有约定或根据委托事务的性质不宜终止的除外。不过，定作人死亡的，其对承揽人的请求权可以由继承人继承。承揽工作成果对定作人的继承人无意义的，定作人的继承人可以依据《民法典》合同编第 787 条解除承揽合同。

被继承人的遗体、骨灰虽然是物，但不属于可以继承的遗产，其处置须遵循被继承人生前意愿且不得违背公序良俗。〔4〕

死亡赔偿金是赔偿义务人因受害人死亡而向受害人的近亲属给付的赔偿，其形成及实

---

〔1〕 参见林秀雄：《继承法讲义》，元照出版有限公司 2019 年版，第 82 页；张平华、刘耀东：《继承法原理》，中国法制出版社 2009 年版，第 84 页。

〔2〕 参见张平华、刘耀东：《继承法原理》，中国法制出版社 2009 年版，第 91 页。

〔3〕《民法典》合同编第 732 条并非继承权的体现，因为与承租人生前共同居住的人或者共同经营人不一定是承租人的继承人。与承租人生前共同居住的人或者共同经营人，不愿意继续按照原租赁合同继续租赁该房屋的，承租人的继承人可以概括承受这一租赁合同关系。

〔4〕 参见刘春茂主编：《中国民法学·财产继承》，人民法院出版社 2008 年版，第 78 页。

际取得均发生在被继承人死亡之后，不属于被继承人生前留下的遗产，[1] 应当由死者近亲属分配。[2]

被继承人的人格权、身份权不能继承，但人格权益中的财产利益可以继承。[3] 比如，被继承人死亡后，其继承人可以许可他人商业化利用被继承人的姓名、肖像、声音等具有财产利益的人格标识。

（四）遗产继承的原则

遗产继承遵循如下原则：

1. 直接继承。依据《民法典》物权编第230条和继承编第1121条第1款，被继承人死亡则继承开始，从而被继承人生前享有的物权直接发生变动，由继承人取得。[4] 这一立场也适用于属于遗产的其他财产权利和债务。因此，在继承开始时，被继承人的财产权利和义务直接转移给继承人，无须经过继承人为继受的意思表示或办理转移手续。继承人即使不知道自己享有继承权，也不妨碍他取得遗产。[5] 继承人有多人的，遗产由共同继承人共有。[6] 这一立场也被称为当然继承主义。[7]

2. 概括继承。遗产包括积极财产和消极财产。在被继承人死亡时，被继承人的遗产作为一个整体概括地转移给继承人。继承人不仅承受被继承人的积极财产，还须承受被继承人的消极财产，从而对被继承人生前债务负责。[8] 这一立场被称为概括继承原则。[9] 也就是说，我国不承认个别财产或单个财产权利在继承开始时转移给具体的继承人。继承人不能只继承权利而不接受被继承人生前债务。

3. 限定继承。依据《民法典》继承编第1161条第1款，继承人以所得遗产实际价值为限清偿被继承人依法应当缴纳的税款和债务。因此，继承人对遗产债务不负无限清偿责任，仅以所得遗产的实际价值为限对遗产债务负责，无须以个人财产清偿遗产债务。对于超过

---

〔1〕《最高人民法院关于空难死亡赔偿金能否作为遗产处理的复函》（〔2004〕民一他字第26号）指出，"空难死亡赔偿金是基于死者死亡对死者近亲属所支付的赔偿。获得空难死亡赔偿金的权利人是死者近亲属，而非死者。故空难死亡赔偿金不宜认定为遗产"。

〔2〕死亡赔偿金能否主要参照遗产分割的方式分配，司法实践存在不同观点。肯定者，参见辽宁省高级人民法院（2009）辽立三民申字第1522号民事裁定书，吉林省高级人民法院（2018）吉民申3700号民事裁定书。按照这一立场，死亡赔偿金原则上按照继承规则分配，原则上在法定继承人之间平均分配，并考虑与死者共同生活的紧密程度。反对观点则认为，死亡赔偿金的分配，应当重点考虑家庭共同生活紧密程度和依赖程度，不能适用遗产分配原则或者由全体赔偿权利人平均分享。参见贵州省高级人民法院（2016）黔民申222号民事裁定书。按照反对说的立场，不属于死者法定继承人的自然人，也能取得部分死亡赔偿金。参见江苏省高级人民法院（2016）苏民申3884号民事裁定书，严格来说，死亡赔偿的分割应当由死者的近亲属协商分配，协商不成的可以参照遗产继承顺序进行合理分配。因此，死亡赔偿金由第一顺序的法定继承人分配；没有第一顺序继承人的，由第二顺序继承人分配。

〔3〕参见郭明瑞、房绍坤：《继承法》，法律出版社2004年版，第90页。

〔4〕参见郭明瑞、房绍坤：《继承法》，法律出版社2004年版，第183页。

〔5〕参见张玉敏：《继承法律制度研究》，华中科技大学出版社2016年版，第32、58页。

〔6〕参见郭明瑞、房绍坤：《继承法》，法律出版社2004年版，第190页。

〔7〕参见林秀雄：《继承法讲义》，元照出版有限公司2019年版，第7页；巫昌祯主编：《婚姻与继承法学》，中国政法大学出版社2017年版，第292页；郭明瑞、房绍坤：《继承法》，法律出版社2004年版，第60页。

〔8〕参见辽宁省大连市中级人民法院（2018）辽02民终7570号民事裁定书，福建省泉州市中级人民法院（2019）闽05民终912号民事判决书。

〔9〕参见蒋月主编：《婚姻家庭与继承法》，厦门大学出版社2014年版，第309页。

遗产价值的部分，继承人不负责任。这一立场被称为限定继承原则。[1] 需要注意的是，我国《民法典》继承编采纳的是无条件的限定继承原则。按照这一立场，一旦继承开始，当然发生限定继承的法律后果，无须经过继承人编制遗产清册、开启公示催告程序。[2]

四、继承权

（一）继承权的概念

继承权，是指继承人依据法律的直接规定或者被继承人生前所立的合法有效的遗嘱承受被继承人遗产的权利。按照我国学界的观点，继承权分为客观意义上的继承权和主观意义上的继承权。前者又称继承期待权，后者又称继承既得权。继承期待权，是指继承开始前继承人享有的法律地位，继承人可以继承被继承人的遗产。继承既得权，是指继承开始后继承人享有的现实的、可行使的财产权利。[3]

1. 继承期待权的问题。本书认为，在继承开始前，继承人并无期待权意义上的继承权。[4] 其一，在继承开始前，继承人的法律地位并不具有期待权所要求的确定性。在被继承人死亡前，被继承人的积极财产与消极财产，尚无法确定。继承人能否取得遗产、取得多少遗产，尚未可知。继承人既不能自行处分被继承人的财产，也不能阻止被继承人处分自己的财产。被继承人接受医疗服务维持生命，不属于“为自己的利益不正当地阻止条件成就”。被继承人收养子女、生育子女、结婚的，即使导致继承人可能继承的遗产减少，也不构成对继承人期待权的侵害。倘若特定继承人有劳动能力或有生活来源，不属于《民法典》继承编第 1141 条中的必留份权利人，被继承人完全可以通过设立遗嘱拒绝将遗产留给特定继承人。即使被继承人已经通过遗嘱指定某个法定继承人为遗嘱继承人，被继承人仍然可以在死亡前撤回、变更遗嘱，从而使该法定继承人无法参与继承。也就是说，法定继承人的期待因遗嘱继承而丧失，遗嘱继承中继承人的期待因被继承人撤回遗嘱而丧失。不仅如此，被继承人故意毁损个人财产，或者他人故意毁损被继承人的财产的，继承人并不能以侵害期待权为由主张侵权损害赔偿。其二，期待权皆有可让与性，但继承权取决于继承人与被继承人之间的亲属关系，继承人不得转让其继承权。

因此，不存在所谓的继承期待权。[5] 客观意义上的继承权，与其说是一种权利，不如说是一种客观资格，[6] 即自然人按照《民法典》继承编第 1127 条确定的继承顺序从而享有的法律地位。从这个意义上来说，德国学者认为，在继承开始前，不存在被称为权利的继承权，被继承人的近亲属并不享有期待权，只有单纯的继承期待，即在被继承人死亡时成为继承人取得遗产的期待。[7] 客观意义上继承权的丧失，实际上应表述为继承资格的丧失。[8]

---

[1] 参见郭明瑞、房绍坤：《继承法》，法律出版社 2004 年版，第 202 页；张玉敏：《继承法律制度研究》，华中科技大学出版社 2016 年版，第 58 页；张平华、刘耀东：《继承法原理》，中国法制出版社 2009 年版，第 14 页。

[2] 参见汪洋：“遗产债务的类型与清偿顺序”，载《法学》2018 年第 12 期。

[3] 参见张玉敏：《继承法律制度研究》，华中科技大学出版社 2016 年版，第 31~32 页。

[4] 参见江平主编：《民法学》，中国政法大学出版社 2019 年版，第 767 页。

[5] 参见申卫星：《期待权基本理论研究》，中国人民大学出版社 2006 年版，第 75~76 页；张平华、刘耀东：《继承法原理》，中国法制出版社 2009 年版，第 28 页。

[6] 参见郭明瑞、房绍坤：《继承法》，法律出版社 2004 年版，第 57 页。

[7] Muscheler, Erbrecht, Bd. I, Mohr Siebeck, 2010, Rn. 88; Lange, Erbrecht, 2. Aufl., C. H. Beck, 2017, §5, Rn. 5; Brox/Walker, Erbrecht, 28. Aufl., Vahlen, 2018, §1, Rn. 4.

[8] 参见［德］雷纳·弗兰克、托比亚斯·海尔姆斯：《德国继承法》，王葆莳、林佳业译，中国政法大学出版社 2015 年版，第 218 页。

需要注意的是，在前位继承和后位继承中，前位继承开始后，为了后位继承人的利益，前位继承人对遗产的处分权限受到限制，且后位继承人因期间经过或条件成就而享有继承权。因此，在前位继承开始后，后位继承人享有的法律地位构成期待权。[1]

2. 继承既得权的内涵。在当然继承、直接继承的模式下，继承开始时，被继承人生前遗留的财产作为一个整体由继承人取得。如果继承人只有一个，继承人对遗产形成单独所有。如果享有继承权的继承人有多个，全部继承人对遗产成立共同共有。因此，继承权首先表现为对遗产的支配。[2]

然而，继承权与一般意义上的财产权不同，它属于概括性的权利，[3] 不仅仅表现为对遗产的支配权。主观意义上的继承权可因继承人放弃继承而消灭，从而继承人自始不享有主观意义上的继承权。虽然继承人基于继承权对遗产形成共同共有，但继承权的特色在于，继承人可以放弃继承。放弃继承的效力，溯及于继承开始时，从而，放弃继承的继承人自继承开始就不参与继承，退出继承法律关系，不属于遗产的共同共有人。[4] 因此，有德国学者认为，继承权首先是接受或放弃继承的权利，[5] 从而继承权包含形成权的内容。[6] 据此，继承权可以被称为一种过渡性权利：经过继承人接受继承并参与分割遗产，继承权最终转化为各个继承人分别享有的财产权。[7]

总之，主观意义上的继承权并非一项单一的权利，而是一项概括性的权利，内容具有复合性。[8]

（二）继承权的丧失

继承权的丧失，是指具有继承资格的人，因具备法定事由，依法丧失继承被继承人遗产的资格。这一概念包括两层含义：其一，继承权的丧失，是指客观意义上继承权的丧失，即继承资格的丧失，而非主观意义上的继承权丧失。因此，继承权丧失不同于放弃继承，后者是主观意义上继承权的放弃。其二，继承权的丧失，是指具备法定事由时继承资格的丧失。被继承人可能通过遗嘱指定某个法定继承人继承全部遗产，从而，其他法定继承人

---

〔1〕 Olzen/Looschelders, Erbrecht, 5. Aufl., De Gruyter, 2017, Rn. 339; Roethel, Erbrecht, 18. Aufl., C. H. Beck, 2020, § 34, Rn. 46.

〔2〕 Brox/Walker, Erbrecht, 28. Aufl., Vahlen, 2018, § 1, Rn. 4.

〔3〕 Muscheler, Erbrecht, Bd. I, Mohr Siebeck, 2010, Rn. 87; Roethel, Erbrecht, 18. Aufl., C. H. Beck, 2020, § 6, Rn. 12.

〔4〕 参见郭明瑞、房绍坤：《继承法》，法律出版社2004年版，第76页。

〔5〕 参见［德］马蒂亚斯·施默克尔：《德国继承法》，吴逸越译，中国人民大学出版社2020年版，第19页。

〔6〕 Muscheler, Erbrecht, Bd. I, Mohr Siebeck, 2010, Rn. 68.

〔7〕 参见张平华、刘耀东：《继承法原理》，中国法制出版社2009年版，第33页。因此，有学者认为，在继承开始后，继承权表现为具有形成权性质的继承权和具有支配权性质的继承权。参见陈棋炎、黄宗乐、郭振恭：《民法继承新论》，三民书局股份有限公司2019年版，第18页。

〔8〕 在承认继承回复请求权的前提下，继承权还具有请求权的一面，即请求占有遗产的非继承人交出遗产的权利。继承回复请求权是一项概括性的请求权，其成立要件有二，即请求权人是继承人、相对人为事实上没有继承权但认为自己有继承权从而从遗产里取得财产的人。因此，继承回复请求权与物权返还请求权不同。参见［德］雷纳·弗兰克、［德］托比亚斯·海尔姆斯：《德国继承法》，王葆莳、林佳业译，中国政法大学出版社2015年版，第170页。《民法典》继承编没有承袭原《继承法》第8条规定继承回复请求权。法工委提供的意见似乎认为，继承回复请求权应当适用《民法典》侵权责任编的规定。这意味着，我国《民法典》没有规定独立的继承回复请求权。参见黄薇主编：《中华人民共和国民法典继承编解读》，中国法制出版社2020年版，第6页。

虽然不能参与继承，但并非丧失客观意义上的继承权，而是不具备主观意义上的继承权。[1]

1. 继承权丧失的法定事由。依据《民法典》继承编第1125条第1款，继承权丧失的事由包括：

（1）故意杀害被继承人。继承人须实施杀害被继承人的行为且具有杀害被继承人的故意，包括既遂和未遂。[2]

（2）为争夺遗产而杀害其他继承人。继承人须实施杀害其他继承人的行为，具有杀害其他继承人的故意并以争夺遗产为动机。

（3）遗弃被继承人，或者虐待被继承人情节严重。继承人遗弃被继承人的，丧失继承权；继承人虐待被继承人只有达到情节严重的程度，才丧失继承权。按照司法解释的立场，继承人虐待被继承人情节是否严重，可以从实施虐待行为的时间、手段、后果和社会影响等方面认定。虐待被继承人情节严重的，不论是否追究刑事责任，人民法院均可确认其丧失继承权。[3]

（4）伪造、篡改、隐匿或者销毁遗嘱，情节严重。伪造、篡改、隐匿、销毁遗嘱，会导致遗产继承违背被继承人的生前意愿，妨碍遗嘱自由，同时会导致某个或部分继承人多得遗产，从而侵害其他继承人的合法权益。按照司法解释的规定，所谓情节严重，是指继承人伪造、篡改、隐匿或者销毁遗嘱，侵害了缺乏劳动能力又无生活来源的继承人的利益，并造成其生活困难的情形。[4]

（5）以欺诈、胁迫手段迫使或者妨碍被继承人设立、变更或者撤回遗嘱，情节严重。与伪造、篡改、隐匿、销毁遗嘱一样，以欺诈、胁迫手段迫使或者妨碍被继承人设立、变更或者撤回遗嘱，不仅会妨碍被继承人的遗嘱自由，还会侵害其他继承人的利益。因此，《民法典》继承编将这种情形增列为继承权丧失的法定事由。需要注意的是，继承人以欺诈、胁迫手段迫使或者妨碍被继承人设立、变更或者撤回遗嘱的，无须以自己获利为目的，但只有在情节严重时，继承人才会丧失继承权。如何理解这里的情节严重，有待司法实践进一步明确。

继承权的丧失有绝对丧失和相对丧失之分。

继承权的绝对丧失，是指继承权不可恢复地终局丧失。依据《民法典》继承编第1125条第1款第1项和第2项，继承权绝对丧失包括下列两种情形：①继承人故意杀害被继承人；②继承人为争夺遗产而杀害其他继承人。在这两种情形中，被继承人将继承人指定为遗嘱继承人的，遗嘱中涉及该继承人的部分内容无效，遗产中的有关部分按照法定继承处理。[5]

继承权的相对丧失，是指虽然发生某种法定事由导致继承人丧失继承权，但在具备一定条件时继承人的继承权也可以恢复，也被称为继承权的非终局丧失。依据《民法典》继承编第1125条第1款第3~5项，继承权的相对丧失包括以下三种情形：①遗弃被继承人，或者虐待被继承人情节严重；②伪造、篡改、隐匿或者销毁遗嘱，情节严重；③以欺诈、

---

[1] 参见郭明瑞、房绍坤：《继承法》，法律出版社2004年版，第61页。

[2] 参见《民法典继承编司法解释（一）》第7条。

[3] 参见《民法典继承编司法解释（一）》第6条。

[4] 参见《民法典继承编司法解释（一）》第9条。

[5] 参见《民法典继承编司法解释（一）》第8条。

胁迫手段迫使或者妨碍被继承人设立、变更或者撤回遗嘱，情节严重。继承人实施上述三种行为导致继承权相对丧失的，如果继承人确有悔改表现，如对被继承人主动承担扶养义务，或者在隐匿遗嘱后主动交出遗嘱，[1] 被继承人可以恢复继承人的继承权。依据《民法典》继承编第 1125 条第 2 款，被继承人恢复继承人的继承权主要有两种方式，即对继承人表示宽恕、将继承人指定为遗嘱继承人。被继承人对继承人表示宽恕，属于感情表示。宽恕以被继承人明知继承人实施了上述不当行为为前提，即被继承人明知继承人实施上述不当行为，但有意识地不希望继承人因此而蒙受不利。[2] 宽恕可以采取明示或默示的方式为之，[3] 但不是法律行为或准法律行为。[4] 被继承人通过遗嘱将继承人指定为遗嘱继承人，实施的是民事法律行为。

就制度目的而言，继承权绝对丧失，旨在维护公序良俗，避免行为人因自己的不当行为获利。如果继承人实施了《民法典》继承编第 1125 条第 1 款第 1 项和第 2 项规定的不当行为，继承人终局丧失继承权，符合大众的公平正义观，无须考虑被继承人的真实意愿。与此相对，继承权的相对丧失，旨在保护被继承人的遗嘱自由，尊重被继承人可推知的意思。如果继承人实施了《民法典》继承编第 1125 条第 1 款第 3 项规定的不当行为，侵害了被继承人的利益，可以推定被继承人不愿将遗产留给继承人；如果继承人实施了《民法典》继承编第 1125 条第 1 款第 4 项和第 5 项规定的不当行为，妨碍了被继承人的遗嘱自由。在这些情形下，如果被继承人表示宽恕或将继承人指定为遗嘱继承人，基于对被继承人真实意愿的尊重、贯彻遗嘱自由，继承人的继承权恢复。

继承人实施《民法典》继承编第 1125 条第 1 款的五种行为的，其继承权当然丧失，无须经过人民法院判决宣告。但是，如果继承人之间就某个继承人是否丧失继承权存在争议的，继承人应当向人民法院提起诉讼，请求人民法院确认某个继承人的继承权是否丧失，从而由人民法院来判断某个继承人是否具备丧失继承权的事由。[5]

2. 继承权丧失的效力。在继承开始前，继承人存在《民法典》继承编第 1125 条第 1 款规定的丧失继承权的事由的，其客观意义上的继承权丧失。在继承开始时，基于直接继承原则，被继承人的财产权利义务作为一个整体直接转移给继承人。在继承开始后，某一继承人倘若有《民法典》继承编第 1125 条第 1 款的行为，其客观意义上的继承权丧失，从而导致其主观意义上的继承权溯及既往地消灭。[6] 对是否丧失继承权有争议的，其他继承人可以向人民法院起诉，请求人民法院确认该继承人丧失继承权。一旦人民法院判决确认该继承人丧失继承权，丧失继承权的法律效果溯及于继承开始时。进而，在继承开始后被确认丧失继承权的继承人，自继承开始时就不是继承人，不属于遗产的共同共有人。

需要注意的是，在法定继承中，某个继承人丧失继承权的，全部遗产由其他继承人共同共有，并依据《民法典》继承编第 1130 条分割。在遗嘱继承中，某个遗嘱继承人丧失继承权的，其他遗嘱继承人虽然对全部遗产形成共同共有，但仅能按照遗嘱分得各自部分。丧失继承权的遗嘱继承人的应继部分，依据《民法典》继承编第 1154 条按照法定继承由被

---

〔1〕 参见黄薇主编：《中华人民共和国民法典继承编解读》，中国法制出版社 2020 年版，第 34 页。

〔2〕 Brox/Walker, Erbrecht, 28. Aufl., Vahlen, 2018, § 20, Rn. 9.

〔3〕 Olzen/Looschelders, Erbrecht, 5. Aufl., De Gruyter, 2017, Rn. 794.

〔4〕 Muscheler, Erbrecht, Bd. I, Mohr Siebeck, 2010, Rn. 181.

〔5〕 参见《民法典继承编司法解释（一）》第 5 条。

〔6〕 参见郭明瑞、房绍坤：《继承法》，法律出版社 2004 年版，第 71 页；张平华、刘耀东：《继承法原理》，中国法制出版社 2009 年版，第 51 页。

继承人的其他法定继承人分配。

继承权丧失的结果，是继承人对于特定被继承人丧失继承权，不影响继承人对其他被继承人的继承权。比如，丈夫故意杀害妻子的，对妻子丧失继承权，但对自己的父母并不丧失继承权。

继承人丧失继承权的，即使继承人缺乏劳动能力又没有生活来源，被继承人也无须通过遗嘱为其保留必要的遗产份额。继承人丧失继承权且先于被继承人死亡的，继承人的直系晚辈血亲不得代位继承。[1]

（三）继承的放弃

1. 放弃继承的概念与实质。继承的放弃，是指继承人于继承开始后遗产分割前实施的放弃其继承人法律地位、拒绝接受遗产的单方法律行为。根据《民法典》继承编第1124条第1款，继承开始后，继承人放弃继承的，应当在遗产处理前，以书面形式作出放弃继承的表示；继承人没有表示的，视为接受继承。在德国法上存在所谓的抛弃继承制度，继承人可以和被继承人订立抛弃继承合同，从而放弃自己的法定继承权。继承人在继承开始时视为已死亡，不参与继承。[2]《民法典》继承编没有规定继承人在继承开始前的抛弃继承，仅规定了继承人在继承开始后的放弃继承。在继承开始时，被继承人的财产已经自动由继承人承受，继承人已经成为遗产的权利人，因此，继承人随后表示放弃继承的，实际上放弃的是主观意义上的继承权，即拒绝接受遗产。

放弃继承，以继承人享有主观意义上的继承权为前提。继承人已丧失客观意义上继承权的，自然也没有主观意义上的继承权，从而不可能放弃继承。此外，放弃继承实际上隐含了一项前提，即遗产管理人负有告知义务。只有在遗产管理人清理遗产、制作遗产清单并将遗产情况告知继承人后，继承人才能在深思熟虑、权衡利弊的基础上放弃继承。

2. 放弃继承的效力。放弃继承权是私法自治的体现，旨在避免违背继承人意志强迫继承人接受财产、承担债务。[3] 放弃继承的权利，属于形成权。放弃继承的效力，溯及于继承开始时。[4] 因此，放弃继承权的继承人被视为自继承开始时就不是继承人，[5] 从而，放弃继承的继承人既不对遗产享有权利也不会承担遗产债务，且其直系晚辈亲属不存在代位继承的可能。[6] 全体继承人均放弃继承的，对遗产债务不负责任。遗产管理人应当以遗产实际价值为限清偿遗产债务。

放弃继承的继承人，溯及于继承开始时就不是继承人，因此，放弃继承的继承人不负有保管、管理遗产的义务。放弃继承的继承人管理、保管遗产的，构成无因管理，应当向

---

〔1〕 参见黄薇主编：《中华人民共和国民法典继承编解读》，中国法制出版社2020年版，第56页；《民法典继承编司法解释（一）》第17条。

〔2〕 参见［德］雷纳·弗兰克、托比亚斯·海尔姆斯：《德国继承法》，王葆莳、林佳业译，中国政法大学出版社2015年版，第221页。

〔3〕 参见［德］马蒂亚斯·施默克尔：《德国继承法》，吴逸越译，中国人民大学出版社2020年版，第52页。

〔4〕 参见《民法典继承编司法解释（一）》第37条。

〔5〕 有些立法例认为，放弃继承的效力是视为继承人自继承开始时已经死亡，如《德国民法典》第1953条第2款。参见［德］雷纳·弗兰克、托比亚斯·海尔姆斯：《德国继承法》，王葆莳、林佳业译，中国政法大学出版社2015年版，第153页。我国学界认为，采纳这一立场，继承人的直系晚辈血亲就有代位继承的可能。参见郭明瑞、房绍坤：《继承法》，法律出版社2004年版，第77页。

〔6〕 参见黄薇主编：《中华人民共和国民法典继承编解读》，中国法制出版社2020年版，第56页；郭明瑞、房绍坤：《继承法》，法律出版社2004年版，第77页。

遗产管理人移交遗产并请求遗产管理人偿还其为管理、保管遗产所支出的必要费用。[1]

在法定继承中，某个继承人放弃继承的，全部遗产由其他继承人共同共有，并依据《民法典》继承编第1130条分割。在遗嘱继承中，某个遗嘱继承人放弃继承的，其他遗嘱继承人虽然对全部遗产形成共同共有，但仅能按照遗嘱分得各自部分。放弃继承人的应继部分，依据《民法典》继承编第1154条按照法定继承由被继承人的其他法定继承人分配。

3. 放弃继承的方式。根据《民法典》继承编第1124条第1款，放弃继承的继承人须以书面形式作出放弃继承的意思表示。因此，放弃继承的方式应从两个方面来理解：其一，放弃继承属于单方法律行为，放弃继承的意思表示属于有相对人的意思表示，相对人可以是其他继承人、遗产管理人、审理继承纠纷诉讼的人民法院，[2]《民法典》总则编关于意思表示发出和生效规则有适用的余地。其二，放弃继承会影响全体继承人的利益，因此，为了警示继承人，避免继承人草率地放弃继承，同时为了固定证据的考虑，放弃继承的表示须以书面形式作出，因此，放弃继承属于要式行为。不过，《民法典继承编司法解释（一）》第34条特别规定："在诉讼中，继承人向人民法院以口头方式表示放弃继承的，要制作笔录，由放弃继承的人签名。"

在概括继承的背景下，继承人放弃继承须就全部遗产为之，不得部分放弃。[3] 此外，放弃继承会导致继承人自始不参与继承，影响其他继承人的利益。因此，为了避免放弃继承人的法律地位和其他继承人对遗产的权利处于不确定的状态，放弃继承不得附条件或附期限。[4]

继承开始后，继承人对是否接受继承没有表示的，依据《民法典》继承编第1124条第1款被视为接受继承的意思表示。因此，与放弃继承不同，接受继承属于不要式法律行为，接受继承亦应以全部遗产为之，不得附条件或附期限。

4. 放弃继承的时间。继承人放弃继承权，须在继承开始后、遗产分割前作出放弃继承的表示。遗产经过分割转化为继承人的个人财产，主观意义上的继承权即转化为继承人的单独财产权。继承人在遗产分割后的放弃，实际上是放弃个人财产，不再是放弃继承权。[5]

继承人在继承开始后、遗产分割前死亡的，其继承人可以放弃继承继承人对被继承人的遗产继承权。也就是说，放弃继承的权利可以继承。[6]

由于放弃继承涉及的利益主体较多，为了尽快明确和稳定继承法律关系，各国立法倾向于对放弃继承的期限施加一定限制。比如，在德国，自知道继承开始和继承原因之日起6周内，继承人须作出放弃继承的表示。[7] 由于从继承开始到遗产处理完毕，可能会持续相

---

〔1〕 参见张玉敏：《继承法律制度研究》，华中科技大学出版社2016年版，第77页。

〔2〕 参见黄薇主编：《中华人民共和国民法典继承编解读》，中国法制出版社2020年版，第27页。

〔3〕 参见郭明瑞、房绍坤：《继承法》，法律出版社2004年版，第76页；张平华、刘耀东：《继承法原理》，中国法制出版社2009年版，第154页。

〔4〕 参见林秀雄：《继承法讲义》，元照出版有限公司2019年版，第189页。

〔5〕 参见《民法典继承编司法解释（一）》第35条。

〔6〕 参见张玉敏：《继承法律制度研究》，华中科技大学出版社2016年版，第72页。

〔7〕 参见［德］雷纳·弗兰克、托比亚斯·海尔姆斯：《德国继承法》，王葆莳、林佳业译，中国政法大学出版社2015年版，第153页。

当长的时间，因此，放弃继承的期间应缩短为宜。[1]

5. 放弃继承的无效和撤销。放弃继承属于单方民事法律行为，在《民法典》继承编未设置特别规定时，应当适用《民法典》总则编民事法律行为的一般规定。

据此，依据《民法典》总则编第144条，无民事行为能力放弃继承的，放弃行为无效。无民事行为能力人放弃继承的，应当由法定代理人代理实施放弃继承的法律行为。

不仅如此，放弃继承不属于纯获法律上利益的行为，毋庸置疑。放弃继承会影响全体继承人甚至债权人的利益，因此，放弃继承不属于与限制民事行为能力人年龄、智力、精神健康状况相适应的民事法律行为。[2] 因此，限制民事行为能力人只能由法定代理人代理实施放弃继承的法律行为，或者在法定代理人同意后放弃继承。

这一立场也适用于限制民事行为能力人的接受继承。需要说明的是，由于接受继承会导致继承人在取得遗产权利的同时负担遗产债务，因此，接受继承也不属于纯获法律上利益的行为。

法定代理人代理无民事行为能力人、限制民事行为能力人实施放弃继承的法律行为的，应当遵循《民法典》总则编第34条和第35条的规定。法定代理人不得为了自己或他人的利益代为作出放弃继承的意思表示。[3] 遗憾的是，《民法典》继承编对法定代理人代为放弃继承并未设置监督措施。

放弃继承的意思表示存在瑕疵的，如继承人因重大误解、被胁迫、被欺诈、显失公平而作出放弃继承的意思表示，继承人可以撤销放弃继承的法律行为。[4] 接受继承亦是如此。

6. 放弃继承与债权人保护。继承人放弃继承的，继承人的债权人不得依据《民法典》合同编第538条撤销。[5]

---

〔1〕 参见郭明瑞、房绍坤：《继承法》，法律出版社2004年版，第77页；张平华、刘耀东：《继承法原理》，中国法制出版社2009年版，第147页；张玉敏：《继承法律制度研究》，华中科技大学出版社2016年版，第75页。

〔2〕 参见张平华、刘耀东：《继承法原理》，中国法制出版社2009年版，第130页。

〔3〕 参见张平华、刘耀东：《继承法原理》，中国法制出版社2009年版，第130页。

〔4〕 参见郭明瑞、房绍坤：《继承法》，法律出版社2004年版，第77页。《民法典继承编司法解释（一）》第36条还规定："遗产处理前或者在诉讼进行中，继承人对放弃继承反悔的，由人民法院根据其提出的具体理由，决定是否承认。遗产处理后，继承人对放弃继承反悔的，不予承认。"反悔与民事法律行为可撤销制度的关系如何，最高人民法院并未说明。有些地方法院倾向于按照民事法律行为可撤销的角度来认定反悔，因此，反悔的继承人必须具有意思表示瑕疵。如广东省湛江市中级人民法院（2014）湛中法民一终字第422号民事判决书，辽宁省大连市中级人民法院（2018）辽02民再123号民事判决书。

〔5〕 参见郭明瑞："继承放弃行为辨析"，载《东方法学》2018年第4期；林秀雄：《继承法讲义》，元照出版有限公司2019年版，第195页；陈棋炎、黄宗乐、郭振恭：《民法继承新论》，三民书局股份有限公司2019年版，第227页。但是，《民法典继承编司法解释（一）》第32条规定："继承人因放弃继承权，致其不能履行法定义务的，放弃继承权的行为无效。"准此，继承人放弃继承权，导致其无法履行法定扶养义务的，放弃继承无效。然而，除扶养义务外，哪些义务属于《民法典继承编司法解释（一）》第32条意义上的法定义务，需要司法实践进一步明确。比如，继承人负担的法定之债，如继承人作为无权代理人对善意相对人负担的损害赔偿义务、作为本人对管理人负担的必要费用偿还义务和损害补偿义务、作为恶意得利人负担的不当得利返还义务、作为加害人负担的侵权损害赔偿义务，是否属于这里的法定义务，需要司法实践回应。此外，被继承人生前负担的债务，在继承开始时转化为遗产债务，并基于概括继承原则由继承人承受。因此，继承人负担被继承人生前债务，不取决于其个人意愿，从而，对于继承人而言，这类遗产债务也属于法定之债。然而，这类遗产债务不属于《民法典继承编司法解释（一）》第32条意义上的法定义务，否则，遗产债务的债权人仍然可以请求放弃继承的继承人清偿遗产债务，违背放弃继承的立法目的。

第二章
法定继承

第一节　法定继承概述

一、法定继承的概念和适用范围

法定继承，也称无遗嘱继承，是指依据法律规定确定继承人的范围、先后顺序、份额以及分配原则来继承被继承人遗产的继承方式。

法定继承和遗嘱继承是继承的两种方式。在适用上，法定继承劣后于遗嘱继承，是对遗嘱继承的补充。这也是私法自治在继承法领域的体现。

结合《民法典》继承编第 1154 条规定，法定继承主要适用于以下情形：

1. 被继承人没有订立遗嘱。

2. 被继承人虽然订立了遗嘱，但遗嘱仅处分了部分遗产，因此，遗嘱未处分的部分遗产适用法定继承。

3. 被继承人虽然订立了遗嘱，但遗嘱全部无效或部分无效。遗嘱全部无效的，全部遗产适用法定继承；遗嘱部分无效的，遗嘱无效部分所涉及的遗产适用法定继承。

4. 依据《民法典》继承编第 1125 条，遗嘱继承人丧失继承权或者受遗赠人丧失受遗赠权，遗嘱指定由其继承或受遗赠的部分遗产适用法定继承。

5. 遗嘱继承人、受遗赠人先于遗嘱人死亡或者终止，遗嘱指定由其继承或受遗赠的部分适用法定继承。在法定继承中，继承人先于被继承人死亡的，可能发生代位继承，由继承人的直系晚辈血亲继承继承人的应继份额。在遗嘱继承中，遗嘱继承人先于遗嘱人死亡的，遗嘱继承人丧失继承能力，遗产相关部分适用法定继承。受遗赠人先于遗嘱人死亡或者终止的，丧失民事主体资格，无法再作出接受遗赠的意思表示，遗产相关部分适用法定继承。

6. 遗嘱继承人放弃继承或者受遗赠人放弃受遗赠，遗嘱指定由其继承或受遗赠的部分遗产适用法定继承。

二、法定继承的依据

（一）继承理念的变迁

从法制史的发展来看，继承法经历了从个人导向到家庭导向的变迁。在以家庭为生产单位的时代，遗产，尤其是作为生产工具的遗产具有重要意义。遗产的传承有助于维持家庭成员的生活福利状况。这种情况的典型就是子承父业。因此，继承法的重点是将家庭财富保留在家庭内部。现代社会，家庭成员的工作和职业逐渐脱离了家庭，家庭逐渐从生产单位转化为消费单位，遗产的保障功能被弱化，家庭成员的生活保障主要依靠社会保障体系。在这一背景下，遗产更多的是向作为继承人的个人转移，而非向家庭转移。当然，法定继承还具有较强的家庭性。继承法明确规定了法定继承人的范围和顺序、引入特留份制度，因此，法定继承能将被继承人的遗产尽可能地留在家庭内部、分配给家庭成员。[1]

（二）我国法定继承的依据

基于遗嘱继承转移遗产的依据是遗嘱自由原则，即被继承人有权按照自己的意愿安排财产归属，继承人按照被继承人生前的意愿取得被继承人的遗产。[2] 存在疑问的是法定继承的依据，即法定继承中继承人取得遗产的正当性为何。

结合《民法典》继承编规定的法定继承人范围来看，法定继承人的范围被限制在实现家庭经济职能所必须涉及的少数亲属范围内，[3] 因此，法定继承的依据在于家庭继承理念。早在20世纪八九十年代，学界普遍认为，继承制度的产生，旨在适应社会主义家庭职能的要求，[4] 即维护家庭生产职能、[5] 实现家庭养老育幼的经济职能。[6] 具体来说，由于家庭是基本的消费单位，我国继承制度的目的，首先是保证子女和亲属，尤其是未成年的子女和需要赡养的老人以及丧失劳动能力的残疾人，获得生活资料；同时，由于家庭联产承包责任制和个体户的出现，家庭还作为生产单位而存在，因此，我国继承制度的目的，还在于保证家庭生产的延续。[7] 当时学者认为，我国继承制度以法定继承为主、以遗嘱继承为辅，法定继承旨在发挥家庭的经济职能。[8]《民法典》继承编法定继承章节基本延续了《继承法》的规定，从而法定继承的家庭导向得以维持。

作为无遗嘱继承，法定继承并不直接体现被继承人的意志。不仅如此，法定继承规则也并非对被继承人意思的推定。被继承人生前对某个或某些家庭成员的偏爱，并不能成为遗产分割的依据。法定继承规则的设计，实际上以家庭继承理念为基础，按照大多数人的通常观念，实现遗产在家庭成员间的公平分配，不考虑被继承人本人可能的意思。当然，法定继承中的某些规则，如遗产酌给请求权，可能符合被继承人的意思。但是，无论如何，在法定继承中，遗产转移给法定继承人的正当性在于使财产在家庭内部传递、巩固家庭关系。

三、法定继承人的范围及其顺序

法定继承人，是指由法律直接规定的可以依法继承被继承人遗产的人。我国《民法典》继承编第1127条以婚姻关系和血亲关系为基础来确定法定继承人范围，同时考虑扶养关系，且法定继承人的范围限于近亲属。依据该规定，我国法定继承人包括配偶、子女、父

---

〔1〕 Vgl. Muscheler, Erbrecht, Bd. I, Mohr Siebeck, 2010, Rn. 7; Roethel, Erbrecht, 18. Aufl., C. H. Beck, 2020, § 1, Rn. 14 f.

〔2〕 参见林秀雄：《继承法讲义》，元照出版有限公司2019年版，第4页。

〔3〕 参见李静堂、李文成编著：《继承法的理论与实践》，武汉大学出版社1986年版，第26、77页；刘素萍主编：《继承法》，中国人民大学出版社1988年版，第192页。

〔4〕 参见刘春茂、刘文：《继承法通论》，四川人民出版社1985年版，第20页；佟柔主编：《继承法学》，法律出版社1986年版，第36页；江流释义：《中华人民共和国继承法〈继承法〉释义》，中国社会科学出版社1987年版，第17页；刘春茂主编：《中国民法学·财产继承》，人民法院出版社2008年版，第38页。

〔5〕 参见河山、肖水：《继承法概要》，群众出版社1985年版，第33页；朱启超等：《继承法概论》，法律出版社1987年版，第26页。

〔6〕 参见河山、肖水：《继承法概要》，群众出版社1985年版，第34页；龙斯荣：《中华人民共和国继承法释义》，吉林人民出版社1987年版，第17页；朱启超等：《继承法概论》，法律出版社1987年版，第26页；张玉敏主编：《继承制度研究》，成都科技大学出版社1994年版，第23页。

〔7〕 参见刘春茂、刘文：《继承法通论》，四川人民出版社1985年版，第21~22页。

〔8〕 参见唐德华、彭士翔：《继承法讲话》，北京出版社1985年版，第112页；佟柔主编：《继承法学》，法律出版社1986年版，第77页；江流释义：《中华人民共和国继承法〈继承法〉释义》，中国社会科学出版社1987年版，第24页。

母、兄弟姐妹、祖父母、外祖父母。也就是说，孙子女、外孙子女之外的近亲属，均为法定继承人。其中，配偶、子女、父母为第一顺序法定继承人，兄弟姐妹、祖父母、外祖父母为第二顺序法定继承人。同时，为了鼓励赡养老人、醇化社会风俗，《民法典》继承编第1129条还规定，丧偶儿媳对公婆，丧偶女婿对岳父母，尽了主要赡养义务的，作为第一顺序继承人。

（一）第一顺序继承人

1. 配偶。男女结婚形成夫妻关系，夫妻互为配偶。依据《民法典》婚姻家庭编第1061条，夫妻有相互继承遗产的权利。夫妻一方未立遗嘱而死亡的，另一方作为第一顺序法定继承人继承遗产。婚姻关系无效或者被撤销的，男女双方自始不具有夫妻的权利和义务，从而不能互为第一顺序继承人。婚姻关系因离婚而终止后，男女双方也不再互为第一顺序继承人。

2. 子女。依据《民法典》继承编第1127条第3款，第一顺序的子女包括婚生子女、非婚生子女、养子女和有扶养关系的继子女。

依据《民法典》婚姻家庭编第1070条，子女有继承父母遗产的权利。同时，依据《民法典》婚姻家庭编第1071条，非婚生子女与婚生子女具有同等的法律地位。因此，非婚生子女对生父和生母也享有继承权。

养父母子女关系是基于收养法律行为形成的拟制血亲关系。养父母和养子女的关系适用《民法典》关于父母子女关系的规定。因此，养子女享有继承养父母遗产的权利。如果收养行为因未办理收养登记而不成立、收养行为无效、收养关系被解除，养子女就不再是养父母的法定继承人。需要注意的是，养子女与生父母的父母子女关系因收养而消除，因此，养子女对生父母没有继承权。虽然养子女不再是生父母的法定继承人，但是，养子女对养父母尽了赡养义务，同时又对生父母扶养较多的，除可以继承养父母的遗产外，还可以根据《民法典》继承编第1131条的规定适当分得生父母的遗产。〔1〕

只有与继父母形成扶养关系的继子女，才能作为继父母的第一顺序法定继承人继承继父母的遗产。如何理解这里的扶养关系，学界和司法实践至少存在三种不同立场。第一种观点认为，这里的扶养关系不同于《民法典》婚姻家庭编中的抚养教育关系，〔2〕它不仅包括继子女受继父母抚养教育的情形，还包括未受继父母抚养的成年继子女赡养继父母的情形。〔3〕第二种观点认为，这里的扶养关系应当按照《民法典》婚姻家庭编中的继父母

---

〔1〕参见《民法典继承编司法解释（一）》第10条。

〔2〕参见郭明瑞、房绍坤：《继承法》，法律出版社2004年版，第103页；张平华、刘耀东：《继承法原理》，中国法制出版社2009年版，第169页；杨大文主编：《亲属法与继承法》，法律出版社2013年版，第341页。

〔3〕参见黄薇主编：《中华人民共和国民法典继承编解读》，中国法制出版社2020年版，第50页；宋寅庆：《继承法的逐条解释与适用》，长征出版社1987年版，第79页；刘春茂主编：《中国民法学·财产继承》，人民法院出版社2008年版，第163页。另参见甘肃省高级人民法院（2016）甘民申1109号民事裁定书，江苏省高级人民法院（2018）苏民申2672号民事裁定书。问题在于，未受继父母抚养的成年继子女赡养扶助继父母的，不属于《民法典》婚姻家庭编第1072条第2款规定的“继父或者继母和受其抚养教育的继子女”的情形，从而不能形成拟制父母子女关系。因此，未受继父母抚养的成年继子女赡养扶助继父母的，成年继子女与继父母之间仍然只是姻亲关系。进而，成年继子女并非《民法典》继承编第1127条意义上的子女，与婚生子女、非婚生子女、养子女不具有同等地位。成年继子女赡养、扶助继父母的，属于“继承人以外的对被继承人扶养较多的人”，可以依据《民法典》继承编第1131条适当分得遗产。

继子女关系判断，因此，这里的扶养关系，是指继父母抚养教育继子女。[1] 第三种观点则认为，这里的扶养关系是一种双向扶养关系，即继父母抚养了继子女且继子女赡养了继父母，如果只有继父母抚养继子女或成年继子女赡养继父母这样的单向扶养关系，被扶养的一方并不必然享有继承对方遗产的权利。[2] 为了避免《民法典》婚姻家庭编和继承编的内部冲突，本书采第二种立场，即将有扶养关系的继子女界定为受继父母抚养教育的继子女，因此，未受继父母抚养教育但赡养、扶助继父母的成年继子女，依据《民法典》继承编1131条享有遗产酌给请求权。

需要注意的是，继子女的特殊之处在于，继子女不仅可以继承与其有扶养关系的继父母一方的遗产，还可以继承其生父母的遗产。[3]

3. 父母。依据《民法典》继承编第1127条第4款，第一顺序的父母包括生父母、养父母和有扶养关系的继父母。生父母对生子女享有继承权，不论生子女是婚生子女还是非婚生子女。继父母对已经形成抚养教育关系的继子女享有继承权，还对生子女和养子女享有继承权。[4] 实践中，继父母一方与生父母一方离婚后，继父母子女之间的父母子女关系是否终止难以判断，是继父母、继子女继承纠纷产生的根源。

4. 丧偶儿媳、丧偶女婿。丧偶儿媳对公婆，丧偶女婿对岳父母，尽了主要赡养义务的，不论是否再婚，作为第一顺序法定继承人参与继承。[5] 按照司法解释的规定，所谓尽了主要赡养义务，是指丧偶儿媳为公婆、丧偶女婿为岳父母在生活上提供了主要经济来源，或者在劳务等方面给予了主要扶助。[6] 不过，即使丧偶儿媳对公婆，丧偶女婿对岳父母没有尽到主要赡养义务，也可能属于“继承人以外的对被继承人扶养较多的人”，从而依据《民法典》继承编1131条享有遗产酌给请求权。此外，在法定继承中，女婿儿媳丧偶的，女婿、儿媳的子女作为岳父母、公婆的孙子女、外孙子女还可以代位继承岳父母、公婆的遗产。[7]

（二）第二顺序继承人

1. 兄弟姐妹。依据《民法典》继承编第1127条第5款，第二顺序的兄弟姐妹，包括同父母的兄弟姐妹、同父异母或者同母异父的兄弟姐妹、养兄弟姐妹、有扶养关系的继兄弟姐妹。需要注意的是，养子女与生子女、养子女和养子女均为养兄弟姐妹，但是养子女与其亲兄弟姐妹之间的权利义务关系因收养而被消除，因此，养子女与其亲兄弟姐妹不能互为第二顺序继承人。[8] 此外，按照司法解释的规定，继兄弟姐妹之间的继承权，因继兄弟姐妹之间的扶养关系而发生。这里的扶养关系包括被继承人扶养继兄弟姐妹，也包括继兄弟姐妹扶养被继承人。继兄弟姐妹之间没有扶养关系的，不能互为第二顺序继承人。继兄

---

[1] 参见蒋月主编：《婚姻家庭与继承法》，厦门大学出版社2014年版，第320页；陈苇主编：《婚姻家庭继承法学》，中国政法大学出版社2018年版，第305页；许莉主编：《婚姻家庭继承法学》，北京大学出版社2019年版，第193、241页。

[2] 参见四川省高级人民法院（2017）川民申3930号民事裁定书，云南省高级人民法院（2018）云民申1536号民事裁定书。

[3] 参见《民法典继承编司法解释（一）》第11条。

[4] 参见《民法典继承编司法解释（一）》第11条。

[5] 参见《民法典继承编司法解释（一）》第18条。

[6] 参见《民法典继承编司法解释（一）》第19条。

[7] 参见张平华、刘耀东：《继承法原理》，中国法制出版社2009年版，第181页。

[8] 参见《民法典继承编司法解释（一）》第12条。

弟姐妹之间相互继承了遗产的，不影响其继承亲兄弟姐妹的遗产。〔1〕

2. 祖父母、外祖父母。祖父母、外祖父母对孙子女、外孙子女有继承权，但孙子女、外孙子女对祖父母、外祖父母无继承权，只能通过代位继承来继承祖父母、外祖父母的遗产。

（三）顺序的效力

法定继承人的顺序，是指法律规定的法定继承人继承遗产的先后次序。依据《民法典》继承编第1127条第2款，继承开始后，由第一顺序继承人继承，第二顺序继承人不继承；没有第一顺序继承人继承的，由第二顺序继承人继承。这意味着，法定继承人的顺序具有排他性。只有在第一顺序的继承人全部死亡、全部丧失继承权或全部放弃继承时，第二顺序的继承人才能继承。此外，《民法典》继承编第1127条确立的法定继承人范围和顺序具有强制性，法定继承人不得通过约定改变自己或他人的顺序。

第二节 代位继承与转继承

一、代位继承

（一）代位继承的概念

代位继承，是指在法定继承中，依据法律规定，在被继承人的血亲继承人先于被继承人死亡而不能继承时，由该继承人的直系晚辈亲属按照其继承地位和顺序，直接继承被继承人遗产的继承制度。其中，先于被继承人死亡的继承人是被代位继承人或被代位人，代替被代位人继承遗产的人是代位继承人或代位人，代位继承人代替被代位继承人继承遗产的权利，是代位继承权。代位继承只适用于法定继承，代位继承人一般只能继承被代位继承人有权继承的遗产份额。

《民法典》继承编第1128条第1款和第2款规定："被继承人的子女先于被继承人死亡的，由被继承人的子女的直系晚辈血亲代位继承。被继承人的兄弟姐妹先于被继承人死亡的，由被继承人的兄弟姐妹的子女代位继承。"因此，在我国，被代位继承人限于被继承人的子女和兄弟姐妹，代位继承人限于被继承人的子女的直系晚辈血亲、被继承人的兄弟姐妹的子女（即被继承人的侄、甥）。被继承人的子女的配偶，被继承人的兄弟姐妹除子女之外的其他直系晚辈血亲，如被继承人的兄弟姐妹的孙子女、外孙子女不属于代位继承人。

在实践中，代位继承的典型情形是，父先于祖父去世且祖父去世未留下遗嘱，孙作为第一顺序法定继承人代位继承祖父的遗产。其中，父是被代位继承人，孙是代位继承人，祖父是被继承人。此外，被继承人死亡且未留下遗嘱的，如果被继承人的配偶、子女、父母均已死亡且其子女没有晚辈直系血亲，在被继承人的兄弟姐妹先死亡时，被继承人的兄弟姐妹的子女作为第二顺序法定继承人代位继承被继承人的遗产。

（二）代位继承权的性质

关于代位继承权的性质，学说上存在固有权说和代表权说两种不同的观点。〔2〕

按照固有权说，代位继承权是代位继承人自身固有的权利，与被代位继承人的继承权无关。即使被代位继承人丧失继承权，代位继承人仍然可以代位继承被继承人的遗产。

---

〔1〕 参见《民法典继承编司法解释（一）》第13条。

〔2〕 参见林秀雄：《继承法讲义》，元照出版有限公司2019年版，第27~28页。

按照代表权说，代位继承人继承被继承人的遗产，不是基于自身固有的权利，而是代表被代位继承人参与继承，即代替被代位继承人继承被继承人的遗产。因此，被代位继承人丧失继承权的，不发生代位继承。

依据《民法典》继承编第1128条第3款，代位继承人一般只能继承被代位继承人有权继承的遗产份额。此外，《民法典继承编司法解释（一）》第17条规定："继承人丧失继承权的，其晚辈直系血亲不得代位继承。如该代位继承人缺乏劳动能力又没有生活来源，或者对被继承人尽赡养义务较多的，可以适当分给遗产。"结合上述规定来看，我国采纳的是代表权说，因此，被代位继承人丧失继承权或者放弃继承的，没有代位继承的适用。[1]

然而，代表权说存在诸多弊端：①为什么只有被代位人的晚辈直系亲属享有代位继承权，被代位人的配偶没有代位继承权，代表权说无法解释；②依据代表权说，父丧失对祖父的继承权的，孙不得代位继承，这无异于迫使孙代父受过，有违反责任自负原则之嫌，此时，如果父是祖父的唯一继承人，孙不得代位继承，那么，遗产就成为无人继承的遗产；③依据代表权说，父去世后，孙杀害祖父母的，如果父未丧失继承权，孙仍然可以代位继承祖父母的遗产；④依据代表权说，在祖父母去世前，孙为了争夺祖父母的财产而杀害父的，如果父未丧失继承权，孙仍然可以代位继承祖父母的遗产。[2] 因此，学说上多主张改采固有权说。[3]

（三）代位继承的要件

1. 在法定继承中，被代位继承人先于被继承人死亡。被代位继承人须先于被继承人死亡，包括自然死亡和宣告死亡。如果被代位继承人在被继承人死亡之后死亡，由于被继承人死亡导致继承开始，被代位继承人已经概括继承被继承人的遗产，代位继承没有适用的余地。

2. 被代位继承人是被继承人的子女或兄弟姐妹。被代位继承人必须是被继承人的子女或兄弟姐妹。被代位继承人是被继承人子女的，是被继承人的第一顺序法定继承人，包括婚生子女、非婚生子女、养子女和有扶养关系的继子女。

被代位继承人是被继承人兄弟姐妹的，是被继承人的第二顺序法定继承人，包括同父母的兄弟姐妹、同父异母或者同母异父的兄弟姐妹、养兄弟姐妹、有扶养关系的继兄弟姐妹。

3. 被代位继承人未丧失继承权。我国《民法典》继承编就代位继承权的性质采代表权说，因此，被代位继承人丧失继承权的，不发生代位继承。此外，被代位继承人放弃继承的，意味着继承已经开始，被代位继承人在被继承人之后死亡，从而没有代位继承的适用。

4. 代位继承人是被继承人的子女的直系晚辈血亲或被继承人的兄弟姐妹的子女。代位继承人是被继承人的子女的直系晚辈血亲的，包括被继承人的孙子女、外孙子女、曾孙子女、外曾孙子女。被代位继承人的直系晚辈自然血亲进行代位继承，不受辈数限制，[4] 但在代位继承时以辈分大者优先。此外，按照司法解释的规定，被继承人的生子女的养子女、

---

〔1〕 参见黄薇主编：《中华人民共和国民法典继承编解读》，中国法制出版社2020年版，第54~56页。

〔2〕 参见张平华、刘耀东：《继承法原理》，中国法制出版社2009年版，第196~197页。

〔3〕 参见郭明瑞、房绍坤：《继承法》，法律出版社2004年版，第114页；张平华、刘耀东：《继承法原理》，中国法制出版社2009年版，第197页；杨大文主编：《亲属法与继承法》，法律出版社2013年版，第349页；张玉敏：《继承法律制度研究》，华中科技大学出版社2016年版，第144页。

〔4〕 参见《民法典继承编司法解释（一）》第14条。

被继承人的养子女的生子女、被继承人的养子女的养子女、已形成扶养关系的继子女的生子女、与被继承人已形成扶养关系的继子女的养子女也可以代位继承。[1]

被继承人的子女是第一顺序法定继承人，因此，被继承人的子女的直系晚辈血亲作为第一顺序法定继承人参与继承。

代位继承人是被继承人的兄弟姐妹的子女的，包括被继承人的兄弟姐妹的婚生子女、非婚生子女、养子女和有扶养关系的继子女。被继承人的兄弟姐妹的代位继承人限于子女，主要是由于兄弟姐妹属于旁系血亲，如果将旁系血亲的代位继承人范围规定得过宽，会使与被继承人血缘关系和情感联系疏远的人取得遗产。[2]

被继承人的兄弟姐妹是第二顺序法定继承人，因此，被继承人的兄弟姐妹的子女只能作为第二顺序法定继承人参与继承。只有在继承开始时，没有第一顺序法定继承人继承且没有被继承人的子女的直系晚辈血亲代位继承时，被继承人的兄弟姐妹的子女才能代位继承。

（四）代位继承的法律后果

在代位继承中，代位继承人只能按照被代位继承人的继承顺序，继承被代位继承人有权继承的遗产份额。也就是说，如果被代位继承人在继承开始时仍然生存，他能够取得的遗产份额，就是代位继承人能够取得的遗产份额。原则上，代位继承人只能继承被代位继承人有权继承的遗产份额。如果存在《民法典》继承编第1130条规定的多分、少分或者不分的情形，代位继承人取得的遗产份额可能会有所变化。因此，按照司法解释的规定，代位继承人生活有特殊困难又缺乏劳动能力的，分配遗产时，应当予以照顾。代位继承人对被继承人尽过主要赡养义务或者与被继承人共同生活的，分配遗产时，可以多分。[3]

二、转继承

依据《民法典》继承编第1152条，所谓转继承，是指继承人在继承开始后、遗产分割前死亡，继承人没有放弃继承的，其应继承的遗产份额转由其继承人来继承的制度。在继承开始后、遗产分割前死亡的继承人是被转继承人，实际接受遗产的人是转继承人，即继承人的继承人。

在实践中，转继承的典型情形是，在祖父去世后、祖父遗产分割前，父因故去世，父应当继承的祖父的遗产份额，由孙作为父的继承人继承。其中，祖父是被继承人，父是继承人、被转继承人，孙是继承人的继承人、转继承人。

不论被转继承人是法定继承人还是遗嘱继承人，在继承开始时，基于直接继承原则，没有丧失继承权的被转继承人当然承受被继承人的遗产。被转继承人没有放弃继承的，终局地成为遗产的权利人。一旦被转继承人在遗产实际分割前死亡，被转继承人的继承人没有丧失对被转继承人的继承权的，基于直接继承原则，被转继承人的继承人作为转继承人当然承受被转继承人的全部遗产，包括被转继承人对被继承人遗产应继份额。转继承人可能基于被转继承人的生效遗嘱取得被转继承人的遗产份额，也可能是基于法定继承取得被转继承人的遗产份额。[4] 因此，在转继承中，实际上存在两次继承，即被转继承人应当取得的遗产份额的再继承：第一次是被继承人死亡，被转继承人作为继承人，继承被继承人

---

〔1〕 参见《民法典继承编司法解释（一）》第15条。

〔2〕 参见黄薇主编：《中华人民共和国民法典继承编解读》，中国法制出版社2020年版，第57页。

〔3〕 参见《民法典继承编司法解释（一）》第16条。

〔4〕 参见张平华、刘耀东：《继承法原理》，中国法制出版社2009年版，第210页。

的遗产；第二次是被转继承人死亡，转继承人作为被转继承人的继承人，继承被转继承人应当取得的遗产份额。

需要注意的是，依据《民法典》继承编第 1152 条，如果被继承人的遗嘱另有安排，比如被继承人在遗嘱中强调所留遗产必须由继承人本人继承，或者被继承人在遗嘱中规定，倘若继承人在遗产分割前死亡的，由其他继承人取得继承人的应继份额，转继承就不会发生。

转继承与代位继承存在如下区别：

1. 适用条件不同。转继承适用于继承人在继承开始后、遗产分割前死亡的情形，即继承人后于被继承人死亡；代位继承适用于继承人在继承开始前死亡的情形，即继承人先于被继承人死亡。

2. 主体范围不同。转继承中，转继承人是被转继承人的继承人，被转继承人是被继承人的继承人；代位继承中，代位继承人是被继承人的子女的直系晚辈血亲或被继承人的兄弟姐妹的子女，即被代位继承人的直系晚辈血亲或子女，被代位继承人则是被继承人的子女或被继承人的兄弟姐妹。

3. 适用范围不同。转继承适用于遗嘱继承和法定继承；代位继承只能适用于法定继承。

4. 性质不同。转继承实际上是连续发生的二次继承，即继承人因被继承人死亡先概括承受被继承人的遗产，然后继承人在遗产分割前死亡，由继承人的继承人作为转继承人承受继承人应当取得的遗产；代位继承是一次继承、直接继承，即代位继承人代替继承人按照继承人的顺序参与被继承人遗产的继承。

5. 继承对象不同。在转继承中，转继承人基于自己对被转继承人的继承权，继承被转继承人应当继承的被继承人遗产；在代位继承中，代位继承人基于继承人对被继承人的继承权，与其他继承人按照法定继承规则分割被继承人的遗产，取得继承人的应继份额。

第三节 法定继承中的遗产分配

一、法定继承中遗产分配的原则

在法定继承中，继承开始后，被继承人的遗产由第一顺序继承人继承；没有第一顺序继承人或者全部第一顺序继承人放弃继承的，由第二顺序继承人继承。因此，如果第一顺序有多个继承人，多个继承人共同继承被继承人的遗产，多个继承人之间应当分配遗产；如果第一顺序中只有一个继承人，该继承人继承被继承人全部遗产，无须进行遗产分配。也就是说，只有同一顺序中存在多个继承人时，才有遗产分配的必要，从而须确定每个继承人能够取得的份额。因此，法定继承中的遗产分配，是指在法定继承中，同一顺序多个继承人共同继承被继承人的遗产时，确定各个继承人应当继承的遗产份额。

确定各个继承人应当继承的遗产份额，首先应当确定被继承人的遗产范围。夫妻双方采法定夫妻财产制的，夫妻双方婚后所得为夫妻共同财产，因此，根据《民法典》继承编第 1153 条，夫妻一方死亡时，确定夫妻一方的遗产，应当先将夫妻共同所有的财产的一半分出为配偶所有，其余的为夫妻一方的遗产。与此类似，家庭成员死亡的，如果遗产在家庭共有财产之中的，遗产分割时，应当先分出他人的财产。

在确定被继承人的遗产范围之后，应当确定各个继承人应当继承的遗产份额。对此，《民法典》继承编第 1130 条第 1 款规定："同一顺序继承人继承遗产的份额，一般应当均等。”因此，在法定继承中，应当按照同一顺序中法定继承人的人数来平均分配遗产。但是，基于私法自治理念，依据《民法典》继承编第1130条第5款，如果同一顺序中的全部法定继承人协商一致的，可以不平均分配遗产。

《民法典》继承编第1130条第2款、第3款和第4款规定了平均分配原则的例外。[1]

1. 对生活有特殊困难又缺乏劳动能力的继承人，分配遗产时，应当予以照顾。应予照顾的继承人必须是生活有特殊困难的继承人，而不是有一般困难，且必须缺乏劳动能力，而非劳动能力不强。

2. 对被继承人尽了主要扶养义务或者与被继承人共同生活的继承人，分配遗产时，可以多分。按照司法解释的规定，对被继承人尽了主要扶养义务的继承人，是指对被继承人在生活上提供了主要经济来源，或者在劳务等方面给予了主要扶助的继承人。[2] 对这类继承人多分遗产，体现了权利义务相一致原则，从而就继承人提供的扶养给予一定补偿。与被继承人共同生活的继承人，比如配偶、未成年子女，通常与被继承人在经济、生活、情感上具有更密切的联系，故可以多分。

3. 有扶养能力和扶养条件的继承人虽然与被继承人共同生活，但对需要扶养的被继承人不尽扶养义务的，分配遗产时，应当不分或者少分。应当不分或者少分遗产的继承人，须同时具备两项条件。一方面，这类继承人有扶养能力和扶养条件；另一方面，这类继承人没有尽到扶养义务，即被继承人需要扶养但这类继承人没有扶养。因此，继承人有扶养能力和扶养条件，愿意尽扶养义务，但被继承人因有固定收入和劳动能力，明确表示不要求其扶养的，继承人不构成不尽扶养义务，不应当对继承人少分或者不分。[3] 在实践中，人民法院在分割遗产时，对有扶养能力但不尽扶养义务的继承人不分遗产，在结果上达到了与继承权丧失相同的法律效果。

总之，各个继承人可以取得的遗产份额，按照上述原则处理。此外，遗产分割的时间、方式需要继承人协商。《民法典》继承编第1132条，继承人应当本着互谅互让、和睦团结的精神，协商处理继承问题。继承人无法达成一致的，可以向人民法院提起诉讼，请求分割遗产。

二、遗产酌给请求权

（一）遗产酌给请求权的概念和特征

遗产酌给请求权，也称酌情分得遗产权，是指在法定继承中，除了法定继承人以外，与被继承人生前形成一定扶养关系的人，依法享有的可以酌情分得适当遗产的请求权。《民法典》继承编第1131条规定：“对继承人以外的依靠被继承人扶养的人，或者继承人以外的对被继承人扶养较多的人，可以分给适当的遗产。”这就是我国遗产酌给请求权制度。

遗产酌给请求权有以下特点：

1. 遗产酌给请求权的权利人，是法定继承人之外的自然人，对被继承人不享有继承权。

2. 遗产酌给请求权仅适用于法定继承，不适用于遗嘱继承。如果被继承人希望将部分遗产留给继承人之外的人，被继承人可以通过遗嘱设立遗赠实现这一目的。

3. 遗产酌给请求权的性质是请求权而非继承权，权利人是与被继承人生前形成一定扶

---

[1] 参见《民法典继承编司法解释（一）》第43条规定：“人民法院对故意隐匿、侵吞或者争抢遗产的继承人，可以酌情减少其应继承的遗产。”

[2] 参见《民法典继承编司法解释（一）》第19条。

[3] 参见《民法典继承编司法解释（一）》第22、23条。

养关系的人，义务人是继承人。[1]

4. 遗产酌给请求权的宗旨在于生活维持和权利义务相一致。赋予继承人以外、依靠被继承人扶养的人遗产酌给请求权，是生活维持理念的体现，确保被继承人生前扶养的人，在被继承人死亡后仍然能够获得扶养，避免其因被继承人死亡而生活水平大幅下降；[2] 承认继承人以外对被继承人扶养较多的人享有遗产酌给请求权，旨在鼓励人与人之间的相互扶助行为，体现的是权利与义务相一致原则，即报偿理念。[3]

法定继承人范围按照婚姻关系和血缘关系确定。与被继承人形成扶养关系的自然人并不一定是法定继承人，但是他们可能与被继承人在经济、生活和情感上形成了密切的联系。赋予这类主体遗产酌给请求权，能够确保他们在被继承人没有订立遗嘱时获得一定的遗产，从而克服法定继承的局限性。[4]

（二）遗产酌给请求权的主体

遗产酌给请求权的权利人是继承人以外依靠被继承人扶养的人、继承人以外对被继承人扶养较多的人。与原《继承法》不同，《民法典》继承编不再要求继承人以外依靠被继承人扶养的人必须缺乏劳动能力又没有生活来源。[5] 但是，享有遗产酌给请求权的主体，必须与被继承人形成扶养关系。这种扶养必须持续一段时间且不间断，具有长期性。

遗产酌给请求权的权利人可能与被继承人具有亲属关系，比如被继承人的侄子、外甥。如果被继承人有第一顺序法定继承人，被继承人的第二顺序法定继承人，如兄弟姐妹，也可以享有遗产酌给请求权。[6] 遗产酌给请求权的权利人也可能与被继承人不具有亲属关系，比如同居生活者。[7] 此外，夫妻双方离婚后，前夫照料患病的前妻，在前妻去世后也享有遗产酌给请求权。[8]

除此以外，遗产酌给请求权成立的情形还可能包括：①被他人收养但赡养、扶助生父母较多的子女，对生父母没有继承权，但享有遗产酌给请求权；②被继承人的子女先于被继承人死亡且丧失继承权，被继承人的子女的直系晚辈血亲对被继承人赡养较多的，虽无代位继承权，但享有遗产酌给请求权；③未受继父母抚养的成年继子女，对继父母赡养、扶助较多的，虽然对继父母一方没有继承权，但享有遗产酌给请求权。

（三）遗产酌给请求权行使的法律后果

权利人行使遗产酌给请求权能够分得的遗产份额，具有不确定性。一般来说，确定权利人应当取得的份额，需要考虑被继承人与权利人之间的身份关系、情谊深厚，权利人的

---

〔1〕 参见郭明瑞、房绍坤：《继承法》，法律出版社 2004 年版，第 124 页；张平华、刘耀东：《继承法原理》，中国法制出版社 2009 年版，第 212 页。

〔2〕 参见黄薇主编：《中华人民共和国民法典继承编解读》，中国法制出版社 2020 年版，第 67 页。

〔3〕 参见张玉敏：《继承法律制度研究》，华中科技大学出版社 2016 年版，第 89 页。

〔4〕 参见郭明瑞、房绍坤：《继承法》，法律出版社 2004 年版，第 123 页。

〔5〕 按照《民法典》继承编第 1131 条规定，受被继承人扶养、享有遗产酌给请求权的人，可以是有劳动能力或有生活来源的人。因此，赋予这类主体遗产酌给请求权，并非旨在保障其生存，而是死后扶养理念的体现。进而，受被继承人扶养的人，只要有被扶养的事实，即有权请求酌情分得遗产。关于死后扶养理念，参见林秀雄：《继承法讲义》，元照出版有限公司 2019 年版，第 90 页；陈棋炎、黄宗乐、郭振恭：《民法继承新论》，三民书局股份有限公司 2019 年版，第 123 页。

〔6〕 参见郭明瑞、房绍坤：《继承法》，法律出版社 2004 年版，第 123 页。

〔7〕 参见广东省高级人民法院（2011）粤高法民一终字第 58 号民事判决书，四川省高级人民法院（2017）川民申 1267 号民事裁定书。

〔8〕 参见北京市第三中级人民法院（2018）京 03 民终 6377 号民事判决书。

性别、年龄、身体状况和生活状况，依靠被继承人扶养的程度或对被继承人扶养的程度，被继承人的扶养情况以及遗产总额的多少。根据个案的具体情况，遗产酌给请求权人取得的份额，可以多于或少于继承人。[1]

---

[1] 参见《民法典继承编司法解释（一）》第20条。

第三章 遗嘱继承

第一节 遗嘱自由

一、遗嘱自由的概念

遗嘱自由，是指被继承人能够按照自己的意愿对自己的财产实施死因处分的自由。[1]被继承人按照自己的意愿，通过民事法律行为（死因处分）决定自己的财产在自己死亡后由何人承受。[2] 基于遗嘱自由，被继承人可以避免自己的遗产适用法定继承。[3] 遗嘱自由不仅是私法自治在继承法领域的体现，[4] 还是所有权自由的补充和延伸。[5]

二、遗嘱自由的工具

死因处分，是指被继承人对其财产在其死后的归属作出安排的民事法律行为。[6] 在德国法上，死因处分是遗嘱和继承合同的上位概念。其中，遗嘱是单方法律行为，继承合同是双方法律行为。[7] 死因处分名为处分，但与处分行为中的处分并非同义语。[8] 死因处分并不会直接导致既有权利发生变动，而仅仅是一种法律行为上的安排、指示，[9] 指向的是被继承人的财产在其死后的归属。死因处分所涉及标的的法律关系在被继承人死亡之前并不会发生变动，因此，死因处分中的处分仅具有"处理"的含义。进而，处分行为的规则不适用于死因处分。[10]

死因处分具有以下特点：

1. 死后生效。死因处分属于死因行为，涉及行为人死后其财产的归属，因此，死因处分在行为人死后生效。

2. 要式行为。死因处分涉及被继承人的全部财产在死后的归属，涉及利益主体众多。

---

〔1〕 Olzen/Looschelders, Erbrecht, 5. Aufl., De Gruyter, 2017, Rn. 4.

〔2〕 Brox/Walker, Erbrecht, 28. Aufl., Vahlen, 2018, § 2, Rn. 2.

〔3〕 参见［德］雷纳·弗兰克、托比亚斯·海尔姆斯：《德国继承法》，王葆莳、林佳业译，中国政法大学出版社 2015 年版，第 31 页。

〔4〕 参见［德］雷纳·弗兰克、托比亚斯·海尔姆斯：《德国继承法》，王葆莳、林佳业译，中国政法大学出版社 2015 年版，第 2 页。

〔5〕 Olzen/Looschelders, Erbrecht, 5. Aufl., De Gruyter, 2017, Rn. 203; MüKoBGB/Leipold, 8. Aufl. 2020, Einl. ErbR, Rn. 17.

〔6〕 Reothel, Erbrecht, 18. Aufl., C. H. Beck, 2020, § 15, Rn. 1.

〔7〕 Brox/Walker, Erbrecht, 28. Aufl., Vahlen, 2018, § 8, Rn. 1.

〔8〕 参见［德］雷纳·弗兰克、托比亚斯·海尔姆斯：《德国继承法》，王葆莳、林佳业译，中国政法大学出版社 2015 年版，第 32 页。

〔9〕 Röthel, Erbrecht, 18. Aufl., C. H. Beck, 2020, § 15, Rn. 2.

〔10〕 Lange, Erbrecht, 2. Aufl., C. H. Beck, 2017, § 14, Rn. 7.

由于死因处分于被继承人死后生效，一旦涉及的利益主体对遗产的分配发生争议，无法再通过询问被继承人本人来确定其真实意愿，因此，为了避免举证方面的困难，死因处分必须具备法定的形式。〔1〕

3. 可撤回性。在被继承人死亡前，被继承人可以随时撤回成立的单方死因处分行为。他人对单方死因行为在继承开始前不会被撤回的信赖，原则上不受保护。〔2〕

在德国法上，死因处分的类型主要包括遗嘱、共同遗嘱、继承合同，〔3〕死因处分的内容则包括指定继承人、排除继承权、遗赠、负担、指定遗嘱执行人等。〔4〕

在我国，死因处分的类型主要是遗嘱。虽然实践中存在共同遗嘱，但是我国对共同遗嘱持消极态度。这尤其体现在司法部《遗嘱公证细则》第 15 条上。该条规定："两个以上的遗嘱人申请办理共同遗嘱公证的，公证处应当引导他们分别设立遗嘱。遗嘱人坚持申请办理共同遗嘱公证的，共同遗嘱中应当明确遗嘱变更、撤销及生效的条件。"典型的共同遗嘱是，夫妻双方互相指定对方为遗嘱继承人，并规定子女在夫妻双方死亡后取得双方的全部遗产。另外，我国没有继承合同制度，只有遗赠扶养协议制度。遗赠扶养协议是否属于死因处分、遗赠扶养协议和继承合同的关系，学界尚未形成共识。

不过，就死因处分的内容而言，依据《民法典》继承编第 1133 条，被继承人通过遗嘱可以指定继承人、排除特定法定继承人的主观继承权、设立遗赠、指定遗嘱执行人。不仅如此，依据《民法典》继承编第 1144 条，被继承人可以为遗嘱继承人、受遗赠人设定义务。此外，《民法典》继承编第 1152 条的但书规定，实际上承认被继承人可以指定替补继承人。

三、遗嘱自由的内容

严格来说，遗嘱自由是死因处分的自由。然而，我国承认的死因处分类型主要是遗嘱，因此，在我国，死因处分的自由主要是遗嘱自由。遗嘱自由的内容包括设立自由、内容自由、形式自由。〔5〕此外，遗嘱自由还包括变更和撤回遗嘱的自由。

（一）遗嘱设立自由

依据《民法典》继承编第 1133 条第 1 款，自然人可以依法设立遗嘱处分个人财产。自然人可以设立遗嘱，通过遗嘱继承的方式安排个人财产在自己死后的归属，也可以不设立遗嘱，通过法定继承的方式安排个人财产在自己死后的归属。

（二）遗嘱内容自由

遗嘱人享有决定遗嘱内容的自由。

首先，依据《民法典》继承编第 1133 条第 1 款，遗嘱人可以指定遗嘱执行人。其次，依据《民法典》继承编第 1133 条第 2 款、第 3 款，遗嘱人可以将全部或部分个人财产指定由法定继承人中的一人、数人继承，还可以将个人财产遗赠给法定继承人之外的自然人、

---

〔1〕 Muscheler, Erbrecht, Bd. I, Mohr Siebeck, 2010, Rn. 1725.

〔2〕 Reothel, Jura 2013, 773, 774.

〔3〕 Brox/Walker, Erbrecht, 28. Aufl., Vahlen, 2018, § 8, Rn. 6. 在德国法上，死因处分适用类型强制原则。死因处分行为的类型由法律明确规定，其内容由法律明确规定或者按照其性质通过解释、类推来确定。被继承人可以选择死因处分的类型，但是不能自由决定死因处分的内容。Olzen/Looschelders, Erbrecht, 5. Aufl., De Gruyter, 2017, Rn. 202; Lange, Erbrecht, 2. Aufl., C. H. Beck, 2017, § 14, Rn. 9.

〔4〕 Reothel, Jura 2013, 773, 776; Olzen/Looschelders, Erbrecht, 5. Aufl., De Gruyter, 2017, Rn. 297; Brox/Walker, Erbrecht, 28. Aufl., Vahlen, 2018, § 8, Rn. 5.

〔5〕 Muscheler, Erbrecht, Bd. I, Mohr Siebeck, 2010, Rn. 327 ff.

国家、集体或组织。遗嘱人有多个同一顺序法定继承人的，遗嘱人指定某个或者部分法定继承人继承其全部个人财产的，即排除了其他法定继承人的主观继承权。再次，依据《民法典》继承编第1144条，遗嘱人可以为遗嘱继承人、受遗赠人设定义务。遗嘱继承人、受遗赠人无正当理由不履行义务的，人民法院可以取消其接受附义务部分遗产的权利。最后，依据《民法典》继承编第1152条的但书规定，继承人在继承开始后、遗产分割前死亡的，遗嘱人可以针对这种情况在遗嘱中指定替补继承人。

（三）遗嘱形式自由

作为死因处分，遗嘱是要式行为。依据《民法典》继承编第1134~1139条，遗嘱的法定形式包括自书遗嘱、代书遗嘱、打印遗嘱、录音录像遗嘱、口头遗嘱、公证遗嘱。遗嘱人设立的遗嘱，应当符合这六种法定形式，并满足具体法定形式的要求。

（四）遗嘱变更和撤回自由

依据《民法典》继承编第1142条第1款，遗嘱人在生前可以随时撤回、变更自己所立的遗嘱。遗嘱的变更，是指遗嘱人部分改变所立遗嘱的内容。遗嘱的撤回，是指遗嘱人将已经设立但尚未生效的遗嘱予以废弃，使之不生效力。遗嘱于遗嘱人死亡时生效，因此，在遗嘱人死亡前，遗嘱尚未生效，只能撤回而不能撤销。遗嘱人变更、撤回遗嘱时，须具备遗嘱能力。

遗嘱人可以通过设立新的遗嘱来撤回在先的遗嘱。遗嘱人可以在新的遗嘱中明确表示在先的遗嘱作废，也可以在新遗嘱中不明确表示撤回在先遗嘱，而是直接设立在内容上与在先遗嘱相矛盾的新遗嘱。不仅如此，依据《民法典》继承编第1142条第2款，遗嘱人可以通过实施与遗嘱内容相反的民事法律行为来撤回遗嘱，如将遗嘱涉及的财产出卖给他人、以遗嘱涉及的财产订立遗赠扶养协议，还可以通过自愿、亲自销毁遗嘱的方式来撤回遗嘱。被撤回的遗嘱，不能在遗嘱人死亡时生效。遗嘱继承按照遗嘱人最后设立的遗嘱进行。

需要注意的是，共同遗嘱的变更、撤回具有特殊性。共同遗嘱通常是夫妻双方共同设立的遗嘱，由两个相互关联的单方死因处分（即遗嘱）组成。〔1〕共同遗嘱人对遗产的处分受到其他共同遗嘱人意思的制约。〔2〕进而，共同遗嘱只有在共同遗嘱人共同生存期间才可以共同变更或撤回。其中一人死亡的，生存的其他遗嘱人原则上不得变更或撤回共同遗嘱，也不得实施与遗嘱内容相悖的死因处分。

四、遗嘱自由的限制

（一）必留份

《民法典》继承编第1141条规定："遗嘱应当为缺乏劳动能力又没有生活来源的继承人保留必要的遗产份额。"这是对遗嘱自由的法定限制，是养老育幼理念的体现。

对这一条规定，学界存在不同理解。有些学者认为，该规定是关于特留份的规定。〔3〕

---

〔1〕 Lange, Erbrecht, 2. Aufl., C. H. Beck, 2017, § 16, Rn. 69.

〔2〕 两个死因处分具有相互性是共同遗嘱的本质特征。关于死因处分的相互性，参见［德］雷纳·弗兰克、托比亚斯·海尔姆斯：《德国继承法》，王葆莳、林佳业译，中国政法大学出版社2015年版，第114页。

〔3〕 参见杨大文主编：《亲属法与继承法》，法律出版社2013年版，第365页。

然而，主流观点认为，这一规定与特留份无关，而是必留份。[1]

特留份，是指法律规定的遗嘱人不得通过遗嘱处分的，由法定继承人继承的遗产份额。特留份制度体现了遗嘱自由原则对家庭继承理念的妥协，允许法定继承人在遗嘱继承中能够最低限度地分享遗产，[2] 属于遗嘱自由的法定限制。[3] 即使被继承人在遗嘱中没有将某些法定继承人指定为遗嘱继承人，法定继承人仍然享有特留份请求权，可以请求遗嘱继承人给予一定的金钱。

本书认为，《民法典》继承编第 1141 条规定的是必留份而非特留份。我国的必留份制度与特留份制度存在较大差别。首先，两者权利人范围不同。特留份权利人一般是作为法定继承人的家庭成员，如被继承人的直系晚辈血亲、配偶和父母，无须缺乏劳动能力又没有生活来源；我国的必留份权利人限于缺乏劳动能力又没有生活来源的法定继承人。其次，两者宗旨不同。特留份体现的是家庭继承理念，确保家庭成员能够最低限度地参与分享遗产，因此，只要遗嘱没有将特留份权利人指定为遗嘱继承人，那么，遗嘱继承就有特留份制度的适用；必留份制度则旨在保护弱势继承人，以存在缺乏劳动能力又没有生活来源的法定继承人为前提，并非所有遗嘱继承都会有必留份制度的适用。最后，两者份额标准不同。特留份权利人的份额计算方式是法律预先确定的；必留份权利人能够取得的份额则须依赖法院的裁量。

法定继承人是否缺乏劳动能力又没有生活来源，以遗嘱生效时即继承开始时为准，而非以遗嘱订立时为准。[4] 遗嘱违反必留份要求的法律后果，《民法典》继承编没有明确规定。按照司法解释的规定，遗嘱人未保留缺乏劳动能力又没有生活来源的继承人的遗产份额，遗产处理时，应当为该继承人留下必要的遗产，剩余的部分遗产，才可参照遗嘱确定的分配原则处理。[5] 因此，违反必留份要求的遗嘱，并非全部无效，而是部分无效。[6] 此时，必留份权利人得请求继承人为其保留必要的遗产，因此，必留份权利是请求权。

(二) 遗嘱形式

遗嘱形式实际上也是对遗嘱自由的限制。[7] 被继承人不能选择法定形式之外的形式订立遗嘱。不具有法定形式的遗嘱无效。

(三) 其他限制

遗嘱自由实际上是实施死因处分的自由。死因处分作为民事法律行为，不得违反法律、

---

〔1〕 参见郭明瑞、房绍坤：《继承法》，法律出版社 2004 年版，第 159 页；彭诚信主编：《继承法》，吉林大学出版社 2007 年版，第 125 页；张平华、刘耀东：《继承法原理》，中国法制出版社 2009 年版，第 278 页；张玉敏：《继承法律制度研究》，华中科技大学出版社 2016 年版，第 158 页；夏吟兰主编：《婚姻家庭继承法》，中国政法大学出版社 2017 年版，第 263 页；陈苇主编：《婚姻家庭继承法学》，中国政法大学出版社 2018 年版，第 318 页；马忆南：《婚姻家庭继承法学》，北京大学出版社 2019 年版，第 320 页；黄薇主编：《中华人民共和国民法典继承编解读》，中国法制出版社 2020 年版，第 100 页。

〔2〕 参见［德］雷纳·弗兰克、［德］托比亚斯·海尔姆斯：《德国继承法》，王葆莳、林佳业译，中国政法大学出版社 2015 年版，第 199 页。

〔3〕 参见［德］马蒂亚斯·施默克尔：《德国继承法》，吴逸越译，中国人民大学出版社 2020 年版，第 75 页。

〔4〕 参见《民法典继承编司法解释（一）》第 25 条。

〔5〕 参见《民法典继承编司法解释（一）》第 25 条。

〔6〕 参见郭明瑞、房绍坤：《继承法》，法律出版社 2004 年版，第 160 页。

〔7〕 Muscheler, Erbrecht, Bd. I, Mohr Siebeck, 2010, Rn. 331.

行政法规的强制性规定，不得违反公序良俗。这也构成了对遗嘱自由的限制。[1]

第二节 遗 嘱

一、遗嘱的概念与特征

遗嘱，是自然人生前安排个人财产在自己死后的归属并于死亡时发生效力的单方法律行为。

遗嘱具有以下特征：

1. 单方法律行为。遗嘱的成立，仅须遗嘱人单方的意思表示，故遗嘱属于单方法律行为。

2. 具有高度人身性的民事法律行为。遗嘱具有形式上的人身性和内容上的人身性。形式上的人身性，是指遗嘱须本人亲自订立，不适用法定代理或意定代理。内容上的人身性，是指遗嘱内容必须由遗嘱人本人确定，不得由他人确定。[2] 因此，依据《民法典》继承编第 1143 条，伪造的遗嘱无效；遗嘱被篡改的，篡改的内容无效。

3. 死因行为。遗嘱是死因行为，因遗嘱人死亡而生效，与生前行为相区别，从而不同于以遗嘱人死亡为期限或条件的生前行为。遗嘱在遗嘱人生前不生效力，可由遗嘱人随时撤回、变更。他人对遗嘱在遗嘱人生前不被撤回的信赖，原则上不受保护。

4. 无相对人的民事法律行为。遗嘱的意思表示无须他人受领，从而遗嘱不同于行使形成权的单方法律行为，属于无相对人的民事法律行为。遗嘱无相对人且他人对遗嘱不被撤回的信赖不受保护，因此，遗嘱的解释应当探求遗嘱人的真意，适用《民法典》总则编第 142 条第 2 款。

5. 要式行为。遗嘱必须具备《民法典》继承编规定的法定形式，故为要式行为。欠缺法定形式的遗嘱无效。[3]

二、遗嘱的成立要件与生效要件

（一）遗嘱的成立要件

遗嘱的成立要件包括当事人和意思表示。作为单方法律行为，遗嘱须一方当事人（遗嘱人）和一个意思表示即可成立。

遗嘱作为意思表示，也必须包含行为意思、表示意思和效果意思。需要注意的是，德国学界认为，表示意思在继承法上的表现形式是遗嘱意思。[4] 遗嘱意思，是指遗嘱人认真严肃地通过遗嘱就财产作出的在遗嘱人死后有法律拘束力的安排。也就是说，遗嘱人并无

---

[1] Muscheler, Erbrecht, Bd. I, Mohr Siebeck, 2010, Rn. 331；[德] 雷纳·弗兰克、托比亚斯·海尔姆斯：《德国继承法》，王葆莳、林佳业译，中国政法大学出版社 2015 年版，第 33~41 页。

[2] 参见 [德] 雷纳·弗兰克、托比亚斯·海尔姆斯：《德国继承法》，王葆莳、林佳业译，中国政法大学出版社 2015 年版，第 44 页。

[3] 也有观点认为，不符合法定形式要求的遗嘱并非无效，而是不成立。刘春茂主编：《中国民法学·财产继承》，人民法院出版社 2008 年版，第 344 页。也有观点认为，不符合法定形式要求的自书遗嘱、公证遗嘱无效，不符合法定形式要求的其他遗嘱只是可撤销遗嘱。参见张平华、刘耀东：《继承法原理》，中国法制出版社 2009 年版，第 357 页。

[4] Staudinger/Otte, Vor. BGB § § 2064 ff. (2019), Rn. 9；Olzen/Looschelders, Erbrecht, 5. Aufl., De Gruyter, 2017, Rn. 225.

通过生前行为发生法律效果的意思，仅有通过遗嘱这一死因行为发生法律效果的意思。与效果意思不同，遗嘱意思不包括对具体内容的意思。

遗嘱意思和遗嘱的形式属于不同的要件。通常在公证遗嘱、有见证人要求的遗嘱（如代书遗嘱、打印遗嘱、录音录像遗嘱和口头遗嘱）中，遗嘱人需要向公证人员和见证人表达设立遗嘱的意思，因此，遗嘱人的遗嘱意思比较容易确定。在自书遗嘱中，遗嘱人是否存在遗嘱意思可能会存在争议。〔1〕因此，在个案中，遗嘱人是否存在遗嘱意思，需要根据遗嘱人作出表示时的所有具体情况、结合一般生活经验来解释查明。〔2〕由于遗嘱是无相对人的意思表示，亦无保护他人信赖的必要，因此，遗嘱意思的解释旨在探求遗嘱人的内心真实意思，从而确定遗嘱人是否具有遗嘱意思。但是，如果遗嘱意思需要解释才能查明，遗嘱人是否具有设立遗嘱的意愿尚未可知，因此，遗嘱意思的解释不适用尽量使遗嘱有效的解释规则。〔3〕

（二）遗嘱的生效要件

遗嘱的生效要件包括一般生效要件和特别生效要件。遗嘱的一般生效要件包括遗嘱人在设立遗嘱时具有遗嘱能力、遗嘱人意思表示真实、遗嘱没有违反法律、行政法规的强制性规定和公序良俗。遗嘱作为要式行为、死因行为须具备特别生效要件，即遗嘱符合法定形式、遗嘱人死亡。

1. 遗嘱能力。遗嘱能力是自然人有效设立、变更、撤回遗嘱的资格。依据《民法典》继承编第 1143 条第 1 款，无民事行为能力人或者限制民事行为能力人设立的遗嘱无效。因此，在我国，遗嘱能力有无之判断，采完全民事行为能力标准。只有具备完全民事行为能力的自然人，才具有遗嘱能力。无遗嘱能力者设立的遗嘱无效。判决遗嘱能力有无的时点，是自然人立遗嘱时。因此，自然人设立遗嘱的具体日期对判断遗嘱的效力具有重要意义。自然人设立遗嘱时具有完全民事行为能力但嗣后丧失民事行为能力的，不影响遗嘱的效力；自然人设立遗嘱时不具有完全民事行为能力但嗣后具备完全民事行为能力的，遗嘱仍然无效。〔4〕

2. 意思表示真实。依据《民法典》继承编第 1143 条第 2 款，遗嘱必须表示遗嘱人的真实意思，自然人因受欺诈、胁迫设立的遗嘱无效。因此，受欺诈、胁迫而设立的遗嘱并非可撤销，而是无效。受欺诈、胁迫设立的遗嘱，不适用《民法典》总则编的相关规定。对此，学界有观点认为，受欺诈、胁迫订立的遗嘱应为可撤销而非无效。〔5〕实际上，遗嘱作为单方行为、死因行为，承认遗嘱可撤销，撤销权人不可能是遗嘱人，而只能是因撤销而

---

〔1〕 Roethel, Erbrecht, 18. Aufl., C. H. Beck, 2020, § 17, Rn. 20.

〔2〕 Olzen/Looschelders, Erbrecht, 5. Aufl., De Gruyter, 2017, Rn. 226; Burandt/Rojahn/Lauck, 3. Aufl. 2019, BGB § 2247 Rn. 3; MüKoBGB/Sticherling, 8. Aufl. 2020, BGB § 2247 Rn. 6.

〔3〕 有德国学者认为，欠缺遗嘱意思，遗嘱不会发生效力，从而发生法定继承。Olzen/Looschelders, Erbrecht, 5. Aufl., De Gruyter, 2017, Rn. 225. 然而，否认表示意思作为意思表示的成立要件，旨在保护信赖，从而欠缺表示意思不影响意思表示的成立、仅影响法律行为的效力。Bork, Allgemeiner Teil des Bürgerlichen Gesetzbuchs, 4. Aufl., Mohr Siebeck, 2016, Rn. 596. 而遗嘱作为无相对人的单独行为，并无保护他人信赖的必要。因此，遗嘱意思作为表示意思的表现形式，应当属于遗嘱的成立要件，而非生效要件。当然，由于遗嘱是死因行为，将遗嘱意思作为成立要件抑或生效要件，可能并无实践上的差别。

〔4〕 参见《民法典继承编司法解释（一）》第 28 条。

〔5〕 参见张平华、刘耀东：《继承法原理》，中国法制出版社 2009 年版，第 359 页；张玉敏：《继承法律制度研究》，华中科技大学出版社 2016 年版，第 169 页。

直接受有法律上利益的人,[1] 比如被遗嘱排除继承权的法定继承人、被在后遗嘱撤回在先遗赠的受遗赠人。这是因为，遗嘱生效前，遗嘱人可以撤回遗嘱，遗嘱生效后，遗嘱人已经死亡而无法撤销遗嘱，从而，遗嘱人不能也无须是撤销权人。遗嘱撤销与否也不可能使死亡的遗嘱人受益。遗嘱人因受欺诈、胁迫而设立遗嘱的，不论是胁迫人、欺诈人，还是因该遗嘱而受益的法定继承人、受遗赠人，均无信赖保护可言。因此，承认遗嘱撤销，旨在保护撤销权人的利益,[2] 撤销权人亦无须承担信赖损害赔偿。[3] 被撤销的遗嘱自始无效。[4] 如果被撤销的遗嘱旨在撤回先前的遗嘱，那么，先前被撤回的遗嘱因在后的遗嘱被撤销而生效；如果遗嘱人没有其他遗嘱，那么，遗嘱被撤销后适用法定继承。[5] 从这个角度来说，将受欺诈、胁迫而设立的遗嘱规定为无效遗嘱还是可撤销遗嘱，差别可能有限。实际上，由于可撤销遗嘱会因除斥期间经过而终局有效，将受欺诈、胁迫而设立的遗嘱规定为无效遗嘱，使受欺诈、胁迫而设立的遗嘱没有生效的可能，对因遗嘱无效而受益的继承人可能更为有利。在法律效果上，受欺诈、胁迫而设立的遗嘱旨在撤回在先遗嘱的，被该无效遗嘱撤回的在先遗嘱生效；没有在先遗嘱的，遗产适用法定继承。

遗嘱人设立的遗嘱，可能只有部分内容是受欺诈、胁迫而设立。也就是说，遗嘱人对某项财产的安排可能系受欺诈、胁迫而作出，对于其他财产的安排系出于真实意思，如遗嘱人设立的遗赠。因此，为了最大限度地尊重遗嘱人的真实意思，保护因真实意思而受益的继承人、受遗赠人，应当肯定受欺诈、胁迫而设立的遗嘱，仅就受欺诈、胁迫的内容无效，即部分无效。因此，《民法典》总则编第 156 条部分无效规则仍有适用的余地。对此，请求人民法院确认遗嘱部分内容无效的当事人，负有举证责任。

《民法典》继承编第 1143 条第 2 款属于特别法，从而排除《民法典》总则编第 148~150 条的适用。遗嘱属于无偿转移财产的单方法律行为，自然没有《民法典》总则编第 146 条通谋虚伪行为规则、第 151 条显失公平规则、第 154 条恶意串通规则适用的余地。继承人以欺诈、胁迫手段迫使或者妨碍遗嘱人设立、变更或者撤回遗嘱，情节严重的，依据《民法典》继承编第 1125 条第 1 款丧失继承权。

因重大误解而订立的遗嘱，法律效果如何，《民法典》继承编并无规定。就表示错误而言，比如写错法定继承人姓名、将自己的 1201 号房屋误书为他人的 1210 号房屋，应当通过解释探求遗嘱人的真实意愿，按照遗嘱人的真实意愿分配遗产。[6] 就内容错误、动机错误而言，比如误以为与自己无血缘关系的子女为亲生子女而指定其为继承人、不知妻子严重违反忠实义务而为感谢妻子将妻子指定为全部遗产的继承人，应当推测遗嘱人的意思，即遗嘱人在知道事情的真实情况时是否会作出这一表示。如果答案是否定的，那么，应类推适用《民法典》继承编第 1143 条第 2 款将这类遗嘱认定为无效。当然，不论是将因重大误解订立的遗嘱按照《民法典》总则编第 147 条认定为可撤销的遗嘱，还是类推适用《民

---

〔1〕 参见［德］雷纳·弗兰克、托比亚斯·海尔姆斯：《德国继承法》，王葆莳、林佳业译，中国政法大学出版社 2015 年版，第 73 页。

〔2〕 Olzen/Looschelders, Erbrecht, 5. Aufl., De Gruyter, 2017, Rn. 667; Reothel, Erbrecht, 18. Aufl., C. H. Beck, 2020, § 21, Rn. 1; MüKoBGB/Leipold, 8. Aufl. 2020, BGB § 2078 Rn. 1.

〔3〕 MüKoBGB/Leipold, 8. Aufl. 2020, BGB § 2078 Rn. 62.

〔4〕 MüKoBGB/Leipold, 8. Aufl. 2020, BGB § 2078 Rn. 59.

〔5〕 参见［德］雷纳·弗兰克、托比亚斯·海尔姆斯：《德国继承法》，王葆莳、林佳业译，中国政法大学出版社 2015 年版，第 68 页。

〔6〕 参见陈棋炎、黄宗乐、郭振恭：《民法继承新论》，三民书局股份有限公司 2019 年版，第 252 页。

法典》继承编第1143条第2款认定为无效遗嘱，都应当先对遗嘱进行解释，以确定该遗嘱的内容客观上与遗嘱人内心真意不符。

3. 不违背法律、行政法规的强制性规定，不违反公序良俗。比如，违反忠实义务的被继承人将个人财产遗赠给介入婚姻的第三者，即违反了公序良俗，从而遗赠无效。

三、遗嘱的形式

依据《民法典》继承编第1134~1139条，遗嘱人应当在自书遗嘱、代书遗嘱、打印遗嘱、录音录像遗嘱、口头遗嘱、公证遗嘱等六种法定遗嘱形式中选择遗嘱的形式，并符合具体法定形式的要求。遗嘱形式旨在确保遗嘱内容系遗嘱人的真实意思，同时发挥证据功能和警示功能，避免继承人因举证困难陷入争议，避免遗嘱人草率地设立遗嘱。

（一）自书遗嘱

依据《民法典》继承编第1134条，自书遗嘱，须由遗嘱人亲笔书写、签名，并注明年、月、日。亲笔书写是自书遗嘱区别于代书遗嘱、打印遗嘱的根本特征。签名，旨在表明遗嘱系遗嘱人亲笔书写，体现遗嘱人的真实意思，符合遗嘱高度人身性的要求。注明时间，旨在确定遗嘱的效力。首先，注明时间便于确定遗嘱人设立遗嘱时是否具有遗嘱能力。其次，遗嘱人立下数份内容相抵触的遗嘱的，注明时间便于判断数份遗嘱的时间先后顺序，确定哪一份遗嘱是最后的遗嘱，遗嘱继承以最后一份遗嘱为依据。最后，注明时间还有助于区分遗嘱的变更、撤回和遗嘱的部分无效。遗嘱人实施了与遗嘱内容相矛盾的民事法律行为的，比如，将遗嘱所涉财产予以出卖，如果该民事法律行为发生于遗嘱设立之前，那么，遗嘱涉及的是他人财产，从而该部分内容无效；反之，如果该民事法律行为发生于遗嘱设立之后，那么，该行为构成对遗嘱的变更、撤回。

按照司法解释的规定，自然人在遗书中涉及死后个人财产处分的内容，确为死者真实的意思表示，有本人签名并注明了年、月、日，又无相反证据的，按自书遗嘱对待。[1]

（二）代书遗嘱

代书遗嘱，是由他人代为书写的遗嘱。《民法典》继承编第1135条规定："代书遗嘱应当有两个以上见证人在场见证，由其中一人代书，并由遗嘱人、代书人和其他见证人签名，注明年、月、日。"据此，代书遗嘱应当符合以下要求：①有两个以上见证人在场见证；②由一个见证人代书；③由代书人、其他见证人和遗嘱人签名，注明年、月、日。

见证人须具备见证遗嘱真实性的能力，且具有中立性，全程参与设立遗嘱的过程并当场签字。[2] 依据《民法典》继承编第1140条，下列人员不能作为遗嘱见证人：①无民事行为能力人、限制民事行为能力人以及其他不具有见证能力的人；②继承人、受遗赠人；③与继承人、受遗赠人有利害关系的人。[3] 需要注意的是，我国司法实践有观点认为，见证人不同于普通的证人，即见证人应当有明确的为他人立遗嘱的行为进行见证的意思，而不仅仅是立遗嘱这一客观事实的证人。[4] 上述对见证人的要求也适用于打印遗嘱、录音录像遗嘱、口头遗嘱。

---

〔1〕参见《民法典继承编司法解释（一）》第27条。

〔2〕参见重庆市高级人民法院（2016）渝民再102号民事判决书。

〔3〕参见《民法典继承编司法解释（一）》第24条规定："继承人、受遗赠人的债权人、债务人，共同经营的合伙人，也应当视为与继承人、受遗赠人有利害关系，不能作为遗嘱的见证人。"

〔4〕参见四川省高级人民法院（2014）川民申字第1791号民事裁定书。

（三）打印遗嘱

《民法典》继承编第1136条规定："打印遗嘱应当有两个以上见证人在场见证。遗嘱人和见证人应当在遗嘱每一页签名，注明年、月、日。"据此，打印遗嘱应当符合以下要求：①有两个以上见证人在场见证；②遗嘱人和见证人应当在遗嘱每一页签名，注明年、月、日。要求遗嘱人和见证人在遗嘱每一页签名，以避免遗嘱存在多页时，其中部分页面被替换或篡改。

（四）录音录像遗嘱

《民法典》继承编第1137条规定："以录音录像形式立的遗嘱，应当有两个以上见证人在场见证。遗嘱人和见证人应当在录音录像中记录其姓名或者肖像，以及年、月、日。"据此，录音录像遗嘱应符合以下要求：①有两个以上见证人在场见证；②遗嘱人和见证人应当在录音录像中记录其姓名或者肖像，以及年、月、日。录音录像遗嘱没有书面形式，因此，无法要求遗嘱人和见证人签名，只能要求遗嘱人和见证人在录音录像中表明遗嘱人和见证人的身份、确认遗嘱内容以及表明在场见证。遗嘱人须亲自表明自己的身份、清晰口述遗嘱的全部内容、表明自己理解自己所口述内容的法律意义，不能由他人转述。此外，在录像遗嘱中，遗嘱人和见证人应当展示其肖像、确认身份、表明姓名，〔1〕确保录像遗嘱的真实性。

（五）口头遗嘱

以口头方式设立遗嘱，最为便捷，但遗嘱内容无固定载体，完全依靠在场者的记忆和表述，容易引起争议、发生纠纷。因此，口头遗嘱的适用受到严格限制。对此，《民法典》继承编第1138条规定："遗嘱人在危急情况下，可以立口头遗嘱。口头遗嘱应当有两个以上见证人在场见证。危急情况消除后，遗嘱人能够以书面或者录音录像形式立遗嘱的，所立的口头遗嘱无效。"按照这一规定，口头遗嘱应当符合以下要求：①遗嘱人处于危急情况；②有两个以上见证人在场见证。所谓危急情况，主要是指遗嘱人生命垂危或者遭遇重大意外灾害等紧急情况，来不及或者没有条件以其他形式设立遗嘱。〔2〕判断危急情况的关键在于，遗嘱人没有条件以其他形式设立遗嘱，并且如果现在不设立遗嘱，遗嘱人很有可能以后无法再设立遗嘱以表明自己的真实意愿。因此，遗嘱人即将永久丧失遗嘱能力的，也可能构成危急情况。遗嘱人在危急情况下设立口头遗嘱后，在危急情况解除前死亡的，口头遗嘱生效。

既然口头遗嘱只适用于危急情况，那么，危急情况一旦消除，遗嘱人能够以书面或者录音录像形式设立遗嘱以表明自己真实意愿的，遗嘱人在危急情况下设立的口头遗嘱即无效。这是因为，遗嘱人在危急情况下可能没有经过深思熟虑地思考，口头遗嘱不一定完全符合其本人的真实意愿。如果遗嘱人在危急情况解除后愿意接受口头遗嘱的内容，遗嘱人完全可以设立其他形式的遗嘱来确认口头遗嘱的内容。倘若遗嘱人在危急情况解除后，有条件设立其他形式的遗嘱但没有设立的，口头遗嘱无效。

危急情况解除后，遗嘱人应当在多长时间内设立其他形式的遗嘱，《民法典》继承编并未规定。对此，学界多主张借鉴比较法经验，从时间上限制口头遗嘱的效力，比如3个

---

〔1〕 参见黄薇主编：《中华人民共和国民法典继承编解读》，中国法制出版社2020年版，第88页。

〔2〕 参见郭明瑞、房绍坤：《继承法》，法律出版社2004年版，第147页；黄薇主编：《中华人民共和国民法典继承编解读》，中国法制出版社2020年版，第91页。

月、[1] 两周。[2]

（六）公证遗嘱

《民法典》继承编第 1139 条规定："公证遗嘱由遗嘱人经公证机构办理。"在操作上，遗嘱公证按照《遗嘱公证细则》《公证程序规则》确定的程序办理。在公证遗嘱中，遗嘱人向公证人提供遗嘱或表达处理遗产的意思表示的，遗嘱的意思表示仍然是无相对人的意思表示，即公证人并非意思表示的相对人。[3]

公证遗嘱能够最大限度地保证遗嘱的真实性，具有较强的证明能力。不过，《民法典》继承编改变了原《继承法》的立场，否定了公证遗嘱效力的优先性，从而，不同形式的遗嘱具有同等效力。依据《民法典》继承编第 1142 条，遗嘱人立有多份内容相互抵触的遗嘱的，以最后的遗嘱为准。因此，即使遗嘱人设立了公证遗嘱，该公证遗嘱仍然可以被在后的自书遗嘱、代书遗嘱、打印遗嘱、录音录像遗嘱甚至口头遗嘱所撤回。这也符合遗嘱自由原则，从而确保遗嘱人的真实意愿，避免因过于强调公证遗嘱的证据效力而限制遗嘱人的遗嘱自由。

四、遗嘱的内容

（一）指定继承人

遗嘱人可以在遗嘱中将法定继承人指定为遗嘱继承人。在我国，遗嘱继承人必须是法定继承人，包括第一顺序和第二顺序的法定继承人。依据《民法典》继承编第 1133 条第 2 款，遗嘱人可以按照自己的意愿指定其中一人或数人继承自己的遗产。一旦继承开始、遗嘱生效，遗嘱继承人即直接承受遗嘱人的遗产。倘若遗嘱人有数个第一顺序法定继承人，遗嘱人指定第一顺序法定继承人中的一人或部分人为遗嘱继承人的，即排除了其他第一顺序法定继承人的继承权。

指定继承人可以附条件。比如父亲在遗嘱中可以规定，儿子必须考上大学才能继承房屋。这就是附延缓条件的指定继承人。遗嘱人可以指定替补继承人，即指定遗嘱继承人不能继承时，该遗嘱继承人应当继承的份额由他人继承。一般来说，遗嘱继承人不能继承的情形包括遗嘱继承人丧失继承权、在继承开始前死亡、在继承开始后放弃继承或遗产分割前死亡。我国《民法典》继承编第 1152 条但书承认，针对遗嘱继承人在继承开始后、遗产分割前死亡的情形，遗嘱人可以指定替补继承人。

（二）设定遗赠

依据《民法典》继承编第 1133 条第 3 款，自然人可以立遗嘱将个人财产无偿给予国家、集体或者法定继承人以外的组织、个人。这就是遗赠。

遗赠具有以下特征：

1. 遗赠是遗嘱的内容。作为遗嘱的具体内容，遗赠于遗嘱人死亡时发生效力，故遗赠不等于赠与，后者是生前行为、双方法律行为。

2. 受遗赠的主体必须是法定继承人之外的人。在我国，只有法定继承人之外的民事主体，包括国家、集体、组织或自然人，才能成为受遗赠人。遗嘱人指定由特定法定继承人取得某项财产的，属于遗嘱继承而非遗赠。自然人之外的国家、集体、组织可以成为受遗赠人，但不能成为继承人。

---

[1] 参见张玉敏：《继承法律制度研究》，华中科技大学出版社 2016 年版，第 164 页。

[2] 参见郭明瑞、房绍坤：《继承法》，法律出版社 2004 年版，第 147 页。

[3] MüKoBGB/Sticherling, 8. Aufl. 2020, BGB § 2232 Rn. 17.

3. 遗赠的标的是财产利益。遗赠是遗嘱人将个人财产利益无偿给予受遗赠人。财产利益可以是物权、债权、知识产权等财产利益。按照被遗赠的财产利益，遗赠分为特定遗赠和概括遗赠。特定遗赠是以特定财产为标的的遗赠。概括遗赠是以全部遗产为标的的遗赠，从而受遗赠人可以获得清偿遗产债务后的全部剩余遗产。我国《民法典》继承编是否承认概括遗赠，学界存在较大分歧。[1]

受遗赠人必须表示接受遗赠才能取得受遗赠权。依据《民法典》继承编第1124条第2款，继承开始后，受遗赠人应当在知道受遗赠后60日内，作出接受或者放弃受遗赠的表示。受遗赠人到期没有表示的，视为放弃受遗赠。也就是说，接受遗赠与接受继承不同，受遗赠人必须积极作出意思表示，才能接受遗赠。

受遗赠权可以丧失。依据《民法典》继承编第1125条第3款，受遗赠人实施了该条第1款的行为的，丧失受遗赠权。[2]

遗赠的法律后果：

1. 受遗赠权是债权。遗赠与遗嘱继承在法律效果上存在较大差别。《民法典》物权编第230条改变了之前《物权法》第29条的立场，不再承认遗赠具有物权变动的效果。依据《民法典》物权编第230条和继承编第1121条第1款，遗嘱人死亡则继承开始，遗嘱人生前享有的物权即直接发生变动，由继承人取得。因此，继承开始时，被遗赠的财产归属于继承人。受遗赠人对遗赠财产没有支配权，[3] 仅在表示接受遗赠后，针对继承人享有转移遗赠财产权属的请求权。[4] 也就是说，遗赠发生债的效力，在继承人和受遗赠人之间创设法定之债，受遗赠人对继承人享有请求权。继承人和受遗赠人之间的法定之债关系，可以依据《民法典》合同编第468条类推适用合同编的有关规定。受遗赠人表示接受遗赠后、实际取得遗赠财产前死亡的，受遗赠权由受遗赠人的继承人承受。[5]

2. 受遗赠人须清偿遗产债务。《民法典》继承编第1163条规定："既有法定继承又有遗嘱继承、遗赠的，由法定继承人清偿被继承人依法应当缴纳的税款和债务；超过法定继承遗产实际价值部分，由遗嘱继承人和受遗赠人按比例以所得遗产清偿。"据此，受遗赠人可能负有清偿遗产债务的义务。[6]

继承开始时，遗产直接由继承人概括承受，继承人以遗产的实际价值为限对遗产债务负责。受遗赠权是针对继承人的请求权，对应的是继承人负担的法定之债，因此，遗赠债

---

〔1〕 主张我国立法承认概括遗赠的观点，参见刘春茂主编：《中国民法学·财产继承》，人民法院出版社2008年版，第368页；张玉敏：《继承法律制度研究》，华中科技大学出版社2016年版，第178页。主张我国立法没有承认概括遗赠的观点，参见郭明瑞、房绍坤：《继承法》，法律出版社2004年版，第174页；张平华、刘耀东：《继承法原理》，中国法制出版社2009年版，第344页；杨大文主编：《亲属法与继承法》，法律出版社2013年版，第378页；蒋月主编：《婚姻家庭与继承法》，厦门大学出版社2014年版，第366页。

〔2〕 按照法工委提供的意见，丧失受遗赠权属于绝对丧失。参见黄薇主编：《中华人民共和国民法典继承编解读》，中国法制出版社2020年版，第35页。

〔3〕 参见张玉敏：《继承法律制度研究》，华中科技大学出版社2016年版，第179页。

〔4〕 有观点认为，受遗赠权是对遗嘱执行人的请求权，但不是债权。参见郭明瑞、房绍坤：《继承法》，法律出版社2004年版，第179~180页。这是因为，遗赠人生前债务的清偿优先于受遗赠人的受遗赠权，受遗赠人不能与遗赠人的债权人平等地分配遗产。本书赞同这一理由，但认为遗赠产生的债务属于遗产债务，只是遗赠债务应当最后获得清偿。参见张玉敏：《继承法律制度研究》，华中科技大学出版社2016年版，第94页。

〔5〕 参见《民法典继承编司法解释（一）》第38条。

〔6〕 在我国，由于受遗赠人可能需要对遗产债务负责，因此，接受遗赠不属于纯获法律上利益的民事法律行为。因此，限制民事行为能力人、无民事行为能力人接受、放弃遗赠须由法定代理人为之。

务属于遗产债务。[1] 因此，在正常情况下，依据《民法典》继承编第 1147 条、第 1162 条，遗产管理人应当先清偿包括遗赠债务在内的遗产债务，从而受遗赠人作为遗产债务的债权人无须清偿遗产债务。

然而，如果遗产管理人执行遗赠后，遗赠人的债权人才知道遗赠人死亡并主张债权的，受遗赠人即以所受遗赠财产为限清偿债务。当然，受遗赠人仅在法定继承人所得遗产不足以清偿遗产债务时，才与遗嘱继承人以所受遗产按比例清偿遗产债务。[2]

（三）指定遗产的分割方法和份额

遗嘱人指定多个遗嘱继承人的，可以在遗嘱中确定遗产的分割方法和份额，从而避免继承人之间就遗产分割发生争议。遗嘱人应当在遗嘱中指定每个继承人或受遗赠人可以得到的份额或具体财产。[3] 遗嘱人指定数个继承人共同继承一项特定财产的，应当确定遗产分割的具体方法或具体份额。遗嘱人还可以指定由第三人分割遗产。

依据直接继承原则、概括继承原则，继承开始时，遗产由全体继承人概括承受。也就是说，遗嘱人指定的遗产分割方法和各个继承人有权取得的份额，并不会直接发生物权效力。各个继承人并非在继承开始时直接依据遗嘱取得各自的份额，而是全体继承人先对遗产形成共同共有，再按照遗嘱指定的方法和份额分割遗产。因此，遗嘱人指定的分割方法和份额仅具有债的效力，[4] 从而约束全体继承人、[5] 遗产管理人。[6] 依据《民法典》继承编第 1147 条，遗产管理人应当按照遗嘱指定的分割方法和份额来分割遗产。遗嘱指定特定财产由某个继承人继承的，该继承人可以请求分割遗产并将该项财产转移给他。[7]

需要注意的是，遗嘱人应当在遗嘱中保留必留份。《民法典》继承编第 1141 条规定："遗嘱应当为缺乏劳动能力又没有生活来源的继承人保留必要的遗产份额。"遗嘱人未在遗嘱中保留必留份的，遗嘱部分无效。

（四）对遗嘱继承人、受遗赠人设置义务

遗嘱人可以为遗嘱继承人、受遗赠人设置义务。依据《民法典》继承编第 1144 条，遗嘱继承人、受遗赠人没有正当理由不履行义务的，经利害关系人或者有关组织请求，人民法院可以取消其接受附义务部分遗产的权利。这种附加义务也被称之为遗托、[8] 遗嘱负

---

〔1〕 参见张平华、刘耀东：《继承法原理》，中国法制出版社 2009 年版，第 428 页；［德］雷纳·弗兰克、托比亚斯·海尔姆斯：《德国继承法》，王葆莳、林佳业译，中国政法大学出版社 2015 年版，第 178 页。

〔2〕 参见黄薇主编：《中华人民共和国民法典继承编解读》，中国法制出版社 2020 年版，第 166 页。实际上，在遗赠仅产生债权的背景下，遗产管理人未清偿遗产债务即执行遗赠的，继承人对遗产债务负责。也就是说，继承人应当以全部遗产实际价值为限先清偿遗产债务，再执行遗赠，最后按照遗嘱分割遗产。受遗赠人和遗嘱继承人并不处于同一顺位，因此，执行遗赠后的遗产不足以清偿遗产债务的，受遗赠人不应与遗嘱继承人按比例清偿遗产债务，而是由继承人对债权人负责。严格来说，只有在遗赠直接发生物权变动时，受遗赠人才应当以所得遗产对遗产债务负责。《民法典》继承编第 1163 条即体现了这一思路，从而与《民法典》物权编第 230 条存在矛盾。由此可见，《民法典》立法者没有就遗赠效力进行体系化思考。

〔3〕 遗嘱中对同一财产的安排前后矛盾的，如果能查明遗嘱人的真实意思，应认定体现遗嘱人真实意思的安排有效，而不宜将其认定为遗嘱人未处理的财产而适用法定继承。参见陈棋炎、黄宗乐、郭振恭：《民法继承新论》，三民书局股份有限公司 2019 年版，第 251 页。

〔4〕 参见［德］雷纳·弗兰克、托比亚斯·海尔姆斯：《德国继承法》，王葆莳、林佳业译，中国政法大学出版社 2015 年版，第 98 页。

〔5〕 MüKoBGB/Ann，8. Aufl. 2020，BGB § 2048 Rn. 9.

〔6〕 Burandt/Rojahn/Flechtner，3. Aufl. 2019，BGB § 2048 Rn. 13.

〔7〕 BeckOK BGB/Lohmann，54. Ed. 1. 5. 2020，BGB § 2048 Rn. 3.

〔8〕 参见郭明瑞、房绍坤：《继承法》，法律出版社 2004 年版，第 177 页。

担。[1]

附义务的遗赠，不同于附条件遗赠。[2] 附义务的遗赠，遗嘱因继承开始而生效，受遗赠人表示接受遗赠而取得遗赠请求权，从而区别于附延缓条件的遗赠。受遗赠人接受遗赠的，在取得权利的同时负担义务。受遗赠人不履行附加义务的，不会导致遗赠无效，而是由利害关系人请求人民法院取消受遗赠人接受附义务部分遗产的权利，从而区别于附解除条件的遗赠。

一般来说，附加义务须有实现的可能，[3] 不得违背强行性规定、公序良俗。附加义务在继承开始时属于客观不能或违背强行性规定、公序良俗的，遗嘱关于附加义务的部分无效。[4] 此外，附加义务应当不超过接受遗产权利的限度。[5] 附加义务可以不具有经济意义，比如遗嘱人要求遗嘱继承人按时照料墓地。[6] 附加义务可能没有受益人，也可能有受益人。[7] 如果附加义务有受益人，受益人可能是特定人，也可能是不特定人，如受遗赠人须建设一所小学。

遗嘱继承人、受遗赠人无正当理由不履行附加义务的，利害关系人或有关组织可以请求人民法院取消遗嘱继承人、受遗赠人接受附义务部分遗产的权利。这意味着，遗嘱继承人、受遗赠人有正当理由不履行附加义务的，仍然可以保有遗产。遗嘱继承人、受遗赠人能否继续履行附加义务，应当按照《民法典》合同编第 580 条第 1 款认定。请求人民法院取消义务人接受遗产的权利的利害关系人，通常包括法定继承人、遗嘱执行人、受益人等。[8] 人民法院取消义务人接受附义务部分遗产的权利后，可以将该部分遗产分配给已经履行上述义务的法定继承人、[9] 愿意履行附加义务的法定继承人继承。[10] 因此，如果附加义务仍有履行的可能性，接受遗产的法定继承人仍然应当履行附加义务。[11]

（五）指定遗嘱执行人

依据《民法典》继承编第 1133 条第 1 款，遗嘱人可以在遗嘱中指定遗嘱执行人。遗嘱执行人的任务，是依照遗嘱实现遗嘱人的意愿。因此，遗嘱执行人必须是完全民事能力人。遗嘱人的法定继承人可以担任遗嘱执行人。指定遗嘱执行人，属于单方行为，无须遗嘱人与遗嘱执行人达成合意。在继承开始后，被指定为遗嘱执行人的自然人、法人，表示愿意

---

〔1〕 参见张玉敏：《继承法律制度研究》，华中科技大学出版社 2016 年版，第 179 页。

〔2〕 参见林秀雄：《继承法讲义》，元照出版有限公司 2019 年版，第 316 页。

〔3〕 参见陈棋炎、黄宗乐、郭振恭：《民法继承新论》，三民书局股份有限公司 2019 年版，第 372 页。

〔4〕 Lange，Erbrecht，2. Aufl.，C. H. Beck，2017，§ 31，Rn. 36.

〔5〕 参见林秀雄：《继承法讲义》，元照出版有限公司 2019 年版，第 316 页。

〔6〕 Olzen/Looschelders，Erbrecht，5. Aufl.，De Gruyter，2017，Rn. 375.

〔7〕 参见［德］雷纳·弗兰克、托比亚斯·海尔姆斯：《德国继承法》，王葆莳、林佳业译，中国政法大学出版社 2015 年版，第 97 页。

〔8〕 学界多认为，受益人也可以请求人民法院取消义务人接受遗产的权利。参见张玉敏：《继承法律制度研究》，华中科技大学出版社 2016 年版，第 179 页；黄薇主编：《中华人民共和国民法典继承编解读》，中国法制出版社 2020 年版，第 109 页。然而，受益人是否享有请求义务人履行义务的请求权，学说存在分歧。持肯定说者，参见林秀雄：《继承法讲义》，元照出版有限公司 2019 年版，第 319 页；陈棋炎、黄宗乐、郭振恭：《民法继承新论》，三民书局股份有限公司 2019 年版，第 375 页。

〔9〕 参见重庆市高级人民法院（2015）渝高法民抗字第 00004 号民事判决书。

〔10〕 参见江苏省高级人民法院（2015）苏审二民申字第 00008 号民事裁定书。

〔11〕 参见《民法典继承编司法解释（一）》第 29 条规定："附义务的遗嘱继承或者遗赠，如义务能够履行，而继承人、受遗赠人无正当理由不履行，经受益人或者其他继承人请求，人民法院可以取消其接受附义务部分遗产的权利，由提出请求的继承人或者受益人负责按遗嘱人的意愿履行义务，接受遗产。"

担任遗嘱执行人的，得依据遗嘱享有权限、履行职责。

遗嘱执行人的法律地位来自遗嘱人的指定，承担的是私法上的职务。[1] 因此，遗嘱执行人的职责范围由遗嘱人决定，可能比《民法典》继承编第 1147 条规定的职责范围更广。遗嘱执行人按照遗嘱人的意愿来管理、分割遗产。为了确保遗嘱执行人实现遗嘱人的意愿、避免遗嘱人的意愿因继承人对遗产的处分而落空，原则上，在继承开始后，继承人对遗产中具体财产的处分权限受到限制。[2] 在遗嘱执行人执行遗嘱过程中，遗嘱执行人依据遗嘱负责管理、处分遗嘱所涉遗产。遗嘱没有明确指示的，遗嘱执行人得在执行遗嘱的必要范围内管理、处分遗产。继承人擅自处分属于遗产中的具体财产的，构成效力待定的无权处分,[3] 但可成立善意取得。遗嘱没有处理的遗产，适用法定继承，由法定继承人管理、处分。

遗嘱执行人与继承人之间成立法定之债关系。继承人因继承开始成为遗产共有人，遗嘱执行人清理遗产、制作遗产清单、向继承人报告遗产情况、采取必要措施防止遗产毁损灭失，实际上履行的是对继承人的法定义务。为了避免遗嘱执行人为了自己的利益损害继承人的利益，应当类推适用《民法典》总则编第 168 条第 1 款，未经继承人同意，遗嘱执行人不得通过自己交易将遗产处分给自己。[4] 遗嘱执行人因执行遗嘱、管理遗产而支出的必要费用，属于遗产债务。[5] 遗嘱执行完毕，遗嘱执行人应向全体继承人报告执行情况。

在继承开始后，遗嘱执行人为遗产管理人，适用遗产管理人等规定。[6] 因此，遗嘱人没有指定遗嘱执行人或者遗嘱执行人拒绝的，继承人应当推选遗产管理人，由遗产管理人按照遗嘱分割遗产。

（六）其他

依据《民法典》继承编第 1133 条第 4 款，遗嘱人可以设立遗嘱信托。此外，遗嘱人在遗嘱中可能会安排与财产继承无关的事务，比如为被监护人指定遗嘱监护人、设立居住权、捐献人体器官或遗体、安排身后事务等。

五、遗嘱的解释

遗嘱的解释，采意思主义，即依据《民法典》总则编第 142 条第 2 款探求遗嘱人的内心真意。换言之，遗嘱的解释不应拘泥于遗嘱的字面意思，而应结合遗嘱设立时遗嘱之外的具体情况查明遗嘱人的真实意愿。[7] 这一立场的理由在于：遗嘱属于单方法律行为，其包含的意思表示为无相对人的意思表示，不涉及相对人信赖保护或交易安全；遗嘱涉及个

---

〔1〕 参见郭明瑞、房绍坤：《继承法》，法律出版社 2004 年版，第 166 页；［德］雷纳·弗兰克、托比亚斯·海尔姆斯：《德国继承法》，王葆莳、林佳业译，中国政法大学出版社 2015 年版，第 101 页。也有学者认为，遗嘱执行人是被继承人的代理人。参见彭诚信主编：《继承法》，吉林大学出版社 2007 年版，第 4 页。还有学者认为，遗嘱执行人是继承人的代理人。参见王歌雅：“《民法典·继承编》：制度补益与规范精进”，载《求是学刊》2020 年第 1 期。还有学者采取信托受托人说。参见张平华、刘耀东：《继承法原理》，中国法制出版社 2009 年版，第 366 页。当然，这些学说争议的实践意义有限。

〔2〕 参见刘耀东：“遗嘱执行的比较法研究”，载《东方法学》2013 年第 2 期。

〔3〕 Brox/Walker, Erbrecht, 28. Aufl., Vahlen, 2018, § 26, Rn. 32; MüKoBGB/Zimmermann, 8. Aufl. 2020, BGB § 2211 Rn. 7.

〔4〕 Brox/Walker, Erbrecht, 28. Aufl., Vahlen, 2018, § 26, Rn. 24; Roethel, Erbrecht, 18. Aufl., C. H. Beck, 2020, § 35, Rn. 33.

〔5〕 参见汪洋：“遗产债务的类型与清偿顺序”，载《法学》2018 年第 12 期。

〔6〕 参见黄薇主编：《中华人民共和国民法典继承编解读》，中国法制出版社 2020 年版，第 76 页。

〔7〕 Olzen/Looschelders, Erbrecht, 5. Aufl., De Gruyter, 2017, Rn. 580.

人财产在死后的安排，遗嘱生效时遗嘱人已经不具有民事权利能力，故遗嘱并非创设遗嘱人与他人之间的法律关系；遗嘱人在生前可以随时撤回、变更遗嘱，即使继承人已经获悉遗嘱内容对自己有利，继承人对遗嘱亦无值得保护的信赖；继承人、受遗赠人基于遗嘱无偿取得遗产，其应当受到的保护程度较低。〔1〕

遗嘱的解释，以遗嘱人设立遗嘱时具备遗嘱能力、遗嘱符合法定形式要求为前提。如果遗嘱因违反法定形式要求而无效，自然没有解释的可能。〔2〕遗嘱的解释先从文义入手。一般来说，遗嘱使用的词语应当按照遗嘱人的习惯用法来解释，而非按照通常含义解释。〔3〕比如，遗嘱人总是将自己藏酒的酒窖称为图书馆的，那么，遗嘱人通过遗嘱将图书馆遗赠给他人的，该图书馆就不能被解释为藏书，而是酒窖。〔4〕当然，由于公证人员在办理公证时应当依据《遗嘱公证细则》第 11 条询问遗嘱人的真实意愿、依据《公证程序规则》第 34 条指导遗嘱人补正或者修改不准确的表达，因此，遗嘱人在公证遗嘱中使用术语的，一般应当推定遗嘱人是在了解该术语的通常含义的基础上使用该术语，因此，应当按照该术语的通常含义来解释。当然，公证人员并非遗嘱意思表示的相对人，遗嘱解释仍以遗嘱人的理解为准。〔5〕

遗嘱的解释，应当以尽量使遗嘱有效为原则，实现遗嘱人的真实愿望。〔6〕因此，遗嘱的一项内容具有多种含义的，应当优先选择能够让该项内容生效的解释结论。此外，“误载无害真意”原则也适用于遗嘱的解释。〔7〕最后，学说上有观点认为，当遗嘱存在漏洞时，为了避免因遗嘱漏洞而适用法定继承，可以通过补充解释推测遗嘱人可能的意思。〔8〕

六、遗嘱的无效

依据《民法典》继承编第 1143 条，无效遗嘱主要包括以下情形：①遗嘱人设立遗嘱时须具备遗嘱能力，因此，无民事行为能力人或者限制民事行为能力人所立遗嘱无效；②遗嘱必须体现遗嘱人的真实意思，因此，遗嘱人受欺诈、胁迫所立的遗嘱无效，伪造的遗嘱无效，遗嘱被篡改的内容无效。此外，违反《民法典》继承编第 1141 条，没有给缺乏劳动

---

〔1〕 Lange, Erbrecht, 2. Aufl., C. H. Beck, 2017, § 35, Rn. 3.

〔2〕 Olzen/Looschelders, Erbrecht, 5. Aufl., De Gruyter, 2017, Rn. 575. 学界有观点认为，遗嘱形式只是为了确保遗嘱系真实意思表示的手段，遗嘱解释若能探求真意，应当尽量减少形式瑕疵带来的负面影响，以缓和遗嘱形式的严格性。参见张平华、刘耀东：《继承法原理》，中国法制出版社 2009 年版，第 252 页。对此，《最高人民法院研究室关于代书遗嘱虽不符合法定形式要件但确系遗嘱人真实意思表示能否认定有效问题的答复》认为：“根据《中华人民共和国继承法》以及《最高人民法院关于贯彻执行（中华人民共和国继承法）若干问题的意见》的有关规定，不符合法定形式要件的代书遗嘱不宜认定为有效。”由此可见，最高人民法院认为，不符合法定形式要求的遗嘱无效。

〔3〕 参见张平华、刘耀东：《继承法原理》，中国法制出版社 2009 年版，第 253 页。

〔4〕 参见［德］马蒂亚斯·施默克尔：《德国继承法》，吴逸越译，中国人民大学出版社 2020 年版，第 133 页。

〔5〕 Lange, Erbrecht, 2. Aufl., C. H. Beck, 2017, § 35, Rn. 14; Horn, in: Horn/Kroiß, Testamentsauslegung, 2. Aufl., C. H. Beck, 2019, § 7, Rn. 59 ff.;［德］雷纳·弗兰克、托比亚斯·海尔姆斯：《德国继承法》，王葆莳、林佳业译，中国政法大学出版社 2015 年版，第 62 页。

〔6〕 参见［德］雷纳·弗兰克、托比亚斯·海尔姆斯：《德国继承法》，王葆莳、林佳业译，中国政法大学出版社 2015 年版，第 64 页。

〔7〕 Lange, Erbrecht, 2. Aufl., C. H. Beck, 2017, § 35, Rn. 14; Horn, in: Horn/Kroiß, Testamentsauslegung, 2. Aufl., C. H. Beck, 2019, § 7, Rn. 69.

〔8〕 参见张平华、刘耀东：《继承法原理》，中国法制出版社 2009 年版，第 262 页；［德］雷纳·弗兰克、托比亚斯·海尔姆斯：《德国继承法》，王葆莳、林佳业译，中国政法大学出版社 2015 年版，第 63 页。

能力又没有生活来源的继承人保留必要遗产份额的遗嘱，部分无效。《民法典继承编司法解释（一）》第26条还规定："遗嘱人以遗嘱处分了国家、集体或者他人财产的，应当认定该部分遗嘱无效。"

第三节　遗赠扶养协议

一、遗赠扶养协议的概念和性质

《民法典》继承编第1158条规定："自然人可以与继承人以外的组织或者个人签订遗赠扶养协议。按照协议，该组织或者个人承担该自然人生养死葬的义务，享有受遗赠的权利。"因此，遗赠扶养协议是扶养人承担对被扶养人的生养死葬义务，并由扶养人在被扶养人死后依据协议约定继受其全部或部分遗产的协议。[1] 其中，扶养人可以是组织，也可以是自然人，但必须是法定继承人之外的自然人。禁止法定继承人作为扶养人的理由在于，法定继承人通常对被继承人负有法定的扶养义务，当事人不得通过约定转让或免除该法定义务，法定继承人履行法定扶养义务亦不能取得报酬，因此，允许法定继承人订立遗赠扶养协议，会导致法定继承人借助遗赠扶养协议规避法定的扶养义务。[2]

关于遗赠扶养协议的性质，通说认为，遗赠扶养协议是双务合同，包括扶养部分和遗赠部分。[3] 遗赠扶养协议中的扶养部分，在被扶养人生前生效，并无争议。然而，遗赠扶养协议中的遗赠部分在遗赠人生前生效还是死后生效，学界存在较大分歧。有学者采生前行为说，[4] 也有学者支持死因行为说。[5] 此外，遗赠扶养协议与德国法上的继承合同是何关系，学界立场不一。[6] 引起这些争议的原因，在于原《继承法》与《民法典》继承编并未系统地规定遗赠扶养协议制度，因此，学界倾向于借鉴德国法上的继承合同制度研究遗赠扶养协议。然而，德国法上的继承合同具有死因处分和合同双重性质。[7] 实际上，在德国法上，与我国遗赠扶养协议功能类似的制度，是遗赠合同与扶养合同结合而成的联立合同，[8] 但可因当事人约定而形成一个统一的合同。[9]

本书认为，遗赠扶养协议属于双方法律行为，其成立仍须适用合同成立的一般规定。唯其特色在于，扶养部分于被扶养人生前生效，遗赠部分于被扶养人死亡时生效。也就是

〔1〕 参见张平华、刘耀东：《继承法原理》，中国法制出版社2009年版，第372页。

〔2〕 参见黄薇主编：《中华人民共和国民法典继承编解读》，中国法制出版社2020年版，第152页。

〔3〕 参见郭明瑞、房绍坤：《继承法》，法律出版社2004年版，第220页。

〔4〕 参见蒋月主编：《婚姻家庭与继承法》，厦门大学出版社2014年版，第370页；陈苇主编：《婚姻家庭继承法学》，中国政法大学出版社2018年版，第346页。

〔5〕 参见陈本寒："我国遗赠扶养协议制度之完善"，载《政治与法律》2014年第6期。

〔6〕 代表性见解，参见张玉敏主编：《中国继承法立法建议稿及立法理由》，人民出版社2006年版，第148～152页；张玉敏：《继承法律制度研究》，华中科技大学出版社2016年版，第166页；樊丽君、邓画文："论继承契约"，载《中国社会科学院研究生院学报》2006年第4期；刘耀东：《继承法修改中的疑难问题研究》，法律出版社2014年版，第261页。

〔7〕 Olzen/Looschelders, Erbrecht, 5. Aufl., De Gruyter, 2017, Rn. 501.

〔8〕 Muscheler, Erbrecht, Bd. I, Mohr Siebeck, 2010, Rn. 2218; Olzen/Looschelders, Erbrecht, 5. Aufl., De Gruyter, 2017, Rn. 509.

〔9〕 Lange/Kuchinke, Erbrecht, 5. Aufl., C. H. Beck, 2001, §25 X 2b, S. 524; Staudinger/Kanzleiter, Vor. BGB §§2274 ff. (2019), Rn. 8.

说，被扶养人生前享有扶养请求权，但扶养人只能在被扶养人死亡后取得受遗赠的权利。被扶养人死亡时，继承人概括承受被继承人的遗产，成为扶养人受遗赠请求权的债务人。因此，遗赠扶养协议并非双方当事人互负对待给付义务的双务合同：被扶养人生前享有权利但不负担遗赠的义务，真正负担遗赠义务的是被扶养人的继承人。

二、遗赠扶养协议的效力

遗赠扶养协议是私法自治的体现。扶养人依据遗赠扶养协议对被扶养人负担生养死葬的义务，从而取得受遗赠的权利。因此，扶养人系有偿取得受遗赠的权利，其法律地位优先于无偿取得遗产的遗嘱继承人。也就是说，遗赠扶养协议优先于遗嘱继承。由于遗嘱继承优先于法定继承，遗赠扶养协议自然也优先于法定继承。对于遗赠扶养协议的优先效力，司法解释规定，被继承人生前与他人订有遗赠扶养协议，同时又立有遗嘱的，继承开始后，如果遗赠扶养协议与遗嘱没有抵触，遗产分别按协议和遗嘱处理；如果有抵触，按协议处理，与协议抵触的遗嘱全部或者部分无效。[1]

依据遗赠扶养协议，扶养人依约对被扶养人承担生养死葬的义务，享有受遗赠的权利。

1. 扶养人的义务。扶养人依据遗赠扶养协议在被扶养人生前负有扶养义务，在被扶养人死亡后履行安葬义务。

2. 扶养人的权利。在被扶养人死亡后，扶养人对被扶养人的继承人享有遗赠请求权，无须表示接受遗赠。如果被扶养人和扶养人在遗赠扶养协议中约定，扶养人在依约尽到生养死葬义务后享有遗赠请求权，那么，扶养人只有在依约尽到生养死葬义务，即延缓条件成就时，才能取得遗赠请求权。在被扶养人死亡前，扶养人对遗赠财产没有请求权。为了保护扶养人，就已经公证的遗赠扶养协议，《遗赠扶养协议公证细则》第 14 条限制了被扶养人对遗赠财产的处分权限。该条规定："订立遗赠扶养协议公证后，未征得扶养人同意，遗赠人不得另行处分遗赠的财产，扶养人也不得干涉遗赠人处分未遗赠的财产。"

3. 违反遗赠扶养协议的救济。《民法典继承编司法解释（一）》第 40 条规定："继承人以外的组织或者个人与自然人签订遗赠扶养协议后，无正当理由不履行，导致协议解除的，不能享有受遗赠的权利，其支付的供养费用一般不予补偿；遗赠人无正当理由不履行，导致协议解除的，则应当偿还继承人以外的组织或者个人已支付的供养费用。"然而，扶养人在哪些情形下享有解除遗赠扶养协议的权利、遗赠人在哪些情况下享有解除遗赠扶养协议的权利、一方能否请求违反遗赠扶养协议的另一方赔偿履行利益、履行利益赔偿如何计算，《民法典》继承编并无规定。因此，被扶养人、扶养人应当通过遗赠扶养协议条款的设计来避免争议，比如，双方当事人可以约定违约金和解除权，如扶养人可以在被扶养人擅自处分遗赠财产时解除遗赠扶养协议并请求违约金、被扶养人在扶养人连续 3 个月无理由不履行扶养义务时享有解除权，以避免扶养人不履行扶养义务、避免被扶养人生前擅自转移遗赠财产的权属导致扶养人遗赠请求权落空。

---

〔1〕 参见《民法典继承编司法解释（一）》第 3 条。

第四章
遗产的处理

第一节　遗产管理人

一、遗产管理人的产生

遗产管理人，是在继承开始后、遗产分割前，负责处理涉及遗产事务的人。结合《民法典》继承编第1145条和第1147条来看，我国遗产管理人制度不仅适用于遗嘱继承，还适用于法定继承。

《民法典》继承编第1145条规定："继承开始后，遗嘱执行人为遗产管理人；没有遗嘱执行人的，继承人应当及时推选遗产管理人；继承人未推选的，由继承人共同担任遗产管理人；没有继承人或者继承人均放弃继承的，由被继承人生前住所地的民政部门或者村民委员会担任遗产管理人。"因此，根据遗产继承的具体情形，遗产管理人的产生方式主要有以下三种：

1. 遗嘱执行人担任遗产管理人。在遗嘱继承中，如果被继承人指定了遗嘱执行人，那么，在继承开始后，知道被继承人死亡的继承人应当及时通知遗嘱执行人。遗嘱执行人在接到通知后，可以决定是否接受遗嘱指定。如果遗嘱执行人接受指定，那么，遗嘱执行人同时担任遗产管理人。[1]

2. 继承人推选或共同担任遗产管理人。在没有遗嘱执行人时，由继承人推选遗产管理人；继承人无法达成一致的，由全体继承人共同担任遗产管理人。没有遗嘱执行人，既可能发生在法定继承中，也可能发生在遗嘱继承中，主要包括以下情形：①在遗嘱继承中，被继承人没有指定遗嘱执行人、被指定的人拒绝担任遗嘱执行人或在继承开始前死亡；②被继承人没有设立遗嘱或设立遗嘱无效，遗产继承适用法定继承程序。

在这种情形下，遗产管理人的法律地位来自作为遗产共有人的全体继承人，其中，全体继承人推选的遗产管理人是全体继承人的受托人，从而与全体继承人形成意定之债关系。

---

〔1〕 严格来说，在制度功能上，遗产管理人和遗嘱执行人并不一致。在比较法上，遗产管理人是指在继承人、受遗赠人均放弃继承权或受遗赠权，或无继承人又无受遗赠人，或继承人不明的情况下，管理遗产之人。以德国和日本为例，《德国民法典》第2197条以下规定了遗嘱执行人制度。在德国，在继承人不明或不确定继承人是否已接受继承时，负责管理遗产的是《德国民法典》第1960条规定的遗产保佐人。《德国民法典》第1975条的遗产管理程序旨在限制继承人的责任、清偿遗产债务，从而与我国遗产管理人制度宗旨不同。在日本，《日本民法典》第952条以下规定了遗产管理人，第1004条以下规定了遗嘱的执行。关于遗产管理人和遗嘱执行人的关系，参见刘耀东："论我国遗产管理人制度之立法构建——兼论与遗嘱执行人的关系"，载《广西大学学报（哲学社会科学版）》2014年第4期。关于遗嘱执行人和遗产管理人身份的衔接，参见赵莉："我国遗嘱执行人法定权责模式的选择——管理清算型抑或监督保全型?"，载《金陵法律评论》2016年第1期；林秀雄：《继承法讲义》，元照出版有限公司2019年版，第291~292页。以编制遗产清单为例，说明遗产管理人和遗嘱执行人的区别，参见陈棋炎、黄宗乐、郭振恭：《民法继承新论》，三民书局股份有限公司2019年版，第334~335页。

遗产管理人的职责范围取决于他与继承人的约定。因此，遗产管理人可能依约定对遗产享有处分权限。由于遗产归全体继承人共同共有，遗产的收益归全体继承人所有，遗产中特定财产的使用和处分，应当由全体继承人共同决定或者委托遗产管理人处理。遗产管理人可以根据和继承人的约定取得报酬，其履行职责支出的必要费用，由全体继承人承担。

3. 民政部门或者村民委员会担任遗产管理人。遗产无人继承时，由被继承人生前住所地的民政部门或者村民委员会担任遗产管理人。被继承人生前是城镇居民的，由被继承人生前住所地的民政部门担任遗产管理人；被继承人生前是农村居民、集体所有制组织成员的，由被继承人生前住所地的村民委员会担任遗产管理人。遗产无人继承的情形主要有三：①被继承人没有留下遗嘱且没有法定继承人；②全部继承人丧失继承权或放弃接受继承；③没有法定继承人的被继承人，立下遗嘱将部分财产遗赠给他人，但没有处理剩下的财产。

在这种情形下，遗产管理人的法律地位来自法律直接规定，承担的是法定职责或法定任务。[1]

因此，按照遗产管理人产生方式，遗产管理人的法律地位要么来自被继承人设立的遗嘱，要么来自共同继承人，要么来自法律的直接规定。

《民法典》继承编第 1146 条规定："对遗产管理人的确定有争议的，利害关系人可以向人民法院申请指定遗产管理人。"利害关系人包括继承人、受遗赠人、被继承人生前住所地的民政部门或者村民委员会等主体。管辖法院为被继承人死亡时住所地或者主要遗产所在地的人民法院。

依据《民法典》继承编第 1147 条，遗产管理人需要清理遗产、管理和保存遗产、清偿遗产债务、分割遗产，涉及利益主体众多，因此，遗产管理人应当具备完全民事行为能力。遗产管理人可以是自然人，也可以是法人。

二、遗产管理人的职责

依据《民法典》继承编第 1147 条，遗产管理人的职责包括：

1. 清理遗产并制作遗产清单。清理遗产、制定遗产清单旨在全面了解遗产情况，防止遗产散失。它不仅是告知继承人遗产状况的前提，从而便于继承人决定是否接受继承，还是就遗产采取相应管理措施、清偿遗产债务、分割遗产的前提。遗产清单不仅应当包括积极财产，还包括已知的消极财产，并注明日期。遗产清单内容包括积极财产的类型、数量、存放地点、实际价值等有关情况，消极财产的内容和权利人。遗憾的是，《民法典》继承编没有就清理遗产、制作遗产清单设置时限。尽快、全面地清理遗产、制作遗产清单，对于保护作为遗产共有人的继承人、遗产债务的债权人具有重要意义。

为了全面了解遗产的实际情况、配合遗产债务的清偿，应当引入债权申报程序，由遗产管理人申请人民法院确定债权人申报债权的期限，公告通知债权人申报债权。

2. 向继承人报告遗产情况。在清理遗产、制作遗产清单的基础上，遗产管理人应当及

---

〔1〕 这里的遗产管理人不同于《德国民法典》1960 条意义上的遗产保佐人。民政部门或者村民委员会担任遗产管理人，是因为遗产无人继承或全体继承人放弃继承，从而遗产须按照被继承人的身份归国家或集体所有；德国法上的遗产保佐人，则是遗产法院在继承人不明或不确定继承人是否已接受继承时，为了保全遗产而设立的保佐人。参见黄薇主编：《中华人民共和国民法典继承编解读》，中国法制出版社 2020 年版，第 115 页；［德］雷纳·弗兰克、托比亚斯·海尔姆斯：《德国继承法》，王葆莳、林佳业译，中国政法大学出版社 2015 年版，第 159 页。德国法上的遗产保佐人，并非遗产的代理人，也不是私法职务的承担者，而是最终确定的继承人的法定代理人。MüKoBGB/Leipold，8. Aufl. 2020，BGB § 1960 Rn. 39；BeckOK BGB/Siegmann/Hoeger，54. Ed. 1. 2. 2020，BGB § 1960 Rn. 12.

时、全面地向继承人报告遗产情况，包括积极财产和已知的消极财产。作为遗产共有人的继承人，当然也有权利查询遗产清单、要求遗产管理人报告遗产情况。继承人在充分了解遗产情况后，可以在遗产分割前放弃继承，从而依据《民法典》继承编第 1161 条第 2 款无须对被继承人生前债务负责。被继承人在遗嘱中设立遗赠的，遗产管理人应当通知受遗赠人，便于其决定是否接受遗赠。

3. 采取必要措施防止遗产毁损、灭失。遗产管理人应当维持遗产的现状，采取保存遗产之必要措施防止遗产毁损、灭失，避免遗产受到自然侵害和人为侵害。比如，遗产管理人应当对老旧房屋进行必要的修缮和维护、将不易保存或容易腐烂的动产及时出售变现、请求无权占有遗产的人返还遗产、收取被继承人生前的债权。因此，为了防止遗产毁损、灭失，遗产管理人在必要时还可以实施负担行为、负担债务，并以遗产清偿。

遗产管理人应当采取必要措施防止遗产毁损、灭失，并不意味着遗产管理人对遗产的管理权限限于防止遗产毁损、灭失。遗产管理人的管理、处分权限，取决于遗产管理人的具体类型。遗嘱执行人、继承人推选的遗产管理人享有的管理、处分权限一般不限于防止遗产毁损、灭失。比如，为了清偿遗产债务，遗产管理人可以变卖遗产获取价金、对遗产债务实施抵销。

4. 处理被继承人的债权债务。被继承人生前对他人享有债权的，遗产管理人应当及时向他人主张债权。在分割遗产前，遗产管理人在清理遗产、了解被继承人生前债务的基础上，以遗产清偿被继承人生前债务，并按照遗嘱将遗赠财产权属转移给接受遗赠的受遗赠人。依据《民法典》继承编第 1162 条，遗产管理人应当先清偿债务，再执行遗赠。此外，依据《民法典》继承编第 1159 条，必留份的给付优先于债务清偿。即使遗产不足以清偿全部债务，也应当为缺乏劳动能力又没有生活来源的继承人保留必要的遗产。[1]

5. 按照遗嘱或者依照法律规定分割遗产。被继承人留下遗嘱确定遗产分割方法和各个继承人具体份额的，遗产管理人应当按照遗嘱分割遗产。被继承人没有留下遗嘱或遗嘱无效的，遗产管理人应当按照法定继承相关规则分割遗产。遗产管理人所有职责履行完毕时，遗产管理人应当向继承人报告遗产管理情况。

没有继承人或继承人放弃继承的，遗产管理人无须分割遗产，而应当将遗产移交给集体所有制组织或国家。此时，如果被继承人生前是集体所有制组织成员，遗产归集体所有制组织所有；如果被继承人生前是城镇居民，遗产上缴国库归国家所有，用于公益事业。

6. 实施与管理遗产有关的其他必要行为。除了上述行为，遗产管理人还应当实施其他与管理遗产有关的必要行为，比如参加涉及遗产的诉讼、[2] 协助办理遗嘱信托、办理遗嘱指定的公益捐赠等。

三、遗产管理人的报酬与责任

依据《民法典》继承编第 1149 条，遗产管理人可以依照法律规定或者按照约定获得报酬。遗产管理人享有报酬请求权的，在管理遗产、履行职责时应尽到善良管理人的注意义务；遗产管理人不享有报酬请求权的，在管理遗产、履行职责时至少应当尽到与处理自己事务相同的注意义务。然而，令人费解的是，依据《民法典》继承编第 1148 条，遗产管理人仅就故意和重大过失负责，因此，遗产管理人因故意或重大过失不履行职责的，对继承

---

〔1〕 参见黄薇主编：《中华人民共和国民法典继承编解读》，中国法制出版社 2020 年版，第 157 页。

〔2〕 参见林秀雄：《继承法讲义》，元照出版有限公司 2019 年版，第 288～290 页；陈棋炎、黄宗乐、郭振恭：《民法继承新论》，三民书局股份有限公司 2018 年版，第 336 页。

人、受遗赠人、债权人负损害赔偿责任。为了公平起见，《民法典》继承编第 1148 条的适用范围应当被限制在遗产管理人无偿管理的情形。

第二节 遗产债务的清偿

一、遗产债务的概念和类型

依据《民法典》继承编第 1159 条、第 1161 条的规定，继承人在分割遗产前，应当以所得遗产实际价值为限，清偿被继承人依法应当缴纳的税款和债务。这种由继承人以遗产清偿的债务，就是遗产债务。

基于概括继承原则，被继承人的遗产作为一个整体由继承人承受，包括积极财产和消极财产。继承人承受的消极财产，就是被继承人依法应当缴纳的税款和债务。这是第一类遗产债务，即继承开始前就已经产生的被继承人债务，包括被继承人生前负担的意定之债、法定之债以及应当缴纳的税款。

除了继承开始前被继承人就负担的债务，继承人因继承遗产也可能负担债务，即因继承开始而产生的债务。因继承开始而产生的债务，不是被继承人生前负担而由继承人承受的债务，而是因继承开始而由继承人作为债务人以遗产负责的债务，包括继承开始时产生的债务、继承开始后产生的债务。[1] 前者直接因继承开始而发生，包括必留份债务、遗赠债务、遗产酌给债务；后者在继承开始后发生，包括因清算遗产和管理遗产发生的债务、遗产管理人的报酬、诉讼费用。

按照遗产债务产生的不同时点来看，我国遗产债务包括：

1. 被继承人债务，包括附担保物权的债务和不附担保物权的普通债务。在存在多个继承人的情形，部分继承人可能与被继承人生前存在债权债务关系，从而部分继承人也可能是遗产债务的债权人。继承人只有一人时，继承人与被继承人之间的生前债权债务关系，因遗产概括转移给继承人而发生混同，从而消灭。

2. 必留份债务。依据《民法典》继承编第 1141 条和第 1159 条，应当为缺乏劳动能力又没有生活来源的继承人保留必要的遗产份额。共同继承人因继承开始而概括承受遗产，形成对遗产的共同共有，如果遗嘱已经保留了必留份，由于遗嘱分割遗产的指示仅具有债权效力，缺乏劳动能力又没有生活来源的继承人，只能请求共同继承人按照遗嘱转移必留份；如果遗嘱没有保留必留份，缺乏劳动能力又没有生活来源的继承人，可以请求共同继承人为其保留必留份。因此，必留份权利人实际上是遗产债务的债权人。

3. 遗赠债务。受遗赠人表示接受遗赠，不会直接取得遗赠财产，而是取得遗赠请求权。受遗赠人可以请求继承人转移遗赠财产。因此，继承人因遗赠负担的是遗产债务。

4. 遗产酌给债务。依据《民法典》继承编第 1131 条的规定，继承人以外依靠被继承人扶养的人、继承人以外对被继承人扶养较多的人，享有遗产酌给请求权。赋予继承人以外依靠被继承人扶养的人遗产酌给请求权，体现的是生活维持理念，旨在保障权利人的生活水平不会因被继承人死亡而降低；承认继承人以外对被继承人扶养较多的人享有遗产酌给请求权，体现的是权利与义务相一致原则，旨在回报和奖励权利人的善行。

---

〔1〕 Brox/Walker, Erbrecht, 28. Aufl., Vahlen, 2018, §37, Rn. 19 f.; Roethel, Erbrecht, 18. Aufl., C. H. Beck, 2020, §31, Rn. 16 f.

5. 遗赠扶养协议产生的遗赠债务。原则上，扶养人享有的遗赠请求权自被扶养人死亡时产生，扶养人和被扶养人约定扶养人尽到生养死葬义务才取得遗赠请求权的除外。因此，被扶养人死亡后，扶养人的扶养义务消灭、遗赠请求权产生，从而继承人负担遗产债务。

6. 继承费用。继承费用，是指因继承程序而发生的费用、因遗产管理而发生的费用，[1] 包括诉讼费、催告债权人申报债权的费用、编制遗产清册的费用、遗产管理和变价费用、遗产管理人为了遗产而实施法律行为负担的债务、遗产分割费用、遗产管理人的报酬等。[2] 但是，按照学界通说，丧葬费不属于继承费用。[3] 继承费用具有共益费用的特质，对共同继承人、受遗赠人、遗产酌给请求权人、债权人等均有意义。[4]

二、遗产债务的清偿顺序

《民法典》继承编没有规定遗产债务的清偿顺序，仅仅在第1159条规定了必留份优先于被继承人债务的清偿。[5] 按照这一规定，分割遗产，应当清偿被继承人依法应当缴纳的税款和债务；但是，应当为缺乏劳动能力又没有生活来源的继承人保留必要的遗产。与此相对，学界多借鉴破产程序中的债务清偿规则，主张清偿遗产债务须遵循一定的顺序。[6]

本书认为，如果承认遗产债务的清偿须遵循一定顺序，那么，清偿顺序的确定应当贯彻以下原则：[7]

1. 继承费用具有共益费用的特质，应当优先受偿。

2. 基于生存利益优先理念，确定遗产债务的清偿顺序，应当优先保障缺乏劳动能力又没有生活来源的继承人、继承人以外依靠被继承人扶养的人能够继续生存和生活。

3. 被继承人生前债务优先于遗赠债务。遗赠债务因遗嘱生效而产生，属于无偿法律行为之债。遗赠无法实现的后果，只是受遗赠人的积极财产应增加而未增加，受遗赠人的财产地位不会恶化。因此，遗赠债务的清偿顺序应当劣后于被继承人生前债务。这体现在《民法典》继承编第1162条，即执行遗赠不得妨碍清偿遗赠人依法应当缴纳的税款和债务。

4. 就继承开始时产生的债务而言，有偿法律行为之债优先于无偿法律行为之债。遗赠扶养协议所生的遗赠债务，虽然产生于继承开始时，但由于遗赠扶养协议属于有偿合同，因此，遗赠扶养协议所生的遗赠债务应当优先于普通遗赠债务。与此类似，继承人以外对

---

[1] Roethel, Erbrecht, 18. Aufl., C. H. Beck, 2020, §31, Rn. 17; MüKoBGB/Küpper, 8. Aufl. 2020, BGB §1967 Rn. 12 f.

[2] 参见汪洋："遗产债务的类型与清偿顺序"，载《法学》2018年第12期。

[3] 参见郭明瑞、房绍坤：《继承法》，法律出版社2004年版，第201页；张平华、刘耀东：《继承法原理》，中国法制出版社2009年版，第428页；房绍坤："继承制度的立法完善——以《民法典继承编草案》为分析对象"，载《东方法学》2019年第6期。在德国，依据《德国民法典》第1968条，丧葬费用属于继承人应当负担的遗产债务。Olzen/Looschelders, Erbrecht, 5. Aufl., De Gruyter, 2017, Rn. 890; Brox/Walker, Erbrecht, 28. Aufl., Vahlen, 2018, §37, Rn. 19; MüKoBGB/Küpper, 8. Aufl. 2020, BGB §1968 Rn. 2.

[4] 参见陈棋炎、黄宗乐、郭振恭：《民法继承新论》，三民书局股份有限公司2019年版，第120页。

[5] 参见黄薇主编：《中华人民共和国民法典继承编解读》，中国法制出版社2020年版，第157页；郭明瑞、房绍坤：《继承法》，法律出版社2004年版，第202页。

[6] 参见陈苇："我国遗产债务清偿顺序的立法构建"，载《法学》2012年第8期；姜大伟："我国遗产债务清偿顺序探析"，载《湖北社会科学》2012年第10期；谭启平、冯乐坤："遗产处理制度的反思与重构"，载《法学家》2013年第4期；张玉敏：《继承法律制度研究》，华中科技大学出版社2016年版，第93页；汪洋："遗产债务的类型与清偿顺序"，载《法学》2018年第12期；杜江涌：《遗产债务法律制度研究》，群众出版社2013年版，第229页。反对观点，参见房绍坤："继承制度的立法完善——以《民法典继承编草案》为分析对象"，载《东方法学》2019年第6期。

[7] 参见汪洋："遗产债务的类型与清偿顺序"，载《法学》2018年第12期。

被继承人扶养较多的人享有的遗产酌给请求权，实际上是对扶养的回报，因此也应优先于普通遗赠。

因此，遗产不足以清偿全部遗产债务的，应当按照以下顺序清偿遗产债务：①继承费用；②必留份、[1] 继承人以外依靠被继承人扶养的人的遗产酌给请求权；[2] ③被继承人生前债务、[3] 遗赠扶养协议所生的遗赠债务、继承人以外对被继承人扶养较多的人的遗产酌给请求权；④普通遗赠债务。遗产不足以清偿同一顺序的债务的，各个债权人按照比例分配。继承人以遗产清偿全部上述债务后，还有剩余的，按照遗嘱继承和法定继承分配。

三、遗产债务的清偿原则

我国《民法典》继承编奉行无条件的限定继承原则，继承人以遗产的实际价值为限对遗产债务负责，对于超过遗产实际价值的部分，继承人无须以个人财产清偿遗产债务。对此，《民法典》继承编第1161条规定："继承人以所得遗产实际价值为限清偿被继承人依法应当缴纳的税款和债务。超过遗产实际价值部分，继承人自愿偿还的不在此限。继承人放弃继承的，对被继承人依法应当缴纳的税款和债务可以不负清偿责任。"

在存在多个继承人时，全体共同继承人对遗产债务负连带责任。[4] 虽然《民法典》继承编没有规定共同继承人对遗产债务的责任，但基于共同继承人对遗产形成共同共有关系，共同继承人对遗产债务的责任，应当按照《民法典》物权编共有规定来确定。对此，《民法典》物权编第307条规定："因共有的不动产或者动产产生的债权债务，在对外关系上，共有人享有连带债权、承担连带债务……"因此，共同继承人对遗产债务负连带责任。

---

〔1〕 在德国，遗产不足以清偿全部债务的，继承人和管理遗产的人应当申请启动遗产破产程序。在遗产破产程序中，特留份权利人劣后于财团债权人、后序列破产债权人、在公示催告程序中被排除的债权人、沉默抗辩权对抗的债权人，但优先于遗赠债权人和负担受益人。Lange, Erbrecht, 2. Aufl., C. H. Beck, 2017, §69, Rn. 18.

〔2〕《民法典》继承编不再要求继承人以外依靠被继承人扶养的人必须缺乏劳动能力又没有生活来源。因此，这类主体的遗产酌给请求权在遗产债务中的清偿顺位，不易确定。如果遗产酌给请求权人缺乏劳动能力又没有生活来源，将遗产酌给请求权与必留份放在同一顺位以保障权利人生存利益，并无不可。问题在于，倘若遗产酌给请求权人有劳动能力或生活来源，其生活水平只是因被继承人死亡而略有降低，遗产酌给请求权即与生存利益保障无关，此时，将遗产酌给请求权与必留份放在同一顺位，理由并不充分。

〔3〕 附担保物权的债权与必留份、继承人以外依靠被继承人扶养的人的遗产酌给请求权的先后顺序，附担保物权的债权与税款的先后顺序，学说上存在争议。参见汪洋："遗产债务的类型与清偿顺序"，载《法学》2018年第12期。就附担保物权的债权与必留份、继承人以外依靠被继承人扶养的人的遗产酌给请求权的先后顺序而言，在社会保障体系逐步完备、最低生活保障覆盖面逐步扩大的背景下，必留份的保障功能、遗产酌给请求权的生活维持功能逐渐被替代，似乎不应强调其一概优先于附担保物权的债权。就附担保物权的债权与税款的先后顺序而言，按照《税收征收管理法》第45条第1款，两者的顺序取决于产生的时间先后。因此，发生在税款之前的附担保物权之债权，优先于税款；发生在税款之后的附担保物权之债权，劣后于税款。然而，按照《企业破产法》第109条、第113条，附担保物权的债权似乎优先于税款。参见许德风：《破产法论》，北京大学出版社2015年版，第178~180页。

〔4〕 参见郭明瑞、房绍坤：《继承法》，法律出版社2004年版，第201页；张玉敏：《继承法律制度研究》，华中科技大学出版社2016年版，第94页。与此相对，有学者指出，被继承人享有的债权由继承人承受的，继承人对该债权应当属于共同共有之债权。参见张玉敏：《继承法律制度研究》，华中科技大学出版社2016年版，第103页。共同共有之债权，也被称为协同债权，其特色在于，债务人负担的给付必须为了全体债权人的利益而主张和履行，任一债权人不得单独受领该给付。参见李中原："多数人之债的类型建构"，载《法学研究》2019年第2期。

第三节　遗产的分割

一、遗产分割请求权

当继承人只有一人时，遗产由唯一继承人概括承受，无须进行遗产分割。当继承人有数人时，不论是遗嘱继承还是法定继承，继承人形成继承人共同体，对遗产成立共同共有，因此，遗产有分割的必要。继承人共同体的形成，与继承人的意愿无关，而是因直接继承、概括继承原则依法形成。与夫妻共有、家庭共有等典型共同共有关系相比，遗产共同共有自诞生时起就以清算消灭为目的。〔1〕因此，继承人共同体不应长期存在，而是服务于遗产的清算和分割，从而属于清算型共同体。〔2〕

基于这一理念，每个共同继承人在继承开始后均可随时请求分割遗产，无须等待共有基础丧失或重大理由出现。共同继承人可自由行使其享有的遗产分割请求权。该权利名为请求权，实为形成权，〔3〕既不适用诉讼时效也不罹于除斥期间。

二、遗产的具体分割

（一）遗产分割的对象

共同继承人分割的对象，必须是被继承人留下的遗产，而不能是他人的财产。因此，在遗产分割前，遗产管理人应当先清理遗产，确定遗产的具体范围，分出他人的财产。《民法典》继承编第1153条规定："夫妻共同所有的财产，除有约定的外，遗产分割时，应当先将共同所有的财产的一半分出为配偶所有，其余的为被继承人的遗产。遗产在家庭共有财产之中的，遗产分割时，应当先分出他人的财产。"

（二）遗产分割的方法

遗产分割的方法有三种：①按照遗嘱的分割指示分割遗产；②如果没有遗嘱或者遗嘱仅就部分遗产指定分割方法，共同继承人可以协议分割遗产；③共同继承人就协议分割遗产无法达成合意的，可以向人民法院提起诉讼，请求人民法院分割遗产。

（三）遗产分割的原则

1. 保留胎儿继承份额。依据《民法典》总则编第16条，胎儿享有附解除条件的民事权利能力，也是法定继承人，从而能取得遗产份额。《民法典》继承编第1155条规定："遗产分割时，应当保留胎儿的继承份额。胎儿娩出时是死体的，保留的份额按照法定继承办理。"因此，遗产分割不仅要为胎儿保留份额，而且必须是必要的份额。〔4〕该份额由胎儿

---

〔1〕参见张平华、刘耀东：《继承法原理》，中国法制出版社2009年版，第406页。

〔2〕Olzen/Looschelders, Erbrecht, 5. Aufl., De Gruyter, 2017, Rn. 1020; Brox/Walker, Erbrecht, 28. Aufl., Vahlen, 2018, § 31, Rn. 2; MüKoBGB/Ann, 8. Aufl. 2020, BGB § 2042 Rn. 1.

〔3〕参见郭明瑞、房绍坤：《继承法》，法律出版社2004年版，第207页；张平华、刘耀东：《继承法原理》，中国法制出版社2009年版，第406页；张玉敏：《继承法律制度研究》，华中科技大学出版社2016年版，第104~105页。在德国，遗产分割请求权属于请求权，权利人为任一共同继承人，义务人为其他共同继承人，内容为请求其他共同继承人为分割遗产采取一切必要的措施，比如将遗产中特定财产变价、清偿遗产债务、分割清偿债务后的剩余部分，但该请求权不罹于时效。MüKoBGB/Ann, 8. Aufl. 2020, BGB § 2042 Rn. 4 ff.; Burandt/Rojahn/Flechtner, 3. Aufl. 2019, BGB § 2042 Rn. 3 ff. 我国学界将共有物分割请求权理解为形成权。参见刘家安：《物权法论》，中国政法大学出版社2015年版，第125页。因此，遗产分割请求权也是形成权。

〔4〕参见北京市第一中级人民法院（2016）京01民再70号民事判决书。

的法定代理人代管。在遗嘱继承中，未保留胎儿继承份额的遗嘱，因违反《民法典》继承编第 1141 条规定部分无效；在法定继承中，未保留胎儿继承份额的遗产分割协议，胎儿在娩出后可以请求人民法院确认协议无效并请求按照法定继承规则重新分割遗产。〔1〕为了避免争议，在实践中，共同继承人通常会等待胎儿娩出后分割遗产。胎儿娩出时为死体的，胎儿的民事权利能力自始不存在，为胎儿保留的继承份额，由被继承人的法定继承人按照法定继承规则分割，而非由胎儿的法定继承人继承。反之，胎儿娩出时为活体但随后死亡的，胎儿的民事权利能力嗣后消灭，胎儿取得的继承份额，由胎儿的法定继承人继承。〔2〕

2. 有利生产生活、物尽其用。《民法典》继承编第 1156 条规定："遗产分割应当有利于生产和生活需要，不损害遗产的效用。不宜分割的遗产，可以采取折价、适当补偿或者共有等方法处理。"对属于遗产中的具体财产，根据具体财产的性质，共同继承人可以选择实物分割、变价分割、折价补偿分割方式，也可以对具体财产实行按份共有。

3. 遗产分割应当先清偿遗产债务。依据《民法典》继承编第 1159 条的规定，在分割遗产前，应当先清偿遗产债务。继承人未清偿遗产债务即分割遗产的，对遗产债务仍应负责。按照《民法典》继承编第 1163 条，既有法定继承又有遗嘱继承、遗赠的，首先由法定继承人清偿被继承人依法应当缴纳的税款和债务；超过法定继承遗产实际价值部分，由遗嘱继承人和受遗赠人按比例以所得遗产清偿。

（四）遗产分割的效力

遗产分割完毕意味着共同共有关系的终止，各个继承人取得单独财产权。各个继承人得自行管理、处分所取得的遗产，不受他人干涉。依据《民法典》继承编第 1157 条，夫妻一方死亡后另一方再婚的，有权处分所继承的财产，任何组织或者个人不得干涉。

遗产分割是否具有溯及于继承开始时的效力，学说上存在转移主义和溯及主义两种立场。按照前说，遗产分割不具有溯及力，遗产分割是各个共同继承人互相转移其应有部分，各个共同继承人自遗产分割完成时取得单独财产权；按照后说，遗产分割具有溯及力，各个共同继承人因遗产分割取得的财产，被视为自继承开始时已经为各个共同继承人单独所有。〔3〕我国《民法典》继承编对此没有规定，学界通说采溯及主义。〔4〕

学界通说认为，遗产分割完毕后，各个共同继承人对其他共同继承人分得的遗产，以

---

〔1〕参见北京市第一中级人民法院（2016）京 01 民再 70 号民事判决书（法院认定遗产分割协议全部无效），江西省南昌市东湖区人民法院（2016）赣 0102 民初 2806 号民事判决书（法院认定遗产分割协议部分无效）。《民法典继承编司法解释（一）》第 31 条第 1 款规定："应当为胎儿保留的遗产份额没有保留的，应从继承人所继承的遗产中扣回。"

〔2〕参见《民法典继承编司法解释（一）》第 31 条。

〔3〕参见陈棋炎、黄宗乐、郭振恭：《民法继承新论》，三民书局股份有限公司 2019 年版，第 176 页。

〔4〕采溯及主义者，参见郭明瑞、房绍坤：《继承法》，法律出版社 2004 年版，第 217 页；杨立新、朱呈义：《继承法专论》，高等教育出版社 2006 年版，第 311 页；彭诚信主编：《继承法》，吉林大学出版社 2007 年版，第 189 页；刘春茂主编：《中国民法学·财产继承》，人民法院出版社 2008 年版，第 456 页；杨大文主编：《亲属法与继承法》，法律出版社 2013 年版，第 391 页；张玉敏：《继承法律制度研究》，华中科技大学出版社 2016 年版，第 112 页；马忆南：《婚姻家庭继承法学》，北京大学出版社 2019 年版，第 347 页。采转移主义者，参见张平华、刘耀东：《继承法原理》，中国法制出版社 2009 年版，第 412 页。

自己分得遗产的份额为限,[1] 负担与出卖人相同的瑕疵担保责任,[2] 包括物的瑕疵担保和权利的瑕疵担保。[3] 对此,《民法典》继承编并无规定,人民法院可以考虑类推适用《民法典》物权编第 304 条第 2 款,承认共同继承人的瑕疵担保责任。各个共同继承人分得的遗产并无瑕疵,只是价值不均衡的,继承人不承担瑕疵担保责任。[4]

三、无人继承又无人受遗赠的遗产

《民法典》继承编第 1160 条规定了无人继承又无人受遗赠的遗产的归属。该条规定:“无人继承又无人受遗赠的遗产,归国家所有,用于公益事业;死者生前是集体所有制组织成员的,归所在集体所有制组织所有。”

对于无人继承又无人受遗赠的遗产,被继承人生前是城镇居民的,由被继承人生前住所地的民政部门担任遗产管理人,遗产管理人在清偿遗产债务后应当将剩余遗产上缴国库,用于公益事业;被继承人生前是农村居民、集体所有制组织成员的,由被继承人生前住所地的村民委员会担任遗产管理人,遗产管理人在清偿遗产债务后应当将剩余遗产移交集体所有制组织。即使被继承人留下的遗产无人继承又无人受遗赠,继承人以外的依靠被继承人扶养的人,或者继承人以外的对被继承人扶养较多的人,享有遗产酌给请求权,可以请求遗产管理人分给适当的遗产。[5]

为了确定遗产是否无人继承、避免继承人不知被继承人死亡而未能主张权利,学界多主张引入搜索继承人的程序。具体来说,遗产管理人应当向人民法院申请公示催告,由人民法院发布公示、催告继承人主张并证明继承权。仅在公示期届满,无继承人接受继承时,遗产管理人才可以将清偿遗产债务后的剩余遗产上缴国库或移交集体所有制组织。[6] 在我国实践中,为了确定遗产中的具体财产是否无人继承,人民法院可能会适用认定财产无主案件的特别程序,从而应申请发布为期 1 年的财产认领公告。即使没有继承人向人民法院认领,依遗产酌给请求权人的请求,人民法院会满足其部分甚至全部要求,从而将财产分配给他,如房屋、存款、基金。[7]

---

[1] Muscheler, Erbrecht, Bd. II, Mohr Siebeck, 2010, Rn. 4064; MüKoBGB/Ann, 8. Aufl. 2020, BGB § 2042 Rn. 28.

[2] 依据《德国民法典》第 2042 条第 2 款规定,遗产分割适用《德国民法典》第 757 条共有物分割的瑕疵担保规定。德国学界认为,不论是共同继承人自行分割遗产,还是遗嘱执行人分割遗产,因遗产瑕疵产生的瑕疵担保责任都按遗产债务处理,共同继承人无须以个人财产承担瑕疵担保责任。Muscheler, Erbrecht, Bd. I, Mohr Siebeck, 2010, Rn. 4065; Burandt/Rojahn/Flechtner, 3. Aufl. 2019, BGB § 2042 Rn. 23; MüKoBGB/Ann, 8. Aufl. 2020, BGB § 2042 Rn. 28.

[3] 参见郭明瑞、房绍坤:《继承法》,法律出版社 2004 年版,第 218 页;张平华、刘耀东:《继承法原理》,中国法制出版社 2009 年版,第 421 页;张玉敏:《继承法律制度研究》,华中科技大学出版社 2016 年版,第 112 页。

[4] Muscheler, Erbrecht, Bd. II, Mohr Siebeck, 2010, Rn. 4067.

[5] 参见《民法典继承编司法解释(一)》第 41 条。

[6] 参见张平华、刘耀东:《继承法原理》,中国法制出版社 2009 年版,第 446 页;张玉敏:《继承法律制度研究》,华中科技大学出版社 2016 年版,第 117 页。另参见《德国民法典》第 1964 条、第 1965 条、第 1966 条,《瑞士民法典》第 555 条,《日本民法典》第 958 条。

[7] 参见上海市闵行区人民法院(2013)闵民一(民)特字第 48 号民事判决书,广东省广州市番禺区人民法院(2017)粤 0113 民特 4 号民事判决书,广东省广州市荔湾区人民法院(2017)粤 0103 民特 43 号民事判决书。适用认定财产无主财产案件特别程序的优势在于,即使继承人没有在一年公告期内主张权利,在人民法院判决财产无主并收归国家、集体所有之后,继承人在诉讼时效期限内仍然可以依据《民事诉讼法》第 200 条对遗产提出请求。反对适用认定财产无主案件特别程序的立场,参见江苏省南京市玄武区人民法院(2017)苏 0102 民初 7600 号民事判决书。

第七编 侵权民事责任编

第一分编 侵权民事责任一般理论

第一章

侵权民事责任概述

第一节 侵权行为的意义

一、侵权行为的概念

（一）侵权行为的词源

“侵权行为”一词为外来语，它是近代随着西方法律文化输入传入中国的。对于侵权行为，各国均有其特有的表达文字。法国、日本、俄罗斯称之为“不法行为”。德国称为“不许行为”或“不法行为”。英美法“侵权行为”（tort）一词源于拉丁语“tortus”，原意为“扭曲”“弯曲”，以后该词被用作民事侵权和不法侵害的法律专门用语。各国法中的“侵权行为”“不法行为”一词均源于拉丁语“delictum”（delict），该词的原意是“过错”“罪过”。

“罪过”（delitto）一词源于罗马法，是指一切受刑罚打击的非法行为。“犯”罪的“犯”（delitto）是一种对他人利益的侵害行为，犯罪要求具备两个要件：一是对他人权利的侵害；二是行为人主观上有罪过。[1] 所以，犯罪是一种侵害他人权利的有过错行为。

拉丁语“delictum”的词根具有“偏离正确道路”的意思。故侵权行为的原词义含有“扭曲”“不正”“歪”的意思。无论是英美法，还是大陆法各国在立法中使用“不法行为”或“侵权行为”一词，首先意味着侵权行为是不正常的、不正当的、错误的，为法律所不允许的行为。

（二）侵权行为的法律渊源

从历史渊源上讲，侵权行为源于罗马法中的“私犯”。在罗马法中，犯罪被区分为公犯

〔1〕 参见［意］彼德罗·彭梵得：《罗马法教科书》，黄风译，中国政法大学出版社 1992 年版，第 401 页。

和私犯。公犯与私犯的区分和公法与私法的区分有联系。侵犯国家利益时，即为“公犯”；侵犯个人利益时，为“私犯”。而在国家未产生之前，所有的犯罪均为私犯，在国家这一公共力量产生后，公犯产生，由此，公犯与私犯的区别产生。属于公犯这类的犯罪，侵犯了社会公共秩序，诉讼和刑罚具有公共的特点，即由国家提起公诉，并由国家科处刑罚，相当于现代民法中的公法领域。属于私犯这类的犯罪，从诉讼和刑罚的角度而言，具有私人和债的特点，即这种私犯的犯罪能够产生债的结果。

罗马法中的“私犯”规定在古罗马《十二表法》第八表“私犯”中。该表是针对侵害他人的人身和财产权应承担法律责任的专门规定。虽然罗马法区分“公犯”和“私犯”，将侵犯个人权利与侵犯国家权力和社会公共利益区别开来，但是罗马法中的“私犯”还不能与现在的侵权行为法同日而语。因为罗马法中的“私犯”包括盗窃、抢劫、对财产的损害和对人身的侵辱这四类犯罪。而盗窃和抢劫在现代法律中属于刑法的范围。现代法意义上的侵权行为已经完全与刑法中的犯罪行为脱离，分属于私法与公法的不同部门。

综上研究，无论从词源上观察，还是从法律渊源上探究，侵权行为是一种有过错的侵犯他人权利和利益、违反公共行为规范，为社会不容许、为法律禁止的不正当行为。但此过错行为是私法上的过错，即其法律效力不是赎罪，而是通过损害赔偿之债救济受害人。

（三）侵权行为的立法界定

民法上的侵权行为有其特定内涵，如何以法律规范的形式准确给侵权行为定义，一直是各国立法者和研究者们感到棘手的问题。

1. 侵权行为界定的立法例。从比较法角度观察，大陆法系主要国家均未通过法律规范明确界定侵权行为的概念，基本上都是在法律条文中以列举侵权行为要件的方式说明侵权行为。这以法国与德国民法典为代表。

例如，《法国民法典》第 1382 条对侵权行为这样规定：“任何行为使他人受损害时，因自己的过失而致使损害发生之人，对该他人负赔偿的责任。”可以看出，《法国民法典》对侵权行为列举了三个要件：①有损害行为（行为使他人受损害）；②行为人有过错（因过失）；③过错与损害之间要有因果关系（因过失致损害发生）。

《法国民法典》第 1382 条被认为是侵权行为的一般条款，即某个行为只要符合一般条款的全部要件，该行为则被认定为侵权行为，对该侵权行为造成的损害须提供统一的赔偿，而未具体列举侵害权利的类型。这种立法被称为侵权行为“一般条款”的立法模式。

《德国民法典》对侵权行为的规定比《法国民法典》详细。《德国民法典》第 823 条第 1 款规定：“因故意或过失不法侵害他人的生命、身体、健康、自由、所有权或其他权利者，负向他人赔偿因此所生损害的义务。”该规定对侵权行为也列举了几个要件：故意或过失；侵害他人权利；行为不法；行为与损害结果之间应有因果关系。同时，有限列举了侵权类型，侵害的是人身权和所有权等绝对权利。

为了防止滥用《德国民法典》第 823 条第 1 款中规定的赔偿责任，《德国民法典》在第 823 条第 2 款中又补充规定，违反了以保护他人为目的的法律的人，负有同样义务。这一规定将不具有绝对权类型，但与绝对权有关的利益也纳入侵权法保护的范围。同时，《德国民法典》第 826 条又进一步扩展了侵权法保护的利益的范围：“以违背善良风俗的方式，故意加害于他人的人，负有向该他人赔偿损害的义务。”换言之，如果某个行为侵犯的可能不是绝对权和相关的利益，但是以违背善良风俗的方式故意侵犯这些利益，同样构成侵权行为。德国的这种立法采取的是“责任构成要件+有限列举侵权类型和法益保护”的模式。

继法国与德国的民法典之后，大陆法系国家民法典对侵权行为的界定基本上延续了前两个法典的做法，或者用一般条款高度概括，或者在规定责任构成要件的同时，有限列举侵权行为的类型。

2. 我国立法对侵权行为的界定。我国立法对侵权行为的界定经历了不同的尝试。1986年颁布的《民法通则》对侵权行为的界定，基本上采取的是“责任构成要件+概括列举式”。《民法通则》第106条第2、3款规定，“公民、法人由于过错侵害国家的、集体的财产，侵害他人财产、人身的，应当承担民事责任。没有过错，但法律规定应当承担民事责任的，应当承担民事责任”。该规定首先包括了侵权行为的诸要件（过错、侵害行为、因果关系），同时规定，在法律规定的某些情况下，没有过错要件，也是侵权行为。

2010年施行的《侵权责任法》对侵权行为的界定，采取了“一般条款+具体列举侵权类型”的立法方式。《侵权责任法》第6条规定：“行为人因过错侵害他人民事权益，应当承担侵权责任。根据法律规定推定行为人有过错，行为人不能证明自己没有过错的，应当承担侵权责任。”第7条规定：“行为人损害他人民事权益，不论行为人有无过错，法律规定应当承担侵权责任的，依照其规定。”同时，《侵权责任法》第2条规定：“侵害民事权益，应当依照本法承担侵权责任。本法所称民事权益，包括生命权、健康权、姓名权、名誉权、荣誉权、肖像权、隐私权、婚姻自主权、监护权、所有权、用益物权、担保物权、著作权、专利权、商标专用权、发现权、股权、继承权等人身、财产权益。”第6条和第7条以一般条款说明了侵权责任的构成要件，第2条则具体列举了侵权行为的类型。

这种对侵害的权益采取具体列举性规定的立法模式被2020年通过的《民法典》所改变，《民法典》第1165条规定：“行为人因过错侵害他人民事权益造成损害的，应当承担侵权责任。依照法律规定推定行为人有过错，其不能证明自己没有过错的，应当承担侵权责任。”第1166条规定：“行为人造成他人民事权益损害，不论行为人有无过错，法律规定应当承担侵权责任的，依照其规定。”可以看出，与原《民法通则》和原《侵权责任法》的规定不同，《民法典》对侵权行为采取了四要件（过错、侵害行为、损害、因果关系）的立法模式，不再具体列举侵权行为的类型。为便于法律适用，《民法典》采用了“一般条款”的立法模式概括规定侵权行为。

（四）侵权行为的概念与特征

1. 侵权行为的概念。观察大陆法系国家法典对侵权行为的规定，可知各国法律基本上未对侵权行为有明确定义，只是通过构成要件和归责方式说明侵权行为。尽管立法难给侵权行为定义，然而为研究需要，学者们根据法律的规定尝试从学理上给侵权行为定义。侵权行为的学理概念有多种，各有其特点。例如，有学者认为侵权行为是因过错侵害他人的人身和财产而依法应承担民事责任的行为，以及依法律的特别规定应当承担民事责任的其他损害行为。[1] 该定义把侵权行为限定在私法行为内，指出了侵权行为是应承担民事责任的行为。我国台湾地区学者史尚宽教授从广义的方面将侵权行为定义为：侵权行为者，因故意和过失不法侵害他人之权利或故意以背于善良风俗的方法，加害于他人之行为也。简而言之，即侵犯他人权利和利益之违法行为。[2] 该定义从广义上确定侵权行为，没有明确划定私法和公法上的违法行为。

用简洁的语言概括具有特定内涵的侵权行为，实属不易。本书尝试给侵权行为作如下界定：侵权行为是行为人因过错或不以过错为要件侵害他人绝对性权利，或受法律保护的

[1] 参见王利明：《侵权行为法研究》（上卷），中国人民大学出版社2004年版，第8~9页。

[2] 参见史尚宽：《债法总论》，中国政法大学出版社2000年版，第105页。

已公开的权利及利益，因而须就所生损害负担赔偿义务的行为。

2. 侵权行为的特征。就上述侵权行为的概念，可从以下几方面说明民法侵权行为的特点：

（1）侵权行为是违法行为，是引起损害赔偿的法律事实之一。①侵权行为的性质是行为，而非事件。尽管动物、地上工作物致人损害，表面上是由事件引起，但该事实的发生受人的行为控制。侵权行为法规范的对象是人的行为而非事件。②侵权行为是违法行为而非法律行为。侵权行为是不以意思表示为要素的违法行为，此点与法律行为有别。但要求实施侵权行为的人有责任能力，而责任能力由意思能力决定，故侵权行为与不要求意思能力的事实行为有别。③侵权行为的效力产生法定之债。侵权行为的事实在当事人之间引起损害赔偿权利义务关系的变动。只要行为符合法律规定的侵权行为构成要件，直接发生损害赔偿之债的法律效力。

（2）侵权行为是侵犯了绝对性权利和受法律保护利益的行为。绝对性权利，即人身权、物权、知识产权等支配型权利，该权利的效力针对一切不特定人，绝对权对应的义务是法定义务。侵权行为是违反了法律要求一般人应遵守的法定义务的行为，而非违反了特定人之间约定的合同义务，由此原则上将侵害相对权的违约行为排除在侵权行为之外。

但需注意的是，我国《民法典》将侵害“民事权益”的行为均规定为应承担侵权责任的范围。因此，侵权行为侵害的客体除了侵犯绝对权以外，还会侵犯与绝对权利相似或相关的利益，例如，侵害占有人的利益，侵害近亲属对死者人格享有的利益、受保护的胎儿利益、个人的信息利益等。尤其是在竞争关系的商业领域中，第三人故意侵害他人的债权，实质上是对他人公开权利和利益的侵犯。

（3）侵权行为是应就损害行为的结果承担侵权民事责任的行为。侵权行为发生后，产生损害赔偿之债的效力，从责任的角度，也称侵权民事责任。民事责任强调了私法效果。这一效果区别于公法效果，不是对加害人的人身自由进行限制，也不是对其财产进行扣押管制，更不是对行为人开除公职、警告、降级等，而是赔偿损失，救济受害人。

二、侵权行为与相关行为的区别

（一）侵权行为与刑法上犯罪行为的区别

侵权行为与犯罪行为同为违法行为，均侵犯了他人的权利和受法律所保护的利益，但两者具有明显区别：

1. 对行为人的主观过错要求不同。犯罪行为的成立以故意为原则，以过失为例外，行为人仅有过失，只有在法律有规定的情况下，才认为是犯罪。而侵权行为以过失为原则，以不问过失为例外。由于犯罪以故意为原则，故犯罪行为的手段、方法多是恶性的、强制的、暴力的。侵权行为以过失为原则，在手段上不具有上述特点，多是疏忽大意造成的。

2. 两者侵犯的客体不同。犯罪行为侵犯的客体比较广泛，除了侵犯一般人的财产权利和人身权利以外，还涉及国家法律保护的政治、军事、经济和文化等多方面权利和利益。侵权行为侵犯的客体相对而言，则比较窄，主要侵犯的是主体的支配性权利和利益。

3. 法律对两行为的构成要件要求不同。犯罪行为无论是既遂、未遂或预备，都可能构成犯罪，被害人有无损害，与犯罪成立无关，即使没有损害，仍构成犯罪。而侵权行为必须是造成损害结果的行为，如果没有造成损害结果（不是既遂），不构成侵权行为。

4. 价值功能不同。犯罪行为是具有社会危害性的行为。因此，犯罪行为的法律效果是维护社会公共利益，惩罚犯罪行为人本人，对受害人的救济不是刑法解决的问题。而侵权行为在具备构成要件后即产生给付赔偿义务，以救济、填补受害人损失为目的。

5. 性质不同。犯罪行为是公法的范畴，是受刑法处罚的行为，令犯罪人受刑罚处罚的依据是刑法。侵权行为是私法的范畴，是民法上的特定概念，违反的是民事法律，是民事违法行为，令侵权行为人负赔偿义务的依据是民法。

6. 适用的诉讼程序不同。犯罪行为适用刑事诉讼程序，是国家依职权主动查处，即使受害方放弃追究犯罪分子，检察机关也应依职权追诉，当事人通常不得自行解决。侵权行为适用民事诉讼程序，侵权行为发生后，当事人可以自行协商赔偿数额，协商不成，可以诉讼。当然，当事人也可以放弃要求赔偿或诉讼。

从民法上的侵权行为与刑法上的犯罪行为的区别当中，可以看出，侵权行为法的目的，对于受害的原告一方，是对其受到的伤害予以补偿、救济。而对加害的被告一方，侵权行为法保护了他的人身自由，并不像刑法那样，对其人身自由予以限制。而从整个社会的角度看，通过侵权行为法，可以防止伤害，告知人们应当尊重他人的权利和合法利益。

应注意的是，虽然侵权行为与犯罪行为有明显区别，然而两个行为之间有一定的联系，其联系表现为规范竞合的存在。当一个行为事实，既符合民法对侵权行为规范的要件，也符合刑法对犯罪构成的规范要件时，两种规范互相并不排斥，均可适用。因此，《民法典》第 187 条规定："民事主体因同一行为应当承担民事责任、行政责任和刑事责任的，承担行政责任或者刑事责任不影响承担民事责任……"

（二）侵权行为与违法行政行为的区别

行政法上的违法行为，是指行政法律关系的当事人违反行政法律规范的行为。行政法上的违法行为包括两类：一类是违法行政行为，这是指行政机关或者国家公务员，以及行政机关的工作人员，在实施行政管理行为时，违法行政，致人损害的行为。另一类是行政违法行为，这是指自然人、法人或者其他团体违反行政法律、法规的行为。侵权行为与违法行政行为的主要区别如下：

1. 违法主体不同。违法行政行为有主体方面的限制，是行政机关或机关工作人员。侵权行为的主体不受任何限制，几乎所有的自然人、法人和其他团体均可成为侵权行为的主体。

2. 性质不同。侵权行为是民事违法行为，受民法调整；行政法上的违法行为违反行政法，受行政法调整，属于公法的范畴。

3. 归责原则不同。侵权行为主要是过错归责，我国对行政违法行为主要采取违法原则。这样可以减轻受害人证明加害人有主观过错的责任，便于受害人获得赔偿。

4. 法律后果不同、赔偿主体不同、适用的诉讼程序不同。侵权行为的法律后果主要是赔偿，赔偿的主体是侵权人，适用民事诉讼程序。行政法上的违法行为的后果除了国家赔偿以外，还有行政处罚，或者自行纠正，责令履行职责等行政责任方式，国家赔偿的主体是国家，适用行政诉讼程序。

同样，侵权行为与行政行为两者间也有联系，当一个行为既违反了行政法律，又违反了民事法律，构成规范竞合，行为人既要承担行政责任，也要负民事赔偿义务，构成行政附带民事损害赔偿。

如果侵害人因同一违法行为，同时要承担刑事责任与侵权责任、行政责任和侵权责任时，或者同时承担刑事责任、行政责任和侵权责任时，这些责任方式同时并存，而加害人可供执行的财产较少，不足以在赔偿受害人的同时又支付行政罚款和刑法的罚金或者没收财产时，应当用侵权人的财产优先赔偿受害人的损失，原因是相比国家对违法行为的惩罚而言，受害人损害的填补更重要。《民法典》第 187 条规定："民事主体因同一行为应当承担民事责任、行政责任和刑事责任的，承担行政责任或者刑事责任不影响承担民事责任；民事主体的财产不足以支付的，优先用于承担民事责任。”这里坚持了私权优先、民事责任优先的原则。

（三）侵权行为与违约行为的区别

违约行为与侵权行为均为对民事权利的侵犯，均为民事违法行为，都是债发生的原因，同属私法范畴，然而在自罗马法以来的各国民法中，侵权行为与违约行为是不同的行为。罗马法将违约行为规定在“债务执行”中，侵权行为规定在“私犯”中。大陆法系债法，一般都将违约规定在合意之债中，引起的是契约责任；侵权规定在非合意之债中，引起的是非契约责任。这种区别的理论根据主要如下：

1. 两行为产生的前提不同。违约行为是当事人之间事先有合同关系，对合同义务的违反构成违约，其属于合意之债的范畴；侵权行为发生之前，当事人之间没有特定的法律关系，侵权行为发生后，在当事人之间产生损害赔偿之债，其属于法定之债的范畴。

2. 两行为侵犯的权利不同。侵权行为侵害的权利为绝对权，违约行为侵害的权利为相对权，即债权。所以，侵权行为是不法侵害他人的非合同权利，而违约行为是不法侵害当事人因约定产生的债权。

3. 两行为违反的义务不同。侵权行为违反的义务是法律事先规定的义务，是一般人都应遵守的义务；违约行为违反的是当事人自己约定的义务，是针对特定的一人或数人规定的义务。

4. 两行为主体不同。侵权行为的主体是不特定的任何主体，由于违约以契约存在为要件，故违约行为的主体必须是合同关系中的特定当事人，且必须是完全行为能力人。

5. 两行为承担责任的方式不同。因违约产生的民事责任主要是继续履行，采取补救措施或者损害赔偿等。而侵权行为承担责任的方式主要是停止侵害、排除妨碍、消除危险和赔偿损失，侵害人身权时，应承担的消除影响、恢复名誉、赔礼道歉等责任形式对违约不适用。

侵权行为与违约行为虽然是不同的行为，但在实践中两种行为发生规范竞合的情况是存在的。当规范竞合时，会根据不同情况产生违约与侵权的责任竞合与重合。《民法典》第186条规定：“因当事人一方的违约行为，损害对方人身权益、财产权益的，受损害方有权选择请求其承担违约责任或者侵权责任。”当责任竞合时，当事人可择一行使请求权。如果责任并存，当事人的请求权可分别实现。

（四）侵权行为与不当得利的区别

侵权行为与不当得利均属于私法范畴，实践中，人们往往把不当得利也当作侵权行为对待，认为无法律原因的获利而致他人受损的行为，也是侵权行为。虽然侵权行为与不当得利均产生法定之债，但民法并未将两者视为一体，而是作为两类债，说明侵权行为与不当得利有区别：

1. 两者属性不同。侵权行为属于不法行为的范畴，不当得利性质上属于事件的范畴，是由于无法律上的原因获利，致他人受损的事件，事件本身不存在合法与违法的问题。

2. 两者构成要件不同。

（1）不当得利以一方无法律上的原因受有利益为要件，没有实际获利（如物的所有权没有发生移转，无权占有的利益不存在），不构成不当得利。因此，规定不当得利的主要目的是为了纠正财产的不当移转，使不当移转的财产回归到物的所有人，取消得利人无法律原因所受的利益，而侵权行为不以得利为要件。

（2）一般侵权行为以过错为要件，而不当得利产生的原因则形形色色，可以是自然事件，可以是人的给付，并未要求取得不当得利的人一定存在过错，也不要求行为一定违法。

（3）不当得利中的“致他人受损害”的“损害”与侵权行为法中的“损害”意义不同。不当得利中的一方“损害”的参照物，是相对于他方的“得利”而言的，即一方获得的利益正是他方所受的损害，损害与得利相对应。侵权行为中“损害”的参照物，是与损害前相比较的，前后比较，受害人有损害。

（4）在因果关系要件上，不当得利因果关系的判断不像侵权行为那么复杂。不当得利多采直接因果关系，侵权行为多采相当因果关系。

3. 两者的制度价值功能不同。侵权行为制度是填补受害人所受的损失，不当得利制度不是填补损害，而是让得利人返还没有法律原因获得的不当利益。

虽然两者是民法中的不同制度，但侵权行为与不当得利经常会发生规范竞合的情况。

（五）侵权行为与无因管理的区别

无因管理与侵权行为在构成要件上不同，所以比较容易区分。无因管理是合法行为，是法律提倡、鼓励的行为。侵权行为是违法的行为，是法律禁止的行为。因此，从正当的无因管理的角度而言，侵权行为与无因管理是不同性质的行为，是违法与合法的区别。但须注意的是，正当的无因管理在未尽到善良管理人的注意义务时，也有可能产生侵权行为之债的效力，不能因无因管理就排斥侵权行为的成立。

（六）侵权行为与准侵权行为的区别

准侵权行为的概念源于罗马法的准私犯。在罗马法中有私犯和准私犯的区别，“私犯”包括盗窃、抢劫、损害、侵辱四种行为，私犯这类行为的特点都是行为人有“罪过”（过错），是行为人要对自己的过错负责任的行为。

“准私犯”不是对自己的不当行为造成的损害负责，而是对危险物致害和第三人的行为造成的损害负责，在罗马法中，准私犯行为包括四种：①放置物或悬挂物致害；②落下物或投掷物致害；③审判员误判致害；④产生与自己属员的盗窃或侵害行为的责任。

可以看出，在罗马法中，已经区别对自己不当行为的责任和在自己没有不当行为时的责任，前者为私犯，后者为准私犯。尽管罗马人已经认识到它们之间的不同，但又无法解释为什么这两类行为会产生同样的损害赔偿的法律后果，于是就用了“准私犯”这样的词与“私犯”相区别，表示这是与私犯不同的范畴，但准用私犯的赔偿后果。

在罗马法的基础上，后世法律将私法的侵权行为与刑法的犯罪行为分开后，也注意到私犯与准私犯的不同之处，有些国家的民法典在罗马法的基础上分别规定了侵权行为与准侵权行为，并规定在一个范畴内，即侵权行为法中。

1804 年《法国民法典》继受了罗马法“准私犯”的概念，在民法典中提出了准侵权行为的概念，规定了准侵权行为的条文。在准侵权行为的条文下，规定了因第三人的过失引起损害的赔偿责任、监护责任、雇主责任、教师对学生的监督责任、动物致害责任、建筑物倒塌致害责任等。《法国民法典》第 1384 条规定，“任何人不仅对其自己的行为所造成的损害，而且还应对其负责的他人的行为或在其管理下的物体所造成的损害负赔偿责任”。《德国民法典》未采用准侵权行为的概念，而是把侵权行为分为一般侵权行为和特殊侵权行为，统一在侵权行为的概念下。我国的侵权法理论基本接受了德国的做法，把因自己的过错致人损害的行为称为一般侵权行为，把因第三人的行为或者物件致害造成的损害行为称为特殊侵权行为。

以上对侵权行为与各种类似的行为比较之后，我们进一步理解了民法上侵权行为的特定意义，对此，我们用《牛津法律大辞典》对侵权行为的表述作总结：侵权行为是可以引起民事诉讼的伤害或不法行为，侵权行为规则要求人们负有不得加害于他人的义务，以及加害了他人，则应对之进行补救或赔偿的义务，这种义务不是由当事人的协议而设定的，而是根据一般法律的实施产生的，与当事人的协议无关。[1] 这一表述较为合理地说明了侵权行为的特点。

第二节　侵权行为法的理念

一、侵权行为法律规范

侵权行为法律规范是关于损害与赔偿的民事法律规范的总和，其核心内容是如何确定损害行为，以及对造成的损害如何救济。侵权行为法律规范表现的主要形式（法源）是：《宪法》（关于保护人的财产权和人身权的规定）、《民法典》、某些单行的民事法律、司法解释及其他法律渊源（如《中华人民共和国国家赔偿法》和经济、行政法律、法规）中有关侵权行为的规范等。

二、侵权行为法在民法中的地位

在现代大陆法系法典化国家的民法典体系中，侵权行为法在民法中的地位不是一个热点问题，因为继受罗马法的各类民法典几乎一致地将侵权行为归入债法体系，作为与合同之债并行的非合同之债的发生原因，纳入债的体系中。

在非法典化的英美法系判例法国家，侵权行为法则是独立的一门法，这门法由各种具体的侵权行为类型的规定和大量具体的侵权诉讼的法院判例构成，法官判案依据的是以前的判例，并在判例的基础上发展补充。

在我国民法学界，部分学者认为，侵权行为规范应该从民法债编中分离出来，在民法典体系中独立成编，称为侵权责任法，或称民事责任编。主张把侵权行为法从债法中分离出来的观点主要认为：

1. 虽然侵权行为与合同、无因管理、不当得利等均为债产生之原因，但其相互之间有许多方面的差异，例如，各类债的构成要件、责任后果、归责原则、免责要件都不同，特别是“债的一般规则主要适用于合同之债，并不完全适用于侵权行为和其他债的形式”。[2] 因此，应把侵权法从债法中独立出来。

2. 侵权行为法本质是责任法，侵权行为无论怎样定义，都是一种在法律上应受谴责的行为。法律对其谴责的直接表现，就是责任的施加。[3] 责任法的特点是强制性和国家干预性，这是侵权行为法本身的特殊性。随着侵权行为的类型越来越多，例如，产品责任、工业事故、环境责任、国家赔偿责任、医疗事故责任、交通事故责任等，这些类型的责任事故不仅要求专门的法律调整，而且也突出体现了国家干预性，使得这些侵权行为类型不仅仅是受害人与加害人之间个人的私的关系，还是关系到整个社会的事。因此，从保护社会公共利益、保护弱者的角度出发，应强调侵权行为的本质是要承担责任，所以，应把侵权

---

〔1〕 参见［英］戴维·M. 沃克编：《牛津法律大辞典》，北京社会与科技发展研究所译，光明日报出版社1988年版，第886页。

〔2〕 王利明：《侵权行为法研究》（上卷），中国人民大学出版社2004年版，第161页。

〔3〕 参见麻昌华：《侵权行为法地位研究》，中国政法大学出版社2004年版，第172~173页。

行为从债法中独立出来，形成专门的责任法。

3. 侵权行为作为债之效果的作用有所减弱。过去把侵权行为作为债法的组成部分，其主要依据在于侵权行为的后果是产生损害赔偿之债，功能是预防和救济。但是，侵权行为法的这一作用已经微乎其微，例如，现在工伤、疾病、交通事故、产品责任等都可在社会保障制度以及其他责任保险制度中获得补偿，因此，侵权行为法的古老作用已被责任保险和社会保障的存在所掩盖。这样，侵权行为法的效果与过去债法之效果已不同了，所以应与债法分离。

除了上述主要理由外，还有的观点认为我国《民法通则》已经把侵权行为法从债法中分出来了，归入民事责任这一章，说明我国立法已经把侵权行为与债分开。也有人认为，随着社会的发展，侵权行为的类型越来越多，对此规定的条文也越来越多，把侵权行为与不当得利和无因管理并列放在债法中规定，从条文的数量上也不协调，应该把它独立出来。

2009 年 12 月底通过的《侵权责任法》使上述理由成为现实。2020 年 5 月通过的《民法典》将“侵权责任”单独成编，置于婚姻家庭编、继承编之后，即民法典体系的最后一编（第七编）。尽管立法者单独制定了侵权责任编，但侵权行为的效果是债，还是责任？它应在民法体系中处于何种地位？仍有讨论必要。本书认为，将侵权行为规范放在民法的债编部分更为合理，理由在于：

（1）侵权行为法是民法意思自治原则的重要体现。在债法中，债的发生原因是按照合同、无因管理、不当得利、侵权行为这样的顺序排列的，合同是当事人之间的约定，是合法行为，无因管理与合同的区别是当事人双方没有协议。如果无因管理中的被管理人事后承认管理人所管理的事务，则准用委托合同，就正当无因管理特性而言，其具有合法性特点。因此，无因管理在民法典中归为准合同，类似于委托合同。不当得利因其不具有法律依据获得利益，故而是需要法律纠正之行为，但还不能一概确定不当得利是违法行为。侵权行为则是违法行为。因此，四种典型之债的排列，是从合法到有违法的因素，再到违法的渐进过程。这种排列，正是从积极和消极方面说明意思自治、私法自治原则。如果把侵权行为与债分离，则破坏了这种逻辑体系。

（2）自罗马法以来，大陆法系许多国家的民法，如法国、德国、日本、俄罗斯等国的民法，都将侵权行为与合同、不当得利、无因管理等归入债法体系，作为债的发生根据。侵权行为规则在大陆法系过去是，而且现在也一直是债法的一部分，这种体例是市民法传统的组成部分。传统民法之所以将侵权行为作为债发生的原因，显然区别了债与责任的不同。

我国台湾地区学者史尚宽先生指出，“德国固有法，始将债务与责任，截然区别，以债务为应为给付之义务，责任为此义务之财产的担保。债务人不为给付时，债权人得依强制执行之方法，以实行其债权者，即以此也”。[1] 债务既然是应给付的义务，则须依诚信履行，这也是自然法、道德、伦理之要求，强调义务人以自己的良知自觉履行，此为私法的内在固有理念。责任带有强制性，是对违反义务的制裁和担保，而这种强制手段，通常需要借助公力救济的手段实现，而义务因是“应为”，故多数情况是义务人在权利人的请求下（自力救济）履行义务，但未必通过强制手段实现，除非义务人不按权利人的请求自觉履行，权利人才提起诉讼。

---

〔1〕 史尚宽：《债法总论》，中国政法大学出版社 2000 年版，第 3 页。

虽然债务与责任为不同概念，但两者通常相伴而生。用责任保障债务的履行，不履行债务，债权人可请求公力机关对债务人强制履行，承担不履行义务的责任。债务履行后，责任不再存在。因此，从对权利保护角度而言，责任是对权利的救济和法律保障。有救济，才有真正意义上的权利。无救济的权利是没有意义的权利，无救济的权利仅存在于已过诉讼时效的自然债务上，称为无责任的债务。

侵权行为发生后，在当事人之间产生损害赔偿之债的权利义务关系，损害赔偿又是民事责任形式之一，对于义务人而言，损害赔偿也是其应承担的民事责任。如此看来，好像债与责任无区别。然而，两者性质是不同的，在债的效力中，当事人依债之关系应履行的给付义务，为第一性义务；如果未履行或不完全履行，则产生第二性义务，第二性义务是对不履行第一性义务的救济。不履行第一性义务，相对而言，也是对与义务相对应的权利的侵害，故第二性义务，也是对被侵害的权利的救济。因此，在提出救济请求权时，救济同时获得了请求权的外观，救济手段自身也成了一种权利。

关于救济的权利性质，《牛津法律大辞典》是这样表述的："法律制度赋予特定关系中的当事人以两种权利和义务，第一与第二权利和义务，前者（第一权利与义务）如取得所购买的货物和取得货物价款，后者（第二权利与义务）如强制对方交货或强制对方就未交货一事给付赔偿，或强制对方支付货物的价款，或强制对方就拒收货物给付赔偿。虽然只有在第一权利未被自愿满足或未被令人满意地满足的情况下，第二权利或救济权利才能发挥作用，但要求对方履行义务的权利，或要求对方就未履行的义务或不适当履行义务给予救济的权利，却都是真正的法定权利。相应的，救济是一种纠正性质的权利，这种权利在可能的范围内会矫正由法律关系中他方当事人违反义务行为造成的后果。"〔1〕

由此可知，损害赔偿作为对被侵害的权利的救济，其本质也是一种权利，是对原权利的救济权，这种权利的产生必须以原有的实体权利受到侵害为前提，通过救济方式使原权利得以恢复或实现。在当事人行使第二性权利（救济权）时，与救济权相对应的是债务人承担的第二性义务，是不履行或不能完全履行第一性义务的后果。从不履行义务的后果而言，第二性义务通常也称为责任。所以，把损害赔偿这种对权利的救济称为损害赔偿义务或者损害赔偿责任，从理论上说都是可以的。

然而，为什么大陆法系国家的立法把第二性义务称为给付义务，并不直接称为责任，而且又将第二性义务归在债的效力的范围内，没有与债的效力脱离单列为责任法呢？这里体现了民法私法自治的理念。

不履行义务以及侵权行为多数情况下是由过失引起的，侵权损害发生后，在原本没有任何权利义务关系的侵害人与受害人之间，依法产生了请求赔偿和给付赔偿的法定之债的权利义务关系，义务人根据债的规则自觉地、理性地履行给付赔偿义务。我国台湾地区学者梅仲协先生说："就绝对权言，在权利不受侵害时，其请求权则隐不显现，然若一旦遭遇侵害，则随时可以发动，且发动不限次数。受一次侵害，则可表现为一次请求权也。"〔2〕梅仲协先生这里所指的请求权的行使，就是对原权利的救济性请求权，该请求权具有实体和程序意义的双重性质，是介于实体与程序的枢纽，这一请求权可通过法律自己获得实现，也可以请求司法机关获得解决。因此，它包含两个意义：一是自力救济；二是公力救济。

〔1〕［英］戴维·M. 沃克编：《牛津法律大辞典》，北京社会与科技发展研究所译，光明日报出版社1988年版，第764页。

〔2〕梅仲协：《民法要义》，中国政法大学出版社1998年版，第37页。

而就民法为私法的特点而言，权利人的请求权的行使绝大多数为自力救济，一般是在权利人自己救济无望时，才请求国家公权力机关强制义务人履行，此时，对债务人而言，是应承担的民事责任。

从义务人自觉理性的履行到依靠公权力强制的履行，应该认为，把侵权行为列为民法的债的部分更合乎民法私法的特点，把侵权行为的效力归为债，要求债务人自觉履行或监督履行，这也体现了义务人履行赔偿义务的本质是补偿性的，不是惩罚性的。如果将侵权行为效果直接看作是民事责任，把“致害→产生债→债的不履行→民事责任”四个环节缩减成“致害→民事责任”两个环节，减少了当事人意思自治的空间，提前了公权力介入的时间，与民法的私法性质不合。这等于否认了意思自治、私法自治的民法基本理念，不承认民事主体能够自觉地履行义务，理性地生活。另一方面无形中增加了法院的负担、当事人之间的诉讼之累。本书同意我国学者张俊浩先生的观点，即“市民法以意思自治为基本理念，该理念尊崇理性，相信在正常情况下义务人的良知，即使其义务是违约或侵权所致，仍会承认并且自觉或经监督而履行。因而，民法是从债的构想去规范侵权行为，而不是从责任与强制的角度去构想”。[1] 这也正是大陆法系国家的民法典将侵权行为归为债法体系的原因。

尤其是当我们把民法上的侵权行为与公法上的犯罪行为、违法行为进行区别以后，结论是：侵权行为发生的结果应该是债，并且只能是债，当侵权行为效力转为责任时，应该认为侵权人故意违反义务，这就需要国家公权力机关进行干预。而犯罪行为与行政违法行为的效力只能是责任，这也是公法与私法的区别所在。

我国立法尽管将侵权责任独立成编，但《民法典》第118条规定：“民事主体依法享有债权。债权是因合同、侵权行为、无因管理、不当得利以及法律的其他规定，权利人请求特定义务人为或者不为一定行为的权利。”同时，《民法典》第二章“损害赔偿”规定了侵权行为的效力。由此可知，我国立法仍坚持了大陆法系传统民法的理念，将侵权行为作为债的发生原因之一，侵权行为发生后，受害人有请求加害人履行赔偿义务的债权，反向观之，与债权请求权对应的债务人赔偿义务，也是债权人享有的对被侵害债权的救济权。不同的是，立法者将民事主体间产生的权利、法益或义务作为私法关系中的正态，将责任作为私法关系的反态。“正态下之权利（或法益），乃原权利（或原法益）；反态面下之权利，乃救济权。正态面下之义务，一转变为反态面时，即为责任”。[2] 因此，人类的社会生活，应遵循私法规范，如果违反了私法规范而侵害了他人的权利和利益，受侵害的人基于原权利或利益被侵害随之产生的救济性请求权，可请求排除侵害或赔偿损失，违反义务侵害他人民事权益的人，则必须承担私法关系不利益的效果，也即承担民事责任。债与责任是一个问题的两个方面，有债权即有义务，义务不履行，以责任担保。本书从行为人须对自己行为导致的损害负责任的理念和角度，说明侵权民事责任。

三、侵权行为法与保险制度

由于保险机构参与到赔偿损害中，解决了侵权行为法不能解决的社会问题，有观点认为保险制度成为埋葬侵权行为法的土壤，因为投保以后，发生事故，一切由保险公司承担，责任人什么责任都没有了。而且保险理赔迅速，举证责任简单，补偿功能明显，比通过侵权行为法，通过诉讼获得救济省事得多，因此，人们自然愿意选择保险赔偿而舍侵权之诉，

---

〔1〕 张俊浩主编：《民法学原理》（下册），中国政法大学出版社2000年版，第904~905页。

〔2〕 曾世雄：《损害赔偿法原理》，中国政法大学出版社2001年版，第3页。

由此认为侵权行为法的存在面临着危机。

应该看到，随着市场经济体系的逐步建立和不断完善，我国目前初步建立了包括侵权赔偿制度、责任保险制度、社会保障制度在内的一整套损害综合补救体系。这些综合救济体系各有其价值功能，不能相互替代。以投保人自身的财产或人身为保险标的的损失保险为例，此类保险主要包括：人寿保险、意外伤害保险、健康保险、火灾保险、综合汽车保险等。损失保险与侵权赔偿制度产生的基础和制度功能不同，损失保险基于意思自治产生，由投保人与保险人订立保险合同；而侵权赔偿制度是强制性法律关系，一方之所以向他方负担侵权损害赔偿之债是基于法律的强制性规定。而且侵权赔偿以填补损害为其基本功能；而损失保险并非均具有损害赔偿的功能，如纯粹人身保险的场合，就不具备填补损害的重要功能。

另外，并非所有的风险均可保险，保险只存在于某些风险中，也并非所有风险都能强制保险，还有不投保的情况。而且，保险赔偿仅在投保额范围内赔偿，超过部分还要通过侵权行为法解决。在保险事故由第三人造成的某些情形中，保险人承担保险赔偿后，法律赋予了保险人向第三人追索的权利，而保险人行使追索权的前提性法律是侵权行为法，没有侵权行为法，保险追索权成了无本之源。尤其是普通市民的一般侵权行为，通常都需要侵权行为规范调整。

总之，现代社会的损害综合救济体系，特别是保险制度并不会导致侵权行为法的衰微，相反这些制度相互配合与补充，能够更好地发挥填补损害的作用。

第二章
侵权责任的归责原则

第一节 归责原则概述

一、归责原则的概念

在民事法律的场域中，契约关系之外，对因民事权益受到侵害造成的损害，如不能将该损害视为人生风险或命运使然而由受害人自己承担，那就以具有法律约束力的方式由他人进行赔偿。必须明确的是：虽然侵权责任法系权利救济法，而对于民事主体受到侵害的权利予以救济的核心在于归责制度，但事实上并非“有损害就有救济”，自罗马法以来，对日常生活中发生的损害素有“所有权人自吞其果”（casus sentit dominus）原则，其基本思想是反对由法律来阻碍偶然事件的发生，并反对由法律补偿由命运所造成的不平等。[1]

古代法中的“问天”与现代法中的“抽签”[2] 都是这种思想的体现。这在经济学领域被认为：让损失停留在原处，法益所有者的损害自负是原则，是首先要考虑适用的规则。霍尔姆斯说：“良好的政策应该让损失停留于其所发生之处，除非有特别干预的理由。”[3]

这里的“特别干预理由”即侵权法中的归责原则或归责标准。由他人担责是自负责任的例外，既是例外，就表明需要特别的理由，对此，法律所需要回答的是：在何种条件下应当由他人承担责任？法律的解释需要说明将损失归责于他人的原因和标准是什么。在通常情况下归责标准是行为人的过错；在无过错责任中使行为人承担责任的特别理由则不再是过错，而是“获得利益者负担损失”。归责原则的确立是侵权责任法的核心问题。

（一）归责的含义

归责是“将所遭受的损害转嫁给他人的法律理由的总称”。[4]

我国台湾地区的学者邱聪智认为归责意义的核心是：在法律规范原理上，使遭受损害之权益，与促使损害发生之原因者结合，将损害因而转嫁由原因者承担之法律价值判断因素。[5]

这说明归责是行为人因其行为或其管理的物致他人损害的事实发生后，使其承担侵权责任的依据，也就是确定责任归属所依据的标准。归责是一个复杂的责任判断过程，其含义与责任不同。侵权责任指行为人侵害他人权益或违反民事义务而依法应承担的法律后果，

---

〔1〕 参见［德］马克西米利安·福克斯：《侵权行为法》，齐晓琨译，法律出版社 2006 年版，第 2 页。

〔2〕 参见《中华人民共和国商标法实施条例》第 19 条。

〔3〕 O. W. Holmes, Jr. , LECTURE II. -THE CRIMINAL LAW, The Common Law [M], Bosto n: Little, Brown, and Company, p. 50 (1948) .

〔4〕 ［德］埃尔温·多伊奇、汉斯-于尔根·阿伦斯：《德国侵权法》，叶名怡、温大军译，中国人民大学出版社 2016 年版，第 3 页。

〔5〕 参见邱聪智：“庞德民事归责理论之评介”，载《台大法学论丛》1982 年第 2 期。

该法律后果在大陆法系国家被称为损害赔偿之债，属于法定之债。侵权责任是归责的结果，但作为一项制度，归责只是为侵权责任是否成立寻求依据，并不以责任的成立为最终目的。由于侵权责任涉及行为人的行为自由，其与受害人权利或利益具有密切联系，所以归责原则的确立对侵权法的社会功能影响巨大，立法对归责标准的选择是行为自由与受害人利益保护平衡的结果。

（二）归责原则的含义

归责原则指归究侵权责任的根本标准。归责原则在损害赔偿理论上具有重要意义，“它所要解决的是侵权责任的伦理和正义性基础问题”。〔1〕

但归责原则与民法的基本原则是不同的，这里虽然也以“原则”来描述，但并不认为归责原则如同民法基本原则那样是贯彻于整个侵权行为法之中，并对各个具体规范起着统率作用的根本性规则，而仅以为它是确定行为人的侵权民事责任的根据和标准，有时也视之为侵权责任类型，所谓“过错责任”“无过错责任”，甚至还包括“公平责任”。无论如何，侵权法中的归责原则受民法基本原则精神的指导，二者是特殊与一般的关系。〔2〕

侵权法的归责原则与损害赔偿原则也不同，损害赔偿原则是指责任归属确定后，在确定赔偿数额和方式时应遵循的规则。两种原则的作用不同，归责原则的作用是确定侵权行为人应否负赔偿责任，解决侵权责任由谁承担的问题，如依据过错责任原则，由有过错的侵权行为人承担损害赔偿责任，如果行为人没有过错，对造成的损失的损害赔偿责任就不能归属于他。赔偿原则要解决的是“怎么赔”以及“赔多少”的问题，如全部赔偿、限定赔偿、惩罚性赔偿、过失相抵等赔偿原则以及考虑当地生活水平和当事人经济状况进行赔偿等。归责原则在侵权责任法中居于核心地位，赔偿原则是侵权法归责原则的具体落实。

以法典化为特点的大陆法系国家对归责原则有深入的探讨，而英美法国家一般并不认为有普遍适用的“归责原则”，英美侵权法以“Criterion of liability”即责任的标准来表达归责原则，在具体表述中，并不使用“过错责任原则”（principle of fault liability）或“无过错责任原则”（principle of no-fault liability），而使用“过错责任”（fault liability）或“无过错责任”（no-fault liability）。

（三）归责原则与侵权责任的构成要件

侵权责任的构成是侵权责任成立必须具备的要素。归责制度是责任构成制度的前提，而在过错责任中，归责事由是侵权责任构成要件中最重要的要素。在立法中，归责原则通常与责任构成同款存在，如《法国民法典》第1382条、《德国民法典》第823条等，我国《民法典》第1165条一般解释为有关过错责任原则的规定，同时该条也是对过错责任构成要件的规定。法律的主要作用在于明示设定人类社会秩序的标准，归责原则与构成要件是从不同角度、在不同层次中对社会秩序标准的明示。与归责原则相比，在侵权责任的构成要件中，损害事实的发生是一个事实现象，系侵权责任成立的前提，损害事实的发生并不必然引发侵权责任，在法律价值判断上，损害事实不具有重大意义；因果关系要件虽然很重要，但其本身并不能说明行为是否正当，如正当防卫行为也可以成为造成他人损害的原因，但正当防卫属于合法行为；违法性要件，在法律价值判断上固然占有重要地位，但其价值判断的出发点在于维持整个法律秩序，对于具体案例中特定人之间的差异，几乎不管，

---

〔1〕 张新宝：《侵权责任法》，中国人民大学出版社2016年版，第13页。

〔2〕 这里需指出的是，在近代民法中过失责任是与所有权绝对、契约自由并列的三大基本理念（原则），现在也有学者认为过失责任属于民法的基本原则，参见李永军：《民法总论》，法律出版社2006年版，第45~102页。

也正因如此，违法性要件忽略了特定人与法律秩序之间的关系，如无行为能力人对其实施的侵害行为并不承担责任。所以，违法性要件始终不能成为决定责任主体的责任是否存在的最终依据。而归责原则，则基于具体个人与法律秩序之间的关系，将违法、违法的效果及违法事由的行为，与发动该事由的具体人加以结合，作为价值判断的出发点。如此，从损害到行为人的过程就十分清楚。正因如此，学者称归责事由是损害赔偿法的根本要素，是侵权责任判断的“最后界点”。[1]

（四）归责原则的体系

由于侵权行为的类型不同，也由于不同时期社会观念的差异，确定行为人承担侵权责任的标准也有所区别。英美法国家一般将其分为：故意侵权责任、过失侵权责任和严格侵权责任；而在大陆法国家，传统侵权法的归责原则乃过错责任原则一统天下，在现代侵权法中，各国都已由单一归责原则向多元归责原则发展。世界各国都承认过错归责原则，绝大多数国家也都承认无过错责任，只不过有不同称谓，德国法称之为危险责任（gefahrdung-shaftung），英美法上多称之为严格责任（strict liability）。除此之外，有国家也承认公平责任或衡平责任。

理论上有主观归责和客观归责的区分：当行为与行为后果可归咎于行为人个人时，构成主观归责，表现为故意或可指责的过失时的情形，这对精神损害的可归责性有重大意义；当一个事件或后果与人的行为仅有一般性联系时，即是客观归责，表现为过失的客观化、危险责任（无过失责任）。不管主观归责还是客观归责，可归责性原则上是针对人的行为而言的，所以，其不是针对财产的减少、保险抵偿等，只有那些受人的意志支配的行为引发的损害，才能被移转至他人。

在上述理念指导下，理论上有关侵权的归责原则主要形成了三种观点：

1. 一元制归责原则。认为侵权责任的归属应坚持以过错为标准，否认在过错责任之外还有其他归责原则存在，主张通过扩大过错责任的适用范围来适应侵权法领域出现的新问题。

我国的王卫国教授认为：为发挥民事责任的教育和预防作用，将行为的道德评价与法律评价密切结合，同时也为避免多元归责原则之间的对峙和冲突，应当以单一的过错归责原则构建我国侵权法归责原则体系。程啸教授则从区别归责原则与归责事由角度，认为我国存在多重归责事由（过错、危险、公平、控制力等），但归责原则仅有过错责任原则。[2]

2. 二元制归责原则。认为侵权责任应以过错责任和无过错责任为原则，或者以过错责任和危险责任为原则，并认为对一般侵权行为应适用过错责任原则，在法律有规定时对特殊侵权行为适用无过错责任原则。德国的拉伦茨教授、我国的张新宝和米健教授持此观点。[3]

3. 三元制归责原则。这一体系产生较晚，观点也不统一，主要有：故意责任、过失责任和危险责任。我国学者中主张三元制归责原则的主要有：王泽鉴的过失责任、危险责任

〔1〕 王利明：《侵权行为法归责原则研究》，中国政法大学出版社 1992 年版，第 18 页。

〔2〕 参见程啸：《侵权责任法》，法律出版社 2021 年版，第 111 页。

〔3〕 参见米健：“再论现代侵权行为法的归责原则”，载《政法论坛》1991 年第 2 期。张新宝：《侵权责任法》，中国人民大学出版社 2016 年版，第 14 页。

(无过失责任) 及衡平责任，孔祥俊等的过错责任原则、无过错责任原则和公平责任原则。[1]

除此之外，王利明教授认为归责原则应是多元的，由过错责任原则、过错推定原则、无过错责任原则和公平原则组成。过错责任原则适用于一般侵权行为，过错推定原则和无过错责任原则适用于特殊侵权行为，公平责任原则弥补过错责任原则的不足，而绝对无过错责任为例外适用。[2]

相关争议近年渐弱，但多数学者认为我国侵权法的归责原则包括过错责任原则、无过错责任原则和公平责任原则，这与 1986 年《民法通则》、2009 年《侵权责任法》和 2020 年《民法典》中除对过错责任和无过错责任进行规定外，一直有独立的公平责任规定有关。[3]

有学者认为就逻辑体系而言，以过错为标准将归责原则分为过错责任和无过错责任，此二元体制是完整的、周延的，在过错责任和无过错责任之外，不存在其他侵权责任类型。以“公平”这一任何法律规范都应有之精神作为侵权责任的具体归责标准自然是牵强的，公平以民法基本原则方式发挥其作用，而不宜理解为责任归属的标准，并进行一般规定。对公平责任的具体评价在本章第四节专门介绍。这里要说明的是：①过错责任与无过错责任并非同一逻辑层面对归责原则的划分，过错责任的基本内容是有过错有责任，无过错即无责任，具有典型的主观归责性，责任归属具有伦理评价意义，偏向于对行为自由的保护；而无过错责任采取的是不论（问）行为人过错标准，是从危险控制理论和利益风险并行理论出发，在例外的情况下使行为人承担责任，行为人可能有过错，也可能没有过错，对行为未作伦理评价，偏重对受害人利益的救济。因此，不能认为过错责任与无过错责任是归责原则的逻辑统一。②推定过错的本旨仍以行为人有过错为主要要素，推定只是认定过错的程序不同而已，并不能成为影响归责性质的因素，不能与过错责任“平起平坐”，其性质上仍属于过错责任。因此，过错推定责任并非独立的归责原则。③绝对无过错责任涉及的是侵害行为未造成实际损害，而仅为对权益行使的妨碍等情形，在传统债法体系下，“停止侵害、排除妨碍、消除危险”不属于债的类型，而是绝对权请求权的内容，其适用确实不需要举证行为人有过错，行为人也不能通过举证自己没有过错而免除责任。但此种情况是否属于侵权法内容是有争议的，我国《民法典》虽然于第 1167 条对此有规定，但考虑到第 236 条有关物权的保护和第 995 条有关人格权的保护的规定，第 1167 条有关所谓绝对无过错责任的规定是否适当是有疑问的。

就归责原则体系而言，过错责任的核心地位是无疑的，具有普遍适用性并规定于《民法典》中；而无过错责任则适用于特别领域，《民法典》中仅对典型行为予以规定，更多的适用则在单行法中具体规定，如《产品质量法》《环境保护法》等。这种做法的目的一方面在于维系传统民法典的理念，另一方面也因为相关特别领域而涉及立法技术问题。至于公平责任，应该认为是在例外的情况下，从公平原则角度对个别案件进行的调整，属于损害赔偿制度，而非归责原则体系内容。我国《民法典》第 1186 条对公平责任的规定即系在第二章“损害赔偿”中的内容，此与规定过错责任和无过错责任的第 1165、1166 条处于

---

[1] 参见王泽鉴：《侵权行为法》（第一册），中国政法大学出版社 2001 年版，第 12～19 页。孔祥俊：“论侵权行为的归责原则”，载《中国法学》1992 年第 5 期。

[2] 参见王利明：《侵权行为法研究》（上卷），中国人民大学出版社 2004 年版，第 208 页。

[3] 参见原《民法通则》第 132 条，原《侵权责任法》第 24 条，《民法典》第 1186 条。

第一章“一般规定”中的用意显然不同。

二、归责原则的演进

(一) 近代及以前侵权法的归责原则〔1〕

在人类社会的早期，对侵权行为及其造成的损害没有专门的法律予以调整，对侵害行为采取自力救济方式，即自由报复的方式。最早的自由报复方式是没有限制的，后来逐渐采用同类型主义，以“血族复仇”或“同态复仇”的形式为典型，所谓“以牙还牙，以眼还眼”。在当时，血族复仇具有积极的意义，它不仅维系整个氏族内部的团结，在没有一个能够凌驾于社会各团体之上以控制暴力侵犯的权威的时候，复仇具有一定的遏制侵害行为、维持整个社会稳定的作用。但是，另一方面，由于没有特别的规则约束，复仇往往演变成一种野蛮的报复，也往往造成更大的损害。这种血亲复仇形式，很难用现代侵权法的归责原则来界定。

国家出现后，逐渐出现成文法，对侵权行为的自力救济方式，也逐渐演化为由法律规定的公力救济。当然早期对侵害行为仍然残留着氏族社会的报复主义的思想，实行“有加害就有责任”的客观归责原则，即“结果责任”“原因主义”，其基本含义是只要行为人实施了加害行为，而且该行为构成造成损害的原因，“加害事实本身即足以构成使行为人承担责任的充分理由”，而不考虑行为人主观上是否有过错。由此，在原始复仇本能的支配下，必然是以损害结果的大小和形态来决定责任的大小和承担方式，区分加害人是否有过错以及过错程度如何等并无意义。从某种意义上看，当时的侵权法归责原则也可以称为“无过失责任”。

在古代法中，罗马法却是一个例外，罗马法中已有私犯和公犯之分，私犯主要指侵害人的人身和财产，其与近现代民法上的侵权行为虽然在范围上有所不同，但在性质上并无区别，所不同的是罗马法规定须有过错时才承担责任。《十二表法》第一次以成文法典的形式规定了过错责任，〔2〕公元前287年的《阿奎利亚法》进一步对侵权行为人的过错责任作了明确规定，使得过错责任成为在罗马社会普遍适用的唯一归责原则。当然，随着罗马帝国的灭亡，罗马法也被野蛮的《萨利克法典》代替。

12、13世纪，资本主义经济在欧洲萌芽并获得了广泛发展，人们反对封建束缚、寻求个体自由发展、强调个人权利的精神得到了空前的弘扬，在法学领域也展开了一场罗马法的复兴运动。在侵权法领域，法学家们基于平等、自由的观念对严苛的结果责任制度进行了批判，力主确立罗马法的过错责任为侵权责任的归责原则。罗马法的过失责任原则对法国法产生了重大影响。17世纪，法国的法学家让·多马法官根据罗马法的精神，在《民法的自然秩序》(*Les lois civiles daus leur ordre natural*) 一书中提出了应把过失作为赔偿责任的标准：“如果某些损害由一种正当行为的不可预见的结果所致，而不应归咎于行为人，则行为人不应对此种损害负责。”这样的观点对1804年的《法国民法典》的第1382、1383条规定过错责任原则起到了重大作用。

18、19世纪，随着资产阶级夺取政权，过错责任相继被法国、德国等国家的民法典广泛采用，并以其强烈的时代精神被尊为资本主义私法三大理论基石之一，形成了具有普遍意义的抽象的过错责任归责原则。过错责任首先体现了一种个人责任（自己责任）；其次，

---

〔1〕本部分内容，参见王卫国：《过错责任原则：第三次勃兴》，中国法制出版社2000年版，第27~74页。

〔2〕《十二表法》主要规定的是侵权行为法的内容，其中，从归责原则角度分析，基本是加害责任原则，但其中在第八表的第10条和第24条两个地方出现了“过失”概念。

过错责任是一种主观责任，它警示人们在进行某一行为时，必须考虑行为的危险性，通过提高注意程度来避免过错行为可能导致的责任，从而起到了减少损害发生的作用；最后，过错责任强调和尊重个人意志和行为自由，客观上保护了自由竞争，促进了经济的发展。

与大陆法系的发展相一致，英美法系侵权行为法的归责原则的发展也是一个渐次演变的过程。在英国中世纪早期，刑事犯罪与侵权行为混为一体，对刑事责任与侵权责任也不加区分，都是以报复和威慑作为理论基础，遵循绝对责任原则（absolute liability），也就是所谓“结果责任原则”。从12世纪开始，犯罪与侵权行为逐渐区分开来。在刑法方面以行为人的主观犯意作为刑事责任的基础；在侵权行为法方面，其通过王室的“令状”（writs）发展起来，但仍然遵循绝对责任原则。从15世纪开始，旅店主、马车运输者、各种工匠以及医生等造成他人损害时，允许被告通过证明损害不是自己故意或过失造成的而免除赔偿责任。英国的过失责任形成于16世纪资本主义原始积累时期，盛行于19世纪的资本主义上升时期。当然，英美法学家对归责原则的类型并不热衷。英国的很多学者认为根本不存在所谓具有广泛适用性的归责原则，侵权法是由各种各样、差异极大的侵权行为规范所组成的集合体；认为规定一个或几个归责原则的做法，是荒唐的，它与具体的侵权行为无法吻合。

（二）现代侵权法中归责原则的多元化

过错责任原则在侵权行为法中得以确立后，即取得了在归责体系中独统天下的地位，但是，这种地位在19世纪后期发生了变化。工业革命的发展把人们带进了一个全新的时代，然而人们在享受工业发展成果的同时，却又不得不承受发展带来的负面效应，不得不面对频繁严重的事故及其导致的危险和灾难。新环境对人们的人身、财产权利造成了重大的威胁，侵权法也面临着全新的挑战。此时，社会一般观念也对损害的补救提出了强烈的要求。在法学领域，抽象意义上的平等观念已不符合社会发展的现实，在经济领域处于支配地位的集团实质上处于强者地位，让处于弱者地位的广大受害者独自承担现代文明产生的危险和灾难是不公平的。因此，加强对受害人的保护，充分解决事故损害，以实现实质上的平等，成为法律追求的目标。有学者曾指出，现代社会事故灾害具有以下特征：一是造成事故的活动皆为合法而必要；二是事故发生频繁连续不断；三是损害巨大，受害者众多；四是事故的发生多为高度工业技术缺陷之结果，难以防范。对这种损害，加害人即便尽了谨慎的注意也不能避免损害的发生，有时加害人自己都不知道自己是否有过错，更不要说要求被害人去举证加害人有过错。面对这些变化，仅以过错责任原则为唯一责任承担标准的侵权行为法陷入了困境，同时，对受害人的补偿也变得更加困难。

时代的发展使得侵权法所规范的对象呈现多层次性，这就要求侵权行为法的归责原则必须作出相应调整。首先，过错归责理论的内容发生变异，客观过错理论逐渐取代了主观过错理论；其次，采取过错推定方式减轻受害人的举证责任，在损害发生以后，简便迅速地向受害人提供补救；最后，无过错责任登上了历史的舞台。无过错责任并非仅指侵权人真的没有过错的情况，其涵盖面更加广泛。在适用无过错责任的领域里，对侵权人主观状态的认定呈现出一定程度的模糊性，即法律在对特定领域内侵权行为责任的认定标准上采取了更加严格的态度，从立法的思维方式来看，无过错责任在这一点上与英美法中的严格责任以及德国等的危险责任是基本相同的。

三、严格责任与危险责任概念说明

在我国有些立法或者著作中，有人间或适用“严格责任”与“危险责任”的概念，因此，有必要对这两个概念进行说明。

（一）严格责任

严格责任是在英美法国家侵权行为法中产生、发展并使用的概念，在大陆法国家以及我国侵权法中并不直接使用“严格责任”这一表述。但是，即便在英美法系国家，对严格责任，不管在判例上，还是在学说中都没有像大陆法国家那样的逻辑严密的准确概念。而且，实质上，作为一个法律上的重要概念，严格责任在英美法上是被广泛使用的，如合同法、侵权法、刑法以及行政法等，而并非是侵权法独有的概念。

在《美国侵权法重述》中，严格责任是作为与故意侵权责任、过失侵权责任相对应的一种侵权责任类型，与后两者并列规定于前三编的。从重述的结构来看，严格责任的意义在于概括故意与过失之外的一种责任类型。该责任以严格著称，是在责任确定条件上，相对于故意侵权和过失侵权的责任而言的。依据《牛津法律大词典》的解释，严格责任是指一种比没有尽到合理的注意而应承担的一般责任标准更加严格的一种责任标准。在严格责任原则下，即使行为人尽了任何其他人可能尽到的一切努力避免事故的发生，他也应对其行为所引起的事故损失承担责任。行为人只能通过证明存在受害人的过错、第三人的行为以及不可抗力等法律规定的条件主张免责，这种特点与无过错责任有相同之处，但是，大陆法国家一般使用无过错责任，而英美法国家通常使用严格责任概念（有时也用无过错责任）。另外，无过错责任是在以过错为标准下与过错责任相对应的一种责任类型，而严格责任则是比过错责任更严格的一种责任。

严格责任与绝对责任不同。绝对责任是指由法律特别规定的，无需考虑行为人注意程度或已采取预防措施，也不需要提供有关过错的证据，只要是行为人的行为造成他人损失都须承担民事责任的责任形式。绝对责任与严格责任相比，行为人无任何抗辩理由，它比严格责任更严格。

对严格责任，由于英美法的判例法特点，在美国并没有像大陆法国家那样有一个具有明确内涵和外延的概念，它只是相对于过错责任而言的，其基本内容是加大了被告提出抗辩以免于承担责任的难度。其严格性来自多方面，例如：原告不必证明被告具有过错（故意、过失、恶意）；也不必要证明构成特定的侵权形式；被告能够证明自己没有过错也不能免除责任；等等。在适用范围上，根据《美国侵权法重述（第二次）》的规定，严格责任主要适用于以下方面：一是动物占有人及提供动物栖息处所之人的责任，非正常危险活动责任；二是产品责任；三是支撑物之撤离对土地及土地之上人为建筑物损害的责任。

我国学者对严格责任有多种认识，主要包括：严格责任即是无过错责任；严格责任相当于过错推定责任以及认为严格责任包括无过错责任也有部分过错责任；等等。本书认为严格责任是英美法国家的侵权法概念，在大陆法系国家并没有准确的可以与之相对应的概念，理解严格责任或研究严格责任须将其放在英美法体系内，在我国普遍接受的归责体系中是否有必要采用此概念是值得怀疑的。

（二）危险责任

危险责任，是指“危险活动事故发生之民事上损害赔偿责任”，是危险事故所引起的法律责任。依据采用此概念的德国法上的规定，危险责任作为归责原则应是指“持有或经营某特定具有危险的物品、设施或活动之人，于该物品、设施或活动所具危险的实现，致损害他人利益时，应就所生损害负赔偿责任，赔偿义务人对该事故的发生是否具有故意或过失，在所不问”。法国法也采用危险责任概念，其侵权责任分为过错责任和危险责任。二者的构成条件和性质不同：危险责任以损害和致害行为之间的因果关系为责任基础，不以过错的存在为必要条件，是客观上存在因果关系的责任；过错责任则以侵害人主观过错为必要，是一种主观责任，责任的基础在于主体个人的内心状态。

危险责任的理论根据在于两个方面：一方面，危险的发生系行为人的危险行为所引起，由其承担责任符合公平的要求；另一方面，引发危险发生的活动是行为人获得收益和实现利润的渊源，由行为人对其行为引起的损害赔偿责任，实际上是对他所获利益和实现利润的一种抵偿。法国的危险责任主要是由特别法规定的，不是传统民法的调整范围。如《1955 年航空法》规定在工伤事故方面的雇主对雇员因工伤事故造成的损害承担赔偿责任，无需雇员证明雇主有过错；以及 1985 年指定的交通事故方面的法律责任等。

危险责任是大陆法系部分国家采用的概念，其意义类似于英美法中的严格责任。台湾学者认为无过错责任与危险责任和严格责任“基本上均指同一事物而言”，并认为使用“危险责任”能积极地凸显无过失责任的归责原因。

本书认为危险责任概念并非必须采用的概念，虽然危险责任能“凸显”无过失责任的归责原因，但从逻辑上讲，无过失责任并非仅针对危险事物或危险活动造成他人损害时所承担的责任，在企业对法定代表人以及法人的工作人员的责任、监护人的责任等中，并不属于危险责任，其包括的范围是过错责任之外应承担的损害赔偿责任，危险责任并不能表明非危险性活动也得适用该责任的特征。而严格责任与危险责任也并不完全一致。

第二节 过错责任原则

一、过错责任原则的概念

过错责任是指因故意或过失不法侵害他人权益时，应就所生损害，负赔偿责任。[1]

有人称之为“过失责任”，虽称“过失”，其实是包括“故意”和与故意相对应的“过失”在内。因为，既然过失都要承担责任，比之更恶劣的心理状态下的故意行为更应承担责任，即所谓“举轻以明重”。过错责任原则在性质上属于主观归责原则，过错是不法行为人对其行为造成他人损害的一种心理状态，包括明知其行为会造成他人损害而追求或放任该结果发生的故意状态，也包括应当预见而因疏忽大意没有预见或者虽已预见但轻信能够避免结果而造成他人损害的过失状态。以行为人是否有过错作为是否承担民事责任依据的规则称为过错责任原则。过错责任作为一项最重要的归责原则，自 19 世纪以来，由于过错责任主义的发展，行为人所负民事责任仅以有过错者为限，此被认为是民法上的真理，过错责任是与所有权绝对、契约自由并列的近代民法的三大原则之一。世界各国无论是大陆法系国家还是英美法系国家，都将过错作为一般侵权行为的归责标准。1804 年的《法国民法典》（第 1382 条），1900 年的《德国民法典》（第 823 条），1886 年的《日本民法典》（第 709 条）都明确规定了过错责任；英美法国家则是由法官通过判例创设过错责任（fault liability）的；我国原《民法通则》第 106 条第 2 款规定：公民、法人由于过错侵害国家的、集体的财产，侵害他人财产、人身的，应当承担民事责任。2009 年《侵权责任法》第 6 条第 1 款规定，行为人因过错侵害他人民事权益，应当承担侵权责任。2020 年通过的《民法典》继承并完善了相关规定，其第 1165 条第 1 款规定：行为人因过错侵害他人民事权益造成损害的，应当承担侵权责任。这些规定说明我国承认过错责任原则。在此原则模式下，

[1] 参见王泽鉴：《侵权行为法》（第一册），中国政法大学出版社 2001 年版，第 12 页。

行为人纵然侵害他人，如其并无过错，在法律上也不负赔偿责任。

过错责任是在法律没有特别规定时适用的一种归责标准，所以，对基于过错而侵害他人权益并承担责任的行为有学者称一般侵权行为。对一般侵权行为，法律为什么要采取过失责任主义？从侵权法的发展历史上看，过失责任是在人类摒弃了“结果责任”的基础上形成的，是人类文明进步的标志，从具体方面说是意思自治原则贯彻的结果。所以，依当时法学家的观点，“使人负损害赔偿的，不是因为有损害，而是因为有过失，其道理就如同化学上的原则，使蜡烛燃烧的，不是光，而是氧气一般的浅显明白”。耶林的名言反映当时对个人自由的重视。王泽鉴教授认为，侵权行为法采过失责任主义的主要理由是：①道德观念：个人就自己过失行为所肇致的损害，应负赔偿责任，乃正义的要求；反之，若行为非出于过失，行为人已尽注意之能事时，在道德上无可非难，应不负侵权责任。②社会价值：任何法律必须调和“个人自由”与“社会安全”两个基本价值。过失责任被认为最能达成此项任务，因为个人若已尽其注意，即得免负侵权责任，则自由不受束缚，聪明才智可得发挥。人人尽其注意，一般损害亦可避免，社会安全亦足维护。③人的尊严：过失责任肯定人的自由，承认个人选择、区别是非的能力。个人基于其自由意思决定，从事某种行为，造成损害，因其具有过失，法律予以制裁，使负赔偿责任，最足表现对个人尊严的尊重。[1]

二、过错责任原则的内容

过错责任原则系行为人因“故意或过失”不法侵害他人权利时，对所生损害，所负的赔偿责任制度。其基本含义包括两方面，一方面是法律将不法行为造成的损害后果归咎于有过错的行为人，使其承担相应的赔偿责任，即“有过错，有责任”；另一方面则是如果对他人权益的损害没有过错，就不需要承担损害赔偿责任，即“无过错，即无责任”。

“过错”是民事主体法律上应当被谴责的一种心理状态，因此，“有过错、有责任”具有很强的伦理价值，对有过错的行为人主观状态的否定；也是意思自治在侵权法中的反映，同时也是对民事主体个人的尊重，即所谓的“自己选择，自己责任”，如果自己“选择”错误，那就要遵守“有过错，有责任”规则。对“有过错，有责任”的准确理解，还应包括谁有过错，谁承担责任，反对株连，即所谓“自己责任”；有多大过错承担多大的责任，反对惩罚性赔偿，即所谓“相应的责任”。[2]

如果行为人对损害后果没有主观过错，则不能将损害的后果归咎于行为人，也就是“无过错即无责任”（no liability without fault）。正如王卫国教授在分析过错责任的发展历史时所说：“资本主义商品生产的社会性，是通过竞争的压力，通过各种偏离的相互抵消来维系的，这就要求法律承认致人损害在一定范围内的合理性和可容性，因此，至少在资本主义发展时期，过错责任原则的精神不是‘有过错即有责任’，而是‘无过错即无责任’。”[3]

现代侵权法理论认为，即便是在过失责任条件下，行为人也并非对自身在积极行为过程中所实施的一切不谨慎（有过失）行为都要承担责任，也就是说即便是这种不谨慎的行为造成了受害人的损害，受害人也不一定获得救济。除非行为人在行为时对受害人承担某

---

〔1〕 参见王泽鉴：《侵权行为法》（第一册），中国政法大学出版社 2001 年版，第 13 页。

〔2〕 我国《民法典》第 1185、1207 和 1232 条规定有惩罚性赔偿，但应该认为其属于为特殊目的在民法中所作的例外规定，该惩罚性赔偿内容应该于相关的知识产权法、产品质量法和环境保护法中规定更合适。

〔3〕 王卫国：《过错责任原则：第三次勃兴》，中国法制出版社 2000 年版，第 225 页。

种法律上的注意义务，否则，行为人无需对受害人承担损害赔偿责任。例如，杨梅的所有人对因偷摘杨梅时树枝折断导致的损害就没有注意义务，对造成的损害没有过错，当然也无需承担赔偿责任。〔1〕

现代社会本就是一个危机四伏的社会，任何人都有避免损害发生的义务，但是，法律并没有使行为人承担普遍的不作为义务，而只是使其承担某些特定的、具体的义务，因此，行为人所实施的行为导致受害人损害的发生并非是行为人承担损害赔偿责任的根据，某种特定的义务违反才是行为人承担损害赔偿责任的根据。那种认为“有损害有赔偿”，只要行为人的行为导致损害的发生，就会产生赔偿，将“损害”视为一般侵权行为民事责任的核心要件的观点是值得商榷的，一方面，即便行为人造成了受害人的损害，如果行为人被认为不对受害人承担民事注意义务，则受害人的损失应当由受害人自己承担；另一方面，即便行为人在导致受害人的损害时被认为对受害人承担某种民事注意义务，行为人也不一定对受害人所有的损失承担赔偿责任。所以，在过失责任中，行为人对某种民事义务的违反行为是该种侵权行为承担责任的最重要的构成要件。

在归责原则问题上，法律只涉及不法行为人是否承担责任的问题，并不考虑受害人的过错问题。过错责任作为一种归责原则，是针对行为人的主观心理状态而言的，违反的是对他人的注意义务，法律并未要求当事人对自己尽何种注意义务，因此，受害人的过错不是归责原则上的内容，当然，受害人的过错对侵权人责任的承担有法律意义，此法律意义是在赔偿时体现的。通常情况下，受害人的过错是加害人不承担责任或者减免责任的正当理由，即所谓“过失相抵”原则。同样，过错责任中的过错也不包括第三人的过错，第三人的过错是行为人免责的条件，而不是过错责任应有的含义。对此，我国《民法典》第1175条有具体规定。当然，如果从另一角度看，第三人对自己的过错行为承担责任也是过错责任。

三、过错责任原则的功能

与其内容相联系，过错责任原则的规范作用存在积极和消极两方面，其积极方面的作用在于：对于过错，也就是故意和过失，行为人始终要负责。其消极方面的意义在于：行为人仅需要对于过错、而非对已有的不利后果或违法性承担责任。〔2〕

过错责任的社会功能则体现在以下几方面：

1. 确定侵权责任的承担者。过错归责原则首先体现为一种个人责任，即所谓自己责任，摒弃了家族责任、株连等落后制度，其基本功能在于将侵权责任归属于有过错的主体，在侵权行为造成损害结果时，谁有过错，谁就承担赔偿责任，对损害的发生没有过错的人就没有承担责任的义务，这也最符合民法的正义观念。

2. 确定人们的行为标准。作为一种主观责任，过错责任原则具有引导人们进行正常行为的作用。过错地造成他人损害的将承担相应的民事责任，使得该原则具有某种警示作用。人们在进行某一行为时，必须考虑行为的危险性，通过提高注意程度来避免过错行为可能导致的责任，从而起到了减少损害发生的预防作用。

3. 鼓励创新，促进经济发展。过错责任强调和尊重个人意志和行为自由，只要在法律规定范围进行的活动，主观上没有过错，就不必为自己的行为后果承担责任。无过错无责

〔1〕 参见《人民日报》2020年1月20日。

〔2〕 参见［德］埃尔温·多伊奇、汉斯-于尔根·阿伦斯：《德国侵权法》，叶名怡、温大军译，中国人民大学出版社2016年版，第4~5页。

任的观念在客观上保护了自由竞争，保护了人们的创造精神，客观上促进了经济的发展。

在讨论过错责任原则的功能问题时，一直以来，人们大都认为道德过错是侵权法过错认定的基础，这种观点是值得怀疑的。过错责任是指行为人因故意或过失不法侵害他人权利时，应就所生损害承担的赔偿责任。基于主观性过错的理念，现代理论上都将过错责任与道德责任因素结合在一起，认为被告行为是否是过错行为的重要方面是其道德性。过错是不法加害行为的主观要素，它在本质上是指社会对个人行为的非道德性、反社会性的价值评断。过错标志着行为人在实施行为时对社会利益和他人利益的轻慢，以及对义务和公共行为准则的漠视。由于这种轻慢和漠视，他应当受到谴责和惩罚。如果被告行为时的动机以及心理状态在道德上是有罪过的，是应受责难的，则被告的行为即为过错侵权行为，被告即应对自己的行为承担侵权损害赔偿责任；如果被告在行为时的动机以及其心理状态在道德上是无罪过的，是不应受谴责的，则被告的行为即非为过错侵权行为，被告也不应对自己的行为承担损害赔偿责任。在这里，道德过错与法律过错被视为一体，并被作为过错侵权责任的基础，因为同时具备道德上的可责难性，对该行为必须进行惩罚。即对致害人的过错行为实施强制责任，实际上是对行为人因道德过错进行的惩罚。

历史上，侵权责任的确与道德有过紧密的联系，但在一定的时期，法律也并不关注被告的道德责任。法律和道德虽同为社会规范，但毕竟是不同的规范。一定社会的道德标准和法律标准应当具有一致性，大凡被法律认为应当承担责任的过错行为，都是社会道德所谴责的行为；社会道德的观念也会对法官产生一定的影响，所以，以往侵权法会以一种模糊的方式反映社会道德观念。但是，把道德标准作为法律标准，把道德上的非难性作为法律上的非难性基础，是对两种规范区别的忽视，同时也限制了过错责任的适用范围。法律规范是为维护社会秩序而对人们行为的最低要求，而道德规范则是对人们行为的较高要求。在一定的历史时期，法律所关心的是通过提供私人报复手段的替代方法以保证个人之间的和平。因此，受到伤害的人可以要求无辜的致害人承担责任；那些因纯粹的事故或自我防卫而伤害他人的人，被要求对他人的损害承担赔偿责任。在民法视角下，法律并不关心行为人的意图，而关心遭受损害的一方当事人的损失和损害。〔1〕

即此时法律所关心的是受害人损害的赔偿而不是对侵害人的惩罚。

到20世纪社会过错观念出现后，个人道德上的责难性和其行为的惩罚性逐渐被损害赔偿性所代替。损失的分散当然不是对某个人的惩罚，其目的在于对受害人进行补偿。这种理念的变化是建立在区别个人道德和社会道德的基础上的。法律认为，一个人是否承担过错侵权责任，不应建立在个人是否具有道德缺点的基础上，而是要看行为人是否达到社会所认可的某种理想行为标准，此标准可能会超过行为人所具有的个人能力和经验，这就是理性人的标准。行为人如果没有达到此种标准，即便其意图是好的，其错误是无辜的，他也要承担过错侵权责任。在法律的意义上，过错意味着偏离了社会为保护他人利益而要求的行为标准，此标准应由公共利益和社会利益来决定，而不以个人的道德因素来决定。

在现代，法律在许多领域中，被告被责令对其善意的完全符合道德和情理的行为承担侵权责任。一方面，个人也许根本不存在道德上的责难性，但因为他与社会所要求的行为规则不符，没有达到社会所要求的行为标准，法律仍然要求他对其行为承担法律责任。实际生活中，这方面的案例非常丰富。如基于义愤而对小偷的重大伤害、基于某种符合道德

---

〔1〕 值得提及的是我国《民法典》第184条的规定：因自愿实施紧急救助行为造成受助人损害的，救助人不承担责任。该规定显然考虑了救助人的动机，当然该条在制定过程中就有很大争议。

要求的目的而侵害他人隐私的行为等。在这些实例中，行为人在道德规范上并不具有可责难性，但依法律规范则要承担侵权责任。另一方面，有许多行为虽然是不道德的，但法律并不认为此种不道德行为构成侵权行为。人们不可能就他人的一切不友好行为或不忠实的行为（betrayal）提起过错侵权诉讼。世界上存在着许多邪恶的东西，这些东西必须留给其他社会控制手段去调整。最卑鄙的忘恩负义的行为并非是一种侵权行为，同样，残忍地拒绝他人的好意或拒绝他人的援助也不是侵权行为。富人无须救济其饥饿的邻居，船主看到有人在其眼前淹死，可能会视而不见。轻微的侮辱、不严重的威胁和细小的感情伤害，均是社会应当加以容忍的行为，法律不能加以干预。将来法律是否会在一定程度上对这些不道德的行为予以干预并认为它们构成侵权，人们不得而知，但是，依据现在的法律对这些行为提起侵权诉讼是不可取的。

近现代侵权法，不管是大陆法系，还是英美法系，都以过错责任为其基本原则。从历史上看，过错责任是有兴衰起伏的，但过错责任原则的每一次“勃兴”，都有理性主义昌明的背景。随着社会的进步，人类文明的发展，民事法律成为调整私人之间权利和义务关系的法律，当事人由于地位平等，任何一方都不具有惩罚另一方的权利。侵权法中的过错责任所包含的惩罚性内容自然也逐渐消失，而过错责任所具有的补偿受害人损失的功能依然存在。侵权法的功能与具体作为归责原则的过错责任的功能当然是有区别的。作为一项最重要的归责原则，过错责任的直接目的是确定责任人，但是，它不是为了确定责任人而确定责任人，其目的是要使责任人承担赔偿责任，以便最终填补受害人的损失。至于与无过错责任以及社会保障法的区别问题，必须要明确，无过错责任是在特定情况（科技的高速发展）下，单纯依据过错责任不足以保障受害人权利时出现的归责原则，它与过错责任的功能一样是为了使受害人的损害得到补偿，二者的区别，以及与社会保障法的区别，不在于功能上的救济受害人，而在于承担责任的人的责任构成不同或法律性质上的区别。换句话说，无过错责任和社会保障法以救济受害人为目的，并不妨碍过错责任对受害人具有救济功能。

四、过错责任原则的适用

作为最基本的归责原则，过错责任原则适用于一般的侵权行为，根据《民法典》第1165条第1款规定，行为人因过错侵害他人民事权益造成损害的，应当承担侵权责任。此款的过错责任与第2款的过错推定责任以及第1166条有关无过错责任的适用需要“依照法律规定”显然不同，对过错责任，法律没有做出特别规定的侵害行为都应适用。当然，有些特殊情形，尽管适用过错责任，但立法上仍然进行了具体规定，如《民法典》第1194~1197条有关网络侵权责任、第1198条有关安全保障义务违反时的侵权责任，以及第1200条有关学校或其他教育机构承担的侵权责任等。

需要注意的是根据《民法典》第1165条第1款的规定，过错责任的适用以“造成损害的”为前提，未造成损害的侵权行为不适用过错责任，此与第1167条规定的“停止侵害、排除妨碍、消除危险”等后果的适用不同。

过错责任原则的适用，遵循谁主张谁举证的原则，即通常由受害人对行为人的过错进行举证，而行为人无需证明自己没有过错；在适用过错推定规则时，才由行为人负担证明自己没有过错的责任。

五、过错推定责任

(一) 过错推定的含义

推定，是根据已知的事实，对未知的事实所进行的推断和确定。在侵权责任法中，过错推定，是指若受害人能证明其所受的损害是由行为人所致，而行为人不能证明自己没有过错，法律上就推定行为人有过错并应负赔偿责任。过错推定在程序上是通过举证责任倒置的方式实现的，这是过错推定责任的重要特征。

既为“推定”，则此推定的事实应具有表见性、权宜性、假设性。表见性之事实，与真正之事实未必相符；权宜性之认定，与终局之认定未必相符；假设性之认定，假设倘如不实认定随之更改。准此，推定的事实可以通过反证推翻。通常情况下，根据我国《民事诉讼法》第67条的规定，谁主张，谁举证。过错推定，系在法律有特别规定的情况下，推定加害人有过错，受害人只需证明损害事实与加害人行为之间有因果关系即被认为已尽举证义务，而无需对行为人的过错进行举证，加害人欲免除责任，则须对自己无过错举证的一种举证责任倒置制度。

过错推定理论和立法的出现，是为因工业事故而遭受损害的受害人提供救济的一种制度，是为解决当事人在诉讼中公平地位问题而采取的举证责任分配制度，对处于相对弱势地位的受害人有减轻其举证责任之功能。在某种程度上，过错推定修正了过错责任，我国台湾地区在修订“民法”时，将其视为过错责任与无过错责任之间的“中间责任”。在欧洲侵权法中，“证明过错的责任可以在考虑到活动所呈现的危险的严重程度的情况下倒置”。

我国有学者认为过错推定系侵权责任法的归责原则之一；[1] 也有人认为过错推定仅仅是一种证据规则，属于程序性规则。[2] 其实，过错推定是过错责任原则的一种特殊适用形式，它仍然以行为人有过错为承担责任的基础，是在确认行为人对造成的损害有过错时才适用的一种归责方式，其与通常所言过错责任原则并无本质区别，过错推定并不能成为与过错归责原则相并列的独立归责原则，其特殊性仅在于受害人不必举证证明加害人有过错，也不是如同无过错责任原则那样不考虑加害人是否有过错，而是在能够推定其有过错时使其承担责任；过错推定既然是“推定过错”，那么一旦有证据证明行为人没有过错，就不得使其承担责任，所以，过错推定制度允许行为人举证抗辩。由此可知，过错推定制度完全符合“有过错有责任，无过错即无责任”的过错责任原则基本要求。据学者考察，在法国过错推定也称“包含过错”，指当行为人的行为造成受害人损害时，法律即认为行为人的过错包含在所造成的损害中，行为人即应当在表面上对受害人的损失承担赔偿责任，行为人仅能靠证明自己没有过错而免除自己的赔偿责任。我国《民法典》第1165条第2款对过错推定进行了规定，即把过错推定作为过错责任原则的特殊类型。

过错推定也并非只是属于程序性规则，即并非只是举证责任由加害人承担，从而免除受害人举证责任的一种方式。在私法上，举证责任倒置旨在给被告以强加的责任，通过限定被告举证证明其没有过错的抗辩事由，增加了被告免责的困难，实际上过错推定责任是实体法中的一种责任形式。

(二) 过错推定责任的适用范围

过错推定规则是在法律有特别规定情况下适用的规则。《民法典》第1165条第2款规定：“依照法律规定推定行为人有过错，其不能证明自己没有过错的，应当承担侵权责任。”

---

〔1〕 参见王利明：《侵权行为法归责原则研究》，中国政法大学出版社1992年版，第66页。

〔2〕 参见张民安：《过错侵权责任制度研究》，中国政法大学出版社2002年版，第7页。

从我国法律的具体规定看，以往过错推定的适用范围较窄，在原《民法通则》中只有第126条规定了建筑物或其他设施以及建筑物上的搁置物、悬挂物发生倒塌、脱落、坠落造成他人损害时才适用过错推定规则，而在2002年《最高人民法院关于民事诉讼证据的若干规定》第4条所列的8项中，也只有1项规定了因医疗行为引起的侵权诉讼，由医疗机构就医疗行为与损害结果之间不存在因果关系及不存在医疗过错承担举证责任。其他7项中除第4项重复了原《民法通则》的规定外，都不是对加害人过错的推定，而是就其他证据举证的责任倒置问题进行规定。原《侵权责任法》显然扩大了过错推定的适用范围，其第38、58、81、85、88、90、91条均为适用过错推定的规定。而《民法典》基本继承了原《侵权责任法》的做法，除第1199、1222条和第1248条外，对第十章“建筑物和物件损害责任”整章内容都进一步明确规定适用过错推定责任。

在英美法，过失侵权行为的认定归责中有“事实本身证明”或“让事实说话”（the thing speaks for itself）原则。顾名思义，这是一个注重事实本身的原则，与大陆法国家的过错推定一样，该原则也是为解决原告举证困难而设计的，其内容与过错推定相当。根据该规则，在某些情况下，在原告仅仅提供间接证据证明被告过失时，便推断被告对原告承担损害赔偿责任，把原告有关过错的举证责任转移到被告。因此，若非被告之过失，原告的伤害不会产生，以及被告对于伤害原告的状况和工具有控制权的情况，法官可以指示陪审团只要原告没有加工过失，则陪审团可以推断被告有过失并使其承担责任。“事实自证”适用的前提是：①该事件是在没有过失的情况下通常不会发生的一种事件；②其他可能的原因，包括原告与第三人的行为，已被证据充分排除；③事件所表明的过失是处在被告对原告所负义务的范围之内。[1]

“事实本身证明”原则并非在任何形式下都适用，适用时，原告仍需要证明三点：一是没有过失，这种事故一般不可能发生；二是过失很可能是被告的；三是原告本身没有过错。

第三节 无过错责任原则

一、无过错责任原则的概念

无过错责任原则是指依照法律规定，行为人不论（问）有无过错，对其行为造成的损害都应承担赔偿责任的归责原则。对无过错责任，我国原《民法通则》第106条第3款即有规定：没有过错，但法律规定应当承担民事责任的，应当承担民事责任。但该规定以“没有过错”来表述无过错，显然是有问题的，2009年《侵权责任法》第7条将其修改为“不论行为人有无过错”，这是正确的，《民法典》第1166条沿用了这种做法，适用无过错责任原则。由于不考虑加害人的过错问题，无过错责任也称“不问过失责任”；因以客观的加害事实为充分条件，故而也有人称之为“客观责任”；就其主张有损害结果则必有责任而言，也有人称之为“结果责任”；就其以企业风险为责任根据而言，又有人称之为“风险责任”；就其以特定危险的实现为归责理由而言，德国人称之为“危险责任”。有认为“近世因火车、电车、汽车、飞机以及其他大企业之发达，危险大为增加，古代无过失责任渐有复活之趋势”。其实，古代社会的结果责任与现代无过错责任区别是明确的。结果责任是

〔1〕 参见李俊主编：《美国产品责任法案例选评》，对外经济贸易大学出版社2007年版，第45页。

在法律不发达时，就损害承担的复仇式的责任。该责任不管行为人有无过错，而且适用于所有的损害案件；而无过失责任系为弥补过失责任的缺陷所创设的制度。

无过错责任原则是随着社会化大生产的迅速发展，尤其是大型危险性工业活动的发展而产生的。在资本主义初期，侵权法领域，实行唯一的过错责任原则，没有过错的行为人即便造成他人损害也不承担侵权责任；但在自由资本主义时期，工业企业大规模兴建，危险活动越来越多，造成的损害也越来越严重。另一方面，由于工业技术的不断发展，在造成的损害面前，事故的制造者可以以种种理由证明自己的清白，而受害人要证明生产者或经营者主观上有过错是极其困难的。面对大量的无辜人的损害，传统侵权法中的过错责任原则无能为力。

无过错责任是为弥补过错责任的不足而设立的制度，其基本思想在于对不幸损害的合理分配。无过错责任不具有法律责任的本来含义（制裁和教育），而只具有“恢复权利的性质”，其基本功能在于转移、分散危险造成的损失。现代社会中“分配正义”，不仅是指公平的利益分配制度，也包括公平的损失分配制度。另外无过错责任原则也具有程序法上的意义：一是减轻受害人的负担，受害人无需对加害人的过错进行举证；二是简化了诉讼程序，法院不必对加害人的过错问题进行审理。

在我国，对无过错责任原则的概念，有不同理解：其一，无过错责任即不以加害人的过错为条件的民事责任，按照无过错责任原则，不但受害人无须证明被告人的过错，而且加害人即使能够证明自己主观上没有过错也不得免除责任；其二，无过失（过错）责任是指当损害发生后，既不考虑加害人的过失，也不考虑受害人的过失的一种法定责任形式；其三，认为无过错责任即是严格责任、危险责任；另外有人还认为无过错责任不是侵权法所调整的范围，而是社会保障法的范围。本书认为无过错责任是侵权责任法的归责原则之一，既是归责原则，虽然在广义上应包括受害人自己作为责任人的情况，但由于在本质上归责原则旨在解决行为人是否承担责任的问题，所以，侵权法的归责原则应以行为人为出发点，因此，无过错责任原则，其基本含义应仅是不问行为人的过错，并不包含不考虑受害人过错的内容。只不过需要明确的是，考虑受害人的过错不是无过错责任的当然内容，而是损害赔偿原则要考虑的问题。如在适用无过错责任原则的情况下，法律一般都有由于受害人的故意甚至重大过失造成的损害，行为人不承担责任或减轻责任的规定。[1] 如果既不考虑加害人的过错，也不考虑受害人的过错，只要有损害就有赔偿，则无过错责任即不具有侵权责任法特性，而属于社会保障制度的内容了。严格责任，是英美法国家普遍使用的概念，在大陆法国家例如德国使用危险责任概念，其含义与严格责任相当。但是，严格责任与无过错责任还是有区别的：以过错为标准将侵权责任分为过错责任和无过错责任，无过错责任包括了过错责任之外的一切责任形式；而严格责任虽然也是针对过错责任而言的，但并非过错责任之外的归责形式都是严格责任，比如绝对责任就不是严格责任，被我们认为是过错责任的特殊类型的过错推定责任，在美国则是典型的严格责任。我国学者在无过错责任、严格责任与危险责任概念上没有统一观点，有人还经常交替使用这些概念。实际上，在立法和法学研究上应当规范无过错责任的含义，统一确定其内涵和外延。

二、无过错责任的归责理由

无过错责任的基本思想不在于对反社会性行为进行制裁。总结适用无过错责任的领域

---

〔1〕 参见《民法典》第1238、1240及1245条等。

就会发现，高速运输工具的使用、商品的产销、原子能设备的持有、高压电流的输出等都是现代社会必要的经济活动，均为法律允许从事的行为，并无非法可言。无过错责任的基本思想在于“不幸损害”的合理分配，使无过错者承担赔偿责任的理由主要是：①行为人是这些危险源的制造者，在某种程度上，也只有他们能够防止或控制这些危险；②获得利益并承担风险为公平正义的要求；③制造危险的人（企业）具有通过商品的价格技能及保险制度分散负担的能力。[1]

各国多对无过错责任有最高限额赔偿规定，例如，在我国就有许多法律法规对此有最高限额之规定。[2]

无过错责任既然是为弥补过错责任的不足而采用的一种制度，分析无过错责任归责的理由，自然也应以过错责任为基础。如前所述，过错责任是在注重个人主义，尊崇意思自治原则的基础上产生的归责原则，体现了个人本位思想，责任的性质是主观责任、自己责任。在资本主义发展阶段，过错责任原则更加强调“无过错即无责任”。过错归责原则为资本主义的发展做出了巨大贡献。无过错责任是社会本位的产物，是客观责任、团体责任或对物的控制责任。与过错责任不同，无过错责任都导源于权利人权利的行使行为，而在社会本位的法制条件下，要求人们行使权利必须符合社会利益，不损害他人利益。这种保证不致他人损害的义务无须法律明文规定。

无过错责任并非仅指侵权人真的没有过错的情况，其涵盖面较之更加广泛。在适用无过错责任的领域里，对侵权人主观状态的认定呈现出一定程度的模糊性，即法律在对特定领域内侵权责任的认定标准上采取了更加严格的态度。从立法的思维方式来看，无过错责任在这一点上与严格责任以及危险责任是基本相同的。也就是说，无过错责任并非原《民法通则》第106条第3款表述的那样“没有过错 ”而承担责任，而是不以过错为承担责任的要件，它最大限度地容纳了行为人有过错的情况，当然也包括了无过错的情况。它的本意绝非排除过错责任，而是包括了受害人难以证明加害人的过错和加害人基于其生产的危险并受益的事实应承担责任的情形。无过错责任非但不是对过错的放纵，反而是对过错最大限度的制裁，并没有混淆人们的是非观念，也不是与过错责任原则相对立的，它没有排斥过错原则。

三、无过错责任原则的适用范围

无过错责任原则对于保护受害人的权益无疑非常有利，但是，该原则并非适用于一切侵害行为。我国从原《民法通则》到原《侵权责任法》，再到《民法典》在无过错责任的适用上，均明确以“法律规定”为限。无过错责任只有在法律有规定的情况下才能适用。其理由是：此种责任与过错责任不同，通常情况下，“无过错，即无责任”，只有在例外的情况下，在有充分的理由的情况下，才可以不考虑行为人的过错，而在没有法律规定的情况下，使没有过错的人承担损害后果是不公平的。

---

〔1〕 参见王泽鉴：《侵权行为法》（第一册），中国政法大学出版社2001年版，第16页。

〔2〕 例如，我国①国务院《关于核事故损害赔偿责任问题的批复》第7条：核电站的营运者和乏燃料贮存、运输、后处理的营运者，对一次核事故所造成的核事故损害的最高赔偿额为3亿元人民币；其他营运者对一次核事故所造成的核事故损害的最高赔偿额为1亿元人民币。核事故损害的应赔总额超过规定的最高赔偿额的，国家提供最高限额为8亿元人民币的财政补偿。②《国内航空运输承运人赔偿责任限额规定》第2、3条：在国内航空运输中造成损害的，承运人应当在下列规定的赔偿限额内按实际损害承担赔偿责任，但民用航空法另有规定的除外：一是对每名旅客的赔偿责任限额为人民币40万元；二是对每名旅客随身携带物品的赔偿责任限额为人民币3000元；三是对旅客托运的行李和对运输的货物的赔偿责任限额，为每公斤人民币100元。

概括而言，无过错责任原则一般适用于两类侵权行为：一是企业责任，如原子能损害责任、商品责任、高度危险作业责任、航空器致人损害责任、环境污染致人损害责任等；二是非企业责任，如雇主对雇员的责任、监护人的责任、动物致人损害责任等。因适用无过错责任的多为特别领域，因此，除《民法典》列举规定的适用范围外，无过错责任的适用多由特别法或单行法予以规定。在《民法典》中，除第 1166 条一般规定外，第 1188、1191、1192 条，以及“侵权责任编”的第四章、第五章、第七章、第八章和第九章的规定均为无过错责任的适用领域。在单行法中，如《消费者权益保护法》《反不正当竞争法》《道路交通安全法》《产品质量法》以及《环境保护法》中，无过错归责原则也被广泛采用。

无过错责任原则的广泛适用，使侵权行为法的归责原则更加丰富，也使其地位更加稳定，但是，我国学者对无过错责任原则与过错责任原则所处位置一直有不同意见：一种意见认为，应坚持以过错责任为主，无过错责任为补充的原则；另一种意见认为，两种归责原则都是侵权法的重要归责原则；还有人认为，从侵权法的发展趋势看，无过错责任原则将取代过错责任原则的主导地位。本书认为，在现代社会，人类从事危险活动已非特殊情况，无过错责任原则也绝非仅处补充地位；过错责任原则是侵权责任的基本形态，如果将来无过错责任原则占据主导地位，侵权法可能会被社会保障法代替。因此，在可以预计的未来，过错责任作为侵权责任的基本责任形态的地位不会改变，无过错责任原则的适用范围会逐渐扩大，但不会全面替代过错责任原则。

需要注意的是，《民法典》第 1167 条规定：“侵权行为危及他人人身、财产安全的，被侵权人有权请求侵权人承担停止侵害、排除妨碍、消除危险等侵权责任。”本条源于原《侵权责任法》第 21 条，其适用显然也不要求侵权人有过错，但其与第 1166 条规定的无过错责任也是不同的。其适用没有“法律规定”限制；在构成上本条针对的是预防损害发生或防止损害扩大而采取措施，所以，不要求造成损害事实，而第 1166 条则强调“造成他人民事权益损害”。有人认为本条是“绝对无过错责任”。其一，不存在绝对无过错概念，如果认可绝对无过错责任，就需界定相对无过错责任，使得制度之间的关系更加混乱。其二，本条的存在是我国《民法典》存在“大侵权责任”概念的结果，在物权编和人格权编分别规定有物权的保护和人格权的保护的同时，本无需在侵权责任编中对损害赔偿之外的侵权行为进行规定，上述情形，直接适用《民法典》第 235、236 条以及第 995 条规定即可，上述保护方式包括第 1167 条的规定被学者称为“绝对权请求权”保护，并与“损害赔偿”的侵权责任法保护相区别。其实，上述保护方式本属于基于权利自身的权能而产生的救济力量，请求权基础无需于侵权责任法中寻求。但一方面，除物权、人格权外尚有其他绝对权，典型者如知识产权，对其预防性保护需要规定；另一方面，在第 179 条规定的民事责任方式中除“停止侵害、排除妨碍、消除危险”外还有其他非损害赔偿的责任类型，如“恢复名誉”“赔礼道歉”等，此类责任类型也需有适用基础。所以，才规定了本条，其适用虽然无需过错要件，但本文认为其与《民法典》第 1166 条规定的无过错责任类型并非相同。

第四节　公平责任原则

一、公平责任的概念

公平责任是指在受害人和行为人对造成损害均无过错的情况下，由裁判机关根据公平观念，考虑当事人财产状况以及其他情况的基础上，使行为人对受害人的损失予以适当分担的责任。有人称之为衡平责任。公平责任与民法基本原则中的公平原则含义不同，根据《民法典》第6条的规定，公平原则强调民事活动应公平合理确定各方权利和义务。而侵权责任编中的公平责任原则是指在当事人均无过错情况下，依社会公平观念分担责任。公平责任原则是公平原则在侵权领域上的具体体现。对公平责任，《民法典》第1186条规定，受害人和行为人对损害的发生都没有过错的，依照法律的规定由双方分担损失。

一般认为，在行为人造成他人损害后，因没有过错，所以对其不能适用过错责任归责，又因没有法律特别规定，所以也不能适用无过错责任归责，而损害后果使受害人独自承担不公平时，由法官根据公平责任原则，运用自由裁量的权利对受害人予以救济。就此而言，公平责任并非可普遍适用的归责类型，而是一种例外规则。

公平责任的功能不在于对违法行为的纠正以实现矫正正义，也不在于对相关行为的容忍。其对相关行为本身未作评价，而仅是对损害后果的分配制度。就内容而言，公平责任是行为人在无过错时承担的责任，此点与过错责任中的无过错即无责任相对应；当然，公平责任中虽然行为人无过错，但此与无过错责任中法律对行为本身风险的容忍不同。

二、公平责任的属性

对公平责任的属性，即其是否为独立的归责原则，理论上有不同的观点，而这种争议，在原《民法通则》时就已存在，原《侵权责任法》生效后有关公平责任认识的分歧未见消散。认为公平责任为独立归责原则的代表是王利明教授〔1〕、徐爱国教授〔2〕，而否定公平责任为归责原则的学者人数较多，如张新宝教授、郭明瑞教授、程啸教授等〔3〕，梁慧星教授也认为其仅为“特殊救济措施”，并非归责原则〔4〕。也有原肯定后转否定的学者〔5〕。

对责任性质的不同理解并非仅为理论层面的争议，也关乎公平责任在实务中适用范围的大小，主张公平责任为独立之归责原则者认为，根据“法律原则”的功能，公平责任效力可贯彻侵权法始终，即应具有普遍适用性；而如果否定公平责任为归责原则，认为其只是一种例外性规则〔6〕，或仅仅是一种“极为特殊的归责事由”〔7〕，公平责任自然就不具有普遍适用性。

就法律体系而言，我国对公平责任的规定，在《民法典》中存在三层次规范：第一层级是“总则”中确立的公平原则，只是由于该层级的公平原则并不具备裁判规范的应有要

〔1〕　参见王利明：《侵权责任法研究》（上卷），中国人民大学出版社2010年版，第274~278页。

〔2〕　参见徐爱国：“重新解释侵权行为法的公平责任原则”，载《政治与法律》2003年第6期。

〔3〕　参见张新宝：《侵权责任法》，中国人民大学出版社2010年版，第24页；郭明瑞：“关于公平责任的性质及适用”，载《甘肃社会科学》2012年第5期；程啸：《侵权责任法》，法律出版社2011年版，第152页。

〔4〕　参见梁慧星：“中国侵权责任法解说”，载《北方法学》2011年第1期。

〔5〕　参见杨立新：《侵权法论》，人民法院出版社2004年版，第118页。

〔6〕　参见郭明瑞：“关于公平责任的性质及适用”，载《甘肃社会科学》2012年第5期。

〔7〕　参见程啸：《侵权责任法》，法律出版社2011年版，第152页。

素，在有具体规范的情况下，也因受到“不得向一般条款逃避”的约束，所以，通常不能被单独具为裁判依据；第二层级是在“侵权责任编”的一般规定中确立公平责任一般条款；第三层级是在“侵权责任编”的具体规范中分别规定各种公平责任类型。第二层级规定的公平责任在司法实践中虽不能单独适用，但可与其他条款结合适用，而第三层级的公平责任规范仅能在所限定的类型中适用。《民法典》第1186条属于第二层级的公平责任规范。

三、公平责任原则的适用范围

(一) 域外法中的公平责任

公平责任最初产生于关于未成年人和精神病人的赔偿案件。此类人造成他人损害时，古代有些法律要求行为人本人承担责任，后随着过错责任原则的确立，未成年人等因不具备意思能力，不能被确定为有过错，对其自身造成的损害不承担责任。为此法律常常陷入完全免责和完全赔偿的两种极端之中，这两种做法显然都有缺陷，因此产生了公平责任。

各国对公平责任原则的适用范围并不一致，但有一点是共同的，即其适用范围都有非常的限制。在《德国民法典》的规定中，所谓衡平责任，仅规定于监护人依法不承担责任时被监护人分担责任的情形或在非因过错致自己丧失知觉或不能自由决定意思的精神错乱的状态下致他人损害情形下的赔偿。[1]

在其他欧洲国家中也都不是将其作为基本原则或者作为一般性规范予以适用的，其公平责任与德国的一样，基本集中在被监护人致人损害的责任中。如《瑞士债务法》第54条，[2] 1942年的《意大利民法典》第2047条[3]等。

(二) 我国的司法实践

我国实际生活情况比其他国家更加丰富多彩，在公平责任的适用范围上，不能仅限于监护人责任情形，但也不能如《民法典》之前那样未作任何限制，随意适用。从立法目的看，修改原《侵权责任法》第24条的理由，是“实践中，该规定因裁判标准不明导致适用范围过宽，社会效果不是很好。为进一步明确该规则的适用范围，统一裁判尺度，草案将侵权责任法规定中的‘根据实际情况’修改为‘依照法律的规定’”。[4]

所以，应当明确：公平责任是为弥补过错责任的遗漏而存在的，是解决人们之间具体纠纷的工具，过于宽泛的适用范围，冲击法律体系，也使得人们无所适从；作为一项裁判规则目的是要明辨是非，维护社会整体利益，而不是为了个案的“息事宁人”。原《侵权责任法》第24条被滥用，源自其自身规定的缺陷，从行文结构上既具有责任构成要件，又包含法律效果，是一个完全条款，而并非如关于过错推定责任或无过错责任那样的“引致条款”。本条规定仅以“行为人和受害人对损害的发生都没有过错”为条件，未见其他限制性规定，加上有人将其理解为“归责原则”，法院多将公平责任理解为可供法官自由裁量的、具有普遍适用性的规则。司法实践中，普遍存在各地法院直接根据原《侵权责任法》第24条裁判案件的实例，如因参加体育活动而导致的人身伤害案（孙某梅与赵某树健康权

---

〔1〕 参见《德国民法典》第829条。

〔2〕 该条第1款规定：“法院可以依公平原则判决无民事行为能力人承担部分或者全部因其造成的损害赔偿责任。”

〔3〕 该条第2款规定：“在负有监护义务之人不能赔偿损害的情况下，法官得根据双方当事人的经济条件判定致害人给予公平的赔偿。”

〔4〕 参见全国人大法律委员会向十三届全国人大常委会第五次会议所作的关于《民法典各分编（草案）》的说明。

纠纷案)[1]、因提供劳务而发生的人身伤害案[2]、因车辆自燃而发生的财产损失案[3]。再比如被人们热议的河南省郑州市"电梯劝烟猝死案",一审法院即适用第24条判决劝烟者杨某分担损失[4]。另外,2007年影响深远的南京的"彭某案"[5] 也是如此。

我国台湾地区"民法"第187条规定无民事行为能力人、限制民事行为能力人致害时,才可适用所谓衡平责任;第188条规定的是雇佣人对受雇人因执行职务,不法侵害他人权利的情况。但正如王泽鉴教授所说,"衡平责任",一方面为坚守过失责任原则,一方面又为保护被害人而设的妥协性规定,乃由雇佣人过失责任过渡到无过失责任的产物。[6]

(三)《民法典》第1186条的适用

对于具体规定中哪些条文属于第1186条规定的"法律的规定",理论界观点并不统一:郭明瑞教授认为,原《侵权责任法》第31、32、33、87条是对应《民法典》的第182、1188、1190和1254条,并指出对体育比赛中的伤害如果不能认定组织者有过错时,应该认定当事人双方属于均无过错,适用公平责任而分担损失。[7]

程啸教授认为公平责任包括原《侵权责任法》的下列情形:①第23条(对应《民法典》第183条)见义勇为情形下的受益人对被侵权人的补偿;②第31条(对应《民法典》第182条)自然原因引起的紧急避险对受害人的补偿;③第33条(对应《民法典》第1190条)暂时丧失意识的人对他人的补偿;④第87条(对应《民法典》第1254条)高空抛物致人损害时的补偿。[8]

除此之外,作为对原《民法通则》第132条的适用解释,原《民通意见》第157条对为行为人利益或共同利益而进行活动时造成的损害的情形规定自然也被认为属于公平责任的规定。上述规定确实都采用了"适当补偿"的手段来分担受害人的损失,但是,所列条文中除第1190条规定的完全行为能力人非因自己过错导致暂时丧失意识时对造成的他人损害补偿外,其他情形并非公平责任。

1.《民法典》第182条有关紧急避险造成他人损害的规定中,即便在危险是由自然原因引起的情况下的紧急避险,即便不属于其采取措施不当、超过必要限度造成不应有的损害时的情形,"适当补偿"也不属于公平责任。理由是:紧急避险人对造成的损害不承担或少承担责任的理由与过错无关,紧急避险本质上属于违法阻却问题,而不是过错问题。

2.《民法典》第183条有关"见义勇为"情形的规定中,受益人的补偿,实际上属于无因管理制度内容,对受害人的损失,应通过无因管理制度解决,不存在法律漏洞,也无需再借助公平责任救济。

3. 对《民法典》第1254条的规定,值得讨论的是第1款:"……经调查难以确定具体侵权人的,除能够证明自己不是侵权人的外,由可能加害的建筑物使用人给予补偿……"多数学者认为该规定属于公平责任适用的具体规定,但是仔细分析便知,这种理解是错误的。本条规定的是由"可能加害的建筑物使用人予以补偿",其中的"建筑物使用人"并

---

[1] 参见黑龙江省高级人民法院(2015)黑高民申二字第505号民事裁定书。
[2] 参见北京市第一中级人民法院(2016)京01民终4953号民事判决书。
[3] 参见新疆维吾尔自治区乌鲁木齐市中级人民法院(2013)乌中民一终字第709号民事判决书。
[4] 参见河南省郑州市金水区人民法院(2017)豫0105民初14525号民事判决书。
[5] 参见江苏省南京市鼓楼区人民法院(2007)鼓民一初字第212号民事判决书。
[6] 参见王泽鉴:《侵权行为法》(第一册),中国政法大学出版社2001年版,第21页。
[7] 参见郭明瑞:"关于公平责任的性质及适用",载《甘肃社会科学》2012年第5期。
[8] 参见程啸:《侵权责任法》,法律出版社2011年版,第152页。

非与第1186条中的“行为人”相对应，因为承担补偿责任的人对于受害人并未实施侵害行为。如果说本条是推定建筑物使用人为行为人，那么，首先需要法律明确规定适用推定规则；另外，该建筑物的使用人自高层建筑物往下抛掷物品的行为无疑是有过错的，如此，是不符合第1186条公平责任的构成要件的。因为依据该条的规定，其适用的条件是受害人和行为人都没有过错。因此，该条也不属于公平责任范畴。

4. 至于第1188条中有关监护人尽到监护职责时，可以减轻其侵权责任的规定，很多人认为毫无疑问在我国本条属于无过错责任的适用领域，既然如此，就排除了公平责任适用的余地。

5. 体育比赛中的伤害，通常可以适用《民法典》第1176条自甘冒险规则，行为人无需对受害人承担责任，行为人对受害人承担责任须“对损害的发生有故意或者重大过失”，这显然与公平责任制度不符。更何况《民法典》实施后，根据第1186条的规定，公平责任的适用须“依照法律的规定”进行。因此，在现行法律规定情况下，即便是双方当事人均无过错，体育比赛造成的损害也无公平责任适用余地。

6. 至于原《民通意见》第157条规定情况，其并非因“依照法律规定”确立了一种独立的公平责任类型，而是对原《民法通则》第132条适用时认定标准的解释。即便如此，在实践中有关“为对方利益或者共同利益”的理解也常常出现争议，导致法律适用中对公平责任理解的混乱。比如，为对方无偿修车过程中出现交通事故，肇事司机逃逸，属于为对方利益进行活动过程中受到的伤害；〔1〕而顾客到饭店就餐时受到其他人的伤害虽可适用公平责任，但其行为就难言是为对方利益进行活动。〔2〕

在加工承揽关系中，承揽人在工作中受到的伤害，也不应被认定为“郭敬臣系为共同承揽人牛玉栋以及定作人宋军亲的共同利益进行运土作业的过程中死亡……被告宋军亲作为相关受益人”。〔3〕这种情况应该按照《民法典》第1193条有关承揽人责任的规定处理，如果不存在选任、指示等方面过失，定作人不应承担任何责任。

其实，“为对方利益”情形，最典型的是最高人民法院2003年发布的《关于审理人身损害赔偿案件适用法律若干问题的解释》第14条规定的义务帮工人因帮工活动遭受人身损害的，被帮工人予以的“适当补偿”，这在性质上属于公平责任。但原《侵权责任法》对此未作规定，《民法典》对义务帮工问题也只字未提，所以，今后这类问题无法适用公平责任处理。

当然，在这里必须说明的是：①因为“依照法律的规定”的限制，面对实际生活中出现的某些没有法律规定的特别案例，其实原本可以发挥《民法典》第6条公平原则的作用解决纠纷的，但因为“依照法律的规定”的限制，可能阻碍了基本原则的适用。如2007年5月9日郑州市中级人民法院官网发布的发生在河北省阳原县的因搭乘拉棺材的拖拉机引发的生命权侵权案件中，因驾驶员是做好事，不具有主观过错；钻进棺材的人无过错，而受害人也无过错，但却因意外造成受害人死亡的后果。〔4〕该案即属于需通过公平原则协调当

---

〔1〕参见最高人民法院中国应用法学研究所：“丁兆亚诉丁钦印破坏交通事故现场致不能查出逃逸肇事车辆应负其父在车祸中死亡的赔偿责任案”，载《人民法院案例选》（总第36辑），人民法院出版社2001年版，第147页。

〔2〕参见“李萍、龚念诉五月花公司人身伤害赔偿纠纷案”，载《最高人民法院公报》2002年第2期。

〔3〕参见山东省惠民县人民法院（2016）鲁1621民初3252号民事判决书。

〔4〕参见郑州高新区法院：“棺材里避雨惹祸责任在谁?”，载 http：//zzfy. hncourt. gov. cn/public/detail. php?id=7696，最后访问日期：2020年4月10日。

事人之间关系的特殊案件。②对“分担损失”的理解。原《民法通则》第132条使用的是“分担民事责任”，《民法典》之所以修改为“分担损失”，并非存在什么“高大上”的理由。权威解释认为使用“分担损失”主要基于两方面考虑：“从理论层面看，无过错即无责任是承担侵权责任的基本原则，既然双方当事人对损害的发生都没有过错，那么行为人就不应承担责任，而只能是分担损失。从实践层面看，让无过错的人承担责任，他们比较难于接受。”〔1〕

显然该解读无法让人信服，其没有言明为什么要使无过错的行为人必须“分担损失”，也没有令人信服的证据表明采用“分担损失”，行为人就“容易接受”。〔2〕

“分担损失”作为公平责任的核心内容，对其性质的判断仍是侵权责任。“分担损失”既然是“分担”，就不是由行为人对受害人损失的全面赔偿，也不是不予赔偿；分担损失，不是在行为人和受害人之间平均分配损害后果。具体数额，根据“实际情况”而定，除行为的手段、损失大小、影响程度外，无论域外法还是国内法，双方当事人的经济状况是要考虑的最重要的“实际情况”。对受害人的损失合理分担。在有些案件中，行为人可能分担多些，有些案件中可能分担少些，如果综合双方实际情况认为平均分担才公平合理，也无妨判决平均承担损失。

〔1〕 王胜明主编：《中华人民共和国侵权责任法解读》，中国法制出版社2010年版，第106页。

〔2〕 比如，据《成都商报》2014年5月13日报道，发生在2000年的“烟灰缸案”判决14年后，22名被告中仅3人赔偿，金额不到2万元。每一个被判决补偿受害人的被告都表示不接受该判决。

第三章
侵权行为构成的法律要件

第一节 侵权行为构成法律要件概述

一、侵权行为构成法律要件的含义

侵权行为的法律构成要件是指行为人的某一行为依法构成侵权行为，承担相应责任的必备要件。侵权行为的构成要件在侵权法中占有重要地位，是归责原则的具体适用。在侵权诉讼中，侵权行为构成要件是原告与被告证明与反驳是否承担责任的依据。

将侵权行为归入债法体系的大陆法国家，研究侵权行为作为产生债的发生原因时，均称之为侵权行为的构成要件，侵权行为的事实构成后，则在当事人之间产生损害赔偿之债的权利义务关系。我国《民法典》从责任的角度研究侵权行为，可称之为侵权责任的构成要件。无论侵权行为产生的效力是债还是责任，均以侵权行为的存在为前提，只有侵权事实构成，才产生损害赔偿的法律效力。本书从民法债的理念规范侵权行为，故称之为侵权行为构成的法律要件。

二、侵权行为一般构成要件

侵权行为以一般侵权行为与特殊侵权行为为基本类型。

一般侵权行为，也称过错侵权、过错责任或称对自己过错行为的责任，是指行为人因过错实施的适用侵权行为一般构成要件的侵权行为。特殊侵权行为是指法律对其构成要件有特别规定的侵权行为。因此，侵权行为构成要件可以分为一般构成要件和特殊构成要件。本章专门研究一般侵权行为的构成要件，特殊侵权行为要件将在后边的章节论述，但本章构成要件的理论，对于特殊侵权行为也适用，因为特殊侵权行为除了不要求加害人具有过错外，尚须具备其他要件，因此，构成要件理论对一切侵权行为类型均具有普遍指导意义。

三、关于一般侵权行为法律要件的争议

对于一般侵权行为的构成要件，一直存在“三要件”说与“四要件”说的争议。多数观点主张，基于过错责任原则承担侵权责任的构成要件应为四个：加害行为的违法性、损害、加害行为与损害之间的因果关系以及行为人的过错。[1] 持“三要件”说的观点认为，不应当以违法性作为责任的构成要件，主要理由在于：一方面，即便某种行为并没有违反法律的明确规定，但由于行为人具有过错，也可能要承担侵权责任；另一方面，在过错责任中，即便多数侵权行为是违法的，但是，违法性要件通常被过错要件所包含。因此，一般责任构成要件主要应由损害、过错与因果关系三个要件构成。[2]

实质上，“三要件”说与“四要件”说的理论分歧是对过错本质的认识问题，如果坚

---

〔1〕 参见张新宝：《侵权责任法原理》，中国人民大学出版社 2005 年版，第 50 页。

〔2〕 参见王利明、周友军、高圣平：《中国侵权责任法教程》，人民法院出版社 2010 年版，第 183 页。

持主观过错说，则将过错与违法行为分开，但如果坚持客观过错说，则过错与违法行为会结合为一个要件。我国《民法典》第1165条第1款规定："行为人因过错侵害他人民事权益造成损害的，应当承担侵权责任。"而过去的《侵权责任法》第6条第1款规定："行为人因过错侵害他人民事权益，应当承担侵权责任。"比较前后两法对一般侵权行为要件的规定，《民法典》增加了"造成损害"4个字，由此可知，我国《民法典》对一般侵权行为采"四要件"说，即一般侵权行为的构成要件是：①行为人有过错；②有侵害他人民事权益的行为；③有损害结果；④侵害行为与损害结果之间有因果关系。此为我国立法对过错侵权应具备要件的规范基础，现分述如下。

第二节　违法性侵害行为要件

一、违法性侵害行为的含义

（一）概念

在侵权法上，违法性侵害行为也称损害行为，或简称加害行为、不当行为、违法行为等。所谓违法性侵害行为，是指行为人违反法定义务，或者违反法律规范的禁止性规定所实施的侵害他人民事权利和利益的作为与不作为。

（二）违法性侵害行为的特点

违法性侵害行为应包括行为、违法与侵害三个要素。

1. 客观上须有侵害行为。这里的"行为"，是受人的意识支配和意志左右的作为与不作为。既然是受意识支配的行为，则无意识的身体动作就不是行为，例如，睡眠中的身体运动，因痉挛、心肌梗死、脑溢血而导致的突然晕厥状态下的身体运动，均为无意识的身体动作。在民法意义上，"动作"和"行为"不是一回事。

对于过错行为而言，行为均是行为人自己的行为，要求以有过错的"行为"为要件，行为的意识性是确定过错的前提，在无意识的情况下，谈不上行为，更谈不上过错。因此，讨论行为与动作的不同在归责上有意义，因为，当属于无意识的动作时，行为人可以举证证明这不是自己有意识（过错）的行为，从而免除责任。

如果一个人喝酒、吸毒达到不能控制自己行为的程度，不能以案发时行为不能控制而免责。因为此时的无意识是由他的主观意识（过错）造成的。因此，我国《民法典》第1190条规定："完全民事行为能力人对自己的行为暂时没有意识或者失去控制造成他人损害有过错的，应当承担侵权责任；没有过错的，根据行为人的经济状况对受害人适当补偿。完全民事行为能力人因醉酒、滥用麻醉药品或者精神药品对自己的行为暂时没有意识或者失去控制造成他人损害的，应当承担侵权责任。"

但对于不考虑加害人过错的某些特殊侵权行为而言，则有所不同，在其他类型的过错和免责事由均不存在时，区别人的身体运动和人的行为则没有意义。不管此类行为是有意识的还是无意识的动作，加害人均须负责，因为此类侵权行为不问加害人过错。

2. 侵害行为具有违法性。侵害行为是违反了法律对人的权利和利益的保护性规定的行为。违法表明了行为与法律规范之间的关系，包括作为的违法和不作为的违法行为。

确定何种行为属于违法的侵权行为，应注意对"法"的含义的理解。所谓违法，包括违反以下三种意义上的"法"：

（1）行为违反了国家以保护他人为目的的法律。例如，违反了宪法、民法、刑法、行政法等实体法，或者违反了目前认为是法律表现形式的单行法或司法解释的有关规定。只要上述任何一个法律包含有确认与保护他人民事权利和利益的内容或者包含有行为人法定义务的内容，而加害人的行为违反了这样的法律，即为违法。

（2）违反公序良俗。公序良俗，是公共秩序和善良风俗的合称。我国《民法典》第 8 条规定："民事主体从事民事活动，不得违反法律，不得违背公序良俗。"应当注意的是，公序良俗不能作扩大解释，不能将道德义务解释为法定义务。这里所指的"公序良俗"应理解为与绝对权有关的各类权利和利益。因为立法不可能周延地规定各种权利和利益，对于没有规定的，可以适用我国《民法典》第 8 条的相关规定。

（3）违反了依职务上的要求所应承担的义务。这是指担当该职务的人依诚信原则应承担的义务。例如，消防队员的救火义务；医务人员救助病人的义务；游泳场救助员救助落水者的义务；等等。对于担当该职务的人而言，上述义务是他们的法定义务。

违法是从加害人的角度观察侵害行为的。违法中的"法"的内容，其特征就是在客观上应与法律规定的精神、基本原则相一致。违反了上述法律精神，即为不履行法定义务。"原则上，只有当某一法律是以保护原告免受其实际已经遭受的损害为目的时，违反法定义务才具有侵权行为法上的意义。"[1]

违反法定义务应与违反道德义务区分开，即"违法行为"与"漠视行为"是不同的。"漠视行为"在普通法中也被称为"无义务规则"，即"行为人对处于危险之中的他人没有提供帮助的义务，不论有多么容易就能给他人提供帮助，也不论不提供帮助是出于故意还是粗心"。[2]"违法行为"与"漠视行为"是一对非常接近，但又有不同法律后果的两种行为。当行为人（被告）的行为表现为不作为的时候，两者之间的关系非常微妙。实施违法行为者通常要承担侵权行为责任，因为其违反了法定义务。而对于漠视行为，在我国法律上还没有明确规定一般人都有必须采取积极的行动或采取肯定性的手段去保护他人的法定义务。"每个人只对自己的行为负责。"因此，行为人并不对漠视行为承担侵权行为的责任，即违反法定义务与违反道德义务的后果不同。当然，负有职责义务的人则不同。例如，警察、医师都有救助义务，如果能采取救助措施而不采取，就是违反了法定义务。

普通法根据救助者与被害人之间是否存在特殊关系，把漠视行为分为：特殊关系人之间的漠视和无特殊关系人之间的漠视。例如，监护人与被监护人之间；雇主与雇员之间；房主与房客之间；医生与病人之间；救助人与受害人之间等存在某种法律关系或法定义务关系，也是一定的信赖或者合同关系。特殊关系人之间存在救助义务，没有积极采取救助义务，被告要对漠视行为承担责任。而一般的路人之间，不存在救助义务。但对于普通人而言，这个规则也存在例外：如果一个人的初始行为使受害人处于危险的境地，而后他又漠视这种危险；或者已经采取了救助行为但没有完成该救助行为，导致受害人的情况变得更糟，这时被告就要承担责任。[3] 我国《民法典》第 981 条规定："管理人管理他人事务，应当采取有利于受益人的方法。中断管理对受益人不利的，无正当理由不得中断。"也就是

---

[1] [德] 克雷斯蒂安·冯·巴尔：《欧洲比较侵权行为法》（下卷），焦美华译，法律出版社 2001 年版，第 277 页。

[2] [美] 文森特·R. 约翰逊：《美国侵权法》，赵秀文等译，中国人民大学出版社 2004 年版，第 140~141 页。

[3] 参见 [美] 文森特·R. 约翰逊：《美国侵权法》，赵秀文等译，中国人民大学出版社 2004 年版，第 142~146 页。

说，一个人没有帮助他人的义务，然而一旦帮助了他人，就有了一种注意义务。无正当理由，不得中断这种救助义务，一旦中断，如果此时因为过失发生了危害结果，就要为该帮助行为承担侵权行为的责任。

3. 侵害。这是指侵害了他人的权利和受法律保护的利益。违法是从加害人角度上说的，违反了法定义务。行为人违反法定义务的结果，则是侵害了他人受法律保护的民事权利和利益。例如，《德国民法典》第 823 条第 1 款规定："因故意或者过失不法侵害他人生命、身体、健康、自由、所有权和其他权利者，对他人因此所造成的损害负赔偿义务。"我国《民法典》第 1165 条第 1 款规定："行为人因过错侵害他人民事权益造成损害的，应当承担侵权责任。"因此，侵害是从受害人角度来考察的，侵害了受害人的权利和利益造成损害，是违法行为的结果。

需注意的是，侵害他人的权利和利益的结果是判断违法性的一个表征，违法性侵害行为要件强调的是人的行为，而非损害结果本身，损害结果是判断违法的基础，最终还是要归结为引起结果的行为上，即把造成侵害他人的权利和利益的结果作为判断"违法性"的一个因素。

二、关于违法行为要件的争论

对于行为的违法性是否构成侵权行为的要件，在学说上有不同的见解。有的学者认为，违法行为不应作为一个要件，因为侵权行为大多是过失行为，许多损害是由于行为人缺乏注意和足够的技术，或者是没有能力造成的，对这些行为很难判定它是否违法，只能确定他是否有过失，过失包括了违法行为。因此，有过错要件即可，违法行为要件可以取消。由此，提出侵权行为"三要件"说，即过错、损害事实、因果关系。这种将过错与违法行为主客观要件统一的观点，也称为过错的客观化。

把违法性损害行为作为侵权行为要件之一的是以《德国民法典》为代表的侵权行为立法的特点。违法性是责任成立的前提要件，一个与损害具有因果关系的行为，如果不具违法性，则责任不成立，行为违法性要求也为受德国学说影响的奥地利、瑞士、日本、俄罗斯以及我国台湾地区的立法和学说所采纳。而法国法模式则持侵权行为"三要件"说，否认违法行为这一要件。

表面上看，这是违法性要件的取舍问题，实质上，是坚持主观过错还是客观过错的问题。德国理论坚持将违法行为作为一个要件，坚持把主观不法与客观不法区分开，尽管大多数侵权行为确实既是违法行为又体现了过错，但德国主流理论认为过错是主观要件，行为是客观要件。耶林在他的《罗马私法中的过错要素》一文中比较了所有权人与善意的不法占有人以及所有人与小偷之间的关系后指出，善意占有人行为违法，但主观上不具责难性，而小偷则是有意识地通过盗窃侵害他人权利。因此纯粹的客观不法与主观不法是不同的。主观不法是一种有过错的侵犯，客观不法是一种无过错的侵害。〔1〕

德国理论将违法与过错两要件分开，不仅是法解释的需要，也体现了德国理论追求法律关系表述清晰、逻辑清晰的特点。将过错与违法合二为一，会产生这样的误解：有过错的行为都是违法的，违法的行为都是有过错的。尽管过错通过行为体现，但两者不能等同。把违法行为作为构成要件之一，着眼点是研究行为的客观性，而过错要件关注行为的主观性。从主客观范畴的不同可看到，有些行为客观不法，主观没有过错；有些行为主观有过

〔1〕 参见［德］鲁道夫·冯·耶林：《罗马私法中的过错要素》，柯伟才译，中国法制出版社 2009 年版，第 6~9 页。

错，但客观上不违法，并非有过错的行为一定是违法行为，违法行为也并非一定是有过错的行为。

尽管加害行为往往基于过错引起，但在侵权行为法中，应把客观性的违法行为与主观性的过错分开，分别作为不同的要件。若将两者归为一个要件，不利于将侵权行为类型化、体系化。过错是主观要件，违法行为是客观要件，通过主观要件，可以考察过错的不同情况，从而确定责任的归属，这是侵权行为法归责原则的体现。特殊侵权行为，由于不要求加害人过错这一要件，因此，要看行为人的行为违反了何种法律规定，以及违法行为与损害事实的关系。同时，通过行为这一客观要件，还可以明确划分不同类型的侵权行为。不同类型的侵权行为侵犯的客体、引起的赔偿后果是不同的。因此，将违法与过错区分开来，无论从理论上还是实务上都有重要意义。

另外，否认违法行为这一构成要件，将无法解释因果关系。因为，因果关系是违法行为与损害事实之间的关系，只有行为才能直接造成损害，过错不能直接造成损害。所以，违法性是侵权行为的构成要件之一。

三、违法阻却

（一）违法阻却的含义

违法性侵害为侵权行为的构成要件之一。通常情况下，违反法定义务，侵犯他人权利或合法利益，即为违法，但有时从行为的形式上看是违法的，而实质上不违法，这种情况称为违法阻却。换言之，致人损害的违法行为在法律特别规定的情形下，被排除了行为的违法性。违法阻却，从另一个角度说，也是被告针对原告的诉讼请求证明违法不成立或不完全成立使自己免责或减轻责任的抗辩事由。

可以看出，当把违法行为作为一个要件时，才会有违法阻却的事由存在，没有违法的要件，阻却违法的前提不存在。

（二）违法阻却的理由

作为阻却违法的抗辩事由主要有：依法执行职务的行为；自力救济行为（包括正当防卫、紧急避险以及法律允许的自助行为）；受害人同意；自甘冒险；适法的无因管理；不可抗力；受害人过错；第三人过错；等等。这些抗辩事由将在下一章专门研究。

四、违法行为的类型

违法性侵害行为可分为：

1. 积极的违法行为（作为）和消极的违法行为（不作为）。实施积极的行为导致他人损害的行为为积极的违法行为；应履行法定作为义务，而消极不履行法定作为义务的行为为消极的违法行为。

2. 有过错的违法行为和无过错的违法行为。行为人因故意或过失实施的侵害他人民事权益的行为为有过错的违法行为；在客观上造成了损害他人的权利和利益的结果，但并非是因行为人的过错导致的行为为无过错的违法行为。

3. 对自己的违法行为（直接违法行为）和对他人的违法行为（间接违法行为）。对自己的违法行为是侵害人自己实施的损害他人民事权益并由自己对损害负责的行为；对他人的违法行为是赔偿义务人依法对他人的侵权行为负赔偿责任的行为。

4. 单个人的违法行为和多数人共同的违法行为（共同侵权）。实施侵权行为的主体为单个人的，为单个人的违法行为；两个或两个以上的加害人共同实施损害他人权利和利益的行为为多数人共同的违法行为。

第三节　损害事实要件

一、损害事实的含义

损害事实是指权利人的权利和受法律保护的其他利益受到破坏或失去以及降低了原来具有的价值，侵权人须负赔偿义务的事实。损害事实也可以理解为：一个人在其财产、人身权利和利益方面遭受的一切不利结果。

二、损害事实的特点

一个事实在民法意义上被称为损害事实，通常的判断标准是：

1. 结果性。损害是指受害人因他人的加害行为而受到人身和财产权益的不利后果。结果性将侵害与损害作了区别。确定违法行为时，是从权利是否受到侵害定位的，侵害了一个人的权利，违反了法定义务，就是违法行为。损害是违反法定义务的结果，只侵害了权利，如果没有实际损害结果，则无赔偿的问题。

“不是每一个发生在权利上的不利都必然产生可赔偿性损害。”〔1〕如房屋被损坏，需要修理，在修理期间不能使用，造成直接利益损失和间接利益损失，这是损害事实。如果没有引起财产价值的减少，则不能成功提起损害赔偿之诉。侵害了某人的隐私权、肖像权、名誉权，使受侵害的人社会评价降低，遭受精神痛苦，这是利益损害。尽管是非财产损失，也需要证明这种人格利益的损害所造成的损害后果。损害结果的确定，涉及损害赔偿之诉是否成立的问题。

损害事实强调原告在权利和人身遭到侵害时是否有实际损害，这是成功提起损害赔偿之诉的前提。更确切地说，在侵害权利的事实外还必须有财产价值的减少或者人身非财产利益受损的结果。合法行为产生的后果不是损害，如外科手术的截肢、因救火切断电源。

2. 真实确定性。损害不是虚构的、臆想的、尚未发生的现象，而是一个已经发生的事实，即损害可以认定。如果一个 12 岁的孩子受到伤害，其监护人要求加害方补偿孩子上大学的奖学金，该请求是不能成立的，因为这是尚未发生的事实。

3. 损害的可赔偿性。损害须是可赔偿性损害，具有法律上的可补救性。有时候，从事物的现象看，某一行为或事实确实是对人的权利和利益的损害，使权利人遭受不利后果，但这种不利如果还没有构成损害赔偿的义务，则不是侵权法意义上的损害。例如，空气中弥漫着粉尘，烟味、焦味等难闻的气味，如果没有达到一般人不能容忍的程度，就没有形成侵权法意义上的损害；如果超过一般人忍受的限度，就是损害事实。因此，不是每一个发生在权利上的不利都必然引申出可赔偿性损害，损害应在量上达到一定程度，并有必要对该损害进行法律上的补救，这种损害才是可赔偿性的。换言之，要达到赔偿的目的，除了要证明存在侵害财产权的事实外，还须证明实际的财产价值损失，即要使财产损失恢复到损害发生前的状态，应该用一定计算方法折算出金钱数额的损失。

对于财产损害的认定一般采“差额说”，即事实发生后的利益状态与发生前的利益状态的差额，就是受害人所遭受的损害。但“差额说”不适用于可得利益的损害和精神利益的损害的认定。对这些利益的损害的认定，还需要结合各个具体的损害事实进行个案分析。

---

〔1〕［德］克雷斯蒂安·冯·巴尔：《欧洲比较侵权行为法》（下卷），焦美华译，法律出版社 2001 年版，第 7 页。

例如，因果关系、过失、受害人的情况等。损害的可赔偿性并不是说损害必须以金钱计量，还包括停止侵害、恢复原状、返还原物、恢复名誉、赔礼道歉等赔偿方式。

损害事实是由违法的侵害行为造成的后果，这一后果具体表现为：各种类型的财产损失，人身伤害、生命丧失、精神损害、社会评价性降低等非财产性损害。仅有违法行为，没有损害结果，行为人不承担责任，故损害是侵权行为的必要要件。这也是我国《民法典》第 1165 条特别强调的：行为人因过错侵害他人民事权益“造成损害”的，应当承担侵权责任。

三、损害事实的分类

1. 从侵害的客体（权利和利益）角度区分，损害的形态分为：财产损害与非财产损害。非财产损害又分为人身损害和精神损害。

（1）财产损害是指损害了财产权利和具有财产性的利益。例如，侵犯了财产所有权、他物权，表现为侵占财产和损坏财产，使所有人的财产权利丧失或行使有阻碍，使物的价值丧失或减少；侵犯知识产权、继承权；积极侵犯第三人的债权，造成被侵害人财产利益的损害等。

（2）人身损害是指损害人格、身份权利和利益。例如，侵害他人的生命权与健康权，导致受害人死亡或伤残；侵害他人的名誉权、荣誉权、隐私权，导致其社会评价降低，使受害人在社会生活中受到孤立、冷落，使他在职业、职务等方面发生困难或可能发生困难。

（3）精神损害是指受害人在受到侵害后，精神上受到痛苦和肉体上遭受疼痛两个方面。自《德国民法典》第 847 条明确提出“非财产损害”可以获得金钱赔偿以来，精神损害可获得物质赔偿的理念基本为大多数国家的立法所接受。但在近百年的过程中，精神损害能否获得物质赔偿一直是各国理论界争论的话题。

对精神损害赔偿持“否定说”的主要理由是：人格不能商品化。人格是高尚的，不能像商品一样用金钱来评价，否则会降低人的价值。而且，精神损害无法计量，精神上、身体上的痛苦，失去亲人的悲伤是金钱不能恢复和补救的。财产损害赔偿的数额可以依据所受损失的大小来确定，但精神和财产是不同质的，损失无法确定。

对精神损害赔偿持“肯定说”的主要理由是：虽然金钱无法完全弥补精神利益的损害，但可使受害人在其他方面得到精神上的安慰，赔偿金对于受害人而言，主要是慰抚，不是赔偿；对于加害人而言，赔偿具有一定的惩罚性。因此，精神损害赔偿在某种程度上具有惩罚和补偿双重功能。

我国《民法典》第 1183 条规定：“侵害自然人人身权益造成严重精神损害的，被侵权人有权请求精神损害赔偿。因故意或者重大过失侵害自然人具有人身意义的特定物造成严重精神损害的，被侵权人有权请求精神损害赔偿。”我国立法以法律规范的形式肯定了精神损害赔偿。从立法的规定可以看出，精神损害的赔偿有程度的区别，对于轻微的、一般的精神损害，可要求停止侵害、赔礼道歉；对于造成严重精神损害的，可请求赔偿。

从目前多数国家立法对精神损害赔偿的肯定可以看出，精神损害赔偿制度的出现和不断发展，表明了社会文明发展的程度已到了一个新的阶段。经济的不断发展和物质生活水平的不断提高使人们不再满足于近代民法对财产权及外部世界的保护，转而更关注人身权的不受侵害及内心世界的安静。精神损害赔偿制度是民法“以人为本，终极关怀”的体现。精神损害在过去一直具有“寄生”的特点，不具有独立的“诉因”，必须与其他情况结合才可构成独立的侵权行为。例如，侵犯人身权可请求精神损害赔偿。近年来，精神损害赔偿可以作为独立的诉因提出请求。

2. 从侵害的结果角度区分：损害有直接损害和间接损害，表现在财产损失上，也称为直接损失和间接损失。财产损害的结果表现为财产损失。损害和损失两者的含义是不同的，损害是客观事实状态，损失是利益的丧失或减少。无论是财产损害还是人身损害，这些都可以表现为财产损失。这种损失可能是直接损失或间接损失。

直接损失，也称积极损失，是受害人已有财产的减少和既得利益的丧失，通常也称为实际损失。

间接损失，也称消极损失、预期利益或可得利益的损失。房屋或果树的破坏，使受害人可得的法定和天然孳息丧失；身体受损，使受害人因伤残不能工作，应得的工资、奖金减少或丧失，均属受害人可得利益的损失。由于预期利益不像直接损失是一个定型化和定量化的事实，所以，在计算间接损失时，要求非常严格，不能无限制地、无根据地扩大它的数量。

3. 法定损害和边际类型损害。根据法律的规定在损害确定后可以赔偿的、可以补救的损害为法定损害，如财产损害、人身损害、精神损害以及直接和间接损害，这些都可以统称为法定损害。法定损害也是指在法律条文中以及有关的司法解释中对应当赔偿哪些损失，赔偿数额有哪些限制，以及赔偿损害的计算方法作了明确规定的损害。

所谓边际类型损害，是指不能明确认定其类型归属的损害。有人认为是财产损害，也有人认为是非财产性损害。有人说是直接损失，也有人说是可得利益的损失。由于类型不易确定，这种损害在法律上如何救济，以及是否可以赔偿，争论比较大，因此，将这类损害统称为边际类型损害。例如，因过失导致某人多年不用的电脑或者过时的服装损坏，是否还要赔偿其财产损失以及可得利益。有人说，只要有使用的可能性，就应赔。也有人说，如果使用者是营利性的使用者，就应赔可得利益。

一个大学生在一次事故中受了伤，虽然由于没有工作而没有误工工资，但脸部伤疤将影响他找到一份收入较高的工作，这个损害是否属于可得利益损害？一个人在一次人身伤害中成了“植物人”，该人是否有精神损害？如果该人不是植物人，有意识，但没有肉体痛苦的感觉和疼痛的知觉，能否请求非财产损害（精神损害）？一次医疗事故使夫妻一方严重受伤，不能进行性生活，受害方配偶受到的损害是什么损害？这些都是现代侵权法上有待研究的问题。

4. 纯经济损失。“纯经济损失”，是英美法上的概念，对它的解释有较大的分歧，通说将它解释为对某人造成的除了人身损害和财产损害以外的经济上的损失，经常表现为一种费用或利润的丧失。例如，有车撞坏马路上的隔离带，造成堵车 1 小时，公交公司营业收入的减少就是纯经济损失；因为堵车，使得开往火车站的汽车不能行走，赶火车的人下来绕道打出租车的费用，或者因此而误了火车的损失，都属纯经济损失。

纯经济损失的特点是损失具有独立性、抽象性、不确定性、隐秘性：对于受损人而言，既没有对其具体物权的侵害，也没有对其人身权的伤害，但是纯经济损失独立、抽象地存在于受害人的全部财产中，因某一事故的出现发生连锁性效应而波及他，使其总体财产消极减少。由于纯经济损失的发生并不依存于人身或物的损害，仅是一种经济利益的丧失，而且引起连锁性效应，使受害人损失的范围难以确定并具有隐秘性。因此，有的国家法典称“纯经济损失”是与个人人身或物的损坏本身没有联系的损失。

各国法律一般认为，对纯经济损失原则上不予赔偿，原因如下：①纯经济损失与加害行为间的因果关系过于遥远，依传统的相当因果关系理论很难给予赔偿。②如果都给予赔偿，则会妨碍行为自由。因为这种损害后果往往超出一般人的行为预期，不具有可预见性，如果让行为人对所造成的纯经济损失都给予赔偿将导致其责任过重。③社会成本增加。如果对这些损失给予赔偿，实质上提高了全体社会成员的生活成本，影响了正常的经济流转。④导致诉讼泛滥。如给予赔偿，则犹如开闸放水，要求赔偿的请求会像洪水一样铺天盖地卷来。但在例外情况下可以赔偿，如因为故意造成的损害。

第四节 因果关系要件

一、因果关系的含义

因果关系是一个哲学概念，反映事物、现象之间的相互联系、相互制约的一种关系。无论是在自然界，还是在人类社会中，处在相互联系、相互制约关系中的任何一种现象的出现，都是由某种或某些现象引起的，而这种或这些现象的出现又会进一步引起另外一种或一些现象的产生。这里，引起某一现象产生的现象叫原因，而被某些现象所引起的现象叫结果。客观现象之间的这种引起和被引起的关系，就是事物的因果关系。

把哲学上因果关系的概念和原理借用于侵权行为法中，是指违法性侵害行为作为原因，损害事实作为结果，只有在违法行为与损害结果之间有因果关系，并符合其他构成要件时，侵权人才负赔偿责任。

在侵权行为法中，因果关系的认定是一个复杂难解的问题，原因是：人们往往将哲学中的因果关系的理论直接套用在侵权法中，想追求或者建立一个单一的、适用于一切情况的因果关系认定标准，这实际是徒劳无益。因为，侵权行为法中的因果关系要在形形色色各具特点的案件中寻找人的受意志控制的行为与损害结果之间是否有因果关系，而不是要将这种关系进一步抽象，上升为哲学的概念。应把哲学上的因果关系具体化，应用到侵权行为的这一特别场合，运用正确的逻辑思维和正确的认识推理方法确定责任的归属，这是民法研究因果关系的目的。因此，要在侵权行为法的体系中研究因果关系的相对性，而不能绝对性地研究因果关系。尽管各国关于侵权行为的法律都承认因果关系是确定侵权行为责任的必备要件，但对因果关系的研究，学术上可以说是众说纷纭。对于因果关系要件，本书将介绍其中主要的观点和学说。

二、侵权法因果关系的主要学说

（一）条件说

条件说认为，凡是引起损害结果发生的条件，均为损害结果的原因，所有条件均具有同等价值，都是法律上的原因，只要这些原因与损害结果之间存在着某种逻辑上的联系，就是有因果关系。这种学说，也称“条件即原因说”。

显然，条件说存在固有的缺陷。把所有的事实都作为原因，没有从因果关系的根本规则考虑，而且条件说中的因果关系的链条过长，一个加害人甚至要对行为的遥远结果负责，这样，会使不应负责任的人承担责任，应负责任的人逃脱责任。为了弥补条件说的不足，产生了因果关系的另一学说——原因说。

（二）原因说

原因说，把条件和原因严格区分，认为引起损害结果的发生可能有多个条件，但这些条件中只有一个或者部分是在法律上被确定为应承担责任的原因，其余的都是条件，即只承认原因与结果间存在因果关系，不承认条件和结果之间的因果关系。因此，也区别了法律上的原因与事实上的原因。在如何确定法律上的原因问题上，又出现了直接原因说、必然原因说以及相当原因说等理论。

1. 直接原因说，也称直接因果关系说。直接原因与间接原因相对，直接原因是指不经中间事物和中间环节，直接导致事件发生离损害后果最近的原因；而间接原因则是指那些中间的或离损害后果较远的原因。直接原因说认为，造成损害的是最直接、最近的原因，侵权人应对其行为或其负责的事件所产生的直接后果承担责任，而不必对间接结果负责。

间接原因对损害的发生可能并不直接发生作用，但是间接原因比较复杂，不能简单地认为行为人负全责或行为人都不负责。在有些情况下，诱因是引起损害发生的间接原因，间接原因与损害结果也存在着因果关系。尤其是有第三人的行为介入时，不能简单地认为第三人的行为都是间接原因而不予考虑。

2. 必然原因说，也称必然因果关系说。必然与偶然在哲学上是一对范畴。必然原因说认为，只有行为人的行为与损害结果之间存在内在的、必然的联系，才具有法律上的因果关系。偶然原因是行为人的行为对损害结果的发生是非根本性、非决定性作用的原因，行为与结果二者之间仅存在外在的、偶然的联系，故偶然原因不能作为法律上的原因。

对此学说，学者们提出了不同意见。有学者认为：偶然性是必然性的特殊表现，必然性寓于偶然性之中。从事物发展的原因而言，必然性是决定事物发展的内在依据，偶然性取决于事物发展的外部条件，但是内在根据和外部条件都是事物发展的原因，所以，不能完全同意必然因果关系和偶然因果关系的提法。〔1〕

必然因果关系说也存在其不足之处，如果将其贯彻到底，将会使许多受害人得不到保护。由于原因说没有确定认定因果关系的统一标准，随后理论上又出现了相当原因说。

3. 相当原因说，又称相当因果关系说。也有观点认为，相当因果关系也称为盖然性因果关系。严格地说，盖然性因果关系还不是完整意义上的因果关系，往往是用来确定相当因果关系中原因造成损害的可能性程度，可以说，它主要是一种证明因果关系的方式。

例如，一个案件发生后，受害人无法提出严密的科学证明，证明原因与结果的关系，这时则用统计学的百分比计算，确定“通常情况下发生的可能率”。通常情况下，可能率如果超过50%，就认为达到了充分的程度，就是有因果关系；反之，就没有因果关系，通常称此为盖然性因果关系。这种以统计学的百分比计算确定因果关系的方法是否合适，仍需要研究。盖然性因果关系理论形成于日本，最早用于涉及人身损害的公害案件的证明，现在经常被用来作为证明相当因果关系存在的一种方式。

相当因果关系说由德国学者冯·克里斯在19世纪提出，这种学说在一些西欧国家比较流行。相当因果关系说目前被认为是一种相对合理的因果关系学说。

该学说认为，某一事实在现在的情形下发生某种现实结果，还不能认为该事实与损害结果之间有因果关系，应该考察在一般情形下，依社会的通常经验常识，亦认为该事实能发生同一结果的时候，才能认为（该事实与损害结果）有因果关系。

相当因果关系说分两步确定因果关系：

第一步：事实上的因果关系判断。把行为人的行为所造成的客观存在的事实，作为观察的基础。在这一阶段，采用“如果无此行为，则必不产生此损害”这种检验方式。我国台湾地区学者王泽鉴教授称这一阶段为“条件关系”。〔2〕那么，该事实条件是否为法律上的原因呢？这将是第二阶段的任务。

---

〔1〕参见王利明、郭明瑞、方流芳：《民法新论》（上），中国政法大学出版社1988年版，第468页。

〔2〕王泽鉴：《侵权行为法》（第一册），中国政法大学出版社2001年版，第191~194页。

第二步：法律上因果关系的判断。王泽鉴教授称其为“相当性”[1] 判断阶段。相当性的判断是：就这个客观存在的事实，根据人的知识经验法则判断，是不是这个事实通常都会发生同样的损害结果，如果这个事实在通常情况下都可能发生同样的损害结果，那么，这个行为与损害结果之间就有因果关系。这一阶段的判断方法是：有此行为，通常足以产生此种损害；或者，有此行为，通常也不产生此种损害。相当性的阶段排除“非通常性的”的条件（原因）。

在确定“相当性”的时候，即充分原因时，通常采用的方法是：某个原因造成损害发生的可能性，是否超过50%的概率；或采用经验法则判断，是不是在一般情况下，同样的环境为同样的行为，一般都会发生同样的结果；或者根据一个“合理人”的标准，在为行为时，是否能预见到行为的后果，如果一个合理人通常能预见，就有相当因果关系。

相当因果关系说，一方面对条件说导致的责任范围过大予以限缩；一方面又对直接因果关系和必然因果关系导致的责任范围过于狭窄予以拓展，从而有一定的说明优势。该说是目前侵权行为法上的通说。尽管相当因果关系说比较流行，但也存在缺陷，对于某些特殊情况不能适用。

（三）法规目的说

法规目的说是为检讨条件说以及相当因果关系说的不足而产生的另一种确定因果关系的学说。法规目的说的中心理论是：行为人是否应对其引发的损害负责，不要探究行为与损害之间有无相当因果关系，而应探究相关法规的意义和目的。只有当被主张的损害根据其种类及存在的方式应属于该法规保护之下时，损害赔偿的义务才能存在。从对法规目的说的解释中可以看出：表面上，因果关系是确定侵权行为的构成要件之一，但已经是空有其名，因为衡量因果关系的标准是以法规的内容和目的来决定的，并不探究实际的因果关系。法规目的说把特定的标准虚化了。

一些学者对法规目的说持肯定态度，认为法规目的说将因果关系予以虚化达到了返璞归真的效果，这是侵权行为法的真正目的，因为行为人对其行为引发的损害应否负责任，基本上是法律的问题，应该依有关法律规定探究因果关系。按法规目的说确定因果关系，可以将没有具体答案的因果关系的诸学说的争论置之不顾，使问题回归到就法论法的单纯层次。而且，以法规目的说确定行为与损害的因果关系进而确定赔偿责任，简易而且合理。

但法规目的说存在的问题是：法律规范保护的目的范围究竟有多大？侵权的案件错综复杂，很多纠纷找不到明确的法律依据，对这样的案件，还是要适用相当因果关系说。另外，立法者制定法律时，都以当时的社会现状为基础制定法律，随着社会的发展，很多情况发生了变化，但如果法律不变，那么基于当时社会现状所作的法律判断是否仍适用于现在的案件，也是要考虑的问题。

（四）预见力说

预见力说，最早产生于法国。法国对于违约的损害赔偿采“以订约当时预见或可得预见者为限”。不过，法国没有在侵权行为的案件中适用“预见力说”。而英国法借鉴了预见力说的观点，在违约和侵权案件中都采用了“预见力说”。

预见力说在侵权行为法上应用的基本含义是：如果一个普通人都可以预见到加害人的类似行为将对受害人造成损害后果，那么加害人对受害人就应有一种注意义务。如果加害

---

〔1〕 王泽鉴：《侵权行为法》（第一册），中国政法大学出版社2001年版，第194页。

人没有尽到这种注意义务，他就要承担受害人所受损害的赔偿责任。反之，如果受害人受到的损失一般情况下无法预料，那么加害人（被告）在法律上就不承担责任。

综上介绍的几种关于侵权行为因果关系的学说是有代表性的理论。对于大陆法系和英美法系而言，侵权行为案件的发生是没有区别的。在确定因果关系方法的问题上，两大法系尽管略有差异，但很接近，并经常互相借鉴。德国学者在形成的因果关系的一般学说中，也受到英美判例学说的影响；英美法系在判例中形成的因果关系的规则，也使用了大陆法系的某些概念和理论。只是英美法系的特点是通过判例形成因果关系的判定规则，并在这样的判例规则的基础上又进一步补充和发展，形成了较为灵活多样的因果关系规则，这些规则也经常被大陆法系学者在理论中采用，并在实务中借鉴使用。

侵权行为法将因果关系作为构成侵权行为的要件之一，目的是确定责任、限制责任和排除责任。因为法律上因果关系的判断过程是基于这样一个前提：任何人都不应理所当然地对其行为所造成的所有后果承担责任，尤其是那些与损害后果离得太遥远的原因以及那些完全不可预见的后果，应属被限制的范围。因此，法律上因果关系的判断是一种政策性、法律价值性的判断，是朝着限制责任方向发展的判断。

三、因果关系的表现形态

1. 一因一果。这是单一的因果关系，一个原因造成一个损害结果的发生。在一因一果的因果关系形态中，侵权行为的主体与其应承担的损害赔偿的范围的确定相对简单。

2. 多因一果。一个损害结果的发生是由多个原因造成的。在多个原因造成同一项损害结果的因果关系形态中，确定损害赔偿的范围及数额时相对复杂，须考虑不同原因对整体损害结果的影响。

3. 一因多果。一个原因导致多个结果的发生。在一因多果的因果关系形态中，侵权行为人须对其单个的加害行为引起的多个损害后果承担损害赔偿责任。

4. 多因多果。多个原因引起多个结果。在多因多果的因果关系形态中，原因是多个加害行为，导致一个受害人的多项损害后果或者多个受害人的损害结果。在计算赔偿数额时，首先应将侵权行为案件视为一个整体，其次将整体案件中的每一个损害结果分别计算清楚，最后确定整个案件的赔偿数额。

第五节　过错要件

过错为侵权行为的主观要件，也是一般侵权行为的必要构成要件。对于特殊侵权行为而言，尽管不把加害人的过错作为要件，但是过错的因素对于责任的确定是有意义的。如果能够证明损害结果是因受害人或者第三人的过错造成的，在法律规定有免责事由的情况下，加害人就不承担责任。因此，无论是一般的侵权行为，还是特殊的侵权行为，过错的认定均具有重要意义。

一、过错的概念

过错是加害人在实施行为时主观上对其行为后果具有故意或过失的一种可归责的心理状态，即加害人在实施行为时，或是故意要达到某种后果，或是心理上没有达到其应达到的注意程度，有过失。

二、过错的性质

对于过错的性质，学说上有不同的主张。归纳起来有以下几种：主观说、客观说和主客观统一说。

1. 主观过错说。持主观过错说的认为，过错是人的主观心理态度，是违法行为人对自己的行为和后果的认识。对行为的控制程度，应以主观的心理状态作为衡量过错的标准。过错与人的主观心理相关，不法是对客观行为的描述。所以，应当把主观的过错与客观的不法行为区别开来。与此对应的就是侵权行为构成的"四要件"理论。主观过错说以《德国民法典》为代表，理论依据源于耶林的"客观的不法与主观的不法"之分。

2. 客观过错说。持客观过错说的认为，过错不是由人的主观心理状态决定的，而是由人的客观行为判定的，如果一个人的行为没有达到一个正常人在相同情况下应该达到的标准，那么这个人就是有过错。这样，以《法国民法典》为代表的法国法系国家的立法把过错与违法二者结合为一个责任要件，与此对应的是侵权行为构成的"三要件"说。客观过错说以《法国民法典》为代表，其哲学基础是实证主义哲学。

3. 过错主客观统一说。持过错主客观统一说的认为，对过错的概念应建立在主客观相统一的基础上，认为过错是一种心理状态，但这种心理状态要通过行为人的行为表现出来。所以，应结合心理和行为一起判断。过错主客观统一说实质是主观过错说的另一种形式。

三、过错的表现形式

过错表现为故意和过失两种形式。

（一）故意

1. 故意的概念。故意是指行为人明知和能预见其行为的不良后果，希望或放纵其结果发生的心理状态。

2. 故意的类型。故意分为直接故意和间接故意。①直接故意是指能预见自己的行为会导致某种损害后果的发生，但仍然追求这一损害后果发生的主观心理状态。②间接故意是指能预见自己行为的后果，但放任这种后果发生的主观心理状态。

3. 故意在民法中的意义。故意在民法中较少出现。而且，民事责任与刑事责任不同，在刑法中，以故意为原则，过失犯罪较少，因此，故意和过失决定犯罪是否成立，直接故意与间接故意决定量刑的程度。但在民法中，由于原则上是过失侵权，故意侵权的较少，因此，多数情况下不论故意，还是过失，均须负担赔偿责任。民事责任的有无，原则上不以主观恶性程度决定，主观恶性程度只是决定赔偿数额的多少。在侵权行为法中，应注意法律对故意和过失的规定，有些侵权行为，法律规定以故意为构成要件，过失不构成侵权。例如，第三人故意侵害债权。《民法典》第1185条规定的故意侵害知识产权的惩罚性赔偿责任，第1207条规定的缺陷产品的惩罚性赔偿责任，第1232条规定的故意违规污染环境、破坏生态的惩罚性赔偿责任，均要求以故意为责任构成要件。

（二）过失

1. 过失的概念。过失是行为人对自己的行为结果应当预见且能够预见，但未能预见，或者虽有预见却轻信能够避免而依然实施该行为的心理状态。

我国台湾地区学者曾世雄把"过失"归纳为"能预见损害的发生，能避免损害的发生，未避免损害的发生"。[1] 归根到底，过失是未尽必要的注意义务，丧失其应有的预见性。就一个具体事件而言，本来是应该注意的，也是能够注意的，但没有注意，那么行为人主观上有过失。

---

〔1〕 曾世雄：《损害赔偿法原理》，中国政法大学出版社2001年版，第81页。

2. 过失的类型。过失表现为两种情况：①疏忽大意的过失，即应预见、能预见而没有预见；②过于自信的过失，即预见到了行为的后果，但轻信可以避免。

3. 过失作为归责的理由。过失责任是自主参与的必然逻辑。民法以意思自治为理念，一切以意思表示为特征的行为均由行为人自主、独立、自由选择，自主参与的结果有利益，也有风险，参与者对自己失误造成的风险也必须负担，而不能转嫁他人。过失强调人对自己行为后果的注意性、预见性和控制性，一般情况下，如果主观上注意了是可以避免损害后果的，但由于疏忽或轻信导致没有注意，那么加害人应该对自己的过失负责。

基于过失在民法中具有普遍性，我们须把研究过错的重点放在过失上。

4. 过失与过失程度的判断。过失是人的主观心理状态，判断过失须有客观注意标准，该客观注意标准须通过人的行为观之，即在同一事件下，以一般人、正常人、理性人的情况为基础，判断其行为表现是否是能注意、应注意而没有注意。以行为观之过失是否存在，但不等于过失是客观性要件。因为行为人对其行为的标准需要依靠自己的自由意志进行控制和掌握，需要通过自己的理性进行判断，是人的主观意志决定了人的行为。

判断过失，应以一般人的注意和注意程度来判断：

（1）一般人的确定。一般人是指诚实的、守信用的、善良的理性人，也叫作“善良管理人”。一个初始状态的善良管理人是一个受过一般教育，具有一般的知识水平和技能，具有一般道德水准的人，是一个正常的理性人。在确定一个人是否有过失时，应以这样的一般人作为起点。

（2）确定一般人“所能注意”的标准。一般人所能注意，是指在当时、当地、同等条件下，要求一般人、一个普通人应注意的程度。

从理论上说，一般人能注意的程度可以分为：一般人所不能注意的情况、一般人所能注意的极限和一般人所能注意的起点。按照一般人的注意程度，可以判断过失的有无与过失的程度：

第一，一般人所不能注意的情况。例如，某一特定事件，一般人都不能注意，即应尽的注意义务，一般人都不能尽到，因此谁也不能避免这种事件的发生。这种情况属于不可抗力。对于不可抗力，一般人都无法尽到注意义务，实质上没有过失。所以，对于一般侵权行为而言，不可抗力是可以免责的。

第二，一般人所能注意的极限。在现有的科学技术和条件下，尽可能地采取了预防措施，已经尽到了注意的最大极限，但还是出现了不良后果，这是意外事件。意外事件、突发事件是非因当事人的故意和过失而发生的偶然事件，实质上当事人也不存在过失。这种后果在原理上与不可抗力是一样的，等于还是不能注意。但是，意外事件与不可抗力从概念上不能等同，不可抗力是不能预见、不能避免、不能预防的，而意外事件在有些情况下是可以预见、可以克服、可以避免的。所以，意外事件能不能免责，不能一概而论。

第三，一般人所能注意的起点。这是对每一个人最低标准的要求，是最低义务的注意，如果连最简单的、最起码的注意都没有，当然有过失。

以一般人所能注意的起点作为原始起点，过失分为重大过失和轻过失。连普通人应有的注意义务都未尽到，是重大过失。反之，违反了较高要求的注意义务，则为轻过失。

轻过失在理论上又分为一般轻过失和具体轻过失。一般轻过失，也称抽象轻过失，是违反了善良管理人的一般注意义务。善良管理人的注意义务，是一种客观标准，不以人的特性划分，因此，这种过失是抽象的，不是具体的。具体轻过失，是指违反了行为人平日在处理自己同一事务时所应具有的注意的义务，违反了如同处理自己事物时应有的谨慎注意义务。

以上三种义务的违反，构成三种过失：①违反最低的注意义务，为重大过失；②违反善良管理人一般注意义务，为抽象轻过失；③违反平日处理自己同一事务时的注意义务，为具体轻过失。民法上的过失，通常多指抽象轻过失。

从过失的上述情况可以看出，注意程度要求越高，过失越轻，注意程度要求越低，过失越重，但在责任的有无方面，原则上不以过失的轻重决定，过失的轻重只决定责任的范围和比例。

5. 过失的经济分析方法。前述研究的判断过失和过失程度的方法是传统的方法，这里提及的是另一个判断过失的学说，即“过失的经济分析”，也称“效率说”。

“过失的经济分析”源于1947年美国的一个著名案例：很多驳船用一根泊绳系在几个凸式的码头边。实际操作驳船的丙公司船员用乙公司的拖船拖甲公司的驳船。驳船上没有人，丙公司的船员在调整泊绳时，由于没有调整好，驳船脱离了泊绳发生了漂移，在大风的作用下，这个漂移的驳船撞上另一条船，连同货物一起沉入海底。驳船船主甲公司以拖船船主存在过失为由向法院起诉，要求拖船公司以及操作拖船的丙公司对其损失承担赔偿责任。拖船公司认为，驳船的船员尽管不在船上，也有一定过失。美国著名法官汉德在审理此案时，运用经济分析的方法，提出了著名的判断过失有无的公式。汉德提出：设损失发生的概率为P，损失额为L，预防成本为B，当预防成本小于损失全额乘以损失发生概率时，即 $B<PL$ 时，加害人就有过失。[1]

汉德将该公式应用到这个案件中，认为驳船上无人看守，是一种过失。分析理由是：损害发生在日短夜长的1月，这是潮水涌动的高峰期，而且有风，驳船又是停在一个繁忙的港口，船偏移的可能性较大，即意外发生损害的可能性“P”较大。而水手离开船21小时后发生损害，也就是说，在这样长的时间内都没有水手看管，预防成本“B”很小。当 $B<PL$ 时，说明驳船船主有过失。美国的著名经济学者、法学家波斯纳称汉德公式为“过失的经济分析”。

我国台湾地区学者王泽鉴教授认为“汉德公式”对过失的经济分析具有启发性。但侵权行为法上的过失，不应等同于经济上的方程式，因为，传统的侵权行为法根植于个人的道德性，看重的是个人间的公平，不是要增进广泛的社会政策或福利。而且，生命、身体、健康、自由等非经济的内容是很难用金钱来计量的，所以，不能将侵权行为法上的善良管理人等同于冷血的精于计算的经济人。[2]

6. 过失的种类。

（1）普通过失与推定过失。法律没有直接规定，在诉讼中由当事人（受害人）一方负举证责任的过失，是普通过失。法律直接推定过失，被推定人须证明自己无过失的过失为推定过失。普通过失与推定过失区分的意义是：两者在归责时举证责任不同，普通过失，举证正置；推定过失，举证倒置。

（2）重大过失与轻微过失。对自己行为的注意程度有重大缺陷，未尽到最低的注意义务，为重大过失。对自己行为的注意程度有轻微缺陷，违反了较高的注意义务的，为轻微过失。重大过失与轻微过失两者区分的主要意义是：①法律规定有些侵权行为，只有加害人重大过失才承担赔偿责任。例如，《民法典》第1183条第2款规定：“因故意或者重大过

---

〔1〕 参见王成：《侵权损害赔偿的经济分析》，中国人民大学出版社2002年版，第99~104页。

〔2〕 参见王泽鉴：《侵权行为法》（第一册），中国政法大学出版社2001年版，第264页。

失侵害自然人具有人身意义的特定物造成严重精神损害的，被侵权人有权请求精神损害赔偿。”②有些侵权行为，只有受害人在重大过失的情形下，才免除或减轻加害人的责任。例如，我国《民法典》第 1245 条关于饲养动物致害的责任承担中规定，“能够证明损害是因被侵权人故意或者重大过失造成的，可以不承担或者减轻责任”。第 1239 条对高度危险物致害和第 1240 条对高度危险活动致害的减责事由，均是“被侵权人对损害的发生有重大过失”。

（3）单独过失与共同过失。行为主体是单个人，单一行为人有过失的，为单独过失。行为主体是多数人，两个人以上共同实施加害行为均有过失的情形，为共同过失。单独过失与共同过失区分的基本意义是：单独过失产生单独责任；共同过失产生共同责任，共同责任的形式可以是连带责任、不真正连带责任、按份责任及补充责任。

（4）单方过失与双方过失（混合过失）。单方过失是指一方有过失，他方无过失。单方过失可以是受害人自己有过失，加害人没有过失；也可以是加害人一方有过失，受害方无过失。双方过失也称“混合过失”“与有过失”，是指双方都有过失，即受害方与加害方对于损害的形成均有过失。单方过失与双方过失区分的基本意义是：一般情形下，单方有过失，他方无过失，单方承担责任；如果双方均有过失，则可根据受害方的过错程度减轻或免除加害人的责任。这在民法中被称为“过失相抵”。我国《民法典》第 1173 条规定：“被侵权人对同一损害的发生或者扩大有过错的，可以减轻侵权人的责任。”

（5）第三人过失。第三人的过失是指除原告和被告以外的第三人，对原告损害的发生或扩大具有过失，这种过失包括故意和过失。第三人过失的特点是：①第三人不属于被告或原告一方。②第三人和被告之间不存在共同的故意和共同的过失。如果第三人和被告之间基于共同的意思联络，而致原告损害，他们将作为共同侵权行为人而对受害人负连带责任，这属于共同侵权的类型。第三人和被告对损害的发生虽无共同的故意和过失，但他们的行为对损害的发生都起了一定的作用，第三人和被告的行为可能构成无意思联络的共同侵权。在该情况下，各自应分别负责。当然，亦可能因为在被告或第三人中有一方具有故意和重大过失而导致另一方责任的免除，或者因为一方过错程度轻微而对损害结果不负责任。③第三人的过失是减轻或免除被告责任的根据。有时，损害纯粹由第三人的过失所致，被告对此没有过错，因此应使被告免责，而由第三人承担责任。我国《民法典》第 1175 条规定：“损害是因第三人造成的，第三人应当承担侵权责任。”

除了上述过失的类型以外，在适用侵权行为法判定过失时，还应注意以下情况：

第一，第三人故意侵害债权构成侵权行为。一般情况下，第三人侵害债权不承担责任（债权具有相对性）。但是如果法律规定，第三人故意以有悖于善良风俗的方法加害他人，应负赔偿责任，这就是第三人侵害债权应负侵权责任的规范基础。

第二，双方均无过失。有些侵权事实的发生，当事人不存在任何过失。这里可以是双方均无过失，或者第三人也无过失。我国《民法典》第 1186 条规定：“受害人和行为人对损害的发生都没有过错的，依照法律的规定由双方分担损失。”双方均无过失不属于过失的类型，在当事人均无过失时，根据实际情况，公平分担损失。

以上为一般侵权行为的构成要件，上述要件不是孤立存在的，而是互相联系的。四要件中任何一个要件均不具有独立的责任功能，必须与其他要件相结合才有意义。对于一般侵权行为而言，有加害行为，但无过错，不构成侵权；有过错，有违法行为，但无损害事实，也不构成侵权，或者其他要件具备，没有因果关系，也不构成责任。在一般侵权行为的构成要件中，过错是一个核心要件，对其他要件的分析，均不能离开过错要件的满足这一前提。对于某些特殊侵权行为而言，除了不要求过错要件之外，仍须具备其他要件才能构成侵权责任。同时，特殊侵权行为的减免责理由仍要考虑受害人过错的因素，因此，侵权行为构成要件的理论，对于一般和特殊侵权行为均有普遍指导意义。

第四章
侵权行为的抗辩事由

第一节 抗辩事由概述

一、抗辩事由的意义

侵权行为法的抗辩事由，简而言之，就是被告针对原告的损害赔偿请求，证明自己责任不成立或者可减轻责任的理由。抗辩事由，通常也被人们称为违法阻却的事由，即排除行为的违法性。

抗辩事由是从加害人利益角度提出的，对于加害人而言，其抗辩事由包括两方面的内容：一方面，主张因缺少某一构成要件而导致侵权行为不成立，从而不承担责任；另一方面，主张有法定的违法阻却事由，从而减责或免责。2009 年颁布的《侵权责任法》（已失效）在第三章使用了“不承担责任和减轻责任的情形”的称谓。这是从抗辩成立后的结果定位，由于抗辩成立，被免责或减责，所以，抗辩事由从结果看，也叫作“免责或减责事由”。我国《民法典》在总则编民事责任一章和侵权责任编中均没有单独使用免责或减责事由的概念，而是与大陆法系多数国家的民法典一样，根据内容规范的需要将普遍适用的民事责任减免责事由概括规定在一般规则中，各种特别责任的减免责事由规定于相应的侵权行为责任中。

抗辩事由是英美法系通常使用的术语，阻却违法的事由是大陆法系民法理论通常使用的术语，受英美侵权行为法的影响，现在人们通常也把阻却违法的事由称为抗辩事由。虽然两个概念互相使用，但这两个概念是有差别的：阻却违法事由是针对行为的违法性而言，抗辩事由不仅仅针对违法行为而言，还针对整个侵权行为的构成而言。出现某个抗辩事由，侵权行为或不成立，或即使侵权行为成立了，但可以免责或减轻责任。

二、抗辩事由成立的要件

任何一种抗辩事由能够成立，均应具备以下要件：

1. 对抗性。即这种事由足以对抗原告的指控和诉讼请求，以达到减轻或免除责任的目的。

2. 客观性。作为抗辩理由，必须是已经发生的客观事实而不是加害人一方的主观臆断或尚未发生的情况。

3. 法定性。作为侵权行为法上的减责或者免责的事由，应是法律规定的特定事由，而不能对减责或者免责的事由作扩张解释。如我国《民法典》规定的减责或免责的事由是：不可抗力、正当防卫、紧急避险、紧急救助、被侵权人过错、第三人过错、受害人故意、自甘冒险、自助行为等。另外，从其他一些法律规定的条文中可以间接认定某些抗辩事由也为减责或免责的事由。例如，执行公务的行为、适法的无因管理行为、正确行使权利的行为、某些条件下的受害人同意、某些条件下的免责条款等。

4. 适用范围的限定性。不同的抗辩事由具有不同的适用范围。这里有两层含义：

（1）对于一般侵权行为而言，其抗辩事由多一些，上述所说的抗辩事由对适用过错归责原则的一般侵权行为都适用。而对于特殊侵权行为而言，则需要具体看法律的特别规定，针对不同的特殊侵权行为，法律规定的减责或免责事由不同。

（2）某些抗辩事由只能适用于某些侵权。例如，侵害隐私权、肖像权、名称权、名誉权等不存在紧急避险的抗辩事由；对于物件致人损害，适用正当防卫则不合适，因为正当防卫是针对人的行为。

第二节 抗辩事由的分类

依损害事实的发生是否与人的行为有关为标准，抗辩事由可分为正当理由与外来原因两大类，分述如下：

一、正当理由

正当理由着眼于加害行为本身的合法性或合理性进行抗辩，即承认某行为是损害发生的原因，但主张行为的实施有合法的根据，该行为是一个有正当理由可以免责或减责的行为。比如：紧急避险或正当防卫可能导致损害结果，然而有正当理由证明它们不是违法的。正当理由与外来原因的抗辩不同，正当理由是从与人的意志有关的行为角度抗辩，行为人实施了某种行为，然而该行为不违法，成为阻却违法的正当理由；而外来原因，是从与加害人的行为无关的角度抗辩，比如，不可抗力，第三人过错引起的损害事实发生与加害人本人行为无关，是不可抗力或其他人的行为引起的。

作为正当理由的抗辩事由主要有：

（一）依法执行职务的行为

依法执行职务的行为是依照法律的授权或者有关规定，在必要时行使职权，履行基于职务产生的法定义务，造成他人财产及人身损害的行为。如产品质量监督部门依法烧毁假冒产品，公安人员依法开枪打伤逃犯，外科医生做必要的截肢手术等，均为依法执行职务的行为。如我国《民法典》第1224条规定，医务人员在抢救生命垂危的患者等紧急情况下已经尽到合理的诊疗义务，导致患者在诊疗活动中受到损害的，医疗机构不承担责任。《民法典》第184条规定：“因自愿实施紧急救助行为造成受助人损害的，救助人不承担民事责任。”上述条款的内容均包括基于职务产生的法定救助义务行为。

依法执行职务是对社会秩序和公共利益的保护，其作为抗辩事由须具备几个要件：

1. 须有合法的授权。执行职务的人不仅要有相应的职务或身份，关键是其行为的实施是否有法律上的授权以及行为的实施是否合于该法律授权的目的。只有根据法定权限行使职权并在法定范围内履行职责，才对损害后果不负责任。

2. 执行职务的客体、方式、程度须与职务授权相适应。越权或者执行职务超过必要限度造成他人损害，应承担侵权责任。例如，依法扣押被告人的财产，应妥善保管。反之，随意毁损或擅自处分，应承担赔偿责任。依法执行被告人财产，不得涉及其人身。

3. 执行职务的活动须是必要的职务活动。所谓必要，是指如果不造成损害，就不能依法执行职务时，执行职务的行为才是必要的。如消防人员如果不拆毁房屋，就不能切断火源，即为必要的职务活动。

（二）正当行使私权的行为

正当行使私权的行为是指权利人有合法根据地行使自己的权利。如抵押权人行使抵押权，拍卖抵押人的财产；留置权人行使留置权，扣留债务人的财产；为被监护人的利益需要，监护人行使监护权，处分被监护人的财产；所有权人行使所有权的处分权等。

合理的自助行为，广义上，属于正当行使私权的行为。指权利人为保护自己的权利，来不及请求公力救济时，对他人的自由予以限制或对其财产实施押收或毁损的行为。

我国《民法典》第1177条规定："合法权益受到侵害，情况紧迫且不能及时获得国家机关保护，不立即采取措施将使其合法权益受到难以弥补的损害的，受害人可以在保护自己合法权益的必要范围内采取扣留侵权人的财物等合理措施；但是，应当立即请求有关国家机关处理。受害人采取的措施不当造成他人损害的，应当承担侵权责任。"例如，对吃白食者、逃票者、不履行债务要出逃者，采取扣留其财物或暂时性限制其人身自由的措施，均属合理的自助行为。依据法律规定，自助行为应具备的条件是：

1. 须因合法权益受到损害，由民事权利人为保护自己的权利和利益而实施。

2. 须情况急迫，且来不及向法院或其他有关机关请求公力救济的情形下实施。当权利受到侵害或妨碍时，一般情况下，不允许自力救济，原则上只能请求公力救济或者与对方当事人协商解决。因为自力救济的界限难以掌握，易滋生暴利事件。但是，这一规则不适用于无法及时获得国家力量帮助的情形，即情况急迫，时间上又不能及时请求公力救济，如果不立即实施自助行为，则受害人的合法权利将受到难以弥补的损害，其权利保护的请求将无法实现或难于实现时，允许自助行为。

3. 自助行为所使用的手段须适于请求权的实现。自助行为实施的手段不得违反法律和公序良俗，是受害人在保护自己合法权益的必要范围内采取的扣留侵权人的财产或拘束侵权人行动自由等合理措施。

4. 自助行为实施后，权利人须立即请求有关国家机关处理。如果其行为不被有关国家机关事后认可，须立即停止该行为。因权利人采取的措施不当造成他人损害的，应承担赔偿责任。

（三）正当防卫

1. 正当防卫的概念。正当防卫是对正在发生的危害本人和他人人身、财产的行为在合理的限度内采取的必要性防卫措施。我国《民法典》第181条规定，"因正当防卫造成损害的，不承担民事责任"；并同时规定，"正当防卫超过必要的限度，造成不应有的损害的，正当防卫人应当承担适当的民事责任"。该条确认了正当防卫是法定免责事由。同时，2022年3月1日施行的《最高人民法院关于适用〈中华人民共和国民法典〉总则编若干问题的解释》第30条规定："为了使国家利益、社会公共利益、本人或者他人的人身权利、财产权利以及其他合法权益免受正在进行的不法侵害，而针对实施侵害行为的人采取的制止不法侵害的行为，应当认定为民法典第一百八十一条规定的正当防卫。"根据《民法典》和司法解释可知，正当防卫须具备以下要件。

2. 正当防卫的条件。正当防卫能够成为不承担责任的正当理由，必须符合一定的条件：

（1）时间性要求：须对正在发生的侵害行为进行防卫。换言之，防卫行为既不能事先防卫，也不能事后防卫，不作为的违法行为也不适用正当防卫。防卫针对侵害行为而言，故对物件致害也不适用防卫。

（2）目的性要求：防卫的是违法行为，即通过正当防卫达到保护国家利益、社会公共利益、本人或者他人的人身权利、财产权利以及其他合法权益不受损害的目的。显然，合法行为不存在防卫问题。

（3）对象性要求：正当防卫须针对不法侵害者本人。

（4）防卫的方式和强度要求：防卫应采用适当的方式，不能超过必要的限度。防卫超过必要的限度造成不应有的损害时，其行为本身已构成侵权行为。

3. 正当防卫的法律效果。根据我国《民法典》第 181 条的规定，正当防卫的法律效果如下：

（1）因正当防卫造成损害的，不承担民事责任。

（2）正当防卫超过必要的限度，造成不应有的损害的，正当防卫人应当承担适当的民事责任。

《最高人民法院关于适用〈中华人民共和国民法典〉总则编若干问题的解释》第 31 条规定："对于正当防卫是否超过必要的限度，人民法院应当综合不法侵害的性质、手段、强度、危害程度和防卫的时机、手段、强度、损害后果等因素判断。经审理，正当防卫没有超过必要限度的，人民法院应当认定正当防卫人不承担责任。正当防卫超过必要限度的，人民法院应当认定正当防卫人在造成不应有的损害范围内承担部分责任；实施侵害行为的人请求正当防卫人承担全部责任的，人民法院不予支持。实施侵害行为的人不能证明防卫行为造成不应有的损害，仅以正当防卫人采取的反击方式和强度与不法侵害不相当为由主张防卫过当的，人民法院不予支持。"

（四）紧急避险

1. 紧急避险的概念。紧急避险是指为了使公共利益、本人或他人的合法权益免遭正在发生的危险而不得已采取的致人财产或人身损害的行为。

我国《民法典》第 182 条规定："因紧急避险造成损害的，由引起险情发生的人承担民事责任。危险由自然原因引起的，紧急避险人不承担民事责任，可以给予适当补偿。紧急避险采取措施不当或者超过必要的限度，造成不应有的损害的，紧急避险人应当承担适当的民事责任。"同时，《最高人民法院关于适用〈中华人民共和国民法典〉总则编若干问题的解释》第 32 条规定："为了使国家利益、社会公共利益、本人或者他人的人身权利、财产权利以及其他合法权益免受正在发生的急迫危险，不得已而采取紧急措施的，应当认定为民法典第一百八十二条规定的紧急避险。"

2. 紧急避险的要件。根据法律的上述规定，紧急避险作为一种抗辩理由，要件如下：

（1）急迫性。必须是合法权益面临正在发生的紧急危险。没有发生的、假想的或已经消除的危险均不属于紧急避险中"危险"的范围。正在发生的危险须是危害到避险者本人或者第三人的利益，或者是公共利益正受到紧急危险。危险来源可以是人的行为，也可以是自然力。

（2）必要性。必须是在迫不得已的情况下采取的避险措施。所谓迫不得已，是指不采取避险措施，就不能保全更大的利益。

（3）适度性。避险行为不要超过必要的限度。即以尽可能小的损害保全较大的利益。

3. 紧急避险的法律后果。根据《民法典》的规定，紧急避险的后果应从三方面观之：

（1）如果危险是由引起险情发生的人造成的，因紧急避险造成损害的，由引起险情发生的人承担民事责任。引起险情发生的人可以是避险人自己，或受益人、受害人，也可以是其他人，也就是说，当险情是由受害人、受益人或第三人引起，避险措施并无不当，避险人可以主张免除责任。

（2）如果危险是由自然原因引起的，紧急避险人采取的措施又无不当，避险人不承担责任。受害人要求补偿的，可以责令受益人适当承担民事责任。如果找不到受益人，紧急避险人可给予适当补偿。

（3）如果紧急避险采取措施不当或超过必要限度，造成不应有的损害的，紧急避险人应承担适当的民事责任。

《最高人民法院关于适用〈中华人民共和国民法典〉总则编若干问题的解释》第33条规定："对于紧急避险是否采取措施不当或者超过必要的限度，人民法院应当综合危险的性质、急迫程度、避险行为所保护的权益以及造成的损害后果等因素判断。经审理，紧急避险采取措施并无不当且没有超过必要限度的，人民法院应当认定紧急避险人不承担责任。紧急避险采取措施不当或者超过必要限度的，人民法院应当根据紧急避险人的过错程度、避险措施造成不应有的损害的原因力大小、紧急避险人是否为受益人等因素认定紧急避险人在造成的不应有的损害范围内承担相应的责任。"

（五）受害人同意

受害人同意是指受害人通过明示或默示的方式对某种特定的损害作出知情同意的表示。按照私法自治的原则，除了依法不能处分的权益以外，受害人有权决定和处分自己的权利和利益，只要这种处分不违反法律的强制性规定和善良风俗，即为有效。比如，民法上权利人对无权代理、无权处分财产的追认，即以被侵害人事后同意排除了权益侵害行为的不法性。我国《民法典》第1219条规定，医务人员在诊疗活动中应当向患者说明病情和医疗措施。需要实施手术、特殊检查、特殊治疗的，医务人员应当及时向患者具体说明医疗风险、替代医疗方案等情况，并取得其明确同意；不能或者不宜向患者说明的，应当向患者的近亲属说明，并取得其明确同意。如果医务人员没有尽到上述告知义务，造成患者损害的，医疗机构应当承担赔偿责任。该条规定的内容说明，患者在被充分告知的前提条件下同意接受治疗，使医务人员对患者的某种"身体伤害行为"具有了正当性。

受害人同意作为加害人免责的一种事由具有严格的限制，应具备以下条件，才能免责：

1. 受害人同意的前提是须对可能发生的危险和损害结果知情。每个具有意思能力的人均可对自己的事务有自我选择和自我决定权，然而前提是被充分全面告知风险和风险结果。有告知义务的人未充分告知，即构成义务违反，不能免责。

2. 同意是受害人自由、真实的意思表示。胁迫、欺诈、重大误解等情形下作出的同意，不发生免责效力。由于同意是单方法律行为，须由有意思能力的人作出，无行为能力人所为的同意无效，限制行为能力人在未征得法定代理人同意的情形下，作出的同意无效。如我国《民法典》第1006条第1款规定："完全民事行为能力人有权依法自主决定无偿捐献其人体细胞、人体组织、人体器官、遗体。任何组织或者个人不得强迫、欺骗、利诱其捐献。"

3. 受害人同意不得违背法律或公序良俗。尽管受害人同意是处分自己的权益，但也不得损害社会利益和他人利益。一个在法律上被禁止的行为，不能因受害人同意而成为合法行为。

4. 受害人同意遭受风险或放弃权利的对象原则上是财产权益。受害人同意对其人身权进行侵害的，通常构成对公共秩序和公序良俗的违背。因为人身权与主体的人身不可分离，人的身体、身体部位及其人体产品不能作为财产权的对象自由处分。我国《民法典》第506条规定，合同中造成对方人身损害的免责条款无效。但是，在特殊情形下，例如，为了公众或者他人的利益自愿捐献自己的人体组织、人体器官；或者在充分告知手术风险的情况下同意对身体进行病理性的处置，此情形下的受害人同意是合理合法的行为，可以作为加害人的免责事由。

（六）自甘冒险

1. 自甘冒险的概念。自甘冒险也称风险自负或者危险自担行为，是指受害方知道或者应当知道存在某种风险仍自愿实施冒险行为，从而自行负担损害发生的风险。

自甘冒险可发生于任何生活领域内，有体育竞赛中的自甘冒险行为；有职业危险人自愿承担危险的行为；也有普通人在日常生活中的自甘冒险行为。我国《民法典》第1176条第1款规定："自愿参加具有一定风险的文体活动，因其他参加者的行为受到损害的，受害人不得请求其他参加者承担侵权责任；但是，其他参加者对损害的发生有故意或者重大过失的除外。"由此可知，我国立法将自甘冒险限于文体活动中。

2. 自甘冒险的条件。依据我国《民法典》的规定，自甘冒险作为抗辩事由，应具备如下条件：

（1）活动合法然含有危险，该危险限于文体活动。受害人参与的活动，客观上存在不确定的危险，该危险发生的概率达到一定标准。我国立法规定，作为减免责事由的自甘冒险仅限于文体活动范围。例如，足球、篮球、拳击、赛车、赛马、替身演员及某些有风险的游戏活动等。

（2）预见风险，自愿参与。受害人知道风险的存在并能预见损害的后果，若不参加活动可以避免损害发生，但其自愿参加该活动。如果有任何强迫或者行为能力瑕疵等因素的存在，则不能认定受害人是自愿参与。

（3）自担风险。"风险自负的特点是，原告使自己介入了不确定的风险，且和被告一样，希望危险不要实现。"[1] 受害人对于可能发生但不确定发生的风险活动，自愿参与，是赌其损害不发生。然自主选择的结果，是损害发生时，自己承担风险。自甘冒险"行为的诱因常在于获取非常规之报偿"。[2]

（4）自甘冒险不是为了履行法定或道德义务而冒险。如果是尽道德或法定义务的冒险，如消防员救火而受伤；警察追逃拒捕的犯人而受伤，为执行职务行为，不属自甘冒险。

（5）其他参加者对损害事实的发生不存在故意或重大过失。受害人自担风险的前提是其他参与者对损害事实的发生无故意或重大过失。

3. 自甘冒险的效力。对于文体竞赛中的自甘冒险行为，职业危险人自愿承担危险的行为，加害方原则上是没有过错的，个别情况下也可能是自甘冒险人因自己的失误受到损伤。虽然自甘冒险是风险自负，但不能认为，只要他自甘冒险，一切后果均由由其本人负责，对方完全免责。如果加害方有过错，加害方也要承担责任。

依据我国《民法典》第1176条的规定，自甘冒险的效力是：①其他参与者对损害事实的发生无故意或重大过失的，受害人不得请求其他参加者承担侵权责任，受害人自担风险。②其他参与者对损害事实的发生有故意或重大过失，受害人也有过失的，依共同过错程度承担责任。③活动组织者对于所组织的有风险活动，若未尽到安全保障义务，造成他人损害的，应承担侵权责任。④受害人的损害是因第三人的原因造成的，由第三人承担责任；活动组织者有过错的，承担相应的补充责任。活动组织者承担补充责任后，有权向第三人追偿。

---

〔1〕［德］克雷斯蒂安·冯·巴尔：《欧洲比较侵权行为法》（下卷），焦美华译，法律出版社2004年版，第611页。

〔2〕曾世雄：《损害赔偿法原理》，中国政法大学出版社2001年版，第90页。

4. 自甘冒险与受害人同意的区别。自甘冒险与受害人同意相类似，经常被归为同类抗辩事由，但两者有区别：①受害人作出允诺时意思表示的主观心理状态不同："同意"是对危险事实的认知和接受；"自愿"是对风险的预见和参与。②针对的对象不同：受害人同意的对象是一种确定的损害，而自甘冒险的对象是一种不确定性风险。在英美法上，受害人同意适用于故意侵权领域，而自甘冒险适用于过失侵权领域。③性质不同：受害人同意本质上是受害人对自己权益的处分，能否产生抗辩的效力，须被告举证有无受害人同意，故法院须重点审查受害人同意有效还是无效，从而决定加害人的行为能否减免责。受害人自甘冒险本质上并非直接去追求对自己利益的损害，而是期待其他效果的产生，例如，竞技比赛中获得荣誉和喜悦。自甘冒险能否产生抗辩效力，被告须举证对于损害的发生自己是否尽到注意义务，因此法院审查的重点是损害的发生是否源于被告违反义务的行为，并据此在双方之间分配风险。

(七) 自愿实施的紧急救助行为

我国《民法典》第184条规定："因自愿实施紧急救助行为造成受助人损害的，救助人不承担民事责任。"本条的规定在于鼓励人们救人于危难之中，具有道德提升的立法目的。紧急救助行为免责的要件是：①救助人自愿。②须情势紧迫。③救助人实施紧急救助是为了防止已经发生的损害后果进一步扩大或加重。④造成受助人损害。⑤救助人尽了善良管理义务。并非救助人在救助过程中对救助人的一切损害均免责，如果救助人在救助过程中有重大过失甚至故意侵权，应承担侵权责任。

(八) 适法的无因管理行为

适法的无因管理，有时会给他人造成某种损害，但只要尽到善良管理人的管理义务，无因管理人不承担责任。如果未尽注意义务，也会产生侵权责任。

二、外来原因

外来原因是行为人将损害发生的全部或部分原因归结于某种外部事件或他人的行为，从而主张其行为不构成或不单独构成法律上应负责的原因。

外来原因是指损害非由被告的行为引起，而是一个外在于其行为的原因导致的损害后果，比如，因不可抗力、意外事件、受害人的过错或第三人的过错等原因而造成。外来原因与正当理由均可作为抗辩理由，但两者的区别是，正当理由是被告有行为，但该行为是正当、合法的行为，故该行为成为阻却违法的理由。外来原因是行为人没有实施与损害结果有关的任何行为，即被告无行为，损害结果完全是外来原因造成的，所以，行为人没有过错。作为抗辩事由的外来原因主要有：不可抗力、意外事件、受害人过错、第三人过错等几种情况，以下分述之：

(一) 不可抗力

1. 不可抗力的概念。根据我国《民法典》第180条第2款规定："不可抗力是不能预见、不能避免且不能克服的客观情况。"不能预见，是从人的主观认识能力上考虑的，根据现有的认识水平，一般人对某种事件的发生不能预见。不可避免、不可克服，是指一般人已经尽到最大的努力和注意，并采取了一切可以采取的措施，仍然不能避免和不可克服。

我国立法对不可抗力的界定采取的是主客观两方面结合的折中说。主观上不能预见，客观上不能避免与克服。这里的不能预见应理解为根据现有的技术水平，一般人对某种事件的发生不可预见，以及一般人的不能避免和不能克服。

2. 不可抗力的表现形式。属于上述不可抗力概念范围的一般可以归纳为三方面：

(1) 自然原因的不可抗力。例如，地震、台风、洪水、海啸等。不可预见性是从一个普通人的预见力判断的。如果气象台已经预报某种自然灾害的到来，行为人未能注意预报，则不符合不可预见性的要求。一般的火灾不是不可抗力，自然界的森林大火应属不可抗力。

（2）社会原因的不可抗力。例如，战争、武装冲突、罢工、暴乱等。

（3）国家原因的不可抗力。国家行使行政或司法职能而导致损害的发生和扩大。

我们把不可抗力称为客观情况，是指它是独立于人的行为的事件。虽然第三人的行为对于被告而言也是不能预见和不能避免的，但其不属于不可抗力的范畴。

3. 不可抗力的效力。我国《民法典》第180条第1款规定："因不可抗力不能履行民事义务的，不承担民事责任。法律另有规定的，依照其规定。"据此可知，在法律没有特别规定时，不可抗力均可作为免责事由。不可抗力作为免责事由应注意的是：

（1）当不可抗力作为免责事由时，必须是损害的发生完全是不可抗力造成的，方可免责；如果损害有当事人自己的原因，也有不可抗力时，不能全部免责，当事人要负一定的责任。

（2）一般情况下，不可抗力是免责事由。但是如果法律另有规定不可抗力不能作为免责事由时，不可抗力也不能免责。例如，《民法典》第1238条规定："民用航空器造成他人损害的，民用航空器的经营者应当承担侵权责任；但是，能够证明损害是因受害人故意造成的，不承担责任。"该条规定仅指受害人故意可以免责，没有列举不可抗力，说明不可抗力不能免责。

（二）意外事件

意外事件是由当事人意志以外的原因而偶然发生的意外事故或突发事件。意外事件与不可抗力都是外来原因，但两者有区别：不可抗力作为客观情况，其整个事件的发生以及结果的发生都是一般人不能预见、不能避免和不能克服的，是人力暂时不可抗拒的事实。而意外事件也是客观情况，但就事件本身而言，并不是完全不可预见、不能避免和不能克服的。

意外事件能否作为抗辩事由，从比较法的角度观之，也有分歧。我国有些学者认为意外事件不能免责，如果某个事件作为意外事件被免责，实际是套用不可抗力的学说。[1] 我国立法没有规定意外事件作为免责事由，在侵权法制定过程中，立法者认为，如果将意外事件作为法定免责事由，可能会使行为人找出各种理由，认为是不可预见的意外事件造成的损害，从而希望免责。因此，未将意外事件作为免责事由。[2] 申言之，如果意外事件作为法定免责事由，会使免责事由扩大，对于受害人十分不利。

尽管法律没有将意外事件作为免责事由，并不等于实践中意外事件一律不能成为减责或免责的事由，法官会根据案件的具体情况考虑意外事件在导致损害方面的影响大小作出免责或减责的判决，但意外事件作为免责的事由须慎重对待。

（三）受害人过错

在侵权行为案件中，受害人过错表现为两种情况：一是同一损害结果的发生完全是受害人自己的故意或过失造成的，由此免除加害人的责任；二是同一损害结果的发生，除加害人有过错外，受害人也有过错，即混合过错，在比较受害人与加害人的过错程度后，减轻或免除加害人的责任。

1. 受害人故意。所谓受害人故意，是指受害人明知自己的行为会发生某种损害结果，

---

〔1〕 参见张新宝：《中国侵权行为法》，中国社会科学出版社1998年版，第601页。

〔2〕 参见王胜明主编：《〈中华人民共和国侵权责任法〉解读》，中国法制出版社2010年版，第116页。

其仍追求或者放任这种损害结果的发生。我国《民法典》第1174条规定，损害是因受害人故意造成的，行为人不承担责任。我国立法将受害人故意引起的损害后果作为行为人的法定免责事由。

对于一般侵权行为而言，一旦同一损害结果完全是因受害人的故意引起的，等于加害人的行为与损害结果之间没有任何因果关系，因果关系要件不具备，加害人当然不承担责任。

受害人故意不仅是一般侵权行为的抗辩事由，也是特殊侵权行为的抗辩事由。受害人故意作为某类特殊侵权行为的抗辩事由，须由法律明确规定，未规定的，不能作为减责或免责事由。

受害人故意既可以是免责的理由，也可以是减轻责任的理由。如果损害的发生完全是受害人故意造成的，则是免责的理由。受害人故意引起损害扩大时，行为人对扩大损失的赔偿责任也应免除。

2. 受害人也有过错。我国《民法典》第1173条规定，被侵权人对同一损害的发生或者扩大有过错的，可以减轻侵权人的责任。2009年底颁布的《侵权责任法》（已失效）第26条的表述与《民法典》有所不同，该条规定，"被侵权人对损害的发生也有过错的，可以减轻侵权人的责任"。尽管均是之混合过错的情形，《侵权责任法》（已失效）第26条的表述较为清晰的指出了混合过错的内涵。

在加害人有过错、受害人也有过错的混合过错的情况下，适用过失相抵原则。所谓过失相抵，是指对同一损害结果，受害人对于损害的发生或者损害结果的扩大具有过错时，根据受害人的过错程度，依法减轻或免除加害人的赔偿义务的规则。过失相抵，是一种形容的表述，实质是承担义务人的过失与权利人的过失，两相较量，以确定责任的有无和责任的范围，并非两者互相抵销。[1]

过失相抵的适用条件是：①客观要件：损害的同一性。这是指损害结果与原因的同一性，即侵权人与被侵权人的行为与同一损害的发生或损害结果的扩大有因果关系。②主观要件：被侵权人有过错。如果被侵权人对损害的发生或扩大无过错，不适用过失相抵。③根据受害人的过错程度和损害原因力的大小，依法减轻或免除加害人的赔偿义务。

对于一般侵权行为而言，过失相抵是指加害人与受害人均有过错的情形下，根据受害人的过错程度，依法减轻或免除加害人的赔偿义务。对于不考虑加害人过失的某些特殊侵权行为而言，过失相抵同样适用，虽然不要求加害人过失的要件，但不等于加害人不存在过失，因此在确定加害人责任时，被侵权人的过错仍然是减轻有赔偿义务的加害人责任的事由。

受害人的过错，可以是受害人故意、重大过失、一般过失或轻过失等。而加害人的过错，也可以表现为故意、重大过失、一般过失或具体轻过失等。受害人过错的表现形式，可以是引起损害的发生，也可以是受害人与加害人共同引起损害的发生，还可以是受害人对损害的扩大有过错。因此，在适用过失相抵原则时，需要综合考虑加害人与受害人过错的类型与双方的过错程度即表现样态，从而确定损害赔偿的效力。例如，当加害人有过错，受害人具有重大过失时，并不免除加害人的责任，可以成为减轻加害人责任的事由（《民法典》第1239、1240条）。当受害人的过错表现为故意时，则需注意加害人过错的不同情况，

---

〔1〕 参见史尚宽：《债法总论》，中国政法大学出版社2000年版，第303页。

可以成为减轻或免除加害人责任的事由（《民法典》第1245条）。

（四）第三人原因

1. 第三人原因的概念。第三人原因是指除原告和被告之外的第三人，对原告损害的发生或扩大具有过错，该过错行为构成原告方损害发生或扩大的原因时，被告可就此主张减轻或者免除自己责任的抗辩。我国《民法典》第1175条规定："损害是因第三人造成的，第三人应当承担侵权责任。"

2. 第三人原因的样态。第三人原因作为抗辩事由一般有两种情况：①第三人的过错是损害发生的唯一原因，即损害完全由第三人原因所致，被告没有过错，此时，被告免责，第三人承担责任。使被告免责的第三人过错通常是：第三人故意，第三人有重大过失，第三人引起险情，或第三人的介入行为中断了因果关系而成为替代原因时。②第三人的行为是造成损害结果的部分原因，可减轻被告的部分责任。如果第三人的行为是造成损害结果的部分原因，同时第三人的行为与被告的行为没有共同的故意或过失，只是由于第三人的行为与被告的行为的偶然结合共同造成了对原告的损害，则需要区分第三人的过错是主要原因还是次要原因，以减轻被告的责任。

3. 第三人原因的效力。①完全由第三人单独承担责任，被告免责。如我国《民法典》第1175条规定："损害是因第三人造成的，第三人应当承担侵权责任。"②第三人和被告共同负责，承担不真正连带责任。如我国《民法典》1250条规定："因第三人的过错致使动物造成他人损害的，被侵权人可以向动物饲养人或者管理人请求赔偿，也可以向第三人请求赔偿。动物饲养人或者管理人赔偿后，有权向第三人追偿。"③第三人承担部分责任。如我国《民法典》第1198条第2款规定："因第三人的行为造成他人损害的，由第三人承担侵权责任；经营者、管理者或者组织者未尽到安全保障义务的，承担相应的补充责任……"④被告首先承担责任，之后向第三人追偿。如我国《民法典》第1204条规定："因运输者、仓储者等第三人的过错使产品存在缺陷，造成他人损害的，产品的生产者、销售者赔偿后，有权向第三人追偿。"

（五）诉讼时效

根据我国《民法典》第188条的规定："向人民法院请求保护民事权利的诉讼时效期间为3年。法律另有规定的，依照其规定。"《民法典》第192条第1款规定："诉讼时效期间届满的，义务人可以提出不履行义务的抗辩。"超过诉讼时效，又没有延长理由的，加害人可以免责。

上述抗辩事由，其中被侵权人有过错、受害人故意、第三人过错、不可抗力、正当防卫、紧急避险，自甘冒险、紧急救助时的责任免除都是我国《民法典》明确规定的免责与减责的事由。另外，诉讼时效期间届满，依法执行职务的行为也是我国《民法典》明确规定的抗辩事由。

第二分编　侵权行为的类型

第一章
一般侵权行为

一般侵权行为和特殊侵权行为是侵权行为的基本分类，本章研究一般侵权行为的特征及类型。

第一节　一般侵权行为概述

一、一般侵权行为的概念和特征

（一）一般侵权行为的概念

一般侵权行为相对于特殊侵权行为而言，是指行为人因过错而实施的，适用过错责任原则和侵权行为一般构成要件的侵权行为。有的教科书也将一般侵权行为称为“除了法律有特殊规定以外的侵权行为”。

（二）一般侵权行为的特征

1. 一般侵权行为适用过错责任归责原则。我国《民法典》第 1165 条规定，行为人因过错侵害他人民事权益造成损害的，应当承担侵权责任。依照法律规定推定行为人有过错，其不能证明自己没有过错的，应当承担侵权责任。我国立法明确规定了一般侵权行为以过错为归责原则。

2. 一般侵权行为的责任主体是行为主体，是对自己不当行为的责任。一般侵权行为的责任主体是有过错的当事人，当事人是为自己的过错行为负责，而非为他人的行为负责。既然责任主体是有过错的当事人，故实施行为的人须是有相应责任能力的人。

3. 在侵权行为构成要件上，一般侵权行为适用统一的构成要件。一般侵权行为的责任要件适用统一的一般责任条款，即一般侵权行为的构成必须具备违法性侵害行为、损害事实、违法行为与损害事实之间有因果关系和当事人有过错这四个要件。

4. 在抗辩事由上，一般侵权行为的抗辩事由多于特殊侵权行为。由于一般侵权行为以过错为构成要件，因此，只要能够证明行为没有过错，即可减轻或免除责任。正当理由和外来原因等抗辩事由对一般侵权行为均可适用。

二、一般侵权行为的类型

侵权责任法保护的对象是绝对权和与绝对权相关的民事利益。依侵权的对象不同，一般侵权行为的类型包括权利侵害和利益侵害，具体可分为：

1. 侵犯物权的行为。侵犯物权包括侵犯所有权、用益物权和担保物权。

2. 侵犯人身权的行为。侵犯人身权包括侵犯人格权和身份权。

3. 侵犯知识产权的行为。侵犯知识产权包括侵犯著作权、专利权、商标专用权、发现权等。

4. 侵犯与绝对权相关的民事权益。与绝对权相关的权利和利益是一个开放性的内容，其范围将随着社会的发展而逐渐扩展。例如，侵犯股权、继承权、个人信息、信用、商业秘密、人格利益、胎儿利益、侵犯占有以及第三人故意侵害债权等均可认为是《民法典》规制的侵犯与绝对权有关的民事权益的行为。

5. 数人侵权行为。侵权行为根据行为人主体的数量可以分为单独侵权与数人侵权。数人侵权行为是两个或两个以上的侵权人侵犯绝对权和其相关民事权益的行为，适用过错归责，并要求损害事实、违法行为和因果关系构成要件。数人侵权包括普通型共同侵权，教唆、帮助型数人侵权，共同危险型数人侵权和无意思联络型数人侵权等类型。

第二节　侵犯物权的行为

一、侵犯物权的类型

物权是权利主体依法对特定的物享有的直接支配和排他的权利。这类侵权行为从被侵害的客体而言，可能是所有权，包括：单一所有权（国家、集体、自然人所有权）、共同所有权（共同共有权和按份共有权）以及相邻权；也可能是他物权，包括：用益物权和担保物权；还可能是对动产物权或不动产物权的侵犯。

二、侵权的样态

侵犯物权的主要表现形式有：非法的侵入、侵占、不法妨害、毁损、无权处分他人财产，包括：非法出卖、出租、抵押他人财产或者妨碍所有人、他物权人行使所有权和他物权等。

出现上述侵犯事实，并且具备一般侵权行为构成要件后，权利人可以主张侵权行为请求权，请求侵权人返还原物、停止侵害、排除妨碍、消除危险和赔偿损失。

三、侵权行为请求权与物权请求权的区别

我国《民法典》物权编和侵权责任编均规定了对物权受到侵害时的救济性请求权。应注意依据物权规范提出的请求权与依据侵权责任规范主张的请求权两者在法律适用上不同，其主要区别如下：

1. 两个请求权产生的法律基础不同。物权请求权基于物权规范产生，侵权行为请求权基于侵权责任规范产生，这两个请求权基础分别属于绝对权与相对权两个不同的权利体系。

2. 两个请求权的救济方式和价值功能不同。物权请求权的方式主要是请求返还原物、排除妨害和消除危险，其目的在于排除物权受侵害的事实或物权受侵害的可能，其保护功能主要是使被侵害的物权恢复到侵害前的圆满状态。侵权责任法上的侵权行为请求权是债权请求权，其救济方式是要求加害人履行损害赔偿责任，其目的是填补物权人无法通过物权请求权恢复的损失，对物权的保护功能主要是通过损害赔偿填补和救济被侵害的物权。

3. 两个请求权要求相对人承担的责任构成要件不同。物权请求权不要求证明相对人有过错，也不要求以损害事实为要件，只要有损害、妨碍的可能时，即可提出物权请求权。侵权责任损害赔偿请求权则须具备侵权行为的“四要件”。

4. 法律对两个请求权保护的期限不同。侵权责任上的请求权为债权请求权，故受诉讼时效期间的限制。目前，我国立法尚未规定物权请求权的诉讼时效，从比较法观之，物权请求权的诉讼时效期间较长，而且，并非所有的物权请求权均适用诉讼时效。

一般而言，当物权受到侵害或者有被侵害的可能时，首先应提出物权请求权，以恢复物权的圆满支配状态，只有在损害无法通过行使物权请求权恢复圆满状态时，才行使侵权行为损害赔偿请求权。物权请求权与侵权行为损害赔偿请求权虽然是不同的请求权，实践中会发生请求权竞合的情形。我国《民法典》第 238 条规定："侵害物权，造成权利人损害的，权利人可以依法请求损害赔偿，也可以依法请求承担其他民事责任。"

第三节 侵犯知识产权的行为

侵犯知识产权包括侵犯著作权、专利权、商标专用权、发现权、发明权等。

一、侵犯著作权

著作权是作者基于作品创作而享有的著作人格权与著作财产权。侵犯著作权的主要表现形式为：侵犯著作人身权和侵犯著作财产权。

（一）侵犯著作人身权

1. 侵犯发表权。未经著作权人许可，将作品公之于众。

2. 侵犯署名权。未经作者同意，不署作者的姓名；未经作者许可，把与他人（作者）合作创作的作品当作自己单独创作的作品发表；没有参加创作，为牟取个人名利，在他人作品上署名；剽窃抄袭他人作品。这些都是侵犯署名权的行为。

3. 侵犯修改权。作者有权修改作品，禁止或限制作者对作品的修改，是对著作权的侵犯。

4. 侵犯作品完整权。歪曲、篡改他人作品；对他人作品剪头去尾、断章取义、歪曲引用以及胡乱改编都属于对作品完整性的破坏。

（二）侵犯著作财产权

1. 侵犯使用权。未经著作权人许可，以表演、播放、展览、发行、摄制电影、电视、录像或者改编、翻译、注释、编辑等方式使用他人作品是侵犯著作使用权的行为。合理使用已经发表的作品一般不必取得著作权人的事先同意，但著作权人声明不许使用的除外。

2. 侵犯获得报酬权。使用他人作品，不按规定支付报酬。

3. 侵犯邻接权。邻接权是出版者、表演者、录音录像制作者、电视台、广播电台享有的权利。他们经过作者的同意，对作者的作品有传播权，这些权利因为与著作权邻近，所以国际上统称为"著作权的邻接权"。对邻接权的侵犯，是目前国内以及涉外知识产权纠纷中发案率最高的一类行为。即未经出版者、表演者、录音录像制作者、电视台、广播电台的许可，非法复制他人享有专有出版权的图书，表演者的录音、录像，广播，电视节目等。

二、侵犯专利权

专利权是专利权人对发明、实用新型和外观设计享有的独占使用权。侵犯专利权的行为是：

1. 侵犯专利权人对专利的独占权。专利权人对其发明创造享有独占权，除非法律有特别规定，任何人未经专利权人的许可，不得实施其专利。如果非专利权人未经专利权人的许可处分他人的专利权，是非法处分专利权的行为。专利权的共同权利人之一侵犯其他共同权利人权利的行为，为侵犯专利权人对专利的独占权。

2. 侵犯署名权。专利权人有权在其产品和产品包装上标明专利标记和专利号。发明人或设计人有权在专利文件中写明自己是发明人或设计人。如果拒绝专利权人在其产品或产品包装上标明专利标记和专利号，或者篡改这种标记或专利号，或者拒绝发明人或设计人在专利文件中写明自己是发明人或设计人，都是对专利权人署名权的侵害。

3. 侵犯使用和实施权。专利权人有权使用和实施自己所有和持有的专利方法及专利产品。假冒、篡改、仿制专利产品和专利方法是非法实施和使用他人专利的行为。假冒，即以非专利技术冒充他人的专利技术。篡改，即把他人的专利技术改头换面，表面上不是他人的专利技术，实质上是在实施他人的专利技术。仿制，是把他人的专利技术拿来制造产品，并称该产品是专利产品。非法使用是未经专利权人的同意，使用他人的专利产品和专利方法，这是侵犯使用和实施权。

4. 侵犯许可和转让权。专利权人可以许可他人实施专利，也可以将所有的专利转让给他人。如果强迫专利权人许可或不许可，或者强迫其转让或不转让，都是侵犯许可和转让权。

5. 侵犯获得报酬的权利。专利权人许可他人实施或转让专利时，有获取报酬的权利。如不支付、拖延支付、不如数支付报酬等都是侵犯报酬权的行为。

三、侵犯商标专用权的行为

商标是商品的标志，商品的生产者和经营者为了使自己的商品与市场上的其他商品相区别，在商品的表面或商品的包装上使用一定的文字、图形或者文字与图形组成的标志标明自己商品的来源，如麦当劳的商标、海尔的商标、格力的商标等。

商标一经注册，注册商标的所有人就对其商标享有独占权、使用权和处置权等专有权，并享有排除他人在同一商品或者类似商品上使用与其商标相同或者相近似的商标的权利。

侵犯商标专用权行为的主要表现形式是：

1. 未经注册商标所有人的许可，在同一种商品或者类似的商品上使用与注册商标相同或相似的商标。

2. 销售明知是假冒注册商标商品的行为。

3. 伪造、擅自制造或者销售他人注册商标标识的行为。

侵犯知识产权应承担的责任形式主要是：停止侵害、消除影响、赔礼道歉、赔偿损失。我国《民法典》第1185条规定："故意侵害他人知识产权，情节严重的，被侵权人有权请求相应的惩罚性赔偿。"

第四节 侵犯人身权的行为

人身权包括人格权与身份权。

一、侵犯人格权

人格权分为物质性人格权和精神性人格权。我国《民法典》第990条第1款规定："人格权是民事主体享有的生命权、身体权、健康权、姓名权、名称权、肖像权、名誉权、荣誉权、隐私权等权利。"其中生命权、身体权和健康权是物质性人格权；姓名权、肖像权、名誉权、荣誉权、隐私权等是精神性人格权。

（一）侵犯物质性人格权

1. 侵犯生命权。生命权是自然人享有的维持其生命安全的权利。过失杀人、故意杀人、伤害致死，杀害被继承人或继承人，国家司法机关错判、错杀，制作假酒、假药使人中毒死亡等都属侵犯自然人生命权的情况。我国《民法典》第1002条规定，自然人享有生命权。自然人的生命安全和生命尊严受法律保护。任何组织或者个人不得侵害他人的生命权。

人的权利能力始于出生，终于死亡。生命是人最基本的、最高的利益。然而在侵权行为法中，生命作为人的最高利益的意义是很小的。因为私法能对死者所作的不过是使死者的名誉不被侮辱，其尸体不被买卖，连丧葬费的补偿也是给死者家属的。如果不是因为刑法要对加害人予以刑事处罚的话，仅仅依靠私法对死者保护是不足够的，因为对于加害人而言，反而是致人死亡比致人重伤赔偿的数额少。如何在私法意义上保护人的生命权，使人们认识到生命是无价的，这是一个在理论上和立法上都需要认真研究的问题。

2. 侵犯身体权。身体权是自然人对其肢体、器官及其他身体组织的完整性和行动自由受法律保护的权利。身体是生命的载体，身体权强调的是自然人对其身体组织器官有保持完整性的权利。尽管身体与生命相互依赖，但这是不同的权利。身体权受侵犯，表现为身体完整性的破坏；生命权受侵犯，必须以生命不可逆转的丧失为标准。

对身体权的侵犯形式有多种，如故意或未经同意而接触他人的身体，强迫他人输血、捐献器官，不破坏身体组织的殴打等，都属侵犯他人的身体权。对身体权的侵犯，既可能是对身体组织的伤害，也可能因对人的身体的冒犯，给人造成精神痛苦。我国《民法典》第1003条规定，自然人享有身体权。自然人的身体完整和行动自由受法律保护。任何组织或者个人不得侵害他人的身体权。

按照传统的观点，人身体的一部分如果脱离人体，如血液、毛发等某个器官与人分离后，与人分离的部分就视为客体，不再和人视为一个整体，对这些脱离部分的侵害不再认为是对人身体的侵害。但是近些年来，这种观点被有些国家的判例逐步修正，代之以这样的规则：如果人的身体的某一部分在与人分离后仍对该人有重要意义，那么损害该脱离部分如同损害人的身体一样，也构成对人的身体完整性的侵犯。

3. 侵犯健康权。健康权是自然人以其器官乃至整体的功能利益为内容的维护人的生命活动的权利。健康包括生理健康和心理健康两部分内容。生理健康，是指人的身体的各个器官正常运转。心理健康，即精神健康。现代健康学认为，一个人即使各部分器官功能正常，但精神不健康，也不是正常的人。

侵犯健康权的行为有：贩卖不良食品致人中毒，交通肇事，工伤事故、医疗事故致人伤残等。或者，使用谩骂、诋毁、骚扰以及暴露他人隐私的手段，给他人造成心理疾患，也属于侵犯健康权。侵犯劳动能力应包括在侵犯健康权里，因为身体健康受到伤害，会导致劳动能力的减弱或丧失。我国《民法典》第1004条规定，自然人享有健康权。自然人的身心健康受法律保护。任何组织或者个人不得侵害他人的健康权。

生命权、身体权、健康权这三种权利的内容不同。生命权的内容是维持其生命的存在，身体权强调的是自然人有对其身体组织器官保持其完整性的权利。健康权强调的是人的生理机能的正常运转，功能的正常发挥，维持人的正常生命活动。

4. 自由权。自由权没有统一的界定。有的界定为："自由权是不受不当的拘束或妨碍的权利。"有的界定为："尊重人的自由选择，指导个人外在行为不受他人约束、强迫、控制的意思的权利。"或界定为："身体的活动和内在的意志不受非法干预的人格权。"

自由包括人的身体活动的自由和内在意志的自由。侵犯自由权的主要形式有：①侵犯人的身体自由权，如非法限制人身自由，非法搜查他人身体，非法妨碍他人通行自由，暴力绑架，非法逮捕、监禁等。②侵犯人的精神自由权。侵犯精神自由主要表现为：欺诈、恐吓、胁迫、骚扰导致人的精神痛苦、情绪紧张。我国《民法典》第1011条规定，以非法拘禁等方式剥夺、限制他人的行动自由，或者非法搜查他人身体的，受害人有权依法请求行为人承担民事责任。

（二）侵犯精神性人格权

1. 侵犯姓名权。姓名权是指自然人对姓名有设定、使用、变更或者许可他人使用的权利。姓名权包括的内容：姓名的设定权、变更权、使用权或许可他人使用权，但不得违背公序良俗。侵害行为包括：干涉、盗用和假冒行为。任何人不得干涉、冒用、盗用他人的名字。

对于法人和非法人组织而言，享有名称权，有权依法设定、使用、变更、转让或者许可他人使用自己的名称。其原理与姓名权一样，不同的是，对于商主体而言，名称权也为商号权，由从事商业的主体享有并使用，商号要符合法律规定，文字图形均须符合法律对商主体名称的规定。商号权有财产价值，可以转让。

2. 侵犯肖像权。肖像权是自然人对自己的肖像有权依法制作、使用、公开或者许可他人使用的权利。肖像权具有两个主要内容：①对肖像的拥有权和制作权。自然人可以为自己拍照、画像，也可以委托他人或照相馆、画室制作肖像，并对制作的肖像享有拥有权。②专用权。不管是出于营利还是非营利的目的，未经肖像者本人同意，不得擅自制作、使用、公开肖像权人的肖像。未经肖像权人同意，肖像作品权利人不得以发表、复制、发行、出租、展览等方式使用或者公开肖像权人的肖像。非法制作和拥有他人的肖像，侮辱、毁损他人肖像，未经本人同意利用他人肖像等行为均为侵权行为。但是法律另有规定的除外。

新闻出版部门刊登社会公众人物的肖像，无须征得本人的同意，但须无恶意，无侮辱、丑化等情节。在新闻图片、报纸刊登的照片中，虽有某人的形象，即使是非公众人物，也不认为是侵犯肖像权，因为图片的主题不是肖像，而是报道某一事件。新闻出版部门为行使舆论监督职能，刊登违法犯罪或者损害公共利益、社会公德之人的图片，尽管图片的内容不利于当事人的名誉，也不认为是侵犯肖像权的行为。司法部门公告被通缉者的肖像，不认为是侵犯他人肖像的行为。漫画作品不认为是侵犯肖像权的行为。

3. 侵犯隐私权。隐私权为自然人私生活的不公开权。私人生活范围广泛，自然人享有的隐私权利益主要有以下几个方面：①自然人享有保守姓名、肖像、住址、住宅、电话等秘密的权利，未经其许可，不得加以刺探、公开和传播。②自然人的个人活动，尤其是在住宅内的活动不受监视、监听、窥视，但依法监视居住者除外。③自然人的住宅不受非法侵入、窥视和骚扰。④自然人的性生活不受他人干扰、窥视、调查或公开。⑤自然人的储蓄、财产状况不受非法调查或公布，依法需要公布财产状况的除外。⑥自然人的通信、日记和其他私人文件不受刺探或公开，其个人的数据不受非法搜集、传输、处理和利用。⑦自然人的社会关系，包括亲属关系、朋友关系，不受非法调查和公开。⑧自然人的档案材料不受非法公开或扩大知晓范围。⑨其他个人情况，例如，多次婚恋情况、患有某种疾病的情况、年龄情况、体重、被罪犯强奸、生育情况等，都属于个人隐私。个人有对私生活秘而不宣的权利和禁止他人干涉的权利。

我国《民法典》第1033条列举了侵害隐私权的具体方式：①以电话、短信、即时通讯工具、电子邮件、传单等方式侵扰他人的私人生活安宁；②进入、拍摄、窥视他人的住宅、宾馆房间等私密空间；③拍摄、窥视、窃听、公开他人的私密活动；④拍摄、窥视他人身体的私密部位；⑤处理他人的私密信息；⑥以其他方式侵害他人的隐私权。第1032条规定，自然人享有隐私权。任何组织或者个人不得以刺探、侵扰、泄露、公开等方式侵害他人的隐私权。

4. 侵犯名誉权。名誉权是自然人有保有和维护就其自身属性和价值所获得的社会评价的权利。名誉是对民事主体的品德、声望、才能、信用等方面的社会评价。名誉权正是对上述名誉利益所享有的权利。任何组织或者个人都不能以侮辱、诽谤或者以失实报道、诬告等行为损害他人名誉。但是，行为人为公共利益实施新闻报道、舆论监督等行为，影响他人名誉的，不承担侵权责任。然而，行为人在新闻报道或舆论监督时，捏造、歪曲事实，对他人提供的严重失实内容未尽合理审核义务，使用侮辱性言辞等贬损他人名誉的，须承担侵权责任。行为人发表的文学、艺术作品以真人真事或者特定人为描述对象，含有侮辱、诽谤内容，侵害他人名誉权的，受害人有权请求该行为人承担民事责任。反之，发表的文艺作品中不以特定人为描述对象，仅其中的情节与该特定人的情况相似的，不承担民事责任。

名誉权的侵犯有一个重要的特征，即公开。所谓公开，是指有第三人在场或者通过某种方式使第三人知晓，如果没有向第三人传播，不认为是侵犯名誉权的行为。至于公开的范围与是否构成公开，则无重大关系。

侵犯名誉权与侵犯隐私权在实践中常常容易混淆，侵犯隐私权与侵犯名誉权的主要区别是：①侵犯的客体不同。隐私权的客体是个人的私生活，这种私人的领域具有客观性，与人的主观评价无关；名誉权的客体是名誉利益，名誉具有主观性，在很大程度上取决于社会公众的评价。②侵犯的方式有区别。隐私权侵犯的手段除了具有揭露、宣扬等公开的特点外，还有窥视、刺探、监听、私自潜入等特点；名誉权的侵犯是以公开的方式或侮辱、诽谤的方式向公众散布对权利人不利的消息。③侵权责任方式不同。名誉权被侵犯后，侵权人应承担停止侵害、消除影响、恢复名誉等责任方式；而隐私一旦披露出去，影响将不可避免地形成，信息也不再具有秘密性，所以，侵犯隐私权不适用消除影响、恢复名誉等责任方式。

5. 侵犯荣誉权。荣誉权是指民事主体对其荣誉称号享有的支配性利益及不被非法剥夺、侵犯的权利。荣誉是特定组织对那些在某方面有突出贡献或有突出成绩的人所作出的积极评价。不管荣誉的来源如何，一旦民事主体获得荣誉，均为荣誉者自己的人格，不依赖于他人的人格，是人本身的一种尊严，主体对其尊严有权维护。我国《民法典》第1031条第1款规定："民事主体享有荣誉权。任何组织或者个人不得非法剥夺他人的荣誉称号，不得诋毁、贬损他人的荣誉。"

二、侵犯身份权

身份权是基于出生、收养、婚姻等事实产生的家庭关系中亲属相互间享有的权利，包括亲权、配偶权、亲属权。

（一）侵犯亲权

亲权是父母对未成年子女在人身和财产方面的管教和保护的权利（义务）。亲权只存在于父母与未成年子女之间。如果父母把子女交给他人收养，亲生父母丧失亲权，养父母取得对养子女（未成年养子女）的亲权。

亲权内容包括的范围很多，具体地说有：对未成年子女姓名的设定权、管理教育权、住所的指定权、惩戒权、子女交还请求权、职业许可权、法定代理权和对未成年子女行为的同意权、财产管理权等内容。在不毁损和变更财产的前提下，有权使用其未成年子女的财产的收益，如果遗赠和赠与的财产中明确指明不得使用收益的，父母不得使用。对上述权利的滥用和义务的违反，就是侵犯亲权。

（二）侵犯配偶权

配偶权是妻对夫或夫对妻的权利（义务）。婚姻关系成立后，夫妻双方互有配偶权。配偶权的具体内容一般有：夫妻姓氏权、住所决定权、同居的权利和义务、贞操请求权（忠诚义务），夫妻各自享有职业、学习、社会活动的自由权，有相互扶养扶助的权利和义务、日常事务代理权；死亡、失踪宣告权等。对上述权利内容的侵犯，就是侵犯配偶权。

（三）侵犯亲属权

亲属权是父母与成年子女、祖父母与孙子女、外祖父母与外孙子女以及兄弟姐妹之间的权利（义务）。亲属权，是父母与成年子女、祖父母与孙子女、外祖父母与外孙子女以及兄弟姐妹之间的身份权。

亲属权的具体内容是：子女对父母的尊敬、孝敬义务；亲属之间的相互尊敬、帮助、体谅的权利义务；亲属之间为共同生活的利益互相扶助、谅解、关心的义务；父母对未成年子女和无独立生活能力的成年子女的抚养义务；有负担能力的祖父母、外祖父母对父母已经死亡的孙子女、外孙子女的抚养义务；子女对无劳动能力或生活有困难的父母有赡养的义务；有负担能力的孙子女、外孙子女对子女已经死亡的祖父母、外祖父母的赡养义务；配偶之间以及平辈亲属之间的扶养义务。兄姐对弟妹的扶养义务，以父母已经死亡或父母无力抚养为条件。侵犯了上述权利，不履行上述义务，则构成侵权。

第五节 侵害其他民事权益的行为

一、我国民法保护的其他民事权益

除了法律规定的权利类型以外，随着社会的发展，受法律保护的人格权、身份权和财产权利益的范围不断扩大，类型也日益丰富，例如，经常被人们提及的所谓侵犯生育权、贞操权、性自由决定权、信用权、精神纯正权、谈话权、知情权、录音录像权、尊重个人感情权、个人资料情报权、休息权、环境权、家庭安宁权，甚至悼念权、哺乳权等。这些权利有的可归为人格权的内容，有的仅为人身权利益。侵犯股权、继承权，侵犯占有，第三人故意侵害债权等，均应属于侵犯与绝对权有关的权利和利益。我国《民法典》第126条规定，民事主体享有法律规定的其他民事权利和利益。《民法典》第1165条第1款规定，行为人因过错侵害他人民事权益造成损害的，应当承担侵权责任。因此，我国立法不仅保护已经类型化的权利，还保护权利以外的利益。民事利益受侵犯，同样构成侵权行为，应承担民事责任。

（一）侵害民事权益的概念

权益，包括权利和利益。侵权法上的权利，是指已被法律明确保护的绝对权。所谓利益，是指法律体系所明确认定的权利之外，但被法律及公序良俗所保护的一切法律上的利益。民法上的利益，应限于为私人享有而由私法体系所承认的利益。故公法上的利益或者反射利益，不包括在内。[1] 受侵权法保护的利益，既包括人身利益，也包括财产利益。我

---

〔1〕 参见邱聪智：《新订民法债编通则（上）》，中国人民大学出版社2003年版，第112页。

国《民法典》第990条规定，自然人享有基于人身自由、人格尊严产生的其他人格利益。如个人信息、个人信用、录音、录像等人格利益；夫妻间基于婚姻关系产生的各种身份利益等，为我国立法保护人格身份利益。侵犯占有，第三人故意侵害债权等为财产利益。侵犯股权、继承权、侵犯人的身体健康，导致劳动能力的丧失，既有人身利益，也有财产利益的侵害。

（二）民事权益的理解

当法律明确保护的权利被侵害时，侵犯的客体是权利，但直接侵害的客体是法律的规定，间接侵害的是法律保护的个人的权利和利益，也被称为法益。权利和法益的关系，在德国民法解释学上很重要，因为德国民法没有明确承认人格权，所以名誉、信用以及个人所有财产的总体，均非权利，但是因为受法律保护，成为法律上所保护的利益。对于权利的侵害，只需有侵害行为，即可构成侵权行为，而对于个人利益的侵犯，则必须借助于法律保护的规定，因为违反了法律的规定，间接地成为损害的客体，也构成侵权行为。[1] 由于人格权的这种一般条款式的广泛性质，对之不可能做出确切的限定，它当然就不受其他权利所要求的那种固定范围的限制。因而只能指望由判例把它逐步“具体化”，而发展出更多的特别人格权。每一种特别人格权都以一种特别的人格利益为其内容。[2] 可见，在德国民法上，法益，既包括法律规定的权利，也包括与侵权法上的权利视为同义的权利和受法律保护的利益。我国《民法典》实质上接受了德国民法的理念，在侵权法的保护范围内，包括了权利和法益，并将相对权排除在外。对于法律明确规定的绝对权受侵权法保护，对于没有固定化的权利，但受法律规定明确保护的诸多类似于绝对权的权利和利益，如个人信息、个人信用、声音、性自由的决定、胎儿的利益、占有的利益等，均受侵权法保护。

（三）侵害民事权益的责任

侵权法上保护的绝对权具有归属性、排他性和社会典型性、公开性。对绝对权的侵犯，只要具备过错、违法、损害、因果关系即构成侵权行为。对于与绝对权相似的权利和利益，因为有的不具有社会典型性、公开性，故对权益的保护，尚需具备加害人故意、违背公序良俗、违反了保护他人的法律，才承担侵权责任。

二、第三人故意侵害债权

（一）第三人侵害债权能否作为侵权行为

第三人故意侵害债权是指合同外的第三人明知合同债权的存在，仍故意以损害他人债权为目的，实施某种侵权行为致使债权人的债权受损害的行为。对第三人侵害债权的行为，是否为侵权法上的问题，我国理论界对此有否定说与肯定说两种观点。

持否定说的认为，侵权行为以侵犯绝对权为对象，债权是相对权，不能成为侵权的对象。如果第三方侵权，造成一方不能向他方履行义务，违约方仍须向对方履行，然后再向侵权的第三方行使追偿权。而且，债权不具有公示性，让第三人承担责任不合理。

持肯定说的认为，债权是财产权，对于合同当事人而言，合同外的第三人侵犯他的债权，使其不能得到其应得到的利益，实质上就是侵犯了合同当事人的财产所有权，这种第三人侵权行为与合同当事人之间的违约不同。而且，现在英美法系以及大陆法系的许多国家都已将第三人侵害债权纳入侵权行为法，我国民法也应予以规定。

我国《民法典》第593条规定：“当事人一方因第三人的原因造成违约的，应当依法向

---

〔1〕 参见史尚宽：《债法总论》，中国政法大学出版社2000年版，第131页。

〔2〕 参见［德］卡尔·拉伦茨：《德国民法通论》（上册）王晓晔等译，法律出版社2003年版，第282页。

对方承担违约责任。当事人一方和第三人之间的纠纷，依照法律规定或者按照约定处理。”从立法规定可以看出，债权人因第三人的原因受到侵害，只能谋求合同法上的救济，不能寻求侵权行为法上的救济。立法者作此规定的目的是要坚持债的相对性原理，如果对侵害债权的行为给予侵权行为法上的救济，会破坏合同之债与侵权行为之债内在结构的和谐与统一，动摇合同之债的基础。那么，第三人侵害债权应否作为一种侵权行为？如果第三人侵害债权为侵权行为，是否破坏了合同之债与侵权行为之债的和谐？

（二）第三人侵害债权作为侵权行为的理由

第三人过失侵犯债权不应作为侵权法规范的范围，而第三人故意侵犯债权可以作为一类侵权行为，理由如下：

1. 第三人是合同以外的人，不是债权人与债务人，因此，当债权作为第三人故意侵害的目的（对象）时，对于第三人而言，债权并不是相对权，而可以视为绝对权。因为第三人已经把他人的债权作为一项“特定的财产”“特定的物”，即侵犯的客体对待。

2. 当第三人故意以侵害他人债权为目的时，违反的是法律规定的针对一般人的义务，并不是违反了当事人自行约定的特定人之间的合同义务，这不会与合同法中的特定人之间的权利义务关系相冲突。

3. 虽然债权不具有公示性，但当第三人故意侵害债权时，他已经是明知他人债权的存在。换言之，这个债权对于该人而言，是公开的，让其承担侵权行为法上的责任符合侵权行为法的宗旨。

4. 把第三人故意侵害债权作为侵权行为，须具备一般侵权行为的构成要件，这与违约责任的构成要件也不相同，不会与合同法上的责任相冲突。

基于上述理由，我们把第三人故意侵害债权作为一般侵权行为的一个类型。

（三）第三人故意侵害债权应具备的要件

1. 第三人侵害的必须是合法的债权，不合法的债权不受法律保护。

2. 第三人实施的侵权行为具有违法性，致使合同债务不能履行。

3. 第三人的侵权行为给债权造成损害，且侵权行为与债权损害之间有因果关系。

4. 第三人主观上具有侵害债权的故意。

5. 债权人依合同责任得不到救济。如果依照我国《民法典》第 593 条的规定通过行使违约请求权能够得到救济，就不必行使另一项请求权；如果得不到救济，债权人可以行使侵权损害赔偿请求权。

第六节 数人侵权行为

一、数人侵权行为概述

（一）数人侵权行为的概念

实施侵权行为的人可以是单个人，也可能是多个人。侵权行为由数个加害人实施，数人实施的违法侵害行为造成受害人同一损害后果，且侵害行为与损害后果有因果关系的侵权行为，为数人侵权行为。

（二）数人侵权行为的特征

1. 实施侵权行为的人为多个人。数人侵权行为的加害人不是单个人，而是两个或两个以上的多数人。此为数人侵权与单个人侵权的基本区别。数人侵权的加害人可以是自然人，也可以是法人或者非法人团体。

2. 数个加害人主观上过错内容相同或相似。从共同侵权的发展历史看，早期的共同侵权要求共同加害人之间要有意思联络，而且意思联络仅限于共同故意。之后，又提出共同侵权行为也可不以共同故意为要件，共同过失也可构成共同侵权。要求共同侵权须有意思上联络的学说，称为主观说。

主观说的理论基础是：既然法律规定共同侵权人要承担连带责任，那么共同侵权人必须应有共同的过错，即共同的意思联络，这是负连带责任的基础，如果没有共同的过错，不是连带责任，仅为分别责任。显然，主观说严守过错责任原则，担心扩大共同侵权行为的范围以及适用连带责任会加重加害人的负担，因此坚持无意思联络的侵权行为只是单独侵权行为，各个加害人仅依各自的过错承担责任，限制连带责任的适用。我国部分学者坚持共同侵权行为的“主观说”，认为没有共同过错的数人行为，不能按共同侵权论。[1]

与共同侵权行为“主观说”对应的是“客观说”。客观说在共同侵权行为的认定上，强调即使多数加害人之间没有意思上的联络，只要“各自之行为，客观的有关联共同，即为已足。盖数人之行为皆构成该违法行为之原因或条件，行为虽无主观之联络，以使就其结果负连带责任为妥”[2]。可以看出，客观说试图寻求对受害人更有力地保护与救济，强调民法上的共同侵权人与刑法上的共同正犯不同，只要他们的行为客观上有共同关联，即可成立共同侵权行为。主观说与客观说争论的焦点即在于对连带责任适用的扩大与限制，持共同侵权主观说的观点认为，应限制连带责任的适用，强调谁的过错谁负责。持共同侵权客观说的观点认为，应扩大连带责任的适用，以强调保护受害人利益。

共同侵权行为的主观说与客观说各有可取之处以及相应的法理。对于数人侵权行为，数个加害人均应有过错，但无须共同故意或有意思联络，只要每个人都有过错，过错的内容相似，每个人的相似过错行为有共同关联，而且有共同关联的行为是导致同一不可分割损害后果的共同原因，即构成数人侵权，数个行为人应承担连带责任。

3. 数人侵权行为造成同一损害结果。数个侵权人的违法侵害行为可能有意思联络，也可能无意思联络，侵权行为可能同时同地点为之，也可能不同时不同地点为之。然而数人的各自行为或共同的行为客观上有关联，并且均为同一损害结果的原因或条件。

4. 数人侵权行为的效力产生多数人之债。当加害人为数人时，从产生损害赔偿之债的角度出发，也称多数人之债，多数人之债的形式可以是连带之债、按份之债（可分之债）及不可分之债。

（1）连带责任。我国《民法典》第178条第1、2款规定：“二人以上依法承担连带责任的，权利人有权请求部分或者全部连带责任人承担责任。连带责任人的责任份额根据各自责任大小确定；难以确定责任大小的，平均承担责任。实际承担责任超过自己责任份额的连带责任人，有权向其他连带责任人追偿。”在法律规定数个侵权人应承担连带责任时，数个行为人中的任何一个义务人均有义务对全部损害承担责任。当其中的一人或数人对全部损害承担责任后，有权向未承担责任的人追偿。对于受害人而言，可以将全体加害人作为被告，也可以将一个加害人作为被告，一旦一个加害人履行了全部赔偿义务，受害人不得再向其他加害人提出请求。反之，如果受害人的请求没有得到实现或没有完全实现，他可以向其他加害人请求全部赔偿或者剩余部分的赔偿。连带责任是数人侵权行为的基本责

[1] 参见王利明等：《中国侵权责任法教程》，人民法院出版社2010年版，第363页。

[2] 史尚宽：《债法总论》，中国政法大学出版社2000年版，第173页。

任形式。

（2）按份责任。我国《民法典》第177条规定："二人以上依法承担按份责任，能够确定责任大小的，各自承担相应的责任；难以确定责任大小的，平均承担责任。"依据法律规定，按份责任表现在数个侵权人之间的对外和对内关系上。在对外关系中，按份责任是指数个侵权人中的每一个人均只对自己应当承担的债务份额承担清偿义务，而不与其他责任人发生连带赔偿关系。在对内关系中，体现为数个加害人之间的分别责任。

数个侵权人承担连带责任的规定，其目的是保护受害人的利益，使每一个共同侵权人成为其他侵权人的保证人，以防止因为某些侵权人无偿还能力而使受害人得不到赔偿。但是，连带责任也有不公正的情况，即当有的被告无偿还能力时，先行给付的被告就得不到追偿，其支出超过自己应支付的赔偿数额进而承担了其不应承担的那部分数额，在这种情形下，虽然对受害人公平了，但对先行给付的被告就不公平。任何制度均具有两面性，在利益平衡上，法律以受害人的利益保护为重。但连带责任的适用应谨慎，不能扩大适用。我国《民法典》对数人侵权行为连带责任的适用是有所限制的：对于有意思联络的共同侵权行为适用连带责任；对具有行为能力的教唆人、帮助人、实施人的共同侵权行为适用连带责任；对共同危险行为人适用连带责任；在无意思联络的数人侵权中，尽管数人中每个侵权人是单独实施侵权行为，但每个加害人的行为均足以造成全部损害的，行为人负连带责任。

（三）数人侵权行为的类型

鉴于上述数人侵权行为的特征，我们将数人侵权行为基本分为两大类：普通型共同侵权行为和复杂型数人侵权行为。复杂型数人侵权行为又可再分为：教唆、帮助型数人侵权行为，共同危险行为，无意思联络的数人侵权行为。

二、普通型共同侵权行为

普通型共同侵权行为是数人侵权行为的一般情况，也称共同侵权行为、一般共同侵权行为、有意思联络的共同侵权行为，是数人侵权的传统类型。

（一）共同侵权行为的概念

共同侵权行为是指二人以上共同实施的需对损害后果负连带赔偿责任的加害行为。共同侵权行为是一般侵权行为的类型之一，因为这类侵权行为也适用过错归责原则，其构成要件也是四要件：违法行为、损害事实、因果关系和过错。其特殊性仅是加害人是两个以上的多数人。

我国《民法典》第1168条规定："二人以上共同实施侵权行为，造成他人损害的，应当承担连带责任。"该条规定的"共同实施侵权行为"强调了共同侵权行为的特点，即共同性。这里的共同包括主观上具有共同过错，共同实施违法行为，损害结果同一，共同行为与损害结果之间具有因果关系以及共同的责任，这也是共同侵权行为与单个人实施的侵权行为的本质不同。

（二）共同侵权行为的特点

1. 加害主体的复数性。实施侵权行为的加害人是两个或者两个以上的多数人。虽然主体为多数人，但这些多数人都是对自己行为负责的主体，多数人不存在替代责任关系，不对他人的行为负责。例如，某法人或某团体的数个雇员在执行职务时给他人造成损害，就不属于共同侵权，因为承担责任的不是雇员而是它们共同的雇主或法人，这是替代责任，属于特殊侵权的范畴。

2. 数个加害人主观上有共同过错。普通型共同侵权行为的典型特点是，数个加害人之间有意思联络。因此，受害人只要证明多个加害人之间有意思联络，而且数个加害人中的任何一个人的行为与损害结果之间有因果关系即可。反之，任何一个加害人只要能证明自己的行为与其他加害人之间没有意思联络或与损害结果没有因果关系，即不属于共同侵权人之一。

3. 数个加害人具有共同的违法侵害行为。共同侵权行为的每个加害人均有过错，均共同实施了违法行为，并且每个人的行为都是造成同一损害结果的共同原因，每个人的行为与损害结果均有因果关系。

4. 加害结果的统一性。共同违法行为导致了同一损害结果，即共同的违法行为与同一损害结果之间有因果关系。该损害后果构成一个整体，受害人为同一主体，受到损害的民事权利是同类别的，损害后果在事实上或法理上均不具有分割性。

5. 责任的连带性。依照法律规定，共同侵权人负连带责任，其内部根据各自责任大小确定相应的数额。

三、教唆、帮助型侵权行为

（一）教唆、帮助型侵权行为的含义

教唆、帮助型侵权是指一方教唆或帮助他方实施侵权而致人损害须承担侵权责任的行为。教唆、帮助型侵权行为也称复杂的数人侵权行为。

（二）我国立法对教唆、帮助型侵权行为的规定

我国《民法典》第1169条规定："教唆、帮助他人实施侵权行为的，应当与行为人承担连带责任。教唆、帮助无民事行为能力人、限制民事行为能力人实施侵权行为的，应当承担侵权责任；该无民事行为能力人、限制民事行为能力人的监护人未尽到监护职责的，应当承担相应的责任。"可以看出，教唆人和帮助人都不是具体实施侵权行为的人，因此，教唆人、帮助人与实施人不存在共同行为。

1986年颁布的《民法通则》（已失效）对这类侵权行为没有明文规定。而《民通意见》第148条对这类行为作了补充规定："教唆、帮助他人实施侵权行为的人，为共同侵权人，应当承担连带民事责任。教唆、帮助无民事行为能力人实施侵权行为的人，为侵权人，应当承担民事责任。教唆、帮助限制民事行为能力人实施侵权行为的人，为共同侵权人，应当承担主要民事责任。"该条规定说明：一般情况下，教唆、帮助他人造成损害的人，本来不是共同侵权人，但由于其特殊性，法律认定其为共同侵权人。这种特殊性在于：教唆、帮助行为与实施侵权行为之间有积极的联系，教唆人教唆原来无侵权行为意思的人，使他产生了侵权行为的意思，从结果上，与实施行为没有区别；帮助人对损害结果具有促成作用，否则实施人也难以完成行为，基于行为之间的积极关系，法律使其准用共同侵权行为的规定，对他们课以连带责任。同时对教唆、帮助他人实施共同侵权行为的责任承担分为了几种情况。

2009年颁布的《侵权责任法》第9条对《民通意见》第148条作了进一步修改，该条规定："教唆、帮助他人实施侵权行为的，应当与行为人承担连带责任。教唆、帮助无民事行为能力人、限制民事行为能力人实施侵权行为的，应当承担侵权责任；该无民事行为能力人、限制民事行为能力人的监护人未尽到监护责任的，应当承担相应的责任。"2020年颁布的《民法典》第1169条基本上沿袭了《侵权责任法》第9条的规定。

（三）教唆、帮助型侵权行为的责任特点

根据《民法典》第1169条的规定，教唆、帮助他人实施侵权行为的特点如下：

1. 如果被教唆者或被帮助者是完全行为能力人，教唆、帮助他人实施侵权行为的人与

该实施人为共同侵权人，应当承担连带责任。

2. 如果被教唆者或被帮助者是无行为能力人或限制行为能力人，该无行为能力和限制行为能力的实施人不承担责任，教唆人、帮助人应当承担民事责任。此时实施人仅仅是侵权的工具，没有侵权意思能力，责任完全由教唆、帮助人承担。如果仅有教唆人，或者仅有帮助人，则教唆人或帮助人承担单独责任；如果既有教唆人，也有帮助人，且均有行为能力时，则教唆人与帮助人承担连带责任。

3. 监护人在其未尽到监护责任的范围内对受害人承担相应的过错责任。所谓“相应”的责任，与被监护人相应的能力有关。如果被教唆、被帮助人是无行为能力人，监护人承担相对轻的责任；如果被教唆、被帮助人是限制行为能力人，监护人承担相对重的责任。因为与无民事行为能力人相比，限制行为能力人对自己的行为有一定程度的判断力与理解力，其监护人进行监护的难度相对小一些，故在限制民事行为能力人实施了加害行为的情形下，认定其监护人“未尽到监护责任”的可能性更大，认定“未尽到监护责任”的程度要更重。

应注意的是，监护人的责任与教唆人或帮助人的责任不是连带责任，监护人在其未尽到监护责任的范围内对受害人承担相应的过错责任。如果受害人仅起诉教唆人或帮助人，法院没有必要追加监护人，因为教唆人与监护人之间不是一个必要共同诉讼的当事人。即便教唆人或帮助人无清偿能力，监护人也仅在其过错的相应范围内承担责任。

（四）教唆、帮助型侵权行为与普通型共同侵权行为的区别

1. 是否实施行为不同。普通共同侵权行为的数人均实施了侵权行为，行为人不存在分工。教唆、帮助型共同侵权加害人分为实行行为人、教唆行为人和帮助行为人。实行行为人是具体实施致人损害行为的人；教唆行为人是没有直接参加具体的损害，但是用语言或通过其他引诱或激励的方法使被教唆者接受教唆意图的人；帮助行为人是在行为实施过程中起帮助作用的人。

2. 加害人的责任能力不同。普通共同侵权行为的数人均是有责任能力的完全行为能力人。教唆、帮助型侵权行为的数人中有完全行为能力人，也可能有限制行为能力人或无行为能力人。

3. 是否存在共同过错不同。普通共同侵权行为的数人主观上存在共同过错。教唆、帮助型侵权行为的数人中如果有限制行为能力人或无行为能力人参加时，则他们主观上不存在过错。

4. 责任承担不同。普通共同侵权行为的数人负连带责任。教唆、帮助型侵权行为的数人如果均为完全行为能力人时，负连带责任；如果数人中有限制行为能力人或无行为能力人时，教唆人或帮助人承担责任，该无民事行为能力人、限制民事行为能力人的监护人未尽到监护责任的，承担相应的责任。

四、共同危险行为

（一）共同危险行为的概念

共同危险行为，在侵权行为法中，也称“准共同侵权行为”，或“表见型共同侵权行为”。它是指数人均实施了危及他人民事权益的行为并造成损害后果，但无法确定谁是真正加害人，则将该数人均判断为是造成危险的人，由其共同承担连带责任的情况。

我国《民法通则》（已失效）没有规定共同危险行为。2003 年 12 月，《最高人民法院关于审理人身损害赔偿案件适用法律若干问题的解释》，（以下简称《人身损害赔偿解释》，已被修改）第 4 条对共同危险行为作了规定：“二人以上共同实施危及他人人身安全的行为

并造成损害后果，不能确定实际侵害行为人的，应当依照民法通则第 130 条规定承担连带责任。共同危险行为人能够证明损害后果不是由其行为造成的，不承担赔偿责任。”

《侵权责任法》第 10 条首次以立法形式对共同危险行为作出专条规定。《民法典》第 1170 条继续沿用了《侵权责任法》对共同危险行为的规定：“二人以上实施危及他人人身、财产安全的行为，其中一人或者数人的行为造成他人损害，能够确定具体侵权人的，由侵权人承担责任；不能确定具体侵权人的，行为人承担连带责任。”

（二）共同危险行为的特点

1. 数人均实施了加害行为。虽然损害结果可能是某一个人或者某部分人的行为造成的，但是数人或同时或相继均实施了加害行为，如果加害人是一人，或者是数人中一个人实施了行为，则都不构成共同危险行为。需要注意的是，尽管数人均实施了加害行为，但各侵权人的行为是独立的，而非共同构成一个整体的侵权行为。

2. 数人的行为均有危险性。数人均实际实施了危及他人人身、财产安全的行为，这种具有危险性的共同行为是在同一时间、同一地域、对同一对象实施的，危险性的共同行为是致人损害的原因。

3. 加害人具有不确定性。各侵权人均实施了危险行为，但致受害人损害的行为是数人中的何人所为难以确定。

4. 外部责任的连带性，内部责任平均分担。

（三）共同危险行为的责任特点

共同危险行为人均实施了危险行为，由于每个人的行为均有造成损害结果发生的可能性，但又不能确定真正的加害人是谁，为保护受害人的利益，故推定所有参与危险行为的人对受害人承担连带责任。所以，共同危险行为的效力与共同侵权行为的效力均是连带责任，受害人有权向共同危险行为人中的任何一人请求赔偿全部损失，任何一个共同危险行为人也有义务赔偿全部损失。但在内部责任划分上与一般共同侵权行为不同。一般共同侵权的行为人之间的内部责任，除非过错难以比较大小时由加害人平均分担，多数情况下按各自的过错程度确定，因此一般共同侵权行为人的加害人最后应承担的责任份额，可能并不平均。但共同危险人在实施共同危险行为中致人损害的概率相等，过失相当，责任结果不可分割，所以共同危险行为人内部责任的划分一般是平均分担，各行为人以相等的份额对损害结果负责。

由于共同危险行为中无法确定谁是真正的加害人，因此就推定这些实施共同危险行为的人都是加害人，在归责方式上，属于推定过错。在免责事由上，如果共同危险行为人其中的一人或数人能够证明自己没有实施加害行为，或证明其行为与损害结果无因果关系，则不承担责任。

（四）共同危险行为与普通共同侵权行为的区别

1. 是否有意思联络不同。普通共同侵权行为的数个加害人具有共同过错。共同危险行为的数个行为人不存在共同过错。

2. 加害人能否确定不同。普通共同侵权行为的数个加害人均已确定。共同危险行为具体加害人不确定。

3. 因果关系确定不同。普通共同侵权行为每个人的行为与损害结果均有因果关系。共同危险行为数人中有的人的行为与损害后果没有因果关系。因此，在归责方式上，前者是过错归责，后者是推定过错。

4. 责任后果不同。普通共同侵权行为的数人承担连带责任，内部按照过错程度确定责任大小。共同危险行为的数人在外部承担连带责任，内部平均分担责任。

五、无意思联络的数人侵权行为

（一）无意思联络数人侵权行为的含义

无意思联络的数人侵权行为是数个行为人事先没有共同的意思联络，但他们的单独行为在客观上共同导致了同一受害人的同一损害结果，法律根据其损害的可分与不可分确定赔偿责任的行为。

（二）关于无意思联络数人侵权行为性质的争议

无意思联络数人侵权行为是否为共同侵权，有主观说与客观说两种不同的观点。持主观说的观点认为，无意思联络数人侵权行为不属于共同侵权，因为数人主观上无共同过错，故不适用连带责任，每一个侵权行为人只就自己造成的那部分损失承担责任。

持客观说的观点则认为，尽管数人主观上无共同过错，但只要行为在客观上有共同关联，该共同关联的行为是导致同一损害结果的共同原因，该无意思联络的数人侵权行为应构成共同侵权。《民法通则》（已失效）没有规定无意思联络的数人侵权行为。2004 年 5 月 1 日施行的《人身损害赔偿解释》（已修改）第 3 条规定："二人以上共同故意或者共同过失致人损害，或者虽无共同故意、共同过失，但其侵害行为直接结合发生同一损害后果的，构成共同侵权，应当依照民法通则第一百三十条规定承担连带责任。二人以上没有共同故意或者共同过失，但其分别实施的数个行为间接结合发生同一损害后果的，应当根据过失大小或者原因力比例各自承担相应的赔偿责任。"

根据司法解释的规定，在无意思联络的数人侵权中，如果侵害行为直接结合产生同一损害结果的，为共同侵权，而数人的侵害行为间接结合导致同一损害结果的，不是共同侵权。司法解释将无意思联络的数人侵害行为的直接结合确认为共同侵权，显然是采客观说。尽管司法解释对无意思联络的数人侵权分为两种情况并分别作出不同的责任规定，但在司法实践中使无意思联络的侵权行为的认定复杂化，比如，何谓直接结合，何谓间接结合，理论与实践并没有统一的认定标准。

《侵权责任法》对无意思联络数人侵权行为的规定，不再使用直接结合和间接结合的用语，该法第 11 条规定，二人以上分别实施侵权行为造成同一损害，每个人的侵权行为都足以造成全部损害的，行为人承担连带责任。第 12 条规定，二人以上分别实施侵权行为造成同一损害，能够确定责任大小的，各自承担赔偿相应的责任；难以确定责任大小的，平均承担赔偿责任。《民法典》第 1171 条和第 1172 条继续沿用了上述两条的规定。立法对无意思联络数人侵权行为用两个条文单独规定，依据不同情形分别规定责任，说明无意思联络数人侵权行为与普通共同侵权有别。

（三）无意思联络数人侵权的特点

1. 数人分别实施侵权行为。无意思联络侵权的数人分别实施了加害行为，实施的侵权行为多有时间的先后。此点与其他类型共同侵权行为有区别，一般共同侵权是数人同时实施侵权行为；共同危险侵权行为是数人的侵权行为具有时间和空间的一致性。

2. 数人分别实施的侵权行为偶然结合造成同一损害后果。该损害结果根据《民法典》第 1171 条和第 1172 条的规定，可以表现为两种情形：①"分别实施，足以造成"，即二人以上分别实施的侵权行为造成同一损害，其中每一个人的侵权行为都足以造成全部损害结果，每个人的行为均是该损害后果的充足原因。②"分别实施，结合造成"，即二人以上分别实施的侵权行为须结合构成同一损害结果，其中每一个人的侵权行为仅是引起损害结果的部分原因。普通型共同侵权行为是数人共同实施的侵权行为共同造成同一损害结果。

3. 数人主观上无共同过错。这是与普通型共同侵权的根本区别。无意思联络数人侵权的各行为人之间既无共同故意，也无共同过失，彼此之间主观上无共同的意思联络。而普通型共同侵权行为是数个侵权行为人有共同过错的意思联络的行为。

4. 数人分别实施的侵权行为与损害结果之间或为原因并存或为原因结合。无意思联络数人侵权中，或是每个人的行为均是损害结果的充足原因，该原因力不可分，任何一个人的行为都足以导致损害结果的发生（累积因果关系）；或是每个人的行为是原因力的一部分，分别结合导致同一损害结果（部分因果关系）。此点也与普通型共同侵权行为有区别，一般共同侵权行为是数人共同实施的违法行为导致同一损害结果，共同违法行为与同一损害结果之间有因果关系。

5. 数个侵权人对受害人的整体损害后果或承担连带责任或承担按份责任。《民法典》第 1171 条规定："二人以上分别实施侵权行为造成同一损害，每个人的侵权行为都足以造成全部损害的，行为人承担连带责任。"由于每个人的行为均足以造成全部损害，其原因力不可分，法律要求数人承担连带责任。《民法典》第 1171 条的规定实质上将无意思联络数人侵权造成不可分损害后果的行为视为共同侵权。《民法典》对累积因果关系中的侵权人规定连带责任，原因是，虽然数个侵权行为人之间不存在共同过错，但是每个人的侵权行为均足以造成全部损害，即使不认定其为连带责任，每个人也须对自己的行为造成的损害负全部赔偿责任，规定连带责任，对加害人并非不公平。同时，对受害人增加了保护范围。

《民法典》第 1172 条规定："二人以上分别实施侵权行为造成同一损害，能够确定责任大小的，各自承担相应的责任；难以确定责任大小的，平均承担责任。"根据该条的规定，尽管二人以上分别实施的行为造成同一损害结果，但每个侵权行为单独不能导致侵害结果的发生，须结合在一起才能导致损害结果的发生，在原因力可分的情形下，原告也能举证各侵权人的不同责任，则可以适用分别责任，或者按损害比例承担相应的责任，不能确定损害比例的，平均承担赔偿责任。《民法典》对部分因果关系的数个侵权人规定按份责任，原因是，每个人的单独行为并不足以导致损害结果的发生，只有与他人行为结合才会导致损害结果的发生，如果要求其承担连带责任，就使行为人承担了过重的责任。因此，规定各个加害人按照自己过错责任的大小承担按份责任是公平的。

第二章 特殊侵权行为

第一节 特殊侵权行为概述

一、特殊侵权行为的意义

特殊侵权行为，通说系指立法特别规定其法律要件和法律效果的侵权行为。[1] 这里所指的“立法”，既包括民法一般法的特别规定，也包括民法特别法的规定，还包括民法之外的其他特别法的规定。

具体到我国，一般侵权行为的责任要件统一适用《民法典》第1165条的规定；对于特殊侵权行为，适用《民法典》第1188~1258条的特别规定。属于民法特别法的，如《产品质量法》对产品责任的规定；属于民法一般法之外的其他特别法的，如《环境保护法》《中华人民共和国水污染防治法》《中华人民共和国食品安全法》《中华人民共和国药品管理法》《中华人民共和国国家赔偿法》《中华人民共和国道路交通安全法》以下简称《道路交通安全法》等规定，在这些法律中规定的应负赔偿责任的行为，都属于特殊侵权行为。

不难看出，由于立法技术的原因以及部门法调整的内容不同的特点，有些特殊侵权行为会因一般法和特殊法的同时规定而发生竞合。特殊侵权行为法律渊源的无系统性和分散性特点，决定了这类侵权行为不能像一般侵权行为那样在理论上作系统性的说明，也难有统一的标准。而且，随着社会的发展变化，还会相继出现新的特殊侵权行为的类型。

特殊侵权行为的“特殊”，其一，表现在立法对这类侵权行为作了分别规定。其二，“特殊”的意义还在于：法律针对这类侵权行为规定了特别的法律要件、法律效果、免责事由等。基于此，特殊侵权行为是由民法特别责任规范和特别法规定的须具备特别构成要件的侵权行为。

二、特殊侵权行为的特点

特殊侵权行为既然是法律规定特别要件的侵权行为，故不具有类型化的一般性特征。这里仅从宏观上对特殊侵权行为进行归类性分析，从而与一般侵权行为进行相对性比较。现代侵权法的特殊侵权行为源于罗马法的“准私犯”，其主要表现形式基本上分为两大类：或是对他人的不当行为负责，或是对物件致害承担责任。而物件致害，又可分为工业危险物致害和一般危险物致害，法律对上述特殊侵权行为规定的要件各有不同。综合分析特殊侵权行为的基本类型，其主要特点如下：

1. 特殊侵权责任多为间接责任。一般侵权就行为的特点而言，是对自己不当行为的责任，故均为直接责任。而特殊侵权，或是对他人的不当行为致害负责，或是对物件致害负责，均非对自己的直接行为负责，从承担责任人的角度观之，为间接责任。

---

[1] 参见张俊浩主编：《民法学原理》（下册），中国政法大学出版社2000年版，第917页。

2. 特殊侵权适用的归责方式不统一。一般侵权行为是对自己的过失行为负责，因此统一适用过错责任归责。而特殊侵权行为的归责方式不统一，由于每类特殊侵权行为的构成有法律特别规定，从而决定了其不统一性。多数情况下，特殊侵权行为不以加害人是否有过错为要件，故在归责上，以不问过错为原则，有些情况下适用过错推定归责，也有的情况下，过错责任原则与无过错责任原则同时适用。

3. 责任构成要件不统一。对于一般侵权行为的构成要件，法律通常只作概括性规定而不作具体列举，其责任构成的一般要件为损害事实、过错、违法行为和因果关系。而特殊侵权行为则根据该侵权行为的特征由法律具体确定其责任构成要件，各类不同特殊侵权行为责任具有不同的责任构成要件和法律效力。例如，用人单位的责任，要求侵权主体是用人单位的工作人员，并且是在完成工作的过程中致人损害；高度危险作业侵权，必须是从事对周围环境有高度危险作业的人等。不具备该特殊要件的，不构成该类特殊侵权行为。鉴于此，一般侵权行为适用侵权责任法的一般条款，特殊侵权行为适用法律的特别规定。

4. 举证方式不同。由于归责方式不同，在责任的举证上也不同。一般侵权行为适用“谁主张，谁举证”的举证方式，要求受害人就加害人的过错或因果关系等事由举证。特殊侵权行为责任，因为适用不问过错或者推定过错的归责原则，因此，主张赔偿的受害人一方对加害人的过错不负举证责任，同时加害人主张自己无过错的抗辩，原则上不能成为免责事由，但法律规定其为免责事由的除外。对于推定过错的责任类型，如果行为人不能提出合理的抗辩事由，以证明自己无过错，则将被推定为有过错。

5. 免责事由不同。一定的抗辩事由总是与一定的责任构成要件和归责原则相联系的。由于一般侵权行为和特殊侵权行为适用不同的归责方式和责任构成要件，因此，它们所适用的抗辩事由也不相同。一般侵权行为是对自己有过错的行为负责，证明行为人无过错的抗辩事由可以是阻却违法的正当理由，也可以是外来原因，因此一般侵权行为的抗辩事由明显多于特殊侵权行为，而对于许多特殊侵权行为来说，法律为保护受害人的利益，常常要具体规定或限制抗辩事由的种类，并严格限定免责事由。

6. 类型开放。特殊侵权行为的类型是随着社会的发展而发展的。古代社会，生产力不发达，风险类型少，准私犯类型较少。随着社会、经济、科技水平的不断发展，风险的种类日益增多，法律对风险的预防和减少的规范也日益增加，由特别法规定的特殊侵权行为的类型也不断增加。因此，特殊侵权行为的类型不具有固定性，而具有开放性的特点。

三、特殊侵权行为的类型

根据我国《民法典》的规定，特殊侵权行为可以归纳为以下基本类型：

1. 对他人不当行为的责任。对他人不当行为的责任也称替代责任。该责任的特点是：责任主体与行为主体相分离，承担责任的人不是直接实施侵权行为的人，责任主体对他人的侵权行为负替代责任。该责任又分为：①监护人责任；②用人者责任。

2. 负有安全注意义务的特定主体不作为侵权责任。侵权行为可以分为作为的侵权和不作为的侵权。通常情况下，不作为原则上不构成侵权行为，只有当不作为违反了作为的法定义务时，才认定为侵权。《民法典》规定了几种特定主体违反作为的义务而须承担不作为侵权的责任。该类不作为侵权有：①网络服务提供者的不作为侵权；②公共场所的管理人未尽安全保障义务的不作为侵权；③学校、幼儿园教育机构未尽教育、管理职责的不作为侵权等。

3. 工业灾害危险物侵权责任。这类侵权是由大工业生产造成的，是社会生产力、生产方式发展的结果。有的侵权按现有的技术发展水平，即使尽了极其谨慎的注意义务，仍不能避免、不能控制和防止事故的发生。这类侵权有：①高度危险作业致人损害；②环境污染致人损害；③产品缺陷致人损害；④机动车交通事故责任。

4. 非工业灾害危险物侵权责任。这类特殊侵权的危险来源与上述危险来源不同，是工业灾害以外的危险来源。这类侵权行为有：①建筑物危险性致人损害；②地面施工致人损害；③堆放物致人损害；④林木致人损害；⑤动物致人损害；等等。

5. 医疗损害责任。

第二节 对他人不当行为的责任

一、对他人不当行为责任的特点

对他人不当行为责任，是指责任人没有直接实施侵权行为，但依法应对他人的不当行为承担责任，故也称替代责任。对责任人而言，也称为间接侵权或间接责任。这类侵权行为的基本特点如下：

1. 必须以他人有不当行为为条件。这一特点将此类责任与物件责任分开：①只有人才能有行为，物不存在行为；②人的行为须是不当行为；③该不当行为是他人的不当行为，而非自己的不当行为。

2. 责任主体与行为主体相分离。承担责任的人不是直接实施侵权行为的人，是对他人的不当行为负责，故也称替代责任。

3. 责任人与实施侵权的人具有特定关系。如职务关系、雇佣关系、用工关系、承揽关系、监护关系等。基于此，我国《民法典》也将此类责任归于关于“责任主体的特殊规定”中，表明这种责任主体与一般侵权行为的责任主体不同。

4. 此类侵权行为适用无过错归责原则。自己行为，自己负责，是民法侵权责任的基本形态。自己没有实施行为，却要对他人的不当行为负责，似乎与民法的价值理念不合。其实，对他人不当行为的责任，从终极目的上看，与自己的责任一样，因为对他人不当行为承担责任的人，均与实施不当行为的人有特定关系，立法并非是无原因地让其负责，从责任理念上，责任主体之所以要对他人的行为负责，归根到底在于，提醒责任主体须对他人的行为尽到一定的监督、管理、教育或控制义务，防止损害的发生。因此，对他人行为负责，表面上不要求责任人的过错要件，实质上将过错理念包含在此责任中，要求责任人承担较大的注意义务。

我国《民法典》对他人不当行为的责任规定了如下类型：①监护人责任。②用人单位责任。③个人用工责任。④定作人责任。

二、监护人责任

（一）监护人责任的含义

监护人责任是指因被监护人实施的加害行为而由监护人负责的特殊侵权责任。由于监护人是被监护人的法定代理人，因此，也称为法定代理人责任。

我国《民法典》第1188条规定：“无民事行为能力人、限制民事行为能力人造成他人损害的，由监护人承担侵权责任。监护人尽到监护职责的，可以减轻其侵权责任。有财产的无民事行为能力人、限制民事行为能力人造成他人损害的，从本人财产中支付赔偿费用；不足部分，由监护人赔偿。”

（二）监护人责任的构成要件（特点）

1. 被监护人实施了侵权行为。被监护人为未成年人和精神病人，他们实施了侵害他人权利和利益的违法行为。

2. 被监护人的损害行为造成了第三人受损害的事实。被监护人的损害行为致受害人受到实际损害，包括财产损害和人身损害。受害人须是监护人和被监护人以外的第三人。

3. 被监护人的损害行为与损害事实之间有因果关系。被监护人因无责任能力而无过错，但因其违法行为导致第三人的财产或人身损害结果。从保护第三人的利益出发，要求有监护职责的监护人承担替代赔偿责任。

4. 有监护关系的存在。对未成年人而言，监护人为父母、祖父母（父母双亡时）、成年的兄弟姐妹、关系密切的其他亲属和朋友及有关组织。对精神病人而言，监护人包括配偶、成年子女及有关单位等。

（三）被监护人侵权的责任承担

被监护人的侵权后果，由监护人承担。在承担责任时：

1. 如果被监护人无财产的，监护人承担全部赔偿责任。

2. 如果被监护人自己有财产的，优先从他本人的财产中支付赔偿费；如果被监护人的财产不足以支付全部赔偿，不足部分，由监护人赔偿。监护人是单位的，同样适用。应注意，被监护人用自己的财产承担赔偿责任时，仅为财产责任，而非独立的侵权责任。

3. 父母离婚后，由与该子女共同生活的父母一方承担责任，如果独立负担赔偿有困难的，可以要求不与该子女共同生活的另一方共同负责。

4. 监护人如果把监护职责部分或全部委托给他人的，除了当事人有约定的以外，监护人仍需承担责任。受托人确有过失的，承担相应的过错责任。我国《民法典》第 1189 条规定，无民事行为能力人、限制民事行为能力人造成他人损害，监护人将监护职责委托给他人的，监护人应当承担侵权责任；受托人有过错的，承担相应的责任。

5. 如果被监护人的侵权行为是被教唆、被帮助的，由教唆人、帮助人承担责任，监护人不承担责任，但监护人未尽到监护职责的，应当承担相应的过错责任。应注意的是，如果教唆人、帮助人和行为人均是无行为能力人或限制行为能力人时，因缺少过错要件，而不构成教唆、帮助型侵权，应适用监护人责任。

6. 监护人尽了监护职责，可以适当减轻民事责任，但不能免责。

（四）归责原则

对于监护人责任的归责原则，学理上有不同的解释，多数观点认为监护人是对他人的行为负责，监护人自己无行为，也无过错，属于无过错范畴；但也有观点认为，监护人是对自己的行为负责，因为其未尽到监护义务，属于过错范畴；还有一种是折中的观点，认为虽然监护人客观上是为他人行为负责，但主观上还是对自己的行为负责，如果能证明自己确实尽了监护职责，没有过错，可以减轻责任，因此应该是推定过错。也有观点认为，应在推定过错归责基础上，考虑一定的公平因素。

从我国《民法典》的规定观之，监护人责任适用的是无过错责任原则。因为即使监护人尽了监护职责，也不能免除责任，说明责任的承担本质上是不以过错的有无作为要件的。但法律同时规定“监护人尽到监护责任的，可以减轻其侵权责任”，这也说明我国立法对监护人的替代责任并非完全不考虑其注意义务的履行，一定程度上适用推定过错的理念，缓和无过错责任原则的过度苛刻，否则不利于促使监护人尽监护义务。

无论如何，当被监护人的行为致人损害时，监护人是无法推卸其责任的，这也是立法未将“尽到合理的注意义务作为免责事由”的根据。只有在损害有第三人的行为介入时，监护人才可以免责。

（五）抗辩事由

法律没有具体列举监护人责任的抗辩事由，根据责任构成要件做相反推论，不符合监护人责任构成要件的，监护人不承担责任。

实践中经常发生完全行为能力人在给他人造成损害时，对自己的行为暂时没有意识或者失去控制的情形，此时暂时无意识人实施侵权行为的责任应如何承担？是过错责任？或是无过错责任？还是适用监护人责任？

《民法典》第1190条对此明确规定：“完全民事行为能力人对自己的行为暂时没有意识或者失去控制造成他人损害有过错的，应当承担侵权责任；没有过错的，根据行为人的经济状况对受害人适当补偿。完全民事行为能力人因醉酒、滥用麻醉药品或者精神药品对自己的行为暂时没有意识或者失去控制造成他人损害的，应当承担侵权责任。”根据该条规定可知，完全行为能力人因为暂时丧失意识或者失去控制造成他人损害的，如果有过错，行为人应承担过错责任。该过错责任包括两种情形：①行为人因醉酒、滥用麻醉药品和精神药品以外的原因而丧失意识造成他人损害有过错的；②行为人因醉酒、滥用麻醉药品或者精神药品导致对其行为失去控制造成他人损害的。

如果完全行为能力人对无意识行为导致的损害后果没有过错，无须承担责任。但应当根据行为人的经济状况对受害人进行适当补偿。这是公平分担损失的体现。

因此，对于完全行为能力人由于自己的过错（醉酒、滥用麻醉药品、精神药品或其他原因等）导致其行为暂时没有意识或失去控制造成他人损害的，适用过错责任原则，而不适用监护责任。

三、用人者责任（雇主责任）

（一）用人者责任的含义

用人者责任是指用工者根据用工关系对其工作人员在执行工作任务或从事雇佣活动时致他人损害的后果负赔偿责任。

我国《民法典》第1191条规定：“用人单位的工作人员因执行工作任务造成他人损害的，由用人单位承担侵权责任。用人单位承担侵权责任后，可以向有故意或者重大过失的工作人员追偿。劳务派遣期间，被派遣的工作人员因执行工作任务造成他人损害的，由接受劳务派遣的用工单位承担侵权责任；劳务派遣单位有过错的，承担相应的责任。”第1192条第1款规定：“个人之间形成劳务关系，提供劳务一方因劳务造成他人损害的，由接受劳务一方承担侵权责任。接受劳务一方承担侵权责任后，可以向有故意或者重大过失的提供劳务一方追偿。提供劳务一方因劳务受到损害的，根据双方各自的过错承担相应的责任。”

从比较法观之，我国《民法典》第1191条和第1192条规定的情况，多数国家立法普遍称为雇主责任。我国《民法通则》（已失效）未规定雇主责任，最高人民法院2003年底颁布的《人身损害赔偿解释》（已修改）中，规定了职务侵权。为了区别职务侵权与雇主责任，该解释第9条专门规定了雇主责任，雇主责任被认为适用于私有企业（私人企业、三资企业、合伙企业）和个人（包括个体工商户和承包经营户）使用劳务的情况，职务侵权被认为是适用于国有、集体企业法人使用劳务的情况。显然，职务侵权与雇主责任的区分是以公有企业与私有企业的区分为前提的。

《侵权责任法》未采纳最高人民法院司法解释将雇佣活动区分为公有与私有的做法，也未使用雇主责任的概念。而是将用工者（雇主）分为单位与个人，分别规定了用人单位的责任与个人为雇主使用劳务的责任。《民法典》第1191条和第1192条继续采纳了《侵权责任法》的基本规定。从比较法角度而言，我国《民法典》第1191条和第1192条的规定就相当于国外立法的雇主责任。

（二）用人者责任的要件

1. 须有用工关系存在。用工者要对其工作人员的行为负责，前提是两者之间存在特定的用工关系，如职务关系、劳务关系、雇佣关系、委托关系、合同关系等。判断双方是否存在用工关系，一般看双方是否签订了合同，雇员是否有报酬，是否提供劳务，是否受雇主的监督，是否受雇主指示执行职务活动等。如果没有合同，也没有报酬，是无偿的帮工，被帮工人又没有拒绝，帮工人在帮工活动中致他人损害，被帮工人视为用工者，也要负责任，如果明确拒绝，被帮工人不承担责任（《人身损害赔偿解释》第13条，已修改）。

2. 须有工作人员因执行工作任务造成他人损害的行为。用人者并非对其工作人员的一切行为负责，而是对工作人员在完成用人者授权或者指示范围内的生产经营活动、职务活动或其他劳务活动中的侵权行为负责。鉴于此，工作人员的行为须是违法行为，须有过错，须是执行职务或劳务活动。

执行工作任务或执行职务的行为有时确实不易判断，一般认为，应以用人者名义工作；依社会共同经验认为雇员的行为与雇主职务有关联，而且应从行为的内容，行为的时间、地点、场合以及雇主作为受益人的受益情况，是否与雇主有关联等多方面认定。雇员的行为超出授权范围，但其表现形式是履行职务或者与履行职务有内在联系的，应当认定为从事职务活动。

3. 须有损害后果。工作人员在执行用人单位职务活动中造成他人的财产和人身权损害后果。应当注意的是，雇主与雇员之间的责任关系存在几种情况：①雇主对雇员造成伤害；②雇员对雇主造成伤害；③他人对雇员伤害；④雇员对他人伤害；⑤雇员自己在工作中因自己的过失受到伤害。用人者责任中的损害后果是其工作人员给他人造成的，不是雇员自己受到损害，也不是雇员和用人者之间的伤害。

4. 工作人员在执行工作职务时的损害行为与损害结果之间有因果关系。《民法典》第1191条第1款“因执行工作任务造成他人损害”以及第1192条“因劳务造成他人损害”的规定，都表明，用人者承担替代责任的条件之一是雇员的损害行为与损害结果之间具有因果关系。

（三）免责要件

立法没有规定用人者责任的免责要件。根据责任要件可以推知这样的情形可免责：用人者对无用工关系的雇员不承担责任，雇员的非职务行为，雇员的职务行为与损害没有因果关系，损害完全是由受害人自己造成的。

（四）用人者责任的效力

根据我国法律的相关规定，用人者责任可分为不同类型：用人单位责任；劳务派遣中的用人单位责任；个人用工责任；义务帮工中被帮工人责任。由此，用人者责任的效力根据不同的用工类型有所区别：

1. 用人单位责任效力。“用人单位”是我国《劳动法》和《劳动合同法》上的特有概念。劳动法上的用人单位，是指法律允许招用和使用劳动力的单位和组织，包括国内的各类企业、个体经营组织、民办非企业单位，还包括国家机关、事业单位、社会团体以及各种合伙组织等，它们只要与劳动者订立了劳动合同，均可称为用人单位。但是《民法典》使用的用人单位比《劳动法》的范围更宽泛，它不限于《劳动合同法》领域的用人单位，其工作人员也不限于劳动者，还应包括公务员、参照公务员进行管理的其他工作人员。只要用人单位与其工作人员之间存在特定的用工关系，包括正式在编人员，也包括临时雇佣人员，都是侵权责任中所指的用人单位与其工作人员的关系。因此除了个人、家庭、农村承包经营户不能称为用人单位外，其余均统称为用人单位。

《民法典》第 1191 条第 1 款规定，用人单位的工作人员因执行工作任务造成他人损害的，由用人单位承担侵权责任。用人单位承担侵权责任后，可以向有故意或者重大过失的工作人员追偿。据此，用人单位承担的是一种替代责任。用人单位的责任是单独责任，即使工作人员因为故意或者重大过失导致他人受有损害的，对外仅以用人单位为唯一的侵权责任主体承担单独责任，而非连带责任。用人单位承担侵权责任后，对内可以向有故意或者重大过失的工作人员追偿。

2. 劳务派遣中的用人单位责任效力。劳务派遣中的责任是用人单位责任的特殊形式。劳务派遣中，派遣机构与被派遣员工订立劳动合同，将员工派遣到特定企业工作，劳动过程中受特定企业管理，劳动工资等由用工单位（接受劳务派遣的单位）提供给派遣机构，再由派遣机构支付给被派遣员工。可见，劳务派遣关系是劳务派遣单位（用人单位）、接受劳务派遣单位（实际用工单位）和被派遣劳动者三方当事人之间的关系。

如果被派遣工作人员在劳务派遣期间致他人损害，《民法典》第 1191 条第 2 款规定，劳务派遣期间，被派遣的工作人员因执行工作任务造成他人损害的，由接受劳务派遣的用工单位承担侵权责任；劳务派遣单位有过错的，承担相应的责任。据此规定，在劳务派遣期间，如果被派遣的工作人员在执行职务工作时造成他人损害的，由用工单位（接受劳务派遣的单位）承担责任，用工单位相当于新的雇主，承担无过错责任。劳务派遣单位有过错的，根据其过错承担相应的责任，即先由用工单位赔偿，如果受害人不向用工单位请求，而直接向派遣单位请求赔偿，劳务派遣单位享有先诉抗辩权，有权要求受害人追加用工单位为共同被告，并先向用工单位提出请求，派遣单位的相应责任仅按其过错程度确定，而非连带责任。

3. 个人用工责任效力。《民法典》第 1192 条规定："个人之间形成劳务关系，提供劳务一方因劳务造成他人损害的，由接受劳务一方承担侵权责任。接受劳务一方承担侵权责任后，可以向有故意或者重大过失的提供劳务一方追偿。提供劳务一方因劳务受到损害的，根据双方各自的过错承担相应的责任。提供劳务期间，因第三人的行为造成提供劳务一方损害的，提供劳务一方有权请求第三人承担侵权责任，也有权请求接受劳务一方给予补偿。提供劳务一方补偿后，可以向第三人追偿。"

为区别单位用工与个人用工的不同，立法使用了"个人之间形成的劳务关系"限定"个人用工"，以区别于用工者与工作人员之间具有广义"劳动关系"的单位用工，其实质仍是雇主与雇员间的关系，不同之处仅为雇主是个人，不是单位。个人劳务关系，如家庭或个人与钟点工、保姆、家教、家庭装修等个人之间形成的劳务关系。

依据我国立法规定，在个人劳务关系中造成的侵权责任效力是：①提供劳务一方因劳务致他人受害的，对外由接受劳务一方向受损害的人承担侵权责任。接受劳务一方承担侵权责任后，对内可以向有故意或者重大过失的提供劳务一方追偿。②提供劳务一方在劳务过程中自己受到损害的，根据提供劳务方和接受劳务方各自的过错承担相应的责任。③在提供劳务期间，因第三人的行为造成提供劳务一方损害的，受损害的提供劳务一方有权请求第三人承担侵权责任，也有权请求接受劳务一方给予补偿。提供劳务一方补偿后，可以向第三人追偿。

4. 义务帮工中被帮工人责任效力。《人身损害赔偿解释》（已修改）第13条规定："为他人无偿提供劳务的帮工人，在从事帮工活动中致人损害的，被帮工人应当承担赔偿责任。被帮工人明确拒绝帮工的，不承担赔偿责任。帮工人存在故意或者重大过失，赔偿权利人请求帮工人和被帮工人承担连带责任的，人民法院应予支持。"第14条规定："帮工人因帮工活动遭受人身损害的，被帮工人应当承担赔偿责任。被帮工人明确拒绝帮工的，不承担赔偿责任；但可以在受益范围内予以适当补偿。帮工人因第三人侵权遭受人身损害的，由第三人承担赔偿责任。第三人不能确定或者没有赔偿能力的，可以由被帮工人予以适当补偿。"

根据上述规定，义务帮工中被帮工人责任区分几种情形：

（1）帮工人致他人损害：①被帮工人承担无过错责任；②被帮工人明确拒绝帮工的，不承担责任；③帮工人存在故意或重大过失的，帮工人与被帮工人承担连带责任。

（2）第三人以外原因引起帮工人受害：①被帮工人承担无过错责任；②被帮工人明确拒绝帮工的，不承担责任，但可由被帮工人在受益范围内适当补偿，公平分担。

（3）第三人原因引起帮工人受害：①第三人承担侵权责任；②侵权人不能确定或者没有赔偿能力的，可以由被帮工人适当补偿。

（五）用人者责任的归责原则

对于用人者责任，我国适用的是无过错归责原则。我国立法并未采用大陆法系传统的类似于"但雇主对选任雇员及监督其执行职务已尽相当注意者，可不负赔偿责任"这样的表述。

适用无过错归责原则的理由是控制理论和报偿理论：让雇主承担无过错责任，有利于加强雇主对雇员的管理、监督，可以控制减少损害的发生；另外，雇主通过雇员的工作获利，出了风险雇主应承担责任，而不能把风险转移给雇员。

（六）定作人指示过失责任

1. 定作人指示过失责任的概念。定作人指示过失责任是指承揽人在执行承揽合同过程中，因执行定作人有过失的定作、指示或者选任而对第三人或者自己造成损害的，定作人应对其指示过失承担相应的过错责任。《民法典》第1193条规定："承揽人在完成工作过程中造成第三人损害或者自己损害的，定作人不承担侵权责任。但是，定作人对定作、指示或者选任有过错的，应当承担相应的责任。"这是《民法典》对定作人指示过失责任的规定。

承揽是承揽人按照定作人的要求完成承揽工作，定作人接受承揽人完成的工作成果并给付约定报酬的合同。在承揽合同中，承揽人是订立合同的独立一方，不是定作人的雇员。承揽人在提供劳务完成工作成果的过程中，只是按照承揽合同当事人约定的内容和定作人的标准独立完成一定的工作，而不需要接受定作人的具体指示，也不受定作人的支配。因此，承揽人在完成工作过程中造成第三人损害或者自己损害的，定作人不承担侵权责任。但是，当定作人对定作、指示或者选任有过失，承揽人因执行了定作人有过失的承揽事项，而致第三人或者承揽人自己受到损害时，定作人须承担相应的过错责任。

2. 定作人指示过失责任的构成要件。①定作人对定作、指示或者选任有过失。②承揽人因执行了定作人有过失的承揽事项。③须承揽人的行为构成侵权行为。④承揽人的行为须致第三人或者承揽人自己受到损害。

3. 定作人指示过失责任的承担。①损害结果完全是因定作人的过失造成，定作人负独立责任。②对损害结果定作人有过失，承揽人或者第三人也有过失的，定作人仅就自己的过失部分承担责任。

（七）用人者责任与相关责任的区别

1. 用人者责任与适用《中华人民共和国国家赔偿法》的公务侵权责任。两者的主要区别在于行为主体、责任要件、责任主体、依据的法律等方面。

2. 用人者责任与工伤事故责任。用人者责任是指工作人员在从事职务活动中致他人损害的，由用人者负赔偿责任。工伤事故责任是指依法参加工伤保险统筹的用人单位的劳动者在工作中自己受到人身损害，按《工伤保险条例》的规定处理。如果是第三人造成劳动者伤害的，可请求第三人赔偿。所以，工伤事故责任不是侵权行为法上的问题。如果没有参加保险，则由雇主承担责任。参加了工伤保险，受害方或其家属向法院请求用人单位赔偿的，法院不受理这类案件，告知其按《工伤保险条例》处理。可见，这两个责任具有先后顺序性和互补性。

3. 用人者责任与定作人指示过失责任。定作人指示过失责任外观上类似于用人者责任，但两者的本质区别是：用人者责任是为他人的行为负责，定作人指示过失责任，是定作人对自己的过失负责。

第三节 负有安全注意义务的特定主体不作为侵权责任

一、负有安全注意义务的特定主体不作为侵权责任的含义

侵权行为分为作为侵权和不作为侵权。因积极的行为侵害他人权利构成作为侵权行为；不作为侵权，须以作为义务的存在为前提。例如，基于合同、法律或公序良俗而有作为义务的，不履行上述义务时方可能构成不作为侵权。除此以外，基于侵权行为法旨在防范危险的原则，发生所谓的社会活动安全注意义务。例如，因从事一定营业或职业而承担防范危险义务的主体，未采取必要措施维护安全，即违反了作为的义务，构成不作为侵权。[1]

我国《民法典》从主体的角度规定了三类不作为侵权：①网络服务提供者对其支配的网络空间未尽安全保障义务的责任；②宾馆、商场、银行、车站等公共场所的管理人或群众性活动的组织者对其管理的范围未尽安全保障义务的责任；③幼儿园、学校或其他教育机构对其掌控的范围未尽安全注意义务的责任。可以看出，这三类主体均在特定领域从事对公众产生影响的活动，他们掌控的空间均是对他人开放的领域，他们负有避免和防止危险发生的安全注意义务，如果未尽注意义务，则构成不作为侵权。因此《民法典》以特定主体在特定领域内应承担的安全注意义务为基础，设计了特定主体的不作为侵权责任。

二、负有安全注意义务的特定主体不作为侵权责任的特点

1. 侵权责任主体的特定性。负有作为义务的不作为侵权类型很多，一般侵权和特殊侵权类型中都存在不作为侵权类型。我国《民法典》第1194~1201条是从负安全保障义务的特定主体的角度规定的不作为侵权，这类特定主体从事的职业与经营的活动是对社会公共安全有重要影响的职业与活动，法律特别要求这类特定主体对进入其支配空间的人和物负有安全交往、安全保障的注意义务。

2. 义务的特定性。网络服务提供者，公共场所管理者，群众性活动组织者，幼儿园、

---

〔1〕 参见王泽鉴：《侵权行为法》（第一册），中国政法大学出版社2001年版，第92~94页。

学校或其他教育机构所负担的作为义务为安全注意义务，该义务为法定义务，不限于合同义务，违反此种作为义务则构成不作为侵权，侵权责任人对与其有合同关系或无合同关系的一切受害人均须承担责任。

3. 适用过错归责原则。此类侵权的损害后果在有些情况下是由第三人的行为造成的，责任人的责任为间接责任，但此类特定主体的不作为侵权责任与前述监护人责任、用人者责任的替代责任不同，不作为侵权是对自己未尽注意义务的行为负责，是过错责任。如果能够证明此类主体没有采取必要措施而间接导致损害的发生，该特定主体则须对自己有过错的不作为侵权负责。

4. 责任形态的多样性。未尽安全注意义务的复杂性决定了此类责任效力的多样性。如果无第三人行为介入，损害后果是由特定主体未尽义务所致，则由特定主体单独承担责任；如果因第三人行为导致损害后果，负有安全注意义务的主体也未采取必要的防范措施，法律规定间接侵权人须承担连带责任或相应补充责任。

三、负有安全注意义务的特定主体不作为侵权责任的类型

（一）网络服务提供者不作为责任

1. 概念。网络服务提供者不作为责任是指网络服务提供者未能尽到网络安全注意义务，未能采取必要措施避免网络用户利用网络实施侵权行为而承担的不作为侵权责任。随着互联网的出现和发展，网络成为人们交往的空间和场所，人们可以利用网络从事购物、发信息、打电话、聊天、收视新闻及影视、写评论等多种活动，网络空间已成为人们交往的实际空间。网络服务提供者基于对网络空间的支配而负有安全保障义务，该义务与现实生活中的安全保障义务无本质区别。

基于网络侵权后果具有快速性和广泛传播性的特点，我国立法要求网络服务提供者承担作为的义务，以避免网络侵权的严重后果。《民法典》第 1194 条规定："网络用户、网络服务提供者利用网络侵害他人民事权益的，应当承担侵权责任……" 根据立法的规定，网络服务提供者自己利用网络侵权的，属于作为的直接侵权，应对自己的侵权承担直接侵权责任。

《民法典》第 1195 条和第 1197 条的规定为网络服务提供者的不作为侵权责任。第 1195 第 1 款和第 2 款规定："网络用户利用网络服务实施侵权行为的，权利人有权通知网络服务提供者采取删除、屏蔽、断开链接等必要措施。通知应当包括构成侵权的初步证据及权利人的真实身份信息。网络服务提供者接到通知后，应当及时将该通知转送相关网络用户，并根据构成侵权的初步证据和服务类型采取必要措施；未及时采取必要措施的，对损害的扩大部分与该网络用户承担连带责任。" 第 1197 条规定："网络服务提供者知道或者应当知道网络用户利用其网络服务侵害他人民事权益，未采取必要措施的，与该网络用户承担连带责任。"

2. 网络服务提供者不作为侵权责任构成要件。根据《民法典》的规定，网络服务提供者的不作为侵权责任构成要件如下：

（1）网络用户利用网络实施侵权行为。网络用户可以是自然人，也可以是法人，他们以网络服务为媒介实施侵权行为。

（2）网络用户的行为导致受害人损害。被侵权人因为网络用户的行为受到绝对权益的损害，例如，网络用户利用网络平台，故意传播不实信息，侵害他人名誉权；或者利用网络服务，故意传播计算机病毒，导致他人计算机软件或硬件损害，使他人计算机不能正常运行、数据丢失、个人隐私信息泄露等损害结果。

（3）网络服务提供者负有法定作为的义务而不作为。该不作为具体表现为：①网络用户利用网络实施侵权行为，被侵权人通知网络服务商采取删除、屏蔽、断开链接等必要措施。网络服务提供者接到通知后未及时采取必要措施。②网络服务提供者知道网络用户利用网络侵害他人权利，而未采取必要措施。

为了达到促使网络服务提供者采取必要措施的目的，法律要求被侵权人向网络服务提供者提供构成侵权的初步证据及权利人的真实身份信息。网络服务提供者接到被侵权人的通知后，应当及时将该通知转送相关网络用户，并根据构成侵权的初步证据和服务类型采取包括删除、屏蔽、断开链接、暂时中止对该网络用户提供服务等必要措施。未采取必要措施，构成网络服务提供者的不作为。

（4）网络服务提供者的不作为与损害结果有因果关系。

（5）网络服务提供者的行为有过错。《民法典》第1197条指出，“网络服务提供者知道或者应当知道网络用户利用其网络服务侵害他人民事权益，未采取必要措施的，与该网络用户承担连带责任”这里的“知道或者应当知道”是一种主观认知状态，即网络服务提供者应负有维护网络安全、制止侵权发生的注意和保护义务，但未尽注意义务，未采取必要措施，放任侵害结果的发生，网络服务提供者的行为既有过错，也违法。

3. 网络服务提供者的责任承担。

（1）网络用户、网络服务提供者利用网络侵害他人民事权益的，应当承担侵权责任。

（2）网络服务提供者接到通知后未及时采取必要措施的，对损害的扩大部分与该网络用户承担连带责任。但是，如果网络用户接到网络服务提供者转送的权利人主张侵权和采取必要措施的通知后，可以向网络服务提供者提交不存在侵权行为的声明。声明应当包括不存在侵权行为的初步证据及网络用户的真实身份信息。网络服务提供者接到声明后，应当将该声明转送发出通知的权利人，并告知其可以向有关部门投诉或者向人民法院提起诉讼。网络服务提供者在转送声明到达权利人后的合理期限内，未收到权利人已经投诉或者提起诉讼通知的，网络用户不承担责任，网络服务提供者也应当及时终止所采取的措施。

权利人因错误通知造成网络用户或者网络服务提供者损害的，应当承担侵权责任。法律另有规定的，依照其规定。

（3）网络服务提供者知道或应当知道网络用户利用其网络服务侵害他人民事权益，未采取必要措施的，与该网络用户承担连带责任。

（二）公共场所的经营者、管理者或群众活动组织者不作为的责任

1. 概念。公共场所的管理者或群众活动组织者不作为的责任是指宾馆、商场、银行、车站、娱乐场所等经营场所、公共场所的经营者、管理者或群众性活动的组织者，未尽合理范围内的安全保障义务致他人损害所应承担的侵权责任。日常生活中时有这样的情况发生：在宾馆居住财物被盗；在银行存取钱，钱被抢、人被伤；去超市购物遭遇踩踏；等等。

我国《民法典》第1198条规定：“宾馆、商场、银行、车站、机场、体育场馆、娱乐场所等经营场所、公共场所的经营者、管理者或者群众性活动的组织者，未尽到安全保障义务，造成他人损害的，应当承担侵权责任。因第三人的行为造成他人损害的，由第三人承担侵权责任；经营者、管理者或者组织者未尽到安全保障义务的，承担相应的补充责任。经营者、管理者或者组织者承担补充责任后，可以向第三人追偿。”

2. 责任构成要件。根据《民法典》的规定，公共场所的经营者、管理者或组织者承担不作为责任的构成要件如下：

（1）责任主体是公共场所的经营者、管理者和群众性活动的组织者，包括自然人、法

人和其他组织。他们对其支配的场所负有安全保障义务。

（2）未履行法定安全保障义务。安全保障义务主要体现在对“物”和对“人”上。对物的安全保障义务应是经营者、管理者或组织者对其所经营、管理控制的场所、设备、配套设施、运输工具等的安全性负有的保障义务。对人的安全保障就是对这些场所可能出现的各种危险情况要有相适应的有效预警，包括设置各种警告，履行指示说明、通知、组织、看守、保护等义务，以防他人遭受损害。未履行上述义务，则为不作为。

（3）有人身和财产损害事实。

（4）损害事实与未履行安全保障义务间有因果关系。如果未尽合理限度范围内的安全保障义务，造成受害人人身与财产损害，而且未尽安全保障义务与损害事实有因果关系，就应承担赔偿责任。

（5）安全保障义务人有过错。

3. 责任承担。①在没有第三人行为介入的情况下被保护人受到损害，未尽安全保障义务的人承担单独责任。②因第三人行为造成被保护人损害，由实施侵权行为的第三人承担责任。③因第三人行为造成被保护人损害，安全保障义务人有过错的，须在其未能防止或者制止损害的范围内承担相应的补充赔偿责任。安全保障义务人承担责任后，可以向第三人追偿。

（三）幼儿园、学校或其他教育机构的不作为责任

1. 概念。教育机构的责任是指幼儿园、学校或其他教育机构未尽教育管理职责，导致无行为能力人和限制行为能力人在其机构学习和生活期间受到人身损害，该教育机构应承担侵权责任。

《民法典》第1199条规定：“无民事行为能力人在幼儿园、学校或者其他教育机构学习、生活期间受到人身损害的，幼儿园、学校或者其他教育机构应当承担侵权责任；但是，能够证明尽到教育、管理职责的，不承担侵权责任。”第1200条规定：“限制民事行为能力人在学校或者其他教育机构学习、生活期间受到人身损害，学校或者其他教育机构未尽到教育、管理职责的，应当承担侵权责任。”第1201条规定：“无民事行为能力人或者限制民事行为能力人在幼儿园、学校或者其他教育机构学习、生活期间，受到幼儿园、学校或者其他教育机构以外的第三人人身损害的，由第三人承担侵权责任；幼儿园、学校或者其他教育机构未尽到管理职责的，承担相应的补充责任。幼儿园、学校或者其他教育机构承担补充责任后，可以向第三人追偿。”

2. 教育机构责任的构成要件。根据《民法典》的上述规定，教育机构承担侵权责任的要件如下：

（1）欠缺民事行为能力人在教育机构学习和生活期间受到人身损害。该人身损害应包括孩子相互之间的损害，老师对孩子的损害，孩子自身受到损害以及第三人对孩子造成损害等。

（2）教育机构未尽到教育、管理义务。该义务应与安全保障义务性质相同，即未能在自己控制的范围内采取一切措施避免和防止危险的发生。

（3）教育机构的不作为与损害事实之间有因果关系。

（4）教育机构具有过错。教育机构的责任与监护人的责任不同。监护人的责任为无过错责任。教育机构与学生、幼儿之间不是监护关系，教育机构的不作为侵权责任是对自己的过错行为负责。

3. 责任承担。

（1）无行为能力人在教育机构学习、生活期间受到人身损害，教育机构承担推定过错责任，如果教育机构能够证明尽到教育、管理义务的，不承担责任。

（2）限制行为能力人在教育机构学习、生活期间受到人身损害，教育机构承担过错责任。

（3）无行为能力人、限制行为能力人在教育机构学习、生活期间受到教育机构以外的第三人人身损害的，由侵权人承担责任；教育机构有过错的，承担相应的补充责任。承担补充责任后，可以向第三人追偿。

《民法典》在特殊侵权类型中关于责任主体的部分规定了当第三人造成他人损害时的补充责任，如在违反安全保障义务的责任中，因第三人的行为造成他人损害的，第三人承担责任，经营者、管理者或者组织者承担相应的补充责任。学校、幼儿园等教育机构的孩子在教育机构学习、生活期间受到教育机构以外的第三人人身侵害，学校、幼儿园等教育机构承担相应的补充责任。

从立法对补充责任规定的情形可以看出，补充责任是指侵权行为责任由直接加害人或其他负有责任的人承担，在能够确定加害人时，由直接加害人或其他负有责任的人承担责任，补充责任人不承担责任。只有在加害人无法确定或者其资力不足以承担全部责任时，补充责任人在未能防止或制止损害的范围内承担过错责任。补充责任人承担了补充责任后，对直接加害人或其他负有责任的人有追偿权。

补充责任的核心是补充，既包括程序意义上的补充，也包括实体意义上的补充。程序意义上的补充是指顺序的补充，即直接责任人承担的赔偿责任是第一顺序的责任，补充责任人的赔偿责任是第二顺序的责任。补充责任的顺序至关重要，其目的是赋予补充责任人先诉抗辩权，如果赔偿权利人单独起诉补充责任人，则补充责任人可以要求原告追加直接责任人为共同被告。程序意义上的补充排除了补充责任人和直接责任人承担连带责任的可能性。

实体意义上的补充是指补充责任的赔偿数额是补充性的，其赔偿数额的大小，取决于直接责任人承担的赔偿数额的多少以及补充责任人的过错程度。如果补充责任人的过错程度足以涵盖受害人的全部损失，而直接责任人无力承担任何责任，则侵权补充责任人应当承担全部损失；如果补充责任人的过错程度不足以涵盖受害人的全部损失，则不论直接责任人有无能力承担全部或者部分责任，侵权补充责任人仅在其过错相当的范围内承担责任，至于受害人能否获得全部赔偿与补充责任人无关，补充责任人仅负有限补充责任。如果直接责任人承担了全部责任，补充责任人不承担责任。“承担了补充责任后，补充责任人获得对加害人或者其他赔偿义务人的追偿权。这样可以在最后找到了第一责任人或者第一责任人恢复赔偿能力后，通过行使追偿权，保护补充责任人的利益，实现第一责任人与补充责任人之间的利益平衡。”[1]

以上是从主体的角度研究间接侵权，下面从物件致害的角度研究责任人与致害物的关系。物件致人损害的“物”，从广义上说，均为危险物，当这些危险物致人损害时，危险物的所有者、占有者应承担责任，因此，危险物侵权也称物件保有者的责任。致人损害的物，可分为两类：工业灾害危险物和工业灾害以外的危险物，对这两类物致害，法律适用的归

---

[1] 张新宝：《侵权责任法立法研究》，中国人民大学出版社 2009 年版，第 243~244 页。

责方式有所区别，以下分别研究。

第四节　工业灾害危险物侵权责任

这类侵权的出现是社会生产力、生产方式发展的结果。科技进步给人类生活带来巨大便利和利益的同时，也给人类生存带来无时不在的风险，然而不能因为有风险就不生产、不发展。法律作为社会关系的调节器，通过立法尽力控制、预防风险的发生，并在风险发生后，对受害人利益予以赔偿和保护。

工业灾害危险物侵权责任的主要特点是：致害源为工业危险物，风险分配是此类责任的理念，以无过错原则为基本归责原则。此类侵权责任类型有：高度危险责任、环境污染和生态破坏责任、产品责任、机动车交通事故责任。

一、高度危险责任

（一）高度危险责任概述

1. 高度危险责任概念。高度危险责任是指我国立法予以特别规范的从事高度危险作业和掌控高度危险物的所有人或持有人，因危险事故的发生所承担的损害赔偿责任。我国《民法典》第1236条规定："从事高度危险作业造成他人损害的，应当承担侵权责任。"这是我国立法对高度危险责任的原则性规定。

高度危险责任属于危险责任的一种，危险责任是德国法上的概念，是指"特定企业、特定装置、特定物品的所有人或持有人，在一定条件下，不问其有无过失，对于因企业装置、物品本身所具危害而生之损害，应负赔偿责任"〔1〕。德国法上的危险责任范围较广，包括火车、汽车、动物、电气、煤气、航空、矿产、药品、原子能设备、环境污染等，并具有继续扩展的趋势。我国《民法典》中的高度危险责任仅为危险责任中的某些类型。

关于高度危险责任，过去仅有《民法通则》（已失效）一个条文的规定，《民法通则》（已失效）第123条规定："从事高空、高压、易燃、易爆、剧毒、放射性、高速运输工具等对周围环境有高度危险的作业造成他人损害的，应当承担民事责任；如果能够证明损害是由受害人故意造成的，不承担民事责任。"之后的《侵权责任法》（已失效）和现在的《民法典》用9个条文规定了高度危险责任，细化了责任类型和相应的抗辩事由。

2. 高度危险责任特点。根据《民法典》的相关规定，高度危险责任的特点如下：

（1）适用无过错归责原则。之所以适用无过错责任原则，原因在于：责任人运营某套高度危险设备、使用某危险物或从事某一危险活动和进行高度危险作业，而这些设备、物、作业或活动本身即包含着潜在的巨大危险，所以，责任人的行为就创设了一个特别的风险。当这种危险成为现实时，责任人则应当对由此而发生的损失进行赔偿。在危险责任中，并不涉及责任人的作为或不作为是否违法和有过错，并且，不受过错的影响也恰恰是危险责任制度的特点。据此，危险责任是在寻求对允许从事危险行为的一种合理平衡。〔2〕

（2）从事高度危险作业或高度危险物的掌控与损害事实之间有因果关系是高度危险责任的基本构成要件。特殊的归责原因使得高度危险责任的构成要件与过错责任不同，即不

---

〔1〕［德］卡尔·拉伦茨："德国法上损害赔偿之归责原则"，转引自王泽鉴：《民法学说与判例研究》（五），中国政法大学出版社1998年版，第262页。

〔2〕参见［德］马克西米利安·福克斯：《侵权行为法》，齐晓琨译，法律出版社2006年版，第256页。

以“违法性”和“过错”为要件，只要因该危险作业活动和危险物造成他人损害后果，即构成侵权。

（3）责任人为危险作业和危险物的保有者。保有者是利用危险作业和危险物谋得利益的人，具体而言，责任人为危险作业活动和危险物的所有者、持有者、经营者、管理者等，而非具体作业的操作人。

（4）抗辩事由依高度危险责任的具体类型由立法严格限定。基本抗辩事由是受害人故意，不可抗力为例外的抗辩事由。高度危险责任的一般免责或减责理由是，受害人未经许可进入危险活动区域或高度危险物存放区域受到损害，管理人能够证明已经采取足够安全措施并尽到充分警示义务的，可以减轻或者不承担责任。

（5）存在最高赔偿限额的限制。《民法典》第1244条规定，承担高度危险责任，法律规定赔偿限额的，依照其规定，但是行为人有故意或者重大过失的除外。

3. 高度危险责任类型。《民法典》将高度危险责任分为两类：①高度危险活动责任；②高度危险物责任。

高度危险活动责任又可分为三类：①民用核设施发生核事故致人损害责任；②民用航空器致人损害责任；③从事高空、高压、地下挖掘活动或者使用高速轨道运输工具致人损害责任。

高度危险物责任又分为三类：①易燃、易爆、剧毒、放射性等高度危险物致人损害责任；②遗失抛弃危险物致人损害责任；③非法占有高度危险物致人损害责任。

（二）高度危险活动致人损害责任

1. 民用核设施发生核事故致人损害责任。民用核设施致人损害责任是指为和平目的而建的各类非军用核动力厂，核反应堆，核燃料生产、加工设施以及放射性废物处理设施等核设施发生核事故或者运入运出核设施的核材料发生事故，造成他人人身、财产或环境损害的，民用核设施的营运单位应当承担侵权责任。根据《民法典》第1237条的规定，如果能够证明损害是因战争、武装冲突、暴乱等情形或者受害人故意造成的，不承担责任。

2. 民用航空器致人损害的责任。民用航空器致人损害责任是指除执行军事、海关、警察飞行任务外的，具有民用目的的各类民用飞机、飞船等高速运载航空器发生危险致人损害时，民用航空器的经营者应当承担侵权责任。根据《民法典》第1238条的规定，如果能够证明损害是因受害人故意造成的，不承担责任。

3. 高空、高压、地下挖掘活动或者使用高速轨道运输工具致人损害责任。这是指高度危险作业活动造成他人损害的责任。高空作业指的是在建筑、设备、作业场所、工具、设施等高部位作业，如高空建筑，高空维修，高空安装，高空美化、装饰，高空清洗等，这些作业具有可能坠落的危险，不仅作业人本人可能因坠落造成伤亡，而且在高空作业中，可能因作业工具、材料、设备脱落或人员坠落造成他人或其他建筑物、财产损害。高压，根据《最高人民法院关于审理触电人身损害赔偿案件若干问题的解释》（已失效），包括1千伏（KV）及其以上电压等级的高压电。高压作业，则是以高压制造、储藏、运送电力、液体、煤气、蒸汽等气体的对周围环境有高度危险的作业。地下挖掘活动是指地下挖煤、采矿，以及地下建筑、地下管道铺设等具有高度危险性的地下挖掘、开采活动。高速轨道运输工具是指以火车速度为标准的高速轨道运输工具。上述高度危险作业活动致人损害，对高度危险作业的设备拥有支配权并享受运营利益的经营者应承担侵权责任。根据《民法典》第1240条的规定，如果能够证明损害是由受害人故意或者不可抗力造成的，不承担责任。被侵权人对损害的发生有重大过失的，可以减轻经营者的责任。

(三) 高度危险物致人损害

1. 占有或使用易燃、易爆、剧毒、高放射性、强腐蚀性、高致病性等高度危险物致人损害责任。该责任是指对易燃、易爆、剧毒、高放射性、强腐蚀性、高致病性等对周围环境有高度危险物的占有人或者使用人，在实际控制和掌握危险物的过程中致他人损害，或者在制造、加工、使用、利用该危险物时造成他人人身和财产损害后果时，该危险物的占有人或使用人应当承担侵权责任。《民法典》第1239条规定，能够证明损害是因受害人故意或者不可抗力造成的，不承担责任。被侵权人对损害的发生有重大过失的，可以减轻占有人或者使用人的责任。

2. 遗失、抛弃高度危险物致人损害责任。该责任是指高度危险物的所有人或管理人非基于本人的意思丧失对该危险物的占有，或者基于放弃危险物的意思表示抛弃危险物而丧失对该物的占有时，该遗失或抛弃的危险物造成损害他人的后果，所有人或管理人应承担责任。《民法典》第1241条规定："遗失、抛弃高度危险物造成他人损害的，由所有人承担侵权责任。所有人将高度危险物交由他人管理的，由管理人承担侵权责任；所有人有过错的，与管理人承担连带责任。"如所有人将高度危险物交由他人管理时，未履行必要的告知或注意义务，即所有人有过错。

3. 非法占有高度危险物致人损害责任。此责任是高度危险物被他人非法占有期间，危险物致他人人身或财产损害后果时，均由该非法占有人承担侵权责任。《民法典》第1242条规定，所有人、管理人不能证明对防止非法占有尽到高度注意义务的，与非法占有人承担连带责任。《民法典》强调了高度危险物的所有人、管理人负有对该危险物的"高度注意义务"，应采取足够谨慎的措施保证高度危险物的安全，如果未尽到高度注意义务，失去对高度危险物的控制造成他人损害，不仅非法占有人要承担侵权责任，危险物的所有人、管理人也要与非法占有人承担连带责任。

(四) 高度危险场所的安全保护责任

《民法典》第1243条规定："未经许可进入高度危险活动区域或者高度危险物存放区域受到损害，管理人能够证明已经采取足够安全措施并尽到充分警示义务的，可以减轻或者不承担责任。"该条是高度危险场所的安全保护责任，也是管理人减免责的事由。

二、环境污染和生态破坏责任

(一) 环境污染与生态破坏侵权的概念

现代立法中，环境污染侵权是指由于生产、科研、生活及其他活动向人类生存环境排放废水、废气、废渣、粉尘、垃圾等有害物以及噪声、恶臭等其他有害因素致人损害的行为。环境污染是由人类的活动引起的，自然灾害虽然也会引起环境质量下降，但不属于环境污染责任规制的范围。应承担环境污染责任的污染行为须是已经影响到人类的生存和发展，达到对生态系统和人身及财产重大不利的程度。

(二) 环境污染与生态破坏侵权责任构成要件

1. 有污染环境与生态破坏的行为。污染环境的行为往往是加害人排污以后，污染物通过空气、水、土壤等环境要素的渠道致使他人人身和财产权益受到侵害。而且污染源和致人损害的过程具有复杂性、长期性、潜伏性等特点，损害结果往往是基于多种因素长期积累后逐渐形成的。污染环境与生态破坏的行为是否须以违法性为必要要件？例如，某些排污行为并未违反国家规定的排污标准，是否就不承担赔偿责任？应该看到，环境污染责任是一种危险责任，而非过错责任，即使排污者的排污行为没有违反国家规定的排污标准，但其行为实质已污染环境致他人损害的，仍应负赔偿责任。

2. 须有环境污染、造成生态环境损害的事实。损害事实除了污染环境造成他人人身和财产权益损害的结果，还应包括污染环境的行为给他人的人身和财产权益构成威胁，存在现实的危险。

3. 污染环境行为与污染损害事实之间有因果关系。我国环境保护法律法规对环境污染责任的因果关系证明采取了举证责任倒置的模式，《民法典》第1230条规定，因污染环境、破坏生态发生纠纷，行为人应当就法律规定的不承担责任或者减轻责任的情形及其行为与损害之间不存在因果关系承担举证责任。因此，在环境污染、破坏生态责任中，由污染者、破坏生态者就行为与损害之间不存在因果关系进行举证。只有证明其污染环境的行为与损害之间没有因果关系时，才不承担责任。

（三）责任承担

1. 侵权人的单独责任。《民法典》第1229条规定，因污染环境、破坏生态造成他人损害的，侵权人应当承担侵权责任。对于环境污染、破坏生态单独侵权而言，由侵权人单独承担无过错责任。

2. 数个侵权人的责任。环境污染、破坏生态侵权行为中，往往存在数个侵权人污染环境、破坏生态造成同一损害结果的现象，数人的侵权行为可构成共同侵权、共同危险侵权或者无意思联络的数人侵权等。《民法典》第1231条规定："两个以上侵权人污染环境、破坏生态的，承担责任的大小，根据污染物的种类、浓度、排放量，破坏生态的方式、范围、程度，以及行为对损害后果所起的作用等因素确定。"换言之，如果能够根据污染物的种类、排放量，破坏生态的方式、范围、程度，以及行为对损害后果所起的作用等因素确定各污染者的责任，那么，数个污染者造成损害的责任是按份责任。如果责任后果不能区分，应为连带责任。

3. 第三人原因的责任。环境污染、破坏生态的损害结果是由第三人的过错造成时，依据《民法典》第1233条规定："因第三人的过错污染环境、破坏生态的，被侵权人可以向侵权人请求赔偿，也可以向第三人请求赔偿。侵权人赔偿后，有权向第三人追偿。"根据这一规定，因第三人过错造成环境污染、破坏生态损害的，受害人有损害赔偿请求的选择权，受害人既可以向侵权人请求赔偿，也可以向第三人请求赔偿。如果受害人向侵权人请求赔偿，侵权人不能以损害是由第三人的过错造成的，向受害人提出免责的抗辩，而应先赔偿损失，然后向第三人追偿。立法的这一规定，是从保护受害人的目的出发，允许受害人根据赔偿能力的强弱选择第三人或者污染者要求赔偿，以获取充分救济。

4. 污染环境、破坏生态的惩罚性赔偿责任。《民法典》第1232条规定："侵权人违反法律规定故意污染环境、破坏生态造成严重后果的，被侵权人有权请求相应的惩罚性赔偿。"根据《民法典》的规定，承担污染环境、破坏生态的惩罚性赔偿责任的要件是：①侵权人主观上故意。②行为违反法律规定。③污染环境、破坏生态造成严重后果。④污染环境、破坏生态的故意行为与严重后果有因果关系。

5. 侵权人的修复责任。《民法典》第1234条规定："违反国家规定造成生态环境损害，生态环境能够修复的，国家规定的机关或者法律规定的组织有权请求侵权人在合理期限内承担修复责任。侵权人在期限内未修复的，国家规定的机关或者法律规定的组织可以自行或者委托他人进行修复，所需费用由侵权人负担。"

6. 侵权人赔偿损失和相关费用的责任。根据《民法典》第1235条的规定，违反国家规定造成生态环境损害的，国家规定的机关或者法律规定的组织有权请求侵权人赔偿下列损失和费用：①生态环境受到损害至修复完成期间服务功能丧失导致的损失；②生态环境功能永久性损害造成的损失；③生态环境损害调查、鉴定评估等费用；④清除污染、修复生态环境费用；⑤防止损害的发生和扩大所支出的合理费用。

（四）抗辩事由

《民法典》作为一般法很难对污染环境、破坏生态的情况确定统一的免责和减责事由。《民法典》第1230条规定，因污染环境、破坏生态发生纠纷，行为人应当就法律规定的不承担责任或者减轻责任的情形及其行为与损害之间不存在因果关系承担举证责任。目前，我国有不少关于环境保护的单行法。例如，《中华人民共和国环境保护法》《中华人民共和国水污染防治法》《中华人民共和国大气污染防治法》《中华人民共和国海洋环境保护法》等单行法。由于环境污染的复杂性，各单行法对不同的污染环境的行为规定了范围和程度不同的减责或免责事由。按照特别法优于一般法的原则，在减责或免责的事由上，先适用特别法的规定。

三、产品责任

（一）产品缺陷致人损害的概念

产品缺陷致人损害是指由于产品有缺陷，造成消费者、使用者或者第三人的人身和财产损害的行为，该行为应由产品的制造者、销售者等承担侵权责任，这一责任也称为“产品责任”。因有缺陷的产品致人损害，责任人承担的也是对物件致害的责任。

关于产品责任，我国立法过去规定得较为分散，《产品质量法》《消费者权益保护法》均有关于产品责任的规范，由于法律规定不统一，在适用中对产品责任如何归责，理解不一。《民法典》以6个条文规定了产品责任，为解决产品责任纠纷的一般法律依据。

（二）产品责任不同于违约责任

在研究产品缺陷致人损害的侵权行为时，应注意与违约行为区别开。早期的产品责任属于合同责任，不属于侵权责任。直至各国普遍制定产品责任法之后，产品责任才由合同责任转为侵权责任。把产品侵权由合同责任归为侵权责任，体现了各国立法价值取向的转变。一般的合同责任，保护的是债权的实现。而产品责任保护的不是个别人的债权，而是消费者的人身权和财产权，特别是公众的生命和健康权，解决的是在生产技术高度发达的社会中如何才能更有效地维护社会安全和公平的问题。将有缺陷的产品致人损害归为侵权行为，表明了产品责任法律规范不仅仅是对违反特定给付义务的违约行为予以制裁，而且要保护广大消费者的生命健康权、人身权和财产权。产品责任作为一种特殊的侵权责任，具有两层含义：

1. 产品责任是侵权责任，不是违反合同的责任。因为产品质量缺陷造成人身、财产损害的，可能加害人与受害人之间存在合同关系，也可能不存在合同关系。因此，产品责任不以加害人与受害人之间存在合同关系为前提，而是基于产品缺陷造成他人损害这一事实而产生。因此，无论是与该产品有合同关系的消费者、用户，还是无合同关系的第三人，只要因产品缺陷造成损害，受害人均可要求赔偿。而违约责任的承担须以当事人之间存在合同关系为前提。

2. 产品责任适用无过错责任的归责原则。受害人无须证明加害人有过错，只需要证明产品缺陷、损害事实以及缺陷产品的使用与损害之间的因果关系即可。而违约责任的归责原则是过错与严格责任相结合。产品责任在构成要件、免责事由、责任承担上均与违约责任有所区别。

（三）产品责任的构成要件

1. 产品须有缺陷。各国产品责任法对产品均有明确的界定。《欧共体产品责任指示规定》规定，产品是指各种动产，但初级农业产品及猎获物排除在外，即使它们与其他动产或不动产相附着，也不属于产品责任法上的“产品”。初级农产品，是指经初加工的从土壤产出的产品、牧业和渔业产品。电力属于产品。在美国，产品是指一切商品、货物、消费品以及它们的零部件。

我国《产品质量法》第2条第2款规定：“本法所称产品是指经过加工、制作，用于销售的产品。”由于产品要求经过加工、制作，而初级农产品一般未经过加工、制作，不认为是产品，但专门作为良种销售的农产品应认定为产品，因为专门作为良种销售的农产品存在缺陷往往会造成重大损害。根据国际惯例，不动产（土地、房屋）不宜作为产品，其存在缺陷的，往往适用一般侵权行为规则或专门法调整。

产品责任中的缺陷，是指产品存在危及人身、他人财产安全的不合理的危险，不符合国家法定的强制性标准。缺陷包括：设计缺陷、制造装配缺陷、营销缺陷（欠缺对使用方法、产品用途适当的警示与说明）。设计缺陷是制造者在设计产品时，产品的结构、配方等方面存在不合理的危险。制造缺陷是在工艺流程的某个环节可能出现危及人身、财产安全的不合理危险。例如，儿童玩具制造中用了某种胶，使婴幼儿在玩玩具时中毒。营销缺陷是指没有提供警示说明或适当的警示或说明。国外有些公司用叹号或用黑框标识，并将剧毒品用骷髅标识，这样在使用、运输和仓储时都会引起注意。如果有警示说明，消费者、使用者无视警示说明，不按说明用途使用而受到损害的，不认为是产品有缺陷。

2. 有缺陷的产品造成人身或财产的损害事实。有缺陷的产品与合同法上的瑕疵产品不同，有缺陷的产品存在安全上的质量问题，造成了受害人合同产品以外的人身或财产等固有利益的绝对权损害，适用侵权法，当事人因产品缺陷要求损害赔偿的诉讼时效为2年。瑕疵产品主要是产品存在不合标准的质量问题，侵犯了合同当事人的信赖利益和履行利益，致当事人对合同产品的相对权受损害，依合同法由销售者负责修理、更换、退货以及赔偿损失，当事人因产品瑕疵请求赔偿的诉讼时效为1年。

3. 产品缺陷与受害人的损害事实之间有因果关系。受害人人身和财产的损害事实是有缺陷的产品导致的损害后果。

（四）责任承担

1. 产品的生产者与销售者均为责任主体，受害人有选择权，可以向产品的生产者或销售者请求损害赔偿。产品缺陷多数情况下是在生产过程中出现的，生产者承担无过错责任。但受害人有时不知道生产者，只知道销售者，为了方便受害人行使请求权，《民法典》第1202条规定，因产品存在缺陷造成他人损害的，生产者应当承担侵权责任。第1203条第1款规定，因产品存在缺陷造成他人损害的，被侵权人可以向产品的生产者请求赔偿，也可以向产品的销售者请求赔偿。立法实质上确定了生产者与销售者的连带责任。即使产品缺陷造成损害是生产者的原因导致，但当受害人向生产者或销售者任何一方主张请求权时，责任主体均有义务全部赔偿。

2. 生产者、销售者相互间享有追偿权。虽然法律规定受害人享有对生产者或销售者的赔偿请求权，但并不等于最终的责任人就是受害人请求赔偿的人。根据《民法典》第1203条第2款的规定，如果产品缺陷由生产者造成，销售者赔偿后，有权向生产者追偿。如果因销售者的过错使产品存在缺陷的，生产者赔偿后，有权向销售者追偿。

可以看出，对于受害人而言，责任人承担的是无过错责任。受害人无须举证证明生产者或销售者谁有过错。而在内部追偿权上，销售者向生产者追偿的责任性质为无过错责任。而生产者向销售者追偿的责任性质为过错责任。换言之，销售者只要证明产品缺陷由生产者造成，而且自己已向受害人承担了赔偿责任即可向生产者追偿。而生产者则需证明产品缺陷致人损害是因销售者的过错造成的，方可向销售者追偿。如果赔偿的人，也正是造成损害结果的人，自然不存在追偿的问题。至于销售者、生产者之间的内部责任如何划分和追偿，不影响受害人选择被告。

3. 产品缺陷致人损害是因运输者、仓储者等第三人的过错引起的，产品的生产者、销售者赔偿后，有权向第三人追偿。运输者、仓储者等第三人的责任是过错责任。

根据《民法典》第1204条的规定，即使产品缺陷致人损害是因运输者、仓储者等第三人的过错引起的，产品的制造者、销售者为直接责任主体，有过错的运输者和仓储者是间接责任主体。受害方可以向生产者（制造者）请求赔偿，也可以向销售者请求赔偿，还可以将制造者和销售者作为共同被告请求赔偿，而不能直接向有过错的运输者、仓储者请求赔偿。产品的制造者或者销售者赔偿后，有权向运输者、仓储者等第三人追偿。我国法律把销售者与生产者共同作为责任主体是有积极意义的，因为消费者在购买商品时，有的没有注意生产厂家是谁，有时产品甚至没有标明生产厂家的厂名和厂址，把销售者作为被告，便于保护受害人。

有时某一产品是由多个厂家合作生产的，应该找最终产品的生产者，因为它对产品的质量有最终的控制力，而提供配件和原料的厂家一般不是最终产品的生产者。有的时候，生产同类商品有多个生产者，受害人能证明损害是由某缺陷产品引起的，但难以确定生产同类产品的生产者是谁。在这种情况下，可以把这些生产者都确定为被告，任何一个被告除非能证明自己的产品未被受害人使用，才能免责；如果不能证明，则各被告根据自己的产品在市场所占的份额承担赔偿责任。

提出损害赔偿的请求权人，可以是与销售者存在买卖合同关系的用户、消费者，也可以是没有合同关系的第三人。这样既可以公平地保护无辜的第三人，还可以减少诉讼环节，不必让自身未受损害的购买者因第三人的损害而卷入诉讼。当然，如果是由购买者的过错导致产品事故的，则另当别论。

（五）免责事由

我国《产品质量法》规定，生产者能证明下列情形之一的，不承担赔偿责任：①未将产品投入流通的。②产品投入流通时，引起损害的缺陷尚不存在的。③将产品投入流通时的科学技术水平尚不能发现缺陷存在的。④其他免责条件：受害人过失；在有警示说明时，非正常性使用或错误使用；使用过期的产品。

（六）产品责任的具体形态

1. 赔偿损失。赔偿损失是产品责任的基本形式，适用于因产品缺陷造成他人人身和财产损害后果时。

2. 排除妨碍、消除危险。《民法典》第1205条规定，因产品缺陷危及他人人身、财产安全的，被侵权人有权请求生产者、销售者承担停止侵害、排除妨碍、消除危险等侵权责任。如果产品有缺陷，虽然没有发生实际损害后果，但有致人损害和财产损害的危险可能性，而且继续使用有缺陷的产品有可能危及他人人身及财产安全，则可请求排除妨碍、消除危险，其前提是需证明缺陷产品存在安全隐患。

3. 产品售后警示、召回义务。依据《民法典》第1206条的规定，产品投入流通后，发现产品存在缺陷，生产者、销售者应当及时采取停止销售、警示、召回等补救措施；未及时采取补救措施或者补救措施不力造成损害扩大的，对扩大的损害也应当承担侵权责任。依据前款规定采取召回措施的，生产者、销售者应当负担被侵权人因此支出的必要费用。

4. 惩罚性赔偿。惩罚性赔偿是指行为人明知产品有缺陷仍然生产、销售，或者没有及时采取停止销售、警示、召回等补救措施，造成他人死亡或者健康严重损害的，受害人可以获得的除实际损害赔偿金之外的损害赔偿金。根据《民法典》第1207条的规定，适用惩罚性的赔偿的条件是：①侵权人具有主观过错，即明知产品有缺陷仍然生产、销售致人损害。②没有及时采取停止销售、警示、召回等补救措施。③造成受害人死亡、健康严重受损。④有过错的违法行为与损害事实之间有因果关系。

四、机动车交通事故责任

（一）机动车交通事故责任的概念

从侵权行为法的角度观之，机动车交通事故责任，是指因在道路上驾驶机动车，过失或意外造成他人人身伤亡、财产损失而应当承担的侵权责任。事故是产生责任的法律事实。道路、机动车和交通事故是判断是否存在机动车交通事故责任的构成要素，缺少三个要素中任何一个要素，就谈不上机动车交通事故责任。

（二）机动车交通事故责任的构成要件

1. 事故须是机动车造成的，是机动车在道路上运行和使用中发生的交通事故。例如，非机动车的事故，或者发生在封闭施工路段的事故，以及停靠在路边自燃导致他人损害的均不能认定产生机动车交通事故责任，因为封闭施工路段不属于《道路交通安全法》所规定的道路的范畴，未运行的停止状态中的车辆不符合“交通事故”的定义。

2. 事故造成损害后果，该损害后果或是人身损害或是财产损害，人身损害是指机动车发生交通事故侵害被侵权人的生命权、健康权等人身权益所造成的损害，包括精神损害。财产损害是因机动车发生交通事故侵害被侵权人的财产权益所造成的损失。根据《最高人民法院关于审理道路交通事故损害赔偿案件适用法律若干问题的解释》（以下简称《道路交通事故损害赔偿解释》），财产损失包括：因交通事故导致的维修被损坏车辆所支出的费用、车辆所载物品的损失、车辆施救费用；因车辆灭失或者无法修复，为购买交通事故发生时与被损坏车辆价值相当的车辆重置费用；依法从事货物运输、旅客运输等经营性活动的车辆，因无法从事相应经营活动所产生的合理停运损失；非经营性车辆因无法继续使用，所产生的通常替代性交通工具的合理费用。纯经济损失不包括在内。

3. 事故与损害后果之间具有因果关系。受害人的人身与财产损害的后果是交通事故引起的。根据《道路交通事故损害赔偿解释》的相关规定，如果因道路管理维护缺陷导致机动车发生交通事故造成损害，或者因在道路上堆放、倾倒、遗撒物品等妨碍通行的行为，导致交通事故造成损害，或者未按照法律、法规、规章或者国家标准、行业标准、地方标准的强制性规定设计、施工，致使道路存在缺陷并造成交通事故，当事人请求赔偿的，人民法院应予支持。

4. 事故的构成在一定程度上需考虑过错因素。机动车驾驶人在道路运行中，违反了道路交通安全法律法规的规定，违反了操作规范，以及未遵守道路交通安全法关于道路优先通行权的规定，均可认定为驾驶人未尽到一般的注意义务而有过错。

除此之外，因在道路上堆放、倾倒、遗撒物品等妨碍通行的行为，或者因道路管理维护缺陷导致机动车发生交通事故造成损害，如果道路管理者不能证明已按照法律、法规、规章、国家标准、行业标准或者地方标准尽到清理、防护、警示等注意义务的，应当承担相应的赔偿责任。再比如，未按照行业相关标准设计、施工，致使道路存在缺陷并造成交通事故，建设单位与施工单位承担相应赔偿责任。上述责任的认定均考虑了过错因素。

(三) 机动车交通事故责任的归责原则

机动车为工业危险物，但机动车交通事故责任的归责方式与其他工业灾害危险物责任的归责方式有一定区别，并非绝对的无过错责任，而是过错与无过错相结合的归责方式。因此机动车交通事故适用特殊的归责原则，既包括无过错责任原则，也包括过错责任原则，而非一元化归责原则。

(四) 机动车交通事故的责任承担

《民法典》第1208条规定："机动车发生交通事故造成损害的，依照道路交通安全法律和本法的有关规定承担赔偿责任。"而《道路交通安全法》第76条规定："机动车发生交通事故造成人身伤亡、财产损失的，由保险公司在机动车第三者责任强制保险责任限额范围内予以赔偿；不足的部分，按照下列规定承担赔偿责任：①机动车之间发生交通事故的，由有过错的一方承担赔偿责任；双方都有过错的，按照各自过错的比例分担责任。②机动车与非机动车驾驶人、行人之间发生交通事故，非机动车驾驶人、行人没有过错的，由机动车一方承担赔偿责任；有证据证明非机动车驾驶人、行人有过错的，根据过错程度适当减经机动车一方的赔偿责任；机动车一方没有过错的，承担不超过10%的赔偿责任。交通事故的损失是由非机动车驾驶人、行人故意碰撞机动车造成的，机动车一方不承担赔偿责任。"

根据《道路交通安全法》的规定，机动车交通事故责任在不同的情形下适用不同的归责原则，具体如下：

1. 保险公司在机动车第三者责任强制保险和第三者责任商业保险责任限额范围内赔偿。如果同时投保机动车第三者责任强制保险和第三者责任商业保险的机动车发生交通事故造成损害，当事人同时起诉侵权人和保险公司的，根据《道路交通事故损害赔偿解释》第16条的规定，先由承保交强险的保险公司在责任限额范围内予以赔偿；不足部分，由承保商业三者险的保险公司根据保险合同予以赔偿；仍有不足的，依照道路交通安全法和侵权责任法的相关规定由侵权人予以赔偿。被侵权人或者其近亲属请求承保交强险的保险公司优先赔偿精神损害的，人民法院应予支持。

2. 保险公司在机动车第三者责任强制保险和第三者责任商业保险责任限额范围内赔偿后，不足的部分的赔偿责任，根据下列不同情形确定：

(1) 如果是机动车之间发生的交通责任事故，适用过错责任原则，即有过错的一方承担责任，没有过错的，不承担责任；双方都有过错时，适用过错相抵原则，按照双方的过错分担责任。之所以适用过错责任原则，是因为机动车之间没有强弱之分，发生交通事故，应该适用侵权责任的一般归责原则，由有过错的一方承担赔偿责任，双方都有过错的，应当按照各自的过错比例分担责任，如此处理方符合民法基本价值。

(2) 如果是发生在机动车与非机动车驾驶人、行人之间的交通事故，适用无过错责任原则，即不问机动车一方是否有过错，都要承担一定的赔偿责任。无过错责任体现在：①行人等没有过错的，由机动车一方承担责任。②行为人等有过错的，根据过错程度适当减轻机动车一方的赔偿责任。③机动车一方没有过错的，机动车一方承担不超过10%的赔偿责任。

(3) 在交通事故侵权救济支付顺序上，《民法典》第1213条规定："机动车发生交通事故造成损害，属于该机动车一方责任的，先由承保机动车强制保险的保险人在强制保险责任限额范围内予以赔偿；不足部分，由承保机动车商业保险的保险人按照保险合同的约定予以赔偿；仍然不足或者没有投保机动车商业保险的，由侵权人赔偿。"

（4）免责或减责的事由：①交通事故的损失是由非机动车驾驶人、行人故意碰撞机动车造成的，机动车一方不承担责任。②依法不得进入高速公路的车辆、行人，进入高速公路发生交通事故造成自身损害，当事人请求高速公路管理者承担赔偿责任的，适用《民法典》第1243条“管理人能够证明已经采取足够安全措施并尽到充分警示义务的，可以减轻或者不承担责任”的规定。

可见，适用无过错责任原则，并不是任何情况下机动车都要承担全部的赔偿责任，在非机动车驾驶人、行人一方具有过错的情况下，可以根据过失相抵的原则相应减轻机动车一方的责任。这里适用无过错责任原则的理由是：①报偿理论。谁享受利益谁承担风险，机动车所有人和驾驶人在享受机动车带来的快捷方便的同时，自然应该承担相应的风险。②危险控制理论。机动车驾驶人在驾驶之前都受到过专业的训练，对交通规则也很熟悉，车在他们手里，他们能最大限度地控制风险。③危险分担理论。在交通事故中，机动车的肇事者与非机动车驾驶人、行人受害人相比，多数情况下不会有人身伤害，此时要求机动车加害人分担一部分的经济损失，也不失公允。

（五）特殊情形下的机动车交通事故责任及其赔偿主体

在机动车交通事故责任中，确定责任主体是至关重要的环节，对于维护受害人及其他赔偿权利人的合法权益都有重要的意义。当机动车的驾驶人就是所有权人、管理人时，此时所有权人、管理人与使用人为同一人，所有权人、管理人为赔偿义务主体，但实际情况并非如此简单，各类责任主体的认定要视机动车交通事故责任的各类具体情况而定。

1. 因租赁、借用等使机动车所有人、管理人与使用人不是同一人的情形。机动车租赁，是指机动车所有人、管理人将机动车在一定时间内交付承租人使用、收益，机动车所有人、管理人收取租赁费用，不提供驾驶劳务的行为。机动车借用，是指机动车所有人、管理人将机动车在约定的时间内交付借用人使用，不提供驾驶劳务的行为。在现实生活中，机动车租赁、借用的现象非常普遍。如汽车租赁公司在一定期间内按照约定的租金将机动车出租给其他单位或者个人使用。《民法典》第1209条规定：“因租赁、借用等情形机动车所有人、管理人与使用人不是同一人时，发生交通事故造成损害，属于该机动车一方责任的，由机动车使用人承担赔偿责任；机动车所有人、管理人对损害的发生有过错的，承担相应的赔偿责任。”也就是说，因租赁、借用等情形使机动车所有人、管理人与使用人不是同一人时，发生交通事故后属于该机动车一方责任的，应该按照如下的方式承担责任：

（1）首先由保险公司在机动车强制保险责任限额范围内予以赔偿，依据《机动车交通事故责任强制保险条例》第2条的规定，在中华人民共和国境内道路上行驶的机动车的所有人或者管理人，应该依照《中华人民共和国道路交通安全法》的规定投保机动车交通事故责任强制保险。作为机动车的所有人、管理人，应当为其所有、管理的机动车购买第三者责任强制保险。在发生交通事故后，首先由保险公司在机动车强制保险责任限额范围内予以赔偿。

（2）保险公司在机动车强制保险责任限额范围内赔偿以后，不足的部分，由机动车的使用人予以赔偿。作为机动车出租人、出借人的所有人、管理人将机动车出租或出借以后，就丧失了对该机动车不给他人带来损害的直接控制力。机动车的承租人和借用人作为机动车的使用人，有直接的运行支配力并享有运行利益，应该承担赔偿责任。此处的“使用人”不仅包括承租人、借用人，还包括机动车出质期间的质权人、维修期间的维修人、由他人保管期间的保管人等。在机动车出质、维修和他人保管期间，机动车由质权人、维修人和保管人占有、控制，他们对机动车有运行支配力。质权人、维修人、保管人擅自驾驶机动车发生交通事故的，应该由质权人、维修人、保管人承担责任。

（3）机动车的所有人、管理人对损害的发生有过错的，承担相应的赔偿责任。机动车所有人、管理人在机动车出租、出借时应该对承租人、借用人进行必要的审查，如查明承租人、借用人是否有驾驶资格，机动车的借用用途等。同时，还应该保障机动车性能符合安全驾驶的要求，如车辆制动是否灵敏等。机动车所有人、管理人没有尽到类似的注意义务，便可认定为存在过错，另外，根据《道路交通事故损害赔偿解释》第1条的规定，机动车发生交通事故造成损害，机动车所有人或者管理人有下列情形之一，人民法院应当认定其对损害的发生有过错，并适用《民法典》第1209条的规定确定其相应的赔偿责任：①知道或者应当知道机动车存在缺陷，且该缺陷是交通事故发生原因之一的；②知道或者应当知道驾驶人无驾驶资格或者未取得相应驾驶资格的；③知道或者应当知道驾驶人因饮酒、服用国家管制的精神药品或者麻醉药品，或者患有妨碍安全驾驶机动车的疾病等依法不能驾驶机动车的；④其他应当认定机动车所有人或者管理人有过错的。该过错可能成为该机动车造成他人损害的一个因素，机动车所有人应该对自己因过错造成他人损害承担相应的赔偿责任。

2. 当事人之间已经以买卖等方式转让并交付机动车但未办理转移登记的情形。机动车所有权发生移转的，应当办理相应的登记。在现实生活中，经常出现机动车已经通过买卖、赠与等方式转让所有权，但还未及时办理所有权转移登记的情况，甚至还存在连环转让机动车但都没有办理所有权转移登记的情形。《民法典》第225条规定："船舶、航空器和机动车等的物权的设立、变更、转让和消灭，未经登记，不得对抗善意第三人。"也就是说，机动车的所有权在交付时发生效力，未经登记，只是缺少公示而不产生社会公信力，在交易过程中不能对抗善意第三人，这就会出现机动车登记的所有人与实际的所有人不一致的情况。立法有必要对这种情形下发生交通事故的赔偿责任主体作出明确规定。

《民法典》第1210条规定："当事人之间已经以买卖或者其他方式转让并交付机动车但是未办理登记，发生交通事故造成损害，属于该机动车一方责任的，由受让人承担赔偿责任。"也就是说，当事人之间已经以买卖等方式转让并交付机动车但未办理所有权转移登记的，机动车发生交通事故后，按照如下的方式承担责任：

（1）首先由保险公司在机动车强制保险责任限额范围内予以赔偿。只要机动车原所有人、管理人已投保机动车第三者责任强制保险的，无论机动车买卖双方、赠与和受赠方双方是否办理了转移登记手续，都应当首先由保险公司在机动车强制保险责任限额范围内予以赔偿。机动车所有权在交强险合同有效期内发生变动，保险公司在交通事故发生后，以该机动车未办理交强险合同变更手续为由主张免除赔偿责任的，人民法院不予支持。被多次转让但未办理转移登记的机动车发生交通事故造成损害，属于该机动车一方责任，当事人请求由最后一次转让并交付的受让人承担赔偿责任的，人民法院应予支持。

未依法投保交强险的机动车发生交通事故造成损害，当事人请求投保义务人在交强险责任限额范围内予以赔偿的，人民法院应予支持。投保义务人和侵权人不是同一人，当事人请求投保义务人和侵权人在交强险责任限额范围内承担连带责任的，人民法院应予支持。

（2）保险公司在机动车强制保险责任限额范围内赔偿后，不足部分，由受让人赔偿。虽然没有办理转移登记手续，原机动车所有人已经不是真正的所有权人，更不是机动车的实际占有人，丧失了对机动车实际支配的能力，不具有防范事故发生的控制力。在机动车发生事故后，若仍然要其承担损害赔偿责任，既不合理，又不公平。赔偿义务应该由买受人、受赠人等对机动车有运行实际控制力和享有运行利益的实际所有权人、占有人承担。

另外，在附所有权保留特别约定的分期付款买卖机动车的情形下，如果机动车已经交付购买人，虽然出卖人仍然保留机动车所有权，但并不影响购买人取得机动车的实际支配利益和使用权益。因此，发生交通责任事故后，应当由购买人承担责任，保留车所有权的出卖人不应承担赔偿责任。《最高人民法院关于购买人使用分期付款购买的车辆从事运输因交通事故造成他人财产损失保留车辆所有权的出卖方不应承担民事责任的批复》也规定："采取分期付款方式购车，出卖方在购买方付清全部车款前保留车辆所有权的，购买方以自己名义与他人订立货物运输合同并使用该车运输时，因交通事故造成他人财产损失的，出卖方不承担民事责任。"

3. 机动车挂靠情形下的责任。机动车挂靠，是指为了满足法律或者地方政府对车辆运输经营管理的需要，个人或者合伙企业出资购买的机动车，经具有运输经营资质的企业同意，将车辆登记在该企业名下，挂靠者（机动车出资人）向该公司缴纳或不缴纳一定管理费，由该公司（被挂靠者）为挂靠车主办理各种法律手续，挂靠者以该运输企业名义从事运输经营的行为。在挂靠机动车发生交通事故导致损害后果的情形下，根据《道路交通事故损害赔偿解释》第3条的规定，"套牌机动车发生交通事故造成损害，属于该机动车一方责任，当事人请求由套牌机动车的所有人或者管理人承担赔偿责任的，人民法院应予支持"。《民法典》第1211条规定："以挂靠形式从事道路运输经营活动的机动车，发生交通事故造成损害，属于该机动车一方责任的，由挂靠人和被挂靠人承担连带责任。"

4. 擅自驾驶他人机动车发生交通事故的情形。依据《民法典》第1212条，未经允许驾驶他人机动车，发生交通事故造成损害，属于该机动车一方责任的，由机动车使用人承担赔偿责任；机动车所有人、管理人对损害的发生有过错的，承担相应的赔偿责任，但是第五章另有规定的除外。

5. 以买卖等方式转让拼装或者达到报废标准的机动车的情形。已达到报废标准的机动车是指以下两类机动车：一是达到国家报废标准；二是虽未达到国家报废标准，但发动机或者底盘严重损坏，经检验不符合国家机动车运行安全技术条件的机动车。拼装车，是指使用报废汽车发动机、方向机、变速器、前后桥、车架以及其他零配件组装的机动车。国家对报废机动车的回收、拆解和机动车的修理实行严格的监督管理，回收的报废运营机动车，应在公安机关的监督下拆除，拆解的材料也不能用于拼装机动车。因研制、生产机动车，需要很高的技术水平，拼装车很难达到机动车应该有的安全技术标准。《民法典》第1214条规定："以买卖或者其他方式转让拼装或者已经达到报废标准的机动车，发生交通事故造成损害的，由转让人和受让人承担连带责任。"《道路交通事故损害赔偿解释》第4条规定："拼装车、已达到报废标准的机动车或者依法禁止行驶的其他机动车被多次转让，并发生交通事故造成损害，当事人请求由所有的转让人和受让人承担连带责任的，人民法院应予支持。"

可见，对以买卖、赠与等方式转让拼装的或者已达到报废标准的机动车，发生交通事故造成损害的，适用无过错责任原则且没有法定的免责事由，并由买卖双方、赠与人与受赠人双方承担连带责任。这是因为转让已达到报废标准的机动车和拼装车，本身就具有违法性，上路行驶，对他人的生命财产安全会造成更大的威胁，让买卖双方、赠与人与受赠人承担连带责任有利于预防并制裁转让、驾驶拼装的或者已达到报废标准的机动车的行为，更好地保护人民群众的生命财产安全；在受害人有损害时，也可以为其提供较为充分的损害赔偿。

6. 机动车被盗窃、抢劫的情形。机动车被盗窃、抢劫、抢夺也是所有人与驾驶人相分离的形态之一。《民法典》第1215条规定："盗窃、抢劫或者抢夺的机动车发生交通事故造成损害的，由盗窃人、抢劫人或者抢夺人承担赔偿责任。盗窃人、抢劫人或者抢夺人与机动车使用人不是同一人，发生交通事故造成损害，属于该机动车一方责任的，由盗窃人、抢劫人或者抢夺人与机动车使用人承担连带责任。保险人在机动车强制保险责任限额范围内垫付抢救费用的，有权向交通事故责任人追偿。"

依据法律规定，被盗窃、抢劫或者抢夺的机动车发生交通事故造成损害的，由盗窃人、抢劫人或者抢夺人承担赔偿责任，机动车所有人不承担赔偿责任，理由是：①机动车被盗窃、抢劫或者抢夺后，机动车所有人丧失了对机动车的运行支配力，而这种控制力的丧失是由于盗窃人、抢劫人或者抢夺人的违法行为造成的，又是所有人不情愿的，有时还是所有人不知悉、未料想到的。②在机动车被盗的情形下，因所有人对机动车保管上的疏忽，导致机动车丢失，如忘记拔车钥匙，但这种保管上的疏忽与机动车发生交通事故，没有直接的因果关系。③由于盗窃人、抢劫人或者抢夺人认为自己不是车辆的所有者，自认为可以轻易逃脱法律的制裁，常发生不遵守交通法规、任意违章，甚至漠视他人生命财产安全的情况。让违法者承担损害赔偿责任，机动车所有人不承担责任，可以减少对公众生命财产的威胁。当盗窃人、抢劫人或者抢夺人与机动车使用人不是同一人时，发生交通事故造成损害，属于该机动车一方责任的，由盗窃人、抢劫人或者抢夺人与机动车使用人承担连带责任。

7. 机动车驾驶人发生交通事故后逃逸的情形。机动车肇事逃逸，是指发生道路交通事故后，道路交通事故当事人为逃避法律追究，驾驶车辆或者遗弃车辆逃离道路交通事故现场的行为。机动车肇事逃逸可能会使被侵权人的损失得不到补偿，导致人身伤亡的抢救费用、丧葬费等无法解决、无法落实。针对这种情况，《民法典》第1216条规定："机动车驾驶人发生交通事故后逃逸，该机动车参加强制保险的，由保险人在机动车强制保险责任限额范围内予以赔偿；机动车不明、该机动车未参加强制保险或者抢救费用超过机动车强制保险责任限额，需要支付被侵权人人身伤亡的抢救、丧葬等费用的，由道路交通事故社会救助基金垫付。道路交通事故社会救助基金垫付后，其管理机构有权向交通事故责任人追偿。"也就是说，机动车驾驶人发生交通事故后逃逸的，被侵权人的损失按照如下的方式赔偿：

(1) 如果发生交通事故的机动车参加了机动车强制保险的，并且在发生交通事故后能够确定机动车的，由保险公司在机动车强制保险责任限额范围内予以赔偿。

(2) 发生交通事故的机动车不明、该机动车未参加强制保险或者抢救费用超过机动车强制保险责任限额，需要支付被侵权人人身伤亡的抢救、丧葬费用的，由道路交通事故社会救助基金垫付。根据《机动车交通事故责任强制保险条例》第24条的规定，道路交通事故中，抢救费用超过机动车交通事故责任强制保险责任限额的，肇事机动车没有参加机动车强制保险的，机动车肇事后逃逸的，受害人人身伤亡的丧葬费用、部分或全部抢救费用，由救助基金先行垫付。

(3) 道路交通事故社会救助基金垫付后，其管理机构有权向逃逸的机动车驾驶人、应该购买而未购买强制责任保险的机动车所有人或管理人等交通事故责任人追偿。

8. 牵引车与挂车的责任。依法分别投保交强险的牵引车和挂车连接使用时发生交通事故造成第三人损害，当事人请求由各保险公司在各自的责任限额范围内平均赔偿的，人民法院应予支持。

9. 机动车套牌情形下的责任。根据《道路交通事故损害赔偿解释》第3条的规定，套牌机动车发生交通事故造成损害，属于该机动车一方责任，当事人请求由套牌机动车的所有人或者管理人承担赔偿责任的，人民法院应予支持；被套牌机动车所有人或者管理人同意套牌的，应当与套牌机动车的所有人或者管理人承担连带责任。

10. 非营运机动车造成无偿搭乘人损害的情形。《民法典》第1217条规定，非营运机动车发生交通事故造成无偿搭乘人损害，属于该机动车一方责任的，应当减轻其赔偿责任，但是机动车使用人有故意或者重大过失的除外。

第五节　工业灾害以外危险物侵权责任

一、工业灾害以外危险物侵权责任的特点

工业灾害以外的危险物，也称传统危险物，其基本危险在前工业化社会就存在，并非源自工业化生产，当然，随着社会的发展，这类危险源也日趋复杂化、现代化并具开放性特点，但其基本形态是工业灾害之外的危险物。该侵权责任的危险物分为两类：一类是动物，由于动物是非理性的危险物，在某些情况下行为人很难驾驭；另一类是日常生活中易被普通人控制和管理的危险物。基于两类危险源的特点，这类侵权的归责原则呈现多样化特点，有的为无过错归责，有的适用过错推定。根据《民法典》的规定，这类侵权行为分为饲养的动物致人损害和物件致人损害两大类。

二、饲养动物致人损害责任

（一）饲养动物致人损害的概念

饲养动物致人损害责任，是指饲养的动物造成他人人身或财产权益损害时，动物的饲养人或管理人依法应该承担的责任。

《民法典》第1245条规定，饲养的动物造成他人损害的，动物饲养人或者管理人应当承担侵权责任；但是，能够证明损害是因被侵权人故意或者重大过失造成的，可以不承担或者减轻责任。这一条对动物致害的要件、责任归属以及免责要件都作了明确规定。

（二）饲养动物损害责任的归责原则

饲养动物造成他人损害应该承担责任是一项古老的法律规则。动物致人损害也应属于物件致害的特殊侵权，但在我国法律中一般物件致害主要适用推定过错归责，而动物致害适用无过错责任归责。其理论依据是：动物是没有理智但又有生命的物，即使主人严加管束，也难免有损害事件的发生，因此动物属于危险物。对于动物致害实行无过错责任，不仅保护了受害人的利益，对动物饲养人也提出了更高的要求，使动物的主人采取一切可能的措施以防止发生动物致人损害的事件，减少社会危险因素。

从比较法的角度来看，各国对饲养动物致人损害责任也多以无过错责任为归责原则。我国《民法典》同样采取了无过错责任原则，但也设置了一些例外，具体如下：

1. 对于一般情形下的动物致人损害，适用无过错责任，即《民法典》第1245条的规定："饲养的动物造成他人损害的，动物饲养人或者管理人应当承担侵权责任；但是，能够证明损害是因被侵权人故意或者重大过失造成的，可以不承担或者减轻责任。"凡是《民法典》未特别规定的饲养动物致人损害的情形，均适用无过错责任原则。在此类案件中，饲养人或管理人可以以被侵权人故意或重大过失作为免责或减责事由。

2. 对于违反管理规定，未对动物采取安全措施造成他人损害和禁止饲养的烈性犬等危险动物造成他人损害的这两种情形，立法采取了较为严格的无过错责任，如禁止饲养的烈

性犬等危险动物造成他人损害的，饲养人或管理人不可以以被侵权人故意或重大过失为抗辩事由。未对动物采取安全措施造成他人损害的，饲养人或管理人只有在被侵权人故意的情形下，可以减轻责任，但不能免责。

3. 动物园的动物造成他人损害的情形，适用过错推定原则。《民法典》第1248条规定，动物园的动物造成他人损害的，动物园应当承担侵权责任；但是，能够证明尽到管理职责的，不承担侵权责任。换言之，如果动物园能够证明兽舍设施、设备没有瑕疵，有明显的警示牌，或当游客有挑逗、投打动物或者擅自翻越栏杆靠近动物等行为出现时，管理人员进行了劝阻等，动物园即可不承担侵权责任。

（三）动物致人损害责任的构成要件

1. 致人损害的动物须是饲养的动物。简言之，是有主人的动物，动物为特定的饲养人所有或者管理人占有。判断动物是否为饲养，学者提出了以下几条标准：①动物为家畜、家禽、宠物或驯养的野兽；②动物为特定的人所有或有主人的占有；③饲养者或管理者对动物具有适当程度的控制力；④动物依其自身的特征，有可能对他人的人身或财产造成损害。按照这几条标准，将野生状态的动物排除在外。野生动物致人损害的，不属于《民法典》的适用范围。

自然保护区的野兽，虽然要定期投放食物并在一定程度上予以管理，但人们对它们的控制力较低，也不认为是此条规定的“饲养的动物”。国家森林公园的动物，尽管处于半野生状态，但因国家投资进行管理，并准许游人观赏，应是饲养的动物，如果国家森林公园的动物造成他人伤害，适用国家赔偿责任。家养的、杂技团驯养的、军用、警用、科研、专业表演团队驯养的动物以及动物园驯养的动物，都属于“饲养的动物”的范围。

2. 须有动物加害的损害事实。动物加害是基于动物的本能所造成的损害，动物在外界的刺激下由其本性所为的行为仍是动物加害。例如，火车鸣笛动物受惊，动物因鞭炮响受惊致人损害都适用此条规定。但是，如果是人唆使动物伤人，等于是在人的控制下导致他人损害，不是特殊侵权，应按一般侵权行为处理。

动物加害可以是积极的加害，如动物咬人、踢人或者咬伤、咬死其他动物或者毁坏财产；也可以是消极的加害，即不实施任何动作，如动物静卧铁轨致火车颠覆，恶犬立于小孩上学的必经之路，这些都属消极加害。虽然动物处于静止状态，但如果构成侵害的事实，也属于侵害。

3. 须有损害后果。被动物咬伤留下疤痕或致残，甚至死亡；地里的庄稼被牲畜吃掉或践踏；动物将其他动物咬伤等。正所谓有损害才有救济，饲养动物致害责任的承担必须以受害人损害的发生为前提。此处受害人的损害仅仅是对绝对权的侵害，不包括纯经济利益的损失。

4. 动物侵害事实与损害结果之间有因果关系。在因果关系认定的过程中，并不要求饲养动物的致害是损害发生的唯一原因，即使受害人的损害是动物危险的实现与其他原因相结合导致的，只要动物致害与损害之间存在因果关系，饲养人或管理人就应该承担责任。另外，如果受害人自己的行为也是损害发生的原因之一，只要受害人的行为没有导致因果关系中断，就不能否定动物致害与损害之间的因果关系。例如，受害人要驱赶闯进自己土地的动物，或者要分开正在撕咬的两只动物，因此受到损害，饲养人或管理人也要承担侵权责任，只不过要适用过失相抵规则。在因果关系方面，应注意这样的情况，即被动物咬伤后，因怠于治疗，导致伤口感染，造成截肢，一般认为没有法律上的因果关系，此时动物咬伤人仅为一个条件。

（四）动物致害责任的效果归属

动物的饲养人或管理人均为责任主体。动物的饲养人是指动物的所有人，即对动物享有占有、收益、使用、处分权的人；动物的管理人是实际控制和管束动物的人，管理人对动物不享有所有权，而是依据某一法律关系直接占有和控制动物，在实际生活中，动物的饲养人与管理人有时为同一人，有时则为不同的人，当动物的饲养人与管理人是同一个人时，赔偿的主体是饲养人；但当动物的饲养人与管理人为不同人时，管束动物的义务由饲养人转至管理人，赔偿的主体是管理人，至于管理人是有偿管理还是无偿管理，是长期管理还是临时管理，在所不问。

（五）抗辩事由——被侵权人的故意或重大过失

并非动物的饲养人或管理人对其饲养或管理的动物所造成的一切损害都要承担责任。根据《民法典》第1245条的规定，因被侵权人故意或重大过失造成损害的，动物的饲养人或管理人可以不承担责任或减轻责任。

若被侵权人的损害是因自己挑逗、刺激等行为直接诱发动物的侵害行为导致的，就可以认定被侵权人存在故意或重大过失；如果被侵权人的行为不足以诱发动物的侵害行为，其行为只是引起损害的部分原因或次要原因，则不能认定被侵权人在该损害中存在故意或重大过失。实践中，动物致害因被害人故意引起的情况较为少见。例如，管理人已经对特定的私人场所内饲养的动物及可能发生的危险后果进行了警示并已经采取了防范措施，但被侵权人仍在未经允许的情况下擅自进入该特定场所挑逗动物，一般认为是受害人故意。因被侵权人故意或重大过失而造成损害的，动物的饲养人或管理人必须对被侵权人的故意或重大过失负举证责任，如果举证不足或举证不能，动物饲养人或管理人就应该承担动物致害的赔偿责任。

（六）饲养动物损害责任的特殊类型

1. 违反管理规定饲养动物的损害责任。违反管理规定饲养动物的损害责任，是指动物的饲养人或管理人违反管理规定，未对动物采取安全措施造成他人损害，而应承担的侵权责任。《民法典》第1246条规定，违反管理规定，未对动物采取安全措施造成他人损害的，动物饲养人或者管理人应当承担侵权责任；但是，能够证明损害是因被侵权人故意造成的，可以减轻责任。

《民法典》所指的“管理规定”，应该限于规范性法律文件的规定，包括法律、行政法规、规章、条例、办法等。社区的管理规约不包含在内。所谓的未对动物采取安全措施，是指没有按照规范性法律文件的要求，采取保护社会公共安全的措施。很多的地方法规、规章不仅对养犬收费、携犬乘车、养犬和溜犬范围、管理处罚等问题作出了规定，同时也规范了饲养人对动物采取安全措施的行为，例如：①携犬出户时对犬戴束犬链，且由成年人牵领，并应当避让老年人、残疾人、孕妇和儿童；携犬乘坐电梯的，应当避开乘坐电梯的高峰时间，并为犬戴嘴套或者将犬装入犬袋、犬笼。②在重点管理区内，禁止饲养烈性犬及大型犬，如猎狐犬、澳洲牧羊犬、松狮犬、斑点狗等。③主要区域和道路禁止溜犬。饲养人不得携犬进入市场、商店、商业街区、饭店、公园、公共绿地、学校、医院、展览馆、影剧院、体育场馆、社区公共健身场所、游乐场、候车室等公共场所。饲养人或管理人违反规定，没有采取规定的安全措施的，就要承担侵权责任。

管理规定涉及的事项很多，如还有办证、年检、登记等手续，如果是违反这些规定，而不是违反采取安全措施的规定，不适用《民法典》第1246条的规定。

2. 禁止饲养的危险动物的损害责任。禁止饲养的危险动物的损害责任，是指禁止饲养的烈性犬等危险动物造成他人损害的，动物的饲养人或管理人应该承担侵权责任。禁止饲养的烈性犬等危险动物，是指应当按照规范性法律文件禁止饲养的动物，如猎狐犬、澳洲牧羊犬、松狮犬、斑点狗等，但需要注意的是：对于有特定需要的法人或其他组织，可以在经过批准后饲养危险动物，如机关、团体、部队、企事业单位饲养的军犬、警犬、护卫犬、科研医疗实验用犬，不属于禁止饲养的危险动物。《民法典》第1247条规定，禁止饲养的烈性犬等危险动物造成他人损害的，动物饲养人或者管理人应当承担侵权责任。《民法典》对禁止饲养的烈性犬等危险动物造成他人损害的，规定了严格的责任，只要这类动物造成损害，动物饲养人或者管理人承担严格责任，无抗辩理由。

3. 动物园动物的损害责任。《民法典》第1248条规定，动物园的动物造成他人损害的，动物园应当承担侵权责任；但是，能够证明尽到管理职能的，不承担侵权责任。可见，动物园动物的损害责任的责任主体是动物园，适用过错责任原则，且实行举证责任倒置，与其他饲养动物致害的侵权责任不同，动物园是就自己没有尽到管理职责承担责任，属于不作为侵权责任。动物园应仅限于为公众提供服务的国家动物园，如综合性的动物园、专类性的动物园、野生动物园、城市公园的动物展区等，不包含私人动物园。

所谓动物园的管理职能，可以解释为对动物的看管义务，动物园应该根据动物的特点和动物利用的目的，在具体的情形下，采取社会观念所要求的安全管理措施，例如，对于用栅栏围起来的动物，动物园要避免其逃出栅栏，且确保栅栏没有损坏；动物园的参观者大多是对动物充满好奇的未成年人，动物园的管理职责就是要避免儿童触摸河马、蟒蛇、老虎等凶猛的动物。

从法律适用的角度来看，考虑到动物园的动物致害采取的是过错责任原则，说明立法适当倾斜于动物园一方，司法实务中可以通过对注意义务标准的提高来实现受害人与动物园之间的利益平衡。[1]

4. 遗弃或逃逸动物的损害责任。遗弃或逃逸动物的致害责任，是指动物在遗弃或逃逸期间造成他人损害，原动物饲养人或管理人应该承担的侵权责任。《民法典》第1249条规定："遗弃、逃逸的动物在遗弃、逃逸期间造成他人损害的，由动物原饲养人或者管理人承担侵权责任。"此条的规定可以在一定程度上解决现实生活中流浪动物致害的问题。遗弃的动物是指动物的饲养人抛弃了动物，逃逸的动物是指饲养人或管理人并不是放弃自己饲养或管理的权利，只是暂时失去了对该动物的占有和控制。遗弃或逃逸的动物的损害责任规则适用于所有类型动物，可以是动物园的动物，也可以是禁止饲养的烈性犬等危险动物，还可以是其他动物。

无论是动物的饲养人或者管理人遗弃动物，还是未尽到管理责任致使动物逃逸，其行为都加剧了动物对人和社会的危险性，而损害事实的发生正是动物在失去人为的管束下任意流动的危险实现所导致。因此，出于对社会公共利益的考虑，为了充分保护被侵权人的利益，遗弃或逃逸动物的原饲养人或管理人应该对自己遗弃动物的行为，以及疏于管理没有尽到管理义务的行为承担责任。原动物饲养人或管理人承担责任必须是遗弃或逃逸的动物在遗弃或逃逸期间所致的损害，如果遗弃或逃逸的动物被新的饲养人收留，原动物饲养人或管理人就不必再承担责任。

5. 因第三人过错导致动物致害的责任。现实生活中，很多动物致害事件不是因被侵权

〔1〕参见王利明、周友军、高圣平：《中国侵权责任法教程》，人民法院出版社2010年版，第723页。

人自己的过错，也非动物独立致人伤害，而是由于第三人的原因致使动物伤及他人。第三人，是指动物饲养人或者管理人以及受害人以外的人。动物饲养人或管理人是法人或其他组织的，其工作人员不属于这里所说的第三人。第三人实施的过错行为，可以是作为，也可以是不作为，前者如第三人故意驱使他人的动物攻击受害人，后者如第三人负有避免动物致害的作为义务而未尽到该义务，在大多数场合表现为：故意挑逗、投打、投喂、诱使动物，致使他人受到人身或财产的损害，实际上是诱发动物致害的行为。

《民法典》第1250条规定，“因第三人的过错致使动物造成他人损害的，被侵权人可以向动物饲养人或者管理人请求赔偿，也可以向第三人请求赔偿。动物饲养人或者管理人赔偿后，有权向第三人追偿”。根据该条规定，动物饲养人或管理人与第三人承担的是不真正连带责任。因第三人过错导致动物致害的情形下，被侵权人有救济选择权，被侵权人可以根据具体情况，依据当事人的赔偿能力，或请求第三人承担赔偿责任，或者请求动物饲养人或管理人承担赔偿责任。

可见，《民法典》没有将第三人过错引起的动物致人损害作为免除动物饲养人或管理人责任的事由。法律之所以允许被侵权人在动物的饲养人或管理人和第三人之间进行选择，原因在于一方面可使被侵权人获得法律救济、得到实际赔偿的可能性增大；另一方面，也会使动物饲养人或管理人对动物的管束尽更高的注意义务，从而减少动物伤人的机会。

在动物饲养人或者管理人对被侵权人赔偿后，有权向第三人追偿。动物饲养人或管理人之所以享有追偿权，是因为动物饲养人或管理人实际上是代替第三人履行赔偿义务，在动物饲养人或管理人与第三人之间，第三人仍是责任的最终承担者。如果第三人失踪或者无赔偿能力，那么，为保护受害人的利益，动物的保有者须承担责任。

三、建筑物和物件致害责任

（一）建筑物和物件致害责任的概述

1. 概念。建筑物和物件致害责任，是指建筑物、构筑物或者其他设施及其搁置物、悬挂物、堆放物、妨害通行物和林木等由于存在缺陷或疏于管理、维护，造成他人损害，侵权人应该承担的侵权责任。建筑物和物件致害责任并不是侵权人对自己的不当行为承担责任，而是责任人对因自己所有或控制的物致他人损害应承担的责任，属于准侵权行为。

2. 建筑物和物件致害责任的基本特点。建筑物和物件致人损害责任的基本特点是：①危险源均与不动产或土地或房屋有关；②责任人违反了作为的法定义务，是不作为责任；③适用推定过错归责方式；④由物件的所有人、管理人、使用人，即物件的保有人承担责任。

建筑物和物件致害责任的主体也是不作为侵权责任，但是与前述负有安全保障义务的特殊主体的不作为责任有所不同：负有安全保障义务的特殊主体与被侵害人间除了有法定义务外，还有合同义务；他们所经营、管理的是人与物占有广泛空间的活动场所，并对活动场所具有安全保障义务，而非仅对“建筑物和物件”进行管理和控制。

物件致害责任是侵权行为法的重要组成部分，其原因在于建筑物等工作物随着社会的发展日益巨大化、科技化、高层化及地下化，已经成为一种危险的来源。为控制风险，防止损害的发生，确立了物件致害责任，督促物件的所有人或管理人、使用人及建设单位与施工单位及时履行控制风险的义务。由于物件损害责任中的物件的危险高于一般生活用品，但还没有达到高度危险物品的程度，其责任状态处于过错责任与无过错责任之间，在归责上适用过错推定归责方式，即损害发生后，被侵权人证明自己的损害是因立法规定的物件类型造成的，物件的所有人、管理人或者使用人则须承担责任，除非能够证明自己没有过错，如果举证不能或举证不足，则应承担侵权责任。

3. 建筑物和物件致害责任的类型。根据《民法典》的规定，建筑物和物件致害责任的类型具体包括：①建筑物、构筑物或者其他设施倒塌致人损害的责任；②搁置物、悬挂物脱落、坠落致人损害责任；③高空抛物、坠物致人损害的侵权责任；④堆放物倒塌致人损害的侵权责任；⑤在公共道路上堆放妨碍通行的物品造成他人损害的侵权责任；⑥林木折断造成他人损害的侵权责任；⑦地下工作物致人损害的侵权责任。以下分述之：

（二）建筑物、构筑物或者其他设施倒塌致人损害责任

1. 含义。建筑物、构筑物或其他设施倒塌致人损害责任，是指因建筑物、构筑物或者其他设施本身存在设计缺陷、施工缺陷或维护缺陷而发生倒塌、塌陷等事故，导致他人人身或财产损害的侵权责任。

建筑物是指人工建造的、固定在土地上，其空间用于居住、生产或者存放物品的设施，如住宅、写字楼、车间、仓库等。构筑物或者其他设施是指人工建造的、固定在土地上、建筑物以外的某些设施，如道路、桥梁、隧道、城墙、堤坝、电柱、广告塔、纪念碑、烟囱、屋檐、门窗、电梯等。

倒塌、塌陷是指建筑物、构筑物或者其他设施坍塌、倒覆，造成建筑物、构筑物或者其他设施丧失基本使用功能。例如，楼房倒塌、桥梁的桥墩坍塌、电视塔从中间折断、烟囱倾倒等。建筑物、构筑物或者其他设施倒塌的，除了建设单位、施工单位以外，还有可能存在其他的责任人，如设计人的设计存在缺陷，造成房屋的倒塌。此处的其他责任人员主要包括勘察单位、设计单位、监理单位，勘察、设计、监理单位以外的责任人，如负责颁发《建筑工程许可证》的部门及其工作人员对不符合施工条件的建筑工程颁发《施工许可证》，负责工程质量监督检查或者竣工验收的部门及其工作人员对不合格的建筑工程出具质量合格文件或者按合格工程验收，造成损失的，由该部门承担相应的赔偿责任。

这些依附于土地上的不动产，是人工建设加工的产品，如果因设计、施工等环节的缺陷行为致使该建筑物、构筑物或其他设施倒塌致人损害，相关责任人必须承担责任。

2. 法律规定。《民法典》第1252条规定，建筑物、构筑物或者其他设施倒塌、塌陷造成他人损害的，由建设单位与施工单位承担连带责任，但是建设单位与施工单位能够证明不存在质量缺陷的除外。建设单位、施工单位赔偿后，有其他责任人的，有权向其他责任人追偿。因所有人、管理人、使用人或者第三人的原因，建筑物、构筑物或者其他设施倒塌、塌陷造成他人损害的，由所有人、管理人、使用人或者第三人承担侵权责任。

3. 责任的构成要件。建筑物、构筑物或者其他设施倒塌致人损害责任的构成要件是：①有建筑物、构筑物或者其他设施倒塌、塌陷的事实。②被侵权人遭受损失。有损失，才有赔偿。被侵权人遭受的损失既可以是人身伤害，也可以是财产伤害。③建筑物、构筑物或者其他设施倒塌、脱落、坠落与被侵权人遭受到的损失之间存在因果关系。④相关责任人存在推定过失。

4. 责任承担。①由建设单位与施工单位承担连带责任，但建设单位与施工单位能够证明不存在质量缺陷的除外。②建设单位、施工单位赔偿后，有其他责任人的，有权向其他责任人追偿。这是指建筑物、构筑物或其他设施倒塌等非因建设单位与施工单位直接原因造成损害，而是因为勘察、设计、监理等环节的原因造成的事故，建设单位、施工单位赔偿后，可以依法向有关责任人追偿。③如果建筑物、构筑物或其他设施倒塌、塌陷是因所有人、管理人、使用人或者第三人的原因造成他人损害，由所有人、管理人、使用人或者第三人承担侵权责任。所有人是指对建筑物的设施等拥有所有权的人；管理人是指对建筑

物、构筑物或者其他设施负有管理、维护义务的人；使用人是指因租赁、借用或者其他情形使用建筑物等设施的人；第三人是所有人、管理人、使用人以外的人。建筑物、构筑物或者其他设施倒塌有很多种原因，有的是质量不合格，有的是年久失修，有的是业主擅自改变承重结构，不应该一概由建设单位、施工单位承担侵权责任。如建筑物等设施已经超过合理的使用年限，所有人不采取必要的加固、维修等安全措施，或擅自改变承重结构，导致建筑物倒塌造成他人损害的，所有人应该承担被侵权人的损失，建设单位、施工单位不承担责任。

（三）建筑物、构筑物或其他设施及其搁置物、悬挂物发生脱落、坠落致人损害责任

1. 含义。本责任是指建筑物、构筑物或其他设施上的搁置物、悬挂物、附着物发生脱落、坠落致他人人身或财产损害的侵权责任。

建筑物、构筑物或者其他设施上的搁置物、悬挂物是指放置、悬挂在建筑物、构筑物或者其他设施之上的物，是非建筑物、构筑物或者其他设施组成部分的各种物品。如搁置在阳台上的花盆、悬挂在房屋天花板上的吊扇、脚手架上悬挂的建筑工具等。这些搁置物、悬挂物发生脱落、坠落，有的是自然原因引起，如地震、台风；有的是人为原因引起，如未尽管理、注意义务。

2. 法律规定。《民法典》第1253条规定："建筑物、构筑物或者其他设施及其搁置物、悬挂物发生脱落、坠落造成他人损害，所有人、管理人或者使用人不能证明自己没有过错的，应当承担侵权责任。所有人、管理人或者使用人赔偿后，有其他责任人的，有权向其他责任人追偿。"

3. 建筑物、构筑物或者其他设施及其搁置物、悬挂物发生脱落、坠落损害责任的构成要件。①有建筑物、构筑物或者其他设施及其搁置物、悬挂物发生脱落、坠落的事实。②被侵权人遭受人身伤害或财产伤害的后果。③损害事实与后果之间存在因果关系。④所有人、管理人或者使用人存在推定的过失。建筑物、构筑物或者其他设施及其搁置物、悬挂物的所有人、管理人或者使用人应当尽善良管理人的注意义务，尽合理的管理、维护，避免给他人造成损害。如若违反了这一义务，就认定所有人、管理人或者使用人存在推定的过失。

4. 责任承担。①所有人、管理人或者使用人承担责任。如果能够证明自己没有过错的，不承担责任。②所有人、管理人或者使用人赔偿后，有其他责任人的，有权向其他责任人追偿。如果建筑物、构筑物或者其他设施及其搁置物、悬挂物发生脱落、坠落，是设计方案本身的错误，或者施工过程中的工程质量等原因，所有人、管理人或者使用人先承担责任，其后有权向真正的责任人追偿。

（四）建筑物中抛掷物或坠落物致人损害责任

1. 含义。建筑物抛掷物或坠落物致人损害责任，是指建筑物中的抛掷物或坠落物造成他人损害，且无法确定具体侵权人时，由可能加害的建筑物使用人承担补偿责任。

2. 法律规定。《民法典》第1254条第1、2款规定："禁止从建筑物中抛掷物品。从建筑物中抛掷物品或者从建筑物上坠落的物品造成他人损害的，由侵权人依法承担侵权责任；经调查难以确定具体侵权人的，除能够证明自己不是侵权人的外，由可能加害的建筑物使用人给予补偿。可能加害的建筑物使用人补偿后，有权向侵权人追偿。物业服务企业等建筑物管理人应当采取必要的安全保障措施防止前款规定情形的发生；未采取必要的安全保障措施的，应当依法承担未履行安全保障义务的侵权责任。"

3. 建筑物中抛掷物或坠落物致人损害责任的构成要件是：①造成他人损害的物品是从

建筑物中抛掷或坠落的。如果物体并非从建筑物中抛掷或坠落，则不适用该规定。②受害人遭受了损害，包括人身损害和财产损害。③建筑物中抛掷物或坠落物抛掷、坠落的事实与受害人的损害之间存在因果关系，因果关系的认定应该采取相当因果关系理论。④经调查难以确定具体的侵权人。

在建筑物中抛掷物、坠落物致人损害的情形下，实施举证责任倒置规则，由建筑物使用人证明其非为侵权人，如果举证不能，则应对被侵权人受到的损害进行补偿。如果有证据确定具体的侵权人，其他可能加害的建筑物使用人则不用再证明自己不是侵权人。建筑物使用人要证明自己非为侵权人，一般有以下几种情况：①证明在损害发生时，自己不在建筑物内；②证明自己所处的位置不可能实施该加害行为；③证明自己就算实施了该侵害行为，也无法使抛掷物或坠落物达到损害发生的位置；④证明自己根本就没有造成损害发生的物。

4. 责任承担。①建筑物抛掷物、坠落物造成他人损害，能够确定具体侵权人的，由侵权人依法承担责任。②经调查难以确定具体侵权人时，由可能加害的建筑物使用人对侵权人给予补偿，除非能够证明自己不是侵权人的除外。各个可能的建筑物使用人之间承担的不是连带责任，是按份分别对被侵权人进行补偿。应注意的是，立法在这里使用了“补偿”而非“赔偿”的用语。补偿责任的规定不仅是对受害人利益的保护，也是对可能加害的建筑物使用人人格利益的尊重。被侵权人不能要求某一个或一部分可能加害的建筑物使用人补偿其全部的损害，可能加害的建筑物使用人按照自己的份额对被侵权人进行补偿后，也不能向其他可能加害的建筑物使用人追偿。但是，如若发现真正的侵权人，就可以向真正的侵权人进行追偿。③物业服务企业等建筑物管理人未采取必要的安全保障措施防止损害发生的，应当依法承担未履行安全保障义务的侵权责任。④具体的侵权人除了承担侵权责任外，构成犯罪的，须依法承担刑事责任。

（五）堆放物致人损害责任

1. 含义。堆放物致人损害责任，是指由于堆放物整体倒塌或者个别滑落、滚落而致人损害，堆放人不能举证证明其没有过错的，由堆放人承担受害人的人身和财产损害的赔偿责任。

堆放物是指堆放在土地上或者其他地方的物品，是非固定在其他物体上的，如建筑工地上堆放的砖块，木料场堆放的圆木等。所谓堆放物的倒塌，不仅仅指堆放物整体的倒塌，还包括部分的脱落、坠落、滑落、滚落等，例如，码头堆放的集装箱倒塌、建筑工地上堆放的建筑材料倒塌、伐木场堆放的圆木滚落等。堆放人应当合理选择堆放地点、堆放高度，要堆放稳固并看管好堆放的物品。

2. 法律规定。《民法典》第1255条规定：“堆放物倒塌、滚落或者滑落造成他人损害，堆放人不能证明自己没有过错的，应当承担侵权责任。”在堆放物致人损害责任中，堆放人因之前的堆放行为而产生维护堆放物安全、防止损害发生的义务，如果构成对该义务的违反，则为不作为侵权，产生堆放人的过错推定责任，即堆放物致人损害责任适用过错推定的归责原则。堆放人如果不能证明自己没有过错的，应承担侵权责任。

3. 责任构成要件。堆放物致人损害责任的构成要件：①须有堆放物倒塌、滚落或滑落的致害行为。②须有受害人受到人身或财产损害的事实。③损害事实须与堆放物倒塌、滚落或滑落的致害行为之间有因果关系。④须堆放人有过错。

4. 责任承担。堆放物的倒塌如果是由于不可抗力、第三人的故意造成的，堆放人不承担侵权责任。需要说明的是，在这种情形下，堆放人仍需要举证证明自己对堆放物的倒塌致人损害没有过错，不能证明自己没有过错的，堆放人仍需承担侵权责任。

（六）妨碍通行物致人损害责任

1. 含义。妨碍通行物致人损害责任，是指在公共道路上堆放、倾倒、遗撒妨碍通行的物品造成他人人身和财产权利损害的，由实施该行为的单位、个人或者负有道路安全保障义务的主体承担侵权责任。

公共道路是指公共通行，对社会一般人开放的道路。《中华人民共和国公路法》和《公路安全保护条例》规定，公路是经过公路主管部门验收认定的城间、城乡间、乡间能够行使汽车的公共道路，公路包括公路渡口、公路路基、路面、桥梁、涵洞、隧道。《道路交通安全法》规定，道路是指公路、城市道路和虽在单位管辖范围内但允许机动车通行的地方，包括广场、公共停车场等用于公共通行的场所，而妨碍通行物致人损害责任中的公共道路包括但不限于《中华人民共和国公路法》《公路安全保护条例》《道路交通安全法》中的道路，建筑区划内属于业主共有但允许不特定的公众通行的道路都属于公共道路。

在公共道路上堆放、倾倒、遗撒妨碍通行物，影响他人对公共道路正常、合理地使用，既可以是堆放、倾倒、遗撒固体物，例如，在公共道路上非法设置路障、晾晒粮食、倾倒垃圾等，也可以是倾倒液体、排放气体，如运油车将石油泄漏到公路上、非法向道路排水、热力井向道路散发出大量的蒸汽等。可见，妨碍通行物致人损害责任，大多数情况下属于行为责任，行为人要对自己的过错行为承担责任，而不是对物的损害承担责任，只是在找不到行为人时，可能由公共道路管理人承担责任，此种情形下的责任属于物件致人损害责任。

被侵权人因堆放、倾倒、遗撒妨碍通行物受到损害的情形也有多种，例如，行人被公共道路上的妨碍通行物绊倒、滑倒；司机被公共道路上非法堆放的物体挡住视线，驾驶的机动车撞到路边的树上。

2. 法律规定。《民法典》第1256条规定："在公共道路上堆放、倾倒、遗撒妨碍通行的物品造成他人损害的，由行为人承担侵权责任。公共道路管理人不能证明已经尽到清理、防护、警示等义务的，应当承担相应的责任。"

3. 责任构成要件。妨碍通行物致人损害责任的构成要件是：①须有公共道路上堆放、倾倒、遗撒妨碍通行物品的致害行为。②须造成受害人人身伤害或财产损失的事实。③损害事实与公共道路上堆放、倾倒、遗撒妨碍通行物品的致害行为有因果关系。④推定行为人有过错。

4. 责任承担。①实施妨碍通行物的侵权行为人承担责任。②公共道路管理人不能证明已经尽到清理、防护、警示等义务的，应当承担相应的责任。妨碍通行物致人损害责任赔偿主体，在通常的情形下，应该是实施堆放、倾倒、遗撒行为的人，但对公共道路负有管理、维护义务的单位或个人如果没有及时清理妨碍通行物而致人损害，也应该承担责任。因为，为了保障公共道路具有良好的使用状态，公共道路的管理、维护者要及时发现道路上出现的妨碍通行的情况并采取合理的措施，此时，行为人与道路管理、维护者之间属于不真正的连带责任，道路管理、维护者承担赔偿责任后，可以向行为人追偿。[1]

（七）林木致人损害责任

1. 含义。林木致人损害责任，是指因林木折断、倾倒造成他人损害，林木所有人或管

---

〔1〕参见王利明主编：《中华人民共和国侵权责任法释义》，法律出版社2010年版，第434页。

理人应承担的侵权责任。

此处的林木，包括自然生长的林木和人工种植的林木，对林木生长的地域范围没有限制，林地中的林木、公共道路旁的林木、旅游景区栽种的林木及院落周围零星生长的树木等都包括在内，只是，林木生长的地理位置不同会使林木的所有人或管理人注意义务的标准以及认定林木所有人或者管理人的过错也有所区别。所谓林木折断，不仅包括林木枝蔓的掉落、折断等造成他人伤害，还包括林木的果实坠落砸伤路人造成伤害、林木倒伏压坏汽车等。

2. 法律规定。《民法典》第 1257 条规定："因林木折断、倾倒或者果实坠落等造成他人损害，林木的所有人或者管理人不能证明自己没有过错的，应当承担侵权责任。"

依据法律规定可知，林木的所有人或管理人对自己栽种的林木有合理维护的义务，以防止林木发生危险造成他人权益的损害。例如，所有人或管理人应当固定好新栽种的树木，及时修剪干枯的树枝，及时采伐干枯的树木，及时清理树木上的积雪，及时采摘树上的果实，在林木出现危害他人安全的情形下，要设置明显的标志并采取相应的安全措施以及时消除树木的危险状态。如果林木的所有人或管理人没有正确、合理地履行这一义务，就要承担侵权责任，正因为这样，林木致人损害责任适用过错推定的归责原则。林木折断造成他人损害，林木的所有人或者管理人不能证明自己没有过错的，应当承担侵权责任，在通常的情况下，就是要证明其对林木已经尽到了管理、维修的义务。

3. 责任承担。林木的所有人或者管理人不能证明自己没有过错的，应当承担侵权责任。在实际生活中，有的情形下林木的折断表面上是由于自然原因或者第三人过错等原因造成的，但实质上仍是与所有人或管理人的过错有关。例如，大风将因虫害而枯死的大树刮倒，砸伤过路的行人，大风和虫害是导致树木折断的原因，但虫害可能是因为所有人或管理人没有尽到管理、维护的义务造成的，因此，如所有人或管理人不能证明自己对已有虫害的树木采取了必要的维护措施，仍然要承担责任，之所以要求林木的所有人或管理人承担赔偿责任是因为林木的所有人或管理人有善尽管理的义务，保证林木不因虫蛀、枯死、老化等原因发生倾倒、折断而致人损害。

（八）地面施工致人损害责任

1. 含义。地面施工致害责任，是指地面施工人在公共场所或者道路上施工因其没有采取安全措施造成他人损害而应该承担的侵权责任。地面施工责任强调施工的地点必须是公共场所。公共场所或者道路是不特定的人或者车辆聚集、通行的场所，在这些地方施工更有可能对他人造成损害，因此，需要更加注意保护他人的安全。

2. 法律规定。《民法典》第 1258 条规定："在公共场所或者道路上挖掘、修缮安装地下设施等造成他人损害，施工人不能证明已经设置明显标志和采取安全措施的，应当承担侵权责任。窨井等地下设施造成他人损害，管理人不能证明尽到管理职责的，应当承担侵权责任。"

3. 责任构成要件。地面施工致人损害责任的构成要件：①有地面施工，但没有采取安全措施的行为。即有在公共场所、道路旁或者通道上施工但没有设置明显警示标志或者采取安全措施的行为。在公共场所或者道路上施工，应该设置具有警示性的明显标志，且同时要保证警示标志的稳固并负责对其进行维护，使警示标志持续地存在于施工期间，如仅仅设置明显的标志但不足以保障他人安全的，施工人还应该采取其他有效的安全措施。施工人没有正确、合理履行这一义务，造成他人损害的，就应该承担侵权责任。②受害人受到损害。受害人是施工作业人员以外的其他人，施工作业的人员不包括在内。损害包括人身损害和财产损害。③地面施工但没有采取安全措施的行为与受害人的损害之间存在因果关系。

4. 责任承担。施工人不能证明已经设置明显标志和采取安全措施的，应当承担侵权责任。地面施工致人损害责任的责任主体是施工人。施工人是指组织施工的单位或者个人，而非施工单位的工作人员或者个体施工的雇员。

地面施工致人损害责任的抗辩事由有：不可抗力、受害人的过错、第三人的过错及施工人证明自己没有过错。

（九）地下设施致人损害责任

与地面施工致人损害责任类似的是窨井等地下设施造成他人损害，管理人不能证明尽到管理职责的，应该承担侵权责任。窨井是指上下水道或其他地下管线工作中，为了便于检查或疏通而设置的井状构筑物。其他地下设施包括地窖，水井，下水道，输水、输油、输气设施等，地下设施造成他人损害责任的构成要件与地面施工致人损害责任构成要件大体相同。不同的地下设施，造成损害的方式不同，要具体情况具体认定。

地下设施致人损害责任的责任主体是管理人，管理人是对地下设施负有管理职责的单位或个人。地窖、水井、下水道和输水、输油、输气设施等不同的地下设施属于不同的单位管理，在损害发生后要确定明确具体的管理人，由相关的管理人依法承担侵权责任。

第六节 医疗损害责任

一、医疗损害责任的含义

医疗损害责任是指医疗机构和医务人员在诊疗过程中因过错导致患者人身或其他伤害，由医疗机构赔偿损害的侵权责任。

医疗损害责任，其称谓一直不统一，有医疗事故责任、医疗过失责任、专家责任、医师责任、医疗侵权纠纷等称谓。之所以称谓不统一，与我国医疗损害责任制度存在的双轨制有关。所谓双轨制，即在我国医疗损害赔偿案件中适用两个不同的法律、不同的赔偿标准、不同的责任范围和不同的鉴定机构。

我国现行的《医疗事故处理条例》为行政法规，按该条例规定，属于医疗事故的，适用《医疗事故处理条例》。不构成医疗事故，构成医疗过错的，适用民法的规定。由于适用法律不同，出现了以下情况：鉴定为医疗事故，损害严重的，根据《医疗事故处理条例》承担有限的赔偿责任；不构成医疗事故，仅构成医疗过错的，按照民事赔偿规定，却能够获得比依照《医疗事故处理条例》更多的赔偿额。

医疗纠纷案件中的法律适用和赔偿标准不统一的情形，损害了法治的统一性和严肃性，不仅影响司法公正，还加剧了医患矛盾。《民法典》专章规定了医疗损害责任，调整的范围既包括医疗事故，还包括非医疗事故，患者在诊疗过程中只要受到损害，其损害赔偿统一适用《民法典》中的各项规定。

二、医疗损害责任构成要件

1. 具有医疗机构和医务人员的诊疗行为。所谓诊疗行为，是医疗机构及其医务人员借助其医学知识、专业知识、仪器设备及药物手段，为患者提供救治、检查、治疗、护理等维护患者生命和健康所必需的活动之行为总和。

2. 患者受到诊疗行为的实际损害。该损害主要是指因过错的诊疗行为侵害患者的生命权、健康权、身体权而造成的财产和精神损害。

3. 诊疗行为与损害后果之间具有因果关系。

4. 医疗机构及其医务人员主观上有过错。《民法典》第1218条规定，患者在诊疗活动中受到损害，医疗机构或者其医务人员有过错的，由医疗机构承担赔偿责任。由此可知，医疗侵权责任的构成以医疗机构及其医务人员主观上有过错为必要条件，适用过错责任归责原则。为了平衡双方当事人的利益，《民法典》对于诊疗活动中引起的纠纷一般情况下适用过错归责，原则上由受害人承担过错的举证责任。但在法律有特别规定的情况下，适用过错推定的举证方式，如《民法典》第1222条规定，医务人员有违规治疗，隐匿或拒绝提供与纠纷有关的病历资料，遗失、伪造、篡改或违法销毁病历资料等行为时，适用过错推定的举证方式。

三、责任承担

在医疗侵权案件中，直接加害人往往是医务人员，而承担责任的主体是该医务人员所属的医疗机构。表面上看，这与用人单位责任是一致的。但用人单位责任是替代责任，是对他人不当行为负责。医疗机构的责任是过错责任，是对自己的过错行为负责。

四、医疗机构不承担责任的事由

根据《民法典》第1224条的规定，患者在诊疗活动中受到损害，有下列情形之一的，医疗机构不承担赔偿责任：①患者或者其近亲属不配合医疗机构进行符合诊疗规范的诊疗；②医务人员在抢救生命垂危的患者等紧急情况下已经尽到合理诊疗义务；③限于当时的医疗水平难以诊疗。前款第①项情形中，医疗机构或者其医务人员也有过错的，应当承担相应的赔偿责任。

五、医疗机构的义务

1. 医疗机构及其医务人员负有保管病历资料的义务。医疗机构及其医务人员应当按照规定填写并妥善保管住院志、医嘱单、检验报告、手术及麻醉记录、病理资料、护理记录、医疗费用等病历资料，并保管好上述资料。

2. 医疗机构及其医务人员具有向患者提供查阅、复制病历资料的义务。

3. 医疗机构及其医务人员具有不得实施过度诊疗检查的义务。医疗机构及其医务人员不得违反诊疗规范实施不必要的检查。

六、医疗致害责任的特殊责任形态

1. 侵犯患者知情同意权的责任。《民法典》第1219条规定，医务人员在诊疗活动中应当向患者说明病情和医疗措施。需要实施手术、特殊检查、特殊治疗的，医务人员应当及时向患者具体说明医疗风险、替代医疗方案等情况，并取得其明确同意；不能或者不宜向患者说明的，应当向患者的近亲属说明，并取得其明确同意。医务人员未尽到前款义务，造成患者损害的，医疗机构应当承担赔偿责任。

知情同意权包括知情权和同意权两方面的内容，只有在知情的基础上，才可能作出是否同意的意思表示。患者在接受诊疗服务的过程中，医务人员负有告知义务，应向患者说明病情和医疗措施，如果需要实施手术或特殊检查、特殊治疗的，应及时向患者说明医疗风险、替代医疗方案等情况。在履行了上述告知义务后，须征得患者的明确同意，并应由患者本人签署同意书。患者不具备完全行为能力时，应由其法定代理人签字。当病情和医疗风险不宜向患者说明，如有可能造成患者悲观、恐惧、心理负担等不利于治疗的情形时，医务人员应向患者近亲属说明，并取得其近亲属的明确同意。

医务人员未履行前述告知义务，未取得患者同意造成医疗损害的，医疗机构应当承担赔偿责任。如果在紧急情况下，如为抢救生命垂危的患者的紧急情况下，不能取得患者或者近亲属同意的，经医疗机构负责人或者授权的负责人批准，可以立即实施相应的医疗措施。

2. 侵犯患者隐私权的责任。患者的隐私，属于隐私权的内容之一，由于权利主体的特殊性，患者的隐私内容具有一定的特殊性。医疗损害中患者的隐私是指在医疗活动中患者拥有保护自身的隐私部位、自身病史、家族病史、身体缺陷、特殊经历、特殊遭遇等隐私，以及患者在诊疗过程中只向医师公开的、不愿让他人知道的个人信息等。如果患者不进入医疗机构，不进行医疗诊治，则谈不上患者的隐私，仅为普通隐私。《民法典》第1226条规定，医疗机构及其医务人员应当对患者的隐私和个人信息保密。泄露患者的隐私和个人信息，或者未经患者同意公开其病历资料的，应当承担侵权责任。

3. 药品、消毒制剂、医疗器械缺陷或者输入不合格的血液的致害责任。《民法典》第1223条规定，因药品、消毒产品、医疗器械的缺陷，或者输入不合格的血液造成患者损害的，患者可以向药品上市许可持有人、生产者、血液提供机构请求赔偿，也可以向医疗机构请求赔偿。患者向医疗机构请求赔偿的，医疗机构赔偿后，有权向负有责任的药品上市许可持有人、生产者、血液提供机构追偿。

药品、消毒制剂、医疗器械缺陷或者输入不合格的血液导致患者损害的，适用产品责任的规定。我国立法将药品、消毒制剂、医疗器械和血液视为产品，当这些产品有缺陷不合格，造成患者损害时，适用产品责任的相关规定，即患者可以向生产者或者血液提供机构请求赔偿，也可以向医疗机构请求赔偿。患者向医疗机构请求赔偿的，医疗机构赔偿后，有权向负有责任的药品上市许可持有人、生产者或者血液提供机构追偿。

以上内容为我国《民法典》规定的特殊侵权类型。该特殊侵权类型是开放性的，并且随着社会的发展，其类型也将有所增加。

第三分编　损害赔偿

第一章

损害赔偿的主体与客体

无论是一般侵权行为，还是特殊侵权行为，只要具备该类侵权行为的构成要件，依法律规定，在受害人和侵害人之间就产生法定之债，即损害赔偿债权债务关系。受害人为债权人，有损害赔偿请求权；法律规定应负担责任的人为债务人，有给付损害赔偿的义务。侵权行为发生后，因在特定当事人之间产生了以给付赔偿为内容的法律关系，符合债的特点，因此，大陆法系各国立法将侵权行为归入债编。

我国《民法典》尽管将侵权行为责任单独成编，但在侵权责任编第二章中将侵权行为的效力归为“损害赔偿”之债，显然，侵权行为法在我国民法中仍为债之体系的内容。

第一节　损害赔偿之债的主体

一、赔偿关系的权利主体

在侵权损害赔偿法律关系中，受害人是提出损害赔偿请求权的权利主体，如果进行诉讼，则为原告。诉讼请求的提出者，除受害人本人以外，还有受害人的利害关系人、死者的近亲属，他们也是请求赔偿的权利主体。具体而言，受害人可以分为：直接受害人和间接受害人。

（一）直接受害人

直接受害人是侵权行为损害后果的直接承受者，是因侵权行为而使民事权利受到侵害的人。例如，财产被非法占有的人，被侵害名誉的人，著作权被侵害的人，事故中的伤者、死者、精神受到损害的人，被动物伤害的人等。具体而言，直接受害人可以是：

1. 有完全行为能力的直接受害人。受害人的资格不在于是否具有完全行为能力，而在于其是否具有民事权利能力。凡是具有实体法上的民事权利能力，又因侵权行为使其民事权利受到侵害的人，就具有受害人的资格。但是，有无民事行为能力，涉及是否可以行使赔偿请求权。具有完全行为能力的直接受害人，可以自己名义行使侵权赔偿请求权，向赔偿义务主体请求赔偿。

2. 无行为能力或限制行为能力的直接受害人。直接受害人如果是无行为能力人或限制行为能力人，自己则不能行使赔偿请求权，应当由其法定代理人代其行使侵权赔偿请求权。法定代理人可以作为直接受害人委托的诉讼代理人进行诉讼。

3. 多数直接受害人。一个侵权行为如果有数个直接受害人，所有的直接受害人都享有赔偿请求权，都可以提起侵权赔偿诉讼。依其人数，有 2~9 个直接受害人的，作为必要的共同诉讼，一般应当合并审理，个别直接受害人不起诉的，并不影响其他直接受害人提出赔偿请求。有 10 个以上直接受害人的案件，按照《最高人民法院关于适用〈中华人民共和国民事诉讼法〉的解释》第 75 条的规定，可以进行集团诉讼或代表诉讼。

4. 生命权被侵害的直接受害人。侵害生命权，有双重直接受害人，即死亡的受害人和为死者送葬、治疗而遭受财产损失和精神损害的近亲属。前者已经死亡，权利能力终止，不能行使赔偿请求权；后者可以依法行使请求赔偿财产损失和精神损害的权利。

（二）间接受害人

间接受害人是侵权行为的非直接受害人，但须是直接受害人生前或丧失劳动能力之前扶/抚养的人。换言之，间接受害人是因直接受害人的死亡、伤残而受不利影响的人，例如，生命权、健康权被侵害造成直接受害人死亡或劳动能力丧失，而原来依靠直接受害人扶/抚养，因直接受害人死亡或丧失劳动能力，而使其丧失扶/抚养来源的人。这样的人可能是完全行为能力人，如靠父母的收入在读的大学生；也可能是无行为能力或限制行为能力的人。他们被扶/抚养的权利因直接受害人受害而受到侵害，因而享有法定的扶/抚养损害赔偿请求权。间接受害人的扶/抚养损害赔偿请求权是独立的赔偿请求权，可以和其他直接受害人一并提起诉讼，也可以独立提起扶/抚养损害赔偿诉讼。

（三）胎儿的赔偿请求权

胎儿在其孕育过程中受到损害，如何行使赔偿请求权，例如，胎儿的父亲因他人侵权行为而丧生或丧失劳动能力，胎儿出生后的抚养损害赔偿问题；因环境污染，严重损害父母的健康及生殖遗传功能，导致婴儿出生时先天畸形或患病；因为母亲在怀孕期间服用某种药品或者身体以及精神上受到某种创伤导致婴儿出生时先天畸形或患病；其他原因而使胎儿健康、生命权益受到损害的赔偿问题等。依据我国《民法典》第 16 条的规定，涉及遗产继承、接受赠与等胎儿利益保护的，胎儿视为具有民事权利能力。但是，胎儿娩出时为死体的，其民事权利能力自始不存在。在涉及胎儿利益保护的问题上，视胎儿是有损害赔偿请求权的主体，由其法定代理人代理其行使赔偿请求权。如果胎儿出生为死体的，其民事权利能力自始不存在。

（四）死者近亲属的赔偿请求权

因侵权行为导致受害人死亡，或者侵害死者的遗体，以及公民死亡后，其名誉、隐私、肖像等权益受到侵害的，因死者已经丧失民事权利能力，故死者不是民事权利主体。针对死者的侵权行为实质上是侵害其近亲属的经济或者精神利益的行为。因此，就上述损害事实主张赔偿的权利只能由死者的近亲属及其利害关系人享有，他们可以提出损害赔偿诉讼。

二、赔偿关系的义务主体

在侵权损害赔偿法律关系中，加害人是赔偿义务主体，在诉讼中，为被告。多数情况下，加害人是侵权行为的直接实施者，也是被告。但在某些情况下，被告不是直接加害人，而是责任的承受者，即替代责任的责任人，也是赔偿义务主体。例如，用人者责任、国家赔偿责任，被告是用人单位、国家，直接加害人是用工人员或者国家机构的工作人员。在物件致人损害中，物的所有人、管理人、占有人为赔偿义务主体。具体而言，赔偿义务的主体可以分为三种人：直接加害人，替代责任人，致害物件的所有人、占有人。

（一）直接加害人

直接加害人是直接实施侵权行为，造成受害人损害的人。直接加害人分以下三种情况：

1. 单独的加害人。加害人为一人，为单独加害人。单独加害人为赔偿义务主体，由其个人承担赔偿责任。

2. 共同加害人。共同侵权行为的加害人，为共同加害人。共同加害人承担连带赔偿责任。在诉讼中，为必要的共同诉讼，应合并审理。

3. 共同危险行为人。共同危险行为的行为人不是共同加害人，但因共同危险行为的责任形式是连带责任，故共同危险行为人为共同的赔偿义务主体，为共同被告。

（二）替代责任人

在替代责任形式的特殊侵权中，直接造成损害的行为人并不是赔偿义务主体，不直接承担损害赔偿责任。其赔偿义务主体是为直接造成损害的行为人承担赔偿责任的替代责任人。例如，受雇人在雇佣活动中致人损害，雇佣人承担赔偿责任；法人工作人员执行职务致人损害，法人承担赔偿责任；无民事行为能力人或者限制民事行为能力人致人损害，其法定代理人承担赔偿责任等。这些直接承担责任的主体，是赔偿义务主体。

在实务中，关于未成年人致人损害的赔偿案件，确定赔偿义务主体的做法，是值得研究的。未成年人致人损害，实务上把实施加害行为的未成年人列为被告，而不将其法定代理人列为被告，只是列为法定代理人。这种做法，不符合替代责任的原理。应将未成年人的法定代理人列为被告，直接判决该法定代理人承担赔偿责任，如果未成年人有财产，可从未成年人的财产中支付赔偿费用，但此时未成年人承担的仅为财产责任，而非侵权责任。

（三）致害物件的所有人、占有人

物件致人损害，应由物件的所有人、管理人、使用人、占有人承担赔偿责任，这是侵权行为法一贯遵循的规则。因而，致害物件的所有人、占有人是该赔偿法律关系的赔偿义务主体，是赔偿诉讼中的被告。例如，高度危险作业的所有人、占有人，地上构筑物、建筑物及其他地上物的所有人、管理人，缺陷产品的销售者、制造者，污染环境的企业，动物的所有者、管理者等，都是赔偿义务主体。

第二节 损害赔偿之债的客体

损害赔偿法律关系的权利义务主体确定后，双方当事人就何种对象行使请求权、履行赔偿义务，涉及侵权损害赔偿的客体问题。损害赔偿的客体，简而言之，是财产利益和非财产利益的给付。给付财产利益，是指给付具有财产价值的物质利益。给付非财产利益，是对不能用金钱衡量的精神利益给予抚慰，表现为对生理上的痛苦和心理上的不愉快的慰藉。物质利益与精神利益是人生活的必需。

当财产权与人身权受到侵犯时，会产生财产上的不利益和非财产上的不利益。物质上的财产损失称为财产上的不利益；精神痛苦也称非财产上的不利益。这种不利益表现为财产的减少或精神上的痛苦。是不是所有的这些不利益都是损害赔偿的给付客体呢？原则上，物质上的损失与精神上的损失都是赔偿的范围，不过在具体确定赔偿的客体时，需要进一步具体分析。侵权事实发生后，产生损害赔偿义务关系从而导致一方必须向他方填补损害的，就是法律上的不利益；反之，则是事实上的不利益。法律上的不利益是损害赔偿的客体，事实上的不利益原则上不作为赔偿的客体。

第二章

损害赔偿的方式范围和原则

第一节 损害赔偿的方式

一、损害赔偿方式的含义

损害赔偿的方式，是指侵权人依法就其实施的侵权行为所造成的损害应当承担的具体赔偿方式，从责任的角度而言，即侵权民事责任形式。

侵权行为之债的效力是损害赔偿之债。有人认为，损害赔偿就是用金钱填补受害人的损失。是否只有金钱赔偿才是赔偿呢？我们认为，损害赔偿应从广义上理解，造成损害，应该赔偿，但规范意义上的侵犯责任赔偿不能仅仅理解为金钱赔偿，而且金钱赔偿并非对每一个受害人均有益，有时甚至会适得其反，比如物被非法占有的情形，让所有人忍受金钱赔偿等于强制物的所有人将物卖给非法占有人。当妨碍或危险正在危害所有人的权利和利益时，让所有人接受金钱赔偿，意味着强制所有人、占有人允许妨碍或危险继续存在。在侵害隐私权的情形，让加害人停止侵害，不公开某些信息比金钱赔偿更符合受害人的利益。因此，作为对损害的救济措施，在很多情况下，非金钱赔偿的方式比金钱赔偿的方式更重要。

二、损害赔偿方式

赔偿方式基本可以分为两大类：一类是恢复原状；另一类是金钱赔偿。民法传统的方式是以恢复原状为首选，只有在恢复原状不能时，才采取赔偿损失的方法。因此，当侵权行为发生后，具体履行损害赔偿义务时，首选恢复原状，其次选择金钱赔偿。在请求恢复原状仍有价差时，可以再以金钱赔偿的方式请求赔偿价差，两者可以同时使用。

第二节 损害赔偿的范围

损害分为财产权损害和人身权损害。无论是财产权损害还是人身权损害，均有直接损失和间接损失。

一、对于财产损害的赔偿

对财产损害的赔偿原则是：能实物赔偿的，实物赔偿；不能实物赔偿的，以金钱折价赔偿。《民法典》第 1184 条规定，侵害他人财产的，财产损失按照损失发生时的市场价格或者其他合理方式计算。

以金钱赔偿损失时，在确定了实际损失数额后，以实际损失为限，损失应全部赔偿。该实际损失的计算，依照《民法典》所称“按照损失发生时的市场价格”计算的方法，也称之为“差额计算法”，即损失=原物价值-物的残存价值。

财产损害的间接损失是可得利益的减少，对于间接损失的计算通常较为严格，应该是合理的损失，不能无限制地扩大。间接损失计算相对复杂，通常采用的方法是收益平均法，例如，某商店被毁坏，影响营业20日，可以用上一个月的总收益除以该月的天数，得出商店1日的收益额，用该一日的收益额乘以20日，即为商店的间接损失额。也可采用同类比照法，以条件基本相同的同类生产、经营者为对象，计算他们在同等条件下的平均收益值，然后再乘以受害人财产被毁后不能经营的时间。

二、对于人身损害的赔偿

人身损害赔偿是指受害人的生命、健康、身体和人身权益遭受侵害，造成伤残、死亡以及其他损害后果的，受害人有权请求侵权人以财产赔偿的方式予以救济和抚慰的法律制度。《民法典》第1179条规定，侵害他人造成人身损害的，应当赔偿医疗费、护理费、交通费、营养费、住院伙食补助费等为治疗和康复支出的合理费用，以及因误工减少的收入。造成残疾的，还应当赔偿辅助具费和残疾赔偿金；造成死亡的，还应当赔偿丧葬费和死亡赔偿金。

根据《民法典》规定的基本精神，人身损害赔偿通常分为以下几种类型：身体与健康损害型赔偿，这是一般伤害的常规性赔偿；劳动能力丧失的赔偿，这是伤残型赔偿；致人死亡的赔偿；人身损害的抚慰金（精神损害）赔偿。

1. 一般的身体健康损害赔偿。赔偿必要的医疗费、护理费、交通费、营养费、住院伙食补助费等为治疗和康复支出的合理费用以及因误工减少的收入。这是一般的常规性赔偿，主要赔偿因医治一般的身体健康损害而支付的医疗和康复等必要费用。

2. 丧失劳动能力的赔偿。丧失劳动能力是指人身伤害致人残疾，使受害人创造物质财富和精神财富的脑力和体力受到减损。丧失劳动能力的赔偿，除了赔偿以上常规治疗费用外，还须赔偿伤残人因伤残所增加的生活上须支出的必要费用以及因丧失劳动能力导致的收入损失。包括：残疾赔偿金、残疾辅助器具费（安装假肢及残疾人所需的车等费用），以及因康复护理、继续治疗实际发生的必要的康复费、护理费、后续治疗费等。除此以外，还要赔偿依靠受害人实际扶养而又没有其他生活来源的人的必要生活费用。

3. 致人死亡的赔偿，赔偿侵害生命权所造成的损失。这类赔偿除以上常规赔偿外，还要赔偿丧葬费（丧葬费包括运尸、寿衣、火化、骨灰盒购置、存放等费用），死亡赔偿金以及死者生前扶养的人的必要生活费、受害人亲属办理丧葬事宜支出的交通费、住宿费和误工损失等其他合理费用。

《民法典》第1180条规定，因同一侵权行为造成多人死亡的，可以以相同数额确定死亡赔偿金。第1181条规定，被侵权人死亡的，其近亲属有权请求侵权人承担侵权责任。被侵权人为组织，该组织分立、合并的，承继权利的组织有权请求侵权人承担侵权责任。被侵权人死亡的，支付被侵权人医疗费、丧葬费等合理费用的人有权请求侵权人赔偿费用，但是侵权人已支付该费用的除外。

4. 间接受害人的扶养损害赔偿。此项赔偿的是死者生前或伤害致残丧失劳动能力的受害人原来扶养的人所受的扶养损失的费用。

上述赔偿是对人身损害的财产性赔偿。

精神损害赔偿在损害人身权的同时，还可能给本人及其亲属造成精神痛苦。有时人身伤害与受害人的财产变动无关，而仅表现为受害人心理和生理上的痛苦，这主要是对精神性人格权的损害。对身体、健康、生命、姓名、名誉、荣誉、肖像、隐私、亲权等人身权利和利益造成损害的，受害人有权要求精神损害赔偿。因此，对于人身权的损害，除了赔偿因人身伤害所引起的财产损失以外，还应该赔偿因人身伤害给受害人本人和其近亲属造成的心理痛苦，这种赔偿现在通常也被称为精神损害赔偿。

对于精神、心理的损害能否称其为赔偿，学说有不同观点。通常认为，赔偿的功能是用来填补受害人的损失的，包括恢复原状和金钱补偿。而对于精神上的痛苦，是不能用金钱弥补的。正是因为金钱不具有填补精神痛苦的功能，因此，对精神损害给付的金钱，不能称为赔偿金，仅能叫作抚慰金，它仅仅起到一种安抚、慰藉受害人及其近亲属的作用。抚慰金是借助货币的心理功能，达到人道主义的目的。

《民法通则》（已失效）没有抚慰金的表述。2001 年 3 月颁布的《最高人民法院关于确定民事侵权精神损害赔偿责任若干问题的解释》（以下简称《精神损害赔偿解释》）对自然人人身权受到侵害，请求赔偿精神损害的，规定可以根据受害人一方的请求判令赔偿相应的精神损害抚慰金。这种精神抚慰金包括：致残、致死和其他损害情形的精神抚慰金。2004 年 5 月 1 日施行的《人身损害赔偿解释》（已修改）把残疾赔偿金和死亡赔偿金作为对残疾者或者死者家庭收入整体减少的赔偿，而不再具有精神损害抚慰金的性质，这样将精神损害抚慰金的赔偿与残疾赔偿金和死亡赔偿金的财产性赔偿分离。《侵权责任法》继续了这种分离，其规定，侵害他人人身权益，造成他人严重精神损害的，被侵权人可以请求精神损害赔偿。《民法典》完善了《侵权责任法》的规定，第 1183 条规定："侵害自然人人身权益造成严重精神损害的，被侵权人有权请求精神损害赔偿。因故意或者重大过失侵害自然人具有人身意义的特定物造成严重精神损害的，被侵权人有权请求精神损害赔偿。"

根据《民法典》的规定，对于精神损害赔偿应注意的是：

1. 精神损害赔偿是对人身权益受到侵害的抚慰，财产权受损，不存在精神抚慰，但受具体人格利益约束的特定物受到侵害也可请求精神损害赔偿。我国《民法典》第 996 条规定："因当事人一方的违约行为，损害对方人格权并造成严重精神损害，受损害方选择请求其承担违约责任的，不影响受损害方请求精神损害赔偿。"

2. 侵权人致人精神损害，未造成严重精神损害后果的，受害人请求赔偿精神损害的，一般不予支持，仅适用停止侵害、恢复名誉、消除影响、赔礼道歉等责任方式。精神损害造成严重后果的，可判令赔偿精神抚慰金。

3. 精神损害赔偿仅适用自然人，法人不存在精神损害赔偿的问题。

4. 关于精神损害抚慰金数额的确定，根据《精神损害赔偿解释》，应当根据侵害人的过错程度，侵害的手段、场合、行为方式等具体情节，侵权行为所造成的后果，侵权人的获利情况，侵权人承担责任的经济能力，受诉法院所在地平均生活水平等多方面因素确定。由此可以看出，同样类型的案件，精神损害抚慰金的数额可能会相差很大，因为决定抚慰金数额的因素有多种。

5. 精神损害抚慰金请求权行使具有专属性，不得让与或继承。除非赔偿义务人已经以书面方式承诺给予金钱赔偿或者赔偿权利人已经向人民法院起诉。

6. 当事人在侵权诉讼中没有提出精神损害赔偿请求的，诉讼终结后又基于同一侵权事实另行起诉请求赔偿精神损害的，人民法院不予受理。

当然，对精神损害的物质赔偿不可能使人的精神得到完全的恢复，但我们不能因此否认物质赔偿的法律功能，这毕竟是历史的进步。另外，从立法的规定来看，其认为法人是组织，是无精神痛苦可言的，所以，法人或者其他组织没有精神损害赔偿请求权。法人名誉受损的，登报道歉、恢复名誉即能恢复原状。

第三节　损害赔偿的原则

损害赔偿应遵循的原则是：

一、财产赔偿原则

无论是财产侵害还是人身伤害以及精神损害，均以财产赔偿的方式予以赔偿，不能用人身制裁的方式赔偿。以财产方式赔偿，体现了民法同质救济的特征。

二、恢复原状为主，金钱赔偿为辅的原则

侵权损害赔偿以恢复原状为主，以金钱赔偿为例外。恢复原状以重建权利人被侵害之前的权利和利益的原貌为目的。例如，非法占有他人财物，应返还原物。如果是金钱，还应一并返还法定利息。不能恢复原状时，用金钱赔偿损失。

三、对实际损失全部赔偿的原则

在赔偿损失时，要求侵权行为人以自己的财产赔偿权利人遭受的全部经济损失，包括直接经济损失和间接经济损失。对于直接经济损失，毫无疑问，侵权人应予以全部赔偿。如果权利人能够以确切的证据证明自己的间接损失，间接损失也应予以全部赔偿。在具体赔偿时，通常采用的方式是实物赔偿和折价赔偿。实物赔偿是以同种类、同质量的物替代受到损害的物。折价赔偿是将受害人所遭受的损害折合成金钱的形式予以赔偿。赔偿直接损失，可以折价赔偿，也可以实物赔偿；间接损失的赔偿，只能折价赔偿。全部赔偿，简而言之，就是损失多少，赔偿多少。

四、损益相抵原则

损害发生后，受害人有损害，但在损害发生的同时，也有利益的存在，例如，房屋被撞后倒塌，对于所有权人而言是损害，房屋的所有人可以要求赔偿。但是，房屋倒塌后所呈现的建筑材料，对于房屋所有人而言，也是一种利益。因此，在计算损失、赔偿损害时，应将权利人所得利益从赔偿额中扣除，这称为损益相抵。但是，侵权人的过错是故意或重大过失，而受害人只有一般过失的，不减轻赔偿义务人的责任。《民法典》第 1182 条规定，侵害他人人身权益造成财产损失的，按照被侵权人因此受到的损失或者侵权人因此获得的利益赔偿；被侵权人因此受到的损失以及侵权人因此获得的利益难以确定，被侵权人和侵权人就赔偿数额协商不一致，向人民法院提起诉讼的，由人民法院根据实际情况确定赔偿数额。

五、过失相抵的原则

受害人对损失的发生和扩大也有过失时，在赔偿损害时，可以减轻或免除加害人的赔偿责任。这也是公平原则在赔偿上的体现。

六、公平分担损失原则

公平分担损失不是归责原则，是责任确定后，在赔偿中适用的原则。公平原则的含义是：

1. 在双方都无过失的情况下，公平分担损失。有的时候，损害事实的出现，受害方和加害方都没有过错，这时，让受害方一方承担不利益，有失公平。《民法典》第 1186 条规定："受害人和行为人对损害的发生都没有过错的，依照法律的规定由双方分担损失。"

2. 在双方当事人均有过失的情况下，应减轻加害方的赔偿数额。否则，等于是把自己的过失所引发的损害转嫁给赔偿义务人，这显然不公平。因此，在受害方对损害的发生以及损害的扩大也有过失时，只要加害人主张受害人也有过失，则可减轻或者免除加害人的赔偿金额。

3. 如果损害是受害方引起的，则行为人不负赔偿责任。

4. 在计算赔偿额时，应考虑双方当事人的经济状况。应保留加害人及其家属的必要生活费用，不能让加害人因负担赔偿责任而陷入极度贫困。